Bíblia Sagrada

Bíblia Sagrada

NOVA VERSÃO INTERNACIONAL

Leitura Perfeita

THOMAS NELSON
BRASIL®

Publisher	*Omar de Souza*
Gerente editorial	*Samuel Coto*
Editor	*André Lodos Tangerino*
Assistente editorial	*Bruna Gomes*
Revisão	*Jéssica Cos*
Diagramação	*Aldair Dutra de Assis*
Capa	*Rafael Brum e Maquinaria Studio*

CIP-BRASIL. CATALOGAÇÃO NA PUBLICAÇÃO
SINDICATO NACIONAL DOS EDITORES DE LIVROS, RJ

B477
Bíblia Leitura Perfeita: Evangelismo — 1 ed. — Rio de Janeiro: Thomas Nelson Brasil, 2018.
864 p.; 21 cm

ISBN 978-85-7167-166-9 (capa ondas)
ISBN 978-85-6699-780-4 (capa floral)
ISBN 978-85-7167-168-3 (capa leão preta)
ISBN 978-65-5689-219-1 (capa jardim noturno)
ISBN 978-65-5689-218-4 (capa leão cores)
ISBN 978-65-5689-608-3 (capa leão pop)
ISBN 978-65-5689-605-2 (capa água da vida)
ISBN 978-85-7167-167-6 (capa flores douradas)
ISBN 978-85-7860-986-3 (capa neutra)

1. Bíblia - Uso. 2. Deus. 3. Religião. 4. Sabedoria. I. Título.

17-45710 CDD: 231
CDU: 2-14

Thomas Nelson Brasil é uma marca licenciada à Vida Melhor Editora LTDA.

Rua da Quitanda, 86, sala 218 – Centro – 20091-005
Rio de Janeiro – RJ – Brasil
Tel.: (21) 3175-1030
www.thomasnelson.com.br

SUMÁRIO

ANTIGO TESTAMENTO

NOVO TESTAMENTO

PREFÁCIO À NOVA VERSÃO INTERNACIONAL (NVI)

A *Nova Versão Internacional (NVI)* da Bíblia é a mais recente tradução das Escrituras Sagradas em língua portuguesa a partir das línguas originais.

A realização deste empreendimento tornou-se possível pelos esforços da Sociedade Bíblica Internacional que, em 1990, reuniu uma comissão de estudiosos dedicados a um projeto de quase uma década.

Milhares de horas foram gastas no trabalho individual e em grupo. Muitas foram as reuniões da comissão realizadas em São Paulo, Campinas, Atibaia, Caraguatatuba, Curitiba, São Bento do Sul, Miami, Dallas, Denver e Colorado Springs. Quase vinte estudiosos de diferentes especialidades teológicas e linguísticas empreenderam o projeto de tradução da NVI. Esses peritos representavam os mais diferentes segmentos denominacionais; todos, porém, plenamente convictos da inspiração e da autoridade das Escrituras Sagradas.

À erudição representada pela Comissão da NVI, além da diversidade teológica e regional (de várias partes do Brasil), aliou-se o que há de mais elevado em pesquisas teológicas e linguísticas disponíveis atualmente em hebraico, alemão, inglês, holandês, espanhol, italiano, francês e português. Dezenas de comentários, dicionários, obras de consulta e modernos *softwares* foram consultados durante o projeto.

A também diversidade do grupo de tradutores muito contribuiu para a qualidade da nova tradução. Formou-se uma comissão composta de tradutores brasileiros e estrangeiros (teólogos de vários países: EUA, Inglaterra, Holanda), três de seus membros residindo fora do Brasil (EUA, Israel e Portugal). Convém também ressaltar que dezenas de outras pessoas participaram direta ou indiretamente do projeto, nas mais diversas tarefas.

O propósito dos estudiosos que traduziram a NVI foi somar à lista das várias traduções existentes em português um texto novo que se definisse por quatro elementos fundamentais: *precisão, beleza de estilo, clareza* e *dignidade*. Sem dúvida alguma, a língua portuguesa é privilegiada pelo fato de contar com tantas boas traduções das Escrituras Sagradas. A NVI pretende fazer coro a tais esforços, prosseguindo a tarefa de transmitir a Palavra de Deus com fidelidade e com clareza, reconhecendo ao mesmo tempo a necessidade de uma nova tradução das Escrituras em português. Essa necessidade comprova-se particularmente em razão de dois fatores:

- a dinâmica de transformação constante da linguagem, tanto no vocabulário como na organização de frases (sintaxe);
- o aperfeiçoamento científico no campo da arqueologia bíblica, do estudo das línguas originais e de línguas cognatas, da crítica textual e da própria ciência linguística.

A NVI define-se como tradução evangélica, fiel e contemporânea. Não se trata de tradução literal do texto bíblico, muito menos de mera paráfrase. O alvo da NVI é comunicar a Palavra de Deus ao leitor moderno com tanta clareza e impacto quanto os exercidos pelo texto bíblico original entre os primeiros leitores. Por essa razão, alguns textos bíblicos foram traduzidos com maior ou menor grau de literalidade, levando sempre em conta a compreensão do leitor. O texto da NVI não se caracteriza por alta erudição vernacular nem por um estilo muito popular. Regionalismos, termos vulgares, anacronismos e arcaísmos foram também deliberadamente evitados.

Quanto ao texto original, a NVI baseou-se no trabalho erudito mais respeitado em todo o mundo na área da crítica textual, tanto no caso dos manuscritos hebraico e aramaico do Antigo Testamento (AT) como no caso dos manuscritos gregos do Novo Testamento (NT). Não obstante, a avaliação das opções textuais nunca foi acrítica. Estudiosos da área poderão constatar que, tanto nas notas de rodapé como no texto bíblico, a comissão foi criteriosa e sensata em sua avaliação.

O processo de tradução importou inicialmente no trabalho individual dos tradutores, que sempre se submeteram à visão da Comissão e às suas diretrizes. As questões gerais, mais difíceis e teologicamente muito relevantes, sempre foram discutidas e avaliadas em conjunto, para que fossem consideradas de todos os ângulos e não refletissem nenhuma perspectiva particular. Os enfoques teológico, linguístico, histórico, eclesiástico e estilístico sempre encontraram espaço na avaliação das decisões do grupo.

Com o propósito de melhor apresentar o perfil da NVI, queremos enumerar suas peculiaridades:

1. Fluência de linguagem

Em razão da grande diferença entre a sintaxe do português atual e a das línguas originais, a NVI entende não ser possível comunicar de modo adequado a Palavra de Deus prendendo-se à estrutura frasal do hebraico, do aramaico e do grego. Por essa razão, os versículos são organizados em períodos menores, pontuados conforme as exigências da língua portuguesa e apresentando uma fluência de leitura da qual a Bíblia é digna.

2. Nível da linguagem

O nível de linguagem da NVI prima ao mesmo tempo pela dignidade e pela compreensão. Trata-se de uma versão útil para o estudo aprofundado, para a leitura pessoal, para a leitura pública e para a evangelização. É muito importante destacar que o nível de formalidade da linguagem foi definido de acordo com o contexto. Para exemplificar, lembramos ao leitor que o tratamento de um servo para com o rei deve necessariamente ser diferente daquele utilizado pelos servos entre si.

3. Imparcialidade teológica

Por ser versão evangélica, a NVI procura apresentar uma tradução livre de interpretações particulares e denominacionais. No que diz respeito a questões menores que marcam a diversidade do mundo evangélico, a NVI não se permitiu traduzir nenhum texto bíblico com a intenção de ajustá-lo à doutrina particular de qualquer denominação ou corrente teológica.

4. Atenção aos diferentes gêneros de composição

Além da divisão em versículos, comum a todas as traduções da Bíblia, a NVI também organiza o texto bíblico seguindo padrões já estabelecidos de estruturação textual. O leitor encontrará a divisão em parágrafos, muito importante para a subdivisão do texto em unidades menores completas, e a diagramação diferenciada dos gêneros básicos de composição do texto bíblico. Os estilos narrativo, poético e epistolar apresentam diagramação distinta, facilmente identificável em cada caso.

5. Honestidade científica

Nem sempre a melhor tradução será a mais aceita. Em alguns textos haverá leitores que acharão a tradução da NVI muito diferente. Todavia, conscientes da responsabilidade de traduzir fielmente as Escrituras, os membros da Comissão da NVI preferiram seguir o sentido do original, ainda que alguns venham a estranhar a nova tradução. Nos casos em que o texto original apresenta dificuldades especiais de tradução ou permite mais de uma forma de verter o texto, foram incluídas notas de rodapé com a informação necessária.

6. Riqueza exegética

Muitos textos bíblicos, quando avaliados mais profundamente à luz da linguística e da exegese, transmitem seu conteúdo com muito mais clareza e impacto. O leitor poderá verificar na leitura da NVI a riqueza exegética da tradução. Muitos textos explicitarão mais nitidamente o campo semântico de determinadas palavras, bem como a função de certas construções gramaticais para o benefício de todos.

7. Notas de rodapé

As notas de rodapé são frequentes na NVI. Tais notas enriquecedoras atendem a várias necessidades: a) tratam de questões de crítica textual, isto é, de leituras alternativas nas línguas originais; b) apresentam traduções alternativas; c) oferecem explicações; e, d) mostram qual seria a opção literal de tradução. Não há dúvida de que permitirão ao leitor uma compreensão muito maior do texto sagrado.

8. Pesos e medidas

Levando em conta as diferenças culturais entre o mundo atual e o mundo bíblico, a NVI traduziu os pesos e as medidas do texto sagrado levando em conta o leitor de hoje. Portanto, o sistema métrico decimal foi utilizado para tornar claras as distâncias. Também as medidas de peso e de capacidade receberam equivalentes contemporâneos.

9. A relação com a New International Version (NIV)

A NVI segue o mesmo ponto de partida da *NIV*, versão em língua inglesa reconhecida internacionalmente. A filosofia de tradução é muito semelhante. Todavia, não se deve imaginar que a variante anglófona foi a única fonte de referência da NVI. Muito da contribuição exegética da versão irmã em língua inglesa foi incorporada à NVI. No entanto, a Comissão de Tradução da NVI preferiu em muitos textos opções exegéticas bem distintas da versão inglesa. Jamais houve dependência obrigatória da NVI em relação à *NIV* (ou em relação a qualquer outra versão estrangeira) em qualquer âmbito: teológico, exegético, hermenêutico etc.

Estamos conscientes de que a *Nova Versão Internacional* terá imperfeições e dificilmente terá atingido todos os seus alvos. No entanto, estamos certos de que essa tradução será uma grande bênção para todos os falantes da língua portuguesa em todos os continentes em que ela marca a sua presença. Se milhões de vidas forem abençoadas, compreendendo melhor a Revelação escrita de Deus aos homens e conhecendo de modo profundo a bendita pessoa de nosso Senhor e Salvador Jesus Cristo, nosso propósito terá sido alcançado.

Dezembro de 2000
Comissão de Tradução

UMA NOTA SOBRE A FONTE

A fonte usada no miolo desta Bíblia é a Leitura Perfeita e foi comissionada pela Zondervan Inc., uma divisão da HarperCollins Christian Publishing, grupo que também controla a Thomas Nelson Brasil. Ela foi desenvolvida em Aarhus, Dinamarca, por Klaus E. Krogh e Heidi Rand Sørensen da 2K/DENMARK. O *design* é inspirado na proposta da Nova Versão Internacional (NVI) de ser uma tradução moderna e que traz ao leitor a versão mais fiel possível do texto bíblico. O objetivo dos criadores da Fonte Leitura Perfeita foi refletir essa rica tradição de ter um texto fiel, claro e de fácil leitura, ao mesmo tempo em que integra os melhores avanços em tipografia de bíblias modernas. O resultado é uma fonte singular, moderna, bonita, clara e legível em qualquer tamanho, perfeitamente em sintonia com a Nova Versão Internacional.

ANTIGO TESTAMENTO

GÊNESIS

O princípio

1 No princípio Deus criou os céus e a terra.[a] 2 Era a terra sem forma e vazia; trevas cobriam a face do abismo, e o Espírito de Deus se movia sobre a face das águas.

3 Disse Deus: "Haja luz", e houve luz. 4 Deus viu que a luz era boa, e separou a luz das trevas. 5 Deus chamou à luz dia, e às trevas chamou noite. Passaram-se a tarde e a manhã; esse foi o primeiro dia.

6 Depois disse Deus: "Haja entre as águas um firmamento que separe águas de águas". 7 Então Deus fez o firmamento e separou as águas que ficaram abaixo do firmamento das que ficaram por cima. E assim foi. 8 Ao firmamento Deus chamou céu. Passaram-se a tarde e a manhã; esse foi o segundo dia.

9 E disse Deus: "Ajuntem-se num só lugar as águas que estão debaixo do céu, e apareça a parte seca". E assim foi. 10 À parte seca Deus chamou terra, e chamou mares ao conjunto das águas. E Deus viu que ficou bom.

11 Então disse Deus: "Cubra-se a terra de vegetação: plantas que deem sementes e árvores cujos frutos produzam sementes de acordo com as suas espécies". E assim foi. 12 A terra fez brotar a vegetação: plantas que dão sementes de acordo com as suas espécies, e árvores cujos frutos produzem sementes de acordo com as suas espécies. E Deus viu que ficou bom. 13 Passaram-se a tarde e a manhã; esse foi o terceiro dia.

14 Disse Deus: "Haja luminares no firmamento do céu para separar o dia da noite. Sirvam eles de sinais para marcar estações, dias e anos, 15 e sirvam de luminares no firmamento do céu para iluminar a terra". E assim foi. 16 Deus fez os dois grandes luminares: o maior para governar o dia e o menor para governar a noite; fez também as estrelas. 17 Deus os colocou no firmamento do céu para iluminar a terra, 18 governar o dia e a noite, e separar a luz das trevas. E Deus viu que ficou bom. 19 Passaram-se a tarde e a manhã; esse foi o quarto dia.

20 Disse também Deus: "Encham-se as águas de seres vivos, e voem as aves sobre a terra, sob o firmamento do céu". 21 Assim Deus criou os grandes animais aquáticos e os demais seres vivos que povoam as águas, de acordo com as suas espécies; e todas as aves, de acordo com as suas espécies. E Deus viu que ficou bom. 22 Então Deus os abençoou, dizendo: "Sejam férteis e multipliquem-se! Encham as águas dos mares! E multipliquem-se as aves na terra". 23 Passaram-se a tarde e a manhã; esse foi o quinto dia.

24 E disse Deus: "Produza a terra seres vivos de acordo com as suas espécies: rebanhos domésticos, animais selvagens e os demais seres vivos da terra, cada um de acordo com a sua espécie". E assim foi. 25 Deus fez os animais selvagens de acordo com as suas espécies, os rebanhos domésticos de acordo com as suas espécies, e os demais seres vivos da terra de acordo com as suas espécies. E Deus viu que ficou bom.

26 Então disse Deus: "Façamos o homem à nossa imagem, conforme a nossa semelhança. Domine ele[b] sobre os peixes do mar, sobre as aves do céu, sobre os grandes animais de toda a terra[c] e sobre todos os pequenos animais que se movem rente ao chão".

27 Criou Deus o homem à sua imagem,
à imagem de Deus o criou;
homem e mulher[d] os criou.

28 Deus os abençoou, e lhes disse: "Sejam férteis e multipliquem-se! Encham e subjuguem a terra! Dominem sobre os peixes do mar, sobre as aves do céu e sobre todos os animais que se movem pela terra".

29 Disse Deus: "Eis que lhes dou todas as plantas que nascem em toda a terra e produzem sementes, e todas as árvores que dão frutos com sementes. Elas servirão de alimento para vocês. 30 E dou todos os vegetais como alimento a tudo o que tem em si fôlego de vida: a todos os grandes animais da terra[e], a todas as aves do céu e a todas as criaturas que se movem rente ao chão". E assim foi.

31 E Deus viu tudo o que havia feito, e tudo havia ficado muito bom. Passaram-se a tarde e a manhã; esse foi o sexto dia.

2 Assim foram concluídos os céus e a terra, e tudo o que neles há.

2 No sétimo dia Deus já havia concluído a obra que realizara, e nesse dia descansou. 3 Abençoou Deus o sétimo dia e o santificou, porque nele descansou de toda a obra que realizara na criação.

A origem da humanidade

4 Esta é a história das origens[f] dos céus e da terra, no tempo em que foram criados:

Quando o SENHOR Deus fez a terra e os céus, 5 ainda não tinha brotado nenhum arbusto no campo, e nenhuma planta havia germinado, porque o SENHOR Deus ainda não tinha feito chover sobre a terra, e também não havia homem para cultivar o solo. 6 Todavia brotava água[g] da terra e irrigava toda a superfície do solo. 7 Então o SENHOR Deus formou o homem[h] do pó da terra e soprou em suas narinas o fôlego de vida, e o homem se tornou um ser vivente.

8 Ora, o SENHOR Deus tinha plantado um jardim no Éden, para os lados do leste, e ali colocou o homem que formara. 9 Então o SENHOR Deus fez nascer do solo todo tipo de árvores agradáveis aos olhos e boas para alimento. E no meio do jardim estavam a árvore da vida e a árvore do conhecimento do bem e do mal.

10 No Éden nascia um rio que irrigava o jardim, e depois se dividia em quatro. 11 O nome do primeiro é Pisom. Ele percorre toda a terra de Havilá, onde existe

[a] 1:1-3 Ou *Quando Deus começou a criar os céus e a terra* 2 *sendo a terra...,* 3 *disse Deus: ...*

[b] 1:26 Hebraico: *Dominem eles.*

[c] 1:26 A Versão Siríaca diz *sobre todos os animais selvagens da terra.*

[d] 1:27 Hebraico: *macho e fêmea.*

[e] 1:30 Ou *os animais selvagens*

[f] 2:4 Hebraico: *história da descendência*; a mesma expressão aparece em 5:1; 6:9; 10:1; 11:10,27; 25:12,19; 36:1,9 e 37:2.

[g] 2:6 Ou *brotavam fontes*; ou ainda *surgia uma neblina*

[h] 2:7 Os termos homem e Adão (*adam*) assemelham-se à palavra terra (*adamah*) no hebraico.

ouro. 12O ouro daquela terra é excelente; lá também
existem o bdélio e a pedra de ônix. 13O segundo, que
percorre toda a terra de Cuxe, é o Giom. 14O terceiro,
que corre pelo lado leste da Assíria, é o Tigre. E o quar-
to rio é o Eufrates.

15O SENHOR Deus colocou o homem no jardim do
Éden para cuidar dele e cultivá-lo. 16E o SENHOR Deus
ordenou ao homem: "Coma livremente de qualquer ár-
vore do jardim, 17mas não coma da árvore do conheci-
mento do bem e do mal, porque no dia em que dela
comer, certamente você morrerá".

18Então o SENHOR Deus declarou: "Não é bom que o
homem esteja só; farei para ele alguém que o auxilie e
lhe corresponda". 19Depois que formou da terra todos
os animais do campo e todas as aves do céu, o SENHOR
Deus os trouxe ao homem para ver como este lhes cha-
maria; e o nome que o homem desse a cada ser vivo,
esse seria o seu nome. 20Assim o homem deu nomes a
todos os rebanhos domésticos, às aves do céu e a todos
os animais selvagens. Todavia não se encontrou para o
homem[a] alguém que o auxiliasse e lhe correspondesse.

21Então o SENHOR Deus fez o homem cair em profun-
do sono e, enquanto este dormia, tirou-lhe uma das cos-
telas[b], fechando o lugar com carne. 22Com a costela que
havia tirado do homem, o SENHOR Deus fez uma mulher
e a levou até ele. 23Disse então o homem:

"Esta, sim, é osso dos meus ossos
e carne da minha carne!
Ela será chamada mulher,
porque do homem[c] foi tirada".

24Por essa razão, o homem deixará pai e mãe e se
unirá à sua mulher, e eles se tornarão uma só carne.

25O homem e sua mulher viviam nus, e não sentiam
vergonha.

O relato da queda

3 Ora, a serpente era o mais astuto de todos os ani-
mais selvagens que o SENHOR Deus tinha feito. E ela
perguntou à mulher: "Foi isto mesmo que Deus disse:
'Não comam de nenhum fruto das árvores do jardim'?"

2Respondeu a mulher à serpente: "Podemos comer
do fruto das árvores do jardim, 3mas Deus disse: 'Não
comam do fruto da árvore que está no meio do jar-
dim, nem toquem nele; do contrário vocês morrerão'".

4Disse a serpente à mulher: "Certamente não morre-
rão! 5Deus sabe que, no dia em que dele comerem, seus
olhos se abrirão, e vocês, como Deus[d], serão conhece-
dores do bem e do mal".

6Quando a mulher viu que a árvore parecia agra-
dável ao paladar, era atraente aos olhos e, além disso,
desejável para dela se obter discernimento, tomou do
seu fruto, comeu-o e o deu a seu marido, que comeu[e]
também. 7Os olhos dos dois se abriram, e perceberam
que estavam nus; então juntaram folhas de figueira pa-
ra cobrir-se.

8Ouvindo o homem e sua mulher os passos[f] do SE-
NHOR Deus que andava pelo jardim quando soprava
a brisa do dia, esconderam-se da presença do SENHOR
Deus entre as árvores do jardim. 9Mas o SENHOR Deus
chamou o homem, perguntando: "Onde está você?"

10E ele respondeu: "Ouvi teus passos no jardim e fi-
quei com medo, porque estava nu; por isso me escondi".

11E Deus perguntou: "Quem lhe disse que você es-
tava nu? Você comeu do fruto da árvore da qual lhe
proibi comer?"

12Disse o homem: "Foi a mulher que me deste por
companheira que me deu do fruto da árvore, e eu comi".

13O SENHOR Deus perguntou então à mulher: "Que
foi que você fez?"

Respondeu a mulher: "A serpente me enganou, e
eu comi".

14Então o SENHOR Deus declarou à serpente:

"Uma vez que você fez isso,
maldita é você
entre todos os rebanhos domésticos
e entre todos os animais selvagens!
Sobre o seu ventre você rastejará,
e pó comerá todos os dias da sua vida.
15Porei inimizade
entre você e a mulher,
entre a sua descendência
e o descendente[g] dela;
este lhe ferirá a cabeça,
e você lhe ferirá o calcanhar".

16À mulher, ele declarou:

"Multiplicarei grandemente
o seu sofrimento na gravidez;
com sofrimento você dará à luz filhos.
Seu desejo será para o seu marido,
e ele[h] a dominará".

17E ao homem declarou:

"Visto que você deu ouvidos à sua mulher
e comeu do fruto da árvore
da qual eu lhe ordenara
que não comesse,
maldita é a terra por sua causa;
com sofrimento você
se alimentará dela
todos os dias da sua vida.
18Ela lhe dará espinhos e ervas daninhas,
e você terá que alimentar-se
das plantas do campo.
19Com o suor do seu rosto
você comerá o seu pão,
até que volte à terra,
visto que dela foi tirado;
porque você é pó,
e ao pó voltará".

20Adão deu à sua mulher o nome de Eva, pois ela
seria mãe de toda a humanidade. 21O SENHOR Deus fez
roupas de pele e com elas vestiu Adão e sua mulher.

22Então disse o SENHOR Deus: "Agora o homem se
tornou como um de nós, conhecendo o bem e o mal.
Não se deve, pois, permitir que ele tome também do

[a] 2:20 Ou *Adão*
[b] 2:21 Ou *parte de um dos lados do homem*; também no versículo 22.
[c] 2:23 Os termos homem (*ish*) e mulher (*ishah*) formam um jogo de pala-vras no hebraico.
[d] 3:5 Ou *deuses*
[e] 3:6 Ou *comeu e estava com ela*
[f] 3:8 Ou *a voz*; também no versículo 10.
[g] 3:15 Ou *a descendência*. Hebraico: *semente*.
[h] 3:16 Ou *será contra o seu marido, mas ele*; ou ainda *a impelirá ao seu marido, e ele*

fruto da árvore da vida e o coma, e viva para sempre". 23 Por isso o SENHOR Deus o mandou embora do jardim do Éden para cultivar o solo do qual fora tirado. 24 Depois de expulsar o homem, colocou a leste do jardim do Éden querubins e uma espada flamejante que se movia, guardando o caminho para a árvore da vida.

Caim mata Abel

4 Adão teve relações com Eva, sua mulher, e ela engravidou e deu à luz Caim. Disse ela: "Com o auxílio do SENHOR tive um filho homem". 2 Voltou a dar à luz, desta vez a Abel, irmão dele.

Abel tornou-se pastor de ovelhas, e Caim, agricultor. 3 Passado algum tempo, Caim trouxe do fruto da terra uma oferta ao SENHOR. 4 Abel, por sua vez, trouxe as partes gordas das primeiras crias do seu rebanho. O SENHOR aceitou com agrado Abel e sua oferta, 5 mas não aceitou Caim e sua oferta. Por isso Caim se enfureceu e o seu rosto se transtornou.

6 O SENHOR disse a Caim: "Por que você está furioso? Por que se transtornou o seu rosto? 7 Se você fizer o bem, não será aceito? Mas se não o fizer, saiba que o pecado o ameaça à porta; ele deseja conquistá-lo, mas você deve dominá-lo".

8 Disse, porém, Caim a seu irmão Abel: "Vamos para o campo".[a] Quando estavam lá, Caim atacou seu irmão Abel e o matou.

9 Então o SENHOR perguntou a Caim: "Onde está seu irmão Abel?"

Respondeu ele: "Não sei; sou eu o responsável por meu irmão?"

10 Disse o SENHOR: "O que foi que você fez? Escute! Da terra o sangue do seu irmão está clamando. 11 Agora amaldiçoado é você pela terra[b], que abriu a boca para receber da sua mão o sangue do seu irmão. 12 Quando você cultivar a terra, esta não lhe dará mais da sua força. Você será um fugitivo errante pelo mundo".

13 Disse Caim ao SENHOR: "Meu castigo é maior do que posso suportar. 14 Hoje me expulsas desta terra, e terei que me esconder da tua face; serei um fugitivo errante pelo mundo, e qualquer que me encontrar me matará".

15 Mas o SENHOR lhe respondeu: "Não será assim[c]; se alguém matar Caim, sofrerá sete vezes a vingança". E o SENHOR colocou em Caim um sinal, para que ninguém que viesse a encontrá-lo o matasse. 16 Então Caim afastou-se da presença do SENHOR e foi viver na terra de Node[d], a leste do Éden.

Os descendentes de Caim

17 Caim teve relações com sua mulher, e ela engravidou e deu à luz Enoque. Depois Caim fundou uma cidade, à qual deu o nome do seu filho Enoque. 18 A Enoque nasceu Irade, Irade gerou a Meujael, Meujael a Metusael, e Metusael a Lameque.

19 Lameque tomou duas mulheres: uma chamava-se Ada e a outra, Zilá. 20 Ada deu à luz Jabal, que foi o pai daqueles que moram em tendas e criam rebanhos. 21 O nome do irmão dele era Jubal, que foi o pai de todos os que tocam harpa e flauta. 22 Zilá também deu à luz um filho, chamado Tubalcaim, que fabricava todo tipo de ferramentas de bronze e de ferro[e]. Tubalcaim teve uma irmã chamada Naamá.

23 Disse Lameque às suas mulheres:

"Ada e Zilá, ouçam-me;
mulheres de Lameque,
escutem minhas palavras:
Eu matei um homem porque me feriu,
e um menino, porque me machucou.
24 Se Caim é vingado sete vezes,
Lameque o será setenta e sete".

O nascimento de Sete

25 Novamente Adão teve relações com sua mulher, e ela deu à luz outro filho, a quem chamou Sete, dizendo: "Deus me concedeu um filho no lugar de Abel, visto que Caim o matou". 26 Também a Sete nasceu um filho, a quem deu o nome de Enos.

Nessa época começou-se a invocar[f] o nome do SENHOR.

A descendência de Adão

5 Este é o registro da descendência de Adão: Quando Deus criou o homem, à semelhança de Deus o fez; 2 homem e mulher os criou. Quando foram criados, ele os abençoou e os chamou Homem[g].

3 Aos 130 anos, Adão gerou um filho à sua semelhança, conforme a sua imagem; e deu-lhe o nome de Sete. 4 Depois que gerou Sete, Adão viveu 800 anos e gerou outros filhos e filhas. 5 Viveu ao todo 930 anos e morreu.

6 Aos 105 anos, Sete gerou[h] Enos. 7 Depois que gerou Enos, Sete viveu 807 anos e gerou outros filhos e filhas. 8 Viveu ao todo 912 anos e morreu.

9 Aos 90 anos, Enos gerou Cainã. 10 Depois que gerou Cainã, Enos viveu 815 anos e gerou outros filhos e filhas. 11 Viveu ao todo 905 anos e morreu.

12 Aos 70 anos, Cainã gerou Maalaleel. 13 Depois que gerou Maalaleel, Cainã viveu 840 anos e gerou outros filhos e filhas. 14 Viveu ao todo 910 anos e morreu.

15 Aos 65 anos, Maalaleel gerou Jarede. 16 Depois que gerou Jarede, Maalaleel viveu 830 anos e gerou outros filhos e filhas. 17 Viveu ao todo 895 anos e morreu.

18 Aos 162 anos, Jarede gerou Enoque. 19 Depois que gerou Enoque, Jarede viveu 800 anos e gerou outros filhos e filhas. 20 Viveu ao todo 962 anos e morreu.

21 Aos 65 anos, Enoque gerou Matusalém. 22 Depois que gerou Matusalém, Enoque andou com Deus 300 anos e gerou outros filhos e filhas. 23 Viveu ao todo 365 anos. 24 Enoque andou com Deus; e já não foi encontrado, pois Deus o havia arrebatado.

25 Aos 187 anos, Matusalém gerou Lameque. 26 Depois que gerou Lameque, Matusalém viveu 782 anos e gerou outros filhos e filhas. 27 Viveu ao todo 969 anos e morreu.

28 Aos 182 anos, Lameque gerou um filho. 29 Deu-lhe o nome de Noé e disse: "Ele nos aliviará do nosso trabalho e do sofrimento de nossas mãos, causados pela terra que o SENHOR amaldiçoou". 30 Depois que Noé nasceu, Lameque viveu 595 anos e gerou outros filhos e filhas. 31 Viveu ao todo 777 anos e morreu.

32 Aos 500 anos, Noé tinha gerado Sem, Cam e Jafé.

[a] 4:8 Conforme o Pentateuco Samaritano, a Septuaginta, a Vulgata e a Versão Siríaca. O Texto Massorético não traz *"Vamos para o campo"*.

[b] 4:11 Ou *amaldiçoado é você e expulso da terra*; ou ainda *amaldiçoado é você mais do que a terra*

[c] 4:15 Conforme a Septuaginta, a Vulgata e a Versão Siríaca.

[d] 4:16 *Node* significa *peregrinação*.

[e] 4:22 Ou *que ensinou todos os que trabalham o bronze e o ferro*

[f] 4:26 Ou *proclamar*

[g] 5:2 Hebraico: *Adam*.

[h] 5:6 *Gerar* pode ter o sentido de *ser ancestral*; também nos versículos 7-26.

A corrupção da humanidade

6 Quando os homens começaram a multiplicar-se na terra e lhes nasceram filhas, [2]os filhos de Deus viram que as filhas dos homens eram bonitas, e escolheram para si aquelas que lhes agradaram. [3]Então disse o SENHOR: "Por causa da perversidade do homem[a], meu Espírito[b] não contenderá com ele[c] para sempre; ele só viverá cento e vinte anos".

[4]Naqueles dias havia nefilins[d] na terra, e também posteriormente, quando os filhos de Deus possuíram as filhas dos homens e elas lhes deram filhos. Eles foram os heróis do passado, homens famosos.

[5]O SENHOR viu que a perversidade do homem tinha aumentado na terra e que toda a inclinação dos pensamentos do seu coração era sempre e somente para o mal. [6]Então o SENHOR arrependeu-se de ter feito o homem sobre a terra, e isso cortou-lhe o coração. [7]Disse o SENHOR: "Farei desaparecer da face da terra o homem que criei, os homens e também os grandes animais e os pequenos e as aves do céu. Arrependo-me de havê-los feito".

[8]A Noé, porém, o SENHOR mostrou benevolência.

A arca de Noé

[9]Esta é a história da família de Noé:

Noé era homem justo, íntegro entre o povo da sua época; ele andava com Deus. [10]Noé gerou três filhos: Sem, Cam e Jafé.

[11]Ora, a terra estava corrompida aos olhos de Deus e cheia de violência. [12]Ao ver como a terra se corrompera, pois toda a humanidade havia corrompido a sua conduta, [13]Deus disse a Noé: "Darei fim a todos os seres humanos, porque a terra encheu-se de violência por causa deles. Eu os destruirei com a terra. [14]Você, porém, fará uma arca de madeira de cipreste[e]; divida-a em compartimentos e revista-a de piche por dentro e por fora. [15]Faça-a com cento e trinta e cinco metros de comprimento, vinte e dois metros e meio de largura e treze metros e meio de altura[f]. [16]Faça-lhe um teto com um vão de quarenta e cinco centímetros[g] entre o teto e corpo da arca. Coloque uma porta lateral na arca e faça um andar superior, um médio e um inferior.

[17]"Eis que vou trazer águas sobre a terra, o Dilúvio, para destruir debaixo do céu toda criatura que tem fôlego de vida. Tudo o que há na terra perecerá. [18]Mas com você estabelecerei a minha aliança, e você entrará na arca com seus filhos, sua mulher e as mulheres de seus filhos. [19]Faça entrar na arca um casal de cada um dos seres vivos, macho e fêmea, para conservá-los vivos com você. [20]De cada espécie de ave, de cada espécie de animal grande e de cada espécie de animal pequeno que se move rente ao chão virá um casal a você para que sejam conservados vivos. [21]E armazene todo tipo de alimento, para que você e eles tenham mantimento".

[22]Noé fez tudo exatamente como Deus lhe tinha ordenado.

7 Então o SENHOR disse a Noé: "Entre na arca, você e toda a sua família, porque você é o único justo que encontrei nesta geração. [2]Leve com você sete casais de cada espécie de animal puro, macho e fêmea, e um casal de cada espécie de animal impuro, macho e fêmea, [3]e leve também sete casais de aves de cada espécie, macho e fêmea, a fim de preservá-las em toda a terra. [4]Daqui a sete dias farei chover sobre a terra quarenta dias e quarenta noites, e farei desaparecer da face da terra todos os seres vivos que fiz".

[5]E Noé fez tudo como o SENHOR lhe tinha ordenado.

O dilúvio

[6]Noé tinha seiscentos anos de idade quando as águas do Dilúvio vieram sobre a terra. [7]Noé, seus filhos, sua mulher e as mulheres de seus filhos entraram na arca, por causa das águas do Dilúvio. [8]Casais de animais grandes, puros e impuros, de aves e de todos os animais pequenos que se movem rente ao chão [9]vieram a Noé e entraram na arca, como Deus tinha ordenado a Noé. [10]E depois dos sete dias, as águas do Dilúvio vieram sobre a terra.

[11]No dia em que Noé completou seiscentos anos, um mês e dezessete dias, nesse mesmo dia todas as fontes das grandes profundezas jorraram, e as comportas do céu se abriram. [12]E a chuva caiu sobre a terra quarenta dias e quarenta noites.

[13]Naquele mesmo dia, Noé e seus filhos, Sem, Cam e Jafé, com sua mulher e com as mulheres de seus três filhos, entraram na arca. [14]Com eles entraram todos os animais de acordo com as suas espécies: todos os animais selvagens, todos os rebanhos domésticos, todos os demais seres vivos que se movem rente ao chão e todas as criaturas que têm asas: todas as aves e todos os outros animais que voam. [15]Casais de todas as criaturas que tinham fôlego de vida vieram a Noé e entraram na arca. [16]Os animais que entraram foram um macho e uma fêmea de cada ser vivo, conforme Deus ordenara a Noé. Então o SENHOR fechou a porta.

[17]Quarenta dias durou o Dilúvio, e as águas aumentaram e elevaram a arca acima da terra. [18]As águas prevaleceram, aumentando muito sobre a terra, e a arca flutuava na superfície das águas. [19]As águas dominavam cada vez mais a terra, e foram cobertas todas as altas montanhas debaixo do céu. [20]As águas subiram até quase sete metros[h] acima das montanhas. [21]Todos os seres vivos que se movem sobre a terra pereceram: aves, rebanhos domésticos, animais selvagens, todas as pequenas criaturas que povoam a terra e toda a humanidade. [22]Tudo o que havia em terra seca e tinha nas narinas o fôlego de vida morreu. [23]Todos os seres vivos foram exterminados da face da terra; tanto os homens, como os animais grandes, os animais pequenos que se movem rente ao chão e as aves do céu foram exterminados da terra. Só restaram Noé e aqueles que com ele estavam na arca.

[24]E as águas prevaleceram sobre a terra cento e cinquenta dias.

O fim do dilúvio

8 Então Deus lembrou-se de Noé e de todos os animais selvagens e rebanhos domésticos que estavam com ele na arca, e enviou um vento sobre a terra, e as águas começaram a baixar.

[a] 6:3 Ou *Por ser o homem mortal*
[b] 6:3 Ou *o espírito que lhe dei*
[c] 6:3 Ou *não permanecerá nele*
[d] 6:4 Possivelmente *gigantes* ou *homens poderosos*. Veja também Nm 13:33.
[e] 6:14 Ou *de cipreste e de juncos*
[f] 6:15 Hebraico: *300 côvados de comprimento, 50 côvados de largura e 30 côvados de altura*. O côvado era uma medida linear de cerca de 45 centímetros.
[g] 6:16 Ou *Faça-lhe uma abertura para a luz no topo, de 45 centímetros,*
[h] 7:20 Hebraico: *15 côvados*. O côvado era uma medida linear de cerca de 45 centímetros.

2As fontes das profundezas e as comportas do céu se
fecharam, e a chuva parou. 3As águas foram baixando
pouco a pouco sobre a terra. Ao fim de cento e cinquen-
ta dias, as águas tinham diminuído, 4e, no décimo séti-
mo dia do sétimo mês, a arca pousou nas montanhas de
Ararate. 5As águas continuaram a baixar até o décimo
mês, e no primeiro dia do décimo mês apareceram os
topos das montanhas.

6Passados quarenta dias, Noé abriu a janela que fi-
zera na arca. 7Esperando que a terra já tivesse apareci-
do, Noé soltou um corvo, mas este ficou dando voltas.
8Depois soltou uma pomba para ver se as águas tinham
diminuído na superfície da terra. 9Mas a pomba não
encontrou lugar onde pousar os pés porque as águas
ainda cobriam toda a superfície da terra e, por isso, vol-
tou para a arca, a Noé. Ele estendeu a mão para fora,
apanhou a pomba e a trouxe de volta para dentro da
arca. 10Noé esperou mais sete dias e soltou novamente
a pomba. 11Ao entardecer, quando a pomba voltou, trou-
xe em seu bico uma folha nova de oliveira. Noé então
ficou sabendo que as águas tinham diminuído sobre a
terra. 12Esperou ainda outros sete dias e de novo soltou
a pomba, mas desta vez ela não voltou.

13No primeiro dia do primeiro mês do ano seiscentos
e um da vida de Noé, secaram-se as águas na terra. Noé
então removeu o teto da arca e viu que a superfície da
terra estava seca. 14No vigésimo sétimo dia do segundo
mês, a terra estava completamente seca.

15Então Deus disse a Noé: 16"Saia da arca, você e sua
mulher, seus filhos e as mulheres deles. 17Faça que
saiam também todos os animais que estão com você:
as aves, os grandes animais e os pequenos que se mo-
vem rente ao chão. Faça-os sair para que se espalhem
pela terra, sejam férteis e se multipliquem".

18Então Noé saiu da arca com sua mulher e seus fi-
lhos e as mulheres deles, 19e com todos os grandes ani-
mais e os pequenos que se movem rente ao chão e todas
as aves. Tudo o que se move sobre a terra saiu da arca,
uma espécie após outra.

20Depois Noé construiu um altar dedicado ao SENHOR
e, tomando alguns animais e aves puros, ofereceu-os
como holocausto[a], queimando-os sobre o altar. 21O SE-
NHOR sentiu o aroma agradável e disse a si mesmo:
"Nunca mais amaldiçoarei a terra por causa do homem,
pois o seu coração é inteiramente inclinado para o mal
desde a infância. E nunca mais destruirei todos os seres
vivos[b] como fiz desta vez.

22"Enquanto durar a terra,
plantio e colheita,
frio e calor,
verão e inverno,
dia e noite
jamais cessarão".

A aliança de Deus com Noé

9 Deus abençoou Noé e seus filhos, dizendo-lhes: "Se-
jam férteis, multipliquem-se e encham a terra. 2Todos
os animais da terra tremerão de medo diante de vocês:
os animais selvagens, as aves do céu, as criaturas que
se movem rente ao chão e os peixes do mar; eles estão
entregues em suas mãos. 3Tudo o que vive e se move
servirá de alimento para vocês. Assim como lhes dei os
vegetais, agora lhes dou todas as coisas.

4"Mas não comam carne com sangue, que é vida. 5A
todo aquele que derramar sangue, tanto homem como
animal, pedirei contas; a cada um pedirei contas da vi-
da do seu próximo.

6"Quem derramar sangue do homem,
pelo homem seu sangue será derramado;
porque à imagem de Deus
foi o homem criado.

7"Mas vocês, sejam férteis e multipliquem-se; espa-
lhem-se pela terra e proliferem nela[c]".

8Então disse Deus a Noé e a seus filhos, que estavam
com ele: 9"Vou estabelecer a minha aliança com vocês e
com os seus futuros descendentes, 10e com todo ser vivo
que está com vocês: as aves, os rebanhos domésticos e
os animais selvagens, todos os que saíram da arca com
vocês, todos os seres vivos da terra. 11Estabeleço uma
aliança com vocês: Nunca mais será ceifada nenhuma
forma de vida pelas águas de um dilúvio; nunca mais
haverá dilúvio para destruir a terra".

12E Deus prosseguiu: "Este é o sinal da aliança que es-
tou fazendo entre mim e vocês e com todos os seres vi-
vos que estão com vocês, para todas as gerações futuras:
13o meu arco que coloquei nas nuvens. Será o sinal da
minha aliança com a terra. 14Quando eu trouxer nuvens
sobre a terra e nelas aparecer o arco-íris, 15então me lem-
brarei da minha aliança com vocês e com os seres vivos
de todas as espécies[d]. Nunca mais as águas se tornarão
um dilúvio para destruir toda forma de vida[e]. 16Toda
vez que o arco-íris estiver nas nuvens, olharei para ele
e me lembrarei da aliança eterna entre Deus e todos os
seres vivos de todas as espécies que vivem na terra".

17Concluindo, disse Deus a Noé: "Esse é o sinal da
aliança que estabeleci entre mim e toda forma de vida
que há sobre a terra".

Os filhos de Noé

18Os filhos de Noé que saíram da arca foram Sem,
Cam e Jafé. Cam é o pai de Canaã. 19Esses foram os três
filhos de Noé; a partir deles toda a terra foi povoada.

20Noé, que era agricultor, foi o primeiro a plantar
uma vinha. 21Bebeu do vinho, embriagou-se e ficou nu
dentro da sua tenda. 22Cam, pai de Canaã, viu a nudez
do pai e foi contar aos dois irmãos que estavam do lado
de fora. 23Mas Sem e Jafé pegaram a capa, levantaram-
-na sobre os ombros e, andando de costas para não ve-
rem a nudez do pai, cobriram-no.

24Quando Noé acordou do efeito do vinho e desco-
briu o que seu filho caçula lhe havia feito, 25disse:

"Maldito seja Canaã!
Escravo de escravos
será para os seus irmãos".
26Disse ainda:
"Bendito seja o SENHOR,
o Deus de Sem!
E seja Canaã seu escravo.
27Amplie Deus o território de Jafé;
habite ele nas tendas de Sem,
e seja Canaã seu escravo".

[a] 8:20 Isto é, sacrifício totalmente queimado.
[b] 8:21 Ou *toda a raça humana*

[c] 9:7 Possivelmente *e a dominem*
[d] 9:15 Hebraico: *de toda carne*; também no versículo 16.
[e] 9:15 Hebraico: *toda carne*; também no versículo 17.

28 Depois do Dilúvio Noé viveu trezentos e cinquenta anos. 29 Viveu ao todo novecentos e cinquenta anos e morreu.

A origem dos povos

10 Este é o registro da descendência de Sem, Cam e Jafé, filhos de Noé. Os filhos deles nasceram depois do Dilúvio.

Os jafetitas

2 Estes foram os filhos[a] de Jafé:
Gômer, Magogue, Madai, Javã, Tubal,
Meseque e Tirás.
3 Estes foram os filhos de Gômer:
Asquenaz, Rifate e Togarma.
4 Estes foram os filhos de Javã:
Elisá, Társis, Quitim e Rodanim[b]. 5 Deles procedem os povos marítimos, os quais se separaram em seu território, conforme a sua língua, cada um segundo os clãs de suas nações.

Os camitas

6 Estes foram os filhos de Cam:
Cuxe, Mizraim[c], Fute e Canaã.
7 Estes foram os filhos de Cuxe:
Sebá, Havilá, Sabtá, Raamá e Sabtecá.
Estes foram os filhos de Raamá:
Sabá e Dedã.

8 Cuxe gerou[d] também Ninrode, o primeiro homem poderoso na terra. 9 Ele foi o mais valente dos caçadores[e], e por isso se diz: "Valente como Ninrode". 10 No início o seu reino abrangia Babel, Ereque, Acade e Calné[f], na terra de Sinear[g]. 11 Dessa terra ele partiu para a Assíria, onde fundou Nínive, Reobote-Ir[h], Calá 12 e Resém, que fica entre Nínive e Calá, a grande cidade.

13 Mizraim gerou os luditas, os anamitas, os leabitas, os naftuítas, 14 os patrusitas, os casluítas, dos quais se originaram os filisteus, e os caftoritas.

15 Canaã gerou Sidom, seu filho mais velho, e Hete[i], 16 como também os jebuseus, os amorreus, os girgaseus, 17 os heveus, os arqueus, os sineus, 18 os arvadeus, os zemareus e os hamateus.

Posteriormente, os clãs cananeus se espalharam. 19 As fronteiras de Canaã estendiam-se desde Sidom, iam até Gerar, e chegavam a Gaza e, de lá, prosseguiam até Sodoma, Gomorra, Admá e Zeboim, chegando até Lasa.

20 São esses os descendentes de Cam, conforme seus clãs e línguas, em seus territórios e nações.

Os semitas

21 Sem, irmão mais velho de Jafé[j], também gerou filhos. Sem foi o antepassado de todos os filhos de Héber.

22 Estes foram os filhos de Sem:
Elão, Assur, Arfaxade, Lude e Arã.
23 Estes foram os filhos de Arã:
Uz, Hul, Géter e Meseque[k].
24 Arfaxade gerou Salá[l], e este gerou Héber.
25 A Héber nasceram dois filhos:
um deles se chamou Pelegue, porque em sua época a terra foi dividida; seu irmão chamou-se Joctã.

26 Joctã gerou Almodá, Salefe, Hazarmavé, Jerá, 27 Adorão, Uzal, Dicla, 28 Obal, Abimael, Sabá, 29 Ofir, Havilá e Jobabe. Todos esses foram filhos de Joctã.

30 A região onde viviam estendia-se de Messa até Sefar, nas colinas ao leste.

31 São esses os descendentes de Sem, conforme seus clãs e línguas, em seus territórios e nações.

32 São esses os clãs dos filhos de Noé, distribuídos em suas nações, conforme a história da sua descendência. A partir deles, os povos se dispersaram pela terra, depois do Dilúvio.

A torre de Babel

11 No mundo todo havia apenas uma língua, um só modo de falar.

2 Saindo os homens do[m] Oriente, encontraram uma planície em Sinear e ali se fixaram.

3 Disseram uns aos outros: "Vamos fazer tijolos e queimá-los bem". Usavam tijolos em lugar de pedras, e piche em vez de argamassa. 4 Depois disseram: "Vamos construir uma cidade, com uma torre que alcance os céus. Assim nosso nome será famoso e não seremos espalhados pela face da terra".

5 O SENHOR desceu para ver a cidade e a torre que os homens estavam construindo. 6 E disse o SENHOR: "Eles são um só povo e falam uma só língua, e começaram a construir isso. Em breve nada poderá impedir o que planejam fazer. 7 Venham, desçamos e confundamos a língua que falam, para que não entendam mais uns aos outros".

8 Assim o SENHOR os dispersou dali por toda a terra, e pararam de construir a cidade. 9 Por isso foi chamada Babel[n], porque ali o SENHOR confundiu a língua de todo o mundo. Dali o SENHOR os espalhou por toda a terra.

A descendência de Sem

10 Este é o registro da descendência de Sem:

Dois anos depois do Dilúvio, aos 100 anos de idade, Sem gerou[o] Arfaxade. 11 E depois de ter gerado Arfaxade, Sem viveu 500 anos e gerou outros filhos e filhas.
12 Aos 35 anos, Arfaxade gerou Salá. 13 Depois que gerou Salá, Arfaxade viveu 403 anos e gerou outros filhos e filhas.[p]
14 Aos 30 anos, Salá gerou Héber. 15 Depois que gerou Héber, Salá viveu 403 anos e gerou outros filhos e filhas.
16 Aos 34 anos, Héber gerou Pelegue. 17 Depois que gerou Pelegue, Héber viveu 430 anos e gerou outros filhos e filhas.

[a] 10:2 *Filhos* pode significar *descendentes* ou *sucessores* ou *nações*; também nos versículos 3, 4, 6, 7, 20-23 e 29.
[b] 10:4 Alguns manuscritos dizem *Dodanim*.
[c] 10:6 Isto é, Egito; também no versículo 13.
[d] 10:8 *Gerar* pode ter o sentido de *ser ancestral* ou *predecessor*; também nos versículos 13, 15, 24 e 26.
[e] 10:9 Hebraico: *valente caçador diante do Senhor.*
[f] 10:10 Ou *e todos eles*
[g] 10:10 Isto é, Babilônia.
[h] 10:11 Ou *Nínive com as praças da cidade*
[i] 10:15 Ou *os sidônios, os primeiros, e os hititas*
[j] 10:21 Ou *Sem, cujo irmão mais velho era Jafé*
[k] 10:23 Alguns manuscritos dizem *Más*.
[l] 10:24 A Septuaginta diz *gerou Cainã, e Cainã gerou Salá*.
[m] 11:2 Ou *para o Oriente*
[n] 11:9 Isto é, Babilônia.
[o] 11:10 *Gerar* pode ter o sentido de *ser ancestral* ou *predecessor*; também nos versículos 11-25.
[p] 11:12-13 A Septuaginta diz *Aos 35 anos, Arfaxade gerou Cainã. 13 Depois que gerou Cainã, Arfaxade viveu 430 anos e gerou outros filhos e filhas, e então morreu. Aos 130 anos, Cainã gerou Salá. Depois que gerou Salá, Cainã viveu 330 anos e gerou outros filhos e filhas.* Veja Gn 10:24 e Lc 3:35-36.

18 Aos 30 anos, Pelegue gerou Reú. 19 Depois que gerou Reú, Pelegue viveu 209 anos e gerou outros filhos e filhas.
20 Aos 32 anos, Reú gerou Serugue. 21 Depois que gerou Serugue, Reú viveu 207 anos e gerou outros filhos e filhas.
22 Aos 30 anos, Serugue gerou Naor. 23 Depois que gerou Naor, Serugue viveu 200 anos e gerou outros filhos e filhas.
24 Aos 29 anos, Naor gerou Terá. 25 Depois que gerou Terá, Naor viveu 119 anos e gerou outros filhos e filhas.
26 Aos 70 anos, Terá havia gerado Abrão, Naor e Harã.

27 Esta é a história da família de Terá:

Terá gerou Abrão, Naor e Harã. E Harã gerou Ló. 28 Harã morreu em Ur dos caldeus, sua terra natal, quando ainda vivia Terá, seu pai. 29 Tanto Abrão como Naor casaram-se. O nome da mulher de Abrão era Sarai, e o nome da mulher de Naor era Milca; esta era filha de Harã, pai de Milca e de Iscá. 30 Ora, Sarai era estéril; não tinha filhos.
31 Terá tomou seu filho Abrão, seu neto Ló, filho de Harã, e sua nora Sarai, mulher de seu filho Abrão, e juntos partiram de Ur dos caldeus para Canaã. Mas, ao chegarem a Harã, estabeleceram-se ali.
32 Terá viveu 205 anos e morreu em Harã.

O chamado de Abrão

12 Então o SENHOR disse a Abrão: "Saia da sua terra, do meio dos seus parentes e da casa de seu pai, e vá para a terra que eu lhe mostrarei.

2 "Farei de você um grande povo,
e o abençoarei.
Tornarei famoso o seu nome,
e você será uma bênção.
3 Abençoarei os que o abençoarem
e amaldiçoarei os que o amaldiçoarem;
e por meio de você
todos os povos da terra
serão abençoados".

4 Partiu Abrão, como lhe ordenara o SENHOR, e Ló foi com ele. Abrão tinha setenta e cinco anos quando saiu de Harã. 5 Levou sua mulher Sarai, seu sobrinho Ló, todos os bens que haviam acumulado e os seus servos, comprados em Harã; partiram para a terra de Canaã e lá chegaram. 6 Abrão atravessou a terra até o lugar do carvalho de Moré, em Siquém. Naquela época os cananeus habitavam essa terra.
7 O SENHOR apareceu a Abrão e disse: "À sua descendência darei esta terra". Abrão construiu ali um altar dedicado ao SENHOR, que lhe havia aparecido. 8 Dali prosseguiu em direção às colinas a leste de Betel, onde armou acampamento, tendo Betel a oeste e Ai a leste. Construiu ali um altar dedicado ao SENHOR e invocou o nome do SENHOR. 9 Depois Abrão partiu e prosseguiu em direção ao Neguebe.

Abrão no Egito

10 Houve fome naquela terra, e Abrão desceu ao Egito para ali viver algum tempo, pois a fome era rigorosa. 11 Quando estava chegando ao Egito, disse a Sarai, sua mulher: "Bem sei que você é bonita. 12 Quando os egípcios a virem, dirão: 'Esta é a mulher dele'. E me matarão, mas deixarão você viva. 13 Diga que é minha irmã, para que me tratem bem por amor a você e minha vida seja poupada por sua causa".
14 Quando Abrão chegou ao Egito, viram os egípcios que Sarai era uma mulher muito bonita. 15 Vendo-a, os homens da corte do faraó a elogiaram diante do faraó, e ela foi levada ao seu palácio. 16 Ele tratou bem a Abrão por causa dela, e Abrão recebeu ovelhas e bois, jumentos e jumentas, servos e servas, e camelos.
17 Mas o SENHOR puniu o faraó e sua corte com graves doenças, por causa de Sarai, mulher de Abrão. 18 Por isso o faraó mandou chamar Abrão e disse: "O que você fez comigo? Por que não me falou que ela era sua mulher? 19 Por que disse que era sua irmã? Foi por isso que eu a tomei para ser minha mulher. Aí está a sua mulher. Tome-a e vá!" 20 A seguir o faraó deu ordens para que providenciassem o necessário para que Abrão partisse, com sua mulher e com tudo o que possuía.

A desavença entre Abrão e Ló

13 Saiu, pois, Abrão do Egito e foi para o Neguebe, com sua mulher e com tudo o que possuía, e Ló foi com ele. 2 Abrão tinha enriquecido muito, tanto em gado como em prata e ouro.
3 Ele partiu do Neguebe em direção a Betel, indo de um lugar a outro, até que chegou ao lugar entre Betel e Ai onde já havia armado acampamento anteriormente 4 e onde, pela primeira vez, tinha construído um altar. Ali Abrão invocou o nome do SENHOR.
5 Ló, que acompanhava Abrão, também possuía rebanhos e tendas. 6 E não podiam morar os dois juntos na mesma região, porque possuíam tantos bens que a terra não podia sustentá-los. 7 Por isso surgiu uma desavença entre os pastores dos rebanhos de Abrão e os de Ló. Nessa época os cananeus e os ferezeus habitavam aquela terra.
8 Então Abrão disse a Ló: "Não haja desavença entre mim e você, ou entre os seus pastores e os meus; afinal somos irmãos! 9 Aí está a terra inteira diante de você. Vamos separar-nos. Se você for para a esquerda, irei para a direita; se for para a direita, irei para a esquerda".
10 Olhou então Ló e viu todo o vale do Jordão, todo ele bem irrigado, até Zoar; era como o jardim do SENHOR, como a terra do Egito. Isto se deu antes de o SENHOR destruir Sodoma e Gomorra. 11 Ló escolheu todo o vale do Jordão e partiu em direção ao leste. Assim os dois se separaram: 12 Abrão ficou na terra de Canaã, mas Ló mudou seu acampamento para um lugar próximo a Sodoma, entre as cidades do vale. 13 Ora, os homens de Sodoma eram extremamente perversos e pecadores contra o SENHOR.

A promessa de Deus a Abrão

14 Disse o SENHOR a Abrão, depois que Ló separou-se dele: "De onde você está, olhe para o norte, para o sul, para o leste e para o oeste: 15 toda a terra que você está vendo darei a você e à sua descendência para sempre. 16 Tornarei a sua descendência tão numerosa como o pó da terra. Se for possível contar o pó da terra, também se poderá contar a sua descendência. 17 Percorra esta terra de alto a baixo, de um lado a outro, porque eu a darei a você".
18 Então Abrão mudou seu acampamento e passou a viver próximo aos carvalhos de Manre, em Hebrom, onde construiu um altar dedicado ao SENHOR.

Abrão socorre Ló

14 Naquela época Anrafel, rei de Sinear, Arioque, rei de Elasar, Quedorlaomer, rei de Elão, e Tidal, rei de Goim, 2foram à guerra contra Bera, rei de Sodoma, contra Birsa, rei de Gomorra, contra Sinabe, rei de Admá, contra Semeber, rei de Zeboim, e contra o rei de Belá, que é Zoar. 3Todos esses últimos juntaram suas tropas no vale de Sidim, onde fica o mar Salgado[a]. 4Doze anos estiveram sujeitos a Quedorlaomer, mas no décimo terceiro ano se rebelaram.

5No décimo quarto ano, Quedorlaomer e os reis que a ele tinham-se aliado derrotaram os refains em Asterote-Carnaim, os zuzins em Hã, os emins em Savé-Quiriataim 6e os horeus desde os montes de Seir até El-Parã, próximo ao deserto. 7Depois, voltaram e foram para En-Mispate, que é Cades, e conquistaram todo o território dos amalequitas e dos amorreus que viviam em Hazazom-Tamar.

8Então os reis de Sodoma, de Gomorra, de Admá, de Zeboim e de Belá, que é Zoar, marcharam e tomaram posição de combate no vale de Sidim 9contra Quedorlaomer, rei de Elão, contra Tidal, rei de Goim, contra Anrafel, rei de Sinear, e contra Arioque, rei de Elasar. Eram quatro reis contra cinco. 10Ora, o vale de Sidim era cheio de poços de betume e, quando os reis de Sodoma e de Gomorra fugiram, alguns dos seus homens caíram nos poços e o restante escapou para os montes. 11Os vencedores saquearam todos os bens de Sodoma e de Gomorra e todo o seu mantimento, e partiram. 12Levaram também Ló, sobrinho de Abrão, e os bens que ele possuía, visto que morava em Sodoma.

13Mas alguém que tinha escapado veio e relatou tudo a Abrão, o hebreu, que vivia próximo aos carvalhos de Manre, o amorreu. Manre e os seus irmãos[b] Escol e Aner eram aliados de Abrão. 14Quando Abrão ouviu que seu parente fora levado prisioneiro, mandou convocar os trezentos e dezoito homens treinados, nascidos em sua casa, e saiu em perseguição aos inimigos até Dã. 15Atacou-os durante a noite em grupos, e assim os derrotou, perseguindo-os até Hobá, ao norte[c] de Damasco. 16Recuperou todos os bens e trouxe de volta seu parente Ló com tudo o que possuía, com as mulheres e o restante dos prisioneiros.

Melquisedeque abençoa Abrão

17Voltando Abrão da vitória sobre Quedorlaomer e sobre os reis que a ele se haviam aliado, o rei de Sodoma foi ao seu encontro no vale de Savé, isto é, o vale do Rei.

18Então Melquisedeque, rei de Salém[d] e sacerdote do Deus Altíssimo, trouxe pão e vinho 19e abençoou Abrão, dizendo:

"Bendito seja Abrão
pelo Deus Altíssimo,
Criador[e] dos céus e da terra.
20E bendito seja o Deus Altíssimo,
que entregou seus inimigos
em suas mãos".

E Abrão lhe deu o dízimo de tudo.

21O rei de Sodoma disse a Abrão: "Dê-me as pessoas e pode ficar com os bens".

22Mas Abrão respondeu ao rei de Sodoma: "De mãos levantadas ao SENHOR, o Deus Altíssimo, Criador dos céus e da terra, juro 23que não aceitarei nada do que lhe pertence, nem mesmo um cordão ou uma correia de sandália, para que você jamais venha a dizer: 'Eu enriqueci Abrão'. 24Nada aceitarei, a não ser o que os meus servos comeram e a porção pertencente a Aner, Escol e Manre, os quais me acompanharam. Que eles recebam a sua porção".

A aliança de Deus com Abrão

15 Depois dessas coisas o SENHOR falou a Abrão numa visão:

"Não tenha medo, Abrão!
Eu sou o seu escudo;
grande será a sua recompensa!"

2Mas Abrão perguntou: "Ó Soberano SENHOR, que me darás, se continuo sem filhos e o herdeiro do que possuo é Eliézer de Damasco?" 3E acrescentou: "Tu não me deste filho algum! Um servo da minha casa será o meu herdeiro!"

4Então o SENHOR deu-lhe a seguinte resposta: "Seu herdeiro não será esse. Um filho gerado por você mesmo será o seu herdeiro". 5Levando-o para fora da tenda, disse-lhe: "Olhe para o céu e conte as estrelas, se é que pode contá-las". E prosseguiu: "Assim será a sua descendência".

6Abrão creu no SENHOR, e isso lhe foi creditado como justiça.

7Disse-lhe ainda: "Eu sou o SENHOR, que o tirei de Ur dos caldeus para dar-lhe esta terra como herança".

8Perguntou-lhe Abrão: "Ó Soberano SENHOR, como posso saber que tomarei posse dela?"

9Respondeu-lhe o SENHOR: "Traga-me uma novilha, uma cabra e um carneiro, todos com três anos de vida, e também uma rolinha e um pombinho".

10Abrão trouxe todos esses animais, cortou-os ao meio e colocou cada metade em frente à outra; as aves, porém, ele não cortou. 11Nisso, aves de rapina começaram a descer sobre os cadáveres, mas Abrão as enxotava.

12Ao pôr do sol, Abrão foi tomado de sono profundo, e eis que vieram sobre ele trevas densas e apavorantes. 13Então o SENHOR lhe disse: "Saiba que os seus descendentes serão estrangeiros numa terra que não lhes pertencerá, onde também serão escravizados e oprimidos por quatrocentos anos. 14Mas eu castigarei a nação a quem servirão como escravos e, depois de tudo, sairão com muitos bens. 15Você, porém, irá em paz a seus antepassados e será sepultado em boa velhice. 16Na quarta geração, os seus descendentes voltarão para cá, porque a maldade dos amorreus ainda não atingiu a medida completa".

17Depois que o sol se pôs e veio a escuridão, eis que um fogareiro esfumaçante, com uma tocha acesa, passou por entre os pedaços dos animais. 18Naquele dia o SENHOR fez a seguinte aliança com Abrão: "Aos seus descendentes dei esta terra, desde o ribeiro do Egito até o grande rio, o Eufrates: 19a terra dos queneus, dos quenezeus, dos cadmoneus, 20dos hititas, dos ferezeus, dos refains, 21dos amorreus, dos cananeus, dos girgaseus e dos jebuseus".

[a] 14:3 Isto é, o mar Morto.
[b] 14:13 Ou *parentes*; ou ainda *aliados*
[c] 14:15 Hebraico: *à esquerda*.
[d] 14:18 Isto é, Jerusalém.
[e] 14:19 Ou *Dono*; também no versículo 22.

O nascimento de Ismael

16 Ora, Sarai, mulher de Abrão, não lhe dera nenhum
filho. Como tinha uma serva egípcia, chamada Ha-
gar, 2disse a Abrão: "Já que o SENHOR me impediu de
ter filhos, possua a minha serva; talvez eu possa for-
mar família por meio dela". Abrão atendeu à proposta
de Sarai. 3Quando isso aconteceu, já fazia dez anos que
Abrão, seu marido, vivia em Canaã. Foi nessa ocasião
que Sarai, sua mulher, lhe entregou sua serva egípcia
Hagar. 4Ele possuiu Hagar, e ela engravidou.

Quando se viu grávida, começou a olhar com des-
prezo para a sua senhora. 5Então Sarai disse a Abrão:
"Caia sobre você a afronta que venho sofrendo. Colo-
quei minha serva em seus braços e, agora que ela sabe
que engravidou, despreza-me. Que o SENHOR seja o juiz
entre mim e você".

6Respondeu Abrão a Sarai: "Sua serva está em suas
mãos. Faça com ela o que achar melhor". Então Sarai
tanto maltratou Hagar que esta acabou fugindo.

7O Anjo do SENHOR encontrou Hagar perto de uma
fonte no deserto, no caminho de Sur, 8e perguntou-
-lhe: "Hagar, serva de Sarai, de onde você vem? Para
onde vai?"

Respondeu ela: "Estou fugindo de Sarai, a minha
senhora".

9Disse-lhe então o Anjo do SENHOR: "Volte à sua se-
nhora e sujeite-se a ela". 10Disse mais o Anjo: "Multi-
plicarei tanto os seus descendentes que ninguém os
poderá contar".

11Disse-lhe ainda o Anjo do SENHOR:

"Você está grávida e terá um filho,
e lhe dará o nome de Ismael,
porque o SENHOR a ouviu
em seu sofrimento.
12Ele será como jumento selvagem;
sua mão será contra todos,
e a mão de todos contra ele,
e ele viverá em hostilidade[a]
contra todos os seus irmãos".

13Este foi o nome que ela deu ao SENHOR que lhe ha-
via falado: "Tu és o Deus que me vê", pois dissera: "Te-
ria eu visto Aquele que me vê?" 14Por isso o poço, que
fica entre Cades e Berede, foi chamado Beer-Laai-Roi.[b]

15Hagar teve um filho de Abrão, e este lhe deu o no-
me de Ismael. 16Abrão estava com oitenta e seis anos
de idade quando Hagar lhe deu Ismael.

A circuncisão: o sinal da aliança

17 Quando Abrão estava com noventa e nove anos de
idade o SENHOR lhe apareceu e disse: "Eu sou o Deus
todo-poderoso[c]; ande segundo a minha vontade e se-
ja íntegro. 2Estabelecerei a minha aliança entre mim e
você e multiplicarei muitíssimo a sua descendência".

3Abrão prostrou-se com o rosto em terra, e Deus lhe
disse: 4"De minha parte, esta é a minha aliança com
você. Você será o pai de muitas nações. 5Não será mais
chamado Abrão; seu nome será Abraão[d], porque eu o
constituí pai de muitas nações. 6Eu o tornarei extre-
mamente prolífero; de você farei nações e de você
procederão reis. 7Estabelecerei a minha aliança como
aliança eterna entre mim e você e os seus futuros des-
cendentes, para ser o seu Deus e o Deus dos seus des-
cendentes. 8Toda a terra de Canaã, onde agora você é
estrangeiro, darei como propriedade perpétua a você e
a seus descendentes; e serei o Deus deles.

9"De sua parte", disse Deus a Abraão, "guarde a mi-
nha aliança, tanto você como os seus futuros descen-
dentes. 10Esta é a minha aliança com você e com os seus
descendentes, aliança que terá que ser guardada: Todos
os do sexo masculino entre vocês serão circuncidados
na carne. 11Terão que fazer essa marca, que será o si-
nal da aliança entre mim e vocês. 12Da sua geração em
diante, todo menino de oito dias de idade entre vocês
terá que ser circuncidado, tanto os nascidos em sua ca-
sa quanto os que forem comprados de estrangeiros e
que não forem descendentes de vocês. 13Sejam nascidos
em sua casa, sejam comprados, terão que ser circunci-
dados. Minha aliança, marcada no corpo de vocês, será
uma aliança perpétua. 14Qualquer do sexo masculino
que for incircunciso, que não tiver sido circuncidado,
será eliminado do meio do seu povo; quebrou a mi-
nha aliança".

15Disse também Deus a Abraão: "De agora em diante
sua mulher já não se chamará Sarai; seu nome será Sa-
ra[e]. 16Eu a abençoarei e também por meio dela darei a
você um filho. Sim, eu a abençoarei e dela procederão
nações e reis de povos".

17Abraão prostrou-se com o rosto em terra; riu-se e
disse a si mesmo: "Poderá um homem de cem anos de
idade gerar um filho? Poderá Sara dar à luz aos noven-
ta anos?" 18E Abraão disse a Deus: "Permite que Ismael
seja o meu herdeiro![f]"

19Então Deus respondeu: "Na verdade Sara, sua mu-
lher, lhe dará um filho, e você lhe chamará Isaque[g].
Com ele estabelecerei a minha aliança, que será aliança
eterna para os seus futuros descendentes. 20E no caso
de Ismael, levarei em conta o seu pedido. Também o
abençoarei; eu o farei prolífero e multiplicarei muito a
sua descendência. Ele será pai de doze príncipes e dele
farei um grande povo. 21Mas a minha aliança, eu a es-
tabelecerei com Isaque, filho que Sara lhe dará no ano
que vem, por esta época". 22Quando terminou de falar
com Abraão, Deus subiu e retirou-se da presença dele.

23Naquele mesmo dia Abraão tomou seu filho Is-
mael, todos os nascidos em sua casa e os que foram
comprados, todos os do sexo masculino de sua casa, e
os circuncidou, como Deus lhe ordenara. 24Abraão tinha
noventa e nove anos quando foi circuncidado, 25e seu
filho Ismael tinha treze; 26Abraão e seu filho Ismael fo-
ram circuncidados naquele mesmo dia. 27E com Abraão
foram circuncidados todos os de sua casa, tanto os nas-
cidos em casa como os comprados de estrangeiros.

Deus promete um filho a Abraão

18 O SENHOR apareceu a Abraão perto dos carvalhos
de Manre, quando ele estava sentado à entrada de
sua tenda, na hora mais quente do dia. 2Abraão ergueu
os olhos e viu três homens em pé, a pouca distância.
Quando os viu, saiu da entrada de sua tenda, correu ao
encontro deles e curvou-se até o chão.

[a] 16:12 Ou *defronte de todos*
[b] 16:14 Isto é, poço daquele que vive e me vê.
[c] 17:1 Hebraico: *El-Shaddai*.
[d] 17:5 *Abrão* significa *pai exaltado*; *Abraão* significa *pai de muitas nações*.
[e] 17:15 *Sara* significa *princesa*.
[f] 17:18 Hebraico: *Que Ismael viva na tua presença!*
[g] 17:19 *Isaque* significa *ele riu*.

3 Disse ele: "Meu senhor, se mereço o seu favor, não
passe pelo seu servo sem fazer uma parada. 4 Mandarei
buscar um pouco d'água para que lavem os pés e des-
cansem debaixo desta árvore. 5 Vou trazer-lhes também
o que comer, para que recuperem as forças e prossigam
pelo caminho, agora que já chegaram até este seu servo".
"Está bem; faça como está dizendo", responderam.
6 Abraão foi apressadamente à tenda e disse a Sa-
ra: "Depressa, pegue três medidas[a] da melhor farinha,
amasse-a e faça uns pães".
7 Depois correu ao rebanho e escolheu o melhor no-
vilho, e o deu a um servo, que se apressou em prepará-
-lo. 8 Trouxe então coalhada, leite e o novilho que havia
sido preparado, e os serviu. Enquanto comiam, ele ficou
perto deles em pé, debaixo da árvore.
9 "Onde está Sara, sua mulher?", perguntaram.
"Ali na tenda", respondeu ele.
10 Então disse o SENHOR[b]: "Voltarei a você na prima-
vera, e Sara, sua mulher, terá um filho".
Sara escutava à entrada da tenda, atrás dele. 11 Abraão
e Sara já eram velhos, de idade bem avançada, e Sara
já tinha passado da idade de ter filhos. 12 Por isso riu
consigo mesma, quando pensou: "Depois de já estar
velha e meu senhor[c] já idoso, ainda terei esse prazer?"
13 Mas o SENHOR disse a Abraão: "Por que Sara riu e
disse: 'Poderei realmente dar à luz, agora que sou ido-
sa?' 14 Existe alguma coisa impossível para o SENHOR? Na
primavera voltarei a você, e Sara terá um filho".
15 Sara teve medo, e por isso mentiu: "Eu não ri".
Mas ele disse: "Não negue, você riu".

Abraão intercede por Sodoma

16 Quando os homens se levantaram para partir, avis-
taram lá embaixo Sodoma; e Abraão os acompanhou
para despedir-se. 17 Então o SENHOR disse: "Esconderei
de Abraão o que estou para fazer? 18 Abraão será o pai
de uma nação grande e poderosa, e por meio dele todas
as nações da terra serão abençoadas. 19 Pois eu o escolhi,
para que ordene aos seus filhos e aos seus descenden-
tes que se conservem no caminho do SENHOR, fazen-
do o que é justo e direito, para que o SENHOR faça vir a
Abraão o que lhe prometeu".
20 Disse-lhe, pois, o SENHOR: "As acusações contra So-
doma e Gomorra são tantas e o seu pecado é tão grave
21 que descerei para ver se o que eles têm feito corres-
ponde ao que tenho ouvido. Se não, eu saberei".
22 Os homens partiram dali e foram para Sodoma,
mas Abraão permaneceu diante do SENHOR.[d] 23 Abraão
aproximou-se dele e disse: "Exterminarás o justo com
o ímpio? 24 E se houver cinquenta justos na cidade? Ain-
da a destruirás e não pouparás o lugar por amor aos
cinquenta justos que nele estão? 25 Longe de ti fazer tal
coisa: matar o justo com o ímpio, tratando o justo e o
ímpio da mesma maneira. Longe de ti! Não agirá com
justiça o Juiz[e] de toda a terra?"
26 Respondeu o SENHOR: "Se eu encontrar cinquen-
ta justos em Sodoma, pouparei a cidade toda por amor
a eles".
27 Mas Abraão tornou a falar: "Sei que já fui muito
ousado ao ponto de falar ao Senhor, eu que não passo
de pó e cinza. 28 Ainda assim pergunto: E se faltarem
cinco para completar os cinquenta justos? Destruirás a
cidade por causa dos cinco?"
Disse ele: "Se encontrar ali quarenta e cinco, não a
destruirei".
29 "E se encontrares apenas quarenta?", insistiu
Abraão.
Ele respondeu: "Por amor aos quarenta não a des-
truirei".
30 Então continuou ele: "Não te ires, Senhor, mas
permite-me falar. E se apenas trinta forem encontra-
dos ali?"
Ele respondeu: "Se encontrar trinta, não a des-
truirei".
31 Prosseguiu Abraão: "Agora que já fui tão ousado
falando ao Senhor, pergunto: E se apenas vinte forem
encontrados ali?"
Ele respondeu: "Por amor aos vinte não a destruirei".
32 Então Abraão disse ainda: "Não te ires, Senhor, mas
permite-me falar só mais uma vez. E se apenas dez fo-
rem encontrados?"
Ele respondeu: "Por amor aos dez não a destruirei".
33 Tendo acabado de falar com Abraão, o SENHOR par-
tiu, e Abraão voltou para casa.

A destruição de Sodoma e Gomorra

19 Os dois anjos chegaram a Sodoma ao anoitecer, e
Ló estava sentado à porta da cidade. Quando os
avistou, levantou-se e foi recebê-los. Prostrou-se com
o rosto em terra, 2 e disse: "Meus senhores, por favor,
acompanhem-me à casa do seu servo. Lá poderão lavar
os pés, passar a noite e, pela manhã, seguir caminho".
"Não, passaremos a noite na praça", responderam.
3 Mas ele insistiu tanto com eles que, finalmente, o
acompanharam e entraram em sua casa. Ló mandou
preparar-lhes uma refeição e assar pão sem fermento,
e eles comeram.
4 Ainda não tinham ido deitar-se, quando todos os
homens de toda parte da cidade de Sodoma, dos mais
jovens aos mais velhos, cercaram a casa. 5 Chamaram
Ló e lhe disseram: "Onde estão os homens que vieram
à sua casa esta noite? Traga-os para nós aqui fora para
que tenhamos relações com eles".
6 Ló saiu da casa, fechou a porta atrás de si 7 e lhes dis-
se: "Não, meus amigos! Não façam essa perversidade!
8 Olhem, tenho duas filhas que ainda são virgens. Vou
trazê-las para que vocês façam com elas o que bem en-
tenderem. Mas não façam nada a estes homens, porque
se acham debaixo da proteção do meu teto".
9 "Saia da frente!", gritaram. E disseram: "Este ho-
mem chegou aqui como estrangeiro, e agora quer ser
o juiz! Faremos a você pior do que a eles". Então em-
purraram Ló com violência e avançaram para arrom-
bar a porta. 10 Nisso, os dois visitantes agarraram Ló,
puxaram-no para dentro e fecharam a porta. 11 Depois
feriram de cegueira os homens que estavam à porta da
casa, dos mais jovens aos mais velhos, de maneira que
não conseguiam encontrar a porta.
12 Os dois homens perguntaram a Ló: "Você tem mais
alguém na cidade — genros, filhos ou filhas, ou qual-
quer outro parente? Tire-os daqui, 13 porque estamos
para destruir este lugar. As acusações feitas ao SENHOR

[a] 18:6 Hebraico: 3 *seás*. O seá era uma medida de capacidade para secos. As estimativas variam entre 7 e 14 litros.
[b] 18:10 Hebraico: *disse ele*.
[c] 18:12 Ou *marido*
[d] 18:22 Os massoretas indicam que a ordem original do texto era *o SENHOR, porém, permaneceu diante de Abraão*.
[e] 18:25 Ou *Soberano*

contra este povo são tantas que ele nos enviou para destruir a cidade".

14 Então Ló foi falar com seus genros, os quais iam casar-se com suas filhas, e lhes disse: "Saiam imediatamente deste lugar, porque o SENHOR está para destruir a cidade!" Mas eles pensaram que ele estava brincando.

15 Ao raiar do dia, os anjos insistiam com Ló, dizendo: "Depressa! Leve daqui sua mulher e suas duas filhas, ou vocês também serão mortos quando a cidade for castigada".

16 Tendo ele hesitado, os homens o agarraram pela mão, como também a mulher e as duas filhas, e os tiraram dali à força e os deixaram fora da cidade, porque o SENHOR teve misericórdia deles. 17 Assim que os tiraram da cidade, um deles disse a Ló: "Fuja por amor à vida! Não olhe para trás e não pare em lugar nenhum da planície! Fuja para as montanhas, ou você será morto!"

18 Ló, porém, lhes disse: "Não, meu senhor! 19 Seu servo foi favorecido por sua benevolência, pois o senhor foi bondoso comigo, poupando-me a vida. Não posso fugir para as montanhas, senão esta calamidade cairá sobre mim, e morrerei. 20 Aqui perto há uma cidade pequena. Está tão próxima que dá para correr até lá. Deixe-me ir para lá! Mesmo sendo tão pequena, lá estarei a salvo".

21 "Está bem", respondeu ele. "Também lhe atenderei esse pedido; não destruirei a cidade da qual você fala. 22 Fuja depressa, porque nada poderei fazer enquanto você não chegar lá". Por isso a cidade foi chamada Zoar[a].

23 Quando Ló chegou a Zoar, o sol já havia nascido sobre a terra. 24 Então o SENHOR, o próprio SENHOR, fez chover do céu fogo e enxofre sobre Sodoma e Gomorra. 25 Assim ele destruiu aquelas cidades e toda a planície, com todos os habitantes das cidades e a vegetação. 26 Mas a mulher de Ló olhou para trás e se transformou numa coluna de sal.

27 Na manhã seguinte, Abraão se levantou e voltou ao lugar onde tinha estado diante do SENHOR. 28 E olhou para Sodoma e Gomorra, para toda a planície, e viu uma densa fumaça subindo da terra, como fumaça de uma fornalha.

29 Quando Deus arrasou as cidades da planície, lembrou-se de Abraão e tirou Ló do meio da catástrofe que destruiu as cidades onde Ló vivia.

Os descendentes de Ló

30 Ló partiu de Zoar com suas duas filhas e passou a viver nas montanhas, porque tinha medo de permanecer em Zoar. Ele e suas duas filhas ficaram morando numa caverna.

31 Um dia, a filha mais velha disse à mais jovem: "Nosso pai já está velho, e não há homens nas redondezas que nos possuam, segundo o costume de toda a terra. 32 Vamos dar vinho a nosso pai e então nos deitaremos com ele para preservar a sua linhagem".

33 Naquela noite deram vinho ao pai, e a filha mais velha entrou e se deitou com ele. E ele não percebeu quando ela se deitou nem quando se levantou.

34 No dia seguinte a filha mais velha disse à mais nova: "Ontem à noite deitei-me com meu pai. Vamos dar-lhe vinho também esta noite, e você se deitará com ele, para que preservemos a linhagem de nosso pai". 35 Então, outra vez deram vinho ao pai naquela noite, e a mais nova foi e se deitou com ele. E ele não percebeu quando ela se deitou nem quando se levantou.

36 Assim, as duas filhas de Ló engravidaram do próprio pai. 37 A mais velha teve um filho, e deu-lhe o nome de Moabe[b]; este é o pai dos moabitas de hoje. 38 A mais nova também teve um filho, e deu-lhe o nome de Ben-Ami[c]; este é o pai dos amonitas de hoje.

Abraão em Gerar

20 Abraão partiu dali para a região do Neguebe e foi viver entre Cades e Sur. Depois morou algum tempo em Gerar. 2 Ele dizia que Sara, sua mulher, era sua irmã. Então Abimeleque, rei de Gerar, mandou buscar Sara e tomou-a para si.

3 Certa noite Deus veio a Abimeleque num sonho e lhe disse: "Você morrerá! A mulher que você tomou é casada".

4 Mas Abimeleque, que ainda não havia tocado nela, disse: "Senhor, destruirias um povo inocente? 5 Não foi ele que me disse: 'Ela é minha irmã'? E ela também não disse: 'Ele é meu irmão'? O que fiz foi de coração puro e de mãos limpas".

6 Então Deus lhe respondeu no sonho: "Sim, eu sei que você fez isso de coração puro. Eu mesmo impedi que você pecasse contra mim e por isso não lhe permiti tocá-la. 7 Agora devolva a mulher ao marido dela. Ele é profeta, e orará em seu favor, para que você não morra. Mas se não a devolver, esteja certo de que você e todos os seus morrerão".

8 Na manhã seguinte, Abimeleque convocou todos os seus conselheiros e, quando lhes contou tudo o que acontecera, tiveram muito medo. 9 Depois Abimeleque chamou Abraão e disse: "O que fizeste conosco? Em que foi que pequei contra ti para que trouxesses tamanha culpa sobre mim e sobre o meu reino? O que me fizeste não se faz a ninguém!" 10 E perguntou Abimeleque a Abraão: "O que te levou a fazer isso?"

11 Abraão respondeu: "Eu disse a mim mesmo: Certamente ninguém teme a Deus neste lugar, e irão matar-me por causa da minha mulher. 12 Além disso, na verdade ela é minha irmã por parte de pai, mas não por parte de mãe; e veio a ser minha mulher. 13 E quando Deus me fez sair errante da casa de meu pai, eu disse a ela: Assim você me provará sua lealdade: em qualquer lugar aonde formos, diga que sou seu irmão".

14 Então Abimeleque trouxe ovelhas e bois, servos e servas, deu-os a Abraão e devolveu-lhe Sara, sua mulher. 15 E disse Abimeleque: "Minha terra está diante de ti; podes ficar onde quiseres".

16 A Sara ele disse: "Estou dando a seu irmão mil peças de prata, para reparar a ofensa feita a você[d] diante de todos os seus; assim todos saberão que você é inocente".

17 A seguir Abraão orou a Deus, e Deus curou Abimeleque, sua mulher e suas servas, de forma que puderam novamente ter filhos, 18 porque o SENHOR havia tornado estéreis todas as mulheres da casa de Abimeleque por causa de Sara, mulher de Abraão.

O nascimento de Isaque

21 O SENHOR foi bondoso com Sara, como lhe dissera, e fez por ela o que prometera. 2 Sara engravidou e

[a] 19:22 *Zoar* significa *pequena*.

[b] 19:37 *Moabe* assemelha-se à expressão hebraica que significa *do pai*.

[c] 19:38 *Ben-Ami* significa *filho do meu povo*.

[d] 20:16 Hebraico: *para que lhe seja um véu para os olhos*.

deu um filho a Abraão em sua velhice, na época fixada
por Deus em sua promessa. 3Abraão deu o nome de Isa-
que ao filho que Sara lhe dera. 4Quando seu filho Isaque
tinha oito dias de vida, Abraão o circuncidou, conforme
Deus lhe havia ordenado. 5Estava ele com cem anos de
idade quando lhe nasceu Isaque, seu filho.
6E Sara disse: "Deus me encheu de riso, e todos os
que souberem disso rirão comigo".
7E acrescentou: "Quem diria a Abraão que Sara ama-
mentaria filhos? Contudo eu lhe dei um filho em sua
velhice!"

Abraão expulsa Hagar e Ismael

8O menino cresceu e foi desmamado. No dia em que
Isaque foi desmamado, Abraão deu uma grande festa.
9Sara, porém, viu que o filho que Hagar, a egípcia, de-
ra a Abraão estava rindo de[a] Isaque, 10e disse a Abraão:
"Livre-se daquela escrava e do seu filho, porque ele ja-
mais será herdeiro com o meu filho Isaque".
11Isso perturbou demais Abraão, pois envolvia um
filho seu. 12Mas Deus lhe disse: "Não se perturbe por
causa do menino e da escrava. Atenda a tudo o que Sara
lhe pedir, porque será por meio de Isaque que a sua des-
cendência há de ser considerada. 13Mas também do filho
da escrava farei um povo; pois ele é seu descendente".
14Na manhã seguinte, Abraão pegou alguns pães e
uma vasilha de couro cheia d'água, entregou-os a Ha-
gar e, tendo-os colocado nos ombros dela, despediu-a
com o menino. Ela se pôs a caminho e ficou vagando
pelo deserto de Berseba[b].
15Quando acabou a água da vasilha, ela deixou o me-
nino debaixo de um arbusto 16e foi sentar-se perto dali,
à distância de um tiro de flecha, porque pensou: "Não
posso ver o menino morrer". Sentada ali perto, come-
çou a chorar[c].
17Deus ouviu o choro do menino, e o anjo de Deus,
do céu, chamou Hagar e lhe disse: "O que a aflige, Ha-
gar? Não tenha medo; Deus ouviu o menino chorar, lá
onde você o deixou. 18Levante o menino e tome-o pela
mão, porque dele farei um grande povo".
19Então Deus lhe abriu os olhos, e ela viu uma fon-
te. Foi até lá, encheu de água a vasilha e deu de beber
ao menino.
20Deus estava com o menino. Ele cresceu, viveu no
deserto e tornou-se flecheiro. 21Vivia no deserto de Parã,
e sua mãe conseguiu-lhe uma mulher da terra do Egito.

O acordo entre Abraão e Abimeleque

22Naquela ocasião, Abimeleque, acompanhado de
Ficol, comandante do seu exército, disse a Abraão:
"Deus está contigo em tudo o que fazes. 23Agora, jura-
-me, diante de Deus, que não vais enganar-me, nem a
mim nem a meus filhos e descendentes. Trata a nação
que te acolheu como estrangeiro com a mesma bonda-
de com que te tratei".
24Respondeu Abraão: "Eu juro!"
25Todavia Abraão reclamou com Abimeleque a res-
peito de um poço que os servos de Abimeleque lhe
tinham tomado à força. 26Mas Abimeleque lhe respon-
deu: "Não sei quem fez isso. Nunca me disseste nada,
e só fiquei sabendo disso hoje".
27Então Abraão trouxe ovelhas e bois, deu-os a Abi-
meleque, e os dois firmaram um acordo. 28Abraão se-
parou sete ovelhas do rebanho, 29pelo que Abimeleque
lhe perguntou: "Que significam estas sete ovelhas que
separaste das demais?"
30Ele respondeu: "Aceita estas sete ovelhas de mi-
nhas mãos como testemunho de que eu cavei este po-
ço".
31Por isso aquele lugar foi chamado Berseba, porque
ali os dois fizeram um juramento.
32Firmado esse acordo em Berseba, Abimeleque e Fi-
col, comandante das suas tropas, voltaram para a terra
dos filisteus. 33Abraão, por sua vez, plantou uma tamar-
gueira em Berseba e ali invocou o nome do SENHOR, o
Deus Eterno. 34E morou Abraão na terra dos filisteus
por longo tempo.

Deus prova Abraão

22 Passado algum tempo, Deus pôs Abraão à prova,
dizendo-lhe: "Abraão!"
Ele respondeu: "Eis-me aqui".
2Então disse Deus: "Tome seu filho, seu único filho,
Isaque, a quem você ama, e vá para a região de Moriá.
Sacrifique-o ali como holocausto[d] num dos montes que
lhe indicarei".
3Na manhã seguinte, Abraão levantou-se e prepa-
rou o seu jumento. Levou consigo dois de seus servos
e Isaque, seu filho. Depois de cortar lenha para o holo-
causto, partiu em direção ao lugar que Deus lhe havia
indicado. 4No terceiro dia de viagem, Abraão olhou e
viu o lugar ao longe. 5Disse ele a seus servos: "Fiquem
aqui com o jumento enquanto eu e o rapaz vamos até
lá. Depois de adorarmos, voltaremos".
6Abraão pegou a lenha para o holocausto e a colocou
nos ombros de seu filho Isaque, e ele mesmo levou as
brasas para o fogo, e a faca. E caminhando os dois jun-
tos, 7Isaque disse a seu pai Abraão: "Meu pai!"
"Sim, meu filho", respondeu Abraão.
Isaque perguntou: "As brasas e a lenha estão aqui,
mas onde está o cordeiro para o holocausto?"
8Respondeu Abraão: "Deus mesmo há de prover o
cordeiro para o holocausto, meu filho". E os dois conti-
nuaram a caminhar juntos.
9Quando chegaram ao lugar que Deus lhe havia indi-
cado, Abraão construiu um altar e sobre ele arrumou a
lenha. Amarrou seu filho Isaque e o colocou sobre o al-
tar, em cima da lenha. 10Então estendeu a mão e pegou
a faca para sacrificar seu filho. 11Mas o Anjo do SENHOR
o chamou do céu: "Abraão! Abraão!"
"Eis-me aqui", respondeu ele.
12"Não toque no rapaz", disse o Anjo. "Não lhe faça
nada. Agora sei que você teme a Deus, porque não me
negou seu filho, o seu único filho."
13Abraão ergueu os olhos e viu um carneiro preso
pelos chifres num arbusto. Foi lá pegá-lo, e o sacrifi-
cou como holocausto em lugar de seu filho. 14Abraão
deu àquele lugar o nome de "O SENHOR Proverá". Por
isso até hoje se diz: "No monte do SENHOR se proverá".
15Pela segunda vez o Anjo do SENHOR chamou do céu
a Abraão 16e disse: "Juro por mim mesmo", declara o
SENHOR, "que por ter feito o que fez, não me negan-
do seu filho, o seu único filho, 17esteja certo de que o

[a] 21:9 Ou *brincando com*
[b] 21:14 *Berseba* pode significar *poço dos sete* ou *poço do juramento*; também em 21:31-33; 22:19; 26:23,33 e 28:10.
[c] 21:16 A Septuaginta diz *e o menino começou a chorar.*
[d] 22:2 Isto é, sacrifício totalmente queimado; também nos versículos 3, 6-8 e 13.

abençoarei e farei seus descendentes tão numerosos como as estrelas do céu e como a areia das praias do mar. Sua descendência conquistará as cidades dos que lhe forem inimigos [18]e, por meio dela, todos os povos da terra serão abençoados, porque você me obedeceu".

[19]Então voltou Abraão a seus servos, e juntos partiram para Berseba, onde passou a viver.

Os filhos de Naor

[20]Passado algum tempo, disseram a Abraão que Milca dera filhos a seu irmão Naor: [21]Uz, o mais velho, Buz, seu irmão, Quemuel, pai de Arã, [22]Quésede, Hazo, Pildas, Jidlafe e Betuel, [23]pai de Rebeca. Estes foram os oito filhos que Milca deu a Naor, irmão de Abraão. [24]E sua concubina, chamada Reumá, teve os seguintes filhos: Tebá, Gaã, Taás e Maaca.

A morte de Sara

23 Sara viveu cento e vinte e sete anos [2]e morreu em Quiriate-Arba, que é Hebrom, em Canaã; e Abraão foi lamentar e chorar por ela.

[3]Depois Abraão deixou ali o corpo de sua mulher e foi falar com os hititas: [4]"Sou apenas um estrangeiro entre vocês. Cedam-me alguma propriedade para sepultura, para que eu tenha onde enterrar a minha mulher".

[5]Responderam os hititas a Abraão: [6]"Ouça-nos, senhor; o senhor é um príncipe de Deus[a] em nosso meio. Enterre a sua mulher numa de nossas sepulturas, na que lhe parecer melhor. Nenhum de nós recusará ceder-lhe sua sepultura para que enterre a sua mulher".

[7]Abraão levantou-se, curvou-se perante o povo daquela terra, os hititas, [8]e disse-lhes: "Já que vocês me dão permissão para sepultar minha mulher, peço que intercedam por mim junto a Efrom, filho de Zoar, [9]a fim de que ele me ceda a caverna de Macpela, que lhe pertence e se encontra na divisa do seu campo. Peçam-lhe que a ceda a mim pelo preço justo, para que eu tenha uma propriedade para sepultura entre vocês".

[10]Efrom, o hitita, estava sentado no meio do seu povo e respondeu a Abraão, sendo ouvido por todos os hititas que tinham vindo à porta da cidade: [11]"Não, meu senhor. Ouça-me, eu lhe cedo o campo e também a caverna que nele está. Cedo-os na presença do meu povo. Sepulte a sua mulher".

[12]Novamente Abraão curvou-se perante o povo daquela terra [13]e disse a Efrom, sendo ouvido por todos: "Ouça-me, por favor. Pagarei o preço do campo. Aceite-o, para que eu possa sepultar a minha mulher".

[14]Efrom respondeu a Abraão: [15]"Ouça-me, meu senhor: aquele pedaço de terra vale quatrocentas peças de prata, mas o que significa isso entre mim e você? Sepulte a sua mulher".

[16]Abraão concordou com Efrom e pesou-lhe o valor por ele estipulado diante dos hititas: quatrocentas peças de prata, de acordo com o peso corrente entre os mercadores.

[17]Assim o campo de Efrom em Macpela, perto de Manre, o próprio campo com a caverna que nele há e todas as árvores dentro das divisas do campo, foi transferido [18]a Abraão como sua propriedade diante de todos os hititas que tinham vindo à porta da cidade. [19]Depois disso, Abraão sepultou sua mulher Sara na caverna do campo de Macpela, perto de Manre, que se encontra em Hebrom, na terra de Canaã. [20]Assim o campo e a caverna que nele há foram transferidos a Abraão pelos hititas como propriedade para sepultura.

Uma esposa para Isaque

24 Abraão já era velho, de idade bem avançada, e o SENHOR em tudo o abençoara. [2]Disse ele ao servo mais velho de sua casa, que era o responsável por tudo quanto tinha: "Ponha a mão debaixo da minha coxa [3]e jure pelo SENHOR, o Deus dos céus e o Deus da terra, que não buscará mulher para meu filho entre as filhas dos cananeus, no meio dos quais estou vivendo, [4]mas irá à minha terra e buscará entre os meus parentes uma mulher para meu filho Isaque".

[5]O servo lhe perguntou: "E se a mulher não quiser vir comigo a esta terra? Devo então levar teu filho de volta à terra de onde vieste?"

[6]"Cuidado!", disse Abraão, "Não deixe o meu filho voltar para lá.

[7]"O SENHOR, o Deus dos céus, que me tirou da casa de meu pai e de minha terra natal e que me prometeu sob juramento que à minha descendência daria esta terra, enviará o seu anjo adiante de você para que de lá traga uma mulher para meu filho. [8]Se a mulher não quiser vir, você estará livre do juramento. Mas não leve o meu filho de volta para lá." [9]Então o servo pôs a mão debaixo da coxa de Abraão, seu senhor, e jurou cumprir aquela palavra.

[10]O servo partiu, com dez camelos do seu senhor, levando também do que o seu senhor tinha de melhor. Partiu para a Mesopotâmia[b], em direção à cidade onde Naor tinha morado. [11]Ao cair da tarde, quando as mulheres costumam sair para buscar água, ele fez os camelos se ajoelharem junto ao poço que ficava fora da cidade.

[12]Então orou: "SENHOR, Deus do meu senhor Abraão, dá-me neste dia bom êxito e seja bondoso com o meu senhor Abraão. [13]Como vês, estou aqui ao lado desta fonte, e as jovens do povo desta cidade estão vindo para tirar água. [14]Concede que a jovem a quem eu disser: Por favor, incline o seu cântaro e dê-me de beber, e ela me responder: 'Bebe. Também darei água aos teus camelos', seja essa a que escolheste para teu servo Isaque. Saberei assim que foste bondoso com o meu senhor".

[15]Antes que ele terminasse de orar, surgiu Rebeca, filha de Betuel, filho de Milca, mulher de Naor, irmão de Abraão, trazendo no ombro o seu cântaro. [16]A jovem era muito bonita e virgem; nenhum homem tivera relações com ela. Rebeca desceu à fonte, encheu seu cântaro e voltou.

[17]O servo apressou-se ao encontro dela e disse: "Por favor, dê-me um pouco de água do seu cântaro".

[18]"Beba, meu senhor", disse ela, e tirou rapidamente dos ombros o cântaro e o serviu.

[19]Depois que lhe deu de beber, disse: "Tirarei água também para os seus camelos até saciá-los". [20]Assim ela esvaziou depressa seu cântaro no bebedouro e correu de volta ao poço para tirar mais água para todos os camelos. [21]Sem dizer nada, o homem a observava atentamente para saber se o SENHOR tinha ou não coroado de êxito a sua missão.

[22]Quando os camelos acabaram de beber, o homem deu à jovem um pendente de ouro de seis gramas[c] e

[a] 23:6 Ou *príncipe poderoso*; ou ainda *príncipe dos deuses*

[b] 24:10 Hebraico: *Arã Naaraim*.

[c] 24:22 Hebraico: *1 beca*

duas pulseiras de ouro de cento e vinte gramas[a], 23 e
perguntou: "De quem você é filha? Diga-me, por favor,
se há lugar na casa de seu pai para eu e meus compa-
nheiros passarmos a noite".

24 "Sou filha de Betuel, o filho que Milca deu a Naor",
respondeu ela; 25 e acrescentou: "Temos bastante pa-
lha e forragem, e também temos lugar para vocês pas-
sarem a noite".

26 Então o homem curvou-se em adoração ao SENHOR,
27 dizendo: "Bendito seja o SENHOR, o Deus do meu senhor
Abraão, que não retirou sua bondade e sua fidelidade do
meu senhor. Quanto a mim, o SENHOR me conduziu na
jornada até a casa dos parentes do meu senhor".

28 A jovem correu para casa e contou tudo à famí-
lia de sua mãe. 29 Rebeca tinha um irmão chamado La-
bão. Ele saiu apressado à fonte para conhecer o homem,
30 pois tinha visto o pendente e as pulseiras no braço
de sua irmã, e ouvira Rebeca contar o que o homem
lhe dissera. Saiu, pois, e foi encontrá-lo parado junto à
fonte, ao lado dos camelos. 31 E disse: "Venha, bendito
do SENHOR! Por que ficar aí fora? Já arrumei a casa e um
lugar para os camelos".

32 Assim o homem dirigiu-se à casa, e os camelos fo-
ram descarregados. Deram palha e forragem aos came-
los, e água ao homem e aos que estavam com ele para
lavarem os pés. 33 Depois lhe trouxeram comida, mas
ele disse: "Não comerei enquanto não disser o que te-
nho para dizer".

Disse Labão: "Então fale".

34 E ele disse: "Sou servo de Abraão. 35 O SENHOR o
abençoou muito, e ele se tornou muito rico. Deu-lhe
ovelhas e bois, prata e ouro, servos e servas, camelos
e jumentos. 36 Sara, mulher do meu senhor, na velhice
lhe deu um filho, que é o herdeiro de tudo o que Abraão
possui. 37 E meu senhor fez-me jurar, dizendo: 'Você não
buscará mulher para meu filho entre as filhas dos ca-
naneus, em cuja terra estou vivendo, 38 mas irá à famí-
lia de meu pai, ao meu próprio clã, buscar uma mulher
para meu filho'.

39 "Então perguntei a meu senhor: E se a mulher não
quiser me acompanhar?

40 "Ele respondeu: 'O SENHOR, a quem tenho servido,
enviará seu anjo com você e coroará de êxito a sua mis-
são, para que você traga para meu filho uma mulher do
meu próprio clã, da família de meu pai. 41 Quando che-
gar aos meus parentes, você estará livre do juramento
se eles se recusarem a entregá-la a você. Só então você
estará livre do juramento'.

42 "Hoje, quando cheguei à fonte, eu disse: Ó SENHOR,
Deus do meu senhor Abraão, se assim desejares, dá êxi-
to à missão de que fui incumbido. 43 Aqui estou em pé
diante desta fonte; se uma moça vier tirar água e eu lhe
disser: Por favor, dê-me de beber um pouco de seu cân-
taro, 44 e ela me responder: 'Bebe. Também darei água
aos teus camelos', seja essa a que o SENHOR escolheu
para o filho do meu senhor.

45 "Antes de terminar de orar em meu coração, sur-
giu Rebeca, com o cântaro ao ombro. Dirigiu-se à fonte
e tirou água, e eu lhe disse: Por favor, dê-me de beber.

46 "Ela se apressou a tirar o cântaro do ombro e disse:
'Bebe. Também darei água aos teus camelos'. Eu bebi, e
ela deu de beber também aos camelos.

47 "Depois lhe perguntei: De quem você é filha?
"Ela me respondeu: 'De Betuel, filho de Naor e Milca'.
"Então coloquei o pendente em seu nariz e as pul-
seiras em seus braços, 48 e curvei-me em adoração ao
SENHOR. Bendisse ao SENHOR, o Deus do meu senhor
Abraão, que me guiou pelo caminho certo para bus-
car para o filho dele a neta do irmão do meu senhor.
49 Agora, se quiserem mostrar fidelidade e bondade a
meu senhor, digam-me; e, se não quiserem, digam-me
também, para que eu decida o que fazer".

O casamento de Isaque e Rebeca

50 Labão e Betuel responderam: "Isso vem do SENHOR;
nada lhe podemos dizer, nem a favor, nem contra.
51 Aqui está Rebeca; leve-a com você e que ela se torne
a mulher do filho do seu senhor, como disse o SENHOR".

52 Quando o servo de Abraão ouviu o que disseram,
curvou-se até o chão diante do SENHOR. 53 Então o servo
deu joias de ouro e de prata e vestidos a Rebeca; deu
também presentes valiosos ao irmão dela e à sua mãe.
54 Depois ele e os homens que o acompanhavam come-
ram, beberam e ali passaram a noite.

Ao se levantarem na manhã seguinte, ele disse: "Dei-
xem-me voltar ao meu senhor".

55 Mas o irmão e a mãe dela responderam: "Deixe
a jovem ficar mais uns dez dias conosco; então você[b]
poderá partir".

56 Mas ele disse: "Não me detenham, agora que o SE-
NHOR coroou de êxito a minha missão. Vamos despedir-
-nos, e voltarei ao meu senhor".

57 Então lhe disseram: "Vamos chamar a jovem e ver
o que ela diz". 58 Chamaram Rebeca e lhe perguntaram:
"Você quer ir com este homem?"

"Sim, quero", respondeu ela.

59 Despediram-se, pois, de sua irmã Rebeca, de sua
ama, do servo de Abraão e dos que o acompanhavam.
60 E abençoaram Rebeca, dizendo-lhe:

"Que você cresça, nossa irmã,
até ser milhares de milhares;
e que a sua descendência conquiste
as cidades dos seus inimigos".

61 Então Rebeca e suas servas se aprontaram, mon-
taram seus camelos e partiram com o homem. E assim
o servo partiu levando Rebeca.

62 Isaque tinha voltado de Beer-Laai-Roi[c], pois ha-
bitava no Neguebe. 63 Certa tarde, saiu ao campo para
meditar. Ao erguer os olhos, viu que se aproximavam
camelos. 64 Rebeca também ergueu os olhos e viu Isa-
que. Ela desceu do camelo 65 e perguntou ao servo:
"Quem é aquele homem que vem pelo campo ao nos-
so encontro?"

"É meu senhor", respondeu o servo. Então ela se co-
briu com o véu.

66 Depois o servo contou a Isaque tudo o que havia
feito. 67 Isaque levou Rebeca para a tenda de sua mãe
Sara; fez dela sua mulher, e a amou; assim Isaque foi
consolado após a morte de sua mãe.

A morte de Abraão

25 Abraão casou-se com outra mulher, chamada Que-
tura. 2 Ela lhe deu os seguintes filhos: Zinrã, Jocsã,

[a] 24:22 Hebraico: *10 siclos*. Um siclo equivalia a 12 gramas.

[b] 24:55 Ou *ela*

[c] 24:62 Isto é, poço daquele que vive e me vê; também em 25:11.

Medã, Midiã, Isbaque e Suá. 3Jocsã gerou Sabá e Dedã; os descendentes de Dedã foram os assuritas, os letusitas e os leumitas. 4Os filhos de Midiã foram Efá, Éfer, Enoque, Abida e Elda. Todos esses foram descendentes de Quetura.

5Abraão deixou tudo o que tinha para Isaque. 6Mas para os filhos de suas concubinas deu presentes; e, ainda em vida, enviou-os para longe de Isaque, para a terra do oriente.

7Abraão viveu cento e setenta e cinco anos. 8Morreu em boa velhice, em idade bem avançada, e foi reunido aos seus antepassados. 9Seus filhos, Isaque e Ismael, o sepultaram na caverna de Macpela, perto de Manre, no campo de Efrom, filho de Zoar, o hitita, 10campo que Abraão comprara dos hititas. Foi ali que Abraão e Sara, sua mulher, foram sepultados. 11Depois da morte de Abraão, Deus abençoou seu filho Isaque. Isaque morava próximo a Beer-Laai-Roi.

Os filhos de Ismael

12Este é o registro da descendência de Ismael, o filho de Abraão que Hagar, a serva egípcia de Sara, deu a ele.

13São estes os nomes dos filhos de Ismael, alistados por ordem de nascimento: Nebaiote, o filho mais velho de Ismael, Quedar, Adbeel, Mibsão, 14Misma, Dumá, Massá, 15Hadade, Temá, Jetur, Nafis e Quedemá. 16Foram esses os doze filhos de Ismael, que se tornaram os líderes de suas tribos; os seus povoados e acampamentos receberam os seus nomes. 17Ismael viveu cento e trinta e sete anos. Morreu e foi reunido aos seus antepassados. 18Seus descendentes se estabeleceram na região que vai de Havilá a Sur, próximo à fronteira com o Egito, na direção de quem vai para Assur. E viveram em hostilidade[a] contra todos os seus irmãos.

Esaú e Jacó

19Esta é a história da família de Isaque, filho de Abraão:

Abraão gerou Isaque, 20o qual aos quarenta anos se casou com Rebeca, filha de Betuel, o arameu de Padã-Arã[b], e irmã de Labão, também arameu.

21Isaque orou ao SENHOR em favor de sua mulher, porque era estéril. O SENHOR respondeu à sua oração, e Rebeca, sua mulher, engravidou. 22Os meninos se empurravam dentro dela, pelo que disse: "Por que está me acontecendo isso?" Foi então consultar o SENHOR.

23Disse-lhe o SENHOR:

"Duas nações estão em seu ventre,
já desde as suas entranhas
dois povos se separarão;
um deles será mais forte que o outro,
mas o mais velho servirá ao mais novo".

24Ao chegar a época de dar à luz, confirmou-se que havia gêmeos em seu ventre. 25O primeiro a sair era ruivo[c], e todo o seu corpo era como um manto de pelos; por isso lhe deram o nome de Esaú[d]. 26Depois saiu seu irmão, com a mão agarrada no calcanhar de Esaú; pelo que lhe deram o nome de Jacó[e]. Tinha Isaque sessenta anos de idade quando Rebeca os deu à luz.

27Os meninos cresceram. Esaú tornou-se caçador habilidoso e vivia percorrendo os campos, ao passo que Jacó cuidava do rebanho[f] e vivia nas tendas. 28Isaque preferia Esaú, porque gostava de comer de suas caças; Rebeca preferia Jacó.

29Certa vez, quando Jacó preparava um ensopado, Esaú chegou faminto, voltando do campo, 30e pediu-lhe: "Dê-me um pouco desse ensopado vermelho aí. Estou faminto!" Por isso também foi chamado Edom[g].

31Respondeu-lhe Jacó: "Venda-me primeiro o seu direito de filho mais velho".

32Disse Esaú: "Estou quase morrendo. De que me vale esse direito?"

33Jacó, porém, insistiu: "Jure primeiro". Ele fez um juramento, vendendo o seu direito de filho mais velho a Jacó.

34Então Jacó serviu a Esaú pão com ensopado de lentilhas. Ele comeu e bebeu, levantou-se e se foi.

Assim Esaú desprezou o seu direito de filho mais velho.

Isaque em Gerar

26 Houve fome naquela terra, como tinha acontecido no tempo de Abraão. Por isso Isaque foi para Gerar, onde Abimeleque era o rei dos filisteus. 2O SENHOR apareceu a Isaque e disse: "Não desça ao Egito; procure estabelecer-se na terra que eu lhe indicar. 3Permaneça nesta terra mais um pouco, e eu estarei com você e o abençoarei. Porque a você e a seus descendentes darei todas estas terras e confirmarei o juramento que fiz a seu pai, Abraão. 4Tornarei seus descendentes tão numerosos como as estrelas do céu e lhes darei todas estas terras; e por meio da sua descendência todos os povos da terra serão abençoados, 5porque Abraão me obedeceu e guardou meus preceitos, meus mandamentos, meus decretos e minhas leis". 6Assim Isaque ficou em Gerar.

7Quando os homens do lugar lhe perguntaram sobre a sua mulher, ele disse: "Ela é minha irmã". Teve medo de dizer que era sua mulher, pois pensou: "Os homens deste lugar podem matar-me por causa de Rebeca, por ser ela tão bonita".

8Isaque estava em Gerar já fazia muito tempo. Certo dia, Abimeleque, rei dos filisteus, estava olhando do alto de uma janela quando viu Isaque acariciando Rebeca, sua mulher. 9Então Abimeleque chamou Isaque e lhe disse: "Na verdade ela é tua mulher! Por que me disseste que ela era tua irmã?"

Isaque respondeu: "Porque pensei que eu poderia ser morto por causa dela".

10Então disse Abimeleque: "Tens ideia do que nos fizeste? Qualquer homem bem poderia ter-se deitado com tua mulher, e terias trazido culpa sobre nós".

11E Abimeleque advertiu todo o povo: "Quem tocar neste homem ou em sua mulher certamente morrerá!"

12Isaque formou lavoura naquela terra e no mesmo ano colheu a cem por um, porque o SENHOR o abençoou. 13O homem enriqueceu, e a sua riqueza continuou a aumentar, até que ficou riquíssimo. 14Possuía tantos

[a] 25:18 Ou *defronte de todos*
[b] 25:20 Provavelmente na região noroeste da Mesopotâmia; também em 28:2 e 5-7.
[c] 25:25 Ou *moreno*
[d] 25:25 *Esaú* pode significar *peludo, cabeludo.*
[e] 25:26 *Jacó* significa *ele agarra o calcanhar* ou *ele age traiçoeiramente*; também em 27:36.
[f] 25:27 Hebraico: *era homem pacato.*
[g] 25:30 *Edom* significa *vermelho.*

rebanhos e servos que os filisteus o invejavam. 15Estes taparam todos os poços que os servos de Abraão, pai de Isaque, tinham cavado na sua época, enchendo-os de terra.

16Então Abimeleque pediu a Isaque: "Sai de nossa terra, pois já és poderoso demais para nós".

17Por isso Isaque mudou-se de lá, acampou no vale de Gerar e ali se estabeleceu. 18Isaque reabriu os poços cavados no tempo de seu pai Abraão, os quais os filisteus fecharam depois que Abraão morreu, e deu-lhes os mesmos nomes que seu pai lhes tinha dado.

19Os servos de Isaque cavaram no vale e descobriram um veio d'água. 20Mas os pastores de Gerar discutiram com os pastores de Isaque, dizendo: "A água é nossa!" Por isso Isaque deu ao poço o nome de Eseque, porque discutiram por causa dele. 21Então os seus servos cavaram outro poço, mas eles também discutiram por causa dele; por isso o chamou Sitna. 22Isaque mudou-se dali e cavou outro poço, e ninguém discutiu por causa dele. Deu-lhe o nome de Reobote, dizendo: "Agora o SENHOR nos abriu espaço e prosperaremos na terra".

23Dali Isaque foi para Berseba. 24Naquela noite, o SENHOR lhe apareceu e disse: "Eu sou o Deus de seu pai Abraão. Não tema, porque estou com você; eu o abençoarei e multiplicarei os seus descendentes por amor ao meu servo Abraão".

25Isaque construiu nesse lugar um altar e invocou o nome do SENHOR. Ali armou acampamento, e os seus servos cavaram outro poço.

O acordo entre Isaque e Abimeleque

26Por aquele tempo, veio a ele Abimeleque, de Gerar, com Auzate, seu conselheiro pessoal, e Ficol, o comandante dos seus exércitos. 27Isaque lhes perguntou: "Por que me vieram ver, uma vez que foram hostis e me mandaram embora?"

28Eles responderam: "Vimos claramente que o SENHOR está contigo; por isso dissemos: Façamos um juramento entre nós. Queremos firmar um acordo contigo: 29Tu não nos farás mal, assim como nada te fizemos, mas sempre te tratamos bem e te despedimos em paz. Agora sabemos que o SENHOR te tem abençoado".

30Então Isaque ofereceu-lhes um banquete, e eles comeram e beberam. 31Na manhã seguinte os dois fizeram juramento. Depois Isaque os despediu e partiram em paz.

32Naquele mesmo dia os servos de Isaque vieram falar-lhe sobre o poço que tinham cavado, e disseram: "Achamos água!" 33Isaque deu-lhe o nome de Seba e, por isso, até o dia de hoje aquela cidade é conhecida como Berseba.

34Tinha Esaú quarenta anos de idade quando escolheu por mulher a Judite, filha de Beeri, o hitita, e também a Basemate, filha de Elom, o hitita. 35Elas amarguraram a vida de Isaque e de Rebeca.

Isaque abençoa Jacó

27 Tendo Isaque envelhecido, seus olhos ficaram tão fracos que ele já não podia enxergar. Certo dia chamou Esaú, seu filho mais velho, e lhe disse: "Meu filho!"

Ele respondeu: "Estou aqui".

2Disse-lhe Isaque: "Já estou velho e não sei o dia da minha morte. 3Pegue agora suas armas, o arco e a aljava, e vá ao campo caçar alguma coisa para mim. 4Prepare-me aquela comida saborosa que tanto aprecio e traga-me, para que eu a coma e o abençoe antes de morrer".

5Ora, Rebeca estava ouvindo o que Isaque dizia a seu filho Esaú. Quando Esaú saiu ao campo para caçar, 6Rebeca disse a seu filho Jacó: "Ouvi seu pai dizer a seu irmão Esaú: 7'Traga-me alguma caça e prepare-me aquela comida saborosa, para que eu a coma e o abençoe na presença do SENHOR antes de morrer'. 8Agora, meu filho, ouça bem e faça o que lhe ordeno: 9Vá ao rebanho e traga-me dois cabritos escolhidos, para que eu prepare uma comida saborosa para seu pai, como ele aprecia. 10Leve-a então a seu pai, para que ele a coma e o abençoe antes de morrer".

11Disse Jacó a Rebeca, sua mãe: "Mas o meu irmão Esaú é homem peludo, e eu tenho a pele lisa. 12E se meu pai me apalpar? Vai parecer que estou tentando enganá-lo, fazendo-o de tolo e, em vez de bênção, trarei sobre mim maldição".

13Disse-lhe sua mãe: "Caia sobre mim a maldição, meu filho. Faça apenas o que eu digo: Vá e traga-os para mim".

14Então ele foi, apanhou-os e os trouxe à sua mãe, que preparou uma comida saborosa, como seu pai apreciava. 15Rebeca pegou as melhores roupas de Esaú, seu filho mais velho, roupas que tinha em casa, e colocou-as em Jacó, seu filho mais novo. 16Depois cobriu-lhe as mãos e a parte lisa do pescoço com as peles dos cabritos, 17e por fim entregou a Jacó a refeição saborosa e o pão que tinha feito.

18Ele se dirigiu ao pai e disse: "Meu pai".

Respondeu ele: "Sim, meu filho. Quem é você?"

19Jacó disse a seu pai: "Sou Esaú, seu filho mais velho. Fiz como o senhor me disse. Agora, assente-se e coma do que cacei para que me abençoe".

20Isaque perguntou ao filho: "Como encontrou a caça tão depressa, meu filho?"

Ele respondeu: "O SENHOR, o seu Deus, a colocou no meu caminho".

21Então Isaque disse a Jacó: "Chegue mais perto, meu filho, para que eu possa apalpá-lo e saber se você é realmente meu filho Esaú".

22Jacó aproximou-se do seu pai Isaque, que o apalpou e disse: "A voz é de Jacó, mas os braços são de Esaú". 23Não o reconheceu, pois seus braços estavam peludos como os de Esaú, seu irmão; e o abençoou.

24Isaque perguntou-lhe outra vez: "Você é mesmo meu filho Esaú?"

E ele respondeu: "Sou".

25Então lhe disse: "Meu filho, traga-me da sua caça para que eu coma e o abençoe".

Jacó a trouxe, e seu pai comeu; também trouxe vinho, e ele bebeu. 26Então seu pai Isaque lhe disse: "Venha cá, meu filho, dê-me um beijo".

27Ele se aproximou e o beijou. Quando sentiu o cheiro de suas roupas, Isaque o abençoou, dizendo:

"Ah, o cheiro de meu filho
é como o cheiro de um campo
que o SENHOR abençoou.
28Que Deus lhe conceda
do céu o orvalho
e da terra a riqueza,

com muito cereal e muito vinho.
29Que as nações o sirvam
e os povos se curvem diante de você.
Seja senhor dos seus irmãos,
e curvem-se diante de você
os filhos de sua mãe.
Malditos sejam os que o amaldiçoarem
e benditos sejam
os que o abençoarem".

30Quando Isaque acabou de abençoar Jacó, mal ten-
do ele saído da presença do pai, seu irmão Esaú chegou
da caçada. 31Ele também preparou uma comida sabo-
rosa e a trouxe a seu pai. E lhe disse: "Meu pai, levan-
te-se e coma da minha caça, para que o senhor me dê
sua bênção".
32Perguntou-lhe seu pai Isaque: "Quem é você?"
Ele respondeu: "Sou Esaú, seu filho mais velho".
33Profundamente abalado, Isaque começou a tremer
muito e disse: "Quem então apanhou a caça e a trouxe
para mim? Acabei de comê-la antes de você entrar e a
ele abençoei; e abençoado ele será!"
34Quando Esaú ouviu as palavras de seu pai, deu
um forte grito e, cheio de amargura, implorou ao pai:
"Abençoe também a mim, meu pai!"
35Mas ele respondeu: "Seu irmão chegou astutamen-
te e recebeu a bênção que pertencia a você".
36E disse Esaú: "Não é com razão que o seu nome é
Jacó? Já é a segunda vez que ele me engana! Primeiro
tomou o meu direito de filho mais velho, e agora rece-
beu a minha bênção!" Então perguntou ao pai: "O se-
nhor não reservou nenhuma bênção para mim?"
37Isaque respondeu a Esaú: "Eu o constituí senhor so-
bre você, e a todos os seus parentes tornei servos dele;
a ele supri de cereal e de vinho. Que é que eu poderia
fazer por você, meu filho?"
38Esaú pediu ao pai: "Meu pai, o senhor tem apenas
uma bênção? Abençoe-me também, meu pai!" Então
chorou Esaú em alta voz.
39Seu pai Isaque respondeu-lhe:

"Sua habitação será
longe das terras férteis,
distante do orvalho
que desce do alto céu.
40Você viverá por sua espada
e servirá a seu irmão.
Mas quando você não suportar mais,
arrancará do pescoço o jugo".

A fuga de Jacó

41Esaú guardou rancor contra Jacó por causa da bên-
ção que seu pai lhe dera. E disse a si mesmo: "Os dias
de luto pela morte de meu pai estão próximos; então
matarei meu irmão Jacó".
42Quando contaram a Rebeca o que seu filho Esaú
dissera, ela mandou chamar Jacó, seu filho mais no-
vo, e lhe disse: "Esaú está se consolando com a ideia
de matá-lo. 43Ouça, pois, o que lhe digo, meu filho:
Fuja imediatamente para a casa de meu irmão Labão,
em Harã. 44Fique com ele algum tempo, até que pas-
se o furor de seu irmão. 45Quando seu irmão não esti-
ver mais irado contra você e esquecer o que você lhe
fez, mandarei buscá-lo. Por que perderia eu vocês dois
num só dia?"
46Então Rebeca disse a Isaque: "Estou desgostosa da
vida, por causa destas mulheres hititas. Se Jacó escolher
esposa entre as mulheres desta terra, entre mulheres
hititas como estas, perderei a razão de viver".

28 Então Isaque chamou Jacó, deu-lhe sua bênção[a] e
lhe ordenou: "Não se case com mulher cananeia.
2Vá a Padã-Arã, à casa de Betuel, seu avô materno, e ca-
se-se com uma das filhas de Labão, irmão de sua mãe.
3Que o Deus todo-poderoso[b] o abençoe, faça-o prolífero
e multiplique os seus descendentes, para que você se
torne uma comunidade de povos. 4Que ele dê a você e
a seus descendentes a bênção de Abraão, para que você
tome posse da terra na qual vive como estrangeiro, a
terra dada por Deus a Abraão". 5Então Isaque despediu
Jacó e este foi a Padã-Arã, a Labão, filho do arameu Be-
tuel, irmão de Rebeca, mãe de Jacó e Esaú.
6Esaú viu que Isaque havia abençoado a Jacó e o ha-
via mandado a Padã-Arã para escolher ali uma mulher
e que, ao abençoá-lo, dera-lhe a ordem de não se casar
com mulher cananeia. 7Também soube que Jacó obe-
decera a seu pai e a sua mãe e fora para Padã-Arã. 8Per-
cebendo então Esaú que seu pai Isaque não aprovava
as mulheres cananeias, 9foi à casa de Ismael e tomou
a Maalate, irmã de Nebaiote, filha de Ismael, filho de
Abraão, além das outras mulheres que já tinha.

O sonho de Jacó em Betel

10Jacó partiu de Berseba e foi para Harã. 11Chegando
a determinado lugar, parou para pernoitar, porque o sol
já se havia posto. Tomando uma das pedras dali, usou-a
como travesseiro e deitou-se. 12E teve um sonho no qual
viu uma escada apoiada na terra; o seu topo alcançava
os céus, e os anjos de Deus subiam e desciam por ela.
13Ao lado dele[c] estava o SENHOR, que lhe disse: "Eu sou
o SENHOR, o Deus de seu pai Abraão e o Deus de Isaque.
Darei a você e a seus descendentes a terra na qual você
está deitado. 14Seus descendentes serão como o pó da
terra, e se espalharão para o Oeste e para o Leste, para o
Norte e para o Sul. Todos os povos da terra serão aben-
çoados por meio de você e da sua descendência. 15Estou
com você e cuidarei de você, aonde quer que vá; e eu
o trarei de volta a esta terra. Não o deixarei enquanto
não fizer o que lhe prometi".
16Quando Jacó acordou do sono, disse: "Sem dúvida o
SENHOR está neste lugar, mas eu não sabia!" 17Teve me-
do e disse: "Temível é este lugar! Não é outro, senão a
casa de Deus; esta é a porta dos céus".
18Na manhã seguinte, Jacó pegou a pedra que tinha
usado como travesseiro, colocou-a em pé como coluna
e derramou óleo sobre o seu topo. 19E deu o nome de
Betel[d] àquele lugar, embora a cidade anteriormente se
chamasse Luz.
20Então Jacó fez um voto, dizendo: "Se Deus estiver
comigo, cuidar de mim nesta viagem que estou fazen-
do, prover-me de comida e roupa, 21e levar-me de volta
em segurança à casa de meu pai, então o SENHOR será
o meu Deus. 22E esta pedra que hoje coloquei como co-
luna servirá de santuário[e] de Deus; e de tudo o que me
deres certamente te darei o dízimo".

[a] 28:1 Ou *saudou-o*
[b] 28:3 Hebraico: *El-Shaddai.*
[c] 28:13 Ou *Acima dela*
[d] 28:19 *Betel* significa *casa de Deus.*
[e] 28:22 Hebraico: *será a casa.*

Jacó encontra-se com Raquel

29 Então Jacó seguiu viagem e chegou à Mesopotâmia[a]. 2Certo dia, olhando ao redor, viu um poço no campo e três rebanhos de ovelhas deitadas por perto, pois os rebanhos bebiam daquele poço, que era tapado por uma grande pedra. 3Por isso, quando todos os rebanhos se reuniam ali, os pastores rolavam a pedra da boca do poço e davam água às ovelhas. Depois recolocavam a pedra em seu lugar, sobre o poço.

4Jacó perguntou aos pastores: "Meus amigos, de onde são vocês?"

"Somos de Harã", responderam.

5"Vocês conhecem Labão, neto de Naor?", perguntou-lhes Jacó.

Eles responderam: "Sim, nós o conhecemos".

6Então Jacó perguntou: "Ele vai bem?"

"Sim, vai bem", disseram eles, "e ali vem sua filha Raquel com as ovelhas."

7Disse ele: "Olhem, o sol ainda vai alto e não é hora de recolher os rebanhos. Deem de beber às ovelhas e levem-nas de volta ao pasto".

8Mas eles responderam: "Não podemos, enquanto os rebanhos não se agruparem e a pedra não for removida da boca do poço. Só então daremos de beber às ovelhas".

9Ele ainda estava conversando, quando chegou Raquel com as ovelhas de seu pai, pois ela era pastora. 10Quando Jacó viu Raquel, filha de Labão, irmão de sua mãe, e as ovelhas de Labão, aproximou-se, removeu a pedra da boca do poço e deu de beber às ovelhas de seu tio Labão. 11Depois Jacó beijou Raquel e começou a chorar bem alto. 12Então contou a Raquel que era parente do pai dela e filho de Rebeca. E ela foi correndo contar tudo a seu pai.

13Logo que Labão ouviu as notícias acerca de Jacó, seu sobrinho, correu ao seu encontro, abraçou-o e o beijou. Depois, levou-o para casa, e Jacó contou-lhe tudo o que havia ocorrido. 14Então Labão lhe disse: "Você é sangue do meu sangue[b]".

O casamento de Jacó

Já fazia um mês que Jacó estava na casa de Labão, 15quando este lhe disse: "Só por ser meu parente você vai trabalhar de graça? Diga-me qual deve ser o seu salário".

16Ora, Labão tinha duas filhas; o nome da mais velha era Lia, e o da mais nova, Raquel. 17Lia tinha olhos meigos[c], mas Raquel era bonita e atraente. 18Como Jacó gostava muito de Raquel, disse: "Trabalharei sete anos em troca de Raquel, sua filha mais nova".

19Labão respondeu: "Será melhor dá-la a você do que a algum outro homem. Fique aqui comigo". 20Então Jacó trabalhou sete anos por Raquel, mas lhe pareceram poucos dias, pelo tanto que a amava.

21Então disse Jacó a Labão: "Entregue-me a minha mulher. Cumpri o prazo previsto e quero deitar-me com ela".

22Então Labão reuniu todo o povo daquele lugar e deu uma festa. 23Mas quando a noite chegou, deu sua filha Lia a Jacó, e Jacó deitou-se com ela. 24Labão também entregou sua serva Zilpa à sua filha, para que ficasse a serviço dela.

25Quando chegou a manhã, lá estava Lia. Então Jacó disse a Labão: "Que foi que você me fez? Eu não trabalhei por Raquel? Por que você me enganou?"

26Labão respondeu: "Aqui não é costume entregar em casamento a filha mais nova antes da mais velha. 27Deixe passar esta semana de núpcias e lhe daremos também a mais nova, em troca de mais sete anos de trabalho".

28Jacó concordou. Passou aquela semana de núpcias com Lia, e Labão lhe deu sua filha Raquel por mulher. 29Labão deu a Raquel sua serva Bila, para que ficasse a serviço dela. 30Jacó deitou-se também com Raquel, que era a sua preferida. E trabalhou para Labão outros sete anos.

Os filhos de Jacó

31Quando o SENHOR viu que Lia era desprezada, concedeu-lhe filhos; Raquel, porém, era estéril. 32Lia engravidou, deu à luz um filho, e deu-lhe o nome de Rúben, pois dizia: "O SENHOR viu a minha infelicidade. Agora, certamente o meu marido me amará".

33Lia engravidou de novo e, quando deu à luz outro filho, disse: "Porque o SENHOR ouviu que sou desprezada, deu-me também este". Pelo que o chamou Simeão.

34De novo engravidou e, quando deu à luz mais um filho, disse: "Agora, finalmente, meu marido se apegará a mim, porque já lhe dei três filhos". Por isso deu-lhe o nome de Levi.

35Engravidou ainda outra vez e, quando deu à luz mais outro filho, disse: "Desta vez louvarei o SENHOR". Assim deu-lhe o nome de Judá. Então parou de ter filhos.

30 Quando Raquel viu que não dava filhos a Jacó, teve inveja de sua irmã. Por isso disse a Jacó: "Dê-me filhos ou morrerei!"

2Jacó ficou irritado e disse: "Por acaso estou no lugar de Deus, que a impediu de ter filhos?"

3Então ela respondeu: "Aqui está Bila, minha serva. Deite-se com ela, para que tenha filhos em meu lugar[d] e por meio dela eu também possa formar família".

4Por isso ela deu a Jacó sua serva Bila por mulher. Ele deitou-se com ela, 5Bila engravidou e deu-lhe um filho. 6Então Raquel disse: "Deus me fez justiça, ouviu o meu clamor e deu-me um filho". Por isso deu-lhe o nome de Dã.

7Bila, serva de Raquel, engravidou novamente e deu a Jacó o segundo filho. 8Então disse Raquel: "Tive grande luta com minha irmã e venci". Pelo que o chamou Naftali.

9Quando Lia viu que tinha parado de ter filhos, tomou sua serva Zilpa e a deu a Jacó por mulher. 10Zilpa, serva de Lia, deu a Jacó um filho. 11Então disse Lia: "Que grande sorte!"[e] Por isso o chamou Gade.

12Zilpa, serva de Lia, deu a Jacó mais um filho. 13Então Lia exclamou: "Como sou feliz! As mulheres dirão que sou feliz". Por isso lhe deu o nome de Aser.

14Durante a colheita do trigo, Rúben saiu ao campo, encontrou algumas mandrágoras[f] e as trouxe a Lia, sua mãe. Então Raquel disse a Lia: "Dê-me algumas mandrágoras do seu filho".

[a] 29:1 Hebraico: *à terra dos filhos do oriente.*
[b] 29:14 Hebraico: *meu osso e minha carne.*
[c] 29:17 Ou *sem brilho*

[d] 30:3 Hebraico: *nos meus joelhos.*
[e] 30:11 Ou *"Uma tropa está vindo!"*
[f] 30:14 Isto é, plantas tidas por afrodisíacas e capazes de favorecer a fertilidade feminina.

15 Mas ela respondeu: "Não lhe foi suficiente tomar de mim o marido? Vai tomar também as mandrágoras que o meu filho trouxe?" Então disse Raquel: "Jacó se deitará com você esta noite, em troca das mandrágoras trazidas pelo seu filho".

16 Quando Jacó chegou do campo naquela tarde, Lia saiu ao seu encontro e lhe disse: "Hoje você me possuirá, pois eu comprei esse direito com as mandrágoras do meu filho". E naquela noite ele se deitou com ela.

17 Deus ouviu Lia, e ela engravidou e deu a Jacó o quinto filho. 18 Disse Lia: "Deus me recompensou por ter dado a minha serva ao meu marido". Por isso deu-lhe o nome de Issacar.

19 Lia engravidou de novo e deu a Jacó o sexto filho. 20 Disse Lia: "Deus presenteou-me com uma dádiva preciosa. Agora meu marido me tratará melhor[a]; afinal já lhe dei seis filhos". Por isso deu-lhe o nome de Zebulom.

21 Algum tempo depois, ela deu à luz uma menina a quem chamou Diná.

22 Então Deus lembrou-se de Raquel. Deus ouviu o seu clamor e a tornou fértil. 23 Ela engravidou, e deu à luz um filho e disse: "Deus tirou de mim a minha humilhação". 24 Deu-lhe o nome de José e disse: "Que o SENHOR me acrescente ainda outro filho".

A riqueza de Jacó

25 Depois que Raquel deu à luz José, Jacó disse a Labão: "Deixe-me voltar para a minha terra natal. 26 Dê-me as minhas mulheres, pelas quais o servi, e os meus filhos, e partirei. Você bem sabe quanto trabalhei para você".

27 Mas Labão lhe disse: "Se mereço sua consideração, peço-lhe que fique. Por meio de adivinhação descobri que o SENHOR me abençoou por sua causa". 28 E acrescentou: "Diga o seu salário, e eu lhe pagarei".

29 Jacó lhe respondeu: "Você sabe quanto trabalhei para você e como os seus rebanhos cresceram sob os meus cuidados. 30 O pouco que você possuía antes da minha chegada aumentou muito, pois o SENHOR o abençoou depois que vim para cá. Contudo, quando farei algo em favor da minha própria família?"

31 Então Labão perguntou: "Que você quer que eu lhe dê?" "Não me dê coisa alguma", respondeu Jacó. "Voltarei a cuidar dos seus rebanhos se você concordar com o seguinte: 32 hoje passarei por todos os seus rebanhos e tirarei do meio deles todas as ovelhas salpicadas e pintadas, todos os cordeiros pretos e todas as cabras pintadas e salpicadas. Eles serão o meu salário. 33 E a minha honestidade dará testemunho de mim no futuro, toda vez que você resolver verificar o meu salário. Se estiver em meu poder alguma cabra que não seja salpicada ou pintada, e algum cordeiro que não seja preto, poderá considerá-los roubados."

34 E disse Labão: "De acordo. Seja como você disse". 35 Naquele mesmo dia Labão separou todos os bodes que tinham listras[b] ou manchas brancas, todas as cabras que tinham pintas ou manchas brancas, e todos os cordeiros pretos e os colocou aos cuidados de seus filhos. 36 Afastou-se então de Jacó, à distância equivalente a três dias de viagem, e Jacó continuou a apascentar o resto dos rebanhos de Labão.

37 Jacó pegou galhos verdes de estoraque, amendoeira e plátano e neles fez listras brancas, descascando-os parcialmente e expondo assim a parte branca interna dos galhos. 38 Depois fixou os galhos descascados junto aos bebedouros, na frente dos rebanhos, no lugar onde costumavam beber água. Na época do cio, os rebanhos vinham beber e 39 se acasalavam diante dos galhos. E geravam filhotes listrados, salpicados e pintados. 40 Jacó separava os filhotes do rebanho dos demais, e fazia com que esses ficassem juntos dos animais listrados e pretos de Labão. Assim foi formando o seu próprio rebanho que separou do de Labão. 41 Toda vez que as fêmeas mais fortes estavam no cio, Jacó colocava os galhos nos bebedouros, em frente dos animais, para que se acasalassem perto dos galhos; 42 mas, se os animais eram fracos, não os colocava ali. Desse modo, os animais fracos ficavam para Labão e os mais fortes para Jacó. 43 Assim o homem ficou extremamente rico, tornando-se dono de grandes rebanhos e de servos e servas, camelos e jumentos.

Jacó foge de Labão

31 Jacó, porém, ouviu falar que os filhos de Labão estavam dizendo: "Jacó tomou tudo que o nosso pai tinha e juntou toda a sua riqueza à custa do nosso pai". 2 E Jacó percebeu que a atitude de Labão para com ele já não era a mesma de antes.

3 E o SENHOR disse a Jacó: "Volte para a terra de seus pais e de seus parentes, e eu estarei com você".

4 Então Jacó mandou chamar Raquel e Lia para virem ao campo onde estavam os seus rebanhos, 5 e lhes disse: "Vejo que a atitude do seu pai para comigo não é mais a mesma, mas o Deus de meu pai tem estado comigo. 6 Vocês sabem que trabalhei para seu pai com todo o empenho, 7 mas ele tem me feito de tolo, mudando o meu salário dez vezes. Contudo, Deus não permitiu que ele me prejudicasse. 8 Se ele dizia: 'As crias salpicadas serão o seu salário', todos os rebanhos geravam filhotes salpicados; e se ele dizia: 'As que têm listras serão o seu salário', todos os rebanhos geravam filhotes com listras. 9 Foi assim que Deus tirou os rebanhos de seu pai e os deu a mim.

10 "Na época do acasalamento, tive um sonho em que olhei e vi que os machos que fecundavam o rebanho tinham listras, eram salpicados e malhados. 11 O Anjo de Deus me disse no sonho: 'Jacó!' Eu respondi: Eis-me aqui! 12 Então ele disse: 'Olhe e veja que todos os machos que fecundam o rebanho têm listras, são salpicados e malhados, porque tenho visto tudo o que Labão lhe fez. 13 Sou o Deus de Betel, onde você ungiu uma coluna e me fez um voto. Saia agora desta terra e volte para a sua terra natal'".

14 Raquel e Lia disseram a Jacó: "Temos ainda parte na herança dos bens de nosso pai? 15 Não nos trata ele como estrangeiras? Não apenas nos vendeu como também gastou tudo o que foi pago por nós! 16 Toda a riqueza que Deus tirou de nosso pai é nossa e de nossos filhos. Portanto, faça tudo quanto Deus lhe ordenou".

17 Então Jacó ajudou seus filhos e suas mulheres a montar nos camelos, 18 e conduziu todo o seu rebanho, junto com todos os bens que havia acumulado em Padã-Arã[c], para ir à terra de Canaã, à casa de seu pai, Isaque.

19 Enquanto Labão tinha saído para tosquiar suas ovelhas, Raquel roubou de seu pai os ídolos do clã. 20 Foi

[a] 30:20 Ou *me honrará*

[b] 30:35 Ou *cauda retorcida*; também em 30:39,40; 31:8,10 e 12.

[c] 31:18 Provavelmente na região noroeste da Mesopotâmia; também em 33:18, 35:9 e 26.

assim que Jacó enganou a Labão, o arameu, fugindo
sem lhe dizer nada. [21]Ele fugiu com tudo o que tinha e,
atravessando o Eufrates[a], foi para os montes de Gileade.

Labão persegue Jacó

[22]Três dias depois, Labão foi informado de que Ja-
có tinha fugido. [23]Tomando consigo os homens de sua
família, perseguiu Jacó por sete dias e o alcançou nos
montes de Gileade. [24]Então, de noite, Deus veio em so-
nho a Labão, o arameu, e o advertiu: "Cuidado! Não di-
ga nada a Jacó, não lhe faça promessas nem ameaças".
[25]Labão alcançou Jacó, que estava acampado nos
montes de Gileade. Então Labão e os homens se acam-
param ali também. [26]Ele perguntou a Jacó: "Que foi que
você fez? Não só me enganou como também raptou
minhas filhas como se fossem prisioneiras de guerra.
[27]Por que você me enganou, fugindo em segredo, sem
avisar-me? Eu teria celebrado a sua partida com alegria
e cantos, ao som dos tamborins e das harpas. [28]Você se-
quer me deixou beijar meus netos e minhas filhas para
despedir-me deles. Você foi insensato. [29]Tenho poder
para prejudicá-los; mas, na noite passada, o Deus do pai
de vocês me advertiu: 'Cuidado! Não diga nada a Jacó,
não lhe faça promessas nem ameaças'. [30]Agora, se vo-
cê partiu porque tinha saudade da casa de seu pai, por
que roubou meus deuses?"
[31]Jacó respondeu a Labão: "Tive medo, pois pensei
que você tiraria suas filhas de mim à força. [32]Quanto aos
seus deuses, quem for encontrado com eles não ficará
vivo. Na presença dos nossos parentes, veja você mes-
mo se está aqui comigo qualquer coisa que lhe perten-
ça, e, se estiver, leve-a de volta". Ora, Jacó não sabia que
Raquel os havia roubado.
[33]Então Labão entrou na tenda de Jacó, e nas tendas
de Lia e de suas duas servas, mas nada encontrou. De-
pois de sair da tenda de Lia, entrou na tenda de Raquel.
[34]Raquel tinha colocado os ídolos dentro da sela do seu
camelo e estava sentada em cima. Labão vasculhou toda
a tenda, mas nada encontrou.
[35]Raquel disse ao pai: "Não se irrite, meu senhor,
por não poder me levantar em sua presença, pois es-
tou com o fluxo das mulheres". Ele procurou os ídolos,
mas não os encontrou.
[36]Jacó ficou irado e queixou-se a Labão: "Qual foi
meu crime? Que pecado cometi para que você me per-
siga furiosamente? [37]Você já vasculhou tudo o que me
pertence. Encontrou algo que lhe pertença? Então colo-
que tudo aqui na frente dos meus parentes e dos seus,
e que eles julguem entre nós dois.
[38]"Vinte anos estive com você. Suas ovelhas e cabras
nunca abortaram, e jamais comi um só carneiro do seu
rebanho. [39]Eu nunca levava a você os animais despeda-
çados por feras; eu mesmo assumia o prejuízo. E você
pedia contas de todo animal roubado de dia ou de noi-
te. [40]O calor me consumia de dia, e o frio de noite, e o
sono fugia dos meus olhos. [41]Foi assim nos vinte anos
em que fiquei em sua casa. Trabalhei para você catorze
anos em troca de suas duas filhas e seis anos por seus
rebanhos, e dez vezes você alterou o meu salário. [42]Se
o Deus de meu pai, o Deus de Abraão, o Temor de Isa-
que, não estivesse comigo, certamente você me despe-
diria de mãos vazias. Mas Deus viu o meu sofrimento
e o trabalho das minhas mãos e, na noite passada, ele
manifestou a sua decisão".

O acordo entre Labão e Jacó

[43]Labão respondeu a Jacó: "As mulheres são minhas
filhas, os filhos são meus, os rebanhos são meus. Tudo
o que você vê é meu. Que posso fazer por essas minhas
filhas ou pelos filhos que delas nasceram? [44]Façamos
agora, eu e você, um acordo que sirva de testemunho
entre nós dois".
[45]Então Jacó tomou uma pedra e a colocou em pé co-
mo coluna. [46]E disse aos seus parentes: "Juntem algu-
mas pedras". Eles apanharam pedras e as amontoaram.
Depois comeram ali, ao lado do monte de pedras. [47]La-
bão o chamou Jegar-Saaduta, e Jacó o chamou Galeede[b].
[48]Labão disse: "Este monte de pedras é uma tes-
temunha entre mim e você, no dia de hoje". Por isso
foi chamado Galeede. [49]Foi também chamado Mispá[c],
porque ele declarou: "Que o SENHOR nos vigie, a mim
e a você, quando estivermos separados um do outro.
[50]Se você maltratar minhas filhas ou menosprezá-las,
tomando outras mulheres além delas, ainda que nin-
guém saiba, lembre-se de que Deus é testemunha en-
tre mim e você".
[51]Disse ainda Labão a Jacó: "Aqui estão este monte
de pedras e esta coluna que coloquei entre mim e você.
[52]São testemunhas de que não passarei para o lado de
lá para prejudicá-lo, nem você passará para o lado de cá
para prejudicar-me. [53]Que o Deus de Abraão, o Deus de
Naor, o Deus do pai deles, julgue[d] entre nós".
Então Jacó fez um juramento em nome do Temor
de seu pai Isaque. [54]Ofereceu um sacrifício no monte e
chamou os parentes que lá estavam para uma refeição.
Depois de comerem, passaram a noite ali.
[55]Na manhã seguinte, Labão beijou seus netos e suas
filhas e os abençoou, e depois voltou para a sua terra.

Jacó prepara-se para o encontro com Esaú

32 Jacó também seguiu o seu caminho, e anjos de
Deus vieram ao encontro dele. [2]Quando Jacó os
avistou, disse: "Este é o exército de Deus!" Por isso deu
àquele lugar o nome de Maanaim.
[e][3]Jacó mandou mensageiros adiante dele a seu ir-
mão Esaú, na região de Seir, território de Edom. [4]E lhes
ordenou: "Vocês dirão o seguinte ao meu senhor Esaú:
Assim diz teu servo Jacó: Morei na casa de Labão e com
ele permaneci até agora. [5]Tenho bois e jumentos, ove-
lhas e cabras, servos e servas. Envio agora esta mensa-
gem ao meu senhor, para que me recebas bem".
[6]Quando os mensageiros voltaram a Jacó, disseram-
-lhe: "Fomos até seu irmão Esaú, e ele está vindo ao seu
encontro, com quatrocentos homens".
[7]Jacó encheu-se de medo e foi tomado de angústia.
Então dividiu em dois grupos todos os que estavam
com ele, bem como as ovelhas, as cabras, os bois e os
camelos, [8]pois assim pensou: "Se Esaú vier e atacar um
dos grupos, o outro poderá escapar".
[9]Então Jacó orou: "Ó Deus de meu pai Abraão, Deus
de meu pai Isaque, ó SENHOR que me disseste: 'Volte

[a] 31:21 Hebraico: *o Rio*.

[b] 31:47 Tanto *Jegar-Saaduta* (aramaico) como *Galeede* (hebraico) significam *monte de pedras do testemunho*.

[c] 31:49 *Mispá* significa *torre de vigia*.

[d] 31:53 Conforme a Septuaginta e o Pentateuco Samaritano. O Texto Massorético permite que o versículo seja entendido no plural.

[e] 32:2 *Maanaim* significa *dois exércitos*.

para a sua terra e para os seus parentes e eu o farei prosperar'; 10não sou digno de toda a bondade e lealdade com que trataste o teu servo. Quando atravessei o Jordão eu tinha apenas o meu cajado, mas agora possuo duas caravanas. 11Livra-me, rogo-te, das mãos de meu irmão Esaú, porque tenho medo que ele venha nos atacar, tanto a mim como às mães e às crianças. 12Pois tu prometeste: 'Esteja certo de que eu o farei prosperar e farei os seus descendentes tão numerosos como a areia do mar, que não se pode contar' ".

13Depois de passar ali a noite, escolheu entre os seus rebanhos um presente para o seu irmão Esaú: 14duzentas cabras e vinte bodes, duzentas ovelhas e vinte carneiros, 15trinta fêmeas de camelo com seus filhotes, quarenta vacas e dez touros, vinte jumentas e dez jumentos. 16Colocou cada rebanho sob o cuidado de um servo, e disse-lhes: "Vão à minha frente e mantenham certa distância entre um rebanho e outro".

17Ao que ia à frente deu a seguinte instrução: "Quando meu irmão Esaú encontrar-se com você e lhe perguntar: 'A quem você pertence, para onde vai e de quem é todo este rebanho à sua frente?', 18você responderá: É do teu servo Jacó. É um presente para o meu senhor Esaú; e ele mesmo está vindo atrás de nós".

19Também instruiu o segundo, o terceiro e todos os outros que acompanhavam os rebanhos: "Digam também a mesma coisa a Esaú quando o encontrarem. 20E acrescentem: Teu servo Jacó está vindo atrás de nós". Porque pensava: "Eu o apaziguarei com esses presentes que estou enviando antes de mim; mais tarde, quando eu o vir, talvez me receba". 21Assim os presentes de Jacó seguiram à sua frente; ele, porém, passou a noite no acampamento.

Jacó luta com Deus

22Naquela noite Jacó levantou-se, tomou suas duas mulheres, suas duas servas e seus onze filhos para atravessar o lugar de passagem do Jaboque. 23Depois de havê-los feito atravessar o ribeiro, fez passar também tudo o que possuía. 24E Jacó ficou sozinho. Então veio um homem que se pôs a lutar com ele até o amanhecer. 25Quando o homem viu que não poderia dominá-lo, tocou na articulação da coxa de Jacó, de forma que lhe deslocou a coxa, enquanto lutavam. 26Então o homem disse: "Deixe-me ir, pois o dia já desponta". Mas Jacó lhe respondeu: "Não te deixarei ir, a não ser que me abençoes".

27O homem lhe perguntou: "Qual é o seu nome?"

"Jacó[a]", respondeu ele.

28Então disse o homem: "Seu nome não será mais Jacó, mas sim Israel[b], porque você lutou com Deus e com homens e venceu".

29Prosseguiu Jacó: "Peço-te que digas o teu nome".

Mas ele respondeu: "Por que pergunta o meu nome?" E o abençoou ali.

30Jacó chamou àquele lugar Peniel, pois disse: "Vi a Deus face a face e, todavia, minha vida foi poupada".

31Ao nascer do sol atravessou Peniel, mancando por causa da coxa. 32Por isso, até o dia de hoje, os israelitas não comem o músculo ligado à articulação do quadril, porque nesse músculo Jacó foi ferido.

O encontro de Esaú e Jacó

33 Quando Jacó olhou e viu que Esaú estava se aproximando, com quatrocentos homens, dividiu as crianças entre Lia, Raquel e as duas servas. 2Colocou as servas e os seus filhos à frente, Lia e seus filhos depois, e Raquel com José por último. 3Ele mesmo passou à frente e, ao aproximar-se do seu irmão, curvou-se até o chão sete vezes.

4Mas Esaú correu ao encontro de Jacó e abraçou-se ao seu pescoço, e o beijou. E eles choraram. 5Então Esaú ergueu o olhar e viu as mulheres e as crianças. E perguntou: "Quem são estes?"

Jacó respondeu: "São os filhos que Deus concedeu ao teu servo".

6Então as servas e os seus filhos se aproximaram e se curvaram. 7Depois, Lia e os seus filhos vieram e se curvaram. Por último, chegaram José e Raquel, e também se curvaram.

8Esaú perguntou: "O que você pretende com todos os rebanhos que encontrei pelo caminho?"

"Ser bem recebido por ti, meu senhor", respondeu Jacó.

9Disse, porém, Esaú: "Eu já tenho muito, meu irmão. Guarde para você o que é seu".

10Mas Jacó insistiu: "Não! Se te agradaste de mim, aceita este presente de minha parte, porque ver a tua face é como contemplar a face de Deus; além disso, tu me recebeste tão bem! 11Aceita, pois, o presente que te foi trazido, pois Deus tem sido favorável para comigo, e eu já tenho tudo o que necessito". Jacó tanto insistiu que Esaú acabou aceitando.

12Então disse Esaú: "Vamos seguir em frente. Eu o acompanharei".

13Jacó, porém, lhe disse: "Meu senhor sabe que as crianças são frágeis e que estão sob os meus cuidados ovelhas e vacas que amamentam suas crias. Se forçá-las demais na caminhada, um só dia que seja, todo o rebanho morrerá. 14Por isso, meu senhor, vai à frente do teu servo, e eu sigo atrás, devagar, no passo dos rebanhos e das crianças, até que eu chegue ao meu senhor em Seir".

15Esaú sugeriu: "Permita-me, então, deixar alguns homens com você".

Jacó perguntou: "Mas para quê, meu senhor? Ter sido bem recebido já me foi suficiente!"

16Naquele dia Esaú voltou para Seir. 17Jacó, todavia, foi para Sucote, onde construiu uma casa para si e abrigos para o seu gado. Foi por isso que o lugar recebeu o nome de Sucote.

18Tendo voltado de Padã-Arã, Jacó chegou a salvo à[c] cidade de Siquém, em Canaã, e acampou próximo da cidade. 19Por cem peças de prata[d] comprou dos filhos de Hamor, pai de Siquém, a parte do campo onde tinha armado acampamento. 20Ali edificou um altar e lhe chamou El Elohe Israel[e].

O conflito entre os filhos de Jacó e os siquemitas

34 Certa vez, Diná, a filha que Lia dera a Jacó, saiu para conhecer as mulheres daquela terra. 2Siquém, filho de Hamor, o heveu, governador daquela região, viu-a, agarrou-a e a violentou. 3Mas o seu coração foi atraído

[a] 32:27 *Jacó* significa *ele agarra o calcanhar* ou *ele age traiçoeiramente*; também em 35:10.

[b] 32:28 *Israel* significa *ele luta com Deus*; também em 35:10.

[c] 33:18 Ou *chegou a Salém, uma cidade de Siquém*,

[d] 33:19 Hebraico: *100 quesitas*. Uma *quesita* era uma unidade monetária de peso e valor desconhecidos.

[e] 33:20 Isto é, Deus, o Deus de Israel ou poderoso é o Deus de Israel.

por Diná, filha de Jacó, e ele amou a moça e falou-lhe com ternura. 4Por isso Siquém foi dizer a seu pai Hamor: "Consiga-me aquela moça para que seja minha mulher".

5Quando Jacó soube que sua filha Diná tinha sido desonrada, seus filhos estavam no campo, com os rebanhos; por isso esperou calado até que regressassem.

6Então Hamor, pai de Siquém, foi conversar com Jacó. 7Quando os filhos de Jacó voltaram do campo e souberam de tudo, ficaram profundamente entristecidos e irados, porque Siquém tinha cometido um ato vergonhoso em [a]Israel, ao deitar-se com a filha de Jacó — coisa que não se faz.

8Mas Hamor lhes disse: "Meu filho Siquém apaixonou-se pela filha de vocês. Por favor, entreguem-na a ele para que seja sua mulher. 9Casem-se entre nós; deem-nos suas filhas e tomem para si as nossas. 10Estabeleçam-se entre nós. A terra está aberta para vocês: habitem-na, façam comércio[b] nela e adquiram propriedades".

11Então Siquém disse ao pai e aos irmãos de Diná: "Concedam-me este favor, e eu lhes darei o que me pedirem. 12Aumentem quanto quiserem o preço e o presente pela noiva, e pagarei o que me pedirem. Tão somente me deem a moça por mulher".

13Os filhos de Jacó, porém, responderam com falsidade a Siquém e a seu pai Hamor, por ter Siquém desonrado Diná, a irmã deles. 14Disseram: "Não podemos fazer isso; jamais entregaremos nossa irmã a um homem que não seja circuncidado. Seria uma vergonha para nós. 15Daremos nosso consentimento a vocês com uma condição: que vocês se tornem como nós, circuncidando todos os do sexo masculino. 16Só então lhes daremos as nossas filhas e poderemos casar-nos com as suas. Nós nos estabeleceremos entre vocês e seremos um só povo. 17Mas se não aceitarem circuncidar-se, tomaremos nossa irmã[c] e partiremos". 18A proposta deles pareceu boa a Hamor e a seu filho Siquém. 19O jovem, que era o mais respeitado de todos os da casa de seu pai, não demorou em cumprir o que pediram, porque realmente gostava da filha de Jacó.

20Assim Hamor e seu filho Siquém dirigiram-se à porta da cidade para conversar com os seus concidadãos. E disseram: 21"Esses homens são de paz. Permitam que eles habitem em nossa terra e façam comércio entre nós; a terra tem bastante lugar para eles. Poderemos casar com as suas filhas, e eles com as nossas. 22Mas eles só consentirão em viver conosco como um só povo sob a condição de que todos os nossos homens sejam circuncidados, como eles. 23Lembrem-se de que os seus rebanhos, os seus bens e todos os seus outros animais passarão a ser nossos. Aceitemos então a condição para que se estabeleçam em nosso meio".

24Todos os que saíram para reunir-se à porta da cidade concordaram com Hamor e com seu filho Siquém, e todos os homens e meninos da cidade foram circuncidados.

25Três dias depois, quando ainda sofriam dores, dois filhos de Jacó, Simeão e Levi, irmãos de Diná, pegaram suas espadas e atacaram a cidade desprevenida, matando todos os homens. 26Mataram ao fio da espada Hamor e seu filho Siquém, tiraram Diná da casa de Siquém e partiram. 27Vieram então os outros filhos de Jacó e, passando pelos corpos, saquearam a cidade onde[d] sua irmã tinha sido desonrada. 28Apoderaram-se das ovelhas, dos bois e dos jumentos, e de tudo o que havia na cidade e no campo. 29Levaram as mulheres e as crianças, e saquearam todos os bens e tudo o que havia nas casas.

30Então Jacó disse a Simeão e a Levi: "Vocês me puseram em grandes apuros, atraindo sobre mim o ódio[e] dos cananeus e dos ferezeus, habitantes desta terra. Somos poucos, e se eles juntarem suas forças e nos atacarem, eu e a minha família seremos destruídos".

31Mas eles responderam: "Está certo ele tratar nossa irmã como uma prostituta?"

O retorno de Jacó a Betel

35 Deus disse a Jacó: "Suba a Betel[f] e estabeleça-se lá, e faça um altar ao Deus que lhe apareceu quando você fugia do seu irmão Esaú".

2Disse, pois, Jacó aos de sua casa e a todos os que estavam com ele: "Livrem-se dos deuses estrangeiros que estão entre vocês, purifiquem-se e troquem de roupa. 3Venham! Vamos subir a Betel, onde farei um altar ao Deus que me ouviu no dia da minha angústia e que tem estado comigo por onde tenho andado". 4Então entregaram a Jacó todos os deuses estrangeiros que possuíam e os brincos que usavam nas orelhas, e Jacó os enterrou ao pé da grande árvore, próximo a Siquém. 5Quando eles partiram, o terror de Deus caiu de tal maneira sobre as cidades ao redor que ninguém ousou perseguir os filhos de Jacó.

6Jacó e todos os que com ele estavam chegaram a Luz, que é Betel, na terra de Canaã. 7Nesse lugar construiu um altar e lhe deu o nome de El-Betel[g], porque ali Deus havia se revelado[h] a ele, quando fugia do seu irmão.

8Débora, ama de Rebeca, morreu e foi sepultada perto de Betel, ao pé do Carvalho, que por isso foi chamado Alom-Bacute[i].

9Depois que Jacó retornou de Padã-Arã, Deus lhe apareceu de novo e o abençoou, 10dizendo: "Seu nome é Jacó, mas você não será mais chamado Jacó; seu nome será Israel". Assim lhe deu o nome de Israel.

11E Deus ainda lhe disse: "Eu sou o Deus todo-poderoso[j]; seja prolífero e multiplique-se. De você procederão uma nação e uma comunidade de nações, e reis estarão entre os seus descendentes. 12A terra que dei a Abraão e a Isaque, dou a você; e também aos seus futuros descendentes darei esta terra". 13A seguir, Deus elevou-se do lugar onde estivera falando com Jacó.

14Jacó levantou uma coluna de pedra no lugar em que Deus lhe falara, e derramou sobre ela uma oferta de bebidas[k] e a ungiu com óleo. 15Jacó deu o nome de Betel ao lugar onde Deus tinha falado com ele.

A morte de Isaque e de Raquel

16Eles partiram de Betel, e quando ainda estavam a certa distância de Efrata, Raquel começou a dar à luz

[a] 34:7 Ou *contra*
[b] 34:10 Ou *movam-se livremente*; também no versículo 21.
[c] 34:17 Hebraico: *filha*.
[d] 34:27 Ou *porque*
[e] 34:30 Hebraico: *transformando-me em mau cheiro para os*.
[f] 35:1 *Betel* significa *casa de Deus*.
[g] 35:7 *El-Betel* significa *Deus de Betel*.
[h] 35:7 Ou *ali os seres celestiais se revelaram*
[i] 35:8 *Alom-Bacute* significa *carvalho do pranto*.
[j] 35:11 Hebraico: *El-Shaddai*.
[k] 35:14 Veja Nm 28:7.

com grande dificuldade. 17E, enquanto sofria muito, tentando dar à luz, a parteira lhe disse: "Não tenha medo, pois você ainda terá outro menino". 18Já a ponto de sair-lhe a vida, quando estava morrendo, deu ao filho o nome de Benoni[a]. Mas o pai deu-lhe o nome de Benjamim[b].

19Assim morreu Raquel e foi sepultada junto do caminho de Efrata, que é Belém. 20Sobre a sua sepultura Jacó levantou uma coluna, e até o dia de hoje aquela coluna marca o túmulo de Raquel.

21Israel partiu novamente e armou acampamento adiante de Migdal-Éder[c]. 22Na época em que Israel vivia naquela região, Rúben deitou-se com Bila, concubina de seu pai. E Israel ficou sabendo disso.

Jacó teve doze filhos:

23Estes foram seus filhos com Lia:

Rúben, o filho mais velho de Jacó,

Simeão, Levi, Judá, Issacar e Zebulom.

24Estes foram seus filhos com Raquel:

José e Benjamim.

25Estes foram seus filhos com Bila, serva de Raquel:

Dã e Naftali.

26Estes foram seus filhos com Zilpa, serva de Lia:

Gade e Aser.

Foram esses os filhos de Jacó, nascidos em Padã-Arã.

27Depois Jacó foi visitar seu pai Isaque em Manre, perto de Quiriate-Arba, que é Hebrom, onde Abraão e Isaque tinham morado. 28Isaque viveu cento e oitenta anos. 29Morreu em idade bem avançada e foi reunido aos seus antepassados. E seus filhos Esaú e Jacó o sepultaram.

Os descendentes de Esaú

36 Esta é a história da família de Esaú, que é Edom. 2Esaú casou-se com mulheres de Canaã: com Ada, filha de Elom, o hitita, e com Oolibama, filha de Aná e neta de Zibeão, o heveu; 3e também com Basemate, filha de Ismael e irmã de Nebaiote.

4Ada deu a Esaú um filho chamado Elifaz; Basemate deu-lhe Reuel; 5e Oolibama deu-lhe Jeús, Jalão e Corá. Esses foram os filhos de Esaú que lhe nasceram em Canaã.

6Esaú tomou suas mulheres, seus filhos e filhas e todos os de sua casa, assim como os seus rebanhos, todos os outros animais e todos os bens que havia adquirido em Canaã, e foi para outra região, para longe do seu irmão Jacó. 7Os seus bens eram tantos que eles já não podiam morar juntos; a terra onde estavam vivendo não podia sustentá-los, por causa dos seus rebanhos. 8Por isso Esaú, que é Edom, fixou-se nos montes de Seir.

9Este é o registro da descendência de Esaú, pai dos edomitas, nos montes de Seir.

10Estes são os nomes dos filhos de Esaú:

Elifaz, filho de Ada, mulher de Esaú; e Reuel, filho de Basemate, mulher de Esaú.

11Estes foram os filhos de Elifaz:

Temã, Omar, Zefô, Gaetã e Quenaz.

12Elifaz, filho de Esaú, tinha uma concubina chamada Timna, que lhe deu um filho chamado Amaleque. Foram esses os netos de Ada, mulher de Esaú.

13Estes foram os filhos de Reuel:

Naate, Zerá, Samá e Mizá. Foram esses os netos de Basemate, mulher de Esaú.

14Estes foram os filhos de Oolibama, mulher de Esaú, filha de Aná e neta de Zibeão, os quais ela deu a Esaú:

Jeús, Jalão e Corá.

15Foram estes os chefes dentre os descendentes de Esaú:

Os filhos de Elifaz, filho mais velho de Esaú:

Temã, Omar, Zefô, Quenaz, 16Corá[d], Gaetã e Amaleque. Foram esses os chefes descendentes de Elifaz em Edom; eram netos de Ada.

17Foram estes os filhos de Reuel, filho de Esaú:

Os chefes Naate, Zerá, Samá e Mizá. Foram esses os chefes descendentes de Reuel em Edom; netos de Basemate, mulher de Esaú.

18Foram estes os filhos de Oolibama, mulher de Esaú:

Os chefes Jeús, Jalão e Corá. Foram esses os chefes descendentes de Oolibama, mulher de Esaú, filha de Aná.

19Foram esses os filhos de Esaú, que é Edom, e esses foram os seus chefes.

Os descendentes de Seir

20Estes foram os filhos de Seir, o horeu, que estavam habitando aquela região: Lotã, Sobal, Zibeão e Aná, 21Disom, Ézer e Disã. Esses filhos de Seir foram chefes dos horeus no território de Edom.

22Estes foram os filhos de Lotã:

Hori e Hemã. Timna era irmã de Lotã.

23Estes foram os filhos de Sobal:

Alvã, Manaate, Ebal, Sefô e Onã.

24Estes foram os filhos de Zibeão:

Aiá e Aná. Foi este Aná que descobriu as fontes de águas quentes[e] no deserto, quando levava para pastar os jumentos de Zibeão, seu pai.

25Estes foram os filhos de Aná:

Disom e Oolibama, a filha de Aná.

26Estes foram os filhos de Disom:

Hendã, Esbã, Itrã e Querã.

27Estes foram os filhos de Ézer:

Bilã, Zaavã e Acã.

28Estes foram os filhos de Disã:

Uz e Arã.

29Estes foram os chefes dos horeus:

Lotã, Sobal, Zibeão, Aná, 30Disom, Ézer e Disã. Esses foram os chefes dos horeus, de acordo com as suas divisões tribais na região de Seir.

Os reis e os chefes de Edom

31Estes foram os reis que reinaram no território de Edom antes de haver rei entre os israelitas:

32Belá, filho de Beor, reinou em Edom. Sua cidade chamava-se Dinabá. 33Quando Belá morreu, foi sucedido por Jobabe, filho de Zerá, de Bozra.

34Jobabe morreu, e Husã, da terra dos temanitas, foi o seu sucessor.

35Husã morreu, e Hadade, filho de Bedade, que tinha derrotado os midianitas na terra de Moabe, foi o seu sucessor. Sua cidade chamava-se Avite.

36Hadade morreu, e Samlá de Masreca foi o seu sucessor.

[a] 35:18 *Benoni* significa *filho da minha aflição*.
[b] 35:18 *Benjamim* significa *filho da minha direita*.
[c] 35:21 *Migdal-Éder* significa *torre do rebanho*.
[d] 36:16 Alguns manuscritos não trazem *Corá*. Veja também o versículo 11 e 1Cr 1:36.
[e] 36:24 Ou *descobriu água*

37Samlá morreu, e Saul, de Reobote, próxima ao Eufrates[a], foi o seu sucessor.

38Saul morreu, e Baal-Hanã, filho de Acbor, foi o seu sucessor.

39Baal-Hanã, filho de Acbor, morreu, e Hadade[b] foi o seu sucessor. Sua cidade chamava-se Paú, e o nome de sua mulher era Meetabel, filha de Matrede, neta de Mezaabe.

40Estes foram os chefes descendentes de Esaú, conforme os seus nomes, clãs e regiões:

Timna, Alva, Jetete, 41Oolibama, Elá, Pinom, 42Quenaz, Temã, Mibzar, 43Magdiel e Irã. Foram esses os chefes de Edom; cada um deles fixou-se numa região da terra que ocuparam.

Os edomitas eram descendentes de Esaú.

Os sonhos de José

37 Jacó habitou na terra de Canaã, onde seu pai tinha vivido como estrangeiro.

2Esta é a história da família de Jacó:

Quando José tinha dezessete anos, pastoreava os rebanhos com os seus irmãos. Ajudava os filhos de Bila e os filhos de Zilpa, mulheres de seu pai; e contava ao pai a má fama deles.

3Ora, Israel gostava mais de José do que de qualquer outro filho, porque lhe havia nascido em sua velhice; por isso mandou fazer para ele uma túnica longa[c]. 4Quando os seus irmãos viram que o pai gostava mais dele do que de qualquer outro filho, odiaram-no e não conseguiam falar com ele amigavelmente.

5Certa vez, José teve um sonho e, quando o contou a seus irmãos, eles passaram a odiá-lo ainda mais.

6"Ouçam o sonho que tive", disse-lhes. 7"Estávamos amarrando os feixes de trigo no campo, quando o meu feixe se levantou e ficou em pé, e os seus feixes se ajuntaram ao redor do meu e se curvaram diante dele."

8Seus irmãos lhe disseram: "Então você vai reinar sobre nós? Quer dizer que você vai nos governar?" E o odiaram ainda mais, por causa do sonho e do que tinha dito.

9Depois teve outro sonho e o contou aos seus irmãos: "Tive outro sonho, e desta vez o sol, a lua e onze estrelas se curvavam diante de mim".

10Quando o contou ao pai e aos irmãos, o pai o repreendeu e lhe disse: "Que sonho foi esse que você teve? Será que eu, sua mãe, e seus irmãos viremos a nos curvar até o chão diante de você?" 11Assim seus irmãos tiveram ciúmes dele; o pai, no entanto, refletia naquilo.

Vendido pelos irmãos

12Os irmãos de José tinham ido cuidar dos rebanhos do pai, perto de Siquém, 13e Israel disse a José: "Como você sabe, seus irmãos estão apascentando os rebanhos perto de Siquém. Quero que você vá até lá".

"Sim, senhor", respondeu ele.

14Disse-lhe o pai: "Vá ver se está tudo bem com os seus irmãos e com os rebanhos, e traga-me notícias". Jacó o enviou quando estava no vale de Hebrom.

Mas José se perdeu quando se aproximava de Siquém; 15um homem o encontrou vagueando pelos campos e lhe perguntou: "Que é que você está procurando?"

16Ele respondeu: "Procuro meus irmãos. Pode me dizer onde eles estão apascentando os rebanhos?"

17Respondeu o homem: "Eles já partiram daqui. Eu os ouvi dizer: 'Vamos para Dotã' ".

Assim José foi em busca dos seus irmãos e os encontrou perto de Dotã. 18Mas eles o viram de longe e, antes que chegasse, planejaram matá-lo.

19"Lá vem aquele sonhador!", diziam uns aos outros. 20"É agora! Vamos matá-lo e jogá-lo num destes poços, e diremos que um animal selvagem o devorou. Veremos então o que será dos seus sonhos."

21Quando Rúben ouviu isso, tentou livrá-lo das mãos deles, dizendo: "Não lhe tiremos a vida!" 22E acrescentou: "Não derramem sangue. Joguem-no naquele poço no deserto, mas não toquem nele". Rúben propôs isso com a intenção de livrá-lo e levá-lo de volta ao pai.

23Chegando José, seus irmãos lhe arrancaram a túnica longa, 24agarraram-no e o jogaram no poço, que estava vazio e sem água.

25Ao se assentarem para comer, viram ao longe uma caravana de ismaelitas que vinha de Gileade. Seus camelos estavam carregados de especiarias, bálsamo e mirra, que eles levavam para o Egito.

26Judá disse então a seus irmãos: "Que ganharemos se matarmos o nosso irmão e escondermos o seu sangue? 27Vamos vendê-lo aos ismaelitas. Não tocaremos nele, afinal é nosso irmão, é nosso próprio sangue[d]". E seus irmãos concordaram.

28Quando os mercadores ismaelitas de Midiã se aproximaram, seus irmãos tiraram José do poço e o venderam por vinte peças de prata aos ismaelitas, que o levaram para o Egito.

29Quando Rúben voltou ao poço e viu que José não estava lá, rasgou suas vestes 30e, voltando a seus irmãos, disse: "O jovem não está lá! Para onde irei agora?"

31Então eles mataram um bode, mergulharam no sangue a túnica de José 32e a mandaram ao pai com este recado: "Achamos isto. Veja se é a túnica de teu filho".

33Ele a reconheceu e disse: "É a túnica de meu filho! Um animal selvagem o devorou! José foi despedaçado!"

34Então Jacó rasgou suas vestes, vestiu-se de pano de saco e chorou muitos dias por seu filho. 35Todos os seus filhos e filhas vieram consolá-lo, mas ele recusou ser consolado, dizendo: "Não! Chorando descerei à sepultura[e] para junto de meu filho". E continuou a chorar por ele.

36Nesse meio tempo, no Egito, os midianitas venderam José a Potifar, oficial do faraó e capitão da guarda.

A história de Judá e Tamar

38 Por essa época, Judá deixou seus irmãos e passou a viver na casa de um homem de Adulão, chamado Hira. 2Ali Judá encontrou a filha de um cananeu chamado Suá, e casou-se com ela. Ele a possuiu, 3ela engravidou e deu à luz um filho, ao qual ele deu o nome de Er. 4Tornou a engravidar, teve um filho e deu-lhe o nome de Onã. 5Quando estava em Quezibe, ela teve ainda outro filho e chamou-o Selá.

6Judá escolheu uma mulher chamada Tamar para Er, seu filho mais velho. 7Mas o SENHOR reprovou a conduta perversa de Er, filho mais velho de Judá, e por isso o matou.

[a] 36:37 Hebraico: *ao Rio.*
[b] 36:39 Vários manuscritos dizem *Hadar.* Veja 1Cr 1:50.
[c] 37:3 Ou *de diversas cores*; também nos versículos 23 e 32.
[d] 37:27 Hebraico: *nossa carne.*
[e] 37:35 Hebraico: *Sheol.* Essa palavra também pode ser traduzida por profundezas, pó ou morte.

8Então Judá disse a Onã: "Case-se com a mulher do
seu irmão, cumpra as suas obrigações de cunhado pa-
ra com ela e dê uma descendência a seu irmão". 9Mas
Onã sabia que a descendência não seria sua; assim, toda
vez que possuía a mulher do seu irmão, derramava o
sêmen no chão para evitar que seu irmão tivesse des-
cendência. 10O SENHOR reprovou o que ele fazia, e por
isso o matou também.
11Disse então Judá à sua nora Tamar: "More como
viúva na casa de seu pai até que o meu filho Selá cres-
ça", porque temia que ele viesse a morrer, como os seus
irmãos. Assim Tamar foi morar na casa do pai.
12Tempos depois morreu a mulher de Judá, filha de
Suá. Passado o luto, Judá foi ver os tosquiadores do seu
rebanho em Timna com o seu amigo Hira, o adulamita.
13Quando foi dito a Tamar: "Seu sogro está a cami-
nho de Timna para tosquiar suas ovelhas", 14ela trocou
suas roupas de viúva, cobriu-se com um véu para se
disfarçar e foi sentar-se à entrada de Enaim, que fica
no caminho de Timna. Ela fez isso porque viu que, em-
bora Selá já fosse crescido, ela não lhe tinha sido dada
em casamento.
15Quando a viu, Judá pensou que fosse uma prosti-
tuta, porque ela havia encoberto o rosto.
16Não sabendo que era a sua nora, dirigiu-se a ela,
à beira da estrada, e disse: "Venha cá, quero deitar-me
com você".
Ela lhe perguntou: "O que você me dará para deitar-
-se comigo?" 17Disse ele: "Eu lhe mandarei um cabriti-
nho do meu rebanho".
E ela perguntou: "Você me deixará alguma coisa co-
mo garantia até que o mande?"
18Disse Judá: "Que garantia devo dar-lhe?"
Respondeu ela: "O seu selo com o cordão, e o cajado
que você tem na mão". Ele os entregou e a possuiu, e
Tamar engravidou dele. 19Ela se foi, tirou o véu e tornou
a vestir as roupas de viúva.
20Judá mandou o cabritinho por meio de seu amigo
adulamita, a fim de reaver da mulher sua garantia, mas
ele não a encontrou, 21e perguntou aos homens do lu-
gar: "Onde está a prostituta cultual que costuma ficar
à beira do caminho de Enaim?"
Eles responderam: "Aqui não há nenhuma prosti-
tuta cultual".
22Assim ele voltou a Judá e disse: "Não a encontrei.
Além disso, os homens do lugar disseram que lá não há
nenhuma prostituta cultual".
23Disse Judá: "Fique ela com o que lhe dei. Não quero
que nos tornemos objeto de zombaria. Afinal de con-
tas, mandei a ela este cabritinho, mas você não a en-
controu".
24Cerca de três meses mais tarde, disseram a Judá:
"Sua nora Tamar prostituiu-se, e na sua prostituição
ficou grávida".
Disse Judá: "Tragam-na para fora e queimem-na
viva!"
25Quando ela estava sendo levada para fora, mandou
o seguinte recado ao sogro: "Estou grávida do homem
que é dono destas coisas". E acrescentou: "Veja se o se-
nhor reconhece a quem pertencem este selo, este cor-
dão e este cajado".
26Judá os reconheceu e disse: "Ela é mais justa do
que eu, pois eu devia tê-la entregue a meu filho Selá".
E não voltou a ter relações com ela.
27Quando lhe chegou a época de dar à luz, havia gê-
meos em seu ventre. 28Enquanto ela dava à luz, um
deles pôs a mão para fora; então a parteira pegou um
fio vermelho e amarrou o pulso do menino, dizendo:
"Este saiu primeiro". 29Mas quando ele recolheu a mão,
seu irmão saiu e ela disse: "Então você conseguiu uma
brecha para sair!" E deu-lhe o nome de Perez. 30Depois
saiu seu irmão que estava com o fio vermelho no pul-
so, e foi-lhe dado o nome de Zerá.

José é assediado pela mulher de Potifar

39 José havia sido levado para o Egito, onde o egíp-
cio Potifar, oficial do faraó e capitão da guarda,
comprou-o dos ismaelitas que o tinham levado para lá.
2O SENHOR estava com José, de modo que este pros-
perou e passou a morar na casa do seu senhor egípcio.
3Quando este percebeu que o SENHOR estava com ele e
que o fazia prosperar em tudo o que realizava, 4agra-
dou-se de José e tornou-o administrador de seus bens.
Potifar deixou a seu cuidado a sua casa e lhe confiou
tudo o que possuía. 5Desde que o deixou cuidando de
sua casa e de todos os seus bens, o SENHOR abençoou a
casa do egípcio por causa de José. A bênção do SENHOR
estava sobre tudo o que Potifar possuía, tanto em ca-
sa como no campo. 6Assim, deixou ele aos cuidados de
José tudo o que tinha, e não se preocupava com coisa
alguma, exceto com sua própria comida.
José era atraente e de boa aparência, 7e, depois de
certo tempo, a mulher do seu senhor começou a cobi-
çá-lo e o convidou: "Venha, deite-se comigo!" 8Mas ele
se recusou e lhe disse: "Meu senhor não se preocupa
com coisa alguma de sua casa, e tudo o que tem deixou
aos meus cuidados. 9Ninguém desta casa está acima de
mim. Ele nada me negou, a não ser a senhora, porque
é a mulher dele. Como poderia eu, então, cometer al-
go tão perverso e pecar contra Deus?" 10Assim, embora
ela insistisse com José dia após dia, ele se recusava a
deitar-se com ela e evitava ficar perto dela.
11Um dia ele entrou na casa para fazer suas tarefas, e
nenhum dos empregados ali se encontrava. 12Ela o agar-
rou pelo manto e voltou a convidá-lo: "Vamos, deite-
-se comigo!" Mas ele fugiu da casa, deixando o manto
na mão dela.
13Quando ela viu que, ao fugir, ele tinha deixado o
manto em sua mão, 14chamou os empregados e lhes
disse: "Vejam, este hebreu nos foi trazido para nos in-
sultar! Ele entrou aqui e tentou abusar de mim, mas eu
gritei. 15Quando me ouviu gritar por socorro, largou seu
manto ao meu lado e fugiu da casa".
16Ela conservou o manto consigo até que o senhor
de José chegasse à casa. 17Então repetiu-lhe a história:
"Aquele escravo hebreu que você nos trouxe aproxi-
mou-se de mim para me insultar. 18Mas, quando gritei
por socorro, ele largou seu manto ao meu lado e fugiu".
19Quando o seu senhor ouviu o que a sua mulher lhe
disse: "Foi assim que o seu escravo me tratou", ficou in-
dignado. 20Mandou buscar José e lançou-o na prisão em
que eram postos os prisioneiros do rei.
José ficou na prisão, 21mas o SENHOR estava com ele
e o tratou com bondade, concedendo-lhe a simpatia do
carcereiro. 22Por isso o carcereiro encarregou José de
todos os que estavam na prisão, e ele se tornou res-
ponsável por tudo o que lá sucedia. 23O carcereiro não
se preocupava com nada do que estava a cargo de José,

porque o SENHOR estava com José e lhe concedia bom
êxito em tudo o que realizava.

José interpreta os sonhos de dois prisioneiros

40 Algum tempo depois, o copeiro e o padeiro do
rei do Egito fizeram uma ofensa ao seu senhor,
o rei do Egito. 2O faraó irou-se com os dois oficiais, o
chefe dos copeiros e o chefe dos padeiros, 3e mandou
prendê-los na casa do capitão da guarda, na prisão em
que José estava. 4O capitão da guarda os deixou aos
cuidados de José, que os servia.

Depois de certo tempo, 5o copeiro e o padeiro do rei
do Egito, que estavam na prisão, sonharam. Cada um
teve um sonho, ambos na mesma noite, e cada sonho
tinha a sua própria interpretação.

6Quando José foi vê-los na manhã seguinte, notou
que estavam abatidos. 7Por isso perguntou aos oficiais
do faraó, que também estavam presos na casa do seu
senhor: "Por que hoje vocês estão com o semblante
triste?"

8Eles responderam: "Tivemos sonhos, mas não há
quem os interprete".

Disse-lhes José: "Não são de Deus as interpretações?
Contem-me os sonhos".

9Então o chefe dos copeiros contou o seu sonho a
José: "Em meu sonho vi diante de mim uma videira,
10com três ramos. Ela brotou, floresceu e deu uvas que
amadureciam em cachos. 11A taça do faraó estava em
minha mão. Peguei as uvas, e as espremi na taça do fa-
raó, e a entreguei em sua mão".

12Disse-lhe José: "Esta é a interpretação: os três ra-
mos são três dias. 13Dentro de três dias o faraó vai exal-
tá-lo e restaurá-lo à sua posição, e você servirá a taça na
mão dele, como costumava fazer quando era seu copei-
ro. 14Quando tudo estiver indo bem com você, lembre-se
de mim e seja bondoso comigo; fale de mim ao faraó e
tire-me desta prisão, 15pois fui trazido à força da terra
dos hebreus, e também aqui nada fiz para ser jogado
neste calabouço".

16Ouvindo o chefe dos padeiros essa interpretação
favorável, disse a José: "Eu também tive um sonho: so-
bre a minha cabeça havia três cestas de pão branco. 17Na
cesta de cima havia todo tipo de pães e doces que o fa-
raó aprecia, mas as aves vinham comer da cesta que eu
trazia na cabeça".

18E disse José: "Esta é a interpretação: as três cestas
são três dias. 19Dentro de três dias o faraó vai decapi-
tá-lo e pendurá-lo numa árvore[a]. E as aves comerão a
sua carne".

20Três dias depois era o aniversário do faraó, e ele
ofereceu um banquete a todos os seus conselheiros. Na
presença deles reapresentou o chefe dos copeiros e o
chefe dos padeiros; 21restaurou à sua posição o chefe dos
copeiros, de modo que ele voltou a ser aquele que servia
a taça do faraó, 22mas ao chefe dos padeiros mandou
enforcar[b], como José lhes dissera em sua interpretação.

23O chefe dos copeiros, porém, não se lembrou de
José; ao contrário, esqueceu-se dele.

José interpreta os sonhos do faraó

41 Ao final de dois anos, o faraó teve um sonho. Ele
estava em pé junto ao rio Nilo, 2quando saíram do
rio sete vacas belas e gordas, que começaram a pastar
entre os juncos. 3Depois saíram do rio mais sete vacas,
feias e magras, que foram para junto das outras, à beira
do Nilo. 4Então as vacas feias e magras comeram as sete
vacas belas e gordas. Nisso o faraó acordou.

5Tornou a adormecer e teve outro sonho. Sete espi-
gas de trigo, graúdas e boas, cresciam no mesmo pé.
6Depois brotaram outras sete espigas, mirradas e res-
sequidas pelo vento leste. 7As espigas mirradas engo-
liram as sete espigas graúdas e cheias. Então o faraó
acordou; era um sonho.

8Pela manhã, perturbado, mandou chamar todos os
magos e sábios do Egito e lhes contou os sonhos, mas
ninguém foi capaz de interpretá-los.

9Então o chefe dos copeiros disse ao faraó: "Hoje me
lembro de minhas faltas. 10Certa vez o faraó ficou irado
com os seus dois servos e mandou prender-me junto
com o chefe dos padeiros, na casa do capitão da guar-
da. 11Certa noite cada um de nós teve um sonho, e ca-
da sonho tinha uma interpretação. 12Pois bem, havia lá
conosco um jovem hebreu, servo do capitão da guarda.
Contamos a ele os nossos sonhos, e ele os interpretou,
dando a cada um de nós a interpretação do seu pró-
prio sonho. 13E tudo aconteceu conforme ele nos dis-
sera: eu fui restaurado à minha posição e o outro foi
enforcado[c]".

14O faraó mandou chamar José, que foi trazido de-
pressa do calabouço. Depois de se barbear e trocar de
roupa, apresentou-se ao faraó.

15O faraó disse a José: "Tive um sonho que ninguém
consegue interpretar. Mas ouvi falar que você, ao ouvir
um sonho, é capaz de interpretá-lo".

16Respondeu-lhe José: "Isso não depende de mim,
mas Deus dará ao faraó uma resposta favorável".

17Então o faraó contou o sonho a José: "Sonhei que
estava em pé, à beira do Nilo, 18quando saíram do rio
sete vacas, belas e gordas, que começaram a pastar en-
tre os juncos. 19Depois saíram outras sete, raquíticas,
muito feias e magras. Nunca vi vacas tão feias em to-
da a terra do Egito. 20As vacas magras e feias comeram
as sete vacas gordas que tinham aparecido primeiro.
21Mesmo depois de havê-las comido, não parecia que
o tivessem feito, pois continuavam tão magras como
antes. Então acordei.

22"Depois tive outro sonho. Vi sete espigas de cereal,
cheias e boas, que cresciam num mesmo pé. 23Depois
delas, brotaram outras sete, murchas e mirradas, res-
sequidas pelo vento leste. 24As espigas magras engoli-
ram as sete espigas boas. Contei isso aos magos, mas
ninguém foi capaz de explicá-lo".

25"O faraó teve um único sonho", disse-lhe José.
"Deus revelou ao faraó o que ele está para fazer. 26As
sete vacas boas são sete anos, e as sete espigas boas são
também sete anos; trata-se de um único sonho. 27As se-
te vacas magras e feias que surgiram depois das outras,
e as sete espigas mirradas, queimadas pelo vento leste,
são sete anos. Serão sete anos de fome.

28"É exatamente como eu disse ao faraó: Deus mos-
trou ao faraó aquilo que ele vai fazer. 29Sete anos de
muita fartura estão para vir sobre toda a terra do Egi-
to, 30mas depois virão sete anos de fome. Então todo o
tempo de fartura será esquecido, pois a fome arruinará

[a] 40:19 Ou *empalar você numa estaca*
[b] 40:22 Ou *empalar*
[c] 41:13 Ou *empalado*

a terra. 31 A fome que virá depois será tão rigorosa que o tempo de fartura não será mais lembrado na terra. 32 O sonho veio ao faraó duas vezes porque a questão já foi decidida por Deus, que se apressa em realizá-la.

33 "Procure agora o faraó um homem criterioso e sábio e coloque-o no comando da terra do Egito. 34 O faraó também deve estabelecer supervisores para recolher um quinto da colheita do Egito durante os sete anos de fartura. 35 Eles deverão recolher o que puderem nos anos bons que virão e fazer estoques de trigo que, sob o controle do faraó, serão armazenados nas cidades. 36 Esse estoque servirá de reserva para os sete anos de fome que virão sobre o Egito, para que a terra não seja arrasada pela fome."

José no governo do Egito

37 O plano pareceu bom ao faraó e a todos os seus conselheiros. 38 Por isso o faraó lhes perguntou: "Será que vamos achar alguém como este homem, em quem está o espírito divino?"

39 Disse, pois, o faraó a José: "Uma vez que Deus lhe revelou todas essas coisas, não há ninguém tão criterioso e sábio como você. 40 Você terá o comando de meu palácio, e todo o meu povo se sujeitará às suas ordens. Somente em relação ao trono serei maior que você". 41 E o faraó prosseguiu: "Entrego a você agora o comando de toda a terra do Egito". 42 Em seguida o faraó tirou do dedo o seu anel-selo e o colocou no dedo de José. Mandou-o vestir linho fino e colocou uma corrente de ouro em seu pescoço. 43 Também o fez subir em sua segunda carruagem real, e à frente os arautos iam gritando: "Abram caminho!"[a] Assim José foi colocado no comando de toda a terra do Egito.

44 Disse ainda o faraó a José: "Eu sou o faraó, mas sem a sua palavra ninguém poderá levantar a mão nem o pé em todo o Egito". 45 O faraó deu a José o nome de Zafenate-Paneia e lhe deu por mulher Azenate, filha de Potífera, sacerdote de Om[b]. Depois José foi inspecionar toda a terra do Egito.

46 José tinha trinta anos de idade quando começou a servir[c] ao faraó, rei do Egito. Ele se ausentou da presença do faraó e foi percorrer todo o Egito. 47 Durante os sete anos de fartura a terra teve grande produção. 48 José recolheu todo o excedente dos sete anos de fartura no Egito e o armazenou nas cidades. Em cada cidade ele armazenava o trigo colhido nas lavouras das redondezas. 49 Assim José estocou muito trigo, como a areia do mar. Tal era a quantidade que ele parou de anotar, porque ia além de toda medida.

50 Antes dos anos de fome, Azenate, filha de Potífera, sacerdote de Om, deu a José dois filhos. 51 Ao primeiro, José deu o nome de Manassés, dizendo: "Deus me fez esquecer todo o meu sofrimento e toda a casa de meu pai".

52 Ao segundo filho chamou Efraim, dizendo: "Deus me fez prosperar na terra onde tenho sofrido".

53 Assim chegaram ao fim os sete anos de fartura no Egito, 54 e começaram os sete anos de fome, como José tinha predito. Houve fome em todas as terras, mas em todo o Egito havia alimento. 55 Quando todo o Egito começou a sofrer com a fome, o povo clamou ao faraó por comida, e este respondeu a todos os egípcios: "Dirijam-se a José e façam o que ele disser".

56 Quando a fome já se havia espalhado por toda a terra, José mandou abrir os locais de armazenamento e começou a vender trigo aos egípcios, pois a fome se agravava em todo o Egito. 57 E de toda a terra vinha gente ao Egito para comprar trigo de José, porquanto a fome se agravava em toda parte.

Os irmãos de José no Egito

42 Quando Jacó soube que no Egito havia trigo, disse a seus filhos: "Por que estão aí olhando uns para os outros?" 2 Disse ainda: "Ouvi dizer que há trigo no Egito. Desçam até lá e comprem trigo para nós, para que possamos continuar vivos e não morramos de fome".

3 Assim dez dos irmãos de José desceram ao Egito para comprar trigo. 4 Jacó não deixou que Benjamim, irmão de José, fosse com eles, temendo que algum mal lhe acontecesse. 5 Os filhos de Israel estavam entre outros que também foram comprar trigo, por causa da fome na terra de Canaã.

6 José era o governador do Egito e era ele que vendia trigo a todo o povo da terra. Por isso, quando os irmãos de José chegaram, curvaram-se diante dele com o rosto em terra. 7 José reconheceu os seus irmãos logo que os viu, mas agiu como se não os conhecesse, e lhes falou asperamente: "De onde vocês vêm?"

Responderam eles: "Da terra de Canaã, para comprar comida".

8 José reconheceu os seus irmãos, mas eles não o reconheceram. 9 Lembrou-se então dos sonhos que tivera a respeito deles e lhes disse: "Vocês são espiões! Vieram para ver onde a nossa terra está desprotegida".

10 Eles responderam: "Não, meu senhor. Teus servos vieram comprar comida. 11 Todos nós somos filhos do mesmo pai. Teus servos são homens honestos, e não espiões".

12 Mas José insistiu: "Não! Vocês vieram ver onde a nossa terra está desprotegida".

13 E eles disseram: "Teus servos eram doze irmãos, todos filhos do mesmo pai, na terra de Canaã. O caçula está agora em casa com o pai, e o outro já morreu".

14 José tornou a afirmar: "É como lhes falei: Vocês são espiões! 15 Vocês serão postos à prova. Juro pela vida do faraó que vocês não sairão daqui, enquanto o seu irmão caçula não vier para cá. 16 Mandem algum de vocês buscar o seu irmão enquanto os demais aguardam presos. Assim ficará provado se as suas palavras são verdadeiras ou não. Se não forem, juro pela vida do faraó que ficará confirmado que vocês são espiões!" 17 E os deixou presos três dias.

18 No terceiro dia, José lhes disse: "Eu tenho temor de Deus. Se querem salvar sua vida, façam o seguinte: 19 se vocês são homens honestos, deixem um dos seus irmãos aqui na prisão, enquanto os demais voltam, levando trigo para matar a fome das suas famílias. 20 Tragam-me, porém, o seu irmão caçula, para que se comprovem as suas palavras e vocês não tenham que morrer".

21 Eles se prontificaram a fazer isso e disseram uns aos outros: "Certamente estamos sendo punidos pelo que fizemos a nosso irmão. Vimos como ele estava angustiado, quando nos implorava por sua vida,

[a] 41:43 Ou *"Curvem-se!"*
[b] 41:45 Isto é, Heliópolis; também no versículo 50.
[c] 41:46 Ou *quando se apresentou ao faraó*

mas não lhe demos ouvidos; por isso nos sobreveio
esta angústia".
22Rúben respondeu: "Eu não lhes disse que não mal-
tratassem o menino? Mas vocês não quiseram me ou-
vir! Agora teremos que prestar contas do seu sangue".
23Eles, porém, não sabiam que José podia compreen-
dê-los, pois ele lhes falava por meio de um intérprete.
24Nisso José retirou-se e começou a chorar, mas lo-
go depois voltou e conversou de novo com eles. Então
escolheu Simeão e mandou acorrentá-lo diante deles.

A volta para Canaã

25Em seguida, José deu ordem para que enches-
sem de trigo suas bagagens, devolvessem a prata de
cada um deles, colocando-a nas bagagens, e lhes des-
sem mantimentos para a viagem. E assim foi feito.
26Eles puseram a carga de trigo sobre os seus jumen-
tos e partiram.
27No lugar onde pararam para pernoitar, um deles
abriu a bagagem para pegar forragem para o seu ju-
mento e viu a prata na boca da bagagem. 28E disse a
seus irmãos: "Devolveram a minha prata. Está aqui em
minha bagagem".
Tomados de pavor em seu coração e tremendo, disse-
ram uns aos outros: "Que é isto que Deus fez conosco?"
29Ao chegarem à casa de seu pai Jacó, na terra de Ca-
naã, relataram-lhe tudo o que lhes acontecera, dizendo:
30"O homem que governa aquele país falou asperamen-
te conosco e nos tratou como espiões. 31Mas nós lhe as-
seguramos que somos homens honestos e não espiões.
32Dissemos também que éramos doze irmãos, filhos do
mesmo pai, e que um já havia morrido e que o caçula
estava com o nosso pai, em Canaã.
33"Então o homem que governa aquele país nos dis-
se: 'Vejamos se vocês são honestos: um dos seus irmãos
ficará aqui comigo, e os outros poderão voltar e levar
mantimentos para matar a fome das suas famílias.
34Tragam-me, porém, o seu irmão caçula, para que eu
comprove que vocês não são espiões, mas sim, homens
honestos. Então lhes devolverei o irmão e os autorizarei
a fazer negócios nesta terra' ".
35Ao esvaziarem as bagagens, dentro da bagagem
de cada um estava a sua bolsa cheia de prata. Quando
eles e seu pai viram as bolsas cheias de prata, ficaram
com medo. 36E disse-lhes seu pai Jacó: "Vocês estão ti-
rando meus filhos de mim! Já fiquei sem José, agora
sem Simeão e ainda querem levar Benjamim. Tudo es-
tá contra mim!"
37Então Rúben disse ao pai: "Podes matar meus dois
filhos se eu não o trouxer de volta. Deixa-o aos meus
cuidados, e eu o trarei".
38Mas o pai respondeu: "Meu filho não descerá com
vocês; seu irmão está morto, e ele é o único que resta.
Se qualquer mal lhe acontecer na viagem que estão por
fazer, vocês farão estes meus cabelos brancos descerem
à sepultura[a] com tristeza".

De volta ao Egito

43 A fome continuava rigorosa na terra. 2Assim, quan-
do acabou todo o trigo que os filhos de Jacó tinham
trazido do Egito, seu pai lhes disse: "Voltem e comprem
um pouco mais de comida para nós".
3Mas Judá lhe disse: "O homem nos advertiu seve-
ramente: 'Não voltem à minha presença, a não ser que
tragam o seu irmão'. 4Se enviares o nosso irmão conos-
co, desceremos e compraremos comida para ti. 5Mas se
não o enviares conosco, não iremos, porque foi assim
que o homem falou: 'Não voltem à minha presença, a
não ser que tragam o seu irmão' ".
6Israel perguntou: "Por que me causaram esse mal,
contando àquele homem que tinham outro irmão?"
7E lhe responderam: "Ele nos interrogou sobre nós
e sobre nossa família. E também nos perguntou: 'O pai
de vocês ainda está vivo? Vocês têm outro irmão?' Nós
simplesmente respondemos ao que ele nos perguntou.
Como poderíamos saber que ele exigiria que levásse-
mos o nosso irmão?"
8Então disse Judá a Israel, seu pai: "Deixa o jovem ir
comigo e partiremos imediatamente, a fim de que tu,
nós e nossas crianças sobrevivamos e não venhamos a
morrer. 9Eu me comprometo pessoalmente pela segu-
rança dele; podes me considerar responsável por ele. Se
eu não o trouxer de volta e não o colocar bem aqui na
tua presença, serei culpado diante de ti pelo resto da
minha vida. 10Como se vê, se não tivéssemos demorado
tanto, já teríamos ido e voltado duas vezes".
11Então Israel, seu pai, lhes disse: "Se tem que ser as-
sim, que seja! Coloquem alguns dos melhores produtos
da nossa terra na bagagem e levem-nos como presente
ao tal homem: um pouco de bálsamo, um pouco de mel,
algumas especiarias e mirra, algumas nozes de pista-
che e amêndoas. 12Levem prata em dobro, e devolvam
a prata que foi colocada de volta na boca da bagagem
de vocês. Talvez isso tenha acontecido por engano. 13Pe-
guem também o seu irmão e voltem àquele homem.
14Que o Deus todo-poderoso[b] lhes conceda misericórdia
diante daquele homem, para que ele permita que o seu
outro irmão e Benjamim voltem com vocês. Quanto a
mim, se ficar sem filhos, sem filhos ficarei".
15Então os homens desceram ao Egito, levando o pre-
sente, prata em dobro e Benjamim, e foram à presença
de José. 16Quando José viu Benjamim com eles, disse ao
administrador de sua casa: "Leve estes homens à mi-
nha casa, mate um animal e prepare-o; eles almoçarão
comigo ao meio-dia".
17Ele fez o que lhe fora ordenado e levou-os à casa de
José. 18Eles ficaram com medo quando foram levados
à casa de José, e pensaram: "Trouxeram-nos aqui por
causa da prata que foi devolvida às nossas bagagens
na primeira vez. Ele quer atacar-nos, subjugar-nos, tor-
nar-nos escravos e tomar de nós os nossos jumentos".
19Por isso, dirigiram-se ao administrador da casa de
José e lhe disseram à entrada da casa: 20"Ouça, senhor!
A primeira vez que viemos aqui foi realmente para
comprar comida. 21Mas no lugar em que paramos para
pernoitar, abrimos nossas bagagens e cada um de nós
encontrou a prata que tinha trazido, na quantia exata.
Por isso a trouxemos de volta conosco, 22além de mais
prata, para comprar comida. Não sabemos quem pôs a
prata em nossa bagagem".
23"Fiquem tranquilos", disse o administrador. "Não
tenham medo. O seu Deus, o Deus de seu pai, foi quem
lhes deu um tesouro em suas bagagens, porque a pra-
ta de vocês eu recebi." Então soltou Simeão e o levou à

[a] 42:38 Hebraico: *Sheol*. Essa palavra também pode ser traduzida por profundezas, pó ou morte.

[b] 43:14 Hebraico: *El-Shaddai*; também em 48:3 e 49:25.

presença deles. 24Em seguida os levou à casa de José, deu-lhes água para lavarem os pés e forragem para os seus jumentos. 25Eles então prepararam o presente para a chegada de José ao meio-dia, porque ficaram sabendo que iriam almoçar ali.

26Quando José chegou, eles o presentearam com o que tinham trazido e curvaram-se diante dele até o chão. 27Ele então lhes perguntou como passavam e disse em seguida: "Como vai o pai de vocês, o homem idoso de quem me falaram? Ainda está vivo?"

28Eles responderam: "Teu servo, nosso pai, ainda vive e passa bem". E se curvaram para prestar-lhe honra.

29Olhando ao redor e vendo seu irmão Benjamim, filho de sua mãe, José perguntou: "É este o irmão caçula de quem me falaram?" E acrescentou: "Deus lhe conceda graça, meu filho". 30Profundamente emocionado por causa de seu irmão, José apressou-se em sair à procura de um lugar para chorar, e entrando em seu quarto, chorou.

31Depois de lavar o rosto, saiu e, controlando-se, disse: "Sirvam a comida".

32Serviram a ele em separado dos seus irmãos e também dos egípcios que comiam com ele, porque os egípcios não podiam comer com os hebreus, pois isso era sacrilégio para eles. 33Seus irmãos foram colocados à mesa perante ele por ordem de idade, do mais velho ao mais moço, e olhavam perplexos uns para os outros. 34Então lhes serviram da comida da mesa de José, e a porção de Benjamim era cinco vezes maior que a dos outros. E eles festejaram e beberam à vontade.

A taça de José na bagagem de Benjamim

44 José deu as seguintes ordens ao administrador de sua casa: "Encha as bagagens desses homens com todo o mantimento que puderem carregar e coloque a prata de cada um na boca de sua bagagem. 2Depois coloque a minha taça, a taça de prata, na boca da bagagem do caçula, junto com a prata paga pelo trigo". E ele fez tudo conforme as ordens de José.

3Assim que despontou a manhã, despediram os homens com os seus jumentos. 4Ainda não tinham se afastado da cidade, quando José disse ao administrador de sua casa: "Vá atrás daqueles homens e, quando os alcançar, diga-lhes: Por que retribuíram o bem com o mal? 5Não é esta a taça que o meu senhor usa para beber e para fazer adivinhações? Vocês cometeram grande maldade!"

6Quando ele os alcançou, repetiu-lhes essas palavras. 7Mas eles lhe responderam: "Por que o meu senhor diz isso? Longe dos seus servos fazer tal coisa! 8Nós lhe trouxemos de volta, da terra de Canaã, a prata que encontramos na boca de nossa bagagem. Como roubaríamos prata ou ouro da casa do seu senhor? 9Se algum dos seus servos for encontrado com ela, morrerá; e nós, os demais, seremos escravos do meu senhor".

10E disse ele: "Concordo. Somente quem for encontrado com ela será meu escravo; os demais estarão livres".

11Cada um deles descarregou depressa a sua bagagem e abriu-a. 12O administrador começou então a busca, desde a bagagem do mais velho até a do mais novo. E a taça foi encontrada na bagagem de Benjamim. 13Diante disso, eles rasgaram as suas vestes. Em seguida, todos puseram a carga de novo em seus jumentos e retornaram à cidade.

14Quando Judá e seus irmãos chegaram à casa de José, ele ainda estava lá. Então eles se lançaram ao chão perante ele. 15E José lhes perguntou: "Que foi que vocês fizeram? Vocês não sabem que um homem como eu tem poder para adivinhar?"

16Respondeu Judá: "O que diremos a meu senhor? Que podemos falar? Como podemos provar nossa inocência? Deus trouxe à luz a culpa dos teus servos. Agora somos escravos do meu senhor, como também aquele que foi encontrado com a taça".

17Disse, porém, José: "Longe de mim fazer tal coisa! Somente aquele que foi encontrado com a taça será meu escravo. Os demais podem voltar em paz para a casa do seu pai".

18Então Judá dirigiu-se a ele, dizendo: "Por favor, meu senhor, permite-me dizer-te uma palavra. Não se acenda a tua ira contra o teu servo, embora sejas igual ao próprio faraó. 19Meu senhor perguntou a estes seus servos se ainda tínhamos pai e algum outro irmão. 20E nós respondemos: Temos um pai já idoso, cujo filho caçula nasceu-lhe em sua velhice. O irmão deste já morreu, e ele é o único filho da mesma mãe que restou, e seu pai o ama muito.

21"Então disseste a teus servos que o trouxessem a ti para que os teus olhos pudessem vê-lo. 22E nós respondemos a meu senhor que o jovem não poderia deixar seu pai, pois, caso o fizesse, seu pai morreria. 23Todavia disseste a teus servos que se o nosso irmão caçula não viesse conosco, nunca mais veríamos a tua face. 24Quando voltamos a teu servo, a meu pai, contamos-lhe o que o meu senhor tinha dito.

25"Quando o nosso pai nos mandou voltar para comprar um pouco mais de comida, 26nós lhe dissemos: Só poderemos voltar para lá, se o nosso irmão caçula for conosco. Pois não poderemos ver a face daquele homem, a não ser que o nosso irmão caçula esteja conosco.

27"Teu servo, meu pai, nos disse então: 'Vocês sabem que minha mulher me deu apenas dois filhos. 28Um deles se foi, e eu disse: Com certeza foi despedaçado. E até hoje, nunca mais o vi. 29Se agora vocês também levarem este de mim, e algum mal lhe acontecer, a tristeza que me causarão fará com que os meus cabelos brancos desçam à sepultura[a]'.

30"Agora, pois, se eu voltar a teu servo, a meu pai, sem levar o jovem conosco, logo que meu pai, que é tão apegado a ele, 31perceber que o jovem não está conosco, morrerá. Teus servos farão seu velho pai descer seus cabelos brancos à sepultura com tristeza.

32"Além disso, teu servo garantiu a segurança do jovem a seu pai, dizendo-lhe: Se eu não o trouxer de volta, suportarei essa culpa diante de ti pelo resto da minha vida!

33"Por isso agora te peço, por favor, deixa o teu servo ficar como escravo do meu senhor no lugar do jovem e permite que ele volte com os seus irmãos. 34Como poderei eu voltar a meu pai sem levar o jovem comigo? Não! Não posso ver o mal que sobreviria a meu pai".

José revela a verdade

45 A essa altura, José já não podia mais conter-se diante de todos os que ali estavam, e gritou: "Façam

[a] 44:29 Hebraico: *Sheol*; também no versículo 31. Essa palavra também pode ser traduzida por profundezas, pó ou morte.

sair a todos!" Assim, ninguém mais estava presente
quando José se revelou a seus irmãos. 2E ele se pôs a
chorar tão alto que os egípcios o ouviram, e a notícia
chegou ao palácio do faraó.
3Então disse José a seus irmãos: "Eu sou José! Meu
pai ainda está vivo?" Mas os seus irmãos ficaram tão
pasmados diante dele que não conseguiam respon-
der-lhe.
4"Cheguem mais perto", disse José a seus irmãos.
Quando eles se aproximaram, disse-lhes: "Eu sou José,
seu irmão, aquele que vocês venderam ao Egito! 5Agora,
não se aflijam nem se recriminem por terem me ven-
dido para cá, pois foi para salvar vidas que Deus me
enviou adiante de vocês. 6Já houve dois anos de fome
na terra, e nos próximos cinco anos não haverá cultivo
nem colheita. 7Mas Deus me enviou à frente de vocês
para lhes preservar um remanescente nesta terra e para
salvar-lhes a vida com grande livramento[a].
8"Assim, não foram vocês que me mandaram para
cá, mas sim o próprio Deus. Ele me tornou ministro[b]
do faraó, e me fez administrador de todo o palácio e
governador de todo o Egito. 9Voltem depressa a meu
pai e digam-lhe: Assim diz o seu filho José: Deus me
fez senhor de todo o Egito. Vem para cá, não te demo-
res. 10Tu viverás na região de Gósen e ficarás perto de
mim — tu, os teus filhos, os teus netos, as tuas ove-
lhas, os teus bois e todos os teus bens. 11Eu te susten-
tarei ali, porque ainda haverá cinco anos de fome. Do
contrário, tu, a tua família e todos os teus rebanhos
acabarão na miséria.
12"Vocês estão vendo com os seus próprios olhos,
e meu irmão Benjamim também, que realmente sou
eu que estou falando com vocês. 13Contem a meu pai
quanta honra me prestam no Egito e tudo o que vo-
cês mesmos testemunharam. E tragam meu pai para
cá depressa".
14Então ele se lançou chorando sobre o seu irmão
Benjamim e o abraçou, e Benjamim também o abraçou,
chorando. 15Em seguida beijou todos os seus irmãos e
chorou com eles. E só depois os seus irmãos consegui-
ram conversar com ele.
16Quando se ouviu no palácio do faraó que os irmãos
de José haviam chegado, o faraó e todos os seus conse-
lheiros se alegraram. 17Disse então o faraó a José: "Diga
a seus irmãos que ponham as cargas nos seus animais,
voltem para a terra de Canaã 18e retornem para cá, tra-
zendo seu pai e suas famílias. Eu lhes darei o melhor
da terra do Egito e vocês poderão desfrutar a fartura
desta terra.
19"Mande-os também levar carruagens do Egito pa-
ra trazerem as suas mulheres, os seus filhos e seu pai.
20Não se preocupem com os seus bens, pois o melhor
de todo o Egito será de vocês".
21Assim fizeram os filhos de Israel. José lhes provi-
denciou carruagens, como o faraó tinha ordenado, e
também mantimentos para a viagem. 22A cada um deu
uma muda de roupa nova, mas a Benjamim deu trezen-
tas peças de prata e cinco mudas de roupa nova. 23E a
seu pai enviou dez jumentos carregados com o melhor
do que havia no Egito e dez jumentas carregadas de
trigo, pão e outras provisões para a viagem. 24Depois
despediu-se dos seus irmãos e, ao partirem, disse-lhes:
"Não briguem pelo caminho!"
25Assim partiram do Egito e voltaram a seu pai Jacó,
na terra de Canaã, 26e lhe deram a notícia: "José ainda
está vivo! Na verdade ele é o governador de todo o Egi-
to". O coração de Jacó quase parou! Não podia acreditar
neles. 27Mas, quando lhe relataram tudo o que José lhes
dissera, e vendo Jacó, seu pai, as carruagens que José
enviara para buscá-lo, seu espírito reviveu. 28E Israel
disse: "Basta! Meu filho José ainda está vivo. Irei vê-lo
antes que eu morra".

Jacó emigra para o Egito

46 Israel partiu com tudo o que lhe pertencia. Ao
chegar a Berseba[c], ofereceu sacrifícios ao Deus
de Isaque, seu pai. 2E Deus falou a Israel por meio de
uma visão noturna: "Jacó! Jacó!"
"Eis-me aqui", respondeu ele.
3"Eu sou Deus, o Deus de seu pai", disse ele. "Não te-
nha medo de descer ao Egito, porque lá farei de você
uma grande nação. 4Eu mesmo descerei ao Egito com
você e certamente o trarei de volta. E a mão de José fe-
chará os seus olhos."
5Então Jacó partiu de Berseba. Os filhos de Israel le-
varam seu pai Jacó, seus filhos e as suas mulheres nas
carruagens que o faraó tinha enviado. 6Também leva-
ram os seus rebanhos e os bens que tinham adquirido
em Canaã. Assim Jacó foi para o Egito com toda a sua
descendência. 7Levou consigo para o Egito seus filhos,
seus netos, suas filhas e suas netas, isto é, todos os seus
descendentes.
8Estes são os nomes dos israelitas, Jacó e seus des-
cendentes, que foram para o Egito:

Rúben, o filho mais velho de Jacó.
9Estes foram os filhos de Rúben:
Enoque, Palu, Hezrom e Carmi.
10Estes foram os filhos de Simeão:
Jemuel, Jamim, Oade, Jaquim, Zoar
e Saul, filho de uma cananeia.
11Estes foram os filhos de Levi:
Gérson, Coate e Merari.
12Estes foram os filhos de Judá:
Er, Onã, Selá, Perez e Zerá.
Er e Onã morreram na terra de Canaã.
Estes foram os filhos de Perez:
Hezrom e Hamul.
13Estes foram os filhos de Issacar:
Tolá, Puá[d], Jasube[e] e Sinrom.
14Estes foram os filhos de Zebulom:
Serede, Elom e Jaleel.
15Foram esses os filhos que Lia deu a Jacó em Padã-
-Arã[f], além de sua filha Diná. Seus descendentes eram
ao todo trinta e três.
16Estes foram os filhos de Gade:
Zefom[g], Hagi, Suni, Esbom,
Eri, Arodi e Areli.
17Estes foram os filhos de Aser:
Imna, Isvá, Isvi e Berias,

[a] 45:7 Ou *salvá-los como a um grande grupo de sobreviventes*
[b] 45:8 Hebraico: *pai*.

[c] 46:1 *Berseba* pode significar *poço dos sete* ou *poço do juramento*; também no versículo 5.
[d] 46:13 Alguns manuscritos dizem *Puva*. Veja 1Cr 7:1.
[e] 46:13 Alguns manuscritos dizem *Jó*. Veja Nm 26:24 e 1Cr 7:1.
[f] 46:15 Provavelmente na região noroeste da Mesopotâmia; também em 48:7.
[g] 46:16 Alguns manuscritos dizem *Zifiom*. Veja Nm 26:15.

e a irmã deles, Sera.
Estes foram os filhos de Berias:
Héber e Malquiel.
18Foram esses os dezesseis descendentes que Zilpa,
serva que Labão tinha dado à sua filha Lia, deu a Jacó.
19Estes foram os filhos de Raquel, mulher de Jacó:
José e Benjamim.
20Azenate, filha de Potífera, sacerdote de Om[a], deu
dois filhos a José no Egito: Manassés e Efraim.
21Estes foram os filhos de Benjamim:
Belá, Bequer, Asbel, Gera, Naamã,
Eí, Rôs, Mupim, Hupim e Arde.
22Foram esses os catorze descendentes que Raquel
deu a Jacó.
23O filho de Dã foi Husim.
24Estes foram os filhos de Naftali:
Jazeel, Guni, Jezer e Silém.
25Foram esses os sete descendentes que Bila, serva
que Labão tinha dado à sua filha Raquel, deu a Jacó.

26Todos os que foram para o Egito com Jacó, todos
os seus descendentes, sem contar as mulheres de seus
filhos, totalizaram sessenta e seis pessoas. 27Com mais
os dois filhos[b] que nasceram a José no Egito, os mem-
bros da família de Jacó que foram para o Egito chega-
ram a setenta[c].

28Ora, Jacó enviou Judá à sua frente a José, para sa-
ber como ir a Gósen. Quando lá chegaram, 29José, de
carruagem pronta, partiu para Gósen para encontrar-se
com seu pai Israel. Assim que o viu, correu para abraçá-
-lo e, abraçado a ele, chorou longamente.

30Israel disse a José: "Agora já posso morrer, pois vi
o seu rosto e sei que você ainda está vivo".

31Então José disse aos seus irmãos e a toda a famí-
lia de seu pai: "Vou partir e informar ao faraó que os
meus irmãos e toda a família de meu pai, que viviam
em Canaã, vieram para cá. 32Direi que os homens são
pastores, cuidam de rebanhos, e trouxeram consigo
suas ovelhas, seus bois e tudo quanto lhes pertence.
33Quando o faraó mandar chamá-los e perguntar: 'Em
que vocês trabalham?', 34respondam-lhe assim: 'Teus
servos criam rebanhos desde pequenos, como o fize-
ram nossos antepassados'. Assim lhes será permitido
habitar na região de Gósen, pois todos os pastores são
desprezados pelos egípcios".

Jacó se estabelece no Egito

47 José foi dar as notícias ao faraó: "Meu pai e meus
irmãos chegaram de Canaã com suas ovelhas, seus
bois e tudo o que lhes pertence, e estão agora em Gó-
sen". 2Depois escolheu cinco de seus irmãos e os apre-
sentou ao faraó.

3Perguntou-lhes o faraó: "Em que vocês trabalham?"

Eles lhe responderam: "Teus servos são pastores,
como os nossos antepassados". 4Disseram-lhe ainda:
"Viemos morar aqui por uns tempos, porque a fome
é rigorosa em Canaã, e os rebanhos de teus servos não
têm pastagem. Agora, por favor, permite que teus ser-
vos se estabeleçam em Gósen".

5Então o faraó disse a José: "Seu pai e seus irmãos
vieram a você, 6e a terra do Egito está a sua disposição;
faça com que seu pai e seus irmãos habitem na melhor
parte da terra. Deixe-os morar em Gósen. E se você vir
que alguns deles são competentes, coloque-os como
responsáveis por meu rebanho".

7Então José levou seu pai Jacó ao faraó e o apresen-
tou a ele. Depois Jacó abençoou[d] o faraó, 8e este lhe
perguntou: "Quantos anos o senhor tem?"

9Jacó respondeu ao faraó: "São cento e trinta os anos
da minha peregrinação. Foram poucos e difíceis e não
chegam aos anos da peregrinação dos meus antepas-
sados". 10Então, Jacó abençoou[e] o faraó e retirou-se.

11José instalou seu pai e seus irmãos e deu-lhes pro-
priedade na melhor parte das terras do Egito, na região
de Ramessés, conforme a ordem do faraó. 12Providen-
ciou também sustento para seu pai, para seus irmãos
e para toda a sua família, de acordo com o número de
filhos de cada um.

Os anos de fome

13Não havia mantimento em toda a região, pois a fo-
me era rigorosa; tanto o Egito como Canaã desfaleciam
por causa da fome. 14José recolheu toda a prata que cir-
culava no Egito e em Canaã, dada como pagamento do
trigo que o povo comprava, e levou-a ao palácio do faraó.
15Quando toda a prata do Egito e de Canaã se esgotou,
todos os egípcios foram suplicar a José: "Dá-nos comida!
Não nos deixes morrer só porque a nossa prata acabou".

16E José lhes disse: "Tragam então os seus rebanhos,
e em troca lhes darei trigo, uma vez que a prata de vocês
acabou". 17E trouxeram a José os rebanhos, e ele deu-
-lhes trigo em troca de cavalos, ovelhas, bois e jumen-
tos. Durante aquele ano inteiro ele os sustentou em
troca de todos os seus rebanhos.

18O ano passou, e no ano seguinte voltaram a José,
dizendo: "Não temos como esconder de ti, meu senhor,
que uma vez que a nossa prata acabou e os nossos reba-
nhos lhe pertencem, nada mais nos resta para oferecer,
a não ser os nossos próprios corpos e as nossas terras.
19Não deixes que morramos e que as nossas terras pe-
reçam diante dos teus olhos! Compra-nos, e compra as
nossas terras, em troca de trigo, e nós, com as nossas
terras, seremos escravos do faraó. Dá-nos sementes para
que sobrevivamos e não morramos de fome, a fim de
que a terra não fique desolada".

20Assim, José comprou todas as terras do Egito para
o faraó. Todos os egípcios tiveram que vender os seus
campos, pois a fome os obrigou a isso. A terra tornou-se
propriedade do faraó. 21Quanto ao povo, José o reduziu
à servidão[f], de uma à outra extremidade do Egito. 22So-
mente as terras dos sacerdotes não foram compradas,
porque, por lei, esses recebiam sustento regular do fa-
raó, e disso viviam. Por isso não tiveram que vender
as suas terras.

23Então José disse ao povo: "Ouçam! Hoje comprei
vocês e suas terras para o faraó; aqui estão as sementes
para que cultivem a terra. 24Mas vocês darão a quinta
parte das suas colheitas ao faraó. Os outros quatro quin-
tos ficarão para vocês como sementes para os campos e
como alimento para vocês, seus filhos e os que vivem
em suas casas".

[a] 46:20 Isto é, Heliópolis.
[b] 46:27 A Septuaginta diz *nove filhos*.
[c] 46:27 A Septuaginta diz *setenta e cinco*. Veja Êx 1:5 e At 7:14.
[d] 47:7 Ou *saudou*
[e] 47:10 Ou *despediu-se do*
[f] 47:21 Conforme o Pentateuco Samaritano e a Septuaginta. O Texto Massorético diz *mudou-o para as cidades*.

25Eles disseram: "Meu senhor, tu nos salvaste a vida.
Visto que nos favoreceste, seremos escravos do faraó".
26Assim, quanto à terra, José estabeleceu o seguin-
te decreto no Egito, que permanece até hoje: um quin-
to da produção pertence ao faraó. Somente as terras
dos sacerdotes não se tornaram propriedade do faraó.

O último desejo de Jacó

27Os israelitas se estabeleceram no Egito, na região
de Gósen. Lá adquiriram propriedades, foram prolífe-
ros e multiplicaram-se muito.
28Jacó viveu dezessete anos no Egito, e os anos da
sua vida chegaram a cento e quarenta e sete. 29Aproxi-
mando-se a hora da sua morte, Israel chamou seu filho
José e lhe disse: "Se quer agradar-me, ponha a mão de-
baixo da minha coxa e prometa que será bondoso e fiel
comigo: Não me sepulte no Egito. 30Quando eu descan-
sar com meus pais, leve-me daqui do Egito e sepulte-
-me junto a eles".
José respondeu: "Farei como o senhor me pede".
31Mas Jacó insistiu: "Jure-me". E José lhe jurou, e Is-
rael curvou-se apoiado em seu bordão[a].

Jacó abençoa Manassés e Efraim

48 Algum tempo depois, disseram a José: "Seu pai
está doente"; e ele foi vê-lo, levando consigo seus
dois filhos, Manassés e Efraim. 2E anunciaram a Jacó:
"Seu filho José veio vê-lo". Israel reuniu suas forças e
assentou-se na cama.
3Então disse Jacó a José: "O Deus todo-poderoso apa-
receu-me em Luz, na terra de Canaã, e ali me abençoou,
4dizendo: 'Eu o farei prolífero e o multiplicarei. Farei de
você uma comunidade de povos e darei esta terra por
propriedade perpétua aos seus descendentes'.
5"Agora, pois, os seus dois filhos que lhe nasceram
no Egito, antes da minha vinda para cá, serão reconhe-
cidos como meus; Efraim e Manassés serão meus, como
são meus Rúben e Simeão. 6Os filhos que lhe nascerem
depois deles serão seus; serão convocados sob o nome
dos seus irmãos para receberem sua herança. 7Quando
eu voltava de Padã, para minha tristeza Raquel mor-
reu em Canaã, quando ainda estávamos a caminho, a
pouca distância de Efrata. Eu a sepultei ali, ao lado do
caminho para Efrata, que é Belém".
8Quando Israel viu os filhos de José, perguntou:
"Quem são estes?"
9Respondeu José a seu pai: "São os filhos que Deus
me deu aqui".
Então Israel disse: "Traga-os aqui para que eu os
abençoe".
10Os olhos de Israel já estavam enfraquecidos por
causa da idade avançada, e ele mal podia enxergar. Por
isso José levou seus filhos para perto dele, e seu pai os
beijou e os abraçou.
11E Israel disse a José: "Nunca pensei que veria a sua
face novamente, e agora Deus me concede ver também
os seus filhos!"
12Em seguida, José os tirou do colo de Israel e cur-
vou-se com o rosto em terra. 13E José tomou os dois,
Efraim à sua direita, perto da mão esquerda de Israel,
e Manassés à sua esquerda, perto da mão direita de Is-
rael, e os aproximou dele. 14Israel, porém, estendeu a
mão direita e a pôs sobre a cabeça de Efraim, embora
este fosse o mais novo e, cruzando os braços, pôs a mão
esquerda sobre a cabeça de Manassés, embora Manassés
fosse o filho mais velho.

15E abençoou a José, dizendo:
"Que o Deus, a quem serviram
meus pais Abraão e Isaque,
o Deus que tem sido o meu pastor
em toda a minha vida até o dia de hoje,
16o Anjo que me redimiu de todo o mal,
abençoe estes meninos.
Sejam eles chamados pelo meu nome
e pelos nomes de meus pais
Abraão e Isaque,
e cresçam muito na terra".

17Quando José viu seu pai colocar a mão direita so-
bre a cabeça de Efraim, não gostou; por isso pegou a
mão do pai, a fim de mudá-la da cabeça de Efraim para
a de Manassés, 18e lhe disse: "Não, meu pai, este aqui é
o mais velho; ponha a mão direita sobre a cabeça dele".
19Mas seu pai recusou-se e respondeu: "Eu sei, meu
filho, eu sei. Ele também se tornará um povo, tam-
bém será grande. Apesar disso, seu irmão mais novo
será maior do que ele, e seus descendentes se torna-
rão muitos[b] povos". 20Assim, Jacó os abençoou naque-
le dia, dizendo:
"O povo de Israel usará os seus nomes para abençoar
uns aos outros com esta expressão:
Que Deus faça a você como fez a Efraim e a Ma-
nassés!"
E colocou Efraim à frente de Manassés.
21A seguir, Israel disse a José: "Estou para morrer,
mas Deus estará com vocês e os levará de volta à ter-
ra de seus antepassados. 22E a você, como alguém que
está acima de seus irmãos, dou a região montanhosa[c]
que tomei dos amorreus com a minha espada e com
o meu arco".

Jacó abençoa seus filhos

49 Então Jacó chamou seus filhos e disse: "Ajuntem-
-se a meu lado para que eu lhes diga o que lhes
acontecerá nos dias que virão.

2"Reúnam-se para ouvir, filhos de Jacó;
ouçam o que diz seu pai Israel.

3"Rúben, você é meu primogênito,
minha força,
o primeiro sinal do meu vigor,
superior em honra, superior em poder.
4Turbulento como as águas,
já não será superior,
porque você subiu à cama de seu pai,
ao meu leito, e o desonrou.
5Simeão e Levi são irmãos;
suas espadas são armas de violência.
6Que eu não entre no conselho deles,
nem participe da sua assembleia,
porque em sua ira mataram homens
e a seu bel-prazer aleijaram bois,
cortando-lhes o tendão.

[a] 47:31 Conforme a Septuaginta. O Texto Massorético diz *curvou-se à cabeceira de sua cama.*

[b] 48:19 Hebraico: *uma plenitude de povos.*

[c] 48:22 Ou *E a você dou uma porção a mais do que a seus irmãos, a porção que tomei*

7 Maldita seja a sua ira, tão tremenda,
e a sua fúria, tão cruel!
Eu os dividirei pelas terras de Jacó
e os dispersarei em Israel.
8 Judá, seus irmãos o louvarão,
sua mão estará sobre o pescoço
dos seus inimigos;
os filhos de seu pai se curvarão
diante de você.
9 Judá é um leão novo.
Você vem subindo, filho meu,
depois de matar a presa.
Como um leão, ele se assenta;
e deita-se como uma leoa;
quem tem coragem de acordá-lo?
10 O cetro não se apartará de Judá,
nem o bastão de comando
de seus descendentes[a],
até que venha aquele
a quem ele pertence[b],
e a ele as nações obedecerão.
11 Ele amarrará seu jumento
a uma videira
e o seu jumentinho,
ao ramo mais seleto;
lavará no vinho as suas roupas,
no sangue das uvas,
as suas vestimentas.
12 Seus olhos serão mais escuros
que o vinho;
seus dentes, mais brancos que o leite[c].
13 Zebulom morará à beira-mar
e se tornará um porto para os navios;
suas fronteiras se estenderão até Sidom.
14 Issacar é um jumento forte,
deitado entre as suas cargas[d].
15 Quando ele perceber como é bom
o seu lugar de repouso
e como é aprazível a sua terra,
curvará seus ombros ao fardo
e se submeterá a trabalhos forçados.
16 Dã defenderá o direito do seu povo
como qualquer das tribos de Israel.
17 Dã será uma serpente
à beira da estrada,
uma víbora à margem do caminho,
que morde o calcanhar do cavalo
e faz cair de costas o seu cavaleiro.
18 Ó SENHOR, eu espero a tua libertação!
19 Gade será atacado por um bando,
mas é ele que o atacará e o perseguirá[e].
20 A mesa de Aser será farta;
ele oferecerá manjares de rei.
21 Naftali é uma gazela solta,
que por isso faz festa[f].
22 José é uma árvore frutífera,
árvore frutífera à beira de uma fonte,
cujos galhos passam por cima do muro[g].
23 Com rancor arqueiros o atacaram,
atirando-lhe flechas com hostilidade.
24 Mas o seu arco permaneceu firme,
os seus braços fortes, ágeis para atirar,
pela mão do Poderoso de Jacó,
pelo nome do Pastor, a Rocha de Israel,
25 pelo Deus de seu pai, que ajuda você,
o Todo-poderoso[h], que o abençoa
com bênçãos dos altos céus,
bênçãos das profundezas,
bênçãos da fertilidade e da fartura[i].
26 As bênçãos de seu pai são superiores
às bênçãos dos montes antigos,
às delícias das colinas eternas[j].
Que todas essas bênçãos repousem
sobre a cabeça de José,
sobre a fronte daquele que foi separado
de entre[k] os seus irmãos.
27 Benjamim é um lobo predador;
pela manhã devora a presa
e à tarde divide o despojo".

28 São esses os que formaram as doze tribos de Israel,
e foi isso que seu pai lhes disse, ao abençoá-los, dando
a cada um a bênção que lhe pertencia.

A morte de Jacó

29 A seguir, Jacó deu-lhes estas instruções: "Estou pa-
ra ser reunido aos meus antepassados. Sepultem-me
junto aos meus pais na caverna do campo de Efrom,
o hitita, 30 na caverna do campo de Macpela, perto de
Manre, em Canaã, campo que Abraão comprou de
Efrom, o hitita, como propriedade para sepultura. 31 Ali
foram sepultados Abraão e Sara, sua mulher, e Isaque e
Rebeca, sua mulher; ali também sepultei Lia.
32 "Tanto o campo como a caverna que nele está fo-
ram comprados dos hititas".
33 Ao acabar de dar essas instruções a seus filhos, Jacó
deitou-se[l], expirou e foi reunido aos seus antepassados.

50 José atirou-se sobre seu pai, chorou sobre ele e o
beijou. 2 Em seguida deu ordens aos médicos, que
estavam ao seu serviço, que embalsamassem seu pai Is-
rael. E eles o embalsamaram. 3 Levaram quarenta dias
completos, pois esse era o tempo para o embalsama-
mento. E os egípcios choraram sua morte setenta dias.
4 Passados os dias de luto, José disse à corte do fa-
raó: "Se posso contar com a bondade de vocês, falem
com o faraó em meu favor. Digam-lhe que 5 meu pai
fez-me prestar-lhe o seguinte juramento: 'Estou à bei-
ra da morte; sepulte-me no túmulo que preparei para
mim na terra de Canaã'. Agora, pois, peçam-lhe que me
permita partir e sepultar meu pai; logo depois voltarei".
6 Respondeu o faraó: "Vá e faça o sepultamento de
seu pai como este o fez jurar".
7 Então José partiu para sepultar seu pai. Com ele fo-
ram todos os conselheiros do faraó, as autoridades da

[a] **49:10** Hebraico: *de entre seus pés.*
[b] **49:10** Ou *até que Siló venha*; ou ainda *até que venha aquele a quem pertence o tributo*
[c] **49:12** Ou *ficarão vermelhos por causa do vinho, seus dentes branqueados pelo leite*
[d] **49:14** Ou *os seus currais*; ou ainda *as suas fogueiras*
[e] **49:19** Hebraico: *atacará nos calcanhares.*
[f] **49:21** Ou *solta, que pronuncia lindas palavras*
[g] **49:22** Ou *José é um potro selvagem, um potro selvagem à beira de uma fonte, um asno selvagem numa colina aterrada.*
[h] **49:25** O Pentateuco Samaritano, a Septuaginta, a Versão Siríaca e alguns manuscritos do Texto Massorético dizem *Deus todo-poderoso.*
[i] **49:25** Hebraico: *dos seios e do ventre.*
[j] **49:26** Ou *superiores às bênçãos dos meus antepassados, até os limites das colinas eternas*
[k] **49:26** Ou *a fronte do príncipe entre*
[l] **49:33** Hebraico: *recolheu seus pés na cama.*

sua corte e todas as autoridades do Egito, 8e, além deles,
todos os da família de José, os seus irmãos e todos os
da casa de seu pai. Somente as crianças, as ovelhas e os
bois foram deixados em Gósen. 9Carruagens e cavalei-
ros[a] também o acompanharam. A comitiva era imensa.
10Chegando à eira de Atade, perto do Jordão, lamen-
taram-se em alta voz, com grande amargura; e ali Jo-
sé guardou sete dias de pranto pela morte do seu pai.
11Quando os cananeus que lá habitavam viram aquele
pranto na eira de Atade, disseram: "Os egípcios estão
celebrando uma cerimônia de luto solene". Por essa
razão, aquele lugar, próximo ao Jordão, foi chamado
Abel-Mizraim.

12Assim fizeram os filhos de Jacó o que este lhes ha-
via ordenado: 13Levaram-no à terra de Canaã e o se-
pultaram na caverna do campo de Macpela, perto de
Manre, que, com o campo, Abraão tinha comprado de
Efrom, o hitita, para que lhe servisse de propriedade
para sepultura. 14Depois de sepultar seu pai, José vol-
tou ao Egito, com os seus irmãos e com todos os demais
que o tinham acompanhado.

A bondade de José

15Vendo os irmãos de José que seu pai havia morrido,
disseram: "E se José tiver rancor contra nós e resolver
retribuir todo o mal que lhe causamos?" 16Então man-
daram um recado a José, dizendo: "Antes de morrer,
teu pai nos ordenou 17que te disséssemos o seguinte:
'Peço-lhe que perdoe os erros e pecados de seus irmãos
que o trataram com tanta maldade!' Agora, pois, per-
doa os pecados dos servos do Deus do teu pai". Quando
recebeu o recado, José chorou.

18Depois vieram seus irmãos, prostraram-se diante
dele e disseram: "Aqui estamos. Somos teus escravos!"
19José, porém, lhes disse: "Não tenham medo. Estaria
eu no lugar de Deus? 20Vocês planejaram o mal contra
mim, mas Deus o tornou em bem, para que hoje fos-
se preservada a vida de muitos. 21Por isso, não tenham
medo. Eu sustentarei vocês e seus filhos". E assim os
tranquilizou e lhes falou amavelmente.

A morte de José

22José permaneceu no Egito, com toda a família de
seu pai. Viveu cento e dez anos 23e viu a terceira geração
dos filhos de Efraim. Além disso, recebeu como seus[b]
os filhos de Maquir, filho de Manassés.

24Antes de morrer José disse a seus irmãos: "Estou à
beira da morte. Mas Deus certamente virá em auxílio de
vocês e os tirará desta terra, levando-os para a terra que
prometeu com juramento a Abraão, a Isaque e a Jacó".
25E José fez que os filhos de Israel lhe prestassem um
juramento, dizendo-lhes: "Quando Deus intervier em
favor de vocês, levem os meus ossos daqui".

26Morreu José com a idade de cento e dez anos. E,
depois de embalsamado, foi colocado num sarcófago
no Egito.

[a] 50:9 Ou *condutores de carruagem*

[b] 50:23 Hebraico: *nasceram sobre os joelhos de José.*

ÊXODO

A opressão no Egito

1 São estes, pois, os nomes dos filhos de Israel que en-
traram com Jacó no Egito, cada um com a sua res-
pectiva família: 2Rúben, Simeão, Levi e Judá; 3Issacar,
Zebulom e Benjamim; 4Dã, Naftali, Gade e Aser. 5Ao to-
do, os descendentes de Jacó eram setenta[a]; José, porém,
já estava no Egito.
6Ora, morreram José, todos os seus irmãos e toda
aquela geração. 7Os israelitas, porém, eram férteis, pro-
liferaram, tornaram-se numerosos e fortaleceram-se
muito, tanto que encheram o país.
8Então subiu ao trono do Egito um novo rei, que
nada sabia sobre José. 9Disse ele ao seu povo: "Vejam!
O povo israelita é agora numeroso e mais forte que
nós. 10Temos que agir com astúcia, para que não se
tornem ainda mais numerosos e, no caso de guerra,
aliem-se aos nossos inimigos, lutem contra nós e fu-
jam do país".
11Estabeleceram, pois, sobre eles chefes de trabalhos
forçados, para os oprimir com tarefas pesadas. E as-
sim os israelitas construíram para o faraó as cidades-
-celeiros de Pitom e Ramessés. 12Todavia, quanto mais
eram oprimidos, mais numerosos se tornavam e mais
se espalhavam. Por isso os egípcios passaram a temer
os israelitas, 13e os sujeitaram a cruel escravidão. 14Tor-
naram-lhes a vida amarga, impondo-lhes a árdua tarefa
de preparar o barro e fazer tijolos, e executar todo tipo
de trabalho agrícola; em tudo os egípcios os sujeitavam
a cruel escravidão.
15O rei do Egito ordenou às parteiras dos hebreus,
que se chamavam Sifrá e Puá: 16"Quando vocês ajuda-
rem as hebreias a dar à luz, verifiquem se é menino[b].
Se for, matem-no; se for menina, deixem-na viver". 17To-
davia, as parteiras temeram a Deus e não obedeceram
às ordens do rei do Egito; deixaram viver os meninos.
18Então o rei do Egito convocou as parteiras e lhes per-
guntou: "Por que vocês fizeram isso? Por que deixaram
viver os meninos?"
19Responderam as parteiras ao faraó: "As mulheres
hebreias não são como as egípcias. São cheias de vigor
e dão à luz antes de chegarem as parteiras".
20Deus foi bondoso com as parteiras; e o povo ia se
tornando ainda mais numeroso, cada vez mais forte.
21Visto que as parteiras temeram a Deus, ele concedeu-
-lhes que tivessem suas próprias famílias.
22Por isso o faraó ordenou a todo o seu povo: "Lan-
cem ao Nilo todo menino recém-nascido[c], mas deixem
viver as meninas".

O nascimento de Moisés

2 Um homem da tribo de Levi casou-se com uma mu-
lher da mesma tribo, 2e ela engravidou e deu à luz
um filho. Vendo que era bonito, ela o escondeu por três
meses. 3Quando já não podia mais escondê-lo, pegou
um cesto feito de junco e o vedou com piche e betume.
Colocou nele o menino e deixou o cesto entre os juncos,
à margem do Nilo. 4A irmã do menino ficou observando
de longe para ver o que lhe aconteceria.
5A filha do faraó descera ao Nilo para tomar banho.
Enquanto isso, as suas servas andavam pela margem
do rio. Nisso viu o cesto entre os juncos e mandou sua
criada apanhá-lo. 6Ao abri-lo, viu um bebê chorando. Fi-
cou com pena dele e disse: "Este menino é dos hebreus".
7Então a irmã do menino aproximou-se e perguntou
à filha do faraó: "A senhora quer que eu vá chamar uma
mulher dos hebreus para amamentar e criar o menino?"
8"Quero", respondeu ela. E a moça foi chamar a mãe
do menino. 9Então a filha do faraó disse à mulher: "Leve
este menino e amamente-o para mim, e eu lhe paga-
rei por isso". A mulher levou o menino e o amamentou.
10Tendo o menino crescido, ela o levou à filha do faraó,
que o adotou e lhe deu o nome de Moisés, dizendo:
"Porque eu o tirei das águas".

Moisés mata um egípcio e foge para Midiã

11Certo dia, sendo Moisés já adulto, foi ao lugar on-
de estavam os seus irmãos hebreus e descobriu como
era pesado o trabalho que realizavam. Viu também um
egípcio espancar um dos hebreus. 12Correu o olhar por
todos os lados e, não vendo ninguém, matou o egípcio
e o escondeu na areia.
13No dia seguinte saiu e viu dois hebreus brigando.
Então perguntou ao agressor: "Por que você está es-
pancando o seu companheiro?" 14O homem respondeu:
"Quem o nomeou líder e juiz sobre nós? Quer matar-me
como matou o egípcio?" Moisés teve medo e pensou:
"Com certeza tudo já foi descoberto!"
15Quando o faraó soube disso, procurou matar Moi-
sés, mas este fugiu e foi morar na terra de Midiã. Ali
assentou-se à beira de um poço. 16Ora, o sacerdote de
Midiã tinha sete filhas. Elas foram buscar água para en-
cher os bebedouros e dar de beber ao rebanho de seu
pai. 17Alguns pastores se aproximaram e começaram a
expulsá-las dali; Moisés, porém, veio em auxílio delas
e deu água ao rebanho.
18Quando as moças voltaram a seu pai Reuel[d], es-
te lhes perguntou: "Por que voltaram tão cedo hoje?"
19Elas responderam: "Um egípcio defendeu-nos dos
pastores e ainda tirou água do poço para nós e deu de
beber ao rebanho".
20"Onde está ele?", perguntou o pai a elas. "Por que o
deixaram lá? Convidem-no para comer conosco."
21Moisés aceitou e concordou também em morar na
casa daquele homem; este lhe deu por mulher sua fi-
lha Zípora. 22Ela deu à luz um menino, a quem Moisés
deu o nome de Gérson, dizendo: "Sou imigrante em
terra estrangeira".
23Muito tempo depois, morreu o rei do Egito. Os is-
raelitas gemiam e clamavam debaixo da escravidão; e
o seu clamor subiu até Deus. 24Ouviu Deus o lamento
deles e lembrou-se da aliança que fizera com Abraão,
Isaque e Jacó. 25Deus olhou para os israelitas e viu a
situação deles.

[a] 1:5 Os manuscritos do mar Morto e a Septuaginta dizem *setenta e cinco*. Veja Gn 46:27 e At 7:14.

[b] 1:16 Hebraico: *as duas pedras*. Possível eufemismo para os órgãos genitais ou ainda uma referência a um assento onde as mulheres davam à luz.

[c] 1:22 O Pentateuco Samaritano, a Septuaginta e os Targuns dizem *recém-nascido hebreu*.

[d] 2:18 Também chamado *Jetro*. Veja 3:1.

Moisés e a sarça em chamas

3 Moisés pastoreava o rebanho de seu sogro Jetro, que era sacerdote de Midiã. Um dia levou o rebanho para o outro lado do deserto e chegou a Horebe, o monte de Deus. 2Ali o Anjo do SENHOR lhe apareceu numa chama de fogo que saía do meio de uma sarça. Moisés viu que, embora a sarça estivesse em chamas, não era consumida pelo fogo. 3"Que impressionante!", pensou. "Por que a sarça não se queima? Vou ver isso de perto."

4O SENHOR viu que ele se aproximava para observar. E então, do meio da sarça Deus o chamou: "Moisés, Moisés!"

"Eis-me aqui", respondeu ele.

5Então disse Deus: "Não se aproxime. Tire as sandálias dos pés, pois o lugar em que você está é terra santa". 6Disse ainda: "Eu sou o Deus de seu pai, o Deus de Abraão, o Deus de Isaque, o Deus de Jacó". Então Moisés cobriu o rosto, pois teve medo de olhar para Deus.

7Disse o SENHOR: "De fato tenho visto a opressão sobre o meu povo no Egito, tenho escutado o seu clamor, por causa dos seus feitores, e sei quanto eles estão sofrendo. 8Por isso desci para livrá-los das mãos dos egípcios e tirá-los daqui para uma terra boa e vasta, onde há leite e mel com fartura: a terra dos cananeus, dos hititas, dos amorreus, dos ferezeus, dos heveus e dos jebuseus. 9Pois agora o clamor dos israelitas chegou a mim, e tenho visto como os egípcios os oprimem. 10Vá, pois, agora; eu o envio ao faraó para tirar do Egito o meu povo, os israelitas". 11Moisés, porém, respondeu a Deus: "Quem sou eu para apresentar-me ao faraó e tirar os israelitas do Egito?"

12Deus afirmou: "Eu estarei com você. Esta é a prova de que sou eu quem o envia: quando você tirar o povo do Egito, vocês prestarão culto a Deus neste monte".

13Moisés perguntou: "Quando eu chegar diante dos israelitas e lhes disser: O Deus dos seus antepassados me enviou a vocês, e eles me perguntarem: 'Qual é o nome dele?' Que lhes direi?"

14Disse Deus a Moisés: "Eu Sou o que Sou. É isto que você dirá aos israelitas: Eu Sou me enviou a vocês".

15Disse também Deus a Moisés: "Diga aos israelitas: O SENHOR[a], o Deus dos seus antepassados, o Deus de Abraão, o Deus de Isaque, o Deus de Jacó, enviou-me a vocês. Esse é o meu nome para sempre, nome pelo qual serei lembrado de geração em geração.

16"Vá, reúna as autoridades de Israel e diga-lhes: O SENHOR, o Deus dos seus antepassados, o Deus de Abraão, de Isaque e de Jacó, apareceu a mim e disse: Eu virei em auxílio de vocês; pois vi o que lhes tem sido feito no Egito. 17Prometi tirá-los da opressão do Egito para a terra dos cananeus, dos hititas, dos amorreus, dos ferezeus, dos heveus e dos jebuseus, terra onde há leite e mel com fartura.

18"As autoridades de Israel o atenderão. Depois você irá com elas ao rei do Egito e lhe dirá: O SENHOR, o Deus dos hebreus, veio ao nosso encontro. Agora, deixe-nos fazer uma caminhada de três dias, adentrando o deserto, para oferecermos sacrifícios ao SENHOR, o nosso Deus. 19Eu sei que o rei do Egito não os deixará sair, a não ser que uma poderosa mão o force. 20Por isso estenderei a minha mão e ferirei os egípcios com todas as maravilhas que realizarei no meio deles. Depois disso ele os deixará sair.

21"E farei que os egípcios tenham boa vontade para com o povo, de modo que, quando vocês saírem, não sairão de mãos vazias. 22Todas as israelitas pedirão às suas vizinhas, e às mulheres que estiverem hospedando em casa, objetos de prata e de ouro, e roupas, que vocês porão em seus filhos e em suas filhas. Assim vocês despojarão os egípcios".

Os sinais concedidos a Moisés

4 Moisés respondeu: "E se eles não acreditarem em mim nem quiserem me ouvir e disserem: 'O SENHOR não lhe apareceu'?"

2Então o SENHOR lhe perguntou: "Que é isso em sua mão?"

"Uma vara", respondeu ele.

3Disse o SENHOR: "Jogue-a ao chão".

Moisés jogou-a, e ela se transformou numa serpente. Moisés fugiu dela, 4mas o SENHOR lhe disse: "Estenda a mão e pegue-a pela cauda". Moisés estendeu a mão, pegou a serpente e esta se transformou numa vara em sua mão. 5E disse o SENHOR: "Isso é para que eles acreditem que o Deus dos seus antepassados, o Deus de Abraão, o Deus de Isaque, o Deus de Jacó, apareceu a você".

6Disse-lhe mais o SENHOR: "Coloque a mão no peito". Moisés obedeceu e, quando a retirou, ela estava leprosa[b]; parecia neve.

7Ordenou-lhe depois: "Agora, coloque de novo a mão no peito". Moisés tornou a pôr a mão no peito e, quando a tirou, ela estava novamente como o restante da sua pele.

8Prosseguiu o SENHOR: "Se eles não acreditarem em você nem derem atenção ao primeiro sinal milagroso, acreditarão no segundo. 9E se ainda assim não acreditarem nestes dois sinais nem lhe derem ouvidos, tire um pouco de água do Nilo e derrame-a em terra seca. Quando você derramar essa água em terra seca ela se transformará em sangue".

10Disse, porém, Moisés ao SENHOR: "Ó Senhor! Nunca tive facilidade para falar, nem no passado nem agora que falaste a teu servo. Não consigo falar bem!"

11Disse-lhe o SENHOR: "Quem deu boca ao homem? Quem o fez surdo ou mudo? Quem lhe concede vista ou o torna cego? Não sou eu, o SENHOR? 12Agora, pois, vá; eu estarei com você, ensinando-lhe o que dizer".

13Respondeu-lhe, porém, Moisés: "Ah, Senhor! Peço-te que envies outra pessoa".

14Então o SENHOR se irou com Moisés e lhe disse: "Você não tem o seu irmão Arão, o levita? Eu sei que ele fala bem. Ele já está vindo ao seu encontro e se alegrará ao vê-lo. 15Você falará com ele e lhe dirá o que ele deve dizer; eu estarei com vocês quando falarem, e lhes direi o que fazer. 16Assim como Deus fala ao profeta, você falará a seu irmão, e ele será o seu porta-voz diante do povo. 17E leve na mão esta vara; com ela você fará os sinais milagrosos".

A volta de Moisés ao Egito

18Depois Moisés voltou a Jetro, seu sogro, e lhe disse: "Preciso voltar ao Egito para ver se meus parentes ainda vivem".

[a] 3:15 Hebraico: *YHWH*. O termo assemelha-se à expressão *Eu sou* em hebraico.

[b] 4:6 O termo hebraico não se refere somente à lepra, mas também a diversas doenças da pele.

Jetro lhe respondeu: "Vá em paz!"
19Ora, o SENHOR tinha dito a Moisés, em Midiã: "Vol-
te ao Egito, pois já morreram todos os que procuravam
matá-lo". 20Então Moisés levou sua mulher e seus filhos
montados num jumento e partiu de volta ao Egito. Le-
vava na mão a vara de Deus.
21Disse mais o SENHOR a Moisés: "Quando você voltar
ao Egito, tenha o cuidado de fazer diante do faraó todas
as maravilhas que concedi a você o poder de realizar.
Mas eu vou endurecer o coração dele, para não deixar o
povo ir. 22Depois diga ao faraó que assim diz o SENHOR:
Israel é o meu primeiro filho, 23e eu já lhe disse que dei-
xe o meu filho ir para prestar-me culto. Mas você não
quis deixá-lo ir; por isso matarei o seu primeiro filho!"
24Numa hospedaria ao longo do caminho, o SENHOR
foi ao encontro de Moisés[a] e procurou matá-lo. 25Mas
Zípora pegou uma pedra afiada, cortou o prepúcio de
seu filho e tocou os pés de Moisés[b]. E disse: "Você é
para mim um marido de sangue!" 26Ela disse "marido
de sangue", referindo-se à circuncisão. Nessa ocasião o
SENHOR o deixou.
27Então o SENHOR disse a Arão: "Vá ao deserto encon-
trar-se com Moisés". Ele foi, encontrou-se com Moisés
no monte de Deus, e o saudou com um beijo. 28Moisés
contou a Arão tudo o que o SENHOR lhe tinha mandado
dizer, e também falou-lhe de todos os sinais milagrosos
que lhe havia ordenado realizar.
29Assim Moisés e Arão foram e reuniram todas as au-
toridades dos israelitas, 30e Arão lhes contou tudo o que
o SENHOR dissera a Moisés. Em seguida Moisés também
realizou os sinais diante do povo, 31e eles creram. Quan-
do o povo soube que o SENHOR decidira vir em seu auxí-
lio, tendo visto a sua opressão, curvou-se em adoração.

O faraó aumenta a opressão

5 Depois disso Moisés e Arão foram falar com o faraó
e disseram: "Assim diz o SENHOR, o Deus de Israel:
'Deixe o meu povo ir para celebrar-me uma festa no
deserto' ".
2O faraó respondeu: "Quem é o SENHOR, para que eu
lhe obedeça e deixe Israel sair? Não conheço o SENHOR,
e não deixarei Israel sair".
3Eles insistiram: "O Deus dos hebreus veio ao nos-
so encontro. Agora, permite-nos caminhar três dias no
deserto, para oferecer sacrifícios ao SENHOR, o nosso
Deus; caso contrário, ele nos atingirá com pragas ou
com a espada".
4Mas o rei do Egito respondeu: "Moisés e Arão, por
que vocês estão fazendo o povo interromper suas ta-
refas? Voltem ao trabalho!" 5E acrescentou: "Essa gen-
te já é tão numerosa, e vocês ainda os fazem parar de
trabalhar!"
6No mesmo dia o faraó deu a seguinte ordem aos fei-
tores e capatazes responsáveis pelo povo: 7"Não forne-
çam mais palha ao povo para fazer tijolos, como faziam
antes. Eles que tratem de ajuntar palha! 8Mas exijam
que continuem a fazer a mesma quantidade de tijolos;
não reduzam a cota. São preguiçosos, e por isso estão
clamando: 'Iremos oferecer sacrifícios ao nosso Deus'.
9Aumentem a carga de trabalho dessa gente para que
cumpram suas tarefas e não deem atenção a mentiras".
10Os feitores e os capatazes foram dizer ao povo:
"Assim diz o faraó: 'Já não lhes darei palha. 11Saiam e
recolham-na onde puderem achá-la, pois o trabalho de
vocês em nada será reduzido' ". 12O povo, então, espa-
lhou-se por todo o Egito, a fim de ajuntar restolho em
lugar da palha. 13Enquanto isso, os feitores os pressiona-
vam, dizendo: "Completem a mesma tarefa diária que
lhes foi exigida quando tinham palha". 14Os capatazes
israelitas indicados pelos feitores do faraó eram espan-
cados e interrogados: "Por que não completaram ontem
e hoje a mesma cota de tijolos dos dias anteriores?"
15Então os capatazes israelitas foram apelar para o
faraó: "Por que tratas os teus servos dessa maneira?
16Nós, teus servos, não recebemos palha, e, contudo, nos
dizem: 'Façam tijolos!' Os teus servos têm sido espan-
cados, mas a culpa é do teu próprio povo[c]".
17Respondeu o faraó: "Preguiçosos é o que vocês são!
Preguiçosos! Por isso andam dizendo: 'Iremos oferecer
sacrifícios ao SENHOR'. 18Agora, voltem ao trabalho. Vo-
cês não receberão palha alguma! Continuem a produzir
a cota integral de tijolos!"
19Os capatazes israelitas se viram em dificuldade
quando lhes disseram que não poderiam reduzir a
quantidade de tijolos exigida a cada dia. 20Ao saírem
da presença do faraó, encontraram-se com Moisés e
Arão, que estavam à espera deles, 21e lhes disseram:
"O SENHOR os examine e os julgue! Vocês atraíram o
ódio[d] do faraó e dos seus conselheiros sobre nós, e lhes
puseram nas mãos uma espada para que nos matem".

Deus anuncia libertação

22Moisés voltou-se para o SENHOR e perguntou: "Se-
nhor, por que maltrataste este povo? Afinal, por que me
enviaste? 23Desde que me dirigi ao faraó para falar em
teu nome, ele tem maltratado este povo, e tu de modo
algum libertaste o teu povo!"
6 Então o SENHOR disse a Moisés: "Agora você verá o
que farei ao faraó: Por minha mão poderosa, ele os
deixará ir; por minha mão poderosa, ele os expulsa-
rá do seu país".
2Disse Deus ainda a Moisés: "Eu sou o SENHOR. 3Apa-
reci a Abraão, a Isaque e a Jacó como o Deus todo-pode-
roso[e], mas pelo meu nome, o SENHOR[f], não me revelei
a eles[g]. 4Depois estabeleci com eles a minha aliança pa-
ra dar-lhes a terra de Canaã, terra onde viveram como
estrangeiros. 5E agora ouvi o lamento dos israelitas, a
quem os egípcios mantêm escravos, e lembrei-me da
minha aliança.
6"Por isso, diga aos israelitas: Eu sou o SENHOR. Eu
os livrarei do trabalho imposto pelos egípcios. Eu os li-
bertarei da escravidão e os resgatarei com braço forte
e com poderosos atos de juízo. 7Eu os farei meu povo e
serei o Deus de vocês. Então vocês saberão que eu sou
o SENHOR, o seu Deus, que os livra do trabalho imposto
pelos egípcios. 8E os farei entrar na terra que, com mão
levantada, jurei que daria a Abraão, a Isaque e a Jacó.
Eu a darei a vocês como propriedade. Eu sou o SENHOR".
9Moisés declarou isso aos israelitas, mas eles não lhe
deram ouvidos, por causa da angústia e da cruel escra-
vidão que sofriam.

[a] 4:24 Ou *do filho de Moisés*
[b] 4:25 Hebraico: *pés dele*. Possível eufemismo para os órgãos genitais.
[c] 5:16 Ou *a culpa é tua*; ou ainda *tu estás pecando contra o teu próprio povo*
[d] 5:21 Hebraico: *transformaram-nos em mau cheiro para o*.
[e] 6:3 Hebraico: *El-Shaddai*.
[f] 6:3 Hebraico: *YHWH*. O termo assemelha-se à expressão *Eu sou* em hebraico.
[g] 6:3 Ou *não fui conhecido por eles*

10Então o SENHOR ordenou a Moisés: 11"Vá dizer ao fa-
raó, rei do Egito, que deixe os israelitas saírem do país".
12Moisés, porém, disse na presença do SENHOR: "Se
os israelitas não me dão ouvidos, como me ouvirá o fa-
raó? Ainda mais que não tenho facilidade para falar[a]!"
13Mas o SENHOR ordenou a Moisés e a Arão que dis-
sessem aos israelitas e ao faraó, rei do Egito, que tinham
ordem para tirar do Egito os israelitas.

A genealogia de Moisés e Arão

14Estes foram os chefes das famílias israelitas:

Os filhos de Rúben, filho mais velho de Israel, foram:
Enoque, Palu, Hezrom e Carmi. Esses foram os clãs
de Rúben.
15Os filhos de Simeão foram: Jemuel, Jamim, Oade,
Jaquim, Zoar e Saul, filho de uma cananeia. Esses fo-
ram os clãs de Simeão.
16Estes são os nomes dos filhos de Levi, por ordem de
nascimento: Gérson, Coate e Merari. Levi viveu cento
e trinta e sete anos.
17Os filhos de Gérson, conforme seus clãs, foram Lib-
ni e Simei.
18Os filhos de Coate foram Anrão, Isar, Hebrom e Uziel.
Coate viveu cento e trinta e três anos.
19Os filhos de Merari foram Mali e Musi.
Esses foram os clãs de Levi, por ordem de nascimento.
20Anrão tomou por mulher sua tia Joquebede, que
lhe deu à luz Arão e Moisés. Anrão viveu cento e trin-
ta e sete anos.
21Os filhos de Isar foram Corá, Nefegue e Zicri.
22Os filhos de Uziel foram Misael, Elzafã e Sitri.
23Arão tomou por mulher a Eliseba, filha de Amina-
dabe, irmã de Naassom, e ela lhe deu à luz Nadabe,
Abiú, Eleazar e Itamar.
24Os filhos de Corá foram Assir, Elcana e Abiasafe. Es-
ses foram os clãs dos coraítas.
25Eleazar, filho de Arão, tomou por mulher uma das
filhas de Futiel, e ela lhe deu à luz Fineias.
Esses foram os chefes das famílias dos levitas, con-
forme seus clãs.
26Foi a este Arão e a este Moisés que o SENHOR dis-
se: "Tirem os israelitas do Egito, organizados segun-
do as suas divisões". 27Foram eles, Moisés e Arão, que
falaram ao faraó, rei do Egito, a fim de tirarem os is-
raelitas do Egito.

Arão: o porta-voz de Moisés

28Ora, quando o SENHOR falou com Moisés no Egito,
29disse-lhe: "Eu sou o SENHOR. Diga ao faraó, rei do Egi-
to, tudo o que eu lhe disser".
30Moisés, porém, perguntou ao SENHOR: "Como o
faraó me dará ouvidos, se não tenho facilidade para
falar?"

7 O SENHOR lhe respondeu: "Dou-lhe a minha autori-
dade[b] perante o faraó, e seu irmão Arão será seu por-
ta-voz. 2Você falará tudo o que eu lhe ordenar, e o seu
irmão Arão dirá ao faraó que deixe os israelitas saírem
do país. 3Eu, porém, farei o coração do faraó resistir; e,
embora multiplique meus sinais e maravilhas no Egi-
to, 4ele não os ouvirá. Então porei a minha mão sobre o
Egito, e com poderosos atos de juízo tirarei do Egito os
meus exércitos, o meu povo, os israelitas. 5E os egípcios
saberão que eu sou o SENHOR, quando eu estender a
minha mão contra o Egito e tirar de lá os israelitas".
6Moisés e Arão fizeram como o SENHOR lhes havia
ordenado. 7Moisés tinha oitenta anos de idade e Arão
oitenta e três, quando falaram com o faraó.

A vara de Arão transforma-se em serpente

8Disse o SENHOR a Moisés e a Arão: 9"Quando o fa-
raó lhes pedir que façam algum milagre, diga a Arão
que tome a sua vara e jogue-a diante do faraó; e ela se
transformará numa serpente".
10Moisés e Arão dirigiram-se ao faraó e fizeram co-
mo o SENHOR tinha ordenado. Arão jogou a vara diante
do faraó e seus conselheiros, e ela se transformou em
serpente. 11O faraó, porém, mandou chamar os sábios
e feiticeiros; e também os magos do Egito fizeram a
mesma coisa por meio das suas ciências ocultas. 12Ca-
da um deles jogou ao chão uma vara, e estas se trans-
formaram em serpentes. Mas a vara de Arão engoliu as
varas deles. 13Contudo, o coração do faraó se endureceu
e ele não quis dar ouvidos a Moisés e a Arão, como o
SENHOR tinha dito.

A primeira praga: sangue

14Disse o SENHOR a Moisés: "O coração do faraó está
obstinado; ele não quer deixar o povo ir. 15Vá ao faraó
de manhã, quando ele estiver indo às águas. Espere-o
na margem do rio para encontrá-lo e leve também a
vara que se transformou em serpente. 16Diga-lhe: O SE-
NHOR, o Deus dos hebreus, mandou-me dizer-lhe: Deixe
ir o meu povo, para prestar-me culto no deserto. Mas
até agora você não me atendeu. 17Assim diz o SENHOR:
Nisto você saberá que eu sou o SENHOR: com a vara que
trago na mão ferirei as águas do Nilo, e elas se trans-
formarão em sangue. 18Os peixes do Nilo morrerão, o
rio ficará cheirando mal, e os egípcios não suportarão
beber das suas águas".
19Disse o SENHOR a Moisés: "Diga a Arão que tome a
sua vara e estenda a mão sobre as águas do Egito, dos
rios, dos canais, dos açudes e de todos os reservatórios,
e elas se transformarão em sangue. Haverá sangue por
toda a terra do Egito, até nas vasilhas de madeira e nas
vasilhas de pedra".
20Moisés e Arão fizeram como o SENHOR tinha or-
denado. Arão levantou a vara e feriu as águas do Nilo
na presença do faraó e dos seus conselheiros; e toda
a água do rio transformou-se em sangue. 21Os peixes
morreram e o rio cheirava tão mal que os egípcios não
conseguiam beber das suas águas. Havia sangue por
toda a terra do Egito.
22Mas os magos do Egito fizeram a mesma coisa por
meio de suas ciências ocultas. O coração do faraó se en-
dureceu, e ele não deu ouvidos a Moisés e a Arão, como
o SENHOR tinha dito. 23Ao contrário, deu-lhes as costas e
voltou para o seu palácio. Nem assim o faraó levou isso
a sério. 24Todos os egípcios cavaram buracos às margens
do Nilo para encontrar água potável, pois da água do
rio não podiam mais beber.
25Passaram-se sete dias depois que o SENHOR feriu
o Nilo.

A segunda praga: rãs

8 O SENHOR falou a Moisés: "Vá ao faraó e diga-lhe
que assim diz o SENHOR: Deixe o meu povo ir pa-
ra que me preste culto. 2Se você não quiser deixá-lo ir,

[a] 6:12 Hebraico: *Eu sou incircunciso de lábios*; também no versículo 30.
[b] 7:1 Hebraico: *Eu o coloco por Deus*.

mandarei sobre todo o seu território uma praga de rãs. 3O Nilo ficará infestado de rãs. Elas subirão e entrarão em seu palácio, em seu quarto, e até em sua cama; estarão também nas casas dos seus conselheiros e do seu povo, dentro dos seus fornos e nas suas amassadeiras. 4As rãs subirão em você, em seus conselheiros e em seu povo".

5Depois o SENHOR disse a Moisés: "Diga a Arão que estenda a mão com a vara sobre os rios, sobre os canais e sobre os açudes, e faça subir deles rãs sobre a terra do Egito".

6Assim Arão estendeu a mão sobre as águas do Egito, e as rãs subiram e cobriram a terra do Egito. 7Mas os magos fizeram a mesma coisa por meio das suas ciências ocultas: fizeram subir rãs sobre a terra do Egito.

8O faraó mandou chamar Moisés e Arão e disse: "Orem ao SENHOR para que ele tire estas rãs de mim e do meu povo; então deixarei o povo ir e oferecer sacrifícios ao SENHOR".

9Moisés disse ao faraó: "Tua é a honra de dizer-me quando devo orar por ti, por teus conselheiros e por teu povo, para que tu e tuas casas fiquem livres das rãs e sobrem apenas as que estão no rio".

10"Amanhã", disse o faraó.

Moisés respondeu: "Será como tu dizes, para que saibas que não há ninguém como o SENHOR, o nosso Deus. 11As rãs deixarão a ti, a tuas casas, a teus conselheiros e a teu povo; sobrarão apenas as que estão no rio".

12Depois que Moisés e Arão saíram da presença do faraó, Moisés clamou ao SENHOR por causa das rãs que enviara sobre o faraó. 13E o SENHOR atendeu o pedido de Moisés; morreram as rãs que estavam nas casas, nos pátios e nos campos. 14Foram ajuntadas em montões e, por isso, a terra cheirou mal. 15Mas quando o faraó percebeu que houve alívio, obstinou-se em seu coração e não deu mais ouvidos a Moisés e a Arão, conforme o SENHOR tinha dito.

A terceira praga: piolhos

16Então o SENHOR disse a Moisés: "Diga a Arão que estenda a sua vara e fira o pó da terra, e o pó se transformará em piolhos[a] por toda a terra do Egito". 17Assim fizeram e, quando Arão estendeu a mão e com a vara feriu o pó da terra, surgiram piolhos nos homens e nos animais. Todo o pó de toda a terra do Egito transformou-se em piolhos. 18Mas, quando os magos tentaram fazer surgir piolhos por meio das suas ciências ocultas, não conseguiram. E os piolhos infestavam os homens e os animais.

19Os magos disseram ao faraó: "Isso é o dedo de Deus". Mas o coração do faraó permaneceu endurecido, e ele não quis ouvi-los, conforme o SENHOR tinha dito.

A quarta praga: moscas

20Depois o SENHOR disse a Moisés: "Levante-se bem cedo e apresente-se ao faraó, quando ele estiver indo às águas. Diga-lhe que assim diz o SENHOR: Deixe o meu povo ir para que me preste culto. 21Se você não deixar meu povo ir, enviarei enxames de moscas para atacar você, os seus conselheiros, o seu povo e as suas casas. As casas dos egípcios e o chão em que pisam se encherão de moscas.

22"Mas naquele dia tratarei de maneira diferente a terra de Gósen, onde habita o meu povo; nenhum enxame de moscas se achará ali, para que você saiba que eu, o SENHOR, estou nessa terra. 23Farei distinção[b] entre o meu povo e o seu. Este sinal milagroso acontecerá amanhã".

24E assim fez o SENHOR. Grandes enxames de moscas invadiram o palácio do faraó e as casas de seus conselheiros, e em todo o Egito a terra foi arruinada pelas moscas.

25Então o faraó mandou chamar Moisés e Arão e disse: "Vão oferecer sacrifícios ao seu Deus, mas não saiam do país".

26"Isso não seria sensato", respondeu Moisés; "os sacrifícios que oferecemos ao SENHOR, o nosso Deus, são um sacrilégio para os egípcios. Se oferecermos sacrifícios que lhes pareçam sacrilégio, isso não os levará a nos apedrejar? 27Faremos três dias de viagem no deserto, e ofereceremos sacrifícios ao SENHOR, o nosso Deus, como ele nos ordena."

28Disse o faraó: "Eu os deixarei ir e oferecer sacrifícios ao SENHOR, o seu Deus, no deserto, mas não se afastem muito e orem por mim também".

29Moisés respondeu: "Assim que sair da tua presença, orarei ao SENHOR, e amanhã os enxames de moscas deixarão o faraó, teus conselheiros e teu povo. Mas que o faraó não volte a agir com falsidade, impedindo que o povo vá oferecer sacrifícios ao SENHOR".

30Então Moisés saiu da presença do faraó e orou ao SENHOR, 31e o SENHOR atendeu o seu pedido: as moscas deixaram o faraó, seus conselheiros e seu povo; não restou uma só mosca. 32Mas também dessa vez o faraó obstinou-se em seu coração e não deixou que o povo saísse.

A quinta praga: morte dos rebanhos

9 Depois o SENHOR disse a Moisés: "Vá ao faraó e diga-lhe que assim diz o SENHOR, o Deus dos hebreus: Deixe o meu povo ir para que me preste culto. 2Se você ainda não quiser deixá-lo ir e continuar a impedi-lo, 3saiba que a mão do SENHOR trará uma praga terrível sobre os rebanhos do faraó que estão nos campos: os cavalos, os jumentos, os camelos, os bois e as ovelhas. 4Mas o SENHOR fará distinção entre os rebanhos de Israel e os do Egito. Nenhum animal dos israelitas morrerá".

5O SENHOR estabeleceu um prazo: "Amanhã o SENHOR fará o que prometeu nesta terra". 6No dia seguinte o SENHOR o fez. Todos os rebanhos dos egípcios morreram, mas nenhum rebanho dos israelitas morreu. 7O faraó mandou verificar e constatou que nenhum animal dos israelitas havia morrido. Mesmo assim, seu coração continuou obstinado e não deixou o povo ir.

A sexta praga: feridas purulentas

8Disse mais o SENHOR a Moisés e a Arão: "Tirem um punhado de cinza de uma fornalha, e Moisés a espalhará no ar, diante do faraó. 9Ela se tornará como um pó fino sobre toda a terra do Egito, e feridas purulentas surgirão nos homens e nos animais em todo o Egito".

10Eles tiraram cinza duma fornalha e se puseram diante do faraó. Moisés a espalhou pelo ar, e feridas purulentas começaram a estourar nos homens e nos animais. 11Nem os magos podiam manter-se diante de Moisés, porque ficaram cobertos de feridas, como os demais egípcios. 12Mas o SENHOR endureceu o coração

[a] 8:16 Ou *mosquitos*

[b] 8:23 Conforme a Septuaginta e a Vulgata. O Texto Massorético diz *Porei uma libertação*.

do faraó, e ele se recusou a atender Moisés e Arão, conforme o SENHOR tinha dito a Moisés.

A sétima praga: granizo

13Disse o SENHOR a Moisés: "Levante-se logo cedo, apresente-se ao faraó e diga-lhe que assim diz o SENHOR, o Deus dos hebreus: Deixe o meu povo ir para que me preste culto. 14Caso contrário, mandarei desta vez todas as minhas pragas contra você, contra os seus conselheiros e contra o seu povo, para que você saiba que em toda a terra não há ninguém como eu. 15Porque eu já poderia ter estendido a mão, ferindo você e o seu povo com uma praga que teria eliminado você da terra. 16Mas eu o mantive em pé exatamente com este propósito: mostrar-lhe o meu poder e fazer que o meu nome seja proclamado em toda a terra. 17Contudo você ainda insiste em colocar-se contra o meu povo e não o deixa ir. 18Amanhã, a esta hora, enviarei a pior tempestade de granizo que já caiu sobre o Egito, desde o dia da sua fundação até hoje. 19Agora, mande recolher os seus rebanhos e tudo o que você tem nos campos. Todos os homens e animais que estiverem nos campos, que não tiverem sido abrigados, serão atingidos pelo granizo e morrerão".

20Os conselheiros do faraó que temiam a palavra do SENHOR apressaram-se em recolher aos abrigos os seus rebanhos e os seus escravos. 21Mas os que não se importaram com a palavra do SENHOR deixaram os seus escravos e os seus rebanhos no campo.

22Então o SENHOR disse a Moisés: "Estenda a mão para o céu, e cairá granizo sobre toda a terra do Egito: sobre homens, sobre animais e sobre toda a vegetação do Egito". 23Quando Moisés estendeu a vara para o céu, o SENHOR fez vir trovões e granizo, e raios caíam sobre a terra. Assim o SENHOR fez chover granizo sobre a terra do Egito. 24Caiu granizo, e raios cortavam o céu em todas as direções. Nunca houve uma tempestade de granizo como aquela em todo o Egito, desde que este se tornou uma nação. 25Em todo o Egito o granizo atingiu tudo o que havia nos campos, tanto homens como animais; destruiu toda a vegetação, além de quebrar todas as árvores. 26Somente na terra de Gósen, onde estavam os israelitas, não caiu granizo.

27Então o faraó mandou chamar Moisés e Arão e disse-lhes: "Desta vez eu pequei. O SENHOR é justo; eu e o meu povo é que somos culpados. 28Orem ao SENHOR! Os trovões de Deus e o granizo já são demais. Eu os deixarei ir; não precisam mais ficar aqui".

29Moisés respondeu: "Assim que eu tiver saído da cidade, erguerei as mãos em oração ao SENHOR. Os trovões cessarão e não cairá mais granizo, para que saibas que a terra pertence ao SENHOR. 30Mas eu bem sei que tu e os teus conselheiros ainda não sabem o que é tremer diante do SENHOR Deus!"

31(O linho e a cevada foram destruídos, pois a cevada já havia amadurecido e o linho estava em flor. 32Todavia, o trigo e o centeio nada sofreram, pois só amadurecem mais tarde.)

33Assim Moisés deixou o faraó, saiu da cidade, e ergueu as mãos ao SENHOR. Os trovões e o granizo cessaram, e a chuva parou. 34Quando o faraó viu que a chuva, o granizo e os trovões haviam cessado, pecou novamente e obstinou-se em seu coração, ele e os seus conselheiros. 35O coração do faraó continuou endurecido, e ele não deixou que os israelitas saíssem, como o SENHOR tinha dito por meio de Moisés.

A oitava praga: gafanhotos

10 O SENHOR disse a Moisés: "Vá ao faraó, pois tornei obstinado o coração dele e o de seus conselheiros, a fim de realizar estes meus prodígios entre eles, 2para que você possa contar a seus filhos e netos como zombei dos egípcios e como realizei meus milagres entre eles. Assim vocês saberão que eu sou o SENHOR".

3Dirigiram-se, pois, Moisés e Arão ao faraó e lhe disseram: "Assim diz o SENHOR, o Deus dos hebreus: 'Até quando você se recusará a humilhar-se perante mim? Deixe ir o meu povo, para que me preste culto. 4Se você não quiser deixá-lo ir, farei vir gafanhotos sobre o seu território amanhã. 5Eles cobrirão a face[a] da terra até não se poder enxergar o solo. Devorarão o pouco que ainda lhes restou da tempestade de granizo e todas as árvores que estiverem brotando nos campos. 6Encherão os seus palácios e as casas de todos os seus conselheiros e de todos os egípcios: algo que os seus pais e os seus antepassados jamais viram, desde o dia em que se fixaram nesta terra até o dia de hoje' ". A seguir Moisés virou as costas e saiu da presença do faraó.

7Os conselheiros do faraó lhe disseram: "Até quando este homem será uma ameaça para nós? Deixa os homens irem prestar culto ao SENHOR, o Deus deles. Não percebes que o Egito está arruinado?"

8Então Moisés e Arão foram trazidos de volta à presença do faraó, que lhes disse: "Vão e prestem culto ao SENHOR, o seu Deus. Mas, digam-me, quem irá?"

9Moisés respondeu: "Temos que levar todos: os jovens e os velhos, os nossos filhos e as nossas filhas, as nossas ovelhas e os nossos bois, porque vamos celebrar uma festa ao SENHOR".

10Disse-lhes o faraó: "Vocês vão mesmo precisar do SENHOR quando eu deixá-los ir com as mulheres e crianças! É claro que vocês estão com más intenções. 11De forma alguma! Só os homens podem ir prestar culto ao SENHOR, como vocês têm pedido". E Moisés e Arão foram expulsos da presença do faraó.

12Mas o SENHOR disse a Moisés: "Estenda a mão sobre o Egito para que os gafanhotos venham sobre a terra e devorem toda a vegetação, tudo o que foi deixado pelo granizo".

13Moisés estendeu a vara sobre o Egito, e o SENHOR fez soprar sobre a terra um vento oriental durante todo aquele dia e toda aquela noite. Pela manhã, o vento havia trazido os gafanhotos, 14os quais invadiram todo o Egito e desceram em grande número sobre toda a sua extensão. Nunca antes houve tantos gafanhotos, nem jamais haverá. 15Eles cobriram toda a face da terra de tal forma que ela escureceu. Devoraram tudo o que o granizo tinha deixado: toda a vegetação e todos os frutos das árvores. Não restou nada verde nas árvores nem nas plantas do campo, em toda a terra do Egito.

16O faraó mandou chamar Moisés e Arão imediatamente e disse-lhes: "Pequei contra o SENHOR, o seu Deus, e contra vocês! 17Agora perdoem ainda esta vez o meu pecado e orem ao SENHOR, o seu Deus, para que leve esta praga mortal para longe de mim".

18Moisés saiu da presença do faraó e orou ao SENHOR.

[a] 10:5 Hebraico: *olho*; também no versículo 15.

[19]E o SENHOR fez soprar com muito mais força o vento ocidental, e este envolveu os gafanhotos e os lançou no mar Vermelho. Não restou um gafanhoto sequer em toda a extensão do Egito. [20]Mas o SENHOR endureceu o coração do faraó, e ele não deixou que os israelitas saíssem.

A nona praga: trevas

[21]O SENHOR disse a Moisés: "Estenda a mão para o céu, e trevas cobrirão o Egito, trevas tais que poderão ser apalpadas". [22]Moisés estendeu a mão para o céu, e por três dias houve densas trevas em todo o Egito. [23]Ninguém pôde ver ninguém, nem sair do seu lugar durante três dias. Todavia, todos os israelitas tinham luz nos locais em que habitavam.

[24]Então o faraó mandou chamar Moisés e disse: "Vão e prestem culto ao SENHOR. Deixem somente as ovelhas e os bois; as mulheres e as crianças podem ir".

[25]Mas Moisés contestou: "Tu mesmo nos darás os animais para os nossos sacrifícios e holocaustos[a] que ofereceremos ao SENHOR. [26]Além disso, os nossos rebanhos também irão conosco; nem um casco de animal será deixado. Temos que escolher alguns deles para prestar culto ao SENHOR, o nosso Deus, e, enquanto não chegarmos ao local, não saberemos quais animais sacrificaremos".

[27]Mas o SENHOR endureceu o coração do faraó, e ele se recusou a deixá-los ir. [28]Disse o faraó a Moisés: "Saia da minha presença! Trate de não aparecer nunca mais diante de mim! No dia em que vir a minha face, você morrerá".

[29]Respondeu Moisés: "Será como disseste; nunca mais verei a tua face".

O anúncio da décima praga

11 Disse então o SENHOR a Moisés: "Enviarei ainda mais uma praga sobre o faraó e sobre o Egito. Somente depois desta ele os deixará sair daqui e até os expulsará totalmente. [2]Diga ao povo, tanto aos homens como às mulheres, que peça aos seus vizinhos objetos de prata e de ouro". [3]O SENHOR tornou os egípcios favoráveis ao povo, e o próprio Moisés era tido em alta estima no Egito pelos conselheiros do faraó e pelo povo.

[4]Disse, pois, Moisés ao faraó: "Assim diz o SENHOR: 'Por volta da meia-noite, passarei por todo o Egito. [5]Todos os primogênitos do Egito morrerão, desde o filho mais velho do faraó, herdeiro do trono, até o filho mais velho da escrava que trabalha no moinho, e também todas as primeiras crias do gado. [6]Haverá grande pranto em todo o Egito, como nunca houve antes nem jamais haverá. [7]Entre os israelitas, porém, nem sequer um cão latirá contra homem ou animal'. Então vocês saberão que o SENHOR faz distinção entre o Egito e Israel! [8]Todos esses seus conselheiros virão a mim e se ajoelharão diante de mim, suplicando: 'Saiam você e todo o povo que o segue!' Só então eu sairei". E, com grande ira, Moisés saiu da presença do faraó.

[9]O SENHOR tinha dito a Moisés: "O faraó não lhes dará ouvidos, a fim de que os meus prodígios se multipliquem no Egito". [10]Moisés e Arão realizaram todos esses prodígios diante do faraó, mas o SENHOR lhe endureceu o coração, e ele não quis deixar os israelitas saírem do país.

[a] 10:25 Isto é, sacrifícios totalmente queimados; também em 18:12.

A Páscoa

12 O SENHOR disse a Moisés e a Arão, no Egito: [2]"Este deverá ser o primeiro mês do ano para vocês. [3]Digam a toda a comunidade de Israel que no décimo dia deste mês todo homem deverá separar um cordeiro ou um cabrito, para a sua família, um para cada casa. [4]Se uma família for pequena demais para um animal inteiro, deve dividi-lo com seu vizinho mais próximo, conforme o número de pessoas e conforme o que cada um puder comer. [5]O animal escolhido será macho de um ano, sem defeito, e pode ser cordeiro ou cabrito. [6]Guardem-no até o décimo quarto dia do mês, quando toda a comunidade de Israel irá sacrificá-lo, ao pôr do sol. [7]Passem, então, um pouco do sangue nas laterais e nas vigas superiores das portas das casas nas quais vocês comerão o animal. [8]Naquela mesma noite comerão a carne assada no fogo, com ervas amargas e pão sem fermento. [9]Não comam a carne crua, nem cozida em água, mas assada no fogo: cabeça, pernas e vísceras. [10]Não deixem sobrar nada até pela manhã; caso isso aconteça, queimem o que restar. [11]Ao comerem, estejam prontos para sair: cinto no lugar, sandálias nos pés e cajado na mão. Comam apressadamente. Esta é a Páscoa do SENHOR.

[12]"Naquela mesma noite passarei pelo Egito e matarei todos os primogênitos, tanto dos homens como dos animais, e executarei juízo sobre todos os deuses do Egito. Eu sou o SENHOR! [13]O sangue será um sinal para indicar as casas em que vocês estiverem; quando eu vir o sangue, passarei adiante. A praga de destruição não os atingirá quando eu ferir o Egito.

[14]"Este dia será um memorial que vocês e todos os seus descendentes celebrarão como festa ao SENHOR. Celebrem-no como decreto perpétuo. [15]Durante sete dias comam pão sem fermento. No primeiro dia tirem de casa o fermento, porque quem comer qualquer coisa fermentada, do primeiro ao sétimo dia, será eliminado de Israel. [16]Convoquem uma reunião santa no primeiro dia e outra no sétimo. Não façam nenhum trabalho nesses dias, exceto o da preparação da comida para todos. É só o que poderão fazer.

[17]"Celebrem a festa dos pães sem fermento, porque foi nesse mesmo dia que eu tirei os exércitos de vocês do Egito. Celebrem esse dia como decreto perpétuo por todas as suas gerações. [18]No primeiro mês comam pão sem fermento, desde o entardecer do décimo quarto dia até o entardecer do vigésimo primeiro. [19]Durante sete dias vocês não deverão ter fermento em casa. Quem comer qualquer coisa fermentada será eliminado da comunidade de Israel, seja estrangeiro, seja natural da terra. [20]Não comam nada fermentado. Onde quer que morarem, comam apenas pão sem fermento".

A décima praga: a morte dos primogênitos

[21]Então Moisés convocou todas as autoridades de Israel e lhes disse: "Escolham um cordeiro ou um cabrito para cada família. Sacrifiquem-no para celebrar a Páscoa! [22]Molhem um feixe de hissopo no sangue que estiver na bacia e passem o sangue na viga superior e nas laterais das portas. Nenhum de vocês poderá sair de casa até o amanhecer. [23]Quando o SENHOR passar pela terra para matar os egípcios, verá o sangue na viga superior e nas laterais da porta e passará sobre aquela porta, e não permitirá que o destruidor entre na casa de vocês para matá-los.

24“Obedeçam a estas instruções como decreto perpétuo para vocês e para os seus descendentes. 25Quando entrarem na terra que o SENHOR prometeu lhes dar, celebrem essa cerimônia. 26Quando os seus filhos lhes perguntarem: ‘O que significa esta cerimônia?’, 27respondam-lhes: É o sacrifício da Páscoa ao SENHOR, que passou sobre as casas dos israelitas no Egito e poupou nossas casas quando matou os egípcios”. Então o povo curvou-se em adoração. 28Depois os israelitas se retiraram e fizeram conforme o SENHOR tinha ordenado a Moisés e a Arão.

29Então, à meia-noite, o SENHOR matou todos os primogênitos do Egito, desde o filho mais velho do faraó, herdeiro do trono, até o filho mais velho do prisioneiro que estava no calabouço, e também todas as primeiras crias do gado. 30No meio da noite o faraó, todos os seus conselheiros e todos os egípcios se levantaram. E houve grande pranto no Egito, pois não havia casa que não tivesse um morto.

O Êxodo

31Naquela mesma noite o faraó mandou chamar Moisés e Arão e lhes disse: “Saiam imediatamente do meio do meu povo, vocês e os israelitas! Vão prestar culto ao SENHOR, como vocês pediram. 32Levem os seus rebanhos, como tinham dito, e abençoem a mim também”.

33Os egípcios pressionavam o povo para que se apressasse em sair do país, dizendo: “Todos nós morreremos!” 34Então o povo tomou a massa de pão ainda sem fermento e a carregou nos ombros, nas amassadeiras embrulhadas em suas roupas. 35Os israelitas obedeceram à ordem de Moisés e pediram aos egípcios objetos de prata e de ouro, bem como roupas. 36O SENHOR concedeu ao povo uma disposição favorável da parte dos egípcios, de modo que lhes davam o que pediam; assim eles despojaram os egípcios.

37Os israelitas foram de Ramessés até Sucote. Havia cerca de seiscentos mil homens a pé, além de mulheres e crianças. 38Grande multidão de estrangeiros de todo tipo seguiu com eles, além de grandes rebanhos, tanto de bois como de ovelhas e cabras. 39Com a massa que haviam trazido do Egito, fizeram pães sem fermento. A massa não tinha fermentado, pois eles foram expulsos do Egito e não tiveram tempo de preparar comida.

40Ora, o período que os israelitas viveram no Egito[a] foi de quatrocentos e trinta anos. 41No dia em que se completaram os quatrocentos e trinta anos, todos os exércitos do SENHOR saíram do Egito. 42Assim como o SENHOR passou em vigília aquela noite para tirar do Egito os israelitas, estes também devem passar em vigília essa mesma noite, para honrar o SENHOR, por todas as suas gerações.

As leis sobre a participação na Páscoa

43Disse o SENHOR a Moisés e a Arão: “Estas são as leis da Páscoa: Nenhum estrangeiro poderá comê-la. 44O escravo comprado poderá comer da Páscoa, depois de circuncidado, 45mas o residente temporário e o trabalhador contratado dela não comerão.

46“Vocês a comerão numa só casa; não levem nenhum pedaço de carne para fora da casa, nem quebrem nenhum dos ossos. 47Toda a comunidade de Israel terá que celebrar a Páscoa.

48“Qualquer estrangeiro residente entre vocês que quiser celebrar a Páscoa do SENHOR terá que circuncidar todos os do sexo masculino da sua família; então poderá participar como o natural da terra. Nenhum incircunciso poderá participar. 49A mesma lei se aplicará ao natural da terra e ao estrangeiro residente”.

50Todos os israelitas fizeram como o SENHOR tinha ordenado a Moisés e a Arão. 51No mesmo dia o SENHOR tirou os israelitas do Egito, organizados segundo as suas divisões.

A consagração dos primogênitos

13 E disse o SENHOR a Moisés: 2“Consagre a mim todos os primogênitos. O primeiro filho israelita me pertence, não somente entre os homens, mas também entre os animais”.

3Então disse Moisés ao povo: “Comemorem esse dia em que vocês saíram do Egito, da terra da escravidão, porque o SENHOR os tirou dali com mão poderosa. Não comam nada fermentado. 4Neste dia do mês de abibe[b] vocês estão saindo. 5Quando o SENHOR os fizer entrar na terra dos cananeus, dos hititas, dos amorreus, dos heveus e dos jebuseus — terra que ele jurou aos seus antepassados que daria a vocês, terra onde há leite e mel com fartura — vocês deverão celebrar esta cerimônia neste mesmo mês. 6Durante sete dias comam pão sem fermento e, no sétimo dia, façam uma festa dedicada ao SENHOR. 7Comam pão sem fermento durante os sete dias; não haja nada fermentado entre vocês, nem fermento algum dentro do seu território.

8“Nesse dia cada um dirá a seu filho: Assim faço pelo que o SENHOR fez por mim quando saí do Egito. 9Isto lhe será como sinal em sua mão e memorial em sua testa, para que a lei do SENHOR esteja em seus lábios, porque o SENHOR o tirou do Egito com mão poderosa. 10Cumpra esta determinação na época certa, de ano em ano.

11“Depois que o SENHOR os fizer entrar na terra dos cananeus e entregá-la a vocês, como jurou a vocês e aos seus antepassados, 12separem para o SENHOR o primeiro nascido de todo ventre. Todos os primeiros machos dos seus rebanhos pertencem ao SENHOR. 13Resgatem com um cordeiro toda primeira cria dos jumentos, mas se não quiserem resgatá-la, quebrem-lhe o pescoço. Resgatem também todo primogênito entre os seus filhos.

14“No futuro, quando os seus filhos lhes perguntarem: ‘Que significa isto?’, digam-lhes: Com mão poderosa o SENHOR nos tirou do Egito, da terra da escravidão. 15Quando o faraó resistiu e recusou deixar-nos sair, o SENHOR matou todos os primogênitos do Egito, tanto os de homens como os de animais. Por isso sacrificamos ao SENHOR os primeiros machos de todo ventre e resgatamos os nossos primogênitos.

16“Isto será como sinal em sua mão e símbolo em sua testa de que o SENHOR nos tirou do Egito com mão poderosa”.

A partida dos israelitas

17Quando o faraó deixou sair o povo, Deus não o guiou pela rota da terra dos filisteus, embora este fosse o caminho mais curto, pois disse: “Se eles se defrontarem com a guerra, talvez se arrependam e voltem para o Egito”. 18Assim, Deus fez o povo dar a volta pelo deserto, seguindo o caminho que leva ao mar Vermelho. Os israelitas saíram do Egito preparados para lutar.

[a] 12:40 O Pentateuco Samaritano e a Septuaginta dizem *no Egito e em Canaã.*

[b] 13:4 Aproximadamente março/abril.

19Moisés levou os ossos de José, porque José havia feito os filhos de Israel prestarem um juramento, quando disse: "Deus certamente virá em auxílio de vocês; levem então os meus ossos daqui".

20Os israelitas partiram de Sucote e acamparam em Etã, junto ao deserto. 21Durante o dia o SENHOR ia adiante deles, numa coluna de nuvem, para guiá-los no caminho, e de noite, numa coluna de fogo, para iluminá-los, e assim podiam caminhar de dia e de noite. 22A coluna de nuvem não se afastava do povo de dia, nem a coluna de fogo, de noite.

A perseguição dos egípcios

14 Disse o SENHOR a Moisés: 2"Diga aos israelitas que mudem o rumo e acampem perto de Pi-Hairote, entre Migdol e o mar. Acampem à beira-mar, defronte de Baal-Zefom. 3O faraó pensará que os israelitas estão vagando confusos, cercados pelo deserto. 4Então endurecerei o coração do faraó, e ele os perseguirá. Todavia, eu serei glorificado por meio do faraó e de todo o seu exército; e os egípcios saberão que eu sou o SENHOR". E assim fizeram os israelitas.

5Contaram ao rei do Egito que o povo havia fugido. Então o faraó e os seus conselheiros mudaram de ideia e disseram: "O que foi que fizemos? Deixamos os israelitas saírem e perdemos os nossos escravos!" 6Então o faraó mandou aprontar a sua carruagem e levou consigo o seu exército. 7Levou todos os carros de guerra do Egito, inclusive seiscentos dos melhores desses carros, cada um com um oficial no comando. 8O SENHOR endureceu o coração do faraó, rei do Egito, e este perseguiu os israelitas, que marchavam triunfantemente. 9Os egípcios, com todos os cavalos e carros de guerra do faraó, os cavaleiros[a] e a infantaria, saíram em perseguição aos israelitas e os alcançaram quando estavam acampados à beira-mar, perto de Pi-Hairote, defronte de Baal-Zefom.

A travessia do mar

10Ao aproximar-se o faraó, os israelitas olharam e avistaram os egípcios que marchavam na direção deles. E, aterrorizados, clamaram ao SENHOR. 11Disseram a Moisés: "Foi por falta de túmulos no Egito que você nos trouxe para morrermos no deserto? O que você fez conosco, tirando-nos de lá? 12Já lhe tínhamos dito no Egito: Deixe-nos em paz! Seremos escravos dos egípcios! Antes ser escravos dos egípcios do que morrer no deserto!"

13Moisés respondeu ao povo: "Não tenham medo. Fiquem firmes e vejam o livramento que o SENHOR lhes trará hoje, porque vocês nunca mais verão os egípcios que hoje veem. 14O SENHOR lutará por vocês; tão somente acalmem-se".

15Disse então o SENHOR a Moisés: "Por que você está clamando a mim? Diga aos israelitas que sigam avante. 16Erga a sua vara e estenda a mão sobre o mar, e as águas se dividirão para que os israelitas atravessem o mar em terra seca. 17Eu, porém, endurecerei o coração dos egípcios e eles os perseguirão. E serei glorificado com a derrota do faraó e de todo o seu exército, com seus carros de guerra e seus cavaleiros. 18Os egípcios saberão que eu sou o SENHOR quando eu for glorificado com a derrota do faraó, com seus carros de guerra e seus cavaleiros".

19A seguir o anjo de Deus que ia à frente dos exércitos de Israel retirou-se, colocando-se atrás deles. A coluna de nuvem também saiu da frente deles e se pôs atrás, 20entre os egípcios e os israelitas. A nuvem trouxe trevas para um e luz para o outro, de modo que os egípcios não puderam aproximar-se dos israelitas durante toda a noite.

21Então Moisés estendeu a mão sobre o mar, e o SENHOR afastou o mar e o tornou em terra seca, com um forte vento oriental que soprou toda aquela noite. As águas se dividiram, 22e os israelitas atravessaram pelo meio do mar em terra seca, tendo uma parede de água à direita e outra à esquerda.

23Os egípcios os perseguiram, e todos os cavalos, carros de guerra e cavaleiros do faraó foram atrás deles até o meio do mar. 24No fim da madrugada, do alto da coluna de fogo e de nuvem, o SENHOR viu o exército dos egípcios e o pôs em confusão. 25Fez que as rodas dos seus carros começassem a soltar-se[b], de forma que tinham dificuldade em conduzi-los. E os egípcios gritaram: "Vamos fugir dos israelitas! O SENHOR está lutando por eles contra o Egito".

26Mas o SENHOR disse a Moisés: "Estenda a mão sobre o mar para que as águas voltem sobre os egípcios, sobre os seus carros de guerra e sobre os seus cavaleiros". 27Moisés estendeu a mão sobre o mar, e ao raiar do dia o mar voltou ao seu lugar. Quando os egípcios estavam fugindo, foram de encontro às águas, e o SENHOR os lançou ao mar. 28As águas voltaram e encobriram os seus carros de guerra e os seus cavaleiros, todo o exército do faraó que havia perseguido os israelitas mar adentro. Ninguém sobreviveu.

29Mas os israelitas atravessaram o mar pisando em terra seca, tendo uma parede de água à direita e outra à esquerda. 30Naquele dia o SENHOR salvou Israel das mãos dos egípcios, e os israelitas viram os egípcios mortos na praia. 31Israel viu o grande poder do SENHOR contra os egípcios, temeu o SENHOR e pôs nele a sua confiança, como também em Moisés, seu servo.

O cântico de Moisés

15 Então Moisés e os israelitas entoaram este cântico ao SENHOR:

"Cantarei ao SENHOR,
pois triunfou gloriosamente.
Lançou ao mar o cavalo
e o seu cavaleiro!
2O SENHOR é a minha força
e a minha canção;
ele é a minha salvação!
Ele é o meu Deus e eu o louvarei,
é o Deus de meu pai, e eu o exaltarei!
3O SENHOR é guerreiro,
o seu nome é SENHOR.
4Ele lançou ao mar
os carros de guerra
e o exército do faraó.
Os seus melhores oficiais
afogaram-se no mar Vermelho.
5Águas profundas os encobriram;
como pedra desceram ao fundo.

[a] 14:9 Ou *condutores dos carros de guerra*; também nos versículos 17, 18, 23, 26 e 28.

[b] 14:25 Ou *carros emperrassem*

6"SENHOR, a tua mão direita
foi majestosa em poder.
SENHOR, a tua mão direita
despedaçou o inimigo.
7Em teu triunfo grandioso,
derrubaste os teus adversários.
Enviaste o teu furor flamejante,
que os consumiu como palha.
8Pelo forte sopro das tuas narinas
as águas se amontoaram.
As águas turbulentas
firmaram-se como muralha;
as águas profundas
congelaram-se no coração do mar.

9"O inimigo se gloriava:
'Eu os perseguirei e os alcançarei,
dividirei o despojo e os devorarei.
Com a espada na mão,
eu os destruirei'.
10Mas enviaste o teu sopro,
e o mar os encobriu.
Afundaram como chumbo
nas águas volumosas.

11"Quem entre os deuses
é semelhante a ti, SENHOR?
Quem é semelhante a ti?
Majestoso em santidade,
terrível em feitos gloriosos,
autor de maravilhas?
12Estendes a tua mão direita
e a terra os engole.
13Com o teu amor
conduzes o povo que resgataste;
com a tua força
tu o levas à tua santa habitação.
14As nações ouvem e estremecem;
angústia se apodera
do povo da Filístia.
15Os chefes de Edom
ficam aterrorizados,
os poderosos de Moabe
são tomados de tremor,
o povo de Canaã esmorece;
16terror e medo caem sobre eles;
pelo poder do teu braço
ficam paralisados como pedra,
até que passe o teu povo,
ó SENHOR,
até que passe
o povo que tu compraste[a].
17Tu o farás entrar e o plantarás
no monte da tua herança,
no lugar, ó SENHOR,
que fizeste para a tua habitação,
no santuário, ó Senhor,
que as tuas mãos estabeleceram.
18O SENHOR reinará eternamente".

19Quando os cavalos, os carros de guerra e os cava-
leiros[b] do faraó entraram no mar, o SENHOR fez que as
águas do mar se voltassem sobre eles, mas os israelitas
atravessaram o mar pisando em terra seca. 20Então Mi-
riã, a profetisa, irmã de Arão, pegou um tamborim e
todas as mulheres a seguiram, tocando tamborins e
dançando. 21E Miriã lhes respondia, cantando:

"Cantem ao SENHOR,
pois triunfou gloriosamente.
Lançou ao mar o cavalo
e o seu cavaleiro".

As águas de Mara e de Elim

22Depois Moisés conduziu Israel desde o mar Ver-
melho até o deserto de Sur. Durante três dias caminha-
ram no deserto sem encontrar água. 23Então chegaram
a Mara, mas não puderam beber das águas de lá porque
eram amargas. Esta é a razão por que o lugar chama-se
Mara. 24E o povo começou a reclamar a Moisés, dizen-
do: "Que beberemos?"

25Moisés clamou ao SENHOR, e este lhe indicou um
arbusto. Ele o lançou na água, e esta se tornou boa.

Em Mara o SENHOR lhes deu leis e ordenanças, e os
colocou à prova, 26dizendo-lhes: "Se vocês derem aten-
ção ao SENHOR, o seu Deus, e fizerem o que ele aprova,
se derem ouvidos aos seus mandamentos e obedecerem
a todos os seus decretos, não trarei sobre vocês nenhu-
ma das doenças que eu trouxe sobre os egípcios, pois
eu sou o SENHOR que os cura".

27Depois chegaram a Elim, onde havia doze fontes
de água e setenta palmeiras; e acamparam junto àque-
las águas.

O maná e as codornizes

16 Toda a comunidade de Israel partiu de Elim e che-
gou ao deserto de Sim, que fica entre Elim e o Si-
nai. Foi no décimo quinto dia do segundo mês, depois
que saíram do Egito. 2No deserto, toda a comunidade
de Israel reclamou a Moisés e Arão. 3Disseram-lhes os
israelitas: "Quem dera a mão do SENHOR nos tivesse
matado no Egito! Lá nos sentávamos ao redor das pa-
nelas de carne e comíamos pão à vontade, mas vocês
nos trouxeram a este deserto para fazer morrer de fo-
me toda esta multidão!"

4Disse, porém, o SENHOR a Moisés: "Eu lhes farei cho-
ver pão do céu. O povo sairá e recolherá diariamente a
porção necessária para aquele dia. Com isso os porei à
prova para ver se seguem ou não as minhas instruções.
5No sexto dia trarão para ser preparado o dobro do que
recolhem nos outros dias".

6Assim Moisés e Arão disseram a todos os israelitas:
"Ao entardecer, vocês saberão que foi o SENHOR quem
os tirou do Egito, 7e amanhã cedo verão a glória do SE-
NHOR, porque o SENHOR ouviu a queixa de vocês contra
ele. Quem somos nós para que vocês reclamem a nós?"
8Disse ainda Moisés: "O SENHOR lhes dará carne para co-
mer ao entardecer e pão à vontade pela manhã, porque
ele ouviu as suas queixas contra ele. Quem somos nós?
Vocês não estão reclamando de nós, mas do SENHOR".

9Disse Moisés a Arão: "Diga a toda a comunidade de
Israel que se apresente ao SENHOR, pois ele ouviu as
suas queixas".

10Enquanto Arão falava a toda a comunidade, todos
olharam em direção ao deserto, e a glória do SENHOR
apareceu na nuvem.

11E o SENHOR disse a Moisés: 12"Ouvi as queixas dos is-
raelitas. Responda-lhes que ao pôr do sol vocês comerão

[a] 15:16 Ou *criaste*
[b] 15:19 Ou *condutores dos carros de guerra*

carne, e ao amanhecer se fartarão de pão. Assim saberão
que eu sou o SENHOR, o seu Deus".
13No final da tarde, apareceram codornizes que cobri-
ram o lugar onde estavam acampados; ao amanhecer
havia uma camada de orvalho ao redor do acampa-
mento. 14Depois que o orvalho secou, flocos finos seme-
lhantes a geada estavam sobre a superfície do deserto.
15Quando os israelitas viram aquilo, começaram a per-
guntar uns aos outros: "Que é isso?", pois não sabiam
do que se tratava.
Disse-lhes Moisés: "Este é o pão que o SENHOR lhes
deu para comer. 16Assim ordenou o SENHOR: 'Cada chefe
de família recolha quanto precisar: um jarro[a] para cada
pessoa da sua tenda' ".
17Os israelitas fizeram como lhes fora dito; alguns re-
colheram mais, outros menos. 18Quando mediram com
o jarro, quem tinha recolhido muito não teve demais,
e não faltou a quem tinha recolhido pouco. Cada um
recolheu quanto precisava.
19"Ninguém deve guardar nada para a manhã se-
guinte", ordenou-lhes Moisés.
20Todavia, alguns deles não deram atenção a Moi-
sés e guardaram um pouco até a manhã seguinte, mas
aquilo criou bicho e começou a cheirar mal. Por isso
Moisés irou-se contra eles.
21Cada manhã todos recolhiam quanto precisavam,
pois, quando o sol esquentava, aquilo se derretia. 22No
sexto dia recolheram o dobro: dois jarros para cada pes-
soa; e os líderes da comunidade foram contar isso a
Moisés, 23que lhes explicou: "Foi isto que o SENHOR or-
denou: 'Amanhã será dia de descanso, sábado consa-
grado ao SENHOR. Assem e cozinhem o que quiserem.
Guardem o que sobrar até a manhã seguinte' ".
24E eles o guardaram até a manhã seguinte, como
Moisés tinha ordenado, e não cheirou mal nem criou
bicho. 25"Comam-no hoje", disse Moisés, "pois hoje é o
sábado do SENHOR. Hoje, vocês não o encontrarão no
terreno. 26Durante seis dias vocês podem recolhê-lo,
mas, no sétimo dia, o sábado, nada acharão."
27Apesar disso, alguns deles saíram no sétimo dia
para recolhê-lo, mas não encontraram nada. 28Então o
SENHOR disse a Moisés: "Até quando vocês se recusarão
a obedecer aos meus mandamentos e às minhas instru-
ções? 29Vejam que o SENHOR lhes deu o sábado; e por
isso, no sexto dia, ele lhes dá pão para dois dias. No sé-
timo dia, fiquem todos onde estiverem; ninguém deve
sair". 30Então o povo descansou no sétimo dia.
31O povo de Israel chamou maná[b] àquele pão. Era
branco como semente de coentro e tinha gosto de bo-
lo de mel. 32Disse Moisés: "O SENHOR ordenou-lhes que
recolham um jarro de maná e que o guardem para as
futuras gerações, para que vejam o pão que lhes dei no
deserto, quando os tirei do Egito".
33Então Moisés disse a Arão: "Ponha numa vasilha
a medida de um jarro de maná, e coloque-a diante do
SENHOR, para que seja conservado para as futuras ge-
rações".
34Em obediência ao que o SENHOR tinha ordenado a
Moisés, Arão colocou o maná junto às tábuas da alian-
ça, para ali ser guardado. 35Os israelitas comeram maná
durante quarenta anos, até chegarem a uma terra ha-
bitável; comeram maná até chegarem às fronteiras de
Canaã. 36(O jarro é a décima parte de uma arroba[c].)

Água jorra da rocha

17 Toda a comunidade de Israel partiu do deserto de
Sim, andando de um lugar para outro, conforme a
ordem do SENHOR. Acamparam em Refidim, mas lá não
havia água para beber. 2Por essa razão queixaram-se a
Moisés e exigiram: "Dê-nos água para beber".
Ele respondeu: "Por que se queixam a mim? Por que
colocam o SENHOR à prova?"
3Mas o povo estava sedento e reclamou a Moisés:
"Por que você nos tirou do Egito? Foi para matar de
sede a nós, aos nossos filhos e aos nossos rebanhos?"
4Então Moisés clamou ao SENHOR: "Que farei com
este povo? Estão a ponto de apedrejar-me!"
5Respondeu-lhe o SENHOR: "Passe à frente do povo.
Leve com você algumas das autoridades de Israel, tenha
na mão a vara com a qual você feriu o Nilo e vá adian-
te. 6Eu estarei à sua espera no alto da rocha do monte
Horebe. Bata na rocha, e dela sairá água para o povo be-
ber". Assim fez Moisés, à vista das autoridades de Israel.
7E chamou aquele lugar Massá[d] e Meribá[e], porque ali
os israelitas reclamaram e puseram o SENHOR à prova,
dizendo: "O SENHOR está entre nós, ou não?"

A vitória sobre os amalequitas

8Sucedeu que os amalequitas vieram atacar os isra-
elitas em Refidim. 9Então Moisés disse a Josué: "Escolha
alguns dos nossos homens e lute contra os amalequitas.
Amanhã tomarei posição no alto da colina, com a vara
de Deus em minhas mãos".
10Josué foi então lutar contra os amalequitas, confor-
me Moisés tinha ordenado. Moisés, Arão e Hur, porém,
subiram ao alto da colina. 11Enquanto Moisés mantinha
as mãos erguidas, os israelitas venciam; quando, po-
rém, as abaixava, os amalequitas venciam. 12Quando
as mãos de Moisés já estavam cansadas, eles pegaram
uma pedra e a colocaram debaixo dele, para que nela
se assentasse. Arão e Hur mantiveram erguidas as mãos
de Moisés, um de cada lado, de modo que as mãos per-
maneceram firmes até o pôr do sol. 13E Josué derrotou
o exército amalequita ao fio da espada.
14Depois o SENHOR disse a Moisés: "Escreva isto num
rolo, como memorial, e declare a Josué que farei que
os amalequitas sejam esquecidos para sempre debai-
xo do céu".
15Moisés construiu um altar e chamou-lhe "o SENHOR
é minha bandeira". 16E jurou: "Pelo trono do SENHOR![f]
O SENHOR fará guerra contra os amalequitas de gera-
ção em geração".

A visita de Jetro

18 Jetro, sacerdote de Midiã e sogro de Moisés, soube
de tudo o que Deus tinha feito por Moisés e pelo po-
vo de Israel, como o SENHOR havia tirado Israel do Egito.
2Moisés tinha mandado Zípora, sua mulher, para a
casa de seu sogro Jetro, que a recebeu 3com os seus
dois filhos. Um deles chamava-se Gérson, pois Moisés

[a] 16:16 Hebraico: *ômer*. O ômer era uma medida de capacidade para secos. As estimativas variam entre 2 e 4 litros.
[b] 16:31 *Maná* significa *Que é isso?*
[c] 16:36 Hebraico: *efa*. O efa era uma medida de capacidade para secos. As estimativas variam entre 20 e 40 litros.
[d] 17:7 *Massá* significa *provação*.
[e] 17:7 *Meribá* significa *rebelião*.
[f] 17:16 Ou "*Mão levantada contra o trono do Senhor!*

dissera: "Tornei-me imigrante em terra estrangeira"; 4e o outro chamava-se Eliézer, pois dissera: "O Deus de meu pai foi o meu ajudador; livrou-me da espada do faraó".

5Jetro, sogro de Moisés, veio com os filhos e a mulher de Moisés encontrá-lo no deserto, onde estava acampado, perto do monte de Deus. 6E Jetro mandou dizer-lhe: "Eu, seu sogro Jetro, estou indo encontrá-lo, e comigo vão sua mulher e seus dois filhos".

7Então Moisés saiu ao encontro do sogro, curvou-se e beijou-o; trocaram saudações e depois entraram na tenda. 8Então Moisés contou ao sogro tudo quanto o SENHOR tinha feito ao faraó e aos egípcios por amor a Israel e também todas as dificuldades que tinham enfrentado pelo caminho e como o SENHOR os livrara.

9Jetro alegrou-se ao ouvir todas as coisas boas que o SENHOR tinha feito a Israel, libertando-o das mãos dos egípcios. 10Disse ele: "Bendito seja o SENHOR que libertou vocês das mãos dos egípcios e do faraó; que livrou o povo das mãos dos egípcios! 11Agora sei que o SENHOR é maior do que todos os outros deuses, pois ele os superou exatamente naquilo de que se vangloriavam". 12Então Jetro, sogro de Moisés, ofereceu um holocausto e sacrifícios a Deus, e Arão veio com todas as autoridades de Israel para comerem com o sogro de Moisés na presença de Deus.

O conselho de Jetro

13No dia seguinte Moisés assentou-se para julgar as questões do povo, e este permaneceu em pé diante dele, desde a manhã até o cair da tarde. 14Quando o seu sogro viu tudo o que ele estava fazendo pelo povo, disse: "Que é que você está fazendo? Por que só você se assenta para julgar, e todo este povo o espera em pé, desde a manhã até o cair da tarde?"

15Moisés lhe respondeu: "O povo me procura para que eu consulte a Deus. 16Toda vez que alguém tem uma questão, esta me é trazida, e eu decido entre as partes, e ensino-lhes os decretos e leis de Deus".

17Respondeu o sogro de Moisés: "O que você está fazendo não é bom. 18Você e o seu povo ficarão esgotados, pois essa tarefa lhe é pesada demais. Você não pode executá-la sozinho. 19Agora, ouça-me! Eu lhe darei um conselho, e que Deus esteja com você! Seja você o representante do povo diante de Deus e leve a Deus as suas questões. 20Oriente-os quanto aos decretos e leis, mostrando-lhes como devem viver e o que devem fazer. 21Mas escolha dentre todo o povo homens capazes, tementes a Deus, dignos de confiança e inimigos de ganho desonesto. Estabeleça-os como chefes de mil, de cem, de cinquenta e de dez. 22Eles estarão sempre à disposição do povo para julgar as questões. Trarão a você apenas as questões difíceis; as mais simples decidirão sozinhos. Isso tornará mais leve o seu fardo, porque eles o dividirão com você. 23Se você assim fizer, e se assim Deus ordenar, você será capaz de suportar as dificuldades, e todo este povo voltará para casa satisfeito".

24Moisés aceitou o conselho do sogro e fez tudo como ele tinha sugerido. 25Escolheu homens capazes de todo o Israel e colocou-os como líderes do povo: chefes de mil, de cem, de cinquenta e de dez. 26Estes ficaram como juízes permanentes do povo. As questões difíceis levavam a Moisés; as mais simples, porém, eles mesmos resolviam.

27Então Moisés e seu sogro se despediram, e este voltou para a sua terra.

Israel chega ao monte Sinai

19 No dia em que se completaram três meses que os israelitas haviam saído do Egito, chegaram ao deserto do Sinai. 2Depois de saírem de Refidim, entraram no deserto do Sinai, e Israel acampou ali, diante do monte.

3Logo Moisés subiu o monte para encontrar-se com Deus. E o SENHOR o chamou do monte, dizendo: "Diga o seguinte aos descendentes de Jacó e declare aos israelitas: 4'Vocês viram o que fiz ao Egito e como os transportei sobre asas de águias e os trouxe para junto de mim. 5Agora, se me obedecerem fielmente e guardarem a minha aliança, vocês serão o meu tesouro pessoal dentre todas as nações. Embora toda a terra seja minha, 6vocês[a] serão para mim um reino de sacerdotes e uma nação santa'. Essas são as palavras que você dirá aos israelitas".

7Moisés voltou, convocou as autoridades do povo e lhes expôs tudo o que o SENHOR havia-lhe mandado falar. 8O povo todo respondeu unânime: "Faremos tudo o que o SENHOR ordenou". E Moisés levou ao SENHOR a resposta do povo.

9Disse o SENHOR a Moisés: "Virei a você numa densa nuvem, a fim de que o povo, ouvindo-me falar-lhe, passe a confiar sempre em você". Então Moisés relatou ao SENHOR o que o povo lhe dissera.

10E o SENHOR disse a Moisés: "Vá ao povo e consagre-o hoje e amanhã. Eles deverão lavar as suas vestes 11e estar prontos no terceiro dia, porque nesse dia o SENHOR descerá sobre o monte Sinai, à vista de todo o povo. 12Estabeleça limites em torno do monte e diga ao povo: Tenham o cuidado de não subir ao monte e de não tocar na sua base. Quem tocar no monte certamente será morto; 13será apedrejado ou morto a flechadas. Ninguém deverá tocá-lo com a mão. Seja homem, seja animal, não viverá. Somente quando a corneta soar um toque longo eles poderão subir ao monte".

14Tendo Moisés descido do monte, consagrou o povo; e eles lavaram as suas vestes. 15Disse ele então ao povo: "Preparem-se para o terceiro dia, e até lá não se acheguem a mulher".

16Ao amanhecer do terceiro dia houve trovões e raios, uma densa nuvem cobriu o monte, e uma trombeta ressoou fortemente. Todos no acampamento tremeram de medo. 17Moisés levou o povo para fora do acampamento, para encontrar-se com Deus, e eles ficaram ao pé do monte. 18O monte Sinai estava coberto de fumaça, pois o SENHOR tinha descido sobre ele em chamas de fogo. Dele subia fumaça como que de uma fornalha; todo o monte[b] tremia violentamente, 19e o som da trombeta era cada vez mais forte. Então Moisés falou, e a voz de Deus lhe respondeu[c].

20O SENHOR desceu ao topo do monte Sinai e chamou Moisés para o alto do monte. Moisés subiu 21e o SENHOR lhe disse: "Desça e alerte o povo que não ultrapasse os limites, para ver o SENHOR, e muitos deles pereçam. 22Mesmo os sacerdotes que se aproximarem do SENHOR devem consagrar-se; senão o SENHOR os fulminará".

[a] 19:5-6 Ou *nações, pois toda a terra é minha.* 6*Vocês*

[b] 19:18 Conforme a maioria dos manuscritos do Texto Massorético. Alguns manuscritos do Texto Massorético e a Septuaginta dizem *o povo.*

[c] 19:19 Ou *e Deus lhe respondeu com um trovão*

23Moisés disse ao SENHOR: "O povo não pode subir
ao monte Sinai, pois tu mesmo nos avisaste: 'Estabe-
leça um limite em torno do monte e declare-o santo' ".
24O SENHOR respondeu: "Desça e depois torne a su-
bir, acompanhado de Arão. Quanto aos sacerdotes e ao
povo, não devem ultrapassar o limite para subir ao SE-
NHOR; senão, o SENHOR os fulminará".
25Então Moisés desceu e avisou o povo.

Os Dez Mandamentos

20 E Deus falou todas estas palavras:
2"Eu sou o SENHOR, o teu Deus, que te tirou do
Egito, da terra da escravidão.
3"Não terás outros deuses além de mim.
4"Não farás para ti nenhum ídolo, nenhuma ima-
gem de qualquer coisa no céu, na terra, ou nas
águas debaixo da terra. 5Não te prostrarás dian-
te deles nem lhes prestarás culto, porque eu, o
SENHOR, o teu Deus, sou Deus zeloso, que cas-
tigo os filhos pelos pecados de seus pais até a
terceira e quarta geração daqueles que me des-
prezam, 6mas trato com bondade até mil gera-
ções[a] aos que me amam e obedecem aos meus
mandamentos.
7"Não tomarás em vão o nome do SENHOR, o teu
Deus, pois o SENHOR não deixará impune quem
tomar o seu nome em vão.
8"Lembra-te do dia de sábado, para santificá-lo.
9Trabalharás seis dias e neles farás todos os teus
trabalhos, 10mas o sétimo dia é o sábado dedicado
ao SENHOR, o teu Deus. Nesse dia não farás traba-
lho algum, nem tu, nem teus filhos ou filhas, nem
teus servos ou servas, nem teus animais, nem os
estrangeiros que morarem em tuas cidades. 11Pois
em seis dias o SENHOR fez os céus e a terra, o mar
e tudo o que neles existe, mas no sétimo dia des-
cansou. Portanto, o SENHOR abençoou o sétimo
dia e o santificou.
12"Honra teu pai e tua mãe, a fim de que tenhas vi-
da longa na terra que o SENHOR, o teu Deus, te dá.
13"Não matarás.
14"Não adulterarás.
15"Não furtarás.
16"Não darás falso testemunho contra o teu pró-
ximo.
17"Não cobiçarás a casa do teu próximo. Não cobi-
çarás a mulher do teu próximo, nem seus servos
ou servas, nem seu boi ou jumento, nem coisa al-
guma que lhe pertença".

18Vendo-se o povo diante dos trovões e dos relâm-
pagos, e do som da trombeta e do monte fumegan-
do, todos tremeram assustados. Ficaram a distância 19e
disseram a Moisés: "Fala tu mesmo conosco, e ouvi-
remos. Mas que Deus não fale conosco, para que não
morramos".
20Moisés disse ao povo: "Não tenham medo! Deus
veio prová-los, para que o temor de Deus esteja em vo-
cês e os livre de pecar".
21Mas o povo permaneceu a distância, ao passo que
Moisés aproximou-se da nuvem escura em que Deus
se encontrava.

[a] 20:6 Ou *a milhares que*

A lei sobre o altar do SENHOR

22O SENHOR disse a Moisés: "Diga o seguinte aos is-
raelitas: Vocês viram por si mesmos que do céu lhes
falei: 23não façam ídolos de prata nem de ouro para
me representarem.
24"Façam-me um altar de terra e nele sacrifiquem-
-me os seus holocaustos[b] e as suas ofertas de comu-
nhão[c], as suas ovelhas e os seus bois. Onde quer que eu
faça celebrar o meu nome, virei a vocês e os abençoarei.
25Se me fizerem um altar de pedras, não o façam com
pedras lavradas, porque o uso de ferramentas o profa-
naria. 26Não subam por degraus ao meu altar, para que
nele não seja exposta a sua nudez.

Leis acerca dos escravos hebreus

21 "São estas as leis que você proclamará ao povo:
2"Se você comprar um escravo hebreu, ele o ser-
virá por seis anos. Mas no sétimo ano será liberto, sem
precisar pagar nada. 3Se chegou solteiro, solteiro rece-
berá liberdade; mas se chegou casado, sua mulher irá
com ele. 4Se o seu senhor lhe tiver dado uma mulher, e
esta lhe tiver dado filhos ou filhas, a mulher e os filhos
pertencerão ao senhor; somente o homem sairá livre.
5"Se, porém, o escravo declarar: 'Eu amo o meu se-
nhor, a minha mulher e os meus filhos, e não quero sair
livre', 6o seu senhor o levará perante os juízes[d]. Terá que
levá-lo à porta ou à lateral da porta e furar a sua orelha.
Assim, ele será seu escravo por toda a vida.
7"Se um homem vender sua filha como escrava, ela
não será liberta como os escravos homens. 8Se ela não
agradar ao seu senhor que a escolheu, ele deverá per-
mitir que ela seja resgatada. Não poderá vendê-la a es-
trangeiros, pois isso seria deslealdade para com ela. 9Se
o seu senhor a escolher para seu filho, lhe dará os di-
reitos de uma filha. 10Se o senhor tomar uma segunda
mulher para si, não poderá privar a primeira de ali-
mento, de roupas e dos direitos conjugais. 11Se não lhe
garantir essas três coisas, ela poderá ir embora sem pre-
cisar pagar nada.

Leis acerca da violência e dos acidentes

12"Quem ferir um homem e o matar terá que ser exe-
cutado. 13Todavia, se não o fez intencionalmente, mas
Deus o permitiu, designei um lugar para onde poderá
fugir. 14Mas se alguém tiver planejado matar outro deli-
beradamente, tire-o até mesmo do meu altar e mate-o.
15"Quem agredir o próprio pai ou a própria mãe terá
que ser executado.
16"Aquele que sequestrar alguém e vendê-lo ou
for apanhado com ele em seu poder, terá que ser
executado.
17"Quem amaldiçoar seu pai ou sua mãe terá que ser
executado.
18"Se dois homens brigarem e um deles ferir o outro
com uma pedra ou com o punho[e] e o outro não morrer,
mas cair de cama, 19aquele que o feriu será absolvido,
se o outro se levantar e caminhar com o auxílio de uma
bengala; todavia, ele terá que indenizar o homem feri-
do pelo tempo que este perdeu e responsabilizar-se por
sua completa recuperação.

[b] 20:24 Isto é, sacrifícios totalmente queimados; também em 24:5; 29:18,25 e 42.
[c] 20:24 Ou *de paz*; também em 24:5 e 29:28.
[d] 21:6 Ou *perante Deus*
[e] 21:18 Ou *com uma ferramenta*

20"Se alguém ferir seu escravo ou escrava com um pedaço de pau, e como resultado o escravo morrer, será punido; 21mas se o escravo sobreviver um ou dois dias, não será punido, visto que é sua propriedade.

22"Se homens brigarem e ferirem uma mulher grávida, e ela der à luz prematuramente[a], não havendo, porém, nenhum dano sério, o ofensor pagará a indenização que o marido daquela mulher exigir, conforme a determinação dos juízes[b]. 23Mas, se houver danos graves, a pena será vida por vida, 24olho por olho, dente por dente, mão por mão, pé por pé, 25queimadura por queimadura, ferida por ferida, contusão por contusão.

26"Se alguém ferir o seu escravo ou sua escrava no olho e o cegar, terá que libertar o escravo como compensação pelo olho. 27Se quebrar um dente de um escravo ou de uma escrava, terá que libertar o escravo como compensação pelo dente.

28"Se um boi chifrar um homem ou uma mulher, causando-lhe a morte, o boi terá que ser apedrejado até a morte, e a sua carne não poderá ser comida. Mas o dono do boi será absolvido. 29Se, todavia, o boi costumava chifrar e o dono, ainda que alertado, não o manteve preso, e o boi matar um homem ou uma mulher, o boi será apedrejado e o dono também terá que ser morto. 30Caso, porém, lhe peçam um pagamento, poderá resgatar a sua vida pagando o que for exigido. 31Esta sentença também se aplica no caso de um boi chifrar um menino ou uma menina. 32Se o boi chifrar um escravo ou escrava, o dono do animal terá que pagar trezentos e sessenta gramas[c] de prata ao dono do escravo, e o boi será apedrejado.

33"Se alguém abrir ou deixar aberta uma cisterna, não tendo o cuidado de tampá-la, e um jumento ou um boi nela cair, 34o dono da cisterna terá que pagar o prejuízo, indenizando o dono do animal, e ficará com o animal morto.

35"Se o boi de alguém ferir o boi de outro e o matar, venderão o boi vivo e dividirão em partes iguais, tanto o valor do boi vivo como o animal morto. 36Contudo, se o boi costumava chifrar, e o dono não o manteve preso, este terá que pagar boi por boi, e ficará com o que morreu.

Leis acerca da proteção da propriedade

22 "Se alguém roubar um boi ou uma ovelha e abatê-lo ou vendê-lo, terá que restituir cinco bois pelo boi e quatro ovelhas pela ovelha.

2"Se o ladrão que for pego arrombando for ferido e morrer, quem o feriu não será culpado de homicídio, 3mas se isso acontecer depois do nascer do sol, será culpado de homicídio.

"O ladrão terá que restituir o que roubou, mas, se não tiver nada, será vendido para pagar o roubo. 4Se o que foi roubado for encontrado vivo em seu poder, seja boi, seja jumento, seja ovelha, ele deverá restituí-lo em dobro.

5"Se alguém levar seu rebanho para pastar num campo ou numa vinha e soltá-lo de modo que venha a pastar no campo de outro homem, fará restituição com o melhor do seu campo ou da sua vinha.

6"Se um fogo se espalhar e alcançar os espinheiros, e queimar os feixes colhidos ou o trigo plantado ou até a lavoura toda, aquele que iniciou o incêndio restituirá o prejuízo.

7"Se alguém entregar ao seu próximo prata ou bens para serem guardados e estes forem roubados da casa deste, o ladrão, se for encontrado, terá que restituí-los em dobro. 8Mas se o ladrão não for encontrado, o dono da casa terá que comparecer perante os juízes[d] para que se determine se ele não lançou mão dos bens do outro. 9Sempre que alguém se apossar de boi, jumento, ovelha, roupa ou qualquer outro bem perdido, mas alguém disser: 'Isto me pertence', as duas partes envolvidas levarão o caso aos juízes. Aquele a quem os juízes declararem[e] culpado restituirá o dobro ao seu próximo.

10"Se alguém der ao seu próximo o seu jumento, ou boi, ou ovelha ou qualquer outro animal para ser guardado, e o animal morrer, for ferido ou for levado, sem que ninguém o veja, 11a questão entre eles será resolvida prestando-se um juramento diante do SENHOR de que um não lançou mão da propriedade do outro. O dono terá que aceitar isso e nenhuma restituição será exigida. 12Mas se o animal tiver sido roubado do seu próximo, este terá que fazer restituição ao dono. 13Se tiver sido despedaçado por um animal selvagem, ele trará como prova o que restou dele; e não terá que fazer restituição.

14"Se alguém pedir emprestado ao seu próximo um animal, e este for ferido ou morrer na ausência do dono, terá que fazer restituição. 15Mas se o dono estiver presente, o que tomou emprestado não terá que restituí-lo. Se o animal tiver sido alugado, o preço do aluguel cobrirá a perda.

Leis acerca das responsabilidades sociais

16"Se um homem seduzir uma virgem que ainda não tenha compromisso de casamento e deitar-se com ela, terá que pagar o preço do seu dote, e ela será sua mulher. 17Mas se o pai recusar-se a entregá-la, ainda assim o homem terá que pagar o equivalente ao dote das virgens.

18"Não deixem viver a feiticeira.

19"Todo aquele que tiver relações sexuais com animal terá que ser executado.

20"Quem oferecer sacrifício a qualquer outro deus, e não unicamente ao SENHOR, será destruído.

21"Não maltratem nem oprimam o estrangeiro, pois vocês foram estrangeiros no Egito.

22"Não prejudiquem as viúvas nem os órfãos; 23porque se o fizerem, e eles clamarem a mim, eu certamente atenderei ao seu clamor. 24Com grande ira matarei vocês à espada; suas mulheres ficarão viúvas e seus filhos, órfãos.

25"Se fizerem empréstimo a alguém do meu povo, a algum necessitado que viva entre vocês, não cobrem juros dele; não emprestem visando a lucro. 26Se tomarem como garantia o manto do seu próximo, devolvam-no até o pôr do sol, 27porque o manto é a única coberta que ele possui para o corpo. Em que mais se deitaria? Quando ele clamar a mim, eu o ouvirei, pois sou misericordioso.

28"Não blasfemem contra Deus[f] nem amaldiçoem uma autoridade do seu povo.

[a] 21:22 Hebraico: *e a criança sair*.
[b] 21:22 Ou *de Deus*
[c] 21:32 Hebraico: *30 siclos*. Um siclo equivalia a 12 gramas.
[d] 22:8 Ou *perante Deus*; também no versículo 9.
[e] 22:9 Ou *a quem Deus declarar*
[f] 22:28 Ou "*Não insultem os juízes*

29“Não retenham as ofertas de suas colheitas[a].

“Consagrem-me o primeiro filho de vocês 30e a primeira cria das vacas, das ovelhas e das cabras. Durante sete dias a cria ficará com a mãe, mas, no oitavo dia, entreguem-na a mim.

31“Vocês serão meu povo santo. Não comam a carne de nenhum animal despedaçado por feras no campo; joguem-na aos cães.

Leis acerca do exercício da justiça

23 “Ninguém faça declarações[b] falsas e não seja cúmplice do ímpio, sendo-lhe testemunha mal-intencionada.

2“Não acompanhe a maioria para fazer o mal. Ao testemunhar num processo, não perverta a justiça para apoiar a maioria, 3nem para favorecer o pobre num processo.

4“Se você encontrar perdido o boi ou o jumento que pertence ao seu inimigo, leve-o de volta a ele. 5Se você vir o jumento de alguém que o odeia caído sob o peso de sua carga, não o abandone, procure ajudá-lo.

6“Não perverta o direito dos pobres em seus processos. 7Não se envolva em falsas acusações nem condene à morte o inocente e o justo, porque não absolverei o culpado.

8“Não aceite suborno, pois o suborno cega até os que têm discernimento[c] e prejudica a causa do justo.

9“Não oprima o estrangeiro. Vocês sabem o que é ser estrangeiro, pois foram estrangeiros no Egito.

Leis acerca do sábado

10“Plantem e colham em sua terra durante seis anos, 11mas no sétimo deixem-na descansar sem cultivá-la. Assim os pobres do povo poderão comer o que crescer por si, e o que restar ficará para os animais do campo. Façam o mesmo com as suas vinhas e com os seus olivais.

12“Em seis dias façam os seus trabalhos, mas no sétimo não trabalhem, para que o seu boi e o seu jumento possam descansar, e o seu escravo e o estrangeiro renovem as forças.

13“Tenham o cuidado de fazer tudo o que lhes ordenei. Não invoquem o nome de outros deuses; não se ouçam tais nomes dos seus lábios.

Leis acerca das grandes festas anuais

14“Três vezes por ano vocês me celebrarão festa.

15“Celebrem a festa dos pães sem fermento; durante sete dias comam pão sem fermento, como eu lhes ordenei. Façam isso na época determinada do mês de abibe[d], pois nesse mês vocês saíram do Egito.

“Ninguém se apresentará a mim de mãos vazias.

16“Celebrem a festa da colheita dos primeiros frutos do seu trabalho de semeadura.

“Celebrem a festa do encerramento da colheita quando, no final do ano, vocês armazenarem as colheitas.

17“Três vezes por ano todos os homens devem comparecer diante do SENHOR, o Soberano.

18“Não ofereçam o sangue de um sacrifício feito em minha honra com pão fermentado.

“A gordura das ofertas de minhas festas não deverá ser guardada até a manhã seguinte.

19“Tragam ao santuário do SENHOR, o seu Deus, o melhor dos primeiros frutos das suas colheitas.

“Não cozinhem o cabrito no leite da própria mãe.

Promessas e advertências sobre a conquista de Canaã

20“Eis que envio um anjo à frente de vocês para protegê-los por todo o caminho e fazê-los chegar ao lugar que preparei. 21Prestem atenção e ouçam o que ele diz. Não se rebelem contra ele, pois não perdoará as suas transgressões, pois nele está o meu nome. 22Se vocês ouvirem atentamente o que ele disser e fizerem tudo o que lhes ordeno, serei inimigo dos seus inimigos, e adversário dos seus adversários. 23O meu anjo irá à frente de vocês e os fará chegar à terra dos amorreus, dos hititas, dos ferezeus, dos cananeus, dos heveus e dos jebuseus, e eu os exterminarei. 24Não se curvem diante dos deuses deles, nem lhes prestem culto, nem sigam as suas práticas. Destruam-nos totalmente e quebrem as suas colunas sagradas. 25Prestem culto ao SENHOR, o Deus de vocês, e ele os abençoará, dando-lhes alimento e água. Tirarei a doença do meio de vocês. 26Em sua terra nenhuma grávida perderá o filho, nem haverá mulher estéril. Farei completar-se o tempo de duração da vida de vocês.

27“Mandarei adiante de vocês o meu terror, que porá em confusão todas as nações que vocês encontrarem. Farei que todos os seus inimigos virem as costas e fujam. 28Causarei pânico[e] entre os heveus, os cananeus e os hititas para expulsá-los de diante de vocês. 29Não os expulsarei num só ano, pois a terra se tornaria desolada e os animais selvagens se multiplicariam, ameaçando vocês. 30Eu os expulsarei aos poucos, até que vocês sejam numerosos o suficiente para tomarem posse da terra.

31“Estabelecerei as suas fronteiras desde o mar Vermelho até o mar dos filisteus[f], e desde o deserto até o Eufrates[g]. Entregarei em suas mãos os povos que vivem na terra, os quais vocês expulsarão de diante de vocês. 32Não façam aliança com eles nem com os seus deuses. 33Não deixem que esses povos morem na terra de vocês, senão eles os levarão a pecar contra mim, porque prestar culto aos deuses deles será uma armadilha para vocês”.

A confirmação da aliança

24 Depois Deus disse a Moisés: “Subam o monte para encontrar-se com o SENHOR, você e Arão, Nadabe e Abiú, e setenta autoridades de Israel. Adorem à distância. 2Somente Moisés se aproximará do SENHOR; os outros não. O povo também não subirá com ele”.

3Quando Moisés se dirigiu ao povo e transmitiu-lhes todas as palavras e ordenanças do SENHOR, eles responderam em uníssono: “Faremos tudo o que o SENHOR ordenou”. 4Moisés, então, escreveu tudo o que o SENHOR dissera.

Na manhã seguinte Moisés levantou-se, construiu um altar ao pé do monte e ergueu doze colunas de pedra, representando as doze tribos de Israel. 5Em seguida

[a] 22:29 Ou *do trigo, do vinho e do azeite*. Hebraico: *a sua prosperidade e as suas lágrimas*.
[b] 23:1 Ou *não espalhe notícias*
[c] 23:8 Ou *os juízes*
[d] 23:15 Aproximadamente março/abril.
[e] 23:28 Ou *mandarei vespas*; ou ainda *mandarei uma praga*
[f] 23:31 Isto é, o Mediterrâneo.
[g] 23:31 Hebraico: o Rio.

enviou jovens israelitas, que ofereceram holocaustos e novilhos como sacrifícios de comunhão ao SENHOR. 6 Moisés colocou metade do sangue em tigelas e a outra metade derramou sobre o altar. 7 Em seguida, leu o Livro da Aliança para o povo, e eles disseram: "Faremos fielmente tudo o que o SENHOR ordenou".

8 Depois Moisés aspergiu o sangue sobre o povo, dizendo: "Este é o sangue da aliança que o SENHOR fez com vocês de acordo com todas essas palavras".

9 Moisés, Arão, Nadabe, Abiú e setenta autoridades de Israel subiram 10 e viram o Deus de Israel, sob cujos pés havia algo semelhante a um pavimento de safira, como o céu em seu esplendor. 11 Deus, porém, não estendeu a mão para punir esses líderes do povo de Israel; eles viram a Deus, e depois comeram e beberam.

Moisés na presença de Deus

12 Disse o SENHOR a Moisés: "Suba o monte, venha até mim, e fique aqui; e lhe darei as tábuas de pedra com a lei e os mandamentos que escrevi para a instrução do povo".

13 Moisés partiu com Josué, seu auxiliar, e subiu ao monte de Deus. 14 Disse ele às autoridades de Israel: "Esperem-nos aqui, até que retornemos. Arão e Hur ficarão com vocês; quem tiver alguma questão para resolver, poderá procurá-los".

15 Quando Moisés subiu, a nuvem cobriu o monte, 16 e a glória do SENHOR permaneceu sobre o monte Sinai. Durante seis dias a nuvem cobriu o monte. No sétimo dia o SENHOR chamou Moisés do interior da nuvem. 17 Aos olhos dos israelitas a glória do SENHOR parecia um fogo consumidor no topo do monte. 18 Moisés entrou na nuvem e foi subindo o monte. E permaneceu no monte quarenta dias e quarenta noites.

As ofertas para o tabernáculo

25 Disse o SENHOR a Moisés: 2 "Diga aos israelitas que me tragam uma oferta. Receba-a de todo aquele cujo coração o compelir a dar. 3 Estas são as ofertas que deverá receber deles: ouro, prata e bronze, 4 fios de tecidos azul, roxo e vermelho, linho fino, pelos de cabra, 5 peles de carneiro tingidas de vermelho, couro[a], madeira de acácia, 6 azeite para iluminação; especiarias para o óleo da unção e para o incenso aromático; 7 pedras de ônix e outras pedras preciosas para serem encravadas no colete sacerdotal e no peitoral.

8 "E farão um santuário para mim, e eu habitarei no meio deles. 9 Façam tudo como eu lhe mostrar, conforme o modelo do tabernáculo e de cada utensílio.

A arca da aliança

10 "Faça uma arca de madeira de acácia com um metro e dez centímetros de comprimento, setenta centímetros de largura e setenta centímetros de altura[b]. 11 Revista-a de ouro puro, por dentro e por fora, e faça uma moldura de ouro ao seu redor. 12 Mande fundir quatro argolas de ouro para ela e prenda-as em seus quatro pés, com duas argolas de um lado e duas do outro. 13 Depois faça varas de madeira de acácia, revista-as de ouro 14 e coloque-as nas argolas laterais da arca, para que possa ser carregada. 15 As varas permanecerão nas argolas da arca; não devem ser retiradas. 16 Então coloque dentro da arca as tábuas da aliança que lhe darei.

17 "Faça uma tampa[c] de ouro puro com um metro e dez centímetros de comprimento por setenta centímetros de largura, 18 com dois querubins de ouro batido nas extremidades da tampa. 19 Faça um querubim numa extremidade e o segundo na outra, formando uma só peça com a tampa. 20 Os querubins devem ter suas asas estendidas para cima, cobrindo com elas a tampa. Ficarão de frente um para o outro, com o rosto voltado para a tampa. 21 Coloque a tampa sobre a arca, e dentro dela as tábuas da aliança que darei a você. 22 Ali, sobre a tampa, no meio dos dois querubins que se encontram sobre a arca da aliança[d], eu me encontrarei com você e lhe darei todos os meus mandamentos destinados aos israelitas.

A mesa e seus utensílios

23 "Faça uma mesa de madeira de acácia com noventa centímetros de comprimento, quarenta e cinco centímetros de largura e setenta centímetros de altura. 24 Revista-a de ouro puro e faça uma moldura de ouro ao seu redor. 25 Faça também ao seu redor uma borda com a largura de quatro dedos e uma moldura de ouro para essa borda. 26 Faça quatro argolas de ouro para a mesa e prenda-as nos quatro cantos dela, onde estão os seus quatro pés. 27 As argolas devem ser presas próximas da borda para que sustentem as varas usadas para carregar a mesa. 28 Faça as varas de madeira de acácia, revestindo-as de ouro; com elas se carregará a mesa. 29 Faça de ouro puro os seus pratos e o recipiente para incenso, as suas tigelas e as bacias nas quais se derramam as ofertas de bebidas[e]. 30 Coloque sobre a mesa os pães da Presença, para que estejam sempre diante de mim.

O candelabro de ouro

31 "Faça um candelabro de ouro puro e batido. O pedestal, a haste, as taças, as flores e os botões do candelabro formarão com ele uma só peça. 32 Seis braços sairão do candelabro: três de um lado e três do outro. 33 Haverá três taças com formato de flor de amêndoa num dos braços, cada uma com botão e flor, e três taças com formato de flor de amêndoa no braço seguinte, cada uma com botão e flor. Assim será com os seis braços que saem do candelabro. 34 Na haste do candelabro haverá quatro taças com formato de flor de amêndoa, cada uma com botão e flor. 35 Haverá um botão debaixo de cada par dos seis braços que saem do candelabro. 36 Os braços com seus botões formarão uma só peça com o candelabro, tudo feito de ouro puro e batido.

37 "Faça-lhe também sete lâmpadas e coloque-as nele para que iluminem a frente dele. 38 Seus cortadores de pavio e seus apagadores serão de ouro puro. 39 Com trinta e cinco quilos[f] de ouro puro faça o candelabro e todos esses utensílios. 40 Tenha o cuidado de fazê-lo segundo o modelo que lhe foi mostrado no monte.

O tabernáculo

26 "Faça o tabernáculo com dez cortinas internas de linho fino trançado e de fios de tecidos azul, roxo

[a] 25:5 Possivelmente de animais marinhos; também em 26:14.
[b] 25:10 Hebraico: *2,5 côvados de comprimento, 1,5 côvados de largura e 1,5 côvados de altura*. O côvado era uma medida linear de cerca de 45 centímetros.
[c] 25:17 Tradicionalmente *um propiciatório*; também no restante do capítulo e em 26:34.
[d] 25:22 Hebraico: *do Testemunho*. Isto é, das tábuas da aliança; também em 26:33 e 34.
[e] 25:29 Veja Nm 28:7.
[f] 25:39 Hebraico: *1 talento*.

e vermelho, e nelas mande bordar querubins. 2Todas as
cortinas internas terão a mesma medida: doze metros
e sessenta centímetros de comprimento e um metro e
oitenta centímetros de largura[a]. 3Prenda cinco dessas
cortinas internas uma com a outra e faça o mesmo com
as outras cinco. 4Faça laçadas de tecido azul ao longo da
borda da cortina interna, na extremidade do primeiro conjunto de cortinas internas; o mesmo será feito à
cortina interna na extremidade do outro conjunto. 5Faça cinquenta laçadas numa cortina interna e cinquenta
laçadas na cortina interna que está na extremidade do
outro conjunto, de modo que as laçadas estejam opostas umas às outras. 6Faça também cinquenta colchetes
de ouro com os quais se prenderão as cortinas internas
uma na outra, para que o tabernáculo seja um todo.

7"Com o total de onze cortinas internas de pelos de
cabra faça uma tenda para cobrir o tabernáculo. 8As
onze cortinas internas terão o mesmo tamanho: treze
metros e meio de comprimento e um metro e oitenta
centímetros de largura. 9Prenda de um lado cinco cortinas internas e também as outras seis do outro lado.
Dobre em duas partes a sexta cortina interna na frente
da tenda. 10Faça cinquenta laçadas ao longo da borda da
cortina interna na extremidade do primeiro conjunto
de cortinas, e também ao longo da borda da cortina interna do outro conjunto. 11Em seguida faça cinquenta
colchetes de bronze e ponha-os nas laçadas para unir
a tenda como um todo. 12Quanto à sobra no comprimento das cortinas internas da tenda, a meia cortina
interna que sobrar será pendurada na parte de trás do
tabernáculo. 13As dez cortinas internas serão quarenta
e cinco centímetros mais compridas de cada lado; e o
que sobrar será pendurado nos dois lados do tabernáculo, para cobri-lo. 14Faça também para a tenda uma
cobertura de pele de carneiro tingida de vermelho, e
por cima desta uma cobertura de couro.

As armações do tabernáculo

15"Faça armações verticais de madeira de acácia para o tabernáculo. 16Cada armação terá quatro metros e
meio de comprimento por setenta centímetros de largura, 17com dois encaixes paralelos um ao outro. Todas
as armações do tabernáculo devem ser feitas dessa maneira. 18Faça vinte armações para o lado sul do tabernáculo 19e quarenta bases de prata debaixo delas: duas
bases para cada armação, uma debaixo de cada encaixe.
20Para o outro lado, o lado norte do tabernáculo, faça
vinte armações 21e quarenta bases de prata, duas debaixo de cada armação. 22Faça seis armações para o lado
ocidental do tabernáculo, 23e duas armações na parte de
trás, nos cantos. 24As armações nesses dois cantos serão
duplas, desde a parte inferior até a superior, colocadas
numa única argola; ambas serão assim. 25Desse modo,
haverá oito armações e dezesseis bases de prata, duas
debaixo de cada armação.

26"Faça também travessões de madeira de acácia:
cinco para as armações de um lado do tabernáculo,
27cinco para as do outro lado e cinco para as do lado
ocidental, na parte de trás do tabernáculo. 28O travessão central se estenderá de uma extremidade à outra
entre as armações. 29Revista de ouro as armações e faça
argolas de ouro para sustentar os travessões, os quais
também terão que ser revestidos de ouro.

30"Faça o tabernáculo de acordo com o modelo que
lhe foi mostrado no monte.

O véu

31"Faça um véu de linho fino trançado e de fios de tecidos azul, roxo e vermelho, e mande bordar nele querubins. 32Pendure-o com ganchos de ouro em quatro
colunas de madeira de acácia revestidas de ouro e fincadas em quatro bases de prata. 33Pendure o véu pelos
colchetes e coloque atrás do véu a arca da aliança. O véu
separará o Lugar Santo do Lugar Santíssimo. 34Coloque a
tampa sobre a arca da aliança no Lugar Santíssimo. 35Coloque a mesa do lado de fora do véu, no lado norte do
tabernáculo; e o candelabro em frente dela, no lado sul.

36"Para a entrada da tenda faça uma cortina de linho
fino trançado e de fios de tecidos azul, roxo e vermelho, obra de bordador. 37Faça ganchos de ouro para essa
cortina e cinco colunas de madeira de acácia revestidas
de ouro. Mande fundir para eles cinco bases de bronze.

O altar dos holocaustos

27 "Faça um altar de madeira de acácia. Será quadrado, com dois metros e vinte e cinco centímetros
de largura e um metro e trinta e cinco centímetros de
altura[b]. 2Faça uma ponta em forma de chifre em cada
um dos quatro cantos, formando uma só peça com o altar, que será revestido de bronze. 3Faça de bronze todos
os seus utensílios: os recipientes para recolher cinzas,
as pás, as bacias de aspersão, os garfos para carne e os
braseiros. 4Faça também para ele uma grelha de bronze em forma de rede e uma argola de bronze em cada
um dos quatro cantos da grelha. 5Coloque-a abaixo da
beirada do altar, de maneira que fique a meia altura
do altar. 6Faça varas de madeira de acácia para o altar
e revista-as de bronze. 7Estas varas serão colocadas nas
argolas, dos dois lados do altar, quando este for carregado. 8Faça o altar oco e de tábuas, conforme lhe foi
mostrado no monte.

O pátio

9"Faça um pátio para o tabernáculo. O lado sul terá
quarenta e cinco metros de comprimento, e cortinas
externas de linho fino trançado, 10com vinte colunas e
vinte bases de bronze, com ganchos e ligaduras de prata nas colunas. 11O lado norte também terá quarenta e
cinco metros de comprimento e cortinas externas, com
vinte colunas e vinte bases de bronze, com ganchos e
ligaduras de prata nas colunas.

12"O lado ocidental, com as suas cortinas externas,
terá vinte e dois metros e meio de largura, com dez
colunas e dez bases. 13O lado oriental, que dá para o
nascente, também terá vinte e dois metros e meio de
largura. 14Haverá cortinas de seis metros e setenta e
cinco centímetros de comprimento num dos lados da
entrada, com três colunas e três bases, 15e cortinas externas de seis metros e setenta e cinco centímetros de
comprimento no outro lado, também com três colunas e três bases.

16"À entrada do pátio, haverá uma cortina de nove
metros de comprimento, de linho fino trançado e de
fios de tecidos azul, roxo e vermelho, obra de bordador,

[a] 26:2 Hebraico: *28 côvados de comprimento e 4 côvados de largura*. O côvado era uma medida linear de cerca de 45 centímetros.

[b] 27:1 Hebraico: *5 côvados de largura e 3 côvados de altura*. O côvado era uma medida linear de cerca de 45 centímetros.

com quatro colunas e quatro bases. 17Todas as colunas ao redor do pátio terão ligaduras, ganchos de prata e bases de bronze. 18O pátio terá quarenta e cinco metros de comprimento e vinte e dois metros e meio de largura, com cortinas de linho fino trançado de dois metros e vinte e cinco centímetros de altura e bases de bronze. 19Todos os utensílios para o serviço do tabernáculo, inclusive todas as estacas da tenda e as do pátio, serão feitos de bronze.

O óleo para o candelabro

20“Ordene aos israelitas que lhe tragam azeite puro de olivas batidas para a iluminação, para que as lâmpadas fiquem sempre acesas. 21Na Tenda do Encontro, do lado de fora do véu que se encontra diante das tábuas da aliança, Arão e seus filhos manterão acesas as lâmpadas diante do SENHOR, do entardecer até de manhã. Este será um decreto perpétuo entre os israelitas, geração após geração.

As vestes sacerdotais

28 “Chame seu irmão Arão e separe-o dentre os israelitas, e também os seus filhos Nadabe e Abiú, Eleazar e Itamar, para que me sirvam como sacerdotes. 2Para o seu irmão Arão, faça vestes sagradas que lhe confiram dignidade e honra. 3Diga a todos os homens capazes, aos quais dei habilidade, que façam vestes para a consagração de Arão, para que me sirva como sacerdote. 4São estas as vestes que farão: um peitoral, um colete sacerdotal, um manto, uma túnica bordada, um turbante e um cinturão. Para que o sacerdote Arão e seus filhos me sirvam como sacerdotes, eles farão essas vestes sagradas 5e usarão linho fino, fios de ouro e fios de tecidos azul, roxo e vermelho.

O colete sacerdotal

6“Faça o colete sacerdotal de linho fino trançado, de fios de ouro e de fios de tecidos azul, roxo e vermelho, trabalho artesanal. 7Terá duas ombreiras atadas às suas duas extremidades para uni-lo bem. 8O cinturão e o colete que por ele é preso serão feitos da mesma peça. O cinturão também será de linho fino trançado, de fios de ouro e de fios de tecidos azul, roxo e vermelho.

9“Grave em duas pedras de ônix os nomes dos filhos de Israel, 10por ordem de nascimento: seis nomes numa pedra e seis na outra. 11Grave os nomes dos filhos de Israel nas duas pedras como o lapidador grava um selo. Em seguida prenda-as com filigranas de ouro, 12costurando-as nas ombreiras do colete sacerdotal, como pedras memoriais para os filhos de Israel. Assim Arão levará os nomes em seus ombros como memorial diante do SENHOR. 13Faça filigranas de ouro 14e duas correntes de ouro puro, entrelaçadas como uma corda; e prenda as correntes às filigranas.

O peitoral

15“Faça um peitoral de decisões, trabalho artesanal. Faça-o como o colete sacerdotal: de linho fino trançado, de fios de ouro e de fios de tecidos azul, roxo e vermelho. 16Será quadrado, com um palmo de comprimento e um palmo de largura, e dobrado em dois. 17Em seguida, fixe nele quatro fileiras de pedras preciosas. Na primeira fileira haverá um rubi, um topázio e um berilo; 18na segunda, uma turquesa, uma safira e um diamante; 19na terceira, um jacinto, uma ágata e uma ametista; 20na quarta, um crisólito, um ônix e um jaspe.[a] 21Serão doze pedras, uma para cada um dos nomes dos filhos de Israel, cada uma gravada como um selo, com o nome de uma das doze tribos.

22“Faça para o peitoral correntes de ouro puro trançadas como cordas. 23Faça também duas argolas de ouro e prenda-as às duas extremidades do peitoral. 24Prenda as duas correntes de ouro às argolas nas extremidades do peitoral, 25e as outras extremidades das correntes, às duas filigranas, unindo-as às peças das ombreiras do colete sacerdotal, na parte da frente. 26Faça outras duas argolas de ouro e prenda-as às outras duas extremidades do peitoral, na borda interna, próxima ao colete sacerdotal. 27Faça mais duas argolas de ouro e prenda-as na parte inferior das ombreiras, na frente do colete sacerdotal, próximas da costura, logo acima do cinturão do colete sacerdotal. 28As argolas do peitoral serão amarradas às argolas do colete com um cordão azul, ligando o peitoral ao cinturão, para que não se separe do colete sacerdotal.

29“Toda vez que Arão entrar no Lugar Santo, levará os nomes dos filhos de Israel sobre o seu coração no peitoral de decisões, como memorial permanente perante o SENHOR. 30Ponha também o Urim e o Tumim[b] no peitoral das decisões, para que estejam sobre o coração de Arão sempre que ele entrar na presença do SENHOR. Assim, Arão levará sempre sobre o coração, na presença do SENHOR, os meios para tomar decisões em Israel.

Outras vestes sacerdotais

31“Faça o manto do colete sacerdotal inteiramente de fios de tecido azul, 32com uma abertura para a cabeça no centro. Ao redor dessa abertura haverá uma dobra tecida, como uma gola, para que não se rasgue. 33Faça romãs de fios de tecidos azul, roxo e vermelho em volta da borda do manto, intercaladas com pequenos sinos de ouro. 34Os sinos de ouro e as romãs se alternarão por toda a volta da borda do manto. 35Arão o vestirá quando ministrar. O som dos sinos será ouvido quando ele entrar no Lugar Santo diante do SENHOR e quando sair, para que não morra.

36“Faça um diadema de ouro puro e grave nele como se grava um selo: Consagrado ao SENHOR. 37Prenda-o na parte da frente do turbante com uma fita azul. 38Estará sobre a testa de Arão; assim ele levará a culpa de qualquer pecado que os israelitas cometerem em relação às coisas sagradas, ao fazerem todas as suas ofertas. Estará sempre sobre a testa de Arão, para que as ofertas sejam aceitas pelo SENHOR.

39“Teça a túnica e o turbante com linho fino. O cinturão será feito por um bordador. 40Faça também túnicas, cinturões e gorros para os filhos de Arão, para conferir-lhes honra e dignidade. 41Depois de vestir seu irmão Arão e os filhos dele, unja-os e consagre-os, para que me sirvam como sacerdotes.

42“Faça-lhes calções de linho que vão da cintura até a coxa, para cobrirem a sua nudez. 43Arão e seus filhos terão que vesti-los sempre que entrarem na Tenda do Encontro ou quando se aproximarem do altar para ministrar no Lugar Santo, para que não incorram em culpa e morram.

[a] 28:20 A identificação precisa de algumas destas pedras não é conhecida.
[b] 28:30 Objetos utilizados para se conhecer a vontade de Deus.

"Este é um decreto perpétuo para Arão e para os seus descendentes.

A consagração dos sacerdotes

29 "Assim você os consagrará, para que me sirvam como sacerdotes: separe um novilho e dois cordeiros sem defeito. [2]Com a melhor farinha de trigo, sem fermento, faça pães e bolos amassados com azeite, e pães finos, untados com azeite. [3]Coloque-os numa cesta e ofereça-os dentro dela; também ofereça o novilho e os dois cordeiros. [4]Depois traga Arão e seus filhos à entrada da Tenda do Encontro e mande-os lavar-se. [5]Pegue as vestes e vista Arão com a túnica e o peitoral. Prenda o colete sacerdotal sobre ele com o cinturão. [6]Ponha-lhe o turbante na cabeça e prenda a coroa sagrada ao turbante. [7]Unja-o com o óleo da unção, derramando-o sobre a cabeça de Arão. [8]Traga os filhos dele, vista cada um com uma túnica [9]e um gorro na cabeça. Ponha também os cinturões em Arão e em seus filhos. O sacerdócio lhes pertence como ordenança perpétua. Assim você dedicará Arão e seus filhos.

[10]"Traga o novilho para a frente da Tenda do Encontro. Arão e seus filhos colocarão as mãos sobre a cabeça do novilho, [11]e você o sacrificará na presença do SENHOR, defronte da Tenda do Encontro. [12]Com o dedo, coloque um pouco do sangue do novilho nas pontas do altar e derrame o resto do sangue na base do altar. [13]Depois tire toda a gordura que cobre as vísceras, o lóbulo do fígado, e os dois rins com a gordura que os envolve, e queime-os no altar. [14]Mas queime a carne, o couro e o excremento do novilho fora do acampamento; é oferta pelo pecado.

[15]"Separe um dos cordeiros sobre cuja cabeça Arão e seus filhos terão que colocar as mãos. [16]Sacrifique-o, pegue o sangue e jogue-o nos lados do altar. [17]Corte o cordeiro em pedaços, lave as vísceras e as pernas e coloque-as ao lado da cabeça e das outras partes. [18]Depois queime o cordeiro inteiro sobre o altar; é holocausto dedicado ao SENHOR; é oferta de aroma agradável dedicada ao SENHOR preparada no fogo.

[19]"Pegue depois o outro cordeiro. Arão e seus filhos colocarão as mãos sobre a cabeça do animal, [20]e você o sacrificará. Pegue do sangue e coloque-o na ponta da orelha direita de Arão e dos seus filhos, no polegar da mão direita e do pé direito de cada um deles. Depois derrame o resto do sangue nos lados do altar. [21]Pegue, então, um pouco do sangue do altar e um pouco do óleo da unção, e faça aspersão com eles sobre Arão e suas vestes, sobre seus filhos e as vestes deles. Assim serão consagrados, ele e suas vestes, seus filhos e as vestes deles.

[22]"Tire desse cordeiro a gordura, a parte gorda da cauda, a gordura que cobre as vísceras, o lóbulo do fígado, os dois rins e a gordura que os envolve, e a coxa direita. Este é o cordeiro da oferta de ordenação. [23]Da cesta de pães sem fermento, que está diante do SENHOR, tire um pão, um bolo assado com azeite e um pão fino. [24]Coloque tudo nas mãos de Arão e de seus filhos, e apresente-os como oferta ritualmente movida perante o SENHOR. [25]Em seguida retome-o das mãos deles e queime os pães no altar com o holocausto de aroma agradável ao SENHOR; é oferta dedicada ao SENHOR preparada no fogo. [26]Tire o peito do cordeiro para a ordenação de Arão e mova-o perante o SENHOR, como gesto ritual de apresentação; essa parte pertencerá a você.

[27]"Consagre aquelas partes do cordeiro da ordenação que pertencem a Arão e a seus filhos: o peito e a coxa movidos como oferta. [28]Essas partes sempre serão dadas pelos israelitas a Arão e a seus filhos. É a contribuição obrigatória que lhes farão, das suas ofertas de comunhão ao SENHOR.

[29]"As vestes sagradas de Arão passarão aos seus descendentes, para que as vistam quando forem ungidos e consagrados. [30]O filho que o suceder como sacerdote e vier à Tenda do Encontro para ministrar no Lugar Santo terá que usá-las durante sete dias.

[31]"Pegue o cordeiro da ordenação e cozinhe a sua carne num lugar sagrado. [32]À entrada da Tenda do Encontro, Arão e seus filhos deverão comer a carne do cordeiro e o pão que está na cesta. [33]Eles comerão dessas ofertas com as quais se fez propiciação para sua ordenação e consagração; somente os sacerdotes poderão comê-las, pois são sagradas. [34]Se sobrar carne do cordeiro da ordenação ou pão até a manhã seguinte, queime a sobra. Não se deve comê-los, visto que são sagrados.

[35]"Para a ordenação de Arão e seus filhos, faça durante sete dias tudo o que lhe mandei. [36]Sacrifique um novilho por dia como oferta pelo pecado para fazer propiciação. Purifique o altar, fazendo propiciação por ele, e unja-o para consagrá-lo. [37]Durante sete dias faça propiciação pelo altar, consagrando-o. Então o altar será santíssimo, e tudo o que nele tocar será santo.

Os dois holocaustos diários

[38]"Eis o que você terá que sacrificar regularmente sobre o altar: a cada dia dois cordeiros de um ano. [39]Ofereça um de manhã e o outro ao entardecer. [40]Com o primeiro cordeiro ofereça um jarro[a] da melhor farinha misturada com um litro[b] de azeite de olivas batidas, e um litro de vinho como oferta derramada. [41]Ofereça o outro cordeiro ao entardecer com uma oferta de cereal e uma oferta derramada, como de manhã. É oferta de aroma agradável ao SENHOR preparada no fogo.

[42]"De geração em geração esse holocausto deverá ser feito regularmente à entrada da Tenda do Encontro, diante do SENHOR. Nesse local eu os encontrarei e falarei com você; [43]ali me encontrarei com os israelitas, e o lugar será consagrado pela minha glória.

[44]"Assim consagrarei a Tenda do Encontro e o altar, e consagrarei também Arão e seus filhos para me servirem como sacerdotes. [45]E habitarei no meio dos israelitas e serei o seu Deus. [46]Saberão que eu sou o SENHOR, o seu Deus, que os tirou do Egito para habitar no meio deles. Eu sou o SENHOR, o seu Deus.

O altar do incenso

30 "Faça um altar de madeira de acácia para queimar incenso. [2]Será quadrado, com quarenta e cinco centímetros de cada lado[c] e noventa centímetros de altura; suas pontas formarão com ele uma só peça. [3]Revista de ouro puro a parte superior, todos os lados e as pontas, e faça uma moldura de ouro ao seu redor. [4]Faça

[a] 29:40 Hebraico: *1/10 de efa*. O efa era uma medida de capacidade para secos. As estimativas variam entre 20 e 40 litros.
[b] 29:40 Hebraico: *1/4 de him*. O him era uma medida de capacidade para líquidos. As estimativas variam entre 3 e 6 litros.
[c] 30:2 Hebraico: *1 côvado de comprimento e de largura*.

duas argolas de ouro de cada lado do altar, abaixo da moldura, que sustentem as varas utilizadas para carregá-lo, [5]e use madeira de acácia para fazer as varas e revista-as de ouro. [6]Coloque o altar em frente do véu que se encontra diante da arca da aliança[a], diante da tampa[b] que está sobre ele, onde me encontrarei com você.

[7]"Arão queimará incenso aromático sobre o altar todas as manhãs, quando vier cuidar das lâmpadas, [8]e também quando acendê-las ao entardecer. Será queimado incenso continuamente perante o SENHOR, pelas suas gerações. [9]Não ofereçam nesse altar nenhum outro tipo de incenso nem holocausto[c] nem oferta de cereal nem derramem sobre ele ofertas de bebidas[d]. [10]Uma vez por ano, Arão fará propiciação sobre as pontas do altar. Essa propiciação anual será realizada com o sangue da oferta para propiciação pelo pecado, geração após geração. Esse altar é santíssimo ao SENHOR".

O preço da propiciação

[11]Disse então o SENHOR a Moisés: [12]"Quando você fizer o recenseamento dos israelitas, cada um deles terá que pagar ao SENHOR um preço pelo resgate por sua vida quando for contado. Dessa forma nenhuma praga virá sobre eles quando você os contar. [13]Cada recenseado contribuirá com seis gramas[e], com base no peso padrão[f] do santuário, que tem doze gramas[g]. Os seis gramas são uma oferta ao SENHOR. [14]Todos os alistados, da idade de vinte anos para cima, darão ao SENHOR essa oferta. [15]Os ricos não contribuirão com mais, nem os pobres darão menos que seis gramas, quando apresentarem a oferta ao SENHOR como propiciação por sua vida. [16]Receba dos israelitas o preço da propiciação e use-o para o serviço da Tenda do Encontro. Será um memorial perante o SENHOR em favor dos israelitas, para fazerem propiciação por suas vidas".

A bacia de bronze

[17]Disse então o SENHOR a Moisés: [18]"Faça uma bacia de bronze com uma base de bronze, para se lavarem. Coloque-a entre a Tenda do Encontro e o altar, e mande enchê-la de água. [19]Arão e seus filhos lavarão as mãos e os pés com a água da bacia. [20]Toda vez que entrarem na Tenda do Encontro, terão que lavar-se com água, para que não morram. Quando também se aproximarem do altar para ministrar ao SENHOR, apresentando uma oferta preparada no fogo, [21]lavarão as mãos e os pés para que não morram. Esse é um decreto perpétuo, para Arão e os seus descendentes, geração após geração".

O óleo para as unções

[22]Em seguida o SENHOR disse a Moisés: [23]"Junte as seguintes especiarias: seis quilos de mirra líquida, a metade disso, ou seja, três quilos de canela, três quilos de cana aromática, [24]seis quilos de cássia, com base no peso padrão do santuário, e um galão[h] de azeite de oliva. [25]Faça com eles o óleo sagrado para as unções, uma mistura de aromas, obra de perfumista. Este será o óleo sagrado para as unções. [26]Use-o para ungir a Tenda do Encontro, a arca da aliança, [27]a mesa e todos os seus utensílios, o candelabro e os seus utensílios, o altar do incenso, [28]o altar do holocausto e todos os seus utensílios, e a bacia com a sua base. [29]Você os consagrará e serão santíssimos, e tudo o que neles tocar se tornará santo.

[30]"Unja Arão e seus filhos e consagre-os para que me sirvam como sacerdotes. [31]Diga aos israelitas: Este será o meu óleo sagrado para as unções, geração após geração. [32]Não o derramem sobre nenhum outro homem, e não façam nenhum outro óleo com a mesma composição. É óleo sagrado, e assim vocês devem considerá-lo. [33]Quem fizer óleo como esse ou usá-lo em alguém que não seja sacerdote, será eliminado do meio do seu povo".

O incenso

[34]Disse ainda o SENHOR a Moisés: "Junte as seguintes essências: bálsamo, ônica, gálbano e incenso puro, todos em quantidades iguais, [35]e faça um incenso de mistura aromática, obra de perfumista. Levará sal e será puro e santo. [36]Moa parte dele, até virar pó, e coloque-o diante das tábuas da aliança, na Tenda do Encontro, onde me encontrarei com você. O incenso lhes será santíssimo. [37]Não façam nenhum outro incenso com a mesma composição para uso pessoal; considerem-no sagrado, reservado para o SENHOR. [38]Quem fizer um incenso semelhante, para usufruir sua fragrância, será eliminado do seu povo".

A escolha dos artesãos do tabernáculo

31 Disse então o SENHOR a Moisés: [2]"Eu escolhi Bezalel, filho de Uri, filho de Hur, da tribo de Judá, [3]e o enchi do Espírito de Deus, dando-lhe destreza, habilidade e plena capacidade artística [4]para desenhar e executar trabalhos em ouro, prata e bronze, [5]para talhar e esculpir pedras, para entalhar madeira e executar todo tipo de obra artesanal. [6]Além disso, designei Aoliabe, filho de Aisamaque, da tribo de Dã, para auxiliá-lo. Também capacitei todos os artesãos para que executem tudo o que lhe ordenei: [7]a Tenda do Encontro, a arca da aliança e a tampa que está sobre ela, e todos os outros utensílios da tenda — [8]a mesa com os seus utensílios, o candelabro de ouro puro e os seus utensílios, o altar do incenso, [9]o altar do holocausto com os seus utensílios, a bacia com a sua base — [10]as vestes litúrgicas, tanto as vestes sagradas para Arão, o sacerdote, como as vestes para os seus filhos, quando servirem como sacerdotes, [11]e o óleo para as unções e o incenso aromático para o Lugar Santo. Tudo deve ser feito exatamente como eu lhe ordenei".

O dia de sábado

[12]Disse ainda o SENHOR a Moisés: [13]"Diga aos israelitas que guardem os meus sábados. Isso será um sinal entre mim e vocês, geração após geração, a fim de que saibam que eu sou o SENHOR, que os santifica.

[14]"Guardem o sábado, pois para vocês é santo. Aquele que o profanar terá que ser executado; quem fizer algum trabalho nesse dia será eliminado do meio do seu povo. [15]Em seis dias qualquer trabalho poderá ser feito, mas o sétimo dia é o sábado, o dia de descanso, consagrado ao SENHOR. Quem fizer algum trabalho no sábado

[a] 30:6 Hebraico: *do Testemunho*. Isto é, das tábuas da aliança; também em 30:26; 31:7; 39:35; 40:3,5 e 21.
[b] 30:6 Tradicionalmente *um propiciatório*; também em 31:7; 35:12; 37:6-9; 39:35 e 40:20.
[c] 30:9 Isto é, sacrifício totalmente queimado; também em 30:28; 31:9; 32:6; 35:16; 38:1; 40:6,10 e 29.
[d] 30:9 Veja Nm 28:7.
[e] 30:13 Hebraico: *1/2 siclo*. Um siclo equivalia a 12 gramas.
[f] 30:13 Hebraico: *no siclo*; também no versículo 24 e em 38:24 e 25.
[g] 30:13 Hebraico: *20 geras*. Uma gera equivalia a 0,6 gramas.
[h] 30:24 Hebraico: *1 him*. O him era uma medida de capacidade para líquidos. As estimativas variam entre 3 e 6 litros.

terá que ser executado. [16]Os israelitas terão que guardar o sábado, eles e os seus descendentes, como uma aliança perpétua. [17]Isso será um sinal perpétuo entre mim e os israelitas, pois em seis dias o SENHOR fez os céus e a terra, e no sétimo dia ele não trabalhou e descansou".

[18]Quando o SENHOR terminou de falar com Moisés no monte Sinai, deu-lhe as duas tábuas da aliança, tábuas de pedra, escritas pelo dedo de Deus.

O bezerro de ouro

32 O povo, ao ver que Moisés demorava a descer do monte, juntou-se ao redor de Arão e lhe disse: "Venha, faça para nós deuses[a] que nos conduzam, pois a esse Moisés, o homem que nos tirou do Egito, não sabemos o que lhe aconteceu".

[2]Respondeu-lhes Arão: "Tirem os brincos de ouro de suas mulheres, de seus filhos e de suas filhas e tragam-nos a mim". [3]Todos tiraram os seus brincos de ouro e os levaram a Arão. [4]Ele os recebeu e os fundiu, transformando tudo num ídolo, que modelou com uma ferramenta própria, dando-lhe a forma de um bezerro. Então disseram: "Eis aí os seus deuses[b], ó Israel, que tiraram vocês do Egito!"

[5]Vendo isso, Arão edificou um altar diante do bezerro e anunciou: "Amanhã haverá uma festa dedicada ao SENHOR". [6]Na manhã seguinte, ofereceram holocaustos e sacrifícios de comunhão[c]. O povo se assentou para comer e beber, e levantou-se para se entregar à farra.

[7]Então o SENHOR disse a Moisés: "Desça, porque o seu povo, que você tirou do Egito, corrompeu-se. [8]Muito depressa se desviaram daquilo que lhes ordenei e fizeram um ídolo em forma de bezerro, curvaram-se diante dele, ofereceram-lhe sacrifícios, e disseram: 'Eis aí, ó Israel, os seus deuses que tiraram vocês do Egito' ".

[9]Disse o SENHOR a Moisés: "Tenho visto que este povo é um povo obstinado. [10]Deixe-me agora, para que a minha ira se acenda contra eles, e eu os destrua. Depois farei de você uma grande nação".

[11]Moisés, porém, suplicou ao SENHOR, o seu Deus, clamando: "Ó SENHOR, por que se acenderia a tua ira contra o teu povo, que tiraste do Egito com grande poder e forte mão? [12]Por que diriam os egípcios: 'Foi com intenção maligna que ele os libertou, para matá-los nos montes e bani-los da face da terra'? Arrepende-te do fogo da tua ira! Tem piedade, e não tragas este mal sobre o teu povo! [13]Lembra-te dos teus servos Abraão, Isaque e Israel, aos quais juraste por ti mesmo: 'Farei que os seus descendentes sejam numerosos como as estrelas do céu e lhes darei toda esta terra que lhes prometi, que será a sua herança para sempre' ". [14]E sucedeu que o SENHOR arrependeu-se do mal que ameaçara trazer sobre o povo.

[15]Então Moisés desceu do monte, levando nas mãos as duas tábuas da aliança; estavam escritas em ambos os lados, frente e verso. [16]As tábuas tinham sido feitas por Deus; o que nelas estava gravado fora escrito por Deus.

[17]Quando Josué ouviu o barulho do povo gritando, disse a Moisés: "Há barulho de guerra no acampamento".

[18]Respondeu Moisés:

"Não é canto de vitória,
nem canto de derrota;
mas ouço o som de canções!"

[19]Quando Moisés aproximou-se do acampamento e viu o bezerro e as danças, irou-se e jogou as tábuas no chão, ao pé do monte, quebrando-as. [20]Pegou o bezerro que eles tinham feito e o destruiu no fogo; depois de moê-lo até virar pó, espalhou-o na água e fez com que os israelitas a bebessem.

[21]E perguntou a Arão: "Que lhe fez esse povo para que você o levasse a tão grande pecado?"

[22]Respondeu Arão: "Não te enfureças, meu senhor; tu bem sabes como esse povo é propenso para o mal. [23]Eles me disseram: 'Faça para nós deuses que nos conduzam, pois não sabemos o que aconteceu com esse Moisés, o homem que nos tirou do Egito'. [24]Então eu lhes disse: Quem tiver enfeites de ouro, traga-os para mim. O povo trouxe-me o ouro, eu o joguei no fogo e surgiu esse bezerro!"

[25]Moisés viu que o povo estava desenfreado e que Arão o tinha deixado fora de controle, tendo se tornado objeto de riso para os seus inimigos. [26]Então ficou em pé, à entrada do acampamento, e disse: "Quem é pelo SENHOR, junte-se a mim". Todos os levitas se juntaram a ele.

[27]Declarou-lhes também: "Assim diz o SENHOR, o Deus de Israel: 'Pegue cada um sua espada, percorra o acampamento, de tenda em tenda, e mate o seu irmão, o seu amigo e o seu vizinho' ". [28]Fizeram os levitas conforme Moisés ordenou, e naquele dia morreram cerca de três mil dentre o povo. [29]Disse então Moisés: "Hoje vocês se consagraram ao SENHOR, pois nenhum de vocês poupou o seu filho e o seu irmão, de modo que o SENHOR os abençoou neste dia".

[30]No dia seguinte Moisés disse ao povo: "Vocês cometeram um grande pecado. Mas agora subirei ao SENHOR, e talvez possa oferecer propiciação pelo pecado de vocês".

[31]Assim, Moisés voltou ao SENHOR e disse: "Ah, que grande pecado cometeu este povo! Fizeram para si deuses de ouro. [32]Mas agora, eu te rogo, perdoa-lhes o pecado; se não, risca-me do teu livro que escreveste".

[33]Respondeu o SENHOR a Moisés: "Riscarei do meu livro todo aquele que pecar contra mim. [34]Agora vá, guie o povo ao lugar de que lhe falei, e meu anjo irá à sua frente. Todavia, quando chegar a hora de puni-los, eu os punirei pelos pecados deles".

[35]E o SENHOR feriu o povo com uma praga porque quiseram que Arão fizesse o bezerro.

33 Depois ordenou o SENHOR a Moisés: "Saia deste lugar, com o povo que você tirou do Egito, e vá para a terra que prometi com juramento a Abraão, a Isaque e a Jacó, dizendo: Eu a darei a seus descendentes. [2]Mandarei à sua frente um anjo e expulsarei os cananeus, os amorreus, os hititas, os ferezeus, os heveus e os jebuseus. [3]Vão para a terra onde há leite e mel com fartura. Mas eu não irei com vocês, pois vocês são um povo obstinado, e eu poderia destruí-los no caminho".

[4]Quando o povo ouviu essas palavras terríveis, começou a chorar, e ninguém usou enfeite algum. [5]Isso porque o SENHOR ordenara que Moisés dissesse aos israelitas: "Vocês são um povo obstinado. Se eu fosse com vocês, ainda que por um só momento, eu os destruiria.

[a] 32:1 Ou *um deus*; também nos versículos 23 e 31.
[b] 32:4 Ou *o seu deus*; também no versículo 8.
[c] 32:6 Ou *de paz*

Agora tirem os seus enfeites, e eu decidirei o que fazer
com vocês". 6Por isso, do monte Horebe em diante, os
israelitas não usaram mais nenhum enfeite.

A tenda do encontro

7Moisés costumava montar uma tenda do lado de
fora do acampamento; ele a chamava Tenda do Encon-
tro. Quem quisesse consultar o SENHOR ia à tenda, fora
do acampamento. 8Sempre que Moisés ia até lá, todo
o povo se levantava e ficava em pé à entrada de suas
tendas, observando-o, até que ele entrasse na tenda.
9Assim que Moisés entrava, a coluna de nuvem descia
e ficava à entrada da tenda, enquanto o SENHOR falava
com Moisés. 10Quando o povo via a coluna de nuvem
parada à entrada da tenda, todos prestavam adoração
em pé, cada qual na entrada de sua própria tenda. 11O
SENHOR falava com Moisés face a face, como quem fala
com seu amigo. Depois Moisés voltava ao acampamen-
to; mas Josué, filho de Num, que lhe servia como auxi-
liar, não se afastava da tenda.

Moisés diante da glória de Deus

12Disse Moisés ao SENHOR: "Tu me ordenaste: 'Con-
duza este povo', mas não me permites saber quem en-
viarás comigo. Disseste: 'Eu o conheço pelo nome e de
você tenho me agradado'. 13Se me vês com agrado, re-
vela-me os teus propósitos, para que eu te conheça e
continue sendo aceito por ti. Lembra-te de que esta na-
ção é o teu povo".
14Respondeu o SENHOR: "Eu mesmo o acompanharei,
e lhe darei descanso".
15Então Moisés lhe declarou: "Se não fores conosco,
não nos envies. 16Como se saberá que eu e o teu povo
podemos contar com o teu favor, se não nos acompa-
nhares? Que mais poderá distinguir a mim e a teu povo
de todos os demais povos da face da terra?"
17O SENHOR disse a Moisés: "Farei o que me pede,
porque tenho me agradado de você e o conheço pe-
lo nome".
18Então disse Moisés: "Peço-te que me mostres a tua
glória".
19E Deus respondeu: "Diante de você farei passar to-
da a minha bondade, e diante de você proclamarei o
meu nome: o SENHOR. Terei misericórdia de quem eu
quiser ter misericórdia, e terei compaixão de quem eu
quiser ter compaixão". 20E acrescentou: "Você não po-
derá ver a minha face, porque ninguém poderá ver-me
e continuar vivo".
21E prosseguiu o SENHOR: "Há aqui um lugar per-
to de mim, onde você ficará, em cima de uma rocha.
22Quando a minha glória passar, eu o colocarei numa
fenda da rocha e o cobrirei com a minha mão até que eu
tenha acabado de passar. 23Então tirarei a minha mão
e você verá as minhas costas; mas a minha face nin-
guém poderá ver".

As novas tábuas da lei

34 Disse o SENHOR a Moisés: "Talhe duas tábuas de
pedra semelhantes às primeiras, e nelas escreve-
rei as palavras que estavam nas primeiras tábuas que
você quebrou. 2Esteja pronto pela manhã para subir ao
monte Sinai. E lá mesmo, no alto do monte, apresente-
-se a mim. 3Ninguém poderá ir com você nem ficar em
lugar algum do monte; nem mesmo ovelhas e bois de-
verão pastar diante do monte".

4Assim Moisés lavrou duas tábuas de pedra seme-
lhantes às primeiras e subiu ao monte Sinai, logo de
manhã, como o SENHOR lhe havia ordenado, levando
nas mãos as duas tábuas de pedra. 5Então o SENHOR
desceu na nuvem, permaneceu ali com ele e procla-
mou o seu nome: o SENHOR. 6E passou diante de Moi-
sés, proclamando:

> "SENHOR, SENHOR,
> Deus compassivo e misericordioso,
> paciente, cheio de amor e de fidelidade,
> 7que mantém o seu amor a milhares
> e perdoa a maldade,
> a rebelião e o pecado.
> Contudo, não deixa de punir o culpado;
> castiga os filhos e os netos
> pelo pecado de seus pais,
> até a terceira e a quarta gerações".

8Imediatamente Moisés prostrou-se com o rosto em
terra, e o adorou, dizendo: 9"Senhor, se de fato me acei-
tas com agrado, que o Senhor nos acompanhe. Mesmo
sendo esse um povo obstinado, perdoa a nossa maldade
e o nosso pecado e faze de nós a tua herança".

A renovação da aliança

10"Faço com você uma aliança", disse o SENHOR.
"Diante de todo o seu povo farei maravilhas jamais rea-
lizadas na presença de nenhum outro povo do mundo.
O povo no meio do qual você habita verá a obra maravi-
lhosa que eu, o SENHOR, farei. 11Obedeça às ordens que
hoje lhe dou. Expulsarei de diante de você os amorreus,
os cananeus, os hititas, os ferezeus, os heveus e os je-
buseus. 12Acautele-se para não fazer acordo com aque-
les que vivem na terra para a qual você está indo, pois
eles se tornariam uma armadilha. 13Ao contrário, der-
rube os altares deles, quebre as suas colunas sagradas
e corte os seus postes sagrados. 14Nunca adore nenhum
outro deus, porque o SENHOR, cujo nome é Zeloso, é de
fato Deus zeloso.
15"Acautele-se para não fazer acordo com aqueles
que já vivem na terra; pois quando eles se prostituí-
rem, seguindo os seus deuses e lhes oferecerem sacri-
fícios, convidarão você e poderão levá-lo a comer dos
seus sacrifícios 16e a escolher para os seus filhos mulhe-
res dentre as filhas deles. Quando elas se prostituírem,
seguindo os seus deuses, poderão levar os seus filhos a
se prostituírem também.
17"Não faça ídolos de metal para você.
18"Celebre a festa dos pães sem fermento. Durante
sete dias coma pão sem fermento, como lhe ordenei.
Faça isso no tempo certo, no mês de abibe[a], porquanto
naquele mês você saiu do Egito.
19"O primeiro a nascer de cada ventre me pertence,
todos os machos dentre as primeiras crias dos seus re-
banhos: bezerros, cordeiros e cabritos. 20Resgate com
um cordeiro cada primeiro jumentinho que nascer; mas
se não o resgatar, quebre-lhe o pescoço. Resgate todos
os seus primogênitos.
"Ninguém compareça perante mim de mãos vazias.
21"Trabalhe seis dias, mas descanse no sétimo; tanto
na época de arar como na da colheita.
22"Celebre a festa das semanas[b], na ocasião dos

[a] 34:18 Aproximadamente março/abril.
[b] 34:22 Isto é, do Pentecoste.

primeiros frutos da colheita do trigo, e a festa do encerramento da colheita, no fim do ano. 23Três vezes por ano todos os homens do seu povo comparecerão diante do Soberano, o SENHOR, o Deus de Israel. 24Expulsarei nações de diante de você e ampliarei o seu território. Quando você subir três vezes por ano para apresentar-se ao SENHOR, o seu Deus, ninguém cobiçará a sua terra.

25"Não me ofereça o sangue de nenhum sacrifício misturado com algo fermentado, e não deixe sobra alguma do sacrifício da festa da Páscoa até a manhã seguinte.

26"Traga o melhor dos primeiros frutos da terra ao santuário do SENHOR, o seu Deus.

"Não cozinhe o cabrito no leite da própria mãe."

27Disse o SENHOR a Moisés: "Escreva essas palavras; porque é de acordo com elas que faço aliança com você e com Israel". 28Moisés ficou ali com o SENHOR quarenta dias e quarenta noites, sem comer pão e sem beber água. E escreveu nas tábuas as palavras da aliança: os Dez Mandamentos.

O rosto resplandecente de Moisés

29Ao descer do monte Sinai com as duas tábuas da aliança nas mãos, Moisés não sabia que o seu rosto resplandecia por ter conversado com o SENHOR. 30Quando Arão e todos os israelitas viram Moisés com o rosto resplandecente, tiveram medo de aproximar-se dele. 31Ele, porém, os chamou; Arão e os líderes da comunidade atenderam, e Moisés falou com eles. 32Depois, todos os israelitas se aproximaram, e ele lhes transmitiu todos os mandamentos que o SENHOR lhe tinha dado no monte Sinai.

33Quando acabou de falar com eles, cobriu o rosto com um véu. 34Mas toda vez que entrava para estar na presença do SENHOR e falar com ele, tirava o véu até sair. Sempre que saía e contava aos israelitas tudo o que lhe havia sido ordenado, 35eles viam que o seu rosto resplandecia. Então, de novo Moisés cobria o rosto com o véu até entrar de novo para falar com o SENHOR.

A lei do sábado

35 Moisés reuniu toda a comunidade de Israel e lhes disse: "Estas são as coisas que o SENHOR os mandou fazer: 2Em seis dias qualquer trabalho poderá ser feito, mas o sétimo dia lhes será santo, um sábado de descanso consagrado ao SENHOR. Todo aquele que trabalhar nesse dia terá que ser morto. 3Nem sequer acendam fogo em nenhuma de suas casas no dia de sábado!"

O material para o tabernáculo

4Disse Moisés a toda a comunidade de Israel: "Foi isto que o SENHOR ordenou: 5'Separem dentre os seus bens uma oferta para o SENHOR. Todo aquele que, de coração, estiver disposto, trará como oferta ao SENHOR ouro, prata e bronze; 6fios de tecidos azul, roxo e vermelho; linho fino e pelos de cabra; 7peles de carneiro tingidas de vermelho e couro[a]; madeira de acácia; 8óleo para a iluminação; especiarias para o óleo da unção e para o incenso aromático; 9pedras de ônix e outras pedras preciosas para serem encravadas no colete sacerdotal e no peitoral.

10"'Todos os que dentre vocês forem capazes virão fazer tudo quanto o SENHOR ordenou: 11o tabernáculo com sua tenda e sua cobertura, os ganchos, as armações, os travessões, as colunas e as bases; 12a arca com suas varas, a tampa e o véu que a protege; 13a mesa com suas varas e todos os seus utensílios, e os pães da Presença; 14o candelabro com seus utensílios, as lâmpadas e o óleo para iluminação; 15o altar do incenso com suas varas, o óleo da unção e o incenso aromático; a cortina divisória à entrada do tabernáculo; 16o altar de holocaustos com sua grelha de bronze, suas varas e todos os seus utensílios; a bacia de bronze e sua base; 17as cortinas externas do pátio com suas colunas e bases, e a cortina da entrada para o pátio; 18as estacas do tabernáculo e do pátio e suas cordas; 19as vestes litúrgicas para ministrar no Lugar Santo, tanto as vestes sagradas de Arão, o sacerdote, como as vestes de seus filhos, para quando servirem como sacerdotes'".

20Então toda a comunidade de Israel saiu da presença de Moisés, 21e todos os que estavam dispostos, cujo coração os impeliu a isso, trouxeram uma oferta ao SENHOR para a obra da Tenda do Encontro, para todos os seus serviços e para as vestes sagradas. 22Todos os que se dispuseram, tanto homens como mulheres, trouxeram joias de ouro de todos os tipos: broches, brincos, anéis e ornamentos; e apresentaram seus objetos de ouro como oferta ritualmente movida perante o SENHOR. 23Todos os que possuíam fios de tecidos azul, roxo e vermelho, ou linho fino, ou pelos de cabra, peles de carneiro tingidas de vermelho, ou couro, trouxeram-nos. 24Aqueles que apresentaram oferta de prata ou de bronze trouxeram-na como oferta ao SENHOR, e todo aquele que possuía madeira de acácia para qualquer das partes da obra, também a trouxe. 25Todas as mulheres capazes teceram com suas mãos e trouxeram o que haviam feito: tecidos azul, roxo e vermelho e linho fino. 26Todas as mulheres que se dispuseram e que tinham habilidade teceram os pelos de cabra. 27Os líderes trouxeram pedras de ônix e outras pedras preciosas para serem encravadas no colete sacerdotal e no peitoral. 28Trouxeram também especiarias e azeite de oliva para a iluminação, para o óleo da unção e para o incenso aromático. 29Todos os israelitas que se dispuseram, tanto homens como mulheres, trouxeram ao SENHOR ofertas voluntárias para toda a obra que o SENHOR, por meio de Moisés, ordenou-lhes que fizessem.

Os artesãos do tabernáculo

30Disse então Moisés aos israelitas: "O SENHOR escolheu Bezalel, filho de Uri, neto de Hur, da tribo de Judá, 31e o encheu do Espírito de Deus, dando-lhe destreza, habilidade e plena capacidade artística, 32para desenhar e executar trabalhos em ouro, prata e bronze, 33para talhar e lapidar pedras e entalhar madeira para todo tipo de obra artesanal. 34E concedeu tanto a ele como a Aoliabe, filho de Aisamaque, da tribo de Dã, a habilidade de ensinar os outros. 35A todos esses deu capacidade para realizar todo tipo de obra como artesãos, projetistas, bordadores de linho fino e de fios de tecidos azul, roxo e vermelho, e como tecelões. Eram capazes de projetar e executar qualquer trabalho artesanal.

36 "Assim Bezalel, Aoliabe e todos os homens capazes, a quem o SENHOR concedeu destreza e habilidade para fazerem toda a obra de construção do santuário, realizarão a obra como o SENHOR ordenou".

[a] 35:7 Possivelmente de animais marinhos; também em 35:23, 36:19 e 39:34.

2 Então Moisés chamou Bezalel e Aoliabe e todos
os homens capazes a quem o SENHOR dera habilidade
e que estavam dispostos a vir realizar a obra. 3 Rece-
beram de Moisés todas as ofertas que os israelitas ti-
nham trazido para a obra de construção do santuário.
E o povo continuava a trazer voluntariamente ofertas,
manhã após manhã. 4 Por isso, todos os artesãos habi-
lidosos que trabalhavam no santuário interromperam
o trabalho 5 e disseram a Moisés: "O povo está trazen-
do mais do que o suficiente para realizar a obra que o
SENHOR ordenou".

6 Então Moisés ordenou que fosse feita esta procla-
mação em todo o acampamento: "Nenhum homem ou
mulher deverá fazer mais nada para ser oferecido ao
santuário". Assim, o povo foi impedido de trazer mais,
7 pois o que já haviam recebido era mais que suficiente
para realizar toda a obra.

A construção do tabernáculo

8 Todos os homens capazes dentre os trabalhadores
fizeram o tabernáculo com dez cortinas internas de li-
nho fino trançado e de fios de tecidos azul, roxo e ver-
melho, com os querubins bordados sobre eles. 9 Todas
as cortinas internas tinham o mesmo tamanho: doze
metros e sessenta centímetros de comprimento por um
metro e oitenta centímetros de largura[a]. 10 Prenderam
cinco cortinas internas, e fizeram o mesmo com as ou-
tras cinco. 11 Em seguida fizeram laçadas de tecido azul
ao longo da borda da última cortina interna do pri-
meiro conjunto de cortinas internas, fazendo o mesmo
com o segundo conjunto. 12 Fizeram também cinquenta
laçadas na primeira cortina interna e cinquenta laça-
das na última cortina interna do segundo conjunto; as
laçadas estavam opostas umas às outras. 13 Depois fize-
ram cinquenta ganchos de ouro e com eles prenderam
um conjunto de cortinas internas ao outro, para que o
tabernáculo formasse um todo.

14 Com o total de onze cortinas internas de pelos de
cabra fizeram uma tenda para cobrir o tabernáculo.
15 As onze cortinas internas tinham a mesma medida:
treze metros e meio de comprimento por um metro
e oitenta centímetros de largura. 16 Prenderam cinco
cortinas internas num conjunto e as outras seis noutro
conjunto. 17 Depois fizeram cinquenta laçadas em volta
da borda da última cortina interna de um dos conjun-
tos e também na borda da última cortina interna do
outro conjunto. 18 Fizeram também cinquenta ganchos
de bronze para unir a tenda, formando um todo. 19 Em
seguida fizeram para a tenda uma cobertura de pele de
carneiro tingida de vermelho, e por cima desta uma
cobertura de couro.

20 Fizeram ainda armações verticais de madeira de
acácia para o tabernáculo. 21 Cada armação tinha qua-
tro metros e meio de comprimento por setenta centí-
metros de largura, 22 com dois encaixes paralelos um
ao outro. E fizeram todas as armações do tabernáculo
dessa madeira. 23 Fizeram também vinte armações para
o lado sul do tabernáculo 24 e quarenta bases de prata
para serem colocadas debaixo delas; duas bases para
cada armação, uma debaixo de cada encaixe. 25 Para o
outro lado, o lado norte do tabernáculo, fizeram vinte
armações 26 e quarenta bases de prata, duas debaixo de
cada armação. 27 Fizeram ainda seis armações na parte
de trás do tabernáculo, isto é, para o lado ocidental, 28 e
duas armações foram montadas nos cantos, na parte de
trás do tabernáculo. 29 Nesses dois cantos as armações
eram duplas, desde a parte inferior até a mais alta, co-
locadas numa só argola, ambas feitas do mesmo modo.
30 Havia, pois, oito armações e dezesseis bases de prata,
duas debaixo de cada armação.

31 Também fizeram travessões de madeira de acácia:
cinco para as armações de um lado do tabernáculo,
32 cinco para as do outro lado e cinco para as do lado
ocidental, na parte de trás do tabernáculo. 33 Fizeram
o travessão central de uma extremidade à outra, pas-
sando pelo meio das armações. 34 Revestiram de ouro
as armações e fizeram argolas de ouro para sustentar
os travessões, os quais também revestiram de ouro.

35 Fizeram o véu de linho fino trançado e de fios de
tecidos azul, roxo e vermelho e mandaram bordar nele
querubins. 36 Fizeram-lhe quatro colunas de madeira de
acácia e as revestiram de ouro. Fizeram-lhe ainda gan-
chos de ouro e fundiram as suas bases de prata. 37 Para
a entrada da tenda fizeram uma cortina de linho fino
trançado e de fios de tecidos azul, roxo e vermelho, obra
de bordador, 38 e fizeram-lhe cinco colunas com ganchos.
Revestiram de ouro as partes superior e lateral das co-
lunas e fizeram de bronze as suas cinco bases.

A arca da aliança

37 Bezalel fez a arca com madeira de acácia, com um
metro e dez centímetros de comprimento, seten-
ta centímetros de largura e setenta centímetros de al-
tura[b]. 2 Revestiu-a de ouro puro, por dentro e por fora,
e fez uma moldura de ouro ao seu redor. 3 Fundiu qua-
tro argolas de ouro para ela, prendendo-as a seus qua-
tro pés, com duas argolas de um lado e duas do outro.
4 Depois fez varas de madeira de acácia, revestiu-as de
ouro 5 e colocou-as nas argolas laterais da arca para que
pudesse ser carregada.

6 Fez a tampa de ouro puro com um metro e dez cen-
tímetros de comprimento por setenta centímetros de
largura. 7 Fez também dois querubins de ouro batido
nas extremidades da tampa. 8 Fez ainda um querubim
numa extremidade e o segundo na outra, formando
uma só peça com a tampa. 9 Os querubins tinham as
asas estendidas para cima, cobrindo com elas a tampa.
Estavam de frente um para o outro, com o rosto volta-
do para a tampa.

A mesa e seus utensílios

10 Fez a mesa com madeira de acácia com noventa
centímetros de comprimento, quarenta e cinco centí-
metros de largura e setenta centímetros de altura. 11 Re-
vestiu-a de ouro puro e fez uma moldura de ouro ao
seu redor. 12 Fez também ao seu redor uma borda com
a largura de quatro dedos e uma moldura de ouro pa-
ra essa borda. 13 Fundiu quatro argolas de ouro para a
mesa e prendeu-as nos quatro cantos, onde estavam
os seus quatro pés. 14 As argolas foram presas próximas
da borda, para que sustentassem as varas usadas para
carregar a mesa. 15 Fez as varas para carregar a mesa de
madeira de acácia, revestidas de ouro. 16 E de ouro puro
fez os utensílios para a mesa: seus pratos e recipientes

[a] 36:9 Hebraico: *28 côvados de comprimento por 4 côvados de largura*. O cô-
vado era uma medida linear de cerca de 45 centímetros.

[b] 37:1 Hebraico: *2,5 côvados de comprimento e 1,5 côvados de largura e de altu-
ra*. O côvado era uma medida linear de cerca de 45 centímetros.

para incenso, as tigelas e as bacias nas quais se derramam as ofertas de bebidas[a].

O candelabro de ouro

17 Fez o candelabro de ouro puro e batido. O pedestal, a haste, as taças, as flores e os botões formavam com ele uma só peça. 18 Seis braços saíam do candelabro: três de um lado e três do outro. 19 Havia três taças com formato de flor de amêndoa, num dos braços, cada uma com botão e flor, e três taças com formato de flor de amêndoa no braço seguinte, cada uma com botão e flor. Assim era com os seis braços que saem do candelabro. 20 Na haste do candelabro havia quatro taças com formato de flor de amêndoa, cada uma com flor e botão. 21 Havia um botão debaixo de cada par dos seis braços que saíam do candelabro. 22 Os braços com seus botões formavam uma só peça com o candelabro, tudo feito de ouro puro e batido.

23 Fez de ouro puro suas sete lâmpadas, seus cortadores de pavio e seus apagadores. 24 Com trinta e cinco quilos[b] de ouro puro fez o candelabro com seus botões e todos esses utensílios.

O altar do incenso

25 Fez ainda o altar do incenso de madeira de acácia. Era quadrado, com quarenta e cinco centímetros de cada lado e noventa centímetros de altura; suas pontas formavam com ele uma só peça. 26 Revestiu de ouro puro a parte superior, todos os lados e as pontas, e fez uma moldura de ouro ao seu redor. 27 Fez também duas argolas de ouro de cada lado do altar, abaixo da moldura, para sustentar as varas utilizadas para carregá-lo, 28 e usou madeira de acácia para fazer as varas e revestiu-as de ouro.

29 Fez ainda o óleo sagrado para as unções e o incenso puro e aromático, obra de perfumista.

O altar dos holocaustos

38 Fez um altar de madeira de acácia para os holocaustos, com um metro e trinta e cinco centímetros[c] de altura; era quadrado, com dois metros e vinte e cinco centímetros de cada lado. 2 E fez uma ponta em forma de chifre em cada um dos quatro cantos, formando uma só peça com o altar, o qual revestiu de bronze. 3 De bronze fez todos os seus utensílios: os recipientes para recolher cinzas, as pás, as bacias de aspersão, os garfos para carne e os braseiros. 4 Fez uma grelha de bronze para o altar em forma de rede, abaixo da sua beirada, a meia altura do altar. 5 Fundiu quatro argolas de bronze para sustentar as varas nos quatro cantos da grelha de bronze. 6 Fez as varas de madeira de acácia, revestiu-as de bronze 7 e colocou-as nas argolas, nos dois lados do altar, para que o pudessem carregar. O altar era oco, feito de tábuas.

8 Fez a bacia de bronze e a sua base com os espelhos das mulheres que serviam à entrada da Tenda do Encontro.

O pátio

9 Fez também o pátio. O lado sul tinha quarenta e cinco metros de comprimento e cortinas externas de linho fino trançado, 10 com vinte colunas e vinte bases de bronze, com ganchos e ligaduras de prata nas colunas. 11 O lado norte também tinha quarenta e cinco metros de comprimento, com vinte colunas e vinte bases de bronze. Os ganchos e as ligaduras das colunas eram de prata.

12 O lado ocidental, com suas cortinas externas, tinha vinte e dois metros e meio de largura, com dez colunas e dez bases, com ganchos e ligaduras de prata nas colunas. 13 O lado oriental, que dá para o nascente, também tinha vinte e dois metros e meio de largura. 14 Havia cortinas de seis metros e setenta e cinco centímetros de comprimento num dos lados da entrada, com três colunas e três bases, 15 e cortinas de seis metros e setenta e cinco centímetros de comprimento no outro lado da entrada do pátio, também com três colunas e três bases. 16 Todas as cortinas ao redor do pátio eram feitas de linho fino trançado. 17 As bases das colunas eram de bronze. Os ganchos e as ligaduras das colunas eram de prata, e o topo das colunas também eram revestidos de prata; de modo que todas as colunas do pátio tinham ligaduras de prata.

18 Na entrada do pátio havia uma cortina de linho fino trançado e de fios de tecidos azul, roxo e vermelho, obra de bordador. Tinha nove metros de comprimento e, à semelhança das cortinas do pátio, tinha dois metros e vinte e cinco centímetros de altura, 19 com quatro colunas e quatro bases de bronze. Seus ganchos e ligaduras eram de prata, e o topo das colunas também era revestido de prata. 20 Todas as estacas da tenda do tabernáculo e do pátio que o rodeava eram de bronze.

O material para a construção do tabernáculo

21 Esta é a relação do material usado para o tabernáculo, o tabernáculo da aliança, registrada por ordem de Moisés pelos levitas, sob a direção de Itamar, filho de Arão, o sacerdote. 22 Bezalel, filho de Uri, neto de Hur, da tribo de Judá, fez tudo o que o SENHOR tinha ordenado a Moisés. 23 Com ele estava Aoliabe, filho de Aisamaque, da tribo de Dã, artesão e projetista, e também bordador em linho fino e de fios de tecidos azul, roxo e vermelho. 24 O peso total do ouro recebido na oferta movida e utilizado para a obra do santuário foi de uma tonelada[d], com base no peso padrão do santuário.

25 O peso da prata recebida dos que foram contados no recenseamento da comunidade foi superior a três toneladas e meia[e], com base no peso padrão do santuário: 26 seis gramas[f] para cada um dos recenseados, isto é, para seiscentos e três mil, quinhentos e cinquenta homens de vinte anos de idade para cima. 27 As três toneladas e meia de prata foram usadas para fundir as bases do santuário e do véu: cem bases feitas das três toneladas e meia, trinta e cinco quilos para cada base. 28 Vinte quilos e trezentos gramas foram usados para fazer os ganchos para as colunas, para revestir a parte superior das colunas e para fazer as suas ligaduras.

29 O peso do bronze da oferta movida foi de duas toneladas e meia[g]. 30 Ele o utilizou para fazer as bases da entrada da Tenda do Encontro, o altar de bronze, a sua grelha e todos os seus utensílios, 31 as bases do pátio ao

[a] 37:16 Veja Nm 28:7.
[b] 37:24 Hebraico: *1 talento*.
[c] 38:1 Hebraico: *3 côvados de altura*. O côvado era uma medida linear de cerca de 45 centímetros.
[d] 38:24 Hebraico: *29 talentos e 730 siclos, segundo o siclo do santuário*. O talento equivalia a 35 quilos e o siclo, a 12 gramas.
[e] 38:25 Hebraico: *100 talentos e 1.775 siclos, segundo o siclo do santuário*.
[f] 38:26 Hebraico: *1 beca por cabeça, ou seja, 1/2 siclo, segundo o siclo do santuário*.
[g] 38:29 Hebraico: *70 talentos e 2.400 siclos*.

redor e da sua entrada, e todas as estacas do taberná-
culo e do pátio em derredor.

As vestes sacerdotais

39 Com fios de tecidos azul, roxo e vermelho fizeram
as vestes litúrgicas para ministrar no Lugar San-
to. Também fizeram as vestes sagradas de Arão, como
o SENHOR tinha ordenado a Moisés.

O colete sacerdotal

2Fizeram o colete sacerdotal de linho fino trançado e
de fios de ouro e de fios de tecidos azul, roxo e verme-
lho. 3E bateram o ouro em finas placas das quais cor-
taram fios de ouro para serem bordados no linho fino
com os fios de tecidos azul, roxo e vermelho, trabalho
artesanal. 4Fizeram as ombreiras para o colete sacerdo-
tal, atadas às suas duas extremidades, para que pudes-
sem ser amarradas. 5O cinturão e o colete por ele preso
foram feitos da mesma peça. O cinturão também foi
feito de linho fino trançado, de fios de ouro e de fios
de tecidos azul, roxo e vermelho, como o SENHOR tinha
ordenado a Moisés.

6Prenderam as pedras de ônix em filigranas de ou-
ro e nelas gravaram os nomes dos filhos de Israel, co-
mo um lapidador grava um selo. 7Então as costuraram
nas ombreiras do colete sacerdotal, como pedras me-
moriais para os filhos de Israel, como o SENHOR tinha
ordenado a Moisés.

O peitoral

8Fizeram o peitoral, trabalho artesanal, como o co-
lete sacerdotal: de linho fino trançado, de fios de ouro
e de fios de tecidos azul, roxo e vermelho. 9Era quadra-
do, com um palmo de comprimento e um palmo de
largura, e dobrado em dois. 10Em seguida fixaram nele
quatro fileiras de pedras preciosas. Na primeira fileira
havia um rubi, um topázio e um berilo; 11na segunda,
uma turquesa, uma safira e um diamante; 12na terceira,
um jacinto, uma ágata e uma ametista; 13na quarta, um
crisólito, um ônix e um jaspe,[a] todas fixadas em filigra-
nas de ouro. 14Havia doze pedras, uma para cada nome
dos filhos de Israel, cada uma gravada como um lapida-
dor grava um selo, com o nome de uma das doze tribos.

15Para o peitoral fizeram correntes trançadas de ouro
puro, como cordas. 16De ouro fizeram duas filigranas e
duas argolas, as quais prenderam às duas extremida-
des do peitoral. 17Prenderam as duas correntes de ou-
ro às duas argolas nas extremidades do peitoral, 18e as
outras extremidades das correntes, às duas filigranas,
unindo-as às peças das ombreiras do colete sacerdotal,
na parte da frente. 19Fizeram outras duas argolas de ou-
ro e as prenderam às duas extremidades do peitoral na
borda interna, próxima ao colete sacerdotal. 20Depois
fizeram mais duas argolas de ouro e as prenderam na
parte inferior das ombreiras, na frente do colete sacer-
dotal, próximas da costura, logo acima do cinturão do
colete sacerdotal. 21Amarraram as argolas do peitoral
às argolas do colete com um cordão azul, ligando-o ao
cinturão, para que o peitoral não se separasse do colete
sacerdotal, como o SENHOR tinha ordenado a Moisés.

Outras vestes sacerdotais

22Fizeram o manto do colete sacerdotal inteiramen-
te de fios de tecido azul, obra de tecelão, 23com uma
abertura no centro. Ao redor dessa abertura havia uma
dobra tecida, como uma gola, para que não se rasgasse.
24Fizeram romãs de linho fino trançado e de fios de teci-
dos azul, roxo e vermelho em volta da borda do manto.
25Fizeram ainda pequenos sinos de ouro puro, atando-
-os em volta da borda, entre as romãs. 26Os sinos e as
romãs se alternavam por toda a borda do manto. Tudo
feito para ser usado ao se ministrar, como o SENHOR ti-
nha ordenado a Moisés.

27Para Arão e seus filhos fizeram de linho fino as tú-
nicas, obra de tecelão, 28o turbante, os gorros, e os cal-
ções, de linho fino trançado. 29O cinturão também era
de linho fino trançado e de fios de tecidos azul, roxo e
vermelho, obra de bordador, como o SENHOR tinha or-
denado a Moisés.

30Fizeram de ouro puro o diadema sagrado, e gra-
varam nele como se grava um selo: Consagrado ao SE-
NHOR. 31Depois usaram um cordão azul para prendê-lo
na parte de cima do turbante, como o SENHOR tinha
ordenado a Moisés.

A condução do trabalho

32Assim foi encerrada toda a obra do tabernáculo, a
Tenda do Encontro. Os israelitas fizeram tudo conforme
o SENHOR tinha ordenado a Moisés. 33Então trouxeram o
tabernáculo a Moisés; a tenda e todos os seus utensílios,
os ganchos, as molduras, os travessões, as colunas e as
bases, 34a cobertura de pele de carneiro tingida de ver-
melho, a cobertura de couro e o véu protetor, 35a arca da
aliança com as suas varas e a tampa, 36a mesa com todos
os seus utensílios e os pães da Presença, 37o candelabro
de ouro puro com a sua fileira de lâmpadas e todos os
seus utensílios e o óleo para iluminação, 38o altar de
ouro, o óleo da unção, o incenso aromático e a cortina
de entrada para a tenda, 39o altar de bronze com a sua
grelha, as suas varas e todos os seus utensílios, a bacia
e a sua base, 40as cortinas externas do pátio com as suas
colunas e bases e a cortina para a entrada do pátio, as
cordas e estacas da tenda do pátio, todos os utensílios
para o tabernáculo, a Tenda do Encontro, 41e as vestes
litúrgicas para ministrar no Lugar Santo, tanto as ves-
tes sagradas para Arão, o sacerdote, como as vestes de
seus filhos, para quando servissem como sacerdotes.

42Os israelitas fizeram todo o trabalho conforme o
SENHOR tinha ordenado a Moisés. 43Moisés inspecionou
a obra e viu que tinham feito tudo como o SENHOR ti-
nha ordenado. Então Moisés os abençoou.

O tabernáculo é armado

40 Disse o SENHOR a Moisés: 2"Arme o tabernáculo, a
Tenda do Encontro, no primeiro dia do primeiro
mês. 3Coloque nele a arca da aliança e proteja-a com o
véu. 4Traga a mesa e arrume sobre ela tudo o que lhe
pertence. Depois traga o candelabro e coloque as suas
lâmpadas. 5Ponha o altar de ouro para o incenso dian-
te da arca da aliança e coloque a cortina à entrada do
tabernáculo.

6"Coloque o altar dos holocaustos em frente da en-
trada do tabernáculo, da Tenda do Encontro; 7ponha a
bacia entre a Tenda do Encontro e o altar, e encha-a de
água. 8Arme ao seu redor o pátio e coloque a cortina
na entrada do pátio.

9"Unja com o óleo da unção o tabernáculo e tudo
o que nele há; consagre-o, e com ele tudo o que lhe

[a] 39:13 A identificação precisa de algumas destas pedras não é conhecida.

pertence, e ele será sagrado. 10Depois unja o altar dos
holocaustos e todos os seus utensílios; consagre o al-
tar, e ele será santíssimo. 11Unja também a bacia com a
sua base e consagre-a.
12"Traga Arão e seus filhos à entrada da Tenda do
Encontro e mande-os lavar-se. 13Vista depois Arão com
as vestes sagradas, unja-o e consagre-o para que me
sirva como sacerdote. 14Traga os filhos dele e vista-os
com túnicas. 15Unja-os como você ungiu o pai deles,
para que me sirvam como sacerdotes. A unção deles
será para um sacerdócio perpétuo, geração após ge-
ração". 16Moisés fez tudo conforme o SENHOR lhe ha-
via ordenado.
17Assim, o tabernáculo foi armado no primeiro dia
do primeiro mês do segundo ano. 18Moisés armou o ta-
bernáculo, colocou as bases em seus lugares, armou as
molduras, colocou as vigas e levantou as colunas. 19De-
pois estendeu a tenda sobre o tabernáculo e colocou a
cobertura sobre ela, como o SENHOR tinha ordenado.
20Colocou também as tábuas da aliança na arca, fi-
xou nela as varas, e pôs sobre ela a tampa. 21Em seguida
trouxe a arca para dentro do tabernáculo e pendurou
o véu protetor, cobrindo a arca da aliança, como o SE-
NHOR tinha ordenado.
22Moisés colocou a mesa na Tenda do Encontro, no
lado norte do tabernáculo, do lado de fora do véu, 23e
sobre ela colocou os pães da Presença, diante do SE-
NHOR, como o SENHOR tinha ordenado.
24Pôs o candelabro na Tenda do Encontro, em fren-
te da mesa, no lado sul do tabernáculo, 25e colocou as
lâmpadas diante do SENHOR, como o SENHOR tinha
ordenado.
26Moisés também pôs o altar de ouro na Tenda do
Encontro, diante do véu, 27e nele queimou incenso aro-
mático, como o SENHOR tinha ordenado. 28Pôs também
a cortina à entrada do tabernáculo.
29Montou o altar de holocaustos à entrada do ta-
bernáculo, a Tenda do Encontro, e sobre ele ofereceu
holocaustos e ofertas de cereal, como o SENHOR tinha
ordenado.
30Colocou a bacia entre a Tenda do Encontro e o al-
tar, e encheu-a de água; 31Moisés, Arão e os filhos deste
usavam-na para lavar as mãos e os pés. 32Sempre que
entravam na Tenda do Encontro e se aproximavam do
altar, eles se lavavam, como o SENHOR tinha ordena-
do a Moisés.
33Finalmente, Moisés armou o pátio ao redor do ta-
bernáculo e colocou a cortina à entrada do pátio. Assim,
Moisés terminou a obra.

A glória do SENHOR: o guia de Israel

34Então a nuvem cobriu a Tenda do Encontro, e a gló-
ria do SENHOR encheu o tabernáculo. 35Moisés não podia
entrar na Tenda do Encontro, porque a nuvem estava
sobre ela, e a glória do SENHOR enchia o tabernáculo.
36Sempre que a nuvem se erguia sobre o tabernáculo
os israelitas seguiam viagem; 37mas se a nuvem não se
erguia, eles não prosseguiam; só partiam no dia em que
ela se erguia. 38De dia a nuvem do SENHOR ficava sobre
o tabernáculo, e de noite havia fogo na nuvem, à vis-
ta de toda a nação de Israel, em todas as suas viagens.

LEVÍTICO

O holocausto

1 Da Tenda do Encontro o SENHOR chamou Moisés e lhe ordenou: 2"Diga o seguinte aos israelitas: Quando alguém trouxer um animal como oferta ao SENHOR, que seja do gado ou do rebanho de ovelhas.

3"Se o holocausto[a] for de gado, oferecerá um macho sem defeito. Ele o apresentará à entrada da Tenda do Encontro, para que seja aceito pelo SENHOR, 4e porá a mão sobre a cabeça do animal do holocausto para que seja aceito como propiciação em seu lugar. 5Então o novilho será morto perante o SENHOR, e os sacerdotes, descendentes de Arão, trarão o sangue e o derramarão em todos os lados do altar, que está à entrada da Tenda do Encontro. 6Depois se tirará a pele do animal, que será cortado em pedaços. 7Então os descendentes do sacerdote Arão acenderão o fogo do altar e arrumarão a lenha sobre o fogo. 8Em seguida arrumarão os pedaços, inclusive a cabeça e a gordura, sobre a lenha que está no fogo do altar. 9As vísceras e as pernas serão lavadas com água. E o sacerdote queimará tudo isso no altar. É um holocausto, oferta preparada no fogo, de aroma agradável ao SENHOR.

10"Se a oferta for um holocausto do rebanho, quer de cordeiros quer de cabritos, oferecerá um macho sem defeito. 11O animal será morto no lado norte do altar, perante o SENHOR; os sacerdotes, descendentes de Arão, derramarão o sangue nos lados do altar. 12Então o animal será cortado em pedaços. O sacerdote arrumará os pedaços, inclusive a cabeça e a gordura, sobre a lenha que está no fogo do altar. 13As vísceras e as pernas serão lavadas com água. O sacerdote trará tudo isso como oferta e o queimará no altar. É um holocausto, oferta preparada no fogo, de aroma agradável ao SENHOR.

14"Se a sua oferta ao SENHOR for um holocausto de aves, traga uma rolinha ou um pombinho. 15O sacerdote trará a ave ao altar, destroncará o pescoço dela e a queimará, e deixará escorrer o sangue da ave na parede do altar. 16Ele retirará o papo com o seu conteúdo[b] e o jogará no lado leste do altar, onde ficam as cinzas. 17Rasgará a ave pelas asas, sem dividi-la totalmente, e então o sacerdote a queimará sobre a lenha acesa no altar. É um holocausto, oferta preparada no fogo, de aroma agradável ao SENHOR.

A oferta de cereal

2 "Quando alguém trouxer uma oferta de cereal ao SENHOR, terá que ser da melhor farinha. Sobre ela derramará óleo, colocará incenso 2e a levará aos descendentes de Arão, os sacerdotes. Um deles apanhará um punhado da melhor farinha com óleo e com todo o incenso, e os queimará no altar como porção memorial. É oferta preparada no fogo, de aroma agradável ao SENHOR. 3O que restar da oferta de cereal pertence a Arão e a seus descendentes; é parte santíssima das ofertas dedicadas ao SENHOR preparadas no fogo.

4"Se um de vocês trouxer uma oferta de cereal assada no forno, seja da melhor farinha: bolos feitos sem fermento, amassados com óleo, ou[c] pães finos sem fermento e untados com óleo. 5Se a sua oferta de cereal for preparada numa assadeira, seja da melhor farinha, amassada com óleo e sem fermento. 6Divida-a em pedaços e derrame óleo sobre ela; é uma oferta de cereal. 7Se a sua oferta de cereal for cozida numa panela, seja da melhor farinha com óleo. 8Traga ao SENHOR a oferta de cereal feita desses ingredientes e apresente-a ao sacerdote, que a levará ao altar. 9Ele apanhará a porção memorial da oferta de cereal e a queimará no altar; é oferta preparada no fogo, de aroma agradável ao SENHOR. 10O restante da oferta de cereal pertence a Arão e a seus descendentes; é parte santíssima das ofertas dedicadas ao SENHOR preparadas no fogo.

11"Nenhuma oferta de cereal que vocês trouxerem ao SENHOR será feita com fermento, pois vocês não queimarão fermento nem mel como oferta preparada no fogo ao SENHOR. 12Podem trazê-los como oferta dos primeiros frutos ao SENHOR, mas não podem oferecê-los no altar como aroma agradável. 13Temperem com sal todas as suas ofertas de cereal. Não excluam de suas ofertas de cereal o sal da aliança do seu Deus; acrescentem sal a todas as suas ofertas.

14"Se você trouxer ao SENHOR uma oferta de cereal dos primeiros frutos, ofereça grãos esmagados de cereal novo, tostados no fogo. 15Sobre ela derrame óleo e coloque incenso; é oferta de cereal. 16O sacerdote queimará a porção memorial do cereal esmagado e do óleo, juntamente com todo o incenso, como uma oferta ao SENHOR preparada no fogo.

A oferta de comunhão

3 "Quando a oferta de alguém for sacrifício de comunhão[d], assim se fará: se oferecer um animal do gado, seja macho ou fêmea, apresentará ao SENHOR um animal sem defeito. 2Porá a mão sobre a cabeça do animal, que será morto à entrada da Tenda do Encontro. Os descendentes de Arão, os sacerdotes, derramarão o sangue nos lados do altar. 3Desse sacrifício de comunhão, oferta preparada no fogo, ele trará ao SENHOR toda a gordura que cobre as vísceras e está ligada a elas, 4os dois rins com a gordura que os cobre e que está perto dos lombos, e o lóbulo do fígado, que ele removerá junto com os rins. 5Os descendentes de Arão queimarão tudo isso em cima do holocausto que está sobre a lenha acesa no altar como oferta preparada no fogo, de aroma agradável ao SENHOR.

6"Se oferecer um animal do rebanho como sacrifício de comunhão ao SENHOR, trará um macho ou uma fêmea sem defeito. 7Se oferecer um cordeiro, ele o apresentará ao SENHOR. 8Porá a mão sobre a cabeça do animal, que será morto diante da Tenda do Encontro. Então os descendentes de Arão derramarão o sangue nos lados do altar. 9Desse sacrifício de comunhão, oferta preparada no fogo, ele trará ao SENHOR a gordura, tanto a da cauda gorda cortada rente à espinha, como toda a gordura que cobre as vísceras e está ligada a elas, 10os

[a] 1:3 Isto é, sacrifício totalmente queimado; também em todo o livro de Levítico.
[b] 1:16 Ou *o papo e as penas*
[c] 2:4 Ou *e*
[d] 3:1 Ou *de paz*; também em todo o livro de Levítico.

dois rins com a gordura que os cobre e que está perto dos lombos, e o lóbulo do fígado, que ele removerá junto com os rins. 11O sacerdote os queimará no altar como alimento oferecido ao SENHOR, preparado no fogo.

12"Se a sua oferta for um cabrito, ele o apresentará ao SENHOR. 13Porá a mão sobre a cabeça do animal, que será morto diante da Tenda do Encontro. Então os descendentes de Arão derramarão o sangue nos lados do altar. 14Desse animal, que é uma oferta preparada no fogo, trará ao SENHOR a gordura que cobre as vísceras e está ligada a elas, 15os dois rins com a gordura que os cobre e que está perto dos lombos, e o lóbulo do fígado, que ele removerá junto com os rins. 16O sacerdote os queimará no altar como alimento, como oferta preparada no fogo, de aroma agradável. Toda a gordura será do SENHOR.

17"Este é um decreto perpétuo para as suas gerações, onde quer que vivam: Não comam gordura alguma, nem sangue algum".

A oferta pelo pecado

4 O SENHOR ordenou a Moisés: 2"Diga aos israelitas: Quando alguém pecar sem intenção, fazendo o que é proibido em qualquer dos mandamentos do SENHOR, assim se fará:

3"Se for o sacerdote ungido que pecar, trazendo culpa sobre o povo, trará ao SENHOR um novilho sem defeito como oferta pelo pecado que cometeu. 4Apresentará ao SENHOR o novilho à entrada da Tenda do Encontro. Porá a mão sobre a cabeça do novilho, que será morto perante o SENHOR. 5Então o sacerdote ungido pegará um pouco do sangue do novilho e o levará à Tenda do Encontro; 6molhará o dedo no sangue e o aspergirá sete vezes perante o SENHOR, diante do véu do santuário. 7O sacerdote porá um pouco do sangue nas pontas do altar do incenso aromático que está perante o SENHOR na Tenda do Encontro. Derramará todo o restante do sangue do novilho na base do altar do holocausto, na entrada da Tenda do Encontro. 8Então retirará toda a gordura do novilho da oferta pelo pecado: a gordura que cobre as vísceras e está ligada a elas, 9os dois rins com a gordura que os cobre e que está perto dos lombos, e o lóbulo do fígado, que ele removerá junto com os rins, 10como se retira a gordura do boi[a] sacrificado como oferta de comunhão. Então o sacerdote queimará essas partes no altar dos holocaustos. 11Mas o couro do novilho e toda a sua carne, bem como a cabeça e as pernas, as vísceras e os excrementos, 12isto é, tudo o que restar do novilho, ele levará para fora do acampamento, a um local cerimonialmente puro, onde se lançam as cinzas. Ali os queimará sobre a lenha de uma fogueira, sobre o monte de cinzas.

13"Se for toda a comunidade de Israel que pecar sem intenção, fazendo o que é proibido em qualquer dos mandamentos do SENHOR, ainda que não tenha consciência disso, a comunidade será culpada. 14Quando tiver consciência do pecado que cometeu, a comunidade trará um novilho como oferta pelo pecado e o apresentará diante da Tenda do Encontro. 15As autoridades da comunidade porão as mãos sobre a cabeça do novilho perante o SENHOR. E o novilho será morto perante o SENHOR. 16Então o sacerdote ungido levará um pouco do sangue do novilho para a Tenda do Encontro; 17molhará o dedo no sangue e o aspergirá sete vezes perante o SENHOR, diante do véu. 18Porá o sangue nas pontas do altar que está perante o SENHOR na Tenda do Encontro e derramará todo o restante do sangue na base do altar dos holocaustos, na entrada da Tenda do Encontro. 19Então retirará toda a gordura do animal e a queimará no altar, 20e fará com este novilho como se faz com o novilho da oferta pelo pecado. Assim o sacerdote fará propiciação por eles, e serão perdoados. 21Depois levará o novilho para fora do acampamento e o queimará como queimou o primeiro. É oferta pelo pecado da comunidade.

22"Quando for um líder que pecar sem intenção, fazendo o que é proibido em qualquer dos mandamentos do SENHOR, o seu Deus, será culpado. 23Quando o conscientizarem do seu pecado, trará como oferta um bode sem defeito. 24Porá a mão sobre a cabeça do bode, que será morto no local onde o holocausto é sacrificado, perante o SENHOR. Esta é a oferta pelo pecado. 25Então o sacerdote pegará com o dedo um pouco do sangue da oferta pelo pecado e o porá nas pontas do altar dos holocaustos, e derramará o restante do sangue na base do altar. 26Queimará toda a gordura no altar, como queimou a gordura do sacrifício de comunhão. Assim o sacerdote fará propiciação pelo pecado do líder, e este será perdoado.

27"Se for alguém da comunidade que pecar sem intenção, fazendo o que é proibido em qualquer dos mandamentos do SENHOR, o seu Deus, será culpado. 28Quando o conscientizarem do seu pecado, trará como oferta pelo pecado que cometeu uma cabra sem defeito. 29Porá a mão sobre a cabeça do animal da oferta pelo pecado, que será morto no lugar dos holocaustos. 30Então o sacerdote pegará com o dedo um pouco do sangue e o porá nas pontas do altar dos holocaustos, e derramará o restante do sangue na base do altar. 31Então retirará toda a gordura, como se retira a gordura do sacrifício de comunhão; o sacerdote a queimará no altar como aroma agradável ao SENHOR. Assim o sacerdote fará propiciação por esse homem, e ele será perdoado.

32"Se trouxer uma ovelha como oferta pelo pecado, terá que ser sem defeito. 33Porá a mão sobre a cabeça do animal, que será morto como oferta pelo pecado no lugar onde é sacrificado o holocausto. 34Então o sacerdote pegará com o dedo um pouco do sangue da oferta pelo pecado e o porá nas pontas do altar dos holocaustos, e derramará o restante do sangue na base do altar. 35Retirará toda a gordura, como se retira a gordura do cordeiro do sacrifício de comunhão; o sacerdote a queimará no altar, em cima das ofertas dedicadas ao SENHOR, preparadas no fogo. Assim o sacerdote fará em favor dele propiciação pelo pecado que cometeu, e ele será perdoado.

5 "Se alguém pecar porque, tendo sido testemunha de algo que viu ou soube, não o declarou, sofrerá as consequências da sua iniquidade.

2"Se alguém tocar qualquer coisa impura, seja um cadáver de animal selvagem ou de animal do rebanho ou de uma das pequenas criaturas que povoam a terra, ainda que não tenha consciência disso, ele se tornará impuro e será culpado.

3"Se alguém tocar impureza humana, qualquer coisa que o torne impuro, sem ter consciência disso, quando o souber será culpado.

[a] 4:10 A palavra hebraica pode significar *boi* ou *vaca*.

4"Se alguém impensadamente jurar fazer algo bom ou mau, em qualquer assunto que alguém possa jurar descuidadamente, ainda que não tenha consciência disso, quando o souber será culpado.

5"Quando alguém for culpado de qualquer dessas coisas, confessará em que pecou 6e, pelo pecado que cometeu, trará ao SENHOR uma ovelha ou uma cabra do rebanho como oferta de reparação; e em favor dele o sacerdote fará propiciação pelo pecado.

7"Se não tiver recursos para oferecer uma ovelha, trará pela culpa do seu pecado duas rolinhas ou dois pombinhos ao SENHOR: um como oferta pelo pecado e o outro como holocausto. 8Ele os trará ao sacerdote, que apresentará primeiro a oferta de sacrifício pelo pecado. Ele destroncará o pescoço da ave, sem arrancar-lhe a cabeça totalmente. 9A seguir aspergirá no lado do altar o sangue da oferta pelo pecado e deixará escorrer o restante do sangue na base do altar. É oferta pelo pecado. 10O sacerdote então oferecerá a outra ave como holocausto, de acordo com a forma prescrita, e fará propiciação em favor dele pelo pecado que cometeu, e ele será perdoado.

11"Se, contudo, não tiver recursos para oferecer duas rolinhas ou dois pombinhos, trará como oferta pelo pecado um jarro[a] da melhor farinha como oferta pelo pecado. Mas sobre ela não derramará óleo nem colocará incenso, porquanto é oferta pelo pecado. 12Ele a trará ao sacerdote, que apanhará um punhado dela como porção memorial e queimará essa porção no altar, em cima das ofertas dedicadas ao SENHOR, preparadas no fogo. É oferta pelo pecado. 13Assim o sacerdote fará propiciação em favor dele por qualquer desses pecados que tiver cometido, e ele será perdoado. O restante da oferta pertence ao sacerdote, como no caso da oferta de cereal".

A oferta pela culpa

14O SENHOR disse a Moisés: 15"Quando alguém cometer um erro, pecando sem intenção em qualquer coisa consagrada ao SENHOR, trará ao SENHOR um carneiro do rebanho, sem defeito, avaliado em prata com base no peso padrão[b] do santuário, como oferta pela culpa. 16Fará restituição pelo que deixou de fazer em relação às coisas consagradas, acrescentará um quinto do valor e o entregará ao sacerdote. Este fará propiciação por ele com o carneiro da oferta pela culpa, e ele será perdoado.

17"Se alguém pecar, fazendo o que é proibido em qualquer dos mandamentos do SENHOR, ainda que não o saiba, será culpado e sofrerá as consequências da sua iniquidade. 18Do rebanho ele trará ao sacerdote um carneiro, sem defeito e devidamente avaliado, como oferta pela culpa. Assim o sacerdote fará propiciação em favor dele pelo erro que cometeu sem intenção, e ele será perdoado. 19É oferta pela culpa, pois com certeza tornou-se culpado perante o SENHOR".

6 Disse ainda o SENHOR a Moisés: 2"Se alguém pecar, cometendo um erro contra o SENHOR, enganando o seu próximo no que diz respeito a algo que lhe foi confiado ou deixado como penhor ou roubado, ou se lhe extorquir algo, 3ou se achar algum bem perdido e mentir a respeito disso, ou se jurar falsamente a respeito de qualquer coisa, cometendo pecado; 4quando assim pecar, tornando-se por isso culpado, terá que devolver o que roubou ou tomou mediante extorsão, ou o que lhe foi confiado, ou os bens perdidos que achou, 5ou qualquer coisa sobre a qual tenha jurado falsamente. Fará restituição plena, acrescentará a isso um quinto do valor e dará tudo ao proprietário no dia em que apresentar a sua oferta pela culpa. 6E por sua culpa trará ao sacerdote uma oferta dedicada ao SENHOR: um carneiro do rebanho, sem defeito e devidamente avaliado. 7Dessa forma o sacerdote fará propiciação por ele perante o SENHOR, e ele será perdoado de qualquer dessas coisas que fez e que o tornou culpado".

A regulamentação acerca do holocausto

8O SENHOR disse a Moisés: 9"Dê este mandamento a Arão e a seus filhos, a regulamentação acerca do holocausto: Ele terá que ficar queimando até de manhã sobre as brasas do altar, onde o fogo terá que ser mantido aceso. 10O sacerdote vestirá suas roupas de linho e os calções de linho por baixo, retirará as cinzas do holocausto que o fogo consumiu no altar e as colocará ao lado do altar. 11Depois trocará de roupa e levará as cinzas para fora do acampamento, a um lugar cerimonialmente puro. 12Mantenha-se aceso o fogo no altar; não deve ser apagado. Toda manhã o sacerdote acrescentará lenha, arrumará o holocausto sobre o fogo e queimará sobre ele a gordura das ofertas de comunhão. 13Mantenha-se o fogo continuamente aceso no altar; não deve ser apagado.

A regulamentação da oferta de cereal

14"Esta é a regulamentação da oferta de cereal: Os filhos de Arão a apresentarão ao SENHOR, em frente do altar. 15O sacerdote apanhará um punhado da melhor farinha com óleo, juntamente com todo o incenso que está sobre a oferta de cereal, e queimará no altar a porção memorial como aroma agradável ao SENHOR. 16Arão e seus filhos comerão o restante da oferta, mas deverão comê-lo sem fermento e em lugar sagrado, no pátio da Tenda do Encontro. 17Essa oferta não será assada com fermento; eu a dei a eles como porção das ofertas feitas a mim com fogo. É santíssima, como a oferta pelo pecado e como a oferta pela culpa. 18Somente os homens descendentes de Arão poderão comer da porção das ofertas dedicadas ao SENHOR, preparadas no fogo. É um decreto perpétuo para as suas gerações. Tudo o que nelas tocar se tornará santo[c]".

19O SENHOR disse também a Moisés: 20"Esta é a oferta que Arão e os seus descendentes terão que trazer ao SENHOR no dia em que ele[d] for ungido: um jarro[e] da melhor farinha, como na oferta regular de cereal, metade pela manhã e metade à tarde. 21Prepare-a com óleo numa assadeira; traga-a bem misturada e apresente a oferta de cereal partida em pedaços, como aroma agradável ao SENHOR. 22Todo sacerdote ungido, dos descendentes de Arão, também preparará essa oferta. É a porção do SENHOR por decreto perpétuo e será totalmente queimada. 23Toda oferta de cereal do sacerdote será totalmente queimada; não será comida".

[a] 5:11 Hebraico: *1/10 de efa*. O efa era uma medida de capacidade para secos. As estimativas variam entre 20 e 40 litros.
[b] 5:15 Hebraico: *no siclo*. Um siclo equivalia a 12 gramas.
[c] 6:18 Ou *Todo aquele que nelas tocar deve ser santo*; também no versículo 27.
[d] 6:20 Ou *cada um*
[e] 6:20 Hebraico: *1/10 de efa*. O efa era uma medida de capacidade para secos. As estimativas variam entre 20 e 40 litros.

A regulamentação da oferta pelo pecado

[24]O SENHOR disse a Moisés: [25]"Diga a Arão e aos seus filhos a regulamentação da oferta pelo pecado: O animal da oferta pelo pecado será morto perante o SENHOR no local onde é sacrificado o holocausto; é uma oferta santíssima. [26]O sacerdote que oferecer o animal o comerá em lugar sagrado, no pátio da Tenda do Encontro. [27]Tudo o que tocar na carne se tornará santo; se o sangue respingar na roupa, será lavada em lugar sagrado. [28]A vasilha de barro em que a carne for cozida deverá ser quebrada; mas, se for cozida numa vasilha de bronze, a vasilha deverá ser esfregada e enxaguada com água. [29]Somente os homens da família dos sacerdotes poderão comê-la; é uma oferta santíssima. [30]Mas toda oferta pelo pecado, cujo sangue for trazido para a Tenda do Encontro para propiciação no Lugar Santo, não será comida; terá que ser queimada.

A regulamentação da oferta pela culpa

7 "Esta é a regulamentação da oferta pela culpa, que é oferta santíssima: [2]O animal da oferta pela culpa será morto no local onde são sacrificados os holocaustos, e seu sangue será derramado nos lados do altar. [3]Toda a sua gordura será oferecida: a parte gorda da cauda e a gordura que cobre as vísceras, [4]os dois rins com a gordura que os cobre e que está perto dos lombos, e o lóbulo do fígado, que será removido juntamente com os rins. [5]O sacerdote os queimará no altar como oferta dedicada ao SENHOR, preparada no fogo. É oferta pela culpa. [6]Somente os homens da família dos sacerdotes poderão comê-la, mas deve ser comida em lugar sagrado; é oferta santíssima.

[7]"A mesma regulamentação aplica-se tanto à oferta pelo pecado quanto à oferta pela culpa: a carne pertence ao sacerdote que faz propiciação pela culpa. [8]O sacerdote que oferecer um holocausto por alguém ficará com o couro do animal. [9]Toda oferta de cereal, assada num forno ou cozida numa panela ou numa assadeira, pertence ao sacerdote que a oferecer, [10]e toda oferta de cereal, amassada com óleo ou não, pertence igualmente aos descendentes de Arão.

A regulamentação da oferta de comunhão

[11]"Esta é a regulamentação da oferta de comunhão que pode ser apresentada ao SENHOR:

[12]"Se alguém a fizer por gratidão, então, junto com sua oferta de gratidão, terá que oferecer bolos sem fermento e amassados com óleo, pães finos sem fermento e untados com óleo, e bolos da melhor farinha bem amassados e misturados com óleo. [13]Juntamente com sua oferta de comunhão por gratidão, apresentará uma oferta que inclua bolos com fermento. [14]De cada oferta trará uma contribuição ao SENHOR, que será dada ao sacerdote que asperge o sangue das ofertas de comunhão. [15]A carne da sua oferta de comunhão por gratidão será comida no dia em que for oferecida; nada poderá sobrar até o amanhecer.

[16]"Se, contudo, sua oferta for resultado de um voto ou for uma oferta voluntária, a carne do sacrifício será comida no dia em que for oferecida, e o que sobrar poderá ser comido no dia seguinte. [17]Mas a carne que sobrar do sacrifício até o terceiro dia será queimada no fogo. [18]Se a carne da oferta de comunhão for comida ao terceiro dia, ela não será aceita. A oferta não será atribuída àquele que a ofereceu, pois a carne estará estragada; e quem dela comer sofrerá as consequências da sua iniquidade.

[19]"A carne que tocar em qualquer coisa impura não será comida; será queimada no fogo. A carne do sacrifício, porém, poderá ser comida por quem estiver puro. [20]Mas se alguém que, estando impuro, comer da carne da oferta de comunhão que pertence ao SENHOR, será eliminado do meio do seu povo. [21]Se alguém tocar em alguma coisa impura, seja impureza humana, seja de animal, seja qualquer outra coisa impura e proibida, e comer da carne da oferta de comunhão que pertence ao SENHOR, será eliminado do meio do seu povo".

A proibição de comer gordura e sangue

[22]E disse o SENHOR a Moisés: [23]"Diga aos israelitas: Não comam gordura alguma de boi, carneiro ou cabrito. [24]A gordura de um animal encontrado morto ou despedaçado por animais selvagens pode ser usada para qualquer outra finalidade, mas nunca poderá ser comida. [25]Quem comer a gordura de um animal dedicado ao SENHOR numa oferta preparada no fogo, será eliminado do meio do seu povo. [26]Onde quer que vocês vivam, não comam o sangue de nenhuma ave nem de animal. [27]Quem comer sangue será eliminado do meio do seu povo".

A porção dos sacerdotes

[28]Disse mais o SENHOR a Moisés: [29]"Diga aos israelitas: Todo aquele que trouxer sacrifício de comunhão ao SENHOR terá que dedicar parte dele ao SENHOR. [30]Com suas próprias mãos trará ao SENHOR as ofertas preparadas no fogo; trará a gordura juntamente com o peito, e o moverá perante o SENHOR como gesto ritual de apresentação. [31]O sacerdote queimará a gordura no altar, mas o peito pertence a Arão e a seus descendentes. [32]Vocês deverão dar a coxa direita das ofertas de comunhão ao sacerdote como contribuição. [33]O descendente de Arão que oferecer o sangue e a gordura da oferta de comunhão receberá a coxa direita como porção. [34]Das ofertas de comunhão dos israelitas, tomei o peito que é movido ritualmente e a coxa que é ofertada, e os dei ao sacerdote Arão e a seus descendentes por decreto perpétuo para os israelitas".

[35]Essa é a parte das ofertas dedicadas ao SENHOR, preparadas no fogo, destinada a Arão e a seus filhos no dia em que foram apresentados para servirem ao SENHOR como sacerdotes. [36]Foi isso que o SENHOR ordenou dar a eles, no dia em que foram ungidos dentre os israelitas. É um decreto perpétuo para as suas gerações.

[37]Essa é a regulamentação acerca do holocausto, da oferta de cereal, da oferta pelo pecado, da oferta pela culpa, da oferta de ordenação e da oferta de comunhão. [38]O SENHOR entregou-a a Moisés no monte Sinai, no dia em que ordenou aos israelitas que trouxessem suas ofertas ao SENHOR, no deserto do Sinai.

A ordenação de Arão e de seus filhos

8 O SENHOR disse a Moisés: [2]"Traga Arão e seus filhos, suas vestes, o óleo da unção, o novilho para a oferta pelo pecado, os dois carneiros e o cesto de pães sem fermento; [3]e reúna toda a comunidade à entrada da Tenda do Encontro". [4]Moisés fez como o SENHOR lhe tinha ordenado, e a comunidade reuniu-se à entrada da Tenda do Encontro.

5 Então Moisés disse à comunidade: "Foi isto que o SENHOR mandou fazer"; 6 e levou Arão e seus filhos à frente e mandou-os banhar-se com água; 7 pôs a túnica em Arão, colocou-lhe o cinto e o manto, e pôs sobre ele o colete sacerdotal; depois a ele prendeu o manto sacerdotal com o cinturão; 8 colocou também o peitoral, e nele pôs o Urim e o Tumim[a]; 9 e colocou o turbante na cabeça de Arão com a lâmina de ouro, isto é, a coroa sagrada, na frente do turbante, conforme o SENHOR tinha ordenado a Moisés.

10 Depois Moisés pegou o óleo da unção e ungiu o tabernáculo e tudo o que nele havia, e assim os consagrou. 11 Aspergiu sete vezes o óleo sobre o altar, ungindo o altar e todos os seus utensílios e a bacia com o seu suporte, para consagrá-los. 12 Derramou o óleo da unção sobre a cabeça de Arão para ungi-lo e consagrá-lo. 13 Trouxe então os filhos de Arão à frente, vestiu-os com suas túnicas e cintos, e colocou-lhes gorros, conforme o SENHOR lhe havia ordenado.

14 Em seguida trouxe o novilho para a oferta pelo pecado, e Arão e seus filhos puseram as mãos sobre a cabeça do novilho. 15 Moisés sacrificou o novilho, e com o dedo pôs um pouco do sangue em todas as pontas do altar para purificá-lo. Derramou o restante do sangue na base do altar e assim o consagrou para fazer propiciação por ele. 16 Moisés pegou também toda a gordura que cobre as vísceras, o lóbulo do fígado e os dois rins com a gordura que os cobre, e os queimou no altar. 17 Mas o novilho com o seu couro, a sua carne e o seu excremento, ele queimou fora do acampamento, conforme o SENHOR lhe havia ordenado.

18 Mandou trazer então o carneiro para o holocausto, e Arão e seus filhos puseram as mãos sobre a cabeça do carneiro. 19 A seguir Moisés sacrificou o carneiro e derramou o sangue nos lados do altar. 20 Depois, cortou o carneiro em pedaços; queimou a cabeça, os pedaços e a gordura. 21 Lavou as vísceras e as pernas, e queimou o carneiro inteiro sobre o altar, como holocausto, oferta de aroma agradável ao SENHOR, preparada no fogo, conforme o SENHOR lhe havia ordenado.

22 A seguir mandou trazer o outro carneiro, o carneiro para a oferta de ordenação, e Arão e seus filhos colocaram as mãos sobre a cabeça do carneiro. 23 Moisés sacrificou o carneiro e pôs um pouco do sangue na ponta da orelha direita de Arão, no polegar da sua mão direita e no polegar do seu pé direito. 24 Moisés também mandou que os filhos de Arão se aproximassem, e sobre cada um pôs um pouco do sangue na ponta da orelha direita, no polegar da mão direita e no polegar do pé direito; e derramou o restante do sangue nos lados do altar. 25 Apanhou a gordura, a cauda gorda, toda a gordura que cobre as vísceras, o lóbulo do fígado, os dois rins e a gordura que os cobre e a coxa direita. 26 Então, do cesto de pães sem fermento que estava perante o SENHOR, apanhou um pão comum, outro feito com óleo e um pão fino, e os colocou sobre as porções de gordura e sobre a coxa direita. 27 Pôs tudo nas mãos de Arão e de seus filhos e moveu esses alimentos perante o SENHOR como gesto ritual de apresentação. 28 Depois Moisés os pegou de volta das mãos deles e queimou tudo no altar, em cima do holocausto, como uma oferta de ordenação, preparada no fogo, de aroma agradável ao SENHOR. 29 Moisés pegou também o peito que era a sua própria porção do carneiro da ordenação, e o moveu perante o SENHOR como gesto ritual de apresentação, como o SENHOR lhe havia ordenado.

30 A seguir pegou um pouco do óleo da unção e um pouco do sangue que estava no altar e os aspergiu sobre Arão e suas vestes, bem como sobre seus filhos e suas vestes. Assim consagrou Arão e suas vestes, e seus filhos e suas vestes.

31 Moisés então disse a Arão e a seus filhos: "Cozinhem a carne na entrada da Tenda do Encontro, onde a deverão comer com o pão do cesto das ofertas de ordenação, conforme me foi ordenado[b]: 'Arão e seus filhos deverão comê-la'. 32 Depois queimem o restante da carne e do pão. 33 Não saiam da entrada da Tenda do Encontro por sete dias, até que se completem os dias da ordenação de vocês, pois essa cerimônia de ordenação durará sete dias. 34 O que se fez hoje foi ordenado pelo SENHOR para fazer propiciação por vocês. 35 Vocês terão que permanecer dia e noite à entrada da Tenda do Encontro por sete dias e obedecer às exigências do SENHOR, para que não morram; pois isso me foi ordenado". 36 Arão e seus filhos fizeram tudo o que o SENHOR tinha ordenado por meio de Moisés.

Os sacerdotes começam o seu ministério

9 Oito dias depois Moisés convocou Arão, seus filhos e as autoridades de Israel. 2 E disse a Arão: "Traga um bezerro para a oferta pelo pecado e um carneiro para o holocausto, ambos sem defeito, e apresente-os ao SENHOR. 3 Depois diga aos israelitas: Tragam um bode para oferta pelo pecado; um bezerro e um cordeiro, ambos de um ano de idade e sem defeito, para holocausto; 4 e um boi[c] e um carneiro para oferta de comunhão, para os sacrificar perante o SENHOR, juntamente com a oferta de cereal amassada com óleo; pois hoje o SENHOR aparecerá a vocês".

5 Levaram então tudo o que Moisés tinha determinado para a frente da Tenda do Encontro, e a comunidade inteira aproximou-se e ficou em pé perante o SENHOR. 6 Disse-lhes Moisés: "Foi isso que o SENHOR ordenou que façam, para que a glória do SENHOR apareça a vocês".

7 Disse Moisés a Arão: "Venha até o altar e ofereça o seu sacrifício pelo pecado e o seu holocausto, e faça propiciação por você mesmo e pelo povo; ofereça o sacrifício pelo povo e faça propiciação por ele, conforme o SENHOR ordenou".

8 Arão foi até o altar e ofereceu o bezerro como sacrifício pelo pecado por si mesmo. 9 Seus filhos levaram-lhe o sangue, e ele molhou o dedo no sangue e o pôs nas pontas do altar; depois derramou o restante do sangue na base do altar, 10 onde queimou a gordura, os rins e o lóbulo do fígado da oferta pelo pecado, conforme o SENHOR tinha ordenado a Moisés; 11 a carne e o couro, porém, queimou fora do acampamento.

12 Depois sacrificou o holocausto. Seus filhos lhe entregaram o sangue, e ele o derramou nos lados do altar. 13 Entregaram-lhe em seguida o holocausto pedaço por pedaço, inclusive a cabeça, e ele os queimou no altar. 14 Lavou as vísceras e as pernas e as queimou em cima do holocausto sobre o altar.

[a] 8:8 Objetos utilizados para se conhecer a vontade de Deus.

[b] 8:31 Ou *conforme ordenei*

[c] 9:4 A palavra hebraica pode significar *boi* ou *vaca*.

[15]Depois Arão apresentou a oferta pelo povo. Pegou o bode para a oferta pelo pecado do povo e o ofereceu como sacrifício pelo pecado, como fizera com o primeiro.

[16]Apresentou o holocausto e ofereceu-o conforme fora prescrito. [17]Também apresentou a oferta de cereal, pegou um punhado dela e a queimou no altar, além do holocausto da manhã.

[18]Matou o boi e o carneiro como sacrifício de comunhão pelo povo. Seus filhos levaram-lhe o sangue, e ele o derramou nos lados do altar. [19]Mas as porções de gordura do boi e do carneiro, a cauda gorda, a gordura que cobre as vísceras, os rins e o lóbulo do fígado, [20]puseram em cima do peito; e Arão queimou essas porções no altar. [21]Em seguida, Arão moveu o peito e a coxa direita do animal perante o SENHOR como gesto ritual de apresentação, conforme Moisés tinha ordenado.

[22]Depois Arão ergueu as mãos em direção ao povo e o abençoou. E, tendo oferecido o sacrifício pelo pecado, o holocausto e o sacrifício de comunhão, desceu.

[23]Assim Moisés e Arão entraram na Tenda do Encontro. Quando saíram, abençoaram o povo; e a glória do SENHOR apareceu a todos eles. [24]Saiu fogo da presença do SENHOR e consumiu o holocausto e as porções de gordura sobre o altar. E, quando todo o povo viu isso, gritou de alegria e prostrou-se com o rosto em terra.

A morte de Nadabe e de Abiú

10 Nadabe e Abiú, filhos de Arão, pegaram cada um o seu incensário, nos quais acenderam fogo, acrescentaram incenso, e trouxeram fogo profano perante o SENHOR, sem que tivessem sido autorizados. [2]Então saiu fogo da presença do SENHOR e os consumiu. Morreram perante o SENHOR. [3]Moisés então disse a Arão: "Foi isto que o SENHOR disse:

> 'Aos que de mim se aproximam
> santo me mostrarei;
> à vista de todo o povo
> glorificado serei' ".

Arão, porém, ficou em silêncio.

[4]Então Moisés chamou Misael e Elzafã, filhos de Uziel, tio de Arão, e lhes disse: "Venham cá; tirem os seus primos da frente do santuário e levem-nos para fora do acampamento". [5]Eles foram e os puxaram pelas túnicas, para fora do acampamento, conforme Moisés tinha ordenado.

[6]Então Moisés disse a Arão e a seus filhos Eleazar e Itamar: "Não andem descabelados, nem rasguem as roupas em sinal de luto, senão vocês morrerão e a ira do SENHOR cairá sobre toda a comunidade. Mas os seus parentes, e toda a nação de Israel, poderão chorar por aqueles que o SENHOR destruiu pelo fogo. [7]Não saiam da entrada da Tenda do Encontro, senão vocês morrerão, porquanto o óleo da unção do SENHOR está sobre vocês". E eles fizeram conforme Moisés tinha ordenado.

[8]Depois o SENHOR disse a Arão: [9]"Você e seus filhos não devem beber vinho nem outra bebida fermentada antes de entrar na Tenda do Encontro, senão vocês morrerão. É um decreto perpétuo para as suas gerações. [10]Vocês têm que fazer separação entre o santo e o profano, entre o puro e o impuro, [11]e ensinar aos israelitas todos os decretos que o SENHOR lhes deu por meio de Moisés".

[12]Então Moisés disse a Arão e aos seus filhos que ficaram vivos, Eleazar e Itamar: "Peguem a oferta de cereal que sobrou das ofertas dedicadas ao SENHOR, preparadas no fogo, e comam-na sem fermento junto ao altar, pois é santíssima. [13]Comam-na em lugar sagrado, porquanto é a porção que lhes cabe por decreto, a você e a seus filhos, das ofertas dedicadas ao SENHOR, preparadas no fogo; pois assim me foi ordenado. [14]O peito ritualmente movido e a coxa ofertada, você, seus filhos e suas filhas poderão comer num lugar cerimonialmente puro; essa porção foi dada a você e a seus filhos como parte das ofertas de comunhão dos israelitas. [15]A coxa ofertada e o peito ritualmente movido devem ser trazidos junto com as porções de gordura das ofertas preparadas no fogo, para serem movidos perante o SENHOR como gesto ritual de apresentação. Esta será a porção por decreto perpétuo para você e seus descendentes, conforme o SENHOR tinha ordenado".

[16]Quando Moisés procurou por toda parte o bode da oferta pelo pecado e soube que já fora queimado, irou-se contra Eleazar e Itamar, os filhos de Arão que ficaram vivos, e perguntou: [17]"Por que vocês não comeram a carne da oferta pelo pecado no Lugar Santo? É santíssima; foi-lhes dada para retirar a culpa da comunidade e fazer propiciação por ela perante o SENHOR. [18]Como o sangue do animal não foi levado para dentro do Lugar Santo, vocês deviam tê-lo comido ali, conforme ordenei".

[19]Arão respondeu a Moisés: "Hoje eles ofereceram o seu sacrifício pelo pecado e o seu holocausto perante o SENHOR; mas, e essas coisas que aconteceram comigo? Será que teria agradado ao SENHOR se eu tivesse comido a oferta pelo pecado hoje?" [20]Essa explicação foi satisfatória para Moisés.

Animais puros e impuros

11 Disse o SENHOR a Moisés e a Arão: [2]"Digam aos israelitas: De todos os animais que vivem na terra, estes são os que vocês poderão comer: [3]qualquer animal que tem casco fendido e dividido em duas unhas, e que rumina.

[4]"Vocês não poderão comer aqueles que só ruminam nem os que só têm o casco fendido. O camelo, embora rumine, não tem casco fendido; considerem-no impuro. [5]O coelho, embora rumine, não tem casco fendido; é impuro para vocês. [6]A lebre, embora rumine, não tem casco fendido; considerem-na impura. [7]E o porco, embora tenha casco fendido e dividido em duas unhas, não rumina; considerem-no impuro. [8]Vocês não comerão a carne desses animais nem tocarão em seus cadáveres; considerem-nos impuros.

[9]"De todas as criaturas que vivem nas águas do mar e dos rios, vocês poderão comer todas as que possuem barbatanas e escamas. [10]Mas todas as criaturas que vivem nos mares ou nos rios, que não possuem barbatanas e escamas, quer dentre todas as pequenas criaturas que povoam as águas, quer dentre todos os outros animais das águas, serão proibidas para vocês. [11]Por isso, não poderão comer sua carne e considerarão impuros os seus cadáveres. [12]Tudo o que vive na água e não possui barbatanas e escamas será proibido para vocês.

[13]"Estas são as aves que vocês considerarão impuras, das quais não poderão comer porque são proibidas: a águia, o urubu, a águia-marinha, [14]o milhafre, o

falcão, 15 qualquer espécie de corvo, 16 a coruja-de-chifre[a], a coruja-de-orelha-pequena, a coruja-orelhuda[b], qualquer espécie de gavião, 17 o mocho, a coruja-pescadora e o corujão, 18 a coruja-branca[c], a coruja-do-deserto, o abutre, 19 a cegonha, qualquer tipo de garça, a poupa e o morcego.[d]

20 "Todas as pequenas criaturas que enxameiam, que têm asas mas que se movem pelo chão[e] serão proibidas para vocês. 21 Dentre estas, porém, vocês poderão comer aquelas que têm pernas articuladas para saltar no chão. 22 Dessas vocês poderão comer os diversos tipos de gafanhotos. 23 Mas considerarão impuras todas as outras criaturas que enxameiam, que têm asas e se movem pelo chão.

24 "Por meio delas vocês ficarão impuros; todo aquele que tocar em seus cadáveres estará impuro até a tarde. 25 Todo o que carregar o cadáver de alguma delas lavará as suas roupas e estará impuro até a tarde.

26 "Todo animal de casco não dividido em duas unhas ou que não rumina é impuro para vocês; quem tocar qualquer um deles ficará impuro. 27 Todos os animais de quatro pés, que andam sobre a planta dos pés, são impuros para vocês; todo o que tocar os seus cadáveres ficará impuro até a tarde. 28 Quem carregar o cadáver de algum deles lavará suas roupas, e estará impuro até a tarde. São impuros para vocês.

29 "Dos animais que se movem rente ao chão, estes vocês considerarão impuros: a doninha, o rato, qualquer espécie de lagarto grande, 30 a lagartixa, o lagarto-pintado, o lagarto, o lagarto da areia e o camaleão. 31 De todos os que se movem rente ao chão, esses vocês considerarão impuros. Quem neles tocar depois de mortos estará impuro até a tarde. 32 E tudo sobre o que um deles cair depois de morto, qualquer que seja o seu uso, ficará impuro, seja objeto feito de madeira, de pano, de couro ou de pano de saco. Deverá ser posto em água e estará impuro até a tarde, e então ficará puro. 33 Se um deles cair dentro de uma vasilha de barro, tudo o que nela houver ficará impuro, e vocês quebrarão a vasilha. 34 Qualquer alimento sobre o qual cair essa água ficará impuro, e qualquer bebida que estiver dentro da vasilha ficará impura. 35 Tudo aquilo sobre o que o cadáver de um desses animais cair ficará impuro; se for um forno ou um fogão de barro vocês o quebrarão. Estão impuros, e vocês os considerarão como tais. 36 Mas, se cair numa fonte ou numa cisterna onde se recolhe água, ela permanece pura; mas quem tocar no cadáver ficará impuro. 37 Se um cadáver cair sobre alguma semente a ser plantada, ela permanece pura; 38 mas se foi derramada água sobre a semente, vocês a considerarão impura.

39 "Quando morrer um animal que vocês têm permissão para comer, quem tocar no seu cadáver ficará impuro até a tarde. 40 Quem comer da carne do animal morto terá que lavar as suas roupas e ficará impuro até a tarde. Quem carregar o cadáver do animal terá que lavar as suas roupas, e ficará impuro até a tarde.

41 "Todo animal que se move rente ao chão lhes será proibido e não poderá ser comido. 42 Vocês não poderão comer animal algum que se move rente ao chão, quer se arraste sobre o ventre quer ande de quatro ou com o auxílio de muitos pés; são proibidos a vocês. 43 Não se contaminem com qualquer desses animais. Não se tornem impuros com eles nem deixem que eles os tornem impuros. 44 Pois eu sou o SENHOR, o Deus de vocês; consagrem-se e sejam santos, porque eu sou santo. Não se tornem impuros com qualquer animal que se move rente ao chão. 45 Eu sou o SENHOR que os tirou da terra do Egito para ser o seu Deus; por isso, sejam santos, porque eu sou santo.

46 "Essa é a regulamentação acerca dos animais, das aves, de todos os seres vivos que se movem na água e de todo animal que se move rente ao chão. 47 Vocês farão separação entre o impuro e o puro, entre os animais que podem ser comidos e os que não podem".

A purificação após o parto

12 Disse o SENHOR a Moisés: 2 "Diga aos israelitas: Quando uma mulher engravidar e der à luz um menino, estará impura por sete dias, assim como está impura durante o seu período menstrual. 3 No oitavo dia o menino terá que ser circuncidado. 4 Então a mulher aguardará trinta e três dias para ser purificada do seu sangramento. Não poderá tocar em nenhuma coisa sagrada e não poderá ir ao santuário, até que se completem os dias da sua purificação. 5 Se der à luz uma menina, estará impura por duas semanas, como durante o seu período menstrual. Nesse caso aguardará sessenta e seis dias para ser purificada do seu sangramento.

6 "Quando se completarem os dias da sua purificação pelo nascimento de um menino ou de uma menina, ela trará ao sacerdote, à entrada da Tenda do Encontro, um cordeiro de um ano para o holocausto e um pombinho ou uma rolinha como oferta pelo pecado. 7 Ele os oferecerá ao SENHOR para fazer propiciação por ela, que ficará pura do fluxo do seu sangramento. Essa é a regulamentação para a mulher que der à luz um menino ou uma menina. 8 Se ela não tiver recursos para oferecer um cordeiro, poderá trazer duas rolinhas ou dois pombinhos, um para o holocausto e o outro para a oferta pelo pecado. Assim o sacerdote fará propiciação por ela, e ela ficará pura".

Leis acerca da lepra

13 Disse o SENHOR a Moisés e a Arão: 2 "Quando alguém tiver um inchaço, uma erupção ou uma mancha brilhante na pele que possa ser sinal de lepra[f], será levado ao sacerdote Arão ou a um dos seus filhos[g] que seja sacerdote. 3 Este examinará a parte afetada da pele, e, se naquela parte o pelo tiver se tornado branco e o lugar parecer mais profundo do que a pele, é sinal de lepra. Depois de examiná-lo, o sacerdote o declarará impuro. 4 Se a mancha na pele for branca, mas não parecer mais profunda do que a pele e sobre ela o pelo não tiver se tornado branco, o sacerdote o porá em isolamento por sete dias. 5 No sétimo dia o sacerdote o examinará e, se verificar que a parte afetada não se alterou nem se espalhou pela pele, o manterá em isolamento por mais sete dias. 6 Ao sétimo dia o sacerdote o examinará de novo e, se a parte afetada diminuiu e não se espalhou

[a] 11:16 Ou *avestruz*
[b] 11:16 Ou *gaivota*
[c] 11:18 Ou *pelicano*
[d] 11:19 A identificação exata de algumas das aves, insetos e animais deste capítulo é desconhecida.
[e] 11:20 Hebraico: *sobre quatro pés*; também no versículo 23.

[f] 13:2 O termo hebraico não se refere somente à lepra, mas também a diversas doenças da pele; também no restante do capítulo.
[g] 13:2 Ou *descendentes*

pela pele, o sacerdote o declarará puro; é apenas uma erupção. Então ele lavará as suas roupas, e estará puro. [7]Mas, se depois que se apresentou ao sacerdote para ser declarado puro a erupção se espalhar pela pele, ele terá que se apresentar novamente ao sacerdote. [8]O sacerdote o examinará e, se a erupção espalhou-se pela pele, ele o declarará impuro; trata-se de lepra.

[9]"Quando alguém apresentar sinal de lepra, será levado ao sacerdote. [10]Este o examinará e, se houver inchaço branco na pele, o qual tornou branco o pelo, e se houver carne viva no inchaço, [11]é lepra crônica na pele, e o sacerdote o declarará impuro. Não o porá em isolamento, porquanto já está impuro.

[12]"Se a doença se alastrar e cobrir toda a pele da pessoa infectada, da cabeça aos pés, até onde é possível ao sacerdote verificar, [13]este a examinará e, se observar que a lepra cobriu todo o corpo, ele a declarará pura. Visto que tudo ficou branco, ela está pura. [14]Mas quando nela aparecer carne viva, ficará impura. [15]Quando o sacerdote vir a carne viva, ele a declarará impura. A carne viva é impura; trata-se de lepra. [16]Se a carne viva retroceder e a pele se tornar branca, a pessoa voltará ao sacerdote. [17]Este a examinará e, se a parte afetada se tornou branca, o sacerdote declarará pura a pessoa infectada, a qual então estará pura.

[18]"Quando alguém tiver uma ferida purulenta em sua pele e ela sarar, [19]e no lugar da ferida aparecer um inchaço branco ou uma mancha avermelhada, ele se apresentará ao sacerdote. [20]Este examinará o local e, se parecer mais profundo do que a pele e o pelo ali tiver se tornado branco, o sacerdote o declarará impuro. É sinal de lepra que se alastrou onde estava a ferida. [21]Mas se, quando o sacerdote o examinar não houver nenhum pelo branco e o lugar não estiver mais profundo do que a pele e tiver diminuído, então o sacerdote o porá em isolamento por sete dias. [22]Se de fato estiver se espalhando pela pele, o sacerdote o declarará impuro; é sinal de lepra. [23]Mas, se a mancha não tiver se alterado nem se espalhado, é apenas a cicatriz da ferida, e o sacerdote o declarará puro.

[24]"Quando alguém tiver uma queimadura na pele, e uma mancha avermelhada ou branca aparecer na carne viva da queimadura, [25]o sacerdote examinará a mancha e, se o pelo sobre ela tiver se tornado branco e ela parecer mais profunda do que a pele, é lepra que surgiu na queimadura. O sacerdote o declarará impuro; é sinal de lepra na pele. [26]Mas, se o sacerdote examinar a mancha e nela não houver pelo branco e esta não estiver mais profunda do que a pele e tiver diminuído, então o sacerdote o porá em isolamento por sete dias. [27]No sétimo dia o sacerdote o examinará e, se a mancha tiver se espalhado pela pele, o sacerdote o declarará impuro; é sinal de lepra. [28]Se, todavia, a mancha não tiver se alterado nem se espalhado pela pele, mas tiver diminuído, é um inchaço da queimadura, e o sacerdote o declarará puro; é apenas a cicatriz da queimadura.

[29]"Quando um homem ou uma mulher tiver uma ferida na cabeça ou no queixo, [30]o sacerdote examinará a ferida e, se ela parecer mais profunda do que a pele e o pelo nela for amarelado e fino, o sacerdote declarará impura aquela pessoa; é sarna, isto é, lepra da cabeça ou do queixo. [31]Mas se, quando o sacerdote examinar o sinal de sarna este não parecer mais profundo do que a pele e não houver pelo escuro nela, então o sacerdote porá a pessoa infectada em isolamento por sete dias. [32]No sétimo dia o sacerdote examinará a parte afetada e, se a sarna não tiver se espalhado e não houver pelo amarelado nela e não parecer mais profunda do que a pele, [33]a pessoa rapará os pelos, exceto na parte afetada, e o sacerdote a porá em isolamento por mais sete dias. [34]No sétimo dia o sacerdote examinará a sarna e, se não tiver se espalhado mais e não parecer mais profunda do que a pele, o sacerdote declarará pura a pessoa. Esta lavará suas roupas e estará pura. [35]Mas, se a sarna se espalhar pela pele depois que a pessoa for declarada pura, [36]o sacerdote a examinará e, se a sarna tiver se espalhado pela pele, o sacerdote não precisará procurar pelo amarelado; a pessoa está impura. [37]Se, entretanto, verificar que não houve alteração e cresceu pelo escuro, a sarna está curada. A pessoa está pura, e o sacerdote a declarará pura.

[38]"Quando um homem ou uma mulher tiver manchas brancas na pele, [39]o sacerdote examinará as manchas; se forem brancas e sem brilho, é um eczema que se alastrou; essa pessoa está pura.

[40]"Quando os cabelos de um homem caírem, ele está calvo, todavia puro. [41]Se lhe caírem os cabelos da frente da cabeça, ele está meio-calvo, porém puro. [42]Mas, se tiver uma ferida avermelhada na parte calva da frente ou de trás da cabeça, é lepra que se alastra pela calva da frente ou de trás da cabeça. [43]O sacerdote o examinará e, se a ferida inchada na parte da frente ou de trás da calva for avermelhada como a lepra de pele, [44]o homem está leproso e impuro. O sacerdote terá que declará-lo impuro devido à ferida na cabeça.

[45]"Quem ficar leproso, apresentando quaisquer desses sintomas, usará roupas rasgadas, andará descabelado, cobrirá a parte inferior do rosto e gritará: 'Impuro! Impuro!' [46]Enquanto tiver a doença, estará impuro. Viverá separado, fora do acampamento.

A lei acerca do mofo

[47]"Quando aparecer mancha de mofo[a] em alguma roupa, seja de lã, seja de linho, [48]ou em qualquer peça tecida ou entrelaçada de linho ou de lã, ou em algum pedaço ou objeto de couro, [49]se a mancha na roupa, ou no pedaço de couro, ou na peça tecida ou entrelaçada, ou em qualquer objeto de couro, for esverdeada ou avermelhada, é mancha de mofo que deverá ser mostrada ao sacerdote. [50]O sacerdote examinará a mancha e isolará o objeto afetado por sete dias. [51]No sétimo dia examinará a mancha e, se ela tiver se espalhado pela roupa, ou pela peça tecida ou entrelaçada, ou pelo pedaço de couro, qualquer que seja o seu uso, é mofo corrosivo; o objeto está impuro. [52]Ele queimará a roupa, ou a peça tecida ou entrelaçada, ou qualquer objeto de couro que tiver a mancha, pois é mofo corrosivo; o objeto será queimado.

[53]"Mas se, quando o sacerdote o examinar, a mancha não tiver se espalhado pela roupa, ou pela peça tecida ou entrelaçada, ou pelo objeto de couro, [54]ordenará que o objeto afetado seja lavado. Então ele o isolará por mais sete dias. [55]Depois de lavado o objeto afetado, o sacerdote o examinará e, se a mancha não tiver alterado sua cor, ainda que não tenha se espalhado, o

[a] 13:47 O termo hebraico é o mesmo traduzido por *lepra* nos versículos anteriores.

objeto estará impuro. Queime-o com fogo, quer o mofo corrosivo tenha afetado um lado, quer o outro do objeto. 56Se, quando o sacerdote o examinar, a mancha tiver diminuído depois de lavado o objeto, ele cortará a parte afetada da roupa, ou do pedaço de couro, ou da peça tecida ou entrelaçada. 57Mas, se a mancha ainda aparecer na roupa, ou na peça tecida ou entrelaçada, ou no objeto de couro, é mofo que se alastra, e tudo o que tiver o mofo será queimado com fogo. 58Mas se, depois de lavada, a mancha desaparecer da roupa, ou da peça tecida ou entrelaçada, ou do objeto de couro, o objeto afetado será lavado de novo, e então estará puro".

59Essa é a regulamentação acerca da mancha de mofo nas roupas de lã ou de linho, nas peças tecidas ou entrelaçadas, ou nos objetos de couro, para que sejam declarados puros ou impuros.

A purificação da lepra

14 Disse também o SENHOR a Moisés: 2"Esta é a regulamentação acerca da purificação de um leproso: Ele será levado ao sacerdote, 3que sairá do acampamento e o examinará. Se a pessoa foi curada da lepra[a], 4o sacerdote ordenará que duas aves puras, vivas, um pedaço de madeira de cedro, um pano vermelho e um ramo de hissopo sejam trazidos em favor daquele que será purificado. 5Então o sacerdote ordenará que uma das aves seja morta numa vasilha de barro com água da fonte. 6Então pegará a ave viva e a molhará, com o pedaço de madeira de cedro, com o pano vermelho e com o ramo de hissopo, no sangue da ave morta em água corrente. 7Sete vezes ele aspergirá aquele que está sendo purificado da lepra e o declarará puro. Depois soltará a ave viva em campo aberto.

8"Aquele que estiver sendo purificado lavará as suas roupas, rapará todos os seus pelos e se banhará com água; e assim estará puro. Depois disso poderá entrar no acampamento, mas ficará fora da sua tenda por sete dias. 9No sétimo dia rapará todos os seus pelos: o cabelo, a barba, as sobrancelhas e o restante dos pelos. Lavará suas roupas e banhará o corpo com água; então ficará puro.

10"No oitavo dia pegará dois cordeiros sem defeito e uma cordeira de um ano sem defeito, juntamente com três jarros[b] da melhor farinha amassada com óleo, como oferta de cereal, e uma caneca[c] de óleo. 11O sacerdote que faz a purificação apresentará ao SENHOR, à entrada da Tenda do Encontro, tanto aquele que estiver para ser purificado como as suas ofertas.

12"Então o sacerdote pegará um dos cordeiros e o sacrificará como oferta pela culpa, juntamente com a caneca de óleo; ele os moverá perante o SENHOR como gesto ritual de apresentação e 13matará o cordeiro no Lugar Santo, onde são sacrificados a oferta pelo pecado e o holocausto. Como se dá com a oferta pelo pecado, também a oferta pela culpa pertence ao sacerdote; é santíssima. 14O sacerdote porá um pouco do sangue da oferta pela culpa na ponta da orelha direita daquele que será purificado, no polegar da sua mão direita e no polegar do seu pé direito. 15Então o sacerdote pegará um pouco de óleo da caneca e o derramará na palma da sua própria mão esquerda, 16molhará o dedo direito no óleo que está na palma da mão esquerda, e com o dedo o aspergirá sete vezes perante o SENHOR. 17O sacerdote ainda porá um pouco do óleo restante na palma da sua mão, na ponta da orelha direita daquele que está sendo purificado, no polegar da sua mão direita e no polegar do seu pé direito, em cima do sangue da oferta pela culpa. 18O óleo que restar na palma da sua mão, o sacerdote derramará sobre a cabeça daquele que está sendo purificado e fará propiciação por ele perante o SENHOR.

19"Então o sacerdote sacrificará a oferta pelo pecado e fará propiciação em favor daquele que está sendo purificado da sua impureza. Depois disso, o sacerdote matará o animal do holocausto 20e o oferecerá sobre o altar, juntamente com a oferta de cereal; e assim fará propiciação pelo ofertante, o qual estará puro.

21"Se, todavia, for alguém pobre, sem recursos para isso, pegará um cordeiro como oferta pela culpa, para ser movido e para fazer propiciação por ele, juntamente com um jarro da melhor farinha, amassada com óleo, como oferta de cereal, uma caneca de óleo 22e duas rolinhas ou dois pombinhos, conforme os seus recursos, um como oferta pelo pecado e o outro como holocausto.

23"No oitavo dia ele os trará ao sacerdote, para a sua purificação, à entrada da Tenda do Encontro, perante o SENHOR. 24O sacerdote pegará o cordeiro da oferta pela culpa, com uma caneca de óleo, e os moverá perante o SENHOR como gesto ritual de apresentação. 25Matará o cordeiro da oferta pela culpa e pegará um pouco do sangue e o porá na ponta da orelha direita daquele que está sendo purificado, no polegar da sua mão direita e no polegar do seu pé direito. 26O sacerdote derramará um pouco do óleo na palma da sua mão esquerda, 27e com o dedo indicador direito aspergirá um pouco do óleo da palma da sua mão esquerda sete vezes perante o SENHOR. 28Ele porá o óleo da palma da sua mão nos mesmos lugares em que pôs o sangue da oferta pela culpa: na ponta da orelha direita daquele que está sendo purificado, no polegar da sua mão direita e no polegar do seu pé direito. 29O que restar do óleo na palma da sua mão, o sacerdote derramará sobre a cabeça daquele que está sendo purificado, para fazer propiciação por ele perante o SENHOR. 30Depois sacrificará uma das rolinhas ou um dos pombinhos, conforme os seus recursos, 31um como oferta pelo pecado e o outro como holocausto, juntamente com a oferta de cereal. Assim o sacerdote fará propiciação perante o SENHOR em favor daquele que está sendo purificado".

32Essa é a regulamentação para todo aquele que tem lepra e não tem recursos para fazer a oferta da sua purificação.

A purificação do mofo

33O SENHOR disse a Moisés e a Arão: 34"Quando vocês entrarem na terra de Canaã, que lhes dou como propriedade, e eu puser mancha de mofo numa casa, na terra que lhes pertence, 35o dono da casa irá ao sacerdote e dirá: Parece-me que há mancha de mofo em minha casa. 36Antes de examinar o mofo, o sacerdote ordenará que desocupem a casa para que nada que houver na casa se torne impuro. Depois disso, o sacerdote irá examinar a casa. 37Examinará as manchas nas

[a] 14:3 O termo hebraico não se refere somente à lepra, mas também a diversas doenças da pele; também no restante do capítulo.

[b] 14:10 Hebraico: *3/10 de efa*. O efa era uma medida de capacidade para secos. As estimativas variam entre 20 e 40 litros.

[c] 14:10 Hebraico: *1 logue*. O logue era uma medida de capacidade. As estimativas variam entre 1/4 de litro e 1/2 litro.

paredes e, se elas forem esverdeadas ou avermelhadas e parecerem mais profundas do que a superfície da parede, [38]o sacerdote sairá da casa e a deixará fechada por sete dias. [39]No sétimo dia voltará para examinar a casa. Se as manchas se houverem espalhado pelas paredes da casa, [40]ordenará que as pedras contaminadas pelas manchas sejam retiradas e jogadas num local impuro, fora da cidade. [41]Fará que a casa seja raspada por dentro e que o reboco raspado seja jogado num local impuro, fora da cidade. [42]Depois colocarão outras pedras no lugar das primeiras, e rebocarão a casa com barro novo.

[43]"Se as manchas tornarem a alastrar-se na casa depois de retiradas as pedras e de raspada e rebocada a casa, [44]o sacerdote irá examiná-la e, se as manchas se espalharam pela casa, é mofo corrosivo; a casa está impura. [45]Ela terá que ser demolida: as pedras, as madeiras e todo o reboco da casa; tudo será levado para um local impuro, fora da cidade.

[46]"Quem entrar na casa enquanto estiver fechada estará impuro até a tarde. [47]Aquele que dormir ou comer na casa terá que lavar as suas roupas.

[48]"Mas, se o sacerdote for examiná-la e as manchas não se houverem espalhado depois de rebocada a casa, declarará pura a casa, pois as manchas de mofo desapareceram. [49]Para purificar a casa, ele pegará duas aves, um pedaço de madeira de cedro, um pano vermelho e hissopo. [50]Depois matará uma das aves numa vasilha de barro com água da fonte. [51]Então pegará o pedaço de madeira de cedro, o hissopo, o pano vermelho e a ave viva, e os molhará no sangue da ave morta e na água da fonte, e aspergirá a casa sete vezes. [52]Ele purificará a casa com o sangue da ave, com a água da fonte, com a ave viva, com o pedaço de madeira de cedro, com o hissopo e com o pano vermelho. [53]Depois soltará a ave viva em campo aberto, fora da cidade. Assim fará propiciação pela casa, e ela ficará pura".

[54]Essa é a regulamentação acerca de qualquer tipo de lepra, de sarna, [55]de mofo nas roupas ou numa casa [56]e de inchaço, erupção ou mancha brilhante, [57]para se determinar quando uma coisa é pura ou impura.

Essa é a regulamentação acerca de qualquer tipo de lepra e de mofo.

Impurezas do homem e da mulher

15 O SENHOR disse a Moisés e a Arão: [2]"Digam o seguinte aos israelitas: Quando um homem tiver um fluxo que sai do corpo, o fluxo é impuro. [3]Ele ficará impuro por causa do seu fluxo, quer continue, quer fique retido.

[4]"A cama em que um homem com fluxo se deitar ficará impura, e qualquer coisa em que se sentar ficará impura. [5]Quem tocar na cama dele, lavará as suas roupas e se banhará com água, e ficará impuro até a tarde. [6]Todo aquele que se sentar sobre qualquer coisa na qual esse homem se sentou, lavará suas roupas e se banhará com água, e estará impuro até a tarde.

[7]"Quem tocar no homem que tiver um fluxo lavará as suas roupas e se banhará com água, e ficará impuro até a tarde.

[8]"Se o homem cuspir em alguém que está puro, este lavará as suas roupas e se banhará com água, e ficará impuro até a tarde. [9]Tudo aquilo em que o homem se sentar quando montar um animal estará impuro, [10]e todo aquele que tocar em qualquer coisa que tenha estado debaixo dele ficará impuro até a tarde; quem pegar essas coisas lavará as suas roupas e se banhará com água, e ficará impuro até a tarde.

[11]"Qualquer pessoa em quem o homem com fluxo tocar sem lavar as mãos, lavará as suas roupas e se banhará com água, e ficará impura até a tarde.

[12]"A vasilha de barro na qual ele tocar será quebrada; se tocar numa vasilha de madeira, ela será lavada.

[13]"Quando um homem sarar de seu fluxo, contará sete dias para a sua purificação; lavará as suas roupas e se banhará em água corrente, e ficará puro. [14]No oitavo dia pegará duas rolinhas ou dois pombinhos e irá perante o SENHOR, à entrada da Tenda do Encontro, e os dará ao sacerdote. [15]O sacerdote os sacrificará, um como oferta pelo pecado e o outro como holocausto, e assim fará propiciação perante o SENHOR em favor do homem, por causa do fluxo.

[16]"Quando de um homem sair o sêmen, banhará todo o seu corpo com água, e ficará impuro até a tarde. [17]Qualquer peça de roupa ou de couro em que houver sêmen será lavada com água, e ficará impura até a tarde.

[18]"Quando um homem se deitar com uma mulher e lhe sair o sêmen, ambos terão que se banhar com água, e estarão impuros até a tarde.

[19]"Quando uma mulher tiver fluxo de sangue que sai do corpo, a impureza da sua menstruação durará sete dias, e quem nela tocar ficará impuro até a tarde.

[20]"Tudo sobre o que ela se deitar durante a sua menstruação ficará impuro, e tudo sobre o que ela se sentar ficará impuro. [21]Todo aquele que tocar em sua cama lavará as suas roupas e se banhará com água, e ficará impuro até a tarde. [22]Quem tocar em alguma coisa sobre a qual ela se sentar lavará as suas roupas e se banhará com água, e estará impuro até a tarde. [23]Quer seja a cama, quer seja qualquer coisa sobre a qual ela esteve sentada, quando alguém nisso tocar estará impuro até a tarde.

[24]"Se um homem se deitar com ela e a menstruação dela nele tocar, estará impuro por sete dias; qualquer cama sobre a qual ele se deitar estará impura.

[25]"Quando uma mulher tiver um fluxo de sangue por muitos dias fora da sua menstruação normal, ou um fluxo que continue além desse período, ela ficará impura enquanto durar o corrimento, como nos dias da sua menstruação. [26]Qualquer cama em que ela se deitar enquanto continuar o seu fluxo estará impura, como acontece com a sua cama durante a sua menstruação, e tudo sobre o que ela se sentar estará impuro, como durante a sua menstruação. [27]Quem tocar em alguma dessas coisas ficará impuro; lavará as suas roupas e se banhará com água, e ficará impuro até a tarde.

[28]"Quando sarar do seu fluxo, contará sete dias, e depois disso estará pura. [29]No oitavo dia pegará duas rolinhas ou dois pombinhos e os levará ao sacerdote, à entrada da Tenda do Encontro. [30]O sacerdote sacrificará um como oferta pelo pecado e o outro como holocausto, e assim fará propiciação em favor dela, perante o SENHOR, devido à impureza do seu fluxo.

[31]"Mantenham os israelitas separados das coisas que os tornam impuros, para que não morram por contaminar com sua impureza o meu tabernáculo, que está entre eles".

32Essa é a regulamentação acerca do homem que tem fluxo e daquele de quem sai o sêmen, tornando-se impuro, 33da mulher em sua menstruação, do homem ou da mulher que têm fluxo e do homem que se deita com uma mulher que está impura.

O Dia da Expiação

16 O Senhor falou com Moisés depois que morreram os dois filhos de Arão, por haverem se aproximado do Senhor. 2O Senhor disse a Moisés: "Diga a seu irmão Arão que não entre a toda hora no Lugar Santíssimo, atrás do véu, diante da tampa da arca, para que não morra; pois aparecerei na nuvem, acima da tampa.

3"Arão deverá entrar no Lugar Santo com um novilho como oferta pelo pecado e com um carneiro como holocausto. 4Ele vestirá a túnica sagrada de linho, com calções também de linho por baixo; porá o cinto de linho na cintura e também o turbante de linho. Essas vestes são sagradas; por isso ele se banhará com água antes de vesti-las. 5Receberá da comunidade de Israel dois bodes como oferta pelo pecado e um carneiro como holocausto.

6"Arão sacrificará o novilho como oferta pelo seu próprio pecado, para fazer propiciação por si mesmo e por sua família. 7Depois pegará os dois bodes e os apresentará ao Senhor, à entrada da Tenda do Encontro. 8E lançará sortes quanto aos dois bodes: uma para o Senhor e a outra para Azazel[a]. 9Arão trará o bode cuja sorte caiu para o Senhor e o sacrificará como oferta pelo pecado. 10Mas o bode sobre o qual caiu a sorte para Azazel será apresentado vivo ao Senhor para fazer propiciação, e será enviado para Azazel no deserto.

11"Arão trará o novilho como oferta por seu próprio pecado para fazer propiciação por si mesmo e por sua família, e ele o oferecerá como sacrifício pelo seu próprio pecado. 12Pegará o incensário cheio de brasas do altar que está perante o Senhor e dois punhados de incenso aromático em pó, e os levará para trás do véu. 13Porá o incenso no fogo perante o Senhor, e a fumaça do incenso cobrirá a tampa que está acima das tábuas da aliança, a fim de que não morra. 14Pegará um pouco do sangue do novilho e com o dedo o aspergirá sobre a parte da frente da tampa; depois, com o dedo aspergirá o sangue sete vezes, diante da tampa.

15"Então sacrificará o bode da oferta pelo pecado, em favor do povo, e trará o sangue para trás do véu; fará com o sangue o que fez com o sangue do novilho; ele o aspergirá sobre a tampa e na frente dela. 16Assim fará propiciação pelo Lugar Santíssimo por causa das impurezas e das rebeliões dos israelitas, quaisquer que tenham sido os seus pecados. Fará o mesmo em favor da Tenda do Encontro, que está entre eles no meio das suas impurezas. 17Ninguém estará na Tenda do Encontro quando Arão entrar para fazer propiciação no Lugar Santíssimo, até a saída dele, depois que fizer propiciação por si mesmo, por sua família e por toda a assembleia de Israel.

18"Depois irá ao altar que está perante o Senhor e pelo altar fará propiciação. Pegará um pouco do sangue do novilho e do sangue do bode e o porá em todas as pontas do altar. 19Com o dedo aspergirá o sangue sete vezes sobre o altar para purificá-lo e santificá-lo das impurezas dos israelitas.

20"Quando Arão terminar de fazer propiciação pelo Lugar Santíssimo, pela Tenda do Encontro e pelo altar, trará para a frente o bode vivo. 21Então colocará as duas mãos sobre a cabeça do bode vivo e confessará todas as iniquidades e rebeliões dos israelitas, todos os seus pecados, e os porá sobre a cabeça do bode. Em seguida enviará o bode para o deserto aos cuidados de um homem designado para isso. 22O bode levará consigo todas as iniquidades deles para um lugar solitário. E o homem soltará o bode no deserto.

23"Depois Arão entrará na Tenda do Encontro, tirará as vestes de linho que usou para entrar no Santo dos Santos e as deixará ali. 24Ele se banhará com água num lugar sagrado e vestirá as suas próprias roupas. Então sairá e sacrificará o holocausto por si mesmo e o holocausto pelo povo, para fazer propiciação por si mesmo e pelo povo. 25Também queimará sobre o altar a gordura da oferta pelo pecado.

26"Aquele que soltar o bode para Azazel lavará as suas roupas e se banhará com água, e depois poderá entrar no acampamento. 27O novilho e o bode da oferta pelo pecado, cujo sangue foi trazido ao Lugar Santíssimo para fazer propiciação, serão levados para fora do acampamento; o couro, a carne e o excremento deles serão queimados com fogo. 28Aquele que os queimar lavará as suas roupas e se banhará com água; depois poderá entrar no acampamento.

29"Este é um decreto perpétuo para vocês: No décimo dia do sétimo mês vocês se humilharão[b] e não poderão realizar trabalho algum, nem o natural da terra, nem o estrangeiro residente. 30Porquanto nesse dia se fará propiciação por vocês, para purificá-los. Então, perante o Senhor, vocês estarão puros de todos os seus pecados. 31Este lhes será um sábado de descanso, quando vocês se humilharão; é um decreto perpétuo. 32O sacerdote que for ungido e ordenado para suceder seu pai como sumo sacerdote fará a propiciação. Porá as vestes sagradas de linho 33e fará propiciação pelo Lugar Santíssimo, pela Tenda do Encontro, pelo altar, por todos os sacerdotes e por todo o povo da assembleia.

34"Este é um decreto perpétuo para vocês: A propiciação será feita uma vez por ano, por todos os pecados dos israelitas".

E tudo foi feito conforme o Senhor tinha ordenado a Moisés.

A proibição de comer sangue

17 O Senhor disse a Moisés: 2"Diga a Arão e seus filhos e a todos os israelitas o que o Senhor ordenou: 3Qualquer israelita que sacrificar um boi[c], um cordeiro ou um cabrito dentro ou fora do acampamento, 4e não o trouxer à entrada da Tenda do Encontro para apresentá-lo como oferta ao Senhor, diante do tabernáculo do Senhor, será considerado culpado de sangue; derramou sangue e será eliminado do meio do seu povo. 5Os sacrifícios, que os israelitas agora fazem em campo aberto, passarão a trazer ao Senhor, entregando-os ao sacerdote, para oferecê-los ao Senhor, à entrada da Tenda do Encontro, e os sacrificarão como ofertas de comunhão. 6O sacerdote aspergirá o sangue no altar do Senhor, à entrada da Tenda do Encontro, e queimará a gordura como aroma agradável ao Senhor. 7Não

[a] 16:8 Ou *o bode emissário*; também nos versículos 10 e 26.

[b] 16:29 Ou *jejuarão*; também no versículo 31.

[c] 17:3 A palavra hebraica pode significar *boi* ou *vaca*.

oferecerão mais sacrifícios aos ídolos em forma de bode, aos quais prestam culto imoral. Este é um decreto perpétuo para eles e para as suas gerações.

8"Diga-lhes: Todo israelita ou estrangeiro residente que oferecer holocausto ou sacrifício, 9e não o trouxer à entrada da Tenda do Encontro para oferecê-lo ao SENHOR, será eliminado do meio do seu povo.

10"Todo israelita ou estrangeiro residente que comer sangue de qualquer animal, contra esse eu me voltarei e o eliminarei do meio do seu povo. 11Pois a vida da carne está no sangue, e eu o dei a vocês para fazerem propiciação por si mesmos no altar; é o sangue que faz propiciação pela vida. 12Por isso digo aos israelitas: Nenhum de vocês poderá comer sangue, nem também o estrangeiro residente.

13"Qualquer israelita ou estrangeiro residente que caçar um animal ou ave que se pode comer, derramará o sangue e o cobrirá com terra, 14porque a vida de toda carne é o seu sangue. Por isso eu disse aos israelitas: Vocês não poderão comer o sangue de nenhum animal, porque a vida de toda carne é o seu sangue; todo aquele que o comer será eliminado.

15"Todo aquele que, natural da terra ou estrangeiro, comer um animal encontrado morto ou despedaçado por animais selvagens, lavará suas roupas e se banhará com água, e ficará impuro até a tarde; então estará puro. 16Mas, se não lavar suas roupas nem se banhar, sofrerá as consequências da sua iniquidade".

As relações sexuais ilícitas

18 Disse o SENHOR a Moisés: 2"Diga o seguinte aos israelitas: Eu sou o SENHOR, o Deus de vocês. 3Não procedam como se procede no Egito, onde vocês moraram, nem como se procede na terra de Canaã, para onde os estou levando. Não sigam as suas práticas. 4Pratiquem as minhas ordenanças, obedeçam aos meus decretos e sigam-nos. Eu sou o SENHOR, o Deus de vocês. 5Obedeçam aos meus decretos e ordenanças, pois o homem que os praticar viverá por eles. Eu sou o SENHOR.

6"Ninguém poderá se aproximar de uma parenta próxima para se envolver sexualmente[a] com ela. Eu sou o SENHOR.

7"Não desonre o seu pai, envolvendo-se sexualmente com a sua mãe. Ela é sua mãe; não se envolva sexualmente com ela.

8"Não se envolva sexualmente com a mulher do seu pai; isso desonraria seu pai.

9"Não se envolva sexualmente com a sua irmã, filha do seu pai ou da sua mãe, tenha ela nascido na mesma casa ou em outro lugar.

10"Não se envolva sexualmente com a filha do seu filho ou com a filha da sua filha; isso desonraria você.

11"Não se envolva sexualmente com a filha da mulher do seu pai, gerada por seu pai; ela é sua irmã.

12"Não se envolva sexualmente com a irmã do seu pai; ela é parenta próxima do seu pai.

13"Não se envolva sexualmente com a irmã da sua mãe; ela é parenta próxima da sua mãe.

14"Não desonre o irmão do seu pai aproximando-se da sua mulher para com ela se envolver sexualmente; ela é sua tia.

15"Não se envolva sexualmente com a sua nora. Ela é mulher do seu filho; não se envolva sexualmente com ela.

16"Não se envolva sexualmente com a mulher do seu irmão; isso desonraria seu irmão.

17"Não se envolva sexualmente com uma mulher e sua filha. Não se envolva sexualmente com a filha do seu filho ou com a filha da sua filha; são parentes próximos. É perversidade.

18"Não tome por mulher a irmã da sua mulher, tornando-a rival, envolvendo-se sexualmente com ela, estando a sua mulher ainda viva.

19"Não se aproxime de uma mulher para se envolver sexualmente com ela quando ela estiver na impureza da sua menstruação.

20"Não se deite com a mulher do seu próximo, contaminando-se com ela.

21"Não entregue os seus filhos para serem sacrificados a Moloque[b]. Não profanem o nome do seu Deus. Eu sou o SENHOR.

22"Não se deite com um homem como quem se deita com uma mulher; é repugnante.

23"Não tenha relações sexuais com um animal, contaminando-se com ele. Mulher nenhuma se porá diante de um animal para ajuntar-se com ele; é depravação.

24"Não se contaminem com nenhuma dessas coisas, porque assim se contaminaram as nações que vou expulsar da presença de vocês. 25Até a terra ficou contaminada; e eu castiguei a sua iniquidade, e a terra vomitou os seus habitantes. 26Mas vocês obedecerão aos meus decretos e às minhas leis. Nem o natural da terra nem o estrangeiro residente entre vocês farão nenhuma dessas abominações, 27pois todas estas abominações foram praticadas pelos que habitaram essa terra antes de vocês; por isso a terra ficou contaminada. 28E, se vocês contaminarem a terra, ela os vomitará, como vomitou os povos que ali estavam antes de vocês.

29"Todo aquele que fizer alguma destas abominações, aqueles que assim procederem serão eliminados do meio do seu povo. 30Obedeçam aos meus preceitos, e não pratiquem os costumes repugnantes praticados antes de vocês, nem se contaminem com eles. Eu sou o SENHOR, o Deus de vocês".

Diversas leis

19 Disse ainda o SENHOR a Moisés: 2"Diga o seguinte a toda comunidade de Israel: Sejam santos porque eu, o SENHOR, o Deus de vocês, sou santo.

3"Respeite cada um de vocês a sua mãe e o seu pai, e guarde os meus sábados. Eu sou o SENHOR, o Deus de vocês.

4"Não se voltem para os ídolos, nem façam para si deuses de metal. Eu sou o SENHOR, o Deus de vocês.

5"Quando vocês oferecerem um sacrifício de comunhão ao SENHOR, ofereçam-no de modo que seja aceito em favor de vocês. 6Terá que ser comido no dia em que o oferecerem, ou no dia seguinte; o que sobrar até o terceiro dia será queimado. 7Se alguma coisa for comida no terceiro dia, estará estragada e não será aceita. 8Quem a comer sofrerá as consequências da sua iniquidade, porque profanou o que é santo ao SENHOR; será eliminado do meio do seu povo.

[a] 18:6 Hebraico: *descobrir a nudez*; também nos versículos de 7 a 20 e no capítulo 20.

[b] 18:21 Ou *a Moloque fazendo-os passar pelo fogo*

9“Quando fizerem a colheita da sua terra, não colham até as extremidades da sua lavoura, nem ajuntem as espigas caídas de sua colheita. 10Não passem duas vezes pela sua vinha, nem apanhem as uvas que tiverem caído. Deixem-nas para o necessitado e para o estrangeiro. Eu sou o SENHOR, o Deus de vocês.

11“Não furtem.

“Não mintam.

“Não enganem uns aos outros.

12“Não jurem falsamente pelo meu nome, profanando assim o nome do seu Deus. Eu sou o SENHOR.

13“Não oprimam nem roubem o seu próximo.

“Não retenham até a manhã do dia seguinte o pagamento de um diarista.

14“Não amaldiçoem o surdo nem ponham pedra de tropeço à frente do cego, mas temam o seu Deus. Eu sou o SENHOR.

15“Não cometam injustiça num julgamento; não favoreçam os pobres, nem procurem agradar os grandes, mas julguem o seu próximo com justiça.

16“Não espalhem calúnias entre o seu povo.

“Não se levantem contra a vida do seu próximo. Eu sou o SENHOR.

17“Não guardem ódio contra o seu irmão no coração; antes repreendam com franqueza o seu próximo para que, por causa dele, não sofram as consequências de um pecado.

18“Não procurem vingança, nem guardem rancor contra alguém do seu povo, mas ame cada um o seu próximo como a si mesmo. Eu sou o SENHOR.

19“Obedeçam às minhas leis.

“Não cruzem diferentes espécies de animais.

“Não plantem duas espécies de sementes na sua lavoura.

“Não usem roupas feitas com dois tipos de tecido.

20“Se um homem deitar-se com uma escrava prometida a outro homem, mas que não tenha sido resgatada nem tenha recebido sua liberdade, aplique-se a devida punição. Contudo não serão mortos, porquanto ela não havia sido libertada. 21O homem, porém, trará ao SENHOR, à entrada da Tenda do Encontro, um carneiro como oferta pela culpa. 22Com o carneiro da oferta pela culpa o sacerdote fará propiciação por ele perante o SENHOR, pelo pecado que cometeu; assim o pecado que ele cometeu será perdoado.

23“Quando vocês entrarem na terra e plantarem qualquer tipo de árvore frutífera, considerem proibidas[a] as suas frutas. Durante três anos vocês as considerarão proibidas; não poderão comê-las. 24No quarto ano todas as suas frutas serão santas; será uma oferta de louvor ao SENHOR. 25No quinto ano, porém, vocês poderão comer as suas frutas. Assim a sua colheita aumentará. Eu sou o SENHOR, o Deus de vocês.

26“Não comam nada com sangue.

“Não pratiquem adivinhação nem feitiçaria.

27“Não cortem o cabelo dos lados da cabeça, nem aparem as pontas da barba.

28“Não façam cortes no corpo por causa dos mortos, nem tatuagens em si mesmos. Eu sou o SENHOR.

29“Ninguém desonre a sua filha tornando-a uma prostituta, se não, a terra se entregará à prostituição e se encherá de perversidade.

30“Guardem os meus sábados e reverenciem o meu santuário. Eu sou o SENHOR.

31“Não recorram aos médiuns, nem busquem a quem consulta espíritos, pois vocês serão contaminados por eles. Eu sou o SENHOR, o Deus de vocês.

32“Levantem-se na presença dos idosos, honrem os anciãos, temam o seu Deus. Eu sou o SENHOR.

33“Quando um estrangeiro viver na terra de vocês, não o maltratem. 34O estrangeiro residente que viver com vocês deverá ser tratado como o natural da terra. Amem-no como a si mesmos, pois vocês foram estrangeiros no Egito. Eu sou o SENHOR, o Deus de vocês.

35“Não usem medidas desonestas quando medirem comprimento, peso ou quantidade. 36Usem balanças de pesos honestos, tanto para cereais quanto para líquidos[b]. Eu sou o SENHOR, o Deus de vocês, que os tirei da terra do Egito.

37“Obedeçam a todos os meus decretos e a todas as minhas leis e pratiquem-nos. Eu sou o SENHOR”.

Punições para o pecado

20 Disse o SENHOR a Moisés: 2“Diga aos israelitas: Qualquer israelita ou estrangeiro residente em Israel que entregar[c] um dos seus filhos a Moloque, terá que ser executado. O povo da terra o apedrejará. 3Voltarei o meu rosto contra ele e o eliminarei do meio do seu povo; pois deu os seus filhos a Moloque, contaminando assim o meu santuário e profanando o meu santo nome. 4Se o povo deliberadamente fechar os olhos quando alguém entregar um dos seus filhos a Moloque, e deixar de executá-lo, 5voltarei o meu rosto contra aquele homem e contra o seu clã, e eliminarei do meio do seu povo tanto ele quanto todos os que o seguem, prostituindo-se com Moloque.

6“Voltarei o meu rosto contra quem consulta espíritos e contra quem procurar médiuns para segui-los, prostituindo-se com eles. Eu o eliminarei do meio do seu povo.

7“Consagrem-se, porém, e sejam santos, porque eu sou o SENHOR, o Deus de vocês. 8Obedeçam aos meus decretos e pratiquem-nos. Eu sou o SENHOR que os santifica.

9“Se alguém amaldiçoar seu pai ou sua mãe, terá que ser executado. Por ter amaldiçoado o seu pai ou a sua mãe, merece a morte.

10“Se um homem cometer adultério com a mulher de outro homem, com a mulher do seu próximo, tanto o adúltero quanto a adúltera terão que ser executados.

11“Se um homem se deitar com a mulher do seu pai, desonrou seu pai. Tanto o homem quanto a mulher terão que ser executados, pois merecem a morte.

12“Se um homem se deitar com a sua nora, ambos terão que ser executados. O que fizeram é depravação; merecem a morte.

13“Se um homem se deitar com outro homem como quem se deita com uma mulher, ambos praticaram um ato repugnante. Terão que ser executados, pois merecem a morte.

14“Se um homem tomar uma mulher e a mãe dela, comete perversidade. Tanto ele quanto elas serão queimados com fogo, para que não haja perversidade entre vocês.

[a] 19:23 Hebraico: *incircuncisas*.

[b] 19:36 Hebraico: *efa honesto e him honesto*.

[c] 20:2 Ou *sacrificar*; também nos versículos 3 e 4.

15“Se um homem tiver relações sexuais com um animal, terá que ser executado, e vocês matarão também o animal.

16“Se uma mulher se aproximar de algum animal para ajuntar-se com ele, vocês matarão a mulher e o animal. Ambos terão que ser executados, pois merecem a morte.

17“Se um homem tomar por mulher sua irmã, filha de seu pai ou de sua mãe, e se envolver sexualmente com ela, pratica um ato vergonhoso. Serão eliminados à vista de todo o povo. Esse homem desonrou sua irmã e sofrerá as consequências da sua iniquidade.

18“Se um homem se deitar com uma mulher durante a menstruação e com ela se envolver sexualmente, ambos serão eliminados do meio do seu povo, pois expuseram o sangramento dela.

19“Não se envolva sexualmente com a irmã de sua mãe, nem com a irmã de seu pai; pois quem se envolver sexualmente com uma parenta próxima sofrerá as consequências da sua iniquidade.

20“Se um homem se deitar com a mulher do seu tio, desonrou seu tio. Eles sofrerão as consequências do seu pecado; morrerão sem filhos.

21“Se um homem tomar por mulher a mulher do seu irmão, comete impureza; desonrou seu irmão. Ficarão sem filhos.

22“Obedeçam a todos os meus decretos e leis e pratiquem-nos, para que a terra para onde os estou levando para nela habitarem não os vomite. 23Não sigam os costumes dos povos que vou expulsar de diante de vocês. Por terem feito todas essas coisas, causam-me repugnância. 24Mas a vocês prometi que herdarão a terra deles; eu a darei a vocês como herança, terra onde há leite e mel com fartura. Eu sou o SENHOR, o Deus de vocês, que os separou dentre os povos.

25“Portanto, façam separação entre animais puros e impuros e entre aves puras e impuras. Não se contaminem com animal, ou ave, ou com qualquer criatura que se move rente ao chão, os quais separei de vocês por serem eles impuros. 26Vocês serão santos para mim, porque eu, o SENHOR, sou santo, e os separei dentre os povos para serem meus.

27“Os homens ou mulheres que, entre vocês, forem médiuns ou consultarem os espíritos, terão que ser executados. Serão apedrejados, pois merecem a morte”.

Regulamentação para os sacerdotes

21 Disse ainda o SENHOR a Moisés: “Diga o seguinte aos sacerdotes, os filhos de Arão: Um sacerdote não poderá tornar-se impuro por causa de alguém do seu povo que venha a morrer, 2a não ser por um parente próximo, como mãe ou pai, filho ou filha, irmão, 3ou irmã virgem dependente dele por ainda não ter marido; por causa dela, poderá tornar-se impuro. 4Não poderá tornar-se impuro e contaminar-se por causa de parentes por casamento[a].

5“Os sacerdotes não raparão a cabeça, nem apararão as pontas da barba, nem farão cortes no corpo. 6Serão santos ao seu Deus, e não profanarão o nome do seu Deus. Pelo fato de apresentarem ao SENHOR as ofertas preparadas no fogo, ofertas de alimento do seu Deus, serão santos.

7“Não poderão tomar por mulher uma prostituta, uma moça que tenha perdido a virgindade, ou uma mulher divorciada do seu marido, porque o sacerdote é santo ao seu Deus. 8Considerem-no santo, porque ele oferece o alimento do seu Deus. Considerem-no santo, porque eu, o SENHOR, que os santifico, sou santo.

9“Se a filha de um sacerdote se corromper, tornando-se prostituta, desonra seu pai; deverá morrer queimada.

10“O sumo sacerdote, aquele entre seus irmãos sobre cuja cabeça tiver sido derramado o óleo da unção, e que tiver sido consagrado para usar as vestes sacerdotais, não andará descabelado, nem rasgará as roupas em sinal de luto. 11Não entrará onde houver um cadáver. Não se tornará impuro, nem mesmo por causa do seu pai ou da sua mãe; 12e não deixará o santuário do seu Deus, nem o profanará, porquanto foi consagrado pelo óleo da unção do seu Deus. Eu sou o SENHOR.

13“A mulher que ele tomar terá que ser virgem. 14Não poderá ser viúva, nem divorciada, nem moça que perdeu a virgindade, nem prostituta, mas terá que ser uma virgem do seu próprio povo, 15assim ele não profanará a sua descendência entre o seu povo. Eu sou o SENHOR, que o santifico”.

16Disse ainda o SENHOR a Moisés: 17“Diga a Arão: Pelas suas gerações, nenhum dos seus descendentes que tenha algum defeito poderá aproximar-se para trazer ao seu Deus ofertas de alimento. 18Nenhum homem que tenha algum defeito poderá aproximar-se: ninguém que seja cego ou aleijado, que tenha o rosto defeituoso ou o corpo deformado; 19ninguém que tenha o pé ou a mão defeituosos, 20ou que seja corcunda ou anão, ou que tenha qualquer defeito na vista, ou que esteja com feridas purulentas ou com fluxo, ou que tenha testículos defeituosos. 21Nenhum descendente do sacerdote Arão que tenha qualquer defeito poderá aproximar-se para apresentar ao SENHOR ofertas preparadas no fogo. Tem defeito; não poderá aproximar-se para trazê-las ao seu Deus. 22Poderá comer o alimento santíssimo de seu Deus, e também o alimento santo; 23contudo, por causa do seu defeito, não se aproximará do véu nem do altar, para que não profane o meu santuário. Eu sou o SENHOR, que os santifico”.

24Foi isso que Moisés falou a Arão e a seus filhos e a todos os israelitas.

22 Disse o SENHOR a Moisés: 2“Diga a Arão e a seus filhos que tratem com respeito as ofertas sagradas que os israelitas me consagrarem, para que não profanem o meu santo nome. Eu sou o SENHOR.

3“Avise-lhes que se, em suas futuras gerações, algum dos seus descendentes estiver impuro quando se aproximar das ofertas sagradas que os israelitas consagrarem ao SENHOR, será eliminado da minha presença. Eu sou o SENHOR.

4“Nenhum descendente de Arão que tenha lepra[b] ou fluxo no corpo poderá comer das ofertas sagradas até que esteja purificado. Também estará impuro se tocar em algo contaminado por um cadáver, ou se lhe sair o sêmen, 5ou se tocar em alguma criatura, ou em alguém que o torne impuro, seja qual for a impureza. 6Aquele que neles tocar ficará impuro até a tarde. Não

[a] 21:4 Ou *impuro como líder no meio de seu povo*

[b] 22:4 O termo hebraico não se refere somente à lepra, mas também a diversas doenças da pele.

poderá comer das ofertas sagradas, a menos que se tenha banhado com água. 7Depois do pôr do sol estará puro, e então poderá comer as ofertas sagradas, pois são o seu alimento. 8Também não poderá comer animal encontrado morto ou despedaçado por animais selvagens, pois se tornaria impuro por causa deles. Eu sou o SENHOR.

9"Os sacerdotes obedecerão aos meus preceitos, para que não sofram as consequências do seu pecado nem sejam executados por tê-los profanado. Eu sou o SENHOR, que os santifico.

10"Somente o sacerdote e a sua família poderão comer da oferta sagrada; não poderá comê-la o seu hóspede, nem o seu empregado. 11Mas, se um sacerdote comprar um escravo, ou se um escravo nascer em sua casa, esse escravo poderá comer do seu alimento. 12Se a filha de um sacerdote se casar com alguém que não seja sacerdote, não poderá comer das ofertas sagradas. 13Mas, se a filha de um sacerdote ficar viúva ou se divorciar, e não tiver filhos, e voltar a viver na casa do pai como na sua juventude, poderá comer do alimento do pai, mas dele não poderá comer ninguém que não seja da família do sacerdote.

14"Se alguém, sem intenção, comer uma oferta sagrada, fará restituição da oferta ao sacerdote e lhe acrescentará um quinto do seu valor.

15"Os sacerdotes não profanarão as ofertas sagradas que os israelitas apresentam ao SENHOR, 16permitindo-lhes comê-las e trazendo assim sobre eles culpa que exige reparação. Eu sou o SENHOR que os santifico".

Os sacrifícios inaceitáveis

17Disse o SENHOR a Moisés: 18"Diga o seguinte a Arão e a seus filhos e a todos os israelitas: Se algum de vocês, seja israelita, seja estrangeiro residente em Israel, apresentar uma oferta como holocausto ao SENHOR, quer para cumprir voto, quer como oferta voluntária, 19apresentará um macho sem defeito do rebanho, isto é, um boi, um carneiro ou um bode, a fim de que seja aceito em seu favor. 20Não tragam nenhum animal defeituoso, porque não será aceito em favor de vocês. 21Quando alguém trouxer um animal do gado ou do rebanho de ovelhas como oferta de comunhão para o SENHOR, em cumprimento de voto, ou como oferta voluntária, para ser aceitável o animal terá que ser sem defeito e sem mácula. 22Não ofereçam ao SENHOR animal cego, aleijado, mutilado, ulceroso, cheio de feridas purulentas ou com fluxo. Não coloquem nenhum desses animais sobre o altar como oferta ao SENHOR, preparada no fogo. 23Todavia, poderão apresentar como oferta voluntária um boi ou um carneiro ou um cabrito deformados ou atrofiados, mas no caso do cumprimento de voto não serão aceitos. 24Não poderão oferecer ao SENHOR um animal cujos testículos estejam machucados, esmagados, despedaçados ou cortados. Não façam isso em sua própria terra, 25nem aceitem animais como esses das mãos de um estrangeiro para oferecê-los como alimento do seu Deus. Não serão aceitos em favor de vocês, pois são deformados e apresentam defeitos".

26Disse ainda o SENHOR a Moisés: 27"Quando nascer um bezerro, um cordeiro ou um cabrito, ficará sete dias com sua mãe. Do oitavo dia em diante será aceito como oferta ao SENHOR preparada no fogo. 28Não matem uma vaca ou uma ovelha ou uma cabra e sua cria no mesmo dia.

29"Quando vocês oferecerem um sacrifício de gratidão ao SENHOR, ofereçam-no de maneira que seja aceito em favor de vocês. 30Será comido naquele mesmo dia; não deixem nada até a manhã seguinte. Eu sou o SENHOR.

31"Obedeçam aos meus mandamentos e coloquem-nos em prática. Eu sou o SENHOR. 32Não profanem o meu santo nome. Eu serei reconhecido como santo pelos israelitas. Eu sou o SENHOR, eu os santifico, 33eu os tirei do Egito para ser o Deus de vocês. Eu sou o SENHOR".

23 Disse o SENHOR a Moisés: 2"Diga o seguinte aos israelitas: Estas são as minhas festas, as festas fixas do SENHOR, que vocês proclamarão como reuniões sagradas:

O sábado

3"Em seis dias realizem os seus trabalhos, mas o sétimo dia é sábado, dia de descanso e de reunião sagrada. Não realizem trabalho algum; onde quer que morarem, será sábado dedicado ao SENHOR.

A Páscoa e os pães sem fermento

4"Estas são as festas fixas do SENHOR, as reuniões sagradas que vocês proclamarão no tempo devido: 5a Páscoa do SENHOR, que começa no entardecer do décimo quarto dia do primeiro mês. 6No décimo quinto dia daquele mês começa a festa do SENHOR, a festa dos pães sem fermento; durante sete dias vocês comerão pães sem fermento. 7No primeiro dia façam uma reunião sagrada e não realizem trabalho algum. 8Durante sete dias apresentem ao SENHOR ofertas preparadas no fogo. E no sétimo dia façam uma reunião sagrada e não realizem trabalho algum".

Os primeiros frutos

9Disse o SENHOR a Moisés: 10"Diga o seguinte aos israelitas: Quando vocês entrarem na terra que lhes dou e fizerem colheita, tragam ao sacerdote um feixe do primeiro cereal que colherem. 11O sacerdote moverá ritualmente o feixe perante o SENHOR para que seja aceito em favor de vocês; ele o moverá no dia seguinte ao sábado. 12No dia em que moverem o feixe, vocês oferecerão em holocausto ao SENHOR um cordeiro de um ano de idade e sem defeito. 13Apresentem também uma oferta de cereal de dois jarros[a] da melhor farinha amassada com óleo, oferta ao SENHOR preparada no fogo, de aroma agradável, e uma oferta derramada de um litro[b] de vinho. 14Vocês não poderão comer pão algum, nem cereal tostado, nem cereal novo, até o dia em que trouxerem essa oferta ao Deus de vocês. Este é um decreto perpétuo para as suas gerações, onde quer que morarem.

A festa das semanas

15"A partir do dia seguinte ao sábado, o dia em que vocês trarão o feixe da oferta ritualmente movida, contem sete semanas completas. 16Contem cinquenta dias, até um dia depois do sétimo sábado, e então apresentem uma oferta de cereal novo ao SENHOR. 17Onde quer que morarem, tragam de casa dois pães feitos com dois

[a] 23:13 Hebraico: *2/10 de efa*; também no versículo 17. O efa era uma medida de capacidade para secos. As estimativas variam entre 20 e 40 litros.

[b] 23:13 Hebraico: *1/4 de him*. O him era uma medida de capacidade para líquidos. As estimativas variam entre 3 e 6 litros.

jarros da melhor farinha, cozidos com fermento, como oferta movida dos primeiros frutos ao SENHOR. 18Junto com os pães apresentem sete cordeiros, cada um com um ano de idade e sem defeito, um novilho e dois carneiros. Eles serão um holocausto ao SENHOR, juntamente com as suas ofertas de cereal e ofertas derramadas; é oferta preparada no fogo, de aroma agradável ao SENHOR. 19Depois sacrifiquem um bode como oferta pelo pecado e dois cordeiros, cada um com um ano de idade, como oferta de comunhão. 20O sacerdote moverá os dois cordeiros perante o SENHOR como gesto ritual de apresentação, juntamente com o pão dos primeiros frutos. São uma oferta sagrada ao SENHOR e pertencem ao sacerdote. 21Naquele mesmo dia vocês proclamarão uma reunião sagrada e não realizarão trabalho algum. Este é um decreto perpétuo para as suas gerações, onde quer que vocês morarem.

22"Quando fizerem a colheita da sua terra, não colham até as extremidades da sua lavoura, nem ajuntem as espigas caídas da sua colheita. Deixem-nas para o necessitado e para o estrangeiro. Eu sou o SENHOR, o Deus de vocês".

A festa das trombetas

23Disse o SENHOR a Moisés: 24"Diga também aos israelitas: No primeiro dia do sétimo mês vocês terão um dia de descanso, uma reunião sagrada, celebrada com toques de trombeta. 25Não realizem trabalho algum, mas apresentem ao SENHOR uma oferta preparada no fogo".

O Dia da Expiação

26Disse o SENHOR a Moisés: 27"O décimo dia deste sétimo mês é o Dia da Expiação[a]. Façam uma reunião sagrada e humilhem-se[b], e apresentem ao SENHOR uma oferta preparada no fogo. 28Não realizem trabalho algum nesse dia, porque é o Dia da Expiação, quando se faz propiciação por vocês perante o SENHOR, o Deus de vocês. 29Quem não se humilhar nesse dia será eliminado do seu povo. 30Eu destruirei do meio do seu povo todo aquele que realizar algum trabalho nesse dia. 31Vocês não realizarão trabalho algum. Este é um decreto perpétuo para as suas gerações, onde quer que vocês morarem. 32É um sábado de descanso para vocês, e vocês se humilharão. Desde o entardecer do nono dia do mês até o entardecer do dia seguinte vocês guardarão esse sábado".

A festa das cabanas

33Disse o SENHOR a Moisés: 34"Diga ainda aos israelitas: No décimo quinto dia deste sétimo mês começa a festa das cabanas[c] do SENHOR, que dura sete dias. 35No primeiro dia haverá reunião sagrada; não realizem trabalho algum. 36Durante sete dias apresentem ao SENHOR ofertas preparadas no fogo, e no oitavo dia façam outra reunião sagrada, e também apresentem ao SENHOR uma oferta preparada no fogo. É reunião solene; não realizem trabalho algum.

37(Estas são as festas fixas do SENHOR, que vocês proclamarão como reuniões sagradas para trazerem ao SENHOR ofertas preparadas no fogo, holocaustos e ofertas de cereal, sacrifícios e ofertas derramadas exigidas para cada dia. 38Isso fora as do sábado do SENHOR e fora as[d] dádivas e os votos de vocês, e todas as ofertas voluntárias que vocês derem ao SENHOR.)

39"Assim, começando no décimo quinto dia do sétimo mês, depois de terem colhido o que a terra produziu, celebrem a festa do SENHOR durante sete dias; o primeiro dia e também o oitavo serão dias de descanso. 40No primeiro dia vocês apanharão os melhores frutos das árvores, folhagem de tamareira, galhos frondosos e salgueiros, e se alegrarão perante o SENHOR, o Deus de vocês, durante sete dias. 41Celebrem essa festa do SENHOR durante sete dias todos os anos. Este é um decreto perpétuo para as suas gerações; celebrem-na no sétimo mês. 42Morem em tendas durante sete dias; todos os israelitas de nascimento morarão em tendas, 43para que os descendentes de vocês saibam que eu fiz os israelitas morarem em tendas quando os tirei da terra do Egito. Eu sou o SENHOR, o Deus de vocês".

44Assim anunciou Moisés aos israelitas as festas fixas do SENHOR.

O candelabro e os pães sagrados

24 Disse o SENHOR a Moisés: 2"Ordene aos israelitas que lhe tragam azeite puro de oliva batida para as lâmpadas, para que fiquem sempre acesas. 3Na Tenda do Encontro, do lado de fora do véu que esconde as tábuas da aliança, Arão manterá as lâmpadas continuamente acesas diante do SENHOR, desde o entardecer até a manhã seguinte. Este é um decreto perpétuo para as suas gerações. 4Mantenha sempre em ordem as lâmpadas no candelabro de ouro puro perante o SENHOR.

5"Apanhe da melhor farinha e asse doze pães, usando dois jarros[e] para cada pão. 6Coloque-os em duas fileiras, com seis pães em cada uma, sobre a mesa de ouro puro perante o SENHOR. 7Junto a cada fileira coloque um pouco de incenso puro como porção memorial para representar o pão e ser uma oferta ao SENHOR preparada no fogo. 8Esses pães serão colocados regularmente perante o SENHOR, cada sábado, em nome dos israelitas, como aliança perpétua. 9Pertencem a Arão e a seus descendentes, que os comerão num lugar sagrado, porque é parte santíssima de sua porção regular das ofertas dedicadas ao SENHOR, preparadas no fogo. É decreto perpétuo".

O castigo da blasfêmia

10Aconteceu que o filho de uma israelita e de um egípcio saiu e foi para o meio dos israelitas. No acampamento houve uma briga entre ele e um israelita. 11O filho da israelita blasfemou o Nome com uma maldição; então o levaram a Moisés. O nome de sua mãe era Selomite, filha de Dibri, da tribo de Dã. 12Deixaram-no preso até que a vontade do SENHOR lhes fosse declarada.

13Então o SENHOR disse a Moisés: 14"Leve o que blasfemou para fora do acampamento. Todos aqueles que o ouviram colocarão as mãos sobre a cabeça dele, e a comunidade toda o apedrejará. 15Diga aos israelitas: Se alguém amaldiçoar seu Deus, será responsável pelo seu pecado; 16quem blasfemar o nome do SENHOR terá que ser executado. A comunidade toda o apedrejará. Seja

[a] 23:27 O termo hebraico é o mesmo traduzido por *propiciação*.
[b] 23:27 Ou *e jejuem*; também nos versículos 29 e 32.
[c] 23:34 Ou *dos tabernáculos*; hebraico: *sucote*.
[d] 23:38 Ou *Estas festas são além dos sábados do Senhor, e estas ofertas são as*
[e] 24:5 Hebraico: *2/10 de efa*. O efa era uma medida de capacidade para secos. As estimativas variam entre 20 e 40 litros.

estrangeiro, seja natural da terra, se blasfemar o Nome, terá que ser morto.

17"Se alguém ferir uma pessoa ao ponto de matá-la, terá que ser executado. 18Quem matar um animal fará restituição: vida por vida. 19Se alguém ferir seu próximo, deixando-o defeituoso, assim como fez lhe será feito: 20fratura por fratura, olho por olho, dente por dente. Assim como feriu o outro, deixando-o defeituoso, assim também será ferido. 21Quem matar um animal fará restituição, mas quem matar um homem será morto. 22Vocês terão a mesma lei para o estrangeiro e para o natural da terra. Eu sou o SENHOR, o Deus de vocês".

23Depois que Moisés falou aos israelitas, levaram o que blasfemou para fora do acampamento e o apedrejaram. Os israelitas fizeram conforme o SENHOR tinha ordenado a Moisés.

O ano sabático

25 Então disse o SENHOR a Moisés no monte Sinai: 2"Diga o seguinte aos israelitas: Quando vocês entrarem na terra que lhes dou, a própria terra guardará um sábado para o SENHOR. 3Durante seis anos semeiem as suas lavouras, aparem as suas vinhas e façam a colheita de suas plantações. 4Mas no sétimo ano a terra terá um sábado de descanso, um sábado dedicado ao SENHOR. Não semeiem as suas lavouras, nem aparem as suas vinhas. 5Não colham o que crescer por si, nem colham as uvas das suas vinhas, que não serão podadas. A terra terá um ano de descanso. 6Vocês se sustentarão do que a terra produzir no ano de descanso, você, o seu escravo, a sua escrava, o trabalhador contratado e o residente temporário que vive entre vocês, 7bem como os seus rebanhos e os animais selvagens de sua terra. Tudo o que a terra produzir poderá ser comido.

O ano do jubileu

8"Contem sete semanas de anos, sete vezes sete anos; essas sete semanas de anos totalizam quarenta e nove anos. 9Então façam soar a trombeta no décimo dia do sétimo mês; no Dia da Expiação façam soar a trombeta por toda a terra de vocês. 10Consagrem o quinquagésimo ano e proclamem libertação por toda a terra a todos os seus moradores. Este lhes será um ano de jubileu, quando cada um de vocês voltará para a propriedade da sua família e para o seu próprio clã. 11O quinquagésimo ano lhes será jubileu; não semeiem e não ceifem o que cresce por si mesmo nem colham das vinhas não podadas. 12É jubileu, e lhes será santo; comam apenas o que a terra produzir.

13"Nesse ano do Jubileu cada um de vocês voltará para a sua propriedade.

14"Se vocês venderem alguma propriedade ao seu próximo ou se comprarem alguma propriedade dele, não explorem o seu irmão. 15O que comprarem do seu próximo será avaliado com base no número de anos desde o Jubileu. E ele fará a venda com base no número de anos que restam de colheitas. 16Quando os anos forem muitos, vocês deverão aumentar o preço, mas quando forem poucos, deverão diminuir o preço, pois o que ele está lhes vendendo é o número de colheitas. 17Não explorem um ao outro, mas temam o Deus de vocês. Eu sou o SENHOR, o Deus de vocês.

18"Pratiquem os meus decretos e obedeçam às minhas ordenanças, e vocês viverão com segurança na terra. 19Então a terra dará o seu fruto, e vocês comerão até fartar-se e ali viverão em segurança. 20Vocês poderão perguntar: 'Que iremos comer no sétimo ano, se não plantarmos nem fizermos a colheita?' 21Saibam que eu lhes enviarei a minha bênção no sexto ano, e a terra produzirá o suficiente para três anos. 22Quando vocês estiverem plantando no oitavo ano, comerão ainda da colheita anterior e dela continuarão a comer até a colheita do nono ano.

23"A terra não poderá ser vendida definitivamente, porque ela é minha, e vocês são apenas estrangeiros e imigrantes. 24Em toda terra em que tiverem propriedade, concedam o direito de resgate da terra.

25"Se alguém do seu povo empobrecer e vender parte da sua propriedade, seu parente mais próximo virá e resgatará aquilo que o seu compatriota vendeu. 26Se, contudo, um homem não tiver quem lhe resgate a terra, mas ele mesmo prosperar e adquirir recursos para resgatá-la, 27calculará os anos desde que a vendeu e devolverá a diferença àquele a quem a vendeu; então poderá voltar para a sua propriedade. 28Mas, se não adquirir recursos para devolver-lhe o valor, a propriedade que vendeu permanecerá em posse do comprador até o ano do Jubileu. Será devolvida no Jubileu, e ele então poderá voltar para a sua propriedade.

29"Se um homem vender uma casa numa cidade murada, terá o direito de resgate até que se complete um ano após a venda. Nesse período poderá resgatá-la. 30Se não for resgatada antes de se completar um ano, a casa da cidade murada pertencerá definitivamente ao comprador e aos seus descendentes; não será devolvida no Jubileu. 31Mas as casas dos povoados sem muros ao redor serão consideradas campo aberto. Poderão ser resgatadas e serão devolvidas no Jubileu.

32"No caso das cidades dos levitas, eles sempre terão direito de resgatar suas casas nas cidades que lhes pertencem. 33Assim, a propriedade dos levitas, isto é, uma casa vendida em qualquer cidade deles, é resgatável e deverá ser devolvida no Jubileu, porque as casas das cidades dos levitas são propriedade deles entre os israelitas. 34Mas as pastagens pertencentes às suas cidades não serão vendidas; são propriedade permanente deles.

35"Se alguém do seu povo empobrecer e não puder sustentar-se, ajudem-no como se faz ao estrangeiro e ao residente temporário, para que possa continuar a viver entre vocês. 36Não cobrem dele juro algum, mas temam o seu Deus, para que o seu próximo continue a viver entre vocês. 37Vocês não poderão exigir dele juros nem emprestar-lhe mantimento visando lucro. 38Eu sou o SENHOR, o Deus de vocês, que os tirou da terra do Egito para dar-lhes a terra de Canaã e para ser o seu Deus.

39"Se alguém do seu povo empobrecer e se vender a algum de vocês, não o façam trabalhar como escravo. 40Ele deverá ser tratado como trabalhador contratado ou como residente temporário; trabalhará para quem o comprou até o ano do Jubileu. 41Então ele e os seus filhos estarão livres, e ele poderá voltar para o seu próprio clã e para a propriedade dos seus antepassados. 42Pois os israelitas são meus servos, a quem tirei da terra do Egito; não poderão ser vendidos como escravos. 43Não dominem impiedosamente sobre eles, mas temam o seu Deus.

44"Os seus escravos e as suas escravas deverão vir dos povos que vivem ao redor de vocês; deles vocês poderão comprar escravos e escravas. 45Também poderão comprá-los entre os filhos dos residentes temporários que vivem entre vocês e entre os que pertencem aos clãs deles, ainda que nascidos na terra de vocês; eles se tornarão sua propriedade. 46Vocês poderão deixá-los como herança para os seus filhos e poderão fazê-los escravos para sempre, mas sobre os seus irmãos israelitas vocês não poderão dominar impiedosamente.

47"Se um estrangeiro ou um residente temporário entre vocês enriquecer e alguém do seu povo empobrecer e se vender a esse estrangeiro ou a alguém que pertence ao clã desse estrangeiro, 48manterá o direito de resgate mesmo depois de se vender. Um dos seus parentes poderá resgatá-lo: 49ou tio, ou primo, ou qualquer parente próximo poderá resgatá-lo. Se, todavia, prosperar, poderá resgatar a si mesmo. 50Ele e o seu comprador contarão o tempo desde o ano em que se vendeu até o ano do Jubileu. O preço do resgate se baseará no salário de um empregado contratado por aquele número de anos. 51Se restarem muitos anos, pagará o seu resgate proporcionalmente ao preço de compra. 52Se restarem apenas poucos anos até o ano do Jubileu, fará o cálculo, e pagará o seu resgate proporcionalmente aos anos. 53Ele deverá ser tratado como um empregado contratado anualmente; não permitam que o seu senhor domine impiedosamente sobre ele.

54"Se não for resgatado por nenhuma dessas maneiras, ele e os seus filhos estarão livres no ano do Jubileu, 55porque os israelitas são meus servos, os quais tirei da terra do Egito. Eu sou o SENHOR, o Deus de vocês.

A recompensa da obediência

26 "Não façam ídolos, nem imagens, nem colunas sagradas para vocês, e não coloquem nenhuma pedra esculpida em sua terra para curvar-se diante dela. Eu sou o SENHOR, o Deus de vocês.

2"Guardem os meus sábados e reverenciem o meu santuário. Eu sou o SENHOR.

3"Se vocês seguirem os meus decretos e obedecerem aos meus mandamentos, e os colocarem em prática, 4eu lhes mandarei chuva na estação certa, e a terra dará a sua colheita e as árvores do campo darão o seu fruto. 5A debulha prosseguirá até a colheita das uvas, e a colheita das uvas prosseguirá até a época da plantação, e vocês comerão até ficarem satisfeitos e viverão em segurança em sua terra.

6"Estabelecerei paz na terra, e vocês se deitarão, e ninguém os amedrontará. Farei desaparecer da terra os animais selvagens, e a espada não passará pela sua terra. 7Vocês perseguirão os seus inimigos, e estes cairão à espada diante de vocês. 8Cinco de vocês perseguirão cem, cem de vocês perseguirão dez mil, e os seus inimigos cairão à espada diante de vocês.

9"Eu me voltarei para vocês e os farei prolíferos; e os multiplicarei e guardarei a minha aliança com vocês. 10Vocês ainda estarão comendo da colheita armazenada no ano anterior, quando terão que se livrar dela para dar espaço para a nova colheita. 11Estabelecerei a minha habitação entre vocês e não os rejeitarei. 12Andarei entre vocês e serei o seu Deus, e vocês serão o meu povo. 13Eu sou o SENHOR, o Deus de vocês, que os tirou da terra do Egito para que não mais fossem escravos deles; quebrei as traves do jugo que os prendia e os fiz andar de cabeça erguida.

O castigo da desobediência

14"Mas, se vocês não me ouvirem e não colocarem em prática todos esses mandamentos, 15e desprezarem os meus decretos, rejeitarem as minhas ordenanças, deixarem de colocar em prática todos os meus mandamentos e forem infiéis à minha aliança, 16então assim os tratarei: eu lhes trarei pavor repentino, doenças e febre que lhes tirarão a visão e lhes definharão a vida. Vocês semearão inutilmente, porque os seus inimigos comerão as suas sementes. 17O meu rosto estará contra vocês, e vocês serão derrotados pelos inimigos; os seus adversários os dominarão, e vocês fugirão mesmo quando ninguém os estiver perseguindo.

18"Se depois disso tudo vocês não me ouvirem, eu os castigarei sete vezes mais pelos seus pecados. 19Eu lhes quebrarei o orgulho rebelde e farei que o céu sobre vocês fique como ferro e a terra de vocês fique como bronze. 20A força de vocês será gasta em vão, porque a terra não lhes dará colheita, nem as árvores da terra lhes darão fruto.

21"Se continuarem se opondo a mim e recusarem ouvir-me, eu os castigarei sete vezes mais, conforme os seus pecados. 22Mandarei contra vocês animais selvagens que matarão os seus filhos, acabarei com os seus rebanhos e reduzirei vocês a tão poucos que os seus caminhos ficarão desertos.

23"Se apesar disso vocês não aceitarem a minha disciplina, mas continuarem a opor-se a mim, 24eu mesmo me oporei a vocês e os castigarei sete vezes mais por causa dos seus pecados. 25E trarei a espada contra vocês para vingar a aliança. Quando se refugiarem em suas cidades, eu lhes mandarei uma praga, e vocês serão entregues em mãos inimigas. 26Quando eu lhes cortar o suprimento de pão, dez mulheres assarão o pão num único forno e repartirão o pão a peso. Vocês comerão, mas não ficarão satisfeitos.

27"Se apesar disso tudo vocês ainda não me ouvirem, mas continuarem a opor-se a mim, 28então com furor me oporei a vocês, e eu mesmo os castigarei sete vezes mais por causa dos seus pecados. 29Vocês comerão a carne dos seus filhos e das suas filhas. 30Destruirei os seus altares idólatras, despedaçarei os seus altares de incenso[a] e empilharei os seus cadáveres sobre os seus ídolos mortos, e rejeitarei vocês. 31Deixarei as cidades de vocês em ruínas e arrasarei os seus santuários, e não terei prazer no aroma das suas ofertas. 32Desolarei a terra ao ponto de ficarem perplexos os seus inimigos que vierem ocupá-la. 33Espalharei vocês entre as nações e empunharei a espada contra vocês. Sua terra ficará desolada, e as suas cidades, em ruínas. 34Então a terra desfrutará os seus anos sabáticos enquanto estiver desolada e enquanto vocês estiverem na terra dos seus inimigos; e a terra descansará e desfrutará os seus sábados. 35Enquanto estiver desolada, a terra terá o descanso sabático que não teve quando vocês a habitavam.

36"Quanto aos que sobreviverem, eu lhes encherei o coração de tanto medo na terra do inimigo, que o som de uma folha levada pelo vento os porá em fuga. Correrão como quem foge da espada, e cairão, sem que

[a] 26:30 Provavelmente colunas dedicadas ao deus sol.

ninguém os persiga. [37]Tropeçarão uns nos outros, como que fugindo da espada, sem que ninguém os esteja perseguindo. Assim vocês não poderão subsistir diante dos inimigos. [38]Vocês perecerão entre as nações, e a terra dos seus inimigos os devorará. [39]Os que sobreviverem apodrecerão na terra do inimigo por causa dos seus pecados, e também por causa dos pecados dos seus antepassados.

[40]"Mas, se confessarem os seus pecados e os pecados dos seus antepassados, sua infidelidade e oposição a mim, [41]que me levaram a opor-me a eles e a enviá-los para a terra dos seus inimigos; se o seu coração obstinado[a] se humilhar, e eles aceitarem o castigo do seu pecado, [42]eu me lembrarei da minha aliança com Jacó, da minha aliança com Isaque, e da minha aliança com Abraão, e também me lembrarei da terra, [43]que por eles será abandonada e desfrutará os seus sábados enquanto permanecer desolada. Receberão o castigo pelos seus pecados porque desprezaram as minhas ordenanças e rejeitaram os meus decretos. [44]Apesar disso, quando estiverem na terra do inimigo, não os desprezarei, nem os rejeitarei, para destruí-los totalmente, quebrando a minha aliança com eles, pois eu sou o Senhor, o Deus deles. [45]Mas por amor deles eu me lembrarei da aliança com os seus antepassados que tirei da terra do Egito à vista das nações, para ser o Deus deles. Eu sou o Senhor".

[46]São esses os decretos, as ordenanças e as leis que o Senhor estabeleceu no monte Sinai entre ele próprio e os israelitas, por intermédio de Moisés.

O resgate do que pertence ao Senhor

27 Disse também o Senhor a Moisés: [2]"Diga o seguinte aos israelitas: Se alguém fizer um voto especial, dedicando pessoas ao Senhor, faça-o conforme o devido valor; [3]atribua aos homens entre vinte e sessenta anos o valor de seiscentos gramas[b] de prata, com base no peso padrão[c] do santuário; [4]e, se for mulher, atribua-lhe o valor de trezentos e sessenta gramas. [5]Se for alguém que tenha entre cinco e vinte anos, atribua aos homens o valor de duzentos e quarenta gramas e às mulheres o valor de cento e vinte gramas. [6]Se for alguém que tenha entre um mês e cinco anos de idade, atribua aos meninos o valor de sessenta gramas de prata e às meninas o valor de trinta e seis gramas de prata. [7]Se for alguém que tenha de sessenta anos para cima, atribua aos homens o valor de cento e oitenta gramas e às mulheres o valor de cento e vinte gramas. [8]Se quem fizer o voto for pobre demais para pagar o valor especificado, apresentará a pessoa ao sacerdote, que estabelecerá o valor de acordo com as possibilidades do homem que fez o voto.

[9]"Se o que ele prometeu mediante voto for um animal aceitável como oferta ao Senhor, um animal assim dado ao Senhor torna-se santo. [10]Ele não poderá trocá-lo nem substituir um animal ruim por um bom, nem um animal bom por um ruim; caso troque um animal por outro, tanto o substituto quanto o substituído se tornarão santos. [11]Se o que ele prometeu mediante voto for um animal impuro, não aceitável como oferta ao Senhor, o animal será apresentado ao sacerdote, [12]que o avaliará por suas qualidades. A avaliação do sacerdote determinará o valor do animal. [13]Se o dono desejar resgatar o animal, terá que acrescentar um quinto ao seu valor.

[14]"Se um homem consagrar a sua casa ao Senhor, o sacerdote avaliará a casa por suas qualidades. A avaliação do sacerdote determinará o valor da casa. [15]Se o homem que consagrar a sua casa quiser resgatá-la, terá que acrescentar um quinto ao seu valor, e a casa voltará a ser sua.

[16]"Se um homem consagrar ao Senhor parte das terras da sua família, sua avaliação será de acordo com a semeadura: seiscentos gramas de prata para cada barril[d] de semente de cevada. [17]Se consagrar a sua terra durante o ano do Jubileu, o valor será integral. [18]Mas, se a consagrar depois do Jubileu, o sacerdote calculará o valor de acordo com o número de anos que faltarem para o ano do Jubileu seguinte, e o valor será reduzido. [19]Se o homem que consagrar a sua terra desejar resgatá-la, terá que acrescentar um quinto ao seu valor, e a terra voltará a ser sua. [20]Mas se não a resgatar, ou se a tiver vendido, não poderá mais ser resgatada; [21]quando a terra for liberada no Jubileu, será santa, consagrada ao Senhor, e se tornará propriedade dos sacerdotes[e].

[22]"Se um homem consagrar ao Senhor terras que tenha comprado, terras que não fazem parte da propriedade da sua família, [23]o sacerdote determinará o valor de acordo com o tempo que falta para o ano do Jubileu; o homem pagará o valor no mesmo dia, consagrando-o ao Senhor. [24]No ano do Jubileu as terras serão devolvidas àquele de quem ele as comprou. [25]Todos os valores serão calculados com base no peso padrão do santuário, que são doze gramas[f].

[26]"Ninguém poderá consagrar a primeira cria de um animal, pois já pertence ao Senhor; seja cria de vaca, seja de cabra, seja de ovelha, pertence ao Senhor. [27]Mas se for a cria de um animal impuro, poderá resgatá-la pelo valor estabelecido, acrescentando um quinto a esse valor. Se não for resgatada, será vendida pelo valor estabelecido.

[28]"Todavia, nada que um homem possua e consagre ao Senhor, seja homem, seja animal, sejam terras de sua propriedade, poderá ser vendido ou resgatado; todas as coisas assim consagradas são santíssimas ao Senhor.

[29]"Nenhuma pessoa consagrada para a destruição poderá ser resgatada; terá que ser executada.

[30]"Todos os dízimos da terra, seja dos cereais, seja das frutas, pertencem ao Senhor; são consagrados ao Senhor. [31]Se um homem desejar resgatar parte do seu dízimo, terá que acrescentar um quinto ao seu valor. [32]O dízimo dos seus rebanhos, um de cada dez animais que passem debaixo da vara do pastor, será consagrado ao Senhor. [33]O dono não poderá retirar os bons dentre os ruins, nem fazer qualquer troca. Se fizer alguma troca, tanto o animal quanto o substituto se tornarão consagrados e não poderão ser resgatados".

[34]São esses os mandamentos que o Senhor ordenou a Moisés, no monte Sinai, para os israelitas.

[a] 26:41 Hebraico: *incircunciso*.
[b] 27:3 Hebraico: *50 siclos*. Um siclo equivalia a 12 gramas.
[c] 27:3 Hebraico: *no siclo*.
[d] 27:16 Hebraico: *hômer*. O hômer era uma medida de capacidade para secos. As estimativas variam entre 200 e 400 litros.
[e] 27:21 Ou *do sacerdote*
[f] 27:25 Hebraico: *no siclo do santuário, que são 20 geras*. Um gera equivalia a 0,6 gramas.

NÚMEROS

O recenseamento

1 O SENHOR falou a Moisés na Tenda do Encontro, no
deserto do Sinai, no primeiro dia do segundo mês do
segundo ano, depois que os israelitas saíram do Egito.
Ele disse: 2“Façam um recenseamento de toda a comu-
nidade de Israel, pelos seus clãs e famílias, alistando
todos os homens, um a um, pelo nome. 3Você e Arão
contarão todos os homens que possam servir no exér-
cito, de vinte anos para cima, organizados segundo as
suas divisões. 4Um homem de cada tribo, o chefe dos
grupos de famílias, deverá ajudá-los. 5Estes são os no-
mes dos homens que os ajudarão:

de Rúben, Elizur, filho de Sedeur;
6de Simeão, Selumiel,
filho de Zurisadai;
7de Judá, Naassom,
filho de Aminadabe;
8de Issacar, Natanael, filho de Zuar;
9de Zebulom, Eliabe, filho de Helom;
10dos filhos de José:
de Efraim, Elisama, filho de Amiúde;
de Manassés, Gamaliel,
filho de Pedazur;
11de Benjamim, Abidã,
filho de Gideoni;
12de Dã, Aieser, filho de Amisadai;
13de Aser, Pagiel, filho de Ocrã;
14de Gade, Eliasafe, filho de Deuel;
15de Naftali, Aira, filho de Enã”.

16Foram esses os escolhidos dentre a comunidade,
líderes das tribos dos seus antepassados, chefes dos
clãs de Israel.

17Moisés e Arão reuniram os homens nomeados 18e
convocaram toda a comunidade no primeiro dia do se-
gundo mês. Os homens de vinte anos para cima inscre-
veram-se conforme os seus clãs e as suas famílias, um
a um, pelo nome, 19conforme o SENHOR tinha ordena-
do a Moisés. E assim ele os contou no deserto do Sinai,
na seguinte ordem:

20Dos descendentes de Rúben, o filho mais velho
de Israel:
Todos os homens de vinte anos para cima que po-
diam servir no exército foram relacionados, cada
um pelo seu nome, de acordo com os registros
de seus clãs e famílias. 21O número dos da tribo
de Rúben foi 46.500.

22Dos descendentes de Simeão:
Todos os homens de vinte anos para cima que po-
diam servir no exército foram relacionados, cada
um pelo seu nome, de acordo com os registros de
seus clãs e famílias. 23O número dos da tribo de
Simeão foi 59.300.

24Dos descendentes de Gade:
Todos os homens de vinte anos para cima que po-
diam servir no exército foram relacionados, cada
um pelo seu nome, de acordo com os registros de
seus clãs e famílias. 25O número dos da tribo de
Gade foi 45.650.

26Dos descendentes de Judá:
Todos os homens de vinte anos para cima que po-
diam servir no exército foram relacionados, cada
um pelo seu nome, de acordo com os registros de
seus clãs e famílias. 27O número dos da tribo de
Judá foi 74.600.

28Dos descendentes de Issacar:
Todos os homens de vinte anos para cima que po-
diam servir no exército foram relacionados, cada
um pelo seu nome, de acordo com os registros de
seus clãs e famílias. 29O número dos da tribo de
Issacar foi 54.400.

30Dos descendentes de Zebulom:
Todos os homens de vinte anos para cima que po-
diam servir no exército foram relacionados, cada
um pelo seu nome, de acordo com os registros de
seus clãs e famílias. 31O número dos da tribo de
Zebulom foi 57.400.

32Dos filhos de José:
Dos descendentes de Efraim:
Todos os homens de vinte anos para cima que po-
diam servir no exército foram relacionados, cada
um pelo seu nome, de acordo com os registros de
seus clãs e famílias. 33O número dos da tribo de
Efraim foi 40.500.

34Dos descendentes de Manassés:
Todos os homens de vinte anos para cima que po-
diam servir no exército foram relacionados, cada
um pelo seu nome, de acordo com os registros de
seus clãs e famílias. 35O número dos da tribo de
Manassés foi 32.200.

36Dos descendentes de Benjamim:
Todos os homens de vinte anos para cima que po-
diam servir no exército foram relacionados, cada
um pelo seu nome, de acordo com os registros de
seus clãs e famílias. 37O número dos da tribo de
Benjamim foi 35.400.

38Dos descendentes de Dã:
Todos os homens de vinte anos para cima que po-
diam servir no exército foram relacionados, cada
um pelo seu nome, de acordo com os registros
de seus clãs e famílias. 39O número dos da tribo
de Dã foi 62.700.

40Dos descendentes de Aser:
Todos os homens de vinte anos para cima que po-
diam servir no exército foram relacionados, cada
um pelo seu nome, de acordo com os registros
de seus clãs e famílias. 41O número dos da tribo
de Aser foi 41.500.

42Dos descendentes de Naftali:
Todos os homens de vinte anos para cima que po-
diam servir no exército foram relacionados, cada
um pelo seu nome, de acordo com os registros de

seus clãs e famílias. [43]O número dos da tribo de Naftali foi 53.400.

[44]Esses foram os homens contados por Moisés e por Arão e pelos doze líderes de Israel, cada um representando a sua família. [45]Todos os israelitas de vinte anos para cima que podiam servir no exército foram contados de acordo com as suas famílias. [46]O total foi 603.550 homens.

A função dos levitas

[47]As famílias da tribo de Levi, porém, não foram contadas juntamente com as outras, [48]pois o SENHOR tinha dito a Moisés: [49]"Não faça o recenseamento da tribo de Levi nem a relacione entre os demais israelitas. [50]Em vez disso, designe os levitas como responsáveis pelo tabernáculo que guarda as tábuas da aliança, por todos os seus utensílios e por tudo o que pertence a ele. Eles transportarão o tabernáculo e todos os seus utensílios; cuidarão dele e acamparão ao seu redor. [51]Sempre que o tabernáculo tiver que ser removido, os levitas o desmontarão e, sempre que tiver que ser armado, os levitas o farão. Qualquer pessoa não autorizada que se aproximar do tabernáculo terá que ser executada. [52]Os israelitas armarão as suas tendas organizadas segundo as suas divisões, cada um em seu próprio acampamento e junto à sua bandeira. [53]Os levitas, porém, armarão as suas tendas ao redor do tabernáculo que guarda as tábuas da aliança, para que a ira divina não caia sobre a comunidade de Israel. Os levitas terão a responsabilidade de cuidar do tabernáculo que guarda as tábuas da aliança".

[54]Os israelitas fizeram tudo exatamente como o SENHOR tinha ordenado a Moisés.

A disposição das tribos no acampamento

2 O SENHOR disse a Moisés e a Arão: [2]"Os israelitas acamparão ao redor da Tenda do Encontro, a certa distância, cada homem junto à sua bandeira com os emblemas da sua família".

[3]A leste, os exércitos de Judá acamparão junto à sua bandeira. O líder de Judá será Naassom, filho de Aminadabe. [4]Seu exército é de 74.600 homens.
[5]A tribo de Issacar acampará ao lado de Judá. O líder de Issacar será Natanael, filho de Zuar. [6]Seu exército é de 54.400 homens.
[7]A tribo de Zebulom virá em seguida. O líder de Zebulom será Eliabe, filho de Helom. [8]Seu exército é de 57.400 homens.
[9]O número total dos homens recenseados do acampamento de Judá, de acordo com os seus exércitos, foi 186.400. Esses marcharão primeiro.

[10]Ao sul estarão os exércitos do acampamento de Rúben, junto à sua bandeira. O líder de Rúben será Elizur, filho de Sedeur. [11]Seu exército é de 46.500 homens.
[12]A tribo de Simeão acampará ao lado de Rúben. O líder de Simeão será Selumiel, filho de Zurisadai. [13]Seu exército é de 59.300 homens.
[14]A tribo de Gade virá em seguida. O líder de Gade será Eliasafe, filho de Deuel[a]. [15]Seu exército é de 45.650 homens.

[a] 2:14 Alguns manuscritos dizem *Reuel*.

[16]O número total dos homens recenseados do acampamento de Rúben, de acordo com os seus exércitos, foi 151.450. Esses marcharão em segundo lugar.

[17]Em seguida os levitas marcharão levando a Tenda do Encontro no meio dos outros acampamentos, na mesma ordem em que acamparem, cada um em seu próprio lugar, junto à sua bandeira.

[18]A oeste estarão os exércitos do acampamento de Efraim, junto à sua bandeira. O líder de Efraim será Elisama, filho de Amiúde. [19]Seu exército é de 40.500 homens.
[20]A tribo de Manassés acampará ao lado de Efraim. O líder de Manassés será Gamaliel, filho de Pedazur. [21]Seu exército é de 32.200 homens.
[22]A tribo de Benjamim virá em seguida. O líder de Benjamim será Abidã, filho de Gideoni. [23]Seu exército é de 35.400 homens.
[24]O número total dos homens recenseados do acampamento de Efraim, de acordo com os seus exércitos, foi 108.100. Esses marcharão em terceiro lugar.

[25]Ao norte estarão os exércitos do acampamento de Dã, junto à sua bandeira. O líder de Dã será Aieser, filho de Amisadai. [26]Seu exército é de 62.700 homens.
[27]A tribo de Aser acampará ao lado de Dã. O líder de Aser será Pagiel, filho de Ocrã. [28]Seu exército é de 41.500 homens.
[29]A tribo de Naftali virá em seguida. O líder de Naftali será Aira, filho de Enã. [30]Seu exército é de 53.400 homens.
[31]O número total dos homens recenseados do acampamento de Dã, de acordo com os seus exércitos, foi 157.600. Esses marcharão por último, junto às suas bandeiras.

[32]Foram esses os israelitas contados de acordo com as suas famílias. O número total dos que foram contados nos acampamentos, de acordo com os seus exércitos, foi 603.550. [33]Os levitas, contudo, não foram contados com os outros israelitas, conforme o SENHOR tinha ordenado a Moisés.

[34]Assim os israelitas fizeram tudo o que o SENHOR tinha ordenado a Moisés; eles acampavam junto às suas bandeiras e depois partiam, cada um com o seu clã e com a sua família.

Os levitas e suas responsabilidades

3 Esta é a história da descendência de Arão e de Moisés, quando o SENHOR falou com Moisés no monte Sinai.
[2]Os nomes dos filhos de Arão são Nadabe, o mais velho, Abiú, Eleazar e Itamar. [3]São esses os nomes dos filhos de Arão, que foram ungidos para o sacerdócio e que foram ordenados sacerdotes. [4]Nadabe e Abiú, entretanto, caíram mortos perante o SENHOR quando lhe trouxeram uma oferta com fogo profano, no deserto do Sinai. Como não tinham filhos, somente Eleazar e Itamar serviram como sacerdotes durante a vida de Arão, seu pai.
[5]O SENHOR disse a Moisés: [6]"Mande chamar a tribo de Levi e apresente-a ao sacerdote Arão para auxiliá-lo. [7]Eles cuidarão das obrigações próprias da Tenda do

Encontro, fazendo o serviço do tabernáculo para Arão e para toda a comunidade. 8Tomarão conta de todos os utensílios da Tenda do Encontro, cumprindo as obrigações dos israelitas no serviço do tabernáculo. 9Dedique os levitas a Arão e a seus filhos; eles serão escolhidos entre os israelitas para serem inteiramente dedicados a Arão[a]. 10Encarregue Arão e os seus filhos de cuidar do sacerdócio; qualquer pessoa não autorizada que se aproximar do santuário terá que ser executada".

11Disse também o SENHOR a Moisés: 12"Eu mesmo escolho os levitas dentre os israelitas em lugar do primeiro filho de cada mulher israelita. Os levitas são meus, 13pois todos os primogênitos são meus. Quando feri todos os primogênitos no Egito, separei para mim mesmo todo primogênito de Israel, tanto entre os homens como entre os rebanhos. Serão meus. Eu sou o SENHOR".

O recenseamento dos levitas

14E o SENHOR disse ainda a Moisés no deserto do Sinai: 15"Conte os levitas pelas suas famílias e clãs. Serão contados todos os do sexo masculino de um mês de idade para cima". 16Então Moisés os contou, conforme a ordem que recebera do SENHOR.

17São estes os nomes
dos filhos de Levi:
Gérson, Coate e Merari.
18São estes os nomes
dos clãs gersonitas:
Libni e Simei.
19São estes os nomes
dos clãs coatitas:
Anrão, Isar, Hebrom e Uziel.
20E estes são os nomes
dos clãs meraritas:
Mali e Musi.
Foram esses os líderes dos clãs levitas.

21A Gérson pertenciam os clãs dos libnitas e dos simeítas; eram esses os clãs gersonitas. 22O número de todos os que foram contados do sexo masculino, de um mês de idade para cima, foi 7.500. 23Os clãs gersonitas tinham que acampar a oeste, atrás do tabernáculo. 24O líder das famílias dos gersonitas era Eliasafe, filho de Lael. 25Na Tenda do Encontro os gersonitas tinham a responsabilidade de cuidar do tabernáculo, da tenda, da sua cobertura, da cortina da entrada da Tenda do Encontro, 26das cortinas externas do pátio, da cortina da entrada do pátio que rodeia o tabernáculo e o altar, das cordas, e de tudo o que estava relacionado com esse serviço.

27A Coate pertenciam os clãs dos anramitas, dos isaritas, dos hebronitas e dos uzielitas; eram esses os clãs coatitas. 28O número de todos os do sexo masculino, de um mês de idade para cima, foi 8.600[b]. Os coatitas tinham a responsabilidade de cuidar do santuário. 29Os clãs coatitas tinham que acampar no lado sul do tabernáculo. 30O líder das famílias dos clãs coatitas era Elisafã, filho de Uziel. 31Tinham a responsabilidade de cuidar da arca, da mesa, do candelabro, dos altares, dos utensílios do santuário com os quais ministravam, da cortina e de tudo o que estava relacionado com esse serviço. 32O principal líder dos levitas era Eleazar, filho do sacerdote Arão. Ele tinha a responsabilidade de supervisionar os encarregados de cuidar do santuário.

33A Merari pertenciam os clãs dos malitas e dos musitas; eram esses os clãs meraritas. 34O número de todos os que foram contados do sexo masculino, de um mês de idade para cima, foi 6.200. 35O líder das famílias dos clãs meraritas era Zuriel, filho de Abiail; eles tinham que acampar no lado norte do tabernáculo. 36Os meraritas tinham a responsabilidade de cuidar das armações do tabernáculo, de seus travessões, das colunas, das bases, de todos os seus utensílios e de tudo o que estava relacionado com esse serviço, 37bem como das colunas do pátio ao redor, com suas bases, suas estacas e suas cordas.

38E acamparam a leste do tabernáculo, em frente da Tenda do Encontro, Moisés, Arão e seus filhos. Tinham a responsabilidade de cuidar do santuário em favor dos israelitas. Qualquer pessoa não autorizada que se aproximasse do santuário teria que ser executada.

39O número total de levitas contados por Moisés e Arão, conforme a ordem do SENHOR, segundo os clãs deles, todos os do sexo masculino, de um mês de idade para cima, foi 22.000.

O resgate dos primogênitos

40E o SENHOR disse a Moisés: "Conte todos os primeiros filhos dos israelitas, do sexo masculino, de um mês de idade para cima e faça uma relação de seus nomes. 41Dedique a mim os levitas em lugar de todos os primogênitos dos israelitas, e os rebanhos dos levitas, em lugar de todas as primeiras crias dos rebanhos dos israelitas. Eu sou o SENHOR".

42E Moisés contou todos os primeiros filhos dos israelitas, conforme o SENHOR lhe havia ordenado. 43O número total dos primeiros filhos do sexo masculino, de um mês de idade para cima, relacionados pelo nome, foi 22.273.

44Disse também o SENHOR a Moisés: 45"Dedique os levitas em lugar de todos os primogênitos dos israelitas, e os rebanhos dos levitas em lugar dos rebanhos dos israelitas. Os levitas serão meus. Eu sou o SENHOR. 46Para o resgate dos primeiros 273 filhos dos israelitas que excedem o número de levitas, 47recolha sessenta gramas de prata[c], com base no peso padrão do santuário, que são doze gramas[d]. 48Entregue a Arão e aos seus filhos a prata para o resgate do número excedente de israelitas".

49Assim Moisés recolheu a prata para o resgate daqueles que excederam o número dos levitas. 50Dos primeiros filhos dos israelitas ele recolheu prata no peso de quase dezesseis quilos e meio[e], com base no peso padrão do santuário. 51Moisés entregou a Arão e aos filhos dele a prata para o resgate, conforme a ordem que recebera do SENHOR.

Os coatitas e suas responsabilidades

4 Disse o SENHOR a Moisés e a Arão: 2"Façam um recenseamento dos coatitas na tribo de Levi, pelos seus

[a] 3:9 Conforme a maioria dos manuscritos do Texto Massorético. Alguns manuscritos do Texto Massorético, o Pentateuco Samaritano e a Septuaginta dizem *a mim*. Veja Nm 8:16.

[b] 3:28 Alguns manuscritos da Septuaginta dizem *8.300*.

[c] 3:47 Hebraico: *5 siclos*. Um siclo equivalia a 12 gramas.

[d] 3:47 Hebraico: *no siclo do santuário, 20 geras por siclo*. Um gera equivalia a 0,6 gramas.

[e] 3:50 Hebraico: *1.365 siclos, de acordo com o siclo do santuário*.

clãs e famílias; 3contem todos os homens entre trinta
e cinquenta anos, aptos para servir, para que façam o
serviço da Tenda do Encontro.
4"O serviço dos coatitas na Tenda do Encontro será
o cuidado das coisas santíssimas. 5Quando o acampa-
mento tiver que mudar, Arão e os seus filhos entra-
rão e descerão o véu protetor e com ele cobrirão a arca
da aliança[a]. 6Depois a cobrirão com couro[b], estende-
rão um pano inteiramente azul sobre ela e colocarão
as varas no lugar.
7"Sobre a mesa da Presença eles estenderão um pano
azul e colocarão os pratos, os recipientes para incenso,
as tigelas e as bacias para as ofertas derramadas, e os
pães da Presença, que devem estar sempre sobre ela.
8Sobre tudo isso estenderão um pano vermelho e o co-
brirão com couro. Depois colocarão as varas no lugar.
9"Pegarão também um pano azul e cobrirão o cande-
labro usado para iluminação, as suas candeias, as suas
tesouras de aparo, os seus apagadores e todos os jarros
para o seu suprimento de óleo. 10Em seguida o embru-
lharão com todos os seus utensílios numa cobertura de
couro e o colocarão num suporte para carregar.
11"Sobre o altar de ouro estenderão um pano azul e o
cobrirão com couro. E colocarão as suas varas no lugar.
12"Apanharão todos os utensílios usados na minis-
tração no santuário, depois os embrulharão num pano
azul e os cobrirão com couro; a seguir os colocarão num
suporte para carregar.
13"Tirarão a cinza do altar de bronze e estenderão
sobre ele um pano roxo. 14Colocarão sobre ele todos os
utensílios usados na ministração no altar: os braseiros,
os garfos de carne, as pás e as bacias da aspersão. Sobre
ele estenderão uma cobertura de couro e colocarão as
varas no lugar.
15"Quando Arão e os seus filhos terminarem de co-
brir os utensílios sagrados e todos os artigos sagrados,
e o acampamento estiver pronto para partir, os coatitas
virão carregá-los. Mas não tocarão nas coisas sagradas;
se o fizerem, morrerão. São esses os utensílios da Tenda
do Encontro que os coatitas carregarão.
16"Eleazar, filho do sacerdote Arão, ficará encarrega-
do do azeite para a iluminação, do incenso aromático,
da oferta costumeira de cereal e do óleo da unção. Fi-
cará encarregado de todo o tabernáculo e de tudo o que
nele há, isto é, seus utensílios e seus artigos sagrados".
17O SENHOR disse ainda a Moisés e a Arão: 18"Não
permitam que o ramo dos clãs coatitas seja eliminado
dentre os levitas. 19Mas, para que continuem vivos e
não morram quando se aproximarem das coisas san-
tíssimas, Arão e os seus filhos entrarão no santuário e
designarão a cada homem a sua tarefa e o que deverá
carregar. 20Os coatitas não entrarão para ver as coisas
sagradas, nem por um breve momento, para que não
morram".

Os gersonitas e as suas responsabilidades

21E o SENHOR disse a Moisés: 22"Faça também um re-
censeamento dos gersonitas, pelas suas famílias e clãs;
23conte todos os homens entre trinta e cinquenta anos,
aptos para servir, para que façam o serviço da Tenda
do Encontro.
24"Este é o serviço dos clãs gersonitas, o que devem
fazer e carregar: 25Eles levarão as cortinas internas do
tabernáculo, a Tenda do Encontro, a sua cobertura, a
cobertura externa de couro, as cortinas da entrada da
Tenda do Encontro. 26Farão tudo o que for necessário
com aquelas coisas e com as cortinas externas do pá-
tio que rodeia o tabernáculo e o altar, com a cortina
da entrada, com as cordas e com todos os utensílios
usados em seu serviço. 27Todo o serviço deles, tudo
o que devem fazer e carregar estará sob a direção de
Arão e de seus filhos. Designe como responsabilidade
deles tudo o que tiverem que carregar. 28Esse é o ser-
viço dos clãs gersonitas na Tenda do Encontro. Suas
atividades estarão sob a supervisão de Itamar, filho
do sacerdote Arão.

Os meraritas e as suas responsabilidades

29"Conte os meraritas conforme os seus clãs e famí-
lias, 30todos os homens entre trinta e cinquenta anos,
aptos para servir, para que façam o serviço da Tenda do
Encontro. 31Esta é a responsabilidade deles no serviço
que deverão realizar na Tenda do Encontro: carregar as
armações do tabernáculo, seus travessões, suas colunas
e suas bases, 32bem como as colunas do pátio, que ro-
deia a tenda, com suas bases, suas estacas e suas cordas;
todos os seus utensílios e tudo o que está relacionado
com o seu uso. Designe a cada um aquilo que deverá le-
var. 33Esse é o serviço dos clãs meraritas. Todo o serviço
deles na Tenda do Encontro estará sob a supervisão de
Itamar, filho do sacerdote Arão".

O recenseamento dos levitas

34Moisés, Arão e os líderes da comunidade conta-
ram os coatitas, conforme seus clãs e famílias, 35todos
os homens entre trinta e cinquenta anos, aptos para
servir, para que fizessem o serviço da Tenda do Encon-
tro. 36Foram contados, conforme os seus clãs, 2.750 ho-
mens. 37Esse foi o total de recenseados dos clãs coatitas
que serviam na Tenda do Encontro. Moisés e Arão os
contaram de acordo com a ordem do SENHOR, anun-
ciada por Moisés.
38Os gersonitas foram contados conforme os seus
clãs e famílias, 39todos os homens entre trinta e cin-
quenta anos, aptos para servir, para fazer o serviço da
Tenda do Encontro. 40Foram contados conforme os seus
clãs e famílias 2.630. 41Esse foi o total de recenseados
dos clãs gersonitas que serviam na Tenda do Encon-
tro. Moisés e Arão os contaram de acordo com a or-
dem do SENHOR.
42Os meraritas foram contados conforme os seus clãs
e famílias, 43todos os homens entre trinta e cinquenta
anos, aptos para servir, para fazer o serviço da Tenda
do Encontro. 44Foram contados conforme os seus clãs
3.200. 45Esse foi o total de recenseados dos clãs mera-
ritas que serviam na Tenda do Encontro. Moisés e Arão
os contaram de acordo com a ordem do SENHOR, anun-
ciada por Moisés.
46Assim Moisés, Arão e os líderes de Israel contaram
todos os levitas conforme os seus clãs e famílias; 47to-
dos os homens entre trinta e cinquenta anos de idade
que vieram para servir e carregar a Tenda do Encon-
tro 48somavam 8.580. 49Conforme a ordem do SENHOR
anunciada por Moisés, a cada um foi designado o seu
trabalho e foi dito o que deveria carregar.

[a] 4:5 Hebraico: *do Testemunho*. Isto é, das tábuas da aliança; também em 7:89.
[b] 4:6 Possivelmente peles de animais marinhos; também nos versículos 8, 10-12, 14 e 25.

Assim foram todos contados, conforme o SENHOR tinha ordenado a Moisés.

A pureza do acampamento

5 O SENHOR disse a Moisés: 2“Ordene aos israelitas que mandem para fora do acampamento todo aquele que tiver lepra[a], ou que tiver um fluxo, ou que se tornar impuro por tocar um cadáver. 3Mande-os para fora do acampamento, tanto homens como mulheres, para que não contaminem o seu próprio acampamento, onde habito entre eles”. 4Os israelitas assim fizeram e os mandaram para fora do acampamento, como o SENHOR tinha ordenado a Moisés.

A restituição por danos e prejuízos

5E o SENHOR disse a Moisés: 6“Diga aos israelitas: Quando um homem ou uma mulher prejudicar outra pessoa[b] e, portanto, ofender o SENHOR, será culpado. 7Confessará o pecado que cometeu, fará restituição total, acrescentará um quinto a esse valor e entregará tudo isso a quem ele prejudicou. 8Mas, se o prejudicado não tiver nenhum parente próximo para receber a restituição, esta pertencerá ao SENHOR e será entregue ao sacerdote, juntamente com o carneiro com o qual se faz propiciação pelo culpado. 9Todas as contribuições, ou seja, todas as dádivas sagradas que os israelitas trouxerem ao sacerdote, pertencerão a ele. 10As dádivas sagradas de cada pessoa pertencem a ela, mas o que ela der ao sacerdote pertencerá ao sacerdote”.

O teste da mulher suspeita de adultério

11Então o SENHOR disse a Moisés: 12“Diga o seguinte aos israelitas: Se a mulher de alguém se desviar e lhe for infiel, 13e outro homem deitar-se com ela, e isso estiver oculto de seu marido, e a impureza dela não for descoberta, por não haver testemunha contra ela nem ter ela sido pega no ato; 14se o marido dela tiver ciúmes e suspeitar de sua mulher, esteja ela pura ou impura, 15ele a levará ao sacerdote, com uma oferta de um jarro[c] de farinha de cevada em favor dela. Não derramará azeite nem porá incenso sobre a farinha, porque é uma oferta de cereal pelo ciúme, para que se revele a verdade sobre o pecado.

16“O sacerdote trará a mulher e a colocará perante o SENHOR. 17Então apanhará um pouco de água sagrada num jarro de barro e colocará na água um pouco do pó do chão do tabernáculo. 18Depois de colocar a mulher perante o SENHOR, o sacerdote soltará o cabelo dela e porá nas mãos dela a oferta memorial, a oferta pelo ciúme, enquanto ele mesmo terá em sua mão a água amarga que traz maldição. 19Então o sacerdote fará a mulher jurar e lhe dirá: Se nenhum outro homem se deitou com você e se você não foi infiel nem se tornou impura enquanto casada, que esta água amarga que traz maldição não lhe faça mal. 20Mas, se você foi infiel enquanto casada e se contaminou por ter se deitado com um homem que não é seu marido — 21então o sacerdote fará a mulher pronunciar este juramento com maldição — que o SENHOR faça de você objeto de maldição e de desprezo no meio do povo fazendo que a sua barriga inche e que você jamais tenha filhos[d]. 22Que esta água que traz maldição entre em seu corpo, inche a sua barriga e a impeça de ter filhos.

“Então a mulher dirá: Amém. Assim seja.

23“O sacerdote escreverá essas maldições num documento e depois as lavará na água amarga. 24Ele a fará beber a água amarga que traz maldição, e essa água entrará nela, causando-lhe amargo sofrimento. 25O sacerdote apanhará das mãos dela a oferta de cereal pelo ciúme, a moverá ritualmente perante o SENHOR e a trará ao altar. 26Então apanhará um punhado da oferta de cereal como oferta memorial e a queimará sobre o altar; depois disso fará a mulher beber a água. 27Se ela houver se contaminado, sendo infiel ao seu marido, quando o sacerdote fizer que ela beba a água que traz maldição, essa água entrará nela e causará um amargo sofrimento; sua barriga inchará e ela, incapaz de ter filhos, se tornará objeto de maldição entre o seu povo. 28Se, porém, a mulher não houver se contaminado, mas estiver pura, não sofrerá punição e será capaz de ter filhos.

29“Esse é, pois, o ritual quanto ao ciúme, quando uma mulher for infiel e se contaminar enquanto casada, 30ou quando o ciúme se apoderar de um homem porque suspeita de sua mulher. O sacerdote a colocará perante o SENHOR e a fará passar por todo esse ritual. 31Se a suspeita se confirmar ou não, o marido estará inocente; mas a mulher sofrerá as consequências da sua iniquidade”.

As regulamentações do voto de nazireu

6 O SENHOR disse ainda a Moisés: 2“Diga o seguinte aos israelitas: Se um homem ou uma mulher fizer um voto especial, um voto de separação para o SENHOR como nazireu, 3terá que se abster de vinho e de outras bebidas fermentadas e não poderá beber vinagre feito de vinho ou de outra bebida fermentada. Não poderá beber suco de uva nem comer uvas nem passas. 4Enquanto for nazireu, não poderá comer nada que venha da videira, nem mesmo as sementes ou as cascas.

5“Durante todo o período de seu voto de separação, nenhuma lâmina será usada em sua cabeça. Até que termine o período de sua separação para o SENHOR ele estará consagrado e deixará crescer o cabelo de sua cabeça. 6Durante todo o período de sua separação para o SENHOR, não poderá aproximar-se de um cadáver. 7Mesmo que o seu próprio pai ou mãe ou irmã ou irmão morra, ele não poderá tornar-se impuro por causa deles, pois traz sobre a cabeça o símbolo de sua separação para Deus. 8Durante todo o período de sua separação, estará consagrado ao SENHOR.

9“Se alguém morrer repentinamente perto dele, contaminando assim o cabelo que consagrou, ele terá que rapar a cabeça sete dias depois, dia da sua purificação. 10No oitavo dia, trará duas rolinhas ou dois pombinhos ao sacerdote, à entrada da Tenda do Encontro. 11O sacerdote oferecerá um como oferta pelo pecado e o outro como holocausto[e], para fazer propiciação por ele, pois pecou ao se aproximar de um cadáver. Naquele mesmo dia o nazireu reconsagrará a sua cabeça. 12Ele se dedicará ao SENHOR pelo período de sua separação e trará

[a] 5:2 O termo hebraico não se refere somente à lepra, mas também a diversas doenças da pele.

[b] 5:6 Ou *cometer qualquer pecado que os homens cometem*

[c] 5:15 Hebraico: *1/10 de efa*. O efa era uma medida de capacidade para secos. As estimativas variam entre 20 e 40 litros.

[d] 5:21 Hebraico: *que a sua coxa caia e seu ventre inche*; também nos versículos 22 e 27.

[e] 6:11 Isto é, sacrifício totalmente queimado; também em todo o livro de Números.

um cordeiro de um ano de idade como oferta de reparação. Não se contarão os dias anteriores porque ficou contaminado durante a sua separação.

13“Este é o ritual do nazireu quando terminar o período de sua separação: ele será trazido à entrada da Tenda do Encontro. 14Ali apresentará a sua oferta ao SENHOR: um cordeiro de um ano e sem defeito como holocausto, uma cordeira de um ano e sem defeito como oferta pelo pecado, um carneiro sem defeito como oferta de comunhão[a], 15juntamente com a sua oferta de cereal, com a oferta derramada e com um cesto de pães sem fermento, bolos feitos da melhor farinha amassada com azeite e pães finos untados com azeite.

16“O sacerdote os apresentará ao SENHOR e oferecerá o sacrifício pelo pecado e o holocausto. 17Apresentará o cesto de pães sem fermento e oferecerá o cordeiro como sacrifício de comunhão ao SENHOR, juntamente com a oferta de cereal e a oferta derramada.

18“Em seguida, à entrada da Tenda do Encontro, o nazireu rapará o cabelo que consagrou e o jogará no fogo que está embaixo do sacrifício da oferta de comunhão.

19“Depois que o nazireu rapar o cabelo da sua consagração, o sacerdote lhe colocará nas mãos um ombro cozido do carneiro, um bolo e um pão fino tirados do cesto, ambos sem fermento. 20O sacerdote os moverá perante o SENHOR como gesto ritual de apresentação; são santos e pertencem ao sacerdote, bem como o peito que foi movido e a coxa. Depois disso o nazireu poderá beber vinho.

21“Esse é o ritual do voto de nazireu e da oferta dedicada ao SENHOR de acordo com a sua separação, sem contar qualquer outra coisa que ele possa dedicar. Cumprirá o voto que tiver feito de acordo com o ritual do nazireu”.

A bênção sacerdotal

22O SENHOR disse a Moisés: 23“Diga a Arão e aos seus filhos: Assim vocês abençoarão os israelitas:

24“O SENHOR te abençoe e te guarde;
25o SENHOR faça resplandecer
o seu rosto sobre ti[b]
e te conceda graça;
26o SENHOR volte para ti o seu rosto
e te dê paz.

27“Assim eles invocarão o meu nome sobre os israelitas, e eu os abençoarei”.

Ofertas por ocasião da dedicação do tabernáculo

7 Quando Moisés acabou de armar o tabernáculo, ele o ungiu e o consagrou, juntamente com todos os seus utensílios. Também ungiu e consagrou o altar com todos os seus utensílios. 2Então os líderes de Israel, os chefes das famílias que eram os líderes das tribos encarregados do recenseamento, apresentaram ofertas. 3Trouxeram as suas dádivas ao SENHOR: seis carroças cobertas e doze bois, um boi de cada líder e uma carroça de cada dois líderes; e as apresentaram diante do tabernáculo.

4O SENHOR disse a Moisés: 5“Aceite as ofertas deles para que sejam usadas no trabalho da Tenda do Encontro. Entregue-as aos levitas, conforme exigir o trabalho de cada homem”.

6Então Moisés recebeu as carroças e os bois e os entregou aos levitas. 7Deu duas carroças e quatro bois aos gersonitas, conforme exigia o trabalho deles, 8e quatro carroças e oito bois aos meraritas, conforme exigia o trabalho deles. Estavam todos sob a supervisão de Itamar, filho do sacerdote Arão. 9Mas aos coatitas Moisés não deu nada, pois eles deveriam carregar nos ombros os objetos sagrados pelos quais eram responsáveis.

10Quando o altar foi ungido, os líderes trouxeram as suas ofertas para a dedicação do altar, e as apresentaram diante dele. 11Pois o SENHOR tinha dito a Moisés: “Cada dia um líder deverá trazer a sua oferta para a dedicação do altar”.

12No primeiro dia, Naassom, filho de Aminadabe, da tribo de Judá, trouxe a sua oferta.

13A oferta dele foi um prato de prata de um quilo e quinhentos e sessenta gramas[c] e uma bacia de prata para as aspersões, de oitocentos e quarenta gramas, ambos pesados com base no peso padrão do santuário, cada um cheio da melhor farinha amassada com óleo, como oferta de cereal; 14uma vasilha de ouro de cento e vinte gramas, cheia de incenso; 15um novilho, um carneiro e um cordeiro de um ano como holocausto; 16um bode como oferta pelo pecado; 17e dois bois, cinco carneiros, cinco bodes e cinco cordeiros de um ano para serem oferecidos como sacrifício de comunhão. Essa foi a oferta de Naassom, filho de Aminadabe.

18No segundo dia, Natanael, filho de Zuar e líder de Issacar, trouxe a sua oferta.

19A oferta dele foi um prato de prata de um quilo e quinhentos e sessenta gramas e uma bacia de prata para as aspersões, de oitocentos e quarenta gramas, ambos pesados com base no peso padrão do santuário, cada um cheio da melhor farinha amassada com óleo, como oferta de cereal; 20uma vasilha de ouro de cento e vinte gramas, cheia de incenso; 21um novilho, um carneiro e um cordeiro de um ano como holocausto; 22um bode como oferta pelo pecado; 23e dois bois, cinco carneiros, cinco bodes e cinco cordeiros de um ano para serem oferecidos como sacrifício de comunhão. Essa foi a oferta de Natanael, filho de Zuar.

24No terceiro dia, Eliabe, filho de Helom e líder de Zebulom, trouxe a sua oferta.

25A oferta dele foi um prato de prata de um quilo e quinhentos e sessenta gramas e uma bacia de prata para as aspersões, de oitocentos e quarenta gramas, ambos pesados com base no peso padrão do santuário, cada um cheio da melhor farinha amassada com óleo, como oferta de cereal; 26uma vasilha de ouro de cento e vinte gramas, cheia de incenso; 27um novilho, um carneiro e um cordeiro de um ano como holocausto; 28um bode como oferta pelo pecado; 29e dois bois, cinco carneiros, cinco bodes e cinco cordeiros de um ano para serem oferecidos como sacrifício de comunhão. Essa foi a oferta de Eliabe, filho de Helom.

30No quarto dia, Elizur, filho de Sedeur e líder de Rúben, trouxe a sua oferta.

31A oferta dele foi um prato de prata de um quilo e quinhentos e sessenta gramas e uma bacia de prata

[a] 6:14 Ou *de paz*; também em 6:17,18 e em todo o capítulo 7.
[b] 6:25 Isto é, mostre a sua bondade para contigo.
[c] 7:13 Hebraico: *130 siclos*. Um siclo equivalia a 12 gramas.

para as aspersões, de oitocentos e quarenta gramas, am-
bos pesados com base no peso padrão do santuário,
cada um cheio da melhor farinha amassada com óleo,
como oferta de cereal; 32uma vasilha de ouro de cento
e vinte gramas, cheia de incenso; 33um novilho, um car-
neiro e um cordeiro de um ano como holocausto; 34um
bode como oferta pelo pecado; 35e dois bois, cinco car-
neiros, cinco bodes e cinco cordeiros de um ano para
serem oferecidos como sacrifício de comunhão. Essa
foi a oferta de Elizur, filho de Sedeur.

36No quinto dia, Selumiel, filho de Zurisadai e líder
de Simeão, trouxe a sua oferta.
37A oferta dele foi um prato de prata de um quilo
e quinhentos e sessenta gramas e uma bacia de pra-
ta para as aspersões, de oitocentos e quarenta gramas,
ambos pesados com base no peso padrão do santuário,
cada um cheio da melhor farinha amassada com óleo,
como oferta de cereal; 38uma vasilha de ouro de cento
e vinte gramas, cheia de incenso; 39um novilho, um car-
neiro e um cordeiro de um ano como holocausto; 40um
bode como oferta pelo pecado; 41e dois bois, cinco car-
neiros, cinco bodes e cinco cordeiros de um ano para
serem oferecidos como sacrifício de comunhão. Essa
foi a oferta de Selumiel, filho de Zurisadai.

42No sexto dia, Eliasafe, filho de Deuel e líder de Ga-
de, trouxe a sua oferta.
43A oferta dele foi um prato de prata de um quilo
e quinhentos e sessenta gramas e uma bacia de pra-
ta para as aspersões, de oitocentos e quarenta gramas,
ambos pesados com base no peso padrão do santuário,
cada um cheio da melhor farinha amassada com óleo,
como oferta de cereal; 44uma vasilha de ouro de cen-
to e vinte gramas, cheia de incenso; 45um novilho, um
carneiro e um cordeiro de um ano como holocausto;
46um bode como oferta pelo pecado; 47e dois bois, cin-
co carneiros, cinco bodes e cinco cordeiros de um ano
para serem oferecidos como sacrifício de comunhão.
Essa foi a oferta de Eliasafe, filho de Deuel.

48No sétimo dia, Elisama, filho de Amiúde e líder de
Efraim, trouxe a sua oferta.
49A oferta dele foi um prato de prata de um quilo
e quinhentos e sessenta gramas e uma bacia de pra-
ta para as aspersões, de oitocentos e quarenta gramas,
ambos pesados com base no peso padrão do santuário,
cada um cheio da melhor farinha amassada com óleo,
como oferta de cereal; 50uma vasilha de ouro de cento
e vinte gramas, cheia de incenso; 51um novilho, um car-
neiro e um cordeiro de um ano como holocausto; 52um
bode como oferta pelo pecado; 53e dois bois, cinco car-
neiros, cinco bodes e cinco cordeiros de um ano para
serem oferecidos como sacrifício de comunhão. Essa
foi a oferta de Elisama, filho de Amiúde.

54No oitavo dia, Gamaliel, filho de Pedazur e líder de
Manassés, trouxe a sua oferta.
55A oferta dele foi um prato de prata de um quilo
e quinhentos e sessenta gramas e uma bacia de pra-
ta para as aspersões, de oitocentos e quarenta gramas,
ambos pesados com base no peso padrão do santuário,
cada um cheio da melhor farinha amassada com óleo,
como oferta de cereal; 56uma vasilha de ouro de cen-
to e vinte gramas, cheia de incenso; 57um novilho, um
carneiro e um cordeiro de um ano como holocausto;
58um bode como oferta pelo pecado; 59e dois bois, cinco
carneiros, cinco bodes e cinco cordeiros de um ano para
serem oferecidos como sacrifício de comunhão. Essa foi
a oferta de Gamaliel, filho de Pedazur.

60No nono dia, Abidã, filho de Gideoni e líder de Ben-
jamim, trouxe a sua oferta.
61A oferta dele foi um prato de prata de um quilo
e quinhentos e sessenta gramas e uma bacia de pra-
ta para as aspersões, de oitocentos e quarenta gramas,
ambos pesados com base no peso padrão do santuário,
cada um cheio da melhor farinha amassada com óleo,
como oferta de cereal; 62uma vasilha de ouro de cen-
to e vinte gramas, cheia de incenso; 63um novilho, um
carneiro e um cordeiro de um ano como holocausto;
64um bode como oferta pelo pecado; 65e dois bois, cin-
co carneiros, cinco bodes e cinco cordeiros de um ano
para serem oferecidos como sacrifício de comunhão.
Essa foi a oferta de Abidã, filho de Gideoni.

66No décimo dia, Aieser, filho de Amisadai e líder de
Dã, trouxe a sua oferta.
67A oferta dele foi um prato de prata de um quilo
e quinhentos e sessenta gramas e uma bacia de pra-
ta para as aspersões, de oitocentos e quarenta gramas,
ambos pesados com base no peso padrão do santuário,
cada um cheio da melhor farinha amassada com óleo,
como oferta de cereal; 68uma vasilha de ouro de cento
e vinte gramas, cheia de incenso; 69um novilho, um car-
neiro e um cordeiro de um ano como holocausto; 70um
bode como oferta pelo pecado; 71e dois bois, cinco car-
neiros, cinco bodes e cinco cordeiros de um ano para
serem oferecidos como sacrifício de comunhão. Essa
foi a oferta de Aieser, filho de Amisadai.

72No décimo primeiro dia, Pagiel, filho de Ocrã e lí-
der de Aser, trouxe a sua oferta.
73A oferta dele foi um prato de prata de um quilo
e quinhentos e sessenta gramas e uma bacia de pra-
ta para as aspersões, de oitocentos e quarenta gramas,
ambos pesados com base no peso padrão do santuário,
cada um cheio da melhor farinha amassada com óleo,
como oferta de cereal; 74uma vasilha de ouro de cento
e vinte gramas, cheia de incenso; 75um novilho, um car-
neiro e um cordeiro de um ano como holocausto; 76um
bode como oferta pelo pecado; 77e dois bois, cinco car-
neiros, cinco bodes e cinco cordeiros de um ano para
serem oferecidos como sacrifício de comunhão. Essa
foi a oferta de Pagiel, filho de Ocrã.

78No décimo segundo dia, Aira, filho de Enã e líder
de Naftali, trouxe a sua oferta.
79A oferta dele foi um prato de prata de um quilo
e quinhentos e sessenta gramas e uma bacia de pra-
ta para as aspersões, de oitocentos e quarenta gramas,
ambos pesados com base no peso padrão do santuário,
cada um cheio da melhor farinha amassada com óleo,
como oferta de cereal; 80uma vasilha de ouro de cen-
to e vinte gramas, cheia de incenso; 81um novilho, um
carneiro e um cordeiro de um ano como holocausto;
82um bode como oferta pelo pecado; 83e dois bois, cin-
co carneiros, cinco bodes e cinco cordeiros de um ano
para serem oferecidos como sacrifício de comunhão.
Essa foi a oferta de Aira, filho de Enã.

[84]Essas foram as ofertas dos líderes israelitas para a dedicação do altar quando este foi ungido. Ao todo foram: doze pratos de prata, doze bacias de prata para as aspersões e doze vasilhas de ouro. [85]Cada prato de prata pesava um quilo e quinhentos e sessenta gramas, e cada bacia para as aspersões pesava oitocentos e quarenta gramas. O total de peças de prata pesava vinte e oito quilos e oitocentos gramas, com base no peso padrão do santuário. [86]As doze vasilhas de ouro cheias de incenso pesavam cada uma cento e vinte gramas, com base no peso padrão do santuário. O total de vasilhas de ouro pesava um quilo e quatrocentos e quarenta gramas. [87]O total de animais oferecidos em holocausto foi doze novilhos, doze carneiros e doze cordeiros de um ano, juntamente com as ofertas de cereal. Doze bodes foram trazidos para a oferta pelo pecado. [88]O total de animais oferecidos em sacrifício de comunhão foi vinte e quatro bois, sessenta carneiros, sessenta bodes e sessenta cordeiros de um ano. Foram essas as ofertas trazidas para a dedicação do altar depois que este foi ungido.

[89]Quando entrava na Tenda do Encontro para falar com o SENHOR, Moisés ouvia a voz que lhe falava do meio dos dois querubins, de cima da tampa da arca da aliança. Era assim que o SENHOR falava com ele.

A preparação das lâmpadas do candelabro

8 Disse também o SENHOR a Moisés: [2]"Diga o seguinte a Arão: Quando você preparar as sete lâmpadas, estas deverão iluminar a área da frente do candelabro".

[3]Arão assim fez; dispôs as lâmpadas de modo que estivessem voltadas para a frente do candelabro, como o SENHOR tinha ordenado a Moisés. [4]O candelabro foi feito de ouro batido, do pedestal às flores, conforme o modelo que o SENHOR tinha mostrado a Moisés.

A consagração dos levitas

[5]O SENHOR disse a Moisés: [6]"Separe os levitas do meio dos israelitas e purifique-os. [7]A purificação deles será assim: você aspergirá a água da purificação sobre eles; fará com que rapem o corpo todo e lavem as roupas, para que se purifiquem. [8]Depois eles trarão um novilho com a oferta de cereal da melhor farinha amassada com óleo; e você trará um segundo novilho como oferta pelo pecado. [9]Você levará os levitas para a frente da Tenda do Encontro e reunirá toda a comunidade de Israel. [10]Levará os levitas à presença do SENHOR, e os israelitas imporão as mãos sobre eles. [11]Arão apresentará os levitas ao SENHOR como oferta ritualmente movida da parte dos israelitas: eles serão dedicados ao trabalho do SENHOR.

[12]"Depois que os levitas impuserem as mãos sobre a cabeça dos novilhos, você oferecerá um novilho como oferta pelo pecado e o outro como holocausto ao SENHOR, para fazer propiciação pelos levitas. [13]Disponha os levitas em frente de Arão e dos filhos dele e apresente-os como oferta movida ao SENHOR. [14]Dessa maneira você separará os levitas do meio dos israelitas, e os levitas serão meus.

[15]"Depois que você purificar os levitas e os apresentar como oferta movida, eles entrarão na Tenda do Encontro para ministrar. [16]Eles são os israelitas que deverão ser inteiramente dedicados a mim. Eu os separei para serem meus em lugar dos primogênitos, do primeiro filho homem de cada mulher israelita. [17]Todo primogênito em Israel, entre os homens e entre os rebanhos, é meu. Eu os separei para mim quando feri todos os primogênitos no Egito, [18]e escolhi os levitas em lugar de todos os primogênitos em Israel. [19]Dentre todos os israelitas, dediquei os levitas como dádivas a Arão e aos seus filhos; eles ministrarão na Tenda do Encontro em nome dos israelitas e farão propiciação por eles, para que nenhuma praga atinja os israelitas quando se aproximarem do santuário".

[20]Moisés, Arão e toda a comunidade de Israel fizeram com os levitas como o SENHOR tinha ordenado a Moisés. [21]Os levitas se purificaram e lavaram suas roupas; e Arão os apresentou como oferta ritualmente movida perante o SENHOR e fez propiciação por eles para purificá-los. [22]Depois disso os levitas passaram a ministrar na Tenda do Encontro sob a supervisão de Arão e dos seus filhos. Fizeram com os levitas como o SENHOR tinha ordenado a Moisés.

[23]O SENHOR disse ainda a Moisés: [24]"Isto diz respeito aos levitas: os homens de vinte e cinco anos para cima, aptos para servir, tomarão parte no trabalho que se faz na Tenda do Encontro, [25]mas aos cinquenta anos deverão afastar-se do serviço regular e nele não mais trabalharão. [26]Poderão ajudar seus companheiros de ofício na responsabilidade de cuidar da Tenda do Encontro, mas eles mesmos não deverão fazer o trabalho. Assim você designará as responsabilidades dos levitas".

A celebração da Páscoa

9 O SENHOR falou com Moisés no deserto do Sinai, no primeiro mês do segundo ano depois que o povo saiu do Egito. Ele disse: [2]"Os israelitas devem celebrar a Páscoa na ocasião própria. [3]Celebrem-na no tempo determinado, ao pôr do sol do décimo quarto dia deste mês, de acordo com todas as suas leis e ordenanças".

[4]Então Moisés ordenou aos israelitas que celebrassem a Páscoa; [5]eles a celebraram no deserto do Sinai, ao pôr do sol do décimo quarto dia do primeiro mês. Os israelitas fizeram tudo conforme o SENHOR tinha ordenado a Moisés.

[6]Mas alguns deles não puderam celebrar a Páscoa naquele dia porque se haviam tornado impuros por terem tocado num cadáver. Por isso procuraram Moisés e Arão naquele mesmo dia [7]e disseram a Moisés: "Nós nos tornamos impuros por termos tocado num cadáver, mas por que deveríamos ser impedidos de apresentar a nossa oferta ao SENHOR na ocasião própria, como os demais israelitas?"

[8]Moisés respondeu-lhes: "Esperem até que eu saiba o que o SENHOR ordena a respeito de vocês".

[9]Então o SENHOR disse a Moisés: [10]"Diga o seguinte aos israelitas: Quando algum de vocês ou dos seus descendentes se tornar impuro por tocar algum cadáver ou estiver distante por motivo de viagem, ainda assim poderá celebrar a Páscoa do SENHOR. [11]Deverão celebrá-la no décimo quarto dia do segundo mês, ao pôr do sol. Comerão o cordeiro com pães sem fermento e com ervas amargas. [12]Não deixarão sobrar nada até o amanhecer e não quebrarão nenhum osso do cordeiro. Quando a celebrarem, obedeçam a todas as leis da Páscoa. [13]Se, porém, um homem estiver puro e não estiver distante por motivo de viagem e ainda assim não celebrar a Páscoa, ele será eliminado do meio do seu povo porque

não apresentou a oferta do SENHOR na ocasião própria. Ele sofrerá as consequências do seu pecado.

14 "Um estrangeiro residente entre vocês, que queira celebrar a Páscoa do SENHOR, deverá fazê-lo de acordo com as leis e ordenanças da Páscoa. Vocês terão as mesmas leis para o estrangeiro e para o natural da terra".

A nuvem sobre o tabernáculo

15 No dia em que foi armado o tabernáculo, a tenda que guarda as tábuas da aliança, a nuvem o cobriu. Desde o entardecer até o amanhecer a nuvem por cima do tabernáculo tinha a aparência de fogo. 16 Era assim que sempre acontecia: de dia a nuvem o cobria, e de noite tinha a aparência de fogo. 17 Sempre que a nuvem se levantava de cima da Tenda, os israelitas partiam; no lugar em que a nuvem descia, ali acampavam. 18 Conforme a ordem do SENHOR os israelitas partiam, e conforme a ordem do SENHOR, acampavam. Enquanto a nuvem estivesse por cima do tabernáculo, eles permaneciam acampados. 19 Quando a nuvem ficava sobre o tabernáculo por muito tempo, os israelitas cumpriam suas responsabilidades para com o SENHOR, e não partiam. 20 Às vezes a nuvem ficava sobre o tabernáculo poucos dias; conforme a ordem do SENHOR eles acampavam, e também conforme a ordem do SENHOR, partiam. 21 Outras vezes a nuvem permanecia somente desde o entardecer até o amanhecer, e quando se levantava pela manhã, eles partiam. De dia ou de noite, sempre que a nuvem se levantava, eles partiam. 22 Quer a nuvem ficasse sobre o tabernáculo dois dias, quer um mês, quer mais tempo, os israelitas permaneciam no acampamento e não partiam; mas, quando ela se levantava, partiam. 23 Conforme a ordem do SENHOR acampavam, e conforme a ordem do SENHOR partiam. Nesse meio tempo, cumpriam suas responsabilidades para com o SENHOR, de acordo com as suas ordens, anunciadas por Moisés.

As cornetas de prata

10 O SENHOR disse a Moisés: 2 "Faça duas cornetas de prata batida a fim de usá-las para reunir a comunidade e para dar aos acampamentos o sinal para partirem. 3 Quando as duas cornetas tocarem, a comunidade inteira se reunirá diante de você, à entrada da Tenda do Encontro. 4 Se apenas uma tocar, os líderes, chefes dos clãs de Israel, se reunirão diante de você. 5 Quando a corneta der um toque de alerta, as tribos acampadas a leste deverão partir. 6 Ao som do segundo toque, os acampamentos do lado sul partirão. O toque de alerta será o sinal para partir. 7 Para reunir a assembleia, faça soar as cornetas, mas não com o mesmo toque.

8 "Os filhos de Arão, os sacerdotes, tocarão as cornetas. Este é um decreto perpétuo para vocês e para as suas gerações. 9 Quando em sua terra vocês entrarem em guerra contra um adversário que os esteja oprimindo, toquem as cornetas; e o SENHOR, o Deus de vocês, se lembrará de vocês e os libertará dos seus inimigos. 10 Também em seus dias festivos, nas festas fixas e no primeiro dia de cada mês, vocês deverão tocar as cornetas por ocasião dos seus holocaustos e das suas ofertas de comunhão[a], e elas serão um memorial em favor de vocês perante o seu Deus. Eu sou o SENHOR, o Deus de vocês".

Os israelitas partem do Sinai

11 No vigésimo dia do segundo mês do segundo ano, a nuvem se levantou de cima do tabernáculo que guarda as tábuas da aliança. 12 Então os israelitas partiram do deserto do Sinai e viajaram por etapas, até que a nuvem pousou no deserto de Parã. 13 Assim partiram pela primeira vez, conforme a ordem do SENHOR anunciada por Moisés.

14 Os exércitos do acampamento de Judá partiram primeiro, junto à sua bandeira. Naassom, filho de Aminadabe, estava no comando. 15 Natanael, filho de Zuar, comandava os exércitos da tribo de Issacar, 16 e Eliabe, filho de Helom, chefiava os exércitos da tribo de Zebulom. 17 Quando o tabernáculo era desmontado, os gersonitas e os meraritas o carregavam e partiam.

18 Os exércitos do acampamento de Rúben partiram em seguida, junto à sua bandeira. Elizur, filho de Sedeur, estava no comando. 19 Selumiel, filho de Zurisadai, comandava os exércitos da tribo de Simeão, 20 e Eliasafe, filho de Deuel, chefiava os exércitos da tribo de Gade. 21 Então os coatitas partiam carregando as coisas sagradas. Antes que eles chegassem, o tabernáculo já deveria estar armado.

22 Os exércitos do acampamento de Efraim partiram em seguida, junto à sua bandeira. Elisama, filho de Amiúde, estava no comando. 23 Gamaliel, filho de Pedazur, comandava os exércitos da tribo de Manassés, 24 e Abidã, filho de Gideoni, os exércitos da tribo de Benjamim.

25 Finalmente, partiram os exércitos do acampamento de Dã, junto à sua bandeira, como retaguarda para todos os acampamentos. Aieser, filho de Amisadai, estava no comando. 26 Pagiel, filho de Ocrã, comandava os exércitos da tribo de Aser, 27 e Aira, filho de Enã, a divisão da tribo de Naftali. 28 Essa era a ordem que os exércitos israelitas seguiam quando se punham em marcha.

29 Então Moisés disse a Hobabe, filho do midianita Reuel, sogro de Moisés: "Estamos partindo para o lugar a respeito do qual o SENHOR disse: 'Eu o darei a vocês'. Venha conosco e o trataremos bem, pois o SENHOR prometeu boas coisas para Israel".

30 Ele respondeu: "Não, não irei; voltarei para a minha terra e para o meu povo".

31 Moisés, porém, disse: "Por favor, não nos deixe. Você sabe onde devemos acampar no deserto e pode ser o nosso guia[b]. 32 Se vier conosco, partilharemos com você todas as coisas boas que o SENHOR nos der".

33 Então eles partiram do monte do SENHOR e viajaram três dias. A arca da aliança do SENHOR foi à frente deles durante aqueles três dias para encontrar um lugar para descansarem. 34 A nuvem do SENHOR estava sobre eles de dia, sempre que partiam de um acampamento.

35 Sempre que a arca partia, Moisés dizia:

"Levanta-te, ó SENHOR!
Sejam espalhados os teus inimigos
e fujam de diante de ti
os teus adversários".

36 Sempre que a arca parava, ele dizia:

"Volta, ó SENHOR,
para os incontáveis milhares
de Israel".

[a] 10:10 Ou *de paz*; também em 15:8.

[b] 10:31 Hebraico: *os nossos olhos*.

O fogo da ira do SENHOR

11 Aconteceu que o povo começou a queixar-se das suas dificuldades aos ouvidos do SENHOR. Quando ele os ouviu, a sua ira acendeu-se e fogo da parte do SENHOR queimou entre eles e consumiu algumas extremidades do acampamento. 2Então o povo clamou a Moisés, este orou ao SENHOR, e o fogo extinguiu-se. 3Por isso aquele lugar foi chamado Taberá, porque o fogo da parte do SENHOR queimou entre eles.

A reclamação do povo

4Um bando de estrangeiros que havia no meio deles encheu-se de gula, e até os próprios israelitas tornaram a queixar-se, e diziam: "Ah, se tivéssemos carne para comer! 5Nós nos lembramos dos peixes que comíamos de graça no Egito, e também dos pepinos, das melancias, dos alhos-porós, das cebolas e dos alhos. 6Mas agora perdemos o apetite; nunca vemos nada, a não ser este maná!"

7O maná era como semente de coentro e tinha aparência de resina. 8O povo saía recolhendo o maná nas redondezas, e o moía num moinho manual ou socava-o num pilão; depois cozinhava o maná e com ele fazia bolos. Tinha gosto de bolo amassado com azeite de oliva. 9Quando o orvalho caía sobre o acampamento à noite, também caía o maná.

10Moisés ouviu gente de todas as famílias se queixando, cada uma à entrada de sua tenda. Então acendeu-se a ira do SENHOR, e isso pareceu mal a Moisés. 11E ele perguntou ao SENHOR: "Por que trouxeste este mal sobre o teu servo? Foi por não te agradares de mim, que colocaste sobre os meus ombros a responsabilidade de todo esse povo? 12Por acaso fui eu quem o concebeu? Fui eu quem o deu à luz? Por que me pedes para carregá-lo nos braços, como uma ama carrega um recém-nascido, para levá-lo à terra que prometeste sob juramento aos seus antepassados? 13Onde conseguirei carne para todo esse povo? Eles ficam se queixando contra mim, dizendo: 'Dê-nos carne para comer!' 14Não posso levar todo esse povo sozinho; essa responsabilidade é grande demais para mim. 15Se é assim que vais me tratar, mata-me agora mesmo; se te agradas de mim, não me deixes ver a minha própria ruína".

A missão dada a setenta autoridades do povo

16E o SENHOR disse a Moisés: "Reúna setenta autoridades de Israel, que você sabe que são líderes e supervisores entre o povo. Leve-os à Tenda do Encontro, para que estejam ali com você. 17Eu descerei e falarei com você; e tirarei do Espírito que está sobre você e o porei sobre eles. Eles o ajudarão na árdua responsabilidade de conduzir o povo, de modo que você não tenha que assumir tudo sozinho.

18"Diga ao povo: Consagrem-se para amanhã, pois vocês comerão carne. O SENHOR os ouviu quando se queixaram a ele, dizendo: 'Ah, se tivéssemos carne para comer! Estávamos melhor no Egito!' Agora o SENHOR lhes dará carne, e vocês a comerão. 19Vocês não comerão carne apenas um dia, ou dois, ou cinco, ou dez ou vinte, 20mas um mês inteiro, até que lhes saia carne pelo nariz e vocês tenham nojo dela, porque rejeitaram o SENHOR, que está no meio de vocês, e se queixaram a ele, dizendo: 'Por que saímos do Egito?'"

21Disse, porém, Moisés: "Aqui estou eu no meio de seiscentos mil homens em pé, e dizes: 'Darei a eles carne para comerem durante um mês inteiro!' 22Será que haveria o suficiente para eles se todos os rebanhos fossem abatidos? Será que haveria o suficiente para eles se todos os peixes do mar fossem apanhados?"

23O SENHOR respondeu a Moisés: "Estará limitado o poder do SENHOR? Agora você verá se a minha palavra se cumprirá ou não".

24Então Moisés saiu e contou ao povo o que o SENHOR tinha dito. Reuniu setenta autoridades dentre eles e as dispôs ao redor da Tenda. 25O SENHOR desceu na nuvem e lhe falou, e tirou do Espírito que estava sobre Moisés e o pôs sobre as setenta autoridades. Quando o Espírito veio sobre elas, profetizaram, mas depois nunca mais tornaram a fazê-lo[a].

26Entretanto, dois homens, chamados Eldade e Medade, tinham ficado no acampamento. Ambos estavam na lista das autoridades, mas não tinham ido para a Tenda. O Espírito também veio sobre eles, e profetizaram no acampamento. 27Então, certo jovem correu e contou a Moisés: "Eldade e Medade estão profetizando no acampamento".

28Josué, filho de Num, que desde jovem era auxiliar de Moisés, interferiu e disse: "Moisés, meu senhor, proíba-os!"

29Mas Moisés respondeu: "Você está com ciúmes por mim? Quem dera todo o povo do SENHOR fosse profeta e que o SENHOR pusesse o seu Espírito sobre eles!" 30Então Moisés e as autoridades de Israel voltaram para o acampamento.

O SENHOR envia codornizes

31Depois disso, veio um vento da parte do SENHOR que trouxe codornizes do mar e as fez cair por todo o acampamento, a uma altura de noventa centímetros[b], espalhando-as em todas as direções num raio de um dia de caminhada[c]. 32Durante todo aquele dia e aquela noite e durante todo o dia seguinte, o povo saiu e recolheu codornizes. Ninguém recolheu menos de dez barris[d]. Então eles as estenderam para secar ao redor de todo o acampamento. 33Mas, enquanto a carne ainda estava entre os seus dentes e antes que a ingerissem, a ira do SENHOR acendeu-se contra o povo, e ele o feriu com uma praga terrível. 34Por isso o lugar foi chamado Quibrote-Hataavá, porque ali foram enterrados os que tinham sido dominados pela gula.

35De Quibrote-Hataavá o povo partiu para Hazerote, e lá ficou.

Miriã e Arão criticam Moisés

12 Miriã e Arão começaram a criticar Moisés porque ele havia se casado com uma mulher etíope[e]. 2"Será que o SENHOR tem falado apenas por meio de Moisés?", perguntaram. "Também não tem ele falado por meio de nós?" E o SENHOR ouviu isso.

3Ora, Moisés era um homem muito paciente, mais do que qualquer outro que havia na terra.

4Imediatamente o SENHOR disse a Moisés, a Arão e

[a] 11:25 Ou *profetizaram e continuaram a fazê-lo*
[b] 11:31 Hebraico: *2 côvados*. O côvado era uma medida linear de cerca de 45 centímetros.
[c] 11:31 Isto é, cerca de 30 quilômetros.
[d] 11:32 Hebraico: *hômeres*. O hômer era uma medida de capacidade para secos. As estimativas variam entre 200 e 400 litros.
[e] 12:1 Hebraico: *cuxita*.

a Miriã: "Dirijam-se à Tenda do Encontro, vocês três".
E os três foram para lá. 5Então o SENHOR desceu numa
coluna de nuvem e, pondo-se à entrada da Tenda, cha-
mou Arão e Miriã. Os dois vieram à frente, 6e ele disse:

"Ouçam as minhas palavras:
Quando entre vocês
há um profeta do SENHOR[a],
a ele me revelo em visões,
em sonhos falo com ele.
7Não é assim, porém,
com meu servo Moisés,
que é fiel em toda a minha casa[b].
8Com ele falo face a face,
claramente, e não por enigmas;
e ele vê a forma do SENHOR.
Por que não temeram
criticar meu servo Moisés?"

9Então a ira do SENHOR acendeu-se contra eles, e ele
os deixou.
10Quando a nuvem se afastou da Tenda, Miriã estava
leprosa[c]; sua aparência era como a da neve. Arão vol-
tou-se para Miriã, viu que ela estava com lepra 11e dis-
se a Moisés: "Por favor, meu senhor, não nos castigue
pelo pecado que tão tolamente cometemos. 12Não per-
mita que ela fique como um feto abortado que sai do
ventre de sua mãe com a metade do corpo destruída".
13Então Moisés clamou ao SENHOR: "Ó Deus, por mi-
sericórdia, concede-lhe cura!"
14O SENHOR respondeu a Moisés: "Se o pai dela lhe
tivesse cuspido no rosto, não estaria ela envergonhada
sete dias? Que fique isolada fora do acampamento se-
te dias; depois ela poderá ser trazida de volta". 15Então
Miriã ficou isolada sete dias fora do acampamento, e o
povo não partiu enquanto ela não foi trazida de volta.
16Depois disso, partiram de Hazerote e acamparam
no deserto de Parã.

A missão de reconhecimento de Canaã

13 E o SENHOR disse a Moisés: 2"Envie alguns homens
em missão de reconhecimento à terra de Canaã, ter-
ra que dou aos israelitas. Envie um líder de cada tribo
dos seus antepassados".
3Assim Moisés os enviou do deserto de Parã, con-
forme a ordem do SENHOR. Todos eles eram chefes dos
israelitas. 4São estes os seus nomes:

da tribo de Rúben, Samua,
filho de Zacur;
5da tribo de Simeão, Safate,
filho de Hori;
6da tribo de Judá, Calebe,
filho de Jefoné;
7da tribo de Issacar, Igal,
filho de José;
8da tribo de Efraim, Oseias,
filho de Num;
9da tribo de Benjamim, Palti,
filho de Rafu;
10da tribo de Zebulom, Gadiel,
filho de Sodi;
11da tribo de José, isto é,
da tribo de Manassés, Gadi,
filho de Susi;
12da tribo de Dã, Amiel,
filho de Gemali;
13da tribo de Aser, Setur,
filho de Micael;
14da tribo de Naftali, Nabi,
filho de Vofsi;
15da tribo de Gade, Guel,
filho de Maqui.

16São esses os nomes dos homens que Moisés enviou
em missão de reconhecimento do território. (A Oseias,
filho de Num, Moisés deu o nome de Josué.)
17Quando Moisés os enviou para observarem Canaã,
disse: "Subam pelo Neguebe e prossigam até a região
montanhosa. 18Vejam como é a terra e se o povo que
vive lá é forte ou fraco, se são muitos ou poucos; 19se a
terra em que habitam é boa ou ruim; se as cidades em
que vivem são cidades sem muros ou fortificadas; 20se
o solo é fértil ou pobre; se existe ali floresta ou não.
Sejam corajosos! Tragam alguns frutos da terra". Era a
época do início da colheita das uvas.
21Eles subiram e observaram a terra desde o deserto
de Zim até Reobe, na direção de Lebo-Hamate. 22Subi-
ram do Neguebe e chegaram a Hebrom, onde viviam Ai-
mã, Sesai e Talmai, descendentes de Enaque. (Hebrom
havia sido construída sete anos antes de Zoã, no Egito.)
23Quando chegaram ao vale de Escol[d], cortaram um ra-
mo do qual pendia um único cacho de uvas. Dois deles
carregaram o cacho, pendurado numa vara. Colheram
também romãs e figos. 24Aquele lugar foi chamado va-
le de Escol por causa do cacho de uvas que os israelitas
cortaram ali. 25Ao fim de quarenta dias eles voltaram
da missão de reconhecimento daquela terra.

O relatório da expedição

26Eles então retornaram a Moisés e a Arão e a toda
a comunidade de Israel em Cades, no deserto de Parã,
onde prestaram relatório a eles e a toda a comunidade
de Israel, e lhes mostraram os frutos da terra. 27E deram
o seguinte relatório a Moisés: "Entramos na terra à qual
você nos enviou, onde há leite e mel com fartura! Aqui
estão alguns frutos dela. 28Mas o povo que lá vive é po-
deroso, e as cidades são fortificadas e muito grandes.
Também vimos descendentes de Enaque. 29Os amale-
quitas vivem no Neguebe; os hititas, os jebuseus e os
amorreus vivem na região montanhosa; os cananeus
vivem perto do mar e junto ao Jordão".
30Então Calebe fez o povo calar-se perante Moisés
e disse: "Subamos e tomemos posse da terra. É certo
que venceremos!"
31Mas os homens que tinham ido com ele disseram:
"Não podemos atacar aquele povo; é mais forte do que
nós". 32E espalharam entre os israelitas um relatório
negativo acerca daquela terra. Disseram: "A terra pa-
ra a qual fomos em missão de reconhecimento devora
os que nela vivem. Todos os que vimos são de grande
estatura. 33Vimos também os gigantes, os descenden-
tes de Enaque, diante de quem parecíamos gafanho-
tos, a nós e a eles".

[a] 12:6 Ou *profeta, eu, o Senhor*
[b] 12:7 Ou *é o líder de todo o meu povo*; ou ainda *é o mais fiel dos meus servos*
[c] 12:10 O termo hebraico não se refere somente à lepra, mas também a diversas doenças da pele.

[d] 13:23 *Escol* significa *cacho*; também no versículo 24.

A revolta do povo

14 Naquela noite toda a comunidade começou a cho-
rar em alta voz. 2Todos os israelitas queixaram-
-se contra Moisés e contra Arão, e toda a comunidade
lhes disse: "Quem dera tivéssemos morrido no Egito!
Ou neste deserto! 3Por que o SENHOR está nos trazendo
para esta terra? Só para nos deixar cair à espada? Nos-
sas mulheres e nossos filhos serão tomados como des-
pojo de guerra. Não seria melhor voltar para o Egito?"
4E disseram uns aos outros: "Escolheremos um chefe
e voltaremos para o Egito!"
5Então Moisés e Arão prostraram-se com o rosto em
terra, diante de toda a assembleia dos israelitas. 6Jo-
sué, filho de Num, e Calebe, filho de Jefoné, dentre os
que haviam observado a terra, rasgaram as suas ves-
tes 7e disseram a toda a comunidade dos israelitas: "A
terra que percorremos em missão de reconhecimento
é excelente. 8Se o SENHOR se agradar de nós, ele nos fa-
rá entrar nessa terra, onde há leite e mel com fartura,
e a dará a nós. 9Somente não sejam rebeldes contra o
SENHOR. E não tenham medo do povo da terra, porque
nós os devoraremos como se fossem pão. A proteção
deles se foi, mas o SENHOR está conosco. Não tenham
medo deles!"
10Mas a comunidade toda falou em apedrejá-los.
Então a glória do SENHOR apareceu a todos os israeli-
tas na Tenda do Encontro. 11E o SENHOR disse a Moisés:
"Até quando este povo me tratará com pouco caso? Até
quando se recusará a crer em mim, apesar de todos os
sinais que realizei entre eles? 12Eu os ferirei com praga
e os destruirei, mas farei de você uma nação maior e
mais forte do que eles".
13Moisés disse ao SENHOR: "Então os egípcios ouvirão
que pelo teu poder fizeste este povo sair dentre eles, 14e
falarão disso aos habitantes desta terra. Eles ouviram
que tu, ó SENHOR, estás com este povo e que te veem
face a face, SENHOR, e que a tua nuvem paira sobre eles,
e que vais adiante deles numa coluna de nuvem de dia
e numa coluna de fogo de noite. 15Se exterminares es-
te povo, as nações que ouvirem falar do que fizeste di-
rão: 16'O SENHOR não conseguiu levar esse povo à terra
que lhes prometeu em juramento; por isso os matou
no deserto'.
17"Mas agora, que a força do Senhor se manifeste,
segundo prometeste: 18'O SENHOR é muito paciente e
grande em fidelidade, e perdoa a iniquidade e a rebe-
lião, se bem que não deixa o pecado sem punição, e
castiga os filhos pela iniquidade dos pais até a tercei-
ra e quarta geração'. 19Segundo a tua grande fidelida-
de, perdoa a iniquidade deste povo, como a este povo
tens perdoado desde que saíram do Egito até agora".
20O SENHOR respondeu: "Eu o perdoei, conforme vo-
cê pediu. 21No entanto, juro pela glória do SENHOR que
enche toda a terra, 22que nenhum dos que viram a mi-
nha glória e os sinais milagrosos que realizei no Egito
e no deserto, e me puseram à prova e me desobedece-
ram dez vezes — 23nenhum deles chegará a ver a ter-
ra que prometi com juramento aos seus antepassados.
Ninguém que me tratou com desprezo a verá. 24Mas,
como o meu servo Calebe tem outro espírito e me se-
gue com integridade, eu o farei entrar na terra que foi
observar, e seus descendentes a herdarão. 25Visto que os
amalequitas e os cananeus habitam nos vales, amanhã
deem meia-volta e partam em direção ao deserto pelo
caminho que vai para o mar Vermelho".

O castigo do povo

26Disse mais o SENHOR a Moisés e a Arão: 27"Até quan-
do esta comunidade ímpia se queixará contra mim? Te-
nho ouvido as queixas desses israelitas murmuradores.
28Diga-lhes: Juro pelo meu nome, declara o SENHOR,
que farei a vocês tudo o que pediram: 29Cairão neste
deserto os cadáveres de todos vocês, de vinte anos pa-
ra cima, que foram contados no recenseamento e que
se queixaram contra mim. 30Nenhum de vocês entrará
na terra que, com mão levantada, jurei dar-lhes para
sua habitação, exceto Calebe, filho de Jefoné, e Josué,
filho de Num. 31Mas, quanto aos seus filhos, sobre os
quais vocês disseram que seriam tomados como despo-
jo de guerra, eu os farei entrar para desfrutarem a terra
que vocês rejeitaram. 32Os cadáveres de vocês, porém,
cairão neste deserto. 33Seus filhos serão pastores[a] aqui
durante quarenta anos, sofrendo pela infidelidade de
vocês, até que o último cadáver de vocês seja destruí-
do no deserto. 34Durante quarenta anos vocês sofrerão
a consequência dos seus pecados e experimentarão a
minha rejeição; cada ano corresponderá a cada um dos
quarenta dias em que vocês observaram a terra. 35Eu,
o SENHOR, falei, e certamente farei essas coisas a toda
esta comunidade ímpia, que conspirou contra mim.
Encontrarão o seu fim neste deserto; aqui morrerão".
36Os homens enviados por Moisés em missão de re-
conhecimento daquela terra voltaram e fizeram toda a
comunidade queixar-se contra ele ao espalharem um
relatório negativo; 37esses homens responsáveis por es-
palhar o relatório negativo sobre a terra morreram su-
bitamente de praga perante o SENHOR. 38De todos os
que foram observar a terra, somente Josué, filho de
Num, e Calebe, filho de Jefoné, sobreviveram.
39Quando Moisés transmitiu essas palavras a todos os
israelitas, eles choraram amargamente. 40Na madruga-
da seguinte subiram para o alto da região montanhosa,
e disseram: "Subiremos ao lugar que o SENHOR prome-
teu, pois cometemos pecado".
41Moisés, porém, disse: "Por que vocês estão deso-
bedecendo à ordem do SENHOR? Isso não terá sucesso!
42Não subam, porque o SENHOR não está com vocês. Vo-
cês serão derrotados pelos inimigos, 43pois os amale-
quitas e os cananeus os enfrentarão ali, e vocês cairão
à espada. Visto que deixaram de seguir o SENHOR, ele
não estará com vocês".
44Apesar disso, eles subiram desafiadoramente ao al-
to da região montanhosa, mas nem Moisés nem a arca
da aliança do SENHOR saíram do acampamento. 45Então
os amalequitas e os cananeus que lá viviam desceram,
derrotaram-nos e os perseguiram até Hormá.

Ofertas suplementares

15 O SENHOR disse a Moisés: 2"Diga o seguinte aos is-
raelitas: Quando entrarem na terra que lhes dou
para sua habitação, 3e apresentarem ao SENHOR uma
oferta, de bois ou de ovelhas, preparada no fogo como
aroma agradável ao SENHOR, seja holocausto, seja sa-
crifício, para cumprir um voto ou como oferta volun-
tária ou como oferta relativa a uma festa, 4aquele que
trouxer a sua oferta apresentará também ao SENHOR

[a] 14:33 Possivelmente nômades. Veja Nm 32:13.

uma oferta de cereal de um jarro[a] da melhor farinha amassada com um litro[b] de óleo. 5Para cada cordeiro do holocausto ou do sacrifício, prepare um litro de vinho como oferta derramada.

6"Para um carneiro, prepare uma oferta de cereal de dois jarros da melhor farinha com um litro de óleo, 7e um litro de vinho como oferta derramada. Apresente-a como aroma agradável ao SENHOR.

8"Quando algum de vocês preparar um novilho para holocausto ou para sacrifício, para cumprir voto especial ou como oferta de comunhão ao SENHOR, 9traga com o novilho uma oferta de cereal de três jarros da melhor farinha amassada com meio galão[c] de óleo. 10Traga também meio galão de vinho para a oferta derramada. Será uma oferta preparada no fogo, de aroma agradável ao SENHOR. 11Cada novilho ou carneiro ou cordeiro ou cabrito deverá ser preparado dessa maneira. 12Façam isso para cada animal, para tantos quantos vocês prepararem.

13"Todo o que for natural da terra deverá proceder dessa maneira quando trouxer uma oferta preparada no fogo, de aroma agradável ao SENHOR. 14E se um estrangeiro que vive entre vocês, ou entre os descendentes de vocês, apresentar uma oferta preparada no fogo, de aroma agradável ao SENHOR, deverá fazer o mesmo. 15A assembleia deverá ter as mesmas leis, que valerão tanto para vocês como para o estrangeiro que vive entre vocês; este é um decreto perpétuo pelas suas gerações, que, perante o SENHOR, valerá tanto para vocês quanto para o estrangeiro residente. 16A mesma lei e ordenança se aplicará tanto a vocês como ao estrangeiro residente".

17O SENHOR disse ainda a Moisés: 18"Diga aos israelitas: Quando vocês entrarem na terra para onde os levo 19e comerem do fruto da terra, apresentem uma porção como contribuição ao SENHOR. 20Apresentem um bolo feito das primícias da farinha de vocês. Apresentem-no como contribuição da sua colheita. 21Em todas as suas gerações vocês apresentarão das primícias da farinha uma contribuição ao SENHOR.

Ofertas pelos pecados involuntários

22"Mas se vocês pecarem e deixarem de cumprir todos esses mandamentos 23— tudo o que o SENHOR lhes ordenou por meio de Moisés, desde o dia em que o ordenou e para todas as suas gerações — 24e se isso for feito sem intenção e não for do conhecimento da comunidade, toda a comunidade terá que oferecer um novilho para o holocausto de aroma agradável ao SENHOR. Também apresentarão com sua oferta de cereal uma oferta derramada, conforme as prescrições, e um bode como oferta pelo pecado. 25O sacerdote fará propiciação por toda a comunidade de Israel, e eles serão perdoados, pois o seu pecado não foi intencional e eles trouxeram ao SENHOR uma oferta preparada no fogo e uma oferta pelo pecado. 26A comunidade de Israel toda e os estrangeiros residentes entre eles serão perdoados, porque todo o povo esteve envolvido num pecado involuntário.

27"Se, contudo, apenas uma pessoa pecar sem intenção, ela terá que trazer uma cabra de um ano como oferta pelo pecado. 28O sacerdote fará propiciação pela pessoa que pecar, cometendo uma falta involuntária perante o SENHOR, e ela será perdoada. 29Somente uma lei haverá para todo aquele que pecar sem intenção, seja ele israelita de nascimento, seja estrangeiro residente.

30"Mas todo aquele que pecar com atitude desafiadora, seja natural da terra, seja estrangeiro residente, insulta o SENHOR, e será eliminado do meio do seu povo. 31Por ter desprezado a palavra do SENHOR e quebrado os seus mandamentos, terá que ser eliminado; sua culpa estará sobre ele".

O castigo pela transgressão do sábado

32Certo dia, quando os israelitas estavam no deserto, encontraram um homem recolhendo lenha no dia de sábado. 33Aqueles que o encontraram recolhendo lenha levaram-no a Moisés, a Arão e a toda a comunidade, 34que o prenderam, porque não sabiam o que deveria ser feito com ele. 35Então o SENHOR disse a Moisés: "O homem terá que ser executado. Toda a comunidade o apedrejará fora do acampamento". 36Assim, toda a comunidade o levou para fora do acampamento e o apedrejou até a morte, conforme o SENHOR tinha ordenado a Moisés.

As borlas das roupas

37O SENHOR disse a Moisés: 38"Diga o seguinte aos israelitas: Façam borlas nas extremidades das suas roupas e ponham um cordão azul em cada uma delas; façam isso por todas as suas gerações. 39Quando virem essas borlas vocês se lembrarão de todos os mandamentos do SENHOR, para que lhes obedeçam e não se prostituam nem sigam as inclinações do seu coração e dos seus olhos. 40Assim vocês se lembrarão de obedecer a todos os meus mandamentos, e para o seu Deus vocês serão um povo consagrado. 41Eu sou o SENHOR, o seu Deus, que os trouxe do Egito para ser o Deus de vocês. Eu sou o SENHOR, o seu Deus".

A rebelião de Corá, Datã e Abirão

16 Corá, filho de Isar, neto de Coate, bisneto de Levi, reuniu Datã e Abirão, filhos de Eliabe, e Om, filho de Pelete, todos da tribo de Rúben, 2e eles se insurgiram contra Moisés. Com eles estavam duzentos e cinquenta israelitas, líderes bem conhecidos na comunidade e que haviam sido nomeados membros do concílio. 3Eles se ajuntaram contra Moisés e Arão, e lhes disseram: "Basta! A assembleia toda é santa, cada um deles é santo, e o SENHOR está no meio deles. Então, por que vocês se colocam acima da assembleia do SENHOR?"

4Quando ouviu isso, Moisés prostrou-se com o rosto em terra. 5Depois disse a Corá e a todos os seus seguidores: "Pela manhã o SENHOR mostrará quem lhe pertence e fará aproximar-se dele aquele que é santo, o homem a quem ele escolher. 6Você, Corá, e todos os seus seguidores deverão fazer o seguinte: peguem incensários 7e amanhã coloquem neles fogo e incenso perante o SENHOR. Quem o SENHOR escolher será o homem consagrado. Basta, levitas!"

8Moisés disse também a Corá: "Agora ouçam-me, levitas! 9Não lhes é suficiente que o Deus de Israel os tenha separado do restante da comunidade de Israel e os tenha trazido para junto de si a fim de realizarem

[a] 15:4 Hebraico: *1/10 de efa*. O efa era uma medida de capacidade para secos. As estimativas variam entre 20 e 40 litros.

[b] 15:4 Hebraico: *1/4 de him*. O him era uma medida de capacidade para líquidos. As estimativas variam entre 3 e 6 litros.

[c] 15:9 Hebraico: *him*.

o trabalho no tabernáculo do SENHOR e para estarem preparados para servir a comunidade? [10]Ele trouxe você e todos os seus irmãos levitas para junto dele, e agora vocês querem também o sacerdócio? [11]É contra o SENHOR que você e todos os seus seguidores se ajuntaram! Quem é Arão, para que se queixem contra ele?"

[12]Então Moisés mandou chamar Datã e Abirão, filhos de Eliabe. Mas eles disseram: "Nós não iremos! [13]Não lhe basta nos ter tirado de uma terra onde há leite e mel com fartura para matar-nos no deserto? E ainda quer se fazer chefe sobre nós? [14]Além disso, você não nos levou a uma terra onde há leite e mel com fartura, nem nos deu uma herança de campos e vinhas. Você pensa que pode cegar os olhos destes homens? Nós não iremos!"

[15]Moisés indignou-se e disse ao SENHOR: "Não aceites a oferta deles. Não tomei deles nem sequer um jumento, nem prejudiquei a nenhum deles".

[16]Moisés disse a Corá: "Você e todos os seus seguidores terão que apresentar-se amanhã ao SENHOR, você, eles e Arão. [17]Cada homem pegará o seu incensário, nele colocará incenso e o apresentará ao SENHOR. Serão duzentos e cinquenta incensários ao todo. Você e Arão também apresentarão os seus incensários". [18]Assim, cada um deles pegou o seu incensário, acendeu o incenso, e se colocou com Moisés e com Arão à entrada da Tenda do Encontro. [19]Quando Corá reuniu todos os seus seguidores à entrada da Tenda do Encontro, incitando-os contra Moisés e Arão, a glória do SENHOR apareceu a toda a comunidade. [20]E o SENHOR disse a Moisés e a Arão: [21]"Afastem-se dessa comunidade para que eu acabe com eles imediatamente".

[22]Mas Moisés e Arão prostraram-se com o rosto em terra, e disseram: "Ó Deus, Deus que a todos dá vida[a], ficarás tu irado contra toda a comunidade quando um só homem pecou?"

[23]Então o SENHOR disse a Moisés: [24]"Diga à comunidade que se afaste das tendas de Corá, Datã e Abirão".

[25]Moisés levantou-se e foi para onde estavam Datã e Abirão, e as autoridades de Israel o seguiram. [26]Ele advertiu a comunidade: "Afastem-se das tendas desses ímpios! Não toquem em nada do que pertence a eles, senão vocês serão eliminados por causa dos pecados deles". [27]Eles se afastaram das tendas de Corá, Datã e Abirão. Datã e Abirão tinham saído e estavam em pé, à entrada de suas tendas, junto com suas mulheres, seus filhos e suas crianças pequenas.

[28]E disse Moisés: "Assim vocês saberão que o SENHOR me enviou para fazer todas essas coisas e que isso não partiu de mim. [29]Se estes homens tiverem morte natural e experimentarem somente aquilo que normalmente acontece aos homens, então o SENHOR não me enviou. [30]Mas, se o SENHOR fizer acontecer algo totalmente novo, e a terra abrir a sua boca e os engolir, junto com tudo o que é deles, e eles descerem vivos ao Sheol[b], então vocês saberão que estes homens desprezaram o SENHOR".

[31]Assim que Moisés acabou de dizer tudo isso, o chão debaixo deles fendeu-se [32]e a terra abriu a sua boca e os engoliu juntamente com suas famílias, com todos os seguidores de Corá e com todos os seus bens. [33]Desceram vivos à sepultura, com tudo o que possuíam; a terra fechou-se sobre eles, e pereceram, desaparecendo do meio da assembleia. [34]Diante dos seus gritos, todos os israelitas ao redor fugiram, gritando: "A terra vai nos engolir também!"

[35]Então veio fogo da parte do SENHOR e consumiu os duzentos e cinquenta homens que ofereciam incenso.

[36]O SENHOR disse a Moisés: [37]"Diga a Eleazar, filho do sacerdote Arão, que apanhe os incensários dentre os restos fumegantes e espalhe as brasas, porque os incensários são santos. [38]Os incensários dos homens que pelo seu pecado perderam a vida serão batidos em forma de lâminas e servirão de revestimento do altar, pois foram apresentados ao SENHOR e se tornaram sagrados. Que sejam um sinal para os israelitas".

[39]O sacerdote Eleazar juntou os incensários de bronze que tinham sido apresentados pelos que foram consumidos pelo fogo. Os incensários foram batidos e serviram de revestimento do altar, [40]como o SENHOR tinha dito por meio de Moisés. Isso foi feito como memorial para os israelitas, a fim de que ninguém que não fosse descendente de Arão queimasse incenso perante o SENHOR, para não sofrer o que Corá e os seus seguidores sofreram.

[41]No dia seguinte toda a comunidade de Israel começou a queixar-se contra Moisés e Arão, dizendo: "Vocês mataram o povo do SENHOR".

A revolta do povo contra Moisés e Arão

[42]Quando, porém, a comunidade se ajuntou contra Moisés e contra Arão, e eles se voltaram para a Tenda do Encontro, repentinamente a nuvem a cobriu e a glória do SENHOR apareceu. [43]Então Moisés e Arão foram para a frente da Tenda do Encontro, [44]e o SENHOR disse a Moisés: [45]"Saia do meio dessa comunidade para que eu acabe com eles imediatamente". Mas eles se prostraram com o rosto em terra; [46]e Moisés disse a Arão: "Pegue o seu incensário e ponha incenso nele, com fogo tirado do altar, e vá depressa até a comunidade para fazer propiciação por eles, porque saiu grande ira da parte do SENHOR e a praga começou". [47]Arão fez o que Moisés ordenou e correu para o meio da assembleia. A praga já havia começado entre o povo, mas Arão ofereceu o incenso e fez propiciação por eles. [48]Arão se pôs entre os mortos e os vivos, e a praga cessou. [49]Foram catorze mil e setecentos os que morreram daquela praga, além dos que haviam morrido por causa de Corá. [50]Então Arão voltou a Moisés, à entrada da Tenda do Encontro, pois a praga já havia cessado.

A vara de Arão floresce

17 O SENHOR disse a Moisés: [2]"Peça aos israelitas que tragam doze varas, uma de cada líder das tribos. Escreva o nome de cada líder em sua vara. [3]Na vara de Levi escreva o nome de Arão, pois é preciso que haja uma vara para cada chefe das tribos. [4]Deposite-as na Tenda do Encontro, em frente da arca das tábuas da aliança, onde eu me encontro com vocês. [5]A vara daquele que eu escolher florescerá, e eu me livrarei dessa constante queixa dos israelitas contra vocês".

[6]Assim Moisés falou aos israelitas, e seus líderes deram-lhe doze varas, uma de cada líder das tribos, e a vara de Arão estava entre elas. [7]Moisés depositou as

[a] 16:22 Hebraico: *Deus dos espíritos de toda a humanidade*.

[b] 16:30 Essa palavra pode ser traduzida por sepultura, profundezas, pó ou morte; também no versículo 33.

varas perante o SENHOR na tenda que guarda as tábuas
da aliança.
8No dia seguinte Moisés entrou na tenda e viu que
a vara de Arão, que representava a tribo de Levi, tinha
brotado, produzindo botões e flores, além de amêndoas
maduras. 9Então Moisés retirou todas as varas da pre-
sença do SENHOR e as levou a todos os israelitas. Eles
viram as varas, e cada líder pegou a sua.
10O SENHOR disse a Moisés: "Ponha de volta a vara
de Arão em frente da arca das tábuas da aliança, pa-
ra ser guardada como uma advertência para os rebel-
des. Isso porá fim à queixa deles contra mim, para que
não morram". 11Moisés fez conforme o SENHOR lhe ha-
via ordenado.
12Os israelitas disseram a Moisés: "Nós morreremos!
Estamos perdidos, estamos todos perdidos! 13Todo aque-
le que se aproximar do santuário do SENHOR morrerá.
Será que todos nós vamos morrer?"

Os deveres dos sacerdotes e dos levitas

18 O SENHOR disse a Arão: "Você, os seus filhos e a fa-
mília de seu pai serão responsáveis pelas ofensas
contra o santuário; você e seus filhos serão responsá-
veis pelas ofensas cometidas no exercício do sacerdócio.
2Traga também os seus irmãos levitas, que pertencem
à tribo de seus antepassados, para se unirem a você e
o ajudarem quando você e seus filhos ministrarem pe-
rante a tenda que guarda as tábuas da aliança. 3Eles fi-
carão a seu serviço e cuidarão também do serviço da
Tenda, mas não poderão aproximar-se dos utensílios do
santuário ou do altar; se o fizerem morrerão, tanto eles
como vocês. 4Eles se unirão a vocês e terão a respon-
sabilidade de cuidar da Tenda do Encontro, realizando
todos os trabalhos necessários. Ninguém mais poderá
aproximar-se de vocês.
5"Vocês terão a responsabilidade de cuidar do san-
tuário e do altar, para que não torne a cair a ira divina
sobre os israelitas. 6Eu mesmo escolhi os seus irmãos,
os levitas, dentre os israelitas, como um presente para
vocês, dedicados ao SENHOR para fazerem o trabalho da
Tenda do Encontro. 7Mas somente você e seus filhos po-
derão servir como sacerdotes em tudo o que se refere
ao altar e ao que se encontra além do véu. Dou a vocês
o serviço do sacerdócio como um presente. Qualquer
pessoa não autorizada que se aproximar do santuário
terá que ser executada".

As ofertas destinadas aos sacerdotes e aos levitas

8Então o SENHOR disse a Arão: "Eu mesmo o tornei
responsável pelas contribuições trazidas a mim; todas
as ofertas sagradas que os israelitas me derem, eu as
dou como porção a você e a seus filhos. 9Das ofertas
santíssimas vocês terão a parte que é poupada do fo-
go. Dentre todas as dádivas que me trouxerem como
ofertas santíssimas, seja oferta de cereal, seja pelo pe-
cado, seja de reparação, tal parte pertence a você e a
seus filhos. 10Comam-na como algo santíssimo; todos
os do sexo masculino a comerão. Considerem-na santa.
11"Também dou a você, e a seus filhos e filhas, por de-
creto perpétuo, as contribuições que lhes cabe de todas
as ofertas dos israelitas e que devem ser ritualmente
movidas. Todos os da sua família que estiverem ceri-
monialmente puros poderão comê-las.
12"Dou a você o melhor azeite e o melhor vinho novo
e o melhor trigo que eles apresentarem ao SENHOR co-
mo primeiros frutos da colheita. 13Todos os primeiros
frutos da terra que trouxerem ao SENHOR serão de você.
Todos os da sua família que estiverem cerimonialmen-
te puros poderão comê-los.
14"Tudo o que em Israel for consagrado a Deus per-
tencerá a você. 15O primeiro nascido de todo ventre,
oferecido ao SENHOR, seja homem, seja animal, será
seu. Mas você deverá resgatar todo filho mais velho,
como também toda primeira cria de animais impuros.
16Quando tiverem um mês de idade, você deverá resga-
tá-los pelo preço de resgate estabelecido em sessenta
gramas[a] de prata, com base no peso padrão do santuá-
rio, que são doze gramas[b].
17"Não resgate, porém, a primeira cria de uma va-
ca, de uma ovelha ou de uma cabra. Derrame o san-
gue deles sobre o altar e queime a sua gordura como
uma oferta preparada no fogo, de aroma agradável ao
SENHOR. 18A carne desses animais pertence a você, co-
mo também o peito da oferta movida e a coxa direita.
19Tudo aquilo que for separado dentre todas as dádivas
sagradas que os israelitas apresentarem ao SENHOR eu
dou a você e a seus filhos e filhas como decreto perpé-
tuo. É uma aliança de sal perpétua perante o SENHOR,
para você e para os seus descendentes".
20Disse ainda o SENHOR a Arão: "Você não terá heran-
ça na terra deles, nem terá porção entre eles; eu sou a
sua porção e a sua herança entre os israelitas.
21"Dou aos levitas todos os dízimos em Israel como
retribuição pelo trabalho que fazem ao servirem na
Tenda do Encontro. 22De agora em diante os israelitas
não poderão aproximar-se da Tenda do Encontro, ca-
so contrário, sofrerão as consequências do seu pecado
e morrerão. 23É dever dos levitas fazer o trabalho na
Tenda do Encontro e assumir a responsabilidade pe-
las ofensas contra ela. Este é um decreto perpétuo pe-
las suas gerações. Eles não receberão herança alguma
entre os israelitas. 24Em vez disso, dou como herança
aos levitas os dízimos que os israelitas apresentarem
como contribuição ao SENHOR. É por isso que eu disse
que eles não teriam herança alguma entre os israelitas".
25O SENHOR disse depois a Moisés: 26"Diga o seguinte
aos levitas: Quando receberem dos israelitas o dízimo
que lhes dou como herança, vocês deverão apresentar
um décimo daquele dízimo como contribuição perten-
cente ao SENHOR. 27Essa contribuição será considerada
equivalente à do trigo tirado da eira e do vinho do tan-
que de prensar uvas. 28Assim, vocês apresentarão uma
contribuição ao SENHOR de todos os dízimos recebidos
dos israelitas. Desses dízimos vocês darão a contribui-
ção do SENHOR ao sacerdote Arão. 29E deverão apre-
sentar como contribuição ao SENHOR a melhor parte, a
parte sagrada de tudo o que for dado a vocês.
30"Diga aos levitas: Quando vocês apresentarem a
melhor parte, ela será considerada equivalente ao pro-
duto da eira e do tanque de prensar uvas. 31Vocês e suas
famílias poderão comer dessa porção em qualquer lu-
gar, pois é o salário pelo trabalho de vocês na Tenda do
Encontro. 32Ao apresentarem a melhor parte, vocês não

[a] 18:16 Hebraico: *5 siclos*. Um siclo equivalia a 12 gramas.
[b] 18:16 Hebraico: *no siclo do santuário, que são 20 geras*. Um gera equivalia a 0,6 gramas.

se tornarão culpados e não profanarão as ofertas sagradas dos israelitas, para que não morram".

A água da purificação

19 Disse também o SENHOR a Moisés e a Arão: 2"Esta é uma exigência da lei que o SENHOR ordenou: Mande os israelitas trazerem uma novilha vermelha, sem defeito e sem mancha, sobre a qual nunca tenha sido colocada uma canga. 3Vocês a darão ao sacerdote Eleazar; ela será levada para fora do acampamento e sacrificada na presença dele. 4Então o sacerdote Eleazar pegará um pouco do sangue com o dedo e o aspergirá sete vezes, na direção da entrada da Tenda do Encontro. 5Na presença dele a novilha será queimada: o couro, a carne, o sangue e o excremento. 6O sacerdote apanhará um pedaço de madeira de cedro, hissopo e lã vermelha e os atirará ao fogo que estiver queimando a novilha. 7Depois disso o sacerdote lavará as suas roupas e se banhará com água. Então poderá entrar no acampamento, mas estará impuro até o cair da tarde. 8Aquele que queimar a novilha também lavará as suas roupas e se banhará com água, e também estará impuro até o cair da tarde.

9"Um homem cerimonialmente puro recolherá as cinzas da novilha e as colocará num local puro, fora do acampamento. Serão guardadas pela comunidade de Israel para uso na água da purificação, para a purificação de pecados. 10Aquele que recolher as cinzas da novilha também lavará as suas roupas, e ficará impuro até o cair da tarde. Este é um decreto perpétuo, tanto para os israelitas como para os estrangeiros residentes.

11"Quem tocar num cadáver humano ficará impuro durante sete dias. 12Deverá purificar-se com essa água no terceiro e no sétimo dia; então estará puro. Mas, se não se purificar no terceiro e no sétimo dia, não estará puro. 13Quem tocar num cadáver humano e não se purificar, contamina o tabernáculo do SENHOR e será eliminado de Israel. Ficará impuro porque a água da purificação não foi derramada sobre ele; sua impureza permanece sobre ele.

14"Esta é a lei que se aplica quando alguém morre numa tenda: quem entrar na tenda e quem nela estiver ficará impuro sete dias, 15e qualquer recipiente que não estiver bem fechado ficará impuro.

16"Quem estiver no campo e tocar em alguém que tenha sido morto à espada, ou em alguém que tenha sofrido morte natural, ou num osso humano, ou num túmulo, ficará impuro durante sete dias.

17"Pela pessoa impura, colocarão um pouco das cinzas do holocausto de purificação num jarro e derramarão água da fonte por cima. 18Então um homem cerimonialmente puro pegará hissopo, molhará na água e a aspergirá sobre a tenda, sobre todos os utensílios e sobre todas as pessoas que estavam ali. Também a aspergirá sobre todo aquele que tiver tocado num osso humano, ou num túmulo, ou em alguém que tenha sido morto ou que tenha sofrido morte natural. 19Aquele que estiver puro a aspergirá sobre a pessoa impura no terceiro e no sétimo dia, e no sétimo dia deverá purificá-la. Aquele que estiver sendo purificado lavará as suas roupas e se banhará com água, e naquela tarde estará puro. 20Mas, se aquele que estiver impuro não se purificar, será eliminado da assembleia, pois contaminou o santuário do SENHOR. A água da purificação não foi aspergida sobre ele, e ele está impuro. 21Este é um decreto perpétuo para eles.

"O homem que aspergir a água da purificação também lavará as suas roupas, e todo aquele que tocar na água da purificação ficará impuro até o cair da tarde. 22Qualquer coisa na qual alguém que estiver impuro tocar se tornará impura, e qualquer pessoa que nela tocar ficará impura até o cair da tarde".

As águas de meribá

20 No primeiro mês toda a comunidade de Israel chegou ao deserto de Zim e ficou em Cades. Ali Miriã morreu e foi sepultada.

2Não havia água para a comunidade, e o povo se juntou contra Moisés e contra Arão. 3Discutiram com Moisés e disseram: "Quem dera tivéssemos morrido quando os nossos irmãos caíram mortos perante o SENHOR! 4Por que vocês trouxeram a assembleia do SENHOR a este deserto, para que nós e os nossos rebanhos morrêssemos aqui? 5Por que vocês nos tiraram do Egito e nos trouxeram para este lugar terrível? Aqui não há cereal, nem figos, nem uvas, nem romãs, nem água para beber!"

6Moisés e Arão saíram de diante da assembleia para a entrada da Tenda do Encontro e se prostraram com o rosto em terra, e a glória do SENHOR lhes apareceu. 7E o SENHOR disse a Moisés: 8"Pegue a vara, e com o seu irmão Arão reúna a comunidade e diante desta fale àquela rocha, e ela verterá água. Vocês tirarão água da rocha para a comunidade e os rebanhos beberem".

9Então Moisés pegou a vara que estava diante do SENHOR, como este lhe havia ordenado. 10Moisés e Arão reuniram a assembleia em frente da rocha, e Moisés disse: "Escutem, rebeldes, será que teremos que tirar água desta rocha para lhes dar?" 11Então Moisés ergueu o braço e bateu na rocha duas vezes com a vara. Jorrou água, e a comunidade e os rebanhos beberam.

12O SENHOR, porém, disse a Moisés e a Arão: "Como vocês não confiaram em mim para honrar minha santidade à vista dos israelitas, vocês não conduzirão esta comunidade para a terra que lhes dou".

13Essas foram as águas de Meribá[a], onde os israelitas discutiram com o SENHOR e onde ele manifestou sua santidade entre eles.

Edom nega passagem a Israel

14De Cades, Moisés enviou mensageiros ao rei de Edom, dizendo:

"Assim diz o teu irmão Israel: Tu sabes de todas as dificuldades que vieram sobre nós. 15Os nossos antepassados desceram para o Egito, e ali vivemos durante muitos anos. Os egípcios, porém, nos maltrataram, como também a eles, 16mas quando clamamos ao SENHOR, ele ouviu o nosso clamor, enviou um anjo e nos tirou do Egito.

"Agora estamos em Cades, cidade na fronteira do teu território. 17Deixa-nos atravessar a tua terra. Não passaremos por nenhuma plantação ou vinha, nem beberemos água de poço algum. Passaremos pela estrada do rei e não nos desviaremos nem para a direita nem para a esquerda, até que tenhamos atravessado o teu território".

18Mas Edom respondeu:

[a] 20:13 *Meribá* significa *rebelião*.

"Vocês não poderão passar por aqui; se tentarem, nós os atacaremos com a espada".

19 E os israelitas disseram:

"Iremos pela estrada principal; se nós e os nossos rebanhos bebermos de tua água, pagaremos por ela. Queremos apenas atravessar a pé, e nada mais".

20 Mas Edom insistiu:

"Vocês não poderão atravessar".

Então Edom os atacou com um exército grande e poderoso. 21 Visto que Edom se recusou a deixá-los atravessar o seu território, Israel desviou-se dele.

A morte de Arão

22 Toda a comunidade israelita partiu de Cades e chegou ao monte Hor. 23 Naquele monte, perto da fronteira de Edom, o SENHOR disse a Moisés e a Arão: 24 "Arão será reunido aos seus antepassados. Não entrará na terra que dou aos israelitas, porque vocês dois se rebelaram contra a minha ordem junto às águas de Meribá. 25 Leve Arão e seu filho Eleazar para o alto do monte Hor. 26 Tire as vestes de Arão e coloque-as em seu filho Eleazar, pois Arão será reunido aos seus antepassados; ele morrerá ali".

27 Moisés fez conforme o SENHOR ordenou; subiram o monte Hor à vista de toda a comunidade. 28 Moisés tirou as vestes de Arão e as colocou em seu filho Eleazar. E Arão morreu no alto do monte. Depois disso, Moisés e Eleazar desceram do monte, 29 e, quando toda a comunidade soube que Arão tinha morrido, toda a nação de Israel pranteou por ele durante trinta dias.

A vitória sobre o rei de Arade

21 Quando o rei cananeu de Arade, que vivia no Neguebe, soube que Israel vinha pela estrada de Atarim, atacou os israelitas e capturou alguns deles. 2 Então Israel fez este voto ao SENHOR: "Se entregares este povo em nossas mãos, destruiremos totalmente as suas cidades". 3 O SENHOR ouviu o pedido de Israel e lhes entregou os cananeus. Israel os destruiu completamente, a eles e às suas cidades; de modo que o lugar foi chamado Hormá.

A serpente de bronze

4 Partiram eles do monte Hor pelo caminho do mar Vermelho, para contornarem a terra de Edom. Mas o povo ficou impaciente no caminho 5 e falou contra Deus e contra Moisés, dizendo: "Por que vocês nos tiraram do Egito para morrermos no deserto? Não há pão! Não há água! E nós detestamos esta comida miserável!"

6 Então o SENHOR enviou serpentes venenosas que morderam o povo, e muitos morreram. 7 O povo foi a Moisés e disse: "Pecamos quando falamos contra o SENHOR e contra você. Ore pedindo ao SENHOR que tire as serpentes do meio de nós". E Moisés orou pelo povo.

8 O SENHOR disse a Moisés: "Faça uma serpente e coloque-a no alto de um poste; quem for mordido e olhar para ela viverá".

9 Moisés fez então uma serpente de bronze e a colocou num poste. Quando alguém era mordido por uma serpente e olhava para a serpente de bronze, permanecia vivo.

A viagem para Moabe

10 Os israelitas partiram e acamparam em Obote. 11 Depois partiram de Obote e acamparam em Ijé-Abarim, no deserto defronte de Moabe, ao leste. 12 Dali partiram e acamparam no vale de Zerede. 13 Partiram dali e acamparam do outro lado do Arnom, que fica no deserto que se estende até o território amorreu. O Arnom é a fronteira de Moabe, entre Moabe e os amorreus. 14 É por isso que se diz no Livro das Guerras do SENHOR:

"... Vaebe, em Sufá, e os vales,
o Arnom 15 e as ravinas dos vales
que se estendem até a cidade de Ar
e chegam até a fronteira de Moabe".

16 De lá prosseguiram até Beer, o poço onde o SENHOR disse a Moisés: "Reúna o povo, e eu lhe darei água".

17 Então Israel cantou esta canção:

"Brote água, ó poço!
Cantem a seu respeito,
18 a respeito do poço
que os líderes cavaram,
que os nobres abriram
com cetros e cajados".

Então saíram do deserto para Matanã, 19 de Matanã para Naaliel, de Naaliel para Bamote, 20 e de Bamote para o vale de Moabe, onde o topo do Pisga defronta com o deserto de Jesimom.

A vitória sobre Seom e Ogue

21 Israel enviou mensageiros para dizer a Seom, rei dos amorreus: 22 "Deixa-nos atravessar a tua terra. Não entraremos em nenhuma plantação, em nenhuma vinha, nem beberemos água de poço algum. Passaremos pela estrada do rei até que tenhamos atravessado o teu território".

23 Seom, porém, não deixou Israel atravessar o seu território. Convocou todo o seu exército e atacou Israel no deserto. Quando chegou a Jaza, lutou contra Israel. 24 Porém Israel o destruiu com a espada e tomou-lhe as terras desde o Arnom até o Jaboque, até o território dos amonitas, pois Jazar estava na fronteira dos amonitas. 25 Israel capturou todas as cidades dos amorreus e as ocupou, inclusive Hesbom e todos os seus povoados. 26 Hesbom era a cidade de Seom, rei dos amorreus, que havia lutado contra o antigo rei de Moabe, tendo tomado todas as suas terras até o Arnom.

27 É por isso que os poetas dizem:

"Venham a Hesbom!
Seja ela reconstruída;
seja restaurada a cidade de Seom!

28 "Fogo saiu de Hesbom,
uma chama da cidade de Seom;
consumiu Ar, de Moabe,
os senhores do alto Arnom.
29 Ai de você, Moabe!
Você está destruído, ó povo de Camos!
Ele fez de seus filhos, fugitivos,
e de suas filhas,
prisioneiras de Seom,
rei dos amorreus.

30 "Mas nós os derrotamos;
Hesbom está destruída
por todo o caminho até Dibom.
Nós os arrasamos até Nofá,
e até Medeba".

31Assim Israel habitou na terra dos amorreus.
32Moisés enviou espiões a Jazar, e os israelitas toma-
ram os povoados ao redor e expulsaram os amorreus
que ali estavam. 33Depois voltaram e subiram pelo cami-
nho de Basã, e Ogue, rei de Basã, com todo o seu exér-
cito, marchou para enfrentá-los em Edrei.
34Mas o SENHOR disse a Moisés: "Não tenha medo
dele, pois eu o entreguei a você, juntamente com to-
do o seu exército e com a sua terra. Você fará com ele
o que fez com Seom, rei dos amorreus, que habitava
em Hesbom".
35Então eles o derrotaram, bem como os seus filhos
e todo o seu exército, não lhes deixando sobrevivente
algum. E tomaram posse da terra dele.

Balaque manda chamar Balaão

22 Os israelitas partiram e acamparam nas campinas
de Moabe, para além do Jordão, perto de Jericó[a].
2Balaque, filho de Zipor, viu tudo o que Israel tinha
feito aos amorreus, 3e Moabe teve muito medo do po-
vo, porque era muita gente. Moabe teve pavor dos is-
raelitas.
4Então os moabitas disseram aos líderes de Midiã:
"Essa multidão devorará tudo o que há ao nosso redor,
como o boi devora o capim do pasto".
Balaque, filho de Zipor, rei de Moabe naquela épo-
ca, 5enviou mensageiros para chamar Balaão, filho de
Beor, que estava em Petor, perto do Eufrates[b], em sua
terra natal. A mensagem de Balaque dizia:
"Um povo que saiu do Egito cobre a face da ter-
ra e se estabeleceu perto de mim. 6Venha agora lan-
çar uma maldição contra ele, pois é forte demais para
mim. Talvez então eu tenha condições de derrotá-lo
e de expulsá-lo da terra. Pois sei que aquele que você
abençoa é abençoado, e aquele que você amaldiçoa é
amaldiçoado".
7Os líderes de Moabe e os de Midiã partiram, levan-
do consigo a quantia necessária para pagar os encan-
tamentos mágicos. Quando chegaram, comunicaram a
Balaão o que Balaque tinha dito.
8Disse-lhes Balaão: "Passem a noite aqui, e eu lhes
trarei a resposta que o SENHOR me der". E os líderes
moabitas ficaram com ele.
9Deus veio a Balaão e lhe perguntou: "Quem são es-
ses homens que estão com você?"
10Balaão respondeu a Deus: "Balaque, filho de Zipor,
rei de Moabe, enviou-me esta mensagem: 11'Um povo
que saiu do Egito cobre a face da terra. Venha agora
lançar uma maldição contra ele. Talvez então eu tenha
condições de derrotá-lo e de expulsá-lo' ".
12Mas Deus disse a Balaão: "Não vá com eles. Você
não poderá amaldiçoar este povo, porque é povo aben-
çoado".
13Na manhã seguinte Balaão se levantou e disse aos
líderes de Balaque: "Voltem para a sua terra, pois o SE-
NHOR não permitiu que eu os acompanhe".
14Os líderes moabitas voltaram a Balaque e lhe disse-
ram: "Balaão recusou-se a acompanhar-nos".
15Balaque enviou outros líderes, em maior número
e mais importantes do que os primeiros. 16Eles foram
a Balaão e lhe disseram:
"Assim diz Balaque, filho de Zipor: 'Que nada o im-
peça de vir a mim, 17porque o recompensarei genero-
samente e farei tudo o que você me disser. Venha, por
favor, e lance para mim uma maldição contra este po-
vo' ".
18Balaão, porém, respondeu aos conselheiros de Bala-
que: "Mesmo que Balaque me desse o seu palácio cheio
de prata e de ouro, eu não poderia fazer coisa alguma,
grande ou pequena, que vá além da ordem do SENHOR,
o meu Deus. 19Agora, fiquem vocês também aqui esta
noite, e eu descobrirei o que mais o SENHOR tem pa-
ra dizer-me".
20Naquela noite Deus veio a Balaão e lhe disse: "Visto
que esses homens vieram chamá-lo, vá com eles, mas
faça apenas o que eu lhe disser".

O Anjo do SENHOR e a jumenta de Balaão

21Balaão levantou-se pela manhã, pôs a sela sobre a
sua jumenta e foi com os líderes de Moabe. 22Mas acen-
deu-se a ira de Deus quando ele foi, e o Anjo do SENHOR
pôs-se no caminho para impedi-lo de prosseguir. Balaão
ia montado em sua jumenta, e seus dois servos o acom-
panhavam. 23Quando a jumenta viu o Anjo do SENHOR
parado no caminho, empunhando uma espada, saiu do
caminho e prosseguiu pelo campo. Balaão bateu nela
para fazê-la voltar ao caminho.
24Então o Anjo do SENHOR se pôs num caminho es-
treito entre duas vinhas, com muros dos dois lados.
25Quando a jumenta viu o Anjo do SENHOR, encostou-
-se no muro, apertando o pé de Balaão contra ele. Por
isso ele bateu nela de novo.
26O Anjo do SENHOR foi adiante e se colocou num
lugar estreito, onde não havia espaço para desviar-se,
nem para a direita nem para a esquerda. 27Quando a
jumenta viu o Anjo do SENHOR, deitou-se debaixo de
Balaão. Acendeu-se a ira de Balaão, que bateu nela com
uma vara. 28Então o SENHOR abriu a boca da jumenta,
e ela disse a Balaão: "Que foi que eu lhe fiz, para você
bater em mim três vezes?"
29Balaão respondeu à jumenta: "Você me fez de tolo!
Quem dera eu tivesse uma espada na mão; eu a mata-
ria agora mesmo".
30Mas a jumenta disse a Balaão: "Não sou sua jumen-
ta, que você sempre montou até o dia de hoje? Tenho
eu o costume de fazer isso com você?"
"Não", disse ele.
31Então o SENHOR abriu os olhos de Balaão, e ele viu
o Anjo do SENHOR parado no caminho, empunhando
a sua espada. Então Balaão inclinou-se e prostrou-se
com o rosto em terra.
32E o Anjo do SENHOR lhe perguntou: "Por que vo-
cê bateu três vezes em sua jumenta? Eu vim aqui para
impedi-lo de prosseguir porque o seu caminho me desa-
grada. 33A jumenta me viu e se afastou de mim por três
vezes. Se ela não se afastasse, certamente eu já o teria
matado; mas a jumenta eu teria poupado".
34Balaão disse ao Anjo do SENHOR: "Pequei. Não per-
cebi que estavas parado no caminho para me impedires
de prosseguir. Agora, se o que estou fazendo te desa-
grada, eu voltarei".
35Então o Anjo do SENHOR disse a Balaão: "Vá com
os homens, mas fale apenas o que eu lhe disser". Assim
Balaão foi com os príncipes de Balaque.

[a] 22:1 Hebraico: *Jordão de Jericó*. Possivelmente um antigo nome do rio Jordão; também em 26:3 e 63.
[b] 22:5 Hebraico: o Rio.

Balaque reencontra-se com Balaão

36 Quando Balaque soube que Balaão estava chegan-
do, foi ao seu encontro na cidade moabita da frontei-
ra do Arnom, no limite do seu território. 37 E Balaque
disse a Balaão: "Não mandei chamá-lo urgentemente?
Por que não veio? Acaso não tenho condições de re-
compensá-lo?"
38 "Aqui estou!", respondeu Balaão. "Mas, seria eu ca-
paz de dizer alguma coisa? Direi somente o que Deus
puser em minha boca".
39 Então Balaão foi com Balaque até Quiriate-Huzote.
40 Balaque sacrificou bois e ovelhas, e deu parte da carne
a Balaão e aos líderes que com ele estavam. 41 Na manhã
seguinte Balaque levou Balaão até o alto de Bamote-
-Baal, de onde viu uma parte do povo.

O primeiro oráculo de Balaão

23 Balaão disse a Balaque: "Construa para mim aqui
sete altares e prepare-me sete novilhos e sete car-
neiros". 2 Balaque fez o que Balaão pediu, e os dois ofere-
ceram um novilho e um carneiro em cada altar.
3 E Balaão disse a Balaque: "Fique aqui junto ao seu
holocausto, enquanto eu me retiro. Talvez o SENHOR
venha ao meu encontro. O que ele me revelar eu lhe
contarei". E foi para um monte.
4 Deus o encontrou, e Balaão disse: "Preparei sete
altares, e em cada altar ofereci um novilho e um car-
neiro".
5 O SENHOR pôs uma mensagem na boca de Balaão e
disse: "Volte a Balaque e dê-lhe essa mensagem".
6 Ele voltou a Balaque e o encontrou ao lado de seu
holocausto, e com ele todos os líderes de Moabe. 7 Então
Balaão pronunciou este oráculo:

"Balaque trouxe-me de Arã,
o rei de Moabe
buscou-me nas montanhas do oriente.
'Venha, amaldiçoe a Jacó para mim',
disse ele,
'venha, pronuncie ameaças
contra Israel!'
8 Como posso amaldiçoar
a quem Deus não amaldiçoou?
Como posso pronunciar ameaças
contra quem o SENHOR não quis ameaçar?
9 Dos cumes rochosos eu os vejo,
dos montes eu os avisto.
Vejo um povo que vive separado
e não se considera
como qualquer nação.
10 Quem pode contar o pó de Jacó
ou o número da quarta parte de Israel?
Morra eu a morte dos justos,
e seja o meu fim como o deles!"

11 Então Balaque disse a Balaão: "Que foi que você me
fez? Eu o chamei para amaldiçoar meus inimigos, mas
você nada fez senão abençoá-los!"
12 E ele respondeu: "Será que não devo dizer o que o
SENHOR põe em minha boca?"

O segundo oráculo de Balaão

13 Balaque lhe disse: "Venha comigo a outro lugar de
onde você poderá vê-los; você verá só uma parte, mas
não todos eles. E dali amaldiçoe este povo para mim".
14 Então ele o levou para o campo de Zofim, no topo do
Pisga, e ali construiu sete altares e ofereceu um novi-
lho e um carneiro em cada altar.
15 Balaão disse a Balaque: "Fique aqui ao lado de
seu holocausto enquanto vou me encontrar com ele
ali adiante".
16 Encontrando-se o SENHOR com Balaão, pôs uma
mensagem em sua boca e disse: "Volte a Balaque e dê-
-lhe essa mensagem".
17 Ele voltou e o encontrou ao lado de seu holocausto,
e com ele os líderes de Moabe. Balaque perguntou-lhe:
"O que o SENHOR disse?"
18 Então ele pronunciou este oráculo:

"Levante-se, Balaque, e ouça-me;
escute-me, filho de Zipor.
19 Deus não é homem para que minta,
nem filho de homem
para que se arrependa.
Acaso ele fala, e deixa de agir?
Acaso promete, e deixa de cumprir?
20 Recebi uma ordem para abençoar;
ele abençoou, e não o posso mudar.
21 Nenhuma desgraça se vê em Jacó,
nenhum sofrimento em Israel.[a]
O SENHOR, o seu Deus, está com eles;
o brado de aclamação do Rei
está no meio deles.
22 Deus os está trazendo do Egito;
eles têm a força do boi selvagem.
23 Não há magia que possa contra Jacó,
nem encantamento contra Israel.
Agora se dirá de Jacó e de Israel:
'Vejam o que Deus tem feito!'
24 O povo se levanta como leoa;
levanta-se como o leão,
que não se deita
até que devore a sua presa
e beba o sangue das suas vítimas".

25 Balaque disse então a Balaão: "Não os amaldiçoe
nem os abençoe!"
26 Balaão respondeu: "Não lhe disse que devo fazer
tudo o que o SENHOR disser?"

O terceiro oráculo de Balaão

27 Balaque disse a Balaão: "Venha, deixe-me levá-lo
a outro lugar. Talvez Deus se agrade que dali você os
amaldiçoe para mim". 28 E Balaque levou Balaão para
o topo do Peor, de onde se vê o deserto de Jesimom.
29 Balaão disse a Balaque: "Edifique-me aqui sete al-
tares e prepare-me sete novilhos e sete carneiros". 30 Ba-
laque fez o que Balaão disse, e ofereceu um novilho e
um carneiro em cada altar.
24 Quando Balaão viu que agradava ao SENHOR aben-
çoar Israel, não recorreu à magia como nas outras
vezes, mas voltou o rosto para o deserto. 2 Então viu Is-
rael acampado, tribo por tribo; e o Espírito de Deus veio
sobre ele, 3 e ele pronunciou este oráculo:

"Palavra de Balaão, filho de Beor,
palavra daquele cujos olhos
veem claramente,

[a] 23:21 Ou *Ele não olhou para as ofensas de Jacó, nem para os erros encontrados em Israel.*

4palavra daquele que ouve
as palavras de Deus,
daquele que vê a visão
que vem do Todo-poderoso[a],
daquele que cai prostrado
e vê com clareza:

5"Quão belas são as suas tendas,
ó Jacó,
as suas habitações, ó Israel!
6Como vales estendem-se,
como jardins que margeiam rios,
como aloés plantados pelo SENHOR,
como cedros junto às águas.
7Seus reservatórios de água
transbordarão;
suas lavouras serão bem irrigadas.

"O seu rei será maior do que Agague;
o seu reino será exaltado.
8Deus os está trazendo do Egito;
eles têm a força do boi selvagem.
Devoram nações inimigas
e despedaçam seus ossos;
com suas flechas os atravessam.
9Como o leão e a leoa
eles se abaixam e se deitam,
quem ousará despertá-los?
Sejam abençoados
os que os abençoarem,
e amaldiçoados
os que os amaldiçoarem!"

10Então acendeu-se a ira de Balaque contra Balaão,
e, batendo as palmas das mãos, disse: "Eu o chamei
para amaldiçoar meus inimigos, mas você já os aben-
çoou três vezes! 11Agora, fuja para a sua casa! Eu disse
que lhe daria generosa recompensa, mas o SENHOR o
impediu de recebê-la".
12Mas Balaão respondeu a Balaque: "Eu bem que
avisei aos mensageiros que você me enviou: 13'Mesmo
que Balaque me desse o seu palácio cheio de prata e
de ouro, eu não poderia fazer coisa alguma de minha
própria vontade, boa ou má, que vá além da ordem do
SENHOR, e devo dizer somente o que o SENHOR disser.'
14Agora estou voltando para o meu povo, mas venha,
deixe-me adverti-lo do que este povo fará ao seu povo
nos dias futuros".

O quarto oráculo de Balaão

15Então pronunciou este seu oráculo:

"Palavra de Balaão, filho de Beor,
palavra daquele cujos olhos
veem claramente,
16daquele que ouve
as palavras de Deus,
que possui o conhecimento
do Altíssimo,
daquele que vê a visão
que vem do Todo-poderoso,
daquele que cai prostrado,
e vê com clareza:
17Eu o vejo, mas não agora;
eu o avisto, mas não de perto.
Uma estrela surgirá de Jacó;
um cetro se levantará de Israel.
Ele esmagará as frontes de Moabe
e o crânio[b] de todos
os descendentes de Sete[c].
18Edom será dominado;
Seir, seu inimigo,
também será dominado;
mas Israel se fortalecerá.
19De Jacó sairá o governo;
ele destruirá os sobreviventes
das cidades".

Os últimos oráculos de Balaão

20Balaão viu Amaleque e pronunciou este oráculo:

"Amaleque foi o primeiro
entre as nações,
mas o seu fim será destruição".

21Depois viu os queneus e pronunciou este oráculo:

"Sua habitação é segura,
seu ninho está firmado na rocha;
22todavia, vocês, queneus,
serão destruídos
quando Assur
os levar prisioneiros".

23Finalmente pronunciou este oráculo:

"Ah, quem poderá viver
quando Deus fizer isto?[d]
24Navios virão da costa de Quitim
e subjugarão Assur e Héber,
mas o seu fim
também será destruição".

25Então Balaão se levantou e voltou para casa, e Ba-
laque seguiu o seu caminho.

A adoração a Baal-Peor

25 Enquanto Israel estava em Sitim, o povo começou
a entregar-se à imoralidade sexual com mulheres
moabitas, 2que os convidavam aos sacrifícios de seus
deuses. O povo comia e se prostrava perante esses deu-
ses. 3Assim Israel se juntou à adoração a Baal-Peor. E a
ira do SENHOR acendeu-se contra Israel.
4E o SENHOR disse a Moisés: "Prenda todos os chefes
desse povo, enforque-os diante do SENHOR, à luz do sol,
para que o fogo da ira do SENHOR se afaste de Israel".
5Então Moisés disse aos juízes de Israel: "Cada um
de vocês terá que matar aqueles que dentre os seus ho-
mens se juntaram à adoração a Baal-Peor".
6Um israelita trouxe para casa uma mulher midia-
nita, na presença de Moisés e de toda a comunidade
de Israel, que choravam à entrada da Tenda do Encon-
tro. 7Quando Fineias, filho de Eleazar, neto do sacerdote
Arão, viu isso, apanhou uma lança, 8seguiu o israelita
até o interior da tenda e atravessou os dois com a lança;
atravessou o corpo do israelita e o da mulher. Então ces-
sou a praga contra os israelitas. 9Mas os que morreram
por causa da praga foram vinte e quatro mil.

[a] 24:4 Hebraico: *Shaddai*; também no versículo 16.

[b] 24:17 Conforme o Pentateuco Samaritano. Veja Jr 48:45.

[c] 24:17 Ou *todos os arrogantes*

[d] 24:23 Ou *"Um povo se ajuntará vindo do norte.*

10E o SENHOR disse a Moisés: 11"Fineias, filho de Elea-
zar, neto do sacerdote Arão, desviou a minha ira de so-
bre os israelitas, pois foi zeloso, com o mesmo zelo que
tenho por eles, para que em meu zelo eu não os con-
sumisse. 12Diga-lhe, pois, que estabeleço com ele a mi-
nha aliança de paz. 13Dele e dos seus descendentes será
a aliança do sacerdócio perpétuo, porque ele foi zeloso
pelo seu Deus e fez propiciação pelos israelitas".
14O nome do israelita que foi morto com a midianita
era Zinri, filho de Salu, líder de uma família simeonita.
15E o nome da mulher midianita que morreu era Cosbi,
filha de Zur, chefe de um clã midianita.
16O SENHOR disse a Moisés: 17"Tratem os midianitas
como inimigos e matem-nos, 18porque trataram vocês
como inimigos quando os enganaram no caso de Peor
e de Cosbi, filha de um líder midianita, mulher do po-
vo deles que foi morta pela praga que enviei por cau-
sa de Peor".

O segundo recenseamento

26 Depois da praga, o SENHOR disse a Moisés e a Elea-
zar, filho do sacerdote Arão: 2"Façam um recen-
seamento de toda a comunidade de Israel, segundo as
suas famílias; contem todos os de vinte anos para cima
que possam servir no exército de Israel". 3Nas campinas
de Moabe, junto ao Jordão, frente a Jericó, Moisés e o
sacerdote Eleazar falaram com eles e disseram: 4"Fa-
çam um recenseamento dos homens de vinte anos pa-
ra cima", conforme o SENHOR tinha ordenado a Moisés.

Estes foram os israelitas que saíram do Egito:

5Os descendentes de Rúben, filho mais velho de Is-
rael, foram:

de Enoque, o clã enoquita;
de Palu, o clã paluíta;
6de Hezrom, o clã hezronita;
de Carmi, o clã carmita.

7Esses foram os clãs de Rúben; foram contados 43.730
homens.
8O filho de Palu foi Eliabe, 9e os filhos de Eliabe fo-
ram Nemuel, Datã e Abirão. Estes, Datã e Abirão, fo-
ram os líderes da comunidade que se rebelaram contra
Moisés e contra Arão, estando entre os seguidores de
Corá quando se rebelaram contra o SENHOR. 10A terra
abriu a boca e os engoliu juntamente com Corá, cujos
seguidores morreram quando o fogo devorou duzen-
tos e cinquenta homens, que serviram como sinal de
advertência. 11A descendência de Corá, contudo, não
desapareceu.

12Os descendentes de Simeão segundo os seus clãs
foram:

de Nemuel, o clã nemuelita;
de Jamim, o clã jaminita;
de Jaquim, o clã jaquinita;
13de Zerá, o clã zeraíta;
de Saul, o clã saulita.

14Esses foram os clãs de Simeão; havia 22.200 ho-
mens.

15Os descendentes de Gade segundo os seus clãs
foram:

de Zefom, o clã zefonita;
de Hagi, o clã hagita;
de Suni, o clã sunita;
16de Ozni, o clã oznita;
de Eri, o clã erita;
17de Arodi[a], o clã arodita;
de Areli, o clã arelita.

18Esses foram os clãs de Gade; foram contados 40.500
homens.

19Er e Onã eram filhos de Judá, mas morreram em
Canaã.
20Os descendentes de Judá segundo os seus clãs fo-
ram:

de Selá, o clã selanita;
de Perez, o clã perezita;
de Zerá, o clã zeraíta.
21Os descendentes de Perez foram:
de Hezrom, o clã hezronita;
de Hamul, o clã hamulita.

22Esses foram os clãs de Judá; foram contados 76.500
homens.

23Os descendentes de Issacar segundo os seus clãs
foram:

de Tolá, o clã tolaíta;
de Puá, o clã punita[b];
24de Jasube, o clã jasubita;
de Sinrom, o clã sinronita.

25Esses foram os clãs de Issacar; foram contados
64.300 homens.

26Os descendentes de Zebulom segundo os seus clãs
foram:

de Serede, o clã seredita;
de Elom, o clã elonita;
de Jaleel, o clã jaleelita.

27Esses foram os clãs de Zebulom; foram contados
60.500 homens.

28Os descendentes de José segundo os seus clãs, por
meio de Manassés e Efraim, foram:

29Os descendentes de Manassés:
de Maquir, o clã maquirita
(Maquir foi o pai de Gileade);
de Gileade, o clã gileadita.
30Estes foram os descendentes de Gileade:
de Jezer, o clã jezerita;
de Heleque, o clã helequita;
31de Asriel, o clã asrielita;
de Siquém, o clã siquemita;
32de Semida, o clã semidaíta;
de Héfer, o clã heferita.
33(Zelofeade, filho de Héfer,
não teve filhos; teve somente filhas,
cujos nomes eram
Maalá, Noa, Hogla, Milca e Tirza.)

34Esses foram os clãs de Manassés; foram contados
52.700 homens.

35Os descendentes de Efraim segundo os seus clãs
foram:

de Sutela, o clã sutelaíta;
de Bequer, o clã bequerita;
de Taã, o clã taanita.

[a] 26:17 Alguns manuscritos dizem *Arode*. Veja Gn 46:16.
[b] 26:23 Alguns manuscritos dizem *por meio de Puva, o clã puvita*. Veja 1Cr 7:1.

[36]Estes foram os descendentes de Sutela:
de Erã, o clã eranita.
[37]Esses foram os clãs de Efraim; foram contados
32.500 homens.

Esses foram os descendentes de José segundo os seus clãs.

[38]Os descendentes de Benjamim segundo os seus clãs foram:
de Belá, o clã belaíta;
de Asbel, o clã asbelita;
de Airã, o clã airamita;
[39]de Sufã[a], o clã sufamita;
de Hufã, o clã hufamita.
[40]Os descendentes de Belá, por meio de Arde e Naa-
mã, foram:
de Arde[b], o clã ardita;
de Naamã, o clã naamanita.
[41]Esses foram os clãs de Benjamim; foram contados
45.600 homens.

[42]Os descendentes de Dã segundo os seus clãs foram:
de Suã, o clã suamita.
Esses foram os clãs de Dã, [43]todos eles clãs suamitas;
foram contados 64.400 homens.

[44]Os descendentes de Aser segundo os seus clãs fo-
ram:
de Imna, o clã imnaíta;
de Isvi, o clã isvita;
de Berias, o clã beriaíta;
[45]e dos descendentes de Berias:
de Héber, o clã heberita;
de Malquiel, o clã malquielita.
[46]Aser teve uma filha chamada Sera.
[47]Esses foram os clãs de Aser; foram contados 53.400
homens.

[48]Os descendentes de Naftali segundo os seus clãs foram:
de Jazeel, o clã jazeelita;
de Guni, o clã gunita;
[49]de Jezer, o clã jezerita;
de Silém, o clã silemita.
[50]Esses foram os clãs de Naftali; foram contados
45.400 homens.

[51]O número total dos homens de Israel foi 601.730.

As normas para a repartição da terra

[52]Disse ainda o SENHOR a Moisés: [53]"A terra será re-
partida entre eles como herança, de acordo com o nú-
mero dos nomes alistados. [54]A um clã maior dê uma
herança maior, e a um clã menor, uma herança menor;
cada um receberá a sua herança de acordo com o seu
número de recenseados. [55]A terra, porém, será distri-
buída por sorteio. Cada um herdará sua parte de acor-
do com o nome da tribo de seus antepassados. [56]Cada
herança será distribuída por sorteio entre os clãs maio-
res e os menores".

O segundo recenseamento dos levitas

[57]Estes foram os levitas contados segundo os seus clãs:
de Gérson, o clã gersonita;
de Coate, o clã coatita;
de Merari, o clã merarita.
[58]Estes também eram clãs levitas:
o clã libnita;
o clã hebronita;
o clã malita;
o clã musita;
o clã coreíta.
Coate foi o pai de Anrão; [59]o nome da mulher de An-
rão era Joquebede, descendente de Levi, que nasceu no
Egito. Ela lhe deu à luz Arão, Moisés e Miriã, irmã deles.
[60]Arão foi o pai de Nadabe, Abiú, Eleazar e Itamar. [61]Mas
Nadabe e Abiú morreram quando apresentaram uma
oferta com fogo profano perante o SENHOR.

[62]O total de levitas do sexo masculino, de um mês de idade para cima, que foram contados foi 23.000. Não foram contados junto com os outros israelitas porque não receberam herança entre eles.

[63]São esses os que foram recenseados por Moisés e
pelo sacerdote Eleazar quando contaram os israelitas
nas campinas de Moabe, junto ao Jordão, frente a Jeri-
có. [64]Nenhum deles estava entre os que foram conta-
dos por Moisés e pelo sacerdote Arão quando contaram
os israelitas no deserto do Sinai. [65]Pois o SENHOR tinha
dito àqueles israelitas que eles iriam morrer no deser-
to, e nenhum deles sobreviveu, exceto Calebe, filho de
Jefoné, e Josué, filho de Num.

A herança das filhas de Zelofeade

27 Aproximaram-se as filhas de Zelofeade, filho de
Héfer, neto de Gileade, bisneto de Maquir, trineto
de Manassés; pertencia aos clãs de Manassés, filho de
José. Os nomes das suas filhas eram Maalá, Noa, Hogla,
Milca e Tirza. [2]Elas se prostraram à entrada da Tenda
do Encontro diante de Moisés, do sacerdote Eleazar, dos
líderes de toda a comunidade, e disseram: [3]"Nosso pai
morreu no deserto. Ele não estava entre os seguidores
de Corá, que se ajuntaram contra o SENHOR, mas mor-
reu por causa do seu próprio pecado e não deixou filhos.
[4]Por que o nome de nosso pai deveria desaparecer de
seu clã por não ter tido um filho? Dê-nos propriedade
entre os parentes de nosso pai".
[5]Moisés levou o caso perante o SENHOR, [6]e o SENHOR
lhe disse: [7]"As filhas de Zelofeade têm razão. Você lhes
dará propriedade como herança entre os parentes do
pai delas, e lhes passará a herança do pai.
[8]"Diga aos israelitas: Se um homem morrer e não
deixar filho, transfiram a sua herança para a sua filha.
[9]Se ele não tiver filha, deem a sua herança aos irmãos
dele. [10]Se não tiver irmãos, deem-na aos irmãos de seu
pai. [11]Se ainda seu pai não tiver irmãos, deem a heran-
ça ao parente mais próximo em seu clã". Esta será uma
exigência legal para os israelitas, como o SENHOR or-
denou a Moisés.

Josué, sucessor de Moisés

[12]Então o SENHOR disse a Moisés: "Suba este monte
da serra de Abarim e veja a terra que dei aos israelitas.
[13]Depois de vê-la, você também será reunido ao seu po-
vo, como seu irmão Arão, [14]pois, quando a comunidade
se rebelou nas águas do deserto de Zim, vocês dois de-
sobedeceram à minha ordem de honrar minha santi-
dade perante eles". Isso aconteceu nas águas de Meribá,
em Cades, no deserto de Zim.

[a] 26:39 Muitos manuscritos dizem *Sefufã*.
[b] 26:40 Conforme o Pentateuco Samaritano e a Vulgata. O Texto Massorético não traz *de Arde*.

15 Moisés disse ao SENHOR: 16 "Que o SENHOR, o Deus que a todos dá vida[a], designe um homem como líder desta comunidade 17 para conduzi-los em suas batalhas, para que a comunidade do SENHOR não seja como ovelhas sem pastor".

18 Então o SENHOR disse a Moisés: "Chame Josué, filho de Num, homem em quem está o Espírito[b], e imponha as mãos sobre ele. 19 Faça-o apresentar-se ao sacerdote Eleazar e a toda a comunidade e o comissione na presença deles. 20 Dê-lhe parte da sua autoridade para que toda a comunidade de Israel lhe obedeça. 21 Ele deverá apresentar-se ao sacerdote Eleazar, que lhe dará diretrizes ao consultar o Urim[c] perante o SENHOR. Josué e toda a comunidade dos israelitas seguirão suas instruções quando saírem para a batalha".

22 Moisés fez como o SENHOR lhe ordenou. Chamou Josué e o apresentou ao sacerdote Eleazar e a toda a comunidade. 23 Impôs as mãos sobre ele e o comissionou. Tudo conforme o SENHOR tinha dito por meio de Moisés.

As ofertas diárias

28 O SENHOR disse a Moisés: 2 "Ordene aos israelitas e diga-lhes: Tenham o cuidado de apresentar-me na época designada a comida para as minhas ofertas preparadas no fogo, como um aroma que me seja agradável. 3 Diga-lhes: Esta é a oferta preparada no fogo que vocês apresentarão ao SENHOR: dois cordeiros de um ano, sem defeito, como holocausto diário. 4 Ofereçam um cordeiro pela manhã e um ao cair da tarde, 5 juntamente com uma oferta de cereal de um jarro[d] da melhor farinha amassada com um litro[e] de azeite de olivas batidas. 6 Este é o holocausto diário instituído no monte Sinai, de aroma agradável; é oferta dedicada ao SENHOR, preparada no fogo. 7 A oferta derramada que a acompanha será um litro de bebida fermentada para cada cordeiro. Derramem a oferta de bebida para o SENHOR no Lugar Santo. 8 Ofereçam o segundo cordeiro ao cair da tarde, juntamente com o mesmo tipo de oferta de cereal e de oferta derramada que vocês prepararem de manhã. É uma oferta preparada no fogo, de aroma agradável ao SENHOR.

As ofertas do sábado

9 "No dia de sábado, façam uma oferta de dois cordeiros de um ano de idade e sem defeito, juntamente com a oferta derramada e com uma oferta de cereal de dois jarros da melhor farinha amassada com óleo. 10 Este é o holocausto para cada sábado, além do holocausto diário e da oferta derramada.

As ofertas mensais

11 "No primeiro dia de cada mês, apresentem ao SENHOR um holocausto de dois novilhos, um carneiro e sete cordeiros de um ano, todos sem defeito. 12 Para cada novilho deverá haver uma oferta de cereal de três jarros da melhor farinha amassada com óleo; para o carneiro, uma oferta de cereal de dois jarros da melhor farinha amassada com óleo; 13 e para cada cordeiro, uma oferta de cereal de um jarro da melhor farinha amassada com óleo. É um holocausto, de aroma agradável, uma oferta dedicada ao SENHOR, preparada no fogo. 14 Para cada novilho deverá haver uma oferta derramada de meio galão[f] de vinho; para o carneiro, um litro; e para cada cordeiro, um litro. É o holocausto mensal, que deve ser oferecido cada lua nova durante o ano. 15 Além do holocausto diário com a oferta derramada, um bode será oferecido ao SENHOR como sacrifício pelo pecado.

As ofertas da Páscoa

16 "No décimo quarto dia do primeiro mês é a Páscoa do SENHOR. 17 No décimo quinto dia desse mês haverá uma festa; durante sete dias comam pão sem fermento. 18 No primeiro dia convoquem uma santa assembleia e não façam trabalho algum. 19 Apresentem ao SENHOR uma oferta preparada no fogo, um holocausto de dois novilhos, um carneiro e sete cordeiros de um ano, todos sem defeito. 20 Para cada novilho preparem uma oferta de cereal de três jarros da melhor farinha amassada com óleo; para o carneiro, dois jarros; 21 e para cada cordeiro, um jarro. 22 Ofereçam um bode como sacrifício pela culpa, para fazer propiciação por vocês. 23 Apresentem essas ofertas além do holocausto diário oferecido pela manhã. 24 Façam assim diariamente, durante sete dias: apresentem a comida para a oferta preparada no fogo, de aroma agradável ao SENHOR; isso será feito além do holocausto diário e da sua oferta derramada. 25 No sétimo dia convoquem uma santa reunião e não façam trabalho algum.

As ofertas da festa das semanas

26 "No dia da festa da colheita dos primeiros frutos, a festa das semanas[g], quando apresentarem ao SENHOR uma oferta do cereal novo, convoquem uma santa assembleia e não façam trabalho algum. 27 Apresentem um holocausto de dois novilhos, de um carneiro e de sete cordeiros de um ano, como aroma agradável ao SENHOR. 28 Para cada novilho deverá haver uma oferta de cereal de três jarros da melhor farinha amassada com óleo; para o carneiro, dois jarros; 29 e para cada um dos cordeiros, um jarro. 30 Ofereçam também um bode para fazer propiciação por vocês. 31 Preparem tudo isso junto com a oferta derramada, além do holocausto diário e da oferta de cereal. Verifiquem que os animais sejam sem defeito.

As ofertas da festa das trombetas

29 "No primeiro dia do sétimo mês convoquem uma santa assembleia e não façam trabalho algum. Nesse dia vocês tocarão as trombetas. 2 Como aroma agradável ao SENHOR, ofereçam um holocausto de um novilho, um carneiro e sete cordeiros de um ano, todos sem defeito. 3 Para o novilho preparem uma oferta de cereal de três jarros[h] da melhor farinha amassada com óleo; para o carneiro, dois jarros; 4 e para cada um dos sete cordeiros, um jarro. 5 Ofereçam também um bode como sacrifício pelo pecado, para fazer propiciação por vocês, 6 além dos holocaustos mensais e diários com as ofertas de cereal e com as ofertas derramadas, conforme prescritas. São ofertas preparadas no fogo, de aroma agradável ao SENHOR.

[a] 27:16 Hebraico: *o Deus dos espíritos de toda a humanidade*.
[b] 27:18 Ou *homem capaz*
[c] 27:21 Objeto usado para se conhecer a vontade de Deus.
[d] 28:5 Hebraico: *1/10 de efa*. O efa era uma medida de capacidade para secos. As estimativas variam entre 20 e 40 litros.
[e] 28:5 Hebraico: *1/4 de him*. O him era uma medida de capacidade para líquidos. As estimativas variam entre 3 e 6 litros.
[f] 28:14 Hebraico: *him*.
[g] 28:26 Isto é, do Pentecoste.
[h] 29:3 Hebraico: *3/10 de efa*. O efa era uma medida de capacidade para secos. As estimativas variam entre 20 e 40 litros.

As ofertas do Dia da Expiação

7“No décimo dia desse sétimo mês convoquem uma santa assembleia. Vocês se humilharão[a] e não farão trabalho algum. 8Apresentem como aroma agradável ao SENHOR um holocausto de um novilho, de um carneiro e de sete cordeiros de um ano de idade, todos sem defeito. 9Para o novilho preparem uma oferta de cereal de três jarros da melhor farinha amassada com óleo; para o carneiro, dois jarros; 10e para cada um dos sete cordeiros, um jarro. 11Ofereçam também um bode como sacrifício pelo pecado, além do sacrifício pelo pecado para fazer propiciação e do holocausto diário com a oferta de cereal e com as ofertas derramadas.

As ofertas da festa dos tabernáculos

12“No décimo quinto dia do sétimo mês convoquem uma santa assembleia e não façam trabalho algum. Celebrem uma festa ao SENHOR durante sete dias. 13Apresentem a seguinte oferta preparada no fogo, de aroma agradável ao SENHOR: um holocausto de treze novilhos, dois carneiros e catorze cordeiros de um ano de idade, todos sem defeito. 14Para cada um dos treze novilhos preparem uma oferta de cereal de três jarros da melhor farinha amassada com óleo; para cada um dos carneiros, dois jarros; 15e para cada um dos catorze cordeiros, um jarro. 16Ofereçam também um bode como sacrifício pelo pecado, além do holocausto diário com a oferta de cereal e com a oferta derramada.

17“No segundo dia preparem doze novilhos, dois carneiros e catorze cordeiros de um ano de idade, todos sem defeito. 18Para a oferta de novilhos, carneiros e cordeiros, preparem ofertas derramadas e de cereal, de acordo com o número especificado. 19Ofereçam também um bode como sacrifício pelo pecado, além do holocausto diário com a oferta derramada e com a oferta de cereal.

20“No terceiro dia preparem onze novilhos, dois carneiros e catorze cordeiros de um ano de idade, todos sem defeito. 21Para a oferta de novilhos, carneiros e cordeiros, preparem ofertas derramadas e de cereal, de acordo com o número especificado. 22Ofereçam também um bode como sacrifício pelo pecado, além do holocausto diário com a oferta derramada e com a oferta de cereal.

23“No quarto dia preparem dez novilhos, dois carneiros e catorze cordeiros de um ano de idade, todos sem defeito. 24Para a oferta de novilhos, carneiros e cordeiros, preparem ofertas derramadas e de cereal, de acordo com o número especificado. 25Ofereçam também um bode como sacrifício pelo pecado, além do holocausto diário com a oferta derramada e com a oferta de cereal.

26“No quinto dia preparem nove novilhos, dois carneiros e catorze cordeiros de um ano de idade, todos sem defeito. 27Para a oferta de novilhos, carneiros e cordeiros, preparem ofertas derramadas e de cereal, de acordo com o número especificado. 28Ofereçam também um bode como sacrifício pelo pecado, além do holocausto diário com a oferta derramada e com a oferta de cereal.

29“No sexto dia preparem oito novilhos, dois carneiros e catorze cordeiros de um ano de idade, todos sem defeito. 30Para a oferta de novilhos, carneiros e cordeiros, preparem ofertas derramadas e de cereal, de acordo com o número especificado. 31Ofereçam também um bode como sacrifício pelo pecado, além do holocausto diário com a oferta derramada e com a oferta de cereal.

32“No sétimo dia preparem sete novilhos, dois carneiros e catorze cordeiros de um ano de idade, todos sem defeito. 33Para a oferta de novilhos, carneiros e cordeiros, preparem ofertas derramadas e de cereal, de acordo com o número especificado. 34Ofereçam também um bode como sacrifício pelo pecado, além do holocausto diário com a oferta derramada e com a oferta de cereal.

35“No oitavo dia convoquem uma assembleia e não façam trabalho algum. 36Apresentem uma oferta preparada no fogo, de aroma agradável ao SENHOR, um holocausto de um novilho, um carneiro e sete cordeiros de um ano, todos sem defeito. 37Para a oferta do novilho, do carneiro e dos cordeiros, preparem ofertas derramadas e de cereal, de acordo com o número especificado. 38Ofereçam também um bode como sacrifício pelo pecado, além do holocausto diário com a oferta derramada e com a oferta de cereal.

39“Além dos votos que fizerem e das ofertas voluntárias, preparem isto para o SENHOR nas festas que lhes são designadas: os holocaustos, as ofertas derramadas, de cereal e de comunhão[b]”.

40E Moisés comunicou aos israelitas tudo o que o SENHOR lhe tinha ordenado.

A regulamentação dos votos

30 Moisés disse aos chefes das tribos de Israel: “É isto que o SENHOR ordena: 2Quando um homem fizer um voto ao SENHOR ou um juramento que o obrigar a algum compromisso, não poderá quebrar a sua palavra, mas terá que cumprir tudo o que disse.

3“Quando uma moça que ainda vive na casa de seu pai fizer um voto ao SENHOR ou obrigar-se por um compromisso 4e seu pai souber do voto ou compromisso, mas nada lhe disser, então todos os votos e cada um dos compromissos pelos quais se obrigou serão válidos. 5Mas, se o pai a proibir quando souber do voto, nenhum dos votos ou dos compromissos pelos quais se obrigou será válido; o SENHOR a livrará porque o seu pai a proibiu.

6“Se ela se casar depois de fazer um voto ou depois de seus lábios proferirem uma promessa precipitada pela qual se obriga a si mesma 7e o seu marido o souber, mas nada lhe disser no dia em que ficar sabendo, então os seus votos ou compromissos pelos quais ela se obrigou serão válidos. 8Mas, se o seu marido a proibir quando o souber, anulará o voto que a obriga ou a promessa precipitada pela qual ela se obrigou, e o SENHOR a livrará.

9“Qualquer voto ou compromisso assumido por uma viúva ou por uma mulher divorciada será válido.

10“Se uma mulher que vive com o seu marido fizer um voto ou obrigar-se por juramento a um compromisso 11e o seu marido o souber, mas nada lhe disser e não a proibir, então todos os votos ou compromissos pelos quais ela se obrigou serão válidos. 12Mas, se o seu marido os anular quando deles souber, então nenhum dos votos ou compromissos que saíram de seus lábios será

[a] 29:7 Ou *devem jejuar*

[b] 29:39 Ou *de paz*

válido. Seu marido os anulou, e o SENHOR a livrará. 13 O marido poderá confirmar ou anular qualquer voto ou qualquer compromisso que a obrigue a humilhar-se[a]. 14 Mas, se o marido nada lhe disser a respeito disso até o dia seguinte, com isso confirma todos os seus votos ou compromissos pelos quais se obrigou. Ele os confirma por nada lhe dizer quando os ouviu. 15 Se, contudo, ele os anular algum tempo depois de ouvi-los, ele sofrerá as consequências de sua iniquidade".

16 São essas as ordenanças que o SENHOR deu a Moisés a respeito do relacionamento entre um homem e sua mulher, e entre um pai e sua filha moça que ainda vive na casa do pai.

A vingança contra os midianitas

31 O SENHOR disse a Moisés: 2 "Vingue-se dos midianitas pelo que fizeram aos israelitas. Depois disso você será reunido aos seus antepassados".

3 Então Moisés disse ao povo: "Armem alguns dos homens para irem à guerra contra os midianitas e executarem a vingança do SENHOR contra eles. 4 Enviem à batalha mil homens de cada tribo de Israel". 5 Doze mil homens armados para a guerra, mil de cada tribo, foram mandados pelos clãs de Israel. 6 Moisés os enviou à guerra, mil de cada tribo, juntamente com Fineias, filho do sacerdote Eleazar, que levou consigo objetos do santuário e as cornetas para o toque de guerra.

7 Lutaram então contra Midiã, conforme o SENHOR tinha ordenado a Moisés, e mataram todos os homens. 8 Entre os mortos estavam os cinco reis de Midiã: Evi, Requém, Zur, Hur e Reba. Também mataram à espada Balaão, filho de Beor. 9 Os israelitas capturaram as mulheres e as crianças midianitas e tomaram como despojo todos os rebanhos e bens dos midianitas. 10 Queimaram todas as cidades em que os midianitas haviam se estabelecido, bem como todos os seus acampamentos. 11 Tomaram todos os despojos, incluindo pessoas e animais, 12 e levaram os prisioneiros, homens e mulheres, e os despojos a Moisés, ao sacerdote Eleazar e à comunidade de Israel, em seu acampamento, nas campinas de Moabe, frente a Jericó[b].

13 Moisés, o sacerdote Eleazar e todos os líderes da comunidade saíram para recebê-los fora do acampamento. 14 Mas Moisés indignou-se contra os oficiais do exército que voltaram da guerra, os líderes de milhares e os líderes de centenas.

15 "Vocês deixaram todas as mulheres vivas?", perguntou-lhes. 16 "Foram elas que seguiram o conselho de Balaão e levaram Israel a ser infiel ao SENHOR no caso de Peor, de modo que uma praga feriu a comunidade do SENHOR. 17 Agora matem todos os meninos. E matem também todas as mulheres que se deitaram com homem, 18 mas poupem todas as meninas virgens.

19 "Todos vocês que mataram alguém ou que tocaram em algum morto ficarão sete dias fora do acampamento. No terceiro e no sétimo dia vocês deverão purificar-se a si mesmos e aos seus prisioneiros. 20 Purifiquem toda roupa e também tudo o que é feito de couro, de pelo de bode ou de madeira."

21 Depois o sacerdote Eleazar disse aos soldados que tinham ido à guerra: "Esta é a exigência da lei que o SENHOR ordenou a Moisés: 22 Ouro, prata, bronze, ferro, estanho, chumbo 23 e tudo o que resista ao fogo, vocês terão que passar pelo fogo para purificá-los, mas também deverão purificá-los com a água da purificação. E tudo o que não resistir ao fogo terá que passar pela água. 24 No sétimo dia lavem as suas roupas, e vocês ficarão puros. Depois poderão entrar no acampamento".

A divisão dos despojos

25 O SENHOR disse a Moisés: 26 "Você, o sacerdote Eleazar e os chefes das famílias da comunidade deverão contar todo o povo e os animais capturados. 27 Dividam os despojos entre os guerreiros que participaram da batalha e o restante da comunidade. 28 Daquilo que os guerreiros trouxeram da guerra, separem como tributo ao SENHOR um de cada quinhentos, sejam pessoas, bois, jumentos, ovelhas ou bodes. 29 Tomem esse tributo da metade que foi dada como porção a eles e entreguem-no ao sacerdote Eleazar como a porção do SENHOR. 30 Da metade dada aos israelitas, escolham um de cada cinquenta, sejam pessoas, bois, jumentos, ovelhas ou bodes. Entreguem-nos aos levitas, encarregados de cuidar do tabernáculo do SENHOR". 31 Moisés e o sacerdote Eleazar fizeram como o SENHOR tinha ordenado a Moisés.

32 Os despojos que restaram da presa tomada pelos soldados foram 675.000 ovelhas, 33 72.000 cabeças de gado, 34 61.000 jumentos 35 e 32.000 mulheres virgens.

> 36 A metade dada aos que lutaram na guerra foi esta:
> 337.500 ovelhas, 37 das quais o tributo para o SENHOR foram 675;
> 38 36.000 cabeças de gado, das quais o tributo para o SENHOR foram 72;
> 39 30.500 jumentos, dos quais o tributo para o SENHOR foram 61;
> 40 16.000 pessoas, das quais o tributo para o SENHOR foram 32.

41 Moisés deu o tributo ao sacerdote Eleazar como contribuição ao SENHOR, conforme o SENHOR tinha ordenado a Moisés.

42 A outra metade, pertencente aos israelitas, Moisés separou da dos combatentes; 43 essa era a metade pertencente à comunidade, com 337.500 ovelhas, 44 36.000 cabeças de gado, 45 30.500 jumentos 46 e 16.000 pessoas. 47 Da metade pertencente aos israelitas, Moisés escolheu um de cada cinquenta, tanto de pessoas como de animais, conforme o SENHOR lhe tinha ordenado, e os entregou aos levitas, encarregados de cuidar do tabernáculo do SENHOR.

48 Então os oficiais que estavam sobre as unidades do exército, os líderes de milhares e os líderes de centenas foram a Moisés 49 e lhe disseram: "Seus servos contaram os soldados sob o nosso comando, e não está faltando ninguém. 50 Por isso trouxemos como oferta ao SENHOR os artigos de ouro dos quais cada um de nós se apossou: braceletes, pulseiras, anéis-selo, brincos e colares; para fazer propiciação por nós perante o SENHOR".

51 Moisés e o sacerdote Eleazar receberam deles todas as joias de ouro. 52 Todo o ouro dado pelos líderes de milhares e pelos líderes de centenas que Moisés e Eleazar apresentaram como contribuição ao SENHOR

[a] 30:13 Ou *jejuar*
[b] 31:12 Hebraico: *Jordão de Jericó*. Possivelmente um antigo nome do rio Jordão; também em 33:48,50; 34:15; 35:1 e 36:13.

pesou duzentos quilos[a]. 53 Cada soldado tinha tomado despojos para si mesmo. 54 Moisés e o sacerdote Eleazar receberam o ouro dado pelos líderes de milhares e pelos líderes de centenas e o levaram para a Tenda do Encontro como memorial, para que o SENHOR se lembrasse dos israelitas.

As tribos de Rúben e de Gade se estabelecem na Transjordânia

32 As tribos de Rúben e de Gade, donas de numerosos rebanhos, viram que as terras de Jazar e de Gileade eram próprias para a criação de gado. 2 Por isso foram a Moisés, ao sacerdote Eleazar e aos líderes da comunidade, e disseram: 3 "Atarote, Dibom, Jazar, Ninra, Hesbom, Eleale, Sebã, Nebo e Beom, 4 terras que o SENHOR subjugou perante a comunidade de Israel, são próprias para a criação de gado, e os seus servos possuem gado". 5 E acrescentaram: "Se podemos contar com o favor de vocês, deixem que essa terra seja dada a estes seus servos como herança. Não nos façam atravessar o Jordão".

6 Moisés respondeu aos homens de Gade e de Rúben: "E os seus compatriotas irão à guerra enquanto vocês ficam aqui? 7 Por que vocês desencorajam os israelitas de entrar na terra que o SENHOR lhes deu? 8 Foi isso que os pais de vocês fizeram quando os enviei de Cades-Barneia para verem a terra. 9 Depois de subirem ao vale de Escol e examinarem a terra, desencorajaram os israelitas de entrar na terra que o SENHOR lhes tinha dado. 10 A ira do SENHOR se acendeu naquele dia, e ele fez este juramento: 11 'Como não me seguiram de coração íntegro, nenhum dos homens de vinte anos para cima que saíram do Egito verá a terra que prometi sob juramento a Abraão, a Isaque e a Jacó, 12 com exceção de Calebe, filho de Jefoné, o quenezeu, e Josué, filho de Num, que seguiram o SENHOR com integridade de coração'. 13 A ira do SENHOR acendeu-se contra Israel, e ele os fez andar errantes no deserto durante quarenta anos, até que passou toda a geração daqueles que lhe tinham desagradado com seu mau procedimento.

14 "E aí estão vocês, raça de pecadores, pondo-se no lugar dos seus antepassados e acendendo ainda mais a ira do SENHOR contra Israel. 15 Se deixarem de segui-lo, de novo ele os abandonará no deserto, e vocês serão o motivo da destruição de todo este povo".

16 Então se aproximaram de Moisés e disseram: "Gostaríamos de construir aqui currais para o nosso gado e cidades para as nossas mulheres e para os nossos filhos. 17 Mas nós nos armaremos e estaremos prontos para ir à frente dos israelitas até que os tenhamos levado ao seu lugar. Enquanto isso, nossas mulheres e nossos filhos morarão em cidades fortificadas para se protegerem dos habitantes da terra. 18 Não retornaremos aos nossos lares enquanto todos os israelitas não receberem a sua herança. 19 Não receberemos herança alguma com eles do outro lado do Jordão, uma vez que a nossa herança nos seja dada no lado leste do Jordão".

20 Disse-lhes Moisés: "Se fizerem isso, se perante o SENHOR vocês se armarem para a guerra, 21 e se, armados, todos vocês atravessarem o Jordão perante o SENHOR até que ele tenha expulsado os seus inimigos da frente dele, 22 então, quando a terra estiver subjugada perante o SENHOR, vocês poderão voltar e estarão livres da sua obrigação para com o SENHOR e para com Israel. E esta terra será propriedade de vocês perante o SENHOR.

23 "Mas, se vocês não fizerem isso, estarão pecando contra o SENHOR; e estejam certos de que vocês não escaparão do pecado cometido. 24 Construam cidades para as suas mulheres e crianças, e currais para os seus rebanhos, mas façam o que vocês prometeram".

25 Então os homens de Gade e de Rúben disseram a Moisés: "Nós, seus servos, faremos como o meu senhor ordena. 26 Nossos filhos e nossas mulheres, e todos os nossos rebanhos ficarão aqui nas cidades de Gileade. 27 Mas os seus servos, todos os homens armados para a batalha, atravessarão para lutar perante o SENHOR, como o meu senhor está dizendo".

28 Moisés deu as seguintes instruções acerca deles ao sacerdote Eleazar, a Josué, filho de Num, e aos chefes de família das tribos israelitas: 29 "Se os homens de Gade e de Rúben, todos eles armados para a batalha, atravessarem o Jordão com vocês perante o SENHOR, então, quando a terra for subjugada perante vocês, entreguem-lhes como propriedade a terra de Gileade. 30 Mas, se não atravessarem armados com vocês, terão que aceitar a propriedade deles com vocês em Canaã".

31 Os homens de Gade e de Rúben responderam: "Os seus servos farão o que o SENHOR disse. 32 Atravessaremos o Jordão perante o SENHOR e entraremos armados em Canaã, mas a propriedade que receberemos como herança estará deste lado do Jordão".

33 Então Moisés deu às tribos de Gade e de Rúben e à metade da tribo de Manassés, filho de José, o reino de Seom, rei dos amorreus, e o reino de Ogue, rei de Basã, toda a terra com as suas cidades e o território ao redor delas.

34 A tribo de Gade construiu Dibom, Atarote, Aroer, 35 Atarote-Sofã, Jazar, Jogbeá, 36 Bete-Ninra e Bete-Harã como cidades fortificadas, e fez currais para os seus rebanhos. 37 E a tribo de Rúben reconstruiu Hesbom, Eleale e Quiriataim, 38 bem como Nebo e Baal-Meom (esses nomes foram mudados) e Sibma. E deu outros nomes a essas cidades.

39 Os descendentes de Maquir, filho de Manassés, foram a Gileade, tomaram posse dela e expulsaram os amorreus que lá estavam. 40 Então Moisés deu Gileade aos maquiritas, descendentes de Manassés, e eles passaram a habitar ali. 41 Jair, descendente de Manassés, conquistou os povoados deles e os chamou Havote-Jair[b]. 42 E Noba conquistou Quenate e os seus povoados e a chamou Noba, dando-lhe seu próprio nome.

As etapas da viagem desde o Egito

33 Estas são as jornadas dos israelitas quando saíram do Egito, organizados segundo as suas divisões, sob a liderança de Moisés e Arão. 2 Por ordem do SENHOR Moisés registrou as etapas da jornada deles. Esta foi a jornada deles, por etapas:

3 Os israelitas partiram de Ramessés no décimo quinto dia do primeiro mês, no dia seguinte ao da Páscoa. Saíram, marchando desafiadoramente à vista de todos os egípcios, 4 enquanto estes sepultavam o primeiro filho de cada um deles, que o SENHOR matou. O SENHOR impôs castigo aos seus deuses.

[a] 31:52 Hebraico: *16.750 siclos*. Um siclo equivalia a 12 gramas.

[b] 32:41 Ou *povoados de Jair*

5 Os israelitas partiram de Ramessés e acamparam
em Sucote.
6 Partiram de Sucote e acamparam em Etã, nos li-
mites do deserto.
7 Partiram de Etã, voltaram para Pi-Hairote, a leste de
Baal-Zefom, e acamparam perto de Migdol.
8 Partiram de Pi-Hairote e atravessaram o mar, che-
gando ao deserto, e, depois de viajarem três dias no
deserto de Etã, acamparam em Mara.
9 Partiram de Mara e foram para Elim, onde havia do-
ze fontes e setenta palmeiras, e acamparam ali.
10 Partiram de Elim e acamparam junto ao mar Ver-
melho.
11 Partiram do mar Vermelho e acamparam no de-
serto de Sim.
12 Partiram do deserto de Sim e acamparam em Dofca.
13 Partiram de Dofca e acamparam em Alus.
14 Partiram de Alus e acamparam em Refidim, onde
não havia água para o povo beber.
15 Partiram de Refidim e acamparam no deserto do
Sinai.
16 Partiram do deserto do Sinai e acamparam em Qui-
brote-Hataavá.
17 Partiram de Quibrote-Hataavá e acamparam em
Hazerote.
18 Partiram de Hazerote e acamparam em Ritmá.
19 Partiram de Ritmá e acamparam em Rimom-Perez.
20 Partiram de Rimom-Perez e acamparam em Libna.
21 Partiram de Libna e acamparam em Rissa.
22 Partiram de Rissa e acamparam em Queelata.
23 Partiram de Queelata e acamparam no monte Séfer.
24 Partiram do monte Séfer e acamparam em Harada.
25 Partiram de Harada e acamparam em Maquelote.
26 Partiram de Maquelote e acamparam em Taate.
27 Partiram de Taate e acamparam em Terá.
28 Partiram de Terá e acamparam em Mitca.
29 Partiram de Mitca e acamparam em Hasmona.
30 Partiram de Hasmona e acamparam em Moserote.
31 Partiram de Moserote e acamparam em Bene-Jaacã.
32 Partiram de Bene-Jaacã e acamparam em Hor-
-Gidgade.
33 Partiram de Hor-Gidgade e acamparam em Jotbatá.
34 Partiram de Jotbatá e acamparam em Abrona.
35 Partiram de Abrona e acamparam em Eziom-Geber.
36 Partiram de Eziom-Geber e acamparam em Cades,
no deserto de Zim.
37 Partiram de Cades e acamparam no monte Hor, na
fronteira de Edom. 38 Por ordem do SENHOR, o sacerdo-
te Arão subiu o monte Hor, onde morreu no primeiro
dia do quinto mês do quadragésimo ano depois que
os israelitas saíram do Egito. 39 Arão tinha cento e vin-
te e três anos de idade quando morreu no monte Hor.
40 O rei cananeu de Arade, que vivia no Neguebe,
na terra de Canaã, soube que os israelitas estavam
chegando.
41 Eles partiram do monte Hor e acamparam em Zal-
mona.
42 Partiram de Zalmona e acamparam em Punom.
43 Partiram de Punom e acamparam em Obote.
44 Partiram de Obote e acamparam em Ijé-Abarim,
na fronteira de Moabe.
45 Partiram de Ijim[a] e acamparam em Dibom-Gade.
46 Partiram de Dibom-Gade e acamparam em Almom-
-Diblataim.
47 Partiram de Almom-Diblataim e acamparam nos
montes de Abarim, defronte de Nebo.
48 Partiram dos montes de Abarim e acamparam nas
campinas de Moabe junto ao Jordão, frente a Jericó.
49 Nas campinas de Moabe eles acamparam junto ao Jor-
dão, desde Bete-Jesimote até Abel-Sitim.

As normas para a ocupação e distribuição de Canaã

50 Nas campinas de Moabe, junto ao Jordão, frente a
Jericó, o SENHOR disse a Moisés: 51 "Diga aos israelitas:
Quando vocês atravessarem o Jordão para entrar em
Canaã, 52 expulsem da frente de vocês todos os habi-
tantes da terra. Destruam todas as imagens esculpidas
e todos os ídolos fundidos, e derrubem todos os alta-
res idólatras deles. 53 Apoderem-se da terra e instalem-
-se nela, pois eu lhes dei a terra para que dela tomem
posse. 54 Distribuam a terra por sorteio, de acordo com
os seus clãs. Aos clãs maiores vocês darão uma heran-
ça maior, e aos menores, uma herança menor. Cada clã
receberá a terra que lhe cair por sorte. Distribuam-na
entre as tribos dos seus antepassados.
55 "Se, contudo, vocês não expulsarem os habitantes
da terra, aqueles que vocês permitirem ficar se torna-
rão farpas em seus olhos e espinhos em suas costas.
Eles lhes causarão problemas na terra em que vocês
irão morar. 56 Então farei a vocês o mesmo que plane-
jo fazer a eles".

As fronteiras de Canaã

34 Disse mais o SENHOR a Moisés: 2 "Dê ordem aos is-
raelitas e diga-lhes: Quando vocês entrarem em
Canaã, a terra que lhes será sorteada como herança te-
rá estas fronteiras:

3 "O lado sul começará no deserto de Zim, junto à
fronteira de Edom. No leste, sua fronteira sul começa-
rá na extremidade do mar Salgado[b], 4 passará pelo sul
da subida de Acrabim[c], prosseguirá até Zim e irá para
o sul de Cades-Barneia. Depois passará por Hazar-Adar
e irá até Azmom, 5 onde fará uma curva e se juntará ao
ribeiro do Egito, indo terminar no Mar[d].
6 A fronteira ocidental de vocês será o litoral do mar
Grande. Será essa a fronteira do oeste.
7 Esta será a fronteira norte: façam uma linha desde
o mar Grande até o monte Hor, 8 e do monte Hor até
Lebo-Hamate. O limite da fronteira será Zedade, 9 pros-
seguirá até Zifrom e terminará em Hazar-Enã. Será essa
a fronteira norte de vocês.
10 Esta será a fronteira oriental: façam uma linha de
Hazar-Enã até Sefã. 11 A fronteira descerá de Sefã até Ri-
bla, no lado oriental de Aim, e prosseguirá ao longo das
encostas a leste do mar de Quinerete[e]. 12 A fronteira des-
cerá ao longo do Jordão e terminará no mar Salgado.
Será essa a terra de vocês, com as suas fronteiras de
todos os lados".
13 Moisés ordenou aos israelitas: "Distribuam a terra
por sorteio como herança. O SENHOR ordenou que se-
ja dada às nove tribos e meia, 14 porque as famílias da

[a] 33:45 Isto é, Ijé-Abarim.

[b] 34:3 Isto é, o mar Morto; também no versículo 12.
[c] 34:4 Isto é, dos Escorpiões.
[d] 34:5 Isto é, o Mediterrâneo; também nos versículos 6 e 7.
[e] 34:11 Isto é, mar da Galileia.

tribo de Rúben, da tribo de Gade e da metade da tribo de Manassés já receberam a herança delas. 15Estas duas tribos e meia receberam sua herança no lado leste do Jordão, frente a Jericó, na direção do nascer do sol".

16O SENHOR disse a Moisés: 17"Estes são os nomes dos homens que deverão distribuir a terra a vocês como herança: o sacerdote Eleazar e Josué, filho de Num. 18Designem um líder de cada tribo para ajudar a distribuir a terra. 19Estes são os seus nomes:

Calebe, filho de Jefoné,
da tribo de Judá;
20Samuel, filho de Amiúde,
da tribo de Simeão;
21Elidade, filho de Quislom,
da tribo de Benjamim;
22Buqui, filho de Jogli,
o líder da tribo de Dã;
23Haniel, filho de Éfode,
o líder da tribo de Manassés,
filho de José;
24Quemuel, filho de Siftã,
o líder da tribo de Efraim,
filho de José;
25Elisafã, filho de Parnaque,
o líder da tribo de Zebulom;
26Paltiel, filho de Azã,
o líder da tribo de Issacar;
27Aiúde, filho de Selomi,
o líder da tribo de Aser;
28Pedael, filho de Amiúde,
o líder da tribo de Naftali".

29Foram esses os homens a quem o SENHOR ordenou que distribuíssem a herança aos israelitas na terra de Canaã.

As cidades dos levitas

35 Nas campinas de Moabe, junto ao Jordão, frente a Jericó, o SENHOR disse a Moisés: 2"Ordene aos israelitas que, da herança que possuem, deem cidades para os levitas morarem. E deem-lhes também pastagens ao redor das cidades. 3Assim eles terão cidades para habitar e pastagens para o gado, para os rebanhos e para todos os seus outros animais de criação.

4"As pastagens ao redor das cidades que vocês derem aos levitas se estenderão para fora quatrocentos e cinquenta metros[a], a partir do muro da cidade. 5Do lado de fora da cidade, meçam novecentos metros para o lado leste, para o lado sul, para o lado oeste e para o lado norte, tendo a cidade no centro. Eles terão essa área para pastagens das cidades.

6"Seis das cidades que vocês derem aos levitas serão cidades de refúgio, para onde poderá fugir quem tiver matado alguém. Além disso, deem a eles outras quarenta e duas cidades. 7Ao todo, vocês darão aos levitas quarenta e oito cidades, juntamente com as suas pastagens. 8As cidades que derem aos levitas, das terras dos israelitas, deverão ser dadas proporcionalmente à herança de cada tribo; tomem muitas cidades da tribo que tem muitas, mas poucas da que tem poucas".

[a] 35:4 Hebraico: *1.000 côvados*. O côvado era uma medida linear de cerca de 45 centímetros.

As cidades de refúgio

9Disse também o SENHOR a Moisés: 10"Diga aos israelitas: Quando vocês atravessarem o Jordão e entrarem em Canaã, 11escolham algumas cidades para serem suas cidades de refúgio, para onde poderá fugir quem tiver matado alguém sem intenção. 12Elas serão locais de refúgio contra o vingador da vítima, a fim de que alguém acusado de assassinato não morra antes de apresentar-se para julgamento perante a comunidade. 13As seis cidades que vocês derem serão suas cidades de refúgio. 14Designem três cidades de refúgio deste lado do Jordão e três outras em Canaã. 15As seis cidades servirão de refúgio para os israelitas, para os estrangeiros residentes e para quaisquer outros estrangeiros que vivam entre eles, para que todo aquele que tiver matado alguém sem intenção possa fugir para lá.

16"Se um homem ferir alguém com um objeto de ferro de modo que essa pessoa morra, ele é assassino; o assassino terá que ser executado. 17Ou, se alguém tiver nas mãos uma pedra que possa matar, e ferir uma pessoa de modo que ela morra, é assassino; o assassino terá que ser executado. 18Ou, se alguém tiver nas mãos um pedaço de madeira que possa matar, e ferir uma pessoa de modo que ela morra, é assassino; o assassino terá que ser executado. 19O vingador da vítima matará o assassino; quando o encontrar o matará. 20Se alguém, com ódio, empurrar uma pessoa premeditadamente ou atirar alguma coisa contra ela de modo que ela morra, 21ou se com hostilidade der-lhe um soco provocando a sua morte, ele terá que ser executado; é assassino. O vingador da vítima matará o assassino quando encontrá-lo.

22"Todavia, se alguém, sem hostilidade, empurrar uma pessoa ou atirar alguma coisa contra ela sem intenção, 23ou se, sem vê-la, deixar cair sobre ela uma pedra que possa matá-la, e ela morrer, então, como não era sua inimiga e não pretendia feri-la, 24a comunidade deverá julgar entre ele e o vingador da vítima de acordo com essas leis. 25A comunidade protegerá o acusado de assassinato do vingador da vítima e o enviará de volta à cidade de refúgio para onde tinha fugido. Ali permanecerá até a morte do sumo sacerdote, que foi ungido com o óleo santo.

26"Se, contudo, o acusado sair dos limites da cidade de refúgio para onde fugiu 27e o vingador da vítima o encontrar fora da cidade, ele poderá matar o acusado sem ser culpado de assassinato. 28O acusado deverá permanecer em sua cidade de refúgio até a morte do sumo sacerdote; somente depois da morte do sumo sacerdote poderá voltar à sua propriedade.

29"Estas exigências legais serão para vocês e para as suas futuras gerações, onde quer que vocês vivam.

30"Quem matar uma pessoa terá que ser executado como assassino mediante depoimento de testemunhas. Mas ninguém será executado mediante o depoimento de apenas uma testemunha.

31"Não aceitem resgate pela vida de um assassino; ele merece morrer. Certamente terá que ser executado.

32"Não aceitem resgate por alguém que tenha fugido para uma cidade de refúgio, permitindo que ele retorne e viva em sua própria terra antes da morte do sumo sacerdote.

33"Não profanem a terra onde vocês estão. O derramamento de sangue profana a terra, e só se pode fazer

propiciação em favor da terra em que se derramou san-
gue, mediante o sangue do assassino que o derramou.
[34]Não contaminem a terra onde vocês vivem e onde eu
habito, pois eu, o SENHOR, habito entre os israelitas".

A lei da herança das mulheres: o caso das filhas de Zelofeade

36 Os chefes de família do clã de Gileade, filho de
Maquir, neto de Manassés, que pertenciam aos
clãs dos descendentes de José, foram falar com Moisés
e com os líderes, os chefes das famílias israelitas. [2]E
disseram: "Quando o SENHOR ordenou ao meu senhor
que, por sorteio, desse a terra como herança aos israe-
litas, ordenou que vocês dessem a herança de nosso
irmão Zelofeade às suas filhas. [3]Agora, suponham que
elas se casem com homens de outras tribos israelitas;
nesse caso a herança delas será tirada da herança dos
nossos antepassados e acrescentada à herança da tribo
com a qual se unirem pelo casamento. [4]Quando chegar
o ano do Jubileu para os israelitas, a herança delas será
acrescentada à da tribo com a qual se unirem pelo ca-
samento, e a propriedade delas será tirada da herança
da tribo de nossos antepassados".

[5]Então, instruído pelo SENHOR, Moisés deu esta or-
dem aos israelitas: "A tribo dos descendentes de José
tem razão. [6]É isto que o SENHOR ordena quanto às fi-
lhas de Zelofeade: Elas poderão casar-se com quem lhes
agradar, contanto que se casem dentro do clã da tribo
de seu pai. [7]Nenhuma herança em Israel poderá passar
de uma tribo para outra, pois todos os israelitas man-
terão as terras das tribos que herdaram de seus ante-
passados. [8]Toda filha que herdar terras em qualquer
tribo israelita se casará com alguém do clã da tribo de
seu pai, para que cada israelita possua a herança dos
seus antepassados. [9]Nenhuma herança poderá passar
de uma tribo para outra, pois cada tribo israelita deve-
rá manter as terras que herdou".

[10]As filhas de Zelofeade fizeram conforme o SENHOR
havia ordenado a Moisés. [11]As filhas de Zelofeade, Maalá,
Tirza, Hogla, Milca e Noa, casaram-se com seus primos
paternos, [12]dentro dos clãs dos descendentes de Manas-
sés, filho de José, e a herança delas permaneceu no clã
e na tribo de seu pai.

[13]São esses os mandamentos e as ordenanças que o
SENHOR deu aos israelitas por intermédio de Moisés nas
campinas de Moabe, junto ao Jordão, frente a Jericó.

DEUTERONÔMIO

A ordem para partir de Horebe

1 Estas são as palavras ditas por Moisés a todo o Israel no deserto, a leste do Jordão, na Arabá, defronte de Sufe, entre Parã e Tofel, Labã, Hazerote e Di-Zaabe. 2Em onze dias se vai de Horebe a Cades-Barneia pelo caminho dos montes de Seir.

3No quadragésimo ano, no primeiro dia do décimo primeiro mês, Moisés proclamou aos israelitas todas as ordens do SENHOR acerca deles. 4Isso foi depois que ele derrotou Seom, rei dos amorreus, que habitava em Hesbom, e, em Edrei, derrotou Ogue, rei de Basã, que habitava em Asterote.

5A leste do Jordão, na terra de Moabe, Moisés tomou sobre si a responsabilidade de expor esta lei:

6"O SENHOR, o nosso Deus, disse-nos em Horebe: 'Vocês já ficaram bastante tempo nesta montanha. 7Levantem acampamento e avancem para a serra dos amorreus; vão a todos os povos vizinhos na Arabá, nas montanhas, na Sefelá[a] no Neguebe e ao longo do litoral, à terra dos cananeus e ao Líbano, até o grande rio, o Eufrates.

8" 'Ponho esta terra diante de vocês. Entrem e tomem posse da terra que o SENHOR prometeu sob juramento dar aos seus antepassados, Abraão, Isaque e Jacó, e aos seus descendentes'.

A nomeação de líderes

9"Naquela ocasião eu lhes disse: Não posso levá-los sozinho. 10O SENHOR, o seu Deus, os fez multiplicar-se de tal modo que hoje vocês são tão numerosos quanto as estrelas do céu. 11Que o SENHOR, o Deus dos seus antepassados, os multiplique mil vezes mais e os abençoe, conforme lhes prometeu! 12Mas como poderei levar sozinho as suas cargas, os seus problemas, e as suas disputas? 13Escolham homens sábios, criteriosos e experientes de cada uma de suas tribos, e eu os colocarei como chefes de vocês.

14"Vocês me disseram que essa era uma boa proposta.

15"Então convoquei os chefes das tribos, homens sábios e experientes, e os designei para chefes de mil, de cem, de cinquenta e de dez, além de oficiais para cada tribo.

16"Naquela ocasião ordenei aos seus juízes: Atendam as demandas de seus irmãos e julguem com justiça, não só as questões entre os seus compatriotas mas também entre um israelita e um estrangeiro. 17Não sejam parciais no julgamento! Atendam tanto o pequeno como o grande. Não se deixem intimidar por ninguém, pois o veredicto pertence a Deus. Tragam-me os casos mais difíceis e eu os ouvirei. 18Naquela ocasião eu lhes ordenei tudo o que deveriam fazer.

A expedição de reconhecimento da terra

19"Depois, conforme o SENHOR, o nosso Deus, nos tinha ordenado, partimos de Horebe e fomos para a serra dos amorreus, passando por todo aquele imenso e terrível deserto que vocês viram, e assim chegamos a Cades-Barneia. 20Então eu lhes disse: Vocês chegaram à serra dos amorreus, a qual o SENHOR, o nosso Deus, nos dá. 21Vejam, o SENHOR, o seu Deus, põe diante de vocês esta terra. Entrem na terra e tomem posse dela, conforme o SENHOR, o Deus dos seus antepassados, lhes disse. Não tenham medo nem desanimem.

22"Vocês todos vieram dizer-me: 'Mandemos alguns homens à nossa frente em missão de reconhecimento da região, para que nos indiquem por qual caminho subiremos e a quais cidades iremos'.

23"A sugestão pareceu-me boa; por isso escolhi doze de vocês, um homem de cada tribo. 24Eles subiram a região montanhosa, chegaram ao vale de Escol e o exploraram. 25Trouxeram alguns frutos da região, com o seguinte relato: 'Essa terra que o SENHOR, o nosso Deus, nos dá é boa'.

A rebelião contra o SENHOR

26"Vocês, contudo, não quiseram ir, e se rebelaram contra a ordem do SENHOR, o seu Deus. 27Queixaram-se em suas tendas, dizendo: 'O SENHOR nos odeia; por isso nos trouxe do Egito para nos entregar nas mãos dos amorreus e destruir-nos. 28Para onde iremos? Nossos compatriotas nos desanimaram quando disseram: "O povo é mais forte e mais alto do que nós; as cidades são grandes, com muros que vão até o céu. Vimos ali os enaquins" '.

29"Então eu lhes disse: Não fiquem apavorados; não tenham medo deles. 30O SENHOR, o seu Deus, que está indo à frente de vocês, lutará por vocês, diante de seus próprios olhos, como fez no Egito. 31Também no deserto vocês viram como o SENHOR, o seu Deus, os carregou, como um pai carrega seu filho, por todo o caminho que percorreram até chegarem a este lugar.

32"Apesar disso, vocês não confiaram no SENHOR, o seu Deus, 33que foi à frente de vocês, numa coluna de fogo de noite e numa nuvem de dia, procurando lugares para vocês acamparem e mostrando-lhes o caminho que deviam seguir.

O castigo dos israelitas

34"Quando o SENHOR ouviu o que vocês diziam, irou-se e jurou: 35'Ninguém desta geração má verá a boa terra que jurei dar aos seus antepassados, 36exceto Calebe, filho de Jefoné. Ele a verá, e eu darei a ele e a seus descendentes a terra em que pisou, pois seguiu o SENHOR de todo o coração'.

37"Por causa de vocês o SENHOR irou-se contra mim e me disse: 'Você também não entrará na terra. 38Mas o seu auxiliar, Josué, filho de Num, entrará. Encoraje-o, pois ele fará com que Israel tome posse dela. 39E as crianças que vocês disseram que seriam levadas como despojo, os seus filhos que ainda não distinguem entre o bem e o mal, eles entrarão na terra. Eu a darei a eles, e eles tomarão posse dela. 40Mas quanto a vocês, deem meia-volta e partam para o deserto pelo caminho do mar Vermelho'.

41"Então vocês responderam: 'Pecamos contra o SENHOR. Nós subiremos e lutaremos, conforme tudo o que o SENHOR, o nosso Deus, nos ordenou'. Cada um de

[a] 1:7 Pequena faixa de terra de relevo variável entre a planície costeira e as montanhas.

vocês preparou-se com as suas armas de guerra, achando que seria fácil subir a região montanhosa.

[42]"Mas o SENHOR me disse: 'Diga-lhes que não subam nem lutem, porque não estarei com eles. Serão derrotados pelos seus inimigos'.

[43]"Eu lhes disse isso, mas vocês não me deram ouvidos, rebelaram-se contra o SENHOR e, com presunção, subiram a região montanhosa. [44]Os amorreus que lá viviam os atacaram, os perseguiram como um enxame de abelhas e os arrasaram desde Seir até Hormá. [45]Vocês voltaram e choraram perante o SENHOR, mas ele não ouviu o seu clamor nem lhes deu atenção. [46]Então vocês ficaram em Cades, onde permaneceram muito tempo.

Os anos no deserto

2 "Então demos meia-volta e partimos para o deserto pelo caminho do mar Vermelho, como o SENHOR me havia ordenado. E por muitos anos caminhamos em redor dos montes de Seir.

[2]"Então o SENHOR me disse: [3]'Vocês já caminharam bastante tempo ao redor destas montanhas; agora vão para o norte. [4]E diga ao povo: Vocês estão passando pelo território de seus irmãos, os descendentes de Esaú, que vivem em Seir. Eles terão medo de vocês, mas tenham muito cuidado. [5]Não os provoquem, pois não darei a vocês parte alguma da terra deles, nem mesmo o espaço de um pé. Já dei a Esaú a posse dos montes de Seir. [6]Vocês lhes pagarão com prata a comida que comerem e a água que beberem'.

[7]"Pois o SENHOR, o seu Deus, os tem abençoado em tudo o que vocês têm feito. Ele cuidou de vocês em sua jornada por este grande deserto. Nestes quarenta anos o SENHOR, o seu Deus, tem estado com vocês, e não lhes tem faltado coisa alguma.

[8]"Assim, passamos ao largo de nossos irmãos, os descendentes de Esaú, que habitam em Seir. Saímos da rota da Arabá, de Elate e de Eziom-Geber. Voltamos e fomos pela rota do deserto de Moabe.

[9]"Então o SENHOR me disse: 'Não perturbem os moabitas nem os provoquem à guerra, pois não darei a vocês parte alguma da terra deles, pois já entreguei a região de Ar aos descendentes de Ló'.

[10](Antigamente os emins habitavam nessa terra; eram um povo forte e numeroso, alto como os enaquins. [11]Como os enaquins, eles também eram considerados refains, mas os moabitas os chamavam emins. [12]Também em Seir antigamente habitavam os horeus. Mas os descendentes de Esaú os expulsaram e os exterminaram e se estabeleceram no seu lugar, tal como Israel fez com a terra que o SENHOR lhe deu.)

[13]" 'Agora levantem-se! Atravessem o vale de Zerede.' Assim atravessamos o vale.

[14]"Passaram-se trinta e oito anos entre a época em que partimos de Cades-Barneia, e a nossa travessia do vale de Zerede, período no qual pereceu do acampamento toda aquela geração de homens de guerra, conforme o SENHOR lhes havia jurado. [15]A mão do SENHOR caiu sobre eles e por fim os eliminou completamente do acampamento.

[16]"Depois que todos os guerreiros do povo tinham morrido, [17]o SENHOR me disse: [18]'Vocês estão prestes a passar pelo território de Moabe, pela região de Ar, [19]e vão chegar perto da fronteira dos amonitas. Não sejam hostis a eles, pois não darei a vocês parte alguma da terra dos amonitas, pois eu a entreguei aos descendentes de Ló'.

[20](Essa região também era considerada terra dos refains, que ali habitaram no passado. Os amonitas os chamavam zanzumins. [21]Eram fortes, numerosos e altos como os enaquins. O SENHOR os exterminou, e os amonitas os expulsaram e se estabeleceram em seu lugar. [22]O SENHOR fez o mesmo em favor dos descendentes de Esaú que vivem em Seir, quando exterminou os horeus diante deles. Os descendentes de Esaú os expulsaram e se estabeleceram em seu lugar até hoje. [23]Foi o que também aconteceu aos aveus, que viviam em povoados próximos de Gaza; os caftoritas, vindos de Caftor[a], os destruíram e se estabeleceram em seu lugar.)

A vitória sobre Seom, rei de Hesbom

[24]" 'Vão agora e atravessem o ribeiro do Arnom. Vejam que eu entreguei em suas mãos o amorreu Seom, rei de Hesbom, e a terra dele. Comecem a ocupação, entrem em guerra contra ele. [25]Hoje mesmo começarei a infundir pavor e medo de vocês em todos os povos debaixo do céu. Quando ouvirem da fama de vocês, tremerão e ficarão angustiados.'

[26]"Do deserto de Quedemote enviei mensageiros a Seom, rei de Hesbom, oferecendo paz e dizendo: [27]Deixa-nos passar pela tua terra. Iremos somente pela estrada; não nos desviaremos nem para a direita nem para a esquerda. [28]Por prata nos venderás tanto a comida que comermos como a água que bebermos. Apenas deixa-nos passar a pé, [29]como fizeram os descendentes de Esaú, que habitam em Seir, e os moabitas, que habitam em Ar. Assim chegaremos ao Jordão, e, atravessando-o, à terra que o SENHOR, o nosso Deus, nos dá. [30]Mas Seom, rei de Hesbom, não quis deixar-nos passar; pois o SENHOR, o Deus de vocês, tornou-lhe obstinado o espírito e endureceu-lhe o coração, para entregá-lo nas mãos de vocês, como hoje se vê.

[31]"O SENHOR me disse: 'Estou entregando a você Seom e sua terra. Comece a ocupação, tome posse da terra dele!'

[32]"Então Seom saiu à batalha contra nós em Jaza, com todo o seu exército. [33]Mas o SENHOR, o nosso Deus, entregou-o a nós, e o derrotamos, a ele, aos seus filhos e a todo o seu exército. [34]Naquela ocasião conquistamos todas as suas cidades e as destruímos totalmente, matando homens, mulheres e crianças, sem deixar nenhum sobrevivente. [35]Tomamos como presa somente os animais e o despojo das cidades que conquistamos. [36]Desde Aroer, junto ao ribeiro do Arnom, e a cidade que fica no mesmo vale, até Gileade, não houve cidade de muros altos demais para nós. O SENHOR, o nosso Deus, entregou-nos tudo. [37]Somente da terra dos amonitas vocês não se aproximaram, ou seja, toda a extensão do vale do rio Jaboque, e as cidades da região montanhosa, conforme o SENHOR, o nosso Deus, tinha ordenado.

A vitória sobre Ogue, rei de Basã

3 "Depois, voltamos e subimos rumo a Basã. Ogue, rei de Basã, atacou-nos com todo o seu exército, em Edrei. [2]O SENHOR me disse: 'Não tenha medo dele, pois eu o entreguei em suas mãos, com todo o seu exército, e dei-lhe também a terra dele. Você fará com ele como fez com Seom, rei dos amorreus, que habitava em Hesbom'.

[a] 2:23 Isto é, Creta.

3“Então o SENHOR, o nosso Deus, também entregou
em nossas mãos Ogue, rei de Basã, e todo o seu exército.
Nós os derrotamos, sem deixar nenhum sobrevivente.
4Naquela ocasião conquistamos todas as suas cidades.
Não houve cidade que não tomássemos. Foram sessenta
em toda a região de Argobe, o reino de Ogue, em Basã.
5Todas elas eram fortificadas com muros altos, portas
e trancas. Além delas havia muitas cidades sem muros.
6Nós as destruímos completamente, tal como havíamos
feito com Seom, rei de Hesbom, destruindo todas as ci-
dades, matando também os homens, as mulheres e as
crianças. 7Mas os animais todos e o despojo das cidades
tomamos como espólio de guerra.

8“Foi assim que, naquela ocasião, tomamos desses
dois reis amorreus o território a leste do Jordão, que
vai desde o ribeiro do Arnom até o monte Hermom.
9(Os sidônios chamam o Hermom de Siriom; os amor-
reus o chamam Senir.) 10Conquistamos todas as cida-
des do planalto, toda a Gileade, e também toda a Basã,
até Salcá e Edrei, cidades do reino de Ogue, em Ba-
sã. 11Ogue, rei de Basã, era o único sobrevivente dos
refains. Sua cama[a] era de ferro e tinha, pela medida
comum, quatro metros de comprimento e um metro
e oitenta centímetros de largura[b]. Ela ainda está em
Rabá dos amonitas.

A divisão da terra

12“Da terra da qual tomamos posse naquela época, o
território que vai de Aroer, junto ao ribeiro do Arnom,
até mais da metade dos montes de Gileade com as suas
cidades, dei-o às tribos de Rúben e de Gade. 13O restan-
te de Gileade e também toda a Basã, o reino de Ogue,
dei-o à metade da tribo de Manassés. (Toda a região
de Argobe em Basã era conhecida no passado como a
terra dos refains. 14Jair, um descendente de Manassés,
conquistou toda a região de Argobe até a fronteira dos
gesuritas e dos maacatitas; essa região recebeu o seu
nome, de modo que até hoje Basã é chamada povoados
de Jair.) 15E dei Gileade a Maquir. 16Às tribos de Rúben
e de Gade dei a região que vai de Gileade até o ribeiro
do Arnom (a fronteira passava bem no meio do vale) e
até o vale do Jaboque, na fronteira dos amonitas. 17Dei-
-lhes também a Arabá, tendo como fronteira ocidental
o Jordão, desde Quinerete até o mar da Arabá, que é o
mar Salgado[c], abaixo das encostas do Pisga.

18“Naquela ocasião eu lhes ordenei o seguinte: O SE-
NHOR, o Deus de vocês, deu-lhes esta terra para que de-
la tomem posse. Todos os guerreiros devem marchar à
frente dos seus irmãos israelitas, armados para a guer-
ra! 19Deixem nas cidades que lhes dei as mulheres, as
crianças e os grandes rebanhos, que eu sei que vocês
possuem, 20até que o SENHOR conceda descanso aos seus
outros irmãos israelitas como deu a vocês, e tomem
eles posse da terra que o SENHOR, o Deus de vocês, es-
tá dando a eles do outro lado do Jordão. Depois vocês
poderão retornar, cada um à propriedade que lhe dei.

21“Naquela ocasião também ordenei a Josué: Você
viu com os seus próprios olhos tudo o que o SENHOR,
o Deus de vocês, fez com estes dois reis. Assim o SE-
NHOR fará com todos os reinos pelos quais vocês terão
que passar. 22Não tenham medo deles. O SENHOR, o seu
Deus, é quem lutará por vocês.

Moisés é impedido de entrar em Canaã

23“Naquela ocasião implorei ao SENHOR: 24Ó Sobera-
no SENHOR, tu começaste a mostrar ao teu servo a tua
grandeza e a tua mão poderosa! Que Deus existe no céu
ou na terra que possa realizar as tuas obras e os teus
feitos poderosos? 25Deixa-me atravessar, eu te suplico,
e ver a boa terra do outro lado do Jordão, a bela região
montanhosa e o Líbano!

26“Todavia, por causa de vocês, o SENHOR irou-se con-
tra mim e não quis me atender. ‘Basta!’, ele disse. ‘Não
me fale mais sobre isso. 27Suba ao ponto mais alto do
Pisga e olhe para o norte, para o sul, para o leste, e pa-
ra o oeste. Veja a terra com os seus próprios olhos, pois
você não atravessará o Jordão. 28Portanto, dê ordens
a Josué, fortaleça-o e encoraje-o; porque será ele que
atravessará à frente deste povo, e lhes repartirá por he-
rança a terra que você apenas verá.’

29“Então ficamos acampados no vale, diante de Be-
te-Peor.

Exortação à obediência

4 “E agora, ó Israel, ouça os decretos e as leis que lhes
estou ensinando a cumprir, para que vivam e to-
mem posse da terra, que o SENHOR, o Deus dos seus
antepassados, dá a vocês. 2Nada acrescentem às pala-
vras que eu lhes ordeno e delas nada retirem, mas obe-
deçam aos mandamentos do SENHOR, o seu Deus, que
eu lhes ordeno.

3“Vocês viram com os seus próprios olhos o que o SE-
NHOR fez em Baal-Peor. O SENHOR, o seu Deus, destruiu
do meio de vocês todos os que seguiram a Baal-Peor,
4mas vocês, que permaneceram fiéis ao SENHOR, o seu
Deus, hoje estão todos vivos.

5“Eu lhes ensinei decretos e leis, como me ordenou
o SENHOR, o meu Deus, para que sejam cumpridos na
terra na qual vocês estão entrando para dela tomar pos-
se. 6Vocês devem obedecer-lhes e cumpri-los, pois assim
os outros povos verão a sabedoria e o discernimento de
vocês. Quando eles ouvirem todos estes decretos di-
rão: ‘De fato esta grande nação é um povo sábio e in-
teligente’. 7Pois, que grande nação tem um Deus tão
próximo como o SENHOR, o nosso Deus, sempre que
o invocamos? 8Ou, que grande nação tem decretos e
preceitos tão justos como esta lei que estou apresen-
tando a vocês hoje?

9“Apenas tenham cuidado! Tenham muito cuidado
para que vocês nunca se esqueçam das coisas que os
seus olhos viram; conservem-nas por toda a sua vida
na memória. Contem-nas a seus filhos e a seus netos.
10Lembrem-se do dia em que vocês estiveram diante
do SENHOR, o seu Deus, em Horebe, quando o SENHOR
me disse: ‘Reúna o povo diante de mim para ouvir as
minhas palavras, a fim de que aprendam a me temer
enquanto viverem sobre a terra, e as ensinem a seus fi-
lhos’. 11Vocês se aproximaram e ficaram ao pé do monte.
O monte ardia em chamas que subiam até o céu, e esta-
va envolvido por uma nuvem escura e densa. 12Então o
SENHOR falou a vocês do meio do fogo. Vocês ouviram
as palavras, mas não viram forma alguma; apenas se
ouvia a voz. 13Ele lhes anunciou a sua aliança, os Dez
Mandamentos. Escreveu-os sobre duas tábuas de pedra

[a] 3:11 Ou *sarcófago*
[b] 3:11 Hebraico: *9 côvados de comprimento e 4 côvados de largura*. O côvado era uma medida linear de cerca de 45 centímetros.
[c] 3:17 Isto é, o mar Morto.

e ordenou que os cumprissem. 14Naquela ocasião, o SENHOR mandou-me ensinar-lhes decretos e leis para que vocês os cumprissem na terra da qual vão tomar posse.

A proibição da idolatria

15"No dia em que o SENHOR lhes falou do meio do fogo em Horebe, vocês não viram forma alguma. Portanto, tenham muito cuidado, 16para que não se corrompam fazendo para si um ídolo, uma imagem de alguma forma semelhante a homem ou mulher, 17ou a qualquer animal da terra, a qualquer ave que voa no céu, 18a qualquer criatura que se move rente ao chão ou a qualquer peixe que vive nas águas debaixo da terra. 19E para que, ao erguerem os olhos ao céu e virem o sol, a lua e as estrelas, todos os corpos celestes, vocês não se desviem e se prostrem diante deles, e prestem culto àquilo que o SENHOR, o seu Deus, distribuiu a todos os povos debaixo do céu. 20A vocês, porém, o SENHOR tomou e tirou da fornalha de fundir ferro, do Egito, para serem o povo de sua herança, como hoje se pode ver.

21"O SENHOR irou-se contra mim por causa de vocês e jurou que eu não atravessaria o Jordão e não entraria na boa terra que o SENHOR, o seu Deus, está lhes dando por herança. 22Eu morrerei nesta terra; não atravessarei o Jordão. Mas vocês atravessarão e tomarão posse daquela boa terra. 23Tenham o cuidado de não esquecer a aliança que o SENHOR, o seu Deus, fez com vocês; não façam para si ídolo algum com a forma de qualquer coisa que o SENHOR, o seu Deus, proibiu. 24Pois o SENHOR, o seu Deus, é Deus zeloso; é fogo consumidor.

25"Quando vocês tiverem filhos e netos, e já estiverem há muito tempo na terra, e se corromperem e fizerem ídolos de qualquer tipo, fazendo o que o SENHOR, o seu Deus, reprova, provocando a sua ira, 26invoco hoje o céu e a terra como testemunhas contra vocês de que vocês serão rapidamente eliminados da terra, da qual estão tomando posse ao atravessar o Jordão. Vocês não viverão muito ali; serão totalmente destruídos. 27O SENHOR os espalhará entre os povos, e restarão apenas alguns de vocês entre as nações às quais o SENHOR os levará. 28Lá vocês prestarão culto a deuses de madeira e de pedra, deuses feitos por mãos humanas, deuses que não podem ver, nem ouvir, nem comer, nem cheirar. 29E lá procurarão o SENHOR, o seu Deus, e o acharão, se o procurarem de todo o seu coração e de toda a sua alma. 30Quando vocês estiverem sofrendo e todas essas coisas tiverem acontecido com vocês, então, em dias futuros, vocês voltarão para o SENHOR, o seu Deus, e lhe obedecerão. 31Pois o SENHOR, o seu Deus, é Deus misericordioso; ele não os abandonará, nem os destruirá, nem se esquecerá da aliança que com juramento fez com os seus antepassados.

O SENHOR é Deus

32"Perguntem, agora, aos tempos antigos, antes de vocês existirem, desde o dia em que Deus criou o homem sobre a terra; perguntem de um lado ao outro do céu: Já aconteceu algo tão grandioso ou já se ouviu algo parecido? 33Que povo ouviu a voz de Deus[a] falando do meio do fogo, como vocês ouviram, e continua vivo? 34Ou que deus decidiu tirar uma nação do meio de outra para lhe pertencer, com provas, sinais, maravilhas e lutas, com mão poderosa e braço forte, e com feitos temíveis e grandiosos, conforme tudo o que o SENHOR fez por vocês no Egito, como vocês viram com os seus próprios olhos?

35"Tudo isso foi mostrado a vocês para que soubessem que o SENHOR é Deus, e que não há outro além dele. 36Do céu ele fez com que vocês ouvissem a sua voz, para discipliná-los. Na terra, mostrou-lhes o seu grande fogo, e vocês ouviram as suas palavras vindas do meio do fogo. 37E porque amou os seus antepassados e escolheu a descendência deles, ele foi em pessoa tirá-los do Egito com o seu grande poder, 38para expulsar de diante de vocês nações maiores e mais fortes, a fim de fazê-los entrar e possuir como herança a terra delas, como hoje se vê.

39"Reconheçam isso hoje, e ponham no coração que o SENHOR é Deus em cima nos céus e embaixo na terra. Não há nenhum outro. 40Obedeçam aos seus decretos e mandamentos que hoje eu lhes ordeno, para que tudo vá bem com vocês e com seus descendentes, e para que vivam muito tempo na terra que o SENHOR, o seu Deus, lhes dá para sempre".

As cidades de refúgio

41Então Moisés separou três cidades a leste do Jordão, 42para onde poderia fugir quem tivesse matado alguém sem intenção e sem premeditação. O perseguido poderia fugir para uma dessas cidades a fim de salvar sua vida. 43As cidades eram as seguintes: Bezer, no planalto do deserto, para a tribo de Rúben; Ramote, em Gileade, para a tribo de Gade; e Golã, em Basã, para a tribo de Manassés.

A introdução da lei

44Esta é a lei que Moisés apresentou aos israelitas. 45Estes são os mandamentos, os decretos e as ordenanças que Moisés promulgou como leis para os israelitas quando saíram do Egito. 46Estavam do outro lado do Jordão, no vale fronteiro a Bete-Peor, na terra de Seom, rei dos amorreus, que habitava em Hesbom, a quem Moisés e os israelitas derrotaram quando saíram do Egito. 47Eles tomaram posse da terra dele e da terra de Ogue, rei de Basã, os dois reis amorreus que viviam a leste do Jordão. 48Essa terra estendia-se desde Aroer, na margem do ribeiro do Arnom, até o monte Siom[b], isto é, o Hermom, 49e incluía toda a região da Arabá, a leste do Jordão, até o mar da Arabá[c], abaixo das encostas do Pisga.

Os Dez Mandamentos

5 Então Moisés convocou todo o Israel e lhe disse: "Ouça, ó Israel, os decretos e as ordenanças que hoje lhe estou anunciando. Aprenda-os e tenha o cuidado de cumpri-los. 2O SENHOR, o nosso Deus, fez conosco uma aliança em Horebe. 3Não foi com os nossos antepassados que o SENHOR fez essa aliança, mas conosco, com todos nós que hoje estamos vivos aqui. 4O SENHOR falou com você face a face, do meio do fogo, no monte. 5Naquela ocasião eu fiquei entre o SENHOR e você para declarar-lhe a palavra do SENHOR, porque você teve medo do fogo e não subiu o monte. E ele disse:

> 6" 'Eu sou o SENHOR, o teu Deus, que te tirei do Egito, da terra da escravidão.
>
> 7" 'Não terás outros deuses além de mim.

[a] 4:33 Ou *de um deus*

[b] 4:48 A Versão Siríaca diz *Siriom*. Veja Dt 3:9.

[c] 4:49 Isto é, o mar Morto.

8“ ‘Não farás para ti nenhum ídolo, nenhuma imagem de qualquer coisa no céu, na terra ou nas águas debaixo da terra. 9Não te prostrarás diante deles nem lhes prestarás culto, porque eu, o SENHOR, o teu Deus, sou Deus zeloso, que castigo os filhos pelo pecado de seus pais até a terceira e quarta geração daqueles que me desprezam, 10mas trato com bondade até mil gerações os[a] que me amam e obedecem aos meus mandamentos.

11“ ‘Não tomarás em vão o nome do SENHOR, o teu Deus, pois o SENHOR não deixará impune quem usar o seu nome em vão.

12“ ‘Guardarás o dia de sábado a fim de santificá-lo, conforme o SENHOR, o teu Deus, te ordenou. 13Trabalharás seis dias e neles farás todos os teus trabalhos, 14mas o sétimo dia é um sábado para o SENHOR, o teu Deus. Nesse dia não farás trabalho algum, nem tu nem teu filho ou filha, nem o teu servo ou serva, nem o teu boi, teu jumento ou qualquer dos teus animais, nem o estrangeiro que estiver em tua propriedade; para que o teu servo e a tua serva descansem como tu. 15Lembra-te de que foste escravo no Egito e que o SENHOR, o teu Deus, te tirou de lá com mão poderosa e com braço forte. Por isso o SENHOR, o teu Deus, te ordenou que guardes o dia de sábado.

16“ ‘Honra teu pai e tua mãe, como te ordenou o SENHOR, o teu Deus, para que tenhas longa vida e tudo te vá bem na terra que o SENHOR, o teu Deus, te dá.

17“ ‘Não matarás.

18“ ‘Não adulterarás.

19“ ‘Não furtarás.

20“ ‘Não darás falso testemunho contra o teu próximo.

21“ ‘Não cobiçarás a mulher do teu próximo. Não desejarás a casa do teu próximo, nem sua propriedade, nem seu servo ou serva, nem seu boi ou jumento, nem coisa alguma que lhe pertença’.

22“Essas foram as palavras que o SENHOR falou a toda a assembleia de vocês, em alta voz, no monte, do meio do fogo, da nuvem e da densa escuridão; e nada mais acrescentou. Então as escreveu em duas tábuas de pedra e as deu a mim.

23“Quando vocês ouviram a voz que vinha do meio da escuridão, estando o monte em chamas, aproximaram-se de mim todos os chefes das tribos de vocês, com as suas autoridades. 24E vocês disseram: ‘O SENHOR, o nosso Deus, mostrou-nos sua glória e sua majestade, e nós ouvimos a sua voz vinda de dentro do fogo. Hoje vimos que Deus fala com o homem e que este ainda continua vivo! 25Mas, agora, por que deveríamos morrer? Este grande fogo por certo nos consumirá. Se continuarmos a ouvir a voz do SENHOR, o nosso Deus, morreremos. 26Pois, que homem mortal chegou a ouvir a voz do Deus vivo falando de dentro do fogo, como nós o ouvimos, e sobreviveu? 27Aproxime-se você, Moisés, e ouça tudo o que o SENHOR, o nosso Deus, disser; você nos relatará tudo o que o SENHOR, o nosso Deus, lhe disser. Nós ouviremos e obedeceremos’.

28“O SENHOR ouviu quando vocês me falaram e me disse: ‘Ouvi o que este povo lhe disse, e eles têm razão em tudo o que disseram. 29Quem dera eles tivessem sempre no coração esta disposição para temer-me e para obedecer a todos os meus mandamentos. Assim tudo iria bem com eles e com seus descendentes para sempre!

30“ ‘Vá, diga-lhes que voltem às suas tendas. 31Você ficará aqui comigo, e lhe anunciarei toda a lei, isto é, os decretos e as ordenanças que você lhes ensinará e que eles deverão cumprir na terra que eu dou a eles como propriedade’.

32“Por isso, tenham o cuidado de fazer tudo como o SENHOR, o seu Deus, lhes ordenou; não se desviem, nem para a direita, nem para a esquerda. 33Andem sempre pelo caminho que o SENHOR, o seu Deus, lhes ordenou, para que tenham vida, tudo lhes vá bem e os seus dias se prolonguem na terra da qual tomarão posse.

O grande mandamento: amar a Deus

6 “Esta é a lei, isto é, os decretos e as ordenanças, que o SENHOR, o seu Deus, ordenou que eu lhes ensinasse, para que vocês os cumpram na terra para a qual estão indo para dela tomar posse. 2Desse modo vocês, seus filhos e seus netos temerão o SENHOR, o seu Deus, e obedecerão a todos os seus decretos e mandamentos, que eu lhes ordeno, todos os dias da sua vida, para que tenham vida longa. 3Ouça e obedeça, ó Israel! Assim tudo lhe irá bem e você será muito numeroso numa terra onde há leite e mel com fartura, como lhe prometeu o SENHOR, o Deus dos seus antepassados.

4“Ouça, ó Israel: O SENHOR, o nosso Deus, é o único SENHOR.[b] 5Ame o SENHOR, o seu Deus, de todo o seu coração, de toda a sua alma e de todas as suas forças. 6Que todas estas palavras que hoje lhe ordeno estejam em seu coração. 7Ensine-as com persistência a seus filhos. Converse sobre elas quando estiver sentado em casa, quando estiver andando pelo caminho, quando se deitar e quando se levantar. 8Amarre-as como um sinal nos braços e prenda-as na testa. 9Escreva-as nos batentes das portas de sua casa e em seus portões.

Exortação à obediência

10“O SENHOR, o seu Deus, os conduzirá à terra que jurou aos seus antepassados, Abraão, Isaque e Jacó, dar a vocês, terra com grandes e boas cidades que vocês não construíram, 11com casas cheias de tudo o que há de melhor, de coisas que vocês não produziram, com cisternas que vocês não cavaram, com vinhas e oliveiras que vocês não plantaram. Quando isso acontecer, e vocês comerem e ficarem satisfeitos, 12tenham cuidado! Não esqueçam o SENHOR que os tirou do Egito, da terra da escravidão. 13Temam o SENHOR, o seu Deus, e só a ele prestem culto, e jurem somente pelo seu nome. 14Não sigam outros deuses, os deuses dos povos ao redor; 15pois o SENHOR, o seu Deus, que está no meio de vocês, é Deus zeloso; a ira do SENHOR, o seu Deus, se acenderá contra vocês, e ele os banirá da face da terra. 16Não ponham à prova o SENHOR, o seu Deus, como fizeram em Massá. 17Obedeçam cuidadosamente aos mandamentos do SENHOR, o seu Deus, e aos preceitos e decretos que ele lhes ordenou. 18Façam o que é justo e bom perante o SENHOR, para que tudo lhes vá bem

[a] 5:10 Ou *até milhares os que*

[b] 6:4 Ou *O Senhor, o nosso Deus, é um só Senhor*; ou *O Senhor é nosso Deus, o Senhor é um só*; ou ainda *O Senhor é nosso Deus, o Senhor somente*.

e vocês entrem e tomem posse da boa terra que o SENHOR prometeu, sob juramento, a seus antepassados, [19]expulsando todos os seus inimigos de diante de vocês, conforme o SENHOR prometeu.

[20]"No futuro, quando os seus filhos lhes perguntarem: 'O que significam estes preceitos, decretos e ordenanças que o SENHOR, o nosso Deus, ordenou a vocês?' [21]Vocês lhes responderão: 'Fomos escravos do faraó no Egito, mas o SENHOR nos tirou de lá com mão poderosa. [22]O SENHOR realizou, diante dos nossos olhos, sinais e maravilhas grandiosas e terríveis contra o Egito e contra o faraó e toda a sua família. [23]Mas ele nos tirou do Egito para nos trazer para cá e nos dar a terra que, sob juramento, prometeu a nossos antepassados. [24]O SENHOR nos ordenou que obedecêssemos a todos estes decretos e que temêssemos o SENHOR, o nosso Deus, para que sempre fôssemos bem-sucedidos e que fôssemos preservados em vida, como hoje se pode ver. [25]E, se nós nos aplicarmos a obedecer a toda esta lei perante o SENHOR, o nosso Deus, conforme ele nos ordenou, esta será a nossa justiça'.

As nações idólatras serão expulsas

7 "Quando o SENHOR, o seu Deus, os fizer entrar na terra, para a qual vocês estão indo para dela tomarem posse, ele expulsará de diante de vocês muitas nações: os hititas, os girgaseus, os amorreus, os cananeus, os ferezeus, os heveus e os jebuseus. São sete nações maiores e mais fortes do que vocês; [2]e quando o SENHOR, o seu Deus, as tiver dado a vocês, e vocês as tiverem derrotado, então vocês as destruirão totalmente. Não façam com elas tratado algum, e não tenham piedade delas. [3]Não se casem com pessoas de lá. Não deem suas filhas aos filhos delas, nem tomem as filhas delas para os seus filhos, [4]pois elas desviariam seus filhos de seguir-me para servir a outros deuses e, por causa disso, a ira do SENHOR se acenderia contra vocês e rapidamente os destruiria. [5]Assim vocês tratarão essas nações: derrubem os seus altares, quebrem as suas colunas sagradas, cortem os seus postes sagrados e queimem os seus ídolos. [6]Pois vocês são um povo santo para o SENHOR, o seu Deus. O SENHOR, o seu Deus, os escolheu dentre todos os povos da face da terra para ser o seu povo, o seu tesouro pessoal.

[7]"O SENHOR não se afeiçoou a vocês nem os escolheu por serem mais numerosos do que os outros povos, pois vocês eram o menor de todos os povos. [8]Mas foi porque o SENHOR os amou e por causa do juramento que fez aos seus antepassados. Por isso ele os tirou com mão poderosa e os redimiu da terra da escravidão, do poder do faraó, rei do Egito. [9]Saibam, portanto, que o SENHOR, o seu Deus, é Deus; ele é o Deus fiel, que mantém a aliança e a bondade por mil gerações daqueles que o amam e obedecem aos seus mandamentos. [10]Mas àqueles que o desprezam, retribuirá com destruição; ele não demora em retribuir àqueles que o desprezam. [11]Obedeçam, pois, à lei, isto é, aos decretos e às ordenanças que hoje lhes ordeno.

As bênçãos da obediência

[12]"Se vocês obedecerem a essas ordenanças, as guardarem e as cumprirem, então o SENHOR, o seu Deus, manterá com vocês a aliança e a bondade que prometeu sob juramento aos seus antepassados. [13]Ele os amará, os abençoará e fará com que vocês se multipliquem. Ele abençoará os seus filhos e os frutos da sua terra: o cereal, o vinho novo e o azeite, as crias das vacas e das ovelhas, na terra que aos seus antepassados jurou dar a vocês. [14]Vocês serão mais abençoados do que qualquer outro povo! Nenhum dos seus homens ou mulheres será estéril, nem mesmo os animais do seu rebanho. [15]O SENHOR os guardará de todas as doenças. Não infligirá a vocês as doenças terríveis que, como sabem, atingiram o Egito, mas as infligirá a todos os seus inimigos. [16]Vocês destruirão todos os povos que o SENHOR, o seu Deus, lhes entregar. Não olhem com piedade para eles, nem sirvam aos seus deuses, pois isso lhes seria uma armadilha.

[17]"Talvez vocês digam a si mesmos: 'Essas nações são mais fortes do que nós. Como poderemos expulsá-las?' [18]Não tenham medo delas! Lembrem-se bem do que o SENHOR, o seu Deus, fez ao faraó e a todo o Egito. [19]Vocês viram com os seus próprios olhos as grandes provas, os sinais miraculosos e as maravilhas, a mão poderosa e o braço forte com que o SENHOR, o seu Deus, os tirou de lá. O SENHOR, o seu Deus, fará o mesmo com todos os povos que agora vocês temem. [20]Além disso, o SENHOR, o seu Deus, causará pânico[a] entre eles até destruir o restante deles, os que se esconderem de vocês. [21]Não fiquem apavorados por causa deles, pois o SENHOR, o seu Deus, que está com vocês, é Deus grande e temível. [22]O SENHOR, o seu Deus, expulsará, aos poucos, essas nações de diante de vocês. Vocês não deverão eliminá-las de uma só vez, se não os animais selvagens se multiplicarão, ameaçando-os. [23]Mas o SENHOR, o seu Deus, as entregará a vocês, lançando-as em grande confusão, até que sejam destruídas. [24]Ele entregará nas mãos de vocês os reis dessas nações, e vocês apagarão o nome deles de debaixo do céu. Ninguém conseguirá resistir a vocês até que os tenham destruído. [25]Vocês queimarão as imagens dos deuses dessas nações. Não cobicem a prata e o ouro de que são revestidas; isso lhes seria uma armadilha. Para o SENHOR, o seu Deus, isso é detestável. [26]Não levem coisa alguma que seja detestável para dentro de casa, se não também vocês serão separados para a destruição. Considerem tudo isso proibido e detestem-no totalmente, pois está separado para a destruição.

A disciplina do SENHOR no caminho para a boa terra

8 "Tenham o cuidado de obedecer a toda a lei que eu hoje lhes ordeno, para que vocês vivam, multipliquem-se e tomem posse da terra que o SENHOR prometeu, com juramento, aos seus antepassados.

[2]"Lembrem-se de como o SENHOR, o seu Deus, os conduziu por todo o caminho no deserto, durante estes quarenta anos, para humilhá-los e pô-los à prova, a fim de conhecer suas intenções, se iriam obedecer aos seus mandamentos ou não. [3]Assim, ele os humilhou e os deixou passar fome. Mas depois os sustentou com maná, que nem vocês nem os seus antepassados conheciam, para mostrar-lhes que nem só de pão viverá o homem, mas de toda palavra que procede da boca do SENHOR. [4]As roupas de vocês não se gastaram e os seus pés não incharam durante esses quarenta anos. [5]Saibam, pois, em seu coração que, assim como um homem

[a] 7:20 Ou *mandará vespas*; ou ainda *a praga*

disciplina o seu filho, da mesma forma o SENHOR, o seu Deus, os disciplina.

6"Obedeçam aos mandamentos do SENHOR, o seu Deus, andando em seus caminhos e dele tendo temor. 7Pois o SENHOR, o seu Deus, os está levando a uma boa terra, cheia de riachos e tanques de água, de fontes que jorram nos vales e nas colinas; 8terra de trigo e cevada, videiras e figueiras, de romãzeiras, azeite de oliva e mel; 9terra onde não faltará pão e onde não terão falta de nada; terra onde as rochas têm ferro e onde vocês poderão extrair cobre das colinas.

Advertência contra a ingratidão

10"Depois que tiverem comido até ficarem satisfeitos, louvem o SENHOR, o seu Deus, pela boa terra que lhes deu. 11Tenham o cuidado de não se esquecer do SENHOR, o seu Deus, deixando de obedecer aos seus mandamentos, às suas ordenanças e aos seus decretos que hoje lhes ordeno. 12Não aconteça que, depois de terem comido até ficarem satisfeitos, de terem construído boas casas e nelas morado, 13de aumentarem os seus rebanhos, a sua prata e o seu ouro, e todos os seus bens, 14o seu coração fique orgulhoso e vocês se esqueçam do SENHOR, o seu Deus, que os tirou do Egito, da terra da escravidão. 15Ele os conduziu pelo imenso e pavoroso deserto, por aquela terra seca e sem água, de serpentes e escorpiões venenosos. Ele tirou água da rocha para vocês, 16e os sustentou no deserto com maná, que os seus antepassados não conheciam, para humilhá-los e prová-los, a fim de que tudo fosse bem com vocês. 17Não digam, pois, em seu coração: 'A minha capacidade e a força das minhas mãos ajuntaram para mim toda esta riqueza'. 18Mas, lembrem-se do SENHOR, o seu Deus, pois é ele que lhes dá a capacidade de produzir riqueza, confirmando a aliança que jurou aos seus antepassados, conforme hoje se vê.

19"Mas se vocês se esquecerem do SENHOR, o seu Deus, e seguirem outros deuses, prestando-lhes culto e curvando-se diante deles, asseguro-lhes hoje que vocês serão destruídos. 20Por não obedecerem ao SENHOR, o seu Deus, vocês serão destruídos como o foram as outras nações que o SENHOR destruiu perante vocês.

O mérito não foi de Israel

9 "Ouça, ó Israel: Hoje você está atravessando o Jordão para entrar na terra e conquistar nações maiores e mais poderosas do que você, as quais têm cidades grandes, com muros que vão até o céu. 2O povo é forte e alto. São enaquins! Você já ouviu falar deles e até conhece o que se diz: 'Quem é capaz de resistir aos enaquins?' 3Esteja, hoje, certo de que o SENHOR, o seu Deus, ele mesmo, vai adiante de você como fogo consumidor. Ele os exterminará e os subjugará diante de você. E você os expulsará e os destruirá, como o SENHOR lhe prometeu.

4"Depois que o SENHOR, o seu Deus, os tiver expulsado da presença de você, não diga a si mesmo: 'O SENHOR me trouxe aqui para tomar posse desta terra por causa da minha justiça'. Não! É devido à impiedade destas nações que o SENHOR vai expulsá-las da presença de você. 5Não é por causa de sua justiça ou de sua retidão que você conquistará a terra delas. Mas é por causa da maldade destas nações que o SENHOR, o seu Deus, as expulsará de diante de você, para cumprir a palavra que o SENHOR prometeu, sob juramento, aos seus antepassados, Abraão, Isaque e Jacó. 6Portanto, esteja certo de que não é por causa de sua justiça que o SENHOR, o seu Deus, lhe dá esta boa terra para dela tomar posse, pois você é um povo obstinado.

O bezerro de ouro

7"Lembrem-se disto e jamais esqueçam como vocês provocaram a ira do SENHOR, o seu Deus, no deserto. Desde o dia em que saíram do Egito até chegarem aqui, vocês têm sido rebeldes contra o SENHOR. 8Até mesmo em Horebe vocês provocaram a ira do SENHOR, e ele ficou furioso, ao ponto de querer exterminá-los. 9Quando subi o monte para receber as tábuas de pedra, as tábuas da aliança que o SENHOR tinha feito com vocês, fiquei no monte quarenta dias e quarenta noites; não comi pão, nem bebi água. 10O SENHOR me deu as duas tábuas de pedra escritas pelo dedo de Deus. Nelas estavam escritas todas as palavras que o SENHOR proclamou a vocês no monte, de dentro do fogo, no dia da assembleia.

11"Passados os quarenta dias e quarenta noites, o SENHOR me deu as duas tábuas de pedra, as tábuas da aliança, 12e me disse: 'Desça imediatamente, pois o seu povo, que você tirou do Egito, corrompeu-se. Eles se afastaram bem depressa do caminho que eu lhes ordenei e fizeram um ídolo de metal para si'.

13"E o SENHOR me disse: 'Vejo que este povo é realmente um povo obstinado! 14Deixe que eu os destrua e apague o nome deles de debaixo do céu. E farei de você uma nação mais forte e mais numerosa do que eles'.

15"Então voltei e desci do monte, enquanto este ardia em chamas. E as duas tábuas da aliança estavam em minhas mãos.[a] 16E vi que vocês tinham pecado contra o SENHOR, o seu Deus. Fizeram para si um ídolo de metal em forma de bezerro. Bem depressa vocês se desviaram do caminho que o SENHOR, o Deus de vocês, lhes tinha ordenado. 17Então peguei as duas tábuas e as lancei das minhas mãos, quebrando-as diante dos olhos de vocês.

18"Depois prostrei-me perante o SENHOR outros quarenta dias e quarenta noites; não comi pão, nem bebi água, por causa do grande pecado que vocês tinham cometido, fazendo o que o SENHOR reprova, provocando a ira dele. 19Tive medo da ira e do furor do SENHOR, pois ele estava irado ao ponto de destruí-los, mas de novo o SENHOR me escutou. 20O SENHOR irou-se contra Arão a ponto de querer destruí-lo, mas naquela ocasião também orei por Arão. 21Então peguei o bezerro, o bezerro do pecado de vocês, e o queimei no fogo; depois o esmigalhei e o moí até virar pó, e o joguei no riacho que desce do monte.

22"Além disso, vocês tornaram a provocar a ira do SENHOR em Taberá, em Massá e em Quibrote-Hataavá.

23"E, quando o SENHOR os enviou de Cades-Barneia, disse: 'Entrem lá e tomem posse da terra que lhes dei'. Mas vocês se rebelaram contra a ordem do SENHOR, o seu Deus. Não confiaram nele, nem lhe obedeceram. 24Vocês têm sido rebeldes contra o SENHOR desde que os conheço.

25"Fiquei prostrado perante o SENHOR durante aqueles quarenta dias e quarenta noites porque o SENHOR tinha dito que ia destruí-los. 26Foi quando orei ao SENHOR, dizendo: Ó Soberano SENHOR, não destruas o teu povo, a tua própria herança! Tu o redimiste com a tua

[a] 9:15 Ou *E eu tinha as duas tábuas da aliança comigo, uma em cada mão.*

grandeza e o tiraste da terra do Egito com mão poderosa. 27Lembra-te de teus servos Abraão, Isaque e Jacó. Não leves em conta a obstinação deste povo, a sua maldade e o seu pecado, 28se não os habitantes da terra de onde nos tiraste dirão: 'Como o SENHOR não conseguiu levá-los à terra que lhes havia prometido, e como ele os odiava, tirou-os para fazê-los morrer no deserto'. 29Mas eles são o teu povo, a tua herança, que tiraste do Egito com o teu grande poder e com o teu braço forte.

Tábuas iguais às primeiras

10 "Naquela ocasião o SENHOR me ordenou: 'Corte duas tábuas de pedra, como as primeiras, e suba para encontrar-se comigo no monte. Faça também uma arca de madeira. 2Eu escreverei nas tábuas as palavras que estavam nas primeiras, que você quebrou, e você as colocará na arca'.

3"Então fiz a arca de madeira de acácia, cortei duas tábuas de pedra como as primeiras e subi o monte com as duas tábuas nas mãos. 4O SENHOR escreveu nelas o que tinha escrito anteriormente, os Dez Mandamentos que havia proclamado a vocês no monte, do meio do fogo, no dia em que estavam todos reunidos. O SENHOR as entregou a mim, 5e eu voltei, desci do monte e coloquei as tábuas na arca que eu tinha feito. E lá ficaram, conforme o SENHOR tinha ordenado.

6(Os israelitas partiram dos poços dos jaacanitas e foram até Moserá. Ali Arão morreu e foi sepultado, e o seu filho Eleazar foi o seu sucessor como sacerdote. 7Dali foram para Gudgodá e de lá para Jotbatá, terra de riachos. 8Naquela ocasião o SENHOR separou a tribo de Levi para carregar a arca da aliança do SENHOR, para estar perante o SENHOR a fim de ministrar e pronunciar bênçãos em seu nome, como se faz ainda hoje. 9É por isso que os levitas não têm nenhuma porção de terra ou herança entre os seus irmãos; o SENHOR é a sua herança, conforme o SENHOR, o seu Deus, lhes prometeu.)

10"Assim eu fiquei no monte quarenta dias e quarenta noites, como da primeira vez; e também desta vez o SENHOR me atendeu e não quis destruí-los. 11'Vá', o SENHOR me disse. 'Conduza o povo em seu caminho, para que tome posse da terra que jurei aos seus antepassados dar a você.'

Exortação ao temor do SENHOR

12"E agora, ó Israel, que é que o SENHOR, o seu Deus, lhe pede, senão que tema o SENHOR, o seu Deus, que ande em todos os seus caminhos, que o ame e que sirva ao SENHOR, o seu Deus, de todo o seu coração e de toda a sua alma, 13e que obedeça aos mandamentos e aos decretos do SENHOR, que hoje lhe dou para o seu próprio bem?

14"Ao SENHOR, o seu Deus, pertencem os céus e até os mais altos céus, a terra e tudo o que nela existe. 15No entanto, o SENHOR se afeiçoou aos seus antepassados e os amou, e a vocês, descendentes deles, escolheu entre todas as nações, como hoje se vê. 16Sejam fiéis, de coração[a], à sua aliança; e deixem de ser obstinados. 17Pois o SENHOR, o seu Deus, é o Deus dos deuses e o Soberano dos soberanos, o grande Deus, poderoso e temível, que não age com parcialidade nem aceita suborno. 18Ele defende a causa do órfão e da viúva e ama o estrangeiro, dando-lhe alimento e roupa. 19Amem os estrangeiros, pois vocês mesmos foram estrangeiros no Egito. 20Temam o SENHOR, o seu Deus, e sirvam-no. Apeguem-se a ele e façam os seus juramentos somente em nome dele. 21Seja ele o motivo do seu louvor, pois ele é o seu Deus, que por vocês fez aquelas grandes e temíveis maravilhas que vocês viram com os próprios olhos. 22Os seus antepassados que desceram ao Egito eram setenta ao todo, mas agora o SENHOR, o seu Deus, os tornou tão numerosos quanto as estrelas do céu.

Exortação ao amor e à obediência

11 "Amem o SENHOR, o seu Deus e obedeçam sempre aos seus preceitos, aos seus decretos, às suas ordenanças e aos seus mandamentos. 2Lembrem-se hoje de que não foram os seus filhos que experimentaram e viram a disciplina do SENHOR, o seu Deus, a sua majestade, a sua mão poderosa, o seu braço forte. 3Vocês viram os sinais que ele realizou e tudo o que fez no coração do Egito, tanto com o faraó, rei do Egito, quanto com toda a sua terra; 4o que fez com o exército egípcio, com os seus cavalos e carros, como os surpreendeu com as águas do mar Vermelho, quando estavam perseguindo vocês, e como o SENHOR os destruiu para sempre. 5Vocês também viram o que ele fez por vocês no deserto até chegarem a este lugar, 6e o que fez a Datã e a Abirão, filhos de Eliabe, da tribo de Rúben, quando a terra abriu a boca no meio de todo o Israel e os engoliu com suas famílias, suas tendas e tudo o que lhes pertencia. 7Vocês mesmos viram com os seus próprios olhos todas essas coisas grandiosas que o SENHOR fez.

8"Obedeçam, portanto, a toda a lei que hoje lhes estou dando, para que tenham forças para invadir e conquistar a terra para onde estão indo, 9e para que vivam muito tempo na terra que o SENHOR jurou dar aos seus antepassados e aos descendentes deles, terra onde há leite e mel com fartura. 10A terra da qual vocês vão tomar posse não é como a terra do Egito, de onde vocês vieram e onde plantavam as sementes e tinham que fazer a irrigação a pé, como numa horta. 11Mas a terra em que vocês, atravessando o Jordão, vão entrar para dela tomar posse, é terra de montes e vales, que bebe chuva do céu. 12É uma terra da qual o SENHOR, o seu Deus, cuida; os olhos do SENHOR, o seu Deus, estão continuamente sobre ela, do início ao fim do ano.

13"Portanto, se vocês obedecerem fielmente aos mandamentos que hoje lhes dou, amando o SENHOR, o seu Deus, e servindo-o de todo o coração e de toda a alma, 14então, no devido tempo, enviarei chuva sobre a sua terra, chuva de outono e de primavera, para que vocês recolham o seu cereal, e tenham vinho novo e azeite. 15Ela dará pasto nos campos para os seus rebanhos, e quanto a vocês, terão o que comer e ficarão satisfeitos.

16"Por isso, tenham cuidado para não serem enganados e levados a desviar-se para adorar outros deuses e a prostrar-se perante eles. 17Caso contrário, a ira do SENHOR se acenderá contra vocês e ele fechará o céu para que não chova e para que a terra nada produza, e assim vocês logo desaparecerão da boa terra que o SENHOR lhes está dando. 18Gravem estas minhas palavras no coração e na mente; amarrem-nas como sinal nas mãos e prendam-nas na testa. 19Ensinem-nas a seus filhos, conversando a respeito delas quando estiverem sentados em casa e quando estiverem andando pelo caminho, quando se deitarem e quando se

[a] 10:16 Hebraico: *Circuncidem o coração de vocês.*

levantarem. [20]Escrevam-nas nos batentes das portas de suas casas, e nos seus portões, [21]para que, na terra que o SENHOR jurou que daria aos seus antepassados, os seus dias e os dias dos seus filhos sejam muitos, sejam tantos como os dias durante os quais o céu está acima da terra.

[22]"Se vocês obedecerem a todos os mandamentos que lhes mando cumprir, amando o SENHOR, o seu Deus, andando em todos os seus caminhos e apegando-se a ele, [23]então o SENHOR expulsará todas essas nações da presença de vocês, e vocês despojarão nações maiores e mais fortes do que vocês. [24]Todo lugar onde vocês puserem os pés será de vocês. O seu território se estenderá do deserto do Líbano e do rio Eufrates ao mar Ocidental[a]. [25]Ninguém conseguirá resisti-los. O SENHOR, o seu Deus, conforme lhes prometeu, trará pavor e medo de vocês a todos os povos daquela terra, aonde quer que vocês forem.

[26]"Prestem atenção! Hoje estou pondo diante de vocês a bênção e a maldição. [27]Vocês terão bênção, se obedecerem aos mandamentos do SENHOR, o seu Deus, que hoje lhes estou dando; [28]mas terão maldição, se desobedecerem aos mandamentos do SENHOR, o seu Deus, e se afastarem do caminho que hoje lhes ordeno, para seguir deuses desconhecidos. [29]Quando o SENHOR, o seu Deus, os tiver levado para a terra da qual vão tomar posse, vocês terão que proclamar a bênção no monte Gerizim, e a maldição no monte Ebal. [30]Como sabem, esses montes estão do outro lado do Jordão, a oeste da estrada[b], na direção do poente, perto dos carvalhos de Moré, no território dos cananeus que vivem na Arabá, próximos de Gilgal. [31]Vocês estão a ponto de atravessar o Jordão e de tomar posse da terra que o SENHOR, o seu Deus, lhes está dando. Quando vocês a tiverem conquistado e estiverem vivendo nela, [32]tenham o cuidado de obedecer a todos os decretos e ordenanças que hoje estou dando a vocês.

O único local de adoração

12 "Estes são os decretos e ordenanças que vocês devem ter o cuidado de cumprir enquanto viverem na terra que o SENHOR, o Deus dos seus antepassados, deu a vocês como herança. [2]Destruam completamente todos os lugares nos quais as nações que vocês estão desalojando adoram os seus deuses, tanto nos altos montes como nas colinas e à sombra de toda árvore frondosa. [3]Derrubem os seus altares, esmigalhem as suas colunas sagradas e queimem os seus postes sagrados; despedacem os ídolos dos seus deuses e eliminem os nomes deles daqueles lugares.

[4]"Vocês, porém, não adorarão o SENHOR, o seu Deus, como eles adoram os seus deuses. [5]Mas procurarão o local que o SENHOR, o seu Deus, escolher dentre todas as tribos para ali pôr o seu Nome e sua habitação. Para lá vocês deverão ir [6]e levar holocaustos[c] e sacrifícios, dízimos e dádivas especiais, o que em voto tiverem prometido, as suas ofertas voluntárias e a primeira cria de todos os rebanhos. [7]Ali, na presença do SENHOR, o seu Deus, vocês e suas famílias comerão e se alegrarão com tudo o que tiverem feito, pois o SENHOR, o seu Deus, os terá abençoado.

[8]"Vocês não agirão como estamos agindo aqui, cada um fazendo o que bem entende, [9]pois ainda não chegaram ao lugar de descanso e à herança que o SENHOR, o seu Deus, lhes está dando. [10]Mas vocês atravessarão o Jordão e se estabelecerão na terra que o SENHOR, o seu Deus, lhes dá como herança, e ele lhes concederá descanso de todos os inimigos que os cercam, para que vocês vivam em segurança. [11]Então, para o lugar que o SENHOR, o seu Deus, escolher como habitação do seu Nome, vocês levarão tudo o que eu lhes ordenar: holocaustos e sacrifícios, dízimos e dádivas especiais e tudo o que tiverem prometido em voto ao SENHOR. [12]E regozijem-se ali perante o SENHOR, o seu Deus, vocês, os seus filhos e filhas, os seus servos e servas, e os levitas que vivem nas cidades de vocês por não terem recebido terras nem propriedades. [13]Tenham o cuidado de não sacrificar os seus holocaustos em qualquer lugar que lhes agrade. [14]Ofereçam-nos somente no local que o SENHOR escolher numa das suas tribos, e ali ponham em prática tudo o que eu lhes ordenar.

[15]"No entanto, vocês poderão abater os seus animais em qualquer das suas cidades e comer quanta carne desejarem, como se fosse carne de gazela ou de veado, de acordo com a bênção que o SENHOR, o seu Deus, lhes der. Tanto quem estiver cerimonialmente impuro quanto quem estiver puro poderá comê-la. [16]Mas não poderão comer o sangue; derramem-no no chão como se fosse água. [17]Vocês não poderão comer em suas próprias cidades o dízimo do cereal, do vinho novo e do azeite, nem a primeira cria dos rebanhos, nem o que, em voto, tiverem prometido, nem as suas ofertas voluntárias ou dádivas especiais. [18]Ao invés disso, vocês os comerão na presença do SENHOR, o seu Deus, no local que o SENHOR, o seu Deus, escolher; vocês, os seus filhos e filhas, os seus servos e servas, e os levitas das suas cidades. Alegrem-se perante o SENHOR, o seu Deus, em tudo o que fizerem. [19]Tenham o cuidado de não abandonar os levitas enquanto vocês viverem na sua própria terra.

[20]"Quando o SENHOR, o seu Deus, tiver aumentado o seu território conforme lhes prometeu, e vocês desejarem comer carne e disserem: 'Gostaríamos de um pouco de carne', poderão comer o quanto quiserem. [21]Se o local que o SENHOR, o seu Deus, escolher para pôr o seu Nome ficar longe demais, vocês poderão abater animais de todos os rebanhos que o SENHOR lhes der, conforme lhes ordenei, e em suas próprias cidades poderão comer quanta carne desejarem. [22]Vocês a comerão como comeriam carne de gazela ou de veado. Tanto os cerimonialmente impuros quanto os puros poderão comer. [23]Mas não comam o sangue, porque o sangue é a vida, e vocês não poderão comer a vida com o sangue. [24]Vocês não comerão o sangue; derramem-no no chão como se fosse água. [25]Não o comam, para que tudo vá bem com vocês e com os seus filhos, porque estarão fazendo o que é justo perante o SENHOR.

[26]"Todavia, apanhem os seus objetos consagrados e o que, em voto, tiverem prometido, e dirijam-se ao local que o SENHOR escolher. [27]Apresentem os seus holocaustos colocando-os no altar do SENHOR, o seu Deus, tanto a carne quanto o sangue. O sangue dos seus sacrifícios será derramado ao lado do altar do SENHOR, o seu Deus, mas vocês poderão comer a carne. [28]Tenham o cuidado de obedecer a todos estes regulamentos que lhes estou

[a] 11:24 Isto é, o Mediterrâneo.
[b] 11:30 Ou *Jordão, na direção oeste*
[c] 12:6 Isto é, sacrifícios totalmente queimados.

dando, para que sempre vá tudo bem com vocês e com os seus filhos, porque estarão fazendo o que é bom e certo perante o SENHOR, o seu Deus.

29“O SENHOR, o seu Deus, eliminará da sua presença as nações que vocês estão a ponto de invadir e expulsar. Mas, quando vocês as tiverem expulsado e tiverem se estabelecido na terra delas, 30e depois que elas forem destruídas, tenham cuidado para não serem enganados e para não se interessarem pelos deuses delas, dizendo: ‘Como essas nações servem aos seus deuses? Faremos o mesmo!’ 31Não adorem o SENHOR, o seu Deus, da maneira como fazem essas nações, porque, ao adorarem os seus deuses, elas fazem todo tipo de coisas repugnantes que o SENHOR odeia, como queimar seus filhos e filhas no fogo em sacrifícios aos seus deuses.

32“Apliquem-se a fazer tudo o que eu lhes ordeno; não acrescentem nem tirem coisa alguma.

A adoração a outros deuses

13 “Se aparecer entre vocês um profeta ou alguém que faz predições por meio de sonhos e lhes anunciar um sinal miraculoso ou um prodígio, 2e se o sinal ou prodígio de que ele falou acontecer, e ele disser: ‘Vamos seguir outros deuses que vocês não conhecem e vamos adorá-los’, 3não deem ouvidos às palavras daquele profeta ou sonhador. O SENHOR, o seu Deus, está pondo vocês à prova para ver se o amam de todo o coração e de toda a alma. 4Sigam somente o SENHOR, o seu Deus, e temam a ele somente. Cumpram os seus mandamentos e obedeçam-lhe; sirvam-no e apeguem-se a ele. 5Aquele profeta ou sonhador terá que ser morto, pois pregou rebelião contra o SENHOR, o seu Deus, que os tirou do Egito e os redimiu da terra da escravidão; ele tentou afastá-los do caminho que o SENHOR, o seu Deus, lhes ordenou que seguissem. Eliminem o mal do meio de vocês.

6“Se o seu próprio irmão ou filho ou filha, ou a mulher que você ama ou o seu amigo mais chegado secretamente instigá-lo, dizendo: ‘Vamos adorar outros deuses!’ — deuses que nem você nem os seus antepassados conheceram, 7deuses dos povos que vivem ao seu redor, quer próximos, quer distantes, de um ao outro lado da terra — 8não se deixe convencer nem ouça o que ele diz. Não tenha piedade nem compaixão dele e não o proteja. 9Você terá que matá-lo. Seja a sua mão a primeira a levantar-se para matá-lo, e depois as mãos de todo o povo. 10Apedreje-o até a morte, porque tentou desviá-lo do SENHOR, o seu Deus, que o tirou do Egito, da terra da escravidão. 11Então todo o Israel saberá disso; todos temerão e ninguém tornará a cometer uma maldade dessas.

12“Se vocês ouvirem dizer que numa das cidades que o SENHOR, o seu Deus, lhes dá para nelas morarem, 13surgiram homens perversos e desviaram os seus habitantes, dizendo: ‘Vamos adorar outros deuses!’, deuses que vocês não conhecem, 14vocês deverão verificar e investigar. Se for verdade e ficar comprovado que se praticou esse ato detestável entre vocês, 15matem ao fio da espada todos os que viverem naquela cidade. Destruam totalmente a cidade, matando tanto os seus habitantes quanto os seus animais. 16Ajuntem todos os despojos no meio da praça pública e queimem totalmente a cidade e todos os seus despojos, como oferta ao SENHOR, o seu Deus. Fique ela em ruínas para sempre, e nunca mais seja reconstruída. 17Não seja encontrado em suas mãos nada do que foi destinado à destruição, para que o SENHOR se afaste do fogo da sua ira. Ele terá misericórdia e compaixão de vocês, e os fará multiplicar-se, conforme prometeu sob juramento aos seus antepassados, 18somente se obedecerem ao SENHOR, o seu Deus, guardando todos os seus mandamentos, que lhes estou dando, e fazendo o que é justo para ele.

Animais puros e impuros

14 “Vocês são os filhos do SENHOR, o seu Deus. Não façam cortes no corpo nem rapem a frente da cabeça por causa dos mortos, 2pois vocês são povo consagrado ao SENHOR, o seu Deus. Dentre todos os povos da face da terra, o SENHOR os escolheu para serem o seu tesouro pessoal.

3“Não comam nada que seja proibido. 4São estes os animais que vocês podem comer: o boi, a ovelha, o bode, 5o veado, a gazela, a corça, o bode montês, o antílope, o bode selvagem e a ovelha montês.[a] 6Vocês poderão comer qualquer animal que tenha o casco fendido e dividido em duas unhas e que rumine. 7Contudo, dos que ruminam ou têm o casco fendido, vocês não poderão comer o camelo, o coelho e o rato silvestre. Embora ruminem, não têm casco fendido; são impuros para vocês. 8O porco também é impuro; embora tenha casco fendido, não rumina. Vocês não poderão comer a carne desses animais nem tocar em seus cadáveres.

9“De todas as criaturas que vivem nas águas vocês poderão comer as que possuem barbatanas e escamas. 10Mas não poderão comer nenhuma criatura que não tiver barbatanas nem escamas; é impura para vocês.

11“Vocês poderão comer qualquer ave pura. 12Mas estas vocês não poderão comer: a águia, o urubu, a águia-marinha, 13o milhafre, qualquer espécie de falcão, 14qualquer espécie de corvo, 15a coruja-de-chifre[b], a coruja-de-orelha-pequena, a coruja-orelhuda[c], qualquer espécie de gavião, 16o mocho, o corujão, a coruja-branca[d], 17a coruja-do-deserto, o abutre, a coruja-pescadora, 18a cegonha, qualquer tipo de garça, a poupa e o morcego.

19“Todas as pequenas criaturas que enxameiam e têm asas são impuras para vocês; não as comam. 20Mas qualquer criatura que tem asas, sendo pura, vocês poderão comer.

21“Não comam nada que encontrarem morto. Vocês poderão dá-lo a um estrangeiro residente de qualquer cidade de vocês, e ele poderá comê-lo, ou vocês poderão vendê-lo a outros estrangeiros. Mas vocês são povo consagrado ao SENHOR, o seu Deus.

“Não cozinhem o cabrito no leite da própria mãe.

A entrega dos dízimos

22“Separem o dízimo de tudo o que a terra produzir anualmente. 23Comam o dízimo do cereal, do vinho novo e do azeite, e a primeira cria de todos os seus rebanhos na presença do SENHOR, o seu Deus, no local que ele escolher como habitação do seu Nome, para que aprendam a temer sempre o SENHOR, o seu Deus. 24Mas, se o local for longe demais e vocês tiverem sido

[a] 14:5 A identificação exata de algumas aves, insetos e animais deste capítulo não é conhecida.
[b] 14:15 Ou *o avestruz*
[c] 14:15 Ou *a gaivota*
[d] 14:16 Ou *o pelicano*

abençoados pelo SENHOR, o seu Deus, e não puderem
carregar o dízimo, pois o local escolhido pelo SENHOR
para ali pôr o seu Nome é longe demais, 25troquem o
dízimo por prata, e levem a prata ao local que o SENHOR,
o seu Deus, tiver escolhido. 26Com prata comprem o que
quiserem: bois, ovelhas, vinho ou outra bebida fermen-
tada, ou qualquer outra coisa que desejarem. Então jun-
tamente com suas famílias comam e alegrem-se ali, na
presença do SENHOR, o seu Deus. 27E nunca se esqueçam
dos levitas que vivem em suas cidades, pois eles não
possuem propriedade nem herança próprias.

28"Ao final de cada três anos, tragam todos os dízi-
mos da colheita do terceiro ano, armazenando-os em
sua própria cidade, 29para que os levitas, que não pos-
suem propriedade nem herança, e os estrangeiros, os
órfãos e as viúvas que vivem na sua cidade venham
comer e saciar-se, e para que o SENHOR, o seu Deus, os
abençoe em todo o trabalho das suas mãos.

O ano do cancelamento das dívidas

15 "No final de cada sete anos as dívidas deverão ser
canceladas. 2Isso deverá ser feito da seguinte for-
ma: todo credor cancelará o empréstimo que fez ao seu
próximo. Nenhum israelita exigirá pagamento de seu
próximo ou de seu parente, porque foi proclamado o
tempo do SENHOR para o cancelamento das dívidas. 3Vo-
cês poderão exigir pagamento do estrangeiro, mas terão
que cancelar qualquer dívida de seus irmãos israelitas.
4Assim, não deverá haver pobre algum no meio de vo-
cês, pois na terra que o SENHOR, o seu Deus, lhes está
dando como herança para que dela tomem posse, ele
os abençoará ricamente, 5contanto que obedeçam em
tudo ao SENHOR, o seu Deus, e ponham em prática to-
da esta lei que hoje lhes estou dando. 6Pois o SENHOR,
o seu Deus, os abençoará conforme prometeu, e vocês
emprestarão a muitas nações, mas de nenhuma toma-
rão emprestado. Vocês dominarão muitas nações, mas
por nenhuma serão dominados.

7"Se houver algum israelita pobre em qualquer das
cidades da terra que o SENHOR, o seu Deus, lhes está
dando, não endureçam o coração, nem fechem a mão
para com o seu irmão pobre. 8Ao contrário, tenham
mão aberta e emprestem-lhe liberalmente o que ele
precisar. 9Cuidado! Que nenhum de vocês alimente es-
te pensamento ímpio: 'O sétimo ano, o ano do cance-
lamento das dívidas, está se aproximando, e não quero
ajudar o meu irmão pobre'. Ele poderá apelar para o
SENHOR contra você, e você será culpado desse pecado.
10Dê-lhe generosamente, e sem relutância no coração;
pois, por isso, o SENHOR, o seu Deus, o abençoará em
todo o seu trabalho e em tudo o que você fizer. 11Sem-
pre haverá pobres na terra. Portanto, eu lhe ordeno que
abra o coração para o seu irmão israelita, tanto para o
pobre como para o necessitado de sua terra.

A libertação de escravos

12"Se seu compatriota hebreu, homem ou mulher,
vender-se a você e servi-lo seis anos, no sétimo ano
dê-lhe a liberdade. 13E, quando o fizer, não o mande
embora de mãos vazias. 14Dê-lhe com generosidade
dos animais do seu rebanho e do produto da sua ei-
ra e do seu tanque de prensar uvas. Dê-lhe conforme
a bênção que o SENHOR, o seu Deus, lhe tem dado.
15Lembre-se de que você foi escravo no Egito e que
o SENHOR, o seu Deus, o redimiu. É por isso que hoje
lhe dou essa ordem.

16"Mas se o seu escravo lhe disser que não quer dei-
xá-lo, porque ama você e sua família e não tem falta de
nada, 17então apanhe um furador e fure a orelha dele
contra a porta, e ele se tornará seu escravo para o resto
da vida. Faça o mesmo com a sua escrava.

18"Não se sinta prejudicado ao libertar o seu escravo,
pois o serviço que ele prestou a você nesses seis anos
custou a metade do serviço de um trabalhador contra-
tado. Além disso, o SENHOR, o seu Deus, o abençoará em
tudo o que você fizer.

As primeiras crias

19"Separe para o SENHOR, o seu Deus, todo primeiro
macho de todos os seus rebanhos. Não use a primeira
cria das suas vacas para trabalhar, nem tosquie a pri-
meira cria das suas ovelhas. 20Todo ano você e a sua fa-
mília as comerão na presença do SENHOR, o seu Deus,
no local que ele escolher. 21Se o animal tiver defeito, ou
for manco ou cego, ou tiver qualquer outro defeito gra-
ve, você não poderá sacrificá-lo ao SENHOR, o seu Deus.
22Coma-o na cidade onde estiver morando. Tanto o ce-
rimonialmente impuro quanto o puro o comerão, como
se come a carne da gazela ou do veado. 23Mas não poderá
comer o sangue; derrame-o no chão como se fosse água.

A Páscoa

16 "Observem o mês de abibe[a] e celebrem a Páscoa
do SENHOR, o seu Deus, pois no mês de abibe, de
noite, ele os tirou do Egito. 2Ofereçam como sacrifício da
Páscoa ao SENHOR, o seu Deus, um animal dos rebanhos
de bois ou de ovelhas, no local que o SENHOR escolher
para habitação do seu Nome. 3Não o comam com pão
fermentado, mas durante sete dias comam pães sem
fermento, o pão da aflição, pois foi às pressas que vocês
saíram do Egito, para que todos os dias da sua vida vocês
se lembrem da época em que saíram do Egito. 4Durante
sete dias não permitam que seja encontrado fermento
com vocês em toda a sua terra. Tampouco permitam
que alguma carne sacrificada à tarde do primeiro dia
permaneça até a manhã seguinte.

5"Não ofereçam o sacrifício da Páscoa em nenhuma
das cidades que o SENHOR, o seu Deus, lhes der; 6sacri-
fiquem-na apenas no local que ele escolher para habi-
tação do seu Nome. Ali vocês oferecerão o sacrifício da
Páscoa à tarde, ao pôr do sol, na data[b] da sua partida
do Egito. 7Vocês cozinharão a carne do animal e a co-
merão no local que o SENHOR, o seu Deus, escolher. E,
pela manhã, cada um de vocês voltará para a sua tenda.
8Durante seis dias comam pão sem fermento, e no sé-
timo dia façam uma assembleia em honra ao SENHOR,
o seu Deus; não façam trabalho algum.

A festa das semanas

9"Contem sete semanas a partir da época em que vo-
cês começarem a colheita do cereal. 10Celebrem então
a festa das semanas[c] ao SENHOR, o seu Deus, e tragam
uma oferta voluntária conforme às bênçãos recebidas
do SENHOR, o seu Deus. 11E alegrem-se perante o SE-
NHOR, o seu Deus, no local que ele escolher para habi-
tação do seu Nome, junto com os seus filhos e as suas

[a] 16:1 Aproximadamente março/abril.
[b] 16:6 Ou *hora*
[c] 16:10 Isto é, do Pentecoste; também no versículo 16.

filhas, os seus servos e as suas servas, os levitas que vivem na sua cidade, os estrangeiros, os órfãos e as viúvas que vivem com vocês. 12Lembrem-se de que vocês foram escravos no Egito e obedeçam fielmente a estes decretos.

A festa das cabanas

13"Celebrem também a festa das cabanas[a] durante sete dias, depois que ajuntarem o produto da eira e do tanque de prensar uvas. 14Alegrem-se nessa festa com os seus filhos e as suas filhas, os seus servos e as suas servas, os levitas, os estrangeiros, os órfãos e as viúvas que vivem na sua cidade. 15Durante sete dias celebrem a festa, dedicada ao SENHOR, o seu Deus, no local que o SENHOR escolher. Pois o SENHOR, o seu Deus, os abençoará em toda a sua colheita e em todo o trabalho de suas mãos, e a sua alegria será completa.

16"Três vezes por ano todos os seus homens se apresentarão ao SENHOR, o seu Deus, no local que ele escolher, por ocasião da festa dos pães sem fermento, da festa das semanas e da festa das cabanas. Nenhum deles deverá apresentar-se ao SENHOR de mãos vazias: 17cada um de vocês trará uma dádiva conforme as bênçãos recebidas do SENHOR, o seu Deus.

Os juízes e suas funções

18"Nomeiem juízes e oficiais para cada uma de suas tribos em todas as cidades que o SENHOR, o seu Deus, lhes dá, para que eles julguem o povo com justiça. 19Não pervertam a justiça nem mostrem parcialidade. Não aceitem suborno, pois o suborno cega até os sábios[b] e prejudica a causa dos justos. 20Sigam única e exclusivamente a justiça, para que tenham vida e tomem posse da terra que o SENHOR, o seu Deus, lhes dá.

Advertência contra a idolatria

21"Não ergam nenhum poste sagrado além do altar que construírem em honra ao SENHOR, o seu Deus, 22e não levantem nenhuma coluna sagrada, pois isto é detestável para o SENHOR, o seu Deus.

17 "Não sacrifiquem para o SENHOR, o seu Deus, um boi ou uma ovelha que tenha qualquer defeito ou imperfeição; isso seria detestável para ele.

2"Se um homem ou uma mulher que vive numa das cidades que o SENHOR lhes dá, for encontrado fazendo o que o SENHOR, o seu Deus, reprova, violando a sua aliança, 3e, desobedecendo ao meu mandamento, estiver adorando outros deuses, prostrando-se diante deles, ou diante do sol, ou diante da lua, ou diante das estrelas do céu, 4e vocês ficarem sabendo disso, investiguem o caso a fundo. Se for verdade e ficar comprovado que se fez tal abominação em Israel, 5levem o homem ou a mulher que tiver praticado esse pecado à porta da sua cidade e apedreje-o até morrer. 6Pelo depoimento de duas ou três testemunhas tal pessoa poderá ser morta, mas ninguém será morto pelo depoimento de uma única testemunha. 7As mãos das testemunhas serão as primeiras a proceder à sua execução, e depois as mãos de todo o povo. Eliminem o mal do meio de vocês.

O julgamento dos casos difíceis

8"Se para os seus tribunais vierem casos difíceis demais de julgar, sejam crimes de sangue, litígios ou agressões, dirijam-se ao local escolhido pelo SENHOR, o seu Deus, 9e procurem os sacerdotes levitas e o juiz que estiver exercendo o cargo na ocasião. Apresentem-lhes o caso, e eles lhes darão o veredicto. 10Procedam de acordo com a decisão que eles proclamarem no local que o SENHOR escolher. Tratem de fazer tudo o que eles ordenarem. 11Procedam de acordo com a sentença e as orientações que eles lhes derem. Não se desviem daquilo que eles lhes determinarem, nem para a direita, nem para a esquerda. 12Mas quem agir com rebeldia contra o juiz ou contra o sacerdote que ali estiver no serviço do SENHOR, terá que ser morto. Eliminem o mal do meio de Israel. 13Assim, todo o povo temerá e não ousará mais agir com rebeldia.

Os decretos do rei

14"Se quando entrarem na terra que o SENHOR, o seu Deus, lhes dá, tiverem tomado posse dela, e nela tiverem se estabelecido, vocês disserem: 'Queremos um rei que nos governe, como têm todas as nações vizinhas', 15tenham o cuidado de nomear o rei que o SENHOR, o seu Deus, escolher. Ele deve vir dentre os seus próprios irmãos israelitas. Não coloquem um estrangeiro como rei, alguém que não seja israelita. 16Esse rei, porém, não deverá adquirir muitos cavalos, nem fazer o povo voltar ao Egito para conseguir mais cavalos, pois o SENHOR lhes disse: 'Jamais voltem por este caminho'. 17Ele não deverá tomar para si muitas mulheres; se o fizer, desviará o seu coração. Também não deverá acumular muita prata e muito ouro.

18"Quando subir ao trono do seu reino, mandará fazer num rolo, para o seu uso pessoal, uma cópia da lei que está aos cuidados dos sacerdotes levitas. 19Trará sempre essa cópia consigo e terá que lê-la todos os dias da sua vida, para que aprenda a temer o SENHOR, o seu Deus, e a cumprir fielmente todas as palavras desta lei, e todos estes decretos. 20Isso fará que ele não se considere superior aos seus irmãos israelitas e que não se desvie da lei, nem para a direita, nem para a esquerda. Assim prolongará o seu reinado sobre Israel, bem como o dos seus descendentes.

A herança dos sacerdotes e dos levitas

18 "Os sacerdotes levitas e todo o restante da tribo de Levi não terão posse nem herança em Israel. Viverão das ofertas sacrificadas para o SENHOR, preparadas no fogo, pois esta é a sua herança. 2Não terão herança alguma entre os seus compatriotas; o SENHOR é a sua herança, conforme lhes prometeu.

3"Quando o povo sacrificar um novilho ou uma ovelha, os sacerdotes receberão a porção devida: a espádua, a queixada e o estômago. 4Vocês terão que dar-lhes as primícias do trigo, do vinho e do azeite, e a primeira lã da tosquia das ovelhas, 5pois, de todas as tribos, o SENHOR, o seu Deus, escolheu os levitas e os seus descendentes para estarem na presença do SENHOR e para ministrarem sempre em seu nome.

6"Se um levita que estiver morando em qualquer cidade de Israel desejar ir ao local escolhido pelo SENHOR, 7poderá ministrar em nome do SENHOR, o seu Deus, à semelhança de todos os outros levitas que ali servem na presença do SENHOR. 8Ele receberá uma porção de alimento igual à dos outros levitas; além disso, ficará com o que receber com a venda dos bens da sua família.

[a] 16:13 Ou *dos tabernáculos*; hebraico: *sucote*; também no versículo 16.
[b] 16:19 Ou *juízes*

Advertência contra práticas pagãs

9“Quando entrarem na terra que o SENHOR, o seu Deus, lhes dá, não procurem imitar as coisas repugnantes que as nações de lá praticam. 10Não permitam que se ache alguém entre vocês que queime em sacrifício o seu filho ou a sua filha; que pratique adivinhação, ou se dedique à magia, ou faça presságios, ou pratique feitiçaria 11ou faça encantamentos; que seja médium, consulte os espíritos ou consulte os mortos. 12O SENHOR tem repugnância por quem pratica essas coisas, e é por causa dessas abominações que o SENHOR, o seu Deus, vai expulsar aquelas nações da presença de vocês. 13Permaneçam inculpáveis perante o SENHOR, o seu Deus.

O profeta do SENHOR

14“As nações que vocês vão expulsar dão ouvidos aos que praticam magia e adivinhação. Mas, a vocês, o SENHOR, o seu Deus, não permitiu tais práticas. 15O SENHOR, o seu Deus, levantará do meio de seus próprios irmãos um profeta como eu; ouçam-no. 16Pois foi isso que pediram ao SENHOR, o seu Deus, em Horebe, no dia em que se reuniram, quando disseram: ‘Não queremos ouvir a voz do SENHOR, do nosso Deus, nem ver o seu grande fogo, senão morreremos!’

17“O SENHOR me disse: ‘Eles têm razão! 18Levantarei do meio dos seus irmãos um profeta como você; porei minhas palavras na sua boca, e ele lhes dirá tudo o que eu lhe ordenar. 19Se alguém não ouvir as minhas palavras, que o profeta falará em meu nome, eu mesmo lhe pedirei contas. 20Mas o profeta que ousar falar em meu nome alguma coisa que não lhe ordenei, ou que falar em nome de outros deuses, terá que ser morto’.

21“Mas talvez vocês perguntem a si mesmos: ‘Como saberemos se uma mensagem não vem do SENHOR?’ 22Se o que o profeta proclamar em nome do SENHOR não acontecer nem se cumprir, essa mensagem não vem do SENHOR. Aquele profeta falou com presunção. Não tenham medo dele.

As cidades de refúgio

19 “Quando o SENHOR, o seu Deus, tiver destruído as nações cuja terra lhes dá, e quando vocês as expulsarem e ocuparem as cidades e as casas dessas nações, 2separem três cidades de refúgio na parte central da terra que o SENHOR, o seu Deus, está dando a vocês para que dela tomem posse. 3Dividam em três partes a terra que o SENHOR, o seu Deus, lhes está dando como herança e façam nela vias de acesso, para que aquele que matar alguém possa fugir para lá.

4“Este é o caso em que um homem que matar outro poderá fugir para lá para salvar a vida: se matar o seu próximo sem intenção, sem que houvesse inimizade entre eles. 5Por exemplo, se um homem for com o seu amigo cortar lenha na floresta e, ao levantar o machado para derrubar uma árvore, o ferro escapar e atingir o seu amigo e matá-lo, ele poderá fugir para uma daquelas cidades para salvar a vida. 6Do contrário, o vingador da vítima poderia persegui-lo enfurecido e alcançá-lo, caso a distância fosse grande demais, e poderia matá-lo, muito embora este não merecesse morrer, pois não havia inimizade entre ele e o seu próximo. 7É por isso que lhes ordeno que separem três cidades.

8“Se o SENHOR, o seu Deus, aumentar o seu território, como prometeu sob juramento aos seus antepassados, e lhes der toda a terra que prometeu a eles, 9separem então mais três cidades. Isso acontecerá se vocês obedecerem fielmente a toda esta lei que hoje lhes ordeno: Amar o SENHOR, o seu Deus, e sempre andar nos seus caminhos. 10Façam isso para que não se derrame sangue inocente na sua terra, a qual o SENHOR, o seu Deus, lhes dá por herança, e para que não sejam culpados de derramamento de sangue.

11“Mas, se alguém odiar o seu próximo, ficar à espreita dele, atacá-lo e matá-lo, e fugir para uma dessas cidades, 12as autoridades da sua cidade mandarão buscá-lo na cidade de refúgio, e o entregarão nas mãos do vingador da vítima, para que morra. 13Não tenham piedade dele. Eliminem de Israel a culpa pelo derramamento de sangue inocente, para que tudo lhes vá bem.

14“Não mudem os marcos de divisa da propriedade do seu vizinho, que os seus antecessores colocaram na herança que vocês receberão na terra que o SENHOR, o seu Deus, lhes dá para que dela tomem posse.

As testemunhas

15“Uma só testemunha não é suficiente para condenar alguém de algum crime ou delito. Qualquer acusação precisa ser confirmada pelo depoimento de duas ou três testemunhas.

16“Se uma testemunha falsa quiser acusar um homem de algum crime, 17os dois envolvidos na questão deverão apresentar-se ao SENHOR, diante dos sacerdotes e juízes que estiverem exercendo o cargo naquela ocasião. 18Os juízes investigarão o caso e, se ficar provado que a testemunha mentiu e deu falso testemunho contra o seu próximo, 19deem-lhe a punição que ele planejava para o seu irmão. Eliminem o mal do meio de vocês. 20O restante do povo saberá disso e terá medo, e nunca mais se fará uma coisa dessas entre vocês. 21Não tenham piedade. Exijam vida por vida, olho por olho, dente por dente, mão por mão, pé por pé.

As leis sobre a guerra

20 “Quando vocês forem à guerra contra os seus inimigos e virem cavalos e carros, e um exército maior do que o seu, não tenham medo, pois o SENHOR, o seu Deus, que os tirou do Egito, estará com vocês. 2Quando chegar a hora da batalha, o sacerdote virá à frente e dirá ao exército: 3‘Ouça, ó Israel. Hoje vocês vão lutar contra os seus inimigos. Não desanimem nem tenham medo; não fiquem apavorados nem aterrorizados por causa deles, 4pois o SENHOR, o seu Deus, os acompanhará e lutará por vocês contra os seus inimigos, para lhes dar a vitória’.

5“Os oficiais dirão ao exército: ‘Há alguém que construiu uma casa e ainda não a dedicou? Volte ele para sua casa, para que não morra na guerra e outro a dedique. 6Há alguém que plantou uma vinha e ainda não desfrutou dela? Volte ele para sua casa, para que não morra na guerra e outro desfrute da vinha. 7Há alguém comprometido para casar-se que ainda não recebeu sua mulher? Volte ele para sua casa, para que não morra na guerra e outro se case com ela’. 8Por fim os oficiais acrescentarão: ‘Alguém está com medo e não tem coragem? Volte ele para sua casa, para que os seus irmãos israelitas também não fiquem desanimados’. 9Quando os oficiais terminarem de falar ao exército, designarão chefes para comandar as tropas.

10“Quando vocês avançarem para atacar uma cidade, enviem-lhe primeiro uma proposta de paz. 11Se os seus habitantes aceitarem e abrirem suas portas, serão seus escravos e se sujeitarão a trabalhos forçados. 12Mas se eles recusarem a paz e entrarem em guerra contra vocês, sitiem a cidade. 13Quando o SENHOR, o seu Deus, entregá-la em suas mãos, matem ao fio da espada todos os homens que nela houver. 14Mas as mulheres, as crianças, os rebanhos e tudo o que acharem na cidade, será de vocês; vocês poderão ficar com os despojos dos seus inimigos dados pelo SENHOR, o seu Deus. 15É assim que vocês tratarão todas as cidades distantes que não pertencem às nações vizinhas de vocês.

16“Contudo, nas cidades das nações que o SENHOR, o seu Deus, lhes dá por herança, não deixem vivo nenhum ser que respira. 17Conforme a ordem do SENHOR, o seu Deus, destruam totalmente os hititas, os amorreus, os cananeus, os ferezeus, os heveus e os jebuseus. 18Se não, eles os ensinarão a praticar todas as coisas repugnantes que fazem quando adoram os seus deuses, e vocês pecarão contra o SENHOR, o seu Deus.

19“Quando sitiarem uma cidade por um longo período, lutando contra ela para conquistá-la, não destruam as árvores dessa cidade a golpes de machado, pois vocês poderão comer as suas frutas. Não as derrubem. Por acaso as árvores são gente, para que vocês as sitiem?[a] 20Entretanto, poderão derrubar as árvores que vocês sabem que não são frutíferas, para utilizá-las em obras que ajudem o cerco, até que caia a cidade que está em guerra contra vocês.

Os casos de homicídio não desvendado

21 “Se alguém for encontrado morto no campo, na terra que o SENHOR, o seu Deus, lhes dá para dela tomarem posse, sem que se saiba quem o matou, 2as autoridades e os juízes sairão e medirão a distância do corpo até as cidades vizinhas. 3Então as autoridades da cidade mais próxima do corpo apanharão uma novilha que nunca foi usada no trabalho e sobre a qual nunca foi posto jugo, 4e a levarão a um vale de terras nunca aradas nem semeadas e onde haja um ribeiro de águas perenes. Vocês quebrarão o pescoço da novilha. 5Depois, os sacerdotes, descendentes de Levi, se aproximarão, pois o SENHOR, o seu Deus, os escolheu para ministrarem e para pronunciarem bênçãos em nome do SENHOR e resolverem todos os casos de litígio e de violência. 6Então todas as autoridades da cidade mais próxima do corpo lavarão as mãos sobre a novilha cujo pescoço foi quebrado no vale, 7e declararão: ‘As nossas mãos não derramaram este sangue, nem os nossos olhos viram quem fez isso. 8Aceita, SENHOR, esta propiciação em favor de Israel, o teu povo, a quem resgataste, e não consideres o teu povo culpado do sangue de um inocente’. Assim a culpa do derramamento de sangue será propiciada. 9Desse modo vocês eliminarão de vocês mesmos a culpa pelo derramamento de sangue inocente, pois fizeram o que o SENHOR aprova.

O casamento com uma prisioneira

10“Quando vocês guerrearem contra os seus inimigos e o SENHOR, o seu Deus, os entregar em suas mãos e vocês fizerem prisioneiros, 11um de vocês poderá ver entre eles uma mulher muito bonita, agradar-se dela e tomá-la como esposa. 12Leve-a para casa; ela rapará a cabeça, cortará as unhas 13e se desfará das roupas que estava usando quando foi capturada. Ficará em casa e pranteará seu pai e sua mãe um mês inteiro. Depois você poderá chegar-se a ela e tornar-se o seu marido, e ela será sua mulher. 14Se você já não se agradar dela, deixe-a ir para onde quiser, mas não poderá vendê-la nem tratá-la como escrava, pois você a desonrou.

O direito do filho mais velho

15“Se um homem tiver duas mulheres e preferir uma delas, e ambas lhe derem filhos, e o filho mais velho for filho da mulher que ele não prefere, 16quando der a herança de sua propriedade aos filhos, não poderá dar os direitos do filho mais velho ao filho da mulher preferida, se o filho da mulher que ele não prefere for de fato o mais velho. 17Ele terá que reconhecer como primogênito o filho da mulher que ele não prefere, dando-lhe porção dupla de tudo o que possui. Aquele filho é o primeiro sinal da força de seu pai e o direito do filho mais velho lhe pertence.

O castigo dos filhos rebeldes

18“Se um homem tiver um filho obstinado e rebelde que não obedece ao seu pai nem à sua mãe e não os escuta quando o disciplinam, 19o pai e a mãe o levarão aos líderes da sua comunidade, à porta da cidade, 20e dirão aos líderes: ‘Este nosso filho é obstinado e rebelde. Não nos obedece! É devasso e vive bêbado’. 21Então todos os homens da cidade o apedrejarão até a morte. Eliminem o mal do meio de vocês. Todo o Israel saberá disso e temerá.

Diversas leis

22“Se um homem culpado de um crime que merece a morte for morto e pendurado num madeiro, 23não deixem o corpo no madeiro durante a noite. Enterrem-no naquele mesmo dia, porque qualquer que for pendurado num madeiro está debaixo da maldição de Deus. Não contaminem a terra que o SENHOR, o seu Deus, lhes dá por herança.

22 “Se o boi ou a ovelha de um israelita se extraviar e você o vir, não ignore o fato, mas faça questão de levar o animal de volta ao dono. 2Se este não morar perto de você ou se você não o conhecer, leve o animal para casa e fique com ele até que o seu compatriota venha procurá-lo e você possa devolvê-lo. 3Faça o mesmo com o jumento, com a capa e com qualquer coisa perdida que encontrar. Não ignore o fato.

4“Se você vir o jumento ou o boi de um israelita caído no caminho, não o ignore. Ajude-o a pôr o animal em pé.

5“A mulher não usará roupas de homem, e o homem não usará roupas de mulher, pois o SENHOR, o seu Deus, tem aversão por todo aquele que assim procede.

6“Se você passar por um ninho de pássaros, numa árvore ou no chão, e a mãe estiver sobre os filhotes ou sobre os ovos, não apanhe a mãe com os filhotes. 7Você poderá apanhar os filhotes, mas deixe a mãe solta, para que tudo vá bem com você e você tenha vida longa.

8“Quando você construir uma casa nova, faça um parapeito em torno do terraço, para que não traga sobre a sua casa a culpa pelo derramamento de sangue inocente, caso alguém caia do terraço.

[a] 20:19 Ou *derrubem para utilizá-las no cerco, pois as árvores frutíferas são para o benefício do homem.*

9"Não plante dois tipos de semente em sua vinha; se o fizer, tanto a semente que plantar como o fruto da vinha estarão contaminados[a].

10"Não are a terra usando um boi e um jumento sob o mesmo jugo.

11"Não use roupas de lã e de linho misturados no mesmo tecido.

12"Faça borlas nas quatro pontas do manto que você usa para cobrir-se.

As violações do casamento

13"Se um homem casar-se e, depois de deitar-se com a mulher, rejeitá-la 14e falar mal dela e difamá-la, dizendo: 'Casei-me com esta mulher, mas quando me cheguei a ela, descobri que não era virgem', 15o pai e a mãe da moça trarão aos líderes da cidade, junto à porta, a prova da sua virgindade. 16Então o pai da moça dirá aos líderes: 'Dei a minha filha em casamento a este homem, mas ele a rejeita. 17Ele também a difamou e disse: "Descobri que a sua filha não era virgem". Mas aqui está a prova da virgindade da minha filha'. Então os pais dela apresentarão a prova aos líderes da cidade, 18e eles castigarão o homem. 19Aplicarão a ele a multa de cem peças de prata, que serão dadas ao pai da moça, pois aquele homem prejudicou a reputação de uma virgem israelita. E ele não poderá divorciar-se dela enquanto viver.

20"Se, contudo, a acusação for verdadeira e não se encontrar prova de virgindade da moça, 21ela será levada à porta da casa do seu pai e ali os homens da sua cidade a apedrejarão até a morte. Ela cometeu um ato vergonhoso em Israel, prostituindo-se enquanto estava na casa de seu pai. Eliminem o mal do meio de vocês.

22"Se um homem for surpreendido deitado com a mulher de outro, os dois terão que morrer, o homem e a mulher com quem se deitou. Eliminem o mal do meio de Israel.

23"Se numa cidade um homem se encontrar com uma jovem prometida em casamento e se deitar com ela, 24levem os dois à porta daquela cidade e apedrejem-nos até a morte: a moça porque estava na cidade e não gritou por socorro, e o homem porque desonrou a mulher doutro homem. Eliminem o mal do meio de vocês.

25"Se, contudo, um homem encontrar no campo uma jovem prometida em casamento e a forçar, somente o homem morrerá. 26Não façam nada à moça, pois ela não cometeu pecado algum que mereça a morte. Este caso é semelhante ao daquele que ataca e mata o seu próximo, 27pois o homem encontrou a moça virgem no campo, e, ainda que a jovem prometida em casamento gritasse, ninguém poderia socorrê-la.

28"Se um homem se encontrar com uma moça sem compromisso de casamento e a violentar, e eles forem descobertos, 29ele pagará ao pai da moça cinquenta peças de prata e terá que casar-se com a moça, pois a violentou. Jamais poderá divorciar-se dela.

30"Nenhum homem poderá tomar por mulher a mulher do seu pai, pois isso desonraria a cama de seu pai.

Os casos de exclusão da assembleia

23 "Qualquer que tenha os testículos esmagados ou tenha amputado o membro viril, não poderá entrar na assembleia do SENHOR.

2"Quem nasceu de união ilícita não poderá entrar na assembleia do SENHOR, como também os seus descendentes, até a décima geração.

3"Nenhum amonita ou moabita ou qualquer dos seus descendentes, até a décima geração, poderá entrar na assembleia do SENHOR. 4Pois eles não vieram encontrar-se com vocês com pão e água no caminho, quando vocês saíram do Egito; além disso convocaram Balaão, filho de Beor, para vir de Petor, na Mesopotâmia[b], para pronunciar maldição contra vocês. 5No entanto, o SENHOR, o seu Deus, não atendeu Balaão, e transformou a maldição em bênção para vocês, pois o SENHOR, o seu Deus, os ama. 6Não façam um tratado de amizade com eles enquanto vocês viverem.

7"Não rejeitem o edomita, pois ele é seu irmão. Também não rejeitem o egípcio, pois vocês viveram como estrangeiros na terra deles. 8A terceira geração dos filhos deles poderá entrar na assembleia do SENHOR.

A pureza do acampamento

9"Quando estiverem acampados, em guerra contra os seus inimigos, mantenham-se afastados de todas as coisas impuras. 10Se um de seus homens estiver impuro devido à polução noturna, ele terá que sair do acampamento. 11Mas ao entardecer ele se lavará, e ao pôr do sol poderá voltar ao acampamento.

12"Determinem um local fora do acampamento onde se possa evacuar. 13Como parte do seu equipamento, tenham algo com que cavar, e quando evacuarem, façam um buraco e cubram as fezes. 14Pois o SENHOR, o seu Deus, anda pelo seu acampamento para protegê-los e entregar-lhes os seus inimigos. O acampamento terá que ser santo, para que ele não veja no meio de vocês alguma coisa desagradável e se afaste de vocês.

Diversas leis

15"Se um escravo refugiar-se entre vocês, não o entreguem nas mãos do seu senhor. 16Deixem-no viver no meio de vocês pelo tempo que ele desejar e em qualquer cidade que ele escolher. Não o oprimam.

17"Nenhum israelita, homem ou mulher, poderá tornar-se prostituto cultual. 18Não tragam ao santuário do SENHOR, o seu Deus, os ganhos de uma prostituta ou de um prostituto[c], a fim de pagar algum voto, pois o SENHOR, o seu Deus, por ambos tem repugnância.

19"Não cobrem juros de um israelita, por dinheiro, alimento, ou qualquer outra coisa que possa render juros. 20Vocês poderão cobrar juros do estrangeiro, mas não do seu irmão israelita, para que o SENHOR, o seu Deus, os abençoe em tudo o que vocês fizerem na terra em que estão entrando para dela tomar posse.

21"Se um de vocês fizer um voto ao SENHOR, o seu Deus, não demore a cumpri-lo, pois o SENHOR, o seu Deus, certamente lhe pedirá contas, e você será culpado de pecado se não o cumprir. 22Mas se você não fizer o voto, de nada será culpado. 23Faça tudo para cumprir o que os seus lábios prometeram, pois com a sua própria boca você fez, espontaneamente, o seu voto ao SENHOR, o seu Deus.

24"Se vocês entrarem na vinha do seu próximo, poderão comer as uvas que desejarem, mas nada poderão levar em sua cesta. 25Se entrarem na plantação de

[a] 22:9 Ou *serão confiscados para o santuário*

[b] 23:4 Hebraico: *Arã Naaraim*.

[c] 23:18 Hebraico: *de um cachorro*. Forma depreciativa de se referir a homens que se prostituíam.

trigo do seu próximo, poderão apanhar espigas com as mãos, mas nunca usem foice para ceifar o trigo do seu próximo.

24 "Se um homem casar-se com uma mulher e depois não a quiser mais por encontrar nela algo que ele reprova, dará certidão de divórcio à mulher e a mandará embora. [2]Se, depois de sair da casa, ela se tornar mulher de outro homem, [3]e este não gostar mais dela, lhe dará certidão de divórcio, e a mandará embora. Ou se o segundo marido morrer, [4]o primeiro, que se divorciou dela, não poderá casar-se com ela de novo, visto que ela foi contaminada. Seria detestável para o SENHOR. Não tragam pecado sobre a terra que o SENHOR, o seu Deus, lhes dá por herança.

[5]"Se um homem tiver se casado recentemente, não será enviado à guerra, nem assumirá nenhum compromisso público. Durante um ano estará livre para ficar em casa e fazer feliz a mulher com quem se casou.

[6]"Não tomem as duas pedras de moinho, nem mesmo apenas a pedra de cima, como garantia de uma dívida, pois isso seria tomar como garantia o meio de subsistência do devedor.

[7]"Se um homem for pego sequestrando um dos seus irmãos israelitas, tratando-o como escravo ou vendendo-o, o sequestrador terá que morrer. Eliminem o mal do meio de vocês.

[8]"Nos casos de doenças de lepra[a], tenham todo o cuidado de seguir exatamente as instruções dos sacerdotes levitas. Sigam cuidadosamente o que eu ordenei a eles. [9]Lembrem-se do que o SENHOR, o seu Deus, fez com Miriã no caminho, depois que vocês saíram do Egito.

[10]"Quando um de vocês fizer um empréstimo de qualquer tipo ao seu próximo, não entre na casa dele para apanhar o que ele lhe oferecer como penhor. [11]Fique do lado de fora e deixe que o homem, a quem você está fazendo o empréstimo, traga a você o penhor. [12]Se o homem for pobre, não vá dormir tendo com você o penhor. [13]Devolva-lhe o manto ao pôr do sol, para que ele possa usá-lo para dormir, e lhe seja grato. Isso será considerado um ato de justiça pelo SENHOR, o seu Deus.

[14]"Não se aproveitem do pobre e necessitado, seja ele um irmão israelita ou um estrangeiro que viva numa das suas cidades. [15]Paguem-lhe o seu salário diariamente, antes do pôr do sol, pois ele é necessitado e depende disso. Se não, ele poderá clamar ao SENHOR contra você, e você será culpado de pecado.

[16]"Os pais não serão mortos em lugar dos filhos, nem os filhos em lugar dos pais; cada um morrerá pelo seu próprio pecado.

[17]"Não neguem justiça ao estrangeiro e ao órfão, nem tomem como penhor o manto de uma viúva. [18]Lembrem-se de que vocês foram escravos no Egito e de que o SENHOR, o seu Deus, os libertou; por isso lhes ordeno que façam tudo isso.

[19]"Quando vocês estiverem fazendo a colheita de sua lavoura e deixarem um feixe de trigo para trás, não voltem para apanhá-lo. Deixem-no para o estrangeiro, para o órfão e para a viúva, para que o SENHOR, o seu Deus, os abençoe em todo o trabalho das suas mãos. [20]Quando sacudirem as azeitonas das suas oliveiras, não voltem para colher o que ficar nos ramos. Deixem o que sobrar para o estrangeiro, para o órfão e para a viúva. [21]E quando colherem as uvas da sua vinha, não passem de novo por ela. Deixem o que sobrar para o estrangeiro, para o órfão e para a viúva. [22]Lembrem-se de que vocês foram escravos no Egito; por isso lhes ordeno que façam tudo isso.

25 "Quando dois homens se envolverem numa briga, terão que levar a causa ao tribunal, e os juízes decidirão a questão, absolvendo o inocente e condenando o culpado. [2]Se o culpado merecer açoitamento, o juiz ordenará que ele se deite e seja açoitado em sua presença com o número de açoites que o seu crime merecer, [3]desde que nunca ultrapasse quarenta açoites. Açoitá-lo além disso seria humilhar publicamente um israelita.

[4]"Não amordacem o boi enquanto está debulhando o cereal.

[5]"Se dois irmãos morarem juntos, e um deles morrer sem deixar filhos, a sua viúva não se casará com alguém de fora da família. O irmão do marido se casará com ela e cumprirá com ela o dever de cunhado. [6]O primeiro filho que ela tiver levará o nome do irmão falecido, para que o seu nome não seja apagado de Israel.

[7]"Se, todavia, ele não quiser casar-se com a mulher do seu irmão, ela irá aos líderes do lugar, à porta da cidade, e dirá: 'O irmão do meu marido está se recusando a dar continuidade ao nome do seu irmão em Israel. Ele não quer cumprir para comigo o dever de cunhado'. [8]Os líderes da cidade o convocarão e conversarão com ele. Se ele insistir em dizer: 'Não quero me casar com ela', [9]a viúva do seu irmão se aproximará dele, na presença dos líderes, tirará uma das sandálias dele, cuspirá no seu rosto e dirá: 'É isso que se faz com o homem que não perpetua a descendência do seu irmão'. [10]E a descendência daquele homem será conhecida em Israel como 'a família do descalçado'.

[11]"Se dois homens estiverem brigando, e a mulher de um deles vier para livrar o marido daquele que o ataca e pegá-lo pelos órgãos genitais, [12]cortem a mão dela. Não tenham piedade.

[13]"Não tenham na bolsa dois padrões para o mesmo peso, um maior e outro menor. [14]Não tenham em casa dois padrões para a mesma medida, um maior e outro menor. [15]Tenham pesos e medidas exatos e honestos, para que vocês vivam muito tempo na terra que o SENHOR, o seu Deus, lhes dá. [16]Pois o SENHOR, o seu Deus, detesta quem faz essas coisas, quem negocia desonestamente.

[17]"Lembrem-se do que os amalequitas lhes fizeram no caminho, quando vocês saíram do Egito. [18]Quando vocês estavam cansados e exaustos, eles se encontraram com vocês no caminho e eliminaram todos os que ficaram para trás; não tiveram temor de Deus. [19]Quando o SENHOR, o seu Deus, der a vocês o descanso de todos os inimigos ao seu redor, na terra que ele lhes dá para dela tomarem posse como herança, vocês farão que os amalequitas sejam esquecidos debaixo do céu. Não se esqueçam!

Os primeiros frutos e os dízimos

26 "Quando vocês tiverem entrado na terra que o SENHOR, o seu Deus, lhes dá por herança e dela tiverem tomado posse e lá estiverem estabelecidos, [2]apanhem alguns dos primeiros frutos de tudo o que produzirem na terra que o SENHOR, o seu Deus, lhes dá

[a] 24:8 O termo hebraico não se refere somente à lepra, mas também a diversas doenças da pele.

e ponham tudo numa cesta. Depois vocês deverão ir ao
local que o SENHOR, o seu Deus, escolher para habitação
do seu Nome 3e dizer ao sacerdote que estiver exercen-
do o cargo naquela ocasião: 'Declaro hoje ao SENHOR,
o seu Deus, que vim para a terra que o SENHOR jurou
aos nossos antepassados que nos daria'. 4O sacerdote
apanhará a cesta das suas mãos e a colocará em frente
do altar do SENHOR, o seu Deus. 5Então vocês declara-
rão perante o SENHOR, o seu Deus: 'O meu pai era um
arameu errante. Ele desceu ao Egito com pouca gente
e ali viveu e se tornou uma grande nação, poderosa e
numerosa. 6Mas os egípcios nos maltrataram e nos opri-
miram, sujeitando-nos a trabalhos forçados. 7Então cla-
mamos ao SENHOR, o Deus dos nossos antepassados, e
o SENHOR ouviu a nossa voz e viu o nosso sofrimento,
a nossa fadiga e a opressão que sofríamos. 8Por isso o
SENHOR nos tirou do Egito com mão poderosa e braço
forte, com feitos temíveis e com sinais e maravilhas. 9Ele
nos trouxe a este lugar e nos deu esta terra, terra onde
há leite e mel com fartura. 10E agora trago os primeiros
frutos do solo que tu, ó SENHOR, me deste'. Ponham a
cesta perante o SENHOR, o seu Deus, e curvem-se perante
ele. 11Vocês e os levitas e os estrangeiros que estiverem
no meio de vocês se alegrarão com todas as coisas boas
que o SENHOR, o seu Deus, dá a vocês e às suas famílias.

12"Quando tiverem separado o dízimo de tudo quan-
to produziram no terceiro ano, o ano do dízimo, entre-
guem-no ao levita, ao estrangeiro, ao órfão e à viúva,
para que possam comer até saciar-se nas cidades de
vocês. 13Depois digam ao SENHOR, o seu Deus: 'Retirei
da minha casa a porção sagrada e dei-a ao levita, ao
estrangeiro, ao órfão e à viúva, de acordo com tudo o
que ordenaste. Não me afastei dos teus mandamen-
tos nem esqueci nenhum deles. 14Não comi nada da
porção sagrada enquanto estive de luto, nada retirei
dela enquanto estive impuro, e dela não ofereci nada
aos mortos. Obedeci ao SENHOR, o meu Deus; fiz tudo
o que me ordenaste. 15Olha dos céus, da tua santa ha-
bitação, e abençoa Israel, o teu povo, e a terra que nos
deste, conforme prometeste sob juramento aos nossos
antepassados, terra onde há leite e mel com fartura'.

Exortação à obediência

16"O SENHOR, o seu Deus, lhes ordena hoje que si-
gam esses decretos e ordenanças; obedeçam-lhes aten-
tamente, de todo o seu coração e de toda a sua alma.
17Hoje vocês declararam que o SENHOR é o seu Deus e
que vocês andarão nos seus caminhos, que guardarão
os seus decretos, os seus mandamentos e as suas orde-
nanças, e que vocês lhe obedecerão. 18E hoje o SENHOR
declarou que vocês são o seu povo, o seu tesouro pes-
soal, conforme ele prometeu, e que vocês terão que obe-
decer a todos os seus mandamentos. 19Ele declarou que
lhes dará uma posição de glória, fama e honra muito
acima de todas as nações que ele fez, e que vocês serão
um povo santo para o SENHOR, o seu Deus, conforme
ele prometeu".

O altar no monte Ebal

27 Moisés, acompanhado das autoridades de Israel,
ordenou ao povo: "Obedeçam a toda esta lei que
hoje lhes dou. 2Quando vocês atravessarem o Jordão,
e entrarem na terra que o SENHOR, o seu Deus, lhes dá,
levantem algumas pedras grandes e pintem-nas com
cal. 3Escrevam nelas todas as palavras desta lei, assim
que tiverem atravessado para entrar na terra que o SE-
NHOR, o seu Deus, lhes dá, terra onde há leite e mel com
fartura, como o SENHOR, o Deus dos seus antepassados,
lhes prometeu. 4E, quando tiverem atravessado o Jor-
dão, levantem essas pedras no monte Ebal, como hoje
lhes ordeno, e pintem-nas com cal. 5Construam ali um
altar ao SENHOR, o seu Deus, um altar de pedras. Não
utilizem ferramenta de ferro nas pedras. 6Façam o altar
do SENHOR, o seu Deus, com pedras brutas, e sobre ele
ofereçam holocaustos[a] ao SENHOR, o seu Deus. 7Ofere-
çam também sacrifícios de comunhão[b], e comam e ale-
grem-se na presença do SENHOR, o seu Deus. 8E nessas
pedras que levantarem, vocês escreverão com bastante
clareza todas as palavras desta lei".

As maldições proferidas do monte Ebal

9Então Moisés, tendo ao seu lado os sacerdotes le-
vitas, disse a todo o Israel: "Faça silêncio e escute, ó
Israel! Agora você se tornou o povo do SENHOR, o seu
Deus. 10Obedeça ao SENHOR, o seu Deus, e siga os seus
mandamentos e decretos que hoje lhe dou".

11No mesmo dia Moisés ordenou ao povo:

12"Quando vocês tiverem atravessado o Jordão, as
tribos que estarão no monte Gerizim para abençoar o
povo serão: Simeão, Levi, Judá, Issacar, José e Benja-
mim. 13E as tribos que estarão no monte Ebal para de-
clararem maldições serão: Rúben, Gade, Aser, Zebulom,
Dã e Naftali.

14"E os levitas recitarão a todo o povo de Israel em
alta voz:

15" 'Maldito quem esculpir uma imagem ou
fazer um ídolo fundido, obra de artesãos,
detestável ao SENHOR, e levantá-lo
secretamente'.
Todo o povo dirá: 'Amém!'

16'Maldito quem desonrar o seu pai ou a sua
mãe'.
Todo o povo dirá: 'Amém!'

17'Maldito quem mudar o marco de divisa da
propriedade do seu próximo'.
Todo o povo dirá: 'Amém!'

18'Maldito quem fizer o cego errar o caminho'.
Todo o povo dirá: 'Amém!'

19'Maldito quem negar justiça ao estrangeiro, ao
órfão ou à viúva'.
Todo o povo dirá: 'Amém!'

20'Maldito quem se deitar com a mulher do seu
pai, desonrando a cama do seu pai'.
Todo o povo dirá: 'Amém!'

21'Maldito quem tiver relações sexuais com
algum animal'.
Todo o povo dirá: 'Amém!'

22'Maldito quem se deitar com a sua irmã, filha
do seu pai ou da sua mãe'.
Todo o povo dirá: 'Amém!'

23'Maldito quem se deitar com a sua sogra'.
Todo o povo dirá: 'Amém!'

24'Maldito quem matar secretamente o seu
próximo'.
Todo o povo dirá: 'Amém!'

[a] 27:6 Isto é, sacrifícios totalmente queimados.
[b] 27:7 Ou *de paz*

25'Maldito quem aceitar pagamento para matar
um inocente'.
Todo o povo dirá: 'Amém!'
26'Maldito quem não puser em prática as
palavras desta lei'.
Todo o povo dirá: 'Amém!'

As bênçãos da obediência

28 "Se vocês obedecerem fielmente ao SENHOR, o
seu Deus, e seguirem cuidadosamente todos os
seus mandamentos que hoje lhes dou, o SENHOR, o seu
Deus, os colocará muito acima de todas as nações da ter-
ra. 2Todas estas bênçãos virão sobre vocês e os acompa-
nharão, se vocês obedecerem ao SENHOR, o seu Deus:

3"Vocês serão abençoados na cidade
e serão abençoados no campo.
4Os filhos do seu ventre
serão abençoados,
como também as colheitas da sua terra
e os bezerros e os cordeiros
dos seus rebanhos.
5A sua cesta e a sua amassadeira
serão abençoadas.
6Vocês serão abençoados
em tudo o que fizerem.

7"O SENHOR concederá que sejam derrotados diante
de vocês os inimigos que os atacarem. Virão a vocês por
um caminho, e por sete fugirão.
8"O SENHOR enviará bênçãos aos seus celeiros e a tu-
do o que as suas mãos fizerem. O SENHOR, o seu Deus,
os abençoará na terra que lhes dá.
9"O SENHOR fará de vocês o seu povo santo, conforme
prometeu sob juramento, se obedecerem aos manda-
mentos do SENHOR, o seu Deus, e andarem nos cami-
nhos dele. 10Então todos os povos da terra verão que
vocês pertencem ao SENHOR e terão medo de vocês. 11O
SENHOR lhes concederá grande prosperidade, no fruto
do seu ventre, nas crias dos seus animais e nas colhei-
tas da sua terra, nesta terra que ele jurou aos seus an-
tepassados que daria a vocês.
12"O SENHOR abrirá o céu, o depósito do seu tesou-
ro, para enviar chuva à sua terra no devido tempo e
para abençoar todo o trabalho das suas mãos. Vocês
emprestarão a muitas nações, e de nenhuma tomarão
emprestado. 13O SENHOR fará de vocês a cabeça das na-
ções, e não a cauda. Se obedecerem aos mandamentos
do SENHOR, o seu Deus, que hoje lhes dou e os seguirem
cuidadosamente, vocês estarão sempre por cima, nunca
por baixo. 14Não se desviem, nem para a direita nem pa-
ra a esquerda, de qualquer dos mandamentos que hoje
lhes dou, para seguir outros deuses e prestar-lhes culto.

As maldições da desobediência

15"Entretanto, se vocês não obedecerem ao SENHOR,
o seu Deus, e não seguirem cuidadosamente todos os
seus mandamentos e decretos que hoje lhes dou, to-
das estas maldições cairão sobre vocês e os atingirão:

16"Vocês serão amaldiçoados na cidade
e serão amaldiçoados no campo.
17A sua cesta e a sua amassadeira
serão amaldiçoadas.
18Os filhos do seu ventre
serão amaldiçoados,
como também as colheitas da sua terra,
e os bezerros e os cordeiros
dos seus rebanhos.
19Vocês serão amaldiçoados
em tudo o que fizerem.

20"O SENHOR enviará sobre vocês maldições, confu-
são e repreensão em tudo o que fizerem, até que vocês
sejam destruídos e sofram repentina ruína pelo mal
que praticaram ao se esquecerem dele[a]. 21O SENHOR os
encherá de doenças até bani-los da terra em que vocês
estão entrando para dela tomar posse. 22O SENHOR os
ferirá com doenças devastadoras, febre e inflamação,
com calor abrasador e seca, com ferrugem e mofo, que
os infestarão até que morram. 23O céu sobre a sua ca-
beça será como bronze; o chão debaixo de vocês, como
ferro. 24Na sua terra o SENHOR transformará a chuva
em cinza e pó, que descerão do céu até que vocês se-
jam destruídos.
25"O SENHOR fará que vocês sejam derrotados pelos
inimigos. Vocês irão a eles por um caminho, e por sete
fugirão, e vocês se tornarão motivo de horror para to-
dos os reinos da terra. 26Os seus cadáveres servirão de
alimento para todas as aves do céu e para os animais da
terra e não haverá quem os espante. 27O SENHOR os cas-
tigará com as úlceras do Egito e com tumores, feridas
purulentas e sarna, males dos quais vocês não poderão
curar-se. 28O SENHOR os afligirá com loucura, cegueira e
confusão mental. 29Ao meio-dia vocês ficarão tateando
às voltas, como um cego na escuridão. Vocês não serão
bem-sucedidos em nada que fizerem; dia após dia se-
rão oprimidos e roubados, sem que ninguém os salve.
30"Você ficará noivo de uma mulher, mas outro ho-
mem a possuirá. Construirá uma casa, mas não mora-
rá nela. Plantará uma vinha, mas não provará dos seus
frutos. 31O seu boi será abatido diante dos seus olhos,
mas você não comerá da sua carne. O seu jumento lhe
será tirado à força e não lhe será devolvido. As suas
ovelhas serão dadas aos inimigos, e ninguém as livrará.
32Os seus filhos e as suas filhas serão entregues a outra
nação e os seus olhos se consumirão à espera deles, dia
após dia, sem que você possa erguer uma só mão para
trazê-los de volta. 33Um povo que vocês não conhecem
comerá aquilo que a terra e o seu trabalho produzi-
rem, e vocês sofrerão opressão cruel todos os seus dias.
34Aquilo que os seus olhos virem os levará à loucura.
35O SENHOR afligirá os seus joelhos e as suas pernas com
feridas dolorosas e incuráveis, que se espalharão sobre
vocês desde a sola do pé até o alto da cabeça.
36"O SENHOR os levará, e também o rei que os gover-
nar, a uma nação que vocês e seus antepassados nunca
conheceram. Lá vocês adorarão outros deuses, deuses
de madeira e de pedra. 37Vocês serão motivo de horror
e objeto de zombaria e de riso para todas as nações pa-
ra onde o SENHOR os levar.
38"Vocês semearão muito em sua terra, mas colherão
bem pouco, porque gafanhotos devorarão quase tudo.
39Plantarão vinhas e as cultivarão, mas não beberão o
vinho nem colherão as uvas, porque os vermes as co-
merão. 40Vocês terão oliveiras em todo o país, mas vo-
cês mesmos não utilizarão o azeite, porque as azeitonas
cairão. 41Os seus filhos e filhas não ficarão com vocês,

[a] 28:20 Hebraico: *de mim.*

porque serão levados para o cativeiro. 42Enxames de gafanhotos se apoderarão de todas as suas árvores e das plantações da sua terra.

43"Os estrangeiros que vivem no meio de vocês progredirão cada vez mais, e cada vez mais vocês regredirão. 44Eles lhes emprestarão dinheiro, mas vocês não emprestarão a eles. Eles serão a cabeça, e vocês serão a cauda.

45"Todas essas maldições cairão sobre vocês. Elas os perseguirão e os alcançarão até que sejam destruídos, porque não obedeceram ao SENHOR, o seu Deus, nem guardaram os mandamentos e decretos que ele lhes deu. 46Essas maldições serão um sinal e um prodígio para vocês e para os seus descendentes para sempre. 47Uma vez que vocês não serviram com júbilo e alegria ao SENHOR, o seu Deus, na época da prosperidade, 48então, em meio à fome e à sede, em nudez e pobreza extrema, vocês servirão aos inimigos que o SENHOR enviará contra vocês. Ele porá um jugo de ferro sobre o seu pescoço, até que os tenha destruído.

49"O SENHOR trará de um lugar longínquo, dos confins da terra, uma nação que virá contra vocês como a águia em mergulho, nação cujo idioma não compreenderão, 50nação de aparência feroz, sem respeito pelos idosos nem piedade para com os moços. 51Ela devorará as crias dos seus animais e as plantações da sua terra até que vocês sejam destruídos. Ela não lhes deixará cereal, vinho, azeite, como também nenhum bezerro ou cordeiro dos seus rebanhos, até que vocês sejam arruinados. 52Ela sitiará todas as cidades da sua terra, até que caiam os altos muros fortificados em que vocês confiam. Sitiará todas as suas cidades, em toda a terra que o SENHOR, o seu Deus, lhes dá.

53"Por causa do sofrimento que o seu inimigo lhes infligirá durante o cerco, vocês comerão o fruto do seu próprio ventre, a carne dos filhos e filhas que o SENHOR, o seu Deus, lhes deu. 54Até mesmo o homem mais gentil e educado entre vocês não terá compaixão do seu irmão, da mulher que ama e dos filhos que sobreviverem, 55de modo que não dará a nenhum deles nenhum pedaço da carne dos seus filhos que estiver comendo, pois nada lhe sobrará devido aos sofrimentos que o seu inimigo lhe infligirá durante o cerco de todas as suas cidades. 56A mulher mais gentil e delicada entre vocês, tão delicada e gentil que não ousaria encostar no chão a sola do pé, será mesquinha com o marido a quem ama e com o filho e a filha, 57não lhes dando a placenta do ventre nem os filhos que gerar. Pois a intenção dela é comê-los secretamente durante o cerco e no sofrimento que o seu inimigo infligirá a vocês em suas cidades.

58"Se vocês não seguirem fielmente todas as palavras desta lei, escritas neste livro, e não temerem este nome glorioso e terrível, o SENHOR, o seu Deus, 59ele enviará pestes terríveis sobre vocês e sobre os seus descendentes, desgraças horríveis e prolongadas, doenças graves e persistentes. 60Ele trará sobre vocês todas as temíveis doenças do Egito, e vocês as contrairão. 61O SENHOR também fará vir sobre vocês todo tipo de enfermidade e desgraça não registradas neste Livro da Lei, até que sejam destruídos. 62Vocês, que no passado foram tantos quanto as estrelas do céu, ficarão reduzidos a um pequeno número, porque não obedeceram ao SENHOR, o seu Deus. 63Assim como foi agradável ao SENHOR fazê-los prosperar e aumentar em número, também lhe será agradável arruiná-los e destruí-los. Vocês serão desarraigados da terra em que estão entrando para dela tomar posse.

64"Então o SENHOR os espalhará pelas nações, de um lado ao outro da terra. Ali vocês adorarão outros deuses; deuses de madeira e de pedra, que vocês e os seus antepassados nunca conheceram. 65No meio daquelas nações vocês não encontrarão repouso, nem mesmo um lugar de descanso para a sola dos pés. Lá o SENHOR lhes dará coração desesperado, olhos exaustos de tanto esperar, e alma ansiosa. 66Vocês viverão em constante incerteza, cheios de terror, dia e noite, sem nenhuma segurança na vida. 67De manhã dirão: 'Quem me dera fosse noite!' E de noite: 'Ah, quem me dera fosse dia!', por causa do terror que lhes encherá o coração e por aquilo que os seus olhos verão. 68O SENHOR os enviará de volta ao Egito, ou em navios ou pelo caminho que eu lhes disse que nunca mais poderiam percorrer. Lá vocês serão postos à venda como escravos e escravas, mas ninguém os comprará".

A renovação da aliança

29 São estes os termos da aliança que o SENHOR ordenou que Moisés fizesse com os israelitas em Moabe, além da aliança que tinha feito com eles em Horebe.

2Moisés convocou todos os israelitas e lhes disse:

"Os seus olhos viram tudo o que o SENHOR fez no Egito ao faraó, a todos os seus oficiais e a toda a sua terra. 3Com os seus próprios olhos vocês viram aquelas grandes provas, aqueles sinais e grandes maravilhas. 4Mas até hoje o SENHOR não lhes deu mente que entenda, olhos que vejam, e ouvidos que ouçam. 5'Durante os quarenta anos em que os conduzi pelo deserto', disse ele, 'nem as suas roupas, nem as sandálias dos seus pés se gastaram. 6Vocês não comeram pão, nem beberam vinho, nem qualquer outra bebida fermentada. Fiz isso para que vocês soubessem que eu sou o SENHOR, o seu Deus.'

7"Quando vocês chegaram a este lugar, Seom, rei de Hesbom, e Ogue, rei de Basã, atacaram-nos, mas nós os derrotamos. 8Conquistamos a terra deles e a demos por herança às tribos de Rúben e de Gade e à metade da tribo de Manassés.

9"Sigam fielmente os termos desta aliança, para que vocês prosperem em tudo o que fizerem. 10Hoje todos vocês estão na presença do SENHOR, o seu Deus: os seus chefes e homens destacados, os seus líderes e oficiais, e todos os demais homens de Israel, 11juntamente com os seus filhos e as suas mulheres e os estrangeiros que vivem nos seus acampamentos cortando lenha e carregando água para vocês. 12Vocês estão aqui presentes para entrar em aliança com o SENHOR, o seu Deus, aliança que ele está fazendo com vocês hoje, selando-a sob juramento, 13para hoje confirmá-los como seu povo, para que ele seja o seu Deus, conforme lhes prometeu e jurou aos seus antepassados, Abraão, Isaque e Jacó. 14Não faço esta aliança, sob juramento, somente com vocês 15que estão aqui conosco na presença do SENHOR, o nosso Deus, mas também com aqueles que não estão aqui hoje.

16"Vocês mesmos sabem como vivemos no Egito e como passamos por várias nações até chegarmos aqui. 17Vocês viram nelas as suas imagens e os seus ídolos detestáveis, feitos de madeira, de pedra, de prata e de ouro. 18Cuidem que não haja entre vocês nenhum homem ou mulher, clã ou tribo cujo coração se afaste do SENHOR, o nosso Deus, para adorar os deuses daquelas nações, e para que não haja no meio de vocês nenhuma raiz que produza esse veneno amargo.

19"Se alguém, cujo coração se afastou do SENHOR para adorar outros deuses, ouvir as palavras deste juramento, invocar uma bênção sobre si mesmo e pensar: 'Estarei em segurança, muito embora persista em seguir o meu próprio caminho', trará desgraça tanto à terra irrigada quanto à terra seca. 20O SENHOR jamais se disporá a perdoá-lo; a sua ira e o seu zelo se acenderão contra tal pessoa. Todas as maldições escritas neste livro cairão sobre ela, e o SENHOR apagará o seu nome de debaixo do céu. 21O SENHOR a separará de todas as tribos de Israel para que sofra desgraça, de acordo com todas as maldições da aliança escrita neste Livro da Lei.

22"Os seus filhos, os seus descendentes e os estrangeiros que vierem de terras distantes verão as desgraças que terão caído sobre a terra e as doenças com que o SENHOR a terá afligido. 23A terra inteira será um deserto abrasador de sal e enxofre, no qual nada que for plantado brotará, onde nenhuma vegetação crescerá. Será como a destruição de Sodoma e Gomorra, de Admá e Zeboim, que o SENHOR destruiu com ira e furor. 24Todas as nações perguntarão: 'Por que o SENHOR fez isto a esta terra? Por que tanta ira e tanto furor?'

25"E a resposta será: 'Foi porque este povo abandonou a aliança do SENHOR, o Deus dos seus antepassados, aliança feita com eles quando os tirou do Egito. 26Eles foram adorar outros deuses e se prostraram diante deles, deuses que eles não conheciam antes, deuses que o SENHOR não lhes tinha dado. 27Por isso a ira do SENHOR acendeu-se contra esta terra, e ele trouxe sobre ela todas as maldições escritas neste livro. 28Cheio de ira, indignação e grande furor, o SENHOR os desarraigou da sua terra e os lançou numa outra terra, como hoje se vê'.

29"As coisas encobertas pertencem ao SENHOR, o nosso Deus, mas as reveladas pertencem a nós e aos nossos filhos para sempre, para que sigamos todas as palavras desta lei.

Misericórdia para quem se arrepende

30 "Quando todas essas bênçãos e maldições que coloquei diante de vocês lhes sobrevierem, e elas os atingirem onde quer que o SENHOR, o seu Deus, os dispersar entre as nações, 2e quando vocês e os seus filhos voltarem para o SENHOR, o seu Deus, e lhe obedecerem de todo o coração e de toda a alma, de acordo com tudo o que hoje lhes ordeno, 3então o SENHOR, o seu Deus, lhes trará restauração[a], terá compaixão de vocês e os reunirá novamente de todas as nações por onde os tiver espalhado. 4Mesmo que tenham sido levados para a terra mais distante debaixo do céu, de lá o SENHOR, o seu Deus, os reunirá e os trará de volta. 5Ele os trará para a terra dos seus antepassados, e vocês tomarão posse dela. Ele fará com que vocês sejam mais prósperos e mais numerosos do que os seus antepassados. 6O SENHOR, o seu Deus, dará um coração fiel a vocês[b] e aos seus descendentes, para que o amem de todo o coração e de toda a alma e vivam. 7O SENHOR, o seu Deus, enviará então todas essas maldições sobre os inimigos que os odeiam e os perseguem. 8Vocês obedecerão de novo ao SENHOR e seguirão todos os seus mandamentos que lhes dou hoje. 9Então o SENHOR, o seu Deus, abençoará o que as suas mãos fizerem, os filhos do seu ventre, a cria dos seus animais e as colheitas da sua terra. O SENHOR se alegrará novamente em vocês e os tornará prósperos, como se alegrou em seus antepassados, 10se vocês obedecerem ao SENHOR, o seu Deus, e guardarem os seus mandamentos e decretos que estão escritos neste Livro da Lei, e se vocês se voltarem para o SENHOR, o seu Deus, de todo o coração e de toda a alma.

Vida ou morte

11"O que hoje lhes estou ordenando não é difícil fazer, nem está além do seu alcance. 12Não está lá em cima no céu, de modo que vocês tenham que perguntar: "Quem subirá ao céu para trazê-lo e proclamá-lo a nós a fim de que lhe obedeçamos?" 13Nem está além do mar, de modo que vocês tenham que perguntar: "Quem atravessará o mar para trazê-lo e, voltando, proclamá-lo a nós a fim de que lhe obedeçamos?" 14Nada disso! A palavra está bem próxima de vocês; está em sua boca e em seu coração; por isso vocês poderão obedecer-lhe.

15"Vejam que hoje ponho diante de vocês vida e prosperidade, ou morte e destruição. 16Pois hoje lhes ordeno que amem o SENHOR, o seu Deus, andem nos seus caminhos e guardem os seus mandamentos, decretos e ordenanças; então vocês terão vida e aumentarão em número, e o SENHOR, o seu Deus, os abençoará na terra em que vocês estão entrando para dela tomar posse.

17"Se, todavia, o seu coração se desviar e vocês não forem obedientes, e se deixarem levar, prostrando-se diante de outros deuses para adorá-los, 18eu hoje lhes declaro que, sem dúvida, vocês serão destruídos. Vocês não viverão muito tempo na terra em que vão entrar e da qual vão tomar posse, depois de atravessarem o Jordão.

19"Hoje invoco os céus e a terra como testemunhas contra vocês, de que coloquei diante de vocês a vida e a morte, a bênção e a maldição. Agora escolham a vida, para que vocês e os seus filhos vivam, 20e para que vocês amem o SENHOR, o seu Deus, ouçam a sua voz e se apeguem firmemente a ele. Pois o SENHOR é a sua vida, e ele lhes dará muitos anos na terra que jurou dar aos seus antepassados, Abraão, Isaque e Jacó".

Josué, o sucessor de Moisés

31 Moisés disse ainda estas palavras a todo o Israel: 2"Estou com cento e vinte anos de idade e já não sou capaz de liderá-los. O SENHOR me disse: 'Você não atravessará o Jordão'. 3O SENHOR, o seu Deus, o atravessará pessoalmente à frente de vocês. Ele destruirá estas nações perante vocês, e vocês tomarão posse da terra delas. Josué também atravessará à frente de vocês, conforme o SENHOR disse. 4E o SENHOR fará com elas como fez com Seom e Ogue, os reis dos amorreus, os quais destruiu juntamente com a sua terra. 5O SENHOR as entregará a vocês, e vocês deverão fazer com elas tudo o que lhes ordenei. 6Sejam fortes e corajosos. Não tenham medo nem fiquem apavorados por causa delas, pois o SENHOR, o seu Deus, vai com vocês; nunca os deixará, nunca os abandonará".

[a] 30:3 Ou *Deus os trará de volta do exílio*
[b] 30:6 Hebraico: *circuncidará o coração de vocês.*

7Então Moisés convocou Josué e lhe disse na presença de todo o Israel: "Seja forte e corajoso, pois você irá com este povo para a terra que o SENHOR jurou aos seus antepassados que lhes daria, e você a repartirá entre eles como herança. 8O próprio SENHOR irá à sua frente e estará com você; ele nunca o deixará, nunca o abandonará. Não tenha medo! Não desanime!"

A leitura da lei

9Moisés escreveu esta lei e a deu aos sacerdotes, filhos de Levi, que transportavam a arca da aliança do SENHOR, e a todos os líderes de Israel. 10E Moisés lhes ordenou: "Ao final de cada sete anos, no ano do cancelamento das dívidas, durante a festa das cabanas[a], 11quando todo o Israel vier apresentar-se ao SENHOR, o seu Deus, no local que ele escolher, vocês lerão esta lei perante eles para que a escutem. 12Reúnam o povo, homens, mulheres e crianças, e os estrangeiros que morarem nas suas cidades, para que ouçam e aprendam a temer o SENHOR, o seu Deus, e sigam fielmente todas as palavras desta lei. 13Os seus filhos, que não conhecem esta lei, terão que ouvi-la e aprender a temer o SENHOR, o seu Deus, enquanto vocês viverem na terra da qual tomarão posse quando atravessarem o Jordão".

A predição da rebeldia de Israel

14O SENHOR disse a Moisés: "O dia da sua morte se aproxima. Chame Josué e apresentem-se na Tenda do Encontro, onde darei incumbências a ele". Então Moisés e Josué vieram e se apresentaram na Tenda do Encontro.

15Então o SENHOR apareceu na Tenda, numa coluna de nuvem, e a coluna pairou sobre a entrada da Tenda. 16E o SENHOR disse a Moisés: "Você vai descansar com os seus antepassados, e este povo logo irá prostituir-se, seguindo aos deuses estrangeiros da terra em que vão entrar. Eles se esquecerão de mim e quebrarão a aliança que fiz com eles. 17Naquele dia se acenderá a minha ira contra eles e eu me esquecerei deles; esconderei deles o meu rosto, e eles serão destruídos. Muitas desgraças e sofrimentos os atingirão, e naquele dia perguntarão: 'Será que essas desgraças não estão acontecendo conosco porque o nosso Deus não está mais conosco?' 18E com certeza esconderei deles o meu rosto naquele dia, por causa de todo o mal que praticaram, voltando-se para outros deuses.

19"Agora escrevam para vocês esta canção, ensinem-na aos israelitas e façam-nos cantá-la, para que seja uma testemunha a meu favor contra eles. 20Quando eu os tiver introduzido na terra onde há leite e mel com fartura, terra que prometi sob juramento aos seus antepassados, e quando tiverem comido à vontade e tiverem prosperado, eles se voltarão para outros deuses e os adorarão, rejeitando-me e quebrando a minha aliança. 21E, quando muitas desgraças e dificuldades lhes sobrevierem, esta canção testemunhará contra eles, porque não será esquecida pelos seus descendentes. Sei o que estão dispostos a fazer antes mesmo de levá-los para a terra que lhes prometi sob juramento". 22Então, naquele dia, Moisés escreveu esta canção e ensinou-a aos israelitas.

23O SENHOR deu esta ordem a Josué, filho de Num: "Seja forte e corajoso, pois você conduzirá os israelitas à terra que lhes prometi sob juramento, e eu mesmo estarei com você".

[a] 31:10 Ou *dos tabernáculos*; hebraico: *sucote*.

24Depois que Moisés terminou de escrever num livro as palavras desta lei do início ao fim, 25deu esta ordem aos levitas que transportavam a arca da aliança do SENHOR: 26"Coloquem este Livro da Lei ao lado da arca da aliança do SENHOR, do seu Deus, onde ficará como testemunha contra vocês. 27Pois sei quão rebeldes e obstinados vocês são. Se vocês têm sido rebeldes contra o SENHOR enquanto ainda estou vivo, quanto mais depois que eu morrer! 28Reúnam na minha presença todos os líderes das suas tribos e todos os seus oficiais, para que eu fale estas palavras de modo que ouçam, e ainda invoque os céus e a terra para testemunharem contra eles. 29Pois sei que depois da minha morte vocês com certeza se corromperão e se afastarão do caminho que lhes ordenei. Nos dias futuros a desgraça cairá sobre vocês, porque vocês farão o que o SENHOR reprova e o provocarão à ira por aquilo que as mãos de vocês terão feito".

A canção de Moisés

30E Moisés recitou as palavras desta canção, do começo ao fim, na presença de toda a assembleia de Israel:

32 "Escutem, ó céus, e eu falarei;
ouça, ó terra, as palavras da minha boca.
2Que o meu ensino caia como chuva
e as minhas palavras
desçam como orvalho,
como chuva branda sobre o pasto novo,
como garoa sobre tenras plantas.

3"Proclamarei o nome do SENHOR.
Louvem a grandeza do nosso Deus!
4Ele é a Rocha,
as suas obras são perfeitas,
e todos os seus caminhos são justos.
É Deus fiel, que não comete erros;
justo e reto ele é.

5"Seus filhos têm agido corruptamente
para com ele,
e não como filhos;
que vergonha!
São geração corrompida e depravada.[b]
6É assim que retribuem ao SENHOR,
povo insensato e ignorante?
Não é ele o Pai de vocês, o seu Criador[c],
que os fez e os formou?

7"Lembrem-se dos dias do passado;
considerem as gerações
há muito passadas.
Perguntem aos seus pais,
e estes lhes contarão,
aos seus líderes, e eles lhes explicarão.
8Quando o Altíssimo deu às nações
a sua herança,
quando dividiu toda a humanidade,
estabeleceu fronteiras para os povos
de acordo com o número
dos filhos de Israel[d].
9Pois o povo preferido do SENHOR
é este povo,
Jacó é a herança que lhe coube.

[b] 32:5 Ou *Corruptos são eles e não os seus filhos, uma geração corrompida e depravada para a sua vergonha.*
[c] 32:6 Ou *que os comprou*
[d] 32:8 Os manuscritos do mar Morto dizem *filhos de Deus*.

10"Numa terra deserta ele o encontrou,
numa região árida e de ventos uivantes.
Ele o protegeu e dele cuidou;
guardou-o como
a menina dos seus olhos,
11como a águia
que desperta a sua ninhada,
paira sobre os seus filhotes,
e depois estende as asas
para apanhá-los,
levando-os sobre elas.
12O SENHOR sozinho o levou;
nenhum deus estrangeiro o ajudou.
13Ele o fez cavalgar
nos lugares altos da terra
e o alimentou com o fruto dos campos.
Ele o nutriu com mel tirado da rocha,
e com óleo extraído
do penhasco pedregoso,
14com coalhada e leite
do gado e do rebanho,
e com cordeiros e bodes cevados;
com os melhores carneiros de Basã
e com as mais excelentes
sementes de trigo.
Você bebeu o espumoso
sangue das uvas.

15"Jesurum[a] engordou e deu pontapés;
você engordou, tornou-se pesado
e farto de comida.
Abandonou o Deus que o fez
e rejeitou a Rocha, que é o seu Salvador.
16Eles o deixaram com ciúmes
por causa dos deuses estrangeiros,
e o provocaram
com os seus ídolos abomináveis.
17Sacrificaram a demônios
que não são Deus,
a deuses que não conheceram,
a deuses que surgiram recentemente,
a deuses que os seus antepassados
não adoraram.
18Vocês abandonaram a Rocha,
que os gerou;
vocês se esqueceram do Deus
que os fez nascer.

19"O SENHOR viu isso e os rejeitou,
porque foi provocado
pelos seus filhos e suas filhas.
20'Esconderei o meu rosto deles', disse,
'e verei qual o fim que terão;
pois são geração perversa,
filhos infiéis.
21Provocaram-me os ciúmes
com aquilo que nem deus é
e irritaram-me
com seus ídolos inúteis.
Farei que tenham ciúmes
de quem não é meu povo;
eu os provocarei à ira
por meio de uma nação insensata.
22Pois um fogo foi aceso pela minha ira,
fogo que queimará
até as profundezas do Sheol[b].
Ele devorará a terra e as suas colheitas
e consumirá os alicerces dos montes.

23" 'Amontoarei desgraças sobre eles
e contra eles gastarei as minhas flechas.
24Enviarei dentes de feras,
uma fome devastadora,
uma peste avassaladora
e uma praga mortal;
enviarei contra eles
dentes de animais selvagens,
e veneno de víboras
que se arrastam no pó.
25Nas ruas a espada
os deixará sem filhos;
em seus lares reinará o terror.
Morrerão moços e moças,
crianças e homens já grisalhos.
26Eu disse que os dispersaria
e que apagaria da humanidade
a lembrança deles.
27Mas temi a provocação do inimigo,
que o adversário entendesse mal
e dissesse: "A nossa mão triunfou;
o SENHOR nada fez".'

28"É uma nação sem juízo
e sem discernimento.
29Quem dera fossem sábios
e entendessem;
e compreendessem qual será o seu fim!
30Como poderia um só homem
perseguir mil,
ou dois porem em fuga dez mil,
a não ser que a sua Rocha
os tivesse vendido,
a não ser que o SENHOR
os tivesse abandonado?
31Pois a rocha deles
não é como a nossa Rocha,
com o que até mesmo
os nossos inimigos concordam.
32A vinha deles é de Sodoma
e das lavouras de Gomorra.
Suas uvas estão cheias de veneno,
e seus cachos, de amargura.
33O vinho deles
é a peçonha das serpentes,
o veneno mortal das cobras.

34" 'Acaso não guardei isto em segredo?
Não o selei em meus tesouros?
35A mim pertence a vingança
e a retribuição.
No devido tempo
os pés deles escorregarão;
o dia da sua desgraça está chegando
e o seu próprio destino
se apressa sobre eles.'

[a] 32:15 *Jesurum* (nome poético de Israel) significa *o íntegro*; também em 33:5 e 26.

[b] 32:22 Essa palavra pode ser traduzida por sepultura, profundezas, pó ou morte.

[36]"O SENHOR defenderá o seu povo
e terá compaixão dos seus servos,
quando vir que a força deles se esvaiu
e que ninguém sobrou,
nem escravo nem livre.
[37]Ele dirá:
'Agora, onde estão os seus deuses,
a rocha em que se refugiaram,
[38]os deuses que comeram
a gordura dos seus sacrifícios
e beberam o vinho
das suas ofertas derramadas?
Que eles se levantem para ajudá-los!
Que eles lhes ofereçam abrigo!

[39]" 'Vejam agora que eu sou o único,
eu mesmo.
Não há Deus além de mim.
Faço morrer e faço viver,
feri e curarei,
e ninguém é capaz
de livrar-se da minha mão.
[40]Ergo a minha mão para os céus
e declaro:
Juro pelo meu nome que,
[41]quando eu afiar
a minha espada refulgente
e a minha mão empunhá-la para julgar,
eu me vingarei dos meus adversários
e retribuirei àqueles que me odeiam.
[42]Embeberei as minhas flechas
em sangue,
enquanto a minha espada devorar carne:
o sangue dos mortos e dos cativos,
as cabeças dos líderes inimigos'.

[43]"Cantem de alegria, ó nações,
com o povo dele,[a] [b]
pois ele vingará
o sangue dos seus servos;
retribuirá com vingança
aos seus adversários
e fará propiciação
por sua terra e por seu povo".

[44]Moisés veio com Josué[c], filho de Num, e recitou
todas as palavras dessa canção na presença do povo.
[45]Quando Moisés terminou de recitar todas essas pala-
vras a todo o Israel, [46]disse-lhes: "Guardem no coração
todas as palavras que hoje lhes declarei solenemen-
te, para que ordenem aos seus filhos que obedeçam
fielmente a todas as palavras desta lei. [47]Elas não são
palavras inúteis. São a sua vida. Por meio delas vocês
viverão muito tempo na terra da qual tomarão posse
do outro lado do Jordão".

A morte de Moisés no monte Nebo

[48]Naquele mesmo dia o SENHOR disse a Moisés:
[49]"Suba as montanhas de Abarim, até o monte Nebo,
em Moabe, em frente de Jericó, e contemple Canaã, a
terra que dou aos israelitas como propriedade. [50]Ali, na
montanha que você tiver subido, você morrerá e será
reunido aos seus antepassados, assim como o seu irmão
Arão morreu no monte Hor e foi reunido aos seus ante-
passados. [51]Assim será porque vocês dois foram infiéis
para comigo na presença dos israelitas, junto às águas
de Meribá, em Cades, no deserto de Zim, e porque vo-
cês não sustentaram a minha santidade no meio dos
israelitas. [52]Portanto, você verá a terra somente a dis-
tância, mas não entrará na terra que estou dando ao
povo de Israel".

A bênção de Moisés

33 Esta é a bênção com a qual Moisés, homem de
Deus, abençoou os israelitas antes da sua mor-
te. [2]Ele disse:

"O SENHOR veio do Sinai
e alvoreceu sobre eles desde o Seir,
resplandeceu desde o monte Parã.
Veio com miríades de santos desde o sul,
desde as encostas de suas montanhas.
[3]Certamente és tu que amas o povo;
todos os santos estão em tuas mãos.
A teus pés todos eles se prostram
e de ti recebem instrução,
[4]a lei que Moisés nos deu,
a herança da assembleia de Jacó.
[5]Ele era rei sobre Jesurum,
quando os chefes do povo se reuniam,
juntamente com as tribos de Israel.

[6]"Que Rúben viva e não morra,
mesmo sendo poucos os seus homens".

[7]E disse a respeito de Judá:

"Ouve, ó SENHOR, o grito de Judá;
traze-o para o seu povo.
Que as suas próprias mãos
sejam suficientes,
e que haja auxílio
contra os seus adversários!"

[8]A respeito de Levi disse:

"O teu Urim e o teu Tumim[d] pertencem
ao homem a quem favoreceste.
Tu o provaste em Massá[e];
disputaste com ele
junto às águas de Meribá[f].
[9]Levi disse do seu pai e da sua mãe:
'Não tenho consideração por eles'.
Não reconheceu os seus irmãos,
nem conheceu os próprios filhos,
apesar de que guardaram a tua palavra
e observaram a tua aliança.
[10]Ele ensina as tuas ordenanças a Jacó
e a tua lei a Israel.
Ele te oferece incenso
e holocaustos completos no teu altar.
[11]Abençoa todos os seus esforços,
ó SENHOR,
e aprova a obra das suas mãos.
Despedaça os lombos
dos seus adversários,

[a] 32:43 Ou *Façam o povo dele cantar de alegria, ó nações,*
[b] 32:43 Os manuscritos do mar Morto dizem *povo dele, e todos os anjos o adorem,*
[c] 32:44 Hebraico: *Oseias*, variante de *Josué*.
[d] 33:8 Objetos utilizados para se conhecer a vontade de Deus.
[e] 33:8 *Massá* significa *provação*.
[f] 33:8 *Meribá* significa *rebelião*.

dos que o odeiam,
sejam quem forem".

12A respeito de Benjamim disse:

"Que o amado do SENHOR
descanse nele em segurança,
pois ele o protege o tempo inteiro,
e aquele a quem o SENHOR ama
descansa nos seus braços".

13A respeito de José disse:

"Que o SENHOR abençoe a sua terra
com o precioso orvalho
que vem de cima, do céu,
e com as águas das profundezas;
14com o melhor que o sol amadurece
e com o melhor que a lua possa dar;
15com as dádivas mais bem escolhidas
dos montes antigos
e com a fertilidade das colinas eternas;
16com os melhores frutos da terra
e a sua plenitude,
e com o favor daquele
que apareceu na sarça ardente.
Que tudo isso repouse
sobre a cabeça de José,
sobre a fronte do escolhido
entre os seus irmãos.
17É majestoso como a primeira cria
de um touro;
seus chifres são os chifres
de um boi selvagem,
com os quais ferirá as nações
até os confins da terra.
Assim são as dezenas de milhares
de Efraim;
assim são os milhares de Manassés".

18A respeito de Zebulom disse:

"Alegre-se, Zebulom,
em suas viagens,
e você, Issacar, em suas tendas.
19Eles convocarão povos para o monte
e ali oferecerão sacrifícios de justiça;
farão um banquete
com a riqueza dos mares,
com os tesouros ocultos das praias".

20A respeito de Gade disse:

"Bendito é aquele
que amplia os domínios de Gade!
Gade fica à espreita como um leão;
despedaça um braço e também a cabeça.
21Escolheu para si o melhor;
a porção do líder lhe foi reservada.
Tornou-se o chefe do povo
e executou a justa vontade do SENHOR
e os seus juízos sobre Israel".

22A respeito de Dã disse:

"Dã é um filhote de leão,
que vem saltando desde Basã".

23A respeito de Naftali disse:

"Naftali tem fartura do favor do SENHOR
e está repleto de suas bênçãos;
suas posses estendem-se para o sul,
em direção ao mar".

24A respeito de Aser disse:

"Bendito é Aser entre os filhos;
seja ele favorecido por seus irmãos,
e banhe os seus pés no azeite!
25Sejam de ferro e bronze
as trancas das suas portas,
e dure a sua força como os seus dias.

26"Não há ninguém
como o Deus de Jesurum,
que cavalga os céus para ajudá-lo,
e cavalga as nuvens em sua majestade!
27O Deus eterno é o seu refúgio,
e para segurá-lo
estão os braços eternos.
Ele expulsará os inimigos
da sua presença,
dizendo: 'Destrua-os!'
28Somente Israel viverá em segurança;
a fonte de Jacó está segura
numa terra de trigo e de vinho novo,
onde os céus gotejam orvalho.
29Como você é feliz, Israel!
Quem é como você,
povo salvo pelo SENHOR?
Ele é o seu abrigo, o seu ajudador
e a sua espada gloriosa.
Os seus inimigos se encolherão
diante de você,
mas você pisará as suas colinas".

A morte de Moisés

34 Então, das campinas de Moabe Moisés subiu ao
monte Nebo, ao topo do Pisga, em frente de Je-
ricó. Ali o SENHOR lhe mostrou a terra toda: de Gileade
a Dã, 2toda a região de Naftali, o território de Efraim e
Manassés, toda a terra de Judá até o mar ocidental[a], 3o
Neguebe e toda a região que vai do vale de Jericó, a cida-
de das Palmeiras, até Zoar. 4E o SENHOR lhe disse: "Esta
é a terra que prometi sob juramento a Abraão, a Isaque
e a Jacó, quando lhes disse: Eu a darei a seus descen-
dentes. Permiti que você a visse com os seus próprios
olhos, mas você não atravessará o rio, não entrará nela".
5Moisés, o servo do SENHOR, morreu ali, em Moa-
be, como o SENHOR dissera. 6Ele o sepultou[b] em Moa-
be, no vale que fica diante de Bete-Peor, mas até hoje
ninguém sabe onde está localizado seu túmulo. 7Moi-
sés tinha cento e vinte anos de idade quando morreu;
todavia, nem os seus olhos nem o seu vigor tinham se
enfraquecido. 8Os israelitas choraram Moisés nas cam-
pinas de Moabe durante trinta dias, até passar o perío-
do de pranto e luto.
9Ora, Josué, filho de Num, estava cheio do Espíri-
to[c] de sabedoria, porque Moisés tinha imposto as suas
mãos sobre ele. De modo que os israelitas lhe

[a] 34:2 Isto é, o mar Mediterrâneo.
[b] 34:6 Ou *Ele foi sepultado*
[c] 34:9 Ou *cheio de sabedoria*

obedeceram e fizeram o que o SENHOR tinha ordena-
do a Moisés.
10Em Israel nunca mais se levantou profeta como
Moisés, a quem o SENHOR conheceu face a face, 11e que
fez todos aqueles sinais e maravilhas que o SENHOR o
tinha enviado para fazer no Egito, contra o faraó, con-
tra todos os seus servos e contra toda a sua terra. 12Pois
ninguém jamais mostrou tamanho poder como Moisés
nem executou os feitos temíveis que Moisés realizou
aos olhos de todo o Israel.

JOSUÉ

Palavra do SENHOR a Josué

1 Depois da morte de Moisés, servo do SENHOR, disse o SENHOR a Josué, filho de Num, auxiliar de Moisés: 2"Meu servo Moisés está morto. Agora, pois, você e todo este povo preparem-se para atravessar o rio Jordão e entrar na terra que eu estou para dar aos israelitas. 3Como prometi a Moisés, todo lugar onde puserem os pés eu darei a vocês. 4Seu território se estenderá do deserto ao Líbano[a], e do grande rio, o Eufrates, toda a terra dos hititas, até o mar Grande[b], no oeste. 5Ninguém conseguirá resistir a você todos os dias da sua vida. Assim como estive com Moisés, estarei com você; nunca o deixarei, nunca o abandonarei.

6"Seja forte e corajoso, porque você conduzirá este povo para herdar a terra que prometi sob juramento aos seus antepassados. 7Somente seja forte e muito corajoso! Tenha o cuidado de obedecer a toda a lei que o meu servo Moisés lhe ordenou; não se desvie dela, nem para a direita nem para a esquerda, para que você seja bem-sucedido por onde quer que andar. 8Não deixe de falar as palavras deste Livro da Lei e de meditar nelas de dia e de noite, para que você cumpra fielmente tudo o que nele está escrito. Só então os seus caminhos prosperarão e você será bem-sucedido. 9Não fui eu que lhe ordenei? Seja forte e corajoso! Não se apavore, nem desanime, pois o SENHOR, o seu Deus, estará com você por onde você andar".

Os preparativos para a conquista da terra

10Assim Josué ordenou aos oficiais do povo: 11"Percorram o acampamento e ordenem ao povo que prepare as provisões. Daqui a três dias vocês atravessarão o Jordão neste ponto, para entrar e tomar posse da terra que o SENHOR, o seu Deus, lhes dá".

12Mas às tribos de Rúben, de Gade e à metade da tribo de Manassés Josué disse: 13"Lembrem-se da ordem que Moisés, servo do SENHOR, deu a vocês, quando o SENHOR, o seu Deus, lhes prometeu descanso e dar-lhes esta terra: 14'As suas mulheres, os seus filhos e os seus rebanhos poderão ficar na terra que Moisés lhes deu a leste do Jordão, mas todos os homens de guerra, preparados para lutar, atravessarão à frente dos seus irmãos israelitas'. Vocês os ajudarão 15até que o SENHOR conceda um lugar de descanso para eles, como deu a vocês, e até que eles também tenham tomado posse da terra que o SENHOR, o seu Deus, lhes dá. Depois disso vocês poderão voltar e ocupar a sua própria terra, que Moisés, servo do SENHOR, lhes deu a leste do Jordão, na direção do nascer do sol".

16Então eles responderam a Josué: "Tudo o que você nos ordenar faremos, e aonde quer que nos enviar iremos. 17Assim como obedecemos totalmente a Moisés, também obedeceremos a você. Somente que o SENHOR, o seu Deus, seja com você, como foi com Moisés. 18Todo aquele que se rebelar contra as suas instruções e não obedecer às suas ordens, seja o que for que você lhe ordenar, será morto. Somente seja forte e corajoso!"

[a] 1:4 Hebraico: *a este Líbano*. Provavelmente montanhas do Líbano.
[b] 1:4 Isto é, o mar Mediterrâneo; também em 9:1; 15:12,47 e 23:4.

Raabe e os espiões

2 Então Josué, filho de Num, enviou secretamente de Sitim dois espiões e lhes disse: "Vão examinar a terra, especialmente Jericó". Eles foram e entraram na casa de uma prostituta chamada Raabe, e ali passaram a noite.

2Todavia, o rei de Jericó foi avisado: "Alguns israelitas vieram aqui esta noite para espionar a terra". 3Diante disso, o rei de Jericó enviou esta mensagem a Raabe: "Mande embora os homens que entraram em sua casa, pois vieram espionar a terra toda".

4Mas a mulher que tinha escondido os dois homens respondeu: "É verdade que os homens vieram a mim, mas eu não sabia de onde tinham vindo. 5Ao anoitecer, na hora de fechar a porta da cidade, eles partiram. Não sei por onde foram. Corram atrás deles. Talvez os alcancem". 6Ela, porém, os tinha levado para o terraço e os tinha escondido sob os talos de linho que havia arrumado lá.

7Os perseguidores partiram atrás deles pelo caminho que vai para o lugar de passagem do Jordão. E logo que saíram, a porta foi trancada.

8Antes de os espiões se deitarem, Raabe subiu ao terraço 9e lhes disse: "Sei que o SENHOR lhes deu esta terra. Vocês nos causaram um medo terrível, e todos os habitantes desta terra estão apavorados por causa de vocês. 10Pois temos ouvido como o SENHOR secou as águas do mar Vermelho perante vocês quando saíram do Egito, e o que vocês fizeram a leste do Jordão com Seom e Ogue, os dois reis amorreus que vocês aniquilaram. 11Quando soubemos disso, o povo desanimou-se completamente, e por causa de vocês todos perderam a coragem, pois o SENHOR, o seu Deus, é Deus em cima nos céus e embaixo na terra. 12Jurem-me pelo SENHOR que, assim como eu fui bondosa com vocês, vocês também serão bondosos com a minha família. Deem-me um sinal seguro 13de que pouparão a vida de meu pai e de minha mãe, de meus irmãos e de minhas irmãs, e de tudo o que lhes pertence. Livrem-nos da morte".

14"A nossa vida pela de vocês!", os homens lhe garantiram. "Se você não contar o que estamos fazendo, nós a trataremos com bondade e fidelidade quando o SENHOR nos der a terra."

15Então Raabe os ajudou a descer pela janela com uma corda, pois a casa em que morava fazia parte do muro da cidade, 16e lhes disse: "Vão para aquela montanha, para que os perseguidores não os encontrem. Escondam-se lá por três dias, até que eles voltem; depois poderão seguir o seu caminho".

17Os homens lhe disseram: "Estaremos livres do juramento que você nos levou a fazer 18se, quando entrarmos na terra, você não tiver amarrado este cordão vermelho na janela pela qual nos ajudou a descer, e se não tiver trazido para a sua casa o seu pai e a sua mãe, os seus irmãos e toda a sua família. 19Qualquer pessoa que sair da casa será responsável por sua própria morte; nós seremos inocentes. Mas, seremos responsáveis pela morte de quem estiver na casa com você, caso alguém toque nessa pessoa. 20E se você contar o que estamos fazendo, estaremos livres do juramento que você nos levou a fazer".

21"Seja como vocês disseram", respondeu Raabe. Assim ela os despediu, e eles partiram. Depois ela amarrou o cordão vermelho na janela.

22Quando partiram, foram para a montanha e ali ficaram três dias, até que os seus perseguidores regressassem. Estes os procuraram ao longo de todo o caminho e não os acharam. 23Por fim os dois homens voltaram; desceram a montanha, atravessaram o rio e chegaram a Josué, filho de Num, e lhe contaram tudo o que lhes havia acontecido. 24E disseram a Josué: "Sem dúvida o SENHOR entregou a terra toda em nossas mãos; todos estão apavorados por nossa causa".

A travessia do Jordão

3 De manhã bem cedo Josué e todos os israelitas partiram de Sitim e foram para o Jordão, onde acamparam antes de atravessar o rio. 2Três dias depois, os oficiais percorreram o acampamento, 3e deram esta ordem ao povo: "Quando virem a arca da aliança do SENHOR, o seu Deus, e os sacerdotes levitas[a] carregando a arca, saiam das suas posições e sigam-na. 4Mas mantenham a distância de cerca de novecentos metros[b] entre vocês e a arca; não se aproximem! Desse modo saberão que caminho seguir, pois vocês nunca passaram por lá".

5Josué ordenou ao povo: "Santifiquem-se, pois amanhã o SENHOR fará maravilhas entre vocês".

6E disse aos sacerdotes: "Levantem a arca da aliança e passem à frente do povo". Eles a levantaram e foram na frente.

7E o SENHOR disse a Josué: "Hoje começarei a exaltá-lo à vista de todo o Israel, para que saibam que estarei com você como estive com Moisés. 8Portanto, você é quem dará a seguinte ordem aos sacerdotes que carregam a arca da aliança: Quando chegarem às margens das águas do Jordão, parem junto ao rio".

9Então Josué disse aos israelitas: "Venham ouvir as palavras do SENHOR, o seu Deus. 10Assim saberão que o Deus vivo está no meio de vocês e que certamente expulsará de diante de vocês os cananeus, os hititas, os heveus, os ferezeus, os girgaseus, os amorreus e os jebuseus. 11Vejam, a arca da aliança do Soberano de toda a terra atravessará o Jordão à frente de vocês. 12Agora, escolham doze israelitas, um de cada tribo. 13Quando os sacerdotes que carregam a arca do SENHOR, o Soberano de toda a terra, puserem os pés no Jordão, a correnteza será represada e as águas formarão uma muralha".

14Quando, pois, o povo desmontou o acampamento para atravessar o Jordão, os sacerdotes que carregavam a arca da aliança foram adiante. 15(O Jordão transborda em ambas as margens na época da colheita.) Assim que os sacerdotes que carregavam a arca da aliança chegaram ao Jordão e seus pés tocaram as águas, 16a correnteza que descia parou de correr e formou uma muralha a grande distância, perto de uma cidade chamada Adã, nas proximidades de Faretã; e as águas que desciam para o mar da Arabá, o mar Salgado[c], escoaram totalmente. E assim o povo atravessou o rio em frente de Jericó. 17Os sacerdotes que carregavam a arca da aliança do SENHOR ficaram parados em terra seca no meio do Jordão, enquanto todo o Israel passava, até que toda a nação o atravessou pisando em terra seca.

O memorial das doze pedras

4 Quando toda a nação terminou de atravessar o Jordão, o SENHOR disse a Josué: 2"Escolha doze homens dentre o povo, um de cada tribo, 3e mande que apanhem doze pedras do meio do Jordão, do lugar onde os sacerdotes ficaram parados. Levem-nas com vocês para o local onde forem passar a noite".

4Josué convocou os doze homens que escolhera dentre os israelitas, um de cada tribo, 5e lhes disse: "Passem adiante da arca do SENHOR, o seu Deus, até o meio do Jordão. Ponha cada um de vocês uma pedra nos ombros, conforme o número das tribos dos israelitas. 6Elas servirão de sinal para vocês. No futuro, quando os seus filhos lhes perguntarem: 'Que significam essas pedras?', 7respondam que as águas do Jordão foram interrompidas diante da arca da aliança do SENHOR. Quando a arca atravessou o Jordão, as águas foram interrompidas. Essas pedras serão um memorial perpétuo para o povo de Israel".

8Os israelitas fizeram como Josué lhes havia ordenado. Apanharam doze pedras do meio do Jordão, conforme o número das tribos de Israel, como o SENHOR tinha ordenado a Josué; e as levaram ao acampamento, onde as deixaram. 9Josué ergueu também doze pedras no meio[d] do Jordão, no local onde os sacerdotes que carregavam a arca da aliança tinham ficado. E elas estão lá até hoje.

10Os sacerdotes que carregavam a arca permaneceram em pé no meio do Jordão até que o povo fez tudo o que o SENHOR ordenara a Josué, por meio de Moisés. E o povo atravessou apressadamente. 11Quando todos tinham acabado de atravessar, a arca do SENHOR e os sacerdotes passaram para o outro lado, diante do povo. 12Os homens das tribos de Rúben, de Gade e da metade da tribo de Manassés atravessaram preparados para lutar, à frente dos israelitas, como Moisés os tinha orientado. 13Cerca de quarenta mil homens preparados para a guerra passaram perante o SENHOR, rumo à planície de Jericó.

14Naquele dia o SENHOR exaltou Josué à vista de todo o Israel; e eles o respeitaram enquanto viveu, como tinham respeitado Moisés.

15Então o SENHOR disse a Josué: 16"Ordene aos sacerdotes que carregam a arca da aliança[e] que saiam do Jordão".

17E Josué lhes ordenou que saíssem.

18Quando os sacerdotes que carregavam a arca da aliança do SENHOR saíram do Jordão, mal tinham posto os pés em terra seca, as águas do Jordão voltaram ao seu lugar, e cobriram como antes as suas margens.

19No décimo dia do primeiro mês o povo subiu do Jordão e acampou em Gilgal, na fronteira leste de Jericó. 20E em Gilgal Josué ergueu as doze pedras tiradas do Jordão. 21Disse ele aos israelitas: "No futuro, quando os filhos perguntarem aos seus pais: 'Que significam essas pedras?', 22expliquem a eles: Aqui Israel atravessou o Jordão em terra seca. 23Pois o SENHOR, o seu Deus,

[a] 3:3 Alguns manuscritos do Texto Massorético e as Versões Grega, Siríaca e Aramaica dizem *e os levitas*.

[b] 3:4 Hebraico: *cerca de 2.000 côvados*. O côvado era uma medida linear de cerca de 45 centímetros.

[c] 3:16 Isto é, o mar Morto; também em 12:3; 15:2,5 e 18:19.

[d] 4:9 Ou *ergueu as doze pedras que haviam estado no meio*

[e] 4:16 Hebraico: *do Testemunho*. Isto é, das tábuas da aliança.

secou o Jordão perante vocês até que o tivessem atravessado. O SENHOR, o seu Deus, fez com o Jordão como fizera com o mar Vermelho, quando o secou diante de nós até que o tivéssemos atravessado. [24]Ele assim fez para que todos os povos da terra saibam que a mão do SENHOR é poderosa e para que vocês sempre temam o SENHOR, o seu Deus".

A circuncisão dos israelitas em Gilgal

5 Todos os reis amorreus que habitavam a oeste do Jordão e todos os reis cananeus que viviam ao longo do litoral souberam como o SENHOR tinha secado o Jordão diante dos israelitas até que tivéssemos atravessado. Por isso, desanimaram-se e perderam a coragem de enfrentar os israelitas.

[2]Naquela ocasião o SENHOR disse a Josué: "Faça facas de pedra e circuncide os israelitas". [3]Josué fez facas de pedra e circuncidou os israelitas em Gibeate-Aralote[a].

[4]Ele fez isso porque todos os homens aptos para a guerra morreram no deserto depois de terem saído do Egito. [5]Todos os que saíram haviam sido circuncidados, mas todos os que nasceram no deserto, no caminho, depois da saída do Egito, não passaram pela circuncisão. [6]Os israelitas andaram quarenta anos pelo deserto, até que todos os guerreiros que tinham saído do Egito morressem, visto que não tinham obedecido ao SENHOR. Pois o SENHOR lhes havia jurado que não veriam a terra que prometera aos seus antepassados que nos daria, terra onde há leite e mel com fartura. [7]Assim, em lugar deles colocou os seus filhos, e estes foram os que Josué circuncidou. Ainda estavam incircuncisos porque não tinham sido circuncidados durante a viagem. [8]E, depois que a nação inteira foi circuncidada, eles ficaram onde estavam, no acampamento, até se recuperarem.

[9]Então o SENHOR disse a Josué: "Hoje removi de vocês a humilhação sofrida no Egito". Por isso até hoje o lugar se chama Gilgal.

[10]Na tarde do décimo quarto dia do mês, enquanto estavam acampados em Gilgal, na planície de Jericó, os israelitas celebraram a Páscoa. [11]No dia seguinte ao da Páscoa, nesse mesmo dia, eles comeram pães sem fermento e grãos de trigo tostados, produtos daquela terra. [12]Um dia depois de comerem do produto da terra, o maná cessou. Já não havia maná para os israelitas, e naquele mesmo ano eles comeram do fruto da terra de Canaã.

A queda de Jericó

[13]Estando Josué já perto de Jericó, olhou para cima e viu um homem em pé, empunhando uma espada. Aproximou-se dele e perguntou-lhe: "Você é por nós, ou por nossos inimigos?"

[14]"Nem uma coisa nem outra", respondeu ele. "Venho na qualidade de comandante do exército do SENHOR." Então Josué prostrou-se com o rosto em terra, em sinal de respeito, e lhe perguntou: "Que mensagem o meu senhor tem para o seu servo?"

[15]O comandante do exército do SENHOR respondeu: "Tire as sandálias dos pés, pois o lugar em que você está é santo". E Josué as tirou.

6 Jericó estava completamente fechada por causa dos israelitas. Ninguém saía nem entrava.

[2]Então o SENHOR disse a Josué: "Saiba que entreguei nas suas mãos Jericó, seu rei e seus homens de guerra. [3]Marche uma vez ao redor da cidade, com todos os homens armados. Faça isso durante seis dias. [4]Sete sacerdotes levarão cada um uma trombeta de chifre de carneiro à frente da arca. No sétimo dia, marchem todos sete vezes ao redor da cidade, e os sacerdotes toquem as trombetas. [5]Quando as trombetas soarem um longo toque, todo o povo dará um forte grito; o muro da cidade cairá e o povo atacará, cada um do lugar onde estiver".

[6]Josué, filho de Num, chamou os sacerdotes e lhes disse: "Levem a arca da aliança do SENHOR. Sete de vocês levarão trombetas à frente da arca". [7]E ordenou ao povo: "Avancem! Marchem ao redor da cidade! Os soldados armados irão à frente da arca do SENHOR".

[8]Quando Josué terminou de falar ao povo, os sete sacerdotes que levavam suas trombetas perante o SENHOR saíram à frente, tocando as trombetas. E a arca da aliança do SENHOR ia atrás deles. [9]Os soldados armados marchavam à frente dos sacerdotes que tocavam as trombetas, e o restante dos soldados seguia a arca. Durante todo esse tempo tocavam-se as trombetas. [10]Mas, Josué tinha ordenado ao povo: "Não deem o brado de guerra, não levantem a voz, não digam palavra alguma, até o dia em que eu lhes ordenar. Então vocês gritarão!" [11]Assim se fez a arca do SENHOR rodear a cidade, dando uma volta em torno dela. Então o povo voltou para o acampamento, onde passou a noite.

[12]Josué levantou-se na manhã seguinte, e os sacerdotes levaram a arca do SENHOR. [13]Os sete sacerdotes que levavam as trombetas iam adiante da arca do SENHOR, tocando as trombetas. Os homens armados iam à frente deles, e o restante dos soldados seguia a arca do SENHOR, enquanto as trombetas tocavam continuamente. [14]No segundo dia também rodearam a cidade uma vez, e voltaram ao acampamento. E durante seis dias repetiram aquela ação.

[15]No sétimo dia, levantaram-se ao romper da manhã e marcharam da mesma maneira sete vezes ao redor da cidade; foi apenas nesse dia que rodearam a cidade sete vezes. [16]Na sétima vez, quando os sacerdotes deram o toque de trombeta, Josué ordenou ao povo: "Gritem! O SENHOR lhes entregou a cidade! [17]A cidade, com tudo o que nela existe, será consagrada ao SENHOR para destruição. Somente a prostituta Raabe e todos os que estão com ela em sua casa serão poupados, pois ela escondeu os espiões que enviamos. [18]Mas fiquem longe das coisas consagradas, não se apossem de nenhuma delas, para que não sejam destruídos. Do contrário trarão destruição e desgraça ao acampamento de Israel. [19]Toda a prata, todo o ouro e todos os utensílios de bronze e de ferro são sagrados e pertencem ao SENHOR e deverão ser levados para o seu tesouro".

[20]Quando soaram as trombetas o povo gritou. Ao som das trombetas e do forte grito, o muro caiu. Cada um atacou do lugar onde estava, e tomaram a cidade. [21]Consagraram a cidade ao SENHOR, destruindo ao fio da espada homens, mulheres, jovens, velhos, bois, ovelhas e jumentos; todos os seres vivos que nela havia.

[22]Josué disse aos dois homens que tinham espionado a terra: "Entrem na casa da prostituta e tirem-na de lá com todos os seus parentes, conforme o juramento que fizeram a ela". [23]Então os jovens que tinham espionado

[a] 5:3 *Gibeate-Aralote* significa *colina dos prepúcios*.

a terra entraram e trouxeram Raabe, seu pai, sua mãe,
seus irmãos e todos os seus parentes. Tiraram de lá to-
dos os da sua família e os deixaram num local fora do
acampamento de Israel.
24Depois incendiaram a cidade inteira e tudo o que
nela havia, mas entregaram a prata, o ouro e os uten-
sílios de bronze e de ferro ao tesouro do santuário do
SENHOR. 25E Josué poupou a prostituta Raabe, a sua fa-
mília, e todos os seus pertences, pois ela escondeu os
homens que Josué tinha enviado a Jericó como espiões.
E Raabe vive entre os israelitas até hoje.
26Naquela ocasião Josué pronunciou este juramento
solene: "Maldito seja diante do SENHOR o homem que
reconstruir a cidade de Jericó:

"Ao preço de seu filho mais velho
lançará os alicerces da cidade;
ao preço de seu filho mais novo
porá suas portas!"

27Assim o SENHOR esteve com Josué, cuja fama es-
palhou-se por toda a região.

O pecado de Acã e suas consequências

7Mas os israelitas foram infiéis com relação às coisas
consagradas. Acã, filho de Carmi, filho de Zinri[a], filho
de Zerá, da tribo de Judá, apossou-se de algumas delas.
E a ira do SENHOR acendeu-se contra Israel.
2Sucedeu que Josué enviou homens de Jericó a Ai,
que fica perto de Bete-Áven, a leste de Betel, e orde-
nou-lhes: "Subam e espionem a região". Os homens su-
biram e espionaram Ai.
3Quando voltaram a Josué, disseram: "Não é preciso
que todos avancem contra Ai. Envie uns dois ou três mil
homens para atacá-la. Não canse todo o exército, pois
eles são poucos". 4Por isso cerca de três mil homens
atacaram a cidade; mas os homens de Ai os puseram
em fuga, 5chegando a matar trinta e seis deles. Eles
perseguiram os israelitas desde a porta da cidade até
Sebarim[b], e os feriram na descida. Diante disso o povo
desanimou-se completamente.
6Então Josué, com as autoridades de Israel, rasgou
as vestes, prostrou-se com o rosto em terra, diante da
arca do SENHOR, cobrindo de terra a cabeça, e ali per-
maneceu até a tarde. 7Disse então Josué: "Ah, Soberano
SENHOR, por que fizeste este povo atravessar o Jordão?
Foi para nos entregar nas mãos dos amorreus e nos
destruir? Antes nos contentássemos em continuar no
outro lado do Jordão! 8Que poderei dizer, Senhor, agora
que Israel foi derrotado por seus inimigos? 9Os cana-
neus e os demais habitantes desta terra saberão disso,
nos cercarão e eliminarão o nosso nome da terra. Que
farás, então, pelo teu grande nome?"
10O SENHOR disse a Josué: "Levante-se! Por que você
está aí prostrado? 11Israel pecou. Violou a aliança que
eu lhe ordenei. Apossou-se de coisas consagradas, rou-
bou-as, escondeu-as e as colocou junto de seus bens.
12Por isso os israelitas não conseguem resistir aos ini-
migos; fogem deles porque se tornaram merecedores
da sua destruição. Não estarei mais com vocês, se não
destruírem do meio de vocês o que foi consagrado à
destruição.
13"Vá, santifique o povo! Diga-lhes: Santifiquem-se
para amanhã, pois assim diz o SENHOR, o Deus de Israel:
Há coisas consagradas à destruição no meio de vocês, ó
Israel. Vocês não conseguirão resistir aos seus inimigos
enquanto não as retirarem.
14"Apresentem-se de manhã, uma tribo de cada vez.
A tribo que o SENHOR escolher virá à frente, um clã de
cada vez; o clã que o SENHOR escolher virá à frente, uma
família de cada vez; e a família que o SENHOR escolher
virá à frente, um homem de cada vez. 15Aquele que for
pego com as coisas consagradas será queimado no fo-
go com tudo o que lhe pertence. Violou a aliança do
SENHOR e cometeu loucura em Israel!"
16Na manhã seguinte Josué mandou os israelitas vi-
rem à frente segundo as suas tribos, e a de Judá foi a
escolhida. 17Os clãs de Judá vieram à frente, e ele esco-
lheu os zeraítas. Fez o clã dos zeraítas vir à frente, fa-
mília por família, e o escolhido foi Zinri. 18Josué fez a
família de Zinri vir à frente, homem por homem, e Acã,
filho de Carmi, filho de Zinri, filho de Zerá, da tribo de
Judá, foi o escolhido.
19Então Josué disse a Acã: "Meu filho, para a glória
do SENHOR, o Deus de Israel, diga a verdade. Conte-me
o que você fez; não me esconda nada".
20Acã respondeu: "É verdade que pequei contra
o SENHOR, o Deus de Israel. O que fiz foi o seguinte:
21quando vi entre os despojos uma bela capa feita na
Babilônia[c], dois quilos e quatrocentos gramas de prata
e uma barra de ouro de seiscentos gramas[d], eu os co-
bicei e me apossei deles. Estão escondidos no chão da
minha tenda, com a prata por baixo".
22Josué enviou alguns homens que correram à tenda
de Acã; lá estavam escondidas as coisas, com a prata por
baixo. 23Retiraram-nas da tenda e as levaram a Josué e
a todos os israelitas, e as puseram perante o SENHOR.
24Então Josué, junto com todo o Israel, levou Acã,
bisneto de Zerá, e a prata, a capa, a barra de ouro, seus
filhos e filhas, seus bois, seus jumentos, suas ovelhas,
sua tenda e tudo o que lhe pertencia, ao vale de Acor.
25Disse Josué: "Por que você nos causou esta desgraça?
Hoje o SENHOR lhe causará desgraça[e]". E todo o Israel o
apedrejou, e depois apedrejou também os seus, e quei-
mou tudo e todos eles no fogo. 26Sobre Acã ergueram
um grande monte de pedras, que existe até hoje. En-
tão o SENHOR se afastou do fogo da sua ira. Por isso foi
dado àquele lugar o nome de vale de Acor, nome que
permanece até hoje.

A destruição de Ai

8E disse o SENHOR a Josué: "Não tenha medo! Não
desanime! Leve todo o exército com você e avance
contra Ai. Eu entreguei nas suas mãos o rei de Ai, seu
povo, sua cidade e sua terra. 2Você fará com Ai e seu rei
o que fez com Jericó e seu rei; e desta vez vocês pode-
rão se apossar dos despojos e dos animais. Prepare uma
emboscada atrás da cidade".
3Então Josué e todo o exército se prepararam para
atacar a cidade de Ai. Ele escolheu trinta mil dos seus
melhores homens de guerra e os enviou de noite 4com

[a] 7:1 Alguns manuscritos dizem *Zabdi*; também nos versículos 17 e 18. Veja 1Cr 2:6.
[b] 7:5 Ou *as pedreiras*
[c] 7:21 Hebraico: *capa de Sinear*.
[d] 7:21 Hebraico: *200 siclos de prata e 50 siclos de ouro*. Um siclo equivalia a 12 gramas.
[e] 7:25 O termo aqui traduzido por *desgraça* está relacionado no hebraico com os nomes *Acã e Acor*.

a seguinte ordem: "Atenção! Preparem uma emboscada atrás da cidade, e não se afastem muito dela. Fiquem todos alerta. [5]Eu e todos os que estiverem comigo nos aproximaremos da cidade. Quando os homens nos atacarem como fizeram antes, fugiremos deles. [6]Eles nos perseguirão até que os tenhamos atraído para longe da cidade, pois dirão: 'Estão fugindo de nós como fizeram antes'. Quando estivermos fugindo, [7]vocês sairão da emboscada e tomarão a cidade. O SENHOR, o seu Deus, a entregará em suas mãos. [8]Depois que tomarem a cidade, vocês a incendiarão. Façam o que o SENHOR ordenou. Atentem bem para as minhas instruções".

[9]Então Josué os enviou. Eles foram e ficaram de emboscada entre Betel e Ai, a oeste de Ai. Josué, porém, passou aquela noite com o povo.

[10]Na manhã seguinte Josué passou em revista os homens, e ele e os líderes de Israel partiram à frente deles para atacar a cidade. [11]Todos os homens de guerra que estavam com ele avançaram, aproximaram-se da cidade pela frente e armaram acampamento ao norte de Ai, onde o vale os separava da cidade. [12]Josué pôs de emboscada cerca de cinco mil homens entre Betel e Ai, a oeste da cidade. [13]Os que estavam no acampamento ao norte da cidade, e os que estavam na emboscada a oeste, tomaram posição. Naquela noite Josué foi ao vale.

[14]Quando o rei de Ai viu isso, ele e todos os homens da cidade se apressaram, levantaram-se logo cedo e saíram para enfrentar Israel no campo de batalha, no local de onde se avista a Arabá. Ele não sabia da emboscada armada contra ele atrás da cidade. [15]Josué e todo o Israel deixaram-se perseguir por eles e fugiram para o deserto. [16]Todos os homens de Ai foram chamados para persegui-los. Eles perseguiram Josué e foram atraídos para longe da cidade. [17]Nem um só homem ficou em Ai e em Betel; todos foram atrás de Israel. Deixaram a cidade aberta e saíram em perseguição de Israel.

[18]Disse então o SENHOR a Josué: "Estende a lança que você tem na mão na direção de Ai, pois nas suas mãos entregarei a cidade". Josué estendeu a lança na direção de Ai, [19]e assim que o fez, os homens da emboscada saíram correndo da sua posição, entraram na cidade, tomaram-na e depressa a incendiaram.

[20]Quando os homens de Ai olharam para trás e viram a fumaça da cidade subindo ao céu, não tinham para onde escapar, pois os israelitas que fugiam para o deserto se voltaram contra os seus perseguidores. [21]Vendo Josué e todo o Israel que os homens da emboscada tinham tomado a cidade e que desta subia fumaça, deram meia-volta e atacaram os homens de Ai. [22]Os outros israelitas também saíram da cidade para lutar contra eles, de modo que foram cercados, tendo os israelitas dos dois lados. Então os israelitas os mataram, sem deixar sobreviventes nem fugitivos, [23]mas prenderam vivo o rei de Ai e o levaram a Josué.

[24]Israel terminou de matar os habitantes de Ai no campo e no deserto, onde os tinha perseguido; eles morreram ao fio da espada. Depois disso, todos os israelitas voltaram à cidade de Ai e mataram os que lá haviam ficado. [25]Doze mil homens e mulheres caíram mortos naquele dia. Era toda a população de Ai. [26]Pois Josué não recuou a lança até exterminar todos os habitantes de Ai. [27]Mas Israel se apossou dos animais e dos despojos daquela cidade, conforme a ordem que o SENHOR tinha dado a Josué.

[28]Assim Josué incendiou Ai e fez dela um perpétuo monte de ruínas, um lugar abandonado até hoje. [29]Enforcou o rei de Ai numa árvore e ali o deixou até a tarde. Ao pôr do sol Josué ordenou que tirassem o corpo da árvore e que o atirassem à entrada da cidade. E sobre ele ergueram um grande monte de pedras, que perdura até hoje.

A renovação da aliança no monte Ebal

[30]Então Josué construiu no monte Ebal um altar ao SENHOR, o Deus de Israel, [31]conforme Moisés, servo do SENHOR, tinha ordenado aos israelitas. Ele o construiu de acordo com o que está escrito no Livro da Lei de Moisés: um altar de pedras não lavradas, nas quais não se usou ferramenta de ferro. Sobre ele ofereceram ao SENHOR holocaustos[a] e sacrifícios de comunhão[b]. [32]Ali, na presença dos israelitas, Josué copiou nas pedras a Lei que Moisés havia escrito. [33]Todo o Israel, estrangeiros e naturais da terra, com os seus líderes, os seus oficiais e os seus juízes, estavam em pé dos dois lados da arca da aliança do SENHOR, diante dos sacerdotes levitas, que a carregavam. Metade do povo estava em pé, defronte do monte Gerizim, e metade, defronte do monte Ebal. Tudo conforme Moisés, servo do SENHOR, tinha ordenado anteriormente, para que o povo de Israel fosse abençoado.

[34]Em seguida Josué leu todas as palavras da lei, a bênção e a maldição, segundo o que está escrito no Livro da Lei. [35]Não houve uma só palavra de tudo o que Moisés tinha ordenado que Josué não lesse para toda a assembleia de Israel, inclusive mulheres, crianças, e os estrangeiros que viviam no meio deles.

A astúcia dos gibeonitas: o acordo com Josué

9 E souberam disso todos os reis que viviam a oeste do Jordão, nas montanhas, na Sefelá[c] e em todo o litoral do mar Grande, até o Líbano. Eram os reis dos hititas, dos amorreus, dos cananeus, dos ferezeus, dos heveus e dos jebuseus. [2]Eles se ajuntaram para guerrear contra Josué e contra Israel.

[3]Contudo, quando os habitantes de Gibeom souberam o que Josué tinha feito com Jericó e Ai, [4]recorreram a um ardil. Enviaram uma delegação, trazendo jumentos carregados de sacos gastos e vasilhas de couro velhas, rachadas e remendadas. [5]Os homens calçavam sandálias gastas e remendadas e vestiam roupas velhas. Todos os pães do suprimento deles estavam secos e esmigalhados. [6]Foram a Josué, no acampamento de Gilgal, e disseram a ele e aos homens de Israel: "Viemos de uma terra distante. Queremos que façam um acordo conosco".

[7]Os israelitas disseram aos heveus: "Talvez vocês vivam perto de nós. Como poderemos fazer um acordo com vocês?"

[8]"Somos seus servos", disseram a Josué.

Josué, porém, perguntou: "Quem são vocês? De onde vocês vêm?"

[9]Eles responderam: "Seus servos vieram de uma terra muito distante por causa da fama do SENHOR, o seu

[a] 8:31 Isto é, sacrifícios totalmente queimados.
[b] 8:31 Ou *de paz*
[c] 9:1 Pequena faixa de terra de relevo variável entre a planície costeira e as montanhas; também em 10:40; 11:2,16; 12:8 e 15:33.

Deus. Pois ouvimos falar dele, de tudo o que fez no Egito, 10e de tudo o que fez aos dois reis dos amorreus a leste do Jordão: Seom, rei de Hesbom, e Ogue, rei de Basã, que reinava em Asterote. 11E os nossos líderes e todos os habitantes da nossa terra nos disseram: 'Juntem provisões para a viagem, vão encontrar-se com eles e digam-lhes: Somos seus servos, façam um acordo conosco'. 12Este nosso pão estava quente quando o embrulhamos em casa no dia em que saímos de viagem para cá. Mas vejam como agora está seco e esmigalhado. 13Estas vasilhas de couro que enchemos de vinho eram novas, mas agora estão rachadas. E as nossas roupas e sandálias estão gastas por causa da longa viagem".

14Os israelitas examinaram[a] as provisões dos heveus, mas não consultaram o SENHOR. 15Então Josué fez um acordo de paz com eles, garantindo poupar-lhes a vida, e os líderes da comunidade o confirmaram com juramento.

16Três dias depois de fazerem o acordo com os gibeonitas, os israelitas souberam que eram vizinhos e que viviam perto deles. 17Por isso partiram de viagem, e três dias depois chegaram às cidades dos heveus, que eram Gibeom, Quefira, Beerote e Quiriate-Jearim. 18Mas não os atacaram, porque os líderes da comunidade lhes haviam feito um juramento em nome do SENHOR, o Deus de Israel.

Toda a comunidade, porém, queixou-se contra os líderes, 19que lhes responderam: "Fizemos a eles o nosso juramento em nome do SENHOR, o Deus de Israel; por isso não podemos tocar neles. 20Todavia, nós os trataremos assim: vamos deixá-los viver, para que não caia sobre nós a ira divina por quebrarmos o juramento que lhes fizemos". 21E acrescentaram: "Eles ficarão vivos, mas serão lenhadores e carregadores de água para toda a comunidade". E assim se manteve a promessa dos líderes.

22Então Josué convocou os gibeonitas e disse: "Por que vocês nos enganaram dizendo que viviam muito longe de nós, quando na verdade vivem perto? 23Agora vocês estão debaixo de maldição: nunca deixarão de ser escravos, rachando lenha e carregando água para a casa do meu Deus".

24Eles responderam a Josué: "Os seus servos ficaram sabendo como o SENHOR, o seu Deus, ordenou que o seu servo Moisés lhes desse toda esta terra e que eliminasse todos os seus habitantes da presença de vocês. Tivemos medo do que poderia acontecer conosco por causa de vocês. Por isso agimos assim. 25Estamos agora nas suas mãos. Faça conosco o que lhe parecer bom e justo".

26Josué então os protegeu e não permitiu que os matassem. 27Mas naquele dia fez dos gibeonitas lenhadores e carregadores de água para a comunidade e para o altar do SENHOR, no local que o SENHOR escolhesse. É o que eles são até hoje.

O dia em que o sol parou

10 Sucedeu que Adoni-Zedeque, rei de Jerusalém, soube que Josué tinha conquistado Ai e a tinha destruído totalmente, fazendo com Ai e seu rei o que fizera com Jericó e seu rei, e que o povo de Gibeom tinha feito a paz com Israel e estava vivendo no meio deles. 2Ele e o seu povo ficaram com muito medo, pois Gibeom era tão importante como uma cidade governada por um rei; era maior do que Ai, e todos os seus homens eram bons guerreiros. 3Por isso Adoni-Zedeque, rei de Jerusalém, fez o seguinte apelo a Hoão, rei de Hebrom, a Piram, rei de Jarmute, a Jafia, rei de Laquis, e a Debir, rei de Eglom: 4"Venham para cá e ajudem-me a atacar Gibeom, pois ela fez a paz com Josué e com os israelitas".

5Então os cinco reis dos amorreus, os reis de Jerusalém, de Hebrom, de Jarmute, de Laquis e de Eglom reuniram-se e vieram com todos os seus exércitos. Cercaram Gibeom e a atacaram.

6Os gibeonitas enviaram esta mensagem a Josué, no acampamento de Gilgal: "Não abandone os seus servos. Venha depressa! Salve-nos! Ajude-nos, pois todos os reis amorreus que vivem nas montanhas se uniram contra nós!"

7Josué partiu de Gilgal com todo o seu exército, inclusive com os seus melhores guerreiros. 8E disse o SENHOR a Josué: "Não tenha medo desses reis; eu os entreguei nas suas mãos. Nenhum deles conseguirá resistir a você".

9Depois de uma noite inteira de marcha desde Gilgal, Josué os apanhou de surpresa. 10O SENHOR os lançou em confusão diante de Israel, que lhes impôs grande derrota em Gibeom. Os israelitas os perseguiram na subida para Bete-Horom e os mataram por todo o caminho, até Azeca e Maquedá. 11Enquanto fugiam de Israel na descida de Bete-Horom para Azeca, do céu o SENHOR lançou sobre eles grandes pedras de granizo, que mataram mais gente do que as espadas dos israelitas.

12No dia em que o SENHOR entregou os amorreus aos israelitas, Josué exclamou ao SENHOR, na presença de Israel:

> "Sol, pare sobre Gibeom!
> E você, ó lua, sobre o vale de Aijalom!"
> 13O sol parou,
> e a lua se deteve,
> até a nação vingar-se
> dos[b] seus inimigos,

como está escrito no Livro de Jasar.

O sol parou no meio do céu e por quase um dia inteiro não se pôs. 14Nunca antes nem depois houve um dia como aquele, quando o SENHOR atendeu a um homem. Sem dúvida o SENHOR lutava por Israel!

15Então Josué voltou com todo o Israel ao acampamento em Gilgal.

Os cinco reis amorreus são mortos

16Os cinco reis fugiram e se esconderam na caverna de Maquedá. 17Avisaram a Josué que eles tinham sido achados numa caverna em Maquedá. 18Disse ele: "Rolem grandes pedras até a entrada da caverna, e deixem ali alguns homens de guarda. 19Mas não se detenham! Persigam os inimigos. Ataquem-nos pela retaguarda e não os deixem chegar às suas cidades, pois o SENHOR, o seu Deus, os entregou em suas mãos".

20Assim Josué e os israelitas os derrotaram por completo, quase exterminando-os. Mas alguns conseguiram escapar e se refugiaram em suas cidades fortificadas. 21O exército inteiro voltou então em segurança a Josué, ao acampamento de Maquedá, e depois disso, ninguém mais ousou abrir a boca para provocar os israelitas.

[a] 9:14 Ou *provaram*

[b] 10:13 Ou *derrotar os*

22 Então disse Josué: "Abram a entrada da caverna
e tragam-me aqueles cinco reis". 23 Os cinco reis foram
tirados da caverna. Eram os reis de Jerusalém, de He-
brom, de Jarmute, de Laquis e de Eglom. 24 Quando os
levaram a Josué, ele convocou todos os homens de Is-
rael e disse aos comandantes do exército que o tinham
acompanhado: "Venham aqui e ponham o pé no pesco-
ço destes reis". E eles obedeceram.
25 Disse-lhes Josué: "Não tenham medo! Não desa-
nimem! Sejam fortes e corajosos! É isso que o SENHOR
fará com todos os inimigos que vocês tiverem que com-
bater". 26 Depois Josué matou os reis e mandou pen-
durá-los em cinco árvores, onde ficaram até a tarde.
27 Ao pôr do sol, sob as ordens de Josué, eles foram
tirados das árvores e jogados na caverna onde haviam
se escondido. Na entrada da caverna colocaram gran-
des pedras, que lá estão até hoje.
28 Naquele dia Josué tomou Maquedá. Atacou a cida-
de e matou o seu rei à espada e exterminou todos os
que nela viviam, sem deixar sobreviventes. E fez com
o rei de Maquedá o que tinha feito com o rei de Jericó.

A conquista das cidades do sul

29 Então Josué, e todo o Israel com ele, avançou de
Maquedá para Libna e a atacou. 30 O SENHOR entregou
também aquela cidade e seu rei nas mãos dos israelitas.
Josué atacou a cidade e matou à espada todos os que
nela viviam, sem deixar nenhum sobrevivente ali. E fez
com o seu rei o que fizera com o rei de Jericó.
31 Depois Josué, e todo o Israel com ele, avançou de
Libna para Laquis, cercou-a e a atacou. 32 O SENHOR en-
tregou Laquis nas mãos dos israelitas, e Josué tomou-a
no dia seguinte. Atacou a cidade e matou à espada to-
dos os que nela viviam, como tinha feito com Libna.
33 Nesse meio tempo Horão, rei de Gezer, fora socorrer
Laquis, mas Josué o derrotou, a ele e ao seu exército,
sem deixar sobrevivente algum.
34 Josué, e todo o Israel com ele, avançou de Laquis
para Eglom, cercou-a e a atacou. 35 Eles a conquistaram
naquele mesmo dia, feriram-na à espada e extermina-
ram os que nela viviam, como tinham feito com Laquis.
36 Então Josué, e todo o Israel com ele, foi de Eglom
para Hebrom e a atacou. 37 Tomaram a cidade e a feriram
à espada, como também o seu rei, os seus povoados e
todos os que nela viviam, sem deixar sobrevivente al-
gum. Destruíram totalmente a cidade e todos os que
nela viviam, como tinham feito com Eglom.
38 Depois Josué, e todo o Israel com ele, voltou e ata-
cou Debir. 39 Tomaram a cidade, seu rei e seus povoa-
dos, e os mataram à espada. Exterminaram os que nela
viviam, sem deixar sobrevivente algum. Fizeram com
Debir e seu rei o que tinham feito com Libna e seu rei
e com Hebrom.
40 Assim Josué conquistou a região toda, incluindo a
serra central, o Neguebe, a Sefelá e as vertentes, e derro-
tou todos os seus reis, sem deixar sobrevivente algum.
Exterminou tudo o que respirava, conforme o SENHOR,
o Deus de Israel, tinha ordenado. 41 Josué os derrotou
desde Cades-Barneia até Gaza, e toda a região de Gósen,
e de lá até Gibeom. 42 Também subjugou todos esses reis
e conquistou suas terras numa única campanha, pois o
SENHOR, o Deus de Israel, lutou por Israel.
43 Então Josué retornou com todo o Israel ao acam-
pamento em Gilgal.

A vitória sobre os reis do norte

11 Quando Jabim, rei de Hazor, soube disso, enviou
mensagem a Jobabe, rei de Madom, aos reis de Sin-
rom e Acsafe, 2 e aos reis do norte que viviam nas mon-
tanhas, na Arabá ao sul de Quinerete, na Sefelá e em
Nafote-Dor[a], a oeste; 3 aos cananeus a leste e a oeste;
aos amorreus, aos hititas, aos ferezeus e aos jebuseus
das montanhas; e aos heveus do sopé do Hermom, na
região de Mispá. 4 Saíram com todas as suas tropas, um
exército imenso, tão numeroso como a areia da praia,
além de um grande número de cavalos e carros. 5 To-
dos esses reis se uniram e acamparam junto às águas
de Merom, para lutar contra Israel.
6 E o SENHOR disse a Josué: "Não tenha medo deles,
porque amanhã a esta hora os entregarei todos mortos
a Israel. A você cabe cortar os tendões dos cavalos deles
e queimar os seus carros".
7 Josué e todo o seu exército os surpreenderam junto
às águas de Merom e os atacaram, 8 e o SENHOR os en-
tregou nas mãos de Israel, que os derrotou e os perse-
guiu até Sidom, a grande, até Misrefote-Maim e até o
vale de Mispá, a leste. Eles os mataram sem deixar so-
brevivente algum. 9 Josué os tratou como o SENHOR lhe
tinha ordenado. Cortou os tendões dos seus cavalos e
queimou os seus carros.
10 Na mesma ocasião Josué voltou, conquistou Hazor
e matou o seu rei à espada. (Hazor tinha sido a capital
de todos esses reinos.) 11 Matou à espada todos os que
nela estavam. Exterminou-os totalmente, sem poupar
nada que respirasse, e incendiou Hazor.
12 Josué conquistou todas essas cidades e matou à
espada os reis que as governavam. Destruiu-as total-
mente, como Moisés, servo do SENHOR, tinha ordenado.
13 Contudo, Israel não incendiou nenhuma das cidades
construídas nas colinas, com exceção de Hazor, que Jo-
sué incendiou. 14 Os israelitas tomaram posse de todos
os despojos e dos animais dessas cidades, mas mataram
todo o povo à espada, até exterminá-lo completamen-
te, sem poupar ninguém. 15 Tudo o que o SENHOR tinha
ordenado a seu servo Moisés, Moisés ordenou a Josué,
e Josué obedeceu, sem deixar de cumprir nada de tudo
o que o SENHOR tinha ordenado a Moisés.
16 Assim Josué conquistou toda aquela terra: a serra
central, todo o Neguebe, toda a região de Gósen, a Sefe-
lá, a Arabá e os montes de Israel e suas planícies, 17 desde
o monte Halaque, que se ergue na direção de Seir, até
Baal-Gade, no vale do Líbano, no sopé do monte Her-
mom. Ele capturou todos os seus reis e os matou. 18 Jo-
sué guerreou contra todos esses reis por muito tempo.
19 Com exceção dos heveus que viviam em Gibeom, ne-
nhuma cidade fez a paz com os israelitas, que a todas
conquistou em combate. 20 Pois foi o próprio SENHOR
que lhes endureceu o coração para guerrearem contra
Israel, para que ele os destruísse totalmente, extermi-
nando-os sem misericórdia, como o SENHOR tinha or-
denado a Moisés.
21 Naquela ocasião Josué exterminou os enaquins dos
montes de Hebrom, de Debir e de Anabe, de todos os
montes de Judá, e de Israel. Josué destruiu-os total-
mente, e também as suas cidades. 22 Nenhum enaquim
foi deixado vivo no território israelita; somente em Ga-
za, em Gate e em Asdode é que alguns sobreviveram.

[a] 11:2 Ou *no planalto de Dor*; também em 12:23.

23Foi assim que Josué conquistou toda a terra, confor-
me o SENHOR tinha dito a Moisés, e deu-a por herança
a Israel, repartindo-a entre as suas tribos.
E a terra teve descanso da guerra.

A lista dos reis derrotados

12 São estes os reis que os israelitas derrotaram, e de
cujo território se apossaram a leste do Jordão, des-
de o ribeiro do Arnom até o monte Hermom, inclusive
todo o lado leste da Arabá:

2Seom, rei dos amorreus, que reinou em Hesbom.
Governou desde Aroer, na borda do ribeiro do Arnom,
desde o meio do ribeiro, até o rio Jaboque, que é a fron-
teira dos amonitas. Esse território incluía a metade de
Gileade. 3Também governou a Arabá oriental, desde o
mar de Quinerete[a] até o mar da Arabá, o mar Salga-
do, até Bete-Jesimote, e mais ao sul, ao pé das encos-
tas do Pisga.

4Tomaram o território de Ogue, rei de Basã, um dos
últimos refains, que reinou em Asterote e Edrei. 5Ele
governou o monte Hermom, Salcá, toda a Basã, até a
fronteira do povo de Gesur e de Maaca, e metade de Gi-
leade, até a fronteira de Seom, rei de Hesbom.

6Moisés, servo do SENHOR, e os israelitas os derrota-
ram. E Moisés, servo do SENHOR, deu a terra deles como
propriedade às tribos de Rúben, de Gade e à metade da
tribo de Manassés.

7São estes os reis que Josué e os israelitas derrota-
ram no lado ocidental do Jordão, desde Baal-Gade, no
vale do Líbano, até o monte Halaque, que se ergue na
direção de Seir. Josué deu a terra deles por herança às
tribos de Israel, repartindo-a entre elas — 8a serra cen-
tral, a Sefelá, a Arabá, as encostas das montanhas, o de-
serto e o Neguebe — as terras dos hititas, dos amorreus,
dos cananeus, dos ferezeus, dos heveus e dos jebuseus:

9o rei de Jericó, o rei de Ai, próxima a Betel, 10o rei
de Jerusalém, o rei de Hebrom, 11o rei de Jarmute, o
rei de Laquis, 12o rei de Eglom, o rei de Gezer, 13o rei de
Debir, o rei de Geder, 14o rei de Hormá, o rei de Arade,
15o rei de Libna, o rei de Adulão, 16o rei de Maquedá, o
rei de Betel, 17o rei de Tapua, o rei de Héfer, 18o rei de
Afeque, o rei de Lasarom, 19o rei de Madom, o rei de
Hazor, 20o rei de Sinrom-Merom, o rei de Acsafe, 21o
rei de Taanaque, o rei de Megido, 22o rei de Quedes, o
rei de Jocneão do Carmelo, 23o rei de Dor em Nafote-
-Dor, o rei de Goim de Gilgal, 24e o rei de Tirza. Trinta
e um reis ao todo.

Terras a serem conquistadas

13 Sendo Josué já velho, de idade bastante avançada,
o SENHOR lhe disse: "Você já está velho, e ainda há
muita terra para ser conquistada.

2"Esta é a terra que resta: todas as regiões dos filis-
teus e dos gesuritas; 3desde o rio Sior, próximo ao Egito,
até o território de Ecrom, ao norte, todo esse território
considerado cananeu. Abrange a região dos aveus, isto
é, dos cinco chefes filisteus, governantes de Gaza, de
Asdode, de Ascalom, de Gate e de Ecrom. 4Resta ain-
da, desde o sul, toda a terra dos cananeus, desde Ara
dos sidônios até Afeque, a região dos amorreus, 5a dos
gibleus e todo o Líbano, para o leste, desde Baal-Gade,
ao pé do monte Hermom, até Lebo-Hamate.

6"Todos os habitantes das montanhas, desde o Lí-
bano até Misrefote-Maim, isto é, todos os sidônios; eu
mesmo os expulsarei da presença dos israelitas. Você,
porém, distribuirá essa terra a Israel por herança, como
lhe ordenei, 7repartindo-a agora entre as nove tribos e
a metade da tribo de Manassés".

A divisão das terras a leste do Jordão

8Com a outra metade da tribo de Manassés, as tri-
bos de Rúben e de Gade já haviam recebido a herança
a leste do Jordão, conforme Moisés, servo do SENHOR,
lhes tinha designado.

9Esse território se estendia de Aroer, na margem do
ribeiro do Arnom, e da cidade situada no meio do vale
desse ribeiro, incluindo todo o planalto de Medeba, até
Dibom, 10e todas as cidades de Seom, rei dos amorreus,
que governava em Hesbom, e prosseguia até a frontei-
ra dos amonitas. 11Também incluía Gileade, o território
dos gesuritas e maacatitas, toda a região do monte Her-
mom e toda a Basã, até Salcá, 12isto é, todo o reino de
Ogue, em Basã, que tinha reinado em Asterote e Edrei,
um dos últimos refains sobreviventes. Moisés os tinha
derrotado e tomado as suas terras. 13Mas os israelitas
não expulsaram os gesuritas e maacatitas, de modo que
até hoje continuam a viver no meio deles.

14Mas à tribo de Levi não deu herança alguma, visto
que as ofertas preparadas no fogo ao SENHOR, o Deus de
Israel, são a herança deles, como já lhes dissera.

15À tribo de Rúben, clã por clã, Moisés dera o seguin-
te território:

16Desde Aroer, na margem do ribeiro do Arnom, e
desde a cidade situada no meio do vale desse ribeiro,
e todo o planalto depois de Medeba, 17até Hesbom e
todas as suas cidades no planalto, inclusive Dibom,
Bamote-Baal, Bete-Baal-Meom, 18Jaza, Quedemote,
Mefaate, 19Quiriataim, Sibma, Zerete-Saar, na encosta
do vale, 20Bete-Peor, as encostas do Pisga, e Bete-Jesi-
mote: 21todas as cidades do planalto e todo o domínio
de Seom, rei dos amorreus, que governava em Hes-
bom. Moisés o tinha derrotado, bem como aos líderes
midianitas Evi, Requém, Zur, Hur e Reba, aliados de
Seom, que viviam naquela terra. 22Além dos que fo-
ram mortos na guerra, os israelitas mataram à espada
Balaão, filho de Beor, que praticava adivinhação. 23A
fronteira da tribo de Rúben era a margem do Jordão.
Essas cidades e os seus povoados foram a herança de
Rúben, clã por clã.

24À tribo de Gade, clã por clã, Moisés dera o seguin-
te território:

25O território de Jazar, todas as cidades de Gileade e
metade do território amonita até Aroer, perto de Ra-
bá. 26Estendia-se desde Hesbom até Ramate-Mispá e
Betonim, e desde Maanaim até o território de Debir.
27No vale do Jordão incluía Bete-Arã, Bete-Ninra, Suco-
te e Zafom; o restante do domínio de Seom, rei de Hes-
bom. Abrangia a margem leste do Jordão até o mar de
Quinerete. 28Essa região com suas cidades e povoados
foram a herança de Gade, clã por clã.

[a] 12:3 Isto é, o mar da Galileia; também em 13:27.

29 À metade da tribo de Manassés, isto é, à metade
dos descendentes de Manassés, clã por clã, Moisés dera
o seguinte território:

30 O seu território se estendia desde Maanaim e in-
cluía toda a região de Basã, todo o domínio de Ogue,
rei de Basã: todos os povoados de Jair em Basã, sessen-
ta cidades; 31 metade de Gileade, e Asterote e Edrei, ci-
dades do reino de Ogue, em Basã. Esse foi o território
destinado à metade dos descendentes de Maquir, filho
de Manassés, clã por clã.

32 Essa foi a herança que Moisés lhes deu quando es-
tava na planície de Moabe, do outro lado do Jordão, a
leste de Jericó. 33 Mas à tribo de Levi Moisés não deu he-
rança alguma; o SENHOR, o Deus de Israel, é a herança
deles, como já lhes dissera.

A divisão das terras a oeste do Jordão

14 Foram estas as terras que os israelitas receberam
por herança em Canaã, e que o sacerdote Eleazar,
Josué, filho de Num, e os chefes dos clãs das tribos dos
israelitas repartiram entre eles. 2 A divisão da herança
foi decidida por sorteio entre as nove tribos e meia, co-
mo o SENHOR tinha ordenado por meio de Moisés, 3 pois
Moisés já tinha dado herança às duas tribos e meia a
leste do Jordão. Mas aos levitas não dera herança entre
os demais. 4 Os filhos de José formaram as duas tribos
de Manassés e Efraim. Os levitas não receberam por-
ção alguma da terra; receberam apenas cidades onde
viver, com pastagens para os seus rebanhos. 5 Os israe-
litas dividiram a terra conforme o SENHOR tinha orde-
nado a Moisés.

Calebe recebe Hebrom

6 Os homens de Judá vieram a Josué em Gilgal, e Ca-
lebe, filho do quenezeu Jefoné, lhe disse: "Você sabe
o que o SENHOR disse a Moisés, homem de Deus, em
Cades-Barneia, sobre mim e sobre você. 7 Eu tinha qua-
renta anos quando Moisés, servo do SENHOR, enviou-me
de Cades-Barneia para espionar a terra. Eu lhe dei um
relatório digno de confiança, 8 mas os meus irmãos is-
raelitas que foram comigo fizeram o povo desanimar-se
de medo. Eu, porém, fui inteiramente fiel ao SENHOR,
o meu Deus. 9 Por isso naquele dia Moisés me jurou:
'Certamente a terra em que você pisou será uma he-
rança perpétua para você e para os seus descenden-
tes, porquanto você foi inteiramente fiel ao SENHOR,
o meu Deus'.
10 "Pois bem, o SENHOR manteve-me vivo, como pro-
meteu. E foi há quarenta e cinco anos que ele disse isso
a Moisés, quando Israel caminhava pelo deserto. Por
isso aqui estou hoje, com oitenta e cinco anos de ida-
de! 11 Ainda estou tão forte como no dia em que Moisés
me enviou; tenho agora tanto vigor para ir à guerra co-
mo tinha naquela época. 12 Dê-me, pois, a região mon-
tanhosa que naquela ocasião o SENHOR me prometeu.
Na época, você ficou sabendo que os enaquins lá vi-
viam com suas cidades grandes e fortificadas; mas, se
o SENHOR estiver comigo, eu os expulsarei de lá, como
ele prometeu".
13 Então Josué abençoou Calebe, filho de Jefoné, e lhe
deu Hebrom por herança. 14 Por isso, até hoje, Hebrom
pertence aos descendentes de Calebe, filho do quenezeu
Jefoné, pois ele foi inteiramente fiel ao SENHOR, o Deus
de Israel. 15 Hebrom era chamada Quiriate-Arba, em ho-
menagem a Arba, o maior dos enaquins.
E a terra teve descanso da guerra.

As terras da tribo de Judá

15 As terras distribuídas à tribo de Judá, clã por clã,
estendiam-se para o sul até a fronteira com Edom,
até o deserto de Zim, no extremo sul.
2 Sua fronteira sul começava na ponta de terra do ex-
tremo sul do mar Salgado, 3 passava pelo sul da subida
de Acrabim[a], prosseguia até Zim e daí até o sul de Ca-
des-Barneia. Depois passava por Hezrom, indo até Adar
e fazia uma curva em direção a Carca. 4 Dali continuava
até Azmom, indo até o ribeiro do Egito e terminando
no mar. Essa era a fronteira sul deles[b].
5 A fronteira oriental era o mar Salgado, até a foz do
Jordão.
A fronteira norte começava na enseada, na foz do
Jordão, 6 subia até Bete-Hogla e passava ao norte de Be-
te-Arabá, até a Pedra de Boã, filho de Rúben. 7 A frontei-
ra subia então do vale de Acor até Debir, e virava para o
norte, na direção de Gilgal, que fica defronte da subida
de Adumim, ao sul do ribeiro. Passava pelas águas de
En-Semes, indo até En-Rogel. 8 Depois subia pelo va-
le de Ben-Hinom, ao longo da encosta sul da cidade
dos jebuseus, isto é, Jerusalém. Dali subia até o alto
da montanha, a oeste do vale de Hinom, no lado nor-
te do vale de Refaim. 9 Do alto da montanha a fronteira
prosseguia para a fonte de Neftoa, ia para as cidades do
monte Efrom e descia na direção de Baalá, que é Qui-
riate-Jearim. 10 De Baalá fazia uma curva em direção ao
oeste, até o monte Seir, prosseguia pela encosta norte
do monte Jearim, isto é, Quesalom; em seguida conti-
nuava descendo até Bete-Semes e passava por Timna.
11 Depois ia para a encosta norte de Ecrom, virava na di-
reção de Sicrom, continuava até o monte Baalá e che-
gava a Jabneel, terminando no mar.
12 A fronteira ocidental era o litoral do mar Grande.
Eram essas as fronteiras que demarcavam Judá por
todos os lados, de acordo com os seus clãs.

13 Conforme a ordem dada pelo SENHOR, Josué deu a
Calebe, filho de Jefoné, uma porção de terra em Judá,
que foi Quiriate-Arba, isto é, Hebrom. Arba era ante-
passado de Enaque. 14 Calebe expulsou de Hebrom os
três enaquins: Sesai, Aimã e Talmai, descendentes de
Enaque. 15 Dali avançou contra o povo de Debir, anterior-
mente chamada Quiriate-Sefer. 16 E Calebe disse: "Darei
minha filha Acsa por mulher ao homem que atacar e
conquistar Quiriate-Sefer". 17 Otoniel, filho de Quenaz,
irmão de Calebe, a conquistou; e Calebe lhe deu sua fi-
lha Acsa por mulher.
18 Quando Acsa foi viver com Otoniel, ela o[c] pressio-
nou para que pedisse um campo ao pai dela. Assim que
ela desceu do jumento, perguntou-lhe Calebe: "O que
você quer?"
19 "Quero um presente", respondeu ela. "Já que me
deu terras no Neguebe, dê-me também fontes de
água." Então Calebe lhe deu as fontes superiores e as
inferiores.

[a] 15:3 Isto é, dos Escorpiões.
[b] 15:4 Hebraico: *de vocês*.
[c] 15:18 Conforme o Texto Massorético e alguns manuscritos da Septuaginta. Alguns manuscritos da Septuaginta dizem *ele a*. Veja Jz 1:14 e a nota.

20 Esta é a herança da tribo de Judá, clã por clã:

21 As cidades que ficavam no extremo sul da tribo de
Judá, no Neguebe, na direção da fronteira de Edom,
eram:
Cabzeel, Éder, Jagur, 22 Quiná, Dimona, Adada, 23 Que-
des, Hazor, Itnã, 24 Zife, Telém, Bealote, 25 Hazor-Hadata,
Queriote-Hezrom, que é Hazor, 26 Amã, Sema, Mola-
dá, 27 Hazar-Gada, Hesmom, Bete-Pelete, 28 Hazar-Sual,
Berseba, Biziotiá, 29 Baalá, Iim, Azém, 30 Eltolade, Que-
sil, Hormá, 31 Ziclague, Madmana, Sansana, 32 Lebaote,
Silim, Aim e Rimom. Eram vinte e nove cidades com
seus povoados.

33 Na Sefelá:
Estaol, Zorá, Asná, 34 Zanoa, En-Ganim, Tapua, Enã,
35 Jarmute, Adulão, Socó, Azeca, 36 Saaraim, Aditaim,
e Gederá ou[a] Gederotaim. Eram catorze cidades com
seus povoados.
37 Zenã, Hadasa, Migdal-Gade, 38 Dileã, Mispá, Joc-
teel, 39 Laquis, Bozcate, Eglom, 40 Cabom, Laamás, Qui-
tlis, 41 Gederote, Bete-Dagom, Naamá e Maquedá. Eram
dezesseis cidades com seus povoados.
42 Libna, Eter, Asã, 43 Iftá, Asná, Nezibe, 44 Queila, Ac-
zibe e Maressa. Eram nove cidades com seus povoados.
45 Ecrom, com suas vilas e seus povoados; 46 de Ecrom
até o mar, todas as cidades nas proximidades de Asdo-
de, com os seus povoados; 47 Asdode, com suas vilas e
seus povoados; e Gaza, com suas vilas e seus povoados,
até o ribeiro do Egito e o litoral do mar Grande.

48 Na região montanhosa:
Samir, Jatir, Socó, 49 Daná, Quiriate-Sana, que é De-
bir, 50 Anabe, Estemo, Anim, 51 Gósen, Holom e Gilo. Eram
onze cidades com seus povoados.
52 Arabe, Dumá, Esã, 53 Janim, Bete-Tapua, Afeca,
54 Hunta, Quiriate-Arba, que é Hebrom e Zior. Eram no-
ve cidades com seus povoados.
55 Maom, Carmelo, Zife, Jutá, 56 Jezreel, Jocdeão, Za-
noa, 57 Caim, Gibeá e Timna. Eram dez cidades com seus
povoados.
58 Halul, Bete-Zur, Gedor, 59 Maarate, Bete-Anote e El-
tecom. Eram seis cidades com seus povoados.
60 Quiriate-Baal, que é Quiriate-Jearim e Rabá. Eram
duas cidades com seus povoados.

61 No deserto:
Bete-Arabá, Midim, Secacá, 62 Nibsã, Cidade do Sal e
En-Gedi. Eram seis cidades com seus povoados.
63 Os descendentes de Judá não conseguiram expul-
sar os jebuseus, que viviam em Jerusalém; até hoje os
jebuseus vivem ali com o povo de Judá.

As terras das tribos de Efraim e Manassés

16 As terras distribuídas aos descendentes de José
iam desde o Jordão, perto de Jericó, a leste das
águas de Jericó, e daí subiam pelo deserto até a serra
que vai de Jericó a Betel. 2 De Betel, que é Luz[b], iam pa-
ra o território dos arquitas, em Atarote, 3 desciam para
o oeste, até o território dos jafletitas, chegando à re-
gião de Bete-Horom Baixa, e prosseguiam até Gezer,
terminando no mar.
4 Assim os descendentes de Manassés e Efraim, filhos
de José, receberam a sua herança.

A herança de Efraim

5 Este era o território de Efraim, clã por clã:
A fronteira da sua herança ia de Atarote-Adar, a les-
te, até Bete-Horom Alta, 6 e prosseguia até o mar. De
Micmetá, ao norte, fazia uma curva para o leste, até
Taanate-Siló, e, passando por ela, ia até Janoa, a les-
te. 7 Depois descia de Janoa para Atarote e Naarate, en-
costava em Jericó e terminava no Jordão. 8 De Tapua
a fronteira seguia rumo oeste até o ribeiro de Caná e
terminava no mar. Essa foi a herança da tribo dos efrai-
mitas, clã por clã, 9 que incluía todas as cidades com os
seus povoados, separadas para os efraimitas na heran-
ça dos manassitas.
10 Os cananeus de Gezer não foram expulsos, e até
hoje vivem no meio do povo de Efraim, mas são sujei-
tos a trabalhos forçados.

A herança de Manassés

17 Estas foram as terras distribuídas à tribo de Ma-
nassés, filho mais velho de José. Foram entregues
a Maquir, filho mais velho de Manassés. Maquir, pai de
Gileade, guerreiro valente, recebeu Gileade e Basã. 2 Tam-
bém foram dadas terras para os clãs dos outros filhos
de Manassés: Abiezer, Heleque, Asriel, Siquém, Héfer e
Semida. Esses são os filhos homens de Manassés, filho
de José, de acordo com os seus clãs.
3 Zelofeade, porém, filho de Héfer, neto de Gileade,
bisneto de Maquir, trineto de Manassés, não teve ne-
nhum filho, somente filhas. Seus nomes eram Maalá,
Noa, Hogla, Milca e Tirza. 4 Elas foram ao sacerdote Elea-
zar, a Josué, filho de Num, e aos líderes, e disseram: "O
SENHOR ordenou a Moisés que nos desse uma herança
entre os nossos parentes". Josué deu-lhes então uma
herança entre os irmãos de seu pai, de acordo com a
ordem do SENHOR. 5 A tribo de Manassés recebeu dez
quinhões de terra, além de Gileade e Basã, que ficam a
leste do Jordão, 6 pois tanto as descendentes de Manas-
sés como os filhos dele receberam herança. A terra de
Gileade ficou para os outros descendentes de Manassés.
7 O território de Manassés estendia-se desde Aser até
Micmetá, a leste de Siquém. A fronteira ia dali para o
sul, chegando até o povo que vivia em En-Tapua. 8 As
terras de Tapua eram de Manassés, mas a cidade de Ta-
pua, na fronteira de Manassés, pertencia aos efraimitas.
9 Depois a fronteira descia até o ribeiro de Caná. Ao sul
do ribeiro havia cidades pertencentes a Efraim que fi-
cavam em meio às cidades de Manassés, mas a fronteira
de Manassés ficava ao norte do ribeiro e terminava no
mar. 10 Do lado sul a terra pertencia a Efraim; do lado
norte, a Manassés. O território de Manassés chegava
até o mar e alcançava Aser, ao norte, e Issacar, a leste.
11 Em Issacar e Aser, Manassés tinha também Bete-
-Seã, Ibleã e as populações de Dor, En-Dor, Taanaque e
Megido, com os seus respectivos povoados. A terceira
da lista, isto é, Dor, é Nafote[c].
12 Mas os manassitas não conseguiram expulsar os
habitantes dessas cidades, pois os cananeus estavam
decididos a viver naquela região. 13 Entretanto, quando
os israelitas se fortaleceram, submeteram os cananeus a
trabalhos forçados, mas não os expulsaram totalmente.
14 Os descendentes de José disseram então a Josué:
"Por que nos deste apenas um quinhão, uma só porção

[a] 15:36 Ou *e*
[b] 16:2 Conforme a Septuaginta. O Texto Massorético diz *De Betel vai até Luz.*
[c] 17:11 Isto é, Nafote-Dor, ou planalto de Dor.

de herança? Somos um povo numeroso, e o SENHOR nos tem abençoado ricamente".

15 Respondeu Josué: "Se vocês são tão numerosos, e se os montes de Efraim têm pouco espaço para vocês, subam, entrem na floresta e limpem o terreno para vocês na terra dos ferezeus e dos refains".

16 Os descendentes de José responderam: "Os montes não são suficientes para nós; além disso todos os cananeus que vivem na planície possuem carros de ferro, tanto os que vivem em Bete-Seã e seus povoados como os que vivem no vale de Jezreel".

17 Josué, porém, disse à tribo de José, a Efraim e a Manassés: "Vocês são numerosos e poderosos. Vocês não terão apenas um quinhão. 18 Os montes cobertos de floresta serão de vocês. Limpem o terreno, e será de vocês, até os seus limites mais distantes. Embora os cananeus possuam carros de ferro e sejam fortes, vocês poderão expulsá-los".

A divisão do restante da terra

18 Toda a comunidade dos israelitas reuniu-se em Siló e ali armou a Tenda do Encontro. A terra foi dominada por eles; 2 mas sete tribos ainda não tinham recebido a sua herança.

3 Então Josué disse aos israelitas: "Até quando vocês vão negligenciar a posse da terra que o SENHOR, o Deus dos seus antepassados, lhes deu? 4 Escolham três homens de cada tribo, e eu os enviarei. Eles vão examinar a terra e mapeá-la, conforme a herança de cada tribo. Depois voltarão a mim. 5 Dividam a terra em sete partes. Judá ficará em seu território ao sul, e a tribo de José em seu território ao norte. 6 Depois que fizerem um mapa das sete partes da terra, tragam-no para mim, e eu farei sorteio para vocês na presença do SENHOR, o nosso Deus. 7 Mas os levitas nada receberão entre vocês, pois o sacerdócio do SENHOR é a herança deles. Gade, Rúben e a metade da tribo de Manassés já receberam a sua herança no lado leste do Jordão, dada a eles por Moisés, servo do SENHOR".

8 Quando os homens estavam de partida para mapear a terra, Josué os instruiu: "Vão examinar a terra e façam uma descrição dela. Depois voltem, e eu farei um sorteio para vocês aqui em Siló, na presença do SENHOR". 9 Os homens partiram e percorreram a terra. Descreveram-na num rolo, cidade por cidade, em sete partes, e retornaram a Josué, ao acampamento de Siló. 10 Josué fez então um sorteio para eles em Siló, na presença do SENHOR, e ali distribuiu a terra aos israelitas, conforme a porção devida a cada tribo.

As terras da tribo de Benjamim

11 Saiu a sorte para a tribo de Benjamim, clã por clã. O território sorteado ficava entre as tribos de Judá e de José.

12 No lado norte a sua fronteira começava no Jordão, passava pela encosta norte de Jericó e prosseguia para o oeste, para a região montanhosa, terminando no deserto de Bete-Áven. 13 Dali ia para a encosta sul de Luz, que é Betel, e descia para Atarote-Adar, na montanha que está ao sul de Bete-Horom Baixa.

14 Da montanha que fica defronte de Bete-Horom, no sul, a fronteira virava para o sul, ao longo do lado ocidental, e terminava em Quiriate-Baal, que é Quiriate-Jearim, cidade do povo de Judá. Esse era o lado ocidental.

15 A fronteira sul começava no oeste, nos arredores de Quiriate-Jearim, e chegava à fonte de Neftoa. 16 A fronteira descia até o sopé da montanha que fica defronte do vale de Ben-Hinom, ao norte do vale de Refaim. Depois, prosseguia, descendo pelo vale de Hinom ao longo da encosta sul da cidade dos jebuseus e chegava até En-Rogel. 17 Fazia então uma curva para o norte, ia para En-Semes, continuava até Gelilote, que fica defronte da subida de Adumim, e descia até a Pedra de Boã, filho de Rúben. 18 Prosseguia para a encosta norte de Bete-Arabá[a], e daí descia para a Arabá. 19 Depois ia para a encosta norte de Bete-Hogla e terminava na baía norte do mar Salgado, na foz do Jordão, no sul. Essa era a fronteira sul.

20 O Jordão delimitava a fronteira oriental.

Essas eram as fronteiras que demarcavam por todos os lados a herança dos clãs de Benjamim.

21 A tribo de Benjamim, clã por clã, recebeu as seguintes cidades:

Jericó, Bete-Hogla, Emeque-Queziz, 22 Bete-Arabá, Zemaraim, Betel, 23 Avim, Pará, Ofra, 24 Quefar-Amonai, Ofni e Geba. Eram doze cidades com os seus povoados.

25 Gibeom, Ramá, Beerote, 26 Mispá, Quefira, Mosa, 27 Requém, Irpeel, Tarala, 28 Zela, Elefe, Jebus, que é Jerusalém, Gibeá e Quiriate. Eram catorze cidades com os seus povoados.

Essa foi a herança dos clãs de Benjamim.

As terras da tribo de Simeão

19 Na segunda vez, a sorte saiu para a tribo de Simeão, clã por clã. A herança deles ficava dentro do território de Judá. 2 Eles receberam:

Berseba ou Seba, Moladá, 3 Hazar-Sual, Balá, Azém, 4 Eltolade, Betul, Hormá, 5 Ziclague, Bete-Marcabote, Hazar-Susa, 6 Bete-Lebaote e Saruém. Eram treze cidades com os seus povoados.

7 Aim, Rimom, Eter e Asã, quatro cidades com os seus povoados, 8 e todos os povoados ao redor dessas cidades, até Baalate-Beer, que é Ramá, no Neguebe.

Essa foi a herança da tribo dos simeonitas, clã por clã. 9 A herança dos simeonitas foi tirada de Judá, pois Judá recebera mais terras do que precisava. Assim os simeonitas receberam a sua herança dentro do território de Judá.

As terras da tribo de Zebulom

10 Na terceira vez, a sorte saiu para Zebulom, clã por clã.

A fronteira da sua herança ia até Saride. 11 De lá ia para o oeste, chegava a Maralá, alcançava Dabesete, e se estendia até o ribeiro próximo a Jocneão. 12 De Saride fazia uma curva para o leste, para o lado do nascente, em direção ao território de Quislote-Tabor, prosseguia até Daberate e subia para Jafia. 13 Depois continuava para o leste, até Gate-Héfer e Ete-Cazim, chegava a Rimom e fazia uma curva na direção de Neá. 14 Do norte a fronteira voltava até Hanatom e terminava no vale de Iftá-El. 15 Aí também estavam Catate, Naalal, Sinrom, Idala e Belém. Eram doze cidades com os seus povoados.

16 Essas cidades com os seus povoados foram a herança de Zebulom, clã por clã.

[a] 18:18 Conforme a Septuaginta. O Texto Massorético diz *encosta norte defronte da Arabá*.

As terras da tribo de Issacar

[17]Na quarta vez, a sorte saiu para Issacar, clã por clã. [18]Seu território abrangia:

Jezreel, Quesulote, Suném, [19]Hafaraim, Siom, Anaarate, [20]Rabite, Quisiom, Ebes, [21]Remete, En-Ganim, En-Hadá e Bete-Pazes. [22]A fronteira chegava a Tabor, Saazima e Bete-Semes, e terminava no Jordão. Eram dezesseis cidades com os seus povoados.

[23]Essas cidades com os seus povoados foram a herança da tribo de Issacar, clã por clã.

As terras da tribo de Aser

[24]Na quinta vez, a sorte saiu para Aser, clã por clã. [25]Seu território abrangia:

Helcate, Hali, Béten, Acsafe, [26]Alameleque, Amade e Misal. A oeste a fronteira alcançava o Carmelo e Sior-Libnate. [27]De lá virava para o leste em direção a Bete-Dagom, alcançava Zebulom e o vale de Iftá-El, e ia para o norte, para Bete-Emeque e Neiel, passando por Cabul, à esquerda, [28]Ebrom, Reobe, Hamom e Caná, até Sidom, a grande. [29]Depois a fronteira voltava para Ramá e ia para a cidade fortificada de Tiro, virava na direção de Hosa e terminava no mar, na região de Aczibe, [30]Umá, Afeque e Reobe. Eram vinte e duas cidades com os seus povoados.

[31]Essas cidades com os seus povoados foram a herança da tribo de Aser, clã por clã.

As terras da tribo de Naftali

[32]Na sexta vez, a sorte saiu para Naftali, clã por clã.

[33]Sua fronteira ia desde Helefe e do carvalho de Zaanim, passava por Adami-Neguebe e Jabneel, e ia até Lacum, terminando no Jordão. [34]Voltando para o oeste, a fronteira passava por Aznote-Tabor e ia para Hucoque. Atingia Zebulom ao sul, Aser a oeste e o Jordão[a] a leste. [35]As cidades fortificadas eram Zidim, Zer, Hamate, Racate, Quinerete, [36]Adamá, Ramá, Hazor, [37]Quedes, Edrei, En-Hazor, [38]Irom, Migdal-El, Horém, Bete-Anate e Bete-Semes. Eram dezenove cidades com os seus povoados.

[39]Essas cidades com os seus povoados foram a herança da tribo de Naftali, clã por clã.

As terras da tribo de Dã

[40]Na sétima vez, a sorte saiu para Dã, clã por clã. [41]O território da sua herança abrangia:

Zorá, Estaol, Ir-Semes, [42]Saalabim, Aijalom, Itla, [43]Elom, Timna, Ecrom, [44]Elteque, Gibetom, Baalate, [45]Jeúde, Bene-Beraque, Gate-Rimom, [46]Me-Jarcom e Racom, e a região situada defronte de Jope.

[47]Mas a tribo de Dã teve dificuldade para tomar posse do seu território. Por isso atacaram Lesém, conquistaram-na, passaram-na ao fio da espada e a ocuparam. Estabeleceram-se em Lesém e lhe deram o nome de Dã, por causa do seu antepassado. [48]Essas cidades com os seus povoados foram a herança da tribo de Dã, clã por clã.

As terras dadas a Josué

[49]Quando terminaram de dividir a terra em territórios delimitados, os israelitas deram a Josué, filho de Num, uma herança no meio deles, [50]como o SENHOR tinha ordenado. Deram-lhe a cidade que ele havia pedido, Timnate-Sera[b], nos montes de Efraim, onde ele reconstruiu a cidade e se estabeleceu.

[51]Foram esses os territórios que o sacerdote Eleazar, Josué, filho de Num, e os chefes dos clãs das tribos de Israel repartiram por sorteio em Siló, na presença do SENHOR, à entrada da Tenda do Encontro. E assim terminaram de dividir a terra.

As cidades de refúgio

20 Disse o SENHOR a Josué: [2]"Diga aos israelitas que designem as cidades de refúgio, como lhes ordenei por meio de Moisés, [3]para que todo aquele que matar alguém sem intenção e acidentalmente possa fugir para lá e proteger-se do vingador da vítima.

[4]"Quando o homicida involuntário fugir para uma dessas cidades, terá que colocar-se junto à porta da cidade e expor o caso às autoridades daquela cidade. Eles o receberão e lhe darão um local para morar entre eles. [5]Caso o vingador da vítima o persiga, eles não o entregarão, pois matou seu próximo acidentalmente, sem maldade e sem premeditação. [6]Todavia, ele terá que permanecer naquela cidade até comparecer a julgamento perante a comunidade e até morrer o sumo sacerdote que estiver servindo naquele período. Então poderá voltar para a sua própria casa, à cidade de onde fugiu".

[7]Assim eles separaram Quedes, na Galileia, nos montes de Naftali, Siquém, nos montes de Efraim, e Quiriate-Arba, que é Hebrom, nos montes de Judá. [8]No lado leste do Jordão, perto de Jericó, designaram Bezer, no planalto desértico da tribo de Rúben; Ramote, em Gileade, na tribo de Gade; e Golã, em Basã, na tribo de Manassés. [9]Qualquer israelita ou estrangeiro residente que matasse alguém sem intenção, poderia fugir para qualquer dessas cidades para isso designadas e escapar do vingador da vítima, antes de comparecer a julgamento perante a comunidade.

As cidades dos levitas

21 Os chefes de família dos levitas se aproximaram do sacerdote Eleazar, de Josué, filho de Num, e dos chefes das outras famílias das tribos dos israelitas [2]em Siló, na terra de Canaã, e lhes disseram: "O SENHOR ordenou por meio de Moisés que vocês nos dessem cidades onde pudéssemos habitar, e pastagens para os nossos animais". [3]Por isso, de acordo com a ordem do SENHOR, os israelitas deram da sua própria herança as seguintes cidades com suas pastagens aos levitas:

[4]A sorte saiu primeiro para os coatitas, clã por clã. Os levitas, que eram descendentes do sacerdote Arão, receberam treze cidades das tribos de Judá, de Simeão e de Benjamim. [5]Os outros descendentes de Coate receberam dez cidades dos clãs das tribos de Efraim e de Dã, e da metade da tribo de Manassés.

[6]Os descendentes de Gérson receberam treze cidades dos clãs das tribos de Issacar, de Aser e de Naftali, e da metade da tribo de Manassés estabelecida em Basã.

[7]Os descendentes de Merari, clã por clã, receberam doze cidades das tribos de Rúben, de Gade e de Zebulom.

[8]Dessa maneira os israelitas deram aos levitas essas cidades com suas pastagens, como o SENHOR tinha ordenado por meio de Moisés.

[9]Das tribos de Judá e de Simeão, os israelitas deram as seguintes cidades, indicadas nominalmente.

[a] 19:34 Conforme a Septuaginta. O Texto Massorético diz *oeste, e Judá, o Jordão*.

[b] 19:50 Também conhecida como *Timnate-Heres*. Veja Jz 2:9.

10Foram dadas aos descendentes de Arão que pertenciam aos clãs coatitas dos levitas, pois para eles saiu a primeira sorte:

11Quiriate-Arba, que é Hebrom, com as suas pastagens ao redor, nos montes de Judá. (Arba era antepassado de Enaque.) 12Mas os campos e os povoados em torno da cidade foram dados a Calebe, filho de Jefoné, como sua propriedade.

13Assim, aos descendentes do sacerdote Arão deram Hebrom, cidade de refúgio para os acusados de homicídio, Libna, 14Jatir, Estemoa, 15Holom, Debir, 16Aim, Jutá e Bete-Semes, cada qual com os seus arredores. Foram nove cidades dadas por essas duas tribos.

17Da tribo de Benjamim deram-lhes Gibeom, Geba, 18Anatote e Almom, cada qual com os seus arredores. Eram quatro cidades.

19Todas as cidades dadas aos sacerdotes, descendentes de Arão, foram treze; cada qual com os seus arredores.

20Os outros clãs coatitas dos levitas receberam cidades da tribo de Efraim.

21Nos montes de Efraim receberam Siquém, cidade de refúgio para os acusados de homicídio, Gezer, 22Quibzaim e Bete-Horom, cada qual com os seus arredores. Foram quatro cidades.

23Também da tribo de Dã receberam Elteque, Gibetom, 24Aijalom e Gate-Rimom, cada qual com os seus arredores. Foram quatro cidades.

25Da meia tribo de Manassés receberam Taanaque e Gate-Rimom, cada qual com os seus arredores. Foram duas cidades.

26Todas essas dez cidades e seus arredores foram dadas aos outros clãs coatitas.

27Os clãs levitas gersonitas receberam da metade da tribo de Manassés: Golã, em Basã, cidade de refúgio para os acusados de homicídio, e Beesterá, cada qual com os seus arredores. Foram duas cidades.

28Receberam da tribo de Issacar:

Quisiom, Daberate, 29Jarmute e En-Ganim, cada qual com os seus arredores. Foram quatro cidades.

30Receberam da tribo de Aser:

Misal, Abdom, 31Helcate e Reobe, cada qual com os seus arredores. Foram quatro cidades.

32Receberam da tribo de Naftali:

Quedes, na Galileia, cidade de refúgio dos acusados de homicídio, Hamote-Dor e Cartã, cada qual com os seus arredores. Foram três cidades.

33Todas as cidades dos clãs gersonitas foram treze.

34Os clãs meraritas, o restante dos levitas, receberam as seguintes cidades:

Da tribo de Zebulom:

Jocneão, Cartá, 35Dimna e Naalal, cada qual com os seus arredores. Foram quatro cidades.

36Da tribo de Rúben:

Bezer, Jaza, 37Quedemote e Mefaate, cada qual com os seus arredores. Foram quatro cidades.

38Da tribo de Gade:

em Gileade, Ramote, cidade de refúgio dos acusados de homicídio, Maanaim, 39Hesbom e Jazar, cada qual com os seus arredores. Foram quatro cidades ao todo.

40Todas as cidades dadas aos clãs meraritas, que eram o restante dos levitas, foram doze.

41No total, as cidades dos levitas nos territórios dos outros israelitas foram quarenta e oito cidades com os seus arredores. 42Cada uma de todas essas cidades tinha pastagens ao seu redor.

43Assim o SENHOR deu aos israelitas toda a terra que tinha prometido sob juramento aos seus antepassados, e eles tomaram posse dela e se estabeleceram ali. 44O SENHOR lhes concedeu descanso de todos os lados, como tinha jurado aos seus antepassados. Nenhum dos seus inimigos pôde resistir-lhes, pois o SENHOR entregou todos eles em suas mãos. 45De todas as boas promessas do SENHOR à nação de Israel, nenhuma delas falhou; todas se cumpriram.

O regresso das tribos do leste

22 Josué convocou as tribos de Rúben, de Gade e a metade da tribo de Manassés 2e lhes disse: "Vocês fizeram tudo o que Moisés, servo do SENHOR, ordenou. 3Durante muito tempo, e até hoje, vocês não abandonaram os seus irmãos, mas cumpriram a missão que o SENHOR, o seu Deus, lhes entregou. 4Agora que o SENHOR, o seu Deus, já concedeu descanso aos seus irmãos israelitas, como tinha prometido, voltem para casa, para a terra que Moisés, servo do SENHOR, lhes deu no outro lado do Jordão. 5Mas guardem fielmente o mandamento e a lei que Moisés, servo do SENHOR, lhes deu, que amem o SENHOR, o seu Deus, andem em todos os seus caminhos, obedeçam aos seus mandamentos, apeguem-se a ele e o sirvam de todo o coração e de toda a alma".

6Então Josué os abençoou e os despediu, e eles foram para casa. 7(À metade da tribo de Manassés Moisés dera terras em Basã, e à outra metade da tribo Josué dera terras no lado oeste do Jordão, junto com os outros israelitas.) Ao mandá-los para casa, Josué os abençoou, 8dizendo: "Voltem para casa com as riquezas que juntaram: grandes rebanhos, prata, ouro, bronze e ferro, e muitas roupas. Dividam com os seus irmãos os despojos de seus inimigos".

9Assim as tribos de Rúben, de Gade e a metade da tribo de Manassés deixaram os outros israelitas em Siló, na terra de Canaã, para voltarem para Gileade, sua própria terra, da qual se apossaram de acordo com a ordem do SENHOR, dada por meio de Moisés.

10Quando chegaram a Gelilote, perto do Jordão, em Canaã, as tribos de Rúben, de Gade e a metade da tribo de Manassés construíram um imponente altar ali, junto ao Jordão. 11Quando os outros israelitas souberam que eles tinham construído o altar na fronteira de Canaã, em Gelilote, perto do Jordão, no lado israelita, 12toda a comunidade de Israel reuniu-se em Siló para guerrear contra eles.

13Então os israelitas enviaram Fineias, filho do sacerdote Eleazar, à terra de Gileade, às tribos de Rúben e Gade e à metade da tribo de Manassés. 14Com ele enviaram dez líderes, um de cada tribo de Israel, sendo cada um deles chefe de suas respectivas famílias dentre os clãs israelitas.

15Quando chegaram a Gileade, às tribos de Rúben e de Gade e à metade da tribo de Manassés, disseram-lhes: 16"Assim diz toda a comunidade do SENHOR: 'Como foi que vocês cometeram essa infidelidade para com o Deus de Israel? Como foi que se afastaram do SENHOR, construindo um altar para vocês, rebelando-se assim contra ele? 17Já não nos bastou o pecado de Peor? Até hoje não nos purificamos daquele pecado, muito embora uma praga tenha caído sobre a comunidade do SENHOR! [18]E agora vocês estão abandonando o SENHOR!

“ 'Se hoje vocês se rebelarem contra o SENHOR, amanhã a sua ira cairá sobre toda a comunidade de Israel. [19]Se a terra que vocês receberam como propriedade está contaminada, passem então para a terra que pertence ao SENHOR, onde está o tabernáculo do SENHOR, e se apossem de um território entre nós. Mas não se rebelem contra o SENHOR nem contra nós, construindo para vocês um altar que não seja o altar do SENHOR, o nosso Deus. [20]Quando Acã, filho de Zerá, foi infiel com relação às coisas consagradas, não caiu a ira sobre toda a comunidade de Israel? E ele não foi o único que morreu por causa do seu pecado' ”.

[21]Então as tribos de Rúben, de Gade e a metade da tribo de Manassés responderam aos chefes dos clãs de Israel: [22]“O Poderoso, Deus, o SENHOR! O Poderoso, Deus, o SENHOR! Ele sabe! E que Israel o saiba! Se agimos com rebelião ou infidelidade para com o SENHOR, não nos poupem hoje. [23]Se construímos nosso próprio altar para nos afastarmos do SENHOR e para oferecermos holocaustos[a] e ofertas de cereal, ou sacrifícios de comunhão[b] sobre ele, que o próprio SENHOR nos peça contas disso!

[24]“Ao contrário! Fizemos isso temendo que no futuro os seus descendentes digam aos nossos: 'Que relação vocês têm com o SENHOR, com o Deus de Israel? [25]Homens de Rúben e de Gade! O SENHOR fez do Jordão uma fronteira entre nós e vocês. Vocês não têm parte com o SENHOR'. Assim os seus descendentes poderiam levar os nossos a deixarem de temer o SENHOR.

[26]“É por isso que resolvemos construir um altar, não para holocaustos ou sacrifícios, [27]mas, para que esse altar sirva de testemunho entre nós e vocês e as gerações futuras, de que cultuaremos o SENHOR em seu santuário com nossos holocaustos, sacrifícios e ofertas de comunhão. Então, no futuro, os seus descendentes não poderão dizer aos nossos: 'Vocês não têm parte com o SENHOR'.

[28]“E dissemos: Se algum dia disserem isso a nós ou aos nossos descendentes, responderemos: Vejam a réplica do altar do SENHOR que os nossos antepassados construíram, não para holocaustos ou sacrifícios, mas como testemunho entre nós e vocês.

[29]“Longe de nós nos rebelarmos contra o SENHOR e nos afastarmos dele, construindo para holocaustos, ofertas de cereal e sacrifícios um altar que não seja o altar do SENHOR, o nosso Deus, que está diante do seu tabernáculo!”

[30]Quando o sacerdote Fineias e os líderes da comunidade, os chefes dos clãs dos israelitas, ouviram o que os homens de Rúben, de Gade e de Manassés disseram, deram-se por satisfeitos. [31]E Fineias, filho do sacerdote Eleazar, disse a Rúben, a Gade e a Manassés: “Hoje sabemos que o SENHOR está conosco, pois vocês não foram infiéis para com o SENHOR. Assim vocês livraram os israelitas da mão do SENHOR”.

[32]Então Fineias, filho do sacerdote Eleazar, e os líderes voltaram do encontro com os homens de Rúben e de Gade em Gileade, e foram para Canaã dar relatório aos outros israelitas. [33]Estes se alegraram com o relatório e louvaram a Deus. E não mais falaram em guerrear contra as tribos de Rúben e de Gade, nem em devastar a região onde eles viviam.

[34]Os homens de Rúben e de Gade deram ao altar este nome: Um Testemunho Entre Nós de que o SENHOR é Deus.

A despedida de Josué

23 Passado muito tempo, depois que o SENHOR concedeu a Israel descanso de todos os inimigos ao redor, Josué, agora velho, de idade muito avançada, [2]convocou todo o Israel, com as autoridades, os líderes, os juízes e os oficiais, e lhes disse: “Estou velho, com idade muito avançada. [3]Vocês mesmos viram tudo o que o SENHOR, o seu Deus, fez com todas essas nações por amor a vocês; foi o SENHOR, o seu Deus, que lutou por vocês. [4]Lembrem-se de que eu reparti por herança para as tribos de vocês toda a terra das nações, tanto as que ainda restam como as que conquistei entre o Jordão e o mar Grande, a oeste. [5]O SENHOR, o seu Deus, as expulsará da presença de vocês. Ele as empurrará de diante de vocês, e vocês se apossarão da terra delas, como o SENHOR lhes prometeu.

[6]“Façam todo o esforço para obedecer e cumprir tudo o que está escrito no Livro da Lei de Moisés, sem se desviar, nem para a direita nem para a esquerda. [7]Não se associem com essas nações que restam no meio de vocês. Não invoquem os nomes dos seus deuses nem jurem por eles. Não lhes prestem culto nem se inclinem perante eles. [8]Mas apeguem-se somente ao SENHOR, o seu Deus, como fizeram até hoje.

[9]“O SENHOR expulsou de diante de vocês nações grandes e poderosas; até hoje ninguém conseguiu resistir a vocês. [10]Um só de vocês faz fugir mil, pois o SENHOR, o seu Deus, luta por vocês, conforme prometeu. [11]Por isso dediquem-se com zelo a amar o SENHOR, o seu Deus.

[12]“Se, todavia, vocês se afastarem e se aliarem aos sobreviventes dessas nações que restam no meio de vocês, e se casarem com eles e se associarem com eles, [13]estejam certos de que o SENHOR, o seu Deus, já não expulsará essas nações de diante de vocês. Ao contrário, elas se tornarão armadilhas e laços para vocês, chicote em suas costas e espinhos em seus olhos, até que vocês desapareçam desta boa terra que o SENHOR, o seu Deus, deu a vocês.

[14]“Agora estou prestes a ir pelo caminho de toda a terra. Vocês sabem, lá no fundo do coração e da alma, que nenhuma das boas promessas que o SENHOR, o seu Deus, lhes fez deixou de cumprir-se. Todas se cumpriram; nenhuma delas falhou. [15]Mas, assim como cada uma das boas promessas do SENHOR, o seu Deus, se cumpriu, também o SENHOR fará cumprir-se em vocês todo o mal com que os ameaçou, até eliminá-los desta boa terra que lhes deu. [16]Se violarem a aliança que o SENHOR, o seu Deus, lhes ordenou, e passarem a cultuar outros deuses e a inclinar-se diante deles, a ira do SENHOR se acenderá contra vocês, e vocês logo desaparecerão da boa terra que ele lhes deu”.

A renovação da aliança em Siquém

24 Então Josué reuniu todas as tribos de Israel em Siquém. Convocou as autoridades, os líderes, os

[a] 22:23 Isto é, sacrifícios totalmente queimados; também nos versículos 26-29.

[b] 22:23 Ou *de paz*; também no versículo 27.

juízes e os oficiais de Israel, e eles compareceram dian-
te de Deus.
2Josué disse a todo o povo: "Assim diz o SENHOR, o
Deus de Israel: 'Há muito tempo, os seus antepassados,
inclusive Terá, pai de Abraão e de Naor, viviam além do
Eufrates[a] e prestavam culto a outros deuses. 3Mas eu
tirei seu pai Abraão da terra que fica além do Eufrates
e o conduzi por toda a Canaã e lhe dei muitos descen-
dentes. Dei-lhe Isaque, 4e a Isaque dei Jacó e Esaú. A
Esaú dei os montes de Seir, mas Jacó e seus filhos des-
ceram para o Egito.
5" 'Então enviei Moisés e Arão e feri os egípcios com
pragas, com as quais os castiguei, e depois tirei vocês de
lá. 6Quando tirei os seus antepassados do Egito, vocês
vieram para o mar, e os egípcios os perseguiram com
carros de guerra e cavaleiros[b] até o mar Vermelho. 7Mas
os seus antepassados clamaram a mim, e eu coloquei
trevas entre vocês e os egípcios; fiz voltar o mar sobre
eles e os encobrir. Vocês viram com os seus próprios
olhos o que eu fiz com os egípcios. Depois disso vocês
viveram no deserto longo tempo.
8" 'Eu os trouxe para a terra dos amorreus que vi-
viam a leste do Jordão. Eles lutaram contra vocês, mas
eu os entreguei nas suas mãos. Eu os destruí diante de
vocês, e vocês se apossaram da terra deles. 9Quando
Balaque, rei de Moabe, filho de Zipor, se preparava pa-
ra lutar contra Israel, mandou buscar Balaão, filho de
Beor, para lançar maldição sobre vocês. 10Mas eu não
quis ouvir Balaão, de modo que ele os abençoou vez
após vez, e eu os livrei das mãos dele.
11" 'Depois vocês atravessaram o Jordão e chegaram a
Jericó. Os chefes de Jericó lutaram contra vocês, assim
como os amorreus, os ferezeus, os cananeus, os hititas,
os girgaseus, os heveus e os jebuseus, mas eu os entre-
guei nas mãos de vocês. 12Eu lhes causei pânico[c] para
expulsá-los de diante de vocês, como fiz aos dois reis
amorreus. Não foram a espada e o arco que lhes deram
a vitória. 13Foi assim que lhes dei uma terra que vocês
não cultivaram e cidades que vocês não construíram.
Nelas vocês moram, e comem de vinhas e olivais que
não plantaram'.
14"Agora temam o SENHOR e sirvam-no com integri-
dade e fidelidade. Joguem fora os deuses que os seus
antepassados adoraram além do Eufrates e no Egito,
e sirvam ao SENHOR. 15Se, porém, não lhes agrada ser-
vir ao SENHOR, escolham hoje a quem irão servir, se
aos deuses que os seus antepassados serviram além do
Eufrates, ou aos deuses dos amorreus, em cuja terra
vocês estão vivendo. Mas, eu e a minha família servi-
remos ao SENHOR".
16Então o povo respondeu: "Longe de nós abando-
nar o SENHOR para servir outros deuses! 17Foi o próprio
SENHOR, o nosso Deus, que nos tirou, a nós e a nossos
pais, do Egito, daquela terra de escravidão, e realizou
aquelas grandes maravilhas diante dos nossos olhos.
Ele nos protegeu no caminho e entre as nações pelas
quais passamos. 18Além disso, o SENHOR expulsou de
diante de nós todas as nações, inclusive os amorreus,
que viviam nesta terra. Nós também serviremos ao SE-
NHOR, porque ele é o nosso Deus".
19Josué disse ao povo: "Vocês não têm condições de
servir ao SENHOR. Ele é Deus santo! É Deus zeloso! Ele
não perdoará a rebelião e o pecado de vocês. 20Se aban-
donarem o SENHOR e servirem a deuses estrangeiros,
ele se voltará contra vocês e os castigará. Mesmo depois
de ter sido bondoso com vocês, ele os exterminará".
21O povo, porém, respondeu a Josué: "De maneira
nenhuma! Nós serviremos ao SENHOR".
22Disse então Josué: "Vocês são testemunhas contra
vocês mesmos de que escolheram servir ao SENHOR".
"Somos", responderam eles.
23Disse Josué: "Agora, então, joguem fora os deuses
estrangeiros que estão com vocês e voltem-se de cora-
ção para o SENHOR, o Deus de Israel".
24E o povo disse a Josué: "Serviremos ao SENHOR, o
nosso Deus, e lhe obedeceremos".
25Naquele dia Josué firmou um acordo com o povo
em Siquém, e lhe deu decretos e leis. 26Josué registrou
essas coisas no Livro da Lei de Deus. Depois ergueu uma
grande pedra ali, sob a Grande Árvore, perto do san-
tuário do SENHOR.
27Então disse ele a todo o povo: "Vejam esta pedra!
Ela será uma testemunha contra nós, pois ouviu todas
as palavras que o SENHOR nos disse. Será uma teste-
munha contra vocês, caso sejam infiéis ao seu Deus".

A morte de Josué

28Depois Josué despediu o povo, e cada um foi para
a sua propriedade.
29Passado algum tempo, Josué, filho de Num, servo
do SENHOR, morreu. Tinha cento e dez anos de idade.
30E o sepultaram na terra que tinha recebido por heran-
ça, em Timnate-Sera, nos montes de Efraim, ao norte
do monte Gaás.
31Israel serviu ao SENHOR durante toda a vida de Jo-
sué e dos líderes que lhe sobreviveram e que sabiam de
tudo o que o SENHOR fizera em favor de Israel.
32Os ossos de José, que os israelitas haviam trazido
do Egito, foram enterrados em Siquém, no quinhão de
terra que Jacó havia comprado dos filhos de Hamor, pai
de Siquém, por cem peças de prata[d]. Aquele terreno tor-
nou-se herança dos descendentes de José.
33Sucedeu também que Eleazar, filho de Arão, mor-
reu e foi sepultado em Gibeá, que fora dada a seu filho
Fineias, nos montes de Efraim.

[a] 24:2 Hebraico: *do Rio*; também nos versículos 3, 14 e 15.
[b] 24:6 Ou *condutores de carros de guerra*
[c] 24:12 Ou *enviei vespas à sua frente*; ou ainda *enviei praga à sua frente*
[d] 24:32 Hebraico: *100 quesitas*. A quesita era uma unidade monetária de peso e valor desconhecidos.

JUÍZES

A guerra contra os cananeus restantes

1 Depois da morte de Josué, os israelitas perguntaram ao SENHOR: "Quem de nós será o primeiro a atacar os cananeus?"

[2]O SENHOR respondeu: "Judá será o primeiro; eu entreguei a terra em suas mãos".

[3]Então os homens de Judá disseram aos seus irmãos de Simeão: "Venham conosco ao território que nos foi designado por sorteio, e lutemos contra os cananeus. Iremos com vocês para o território que lhes foi dado". E os homens de Simeão foram com eles.

[4]Quando os homens de Judá atacaram, o SENHOR entregou os cananeus e os ferezeus nas mãos deles, e eles mataram dez mil homens em Bezeque. [5]Foi lá que encontraram Adoni-Bezeque, lutaram contra ele e derrotaram os cananeus e os ferezeus. [6]Adoni-Bezeque fugiu, mas eles o perseguiram e o prenderam, e lhe cortaram os polegares das mãos e dos pés.

[7]Então Adoni-Bezeque disse: "Setenta reis com os polegares das mãos e dos pés cortados apanhavam migalhas debaixo da minha mesa. Agora Deus me retribuiu aquilo que lhes fiz". Eles o levaram para Jerusalém, onde morreu.

[8]Os homens de Judá atacaram também Jerusalém e a conquistaram. Mataram seus habitantes ao fio da espada e a incendiaram.

[9]Depois disso eles desceram para lutar contra os cananeus que viviam na serra, no Neguebe e na Sefelá[a]. [10]Avançaram contra os cananeus que viviam em Hebrom, anteriormente chamada Quiriate-Arba, e derrotaram Sesai, Aimã e Talmai.

[11]Dali avançaram contra o povo que morava em Debir, anteriormente chamada Quiriate-Sefer. [12]E disse Calebe: "Darei minha filha Acsa em casamento ao homem que atacar e conquistar Quiriate-Sefer". [13]Otoniel, filho de Quenaz, irmão mais novo de Calebe, conquistou a cidade; por isso Calebe lhe deu sua filha Acsa por mulher.

[14]Um dia, quando já vivia com Otoniel, ela o persuadiu[b] a pedir um campo ao pai dela. Assim que ela desceu do jumento, Calebe lhe perguntou: "O que você quer?"

[15]Ela respondeu: "Dê-me um presente. Já que o senhor me deu terras no Neguebe, dê-me também fontes de água". E Calebe lhe deu as fontes superiores e as inferiores.

[16]Os descendentes do sogro de Moisés, o queneu, saíram da Cidade das Palmeiras[c] com os homens de Judá e passaram a viver entre o povo do deserto de Judá, no Neguebe, perto de Arade.

[17]Depois os homens de Judá foram com seus irmãos de Simeão e derrotaram os cananeus que viviam em Zefate, e destruíram totalmente a cidade. Por essa razão ela foi chamada Hormá[d]. [18]Os homens de Judá também conquistaram[e] Gaza, Ascalom e Ecrom, com os seus territórios.

[19]O SENHOR estava com os homens de Judá. Eles ocuparam a serra central, mas não conseguiram expulsar os habitantes dos vales, pois estes possuíam carros de guerra feitos de ferro. [20]Conforme Moisés havia prometido, Hebrom foi dada a Calebe, que expulsou de lá os três filhos de Enaque. [21]Já os benjamitas deixaram de expulsar os jebuseus que estavam morando em Jerusalém. Os jebuseus vivem ali com os benjamitas até o dia de hoje.

[22]Os homens das tribos de José, por sua vez, atacaram Betel, e o SENHOR estava com eles. [23]Enviaram espias a Betel, anteriormente chamada Luz. [24]Quando os espias viram um homem saindo da cidade disseram-lhe: "Mostre-nos como entrar na cidade, e nós lhe pouparemos a vida". [25]Ele mostrou como entrar, e eles mataram os habitantes da cidade ao fio da espada, mas pouparam o homem e toda a sua família. [26]Ele foi, então, para a terra dos hititas, onde fundou uma cidade e lhe deu o nome de Luz, que é o seu nome até o dia de hoje.

[27]Manassés, porém, não expulsou o povo de Bete-Seã, o de Taanaque, o de Dor, o de Ibleã, o de Megido, nem tampouco o dos povoados ao redor dessas cidades, pois os cananeus estavam decididos a permanecer naquela terra. [28]Quando Israel se tornou forte, impôs trabalhos forçados aos cananeus, mas não os expulsou completamente. [29]Efraim também não expulsou os cananeus que viviam em Gezer, mas os cananeus continuaram a viver entre eles. [30]Nem Zebulom expulsou os cananeus que viviam em Quitrom e em Naalol, mas estes permaneceram entre eles, e foram submetidos a trabalhos forçados. [31]Nem Aser expulsou os que viviam em Aco, Sidom, Alabe, Aczibe, Helba, Afeque e Reobe, [32]e, por esse motivo, o povo de Aser vivia entre os cananeus que habitavam naquela terra. [33]Nem Naftali expulsou os que viviam em Bete-Semes e em Bete-Anate; mas o povo de Naftali também vivia entre os cananeus que habitavam a terra, e aqueles que viviam em Bete-Semes e em Bete-Anate passaram a fazer trabalhos forçados para eles. [34]Os amorreus confinaram a tribo de Dã à serra central, não permitindo que descessem ao vale. [35]E os amorreus igualmente estavam decididos a resistir no monte Heres, em Aijalom e em Saalbim, mas, quando as tribos de José ficaram mais poderosas, eles também foram submetidos a trabalhos forçados. [36]A fronteira dos amorreus ia da subida de Acrabim[f] até Selá, e mais adiante.

O Anjo do SENHOR em Boquim

2 O Anjo do SENHOR subiu de Gilgal a Boquim e disse: "Tirei vocês do Egito e os trouxe para a terra que prometi com juramento dar a seus antepassados. Eu disse: Jamais quebrarei a minha aliança com vocês. [2]E vocês não farão acordo com o povo desta terra, mas demolirão os seus altares. Por que vocês não me obedeceram?

[a] 1:9 Pequena faixa de terra de relevo variável entre a planície costeira e as montanhas.

[b] 1:14 Conforme o Texto Massorético. A Septuaginta e a Vulgata dizem *ele a persuadiu*.

[c] 1:16 Isto é, Jericó.

[d] 1:17 Hormá significa destruição.

[e] 1:18 A Septuaginta diz *Judá não conquistaram*.

[f] 1:36 Isto é, dos Escorpiões.

3Portanto, agora lhes digo que não os expulsarei da presença de vocês; eles serão seus adversários, e os deuses deles serão uma armadilha para vocês".

4Quando o Anjo do SENHOR acabou de falar a todos os israelitas, o povo chorou em alta voz, 5e ao lugar chamaram Boquim[a]. Ali ofereceram sacrifícios ao SENHOR.

Desobediência e derrota

6Depois que Josué despediu os israelitas, eles saíram para ocupar a terra, cada um a sua herança. 7O povo prestou culto ao SENHOR durante toda a vida de Josué e dos líderes que sobreviveram a Josué e que tinham visto todos os grandes feitos do SENHOR em favor de Israel.

8Josué, filho de Num, servo do SENHOR, morreu com a idade de cento e dez anos. 9Foi sepultado na terra de sua herança, em Timnate-Heres[b], nos montes de Efraim, ao norte do monte Gaás.

10Depois que toda aquela geração foi reunida a seus antepassados, surgiu uma nova geração que não conhecia o SENHOR e o que ele havia feito por Israel. 11Então os israelitas fizeram o que o SENHOR reprova e prestaram culto aos baalins. 12Abandonaram o SENHOR, o Deus dos seus antepassados, que os havia tirado do Egito, e seguiram e adoraram vários deuses dos povos ao seu redor, provocando a ira do SENHOR. 13Abandonaram o SENHOR e prestaram culto a Baal e a Astarote. 14A ira do SENHOR se acendeu contra Israel, e ele os entregou nas mãos de invasores que os saquearam. Ele os entregou aos inimigos ao seu redor, aos quais já não conseguiam resistir. 15Sempre que os israelitas saíam para a batalha, a mão do SENHOR era contra eles para derrotá-los, conforme lhes havia advertido e jurado. Grande angústia os dominava.

16Então o SENHOR levantou juízes[c], que os libertaram das mãos daqueles que os atacavam. 17Mesmo assim eles não quiseram ouvir os juízes, antes se prostituíram com outros deuses e os adoraram. Ao contrário dos seus antepassados, logo se desviaram do caminho pelo qual os seus antepassados tinham andado, o caminho da obediência aos mandamentos do SENHOR. 18Sempre que o SENHOR lhes levantava um juiz, ele estava com o juiz e os salvava das mãos de seus inimigos enquanto o juiz vivia; pois o SENHOR tinha misericórdia por causa dos gemidos deles diante daqueles que os oprimiam e os afligiam. 19Mas, quando o juiz morria, o povo voltava a caminhos ainda piores do que os caminhos dos seus antepassados, seguindo outros deuses, prestando-lhes culto e adorando-os. Recusavam-se a abandonar suas práticas e seu caminho obstinado.

20Por isso a ira do SENHOR acendeu-se contra Israel, e ele disse: "Como este povo violou a aliança que fiz com os seus antepassados e não tem ouvido a minha voz, 21não expulsarei de diante dele nenhuma das nações que Josué deixou quando morreu. 22Eu as usarei para pôr Israel à prova e ver se guardará o caminho do SENHOR e se andará nele como o fizeram os seus antepassados". 23O SENHOR havia permitido que essas nações permanecessem; não as expulsou de imediato, e não as entregou nas mãos de Josué.

3 São estas as nações que o SENHOR deixou para pôr à prova todos os israelitas que não tinham visto nenhuma das guerras em Canaã 2(fez isso apenas para treinar na guerra os descendentes dos israelitas, pois não tinham tido experiência anterior de combate): 3os cinco governantes dos filisteus, todos os cananeus, os sidônios e os heveus que viviam nos montes do Líbano, desde o monte Baal-Hermom até Lebo-Hamate. 4Essas nações foram deixadas para que por elas os israelitas fossem postos à prova, se obedeceriam aos mandamentos que o SENHOR dera aos seus antepassados por meio de Moisés.

5Os israelitas viviam entre os cananeus, os hititas, os amorreus, os ferezeus, os heveus e os jebuseus. 6Tomaram as filhas deles em casamento e deram suas filhas aos filhos deles, e prestaram culto aos deuses deles.

Otoniel

7Os israelitas fizeram o que o SENHOR reprova, pois esqueceram-se do SENHOR, o seu Deus, e prestaram culto aos baalins e a Aserá. 8Acendeu-se a ira do SENHOR de tal forma contra Israel que ele os entregou nas mãos de Cuchã-Risataim, rei da Mesopotâmia[d], por quem os israelitas foram subjugados durante oito anos. 9Mas, quando clamaram ao SENHOR, ele lhes levantou um libertador, Otoniel, filho de Quenaz, o irmão mais novo de Calebe, que os libertou. 10O Espírito do SENHOR veio sobre ele, de modo que liderou Israel e foi à guerra. O SENHOR entregou Cuchã-Risataim, rei da Mesopotâmia, nas mãos de Otoniel, que prevaleceu contra ele. 11E a terra teve paz durante quarenta anos, até a morte de Otoniel, filho de Quenaz.

Eúde

12Mais uma vez os israelitas fizeram o que o SENHOR reprova, e por isso o SENHOR deu a Eglom, rei de Moabe, poder sobre Israel. 13Conseguindo uma aliança com os amonitas e com os amalequitas, Eglom veio e derrotou Israel, e conquistou a Cidade das Palmeiras[e]. 14Os israelitas ficaram sob o domínio de Eglom, rei de Moabe, durante dezoito anos.

15Novamente os israelitas clamaram ao SENHOR, que lhes deu um libertador chamado Eúde, homem canhoto, filho do benjamita Gera. Os israelitas o enviaram com o pagamento de tributos a Eglom, rei de Moabe. 16Eúde havia feito uma espada de dois gumes, de quarenta e cinco centímetros[f] de comprimento, e a tinha amarrado na coxa direita, debaixo da roupa. 17Ele entregou o tributo a Eglom, rei de Moabe, homem muito gordo. 18Em seguida, Eúde mandou embora os carregadores. 19Junto aos ídolos[g] que estão perto de Gilgal, ele voltou e disse: "Tenho uma mensagem secreta para ti, ó rei".

O rei respondeu: "Calado!" E todos os seus auxiliares saíram de sua presença.

20Eúde aproximou-se do rei, que estava sentado sozinho na sala superior do palácio de verão, e repetiu: "Tenho uma mensagem de Deus para ti". Quando o rei se levantou do trono, 21Eúde estendeu a mão esquerda, apanhou a espada de sua coxa direita e cravou-a na barriga do rei. 22Até o cabo penetrou com a lâmina; e, como não tirou a espada, a gordura se fechou sobre ela. 23Então Eúde saiu para o pórtico, depois de fechar e trancar as portas da sala atrás de si.

[a] 2:5 *Boquim* significa *pranteadores*.
[b] 2:9 Também conhecida como *Timnate-Sera*. Veja Js 19:50 e 24:30.
[c] 2:16 Ou *líderes*; também nos versículos 17-19.
[d] 3:8 Hebraico: *Arã Naaraim*; também no versículo 10.
[e] 3:13 Isto é, Jericó.
[f] 3:16 Hebraico: *1 côvado*.
[g] 3:19 Ou *às pedreiras*; também no versículo 26.

24 Depois que ele saiu, vieram os servos e encontraram trancadas as portas da sala superior, e disseram: "Ele deve estar fazendo suas necessidades em seu cômodo privativo". 25 Cansaram-se de esperar, e como ele não abria a porta da sala, pegaram a chave e a abriram. E lá estava o seu senhor, caído no chão, morto!

26 Enquanto esperavam, Eúde escapou. Passou pelos ídolos e fugiu para Seirá. 27 Quando chegou, tocou a trombeta nos montes de Efraim, e os israelitas desceram dos montes, com ele à sua frente.

28 "Sigam-me", ordenou, "pois o SENHOR entregou Moabe, o inimigo de vocês, em suas mãos." Eles o seguiram, tomaram posse do lugar de passagem do Jordão que levava a Moabe e não deixaram ninguém atravessar o rio. 29 Naquela ocasião mataram cerca de dez mil moabitas, todos eles fortes e vigorosos; nem um só homem escapou. 30 Naquele dia Moabe foi subjugado por Israel, e a terra teve paz durante oitenta anos.

Sangar

31 Depois de Eúde veio Sangar, filho de Anate, que matou seiscentos filisteus com uma aguilhada de bois. Ele também libertou Israel.

Débora

4 Depois da morte de Eúde, mais uma vez os israelitas fizeram o que o SENHOR reprova. 2 Assim o SENHOR os entregou nas mãos de Jabim, rei de Canaã, que reinava em Hazor. O comandante do seu exército era Sísera, que habitava em Harosete-Hagoim. 3 Os israelitas clamaram ao SENHOR, porque Jabim, que tinha novecentos carros de ferro, os havia oprimido cruelmente durante vinte anos.

4 Débora, uma profetisa, mulher de Lapidote, liderava Israel naquela época. 5 Ela se sentava debaixo da tamareira de Débora, entre Ramá e Betel, nos montes de Efraim, e os israelitas a procuravam, para que ela decidisse as suas questões. 6 Débora mandou chamar Baraque, filho de Abinoão, de Quedes, em Naftali, e lhe disse: "O SENHOR, o Deus de Israel, lhe ordena que reúna dez mil homens de Naftali e Zebulom e vá ao monte Tabor. 7 Ele fará que Sísera, o comandante do exército de Jabim, vá atacá-lo, com seus carros de guerra e tropas, junto ao rio Quisom, e os entregará em suas mãos".

8 Baraque disse a ela: "Se você for comigo, irei; mas, se não for, não irei".

9 Respondeu Débora: "Está bem, irei com você. Mas saiba que, por causa do seu modo de agir[a], a honra não será sua; porque o SENHOR entregará Sísera nas mãos de uma mulher". Então Débora foi a Quedes com Baraque, 10 onde ele convocou Zebulom e Naftali. Dez mil homens o seguiram, e Débora também foi com ele.

11 Ora, o queneu Héber se havia separado dos outros queneus, descendentes de Hobabe, sogro de Moisés, e tinha armado sua tenda junto ao carvalho de Zaanim, perto de Quedes.

12 Quando disseram a Sísera que Baraque, filho de Abinoão, tinha subido o monte Tabor, 13 Sísera reuniu seus novecentos carros de ferro e todos os seus soldados, de Harosete-Hagoim ao rio Quisom.

14 E Débora disse também a Baraque: "Vá! Este é o dia em que o SENHOR entregou Sísera em suas mãos. O SENHOR está indo à sua frente!" Então Baraque desceu o monte Tabor, seguido por dez mil homens. 15 Diante do avanço de Baraque, o SENHOR derrotou Sísera e todos os seus carros de guerra e o seu exército ao fio da espada, e Sísera desceu do seu carro e fugiu a pé. 16 Baraque perseguiu os carros de guerra e o exército até Harosete-Hagoim. Todo o exército de Sísera caiu ao fio da espada; não sobrou um só homem.

17 Sísera, porém, fugiu a pé para a tenda de Jael, mulher do queneu Héber, pois havia paz entre Jabim, rei de Hazor, e o clã do queneu Héber.

18 Jael saiu ao encontro de Sísera e o convidou: "Venha, entre na minha tenda, meu senhor. Não tenha medo!" Ele entrou, e ela o cobriu com um pano.

19 "Estou com sede", disse ele. "Por favor, dê-me um pouco de água." Ela abriu uma vasilha de leite feita de couro, deu-lhe de beber, e tornou a cobri-lo.

20 E Sísera disse à mulher: "Fique à entrada da tenda. Se alguém passar e perguntar se há alguém aqui, responda que não".

21 Entretanto, Jael, mulher de Héber, apanhou uma estaca da tenda e um martelo e aproximou-se silenciosamente enquanto ele, exausto, dormia um sono profundo. E cravou-lhe a estaca na têmpora até penetrar o chão, e ele morreu.

22 Baraque passou à procura de Sísera, e Jael saiu ao seu encontro. "Venha", disse ela, "eu lhe mostrarei o homem que você está procurando." E entrando ele na tenda, viu ali caído Sísera, morto, com a estaca atravessada nas têmporas.

23 Naquele dia Deus subjugou Jabim, o rei cananeu, perante os israelitas. 24 E os israelitas atacaram cada vez mais a Jabim, o rei cananeu, até que eles o destruíram.

O cântico de Débora

5 Naquele dia Débora e Baraque, filho de Abinoão, entoaram este cântico:

2 "Consagrem-se para a guerra
os chefes de Israel.
Voluntariamente o povo se apresenta.
Louvem o SENHOR!

3 "Ouçam, ó reis!
Governantes, escutem!
Cantarei ao[b] SENHOR, cantarei;
comporei músicas ao[c] SENHOR,
o Deus de Israel.

4 "Ó SENHOR, quando saíste de Seir,
quando marchaste
desde os campos de Edom,
a terra estremeceu, os céus gotejaram,
as nuvens despejaram água!
5 Os montes tremeram
perante o SENHOR, o Deus do Sinai,
perante o SENHOR, o Deus de Israel.

6 "Nos dias de Sangar, filho de Anate,
nos dias de Jael,
as estradas estavam desertas;
os que viajavam seguiam
caminhos tortuosos.

[a] 4:9 Ou *saiba que, quanto à expedição que você está assumindo*

[b] 5:3 Ou *sobre o*

[c] 5:3 Ou *Com cânticos louvarei o*

[7]Já tinham desistido
os camponeses de Israel,[a]
já tinham desistido,
até que eu, Débora, me levantei;[b]
levantou-se uma mãe em Israel.
[8]Quando escolheram novos deuses,
a guerra chegou às portas,
e não se via um só escudo ou lança
entre quarenta mil de Israel.
[9]Meu coração está
com os comandantes de Israel,
com os voluntários dentre o povo.
Louvem o SENHOR!

[10]"Vocês, que cavalgam
em brancos jumentos,
que se assentam em ricos tapetes,
que caminham pela estrada, considerem!
[11]Mais alto que a voz
dos que distribuem água[c]
junto aos bebedouros,
recitem-se os justos feitos do SENHOR,
os justos feitos
em favor dos camponeses[d] de Israel.

"Então o povo do SENHOR
desceu às portas.
[12]'Desperte, Débora! Desperte!
Desperte, desperte, irrompa em cânticos!
Levante-se, Baraque!
Leve presos os seus prisioneiros,
ó filho de Abinoão!'

[13]"Então desceram os restantes
e foram aos nobres;
o povo do SENHOR
veio a mim contra os poderosos.
[14]Alguns vieram de Efraim,
das raízes de Amaleque;
Benjamim estava com o povo
que seguiu você.
De Maquir desceram comandantes;
de Zebulom, os que levam
a vara de oficial.
[15]Os líderes de Issacar
estavam com Débora;
sim, Issacar também estava
com Baraque,
apressando-se após ele até o vale.
Nas divisões de Rúben
houve muita inquietação.
[16]Por que vocês permaneceram
entre as fogueiras[e]
a ouvir o balido dos rebanhos?
Nas divisões de Rúben
houve muita indecisão.
[17]Gileade permaneceu
do outro lado do Jordão.
E Dã, por que se deteve
junto aos navios?
Aser permaneceu no litoral
e em suas enseadas ficou.
[18]O povo de Zebulom arriscou a vida,
como o fez Naftali
nas altas regiões do campo.

[19]"Vieram reis e lutaram.
Os reis de Canaã lutaram
em Taanaque, junto às águas de Megido,
mas não levaram prata alguma,
despojo algum.
[20]Desde o céu lutaram as estrelas,
desde as suas órbitas
lutaram contra Sísera.
[21]O rio Quisom os levou,
o antigo rio, o rio Quisom.
Avante, minh'alma! Seja forte!
[22]Os cascos dos cavalos
faziam tremer o chão;
galopavam,
galopavam os seus poderosos cavalos.
[23]'Amaldiçoem Meroz',
disse o anjo do SENHOR.
'Amaldiçoem o seu povo,
pois não vieram ajudar o SENHOR,
ajudar o SENHOR contra os poderosos.'

[24]"Que Jael seja
a mais bendita das mulheres,
Jael, mulher de Héber, o queneu!
Seja ela bendita entre as mulheres
que habitam em tendas!
[25]Ele pediu água, e ela lhe deu leite;
numa tigela digna de príncipes
trouxe-lhe coalhada.
[26]Ela estendeu a mão e apanhou
a estaca da tenda;
e com a mão direita
o martelo do trabalhador.
Golpeou Sísera, esmigalhou sua cabeça,
esmagou e traspassou suas têmporas.
[27]Aos seus pés ele se curvou,
caiu e ali ficou prostrado.
Aos seus pés ele se curvou e caiu;
onde caiu, ali ficou. Morto!

[28]"Pela janela olhava a mãe de Sísera;
atrás da grade ela exclamava:
'Por que o seu carro
se demora tanto?
Por que custa a chegar
o ruído de seus carros?'
[29]As mais sábias de suas damas
respondiam,
e ela continuava falando consigo mesma:
[30]'Estarão achando e repartindo
os despojos?
Uma ou duas moças
para cada homem,
roupas coloridas
como despojo para Sísera,
roupas coloridas e bordadas,
tecidos bordados
para o meu pescoço,
tudo isso como despojo?'

[a] 5:7 Ou *Desapareceram os guerreiros em Israel,*
[b] 5:7 Ou *até que você, Débora, se levantou;*
[c] 5:11 Ou *dos flecheiros*
[d] 5:11 Ou *guerreiros*
[e] 5:16 Ou *os alforjes*

> 31"Assim pereçam
> todos os teus inimigos, ó SENHOR!
> Mas os que te amam sejam como o sol
> quando se levanta na sua força".

E a terra teve paz durante quarenta anos.

Gideão

6 De novo os israelitas fizeram o que o SENHOR reprova, e durante sete anos ele os entregou nas mãos dos midianitas. 2Os midianitas dominaram Israel; por isso os israelitas fizeram para si esconderijos nas montanhas, nas cavernas e nas fortalezas. 3Sempre que os israelitas faziam as suas plantações, os midianitas, os amalequitas e outros povos da região a leste deles as invadiam. 4Acampavam na terra e destruíam as plantações ao longo de todo o caminho, até Gaza, e não deixavam nada vivo em Israel, nem ovelhas nem gado nem jumentos. 5Eles subiam trazendo os seus animais e suas tendas, e vinham como enxames de gafanhotos; era impossível contar os homens e os seus camelos. Invadiam a terra para devastá-la. 6Por causa de Midiã, Israel empobreceu tanto que os israelitas clamaram por socorro ao SENHOR.

7Quando os israelitas clamaram ao SENHOR por causa de Midiã, 8ele lhes enviou um profeta, que disse: "Assim diz o SENHOR, o Deus de Israel: 'Tirei vocês do Egito, da terra da escravidão. 9Eu os livrei do poder do Egito e das mãos de todos os seus opressores. Expulsei-os e dei a vocês a terra deles. 10E também disse a vocês: Eu sou o SENHOR, o seu Deus; não adorem os deuses dos amorreus, em cuja terra vivem, mas vocês não me deram ouvidos'".

11Então o Anjo do SENHOR veio e sentou-se sob a grande árvore de Ofra, que pertencia ao abiezrita Joás. Gideão, filho de Joás, estava malhando o trigo num tanque de prensar uvas, para escondê-lo dos midianitas. 12Então o Anjo do SENHOR apareceu a Gideão e lhe disse: "O SENHOR está com você, poderoso guerreiro".

13"Ah, Senhor", Gideão respondeu, "se o SENHOR está conosco, por que aconteceu tudo isso? Onde estão todas as suas maravilhas que os nossos pais nos contam quando dizem: 'Não foi o SENHOR que nos tirou do Egito?' Mas agora o SENHOR nos abandonou e nos entregou nas mãos de Midiã".

14O SENHOR se voltou para ele e disse: "Com a força que você tem, vá libertar Israel das mãos de Midiã. Não sou eu quem o está enviando?"

15"Ah, Senhor[a]", respondeu Gideão, "como posso libertar Israel? Meu clã é o menos importante de Manassés, e eu sou o menor da minha família."

16"Eu estarei com você", respondeu o SENHOR, "e você derrotará todos os midianitas como se fossem um só homem".

17E Gideão prosseguiu: "Se de fato posso contar com o teu favor, dá-me um sinal de que és tu que estás falando comigo. 18Peço-te que não vás embora até que eu volte e traga minha oferta e a coloque diante de ti".

E o SENHOR respondeu: "Esperarei até você voltar".

19Gideão foi para casa, preparou um cabrito, e com uma arroba[b] de farinha fez pães sem fermento. Pôs a carne num cesto e o caldo numa panela, trouxe-os para fora e ofereceu-os a ele sob a grande árvore.

20E o Anjo de Deus lhe disse: "Apanhe a carne e os pães sem fermento, ponha-os sobre esta rocha e derrame o caldo". Gideão assim o fez. 21Com a ponta do cajado que estava em sua mão, o Anjo do SENHOR tocou a carne e os pães sem fermento. Fogo subiu da rocha, consumindo a carne e os pães. E o Anjo do SENHOR desapareceu. 22Quando Gideão viu que era o Anjo do SENHOR, exclamou: "Ah, SENHOR Soberano! Vi o Anjo do SENHOR face a face!"

23Disse-lhe, porém, o SENHOR: "Paz seja com você! Não tenha medo. Você não morrerá".

24Gideão construiu ali um altar em honra ao SENHOR e lhe deu este nome: O SENHOR é Paz. Até hoje o altar está em Ofra dos abiezritas.

25Naquela mesma noite o SENHOR lhe disse: "Separe o segundo novilho[c] do rebanho de seu pai, aquele de sete anos de idade. Despedace o altar de Baal, que pertence a seu pai, e corte o poste sagrado de Aserá que está ao lado do altar. 26Depois faça um altar para o SENHOR, o seu Deus, no topo desta elevação. Ofereça o segundo novilho em holocausto[d] com a madeira do poste sagrado que você irá cortar".

27Assim Gideão chamou dez dos seus servos e fez como o SENHOR lhe ordenara. Mas, com medo da sua família e dos homens da cidade, fez tudo de noite, e não durante o dia.

28De manhã, quando os homens da cidade se levantaram, lá estava demolido o altar de Baal, com o poste sagrado ao seu lado, cortado, e com o segundo novilho sacrificado no altar recém-construído!

29Perguntaram uns aos outros: "Quem fez isso?"

Depois de investigar, concluíram: "Foi Gideão, filho de Joás".

30Os homens da cidade disseram a Joás: "Traga seu filho para fora. Ele deve morrer, pois derrubou o altar de Baal e quebrou o poste sagrado que ficava ao seu lado".

31Joás, porém, respondeu à multidão hostil que o cercava: "Vocês vão defender a causa de Baal? Estão tentando salvá-lo? Quem lutar por ele será morto pela manhã! Se Baal fosse realmente um deus, poderia defender-se quando derrubaram o seu altar". 32Por isso naquele dia chamaram Gideão de "Jerubaal", dizendo: "Que Baal dispute com ele, pois derrubou o seu altar".

33Nesse meio tempo, todos os midianitas, amalequitas e outros povos que vinham do leste uniram os seus exércitos, atravessaram o Jordão e acamparam no vale de Jezreel. 34Então o Espírito do SENHOR apoderou-se de Gideão, e ele, com toque de trombeta, convocou os abiezritas para segui-lo. 35Enviou mensageiros a todo o Manassés, chamando-o às armas, e também a Aser, a Zebulom e a Naftali, que também subiram ao seu encontro.

36E Gideão disse a Deus: "Quero saber se vais libertar Israel por meu intermédio, como prometeste. 37Vê, colocarei uma porção de lã na eira. Se o orvalho molhar apenas a lã e todo o chão estiver seco, saberei que tu libertarás Israel por meu intermédio, como prometeste".

[a] **6:15** Ou *senhor*

[b] **6:19** Hebraico: *1 efa*. O efa era uma capacidade de medidas para secos. As estimativas variam entre 20 e 40 litros.

[c] **6:25** Ou *um touro bem crescido*; também nos versículos 26 e 28.

[d] **6:26** Isto é, sacrifício totalmente queimado; também em 11:31; 13:16,23; 20:26 e 21:4.

38E assim aconteceu. Gideão levantou-se bem cedo no dia seguinte, torceu a lã e encheu uma tigela de água do orvalho.

39Disse ainda Gideão a Deus: "Não se acenda a tua ira contra mim. Deixa-me fazer só mais um pedido. Permite-me fazer mais um teste com a lã. Desta vez faze ficar seca a lã e o chão coberto de orvalho". 40E Deus assim fez naquela noite. Somente a lã estava seca; o chão estava todo coberto de orvalho.

A vitória de Gideão sobre os midianitas

7 De madrugada Jerubaal, isto é, Gideão, e todo o seu exército acampou junto à fonte de Harode. O acampamento de Midiã estava ao norte deles, no vale, perto do monte Moré. 2E o SENHOR disse a Gideão: "Você tem gente demais, para eu entregar Midiã nas suas mãos. A fim de que Israel não se orgulhe contra mim, dizendo que a sua própria força o libertou, 3anuncie, pois, ao povo que todo aquele que estiver tremendo de medo poderá ir embora do monte Gileade". Então vinte e dois mil homens partiram, e ficaram apenas dez mil.

4Mas o SENHOR tornou a dizer a Gideão: "Ainda há gente demais. Desça com eles à beira d'água, e eu separarei os que ficarão com você. Se eu disser: Este irá com você, ele irá; mas, se eu disser: Este não irá com você, ele não irá".

5Assim Gideão levou os homens à beira d'água, e o SENHOR lhe disse: "Separe os que beberem a água lambendo-a como faz o cachorro, daqueles que se ajoelharem para beber". 6O número dos que lamberam a água levando-a com as mãos à boca foi de trezentos homens. Todos os demais se ajoelharam para beber.

7O SENHOR disse a Gideão: "Com os trezentos homens que lamberam a água livrarei vocês e entregarei os midianitas nas suas mãos. Mande para casa todos os outros homens". 8Gideão mandou os israelitas para as suas tendas, mas reteve os trezentos. E estes ficaram com as provisões e as trombetas dos que partiram.

O acampamento de Midiã ficava abaixo deles, no vale. 9Naquela noite o SENHOR disse a Gideão: "Levante-se e desça ao acampamento, pois vou entregá-lo nas suas mãos. 10Se você está com medo de atacá-los, desça ao acampamento com o seu servo Pura 11e ouça o que estiverem dizendo. Depois disso você terá coragem para atacar". Então ele e o seu servo Pura desceram até os postos avançados do acampamento. 12Os midianitas, os amalequitas e todos os outros povos que vinham do leste haviam se instalado no vale; eram numerosos como nuvens de gafanhotos. Assim como não se pode contar a areia da praia, também não se podia contar os seus camelos.

13Gideão chegou bem no momento em que um homem estava contando seu sonho a um amigo. "Tive um sonho", dizia ele. "Um pão de cevada vinha rolando dentro do acampamento midianita, e atingiu a tenda com tanta força que ela tombou e se desmontou."

14Seu amigo respondeu: "Não pode ser outra coisa senão a espada de Gideão, filho de Joás, o israelita. Deus entregou os midianitas e todo o acampamento nas mãos dele".

15Quando Gideão ouviu o sonho e a sua interpretação, adorou a Deus. Voltou para o acampamento de Israel e gritou: "Levantem-se! O SENHOR entregou o acampamento midianita nas mãos de vocês". 16Dividiu os trezentos homens em três companhias e pôs nas mãos de todos eles trombetas e jarros vazios, com tochas dentro.

17E ele lhes disse: "Observem-me. Façam o que eu fizer. Quando eu chegar à extremidade do acampamento, façam o que eu fizer. 18Quando eu e todos os que estiverem comigo tocarmos as nossas trombetas ao redor do acampamento, toquem as suas, e gritem: Pelo SENHOR e por Gideão!"

19Gideão e os cem homens que o acompanhavam chegaram aos postos avançados do acampamento pouco depois da meia-noite[a], assim que foram trocadas as sentinelas. Então tocaram as suas trombetas e quebraram os jarros que tinham nas mãos; 20as três companhias tocaram as trombetas e despedaçaram os jarros. Empunhando as tochas com a mão esquerda e as trombetas com a direita, gritaram: "À espada, pelo SENHOR e por Gideão!" 21Cada homem mantinha a sua posição em torno do acampamento, e todos os midianitas fugiam correndo e gritando.

22Quando as trezentas trombetas soaram, o SENHOR fez que em todo o acampamento os homens se voltassem uns contra os outros com as suas espadas. Mas muitos fugiram para Bete-Sita, na direção de Zererá, até a fronteira de Abel-Meolá, perto de Tabate. 23Os israelitas de Naftali, de Aser e de todo o Manassés foram convocados, e perseguiram os midianitas. 24Gideão enviou mensageiros a todos os montes de Efraim, dizendo: "Desçam para atacar os midianitas e cerquem as águas do Jordão à frente deles até Bete-Bara".

Foram, pois, convocados todos os homens de Efraim, e eles ocuparam as águas do Jordão até Bete-Bara. 25Eles prenderam dois líderes midianitas, Orebe e Zeebe. Mataram Orebe na rocha de Orebe, e Zeebe no tanque de prensar uvas de Zeebe. E, depois de perseguir os midianitas, trouxeram a cabeça de Orebe e a de Zeebe a Gideão, que estava do outro lado do Jordão.

A derrota de Zeba e Zalmuna

8 Os efraimitas perguntaram, então, a Gideão: "Por que você nos tratou dessa forma? Por que não nos chamou quando foi lutar contra Midiã?" E o criticaram duramente.

2Ele, porém, lhes respondeu: "Que é que eu fiz, em comparação com vocês? O resto das uvas de Efraim não são melhores do que toda a colheita de Abiezer? 3Deus entregou os líderes midianitas Orebe e Zeebe nas mãos de vocês. O que pude fazer não se compara com o que vocês fizeram!" Diante disso, acalmou-se a indignação deles contra Gideão.

4Gideão e seus trezentos homens, já exaustos, continuaram a perseguição, chegaram ao Jordão e o atravessaram. 5Em Sucote, disse ele aos homens dali: "Peço-lhes um pouco de pão para as minhas tropas; os homens estão cansados, e eu ainda estou perseguindo os reis de Midiã, Zeba e Zalmuna".

6Os líderes de Sucote, porém, disseram: "Ainda não estão em seu poder Zeba e Zalmuna? Por que deveríamos dar pão às suas tropas?"

7"É assim?", replicou Gideão. "Quando o SENHOR entregar Zeba e Zalmuna em minhas mãos, rasgarei a carne de vocês com espinhos e espinheiros do deserto."

[a] 7:19 Hebraico: *no início da vigília da meia-noite.*

[8]Dali subiu a Peniel e fez o mesmo pedido aos homens de Peniel, mas eles responderam como os de Sucote. [9]Aos homens de Peniel ele disse: "Quando eu voltar triunfante, destruirei esta fortaleza".

[10]Ora, Zeba e Zalmuna estavam em Carcor, e com eles cerca de quinze mil homens. Estes foram todos os que sobraram dos exércitos dos povos que vinham do leste, pois cento e vinte mil homens que portavam espada tinham sido mortos. [11]Gideão subiu pela rota dos nômades, a leste de Noba e Jogbeá, e atacou de surpresa o exército. [12]Zeba e Zalmuna, os dois reis de Midiã, fugiram, mas ele os perseguiu e os capturou, derrotando também o exército.

[13]Depois Gideão, filho de Joás, voltou da batalha, pela subida de Heres. [14]Ele capturou um jovem de Sucote e o interrogou, e o jovem escreveu para Gideão os nomes dos setenta e sete líderes e autoridades da cidade. [15]Gideão foi então a Sucote e disse aos homens de lá: "Aqui estão Zeba e Zalmuna, acerca dos quais vocês zombaram de mim, dizendo: 'Ainda não estão em seu poder Zeba e Zalmuna? Por que deveríamos dar pão aos seus homens exaustos?'" [16]Gideão prendeu os líderes da cidade de Sucote, castigando-os com espinhos e espinheiros do deserto; [17]depois derrubou a fortaleza de Peniel e matou os homens daquela cidade.

[18]Então perguntou a Zeba e a Zalmuna: "Como eram os homens que vocês mataram em Tabor?"

"Eram como você", responderam, "cada um tinha o porte de um príncipe."

[19]Gideão prosseguiu: "Aqueles homens eram meus irmãos, filhos de minha própria mãe. Juro pelo nome do SENHOR que, se vocês tivessem poupado a vida deles, eu não mataria vocês". [20]E Gideão voltou-se para Jéter, seu filho mais velho, e lhe disse: "Mate-os!" Jéter, porém, teve medo e não desembainhou a espada, pois era muito jovem.

[21]Mas Zeba e Zalmuna disseram: "Venha, mate-nos você mesmo. Isso exige coragem de homem". Então Gideão avançou e os matou, e tirou os enfeites do pescoço dos camelos deles.

O manto sacerdotal de Gideão

[22]Os israelitas disseram a Gideão: "Reine sobre nós, você, seu filho e seu neto, pois você nos libertou das mãos de Midiã".

[23]"Não reinarei sobre vocês", respondeu-lhes Gideão, "nem meu filho reinará sobre vocês. O SENHOR reinará sobre vocês." [24]E prosseguiu: "Só lhes faço um pedido: que cada um de vocês me dê um brinco da sua parte dos despojos". (Os ismaelitas[a] costumavam usar brincos de ouro.)

[25]Eles responderam: "De boa vontade os daremos a você!" Então estenderam uma capa, e cada homem jogou sobre ela um brinco tirado de seus despojos. [26]O peso dos brincos de ouro chegou a vinte quilos e meio[b], sem contar os enfeites, os pendentes e as roupas de púrpura que os reis de Midiã usavam e os colares que estavam no pescoço de seus camelos. [27]Gideão usou o ouro para fazer um manto sacerdotal, que ele colocou em sua cidade, em Ofra. Todo o Israel prostituiu-se, fazendo dele objeto de adoração; e veio a ser uma armadilha para Gideão e sua família.

A morte de Gideão

[28]Assim Midiã foi subjugado pelos israelitas, e não tornou a erguer a cabeça. Durante a vida de Gideão a terra desfrutou paz quarenta anos.

[29]Jerubaal, filho de Joás, retirou-se e foi para casa, onde ficou morando. [30]Teve setenta filhos, todos gerados por ele, pois tinha muitas mulheres. [31]Sua concubina, que morava em Siquém, também lhe deu um filho, a quem ele deu o nome de Abimeleque. [32]Gideão, filho de Joás, morreu em idade avançada e foi sepultado no túmulo de seu pai, Joás, em Ofra dos abiezritas.

[33]Logo depois que Gideão morreu, os israelitas voltaram a prostituir-se com os baalins, cultuando-os. Ergueram Baal-Berite como seu deus, e [34]não se lembraram do SENHOR, o seu Deus, que os tinha livrado das mãos dos seus inimigos em redor. [35]Também não foram bondosos com a família de Jerubaal, isto é, Gideão, pois não reconheceram todo o bem que ele tinha feito a Israel.

Abimeleque

9 Abimeleque, filho de Jerubaal, foi aos irmãos de sua mãe em Siquém e disse a eles e a todo o clã da família de sua mãe: [2]"Perguntem a todos os cidadãos de Siquém o que é melhor para eles, ter todos os setenta filhos de Jerubaal governando sobre eles, ou somente um homem? Lembrem-se de que eu sou sangue do seu sangue[c]".

[3]Os irmãos de sua mãe repetiram tudo aos cidadãos de Siquém, e estes se mostraram propensos a seguir Abimeleque, pois disseram: "Ele é nosso irmão". [4]Deram-lhe setenta peças[d] de prata tiradas do templo de Baal-Berite, as quais Abimeleque usou para contratar alguns desocupados e vadios, que se tornaram seus seguidores. [5]Foi à casa de seu pai em Ofra e matou seus setenta irmãos, filhos de Jerubaal, sobre uma rocha. Mas Jotão, o filho mais novo de Jerubaal, escondeu-se e escapou. [6]Então todos os cidadãos de Siquém e de Bete-Milo reuniram-se ao lado do Carvalho, junto à coluna de Siquém, para coroar Abimeleque rei.

[7]Quando Jotão soube disso, subiu ao topo do monte Gerizim e gritou para eles: "Ouçam-me, cidadãos de Siquém, para que Deus os ouça. [8]Certo dia as árvores saíram para ungir um rei para si. Disseram à oliveira: 'Seja o nosso rei!'

[9]"A oliveira, porém, respondeu: 'Deveria eu renunciar ao meu azeite, com o qual se presta honra aos deuses e aos homens, para dominar sobre as árvores?'

[10]"Então as árvores disseram à figueira: 'Venha ser o nosso rei!'

[11]"A figueira, porém, respondeu: 'Deveria eu renunciar ao meu fruto saboroso e doce, para dominar sobre as árvores?'

[12]"Depois as árvores disseram à videira: 'Venha ser o nosso rei!'

[13]"A videira, porém, respondeu: 'Deveria eu renunciar ao meu vinho, que alegra os deuses e os homens, para ter domínio sobre as árvores?'

[14]"Finalmente todas as árvores disseram ao espinheiro: 'Venha ser o nosso rei!'

[15]"O espinheiro disse às árvores: 'Se querem

[a] 8:24 Os ismaelitas eram parentes dos midianitas.
[b] 8:26 Hebraico: *1.700 siclos*. Um siclo equivalia a 12 gramas.
[c] 9:2 Hebraico: *osso e carne de vocês*.
[d] 9:4 Hebraico: *siclos*. Um siclo equivalia a 12 gramas.

realmente ungir-me rei sobre vocês, venham abrigar-se
à minha sombra; do contrário, sairá fogo do espinheiro
e consumirá até os cedros do Líbano!’
16“Será que vocês agiram de fato com sinceridade
quando fizeram Abimeleque rei? Foram justos com Je-
rubaal e sua família, como ele merecia? 17Meu pai lu-
tou por vocês e arriscou a vida para livrá-los das mãos
de Midiã. 18Hoje, porém, vocês se revoltaram contra a
família de meu pai, mataram seus setenta filhos sobre
a mesma rocha, e proclamaram Abimeleque, o filho de
sua escrava, rei sobre os cidadãos de Siquém pelo fato
de ser irmão de vocês. 19Se hoje vocês de fato agiram
com sinceridade para com Jerubaal e sua família, ale-
grem-se com Abimeleque, e alegre-se ele com vocês!
20Entretanto, se não foi assim, que saia fogo de Abime-
leque e consuma os cidadãos de Siquém e de Bete-Milo,
e que saia fogo dos cidadãos de Siquém e de Bete-Milo, e
consuma Abimeleque!”
21Depois Jotão fugiu para Beer, onde ficou morando,
longe de seu irmão Abimeleque.
22Fazia três anos que Abimeleque governava Is-
rael, 23quando Deus enviou um espírito maligno entre
Abimeleque e os cidadãos de Siquém, e estes agiram
traiçoeiramente contra Abimeleque. 24Isso aconteceu
para que o crime contra os setenta filhos de Jerubaal,
o derramamento do sangue deles, fosse vingado em
seu irmão Abimeleque e nos cidadãos de Siquém que o
ajudaram a assassinar os seus irmãos. 25Os cidadãos de
Siquém enviaram homens para o alto das colinas para
emboscarem os que passassem por ali, e Abimeleque
foi informado disso.
26Nesse meio tempo Gaal, filho de Ebede, mudou-se
com seus parentes para Siquém, cujos cidadãos confia-
vam nele. 27Sucedeu que foram ao campo, colheram
uvas, pisaram-nas, e fizeram uma festa no templo do
seu deus. Comendo e bebendo, amaldiçoaram Abime-
leque. 28Então Gaal, filho de Ebede, disse: “Quem é Abi-
meleque para que o sirvamos? E quem é Siquém? Não é
ele o filho de Jerubaal, e não é Zebul o seu representan-
te? Sirvam aos homens de Hamor, o pai de Siquém! Por
que servir a Abimeleque? 29Ah! Se eu tivesse esse povo
sob o meu comando! Eu me livraria de Abimeleque e
lhe diria: Mobilize o seu exército e venha![a]”
30Quando Zebul, o governante da cidade, ouviu o
que dizia Gaal, filho de Ebede, ficou indignado. 31Secre-
tamente enviou mensageiros a Abimeleque dizendo:
“Gaal, filho de Ebede, e seus parentes vieram a Siquém
e estão agitando a cidade contra você. 32Venha de noi-
te, você e seus homens, e fiquem à espera no campo.
33De manhã, ao nascer do sol, avance contra a cidade.
Quando Gaal e sua tropa atacarem, faça com eles o que
achar melhor”.
34E assim Abimeleque e todas as suas tropas parti-
ram de noite e prepararam emboscadas perto de Si-
quém, em quatro companhias. 35Ora, Gaal, filho de
Ebede, tinha saído e estava à porta da cidade quando
Abimeleque e seus homens saíram da sua emboscada.
36Quando Gaal os viu, disse a Zebul: “Veja, vem gente
descendo do alto das colinas!”
Zebul, porém, respondeu: “Você está confundindo
as sombras dos montes com homens”.
37Mas Gaal tornou a falar: “Veja, vem gente descendo
da parte central do território[b], e uma companhia está
vindo pelo caminho do carvalho dos Adivinhadores”.
38Disse-lhe Zebul: “Onde está toda aquela sua conver-
sa? Você dizia: ‘Quem é Abimeleque, para que o sirva-
mos?’ Não são estes os homens que você ridicularizou?
Saia e lute contra eles!”
39Então Gaal conduziu para fora os[c] cidadãos de
Siquém e lutou contra Abimeleque. 40Abimeleque o
perseguiu, e ele fugiu. Muitos dos homens de Siquém
caíram mortos ao longo de todo o caminho, até a porta
da cidade. 41Abimeleque permaneceu em Arumá, e Ze-
bul expulsou Gaal e os seus parentes de Siquém.
42No dia seguinte o povo de Siquém saiu aos cam-
pos, e Abimeleque ficou sabendo disso. 43Então dividiu
os seus homens em três companhias e armou embos-
cadas no campo. Quando viu o povo saindo da cida-
de, levantou-se contra ele e atacou-o. 44Abimeleque e
as tropas que estavam com ele avançaram até a porta
da cidade. Então duas companhias avançaram sobre
os que estavam nos campos e os mataram. 45E Abi-
meleque atacou a cidade o dia todo, até conquistá-la
e matar o seu povo. Depois destruiu a cidade e espa-
lhou sal sobre ela.
46Ao saberem disso, os cidadãos que estavam na
torre de Siquém entraram na fortaleza do templo de
El-Berite. 47Quando Abimeleque soube que se haviam
reunido lá, 48ele e todos os seus homens subiram o
monte Zalmom. Ele apanhou um machado, cortou um
galho de árvore e o pôs nos ombros. Então deu esta or-
dem aos homens que estavam com ele: “Rápido! Façam
o que eu estou fazendo!” 49Todos os homens cortaram
galhos e seguiram Abimeleque. Empilharam os galhos
junto à fortaleza e a incendiaram. Assim morreu tam-
bém o povo que estava na torre de Siquém, cerca de mil
homens e mulheres.
50A seguir Abimeleque foi a Tebes, sitiou-a e conquis-
tou-a. 51Mas dentro da cidade havia uma torre bastante
forte, para a qual fugiram todos os homens e mulhe-
res, todo o povo da cidade. Trancaram-se por dentro e
subiram para o telhado da torre. 52Abimeleque foi para
a torre e atacou-a. E, quando se aproximava da entra-
da da torre para incendiá-la, 53uma mulher jogou uma
pedra de moinho na cabeça dele, e lhe rachou o crânio.
54Imediatamente ele chamou seu escudeiro e lhe or-
denou: “Tire a espada e mate-me, para que não digam
que uma mulher me matou”. Então o jovem o atraves-
sou, e ele morreu. 55Quando os israelitas viram que Abi-
meleque estava morto, voltaram para casa.
56Assim Deus retribuiu a maldade que Abimeleque
praticara contra o seu pai, matando os seus setenta ir-
mãos. 57Deus fez também os homens de Siquém paga-
rem por toda a sua maldade. A maldição de Jotão, filho
de Jerubaal, caiu sobre eles.

Tolá

10 Depois de Abimeleque, um homem de Issacar cha-
mado Tolá, filho de Puá, filho de Dodô, levantou-se
para libertar Israel. Ele morava em Samir, nos montes
de Efraim, 2e liderou Israel durante vinte e três anos;
então morreu e foi sepultado em Samir.

[a] 9:29 Conforme a Septuaginta. O Texto Massorético diz *E ele disse a Abimeleque: Convoque todo o seu exército!*

[b] 9:37 Hebraico: *do Umbigo da Terra.*

[c] 9:39 Ou *Gaal saiu à vista dos*

Jair

3Depois dele veio Jair, de Gileade, que liderou Israel durante vinte e dois anos. 4Teve trinta filhos, que montavam trinta jumentos. Eles tinham autoridade sobre trinta cidades, as quais até hoje são chamadas "povoados de Jair" e ficam em Gileade. 5Quando Jair morreu, foi sepultado em Camom.

Jefté

6Mais uma vez os israelitas fizeram o que o SENHOR reprova. Serviram aos baalins, às imagens de Astarote, aos deuses de Arã, aos deuses de Sidom, aos deuses de Moabe, aos deuses dos amonitas e aos deuses dos filisteus. E como os israelitas abandonaram o SENHOR e não mais lhe prestaram culto, 7a ira do SENHOR se acendeu contra eles. Ele os entregou nas mãos dos filisteus e dos amonitas, 8que naquele ano os humilharam e os oprimiram. Durante dezoito anos oprimiram todos os israelitas do lado leste do Jordão, em Gileade, terra dos amorreus. 9Os amonitas também atravessaram o Jordão para lutar contra Judá, contra Benjamim e contra a tribo de Efraim; e grande angústia dominou Israel. 10Então os israelitas clamaram ao SENHOR, dizendo: "Temos pecado contra ti, pois abandonamos o nosso Deus e prestamos culto aos baalins!"

11O SENHOR respondeu: "Quando os egípcios, os amorreus, os amonitas, os filisteus, 12os sidônios, os amalequitas e os maonitas[a] os oprimiram, e vocês clamaram a mim, eu os libertei das mãos deles. 13Mas vocês me abandonaram e prestaram culto a outros deuses. Por isso não os livrarei mais. 14Clamem aos deuses que vocês escolheram. Que eles os livrem na hora do aperto!"

15Os israelitas, porém, disseram ao SENHOR: "Nós pecamos. Faze conosco o que achares melhor, mas te rogamos, livra-nos agora". 16Então eles se desfizeram dos deuses estrangeiros que havia entre eles e prestaram culto ao SENHOR. E ele não pôde mais suportar o sofrimento de Israel.

17Quando os amonitas foram convocados e acamparam em Gileade, os israelitas reuniram-se e acamparam em Mispá. 18Os líderes do povo de Gileade disseram uns aos outros: "Quem iniciar o ataque contra os amonitas será chefe dos que vivem em Gileade".

11 Jefté, o gileadita, era um guerreiro valente. Sua mãe era uma prostituta; seu pai chamava-se Gileade. 2A mulher de Gileade também lhe deu filhos, que, quando já estavam grandes, expulsaram Jefté, dizendo: "Você não vai receber nenhuma herança de nossa família, pois é filho de outra mulher". 3Então Jefté fugiu dos seus irmãos e se estabeleceu em Tobe. Ali um bando de vadios uniu-se a ele e o seguia.

4Algum tempo depois, quando os amonitas entraram em guerra contra Israel, 5os líderes de Gileade foram buscar Jefté em Tobe. 6"Venha", disseram. "Seja nosso comandante, para que possamos combater os amonitas."

7Disse-lhes Jefté: "Vocês não me odiavam e não me expulsaram da casa de meu pai? Por que me procuram agora, quando estão em dificuldades?"

8"Apesar disso, agora estamos apelando para você", responderam os líderes de Gileade. "Venha conosco combater os amonitas, e você será o chefe de todos os que vivem em Gileade."

9Jefté respondeu: "Se vocês me levarem de volta para combater os amonitas e o SENHOR os entregar a mim, serei o chefe de vocês?"

10Os líderes de Gileade responderam: "O SENHOR é nossa testemunha; faremos conforme você diz". 11Assim Jefté foi com os líderes de Gileade, e o povo o fez chefe e comandante sobre todos. E ele repetiu perante o SENHOR, em Mispá, todas as palavras que tinha dito.

12Jefté enviou mensageiros ao rei amonita com a seguinte pergunta: "Que é que tens contra nós, para teres atacado a nossa terra?"

13O rei dos amonitas respondeu aos mensageiros de Jefté: "Quando Israel veio do Egito tomou as minhas terras, desde o Arnom até o Jaboque e até o Jordão. Agora, devolvam-me essas terras pacificamente".

14Jefté mandou de novo mensageiros ao rei amonita, 15dizendo:

"Assim diz Jefté: Israel não tomou a terra de Moabe, e tampouco a terra dos amonitas. 16Quando veio do Egito, Israel foi pelo deserto até o mar Vermelho e daí para Cades. 17Então Israel enviou mensageiros ao rei de Edom, dizendo: 'Deixa-nos atravessar a tua terra', mas o rei de Edom não quis ouvi-lo. Enviou o mesmo pedido ao rei de Moabe, e ele também não consentiu. Assim Israel permaneceu em Cades.

18"Em seguida os israelitas viajaram pelo deserto e contornaram Edom e Moabe; passaram a leste de Moabe e acamparam do outro lado do Arnom. Não entraram no território de Moabe, pois o Arnom era a sua fronteira.

19"Depois Israel enviou mensageiros a Seom, rei dos amorreus, em Hesbom, e lhe pediu: 'Deixa-nos atravessar a tua terra para irmos ao lugar que nos pertence!' 20Seom, porém, não acreditou que Israel fosse apenas[b] atravessar o seu território; assim convocou todos os seus homens, acampou em Jaza e lutou contra Israel.

21"Então o SENHOR, o Deus de Israel, entregou Seom e todos os seus homens nas mãos de Israel, e este os derrotou. Israel tomou posse de todas as terras dos amorreus que viviam naquela região, 22conquistando-a por inteiro, desde o Arnom até o Jaboque, e desde o deserto até o Jordão.

23"Agora que o SENHOR, o Deus de Israel, expulsou os amorreus da presença de Israel, seu povo, queres tu tomá-la? 24Acaso não tomas posse daquilo que o teu deus Camos te dá? Da mesma forma tomaremos posse do que o SENHOR, o nosso Deus, nos deu. 25És tu melhor do que Balaque, filho de Zipor, rei de Moabe? Entrou ele alguma vez em conflito com Israel ou lutou com ele? 26Durante trezentos anos Israel ocupou Hesbom, Aroer, os povoados ao redor e todas as cidades às margens do Arnom. Por que não os reconquistaste todo esse tempo? 27Nada fiz contra ti, mas tu estás cometendo um erro, lutando contra mim. Que o SENHOR, o Juiz, julgue hoje a disputa entre os israelitas e os amonitas".

28Entretanto, o rei de Amom não deu atenção à mensagem de Jefté.

29Então o Espírito do SENHOR se apossou de Jefté. Este atravessou Gileade e Manassés, passou por Mispá de Gileade, e daí avançou contra os amonitas. 30E Jefté

[a] 10:12 Alguns manuscritos da Septuaginta dizem *midianitas*.

[b] 11:20 Ou *porém, não quis fazer acordo com Israel, permitindo-lhe*

fez este voto ao SENHOR: "Se entregares os amonitas nas minhas mãos, 31aquele que estiver saindo da porta da minha casa ao meu encontro, quando eu retornar da vitória sobre os amonitas, será do SENHOR, e eu o oferecerei em holocausto".

32Então Jefté foi combater os amonitas, e o SENHOR os entregou nas suas mãos. 33Ele conquistou vinte cidades, desde Aroer até as vizinhanças de Minite, chegando a Abel-Queramim. Assim os amonitas foram subjugados pelos israelitas.

34Quando Jefté chegou à sua casa em Mispá, sua filha saiu ao seu encontro, dançando ao som de tamborins. E ela era filha única. Ele não tinha outro filho ou filha. 35Quando a viu, rasgou suas vestes e gritou: "Ah, minha filha! Estou angustiado e desesperado por sua causa, pois fiz ao SENHOR um voto que não posso quebrar".

36"Meu pai", respondeu ela, "sua palavra foi dada ao SENHOR. Faça comigo o que prometeu, agora que o SENHOR o vingou dos seus inimigos, os amonitas." 37E prosseguiu: "Mas conceda-me dois meses para vagar pelas colinas e chorar com as minhas amigas, porque jamais me casarei".

38"Vá!", disse ele. E deixou que ela fosse por dois meses. Ela e suas amigas foram para as colinas e choraram porque ela jamais se casaria. 39Passados os dois meses, ela voltou a seu pai, e ele fez com ela o que tinha prometido no voto. Assim, ela nunca deixou de ser virgem.

Daí vem o costume em Israel 40de saírem as moças durante quatro dias, todos os anos, para celebrar a memória da filha de Jefté, o gileadita.

O conflito de Jefté contra Efraim

12 Os homens de Efraim foram convocados para a batalha; dirigiram-se para Zafom e disseram a Jefté: "Por que você foi lutar contra os amonitas sem nos chamar para irmos juntos? Vamos queimar a sua casa e você junto!"

2Jefté respondeu: "Eu e meu povo estávamos envolvidos numa grande contenda com os amonitas, e, embora eu os tenha chamado, vocês não me livraram das mãos deles. 3Quando vi que vocês não ajudariam, arrisquei a vida e fui lutar contra os amonitas, e o SENHOR me deu a vitória sobre eles. E, por que vocês vieram para cá hoje? Para lutar contra mim?"

4Jefté reuniu então todos os homens de Gileade e lutou contra Efraim. Os gileaditas feriram os efraimitas porque estes tinham dito: "Vocês, gileaditas, são desertores de Efraim e de Manassés". 5Os gileaditas tomaram as passagens do Jordão que conduziam a Efraim. Sempre que um fugitivo de Efraim dizia: "Deixem-me atravessar", os homens de Gileade perguntavam: "Você é efraimita?" Se respondesse que não, 6diziam: "Então diga: Chibolete". Se ele dissesse: "Sibolete", sem conseguir pronunciar corretamente a palavra, prendiam-no e matavam-no no lugar de passagem do Jordão. Quarenta e dois mil efraimitas foram mortos naquela ocasião.

7Jefté liderou Israel durante seis anos. Então o gileadita Jefté morreu, e foi sepultado numa cidade de Gileade.

Ibsã, elom e Abdom

8Depois de Jefté, Ibsã, de Belém, liderou Israel. 9Teve trinta filhos e trinta filhas. Deu suas filhas em casamento a homens de fora do seu clã, e trouxe para os seus filhos trinta mulheres de fora do seu clã. Ibsã liderou Israel durante sete anos. 10Então Ibsã morreu, e foi sepultado em Belém.

11Depois dele, Elom, da tribo de Zebulom, liderou Israel durante dez anos. 12Elom morreu, e foi sepultado em Aijalom, na terra de Zebulom.

13Depois dele, Abdom, filho de Hilel, de Piratom, liderou Israel. 14Teve quarenta filhos e trinta netos, que montavam setenta jumentos. Abdom liderou Israel durante oito anos. 15Então Abdom, filho de Hilel, morreu, e foi sepultado em Piratom, na terra de Efraim, na serra dos amalequitas.

O nascimento de Sansão

13 Os israelitas voltaram a fazer o que o SENHOR reprova, e por isso o SENHOR os entregou nas mãos dos filisteus durante quarenta anos.

2Certo homem de Zorá, chamado Manoá, do clã da tribo de Dã, tinha mulher estéril. 3Certo dia o Anjo do SENHOR apareceu a ela e lhe disse: "Você é estéril, não tem filhos, mas engravidará e dará à luz um filho. 4Todavia, tenha cuidado, não beba vinho nem outra bebida fermentada, e não coma nada impuro; 5e não se passará navalha na cabeça do filho que você vai ter, porque o menino será nazireu, consagrado a Deus desde o nascimento; ele iniciará a libertação de Israel das mãos dos filisteus".

6Então a mulher foi contar tudo ao seu marido: "Um homem de Deus veio falar comigo. Era como um anjo de Deus, de aparência impressionante. Não lhe perguntei de onde tinha vindo, e ele não me disse o seu nome, 7mas ele me assegurou: 'Você engravidará e dará à luz um filho. Todavia, não beba vinho nem outra bebida fermentada, e não coma nada impuro, porque o menino será nazireu, consagrado a Deus, desde o nascimento até o dia da sua morte' ".

8Então Manoá orou ao SENHOR: "Senhor, eu te imploro que o homem de Deus que enviaste volte para nos instruir sobre o que fazer com o menino que vai nascer".

9Deus ouviu a oração de Manoá, e o Anjo de Deus veio novamente falar com a mulher quando ela estava sentada no campo; Manoá, seu marido, não estava com ela. 10Mas ela foi correndo contar ao marido: "O homem que me apareceu outro dia está aqui!"

11Manoá levantou-se e seguiu a mulher. Quando se aproximou do homem, perguntou: "Foste tu que falaste com a minha mulher?"

"Sim", disse ele.

12"Quando as tuas palavras se cumprirem", Manoá perguntou, "como devemos criar o menino? O que ele deverá fazer?"

13O Anjo do SENHOR respondeu: "Sua mulher terá que seguir tudo o que eu lhe ordenei. 14Ela não poderá comer nenhum produto da videira, nem vinho ou bebida fermentada, nem comer nada impuro. Terá que obedecer a tudo o que lhe ordenei".

15Manoá disse ao Anjo do SENHOR: "Gostaríamos que ficasses conosco; queremos oferecer-te um cabrito".

16O Anjo do SENHOR respondeu: "Se eu ficar, não comerei nada. Mas, se você preparar um holocausto, ofereça-o ao SENHOR". Manoá não sabia que ele era o Anjo do SENHOR.

17Então Manoá perguntou ao Anjo do SENHOR: "Qual é o teu nome, para que te prestemos homenagem quando se cumprir a tua palavra?"

18Ele respondeu: "Por que pergunta o meu nome? Meu nome está além do entendimento[a]". 19Então Manoá apanhou um cabrito e a oferta de cereal, e os ofereceu ao SENHOR sobre uma rocha. E o SENHOR fez algo estranho enquanto Manoá e sua mulher observavam: 20quando a chama do altar subiu ao céu, o Anjo do SENHOR subiu na chama. Vendo isso, Manoá e sua mulher prostraram-se com o rosto em terra. 21Como o Anjo do SENHOR não voltou a manifestar-se a Manoá e à sua mulher, Manoá percebeu que era o Anjo do SENHOR.

22"Sem dúvida vamos morrer!" disse ele à mulher, "pois vimos a Deus!"

23Mas a mulher respondeu: "Se o SENHOR tivesse a intenção de nos matar, não teria aceitado o holocausto e a oferta de cereal das nossas mãos, não nos teria mostrado todas essas coisas e não nos teria revelado o que agora nos revelou".

24A mulher deu à luz um menino e pôs-lhe o nome de Sansão. Ele cresceu, e o SENHOR o abençoou, 25e o Espírito do SENHOR começou a agir nele quando ele se achava em Maané-Dã, entre Zorá e Estaol.

O casamento de Sansão

14 Sansão desceu a Timna e viu ali uma mulher do povo filisteu. 2Quando voltou para casa, disse a seu pai e a sua mãe: "Vi uma mulher filisteia em Timna; consigam essa mulher para ser minha esposa".

3Seu pai e sua mãe lhe perguntaram: "Será que não há mulher entre os seus parentes ou entre todo o seu povo? Você tem que ir aos filisteus incircuncisos para conseguir esposa?"

Sansão, porém, disse ao pai: "Consiga-a para mim. É ela que me agrada". 4Seus pais não sabiam que isso vinha do SENHOR, que buscava ocasião contra os filisteus; pois naquela época eles dominavam Israel. 5Sansão foi para Timna com seu pai e sua mãe. Quando se aproximavam das vinhas de Timna, de repente um leão forte veio rugindo na direção dele. 6O Espírito do SENHOR apossou-se de Sansão, e ele, sem nada nas mãos, rasgou o leão como se fosse um cabrito. Mas não contou nem ao pai nem à mãe o que fizera. 7Então foi conversar com a mulher de quem gostava.

8Algum tempo depois, quando voltou para casar-se com ela, Sansão saiu do caminho para olhar o cadáver do leão, e nele havia um enxame de abelhas e mel. 9Tirou o mel com as mãos e o foi comendo pelo caminho. Quando voltou aos seus pais, repartiu com eles o mel, e eles também comeram. Mas não lhes contou que tinha tirado o mel do cadáver do leão.

10Seu pai desceu à casa da mulher, e Sansão deu ali uma festa, como era costume dos noivos. 11Quando ele chegou, trouxeram-lhe trinta rapazes para o acompanharem na festa.

12"Vou propor-lhes um enigma", disse-lhes Sansão. "Se vocês puderem dar-me a resposta certa durante os sete dias da festa, então eu lhes darei trinta vestes de linho e trinta mudas de roupas. 13Se não conseguirem dar-me a resposta, vocês me darão trinta vestes de linho e trinta mudas de roupas."

"Proponha-nos o seu enigma", disseram. "Vamos ouvi-lo."

14Disse ele então:

"Do que come saiu comida;
do que é forte saiu doçura".

Durante três dias eles não conseguiram dar a resposta.

15No quarto[b] dia disseram à mulher de Sansão: "Convença o seu marido a explicar o enigma. Caso contrário, poremos fogo em você e na família de seu pai, e vocês morrerão. Você nos convidou para nos roubar?"

16Então a mulher de Sansão implorou-lhe aos prantos: "Você me odeia! Você não me ama! Você deu ao meu povo um enigma, mas não me contou a resposta!"

"Nem a meu pai nem à minha mãe expliquei o enigma", respondeu ele. "Por que deveria explicá-lo a você?" 17Ela chorou durante o restante da semana da festa. Por fim, no sétimo dia, ele lhe contou, pois ela continuava a perturbá-lo. Ela, por sua vez, revelou o enigma ao seu povo.

18Antes do pôr do sol do sétimo dia, os homens da cidade vieram lhe dizer:

"O que é mais doce que o mel?
O que é mais forte que o leão?"

Sansão lhes disse:

"Se vocês não tivessem arado
com a minha novilha,
não teriam solucionado o meu enigma".

19Então o Espírito do SENHOR apossou-se de Sansão. Ele desceu a Ascalom, matou trinta homens, pegou as suas roupas e as deu aos que tinham explicado o enigma. Depois, enfurecido, foi para a casa do seu pai. 20E a mulher de Sansão foi dada ao amigo que tinha sido o acompanhante dele no casamento.

A vingança de Sansão

15 Algum tempo depois, na época da colheita do trigo, Sansão foi visitar a sua mulher e levou-lhe um cabrito. "Vou ao quarto da minha mulher", disse ele. Mas o pai dela não quis deixá-lo entrar.

2"Eu estava tão certo de que você a odiava", disse ele, "que a dei ao seu amigo. A sua irmã mais nova não é mais bonita? Fique com ela no lugar da irmã".

3Sansão lhes disse: "Desta vez ninguém poderá me culpar quando eu acertar as contas com os filisteus!" 4Então saiu, capturou trezentas raposas e as amarrou aos pares pela cauda. Depois prendeu uma tocha em cada par de caudas, 5acendeu as tochas e soltou as raposas no meio das plantações dos filisteus. Assim ele queimou os feixes, o cereal que iam colher, e também as vinhas e os olivais.

6Os filisteus perguntaram: "Quem fez isso?" Responderam-lhes: "Foi Sansão, o genro do timnita, porque a sua mulher foi dada ao seu amigo". Então os filisteus foram e queimaram a mulher e seu pai.

7Sansão lhes disse: "Já que fizeram isso, não sossegarei enquanto não me vingar de vocês". 8Ele os atacou sem dó nem piedade e fez terrível matança. Depois desceu e ficou numa caverna da rocha de Etã.

9Os filisteus foram para Judá e lá acamparam, espalhando-se pelas proximidades de Leí. 10Os homens de

[a] 13:18 Ou *nome é maravilhoso*

[b] 14:15 Conforme alguns manuscritos da Septuaginta e a Versão Siríaca. O Texto Massorético diz *sétimo*.

Judá perguntaram: "Por que vocês vieram lutar con-
tra nós?"

Eles responderam: "Queremos levar Sansão amar-
rado, para tratá-lo como ele nos tratou".

11 Três mil homens de Judá desceram então à caverna
da rocha de Etã e disseram a Sansão: "Você não sabe que
os filisteus dominam sobre nós? Você viu o que nos fez?"

Ele respondeu: "Fiz a eles apenas o que eles me fi-
zeram".

12 Disseram-lhe: "Viemos amarrá-lo para entregá-lo
aos filisteus".

Sansão disse: "Jurem-me que vocês mesmos não
me matarão".

13 "Certamente que não!", responderam. "Somente
vamos amarrá-lo e entregá-lo nas mãos deles. Não o
mataremos." E o prenderam com duas cordas novas e o
fizeram sair da rocha. 14 Quando ia chegando a Leí, os fi-
listeus foram ao encontro dele aos gritos. Mas o Espírito
do SENHOR apossou-se dele. As cordas em seus braços se
tornaram como fibra de linho queimada, e os laços caí-
ram das suas mãos. 15 Encontrando a carcaça de um ju-
mento, pegou a queixada e com ela matou mil homens.

16 Disse ele então:

> "Com uma queixada de jumento
> fiz deles montões[a].
> Com uma queixada de jumento
> matei mil homens".

17 Quando acabou de falar, jogou fora a queixada; e o
local foi chamado Ramate-Leí[b].

18 Sansão estava com muita sede e clamou ao SENHOR:
"Deste pela mão de teu servo esta grande vitória. Mor-
rerei eu agora de sede para cair nas mãos dos incircun-
cisos?" 19 Deus então abriu a rocha que há em Leí, e dela
saiu água. Sansão bebeu, suas forças voltaram, e ele re-
cobrou o ânimo. Por esse motivo essa fonte foi chamada
En-Hacoré[c], e ainda lá está, em Leí.

20 Sansão liderou Israel durante vinte anos, no tem-
po do domínio dos filisteus.

Sansão e Dalila

16 Certa vez Sansão foi a Gaza, viu ali uma prosti-
tuta, e passou a noite com ela. 2 Disseram ao po-
vo de Gaza: "Sansão está aqui!" Então cercaram o local
e ficaram à espera dele a noite toda, junto à porta da
cidade. Não se moveram a noite inteira, dizendo: "Ao
amanhecer o mataremos".

3 Sansão, porém, ficou deitado só até a meia-noite.
Levantou-se, agarrou firme a porta da cidade, com os
dois batentes, e os arrancou, com tranca e tudo. Pôs
tudo nos ombros e o levou ao topo da colina que fica
defronte de Hebrom.

4 Depois dessas coisas, ele se apaixonou por uma mu-
lher do vale de Soreque, chamada Dalila. 5 Os líderes
dos filisteus foram dizer a ela: "Veja se você consegue
induzi-lo a mostrar-lhe o segredo da sua grande força
e como poderemos dominá-lo, para que o amarremos
e o subjuguemos. Cada um de nós dará a você treze
quilos[d] de prata".

6 Disse, pois, Dalila a Sansão: "Conte-me, por favor,
de onde vem a sua grande força e como você pode ser
amarrado e subjugado".

7 Respondeu-lhe Sansão: "Se alguém me amarrar
com sete tiras de couro[e] ainda úmidas, ficarei tão fra-
co quanto qualquer outro homem".

8 Então os líderes dos filisteus trouxeram a ela sete
tiras de couro ainda úmidas, e Dalila o amarrou com
elas. 9 Tendo homens escondidos no quarto, ela o cha-
mou: "Sansão, os filisteus o estão atacando!" Mas ele
arrebentou as tiras de couro como se fossem um fio de
estopa posto perto do fogo. Assim, não se descobriu de
onde vinha a sua força.

10 Disse Dalila a Sansão: "Você me fez de boba; men-
tiu para mim! Agora conte-me, por favor, como você
pode ser amarrado".

11 Ele disse: "Se me amarrarem firmemente com cor-
das que nunca tenham sido usadas, ficarei tão fraco
quanto qualquer outro homem".

12 Dalila o amarrou com cordas novas. Depois, ten-
do homens escondidos no quarto, ela o chamou: "San-
são, os filisteus o estão atacando!" Mas ele arrebentou
as cordas de seus braços como se fossem uma linha.

13 Disse Dalila a Sansão: "Até agora você me fez de bo-
ba e mentiu para mim. Diga-me como pode ser amar-
rado".

Ele respondeu: "Se você tecer num pano as sete tran-
ças da minha cabeça e o prender com uma lançadeira,
ficarei tão fraco quanto qualquer outro homem". Assim,
enquanto ele dormia, Dalila teceu as sete tranças da
sua cabeça num pano 14 e[f] o prendeu com a lançadeira.

Novamente ela o chamou: "Sansão, os filisteus o es-
tão atacando!" Ele despertou do sono e arrancou a lan-
çadeira e o tear, com os fios.

15 Então ela lhe disse: "Como você pode dizer que me
ama, se não confia em mim? Esta é a terceira vez que
você me fez de boba e não contou o segredo da sua
grande força". 16 Importunando-o o tempo todo, ela o
cansava dia após dia, ficando ele a ponto de morrer.

17 Por isso ele lhe contou o segredo: "Jamais se pas-
sou navalha em minha cabeça", disse ele, "pois sou na-
zireu, desde o ventre materno. Se fosse rapado o cabelo
da minha cabeça, a minha força se afastaria de mim,
e eu ficaria tão fraco quanto qualquer outro homem".

18 Quando Dalila viu que Sansão lhe tinha contado
todo o segredo, enviou esta mensagem aos líderes dos
filisteus: "Subam mais esta vez, pois ele me contou todo
o segredo". Os líderes dos filisteus voltaram a ela levan-
do a prata. 19 Fazendo-o dormir no seu colo, ela chamou
um homem para cortar as sete tranças do cabelo dele,
e assim começou a subjugá-lo[g]. E a sua força o deixou.

20 Então ela chamou: "Sansão, os filisteus o estão
atacando!"

Ele acordou do sono e pensou: "Sairei como an-
tes e me livrarei". Mas não sabia que o SENHOR o ti-
nha deixado.

21 Os filisteus o prenderam, furaram os seus olhos
e o levaram para Gaza. Prenderam-no com algemas
de bronze, e o puseram a girar um moinho na prisão.

[a] **15:16** Ou *jumentos*. Há um jogo de palavras no hebraico entre jumento e montão.
[b] **15:17** *Ramate-Leí* significa *colina da queixada*.
[c] **15:19** *En-Hacoré* significa *a fonte do que clama*.
[d] **16:5** Hebraico: *1.100 siclos*. Um siclo equivalia a 12 gramas.
[e] **16:7** Ou *sete cordas de arco*; também nos versículos 8 e 9.
[f] **16:13-14** Conforme alguns manuscritos da Septuaginta. O Texto Massorético diz *"Só se você tecer num pano as sete tranças da minha cabeça". 14 Assim, ela.*
[g] **16:19** Alguns manuscritos da Septuaginta dizem *e ele começou a enfraquecer*.

22Mas, logo o cabelo da sua cabeça começou a crescer de novo.

A morte de Sansão

23Os líderes dos filisteus se reuniram para oferecer um grande sacrifício a seu deus Dagom e para festejar. Comemorando sua vitória, diziam: "O nosso deus entregou o nosso inimigo Sansão em nossas mãos".

24Quando o povo o viu, louvou o seu deus:

"O nosso deus nos entregou
o nosso inimigo,
o devastador da nossa terra,
aquele que multiplicava
os nossos mortos".

25Com o coração cheio de alegria, gritaram: "Tragam-nos Sansão para nos divertir!" E mandaram trazer Sansão da prisão, e ele os divertia.

Quando o puseram entre as colunas, 26Sansão disse ao jovem que o guiava pela mão: "Ponha-me onde eu possa apalpar as colunas que sustentam o templo, para que eu me apoie nelas". 27Homens e mulheres lotavam o templo; todos os líderes dos filisteus estavam presentes e, no alto, na galeria, havia cerca de três mil homens e mulheres vendo Sansão, que os divertia. 28E Sansão orou ao SENHOR: "Ó Soberano SENHOR, lembra-te de mim! Ó Deus, eu te suplico, dá-me forças, mais uma vez, e faze com que eu me vingue dos filisteus por causa dos meus dois olhos!" 29Então Sansão forçou as duas colunas centrais sobre as quais o templo se firmava. Apoiando-se nelas, tendo a mão direita numa coluna e a esquerda na outra, 30disse: "Que eu morra com os filisteus!" Em seguida ele as empurrou com toda a força, e o templo desabou sobre os líderes e sobre todo o povo que ali estava. Assim, na sua morte, Sansão matou mais homens do que em toda a sua vida.

31Foram, então, os seus irmãos e toda a família do seu pai para buscá-lo. Trouxeram-no e o sepultaram entre Zorá e Estaol, no túmulo de Manoá, seu pai. Sansão liderou Israel durante vinte anos.

Os ídolos de Mica

17 Havia um homem chamado Mica, dos montes de Efraim, 2que disse certa vez à sua mãe: "Os treze quilos[a] de prata que lhe foram roubados e pelos quais eu a ouvi pronunciar uma maldição, na verdade a prata está comigo; eu a peguei".

Disse-lhe sua mãe: "O SENHOR o abençoe, meu filho!"

3Quando ele devolveu os treze quilos de prata à mãe, ela disse: "Consagro solenemente a minha prata ao SENHOR para que o meu filho faça uma imagem esculpida e um ídolo de metal. Eu a devolvo a você".

4Mas ele devolveu a prata à sua mãe, e ela separou dois quilos e quatrocentos gramas, e os deu a um ourives, que deles fez a imagem e o ídolo. E estes foram postos na casa de Mica.

5Ora, esse homem, Mica, possuía um santuário, fez um manto sacerdotal e alguns ídolos da família e pôs um dos seus filhos como seu sacerdote. 6Naquela época não havia rei em Israel; cada um fazia o que lhe parecia certo.

7Um jovem levita de Belém de Judá, procedente do clã de Judá, 8saiu daquela cidade em busca de outro lugar para morar. Em sua viagem[b], chegou à casa de Mica, nos montes de Efraim.

9Mica lhe perguntou: "De onde você vem?"

"Sou levita, de Belém de Judá", respondeu ele. "Estou procurando um lugar para morar."

10"Fique comigo", disse-lhe Mica. "Seja meu pai e sacerdote, e eu lhe darei cento e vinte gramas de prata por ano, roupas e comida." 11O jovem levita concordou em ficar com Mica, e tornou-se como um dos seus filhos. 12Mica acolheu o levita, e o jovem se tornou seu sacerdote, e ficou morando em sua casa. 13E Mica disse: "Agora sei que o SENHOR me tratará com bondade, pois esse levita se tornou meu sacerdote".

A tribo de Dã se estabelece em Laís

18 Naquela época não havia rei em Israel, e a tribo de Dã estava procurando um local onde estabelecer-se, pois ainda não tinha recebido herança entre as tribos de Israel. 2Então enviaram cinco guerreiros de Zorá e de Estaol para espionarem a terra e explorá-la. Esses homens representavam todos os clãs da tribo. Disseram-lhes: "Vão, explorem a terra".

Os homens chegaram aos montes de Efraim e foram à casa de Mica, onde passaram a noite. 3Quando estavam perto da casa de Mica, reconheceram a voz do jovem levita; aproximaram-se e lhe perguntaram: "Quem o trouxe para cá? O que você está fazendo neste lugar? Por que você está aqui?"

4O jovem lhes contou o que Mica fizera por ele, e disse: "Ele me contratou, e eu sou seu sacerdote".

5Então eles lhe pediram: "Pergunte a Deus se a nossa viagem será bem-sucedida".

6O sacerdote lhes respondeu: "Vão em paz. Sua viagem tem a aprovação do SENHOR".

7Os cinco homens partiram e chegaram a Laís, onde viram que o povo vivia em segurança, como os sidônios, despreocupado e tranquilo, e gozava prosperidade, pois a sua terra não lhe deixava faltar nada. Viram também que o povo vivia longe dos sidônios e não tinha relações com nenhum outro povo[c].

8Quando voltaram a Zorá e a Estaol, seus irmãos lhes perguntaram: "O que descobriram?"

9Eles responderam: "Vamos atacá-los! Vimos que a terra é muito boa. Vocês vão ficar aí sem fazer nada? Não hesitem em ir apossar-se dela. 10Chegando lá, vocês encontrarão um povo despreocupado e uma terra espaçosa que Deus pôs nas mãos de vocês, terra onde não falta coisa alguma!"

11Então seiscentos homens da tribo de Dã partiram de Zorá e de Estaol, armados para a guerra. 12Na viagem armaram acampamento perto de Quiriate-Jearim, em Judá. É por isso que até hoje o local, a oeste de Quiriate-Jearim, é chamado Maané-Dã[d]. 13Dali foram para os montes de Efraim e chegaram à casa de Mica.

14Os cinco homens que haviam espionado a terra de Laís disseram a seus irmãos: "Vocês sabiam que numa dessas casas há um manto sacerdotal, ídolos da família, uma imagem esculpida e um ídolo de metal? Agora vocês sabem o que devem fazer". 15Então eles se aproximaram e foram à casa do jovem levita, à casa de Mica, e o saudaram. 16Os seiscentos homens de Dã, armados para

[a] 17:2 Hebraico: *1.100 siclos*. Um siclo equivalia a 12 gramas.

[b] 17:8 Ou *Querendo exercer a sua profissão*

[c] 18:7 Alguns manuscritos da Septuaginta dizem *com os arameus*.

[d] 18:12 *Maané-Dã* significa *campo de Dã*.

a guerra, ficaram junto à porta. 17Os cinco homens que haviam espionado a terra entraram e apanharam a imagem, o manto sacerdotal, os ídolos da família e o ídolo de metal, enquanto o sacerdote e os seiscentos homens armados permaneciam à porta.

18Quando os homens entraram na casa de Mica e apanharam a imagem, o manto sacerdotal, os ídolos da família e o ídolo de metal, o sacerdote lhes perguntou: "Que é que vocês estão fazendo?"

19Eles lhe responderam: "Silêncio! Não diga nada. Venha conosco, e seja nosso pai e sacerdote. Não será melhor para você servir como sacerdote uma tribo e um clã de Israel do que apenas a família de um só homem?" 20Então o sacerdote se alegrou, apanhou o manto sacerdotal, os ídolos da família e a imagem esculpida e se juntou à tropa. 21Pondo os seus filhos, os seus animais e os seus bens na frente deles, partiram de volta.

22Quando já estavam a certa distância da casa, os homens que moravam perto de Mica foram convocados e alcançaram os homens de Dã. 23Como vinham gritando atrás deles, estes se voltaram e perguntaram a Mica: "Qual é o seu problema? Por que convocou os seus homens para lutar?"

24Ele respondeu: "Vocês estão levando embora os deuses que fiz e o meu sacerdote. O que me sobrou? Como é que ainda podem perguntar: 'Qual é o seu problema?' "

25Os homens de Dã responderam: "Não discuta conosco, senão alguns homens de temperamento violento o atacarão, e você e a sua família perderão a vida". 26E assim os homens de Dã seguiram seu caminho. Vendo que eles eram fortes demais para ele, Mica virou-se e voltou para casa.

27Os homens de Dã levaram o que Mica fizera e o seu sacerdote, e foram para Laís, lugar de um povo pacífico e despreocupado. Eles mataram todos ao fio da espada e queimaram a cidade. 28Não houve quem os livrasse, pois viviam longe de Sidom e não tinham relações com nenhum outro povo. A cidade ficava num vale que se estende até Bete-Reobe.

Os homens de Dã reconstruíram a cidade e se estabeleceram nela. 29Deram à cidade anteriormente chamada Laís o nome de Dã, em homenagem a seu antepassado Dã, filho de Israel. 30Eles levantaram para si o ídolo, e Jônatas, filho de Gérson, neto de Moisés[a], e os seus filhos foram sacerdotes da tribo de Dã até que o povo foi para o exílio. 31Ficaram com o ídolo feito por Mica durante todo o tempo em que o santuário de Deus esteve em Siló.

O levita e a morte da sua concubina

19 Naquela época não havia rei em Israel. Aconteceu que um levita que vivia nos montes de Efraim, numa região afastada, tomou para si uma concubina, que era de Belém de Judá. 2Mas ela lhe foi infiel. Deixou-o e voltou para a casa do seu pai, em Belém de Judá. Quatro meses depois, 3seu marido foi convencê-la a voltar. Ele tinha levado o seu servo e dois jumentos. A mulher o levou para dentro da casa do seu pai, e quando seu pai o viu, alegrou-se. 4O sogro dele o convenceu a ficar ali; e ele permaneceu com eles três dias; todos comendo, bebendo e dormindo ali.

5No quarto dia, eles se levantaram cedo, e o levita se preparou para partir, mas o pai da moça disse ao genro: "Coma alguma coisa, e depois vocês poderão partir". 6Os dois se assentaram para comer e beber juntos. Mas o pai da moça disse: "Eu lhe peço que fique esta noite, e que se alegre". 7E, quando o homem se levantou para partir, seu sogro o convenceu a ficar ainda aquela noite. 8Na manhã do quinto dia, quando ele se preparou para partir, o pai da moça disse: "Vamos comer! Espere até a tarde!" E os dois comeram juntos.

9Então, quando o homem, sua concubina e seu servo levantaram-se para partir, o pai da moça, disse outra vez: "Veja, o dia está quase acabando, é quase noite; passe a noite aqui. Fique e alegre-se. Amanhã de madrugada vocês poderão levantar-se e ir para casa". 10Não desejando ficar outra noite, o homem partiu rumo a Jebus, isto é, Jerusalém, com dois jumentos selados e com a sua concubina.

11Quando estavam perto de Jebus e já se findava o dia, o servo disse a seu senhor: "Venha. Vamos parar nesta cidade dos jebuseus e passar a noite aqui".

12O seu senhor respondeu: "Não. Não vamos entrar numa cidade estrangeira, cujo povo não é israelita. Iremos para Gibeá". 13E acrescentou: "Ande! Vamos tentar chegar a Gibeá ou a Ramá e passar a noite num desses lugares". 14Então prosseguiram, e o sol se pôs quando se aproximavam de Gibeá de Benjamim. 15Ali entraram para passar a noite. Foram sentar-se na praça da cidade. E ninguém os convidou para passarem a noite em sua casa.

16Naquela noite um homem idoso procedente dos montes de Efraim e que estava morando em Gibeá (os homens do lugar eram benjamitas), voltava de seu trabalho no campo. 17Quando viu o viajante na praça da cidade, o homem idoso perguntou: "Para onde você está indo? De onde vem?"

18Ele respondeu: "Estamos de viagem, indo de Belém de Judá para uma região afastada, nos montes de Efraim, onde moro. Fui a Belém de Judá, e agora estou indo ao santuário do SENHOR[b]. Mas aqui ninguém me recebeu em casa. 19Temos palha e forragem para os nossos jumentos, e para nós mesmos, que somos seus servos, temos pão e vinho, para mim, para a sua serva e para o jovem que está conosco. Não temos falta de nada".

20"Você é bem-vindo em minha casa", disse o homem idoso. "Vou atendê-lo no que você precisar. Não passe a noite na praça." 21E os levou para a sua casa e alimentou os jumentos. Depois de lavarem os pés, comeram e beberam alguma coisa.

22Quando estavam entretidos, alguns vadios da cidade cercaram a casa. Esmurrando a porta, gritaram para o homem idoso, dono da casa: "Traga para fora o homem que entrou em sua casa para que tenhamos relações com ele!"

23O dono da casa saiu e lhes disse: "Não sejam tão perversos, meus amigos. Já que esse homem é meu hóspede, não cometam essa loucura. 24Vejam, aqui está minha filha virgem e a concubina do meu hóspede. Eu as trarei para vocês, e vocês poderão usá-las e fazer com elas o que quiserem. Mas, nada façam com esse homem, não cometam tal loucura!"

[a] 18:30 Conforme uma antiga tradição de escribas hebreus. O Texto Massorético diz *Manassés*.

[b] 19:18 A Septuaginta diz *para a minha casa*.

25Mas os homens não quiseram ouvi-lo. Então o le-
vita mandou a sua concubina para fora, e eles a vio-
lentaram e abusaram dela a noite toda. Ao alvorecer a
deixaram. 26Ao romper do dia a mulher voltou para a
casa onde o seu senhor estava hospedado, caiu junto à
porta e ali ficou até o dia clarear.

27Quando o seu senhor se levantou de manhã, abriu
a porta da casa e saiu para prosseguir viagem, lá estava
a sua concubina, caída à entrada da casa, com as mãos
na soleira da porta. 28Ele lhe disse: "Levante-se, vamos!"
Não houve resposta. Então o homem a pôs em seu ju-
mento e foi para casa.

29Quando chegou, apanhou uma faca e cortou o cor-
po da sua concubina em doze partes, e as enviou a todas
as regiões de Israel. 30Todos os que viram isso disseram:
"Nunca se viu nem se fez uma coisa dessas desde o dia
em que os israelitas saíram do Egito. Pensem! Reflitam!
Digam o que se deve fazer!"

A guerra entre os israelitas e os benjamitas

20 Então todos os israelitas, de Dã a Berseba, e de
Gileade, saíram como um só homem e se reuni-
ram em assembleia perante o SENHOR, em Mispá. 2Os
líderes de todo o povo das tribos de Israel tomaram
seus lugares na assembleia do povo de Deus, quatro-
centos mil soldados armados de espada. 3(Os benja-
mitas souberam que os israelitas haviam subido a
Mispá.) Os israelitas perguntaram: "Como aconteceu
essa perversidade?"

4Então o levita, marido da mulher assassinada, disse:
"Eu e a minha concubina chegamos a Gibeá de Benja-
mim para passar a noite. 5Durante a noite os homens
de Gibeá vieram para atacar-me e cercaram a casa, com
a intenção de matar-me. Então violentaram minha con-
cubina, e ela morreu. 6Peguei minha concubina, cortei-a
em pedaços e enviei um pedaço a cada região da heran-
ça de Israel, pois eles cometeram essa perversidade e
esse ato vergonhoso em Israel. 7Agora, todos vocês is-
raelitas, manifestem-se e deem o seu veredicto".

8Todo o povo se levantou como se fosse um só ho-
mem, dizendo: "Nenhum de nós irá para casa. Nenhum
de nós voltará para o seu lar. 9Mas é isto que faremos
agora contra Gibeá: separaremos, por sorteio, de todas
as tribos de Israel, 10de cada cem homens dez, de cada
mil homens cem, de cada dez mil homens mil, para
conseguirem provisões para o exército poder chegar
a Gibeá[a] de Benjamim e dar a eles o que merecem por
esse ato vergonhoso cometido em Israel". 11E todos os
israelitas se ajuntaram e se uniram como um só ho-
mem contra a cidade.

12As tribos de Israel enviaram homens a toda a tri-
bo de Benjamim, dizendo: "O que vocês dizem dessa
maldade terrível que foi cometida no meio de vocês?
13Agora, entreguem esses canalhas de Gibeá, para que
os matemos e eliminemos esse mal de Israel".

Mas os benjamitas não quiseram ouvir seus irmãos
israelitas. 14Vindos de suas cidades, reuniram-se em
Gibeá para lutar contra os israelitas. 15Naquele dia os
benjamitas mobilizaram vinte e seis mil homens ar-
mados de espada que vieram das suas cidades, além
dos setecentos melhores soldados que viviam em Gi-
beá. 16Dentre todos esses soldados havia setecentos
canhotos, muito hábeis, e cada um deles podia atirar
com a funda uma pedra num cabelo sem errar.

17Israel, sem os de Benjamim, convocou quatrocen-
tos mil homens armados de espada, todos eles homens
de guerra.

18Os israelitas subiram a Betel[b] e consultaram a Deus.
"Quem de nós irá lutar primeiro contra os benjami-
tas?", perguntaram.

O SENHOR respondeu: "Judá irá primeiro".

19Na manhã seguinte os israelitas se levantaram e
armaram acampamento perto de Gibeá.

20Os homens de Israel saíram para lutar contra os
benjamitas e tomaram posição de combate contra eles
em Gibeá. 21Os benjamitas saíram de Gibeá e naque-
le dia mataram vinte e dois mil israelitas no campo
de batalha. 22Mas os homens de Israel procuraram
animar-se uns aos outros, e novamente ocuparam as
mesmas posições do primeiro dia. 23Os israelitas subi-
ram, choraram perante o SENHOR até a tarde, e consul-
taram o SENHOR: "Devemos atacar de novo os nossos
irmãos benjamitas?"

O SENHOR respondeu: "Vocês devem atacar".

24Então os israelitas avançaram contra os benjami-
tas no segundo dia. 25Dessa vez, quando os benjamitas
saíram de Gibeá para enfrentá-los, derrubaram outros
dezoito mil israelitas, todos eles armados de espada.

26Então todos os israelitas subiram a Betel, e ali se
assentaram, chorando perante o SENHOR. Naquele dia
jejuaram até a tarde e apresentaram holocaustos e ofer-
tas de comunhão[c] ao SENHOR. 27E os israelitas consulta-
ram ao SENHOR. (Naqueles dias a arca da aliança estava
ali, 28e Fineias, filho de Eleazar, filho de Arão, ministra-
va perante ela.) Perguntaram: "Sairemos de novo ou
não, para lutar contra os nossos irmãos benjamitas?"

O SENHOR respondeu: "Vão, pois amanhã eu os en-
tregarei nas suas mãos".

29Então os israelitas armaram uma emboscada em
torno de Gibeá. 30Avançaram contra os benjamitas no
terceiro dia e tomaram posição contra Gibeá, como
tinham feito antes. 31Os benjamitas saíram para en-
frentá-los e foram atraídos para longe da cidade. Co-
meçaram a ferir alguns dos israelitas como tinham feito
antes, e uns trinta homens foram mortos em campo
aberto e nas estradas, uma que vai para Betel e a outra
que vai para Gibeá.

32Enquanto os benjamitas diziam: "Nós os derrota-
mos como antes", os israelitas diziam: "Vamos retirar-
-nos e atraí-los para longe da cidade, para as estradas".

33Todos os homens de Israel saíram dos seus lugares
e ocuparam posições em Baal-Tamar, e a emboscada is-
raelita atacou da sua posição a oeste[d] de Gibeá. 34Então
dez mil dos melhores soldados de Israel iniciaram um
ataque frontal contra Gibeá. O combate foi duro, e os
benjamitas não perceberam que a desgraça estava pró-
xima deles. 35O SENHOR derrotou Benjamim perante Is-
rael, e naquele dia os israelitas feriram vinte e cinco mil
e cem benjamitas, todos armados de espada. 36Então os
benjamitas viram que estavam derrotados.

Os israelitas bateram em retirada diante de Ben-
jamim, pois confiavam na emboscada que tinham

[a] 20:10 Muitos manuscritos dizem *Geba*, variante de *Gibeá*.

[b] 20:18 Ou *subiram à casa de Deus*; também no versículo 26.

[c] 20:26 Ou *de paz*

[d] 20:33 Conforme alguns manuscritos da Septuaginta e a Vulgata.

preparado perto de Gibeá. 37Os da emboscada avançaram repentinamente para dentro de Gibeá, espalharam-se e mataram todos os habitantes da cidade à espada. 38Os israelitas tinham combinado com os da emboscada que estes fariam subir da cidade uma grande nuvem de fumaça, 39e então os israelitas voltariam a combater.

Os benjamitas tinham começado a ferir os israelitas, matando cerca de trinta deles, e disseram: "Nós os derrotamos como na primeira batalha". 40Mas, quando a coluna de fumaça começou a se levantar da cidade, os benjamitas se viraram e viram a fumaça subindo ao céu. 41Então os israelitas se voltaram contra eles, e os homens de Benjamim ficaram apavorados, pois perceberam que a sua desgraça havia chegado. 42Assim, fugiram da presença dos israelitas tomando o caminho do deserto, mas não conseguiram escapar do combate. E os homens de Israel que saíram das cidades os mataram ali. 43Cercaram os benjamitas e os perseguiram, e facilmente os alcançaram nas proximidades de Gibeá, no lado leste. 44Dezoito mil benjamitas morreram, todos eles soldados valentes. 45Quando se viraram e fugiram rumo ao deserto, para a rocha de Rimom, os israelitas abateram cinco mil homens ao longo das estradas. Até Gidom eles pressionaram os benjamitas e mataram mais de dois mil homens.

46Naquele dia vinte e cinco mil benjamitas que portavam espada morreram, todos eles soldados valentes. 47Seiscentos homens, porém, viraram as costas e fugiram para o deserto, para a rocha de Rimom, onde ficaram durante quatro meses. 48Os israelitas voltaram a Benjamim e passaram todas as cidades à espada, matando inclusive os animais e tudo o que encontraram nelas. E incendiaram todas as cidades por onde passaram.

Mulheres para os benjamitas

21 Os homens de Israel tinham feito este juramento em Mispá: "Nenhum de nós dará sua filha em casamento a um benjamita".

2O povo foi a Betel[a], onde esteve sentado perante Deus até a tarde, chorando alto e amargamente. 3"Ó SENHOR Deus de Israel", lamentaram, "por que aconteceu isso em Israel? Por que teria que faltar hoje uma tribo em Israel?"

4Na manhã do dia seguinte o povo se levantou cedo, construiu um altar e apresentou holocaustos e ofertas de comunhão[b].

5Os israelitas perguntaram: "Quem dentre todas as tribos de Israel deixou de vir à assembleia perante o SENHOR?" Pois tinham feito um juramento solene de que qualquer que deixasse de se reunir perante o SENHOR em Mispá seria morto.

[a] 21:2 Ou *foi à casa de Deus*
[b] 21:4 Ou *de paz*; também no versículo 13.

6Os israelitas prantearam pelos seus irmãos benjamitas. "Hoje uma tribo foi eliminada de Israel", diziam. 7"Como poderemos conseguir mulheres para os sobreviventes, visto que juramos pelo SENHOR não lhes dar em casamento nenhuma de nossas filhas?" 8Então perguntaram: "Qual das tribos de Israel deixou de reunir-se perante o SENHOR em Mispá?" Descobriu-se então que ninguém de Jabes-Gileade tinha vindo ao acampamento para a assembleia. 9Quando contaram o povo, verificaram que ninguém do povo de Jabes-Gileade estava ali.

10Então a comunidade enviou doze mil homens de guerra com instruções para irem a Jabes-Gileade e matarem à espada todos os que viviam lá, inclusive mulheres e crianças. 11"É isto o que vocês deverão fazer", disseram, "matem todos os homens e todas as mulheres que não forem virgens." 12Entre o povo que vivia em Jabes-Gileade encontraram quatrocentas moças virgens e as levaram para o acampamento de Siló, em Canaã.

13Depois a comunidade toda enviou uma oferta de comunhão aos benjamitas que estavam na rocha de Rimom. 14Os benjamitas voltaram naquela ocasião e receberam as mulheres de Jabes-Gileade que tinham sido poupadas. Mas não havia mulheres suficientes para todos eles.

15O povo pranteou Benjamim, pois o SENHOR tinha aberto uma lacuna nas tribos de Israel. 16E os líderes da comunidade disseram: "Mortas as mulheres de Benjamim, como conseguiremos mulheres para os homens que restaram? 17Os benjamitas sobreviventes precisam ter herdeiros, para que uma tribo de Israel não seja destruída. 18Não podemos dar-lhes nossas filhas em casamento, pois nós, israelitas, fizemos este juramento: Maldito seja todo aquele que der mulher a um benjamita. 19Há, porém, a festa anual do SENHOR em Siló, ao norte de Betel, a leste da estrada que vai de Betel a Siquém, e ao sul de Lebona".

20Então mandaram para lá os benjamitas, dizendo: "Vão, escondam-se nas vinhas 21e fiquem observando. Quando as moças de Siló forem para as danças, saiam correndo das vinhas e cada um de vocês apodere-se de uma das moças de Siló e vá para a terra de Benjamim. 22Quando os pais ou irmãos delas se queixarem a nós, diremos: Tenham misericórdia deles, pois não conseguimos mulheres para eles durante a guerra, e vocês são inocentes, visto que não lhes deram suas filhas".

23Foi o que os benjamitas fizeram. Quando as moças estavam dançando, cada homem tomou uma para fazer dela sua mulher. Depois voltaram para a sua herança, reconstruíram as cidades e se estabeleceram nelas.

24Na mesma ocasião os israelitas saíram daquele local e voltaram para as suas tribos e para os seus clãs, cada um para a sua própria herança.

25Naquela época não havia rei em Israel; cada um fazia o que lhe parecia certo.

RUTE

A família de Elimeleque em Moabe

1 Na época dos juízes houve fome na terra. Um homem de Belém de Judá, com a mulher e os dois filhos, foi viver por algum tempo nas terras de Moabe. [2]O homem chamava-se Elimeleque, sua mulher Noemi e seus dois filhos Malom e Quiliom. Eram efrateus de Belém de Judá. Chegaram a Moabe, e lá ficaram.

[3]Morreu Elimeleque, marido de Noemi, e ela ficou sozinha, com seus dois filhos. [4]Eles se casaram com mulheres moabitas, uma chamada Orfa e a outra Rute. Depois de terem morado lá por quase dez anos, [5]morreram também Malom e Quiliom, e Noemi ficou sozinha, sem os seus dois filhos e sem o seu marido.

Noemi e Rute voltam para Belém

[6]Quando Noemi soube em Moabe que o SENHOR viera em auxílio do seu povo, dando-lhe alimento, decidiu voltar com suas duas noras para a sua terra. [7]Assim, ela, com as duas noras, partiu do lugar onde tinha morado.

Enquanto voltavam para a terra de Judá, [8]disse-lhes Noemi: "Vão! Retornem para a casa de suas mães! Que o SENHOR seja leal com vocês, como vocês foram leais com os falecidos e comigo. [9]O SENHOR conceda que cada uma de vocês encontre segurança no lar doutro marido".

Então deu-lhes beijos de despedida. Mas elas começaram a chorar alto [10]e lhe disseram:

"Não! Voltaremos com você para junto de seu povo!"

[11]Disse, porém, Noemi: "Voltem, minhas filhas! Por que viriam comigo? Poderia eu ainda ter filhos, que viessem a ser seus maridos? [12]Voltem, minhas filhas! Vão! Estou velha demais para ter outro marido. E mesmo que eu pensasse que ainda há esperança para mim — ainda que eu me casasse esta noite e depois desse à luz filhos, [13]iriam vocês esperar até que eles crescessem? Ficariam sem se casar à espera deles? De jeito nenhum, minhas filhas! Para mim é mais amargo do que para vocês, pois a mão do SENHOR voltou-se contra mim!"

[14]Elas, então, começaram a chorar alto de novo. Depois Orfa deu um beijo de despedida em sua sogra, mas Rute ficou com ela.

[15]Então Noemi a aconselhou: "Veja, sua concunhada está voltando para o seu povo e para o seu deus. Volte com ela!"

[16]Rute, porém, respondeu:

"Não insistas comigo que te deixe
e que não mais te acompanhe.
Aonde fores irei,
onde ficares ficarei!
O teu povo será o meu povo
e o teu Deus será o meu Deus!
[17]Onde morreres morrerei,
e ali serei sepultada.
Que o SENHOR me castigue
com todo o rigor,
se outra coisa que não a morte
me separar de ti!"

[18]Quando Noemi viu que Rute estava de fato decidida a acompanhá-la, não insistiu mais.

[19]Prosseguiram, pois, as duas até Belém. Ali chegando, todo o povoado ficou alvoroçado por causa delas. "Será que é Noemi?", perguntavam as mulheres. [20]Mas ela respondeu:

"Não me chamem Noemi[a],
melhor que me chamem de Mara[b],
pois o Todo-poderoso[c]
tornou minha vida muito amarga!
[21]De mãos cheias eu parti,
mas de mãos vazias
o SENHOR me trouxe de volta.
Por que me chamam Noemi?
O SENHOR colocou-se contra mim![d]
O Todo-poderoso me trouxe desgraça!"

[22]Foi assim que Noemi voltou das terras de Moabe, com sua nora Rute, a moabita. Elas chegaram a Belém no início da colheita da cevada.

Rute nas plantações de Boaz

2 Noemi tinha um parente por parte do marido. Era um homem rico e influente, pertencia ao clã de Elimeleque e chamava-se Boaz.

[2]Rute, a moabita, disse a Noemi: "Vou recolher espigas no campo daquele que me permitir".

"Vá, minha filha", respondeu-lhe Noemi. [3]Então ela foi e começou a recolher espigas atrás dos ceifeiros. Casualmente entrou justo na parte da plantação que pertencia a Boaz, que era do clã de Elimeleque.

[4]Naquele exato momento, Boaz chegou de Belém e saudou os ceifeiros: "O SENHOR esteja com vocês!"

Eles responderam: "O SENHOR te abençoe!"

[5]Boaz perguntou ao capataz dos ceifeiros: "A quem pertence aquela moça?"

[6]O capataz respondeu: "É uma moabita que voltou de Moabe com Noemi. [7]Ela me pediu que a deixasse recolher e juntar espigas entre os feixes, após os ceifeiros. Ela chegou cedo e está em pé até agora. Só sentou-se um pouco no abrigo".

[8]Disse então Boaz a Rute: "Ouça bem, minha filha, não vá colher noutra lavoura, nem se afaste daqui. Fique com minhas servas. [9]Preste atenção onde os homens estão ceifando, e vá atrás das moças que vão colher. Darei ordem aos rapazes para que não toquem em você. Quando tiver sede, beba da água dos potes que os rapazes encheram".

[10]Ela inclinou-se e, prostrada com o rosto em terra, exclamou: "Por que achei favor a seus olhos, ao ponto de o senhor se importar comigo, uma estrangeira?"

[11]Boaz respondeu: "Contaram-me tudo o que você tem feito por sua sogra, depois que você perdeu o seu marido: como deixou seu pai, sua mãe e sua terra natal para viver com um povo que você não conhecia bem. [12]O SENHOR lhe retribua o que você tem feito! Que seja ricamente recompensada pelo SENHOR, o Deus de Israel, sob cujas asas você veio buscar refúgio!"

[a] 1:20 *Noemi* significa *agradável*; também no versículo 21.
[b] 1:20 *Mara* significa *amarga*.
[c] 1:20 Hebraico: *Shaddai*; também no versículo 21.
[d] 1:21 Ou *me trouxe sofrimento!*

13E disse ela: "Continue eu a ser bem acolhida, meu senhor! O senhor me deu ânimo e encorajou sua serva[a] — e eu sequer sou uma de suas servas!"

14Na hora da refeição, Boaz lhe disse: "Venha cá! Pegue um pedaço de pão e molhe-o no vinagre".

Quando ela se sentou junto aos ceifeiros, Boaz lhe ofereceu grãos tostados. Ela comeu até ficar satisfeita e ainda sobrou. 15Quando ela se levantou para recolher espigas, Boaz deu estas ordens a seus servos: "Mesmo que ela recolha entre os feixes, não a repreendam! 16Ao contrário, quando estiverem colhendo, tirem para ela algumas espigas dos feixes e deixem-nas cair para que ela as recolha, e não a impeçam".

17E assim Rute colheu na lavoura até o entardecer. Depois debulhou o que tinha ajuntado: quase uma arroba[b] de cevada. 18Carregou-a para o povoado, e sua sogra viu quanto Rute havia recolhido quando ela lhe ofereceu o que havia sobrado da refeição.

19A sogra lhe perguntou: "Onde você colheu hoje? Onde trabalhou? Bendito seja aquele que se importou com você!"

Então Rute contou à sogra com quem tinha trabalhado: "O nome do homem com quem trabalhei hoje é Boaz".

20E Noemi exclamou: "Seja ele abençoado pelo SENHOR, que não deixa de ser leal e bondoso com os vivos e com os mortos!" E acrescentou: "Aquele homem é nosso parente; é um de nossos resgatadores[c]"

21E Rute, a moabita, continuou: "Pois ele mesmo me disse também: 'Fique com os meus ceifeiros até que terminem toda a minha colheita' ".

22Então Noemi aconselhou à sua nora Rute: "É melhor mesmo você ir com as servas dele, minha filha. Noutra lavoura poderiam molestá-la".

23Assim Rute ficou com as servas de Boaz para recolher espigas, até acabarem as colheitas de cevada e de trigo. E continuou morando com a sua sogra.

Na eira de Boaz

3 Certo dia, Noemi, sua sogra, lhe disse: "Minha filha, tenho que procurar um lar seguro[d], para a sua felicidade. 2Boaz, senhor das servas com quem você esteve, é nosso parente próximo. Esta noite ele estará limpando cevada na eira. 3Lave-se, perfume-se, vista sua melhor roupa e desça para a eira. Mas não deixe que ele perceba você até que tenha comido e bebido. 4Quando ele for dormir, note bem o lugar em que ele se deitar. Então vá, descubra os pés dele e deite-se. Ele lhe dirá o que fazer".

5Respondeu Rute: "Farei tudo o que você está me dizendo".

6Então ela desceu para a eira e fez tudo o que a sua sogra lhe tinha recomendado.

7Quando Boaz terminou de comer e beber, ficou alegre e foi deitar-se perto do monte de grãos. Rute aproximou-se sem ser notada, descobriu os pés dele, e deitou-se. 8No meio da noite, o homem acordou de repente. Ele se virou e assustou-se ao ver uma mulher deitada a seus pés.

9"Quem é você?", perguntou ele.

"Sou sua serva Rute", disse ela. "Estenda a sua capa sobre a sua serva, pois o senhor é resgatador."

10Boaz lhe respondeu: "O SENHOR a abençoe, minha filha! Este seu gesto de bondade é ainda maior do que o primeiro, pois você poderia ter ido atrás dos mais jovens, ricos ou pobres! 11Agora, minha filha, não tenha medo; farei por você tudo o que me pedir. Todos os meus concidadãos sabem que você é mulher virtuosa. 12É verdade que sou resgatador, mas há um outro que é parente mais próximo do que eu. 13Passe a noite aqui. De manhã veremos: se ele quiser resgatá-la, muito bem, que resgate. Se não quiser, juro pelo nome do SENHOR que eu a resgatarei. Deite-se aqui até de manhã".

14Ela ficou deitada aos pés dele até de manhã, mas levantou-se antes de clarear para não ser reconhecida.

Boaz pensou: "Ninguém deve saber que esta mulher esteve na eira".

15Por isso disse: "Traga-me o manto que você está usando e segure-o". Ela o segurou, e o homem despejou nele seis medidas de cevada e o pôs sobre os ombros dela. Depois ele[e] voltou para a cidade.

16Quando Rute voltou à sua sogra, esta lhe perguntou: "Como foi, minha filha?"

Rute lhe contou tudo o que Boaz lhe tinha feito, 17e acrescentou: "Ele me deu estas seis medidas de cevada, dizendo: 'Não volte para a sua sogra de mãos vazias' ".

18Disse então Noemi: "Agora espere, minha filha, até saber o que acontecerá. Sem dúvida aquele homem não descansará enquanto não resolver esta questão hoje mesmo".

O resgate de Noemi e de Rute

4 Enquanto isso, Boaz subiu à porta da cidade e sentou-se, exatamente quando o resgatador que ele havia mencionado estava passando por ali. Boaz o chamou e disse: "Meu amigo, venha cá e sente-se". Ele foi e sentou-se.

2Boaz reuniu dez líderes da cidade e disse: "Sentem-se aqui". E eles se sentaram. 3Depois disse ao resgatador: "Noemi, que voltou de Moabe, está vendendo o pedaço de terra que pertencia ao nosso irmão Elimeleque. 4Pensei que devia apresentar-lhe o assunto, na presença dos líderes do povo, e sugerir-lhe que adquira o terreno. Se quiser resgatar esta propriedade, resgate-a. Se não[f], diga-me, para que eu o saiba. Pois ninguém tem esse direito, a não ser você; e depois eu".

"Eu a resgatarei", respondeu ele.

5Boaz, porém, lhe disse: "No dia em que você adquirir as terras de Noemi e da moabita Rute, estará adquirindo[g] também a viúva do falecido, para manter o nome dele em sua herança".

6Diante disso, o resgatador respondeu: "Nesse caso não poderei resgatá-la, pois poria em risco a minha propriedade. Resgate-a você mesmo. Eu não poderei fazê-lo!"

7(Antigamente, em Israel, para que o resgate e a transferência de propriedade fossem válidos, a pessoa

[a] 2:13 Ou *falou com carinho à sua serva*
[b] 2:17 Hebraico: *efa*. O efa era uma medida de capacidade para secos; as estimativas variam entre 20 e 40 litros.
[c] 2:20 Isto é, o responsável por garantir os direitos de subsistência, descendência e propriedade; também nos capítulos 3 e 4.
[d] 3:1 Hebraico: *encontrar descanso*. Veja Rt 1:9.
[e] 3:15 Conforme a maioria dos manuscritos do Texto Massorético. Muitos manuscritos do Texto Massorético, a Vulgata e a Versão Siríaca dizem *ela*.
[f] 4:4 Conforme muitos manuscritos do Texto Massorético, a Septuaginta, a Vulgata e a Versão Siríaca. A maioria dos manuscritos do Texto Massorético diz *se ele não*.
[g] 4:5 Conforme o Texto Massorético. A Vulgata e a Versão Siríaca dizem *Noemi, você estará adquirindo a moabita Rute*.

tirava a sandália e a dava ao outro. Assim oficializavam os negócios em Israel.)

8 Quando, pois, o resgatador disse a Boaz: "Adquira-a você mesmo!", tirou a sandália.

9 Então Boaz anunciou aos líderes e a todo o povo ali presente: "Vocês hoje são testemunhas de que estou adquirindo de Noemi toda a propriedade de Elimeleque, de Quiliom e de Malom. 10 Também estou adquirindo o direito de ter como mulher a moabita Rute, viúva de Malom, para manter o nome do falecido sobre a sua herança e para que o seu nome não desapareça do meio da sua família ou dos registros da cidade. Vocês hoje são testemunhas disso!"

11 Os líderes e todos os que estavam na porta confirmaram: "Somos testemunhas! Faça o SENHOR com essa mulher que está entrando em sua família como fez com Raquel e Lia, que, juntas, formaram as tribos de Israel. Seja poderoso em Efrata e ganhe fama em Belém! 12 E com os filhos que o SENHOR lhe conceder dessa jovem, seja a sua família como a de Perez, que Tamar deu a Judá!"

O casamento de Boaz e Rute

13 Boaz casou-se com Rute, e ela se tornou sua mulher. Boaz a possuiu e o SENHOR concedeu que ela engravidasse dele e desse à luz um filho.

14 As mulheres disseram a Noemi: "Louvado seja o SENHOR, que hoje não a deixou sem resgatador! Que o seu nome seja celebrado em Israel! 15 O menino lhe dará nova vida e a sustentará na velhice, pois é filho da sua nora, que a ama e que lhe é melhor do que sete filhos!"

16 Noemi pôs o menino no colo[a], e passou a cuidar dele. 17 As mulheres da vizinhança celebraram o seu nome e disseram: "Noemi tem um filho!", e lhe deram o nome de Obede. Este foi o pai de Jessé, pai de Davi.

A genealogia de Davi

18 Esta é a história dos antepassados de Davi, desde Perez:

Perez gerou Hezrom;
19 Hezrom gerou Rão;
Rão gerou Aminadabe;
20 Aminadabe gerou Naassom;
Naassom gerou Salmom[b];
21 Salmom gerou Boaz;
Boaz gerou Obede;
22 Obede gerou Jessé;
e Jessé gerou Davi.

[a] 4:16 Possivelmente adotou o menino.
[b] 4:20 Muitos manuscritos dizem *Salma*. Veja Rt 4:21 e 1Cr 2:11.

1SAMUEL

O nascimento de Samuel

1 Havia certo homem de Ramataim, zufita[a], dos montes de Efraim, chamado Elcana, filho de Jeroão, neto de Eliú e bisneto de Toú, filho do efraimita Zufe. 2Ele tinha duas mulheres: uma se chamava Ana, e a outra Penina. Penina tinha filhos, Ana, porém, não tinha.

3Todos os anos esse homem subia de sua cidade a Siló para adorar e sacrificar ao SENHOR dos Exércitos. Lá, Hofni e Fineias, os dois filhos de Eli, eram sacerdotes do SENHOR. 4No dia em que Elcana oferecia sacrifícios, dava porções à sua mulher Penina e a todos os filhos e filhas dela. 5Mas a Ana dava uma porção dupla, porque a amava, apesar de que o SENHOR a tinha deixado estéril. 6E porque o SENHOR a tinha deixado estéril, sua rival a provocava continuamente, a fim de irritá-la. 7Isso acontecia ano após ano. Sempre que Ana subia à casa do SENHOR, sua rival a provocava e ela chorava e não comia. 8Elcana, seu marido, lhe perguntava: "Ana, por que você está chorando? Por que não come? Por que está triste? Será que eu não sou melhor para você do que dez filhos?"

9Certa vez quando terminou de comer e beber em Siló, estando o sacerdote Eli sentado numa cadeira junto à entrada do santuário do SENHOR, Ana se levantou 10e, com a alma amargurada, chorou muito e orou ao SENHOR. 11E fez um voto, dizendo: "Ó SENHOR dos Exércitos, se tu deres atenção à humilhação de tua serva, te lembrares de mim e não te esqueceres de tua serva, mas lhe deres um filho, então eu o dedicarei ao SENHOR por todos os dias de sua vida, e o seu cabelo e a sua barba nunca serão cortados".

12Enquanto ela continuava a orar diante do SENHOR, Eli observava sua boca. 13Como Ana orava silenciosamente, seus lábios se mexiam mas não se ouvia sua voz. Então Eli pensou que ela estivesse embriagada 14e lhe disse: "Até quando você continuará embriagada? Abandone o vinho!"

15Ana respondeu: "Não se trata disso, meu senhor. Sou uma mulher muito angustiada. Não bebi vinho nem bebida fermentada; eu estava derramando minha alma diante do SENHOR. 16Não julgues tua serva uma mulher vadia; estou orando aqui até agora por causa de minha grande angústia e tristeza".

17Eli respondeu: "Vá em paz, e que o Deus de Israel lhe conceda o que você pediu".

18Ela disse: "Espero que sejas benevolente para com tua serva!" Então ela seguiu seu caminho, comeu, e seu rosto já não estava mais abatido.

19Na manhã seguinte, eles se levantaram e adoraram o SENHOR; então voltaram para casa, em Ramá. Elcana teve relações com sua mulher Ana, e o SENHOR se lembrou dela. 20Assim Ana engravidou e, no devido tempo, deu à luz um filho. E deu-lhe o nome de Samuel[b], dizendo: "Eu o pedi ao SENHOR".

Ana consagra Samuel

21Quando no ano seguinte Elcana subiu com toda a família para oferecer o sacrifício anual ao SENHOR e para cumprir o seu voto, 22Ana não foi e disse a seu marido: "Depois que o menino for desmamado, eu o levarei e o apresentarei ao SENHOR, e ele morará ali para sempre".

23Disse Elcana, seu marido: "Faça o que lhe parecer melhor. Fique aqui até desmamá-lo; que o SENHOR apenas confirme a palavra[c] dele!" Então ela ficou em casa e criou seu filho até que o desmamou.

24Depois de desmamá-lo, levou o menino, ainda pequeno, à casa do SENHOR, em Siló, com um novilho de três anos de idade,[d] uma arroba[e] de farinha e uma vasilha de couro cheia de vinho. 25Eles sacrificaram o novilho e levaram o menino a Eli, 26e ela lhe disse: "Meu senhor, juro por tua vida que eu sou a mulher que esteve aqui a teu lado, orando ao SENHOR. 27Era este menino que eu pedia, e o SENHOR concedeu-me o pedido. 28Por isso, agora, eu o dedico ao SENHOR. Por toda a sua vida será dedicado ao SENHOR". E ali adorou o SENHOR.

A oração de Ana

2 Então Ana orou assim:

"Meu coração exulta no SENHOR;
no SENHOR minha força[f] é exaltada.
Minha boca se exalta
sobre os meus inimigos,
pois me alegro em tua libertação.

2"Não há ninguém santo[g]
como o SENHOR;
não há outro além de ti;
não há rocha alguma
como o nosso Deus.

3"Não falem tão orgulhosamente,
nem saia de suas bocas tal arrogância,
pois o SENHOR é Deus sábio;
é ele quem julga os atos dos homens.

4"O arco dos fortes é quebrado,
mas os fracos são revestidos de força.
5Os que tinham muito,
agora trabalham por comida,
mas os que estavam famintos,
agora não passam fome.
A que era estéril deu à luz sete filhos,
mas a que tinha muitos filhos
ficou sem vigor.

6"O SENHOR mata e preserva a vida;
ele faz descer à sepultura[h] e dela resgata.
7O SENHOR é quem dá
pobreza e riqueza;
ele humilha e exalta.

[a] 1:1 Ou *de Ramataim-Zofim*

[b] 1:20 *Samuel* assemelha-se à palavra hebraica para *ouvido por Deus*.

[c] 1:23 Os manuscritos do mar Morto, a Septuaginta e a Versão Siríaca dizem *a palavra que você disse*.

[d] 1:24 Conforme os manuscritos do mar Morto, a Septuaginta e a Versão Siríaca. O Texto Massorético diz *com três novilhos*.

[e] 1:24 Hebraico: *1 efa*. O efa era uma medida de capacidade para secos. As estimativas variam entre 20 e 40 litros.

[f] 2:1 Hebraico: *meu chifre*; também no versículo 10.

[g] 2:2 Ou *Não há nenhum Santo*

[h] 2:6 Hebraico: *Sheol*. Essa palavra também pode ser traduzida por profundezas, pó ou morte.

8 Levanta do pó o necessitado
e do monte de cinzas ergue o pobre;
ele os faz sentar-se com príncipes
e lhes dá lugar de honra.

"Pois os alicerces da terra
são do Senhor;
sobre eles estabeleceu o mundo.
9 Ele guardará os pés dos seus santos,
mas os ímpios
serão silenciados nas trevas,
pois não é pela força
que o homem prevalece.
10 Aqueles que se opõem ao Senhor
serão despedaçados.
Ele trovejará do céu contra eles;
o Senhor julgará
até os confins da terra.

"Ele dará poder a seu rei
e exaltará a força do seu ungido".

11 Então Elcana voltou para casa em Ramá, mas o me-
nino começou a servir o Senhor sob a direção do sa-
cerdote Eli.

A maldade dos filhos de Eli

12 Os filhos de Eli eram ímpios; não se importavam
com o Senhor 13 nem cumpriam os deveres de sacerdo-
tes para com o povo; sempre que alguém oferecia um
sacrifício, o auxiliar do sacerdote vinha com um garfo
de três dentes, 14 e, enquanto a carne estava cozinhan-
do, ele enfiava o garfo na panela, ou travessa, ou cal-
deirão, ou caçarola, e o sacerdote pegava para si tudo o
que vinha no garfo. Assim faziam com todos os israeli-
tas que iam a Siló. 15 Mas, antes mesmo de queimarem
a gordura, vinha o auxiliar do sacerdote e dizia ao ho-
mem que estava oferecendo o sacrifício: "Dê um peda-
ço desta carne para o sacerdote assar; ele não aceitará
de você carne cozida, somente crua".
16 Se o homem lhe dissesse: "Deixe primeiro a gor-
dura se queimar e então pegue o que quiser", o auxiliar
respondia: "Não. Entregue a carne agora. Se não, eu a
tomarei à força".
17 O pecado desses jovens era muito grande à vista
do Senhor, pois eles estavam tratando com desprezo
a oferta do Senhor.
18 Samuel, contudo, ainda menino, ministrava pe-
rante o Senhor, vestindo uma túnica de linho. 19 Todos
os anos sua mãe fazia uma pequena túnica e a levava
para ele, quando subia a Siló com o marido para ofere-
cer o sacrifício anual. 20 Eli abençoava Elcana e sua mu-
lher, dizendo: "O Senhor dê a você filhos desta mulher
no lugar daquele por quem ela pediu e dedicou ao Se-
nhor". Então voltavam para casa. 21 O Senhor foi bon-
doso com Ana; ela engravidou e deu à luz três filhos e
duas filhas. Enquanto isso, o menino Samuel crescia na
presença do Senhor.
22 Eli, já bem idoso, ficou sabendo de tudo o que seus
filhos faziam a todo o Israel e que eles se deitavam com
as mulheres que serviam junto à entrada da Tenda do
Encontro. 23 Por isso lhes perguntou: "Por que vocês fa-
zem estas coisas? De todo o povo ouço a respeito do mal
que vocês fazem. 24 Não, meus filhos; não é bom o que
escuto se espalhando entre o povo do Senhor. 25 Se um
homem pecar contra outro homem, os juízes poderão[a]
intervir em seu favor; mas, se pecar contra o Senhor,
quem intercederá por ele?" Seus filhos, contudo, não
deram atenção à repreensão de seu pai, pois o Senhor
queria matá-los.
26 E o menino Samuel continuava a crescer, sendo ca-
da vez mais estimado pelo Senhor e pelo povo.

Profecia contra a família de Eli

27 E veio um homem de Deus a Eli e lhe disse: "As-
sim diz o Senhor: 'Acaso não me revelei claramente à
família de seu pai, quando eles estavam no Egito, sob
o domínio do faraó? 28 Escolhi seu pai dentre todas as
tribos de Israel para ser o meu sacerdote, subir ao meu
altar, queimar incenso e usar um colete sacerdotal na
minha presença. Também dei à família de seu pai to-
das as ofertas preparadas no fogo pelos israelitas. 29 Por
que vocês zombam de meu sacrifício e da oferta que de-
terminei para a minha habitação? Por que você honra
seus filhos mais do que a mim, deixando-os engordar
com as melhores partes de todas as ofertas feitas por
Israel, o meu povo?'
30 "Portanto, o Senhor, o Deus de Israel, declara:
'Prometi à sua família e à linhagem de seu pai, que
ministrariam diante de mim para sempre'. Mas agora
o Senhor declara: 'Longe de mim tal coisa! Honrarei
aqueles que me honram, mas aqueles que me despre-
zam serão tratados com desprezo. 31 É chegada a hora em
que eliminarei a sua força e a força da família[b] de seu
pai, e não haverá mais nenhum idoso na sua família,
32 e você verá aflição na minha habitação. Embora Israel
prospere, na sua família ninguém alcançará idade avan-
çada. 33 E todo descendente seu que eu não eliminar de
meu altar será poupado apenas para lhe consumir os
olhos com lágrimas[c] e para lhe entristecer o coração, e
todos os seus descendentes morrerão no vigor da vida.
34 " 'E o que acontecer a seus dois filhos, Hofni e Fi-
neias, será um sinal para você: os dois morrerão no
mesmo dia. 35 Levantarei para mim um sacerdote fiel,
que agirá de acordo com o meu coração e o meu pensa-
mento. Edificarei firmemente a família dele, e ele mi-
nistrará sempre perante o meu rei ungido. 36 Então todo
o que restar da sua família virá e se prostrará perante
ele, para obter uma moeda de prata e um pedaço de
pão. E lhe implorará que o ponha em alguma função
sacerdotal, para ter o que comer' ".

O chamado de Samuel

3 O menino Samuel ministrava perante o Senhor, sob
a direção de Eli; naqueles dias raramente o Senhor
falava, e as visões não eram frequentes.
2 Certa noite, Eli, cujos olhos estavam ficando tão fra-
cos que já não conseguia mais enxergar, estava deitado
em seu lugar de costume. 3 A lâmpada de Deus ainda
não havia se apagado, e Samuel estava deitado no san-
tuário do Senhor, onde se encontrava a arca de Deus.
4 Então o Senhor chamou Samuel.
Samuel respondeu: "Estou aqui". 5 E correu até Eli e
disse: "Estou aqui; o senhor me chamou?"
Eli, porém, disse: "Não o chamei; volte e deite-se".
Então, ele foi e se deitou.

[a] 2:25 Ou *Deus poderá*
[b] 2:31 Hebraico: *cortarei o seu braço e o braço da casa.*
[c] 2:33 Ou *cegar os olhos*; ou ainda *consumir os olhos de inveja*

6De novo o SENHOR chamou: "Samuel!" E Samuel se levantou e foi até Eli e disse: "Estou aqui; o senhor me chamou?"

Disse Eli: "Meu filho, não o chamei; volte e deite-se".

7Ora, Samuel ainda não conhecia o SENHOR. A palavra do SENHOR ainda não lhe havia sido revelada.

8O SENHOR chamou Samuel pela terceira vez. Ele se levantou, foi até Eli e disse: "Estou aqui; o senhor me chamou?"

Eli percebeu que o SENHOR estava chamando o menino 9e lhe disse: "Vá e deite-se; se ele chamá-lo, diga: 'Fala, SENHOR, pois o teu servo está ouvindo' ". Então Samuel foi deitar-se.

10O SENHOR voltou a chamá-lo como nas outras vezes: "Samuel, Samuel!"

Samuel disse: "Fala, pois o teu servo está ouvindo".

11E o SENHOR disse a Samuel: "Vou realizar em Israel algo que fará tinir os ouvidos de todos os que ficarem sabendo. 12Nessa ocasião executarei contra Eli tudo o que falei contra sua família, do começo ao fim. 13Pois eu lhe disse que julgaria sua família para sempre, por causa do pecado dos seus filhos, do qual ele tinha consciência; seus filhos se fizeram desprezíveis[a], e ele não os puniu. 14Por isso jurei à família de Eli: 'Jamais se fará propiciação pela culpa da família de Eli mediante sacrifício ou oferta' ".

15Samuel ficou deitado até de manhã e então abriu as portas da casa do SENHOR. Ele teve medo de contar a visão a Eli, 16mas este o chamou e disse: "Samuel, meu filho".

"Estou aqui", respondeu Samuel.

17Eli perguntou: "O que o SENHOR lhe disse? Não esconda de mim. Deus o castigue, e o faça com muita severidade, se você esconder de mim qualquer coisa que ele lhe falou". 18Então, Samuel lhe contou tudo, e nada escondeu. Então Eli disse: "Ele é o SENHOR; que faça o que lhe parecer melhor".

19Enquanto Samuel crescia, o SENHOR estava com ele, e fazia com que todas as suas palavras se cumprissem. 20Todo o Israel, desde Dã até Berseba, reconhecia que Samuel estava confirmado como profeta do SENHOR. 21O SENHOR continuou aparecendo em Siló, onde havia se revelado a Samuel por meio de sua palavra.

4 E a palavra de Samuel espalhou-se por todo o Israel.

Os filisteus tomam a arca

Nessa época os israelitas saíram à guerra contra os filisteus. Eles acamparam em Ebenézer, e os filisteus em Afeque. 2Os filisteus dispuseram suas forças em linha para enfrentar Israel, e, intensificando-se o combate, Israel foi derrotado pelos filisteus, que mataram cerca de quatro mil deles no campo de batalha. 3Quando os soldados voltaram ao acampamento, as autoridades de Israel perguntaram: "Por que o SENHOR deixou que os filisteus nos derrotassem?" E acrescentaram: "Vamos a Siló buscar a arca da aliança do SENHOR, para que ele vá conosco e nos salve das mãos de nossos inimigos".

4Então mandaram trazer de Siló a arca da aliança do SENHOR dos Exércitos, que tem o seu trono entre os querubins. E os dois filhos de Eli, Hofni e Fineias, acompanharam a arca da aliança de Deus.

5Quando a arca da aliança do SENHOR entrou no acampamento, todos os israelitas gritaram tão alto que o chão estremeceu. 6Os filisteus, ouvindo os gritos, perguntaram: "O que significam todos esses gritos no acampamento dos hebreus?"

Quando souberam que a arca do SENHOR viera para o acampamento, 7os filisteus ficaram com medo e disseram: "Deuses chegaram ao acampamento. Ai de nós! Nunca nos aconteceu uma coisa dessas! 8Ai de nós! Quem nos livrará das mãos desses deuses poderosos? São os deuses que feriram os egípcios com toda espécie de pragas, no deserto. 9Sejam fortes, filisteus! Sejam homens, ou vocês se tornarão escravos dos hebreus, assim como eles foram escravos de vocês. Sejam homens e lutem!"

10Então os filisteus lutaram e Israel foi derrotado; cada homem fugiu para a sua tenda. O massacre foi muito grande: Israel perdeu trinta mil homens de infantaria. 11A arca de Deus foi tomada, e os dois filhos de Eli, Hofni e Fineias, morreram.

A morte de Eli

12Naquele mesmo dia um benjamita correu da linha de batalha até Siló, com as roupas rasgadas e terra na cabeça. 13Quando ele chegou, Eli estava sentado em sua cadeira, ao lado da estrada. Estava preocupado, pois em seu coração temia pela arca de Deus. O homem entrou na cidade, contou o que havia acontecido, e a cidade começou a gritar.

14Eli ouviu os gritos e perguntou: "O que significa esse tumulto?"

O homem correu para contar tudo a Eli. 15Eli tinha noventa e oito anos de idade e seus olhos estavam imóveis; ele já não conseguia enxergar. 16O homem lhe disse: "Acabei de chegar da linha de batalha; fugi de lá hoje mesmo".

Eli perguntou: "O que aconteceu, meu filho?"

17O mensageiro respondeu: "Israel fugiu dos filisteus, e houve uma grande matança entre os soldados. Também os seus dois filhos, Hofni e Fineias, estão mortos, e a arca de Deus foi tomada".

18Quando ele mencionou a arca de Deus, Eli caiu da cadeira para trás, ao lado do portão, quebrou o pescoço, e morreu, pois era velho e pesado. Ele liderou Israel durante quarenta anos.

19Sua nora, a mulher de Fineias, estava grávida e perto de dar à luz. Quando ouviu a notícia de que a arca de Deus havia sido tomada e que seu sogro e seu marido estavam mortos, entrou em trabalho de parto e deu à luz, mas não resistiu às dores do parto. 20Enquanto morria, as mulheres que a ajudavam disseram: "Não se desespere; você teve um menino". Mas ela não respondeu nem deu atenção.

21Ela deu ao menino o nome de Icabode[b], e disse: "A glória se foi de Israel", porque a arca foi tomada e por causa da morte do sogro e do marido. 22E ainda acrescentou: "A glória se foi de Israel, pois a arca de Deus foi tomada".

A arca em Asdode e Ecrom

5 Depois que os filisteus tomaram a arca de Deus, eles a levaram de Ebenézer para Asdode 2e a colocaram dentro do templo de Dagom, ao lado de sua estátua.

[a] 3:13 Uma antiga tradição dos escribas hebreus e a Septuaginta dizem *filhos blasfemaram contra Deus.*

[b] 4:21 *Icabode* significa *glória nenhuma.*

3 Quando o povo de Asdode se levantou na madrugada do dia seguinte, lá estava Dagom caído com o rosto em terra, diante da arca do Senhor! Eles levantaram Dagom e o colocaram de volta em seu lugar. 4 Mas, na manhã seguinte, quando se levantaram de madrugada, lá estava Dagom caído com o rosto em terra, diante da arca do Senhor! Sua cabeça e mãos tinham sido quebradas e estavam sobre a soleira; só o seu corpo ficou no lugar. 5 Por isso, até hoje, os sacerdotes de Dagom e todos os que entram em seu templo, em Asdode, não pisam na soleira.

6 Depois disso a mão do Senhor pesou sobre o povo de Asdode e dos arredores, trazendo devastação sobre eles e afligindo-os com tumores.[a] 7 Quando os homens de Asdode viram o que estava acontecendo, disseram: "A arca do deus de Israel não deve ficar aqui conosco, pois a mão dele pesa sobre nós e sobre nosso deus Dagom". 8 Então reuniram todos os governantes dos filisteus e lhes perguntaram: "O que faremos com a arca do deus de Israel?"

Eles responderam: "Levem a arca do deus de Israel para Gate". E então levaram a arca do Deus de Israel.

9 Mas, quando a arca chegou, a mão do Senhor castigou aquela cidade e lhe trouxe grande pânico. Ele afligiu o povo da cidade, jovens e velhos, com uma epidemia de tumores[b]. 10 Então enviaram a arca de Deus para Ecrom.

Quando a arca de Deus estava entrando na cidade de Ecrom, o povo começou a gritar: "Eles trouxeram a arca do deus de Israel para cá a fim de matar a nós e a nosso povo". 11 Então reuniram todos os governantes dos filisteus e disseram: "Levem embora a arca do deus de Israel; que ela volte ao seu lugar; caso contrário ela[c] matará a nós e a nosso povo". Pois havia pânico mortal em toda a cidade; a mão de Deus pesava muito sobre ela. 12 Aqueles que não morreram foram afligidos com tumores, e o clamor da cidade subiu até o céu.

O retorno da arca a Israel

6 Quando já fazia sete meses que a arca do Senhor estava em território filisteu, 2 os filisteus chamaram os sacerdotes e adivinhos e disseram: "O que faremos com a arca do Senhor? Digam-nos com o que devemos mandá-la de volta a seu lugar".

3 Eles responderam: "Se vocês devolverem a arca do deus de Israel, não mandem de volta só a arca, mas enviem também uma oferta pela culpa. Então vocês serão curados e saberão por que a sua mão não tem se afastado de vocês".

4 Os filisteus perguntaram: "Que oferta pela culpa devemos enviar-lhe?"

Eles responderam: "Cinco tumores de ouro e cinco ratos de ouro, de acordo com o número de governantes filisteus, porquanto a mesma praga atingiu vocês e todos os seus governantes. 5 Façam imagens dos tumores e dos ratos que estão assolando o país e deem glória ao deus de Israel. Talvez ele alivie a sua mão de sobre vocês, seus deuses e sua terra. 6 Por que ter o coração obstinado como os egípcios e o faraó? Só quando esse deus[d] os tratou severamente, eles deixaram os israelitas seguirem o seu caminho.

7 "Agora, então, preparem uma carroça nova, com duas vacas que deram cria e sobre as quais nunca foi colocado jugo. Amarrem-nas à carroça, mas afastem delas os seus bezerros e ponham-nos no curral. 8 Coloquem a arca do Senhor sobre a carroça, e ponham numa caixa ao lado os objetos de ouro que vocês estão lhe enviando como oferta pela culpa. Enviem a carroça, 9 e fiquem observando. Se ela for para o seu próprio território, na direção de Bete-Semes, então foi o Senhor quem trouxe essa grande desgraça sobre nós. Mas, se ela não for, então saberemos que não foi a sua mão que nos atingiu e que isso aconteceu conosco por acaso".

10 E assim fizeram. Pegaram duas vacas com cria, amarraram-nas a uma carroça e prenderam seus bezerros no curral. 11 Colocaram a arca do Senhor na carroça e junto dela a caixa com os ratos de ouro e as imagens dos tumores. 12 Então as vacas foram diretamente para Bete-Semes, mantendo-se na estrada e mugindo por todo o caminho; não se desviaram nem para a direita nem para a esquerda. Os governantes dos filisteus as seguiram até a fronteira de Bete-Semes.

13 Ora, o povo de Bete-Semes estava colhendo trigo no vale e, quando viram a arca, alegraram-se muito. 14 A carroça chegou ao campo de Josué, de Bete-Semes, e ali parou ao lado de uma grande rocha. Então cortaram a madeira da carroça e ofereceram as vacas como holocausto[e] ao Senhor. 15 Os levitas tinham descido a arca do Senhor e a caixa com os objetos de ouro e as tinham colocado sobre a grande rocha. Naquele dia, o povo de Bete-Semes ofereceu holocaustos e sacrifícios ao Senhor. 16 Os cinco governantes dos filisteus viram tudo isso e voltaram naquele mesmo dia a Ecrom.

17 Os filisteus enviaram ao Senhor como oferta pela culpa estes tumores de ouro: um por Asdode, outro por Gaza, outro por Ascalom, outro por Gate e outro por Ecrom. 18 O número dos ratos de ouro foi conforme o número das cidades filisteias que pertenciam aos cinco governantes; tanto as cidades fortificadas como os povoados do campo. A grande rocha, sobre a qual puseram[f] a arca do Senhor, é até hoje uma testemunha no campo de Josué, de Bete-Semes.

19 O Senhor, contudo, feriu alguns dos homens de Bete-Semes, matando setenta[g] deles, por terem olhado para dentro da arca do Senhor. O povo chorou por causa da grande matança que o Senhor fizera, 20 e os homens de Bete-Semes perguntaram: "Quem pode permanecer na presença do Senhor, esse Deus santo? A quem enviaremos a arca, para que ele se afaste de nós?"

21 Então enviaram mensageiros ao povo de Quiriate-Jearim, dizendo: "Os filisteus devolveram a arca do Senhor. Venham e levem-na para vocês".

7 Os homens de Quiriate-Jearim vieram para levar a arca do Senhor. Eles a levaram para a casa de Abinadabe, na colina, e consagraram seu filho Eleazar para guardar a arca do Senhor.

[a] 5:6 A Septuaginta e a Vulgata acrescentam *E ratos surgiram na região, e a morte e a destruição estavam por toda a cidade.*

[b] 5:9 Ou *com tumores na virilha*

[c] 5:11 Ou *ele*

[d] 6:6 Isto é, Deus.

[e] 6:14 Isto é, sacrifício totalmente queimado; também em todo o livro de 1Samuel.

[f] 6:18 Conforme alguns manuscritos do Texto Massorético. A maioria dos manuscritos do Texto Massorético diz *povoados do campo até Abel Maior, onde puseram.*

[g] 6:19 Conforme alguns manuscritos do Texto Massorético. A maioria dos manuscritos do Texto Massorético e a Septuaginta dizem *50.070.*

Samuel subjuga os filisteus em Mispá

2 A arca permaneceu em Quiriate-Jearim muito tempo; foram vinte anos. E todo o povo de Israel buscava o SENHOR com súplicas[a]. 3 E Samuel disse a toda a nação de Israel: "Se vocês querem voltar-se para o SENHOR de todo o coração, livrem-se então dos deuses estrangeiros e das imagens de Astarote, consagrem-se ao SENHOR e prestem culto somente a ele, e ele os libertará das mãos dos filisteus". 4 Assim, os israelitas se livraram dos baalins e dos postes sagrados, e começaram a prestar culto somente ao SENHOR.

5 E Samuel prosseguiu: "Reúnam todo o Israel em Mispá, e eu intercederei ao SENHOR a favor de vocês". 6 Quando eles se reuniram em Mispá, tiraram água e a derramaram perante o SENHOR. Naquele dia jejuaram e ali disseram: "Temos pecado contra o SENHOR". E foi em Mispá que Samuel liderou os israelitas como juiz.

7 Quando os filisteus souberam que os israelitas estavam reunidos em Mispá, os governantes dos filisteus saíram para atacá-los. Quando os israelitas souberam disso, ficaram com medo. 8 E disseram a Samuel: "Não pares de clamar por nós ao SENHOR, o nosso Deus, para que nos salve das mãos dos filisteus". 9 Então Samuel pegou um cordeiro ainda não desmamado e o ofereceu inteiro como holocausto ao SENHOR. Ele clamou ao SENHOR em favor de Israel, e o SENHOR lhe respondeu.

10 Enquanto Samuel oferecia o holocausto, os filisteus se aproximaram para combater Israel. Naquele dia, porém, o SENHOR trovejou com fortíssimo estrondo contra os filisteus e os colocou em pânico, e foram derrotados por Israel. 11 Os soldados de Israel saíram de Mispá e perseguiram os filisteus até um lugar abaixo de Bete-Car, matando-os pelo caminho.

12 Então Samuel pegou uma pedra e a ergueu entre Mispá e Sem; e deu-lhe o nome de Ebenézer[b], dizendo: "Até aqui o SENHOR nos ajudou". 13 Assim os filisteus foram dominados e não voltaram a invadir o território israelita.

A mão do SENHOR esteve contra os filisteus durante toda a vida de Samuel. 14 As cidades que os filisteus haviam conquistado foram devolvidas a Israel, desde Ecrom até Gate. Israel libertou os territórios ao redor delas do poder dos filisteus. E houve também paz entre Israel e os amorreus.

15 Samuel continuou como juiz de Israel durante todos os dias de sua vida. 16 A cada ano percorria Betel, Gilgal e Mispá, decidindo as questões de Israel em todos esses lugares. 17 Mas sempre retornava a Ramá, onde ficava sua casa; ali ele liderava Israel como juiz e naquele lugar construiu um altar em honra ao SENHOR.

Israel pede um rei

8 Quando envelheceu, Samuel nomeou seus filhos como líderes de Israel. 2 Seu filho mais velho chamava-se Joel e o segundo, Abias. Eles eram líderes em Berseba. 3 Mas os filhos dele não andaram em seus caminhos. Eles se tornaram gananciosos, aceitavam suborno e pervertiam a justiça.

4 Por isso todas as autoridades de Israel reuniram-se e foram falar com Samuel, em Ramá. 5 E disseram-lhe: "Tu já estás idoso, e teus filhos não andam em teus caminhos; escolhe agora um rei para que nos lidere, à semelhança das outras nações".

6 Quando, porém, disseram: "Dá-nos um rei para que nos lidere", isso desagradou a Samuel; então ele orou ao SENHOR. 7 E o SENHOR lhe respondeu: "Atenda a tudo o que o povo está lhe pedindo; não foi a você que rejeitaram; foi a mim que rejeitaram como rei. 8 Assim como fizeram comigo desde o dia em que os tirei do Egito, até hoje, abandonando-me e prestando culto a outros deuses, também estão fazendo com você. 9 Agora atenda-os; mas advirta-os solenemente e diga-lhes quais direitos reivindicará o rei que os governará".

10 Samuel transmitiu todas as palavras do SENHOR ao povo, que estava lhe pedindo um rei, 11 dizendo: "O rei que reinará sobre vocês reivindicará como seu direito o seguinte: ele tomará os filhos de vocês para servi-lo em seus carros de guerra e em sua cavalaria, e para correr à frente dos seus carros de guerra. 12 Colocará alguns como comandantes de mil e outros como comandantes de cinquenta. Ele os fará arar as terras dele, fazer a colheita, e fabricar armas de guerra e equipamentos para os seus carros de guerra. 13 Tomará as filhas de vocês para serem perfumistas, cozinheiras e padeiras. 14 Tomará de vocês o melhor das plantações, das vinhas e dos olivais, e o dará aos criados dele. 15 Tomará um décimo dos cereais e da colheita das uvas e o dará a seus oficiais e a seus criados. 16 Também tomará de vocês para seu uso particular os servos e as servas, e o melhor do gado[c] e dos jumentos. 17 E tomará de vocês um décimo dos rebanhos, e vocês mesmos se tornarão escravos dele. 18 Naquele dia, vocês clamarão por causa do rei que vocês mesmos escolheram, e o SENHOR não os ouvirá".

19 Todavia, o povo recusou-se a ouvir Samuel, e disse: "Não! Queremos ter um rei. 20 Seremos como todas as outras nações; um rei nos governará, e sairá à nossa frente para combater em nossas batalhas".

21 Depois de ter ouvido tudo o que o povo disse, Samuel o repetiu perante o SENHOR. 22 E o SENHOR respondeu: "Atenda-os e dê-lhes um rei".

Então Samuel disse aos homens de Israel: "Volte cada um para a sua cidade".

O encontro entre Saul e Samuel

9 Havia um homem de Benjamim, rico e influente, chamado Quis, filho de Abiel, neto de Zeror, bisneto de Becorate e trineto de Afia. 2 Ele tinha um filho chamado Saul, jovem de boa aparência, sem igual entre os israelitas; os mais altos batiam nos seus ombros.

3 E aconteceu que as jumentas de Quis, pai de Saul, extraviaram-se. E ele disse a Saul: "Chame um dos servos e vá procurar as jumentas". 4 Eles atravessaram os montes de Efraim e a região de Salisa, mas não as encontraram. Prosseguindo, entraram no distrito de Saalim, mas as jumentas não estavam lá. Então atravessaram o território de Benjamim, e mesmo assim não as encontraram.

5 Chegando ao distrito de Zufe, disse Saul ao seu servo: "Vamos voltar, ou meu pai deixará de pensar nas jumentas para começar a preocupar-se conosco".

6 O servo, contudo, respondeu: "Nesta cidade mora um homem de Deus que é muito respeitado. Tudo o

[a] 7:2 Hebraico: *lamentava-se após o Senhor.*
[b] 7:12 *Ebenézer* significa *pedra de ajuda.*
[c] 8:16 Conforme a Septuaginta. O Texto Massorético diz *jovens.*

que ele diz acontece. Vamos falar com ele. Talvez ele
nos aponte o caminho a seguir".
7Saul disse a seu servo: "Se formos, o que lhe podere-
mos dar? A comida de nossos sacos de viagem acabou.
Não temos nenhum presente para levar ao homem de
Deus. O que temos para oferecer?"
8O servo lhe respondeu: "Tenho três gramas[a] de
prata. Darei isto ao homem de Deus para que ele nos
aponte o caminho a seguir". 9(Antigamente em Israel,
quando alguém ia consultar a Deus, dizia: "Vamos ao
vidente", pois o profeta de hoje era chamado vidente.)
10E Saul concordou: "Muito bem, vamos!" Assim, fo-
ram em direção à cidade onde estava o homem de Deus.
11Ao subirem a colina para chegar à cidade, encon-
traram algumas jovens que estavam saindo para buscar
água e perguntaram a elas: "O vidente está na cidade?"
12Elas responderam: "Sim. Ele está ali adiante. Apres-
sem-se; ele chegou hoje à nossa cidade, porque o povo
vai oferecer um sacrifício no altar que há no monte.
13Assim que entrarem na cidade, vocês o encontrarão
antes que suba ao altar do monte para comer. O povo
não começará a comer antes que ele chegue, pois ele
deve abençoar o sacrifício; depois disso, os convidados
irão comer. Subam agora e vocês logo o encontrarão".
14Eles foram à cidade e, ao entrarem, Samuel vinha
na direção deles a caminho do altar do monte.
15No dia anterior à chegada de Saul, o SENHOR havia
revelado isto a Samuel: 16"Amanhã, por volta desta ho-
ra, enviarei a você um homem da terra de Benjamim.
Unja-o como líder sobre Israel, o meu povo; ele libertará
o meu povo das mãos dos filisteus. Atentei para o meu
povo, pois o seu clamor chegou a mim".
17Quando Samuel viu Saul, o SENHOR lhe disse: "Es-
te é o homem de quem lhe falei; ele governará o meu
povo".
18Saul aproximou-se de Samuel na entrada da cida-
de e lhe perguntou: "Por favor, pode me dizer onde é
a casa do vidente?"
19Respondeu Samuel: "Eu sou o vidente. Vá na mi-
nha frente para o altar, pois hoje você comerá comigo.
Amanhã cedo eu lhe contarei tudo o que você quer sa-
ber e o deixarei ir. 20Quanto às jumentas que você per-
deu há três dias, não se preocupe com elas; já foram
encontradas. E a quem pertencerá tudo o que é precioso
em Israel, senão a você e a toda a família de seu pai?"
21Saul respondeu: "Acaso não sou eu um benjamita,
da menor das tribos de Israel, e não é o meu clã o mais
insignificante de todos os clãs da tribo de Benjamim?
Por que estás me dizendo tudo isso?"
22Então Samuel levou Saul e seu servo para a sala e
lhes deu o lugar de honra entre os convidados, cerca
de trinta pessoas. 23E disse ao cozinheiro: "Traga-me a
porção de carne que lhe entreguei e mandei reservar".
24O cozinheiro pegou a coxa do animal com o que
estava sobre ela e colocou tudo diante de Saul. E disse
Samuel: "Aqui está o que lhe foi reservado. Coma, pois
desde o momento em que eu disse: Tenho convidados,
essa parte foi separada para você para esta ocasião". E
Saul comeu com Samuel naquele dia.
25Depois que desceu do altar do monte para a cidade,
Samuel conversou com Saul no terraço de sua casa. 26Ao
romper do dia, quando se levantaram, Samuel chamou
Saul no terraço e disse: "Levante-se, e eu o acompanha-
rei, e depois você seguirá viagem". Saul se levantou e
saiu junto com Samuel. 27Enquanto desciam para a saí-
da da cidade, Samuel disse a Saul: "Diga ao servo que
vá na frente". O servo foi e Samuel prosseguiu: "Fique
você aqui um instante, para que eu lhe dê uma men-
sagem da parte de Deus".

Saul é ungido rei

10 Samuel apanhou um jarro de óleo, derramou-o
sobre a cabeça de Saul e o beijou, dizendo: "O SE-
NHOR o ungiu como líder da herança dele.[b] 2Hoje, quan-
do você partir, encontrará dois homens perto do túmulo
de Raquel, em Zelza, na fronteira de Benjamim. Eles
lhe dirão: 'As jumentas que você foi procurar já foram
encontradas. Agora seu pai deixou de se importar com
elas e está preocupado com vocês. Ele está perguntan-
do: "Como encontrarei meu filho?"'
3"Então, dali, você prosseguirá para o carvalho de Ta-
bor. Três homens virão subindo ao santuário de Deus
em Betel, e encontrarão você ali. Um estará levando três
cabritos, outro três pães, e outro uma vasilha de couro
cheia de vinho. 4Eles o cumprimentarão e lhe oferece-
rão dois pães, que você deve aceitar.
5"Depois você irá a Gibeá de Deus, onde há um des-
tacamento filisteu. Ao chegar à cidade, você encontrará
um grupo de profetas que virão descendo do altar do
monte tocando liras, tamborins, flautas e harpas; e eles
estarão profetizando. 6O Espírito do SENHOR se apossa-
rá de você, e com eles você profetizará[c], e será um novo
homem. 7Assim que esses sinais se cumprirem, faça o
que achar melhor, pois Deus está com você.
8"Vá na minha frente até Gilgal. Depois eu irei tam-
bém, para oferecer holocaustos e sacrifícios de comu-
nhão[d], mas você deve esperar sete dias, até que eu
chegue e lhe diga o que fazer".
9Quando se virou para afastar-se de Samuel, Deus
mudou o coração de Saul, e todos aqueles sinais se cum-
priram naquele dia. 10Chegando a Gibeá, um grupo veio
em sua direção; o Espírito de Deus se apossou dele, e
ele profetizou no meio deles. 11Quando os que já o co-
nheciam viram-no profetizando com os profetas, per-
guntaram uns aos outros: "O que aconteceu ao filho de
Quis? Saul também está entre os profetas?"
12Um homem daquele lugar respondeu: "E quem é o
pai deles?" De modo que isto se tornou um ditado: "Saul
também está entre os profetas?" 13Depois que Saul pa-
rou de profetizar, foi para o altar do monte.
14Então o tio de Saul perguntou a ele e ao seu servo:
"Aonde vocês foram?"
Ele respondeu: "Procurar as jumentas. Quando, po-
rém, vimos que não seriam encontradas, fomos falar
com Samuel".
15"O que Samuel lhes disse?", perguntou o tio.
16Saul respondeu: "Ele nos garantiu que as jumentas
tinham sido encontradas". Todavia, Saul não contou ao
tio o que Samuel tinha dito sobre o reino.
17Samuel convocou o povo de Israel ao SENHOR, em
Mispá, 18e lhes disse: "Assim diz o SENHOR, o Deus de

[a] 9:8 Hebraico: 1/4 *de siclo*. Um siclo equivalia a 12 gramas.

[b] 10:1 A Septuaginta e a Vulgata dizem *líder de Israel, o seu povo. Você reinará sobre o povo do* SENHOR *e o salvará do poder de seus inimigos ao redor. E isto lhe será um sinal de que o* SENHOR *o ungiu como líder sobre a herança dele.*

[c] 10:6 Ou *você estará em transe*; também no versículo 10 e em 19:24. Veja 18:10.

[d] 10:8 Ou *de paz*

Israel: 'Eu tirei Israel do Egito, e libertei vocês do poder do Egito e de todos os reinos que os oprimiam'. 19 Mas vocês agora rejeitaram o Deus que os salva de todas as suas desgraças e angústias. E disseram: 'Não! Escolhe um rei para nós'. Por isso, agora, apresentem-se perante o SENHOR, de acordo com as suas tribos e os seus clãs".

20 Tendo Samuel feito todas as tribos de Israel se aproximarem, a de Benjamim foi escolhida. 21 Então fez ir à frente a tribo de Benjamim, clã por clã, e o clã de Matri foi escolhido. Finalmente foi escolhido Saul, filho de Quis. Quando, porém, o procuraram, ele não foi encontrado. 22 Consultaram novamente o SENHOR: "Ele já chegou?"

E o SENHOR disse: "Sim, ele está escondido no meio da bagagem".

23 Correram e o tiraram de lá. Quando ficou em pé no meio do povo, os mais altos só chegavam aos seus ombros. 24 E Samuel disse a todos: "Vocês veem o homem que o SENHOR escolheu? Não há ninguém como ele entre todo o povo".

Então todos gritaram: "Viva o rei!"

25 Samuel expôs ao povo as leis do reino. Ele as escreveu num livro e o pôs perante o SENHOR. Depois disso, Samuel mandou o povo de volta para as suas casas.

26 Saul também foi para sua casa em Gibeá, acompanhado por guerreiros, cujo coração Deus tinha tocado. 27 Alguns vadios, porém, disseram: "Como este homem pode nos salvar?" Desprezaram-no e não lhe trouxeram presente algum. Mas Saul ficou calado.

Saul liberta a cidade de Jabes

11 O amonita Naás avançou contra a cidade de Jabes-Gileade e a cercou. E os homens de Jabes lhe disseram: "Faça um tratado conosco, e nos sujeitaremos a você".

2 Contudo, Naás, o amonita, respondeu: "Só farei um tratado com vocês sob a condição de que eu arranque o olho direito de cada um de vocês e assim humilhe todo o Israel".

3 As autoridades de Jabes lhe disseram: "Dê-nos sete dias para que possamos enviar mensageiros a todo o Israel; se ninguém vier nos socorrer, nós nos renderemos".

4 Quando os mensageiros chegaram a Gibeá, cidade de Saul, e relataram essas coisas ao povo, todos choraram em alta voz. 5 Naquele momento, Saul estava trazendo o gado do campo e perguntou: "O que há com o povo? Por que estão chorando?" Então lhe contaram o que os homens de Jabes tinham dito.

6 Quando Saul ouviu isso, o Espírito de Deus apoderou-se dele, e ele ficou furioso. 7 Apanhou dois bois, cortou-os em pedaços e, por meio dos mensageiros, enviou os pedaços a todo o Israel, proclamando: "Isto é o que acontecerá aos bois de quem não seguir Saul e Samuel". Então o temor do SENHOR caiu sobre o povo, e eles vieram unânimes. 8 Quando Saul os reuniu em Bezeque, havia trezentos mil homens de Israel e trinta mil de Judá.

9 E disseram aos mensageiros de Jabes: "Digam aos homens de Jabes-Gileade: 'Amanhã, na hora mais quente do dia, haverá libertação para vocês' ". Quando relataram isso aos habitantes de Jabes, eles se alegraram. 10 Então, os homens de Jabes disseram aos amonitas: "Amanhã nós nos renderemos a vocês, e poderão fazer conosco o que quiserem".

11 No dia seguinte, Saul dividiu seus soldados em três grupos; entraram no acampamento amonita na alta madrugada e os mataram até a hora mais quente do dia. Aqueles que sobreviveram se dispersaram de tal modo que não ficaram dois juntos.

Saul confirmado como rei

12 Então o povo disse a Samuel: "Quem foi que perguntou: 'Será que Saul vai reinar sobre nós?' Traze-nos esses homens, e nós os mataremos".

13 Saul, porém, disse: "Hoje ninguém será morto, pois neste dia o SENHOR trouxe libertação a Israel".

14 Então Samuel disse ao povo: "Venham, vamos a Gilgal e reafirmemos ali o reino". 15 Assim, todo o povo foi a Gilgal e proclamou Saul como rei na presença do SENHOR. Ali ofereceram sacrifícios de comunhão[a] ao SENHOR, e Saul e todos os israelitas tiveram momentos de grande alegria.

A palavra de despedida de Samuel

12 Samuel disse a todo o Israel: "Atendi tudo o que vocês me pediram e estabeleci um rei para vocês. 2 Agora vocês têm um rei que os governará. Quanto a mim, estou velho e de cabelos brancos, e meus filhos estão aqui com vocês. Tenho vivido diante de vocês desde a minha juventude até agora. 3 Aqui estou. Se tomei um boi ou um jumento de alguém, ou se explorei ou oprimi alguém, ou se das mãos de alguém aceitei suborno, fechando os olhos para a sua culpa, testemunhem contra mim na presença do SENHOR e do seu ungido. Se alguma dessas coisas pratiquei, eu farei restituição".

4 E responderam: "Tu não nos exploraste nem nos oprimiste. Tu não tiraste coisa alguma das mãos de ninguém".

5 Samuel lhes disse: "O SENHOR é testemunha diante de vocês, como também o seu ungido é hoje testemunha, de que vocês não encontraram culpa alguma em minhas mãos".

E disseram: "Ele é testemunha".

6 Então Samuel disse ao povo: "O SENHOR designou Moisés e Arão e tirou os seus antepassados do Egito. 7 Agora, pois, fiquem aqui, porque vou entrar em julgamento com vocês perante o SENHOR, com base nos atos justos realizados pelo SENHOR em favor de vocês e dos seus antepassados.

8 "Depois que Jacó entrou no Egito, eles clamaram ao SENHOR, e ele enviou Moisés e Arão para tirar os seus antepassados do Egito e os estabelecer neste lugar.

9 "Seus antepassados, porém, se esqueceram do SENHOR seu Deus; então ele os vendeu a Sísera, o comandante do exército de Hazor, aos filisteus e ao rei de Moabe, que lutaram contra eles. 10 Eles clamaram ao SENHOR, dizendo: 'Pecamos, abandonando o SENHOR e prestando culto aos baalins e aos postes sagrados. Agora, porém, liberta-nos das mãos dos nossos inimigos, e nós prestaremos culto a ti'. 11 Então o SENHOR enviou Jerubaal[b], Baraque[c], Jefté e Samuel[d], e os libertou das mãos dos inimigos que os rodeavam, de modo que vocês viveram em segurança.

[a] 11:15 Ou *de paz*
[b] 12:11 Também chamado *Gideão*.
[c] 12:11 Conforme alguns manuscritos da Septuaginta e a Versão Siríaca. O Texto Massorético diz *Bedã*.
[d] 12:11 Alguns manuscritos da Septuaginta e a Versão Siríaca dizem *Sansão*.

12 "Quando porém, vocês viram que Naás, rei dos amonitas, estava avançando contra vocês, me disseram: 'Não! Escolha um rei para nós', embora o SENHOR, o seu Deus, fosse o rei. 13 Agora, aqui está o rei que vocês escolheram, aquele que vocês pediram; o SENHOR deu um rei a vocês. 14 Se vocês temerem, servirem e obedecerem ao SENHOR, e não se rebelarem contra suas ordens, e, se vocês e o rei que reinar sobre vocês seguirem o SENHOR, o seu Deus, tudo lhes irá bem! 15 Todavia, se vocês desobedecerem ao SENHOR e se rebelarem contra o seu mandamento, sua mão se oporá a vocês da mesma forma como se opôs aos seus antepassados.

16 "Agora, preparem-se para ver este grande feito que o SENHOR vai realizar diante de vocês! 17 Não estamos na época da colheita do trigo? Pedirei ao SENHOR que envie trovões e chuva para que vocês reconheçam que fizeram o que o SENHOR reprova totalmente, quando pediram um rei".

18 Então Samuel clamou ao SENHOR, e naquele mesmo dia o SENHOR enviou trovões e chuva. E assim todo o povo temeu grandemente o SENHOR e Samuel.

19 E todo o povo disse a Samuel: "Ora ao SENHOR, o teu Deus, em favor dos teus servos, para que não morramos, pois a todos os nossos pecados acrescentamos o mal de pedir um rei".

20 Respondeu Samuel: "Não tenham medo. De fato, vocês fizeram todo esse mal. Contudo, não deixem de seguir o SENHOR, mas sirvam o SENHOR de todo o coração. 21 Não se desviem, para seguir ídolos inúteis, que de nada valem nem podem livrá-los, pois são inúteis. 22 Por causa de seu grande nome, o SENHOR não os rejeitará, pois o SENHOR teve prazer em torná-los o seu próprio povo. 23 E longe de mim esteja pecar contra o SENHOR, deixando de orar por vocês. Também lhes ensinarei o caminho que é bom e direito. 24 Somente temam o SENHOR e sirvam-no fielmente de todo o coração; e considerem as grandes coisas que ele tem feito por vocês. 25 Todavia, se insistirem em fazer o mal, vocês e o seu rei serão destruídos".

Samuel repreende Saul

13 Saul tinha trinta[a] anos de idade quando começou a reinar, e reinou sobre Israel quarenta[b] e dois anos.

2 Saul[c] escolheu três mil homens de Israel; dois mil ficaram com ele em Micmás e nos montes de Betel, e mil ficaram com Jônatas em Gibeá de Benjamim. O restante dos homens ele mandou de volta para suas tendas.

3 Jônatas atacou os destacamentos dos filisteus em Gibeá[d], e os filisteus foram informados disso. Então Saul mandou tocar a trombeta por todo o país dizendo: "Que os hebreus fiquem sabendo disto!" 4 E todo o Israel ouviu a notícia de que Saul tinha atacado o destacamento dos filisteus, atraindo o ódio dos filisteus sobre Israel[e]. Então os homens foram convocados para se unirem a Saul em Gilgal.

5 Os filisteus reuniram-se para lutar contra Israel, com três mil[f] carros de guerra, seis mil condutores de carros e tantos soldados quanto a areia da praia. Eles foram a Micmás, a leste de Bete-Áven e lá acamparam. 6 Quando os soldados de Israel viram que a situação era difícil e que o seu exército estava sendo muito pressionado, esconderam-se em cavernas e buracos, entre as rochas e em poços e cisternas. 7 Alguns hebreus até atravessaram o Jordão para chegar à terra de Gade e de Gileade.

Saul ficou em Gilgal, e os soldados que estavam com ele tremiam de medo. 8 Ele esperou sete dias, o prazo estabelecido por Samuel; mas este não chegou a Gilgal, e os soldados de Saul começaram a se dispersar. 9 E ele ordenou: "Tragam-me o holocausto e os sacrifícios de comunhão[g]". Saul então ofereceu o holocausto; 10 quando terminou de oferecê-lo, Samuel chegou, e Saul foi saudá-lo.

11 Perguntou-lhe Samuel: "O que você fez?"

Saul respondeu: "Quando vi que os soldados estavam se dispersando e que não tinhas chegado no prazo estabelecido, e que os filisteus estavam reunidos em Micmás, 12 pensei: Agora, os filisteus me atacarão em Gilgal, e eu não busquei o SENHOR. Por isso senti-me obrigado a oferecer o holocausto".

13 Disse Samuel: "Você agiu como tolo, desobedecendo ao mandamento que o SENHOR, o seu Deus, lhe deu; se você tivesse obedecido, ele teria estabelecido para sempre o seu reinado sobre Israel. 14 Mas agora o seu reinado não permanecerá; o SENHOR procurou um homem segundo o seu coração e o designou líder de seu povo, pois você não obedeceu ao mandamento do SENHOR".

15 Então Samuel partiu de Gilgal[h] e foi a Gibeá de Benjamim, e Saul contou os soldados que estavam com ele. Eram cerca de seiscentos.

A desvantagem militar de Israel

16 Saul e seu filho Jônatas, acompanhados de seus soldados, ficaram em Gibeá de Benjamim, enquanto os filisteus estavam acampados em Micmás. 17 Uma tropa de ataque saiu do acampamento filisteu em três divisões. Uma foi em direção a Ofra, nos arredores de Sual, 18 outra em direção a Bete-Horom, e a terceira em direção à região fronteiriça de onde se avista o vale de Zeboim, diante do deserto.

19 Naquela época não havia nem mesmo um único ferreiro em toda a terra de Israel, pois os filisteus não queriam que os hebreus fizessem espadas e lanças. 20 Assim, eles tinham que ir aos filisteus para afiar seus arados, enxadas, machados e foices[i]. 21 O preço para afiar rastelos e enxadas era oito gramas[j] de prata, e quatro gramas[k] de prata para afiar tridentes, machados e pontas de aguilhadas.

22 Por isso, no dia da batalha, nenhum soldado de Saul e Jônatas tinha espada ou lança nas mãos, exceto o próprio Saul e seu filho Jônatas.

[a] 13:1 Conforme alguns manuscritos da Septuaginta. O Texto Massorético não traz *trinta*.
[b] 13:1 Veja o número arredondado em At 13:21. O Texto Massorético não traz *quarenta*.
[c] 13:1-2 Ou *com dois anos de reinado, ²Saul*
[d] 13:3 Conforme dois manuscritos do Texto Massorético. A maioria dos manuscritos do Texto Massorético diz *Geba*, variante de *Gibeá*; também no versículo 16.
[e] 13:4 Hebraico: *transformando Israel em mau cheiro para os filisteus.*
[f] 13:5 Conforme alguns manuscritos da Septuaginta e a Versão Siríaca. O Texto Massorético diz *trinta mil.*
[g] 13:9 Ou *de paz*
[h] 13:15 A Septuaginta diz *Gilgal e seguiu seu caminho;* o *restante do povo foi com Saul encontrar-se com o exército, e saíram de Gilgal.*
[i] 13:20 Conforme a Septuaginta. O Texto Massorético diz *arados.*
[j] 13:21 Hebraico: *1 pim.*
[k] 13:21 Hebraico: *1/3 de siclo.* Um siclo equivalia a 12 gramas.

Jônatas ataca os filisteus

23Aconteceu que um destacamento filisteu foi para o desfiladeiro de Micmás.

14 Certo dia, Jônatas, filho de Saul, disse ao seu jovem escudeiro: "Vamos ao destacamento filisteu, do outro lado". Ele, porém, não contou isso a seu pai.

2Saul estava sentado debaixo de uma romãzeira na fronteira de Gibeá, em Migrom. Com ele estavam uns seiscentos soldados, 3entre os quais Aías, que levava o colete sacerdotal. Ele era filho de Aitube, irmão de Icabode, filho de Fineias e neto de Eli, o sacerdote do Senhor em Siló. Ninguém sabia que Jônatas havia saído.

4Em cada lado do desfiladeiro que Jônatas pretendia atravessar para chegar ao destacamento filisteu, havia um penhasco íngreme; um se chamava Bozez, o outro, Sené. 5Havia um penhasco ao norte, na direção de Micmás, e outro ao sul, na direção de Geba.

6E Jônatas disse a seu escudeiro: "Vamos ao destacamento daqueles incircuncisos. Talvez o Senhor aja em nosso favor, pois nada pode impedir o Senhor de salvar, seja com muitos ou com poucos".

7Disse o seu escudeiro: "Faze tudo o que tiveres em mente; eu irei contigo".

8Jônatas disse: "Venha, vamos atravessar na direção dos soldados e deixaremos que nos avistem. 9Se nos disserem: 'Esperem aí até que cheguemos perto', ficaremos onde estivermos e não avançaremos. 10Mas, se disserem: 'Subam até aqui', subiremos, pois este será um sinal para nós de que o Senhor os entregou em nossas mãos".

11Então os dois se deixaram ver pelo destacamento dos filisteus, que disseram: "Vejam, os hebreus estão saindo dos buracos onde estavam escondidos". 12E gritaram para Jônatas e seu escudeiro: "Subam até aqui e lhes daremos uma lição".

Diante disso, Jônatas disse a seu escudeiro: "Siga-me; o Senhor os entregou nas mãos de Israel".

13Jônatas escalou o desfiladeiro, usando as mãos e os pés, e o escudeiro foi logo atrás. Jônatas os derrubava e seu escudeiro, logo atrás dele, os matava. 14Naquele primeiro ataque, Jônatas e seu escudeiro mataram cerca de vinte homens numa pequena área de terra[a].

A vitória de Israel sobre os filisteus

15Então caiu terror sobre todo o exército, tanto sobre os que estavam no acampamento e no campo, como sobre os que estavam nos destacamentos, e até mesmo nas tropas de ataque. O chão tremeu e houve um pânico terrível[b].

16As sentinelas de Saul em Gibeá de Benjamim viram o exército filisteu se dispersando, correndo em todas as direções. 17Então Saul disse aos seus soldados: "Contem os soldados e vejam quem está faltando". Quando o fizeram, viram que Jônatas e seu escudeiro não estavam presentes.

18Saul ordenou a Aías: "Traga a arca de Deus". Naquele tempo ela estava com os israelitas.[c] 19Enquanto Saul falava com o sacerdote, o tumulto no acampamento filisteu ia crescendo cada vez mais. Então Saul disse ao sacerdote: "Não precisa trazer a arca"[d].

20Na mesma hora Saul e todos os soldados se reuniram e foram para a batalha. Encontraram os filisteus em total confusão, ferindo uns aos outros com suas espadas. 21Alguns hebreus que antes estavam do lado dos filisteus e que com eles tinham ido ao acampamento filisteu, passaram para o lado dos israelitas que estavam com Saul e Jônatas. 22Quando todos os israelitas que haviam se escondido nos montes de Efraim ouviram que os filisteus batiam em retirada, também entraram na batalha, perseguindo-os. 23Assim o Senhor concedeu vitória a Israel naquele dia, e a batalha se espalhou para além de Bete-Áven.

O juramento impensado de Saul

24Os homens de Israel estavam exaustos naquele dia, pois Saul lhes havia imposto um juramento, dizendo: "Maldito seja todo o que comer antes do anoitecer, antes que eu tenha me vingado de meus inimigos!" Por isso ninguém tinha comido nada.

25O exército inteiro entrou num bosque, onde havia mel no chão. 26Eles viram o mel escorrendo, contudo ninguém comeu, pois temiam o juramento. 27Jônatas, porém, não sabia do juramento que seu pai havia imposto ao exército, de modo que estendeu a ponta da vara que tinha na mão e a molhou no favo de mel. Quando comeu, seus olhos brilharam[e]. 28Então um dos soldados lhe disse: "Seu pai impôs ao exército um juramento severo, dizendo: 'Maldito seja todo o que comer hoje!' Por isso os homens estão exaustos".

29Jônatas disse: "Meu pai trouxe desgraça para nós. Veja como meus olhos brilham[f] desde que provei um pouco deste mel. 30Como teria sido bem melhor se os homens tivessem comido hoje um pouco do que tomaram dos seus inimigos. A matança de filisteus não teria sido ainda maior?"

31Naquele dia, depois de derrotarem os filisteus, desde Micmás até Aijalom, os israelitas estavam completamente exaustos. 32Eles então se lançaram sobre os despojos e pegaram ovelhas, bois e bezerros, e mataram-nos ali mesmo e comeram a carne com o sangue. 33E alguém disse a Saul: "Veja, os soldados estão pecando contra o Senhor, comendo carne com sangue".

Ele disse: "Vocês foram infiéis. Rolem uma grande pedra até aqui. 34Saiam entre os soldados e digam-lhes: Cada um traga a mim seu boi ou sua ovelha, abatam-nos e comam a carne aqui. Não pequem contra o Senhor comendo carne com sangue".

Assim, cada um levou seu boi naquela noite e ali o abateu. 35Então, Saul edificou um altar para o Senhor; foi a primeira vez que fez isso.

36Saul disse ainda: "Desçamos atrás dos filisteus à noite; vamos saqueá-los até o amanhecer, e não deixemos vivo nem um só deles".

Eles responderam: "Faze o que achares melhor".

O sacerdote, porém, disse: "Consultemos aqui a Deus".

37Então Saul perguntou a Deus: "Devo perseguir os filisteus? Tu os entregarás nas mãos de Israel?" Mas naquele dia Deus não lhe respondeu.

a 14:14 Isto é, a terra arada por um jugo de bois num dia.
b 14:15 Ou *um pânico de Deus*
c 14:18 A Septuaginta diz *"Traga o colete sacerdotal". Naquele tempo ele usava o colete sacerdotal diante dos israelitas.*
d 14:19 Hebraico: *"Retire a sua mão".*
e 14:27 Ou *suas forças se renovaram*
f 14:29 Ou *como minhas forças se renovaram*

38 Disse então Saul: "Venham cá, todos vocês que são
líderes do exército, e descubramos que pecado foi co-
metido hoje. 39 Juro pelo nome do SENHOR, o libertador
de Israel; mesmo que seja meu filho Jônatas, ele mor-
rerá". Mas ninguém disse uma só palavra.
40 A seguir disse Saul a todos os israelitas: "Fiquem
vocês de um lado; eu e meu filho Jônatas ficaremos
do outro".
E eles responderam: "Faze o que achares melhor".
41 E Saul orou ao SENHOR, ao Deus de Israel: "Dá-me
a resposta certa"[a]. A sorte caiu em Jônatas e Saul, e os
soldados saíram livres. 42 Saul disse: "Lancem sortes en-
tre mim e meu filho Jônatas". E Jônatas foi indicado.
43 Então Saul disse a Jônatas: "Diga-me o que você
fez".
E Jônatas lhe contou: "Eu provei um pouco de mel
com a ponta de minha vara. Estou pronto para morrer".
44 Saul disse: "Que Deus me castigue com todo rigor,
caso você não morra, Jônatas!"
45 Os soldados, porém, disseram a Saul: "Será que Jô-
natas, que trouxe esta grande libertação para Israel, de-
ve morrer? Nunca! Juramos pelo nome do SENHOR: Nem
um só cabelo de sua cabeça cairá ao chão, pois o que ele
fez hoje foi com o auxílio de Deus". Então os homens
resgataram Jônatas, e ele não foi morto.
46 E Saul parou de perseguir os filisteus, e eles volta-
ram para a sua própria terra.
47 Quando Saul assumiu o reinado sobre Israel, lutou
contra os seus inimigos em redor: moabitas, amonitas,
edomitas, os reis[b] de Zobá e os filisteus. Para qualquer
lado que fosse, infligia-lhes castigo[c]. 48 Lutou corajosa-
mente e derrotou os amalequitas, libertando Israel das
mãos daqueles que os saqueavam.

A família de Saul

49 Os filhos de Saul foram Jônatas, Isvi e Malquisua.
O nome de sua filha mais velha era Merabe, e o da mais
nova era Mical. 50 Sua mulher chamava-se Ainoã e era
filha de Aimaás. O nome do comandante do exército de
Saul era Abner, filho de Ner, tio de Saul. 51 Quis, pai de
Saul, e Ner, pai de Abner, eram filhos de Abiel.
52 Houve guerra acirrada contra os filisteus durante
todo o reinado de Saul. Por isso, sempre que Saul co-
nhecia um homem forte e corajoso, alistava-o no seu
exército.

O SENHOR rejeita Saul como rei

15 Samuel disse a Saul: "Eu sou aquele a quem o SE-
NHOR enviou para ungi-lo como rei de Israel, o povo
dele; por isso escute agora a mensagem do SENHOR. 2 As-
sim diz o SENHOR dos Exércitos: 'Castigarei os amalequi-
tas pelo que fizeram a Israel, atacando-o quando saía do
Egito. 3 Agora vão, ataquem os amalequitas e consagrem
ao SENHOR para destruição tudo o que lhes pertence.
Não os poupem; matem homens, mulheres, crianças,
recém-nascidos, bois, ovelhas, camelos e jumentos' ".
4 Então convocou Saul os homens e os reuniu em Te-
laim: duzentos mil soldados de infantaria e dez mil ho-
mens de Judá. 5 Saul foi à cidade de Amaleque e armou
uma emboscada no vale. 6 Depois disse aos queneus:
"Retirem-se, saiam do meio dos amalequitas para que eu
não os destrua junto com eles; pois vocês foram bondo-
sos com os israelitas, quando eles estavam vindo do Egi-
to". Então os queneus saíram do meio dos amalequitas.
7 E Saul atacou os amalequitas por todo o caminho,
desde Havilá até Sur, a leste do Egito. 8 Capturou vivo
Agague, rei dos amalequitas, e exterminou o seu povo.
9 Mas Saul e o exército pouparam Agague e o melhor das
ovelhas e dos bois, os bezerros gordos e os cordeiros.
Pouparam tudo o que era bom, mas tudo o que era des-
prezível e inútil destruíram por completo.
10 Então o SENHOR falou a Samuel: 11 "Arrependo-me
de ter posto Saul como rei, pois ele me abandonou e
não seguiu as minhas instruções". Samuel ficou irado
e clamou ao SENHOR toda aquela noite.
12 De madrugada Samuel foi ao encontro de Saul,
mas lhe disseram: "Saul foi para o Carmelo, onde er-
gueu um monumento em sua própria honra e depois
foi para Gilgal".
13 Quando Samuel o encontrou, Saul disse: "O SENHOR
te abençoe! Eu segui as instruções do SENHOR".
14 Samuel, porém, perguntou: "Então que balido de
ovelhas é esse que ouço com meus próprios ouvidos?
Que mugido de bois é esse que estou ouvindo?"
15 Respondeu Saul: "Os soldados os trouxeram dos
amalequitas; eles pouparam o melhor das ovelhas e
dos bois para sacrificarem ao SENHOR, o teu Deus, mas
destruímos totalmente o restante".
16 Samuel disse a Saul: "Fique quieto! Eu lhe direi o
que o SENHOR me falou esta noite".
Respondeu Saul: "Dize-me".
17 E Samuel disse: "Embora pequeno aos seus pró-
prios olhos, você não se tornou o líder das tribos de
Israel? O SENHOR o ungiu como rei sobre Israel 18 e o
enviou numa missão, ordenando: 'Vá e destrua comple-
tamente aquele povo ímpio, os amalequitas; guerreie
contra eles até que os tenha eliminado'. 19 Por que você
não obedeceu ao SENHOR? Por que se lançou sobre os
despojos e fez o que o SENHOR reprova?"
20 Disse Saul: "Mas eu obedeci ao SENHOR! Cumpri a
missão que o SENHOR me designou. Trouxe Agague, o
rei dos amalequitas, mas exterminei os amalequitas.
21 Os soldados tomaram ovelhas e bois do despojo, o me-
lhor do que estava consagrado a Deus para destruição, a
fim de os sacrificarem ao SENHOR seu Deus, em Gilgal".
22 Samuel, porém, respondeu:

"Acaso tem o SENHOR tanto prazer
em holocaustos e em sacrifícios
quanto em que se obedeça
à sua palavra?
A obediência é melhor
do que o sacrifício,
e a submissão é melhor
do que a gordura de carneiros.
23 Pois a rebeldia
é como o pecado da feitiçaria,
e a arrogância como o mal da idolatria.
Assim como você rejeitou
a palavra do SENHOR,
ele o rejeitou como rei".

24 "Pequei", disse Saul. "Violei a ordem do SENHOR e
as instruções que tu me deste. Tive medo dos soldados

[a] 14:41 A Septuaginta diz *"Por que não respondeste a teu servo hoje? Se a falta está em mim ou no meu filho Jônatas, responde pelo Urim, mas, se os homens de Israel pecaram, responde pelo Tumim"*.
[b] 14:47 Os manuscritos do mar Morto e a Septuaginta dizem *o rei*.
[c] 14:47 A Septuaginta diz *era vitorioso*.

e os atendi. 25Agora eu te imploro, perdoa o meu pecado
e volta comigo, para que eu adore o SENHOR."
26Samuel, contudo, lhe disse: "Não voltarei com você.
Você rejeitou a palavra do SENHOR, e o SENHOR o rejei-
tou como rei de Israel!"
27Quando Samuel se virou para sair, Saul agarrou-se
à barra do manto dele, e o manto se rasgou. 28E Samuel
lhe disse: "O SENHOR rasgou de você, hoje, o reino de
Israel, e o entregou a alguém que é melhor que você.
29Aquele que é a Glória de Israel não mente nem se ar-
repende, pois não é homem para se arrepender".
30Saul repetiu: "Pequei. Agora, honra-me perante as
autoridades do meu povo e perante Israel; volta comi-
go, para que eu possa adorar o SENHOR, o teu Deus". 31E
assim Samuel voltou com ele, e Saul adorou o SENHOR.
32Então Samuel disse: "Traga-me Agague, o rei dos
amalequitas".

Agague veio confiante, pensando[a]: "Com certeza já
passou a amargura da morte".
33Samuel, porém, disse:

"Assim como a sua espada
deixou mulheres sem filhos,
também sua mãe, entre as mulheres,
ficará sem o seu filho".

E Samuel despedaçou Agague perante o SENHOR,
em Gilgal.
34Então Samuel partiu para Ramá, e Saul foi para a
sua casa, em Gibeá de Saul. 35Nunca mais Samuel viu
Saul, até o dia de sua morte, embora se entristecesse
por causa dele porque o SENHOR arrependeu-se de ter
estabelecido Saul como rei de Israel.

Samuel unge Davi

16 O SENHOR disse a Samuel: "Até quando você irá
se entristecer por causa de Saul? Eu o rejeitei co-
mo rei de Israel. Encha um chifre com óleo e vá a Be-
lém; eu o enviarei a Jessé. Escolhi um de seus filhos
para fazê-lo rei".
2Samuel, porém, disse: "Como poderei ir? Saul sabe-
rá disto e me matará".

O SENHOR disse: "Leve um novilho com você e diga
que foi sacrificar ao SENHOR. 3Convide Jessé para o sa-
crifício, e eu lhe mostrarei o que fazer. Você irá ungir
para mim aquele que eu indicar".
4Samuel fez o que o SENHOR disse. Quando chegou
a Belém, as autoridades da cidade foram encontrar-se
com ele, tremendo de medo, e perguntaram: "Vens
em paz?"
5Respondeu Samuel: "Sim, venho em paz; vim sacri-
ficar ao SENHOR. Consagrem-se e venham ao sacrifício
comigo". Então ele consagrou Jessé e os filhos dele e os
convidou para o sacrifício.
6Quando chegaram, Samuel viu Eliabe e pensou:
"Com certeza é este que o SENHOR quer ungir".
7O SENHOR, contudo, disse a Samuel: "Não considere
sua aparência nem sua altura, pois eu o rejeitei. O SE-
NHOR não vê como o homem: o homem vê a aparência,
mas o SENHOR vê o coração".
8Então Jessé chamou Abinadabe e o levou a Samuel.
Ele, porém, disse: "O SENHOR também não escolheu es-
te". 9Em seguida Jessé levou Samá a Samuel, mas este
disse: "Também não foi este que o SENHOR escolheu".
10Jessé levou a Samuel sete de seus filhos, mas Samuel
lhe disse: "O SENHOR não escolheu nenhum destes".
11Então perguntou a Jessé: "Estes são todos os filhos
que você tem?"

Jessé respondeu: "Ainda tenho o caçula, mas ele está
cuidando das ovelhas".

Samuel disse: "Traga-o aqui; não nos sentaremos pa-
ra comer enquanto ele não chegar".
12Jessé mandou chamá-lo e ele veio. Ele era ruivo[b],
de belos olhos e boa aparência.

Então o SENHOR disse a Samuel: "É este! Levante-
-se e unja-o".
13Samuel apanhou o chifre cheio de óleo e o ungiu
na presença de seus irmãos, e, a partir daquele dia, o
Espírito do SENHOR apoderou-se de Davi. E Samuel vol-
tou para Ramá.

Davi a serviço de Saul

14O Espírito do SENHOR se retirou de Saul, e um espí-
rito maligno, vindo da parte do SENHOR, o atormentava.
15Os oficiais de Saul lhe disseram: "Há um espírito
maligno[c], mandado por Deus, te atormentando. 16Que
o nosso soberano mande estes seus servos procurar um
homem que saiba tocar harpa. Quando o espírito malig-
no, vindo da parte de Deus, se apoderar de ti, o homem
tocará harpa e tu te sentirás melhor".
17E Saul respondeu aos que o serviam: "Encontrem
alguém que toque bem e tragam-no até aqui".
18Um dos oficiais respondeu: "Conheço um filho de
Jessé, de Belém, que sabe tocar harpa. É um guerreiro
valente, sabe falar bem, tem boa aparência e o SENHOR
está com ele".
19Então Saul mandou mensageiros a Jessé com a se-
guinte mensagem: "Envie-me seu filho Davi, que cuida
das ovelhas". 20Jessé apanhou um jumento e o carre-
gou de pães, uma vasilha de couro cheia de vinho e um
cabrito e os enviou a Saul por meio de Davi, seu filho.
21Davi apresentou-se a Saul e passou a trabalhar pa-
ra ele. Saul gostou muito dele, e Davi tornou-se seu es-
cudeiro. 22Então Saul enviou a seguinte mensagem a
Jessé: "Deixe que Davi continue trabalhando para mim,
pois estou satisfeito com ele".
23Sempre que o espírito mandado por Deus se apo-
derava de Saul, Davi apanhava sua harpa e tocava. En-
tão Saul sentia alívio e melhorava, e o espírito maligno
o deixava.

Davi e Golias

17 Os filisteus juntaram suas forças para a guerra e
se reuniram em Socó, de Judá. E acamparam em
Efes-Damim, entre Socó e Azeca. 2Saul e os israelitas
reuniram-se e acamparam no vale de Elá, posicionan-
do-se em linha de batalha para enfrentar os filisteus.
3Os filisteus ocuparam uma colina e os israelitas outra,
estando o vale entre eles.
4Um guerreiro chamado Golias, que era de Gate,
veio do acampamento filisteu. Tinha dois metros e
noventa centímetros[d] de altura. 5Ele usava um capa-
cete de bronze e vestia uma couraça de escamas de

[a] 15:32 Ou *veio tremendo, mas ao mesmo tempo pensava*

[b] 16:12 Ou *moreno*

[c] 16:15 Ou *arruinador*

[d] 17:4 Hebraico: *tinha 6 côvados e 1 palmo*. O côvado era uma medida linear de cerca de 45 centímetros.

bronze que pesava sessenta quilos[a]; 6nas pernas usava caneleiras de bronze e tinha um dardo de bronze pendurado nas costas. 7A haste de sua lança era parecida com uma lançadeira de tecelão, e sua ponta de ferro pesava sete quilos e duzentos gramas. Seu escudeiro ia à frente dele.

8Golias parou e gritou às tropas de Israel: "Por que vocês estão se posicionando para a batalha? Não sou eu um filisteu, e vocês os servos de Saul? Escolham um homem para lutar comigo. 9Se ele puder lutar e vencer-me, nós seremos seus escravos; todavia, se eu o vencer e o puser fora de combate, vocês serão nossos escravos e nos servirão". 10E acrescentou: "Eu desafio hoje as tropas de Israel! Mandem-me um homem para lutar sozinho comigo". 11Ao ouvirem as palavras do filisteu, Saul e todos os israelitas ficaram atônitos e apavorados.

12Davi era filho de Jessé, o efrateu de Belém de Judá. Jessé tinha oito filhos e já era idoso na época de Saul. 13Os três filhos mais velhos de Jessé tinham ido para a guerra com Saul: Eliabe, o mais velho, Abinadabe, o segundo, e Samá, o terceiro. 14Davi era o caçula. Os três mais velhos seguiram Saul, 15mas Davi ia ao acampamento de Saul e voltava para apascentar as ovelhas de seu pai, em Belém.

16Durante quarenta dias o filisteu aproximou-se, de manhã e de tarde, e tomou posição.

17Nessa ocasião Jessé disse a seu filho Davi: "Pegue uma arroba[b] de grãos tostados e dez pães e leve-os depressa a seus irmãos no acampamento. 18Leve também estes dez queijos ao comandante da unidade[c] deles. Veja como estão seus irmãos e traga-me alguma garantia[d] de que estão bem. 19Eles estão com Saul e com todos os homens de Israel no vale de Elá, lutando contra os filisteus".

20Levantando-se de madrugada, Davi deixou o rebanho com outro pastor, pegou a carga e partiu, conforme Jessé lhe havia ordenado. Chegou ao acampamento na hora em que, com o grito de batalha, o exército estava saindo para suas posições de combate. 21Israel e os filisteus estavam se posicionando em linha de batalha, frente a frente. 22Davi deixou o que havia trazido com o responsável pelos suprimentos e correu para a linha de batalha para saber como estavam seus irmãos. 23Enquanto conversava com eles, Golias, o guerreiro filisteu de Gate, avançou e lançou seu desafio habitual; e Davi o ouviu. 24Quando os israelitas viram o homem, todos fugiram cheios de medo.

25Os israelitas diziam entre si: "Vocês viram aquele homem? Ele veio desafiar Israel. O rei dará grandes riquezas a quem o vencer. Também lhe dará sua filha em casamento e isentará de impostos em Israel a família de seu pai".

26Davi perguntou aos soldados que estavam ao seu lado: "O que receberá o homem que matar esse filisteu e salvar a honra de Israel? Quem é esse filisteu incircunciso para desafiar os exércitos do Deus vivo?"

27Repetiram a Davi o que haviam comentado e lhe disseram: "É isso que receberá o homem que matá-lo".

28Quando Eliabe, o irmão mais velho, ouviu Davi falando com os soldados, ficou muito irritado com ele e perguntou: "Por que você veio até aqui? Com quem deixou aquelas poucas ovelhas no deserto? Sei que você é presunçoso e que o seu coração é mau; você veio só para ver a batalha".

29E disse Davi: "O que fiz agora? Será que não posso nem mesmo conversar?" 30Ele então se virou para outro e perguntou a mesma coisa, e os homens responderam-lhe como antes.

31As palavras de Davi chegaram aos ouvidos de Saul, que o mandou chamar.

32Davi disse a Saul: "Ninguém deve ficar com o coração abatido por causa desse filisteu; teu servo irá e lutará com ele".

33Respondeu Saul: "Você não tem condições de lutar contra esse filisteu; você é apenas um rapaz, e ele é um guerreiro desde a mocidade".

34Davi, entretanto, disse a Saul: "Teu servo toma conta das ovelhas de seu pai. Quando aparece um leão ou um urso e leva uma ovelha do rebanho, 35eu vou atrás dele, dou-lhe golpes e livro a ovelha de sua boca. Quando se vira contra mim, eu o pego pela juba e lhe dou golpes até matá-lo. 36Teu servo pôde matar um leão e um urso; esse filisteu incircunciso será como um deles, pois desafiou os exércitos do Deus vivo. 37O SENHOR que me livrou das garras do leão e das garras do urso me livrará das mãos desse filisteu".

Diante disso Saul disse a Davi: "Vá, e que o SENHOR esteja com você".

38Saul vestiu Davi com sua própria túnica, colocou-lhe uma armadura e lhe pôs um capacete de bronze na cabeça. 39Davi prendeu sua espada sobre a túnica e tentou andar, pois não estava acostumado com aquilo.

E disse a Saul: "Não consigo andar com isto, pois não estou acostumado". Então tirou tudo aquilo 40e em seguida pegou seu cajado, escolheu no riacho cinco pedras lisas, colocou-as na bolsa, isto é, no seu alforje de pastor, e, com sua atiradeira na mão, aproximou-se do filisteu.

41Enquanto isso, o filisteu, com seu escudeiro à frente, vinha se aproximando de Davi. 42Olhou para Davi com desprezo, viu que era só um rapaz, ruivo[e] e de boa aparência, e fez pouco caso dele. 43Disse ele a Davi: "Por acaso sou um cão, para que você venha contra mim com pedaços de pau?" E o filisteu amaldiçoou Davi, invocando seus deuses, 44e disse: "Venha aqui, e darei sua carne às aves do céu e aos animais do campo!"

45Davi, porém, disse ao filisteu: "Você vem contra mim com espada, com lança e com dardos, mas eu vou contra você em nome do SENHOR dos Exércitos, o Deus dos exércitos de Israel, a quem você desafiou. 46Hoje mesmo o SENHOR o entregará nas minhas mãos, eu o matarei e cortarei a sua cabeça. Hoje mesmo darei os cadáveres do exército filisteu às aves do céu e aos animais selvagens, e toda a terra saberá que há Deus em Israel. 47Todos os que estão aqui saberão que não é por espada ou por lança que o SENHOR concede vitória; pois a batalha é do SENHOR, e ele entregará todos vocês em nossas mãos".

48Quando o filisteu começou a vir na direção de Davi, este correu para a linha de batalha para enfrentá-lo. 49Tirando uma pedra de seu alforje, arremessou-a

[a] 17:5 Hebraico: *5.000 siclos*. Um siclo equivalia a 12 gramas.
[b] 17:17 Hebraico: *1 efa*. O efa era uma medida de capacidade para secos. As estimativas variam entre 20 e 40 litros.
[c] 17:18 Hebraico: *dos mil*.
[d] 17:18 Ou *algum sinal*
[e] 17:42 Ou *moreno*

com a atiradeira e atingiu o filisteu na testa, de tal modo que ela ficou encravada, e ele caiu, dando com o rosto no chão.

50 Assim Davi venceu o filisteu com uma atiradeira e uma pedra; sem espada na mão, derrubou o filisteu e o matou.

51 Davi correu, pôs os pés sobre ele, e, desembainhando a espada do filisteu, acabou de matá-lo, cortando-lhe a cabeça com ela.

Quando os filisteus viram que o seu guerreiro estava morto, recuaram e fugiram. 52 Então os homens de Israel e de Judá deram o grito de guerra e perseguiram os filisteus até a entrada de Gate[a], e até as portas de Ecrom. Cadáveres de filisteus ficaram espalhados ao longo da estrada de Saaraim até Gate e Ecrom. 53 Quando os israelitas voltaram da perseguição aos filisteus, levaram tudo o que havia no acampamento deles. 54 Davi pegou a cabeça do filisteu, levou-a para Jerusalém e guardou as armas do filisteu em sua própria tenda.

55 Quando Saul viu Davi avançando para enfrentar o filisteu, perguntou a Abner, o comandante do exército: "Abner, quem é o pai daquele rapaz?"

Abner respondeu: "Juro por tua vida, ó rei, que eu não sei".

56 E o rei ordenou-lhe: "Descubra quem é o pai dele".

57 Logo que Davi voltou, depois de ter matado o filisteu, Abner levou-o perante Saul. Davi ainda segurava a cabeça de Golias.

58 E Saul lhe perguntou: "De quem você é filho, meu jovem?"

Respondeu Davi: "Sou filho de teu servo Jessé, de Belém".

A inveja de Saul

18 Depois dessa conversa de Davi com Saul, surgiu tão grande amizade entre Jônatas e Davi que Jônatas tornou-se o seu melhor amigo. 2 Daquele dia em diante, Saul manteve Davi consigo e não o deixou voltar à casa de seu pai. 3 E Jônatas fez um acordo de amizade com Davi, pois se tornara o seu melhor amigo. 4 Jônatas tirou o manto que estava vestindo e o deu a Davi, com sua túnica, e até sua espada, seu arco e seu cinturão.

5 Tudo o que Saul lhe ordenava fazer, Davi fazia com tanta habilidade[b] que Saul lhe deu um posto elevado no exército. Isso agradou a todo o povo, bem como aos conselheiros de Saul.

6 Quando os soldados voltavam para casa, depois que Davi matou o filisteu, as mulheres saíram de todas as cidades de Israel ao encontro do rei Saul com cânticos e danças, com tamborins, com músicas alegres e instrumentos de três cordas. 7 As mulheres dançavam e cantavam:

> "Saul matou milhares,
> e Davi, dezenas de milhares".

8 Saul ficou muito irritado com esse refrão e, aborrecido, disse: "Atribuíram a Davi dezenas de milhares, mas a mim apenas milhares. O que mais lhe falta senão o reino?" 9 Daí em diante Saul olhava com inveja para Davi.

10 No dia seguinte, um espírito maligno[c] mandado por Deus apoderou-se de Saul e ele entrou em transe[d] em sua casa, enquanto Davi tocava harpa, como costumava fazer. Saul estava com uma lança na mão 11 e a atirou, dizendo: "Encravarei Davi na parede". Mas Davi desviou-se duas vezes.

12 Saul tinha medo de Davi porque o SENHOR o havia abandonado e agora estava com Davi. 13 Então afastou Davi de sua presença e deu-lhe o comando de uma tropa de mil soldados, que Davi conduzia em suas campanhas. 14 Ele tinha êxito[e] em tudo o que fazia, pois o SENHOR estava com ele. 15 Vendo isso, Saul teve muito medo dele. 16 Todo o Israel e todo o Judá, porém, gostavam de Davi, pois ele os conduzia em suas batalhas.

17 Saul disse a Davi: "Aqui está a minha filha mais velha, Merabe. Eu a darei em casamento a você; apenas sirva-me com bravura e lute as batalhas do SENHOR". Pois Saul pensou: "Não o matarei. Deixo isso para os filisteus!"

18 Mas Davi disse a Saul: "Quem sou eu, e o que é minha família ou o clã de meu pai em Israel, para que eu me torne genro do rei?" 19 Por isso,[f] quando chegou a época de Merabe, a filha de Saul, ser dada em casamento a Davi, ela foi dada a Adriel, de Meolá.

20 Mical, a outra filha de Saul, gostava de Davi. Quando disseram isso a Saul, ele ficou contente e pensou: 21 "Eu a darei a ele, para que lhe sirva de armadilha, fazendo-o cair nas mãos dos filisteus". Então Saul disse a Davi: "Hoje você tem uma segunda oportunidade de tornar-se meu genro".

22 Então Saul ordenou aos seus conselheiros que falassem em particular com Davi, dizendo: "O rei está satisfeito com você, e todos os seus conselheiros o estimam. Torne-se, agora, seu genro".

23 Quando falaram com Davi, ele disse: "Vocês acham que tornar-se genro do rei é fácil? Sou homem pobre e sem recursos".

24 Quando os conselheiros de Saul lhe contaram o que Davi tinha dito, 25 Saul ordenou que dissessem a Davi: "O rei não quer outro preço pela noiva além de cem prepúcios de filisteus, para vingar-se de seus inimigos". O plano de Saul era que Davi fosse morto pelos filisteus.

26 Quando os conselheiros falaram novamente com Davi, ele gostou da ideia de tornar-se genro do rei. Por isso, antes de terminar o prazo estipulado, 27 Davi e seus soldados saíram e mataram duzentos filisteus. Ele trouxe os prepúcios e apresentou-os ao rei para que se tornasse seu genro. Então Saul lhe deu em casamento sua filha Mical.

28 Quando Saul viu claramente que o SENHOR estava com Davi e que sua filha Mical o amava, 29 temeu-o ainda mais e continuou seu inimigo pelo resto de sua vida.

30 Os comandantes filisteus continuaram saindo para a batalha, e, todas as vezes que o faziam, Davi tinha mais habilidade do que os outros oficiais de Saul, e assim tornou-se ainda mais famoso.

Saul procura matar Davi

19 Saul falou a seu filho Jônatas e a todos os seus conselheiros sobre a sua intenção de matar Davi.

[a] 17:52 Conforme alguns manuscritos da Septuaginta. O Texto Massorético diz *até um vale*.
[b] 18:5 Ou *sabedoria*; também nos versículos 15 e 30.
[c] 18:10 Ou *arruinador*
[d] 18:10 Ou *e ele profetizou*; também em 19:20,21 e 23. Veja 10:6.
[e] 18:14 Ou *Ele era muito sábio*
[f] 18:19 Ou *Todavia,*

Jônatas, porém, gostava muito de Davi 2e o alertou: "Meu
pai está procurando uma oportunidade para matá-lo.
Tenha cuidado amanhã cedo. Vá para um esconderijo
e fique por lá. 3Sairei e ficarei com meu pai no campo
onde você estiver. Falarei a ele sobre você e, depois,
contarei a você o que eu descobrir".
4Jônatas falou bem de Davi a Saul, seu pai, e lhe dis-
se: "Que o rei não faça mal a seu servo Davi; ele não
lhe fez mal nenhum. Ao contrário, o que ele fez trouxe
grandes benefícios ao rei. 5Ele arriscou a vida quando
matou o filisteu. O SENHOR trouxe grande vitória para
todo o Israel; tu mesmo viste tudo e ficaste contente.
Por que, então, farias mal a um inocente como Davi,
matando-o sem motivo?"
6Saul atendeu a Jônatas e fez este juramento: "Juro
pelo nome do SENHOR que Davi não será morto".
7Então Jônatas chamou Davi e lhe contou a conver-
sa toda. Levou-o até Saul, e Davi voltou a servir a Saul
como anteriormente.
8E houve guerra outra vez, e Davi foi lutar contra
os filisteus. Ele lhes impôs uma grande derrota, e eles
fugiram dele.
9Mas um espírito maligno[a] mandado pelo SENHOR
apoderou-se de Saul quando ele estava sentado em
sua casa, com sua lança na mão. Enquanto Davi esta-
va tocando harpa, 10Saul tentou encravá-lo na parede
com sua lança, mas Davi desviou-se e a lança encravou
na parede. E Davi conseguiu escapar. Naquela mesma
noite, 11Saul enviou alguns homens à casa de Davi pa-
ra vigiá-lo e matá-lo de manhã; mas Mical, a mulher
de Davi, o alertou: "Se você não fugir esta noite para
salvar sua vida, amanhã estará morto". 12Então Mical
fez Davi descer por uma janela, e ele fugiu. 13Depois
Mical pegou um ídolo do clã e o deitou na cama, pôs
uma almofada de pelos de cabra na cabeceira e o co-
briu com um manto.
14Quando chegaram os homens que Saul tinha envia-
do para prenderem Davi, Mical disse: "Ele está doente".
15Então Saul enviou os homens de volta para verem
Davi, dizendo: "Tragam-no até aqui em sua cama para
que eu o mate". 16Quando, porém, os homens entraram,
o ídolo do clã estava na cama, e na cabeceira havia uma
almofada de pelos de cabra.
17Saul disse a Mical: "Por que você me enganou desse
modo e deixou que o meu inimigo escapasse?"
Ela lhe respondeu: "Ele me disse que o deixasse fu-
gir, se não me mataria."
18Depois que fugiu, Davi foi falar com Samuel em
Ramá e lhe contou tudo o que Saul lhe havia feito. En-
tão ele e Samuel foram a Naiote e ficaram lá. 19E Saul
foi informado: "Davi está em Naiote, em Ramá", disse-
ram-lhe. 20Então Saul enviou alguns homens para cap-
turá-lo. Todavia, quando viram um grupo de profetas
profetizando, dirigidos por Samuel, o Espírito de Deus
apoderou-se dos mensageiros de Saul, e eles também
entraram em transe. 21Contaram isso a Saul, e ele en-
viou mais mensageiros, e estes também entraram em
transe. Depois mandou um terceiro grupo e eles tam-
bém entraram em transe. 22Finalmente, ele mesmo foi
para Ramá. Chegando à grande cisterna do lugar cha-
mado Seco, perguntou onde estavam Samuel e Davi. E
lhe responderam: "Em Naiote de Ramá".
23Então Saul foi para lá. Entretanto, o Espírito de
Deus apoderou-se dele, e ele foi andando pelo cami-
nho em transe, até chegar a Naiote. 24Despindo-se de
suas roupas, também profetizou na presença de Sa-
muel, e, despido, ficou deitado todo aquele dia e toda
aquela noite. Por isso, o povo diz: "Está Saul também
entre os profetas?"

A amizade entre Davi e Jônatas

20 Depois Davi fugiu de Naiote, em Ramá, foi falar
com Jônatas e lhe perguntou: "O que foi que eu
fiz? Qual é o meu crime? Qual foi o pecado que cometi
contra seu pai para que ele queira tirar a minha vida?"
2"Nem pense nisso", respondeu Jônatas; "você não
será morto! Meu pai não fará coisa alguma sem antes
me avisar, seja importante ou não. Por que ele iria es-
conder isso de mim? Não é nada disso!"
3Davi, contudo, fez um juramento e disse: "Seu pai
sabe muito bem que eu conto com a sua simpatia, e
pensou: 'Jônatas não deve saber disso para não se en-
tristecer'. No entanto, eu juro pelo nome do SENHOR e
por sua vida que estou a um passo da morte".
4Jônatas disse a Davi: "Eu farei o que você achar ne-
cessário".
5Então disse Davi: "Amanhã é a festa da lua nova, e
devo jantar com o rei; mas deixe que eu vá esconder-me
no campo até o final da tarde de depois de amanhã. 6Se
seu pai sentir minha falta, diga-lhe: Davi insistiu comi-
go que lhe permitisse ir a Belém, sua cidade natal, por
causa do sacrifício anual que está sendo feito lá por
todo o seu clã. 7Se ele disser: 'Está bem', então seu ser-
vo estará seguro. Se ele, porém, ficar muito irado, você
pode estar certo de que está decidido a me fazer mal.
8Mas seja leal a seu servo, porque fizemos um acordo
perante o SENHOR. Se sou culpado, mate-me você mes-
mo! Por que entregar-me a seu pai?"
9Disse Jônatas: "Nem pense nisso! Se eu tiver a me-
nor suspeita de que meu pai está decidido a matá-lo,
certamente o avisarei!"
10Davi perguntou: "Quem irá contar-me, se seu pai
lhe responder asperamente?"
11Jônatas disse: "Venha, vamos ao campo". Eles fo-
ram, 12e Jônatas disse a Davi: "Pelo SENHOR, o Deus de
Israel, prometo que sondarei meu pai, a esta hora, de-
pois de amanhã! Saberei se as suas intenções são boas
ou não para com você, e mandarei avisá-lo. 13E, se meu
pai quiser fazer-lhe mal, que o SENHOR me castigue com
todo o rigor, se eu não lhe informar disso e não deixá-
-lo ir em segurança. O SENHOR esteja com você assim
como esteve com meu pai. 14Se eu continuar vivo, se-
ja leal comigo, com a lealdade do SENHOR; mas se eu
morrer, 15jamais deixe de ser leal com a minha família,
mesmo quando o SENHOR eliminar da face da terra to-
dos os inimigos de Davi".
16Assim Jônatas fez uma aliança com a família
de Davi, dizendo: "Que o SENHOR chame os inimigos
de Davi para prestarem contas". 17E Jônatas fez Da-
vi reafirmar seu juramento de amizade, pois era seu
amigo leal.
18Então Jônatas disse a Davi: "Amanhã é a festa da
lua nova. Vão sentir sua falta, pois sua cadeira estará
vazia. 19Depois de amanhã, vá ao lugar onde você se
escondeu quando tudo isto começou, e espere junto à
pedra de Ezel. 20Atirarei três flechas para o lado dela,

[a] 19:9 Ou *arruinador*

como se estivesse atirando num alvo, 21e mandarei um
menino procurar as flechas. Se eu gritar para ele: As fle-
chas estão mais para cá, traga-as aqui, você poderá vir,
pois juro pelo nome do SENHOR que você estará seguro;
não haverá perigo algum. 22Mas, se eu gritar para ele:
Olhe, as flechas estão mais para lá, vá embora, pois o
SENHOR o manda ir. 23Quanto ao nosso acordo, o SENHOR
é testemunha entre mim e você para sempre". 24Então
Davi escondeu-se no campo. Quando chegou a festa da
lua nova, o rei sentou-se à mesa. 25Ocupou o lugar de
costume, junto à parede, em frente de Jônatas,[a] e Ab-
ner sentou-se ao lado de Saul, mas o lugar de Davi ficou
vazio. 26Saul não disse nada naquele dia, pois pensou:
"Algo deve ter acontecido a Davi, deixando-o cerimo-
nialmente impuro. Com certeza ele está impuro". 27No
dia seguinte, o segundo dia da festa da lua nova, o lugar
de Davi continuou vazio. Então Saul perguntou a seu
filho Jônatas: "Por que o filho de Jessé não veio para a
refeição, nem ontem nem hoje?"

28Jônatas respondeu: "Davi me pediu, com insistên-
cia, permissão para ir a Belém, 29dizendo: 'Deixe-me ir,
pois nossa família oferecerá um sacrifício na cidade, e
meu irmão ordenou que eu estivesse lá. Se conto com
a sua simpatia, deixe-me ir ver meus irmãos'. Por isso
ele não veio à mesa do rei".

30A ira de Saul se acendeu contra Jônatas, e ele lhe
disse: "Filho de uma mulher perversa e rebelde! Será
que eu não sei que você tem apoiado o filho de Jessé
para a sua própria vergonha e para vergonha daquela
que o deu à luz? 31Enquanto o filho de Jessé viver, nem
você nem seu reino serão estabelecidos. Agora man-
de chamá-lo e traga-o a mim, pois ele deve morrer!"

32Jônatas perguntou a seu pai: "Por que ele deve
morrer? O que ele fez?" 33Então Saul atirou sua lança
contra Jônatas para matá-lo. E assim Jônatas viu que
seu pai estava mesmo decidido a matar Davi.

34Jônatas levantou-se da mesa muito irado; naquele
segundo dia da festa da lua nova ele não comeu, entris-
tecido porque seu pai havia humilhado Davi.

35Pela manhã, Jônatas saiu ao campo para o encontro
combinado com Davi. Levava consigo um menino 36e
lhe disse: "Vá correndo buscar as flechas que eu atirar".
O menino correu, e Jônatas atirou uma flecha para além
dele. 37Quando o menino chegou ao lugar onde a flecha
havia caído, Jônatas gritou: "A flecha não está mais para
lá? 38Vamos! Rápido! Não pare!" O menino apanhou a
flecha e voltou 39sem saber de nada, pois somente Jô-
natas e Davi sabiam do que tinham combinado. 40Então
Jônatas deu suas armas ao menino e disse: "Vá, leve-as
de volta à cidade".

41Depois que o menino foi embora, Davi saiu do la-
do sul da pedra e inclinou-se três vezes perante Jônatas
com o rosto em terra. Então despediram-se beijando
um ao outro e chorando; Davi chorou ainda mais do
que Jônatas.

42E ele disse a Davi: "Vá em paz, pois temos jurado
um ao outro, em nome do SENHOR, quando dissemos:
O SENHOR para sempre é testemunha entre nós e entre
os nossos descendentes". 43Então Davi partiu, e Jôna-
tas voltou à cidade.

[a] 20:25 Conforme a Septuaginta. O Texto Massorético diz *parede. Jônatas se levantou.*

Davi vai para Nobe

21 Davi foi falar com o sacerdote Aimeleque, em No-
be. Aimeleque tremia de medo quando se encon-
trou com ele, e perguntou: "Por que você está sozinho?
Ninguém veio com você?"

2Respondeu Davi: "O rei me encarregou de uma certa
missão e me disse: 'Ninguém deve saber coisa alguma
sobre sua missão e sobre as suas instruções'. E eu or-
denei aos meus soldados que se encontrassem comigo
num certo lugar. 3Agora, então, o que você pode ofere-
cer-me? Dê-me cinco pães ou algo que tiver".

4O sacerdote, contudo, respondeu a Davi: "Não tenho
pão comum; somente pão consagrado; se os soldados
não tiveram relações com mulheres recentemente, po-
dem comê-lo".

5Davi respondeu: "Certamente que não, pois esse é o
nosso costume sempre que saímos em campanha. Não
tocamos em mulher. Esses homens mantêm o corpo
puro mesmo em missões comuns. Quanto mais hoje!"
6Então, o sacerdote lhe deu os pães consagrados, vis-
to que não havia outro além do pão da Presença, que
era retirado de diante do SENHOR e substituído por pão
quente no dia em que era tirado.

7Aconteceu que um dos servos de Saul estava ali na-
quele dia, cumprindo seus deveres diante do SENHOR;
era o edomita Doegue, chefe dos pastores de Saul.

8Davi perguntou a Aimeleque: "Você tem uma lan-
ça ou uma espada aqui? Não trouxe minha espada nem
qualquer outra arma, pois o rei exigiu urgência".

9O sacerdote respondeu: "A espada de Golias, o filis-
teu que você matou no vale de Elá, está enrolada num
pano atrás do colete sacerdotal. Se quiser, pegue-a; não
há nenhuma outra espada".

Davi disse: "Não há outra melhor; dê-me essa
espada".

Davi foge para Gate

10Naquele dia, Davi fugiu de Saul e foi procurar
Aquis, rei de Gate. 11Todavia os conselheiros de Aquis
lhe disseram: "Não é este Davi, o rei da terra de Israel?
Não é aquele acerca de quem cantavam em suas danças:

'Saul abateu seus milhares,
e Davi suas dezenas de milhares'?"

12Davi levou a sério aquelas palavras e ficou com
muito medo de Aquis, rei de Gate. 13Por isso, na pre-
sença deles fingiu que estava louco; enquanto esteve
com eles, agiu como um louco, riscando as portas da
cidade e deixando escorrer saliva pela barba.

14Aquis disse a seus conselheiros: "Vejam este ho-
mem! Ele está louco! Por que trazê-lo aqui? 15Será que
me faltam loucos para que vocês o tragam para agir
como doido na minha frente? O que ele veio fazer no
meu palácio?"

Davi refugia-se em Adulão e em Mispá

22 Davi fugiu da cidade de Gate e foi para a caver-
na de Adulão. Quando seus irmãos e a família de
seu pai souberam disso, foram até lá para encontrá-lo.
2Também juntaram-se a ele todos os que estavam em
dificuldades, os endividados e os descontentes; e ele
se tornou o líder deles. Havia cerca de quatrocentos
homens com ele.

3De lá Davi foi para Mispá, em Moabe, e disse ao rei de Moabe: "Posso deixar meu pai e minha mãe virem para cá e ficarem contigo até que eu saiba o que Deus fará comigo?" 4E assim ele os deixou com o rei de Moabe, e lá eles ficaram enquanto Davi permaneceu na fortaleza.

5Contudo, o profeta Gade disse a Davi: "Não fique na fortaleza. Vá para Judá". Então Davi foi para a floresta de Herete.

Saul mata os sacerdotes de Nobe

6Saul ficou sabendo que Davi e seus homens tinham sido descobertos. Saul estava sentado, com a lança na mão, debaixo da tamargueira, na colina de Gibeá, com todos os seus oficiais ao redor, 7e ele lhes disse: "Ouçam, homens de Benjamim! Será que o filho de Jessé dará a todos vocês terras e vinhas? Será que ele os fará todos comandantes de mil e comandantes de cem? 8É por isso que todos vocês têm conspirado contra mim? Ninguém me informa quando meu filho faz acordo com o filho de Jessé. Nenhum de vocês se preocupa comigo nem me avisa que meu filho incitou meu servo a ficar à minha espreita, como ele está fazendo hoje".

9Entretanto, Doegue, o edomita, que estava com os oficiais de Saul, disse: "Vi o filho de Jessé chegar em Nobe e encontrar-se com Aimeleque, filho de Aitube. 10Aimeleque consultou o SENHOR em favor dele; também lhe deu provisões e a espada de Golias, o filisteu".

11Então o rei mandou chamar o sacerdote Aimeleque, filho de Aitube, e toda a família de seu pai, que eram os sacerdotes em Nobe, e todos foram falar com o rei. 12E Saul disse: "Ouça agora, filho de Aitube".

Ele respondeu: "Sim, meu senhor".

13Saul lhe disse: "Por que vocês conspiraram contra mim, você e o filho de Jessé? Porque você lhe deu comida e espada, e consultou a Deus em favor dele, para que se rebelasse contra mim e me armasse cilada, como ele está fazendo?"

14Aimeleque respondeu ao rei: "Quem dentre todos os teus oficiais é tão leal quanto Davi, o genro do rei, capitão de sua guarda pessoal e altamente respeitado em sua casa? 15Será que foi essa a primeira vez que consultei a Deus em favor dele? Certamente que não! Que o rei não acuse a mim, seu servo, nem a qualquer um da família de meu pai, pois seu servo nada sabe acerca do que está acontecendo".

16O rei, porém, disse: "Com certeza você será morto, Aimeleque, você e toda a família de seu pai".

17Em seguida o rei ordenou aos guardas que estavam ao seu lado: "Matem os sacerdotes do SENHOR, pois eles também apoiam Davi. Sabiam que ele estava fugindo, mas nada me informaram".

Contudo, os oficiais do rei recusaram erguer as mãos para matar os sacerdotes do SENHOR.

18Então o rei ordenou a Doegue: "Mate os sacerdotes", e ele os matou. E naquele dia, matou oitenta e cinco homens que vestiam túnica de linho. 19Além disso, Saul mandou matar os habitantes de Nobe, a cidade dos sacerdotes: homens, mulheres, crianças, recém-nascidos, bois, jumentos e ovelhas.

20Entretanto, Abiatar, filho de Aimeleque e neto de Aitube, escapou e fugiu para juntar-se a Davi, 21e lhe contou que Saul havia matado os sacerdotes do SENHOR. 22Então Davi disse a Abiatar: "Naquele dia, quando o edomita Doegue estava ali, eu sabia que ele não deixaria de levar a informação a Saul. Sou responsável pela morte de toda a família de seu pai. 23Fique comigo, não tenha medo; o homem que está atrás de sua vida também está atrás da minha. Mas você estará a salvo comigo".

Davi liberta o povo de Queila

23 Quando disseram a Davi que os filisteus estavam atacando a cidade de Queila e saqueando as eiras, 2ele perguntou ao SENHOR: "Devo atacar esses filisteus?"

O SENHOR lhe respondeu: "Vá, ataque os filisteus e liberte Queila".

3Os soldados de Davi, porém, lhe disseram: "Aqui em Judá estamos com medo. Quanto mais, se formos a Queila lutar contra as tropas dos filisteus!"

4Davi consultou o SENHOR novamente. "Levante-se", disse o SENHOR, "vá à cidade de Queila, pois estou entregando os filisteus em suas mãos." 5Então Davi e seus homens foram a Queila, combateram os filisteus e se apoderaram de seus rebanhos, impondo-lhes grande derrota e libertando o povo daquela cidade. 6Ora, Abiatar, filho de Aimeleque, tinha levado o colete sacerdotal quando fugiu para se juntar a Davi, em Queila.

Saul persegue Davi

7Foi dito a Saul que Davi tinha ido a Queila, e ele disse: "Deus o entregou nas minhas mãos, pois Davi se aprisionou ao entrar numa cidade com portas e trancas". 8E Saul convocou todo o seu exército para a batalha, para irem a Queila e cercarem Davi e os homens que o seguiam.

9Quando Davi soube que Saul tramava atacá-lo, disse a Abiatar: "Traga o colete sacerdotal". 10Então orou: "Ó SENHOR, Deus de Israel, este teu servo ouviu claramente que Saul planeja vir a Queila e destruir a cidade por minha causa. 11Será que os cidadãos de Queila me entregarão a ele? Saul virá de fato, conforme teu servo ouviu? Ó SENHOR, Deus de Israel, responde-me".

E o SENHOR lhe disse: "Ele virá".

12E Davi, novamente, perguntou: "Será que os cidadãos de Queila entregarão a mim e a meus soldados a Saul?"

E o SENHOR respondeu: "Entregarão".

13Então Davi e seus soldados, que eram cerca de seiscentos, partiram de Queila, e ficaram andando sem direção definida. Quando informaram a Saul que Davi tinha fugido de Queila, ele interrompeu a marcha.

14Davi permaneceu nas fortalezas do deserto e nas colinas do deserto de Zife. Dia após dia Saul o procurava, mas Deus não entregou Davi em suas mãos.

15Quando Davi estava em Horesa, no deserto de Zife, soube que Saul tinha saído para matá-lo. 16E Jônatas, filho de Saul, foi falar com ele, em Horesa, e o ajudou a encontrar forças em Deus. 17"Não tenha medo", disse ele, "meu pai não porá as mãos em você. Você será rei de Israel, e eu lhe serei o segundo em comando. Até meu pai sabe disso." 18Os dois fizeram um acordo perante o SENHOR. Então, Jônatas foi para casa, mas Davi ficou em Horesa.

19Alguns zifeus foram dizer a Saul, em Gibeá: "Davi está se escondendo entre nós nas fortalezas de Horesa, na colina de Haquilá, ao sul do deserto de Jesimom. 20Agora, ó rei, vai quando quiseres, e nós seremos responsáveis por entregá-lo em tuas mãos".

21Saul respondeu: "O SENHOR os abençoe por terem compaixão de mim. 22Vão e façam mais preparativos. Descubram aonde Davi geralmente vai e quem o tem visto ali. Dizem que ele é muito astuto. 23Descubram todos os esconderijos dele e voltem aqui com informações exatas[a]. Então irei com vocês; se ele estiver na região, eu o procurarei entre todos os clãs de Judá".

24E eles voltaram para Zife, antes de Saul. Davi e seus soldados estavam no deserto de Maom, na Arabá, ao sul do deserto de Jesimom. 25Depois, Saul e seus soldados saíram e começaram a busca, e, ao ser informado, Davi desceu à rocha e permaneceu no deserto de Maom. Sabendo disso, Saul foi para lá em perseguição a Davi.

26Saul ia por um lado da montanha, e, pelo outro, Davi e seus soldados fugiam depressa para escapar de Saul. Quando Saul e suas tropas estavam cercando Davi e seus soldados para capturá-los, 27um mensageiro veio dizer a Saul: "Venha depressa! Os filisteus estão atacando Israel". 28Então Saul interrompeu a perseguição a Davi e foi enfrentar os filisteus. Por isso chamam esse lugar Selá-Hamalecote[b]. 29E Davi saiu daquele lugar e foi viver nas fortalezas de En-Gedi.

Davi poupa a vida de Saul

24 Saul voltou da luta contra os filisteus e disseram-lhe que Davi estava no deserto de En-Gedi. 2Então Saul tomou três mil de seus melhores soldados de todo o Israel e partiu à procura de Davi e seus homens, perto dos rochedos dos Bodes Selvagens.

3Ele foi aos currais de ovelhas que ficavam junto ao caminho; havia ali uma caverna, e Saul entrou nela para fazer suas necessidades. Davi e seus soldados estavam bem no fundo da caverna. 4Eles disseram: "Este é o dia sobre o qual o SENHOR lhe falou:[c] 'Entregarei nas suas mãos o seu inimigo para que você faça com ele o que quiser' ". Então Davi foi com muito cuidado e cortou uma ponta do manto de Saul, sem que este percebesse.

5Mas Davi sentiu bater-lhe o coração de remorso por ter cortado uma ponta do manto de Saul, 6e então disse a seus soldados: "Que o SENHOR me livre de fazer tal coisa a meu senhor, de erguer a mão contra ele, pois é o ungido do SENHOR". 7Com essas palavras Davi repreendeu os soldados e não permitiu que atacassem Saul. E este saiu da caverna e seguiu seu caminho.

8Então Davi saiu da caverna e gritou para Saul: "Ó rei, meu senhor!" Quando Saul olhou para trás, Davi inclinou-se com o rosto em terra, 9e depois disse: "Por que o rei dá atenção aos que dizem que eu pretendo fazer-lhe mal? 10Hoje o rei pode ver com seus próprios olhos como o SENHOR o entregou em minhas mãos na caverna. Alguns insistiram que eu o matasse, mas eu o poupei, pois disse: Não erguerei a mão contra meu senhor, pois ele é o ungido do SENHOR. 11Olha, meu pai, olha para este pedaço de teu manto em minha mão! Cortei a ponta de teu manto, mas não te matei. Agora entende e reconhece que não sou culpado de fazer-te mal ou de rebelar-me. Não te fiz mal algum, embora estejas à minha procura para tirar-me a vida. 12O SENHOR julgue entre mim e ti. Vingue ele os males que tens feito contra mim, mas não levantarei a mão contra ti. 13Como diz o provérbio antigo: 'Dos ímpios vêm coisas ímpias'; por isso não levantarei a minha mão contra ti.

14"Contra quem saiu o rei de Israel? A quem está perseguindo? A um cão morto! A uma pulga! 15O SENHOR seja o juiz e nos julgue. Considere ele minha causa e a sustente; que ele me julgue, livrando-me de tuas mãos".

16Tendo Davi falado todas essas palavras, Saul perguntou: "É você, meu filho Davi?" E chorou em alta voz. 17"Você é mais justo do que eu", disse a Davi. "Você me tratou bem, mas eu o tratei mal. 18Você acabou de mostrar o bem que me tem feito; o SENHOR me entregou em suas mãos, mas você não me matou. 19Quando um homem encontra um inimigo e o deixa ir sem fazer-lhe mal? O SENHOR o recompense com o bem, pelo modo como você me tratou hoje. 20Agora tenho certeza de que você será rei e de que o reino de Israel será firmado em suas mãos. 21Portanto, jure-me pelo SENHOR que você não eliminará meus descendentes nem fará meu nome desaparecer da família de meu pai".

22Então Davi fez seu juramento a Saul. E este voltou para casa, mas Davi e seus soldados foram para a fortaleza.

A morte de Samuel

25 Samuel morreu, e todo o Israel se reuniu e o pranteou; e o sepultaram onde tinha vivido, em Ramá.

Davi e Abigail

Depois Davi foi para o deserto de Maom[d]. 2Certo homem de Maom, que tinha seus bens na cidade de Carmelo, era muito rico. Possuía mil cabras e três mil ovelhas, as quais estavam sendo tosquiadas em Carmelo. 3Seu nome era Nabal e o nome de sua mulher era Abigail, mulher inteligente e bonita; mas seu marido, descendente de Calebe, era rude e mau.

4No deserto, Davi ficou sabendo que Nabal estava tosquiando as ovelhas. 5Por isso, enviou dez rapazes, dizendo-lhes: "Levem minha mensagem a Nabal, em Carmelo, e cumprimentem-no em meu nome. 6Digam-lhe: Longa vida para o senhor! Muita paz para o senhor e sua família! E muita prosperidade para tudo o que é seu!

7"Sei que você está tosquiando suas ovelhas. Quando os seus pastores estavam conosco, nós não os maltratamos, e durante todo o tempo em que estiveram em Carmelo não se perdeu nada que fosse deles. 8Pergunte a eles, e eles lhe dirão. Por isso, seja favorável, pois estamos vindo em época de festa. Por favor, dê a nós, seus servos, e a seu filho Davi o que puder".

9Os rapazes foram e deram a Nabal essa mensagem, em nome de Davi. E ficaram esperando.

10Nabal respondeu então aos servos de Davi: "Quem é Davi? Quem é esse filho de Jessé? Hoje em dia muitos servos estão fugindo de seus senhores. 11Por que deveria eu pegar meu pão e minha água, e a carne do gado que abati para meus tosquiadores, e dá-los a homens que vêm não se sabe de onde?"

12Então, os mensageiros de Davi voltaram e lhe relataram cada uma dessas palavras. 13Davi ordenou a seus homens: "Ponham suas espadas na cintura!" Assim eles fizeram e também Davi. Cerca de quatrocentos homens acompanharam Davi, enquanto duzentos permaneceram com a bagagem.

[a] 23:23 Ou *a mim em Nacom*
[b] 23:28 *Selá-Hamalecote* significa *rocha da separação.*
[c] 24:4 Ou *"Hoje o Senhor está dizendo:*
[d] 25:1 Conforme alguns manuscritos da Septuaginta. O Texto Massorético diz *Parã.*

14Um dos servos disse a Abigail, mulher de Nabal: "Do deserto, Davi enviou mensageiros para saudar o nosso senhor, mas ele os insultou. 15No entanto, aqueles homens foram muito bons para conosco. Não nos maltrataram, e, durante todo o tempo em que estivemos com eles nos campos, nada perdemos. 16Dia e noite eles eram como um muro ao nosso redor, durante todo o tempo em que estivemos com eles cuidando de nossas ovelhas. 17Agora, leve isso em consideração e veja o que a senhora pode fazer, pois a destruição paira sobre o nosso senhor e sobre toda a sua família. Ele é um homem tão mau que ninguém consegue conversar com ele".

18Imediatamente, Abigail pegou duzentos pães, duas vasilhas de couro cheias de vinho, cinco ovelhas preparadas, cinco medidas[a] de grãos torrados, cem bolos de uvas passas e duzentos bolos de figos prensados, e os carregou em jumentos. 19E disse a seus servos: "Vocês vão na frente; eu os seguirei". Ela, porém, nada disse a Nabal, seu marido.

20Enquanto ela ia montada num jumento, encoberta pela montanha, Davi e seus soldados estavam descendo em sua direção, e ela os encontrou. 21Davi tinha dito: "De nada adiantou proteger os bens daquele homem no deserto, para que nada se perdesse. Ele me pagou o bem com o mal. 22Que Deus castigue Davi[b], e o faça com muita severidade, caso até de manhã eu deixe vivo um só do sexo masculino[c] de todos os que pertencem a Nabal!"

23Quando Abigail viu Davi, desceu depressa do jumento e prostrou-se perante Davi com o rosto em terra. 24Ela caiu a seus pés e disse: "Meu senhor, a culpa é toda minha. Por favor, permite que tua serva te fale; ouve o que ela tem a dizer. 25Meu senhor, não dês atenção àquele homem mau, Nabal. Ele é insensato, conforme o significado do seu nome; e a insensatez o acompanha. Contudo, eu, tua serva, não vi os rapazes que meu senhor enviou.

26"Agora, meu senhor, juro pelo nome do SENHOR e por tua vida que foi o SENHOR que te impediu de derramar sangue e de te vingares com tuas próprias mãos. Que teus inimigos e todos os que pretendem fazer-te mal sejam castigados como Nabal. 27E que este presente que esta tua serva trouxe ao meu senhor seja dado aos homens que te seguem. 28Esquece, eu te suplico, a ofensa de tua serva, pois o SENHOR certamente fará um reino duradouro para ti, que travas os combates do SENHOR. E em toda a tua vida, nenhuma culpa se ache em ti. 29Mesmo que alguém te persiga para tirar-te a vida, a vida de meu senhor estará firmemente segura como a dos que são protegidos pelo SENHOR, o teu Deus. Mas a vida de teus inimigos será atirada para longe como por uma atiradeira. 30Quando o SENHOR tiver feito a meu senhor todo o bem que prometeu e te tiver nomeado líder sobre Israel, 31meu senhor não terá no coração o peso de ter derramado sangue desnecessariamente, nem de ter feito justiça com tuas próprias mãos. E, quando o SENHOR tiver abençoado a ti, lembra-te de tua serva".

32Davi disse a Abigail: "Bendito seja o SENHOR, o Deus de Israel, que hoje a enviou ao meu encontro. 33Seja você abençoada pelo seu bom senso e por evitar que eu hoje derrame sangue e me vingue com minhas próprias mãos. 34De outro modo, juro pelo nome do SENHOR, o Deus de Israel, que evitou que eu lhe fizesse mal, que, se você não tivesse vindo depressa encontrar-me, nem um só do sexo masculino pertencente a Nabal teria sido deixado vivo ao romper do dia".

35Então Davi aceitou o que Abigail lhe tinha trazido e disse: "Vá para sua casa em paz. Ouvi o que você disse e atenderei o seu pedido".

36Quando Abigail retornou a Nabal, ele estava dando um banquete em casa, como um banquete de rei. Ele estava alegre e bastante bêbado, e ela nada lhe falou até o amanhecer. 37De manhã, quando Nabal estava sóbrio, sua mulher lhe contou tudo; ele sofreu um ataque e ficou paralisado como uma pedra. 38Cerca de dez dias depois, o SENHOR feriu Nabal, e ele morreu.

39Quando Davi soube que Nabal estava morto, disse: "Bendito seja o SENHOR, que defendeu a minha causa contra Nabal, por ter me tratado com desprezo. O SENHOR impediu seu servo de praticar o mal e fez com que a maldade de Nabal caísse sobre a sua própria cabeça".

Então Davi enviou uma mensagem a Abigail, pedindo-lhe que se tornasse sua mulher. 40Seus servos foram a Carmelo e disseram a Abigail: "Davi nos mandou buscá-la para que seja sua mulher".

41Ela se levantou, inclinou-se com o rosto em terra, e disse: "Aqui está a sua serva, pronta para servi-los e lavar os pés dos servos de meu senhor". 42Abigail logo montou num jumento e, acompanhada por suas cinco servas, foi com os mensageiros de Davi e tornou-se sua mulher. 43Davi também casou-se com Ainoã, de Jezreel; as duas foram suas mulheres. 44Saul, porém, tinha dado sua filha Mical, mulher de Davi, a Paltiel[d], filho de Laís, de Galim.

Davi poupa novamente a vida de Saul

26 Os zifeus foram falar com Saul, em Gibeá, e disseram: "Davi está escondido na colina de Haquilá, em frente do deserto de Jesimom".

2Então Saul desceu ao deserto de Zife com três mil dos melhores soldados de Israel, em busca de Davi. 3Saul acampou ao lado da estrada, na colina de Haquilá, em frente do deserto de Jesimom, mas Davi permaneceu no deserto. Quando viu que Saul o estava seguindo, 4enviou espiões e soube que Saul havia, de fato, chegado.[e]

5Então Davi foi para onde Saul estava acampado. E viu o lugar onde Saul e Abner, filho de Ner, comandante de seu exército, haviam se deitado. Saul estava deitado no acampamento, com o exército acampado ao redor.

6Davi perguntou ao hitita Aimeleque e a Abisai, filho de Zeruia, irmão de Joabe: "Quem descerá comigo ao acampamento de Saul?"

Disse Abisai: "Irei com você".

7Davi e Abisai entraram à noite no acampamento. Saul estava dormindo, e tinha fincado sua lança no chão, perto da cabeça. Abner e os soldados estavam deitados à sua volta.

8Abisai disse a Davi: "Hoje Deus entregou o seu inimigo nas suas mãos. Agora deixe que eu crave a lança nele até o chão, com um só golpe; não precisarei de outro".

[a] 25:18 Hebraico: *5 seás*. O seá era uma medida de capacidade para secos. As estimativas variam entre 7 e 14 litros.

[b] 25:22 Conforme alguns manuscritos da Septuaginta. O texto Massorético diz *os inimigos de Davi*.

[c] 25:22 Hebraico: *dos que urinam na parede*; também no versículo 34.

[d] 25:44 Hebraico: *Palti*, variante de *Paltiel*.

[e] 26:4 Ou *tinha vindo a Nacom*.

9Davi, contudo, disse a Abisai: "Não o mate! Quem
pode levantar a mão contra o ungido do SENHOR e per-
manecer inocente? 10Juro pelo nome do SENHOR", disse
ele, "o SENHOR mesmo o matará; ou chegará a sua hora
e ele morrerá, ou ele irá para a batalha e perecerá. 11O
SENHOR me livre de levantar a mão contra o seu ungi-
do. Agora, vamos pegar a lança e o jarro com água que
estão perto da cabeça dele, e vamos embora".

12Dito isso, Davi apanhou a lança e o jarro que es-
tavam perto da cabeça de Saul, e eles foram embora.
Ninguém os viu, ninguém percebeu nada e ninguém
acordou. Estavam todos dormindo, pois um sono pesa-
do vindo do SENHOR havia caído sobre eles.

13Então Davi foi para o outro lado e colocou-se no
topo da colina, ao longe, a uma boa distância deles. 14E
gritou para o exército e para Abner, filho de Ner: "Você
não vai me responder, Abner?"

Abner respondeu: "Quem é que está gritando pa-
ra o rei?"

15Disse Davi: "Você é homem, não é? Quem é como
você em Israel? Por que você não protegeu o rei, seu se-
nhor? Alguém foi até aí para matá-lo. 16Não é bom isso
que você fez! Juro pelo SENHOR que todos vocês mere-
cem morrer, pois não protegeram o seu rei, o ungido
do SENHOR. Agora, olhem! Onde estão a lança e o jar-
ro de água do rei, que estavam perto da cabeça dele?"

17Saul reconheceu a voz de Davi e disse: "É você, meu
filho Davi?"

Davi respondeu: "Sim, ó rei, meu senhor". 18E acres-
centou: "Por que meu senhor está perseguindo este seu
servo? O que eu fiz, e de que mal sou culpado? 19Que o
rei, meu senhor, escute as palavras de seu servo. Se o
SENHOR o instigou contra mim, queira ele aceitar uma
oferta; se, porém, são homens que o fizeram, que sejam
amaldiçoados perante o SENHOR! Eles agora me afasta-
ram de minha porção na herança do SENHOR e disse-
ram: 'Vá, preste culto a outros deuses'. 20Agora, que o
meu sangue não seja derramado longe da presença do
SENHOR. O rei de Israel saiu à procura de uma pulga, co-
mo alguém que sai à caça de uma perdiz nos montes".

21Então Saul disse: "Pequei! Volte, meu filho Davi!
Como hoje você considerou preciosa a minha vida, não
lhe farei mal de novo. Tenho agido como um tolo e co-
meti um grande erro".

22Respondeu Davi: "Aqui está a lança do rei. Venha
um de seus servos pegá-la. 23O SENHOR recompensa a
justiça e a fidelidade de cada um. Ele te entregou nas
minhas mãos hoje, mas eu não levantaria a mão con-
tra o ungido do SENHOR. 24Assim como eu hoje consi-
derei a tua vida de grande valor, que o SENHOR também
considere a minha vida e me livre de toda a angústia".

25Então Saul disse a Davi: "Seja você abençoado, meu
filho Davi; você fará muitas coisas e em tudo será bem-
-sucedido".

Assim Davi seguiu seu caminho, e Saul voltou pa-
ra casa.

Davi entre os filisteus

27 Davi, contudo, pensou: "Algum dia serei morto
por Saul. É melhor fugir para a terra dos filisteus.
Então Saul desistirá de procurar-me por todo o Israel,
e escaparei dele".

2Assim, Davi e os seiscentos homens que estavam
com ele foram até Aquis, filho de Maoque, rei de Gate.
3Davi e seus soldados se estabeleceram em Gate, acolhi-
dos por Aquis. Cada homem levou sua família, e Davi,
suas duas mulheres: Ainoã, de Jezreel, e Abigail, que
fora mulher de Nabal, de Carmelo. 4Quando contaram
a Saul que Davi havia fugido para Gate, ele parou de
persegui-lo.

5Então Davi disse a Aquis: "Se eu conto com a tua
simpatia, dá-me um lugar numa das cidades desta ter-
ra onde eu possa viver. Por que este teu servo viveria
contigo na cidade real?"

6Naquele dia Aquis deu-lhe Ziclague. Por isso, Zicla-
gue pertence aos reis de Judá até hoje. 7Davi morou
em território filisteu durante um ano e quatro meses.

8Ele e seus soldados atacavam os gesuritas, os gersi-
tas e os amalequitas, povos que, desde tempos antigos,
habitavam a terra que se estende de Sur até o Egito.
9Quando Davi atacava a região, não poupava homens
nem mulheres, e tomava ovelhas, bois, jumentos, ca-
melos e roupas. Depois retornava a Aquis.

10Quando Aquis perguntava: "Quem você atacou ho-
je?" Davi respondia: "O Neguebe de Judá" ou "O Ne-
guebe de Jerameel" ou "O Neguebe dos queneus". 11Ele
matava todos, homens e mulheres, para que não fossem
levados a Gate, pois pensava: "Eles poderão denunciar-
-me". Este foi o seu procedimento enquanto viveu em
território filisteu. 12Aquis confiava em Davi e dizia: "Ele
se tornou tão odiado por seu povo, os israelitas, que se-
rá meu servo para sempre".

Saul e a médium de En-Dor

28 Naqueles dias os filisteus reuniram suas tropas
para lutar contra Israel. Aquis disse a Davi: "Saiba
que você e seus soldados me acompanharão no exército".

2Disse Davi a Aquis: "Então tu saberás o que teu ser-
vo é capaz de fazer".

Aquis respondeu-lhe: "Muito bem, eu o colocarei co-
mo minha guarda pessoal permanente".

3Samuel já havia morrido, e todo o Israel o havia
pranteado e sepultado em Ramá, sua cidade natal. Saul
havia expulsado do país os médiuns e os que consul-
tavam os espíritos.

4Depois que os filisteus se reuniram, vieram e acam-
param em Suném, enquanto Saul reunia todos os is-
raelitas e acampava em Gilboa. 5Quando Saul viu o
acampamento filisteu, teve medo; ficou apavorado. 6Ele
consultou o SENHOR, mas este não lhe respondeu nem
por sonhos nem por Urim[a] nem por profetas. 7Então
Saul disse aos seus auxiliares: "Procurem uma mulher
que invoca espíritos, para que eu a consulte".

Eles disseram: "Existe uma em En-Dor".

8Saul então se disfarçou, vestindo outras roupas, e
foi à noite, com dois homens, até a casa da mulher. Ele
disse a ela: "Invoque um espírito para mim, fazendo
subir aquele cujo nome eu disser".

9A mulher, porém, lhe disse: "Certamente você sa-
be o que Saul fez. Ele eliminou os médiuns e os que
consultam os espíritos da terra de Israel. Por que você
está preparando uma armadilha contra mim, que me
levará à morte?"

10Saul jurou-lhe pelo SENHOR: "Juro pelo nome do
SENHOR que você não será punida por isso".

11"Quem devo fazer subir?", perguntou a mulher.

[a] 28:6 Objeto utilizado para se conhecer a vontade de Deus.

Ele respondeu: "Samuel".
12Quando a mulher viu Samuel, gritou e disse a Saul:
"Por que me enganaste? Tu mesmo és Saul!"
13O rei lhe disse: "Não tenha medo. O que você es-
tá vendo?"
A mulher respondeu: "Vejo um ser[a] que sobe do
chão".
14Ele perguntou: "Qual a aparência dele?"
E disse ela: "Um ancião vestindo um manto está su-
bindo".
Então Saul ficou sabendo que era Samuel, inclinou-
-se e prostrou-se com o rosto em terra.
15Samuel perguntou a Saul: "Por que você me per-
turbou, fazendo-me subir?"
Respondeu Saul: "Estou muito angustiado. Os filis-
teus estão me atacando e Deus se afastou de mim. Ele
já não responde nem por profetas nem por sonhos; por
isso te chamei para me dizeres o que fazer".
16Disse Samuel: "Por que você me chamou, já que o
SENHOR se afastou de você e se tornou seu inimigo? 17O
SENHOR fez o que predisse por meu intermédio: rasgou
de suas mãos o reino e o deu a seu próximo, a Davi.
18Porque você não obedeceu ao SENHOR nem executou
a grande ira dele contra os amalequitas, ele lhe faz isso
hoje. 19O SENHOR entregará você e o povo de Israel nas
mãos dos filisteus, e amanhã você e seus filhos estarão
comigo. O SENHOR também entregará o exército de Is-
rael nas mãos dos filisteus".
20Na mesma hora Saul caiu estendido no chão, ater-
rorizado pelas palavras de Samuel. Suas forças se es-
gotaram, pois ele tinha passado todo aquele dia e toda
aquela noite sem comer.
21Quando a mulher se aproximou de Saul e viu que
ele estava profundamente perturbado, disse: "Olha, tua
serva te obedeceu. Arrisquei minha vida e fiz o que me
ordenaste. 22Agora, por favor, ouve tua serva e come um
pouco para que tenhas forças para seguir teu caminho".
23Ele recusou e disse: "Não vou comer".
Seus homens, porém, insistiram com ele, e a mulher
também; e ele os atendeu. Ele se levantou do chão e
sentou-se na cama.
24A mulher matou depressa um bezerro gordo que
tinha em casa; apanhou um pouco de farinha, amassou-
-a e assou pão sem fermento. 25Então ela serviu a Saul
e a seus homens, e eles comeram. E naquela mesma
noite eles partiram.

Os filisteus desconfiam de Davi

29 Os filisteus reuniram todas as suas tropas em Afe-
que, e Israel acampou junto à fonte de Jezreel.
2Enquanto os governantes filisteus avançavam com
seus grupos de cem e de mil, Davi e seus homens iam
na retaguarda com Aquis. 3Os comandantes dos filis-
teus perguntaram: "O que estes hebreus fazem aqui?"
Aquis respondeu: "Este é Davi, que era oficial de
Saul, rei de Israel. Ele já está comigo há mais de um
ano e, desde o dia em que deixou Saul, nada fez que
mereça desconfiança".
4Contudo, os comandantes filisteus se iraram contra
ele e disseram: "Mande embora este homem para a ci-
dade que você lhe designou. Ele não deve ir para a guer-
ra conosco, senão se tornará nosso adversário durante
o combate. Qual seria a melhor maneira de recuperar
a boa vontade de seu senhor, senão à custa da cabeça
de nossos homens? 5Não é ele o Davi de quem canta-
vam em suas danças:

> 'Saul abateu seus milhares,
> e Davi, suas dezenas de milhares'?"

6Então Aquis chamou Davi e lhe disse: "Juro, pelo no-
me do SENHOR, que você tem sido leal, e ficaria contente
em tê-lo servindo comigo no exército. Desde o dia em
que você veio a mim, nunca desconfiei de você, mas os
governantes não o aprovam. 7Agora, volte e vá em paz!
Não faça nada que desagrade os governantes filisteus".
8Davi perguntou: "O que foi que eu fiz? O que des-
cobriste contra teu servo, desde o dia em que cheguei?
Por que não posso ir lutar contra os inimigos do rei,
meu senhor?"
9Aquis respondeu: "Reconheço que você tem feito o
que eu aprovo, como um anjo de Deus. Os comandantes
filisteus, no entanto, dizem que você não deve ir à ba-
talha conosco. 10Agora, levante-se bem cedo, junto com
os servos de seu senhor que vieram com você, e partam
de manhã, assim que clarear o dia".
11Então Davi e seus soldados levantaram-se de ma-
drugada para voltar à terra dos filisteus. E os filisteus
foram para Jezreel.

Davi derrota os amalequitas

30 Quando Davi e seus soldados chegaram a Ziclague,
no terceiro dia, os amalequitas tinham atacado o
Neguebe e incendiado a cidade de Ziclague. 2Levaram
como prisioneiros todos os que lá estavam: as mulhe-
res, os jovens e os idosos. A ninguém mataram, mas os
levaram consigo, quando prosseguiram seu caminho.
3Ao chegarem a Ziclague, Davi e seus soldados en-
contraram a cidade destruída pelo fogo e viram que
suas mulheres, seus filhos e suas filhas tinham sido
levados como prisioneiros. 4Então Davi e seus solda-
dos choraram em alta voz até não terem mais forças.
5As duas mulheres de Davi também tinham sido le-
vadas: Ainoã, de Jezreel, e Abigail, de Carmelo, a que
fora mulher de Nabal. 6Davi ficou profundamente an-
gustiado, pois os homens falavam em apedrejá-lo; to-
dos estavam amargurados por causa de seus filhos e
de suas filhas. Davi, porém, fortaleceu-se no SENHOR,
o seu Deus.
7Então Davi disse ao sacerdote Abiatar, filho de Ai-
meleque: "Traga-me o colete sacerdotal". Abiatar o trou-
xe a Davi, 8e ele perguntou ao SENHOR: "Devo perseguir
esse bando de invasores? Irei alcançá-los?"
E o SENHOR respondeu: "Persiga-os; é certo que vo-
cê os alcançará e conseguirá libertar os prisioneiros".
9Davi e os seiscentos homens que estavam com ele
foram ao ribeiro de Besor, onde ficaram alguns, 10pois
duzentos deles estavam exaustos demais para atraves-
sar o ribeiro. Todavia, Davi e quatrocentos homens con-
tinuaram a perseguição.
11Encontraram um egípcio no campo e o trouxeram
a Davi. Deram-lhe água e comida: 12um pedaço de bolo
de figos prensados e dois bolos de uvas passas. Ele co-
meu e recobrou as forças, pois tinha ficado três dias e
três noites sem comer e sem beber.
13Davi lhe perguntou: "A quem você pertence e de
onde vem?"

[a] 28:13 Ou *deuses*; ou ainda *um espírito*. Hebraico: *Vejo elohim subindo do chão*.

Ele respondeu: "Sou um jovem egípcio, sèrvo de um amalequita. Meu senhor me abandonou quando fiquei doente há três dias. 14 Nós atacamos o Neguebe dos queretitas, o território que pertence a Judá e o Neguebe de Calebe. E incendiamos a cidade de Ziclague".

15 Davi lhe perguntou: "Você pode levar-me até esse bando de invasores?"

Ele respondeu: "Jura, diante de Deus, que não me matarás nem me entregarás nas mãos de meu senhor, e te levarei até eles".

16 Quando ele levou Davi até lá, os amalequitas estavam espalhados pela região, comendo, bebendo e festejando os muitos bens que haviam tomado da terra dos filisteus e de Judá. 17 Davi os atacou no dia seguinte, desde o amanhecer até a tarde, e nenhum deles escapou, com exceção de quatrocentos jovens que montaram em camelos e fugiram. 18 Davi recuperou tudo o que os amalequitas tinham levado, incluindo suas duas mulheres. 19 Nada faltou: nem jovens, nem velhos, nem filhos, nem filhas, nem bens, nem qualquer outra coisa que fora levada. Davi recuperou tudo. 20 E tomou também todos os rebanhos dos amalequitas, e seus soldados os conduziram à frente dos outros animais, dizendo: "Estes são os despojos de Davi".

21 Então Davi foi até os duzentos homens que estavam exaustos demais para segui-lo e tinham ficado no ribeiro de Besor. Eles saíram para receber Davi e os que estavam com ele. Ao se aproximar com seus soldados, Davi os saudou. 22 Mas todos os elementos maus e vadios que tinham ido com Davi disseram: "Uma vez que não saíram conosco, não repartiremos com eles os bens que recuperamos. No entanto, cada um poderá pegar sua mulher e seus filhos e partir".

23 Davi respondeu: "Não, meus irmãos! Não façam isso com o que o SENHOR nos deu. Ele nos protegeu e entregou em nossas mãos os bandidos que vieram contra nós. 24 Quem concordará com o que vocês estão dizendo? A parte de quem ficou com a bagagem será a mesma de quem foi à batalha. Todos receberão partes iguais". 25 Davi fez disso um decreto e uma ordenança para Israel, desde aquele dia até hoje.

26 Quando Davi chegou a Ziclague, enviou parte dos bens às autoridades de Judá, que eram seus amigos, dizendo: "Eis um presente para vocês, tirado dos bens dos inimigos do SENHOR".

27 Ele enviou esse presente às autoridades de Betel, de Ramote do Neguebe, de Jatir, 28 de Aroer, de Sifmote, de Estemoa, 29 de Racal, das cidades dos jerameelitas e dos queneus, 30 de Hormá, de Corasã, de Atace, 31 de Hebrom e de todos os lugares onde Davi e seus soldados tinham passado.

O suicídio de Saul

31 E aconteceu que, em combate com os filisteus, os israelitas foram postos em fuga e muitos caíram mortos no monte Gilboa. 2 Os filisteus perseguiram Saul e seus filhos, e mataram Jônatas, Abinadabe e Malquisua, filhos de Saul. 3 O combate foi ficando cada vez mais violento em torno de Saul, até que os flecheiros o alcançaram e o feriram gravemente.

4 Então Saul ordenou ao seu escudeiro: "Tire sua espada e mate-me com ela, senão sofrerei a vergonha de cair nas mãos desses incircuncisos".

Mas seu escudeiro estava apavorado e não quis fazê-lo. Saul, então, pegou sua própria espada e jogou-se sobre ela. 5 Quando o escudeiro viu que Saul estava morto, jogou-se também sobre sua espada e morreu com ele. 6 Assim foi que Saul, seus três filhos, seu escudeiro e todos os seus soldados morreram naquele dia.

7 Quando os israelitas que habitavam do outro lado do vale e a leste do Jordão viram que o exército tinha fugido e que Saul e seus filhos estavam mortos, fugiram, abandonando suas cidades. Depois os filisteus foram ocupá-las.

8 No dia seguinte, quando os filisteus foram saquear os mortos, encontraram Saul e seus três filhos caídos no monte Gilboa. 9 Cortaram a cabeça de Saul, pegaram suas armas, e enviaram mensageiros por toda a terra dos filisteus para proclamarem a notícia nos templos de seus ídolos e entre o seu povo. 10 Expuseram as armas de Saul no templo de Astarote e penduraram seu corpo no muro de Bete-Seã.

11 Quando os habitantes de Jabes-Gileade ficaram sabendo o que os filisteus tinham feito com Saul, 12 os mais corajosos dentre eles foram durante a noite a Bete-Seã. Baixaram os corpos de Saul e de seus filhos do muro de Bete-Seã e os levaram para Jabes, onde os queimaram. 13 Depois enterraram seus ossos debaixo de uma tamargueira em Jabes, e jejuaram durante sete dias.

2SAMUEL

Davi recebe a notícia da morte de Saul

1 Depois da morte de Saul, Davi retornou de sua vitória
sobre os amalequitas. Fazia dois dias que ele estava
em Ziclague 2 quando, no terceiro dia, chegou um ho-
mem que vinha do acampamento de Saul, com as rou-
pas rasgadas e terra na cabeça. Ao aproximar-se de Davi,
prostrou-se com o rosto em terra, em sinal de respeito.
3 Davi então lhe perguntou: "De onde você vem?"
Ele respondeu: "Fugi do acampamento israelita".
4 Disse Davi: "Conte-me o que aconteceu".
E o homem contou: "O nosso exército fugiu da ba-
talha, e muitos morreram. Saul e Jônatas também es-
tão mortos".
5 Então Davi perguntou ao jovem que lhe trouxera
as notícias: "Como você sabe que Saul e Jônatas estão
mortos?"
6 O jovem respondeu: "Cheguei por acaso ao monte
Gilboa, e lá estava Saul, apoiado em sua lança. Os carros
de guerra e os oficiais da cavalaria estavam a ponto de
alcançá-lo. 7 Quando ele se virou e me viu, chamou-me
gritando, e eu disse: Aqui estou.
8 "Ele me perguntou: 'Quem é você?'
"Sou amalequita, respondi.
9 "Então ele me ordenou: 'Venha aqui e mate-me!
Estou na angústia da morte!'.
10 "Por isso aproximei-me dele e o matei, pois sabia
que ele não sobreviveria ao ferimento. Peguei a coroa e
o bracelete dele e trouxe-os a ti, meu senhor".
11 Então Davi rasgou suas vestes; e os homens que
estavam com ele fizeram o mesmo. 12 E se lamentaram,
chorando e jejuando até o fim da tarde, por Saul e por
seu filho Jônatas, pelo exército do SENHOR e pelo povo
de Israel, porque muitos haviam sido mortos à espada.
13 E Davi perguntou ao jovem que lhe trouxera as no-
tícias: "De onde você é?"
E ele respondeu: "Sou filho de um estrangeiro, sou
amalequita".
14 Davi lhe perguntou: "Como você não temeu levan-
tar a mão para matar o ungido do SENHOR?"
15 Então Davi chamou um dos seus soldados e lhe dis-
se: "Venha aqui e mate-o!" O servo o feriu, e o homem
morreu. 16 Davi tinha dito ao jovem: "Você é responsá-
vel por sua própria morte. Sua boca testemunhou con-
tra você, quando disse: 'Matei o ungido do SENHOR' ".

Davi lamenta-se por Saul e Jônatas

17 Davi cantou este lamento sobre Saul e seu filho
Jônatas, 18 e ordenou que se ensinasse aos homens de
Judá; é o Lamento do Arco, que foi registrado no Li-
vro de Jasar:

19 "O seu esplendor, ó Israel,
está morto sobre os seus montes.
Como caíram os guerreiros!

20 "Não conte isso em Gate,
não o proclame nas ruas de Ascalom,
para que não se alegrem
as filhas dos filisteus
nem exultem as filhas dos incircuncisos.

21 "Ó colinas de Gilboa,
nunca mais haja orvalho
nem chuva sobre vocês,
nem campos que produzam trigo
para as ofertas.
Porque ali foi profanado
o escudo dos guerreiros,
o escudo de Saul,
que nunca mais será polido com óleo.
22 Do sangue dos mortos,
da carne[a] dos guerreiros,
o arco de Jônatas nunca recuou,
a espada de Saul
sempre cumpriu a sua tarefa.

23 "Saul e Jônatas, mui amados,
nem na vida nem na morte
foram separados.
Eram mais ágeis que as águias,
mais fortes que os leões.

24 "Chorem por Saul,
ó filhas de Israel!
Chorem aquele que as vestia
de rubros ornamentos,
e suas roupas enfeitava
com adornos de ouro.

25 "Como caíram os guerreiros
no meio da batalha!
Jônatas está morto
sobre os montes de Israel.
26 Como estou triste por você,
Jônatas, meu irmão!
Como eu lhe queria bem!
Sua amizade era, para mim, mais preciosa
que o amor das mulheres!

27 "Caíram os guerreiros!
As armas de guerra foram destruídas!"

Davi é ungido rei de Judá

2 Passado algum tempo, Davi perguntou ao SENHOR:
"Devo ir para uma das cidades de Judá?" O SENHOR
respondeu que sim, e Davi perguntou para qual delas.
"Para Hebrom", respondeu o SENHOR.
2 Então Davi foi para Hebrom com suas duas mu-
lheres, Ainoã, de Jezreel, e Abigail, viúva de Nabal, o
carmelita. 3 Davi também levou os homens que o acom-
panhavam, cada um com sua família, e estabeleceram-
-se em Hebrom e nos povoados vizinhos. 4 Então os
homens de Judá foram a Hebrom e ali ungiram Davi
rei da tribo de Judá.
Informado de que os habitantes de Jabes-Gileade
tinham sepultado Saul, 5 Davi enviou-lhes mensagei-
ros que lhes disseram: "O SENHOR os abençoe pelo seu
ato de lealdade, dando sepultura a Saul, seu rei. 6 Seja
o SENHOR leal e fiel para com vocês. Também eu fir-
marei minha amizade com vocês, por terem feito es-
sa boa ação. 7 Mas, agora, sejam fortes e corajosos, pois

[a] 1:22 Hebraico: *gordura*.

Saul, seu senhor, está morto, e já fui ungido rei pela tribo de Judá".

Is-Bosete proclamado rei de Israel

8Enquanto isso, Abner, filho de Ner, comandante do exército de Saul, levou Is-Bosete, filho de Saul, a Maanaim, 9onde o proclamou rei sobre Gileade, Assuri[a], Jezreel, Efraim, Benjamim e sobre todo o Israel.

10Is-Bosete, filho de Saul, tinha quarenta anos de idade quando começou a reinar em Israel, e reinou dois anos. Entretanto, a tribo de Judá seguia Davi, 11que a governou em Hebrom por sete anos e seis meses.

A guerra entre Judá e Israel

12Abner, filho de Ner, e os soldados de Is-Bosete, filho de Saul, partiram de Maanaim e marcharam para Gibeom. 13Joabe, filho de Zeruia, e os soldados de Davi foram ao encontro deles no açude de Gibeom. Um grupo posicionou-se num lado do açude, o outro grupo, no lado oposto.

14Então Abner disse a Joabe: "Vamos fazer alguns soldados lutarem diante de nós".

Joabe respondeu: "De acordo".

15Então doze soldados aliados de Benjamim e Is-Bosete, filho de Saul, atravessaram o açude para enfrentar doze soldados aliados de Davi. 16Cada soldado pegou o adversário pela cabeça e fincou-lhe o punhal no lado, e juntos caíram mortos. Por isso aquele lugar, situado em Gibeom, foi chamado Helcate-Hazurim[b].

17Houve uma violenta batalha naquele dia, e Abner e os soldados de Israel foram derrotados pelos soldados de Davi.

18Estavam lá Joabe, Abisai e Asael, os três filhos de Zeruia. E Asael, que corria como uma gazela em terreno plano, 19perseguiu Abner, sem se desviar nem para a direita nem para a esquerda. 20Abner olhou para trás e perguntou: "É você, Asael?"

"Sou eu", respondeu ele.

21Disse-lhe então Abner: "É melhor você se desviar para a direita ou para a esquerda, capturar um dos soldados e ficar com as armas dele". Mas Asael não quis parar de persegui-lo.

22Então Abner advertiu Asael mais uma vez: "Pare de me perseguir! Não quero matá-lo. Como eu poderia olhar seu irmão Joabe nos olhos de novo?"

23Como, porém, Asael não desistiu de persegui-lo, Abner cravou no estômago dele a ponta da lança, que saiu pelas costas. E ele caiu, morrendo ali mesmo. E paravam todos os que chegavam ao lugar onde Asael estava caído.

24Então Joabe e Abisai perseguiram Abner. Ao pôr do sol, chegaram à colina de Amá, defronte de Gia, no caminho para o deserto de Gibeom. 25Os soldados de Benjamim, seguindo Abner, reuniram-se formando um só grupo e ocuparam o alto de uma colina.

26Então Abner gritou para Joabe: "O derramamento de sangue vai continuar? Não vê que isso vai trazer amargura? Quando é que você vai mandar o seu exército parar de perseguir os seus irmãos?"

27Respondeu Joabe: "Juro pelo nome de Deus que, se você não tivesse falado, o meu exército perseguiria os seus irmãos até de manhã".

28Então Joabe tocou a trombeta, e o exército parou de perseguir Israel e de lutar.

29Abner e seus soldados marcharam pela Arabá durante toda a noite. Atravessaram o Jordão, marcharam durante a manhã[c] inteira e chegaram a Maanaim.

30Quando Joabe voltou da perseguição a Abner, reuniu todo o exército. E viram que faltavam dezenove soldados, além de Asael. 31Mas os soldados de Davi tinham matado trezentos e sessenta benjamitas que estavam com Abner. 32Levaram Asael e o sepultaram no túmulo de seu pai, em Belém. Depois disso, Joabe e seus soldados marcharam durante toda a noite e chegaram a Hebrom ao amanhecer.

3 A guerra entre as famílias de Saul e de Davi durou muito tempo. Davi tornava-se cada vez mais forte, enquanto que a família de Saul se enfraquecia.

Os filhos de Davi em Hebrom

2Estes foram os filhos de Davi
nascidos em Hebrom:
O seu filho mais velho era Amnom,
filho de Ainoã, de Jezreel;
3o segundo, Quileabe,
de Abigail, viúva de Nabal,
de Carmelo;
o terceiro, Absalão, de Maaca,
filha de Talmai, rei de Gesur;
4o quarto, Adonias, de Hagite;
o quinto, Sefatias, de Abital;
5e o sexto, Itreão, de sua mulher Eglá.
Esses foram os filhos de Davi
que lhe nasceram em Hebrom.

O apoio de Abner a Davi

6Enquanto transcorria a guerra entre as famílias de Saul e de Davi, Abner foi ficando poderoso na família de Saul. 7Saul tivera uma concubina chamada Rispa, filha de Aiá. Certa vez Is-Bosete perguntou a Abner: "Por que você se deitou com a concubina de meu pai?"

8Abner ficou furioso com a pergunta de Is-Bosete e exclamou: "Por acaso eu sou um cão a serviço de Judá? Até agora tenho sido leal à família de Saul, seu pai, e aos parentes e amigos dele, e não deixei que você caísse nas mãos de Davi; agora você me acusa de um delito envolvendo essa mulher! 9Que Deus me castigue com todo o rigor, se eu não fizer por Davi o que o SENHOR lhe prometeu sob juramento: 10tirar o reino da família de Saul e estabelecer o trono de Davi sobre Israel e Judá, de Dã a Berseba". 11Is-Bosete não respondeu nada a Abner, pois tinha medo dele.

12Então Abner enviou mensageiros a Davi com esta proposta: "A quem pertence esta terra? Faze um acordo comigo e eu te ajudarei a conseguir o apoio de todo o Israel".

13"Está bem", disse Davi. "Farei um acordo com você, mas com uma condição: não compareça à minha presença, quando vier me ver, sem trazer-me Mical, filha de Saul." 14E Davi enviou mensageiros a Is-Bosete, filho de Saul, exigindo: "Entregue-me minha mulher Mical, com quem me casei pelo preço de cem prepúcios de filisteus".

15Diante disso, Is-Bosete mandou que a tirassem do seu marido Paltiel, filho de Laís. 16Mas Paltiel foi atrás

[a] 2:9 Ou *Aser*
[b] 2:16 *Helcate-Hazurim* significa *campo de punhais* ou *campo de hostilidades*.
[c] 2:29 Ou *por toda a região de Bitrom*; ou ainda *pelo vale*

dela, e a seguiu chorando até Baurim. Então Abner or-
denou-lhe que voltasse para casa, e ele voltou.
17Nesse meio tempo, Abner enviou esta mensagem
às autoridades de Israel: "Já faz algum tempo que vocês
querem Davi como rei. 18Agora é o momento de agir!
Porque o SENHOR prometeu a Davi: 'Por meio de Davi,
meu servo, livrarei Israel do poder dos filisteus e de to-
dos os seus inimigos' ".
19Abner também falou pessoalmente com os benja-
mitas. Depois foi a Hebrom dizer a Davi tudo o que Is-
rael e a tribo de Benjamim haviam aprovado. 20Quando
Abner, acompanhado de vinte homens, apresentou-se a
Davi em Hebrom, este ofereceu um banquete para ele
e para os homens que o acompanhavam. 21Disse então
Abner a Davi: "Deixa que eu me vá e reúna todo o Is-
rael, meu senhor, para que façam um acordo contigo, ó
rei, e reines sobre tudo o que desejares". Davi o deixou
ir, e ele se foi em paz.

Joabe mata Abner

22Naquele momento os soldados de Davi e Joabe vol-
tavam de um ataque, trazendo muitos bens. Abner, po-
rém, já não estava com Davi em Hebrom, porque Davi
o tinha deixado partir em paz. 23Quando Joabe chegou
com todo o seu exército, contaram-lhe que Abner, fi-
lho de Ner, se apresentara ao rei, que o tinha deixa-
do ir em paz.
24Então Joabe foi falar com o rei e lhe disse: "Que foi
que fizeste? Abner veio à tua presença e o deixaste ir?
25Conheces Abner, filho de Ner; ele veio para enganar-
-te, observar os teus movimentos e descobrir tudo o
que estás fazendo".
26Saindo da presença de Davi, Joabe enviou mensa-
geiros atrás de Abner, e eles o trouxeram de volta, des-
de a cisterna de Sirá. Mas Davi não ficou sabendo disso.
27Quando Abner retornou a Hebrom, Joabe o chamou
à parte, na porta da cidade, sob o pretexto de falar-lhe
em particular, e ali mesmo o feriu no estômago. E Ab-
ner morreu por ter derramado o sangue de Asael, ir-
mão de Joabe.
28Mais tarde, quando Davi soube o que tinha acon-
tecido, disse: "Eu e o meu reino, perante o SENHOR, so-
mos para sempre inocentes do sangue de Abner, filho
de Ner. 29Caia a responsabilidade pela morte dele so-
bre a cabeça de Joabe e de toda a sua família! Jamais
falte entre os seus descendentes quem sofra fluxo ou
lepra[a], quem use muletas, quem morra à espada, ou
quem passe fome".
30Assim, Joabe e seu irmão Abisai mataram Abner,
porque ele havia matado Asael, irmão deles, na bata-
lha de Gibeom.
31Então Davi disse a Joabe e a todo o exército que o
acompanhava: "Rasguem suas vestes, vistam roupas de
luto e vão chorando à frente de Abner". E o rei Davi se-
guiu atrás da maca que levava o corpo. 32Enterraram-no
em Hebrom, e o rei chorou em alta voz junto ao túmulo
de Abner, como também todo o povo.
33Então o rei cantou este lamento por Abner:

"Por que morreu Abner
como morrem os insensatos?
34Suas mãos não estavam algemadas,
nem seus pés acorrentados.
Você caiu como quem cai
perante homens perversos".

E todo o povo chorou ainda mais por ele.
35Depois, quando o povo insistiu com Davi que co-
messe alguma coisa enquanto ainda era dia, Davi fez
este juramento: "Deus me castigue com todo o rigor,
caso eu prove pão ou qualquer outra coisa antes do
pôr do sol!"
36Todo o povo ouviu isso e o aprovou; de fato, tudo o
que o rei fazia o povo aprovava. 37Assim, naquele dia, to-
do o povo e todo o Israel reconheceram que o rei não ti-
vera participação no assassinato de Abner, filho de Ner.
38Então o rei disse aos seus conselheiros: "Não per-
cebem que caiu hoje em Israel um líder, um grande
homem? 39Embora rei ungido, ainda sou fraco, e es-
ses filhos de Zeruia são mais fortes do que eu. Que o
SENHOR retribua ao malfeitor de acordo com as suas
más obras!"

O assassinato de Is-Bosete

4 Ao saber que Abner havia morrido em Hebrom, Is-
-Bosete, filho de Saul, perdeu a coragem, e todo
o Israel ficou alarmado. 2Ora, o filho de Saul tinha a
seu serviço dois líderes de grupos de ataque. Um de-
les chamava-se Baaná e o outro, Recabe; ambos filhos
de Rimom, de Beerote, da tribo de Benjamim; a cida-
de de Beerote era considerada parte de Benjamim. 3O
povo de Beerote fugiu para Gitaim e até hoje vive ali
como estrangeiro.
4(Jônatas, filho de Saul, tinha um filho aleijado dos
pés. Ele tinha cinco anos de idade quando chegou a no-
tícia de Jezreel de que Saul e Jônatas haviam morrido.
Sua ama o apanhou e fugiu, mas, na pressa, ela o dei-
xou cair, e ele ficou manco. Seu nome era Mefibosete.)
5Aconteceu então que Recabe e Baaná, filhos de Ri-
mom, de Beerote, foram à casa de Is-Bosete na hora
mais quente do dia, na hora do seu descanso do meio-
-dia. 6Os dois entraram na casa como se fossem buscar
trigo, transpassaram-lhe o estômago e depois fugiram.
7Eles haviam entrado na casa enquanto Is-Bosete es-
tava deitado em seu quarto. Depois de o transpassarem
e o matarem, cortaram-lhe a cabeça. E, levando-a, via-
jaram toda a noite pela rota da Arabá. 8Levaram a ca-
beça de Is-Bosete a Davi, em Hebrom, e lhe disseram:
"Aqui está a cabeça de Is-Bosete, filho de Saul, teu ini-
migo, que tentou tirar-te a vida. Hoje o SENHOR vingou
o nosso rei e senhor, de Saul e de sua descendência".
9Davi respondeu a Recabe e a Baaná, seu irmão, fi-
lhos de Rimom, de Beerote: "Juro pelo nome do SE-
NHOR, que me tem livrado de todas as aflições: 10quando
um homem me disse que Saul estava morto, pensando
que me trazia boa notícia, eu o agarrei e o matei em
Ziclague, como recompensa pela notícia que trouxe!
11Muito mais agora, que homens ímpios mataram um
inocente em sua própria casa e em sua própria cama!
Vou castigá-los e eliminá-los da face da terra porque
vocês fizeram correr o sangue dele!"
12Então Davi deu ordem a seus soldados, e eles os
mataram. Depois cortaram as mãos e os pés deles e
penduraram os corpos junto ao açude de Hebrom. Mas
sepultaram a cabeça de Is-Bosete no túmulo de Abner,
em Hebrom.

[a] 3:29 O termo hebraico não se refere somente à lepra, mas também a di-
versas doenças da pele.

Davi torna-se rei de Israel

5 Representantes de todas as tribos de Israel foram dizer a Davi, em Hebrom: "Somos sangue do teu sangue[a]. 2No passado, mesmo quando Saul era rei, eras tu quem liderava Israel em suas batalhas. E o SENHOR te disse: 'Você pastoreará Israel, o meu povo, e será o seu governante' ".

3Então todas as autoridades de Israel foram ao encontro do rei Davi em Hebrom; o rei fez um acordo com eles em Hebrom perante o SENHOR, e eles ungiram Davi rei de Israel.

4Davi tinha trinta anos de idade quando começou a reinar, e reinou durante quarenta anos. 5Em Hebrom, reinou sobre Judá sete anos e meio, e em Jerusalém reinou sobre todo o Israel e Judá trinta e três anos.

A conquista de Jerusalém

6O rei e seus soldados marcharam para Jerusalém para atacar os jebuseus que viviam lá. E os jebuseus disseram a Davi: "Você não entrará aqui! Até os cegos e os aleijados podem se defender de você". Eles achavam que Davi não conseguiria entrar, 7mas Davi conquistou a fortaleza de Sião, que veio a ser a Cidade de Davi.

8Naquele dia disse Davi: "Quem quiser vencer os jebuseus terá que utilizar a passagem de água para chegar àqueles cegos e aleijados, inimigos de Davi[b]". É por isso que dizem: "Os 'cegos e aleijados' não entrarão no palácio[c]".

9Davi passou a morar na fortaleza e chamou-a Cidade de Davi. Construiu defesas na parte interna da cidade desde o Milo[d]. 10E ele se tornou cada vez mais poderoso, pois o SENHOR, o Deus dos Exércitos estava com ele.

11Pouco depois Hirão, rei de Tiro, enviou a Davi uma delegação, que trouxe toras de cedro e também carpinteiros e pedreiros que construíram um palácio para Davi. 12Então Davi teve certeza de que o SENHOR o confirmara como rei de Israel e que seu reino estava prosperando por amor de Israel, o seu povo.

13Depois de mudar-se de Hebrom para Jerusalém, Davi tomou mais concubinas e esposas, e gerou mais filhos e filhas. 14Estes são os nomes dos que lhe nasceram ali: Samua, Sobabe, Natã, Salomão, 15Ibar, Elisua, Nefegue, Jafia, 16Elisama, Eliada e Elifelete.

Davi derrota os filisteus

17Ao saberem que Davi tinha sido ungido rei de Israel, os filisteus foram com todo o exército prendê-lo, mas Davi soube disso e foi para a fortaleza. 18Tendo os filisteus se espalhado pelo vale de Refaim, 19Davi perguntou ao SENHOR: "Devo atacar os filisteus? Tu os entregarás nas minhas mãos?"

O SENHOR lhe respondeu: "Vá, eu os entregarei nas suas mãos".

20Então Davi foi a Baal-Perazim e lá os derrotou. E disse: "Assim como as águas de uma enchente causam destruição, pelas minhas mãos o SENHOR destruiu os meus inimigos diante de mim". Então aquele lugar passou a ser chamado Baal-Perazim[e]. 21Como os filisteus haviam abandonado os seus ídolos ali, Davi e seus soldados os apanharam.

22Mais uma vez os filisteus marcharam e se espalharam pelo vale de Refaim; 23então Davi consultou o SENHOR de novo, que lhe respondeu: "Não ataque pela frente, mas dê a volta por trás deles e ataque-os em frente das amoreiras. 24Assim que você ouvir um som de passos por cima das amoreiras, saia rapidamente, pois será esse o sinal de que o SENHOR saiu à sua frente para ferir o exército filisteu". 25Davi fez como o SENHOR lhe tinha ordenado, e derrotou os filisteus por todo o caminho, desde Gibeom[f] até Gezer.

A arca é levada para Jerusalém

6 De novo Davi reuniu os melhores guerreiros de Israel, trinta mil ao todo. 2Ele e todos os que o acompanhavam partiram para Baalá, em Judá[g], para buscar a arca de Deus, arca sobre a qual é invocado o Nome, o nome do SENHOR dos Exércitos, que tem o seu trono entre os querubins acima dela. 3Puseram a arca de Deus num carroção novo e a levaram da casa de Abinadabe, na colina. Uzá e Aiô, filhos de Abinadabe, conduziam o carroção 4com a arca de Deus[h]; Aiô andava na frente dela. 5Davi e todos os israelitas iam cantando e dançando perante o SENHOR, ao som de todo tipo de instrumentos de pinho: harpas, liras, tamborins, chocalhos e címbalos.

6Quando chegaram à eira de Nacom, Uzá esticou o braço e segurou a arca de Deus, porque os bois haviam tropeçado. 7A ira do SENHOR acendeu-se contra Uzá por seu ato de irreverência. Por isso Deus o feriu, e ele morreu ali mesmo, ao lado da arca de Deus.

8Davi ficou contrariado porque o SENHOR, em sua ira, havia fulminado Uzá. Até hoje aquele lugar é chamado Perez-Uzá[i].

9Naquele dia Davi teve medo do SENHOR e se perguntou: "Como vou conseguir levar a arca do SENHOR?" 10Por isso ele desistiu de levar a arca do SENHOR para a Cidade de Davi. Em vez disso, levou-a para a casa de Obede-Edom, de Gate. 11A arca do SENHOR ficou na casa dele por três meses, e o SENHOR o abençoou e a toda a sua família.

12E disseram ao rei Davi: "O SENHOR tem abençoado a família de Obede-Edom e tudo o que ele possui, por causa da arca de Deus". Então Davi, com grande festa, foi à casa de Obede-Edom e ordenou que levassem a arca de Deus para a Cidade de Davi. 13Quando os que carregavam a arca do SENHOR davam seis passos, ele sacrificava um boi e um novilho gordo. 14Davi, vestindo o colete sacerdotal de linho, foi dançando com todas as suas forças perante o SENHOR, 15enquanto ele e todos os israelitas levavam a arca do SENHOR ao som de gritos de alegria e de trombetas.

16Aconteceu que, entrando a arca do SENHOR na Cidade de Davi, Mical, filha de Saul, observava de uma janela. E, ao ver o rei Davi dançando e celebrando perante o SENHOR, ela o desprezou em seu coração.

17Eles trouxeram a arca do SENHOR e a colocaram na tenda que Davi lhe havia preparado; e Davi ofereceu holocaustos[j] e sacrifícios de comunhão[k] perante o

[a] 5:1 Hebraico: *teu osso e tua carne.*
[b] 5:8 Ou *odiados por Davi*
[c] 5:8 Ou *templo*
[d] 5:9 Ou *desde o aterro*
[e] 5:20 *Baal-Perazim* significa *o senhor que destrói.*
[f] 5:25 Conforme a Septuaginta. O Texto Massorético diz *Geba*. Veja 1Cr 14:16.
[g] 6:2 Isto é, Quiriate-Jearim.
[h] 6:3-4 Conforme os manuscritos do mar Morto e alguns manuscritos da Septuaginta. O Texto Massorético diz *carroção* 4*e o trouxeram com a arca de Deus desde a casa de Abinadabe, na colina.*
[i] 6:8 *Perez-Uzá* significa *destruição de Uzá.*
[j] 6:17 Isto é, sacrifícios totalmente queimados.
[k] 6:17 Ou *de paz*

SENHOR. 18Após oferecer os holocaustos e os sacrifícios
de comunhão, ele abençoou o povo em nome do SE-
NHOR dos Exércitos, 19e deu um pão, um bolo de tâma-
ras[a] e um bolo de uvas passas a cada homem e a cada
mulher israelita. Depois todo o povo partiu, cada um
para a sua casa.

20Voltando Davi para casa para abençoar sua famí-
lia, Mical, filha de Saul, saiu ao seu encontro e lhe dis-
se: "Como o rei de Israel se destacou hoje, tirando o
manto na frente das escravas de seus servos, como um
homem vulgar!"

21Mas Davi disse a Mical: "Foi perante o SENHOR que
eu dancei, perante aquele que me escolheu em lugar
de seu pai ou de qualquer outro da família dele, quan-
do me designou soberano sobre o povo do SENHOR,
sobre Israel; perante o SENHOR celebrarei 22e me re-
baixarei ainda mais, e me humilharei aos meus pró-
prios olhos. Mas serei honrado por essas escravas que
você mencionou".

23E até o dia de sua morte, Mical, filha de Saul, ja-
mais teve filhos.

A promessa de Deus a Davi

7 O rei Davi já morava em seu palácio e o SENHOR lhe
dera descanso de todos os seus inimigos ao redor.
2Certo dia ele disse ao profeta Natã: "Aqui estou eu, mo-
rando num palácio de cedro, enquanto a arca de Deus
permanece numa simples tenda".

3Natã respondeu ao rei: "Faze o que tiveres em men-
te, pois o SENHOR está contigo".

4E naquela mesma noite o SENHOR falou a Natã:

5"Vá dizer a meu servo Davi que assim diz o SENHOR:
Você construirá uma casa para eu morar? 6Não tenho
morado em nenhuma casa desde o dia em que tirei os
israelitas do Egito. Tenho ido de uma tenda para outra,
de um tabernáculo para outro. 7Por onde tenho acom-
panhado os israelitas, alguma vez perguntei a algum
líder deles, a quem ordenei que pastoreasse Israel, o
meu povo: Por que você não me construiu um tem-
plo de cedro?

8"Agora, pois, diga ao meu servo Davi: Assim diz o
SENHOR dos Exércitos: Eu o tirei das pastagens, onde
você cuidava dos rebanhos, para ser o soberano de Is-
rael, o meu povo. 9Sempre estive com você por onde
você andou, e eliminei todos os seus inimigos. Agora
eu o farei tão famoso quanto os homens mais impor-
tantes da terra. 10E providenciarei um lugar para Israel,
o meu povo, e os plantarei lá, para que tenham o seu
próprio lar e não mais sejam incomodados. Povos ím-
pios não mais os oprimirão, como fizeram no início 11e
têm feito desde a época em que nomeei juízes sobre
Israel, o meu povo. Também subjugarei todos os seus
inimigos. Saiba também que eu, o SENHOR, lhe estabe-
lecerei uma dinastia. 12Quando a sua vida chegar ao fim
e você descansar com os seus antepassados, escolhe-
rei um dos seus filhos para sucedê-lo, um fruto do seu
próprio corpo, e eu estabelecerei o reino dele. 13Será ele
quem construirá um templo em honra ao meu nome,
e eu firmarei o trono dele para sempre. 14Eu serei seu
pai, e ele será meu filho. Quando ele cometer algum
erro, eu o punirei com o castigo dos homens, com açoi-
tes aplicados por homens. 15Mas nunca retirarei dele o
meu amor, como retirei de Saul, a quem tirei do seu
caminho. 16Quanto a você, sua dinastia e seu reino per-
manecerão para sempre diante de mim[b]; o seu trono
será estabelecido para sempre".

17E Natã transmitiu a Davi tudo o que o SENHOR lhe
tinha falado e revelado.

A oração de Davi

18Então o rei Davi entrou no tabernáculo, assentou-
-se diante do SENHOR, e orou:

"Quem sou eu, ó Soberano SENHOR, e o que é a mi-
nha família, para que me trouxesses a este ponto? 19E,
como se isso não bastasse para ti, ó Soberano SENHOR,
também falaste sobre o futuro da família deste teu ser-
vo. É assim que procedes com os homens, ó Sobera-
no SENHOR?

20"Que mais Davi poderá dizer-te? Tu conheces o teu
servo, ó Soberano SENHOR. 21Por amor de tua palavra e
de acordo com tua vontade, realizaste este feito gran-
dioso e o revelaste ao teu servo.

22"Quão grande és tu, ó Soberano SENHOR! Não há
ninguém como tu, nem há outro Deus além de ti, con-
forme tudo o que sabemos. 23E quem é como Israel, o
teu povo, a única nação da terra que tu, ó Deus, resga-
taste para dela fazeres um povo para ti mesmo, e as-
sim tornaste o teu nome famoso, realizaste grandes e
impressionantes maravilhas ao expulsar nações e seus
deuses de diante desta mesma nação que libertaste do
Egito[c]? 24Tu mesmo fizeste de Israel o teu povo particular
para sempre, e tu, ó SENHOR, te tornaste o seu Deus.

25"Agora, SENHOR Deus, confirma para sempre a
promessa que fizeste a respeito de teu servo e de sua
descendência. Faze conforme prometeste, 26para que
o teu nome seja engrandecido para sempre e os ho-
mens digam: 'O SENHOR dos Exércitos é o Deus de Is-
rael!' E a descendência de teu servo Davi se manterá
firme diante de ti.

27"Ó SENHOR dos Exércitos, Deus de Israel, tu mesmo
o revelaste a teu servo, quando disseste: 'Estabelecerei
uma dinastia para você'. Por isso o teu servo achou co-
ragem para orar a ti. 28Ó Soberano SENHOR, tu és Deus!
Tuas palavras são verdadeiras, e tu fizeste essa boa pro-
messa a teu servo. 29Agora, por tua bondade, abençoa a
família de teu servo, para que ela continue para sem-
pre na tua presença. Tu, ó Soberano SENHOR, o prome-
teste! E, abençoada por ti, bendita será para sempre a
família de teu servo".

As vitórias militares de Davi

8 Depois disso Davi derrotou os filisteus, subjugou-os,
e tirou do controle deles Metegue-Amá.

2Davi derrotou também os moabitas. Ele os fez dei-
tar-se no chão e mandou que os medissem com uma
corda; os moabitas que ficavam dentro das duas primei-
ras medidas da corda eram mortos, mas os que ficavam
dentro da terceira eram poupados. Assim, os moabitas
ficaram sujeitos a Davi, pagando-lhe impostos.

3Além disso, Davi derrotou Hadadezer, filho de Reo-
be, rei de Zobá, quando Hadadezer tentava recuperar
o controle na região do rio Eufrates. 4Davi se apossou

[a] 6:19 Ou *um pedaço de carne*; ou ainda *um pouco de vinho*

[b] 7:16 Conforme alguns manuscritos do Texto Massorético e a Septuaginta. A maioria dos manuscritos do Texto Massorético diz *de você*.

[c] 7:23 O Texto Massorético diz *maravilhas para tua terra e perante teu povo, o qual resgataste do Egito, das nações e de seus deuses*. Veja 1Cr 17:21.

de mil dos seus carros de guerra, sete mil[a] cavaleiros[b] e vinte mil soldados de infantaria. Ainda levou cem cavalos de carros de guerra, e aleijou todos os outros.

5 Quando os arameus de Damasco vieram ajudar Hadadezer, rei de Zobá, Davi matou vinte e dois mil deles. 6 Em seguida estabeleceu guarnições militares no reino dos arameus de Damasco, sujeitando-os a lhe pagarem impostos. E o SENHOR dava vitórias a Davi em todos os lugares aonde ia.

7 Davi também levou para Jerusalém os escudos de ouro usados pelos oficiais de Hadadezer. 8 De Tebá[c] e Berotai, cidades que pertenciam a Hadadezer, o rei Davi levou grande quantidade de bronze.

9 Quando Toú, rei de Hamate, soube que Davi tinha derrotado todo o exército de Hadadezer, 10 enviou seu filho Jorão[d] ao rei Davi para saudá-lo e parabenizá-lo por sua vitória na batalha contra Hadadezer, que tinha estado em guerra contra Toú. E, com Jorão, mandou todo tipo de utensílios de prata, de ouro e de bronze. 11 O rei Davi consagrou esses utensílios ao SENHOR, como fizera com a prata e com o ouro tomados de todas as nações que havia subjugado: 12 Edom[e] e Moabe, os amonitas e os filisteus, e Amaleque. Também consagrou os bens tomados de Hadadezer, filho de Reobe, rei de Zobá.

13 Davi ficou ainda mais famoso ao retornar da batalha em que matou dezoito mil edomitas[f] no vale do Sal.

14 Ele estabeleceu guarnições militares por todo o território de Edom, sujeitando todos os edomitas. O SENHOR dava vitórias a Davi em todos os lugares aonde ia.

Os oficiais de Davi

15 Davi reinou sobre todo o Israel, administrando o direito e a justiça a todo o seu povo. 16 Joabe, filho de Zeruia, era comandante do exército; Josafá, filho de Ailude, era o arquivista real; 17 Zadoque, filho de Aitube, e Aimeleque, filho de Abiatar, eram sacerdotes; Seraías era secretário; 18 Benaia, filho de Joiada, comandava os queretitas e os peletitas; e os filhos de Davi eram sacerdotes.

Davi e Mefibosete

9 Certa ocasião Davi perguntou: "Resta ainda alguém da família de Saul a quem eu possa mostrar lealdade, por causa de minha amizade com Jônatas?"

2 Então chamaram Ziba, um dos servos de Saul, para apresentar-se a Davi, e o rei lhe perguntou: "Você é Ziba?"

"Sou teu servo", respondeu ele.

3 Perguntou-lhe Davi: "Resta ainda alguém da família de Saul a quem eu possa mostrar a lealdade de Deus?"

Respondeu Ziba: "Ainda há um filho de Jônatas, aleijado dos pés".

4 "Onde está ele?", perguntou o rei.

Ziba respondeu: "Na casa de Maquir, filho de Amiel, em Lo-Debar".

5 Então o rei Davi mandou trazê-lo de Lo-Debar.

6 Quando Mefibosete, filho de Jônatas e neto de Saul, compareceu diante de Davi, prostrou-se com o rosto em terra.

"Mefibosete?", perguntou Davi.

Ele respondeu: "Sim, sou teu servo".

7 "Não tenha medo", disse-lhe Davi, "pois é certo que eu o tratarei com bondade por causa de minha amizade com Jônatas, seu pai. Vou devolver-lhe todas as terras que pertenciam a seu avô Saul, e você comerá sempre à minha mesa."

8 Mefibosete prostrou-se e disse: "Quem é o teu servo, para que te preocupes com um cão morto como eu?"

9 Então o rei convocou Ziba e disse-lhe: "Devolvi ao neto de Saul, seu senhor, tudo o que pertencia a ele e à família dele. 10 Você, seus filhos e seus servos cultivarão a terra para ele. Você trará a colheita para que haja provisões na casa do neto de seu senhor. Mas Mefibosete comerá sempre à minha mesa". Ziba tinha quinze filhos e vinte servos.

11 Então Ziba disse ao rei: "O teu servo fará tudo o que o rei, meu senhor, ordenou". Assim, Mefibosete passou a comer à mesa de Davi[g] como se fosse um dos seus filhos.

12 Mefibosete tinha um filho ainda jovem chamado Mica. E todos os que moravam na casa de Ziba tornaram-se servos de Mefibosete. 13 Então Mefibosete, que era aleijado dos pés, foi morar em Jerusalém, pois passou a comer sempre à mesa do rei.

A guerra contra os amonitas

10 Algum tempo depois o rei dos amonitas morreu, e seu filho Hanum foi o seu sucessor. 2 Davi pensou: "Serei bondoso com Hanum, filho de Naás, como seu pai foi bondoso comigo". Então Davi enviou uma delegação para transmitir a Hanum seu pesar pela morte do pai dele.

Mas, quando os mensageiros de Davi chegaram à terra dos amonitas, 3 os líderes amonitas disseram a Hanum, seu senhor: "Achas que Davi está honrando teu pai ao enviar mensageiros para expressar condolências? Não é nada disso! Davi os enviou como espiões para examinarem a cidade, a fim de destruí-la". 4 Então Hanum prendeu os mensageiros de Davi, rapou metade da barba de cada um, cortou metade de suas roupas até as nádegas, e os mandou embora.

5 Quando Davi soube disso, enviou mensageiros ao encontro deles, pois haviam sido profundamente humilhados, e lhes mandou dizer: "Fiquem em Jericó até que a barba cresça, e então voltem para casa".

6 Vendo que tinham atraído sobre si o ódio de[h] Davi, os amonitas contrataram vinte mil soldados de infantaria dos arameus de Bete-Reobe e de Zobá, mil homens do rei de Maaca e doze mil dos homens de Tobe.

7 Ao saber disso, Davi ordenou a Joabe que marchasse com todo o exército. 8 Os amonitas saíram e se puseram em posição de combate à entrada da cidade, e os arameus de Zobá e de Reobe e os homens de Tobe e de Maaca posicionaram-se em campo aberto.

9 Vendo Joabe que estava cercado pelas linhas de combate, escolheu alguns dos melhores soldados de Israel e os posicionou contra os arameus. 10 Pôs o restante dos homens sob o comando de seu irmão Abisai e os posicionou contra os amonitas. 11 E Joabe disse a Abisai: "Se os arameus forem fortes demais para mim, venha me ajudar; mas, se os amonitas forem fortes demais para

[a] 8:4 Conforme a Septuaginta. O Texto Massorético diz *capturou mil e setecentos*. Veja 1Cr 18:4.
[b] 8:4 Ou *condutores de carros*
[c] 8:8 Muitos manuscritos dizem *Betá*. Veja 1Cr 18:8.
[d] 8:10 Variante de *Adorão*.
[e] 8:12 Muitos manuscritos dizem *Arã*. Veja 1Cr 18:11.
[f] 8:13 Muitos manuscritos dizem *arameus*. Veja 1Cr 18:12.
[g] 9:11 Conforme a Septuaginta. O Texto Massorético diz *à minha mesa*.
[h] 10:6 Hebraico: *se transformado em mau cheiro para*.

você, eu irei ajudá-lo. 12Seja forte e lutemos com bravura
pelo nosso povo e pelas cidades do nosso Deus. E que o
Senhor faça o que for de sua vontade".

13Então Joabe e seus soldados avançaram contra os
arameus, que fugiram dele. 14Quando os amonitas vi-
ram que os arameus estavam fugindo de Joabe, tam-
bém fugiram de seu irmão Abisai e entraram na cidade.
Assim, Joabe parou a batalha contra os amonitas e vol-
tou para Jerusalém.

15Vendo-se derrotados por Israel, os arameus tor-
naram a agrupar-se. 16Hadadezer mandou trazer os
arameus que viviam do outro lado do Eufrates[a]. Estes
chegaram a Helã, tendo à frente Soboque, comandante
do exército de Hadadezer.

17Informado disso, Davi reuniu todo o Israel, atraves-
sou o Jordão e chegou a Helã. Os arameus estavam em
posição de combate para enfrentá-lo, 18mas acabaram
fugindo de diante de Israel. E Davi matou setecentos
condutores de carros de guerra e quarenta mil solda-
dos de infantaria[b] dos arameus. Soboque, o comandan-
te do exército, também foi ferido e morreu ali mesmo.
19Quando todos os reis vassalos de Hadadezer viram que
tinham sido derrotados por Israel, fizeram a paz com
os israelitas e sujeitaram-se a eles.

E os arameus ficaram com medo de voltar a ajudar
os amonitas.

Davi comete adultério

11 Na primavera, época em que os reis saíam para a
guerra, Davi enviou para a batalha Joabe com seus
oficiais e todo o exército de Israel; e eles derrotaram
os amonitas e cercaram Rabá. Mas Davi permaneceu
em Jerusalém.

2Uma tarde Davi levantou-se da cama e foi passear
pelo terraço do palácio. Do terraço viu uma mulher
muito bonita tomando banho, 3e mandou alguém pro-
curar saber quem era. Disseram-lhe: "É Bate-Seba, filha
de Eliã e mulher de Urias, o hitita". 4Davi mandou que a
trouxessem, e se deitou com ela, que havia acabado de
se purificar da impureza da sua menstruação. Depois,
voltou para casa. 5A mulher engravidou e mandou um
recado a Davi, dizendo que estava grávida.

6Em face disso, Davi mandou esta mensagem a Joa-
be: "Envie-me Urias, o hitita". E Joabe o enviou. 7Quan-
do Urias chegou, Davi perguntou-lhe como estavam
Joabe e os soldados e como estava indo a guerra; 8e lhe
disse: "Vá descansar um pouco em sua casa". Urias saiu
do palácio e logo lhe foi mandado um presente da parte
do rei. 9Mas Urias dormiu na entrada do palácio, onde
dormiam os guardas de seu senhor, e não foi para casa.

10Quando informaram a Davi que Urias não tinha
ido para casa, ele lhe perguntou: "Depois da viagem
que você fez, por que não foi para casa?"

11Urias respondeu: "A arca e os homens de Israel e
de Judá repousam em tendas; o meu senhor Joabe e os
seus soldados estão acampados ao ar livre. Como pode-
ria eu ir para casa para comer, beber e deitar-me com
minha mulher? Juro por teu nome e por tua vida que
não farei uma coisa dessas!"

12Então Davi lhe disse: "Fique aqui mais um dia;
amanhã eu o mandarei de volta". Urias ficou em
Jerusalém, mas no dia seguinte 13Davi o convidou pa-
ra comer e beber, e o embriagou. À tarde, porém, Urias
saiu para dormir em sua esteira onde os guardas de seu
senhor dormiam, e não foi para casa.

14De manhã, Davi enviou uma carta a Joabe por meio
de Urias. 15Nela escreveu: "Ponha Urias na linha de fren-
te e deixe-o onde o combate estiver mais violento, para
que seja ferido e morra".

16Como Joabe tinha cercado a cidade, colocou Urias
no lugar onde sabia que os inimigos eram mais fortes.
17Quando os homens da cidade saíram e lutaram contra
Joabe, alguns dos oficiais da guarda de Davi morreram,
e morreu também Urias, o hitita.

18Joabe enviou a Davi um relatório completo da ba-
talha, 19dando a seguinte instrução ao mensageiro: "Ao
acabar de apresentar ao rei este relatório, 20pode ser
que o rei fique muito indignado e lhe pergunte: 'Por
que vocês se aproximaram tanto da cidade para comba-
ter? Não sabiam que eles atirariam flechas da muralha?
21Em Tebes, quem matou Abimeleque, filho de Jerube-
sete[c]? Não foi uma mulher que da muralha atirou-lhe
uma pedra de moinho, e ele morreu? Por que vocês se
aproximaram tanto da muralha?' Se ele perguntar isso,
diga-lhe: E morreu também o teu servo Urias, o hitita".

22O mensageiro partiu e, ao chegar, contou a Davi
tudo o que Joabe lhe havia mandado falar, 23dizendo:
"Eles nos sobrepujaram e saíram contra nós em campo
aberto, mas nós os fizemos retroceder para a porta da
cidade. 24Então os flecheiros atiraram do alto da mu-
ralha contra os teus servos, e mataram alguns deles. E
morreu também o teu servo Urias, o hitita".

25Davi mandou o mensageiro dizer a Joabe: "Não fi-
que preocupado com isso, pois a espada não escolhe a
quem devorar. Reforce o ataque à cidade até destruí-
-la". E ainda insistiu com o mensageiro que encorajas-
se Joabe.

26Quando a mulher de Urias soube que o seu mari-
do havia morrido, chorou por ele. 27Passado o luto, Davi
mandou que a trouxessem para o palácio; ela se tornou
sua mulher e teve um filho dele. Mas o que Davi fez de-
sagradou ao Senhor.

Natã repreende Davi

12 E o Senhor enviou a Davi o profeta Natã. Ao che-
gar, ele disse a Davi: "Dois homens viviam numa
cidade, um era rico e o outro, pobre. 2O rico possuía
muitas ovelhas e bois, 3mas o pobre nada tinha, senão
uma cordeirinha que havia comprado. Ele a criou, e ela
cresceu com ele e com seus filhos. Ela comia junto de-
le, bebia do seu copo e até dormia em seus braços. Era
como uma filha para ele.

4"Certo dia, um viajante chegou à casa do rico, e es-
te não quis pegar uma de suas próprias ovelhas ou de
seus bois para preparar-lhe uma refeição. Em vez dis-
so, preparou para o visitante a cordeira que pertencia
ao pobre".

5Então Davi encheu-se de ira contra o homem e disse
a Natã: "Juro pelo nome do Senhor que o homem que
fez isso merece a morte! 6Deverá pagar quatro vezes o
preço da cordeira, porquanto agiu sem misericórdia".

7"Você é esse homem!", disse Natã a Davi. E conti-
nuou: "Assim diz o Senhor, o Deus de Israel: 'Eu o ungi

[a] 10:16 Hebraico: *do Rio*.
[b] 10:18 Conforme alguns manuscritos da Septuaginta. O Texto Massorético diz *cavaleiros*. Veja 1Cr 19:18.
[c] 11:21 Também conhecido como *Jerubaal* (isto é, Gideão).

rei de Israel e o livrei das mãos de Saul. 8Dei-lhe a casa e as mulheres do seu senhor. Dei-lhe a nação de Israel e Judá. E, se tudo isso não fosse suficiente, eu lhe teria dado mais ainda. 9Por que você desprezou a palavra do SENHOR, fazendo o que ele reprova? Você matou Urias, o hitita, com a espada dos amonitas e ficou com a mulher dele. 10Por isso, a espada nunca se afastará de sua família, pois você me desprezou e tomou a mulher de Urias, o hitita, para ser sua mulher'.

11"Assim diz o SENHOR: 'De sua própria família trarei desgraça sobre você. Tomarei as suas mulheres diante dos seus próprios olhos e as darei a outro; e ele se deitará com elas em plena luz do dia. 12Você fez isso às escondidas, mas eu o farei diante de todo o Israel, em plena luz do dia' ".

13Então Davi disse a Natã: "Pequei contra o SENHOR!"

E Natã respondeu: "O SENHOR perdoou o seu pecado. Você não morrerá. 14Entretanto, uma vez que você insultou o SENHOR[a], o menino morrerá".

15Depois que Natã foi para casa, o SENHOR fez adoecer o filho que a mulher de Urias dera a Davi. 16E Davi implorou a Deus em favor da criança. Ele jejuou e, entrando em casa, passou a noite deitado no chão. 17Os oficiais do palácio tentaram fazê-lo levantar-se do chão, mas ele não quis, e recusou comer.

18Sete dias depois a criança morreu. Os conselheiros de Davi ficaram com medo de dizer-lhe que a criança estava morta, e comentaram: "Enquanto a criança ainda estava viva, falamos com ele, e ele não quis escutar-nos. Como vamos dizer-lhe que a criança morreu? Ele poderá cometer alguma loucura!"

19Davi, percebendo que seus conselheiros cochichavam entre si, compreendeu que a criança estava morta e perguntou: "A criança morreu?"

"Sim, morreu", responderam eles.

20Então Davi levantou-se do chão, lavou-se, perfumou-se e trocou de roupa. Depois entrou no santuário do SENHOR e o adorou. E, voltando ao palácio, pediu que lhe preparassem uma refeição e comeu.

21Seus conselheiros lhe perguntaram: "Por que ages assim? Enquanto a criança estava viva, jejuaste e choraste; mas, agora que a criança está morta, te levantas e comes!"

22Ele respondeu: "Enquanto a criança ainda estava viva, jejuei e chorei. Eu pensava: Quem sabe? Talvez o SENHOR tenha misericórdia de mim e deixe a criança viver. 23Mas agora que ela morreu, por que deveria jejuar? Poderia eu trazê-la de volta à vida? Eu irei até ela, mas ela não voltará para mim".

24Depois Davi consolou sua mulher Bate-Seba e deitou-se com ela, e ela teve um menino, a quem Davi deu o nome de Salomão. O SENHOR o amou 25e enviou o profeta Natã com uma mensagem a Davi. E Natã deu ao menino o nome de Jedidias[b].

26Enquanto isso, Joabe atacou Rabá dos amonitas e conquistou a fortaleza real. 27Feito isso, mandou mensageiros a Davi, dizendo: "Lutei contra Rabá e apoderei-me dos seus reservatórios de água. 28Agora, convoca o restante do exército, cerca a cidade e conquista-a. Senão, eu terei a fama de havê-la conquistado".

29Então Davi convocou todo o exército, foi a Rabá, atacou a cidade e a conquistou. 30A seguir tirou a coroa da cabeça de Moloque[c], uma coroa de ouro de trinta e cinco quilos[d]; ornamentada com pedras preciosas. E ela foi colocada na cabeça de Davi. Ele trouxe uma grande quantidade de bens da cidade 31e trouxe também os seus habitantes, designando-lhes trabalhos com serras, picaretas e machados, além da fabricação de tijolos. Davi fez assim com todas as cidades amonitas. Depois voltou com todo o seu exército para Jerusalém.

Tamar é violentada por Amnom

13 Depois de algum tempo, Amnom, filho de Davi, apaixonou-se por Tamar; ela era muito bonita e era irmã de Absalão, outro filho de Davi.

2Amnom ficou angustiado ao ponto de adoecer por causa de sua meia-irmã Tamar, pois ela era virgem, e parecia-lhe impossível aproximar-se dela.

3Amnom tinha um amigo muito astuto chamado Jonadabe, filho de Simeia, irmão de Davi. 4Ele perguntou a Amnom: "Filho do rei, por que todo dia você está abatido? Quer me contar o que se passa?"

Amnom lhe disse: "Estou apaixonado por Tamar, irmã de meu irmão Absalão".

5"Vá para a cama e finja estar doente", disse Jonadabe. "Quando seu pai vier visitá-lo, diga-lhe: Permite que minha irmã Tamar venha dar-me de comer. Gostaria que ela preparasse a comida aqui mesmo e me servisse. Assim poderei vê-la."

6Amnom aceitou a ideia e deitou-se, fingindo-se doente. Quando o rei foi visitá-lo, Amnom lhe disse: "Eu gostaria que minha irmã Tamar viesse e preparasse dois bolos aqui mesmo e me servisse".

7Davi mandou dizer a Tamar no palácio: "Vá à casa de seu irmão Amnom e prepare algo para ele comer". 8Tamar foi à casa de seu irmão, que estava deitado. Ela amassou a farinha, preparou os bolos na presença dele e os assou. 9Depois pegou a assadeira e lhe serviu os bolos, mas ele não quis comer.

Então Amnom deu ordem para que todos saíssem e, depois que todos saíram, 10disse a Tamar: "Traga os bolos e sirva-me aqui no meu quarto". Tamar levou os bolos que havia preparado ao quarto de seu irmão. 11Mas quando ela se aproximou para servi-lo, ele a agarrou e disse: "Deite-se comigo, minha irmã".

12Mas ela lhe disse: "Não, meu irmão! Não me faça essa violência. Não se faz uma coisa dessas em Israel! Não cometa essa loucura. 13O que seria de mim? Como eu poderia livrar-me da minha desonra? E o que seria de você? Você cairia em desgraça em Israel. Fale com o rei; ele deixará que eu me case com você". 14Mas Amnom não quis ouvi-la e, sendo mais forte que ela, violentou-a.

15Logo depois Amnom sentiu uma forte aversão por ela, mais forte que a paixão que sentira. E lhe disse: "Levante-se e saia!"

16Mas ela lhe disse: "Não, meu irmão, mandar-me embora seria pior do que o mal que você já me fez".

Ele, porém, não quis ouvi-la 17e, chamando seu servo, disse-lhe: "Ponha esta mulher para fora daqui e tranque a porta". 18Então o servo a pôs para fora e trancou a porta. Ela estava vestindo uma túnica longa[e],

[a] 12:14 Conforme um manuscrito da Septuaginta. O Texto Massorético diz *os inimigos do* SENHOR.
[b] 12:25 *Jedidias* significa *amado pelo* SENHOR.
[c] 12:30 Conforme a Septuaginta. O Texto Massorético diz *do rei deles*.
[d] 12:30 Hebraico: *1 talento*.
[e] 13:18 Ou *de diversas cores*; também no versículo 19.

pois esse era o tipo de roupa que as filhas virgens do
rei usavam desde a puberdade. [19]Tamar pôs cinza na
cabeça, rasgou a túnica longa que estava usando e se
pôs a caminho, com as mãos sobre a cabeça e choran-
do em alta voz.
[20]Absalão, seu irmão, lhe perguntou: "Seu irmão,
Amnom, lhe fez algum mal? Acalme-se, minha irmã;
ele é seu irmão! Não se deixe dominar pela angústia". E
Tamar, muito triste, ficou na casa de seu irmão Absalão.
[21]Ao saber de tudo isso, o rei Davi ficou indignado.
[22]E Absalão não falou nada com Amnom, nem bem,
nem mal, embora o odiasse por ter violentado sua ir-
mã Tamar.

Absalão mata Amnom

[23]Dois anos depois, quando os tosquiadores de ove-
lhas de Absalão estavam em Baal-Hazor, perto da fron-
teira de Efraim, Absalão convidou todos os filhos do rei
para se reunirem com ele. [24]Absalão foi ao rei e lhe dis-
se: "Eu, teu servo, estou tosquiando as ovelhas e gosta-
ria que o rei e os seus conselheiros estivessem comigo".
[25]Respondeu o rei: "Não, meu filho. Não iremos to-
dos, pois isso seria um peso para você". Embora Absalão
insistisse, ele se recusou a ir, mas o abençoou.
[26]Então Absalão lhe disse: "Se não queres ir, permi-
te, por favor, que o meu irmão Amnom vá conosco".
O rei perguntou: "Por que ele iria com você?" [27]Mas
Absalão insistiu tanto que o rei acabou deixando que
Amnom e os seus outros filhos fossem com ele.
[28]Absalão ordenou aos seus homens: "Ouçam! Quan-
do Amnom estiver embriagado de vinho e eu disser:
Matem Amnom!, vocês o matarão. Não tenham medo;
eu assumo a responsabilidade. Sejam fortes e corajo-
sos!" [29]Assim os homens de Absalão mataram Amnom,
obedecendo às suas ordens. Então todos os filhos do rei
montaram em suas mulas e fugiram.
[30]Estando eles ainda a caminho, chegou a seguin-
te notícia ao rei: "Absalão matou todos os teus filhos;
nenhum deles escapou". [31]O rei levantou-se, rasgou as
suas vestes, prostrou-se com o rosto em terra, e todos
os conselheiros que estavam com ele também rasga-
ram as vestes.
[32]Mas Jonadabe, filho de Simeia, irmão de Davi, dis-
se: "Não pense o meu senhor que mataram todos os
seus filhos. Somente Amnom foi morto. Essa era a in-
tenção de Absalão desde o dia em que Amnom violen-
tou Tamar, irmã dele. [33]O rei, meu senhor, não deve
acreditar que todos os seus filhos estão mortos. Ape-
nas Amnom morreu".
[34]Enquanto isso, Absalão fugiu.
Nesse meio tempo a sentinela viu muita gente que
vinha pela estrada de Horonaim, descendo pela encosta
da colina, e disse ao rei: "Vejo homens vindo pela estra-
da de Horonaim, na encosta da colina"[a].
[35]E Jonadabe disse ao rei: "São os filhos do rei! Acon-
teceu como o teu servo disse".
[36]Acabando de falar, os filhos do rei chegaram, cho-
rando em alta voz. Também o rei e todos os seus con-
selheiros choraram muito.
[37]Absalão fugiu para o território de Talmai, filho de
Amiúde, rei de Gesur. E o rei Davi pranteava por seu
filho todos os dias.

[a] 13:34 Conforme a Septuaginta. O Texto Massorético não traz esta sentença.

[38]Depois que Absalão fugiu para Gesur e lá permane-
ceu três anos, [39]a ira do rei contra Absalão cessou[b], pois
ele se sentia consolado da morte de Amnom.

Absalão volta para Jerusalém

14 Joabe, filho de Zeruia, percebendo que o rei esta-
va com saudade de Absalão, [2]mandou buscar uma
mulher astuta em Tecoa, e lhe disse: "Finja que está de
luto: vista-se de preto e não se perfume. Aja como uma
mulher que há algum tempo está de luto. [3]Vá dizer ao rei
estas palavras", e a instruiu sobre o que ela deveria dizer.
[4]Quando a mulher apresentou-se[c] ao rei, prostrou-se
com o rosto em terra, em sinal de respeito, e lhe disse:
"Ajuda-me, ó rei!"
[5]"Qual é o seu problema?", perguntou-lhe o rei, e ela
respondeu:
"Sou viúva, meu marido morreu [6]deixando-me com
dois filhos. Eles brigaram no campo e, não havendo
ninguém para separá-los, um acabou matando o outro.
[7]Agora, todo o clã levantou-se contra a tua serva, exi-
gindo: 'Entregue o assassino, para que o matemos pe-
la vida do irmão, e nos livremos também do herdeiro'.
Eles querem apagar a última centelha que me restou,
deixando meu marido sem nome nem descendência
na face da terra".
[8]O rei disse à mulher: "Vá para casa. Eu mandarei
que cuidem do seu caso".
[9]Mas a mulher de Tecoa lhe disse: "Ó rei, meu se-
nhor, é sobre mim e sobre a família de meu pai que
pesará a iniquidade; não pesa culpa sobre o rei e so-
bre o seu trono".
[10]O rei respondeu: "Se alguém ameaçá-la, traga-o a
mim, e ele não mais a incomodará".
[11]Ela acrescentou: "Peço então ao rei que, em nome
do Senhor, o seu Deus, não permita que o vingador
da vítima cause maior destruição, matando meu ou-
tro filho".
E disse ele: "Eu juro pelo nome do Senhor: Nem um
só fio de cabelo da cabeça de seu filho cairá".
[12]Disse-lhe ainda a mulher: "Permite que a tua serva
fale mais uma coisa ao rei, meu senhor".
"Fale", respondeu ele.
[13]Disse então a mulher: "Por que terá o rei agido con-
tra o povo de Deus? O rei está se condenando com o
que acaba de dizer, pois não permitiu a volta do que
foi banido. [14]Que teremos que morrer um dia, é tão cer-
to como não se pode recolher a água que se espalhou
pela terra. Mas Deus não tira a vida; ao contrário, cria
meios para que o banido não permaneça afastado dele.
[15]"E eu vim falar sobre isso ao rei, meu senhor, por-
que o povo me ameaçou. Tua serva pensou que se fa-
lasse com o rei, talvez ele atendesse o seu pedido [16]e
concordasse em livrar a sua serva das mãos do homem
que está tentando eliminar tanto a mim como a meu
filho da herança que Deus nos deu.
[17]"E agora a tua serva diz: Traga-me descanso a deci-
são do rei, o meu senhor, pois o rei, meu senhor, é co-
mo um anjo de Deus, capaz de discernir entre o bem e o
mal. Que o Senhor, o teu Deus, esteja contigo!"

[b] 13:39 Ou *o rei teve saudade de Absalão*. Conforme os manuscritos do mar Morto e alguns manuscritos da Septuaginta.

[c] 14:4 Conforme muitos manuscritos do Texto Massorético, a Septuaginta, a Vulgata e a Versão Siríaca. A maioria dos manuscritos do Texto Massorético diz *falou*.

[18]Então o rei disse à mulher: "Não me esconda nada
do que vou lhe perguntar".
"Fale o rei, meu senhor", disse a mulher.
[19]O rei perguntou: "Não é Joabe que está por trás
de tudo isso?"
A mulher respondeu: "Juro por tua vida, ó rei, nin-
guém é capaz de desviar-se para a direita ou para a es-
querda do que tu dizes. Sim, foi o teu servo Joabe que
me mandou aqui para dizer tudo isso. [20]O teu servo
Joabe agiu assim para mudar essa situação. Mas o meu
senhor é sábio como um anjo de Deus, e nada lhe esca-
pa de tudo o que acontece no país".
[21]Depois o rei disse a Joabe: "Muito bem, atenderei
esse pedido. Vá e traga de volta o jovem Absalão".
[22]Joabe prostrou-se com o rosto em terra, abençoou
o rei e disse: "Hoje o teu servo ficou sabendo que o vês
com bons olhos, pois o rei atendeu o pedido de seu
servo".
[23]Então Joabe foi a Gesur e trouxe Absalão de volta
para Jerusalém. [24]Mas o rei disse: "Ele irá para a casa
dele; não virá à minha presença". Assim, Absalão foi pa-
ra a sua casa e não compareceu mais à presença do rei.
[25]Em todo o Israel não havia homem tão elogiado
por sua beleza como Absalão. Da cabeça aos pés não ha-
via nele nenhum defeito. [26]Sempre que o cabelo lhe fi-
cava pesado demais, ele o cortava e o pesava: eram dois
quilos e quatrocentos gramas[a], segundo o padrão do rei.
[27]Ele teve três filhos e uma filha, chamada Tamar,
que se tornou uma linda mulher.
[28]Absalão morou dois anos em Jerusalém sem ser
recebido pelo rei. [29]Então mandou chamar Joabe para
enviá-lo ao rei, mas Joabe não quis ir. Mandou chamá-
-lo pela segunda vez, mas ele, novamente, não quis ir.
[30]Então Absalão disse a seus servos: "Vejam, a proprie-
dade de Joabe é vizinha da minha, e ele tem uma plan-
tação de cevada. Tratem de incendiá-la". E os servos de
Absalão puseram fogo na plantação.
[31]Então Joabe foi à casa de Absalão e lhe pergun-
tou: "Porque os seus servos puseram fogo na minha
propriedade?"
[32]Absalão respondeu: "Mandei chamá-lo para enviá-
-lo ao rei com a seguinte mensagem: Por que voltei de
Gesur? Melhor seria que eu lá permanecesse! Quero ser
recebido pelo rei; e, se eu for culpado de alguma coisa,
que ele mande me matar".
[33]Então Joabe foi contar tudo ao rei, que mandou
chamar Absalão. Ele entrou e prostrou-se com o rosto
em terra, perante o rei. E o rei saudou-o com um beijo.

A conspiração de Absalão

15 Algum tempo depois, Absalão adquiriu uma carrua-
gem, cavalos e uma escolta de cinquenta homens.
[2]Ele se levantava cedo e ficava junto ao caminho que le-
vava à porta da cidade. Sempre que alguém trazia uma
causa para ser decidida pelo rei, Absalão o chamava e
perguntava de que cidade vinha. A pessoa respondia que
era de uma das tribos de Israel, [3]e Absalão dizia: "A sua
causa é válida e legítima, mas não há nenhum repre-
sentante do rei para ouvi-lo". [4]E Absalão acrescentava:
"Quem me dera ser designado juiz desta terra! Todos os
que tivessem uma causa ou uma questão legal viriam
a mim, e eu lhe faria justiça".
[5]E sempre que alguém se aproximava dele para pros-
trar-se em sinal de respeito, Absalão estendia a mão,
abraçava-o e beijava-o. [6]Absalão agia assim com todos
os israelitas que vinham pedir que o rei lhes fizesse
justiça. Assim ele foi conquistando a lealdade dos ho-
mens de Israel.
[7]Ao final de quatro[b] anos, Absalão disse ao rei: "Dei-
xa-me ir a Hebrom para cumprir um voto que fiz ao SE-
NHOR. [8]Quando o teu servo estava em Gesur, na Síria,
fez este voto: Se o SENHOR me permitir voltar a Jerusa-
lém, prestarei culto a ele em Hebrom[c]".
[9]"Vá em paz!", disse o rei. E ele foi para Hebrom.
[10]Absalão enviou secretamente mensageiros a todas
as tribos de Israel, dizendo: "Assim que vocês ouvirem o
som das trombetas, digam: Absalão é rei em Hebrom".
[11]Absalão levou duzentos homens de Jerusalém. Eles
tinham sido convidados e nada sabiam nem suspeita-
vam do que estava acontecendo. [12]Depois de oferecer
sacrifícios, Absalão mandou chamar Aitofel, da cida-
de de Gilo, conselheiro de Davi. A conspiração ganhou
força, e cresceu o número dos que seguiam Absalão.

A fuga de Davi

[13]Então um mensageiro chegou e disse a Davi: "Os
israelitas estão com Absalão!"
[14]Em vista disso, Davi disse aos conselheiros que es-
tavam com ele em Jerusalém: "Vamos fugir; caso con-
trário não escaparemos de Absalão. Se não partirmos
imediatamente ele nos alcançará, causará a nossa ruína
e matará o povo à espada".
[15]Os conselheiros do rei lhe responderam: "Teus ser-
vos estão dispostos a fazer tudo o que o rei, nosso se-
nhor, decidir".
[16]O rei partiu, seguido por todos os de sua família;
deixou, porém, dez concubinas para tomarem conta
do palácio. [17]Assim, o rei partiu com todo o povo. Para-
ram na última casa da cidade, [18]e todos os seus solda-
dos marcharam, passando por ele: todos os queretitas
e peletitas, e os seiscentos giteus que o acompanha-
vam desde Gate.
[19]O rei disse então a Itai, de Gate: "Por que você está
indo conosco? Volte e fique com o novo rei, pois você é
estrangeiro, um exilado de sua terra. [20]Faz pouco tempo
que você chegou. Como eu poderia fazê-lo acompanhar-
-me? Volte e leve consigo os seus irmãos. Que o SENHOR
o trate com bondade e fidelidade!"
[21]Itai, contudo, respondeu ao rei: "Juro pelo nome
do SENHOR e por tua vida que onde quer que o rei, meu
senhor, esteja, ali estará o seu servo, para viver ou pa-
ra morrer!"
[22]Então Davi disse a Itai: "Está bem, pode ir adiante".
E Itai, o giteu, marchou, com todos os seus soldados e
com as famílias que estavam com ele.
[23]Todo o povo do lugar chorava em alta voz enquanto
o exército passava. O rei atravessou o vale do Cedrom e
todo o povo foi com ele em direção ao deserto.
[24]Zadoque também estava lá, e com ele todos os le-
vitas que carregavam a arca da aliança de Deus; Abiatar
também estava lá. Puseram no chão a arca de Deus até
que todo o povo saísse da cidade.

[a] 14:26 Hebraico: *200 siclos*. Um siclo equivalia a 12 gramas.

[b] 15:7 Conforme alguns manuscritos da Septuaginta, a Versão Siríaca e Josefo. O Texto Massorético diz *quarenta*.

[c] 15:8 Conforme alguns manuscritos da Septuaginta. O Texto Massorético não traz *em Hebrom*.

25Então o rei disse a Zadoque: "Leve a arca de Deus
de volta para a cidade. Se o SENHOR mostrar benevo-
lência a mim, ele me trará de volta e me deixará ver a
arca e o lugar onde ela deve permanecer. 26Mas, se ele
disser que já não sou do seu agrado, aqui estou! Faça
ele comigo a sua vontade".
27Disse ainda o rei ao sacerdote Zadoque: "Fique aler-
ta! Volte em paz para a cidade, você, Aimaás, seu filho,
e Jônatas, filho de Abiatar. 28Pelos desfiladeiros do de-
serto ficarei esperando notícias de vocês". 29Então Za-
doque e Abiatar levaram a arca de Deus de volta para
Jerusalém, e lá permaneceram.
30Davi, porém, continuou subindo o monte das Oli-
veiras, caminhando e chorando, com a cabeça coberta
e os pés descalços. E todos os que iam com ele também
tinham a cabeça coberta e subiam chorando. 31Quando
informaram a Davi que Aitofel era um dos conspirado-
res que apoiavam Absalão, Davi orou: "Ó SENHOR, trans-
forma em loucura os conselhos de Aitofel".
32Quando Davi chegou ao alto do monte, ao lugar
onde o povo costumava adorar a Deus, veio ao seu en-
contro o arquita Husai, com a roupa rasgada e com ter-
ra sobre a cabeça. 33E Davi lhe disse: "Não adianta você
vir comigo. 34Mas se voltar à cidade, poderá dizer a Ab-
salão: Estarei a teu serviço, ó rei. No passado estive a
serviço de teu pai, mas agora estarei a teu serviço. As-
sim você me ajudará, frustrando o conselho de Aitofel.
35Os sacerdotes Zadoque e Abiatar estarão lá com você.
Informe-os do que você souber no palácio. 36Também
estão lá os dois filhos deles: Aimaás e Jônatas. Por meio
deles me informe de tudo o que você ouvir".
37Husai, amigo de Davi, chegou a Jerusalém quando
Absalão estava entrando na cidade.

Davi e Ziba

16 Mal Davi tinha passado pelo alto do monte, lá es-
tava à sua espera Ziba, criado de Mefibosete. Ele
trazia dois jumentos carregando duzentos pães, cem
bolos de uvas passas, cem frutas da estação e uma va-
silha de couro cheia de vinho.
2O rei perguntou a Ziba: "Por que você trouxe es-
sas coisas?"
Ziba respondeu: "Os jumentos servirão de monta-
ria para a família do rei, os pães e as frutas são para os
homens comerem, e o vinho servirá para reanimar os
que ficarem exaustos no deserto".
3"Onde está Mefibosete, neto de seu senhor?", per-
guntou o rei.
Respondeu-lhe Ziba: "Ele ficou em Jerusalém, pois
acredita que os israelitas lhe restituirão o reino de seu
avô".
4Então o rei disse a Ziba: "Tudo o que pertencia a
Mefibosete agora é seu".
"Humildemente me prostro", disse Ziba. "Que o rei,
meu senhor, agrade-se de mim".

Simei amaldiçoa Davi

5Chegando o rei Davi a Baurim, um homem do clã
da família de Saul chamado Simei, filho de Gera, saiu
da cidade proferindo maldições contra ele. 6Ele atira-
va pedras em Davi e em todos os conselheiros do rei,
embora todo o exército e a guarda de elite estivessem
à direita e à esquerda de Davi. 7Enquanto amaldiçoava,
Simei dizia: "Saia daqui, saia daqui! Assassino! Bandido!
8O SENHOR retribuiu a você todo o sangue derramado
na família de Saul, em cujo lugar você reinou. O SENHOR
entregou o reino nas mãos de seu filho Absalão. Você
está arruinado porque é um assassino!"
9Então Abisai, filho de Zeruia, disse ao rei: "Por que
esse cão morto amaldiçoa o rei, meu senhor? Permite
que eu lhe corte a cabeça".
10Mas o rei disse: "Que é que vocês têm com isso,
filhos de Zeruia? Ele me amaldiçoa porque o SENHOR
lhe disse que amaldiçoasse Davi. Portanto, quem po-
derá questioná-lo?"
11Disse então Davi a Abisai e a todos os seus conse-
lheiros: "Até meu filho, sangue do meu sangue[a], procura
matar-me. Quanto mais este benjamita! Deixem-no em
paz! Que amaldiçoe, pois foi o SENHOR que mandou fa-
zer isso. 12Talvez o SENHOR considere a minha aflição e
me retribua com o bem a maldição que hoje recebo".
13Assim, Davi e os seus soldados prosseguiram pela
estrada, enquanto Simei ia pela encosta do monte, no
lado oposto, amaldiçoando e jogando pedras e terra. 14O
rei e todo o povo que estava com ele chegaram exaustos
a seu destino. E lá descansaram.

O conselho de Husai e de Aitofel

15Enquanto isso, Absalão e todos os homens de Israel
entraram em Jerusalém, e Aitofel estava com eles. 16En-
tão Husai, o arquita, amigo de Davi, aproximou-se de
Absalão e exclamou: "Viva o rei! Viva o rei!"
17Mas Absalão disse a Husai: "É essa a lealdade que
você tem para com o seu amigo? Por que você não foi
com ele?"
18Respondeu Husai: "Não! Sou do escolhido do SE-
NHOR, deste povo e de todos os israelitas, e com ele
permanecerei. 19Além disso, a quem devo servir? Não
deveria eu servir ao filho? Assim como servi a teu pai,
também te servirei".
20Então Absalão disse a Aitofel: "Dê-nos o seu con-
selho. Que devemos fazer?"
21Aitofel respondeu: "Aconselho que tenhas relações
com as concubinas de teu pai, que ele deixou para to-
mar conta do palácio. Então todo o Israel ficará saben-
do que te tornaste repugnante para teu pai, e todos os
que estão contigo se encherão de coragem". 22E assim
armaram uma tenda no terraço do palácio para Absa-
lão, e ele teve relações com as concubinas de seu pai à
vista de todo o Israel.
23Naquela época, tanto Davi como Absalão conside-
ravam os conselhos de Aitofel como se fossem a pala-
vra do próprio Deus.
17 Aitofel disse a Absalão: "Permite-me escolher doze
mil homens, e partirei esta noite em perseguição
a Davi. 2Eu o atacarei enquanto ele está exausto e fra-
co; vou causar-lhe pânico, e seu exército fugirá. Depois
matarei somente o rei, 3e trarei todo o exército de volta
a ti. É somente um homem que procuras matar. Assim,
todo o exército ficará em paz". 4Esse plano pareceu bom
a Absalão e a todas as autoridades de Israel.
5Entretanto, Absalão disse: "Chamem também Hu-
sai, o arquita, para que ouçamos a opinião dele". 6Quan-
do Husai entrou, Absalão lhe disse: "Aitofel deu-nos o
conselho dele. Devemos fazer o que ele diz, ou você
tem outra opinião?"

[a] 16:11 Hebraico: *que saiu das minhas entranhas*.

7Husai respondeu: "O conselho que Aitofel deu desta vez não é bom. 8Sabes que o teu pai e os homens que estão com ele são guerreiros e estão furiosos como uma ursa selvagem da qual roubaram os filhotes. Além disso, teu pai é um soldado experiente e não passará a noite com o exército. 9Ele, agora, já deve estar escondido numa caverna ou nalgum outro lugar. Se alguns dos teus soldados forem mortos no primeiro ataque,[a] quem souber disso dirá: 'Houve matança no meio do exército de Absalão'. 10Então, até o mais bravo soldado, corajoso como leão, ficará morrendo de medo, pois todo o Israel sabe que teu pai é um guerreiro valente e que seus soldados são corajosos.

11"Por isso, dou o seguinte conselho: que se reúnam a ti todos os homens de Israel, desde Dã até Berseba, tantos como a areia da praia, e que tu mesmo os conduzas na batalha. 12Então o atacaremos onde quer que ele se encontre, e cairemos sobre ele como o orvalho cai sobre a terra. Ele e todos os seus homens não escaparão. 13Se ele se refugiar em alguma cidade, todo o Israel levará cordas para lá, e arrastaremos aquela cidade para o vale, até que não reste ali sequer uma pequena pedra".

14Absalão e todos os homens de Israel consideraram o conselho de Husai, o arquita, melhor do que o de Aitofel; pois o SENHOR tinha decidido frustrar o eficiente conselho de Aitofel, a fim de trazer ruína sobre Absalão.

15Husai contou aos sacerdotes Zadoque e Abiatar o conselho que Aitofel dera a Absalão e às autoridades de Israel, e o que ele mesmo lhes tinha aconselhado em seguida. 16Então pediu que enviassem imediatamente esta mensagem a Davi: "Não passe a noite nos pontos de travessia do Jordão, no deserto, mas atravesse logo o rio, senão o rei e todo o seu exército serão exterminados".

17Jônatas e Aimaás estavam em En-Rogel, e uma serva os informava regularmente, pois não podiam arriscar-se a serem vistos na cidade. Eles, por sua vez, iam relatar ao rei Davi o que tinham ouvido. 18Mas um jovem os viu e avisou Absalão. Então eles partiram rapidamente e foram para a casa de um habitante de Baurim, que tinha um poço no quintal. Eles desceram ao poço, 19e a dona da casa colocou a tampa no poço. Para disfarçar, espalhou grãos de cereal por cima.

20Os soldados de Absalão chegaram à casa da mulher e lhe perguntaram: "Onde estão Aimaás e Jônatas?"

A mulher respondeu: "Eles atravessaram as águas"[b]. Os homens os procuraram sem sucesso, e voltaram a Jerusalém.

21Tendo eles ido embora, os dois saíram do poço e foram informar o rei Davi. Falaram-lhe do conselho que Aitofel dera contra ele, e lhe disseram que atravessasse imediatamente o Jordão. 22Então Davi e todo o seu exército saíram e, quando o sol nasceu, todos tinham atravessado o Jordão.

23Vendo Aitofel que o seu conselho não havia sido aceito, selou seu jumento e foi para casa, para a sua cidade natal; pôs seus negócios em ordem e depois se enforcou. Ele foi sepultado no túmulo de seu pai.

24Davi já tinha chegado a Maanaim quando Absalão atravessou o Jordão com todos os homens de Israel. 25Absalão havia nomeado Amasa comandante do exército em lugar de Joabe. Amasa era filho de Jéter[c], um israelita[d] que havia possuído Abigail, filha de Naás e irmã de Zeruia, mãe de Joabe. 26Absalão e os israelitas acamparam em Gileade.

27Quando Davi chegou a Maanaim, Sobi, filho de Naás, de Rabá dos amonitas, Maquir, filho de Amiel, de Lo-Debar, e o gileadita Barzilai, de Rogelim, 28trouxeram a Davi e ao seu exército camas, bacias e utensílios de cerâmica e também trigo, cevada, farinha, grãos torrados, feijão e lentilha[e], 29mel e coalhada, ovelhas e queijo de leite de vaca; pois sabiam que o exército estava cansado, com fome e com sede no deserto.

A morte de Absalão

18 Davi passou em revista o exército e nomeou comandantes de batalhões de mil e de cem. 2Depois dividiu o exército em três companhias: uma sob o comando de Joabe, outra sob o comando de Abisai, irmão de Joabe, filho de Zeruia, e outra sob o comando de Itai, o giteu. Disse então o rei ao exército: "Eu também marcharei com vocês".

3Mas os homens disseram: "Não faças isso! Se tivermos que fugir, eles não se preocuparão conosco, e mesmo que metade de nós morra em batalha, eles não se importarão. Tu, porém, vales por dez mil de nós.[f] Melhor será que fiques na cidade e dali nos dês apoio".

4O rei respondeu: "Farei o que acharem melhor".

E o rei ficou junto à porta, enquanto os soldados marchavam, saindo em unidades de cem e de mil. 5O rei ordenou a Joabe, a Abisai e a Itai: "Por amor a mim, tratem bem o jovem Absalão!" E todo o exército ouviu quando o rei deu essa ordem sobre Absalão a cada um dos comandantes.

6O exército saiu a campo para enfrentar Israel, e a batalha aconteceu na floresta de Efraim, 7onde o exército de Israel foi derrotado pelos soldados de Davi. Houve grande matança naquele dia, elevando-se o número de mortos a vinte mil. 8A batalha espalhou-se por toda a região e, naquele dia, a floresta matou mais que a espada.

9Durante a batalha, Absalão, montado em sua mula, encontrou-se com os soldados de Davi. Passando a mula debaixo dos galhos de uma grande árvore, Absalão ficou preso nos galhos pela cabeça. Ficou pendurado entre o céu e a terra, e a mula prosseguiu.

10Um homem o viu e informou a Joabe: "Acabei de ver Absalão pendurado numa grande árvore".

11"Você o viu?", perguntou Joabe ao homem. "E por que não o matou ali mesmo? Eu teria dado a você dez peças de prata e um cinturão de guerreiro!"

12Mas o homem respondeu: "Mesmo que fossem pesadas e colocadas em minhas mãos mil peças de prata, eu não levantaria a mão contra o filho do rei. Ouvimos o rei ordenar a ti, a Abisai e a Itai: 'Protejam, por amor a mim, o jovem Absalão'[g]. 13Por outro lado, se eu tivesse

[a] **17:9** Ou *Quando alguns dos homens caírem no primeiro ataque,*
[b] **17:20** Ou *"Passaram pelo curral de ovelhas e foram na direção da água".*

[c] **17:25** Hebraico: *Itra,* variante de *Jéter.*
[d] **17:25** Conforme o Texto Massorético e alguns manuscritos da Septuaginta. Outros manuscritos da Septuaginta dizem *ismaelita.* Veja 1Cr 2:17.
[e] **17:28** Conforme a maioria dos manuscritos da Septuaginta e a Versão Siríaca. O Texto Massorético diz *lentilha, e grãos torrados.*
[f] **18:3** Conforme dois manuscritos do Texto Massorético, alguns manuscritos da Septuaginta e a Vulgata. A maioria dos manuscritos do Texto Massorético diz *importarão, pois agora existem dez mil como nós.*
[g] **18:12** Conforme alguns manuscritos do Texto Massorético, a Septuaginta, a Vulgata e a Versão Siríaca. A maioria dos manuscritos do Texto Massorético diz *'Protejam o jovem Absalão, não importa quem vocês sejam'.*

atentado traiçoeiramente contra a vida dele, o rei fica-
ria sabendo, pois não se pode esconder nada dele, e tu
mesmo ficarias contra mim".
14 E Joabe disse: "Não vou perder mais tempo com
você". Então pegou três dardos e com eles traspassou
o coração de Absalão, quando ele ainda estava vivo na
árvore. 15 E dez dos escudeiros de Joabe cercaram Absa-
lão e acabaram de matá-lo.
16 A seguir Joabe tocou a trombeta para que o exér-
cito parasse de perseguir Israel, e assim deteve o exér-
cito. 17 Retiraram o corpo de Absalão, jogaram-no num
grande fosso na floresta e fizeram um grande monte
de pedras sobre ele. Enquanto isso, todos os israelitas
fugiam para casa.
18 Quando em vida, Absalão tinha levantado um mo-
numento para si mesmo no vale do Rei, dizendo: "Não
tenho nenhum filho para preservar a minha memória".
Por isso deu à coluna o seu próprio nome. Chama-se
ainda hoje Monumento de Absalão.

A tristeza de Davi

19 Então Aimaás, filho de Zadoque, disse: "Deixa-me
correr e levar ao rei a notícia de que o SENHOR lhe fez
justiça, livrando-o de seus inimigos".
20 "Não é você quem deve levar a notícia hoje", dis-
se-lhe Joabe. "Deixe isso para outra ocasião. Hoje não,
porque o filho do rei morreu."
21 Então Joabe ordenou a um etíope[a]: "Vá dizer ao rei
o que você viu". O etíope inclinou-se diante de Joabe e
saiu correndo para levar a notícia.
22 Todavia Aimaás, filho de Zadoque, disse de novo a
Joabe: "Não importa o que aconteça, deixa-me ir com
o etíope".
Joabe, porém, respondeu: "Por que está querendo
tanto ir, meu filho? Você não receberá nenhuma recom-
pensa pela notícia".
23 Mas ele insistiu: "Não importa o que aconteça,
quero ir".
Disse então Joabe: "Pois vá!" E Aimaás correu pe-
lo caminho da planície[b] e passou à frente do etíope.
24 Davi estava sentado entre a porta interna e a ex-
terna da cidade. E quando a sentinela subiu ao terraço
que havia sobre a porta, junto à muralha, viu um ho-
mem que vinha correndo sozinho. 25 A sentinela gri-
tou, avisando o rei.
O rei disse: "Se ele está sozinho, deve trazer boa no-
tícia". E o homem aproximou-se.
26 Então a sentinela viu outro homem que vinha cor-
rendo e gritou ao porteiro: "Vem outro homem cor-
rendo sozinho!"
"Esse também deve estar trazendo boa notícia!", ex-
clamou o rei.
27 A sentinela disse: "Está me parecendo, pelo jeito
de correr, que o da frente é Aimaás, filho de Zadoque".
"É um bom homem", disse o rei. "Ele traz boas no-
tícias."
28 Então Aimaás aproximou-se do rei e o saudou.
Prostrou-se com o rosto em terra, diante do rei e disse:
"Bendito seja o SENHOR, o teu Deus! Ele entregou os
homens que se rebelaram contra o rei, meu senhor".
29 O rei perguntou: "O jovem Absalão está bem?"
Aimaás respondeu: "Vi que houve grande confusão
quando Joabe, o servo do rei, ia enviar teu servo, mas
não sei o que aconteceu".
30 O rei disse: "Fique ali ao lado esperando". E Aimaás
ficou esperando.
31 Então o etíope chegou e disse: "Ó rei, meu senhor,
ouve a boa notícia! Hoje o SENHOR te livrou de todos os
que se levantaram contra ti".
32 O rei perguntou ao etíope: "O jovem Absalão es-
tá bem?"
O etíope respondeu: "Que os inimigos do rei, meu
senhor, e todos os que se levantam para te fazer mal
acabem como aquele jovem!"
33 Então o rei, abalado, subiu ao quarto que ficava
por cima da porta e chorou. Foi subindo e clamando:
"Ah, meu filho Absalão! Meu filho, meu filho Absalão!
Quem me dera ter morrido em seu lugar! Ah, Absalão,
meu filho, meu filho!"

O luto de Davi

19 Informaram a Joabe que o rei estava chorando e
se lamentando por Absalão. 2 Para todo o exército
a vitória daquele dia se transformou em luto, porque
as tropas ouviram dizer: "O rei está de luto por seu fi-
lho". 3 Naquele dia o exército ficou em silêncio na cida-
de, como fazem os que fogem humilhados da batalha.
4 O rei, com o rosto coberto, gritava: "Ah, meu filho Ab-
salão! Ah, Absalão, meu filho, meu filho!"

Joabe repreende Davi

5 Então Joabe entrou no palácio e foi falar com o rei:
"Hoje humilhaste todos os teus soldados, os quais sal-
varam a tua vida, bem como a de teus filhos e filhas, e
de tuas mulheres e concubinas. 6 Amas os que te odeiam
e odeias os que te amam. Hoje deixaste claro que os
comandantes e os seus soldados nada significam para
ti. Vejo que ficarias satisfeito se, hoje, Absalão estives-
se vivo e todos nós, mortos. 7 Agora, vai e encoraja teus
soldados! Juro pelo SENHOR que, se não fores, nem um
só deles permanecerá contigo esta noite, o que para ti
seria pior do que todas as desgraças que já te aconte-
ceram desde a tua juventude".
8 Então o rei levantou-se e sentou-se junto à porta da
cidade. Quando o exército soube que o rei estava senta-
do junto à porta, todos os soldados juntaram-se a ele.

Davi retorna para Jerusalém

Enquanto isso os israelitas fugiam para casa. 9 Em
todas as tribos de Israel o povo discutia, dizendo: "Da-
vi nos livrou das mãos de nossos inimigos; foi ele que
nos libertou dos filisteus. Mas agora fugiu do país por
causa de Absalão; 10 e Absalão, a quem tínhamos ungi-
do rei, morreu em combate. E, por que não falam em
trazer o rei de volta?"
11 Quando chegou aos ouvidos do rei o que todo o Is-
rael estava comentando, Davi mandou a seguinte men-
sagem aos sacerdotes Zadoque e Abiatar: "Perguntem
às autoridades de Judá: Por que vocês seriam os últi-
mos a conduzir o rei de volta ao seu palácio? 12 Vocês são
meus irmãos, sangue do meu sangue[c]! Por que seriam
os últimos a ajudar no meu retorno?" 13 E digam a Ama-
sa: "Você é sangue do meu sangue! Que Deus me casti-
gue com todo o rigor se, de agora em diante, você não
for o comandante do meu exército em lugar de Joabe".

[a] 18:21 Hebraico: *cuxita*; também em 18:21-23, 31 e 32.
[b] 18:23 Isto é, a planície do Jordão.
[c] 19:12 Hebraico: *meu osso e minha carne*; também no versículo 13.

14 As palavras de Davi conquistaram a lealdade unânime de todos os homens de Judá. E eles mandaram dizer ao rei que voltasse com todos os seus servos. 15 Então o rei voltou e chegou ao Jordão.

E os homens de Judá foram a Gilgal, ao encontro do rei, para ajudá-lo a atravessar o Jordão. 16 Simei, filho de Gera, benjamita de Baurim, foi depressa com os homens de Judá para encontrar-se com o rei Davi. 17 Com ele estavam outros mil benjamitas e também Ziba, supervisor da casa de Saul, com seus quinze filhos e vinte servos. Eles entraram no Jordão antes do rei 18 e atravessaram o rio a fim de ajudar a família real na travessia e fazer o que o rei desejasse.

Simei, filho de Gera, atravessou o Jordão, prostrou-se perante o rei 19 e lhe disse: "Que o meu senhor não leve em conta o meu crime. E que não te lembres do mal que o teu servo cometeu no dia em que o rei, meu senhor, saiu de Jerusalém. Que o rei não pense mais nisso! 20 Eu, teu servo, reconheço que pequei. Por isso, de toda a tribo de José, fui o primeiro a vir ao encontro do rei, meu senhor".

21 Então Abisai, filho de Zeruia, disse: "Simei amaldiçoou o ungido do SENHOR; ele deve ser morto!"

22 Davi respondeu: "Que é que vocês têm com isso, filhos de Zeruia? Acaso se tornaram agora meus adversários? Deve alguém ser morto hoje em Israel? Ou não tenho hoje a garantia de que voltei a reinar sobre Israel?" 23 E o rei prometeu a Simei, sob juramento: "Você não será morto".

24 Mefibosete, neto de Saul, também foi ao encontro do rei. Ele não havia lavado os pés nem aparado a barba nem lavado as roupas, desde o dia em que o rei partira até o dia em que voltou em segurança. 25 Quando chegou de Jerusalém e encontrou-se com o rei, este lhe perguntou: "Por que você não foi comigo, Mefibosete?"

26 Ele respondeu: "Ó rei, meu senhor! Eu, teu servo, sendo aleijado, mandei selar o meu jumento para montá-lo e acompanhar o rei. Mas o meu servo me enganou. 27 Ele falou mal de mim ao rei, meu senhor. Tu és como um anjo de Deus! Faze o que achares melhor. 28 Todos os descendentes do meu avô nada mereciam do meu senhor e rei, senão a morte. Entretanto, deste a teu servo um lugar entre os que comem à tua mesa. Que direito tenho eu, pois, de te pedir qualquer outro favor?"

29 Disse-lhe então o rei: "Você já disse o suficiente. Minha decisão é que você e Ziba dividam a propriedade".

30 Mas Mefibosete disse ao rei: "Deixa que ele fique com tudo, agora que o rei, meu senhor, chegou em segurança ao seu lar".

31 Barzilai, de Gileade, também saiu de Rogelim, acompanhando o rei até o Jordão, para despedir-se dele. 32 Barzilai era bastante idoso; tinha oitenta anos. Foi ele que sustentou o rei durante a sua permanência em Maanaim, pois era muito rico. 33 O rei disse a Barzilai: "Venha comigo para Jerusalém, e eu cuidarei de você".

34 Barzilai, porém, respondeu: "Quantos anos de vida ainda me restam, para que eu vá com o rei e viva com ele em Jerusalém? 35 Já fiz oitenta anos. Como eu poderia distinguir entre o que é bom e o que é mau? Teu servo mal pode sentir o gosto daquilo que come e bebe. Nem consigo apreciar a voz de homens e mulheres cantando! Eu seria mais um peso para o rei, meu senhor. 36 Teu servo acompanhará o rei um pouco mais, atravessando o Jordão, mas não há motivo para uma recompensa dessas. 37 Permite que o teu servo volte! E que eu possa morrer na minha própria cidade, perto do túmulo de meu pai e de minha mãe. Mas aqui está o meu servo Quimã. Que ele vá com o meu senhor e rei. Faze por ele o que achares melhor!"

38 O rei disse: "Quimã virá comigo! Farei por ele o que você achar melhor. E tudo o mais que desejar de mim, eu o farei por você".

39 Então todo o exército atravessou o Jordão, e também o rei o atravessou. O rei beijou Barzilai e o abençoou. E Barzilai voltou para casa.

40 O rei seguiu para Gilgal; e com ele foi Quimã. Todo o exército de Judá e a metade do exército de Israel acompanharam o rei.

41 Logo os homens de Israel chegaram ao rei para reclamar: "Por que os nossos irmãos, os de Judá, sequestraram o rei e o levaram para o outro lado do Jordão, como também a família dele e todos os seus homens?"

42 Todos os homens de Judá responderam aos israelitas: "Fizemos isso porque o rei é nosso parente mais chegado. Por que vocês estão irritados? Acaso comemos das provisões do rei ou tomamos dele alguma coisa?"

43 Então os israelitas disseram aos homens de Judá: "Somos dez com o rei; e muito maior é o nosso direito sobre Davi do que o de vocês. Por que nos desprezam? Nós fomos os primeiros a propor o retorno do nosso rei!"

Mas os homens de Judá falaram ainda mais asperamente do que os israelitas.

A rebelião de seba contra Davi

20 Também estava lá um desordeiro chamado Seba, filho de Bicri, de Benjamim. Ele tocou a trombeta e gritou:

> "Não temos parte alguma com Davi,
> nenhuma herança com o filho de Jessé!
> Para casa todos, ó Israel!"

2 Então todos os de Israel abandonaram Davi para seguir Seba, filho de Bicri. Mas os de Judá permaneceram com seu rei e o acompanharam desde o Jordão até Jerusalém.

3 Quando Davi voltou ao palácio, em Jerusalém, mandou confinar numa casa, sob guarda, as dez concubinas que tinha deixado tomando conta do palácio. Ele as sustentou, mas nunca mais as possuiu. Ficaram confinadas, vivendo como viúvas até a morte.

4 E o rei disse a Amasa: "Convoque os homens de Judá e, dentro de três dias, apresente-se aqui com eles". 5 Mas Amasa levou mais tempo para convocar Judá do que o prazo estabelecido pelo rei.

6 Disse então Davi a Abisai: "Agora Seba, filho de Bicri, será pior para nós do que Absalão. Chame os meus soldados e persiga-o, antes que ele encontre alguma cidade fortificada e, depois, nos arranque os olhos". 7 Assim, os soldados de Joabe, os queretitas, os peletitas e todos os guerreiros saíram de Jerusalém para perseguir Seba, filho de Bicri.

8 Quando estavam junto à grande rocha de Gibeom, Amasa encontrou-se com eles. Joabe vestia seu traje militar e tinha um cinto com um punhal na bainha. Ao aproximar-se de Amasa, deixou cair a adaga.

9“Como vai, meu irmão?”, disse Joabe, pegando Ama-
sa pela barba com a mão direita, para beijá-lo. 10E Ama-
sa, não percebendo o punhal na mão esquerda de Joabe,
foi por ele golpeado no estômago. Suas entranhas se
derramaram no chão, e ele morreu, sem necessidade
de um segundo golpe. Então Joabe e Abisai, seu irmão,
perseguiram Seba, filho de Bicri.
11Um dos soldados de Joabe ficou ao lado do corpo
de Amasa e disse: “Quem estiver do lado de Joabe e
de Davi, que siga Joabe!” 12Amasa jazia numa poça de
sangue no meio da estrada. Quando o homem viu que
todos os que se aproximavam do corpo de Amasa pa-
ravam, arrastou-o para fora da estrada e o cobriu com
uma coberta. 13Depois que o corpo de Amasa foi retira-
do da estrada, todos os homens seguiram com Joabe
em perseguição a Seba, filho de Bicri.
14Seba atravessou todas as tribos de Israel e che-
gou até Abel-Bete-Maaca,[a] e todos os bicritas[b] se reu-
niram para segui-lo. 15O exército de Joabe veio, cercou
Seba em Abel-Bete-Maaca e construiu contra a cidade
uma rampa que chegou até a muralha externa. Quan-
do o exército de Joabe estava para derrubar a muralha,
16uma mulher sábia gritou da cidade: “Ouçam! Ouçam!
Digam a Joabe que venha aqui para que eu fale com
ele”. 17Quando ele se aproximou, a mulher perguntou:
“Tu és Joabe?”

Ele respondeu: “Sim”.

Ela disse: “Ouve o que a tua serva tem para dizer-te”.

“Estou ouvindo”, disse ele.

18E ela prosseguiu: “Antigamente se dizia: ‘Peça con-
selho na cidade de Abel’, e isso resolvia a questão. 19Nós
somos pacíficos e fiéis em Israel. Tu procuras destruir
uma cidade que é mãe em Israel. Por que queres arrui-
nar a herança do Senhor?”
20Respondeu Joabe: “Longe de mim uma coisa
dessas! Longe de mim arruinar e destruir esta cida-
de! 21Não é esse o problema. Mas um homem chamado
Seba, filho de Bicri, dos montes de Efraim, rebelou-se
contra o rei Davi. Entreguem-me esse homem, e ire-
mos embora”.

A mulher disse a Joabe: “A cabeça dele te será jogada
do alto da muralha”.

22Então a mulher foi falar com todo o povo, dando
o seu sábio conselho, e eles cortaram a cabeça de Seba,
filho de Bicri, e a jogaram para Joabe. Ele tocou a trom-
beta, e seus homens se dispersaram, abandonaram o
cerco da cidade e cada um voltou para sua casa. E Joabe
voltou ao rei, em Jerusalém.
23Joabe comandava todo o exército de Israel; Benaia,
filho de Joiada, comandava os queretitas e os peletitas;
24Adonirão[c] era chefe do trabalho forçado; Josafá, filho
de Ailude, era arquivista real; 25Seva era secretário; Za-
doque e Abiatar eram sacerdotes; 26e Ira, de Jair, era
sacerdote de Davi.

Os gibeonitas são vingados

21 Durante o reinado de Davi houve uma fome que
durou três anos. Davi consultou o Senhor, que lhe
disse: “A fome veio por causa de Saul e de sua família
sanguinária, por terem matado os gibeonitas”.
2O rei então mandou chamar os gibeonitas e falou
com eles. (Os gibeonitas não eram de origem israelita,
mas remanescentes dos amorreus. Os israelitas tinham
feito com eles um acordo sob juramento; mas Saul, em
seu zelo por Israel e Judá, havia tentado exterminá-los.)
3Davi perguntou aos gibeonitas: “Que posso fazer por
vocês? Como posso reparar o que foi feito, para que
abençoem a herança do Senhor?”
4Os gibeonitas responderam: “Não exigimos de Saul
ou de sua família prata ou ouro, nem queremos matar
ninguém em Israel”.

Davi perguntou: “O que querem que eu faça por vo-
cês?”, 5e eles responderam: “Quanto ao homem que qua-
se nos exterminou e que pretendia destruir-nos, para
que não tivéssemos lugar em Israel, 6que sete descen-
dentes dele sejam executados perante o Senhor, em
Gibeá de Saul, no monte do Senhor”.

“Eu os entregarei a vocês”, disse o rei.

7O rei poupou Mefibosete, filho de Jônatas e neto de
Saul, por causa do juramento feito perante o Senhor
entre Davi e Jônatas, filho de Saul. 8Mas o rei mandou
buscar Armoni e Mefibosete, os dois filhos que Rispa,
filha de Aiá, tinha dado a Saul. Com eles também os cin-
co filhos que Merabe[d], filha de Saul, tinha dado a Adriel,
filho de Barzilai, de Meolá. 9Ele os entregou aos gibeo-
nitas, que os executaram no monte, perante o Senhor.
Os sete foram mortos ao mesmo tempo, nos primeiros
dias da colheita de cevada.
10Então Rispa, filha de Aiá, pegou um pano de saco e
o estendeu para si sobre uma rocha. Desde o início da
colheita até cair chuva do céu sobre os corpos, ela não
deixou que as aves de rapina os tocassem de dia, nem
os animais selvagens à noite. 11Quando Davi foi informa-
do do que Rispa, filha de Aiá, concubina de Saul, havia
feito, 12mandou recolher os ossos de Saul e de Jônatas,
tomando-os dos cidadãos de Jabes-Gileade. (Eles ha-
viam roubado os ossos da praça de Bete-Seã, onde os
filisteus os tinham pendurado, no dia em que mataram
Saul no monte Gilboa.) 13Davi trouxe de lá os ossos de
Saul e de seu filho Jônatas, recolhidos dentre os ossos
dos que haviam sido executados.
14Enterraram os ossos de Saul e de Jônatas no túmu-
lo de Quis, pai de Saul, em Zela, na terra de Benjamim,
e fizeram tudo o que o rei tinha ordenado. Depois disso
Deus respondeu as orações em favor da terra de Israel.

Guerras contra os filisteus

15Houve, ainda, outra batalha entre os filisteus e Is-
rael; Davi e seus soldados foram lutar contra os filisteus.
Davi se cansou muito, 16e Isbi-Benobe, descendente de
Rafa, prometeu matar Davi. (A ponta de bronze da lança
de Isbi-Benobe pesava três quilos e seiscentos gramas[e],
e, além disso, ele estava armado com uma espada nova.)
17Mas Abisai, filho de Zeruia, foi em socorro de Davi e
matou o filisteu. Então os soldados de Davi lhe juraram,
dizendo: “Nunca mais sairás conosco à guerra, para que
não apagues a lâmpada de Israel”.
18Houve depois outra batalha contra os filisteus, em
Gobe. Naquela ocasião Sibecai, de Husate, matou Safe,
um dos descendentes de Rafa.

[a] **20:14** Ou *Abel, inclusive Bete-Maaca*; também no versículo 15.
[b] **20:14** Conforme a Septuaginta e a Vulgata. O Texto Massorético diz *beritas*.
[c] **20:24** Conforme alguns manuscritos da Septuaginta. O Texto Massorético diz *Adorão*. Veja 1Rs 4:6 e 5:14.
[d] **21:8** Conforme dois manuscritos do Texto Massorético, alguns manuscritos da Septuaginta e a Versão Siríaca. A maioria dos manuscritos do Texto Massorético e da Septuaginta diz *Mical*. Veja 1Sm 18:19.
[e] **21:16** Hebraico: *300 siclos*. Um siclo equivalia a 12 gramas.

[19]Noutra batalha contra os filisteus em Gobe, Elanã,
filho de Jaaré-Oregim,[a] de Belém, matou Golias,[b] de
Gate, que possuía uma lança cuja haste parecia uma
lançadeira de tecelão.
[20]Noutra batalha, em Gate, havia um homem de
grande estatura e que tinha seis dedos em cada mão
e seis dedos em cada pé, vinte e quatro dedos ao todo.
Ele também era descendente de Rafa, [21]e desafiou Israel,
mas Jônatas, filho de Simeia, irmão de Davi, o matou.
[22]Esses quatro eram descendentes de Rafa, em Gate,
e foram mortos por Davi e seus soldados.

Cântico de louvor de Davi

22 Davi cantou ao SENHOR este cântico, quando ele
o livrou das mãos de todos os seus inimigos e das
mãos de Saul, [2]dizendo:

"O SENHOR é a minha rocha,
a minha fortaleza e o meu libertador;
[3]o meu Deus é a minha rocha,
em que me refugio;
o meu escudo
e o meu poderoso[c] salvador.
Ele é a minha torre alta,
o meu abrigo seguro.
Tu, Senhor,
és o meu salvador,
e me salvas dos violentos.
[4]Clamo ao SENHOR,
que é digno de louvor,
e sou salvo dos meus inimigos.

[5]"As ondas da morte me cercaram;
as torrentes da destruição
me aterrorizaram.
[6]As cordas da sepultura[d] me envolveram,
as armadilhas da morte
me confrontaram.
[7]Na minha angústia, clamei ao SENHOR;
clamei ao meu Deus.
Do seu templo ele ouviu a minha voz;
o meu grito de socorro
chegou aos seus ouvidos.

[8]"A terra abalou-se e tremeu,
os alicerces dos céus[e] estremeceram;
tremeram porque ele estava irado.
[9]Das suas narinas saiu fumaça;
da sua boca saiu fogo consumidor;
dele saíram brasas vivas e flamejantes.
[10]Ele abriu os céus e desceu;
nuvens escuras estavam debaixo
dos seus pés.
[11]Montou sobre um querubim e voou;
elevou-se[f] sobre as asas do vento.
[12]Pôs as trevas ao seu redor;
das densas[g] nuvens de chuva
fez o seu abrigo.
[13]Do brilho da sua presença
flamejavam carvões em brasa.
[14]Dos céus o SENHOR trovejou;
ressoou a voz do Altíssimo.
[15]Ele atirou flechas
e dispersou os inimigos,
arremessou raios
e os fez bater em retirada.
[16]Os vales apareceram,
e os fundamentos da terra
foram expostos,
diante da repreensão do SENHOR,
com o forte sopro de suas narinas.

[17]"Das alturas estendeu a mão
e me segurou;
tirou-me de águas profundas.
[18]Livrou-me do meu inimigo poderoso,
dos meus adversários,
que eram fortes demais para mim.
[19]Eles me atacaram
no dia da minha calamidade,
mas o SENHOR foi o meu amparo.
[20]Deu-me ampla liberdade;
livrou-me, pois me quer bem.

[21]"O SENHOR me tratou
conforme a minha retidão;
conforme a pureza das minhas mãos
me recompensou.
[22]Pois guardei os caminhos do SENHOR;
não cometi a perversidade
de afastar-me do meu Deus.
[23]Todos os seus mandamentos
estão diante de mim;
não me afastei dos seus decretos.
[24]Tenho sido irrepreensível
para com ele
e guardei-me de pecar.
[25]O SENHOR recompensou-me
segundo a minha retidão,
conforme a pureza das minhas mãos
perante ele.

[26]"Ao fiel te revelas fiel,
ao irrepreensível
te revelas irrepreensível,
[27]ao puro te revelas puro,
mas ao perverso te revelas astuto.
[28]Salvas os humildes,
mas os teus olhos
estão sobre os orgulhosos
para os humilhar[h].
[29]Tu és a minha lâmpada, ó SENHOR!
O SENHOR ilumina-me as trevas.
[30]Contigo posso avançar
contra uma tropa[i];
com o meu Deus
posso transpor muralhas.

[31]"Este é o Deus
cujo caminho é perfeito;

[a] 21:19 Ou *filho do tecelão Jair*.
[b] 21:19 Conforme o Texto Massorético e a Septuaginta. 1Cr 20:5 diz *filho de Jair, matou Lami, o irmão de Golias*.
[c] 22:3 Hebraico: *chifre*, que aqui simboliza a força.
[d] 22:6 Hebraico: *Sheol*. Essa palavra também pode ser traduzida por profundezas, pó ou morte.
[e] 22:8 A Vulgata e a Versão Siríaca dizem *montes*. Veja Sl 18:7.
[f] 22:11 Conforme muitos manuscritos do Texto Massorético. A maioria dos manuscritos do Texto Massorético diz *apareceu*. Veja Sl 18:10.
[g] 22:12 Conforme a Septuaginta e a Vulgata. O Texto Massorético diz *escuras*. Veja Sl 18:11.
[h] 22:28 Um manuscrito da Septuaginta e o texto paralelo do Sl 18:27 dizem *mas humilhas os de olhos altivos*.
[i] 22:30 Ou *posso vencer uma barricada*

a palavra do SENHOR
é comprovadamente genuína.
Ele é escudo
para todos os que nele se refugiam.
32 Pois quem é Deus além do SENHOR?
E quem é Rocha senão o nosso Deus?
33 É Deus quem me reveste de força[a] e torna
perfeito o meu caminho.
34 Ele me faz correr veloz como a gazela
e me firma os passos nos lugares altos.
35 É ele que treina as minhas mãos
para a batalha,
e assim os meus braços vergam
o arco de bronze.
36 Tu me dás o teu escudo de livramento;
a tua ajuda me fez forte.
37 Alargas sob mim o meu caminho,
para que os meus tornozelos
não se torçam.

38 "Persegui os meus inimigos
e os derrotei;
não voltei
enquanto não foram destruídos.
39 Esmaguei-os completamente,
e não puderam levantar-se;
caíram debaixo dos meus pés.
40 Tu me revestiste de força
para a batalha;
fizeste cair aos meus pés
os meus adversários.
41 Fizeste que os meus inimigos
fugissem de mim;
destruí os que me odiavam.
42 Gritaram por socorro,
mas não havia quem os salvasse;
gritaram ao SENHOR,
mas ele não respondeu.
43 Eu os reduzi a pó, como o pó da terra;
esmaguei-os
e os amassei como a lama das ruas.

44 "Tu me livraste dos ataques
do meu povo;
preservaste-me como líder de nações.
Um povo que eu não conhecia
me é sujeito.
45 Estrangeiros me bajulam;
assim que me ouvem, me obedecem.
46 Todos eles perdem a coragem;
saem tremendo das suas fortalezas[b].

47 "O SENHOR vive!
Bendita seja a minha Rocha!
Exaltado seja Deus,
a Rocha que me salva!
48 Este é o Deus que em meu favor
executa vingança,
que sujeita nações ao meu poder,
49 que me livrou dos meus inimigos.
Tu me exaltaste
acima dos meus agressores;
de homens violentos me libertaste.
50 Por isso te louvarei entre as nações,
ó SENHOR;
cantarei louvores ao teu nome.
51 Ele concede grandes vitórias ao seu rei;
é bondoso com o seu ungido,
com Davi e seus descendentes para sempre".

As últimas palavras de Davi

23 Estas são as últimas palavras de Davi:

"Palavras de Davi, filho de Jessé;
palavras do homem que foi exaltado,
do ungido pelo Deus de Jacó,
do cantor dos cânticos de Israel[c]:

2 "O Espírito do SENHOR
falou por meu intermédio;
sua palavra esteve em minha língua.
3 O Deus de Israel falou,
a Rocha de Israel me disse:
'Quem governa o povo com justiça,
quem o governa com o temor de Deus,
4 é como a luz da manhã
ao nascer do sol,
numa manhã sem nuvens.
É como a claridade depois da chuva,
que faz crescer as plantas da terra'.

5 "A minha dinastia
está de bem com Deus.
Ele fez uma aliança eterna comigo,
firmada e garantida
em todos os aspectos.
Certamente me fará prosperar em tudo
e me concederá tudo quanto eu desejo.
6 Mas os perversos serão lançados fora
como espinhos,
que não se ajuntam com as mãos;
7 quem quer tocá-los usa uma ferramenta
ou o cabo de madeira da lança.
Os espinhos serão totalmente queimados
onde estiverem".

Os principais guerreiros de Davi

8 Estes são os nomes dos principais guerreiros de
Davi:
Jabesão[d], um tacmonita[e], chefe dos três guerreiros
principais; numa ocasião, com uma lança, enfrentou[f]
oitocentos homens numa mesma batalha e os matou.
9 Depois dele, Eleazar, filho do aoíta Dodô. Ele era um
dos três principais guerreiros e esteve com Davi quando
os filisteus se reuniram em Pas-Damim para a batalha.
Os israelitas recuaram, 10 mas ele manteve a sua posi-
ção e feriu os filisteus até a sua mão ficar dormente e
grudar na espada. O SENHOR concedeu uma grande vi-
tória a Israel naquele dia, e o exército voltou para onde
Eleazar estava, mas somente para saquear os mortos.

[a] **22:33** Conforme alguns manuscritos do mar Morto, alguns manuscritos da Septuaginta, a Vulgata e a Versão Siríaca. O Texto Massorético diz *Deus que é minha fortaleza*. Veja Sl 18:32.
[b] **22:46** Conforme alguns manuscritos da Septuaginta e a Vulgata. O Texto Massorético diz *desde suas fortalezas eles se armam*. Veja Sl 18:45.
[c] **23:1** Ou *o amado cantor de Israel*
[d] **23:8** Alguns manuscritos da Septuaginta sugerem *Is-Bosete*, isto é, Esbaal ou Josebe-Bassebete. Veja 1Cr 11:11.
[e] **23:8** Provavelmente variante de *hacmonita*. Veja 1Cr 11:11.
[f] **23:8** Conforme alguns manuscritos da Septuaginta. O Texto Massorético e outros manuscritos da Septuaginta dizem *três; foi o esnita Adino que matou oitocentos homens*. Veja 1Cr 11:11.

11 Depois dele, Samá, filho de Agé, de Harar. Os filis-
teus reuniram-se em Leí, onde havia uma plantação de
lentilha. O exército de Israel fugiu dos filisteus, 12 mas
Samá tomou posição no meio da plantação, defendeu-
-a e derrotou os filisteus. O SENHOR concedeu-lhe uma
grande vitória.

13 Durante a colheita, três chefes do batalhão dos Trin-
ta foram encontrar Davi na caverna de Adulão, enquan-
to um grupo de filisteus acampava no vale de Refaim.
14 Estando Davi nessa fortaleza e o destacamento filisteu
em Belém, 15 Davi expressou este forte desejo: "Quem
me dera me trouxessem água da cisterna da porta de
Belém!" 16 Então aqueles três atravessaram o acampa-
mento filisteu, tiraram água da cisterna e a trouxeram
a Davi. Mas ele se recusou a beber; em vez disso, der-
ramou-a como uma oferta ao SENHOR e disse: 17 "O SE-
NHOR me livre de beber desta água! Seria como beber o
sangue dos que arriscaram a vida para trazê-la!" E Davi
não bebeu daquela água.

Foram esses os feitos dos três principais guerreiros.

18 Abisai, irmão de Joabe e filho de Zeruia, era o che-
fe do batalhão dos Trinta[a]. Certa ocasião, com sua lan-
ça matou trezentos homens, tornando-se tão famoso
quanto os três. 19 Foi mais honrado que o batalhão dos
Trinta e tornou-se o chefe deles. Mas nunca igualou-se
aos três principais guerreiros.

20 Benaia, filho de Joiada, era um corajoso soldado
de Cabzeel, que realizou grandes feitos. Matou dois dos
melhores guerreiros de Moabe e, num dia de neve, des-
ceu num buraco e matou um leão. 21 Também matou um
egípcio de grande estatura. O egípcio tinha na mão uma
lança, e Benaia o enfrentou com um cajado. Arrancou
a lança da mão do egípcio e com ela o matou. 22 Esses
foram os grandes feitos de Benaia, filho de Joiada, que
também teve fama como os três principais guerreiros
de Davi. 23 Foi mais honrado do que qualquer dos Trin-
ta, mas nunca igualou-se aos três. E Davi lhe deu o co-
mando da sua guarda pessoal.

24 Entre os Trinta estavam:
Asael, irmão de Joabe;
Elanã, filho de Dodô, de Belém;
25 Samá e Elica, de Harode;
26 Helez, de Pelete;
Ira, filho de Iques, de Tecoa;
27 Abiezer, de Anatote;
Mebunai[b], de Husate;
28 Zalmom, de Aoí;
Maarai, de Netofate;
29 Helede[c], filho de Baaná, de Netofate;
Itai, filho de Ribai,
de Gibeá de Benjamim;
30 Benaia, de Piratom;
Hidai[d], dos riachos de Gaás;
31 Abi-Albom, de Arbate;
Azmavete, de Baurim;
32 Eliaba, de Saalbom;
os filhos de Jasém;
Jônatas,
33 filho de[e] Samá, de Harar;
Aião, filho de Sarar[f], de Harar;
34 Elifelete, filho de Aasbai, de Maaca;
Eliã, filho de Aitofel, de Gilo;
35 Hezrai, de Carmelo;
Paarai, de Arabe;
36 Igal, filho de Natã, de Zobá;
o filho de Hagri[g];
37 Zeleque, de Amom;
Naarai, de Beerote,
escudeiro de Joabe, filho de Zeruia;
38 Ira e Garebe, de Jatir,
39 e o hitita Urias.
Foram ao todo trinta e sete.

O recenseamento e a sua punição

24 Mais uma vez irou-se o SENHOR contra Israel e
incitou Davi contra o povo, levando-o a fazer um
censo de Israel e de Judá.

2 Então o rei disse a Joabe e aos outros comandantes
do exército[h]: "Vão por todas as tribos de Israel, de Dã
a Berseba, e contem o povo, para que eu saiba quan-
tos são".

3 Joabe, porém, respondeu ao rei: "Que o SENHOR, o
teu Deus, multiplique o povo por cem, e que os olhos
do rei, meu senhor, o vejam! Mas, por que o rei, meu
senhor, deseja fazer isso?"

4 Mas a palavra do rei prevaleceu sobre a de Joabe e
sobre a dos comandantes do exército; então eles saí-
ram da presença do rei para contar o povo de Israel.

5 E atravessando o Jordão, começaram em Aroer, ao
sul da cidade, no vale; depois foram para Gade e de lá
para Jazar, 6 Gileade e Cades dos hititas[i], chegaram a
Dã-Jaã e às proximidades de Sidom. 7 Dali seguiram na
direção da fortaleza de Tiro e de todas as cidades dos
heveus e dos cananeus. Por último, foram até Berseba,
no Neguebe de Judá.

8 Percorreram todo o país e voltaram a Jerusalém ao
fim de nove meses e vinte dias.

9 Então Joabe apresentou ao rei o relatório do re-
censeamento do povo: havia em Israel oitocentos mil
homens habilitados para o serviço militar, e em Judá,
quinhentos mil.

10 Depois de contar o povo, Davi sentiu remorso e dis-
se ao SENHOR: "Pequei gravemente com o que fiz! Agora,
SENHOR, eu imploro que perdoes o pecado do teu servo,
porque cometi uma grande loucura!"

11 Levantando-se Davi pela manhã, o SENHOR já tinha
falado a Gade, o vidente dele: 12 "Vá dizer a Davi: Assim
diz o SENHOR: 'Estou lhe dando três opções de puni-
ção; escolha uma delas, e eu a executarei contra você' ".

13 Então Gade foi a Davi e lhe perguntou: "O que vo-
cê prefere: três[j] anos de fome em sua terra; três meses
fugindo de seus adversários, que o perseguirão; ou três
dias de praga em sua terra? Pense bem e diga-me o que
deverei responder àquele que me enviou".

[a] 23:18 Conforme a maioria dos manuscritos do Texto Massorético. Dois manuscritos do Texto Massorético e a Versão Siríaca dizem *chefe dos três*. Veja 1Cr 11:20.
[b] 23:27 Alguns manuscritos da Septuaginta dizem *Sibecai*. Veja 1Cr 11:29.
[c] 23:29 Muitos manuscritos dizem *Helebe*. Veja 1Cr 11:30.
[d] 23:30 Alguns manuscritos da Septuaginta dizem *Hurai*. Veja 1Cr 11:32.
[e] 23:33 Conforme alguns manuscritos da Septuaginta. O Texto Massorético não diz *filho de*. Veja 1Cr 11:34.
[f] 23:33 Alguns manuscritos dizem *Sacar*. Veja 1Cr 11:35.
[g] 23:36 Vários manuscritos dizem *Hagadi*. Veja 1Cr 11:38.
[h] 24:2 Conforme a Septuaginta. O Texto Massorético diz *Joabe, o comandante do exército*. Veja o versículo 4 e 1Cr 21:2.
[i] 24:6 Hebraico: *Tatim-Hodsi*.
[j] 24:13 Conforme a Septuaginta. O Texto Massorético diz *sete*. Veja 1Cr 21:12.

14 Davi respondeu: "É grande a minha angústia! Pre-
firo cair nas mãos do Senhor, pois grande é a sua mi-
sericórdia, a cair nas mãos dos homens".
15 Então o Senhor enviou uma praga sobre Israel,
desde aquela manhã até a hora que tinha determina-
do. E morreram setenta mil homens do povo, de Dã a
Berseba. 16 Quando o anjo estendeu a mão para destruir
Jerusalém, o Senhor arrependeu-se de trazer essa ca-
tástrofe, e disse ao anjo destruidor: "Pare! Já basta!"
Naquele momento o anjo do Senhor estava perto da
eira de Araúna, o jebuseu.
17 Ao ver o anjo que estava matando o povo, disse Da-
vi ao Senhor: "Fui eu que pequei e cometi iniquidade.
Estes não passam de ovelhas. O que eles fizeram? Que
o teu castigo caia sobre mim e sobre a minha família!"

Davi constrói um altar

18 Naquele mesmo dia Gade foi dizer a Davi: "Vá e
edifique um altar ao Senhor na eira de Araúna, o jebu-
seu". 19 Davi foi para lá, em obediência à ordem que Ga-
de tinha dado em nome do Senhor. 20 Quando Araúna
viu o rei e seus soldados vindo ao encontro dele, saiu
e prostrou-se perante o rei com o rosto em terra, 21 e
disse: "Por que o meu senhor e rei veio ao seu servo?"
Respondeu Davi: "Para comprar sua eira e edificar
nela um altar ao Senhor, para que cesse a praga no
meio do povo".
22 Araúna disse a Davi: "O meu senhor e rei pode ficar
com o que desejar e oferecê-lo em sacrifício. Aqui estão
os bois para o holocausto[a], e o debulhador e o jugo dos
bois para a lenha. 23 Ó rei, eu dou tudo isso a ti". E acres-
centou: "Que o Senhor, o teu Deus, aceite a tua oferta".
24 Mas o rei respondeu a Araúna: "Não! Faço ques-
tão de pagar o preço justo. Não oferecerei ao Senhor,
o meu Deus, holocaustos que não me custem nada", e
comprou a eira e os bois por cinquenta peças[b] de prata.
25 Davi edificou ali um altar ao Senhor e ofereceu ho-
locaustos e sacrifícios de comunhão[c]. Então o Senhor
aceitou as súplicas em favor da terra e terminou a pra-
ga que destruía Israel.

[a] 24:22 Isto é, sacrifício totalmente queimado; também nos versículos 24 e 25.
[b] 24:24 Hebraico: *50 siclos*. Um siclo equivalia a 12 gramas.
[c] 24:25 Ou *de paz*

1REIS

Adonias declara-se rei

1Quando o rei Davi envelheceu, estando já de idade bem
avançada, cobriam-no de cobertores, mas ele não se
aquecia. 2Por isso os seus servos lhe propuseram: "Va-
mos procurar uma jovem virgem para servir e cuidar
do rei. Ela se deitará ao seu lado, a fim de aquecer o rei".
3Então procuraram em todo o território de Israel
uma jovem que fosse bonita e encontraram Abisague,
uma sunamita, e a levaram ao rei. 4A jovem, muito bo-
nita, cuidava do rei e o servia, mas o rei não teve rela-
ções com ela.
5Ora, Adonias, cuja mãe se chamava Hagite, tomou
a dianteira e disse: "Eu serei o rei". Providenciou uma
carruagem e cavalos[a], além de cinquenta homens para
correrem à sua frente. 6Seu pai nunca o havia contra-
riado; nunca lhe perguntava: "Por que você age assim?"
Adonias também tinha boa aparência e havia nascido
depois de Absalão.
7Adonias fez acordo com Joabe, filho de Zeruia, e
com o sacerdote Abiatar, e eles o seguiram e o apoia-
ram. 8Mas o sacerdote Zadoque, Benaia, filho de Joiada,
o profeta Natã, Simei, Reí e a guarda especial de Davi
não deram apoio a Adonias.
9Então Adonias sacrificou ovelhas, bois e novilhos
gordos junto à pedra de Zoelete, próximo a En-Rogel.
Convidou todos os seus irmãos, filhos do rei, e todos os
homens de Judá que eram conselheiros do rei, 10mas
não convidou o profeta Natã nem Benaia nem a guarda
especial nem o seu irmão Salomão.
11Natã perguntou então a Bate-Seba, mãe de Salo-
mão: "Você ainda não sabe que Adonias, o filho de Ha-
gite, tornou-se rei, sem que o nosso senhor Davi ficasse
sabendo? 12Agora, vou dar-lhe um conselho para salvar
a sua vida e também a vida do seu filho Salomão. 13Vá
perguntar ao rei Davi: Ó rei, meu senhor, não juraste
a esta tua serva, prometendo: 'Pode estar certa de que
o seu filho Salomão me sucederá como rei, e se assen-
tará no meu trono'? Por que foi, então, que Adonias se
tornou rei? 14Enquanto você ainda estiver conversando
com o rei, eu entrarei e confirmarei as suas palavras".
15Então Bate-Seba foi até o quarto do rei, já idoso,
onde a sunamita Abisague cuidava dele. 16Bate-Seba
ajoelhou-se e prostrou-se com o rosto em terra, dian-
te do rei.
"O que você quer?", o rei perguntou.
17Ela respondeu: "Meu senhor, tu mesmo juraste a
esta tua serva, pelo SENHOR, o teu Deus: 'Seu filho Sa-
lomão me sucederá como rei e se assentará no meu tro-
no'. 18Mas agora Adonias se tornou rei, sem que o rei,
meu senhor, o soubesse. 19Ele sacrificou muitos bois,
novilhos gordos e ovelhas, e convidou todos os filhos
do rei, o sacerdote Abiatar, e Joabe, o comandante do
exército, mas não convidou o teu servo Salomão. 20Ago-
ra, ó rei, meu senhor, os olhos de todo o Israel estão
sobre ti para saber de tua parte quem sucederá ao rei,
meu senhor, no trono. 21De outro modo, tão logo o rei,
meu senhor, descanse com os seus antepassados, eu e
o meu filho Salomão seremos tratados como traidores".
22Ela ainda conversava com o rei, quando o profeta
Natã chegou. 23Assim que informaram o rei que o pro-
feta Natã havia chegado, ele entrou e prostrou-se com
o rosto em terra, diante do rei.
24E Natã lhe perguntou: "Ó rei, meu senhor, por aca-
so declaraste que Adonias te sucederia como rei e que
ele se assentaria no teu trono? 25Hoje ele foi matar mui-
tos bois, novilhos gordos e ovelhas. Convidou todos os
filhos do rei, os comandantes do exército e o sacerdote
Abiatar. Agora eles estão comendo e bebendo com ele
e celebrando: 'Viva o rei Adonias!' 26Mas ele não con-
vidou a mim, que sou teu servo, nem ao sacerdote Za-
doque, nem a Benaia, filho de Joiada, nem a teu servo
Salomão. 27Seria isto algo que o rei, meu senhor, fez
sem deixar que os seus conselheiros soubessem quem
sucederia ao rei, meu senhor, no trono?"

O início do reinado de Salomão

28Então o rei Davi ordenou: "Chamem Bate-Seba".
Ela entrou e ficou em pé diante dele.
29O rei fez um juramento: "Juro pelo nome do SE-
NHOR, o qual me livrou de todas as adversidades, 30que,
sem dúvida, hoje mesmo vou executar o que jurei pelo
SENHOR, o Deus de Israel. O meu filho Salomão me su-
cederá como rei e se assentará no meu trono em meu
lugar".
31Então Bate-Seba prostrou-se com o rosto em terra,
e, ajoelhando-se diante do rei, disse: "Que o rei Davi,
meu senhor, viva para sempre!"
32O rei Davi ordenou: "Chamem o sacerdote Zado-
que, o profeta Natã e Benaia, filho de Joiada". Quan-
do eles chegaram à presença do rei, 33ele os instruiu:
"Levem os conselheiros do seu senhor com vocês, po-
nham o meu filho Salomão sobre a minha mula e le-
vem-no a Giom. 34Ali o sacerdote Zadoque e o profeta
Natã o ungirão rei sobre Israel. Nesse momento to-
quem a trombeta e gritem: Viva o rei Salomão! 35De-
pois acompanhem-no, e ele virá assentar-se no meu
trono e reinará em meu lugar. Eu o designei para go-
vernar Israel e Judá".
36Benaia, filho de Joiada, respondeu ao rei: "Assim se
fará! Que o SENHOR, o Deus do rei, meu senhor, o con-
firme. 37Assim como o SENHOR esteve com o rei, meu
senhor, também esteja ele com Salomão para que ele
tenha um reinado ainda mais glorioso[b] que o reinado
de meu senhor, o rei Davi!"
38Então o sacerdote Zadoque, o profeta Natã, Benaia,
filho de Joiada, os queretitas e os peletitas fizeram Sa-
lomão montar a mula do rei Davi e o escoltaram até
Giom. 39O sacerdote Zadoque pegou na Tenda o chifre
com óleo e ungiu Salomão. A seguir tocaram a trombeta
e todo o povo gritou: "Viva o rei Salomão!" 40E todo o
povo o acompanhou, tocando flautas e celebrando, de
tal forma que o chão tremia com o barulho.
41Adonias e todos os seus convidados souberam dis-
so quando estavam terminando o banquete. Ao ouvir o
toque da trombeta, Joabe perguntou: "O que significa
essa gritaria, esse alvoroço na cidade?"

[a] 1:5 Ou *condutores de carros*

[b] 1:37 Hebraico: *torne o seu trono ainda maior*; também no versículo 47.

42Falava ele ainda, quando chegou Jônatas, filho do sacerdote Abiatar. E Adonias lhe disse: "Entre, pois um homem digno como você deve estar trazendo boas notícias!"

43"De modo algum", respondeu Jônatas a Adonias. "Davi, o nosso rei e senhor, constituiu rei a Salomão. 44O rei enviou com ele o sacerdote Zadoque, o profeta Natã, Benaia, filho de Joiada, os queretitas e os peletitas, e eles o fizeram montar a mula do rei. 45Depois o sacerdote Zadoque e o profeta Natã o ungiram rei em Giom. De lá eles saíram celebrando, e a cidade está alvoroçada. É esse o barulho que vocês ouvem. 46Além disso, Salomão já se assentou no trono real. 47Até mesmo os oficiais do rei foram cumprimentar Davi, o nosso rei e senhor, dizendo: 'Que o teu Deus torne o nome de Salomão mais famoso que o teu, e o seu reinado mais glorioso do que o teu!' E o rei curvou-se reverentemente em sua cama, 48e disse: 'Bendito seja o Senhor, o Deus de Israel, que permitiu que os meus olhos vissem hoje um sucessor em meu trono' ".

49Diante disso, todos os convidados de Adonias entraram em pânico e se dispersaram. 50Mas Adonias, com medo de Salomão, foi agarrar-se às pontas do altar. 51Então informaram a Salomão: "Adonias está com medo do rei Salomão e está agarrado às pontas do altar. Ele diz: 'Que o rei Salomão jure que não matará este seu servo pela espada' ".

52Salomão respondeu: "Se ele se mostrar confiável, não cairá nem um só fio de cabelo da sua cabeça; mas se nele se descobrir alguma maldade, ele morrerá". 53Então o rei enviou alguns soldados, e eles o fizeram descer do altar. E Adonias veio e se curvou solenemente perante o rei Salomão, que lhe disse: "Vá para casa".

As instruções de Davi a Salomão

2 Quando se aproximava o dia de sua morte, Davi deu instruções ao seu filho Salomão:

2"Estou para seguir o caminho de toda a terra. Por isso, seja forte e seja homem. 3Obedeça ao que o Senhor, o seu Deus, exige: ande nos seus caminhos e obedeça aos seus decretos, aos seus mandamentos, às suas ordenanças e aos seus testemunhos, conforme se acham escritos na Lei de Moisés; assim você prosperará em tudo o que fizer e por onde quer que for, 4e o Senhor manterá a promessa que me fez: 'Se os seus descendentes cuidarem de sua conduta, e se me seguirem fielmente de todo o coração e de toda a alma, você jamais ficará sem descendente no trono de Israel'.

5"Você sabe muito bem o que Joabe, filho de Zeruia, me fez; o que fez com os dois comandantes dos exércitos de Israel, Abner, filho de Ner, e Amasa, filho de Jéter. Ele os matou, derramando sangue em tempos de paz; agiu como se estivesse em guerra, e com aquele sangue manchou o seu cinto e as suas sandálias. 6Proceda com a sabedoria que você tem, e não o deixe envelhecer e descer em paz à sepultura[a].

7"Mas seja bondoso com os filhos de Barzilai, de Gileade; admita-os entre os que comem à mesa com você, pois eles me apoiaram quando fugi do seu irmão Absalão.

8"Saiba que também está com você Simei, filho de Gera, o benjamita de Baurim. Ele lançou terríveis maldições contra mim no dia em que fui a Maanaim. Mas depois desceu ao meu encontro no Jordão e lhe prometi, jurando pelo Senhor, que não o mataria à espada. 9Mas, agora, não o considere inocente. Você é um homem sábio e saberá o que fazer com ele. Apesar de ele já ser idoso, faça-o descer ensanguentado à sepultura".

10Então Davi descansou com os seus antepassados e foi sepultado na Cidade de Davi. 11Ele reinou quarenta anos em Israel: sete anos em Hebrom e trinta e três em Jerusalém. 12Salomão assentou-se no trono de Davi, seu pai, e o seu reinado foi firmemente estabelecido.

O reinado de Salomão

13Adonias, o filho de Hagite, foi até Bate-Seba, mãe de Salomão, que lhe perguntou: "Você vem em paz?"

Ele respondeu: "Sim". 14E acrescentou: "Tenho algo para lhe dizer".

Ela disse: "Fale!"

15"Você sabe", disse ele, "que o reino era meu. Todo o Israel me via como o seu rei. Mas as circunstâncias mudaram, e o reino foi para o meu irmão; pois o Senhor o concedeu a ele. 16Agora, quero fazer-lhe um pedido e espero que não me seja negado."

Ela disse: "Fale!"

17Então ele prosseguiu: "Peça, por favor, ao rei Salomão que me dê a sunamita Abisague por mulher, pois ele não deixará de atender você".

18"Está bem", respondeu Bate-Seba, "falarei com o rei em seu favor."

19Quando Bate-Seba foi falar ao rei em favor de Adonias, Salomão levantou-se para recebê-la e inclinou-se diante dela. Depois assentou-se no seu trono, mandou que trouxessem um trono para a sua mãe, e ela se assentou à sua direita.

20"Tenho um pequeno pedido para lhe fazer", disse ela. "Não deixe de me atender."

O rei respondeu: "Faça o pedido, minha mãe; não deixarei de atendê-lo".

21Então ela disse: "Dê a sunamita Abisague por mulher a seu irmão Adonias".

22O rei Salomão perguntou à sua mãe: "Por que você pede somente a sunamita Abisague para Adonias? Peça logo o reino para ele, para o sacerdote Abiatar e para Joabe, filho de Zeruia; afinal ele é o meu irmão mais velho!"

23Então o rei Salomão jurou pelo Senhor: "Que Deus me castigue com todo o rigor, se isso que Adonias falou não lhe custar a sua própria vida! 24E agora eu juro pelo nome do Senhor, que me estabeleceu no trono de meu pai Davi, e, conforme prometeu, fundou uma dinastia para mim, que hoje mesmo Adonias será morto!" 25E o rei Salomão deu ordem a Benaia, filho de Joiada, e este feriu e matou Adonias.

26Ao sacerdote Abiatar o rei ordenou: "Vá para Anatote, para as suas terras! Você merece morrer, mas hoje eu não o matarei, pois você carregou a arca do Soberano, o Senhor, diante de Davi, meu pai, e partilhou de todas as aflições dele". 27Então Salomão expulsou Abiatar do sacerdócio do Senhor, cumprindo a palavra que o Senhor tinha dito em Siló a respeito da família de Eli.

28Quando a notícia chegou a Joabe, que havia conspirado com Adonias, ainda que não com Absalão, ele fugiu para a Tenda do Senhor e agarrou-se às pontas do altar. 29Foi dito ao rei Salomão que Joabe havia se

[a] 2:6 Hebraico: *Sheol*. Essa palavra também pode ser traduzida por profundezas, pó ou morte; também no versículo 9.

refugiado na Tenda do Senhor e estava ao lado do altar. Então Salomão ordenou a Benaia, filho de Joiada: "Vá matá-lo!"

30Então Benaia entrou na Tenda do Senhor e disse a Joabe: "O rei lhe ordena que saia".

"Não", respondeu ele, "Vou morrer aqui."

Benaia relatou ao rei a resposta de Joabe.

31Então o rei ordenou a Benaia: "Faça o que ele diz. Mate-o e sepulte-o, e assim você retirará de mim e da minha família a culpa do sangue inocente que Joabe derramou. 32O Senhor fará recair sobre a cabeça dele o sangue que derramou: ele atacou dois homens mais justos e melhores do que ele, sem o conhecimento de meu pai Davi, e os matou à espada. Os dois homens eram Abner, filho de Ner, comandante do exército de Israel, e Amasa, filho de Jéter, comandante do exército de Judá. 33Que o sangue deles recaia sobre a cabeça de Joabe e sobre a dos seus descendentes para sempre. Mas que a paz do Senhor esteja para sempre sobre Davi, sobre os seus descendentes, sobre a sua dinastia e sobre o seu trono".

34Então Benaia, filho de Joiada, atacou Joabe e o matou, e ele foi sepultado em sua casa no campo[a]. 35No lugar dele o rei nomeou Benaia, filho de Joiada, para o comando do exército, e o sacerdote Zadoque no lugar de Abiatar.

36Depois o rei mandou chamar Simei e lhe ordenou: "Construa para você uma casa em Jerusalém. Você morará nela e não poderá ir para nenhum outro lugar. 37Esteja certo de que no dia em que sair e atravessar o vale de Cedrom, você será morto; e você será responsável por sua própria morte".

38Simei respondeu ao rei: "A ordem do rei é boa! O teu servo te obedecerá". E Simei permaneceu em Jerusalém por muito tempo.

39Mas três anos depois, dois escravos de Simei fugiram para a casa de Aquis, filho de Maaca, rei de Gate. Alguém contou a Simei: "Seus escravos estão em Gate". 40Então Simei selou um jumento e foi até Aquis, em Gate, procurar os seus escravos. E de lá Simei trouxe os escravos de volta.

41Quando Salomão soube que Simei tinha ido a Gate e voltado a Jerusalém, 42mandou chamá-lo e lhe perguntou: "Eu não fiz você jurar pelo Senhor e não o adverti: No dia em que for para qualquer outro lugar, esteja certo de que você morrerá? E você me respondeu: 'Esta ordem é boa! Obedecerei'. 43Por que não manteve o juramento ao Senhor e não obedeceu à ordem que lhe dei?"

44E acrescentou: "No seu coração você sabe quanto você prejudicou o meu pai Davi. Agora o Senhor faz recair sua maldade sobre a sua cabeça. 45Mas o rei Salomão será abençoado, e o trono de Davi será estabelecido perante o Senhor para sempre".

46Então o rei deu ordem a Benaia, filho de Joiada, e este atacou Simei e o matou.

Assim o reino ficou bem estabelecido nas mãos de Salomão.

Salomão pede sabedoria

3 Salomão aliou-se ao faraó, rei do Egito, casando-se com a filha dele. Ele a trouxe à Cidade de Davi até terminar a construção do seu palácio e do templo do Senhor, e do muro em torno de Jerusalém. 2O povo, porém, sacrificava nos lugares sagrados, pois ainda não tinha sido construído um templo em honra ao nome do Senhor. 3Salomão amava o Senhor, o que demonstrava andando de acordo com os decretos do seu pai Davi; mas oferecia sacrifícios e queimava incenso nos lugares sagrados.

4O rei Salomão foi a Gibeom para oferecer sacrifícios, pois ali ficava o principal lugar sagrado, e ofereceu naquele altar mil holocaustos[b]. 5Em Gibeom o Senhor apareceu a Salomão num sonho, à noite, e lhe disse: "Peça-me o que quiser, e eu lhe darei".

6Salomão respondeu: "Tu foste muito bondoso para com o teu servo, o meu pai Davi, pois ele foi fiel a ti, e foi justo e reto de coração. Tu mantiveste grande bondade para com ele e lhe deste um filho que hoje se assenta no seu trono.

7"Agora, Senhor, meu Deus, fizeste o teu servo reinar em lugar de meu pai Davi. Mas eu não passo de um jovem e não sei o que fazer. 8Teu servo está aqui entre o povo que escolheste, um povo tão grande que nem se pode contar. 9Dá, pois, ao teu servo um coração cheio de discernimento para governar o teu povo e capaz de distinguir entre o bem e o mal. Pois, quem pode governar este teu grande povo?"

10O pedido que Salomão fez agradou ao Senhor. 11Por isso Deus lhe disse: "Já que você pediu isso e não uma vida longa nem riqueza, nem pediu a morte dos seus inimigos, mas discernimento para ministrar a justiça, 12farei o que você pediu. Eu lhe darei um coração sábio e capaz de discernir, de modo que nunca houve nem haverá ninguém como você. 13Também lhe darei o que você não pediu: riquezas e fama, de forma que não haverá rei igual a você durante toda a sua vida. 14E, se você andar nos meus caminhos e obedecer aos meus decretos e aos meus mandamentos, como o seu pai Davi, eu prolongarei a sua vida". 15Então Salomão acordou e percebeu que tinha sido um sonho.

A seguir voltou a Jerusalém, pôs-se perante a arca da aliança do Senhor, sacrificou holocaustos e apresentou ofertas de comunhão[c]. Depois ofereceu um banquete a toda a sua corte.

Um sábio veredicto

16Certo dia duas prostitutas compareceram diante do rei. 17Uma delas disse: "Ah meu senhor! Esta mulher mora comigo na mesma casa. Eu dei à luz um filho e ela estava comigo na casa. 18Três dias depois de nascer o meu filho, esta mulher também deu à luz um filho. Estávamos sozinhas; não havia mais ninguém na casa.

19"Certa noite esta mulher se deitou sobre o seu filho, e ele morreu. 20Então ela se levantou no meio da noite e pegou o meu filho enquanto eu, tua serva, dormia, e o pôs ao seu lado. E pôs o filho dela, morto, ao meu lado. 21Ao levantar-me de madrugada para amamentar o meu filho, ele estava morto. Mas quando olhei bem para ele de manhã, vi que não era o filho que eu dera à luz".

22A outra mulher disse: "Não! O que está vivo é meu filho; o morto é seu".

Mas a primeira insistia: "Não! O morto é seu; o vivo é meu". Assim elas discutiram diante do rei.

[a] 2:34 Ou *sepultado em seu túmulo no deserto*

[b] 3:4 Isto é, sacrifícios totalmente queimados; também no versículo 15.

[c] 3:15 Ou *de paz*

23 O rei disse: "Esta afirma: 'Meu filho está vivo, e o
seu filho está morto', enquanto aquela diz: 'Não! Seu
filho está morto, e o meu está vivo' ".
24 Então o rei ordenou: "Tragam-me uma espada".
Trouxeram-lhe. 25 Ele ordenou: "Cortem a criança vi-
va ao meio e deem metade a uma e metade à outra".
26 A mãe do filho que estava vivo, movida pela com-
paixão materna, clamou: "Por favor, meu senhor, dê a
criança viva a ela! Não a mate!"
A outra, porém, disse: "Não será nem minha nem
sua. Cortem-na ao meio!"
27 Então o rei deu o seu veredicto: "Não matem a
criança! Deem-na à primeira mulher. Ela é a mãe".
28 Quando todo o Israel ouviu o veredicto do rei, pas-
sou a respeitá-lo profundamente, pois viu que a sabe-
doria de Deus estava nele para fazer justiça.

Os assessores de Salomão

4 E assim o rei Salomão tornou-se rei sobre todo o
Israel. 2 Estes foram os seus principais assessores:

Azarias, filho de Zadoque: o sacerdote;
3 Eliorefe e Aías, filhos de Sisa: secretários;
Josafá, filho de Ailude: arquivista real;
4 Benaia, filho de Joiada: comandante do exército;
Zadoque e Abiatar: sacerdotes;
5 Azarias, filho de Natã: responsável pelos gover-
nadores distritais;
Zabude, filho de Natã: sacerdote e conselheiro
pessoal do rei;
6 Aisar: responsável pelo palácio;
Adonirão, filho de Abda: chefe do trabalho forçado.

7 Salomão tinha também doze governadores distri-
tais em todo o Israel, que forneciam provisões para o
rei e para o palácio real. Cada um deles tinha que for-
necer suprimentos durante um mês do ano. 8 Estes são
os seus nomes:

Ben-Hur, nos montes de Efraim;
9 Ben-Dequer, em Macaz, Saalbim, Bete-Semes e
Elom-Bete-Hanã;
10 Ben-Hesede, em Arubote, Socó e em toda a ter-
ra de Héfer;
11 Ben-Abinadabe, em Nafote-Dor[a]. Tafate, filha de
Salomão, era sua mulher;
12 Baaná, filho de Ailude, em Taanaque e em Megi-
do, e em toda a Bete-Seã, próxima de Zaretã, abai-
xo de Jezreel, desde Bete-Seã até Abel-Meolá, indo
além dos limites de Jocmeão;
13 Ben-Geder, em Ramote-Gileade e nos povoados
de Jair, filho de Manassés, em Gileade, bem como
no distrito de Argobe, em Basã, e em suas sessenta
grandes cidades muradas com trancas de bronze
em suas portas;
14 Ainadabe, filho de Ido, em Maanaim;
15 Aimaás, em Naftali. Ele se casou com Basemate,
filha de Salomão;
16 Baaná, filho de Husai, em Aser e em Bealote;
17 Josafá, filho de Parua, em Issacar;
18 Simei, filho de Elá, em Benjamim;
19 Geber, filho de Uri, em Gileade, a terra de Seom,
rei dos amorreus, e de Ogue, rei de Basã. Ele era o
único governador desse distrito.

[a] 4:11 Ou *no planalto de Dor*

As provisões diárias de Salomão

20 O povo de Judá e de Israel era tão numeroso como
a areia da praia; eles comiam, bebiam e eram felizes.
21 E Salomão governava todos os reinos, desde o Eufra-
tes[b] até a terra dos filisteus, chegando até a fronteira do
Egito. Esses reinos traziam tributos e foram submissos
a Salomão durante toda a sua vida.
22 As provisões diárias de Salomão eram trinta to-
néis[c] da melhor farinha e sessenta tonéis de farinha
comum, 23 dez cabeças de gado engordado em cochei-
ras, vinte de gado engordado no pasto e cem ovelhas e
bodes, bem como cervos, gazelas, corças e aves escolhi-
das. 24 Ele governava todos os reinos a oeste do Eufrates,
desde Tifsa até Gaza, e tinha paz em todas as fronteiras.
25 Durante a vida de Salomão, Judá e Israel viveram em
segurança, cada homem debaixo da sua videira e da
sua figueira, desde Dã até Berseba.
26 Salomão possuía quatro[d] mil cocheiras para cavalos
de carros de guerra, e doze mil cavalos[e].
27 Todo mês um dos governadores distritais fornecia
provisões ao rei Salomão e a todos os que vinham parti-
cipar de sua mesa. Cuidavam para que não faltasse na-
da. 28 Também traziam ao devido lugar suas quotas de
cevada e de palha para os cavalos de carros de guerra e
para os outros cavalos.

A sabedoria de Salomão

29 Deus deu a Salomão sabedoria, discernimento ex-
traordinário e uma abrangência de conhecimento tão
imensurável quanto a areia do mar. 30 A sabedoria de
Salomão era maior do que a de todos os homens do
oriente, e do que toda a sabedoria do Egito. 31 Ele era
mais sábio do que qualquer outro homem, mais do que
o ezraíta Etã; mais sábio do que Hemã, Calcol e Darda,
filhos de Maol. Sua fama espalhou-se por todas as na-
ções em redor. 32 Ele compôs três mil provérbios, e os
seus cânticos chegaram a mil e cinco. 33 Descreveu as
plantas, desde o cedro do Líbano até o hissopo que bro-
ta nos muros. Também discorreu sobre os quadrúpe-
des, as aves, os animais que se movem rente ao chão e
os peixes. 34 Homens de todas as nações vinham ouvir a
sabedoria de Salomão. Eram enviados por todos os reis
que tinham ouvido falar de sua sabedoria.

Os preparativos para a construção do templo

5 Quando Hirão, rei de Tiro, soube que Salomão tinha
sido ungido rei, mandou seus conselheiros a Salo-
mão, pois sempre tinha sido amigo leal de Davi. 2 Salo-
mão enviou esta mensagem a Hirão:

3 "Tu bem sabes que foi por causa das guerras tra-
vadas de todos os lados contra meu pai Davi que ele
não pôde construir um templo em honra ao nome do
Senhor, o seu Deus, até que o Senhor pusesse os seus
inimigos debaixo dos seus pés. 4 Mas agora o Senhor, o
meu Deus, concedeu-me paz em todas as fronteiras, e
não tenho que enfrentar nem inimigos nem calamida-
des. 5 Pretendo, por isso, construir um templo em honra
ao nome do Senhor, o meu Deus, conforme o Senhor
disse a meu pai Davi: 'O seu filho, a quem colocarei no

[b] 4:21 Hebraico: o Rio; também no versículo 24.
[c] 4:22 Hebraico: *30 coros*. O coro era uma medida de capacidade. As estimativas variam entre 200 e 400 litros.
[d] 4:26 Conforme alguns manuscritos da Septuaginta. O Texto Massorético diz 40. Veja 2Cr 9:25.
[e] 4:26 Ou *condutores de carros*

trono em seu lugar, construirá o templo em honra ao meu nome'.

6"Agora te peço que ordenes que cortem para mim cedros do Líbano. Os meus servos trabalharão com os teus, e eu pagarei a teus servos o salário que determinares. Sabes que não há entre nós ninguém tão hábil em cortar árvores quanto os sidônios".

7Hirão ficou muito alegre quando ouviu a mensagem de Salomão, e exclamou: "Bendito seja o SENHOR, pois deu a Davi um filho sábio para governar essa grande nação".

8E Hirão respondeu a Salomão:

"Recebi a mensagem que me enviaste e atenderei ao teu pedido, enviando-te madeira de cedro e de pinho. 9Meus servos levarão a madeira do Líbano até o mar, e eu a farei flutuar em jangadas até o lugar que me indicares. Ali eu a deixarei e tu poderás levá-la. E em troca, fornecerás alimento para a minha corte".

10Assim Hirão se tornou fornecedor de toda a madeira de cedro e de pinho que Salomão desejava, 11e Salomão deu a Hirão vinte mil tonéis[a] de trigo para suprir de mantimento a sua corte, além de vinte mil tonéis[b] de azeite de oliva puro. Era o que Salomão dava anualmente a Hirão. 12O SENHOR deu sabedoria a Salomão, como lhe havia prometido. Houve paz entre Hirão e Salomão, e os dois fizeram um tratado.

13O rei Salomão arregimentou trinta mil trabalhadores de todo o Israel. 14Ele os mandou para o Líbano em grupos de dez mil por mês, e eles se revezavam: passavam um mês no Líbano e dois em casa. Adonirão chefiava o trabalho. 15Salomão tinha setenta mil carregadores e oitenta mil cortadores de pedra nas colinas, 16e três mil e trezentos[c] capatazes que supervisionavam o trabalho e comandavam os operários. 17Por ordem do rei retiravam da pedreira grandes blocos de pedra de ótima qualidade para servirem de alicerce de pedras lavradas para o templo. 18Os construtores de Salomão e de Hirão e os homens de Gebal[d] cortavam e preparavam a madeira e as pedras para a construção do templo.

A construção do templo

6 Quatrocentos e oitenta[e] anos depois que os israelitas saíram do Egito, no quarto ano do reinado de Salomão em Israel, no mês de zive[f], o segundo mês, ele começou a construir o templo do SENHOR.

2O templo que o rei Salomão construiu para o SENHOR media vinte e sete metros de comprimento, nove metros de largura e treze metros e meio de altura[g]. 3O pórtico da entrada do santuário tinha a largura do templo, que era de nove metros, e avançava quatro metros e meio à frente do templo. 4Ele fez para o templo janelas com grades estreitas. 5Junto às paredes do átrio principal e do santuário interior, construiu uma estrutura em torno do edifício, na qual havia salas laterais. 6O andar inferior tinha dois metros e vinte e cinco centímetros de largura, o andar intermediário tinha dois metros e setenta centímetros e o terceiro andar tinha três metros e quinze centímetros. Ele fez saliências de apoio nas paredes externas do templo, de modo que não houve necessidade de perfurar as paredes.

7Na construção do templo só foram usados blocos lavrados nas pedreiras, e não se ouviu no templo nenhum barulho de martelo, nem de talhadeira, nem de qualquer outra ferramenta de ferro durante a sua construção.

8A entrada para o andar inferior[h] ficava no lado sul do templo; uma escada conduzia até o andar intermediário e dali ao terceiro. 9Assim ele construiu o templo e o terminou, fazendo-lhe um forro com vigas e tábuas de cedro. 10E fez as salas laterais ao longo de todo o templo. Cada uma tinha dois metros e vinte e cinco centímetros de altura, e elas estavam ligadas ao templo por vigas de cedro.

11E a palavra do SENHOR veio a Salomão dizendo: 12"Quanto a este templo que você está construindo, se você seguir os meus decretos, executar os meus juízos e obedecer a todos os meus mandamentos, cumprirei por meio de você a promessa que fiz ao seu pai Davi, 13viverei no meio dos israelitas e não abandonarei Israel, o meu povo".

14Assim Salomão concluiu a construção do templo. 15Forrou as paredes do templo por dentro com tábuas de cedro, cobrindo-as desde o chão até o teto, e fez o soalho do templo com tábuas de pinho. 16Separou nove metros na parte de trás do templo, fazendo uma divisão com tábuas de cedro, do chão ao teto, para formar dentro do templo o santuário interno, o Lugar Santíssimo. 17O átrio principal em frente dessa sala media dezoito metros de comprimento. 18O interior do templo era de cedro, com figuras entalhadas de frutos e flores abertas. Tudo era de cedro; não se via pedra alguma.

19Preparou também o santuário interno no templo para ali colocar a arca da aliança do SENHOR. 20O santuário interno tinha nove metros de comprimento, nove de largura e nove de altura. Ele revestiu o interior de ouro puro, e também revestiu de ouro o altar de cedro. 21Salomão cobriu o interior do templo de ouro puro, e estendeu correntes de ouro em frente do santuário interno, que também foi revestido de ouro. 22Assim, revestiu de ouro todo o interior do templo e também o altar que pertencia ao santuário interno.

23No santuário interno ele esculpiu dois querubins de madeira de oliveira, cada um com quatro metros e meio de altura. 24As asas abertas dos querubins mediam dois metros e vinte e cinco centímetros: quatro metros e meio da ponta de uma asa à ponta da outra. 25Os dois querubins tinham a mesma medida e a mesma forma. 26A altura de cada querubim era de quatro metros e meio. 27Ele colocou os querubins, com as asas abertas, no santuário interno do templo. A asa de um querubim encostava numa parede, e a do outro encostava na outra. As suas outras asas encostavam uma na outra no meio do santuário. 28Ele revestiu os querubins de ouro.

29Nas paredes ao redor do templo, tanto na parte interna como na externa, ele esculpiu querubins, tamareiras e flores abertas. 30Também revestiu de ouro os pisos, tanto na parte interna como na externa do templo.

[a] 5:11 Hebraico: *20.000 coros*. O coro era uma medida de capacidade. As estimativas variam entre 200 e 400 litros.
[b] 5:11 Conforme a Septuaginta. O Texto Massorético diz *20 coros*. Veja 2Cr 2:10.
[c] 5:16 Alguns manuscritos da Septuaginta dizem *3.600*. Veja 2Cr 2:2,18.
[d] 5:18 Isto é, Biblos.
[e] 6:1 A Septuaginta diz *440*.
[f] 6:1 Aproximadamente abril/maio; também no versículo 37.
[g] 6:2 Hebraico: *60 côvados de comprimento, 20 de largura e 30 de altura*. O côvado era uma medida linear de cerca de 45 centímetros.
[h] 6:8 Conforme a Septuaginta. O Texto Massorético diz *intermediário*.

31 Para a entrada do santuário interno fez portas de
oliveira com batentes de cinco lados. 32 E nas duas portas
de madeira de oliveira esculpiu querubins, tamareiras
e flores abertas, e revestiu os querubins e as tamareiras
de ouro batido. 33 Também fez pilares de quatro lados,
de madeira de oliveira para a entrada do templo. 34 Fez
também duas portas de pinho, cada uma com duas fo-
lhas que se articulavam por meio de dobradiças. 35 En-
talhou figuras de querubins, de tamareiras e de flores
abertas nas portas e as revestiu de ouro batido.

36 E construiu o pátio interno com três camadas de
pedra lavrada e uma de vigas de cedro.

37 O alicerce do templo do SENHOR foi lançado no mês
de zive, do quarto ano. 38 No mês de bul[a], o oitavo mês,
do décimo primeiro ano, o templo foi terminado em
todos os seus detalhes, de acordo com as suas espe-
cificações. Salomão levou sete anos para construí-lo.

A construção do palácio de Salomão

7 Salomão levou treze anos para terminar a construção
do seu palácio. 2 Ele construiu o Palácio da Floresta do
Líbano com quarenta e cinco metros de comprimento,
vinte e dois metros e meio de largura e treze metros e
meio de altura[b], sustentado por quatro fileiras de colu-
nas de cedro sobre as quais apoiavam-se vigas de cedro
aparelhadas. 3 O forro, de cedro, ficava sobre as quarenta
e cinco vigas, quinze por fileira, que se apoiavam nas
colunas. 4 Havia janelas dispostas de três em três, uma
em frente da outra. 5 Todas as portas tinham estrutu-
ra retangular; ficavam na parte da frente, dispostas de
três em três, uma em frente da outra.

6 Fez um pórtico de colunas de vinte e dois metros e
meio de comprimento e treze metros e meio de largu-
ra. Em frente havia outro pórtico com colunas e uma
cobertura que se estendia além das colunas.

7 Construiu a Sala do Trono, isto é, a Sala da Justiça,
onde iria julgar, e revestiu-a de cedro desde o chão até
o teto[c]. 8 E o palácio para sua moradia, no outro pátio,
tinha um formato semelhante. Salomão fez também
um palácio como esse para a filha do faraó, com quem
tinha se casado.

9 Todas essas construções, desde o lado externo até
o grande pátio e do alicerce até o beiral, foram feitas
de pedra de qualidade superior, cortadas sob medida e
desbastadas com uma serra nos lados interno e exter-
no. 10 Os alicerces foram lançados com pedras grandes
de qualidade superior, algumas medindo quatro me-
tros e meio e outras três metros e sessenta centímetros.
11 Na parte de cima havia pedras de qualidade superior,
cortadas sob medida, e vigas de cedro. 12 O grande pá-
tio era cercado por um muro de três camadas de pedras
lavradas e uma camada de vigas de cedro aparelhadas,
da mesma maneira que o pátio interior do templo do
SENHOR, com o seu pórtico.

Os utensílios do templo

13 O rei Salomão enviara mensageiros a Tiro e trou-
xera Hurão[d], 14 filho de uma viúva da tribo de Naftali e
de um cidadão de Tiro, artífice em bronze. Hurão era
extremamente hábil e experiente, e sabia fazer todo
tipo de trabalho em bronze. Apresentou-se ao rei Salo-
mão e fez depois todo o trabalho que lhe foi designado.

15 Ele fundiu duas colunas de bronze, cada uma com
oito metros e dez centímetros de altura e cinco metros
e quarenta centímetros de circunferência, medidas pe-
lo fio apropriado. 16 Também fez dois capitéis de bronze
fundido para colocar no alto das colunas; cada capitel
tinha dois metros e vinte e cinco centímetros de altura.
17 Conjuntos de correntes entrelaçadas ornamentavam
os capitéis no alto das colunas, sete em cada capitel.
18 Fez também romãs em duas fileiras[e] que circunda-
vam cada conjunto de correntes para cobrir os capitéis
no alto das colunas[f]. Fez o mesmo com cada capitel.
19 Os capitéis no alto das colunas do pórtico tinham o
formato de lírios, com um metro e oitenta centíme-
tros de altura. 20 Nos capitéis das duas colunas, acima da
parte que tinha formato de taça, perto do conjunto de
correntes, havia duzentas romãs enfileiradas ao redor.
21 Ele levantou as colunas na frente do pórtico do tem-
plo. Deu o nome de Jaquim[g] à coluna ao sul e de Boaz[h]
à coluna ao norte. 22 Os capitéis no alto tinham a forma
de lírios. E assim completou-se o trabalho das colunas.

23 Fez o tanque de metal fundido, redondo, medindo
quatro metros e meio de diâmetro e dois metros e vin-
te e cinco centímetros de altura. Era preciso um fio de
treze metros e meio para medir a sua circunferência.
24 Abaixo da borda e ao seu redor havia duas fileiras de
frutos, de cinco em cinco centímetros, fundidas numa
só peça com o tanque.

25 O tanque ficava sobre doze touros, três voltados
para o norte, três para o oeste, três para o sul e três pa-
ra o leste. Ficava em cima deles, e as pernas traseiras
dos touros eram voltadas para o centro. 26 A espessura
do tanque era de quatro dedos, e sua borda era como a
borda de um cálice, como uma flor de lírio. Sua capaci-
dade era de quarenta mil litros[i].

27 Também fez dez carrinhos de bronze; cada um ti-
nha um metro e oitenta centímetros de comprimento
e de largura, e um metro e trinta e cinco centímetros de
altura. 28 Os carrinhos eram feitos assim: tinham placas
laterais presas a armações. 29 Nas placas, entre as arma-
ções, havia figuras de leões, bois e querubins; sobre as
armações, acima e abaixo dos leões e bois, havia gri-
naldas de metal batido. 30 Em cada carrinho havia qua-
tro rodas de bronze com eixos de bronze, cada um com
uma bacia apoiada em quatro pés e fundida ao lado de
cada grinalda. 31 No lado de dentro do carrinho havia
uma abertura circular com quarenta e cinco centímetros
de profundidade. Essa abertura era redonda e, com sua
base, media setenta centímetros. Havia esculturas em
torno da abertura. As placas dos carrinhos eram qua-
dradas, e não redondas. 32 As quatro rodas ficavam sob
as placas, e os eixos das rodas ficavam presos ao estra-
do. O diâmetro de cada roda era de setenta centímetros.
33 As rodas eram feitas como rodas de carros; os eixos, os
aros, os raios e os cubos eram todos de metal fundido.

[a] 6:38 Aproximadamente outubro/novembro.

[b] 7:2 Hebraico: *100 côvados de comprimento, 50 de largura e 30 de altura*. O côvado era uma medida linear de cerca de 45 centímetros.

[c] 7:7 Conforme a Vulgata e a Versão Siríaca. O Texto Massorético diz *de cedro desde o chão*.

[d] 7:13 Hebraico: *Hirão*, variante de *Hurão*; também nos versículos 40 e 45.

[e] 7:18 Muitos manuscritos dizem *Fez as colunas, e havia duas fileiras*.

[f] 7:18 Muitos manuscritos dizem *das romãs*.

[g] 7:21 *Jaquim* provavelmente significa *ele firma*.

[h] 7:21 *Boaz* provavelmente significa *nele há força*.

[i] 7:26 Hebraico: *2.000 batos*. O bato era uma medida de capacidade para líquidos. As estimativas variam entre 20 e 40 litros. A Septuaginta não traz esta sentença.

34Havia quatro cabos que se projetavam do carrinho,
um em cada canto. 35No alto do carrinho havia uma lâ-
mina circular de vinte e dois centímetros de altura. Os
apoios e as placas estavam fixados no alto do carrinho.
36Ele esculpiu figuras de querubins, leões e tamareiras
na superfície dos apoios e nas placas, em cada espa-
ço disponível, com grinaldas ao redor. 37Foi assim que
fez os dez carrinhos. Foram todos fundidos nos mes-
mos moldes e eram idênticos no tamanho e na forma.
38Depois ele fez dez pias de bronze, cada uma com
capacidade de oitocentos litros, medindo um metro e
oitenta centímetros de diâmetro; uma pia para cada um
dos dez carrinhos. 39Ele pôs cinco carrinhos no lado sul
do templo e cinco no lado norte. Pôs o tanque no lado
sul, no canto sudeste do templo. 40Também fez os jar-
ros, as pás e as bacias para aspersão.

Assim, Hurão completou todo o trabalho de que fora encarregado pelo rei Salomão, no templo do Senhor:

41as duas colunas;
os dois capitéis em forma de taça no alto das colunas;
os dois conjuntos de correntes que decoravam os dois capitéis;
42as quatrocentas romãs para os dois conjuntos de correntes, sendo duas fileiras de romãs para cada conjunto;
43os dez carrinhos com as suas dez pias;
44o tanque e os doze touros debaixo dele;
45e os jarros, as pás e as bacias de aspersão.

Todos esses utensílios que Hurão fez a pedido do rei
Salomão para o templo do Senhor eram de bronze po-
lido. 46Foi na planície do Jordão, entre Sucote e Zaretã,
que o rei os mandou fundir, em moldes de barro. 47Sa-
lomão não mandou pesar esses utensílios; eram tantos
que o peso do bronze não foi determinado.
48Além desses, Salomão mandou fazer também estes
outros utensílios para o templo do Senhor:

O altar de ouro;
a mesa de ouro sobre a qual ficavam os pães da Presença;
49os candelabros de ouro puro, cinco à direita e cinco à esquerda, em frente do santuário interno;
as flores, as lâmpadas e as tenazes de ouro;
50as bacias, os cortadores de pavio, as bacias para aspersão, as tigelas e os incensários;
e as dobradiças de ouro para as portas da sala interna, isto é, o Lugar Santíssimo, e também para as portas do átrio principal.

51Terminada toda a obra que Salomão realizou para o
templo do Senhor, ele trouxe tudo o que seu pai havia
consagrado e colocou junto com os tesouros do templo
do Senhor: a prata, o ouro e os utensílios.

O transporte da arca para o templo

8 Então o rei Salomão reuniu em Jerusalém as autori-
dades de Israel, todos os líderes das tribos e os chefes
das famílias israelitas, para levarem de Sião, a Cidade
de Davi, a arca da aliança do Senhor. 2E todos os ho-
mens de Israel uniram-se ao rei Salomão por ocasião da
festa, no mês de etanim[a], que é o sétimo mês. 3Quando
todas as autoridades de Israel chegaram, os sacerdotes
pegaram 4a arca do Senhor e a levaram, com a Tenda
do Encontro e com todos os seus utensílios sagrados.
Foram os sacerdotes e os levitas que levaram tudo. 5O
rei Salomão e toda a comunidade de Israel, que se havia
reunido a ele diante da arca, sacrificaram tantas ovelhas
e bois que nem era possível contar.
6Os sacerdotes levaram a arca da aliança do Senhor
para o seu lugar no santuário interno do templo, isto
é, no Lugar Santíssimo, e a colocaram debaixo das asas
dos querubins. 7Os querubins tinham suas asas esten-
didas sobre o lugar da arca e cobriam a arca e as va-
ras utilizadas para o transporte. 8Essas varas eram tão
compridas que as suas pontas, que se estendiam para
fora da arca, podiam ser vistas da frente do santuário
interno, mas não de fora dele; e elas estão lá até hoje.
9Na arca havia só as duas tábuas de pedra que Moisés
tinha colocado quando estava em Horebe, onde o Se-
nhor fez uma aliança com os israelitas depois que saí-
ram do Egito.
10Quando os sacerdotes se retiraram do Lugar San-
to, uma nuvem encheu o templo do Senhor, 11de for-
ma que os sacerdotes não podiam desempenhar o seu
serviço, pois a glória do Senhor encheu o seu templo.
12E Salomão exclamou: "O Senhor disse que habita-
ria numa nuvem escura! 13Na realidade construí para
ti um templo magnífico, um lugar para nele habitares
para sempre!"
14Depois o rei virou-se e abençoou toda a assembleia
de Israel, que estava ali em pé. 15E disse:

"Bendito seja o Senhor, o Deus de Israel, que com
sua mão cumpriu o que com sua própria boca havia
prometido a meu pai Davi, quando lhe disse: 16'Des-
de o dia em que tirei Israel, o meu povo, do Egito, não
escolhi nenhuma cidade das tribos de Israel para nela
construir um templo em honra ao meu nome. Mas es-
colhi Davi para governar Israel, o meu povo'.
17"Meu pai Davi tinha no coração o propósito de cons-
truir um templo em honra ao nome do Senhor, o Deus
de Israel. 18Mas o Senhor lhe disse: 'Você fez bem em ter
no coração o plano de construir um templo em honra
ao meu nome; 19no entanto, não será você que o cons-
truirá, mas o seu filho, que procederá de você; ele cons-
truirá o templo em honra ao meu nome'.
20"E o Senhor cumpriu a sua promessa: Sou o suces-
sor de meu pai Davi, e agora ocupo o trono de Israel, co-
mo o Senhor tinha prometido, e construí o templo em
honra ao nome do Senhor, o Deus de Israel. 21Providen-
ciei nele um lugar para a arca, na qual estão as tábuas
da aliança do Senhor, aliança que fez com os nossos
antepassados quando os tirou do Egito".

A oração de dedicação

22Depois Salomão colocou-se diante do altar do Se-
nhor, diante de toda a assembleia de Israel, levantou
as mãos para o céu 23e orou:
"Senhor, Deus de Israel, não há Deus como tu em
cima nos céus nem embaixo na terra! Tu que guardas
a tua aliança de amor com os teus servos que, de todo
o coração, andam segundo a tua vontade. 24Cumpris-
te a tua promessa a teu servo Davi, meu pai; com tua
boca prometeste e com tua mão a cumpriste, confor-
me hoje se vê.

[a] 8:2 Aproximadamente setembro/outubro.

25“Agora, Senhor, Deus de Israel, cumpre a outra
promessa que fizeste a teu servo Davi, meu pai, quan-
do disseste: ‘Você nunca deixará de ter, diante de mim,
um descendente que se assente no trono de Israel, se
tão somente os seus descendentes tiverem o cuidado
de, em tudo, andarem segundo a minha vontade, como
você tem feito’. 26Agora, ó Deus de Israel, que se con-
firme a palavra que falaste a teu servo Davi, meu pai.

27“Mas será possível que Deus habite na terra? Os
céus, mesmo os mais altos céus, não podem conter-te.
Muito menos este templo que construí! 28Ainda assim,
atende à oração do teu servo e ao seu pedido de mise-
ricórdia, ó Senhor, meu Deus. Ouve o clamor e a ora-
ção que o teu servo faz hoje na tua presença. 29Estejam
os teus olhos voltados dia e noite para este templo, lu-
gar do qual disseste que nele porias o teu nome, para
que ouças a oração que o teu servo fizer voltado para
este lugar. 30Ouve as súplicas do teu servo e de Israel, o
teu povo, quando orarem voltados para este lugar. Ou-
ve dos céus, lugar da tua habitação, e, quando ouvires,
dá-lhes o teu perdão.

31“Quando um homem pecar contra seu próximo e
tiver que fazer um juramento, e vier jurar diante do
teu altar neste templo, 32ouve dos céus e age. Julga os
teus servos; condena o culpado, fazendo recair sobre
a sua própria cabeça a consequência da sua conduta,
e declara sem culpa o inocente, dando-lhe o que a sua
inocência merece.

33“Quando Israel, o teu povo, for derrotado por um
inimigo por ter pecado contra ti, e voltar-se para ti e in-
vocar o teu nome, orando e suplicando a ti neste tem-
plo, 34ouve dos céus e perdoa o pecado de Israel, o teu
povo, e traze-o de volta à terra que deste aos seus an-
tepassados.

35“Quando se fechar o céu, e não houver chuva por
haver o teu povo pecado contra ti, e, se o teu povo, vol-
tado para este lugar, invocar o teu nome e afastar-se do
seu pecado por o haveres castigado, 36ouve dos céus e
perdoa o pecado dos teus servos, de Israel, teu povo.
Ensina-lhes o caminho certo e envia chuva sobre a tua
terra, que deste por herança ao teu povo.

37“Quando houver fome ou praga no país, ferrugem
e mofo, gafanhotos peregrinos e gafanhotos devastado-
res, ou quando inimigos sitiarem suas cidades, quando,
em meio a qualquer praga ou epidemia, 38uma oração
ou súplica por misericórdia for feita por um israelita
ou por todo o Israel, teu povo, cada um sentindo as
suas próprias aflições e dores, estendendo as mãos na
direção deste templo, 39ouve dos céus, o lugar da tua
habitação. Perdoa e age; trata cada um de acordo com
o que merece, visto que conheces o seu coração. Sim,
só tu conheces o coração do homem. 40Assim eles te te-
merão durante todo o tempo em que viverem na terra
que deste aos nossos antepassados.

41“Quanto ao estrangeiro, que não pertence a Israel, o
teu povo, e que veio de uma terra distante por causa do
teu nome — 42pois ouvirão acerca do teu grande nome,
da tua mão poderosa e do teu braço forte — quando ele
vier e orar voltado para este templo, 43ouve dos céus,
lugar da tua habitação, e atende o pedido do estran-
geiro, a fim de que todos os povos da terra conheçam
o teu nome e te temam, como faz Israel, o teu povo, e
saibam que este templo que construí traz o teu nome.

44“Quando o teu povo for à guerra contra os seus
inimigos, por onde quer que tu o enviares, e orar ao
Senhor voltado para a cidade que escolheste e para o
templo que construí em honra ao teu nome, 45ouve dos
céus a sua oração e a sua súplica, e defende a sua causa.

46“Quando pecarem contra ti, pois não há ninguém
que não peque, e ficares irado com eles e os entregares
ao inimigo, que os leve prisioneiros para a sua terra,
distante ou próxima; 47se eles caírem em si, na terra
para a qual tiverem sido deportados, e se arrepende-
rem e lá orarem: ‘Pecamos, praticamos o mal e fomos
rebeldes’; 48e se lá eles se voltarem para ti de todo o seu
coração e de toda a sua alma, na terra dos inimigos que
os tiverem levado como prisioneiros, e orarem volta-
dos para a terra que deste aos seus antepassados, para
a cidade que escolheste e para o templo que construí
em honra ao teu nome, 49então, desde os céus, o lugar
da tua habitação, ouve a sua oração e a sua súplica, e
defende a sua causa. 50Perdoa o teu povo, que pecou
contra ti; perdoa todas as transgressões que comete-
ram contra ti, e faze com que os seus conquistadores
tenham misericórdia deles; 51pois são o teu povo e a tua
herança, que tiraste do Egito, da fornalha de fundição.

52“Que os teus olhos estejam abertos para a súpli-
ca do teu servo e para a súplica de Israel, o teu povo,
e que os ouças sempre que clamarem a ti. 53Pois tu os
escolheste dentre todos os povos da terra para serem
a tua herança, como declaraste por meio do teu servo
Moisés, quando tu, ó Soberano Senhor, tiraste os nos-
sos antepassados do Egito”.

54Quando Salomão terminou a oração e a súplica ao
Senhor, levantou-se diante do altar do Senhor, onde ti-
nha se ajoelhado e estendido as mãos para o céu. 55Pôs-
-se em pé e abençoou em alta voz toda a assembleia de
Israel, dizendo:

56“Bendito seja o Senhor, que deu descanso a Israel,
o seu povo, como havia prometido. Não ficou sem cum-
primento nem uma de todas as boas promessas que
ele fez por meio do seu servo Moisés. 57Que o Senhor,
o nosso Deus, esteja conosco, assim como esteve com
os nossos antepassados. Que ele jamais nos deixe nem
nos abandone! 58E faça com que de coração nos volte-
mos para ele, a fim de andarmos em todos os seus cami-
nhos e obedecermos aos seus mandamentos, decretos e
ordenanças, que deu aos nossos antepassados. 59E que
as palavras da minha súplica ao Senhor tenham aces-
so ao Senhor, o nosso Deus, dia e noite, para que ele
defenda a causa do seu servo e a causa de Israel, o seu
povo, de acordo com o que precisarem. 60Assim, todos
os povos da terra saberão que o Senhor é Deus e que
não há nenhum outro. 61Mas vocês, tenham coração ín-
tegro para com o Senhor, o nosso Deus, para viverem
por seus decretos e obedecerem aos seus mandamen-
tos, como acontece hoje”.

A dedicação do templo

62Então o rei Salomão e todo o Israel ofereceram sa-
crifícios ao Senhor; 63ele ofereceu em sacrifício de co-
munhão[a] ao Senhor vinte e dois mil bois e cento e
vinte mil ovelhas. Assim o rei e todos os israelitas fize-
ram a dedicação do templo do Senhor.

[a] 8:63 Ou *de paz*

64Naquele mesmo dia o rei consagrou a parte central do pátio, que ficava na frente do templo do Senhor, e ali ofereceu holocaustos[a], ofertas de cereal e a gordura das ofertas de comunhão, pois o altar de bronze diante do Senhor era pequeno demais para comportar os holocaustos, as ofertas de cereal e a gordura das ofertas de comunhão.

65E foi assim que Salomão, com todo o Israel, celebrou a festa naquela data; era uma grande multidão, gente vinda desde Lebo-Hamate até o ribeiro do Egito. Celebraram-na diante do Senhor, o nosso Deus, durante sete dias[b]. 66No oitavo dia Salomão mandou o povo para casa. Eles abençoaram o rei e foram embora, jubilosos e de coração alegre por todas as coisas boas que o Senhor havia feito por seu servo Davi e por Israel, o seu povo.

O Senhor aparece a Salomão

9 Quando Salomão acabou de construir o templo do Senhor, o palácio real e tudo mais que desejara construir, 2o Senhor lhe apareceu pela segunda vez, como lhe havia aparecido em Gibeom. 3O Senhor lhe disse:

"Ouvi a oração e a súplica que você fez diante de mim; consagrei este templo que você construiu, para que nele habite o meu nome para sempre. Os meus olhos e o meu coração estarão sempre nele.

4"E se você andar segundo a minha vontade, com integridade de coração e com retidão, como fez o seu pai Davi, se fizer tudo o que eu lhe ordeno, obedecendo aos meus decretos e às minhas ordenanças, 5firmarei para sempre sobre Israel o seu trono, conforme prometi a Davi, seu pai, quando lhe disse: Nunca lhe faltará descendente para governar Israel.

6"Mas, se você ou seus filhos se afastarem de mim e não obedecerem aos mandamentos e aos decretos que lhes dei, e prestarem culto a outros deuses e adorá-los, 7desarraigarei Israel da terra que lhes dei, e lançarei para longe da minha presença este templo que consagrei ao meu nome. Israel se tornará então objeto de zombaria entre todos os povos. 8E, embora este templo seja agora imponente, todos os que passarem por ele ficarão espantados e perguntarão: 'Por que o Senhor fez uma coisa dessas a esta terra e a este templo?' 9E a resposta será: 'Porque abandonaram o Senhor, o seu Deus, que tirou os seus antepassados do Egito, e se apegaram a outros deuses, adorando-os e prestando-lhes culto; por isso o Senhor trouxe sobre eles toda esta desgraça' ".

Outros feitos de Salomão

10Depois de vinte anos, durante os quais construiu estes dois edifícios, o templo do Senhor e o palácio real, 11o rei Salomão deu vinte cidades da Galileia a Hirão, rei de Tiro, pois Hirão lhe havia fornecido toda a madeira de cedro e de pinho e o ouro de que ele precisou. 12Mas, quando este veio de Tiro para ver as cidades que Salomão lhe dera, não gostou. 13"Que cidades são essas que tu me deste, meu irmão?", ele perguntou. E as chamou terra de Cabul[c], nome que elas têm até hoje. 14Hirão tinha enviado ao rei quatro mil e duzentos quilos[d] de ouro!

15O rei Salomão impôs trabalhos forçados para que se construísse o templo do Senhor, seu próprio palácio, o Milo[e], o muro de Jerusalém, bem como Hazor, Megido e Gezer. 16O faraó, rei do Egito, havia atacado e conquistado Gezer. Incendiou a cidade e matou os seus habitantes, que eram cananeus, e a deu como presente de casamento à sua filha, mulher de Salomão. 17E Salomão reconstruiu Gezer. Ele construiu Bete-Horom Baixa, 18Baalate, e Tadmor[f], no deserto dessa região, 19bem como todas as cidades-armazéns e as cidades onde ficavam os seus carros de guerra e os seus cavalos[g]. Construiu tudo o que desejou em Jerusalém, no Líbano e em todo o território que governou.

20Salomão recrutou para o trabalho forçado todos os não israelitas, descendentes dos amorreus, dos hititas, dos ferezeus, dos heveus e dos jebuseus, 21que não tinham sido mortos pelos israelitas, e nesse trabalho continuam. 22Mas Salomão não obrigou nenhum israelita a trabalhos forçados; eles eram seus homens de guerra, seus capitães, os comandantes dos seus carros de guerra e os condutores de carros. 23Também eram israelitas os principais oficiais encarregados das construções de Salomão: quinhentos e cinquenta oficiais que supervisionavam os trabalhadores.

24Somente depois que a filha do faraó mudou-se da Cidade de Davi para o palácio que Salomão havia construído para ela, foi que ele construiu o Milo.

25Três vezes por ano Salomão oferecia holocaustos[h] e sacrifícios de comunhão[i] no altar que havia construído para o Senhor, e ao mesmo tempo queimava incenso diante do Senhor. E Salomão concluiu o templo.

26O rei Salomão também construiu navios em Eziom-Geber, que fica perto de Elate, na terra de Edom, às margens do mar Vermelho. 27E Hirão enviou em navios os seus marinheiros, homens experimentados que conheciam o mar, para trabalharem com os marinheiros de Salomão. 28Navegaram até Ofir, e de lá trouxeram catorze mil e setecentos quilos de ouro para o rei Salomão.

A rainha de Sabá visita Salomão

10 A rainha de Sabá soube da fama que Salomão tinha alcançado, graças ao nome do Senhor, e foi a Jerusalém para pô-lo à prova com perguntas difíceis. 2Quando chegou, acompanhada de uma enorme caravana, com camelos carregados de especiarias, grande quantidade de ouro e pedras preciosas, fez a Salomão todas as perguntas que tinha em mente. 3Salomão respondeu a todas; nenhuma lhe foi tão difícil que não pudesse responder. 4Vendo toda a sabedoria de Salomão, bem como o palácio que ele havia construído, 5o que era servido em sua mesa, o alojamento de seus oficiais, os criados e os copeiros, todos uniformizados, e os holocaustos[j] que ele fazia no[k] templo do Senhor, a visitante ficou impressionada.

6Então ela disse ao rei: "Tudo o que ouvi em meu país acerca de tuas realizações e de tua sabedoria é verdade. 7Mas eu não acreditava no que diziam, até

[a] 8:64 Isto é, sacrifícios totalmente queimados.

[b] 8:65 Conforme a Septuaginta. O Texto Massorético acrescenta *e mais 7 dias, 14 no total.*

[c] 9:13 *Cabul* assemelha-se à palavra hebraica que significa *inútil.*

[d] 9:14 Hebraico: *120 talentos.* Um talento equivalia a 35 quilos.

[e] 9:15 Ou *aterro*; também no versículo 24.

[f] 9:18 Ou *Tamar*

[g] 9:19 Ou *condutores de carros*

[h] 9:25 Isto é, sacrifícios totalmente queimados; também em 10:5.

[i] 9:25 Ou *de paz*

[j] 10:5 Isto é, sacrifícios totalmente queimados.

[k] 10:5 Ou *e o caminho pelo qual subia até o*

ver com os meus próprios olhos. Na realidade, não me contaram nem a metade; tu ultrapassas em muito o que ouvi, tanto em sabedoria como em riqueza. 8Como devem ser felizes os homens da tua corte, que continuamente estão diante de ti e ouvem a tua sabedoria! 9Bendito seja o SENHOR, o teu Deus, que se agradou de ti e te colocou no trono de Israel. Por causa do amor eterno do SENHOR para com Israel, ele te fez rei, para manter a justiça e a retidão".

10E ela deu ao rei quatro mil e duzentos quilos[a] de ouro e grande quantidade de especiarias e pedras preciosas. Nunca mais foram trazidas tantas especiarias quanto as que a rainha de Sabá deu ao rei Salomão.

11(Os navios de Hirão, que carregavam ouro de Ofir, também trouxeram de lá grande quantidade de madeira de junípero e pedras preciosas. 12O rei utilizou a madeira para fazer a escadaria do templo do SENHOR e a do palácio real, além de harpas e liras para os músicos. Nunca mais foi importada nem se viu tanta madeira de junípero.)

13O rei Salomão deu à rainha de Sabá tudo o que ela desejou e pediu, além do que já lhe tinha dado por sua generosidade real. Então ela e os seus servos voltaram para o seu país.

O esplendor do reino de Salomão

14O peso do ouro que Salomão recebia anualmente era de vinte e três mil e trezentos quilos, 15fora os impostos pagos por mercadores e comerciantes, por todos os reis da Arábia e pelos governadores do país.

16O rei Salomão fez duzentos escudos grandes de ouro batido, utilizando três quilos e seiscentos gramas[b] de ouro em cada um. 17Também fez trezentos escudos pequenos de ouro batido, com um quilo e oitocentos gramas de ouro em cada um. O rei os colocou no Palácio da Floresta do Líbano.

18O rei mandou fazer ainda um grande trono de marfim revestido de ouro puro. 19O trono tinha seis degraus, e o seu encosto tinha a parte alta arredondada. Nos dois lados do assento havia braços, com um leão junto a cada braço. 20Havia doze leões nos seis degraus, um em cada ponta de cada degrau. Nada igual havia sido feito em nenhum outro reino. 21Todas as taças do rei Salomão eram de ouro, bem como todos os utensílios do Palácio da Floresta do Líbano. Não havia nada de prata, pois a prata quase não tinha valor nos dias de Salomão. 22O rei tinha no mar uma frota de navios mercantes[c] junto com os navios de Hirão. Cada três anos a frota voltava, trazendo ouro, prata, marfim, macacos e pavões.

23O rei Salomão era o mais rico e o mais sábio de todos os reis da terra. 24Gente de todo o mundo pedia audiência a Salomão para ouvir a sabedoria que Deus lhe tinha dado. 25Ano após ano, todos os visitantes traziam algum presente: utensílios de prata e de ouro, mantos, armas e especiarias, cavalos e mulas.

26Salomão juntou carros e cavalos; possuía mil e quatrocentos carros e doze mil cavalos[d], dos quais mantinha uma parte nas guarnições de algumas cidades e a outra perto dele, em Jerusalém. 27O rei tornou a prata tão comum em Jerusalém quanto as pedras, e o cedro tão numeroso quanto as figueiras bravas da Sefelá[e]. 28Os cavalos de Salomão eram importados do Egito[f] e da Cilícia[g], onde os fornecedores do rei os compravam. 29Importavam do Egito um carro por sete quilos e duzentos gramas[h] de prata, e um cavalo por um quilo e oitocentos gramas, e os exportavam para todos os reis dos hititas e dos arameus.

As mulheres de Salomão

11 O rei Salomão amou muitas mulheres estrangeiras, além da filha do faraó. Eram mulheres moabitas, amonitas, edomitas, sidônias e hititas. 2Elas eram das nações a respeito das quais o SENHOR tinha dito aos israelitas: "Vocês não poderão tomar mulheres dentre essas nações, porque elas os farão desviar-se para seguir os seus deuses". No entanto, Salomão apegou-se amorosamente a elas. 3Casou com setecentas princesas e trezentas concubinas, e as suas mulheres o levaram a desviar-se. 4À medida que Salomão foi envelhecendo, suas mulheres o induziram a voltar-se para outros deuses, e o seu coração já não era totalmente dedicado ao SENHOR, o seu Deus, como fora o coração do seu pai Davi. 5Ele seguiu Astarote, a deusa dos sidônios, e Moloque, o repugnante deus dos amonitas. 6Dessa forma Salomão fez o que o SENHOR reprova; não seguiu completamente o SENHOR, como o seu pai Davi.

7No monte que fica a leste de Jerusalém, Salomão construiu um altar para Camos, o repugnante deus de Moabe, e para Moloque, o repugnante deus dos amonitas. 8Também fez altares para os deuses de todas as suas outras mulheres estrangeiras, que queimavam incenso e ofereciam sacrifícios a eles.

9O SENHOR irou-se contra Salomão por ter se desviado do SENHOR, o Deus de Israel, que lhe havia aparecido duas vezes. 10Embora ele tivesse proibido Salomão de seguir outros deuses, Salomão não lhe obedeceu. 11Então o SENHOR lhe disse: "Já que essa é a sua atitude e você não obedeceu à minha aliança e aos meus decretos, os quais lhe ordenei, certamente lhe tirarei o reino e o darei a um dos seus servos. 12No entanto, por amor a Davi, seu pai, não farei isso enquanto você viver. Eu o tirarei da mão do seu filho. 13Mas, não tirarei dele o reino inteiro, eu lhe darei uma tribo por amor de Davi, meu servo, e por amor de Jerusalém, a cidade que escolhi".

Os adversários de Salomão

14Então o SENHOR levantou contra Salomão um adversário, o edomita Hadade, da linhagem real de Edom. 15Anteriormente, quando Davi estava lutando contra Edom, Joabe, o comandante do exército, que tinha ido para lá enterrar os mortos, exterminara todos os homens de Edom. 16Joabe e todo o exército israelita permaneceram lá seis meses, até matarem todos os edomitas. 17Mas Hadade, sendo ainda menino, fugiu para o Egito com alguns dos oficiais edomitas que tinham servido a seu pai. 18Partiram de Midiã e foram a Parã. Lá reuniram alguns homens e foram ao Egito, até o faraó, rei do Egito, que deu uma casa e terras a Hadade e lhe forneceu alimento.

[a] 10:10 Hebraico: *120 talentos*. Um talento equivalia a 35 quilos.
[b] 10:16 Hebraico: *6 minas*. Uma mina equivalia a 600 gramas.
[c] 10:22 Hebraico: *de Társis*.
[d] 10:26 Ou *condutores de carros*
[e] 10:27 Pequena faixa de terra de relevo variável entre a planície costeira e as montanhas.
[f] 10:28 Ou *Muzur*, região da Cilícia; também no versículo 29.
[g] 10:28 Hebraico: *Cuve*.
[h] 10:29 Hebraico: *600 siclos*. Um siclo equivalia a 12 gramas.

19 O faraó acolheu bem a Hadade, ao ponto de dar-lhe em casamento uma irmã de sua própria mulher, a rainha Tafnes. 20 A irmã de Tafnes deu-lhe um filho, chamado Genubate, que fora criado por Tafnes no palácio real. Ali Genubate viveu com os próprios filhos do faraó.

21 Enquanto estava no Egito, Hadade soube que Davi tinha descansado com seus antepassados e que Joabe, o comandante do exército, também estava morto. Então Hadade disse ao faraó: "Deixa-me voltar para a minha terra".

22 "O que lhe falta aqui para que você queira voltar para a sua terra?", perguntou o faraó.

"Nada me falta", respondeu Hadade, "mas deixa-me ir!"

23 E Deus fez um outro adversário levantar-se contra Salomão: Rezom, filho de Eliada, que tinha fugido do seu senhor, Hadadezer, rei de Zobá. 24 Quando Davi destruiu o exército de Zobá, Rezom reuniu alguns homens e tornou-se líder de um bando de rebeldes. Eles foram para Damasco, onde se instalaram e assumiram o controle. 25 Rezom foi adversário de Israel enquanto Salomão viveu, e trouxe-lhe muitos problemas, além dos causados por Hadade. Assim Rezom governou a Síria e foi hostil a Israel.

A rebelião de Jeroboão contra Salomão

26 Também Jeroboão, filho de Nebate, rebelou-se contra o rei. Ele era um dos oficiais de Salomão, um efraimita de Zeredá, e a sua mãe era uma viúva chamada Zerua.

27 Foi assim que ele se revoltou contra o rei: Salomão tinha construído o Milo[a] e havia tapado a abertura no muro da Cidade de Davi, seu pai. 28 Ora, Jeroboão era homem capaz, e, quando Salomão viu como ele fazia bem o seu trabalho, encarregou-o de todos os que faziam trabalho forçado, pertencentes às tribos de José.

29 Naquela ocasião, Jeroboão saiu de Jerusalém, e Aías, o profeta de Siló, que estava usando uma capa nova, encontrou-se com ele no caminho. Os dois estavam sozinhos no campo, 30 e Aías segurou firmemente a capa que estava usando, rasgou-a em doze pedaços 31 e disse a Jeroboão: "Apanhe dez pedaços para você, pois assim diz o SENHOR, o Deus de Israel: 'Saiba que vou tirar o reino das mãos de Salomão e dar a você dez tribos. 32 Mas, por amor ao meu servo Davi e à cidade de Jerusalém, a qual escolhi dentre todas as tribos de Israel, ele terá uma tribo. 33 Farei isso porque eles me abandonaram[b] e adoraram Astarote, a deusa dos sidônios, Camos, deus dos moabitas, e Moloque, deus dos amonitas, e não andaram nos meus caminhos, nem fizeram o que eu aprovo, nem obedeceram aos meus decretos e às minhas ordenanças, como fez Davi, pai de Salomão.

34 " 'Mas não tirarei o reino todo das mãos de Salomão; eu o fiz governante todos os dias de sua vida por amor ao meu servo Davi, a quem escolhi e que obedeceu aos meus mandamentos e aos meus decretos. 35 Tirarei o reino das mãos do seu filho e darei dez tribos a você. 36 Darei uma tribo ao seu filho a fim de que o meu servo Davi sempre tenha diante de mim um descendente no trono[c] em Jerusalém, a cidade onde eu quis pôr o meu nome. 37 Quanto a você, eu o farei reinar sobre tudo o que o seu coração desejar; você será rei de Israel. 38 Se você fizer tudo o que eu lhe ordenar e andar nos meus caminhos e fizer o que eu aprovo, obedecendo aos meus decretos e aos meus mandamentos, como fez o meu servo Davi, estarei com você. Edificarei para você uma dinastia tão permanente quanto a que edifiquei para Davi, e darei Israel a você. 39 Humilharei os descendentes de Davi por causa disso, mas não para sempre' ".

40 Salomão tentou matar Jeroboão, mas ele fugiu para o Egito, para o rei Sisaque, e lá permaneceu até a morte de Salomão.

A morte de Salomão

41 Os demais acontecimentos do reinado de Salomão, tudo o que fez e a sabedoria que teve, estão todos escritos nos registros históricos de Salomão. 42 Salomão reinou quarenta anos em Jerusalém sobre todo o Israel. 43 Então descansou com os seus antepassados e foi sepultado na Cidade de Davi, seu pai. E o seu filho Roboão foi o seu sucessor.

A revolta de Israel contra Roboão

12 Roboão foi a Siquém, onde todos os israelitas tinham se reunido para proclamá-lo rei. 2 Assim que Jeroboão, filho de Nebate, que estava no Egito para onde tinha fugido do rei Salomão, soube disso, voltou de lá. 3 Depois disso mandaram chamá-lo. Então ele e toda a assembleia de Israel foram ao encontro de Roboão e disseram: 4 "Teu pai colocou sobre nós um jugo pesado, mas agora diminui o trabalho árduo e este jugo pesado, e nós te serviremos".

5 Roboão respondeu: "Voltem a mim daqui a três dias". Então o povo foi embora.

6 O rei Roboão perguntou às autoridades que haviam servido ao seu pai Salomão durante a vida dele: "Como vocês me aconselham a responder a este povo?"

7 Eles responderam: "Se hoje fores um servo deste povo e servi-lo, dando-lhe uma resposta favorável, eles sempre serão teus servos".

8 Roboão, contudo, rejeitou o conselho que as autoridades de Israel lhe tinham dado e consultou os jovens que haviam crescido com ele e o estavam servindo. 9 Perguntou-lhes: "Que conselho vocês me dão? Como devemos responder a este povo que me diz: 'Diminui o jugo que teu pai colocou sobre nós'?"

10 Os jovens que haviam crescido com ele responderam: "A este povo que te disse: 'Teu pai colocou sobre nós um jugo pesado; torna-o mais leve', dize: Meu dedo mínimo é mais grosso do que a cintura do meu pai. 11 Pois bem, meu pai lhes impôs um jugo pesado; eu o tornarei ainda mais pesado. Meu pai os castigou com simples chicotes; eu os castigarei com chicotes pontiagudos[d]".

12 Três dias depois, Jeroboão e todo o povo voltaram a Roboão, segundo a orientação dada pelo rei: "Voltem a mim daqui a três dias". 13 E o rei lhes respondeu asperamente. Rejeitando o conselho das autoridades de Israel, 14 seguiu o conselho dos jovens e disse: "Meu pai lhes tornou pesado o jugo; eu o tornarei ainda mais pesado. Meu pai os castigou com simples chicotes; eu os castigarei com chicotes pontiagudos". 15 E o rei não ouviu o povo, pois esta mudança nos acontecimentos vinha da

[a] 11:27 Ou *aterro*
[b] 11:33 A Septuaginta, a Vulgata e a Versão Siríaca dizem *porque ele me abandonou*.
[c] 11:36 Hebraico: *haja uma lâmpada para Davi*.
[d] 12:11 Ou *com escorpiões*; também no versículo 14.

parte do Senhor, para que se cumprisse a palavra que
o Senhor havia falado a Jeroboão, filho de Nebate, por
meio do silonita Aías.
16 Quando todo o Israel viu que o rei se recusava a
ouvi-los, respondeu ao rei:

"Que temos em comum com Davi?
Que temos em comum
com o filho de Jessé?
Para as suas tendas, ó Israel!
Cuide da sua própria casa, ó Davi!"

E assim os israelitas foram para as suas casas. 17 Quan-
to, porém, aos israelitas que moravam nas cidades de
Judá, Roboão continuou como rei deles.
18 O rei Roboão enviou Adonirão[a], chefe do trabalho
forçado, mas todo o Israel o apedrejou até a morte. O
rei, contudo, conseguiu subir em sua carruagem e fugir
para Jerusalém. 19 Dessa forma Israel se rebelou contra a
dinastia de Davi, e assim permanece até hoje.
20 Quando todos os israelitas souberam que Jeroboão
tinha voltado, mandaram chamá-lo para a reunião da
comunidade e o fizeram rei sobre todo o Israel. Somen-
te a tribo de Judá permaneceu leal à dinastia de Davi.
21 Quando Roboão, filho de Salomão, chegou a Jeru-
salém, convocou cento e oitenta mil homens de comba-
te, das tribos de Judá e de Benjamim, para guerrearem
contra Israel e recuperarem o reino.
22 Entretanto, veio esta palavra de Deus a Semaías,
homem de Deus: 23 "Diga a Roboão, filho de Salomão,
rei de Judá, às tribos de Judá e Benjamim, e ao restan-
te do povo: 24 Assim diz o Senhor: Não saiam à guerra
contra os seus irmãos israelitas. Voltem para casa, to-
dos vocês, pois fui eu que fiz isso". E eles obedeceram à
palavra do Senhor e voltaram para as suas casas, con-
forme o Senhor tinha ordenado.

Bezerros de ouro em Betel e em Dã

25 Jeroboão fortificou Siquém, nos montes de Efraim,
onde passou a morar. Depois saiu e fortificou Peniel.
26 Jeroboão pensou: "O reino agora provavelmente
voltará para a dinastia de Davi. 27 Se este povo subir a
Jerusalém para oferecer sacrifícios no templo do Se-
nhor, novamente dedicarão sua lealdade ao senhor de-
les, Roboão, rei de Judá. Eles vão me matar e vão voltar
para o rei Roboão".
28 Depois de aconselhar-se, o rei fez dois bezerros de
ouro e disse ao povo: "Vocês já subiram muito a Jeru-
salém. Aqui estão os seus deuses, ó Israel, que tiraram
vocês do Egito". 29 Mandou pôr um bezerro em Betel, e
o outro em Dã. 30 E isso veio a ser um pecado, pois o po-
vo ia até Dã para adorar aquele bezerro.
31 Jeroboão construiu altares idólatras e designou sa-
cerdotes dentre o povo, apesar de não serem levitas.
32 Instituiu uma festa no décimo quinto dia do oitavo
mês, semelhante à festa realizada em Judá, e ofereceu
sacrifícios no altar. Ele fez isso em Betel, onde sacrifi-
cou aos bezerros que havia feito. Também estabeleceu
lá sacerdotes nos seus altares idólatras. 33 No décimo
quinto dia do oitavo mês, data que ele mesmo escolheu,
ofereceu sacrifícios no altar que havia construído em
Betel. Assim ele instituiu a festa para os israelitas e foi
ao altar para queimar incenso.

[a] 12:18 Conforme alguns manuscritos da Septuaginta e a Versão Siríaca. O Texto Massorético diz *Adorão*. Veja 1Rs 4:6 e 5:14.

O homem de Deus que veio de Judá

13 Por ordem do Senhor um homem de Deus foi de
Judá a Betel, quando Jeroboão estava em pé junto
ao altar para queimar incenso. 2 Ele clamou contra o al-
tar, segundo a ordem do Senhor: "Ó altar, ó altar! Assim
diz o Senhor: 'Um filho nascerá na família de Davi e se
chamará Josias. Sobre você ele sacrificará os sacerdotes
dos altares idólatras que agora queimam incenso aqui,
e ossos humanos serão queimados sobre você'". 3 Naque-
le mesmo dia o homem de Deus deu um sinal: "Este é
o sinal que o Senhor declarou: O altar se fenderá, e as
cinzas que estão sobre ele se derramarão".
4 Quando o rei Jeroboão ouviu o que o homem de
Deus proclamava contra o altar de Betel, apontou pa-
ra ele e ordenou: "Prendam-no!" Mas o braço que ele
tinha estendido ficou paralisado, e não voltava ao nor-
mal. 5 Além disso, o altar se fendeu, e as suas cinzas se
derramaram, conforme o sinal dado pelo homem de
Deus por ordem do Senhor.
6 Então o rei disse ao homem de Deus: "Interceda
junto ao Senhor, o seu Deus, e ore por mim para que
meu braço se recupere". O homem de Deus intercedeu
junto ao Senhor, e o braço do rei recuperou-se e vol-
tou ao normal.
7 O rei disse ao homem de Deus: "Venha à minha casa
e coma algo, e eu o recompensarei".
8 Mas o homem de Deus respondeu ao rei: "Mesmo
que me desse a metade dos seus bens, eu não iria com
você, nem comeria, nem beberia nada neste lugar. 9 Pois
recebi estas ordens pela palavra do Senhor: 'Não coma
pão nem beba água nem volte pelo mesmo caminho por
onde foi' ". 10 Por isso, quando ele voltou, não foi pelo
caminho por onde tinha vindo a Betel.
11 Ora, havia um certo profeta, já idoso, que morava
em Betel. Seus filhos lhe contaram tudo o que o homem
de Deus havia feito naquele dia e também o que ele dis-
sera ao rei. 12 O pai lhes perguntou: "Por qual caminho
ele foi?" E os seus filhos lhe mostraram por onde tinha
ido o homem de Deus que viera de Judá. 13 Então disse
aos filhos: "Selem o jumento para mim". E, depois de
selarem o jumento, ele montou 14 e cavalgou à procura
do homem de Deus, até que o encontrou sentado em-
baixo da Grande Árvore. E lhe perguntou: "Você é o ho-
mem de Deus que veio de Judá?"
"Sou", respondeu.
15 Então o profeta lhe disse: "Venha à minha casa co-
mer alguma coisa".
16 O homem de Deus disse: "Não posso ir com você,
nem posso comer pão ou beber água neste lugar. 17 A
palavra do Senhor deu-me esta ordem: 'Não coma pão
nem beba água lá, nem volte pelo mesmo caminho por
onde você foi' ".
18 O profeta idoso respondeu: "Eu também sou pro-
feta como você. E um anjo me disse por ordem do Se-
nhor: 'Faça-o voltar com você para a sua casa para que
coma pão e beba água' ". Mas ele estava mentindo. 19 E
o homem de Deus voltou com ele e foi comer e beber
em sua casa.
20 Enquanto ainda estavam sentados à mesa, a pala-
vra do Senhor veio ao profeta idoso que o havia feito
voltar 21 e ele bradou ao homem de Deus que tinha vindo
de Judá: "Assim diz o Senhor: 'Você desafiou a palavra
do Senhor e não obedeceu à ordem que o Senhor, o

seu Deus, lhe deu. 22Você voltou e comeu pão e bebeu água no lugar onde ele lhe falou que não comesse nem bebesse. Por isso o seu corpo não será sepultado no túmulo dos seus antepassados' ".

23Quando o homem de Deus acabou de comer e beber, o profeta idoso selou seu jumento para ele. 24No caminho, um leão o atacou e o matou, e o seu corpo ficou estendido no chão, ao lado do leão e do jumento. 25Algumas pessoas que passaram viram o cadáver estendido ali, com o leão ao lado, e foram dar a notícia na cidade onde o profeta idoso vivia. 26Quando este soube disso, exclamou: "É o homem de Deus que desafiou a palavra do Senhor! O Senhor o entregou ao leão, que o feriu e o matou, conforme a palavra do Senhor o tinha advertido".

27O profeta disse aos seus filhos: "Selem o jumento para mim", e eles o fizeram. 28Ele foi e encontrou o cadáver caído no caminho, com o jumento e o leão ao seu lado. O leão não tinha comido o corpo nem ferido o jumento. 29O profeta apanhou o corpo do homem de Deus, colocou-o sobre o jumento, e o levou de volta para Betel[a], a fim de chorar por ele e sepultá-lo. 30Ele o pôs no seu próprio túmulo, e se lamentaram por ele, cada um exclamando: "Ah, meu irmão!"

31Depois de sepultá-lo, disse aos seus filhos: "Quando eu morrer, enterrem-me no túmulo onde está sepultado o homem de Deus; ponham os meus ossos ao lado dos ossos dele. 32Pois a mensagem que declarou por ordem do Senhor contra o altar de Betel e contra todos os altares idólatras das cidades de Samaria certamente se cumprirá".

33Mesmo depois disso Jeroboão não mudou o seu mau procedimento, mas continuou a nomear dentre o povo sacerdotes para os altares idólatras. Ele consagrava para esses altares todo aquele que quisesse tornar-se sacerdote. 34Esse foi o pecado da família de Jeroboão, que levou à sua queda e à sua eliminação da face da terra.

A profecia de Aías contra Jeroboão

14 Naquela época, Abias, filho de Jeroboão, ficou doente, 2e este disse à sua mulher: "Use um disfarce para não ser reconhecida como a mulher de Jeroboão, e vá a Siló, onde vive o profeta Aías, aquele que me disse que eu seria rei sobre este povo. 3Leve para ele dez pães, alguns bolos e uma garrafa de mel. Ele lhe dirá o que vai acontecer com o menino". 4A mulher de Jeroboão atendeu o seu pedido e foi à casa de Aías, em Siló.

Ora, Aías já não conseguia enxergar; tinha ficado cego por causa da idade. 5Mas o Senhor lhe tinha dito: "A mulher de Jeroboão está vindo para lhe perguntar acerca do filho dela, pois ele está doente, e você deve responder-lhe assim e assim. Quando ela chegar, vai fingir que é outra pessoa".

6Quando Aías ouviu o som dos passos junto da porta, disse: "Entre, mulher de Jeroboão. Por que esse fingimento? Fui encarregado de lhe dar más notícias. 7Vá dizer a Jeroboão que é isto o que o Senhor, o Deus de Israel, diz: 'Tirei-o dentre o povo e o tornei líder sobre Israel, o meu povo. 8Tirei o reino da família de Davi e o dei a você, mas você não tem sido como o meu servo Davi, que obedecia aos meus mandamentos e me seguia de todo o coração, fazendo apenas o que eu aprovo. 9Você tem feito mais mal do que todos os que viveram antes de você, pois fez para si outros deuses, ídolos de metal; você provocou a minha ira e voltou as costas para mim.

10" 'Por isso, trarei desgraça à família de Jeroboão. Matarei de Jeroboão até o último indivíduo do sexo masculino[b] em Israel, seja escravo ou livre. Queimarei a família de Jeroboão até o fim como quem queima esterco. 11Dos que pertencem a Jeroboão, os cães comerão os que morrerem na cidade, e as aves do céu se alimentarão dos que morrerem no campo. O Senhor falou!'

12"Quanto a você, volte para casa. Quando você puser os pés na cidade, o menino morrerá. 13Todo o Israel chorará por ele e o sepultará. Ele é o único da família de Jeroboão que será sepultado, pois é o único da família de Jeroboão em quem o Senhor, o Deus de Israel, encontrou alguma coisa boa.

14"O Senhor levantará para si um rei sobre Israel que eliminará a família de Jeroboão. O dia virá! Quando? Agora mesmo. 15E o Senhor ferirá Israel, de maneira que ficará como junco balançando na água. Ele desarraigará Israel desta boa terra que deu aos seus antepassados e os espalhará para além do Eufrates[c], pois provocaram a ira do Senhor com os postes sagrados que fizeram. 16E ele abandonará Israel por causa dos pecados que Jeroboão cometeu e tem feito Israel cometer".

17Então a mulher de Jeroboão levantou-se e voltou para Tirza. Assim que entrou em casa, o menino morreu. 18Eles o sepultaram, e todo o Israel chorou por ele, conforme o Senhor predissera por meio do seu servo, o profeta Aías.

19Os demais acontecimentos do reinado de Jeroboão, suas guerras e como governou, estão escritos nos registros históricos dos reis de Israel. 20Ele reinou durante vinte e dois anos, e então descansou com os seus antepassados. E o seu filho Nadabe foi o seu sucessor.

O reinado de Roboão, rei de Judá

21Roboão, filho de Salomão, foi rei de Judá. Tinha quarenta e um anos de idade quando começou a reinar, e reinou dezessete anos em Jerusalém, cidade que o Senhor havia escolhido dentre todas as tribos de Israel para nela pôr o seu nome. Sua mãe, uma amonita, chamava-se Naamá.

22Judá fez o que o Senhor reprova. Pelos pecados que cometeram, eles despertaram a sua ira zelosa mais do que os seus antepassados o tinham feito. 23Também construíram para si altares idólatras, colunas sagradas e postes sagrados sobre todos os montes e debaixo de todas as árvores frondosas. 24Havia no país até prostitutos cultuais; o povo se envolvia em todas as práticas detestáveis das nações que o Senhor havia expulsado de diante dos israelitas.

25No quinto ano do reinado de Roboão, Sisaque, rei do Egito, atacou Jerusalém. 26Levou embora todos os tesouros do templo do Senhor e do palácio real, inclusive os escudos de ouro que Salomão havia feito. 27Por isso o rei Roboão mandou fazer escudos de bronze para substituí-los, e os entregou aos chefes da guarda da entrada do palácio real. 28Sempre que o rei ia ao templo

[a] 13:29 Hebraico: *para a cidade.*

[b] 14:10 Hebraico: *dos que urinam na parede.*

[c] 14:15 Hebraico: *do Rio.*

do Senhor, os guardas empunhavam os escudos, e, em seguida, os devolviam à sala da guarda.

29 Os demais acontecimentos do reinado de Roboão, e tudo o que fez, estão escritos nos registros históricos dos reis de Judá. 30 Houve guerra constante entre Roboão e Jeroboão. 31 Roboão descansou com os seus antepassados e foi sepultado com eles na Cidade de Davi. Sua mãe, uma amonita, chamava-se Naamá. E o seu filho Abias foi o seu sucessor.

O reinado de Abias, rei de Judá

15 No décimo oitavo ano do reinado de Jeroboão, filho de Nebate, Abias tornou-se rei de Judá, 2 e reinou três anos em Jerusalém. O nome de sua mãe era Maaca, filha de Absalão.

3 Ele cometeu todos os pecados que o seu pai tinha cometido; seu coração não era inteiramente consagrado ao Senhor, ao seu Deus, quanto fora o coração de Davi, seu predecessor. 4 No entanto, por amor de Davi, o Senhor, o seu Deus, concedeu-lhe uma lâmpada em Jerusalém, dando-lhe um filho como sucessor e fortalecendo Jerusalém. 5 Pois Davi fizera o que o Senhor aprova e não deixara de obedecer a nenhum dos mandamentos do Senhor durante todos os dias da sua vida, exceto no caso de Urias, o hitita.

6 E houve guerra entre Roboão e Jeroboão durante toda a vida de Abias[a]. 7 Os demais acontecimentos do reinado de Abias e todas as suas realizações estão escritos nos registros históricos dos reis de Judá. Também houve guerra entre Abias e Jeroboão. 8 E Abias descansou com os seus antepassados e foi sepultado na Cidade de Davi. E o seu filho Asa foi o seu sucessor.

O reinado de Asa, rei de Judá

9 No vigésimo ano do reinado de Jeroboão, rei de Israel, Asa tornou-se rei de Judá, 10 e reinou quarenta e um anos em Jerusalém. O nome da sua avó era Maaca, filha de Absalão.

11 Asa fez o que o Senhor aprova, tal como Davi, seu predecessor. 12 Expulsou do país os prostitutos cultuais e se desfez de todos os ídolos que seu pai havia feito. 13 Chegou até a depor sua avó Maaca da posição de rainha-mãe, pois ela havia feito um poste sagrado repugnante. Asa derrubou o poste e o queimou no vale do Cedrom. 14 Embora os altares idólatras não tenham sido eliminados, o coração de Asa foi totalmente dedicado ao Senhor durante toda a sua vida. 15 Ele trouxe para o templo do Senhor a prata, o ouro e os utensílios que ele e seu pai haviam consagrado.

16 Houve guerra entre Asa e Baasa, rei de Israel, durante todo o reinado deles. 17 Baasa, rei de Israel, invadiu Judá e fortificou Ramá, para que ninguém pudesse entrar nem sair do território de Asa, rei de Judá.

18 Então Asa ajuntou a prata e o ouro que haviam sobrado no tesouro do templo do Senhor e do seu próprio palácio. Confiou tudo isso a alguns dos seus oficiais e os enviou a Ben-Hadade, filho de Tabriom e neto de Heziom, rei da Síria, que governava em Damasco, 19 com uma mensagem que dizia: "Façamos um tratado, como fizeram meu pai e o teu. Estou te enviando como presente prata e ouro. Agora, rompe o tratado que tens com Baasa, rei de Israel, para que ele saia do meu país".

20 Ben-Hadade aceitou a proposta do rei Asa e ordenou aos comandantes das suas forças que atacassem as cidades de Israel. Ele conquistou Ijom, Dã, Abel-Bete-Maaca e todo o Quinerete, além de Naftali. 21 Quando Baasa soube disso, abandonou a construção dos muros de Ramá e foi para Tirza. 22 Então o rei Asa reuniu todos os homens de Judá — ninguém foi isentado — e eles retiraram de Ramá as pedras e a madeira que Baasa estivera usando. Com esse material Asa fortificou Geba, em Benjamim, e também Mispá.

23 Os demais acontecimentos do reinado de Asa, todas as suas realizações, todos os seus atos e todas as cidades que construiu, tudo isso está escrito nos registros históricos dos reis de Judá. Na velhice Asa sofreu uma doença nos pés, 24 e quando descansou com os seus antepassados, foi sepultado com eles na Cidade de Davi, seu predecessor. E seu filho Josafá foi o seu sucessor.

O reinado de Nadabe, rei de Israel

25 Nadabe, filho de Jeroboão, tornou-se rei de Israel no segundo ano do reinado de Asa, rei de Judá, e reinou dois anos sobre Israel. 26 Fez o que o Senhor reprova, andando nos caminhos do seu pai e no pecado que ele tinha levado Israel a cometer.

27 Baasa, filho de Aías, da tribo de Issacar, conspirou contra ele, e o matou na cidade filisteia de Gibetom, enquanto Nadabe e todo o exército de Israel a sitiavam. 28 Baasa matou Nadabe no terceiro ano do reinado de Asa, rei de Judá, e foi o seu sucessor.

29 Assim que começou a reinar, matou toda a família de Jeroboão. Dos pertencentes a Jeroboão não deixou ninguém vivo; destruiu todos, de acordo com a palavra do Senhor anunciada por seu servo, o silonita Aías. 30 Isso aconteceu por causa dos pecados que Jeroboão havia cometido e havia feito Israel cometer, e porque ele tinha provocado a ira do Senhor, o Deus de Israel.

31 Os demais acontecimentos do reinado de Nadabe e tudo o que fez, estão escritos nos registros históricos dos reis de Israel. 32 Houve guerra entre Asa e Baasa, rei de Israel, durante todo o reinado deles.

O reinado de Baasa, rei de Israel

33 No terceiro ano do reinado de Asa, rei de Judá, Baasa, filho de Aías, tornou-se rei de todo o Israel, em Tirza, e reinou vinte e quatro anos. 34 Fez o que o Senhor reprova, andando nos caminhos de Jeroboão e nos pecados que ele tinha levado Israel a cometer.

16 Então a palavra do Senhor contra Baasa veio a Jeú, filho de Hanani: 2 "Eu o levantei do pó e o tornei líder de Israel, o meu povo, mas você andou nos caminhos de Jeroboão e fez o meu povo pecar e provocar a minha ira por causa dos pecados deles. 3 Por isso estou na iminência de destruir Baasa e a sua família, fazendo a ela o que fiz à de Jeroboão, filho de Nebate. 4 Cães comerão os da família de Baasa que morrerem na cidade, e as aves do céu se alimentarão dos que morrerem no campo".

5 Os demais acontecimentos do reinado de Baasa, seus atos e suas realizações, estão escritos nos registros históricos dos reis de Israel. 6 Baasa descansou com os seus antepassados e foi sepultado em Tirza. E seu filho Elá foi o seu sucessor.

7 A palavra do Senhor veio por meio do profeta Jeú, filho de Hanani, a Baasa e sua família, por terem feito

[a] 15:6 Alguns manuscritos dizem *Abião*, variante de *Abias*.

o que o SENHOR reprova, provocando a sua ira, tornando-se como a família de Jeroboão — e também porque Baasa destruiu a família de Jeroboão.

O reinado de Elá, rei de Israel

8No vigésimo sexto ano do reinado de Asa, rei de Judá, Elá, filho de Baasa, tornou-se rei de Israel, e reinou dois anos em Tirza.

9Zinri, um dos seus oficiais, que comandava metade dos seus carros de guerra, conspirou contra ele. Elá estava em Tirza naquela ocasião, embriagando-se na casa de Arsa, o encarregado do palácio de Tirza. 10Zinri entrou, feriu-o e matou-o, no vigésimo sétimo ano do reinado de Asa, rei de Judá. E foi o seu sucessor.

11Assim que começou a reinar, logo que se assentou no trono, eliminou toda a família de Baasa. Não poupou uma só pessoa do sexo masculino[a], fosse parente ou amigo. 12Assim Zinri destruiu toda a família de Baasa, de acordo com a palavra do SENHOR que o profeta Jeú dissera contra Baasa, 13por causa de todos os pecados que este e seu filho Elá haviam cometido e levado Israel a cometer, pois, com os seus ídolos inúteis, provocaram a ira do SENHOR, o Deus de Israel.

14Os demais acontecimentos do reinado de Elá e tudo o que fez estão escritos nos registros históricos dos reis de Israel.

O reinado de Zinri, rei de Israel

15No vigésimo sétimo ano do reinado de Asa, rei de Judá, Zinri reinou sete dias em Tirza. O exército estava acampado perto da cidade filisteia de Gibetom. 16Quando os acampados souberam que Zinri havia conspirado contra o rei e o tinha assassinado, no mesmo dia, ali no acampamento, proclamaram Onri, o comandante do exército, rei sobre Israel. 17Então Onri e todo o seu exército saíram de Gibetom e sitiaram Tirza. 18Quando Zinri viu que a cidade tinha sido tomada, entrou na cidadela do palácio real e incendiou o palácio em torno de si, e morreu. 19Tudo por causa dos pecados que ele havia cometido, fazendo o que o SENHOR reprova e andando nos caminhos de Jeroboão e no pecado que ele tinha cometido e levado Israel a cometer.

20Os demais acontecimentos do reinado de Zinri e a rebelião que liderou estão escritos nos registros históricos dos reis de Israel.

O reinado de Onri, rei de Israel

21Então o povo de Israel dividiu-se em duas facções: metade apoiava Tibni, filho de Ginate, para fazê-lo rei, e a outra metade apoiava Onri. 22Mas os seguidores de Onri revelaram-se mais fortes do que os de Tibni, filho de Ginate. E aconteceu que Tibni morreu e Onri tornou-se rei.

23No trigésimo primeiro ano do reinado de Asa, rei de Judá, Onri tornou-se rei de Israel e reinou doze anos, seis deles em Tirza. 24Por setenta quilos[b] de prata ele comprou de Sêmer a colina de Samaria, onde construiu uma cidade, a qual chamou Samaria, por causa de Sêmer, o nome do antigo proprietário da colina.

25Onri, porém, fez o que o SENHOR reprova e pecou mais do que todos os que reinaram antes dele. 26Andou nos caminhos de Jeroboão, filho de Nebate, e no pecado que ele tinha levado Israel a cometer, e assim, com os seus ídolos inúteis, provocou a ira do SENHOR, o Deus de Israel.

27Os demais acontecimentos do reinado de Onri, seus atos e suas realizações, tudo está escrito nos registros históricos dos reis de Israel. 28Onri descansou com os seus antepassados e foi sepultado em Samaria. E seu filho Acabe foi o seu sucessor.

O reinado de Acabe, rei de Israel

29No trigésimo oitavo ano do reinado de Asa, rei de Judá, Acabe, filho de Onri, tornou-se rei de Israel, e reinou vinte e dois anos sobre Israel, em Samaria. 30Acabe, filho de Onri, fez o que o SENHOR reprova, mais do que qualquer outro antes dele. 31Ele não apenas achou que não tinha importância cometer os pecados de Jeroboão, filho de Nebate, mas também se casou com Jezabel, filha de Etbaal, rei dos sidônios, e passou a prestar culto a Baal e a adorá-lo. 32No templo de Baal, que ele mesmo tinha construído em Samaria, Acabe ergueu um altar para Baal. 33Fez também um poste sagrado. Ele provocou a ira do SENHOR, o Deus de Israel, mais do que todos os reis de Israel antes dele.

34Durante o seu reinado, Hiel, de Betel, reconstruiu Jericó. Lançou os alicerces à custa da vida do seu filho mais velho, Abirão, e instalou as suas portas à custa da vida do seu filho mais novo, Segube, de acordo com a palavra que o SENHOR tinha falado por meio de Josué, filho de Num.

Elias alimentado por corvos

17 Ora, Elias, de Tisbe[c], em Gileade, disse a Acabe: "Juro pelo nome do SENHOR, o Deus de Israel, a quem sirvo, que não cairá orvalho nem chuva nos anos seguintes, exceto mediante a minha palavra".

2Depois disso a palavra do SENHOR veio a Elias: 3"Saia daqui, vá para o leste e esconda-se perto do riacho de Querite, a leste do Jordão. 4Você beberá do riacho, e dei ordens aos corvos para o alimentarem lá".

5E ele fez o que o SENHOR lhe tinha dito. Foi para o riacho de Querite, a leste do Jordão, e ficou lá. 6Os corvos lhe traziam pão e carne de manhã e de tarde, e ele bebia água do riacho.

A viúva de Sarepta

7Algum tempo depois, o riacho secou-se por falta de chuva. 8Então a palavra do SENHOR veio a Elias: 9"Vá imediatamente para a cidade de Sarepta de Sidom e fique por lá. Ordenei a uma viúva daquele lugar que lhe forneça comida". 10E ele foi. Quando chegou à porta da cidade, encontrou uma viúva que estava colhendo gravetos. Ele a chamou e perguntou: "Pode me trazer um pouco d'água numa jarra para eu beber?" 11Enquanto ela ia buscar água, ele gritou: "Por favor, traga também um pedaço de pão".

12Mas ela respondeu: "Juro pelo nome do SENHOR, o teu Deus, que não tenho nenhum pedaço de pão; só um punhado de farinha num jarro e um pouco de azeite numa botija. Estou colhendo uns dois gravetos para levar para casa e preparar uma refeição para mim e para o meu filho, para que a comamos e depois morramos."

13Elias, porém, lhe disse: "Não tenha medo. Vá para casa e faça o que disse. Mas primeiro faça um pequeno bolo com o que você tem e traga para mim, e depois

[a] 16:11 Hebraico: *dos que urinam na parede.*
[b] 16:24 Hebraico: *2 talentos.* Um talento equivalia a 35 quilos.
[c] 17:1 Ou *o tesbita Elias, dos colonizadores*

faça algo para você e para o seu filho. 14Pois assim diz o SENHOR, o Deus de Israel: 'A farinha na vasilha não se acabará e o azeite na botija não se secará até o dia em que o SENHOR fizer chover sobre a terra' ".

15Ela foi e fez conforme Elias lhe dissera. E aconteceu que a comida durou muito tempo, para Elias e para a mulher e sua família. 16Pois a farinha na vasilha não se acabou e o azeite na botija não se secou, conforme a palavra do SENHOR proferida por Elias.

17Algum tempo depois o filho da mulher, dona da casa, ficou doente, foi piorando e finalmente parou de respirar. 18E a mulher reclamou a Elias: "Que foi que eu te fiz, ó homem de Deus? Vieste para lembrar-me do meu pecado e matar o meu filho?"

19"Dê-me o seu filho", respondeu Elias. Ele o apanhou dos braços dela, levou-o para o quarto de cima onde estava hospedado, e o pôs na cama. 20Então clamou ao SENHOR: "Ó SENHOR, meu Deus, trouxeste também desgraça sobre esta viúva, com quem estou hospedado, fazendo morrer o seu filho?" 21Então ele se deitou sobre o menino três vezes e clamou ao SENHOR: "Ó SENHOR, meu Deus, faze voltar a vida a este menino!"

22O SENHOR ouviu o clamor de Elias, e a vida voltou ao menino, e ele viveu. 23Então Elias levou o menino para baixo, entregou-o à mãe e disse: "Veja, seu filho está vivo!"

24Então a mulher disse a Elias: "Agora sei que tu és um homem de Deus e que a palavra do SENHOR, vinda da tua boca, é a verdade".

Elias e Obadias

18 Depois de um longo tempo, no terceiro ano da seca, a palavra do SENHOR veio a Elias: "Vá apresentar-se a Acabe, pois enviarei chuva sobre a terra". 2E Elias foi.

Como a fome era grande em Samaria, 3Acabe convocou Obadias, o responsável por seu palácio, homem que temia muito o SENHOR. 4Jezabel estava exterminando os profetas do SENHOR. Por isso Obadias reuniu cem profetas e os escondeu em duas cavernas, cinquenta em cada uma, e lhes forneceu comida e água. 5Certa vez Acabe disse a Obadias: "Vamos a todas as fontes e vales do país. Talvez consigamos achar um pouco de capim para manter vivos os cavalos e as mulas e assim não será preciso matar nenhum animal". 6Para isso dividiram o território que iam percorrer; Acabe foi numa direção e Obadias noutra.

7Quando Obadias estava a caminho, Elias o encontrou. Obadias o reconheceu, inclinou-se até o chão e perguntou: "És tu mesmo, meu senhor Elias?"

8"Sou", respondeu Elias. "Vá dizer ao seu senhor: Elias está aqui."

9"O que eu fiz de errado", perguntou Obadias, "para que entregues o teu servo a Acabe para ser morto? 10Juro pelo nome do SENHOR, o teu Deus, que não há uma só nação ou reino aonde o rei, meu senhor, não enviou alguém para procurar por ti. E, sempre que uma nação ou reino afirmava que tu não estavas lá, ele os fazia jurar que não conseguiram encontrar-te. 11Mas agora me dizes para ir dizer ao meu senhor: 'Elias está aqui'. 12Não sei para onde o Espírito do SENHOR poderá levar-te quando eu te deixar. Se eu for dizer isso a Acabe e ele não te encontrar, ele me matará. E eu, que sou teu servo, tenho adorado o SENHOR desde a minha juventude. 13Por acaso não ouviste, meu senhor, o que eu fiz enquanto Jezabel estava matando os profetas do SENHOR? Escondi cem dos profetas do SENHOR em duas cavernas, cinquenta em cada uma, e os abasteci de comida e água. 14E agora me dizes que vá dizer ao meu senhor: 'Elias está aqui'. Ele vai me matar!"

15E disse Elias: "Juro pelo nome do SENHOR dos Exércitos, a quem eu sirvo, que hoje eu me apresentarei a Acabe".

Elias no monte Carmelo

16Então Obadias dirigiu-se a Acabe, passou-lhe a informação, e Acabe foi ao encontro de Elias. 17Quando viu Elias, disse-lhe: "É você mesmo, perturbador de Israel?"

18"Não tenho perturbado Israel", Elias respondeu. "Mas você e a família do seu pai têm. Vocês abandonaram os mandamentos do SENHOR e seguiram os baalins. 19Agora convoque todo o povo de Israel para encontrar-se comigo no monte Carmelo. E traga os quatrocentos e cinquenta profetas de Baal e os quatrocentos profetas de Aserá, que comem à mesa de Jezabel."

20Acabe convocou então todo o Israel e reuniu os profetas no monte Carmelo. 21Elias dirigiu-se ao povo e disse: "Até quando vocês vão oscilar para um lado e para o outro? Se o SENHOR é Deus, sigam-no; mas, se Baal é Deus, sigam-no".

O povo, porém, nada respondeu.

22Disse então Elias: "Eu sou o único que restou dos profetas do SENHOR, mas Baal tem quatrocentos e cinquenta profetas. 23Tragam dois novilhos. Escolham eles um, cortem-no em pedaços e o ponham sobre a lenha, mas não acendam fogo. Eu prepararei o outro novilho e o colocarei sobre a lenha, e também não acenderei fogo nela. 24Então vocês invocarão o nome do seu deus, e eu invocarei o nome do SENHOR. O deus que responder por meio do fogo, esse é Deus".

Então todo o povo disse: "O que você disse é bom".

25Elias disse aos profetas de Baal: "Escolham um dos novilhos e preparem-no primeiro, visto que vocês são tantos. Clamem pelo nome do seu deus, mas não acendam o fogo". 26Então pegaram o novilho que lhes foi dado e o prepararam.

E clamaram pelo nome de Baal desde a manhã até o meio-dia. "Ó Baal, responde-nos!", gritavam. E dançavam em volta do altar que haviam feito. Mas não houve nenhuma resposta; ninguém respondeu.

27Ao meio-dia Elias começou a zombar deles. "Gritem mais alto!", dizia, "já que ele é um deus. Quem sabe está meditando, ou ocupado, ou viajando. Talvez esteja dormindo e precise ser despertado." 28Então passaram a gritar ainda mais alto e a ferir-se com espadas e lanças, de acordo com o costume deles, até sangrarem. 29Passou o meio-dia, e eles continuaram profetizando em transe até a hora do sacrifício da tarde. Mas não houve resposta alguma; ninguém respondeu, ninguém deu atenção.

30Então Elias disse a todo o povo: "Aproximem-se de mim". O povo aproximou-se, e Elias reparou o altar do SENHOR, que estava em ruínas. 31Depois apanhou doze pedras, uma para cada tribo dos descendentes de Jacó, a quem a palavra do SENHOR tinha sido dirigida, dizendo-lhe: "Seu nome será Israel". 32Com as pedras construiu um altar em honra ao nome do SENHOR e cavou ao redor do altar uma valeta na qual poderiam ser semeadas duas medidas[a] de sementes. [33]Depois arrumou a lenha, cortou o novilho em pedaços e o pôs sobre a lenha. Então lhes disse: "Encham de água quatro jarras grandes e derramem-na sobre o holocausto[b] e sobre a lenha".

[34]"Façam-no novamente", disse, e eles o fizeram de novo.

"Façam-no pela terceira vez", ordenou, e eles o fizeram pela terceira vez. [35]A água escorria do altar, chegando a encher a valeta.

[36]À hora do sacrifício, o profeta Elias colocou-se à frente do altar e orou: "Ó Senhor, Deus de Abraão, de Isaque e de Israel, que hoje fique conhecido que tu és Deus em Israel e que sou o teu servo e que fiz todas estas coisas por ordem tua. [37]Responde-me, ó Senhor, responde-me, para que este povo saiba que tu, ó Senhor, és Deus, e que fazes o coração deles voltar para ti".

[38]Então o fogo do Senhor caiu e queimou completamente o holocausto, a lenha, as pedras e o chão, e também secou totalmente a água na valeta.

[39]Quando o povo viu isso, todos caíram prostrados e gritaram: "O Senhor é Deus! O Senhor é Deus!"

[40]Então Elias ordenou-lhes: "Prendam os profetas de Baal. Não deixem nenhum escapar!" Eles os prenderam, e Elias os fez descer ao riacho de Quisom e lá os matou.

[41]E Elias disse a Acabe: "Vá comer e beber, pois já ouço o barulho de chuva pesada". [42]Então Acabe foi comer e beber, mas Elias subiu até o alto do Carmelo, dobrou-se até o chão e pôs o rosto entre os joelhos.

[43]"Vá e olhe na direção do mar", disse ao seu servo. E ele foi e olhou.

"Não há nada lá", disse ele.

Sete vezes Elias mandou: "Volte para ver".

[44]Na sétima vez o servo disse: "Uma nuvem tão pequena quanto a mão de um homem está se levantando do mar".

Então Elias disse: "Vá dizer a Acabe: Prepare o seu carro e desça, antes que a chuva o impeça".

[45]Enquanto isso, nuvens escuras apareceram no céu, começou a ventar e a chover forte, e Acabe partiu de carro para Jezreel. [46]O poder do Senhor veio sobre Elias, e ele, prendendo a capa com o cinto, correu à frente de Acabe por todo o caminho até Jezreel.

A fuga de Elias para Horebe

19 Ora, Acabe contou a Jezabel tudo o que Elias tinha feito e como havia matado todos aqueles profetas à espada. [2]Por isso Jezabel mandou um mensageiro a Elias para dizer-lhe: "Que os deuses me castiguem com todo o rigor, se amanhã nesta hora eu não fizer com a sua vida o que você fez com a deles".

[3]Elias teve medo e fugiu para salvar a vida. Em Berseba de Judá ele deixou o seu servo [4]e entrou no deserto, caminhando um dia. Chegou a um pé de giesta, sentou-se debaixo dele e orou, pedindo a morte: "Já tive o bastante, Senhor. Tira a minha vida; não sou melhor do que os meus antepassados". [5]Depois se deitou debaixo da árvore e dormiu.

De repente um anjo tocou nele e disse: "Levante-se e coma". [6]Elias olhou ao redor e ali, junto à sua cabeça, havia um pão assado sobre brasas quentes e um jarro de água. Ele comeu, bebeu e deitou-se de novo.

[7]O anjo do Senhor voltou, tocou nele e disse: "Levante-se e coma, pois a sua viagem será muito longa". [8]Então ele se levantou, comeu e bebeu. Fortalecido com aquela comida, viajou quarenta dias e quarenta noites, até chegar a Horebe, o monte de Deus. [9]Ali entrou numa caverna e passou a noite.

O Senhor aparece a Elias

E a palavra do Senhor veio a ele: "O que você está fazendo aqui, Elias?"

[10]Ele respondeu: "Tenho sido muito zeloso pelo Senhor, o Deus dos Exércitos. Os israelitas rejeitaram a tua aliança, quebraram os teus altares, e mataram os teus profetas à espada. Sou o único que sobrou, e agora também estão procurando matar-me".

[11]O Senhor lhe disse: "Saia e fique no monte, na presença do Senhor, pois o Senhor vai passar".

Então veio um vento fortíssimo que separou os montes e esmigalhou as rochas diante do Senhor, mas o Senhor não estava no vento. Depois do vento houve um terremoto, mas o Senhor não estava no terremoto. [12]Depois do terremoto houve um fogo, mas o Senhor não estava nele. E depois do fogo houve o murmúrio de uma brisa suave. [13]Quando Elias ouviu, puxou a capa para cobrir o rosto, saiu e ficou à entrada da caverna.

E uma voz lhe perguntou: "O que você está fazendo aqui, Elias?"

[14]Ele respondeu: "Tenho sido muito zeloso pelo Senhor, o Deus dos Exércitos. Os israelitas rejeitaram a tua aliança, quebraram os teus altares, e mataram os teus profetas à espada. Sou o único que sobrou, e agora também estão procurando matar-me".

[15]O Senhor lhe disse: "Volte pelo caminho por onde veio, e vá para o deserto de Damasco. Chegando lá, unja Hazael como rei da Síria. [16]Unja também Jeú, filho de Ninsi, como rei de Israel, e unja Eliseu, filho de Safate, de Abel-Meolá, para suceder a você como profeta. [17]Jeú matará todo aquele que escapar da espada de Hazael, e Eliseu matará todo aquele que escapar da espada de Jeú. [18]No entanto, fiz sobrar sete mil em Israel, todos aqueles cujos joelhos não se inclinaram diante de Baal e todos aqueles cujas bocas não o beijaram".

O chamado de Eliseu

[19]Então Elias saiu de lá e encontrou Eliseu, filho de Safate. Ele estava arando com doze parelhas de bois, e estava conduzindo a décima segunda parelha. Elias o alcançou e lançou sua capa sobre ele. [20]Eliseu deixou os bois e correu atrás de Elias. "Deixa-me dar um beijo de despedida em meu pai e minha mãe", disse, "e então irei contigo."

"Vá e volte", respondeu Elias; "lembre-se do que lhe fiz."

[21]E Eliseu voltou, apanhou a sua parelha de bois e os matou. Queimou o equipamento de arar para cozinhar a carne e a deu ao povo, e eles comeram. Depois partiu com Elias, tornando-se o seu auxiliar.

Ben-Hadade ataca Samaria

20 O rei Ben-Hadade, da Síria, convocou todo o seu exército e, acompanhado de trinta e dois reis com seus cavalos e carros de guerra, cercou e atacou Samaria. [2]Ele enviou mensageiros à cidade, a Acabe, o rei de Israel, que lhe disseram: "Isto é o que diz Ben-Hadade:

[a] 18:32 Hebraico: *2 seás*. O seá era uma medida de capacidade para secos. As estimativas variam entre 7 e 14 litros.

[b] 18:33 Isto é, sacrifício totalmente queimado.

3'A sua prata e o seu ouro são meus, e o melhor de suas mulheres e filhos também' ".

4O rei respondeu: "Que seja conforme tu dizes, ó rei, meu senhor. Eu e tudo o que tenho somos teus".

5Os mensageiros voltaram ao rei e disseram: "Assim diz Ben-Hadade: 'Mandei tomar sua prata e seu ouro, suas mulheres e seus filhos. 6Mas amanhã, a esta hora, enviarei meus oficiais para vasculharem o seu palácio e as casas dos seus oficiais. Eles me trarão tudo o que você considera de valor' ".

7O rei de Israel convocou todas as autoridades de Israel e lhes disse: "Vejam como esse homem está querendo a nossa desgraça! Quando mandou tomar as minhas mulheres e os meus filhos, a minha prata e o meu ouro, eu não lhe neguei!"

8As autoridades e todo o povo responderam: "Não lhe dês atenção nem concordes com as suas exigências".

9E ele respondeu aos mensageiros de Ben-Hadade: "Digam ao rei, meu senhor: Teu servo fará tudo o que exigiste na primeira vez, mas não posso atender a esta exigência". E eles levaram a resposta a Ben-Hadade.

10Então Ben-Hadade mandou esta outra mensagem a Acabe: "Que os deuses me castiguem com todo o rigor, caso fique em Samaria pó suficiente para dar um punhado a cada um dos meus homens".

11O rei de Israel respondeu: "Digam-lhe: 'Quem está vestindo a sua armadura não deve se gabar como aquele que a está tirando' ".

12Ben-Hadade recebeu essa mensagem quando ele e os reis estavam bebendo em suas tendas[a], e ordenou aos seus homens: "Preparem-se para atacar a cidade". E eles lhe obedeceram.

A derrota de Ben-Hadade

13Nessa ocasião, um profeta foi até Acabe, rei de Israel, e anunciou: "Assim diz o SENHOR: 'Vê este exército enorme? Hoje eu o entregarei nas suas mãos, e então você saberá que eu sou o SENHOR' ".

14"Mas quem fará isso?", perguntou Acabe.

O profeta respondeu: "Assim diz o SENHOR: 'Os jovens soldados dos líderes das províncias o farão' ".

"E quem começará a batalha?", perguntou.

O profeta respondeu: "Você".

15Então Acabe convocou os jovens soldados dos líderes das províncias, duzentos e trinta e dois homens. Em seguida reuniu o restante dos israelitas, sete mil ao todo. 16Eles partiram ao meio-dia, enquanto Ben-Hadade e os trinta e dois reis aliados a ele estavam se embriagando nas suas tendas. 17Os jovens soldados dos líderes das províncias saíram primeiro.

Nisso, uma patrulha de Ben-Hadade informou: "Saíram alguns homens de Samaria".

18Ele disse: "Quer tenham saído para a paz, quer para a guerra, tragam-nos vivos".

19Os jovens soldados dos líderes das províncias marcharam para fora da cidade, com o exército na retaguarda, 20e cada um matou o seu adversário. Diante disso, os arameus fugiram, perseguidos pelos israelitas. Mas Ben-Hadade, rei da Síria, escapou a cavalo com alguns de seus cavaleiros. 21O rei de Israel avançou e matou os cavalos e destruiu os carros de guerra e infligiu pesadas baixas aos arameus.

22Depois disso, o profeta foi ao rei de Israel e disse: "Fortaleça a sua posição e veja o que deve ser feito, pois na próxima primavera o rei da Síria o atacará de novo".

23Enquanto isso, os conselheiros do rei da Síria lhe diziam: "Os deuses deles são deuses das montanhas. É por isso que eles foram fortes demais para nós. Mas, se os combatermos nas planícies, com certeza seremos mais fortes do que eles. 24Deves tirar todos os reis dos seus comandos e substituí-los por outros comandantes. 25Também deves organizar um exército como o que perdeste, cavalo por cavalo e carro por carro, para que possamos combater Israel nas planícies. Então é certo que os venceremos". Ele concordou com eles e fez como foi aconselhado.

26Na primavera seguinte Ben-Hadade convocou os arameus e marchou até Afeque para lutar contra Israel. 27Os israelitas foram convocados e, tendo recebido provisões, saíram para enfrentar os arameus. Os israelitas acamparam no lado oposto como dois pequenos rebanhos de cabras, enquanto os arameus cobriam todo o campo.

28O homem de Deus foi ao rei de Israel e lhe disse: "Assim diz o SENHOR: 'Como os arameus pensam que o SENHOR é um deus das montanhas e não um deus dos vales, eu entregarei esse exército enorme nas suas mãos, e vocês saberão que eu sou o SENHOR' ".

29Durante sete dias estiveram acampados em frente um do outro, e no sétimo dia entraram em combate. Num só dia os israelitas mataram cem mil soldados de infantaria arameus. 30O restante deles escapou para a cidade de Afeque, onde o muro caiu sobre vinte e sete mil deles. Ben-Hadade também fugiu para a cidade e se escondeu, ora numa casa, ora noutra.

31Seus oficiais lhe disseram: "Soubemos que os reis do povo de Israel são misericordiosos. Nós vamos até o rei de Israel vestidos com panos de saco e com cordas no pescoço. Talvez ele poupe a tua vida".

32Vestindo panos de saco e tendo cordas envolvendo o pescoço, foram ao rei de Israel e disseram: "Teu servo Ben-Hadade diz: 'Rogo-te que me deixes viver' ".

O rei respondeu: "Ele ainda está vivo? Ele é meu irmão!"

33Os homens interpretaram isso como um bom sinal e de imediato aproveitaram o que ele tinha dito. "Isso mesmo, teu irmão Ben-Hadade!", disseram.

"Tragam-no aqui", disse o rei. Quando Ben-Hadade chegou, Acabe o fez subir no seu carro.

34"Devolverei as cidades que o meu pai tomou do teu pai", ofereceu Ben-Hadade. "Tu poderás estabelecer os teus próprios mercados em Damasco, como fez meu pai em Samaria."

Acabe disse: "Mediante um tratado, libertarei você". Então fizeram um tratado, e Acabe o deixou ir.

Um profeta condena Acabe

35Por ordem do SENHOR um dos discípulos dos profetas disse ao seu companheiro: "Fira-me", mas o homem se recusou a fazê-lo.

36Então o profeta disse: "Como você não obedeceu ao SENHOR, assim que você sair daqui um leão o ferirá". E, logo que o homem partiu, um leão o atacou e o feriu.

37O profeta encontrou outro homem e lhe disse: "Fira-me, por favor". Este o atingiu e o feriu. 38Então o profeta saiu e ficou ao lado da estrada, à espera do rei.

[a] 20:12 Ou *em Sucote*

Ele se disfarçou, cobrindo os olhos com sua testeira.
39 Quando o rei ia passando, o profeta gritou para ele:
“Em pleno combate teu servo entrou, e alguém veio a
mim com um prisioneiro e me disse: ‘Vigie este ho-
mem. Se ele escapar, será a sua vida pela dele, ou você
deverá pagar trinta e cinco quilos[a] de prata’. 40 Enquan-
to o teu servo estava ocupado com outras coisas, o ho-
mem desapareceu”.

“Essa é a sua sentença”, disse o rei de Israel. “Você
mesmo a pronunciou.”

41 Então o profeta rapidamente removeu a testeira
dos olhos, e o rei o reconheceu como um dos profetas.
42 Ele disse ao rei: “Assim diz o Senhor: ‘Você libertou
um homem que eu havia decidido que devia morrer.
Por isso, é a sua vida pela vida dele, o seu povo pelo po-
vo dele’ ”. 43 Aborrecido e irritado, o rei de Israel voltou
para o seu palácio em Samaria.

A vinha de Nabote

21 Algum tempo depois houve um incidente envol-
vendo uma vinha que pertencia a Nabote, de Je-
zreel. A vinha ficava em Jezreel, ao lado do palácio
de Acabe, rei de Samaria. 2 Acabe tinha dito a Nabote:
“Dê-me a sua vinha para eu usar como horta, já que
fica ao lado do meu palácio. Em troca eu lhe darei uma
vinha melhor ou, se preferir, eu lhe pagarei, seja qual
for o seu valor”.

3 Nabote, contudo, respondeu: “O Senhor me livre
de dar a ti a herança dos meus pais!”

4 Então Acabe foi para casa aborrecido e indignado
porque Nabote, de Jezreel, lhe dissera: “Não te darei a
herança dos meus pais”. Deitou-se na cama, virou o ros-
to para a parede e recusou-se a comer.

5 Sua mulher Jezabel entrou e lhe perguntou: “Por
que você está tão aborrecido? Por que não come?”

6 Ele respondeu-lhe: “Porque eu disse a Nabote, de
Jezreel: Venda-me a sua vinha; ou, se preferir, eu lhe
darei outra vinha em lugar dessa. Mas ele disse: ‘Não
te darei minha vinha’ ”.

7 Disse-lhe Jezabel, sua mulher: “É assim que você
age como rei de Israel? Levante-se e coma! Anime-se.
Conseguirei para você a vinha de Nabote, de Jezreel”.

8 Então ela escreveu cartas em nome de Acabe, pôs
nelas o selo do rei, e as enviou às autoridades e aos no-
bres da cidade de Nabote. 9 Naquelas cartas ela escreveu:

“Decretem um dia de jejum e ponham Nabote sen-
tado num lugar de destaque entre o povo. 10 E mandem
dois homens vadios sentar-se em frente dele e façam
com que testemunhem que ele amaldiçoou tanto a
Deus quanto ao rei. Levem-no para fora e apedrejem-
-no até a morte”.

11 As autoridades e os nobres da cidade de Nabote
fizeram conforme Jezabel os orientara nas cartas que
lhes tinha escrito. 12 Decretaram jejum e fizeram Nabote
sentar-se num local destacado no meio do povo. 13 En-
tão dois homens vadios vieram e se sentaram em fren-
te dele e o acusaram diante do povo, dizendo: “Nabote
amaldiçoou tanto a Deus quanto ao rei”. Por isso o le-
varam para fora da cidade e o apedrejaram até a mor-
te. 14 Então mandaram informar a Jezabel: “Nabote foi
apedrejado e está morto”.

[a] 20:39 Hebraico: *1 talento.*

15 Assim que Jezabel soube que Nabote tinha sido
apedrejado até a morte, disse a Acabe: “Levante-se e
tome posse da vinha que Nabote, de Jezreel, recusou-
-se a vender-lhe. Ele não está mais vivo; está morto!”
16 Quando Acabe ouviu que Nabote estava morto, levan-
tou-se e foi tomar posse da vinha.

17 Então a palavra do Senhor veio ao tesbita Elias:
18 “Vá encontrar-se com Acabe, o rei de Israel, que reina
em Samaria. Agora ele está na vinha de Nabote para
tomar posse dela. 19 Diga-lhe que assim diz o Senhor:
‘Você assassinou um homem e ainda se apossou de
sua propriedade?’ E acrescente: Assim diz o Senhor:
‘No local onde os cães lamberam o sangue de Nabo-
te, lamberão também o seu sangue; isso mesmo, o
seu sangue!’ ”

20 Acabe disse a Elias: “Então você me encontrou,
meu inimigo!”

“Eu o encontrei”, ele respondeu, “porque você se
vendeu para fazer o que o Senhor reprova. 21 E ele diz:
‘Vou trazer desgraça sobre você. Devorarei os seus des-
cendentes e eliminarei da sua família todos os do sexo
masculino[b] em Israel, sejam escravos ou livres. 22 Farei
à sua família o que fiz à de Jeroboão, filho de Nebate,
e à de Baasa, filho de Aías, pois você provocou a minha
ira e fez Israel pecar’.

23 “E acerca de Jezabel o Senhor diz: ‘Os cães devo-
rarão Jezabel junto ao muro de[c] Jezreel’.

24 “Os cães comerão os que pertencem a Acabe e que
morrerem na cidade, e as aves do céu se alimentarão
dos que morrerem no campo”.

25 (Nunca existiu ninguém como Acabe que, pressio-
nado por sua mulher Jezabel, vendeu-se para fazer o
que o Senhor reprova. 26 Ele se comportou da manei-
ra mais detestável possível, indo atrás de ídolos, como
faziam os amorreus, que o Senhor tinha expulsado de
diante de Israel.)

27 Quando Acabe ouviu essas palavras, rasgou as suas
vestes, vestiu-se de pano de saco e jejuou. Passou a dor-
mir sobre panos de saco e agia com mansidão.

28 Então a palavra do Senhor veio ao tesbita Elias:
29 “Você notou como Acabe se humilhou diante de mim?
Visto que se humilhou, não trarei essa desgraça duran-
te o seu reinado, mas durante o reinado de seu filho”.

A profecia contra Acabe

22 Durante três anos não houve guerra entre a Síria
e Israel. 2 Mas no terceiro ano, Josafá, rei de Judá,
foi visitar o rei de Israel. 3 Este havia perguntado aos seus
oficiais: “Por acaso vocês não sabem que Ramote-Gileade
nos pertence, e ainda assim não estamos fazendo nada
para retomá-la do rei da Síria?”

4 Então perguntou a Josafá: “Irás comigo lutar con-
tra Ramote-Gileade?”

Josafá respondeu ao rei de Israel: “Sou como tu, e
meu povo é como o teu povo, e os meus cavalos são
como se fossem teus”. 5 Mas acrescentou: “Peço-te que
busques primeiro o conselho do Senhor”.

6 Então o rei de Israel reuniu quatrocentos profetas,
e lhes perguntou: “Devo ir à guerra contra Ramote-Gi-
leade, ou não?”

[b] 21:21 Hebraico: *os que urinam na parede.*

[c] 21:23 Conforme a maioria dos manuscritos do Texto Massorético. Alguns manuscritos do Texto Massorético, a Vulgata e a Versão Siríaca dizem *no campo de.* Veja 2Rs 9:26.

Eles responderam: "Sim, pois o Senhor a entregará
nas mãos do rei".
7Josafá, porém, perguntou: "Não existe aqui mais ne-
nhum profeta do Senhor, a quem possamos consultar?"
8O rei de Israel respondeu a Josafá: "Ainda há um
homem por meio de quem podemos consultar o Se-
nhor, mas eu o odeio, porque nunca profetiza coisas
boas a meu respeito, mas sempre coisas ruins. É Mi-
caías, filho de Inlá".
"O rei não deveria dizer isso", Josafá respondeu.
9Então o rei de Israel chamou um dos seus oficiais
e disse: "Traga Micaías, filho de Inlá, imediatamente".
10Usando vestes reais, o rei de Israel e Josafá, rei de
Judá, estavam sentados em seus tronos, na eira, junto
à porta de Samaria, e todos os profetas estavam profe-
tizando em transe diante deles. 11E Zedequias, filho de
Quenaaná, tinha feito chifres de ferro, e declarou: "As-
sim diz o Senhor: 'Com estes chifres tu ferirás os ara-
meus até que sejam destruídos' ".
12Todos os outros profetas estavam profetizando a
mesma coisa, dizendo: "Ataca Ramote-Gileade, e serás
vitorioso, pois o Senhor a entregará nas mãos do rei".
13O mensageiro que tinha ido chamar Micaías lhe
disse: "Veja, todos os outros profetas estão predizen-
do que o rei terá sucesso. Sua palavra também deve
ser favorável".
14Micaías, porém, disse: "Juro pelo nome do Senhor
que direi o que o Senhor me mandar".
15Quando ele chegou, o rei lhe perguntou: "Micaías,
devemos ir à guerra contra Ramote-Gileade, ou não?"
Ele respondeu: "Ataca, e serás vitorioso, pois o Se-
nhor a entregará nas mãos do rei".
16O rei lhe disse: "Quantas vezes devo fazer você ju-
rar que irá me dizer somente a verdade em nome do
Senhor?"
17Então Micaías respondeu: "Vi todo o Israel espa-
lhado pelas colinas, como ovelhas sem pastor, e ouvi
o Senhor dizer: 'Estes não têm dono. Cada um volte
para casa em paz' ".
18O rei de Israel disse a Josafá: "Não lhe disse que
ele nunca profetiza nada de bom a meu respeito, mas
apenas coisas ruins?"
19Micaías prosseguiu: "Ouça a palavra do Senhor: Vi
o Senhor assentado em seu trono, com todo o exército
dos céus ao seu redor, à sua direita e à sua esquerda. 20E
o Senhor disse: 'Quem enganará Acabe para que ataque
Ramote-Gileade e morra lá?'
"E um sugeria uma coisa, outro sugeria outra, 21até
que, finalmente, um espírito colocou-se diante do Se-
nhor e disse: 'Eu o enganarei'.
22" 'De que maneira?', perguntou o Senhor.
"Ele respondeu: 'Irei e serei um espírito mentiroso
na boca de todos os profetas do rei'.
"Disse o Senhor: 'Você conseguirá enganá-lo; vá e
engane-o'.
23"E o Senhor pôs um espírito mentiroso na boca
destes seus profetas. O Senhor decretou a sua des-
graça".
24Então Zedequias, filho de Quenaaná, aproximou-
-se, deu um tapa no rosto de Micaías e perguntou: "Por
qual caminho foi o espírito da parte do[a] Senhor, quan-
do saiu de mim para falar a você?"
25Micaías respondeu: "Você descobrirá no dia em que
estiver se escondendo de quarto em quarto".
26O rei então ordenou: "Enviem Micaías de volta a
Amom, o governador da cidade, e a Joás, filho do rei, 27e
digam: Assim diz o rei: Ponham este homem na prisão
a pão e água, até que eu volte em segurança".
28Micaías declarou: "Se você de fato voltar em se-
gurança, o Senhor não falou por meu intermédio". E
acrescentou: "Ouçam o que estou dizendo, todos vocês!"

A morte de Acabe

29Então o rei de Israel e Josafá, rei de Judá, foram
atacar Ramote-Gileade. 30E o rei de Israel disse a Jo-
safá: "Entrarei disfarçado em combate, mas tu, usa as
tuas vestes reais". O rei de Israel disfarçou-se, e ambos
foram para o combate.
31O rei da Síria havia ordenado aos seus trinta e dois
chefes de carros de guerra: "Não lutem contra ninguém,
seja soldado, seja oficial, senão contra o rei de Israel".
32Quando os chefes dos carros viram Josafá, pensaram:
"É o rei de Israel", e o cercaram para atacá-lo, mas Josa-
fá gritou, 33e quando os comandantes dos carros viram
que não era o rei de Israel, deixaram de persegui-lo.
34De repente, um soldado disparou seu arco ao acaso
e atingiu o rei de Israel entre os encaixes da sua arma-
dura. Então o rei disse ao condutor do seu carro: "Tire-
-me do combate. Fui ferido!" 35A batalha foi violenta
durante todo o dia e, assim, o rei teve que enfrentar
os arameus em pé no seu carro. O sangue de seu feri-
mento ficou escorrendo até o piso do carro de guerra,
e ao cair da tarde, ele morreu. 36Quando o sol estava se
pondo, propagou-se um grito por todo o exército: "Cada
homem para a sua cidade; cada um para a sua terra!"
37Assim o rei morreu e foi levado para Samaria, e
ali o sepultaram. 38Lavaram o seu carro de guerra num
açude em Samaria onde as prostitutas se banhavam,[b]
e os cães lamberam o seu sangue, conforme a palavra
do Senhor havia declarado.
39Os demais acontecimentos do reinado de Acabe,
e tudo o que fez, o palácio que construiu com reves-
timento de marfim, e as cidades que fortificou, tudo
está escrito nos registros históricos dos reis de Israel.
40Acabe descansou com os seus antepassados, e seu fi-
lho Acazias foi o seu sucessor.

O reinado de Josafá, rei de Judá

41Josafá, filho de Asa, tornou-se rei de Judá no quar-
to ano do reinado de Acabe, rei de Israel. 42Josafá ti-
nha trinta e cinco anos de idade quando se tornou rei,
e reinou vinte e cinco anos em Jerusalém. O nome da
sua mãe era Azuba, filha de Sili. 43Em tudo andou nos
caminhos de seu pai Asa, e não se desviou deles; fez o
que o Senhor aprova. Contudo, não acabou com os al-
tares idólatras, nos quais o povo continuou a oferecer
sacrifícios e a queimar incenso. 44Josafá teve paz com
o rei de Israel.
45Os demais acontecimentos do reinado de Josafá,
suas realizações e suas façanhas militares, tudo está
escrito nos registros históricos dos reis de Judá. 46Ele
livrou o país dos prostitutos cultuais que restaram de-
pois do reinado de seu pai Asa. 47Ora, na época não ha-
via rei em Edom, mas sim um governador nomeado.

[a] 22:24 Ou *o Espírito do*

[b] 22:38 Ou *Samaria e limparam as armas,*

[48]Josafá construiu uma frota de navios mercantes[a] para buscar ouro em Ofir, mas nunca o trouxeram, pois eles naufragaram em Eziom-Geber. [49]Naquela ocasião, Acazias, filho de Acabe, disse a Josafá: "Os meus marinheiros poderão navegar com os teus", mas Josafá recusou.

[50]Josafá descansou com os seus antepassados e foi sepultado junto deles na Cidade de Davi, seu predecessor. E seu filho Jeorão foi o seu sucessor.

[a] 22:48 Hebraico: *navios de Társis*.

O reinado de Acazias, rei de Israel

[51]Acazias, filho de Acabe, tornou-se rei de Israel em Samaria no décimo sétimo ano do reinado de Josafá, rei de Judá, e reinou dois anos sobre Israel. [52]Fez o que o Senhor reprova, pois andou nos caminhos de seu pai e de sua mãe e nos caminhos de Jeroboão, filho de Nebate, que fez Israel pecar. [53]Prestou culto a Baal e o adorou, provocando assim a ira do Senhor, o Deus de Israel, como o seu pai tinha feito.

2REIS

O julgamento do SENHOR contra Acazias

1 Depois da morte de Acabe, Moabe rebelou-se contra Israel.

[2]Certo dia, Acazias caiu da sacada do seu quarto no palácio de Samaria e ficou muito ferido. Então enviou mensageiros para consultar Baal-Zebube, deus de Ecrom, para saber se ele se recuperaria.

[3]Mas o anjo do SENHOR disse ao tesbita Elias: "Vá encontrar-se com os mensageiros do rei de Samaria e pergunte a eles: Acaso não há Deus em Israel? Por que vocês vão consultar Baal-Zebube, deus de Ecrom? [4]Por isso, assim diz o SENHOR: 'Você não se levantará mais dessa cama e certamente morrerá!' " E Elias foi embora.

[5]Quando os mensageiros voltaram ao rei, ele lhes perguntou: "Por que vocês voltaram?"

[6]Eles responderam: "Um homem veio ao nosso encontro e nos disse: 'Voltem ao rei que os enviou e digam-lhe: Assim diz o SENHOR: "Acaso não há Deus em Israel? Por que você mandou consultar Baal-Zebube, deus de Ecrom? Por isso você não se levantará mais dessa cama e certamente morrerá!" ' "

[7]O rei lhes perguntou: "Como era o homem que os encontrou e lhes disse isso?"

[8]Eles responderam: "Ele vestia roupas de pelos[a] e usava um cinto de couro".

O rei concluiu: "Era o tesbita Elias".

[9]Em seguida mandou um oficial com cinquenta soldados procurar Elias. O oficial o encontrou sentado no alto de uma colina, e lhe disse: "Homem de Deus, o rei ordena que tu desças".

[10]Elias respondeu ao oficial: "Se sou homem de Deus, que desça fogo do céu e consuma você e seus cinquenta soldados!" E desceu fogo do céu e consumiu o oficial e seus soldados.

[11]Depois disso o rei enviou outro oficial com mais cinquenta soldados. E ele disse a Elias: "Homem de Deus, o rei ordena que tu desças imediatamente".

[12]Respondeu Elias: "Se sou homem de Deus, que desça fogo do céu e consuma você e seus cinquenta soldados!" De novo, fogo de Deus desceu do céu e consumiu o oficial e seus soldados.

[13]Então o rei enviou um terceiro oficial com outros cinquenta soldados. O oficial subiu o monte, caiu de joelhos diante de Elias e implorou: "Homem de Deus, tem consideração por minha vida e pela vida destes cinquenta soldados, teus servos! [14]Sei que desceu fogo do céu e consumiu os dois primeiros oficiais com todos os seus soldados. Mas agora, tem consideração por minha vida!"

[15]O anjo do SENHOR disse a Elias: "Acompanhe-o; não tenha medo dele". Então Elias se levantou, desceu com ele e foi falar com o rei.

[16]Ao chegar, disse ao rei: "Assim diz o SENHOR: 'Acaso não há Deus em Israel? Por que você mandou consultar Baal-Zebube, deus de Ecrom? Por isso você não se levantará mais dessa cama e certamente morrerá!' " [17]E Acazias morreu, conforme a palavra do SENHOR anunciada por Elias. Como não tinha filhos, Jorão foi o seu sucessor no segundo ano do reinado de Jeorão, rei de Judá, filho de Josafá. [18]Os demais acontecimentos do reinado de Acazias e suas realizações estão escritos nos registros históricos dos reis de Israel.

Elias é levado aos céus

2 Quando o SENHOR levou Elias aos céus num redemoinho, aconteceu o seguinte: Elias e Eliseu saíram de Gilgal, [2]e no caminho disse-lhe Elias: "Fique aqui, pois o SENHOR me enviou a Betel".

Eliseu, porém, disse: "Juro pelo nome do SENHOR e por tua vida que não te deixarei ir só". Então foram a Betel.

[3]Em Betel os discípulos dos profetas foram falar com Eliseu e perguntaram: "Você sabe que hoje o SENHOR vai levar para os céus o seu mestre, separando-o de você?"

Respondeu Eliseu: "Sim, eu sei, mas não falem nisso".

[4]Então Elias lhe disse: "Fique aqui, Eliseu, pois o SENHOR me enviou a Jericó".

Ele respondeu: "Juro pelo nome do SENHOR e por tua vida que não te deixarei ir só". Desceram então a Jericó.

[5]Em Jericó os discípulos dos profetas foram falar com Eliseu e lhe perguntaram: "Você sabe que hoje o SENHOR vai levar para os céus o seu mestre, separando-o de você?"

Respondeu Eliseu: "Sim, eu sei, mas não falem nisso".

[6]Em seguida Elias lhe disse: "Fique aqui, pois o SENHOR me enviou ao rio Jordão".

Ele respondeu: "Juro pelo nome do SENHOR e por tua vida que não te deixarei ir só!" Então partiram juntos.

[7]Cinquenta discípulos dos profetas os acompanharam e ficaram olhando a distância, quando Elias e Eliseu pararam à margem do Jordão. [8]Então Elias tirou o manto, enrolou-o e com ele bateu nas águas. As águas se dividiram, e os dois atravessaram em chão seco.

[9]Depois de atravessar, Elias disse a Eliseu: "O que posso fazer em seu favor antes que eu seja levado para longe de você?"

Respondeu Eliseu: "Faze de mim o principal herdeiro[b] de teu espírito profético".

[10]Disse Elias: "Seu pedido é difícil; mas, se você me vir quando eu for separado de você, terá o que pediu; do contrário, não será atendido".

[11]De repente, enquanto caminhavam e conversavam, apareceu um carro de fogo e puxado por cavalos de fogo que os separou, e Elias foi levado aos céus num redemoinho. [12]Quando viu isso, Eliseu gritou: "Meu pai! Meu pai! Tu eras como os carros de guerra e os cavaleiros de Israel!" E quando já não podia mais vê-lo, Eliseu pegou as próprias vestes e as rasgou ao meio.

[13]Depois pegou o manto de Elias, que tinha caído, e voltou para a margem do Jordão. [14]Então bateu nas águas do rio com o manto e perguntou: "Onde está agora o SENHOR, o Deus de Elias?" Tendo batido nas águas, elas se dividiram e ele atravessou.

[15]Quando os discípulos dos profetas, vindos de Jericó, viram isso, disseram: "O espírito profético de Elias

[a] 1:8 Ou *Era um homem cabeludo*

[b] 2:9 Hebraico: *Dá-me porção dupla do teu espírito.*

repousa sobre Eliseu". Então foram ao seu encontro,
prostraram-se diante dele e disseram: 16"Olha, nós, teus
servos, temos cinquenta homens fortes. Deixa-os sair
à procura do teu mestre. Talvez o Espírito do Senhor
o tenha levado e deixado em algum monte ou em al-
gum vale".

Respondeu Eliseu: "Não mandem ninguém".

17Mas eles insistiram até que, constrangido, consen-
tiu: "Podem mandar os homens". E mandaram cinquen-
ta homens, que procuraram Elias por três dias, mas não
o encontraram. 18Quando voltaram a Eliseu, que tinha
ficado em Jericó, ele lhes falou: "Não lhes disse que
não fossem?"

A purificação da água

19Alguns homens da cidade foram dizer a Eliseu: "Co-
mo podes ver, esta cidade está bem localizada, mas a
água não é boa e a terra é improdutiva".

20E disse ele: "Ponham sal numa tigela nova e tra-
gam-na para mim". Quando a levaram, 21ele foi à nas-
cente, jogou o sal ali e disse: "Assim diz o Senhor:
'Purifiquei esta água. Não causará mais mortes nem
deixará a terra improdutiva' ". 22E até hoje a água per-
manece pura, conforme a palavra de Eliseu.

O castigo dos zombadores

23De Jericó Eliseu foi para Betel. No caminho, alguns
meninos que vinham da cidade começaram a caçoar de-
le, gritando: "Suma daqui, careca!" 24Voltando-se, olhou
para eles e os amaldiçoou em nome do Senhor. Então,
duas ursas saíram do bosque e despedaçaram quaren-
ta e dois meninos. 25De Betel prosseguiu até o monte
Carmelo e dali voltou a Samaria.

A rebelião de Moabe

3 Jorão, filho de Acabe, tornou-se rei de Israel em Sa-
maria no décimo oitavo ano de Josafá, rei de Judá,
e reinou doze anos. 2Fez o que o Senhor reprova, mas
não como seu pai e sua mãe, pois derrubou a coluna
sagrada de Baal, que seu pai havia feito. 3No entanto,
persistiu nos pecados que Jeroboão, filho de Nebate, le-
vara Israel a cometer e deles não se afastou.

4Ora, Messa, rei de Moabe, tinha muitos rebanhos
e pagava como tributo ao rei de Israel cem mil cordei-
ros e a lã de cem mil carneiros. 5Mas, depois que Aca-
be morreu, o rei de Moabe rebelou-se contra o rei de
Israel. 6Então, naquela ocasião, o rei Jorão partiu de
Samaria e mobilizou todo o Israel. 7Também enviou
esta mensagem a Josafá, rei de Judá: "O rei de Moabe
rebelou-se contra mim. Irás acompanhar-me na luta
contra Moabe?"

Ele respondeu: "Sim, eu irei. Serei teu aliado, os
meus soldados e os teus, os meus cavalos e os teus se-
rão um só exército".

8E perguntou: "Por qual caminho atacaremos?"

Respondeu Jorão: "Pelo deserto de Edom".

9Então o rei de Israel partiu com os reis de Judá e
de Edom. Depois de uma marcha de sete dias, já ha-
via acabado a água para os homens e para os animais.

10Exclamou, então, o rei de Israel: "E agora? Será que
o Senhor ajuntou a nós, os três reis, para nos entregar
nas mãos de Moabe?"

11Mas Josafá perguntou: "Será que não há aqui pro-
feta do Senhor, para que possamos consultar o Senhor
por meio dele?"

Um conselheiro do rei de Israel respondeu: "Eliseu,
filho de Safate, está aqui. Ele era auxiliar[a] de Elias".

12Josafá prosseguiu: "A palavra do Senhor está com
ele". Então o rei de Israel, Josafá e o rei de Edom fo-
ram falar com ele.

13Eliseu disse ao rei de Israel: "Nada tenho que ver com
você. Vá consultar os profetas de seu pai e de sua mãe".

Mas o rei de Israel insistiu: "Não, pois foi o Senhor
que nos ajuntou, três reis, para entregar-nos nas mãos
de Moabe".

14Então Eliseu disse: "Juro pelo nome do Senhor dos
Exércitos, a quem sirvo, que se não fosse por respei-
to a Josafá, rei de Judá, eu não olharia para você nem
mesmo lhe daria atenção. 15Mas agora tragam-me um
harpista".

Enquanto o harpista estava tocando, o poder do Se-
nhor veio sobre Eliseu, 16e ele disse: "Assim diz o Se-
nhor: Cavem muitas cisternas neste vale. 17Pois assim
diz o Senhor: Vocês não verão vento nem chuva; contu-
do, este vale ficará cheio de água, e vocês, seus rebanhos
e seus outros animais beberão. 18Mas para o Senhor
isso ainda é pouco; ele também lhes entregará Moabe
nas suas mãos. 19Vocês destruirão todas as suas cidades
fortificadas e todas as suas cidades importantes. Der-
rubarão toda árvore frutífera, taparão todas as fontes e
encherão de pedras todas as terras de cultivo".

20No dia seguinte, na hora do sacrifício da manhã,
a água veio descendo da direção de Edom e alagou a
região.

21Quando os moabitas ficaram sabendo que os reis
tinham vindo para atacá-los, todos os que eram capa-
zes de empunhar armas, do mais jovem ao mais ve-
lho, foram convocados e posicionaram-se na fronteira.
22Ao se levantarem na manhã seguinte, o sol refletia na
água. Para os moabitas que estavam defronte dela, a
água era vermelha como sangue. 23Então gritaram: "É
sangue! Os reis lutaram entre si e se mataram. Agora,
ao saque, Moabe!"

24Quando, porém, os moabitas chegaram ao acampa-
mento de Israel, os israelitas os atacaram e os puseram
em fuga. Entraram no território de Moabe e o arrasa-
ram. 25Destruíram as cidades e, quando passavam por
um campo cultivável, cada homem atirava uma pedra
até que ficasse coberto. Taparam todas as fontes e der-
rubaram toda árvore frutífera. Só Quir-Haresete ficou
com as pedras no lugar, mas homens armados de ati-
radeiras a cercaram e também a atacaram.

26Quando o rei de Moabe viu que estava perdendo
a batalha, reuniu setecentos homens armados de es-
padas para forçar a passagem, para alcançar o rei de
Edom, mas fracassou. 27Então pegou seu filho mais ve-
lho, que devia sucedê-lo como rei, e o sacrificou sobre
o muro da cidade. Isso trouxe grande ira contra Israel,
de modo que eles se retiraram e voltaram para a sua
própria terra.

O milagre do azeite

4 Certo dia, a mulher de um dos discípulos dos profe-
tas foi falar a Eliseu: "Teu servo, meu marido, mor-
reu, e tu sabes que ele temia o Senhor. Mas agora veio
um credor que está querendo levar meus dois filhos
como escravos".

[a] 3:11 Hebraico: *Ele costumava derramar água nas mãos.*

2Eliseu perguntou-lhe: "Como posso ajudá-la? Diga-me, o que você tem em casa?"

E ela respondeu: "Tua serva não tem nada além de uma vasilha de azeite".

3Então disse Eliseu: "Vá pedir emprestadas vasilhas a todos os vizinhos. Mas peça muitas. 4Depois entre em casa com seus filhos e feche a porta. Derrame daquele azeite em cada vasilha e vá separando as que você for enchendo".

5Depois disso ela foi embora, fechou-se em casa com seus filhos e começou a encher as vasilhas que eles lhe traziam. 6Quando todas as vasilhas estavam cheias, ela disse a um dos filhos: "Traga-me mais uma".

Mas ele respondeu: "Já acabaram". Então o azeite parou de correr.

7Ela foi e contou tudo ao homem de Deus, que lhe disse: "Vá, venda o azeite e pague suas dívidas. E você e seus filhos ainda poderão viver do que sobrar".

A ressurreição do filho da sunamita

8Certo dia, Eliseu foi a Suném, onde uma mulher rica insistiu que ele fosse tomar uma refeição em sua casa. Depois disso, sempre que passava por ali, ele parava para uma refeição. 9Em vista disso, ela disse ao marido: "Sei que esse homem que sempre vem aqui é um santo homem de Deus. 10Vamos construir lá em cima um quartinho de tijolos e colocar nele uma cama, uma mesa, uma cadeira e uma lamparina para ele. Assim, sempre que nos visitar ele poderá ocupá-lo".

11Um dia, quando Eliseu chegou, subiu ao seu quarto e deitou-se. 12Ele mandou o seu servo Geazi chamar a sunamita. Ele a chamou e, quando ela veio, 13Eliseu mandou Geazi dizer-lhe: "Você teve todo este trabalho por nossa causa. O que podemos fazer por você? Quer que eu interceda por você junto ao rei ou ao comandante do exército?"

Ela respondeu: "Estou bem entre a minha própria gente".

14Mais tarde Eliseu perguntou a Geazi: "O que se pode fazer por ela?"

Ele respondeu: "Bem, ela não tem filhos, e seu marido é idoso".

15Então Eliseu mandou chamá-la de novo. Geazi a chamou, ela veio até a porta 16e ele disse: "Por volta desta época, no ano que vem, você estará com um filho nos braços".

Ela contestou: "Não, meu senhor. Não iludas a tua serva, ó homem de Deus!"

17Mas, como Eliseu lhe dissera, a mulher engravidou e, no ano seguinte, por volta daquela mesma época, deu à luz um filho.

18O menino cresceu e, certo dia, foi encontrar-se com seu pai, que estava com os ceifeiros. 19De repente ele começou a chamar o pai, gritando: "Ai, minha cabeça! Ai, minha cabeça!"

O pai disse a um servo: "Leve-o para a mãe dele". 20O servo o pegou e o levou à mãe. O menino ficou no colo dela até o meio-dia, e morreu. 21Ela subiu ao quarto do homem de Deus, deitou o menino na cama, saiu e fechou a porta.

22Ela chamou o marido e disse: "Preciso de um servo e de uma jumenta para ir falar com o homem de Deus. Vou e volto logo".

23Ele perguntou: "Mas, por que hoje? Não é lua nova nem sábado!"

Ela respondeu: "Não se preocupe".

24Ela mandou selar a jumenta e disse ao servo: "Vamos rápido; só pare quando eu mandar". 25Assim ela partiu para encontrar-se com o homem de Deus no monte Carmelo.

Quando ele a viu a distância, disse a seu servo Geazi: "Olhe! É a sunamita! 26Corra ao seu encontro e pergunte a ela: 'Está tudo bem com você? Tudo bem com seu marido? E com seu filho?' "

Ela respondeu a Geazi: "Está tudo bem".

27Ao encontrar o homem de Deus no monte, ela se abraçou aos seus pés. Geazi veio para afastá-la, mas o homem de Deus lhe disse: "Deixe-a em paz! Ela está muito angustiada, mas o Senhor nada me revelou e escondeu de mim a razão de sua angústia".

28E disse a mulher: "Acaso eu te pedi um filho, meu senhor? Não te disse para não me dar falsas esperanças?"

29Então Eliseu disse a Geazi: "Ponha a capa por dentro do cinto, pegue o meu cajado e corra. Se você encontrar alguém, não o cumprimente e, se alguém o cumprimentar, não responda. Quando lá chegar, ponha o meu cajado sobre o rosto do menino".

30Mas a mãe do menino disse: "Juro pelo nome do Senhor e por tua vida que, se ficares, não irei". Então ele foi com ela.

31Geazi chegou primeiro e pôs o cajado sobre o rosto do menino, mas ele não falou nem reagiu. Então Geazi voltou para encontrar-se com Eliseu e lhe disse: "O menino não voltou a si".

32Quando Eliseu chegou à casa, lá estava o menino, morto, estendido na cama. 33Ele entrou, fechou a porta e orou ao Senhor. 34Depois deitou-se sobre o menino, boca a boca, olhos com olhos, mãos com mãos. Enquanto se debruçava sobre ele, o corpo do menino ia se aquecendo. 35Eliseu levantou-se e começou a andar pelo quarto; depois subiu na cama e debruçou-se mais uma vez sobre ele. O menino espirrou sete vezes e abriu os olhos.

36Eliseu chamou Geazi e o mandou chamar a sunamita. E ele obedeceu. Quando ela chegou, Eliseu disse: "Pegue seu filho". 37Ela entrou, prostrou-se a seus pés, curvando-se até o chão. Então pegou o filho e saiu.

A morte na panela

38Depois Eliseu voltou a Gilgal. Nesse tempo a fome assolava a região. Quando os discípulos dos profetas estavam reunidos com ele, ordenou ao seu servo: "Ponha o caldeirão no fogo e faça um ensopado para estes homens".

39Um deles foi ao campo apanhar legumes e encontrou uma trepadeira. Apanhou alguns de seus frutos e encheu deles o seu manto. Quando voltou, cortou-os em pedaços e colocou-os no caldeirão do ensopado, embora ninguém soubesse o que era. 40O ensopado foi servido aos homens, mas, logo que o provaram, gritaram: "Homem de Deus, há morte na panela!" E não puderam mais tomá-lo.

41Então Eliseu pediu um pouco de farinha, colocou no caldeirão e disse: "Sirvam a todos". E já não havia mais perigo no caldeirão.

O milagre dos pães

42 Veio um homem de Baal-Salisa, trazendo ao homem de Deus vinte pães de cevada, feitos dos primeiros grãos da colheita, e também algumas espigas verdes. Então Eliseu ordenou ao seu servo: "Sirva a todos".

43 O auxiliar de Eliseu perguntou: "Como poderei servir isso a cem homens?"

Eliseu, porém, respondeu: "Sirva a todos, pois assim diz o Senhor: 'Eles comerão, e ainda sobrará' ". 44 Então ele serviu a todos e, conforme a palavra do Senhor, eles comeram e ainda sobrou.

A cura da lepra de Naamã

5 Naamã, comandante do exército do rei da Síria, era muito respeitado e honrado pelo seu senhor, pois por meio dele o Senhor dera vitória à Síria. Mas esse grande guerreiro ficou leproso[a].

2 Ora, tropas da Síria haviam atacado Israel e levado cativa uma menina, que passou a servir à mulher de Naamã. 3 Um dia ela disse à sua senhora: "Se o meu senhor procurasse o profeta que está em Samaria, ele o curaria da lepra".

4 Naamã foi contar ao seu senhor o que a menina israelita dissera. 5 O rei da Síria respondeu: "Vá. Eu lhe darei uma carta que você entregará ao rei de Israel". Então Naamã partiu, levando consigo trezentos e cinquenta quilos[b] de prata, setenta e dois quilos[c] de ouro e dez mudas de roupas finas. 6 A carta que levou ao rei de Israel dizia: "Junto com esta carta estou te enviando meu oficial Naamã, para que o cures da lepra".

7 Assim que o rei de Israel leu a carta, rasgou as vestes e disse: "Por acaso sou Deus, capaz de conceder vida ou morte? Por que este homem me envia alguém para que eu o cure da lepra? Vejam como ele procura um motivo para se desentender comigo!"

8 Quando Eliseu, o homem de Deus, soube que o rei de Israel havia rasgado suas vestes, mandou-lhe esta mensagem: "Por que rasgaste tuas vestes? Envia o homem a mim, e ele saberá que há profeta em Israel". 9 Então Naamã foi com seus cavalos e carros e parou à porta da casa de Eliseu. 10 Eliseu enviou um mensageiro para lhe dizer: "Vá e lave-se sete vezes no rio Jordão; sua pele[d] será restaurada e você ficará purificado".

11 Mas Naamã ficou indignado e saiu dizendo: "Eu estava certo de que ele sairia para receber-me, invocaria em pé o nome do Senhor, o seu Deus, moveria a mão sobre o lugar afetado e me curaria da lepra. 12 Não são os rios Abana e Farfar, em Damasco, melhores do que todas as águas de Israel? Será que não poderia lavar-me neles e ser purificado?" E foi embora dali furioso.

13 Mas os seus servos lhe disseram: "Meu pai, se o profeta lhe tivesse pedido alguma coisa difícil, o senhor não faria? Quanto mais quando ele apenas lhe diz que se lave, e será purificado!" 14 Assim ele desceu ao Jordão, mergulhou sete vezes conforme a ordem do homem de Deus e foi purificado; sua pele tornou-se como a de uma criança.

15 Então Naamã e toda a sua comitiva voltaram à casa do homem de Deus. Ao chegar diante do profeta, Naamã lhe disse: "Agora sei que não há Deus em nenhum outro lugar, senão em Israel. Por favor, aceita um presente do teu servo".

16 O profeta respondeu: "Juro pelo nome do Senhor, a quem sirvo, que nada aceitarei". Embora Naamã insistisse, ele recusou.

17 E disse Naamã: "Já que não aceitas o presente, ao menos permite que eu leve duas mulas carregadas de terra, pois teu servo nunca mais fará holocaustos[e] e sacrifícios a nenhum outro deus senão ao Senhor. 18 Mas que o Senhor me perdoe por uma única coisa: quando meu senhor vai adorar no templo de Rimom, eu também tenho que me ajoelhar ali, pois ele se apoia em meu braço. Que o Senhor perdoe o teu servo por isso".

19 Disse Eliseu: "Vá em paz".

O castigo de Geazi

Quando Naamã já estava a certa distância, 20 Geazi, servo de Eliseu, o homem de Deus, pensou: "Meu senhor foi bom demais para Naamã, aquele arameu, não aceitando o que ele lhe ofereceu. Juro pelo nome do Senhor que correrei atrás dele para ver se ganho alguma coisa".

21 Então Geazi correu para alcançar Naamã, que, vendo-o se aproximar, desceu da carruagem para encontrá-lo e perguntou: "Está tudo bem?"

22 Geazi respondeu: "Sim, tudo bem. Mas o meu senhor enviou-me para dizer que dois jovens, discípulos dos profetas, acabaram de chegar, vindos dos montes de Efraim. Por favor, dê-lhes trinta e cinco quilos de prata e duas mudas de roupas finas".

23 "Claro", respondeu Naamã, "leve setenta quilos". Ele insistiu com Geazi para que os aceitasse e colocou os setenta quilos de prata em duas sacolas, com as duas mudas de roupas, entregando tudo a dois de seus servos, os quais foram à frente de Geazi, levando as sacolas. 24 Quando Geazi chegou à colina onde morava, pegou as sacolas das mãos dos servos e as guardou em casa. Mandou os homens de volta, e eles partiram. 25 Depois entrou e apresentou-se ao seu senhor Eliseu.

E este perguntou: "Onde você esteve, Geazi?"

Geazi respondeu: "Teu servo não foi a lugar algum".

26 Mas Eliseu lhe disse: "Você acha que eu não estava com você em espírito quando o homem desceu da carruagem para encontrar-se com você? Este não era o momento de aceitar prata nem roupas, nem de cobiçar olivais, vinhas, ovelhas, bois, servos e servas. 27 Por isso a lepra de Naamã atingirá você e os seus descendentes para sempre". Então Geazi saiu da presença de Eliseu já leproso, parecendo neve.

Eliseu faz flutuar um machado

6 Os discípulos dos profetas disseram a Eliseu: "Como vês, o lugar onde nos reunimos contigo é pequeno demais para nós. 2 Vamos ao rio Jordão onde cada um de nós poderá cortar um tronco para construirmos ali um lugar de reuniões".

Eliseu disse: "Podem ir".

3 Então um deles perguntou: "Não gostarias de ir com os teus servos?"

"Sim", ele respondeu. 4 E foi com eles.

Foram ao Jordão e começaram a derrubar árvores. 5 Quando um deles estava cortando um tronco, o ferro

[a] 5:1 O termo hebraico não se refere somente à lepra, mas também a diversas doenças da pele; também nos versículos 3, 6, 7, 11 e 27.
[b] 5:5 Hebraico: *10 talentos*. Um talento equivalia a 35 quilos.
[c] 5:5 Hebraico: *6.000 siclos*. Um siclo equivalia a 12 gramas.
[d] 5:10 Hebraico: *carne*.
[e] 5:17 Isto é, sacrifícios totalmente queimados.

do machado caiu na água. E ele gritou: "Ah, meu se-
nhor, era emprestado!"
6 O homem de Deus perguntou: "Onde caiu?" Quando
o homem lhe mostrou o lugar, Eliseu cortou um galho
e o jogou ali, fazendo o ferro flutuar, 7 e disse: "Pegue-
-o". O homem esticou o braço e o pegou.

O exército arameu é ferido de cegueira

8 Ora, o rei da Síria estava em guerra contra Israel.
Depois de reunir-se com os seus conselheiros, disse:
"Montarei o meu acampamento em tal lugar".
9 Mas o homem de Deus mandava uma mensagem
ao rei de Israel: "Evite passar por tal lugar, pois os ara-
meus estão descendo para lá". 10 Assim, o rei de Israel
investigava o lugar indicado pelo homem de Deus. Re-
petidas vezes Eliseu alertou o rei, que tomava as devi-
das precauções.
11 Isso enfureceu o rei da Síria, que, convocando seus
conselheiros, perguntou-lhes: "Vocês não me apontarão
qual dos nossos está do lado do rei de Israel?"
12 Respondeu um dos conselheiros: "Nenhum de nós,
majestade. É Eliseu, o profeta que está em Israel, que
revela ao rei de Israel até as palavras que tu falas em
teu quarto".
13 Ordenou o rei: "Descubram onde ele está, para que
eu mande capturá-lo". Quando lhe informaram que o
profeta estava em Dotã, 14 ele enviou para lá uma gran-
de tropa com cavalos e carros de guerra. Eles chegaram
de noite e cercaram a cidade.
15 O servo do homem de Deus levantou-se bem ce-
do pela manhã e, quando saía, viu que uma tropa com
cavalos e carros de guerra havia cercado a cidade. En-
tão ele exclamou: "Ah, meu senhor! O que faremos?"
16 O profeta respondeu: "Não tenha medo. Aqueles
que estão conosco são mais numerosos do que eles".
17 E Eliseu orou: "SENHOR, abre os olhos dele para
que veja". Então o SENHOR abriu os olhos do rapaz, que
olhou e viu as colinas cheias de cavalos e carros de fo-
go ao redor de Eliseu.
18 Quando os arameus desceram na direção de Eliseu,
ele orou ao SENHOR: "Fere estes homens de cegueira".
Então ele os feriu de cegueira, conforme Eliseu havia
pedido.
19 Eliseu lhes disse: "Este não é o caminho nem esta
é a cidade que procuram. Sigam-me, e eu os levarei ao
homem que vocês estão procurando". E os guiou até a
cidade de Samaria.
20 Assim que entraram na cidade, Eliseu disse: "SE-
NHOR, abre os olhos destes homens para que possam
ver". Então o SENHOR abriu-lhes os olhos, e eles viram
que estavam dentro de Samaria.
21 Quando o rei de Israel os viu, perguntou a Eliseu:
"Devo matá-los, meu pai? Devo matá-los?"
22 Ele respondeu: "Não! O rei costuma matar prisio-
neiros que captura com a espada e o arco? Ordena que
lhes sirvam comida e bebida e deixe que voltem ao seu
senhor". 23 Então o rei preparou-lhes um grande banque-
te e, terminando eles de comer e beber, mandou-os de
volta para o seu senhor. Assim, as tropas da Síria para-
ram de invadir o território de Israel.

Fome durante o cerco de Samaria

24 Algum tempo depois, Ben-Hadade, rei da Síria, mo-
bilizou todo o seu exército e cercou Samaria. 25 O cerco
durou tanto e causou tamanha fome que uma cabeça
de jumento chegou a valer oitenta peças[a] de prata, e
uma caneca[b] de esterco de pomba, cinco peças de prata.
26 Um dia, quando o rei de Israel inspecionava os mu-
ros da cidade, uma mulher gritou para ele: "Socorro,
majestade!"
27 O rei respondeu: "Se o SENHOR não a socorrer, co-
mo poderei ajudá-la? Acaso há trigo na eira ou vinho
no tanque de prensar uvas?" 28 Contudo ele perguntou:
"Qual é o problema?"
Ela respondeu: "Esta mulher me disse: 'Vamos comer
o seu filho hoje, e amanhã comeremos o meu'. 29 Então
cozinhamos o meu filho e o comemos. No dia seguinte
eu disse a ela que era a vez de comermos o seu filho,
mas ela o havia escondido".
30 Quando o rei ouviu as palavras da mulher, rasgou
as próprias vestes. Como estava sobre os muros, o povo
viu que ele estava usando pano de saco por baixo, jun-
to ao corpo. 31 E ele disse: "Deus me castigue com todo
o rigor, se a cabeça de Eliseu, filho de Safate, continuar
hoje sobre seus ombros!"
32 Ora, Eliseu estava sentado em sua casa, reunido
com as autoridades de Israel. O rei havia mandado um
mensageiro à sua frente, mas, antes que ele chegasse,
Eliseu disse às autoridades: "Aquele assassino mandou
alguém para cortar-me a cabeça? Quando o mensagei-
ro chegar, fechem a porta e mantenham-na trancada.
Vocês não estão ouvindo os passos do seu senhor que
vem atrás dele?"
33 Enquanto ainda lhes falava, o mensageiro chegou.
Na mesma hora o rei disse: "Esta desgraça vem do SE-
NHOR. Por que devo ainda ter esperança no SENHOR?"
7 Eliseu respondeu: "Ouçam a palavra do SENHOR! As-
sim diz o SENHOR: 'Amanhã, por volta desta hora, na
porta de Samaria, tanto uma medida[c] de farinha co-
mo duas medidas de cevada serão vendidas por uma
peça[d] de prata' ".
2 O oficial, em cujo braço o rei estava se apoiando,
disse ao homem de Deus: "Ainda que o SENHOR abrisse
as comportas do céu, será que isso poderia acontecer?"
Mas Eliseu advertiu: "Você o verá com os próprios
olhos, mas não comerá coisa alguma!"

O cerco

3 Havia quatro leprosos[e] junto à porta da cidade. Eles
disseram uns aos outros: "Por que ficar aqui esperando
a morte? 4 Se resolvermos entrar na cidade, morreremos
de fome, mas se ficarmos aqui, também morreremos.
Vamos, pois, ao acampamento dos arameus para nos
render. Se eles nos pouparem, viveremos; se nos ma-
tarem, morreremos".
5 Ao anoitecer, eles foram ao acampamento dos ara-
meus. Quando chegaram às imediações do acampamen-
to, viram que não havia ninguém ali, 6 pois o Senhor
tinha feito os arameus ouvirem o ruído de um gran-
de exército com cavalos e carros de guerra, de modo
que disseram uns aos outros: "Ouçam, o rei de Israel

[a] 6:25 Hebraico: *80 siclos*. Um siclo equivalia a 12 gramas.
[b] 6:25 Hebraico: *1/4 de cabo*. O cabo era uma medida de capacidade para líquidos. As estimativas variam entre 1 e 2 litros.
[c] 7:1 Hebraico: *1 seá*. O seá era uma medida de capacidade para secos. As estimativas variam entre 7 e 14 litros.
[d] 7:1 Hebraico: *1 siclo*. Um siclo equivalia a 12 gramas.
[e] 7:3 O termo hebraico não se refere somente à lepra, mas também a diversas doenças da pele; também no versículo 8.

contratou os reis dos hititas e dos egípcios para nos ata-
carem!" 7Então, para salvar sua vida, fugiram ao anoite-
cer, abandonando tendas, cavalos e jumentos, deixando
o acampamento como estava.
8Tendo chegado às imediações do acampamento, os
leprosos entraram numa das tendas. Comeram e bebe-
ram, pegaram prata, ouro e roupas e saíram para escon-
der tudo. Depois voltaram e entraram noutra tenda,
pegaram o que quiseram e esconderam isso também.
9Então disseram uns aos outros: "Não estamos agin-
do certo. Este é um dia de boas notícias, e não podemos
ficar calados. Se esperarmos até o amanhecer, seremos
castigados. Vamos imediatamente contar tudo no pa-
lácio do rei".
10Então foram, chamaram as sentinelas da porta da
cidade e lhes contaram: "Entramos no acampamento
arameu e não vimos nem ouvimos ninguém. Havia ape-
nas cavalos e jumentos amarrados, e tendas abandona-
das". 11As sentinelas da porta proclamaram a notícia, e
ela foi anunciada dentro do palácio.
12O rei se levantou de noite e disse aos seus con-
selheiros: "Eu lhes explicarei o que os arameus pla-
nejaram. Como sabem que estamos passando fome,
deixaram o acampamento e se esconderam no campo,
pensando: 'Com certeza eles sairão, e então os pegare-
mos vivos e entraremos na cidade' ".
13Um de seus conselheiros respondeu: "Manda que
alguns homens apanhem cinco dos cavalos que res-
tam na cidade. O destino desses homens será o mes-
mo de todos os israelitas que ficarem, sim, como toda
esta multidão condenada. Por isso vamos enviá-los para
descobrir o que aconteceu".
14Assim que prepararam dois carros de guerra com
seus cavalos, o rei os enviou atrás do exército arameu,
ordenando aos condutores: "Vão e descubram o que
aconteceu". 15Eles seguiram as pegadas do exército até
o Jordão e encontraram todo o caminho cheio de rou-
pas e armas que os arameus haviam deixado para trás
enquanto fugiam. Os mensageiros voltaram e relata-
ram tudo ao rei. 16Então o povo saiu e saqueou o acam-
pamento dos arameus. Assim, tanto uma medida de
farinha como duas medidas de cevada passaram a ser
vendidas por uma peça de prata, conforme o Senhor
tinha dito.
17Ora, o rei havia posto o oficial em cujo braço ti-
nha se apoiado como encarregado da porta da cidade,
mas quando o povo saiu, atropelou-o junto à porta, e
ele morreu, conforme o homem de Deus havia predi-
to quando o rei foi à sua casa. 18Aconteceu conforme
o homem de Deus dissera ao rei: "Amanhã, por volta
desta hora, na porta de Samaria, tanto uma medida de
farinha como duas medidas de cevada serão vendidas
por uma peça de prata".
19O oficial tinha contestado o homem de Deus per-
guntando: "Ainda que o Senhor abrisse as comportas
do céu, será que isso poderia acontecer?" O homem de
Deus havia respondido: "Você verá com os próprios
olhos, mas não comerá coisa alguma!" 20E foi exata-
mente isso que lhe aconteceu, pois o povo o pisoteou
junto à porta da cidade, e ele morreu.

A sunamita recebe de volta sua propriedade

8 Eliseu tinha prevenido a mãe do menino que ele
havia ressuscitado: "Saia do país com sua família e
vá morar onde puder, pois o Senhor determinou para
esta terra uma fome, que durará sete anos". 2A mulher
seguiu o conselho do homem de Deus, partiu com sua
família e passou sete anos na terra dos filisteus.
3Ao final dos sete anos ela voltou a Israel e fez um
apelo ao rei para readquirir sua casa e sua propriedade.
4O rei estava conversando com Geazi, servo do homem
de Deus, e disse: "Conte-me todos os prodígios que Eli-
seu tem feito". 5Enquanto Geazi contava ao rei como Eli-
seu havia ressuscitado o menino, a própria mãe chegou
para apresentar sua petição ao rei a fim de readquirir
sua casa e sua propriedade.
Geazi exclamou: "Esta é a mulher, ó rei, meu se-
nhor, e este é o filho dela, a quem Eliseu ressuscitou".
6O rei pediu que ela contasse o ocorrido, e ela confir-
mou os fatos.
Então ele designou um oficial para cuidar do caso
dela e lhe ordenou: "Devolva tudo o que lhe pertencia,
inclusive toda a renda das colheitas, desde que ela saiu
do país até hoje".

A morte de Ben-Hadade

7Certa ocasião, Eliseu foi a Damasco. Ben-Hadade,
rei da Síria, estava doente. Quando disseram ao rei: "O
homem de Deus está na cidade", 8ele ordenou a Hazael:
"Vá encontrar-se com o homem de Deus e leve-lhe um
presente. Consulte o Senhor por meio dele; pergunte-
-lhe se vou me recuperar desta doença".
9Hazael foi encontrar-se com Eliseu, levando con-
sigo de tudo o que havia de melhor em Damasco, um
presente carregado por quarenta camelos. Ao chegar
diante dele, Hazael disse: "Teu filho Ben-Hadade, rei
da Síria, enviou-me para perguntar se ele vai recupe-
rar-se da sua doença".
10Eliseu respondeu: "Vá e diga-lhe: 'Com certeza te
recuperarás', no entanto[a] o Senhor me revelou que de
fato ele vai morrer". 11Eliseu ficou olhando fixamente
para Hazael até deixá-lo constrangido. Então o homem
de Deus começou a chorar.
12E perguntou Hazael: "Por que meu senhor está
chorando?"
Ele respondeu: "Porque sei das coisas terríveis que
você fará aos israelitas. Você incendiará suas fortalezas,
matará seus jovens à espada, esmagará as crianças e ras-
gará o ventre das suas mulheres grávidas".
13Hazael disse: "Como poderia teu servo, que não
passa de um cão, realizar algo assim?"
Respondeu Eliseu: "O Senhor me mostrou que você
se tornará rei da Síria".
14Então Hazael saiu dali e voltou para seu senhor.
Quando Ben-Hadade perguntou: "O que Eliseu lhe dis-
se?", Hazael respondeu: "Ele me falou que certamente
te recuperarás". 15Mas, no dia seguinte, ele apanhou um
cobertor, encharcou-o e com ele sufocou o rei, até matá-
-lo. E assim Hazael foi o seu sucessor.

O reinado de Jeorão, rei de Judá

16No quinto ano de Jorão, filho de Acabe, rei de Is-
rael, sendo ainda Josafá rei de Judá, Jeorão, seu filho,
começou a reinar em Judá. 17Ele tinha trinta e dois anos
de idade quando começou a reinar, e reinou oito anos
em Jerusalém. 18Andou nos caminhos dos reis de Israel,
como a família de Acabe havia feito, pois se casou com

[a] 8:10 Ou *'Com certeza não te recuperarás', pois*

uma filha de Acabe. E fez o que o Senhor reprova. 19Entretanto, por amor ao seu servo Davi, o Senhor não quis destruir Judá. Ele havia prometido manter para sempre um descendente de Davi no trono[a].

20Nos dias de Jeorão, os edomitas rebelaram-se contra o domínio de Judá, proclamando seu próprio rei. 21Por isso Jeorão foi a Zair com todos os seus carros de guerra. Lá os edomitas cercaram Jeorão e os chefes dos seus carros de guerra, mas ele os atacou de noite e rompeu o cerco inimigo, e seu exército conseguiu fugir para casa. 22E até hoje Edom continua independente de Judá. Nessa mesma época, a cidade de Libna também tornou-se independente.

23Os demais acontecimentos do reinado de Jeorão e todas as suas realizações estão escritos nos registros históricos dos reis de Judá. 24Jeorão descansou com seus antepassados e foi sepultado com eles na Cidade de Davi. E seu filho Acazias foi o seu sucessor.

O reinado de Acazias, rei de Judá

25No décimo segundo ano do reinado de Jorão, filho de Acabe, rei de Israel, Acazias, filho de Jeorão, rei de Judá, começou a reinar. 26Ele tinha vinte e dois anos de idade quando começou a reinar, e reinou um ano em Jerusalém. O nome de sua mãe era Atalia, neta de Onri, rei de Israel. 27Ele andou nos caminhos da família de Acabe e fez o que o Senhor reprova, como a família de Acabe havia feito, pois casou-se com uma mulher da família de Acabe.

28Acazias aliou-se a Jorão, filho de Acabe, e saiu à guerra contra Hazael, rei da Síria, em Ramote-Gileade. Jorão foi ferido 29e voltou a Jezreel para recuperar-se dos ferimentos sofridos em Ramote[b], na batalha contra Hazael, rei da Síria.

Acazias, rei de Judá, foi a Jezreel visitar Jorão, que se recuperava de seus ferimentos.

Jeú é consagrado rei de Israel

9 Enquanto isso o profeta Eliseu chamou um dos discípulos dos profetas e lhe disse: "Ponha a capa por dentro do cinto, pegue este frasco de óleo e vá a Ramote-Gileade. 2Quando lá chegar, procure Jeú, filho de Josafá e neto de Ninsi. Dirija-se a ele e leve-o para uma sala, longe dos seus companheiros. 3Depois pegue o frasco, derrame o óleo sobre a cabeça dele e declare: 'Assim diz o Senhor: Eu o estou ungindo rei sobre Israel'. Em seguida abra a porta e fuja sem demora!"

4Então o jovem profeta foi a Ramote-Gileade. 5Ao chegar, encontrou os comandantes do exército reunidos e disse: "Trago uma mensagem para ti, comandante".

"Para qual de nós?", perguntou Jeú.

Ele respondeu: "Para ti, comandante".

6Jeú levantou-se e entrou na casa. Então o jovem profeta derramou o óleo na cabeça de Jeú e declarou-lhe: "Assim diz o Senhor, o Deus de Israel: 'Eu o estou ungindo rei de Israel, o povo do Senhor. 7Você dará fim à família de Acabe, seu senhor, e assim eu vingarei o sangue de meus servos, os profetas, e o sangue de todos os servos do Senhor, derramado por Jezabel. 8Toda a família de Acabe perecerá. Eliminarei todos os de sexo masculino[c] de sua família em Israel, seja escravo seja livre. 9Tratarei a família de Acabe como tratei a de Jeroboão, filho de Nebate, e a de Baasa, filho de Aías. 10E Jezabel será devorada por cães num terreno em Jezreel, e ninguém a sepultará' ". Então ele abriu a porta e saiu correndo.

11Quando Jeú voltou para junto dos outros oficiais do rei, um deles lhe perguntou: "Está tudo bem? O que esse louco queria com você?"

Jeú respondeu: "Vocês conhecem essa gente e sabem as coisas que eles dizem".

12Mas insistiram: "Não nos engane! Conte-nos o que ele disse".

Então Jeú contou: "Ele me disse o seguinte: 'Assim diz o Senhor: Eu o estou ungindo rei sobre Israel' ".

13Imediatamente eles pegaram os seus mantos e os estenderam sobre os degraus diante dele. Em seguida tocaram a trombeta e gritaram: "Jeú é rei!"

A morte de Jorão e de Acazias

14Então Jeú, filho de Josafá e neto de Ninsi, começou uma conspiração contra o rei Jorão, na época em que este defendeu, com todo o Israel, Ramote-Gileade contra Hazael, rei da Síria. 15O rei Jorão tinha voltado a Jezreel para recuperar-se dos ferimentos sofridos na batalha contra Hazael, rei da Síria. Jeú propôs: "Se vocês me apoiam, não deixem ninguém sair escondido da cidade para nos denunciar em Jezreel". 16Então ele subiu em seu carro e foi para Jezreel, porque Jorão estava lá se recuperando; e Acazias, rei de Judá, tinha ido visitá-lo.

17Quando a sentinela que estava na torre de vigia de Jezreel percebeu a tropa de Jeú se aproximando, gritou: "Estou vendo uma tropa!"

Jorão ordenou: "Envie um cavaleiro ao encontro deles para perguntar se eles vêm em paz".

18O cavaleiro foi ao encontro de Jeú e disse: "O rei pergunta: 'Vocês vêm em paz?' "

Jeú respondeu: "Não me venha falar em paz. Saia da minha frente".

A sentinela relatou: "O mensageiro chegou a eles, mas não está voltando".

19Então o rei enviou um segundo cavaleiro. Quando chegou a eles disse: "O rei pergunta: 'Vocês vêm em paz?' "

Jeú respondeu: "Não me venha falar em paz. Saia da minha frente".

20A sentinela relatou: "Ele chegou a eles, mas também não está voltando". E acrescentou: "O jeito do chefe da tropa guiar o carro é como o de Jeú, neto de Ninsi; dirige como louco".

21Jorão ordenou que preparassem seu carro de guerra. Assim que ficou pronto, Jorão, rei de Israel, e Acazias, rei de Judá, saíram, cada um em seu carro, ao encontro de Jeú. Eles o encontraram na propriedade que havia pertencido a Nabote, de Jezreel. 22Quando Jorão viu Jeú, perguntou: "Você vem em paz, Jeú?"

Jeú respondeu: "Como pode haver paz, enquanto continuam toda a idolatria e as feitiçarias de sua mãe Jezabel?"

23Jorão deu meia-volta e fugiu, gritando para Acazias: "Traição, Acazias!"

24Então Jeú disparou seu arco com toda a força e atingiu Jorão nas costas. A flecha atravessou-lhe o coração e ele caiu morto. 25Jeú disse a Bidcar, seu oficial: "Pegue o cadáver e jogue-o nesta propriedade que

[a] 8:19 Hebraico: *uma lâmpada para ele e seus descendentes.*
[b] 8:29 Hebraico: *Ramá*, variante de *Ramote.*
[c] 9:8 Hebraico: *os que urinam na parede.*

pertencia a Nabote, de Jezreel. Lembre-se da adver-
tência que o SENHOR proferiu contra Acabe, pai dele,
quando juntos acompanhávamos sua comitiva. Ele dis-
se: 26'Ontem, vi o sangue de Nabote e o sangue dos seus
filhos, declara o SENHOR, e com certeza farei você pagar
por isso nesta mesma propriedade, declara o SENHOR'.
Agora, então, pegue o cadáver e jogue-o nesta proprie-
dade, conforme a palavra do SENHOR".
27Vendo isso, Acazias, rei de Judá, fugiu na direção
de Bete-Hagã. Mas Jeú o perseguiu, gritando: "Matem-
-no também!" Eles o atingiram em seu carro de guerra
na subida para Gur, perto de Ibleã, mas ele conseguiu
refugiar-se em Megido, onde morreu. 28Seus oficiais o
levaram a Jerusalém e o sepultaram com seus ante-
passados em seu túmulo, na Cidade de Davi. 29Acazias
havia se tornado rei de Judá no décimo primeiro ano
de Jorão, filho de Acabe.

A morte de Jezabel

30Em seguida Jeú entrou em Jezreel. Ao saber dis-
so, Jezabel pintou os olhos, arrumou o cabelo e ficou
olhando de uma janela do palácio. 31Quando Jeú pas-
sou pelo portão, ela gritou: "Como vai, Zinri, assassino
do seu senhor?"
32Ele ergueu os olhos para a janela e gritou: "Quem
de vocês está do meu lado?" Dois ou três oficiais olha-
ram para ele. 33Então Jeú ordenou: "Joguem essa
mulher para baixo!" Eles a jogaram e o sangue dela
espirrou na parede e nos cavalos, e Jeú a atropelou.
34Jeú entrou, comeu, bebeu e ordenou: "Peguem
aquela maldita e sepultem-na; afinal era filha de rei".
35Mas, quando foram sepultá-la, só encontraram o crâ-
nio, os pés e as mãos. 36Então voltaram e contaram is-
so a Jeú, que disse: "Cumpriu-se a palavra do SENHOR
anunciada por meio do seu servo Elias, o tesbita: Num
terreno em Jezreel cães devorarão a carne de Jezabel,
37os seus restos mortais serão espalhados num terreno
em Jezreel, como esterco no campo, de modo que nin-
guém será capaz de dizer: 'Esta é Jezabel' ".

A morte da família de Acabe

10 Ora, viviam em Samaria setenta descendentes de
Acabe. Jeú escreveu uma carta e a enviou a Sama-
ria, aos líderes da cidade[a], às autoridades e aos tutores
dos descendentes de Acabe. A carta dizia: 2"Assim que
receberem esta carta, vocês, que cuidam dos filhos do
rei e que têm carros de guerra e cavalos, uma cidade
fortificada e armas, 3escolham o melhor e o mais capaz
dos filhos do rei e coloquem-no no trono de seu pai. E
lutem pela dinastia de seu senhor".
4Eles, porém, estavam aterrorizados e disseram:
"Se dois reis não puderam enfrentá-lo, como podere-
mos nós?"
5Por isso o administrador do palácio, o governador
da cidade, as autoridades e os tutores enviaram esta
mensagem a Jeú: "Somos teus servos e faremos tudo
o que exigires de nós. Não proclamaremos nenhum rei.
Faze o que achares melhor".
6Então Jeú escreveu-lhes uma segunda carta que di-
zia: "Se vocês estão do meu lado e estão dispostos a obe-
decer-me, tragam-me as cabeças dos descendentes de
seu senhor a Jezreel, amanhã a esta hora".
Os setenta descendentes de Acabe estavam sendo
criados pelas autoridades da cidade. 7Logo que recebe-
ram a carta, decapitaram todos os setenta, colocaram
as cabeças em cestos e as enviaram a Jeú, em Jezreel.
8Ao ser informado de que tinham trazido as cabeças,
Jeú ordenou: "Façam com elas dois montes junto à por-
ta da cidade, para que fiquem expostas lá até amanhã".
9Na manhã seguinte Jeú saiu e declarou a todo o
povo: "Vocês são inocentes! Fui eu que conspirei con-
tra meu senhor e o matei, mas quem matou todos es-
tes? 10Saibam, então, que não deixará de se cumprir
uma só palavra que o SENHOR falou contra a família de
Acabe. O SENHOR fez o que prometeu por meio de seu
servo Elias". 11Então Jeú matou todos os que restavam
da família de Acabe em Jezreel, bem como todos os
seus aliados influentes, os seus amigos pessoais e os
seus sacerdotes, não lhe deixando sobrevivente algum.
12Depois Jeú partiu para Samaria. Em Bete-Equede
dos Pastores 13encontrou alguns parentes de Acazias, rei
de Judá, e perguntou: "Quem são vocês?"
Eles responderam: "Somos parentes de Acazias e es-
tamos indo visitar as famílias do rei e da rainha-mãe".
14Então Jeú ordenou aos seus soldados: "Peguem-
-nos vivos!" Então os pegaram e os mataram junto ao
poço de Bete-Equede. Eram quarenta e dois homens, e
nenhum deles foi deixado vivo.
15Saindo dali, Jeú encontrou Jonadabe, filho de Re-
cabe, que tinha ido falar com ele. Depois de saudá-lo
Jeú perguntou: "Você está de acordo com o que estou
fazendo?"
Jonadabe respondeu: "Estou".
E disse Jeú: "Então, dê-me a mão". Jonadabe esten-
deu-lhe a mão, e Jeú o ajudou a subir no carro, 16e lhe
disse: "Venha comigo e veja o meu zelo pelo SENHOR".
E o levou em seu carro.
17Quando Jeú chegou a Samaria, matou todos os que
restavam da família de Acabe na cidade; ele os extermi-
nou, conforme a palavra que o SENHOR tinha dito a Elias.

A morte dos ministros de Baal

18Jeú reuniu todo o povo e declarou: "Acabe não cul-
tuou o deus Baal o bastante; eu, Jeú, o cultuarei muito
mais. 19Por isso convoquem todos os profetas de Baal,
todos os seus ministros e todos os seus sacerdotes. Nin-
guém deverá faltar, pois oferecerei um grande sacri-
fício a Baal. Quem não vier, morrerá". Mas Jeú estava
agindo traiçoeiramente, a fim de exterminar os minis-
tros de Baal.
20Então Jeú ordenou: "Convoquem uma assembleia
em honra a Baal". Foi feita a proclamação 21e ele enviou
mensageiros por todo o Israel. Todos os ministros de
Baal vieram; nem um deles faltou. Eles se reuniram no
templo de Baal, que ficou completamente lotado. 22E
Jeú disse ao encarregado das vestes cultuais: "Traga os
mantos para todos os ministros de Baal". E ele os trouxe.
23Depois Jeú entrou no templo com Jonadabe, filho
de Recabe, e disse aos ministros de Baal: "Olhem em
volta e certifiquem-se de que nenhum servo do SENHOR
está aqui com vocês, mas somente ministros de Baal".
24E eles se aproximaram para oferecer sacrifícios e ho-
locaustos[b]. Jeú havia posto oitenta homens do lado de
fora, fazendo-lhes esta advertência: "Se um de vocês

[a] 10:1 Conforme alguns manuscritos da Septuaginta e a Vulgata. O Texto Massorético diz *de Jezreel*.

[b] 10:24 Isto é, sacrifícios totalmente queimados; também no versículo 25.

deixar escapar um só dos homens que estou entregando a vocês, será a sua vida pela dele".

25 Logo que Jeú terminou de oferecer o holocausto, ordenou aos guardas e oficiais: "Entrem e matem todos! Não deixem ninguém escapar!" E eles os mataram ao fio da espada, jogaram os corpos para fora e depois entraram no santuário interno do templo de Baal. 26 Levaram a coluna sagrada para fora do templo de Baal e a queimaram. 27 Assim destruíram a coluna sagrada de Baal e demoliram o seu templo, e até hoje o local tem sido usado como latrina.

28 Assim Jeú eliminou a adoração a Baal em Israel. 29 No entanto, não se afastou dos pecados de Jeroboão, filho de Nebate, pois levou Israel a cometer o pecado de adorar os bezerros de ouro em Betel e em Dã.

30 E o Senhor disse a Jeú: "Como você executou corretamente o que eu aprovo, fazendo com a família de Acabe tudo o que eu queria, seus descendentes ocuparão o trono de Israel até a quarta geração". 31 Entretanto, Jeú não se preocupou em obedecer de todo o coração à lei do Senhor, Deus de Israel, nem se afastou dos pecados que Jeroboão levara Israel a cometer.

32 Naqueles dias, o Senhor começou a reduzir o tamanho de Israel. O rei Hazael conquistou todo o território israelita 33 a leste do Jordão, incluindo toda a terra de Gileade. Conquistou desde Aroer, junto à garganta do Arnom, até Basã, passando por Gileade, terras das tribos de Gade, de Rúben e de Manassés.

34 Os demais acontecimentos do reinado de Jeú, todos os seus atos e todas as suas realizações, estão escritos nos registros históricos dos reis de Israel. 35 Jeú descansou com os seus antepassados e foi sepultado em Samaria. Seu filho Jeoacaz foi seu sucessor. 36 Reinou Jeú vinte e oito anos sobre Israel em Samaria.

Joás escapa de Atalia

11 Quando Atalia, mãe de Acazias, soube que seu filho estava morto, mandou matar toda a família real. 2 Mas Jeoseba, filha do rei Jeorão e irmã de Acazias, pegou Joás, um dos filhos do rei que iam ser assassinados, e o colocou num quarto, junto com a sua ama, para escondê-lo de Atalia; assim ele não foi morto. 3 Seis anos ele ficou escondido com ela no templo do Senhor, enquanto Atalia governava o país.

4 No sétimo ano, o sacerdote Joiada mandou chamar à sua presença no templo do Senhor os líderes dos batalhões de cem dos cários[a] e dos guardas. E fez um acordo com eles no templo do Senhor, com juramento. Depois lhes mostrou o filho do rei 5 e lhes ordenou: "Vocês vão fazer o seguinte: Quando entrarem de serviço no sábado, uma companhia ficará de guarda no palácio real, 6 outra, na porta de Sur e a terceira, na porta que fica atrás das outras companhias. Elas montarão guarda no templo por turnos. 7 As outras duas companhias, que normalmente não estão de serviço[b] no sábado, ficarão de guarda no templo, para proteger o rei. 8 Posicionem-se ao redor do rei, de armas na mão. Matem todo o que se aproximar de suas fileiras[c]. Acompanhem o rei aonde quer que ele for".

9 Os líderes dos batalhões de cem fizeram como o sacerdote Joiada havia ordenado. Cada um levou seus soldados, tanto os que estavam entrando em serviço no sábado como os que estavam saindo, ao sacerdote Joiada. 10 Então ele deu aos líderes dos batalhões de cem as lanças e os escudos que haviam pertencido ao rei Davi e que estavam no templo do Senhor. 11 Os guardas, todos armados, posicionaram-se em volta do rei, junto do altar e em torno do templo, desde o lado sul até o lado norte do templo.

12 Depois Joiada trouxe para fora Joás, o filho do rei, colocou nele a coroa e lhe entregou uma cópia da aliança. Então o proclamaram rei, ungindo-o, e o povo aplaudia e gritava: "Viva o rei!"

13 Quando Atalia ouviu o barulho dos guardas e do povo, foi ao templo do Senhor, onde estava o povo, 14 e onde ela viu o rei, em pé junto à coluna, conforme o costume. Os oficiais e os tocadores de corneta estavam ao lado do rei, e todo o povo se alegrava ao som das cornetas. Então Atalia rasgou suas vestes e gritou: "Traição! Traição!"

15 O sacerdote Joiada ordenou aos líderes dos batalhões de cem que estavam no comando das tropas: "Levem-na para fora por entre as fileiras, e matem à espada quem a seguir". Pois o sacerdote dissera: "Ela não será morta no templo do Senhor". 16 Então eles a prenderam e a levaram ao lugar onde os cavalos entram no terreno do palácio, e lá a mataram.

17 E Joiada fez uma aliança entre o Senhor, o rei e o povo, para que fossem o povo do Senhor; também fez um acordo entre o rei e o povo. 18 Depois todo o povo foi ao templo de Baal e o derrubou. Despedaçaram os altares e os ídolos e mataram Matã, sacerdote de Baal, em frente dos altares.

A seguir o sacerdote Joiada colocou guardas no templo do Senhor. 19 Levou consigo os líderes dos batalhões de cem cários, os guardas e todo o povo e, juntos, conduziram o rei do templo ao palácio, passando pela porta da guarda. O rei então ocupou seu lugar no trono real, 20 e todo o povo se alegrou. E a cidade acalmou-se depois que Atalia foi morta à espada no palácio.

21 Joás tinha sete anos de idade quando começou a reinar.

A reparação do templo

12 No sétimo ano do reinado de Jeú, Joás começou a reinar, e reinou quarenta anos em Jerusalém. O nome de sua mãe era Zíbia; ela era de Berseba. 2 Joás fez o que o Senhor aprova durante todos os anos em que o sacerdote Joiada o orientou. 3 Contudo, os altares idólatras não foram derrubados; o povo continuava a oferecer sacrifícios e a queimar incenso neles.

4 Joás ordenou aos sacerdotes: "Reúnam toda a prata trazida como dádiva sagrada ao templo do Senhor: a prata recolhida no recenseamento, a prata recebida de votos pessoais e a que foi trazida voluntariamente ao templo. 5 Cada sacerdote recolha a prata de um dos tesoureiros para que seja usada na reforma do templo".

6 Contudo, no vigésimo terceiro ano do reinado de Joás, os sacerdotes ainda não tinham feito as reformas. 7 Por isso o rei Joás chamou o sacerdote Joiada e os outros sacerdotes e lhes perguntou: "Por que vocês não estão fazendo as reformas no templo? Não recolham mais prata com seus tesoureiros, mas deixem-na para as reformas". 8 Os sacerdotes concordaram em não mais

[a] 11:4 Isto é, mercenários que vinham da Ásia Menor; também no versículo 19.
[b] 11:7 Ou *As duas companhias que saírem do serviço*
[c] 11:8 Ou *do local*; também no versículo 15.

receberem nenhuma prata do povo e em não serem mais os encarregados dessas reformas.

9Então o sacerdote Joiada pegou uma caixa, fez um furo na tampa e colocou-a ao lado do altar, à direita de quem entra no templo do SENHOR. Os sacerdotes que guardavam a entrada colocavam na caixa toda a prata trazida ao templo do SENHOR. 10Sempre que havia uma grande quantidade de prata na caixa, o secretário real e o sumo sacerdote vinham, pesavam a prata trazida ao templo do SENHOR e a colocavam em sacolas. 11Depois de pesada, entregavam a prata aos supervisores do trabalho no templo. Assim pagavam aqueles que trabalhavam no templo do SENHOR: os carpinteiros e os construtores, 12os pedreiros e os cortadores de pedras. Também compravam madeira e pedras lavradas para os consertos a serem feitos no templo do SENHOR e cobriam todas as outras despesas.

13A prata trazida ao templo não era utilizada na confecção de bacias de prata, cortadores de pavio, bacias para aspersão, cornetas ou quaisquer outros utensílios de ouro ou prata para o templo do SENHOR; 14era usada como pagamento dos trabalhadores, e eles a empregavam para o reparo do templo. 15Não se exigia prestação de contas dos que pagavam os trabalhadores, pois agiam com honestidade. 16Mas a prata das ofertas pela culpa e das ofertas pelo pecado não era levada ao templo do SENHOR, pois pertencia aos sacerdotes.

17Nessa época, Hazael, rei da Síria, atacou Gate e a conquistou. Depois decidiu atacar Jerusalém. 18Então Joás, rei de Judá, apanhou todos os objetos consagrados por seus antepassados Josafá, Jeorão e Acazias, reis de Judá, e os que ele mesmo havia consagrado, e todo o ouro encontrado no depósito do templo do SENHOR e do palácio real, e enviou tudo a Hazael, rei da Síria, que, assim, desistiu de atacar Jerusalém.

19Os demais acontecimentos do reinado de Joás e as suas realizações estão todos escritos no livro dos registros históricos dos reis de Judá. 20Dois de seus oficiais conspiraram contra ele e o assassinaram em Bete-Milo, no caminho que desce para Sila. 21Os oficiais que o assassinaram foram Jozabade, filho de Simeate, e Jeozabade, filho de Somer. Ele morreu e foi sepultado junto aos seus antepassados na Cidade de Davi. E seu filho Amazias foi o seu sucessor.

O reinado de Jeoacaz, rei de Israel

13 No vigésimo terceiro ano do reinado de Joás, filho de Acazias, rei de Judá, Jeoacaz, filho de Jeú, tornou-se rei de Israel em Samaria, e reinou dezessete anos. 2Ele fez o que o SENHOR reprova, seguindo os pecados que Jeroboão, filho de Nebate, levara Israel a cometer; e não se afastou deles. 3Por isso a ira do SENHOR se acendeu contra Israel, e por longo tempo ele os manteve sob o poder de Hazael, rei da Síria, e de seu filho Ben-Hadade.

4Então Jeoacaz buscou o favor do SENHOR, e este o atendeu, pois viu quanto o rei da Síria oprimia Israel. 5O SENHOR providenciou um libertador para Israel, que escapou do poder da Síria. Assim os israelitas moraram em suas casas como anteriormente. 6Mas continuaram a praticar os pecados que a dinastia de Jeroboão havia levado Israel a cometer, permanecendo neles. Inclusive o poste sagrado permanecia em pé em Samaria.

7De todo o exército de Jeoacaz só restaram cinquenta cavaleiros, dez carros de guerra e dez mil soldados de infantaria, pois o rei da Síria havia destruído a maior parte, reduzindo-a a pó.

8Os demais acontecimentos do reinado de Jeoacaz, os seus atos e tudo o que realizou, estão escritos nos registros históricos dos reis de Israel. 9Jeoacaz descansou com os seus antepassados e foi sepultado em Samaria. Seu filho Jeoás foi o seu sucessor.

O reinado de Jeoás, rei de Israel

10No trigésimo sétimo ano do reinado de Joás, rei de Judá, Jeoás, filho de Jeoacaz, tornou-se rei de Israel em Samaria, e reinou dezesseis anos. 11Ele fez o que o SENHOR reprova e não se desviou de nenhum dos pecados que Jeroboão, filho de Nebate, levara Israel a cometer; antes permaneceu neles.

12Os demais acontecimentos do reinado de Jeoás, os seus atos e as suas realizações, inclusive sua guerra contra Amazias, rei de Judá, estão escritos no livro dos registros históricos dos reis de Israel. 13Jeoás descansou com os seus antepassados e Jeroboão o sucedeu no trono. Jeoás foi sepultado com os reis de Israel em Samaria.

14Ora, Eliseu estava sofrendo da doença da qual morreria. Então Jeoás, rei de Israel, foi visitá-lo e, curvado sobre ele, chorou gritando: "Meu pai! Meu pai! Tu és como os carros e os cavaleiros de Israel!"

15E Eliseu lhe disse: "Traga um arco e algumas flechas", e ele assim fez. 16"Pegue o arco em suas mãos", disse ao rei de Israel. Quando pegou, Eliseu pôs suas mãos sobre as mãos do rei 17e lhe disse: "Abra a janela que dá para o leste e atire". O rei o fez, e Eliseu declarou: "Esta é a flecha da vitória do SENHOR, a flecha da vitória sobre a Síria! Você destruirá totalmente os arameus, em Afeque".

18Em seguida Eliseu mandou o rei pegar as flechas e golpear o chão. Ele golpeou o chão três vezes e parou. 19O homem de Deus ficou irado com ele e disse: "Você deveria ter golpeado o chão cinco ou seis vezes; assim iria derrotar a Síria e a destruiria completamente. Mas agora você a vencerá somente três vezes".

20Então Eliseu morreu e foi sepultado.

Ora, tropas moabitas costumavam entrar no país a cada primavera. 21Certa vez, enquanto alguns israelitas sepultavam um homem, viram de repente uma dessas tropas; então jogaram o corpo do homem no túmulo de Eliseu e fugiram. Assim que o cadáver encostou nos ossos de Eliseu, o homem voltou à vida e se levantou.

22Hazael, rei da Síria, oprimiu os israelitas durante todo o reinado de Jeoacaz. 23Mas o SENHOR foi bondoso para com eles, teve compaixão e mostrou preocupação por eles, por causa da sua aliança com Abraão, Isaque e Jacó. Até hoje ele não se dispôs a destruí-los ou a eliminá-los de sua presença.

24E Hazael, rei da Síria, morreu, e seu filho Ben Hadade foi o seu sucessor. 25Então Jeoás, filho de Jeoacaz, conquistou de Ben-Hadade, filho de Hazael, as cidades que em combate Hazael havia tomado de seu pai Jeoacaz. Três vezes Jeoás o venceu e, assim, reconquistou aquelas cidades israelitas.

O reinado de Amazias, rei de Judá

14 No segundo ano do reinado de Jeoás, filho de Jeoacaz, rei de Israel, Amazias, filho de Joás, rei de Judá, começou a reinar. 2Ele tinha vinte e cinco anos de

idade quando começou a reinar, e reinou vinte e nove anos em Jerusalém. O nome de sua mãe era Jeoadã; ela era de Jerusalém. 3Ele fez o que o SENHOR aprova, mas não como Davi, seu predecessor. Em tudo seguiu o exemplo do seu pai Joás. 4Mas os altares não foram derrubados; o povo continuava a oferecer sacrifícios e a queimar incenso neles.

5Quando Amazias sentiu que tinha o reino sob pleno controle, mandou executar os oficiais que haviam assassinado o rei, seu pai. 6Contudo, não matou os filhos dos assassinos, de acordo com o que está escrito no Livro da Lei de Moisés, onde o SENHOR ordenou: "Os pais não morrerão no lugar dos filhos, nem os filhos no lugar dos pais; cada um morrerá pelo seu próprio pecado"[a].

7Foi ele que derrotou dez mil edomitas no vale do Sal e conquistou a cidade de Selá em combate, dando-lhe o nome de Jocteel, nome que tem até hoje.

8Então Amazias enviou mensageiros a Jeoás, filho de Jeoacaz e neto de Jeú, rei de Israel, com este desafio: "Venha me enfrentar".

9 Jeoás, porém, respondeu a Amazias: "O espinheiro do Líbano enviou uma mensagem ao cedro do Líbano: 'Dê sua filha em casamento a meu filho'. Mas um animal selvagem do Líbano veio e pisoteou o espinheiro. 10De fato, você derrotou Edom e agora está arrogante. Comemore a sua vitória, mas fique em casa! Por que provocar uma desgraça que levará você e também Judá à ruína?"

11Amazias não quis ouvi-lo, e Jeoás, rei de Israel, o atacou. Ele e Amazias, rei de Judá, enfrentaram-se em Bete-Semes, em Judá. 12Judá foi derrotado por Israel, e seus soldados fugiram para as suas casas. 13Jeoás capturou Amazias, filho de Joás e neto de Acazias, em Bete-Semes. Então Jeoás foi a Jerusalém e derrubou cento e oitenta metros[b] do muro da cidade, desde a porta de Efraim até a porta da Esquina. 14Ele se apoderou de todo o ouro, de toda a prata e de todos os utensílios encontrados no templo do SENHOR e nos depósitos do palácio real. Também fez reféns e, então, voltou para Samaria.

15Os demais acontecimentos do reinado de Jeoás, os seus atos e todas as suas realizações, inclusive sua guerra contra Amazias, rei de Judá, estão escritos nos registros históricos dos reis de Israel. 16Jeoás descansou com seus antepassados e foi sepultado com os reis de Israel em Samaria. E seu filho Jeroboão foi o seu sucessor.

17Amazias, filho de Joás, rei de Judá, viveu ainda mais quinze anos depois da morte de Jeoás, filho de Jeoacaz, rei de Israel. 18Os demais acontecimentos do reinado de Amazias estão escritos nos registros históricos dos reis de Judá.

19Vítima de uma conspiração em Jerusalém, ele fugiu para Laquis, mas o perseguiram até lá e o mataram. 20Seu corpo foi trazido de volta a cavalo e sepultado em Jerusalém, junto aos seus antepassados, na Cidade de Davi.

21Então todo o povo de Judá proclamou rei a Azarias[c], de dezesseis anos de idade, no lugar de seu pai, Amazias. 22Foi ele que reconquistou e reconstruiu a cidade de Elate para Judá, depois que Amazias descansou com os seus antepassados.

O reinado de Jeroboão, rei de Israel

23No décimo quinto ano do reinado de Amazias, filho de Joás, rei de Judá, Jeroboão, filho de Jeoás, rei de Israel, tornou-se rei em Samaria e reinou quarenta e um anos. 24Ele fez o que o SENHOR reprova e não se desviou de nenhum dos pecados que Jeroboão, filho de Nebate, levara Israel a cometer. 25Foi ele que restabeleceu as fronteiras de Israel desde Lebo-Hamate até o mar da Arabá[d], conforme a palavra do SENHOR, Deus de Israel, anunciada pelo seu servo Jonas, filho de Amitai, profeta de Gate-Héfer.

26O SENHOR viu a amargura com que todos em Israel, tanto escravos quanto livres, estavam sofrendo; não havia ninguém para socorrê-los. 27Visto que o SENHOR não dissera que apagaria o nome de Israel de debaixo do céu, ele os libertou pela mão de Jeroboão, filho de Jeoás.

28Os demais acontecimentos do reinado de Jeroboão, os seus atos e as suas realizações militares, inclusive a maneira pela qual recuperou para Israel Damasco e Hamate, que haviam pertencido a Iaudi[e], estão escritos nos registros históricos dos reis de Israel. 29Jeroboão descansou com os seus antepassados, os reis de Israel. Seu filho Zacarias foi o seu sucessor.

O reinado de Azarias, rei de Judá

15 No vigésimo sétimo ano do reinado de Jeroboão, rei de Israel, Azarias, filho de Amazias, rei de Judá, começou a reinar. 2Tinha dezesseis anos de idade quando se tornou rei, e reinou cinquenta e dois anos em Jerusalém. Sua mãe era de Jerusalém e chamava-se Jecolias. 3Ele fez o que o SENHOR aprova, tal como o seu pai Amazias. 4Contudo, os altares idólatras não foram derrubados; o povo continuava a oferecer sacrifícios e a queimar incenso neles.

5O SENHOR feriu o rei com lepra[f], até o dia de sua morte. Durante todo esse tempo ele morou numa casa separada[g]. Jotão, filho do rei, tomava conta do palácio e governava o povo.

6Os demais acontecimentos do reinado de Azarias e todas as suas realizações estão escritos nos registros históricos dos reis de Judá. 7Azarias descansou com os seus antepassados e foi sepultado junto a eles na Cidade de Davi. Seu filho Jotão foi o seu sucessor.

O reinado de Zacarias, rei de Israel

8No trigésimo oitavo ano do reinado de Azarias, rei de Judá, Zacarias, filho de Jeroboão, tornou-se rei de Israel em Samaria, e reinou seis meses. 9Ele fez o que o SENHOR reprova, como seus antepassados haviam feito. Não se desviou dos pecados que Jeroboão, filho de Nebate, levara Israel a cometer.

10Salum, filho de Jabes, conspirou contra Zacarias. Ele o atacou na frente do povo[h], assassinou-o e foi o seu sucessor. 11Os demais acontecimentos do reinado de Zacarias estão escritos nos registros históricos dos reis de Israel. 12Assim se cumpriu a palavra do SENHOR anunciada a Jeú: "Seus descendentes ocuparão o trono de Israel até a quarta geração".

[a] 14:6 Dt 24:16.
[b] 14:13 Hebraico: *400 côvados*. O côvado era uma medida linear de cerca de 45 centímetros.
[c] 14:21 Também chamado *Uzias*.
[d] 14:25 Isto é, o mar Morto.
[e] 14:28 Ou *Judá*
[f] 15:5 O termo hebraico não se refere somente à lepra, mas também a diversas doenças da pele.
[g] 15:5 Ou *casa onde estava desobrigado de suas responsabilidades*
[h] 15:10 Alguns manuscritos da Septuaginta dizem *atacou em Ibleã*.

O reinado de Salum, rei de Israel

13 Salum, filho de Jabes, começou a reinar no trigésimo oitavo ano do reinado de Uzias, rei de Judá, e reinou um mês em Samaria. 14 Então Menaém, filho de Gadi, foi de Tirza a Samaria e atacou Salum, filho de Jabes, assassinou-o e foi o seu sucessor. 15 Os demais acontecimentos do reinado de Salum e a conspiração que liderou estão escritos nos registros históricos dos reis de Israel.

16 Naquela ocasião Menaém, partindo de Tirza, atacou Tifsa e todos que estavam na cidade e seus arredores, porque eles se recusaram a abrir as portas da cidade. Saqueou Tifsa e rasgou ao meio todas as mulheres grávidas.

O reinado de Menaém, rei de Israel

17 No trigésimo nono ano do reinado de Azarias, rei de Judá, Menaém, filho de Gadi, tornou-se rei de Israel, e reinou dez anos em Samaria. 18 Ele fez o que o Senhor reprova. Durante todo o seu reinado não se desviou dos pecados que Jeroboão, filho de Nebate, levara Israel a cometer.

19 Então Pul[a], rei da Assíria, invadiu o país, e Menaém lhe deu trinta e cinco toneladas[b] de prata para obter seu apoio e manter-se no trono. 20 Menaém cobrou essa quantia de Israel. Todos os homens de posses tiveram de contribuir com seiscentos gramas[c] de prata no pagamento ao rei da Assíria. Então ele interrompeu a invasão e foi embora.

21 Os demais acontecimentos do reinado de Menaém e todas as suas realizações estão escritos nos registros históricos dos reis de Israel. 22 Menaém descansou com os seus antepassados, e seu filho Pecaías foi o seu sucessor.

O reinado de Pecaías, rei de Israel

23 No quinquagésimo ano do reinado de Azarias, rei de Judá, Pecaías, filho de Menaém, tornou-se rei de Israel em Samaria, e reinou dois anos. 24 Pecaías fez o que o Senhor reprova. Não se desviou dos pecados que Jeroboão, filho de Nebate, levara Israel a cometer. 25 Um dos seus principais oficiais, Peca, filho de Remalias, conspirou contra ele. Levando consigo cinquenta homens de Gileade, assassinou Pecaías e também Argobe e Arié, na cidadela do palácio real em Samaria. Assim Peca matou Pecaías e foi o seu sucessor.

26 Os demais acontecimentos do reinado de Pecaías e todas as suas realizações estão escritos nos registros históricos dos reis de Israel.

O reinado de Peca, rei de Israel

27 No quinquagésimo segundo ano do reinado de Azarias, rei de Judá, Peca, filho de Remalias, tornou-se rei de Israel em Samaria, e reinou vinte anos. 28 Ele fez o que o Senhor reprova. Não se desviou dos pecados que Jeroboão, filho de Nebate, levara Israel a cometer.

29 Durante o seu reinado, Tiglate-Pileser, rei da Assíria, invadiu e conquistou Ijom, Abel-Bete-Maaca, Janoa, Quedes e Hazor. Tomou Gileade e a Galileia, inclusive toda a terra de Naftali, e deportou o povo para a Assíria. 30 Então Oseias, filho de Elá, conspirou contra Peca, filho de Remalias. Ele o atacou e o assassinou, tornando-se o seu sucessor no vigésimo ano do reinado de Jotão, filho de Uzias.

31 Os demais acontecimentos do reinado de Peca e todas as suas realizações estão escritos nos registros históricos dos reis de Israel.

O reinado de Jotão, rei de Judá

32 No segundo ano do reinado de Peca, filho de Remalias, rei de Israel, Jotão, filho de Uzias, rei de Judá, começou a reinar. 33 Ele tinha vinte e cinco anos de idade quando começou a reinar, e reinou dezesseis anos em Jerusalém. O nome da sua mãe era Jerusa, filha de Zadoque. 34 Ele fez o que o Senhor aprova, tal como seu pai Uzias. 35 Contudo, os altares idólatras não foram derrubados; o povo continuou a oferecer sacrifícios e a queimar incenso neles. Jotão reconstruiu a porta superior do templo do Senhor.

36 Os demais acontecimentos do reinado de Jotão e as suas realizações estão escritos nos registros históricos dos reis de Judá. 37 (Naqueles dias o Senhor começou a enviar Rezim, rei da Síria, e Peca, filho de Remalias, contra Judá.) 38 Jotão descansou com os seus antepassados e foi sepultado junto a eles na Cidade de Davi, seu predecessor. Seu filho Acaz foi o seu sucessor.

O reinado de Acaz, rei de Judá

16 No décimo sétimo ano do reinado de Peca, filho de Remalias, Acaz, filho de Jotão, rei de Judá, começou a reinar. 2 Acaz tinha vinte anos de idade quando começou a reinar e reinou dezesseis anos em Jerusalém. Ao contrário de Davi, seu predecessor, não fez o que o Senhor, o seu Deus, aprova. 3 Andou nos caminhos dos reis de Israel e chegou até a queimar o seu filho em sacrifício, imitando os costumes detestáveis das nações que o Senhor havia expulsado de diante dos israelitas. 4 Também ofereceu sacrifícios e queimou incenso nos altares idólatras, no alto das colinas e debaixo de toda árvore frondosa.

5 Então Rezim, rei da Síria, e Peca, filho de Remalias, rei de Israel, saíram para lutar contra Acaz e sitiaram Jerusalém, mas não conseguiram vencê-lo. 6 Naquela ocasião, Rezim recuperou Elate para a Síria, expulsando os homens de Judá. Os edomitas então se mudaram para Elate, onde vivem até hoje.

7 Acaz enviou mensageiros para dizer a Tiglate-Pileser, rei da Assíria: "Sou teu servo e teu vassalo. Vem salvar-me das mãos do rei da Síria e do rei de Israel, que estão me atacando". 8 Acaz ajuntou a prata e o ouro encontrados no templo do Senhor e nos depósitos do palácio real e enviou-os como presente ao rei da Assíria. 9 Este atendeu o pedido, atacou Damasco e a conquistou. Deportou seus habitantes para Quir e matou Rezim.

10 Então o rei Acaz foi a Damasco encontrar-se com Tiglate-Pileser, rei da Assíria. Ele viu o altar que havia em Damasco e mandou ao sacerdote Urias um modelo do altar, com informações detalhadas para a sua construção. 11 O sacerdote Urias construiu um altar conforme as instruções que o rei Acaz tinha enviado de Damasco e o terminou antes do retorno do rei Acaz. 12 Quando o rei voltou de Damasco e viu o altar, aproximou-se dele e apresentou ofertas[d] sobre ele. 13 Ofereceu seu holocausto[e] e sua oferta de cereal, derramou sua oferta de bebidas[f] e aspergiu sobre o altar o sangue dos seus

[a] 15:19 Também chamado *Tiglate-Pileser*.
[b] 15:19 Hebraico: *1.000 talentos*. Um talento equivalia a 35 quilos.
[c] 15:20 Hebraico: *50 siclos*. Um siclo equivalia a 12 gramas.
[d] 16:12 Ou *e subiu*
[e] 16:13 Isto é, sacrifício totalmente queimado.
[f] 16:13 Veja Nm 28:7.

sacrifícios de comunhão[a]. 14Ele tirou da frente do tem-
plo, da parte entre o altar e o templo do Senhor, o al-
tar de bronze que ficava diante do Senhor e o colocou
no lado norte do altar.
15Então o rei Acaz deu estas ordens ao sacerdote
Urias: "No altar grande, ofereça o holocausto da ma-
nhã e a oferta de cereal da tarde, o holocausto do rei e
sua oferta de cereal, e o holocausto, a oferta de cereal e
a oferta derramada de todo o povo. Espalhe sobre o al-
tar todo o sangue dos holocaustos e dos sacrifícios. Mas
utilizarei o altar de bronze para buscar orientação". 16E
o sacerdote Urias fez como o rei Acaz tinha ordenado.
17O rei tirou os painéis laterais e retirou as pias dos
estrados móveis. Tirou o tanque de cima dos touros de
bronze que o sustentavam e o colocou sobre uma base
de pedra. 18Por causa do rei da Assíria, tirou a cober-
tura que se usava no sábado[b], que fora construída no
templo, e suprimiu a entrada real do lado de fora do
templo do Senhor.
19Os demais acontecimentos do reinado de Acaz e
suas realizações estão escritos nos registros históricos
dos reis de Judá. 20Acaz descansou com os seus ante-
passados e foi sepultado junto a eles na Cidade de Davi.
Seu filho Ezequias foi o seu sucessor.

O reinado de Oseias, o último rei de Israel

17 No décimo segundo ano do reinado de Acaz, rei de
Judá, Oseias, filho de Elá, tornou-se rei de Israel em
Samaria, e reinou nove anos. 2Ele fez o que o Senhor re-
prova, mas não como os reis de Israel que o precederam.
3Salmaneser, rei da Assíria, foi atacar Oseias, que fo-
ra seu vassalo e lhe pagara tributo. 4Mas o rei da Assíria
descobriu que Oseias era um traidor, pois havia man-
dado emissários a Sô, rei do Egito, e já não pagava mais
o tributo, como costumava fazer anualmente. Por isso,
Salmaneser mandou lançá-lo na prisão. 5O rei da Assíria
invadiu todo o país, marchou contra Samaria e a sitiou
por três anos. 6No nono ano do reinado de Oseias, o rei
assírio conquistou Samaria e deportou os israelitas para
a Assíria. Ele os colocou em Hala, em Gozã do rio Habor
e nas cidades dos medos.

Israel é castigado com o exílio

7Tudo isso aconteceu porque os israelitas haviam
pecado contra o Senhor, o seu Deus, que os tirara do
Egito, de sob o poder do faraó, rei do Egito. Eles presta-
ram culto a outros deuses 8e seguiram os costumes das
nações que o Senhor havia expulsado de diante deles,
bem como os costumes que os reis de Israel haviam in-
troduzido. 9Os israelitas praticaram o mal secretamente
contra o Senhor, o seu Deus. Em todas as suas cidades,
desde as torres das sentinelas até as cidades fortifica-
das, eles construíram altares idólatras. 10Ergueram co-
lunas sagradas e postes sagrados em todo monte alto e
debaixo de toda árvore frondosa. 11Em todos os altares
idólatras queimavam incenso, como faziam as nações
que o Senhor havia expulsado de diante deles. Fizeram
males que provocaram o Senhor à ira. 12Prestaram cul-
to a ídolos, embora o Senhor houvesse dito: "Não fa-
çam isso". 13O Senhor advertiu Israel e Judá por meio
de todos os seus profetas e videntes: "Desviem-se de
seus maus caminhos. Obedeçam às minhas ordenanças
e aos meus decretos, de acordo com toda a Lei que or-
denei aos seus antepassados que obedecessem e que
lhes entreguei por meio de meus servos, os profetas".
14Mas eles não quiseram ouvir e foram obstinados
como seus antepassados, que não confiaram no Senhor,
o seu Deus. 15Rejeitaram os seus decretos, a aliança que
ele tinha feito com os seus antepassados e as suas ad-
vertências. Seguiram ídolos inúteis, tornando-se eles
mesmos inúteis. Imitaram as nações ao seu redor, em-
bora o Senhor lhes tivesse ordenado: "Não as imitem".
16Abandonaram todos os mandamentos do Senhor,
o seu Deus, e fizeram para si dois ídolos de metal na
forma de bezerros e um poste sagrado de Aserá. In-
clinaram-se diante de todos os exércitos celestiais e
prestaram culto a Baal. 17Queimaram seus filhos e fi-
lhas em sacrifício. Praticaram adivinhação e feitiçaria
e venderam-se para fazer o que o Senhor reprova, pro-
vocando-o à ira.
18Então o Senhor indignou-se muito contra Israel
e os expulsou da sua presença. Só a tribo de Judá es-
capou, 19mas nem ela obedeceu aos mandamentos do
Senhor, o seu Deus. Seguiram os costumes que Israel
havia introduzido. 20Por isso o Senhor rejeitou todo o
povo de Israel; ele o afligiu e o entregou nas mãos de
saqueadores, até expulsá-lo da sua presença.
21Quando o Senhor separou Israel da dinastia de Da-
vi, os israelitas escolheram como rei Jeroboão, filho de
Nebate, que induziu Israel a deixar de seguir o Senhor
e o levou a cometer grande pecado. 22Os israelitas per-
maneceram em todos os pecados de Jeroboão e não se
desviaram deles, 23até que o Senhor os afastou de sua
presença, conforme os havia advertido por meio de to-
dos os seus servos, os profetas. Assim, o povo de Israel
foi tirado de sua terra e levado para o exílio na Assíria,
onde ainda hoje permanecem.

O repovoamento de Samaria

24O rei da Assíria trouxe gente da Babilônia, de
Cuta, de Ava, de Hamate e de Sefarvaim e os estabele-
ceu nas cidades de Samaria para substituir os israelitas.
Eles ocuparam Samaria e habitaram em suas cidades.
25Quando começaram a viver ali, não adoravam o Se-
nhor; por isso ele enviou leões para o meio deles, que
mataram alguns dentre o povo. 26Então informaram o
rei da Assíria: "Os povos que deportaste e fizeste morar
nas cidades de Samaria não sabem o que o Deus daque-
la terra exige. Ele enviou leões para matá-los, pois des-
conhecem as suas exigências".
27Então o rei da Assíria deu esta ordem: "Façam um
dos sacerdotes de Samaria que vocês levaram prisio-
neiros retornar e viver ali para ensinar as exigências
do deus da terra". 28Então um dos sacerdotes exilados
de Samaria veio morar em Betel e lhes ensinou a ado-
rar o Senhor.
29No entanto, cada grupo fez seus próprios deuses
nas diversas cidades em que moravam e os puseram
nos altares idólatras que o povo de Samaria havia feito.
30Os da Babilônia fizeram Sucote-Benote, os de Cuta fi-
zeram Nergal e os de Hamate fizeram Asima; 31os aveus
fizeram Nibaz e Tartaque; os sefarvitas queimavam seus
filhos em sacrifício a Adrameleque e Anameleque, deu-
ses de Sefarvaim. 32Eles adoravam o Senhor, mas tam-
bém nomeavam qualquer pessoa para lhes servir como
sacerdote nos altares idólatras. 33Adoravam o Senhor,

[a] 16:13 Ou *de paz*
[b] 16:18 Ou *a plataforma de seu trono*

mas também prestavam culto aos seus próprios deuses, conforme os costumes das nações de onde haviam sido trazidos.

34 Até hoje eles continuam em suas antigas práticas. Não adoram o Senhor nem se comprometem com os decretos, com as ordenanças, com as leis e com os mandamentos que o Senhor deu aos descendentes de Jacó, a quem deu o nome de Israel. 35 Quando o Senhor fez uma aliança com os israelitas, ele lhes ordenou: "Não adorem outros deuses, não se inclinem diante deles, não lhes prestem culto nem lhes ofereçam sacrifício. 36 Mas o Senhor, que os tirou do Egito com grande poder e com braço forte, é quem vocês adorarão. Diante dele vocês se inclinarão e lhe oferecerão sacrifícios. 37 Vocês sempre tomarão o cuidado de obedecer aos decretos, às ordenanças, às leis e aos mandamentos que lhes prescreveu. Não adorem outros deuses. 38 Não esqueçam a aliança que fiz com vocês e não adorem outros deuses. 39 Antes, adorem o Senhor, o seu Deus; ele os livrará das mãos de todos os seus inimigos".

40 Contudo, eles não lhe deram atenção, mas continuaram em suas antigas práticas. 41 Mesmo quando esses povos adoravam o Senhor, também prestavam culto aos seus ídolos. Até hoje seus filhos e seus netos continuam a fazer o que os seus antepassados faziam.

O reinado de Ezequias, rei de Judá

18 No terceiro ano do reinado de Oseias, filho de Elá, rei de Israel, Ezequias, filho de Acaz, rei de Judá, começou a reinar. 2 Ele tinha vinte e cinco anos de idade quando começou a reinar, e reinou vinte e nove anos em Jerusalém. O nome de sua mãe era Abia[a], filha de Zacarias. 3 Ele fez o que o Senhor aprova, tal como tinha feito Davi, seu predecessor. 4 Removeu os altares idólatras, quebrou as colunas sagradas e derrubou os postes sagrados. Despedaçou a serpente de bronze que Moisés havia feito, pois até aquela época os israelitas lhe queimavam incenso. Era chamada[b] Neustã.

5 Ezequias confiava no Senhor, o Deus de Israel. Nunca houve ninguém como ele entre todos os reis de Judá, nem antes nem depois dele. 6 Ele se apegou ao Senhor e não deixou de segui-lo; obedeceu aos mandamentos que o Senhor tinha dado a Moisés. 7 E o Senhor estava com ele; era bem-sucedido em tudo o que fazia. Rebelou-se contra o rei da Assíria e deixou de submeter-se a ele. 8 Desde as torres das sentinelas até a cidade fortificada, ele derrotou os filisteus, até Gaza e o seu território.

9 No quarto ano do reinado do rei Ezequias, o sétimo ano do reinado de Oseias, filho de Elá, rei de Israel, Salmaneser, rei da Assíria, marchou contra Samaria e a cercou. 10 Ao fim de três anos, os assírios a tomaram. Assim a cidade foi conquistada no sexto ano do reinado de Ezequias, o nono ano do reinado de Oseias, rei de Israel. 11 O rei assírio deportou os israelitas para a Assíria e os estabeleceu em Hala, em Gozã do rio Habor e nas cidades dos medos. 12 Isso aconteceu porque os israelitas não obedeceram ao Senhor, o seu Deus, mas violaram a sua aliança: tudo o que Moisés, o servo do Senhor, tinha ordenado. Não o ouviram nem lhe obedeceram.

13 No décimo quarto ano do reinado do rei Ezequias, Senaqueribe, rei da Assíria, atacou todas as cidades fortificadas de Judá e as conquistou. 14 Então Ezequias, rei de Judá, enviou esta mensagem ao rei da Assíria, em Laquis: "Cometi um erro. Para de atacar-me, e eu pagarei tudo o que exigires". O rei da Assíria cobrou de Ezequias, rei de Judá, dez toneladas e meia[c] de prata e um mil e cinquenta quilos de ouro. 15 Assim, Ezequias lhes deu toda a prata que se encontrou no templo e na tesouraria do palácio real.

16 Nessa ocasião Ezequias, rei de Judá, retirou o ouro com que havia coberto as portas e os batentes do templo do Senhor, e o deu ao rei da Assíria.

A ameaça de Senaqueribe a Jerusalém

17 De Laquis o rei da Assíria enviou ao rei Ezequias, em Jerusalém, seu general, seu oficial principal e seu comandante de campo com um grande exército. Eles subiram a Jerusalém e pararam no aqueduto do açude superior, na estrada que leva ao campo do Lavandeiro. 18 Eles chamaram pelo rei; e o administrador do palácio, Eliaquim, filho de Hilquias, o secretário Sebna e o arquivista real Joá, filho de Asafe, foram ao seu encontro.

19 O comandante de campo lhes disse: "Digam isto a Ezequias:

"Assim diz o grande rei, o rei da Assíria: 'Em que você baseia sua confiança? 20 Você pensa que meras palavras já são estratégia e poderio militar. Em quem você está confiando para se rebelar contra mim? 21 Você está confiando no Egito, aquele caniço quebrado que espeta e perfura a mão do homem que nele se apoia! Assim o faraó, rei do Egito, retribui a quem confia nele. 22 Mas, se vocês me disserem: "Estamos confiando no Senhor, o nosso Deus"; não é ele aquele cujos santuários e altares Ezequias removeu, dizendo a Judá e Jerusalém: "Vocês devem adorar diante deste altar em Jerusalém"?'

23 "Aceite, pois, agora, o desafio do meu senhor, o rei da Assíria: 'Eu lhe darei dois mil cavalos, se você tiver cavaleiros para eles!' 24 Como você pode derrotar o mais insignificante guerreiro do meu senhor? Você confia no Egito para lhe dar carros de guerra e cavaleiros? 25 Além disso, será que vim atacar e destruir este local sem uma palavra da parte do Senhor? O próprio Senhor me disse que marchasse contra este país e o destruísse".

26 Então Eliaquim, filho de Hilquias, Sebna e Joá disseram ao comandante de campo: "Por favor, fala com teus servos em aramaico, porque entendemos essa língua. Não fales em hebraico, pois assim o povo que está sobre os muros o entenderá".

27 O comandante, porém, respondeu: "Será que meu senhor enviou-me para dizer essas coisas somente para o seu senhor e para você, e não para os que estão sentados no muro, que, como vocês, terão que comer as próprias fezes e beber a própria urina?"

28 Então o comandante levantou-se e gritou em hebraico: "Ouçam a palavra do grande rei, o rei da Assíria! 29 Assim diz o rei: 'Não deixem que Ezequias os engane. Ele não poderá livrá-los de minha mão. 30 Não deixem Ezequias convencê-los a confiar no Senhor, quando diz: "Com certeza o Senhor nos livrará; esta cidade não será entregue nas mãos do rei da Assíria" '.

31 "Não deem ouvidos a Ezequias. Assim diz o rei da Assíria: 'Façam paz comigo e rendam-se. Então cada um de vocês comerá de sua própria videira e de sua própria figueira e beberá água de sua própria cisterna, 32 até que

[a] 18:2 Hebraico: *Abi*, variante de *Abia*.
[b] 18:4 Ou *Ele lhe deu o nome de*
[c] 18:14 Hebraico: *300 talentos*. Um talento equivalia a 35 quilos.

eu venha e os leve para uma terra igual à de vocês, ter-
ra de cereais, de vinho, terra de pão e de vinhas, terra
de oliveiras e de mel. Escolham a vida e não a morte!
Não deem ouvidos a Ezequias, pois ele os está iludindo,
quando diz: "O Senhor nos livrará" '.
33"Será que o deus de alguma nação conseguiu li-
vrar sua terra das mãos do rei da Assíria? 34Onde es-
tão os deuses de Hamate e de Arpade? Onde estão os
deuses de Sefarvaim, de Hena e de Iva? Acaso livraram
Samaria das minhas mãos? 35Qual dentre todos os deu-
ses dessas nações conseguiu livrar sua terra do meu
poder? Como então o Senhor poderá livrar Jerusalém
das minhas mãos?"
36Mas o povo permaneceu calado e nada disse em
resposta, pois o rei tinha ordenado: "Não lhe res-
pondam".
37Então o administrador do palácio, Eliaquim, filho
de Hilquias, o secretário Sebna e o arquivista real Joá,
filho de Asafe, retornaram com as vestes rasgadas a Eze-
quias e lhe relataram o que o comandante de campo
tinha dito.

A predição da libertação de Jerusalém

19 Ao ouvir o relato, o rei Ezequias rasgou as suas
vestes, pôs roupas de luto e entrou no templo do
Senhor. 2Ele enviou o administrador do palácio, Elia-
quim, o secretário Sebna e os sacerdotes principais, to-
dos vestidos com pano de saco, ao profeta Isaías, filho
de Amoz. 3Eles lhe disseram: "Assim diz Ezequias: 'Hoje
é dia de angústia, de repreensão e de humilhação; esta-
mos como a mulher que está para dar à luz filhos, mas
não tem forças para fazê-los nascer. 4Talvez o Senhor,
o teu Deus, ouça todas as palavras do comandante de
campo, a quem o senhor dele, o rei da Assíria, enviou
para zombar do Deus vivo. E que o Senhor, o teu Deus,
o repreenda pelas palavras que ouviu. Portanto, supli-
ca a Deus pelo remanescente que ainda sobrevive' ".
5Quando os oficiais do rei Ezequias chegaram a
Isaías, 6este lhes disse: "Digam a seu senhor que assim
diz o Senhor: 'Não tenha medo das palavras que você
ouviu, das blasfêmias que os servos do rei da Assíria
lançaram contra mim. 7Ouça! Eu o farei tomar a deci-
são de[a] retornar ao seu próprio país, quando ele ouvir
certa notícia. E lá o farei morrer à espada' ".
8Quando o comandante de campo soube que o rei da
Assíria havia partido de Laquis, retirou-se e encontrou
o rei lutando contra Libna.
9Ora, Senaqueribe fora informado de que Tiraca, rei
etíope[b] do Egito, estava vindo lutar contra ele, de mo-
do que mandou novamente mensageiros a Ezequias
com este recado: 10"Digam a Ezequias, rei de Judá: 'Não
deixe que o Deus no qual você confia o engane, quando
diz: "Jerusalém não cairá nas mãos do rei da Assíria".
11Com certeza você ouviu o que os reis da Assíria têm
feito a todas as nações, como as destruíram por com-
pleto. E você haveria de livrar-se? 12Acaso os deuses das
nações que foram destruídas por meus antepassados
as livraram: os deuses de Gozã, Harã, Rezefe e do povo
de Éden, que estava em Telassar? 13Onde estão o rei de
Hamate, o rei de Arpade, o rei da cidade de Sefarvaim,
de Hena e de Iva?' "

[a] 19:7 Ou *Colocarei nele um espírito que o fará*
[b] 19:9 Hebraico: *cuxita*.

A oração de Ezequias

14Ezequias recebeu a carta das mãos dos mensagei-
ros e a leu. Então subiu ao templo do Senhor e esten-
deu-a perante o Senhor. 15E Ezequias orou ao Senhor:
"Senhor, Deus de Israel, que reinas em teu trono, en-
tre os querubins, só tu és Deus sobre todos os reinos da
terra. Tu criaste os céus e a terra. 16Dá ouvidos, Senhor,
e vê; ouve as palavras que Senaqueribe enviou para in-
sultar o Deus vivo.
17"É verdade, Senhor, que os reis assírios fizeram de
todas essas nações e seus territórios um deserto. 18Atira-
ram os deuses delas no fogo e os destruíram, pois não
eram deuses; eram apenas madeira e pedra moldadas
por mãos humanas. 19Agora, Senhor nosso Deus, salva-
-nos das mãos dele, para que todos os reinos da terra
saibam que só tu, Senhor, és Deus".

A profecia de Isaías sobre a queda de Senaqueribe

20Então Isaías, filho de Amoz, enviou uma mensa-
gem a Ezequias: "Assim diz o Senhor, o Deus de Israel:
'Ouvi a sua oração acerca de Senaqueribe, o rei da As-
síria'. 21Esta é a palavra que o Senhor falou contra ele:

" 'A virgem, a filha de Sião,
o despreza e zomba de você.
A filha de Jerusalém
meneia a cabeça enquanto você foge.
22De quem você zombou
e contra quem blasfemou?
Contra quem você levantou a voz
e contra quem ergueu o
seu olhar arrogante?
Contra o Santo de Israel!
23Sim, você insultou o Senhor
por meio dos seus mensageiros.
E declarou:
"Com carros sem conta subi,
aos pontos mais elevados
e às inacessíveis alturas do Líbano.
Derrubei os seus mais altos cedros,
os seus melhores pinheiros.
Entrei em suas regiões mais remotas,
e nas suas mais densas florestas.
24Em terras estrangeiras
cavei poços e bebi água.
Com as solas de meus pés
sequei todos os rios do Egito".

25" 'Você não percebe
que há muito tempo
eu já havia determinado tudo isso.
Desde a antiguidade planejei
o que agora faço acontecer,
que você deixaria cidades
fortificadas em ruínas.
26Seus habitantes, sem forças,
desanimam-se envergonhados.
São como pastagens,
como brotos tenros e verdes,
como ervas no telhado,
queimadas antes de crescer.
27Eu, porém, sei onde você está,
sei quando você sai e quando retorna;
e como você se enfurece contra mim.

28Sim, contra mim você se enfureceu
e o seu atrevimento
chegou aos meus ouvidos.
Por isso porei o meu anzol
em seu nariz
e o meu freio em sua boca,
e o farei voltar
pelo caminho por onde veio.

29" 'A você, Ezequias, darei este sinal:
Neste ano vocês comerão
do que crescer por si,
e no próximo o que daquilo brotar.
Mas no terceiro ano
semeiem e colham,
plantem vinhas e comam o seu fruto.
30Mais uma vez, um remanescente
da tribo de Judá sobreviverá,
lançará raízes na terra
e se encherão de frutos
os seus ramos.
31De Jerusalém sairão sobreviventes,
e um remanescente do monte Sião.
O zelo do Senhor dos Exércitos
o executará'.

32"Portanto, assim diz o Senhor
acerca do rei da Assíria:
'Ele não invadirá esta cidade
nem disparará contra ela
uma só flecha.
Não a enfrentará com escudo
nem construirá rampas de cerco
contra ela.
33Pelo caminho por onde veio voltará;
não invadirá esta cidade',
declara o Senhor.
34'Eu a defenderei e a salvarei,
por amor de mim mesmo
e do meu servo Davi' ".

35Naquela noite o anjo do Senhor saiu e matou cento
e oitenta e cinco mil homens no acampamento assírio.
Quando o povo se levantou na manhã seguinte, o lugar
estava repleto de cadáveres! 36Então Senaqueribe, rei
da Assíria, desmontou o acampamento e foi embora.
Voltou para Nínive e lá ficou.
37Certo dia, enquanto ele estava adorando no tem-
plo de seu deus Nisroque, seus filhos Adrameleque e
Sarezer mataram-no à espada e fugiram para a terra
de Ararate. Seu filho Esar-Hadom foi o seu sucessor.

A doença de Ezequias

20 Naquele tempo Ezequias ficou doente e quase
morreu. O profeta Isaías, filho de Amoz, foi visitá-
-lo e lhe disse: "Assim diz o Senhor: 'Ponha em ordem
a sua casa, pois você vai morrer; não se recuperará' ".
2Ezequias virou o rosto para a parede e orou ao Se-
nhor: 3"Lembra-te, Senhor, como tenho te servido com
fidelidade e com devoção sincera. Tenho feito o que tu
aprovas". E Ezequias chorou amargamente.
4Antes de Isaías deixar o pátio intermediário, a pa-
lavra do Senhor veio a ele: 5"Volte e diga a Ezequias,
líder do meu povo: Assim diz o Senhor, Deus de Davi,
seu predecessor: Ouvi sua oração e vi suas lágrimas;
eu o curarei. Daqui a três dias você subirá ao templo
do Senhor. 6Acrescentarei quinze anos à sua vida. E
livrarei você e esta cidade das mãos do rei da Assíria.
Defenderei esta cidade por causa de mim mesmo e do
meu servo Davi".
7Então disse Isaías: "Preparem um emplastro de fi-
gos". Eles o fizeram e o aplicaram na úlcera; e ele se
recuperou.
8Ezequias havia perguntado a Isaías: "Qual será o si-
nal de que o Senhor me curará e de que de hoje a três
dias subirei ao templo do Senhor?"
9Isaías respondeu: "O sinal de que o Senhor vai cum-
prir o que prometeu é este: você prefere que a sombra
avance ou recue dez degraus na escadaria?"
10Disse Ezequias: "Como é fácil a sombra avançar dez
degraus, prefiro que ela recue dez degraus".
11Então o profeta Isaías clamou ao Senhor, e este fez
a sombra recuar os dez degraus que havia descido na
escadaria de Acaz.

Mensageiros da Babilônia

12Naquela época, o rei da Babilônia, Merodaque-Ba-
ladã, filho de Baladã, enviou cartas e um presente para
Ezequias, pois soubera da sua doença. 13Ezequias rece-
beu em audiência os mensageiros e mostrou-lhes tudo
o que havia em seus armazéns: a prata, o ouro, as espe-
ciarias e o azeite finíssimo, o seu arsenal e tudo o que
havia em seus tesouros. Não houve nada em seu palá-
cio ou em seu reino que Ezequias não lhes mostrasse.
14Então o profeta Isaías foi ao rei Ezequias e lhe per-
guntou: "O que esses homens disseram? De onde vie-
ram?"
Ezequias respondeu: "De uma terra distante. Vie-
ram da Babilônia".
15O profeta perguntou: "O que eles viram em seu
palácio?"
Disse Ezequias: "Viram tudo em meu palácio. Não
há nada em meus tesouros que eu não lhes tenha mos-
trado".
16Então Isaías disse a Ezequias: "Ouça a palavra do
Senhor: 17'Um dia, tudo o que se encontra em seu pa-
lácio, bem como tudo o que os seus antepassados acu-
mularam até hoje, será levado para a Babilônia. Nada
restará', diz o Senhor. 18'Alguns dos seus próprios des-
cendentes serão levados, e eles se tornarão eunucos no
palácio do rei da Babilônia' ".
19Respondeu Ezequias ao profeta: "Boa é a palavra
do Senhor que anunciaste", pois ele entendeu que du-
rante sua vida haveria paz e segurança.
20Os demais acontecimentos do reinado de Ezequias,
todas as suas realizações, inclusive a construção do açu-
de e do túnel que canalizou água para a cidade, estão
escritos no livro dos registros históricos dos reis de Ju-
dá. 21Ezequias descansou com os seus antepassados, e
seu filho Manassés foi o seu sucessor.

O reinado de Manassés, rei de Judá

21 Manassés tinha doze anos de idade quando come-
çou a reinar, e reinou cinquenta e cinco anos em
Jerusalém. O nome de sua mãe era Hefzibá. 2Ele fez o
que o Senhor reprova, imitando as práticas detestáveis
das nações que o Senhor havia expulsado de diante
dos israelitas. 3Reconstruiu os altares idólatras que seu
pai Ezequias havia demolido e também ergueu altares

para Baal e fez um poste sagrado para Aserá, como fizera Acabe, rei de Israel. Inclinou-se diante de todos os exércitos celestes e lhes prestou culto. 4Construiu altares no templo do Senhor, do qual este havia dito: "Em Jerusalém porei o meu nome". 5Nos dois pátios do templo do Senhor ele construiu altares para todos os exércitos celestes. 6Chegou a queimar o próprio filho em sacrifício, praticou feitiçaria e adivinhação e recorreu a médiuns e a quem consultava os espíritos. Fez o que o Senhor reprova, provocando-o à ira.

7Ele tomou o poste sagrado que havia feito e o pôs no templo, do qual o Senhor tinha dito a Davi e a seu filho Salomão: "Neste templo e em Jerusalém, que escolhi dentre todas as tribos de Israel, porei o meu nome para sempre. 8Não farei os pés dos israelitas andarem errantes novamente, longe da terra que dei aos seus antepassados, se tão somente tiverem o cuidado de fazer tudo o que lhes ordenei e de obedecer a toda a Lei que meu servo Moisés lhes deu". 9Mas o povo não quis ouvir. Manassés os desviou, ao ponto de fazerem pior do que as nações que o Senhor havia destruído diante dos israelitas.

10E o Senhor disse por meio dos seus servos, os profetas: 11"Manassés, rei de Judá, cometeu esses atos repugnantes. Agiu pior do que os amorreus que o antecederam e também levou Judá a pecar com os ídolos que fizera. 12Portanto, assim diz o Senhor, o Deus de Israel: Causarei uma tal desgraça em Jerusalém e em Judá que os ouvidos de quem ouvir a respeito ficarão zumbindo. 13Estenderei sobre Jerusalém o fio de medir utilizado contra Samaria e o fio de prumo usado contra a família de Acabe. Limparei Jerusalém como se limpa um prato, lavando-o e virando-o de cabeça para baixo. 14Abandonarei o remanescente da minha herança e o entregarei nas mãos de seus inimigos. Serão despojados e saqueados por todos os seus adversários, 15pois fizeram o que eu reprovo e me provocaram à ira, desde o dia em que os seus antepassados saíram do Egito até hoje".

16Manassés também derramou tanto sangue inocente que encheu Jerusalém de um extremo ao outro; além disso levou Judá a cometer pecado e fazer o que o Senhor reprova.

17Os demais acontecimentos do reinado de Manassés e todas as suas realizações, inclusive o pecado que cometeu, estão escritos no livro dos registros históricos dos reis de Judá. 18Manassés descansou com os seus antepassados e foi sepultado no jardim do seu palácio, o jardim de Uzá. E seu filho Amom foi o seu sucessor.

O reinado de Amom, rei de Judá

19Amom tinha vinte e dois anos de idade quando começou a reinar, e reinou dois anos em Jerusalém. O nome de sua mãe era Mesulemete, filha de Haruz; ela era de Jotbá. 20Ele fez o que o Senhor reprova, como fizera Manassés, seu pai. 21Imitou o seu pai em tudo; prestou culto aos ídolos aos quais seu pai havia cultuado e inclinou-se diante deles. 22Abandonou o Senhor, o Deus dos seus antepassados, e não andou no caminho do Senhor.

23Os oficiais de Amom conspiraram contra ele e o assassinaram em seu palácio. 24Mas o povo matou todos os que haviam conspirado contra o rei Amom, e a seu filho Josias proclamou rei em seu lugar.

25Os demais acontecimentos do reinado de Amom e as suas realizações estão escritos no livro dos registros históricos dos reis de Judá. 26Ele foi sepultado em seu túmulo no jardim de Uzá. Seu filho Josias foi o seu sucessor.

O Livro da Lei é encontrado

22 Josias tinha oito anos de idade quando começou a reinar, e reinou trinta e um anos em Jerusalém. O nome de sua mãe era Jedida, filha de Adaías; ela era de Bozcate. 2Ele fez o que o Senhor aprova e andou nos caminhos de Davi, seu predecessor, sem desviar-se nem para a direita nem para a esquerda.

3No décimo oitavo ano do seu reinado, o rei Josias enviou o secretário Safã, filho de Azalias e neto de Mesulão, ao templo do Senhor, dizendo: 4"Vá ao sumo sacerdote Hilquias e mande-o ajuntar a prata que foi trazida ao templo do Senhor, que os guardas das portas recolheram do povo. 5Eles deverão entregar a prata aos homens nomeados para supervisionar a reforma do templo, para poderem pagar os trabalhadores que fazem os reparos no templo do Senhor: 6os carpinteiros, os construtores e os pedreiros. Além disso comprarão madeira e pedras lavradas para os reparos no templo. 7Mas eles não precisarão prestar contas da prata que lhes foi confiada, pois estão agindo com honestidade".

8Então o sumo sacerdote Hilquias disse ao secretário Safã: "Encontrei o Livro da Lei no templo do Senhor". Ele o entregou a Safã, que o leu. 9O secretário Safã voltou ao rei e lhe informou: "Teus servos entregaram a prata que havia no templo do Senhor e a confiaram aos trabalhadores e aos supervisores no templo". 10E o secretário Safã acrescentou: "O sacerdote Hilquias entregou-me um livro". E Safã o leu para o rei.

11Assim que o rei ouviu as palavras do Livro da Lei, rasgou suas vestes 12e deu estas ordens ao sacerdote Hilquias, a Aicam, filho de Safã, a Acbor, filho de Micaías, ao secretário Safã e ao auxiliar real Asaías: 13"Vão consultar o Senhor por mim, pelo povo e por todo o Judá acerca do que está escrito neste livro que foi encontrado. A ira do Senhor contra nós deve ser grande, pois os nossos antepassados não obedeceram às palavras deste livro, nem agiram de acordo com tudo o que nele está escrito a nosso respeito".

14O sacerdote Hilquias, Aicam, Acbor, Safã e Asaías foram falar com a profetisa Hulda, mulher de Salum, filho de Ticvá e neto de Harás, responsável pelo guarda-roupa do templo. Ela morava no bairro novo de Jerusalém.

15Ela lhes disse: "Assim diz o Senhor, o Deus de Israel: 'Digam ao homem que os enviou a mim 16que assim diz o Senhor: Trarei desgraça sobre este lugar e sobre os seus habitantes; tudo o que está escrito no livro que o rei de Judá leu. 17Porque me abandonaram e queimaram incenso a outros deuses, provocando a minha ira por meio de todos os ídolos que as mãos deles têm feito[a], a chama da minha ira arderá contra este lugar e não será apagada'. 18Digam ao rei de Judá, que os enviou para consultar o Senhor: Assim diz o Senhor, o Deus de Israel, acerca das palavras que você ouviu: 19'Já que o seu coração se abriu e você se humilhou diante do Senhor ao ouvir o que falei contra este lugar e contra os seus habitantes, que seriam arrasados e amaldiçoa-

[a] 22:17 Ou *por meio de tudo o que eles têm feito*

dos, e porque você rasgou as vestes e chorou na minha presença, eu o ouvi', declara o Senhor. 20'Portanto, eu o reunirei aos seus antepassados, e você será sepultado em paz. Seus olhos não verão toda a desgraça que vou trazer sobre este lugar' ".

Então eles levaram a resposta ao rei.

Josias renova a aliança

23 Depois disso, o rei convocou todas as autoridades de Judá e de Jerusalém. 2Em seguida o rei subiu ao templo do Senhor acompanhado por todos os homens de Judá, todo o povo de Jerusalém, os sacerdotes e os profetas; todo o povo, dos mais simples aos mais importantes[a]. Para todos o rei leu em alta voz todas as palavras do Livro da Aliança que havia sido encontrado no templo do Senhor. 3O rei colocou-se junto à coluna real e, na presença do Senhor, fez uma aliança, comprometendo-se a seguir o Senhor e a obedecer de todo o coração e de toda a alma aos seus mandamentos, aos seus preceitos e aos seus decretos, confirmando assim as palavras da aliança escritas naquele livro. Então todo o povo se comprometeu com a aliança.

4O rei deu ordens ao sumo sacerdote Hilquias, aos sacerdotes auxiliares e aos guardas das portas que retirassem do templo do Senhor todos os utensílios feitos para Baal e Aserá e para todos os exércitos celestes. Ele os queimou fora de Jerusalém, nos campos do vale de Cedrom e levou as cinzas para Betel. 5E eliminou os sacerdotes pagãos nomeados pelos reis de Judá para queimarem incenso nos altares idólatras das cidades de Judá e dos arredores de Jerusalém, aqueles que queimavam incenso a Baal, ao sol e à lua, às constelações e a todos os exércitos celestes. 6Também mandou levar o poste sagrado do templo do Senhor para o vale de Cedrom, fora de Jerusalém, para ser queimado e reduzido a cinzas, que foram espalhadas sobre os túmulos de um cemitério público. 7Também derrubou as acomodações dos prostitutos cultuais, que ficavam no templo do Senhor, onde as mulheres teciam para Aserá.

8Josias trouxe todos os sacerdotes das cidades de Judá e, desde Geba até Berseba, profanou os altares onde os sacerdotes haviam queimado incenso. Derrubou os altares idólatras junto às portas, inclusive o altar da entrada da porta de Josué, o governador da cidade, que fica à esquerda da porta da cidade. 9Embora os sacerdotes dos altares não servissem no altar do Senhor em Jerusalém, comiam pães sem fermento junto com os sacerdotes, seus colegas.

10Também profanou Tofete, que ficava no vale de Ben-Hinom, de modo que ninguém mais pudesse usá-lo para sacrificar seu filho ou sua filha a Moloque.[b] 11Acabou com os cavalos, que os reis de Judá tinham consagrado ao sol, e que ficavam na entrada do templo do Senhor, perto da sala de um oficial chamado Natã-Meleque. Também queimou as carruagens consagradas ao sol.

12Derrubou os altares que os seus antecessores haviam erguido no terraço, em cima do quarto superior de Acaz, e os altares que Manassés havia construído nos dois pátios do templo do Senhor. Retirou-os dali, despedaçou-os e atirou o entulho no vale de Cedrom. 13O rei também profanou os altares que ficavam a leste de Jerusalém, ao sul do monte da Destruição[c], os quais Salomão, rei de Israel, havia construído para Astarote, a detestável deusa dos sidônios, para Camos, o detestável deus de Moabe, e para Moloque, o detestável deus do povo de Amom. 14Josias despedaçou as colunas sagradas, derrubou os postes sagrados e cobriu os locais com ossos humanos.

15Até o altar de Betel, o altar idólatra edificado por Jeroboão, filho de Nebate, que levou Israel a pecar; até aquele altar e o seu santuário ele os demoliu. Queimou o santuário e o reduziu a pó, queimando também o poste sagrado. 16Quando Josias olhou em volta e viu os túmulos que havia na encosta da colina, mandou retirar os ossos dos túmulos e queimá-los no altar a fim de contaminá-lo, conforme a palavra do Senhor proclamada pelo homem de Deus que predisse essas coisas.

17O rei perguntou: "Que monumento é este que estou vendo?"

Os homens da cidade disseram: "É o túmulo do homem de Deus que veio de Judá e proclamou estas coisas que tu fizeste ao altar de Betel".

18Então ele disse: "Deixem-no em paz. Ninguém toque nos seus ossos". Assim pouparam seus ossos bem como os do profeta que tinha vindo de Samaria.

19Como havia feito em Betel, Josias tirou e profanou todos os santuários idólatras que os reis de Israel haviam construído nas cidades de Samaria e que provocaram a ira do Senhor. 20Josias também mandou sacrificar todos os sacerdotes daqueles altares idólatras e queimou ossos humanos sobre os altares. Depois voltou a Jerusalém.

21Então o rei deu a seguinte ordem a todo o povo: "Celebrem a Páscoa ao Senhor, o seu Deus, conforme está escrito neste Livro da Aliança". 22Nem nos dias dos juízes que lideraram Israel, nem durante todos os dias dos reis de Israel e dos reis de Judá, foi celebrada uma Páscoa como esta. 23Mas no décimo oitavo ano do reinado de Josias, esta Páscoa foi celebrada ao Senhor em Jerusalém.

24Além disso, Josias eliminou os médiuns, os que consultavam espíritos, os ídolos da família, os outros ídolos e todas as outras coisas repugnantes que havia em Judá e em Jerusalém. Ele fez isto para cumprir as exigências da Lei escritas no livro que o sacerdote Hilquias havia descoberto no templo do Senhor. 25Nem antes nem depois de Josias houve um rei como ele, que se voltasse para o Senhor de todo o coração, de toda a alma e de todas as suas forças, de acordo com toda a Lei de Moisés.

26Entretanto, o Senhor manteve o furor de sua grande ira, que se acendeu contra Judá por causa de tudo o que Manassés fizera para provocar a sua ira. 27Por isso o Senhor disse: "Também retirarei Judá da minha presença, tal como retirei Israel, e rejeitarei Jerusalém, a cidade que escolhi, e este templo, do qual eu disse: 'Ali porei o meu nome' ".

28Os demais acontecimentos do reinado de Josias e todas as suas realizações estão escritos no livro dos registros históricos dos reis de Judá.

29Durante o seu reinado, o faraó Neco, rei do Egito, avançou até o rio Eufrates ao encontro do rei da Assíria. O rei Josias marchou para combatê-lo, mas o faraó

[a] 23:2 Ou *dos mais jovens aos mais velhos*

[b] 23:10 Ou *Moloque, fazendo-os passar pelo fogo*

[c] 23:13 Isto é, o monte das Oliveiras.

Neco o enfrentou e o matou em Megido. 30 Os oficiais de Josias levaram o seu corpo de Megido para Jerusalém e o sepultaram em seu próprio túmulo. O povo tomou Jeoacaz, filho de Josias, ungiu-o e o proclamou rei no lugar de seu pai.

O reinado de Jeoacaz, rei de Judá

31 Jeoacaz tinha vinte e três anos de idade quando começou a reinar, e reinou três meses em Jerusalém. O nome de sua mãe era Hamutal, filha de Jeremias; ela era de Libna. 32 Ele fez o que o SENHOR reprova, tal como os seus antepassados. 33 O faraó Neco o prendeu em Ribla, na terra de Hamate,[a] de modo que não mais reinou em Jerusalém. O faraó também impôs a Judá um tributo de três toneladas e meia[b] de prata e trinta e cinco quilos de ouro. 34 Colocou Eliaquim, filho de Josias, como rei no lugar do seu pai Josias, e mudou o nome de Eliaquim para Jeoaquim. Mas levou Jeoacaz consigo para o Egito, onde ele morreu. 35 Jeoaquim pagou ao faraó Neco a prata e o ouro. Mas, para cumprir as exigências do faraó, Jeoaquim impôs tributos ao povo, cobrando a prata e o ouro de cada um conforme suas posses.

O reinado de Jeoaquim, rei de Judá

36 Jeoaquim tinha vinte e cinco anos de idade quando começou a reinar, e reinou onze anos em Jerusalém. O nome de sua mãe era Zebida, filha de Pedaías; ela era de Ruma. 37 Ele fez o que o SENHOR reprova, tal como os seus antepassados.

24 Durante o reinado de Jeoaquim, Nabucodonosor, rei da Babilônia, invadiu o país, e Jeoaquim tornou-se seu vassalo por três anos. Então ele voltou atrás e rebelou-se contra Nabucodonosor. 2 O SENHOR enviou contra ele tropas babilônicas[c], aramaicas, moabitas e amonitas para destruir Judá, de acordo com a palavra do SENHOR proclamada por seus servos, os profetas. 3 Isso aconteceu a Judá conforme a ordem do SENHOR, a fim de removê-los da sua presença, por causa de todos os pecados que Manassés cometeu, 4 inclusive o derramamento de sangue inocente. Pois ele havia enchido Jerusalém de sangue inocente, e o SENHOR não o quis perdoar.

5 Os demais acontecimentos do reinado de Jeoaquim e todas as suas realizações estão escritos no livro dos registros históricos dos reis de Judá. 6 Jeoaquim descansou com os seus antepassados. Seu filho Joaquim foi o seu sucessor.

7 O rei do Egito não mais se atreveu a sair com seu exército de suas próprias fronteiras, pois o rei da Babilônia havia ocupado todo o território entre o ribeiro do Egito e o rio Eufrates, que antes pertencera ao Egito.

O reinado de Joaquim, rei de Judá

8 Joaquim tinha dezoito anos de idade quando começou a reinar, e reinou três meses em Jerusalém. O nome da sua mãe era Neusta, filha de Elnatã; ela era de Jerusalém. 9 Ele fez o que o SENHOR reprova, tal como seu pai.

10 Naquela ocasião os oficiais de Nabucodonosor, rei da Babilônia, avançaram até Jerusalém e a cercaram. 11 Enquanto os seus oficiais a cercavam, o próprio Nabucodonosor veio à cidade. 12 Então Joaquim, rei de Judá, sua mãe, seus conselheiros, seus nobres e seus oficiais se entregaram; todos se renderam a ele.

No oitavo ano do reinado do rei da Babilônia, Nabucodonosor levou Joaquim como prisioneiro. 13 Conforme o SENHOR tinha declarado, ele retirou todos os tesouros do templo do SENHOR e do palácio real, quebrando todos os utensílios de ouro que Salomão, rei de Israel, fizera para o templo do SENHOR. 14 Levou para o exílio toda Jerusalém: todos os líderes e os homens de combate, todos os artesãos e artífices. Era um total de dez mil pessoas; só ficaram os mais pobres.

15 Nabucodonosor levou prisioneiro Joaquim para a Babilônia. Também levou de Jerusalém para a Babilônia a mãe do rei, suas mulheres, seus oficiais e os líderes do país. 16 O rei da Babilônia também deportou para a Babilônia toda a força de sete mil homens de combate, homens fortes e preparados para a guerra, e mil artífices e artesãos. 17 Fez Matanias, tio de Joaquim, reinar em seu lugar, e mudou seu nome para Zedequias.

O reinado de Zedequias, rei de Judá

18 Zedequias tinha vinte e um anos de idade quando começou a reinar, e reinou onze anos em Jerusalém. O nome de sua mãe era Hamutal, filha de Jeremias; ela era de Libna. 19 Ele fez o que o SENHOR reprova, tal como fizera Jeoaquim. 20 Por causa da ira do SENHOR tudo isso aconteceu a Jerusalém e a Judá; por fim ele os lançou para longe da sua presença.

A queda de Jerusalém

Ora, Zedequias rebelou-se contra o rei da Babilônia.

25 Então, no nono ano do reinado de Zedequias, no décimo dia do décimo mês, Nabucodonosor, rei da Babilônia, marchou contra Jerusalém com todo o seu exército. Ele acampou em frente da cidade e construiu rampas de ataque ao redor dela. 2 A cidade foi mantida sob cerco até o décimo primeiro ano do reinado de Zedequias. 3 No nono dia do quarto mês, a fome na cidade havia se tornado tão rigorosa que não havia nada para o povo comer. 4 Então o muro da cidade foi rompido, e todos os soldados fugiram de noite pela porta entre os dois muros próximos ao jardim do rei, embora os babilônios[d] estivessem em torno da cidade. Fugiram na direção da Arabá[e], 5 mas o exército babilônio perseguiu o rei e o alcançou nas planícies de Jericó. Todos os seus soldados o abandonaram, 6 e ele foi capturado. Foi levado ao rei da Babilônia, em Ribla, onde pronunciaram a sentença contra ele. 7 Executaram os filhos de Zedequias na sua frente, furaram os seus olhos, prenderam-no com algemas de bronze e o levaram para a Babilônia.

8 No sétimo dia do quinto mês do décimo nono ano do reinado de Nabucodonosor, rei da Babilônia, Nebuzaradã, comandante da guarda imperial, conselheiro do rei da Babilônia, foi a Jerusalém. 9 Incendiou o templo do SENHOR, o palácio real, todas as casas de Jerusalém e todos os edifícios importantes. 10 Todo o exército babilônio que acompanhava Nebuzaradã derrubou os muros de Jerusalém. 11 E ele levou para o exílio o povo que sobrou na cidade, os que passaram para o lado do rei da Babilônia e o restante da população. 12 Mas o comandante deixou para trás alguns dos mais pobres do país, para trabalharem nas vinhas e nos campos.

[a] 23:33 A Septuaginta diz *Neco, em Ribla de Hamate, o levou*. Veja 2Cr 36:3.
[b] 23:33 Hebraico: *100 talentos*. Um talento equivalia a 35 quilos.
[c] 24:2 Ou *caldaicas*
[d] 25:4 Ou *caldeus*; também nos versículos 5, 10, 13 e 24-26.
[e] 25:4 Ou *direção do vale do Jordão*

13 Os babilônios destruíram as colunas de bronze, os
suportes e o tanque de bronze que estavam no templo
do SENHOR, e levaram o bronze para a Babilônia. 14 Tam-
bém levaram as panelas, as pás, os cortadores de pavio,
as vasilhas e todos os utensílios de bronze utilizados no
serviço do templo. 15 O comandante da guarda imperial
levou os incensários e as bacias de aspersão, tudo o que
era feito de ouro puro ou de prata.

16 As duas colunas, o tanque e os suportes, que Salo-
mão fizera para o templo do SENHOR, eram mais do que
podia ser pesado. 17 Cada coluna tinha oito metros e dez
centímetros[a] de altura. O capitel de bronze no alto de
cada coluna tinha um metro e trinta e cinco centíme-
tros de altura e era decorado com uma fileira de romãs
de bronze ao redor.

18 O comandante da guarda levou como prisioneiros
o sumo sacerdote Seraías, Sofonias, o segundo sacerdo-
te, e os três guardas da porta. 19 Dos que ainda estavam
na cidade, ele levou o oficial responsável pelos homens
de combate e cinco conselheiros reais. Também levou o
secretário, principal líder responsável pelo alistamento
militar no país, e sessenta homens do povo. 20 O coman-
dante Nebuzaradã levou todos ao rei da Babilônia, em
Ribla. 21 Lá, em Ribla, na terra de Hamate, o rei man-
dou executá-los.

Assim Judá foi para o exílio, para longe da sua terra.

22 Nabucodonosor, rei da Babilônia, nomeou Geda-
lias, filho de Aicam e neto de Safã, como governador
do povo que havia sido deixado em Judá. 23 Quando Is-
mael, filho de Netanias, Joanã, filho de Careá, Seraías,
filho do netofatita Tanumete, e Jazanias, filho de um
maacatita, todos os líderes do exército, souberam que
o rei da Babilônia havia nomeado Gedalias como gover-
nador, eles e os seus soldados foram falar com Gedalias
em Mispá. 24 Gedalias fez um juramento a esses líderes
e a seus soldados, dizendo: "Não tenham medo dos ofi-
ciais babilônios. Estabeleçam-se nesta terra e sirvam o
rei da Babilônia, e tudo lhes irá bem".

25 Mas no sétimo mês, Ismael, filho de Netanias e
neto de Elisama, que tinha sangue real, foi com dez
homens e assassinou Gedalias e os judeus e os babi-
lônios que estavam com ele em Mispá. 26 Então todo o
povo, desde as crianças até os velhos, inclusive os líde-
res do exército, fugiram para o Egito, com medo dos
babilônios.

Joaquim é libertado da prisão

27 No trigésimo sétimo ano do exílio de Joaquim,
rei de Judá, no ano em que Evil-Merodaque[b] se tor-
nou rei da Babilônia, ele tirou Joaquim da prisão, no
vigésimo sétimo dia do décimo segundo mês. 28 Ele o
tratou com bondade e deu-lhe o lugar mais honrado
entre os outros reis que estavam com ele na Babilô-
nia. 29 Assim, Joaquim deixou suas vestes de prisão e
pelo resto de sua vida comeu à mesa do rei. 30 E diaria-
mente, enquanto viveu, Joaquim recebeu uma pensão
do rei.

[a] 25:17 Hebraico: *18 côvados*. O côvado era uma medida linear de cerca de 45 centímetros.

[b] 25:27 Também chamado *Amel-Marduque*.

1CRÔNICAS

A descendência de Adão

1 Adão, Sete, Enos,
[2]Cainã, Maalaleel, Jarede,
[3]Enoque, Matusalém, Lameque, Noé.

[4]Estes foram os filhos de Noé[a]:
Sem, Cam e Jafé.

Os descendentes dos filhos de Noé

[5]Estes foram os filhos[b] de Jafé:
Gômer, Magogue, Madai, Javã,
Tubal, Meseque e Tirás.
[6]Estes foram os filhos de Gômer:
Asquenaz, Rifate[c] e Togarma.
[7]Estes foram os filhos de Javã:
Elisá, Társis, Quitim e Rodanim[d].

[8]Estes foram os filhos de Cam:
Cuxe, Mizraim[e], Fute e Canaã.
[9]Estes foram os filhos de Cuxe:
Sebá, Havilá, Sabtá, Raamá e Sabtecá.
Estes foram os filhos de Raamá:
Sabá e Dedã.
[10]Cuxe gerou[f] Ninrode,
o primeiro homem poderoso na terra.
[11]Mizraim gerou os luditas, os anamitas,
os leabitas, os naftuítas,
[12]os patrusitas, os casluítas,
dos quais se originaram os filisteus
e os caftoritas.
[13]Canaã gerou Sidom,
seu filho mais velho[g], e Hete[h],
[14]como também os jebuseus,
os amorreus, os girgaseus,
[15]os heveus, os arqueus, os sineus,
[16]os arvadeus, os zemareus
e os hamateus.

[17]Estes foram os filhos de Sem:
Elão, Assur, Arfaxade, Lude e Arã.
Estes foram os filhos de Arã:[i]
Uz, Hul, Géter e Meseque.
[18]Arfaxade gerou Salá,
e este gerou Héber.
[19]A Héber nasceram dois filhos:
um deles se chamou Pelegue[j],
porque em sua época
a terra foi dividida;
seu irmão chamou-se Joctã.
[20]Joctã gerou Almodá, Salefe,
Hazarmavé, Jerá,
[21]Adorão, Uzal, Dicla,
[22]Obal[k], Abimael, Sabá,
[23]Ofir, Havilá e Jobabe.
Todos esses foram filhos de Joctã.

A descendência de Sem

[24]Sem, Arfaxade[l], Salá,
[25]Héber, Pelegue, Reú,
[26]Serugue, Naor, Terá
[27]e Abrão, que é Abraão.

Os descendentes de Abraão

[28]Estes foram os filhos de Abraão:
Isaque e Ismael.
[29]Foram estes os seus descendentes:
Nebaiote, o filho mais velho de Ismael,
Quedar, Adbeel, Mibsão,
[30]Misma, Dumá, Massá, Hadade, Temá,
[31]Jetur, Nafis e Quedemá.
Esses foram os filhos de Ismael.
[32]Estes foram os filhos de Abraão
com sua concubina Quetura:
Zinrã, Jocsã, Medã, Midiã,
Isbaque e Suá.
Foram estes os filhos de Jocsã:
Sabá e Dedã.
[33]Foram estes os filhos de Midiã:
Efá, Éfer, Enoque, Abida e Elda.
Todos esses foram
descendentes de Quetura.
[34]Abraão gerou Isaque.
Estes foram os filhos de Isaque:
Esaú e Israel.

Os descendentes de Esaú

[35]Estes foram os filhos de Esaú:
Elifaz, Reuel, Jeús, Jalão e Corá.
[36]Estes foram os filhos de Elifaz:
Temã, Omar, Zefô[m], Gaetã e Quenaz;
e Amaleque, de Timna,
sua concubina[n].
[37]Estes foram os filhos de Reuel:
Naate, Zerá, Samá e Mizá.

Os descendentes de Seir

[38]Estes foram os filhos de Seir:
Lotã, Sobal, Zibeão, Aná,
Disom, Ézer e Disã.
[39]Estes foram os filhos de Lotã:
Hori e Homã.

Lotã tinha uma irmã chamada Timna.

[40]Estes foram os filhos de Sobal:
Alvã[o], Manaate, Ebal, Sefô e Onã.
Estes foram os filhos de Zibeão:
Aiá e Aná.

[a] 1:4 Conforme a Septuaginta. O Texto Massorético não traz *os filhos de Noé*.
[b] 1:5 *Filhos* pode significar *descendentes* ou *sucessores* ou *nações*; também nos versículos 6, 9, 17 e 23.
[c] 1:6 Muitos manuscritos dizem *Difate*.
[d] 1:7 Muitos manuscritos dizem *Dodanim*.
[e] 1:8 Isto é, Egito; também no versículo 11.
[f] 1:10 *Gerar* pode ter o sentido de *ser ancestral* ou *ser predecessor*; também nos versículos 11, 13, 18 e 20.
[g] 1:13 Ou *os sidônios, os primeiros*
[h] 1:13 Ou *e os hititas*
[i] 1:17 Muitos manuscritos não trazem essa linha. Veja Gn 10:23.
[j] 1:19 *Pelegue* significa *divisão*.
[k] 1:22 Muitos manuscritos dizem *Ebal*.
[l] 1:24 Conforme o Texto Massorético. Alguns manuscritos da Septuaginta dizem *Arfaxade, Cainã*. Veja Gn 11:12-13.
[m] 1:36 Muitos manuscritos dizem *Zefi*. Veja Gn 36:11.
[n] 1:36 Muitos manuscritos dizem *Gaetã, Quenaz, Timna e Amaleque*. Veja Gn 36:12.
[o] 1:40 Muitos manuscritos dizem *Aliã*. Veja Gn 36:23.

41 Este foi o filho de Aná: Disom.
Estes foram os filhos de Disom:
Hendã[a], Esbã, Itrã e Querã.
42 Estes foram os filhos de Ézer:
Bilã, Zaavã e Acã[b].
Estes foram os filhos de Disã[c]:
Uz e Arã.

Os reis e os chefes de Edom

43 Estes foram os reis que reinaram no território de
Edom antes que os israelitas tivessem um rei:
Belá, filho de Beor. Sua cidade chamava-se Dinabá.
44 Belá morreu, e Jobabe, filho de Zerá, de Bozra,
foi o seu sucessor.
45 Jobabe morreu, e Husã, da terra dos temanitas,
foi o seu sucessor.
46 Husã morreu, e Hadade, filho de Bedade, que ti-
nha derrotado os midianitas na terra de Moabe,
foi o seu sucessor. Sua cidade chamava-se Avite.
47 Hadade morreu, e Samlá de Masreca foi o seu
sucessor.
48 Samlá morreu, e Saul, de Reobote, próxima ao
Eufrates[d], foi o seu sucessor.
49 Saul morreu, e Baal-Hanã, filho de Acbor, foi o
seu sucessor.
50 Baal-Hanã morreu, e Hadade foi o seu suces-
sor. Sua cidade chamava-se Paú, [e]e o nome de
sua mulher era Meetabel, filha de Matrede e ne-
ta de Mezaabe.
51 Após a morte de Hadade, Edom foi governada pe-
los seguintes chefes:
Timna, Alva, Jetete, 52 Oolibama, Elá, Pinom, 53 Que-
naz, Temã, Mibzar, 54 Magdiel e Irã. Foram esses os
chefes de Edom.

Os filhos de Israel

2 Estes foram os filhos de Israel:
Rúben, Simeão, Levi, Judá, Issacar, Zebulom, 2 Dã, Jo-
sé, Benjamim, Naftali, Gade e Aser.

Os descendentes de Judá

3 Estes foram os filhos de Judá:
Er, Onã e Selá. Ele teve esses três filhos com uma mu-
lher cananeia, a filha de Suá. Mas o Senhor reprovou
a conduta perversa de Er, filho mais velho de Judá,
e por isso o matou. 4 Tamar, nora de Judá, deu-lhe
os filhos Perez e Zerá. A Judá nasceram ao todo cin-
co filhos.

5 Estes foram os filhos de Perez:
Hezrom e Hamul.
6 Estes foram os filhos de Zerá:
Zinri, Etã, Hemã, Calcol e Darda[f]. Foram cinco ao todo.
7 O filho de Carmi foi Acar[g]. Ele causou desgraça a Is-
rael ao violar a proibição de se apossar das coisas con-
sagradas.
8 Este foi o filho de Etã: Azarias.
9 Os filhos que nasceram a Hezrom foram Jerameel,
Rão e Calebe[h].
10 Rão gerou Aminadabe, e Aminadabe gerou Naas-
som, o líder da tribo de Judá. 11 Naassom gerou Sal-
mom[i], Salmom gerou Boaz, 12 Boaz gerou Obede, e
Obede gerou Jessé. 13 Jessé gerou Eliabe, o seu filho
mais velho; o segundo foi Abinadabe, o terceiro Si-
meia, 14 o quarto Natanael, o quinto Radai, 15 o sexto
Ozém, e o sétimo Davi. 16 As irmãs deles foram Ze-
ruia e Abigail. Os três filhos de Zeruia foram Abisai,
Joabe e Asael. 17 Abigail deu à luz Amasa, filho do is-
maelita Jéter.

18 Calebe, filho de Hezrom, teve, com sua mulher Azu-
ba, uma filha chamada Jeriote. Estes foram os filhos
de Azuba: Jeser, Sobabe e Ardom. 19 Quando Azu-
ba morreu, Calebe tomou por mulher a Efrate, com
quem teve Hur. 20 Hur gerou Uri, e Uri gerou Bezalel.
21 Depois disso, Hezrom, aos sessenta anos, tomou
por mulher a filha de Maquir, pai[j] de Gileade, e ela
deu-lhe um filho chamado Segube. 22 Segube gerou
Jair, que governou vinte e três cidades em Gileade.
23 Gesur e Arã conquistaram Havote-Jair[k], bem como
Quenate e os povoados ao redor; ao todo sessenta ci-
dades. Todos esses foram descendentes de Maquir,
pai de Gileade.

24 Depois que Hezrom morreu em Calebe-Efrata, Abia, a
mulher de Hezrom, deu-lhe Asur, fundador[l] de Tecoa.
25 Estes foram os filhos de Jerameel, o filho mais ve-
lho de Hezrom:
Rão, o mais velho, Buna, Orém, Ozém e Aías[m]. 26 Je-
rameel teve outra mulher, chamada Atara, que foi
a mãe de Onã.
27 Estes foram os filhos de Rão, o filho mais velho de
Jerameel:
Maaz, Jamim e Equer.
28 Estes foram os filhos de Onã:
Samai e Jada.
Estes foram os filhos de Samai:
Nadabe e Abisur.
29 O nome da mulher de Abisur era Abiail. Ela deu-lhe
dois filhos: Abã e Molide.
30 Estes foram os filhos de Nadabe:
Selede e Apaim. Selede morreu sem filhos.
31 O filho de Apaim foi Isi,
pai de Sesã, pai de Alai.
32 Estes foram os filhos de Jada, irmão de Samai:
Jéter e Jônatas. Jéter morreu sem filhos.
33 Estes foram os filhos de Jônatas:
Pelete e Zaza.
Foram esses os descendentes de Jerameel.
34 Sesã não teve filhos, apenas filhas. Tinha ele um
escravo egípcio chamado Jará, 35 a quem deu uma de
suas filhas por mulher. E ela deu-lhe um filho cha-
mado Atai.
36 Atai gerou Natã, Natã gerou Zabade, 37 Zabade gerou
Eflal, Eflal gerou Obede, 38 Obede gerou Jeú, Jeú gerou
Azarias, 39 Azarias gerou Helez, Helez gerou Eleasa,
40 Eleasa gerou Sismai, Sismai gerou Salum, 41 Salum
gerou Jecamias, e Jecamias gerou Elisama.

[a] 1:41 Muitos manuscritos dizem *Hanrão*. Veja Gn 36:26.
[b] 1:42 Muitos manuscritos dizem *Jaacã*. Veja Gn 36:27.
[c] 1:42 Hebraico: *Disom*, variante de *Disã*.
[d] 1:48 Hebraico: *ao Rio*.
[e] 1:50 Muitos manuscritos dizem *Pai*. Veja Gn 36:39.
[f] 2:6 Muitos manuscritos dizem *Dara*. Veja 1Rs 4:31.
[g] 2:7 *Acar*, também conhecido por *Acã*, significa *desgraça*. Veja Js 7:1.
[h] 2:9 Hebraico: *Quelubai*, variante de *Calebe*.
[i] 2:11 Conforme a Septuaginta. O Texto Massorético diz *Salma*. Veja Rt 4:21.
[j] 2:21 *Pai* pode significar *líder civil* ou *líder militar*; também no restante do capítulo. Veja 2:24, 4:4, 4:5 e 8:29.
[k] 2:23 Ou *os povoados de Jair*
[l] 2:24 Hebraico: *pai*; também nos versículos 50-52. Veja 2:21, 4:4, 4:5 e 8:29.
[m] 2:25 Ou *por meio de Aías*

42 Estes foram os filhos de Calebe, irmão de Jerameel:
Messa, o mais velho, que foi o pai de Zife, e seu filho
Maressa, pai de Hebrom.
43 Estes foram os filhos de Hebrom:
Corá, Tapua, Requém e Sema. 44 Sema gerou Raão, pai
de Jorqueão. Requém gerou Samai. 45 O filho de Samai
foi Maom, e Maom foi o pai de Bete-Zur.
46 A concubina de Calebe, Efá, teve três filhos: Harã,
Mosa e Gazez. Harã gerou Gazez.
47 Estes foram os filhos de Jadai:
Regém, Jotão, Gesã, Pelete, Efá e Saafe.
48 A concubina de Calebe, Maaca, teve dois filhos: Se-
ber e Tiraná.
49 Ela também teve Saafe, pai de Madmana, e Seva,
pai de Macbena e de Gibeá. A filha de Calebe chama-
va-se Acsa.
50 Calebe teve também estes outros descendentes.
Os filhos de Hur, o filho mais velho de Efrate:
Sobal, fundador de Quiriate-Jearim, 51 Salma, fundador
de Belém, e Harefe, fundador de Bete-Gader.
52 Os descendentes de Sobal, fundador de Quiriate-
-Jearim:
O povo de Haroé, metade dos manaatitas, 53 e os clãs
de Quiriate-Jearim: os itritas, os fateus, os sumateus
e os misraeus. Desses descenderam os zoratitas e os
estaoleus.
54 Os descendentes de Salma:
O povo de Belém e de Atarote-Bete-Joabe, os neto-
fatitas, metade dos manaatitas, os zoreus, 55 e os clãs
dos escribas[a] que viviam em Jabez: os tiratitas, os
simeatitas e os sucatitas. Esses foram os queneus,
descendentes de Hamate, antepassado da família
de Recabe[b].

Os filhos de Davi

3 Estes foram os filhos de Davi nascidos em Hebrom:
O seu filho mais velho era Amnom, filho de Ainoã
de Jezreel;
o segundo, Daniel, de Abigail, de Carmelo;
2 o terceiro, Absalão, de Maaca, filha de Talmai, rei
de Gesur;
o quarto, Adonias, de Hagite;
3 o quinto, Sefatias, de Abital;
e o sexto, Itreão, de sua mulher Eglá.

4 São esses os seis filhos de Davi que nasceram em
Hebrom, onde ele reinou sete anos e seis meses. E, em
Jerusalém, 5 onde Davi reinou trinta e três anos, nasce-
ram-lhe os seguintes filhos:

Simeia, Sobabe, Natã e Salomão, os quatro filhos que
ele teve com Bate-Seba[c], filha de Amiel. 6 Davi teve
ainda mais nove filhos: Ibar, Elisua[d], Elpalete, 7 Nogá,
Nefegue, Jafia, 8 Elisama, Eliada e Elifelete. 9 Todos es-
ses foram filhos de Davi, além dos que teve com suas
concubinas, e a filha Tamar, irmã deles.

Os reis de Judá

10 O filho de Salomão foi Roboão;
o filho de Roboão foi Abias;
o filho de Abias, Asa;
o filho de Asa, Josafá;
11 o filho de Josafá, Jeorão;
o filho de Jeorão, Acazias;
o filho de Acazias, Joás;
12 o filho de Joás, Amazias;
o filho de Amazias, Azarias;
o filho de Azarias, Jotão;
13 o filho de Jotão, Acaz;
o filho de Acaz, Ezequias;
o filho de Ezequias, Manassés;
14 o filho de Manassés, Amom;
o filho de Amom, Josias.
15 Os filhos de Josias foram:
Joanã, o primeiro,
Jeoaquim, o segundo,
Zedequias, o terceiro,
e Salum, o quarto.
16 Os sucessores de Jeoaquim foram:
Joaquim[e] e Zedequias.

A linhagem real após o exílio

17 Estes foram os filhos de Joaquim, que foi levado pa-
ra o cativeiro:
Sealtiel, 18 Malquirão, Pedaías,
Senazar, Jecamias, Hosama e Nedabias.
19 Estes foram os filhos de Pedaías:
Zorobabel e Simei.
Estes foram os filhos de Zorobabel:
Mesulão, Hananias e
Selomite, irmã deles.
20 Teve ainda mais cinco filhos:
Hasubá, Oel, Berequias,
Hasadias e Jusabe-Hesede.
21 Estes foram os descendentes de Hananias:
Pelatias e Jesaías, e os filhos de Refaías,
de Arnã, de Obadias e de Secanias.
22 Estes foram os descendentes de Secanias:
Semaías e seus filhos Hatus, Igal, Bariá, Nearias e Sa-
fate; seis descendentes ao todo.
23 Estes foram os três filhos de Nearias:
Elioenai, Ezequias e Azricão.
24 Estes foram os sete filhos de Elioenai:
Hodavias, Eliasibe, Pelaías, Acube,
Joanã, Delaías e Anani.

Os outros descendentes de Judá

4 Estes também foram os descendentes de Judá:
Perez, Hezrom, Carmi, Hur e Sobal.
2 Reaías, filho de Sobal, gerou Jaate, e Jaate gerou Au-
mai e Laade. Esses foram os clãs dos zoratitas.
3 Estes foram os filhos[f] de Etã:
Jezreel, Isma e Idbás. A irmã deles chamava-se Ha-
zelelponi. 4 E ainda Penuel, pai[g] de Gedor, e Ézer, pai
de Husá. Esses foram os descendentes de Hur, o filho
mais velho de Efrate e pai de Belém.
5 Asur, fundador[h] de Tecoa, teve duas mulheres: He-
lá e Naará.
6 Naará lhe deu Auzã, Héfer, Temeni e Haastari. Esses
foram os filhos de Naará.

[a] 2:55 Ou *dos soferitas*
[b] 2:55 Ou *Bete-Recabe*
[c] 3:5 Muitos manuscritos dizem *Bate-Sua*. Veja 2Sm 11:3.
[d] 3:6 Muitos manuscritos dizem *Elisama*. Veja 2Sm 5:15 e 1Cr 14:5.
[e] 3:16 Hebraico: *Jeconias*, também conhecido como *Joaquim*; também no versículo 17.
[f] 4:3 Conforme alguns manuscritos da Septuaginta. O Texto Massorético diz *pai*.
[g] 4:4 *Pai* pode significar *líder civil* ou *líder militar*; também no restante do capítulo. Veja 2:21, 2:24, 4:5 e 8:29.
[h] 4:5 Hebraico: *pai*; também nos versículos 12, 14, 17 e 18. Veja 2:21, 2:24, 4:4 e 8:29.

7 Estes foram os filhos de Helá:
Zerete, Zoar, Etnã 8 e Coz, que gerou Anube e Zobeba
e os clãs de Aarel, filho de Harum.

9 Jabez foi o homem mais respeitado de sua famí-
lia. Sua mãe lhe deu o nome de Jabez, dizendo: "Com
muitas dores o dei à luz". 10 Jabez orou ao Deus de Israel:
"Ah, abençoa-me e aumenta as minhas terras! Que a tua
mão esteja comigo, guardando-me de males e livrando-
-me de dores". E Deus atendeu ao seu pedido.

11 Quelube, irmão de Suá, gerou Meir, pai de Estom.
12 Estom gerou Bete-Rafa, Paseia e Teína, fundador de
Ir-Naás. Esses habitaram em Reca.

13 Estes foram os filhos de Quenaz:
Otoniel e Seraías.
Estes foram os filhos de Otoniel:
Hatate e Meonotai[a].
14 Meonotai gerou Ofra.
Seraías gerou Joabe,
fundador de Ge-Harasim[b],
que recebeu esse nome
porque os seus habitantes eram artesãos.
15 Estes foram os filhos de Calebe, filho de Jefoné:
Iru, Elá e Naã.
O filho de Elá foi Quenaz.
16 Estes foram os filhos de Jealelel:
Zife, Zifa, Tiria e Asareel.
17 Estes foram os filhos de Ezra:
Jéter, Merede, Éfer e Jalom. Merede casou-se com Bi-
tia, filha do faraó, e teve os seguintes filhos: Miriã,
Samai e Isbá, fundador de Estemoa. 18 Sua mulher ju-
dia deu à luz a Jerede, fundador de Gedor, a Héber,
fundador de Socó, e a Jecutiel, fundador de Zanoa.
19 Estes foram os filhos da mulher de Hodias, irmã
de Naã:
o pai de Queila, o garmita, e Estemoa, o maacatita.
20 Estes foram os filhos de Simão:
Amnom, Rina, Bene-Hanã e Tilom.
Estes foram os filhos de Isi:
Zoete e Ben-Zoete.
21 Estes foram os filhos de Selá, filho de Judá:
Er, pai de Leca; Lada, pai de Maressa. Selá também foi
antepassado dos clãs daqueles que trabalhavam com
linho em Bete-Asbeia, 22 de Joquim, dos homens de
Cozeba, de Joás e de Sarafe, que governavam em Moa-
be e em Jasubi-Leém. (Estes registros são de épocas
antigas.) 23 Eles eram oleiros e habitavam em Netaim
e em Gederá, perto do rei, para quem trabalhavam.

Os descendentes de Simeão

24 Estes foram os filhos de Simeão:
Nemuel, Jamim, Jaribe, Zerá e Saul.
25 O filho de Saul era Salum, pai de Mibsão, que foi o
pai de Misma.
26 Estes foram os descendentes de Misma:
seu filho Hamuel, pai de Zacur, que foi o pai de Simei.

27 Simei teve dezesseis filhos e seis filhas, mas seus
irmãos não tiveram muitos filhos; por isso todos os
seus clãs não se igualam em número à tribo de Judá.
28 Eles viviam em Berseba, Moladá, Hazar-Sual, 29 Bila,
Azém, Tolade, 30 Betuel, Hormá, Ziclague, 31 Bete-Mar-
cabote, Hazar-Susim, Bete-Biri e Saaraim. Essas foram
as suas cidades até o reinado de Davi. 32 Tinham tam-
bém as cinco cidades de Etã, Aim, Rimom, Toquém e
Asã, 33 com todos os povoados ao redor delas até Baa-
late[c]. Nessas cidades viviam e mantinham um regis-
tro genealógico.

34 Mesobabe, Janleque, Josa,
filho de Amazias,
35 Joel, Jeú, filho de Josibias,
neto de Seraías e bisneto de Asiel;
36 também Elioenai, Jaacobá, Jesoaias,
Asaías, Adiel, Jesimiel, Benaia
37 e Ziza, filho de Sifi, neto de Alom,
bisneto de Jedaías, trineto de Sinri
e tetraneto de Semaías.

38 Essa é a lista dos líderes dos seus clãs. Suas famílias
cresceram muito 39 e, por isso, foram para os arredores
de Gedor, a leste do vale, em busca de pastagens para os
seus rebanhos. 40 Encontraram muitas pastagens boas,
numa região vasta, pacífica e tranquila, onde alguns
camitas tinham vivido anteriormente.
41 Durante o reinado de Ezequias, rei de Judá, esses
homens aqui alistados chegaram e atacaram os cami-
tas e os meunitas da região e os destruíram totalmen-
te, como até hoje se pode ver. Depois ocuparam o lugar
daqueles povos, pois havia pastagens para os seus reba-
nhos. 42 E quinhentos desses simeonitas, liderados por
Pelatias, Nearias, Refaías e Uziel, filhos de Isi, invadi-
ram as colinas de Seir. 43 Eles mataram o restante dos
amalequitas que tinha escapado, e ali vivem até hoje.

Os descendentes de Rúben

5 Estes são os filhos de Rúben, o filho mais velho de
Israel. (De fato ele era o mais velho, mas, por ter de-
sonrado o leito de seu pai, seus direitos de filho mais
velho foram dados aos filhos de José, filho de Israel,
de modo que não foi alistado nos registros genealógi-
cos como o primeiro filho. 2 Embora Judá tenha sido o
mais poderoso de seus irmãos e dele tenha vindo um
líder, os direitos de filho mais velho foram dados a José.)
3 Os filhos de Rúben, filho mais velho de Israel, foram:

Enoque, Palu, Hezrom e Carmi.

4 Estes foram os descendentes de Joel:
Seu filho Semaías, pai de Gogue, que foi o pai de Si-
mei, 5 pai de Mica, que foi o pai de Reaias, pai de Baal,
6 que foi o pai de Beera, a quem Tiglate-Pileser, rei
da Assíria, levou para o exílio. Beera era um líder da
tribo de Rúben.

7 Estes foram os parentes dele, de acordo com seus
clãs, alistados conforme os seus registros genealógicos:
Jeiel, o chefe, Zacarias 8 e Belá, filho de Azaz, neto
de Sema e bisneto de Joel. Eles foram viver na região
que vai desde Aroer até o monte Nebo e Baal-Meom. 9 A
leste ocuparam a terra que vai até o deserto que se es-
tende na direção do rio Eufrates, pois os seus rebanhos
tinham aumentado muito em Gileade.
10 Durante o reinado de Saul eles entraram em guer-
ra contra os hagarenos e os derrotaram, passando a

[a] 4:13 Conforme alguns manuscritos da Septuaginta e a Vulgata. O Texto Massorético não traz *e Meonotai*.
[b] 4:14 *Ge-Harasim* significa *vale dos Artesãos*.
[c] 4:33 Conforme alguns manuscritos da Septuaginta. O Texto Massorético diz *Baal*. Veja Js 19:8.

ocupar o acampamento deles por toda a região a leste de Gileade.

Os descendentes de Gade

11 Ao lado da tribo de Rúben ficou a tribo de Gade, desde a região de Basã até Salcá.

12 Joel foi o primeiro chefe de clãs em Basã, Safã, o segundo; os outros foram Janai e Safate.
13 Estes foram os parentes deles, por famílias:
Micael, Mesulão, Seba, Jorai, Jacã, Zia e Héber.
Eram sete ao todo.

14 Eles eram descendentes de Abiail, filho de Huri, neto de Jaroa, bisneto de Gileade e trineto de Micael, que foi filho de Jesisai, neto de Jado e bisneto de Buz. 15 Aí, filho de Abdiel e neto de Guni, foi o chefe dessas famílias.

16 A tribo de Gade habitou em Gileade, em Basã e seus povoados, e em toda a extensão das terras de pastagem de Sarom.

17 Todos esses entraram nos registros genealógicos durante os reinados de Jotão, rei de Judá, e de Jeroboão, rei de Israel.

18 As tribos de Rúben, Gade e a metade da tribo de Manassés tinham juntas quarenta e quatro mil e setecentos e sessenta homens de combate, capazes de empunhar escudo e espada, de usar o arco, e treinados para a guerra. 19 Eles entraram em guerra contra os hagarenos e seus aliados Jetur, Nafis e Nodabe. 20 Durante a batalha clamaram a Deus, que os ajudou, entregando os hagarenos e todos os seus aliados nas suas mãos. Deus os atendeu, porque confiaram nele. 21 Tomaram dos hagarenos o rebanho de cinquenta mil camelos, duzentas e cinquenta mil ovelhas e dois mil jumentos. Também fizeram cem mil prisioneiros. 22 E muitos foram os inimigos mortos, pois a batalha era de Deus. Eles ocuparam aquela terra até a época do exílio.

Os descendentes da metade da tribo de Manassés

23 A metade da tribo de Manassés era numerosa e se estabeleceu na região que vai de Basã a Baal-Hermom, isto é, até Senir, o monte Hermom.

24 Estes eram os chefes das famílias dessa tribo: Éfer, Isi, Eliel, Azriel, Jeremias, Hodavias e Jadiel. Eram soldados valentes, homens famosos, e chefes das famílias. 25 Mas foram infiéis para com o Deus dos seus antepassados e se prostituíram, seguindo os deuses dos povos que Deus tinha destruído diante deles. 26 Por isso o Deus de Israel incitou Pul, que é Tiglate-Pileser, rei da Assíria, a levar as tribos de Rúben, de Gade e a metade da tribo de Manassés para Hala, Habor, Hara e para o rio Gozã, onde estão até hoje.

Os descendentes de Levi

6 Estes foram os filhos de Levi:
Gérson, Coate e Merari.
2 Estes foram os filhos de Coate:
Anrão, Isar, Hebrom e Uziel.
3 Estes foram os filhos de Anrão:
Arão, Moisés e Miriã.
Estes foram os filhos de Arão:
Nadabe, Abiú, Eleazar e Itamar.
4 Eleazar gerou Fineias,
Fineias gerou Abisua,
5 Abisua gerou Buqui,
Buqui gerou Uzi,
6 Uzi gerou Zeraías,
Zeraías gerou Meraiote,
7 Meraiote gerou Amarias,
Amarias gerou Aitube,
8 Aitube gerou Zadoque,
Zadoque gerou Aimaás,
9 Aimaás gerou Azarias,
Azarias gerou Joanã,
10 Joanã gerou Azarias,
que foi sacerdote no templo
construído por Salomão em Jerusalém;
11 Azarias gerou Amarias,
Amarias gerou Aitube,
12 Aitube gerou Zadoque,
Zadoque gerou Salum,
13 Salum gerou Hilquias,
Hilquias gerou Azarias,
14 Azarias gerou Seraías,
e Seraías gerou Jeozadaque.

15 Jeozadaque foi levado prisioneiro
quando o Senhor enviou Judá
e Jerusalém para o exílio
por meio de Nabucodonosor.

16 Estes foram os filhos de Levi:
Gérson, Coate e Merari.
17 Estes são os nomes
dos filhos de Gérson:
Libni e Simei.
18 Estes foram os filhos de Coate:
Anrão, Isar, Hebrom e Uziel.
19 Estes foram os filhos de Merari:
Mali e Musi.
Estes são os clãs dos levitas alistados
de acordo com os seus antepassados:
20 De Gérson:
Seu filho Libni, que foi o pai de Jaate,
pai de Zima,
21 que foi o pai de Joá,
pai de Ido, pai de Zerá,
que foi o pai de Jeaterai.
22 De Coate:
Seu filho Aminadabe, pai de Corá,
que foi o pai de Assir,
23 pai de Elcana, pai de Ebiasafe,
que foi o pai de Assir,
24 pai de Taate, pai de Uriel,
pai de Uzias,
que foi o pai de Saul.
25 De Elcana:
Amasai, Aimote
26 e Elcana, pai de Zofai,[a] pai de Naate,
27 que foi o pai de Eliabe,
pai de Jeroão,
pai de Elcana,
que foi o pai de Samuel.[b]
28 De Samuel:
Joel[c], o mais velho,

[a] 6:26 Muitos manuscritos dizem *e Elcana. De Elcana. Seu filho Zofai.*
[b] 6:27 Conforme alguns manuscritos da Septuaginta. O Texto Massorético não traz essa linha. Veja 1Sm 1:19-20 e 1Cr 6:33-34.
[c] 6:28 Muitos manuscritos não trazem *Joel*. Veja 1Sm 8:2 e 1Cr 6:33.

e Abias, o segundo.
29De Merari:
Mali, pai de Libni,
pai de Simei,
que foi o pai de Uzá,
30pai de Simeia,
pai de Hagias,
que foi o pai de Asaías.

Os músicos do templo

31Estes são os homens a quem Davi encarregou de
dirigir os cânticos no templo do SENHOR depois que a
arca foi levada para lá. 32Eles ministraram o louvor dian-
te do tabernáculo, da Tenda do Encontro, até quando
Salomão construiu o templo do SENHOR em Jerusalém.
Eles exerciam suas funções de acordo com as normas
estabelecidas.
33Estes são os que ministravam, junto com seus fi-
lhos:

Dentre os coatitas:
O músico Hemã, filho de Joel,

filho de Samuel,
34filho de Elcana, filho de Jeroão,
filho de Eliel, filho de Toá,
35filho de Zufe, filho de Elcana,
filho de Maate, filho de Amasai,
36filho de Elcana, filho de Joel,
filho de Azarias, filho de Sofonias,
37filho de Taate, filho de Assir,
filho de Ebiasafe, filho de Corá,
38filho de Isar, filho de Coate,
filho de Levi, filho de Israel.

39À direita de Hemã
ficava seu parente Asafe,

filho de Berequias,
filho de Simeia,
40filho de Micael, filho de Baaseias[a],
filho de Malquias, 41filho de Etni,
filho de Zerá, filho de Adaías,
42filho de Etã, filho de Zima,
filho de Simei, 43filho de Jaate,
filho de Gérson, filho de Levi.

44Dentre os meraritas:
À esquerda de Hemã,
parente dos meraritas,

ficava Etã, filho de Quisi, filho de Abdi,
filho de Maluque, 45filho de Hasabias,
filho de Amazias, filho de Hilquias,
46filho de Anzi, filho de Bani,
filho de Sêmer, 47filho de Mali,
filho de Musi, filho de Merari,
filho de Levi.

48Seus parentes, os outros levitas, foram encarre-
gados de cuidar de todo o serviço do tabernáculo, o
templo de Deus. 49Mas eram Arão e seus descenden-
tes que cuidavam dos sacrifícios no altar do holocaus-
to[b], das ofertas no altar de incenso e de todo o serviço
do Lugar Santíssimo, como também dos sacrifícios de
propiciação por Israel, conforme tudo o que Moisés,
servo de Deus, tinha ordenado.

50Estes foram os descendentes de Arão:
o seu filho Eleazar, pai de Fineias,
que foi o pai de Abisua,
51pai de Buqui, pai de Uzi,
que foi o pai de Zeraías,
52pai de Meraiote, pai de Amarias,
que foi o pai de Aitube,
53pai de Zadoque, pai de Aimaás.

As cidades dos levitas

54Estas foram as cidades e as regiões dadas aos le-
vitas para nelas habitarem. Dentre os descendentes de
Arão, o clã coatita foi sorteado primeiro; 55foi-lhe dada
Hebrom, em Judá, com suas pastagens ao redor. 56Mas
os campos e os povoados em torno da cidade foram da-
dos a Calebe, filho de Jefoné.

57Assim os descendentes de Arão receberam He-
brom, cidade de refúgio, e Libna, Jatir, Estemoa,
58Hilém, Debir, 59Asã, Jutá[c] e Bete-Semes, com
suas respectivas pastagens. 60E da tribo de Ben-
jamim receberam Gibeão[d], Geba, Alemete e Ana-
tote, com suas respectivas pastagens.

Ao todo treze cidades foram distribuídas entre os
seus clãs.
61Para os demais descendentes de Coate foram sor-
teadas dez cidades pertencentes aos clãs da metade da
tribo de Manassés.
62Para os descendentes de Gérson, clã por clã, foram
sorteadas treze cidades das tribos de Issacar, de Aser e
de Naftali, e da metade da tribo de Manassés que fi-
ca em Basã.
63Para os descendentes de Merari, clã por clã, foram
sorteadas doze cidades das tribos de Rúben, de Gade
e de Zebulom.
64Assim os israelitas deram aos levitas essas cidades
com suas respectivas pastagens. 65As cidades anterior-
mente mencionadas dos territórios de Judá, de Simeão
e de Benjamim também lhes foram dadas por sorteio.
66Alguns dos clãs coatitas receberam as seguintes
cidades no território da tribo de Efraim:
67Siquém, cidade de refúgio, nos montes de Efraim,
e Gezer, 68Jocmeão, Bete-Horom, 69Aijalom e Gate-Ri-
mom, com suas respectivas pastagens.
70E da metade da tribo de Manassés o restante dos
clãs coatitas recebeu Aner e Bileã, com suas respecti-
vas pastagens.

71Os gersonitas receberam as seguintes cidades:
Do clã da metade da tribo de Manassés,
Golã, em Basã, e também Asterote, com suas res-
pectivas pastagens;
72da tribo de Issacar,
Quedes, Daberate, 73Ramote e Aném, com suas res-
pectivas pastagens;
74da tribo de Aser,
Masal, Abdom, 75Hucoque e Reobe, com suas res-
pectivas pastagens;
76e da tribo de Naftali,

[a] 6:40 Alguns manuscritos dizem *Maaseias*.
[b] 6:49 Isto é, sacrifício totalmente queimado.
[c] 6:59 Conforme a Versão Siríaca. O Texto Massorético não traz *Jutá*. Veja Js 21:16.
[d] 6:60 O Texto Massorético não traz *Gibeão*. Veja Js 21:17.

Quedes, na Galileia, Hamom e Quiriataim, com
suas respectivas pastagens.

77E estas foram as cidades que os outros merari-
tas receberam:
Da tribo de Zebulom,
Rimono e Tabor, com suas respectivas pastagens;
78da tribo de Rúben, do outro lado do Jordão, a
leste de Jericó,
Bezer, no deserto, Jaza, 79Quedemote e Mefaate,
com suas respectivas pastagens;
80e da tribo de Gade,
Ramote, em Gileade, Maanaim, 81Hesbom e Jazar,
com suas respectivas pastagens.

Os descendentes de Issacar

7 Estes foram os quatro filhos de Issacar:
Tolá, Puá, Jasube e Sinrom.
2Estes foram os filhos de Tolá:
Uzi, Refaías, Jeriel, Jamai, Ibsão e Samuel, chefes dos
seus clãs. No reinado de Davi, os descendentes de Tolá
alistados em suas genealogias como homens de com-
bate eram 22.600.
3O filho de Uzi foi Israías.
Estes foram os filhos de Israías:
Micael, Obadias, Joel e Issias. Todos os cinco eram
chefes 4que tinham muitas mulheres e muitos fi-
lhos. Por isso, conforme a genealogia de sua famí-
lia, eles contavam com 36.000 homens prontos para
o combate.
5Incluindo seus parentes, os homens de combate de
todos os clãs de Issacar, conforme alistados em sua
genealogia, eram ao todo 87.000.

Os descendentes de Benjamim

6Estes foram os três filhos de Benjamim:
Belá, Bequer e Jediael.
7Estes foram os filhos de Belá:
Esbom, Uzi, Uziel, Jeremote e Iri, cinco chefes de fa-
mílias. Seu registro genealógico alistava 22.034 ho-
mens de combate.
8Estes foram os filhos de Bequer:
Zemira, Joás, Eliézer, Elioenai, Onri, Jeremote, Abias,
Anatote e Alemete. Todos esses eram filhos de Bequer.
9O registro genealógico deles alistava os chefes de fa-
mílias e 20.200 homens de combate.
10O filho de Jediael foi Bilã.
Estes foram os filhos de Bilã:
Jeús, Benjamim, Eúde, Quenaaná, Zetã, Társis e Ai-
saar. 11Todos esses descendentes de Jediael eram che-
fes de famílias que contavam com 17.200 homens de
combate prontos para a guerra.
12Supim e Hupim eram filhos de Ir; e Husim era fi-
lho de Aer.

Os descendentes de Naftali

13Estes foram os filhos de Naftali:
Jaziel, Guni, Jezer e Silém[a], netos de Bila.

Os descendentes de Manassés

14Estes foram os descendentes de Manassés:
Asriel, filho de sua concubina arameia, que também
deu à luz Maquir, pai de Gileade. 15Maquir casou-se
com Maaca, irmã de Hupim e Supim.
Outro descendente de Manassés chamava-se Zelofea-
de, o qual só teve filhas.
16Maaca, mulher de Maquir, deu à luz um filho, a
quem deu o nome de Perez. O nome de seu irmão
era Seres, cujos filhos chamavam-se Ulão e Requém.
17O filho de Ulão foi Bedã.
Esses foram os descendentes de Gileade, filho de Ma-
quir e neto de Manassés. 18Sua irmã Hamolequete deu
à luz Isode, Abiezer e Maalá.
19Estes foram os filhos de Semida:
Aiã, Siquém, Liqui e Anião.

Os descendentes de Efraim

20Estes foram os descendentes de Efraim:
Sutela, que foi o pai de Berede,
pai de Taate, pai de Eleada,
que foi o pai de Taate, 21pai de Zabade, pai de Sutela.
Ézer e Eleade, filhos de Efraim, foram mortos por ho-
mens da cidade de Gate, quando tentavam roubar os
rebanhos deles. 22Efraim chorou muitos dias por eles,
e seus parentes vieram consolá-lo. 23Depois ele se dei-
tou de novo com sua mulher, ela engravidou e deu
à luz um filho. Ele o chamou Berias, pois tinha acon-
tecido uma desgraça em sua família. 24Sua filha cha-
mava-se Seerá. Foi ela que fundou Bete-Horom Alta e
Bete-Horom Baixa, e também Uzém-Seerá.
25O filho de Berias foi Refa, pai de Resefe[b],
que foi o pai de Telá, pai de Taã,
26pai de Ladã, pai de Amiúde,
que foi o pai de Elisama, 27pai de Num, que foi o pai
de Josué.

28Suas terras e cidades incluíam Betel e os povoados
ao redor, Naarã a leste, Gezer e seus povoados a oeste, e
Siquém e Aiá com os seus povoados. 29A tribo de Manas-
sés controlava as cidades de Bete-Seã, Taanaque, Megido
e Dor, com seus respectivos povoados. Os descendentes
de José, filho de Israel, viviam nessas cidades.

Os descendentes de Aser

30Estes foram os filhos de Aser:
Imna, Isvá, Isvi e Berias. A irmã deles chamava-se
Sera.
31Estes foram os filhos de Berias:
Héber e Malquiel, que foi o pai de Birzavite.
32Héber gerou Jaflete, Somer e Hotão, e a irmã de-
les, Suá.
33Estes foram os filhos de Jaflete:
Pasaque, Bimal e Asvate.
Esses foram os filhos de Jaflete.
34Estes foram os filhos de Somer:
Aí, Roga, Jeubá e Arã.
35Estes foram os filhos de Helém[c], irmão de Somer:
Zofa, Imna, Seles e Amal.
36Estes foram os filhos de Zofa:
Suá, Harnefer, Sual, Beri, Inra, 37Bezer, Hode, Samá,
Silsa, Itrã e Beera.
38Estes foram os filhos de Jéter:
Jefoné, Pispa e Ara.
39Estes foram os filhos de Ula:
Ara, Haniel e Rizia.

[a] 7:13 Muitos manuscritos dizem *Salum*. Veja Gn 46:24 e Nm 26:49.

[b] 7:25 Conforme alguns manuscritos da Septuaginta. O Texto Massorético não traz *pai de*.

[c] 7:35 Chamado *Hotão* no versículo 32.

[40]Todos esses foram descendentes de Aser. Eram chefes de famílias, homens escolhidos, soldados valentes e líderes de destaque. O número dos alistados para combate no exército deles foi 26.000.

Os descendentes de Benjamim

8 Benjamim gerou Belá, seu filho mais velho; Asbel,
seu segundo filho, Aará, o terceiro, [2]Noá, o quarto,
e Rafa, o quinto.

[3]Estes foram os filhos de Belá:
Adar, Gera, pai de Eúde, [4]Abisua, Naamã, Aoá, [5]Gera,
Sefufá e Hurão.
[6]Estes foram os descendentes de Eúde, chefes das famílias dos habitantes de Geba, que foram deportados para Manaate:
[7]Naamã, Aías e Gera. Esse Gera, pai de Uzá e de Aiúde,
foi quem os deportou.
[8]Depois de ter se divorciado de suas mulheres Husim e Baara, Saaraim teve filhos na terra de Moabe.
[9]Com sua mulher Hodes ele gerou Jobabe, Zíbia, Messa, Malcã,
[10]Jeús, Saquias e Mirma. Esses foram seus filhos, chefes de famílias.
[11]Com Husim ele gerou Abitube e Elpaal.
[12]Estes foram os filhos de Elpaal:
Héber, Misã, Semede, que fundou Ono e Lode com seus povoados.
[13]Berias e Sema foram os chefes das famílias dos habitantes de Aijalom, e foram eles que expulsaram os habitantes de Gate.
[14]Aiô, Sasaque, Jeremote, [15]Zebadias, Arade, Éder, [16]Micael, Ispa e Joá foram descendentes de Berias.
[17]Zebadias, Mesulão, Hizqui, Héber, [18]Ismerai, Izlias e
Jobabe foram descendentes de Elpaal.
[19]Jaquim, Zicri, Zabdi, [20]Elienai, Ziletai, Eliel, [21]Adaías,
Beraías e Sinrate foram descendentes de Simei.
[22]Ispã, Héber, Eliel, [23]Abdom, Zicri, Hanã, [24]Hananias,
Elão, Antotias, [25]Ifdeias e Penuel foram descendentes de Sasaque.
[26]Sanserai, Searias, Atalias, [27]Jaaresias, Elias e Zicri
foram descendentes de Jeroão.

[28]Todos esses foram chefes de famílias, líderes conforme alistados em suas genealogias, e moravam em Jerusalém.

[29]Jeiel[a], pai[b] de Gibeom, morou na cidade de Gibeom.
O nome de sua mulher era Maaca, [30]o de seu filho
mais velho, Abdom, e o de seus outros filhos, Zur,
Quis, Baal, Ner[c], Nadabe, [31]Gedor, Aiô, Zequer [32]e Miclote, que gerou Simeia. Eles também moravam perto de seus parentes, em Jerusalém.
[33]Ner gerou Quis, que gerou Saul. Saul gerou Jônatas,
Malquisua, Abinadabe e Esbaal[d].
[34]O filho de Jônatas foi Meribe-Baal[e], que gerou Mica.
[35]Estes foram os filhos de Mica:
Pitom, Meleque, Tareia e Acaz.
[36]Acaz gerou Jeoada, Jeoada gerou Alemete, Azmavete
e Zinri, e Zinri gerou Mosa. [37]Mosa gerou Bineá, pai de
Rafa, que foi o pai de Eleasa, pai de Azel.
[38]Azel teve seis filhos chamados Azricão, Bocru,
Ismael, Searias, Obadias e Hanã. Todos esses foram
filhos de Azel. [39]Estes foram os filhos de Eseque, seu
irmão:
Ulão, o mais velho, Jeús, o segundo e Elifelete, o terceiro.
[40]Os filhos de Ulão eram soldados valentes e bons flecheiros. Tiveram muitos filhos e netos; eram cento e cinquenta ao todo.

Todos esses foram descendentes de Benjamim.

9 Todos os israelitas foram alistados nas genealogias
dos registros históricos dos reis de Israel.

O povo de Jerusalém

Por sua infidelidade o povo de Judá foi levado prisioneiro para a Babilônia.
[2]Os primeiros a voltarem às suas propriedades e às suas cidades foram algumas pessoas do povo e alguns sacerdotes, levitas e servidores do templo.
[3]Os de Judá, de Benjamim e de Efraim e Manassés
que se instalaram em Jerusalém foram:
[4]Utai, filho de Amiúde, neto de Onri, bisneto de Inri e trineto de Bani, um descendente de Perez, filho de Judá.
[5]Dos descendentes de Selá:
O primogênito Asaías com seus filhos.
[6]Dos descendentes de Zerá:
Jeuel.
Os de Judá eram 690.
[7]Dos benjamitas:
Salu, filho de Mesulão, neto de Hodavias e bisneto de Hassenua;
[8]Ibneias, filho de Jeroão; Elá, filho de Uzi, filho de Micri; e Mesulão, filho de Sefatias, filho de Reuel, filho de Ibnias.
[9]Da tribo de Benjamim, relacionados em sua genealogia, eram 956. Todos esses homens eram chefes de suas famílias.
[10]Dos sacerdotes:
Jedaías, Jeoiaribe, Jaquim;
[11]Azarias, filho de Hilquias, neto de Mesulão, bisneto de Zadoque, trineto de Meraiote e tetraneto de Aitube, o líder encarregado do templo de Deus;
[12]Adaías, filho de Jeroão, neto de Pasur e bisneto de Malquias; e Masai, filho de Adiel, neto de Jazera, bisneto de Mesulão, trineto de Mesilemite e tetraneto de Imer.
[13]O número de sacerdotes que eram chefes de famílias era 1.760. Eram homens capazes, e sua responsabilidade era ministrar no templo de Deus.
[14]Dos levitas:
Semaías, filho de Hassube, neto de Azricão e bisneto de Hasabias, um merarita;
[15]Baquebacar, Heres, Galal e Matanias, filho de Mica, neto de Zicri e bisneto de Asafe;
[16]Obadias, filho de Semaías, neto de Galal e bisneto de Jedutum; e Berequias, filho de Asa e neto de Elcana, que vivia nos povoados dos netofatitas.
[17]Os guardas das portas eram:
Salum, o chefe, Acube, Talmom, Aimã e os irmãos deles, sendo até hoje
[18]os guardas da porta do Rei, a leste. Salum era o chefe. Esses eram os guardas das portas, que pertenciam ao acampamento dos levitas.
[19]Salum, filho de Coré, neto de Ebiasafe e

[a] 8:29 Conforme alguns manuscritos da Septuaginta. O Texto Massorético não traz *Jeiel*. Veja 1Cr 9:35.
[b] 8:29 Ou *líder*; ou ainda *fundador*. Veja 2:21, 2:24, 4:4 e 4:5.
[c] 8:30 Conforme alguns manuscritos da Septuaginta. O Texto Massorético não traz *Ner*. Veja 1Cr 9:36.
[d] 8:33 Também conhecido como *Is-Bosete*; também em 9:39.
[e] 8:34 Também conhecido como *Mefibosete*; também em 9:40.

bisneto de Corá, e seus parentes, os coreítas, guardas das portas, responsáveis por guardar as entradas da Tenda[a], como os seus antepassados tinham sido responsáveis por guardar a entrada da habitação do SENHOR. 20Naquela época, Fineias, filho de Eleazar, estivera encarregado dos guardas das portas, e o SENHOR estava com ele. 21Zacarias, filho de Meselemias, era o guarda das portas da entrada da Tenda do Encontro.

22A soma total dos escolhidos para serem guardas das portas, registrados nas genealogias dos seus povoados, era de 212. Eles haviam sido designados para esses postos de confiança por Davi e pelo vidente Samuel. 23Eles e os seus descendentes foram encarregados de vigiar as portas do templo do SENHOR, o templo chamado Tenda. 24Os guardas vigiavam as portas nos quatro lados: norte, sul, leste e oeste. 25Seus parentes, residentes em seus povoados, tinham que vir de tempos em tempos e trabalhar com eles por períodos de sete dias. 26Mas os quatro principais guardas das portas, que eram levitas, receberam a responsabilidade de tomar conta das salas e da tesouraria do templo de Deus. 27Eles passavam a noite perto do templo de Deus, pois tinham o dever de vigiá-lo e de abrir as portas todas as manhãs.

28Alguns levitas estavam encarregados dos utensílios utilizados no culto no templo; eles os contavam quando eram retirados e quando eram devolvidos. 29Outros eram responsáveis pelos móveis e por todos os demais utensílios do santuário, bem como pela farinha, pelo vinho, pelo óleo, pelo incenso e pelas especiarias. 30E ainda outros cuidavam da manipulação das especiarias. 31Um levita chamado Matitias, filho mais velho do coreíta Salum, tinha a responsabilidade de assar os pães para as ofertas. 32E dentre os coatitas, seus irmãos, alguns estavam encarregados de preparar os pães que eram postos sobre a mesa todo sábado.

33Os cantores, chefes de famílias levitas, permaneciam nas salas do templo e estavam isentos de outros deveres, pois dia e noite se dedicavam à sua própria tarefa.

34Todos esses eram chefes de famílias levitas, alistados como líderes em suas genealogias, e moravam em Jerusalém.

A genealogia de Saul

35Jeiel, pai[b] de Gibeom,
morava em Gibeom.
O nome de sua mulher era Maaca,
36e o de seu filho mais velho, Abdom.
Depois nasceram Zur, Quis, Baal,
Ner, Nadabe, 37Gedor, Aiô,
Zacarias e Miclote.
38Miclote gerou Simeia.
Eles também moravam perto
de seus parentes em Jerusalém.
39Ner gerou Quis, Quis gerou Saul,
Saul gerou Jônatas, Malquisua,
Abinadabe e Esbaal.
40Este foi o filho de Jônatas:
Meribe-Baal, que gerou Mica.
41Estes foram os filhos de Mica:
Pitom, Meleque, Tareia e Acaz[c].
42Acaz gerou Jadá, Jadá[d] gerou Alemete,
Azmavete e Zinri, e Zinri gerou Mosa.
43Mosa gerou Bineá,
cujo filho foi Refaías;
o filho deste foi Eleasa, pai de Azel.
44Azel teve seis filhos,
e os nomes deles foram:
Azricão, Bocru, Ismael, Searias,
Obadias e Hanã.
Esses foram os filhos de Azel.

O suicídio de Saul

10 E aconteceu que, em combate com os filisteus, os israelitas foram postos em fuga, e muitos caíram mortos no monte Gilboa. 2Os filisteus perseguiram Saul e seus filhos, e mataram Jônatas, Abinadabe e Malquisua, filhos de Saul. 3O combate foi ficando cada vez mais violento em torno de Saul, até que os flecheiros o alcançaram e o feriram gravemente.

4Então Saul ordenou ao seu escudeiro: "Tire sua espada e mate-me, se não sofrerei a vergonha de cair nas mãos desses incircuncisos".

Mas o seu escudeiro estava apavorado e não quis fazê-lo. Saul, então, apanhou a própria espada e jogou-se sobre ela. 5Quando o escudeiro viu que Saul estava morto, jogou-se também sobre sua espada e morreu. 6Dessa maneira Saul e seus três filhos morreram e, assim, toda a descendência real.

7Quando os israelitas que habitavam no vale viram que o exército tinha fugido e que Saul e seus filhos estavam mortos, fugiram, abandonando suas cidades. Depois os filisteus foram ocupá-las.

8No dia seguinte, quando os filisteus foram saquear os mortos, encontraram Saul e seus filhos caídos no monte Gilboa. 9Cortaram a cabeça de Saul, pegaram suas armas e enviaram mensageiros por toda a terra dos filisteus proclamando a notícia entre os seus ídolos e o seu povo. 10Expuseram suas armas num dos templos dos seus deuses e penduraram sua cabeça no templo de Dagom.

11Quando os habitantes de Jabes-Gileade ficaram sabendo o que os filisteus haviam feito com Saul, 12os mais corajosos dentre eles foram e apanharam os corpos de Saul e de seus filhos e os levaram a Jabes. Lá sepultaram seus ossos sob a Grande Árvore, e jejuaram por sete dias.

13Saul morreu dessa forma porque foi infiel ao SENHOR; não foi obediente à palavra do SENHOR e chegou a consultar uma médium em busca de orientação, 14em vez de consultar o SENHOR. Por isso o SENHOR o entregou à morte e deu o reino a Davi, filho de Jessé.

O reinado de Davi, rei de Israel

11 Todo o Israel reuniu-se com Davi em Hebrom e disse: "Somos sangue do teu sangue[e]. 2No passado, mesmo quando Saul era rei, eras tu quem liderava Israel em suas batalhas. E o SENHOR, o teu Deus, te disse: 'Você pastoreará Israel, o meu povo, e será o seu governante' ".

3Então todas as autoridades de Israel foram ao encontro do rei Davi em Hebrom, onde este fez um acordo

[a] 9:19 Isto é, do templo; também nos versículos 21 e 23.

[b] 9:35 *Pai* pode significar *líder civil ou líder militar*.

[c] 9:41 Conforme a Vulgata e a Versão Siríaca. O Texto Massorético não traz *e Acaz*. Veja 1Cr 8:35.

[d] 9:42 Muitos manuscritos dizem *Jaerá*. Veja 1Cr 8:36.

[e] 11:1 Hebraico: *teu osso e tua carne*.

com elas perante o SENHOR, e ali ungiram Davi rei de
Israel, conforme o SENHOR havia anunciado por meio
de Samuel.

A conquista de Jerusalém

4Davi e todos os israelitas marcharam para Jerusa-
lém, que é Jebus. Os jebuseus, habitantes da cidade,
5disseram a Davi: "Você não entrará aqui". No entanto,
Davi conquistou a fortaleza de Sião, a Cidade de Davi.
6Naquele dia Davi disse: "O primeiro que atacar os
jebuseus se tornará o comandante do exército". Joabe,
filho de Zeruia, foi o primeiro e por isso recebeu o co-
mando do exército.
7Davi passou a morar na fortaleza e por isso ela foi
chamada Cidade de Davi. 8Ele reconstruiu a cidade ao
redor da fortaleza, desde o Milo[a] até os muros ao re-
dor, e Joabe restaurou o restante da cidade. 9E Davi ia
se tornando cada vez mais poderoso, pois o SENHOR dos
Exércitos estava com ele.

Os principais guerreiros de Davi

10Estes foram os chefes dos principais guerreiros de
Davi, que junto com todo o Israel, deram um grande
apoio para estender o seu reinado a todo o país, con-
forme o SENHOR havia prometido. 11Esta é a lista deles:
Jasobeão[b], um hacmonita, chefe dos oficiais[c]; foi ele
que, empunhando sua lança, matou trezentos homens
numa mesma batalha.
12Depois, Eleazar, filho de Dodô, de Aoí, um dos três
principais guerreiros. 13Ele estava com Davi na planta-
ção de cevada de Pas-Damim, onde os filisteus se reu-
niram para a guerra. As tropas israelitas fugiram dos
filisteus, 14mas eles mantiveram sua posição no meio
da plantação. Eles a defenderam e feriram os filisteus,
e o SENHOR lhes deu uma grande vitória.
15Quando um grupo de filisteus estava acampado no
vale de Refaim, três chefes do batalhão dos Trinta fo-
ram encontrar Davi na rocha que há perto da caverna
de Adulão. 16Estando Davi nessa fortaleza e o destaca-
mento filisteu em Belém, 17Davi expressou seu desejo:
"Quem me dera me trouxessem água da cisterna que
fica junto à porta de Belém!" 18Então aqueles três infil-
traram-se no acampamento filisteu, tiraram água da-
quela cisterna e a trouxeram a Davi. Mas ele se recusou
a bebê-la; em vez disso, derramou-a como uma oferta
ao SENHOR. 19"Longe de mim fazer isso, ó meu Deus!",
disse Davi. "Esta água representa o sangue desses ho-
mens que arriscaram a própria vida!" Eles arriscaram
a vida para trazê-la. E não quis bebê-la. Foram essas as
proezas dos três principais guerreiros.
20Abisai, o irmão de Joabe, era o chefe do batalhão
dos Trinta[d]. Com uma lança enfrentou trezentos ho-
mens e os matou, tornando-se famoso como os três.
21Foi honrado duas vezes mais do que o batalhão dos
Trinta e se tornou chefe deles, mas nunca igualou-se
aos três principais guerreiros.
22Benaia, filho de Joiada, era um corajoso soldado
de Cabzeel, e realizou grandes feitos. Matou dois dos
melhores guerreiros de Moabe e, num dia de neve, des-
ceu ao fundo de uma cova e matou um leão. 23Também
matou um egípcio de dois metros e vinte e cinco cen-
tímetros[e] de altura. Embora o egípcio tivesse na mão
uma lança parecida com uma lançadeira de tecelão, Be-
naia o enfrentou com um cajado. Arrancou a lança da
mão do egípcio e com ela o matou. 24Esses foram os
grandes feitos de Benaia, filho de Joiada, que também
foi famoso como os três principais guerreiros de Davi.
25Foi mais honrado do que qualquer dos Trinta, mas
nunca igualou-se aos três. E Davi lhe deu o comando
da sua guarda pessoal.
26Os outros guerreiros foram:
Asael, irmão de Joabe;
Elanã, filho de Dodô, de Belém;
27Samote, de Haror;
Helez, de Pelom;
28Ira, filho de Iques, de Tecoa;
Abiezer, de Anatote;
29Sibecai, de Husate;
Ilai, de Aoí;
30Maarai, de Netofate;
Helede, filho de Baaná, de Netofate;
31Itai, filho de Ribai,
de Gibeá de Benjamim;
Benaia, de Piratom;
32Hurai, dos riachos de Gaás;
Abiel, de Arbate;
33Azmavete, de Baurim;
Eliaba, de Saalbom;
34os filhos de Hasém, de Gizom;
Jônatas, filho de Sage, de Harar;
35Aião, filho de Sacar, de Harar;
Elifal, filho de Ur;
36Héfer, de Mequerate;
Aías, de Pelom;
37Hezro, de Carmelo;
Naarai, filho de Ezbai;
38Joel, irmão de Natã;
Mibar, filho de Hagri;
39o amonita Zeleque;
Naarai, de Beerote, escudeiro de Joabe,
filho de Zeruia;
40Ira e Garebe, de Jatir;
41Urias, o hitita;
Zabade, filho de Alai;
42Adina, filho de Siza, de Rúben,
chefe dos rubenitas
e do batalhão dos Trinta;
43Hanã, filho de Maaca;
Josafá, de Mitene;
44Uzia, de Asterote;
Sama e Jeiel, filhos de Hotão,
de Aroer;
45Jediael, filho de Sinri;
seu irmão, Joá, de Tiz;
46Eliel, de Maave;
Jeribai e Josavias, filhos de Elnaão;
Itma, um moabita,
47e Eliel, Obede e Jaasiel, de Mezoba.

Os aliados de Davi

12 Estes são os que se juntaram a Davi em Ziclague, on-
de se escondia de Saul, filho de Quis. Eles estavam

[a] 11:8 Ou *desde o aterro*
[b] 11:11 Possivelmente variante de *Jasobe-Baal*.
[c] 11:11 Ou *Trinta*. Veja 2Sm 23:8.
[d] 11:20 Conforme a Versão Siríaca e muitas versões. O Texto Massorético diz *chefe dos três*. Também no versículo 21.
[e] 11:23 Hebraico: *5 côvados*. O côvado era uma medida linear de cerca de 45 centímetros.

entre os combatentes que o ajudaram na guerra; [2]tanto com a mão direita como com a esquerda utilizavam arco e flecha, e a funda para atirar pedras; pertenciam à tribo de Benjamim e eram parentes de Saul:

[3]Aiezer, o chefe deles,
e Joás, filhos de Semaá, de Gibeá;
Jeziel e Pelete, filhos de Azmavete;
Beraca, Jeú, de Anatote,
[4]e Ismaías, de Gibeom,
um grande guerreiro
do batalhão dos Trinta,
e chefe deles;
Jeremias, Jaaziel, Joanã,
Jozabade, de Gederate,
[5]Eluzai, Jeremote, Bealias,
Semarias e Sefatias, de Harufe;
[6]os coreítas Elcana, Issias, Azareel,
Joezer e Jasobeão;
[7]e Joela e Zebadias,
filhos de Jeroão, de Gedor.

[8]Da tribo de Gade alguns aliaram-se a Davi em sua fortaleza no deserto. Eram guerreiros corajosos, prontos para o combate, e sabiam lutar com escudo e com lança. Tinham a bravura de um leão e eram ágeis como gazelas nos montes.

[9]Ézer era o primeiro;
Obadias, o segundo; Eliabe, o terceiro;
[10]Mismana, o quarto; Jeremias, o quinto;
[11]Atai, o sexto; Eliel, o sétimo;
[12]Joanã, o oitavo; Elzabade, o nono;
[13]Jeremias, o décimo; e Macbanai era o décimo primeiro.

[14]Todos esses de Gade eram chefes de exército; o menor valia por[a] cem, e o maior enfrentava mil. [15]Foram eles que atravessaram o Jordão no primeiro mês do ano, quando o rio transborda em todas as suas margens, e puseram em fuga todos os que moravam nos vales, a leste e a oeste.

[16]Alguns outros benjamitas e certos homens de Judá
também vieram a Davi em sua fortaleza. [17]Davi saiu ao encontro deles e lhes disse: "Se vocês vieram em paz, para me ajudarem, estou pronto a recebê-los. Mas, se querem trair-me e entregar-me aos meus inimigos, sendo que as minhas mãos não cometeram violência, que o Deus de nossos antepassados veja isso e julgue vocês".

[18]Então o Espírito veio sobre Amasai, chefe do batalhão dos Trinta, e ele disse:

"Somos teus, ó Davi!
Estamos contigo, ó filho de Jessé!
Paz, paz seja contigo,
e com os teus aliados,
pois o teu Deus te ajudará".

Davi os recebeu e os nomeou chefes dos seus grupos de ataque.

[19]Alguns soldados de Manassés desertaram para Davi quando ele foi com os filisteus guerrear contra Saul. Eles não ajudaram os filisteus, porque os seus chefes os aconselharam e os mandaram embora, dizendo: "Pagaremos com a vida, caso Davi deserte e passe para Saul, seu senhor".
[20]Estes foram os homens de Manassés que desertaram para Davi quando ele foi a Ziclague: Adna, Jozabade, Jediael, Micael, Jozabade, Eliú e Ziletai, chefes de batalhões de mil em Manassés.
[21]Eles ajudaram Davi contra grupos de ataque, pois todos eles eram guerreiros valentes, e eram líderes no exército dele.
[22]Diariamente chegavam soldados para ajudar Davi, até que o seu exército tornou-se tão grande como o exército de Deus[b].

O crescimento do exército de Davi

[23]Este é o número dos soldados armados para a guerra que vieram a Davi em Hebrom para lhe entregar o reino de Saul, conforme o Senhor tinha dito:

[24]da tribo de Judá, 6.800 armados para a guerra, com escudo e lança;
[25]da tribo de Simeão, 7.100 guerreiros prontos para o combate;
[26]da tribo de Levi, 4.600, [27]inclusive Joiada, líder da família de Arão, com 3.700 homens, [28]e Zadoque, um jovem e valente guerreiro, com 22 oficiais de sua família;
[29]da tribo de Benjamim, parentes de Saul, 3.000, a maioria dos quais era até então fiel à família de Saul;
[30]da tribo de Efraim, 20.800 soldados valentes, famosos em seus próprios clãs;
[31]da metade da tribo de Manassés, 18.000, indicados por nome para fazerem Davi rei;
[32]da tribo de Issacar, 200 chefes que sabiam como Israel deveria agir em qualquer circunstância. Comandavam todos os seus parentes;
[33]da tribo de Zebulom, 50.000 soldados experientes, preparados para guerrear com qualquer tipo de arma, totalmente decididos a ajudar Davi;
[34]da tribo de Naftali, 1.000 líderes com 37.000 homens armados de escudos e lanças;
[35]da tribo de Dã, 28.600 preparados para o combate;
[36]da tribo de Aser, 40.000 soldados experientes, preparados para o combate;
[37]e do leste do Jordão, das tribos de Rúben e de Gade, e da metade da tribo de Manassés, 120.000 completamente armados.

[38]Todos esses eram homens de combate e se apresentaram voluntariamente para servir nas fileiras. Vieram a Hebrom totalmente decididos a fazer de Davi rei sobre todo o Israel. E todos os outros israelitas tinham esse mesmo propósito. [39]Ficaram com Davi três dias, comendo e bebendo, pois as suas famílias haviam fornecido provisões para eles. [40]Os habitantes das tribos vizinhas e também de lugares distantes como Issacar, Zebulom e Naftali, trouxeram-lhes muitas provisões em jumentos, camelos, mulas e bois. Havia grande fartura de suprimentos: farinha, bolos de figo, bolos de uvas passas, vinho, azeite, bois e ovelhas, pois havia grande alegria em Israel.

O retorno da arca

13 Depois de consultar todos os seus oficiais, os comandantes de mil e de cem, [2]Davi disse a toda a assembleia de Israel: "Se vocês estão de acordo e se esta é a vontade do Senhor, o nosso Deus, enviemos uma mensagem a nossos irmãos em todo o território

[a] 12:14 Ou *comandava*

[b] 12:22 Ou *um exército grande e poderoso*

de Israel, e também aos sacerdotes e aos levitas que estão com eles em suas cidades, para virem unir-se a nós. 3Vamos trazer de volta a arca de nosso Deus, pois não nos importamos com ela[a] durante o reinado de Saul". 4Toda a assembleia concordou, pois isso pareceu bom a todo o povo.

5Então Davi reuniu todos os israelitas, desde o rio Sior, no Egito, até Lebo-Hamate, para trazerem de Quiriate-Jearim a arca de Deus. 6Davi e todos os israelitas foram a Baalá, que é Quiriate-Jearim, em Judá, para buscar a arca de Deus, o SENHOR, que tem o seu trono entre os querubins; a arca sobre a qual o seu nome é invocado.

7Da casa de Abinadabe levaram a arca de Deus num carroção novo, conduzido por Uzá e Aiô. 8Davi e todos os israelitas iam dançando e cantando com todo o vigor diante de Deus, ao som de harpas, liras, tamborins, címbalos e cornetas.

9Quando chegaram à eira de Quidom, Uzá esticou o braço e segurou a arca, porque os bois haviam tropeçado. 10A ira do SENHOR acendeu-se contra Uzá, e ele o feriu por ter tocado na arca. Uzá morreu ali mesmo, diante de Deus.

11Davi ficou contrariado porque o SENHOR, em sua ira, havia fulminado Uzá. Até hoje aquele lugar é chamado Perez-Uzá[b].

12Naquele dia Davi teve medo de Deus e se perguntou: "Como vou conseguir levar a arca de Deus?" 13Por isso desistiu de trazer a arca para a Cidade de Davi. Em vez disso, levou-a para a casa de Obede-Edom, de Gate. 14A arca de Deus ficou na casa dele por três meses, e o SENHOR abençoou sua família e tudo o que possuía.

O palácio e a família de Davi

14 Hirão, rei de Tiro, enviou a Davi uma delegação, que lhe trouxe toras de cedro, e também pedreiros e carpinteiros para lhe construírem um palácio. 2Então Davi teve certeza de que o SENHOR o confirmara como rei de Israel e que estava fazendo prosperar o seu reino por amor de Israel, seu povo.

3Em Jerusalém Davi tomou para si mais mulheres e gerou mais filhos e filhas. 4Estes são os nomes dos que lhe nasceram ali: Samua, Sobabe, Natã, Salomão, 5Ibar, Elisua, Elpalete, 6Nogá, Nefegue, Jafia, 7Elisama, Beeliada[c] e Elifelete.

Davi derrota os filisteus

8Quando os filisteus ficaram sabendo que Davi tinha sido ungido rei de todo o Israel, foram com todo o exército prendê-lo, mas Davi soube disso e saiu para enfrentá-los. 9Tendo os filisteus invadido o vale de Refaim, 10Davi perguntou a Deus: "Devo atacar os filisteus? Tu os entregarás nas minhas mãos?"

O SENHOR lhe respondeu: "Vá, eu os entregarei nas suas mãos".

11Então Davi e seus soldados foram a Baal-Perazim, e Davi os derrotou e disse: "Assim como as águas de uma enchente causam destruição, pelas minhas mãos Deus destruiu os meus inimigos". E aquele lugar passou a ser chamado Baal-Perazim[d]. 12Como os filisteus haviam abandonado os seus ídolos ali, Davi ordenou que fossem queimados.

13Os filisteus voltaram a atacar o vale; 14de novo Davi consultou Deus, que lhe respondeu: "Não ataque pela frente, mas dê a volta por trás deles e ataque-os em frente das amoreiras. 15Assim que você ouvir um som de passos por cima das amoreiras, saia para o combate, pois este é o sinal de que Deus saiu à sua frente para ferir o exército filisteu". 16E Davi fez como Deus lhe tinha ordenado, e eles derrotaram o exército filisteu por todo o caminho, desde Gibeom até Gezer.

17Assim a fama de Davi espalhou-se por todas as terras, e o SENHOR fez com que todas as nações o temessem.

A arca é levada para Jerusalém

15 Depois que Davi tinha construído casas[e] para si na Cidade de Davi, ele preparou um lugar para a arca de Deus e armou uma tenda para ela. 2Então Davi disse: "Somente os levitas poderão carregar a arca de Deus, pois para isso o SENHOR os escolheu e para ficarem sempre a seu serviço".

3Davi reuniu todo o Israel em Jerusalém para trazer a arca do SENHOR para o lugar que ele lhe havia preparado. 4Reuniu também os descendentes de Arão e os levitas:

5dos descendentes de Coate, Uriel, liderando 120;
6dos descendentes de Merari, Asaías, liderando 220;
7dos descendentes de Gérson, Joel, liderando 130;
8dos descendentes de Elisafã, Semaías, liderando 200;
9dos descendentes de Hebrom, Eliel, liderando 80;
10dos descendentes de Uziel, Aminadabe, liderando 112.

11Em seguida Davi convocou os sacerdotes Zadoque e Abiatar, os levitas Uriel, Asaías, Joel, Semaías, Eliel e Aminadabe, e 12lhes disse: "Vocês são os chefes das famílias levitas; vocês e seus companheiros levitas deverão consagrar-se e trazer a arca do SENHOR, o Deus de Israel, para o local que preparei para ela. 13Pelo fato de vocês não terem carregado a arca na primeira vez, a ira do SENHOR, o nosso Deus, causou destruição entre nós. Nós não o tínhamos consultado sobre como proceder". 14Então os sacerdotes e os levitas se consagraram para transportar a arca do SENHOR, o Deus de Israel. 15E os levitas carregaram a arca de Deus apoiando as varas da arca sobre os ombros, conforme Moisés tinha ordenado, de acordo com a palavra do SENHOR.

16Davi também ordenou aos líderes dos levitas que encarregassem os músicos que havia entre eles de cantar músicas alegres, acompanhados por instrumentos musicais: liras, harpas e címbalos sonoros.

17Assim, os levitas escolheram Hemã, filho de Joel, e Asafe, um parente dele; dentre os meraritas, seus parentes, escolheram Etã, filho de Cuxaías; 18e com eles seus parentes que estavam no segundo escalão: Zacarias[f], Jaaziel, Semiramote, Jeiel, Uni, Eliabe, Benaia, Maaseias, Matitias, Elifeleu, Micneias, Obede-Edom e Jeiel[g], os porteiros.

[a] 13:3 Ou *a consultamos*; ou ainda *o consultamos*
[b] 13:11 *Perez-Uzá* significa *destruição de Uzá*.
[c] 14:7 Variante de *Eliada*.
[d] 14:11 *Baal-Perazim* significa *o senhor que destrói*.
[e] 15:1 Ou *um palácio*
[f] 15:18 Muitos manuscritos dizem *Zacarias filho* e ou *Zacarias, Bene* e. Veja o versículo 20 e 1Cr 16:5.
[g] 15:18 A Septuaginta diz *Jeiel* e *Azarias*. Veja o versículo 21.

19 Os músicos Hemã, Asafe e Etã deviam tocar os
címbalos de bronze; 20 Zacarias, Aziel, Semiramote,
Jeiel, Uni, Eliabe, Maaseias e Benaia deviam tocar as
liras, acompanhando o soprano, 21 e Matitias, Elifeleu,
Micneias, Obede-Edom, Jeiel e Azazias deviam tocar
as harpas em oitava, marcando o ritmo. 22 Quenanias,
o chefe dos levitas, ficou encarregado dos cânticos;
essa era sua responsabilidade, pois ele tinha compe-
tência para isso.

23 Berequias e Elcana seriam porteiros e deveriam
proteger a arca. 24 Os sacerdotes Sebanias, Josafá, Nata-
nael, Amasai, Zacarias, Benaia e Eliézer deviam tocar as
cornetas diante da arca de Deus. Obede-Edom e Jeías
também deviam ser porteiros e vigiar a arca.

25 Assim, com grande festa, Davi, as autoridades de
Israel e os líderes dos batalhões de mil foram buscar a
arca da aliança do SENHOR que estava na casa de Obe-
de-Edom. 26 Como Deus havia poupado os levitas que
carregavam a arca da aliança do SENHOR, sete novilhos
e sete carneiros foram sacrificados. 27 Davi vestia um
manto de linho fino, como também todos os levitas que
carregavam a arca, os músicos e Quenanias, chefe dos
músicos. Davi vestia também o colete sacerdotal de li-
nho. 28 E todo o Israel acompanhou a arca da aliança do
SENHOR alegremente, ao som de trombetas, cornetas e
címbalos, ao toque de liras e de harpas.

29 Quando a arca da aliança do SENHOR estava entran-
do na Cidade de Davi, Mical, filha de Saul, observava de
uma janela. E, aconteceu que ao ver o rei Davi dançando
e celebrando, ela o desprezou em seu coração.

16 Eles trouxeram a arca de Deus e a colocaram na
tenda que Davi lhe havia preparado, e ofereceram
holocaustos[a] e sacrifícios de comunhão[b] diante de Deus.
2 Após oferecer os holocaustos e os sacrifícios de comu-
nhão, Davi abençoou o povo em nome do SENHOR 3 e deu
um pão, um bolo de tâmaras[c] e um bolo de uvas passas
a cada homem e a cada mulher israelita.

4 Davi nomeou alguns dos levitas para ministrarem
diante da arca do SENHOR, fazendo petições, dando
graças e louvando o SENHOR, o Deus de Israel. 5 Des-
ses, Asafe era o chefe, Zacarias vinha em seguida, e de-
pois Jeiel, Semiramote, Jeiel, Matitias, Eliabe, Benaia,
Obede-Edom e Jeiel. Eles deviam tocar lira e harpa, en-
quanto Asafe tocava os címbalos. 6 Os sacerdotes Benaia
e Jaaziel deviam tocar diariamente as trombetas diante
da arca da aliança de Deus.

O salmo de gratidão de Davi

7 Foi naquele dia que, pela primeira vez, Davi encar-
regou Asafe e seus parentes de louvarem o SENHOR com
salmos de gratidão:

8 "Deem graças ao SENHOR,
clamem pelo seu nome,
divulguem entre as nações
o que ele tem feito.
9 Cantem para ele, louvem-no;
contem todos os seus atos maravilhosos.
10 Gloriem-se no seu santo nome;
alegre-se o coração
dos que buscam o SENHOR.
11 Olhem para o SENHOR
e para a sua força;
busquem sempre a sua face.
12 Lembrem-se das maravilhas
que ele fez,
dos seus prodígios
e das ordenanças que pronunciou,
13 ó descendentes de Israel, seu servo,
ó filhos de Jacó, seus escolhidos.

14 "Ele é o SENHOR, o nosso Deus;
seu domínio alcança toda a terra.
15 Para sempre se lembra[d] da sua aliança,
da palavra que ordenou
para mil gerações,
16 da aliança que fez com Abraão,
do juramento que fez a Isaque,
17 que confirmou para Jacó
como um decreto,
e para Israel como uma aliança eterna,
dizendo:
18 'A vocês darei a terra de Canaã,
a herança que possuirão'.

19 "Quando eles ainda eram poucos,
muito poucos,
sendo estrangeiros nela,
20 e vagueando de nação em nação,
de um reino a outro,
21 ele não permitiu que ninguém
os oprimisse;
por causa deles repreendeu reis,
ordenando:
22 'Não maltratem os meus ungidos;
não façam mal aos meus profetas'.

23 "Cantem ao SENHOR, todas as terras!
Proclamem a sua salvação dia após dia!
24 Anunciem a sua glória entre as nações,
seus feitos maravilhosos
entre todos os povos!
25 Pois o SENHOR é grande
e muitíssimo digno de louvor;
ele deve ser mais temido
que todos os deuses.
26 Pois todos os deuses das nações
não passam de ídolos,
mas o SENHOR fez os céus.
27 O esplendor e a majestade
estão diante dele;
força e alegria na sua habitação.
28 Deem ao SENHOR,
ó famílias das nações,
deem ao SENHOR glória e força!
29 Deem ao SENHOR
a glória devida ao seu nome.
Tragam ofertas
e venham à sua presença.
Adorem o SENHOR
no esplendor da sua santidade,
30 tremam diante dele, todas as nações!
Firmou o mundo, e este não se abalará!

[a] 16:1 Isto é, sacrifícios totalmente queimados; também no versículo 40.
[b] 16:1 Ou *de paz*
[c] 16:3 Ou *um pedaço de carne*; ou ainda *um pouco de vinho*
[d] 16:15 Conforme alguns manuscritos da Septuaginta. O Texto Massorético diz *lembrem-se*. Veja Sl 105:8.

31 Que os céus se alegrem
e a terra exulte,
e diga-se entre as nações:
'O SENHOR reina!'
32 Ressoe o mar,
e tudo o que nele existe;
exultem os campos,
e tudo o que neles há!
33 Então as árvores da floresta
cantarão de alegria,
cantarão diante do SENHOR,
pois ele vem julgar a terra.

34 "Rendam graças ao SENHOR,
pois ele é bom;
o seu amor dura para sempre.
35 Clamem: 'Salva-nos, ó Deus,
nosso Salvador!
Reúne-nos e livra-nos das nações,
para que demos graças
ao teu santo nome
e façamos do teu louvor a nossa glória'.
36 Bendito seja o SENHOR,
o Deus de Israel,
de eternidade a eternidade".

Então todo o povo exclamou: "Amém!" e "Louvado
seja o SENHOR!"

37 Davi deixou Asafe e seus parentes diante da arca da
aliança do SENHOR para ali ministrarem regularmente,
de acordo com as prescrições para cada dia. 38 Também
deixou Obede-Edom e seus sessenta e oito parentes pa-
ra ministrarem com eles. Obede-Edom, filho de Jedu-
tum, e também Hosa, foram porteiros.
39 Davi deixou o sacerdote Zadoque e seus paren-
tes sacerdotes diante do tabernáculo do SENHOR em
Gibeom 40 para, regularmente, de manhã e à tarde,
apresentarem holocaustos no altar de holocaustos, de
acordo com tudo o que está escrito na Lei do SENHOR,
que ele deu a Israel. 41 Com eles estavam Hemã e Jedu-
tum e os outros designados para darem graças ao SE-
NHOR, exclamando: "O seu amor dura para sempre".
42 Hemã e Jedutum eram responsáveis pelas trombetas,
pelos címbalos e pelos outros instrumentos musicais
para o culto. Os filhos de Jedutum foram nomeados
como porteiros.
43 Então todo o povo partiu, cada um para a sua ca-
sa, e Davi voltou para casa para abençoar sua família.

A promessa de Deus a Davi

17 O rei Davi já morava em seu palácio quando, certo
dia, disse ao profeta Natã: "Aqui estou eu, moran-
do num palácio de cedro, enquanto a arca da aliança do
SENHOR permanece numa simples tenda".
2 Natã respondeu a Davi: "Faze o que tiveres em men-
te, pois Deus está contigo".
3 E naquela mesma noite Deus falou a Natã:

4 "Vá dizer ao meu servo Davi que assim diz o
SENHOR: Não é você que vai construir uma casa
para eu morar. 5 Não tenho morado em nenhu-
ma casa, desde o dia em que tirei Israel do Egi-
to, mas fui de uma tenda para outra, e de um
tabernáculo para outro. 6 Por onde tenho acom-
panhado todo o Israel, alguma vez perguntei
a algum líder deles, que mandei pastorear o
meu povo: Por que você não me construiu um
templo de cedro?
7 "Agora pois, diga ao meu servo Davi: Assim
diz o SENHOR dos Exércitos: Eu o tirei das pas-
tagens, onde você cuidava dos rebanhos, para
ser o soberano sobre Israel, o meu povo. 8 Sem-
pre estive com você por onde você andou, e eli-
minei todos os seus inimigos. Agora eu o farei
tão famoso quanto os homens mais importan-
tes da terra. 9 E providenciarei um lugar para
Israel, o meu povo, e os plantarei lá, para que
tenham o seu próprio lar e não mais sejam in-
comodados. Povos ímpios não mais os oprimi-
rão, como fizeram no início 10 e têm feito desde
a época em que nomeei juízes sobre Israel, o
meu povo. Também subjugarei todos os seus
inimigos. Saiba também que eu, o SENHOR, lhe
estabelecerei uma dinastia. 11 Quando a sua vi-
da chegar ao fim e você se juntar aos seus an-
tepassados, escolherei um dos seus filhos para
sucedê-lo, e eu estabelecerei o reino dele. 12 É
ele que vai construir um templo para mim, e
eu firmarei o trono dele para sempre. 13 Eu serei
seu pai, e ele será meu filho. Nunca retirarei de-
le o meu amor, como retirei de Saul. 14 Eu o farei
líder do meu povo e do meu reino para sempre;
seu reinado será estabelecido para sempre".

15 E Natã transmitiu a Davi tudo o que o SENHOR lhe
tinha falado e revelado.

A oração de Davi

16 Então o rei Davi entrou no tabernáculo, assentou-
-se diante do SENHOR, e orou:

"Quem sou eu, ó SENHOR Deus, e o que é a mi-
nha família, para que me trouxesses a este
ponto? 17 E, como se isso não bastasse para ti, ó
Deus, tu falaste sobre o futuro da família deste
teu servo. Tens me tratado como um homem
de grande importância, ó SENHOR Deus.
18 "O que mais Davi poderá dizer-te por honra-
res o teu servo? Tu conheces o teu servo, 19 ó SE-
NHOR. Por amor do teu servo e de acordo com
tua vontade, realizaste este feito grandioso e
tornaste conhecidas todas essas grandes pro-
messas.
20 "Não há ninguém como tu, ó SENHOR, nem
há outro Deus além de ti, conforme tudo o que
sabemos. 21 E quem é como Israel, o teu povo, a
única nação da terra que tu, ó Deus, resgatas-
te para ti mesmo, e assim tornaste o teu nome
famoso, realizando grandes e impressionan-
tes maravilhas ao expulsar nações de diante
do povo que libertaste do Egito? 22 Tu fizeste de
Israel o teu povo especial para sempre, e tu, ó
SENHOR, te tornaste o seu Deus.
23 "Agora, SENHOR, que a promessa que fizeste
a respeito de teu servo e de sua descendên-
cia se confirme para sempre. Faze conforme
prometeste, 24 para que tudo se confirme, para
que o teu nome seja engrandecido para sem-
pre e os homens digam: 'O SENHOR dos Exér-
citos, o Deus de Israel, é Deus para Israel!' E

a descendência de teu servo Davi se manterá
firme diante de ti.
25"Tu, meu Deus, revelaste a teu servo que for-
marás uma dinastia para ele. Por isso teu servo
achou coragem para orar a ti. 26Ó Senhor, tu és
Deus! Tu fizeste essa boa promessa a teu servo.
27Agora, por tua bondade, abençoa a família de
teu servo, para que ela continue para sempre
na tua presença; pois o que tu, Senhor, aben-
çoas, abençoado está para sempre".

As vitórias militares de Davi

18 Depois disso Davi derrotou os filisteus e os sub-
jugou, e tirou do controle deles a cidade de Gate
e seus povoados.
2Davi derrotou também os moabitas, que ficaram
sujeitos a ele, pagando-lhe impostos.
3Além disso, Davi derrotou Hadadezer, rei de Zobá,
nas proximidades de Hamate, quando Hadadezer ten-
tava obter o controle na região do rio Eufrates. 4Davi
se apossou de mil dos seus carros de guerra, sete mil
cavaleiros[a] e vinte mil soldados de infantaria. Ainda
levou cem cavalos de carros de guerra e aleijou todos
os outros.
5Quando os arameus de Damasco vieram ajudar Ha-
dadezer, rei de Zobá, Davi matou vinte e dois mil deles.
6Em seguida estabeleceu guarnições militares no reino
dos arameus de Damasco, sujeitando-os a lhe pagarem
impostos. E o Senhor dava vitórias a Davi em todos os
lugares aonde ia.
7Davi também trouxe para Jerusalém os escudos de
ouro usados pelos oficiais de Hadadezer. 8De Tebá[b] e
Cum, cidades que pertenciam a Hadadezer, o rei Da-
vi trouxe grande quantidade de bronze, que Salomão
usou para fazer o tanque de bronze, as colunas e vá-
rios utensílios.
9Quando Toú, rei de Hamate, soube que Davi tinha
derrotado todo o exército de Hadadezer, rei de Zobá,
10enviou seu filho Adorão ao rei Davi para saudá-lo e
parabenizá-lo por sua vitória na batalha contra Hadade-
zer, que tinha estado em guerra contra Toú. Com Ado-
rão, mandou todo tipo de utensílios de ouro, de prata
e de bronze. 11O rei Davi consagrou esses utensílios ao
Senhor, como fizera com a prata e o ouro tomados de
todas estas nações: Edom e Moabe, os amonitas e os fi-
listeus, e Amaleque.
12Abisai, filho de Zeruia, derrotou dezoito mil edo-
mitas no vale do Sal. 13Depois colocou guarnições mi-
litares em Edom, sujeitando todos os edomitas a Davi.
O Senhor dava vitórias a Davi em todos os lugares
aonde ia.

Os oficiais de Davi

14Davi reinou sobre todo o Israel, administrando o
direito e a justiça a todo o seu povo. 15Joabe, filho de
Zeruia, era comandante do exército; Josafá, filho de Ai-
lude, era o arquivista real; 16Zadoque, filho de Aitube,
e Aimeleque[c], filho de Abiatar, eram sacerdotes; Sausa
era secretário; 17Benaia, filho de Joiada, comandava os
queretitas e os peletitas; e os filhos do rei Davi eram
seus principais oficiais.

[a] 18:4 Ou *condutores de carros*
[b] 18:8 Hebraico: *Tibate*, variante de *Tebá*. Veja 2Sm 8:8.
[c] 18:16 Muitos manuscritos dizem *Abimeleque*. Veja 2Sm 8:17.

A guerra contra os amonitas

19 Algum tempo depois, Naás, rei dos amonitas,
morreu, e seu filho foi o seu sucessor. 2Davi pen-
sou: "Serei bondoso com Hanum, filho de Naás, por-
que seu pai foi bondoso comigo". Então Davi enviou
uma delegação para transmitir a Hanum seu pesar pe-
la morte do pai.
Mas, quando os mensageiros de Davi chegaram à ter-
ra dos amonitas para expressar condolências a Hanum,
3os líderes amonitas lhe disseram: "Achas que Davi está
honrando teu pai ao enviar mensageiros para expres-
sar condolências? Não é nada disso! Davi os enviou co-
mo espiões para examinar o país e destruí-lo". 4Então
Hanum prendeu os mensageiros de Davi, rapou-lhes a
barba, cortou metade de suas roupas até as nádegas, e
os mandou embora.
5Quando Davi soube disso, enviou mensageiros ao
encontro deles, pois haviam sido profundamente hu-
milhados, e lhes mandou dizer: "Fiquem em Jericó até
que a barba cresça, e então voltem para casa".
6Vendo Hanum e os amonitas que tinham atraído so-
bre si o ódio de[d] Davi, alugaram da Mesopotâmia[e], de
Arã Maaca e de Zobá, carros de guerra e condutores de
carros, por trinta e cinco toneladas[f] de prata. 7Alugaram
trinta e dois mil carros e seus condutores, contrataram
o rei de Maaca com suas tropas, o qual veio e acampou
perto de Medeba, e os amonitas foram convocados de
suas cidades e partiram para a batalha.
8Ao saber disso, Davi ordenou a Joabe que marchasse
com todo o exército. 9Os amonitas saíram e se puseram
em posição de combate na entrada da cidade, e os reis
que tinham vindo posicionaram-se em campo aberto.
10Vendo Joabe que estava cercado pelas linhas de
combate, escolheu alguns dos melhores soldados de
Israel e os posicionou contra os arameus. 11Pôs o res-
tante dos homens sob o comando de seu irmão Abisai
e os posicionou contra os amonitas. 12E Joabe disse a
Abisai: "Se os arameus forem fortes demais para mim,
venha me ajudar; mas, se os amonitas forem fortes de-
mais para você, eu irei ajudá-lo. 13Seja forte e lutemos
com bravura pelo nosso povo e pelas cidades do nosso
Deus. E que o Senhor faça o que for de sua vontade".
14Então Joabe e seus soldados avançaram contra os
arameus, que fugiram dele. 15Quando os amonitas vi-
ram que os arameus estavam fugindo de Joabe, tam-
bém fugiram de seu irmão Abisai e entraram na cidade.
Assim, Joabe voltou para Jerusalém.
16Ao perceberem os arameus que haviam sido der-
rotados por Israel, enviaram mensageiros para trazer
arameus que viviam do outro lado do Eufrates[g], e So-
faque, o comandante do exército de Hadadezer, veio
à frente deles.
17Informado disso, Davi reuniu todo o Israel e atra-
vessou o Jordão; avançou contra eles e formou linhas
de combate defronte deles. Mas, começado o combate,
18eles fugiram de diante de Israel, e Davi matou sete mil
dos seus condutores de carros de guerra e quarenta mil
dos seus soldados de infantaria. Também matou Sofa-
que, o comandante do exército deles.

[d] 19:6 Hebraico: *se transformado em mau cheiro para.*
[e] 19:6 Hebraico: *Arã Naaraim.*
[f] 19:6 Hebraico: *1000 talentos.* Um talento equivalia a 35 quilos.
[g] 19:16 Hebraico: *do Rio.*

19Quando os vassalos de Hadadezer viram que tinham sido derrotados por Israel, fizeram a paz com Davi e se sujeitaram a ele. E os arameus não quiseram mais ajudar os amonitas.

A conquista de Rabá

20 Na primavera seguinte, na época em que os reis saem à guerra, Joabe conduziu o seu exército até a terra dos amonitas e a arrasou. Enquanto Davi ainda estava em Jerusalém, Joabe cercou Rabá, a capital, atacou-a e deixou-a em ruínas. 2Davi tirou a coroa da cabeça de Moloque[a], uma coroa de ouro de trinta e cinco quilos[b], ornamentada com pedras preciosas. E ela foi colocada na cabeça de Davi. Ele trouxe uma grande quantidade de bens da cidade, 3e trouxe também os seus habitantes, designando-lhes trabalhos com serras, picaretas de ferro e machados. Davi fez assim com todas as cidades amonitas. Depois voltou com todo seu exército para Jerusalém.

Guerras contra os filisteus

4Houve depois disso uma guerra contra os filisteus, em Gezer. Naquela época, Sibecai, de Husate, matou Sipai, um dos descendentes dos refains, e os filisteus foram subjugados.

5Noutra batalha contra os filisteus, Elanã, filho de Jair, matou Lami, irmão de Golias, de Gate, que possuía uma lança cuja haste parecia uma lançadeira de tecelão.

6Noutra batalha, em Gate, havia um homem de grande estatura e que tinha seis dedos em cada mão e seis dedos em cada pé; vinte e quatro dedos ao todo. Ele também era descendente de Rafa, 7e desafiou Israel, mas Jônatas, filho de Simeia, irmão de Davi, o matou.

8Esses eram descendentes de Rafa, em Gate, e foram mortos por Davi e seus soldados.

O recenseamento e a sua punição

21 Satanás levantou-se contra Israel e levou Davi a fazer um recenseamento do povo. 2Davi disse a Joabe e aos outros comandantes do exército: "Vão e contem os israelitas desde Berseba até Dã e tragam-me um relatório para que eu saiba quantos são".

3Joabe, porém, respondeu: "Que o SENHOR multiplique o povo dele por cem. Ó rei, meu senhor, não são, porventura, todos eles súditos do meu senhor? Por que o meu senhor deseja fazer isso? Por que deveria trazer culpa sobre Israel?"

4Mas a palavra do rei prevaleceu, de modo que Joabe partiu, percorreu todo o Israel e então voltou a Jerusalém. 5Joabe apresentou a Davi o relatório com o número dos homens de combate: Em todo o Israel havia um milhão e cem mil homens habilitados para o serviço militar, sendo quatrocentos e setenta mil de Judá.

6Mas Joabe não incluiu as tribos de Levi e de Benjamim na contagem, pois a ordem do rei lhe parecera absurda. 7Essa ordem foi reprovada por Deus, e por isso ele puniu Israel.

8Então Davi disse a Deus: "Pequei gravemente com o que fiz. Agora eu te imploro que perdoes o pecado do teu servo, porque cometi uma grande loucura!"

9O SENHOR disse a Gade, o vidente de Davi: 10"Vá dizer a Davi: Assim diz o SENHOR: Estou lhe dando três opções. Escolha uma delas, e eu a executarei contra você".

11Gade foi a Davi e lhe disse: "Assim diz o SENHOR: 'Escolha entre 12três anos de fome, três meses fugindo de seus adversários, perseguido pela espada deles, ou três dias da espada do SENHOR, isto é, três dias de praga, com o anjo do SENHOR assolando todas as regiões de Israel'. Decida agora como devo responder àquele que me enviou".

13Davi respondeu: "É grande a minha angústia! Prefiro cair nas mãos do SENHOR, pois é grande a sua misericórdia, a cair nas mãos dos homens".

14O SENHOR enviou, assim, uma praga sobre Israel, e setenta mil homens de Israel morreram. 15E Deus enviou um anjo para destruir Jerusalém. Mas quando o anjo ia fazê-lo, o SENHOR olhou e arrependeu-se de trazer a catástrofe, e disse ao anjo destruidor: "Pare! Já basta!" Naquele momento o anjo do SENHOR estava perto da eira de Araúna[c], o jebuseu.

16Davi olhou para cima e viu o anjo do SENHOR entre o céu e a terra, com uma espada na mão, erguida sobre Jerusalém. Então Davi e as autoridades de Israel, vestidos de luto, prostraram-se com o rosto em terra.

17Davi disse a Deus: "Não fui eu que ordenei contar o povo? Fui eu que pequei e fiz o mal. Estes não passam de ovelhas. O que eles fizeram? Ó SENHOR meu Deus, que o teu castigo caia sobre mim e sobre a minha família, mas não sobre o teu povo!"

18Depois disso, o anjo do SENHOR mandou Gade dizer a Davi que construísse um altar ao SENHOR na eira de Araúna, o jebuseu. 19Davi foi para lá, em obediência à palavra que Gade havia falado em nome do SENHOR.

20Araúna estava debulhando o trigo; virando-se, viu o anjo, e ele e seus quatro filhos que estavam com ele se esconderam. 21Nisso chegou Davi e, quando Araúna o viu, saiu da eira e prostrou-se diante de Davi com o rosto em terra.

22E Davi lhe pediu: "Ceda-me o terreno da sua eira para eu construir um altar em honra ao SENHOR, para que cesse a praga sobre o povo. Venda-me o terreno pelo preço justo".

23Mas Araúna disse a Davi: "Considera-o teu! Que o meu rei e senhor faça dele o que desejar. Eu darei os bois para os holocaustos[d], o debulhador para servir de lenha, e o trigo para a oferta de cereal. Tudo isso eu dou a ti".

24O rei Davi, porém, respondeu a Araúna: "Não! Faço questão de pagar o preço justo. Não darei ao SENHOR aquilo que pertence a você, nem oferecerei um holocausto que não me custe nada".

25Então Davi pagou a Araúna sete quilos e duzentos gramas[e] de ouro pelo terreno. 26E Davi edificou ali um altar ao SENHOR e ofereceu holocaustos e sacrifícios de comunhão[f]. Davi invocou o SENHOR, e o SENHOR lhe respondeu com fogo que veio do céu sobre o altar de holocaustos.

27O SENHOR ordenou ao anjo que pusesse a espada na bainha. 28Nessa ocasião viu Davi que o SENHOR lhe havia respondido na eira de Araúna, o jebuseu, e passou a oferecer sacrifícios ali. 29Naquela época, o tabernáculo do SENHOR que Moisés fizera no deserto e o altar

[a] 20:2 Conforme a Septuaginta. O Texto Massorético diz *do rei deles*

[b] 20:2 Hebraico: *1 talento*.

[c] 21:15 Hebraico: *Ornã*, variante de *Araúna*; também nos versículos 18-28.

[d] 21:23 Isto é, sacrifícios totalmente queimados; também nos versículos 24, 26 e 29.

[e] 21:25 Hebraico: *600 siclos*. Um siclo equivalia a 12 gramas.

[f] 21:26 Ou *de paz*

de holocaustos estavam em Gibeom[a]. 30 Mas Davi não podia consultar a Deus lá, pois tinha medo da espada do anjo do SENHOR.

22 Então disse Davi: "Este é o lugar para o templo de Deus, o SENHOR, e do altar de holocaustos[b] para Israel".

Preparativos para o templo

2 Davi deu ordens para que se reunissem os estrangeiros que viviam em Israel, e dentre eles designou cortadores de pedra para prepararem pedras lavradas para a construção do templo de Deus. 3 Ele providenciou grande quantidade de ferro para a fabricação de pregos e dobradiças para as portas, e mais bronze do que se podia pesar. 4 Também providenciou mais toras de cedro do que se podia contar, pois os sidônios e os tírios haviam trazido muito cedro para Davi.

5 Davi pensava: "Meu filho Salomão é jovem e inexperiente, e o templo que será construído para o SENHOR deve ser extraordinariamente magnífico, famoso e cheio de esplendor à vista de todas as nações. Por isso deixarei tudo preparado para a construção". Assim, Davi deixou tudo preparado antes de morrer.

6 Davi mandou chamar seu filho Salomão e ordenou que ele construísse um templo para o SENHOR, o Deus de Israel, 7 dizendo: "Meu filho, eu tinha no coração o propósito de construir um templo em honra ao nome do SENHOR, o meu Deus. 8 Mas veio a mim esta palavra do SENHOR: 'Você matou muita gente e empreendeu muitas guerras. Por isso não construirá um templo em honra ao meu nome, pois derramou muito sangue na terra, diante de mim. 9 Mas você terá um filho que será um homem de paz, e eu farei com que ele tenha paz com todos os inimigos ao redor dele. Seu nome será Salomão, e eu darei paz e tranquilidade a Israel durante o reinado dele. 10 É ele que vai construir um templo em honra ao meu nome. Eu serei seu pai e ele será meu filho. E eu firmarei para sempre o trono do reinado dele sobre Israel'.

11 "Agora, meu filho, que o SENHOR seja com você, para que você consiga construir o templo do SENHOR, o seu Deus, conforme ele disse que você faria. 12 Que o SENHOR lhe dê prudência e entendimento para que você obedeça à lei do SENHOR, o seu Deus, quando ele o puser como líder de Israel. 13 E você prosperará se for cuidadoso em obedecer aos decretos e às leis que o SENHOR deu a Israel por meio de Moisés. Seja forte e corajoso! Não tenha medo nem se desanime!

14 "Com muito esforço providenciei para o templo do SENHOR três mil e quinhentas toneladas[c] de ouro, trinta e cinco mil toneladas de prata, e mais bronze e ferro do que se pode calcular, além de madeira e pedra. E você ainda poderá aumentar a quantidade desse material. 15 Você tem muitos trabalhadores: cortadores de pedras, pedreiros e carpinteiros, bem como especialistas em todo tipo de trabalho 16 em ouro, prata, bronze e ferro. Agora comece o trabalho, e que o SENHOR esteja com você".

17 Então Davi ordenou a todos os líderes de Israel que ajudassem seu filho Salomão. 18 Disse ele: "Certamente o SENHOR, o seu Deus, está com vocês, e lhes concedeu paz. Pois ele entregou os habitantes dessa terra em minhas mãos, e ela foi submetida ao SENHOR e ao seu povo. 19 Agora consagrem o coração e a alma para buscarem o SENHOR, o seu Deus. Comecem a construir o santuário de Deus, o SENHOR, para que vocês possam trazer a arca da aliança do SENHOR e os utensílios sagrados que pertencem a Deus para dentro do templo que será construído em honra ao nome do SENHOR".

Os levitas

23 Já envelhecido, de idade avançada, Davi fez do seu filho Salomão rei sobre Israel.

2 Ele reuniu todos os líderes de Israel, bem como os sacerdotes e os levitas. 3 Os levitas de trinta anos para cima foram contados, e o número total deles chegou a trinta e oito mil. 4 Davi escolheu vinte e quatro mil deles para supervisionarem o trabalho do templo do SENHOR e seis mil para serem oficiais e juízes, 5 quatro mil para serem guardas das portas e quatro mil para louvarem o SENHOR com os instrumentos musicais que Davi tinha preparado com esse propósito.

6 Davi repartiu os levitas em grupos que descendiam de Gérson, Coate e Merari, filhos de Levi.

Os descendentes de Gérson

7 Dos filhos de Gérson:
Ladã e Simei.
8 Estes foram os filhos de Ladã:
Jeiel, o primeiro, Zetã e Joel,
três ao todo.
9 Estes foram os filhos de Simei:
Selomote, Haziel e Harã, três ao todo.
Esses foram os chefes
das famílias de Ladã.
10 E os filhos de Simei foram:
Jaate, Ziza[d], Jeús e Berias.
Esses foram os filhos de Simei,
quatro ao todo.
11 Jaate foi o primeiro e Ziza, o segundo,
mas Jeús e Berias
não tiveram muitos descendentes,
por isso foram contados
como uma única família.

Os descendentes de Coate

12 Dos filhos de Coate:
Anrão, Isar, Hebrom e Uziel,
quatro ao todo.
13 Estes foram os filhos de Anrão:
Arão e Moisés.
Arão foi separado,
ele e seus descendentes, para sempre,
para consagrar as coisas santíssimas,
oferecer sacrifícios ao SENHOR,
ministrar diante dele
e pronunciar bênçãos
em seu nome.
14 Os filhos de Moisés,
homem de Deus,
foram contados
como parte da tribo de Levi.
15 Estes foram os filhos de Moisés:
Gérson e Eliézer.

[a] 21:29 Hebraico: *no alto de Gibeom.*
[b] 22:1 Isto é, sacrifícios totalmente queimados.
[c] 22:14 Hebraico: *100.000 talentos.* Um talento equivalia a 35 quilos.
[d] 23:10 Muitos manuscritos dizem *Zina.*

16 Sebuel foi o chefe
dos descendentes de Gérson.
17 Reabias foi o chefe
dos descendentes de Eliézer.
Eliézer não teve nenhum outro filho,
mas Reabias teve muitos filhos.
18 Selomite foi o chefe
dos filhos de Isar.
19 Estes foram os filhos de Hebrom:
Jerias foi o primeiro,
Amarias, o segundo,
Jaaziel, o terceiro,
e Jecameão foi o quarto.
20 Estes foram os filhos de Uziel:
Mica, o primeiro,
e Issias, o segundo.

Os descendentes de Merari

21 Dos filhos de Merari:
Mali e Musi.
Estes foram os filhos de Mali:
Eleazar e Quis.
22 Eleazar morreu sem ter filhos,
teve apenas filhas.
Os primos delas, os filhos de Quis,
casaram-se com elas.
23 Estes foram os filhos de Musi:
Mali, Éder e Jeremote, três ao todo.

24 Esses foram os descendentes de Levi pelas suas
famílias: os chefes de famílias conforme registrados
por seus nomes e contados individualmente, ou seja,
os de vinte anos para cima, que serviam no templo do
SENHOR. 25 Pois Davi dissera: "Uma vez que o SENHOR, o
Deus de Israel, concedeu descanso ao seu povo e veio
habitar para sempre em Jerusalém, 26 os levitas não
mais precisam carregar o tabernáculo nem os utensí-
lios usados em seu serviço". 27 De acordo com as instru-
ções finais de Davi, foram contados os levitas de vinte
anos para cima.

28 O dever dos levitas era ajudar os descendentes de
Arão no serviço do templo do SENHOR. Encarregavam-
-se dos pátios, das salas laterais, da purificação de to-
das as coisas sagradas e das outras tarefas da casa de
Deus. 29 Estavam encarregados do pão consagrado, da
farinha para as ofertas de cereal, dos bolos sem fer-
mento, de assar o pão e misturar a massa, e de todos
os pesos e medidas. 30 Além disso, deviam se apresen-
tar todas as manhãs e todas as tardes para dar graças e
louvar ao SENHOR, e fazer o mesmo 31 sempre que holo-
caustos[a] fossem apresentados ao SENHOR nos sábados,
nas festas da lua nova e nas festas fixas. Deviam servir
regularmente diante do SENHOR, conforme o número
prescrito para eles.

32 Dessa maneira os levitas ficaram responsáveis pela
Tenda do Encontro, pelo Lugar Santo e, pela assistência
aos seus irmãos, os descendentes de Arão, e pelo servi-
ço do templo do SENHOR.

O serviço dos sacerdotes

24 Os filhos de Arão foram assim agrupados:
Os filhos de Arão foram Nadabe, Abiú, Elea-
zar e Itamar. 2 Mas Nadabe e Abiú morreram antes de
seu pai e não tiveram filhos; apenas Eleazar e Itamar
serviram como sacerdotes. 3 Com a ajuda de Zadoque,
descendente de Eleazar, e de Aimeleque, descendente
de Itamar, Davi os dividiu em grupos para que cum-
prissem as suas responsabilidades. 4 Havia um núme-
ro maior de chefes de família entre os descendentes de
Eleazar do que entre os de Itamar, e por isso eles foram
assim divididos: dezesseis chefes de famílias dentre os
descendentes de Eleazar, e oito dentre os descendentes
de Itamar. 5 Eles foram divididos de maneira imparcial
mediante sorteio, pois havia líderes do santuário e lí-
deres de Deus tanto entre os descendentes de Eleazar
como entre os de Itamar.

6 O escriba Semaías, filho do levita Natanael, regis-
trou os nomes deles na presença do rei, dos líderes,
dos sacerdotes Zadoque e Aimeleque, filho de Abiatar,
e dos chefes de famílias dos sacerdotes e dos levitas;
as famílias de Eleazar e de Itamar foram sorteadas al-
ternadamente.

7 A primeira sorte caiu para Jeoiaribe,
a segunda para Jedaías,
8 a terceira para Harim,
a quarta para Seorim,
9 a quinta para Malquias,
a sexta para Miamim,
10 a sétima para Hacoz,
a oitava para Abias,
11 a nona para Jesua,
a décima para Secanias,
12 a décima primeira para Eliasibe,
a décima segunda para Jaquim,
13 a décima terceira para Hupá,
a décima quarta para Jesebeabe,
14 a décima quinta para Bilga,
a décima sexta para Imer,
15 a décima sétima para Hezir,
a décima oitava para Hapises,
16 a décima nona para Petaías,
a vigésima para Jeezquel,
17 a vigésima primeira para Jaquim,
a vigésima segunda para Gamul,
18 a vigésima terceira para Delaías,
e a vigésima quarta para Maazias.

19 Conforme essa ordem eles deveriam ministrar
quando entrassem no templo do SENHOR, de acordo
com as prescrições deixadas por Arão, antepassado de-
les, conforme o SENHOR, o Deus de Israel, havia lhe or-
denado.

O restante dos levitas

20 Estes foram os chefes
dos outros levitas:

dos descendentes de Anrão: Subael;
dos descendentes de Subael: Jedias.
21 Quanto a Reabias,
Issias foi o chefe dos seus filhos.
22 Dos descendentes de Isar: Selomote;
dos filhos de Selomote: Jaate.
23 Dos descendentes de Hebrom:
Jerias, o primeiro[b],
Amarias, o segundo,

[a] 23:31 Isto é, sacrifícios totalmente queimados.

[b] 24:23 Muitos manuscritos dizem *Os filhos de Jerias*. Veja 1Cr 23:19.

Jaaziel, o terceiro,
e Jecameão, o quarto.
24Dos descendentes de Uziel: Mica;
dos filhos de Mica: Samir.
25Dos descendentes de Issias,
irmão de Mica, Zacarias.
26Dos filhos de Merari: Mali e Musi.
Dos filhos de Jaazias: Beno.
27Os descendentes de Merari, por Jaazias:
Beno, Soão, Zacur e Ibri.
28De Mali: Eleazar, que não teve filhos.
29De Quis: Jerameel.
30E foram estes os filhos de Musi:
Mali, Éder e Jeremote.

Esses foram os levitas, de acordo com as suas famí-
lias. 31Eles também tiraram sortes na presença do rei
Davi, de Zadoque, de Aimeleque, e dos chefes de famí-
lias dos sacerdotes e dos levitas, assim como fizeram
seus irmãos, os descendentes de Arão. As famílias dos
irmãos mais velhos foram tratadas da mesma maneira
que as dos mais novos.

Os músicos

25 Davi, junto com os comandantes do exército, se-
parou alguns dos filhos de Asafe, de Hemã e de
Jedutum para o ministério de profetizar ao som de
harpas, liras e címbalos. Esta é a lista dos escolhidos
para essa função:

2Dos filhos de Asafe:
Zacur, José, Netanias e Asarela. Os filhos de Asafe
estavam sob a sua supervisão, e ele, por sua vez,
profetizava sob a supervisão do rei.
3Dos filhos de Jedutum:
Gedalias, Zeri, Jesaías, Simei[a], Hasabias e Matitias,
seis ao todo, sob a supervisão de seu pai, Jedutum,
que profetizava ao som da harpa para dar graças
e louvar ao Senhor.
4Dos filhos de Hemã:
Buquias, Matanias, Uziel, Sebuel, Jeremote, Hana-
nias, Hanani, Eliata, Gidalti, Romanti-Ézer, Josbe-
casa, Maloti, Hotir e Maaziote. 5Todos esses eram
filhos de Hemã, o vidente do rei. Esses lhe nasce-
ram conforme as promessas de que Deus haveria
de torná-lo poderoso[b]. E Deus deu a Hemã catorze
filhos e três filhas.

6Todos esses homens estavam sob a supervisão de
seus pais quando ministravam a música do templo do
Senhor, com címbalos, liras e harpas, na casa de Deus.
Asafe, Jedutum e Hemã estavam sob a supervisão do
rei. 7Eles e seus parentes, todos capazes e preparados
para o ministério do louvor do Senhor, totalizavam
288. 8Então tiraram sortes entre jovens e velhos, mes-
tres e discípulos para designar-lhes suas responsabi-
lidades.

9A primeira sorte caiu para José,
filho de Asafe,
com seus filhos e parentes[c];
eram ao todo doze[d];
a segunda, para Gedalias,
com seus filhos e parentes;
eram ao todo doze;
10a terceira, para Zacur,
com seus filhos e parentes;
eram ao todo doze;
11a quarta, para Izri[e],
com seus filhos e parentes;
eram ao todo doze;
12a quinta, para Netanias,
com seus filhos e parentes;
eram ao todo doze;
13a sexta, para Buquias,
com seus filhos e parentes;
eram ao todo doze;
14a sétima, para Jesarela[f],
com seus filhos e parentes;
eram ao todo doze;
15a oitava, para Jesaías,
com seus filhos e parentes;
eram ao todo doze;
16a nona, para Matanias,
com seus filhos e parentes;
eram ao todo doze;
17a décima, para Simei,
com seus filhos e parentes;
eram ao todo doze;
18a décima primeira, para Azareel[g],
com seus filhos e parentes;
eram ao todo doze;
19a décima segunda, para Hasabias,
com seus filhos e parentes;
eram ao todo doze;
20a décima terceira, para Subael,
com seus filhos e parentes;
eram ao todo doze;
21a décima quarta, para Matitias,
com seus filhos e parentes;
eram ao todo doze;
22a décima quinta, para Jeremote,
com seus filhos e parentes;
eram ao todo doze;
23a décima sexta, para Hananias,
com seus filhos e parentes;
eram ao todo doze;
24a décima sétima, para Josbecasa,
com seus filhos e parentes;
eram ao todo doze;
25a décima oitava, para Hanani,
com seus filhos e parentes;
eram ao todo doze;
26a décima nona, para Maloti,
com seus filhos e parentes;
eram ao todo doze;
27a vigésima, para Eliata,
com seus filhos e parentes;
eram ao todo doze;
28a vigésima primeira, para Hotir,
com seus filhos e parentes;
eram ao todo doze;

[a] 25:3 Muitos manuscritos não trazem *Simei*.
[b] 25:5 Hebraico: *exaltar o chifre*.
[c] 25:9 O Texto Massorético não traz *seus filhos e parentes*.
[d] 25:9 O Texto Massorético não traz *doze*.
[e] 25:11 Variante de *Zeri*.
[f] 25:14 Variante de *Asarela*.
[g] 25:18 Variante de *Uziel*.

29 a vigésima segunda, para Gidalti,
com seus filhos e parentes;
eram ao todo doze;
30 a vigésima terceira, para Maaziote,
com seus filhos e parentes;
eram ao todo doze;
31 a vigésima quarta, para Romanti-Ézer,
com seus filhos e parentes;
eram ao todo doze.

Os porteiros

26 Esta é a relação dos grupos dos porteiros:
Dos coreítas, Meselemias, filho de Coré,
da família de Asafe.
2 Foram estes os filhos de Meselemias:
Zacarias, o primeiro,
Jediael, o segundo,
Zebadias, o terceiro,
Jatniel, o quarto,
3 Elão, o quinto,
Joanã, o sexto,
e Elioenai, o sétimo.
4 Foram estes os filhos de Obede-Edom:
Semaías, o primeiro,
Jeozabade, o segundo,
Joá, o terceiro,
Sacar, o quarto,
Natanael, o quinto,
5 Amiel, o sexto,
Issacar, o sétimo,
e Peuletai, o oitavo.
Pois Deus havia abençoado
Obede-Edom.

6 Seu filho Semaías também teve filhos,
que foram líderes na família do seu pai,
pois eram homens capazes.
7 Foram estes os filhos de Semaías:
Otni, Rafael, Obede e Elzabade.
Os parentes dele, Eliú e Semaquias,
também foram homens capazes.
8 Todos esses foram
descendentes de Obede-Edom;
eles e os seus filhos e parentes
eram capazes e aptos para a obra.
Eram ao todo 62 descendentes
de Obede-Edom.
9 Meselemias teve 18 filhos
e parentes chegados,
todos eles homens capazes.

10 Foram estes os filhos de Hosa,
o merarita:
Sinri, que foi nomeado chefe
por seu pai,
mesmo não sendo o mais velho,
11 Hilquias, o segundo,
Tebalias, o terceiro,
e Zacarias, o quarto.
Os filhos e parentes de Hosa
foram 13 ao todo.

12 Essas foram as divisões dos porteiros, feitas pelos
chefes deles; eles cumpriam tarefas no serviço do tem-
plo do SENHOR, assim como seus parentes. 13 Lançaram
sortes entre as famílias, incluindo jovens e velhos, para
que cuidassem de cada porta.
14 A porta leste coube a Selemias[a]. Então lançaram
sortes para seu filho Zacarias, sábio conselheiro, e a por-
ta norte foi sorteada para ele. 15 A sorte da porta sul saiu
para Obede-Edom, e a do depósito, para seus filhos. 16 A
sorte da porta oeste e da porta Salequete, na rua de ci-
ma, saiu para Supim e Hosa. Os guardas ficavam um
ao lado do outro. 17 Havia seis levitas por dia no leste,
quatro no norte, quatro no sul e dois de cada vez no de-
pósito. 18 Quanto ao pátio a oeste, havia quatro na rua e
dois no próprio pátio.
19 Foram essas as divisões dos porteiros, descenden-
tes de Coré e Merari.

Os tesoureiros e outros oficiais

20 Outros dos seus irmãos levitas estavam encarre-
gados[b] dos depósitos dos tesouros do templo de Deus
e do depósito das dádivas sagradas.
21 Os gersonitas, descendentes de Ladã, que eram che-
fes de famílias pertencentes a Ladã, foram Jeieli 22 e seus
filhos Zetã e Joel, seu irmão. Estavam encarregados da
tesouraria do templo do SENHOR.
23 Dos filhos de Anrão, de Isar, de Hebrom e de Uziel:
24 Sebuel, um descendente de Gérson, filho de Moi-
sés, era o oficial encarregado dos depósitos dos te-
souros. 25 Seus parentes por parte de Eliézer foram
seu filho Reabias, que foi o pai de Jesaías, o avô
de Jorão, o bisavô de Zicri, o trisavô de Selomote.
26 Selomote e seus parentes estavam encarregados
de todos os tesouros consagrados pelo rei Davi, pe-
los chefes de famílias que eram os comandantes
de mil e de cem, e pelos outros líderes do exérci-
to. 27 Eles consagravam parte dos despojos toma-
dos em combate para a manutenção do templo do
SENHOR. 28 E todas as dádivas consagradas pelo vi-
dente Samuel, por Saul, filho de Quis, por Abner,
filho de Ner, por Joabe, filho de Zeruia, e todas as
demais dádivas sagradas estavam sob os cuidados
de Selomote e seus parentes.
29 Dos filhos de Isar, Quenanias e seus filhos fica-
ram responsáveis pelos negócios públicos de Is-
rael, atuando como oficiais e juízes.
30 Dos filhos de Hebrom, Hasabias e seus parentes
ficaram responsáveis por todo o trabalho do SE-
NHOR e pelo serviço do rei em Israel, a oeste do
Jordão; ao todo eram mil e setecentos homens ca-
pazes. 31 De acordo com os registros genealógicos
das famílias hebronitas, Jerias foi o chefe delas. No
ano quarenta do reinado de Davi fez-se uma busca
nos registros, e entre os descendentes de Hebrom
encontraram-se homens capazes em Jazar de Gi-
leade. 32 Jerias tinha dois mil e setecentos parentes,
homens capazes e chefes de famílias, que o rei Da-
vi encarregou de todas as questões pertinentes a
Deus e aos negócios do rei nas tribos de Rúben e de
Gade, e na metade da tribo de Manassés.

As divisões do exército

27 Esta é a lista dos israelitas, chefes de famílias, co-
mandantes de mil e comandantes de cem, oficiais

[a] 26:14 Variante de *Meselemias*.
[b] 26:20 Conforme a Septuaginta. O Texto Massorético diz *Quanto aos levitas, Aías estava encarregado*.

que serviam o rei na supervisão das divisões do exército que estavam de serviço mês a mês, durante o ano. Cada divisão era constituída por 24.000 homens.

2 Encarregado da primeira divisão de 24.000 homens, para o primeiro mês, estava Jasobeão, filho de Zabdiel. 3 Ele era descendente de Perez e chefe de todos os oficiais do exército para o primeiro mês.

4 Encarregado da divisão para o segundo mês estava Dodai, descendente de Aoí; Miclote era o líder da sua divisão, que contava 24.000 homens.

5 O terceiro comandante do exército, para o terceiro mês, foi Benaia, filho do sacerdote Joiada. Ele era chefe da sua divisão de 24.000 homens. 6 Esse Benaia foi guerreiro, chefe do batalhão dos Trinta. Seu filho Amizabade estava encarregado da sua divisão.

7 O quarto, para o quarto mês, foi Asael, irmão de Joabe; seu filho Zebadias foi o seu sucessor. Havia 24.000 homens em sua divisão.

8 O quinto, para o quinto mês, foi o comandante Samute, o izraíta. Havia 24.000 homens em sua divisão.

9 O sexto, para o sexto mês, foi Ira, filho de Iques, de Tecoa. Havia 24.000 homens em sua divisão.

10 O sétimo, para o sétimo mês, foi Helez, de Pelom, descendente de Efraim. Havia 24.000 homens em sua divisão.

11 O oitavo, para o oitavo mês, foi Sibecai, de Husate, da família de Zerá. Havia 24.000 homens em sua divisão.

12 O nono, para o nono mês, foi Abiezer, de Anatote, da tribo de Benjamim. Havia 24.000 homens em sua divisão.

13 O décimo, para o décimo mês, foi Maarai, de Netofate, da família de Zerá. Havia 24.000 homens em sua divisão.

14 O décimo primeiro, para o décimo primeiro mês, foi Benaia, de Piratom, descendente de Efraim. Havia 24.000 homens em sua divisão.

15 O décimo segundo, para o décimo segundo mês, foi Heldai, de Netofate, da família de Otoniel. Havia 24.000 homens em sua divisão.

Os líderes das tribos

16 Estes foram os líderes das tribos de Israel:

de Rúben: Eliézer, filho de Zicri;
de Simeão: Sefatias, filho de Maaca;
17 de Levi: Hasabias, filho de Quemuel;
de Arão: Zadoque;
18 de Judá: Eliú, irmão de Davi;
de Issacar: Onri, filho de Micael;
19 de Zebulom: Ismaías, filho de Obadias;
de Naftali: Jeremote, filho de Azriel;
20 dos descendentes de Efraim: Oseias, filho de Azazias;
da metade da tribo de Manassés: Joel, filho de Pedaías;
21 da outra metade da tribo de Manassés, em Gileade: Ido, filho de Zacarias;
de Benjamim: Jaasiel, filho de Abner;
22 de Dã: Azareel, filho de Jeroão.
Foram esses os líderes das tribos de Israel.

23 Davi não contou os homens com menos de vinte anos, pois o SENHOR havia prometido tornar Israel tão numeroso quanto as estrelas do céu. 24 Joabe, filho de Zeruia, começou a contar os homens, mas não pôde terminar. A ira divina caiu sobre Israel por causa desse recenseamento, e o resultado não entrou nos registros históricos do rei Davi.

Os superintendentes do rei

25 Azmavete, filho de Adiel, estava encarregado dos tesouros do palácio.

Jônatas, filho de Uzias, estava encarregado dos depósitos do rei nos distritos distantes, nas cidades, nos povoados e nas torres de sentinela.

26 Ezri, filho de Quelube, estava encarregado dos trabalhadores rurais, que cultivavam a terra.

27 Simei, de Ramá, estava encarregado das vinhas.

Zabdi, de Sifá, estava encarregado do vinho que era armazenado em tonéis.

28 Baal-Hanã, de Gederá, estava encarregado das oliveiras e das figueiras bravas, na Sefelá[a].

Joás estava encarregado do fornecimento de azeite.

29 Sitrai, de Sarom, estava encarregado dos rebanhos que pastavam em Sarom.

Safate, filho de Adlai, estava encarregado dos rebanhos nos vales.

30 O ismaelita Obil estava encarregado dos camelos.

Jedias, de Meronote, estava encarregado dos jumentos.

31 O hagareno Jaziz estava encarregado das ovelhas.

Todos esses eram encarregados de cuidar dos bens do rei Davi.

32 Jônatas, tio de Davi, era conselheiro; homem sábio e também escriba. Jeiel, filho de Hacmoni, cuidava dos filhos do rei.

33 Aitofel era conselheiro do rei.

Husai, o arquita, era amigo do rei. 34 Aitofel foi sucedido por Joiada, filho de Benaia, e por Abiatar.

Joabe era o comandante do exército real.

O plano de Davi para o templo

28 Davi reuniu em Jerusalém todos os líderes de Israel: os líderes das tribos, os líderes das divisões a serviço do rei, os comandantes de mil e de cem, e os líderes encarregados de todos os bens e rebanhos que pertenciam ao rei e a seus filhos, junto com os oficiais do palácio, os principais guerreiros e todos os soldados valentes.

2 O rei Davi se pôs em pé e disse: "Escutem-me, meus irmãos e meu povo. Eu tinha no coração o propósito de construir um templo para nele colocar a arca da aliança do SENHOR, o estrado dos pés de nosso Deus; fiz planos para construí-lo, 3 mas Deus me disse: 'Você não construirá um templo em honra ao meu nome, pois você é um guerreiro e matou muita gente'.

4 "No entanto, o SENHOR, o Deus de Israel, escolheu-me dentre toda a minha família para ser rei em Israel, para sempre. Ele escolheu Judá como líder, e da tribo de Judá escolheu minha família, e entre os filhos de meu pai ele quis fazer-me rei de todo o Israel. 5 E, dentre todos os muitos filhos que me deu, ele escolheu Salomão para sentar-se no trono de Israel, o reino do SENHOR.

[a] 27:28 Pequena faixa de terra de relevo variável entre a planície costeira e as montanhas.

6Ele me disse: 'Seu filho Salomão é quem construirá o
meu templo e os meus pátios, pois eu o escolhi para
ser meu filho, e eu serei o pai dele. 7Firmarei para sem-
pre o reino dele, se ele continuar a obedecer os meus
mandamentos e as minhas ordenanças, como faz agora'.
8"Por isso, agora declaro-lhes perante todo o Israel e
a assembleia do Senhor, e diante dos ouvidos de nosso
Deus: Tenham o cuidado de obedecer a todos os manda-
mentos do Senhor, o seu Deus, para que mantenham
a posse dessa boa terra e a deem por herança aos seus
descendentes para sempre.
9"E você, meu filho Salomão, reconheça o Deus de
seu pai, e sirva-o de todo o coração e espontaneamen-
te, pois o Senhor sonda todos os corações e conhece a
motivação dos pensamentos. Se você o buscar, o en-
contrará, mas, se você o abandonar, ele o rejeitará para
sempre. 10Veja que o Senhor o escolheu para construir
um templo que sirva de santuário. Seja forte e mãos
ao trabalho!"
11Então Davi deu a seu filho Salomão a planta do pór-
tico do templo, dos seus edifícios, dos seus depósitos,
dos andares superiores e suas salas, e do lugar do pro-
piciatório. 12Entregou-lhe também as plantas de tudo o
que o Espírito havia posto em seu coração[a] acerca dos
pátios do templo do Senhor e de todas as salas ao redor,
acerca dos depósitos dos tesouros do templo de Deus e
dos depósitos das dádivas sagradas. 13Deu-lhe instruções
sobre as divisões dos sacerdotes e dos levitas e sobre
a execução de todas as tarefas no templo do Senhor
e os utensílios que seriam utilizados. 14Determinou o
peso do ouro para todos os utensílios de ouro e o peso
da prata para todos os utensílios de prata, que seriam
utilizados nas diferentes tarefas: 15o peso de ouro para
cada candelabro e suas lâmpadas; e o peso de prata pa-
ra cada candelabro de prata e suas lâmpadas, de acor-
do com a finalidade de cada um; 16o peso de ouro para
cada mesa de pães consagrados; o peso de prata para
as mesas de prata; 17o peso de ouro puro para os gar-
fos, para as bacias de aspersão e para os jarros; o peso
de ouro para cada tigela de ouro; o peso de prata para
cada tigela de prata; 18e o peso de ouro refinado para o
altar de incenso. Também lhe deu o desenho do carro
dos querubins de ouro que, com suas asas estendidas,
abrigam a arca da aliança do Senhor.
19Disse Davi a Salomão: "Tudo isso a mão do Senhor
me deu por escrito, e ele me deu entendimento para
executar todos esses projetos."
20E acrescentou: "Seja forte e corajoso! Mãos ao tra-
balho! Não tenha medo nem desanime, pois Deus, o
Senhor, o meu Deus, está com você. Ele não o deixará
nem o abandonará até que se termine toda a constru-
ção do templo do Senhor. 21As divisões dos sacerdotes
e dos levitas estão definidas para todas as tarefas que se
farão no templo de Deus, e você receberá ajuda de ho-
mens peritos em todo tipo de serviço. Os líderes e todo
o povo obedecerão a todas as suas ordens".

Dádivas para a construção do templo

29 Então o rei Davi disse a toda a assembleia: "Deus
escolheu meu filho Salomão, e mais ninguém. Mas
ele é jovem e inexperiente e a tarefa é grande, pois o
palácio não será feito para homens, mas para o Senhor,
o nosso Deus. 2Forneci grande quantidade de recursos
para o trabalho do templo do meu Deus: ouro, prata,
bronze, ferro e madeira, bem como ônix para os engas-
tes, e ainda turquesas, pedras de várias cores e todo ti-
po de pedras preciosas, e mármore. 3Além disso, pelo
amor ao templo do meu Deus, agora entrego, das mi-
nhas próprias riquezas, ouro e prata para o templo do
meu Deus, além de tudo o que já tenho dado para este
santo templo. 4Ofereço, pois, cento e cinco toneladas[b]
de ouro puro de Ofir e duzentos e quarenta e cinco to-
neladas de prata refinada, para o revestimento das pa-
redes do templo, 5para o trabalho em ouro e em prata,
e para todo o trabalho dos artesãos. Agora, quem hoje
está disposto a ofertar dádivas ao Senhor?"
6Então os chefes das famílias, os líderes das tribos
de Israel, os comandantes de mil e de cem, e os ofi-
ciais encarregados do trabalho do rei ofertaram es-
pontaneamente. 7Para a obra do templo de Deus eles
deram cento e setenta e cinco toneladas de ouro e dez
mil moedas[c] de ouro, trezentas e cinquenta toneladas
de prata, seiscentas e trinta toneladas de bronze e três
mil e quinhentas toneladas de ferro. 8Quem tinha pe-
dras preciosas deu-as para o depósito dos tesouros do
templo do Senhor, cujo responsável era Jeiel, o ger-
sonita. 9O povo alegrou-se diante da atitude de seus
líderes, pois fizeram essas ofertas voluntariamente e
de coração íntegro ao Senhor. E o rei Davi também
encheu-se de alegria.

A oração de Davi

10Davi louvou o Senhor na presença de toda a as-
sembleia, dizendo:

"Bendito sejas, ó Senhor,
Deus de Israel, nosso pai,
de eternidade a eternidade.
11Teus, ó Senhor,
são a grandeza, o poder,
a glória, a majestade e o esplendor,
pois tudo o que há
nos céus e na terra é teu.
Teu, ó Senhor, é o reino;
tu estás acima de tudo.
12A riqueza e a honra vêm de ti;
tu dominas sobre todas as coisas.
Nas tuas mãos estão a força e o poder
para exaltar e dar força a todos.
13Agora, nosso Deus, damos-te graças,
e louvamos o teu glorioso nome.

14"Mas quem sou eu, e quem é o meu povo para que
pudéssemos contribuir tão generosamente como fize-
mos? Tudo vem de ti, e nós apenas te demos o que vem
das tuas mãos. 15Diante de ti somos estrangeiros e fo-
rasteiros, como os nossos antepassados. Os nossos dias
na terra são como uma sombra, sem esperança. 16Ó Se-
nhor, nosso Deus, toda essa riqueza que ofertamos pa-
ra construir um templo em honra ao teu santo nome
vem das tuas mãos, e toda ela pertence a ti. 17Sei, ó meu
Deus, que sondas o coração e que te agradas com a inte-
gridade. Tudo o que dei foi espontaneamente e com in-
tegridade de coração. E agora vi com alegria com quanta
disposição o teu povo, que aqui está, tem contribuído.

[a] 28:12 Ou *tudo o que tinha em mente*

[b] 29:4 Hebraico: *3.000 talentos*. Um talento equivalia a 35 quilos.

[c] 29:7 Hebraico: *dáricos*.

18Ó SENHOR, Deus de nossos antepassados Abraão, Isaque e Israel, conserva para sempre este desejo no coração de teu povo, e mantém o coração deles leal a ti. 19E dá ao meu filho Salomão um coração íntegro para obedecer aos teus mandamentos, aos teus preceitos e aos teus decretos, a fim de construir este templo para o qual fiz os preparativos necessários".

20Então Davi disse a toda a assembleia: "Louvem o SENHOR, o seu Deus". E todos eles louvaram o SENHOR, o Deus dos seus antepassados, inclinando-se e prostrando-se diante do SENHOR e diante do rei.

Salomão é ungido rei

21No dia seguinte fizeram sacrifícios ao SENHOR e lhe apresentaram holocaustos[a]: mil novilhos, mil carneiros e mil cordeiros, acompanhados de ofertas derramadas, e muitos outros sacrifícios, em favor de todo o Israel. 22Naquele dia comeram e beberam com grande alegria na presença do SENHOR.

Assim, pela segunda vez, proclamaram Salomão, filho de Davi, rei, ungindo-o diante do SENHOR como soberano, e Zadoque como sacerdote. 23De maneira que Salomão assentou-se como rei no trono do SENHOR, em lugar de Davi, seu pai. Ele prosperou, e todo o Israel lhe obedecia. 24Todos os líderes e principais guerreiros, bem como todos os filhos do rei Davi, prometeram submissão ao rei Salomão.

25O SENHOR exaltou muitíssimo Salomão em todo o Israel e concedeu-lhe tal esplendor em seu reinado como nenhum rei de Israel jamais tivera.

A morte de Davi

26Davi, filho de Jessé, reinou sobre todo o Israel. 27Reinou quarenta anos em Israel: sete anos em Hebrom e trinta e três em Jerusalém. 28Morreu em boa velhice, tendo desfrutado vida longa, riqueza e honra. Seu filho Salomão foi o seu sucessor.

29Os feitos do rei Davi, desde o início até o fim do seu reinado, estão escritos nos registros históricos do vidente Samuel, do profeta Natã e do vidente Gade, 30incluindo os detalhes do seu reinado e do seu poder, e os acontecimentos relacionados com ele, com Israel e com os reinos das outras terras.

[a] 29:21 Isto é, sacrifícios totalmente queimados.

2CRÔNICAS

Salomão pede sabedoria

1 Salomão, filho de Davi, estabeleceu-se com firmeza em seu reino, pois o SENHOR, o seu Deus, estava com ele e o tornou muito poderoso.

2 Salomão falou a todo o Israel: os líderes de mil e de cem, os juízes, todos os líderes de Israel e os chefes de famílias. 3 Depois o rei foi com toda a assembleia ao lugar sagrado, no alto de Gibeom, pois ali estava a Tenda do Encontro que Moisés, servo do SENHOR, havia feito no deserto. 4 Davi tinha transportado a arca de Deus de Quiriate-Jearim para a tenda que ele tinha armado para ela em Jerusalém. 5 O altar de bronze que Bezalel, filho de Uri e neto de Hur, fizera, estava em Gibeom, em frente do tabernáculo do SENHOR; ali Salomão e a assembleia consultaram o SENHOR. 6 Salomão ofereceu ao SENHOR mil holocaustos[a] sobre o altar de bronze, na Tenda do Encontro.

7 Naquela noite Deus apareceu a Salomão e lhe disse: "Peça-me o que quiser, e eu lhe darei".

8 Salomão respondeu: "Tu foste muito bondoso para com meu pai Davi e me fizeste rei em seu lugar. 9 Agora, SENHOR Deus, que se confirme a tua promessa a meu pai Davi, pois me fizeste rei sobre um povo tão numeroso quanto o pó da terra. 10 Dá-me sabedoria e conhecimento, para que eu possa liderar esta nação, pois quem pode governar este teu grande povo?"

11 Deus disse a Salomão: "Já que este é o desejo de seu coração e você não pediu riquezas, nem bens, nem honra, nem a morte dos seus inimigos, nem vida longa, mas sabedoria e conhecimento para governar o meu povo, sobre o qual o fiz rei, 12 você receberá o que pediu, mas também lhe darei riquezas, bens e honra, como nenhum rei antes de você teve e nenhum depois de você terá".

13 Então Salomão voltou de Gibeom, de diante da Tenda do Encontro, para Jerusalém, e reinou sobre Israel.

14 Salomão juntou carros e cavalos; chegou a ter mil e quatrocentos carros e doze mil cavalos[b], dos quais mantinha uma parte nas guarnições de algumas cidades e a outra perto dele, em Jerusalém. 15 O rei tornou tão comuns a prata e o ouro em Jerusalém quanto as pedras, e o cedro tão numeroso quanto as figueiras bravas da Sefelá[c]. 16 Os cavalos de Salomão eram importados do Egito[d] e da Cilícia[e], onde os fornecedores do rei os compravam. 17 Importavam do Egito um carro por sete quilos e duzentos gramas[f] de prata, e um cavalo por um quilo e oitocentos gramas, e os exportavam para todos os reis dos hititas e dos arameus.

Os preparativos para a construção do templo

2 Salomão deu ordens para a construção de um templo em honra ao nome do SENHOR e de um palácio para si mesmo. 2 Ele designou setenta mil homens como carregadores, oitenta mil como cortadores de pedras nas colinas e três mil e seiscentos como capatazes.

3 Depois Salomão enviou esta mensagem a Hirão[g], rei de Tiro:

> "Envia-me cedros como fizeste para meu pai Davi, quando ele construiu seu palácio. 4 Agora estou para construir um templo em honra ao nome do SENHOR, o meu Deus, e dedicá-lo a ele, para queimar incenso aromático diante dele, apresentar regularmente o pão consagrado e fazer holocaustos todas as manhãs e todas as tardes, nos sábados, nas luas novas e nas festas fixas do SENHOR, o nosso Deus. Esse é um decreto perpétuo para Israel.
>
> 5 "O templo que vou construir será grande, pois o nosso Deus é maior do que todos os outros deuses. 6 Mas, quem é capaz de construir um templo para ele, visto que os céus não podem contê-lo, nem mesmo os mais altos céus? Quem sou eu, então, para lhe construir um templo, a não ser como um lugar para queimar sacrifícios perante ele?
>
> 7 "Por isso, manda-me um homem competente no trabalho com ouro, com prata, com bronze, com ferro e com tecido roxo, vermelho e azul, e experiente em esculturas, para trabalhar em Judá e em Jerusalém com os meus hábeis artesãos, preparados por meu pai Davi.
>
> 8 "Também envia-me do Líbano madeira de cedro, de pinho e de junípero, pois eu sei que os teus servos são hábeis em cortar a madeira de lá. Os meus servos trabalharão com os teus 9 para me fornecerem madeira em grande quantidade, pois é preciso que o templo que vou edificar seja grande e imponente. 10 E eu darei como sustento a teus servos, os lenhadores, vinte mil tonéis[h] de trigo, vinte mil tonéis de cevada, dois mil barris[i] de vinho e dois mil barris de azeite".

11 Hirão, rei de Tiro, respondeu por carta a Salomão:

> "O SENHOR ama o seu povo, e por isso te fez rei sobre ele".

12 E acrescentou:

> "Bendito seja o SENHOR, o Deus de Israel, que fez os céus e a terra, pois deu ao rei Davi um filho sábio, que tem inteligência e discernimento, e que vai construir um templo para o SENHOR e um palácio para si.
>
> 13 "Estou te enviando Hurão-Abi, homem de grande habilidade. 14 Sua mãe era de Dã e seu pai, de Tiro. Ele foi treinado para trabalhar com ouro e prata, bronze e ferro, pedra e madeira, e

[a] 1:6 Isto é, sacrifícios totalmente queimados; também em todo o livro de 2Crônicas.
[b] 1:14 Ou *condutores de carros*
[c] 1:15 Pequena faixa de terra de relevo variável entre a planície costeira e as montanhas; também em 9:27, 26:10 e 28:18.
[d] 1:16 Ou *Muzur*, região da Cilícia; também no versículo 17.
[e] 1:16 Hebraico: *Cuve*.
[f] 1:17 Hebraico: *600 siclos*. Um siclo equivalia a 12 gramas.
[g] 2:3 Hebraico: *Hurão*, variante de *Hirão*; também no versículo 11 e em 8:2,18 e 9:21.
[h] 2:10 Hebraico: *20.000 coros*. O coro era uma medida de capacidade. As estimativas variam entre 200 e 400 litros.
[i] 2:10 Hebraico: *20.000 batos*. O bato era uma medida de capacidade para líquidos. As estimativas variam entre 20 e 40 litros.

em tecido roxo, azul e vermelho, em linho fino e em todo tipo de entalhe. Ele pode executar qualquer projeto que lhe for dado. Trabalhará com os teus artesãos e com os de meu senhor Davi, teu pai.

15"Agora, envia meu senhor a teus servos o trigo, a cevada, o azeite e o vinho que o meu senhor prometeu, 16e cortaremos toda a madeira do Líbano necessária, e a faremos flutuar em jangadas pelo mar, descendo até Jope. De lá poderás levá-la a Jerusalém".

17Salomão fez um recenseamento de todos os estrangeiros que viviam em Israel, como o que fizera seu pai Davi; e descobriu-se que eram cento e cinquenta e três mil e seiscentos. 18Ele designou setenta mil deles para serem carregadores e oitenta mil para serem cortadores de pedras nas colinas, com três mil e seiscentos capatazes para manter o povo trabalhando.

A construção do templo

3 Então Salomão começou a construir o templo do SENHOR em Jerusalém, no monte Moriá, onde o SENHOR havia aparecido a seu pai Davi, na eira de Araúna[a], o jebuseu, local que havia sido providenciado por Davi. 2Começou a construção no segundo dia do segundo mês do quarto ano de seu reinado.

3Os alicerces que Salomão lançou para o templo de Deus tinham vinte e sete metros de comprimento e nove metros de largura[b], pela medida[c] antiga. 4O pórtico da entrada do templo tinha nove metros de largura e nove metros[d] de altura. Ele revestiu de ouro puro o seu interior. 5Recobriu de pinho o átrio principal, revestiu-o de ouro puro e o decorou com desenhos de tamareiras e correntes. 6Ornamentou o templo com pedras preciosas. O ouro utilizado era de Parvaim. 7Também revestiu de ouro as vigas do forro, os batentes, as paredes e as portas do templo, e esculpiu querubins nas paredes.

8Fez o Lugar Santíssimo, com nove metros de comprimento e nove metros de largura, igual à largura do templo. Revestiu o seu interior de vinte e uma toneladas[e] de ouro puro. 9Os pregos de ouro pesavam seiscentos gramas[f]. Também revestiu de ouro as salas superiores.

10No Lugar Santíssimo esculpiu e revestiu de ouro dois querubins, 11os quais, de asas abertas, mediam juntos nove metros. Cada asa, de dois metros e vinte e cinco centímetros, tocava, de um lado, na parede do templo, 12e do outro lado, na asa do outro querubim. 13Assim os querubins, com asas que se estendiam por nove metros, estavam em pé, de frente para o átrio principal[g].

14Ele fez o véu de tecido azul, roxo, vermelho e linho fino, com querubins desenhados nele.

15Fez na frente do templo duas colunas, que, juntas, tinham dezesseis metros, cada uma tendo em cima um capitel com dois metros e vinte e cinco centímetros.

16Fez correntes entrelaçadas[h] e colocou-as no alto das colunas. Fez também cem romãs, colocando-as nas correntes. 17Depois levantou as colunas na frente do templo, uma ao sul, outra ao norte; à que ficava ao sul deu o nome de Jaquim[i], e à que ficava ao norte, Boaz[j].

Os utensílios do templo

4 Salomão também mandou fazer um altar de bronze de nove metros de comprimento, nove metros de largura e quatro metros e meio de altura[k]. 2Fez o tanque de metal fundido, redondo, medindo quatro metros e meio de diâmetro e dois metros e vinte e cinco centímetros de altura. Era preciso um fio de treze metros e meio para medir a sua circunferência. 3Abaixo da borda e ao seu redor havia figuras de touro, de cinco em cinco centímetros. Os touros foram fundidos em duas fileiras e numa só peça com o tanque.

4O tanque ficava sobre doze touros, três voltados para o norte, três para o oeste, três para o sul e três para o leste. Ficava em cima deles, e as pernas traseiras dos touros eram voltadas para o centro. 5A espessura do tanque era de quatro dedos, e sua borda era como a borda de um cálice, como uma flor de lírio. Sua capacidade era de sessenta mil litros[l].

6Fez dez pias, colocando cinco no lado sul e cinco no lado norte. Nelas era lavado tudo o que era usado nos holocaustos, enquanto que o tanque servia para os sacerdotes se lavarem.

7Fez dez candelabros de ouro, de acordo com as especificações, e os colocou no templo, cinco no lado sul e cinco no lado norte.

8Fez dez mesas e as colocou no templo, cinco no lado sul e cinco no lado norte. Também fez cem bacias de ouro para aspersão.

9Fez ainda o pátio dos sacerdotes e o pátio principal com suas portas, e revestiu de bronze as suas portas. 10Pôs o tanque no lado sul, no canto sudeste do templo.

11Também fez os jarros, as pás e as bacias para aspersão.

Hurão-Abi terminou assim o trabalho de que fora encarregado pelo rei Salomão, no templo de Deus:

12As duas colunas;
os dois capitéis em forma de taça no alto das colunas;
os dois conjuntos de correntes que decoravam os dois capitéis;
13as quatrocentas romãs para os dois conjuntos de correntes, sendo duas fileiras de romãs para cada conjunto;
14os dez carrinhos com as suas dez pias;
15o tanque e os doze touros debaixo dele;
16os jarros, as pás, os garfos de carne e todos os utensílios afins.

Todos esses utensílios que Hurão-Abi fez para o templo do SENHOR, a pedido do rei Salomão, eram de bronze polido. 17Foi na planície do Jordão, entre Sucote e Zeredá, que o rei os mandou fundir, em moldes

[a] 3:1 Hebraico: *Orná*, variante de *Araúna*.
[b] 3:3 Hebraico: *60 côvados de comprimento e 20 côvados de largura*. O côvado era uma medida linear de cerca de 45 centímetros.
[c] 3:3 Hebraico: *pelo côvado*.
[d] 3:4 Conforme alguns manuscritos da Septuaginta e da Versão Siríaca. O Texto Massorético diz *e 120 côvados*.
[e] 3:8 Hebraico: *600 talentos*. Um talento equivalia a 35 quilos.
[f] 3:9 Hebraico: *50 siclos*. Um siclo equivalia a 12 gramas.
[g] 3:13 Ou *pé, voltados para dentro*
[h] 3:16 Ou *correntes no santuário interior*
[i] 3:17 *Jaquim* provavelmente significa *ele firma*.
[j] 3:17 *Boaz* provavelmente significa *nele há força*.
[k] 4:1 Hebraico: *20 côvados de comprimento e largura, e 10 côvados de altura*. O côvado era uma medida linear de cerca de 45 centímetros.
[l] 4:5 Hebraico: *3.000 batos*. O bato era uma medida de capacidade para líquidos. As estimativas variam entre 20 e 40 litros.

de barro. [18]Salomão os fez em tão grande quantidade que não se pôde determinar o peso do bronze utilizado.

[19]Além desses, Salomão mandou fazer também todos estes outros utensílios para o templo de Deus:

> O altar de ouro;
> as mesas sobre as quais ficavam os pães da Presença;
> [20]os candelabros de ouro puro com suas lâmpadas, para alumiarem diante do santuário interno, conforme determinado;
> [21]as flores, as lâmpadas e as tenazes de ouro maciço;
> [22]os cortadores de pavio, as bacias para aspersão, as tigelas, os incensários de ouro puro e as portas de ouro do templo: tanto as portas da sala interna, o Lugar Santíssimo, quanto as portas do átrio principal.

5 Terminada toda a obra que Salomão havia realizado para o templo do SENHOR, ele trouxe as coisas que seu pai Davi tinha consagrado e as colocou junto com os tesouros do templo de Deus: a prata, o ouro e todos os utensílios.

O transporte da arca para o templo

[2]Então Salomão reuniu em Jerusalém as autoridades de Israel e todos os líderes das tribos e os chefes das famílias israelitas, para levarem de Sião, a Cidade de Davi, a arca da aliança do SENHOR. [3]E todos os homens de Israel uniram-se ao rei por ocasião da festa, no sétimo mês.

[4]Quando todas as autoridades de Israel chegaram, os levitas pegaram a arca [5]e a levaram com a Tenda do Encontro e com todos os seus utensílios sagrados. Foram os sacerdotes levitas que levaram tudo. [6]O rei Salomão e toda a comunidade de Israel que se havia reunido a ele diante da arca sacrificaram tantas ovelhas e bois que nem era possível contar.

[7]Os sacerdotes levaram a arca da aliança do SENHOR para o seu lugar no santuário interno do templo, no Lugar Santíssimo, e a colocaram debaixo das asas dos querubins. [8]Os querubins tinham suas asas estendidas sobre o lugar da arca e cobriam a arca e as varas utilizadas para o transporte. [9]Essas varas eram tão compridas que as suas pontas se estendiam para fora da arca e podiam ser vistas da parte da frente do santuário interno, mas não de fora dele; e elas estão lá até hoje. [10]Na arca havia só as duas tábuas que Moisés tinha colocado quando estava em Horebe, onde o SENHOR fez uma aliança com os israelitas depois que saíram do Egito.

[11]Os sacerdotes saíram do Lugar Santo. Todos eles haviam se consagrado, não importando a divisão a que pertenciam. [12]E todos os levitas que eram músicos — Asafe, Hemã, Jedutum e os filhos e parentes deles — ficaram a leste do altar, vestidos de linho fino, tocando címbalos, harpas e liras, e os acompanhavam cento e vinte sacerdotes tocando cornetas. [13]Os que tocavam cornetas e os cantores, em uníssono, louvaram e agradeceram ao SENHOR. Ao som de cornetas, címbalos e outros instrumentos, levantaram suas vozes em louvor ao SENHOR e cantaram:

> "Ele é bom;
> o seu amor dura para sempre".

Então uma nuvem encheu o templo do SENHOR, [14]de forma que os sacerdotes não podiam desempenhar o seu serviço, pois a glória do SENHOR encheu o templo de Deus.

6 E Salomão exclamou: "O SENHOR disse que habitaria numa nuvem escura! [2]Na realidade construí para ti um templo magnífico, um lugar para nele habitares para sempre!"

[3]Depois o rei virou-se e abençoou toda a assembleia de Israel, que estava ali em pé. [4]E disse:

> "Bendito seja o SENHOR, o Deus de Israel, que por suas mãos cumpriu o que prometeu com sua própria boca a meu pai Davi, quando lhe disse: [5]'Desde o dia em que tirei meu povo do Egito, não escolhi nenhuma cidade das tribos de Israel para nela construir um templo em honra ao meu nome, nem escolhi ninguém para ser o líder de Israel, o meu povo. [6]Mas, agora, escolhi Jerusalém para o meu nome ali estar e escolhi Davi para governar Israel, o meu povo'.
> [7]"Meu pai Davi tinha no coração o propósito de construir um templo em honra ao nome do SENHOR, o Deus de Israel. [8]Mas o SENHOR lhe disse: 'Você fez bem em ter no coração o plano de construir um templo em honra ao meu nome; [9]no entanto, não será você que o construirá, mas o seu filho, que procederá de você; ele construirá o templo em honra ao meu nome'.
> [10]"E o SENHOR cumpriu a sua promessa. Sou o sucessor de meu pai Davi, e agora ocupo o trono de Israel, como o SENHOR tinha prometido, e construí o templo em honra ao nome do SENHOR, o Deus de Israel. [11]Coloquei nele a arca, na qual estão as tábuas da aliança do SENHOR, aliança que ele fez com os israelitas".

A oração de dedicação

[12]Depois Salomão colocou-se diante do altar do SENHOR, e de toda a assembleia de Israel, e levantou as mãos para orar. [13]Ele havia mandado fazer uma plataforma de bronze com dois metros e vinte e cinco centímetros[a] de comprimento e de largura, e um metro e trinta e cinco centímetros de altura, no centro do pátio externo. O rei ficou em pé na plataforma e depois ajoelhou-se diante de toda a assembleia de Israel, levantou as mãos para o céu, [14]e orou:

> "SENHOR, Deus de Israel, não há Deus como tu nos céus e na terra! Tu que guardas a tua aliança de amor com os teus servos que, de todo o coração, andam segundo a tua vontade. [15]Cumpriste a tua promessa a teu servo Davi, meu pai; com tua boca a fizeste e com tua mão a cumpriste, conforme hoje se vê.
> [16]"Agora, SENHOR, Deus de Israel, cumpre a outra promessa que fizeste a teu servo Davi, meu pai, quando disseste: 'Você nunca deixará de ter, diante de mim, um descendente que se assente no trono de Israel, se tão somente os seus descendentes tiverem o cuidado de, em tudo, andar segundo a minha lei, como você tem

[a] 6:13 Hebraico: *5 côvados*. O côvado era uma medida linear de cerca de 45 centímetros.

feito'. 17Agora, ó Senhor, Deus de Israel, que se
confirme a palavra que falaste a teu servo Davi.
18"Mas será possível que Deus habite na terra
com os homens? Os céus, mesmo os mais altos
céus, não podem conter-te. Muito menos este
templo que construí! 19Ainda assim, atende à
oração do teu servo e ao seu pedido de miseri-
córdia, ó Senhor, meu Deus. Ouve o clamor e a
oração que teu servo faz hoje na tua presença.
20Estejam os teus olhos voltados dia e noite pa-
ra este templo, lugar do qual disseste que nele
porias o teu nome, para que ouças a oração que
o teu servo fizer voltado para este lugar. 21Ouve
as súplicas do teu servo e de Israel, o teu povo,
quando orarem voltados para este lugar. Ouve
desde os céus, lugar da tua habitação, e, quan-
do ouvires, dá-lhes o teu perdão.
22"Quando um homem pecar contra seu pró-
ximo e tiver que fazer um juramento, e vier
jurar diante do teu altar neste templo, 23ouve
dos céus e age. Julga os teus servos; retribui
ao culpado, fazendo recair sobre a sua própria
cabeça o resultado da sua conduta, e declara
sem culpa o inocente, dando-lhe o que a sua
inocência merece.
24"Quando Israel, o teu povo, for derrotado por
um inimigo por ter pecado contra ti, e voltar-
-se para ti e invocar o teu nome, orando e su-
plicando a ti neste templo, 25ouve dos céus e
perdoa o pecado de Israel, o teu povo, e traze-
-o de volta à terra que deste a ele e aos seus
antepassados.
26"Quando se fechar o céu, e não houver chu-
va por haver o teu povo pecado contra ti, e o
teu povo, voltado para este lugar, invocar o teu
nome e afastar-se do seu pecado por o haveres
castigado, 27ouve dos céus e perdoa o pecado
dos teus servos, de Israel, o teu povo. Ensina-
-lhes o caminho certo e envia chuva sobre a
tua terra, que deste por herança ao teu povo.
28"Quando houver fome ou praga no país, fer-
rugem e mofo, gafanhotos peregrinos e ga-
fanhotos devastadores, ou quando inimigos
sitiarem suas cidades, quando, em meio a
qualquer praga ou epidemia, 29uma oração ou
uma súplica por misericórdia for feita por um
israelita ou por todo o Israel, teu povo, cada
um sentindo as suas próprias aflições e dores,
estendendo as mãos na direção deste templo,
30ouve dos céus, o lugar da tua habitação. Per-
doa e trata cada um de acordo com o que me-
rece, visto que conheces o seu coração. Sim, só
tu conheces o coração do homem. 31Assim eles
te temerão, e andarão segundo a tua vontade
durante todo o tempo em que viverem na terra
que deste aos nossos antepassados.
32"Quanto ao estrangeiro, que não pertence a
Israel, o teu povo, e que veio de uma terra dis-
tante por causa do teu grande nome, da tua
mão poderosa e do teu braço forte; quando ele
vier e orar voltado para este templo, 33ouve dos
céus, lugar da tua habitação, e atende o pedido
do estrangeiro, a fim de que todos os povos da
terra conheçam o teu nome e te temam, como
faz Israel, o teu povo, e saibam que este templo
que construí traz o teu nome.
34"Quando o teu povo for à guerra contra os
seus inimigos, por onde quer que tu o envia-
res, e orar a ti, voltado para a cidade que esco-
lheste e para o templo que construí em honra
ao teu nome, 35ouve dos céus a sua oração e a
sua súplica, e defende a sua causa.
36"Quando pecarem contra ti, pois não há nin-
guém que não peque, e ficares irado com eles e
os entregares ao inimigo, e este os levar prisio-
neiros para uma terra distante ou próxima; 37se
eles caírem em si, na terra para a qual foram
deportados, e se arrependerem e lá orarem:
'Pecamos, praticamos o mal e fomos rebel-
des'; 38e se lá eles se voltarem para ti de todo
o coração e de toda a sua alma, na terra de seu
cativeiro para onde foram levados, e orarem
voltados para a terra que deste aos seus ante-
passados, para a cidade que escolheste e para
o templo que construí em honra ao teu nome,
39então, dos céus, lugar da tua habitação, ouve
a sua oração e a sua súplica, e defende a sua
causa. Perdoa o teu povo, que pecou contra ti.
40"Assim, meu Deus, que os teus olhos estejam
abertos e teus ouvidos atentos às orações fei-
tas neste lugar.

41"Agora, levanta-te, ó Senhor, ó Deus,
e vem para o teu lugar de descanso,
tu e a arca do teu poder.
Estejam os teus sacerdotes
vestidos de salvação,
ó Senhor, ó Deus;
que os teus santos se regozijem
em tua bondade.
42Ó Senhor, ó Deus,
não rejeites o teu ungido.
Lembra-te da fidelidade
prometida a teu servo Davi".

A dedicação do templo

7 Assim que Salomão acabou de orar, desceu fogo do
céu e consumiu o holocausto e os sacrifícios, e a glória
do Senhor encheu o templo. 2Os sacerdotes não con-
seguiam entrar no templo do Senhor, porque a glória
do Senhor o enchia. 3Quando todos os israelitas viram
o fogo descendo e a glória do Senhor sobre o templo,
ajoelharam-se no pavimento com o rosto em terra, ado-
raram e deram graças ao Senhor, dizendo:

"Ele é bom;
o seu amor dura para sempre".

4Então o rei e todo o Israel ofereceram sacrifícios ao
Senhor. 5O rei Salomão ofereceu em sacrifício vinte e
dois mil bois e cento e vinte mil ovelhas. Assim o rei
e todo o povo fizeram a dedicação do templo de Deus.
6Os sacerdotes tomaram seus lugares, bem como os le-
vitas, com os instrumentos musicais do Senhor feitos
pelo rei Davi para louvar o Senhor, cantando: "O seu
amor dura para sempre". No outro lado, de frente para
os levitas, os sacerdotes tocavam suas cornetas. Todo
o povo estava em pé.

7 Salomão consagrou a parte central do pátio, que ficava na frente do templo do SENHOR, e ali ofereceu holocaustos e a gordura das ofertas de comunhão[a], pois o altar de bronze que Salomão tinha construído não comportava os holocaustos, as ofertas de cereal e as porções de gordura.

8 Durante sete dias, Salomão, com todo o Israel, celebrou a festa; era uma grande multidão, gente vinda desde Lebo-Hamate até o ribeiro do Egito. 9 No oitavo dia realizaram uma assembleia solene. Levaram sete dias para a dedicação do altar, e a festa se prolongou por mais sete dias. 10 No vigésimo terceiro dia do sétimo mês, o rei mandou o povo para as suas casas. E todos se foram, jubilosos e de coração alegre pelas coisas boas que o SENHOR havia feito por Davi e Salomão e por Israel, o seu povo.

O SENHOR aparece a Salomão

11 Quando Salomão acabou de construir o templo do SENHOR e o palácio real, executando bem tudo o que pretendia realizar no templo do SENHOR e em seu próprio palácio, 12 o SENHOR lhe apareceu de noite e disse:

> "Ouvi sua oração, e escolhi este lugar para mim, como um templo para sacrifícios.
>
> 13 "Se eu fechar o céu para que não chova ou mandar que os gafanhotos devorem o país ou sobre o meu povo enviar uma praga, 14 se o meu povo, que se chama pelo meu nome, se humilhar e orar, buscar a minha face e se afastar dos seus maus caminhos, dos céus o ouvirei, perdoarei o seu pecado e curarei a sua terra. 15 De hoje em diante os meus olhos estarão abertos e os meus ouvidos atentos às orações feitas neste lugar. 16 Escolhi e consagrei este templo para que o meu nome esteja nele para sempre. Meus olhos e meu coração nele sempre estarão.
>
> 17 "E se você andar segundo a minha vontade, como fez seu pai Davi, e fizer tudo o que eu lhe ordeno, obedecendo aos meus decretos e às minhas leis, 18 firmarei o seu trono, conforme a aliança que fiz com Davi, seu pai, quando eu lhe disse: Você nunca deixará de ter um descendente para governar Israel.
>
> 19 "Mas, se vocês se afastarem de mim e abandonarem os decretos e os mandamentos que lhes dei, e prestarem culto a outros deuses e adorá-los, 20 desarraigarei Israel da minha terra, que lhes dei, e lançarei para longe da minha presença este templo que consagrei ao meu nome. Farei que ele se torne objeto de zombaria entre todos os povos. 21 E todos os que passarem por este templo, agora imponente, ficarão espantados e perguntarão: 'Por que o SENHOR fez uma coisa dessas a esta terra e a este templo?' 22 E a resposta será: 'Porque abandonaram o SENHOR, o Deus dos seus antepassados, que os tirou do Egito, e se apegaram a outros deuses, adorando-os e prestando-lhes culto; por isso ele trouxe sobre eles toda esta desgraça' ".

Outros feitos de Salomão

8 Depois de vinte anos, durante os quais Salomão construiu o templo do SENHOR e o seu próprio palácio, 2 ele reconstruiu as cidades que Hirão lhe tinha dado, e nelas estabeleceu israelitas. 3 Depois atacou Hamate-Zobá e a conquistou. 4 Também reconstruiu Tadmor, no deserto, e todas as cidades-armazéns que havia construído em Hamate. 5 Reconstruiu Bete-Horom Alta e Bete-Horom Baixa, cidades fortificadas com muros, portas e trancas, 6 e também Baalate e todas as cidades-armazéns que possuía, e todas as cidades onde ficavam os seus carros e os seus cavalos[b]. Construiu tudo o que desejou em Jerusalém, no Líbano e em todo o território que governou.

7 Todos os que não eram israelitas, descendentes dos hititas, dos amorreus, dos ferezeus, dos heveus e dos jebuseus, 8 que não tinham sido mortos pelos israelitas, Salomão recrutou para o trabalho forçado, e nisso continuam até hoje. 9 Mas Salomão não obrigou nenhum israelita a trabalhos forçados; eles eram seus homens de guerra, chefes de seus capitães, comandantes dos seus carros e condutores de carros. 10 Também eram israelitas os principais oficiais do rei Salomão, duzentos e cinquenta oficiais que supervisionavam os trabalhadores.

11 Salomão levou a filha do faraó da Cidade de Davi para o palácio que ele havia construído para ela, pois dissera: "Minha mulher não deve morar no palácio de Davi, rei de Israel, pois os lugares onde entrou a arca do SENHOR são sagrados".

12 Sobre o altar do SENHOR, que havia construído diante do pórtico, Salomão passou a sacrificar holocaustos ao SENHOR, 13 conforme as determinações de Moisés acerca das ofertas diárias e dos sábados, das luas novas e das três festas anuais: a festa dos pães sem fermento, a festa das semanas[c] e a festa das cabanas[d]. 14 De acordo com a ordem de seu pai Davi, designou os grupos dos sacerdotes para as suas tarefas, e os levitas para conduzirem o louvor e ajudarem os sacerdotes, conforme as determinações diárias. Também designou, por divisões, os porteiros das várias portas, conforme o que Davi, homem de Deus, tinha ordenado. 15 Todas as ordens dadas pelo rei aos sacerdotes e aos levitas, inclusive as ordens relativas aos tesouros, foram seguidas à risca.

16 Todo o trabalho de Salomão foi executado, desde o dia em que foram lançados os alicerces do templo do SENHOR até seu término. Assim foi concluído o templo do SENHOR.

17 Depois Salomão foi a Eziom-Geber e a Elate, no litoral de Edom. 18 E Hirão enviou-lhe navios comandados por seus próprios marinheiros, homens que conheciam o mar. Eles navegaram com os marinheiros de Salomão até Ofir, e de lá trouxeram quinze mil e setecentos e cinquenta quilos[e] de ouro para o rei Salomão.

A rainha de Sabá visita Salomão

9 A rainha de Sabá soube da fama de Salomão e foi a Jerusalém para pô-lo à prova com perguntas difíceis. Quando chegou, acompanhada de uma enorme caravana, com camelos carregados de especiarias, grande quantidade de ouro e pedras preciosas, foi até Salomão e lhe fez todas as perguntas que tinha em mente. 2 Salomão respondeu a todas; nenhuma lhe foi tão difícil que não pudesse responder. 3 Vendo a sabedoria de Salomão, bem como o palácio que ele havia construído,

[a] 7:7 Ou *de paz*

[b] 8:6 Ou *condutores de carros*

[c] 8:13 Isto é, do Pentecoste.

[d] 8:13 Ou *dos tabernáculos*; hebraico: *sucote*.

[e] 8:18 Hebraico: *450 talentos*. Um talento equivalia a 35 quilos.

4o que era servido em sua mesa, o lugar de seus oficiais, os criados e os copeiros, todos uniformizados, e os holocaustos que ele fazia no[a] templo do SENHOR, ela ficou impressionada.

5Disse ela então ao rei: "Tudo o que ouvi em meu país acerca de tuas realizações e de tua sabedoria era verdade. 6Mas eu não acreditava no que diziam, até ver com os meus próprios olhos. Na realidade, não me contaram nem a metade da grandeza de tua sabedoria; tu ultrapassas em muito o que ouvi. 7Como devem ser felizes os homens da tua corte, que continuamente estão diante de ti e ouvem a tua sabedoria! 8Bendito seja o SENHOR, o teu Deus, que se agradou de ti e te colocou no trono dele para reinar pelo SENHOR, pelo teu Deus. Por causa do amor de teu Deus para com Israel e do seu desejo de preservá-lo para sempre, ele te fez rei, para manter a justiça e a retidão".

9E ela deu ao rei quatro mil e duzentos quilos[b] de ouro e grande quantidade de especiarias e de pedras preciosas. Nunca se viram tantas e tais especiarias como as que a rainha de Sabá deu ao rei Salomão.

10(Os marinheiros de Hirão e de Salomão trouxeram ouro de Ofir, e também madeira de junípero e pedras preciosas. 11O rei utilizou a madeira para fazer a escadaria do templo do SENHOR e a do palácio real, além de harpas e liras para os músicos. Nunca se tinha visto algo semelhante em Judá.)

12O rei Salomão deu à rainha de Sabá tudo o que ela desejou e pediu; muito mais do que ela lhe tinha trazido. Então ela e seus servos voltaram para o seu país.

O esplendor do reino de Salomão

13O peso do ouro que Salomão recebia anualmente era de vinte e três mil e trezentos quilos, 14fora o que os mercadores e os comerciantes traziam. Também todos os reis da Arábia e os governadores do país traziam ouro e prata para Salomão.

15O rei Salomão fez duzentos escudos grandes de ouro batido, utilizando três quilos e seiscentos gramas de ouro em cada um. 16Também fez trezentos escudos pequenos de ouro batido, com um quilo e oitocentos gramas de ouro em cada um, e os colocou no Palácio da Floresta do Líbano.

17O rei mandou fazer ainda um grande trono de marfim revestido de ouro puro. 18O trono tinha seis degraus, e um estrado de ouro fixo nele. Nos dois lados do assento havia braços, com um leão junto a cada braço. 19Doze leões ficavam nos seis degraus, um de cada lado. Nada igual havia sido feito em nenhum outro reino. 20Todas as taças do rei Salomão eram de ouro, bem como todos os utensílios do Palácio da Floresta do Líbano. Não havia nada de prata, pois a prata quase não tinha valor nos dias de Salomão. 21O rei tinha uma frota de navios mercantes[c] tripulados por marinheiros do rei Hirão. Cada três anos a frota voltava, trazendo ouro, prata, marfim, macacos e pavões.

22O rei Salomão era o mais rico e o mais sábio de todos os reis da terra. 23Estes pediam audiência a Salomão para ouvirem a sabedoria que Deus lhe tinha dado. 24Ano após ano, todos os que vinham traziam algum presente: utensílios de prata e de ouro, mantos, armas e especiarias, cavalos e mulas.

25Salomão possuía quatro mil estábulos para cavalos e carros, e doze mil cavalos[d], dos quais mantinha uma parte nas guarnições de algumas cidades e a outra perto dele, em Jerusalém. 26Ele dominava sobre todos os reis desde o Eufrates[e] até a terra dos filisteus, junto à fronteira do Egito. 27O rei tornou a prata tão comum em Jerusalém quanto as pedras, e o cedro tão numeroso quanto as figueiras bravas da Sefelá. 28Os cavalos de Salomão eram importados do Egito[f] e de todos os outros países.

A morte de Salomão

29Os demais acontecimentos do reinado de Salomão, desde o início até o fim, estão escritos nos relatos do profeta Natã, nas profecias do silonita Aías e nas visões do vidente Ido acerca de Jeroboão, filho de Nebate. 30Salomão reinou quarenta anos em Jerusalém, sobre todo o Israel. 31Então descansou com os seus antepassados e foi sepultado na Cidade de Davi, seu pai. E o seu filho Roboão foi o seu sucessor.

A revolta de Israel contra Roboão

10 Roboão foi a Siquém, onde todos os israelitas tinham se reunido para proclamá-lo rei. 2Jeroboão, filho de Nebate, tinha fugido do rei Salomão e estava no Egito. Assim que soube da reunião em Siquém, voltou do Egito. 3E mandaram chamá-lo. Então ele e todo o Israel foram ao encontro de Roboão e disseram: 4"Teu pai colocou sobre nós um jugo pesado, mas agora diminui o trabalho árduo e este jugo pesado, e nós te serviremos".

5Roboão respondeu: "Voltem a mim daqui a três dias". E o povo foi embora.

6O rei Roboão perguntou às autoridades que haviam servido ao seu pai Salomão durante a vida dele: "Como vocês me aconselham a responder a este povo?"

7Eles responderam: "Se hoje fores bom para esse povo, se o agradares e lhe deres resposta favorável, eles sempre serão teus servos".

8Roboão, contudo, rejeitou o conselho que as autoridades de Israel lhe deram e consultou os jovens que haviam crescido com ele e o estavam servindo. 9Perguntou-lhes: "Qual é o conselho de vocês? Como devemos responder a este povo que me diz: 'Diminui o jugo que teu pai colocou sobre nós'?"

10Os jovens que haviam crescido com ele responderam: "A este povo que te disse: 'Teu pai colocou sobre nós um jugo pesado; torna-o mais leve' — dize: 'Meu dedo mínimo é mais grosso do que a cintura do meu pai. 11Pois bem, meu pai lhes impôs um jugo pesado; eu o tornarei ainda mais pesado. Meu pai os castigou com simples chicotes; eu os castigarei com chicotes pontiagudos[g]' ".

12Três dias depois, Jeroboão e todo o povo voltaram a Roboão, segundo a orientação dada pelo rei: "Voltem a mim daqui a três dias". 13Mas o rei lhes respondeu asperamente. Rejeitando o conselho das autoridades de Israel, 14seguiu o conselho dos jovens e disse: "Meu pai lhes tornou pesado o jugo; eu o tornarei ainda mais pesado. Meu pai os castigou com simples chicotes; eu

[a] 9:4 Ou *e o caminho pelo qual subia até o*
[b] 9:9 Hebraico: *120 talentos*. Um talento equivalia a 35 quilos.
[c] 9:21 Hebraico: *navios que iam para Társis*. Veja 20:36.
[d] 9:25 Ou *condutores de carros*
[e] 9:26 Hebraico: *o Rio*.
[f] 9:28 Ou *Muzur*, região da Cilícia.
[g] 10:11 Ou *com escorpiões*; também no versículo 14.

os castigarei com chicotes pontiagudos". 15E o rei não atendeu o povo, pois esta mudança nos acontecimentos vinha da parte de Deus, para que se cumprisse a palavra que o SENHOR havia falado a Jeroboão, filho de Nebate, por meio do silonita Aías.

16Quando todo o Israel viu que o rei se recusava a ouvi-lo, respondeu ao rei:

> "Que temos em comum com Davi?
> Que temos em comum
> com o filho de Jessé?
> Para as suas tendas, ó Israel!
> Cuide da sua própria casa, ó Davi!"

E assim os israelitas foram para as suas casas. 17Quanto, porém, aos israelitas que moravam nas cidades de Judá, Roboão continuou como rei deles.

18O rei Roboão enviou Adonirão[a], chefe do trabalho forçado, mas todo o Israel o apedrejou até a morte. O rei, contudo, conseguiu subir em sua carruagem e fugir para Jerusalém. 19Desta forma Israel se rebelou contra a dinastia de Davi, e assim permanece até hoje.

11 Quando Roboão chegou a Jerusalém, convocou cento e oitenta mil homens de combate, das tribos de Judá e de Benjamim, para guerrearem contra Israel e recuperarem o reino para Roboão.

2Entretanto, veio esta palavra do SENHOR a Semaías, homem de Deus: 3"Diga a Roboão, filho de Salomão, rei de Judá, e a todos os israelitas de Judá e de Benjamim: 4Assim diz o SENHOR: Não saiam à guerra contra os seus irmãos. Voltem para casa, todos vocês, pois fui eu que fiz isso". E eles obedeceram à palavra do SENHOR e desistiram de marchar contra Jeroboão.

A fortificação das cidades de Judá

5Roboão morou em Jerusalém e reconstruiu algumas cidades para a defesa de Judá. Foram elas: 6Belém, Etã, Tecoa, 7Bete-Zur, Socó, Adulão, 8Gate, Maressa, Zife, 9Adoraim, Laquis, Azeca, 10Zorá, Aijalom e Hebrom. Essas cidades foram fortificadas em Judá e em Benjamim. 11Ele fortaleceu as suas defesas e nelas colocou comandantes, com suprimentos de alimentos, azeite e vinho. 12Armazenou escudos grandes e lanças em todas as cidades, tornando-as muito fortes. Assim, Judá e Benjamim continuaram sob o seu domínio.

13Os sacerdotes e os levitas de todos os distritos de Israel o apoiaram. 14Os levitas chegaram até a abandonar as suas pastagens e os seus bens, e foram para Judá e para Jerusalém, porque Jeroboão e seus filhos os haviam rejeitado como sacerdotes do SENHOR, 15nomeando seus próprios sacerdotes para os altares idólatras e para os ídolos que haviam feito em forma de bodes e de bezerros. 16De todas as tribos de Israel aqueles que estavam realmente dispostos a buscar o SENHOR, o Deus de Israel, seguiram os levitas até Jerusalém para oferecerem sacrifícios ao SENHOR, ao Deus dos seus antepassados. 17Eles fortaleceram o reino de Judá e durante três anos apoiaram Roboão, filho de Salomão, andando nos caminhos de Davi e de Salomão durante esse tempo.

A família de Roboão

18Roboão casou-se com Maalate, filha de Jeremote e neta de Davi. A mãe de Maalate era Abiail, filha de Eliabe e neta de Jessé. 19Ela deu-lhe três filhos: Jeús, Semarias e Zaão. 20Depois ele casou-se com Maaca, filha de Absalão, a qual lhe deu os filhos Abias, Atai, Ziza e Selomite. 21Roboão amava Maaca, filha de Absalão, mais do que a qualquer outra de suas esposas e concubinas. Ao todo ele teve dezoito esposas e sessenta concubinas, vinte e oito filhos e sessenta filhas.

22Roboão nomeou Abias, filho de Maaca, chefe entre os seus irmãos, com o intuito de fazê-lo rei. 23Ele agiu com sabedoria, dispersando seus filhos pelos distritos de Judá e de Benjamim, e pelas cidades fortificadas. Garantiu-lhes fartas provisões e lhes conseguiu muitas mulheres.

Sisaque ataca Jerusalém

12 Depois que Roboão se fortaleceu e se firmou como rei, ele e todo o Israel[b] abandonaram a lei do SENHOR. 2Por terem sido infiéis ao SENHOR, Sisaque, rei do Egito, atacou Jerusalém no quinto ano do reinado de Roboão. 3Com mil e duzentos carros de guerra, sessenta mil cavaleiros e um exército incontável de líbios, suquitas e etíopes[c], que vieram do Egito com ele, 4conquistou as cidades fortificadas de Judá e chegou até Jerusalém.

5Então o profeta Semaías apresentou-se a Roboão e aos líderes de Judá que se haviam reunido em Jerusalém, fugindo de Sisaque, e lhes disse: "Assim diz o SENHOR: 'Vocês me abandonaram; por isso eu agora os abandono, entregando-os a Sisaque' ".

6Os líderes de Israel e o rei se humilharam e disseram: "O SENHOR é justo".

7Quando o SENHOR viu que eles se humilharam, veio a Semaías esta palavra do SENHOR: "Visto que eles se humilharam, não os destruirei, mas em breve lhes darei livramento. Minha ira não será derramada sobre Jerusalém por meio de Sisaque. 8Eles, contudo, ficarão sujeitos a ele, para que aprendam a diferença entre servir a mim e servir aos reis de outras terras".

9Quando Sisaque, rei do Egito, atacou Jerusalém, levou todos os tesouros do templo do SENHOR e do palácio real, inclusive os escudos de ouro que Salomão havia feito. 10Por isso o rei Roboão mandou fazer escudos de bronze para substituí-los, e os entregou aos chefes da guarda da entrada do palácio real. 11Sempre que o rei ia ao templo do SENHOR, os guardas empunhavam os escudos e, em seguida, os devolviam à sala da guarda.

12Como Roboão se humilhou, a ira do SENHOR afastou-se dele, e ele não foi totalmente destruído. Na verdade, em Judá ainda havia algo de bom.

13O rei Roboão firmou-se no poder em Jerusalém e continuou a reinar. Tinha quarenta e um anos de idade quando começou a reinar, e reinou dezessete anos em Jerusalém, cidade que o SENHOR havia escolhido dentre todas as tribos de Israel para nela pôr o seu nome. Sua mãe, uma amonita, chamava-se Naamá. 14Ele agiu mal porque não dispôs o seu coração para buscar o SENHOR.

15Os demais acontecimentos do reinado de Roboão, do início ao fim, estão escritos nos relatos do profeta Semaías e do vidente Ido, que tratam de genealogias. Houve guerra constante entre Roboão e Jeroboão. 16Roboão descansou com os seus antepassados e foi sepultado na Cidade de Davi; seu filho Abias foi o seu sucessor.

[a] 10:18 Conforme alguns manuscritos da Septuaginta. O Texto Massorético diz *Adorão*. Veja 1Rs 4:6 e 5:14.

[b] 12:1 Isto é, Judá, como ocorre frequentemente em 2Crônicas.

[c] 12:3 Hebraico: *cuxitas*.

O reinado de Abias, rei de Judá

13 No décimo oitavo ano do reinado de Jeroboão, Abias
tornou-se rei de Judá, 2e reinou três anos em Jeru-
salém. O nome de sua mãe era Maaca[a], filha[b] de Uriel,
de Gibeá.

E houve guerra entre Abias e Jeroboão. 3Abias en-
trou em combate levando uma força de quatrocentos
mil excelentes guerreiros, e Jeroboão foi enfrentá-lo
com oitocentos mil, igualmente excelentes.

4Abias subiu o monte Zemaraim, nos montes de
Efraim, e gritou: "Jeroboão e todo o Israel, ouçam-me!
5Vocês não sabem que o SENHOR, o Deus de Israel, deu
para sempre o reino de Israel a Davi e a seus descenden-
tes mediante uma aliança irrevogável[c]? 6Mesmo assim,
Jeroboão, filho de Nebate, servo de Salomão, filho de
Davi, rebelou-se contra o seu senhor. 7Alguns homens
vadios e imprestáveis juntaram-se a ele e se opuseram
a Roboão, filho de Salomão, quando ainda era jovem,
indeciso e incapaz de oferecer-lhes resistência.

8"E agora vocês pretendem resistir ao reino do SE-
NHOR, que está nas mãos dos descendentes de Davi! Vo-
cês são de fato uma multidão imensa e têm os bezerros
de ouro que Jeroboão fez para serem os seus deuses.
9Mas, não foram vocês que expulsaram os sacerdotes
do SENHOR, os descendentes de Arão, e os levitas, e es-
colheram os seus próprios sacerdotes, como fazem os
outros povos? Qualquer pessoa que se consagre com
um novilho e sete carneiros pode tornar-se sacerdote
daqueles que não são deuses.

10"Quanto a nós, o SENHOR é o nosso Deus, e não o
abandonamos. Os nossos sacerdotes, que servem ao
SENHOR auxiliados pelos levitas, são descendentes de
Arão. 11Todas as manhãs e todas as tardes eles apresen-
tam holocaustos e incenso aromático ao SENHOR, ar-
rumam os pães sobre a mesa cerimonialmente pura e
todas as tardes acendem as lâmpadas do candelabro de
ouro. Pois nós observamos as exigências do SENHOR, o
nosso Deus, enquanto que vocês o abandonaram. 12E
vejam bem! Deus está conosco; ele é o nosso chefe. Os
sacerdotes dele, com suas cornetas, farão soar o grito
de guerra contra vocês. Israelitas, não lutem contra o
SENHOR, o Deus dos seus antepassados, pois vocês não
terão êxito!"

13Enquanto isso, Jeroboão tinha mandado tropas
para a retaguarda do exército de Judá, de forma que
ele estava em frente de Judá e a emboscada estava
atrás. 14Quando o exército de Judá se virou e viu que
estava sendo atacado pela frente e pela retaguarda,
clamou ao SENHOR. Os sacerdotes tocaram suas cor-
netas 15e os homens de Judá deram o grito de guerra.
Ao som do grito de guerra, Deus derrotou Jeroboão e
todo o Israel diante de Abias e de Judá. 16Os israelitas
fugiram dos soldados de Judá, e Deus os entregou nas
mãos deles. 17Abias e os seus soldados lhes infligiram
grande derrota; quinhentos mil excelentes guerreiros
de Israel foram mortos. 18Os israelitas foram subju-
gados naquela ocasião, e os homens de Judá tiveram
força para vencer, pois confiaram no SENHOR, o Deus
dos seus antepassados.

19Abias perseguiu Jeroboão e tomou-lhe as cidades
de Betel, Jesana e Efrom, com os seus povoados. 20Du-
rante o reinado de Abias, Jeroboão não recuperou o seu
poder; até que o SENHOR o feriu, e ele morreu.

21Abias, ao contrário, fortaleceu-se. Ele se casou com
catorze mulheres e teve vinte e dois filhos e dezesseis
filhas.

22Os demais acontecimentos do reinado de Abias,
o que ele fez e o que disse, estão escritos nos relatos
do profeta Ido.

O reinado de Asa, rei de Judá

14 Abias descansou com os seus antepassados e foi
sepultado na Cidade de Davi. Seu filho Asa foi o
seu sucessor, e em seu reinado o país esteve em paz
durante dez anos.

2Asa fez o que o SENHOR, o seu Deus, aprova. 3Retirou
os altares dos deuses estrangeiros e os altares idólatras
que havia nos montes, despedaçou as colunas sagradas
e derrubou os postes sagrados. 4Ordenou ao povo de Ju-
dá que buscasse o SENHOR, o Deus dos seus antepassa-
dos, e que obedecesse às leis e aos mandamentos dele.
5Retirou os altares idólatras e os altares de incenso[d] de
todas as cidades de Judá, e o reino esteve em paz du-
rante o seu governo. 6Também construiu cidades for-
tificadas em Judá, aproveitando esse período de paz.
Ninguém entrou em guerra contra ele durante aqueles
anos, pois o SENHOR lhe deu descanso.

7Disse ele ao povo de Judá: "Vamos construir estas
cidades com muros ao redor, fortificadas com torres,
portas e trancas. A terra ainda é nossa, porque temos
buscado o SENHOR, o nosso Deus; nós o buscamos, e ele
nos tem concedido paz em nossas fronteiras". Eles en-
tão as construíram e prosperaram.

8Asa tinha um exército de trezentos mil homens de
Judá, equipados com escudos grandes e lanças, e du-
zentos e oitenta mil de Benjamim, armados com es-
cudos pequenos e arcos. Todos eram valentes homens
de combate.

9O etíope[e] Zerá marchou contra eles com um exér-
cito de um milhão de soldados e trezentos carros de
guerra, e chegou a Maressa.

10Asa saiu para enfrentá-lo, e eles se puseram em po-
sição de combate no vale de Zefatá, perto de Maressa.

11Então Asa clamou ao SENHOR, o seu Deus: "SENHOR,
não há ninguém como tu para ajudar os fracos contra os
poderosos. Ajuda-nos, ó SENHOR, ó nosso Deus, pois em
ti pomos a nossa confiança, e em teu nome viemos con-
tra este imenso exército. Ó SENHOR, tu és o nosso Deus;
não deixes o homem prevalecer contra ti".

12O SENHOR derrotou os etíopes diante de Asa e de
Judá. Os etíopes fugiram, 13e Asa e seu exército os per-
seguiram até Gerar. Caíram tantos deles que o exército
não conseguiu recuperar-se; foram destruídos perante
o SENHOR e suas forças. E os homens de Judá saquea-
ram muitos bens. 14Destruíram todas as cidades ao re-
dor de Gerar, pois o terror do SENHOR havia caído sobre
elas. Saquearam todas essas cidades, pois havia nelas
muitos despojos. 15Também atacaram os acampamentos
onde havia gado e se apoderaram de muitas ovelhas, ca-
bras e camelos. E em seguida voltaram para Jerusalém.

[a] 13:2 Conforme a maioria dos manuscritos da Septuaginta e a Versão Siríaca. O Texto Massorético diz *Micaías*. Veja 2Cr 11:20 e 1Rs 15:2.
[b] 13:2 Ou *neta*
[c] 13:5 Hebraico: *aliança de sal*.
[d] 14:5 Provavelmente colunas dedicadas ao deus sol.
[e] 14:9 Hebraico: *cuxita*; também no versículo 12.

A reforma realizada por Asa

15 O Espírito de Deus veio sobre Azarias, filho de Odede. 2Ele saiu para encontrar-se com Asa e lhe disse: "Escutem-me, Asa e todo o povo de Judá e de Benjamim. O SENHOR está com vocês quando vocês estão com ele. Se o buscarem, ele deixará que o encontrem, mas, se o abandonarem, ele os abandonará. 3Durante muito tempo Israel esteve sem o verdadeiro Deus, sem sacerdote para ensiná-lo e sem a Lei. 4Mas em sua angústia eles se voltaram para o SENHOR, o Deus de Israel; buscaram-no, e ele deixou que o encontrassem. 5Naqueles dias não era seguro viajar, pois muitos distúrbios afligiam todos os habitantes do território. 6Nações e cidades se destruíam umas às outras, pois Deus as estava afligindo com toda espécie de desgraças. 7Mas, sejam fortes e não desanimem, pois o trabalho de vocês será recompensado".

8Assim que ouviu as palavras e a profecia do profeta Azarias, filho de[a] Odede, o rei Asa encheu-se de coragem. Retirou os ídolos repugnantes de toda a terra de Judá e de Benjamim e das cidades que havia conquistado nos montes de Efraim, e restaurou o altar do SENHOR que estava em frente do pórtico do templo do SENHOR.

9Depois reuniu todo o povo de Judá e de Benjamim, e convocou também os que pertenciam a Efraim, a Manassés e a Simeão que viviam entre eles, pois muitos de Israel tinham passado para o lado do rei Asa, ao verem que o SENHOR, o seu Deus, estava com ele.

10Eles se reuniram em Jerusalém no terceiro mês do décimo quinto ano do reinado de Asa. 11Naquela ocasião sacrificaram ao SENHOR setecentos bois e sete mil ovelhas e cabras, do saque que haviam feito. 12Fizeram um acordo de todo o coração e de toda a alma de buscar o SENHOR, o Deus dos seus antepassados. 13Todo aquele que não buscasse o SENHOR, o Deus de Israel, deveria ser morto, gente simples ou importante,[b] homem ou mulher. 14Fizeram esse juramento ao SENHOR em alta voz, bradando ao som de cornetas e trombetas. 15Todo o povo de Judá alegrou-se com o juramento, pois o havia feito de todo o coração. Eles buscaram a Deus com a melhor disposição; ele deixou que o encontrassem e lhes concedeu paz em suas fronteiras.

16O rei Asa chegou até a depor sua avó Maaca da posição de rainha-mãe, pois ela havia feito um poste sagrado repugnante. Asa derrubou o poste, despedaçou-o e queimou-o no vale do Cedrom. 17Embora os altares idólatras não tivessem sido eliminados de Israel, o coração de Asa foi totalmente dedicado ao SENHOR durante toda a sua vida. 18Ele trouxe para o templo de Deus a prata, o ouro e os utensílios que ele e seu pai haviam consagrado.

19E não houve mais nenhuma guerra até o trigésimo quinto ano do seu reinado.

Os últimos anos de Asa

16 No trigésimo sexto ano do reinado de Asa, Baasa, rei de Israel, invadiu Judá e fortificou Ramá, para que ninguém pudesse entrar no território de Asa, rei de Judá, nem sair de lá.

2Então Asa ajuntou a prata e o ouro do tesouro do templo do SENHOR e do seu próprio palácio e os enviou a Ben-Hadade, rei da Síria, que governava em Damasco, com uma mensagem que dizia: 3"Façamos um tratado, como fizeram meu pai e o teu. Estou te enviando prata e ouro. Agora, rompe o tratado que tens com Baasa, rei de Israel, para que ele saia do meu país".

4Ben-Hadade aceitou a proposta do rei Asa e ordenou aos comandantes das suas forças que atacassem as cidades de Israel. Eles conquistaram Ijom, Dã, Abel-Maim[c] e todas as cidades-armazéns de Naftali. 5Quando Baasa soube disso, abandonou a construção dos muros de Ramá. 6Então o rei Asa reuniu todos os homens de Judá, e eles retiraram de Ramá as pedras e a madeira que Baasa estivera usando. Com esse material Asa fortificou Geba e Mispá.

7Naquela época, o vidente Hanani foi dizer a Asa, rei de Judá: "Por você ter pedido ajuda ao rei da Síria e não ao SENHOR, ao seu Deus, o exército do rei da Síria escapou de suas mãos. 8Por acaso os etíopes[d] e os líbios não eram um exército poderoso, com uma grande multidão de carros e cavalos[e]? Contudo, quando você pediu ajuda ao SENHOR, ele os entregou em suas mãos. 9Pois os olhos do SENHOR estão atentos sobre toda a terra para fortalecer aqueles que lhe dedicam totalmente o coração. Nisso você cometeu uma loucura. De agora em diante terá que enfrentar guerras".

10Asa irritou-se contra o vidente por causa disso; ficou tão indignado que mandou prendê-lo. Nessa época Asa oprimiu brutalmente alguns do povo.

11Os demais acontecimentos do reinado de Asa, do início ao fim, estão escritos nos registros históricos dos reis de Judá e de Israel. 12No trigésimo nono ano de seu reinado, Asa foi atacado por uma doença nos pés. Embora a sua doença fosse grave, não buscou ajuda do SENHOR, mas só dos médicos. 13Então, no quadragésimo primeiro ano do seu reinado, Asa morreu e descansou com os seus antepassados. 14Sepultaram-no no túmulo que ele havia mandado cavar para si na Cidade de Davi. Deitaram-no num leito coberto de especiarias e de vários perfumes de fina mistura, e fizeram uma imensa fogueira em sua honra.

O reinado de Josafá, rei de Judá

17 Josafá, filho de Asa, foi o seu sucessor e fortaleceu-se contra Israel. 2Posicionou tropas em todas as cidades fortificadas de Judá e pôs guarnições em Judá e nas cidades de Efraim que seu pai, Asa, tinha conquistado.

3O SENHOR esteve com Josafá porque, em seus primeiros anos, ele andou nos caminhos que seu predecessor Davi tinha seguido. Não consultou os baalins, 4mas buscou o Deus de seu pai e obedeceu aos seus mandamentos, e não imitou as práticas de Israel. 5O SENHOR firmou o reino de Josafá, e todo o Judá lhe trazia presentes, de maneira que teve grande riqueza e honra. 6Ele seguiu corajosamente os caminhos do SENHOR; além disso, retirou de Judá os altares idólatras e os postes sagrados.

7No terceiro ano de seu reinado, ele enviou seus oficiais Bene-Hail, Obadias, Zacarias, Natanael e Micaías para ensinarem nas cidades de Judá. 8Com eles foram os levitas Semaías, Netanias, Zebadias, Asael, Semiramote, Jônatas, Adonias, Tobias, Tobe-Adonias e os sacerdotes Elisama e Jeorão. 9Eles percorreram todas as

[a] 15:8 Conforme a Vulgata e a Versão Siríaca. O Texto Massorético não traz *Azarias, filho de.*

[b] 15:13 Ou *jovens ou idosos*

[c] 16:4 Também conhecida como *Abel-Bete-Maaca.*

[d] 16:8 Hebraico: *cuxitas.*

[e] 16:8 Ou *condutores de carro*

cidades do reino de Judá, levando consigo o Livro da
Lei do SENHOR e ensinando o povo.
10O temor do SENHOR caiu sobre todos os reinos ao
redor de Judá, de forma que não entraram em guer-
ra contra Josafá. 11Alguns filisteus levaram presentes
a Josafá, além da prata que lhe deram como tributo, e
os árabes levaram-lhe rebanhos: sete mil e setecentos
carneiros e sete mil e setecentos bodes.
12Josafá tornou-se cada vez mais poderoso; construiu
fortalezas e cidades-armazéns em Judá, 13onde guarda-
va enorme quantidade de suprimentos. Também man-
tinha em Jerusalém homens de combate experientes.
14A lista desses homens, por famílias, era a seguinte:

De Judá, líderes de batalhões de 1.000:
o líder Adna, com 300.000 homens de combate;
15em seguida, o líder Joanã, com 280.000;
16depois, Amasias, filho de Zicri, que se apresen-
tou voluntariamente para o serviço do SENHOR,
com 200.000.
17De Benjamim:
Eliada, um guerreiro valente, com 200.000 ho-
mens armados com arcos e escudos;
18Jeozabade, com 180.000 homens armados pa-
ra a batalha.

19Esses eram os homens que serviam o rei, além dos
que estavam posicionados nas cidades fortificadas em
todo o Judá.

A profecia contra Acabe

18 Josafá tinha grande riqueza e honra, e aliou-se a
Acabe por laços de casamento. 2Alguns anos de-
pois, ele foi visitar Acabe em Samaria. Acabe abateu
muitas ovelhas e bois para receber Josafá e sua comi-
tiva, e insistiu que atacasse Ramote-Gileade. 3Acabe, rei
de Israel, perguntou a Josafá, rei de Judá: "Irás comigo
lutar contra Ramote-Gileade?"
Josafá respondeu: "Sou como tu, e meu povo é como
o teu povo; estaremos contigo na guerra". 4Mas acres-
centou: "Peço-te que busques primeiro o conselho do
SENHOR".
5Então o rei de Israel reuniu quatrocentos profetas,
e lhes perguntou: "Devemos ir à guerra contra Ramote-
-Gileade, ou não?"
Eles responderam: "Sim, pois Deus a entregará nas
mãos do rei".
6Josafá, porém, perguntou: "Não existe aqui mais
nenhum profeta do SENHOR, a quem possamos con-
sultar?"
7O rei de Israel respondeu a Josafá: "Ainda há um
homem por meio de quem podemos consultar o SE-
NHOR, porém eu o odeio, porque nunca profetiza coi-
sas boas a meu respeito, mas sempre coisas ruins. É
Micaías, filho de Inlá".
"O rei não deveria dizer isso", Josafá respondeu.
8Então o rei de Israel chamou um dos seus oficiais
e disse: "Traga imediatamente Micaías, filho de Inlá".
9Usando vestes reais, o rei de Israel e Josafá, rei de
Judá, estavam sentados em seus tronos, na eira, junto
à porta de Samaria, e todos os profetas estavam profe-
tizando em transe diante deles. 10E Zedequias, filho de
Quenaaná, tinha feito chifres de ferro, e declarou: "As-
sim diz o SENHOR: 'Com estes chifres tu ferirás os ara-
meus até que sejam destruídos' ".
11Todos os outros profetas estavam profetizando a
mesma coisa, dizendo: "Ataca Ramote-Gileade, e serás
vitorioso, pois o SENHOR a entregará nas mãos do rei".
12O mensageiro que tinha ido chamar Micaías lhe
disse: "Vê, todos os outros profetas estão predizendo
que o rei terá sucesso. Tua palavra também deve ser
favorável".
13Micaías, porém, disse: "Juro pelo nome do SENHOR
que direi o que o meu Deus mandar".
14Quando ele chegou, o rei lhe perguntou: "Micaías,
devemos ir à guerra contra Ramote-Gileade, ou não?"
Ele respondeu: "Ataquem, e serão vitoriosos, pois
eles serão entregues em suas mãos".
15O rei lhe disse: "Quantas vezes devo fazer-te jurar
que me irás dizer somente a verdade em nome do SE-
NHOR?"
16Então Micaías respondeu: "Vi todo o Israel espa-
lhado pelas colinas, como ovelhas sem pastor, e ouvi
o SENHOR dizer: 'Estes não têm dono. Cada um volte
para casa em paz' ".
17O rei de Israel disse a Josafá: "Não lhe disse que
ele nunca profetiza nada de bom a meu respeito, mas
apenas coisas ruins?"
18Micaías prosseguiu: "Ouçam a palavra do SENHOR:
Vi o SENHOR assentado em seu trono, com todo o exér-
cito dos céus à sua direita e à sua esquerda. 19E o SE-
NHOR disse: 'Quem enganará Acabe, rei de Israel, para
que ataque Ramote-Gileade e morra lá?'
"E um sugeria uma coisa, outro sugeria outra, até
que, 20finalmente, um espírito colocou-se diante do SE-
NHOR e disse: 'Eu o enganarei'.
" 'De que maneira?', perguntou o SENHOR.
21"Ele respondeu: 'Irei e serei um espírito mentiroso
na boca de todos os profetas do rei'.
"Disse o SENHOR: 'Você conseguirá enganá-lo; vá e
engane-o'.
22"E o SENHOR pôs um espírito mentiroso na boca
destes seus profetas. O SENHOR decretou a sua desgra-
ça".
23Então Zedequias, filho de Quenaaná, aproximou-
-se, deu um tapa no rosto de Micaías e perguntou: "Por
qual caminho foi o espírito da parte do[a] SENHOR, quan-
do saiu de mim para falar a você?"
24Micaías respondeu: "Você descobrirá no dia em que
estiver se escondendo de quarto em quarto".
25O rei de Israel então ordenou: "Enviem Micaías de
volta a Amom, o governador da cidade, e a Joás, filho do
rei, 26e digam que assim diz o rei: Ponham este homem
na prisão a pão e água, até que eu volte em segurança".
27Micaías declarou: "Se você de fato voltar em se-
gurança, o SENHOR não falou por meu intermédio". E
acrescentou: "Ouçam o que estou dizendo, todos vocês!"

A morte de Acabe

28Então o rei de Israel e Josafá, rei de Judá, foram
atacar Ramote-Gileade. 29E o rei de Israel disse a Josafá:
"Entrarei disfarçado em combate, mas tu, usa as tuas
vestes reais". O rei de Israel disfarçou-se, e ambos fo-
ram para o combate.
30O rei da Síria havia ordenado a seus chefes dos car-
ros de guerra: "Não lutem contra ninguém, seja solda-
do, seja oficial, senão contra o rei de Israel". 31Quando

[a] 18:23 Ou *Espírito do*

os chefes dos carros viram Josafá, pensaram: "É o rei de Israel", e o cercaram para atacá-lo, mas Josafá clamou, e o SENHOR o ajudou. Deus os afastou dele, 32pois, quando os comandantes dos carros viram que não era o rei de Israel, deixaram de persegui-lo.

33De repente, um soldado disparou seu arco ao acaso e atingiu o rei de Israel entre os encaixes da sua armadura. Então o rei disse ao condutor do seu carro: "Tire-me do combate. Fui ferido!" 34A batalha foi violenta durante todo o dia, e assim, o rei de Israel teve que enfrentar os arameus em pé no seu carro, até a tarde. E, ao pôr do sol, ele morreu.

19 Quando Josafá, rei de Judá, voltou em segurança ao seu palácio em Jerusalém, 2o vidente Jeú, filho de Hanani, saiu ao seu encontro e lhe disse: "Será que você devia ajudar os ímpios e amar aqueles que odeiam o SENHOR? Por causa disso, a ira do SENHOR está sobre você. 3Contudo, existe em você algo de bom, pois você livrou a terra dos postes sagrados e buscou a Deus de todo o seu coração".

A nomeação de juízes

4Josafá morava em Jerusalém; e percorreu de novo a nação, desde Berseba até os montes de Efraim, fazendo-o voltar para o SENHOR, o Deus dos seus antepassados. 5Ele nomeou juízes em cada uma das cidades fortificadas de Judá, 6dizendo-lhes: "Considerem atentamente aquilo que fazem, pois vocês não estão julgando para o homem, mas para o SENHOR, que estará com vocês sempre que derem um veredicto. 7Agora, que o temor do SENHOR esteja sobre vocês. Julguem com cuidado, pois o SENHOR, o nosso Deus, não tolera nem injustiça nem parcialidade nem suborno".

8Também em Jerusalém nomeou Josafá alguns dos levitas, dos sacerdotes e dos chefes de famílias israelitas para julgarem questões da lei do SENHOR e resolverem pendências dos habitantes. 9Deu-lhes as seguintes ordens: "Vocês devem servir com fidelidade e com coração íntegro, no temor do SENHOR. 10Em cada causa que chegar a vocês da parte dos seus irmãos israelitas das outras cidades, seja de derramamento de sangue, sejam questões referentes à lei, aos mandamentos, aos decretos ou às ordenanças, vocês deverão adverti-los de que não pequem contra o SENHOR; caso contrário, a ira dele virá sobre vocês e sobre eles. Façam assim, e vocês não pecarão.

11"Amarias, o sumo sacerdote, estará com vocês para decidir qualquer questão relacionada com o SENHOR; Zebadias, filho de Ismael, líder da tribo de Judá, estará com vocês para decidir qualquer questão civil; e os levitas atuarão como oficiais diante de vocês. Cumpram seus deveres com coragem, e esteja o SENHOR com aqueles que agirem corretamente".

Josafá derrota Moabe e Amom

20 Depois disso, os moabitas e os amonitas, com alguns dos meunitas[a], entraram em guerra contra Josafá.

2Então informaram a Josafá: "Um exército enorme vem contra ti de Edom, do outro lado do mar Morto[b]. Já está em Hazazom-Tamar, isto é, En-Gedi". 3Alarmado, Josafá decidiu consultar o SENHOR e proclamou um jejum em todo o reino de Judá. 4Reuniu-se, pois, o povo, vindo de todas as cidades de Judá para buscar a ajuda do SENHOR.

5Josafá levantou-se na assembleia de Judá e de Jerusalém, no templo do SENHOR, na frente do pátio novo, 6e orou:

> "SENHOR, Deus dos nossos antepassados, não és tu o Deus que está nos céus? Tu dominas sobre todos os reinos do mundo. Força e poder estão em tuas mãos, e ninguém pode opor-se a ti. 7Não és tu o nosso Deus, que expulsaste os habitantes desta terra perante Israel, o teu povo, e a deste para sempre aos descendentes do teu amigo Abraão? 8Eles a têm habitado e nela construíram um santuário em honra ao teu nome, dizendo: 9'Se alguma desgraça nos atingir, seja o castigo da espada, seja a peste, seja a fome, nós nos colocaremos em tua presença diante deste templo, pois ele leva o teu nome, e clamaremos a ti em nossa angústia, e tu nos ouvirás e nos salvarás'.
>
> 10"Mas agora, aí estão amonitas, moabitas e habitantes dos montes de Seir, cujos territórios não permitiste que Israel invadisse quando vinha do Egito; por isso os israelitas se desviaram deles e não os destruíram. 11Vê agora como estão nos retribuindo, ao virem expulsar-nos da terra que nos deste por herança. 12Ó nosso Deus, não irás tu julgá-los? Pois não temos força para enfrentar esse exército imenso que vem nos atacar. Não sabemos o que fazer, mas os nossos olhos se voltam para ti".

13Todos os homens de Judá, com suas mulheres e seus filhos, até os de colo, estavam ali em pé, diante do SENHOR.

14Então o Espírito do SENHOR veio sobre Jaaziel, filho de Zacarias, neto de Benaia, bisneto de Jeiel e trineto de Matanias, levita e descendente de Asafe, no meio da assembleia.

15Ele disse: "Escutem, todos os que vivem em Judá e em Jerusalém e o rei Josafá! Assim lhes diz o SENHOR: 'Não tenham medo nem fiquem desanimados por causa desse exército enorme. Pois a batalha não é de vocês, mas de Deus. 16Amanhã, desçam contra eles. Eis que virão pela subida de Ziz, e vocês os encontrarão no fim do vale, em frente do deserto de Jeruel. 17Vocês não precisarão lutar nessa batalha. Tomem suas posições, permaneçam firmes e vejam o livramento que o SENHOR lhes dará, ó Judá, ó Jerusalém. Não tenham medo nem desanimem. Saiam para enfrentá-los amanhã, e o SENHOR estará com vocês' ".

18Josafá prostrou-se com o rosto em terra, e todo o povo de Judá e de Jerusalém prostrou-se em adoração perante o SENHOR. 19Então os levitas descendentes dos coatitas e dos coreítas levantaram-se e louvaram o SENHOR, o Deus de Israel, em alta voz.

20De madrugada partiram para o deserto de Tecoa. Quando estavam saindo, Josafá lhes disse: "Escutem-me, Judá e povo de Jerusalém! Tenham fé no SENHOR, o seu Deus, e vocês serão sustentados; tenham fé nos profetas do SENHOR, e terão a vitória". 21Depois de consultar

[a] 20:1 Conforme alguns manuscritos da Septuaginta. O Texto Massorético diz *amonitas*.

[b] 20:2 Conforme um manuscrito do Texto Massorético. A maioria dos manuscritos do Texto Massorético, a Septuaginta e a Vulgata dizem *da Síria*.

o povo, Josafá nomeou alguns homens para cantarem
ao Senhor e o louvarem pelo esplendor de sua santi-
dade, indo à frente do exército, cantando:

> "Deem graças ao Senhor,
> pois o seu amor dura para sempre".

22 Quando começaram a cantar e a entoar louvores,
o Senhor preparou emboscadas contra os homens de
Amom, de Moabe e dos montes de Seir, que estavam
invadindo Judá, e eles foram derrotados. 23 Os amoni-
tas e os moabitas atacaram os dos montes de Seir para
destruí-los e aniquilá-los. Depois de massacrarem os
homens de Seir, destruíram-se uns aos outros.
24 Quando os homens de Judá foram para o lugar de
onde se avista o deserto e olharam para o imenso exér-
cito, viram somente cadáveres no chão; ninguém ha-
via escapado. 25 Então Josafá e os seus soldados foram
saquear os cadáveres e encontraram entre eles gran-
de quantidade de equipamentos e roupas[a], e também
objetos de valor; passaram três dias saqueando, mas
havia mais do que eram capazes de levar. 26 No quar-
to dia eles se reuniram no vale de Beraca, onde louva-
ram o Senhor. Por isso até hoje esse lugar é chamado
vale de Beraca[b].
27 Depois, sob a liderança de Josafá, todos os homens
de Judá e de Jerusalém voltaram alegres para Jerusa-
lém, pois o Senhor os enchera de alegria, dando-lhes
vitória sobre os seus inimigos. 28 Entraram em Jerusa-
lém e foram ao templo do Senhor, ao som de liras,
harpas e cornetas.
29 O temor de Deus veio sobre todas as nações, quan-
do souberam como o Senhor havia lutado contra os
inimigos de Israel. 30 E o reino de Josafá manteve-se
em paz, pois o seu Deus lhe concedeu paz em todas as
suas fronteiras.

O final do reinado de Josafá

31 Assim Josafá reinou sobre Judá. Ele tinha trinta
e cinco anos de idade quando se tornou rei, e reinou
vinte e cinco anos em Jerusalém. O nome da sua mãe
era Azuba, filha de Sili. 32 Ele andou nos caminhos de
Asa, seu pai, e não se desviou deles; fez o que o Senhor
aprova. 33 Contudo, não acabou com os altares idólatras,
e o povo ainda não havia firmado o coração no Deus dos
seus antepassados.
34 Os demais acontecimentos do reinado de Josafá,
do início ao fim, estão escritos nos relatos de Jeú, filho
de Hanani, e foram incluídos nos registros históricos
dos reis de Israel.
35 Posteriormente, Josafá, rei de Judá, fez um tratado
com Acazias, rei de Israel, que tinha vida ímpia. 36 Era
um tratado para a construção de navios mercantes[c]. De-
pois de serem construídos os navios em Eziom-Geber,
37 Eliézer, filho de Dodava de Maressa, profetizou con-
tra Josafá, dizendo: "Por haver feito um tratado com
Acazias, o Senhor destruirá o que você fez". Assim, os
navios naufragaram e não se pôde cumprir o tratado
comercial.

21 Josafá descansou com os seus antepassados e foi
sepultado junto deles na Cidade de Davi, e seu filho
Jeorão foi o seu sucessor. 2 Os irmãos de Jeorão, filhos
de Josafá, foram Azarias, Jeiel, Zacarias, Azarias, Micael
e Sefatias. Todos eles foram filhos de Josafá, rei de Is-
rael[d]. 3 Ele deu-lhes muitos presentes de prata, de ouro
e de objetos de valor, bem como cidades fortificadas
em Judá, mas o reino, deu a Jeorão, porque este era
seu filho mais velho.

O reinado de Jeorão, rei de Judá

4 Logo Jeorão se fortaleceu no reino de seu pai, e ma-
tou à espada todos os seus irmãos e alguns líderes de
Israel. 5 Ele tinha trinta e dois anos de idade quando
começou a reinar, e reinou oito anos em Jerusalém.
6 Andou nos caminhos dos reis de Israel, como a famí-
lia de Acabe havia feito, pois se casou com uma filha de
Acabe. E fez o que o Senhor reprova. 7 Entretanto, por
causa da aliança que havia feito com Davi, o Senhor
não quis destruir a dinastia dele. Ele havia prometido
manter para sempre um descendente de Davi no trono[e].
8 Nos dias de Jeorão, os edomitas rebelaram-se con-
tra o domínio de Judá, proclamando seu próprio rei.
9 Por isso Jeorão foi combatê-los com seus líderes e com
todos os seus carros de guerra. Os edomitas cercaram
Jeorão e os chefes dos seus carros de guerra, mas ele os
atacou de noite e rompeu o cerco inimigo. 10 E até hoje
Edom continua independente de Judá.
Nessa mesma época, a cidade de Libna também tor-
nou-se independente, pois Jeorão havia abandonado o
Senhor, o Deus dos seus antepassados. 11 Ele até cons-
truiu altares idólatras nas colinas de Judá, levando o
povo de Jerusalém a prostituir-se e Judá a desviar-se.
12 Então Jeorão recebeu uma carta do profeta Elias,
que dizia:

> "Assim diz o Senhor, o Deus de Davi, seu ante-
> passado: 'Você não tem andado nos caminhos
> de seu pai Josafá nem de Asa, rei de Judá, 13 mas
> sim nos caminhos dos reis de Israel, levando
> Judá e o povo de Jerusalém a se prostituírem
> na idolatria como a família de Acabe. E ainda
> assassinou seus próprios irmãos, membros da
> família de seu pai, homens que eram melhores
> do que você. 14 Por isso o Senhor vai ferir terri-
> velmente seu povo, seus filhos, suas mulheres
> e tudo o que é seu. 15 Você ficará muito doente;
> terá uma enfermidade no ventre, que irá piorar
> até que saiam os seus intestinos' ".

16 O Senhor despertou contra Jeorão a hostilidade
dos filisteus e dos árabes que viviam perto dos etío-
pes[f]. 17 Eles atacaram o reino de Judá, invadiram-no e
levaram todos os bens que encontraram no palácio do
rei, e também suas mulheres e seus filhos. Só ficou Aca-
zias[g], o filho mais novo.
18 Depois de tudo isso, o Senhor afligiu Jeorão com
uma doença incurável nos intestinos. 19 Algum tem-
po depois, ao fim do segundo ano, tanto se agravou
a doença que os seus intestinos saíram, e ele morreu
sofrendo dores horríveis. Seu povo não fez nenhuma
fogueira em sua homenagem, como havia feito para os
seus antepassados.

[a] 20:25 Conforme alguns manuscritos do Texto Massorético e a Vulgata. A maioria dos manuscritos do Texto Massorético diz *cadáveres*.
[b] 20:26 *Beraca* significa *louvor* ou *bênção*.
[c] 20:36 Hebraico: *de navios que pudessem ir a Társis*. Veja 9:21.
[d] 21:2 Isto é, Judá, como acontece frequentemente em 2 Crônicas.
[e] 21:7 Hebraico: *uma lâmpada para ele e seus descendentes*.
[f] 21:16 Hebraico: *cuxitas*.
[g] 21:17 Hebraico: *Jeoacaz*, variante de *Acazias*.

20 Jeorão tinha trinta e dois anos de idade quando começou a reinar, e reinou oito anos em Jerusalém. Morreu sem que ninguém o lamentasse, e foi sepultado na Cidade de Davi, mas não nos túmulos dos reis.

O reinado de Acazias, rei de Judá

22 O povo de Jerusalém proclamou Acazias, filho mais novo de Jeorão, rei em seu lugar, uma vez que as tropas que tinham vindo com os árabes mataram todos os outros filhos dele. Assim começou a reinar Acazias, filho de Jeorão, rei de Judá.

2 Acazias tinha vinte e dois[a] anos de idade quando começou a reinar, e reinou um ano em Jerusalém. O nome de sua mãe era Atalia, neta de Onri.

3 Ele também andou nos caminhos da família de Acabe, pois sua mãe lhe dava maus conselhos. 4 Ele fez o que o SENHOR reprova, como os membros da família de Acabe haviam feito, pois, depois da morte de seu pai, eles se tornaram seus conselheiros, para sua ruína. 5 Ele também seguiu o conselho deles quando se aliou a Jorão, filho de Acabe, rei de Israel, e saiu à guerra contra Hazael, rei da Síria, em Ramote-Gileade. Jorão foi ferido 6 e voltou a Jezreel para recuperar-se dos ferimentos sofridos em Ramote[b], na batalha contra Hazael, rei da Síria.

Depois Acazias, rei de Judá, foi a Jezreel visitar Jorão, que se recuperava de seus ferimentos.

7 Por meio dessa visita, Deus provocou a queda de Acazias. Quando ele chegou, saiu com Jorão ao encontro de Jeú, filho de Ninsi, a quem o SENHOR havia ungido para destruir a família de Acabe. 8 Quando Jeú estava executando juízo sobre a família de Acabe, encontrou os líderes de Judá e os filhos dos parentes de Acazias, que o serviam, e os matou. 9 Saiu então em busca de Acazias, e seus soldados o capturaram em Samaria, onde estava escondido. Levado a Jeú, Acazias foi morto. Mas não lhe negaram sepultura, pois disseram: "Ele era neto de Josafá, que buscou o SENHOR de todo o coração". Assim, a família de Acazias não tinha mais ninguém que pudesse ser rei.

Joás escapa de Atalia

10 Quando Atalia, mãe de Acazias, soube que seu filho estava morto, mandou matar toda a família real de Judá. 11 Mas Jeoseba[c], filha do rei Jeorão, pegou Joás, um dos filhos do rei Acazias que iam ser assassinados, e o colocou num quarto, junto com a sua ama. Assim Jeoseba, filha do rei Jeorão, mulher do sacerdote Joiada e irmã de Acazias, escondeu Joás de Atalia, de forma que ela não pôde matá-lo. 12 Seis anos ele ficou escondido com elas no templo de Deus, enquanto Atalia governava o país.

23 No sétimo ano Joiada encorajou-se e fez um acordo com os líderes dos batalhões de cem[d]: Azarias, filho de Jeroão, Ismael, filho de Joanã, Azarias, filho de Obede, Maaseias, filho de Adaías, e Elisafate, filho de Zicri. 2 Eles percorreram todo o Judá e reuniram de todas as cidades os levitas e os chefes das famílias israelitas. Quando chegaram a Jerusalém, 3 toda a assembleia fez um acordo com o rei no templo de Deus.

Joiada lhes disse: "Reinará o filho do rei, conforme o SENHOR prometeu acerca dos descendentes de Davi. 4 Vocês vão fazer o seguinte: Um terço de vocês, sacerdotes e levitas que entrarão de serviço no sábado, deverá ficar vigiando nas portas do templo, 5 um terço no palácio real e um terço na porta do Alicerce; e todo o povo estará nos pátios do templo do SENHOR. 6 Ninguém deverá entrar no templo do SENHOR, exceto os sacerdotes e os levitas de serviço; estes podem entrar porque foram consagrados, mas o povo deverá observar o que o SENHOR lhes determinou. 7 Os levitas deverão posicionar-se em torno do rei, todos de armas na mão. Matem todo aquele que entrar no templo. Acompanhem o rei aonde quer que ele for".

8 Os levitas e todos os homens de Judá fizeram como o sacerdote Joiada havia ordenado. Cada um levou seus soldados, tanto os que estavam entrando de serviço no sábado como os que estavam saindo, pois o sacerdote Joiada não havia dispensado nenhuma das divisões. 9 Então ele deu aos líderes dos batalhões de cem as lanças e os escudos grandes e pequenos que haviam pertencido ao rei Davi e que estavam no templo de Deus. 10 Posicionou todos os homens, cada um de arma na mão, em volta do rei, perto do altar e no templo, desde o lado sul até o lado norte do templo.

11 Joiada e seus filhos trouxeram o filho do rei e o coroaram; entregaram-lhe uma cópia da aliança e o proclamaram rei, ungindo-o e gritando: "Viva o rei!"

12 Quando Atalia ouviu o barulho do povo correndo e aclamando o rei, foi ao templo do SENHOR, onde estava o povo. 13 Lá ela viu o rei à entrada, em pé, junto à coluna. Os oficiais e os tocadores de cornetas estavam ao lado do rei, e todo o povo se alegrava ao som das cornetas; os músicos, com seus instrumentos musicais, dirigiam os louvores. Então Atalia rasgou suas vestes e gritou: "Traição! Traição!"

14 O sacerdote Joiada ordenou aos líderes dos batalhões de cem que estavam no comando das tropas: "Levem-na para fora por entre as fileiras[e], e matem à espada todo aquele que a seguir". Pois o sacerdote dissera: "Não a matem no templo do SENHOR". 15 Então eles a prenderam e a levaram à porta dos Cavalos, no terreno do palácio, e lá a mataram.

16 E Joiada fez um acordo pelo qual ele, o povo e o rei[f] seriam o povo do SENHOR. 17 Então todo o povo foi ao templo de Baal e o derrubou. Despedaçaram os altares e os ídolos, e mataram Matã, sacerdote de Baal, em frente dos altares.

18 Joiada confiou a supervisão do templo do SENHOR aos sacerdotes levitas, aos quais Davi tinha atribuído tarefas no templo, para apresentarem os holocaustos ao SENHOR, conforme está escrito na Lei de Moisés, com júbilo e cânticos, segundo as instruções de Davi. 19 Também pôs guardas nas portas do templo do SENHOR para que não entrasse ninguém que de alguma forma estivesse impuro.

20 Levou consigo os líderes dos batalhões de cem, os nobres, os governantes do povo e todo o povo e, juntos, conduziram o rei do templo do SENHOR ao palácio, passando pela porta superior, e instalaram o rei no trono;

[a] 22:2 Conforme alguns manuscritos da Septuaginta e a Versão Siríaca. O Texto Massorético diz 42. Veja 2Rs 8:26.
[b] 22:6 Hebraico: *Ramá*, variante de *Ramote*.
[c] 22:11 Hebraico: *Jeosabeate*; variante de *Jeoseba*. Veja 2Rs 11:2.
[d] 23:1 Hebraico: *chefes de cem*.
[e] 23:14 Ou *fora do recinto*
[f] 23:16 Ou *uma aliança entre* [o SENHOR] *e o povo e o rei de que eles* (veja 2Rs 11:17).

21 e todo o povo se alegrou. A cidade acalmou-se depois que Atalia foi morta à espada.

As reformas de Joás no templo

24 Joás tinha sete anos de idade quando se tornou rei, e reinou quarenta anos em Jerusalém. O nome de sua mãe era Zíbia; ela era de Berseba. 2 Joás fez o que o SENHOR aprova enquanto viveu o sacerdote Joiada. 3 Este escolheu para Joás duas mulheres, e ele teve filhos e filhas.

4 Algum tempo depois, Joás decidiu fazer reparos no templo do SENHOR. 5 Ele reuniu os sacerdotes e os levitas e lhes disse: "Vão às cidades de Judá e recolham o imposto devido anualmente por todo o Israel, para fazer reparos no templo de seu Deus. Vão agora mesmo!" Os levitas, porém, não agiram imediatamente.

6 Por isso o rei convocou Joiada, o sumo sacerdote, e lhe perguntou: "Por que você não exigiu que os levitas trouxessem de Judá e de Jerusalém o imposto determinado por Moisés, servo do SENHOR, e pela assembleia de Israel, para a tenda da arca da aliança[a]?"

7 De fato, Atalia, aquela mulher ímpia, e os seus filhos tinham arrombado o templo de Deus e tinham até usado os seus objetos sagrados para cultuar os baalins.

8 Então, por ordem do rei, fizeram uma caixa e a colocaram do lado de fora, à entrada do templo do SENHOR. 9 Fez-se a seguir uma proclamação em Judá e em Jerusalém para que trouxessem ao SENHOR o imposto que Moisés, servo de Deus, havia exigido de Israel no deserto. 10 Todos os líderes e todo o povo trouxeram com alegria as suas contribuições, colocando-as na caixa até enchê-la. 11 Sempre que os levitas levavam a caixa até os supervisores do rei e estes viam que havia muita prata, o secretário real e o oficial do sumo sacerdote esvaziavam-na e a levavam de volta. Fazendo isso regularmente, ajuntaram uma grande quantidade de prata. 12 O rei e Joiada entregavam essa prata aos homens que executavam os trabalhos necessários no templo do SENHOR. Eles contratavam pedreiros, carpinteiros e também operários que trabalhavam em ferro e em bronze para restaurarem o templo do SENHOR.

13 Os homens encarregados do trabalho eram diligentes, o que garantiu o progresso da obra de reforma. Eles reconstruíram o templo de Deus de acordo com o modelo original e o reforçaram. 14 Quando terminaram, trouxeram o restante da prata ao rei e a Joiada, e com ela foram feitos utensílios para o templo do SENHOR; utensílios para o serviço e para os holocaustos, além de tigelas e outros objetos de ouro e de prata. Enquanto Joiada viveu, holocaustos foram apresentados continuamente no templo do SENHOR.

15 Joiada morreu com idade avançada, com cento e trinta anos. 16 Foi sepultado com os reis na Cidade de Davi, em atenção ao bem que havia feito em Israel em favor de Deus e do seu templo.

A impiedade de Joás

17 Depois da morte de Joiada, os líderes de Judá foram falar com o rei e lhe prestaram reverência, e ele aceitou o que disseram. 18 Então abandonaram o templo do SENHOR, o Deus dos seus antepassados, e prestaram culto aos postes sagrados e aos ídolos. Por culpa deles, a ira de Deus veio sobre Judá e Jerusalém. 19 Embora o SENHOR tivesse enviado profetas ao povo para trazê-los de volta para ele, e os profetas tivessem testemunhado contra eles, o povo não quis ouvi-los.

20 Então o Espírito de Deus apoderou-se de Zacarias, filho do sacerdote Joiada. Ele se colocou diante do povo e disse: "Isto é o que Deus diz: 'Por que vocês desobedecem aos mandamentos do SENHOR? Vocês não prosperarão. Já que abandonaram o SENHOR, ele os abandonará' ".

21 Mas alguns conspiraram contra ele e, por ordem do rei, apedrejaram-no até a morte no pátio do templo do SENHOR. 22 O rei Joás não levou em conta que Joiada, pai de Zacarias, tinha sido bondoso com ele, e matou o seu filho. Este, ao morrer, exclamou: "Veja isto o SENHOR e faça justiça!"

23 Na virada do ano[b], o exército arameu marchou contra Joás; invadiu Judá e Jerusalém, matou todos os líderes do povo, e enviou para Damasco, ao seu rei, tudo o que saqueou. 24 Embora o exército arameu fosse pequeno, o SENHOR entregou nas mãos dele um exército muito maior, por Judá ter abandonado o SENHOR, o Deus dos seus antepassados. Assim o juízo foi executado sobre Joás. 25 Quando os arameus foram embora, deixaram Joás seriamente ferido. Seus oficiais conspiraram contra ele, porque ele tinha assassinado o filho do sacerdote Joiada, e o mataram em sua cama. Assim ele morreu e foi sepultado na Cidade de Davi, mas não nos túmulos dos reis.

26 Os que conspiraram contra ele foram Zabade, filho da amonita Simeate, e Jeozabade, filho da moabita Sinrite. 27 Quanto a seus filhos, às muitas profecias a seu respeito e ao relato da restauração do templo de Deus, tudo está escrito nas anotações dos livros dos reis. E seu filho Amazias foi o seu sucessor.

O reinado de Amazias, rei de Judá

25 Amazias tinha vinte e cinco anos de idade quando começou a reinar, e reinou vinte e nove anos em Jerusalém. O nome de sua mãe era Jeoadã; ela era de Jerusalém. 2 Ele fez o que o SENHOR aprova, mas não de todo o coração. 3 Quando sentiu que tinha o reino sob pleno controle, mandou executar os oficiais que haviam assassinado o rei, seu pai. 4 Contudo, não matou os filhos dos assassinos, de acordo com o que está escrito na Lei, no Livro de Moisés, onde o SENHOR ordenou: "Os pais não morrerão no lugar dos filhos, nem os filhos no lugar dos pais; cada um morrerá pelo seu próprio pecado"[c].

5 Amazias reuniu os homens de Judá e, de acordo com as suas respectivas famílias, nomeou chefes de mil e de cem em todo o Judá e Benjamim. Então convocou todos os homens com mais de vinte anos e constatou que havia trezentos mil homens prontos para o serviço militar, capazes de empunhar a lança e o escudo. 6 Também contratou em Israel cem mil homens de combate pelo valor de três toneladas e meia[d] de prata.

7 Entretanto, um homem de Deus foi até ele e lhe disse: "Ó rei, essas tropas de Israel não devem marchar com você, pois o SENHOR não está com Israel; não está com ninguém do povo de Efraim. 8 Mesmo que vá

[a] 24:6 Hebraico: *Tenda do Testemunho*.

[b] 24:23 Provavelmente na primavera.

[c] 25:4 Dt 24:16.

[d] 25:6 Hebraico: *100 talentos*; também no versículo 9. Um talento equivalia a 35 quilos.

e combata corajosamente, Deus o derrotará diante do inimigo, pois tem poder para dar a vitória e a derrota".

9 Amazias perguntou ao homem de Deus: "Mas, e as três toneladas e meia de prata que paguei a estas tropas israelitas?"

Ele respondeu: "O SENHOR pode dar-lhe muito mais que isso".

10 Então Amazias mandou de volta os soldados de Efraim. Eles ficaram furiosos com Judá e foram embora indignados.

11 Amazias encheu-se de coragem e conduziu o seu exército até o vale do Sal, onde matou dez mil homens de Seir. 12 Também capturou outros dez mil, que levou para o alto de um penhasco e os atirou de lá, e todos eles se espatifaram.

13 Enquanto isso, as tropas que Amazias havia mandado de volta, não lhes permitindo participar da guerra, atacaram cidades de Judá, desde Samaria até Bete-Horom. Mataram três mil pessoas e levaram grande quantidade de despojos.

14 Amazias voltou da matança dos edomitas trazendo os deuses do povo de Seir, os quais estabeleceu como seus próprios deuses, inclinou-se diante deles e lhes queimou incenso. 15 Então a ira do SENHOR acendeu-se contra Amazias, e ele lhe enviou um profeta, que disse ao rei: "Por que você consulta os deuses desse povo, deuses que nem o seu povo puderam salvar?"

16 Enquanto ele ainda falava, o rei o interrompeu: "Por acaso nós o nomeamos conselheiro do rei? Pare! Por que você quer ser morto?"

O profeta parou, mas disse: "Sei que Deus decidiu destruí-lo, porque você fez tudo isso e não deu atenção ao meu conselho".

17 Depois de consultar os seus conselheiros, Amazias, rei de Judá, enviou mensageiros a Jeoás, filho de Jeoacaz e neto de Jeú, rei de Israel, com este desafio: "Vem me enfrentar".

18 Contudo, Jeoás, respondeu a Amazias: "O espinheiro do Líbano enviou uma mensagem ao cedro do Líbano: 'Dê sua filha em casamento a meu filho'. Mas um animal selvagem do Líbano veio e pisoteou o espinheiro. 19 Tu dizes a ti mesmo que derrotaste Edom, e agora estás arrogante e orgulhoso. Mas fica em casa! Por que provocar uma desgraça que te levará, e Judá contigo, à ruína?"

20 Amazias, porém, não quis ouvi-lo, pois Deus mesmo queria entregar Amazias e seu povo a Jeoás, pois pediram conselhos aos deuses de Edom. 21 Então Jeoás, rei de Israel, o atacou. Ele e Amazias, rei de Judá, enfrentaram-se em Bete-Semes, em Judá. 22 Judá foi derrotado por Israel, e seus soldados fugiram para as suas casas. 23 Jeoás capturou Amazias, filho de Joás e neto de Acazias[a], em Bete-Semes. Então Jeoás levou-o para Jerusalém e derrubou cento e oitenta metros[b] do muro da cidade, desde a porta de Efraim até a porta da Esquina. 24 Ele se apoderou de todo o ouro, de toda a prata e de todos os utensílios encontrados no templo de Deus, que haviam estado sob a guarda de Obede-Edom, e ainda dos tesouros do palácio real. Também fez reféns e, então, voltou para Samaria.

25 Amazias, filho de Joás, rei de Judá, viveu ainda mais quinze anos depois da morte de Jeoás, filho de Jeoacaz, rei de Israel. 26 Os demais acontecimentos do reinado de Amazias, do início ao fim, estão escritos nos registros históricos dos reis de Judá e de Israel. 27 A partir do momento em que Amazias deixou de seguir o SENHOR, conspiraram contra ele em Jerusalém, e ele fugiu para Laquis, mas o perseguiram até lá e o mataram. 28 Seu corpo foi trazido de volta a cavalo, e sepultado junto aos seus antepassados na Cidade de Judá.

O reinado de Uzias, rei de Judá

26 Então todo o povo de Judá proclamou rei a Uzias[c], de dezesseis anos de idade, no lugar de seu pai, Amazias. 2 Foi ele que reconquistou e reconstruiu a cidade de Elate para Judá, depois que Amazias descansou com os seus antepassados.

3 Uzias tinha dezesseis anos de idade quando se tornou rei, e reinou cinquenta e dois anos em Jerusalém. Sua mãe era de Jerusalém e chamava-se Jecolias. 4 Ele fez o que o SENHOR aprova, tal como o seu pai Amazias; 5 e buscou a Deus durante a vida de Zacarias, que o instruiu no temor[d] de Deus. Enquanto buscou o SENHOR, Deus o fez prosperar.

6 Ele saiu à guerra contra os filisteus e derrubou os muros de Gate, de Jabne e de Asdode. Depois reconstruiu cidades próximo a Asdode e em outros lugares do território filisteu. 7 Deus o ajudou contra os filisteus, contra os árabes que viviam em Gur-Baal e contra os meunitas. 8 Os amonitas pagavam tributo a Uzias, e sua fama estendeu-se até a fronteira do Egito, pois havia se tornado muito poderoso.

9 Uzias construiu torres fortificadas em Jerusalém, junto à porta da Esquina, à porta do Vale e no canto do muro. 10 Também construiu torres no deserto e cavou muitas cisternas, pois ele possuía muitos rebanhos na Sefelá e na planície. Ele mantinha trabalhadores em seus campos e em suas vinhas, nas colinas e nas terras férteis, pois gostava da agricultura.

11 Uzias possuía um exército bem preparado, organizado em divisões de acordo com o número dos soldados convocados pelo secretário Jeiel e pelo oficial Maaseias, sob o comando de Hananias, um dos oficiais do rei. 12 O total de chefes de família no comando dos homens de combate era de dois mil e seiscentos. 13 Sob o comando deles havia um exército de trezentos e sete mil e quinhentos homens treinados para a guerra, uma força poderosíssima que apoiava o rei contra os seus inimigos. 14 Uzias providenciou escudos, lanças, capacetes, couraças, arcos e atiradeiras de pedras para todo o exército. 15 Em Jerusalém construiu máquinas projetadas por peritos para serem usadas nas torres e nas defesas das esquinas, máquinas que atiravam flechas e grandes pedras. Ele foi extraordinariamente ajudado, e assim tornou-se muito poderoso e a sua fama espalhou-se para longe.

16 Entretanto, depois que Uzias se tornou poderoso, o seu orgulho provocou a sua queda. Ele foi infiel ao SENHOR, o seu Deus, e entrou no templo do SENHOR para queimar incenso no altar de incenso. 17 O sumo sacerdote Azarias, e outros oitenta corajosos sacerdotes do

[a] 25:23 Hebraico: *Jeoacaz*, variante de *Acazias*.
[b] 25:23 Hebraico: *400 côvados*. O côvado era uma medida linear de cerca de 45 centímetros.
[c] 26:1 Também chamado *Azarias*.
[d] 26:5 Conforme muitos manuscritos do Texto Massorético, a Septuaginta e a Versão Siríaca; outros manuscritos do Texto Massorético dizem *na visão*.

SENHOR, foram atrás dele. 18Eles o enfrentaram e disseram: "Não é certo que você, Uzias, queime incenso ao SENHOR. Isso é tarefa dos sacerdotes, os descendentes de Arão consagrados para queimar incenso. Saia do santuário, pois você foi infiel e não será honrado por Deus, o SENHOR".

19Uzias, que estava com um incensário na mão, pronto para queimar o incenso, irritou-se e indignou-se contra os sacerdotes; e na mesma hora, na presença deles, diante do altar de incenso no templo do SENHOR, surgiu lepra[a] em sua testa. 20Quando o sumo sacerdote Azarias e todos os outros sacerdotes viram a lepra, expulsaram-no imediatamente do templo. Na verdade, ele mesmo ficou ansioso para sair, pois o SENHOR o havia ferido.

21O rei Uzias sofreu de lepra até o dia em que morreu. Durante todo esse tempo morou numa casa separada[b], leproso e excluído do templo do SENHOR. Seu filho Jotão tomava conta do palácio e governava o povo.

22Os demais acontecimentos do reinado de Uzias, do início ao fim, foram registrados pelo profeta Isaías, filho de Amoz. 23Uzias descansou com os seus antepassados e foi sepultado perto deles, num cemitério que pertencia aos reis, pois o povo dizia: "Ele tinha lepra". Seu filho Jotão foi o seu sucessor.

O reinado de Jotão, rei de Judá

27 Jotão tinha vinte e cinco anos de idade quando começou a reinar, e reinou dezesseis anos em Jerusalém. O nome da sua mãe era Jerusa, filha de Zadoque. 2Ele fez o que o SENHOR aprova, tal como seu pai, mas, ao contrário deste, não entrou no templo do SENHOR. O povo, contudo, prosseguiu em suas práticas corruptas. 3Jotão reconstruiu a porta superior do templo do SENHOR e fez amplos trabalhos no muro, na colina de Ofel. 4Construiu cidades nos montes de Judá, bem como fortes e torres nas matas.

5Jotão guerreou contra o rei dos amonitas e o derrotou. Então os amonitas pagaram-lhe três toneladas e meia[c] de prata, dez mil barris[d] de trigo e dez mil de cevada, durante três anos seguidos.

6Jotão tornou-se cada vez mais poderoso, pois andava firmemente segundo a vontade do SENHOR, o seu Deus.

7Os demais acontecimentos do reinado de Jotão, inclusive todas as suas guerras e as suas outras realizações, estão escritos nos registros históricos dos reis de Israel e de Judá. 8Tinha vinte e cinco anos de idade quando começou a reinar, e reinou dezesseis anos em Jerusalém. 9Jotão descansou com os seus antepassados e foi sepultado na Cidade de Davi. Seu filho Acaz foi o seu sucessor.

O reinado de Acaz, rei de Judá

28 Acaz tinha vinte anos de idade quando começou a reinar, e reinou dezesseis anos em Jerusalém. Ao contrário de Davi, seu predecessor, não fez o que o SENHOR aprova. 2Ele andou nos caminhos dos reis de Israel e fez ídolos de metal a fim de adorar os baalins. 3Queimou sacrifícios no vale de Ben-Hinom e chegou até a queimar seus filhos em sacrifício, imitando os costumes detestáveis das nações que o SENHOR havia expulsado de diante dos israelitas. 4Também ofereceu sacrifícios e queimou incenso nos altares idólatras, no alto das colinas e debaixo de toda árvore frondosa.

5Por isso o SENHOR, o seu Deus, entregou-o nas mãos do rei da Síria. Os arameus o derrotaram, fizeram muitos prisioneiros entre o seu povo e os levaram para Damasco.

Israel também lhe infligiu grande derrota. 6Num único dia, Peca, filho de Remalias, matou cento e vinte mil soldados corajosos de Judá; pois Judá havia abandonado o SENHOR, o Deus dos seus antepassados. 7Zicri, guerreiro efraimita, matou Maaseias, filho do rei, Azricão, oficial encarregado do palácio, e Elcana, o braço direito do rei. 8Os israelitas levaram para Samaria duzentos mil prisioneiros dentre os seus parentes, incluindo mulheres, meninos e meninas. Também levaram muitos despojos.

9Mas um profeta do SENHOR, chamado Odede, estava em Samaria e saiu ao encontro do exército. Ele lhes disse: "Estando irado contra Judá, o SENHOR, o Deus dos seus antepassados, entregou-os nas mãos de vocês. Mas a fúria com que vocês os mataram chegou aos céus. 10E agora ainda pretendem escravizar homens e mulheres de Judá e de Jerusalém! Vocês também não são culpados de pecados contra o SENHOR, o seu Deus? 11Agora, ouçam-me! Mandem de volta seus irmãos que vocês fizeram prisioneiros, pois o fogo da ira do SENHOR está sobre vocês".

12Então Azarias, filho de Joanã, Berequias, filho de Mesilemote, Jeizquias, filho de Salum, e Amasa, filho de Hadlai, que eram alguns dos chefes de Efraim, questionaram os que estavam chegando da guerra, dizendo: 13"Não tragam os prisioneiros para cá. Caso contrário seremos culpados diante do SENHOR. Vocês querem aumentar ainda mais o nosso pecado e a nossa culpa? A nossa culpa já é grande, e o fogo da sua ira está sobre Israel".

14Então os soldados libertaram os prisioneiros e colocaram os despojos na presença dos líderes e de toda a assembleia. 15Aqueles homens citados nominalmente apanharam os prisioneiros e com as roupas e as sandálias dos despojos vestiram todos os que estavam nus. Deram-lhes comida, bebida, e bálsamo medicinal. Puseram sobre jumentos todos aqueles que estavam fracos. Assim os levaram de volta a seus patrícios residentes em Jericó, a cidade das Palmeiras, e voltaram para Samaria.

16Nessa época, o rei Acaz enviou mensageiros ao rei[e] da Assíria para pedir-lhe ajuda. 17Os edomitas tinham voltado a atacar Judá fazendo prisioneiros, 18e os filisteus atacaram cidades na Sefelá e no sul de Judá. Conquistaram e ocuparam Bete-Semes, Aijalom e Gederote, bem como Socó, Timna e Ginzo, com os seus povoados. 19O SENHOR humilhou Judá por causa de Acaz, rei de Israel[f], por sua conduta desregrada em Judá, muito infiel ao SENHOR. 20Quando chegou Tiglate-Pileser, rei da Assíria, causou-lhe problemas em vez de ajudá-lo. 21Acaz apanhou algumas coisas do templo do SENHOR, do pa-

[a] 26:19 O termo hebraico não se refere somente à lepra, mas também a diversas doenças da pele; também nos versículos 20, 21 e 23.

[b] 26:21 Ou *casa onde estava desobrigado de suas responsabilidades*

[c] 27:5 Hebraico: *100 talentos*. Um talento equivalia a 35 quilos.

[d] 27:5 Hebraico: *10.000 coros*. O coro era uma medida de capacidade. As estimativas variam entre 200 e 400 litros.

[e] 28:16 Conforme um manuscrito do Texto Massorético, a Septuaginta e a Vulgata. A maioria dos manuscritos do Texto Massorético diz *aos reis*. Veja 2Rs 16:7.

[f] 28:19 Isto é, Judá, como ocorre frequentemente em 2Crônicas.

lácio real e dos líderes e ofereceu-as ao rei da Assíria,
mas isso não adiantou.
22 Mesmo nessa época em que passou por tantas di-
ficuldades, o rei Acaz tornou-se ainda mais infiel ao SE-
NHOR. 23 Ele ofereceu sacrifícios aos deuses de Damasco
que o haviam derrotado, pois pensava: "Já que os deu-
ses da Síria os têm ajudado, oferecerei sacrifícios a eles
para que me ajudem também". Mas eles foram a causa
da sua ruína e da ruína de todo o Israel.
24 Acaz juntou os utensílios do templo de Deus e os
retirou de lá[a]. Trancou as portas do templo do SENHOR e
ergueu altares em todas as esquinas de Jerusalém. 25 Em
todas as cidades de Judá construiu altares idólatras para
queimar sacrifícios a outros deuses e provocou a ira do
SENHOR, o Deus dos seus antepassados.
26 Os demais acontecimentos de seu reinado e todos
os seus atos, do início ao fim, estão escritos nos regis-
tros históricos dos reis de Judá e de Israel. 27 Acaz des-
cansou com os seus antepassados e foi sepultado na
cidade de Jerusalém, mas não nos túmulos dos reis de
Israel. Seu filho Ezequias foi o seu sucessor.

Ezequias e a purificação do templo

29 Ezequias tinha vinte e cinco anos de idade quan-
do começou a reinar, e reinou vinte e nove anos
em Jerusalém. O nome de sua mãe era Abia, filha de
Zacarias. 2 Ele fez o que o SENHOR aprova, tal como ti-
nha feito Davi, seu predecessor.
3 No primeiro mês do primeiro ano de seu reinado,
ele reabriu as portas do templo do SENHOR e as con-
sertou. 4 Convocou os sacerdotes e os levitas, reuniu-os
na praça que fica no lado leste 5 e disse: "Escutem-me,
levitas! Consagrem-se agora e consagrem o templo do
SENHOR, o Deus dos seus antepassados. Retirem tudo
o que é impuro do santuário. 6 Nossos pais foram in-
fiéis; fizeram o que o SENHOR, o nosso Deus, reprova e
o abandonaram. Desviaram o rosto do local da habita-
ção do SENHOR e deram-lhe as costas. 7 Também fecha-
ram as portas do pórtico e apagaram as lâmpadas. Não
queimaram incenso nem apresentaram holocausto no
santuário para o Deus de Israel. 8 Por isso a ira do SE-
NHOR caiu sobre Judá e sobre Jerusalém; e ele fez deles
objeto de espanto, horror e zombaria, conforme vocês
podem ver com os seus próprios olhos. 9 Por isso os nos-
sos pais caíram à espada e os nossos filhos, as nossas
filhas e as nossas mulheres foram levados como prisio-
neiros. 10 Pretendo, pois, agora fazer uma aliança com
o SENHOR, o Deus de Israel, para que o fogo da sua ira
se afaste de nós. 11 Meus filhos, não sejam negligentes
agora, pois o SENHOR os escolheu para estarem dian-
te dele e o servirem, para ministrarem perante ele e
queimarem incenso".
12 Então estes levitas puseram-se a trabalhar:
dentre os descendentes de Coate:
Maate, filho de Amasai,
e Joel, filho de Azarias;
dentre os descendentes de Merari:
Quis, filho de Abdi,
e Azarias, filho de Jealelel;
dentre os descendentes de Gérson:
Joá, filho de Zima,
e Éden, filho de Joá;
13 dentre os descendentes de Elisafã:
Sinri e Jeuel;
dentre os descendentes de Asafe:
Zacarias e Matanias;
14 dentre os descendentes de Hemã:
Jeuel e Simei;
dentre os descendentes de Jedutum:
Semaías e Uziel.
15 Tendo reunido e consagrado os seus parentes, os
levitas foram purificar o templo do SENHOR, conforme o
rei havia ordenado, em obediência à palavra do SENHOR.
16 Os sacerdotes entraram no santuário do SENHOR para
purificá-lo e trouxeram para o pátio do templo do SE-
NHOR todas as coisas impuras que lá havia, e os levitas
as levaram para o vale de Cedrom. 17 Começaram a con-
sagração no primeiro dia do primeiro mês e no oitavo
dia chegaram ao pórtico do SENHOR. Durante mais oito
dias consagraram o templo do SENHOR propriamente
dito, terminando tudo no décimo sexto dia.
18 Depois foram falar com o rei Ezequias e lhe relata-
ram: "Purificamos todo o templo do SENHOR, o altar dos
holocaustos e a mesa do pão consagrado, ambos com
todos os seus utensílios. 19 Preparamos e consagramos
todos os utensílios que o rei Acaz, em sua infidelidade,
retirou durante o seu reinado. Eles estão em frente do
altar do SENHOR".
20 Cedo, na manhã seguinte, o rei Ezequias reuniu os
líderes da cidade e, juntos, subiram ao templo do SE-
NHOR, 21 levando sete novilhos, sete carneiros, sete cor-
deiros e sete bodes como oferta pelo pecado, em favor
da realeza, do santuário e de Judá. O rei ordenou que
os sacerdotes, descendentes de Arão, sacrificassem os
animais no altar do SENHOR. 22 Então os sacerdotes aba-
teram os novilhos e aspergiram o sangue sobre o altar;
em seguida fizeram o mesmo com os carneiros e com os
cordeiros. 23 Depois, os bodes para a oferta pelo pecado
foram levados para diante do rei e da assembleia, que
impuseram as mãos sobre eles. 24 Os sacerdotes abate-
ram os bodes e apresentaram o sangue sobre o altar
como oferta pelo pecado, para fazer propiciação por to-
do o Israel, pois era em favor de todo o Israel que o rei
havia ordenado o holocausto e a oferta pelo pecado.
25 O rei posicionou os levitas no templo do SENHOR,
com címbalos, liras e harpas, segundo a prescrição de
Davi, de Gade, vidente do rei, e do profeta Natã; isso
foi ordenado pelo SENHOR, por meio de seus profetas.
26 Assim os levitas ficaram em pé, preparados com os
instrumentos de Davi, e os sacerdotes com as cornetas.
27 Então Ezequias ordenou que sacrificassem o ho-
locausto sobre o altar. Iniciado o sacrifício, começou
também o canto em louvor ao SENHOR, ao som das cor-
netas e dos instrumentos de Davi, rei de Israel. 28 Toda a
assembleia prostrou-se em adoração, enquanto os mú-
sicos cantavam e os corneteiros tocavam, até que ter-
minou o holocausto.
29 Então o rei e todos os presentes ajoelharam-se e
adoraram. 30 O rei Ezequias e seus oficiais ordenaram
aos levitas que louvassem o SENHOR com as palavras de
Davi e do vidente Asafe. Eles o louvaram com alegria,
depois inclinaram suas cabeças e o adoraram.
31 Disse então Ezequias: "Agora que vocês se dedica-
ram ao SENHOR, tragam sacrifícios e ofertas de grati-
dão ao templo do SENHOR". Assim, a comunidade levou

[a] 28:24 Ou *e os despedaçou*

sacrifícios e ofertas de gratidão, e alguns, espontaneamente, levaram também holocaustos.

32 Esses holocaustos que a assembleia ofertou ao SENHOR foram setenta bois, cem carneiros e duzentos cordeiros. 33 Os animais consagrados como sacrifícios chegaram a seiscentos bois e três mil ovelhas e bodes. 34 Como os sacerdotes eram muito poucos para tirar a pele de todos os holocaustos, os seus parentes, os levitas, os ajudaram até o fim da tarefa e até que outros sacerdotes se consagrassem, pois os levitas demoraram menos que os sacerdotes para consagrar-se. 35 Houve holocaustos em grande quantidade, oferecidos com a gordura das ofertas de comunhão[a] e com as ofertas derramadas que acompanhavam esses holocaustos.

Assim foi restabelecido o culto no templo do SENHOR. 36 Ezequias e todo o povo regozijavam-se com o que Deus havia feito por seu povo, e tudo em tão pouco tempo.

A celebração da Páscoa

30 Ezequias enviou uma mensagem a todo o Israel e Judá e também escreveu cartas a Efraim e a Manassés, convidando-os para virem ao templo do SENHOR em Jerusalém e celebrarem a Páscoa do SENHOR, o Deus de Israel. 2 O rei, seus oficiais e toda a comunidade de Jerusalém decidiram celebrar a Páscoa no segundo mês. 3 Não tinha sido possível celebrá-la na data prescrita, pois não havia número suficiente de sacerdotes consagrados, e o povo não estava reunido em Jerusalém. 4 A ideia pareceu boa tanto ao rei quanto a toda a assembleia. 5 Então decidiram fazer uma proclamação em todo o Israel, desde Berseba até Dã, convocando o povo a Jerusalém para celebrar a Páscoa do SENHOR, o Deus de Israel. Pois muitos não a celebravam segundo o que estava escrito.

6 Por ordem do rei, mensageiros percorreram Israel e Judá com cartas assinadas pelo rei e pelos seus oficiais, com a seguinte mensagem:

> "Israelitas, voltem para o SENHOR, o Deus de Abraão, de Isaque e de Israel, para que ele se volte para vocês que restaram e escaparam das mãos dos reis da Assíria. 7 Não sejam como seus pais e seus irmãos, que foram infiéis ao SENHOR, o Deus dos seus antepassados, de maneira que ele os deixou em ruínas, conforme vocês veem. 8 Portanto, não sejam obstinados como os seus antepassados; submetam-se ao SENHOR. Venham ao santuário que ele consagrou para sempre. Sirvam ao SENHOR, o seu Deus, para que o fogo da sua ira se desvie de vocês. 9 Se vocês voltarem para o SENHOR, os que capturaram os seus irmãos e os seus filhos terão misericórdia deles, e eles voltarão a esta terra, pois o SENHOR, o seu Deus, é bondoso e compassivo. Ele não os rejeitará, se vocês se voltarem para ele".

10 Os mensageiros foram de cidade em cidade, em Efraim e em Manassés, e até em Zebulom, mas o povo zombou deles e os expôs ao ridículo. 11 No entanto, alguns homens de Aser, de Manassés e de Zebulom humilharam-se e foram para Jerusalém. 12 Já em Judá a mão de Deus esteve sobre o povo dando-lhes unidade de pensamento para executarem o que o rei e os seus oficiais haviam ordenado, conforme a palavra do SENHOR.

13 Uma imensa multidão reuniu-se em Jerusalém no segundo mês, para celebrar a festa dos pães sem fermento. 14 Eles retiraram os altares que havia em Jerusalém e se desfizeram de todos os altares de incenso[b], atirando-os no vale de Cedrom.

15 Abateram o cordeiro da Páscoa no décimo quarto dia do segundo mês. Os sacerdotes e os levitas, envergonhados, consagraram-se e trouxeram holocaustos ao templo do SENHOR. 16 E assumiram seus postos, conforme prescrito na Lei de Moisés, homem de Deus. Os sacerdotes aspergiram o sangue que os levitas lhes entregaram. 17 Visto que muitos na multidão não se haviam consagrado, os levitas tiveram que matar cordeiros da Páscoa para todos os que não estavam cerimonialmente puros e que, por isso, não podiam consagrar os seus cordeiros ao SENHOR. 18 Embora muitos dos que vieram de Efraim, de Manassés, de Issacar e de Zebulom não se tivessem purificado, assim mesmo comeram a Páscoa, contrariando o que estava escrito. Mas Ezequias orou por eles, dizendo: "Queira o SENHOR, que é bondoso, perdoar todo 19 aquele que inclina o seu coração para buscar a Deus, o SENHOR, o Deus dos seus antepassados, mesmo que não esteja puro de acordo com as regras do santuário". 20 E o SENHOR ouviu a oração de Ezequias e não castigou o povo.

21 Os israelitas presentes em Jerusalém celebraram com muita alegria a festa dos pães sem fermento durante sete dias. Diariamente os levitas e os sacerdotes cantavam louvores ao SENHOR, ao som dos instrumentos ressonantes do SENHOR.

22 Ezequias dirigiu palavras animadoras a todos os levitas que mostraram boa disposição para com o serviço do SENHOR. Durante os sete dias eles comeram suas porções das ofertas, apresentaram sacrifícios de comunhão e louvaram o SENHOR, o Deus dos seus antepassados.

23 E toda a assembleia decidiu prolongar a festa por mais sete dias, e a celebraram com alegria. 24 Ezequias, rei de Judá, forneceu mil novilhos e sete mil ovelhas e bodes para a assembleia, e os líderes, mil novilhos e dez mil ovelhas e bodes. Muitos sacerdotes se consagraram, 25 e toda a assembleia de Judá se regozijava, com os sacerdotes, com os levitas e com todos os que se haviam reunido, vindos de Israel, inclusive os estrangeiros que viviam em Israel e em Judá. 26 Houve grande alegria em Jerusalém, pois desde os dias de Salomão, filho de Davi, rei de Israel, não havia acontecido algo assim na cidade. 27 Os sacerdotes e os levitas levantaram-se para abençoar o povo, e Deus os ouviu; a oração deles chegou aos céus, sua santa habitação.

31 Quando a festa acabou, os israelitas saíram pelas cidades de Judá e despedaçaram as pedras sagradas e derrubaram os postes sagrados. Eles destruíram os altares idólatras em todo o Judá e Benjamim, e em Efraim e Manassés. Depois de destruírem tudo, voltaram para as suas cidades, cada um para a sua propriedade.

O serviço do templo é reorganizado

2 Ezequias designou os sacerdotes e os levitas por turnos, cada um de acordo com os seus deveres, para

[a] 29:35 Ou *de paz*; também em 30:22, 31:2 e 33:16.

[b] 30:14 Provavelmente colunas dedicadas ao deus sol.

apresentarem holocaustos e sacrifícios de comunhão, ministrarem, darem graças e cantarem louvores junto às portas da habitação do SENHOR. 3O rei contribuía com seus bens pessoais para os holocaustos da manhã e da tarde e para os holocaustos dos sábados, das luas novas e das festas fixas, conforme o que está escrito na Lei do SENHOR. 4Ele ordenou ao povo de Jerusalém que desse aos sacerdotes e aos levitas a porção que lhes era devida a fim de que pudessem dedicar-se à Lei do SENHOR. 5Assim que se divulgou essa ordem, os israelitas deram com generosidade o melhor do trigo, do vinho, do óleo, do mel e de tudo o que os campos produziam. Trouxeram o dízimo de tudo. Era uma grande quantidade. 6Os habitantes de Israel e de Judá que viviam nas cidades de Judá também trouxeram o dízimo de todos os seus rebanhos e das coisas sagradas dedicadas ao SENHOR, o seu Deus, ajuntando-os em muitas pilhas. 7Começaram a fazer isso no terceiro mês e terminaram no sétimo. 8Quando Ezequias e os seus oficiais chegaram e viram as pilhas de ofertas, louvaram o SENHOR e abençoaram Israel, o seu povo.

9Ezequias perguntou aos sacerdotes e aos levitas sobre essas ofertas; 10o sumo sacerdote Azarias, da família de Zadoque, respondeu: "Desde que o povo começou a trazer suas contribuições ao templo do SENHOR, temos tido o suficiente para comer e ainda tem sobrado muito, pois o SENHOR tem abençoado o seu povo, e esta é a grande quantidade que sobra".

11Ezequias ordenou que preparassem despensas no templo do SENHOR, e assim foi feito. 12Então recolheram fielmente as contribuições, os dízimos e os presentes dedicados. O levita Conanias foi encarregado desses deveres, e seu irmão Simei era o seu auxiliar. 13Jeiel, Azazias, Naate, Asael, Jeremote, Jozabade, Eliel, Ismaquias, Maate e Benaia eram supervisores, subordinados a Conanias e ao seu irmão Simei, por nomeação do rei Ezequias e de Azarias, o oficial encarregado do templo de Deus.

14Coré, filho do levita Imna, guarda da porta leste, foi encarregado das ofertas voluntárias feitas a Deus, distribuindo as contribuições dedicadas ao SENHOR e as ofertas santíssimas. 15Sob o comando dele estavam Éden, Miniamim, Jesua, Semaías, Amarias e Secanias, que, nas cidades dos sacerdotes, com toda a fidelidade distribuíam ofertas aos seus colegas sacerdotes de acordo com seus turnos, tanto aos idosos quanto aos jovens.

16Eles as distribuíam aos homens e aos meninos de três anos para cima, cujos nomes estavam nos registros genealógicos, e também a todos os que entravam no templo do SENHOR para realizar suas várias tarefas diárias, de acordo com suas responsabilidades e seus turnos. 17Os registros genealógicos dos sacerdotes eram feitos segundo suas famílias; o dos levitas com mais de vinte anos, de acordo com suas responsabilidades e seus turnos. 18O registro incluía todos os filhos pequenos, as mulheres e os filhos e filhas de todo o grupo, pois os sacerdotes e os levitas haviam sido fiéis em se consagrarem.

19Entre os sacerdotes, descendentes de Arão, que viviam nas terras de pastagem ao redor de suas cidades, foram nomeados alguns deles, de cidade em cidade, para distribuírem as ofertas a todos os sacerdotes e a todos os que estavam registrados nas genealogias dos levitas.

20Foi isso que Ezequias fez em todo o reino de Judá. Ele fez o que era bom e certo, e em tudo foi fiel diante do SENHOR, do seu Deus. 21Em tudo o que ele empreendeu no serviço do templo de Deus e na obediência à lei e aos mandamentos, ele buscou o seu Deus e trabalhou de todo o coração; e por isso prosperou.

A ameaça de Senaqueribe contra Judá

32 Depois de tudo o que Ezequias fez com tanta fidelidade, Senaqueribe, rei da Assíria, invadiu Judá e sitiou as cidades fortificadas para conquistá-las. 2Quando Ezequias viu que Senaqueribe pretendia guerrear contra Jerusalém, 3consultou os seus oficiais e os comandantes do exército sobre a ideia de mandar fechar a passagem de água das fontes do lado de fora da cidade; e eles concordaram. 4Assim, ajuntaram-se muitos homens, e fecharam todas as fontes e o riacho que atravessava a região. Eles diziam: "Por que deixar que os reis[a] da Assíria venham e encontrem toda essa água?" 5Depois, com grande empenho reparou todos os trechos quebrados do muro e construiu torres sobre ele. Construiu outro muro do lado de fora do primeiro e reforçou o Milo[b] da Cidade de Davi; e mandou fazer também muitas lanças e muitos escudos.

6Nomeou sobre o povo oficiais militares e os reuniu na praça, junto à porta da cidade, animando-os com estas palavras: 7"Sejam fortes e corajosos. Não tenham medo nem desanimem por causa do rei da Assíria e do seu enorme exército, pois conosco está um poder maior do que o que está com ele. 8Com ele está somente o poder humano[c], mas conosco está o SENHOR, o nosso Deus, para nos ajudar e para travar as nossas batalhas". E o povo ganhou confiança com o que disse Ezequias, rei de Judá.

9Mais tarde, quando Senaqueribe, rei da Assíria, e todas as suas forças estavam sitiando Laquis, mandou oficiais a Jerusalém com a seguinte mensagem a Ezequias e a todo o povo de Judá que morava lá:

> 10"Assim diz Senaqueribe, rei da Assíria: Em que vocês baseiam a sua confiança, para permanecerem cercados em Jerusalém? 11Quando Ezequias diz: 'O SENHOR, o nosso Deus, nos salvará das mãos do rei da Assíria', ele os está enganando, para deixá-los morrer de fome e de sede. 12Mas não foi o próprio Ezequias que retirou os altares desse deus, dizendo a Judá e a Jerusalém: 'Vocês devem adorar diante de um só altar e sobre ele queimar incenso'?
>
> 13"Vocês não sabem o que eu e os meus antepassados fizemos a todos os povos das outras terras? Acaso alguma vez os deuses daquelas nações conseguiram livrar das minhas mãos a terra deles? 14De todos os deuses das nações que os meus antepassados destruíram, qual deles conseguiu salvar o seu povo de mim? Como então o deus de vocês poderá livrá-los das minhas mãos? 15Portanto, não deixem Ezequias enganá-los ou iludi-los dessa maneira. Não acreditem nele, pois nenhum deus de qualquer nação ou reino jamais conseguiu livrar

[a] 32:4 A Septuaginta e a Versão Siríaca dizem *o rei.*
[b] 32:5 Ou *o aterro*
[c] 32:8 Hebraico: *o braço de carne.*

o seu povo das minhas mãos ou das mãos de meus antepassados. Muito menos o deus de vocês conseguirá livrá-los das minhas mãos!"

16 Os oficiais de Senaqueribe desafiaram ainda mais a Deus, o SENHOR, e ao seu servo Ezequias. 17 Senaqueribe também escreveu cartas insultando o SENHOR, o Deus de Israel, e o desafiando: "Assim como os deuses dos povos das outras terras não livraram o povo deles das minhas mãos, também o deus de Ezequias não livrará o seu povo das minhas mãos". 18 Então os oficiais gritaram na língua dos judeus ao povo de Jerusalém que estava sobre o muro, para assustá-lo e amedrontá-lo, com o intuito de conquistarem a cidade. 19 Referiram-se ao Deus de Jerusalém como falavam dos deuses dos outros povos da terra, que não passam de obra das mãos dos homens.

20 Por tudo isso o rei Ezequias e o profeta Isaías, filho de Amoz, clamaram em oração aos céus. 21 E o SENHOR enviou um anjo, que matou todos os homens de combate e todos os líderes e oficiais no acampamento do rei assírio, de forma que este se retirou envergonhado para a sua terra. E certo dia, ao adentrar o templo do seu deus, alguns dos seus filhos o mataram à espada.

22 Assim o SENHOR salvou Ezequias e o povo de Jerusalém das mãos de Senaqueribe, rei da Assíria, e das mãos de todos os outros; e cuidou deles[a] em todas as fronteiras. 23 Muitos trouxeram a Jerusalém ofertas para o SENHOR e presentes valiosos para Ezequias, rei de Judá. Daquela ocasião em diante ele foi muito respeitado por todas as nações.

O orgulho e a morte de Ezequias

24 Naquele tempo Ezequias ficou doente, e quase morreu. Ele orou ao SENHOR, que lhe respondeu dando-lhe um sinal milagroso. 25 Mas Ezequias tornou-se orgulhoso, e não correspondeu à bondade com que foi tratado; por isso a ira do SENHOR veio sobre ele, sobre Judá e sobre Jerusalém. 26 Então Ezequias humilhou-se, reconhecendo o seu orgulho, como também o povo de Jerusalém; por isso a ira do SENHOR não veio sobre eles durante o reinado de Ezequias.

27 Possuía Ezequias muitíssimas riquezas e glória; construiu depósitos para guardar prata, ouro, pedras preciosas, especiarias, escudos e todo tipo de objetos de valor. 28 Também construiu armazéns para estocar trigo, vinho e azeite; fez ainda estábulos para os seus diversos rebanhos e para as ovelhas. 29 Construiu cidades e adquiriu muitos rebanhos, pois Deus lhe dera muitas riquezas.

30 Foi Ezequias que bloqueou o manancial superior da fonte de Giom e canalizou a água para a parte oeste da Cidade de Davi. Ele foi bem-sucedido em tudo o que se propôs a fazer. 31 Mas quando os governantes da Babilônia enviaram uma delegação para perguntar-lhe acerca do sinal milagroso que havia ocorrido no país, Deus o deixou, para prová-lo e para saber tudo o que havia em seu coração.

32 Os demais acontecimentos do reinado de Ezequias e os seus atos piedosos estão escritos na visão do profeta Isaías, filho de Amoz, no livro dos reis de Judá e de Israel. 33 Ezequias descansou com os seus antepassados e foi sepultado na colina onde estão os túmulos dos descendentes de Davi. Todo o Judá e o povo de Jerusalém prestaram-lhe homenagens por ocasião da sua morte. E seu filho Manassés foi o seu sucessor.

O reinado de Manassés, rei de Judá

33 Manassés tinha doze anos de idade quando começou a reinar, e reinou cinquenta e cinco anos em Jerusalém. 2 Ele fez o que o SENHOR reprova, imitando as práticas detestáveis das nações que o SENHOR havia expulsado de diante dos israelitas. 3 Reconstruiu os altares idólatras que seu pai Ezequias havia demolido, ergueu altares para os baalins e fez postes sagrados. Inclinou-se diante de todos os exércitos celestes e lhes prestou culto. 4 Construiu altares no templo do SENHOR, do qual o SENHOR tinha dito: "Meu nome permanecerá para sempre em Jerusalém". 5 Nos dois pátios do templo do SENHOR ele construiu altares para todos os exércitos celestes. 6 Chegou a queimar seus filhos em sacrifício no vale de Ben-Hinom; praticou feitiçaria, adivinhação e magia, e recorreu a médiuns e aos que consultavam os espíritos. Fez o que o SENHOR reprova, provocando-o à ira.

7 Ele tomou a imagem esculpida que havia feito e a colocou no templo, do qual Deus tinha dito a Davi e a seu filho Salomão: "Neste templo e em Jerusalém, que escolhi dentre todas as tribos de Israel, porei meu nome para sempre. 8 Não farei os pés dos israelitas deixarem novamente a terra que dei aos seus antepassados, se tão somente tiverem o cuidado de fazer tudo o que lhes ordenei em todas as leis, decretos e ordenanças dados por meio de Moisés". 9 Manassés, porém, desencaminhou Judá e o povo de Jerusalém, ao ponto de fazerem pior do que as nações que o SENHOR havia destruído diante dos israelitas.

10 O SENHOR falou a Manassés e a seu povo, mas não lhe deram atenção. 11 Por isso o SENHOR enviou contra eles os comandantes do exército do rei da Assíria, os quais prenderam Manassés, colocaram-lhe um gancho no nariz e algemas de bronze, e o levaram para a Babilônia. 12 Em sua angústia, ele buscou o favor do SENHOR, o seu Deus, e humilhou-se muito diante do Deus dos seus antepassados. 13 Quando ele orou, o SENHOR o ouviu e atendeu o seu pedido e o trouxe de volta a Jerusalém e a seu reino. E assim Manassés reconheceu que o SENHOR é Deus.

14 Depois disso ele reconstruiu e aumentou a altura do muro externo da Cidade de Davi, a oeste da fonte de Giom, no vale, até a entrada da porta do Peixe, em torno da colina de Ofel. Também pôs comandantes militares em todas as cidades fortificadas de Judá.

15 Manassés tirou do templo do SENHOR os deuses estrangeiros e a imagem que havia colocado lá, bem como todos os altares idólatras que havia construído na colina do templo e em Jerusalém; e jogou-os fora da cidade. 16 Depois restaurou o altar do SENHOR e sobre ele ofereceu sacrifícios de comunhão e ofertas de gratidão, ordenando a Judá que servisse o SENHOR, o Deus de Israel. 17 O povo, contudo, continuou a sacrificar nos altares idólatras, mas somente ao SENHOR, o seu Deus.

18 Os demais acontecimentos do reinado de Manassés, inclusive sua oração a seu Deus e as palavras que os videntes lhe falaram em nome do SENHOR, o Deus de Israel, estão escritos nos registros históricos dos reis

[a] 32:22 A Septuaginta e a Vulgata dizem *deu-lhes descanso.*

de Israel[a]. 19Sua oração e a resposta de Deus, bem como
todos os seus pecados e a sua infidelidade, além dos
locais onde construiu altares idólatras e ergueu postes
sagrados e ídolos, antes de humilhar-se, tudo está es-
crito nos registros históricos dos videntes[b]. 20Manassés
descansou com os seus antepassados e foi sepultado em
sua propriedade. E seu filho Amom foi o seu sucessor.

O reinado de Amom, rei de Judá

21Amom tinha vinte e dois anos de idade quando co-
meçou a reinar, e reinou dois anos em Jerusalém. 22Ele
fez o que o SENHOR reprova; à semelhança de seu pai,
Amom prestou culto e ofereceu sacrifícios a todos os
ídolos que Manassés havia feito. 23Mas, ao contrário de
seu pai Manassés, não se humilhou diante do SENHOR,
antes, aumentou a sua culpa.

24Os oficiais de Amom conspiraram contra ele e o as-
sassinaram em seu palácio. 25Mas o povo matou todos
os que haviam conspirado contra o rei Amom, e pro-
clamou seu filho Josias rei em seu lugar.

As reformas de Josias

34 Josias tinha oito anos de idade quando começou
a reinar, e reinou trinta e um anos em Jerusalém.
2Ele fez o que o SENHOR aprova e andou nos caminhos
de Davi, seu predecessor, sem desviar-se nem para a
direita nem para a esquerda.

3No oitavo ano do seu reinado, sendo ainda bem jo-
vem, ele começou a buscar o Deus de Davi, seu prede-
cessor. No décimo segundo ano, começou a purificar
Judá e Jerusalém dos altares idólatras, dos postes sagra-
dos, das imagens esculpidas e dos ídolos de metal. 4Sob
as suas ordens foram derrubados os altares dos baalins;
além disso, ele despedaçou os altares de incenso[c] que
ficavam acima deles. Também despedaçou e reduziu a
pó os postes sagrados, as imagens esculpidas e os ído-
los de metal, e os espalhou sobre os túmulos daqueles
que lhes haviam oferecido sacrifícios. 5Depois queimou
os ossos dos sacerdotes sobre esses altares, purifican-
do assim Judá e Jerusalém. 6Nas cidades das tribos de
Manassés, de Efraim e de Simeão, e até mesmo de Naf-
tali, e nas ruínas ao redor delas, 7derrubou os altares e
os postes sagrados, esmagou os ídolos, reduzindo-os a
pó, e despedaçou todos os altares de incenso espalha-
dos por Israel. Então voltou para Jerusalém.

8No décimo oitavo ano do seu reinado, a fim de puri-
ficar o país e o templo, ele enviou Safã, filho de Azalias,
e Maaseias, governador da cidade, junto com Joá, filho
do arquivista real Joacaz, para restaurarem o templo
do SENHOR, o seu Deus.

9Eles foram entregar ao sumo sacerdote Hilquias a
prata que havia sido trazida ao templo de Deus e que os
porteiros levitas haviam recolhido das ofertas do povo
de Manassés e de Efraim, e de todo o remanescente de
Israel, e também de todo o povo de Judá e de Benja-
mim e dos habitantes de Jerusalém. 10Confiaram a prata
aos homens nomeados para supervisionarem a refor-
ma no templo do SENHOR, os quais pagavam os traba-
lhadores que faziam os reparos no templo. 11Também
deram dessa prata aos carpinteiros e aos construtores
para comprarem pedras lavradas e madeira para as jun-
tas e as vigas dos edifícios que os reis de Judá haviam
deixado ficar em ruínas.

12Esses homens fizeram o trabalho com fidelidade.
Eram dirigidos por Jaate e Obadias, levitas descenden-
tes de Merari, e por Zacarias e Mesulão, descendentes de
Coate. Todos os levitas que sabiam tocar instrumentos
musicais 13estavam encarregados dos operários e super-
visionavam todos os trabalhadores em todas as funções.
Outros levitas eram secretários, oficiais e porteiros.

O Livro da Lei é encontrado

14Enquanto recolhiam a prata que tinha sido trazi-
da para o templo do SENHOR, o sacerdote Hilquias en-
controu o Livro da Lei do SENHOR que havia sido dada
por meio de Moisés. 15Hilquias disse ao secretário Sa-
fã: "Encontrei o Livro da Lei no templo do SENHOR". E
o entregou a Safã.

16Então Safã levou o Livro ao rei e lhe informou:
"Teus servos estão fazendo tudo o que lhes foi ordena-
do. 17Fundiram a prata que estava no templo do SENHOR
e a confiaram aos supervisores e aos trabalhadores". 18E
acrescentou: "O sacerdote Hilquias entregou-me um li-
vro". E Safã leu trechos do Livro para o rei.

19Assim que o rei ouviu as palavras da Lei, rasgou
suas vestes 20e deu estas ordens a Hilquias, a Aicam, fi-
lho de Safã, a Abdom, filho de Mica[d], ao secretário Sa-
fã e ao auxiliar real Asaías: 21"Vão consultar o SENHOR
por mim e pelo remanescente de Israel e de Judá acer-
ca do que está escrito neste livro que foi encontrado.
A ira do SENHOR contra nós deve ser grande, pois os
nossos antepassados não obedeceram à palavra do SE-
NHOR e não agiram de acordo com tudo o que está es-
crito neste livro".

22Hilquias e aqueles que o rei tinha enviado com
ele[e] foram falar com a profetisa Hulda, mulher de Sa-
lum, filho de Tocate[f] e neto de Harás, e responsável pe-
lo guarda-roupa do templo. Ela morava no bairro novo
de Jerusalém.

23Hulda lhes disse: "Assim diz o SENHOR, o Deus de
Israel: 'Digam ao homem que os enviou a mim: 24Assim
diz o SENHOR: Eu vou trazer uma desgraça sobre este
lugar e sobre os seus habitantes; todas as maldições es-
critas no livro que foi lido na presença do rei de Judá.
25Porque me abandonaram e queimaram incenso a ou-
tros deuses, provocando a minha ira por meio de todos
os ídolos que as mãos deles têm feito[g], minha ira arde-
rá contra este lugar e não será apagada'. 26Digam ao rei
de Judá, que os enviou para consultar o SENHOR: Assim
diz o SENHOR, o Deus de Israel, acerca das palavras que
você ouviu: 27'Já que o seu coração se abriu e você se
humilhou diante de Deus quando ouviu o que ele falou
contra este lugar e contra os seus habitantes, e você se
humilhou diante de mim, rasgou as suas vestes e cho-
rou na minha presença, eu o ouvi', declara o SENHOR.
28'Portanto, eu o reunirei aos seus antepassados, e você
será sepultado em paz. Seus olhos não verão a desgraça
que trarei sobre este lugar e sobre os seus habitantes' ".

Então eles levaram a resposta a Josias.

[a] 33:18 Isto é, Judá, como ocorre frequentemente em 2Crônicas.
[b] 33:19 Conforme um manuscrito do Texto Massorético e a Septuaginta. A maioria dos manuscritos do Texto Massorético diz *registros históricos de Hozai*.
[c] 34:4 Provavelmente colunas dedicadas ao deus sol; também no versículo 7.
[d] 34:20 Também chamado Acbor, filho de Micaías.
[e] 34:22 Conforme um manuscrito do Texto Massorético, a Vulgata e a Versão Siríaca. A maioria dos manuscritos do Texto Massorético não traz *tinha enviado com ele*.
[f] 34:22 Também chamado *Ticvá*.
[g] 34:25 Ou *por meio de tudo o que eles têm feito*

29 Em face disso, o rei convocou todas as autoridades de Judá e de Jerusalém. 30 Depois subiu ao templo do SENHOR acompanhado por todos os homens de Judá, todo o povo de Jerusalém, os sacerdotes e os levitas: todo o povo, dos mais simples aos mais importantes[a]. Para todos o rei leu em alta voz todas as palavras do Livro da Aliança, que havia sido encontrado no templo do SENHOR. 31 Ele tomou o seu lugar e, na presença do SENHOR, fez uma aliança, comprometendo-se a seguir o SENHOR e obedecer de todo o coração e de toda a alma aos seus mandamentos, aos seus testemunhos e aos seus decretos, cumprindo as palavras da aliança escritas naquele livro.

32 Depois fez com que todos em Jerusalém e em Benjamim se comprometessem com a aliança; os habitantes de Jerusalém passaram a cumprir a aliança de Deus, o Deus dos seus antepassados.

33 Josias retirou todos os ídolos detestáveis de todo o território dos israelitas e obrigou todos os que estavam em Israel a servirem ao SENHOR, o seu Deus. E enquanto ele viveu, o povo não deixou de seguir o SENHOR, o Deus dos seus antepassados.

Josias celebra a Páscoa

35 Josias celebrou a Páscoa do SENHOR em Jerusalém, e o cordeiro da Páscoa foi abatido no décimo quarto dia do primeiro mês. 2 Ele nomeou os sacerdotes para as suas responsabilidades e os encorajou a se dedicarem ao serviço no templo do SENHOR. 3 Ele disse aos levitas que instruíam todo o Israel e haviam sido consagrados ao SENHOR: "Ponham a arca sagrada no templo construído por Salomão, filho de Davi, rei de Israel. Vocês não precisam mais levá-la de um lado para outro sobre os ombros. Agora sirvam ao SENHOR, o seu Deus, e a Israel, o povo dele. 4 Preparem-se por famílias, em suas divisões, de acordo com a orientação escrita por Davi, rei de Israel, e por seu filho Salomão.

5 "Fiquem no Lugar Santo com um grupo de levitas para cada subdivisão das famílias do povo. 6 Abatam os cordeiros da Páscoa, consagrem-se e preparem os cordeiros para os seus irmãos israelitas, fazendo o que o SENHOR ordenou por meio de Moisés".

7 Josias deu a todo o povo que ali estava um total de trinta mil ovelhas e cabritos para as ofertas da Páscoa, além de três mil bois; tudo foi tirado dos bens pessoais do rei.

8 Seus oficiais também contribuíram voluntariamente para o povo, para os sacerdotes e para os levitas. Hilquias, Zacarias e Jeiel, os administradores do templo de Deus, deram aos sacerdotes duas mil e seiscentas ovelhas e cabritos e trezentos bois. 9 Também Conanias, com seus irmãos Semaías e Natanael, e os líderes dos levitas Hasabias, Jeiel e Jozabade, ofereceram aos levitas cinco mil ovelhas e cabritos e quinhentos bois.

10 O serviço foi organizado e os sacerdotes assumiram os seus lugares com os levitas em seus turnos, conforme o rei ordenara. 11 Os cordeiros da Páscoa foram abatidos, e os sacerdotes aspergiram o sangue que lhes fora entregue, enquanto os levitas tiravam a pele dos animais. 12 Eles separaram também os holocaustos para dá-los aos grupos das famílias do povo, para que elas os oferecessem ao SENHOR, conforme está escrito no Livro de Moisés; e fizeram o mesmo com os bois. 13 Assaram os animais da Páscoa sobre o fogo, conforme prescrito, cozinharam as ofertas sagradas em potes, caldeirões e panelas, e serviram rapidamente todo o povo. 14 Depois disso, os levitas prepararam a parte deles e a dos sacerdotes, pois estes, descendentes de Arão, ficaram sacrificando os holocaustos e as porções de gordura até o anoitecer. Foi por isso que os levitas prepararam a parte deles e a dos sacerdotes, descendentes de Arão.

15 Os músicos, descendentes de Asafe, estavam nos locais prescritos por Davi e por Asafe, Hemã e Jedutum, vidente do rei. Os porteiros que guardavam cada porta não precisaram deixar os seus postos, pois os seus colegas levitas prepararam as ofertas para eles.

16 Assim, naquele dia, todo o serviço do SENHOR foi executado para a celebração da Páscoa e para a apresentação de holocaustos no altar do SENHOR, conforme o rei Josias havia ordenado. 17 Os israelitas que estavam presentes celebraram a Páscoa naquele dia e durante sete dias celebraram a festa dos pães sem fermento. 18 A Páscoa não havia sido celebrada dessa maneira em Israel desde os dias do profeta Samuel; e nenhum dos reis de Israel havia celebrado uma Páscoa como esta, como o fez Josias, com os sacerdotes, os levitas e todo o Judá e Israel que estavam ali com o povo de Jerusalém. 19 Esta Páscoa foi celebrada no décimo oitavo ano do reinado de Josias.

A morte de Josias

20 Depois de tudo o que Josias fez, e depois de colocar em ordem o templo, Neco, rei do Egito, saiu para lutar em Carquemis, junto ao Eufrates, e Josias marchou para combatê-lo. 21 Neco, porém, enviou-lhe mensageiros, dizendo: "Não interfiras nisso, ó rei de Judá. Desta vez não estou atacando a ti, mas a outro reino com o qual estou em guerra. Deus me disse que me apressasse; por isso para de te opores a Deus, que está comigo; caso contrário ele te destruirá".

22 Josias, contudo, não quis voltar atrás, e disfarçou-se para enfrentá-lo em combate. Ele não quis ouvir o que Neco lhe dissera por ordem de Deus, e foi combatê-lo na planície de Megido.

23 Na batalha, flecheiros atingiram o rei Josias, pelo que disse aos seus oficiais: "Tirem-me daqui. Estou gravemente ferido". 24 Eles o tiraram do seu carro, colocaram-no em outro e o levaram para Jerusalém, onde morreu. Ele foi sepultado nos túmulos dos seus antepassados, e todos os moradores de Judá e de Jerusalém choraram por ele.

25 Jeremias compôs um cântico de lamento em homenagem a Josias, e até hoje todos os cantores e cantoras homenageiam Josias com cânticos de lamento. Estes se tornaram uma tradição em Israel e estão escritos na coletânea de lamentações.

26 Os demais acontecimentos do reinado de Josias e os seus atos piedosos, de acordo com o que está escrito na Lei do SENHOR, 27 todos os acontecimentos, do início ao fim, estão escritos nos registros históricos dos reis de Israel e de Judá.

36 E o povo tomou Jeoacaz, filho de Josias, e proclamou-o rei em Jerusalém, no lugar de seu pai.

[a] 34:30 Ou *dos mais jovens aos mais velhos*

O reinado de Jeoacaz, rei de Judá

[2]Jeoacaz tinha vinte e três anos de idade quando começou a reinar, e reinou três meses em Jerusalém. [3]O rei do Egito destronou-o em Jerusalém e impôs a Judá um tributo de três toneladas e meia[a] de prata e trinta e cinco quilos de ouro. [4]O rei do Egito proclamou Eliaquim, irmão de Jeoacaz, rei sobre Judá e sobre Jerusalém, e mudou-lhe o nome para Jeoaquim. Mas Neco levou Jeoacaz, irmão de Eliaquim, para o Egito.

O reinado de Jeoaquim, rei de Judá

[5]Jeoaquim tinha vinte e cinco anos de idade quando começou a reinar, e reinou onze anos em Jerusalém. Ele fez o que o SENHOR, o seu Deus, reprova. [6]Nabucodonosor, rei da Babilônia, atacou-o e prendeu-o com algemas de bronze para levá-lo para a Babilônia. [7]Levou também para a Babilônia objetos do templo do SENHOR e os colocou no seu templo[b].

[8]Os demais acontecimentos do reinado de Jeoaquim, as coisas detestáveis que fez e tudo o que foi achado contra ele, estão escritos nos registros históricos dos reis de Israel e de Judá. Seu filho Joaquim foi o seu sucessor.

O reinado de Joaquim, rei de Judá

[9]Joaquim tinha dezoito[c] anos de idade quando começou a reinar, e reinou três meses e dez dias em Jerusalém. Ele fez o que o SENHOR reprova. [10]Na primavera o rei Nabucodonosor mandou levá-lo para a Babilônia, junto com objetos de valor retirados do templo do SENHOR, e proclamou Zedequias, tio[d] de Joaquim, rei sobre Judá e sobre Jerusalém.

O reinado de Zedequias, rei de Judá

[11]Zedequias tinha vinte e um anos de idade quando começou a reinar, e reinou onze anos em Jerusalém. [12]Ele fez o que o SENHOR, o seu Deus, reprova, e não se humilhou diante do profeta Jeremias, que lhe falava como porta-voz do SENHOR. [13]Também se revoltou contra o rei Nabucodonosor, que o havia obrigado a fazer um juramento em nome de Deus. Tornou-se muito obstinado e não quis se voltar para o SENHOR, o Deus de Israel.

[a] 36:3 Hebraico: *100 talentos*. Um talento equivalia a 35 quilos.
[b] 36:7 Ou *palácio*
[c] 36:9 Conforme um manuscrito do Texto Massorético, alguns manuscritos da Septuaginta e a Versão Siríaca. A maioria dos manuscritos do Texto Massorético diz *oito*. Veja 2Rs 24:8.
[d] 36:10 Ou *parente*

[14]Além disso, todos os líderes dos sacerdotes e o povo se tornaram cada vez mais infiéis, seguindo todas as práticas detestáveis das outras nações e contaminando o templo do SENHOR, consagrado por ele em Jerusalém.

A queda de Jerusalém

[15]O SENHOR, o Deus dos seus antepassados, advertiu-os várias vezes por meio de seus mensageiros, pois ele tinha compaixão de seu povo e do lugar de sua habitação. [16]Mas eles zombaram dos mensageiros de Deus, desprezaram as palavras dele e expuseram ao ridículo os seus profetas, até que a ira do SENHOR se levantou contra o seu povo, e já não houve remédio. [17]O SENHOR enviou contra eles o rei dos babilônios[e] que, no santuário, matou os seus jovens à espada. Não poupou nem rapazes, nem moças, nem adultos, nem velhos. Deus entregou todos eles nas mãos de Nabucodonosor; [18]este levou para a Babilônia todos os utensílios do templo de Deus, tanto os pequenos como os grandes, com os tesouros do templo do SENHOR, os do rei e os de seus oficiais. [19]Os babilônios incendiaram o templo de Deus e derrubaram o muro de Jerusalém; queimaram todos os palácios e destruíram todos os utensílios de valor que havia neles.

[20]Nabucodonosor levou para o exílio, na Babilônia, os remanescentes, que escaparam da espada, para serem seus escravos e dos seus descendentes, até a época do domínio persa. [21]A terra desfrutou os seus descansos sabáticos; descansou durante todo o tempo de sua desolação, até que os setenta anos se completaram, em cumprimento da palavra do SENHOR anunciada por Jeremias.

[22]No primeiro ano do reinado de Ciro, rei da Pérsia, para que se cumprisse a palavra do SENHOR anunciada por Jeremias, o SENHOR tocou no coração de Ciro, rei da Pérsia, para que fizesse uma proclamação em todo o território de seu domínio e a pusesse por escrito, nestes termos:

[23]"Assim declaro eu, Ciro, rei da Pérsia:

> "O SENHOR, o Deus dos céus, deu-me todos os reinos da terra e designou-me para construir um templo para ele em Jerusalém, na terra de Judá. Quem dentre vocês pertencer ao seu povo vá para Jerusalém, e que o SENHOR, o seu Deus, esteja com ele".

[e] 36:17 Ou *caldeus*

ESDRAS

O decreto de Ciro

1 No primeiro ano do reinado de Ciro, rei da Pérsia, a
fim de que se cumprisse a palavra do SENHOR falada
por Jeremias, o SENHOR despertou o coração de Ciro,
rei da Pérsia, para redigir uma proclamação e divulgá-
-la em todo o seu reino, nestes termos:
2“Assim diz Ciro, rei da Pérsia:

> “O SENHOR, o Deus dos céus, deu-me todos os
> reinos da terra e designou-me para construir
> um templo para ele em Jerusalém de Judá.
> 3Qualquer do seu povo que esteja entre vocês,
> que o seu Deus esteja com ele, e que vá a Jeru-
> salém de Judá reconstruir o templo do SENHOR,
> o Deus de Israel, o Deus que em Jerusalém tem
> a sua morada. 4E que todo sobrevivente, seja
> qual for o lugar em que esteja vivendo, receba
> dos que ali vivem prata, ouro, bens, animais
> e ofertas voluntárias para o templo de Deus
> em Jerusalém”.

5Então os líderes das famílias de Judá e de Benja-
mim, como também os sacerdotes e os levitas, todos
aqueles cujo coração Deus despertou, dispuseram-se
a ir para Jerusalém e a construir o templo do SENHOR.
6Todos os seus vizinhos os ajudaram, trazendo-lhes
utensílios de prata e de ouro, bens, animais e presen-
tes valiosos, além de todas as ofertas voluntárias que
fizeram. 7Além disso, o rei Ciro mandou tirar os uten-
sílios pertencentes ao templo do SENHOR, os quais
Nabucodonosor tinha levado de Jerusalém e coloca-
do no templo do seu deus[a]. 8Ciro, rei da Pérsia, orde-
nou que fossem tirados pelo tesoureiro Mitredate, que
os enumerou e os entregou a Sesbazar, governador
de Judá.
9O total foi o seguinte:

30 tigelas de ouro,
1.000 tigelas de prata,
29 panelas de prata,
1030 bacias de ouro,
410 bacias de prata
de qualidade inferior
e 1.000 outros objetos.

11Ao todo foram, na verdade, cinco mil e quatrocen-
tos utensílios de ouro e de prata. Sesbazar trouxe tudo
isso consigo quando os exilados vieram da Babilônia
para Jerusalém.

A lista dos exilados que voltaram

2 Esta é a lista dos homens da província que Nabuco-
donosor, rei da Babilônia, tinha levado prisioneiros
para a Babilônia. Eles voltaram para Jerusalém e Judá,
cada um para a sua própria cidade. 2Vieram na compa-
nhia de Zorobabel, Jesua, Neemias, Seraías, Reelaías,
Mardoqueu, Bilsã, Mispar, Bigvai, Reum e Baaná.

Esta é a lista dos israelitas:

3os descendentes
de Parós 2.172
4de Sefatias 372
5de Ara 775
6de Paate-Moabe,
por meio da linhagem
de Jesua e Joabe, 2.812
7de Elão 1.254
8de Zatu 945
9de Zacai 760
10de Bani 642
11de Bebai 623
12de Azgade 1.222
13de Adonicão 666
14de Bigvai 2.056
15de Adim 454
16de Ater,
por meio de Ezequias, 98
17de Besai 323
18de Jora 112
19de Hasum 223
20de Gibar 95

21os da cidade de Belém 123
22de Netofate 56
23de Anatote 128
24de Azmavete 42
25de Quiriate-Jearim[b],
Quefira e Beerote 743
26de Ramá e Geba 621
27de Micmás 122
28de Betel e Ai 223
29de Nebo 52
30de Magbis 156
31do outro Elão 1.254
32de Harim 320
33de Lode, Hadide
e Ono 725
34de Jericó 345
35de Senaá 3.630.

36Os sacerdotes:

os descendentes
de Jedaías,
por meio da família
de Jesua, 973
37de Imer 1.052
38de Pasur 1.247
39de Harim 1.017.

40Os levitas:

os descendentes de Jesua
e de Cadmiel,
por meio da linhagem
de Hodavias, 74.

41Os cantores:

os descendentes de Asafe 128.

42Os porteiros do templo:

[a] 1:7 Ou *seus deuses*

[b] 2:25 Conforme a Septuaginta. O Texto Massorético diz *Quiriate-Arim*. Veja Ne 7:29.

os descendentes de Salum, Ater,
Talmom, Acube, Hatita e Sobai 139.

43Os servidores do templo:

os descendentes de Zia,
Hasufa, Tabaote,
44Queros, Sia, Padom,
45Lebana, Hagaba, Acube,
46Hagabe, Sanlai, Hanã,
47Gidel, Gaar, Reaias,
48Rezim, Necoda, Gazão,
49Uzá, Paseia, Besai,
50Asná, Meunim, Nefusim,
51Baquebuque, Hacufa, Harur,
52Baslute, Meída, Harsa,
53Barcos, Sísera, Tamá,
54Nesias e Hatifa.

55Os descendentes dos servos de Salomão:

os descendentes de Sotai,
Soferete, Peruda,
56Jaala, Darcom, Gidel,
57Sefatias, Hatil,
Poquerete-Hazebaim e Ami.

58O total dos servidores
do templo e dos descendentes
dos servos de Salomão 392.

59Os que chegaram das cidades de Tel-Melá, Tel-Har-
sa, Querube, Adã e Imer, mas não puderam compro-
var que suas famílias descendiam de Israel, foram os
seguintes:

60os descendentes de Delaías,
Tobias e Necoda 652.

61E dentre os sacerdotes:

os descendentes de Habaías, Hacoz e Barzilai, ho-
mem que se casou com uma filha de Barzilai, de Gilea-
de, e que era chamado pelo nome do sogro.
62Eles examinaram seus registros de família, mas
não conseguiram achá-los e foram considerados impu-
ros para o sacerdócio. 63Por isso o governador os proibiu
de comer alimentos sagrados enquanto não houves-
se um sacerdote capaz de consultar Deus por meio do
Urim e do Tumim[a].

64A totalidade dos que voltaram do exílio atingiu o
número de 42.360 homens, 65além dos seus 7.337 ser-
vos e servas; havia entre eles 200 cantores e cantoras.
66Possuíam 736 cavalos, 245 mulas, 67435 camelos e 6.720
jumentos.

68Quando chegaram ao templo do SENHOR em Jeru-
salém, alguns dos chefes das famílias deram ofertas vo-
luntárias para a reconstrução do templo de Deus no seu
antigo local. 69De acordo com as suas possibilidades, de-
ram à tesouraria para essa obra quinhentos quilos[b] de
ouro, três toneladas[c] de prata e cem vestes sacerdotais.
70Os sacerdotes, os levitas, os cantores, os porteiros e
os servidores do templo, bem como os demais israelitas,
estabeleceram-se em suas cidades de origem.

[a] 2:63 Objetos utilizados para se conhecer a vontade de Deus.
[b] 2:69 Hebraico: *61.000 dracmas*.
[c] 2:69 Hebraico: *5.000 minas*. Uma mina equivalia a 600 gramas.

A reconstrução do altar

3Quando chegou o sétimo mês e os israelitas já esta-
vam em suas cidades, o povo se reuniu como um só
homem em Jerusalém. 2Então Jesua, filho de Jozada-
que, e seus colegas, os sacerdotes, e Zorobabel, filho de
Sealtiel, e seus companheiros começaram a construir
o altar do Deus de Israel para nele sacrificarem holo-
caustos[d], conforme o que está escrito na Lei de Moisés,
homem de Deus. 3Apesar do receio que tinham dos po-
vos ao redor, construíram o altar sobre a sua base e nele
sacrificaram holocaustos ao SENHOR, tanto os sacrifícios
da manhã como os da tarde. 4Depois, de acordo com o
que está escrito, celebraram a festa das cabanas[e] com
o número determinado de holocaustos prescritos para
cada dia. 5A seguir apresentaram os holocaustos regu-
lares, os sacrifícios da lua nova e os sacrifícios reque-
ridos para todas as festas sagradas determinadas pelo
SENHOR, bem como os que foram trazidos como ofertas
voluntárias ao SENHOR. 6A partir do primeiro dia do sé-
timo mês começaram a oferecer holocaustos ao SENHOR,
embora ainda não tivessem sido lançados os alicerces
do templo do SENHOR.

A reconstrução do templo

7Então eles deram dinheiro aos pedreiros e aos car-
pinteiros, e deram comida, bebida e azeite ao povo de
Sidom e de Tiro, para que, pelo mar, trouxessem do Lí-
bano para Jope toras de cedro. Isso tinha sido autori-
zado por Ciro, rei da Pérsia.
8No segundo mês do segundo ano depois de chega-
rem ao templo de Deus em Jerusalém, Zorobabel, filho
de Sealtiel, Jesua, filho de Jozadaque, e o restante dos
seus irmãos — os sacerdotes, os levitas e todos os que
tinham voltado do cativeiro para Jerusalém — começa-
ram o trabalho, designando levitas de vinte anos para
cima para supervisionarem a construção do templo do
SENHOR. 9Jesua, seus filhos e seus irmãos, e Cadmiel e
seus filhos, descendentes de Hodavias[f], e os filhos de
Henadade e seus filhos e seus irmãos, todos eles levi-
tas, uniram-se para supervisionar os que trabalhavam
no templo de Deus.
10Quando os construtores lançaram os alicerces do
templo do SENHOR, os sacerdotes, com suas vestes e
suas trombetas, e os levitas, filhos de Asafe, com cím-
balos, tomaram seus lugares para louvar o SENHOR,
conforme prescrito por Davi, rei de Israel. 11Com lou-
vor e ações de graças, cantaram responsivamente ao
SENHOR:

"Ele é bom;
seu amor a Israel dura para sempre".

E todo o povo louvou o SENHOR em alta voz, pois ha-
viam sido lançados os alicerces do templo do SENHOR.
12Mas muitos dos sacerdotes, dos levitas e dos chefes das
famílias mais velhos, que tinham visto o antigo templo,
choraram em alta voz quando viram o lançamento dos
alicerces desse templo; muitos, porém, gritavam de ale-
gria. 13Não era possível distinguir entre o som dos gritos
de alegria e o som do choro, pois o povo fazia enorme
barulho. E o som foi ouvido a grande distância.

[d] 3:2 Isto é, sacrifícios totalmente queimados; também nos versículos 3-6.
[e] 3:4 Ou *dos tabernáculos*; hebraico: *sucote*.
[f] 3:9 Hebraico: *Judá*, possível variante de *Hodavias*.

A oposição à obra

4 Quando os inimigos de Judá e de Benjamim souberam que os exilados estavam reconstruindo o templo do SENHOR, o Deus de Israel, 2foram falar com Zorobabel e com os chefes das famílias: "Vamos ajudá-los nessa obra porque, como vocês, nós buscamos o Deus de vocês e temos sacrificado a ele desde a época de Esar-Hadom, rei da Assíria, que nos trouxe para cá".

3Contudo, Zorobabel, Jesua e os demais chefes das famílias de Israel responderam: "Não compete a vocês a reconstrução do templo de nosso Deus. Somente nós o construiremos para o SENHOR, o Deus de Israel, conforme Ciro, o rei da Pérsia, nos ordenou".

4Então a gente da região começou a desanimar o povo de Judá e a atemorizá-lo, para que não continuasse a construção[a]. 5Pagaram alguns funcionários para que se opusessem ao povo e frustrassem o seu plano. E fizeram isso durante todo o reinado de Ciro até o reinado de Dario, reis da Pérsia.

A oposição nos reinados de Xerxes e Artaxerxes

6No início do reinado de Xerxes[b], apresentaram uma acusação contra o povo de Judá e de Jerusalém.

7E nos dias de Artaxerxes, rei da Pérsia, Bislão, Mitredate, Tabeel e o restante dos seus companheiros escreveram uma carta a Artaxerxes. A carta foi escrita em aramaico, com caracteres aramaicos[c].[d]

8O comandante Reum e o secretário Sinsai escreveram uma carta contra Jerusalém ao rei Artaxerxes:

> 9O comandante Reum e o secretário Sinsai, e o restante de seus companheiros — os juízes e os oficiais de Trípoli, da Pérsia, de Ereque e[e] da Babilônia, os elamitas de Susã, 10e das outras nações que o grande e renomado Assurbanípal[f] deportou e assentou na cidade de Samaria e noutros lugares a oeste do Eufrates — escreveram, nos seguintes termos:

11(Esta é uma cópia da carta que lhe enviaram.)

> "Ao rei Artaxerxes,
>
> "De seus servos que vivem a oeste do Eufrates:
>
> 12"Informamos o rei que os judeus que chegaram a nós da tua parte vieram a Jerusalém e estão reconstruindo aquela cidade rebelde e má. Estão fazendo reparos nos muros e consertando os alicerces.
>
> 13"Além disso, é preciso que o rei saiba que, se essa cidade for reconstruída e os seus muros reparados, não mais se pagarão impostos, tributos ou taxas, e as rendas do rei sofrerão prejuízo. 14Agora, visto que estamos a serviço do palácio e não nos é conveniente ver a desonra do rei, nós lhe enviamos esta mensagem ao rei, 15a fim de que se faça uma pesquisa nos arquivos de seus antecessores. Nesses arquivos o rei descobrirá e saberá que essa cidade é uma cidade rebelde, problemática para reis e províncias, um lugar de revoltas desde épocas antigas, motivo pelo qual foi destruída. 16Informamos ao rei que, se essa cidade for reconstruída e seus muros reparados, nada lhe sobrará a oeste do Eufrates".

17O rei enviou-lhes a seguinte resposta:

> "Ao comandante Reum, ao secretário Sinsai e aos seus demais companheiros que vivem em Samaria e em outras partes, a oeste do Eufrates:
>
> "Saudações de paz!
>
> 18"A carta que vocês nos enviaram foi traduzida e lida na minha presença. 19Sob minhas ordens fez-se uma pesquisa, e descobriu-se que essa cidade tem uma longa história de rebeldia contra os reis e que tem sido um lugar de rebeliões e revoltas. 20Jerusalém teve reis poderosos que governaram toda a região a oeste do Eufrates, aos quais se pagavam impostos, tributos e taxas. 21Ordene agora a esses homens que parem a obra, para que essa cidade não seja reconstruída enquanto eu não mandar. 22Tenham cuidado, não sejam negligentes neste assunto, para que os interesses reais não sofram prejuízo".

23Lida a cópia da carta do rei Artaxerxes para Reum, para o secretário Sinsai e para os seus companheiros, eles foram depressa a Jerusalém e forçaram os judeus a parar a obra.

24Assim a obra do templo de Deus em Jerusalém foi interrompida, e ficou parada até o segundo ano do reinado de Dario, rei da Pérsia.

A carta de Tatenai a Dario

5 Ora, o profeta Ageu e o profeta Zacarias, descendente de Ido, profetizaram aos judeus de Judá e de Jerusalém, em nome do Deus de Israel, que estava sobre eles. 2Então Zorobabel, filho de Sealtiel, e Jesua, filho de Jozadaque, começaram a reconstruir o templo de Deus em Jerusalém. E os profetas de Deus estavam com eles e os ajudavam.

3Tatenai, governador do território a oeste do Eufrates, Setar-Bozenai e seus companheiros foram logo perguntar a eles: "Quem os autorizou a reconstruir este templo e estes muros? 4E como se chamam os homens que estão construindo este edifício?[g]" 5Mas os olhos do seu Deus estavam sobre os líderes dos judeus, e eles não foram impedidos de trabalhar até que um relatório fosse enviado a Dario e dele se recebesse uma ordem oficial a respeito do assunto.

6Esta é uma cópia da carta que Tatenai, governador do território situado a oeste do Eufrates, Setar-Bozenai e seus companheiros, os oficiais do oeste do Eufrates, enviaram ao rei Dario. 7O relatório que lhe enviaram dizia o seguinte:

> "Ao rei Dario:
>
> "Paz e prosperidade!
>
> 8"Informamos ao rei que fomos à província de Judá, ao templo do grande Deus. O povo o está

[a] **4:4** Ou *a perturbá-lo enquanto construía*

[b] **4:6** Hebraico: *Assuero*, variante do nome persa *Xerxes*.

[c] **4:7** Ou *em aramaico, com sua respectiva tradução*

[d] **4:7** O texto de Esdras 4:8—6:18 está em aramaico.

[e] **4:9** Ou *oficiais, magistrados e governadores sobre Ereque e*; ou ainda *oficiais de Dim, Afarsaque, Tarpel e Afarsa*

[f] **4:10** Aramaico: *Osnapar*, variante de *Assurbanípal*.

[g] **5:4** Conforme a Septuaginta. O Texto Massorético diz *Demos a eles os nomes dos homens que estavam construindo este edifício.*

reconstruindo com grandes pedras e já estão fi-
xando as vigas de madeira nas paredes. A obra
está sendo executada com diligência e apresen-
tando rápido progresso.
9“Então perguntamos aos líderes: Quem os au-
torizou a reconstruir este templo e estes mu-
ros? 10Também perguntamos os nomes dos
líderes deles, para que os registrássemos para
a tua informação.
11“Esta é a resposta que nos deram:

“ ‘Somos servos do Deus dos céus e da terra
e estamos reconstruindo o templo edificado
há muitos anos, templo que foi construído e
terminado por um grande rei de Israel. 12Mas,
visto que os nossos antepassados irritaram o
Deus dos céus, ele os entregou nas mãos do
babilônio[a] Nabucodonosor, rei da Babilônia,
que destruiu este templo e deportou o povo
para a Babilônia.
13“ ‘Contudo, no seu primeiro ano como rei da
Babilônia, o rei Ciro emitiu um decreto orde-
nando a reconstrução desta casa de Deus. 14Ele
até mesmo tirou do templo[b] da Babilônia os
utensílios de ouro e de prata da casa de Deus,
os quais Nabucodonosor havia tirado do tem-
plo de Jerusalém e levado para o templo da
Babilônia.
“ ‘O rei Ciro os confiou a um homem chamado
Sesbazar, que ele tinha nomeado governador,
15e lhe disse: “Leve estes utensílios, coloque-
-os no templo de Jerusalém e reconstrua a
casa de Deus em seu antigo local”. 16Então Ses-
bazar veio e lançou os alicerces do templo de
Deus em Jerusalém. Desde aquele dia o tem-
plo tem estado em construção, mas ainda não
foi concluído’.
17“Agora, se for do agrado do rei, que se faça
uma pesquisa nos arquivos reais da Babilônia
para verificar se o rei Ciro de fato emitiu um
decreto ordenando a reconstrução da casa de
Deus em Jerusalém. Aguardamos do rei a de-
cisão sobre o assunto”.

O decreto de Dario

6 O rei Dario mandou então fazer uma pesquisa nos
arquivos da Babilônia, que estavam nos locais em
que se guardavam os tesouros. 2Encontrou-se um rolo
na cidadela de Ecbatana, na província da Média, e nele
estava escrito o seguinte, que Dario comunicou:

3“No primeiro ano do seu reinado, o rei Ciro promul-
gou um decreto acerca do templo de Deus em Jerusa-
lém, nestes termos:

“ ‘Que o templo seja reconstruído como local
destinado à apresentação de sacrifícios, e que
se lancem os seus alicerces. Ele terá vinte e se-
te metros[c] de altura e vinte e sete metros de
largura, 4com três carreiras de pedras grandes
e uma carreira de madeira. O custo será pago
pela tesouraria do rei. 5E os utensílios de ouro
e de prata da casa de Deus, que Nabucodonosor
tirou do templo de Jerusalém e trouxe para a
Babilônia, serão devolvidos aos seus lugares
no templo de Jerusalém; devem ser colocados
na casa de Deus’.

6“Agora, então, Tatenai, governador do terri-
tório situado a oeste do Eufrates, e Setar-Boze-
nai, e vocês, oficiais dessa província e amigos
deles, mantenham-se afastados de lá. 7Não in-
terfiram na obra que se faz nesse templo de
Deus. Deixem o governador e os líderes dos ju-
deus reconstruírem esse templo de Deus em
seu antigo local.
8“Além disso, promulgo o seguinte decreto a res-
peito do que vocês farão por esses líderes dos
judeus na construção desse templo de Deus:
“As despesas desses homens serão integral-
mente pagas pela tesouraria do rei, do tribu-
to recebido do território a oeste do Eufrates,
para que a obra não pare. 9E o que for neces-
sário: novilhos, carneiros, cordeiros para os ho-
locaustos[d] oferecidos ao Deus dos céus, e trigo,
sal, vinho e azeite, conforme for solicitado pe-
los sacerdotes em Jerusalém, tudo deverá ser
entregue diariamente a eles, sem falta, 10para
que ofereçam sacrifícios agradáveis ao Deus
dos céus e orem pelo bem-estar do rei e dos
seus filhos.
11“Além disso, determino que, se alguém alterar
este decreto, atravessem-lhe o corpo com uma
viga tirada de sua casa e deixem-no empalado.
E seja a sua casa transformada num monte de
entulho. 12E que Deus, que fez o seu nome ali
habitar, derrube qualquer rei ou povo que es-
tender a mão para mudar este decreto ou para
destruir esse templo de Jerusalém.
“Eu, Dario, o decretei. Que seja plenamente
executado”.

A dedicação do templo

13Tendo recebido o decreto do rei Dario, Tatenai,
governador do território situado a oeste do Eufrates,
Setar-Bozenai e os companheiros deles o cumpriram
plenamente. 14Dessa maneira, os líderes dos judeus con-
tinuaram a construir e a prosperar, encorajados pela
pregação dos profetas Ageu e Zacarias, descendente de
Ido. Eles terminaram a reconstrução do templo confor-
me a ordem do Deus de Israel e os decretos de Ciro, de
Dario e de Artaxerxes, reis da Pérsia. 15O templo foi con-
cluído no terceiro dia do mês de adar[e], no sexto ano do
reinado do rei Dario.
16Então o povo de Israel, os sacerdotes, os levitas e o
restante dos exilados, celebraram com alegria a dedi-
cação do templo de Deus. 17Para a dedicação do templo
de Deus ofereceram cem touros, duzentos carneiros,
quatrocentos cordeiros e, como oferta pelo pecado de
todo o Israel, doze bodes, de acordo com o número das
tribos de Israel. 18E organizaram os sacerdotes em suas
divisões e os levitas em seus grupos para o serviço de
Deus em Jerusalém, conforme o que está escrito no Li-
vro de Moisés.

[a] 5:12 Ou *caldeu*
[b] 5:14 Ou *palácio*; também no mesmo versículo.
[c] 6:3 Aramaico: *60 côvados*. O côvado era uma medida linear de cerca de 45 centímetros.
[d] 6:9 Isto é, sacrifícios totalmente queimados.
[e] 6:15 Aproximadamente fevereiro/março.

A celebração da Páscoa

19No décimo quarto dia do primeiro mês, os exila-
dos celebraram a Páscoa. 20Os sacerdotes e os levitas
tinham se purificado; estavam todos cerimonialmen-
te puros. Os levitas sacrificaram o cordeiro da Páscoa
por todos os exilados, por seus colegas sacerdotes e por
eles mesmos. 21Assim, os israelitas que tinham voltado
do exílio comeram do cordeiro, participando com eles
todos os que se haviam separado das práticas impuras
dos seus vizinhos gentios para buscarem o SENHOR, o
Deus de Israel. 22Durante sete dias eles celebraram com
alegria a festa dos pães sem fermento, pois o SENHOR
os enchera de alegria ao mudar o coração do rei da As-
síria, levando-o a dar-lhes força para realizarem a obra
de reconstrução do templo de Deus, o Deus de Israel.

Esdras vai para Jerusalém

7Depois dessas coisas, durante o reinado de Artaxer-
xes, rei da Pérsia, vivia um homem chamado Esdras.
Era filho de Seraías, filho de Azarias, filho de Hilquias,
2filho de Salum, filho de Zadoque, filho de Aitube, 3fi-
lho de Amarias, filho de Azarias, filho de Meraiote, 4fi-
lho de Zeraías, filho de Uzi, filho de Buqui, 5filho de
Abisua, filho de Fineias, filho de Eleazar, filho do sumo
sacerdote Arão. 6Este Esdras veio da Babilônia. Era um
escriba que conhecia muito a Lei de Moisés dada pe-
lo SENHOR, o Deus de Israel. O rei lhe concedera tudo
o que ele tinha pedido, pois a mão do SENHOR, o seu
Deus, estava sobre ele. 7Alguns dos israelitas, inclusive
sacerdotes, levitas, cantores, porteiros e servidores do
templo, também foram para Jerusalém no sétimo ano
do reinado de Artaxerxes.

8Esdras chegou a Jerusalém no quinto mês do séti-
mo ano desse reinado. 9No primeiro dia do primeiro
mês ele saiu da Babilônia e chegou a Jerusalém no pri-
meiro dia do quinto mês, porque a boa mão de seu Deus
estava sobre ele. 10Pois Esdras tinha decidido dedicar-se
a estudar a Lei do SENHOR e a praticá-la, e a ensinar os
seus decretos e mandamentos aos israelitas.

A carta do rei Artaxerxes a Esdras

11Esta é uma cópia da carta que o rei Artaxerxes en-
tregou ao sacerdote e escriba Esdras, conhecedor dos
mandamentos e decretos do SENHOR para Israel:

12[a] "Artaxerxes, rei dos reis,

"Ao sacerdote Esdras, escriba da Lei do Deus
dos céus:

"Paz e prosperidade!

13"Estou decretando que qualquer israelita em
meu reino, inclusive dentre os sacerdotes e le-
vitas, que desejar ir a Jerusalém com você, po-
derá fazê-lo. 14Você está sendo enviado pelo rei
e por seus sete conselheiros para fazer uma in-
vestigação em Judá e em Jerusalém com res-
peito à Lei do seu Deus, que está nas suas mãos.
15Além disso, você levará a prata e o ouro que
o rei e seus conselheiros voluntariamente ofe-
receram ao Deus de Israel, cuja habitação está
em Jerusalém, 16além de toda a prata e todo o
ouro que você receber da província da Babilô-
nia, como também as ofertas voluntárias do
povo e dos sacerdotes para o templo do Deus
deles em Jerusalém. 17Com esse dinheiro com-
pre novilhos, carneiros, cordeiros e o que for
necessário para as suas ofertas de cereal e de
bebida, e sacrifique-os no altar do templo do
seu Deus em Jerusalém.

18"Você e seus irmãos poderão fazer o que acha-
rem melhor com o restante da prata e do ouro,
de acordo com a vontade do seu Deus. 19En-
tregue ao Deus de Jerusalém todos os utensí-
lios que foram confiados a você para o culto no
templo de seu Deus. 20E todas as demais despe-
sas necessárias com relação ao templo de seu
Deus serão pagas pelo tesouro real.

21"Agora eu, o rei Artaxerxes, ordeno a todos
os tesoureiros do território situado a oeste do
Eufrates que forneçam tudo o que lhes solici-
tar o sacerdote Esdras, escriba da Lei do Deus
dos céus, 22até três toneladas e meia[b] de prata,
cem tonéis[c] de trigo, dez barris[d] de vinho, dez
barris de azeite de oliva, e sal à vontade. 23Tudo
o que o Deus dos céus tenha prescrito, que se
faça com presteza para o templo do Deus dos
céus, para que a sua ira não venha contra o im-
pério do rei e dos seus descendentes. 24Saibam
também que vocês não têm autoridade para
exigir impostos, tributos ou taxas de nenhum
sacerdote, levita, cantor, porteiro, servidor do
templo e de nenhum dos que trabalham nesse
templo de Deus.

25"E você, Esdras, com a sabedoria que o seu
Deus lhe deu, nomeie magistrados e juízes para
ministrarem a justiça a todo o povo do territó-
rio situado a oeste do Eufrates, a todos os que
conhecem as leis do seu Deus. E aos que não as
conhecem você deverá ensiná-las. 26Aquele que
não obedecer à lei do Deus de vocês e à lei do
rei seja punido com a morte, ou com o exílio,
ou com o confisco de bens, ou com a prisão".

27Bendito seja o SENHOR, o Deus de nossos antepas-
sados, que pôs no coração do rei o propósito de hon-
rar desta maneira o templo do SENHOR em Jerusalém,
28e que, por sua bondade, favoreceu-me perante o rei,
seus conselheiros e todos os seus altos oficiais. Como
a mão do SENHOR, o meu Deus, esteve sobre mim, to-
mei coragem e reuni alguns líderes de Israel para me
acompanharem.

A lista dos líderes das famílias que voltaram

8Estes são os chefes das famílias e dos que com eles
foram registrados, os quais saíram comigo da Babi-
lônia durante o reinado do rei Artaxerxes:

2dos descendentes de Fineias, Gérson;
dos descendentes de Itamar, Daniel;
dos descendentes de Davi, Hatus;
3dos descendentes de Secanias,
dos descendentes de Parós, Zacarias,
sendo registrados com ele

[a] 7:12 O texto original de Esdras 7:12-26 está em aramaico.

[b] 7:22 Aramaico: *100 talentos*. Um talento equivalia a 35 quilos.

[c] 7:22 Aramaico: *100 coros*. O coro era uma medida de capacidade. As estimativas variam entre 200 e 400 litros.

[d] 7:22 Aramaico: *100 batos*. O bato era uma medida de capacidade para líquidos. As estimativas variam entre 20 e 40 litros.

150 homens;
4dos descendentes de Paate-Moabe,
Elioenai, filho de Zeraías,
e com ele 200 homens;
5dos descendentes de Zatu[a],
Secanias, filho de Jaaziel,
e com ele 300 homens;
6dos descendentes de Adim,
Ebede, filho de Jônatas,
e com ele 50 homens;
7dos descendentes de Elão,
Jesaías, filho de Atalias,
e com ele 70 homens;
8dos descendentes de Sefatias,
Zebadias, filho de Micael,
e com ele 80 homens;
9dos descendentes de Joabe,
Obadias, filho de Jeiel,
e com ele 218 homens;
10dos descendentes de Bani[b],
Selomite, filho de Josifias,
e com ele 160 homens;
11dos descendentes de Bebai,
Zacarias, filho de Bebai,
e com ele 28 homens;
12dos descendentes de Azgade,
Joanã, filho de Hacatã,
e com ele 110 homens;
13dos descendentes de Adonicão,
os últimos que chegaram,
Elifelete, Jeiel e Semaías,
e com eles 60 homens;
14dos descendentes de Bigvai,
Utai e Zabude,
e com eles 70 homens.

O retorno a Jerusalém

15Eu os reuni junto ao canal que corre para Aava e acampamos ali por três dias. Quando passei em revista o povo e os sacerdotes, não encontrei nenhum levita. 16Por isso convoquei Eliézer, Ariel, Semaías, Elnatã, Jaribe, Elnatã, Natã, Zacarias e Mesulão, que eram líderes, e Joiaribe e Natã, que eram homens sábios, 17e os enviei a Ido, o líder de Casifia. Eu lhes falei o que deveriam dizer a Ido e a seus parentes, os servidores do templo, em Casifia, para que nos trouxessem servidores para o templo de nosso Deus. 18Como a bondosa mão de Deus estava sobre nós, eles nos trouxeram Serebias, homem capaz, dentre os descendentes de Mali, filho de Levi, neto de Israel, e os filhos e irmãos de Serebias, dezoito homens; 19e também Hasabias, acompanhado de Jesaías, dentre os descendentes de Merari, e seus irmãos e filhos, vinte homens. 20Trouxeram ainda duzentos e vinte dos servidores do templo, um grupo que Davi e os seus oficiais tinham formado para ajudar os levitas. Todos eles tinham seus nomes registrados.

21Ali, junto ao canal de Aava, proclamei jejum para que nos humilhássemos diante do nosso Deus e lhe pedíssemos uma viagem segura para nós e nossos filhos, com todos os nossos bens. 22Tive vergonha de pedir soldados e cavaleiros ao rei para nos protegerem dos inimigos na estrada, pois lhe tínhamos dito: "A mão bondosa de nosso Deus está sobre todos os que o buscam, mas o seu poder e a sua ira são contra todos os que o abandonam". 23Por isso jejuamos e suplicamos essa bênção ao nosso Deus, e ele nos atendeu.

24Depois separei doze dos principais sacerdotes, a saber, Serebias, Hasabias e dez dos seus irmãos, 25e pesei diante deles a oferta de prata e de ouro e os utensílios que o rei, seus conselheiros, seus oficiais e todo o Israel ali presente tinham doado para a casa de nosso Deus. 26Pesei e entreguei-lhes vinte e dois mil e setecentos e cinquenta quilos[c] de prata, três toneladas e meia de utensílios de prata, três toneladas e meia de ouro, 27vinte tigelas de ouro pesando oito quilos e meio[d], e dois utensílios finos de bronze polido, tão valiosos como se fossem de ouro.

28E eu lhes disse: Tanto vocês como estes utensílios estão consagrados ao SENHOR. A prata e o ouro são uma oferta voluntária ao SENHOR, o Deus dos seus antepassados. 29Guardem-nos bem até que os pesem nas salas do templo do SENHOR em Jerusalém diante dos sacerdotes principais, dos levitas e dos chefes das famílias de Israel. 30Então os sacerdotes e os levitas receberam a prata, o ouro e os utensílios sagrados, depois de pesados, para levá-los a Jerusalém, ao templo do nosso Deus.

31No décimo segundo dia do primeiro mês nós partimos do canal de Aava e fomos para Jerusalém. A mão do nosso Deus esteve sobre nós, e ele nos protegeu do ataque de inimigos e assaltantes pelo caminho. 32Assim chegamos a Jerusalém, e ficamos descansando três dias.

33No quarto dia, no templo do nosso Deus, pesamos a prata, o ouro e os utensílios sagrados, e os demos a Meremote, filho do sacerdote Urias. Estavam com ele Eleazar, filho de Fineias, e os levitas Jozabade, filho de Jesua, e Noadias, filho de Binui. 34Tudo foi contado e pesado, e o peso total foi registrado naquela mesma hora.

35Então os exilados que tinham voltado do cativeiro sacrificaram holocaustos[e] ao Deus de Israel: doze touros em favor de todo o Israel, noventa e seis carneiros, setenta e sete cordeiros e, como oferta pelo pecado, doze bodes — tudo oferecido como holocausto ao SENHOR. 36Eles também entregaram as ordens do rei aos sátrapas e aos governadores do território a oeste do Eufrates, e ajudaram o povo na obra do templo de Deus.

A oração de Esdras

9 Depois que foram feitas essas coisas, os líderes vieram dizer-me: "O povo de Israel, inclusive os sacerdotes e os levitas, não se mantiveram separados dos povos vizinhos e de suas práticas repugnantes, como as dos cananeus, dos hititas, dos ferezeus, dos jebuseus, dos amonitas, dos moabitas, dos egípcios e dos amorreus. 2Eles e seus filhos se casaram com mulheres daqueles povos e com eles misturaram a descendência santa. E os líderes e os oficiais estão à frente nessa atitude infiel!"

3Quando ouvi isso, rasguei a minha túnica e o meu manto, arranquei os cabelos da cabeça e da barba e me sentei estarrecido! 4Então todos os que tremiam diante das palavras do Deus de Israel reuniram-se ao meu redor por causa da infidelidade dos exilados. E eu fiquei sentado ali, estarrecido, até o sacrifício da tarde.

5Então, na hora do sacrifício da tarde, eu saí do meu

[a] 8:5 Muitos manuscritos não trazem *Zatu*.
[b] 8:10 Muitos manuscritos não trazem *Bani*.
[c] 8:26 Hebraico: *650 talentos*. Um talento equivalia a 35 quilos.
[d] 8:27 Hebraico: *1.000 dáricos*.
[e] 8:35 Isto é, sacrifícios totalmente queimados.

abatimento, com a túnica e o manto rasgados, e caí de joelhos com as mãos estendidas para o SENHOR, o meu Deus, 6e orei:

> Meu Deus, estou por demais envergonhado e humilhado para levantar o rosto diante de ti, meu Deus, porque os nossos pecados cobrem a nossa cabeça e a nossa culpa sobe até os céus. 7Desde os dias dos nossos antepassados até agora, a nossa culpa tem sido grande. Por causa dos nossos pecados, nós, os nossos reis e os nossos sacerdotes temos sido entregues à espada e ao cativeiro, ao despojo e à humilhação nas mãos de reis estrangeiros, como acontece hoje.
>
> 8Mas agora, por um breve momento, o SENHOR, o nosso Deus, foi misericordioso, deixando-nos um remanescente e dando-nos um lugar seguro em seu santuário, e dessa maneira o nosso Deus ilumina os nossos olhos e nos dá um pequeno alívio em nossa escravidão. 9Somos escravos, mas o nosso Deus não nos abandonou na escravidão. Ele tem sido bondoso para conosco diante dos reis da Pérsia: ele nos deu vida nova para reconstruir o templo do nosso Deus e levantar suas ruínas, e nos deu um muro de proteção em Judá e em Jerusalém.
>
> 10E agora, ó nosso Deus, o que podemos dizer depois disso? Pois nós abandonamos os mandamentos que 11nos deste por meio dos teus servos, os profetas, quando disseste: "A terra que vocês estão conquistando está contaminada pelas práticas repugnantes dos seus povos. Com essas práticas eles encheram de impureza toda essa terra. 12Por isso, não deem as suas filhas em casamento aos filhos deles, nem aceitem as filhas deles para os filhos de vocês. Nunca procurem o bem-estar e a prosperidade desses povos, para que vocês sejam fortes e desfrutem os bons produtos da terra, e a deixem para os seus filhos como herança eterna".
>
> 13Depois de tudo o que nos aconteceu por causa de nossas más obras e por causa de nossa grande culpa, apesar de nos teres punido menos do que os nossos pecados mereciam, ó Deus, e ainda nos teres dado um remanescente como este, 14como podemos voltar a quebrar os teus mandamentos e a realizar casamentos mistos com esses povos de práticas repugnantes? Como não ficarias irado conosco, não nos destruirias, e não nos deixarias sem remanescente ou sobrevivente algum? 15Ó SENHOR, Deus de Israel, tu és justo! E até hoje nos deixaste sobreviver como um remanescente. Aqui estamos diante de ti com a nossa culpa, embora saibamos que por causa dela nenhum de nós pode permanecer na tua presença.

A confissão de pecado do povo

10 Enquanto Esdras estava orando e confessando, chorando prostrado diante do templo de Deus, uma grande multidão de israelitas, homens, mulheres e crianças, reuniram-se em volta dele. Eles também choravam amargamente. 2Então Secanias, filho de Jeiel, um dos descendentes de Elão, disse a Esdras: "Fomos infiéis ao nosso Deus quando nos casamos com mulheres estrangeiras procedentes dos povos vizinhos. Mas, apesar disso, ainda há esperança para Israel. 3Façamos agora um acordo diante do nosso Deus e mandemos de volta todas essas mulheres e seus filhos, segundo o conselho do meu senhor e daqueles que tremem diante dos mandamentos de nosso Deus. Que isso seja feito em conformidade com a Lei. 4Levante-se! Esta questão está em suas mãos, mas nós o apoiaremos. Tenha coragem e mãos à obra!"

5Esdras levantou-se e fez os sacerdotes principais, os levitas e todo o Israel jurarem que fariam o que fora sugerido. E eles juraram. 6Então Esdras retirou-se de diante do templo de Deus e foi para o quarto de Joanã, filho de Eliasibe. Enquanto esteve ali, não comeu nem bebeu nada, lamentando a infidelidade dos exilados.

7Fez-se então uma proclamação em todo o Judá e em Jerusalém convocando todos os exilados a se reunirem em Jerusalém. 8Os líderes e as demais autoridades tinham decidido que aquele que não viesse no prazo de três dias perderia todos os seus bens e seria excluído da comunidade dos exilados.

9No prazo de três dias, todos os homens de Judá e de Benjamim tinham se reunido em Jerusalém, e no vigésimo dia do nono mês todo o povo estava sentado na praça que ficava diante do templo de Deus. Todos estavam profundamente abatidos por causa da reunião e também porque chovia muito. 10Então o sacerdote Esdras levantou-se e lhes disse: "Vocês têm sido infiéis! Vocês se casaram com mulheres estrangeiras, aumentando a culpa de Israel. 11Agora confessem seu pecado ao SENHOR, o Deus dos seus antepassados, e façam a vontade dele. Separem-se dos povos vizinhos e das suas mulheres estrangeiras".

12A comunidade toda respondeu em alta voz: "Você está certo! Devemos fazer o que você diz. 13Mas há muita gente aqui, e esta é a estação das chuvas; por isso não podemos ficar do lado de fora. Além disso, essa questão não pode ser resolvida em um dia ou dois, pois foram muitos os que assim pecaram. 14Que os nossos líderes decidam por toda a assembleia. Depois, que cada homem de nossas cidades que se casou com mulher estrangeira venha numa data marcada, acompanhado dos líderes e juízes de cada cidade, para que se afaste de nós o furor da ira de nosso Deus por causa desse pecado". 15Somente Jônatas, filho de Asael, e Jaseías, filho de Ticvá, apoiados por Mesulão e o levita Sabetai, discordaram.

16E assim os exilados fizeram conforme proposto. O sacerdote Esdras escolheu chefes de família, um de cada grupo de famílias, todos eles chamados por nome. E no primeiro dia do décimo mês eles se assentaram para investigar cada caso. 17No primeiro dia do primeiro mês terminaram de investigar todos os casos de casamento com mulheres estrangeiras.

Os culpados de casamento misto

18Entre os descendentes dos sacerdotes, estes foram os que se casaram com mulheres estrangeiras:

> Dentre os descendentes de Jesua, filho de Jozadaque, e de seus irmãos: Maaseias, Eliézer, Jaribe e Gedalias. 19Eles apertaram as mãos em sinal de

garantia de que iam despedir suas mulheres, e cada um apresentou um carneiro do rebanho como oferta por sua culpa.
20 Dentre os descendentes de Imer:
Hanani e Zebadias.
21 Dentre os descendentes de Harim:
Maaseias, Elias, Semaías, Jeiel e Uzias.
22 Dentre os descendentes de Pasur:
Elioenai, Maaseias, Ismael,
Natanael, Jozabade e Eleasa.

23 Dentre os levitas:

Jozabade, Simei, Quelaías,
também chamado Quelita,
Petaías, Judá e Eliézer.
24 Dentre os cantores:
Eliasibe.
Dentre os porteiros:
Salum, Telém e Uri.

25 E dentre os outros israelitas:

Dentre os descendentes de Parós:
Ramias, Jezias, Malquias, Miamim,
Eleazar, Malquias e Benaia.
26 Dentre os descendentes de Elão:
Matanias, Zacarias, Jeiel,
Abdi, Jeremote e Elias.
27 Dentre os descendentes de Zatu:
Elioenai, Eliasibe, Matanias,
Jeremote, Zabade e Aziza.
28 Dentre os descendentes de Bebai:
Joanã, Hananias, Zabai e Atlai.
29 Dentre os descendentes de Bani:
Mesulão, Maluque, Adaías,
Jasube, Seal e Jeremote.
30 Dentre os descendentes
de Paate-Moabe:
Adna, Quelal, Benaia, Maaseias,
Matanias, Bezalel, Binui e Manassés.
31 Dentre os descendentes de Harim:
Eliézer, Issias, Malquias,
Semaías, Simeão,
32 Benjamim, Maluque e Semarias.
33 Dentre os descendentes de Hasum:
Matenai, Matatá, Zabade, Elifelete,
Jeremai, Manassés e Simei.
34 Dentre os descendentes de Bani:
Maadai, Anrão, Uel,
35 Benaia, Bedias, Queluí,
36 Vanias, Meremote, Eliasibe,
37 Matanias, Matenai e Jaasai.
38 Dentre os descendentes de Binui:[a]
Simei, 39 Selemias, Natã, Adaías,
40 Macnadbai, Sasai, Sarai,
41 Azareel, Selemias, Semarias,
42 Salum, Amarias e José.
43 Dentre os descendentes de Nebo:
Jeiel, Matitias, Zabade, Zebina,
Jadai, Joel e Benaia.

44 Todos esses tinham se casado com mulheres estrangeiras, e alguns deles tiveram filhos dessas mulheres.[b]

[a] 10:37-38 Muitos manuscritos dizem *Jaasai, 38 Bani, Binui.*
[b] 10:44 Ou *e eles as despediram com seus filhos.*

NEEMIAS

A história de Neemias

1 Palavras de Neemias, filho de Hacalias:

No mês de quisleu[a], no vigésimo ano[b], enquanto eu estava na cidade de Susã, 2 Hanani, um dos meus irmãos, veio de Judá com alguns outros homens, e eu lhes perguntei acerca dos judeus que restaram, os sobreviventes do cativeiro,[c] e também sobre Jerusalém.

3 E eles me responderam: "Aqueles que sobreviveram ao cativeiro e estão lá na província passam por grande sofrimento e humilhação. O muro de Jerusalém foi derrubado, e suas portas foram destruídas pelo fogo".

4 Quando ouvi essas coisas, sentei-me e chorei. Passei dias lamentando-me, jejuando e orando ao Deus dos céus. 5 Então eu disse:

> SENHOR, Deus dos céus, Deus grande e temível, fiel à aliança e misericordioso com os que te amam e obedecem aos teus mandamentos, 6 que os teus ouvidos estejam atentos e os teus olhos estejam abertos para a oração que o teu servo está fazendo diante de ti, dia e noite, em favor de teus servos, o povo de Israel. Confesso os pecados que nós, os israelitas, temos cometido contra ti. Sim, eu e o meu povo temos pecado. 7 Agimos de forma corrupta e vergonhosa contra ti. Não temos obedecido aos mandamentos, aos decretos e às leis que deste ao teu servo Moisés.
>
> 8 Lembra-te agora do que disseste a Moisés, teu servo: "Se vocês forem infiéis, eu os espalharei entre as nações, 9 mas, se voltarem para mim, obedecerem aos meus mandamentos e os puserem em prática, mesmo que vocês estejam espalhados pelos lugares mais distantes debaixo do céu, de lá eu os reunirei e os trarei para o lugar que escolhi para estabelecer o meu nome".
>
> 10 Estes são os teus servos, o teu povo. Tu os resgataste com o teu grande poder e com o teu braço forte. 11 Senhor, que os teus ouvidos estejam atentos à oração deste teu servo e à oração dos teus servos que têm prazer em temer o teu nome. Faze com que hoje este teu servo seja bem-sucedido, concedendo-lhe a benevolência deste homem.

Nessa época, eu era o copeiro do rei.

Neemias em Jerusalém

2 No mês de nisã[d] do vigésimo ano do rei Artaxerxes, na hora de servir-lhe o vinho, levei-o ao rei. Nunca antes eu tinha estado triste na presença dele; 2 por isso o rei me perguntou: "Por que o seu rosto parece tão triste, se você não está doente? Essa tristeza só pode ser do coração!"

Com muito medo, 3 eu disse ao rei: Que o rei viva para sempre! Como não estaria triste o meu rosto, se a cidade em que estão sepultados os meus pais está em ruínas, e as suas portas foram destruídas pelo fogo?

4 O rei me disse: "O que você gostaria de pedir?"

Então orei ao Deus dos céus, 5 e respondi ao rei: Se for do agrado do rei e se o seu servo puder contar com a sua benevolência, que ele me deixe ir à cidade onde meus pais estão enterrados, em Judá, para que eu possa reconstruí-la.

6 Então o rei, estando presente a rainha, sentada ao seu lado, perguntou-me: "Quanto tempo levará a viagem? Quando você voltará?" Marquei um prazo com o rei, e ele concordou que eu fosse.

7 A seguir acrescentei: Se for do agrado do rei, eu poderia levar cartas do rei aos governadores do Trans-Eufrates para que me deixem passar até chegar a Judá. 8 E também uma carta para Asafe, guarda da floresta do rei, para que ele me forneça madeira para as portas da cidadela que fica junto ao templo, para os muros da cidade e para a residência que irei ocupar. Visto que a bondosa mão de Deus estava sobre mim, o rei atendeu os meus pedidos. 9 Com isso fui aos governadores do Trans-Eufrates e lhes entreguei as cartas do rei. Acompanhou-me uma escolta de oficiais do exército e de cavaleiros que o rei enviou comigo.

10 Sambalate, o horonita, e Tobias, o oficial amonita, ficaram muito irritados quando viram que havia gente interessada no bem dos israelitas.

A inspeção dos muros de Jerusalém

11 Cheguei a Jerusalém e, depois de três dias de permanência ali, 12 saí de noite com alguns dos meus amigos. Eu não havia contado a ninguém o que o meu Deus havia posto em meu coração que eu fizesse por Jerusalém. Não levava nenhum outro animal além daquele em que eu estava montado.

13 De noite saí pela porta do Vale na direção da fonte do Dragão e da porta do Esterco, examinando o muro de Jerusalém que havia sido derrubado e suas portas, que haviam sido destruídas pelo fogo. 14 Fui até a porta da Fonte e do tanque do Rei, mas ali não havia espaço para o meu animal passar; 15 por isso subi o vale, ainda de noite, examinando o muro. Finalmente voltei e tornei a entrar pela porta do Vale. 16 Os oficiais não sabiam aonde eu tinha ido ou o que eu estava fazendo, pois até então eu não tinha dito nada aos judeus, aos sacerdotes, aos nobres, aos oficiais e aos outros que iriam realizar a obra.

17 Então eu lhes disse: Vejam a situação terrível em que estamos: Jerusalém está em ruínas, e suas portas foram destruídas pelo fogo. Venham, vamos reconstruir os muros de Jerusalém, para que não fiquemos mais nesta situação humilhante. 18 Também lhes contei como Deus tinha sido bondoso comigo e o que o rei me tinha dito.

Eles responderam: "Sim, vamos começar a reconstrução". E se encheram de coragem para a realização desse bom projeto.

19 Quando, porém, Sambalate, o horonita, Tobias, o oficial amonita, e Gesém, o árabe, souberam disso,

[a] 1:1 Aproximadamente novembro/dezembro.
[b] 1:1 Isto é, do reinado de Artaxerxes I, conforme 2:1.
[c] 1:2 Ou *os que não foram levados*; ou ainda *os que haviam voltado do cativeiro*.
[d] 2:1 O mesmo que *abibe*; aproximadamente março/abril.

zombaram de nós, desprezaram-nos e perguntaram: "O que vocês estão fazendo? Estão se rebelando contra o rei?"

20Eu lhes respondi: O Deus dos céus fará que sejamos bem-sucedidos. Nós, os seus servos, começaremos a reconstrução, mas, no que lhes diz respeito, vocês não têm parte nem direito legal sobre Jerusalém, e em sua história não há nada de memorável que favoreça vocês!

A distribuição do trabalho

3 O sumo sacerdote Eliasibe e os seus colegas sacerdotes começaram o seu trabalho e reconstruíram a porta das Ovelhas. Eles a consagraram e colocaram as portas no lugar. Depois construíram o muro até a torre dos Cem, que consagraram, e até a torre de Hananeel. 2Os homens de Jericó construíram o trecho seguinte, e Zacur, filho de Inri, construiu logo adiante.

3A porta do Peixe foi reconstruída pelos filhos de Hassenaá. Eles puseram os batentes e colocaram as portas, os ferrolhos e as trancas no lugar. 4Meremote, filho de Urias, neto de Hacoz, fez os reparos do trecho seguinte. Ao seu lado Mesulão, filho de Berequias, neto de Mesezabel, fez os reparos, e ao seu lado Zadoque, filho de Baaná, também fez os reparos. 5O trecho seguinte foi reparado pelos homens de Tecoa, mas os nobres dessa cidade não quiseram se juntar ao serviço, rejeitando a orientação de seus supervisores[a].

6A porta Jesana[b] foi consertada por Joiada, filho de Paseia, e por Mesulão, filho de Besodias. Eles puseram os batentes e colocaram as portas, os ferrolhos e as trancas no lugar. 7No trecho seguinte os reparos foram feitos por Melatias de Gibeom e Jadom de Meronote, homens de Gibeom e de Mispá, localidades que estavam sob a autoridade do governador da província do Trans-Eufrates. 8Uziel, filho de Haraías, um dos ourives, fez os reparos do trecho seguinte; e Hananias, um dos perfumistas, fez os reparos ao seu lado. Eles reconstruíram[c] Jerusalém até o muro Largo. 9Refaías, filho de Hur, governador da metade do distrito de Jerusalém, fez os reparos do trecho seguinte. 10Ao seu lado, Jedaías, filho de Harumafe, fez os reparos em frente da sua casa, e Hatus, filho de Hasabneias, fez os reparos ao seu lado. 11Malquias, filho de Harim, e Hassube, filho de Paate-Moabe, repararam outro trecho e a torre dos Fornos. 12Salum, filho de Haloês, governador da outra metade do distrito de Jerusalém, fez os reparos do trecho seguinte com a ajuda de suas filhas.

13A porta do Vale foi reparada por Hanum e pelos moradores de Zanoa. Eles a reconstruíram e colocaram as portas, os ferrolhos e as trancas no lugar. Também repararam quatrocentos e cinquenta metros[d] do muro, até a porta do Esterco.

14A porta do Esterco foi reparada por Malquias, filho de Recabe, governador do distrito de Bete-Haquerém. Ele a reconstruiu e colocou as portas, os ferrolhos e as trancas no lugar.

15A porta da Fonte foi reparada por Salum, filho de Col-Hozé, governador do distrito de Mispá. Ele a reconstruiu, cobriu-a e colocou as portas, os ferrolhos e as trancas no lugar. Também fez os reparos do muro do tanque de Siloé[e], junto ao jardim do Rei, até os degraus que descem da Cidade de Davi. 16Além dele, Neemias, filho de Azbuque, governador de meio distrito de Bete-Zur, fez os reparos até em frente dos túmulos[f] de Davi, até o açude artificial e a casa dos soldados.

17Depois dele os reparos foram feitos pelos levitas que estavam sob a responsabilidade de Reum, filho de Bani. Junto a ele Hasabias, governador da metade do distrito de Queila, fez os reparos em seu distrito. 18Depois dele os reparos foram feitos pelos seus compatriotas que estavam sob a responsabilidade de Binui[g], filho de Henadade, governador da metade do distrito de Queila. 19Ao seu lado Ézer, filho de Jesua, governador de Mispá, reconstruiu outro trecho, começando de um ponto que fica em frente da subida para a casa das armas, indo até a esquina do muro. 20Depois dele Baruque, filho de Zabai, reparou com zelo outro trecho, desde a esquina do muro até a entrada da casa do sumo sacerdote Eliasibe. 21Em seguida Meremote, filho de Urias, neto de Hacoz, reparou outro trecho, desde a entrada da casa de Eliasibe até o fim dela.

22Os demais reparos foram feitos pelos sacerdotes das redondezas. 23Depois, Benjamim e Hassube fizeram os reparos em frente da sua casa, e ao lado deles Azarias, filho de Maaseias, filho de Ananias, fez os reparos ao lado de sua casa. 24Depois dele, Binui, filho de Henadade, reparou outro trecho, desde a casa de Azarias até a esquina do muro, 25e Palal, filho de Uzai, trabalhou em frente da esquina do muro e da torre que sai do palácio superior, perto do pátio da guarda. Junto a ele, Pedaías, filho de Parós, 26e os servos do templo que viviam na colina de Ofel fizeram os reparos até em frente da porta das Águas, na direção do leste e da torre que ali sobressaía. 27Depois dele os homens de Tecoa repararam outro trecho, desde a grande torre até o muro de Ofel.

28Acima da porta dos Cavalos, os sacerdotes fizeram os reparos, cada um em frente da sua própria casa. 29Depois deles Zadoque, filho de Imer, fez os reparos em frente da sua casa. Ao seu lado Semaías, filho de Secanias, o guarda da porta Oriental, fez os reparos. 30Depois, Hananias, filho de Selemias, e Hanum, filho de Zalafe, fez os reparos do outro trecho. Ao seu lado, Mesulão, filho de Berequias, fez os reparos em frente da sua moradia. 31Depois dele, Malquias, um ourives, fez os reparos do muro até a casa dos servos do templo e dos comerciantes, em frente da porta da Inspeção, até o posto de vigia da esquina; 32e entre a sala acima da esquina e a porta das Ovelhas os ourives e os comerciantes fizeram os reparos.

Oposição à reconstrução

4 Quando Sambalate soube que estávamos reconstruindo o muro, ficou furioso. Ridicularizou os judeus 2e, na presença de seus compatriotas e dos poderosos de Samaria, disse: "O que aqueles frágeis judeus estão fazendo? Será que vão restaurar o seu muro? Irão oferecer sacrifícios? Irão terminar a obra num só dia? Será que vão conseguir ressuscitar pedras de construção daqueles montes de entulho e de pedras queimadas?"

[a] 3:5 Ou *de seu Senhor*; ou ainda *de seu governador*

[b] 3:6 Ou *porta Velha*

[c] 3:8 Ou *Eles deixaram de lado parte de*

[d] 3:13 Hebraico: *1.000 côvados*. O côvado era uma medida linear de cerca de 45 centímetros.

[e] 3:15 Hebraico: *Selá*, variante de *Siloé*.

[f] 3:16 A Septuaginta, alguns manuscritos da Vulgata e a Versão Siríaca dizem *do túmulo*.

[g] 3:18 Muitos manuscritos dizem *Bavai*; também no versículo 24.

3 Tobias, o amonita, que estava ao seu lado, comple-
tou: "Pois que construam! Basta que uma raposa suba
lá, para que esse muro de pedras desabe!"
4 Ouve-nos, ó Deus, pois estamos sendo despreza-
dos. Faze cair sobre eles a zombaria. E sejam eles leva-
dos prisioneiros como despojo para outra terra. 5 Não
perdoes os seus pecados nem apagues as suas malda-
des, pois provocaram a tua ira diante dos construtores.
6 Nesse meio tempo fomos reconstruindo o muro,
até que em toda a sua extensão chegamos à metade
da sua altura, pois o povo estava totalmente dedica-
do ao trabalho.
7 Quando, porém, Sambalate, Tobias, os árabes, os
amonitas e os homens de Asdode souberam que os re-
paros nos muros de Jerusalém tinham avançado e que
as brechas estavam sendo fechadas, ficaram furiosos.
8 Todos juntos planejaram atacar Jerusalém e causar
confusão. 9 Mas nós oramos ao nosso Deus e coloca-
mos guardas de dia e de noite para proteger-nos deles.
10 Enquanto isso, o povo de Judá começou a dizer:
"Os trabalhadores já não têm mais forças e ainda há
muito entulho. Por nós mesmos não conseguiremos
reconstruir o muro".
11 E os nossos inimigos diziam: "Antes que des-
cubram qualquer coisa ou nos vejam, estaremos bem
ali no meio deles; vamos matá-los e acabar com o tra-
balho deles".
12 Os judeus que moravam perto deles dez vezes nos
preveniram: "Para onde quer que vocês se virarem, sai-
bam que seremos atacados de todos os lados".
13 Por isso posicionei alguns do povo atrás dos pontos
mais baixos do muro, nos lugares abertos, divididos por
famílias, armados de espadas, lanças e arcos. 14 Fiz uma
rápida inspeção e imediatamente disse aos nobres, aos
oficiais e ao restante do povo: Não tenham medo deles.
Lembrem-se de que o Senhor é grande e temível, e lu-
tem por seus irmãos, por seus filhos e por suas filhas,
por suas mulheres e por suas casas.
15 Quando os nossos inimigos descobriram que sa-
bíamos de tudo e que Deus tinha frustrado a sua tra-
ma, todos nós voltamos para o muro, cada um para o
seu trabalho.
16 Daquele dia em diante, enquanto a metade dos
meus homens fazia o trabalho, a outra metade perma-
necia armada de lanças, escudos, arcos e couraças. Os
oficiais davam apoio a todo o povo de Judá 17 que estava
construindo o muro. Aqueles que transportavam mate-
rial faziam o trabalho com uma das mãos e com a ou-
tra seguravam uma arma, 18 e cada um dos construtores
trazia na cintura uma espada enquanto trabalhava; e
comigo ficava um homem pronto para tocar a trombeta.
19 Então eu disse aos nobres, aos oficiais e ao restante
do povo: A obra é grande e extensa, e estamos separa-
dos, distantes uns dos outros, ao longo do muro. 20 Do
lugar de onde ouvirem o som da trombeta, juntem-se
a nós ali. Nosso Deus lutará por nós!
21 Dessa maneira prosseguimos o trabalho com me-
tade dos homens empunhando espadas desde o raiar
da alvorada até o cair da tarde. 22 Naquela ocasião eu
também disse ao povo: Cada um de vocês e o seu aju-
dante devem ficar à noite em Jerusalém, para que pos-
sam servir de guarda à noite e trabalhar durante o dia.
23 Eu, os meus irmãos, os meus homens de confiança e
os guardas que estavam comigo nem tirávamos a rou-
pa, e cada um permanecia de arma na mão.

A solução das injustiças sociais

5 Ora, o povo, homens e mulheres, começou a reclamar
muito de seus irmãos judeus. 2 Alguns diziam: "Nós,
nossos filhos e nossas filhas somos numerosos; precisa-
mos de trigo para comer e continuar vivos".
3 Outros diziam: "Tivemos que penhorar nossas ter-
ras, nossas vinhas e nossas casas para conseguir trigo
para matar a fome".
4 E havia ainda outros que diziam: "Tivemos que to-
mar dinheiro emprestado para pagar o imposto cobra-
do sobre as nossas terras e as nossas vinhas. 5 Apesar de
sermos do mesmo sangue[a] dos nossos compatriotas, e
de nossos filhos serem tão bons quanto os deles, ainda
assim temos que sujeitar os nossos filhos e as nossas
filhas à escravidão. E, de fato, algumas de nossas filhas
já foram entregues como escravas e não podemos fa-
zer nada, pois as nossas terras e as nossas vinhas per-
tencem a outros".
6 Quando ouvi a reclamação e essas acusações, fiquei
furioso. 7 Fiz uma avaliação de tudo e então repreendi os
nobres e os oficiais, dizendo-lhes: "Vocês estão cobran-
do juros dos seus compatriotas!" Por isso convoquei
uma grande reunião contra eles 8 e disse: Na medida
do possível nós compramos de volta nossos irmãos ju-
deus que haviam sido vendidos aos outros povos. Ago-
ra vocês estão até vendendo os seus irmãos! Assim eles
terão que ser vendidos a nós de novo! Eles ficaram em
silêncio, pois não tinham resposta.
9 Por isso prossegui: O que vocês estão fazendo não
está certo. Vocês devem andar no temor do nosso Deus
para evitar a zombaria dos outros povos, os nossos ini-
migos. 10 Eu, os meus irmãos e os meus homens de con-
fiança também estamos emprestando dinheiro e trigo
ao povo. Mas vamos acabar com a cobrança de juros!
11 Devolvam-lhes imediatamente suas terras, suas vi-
nhas, suas oliveiras e suas casas, e também os juros
que cobraram deles, a centésima parte do dinheiro, do
trigo, do vinho e do azeite.
12 E eles responderam: "Nós devolveremos tudo o que
você citou, e não exigiremos mais nada deles. Vamos
fazer o que você está pedindo".
Então convoquei os sacerdotes e os fiz declarar sob
juramento que cumpririam a promessa feita. 13 Tam-
bém sacudi a dobra do meu manto e disse: Deus as-
sim sacuda de sua casa e de seus bens todo aquele que
não mantiver a sua promessa. Tal homem seja sacudi-
do e esvaziado!
Toda a assembleia disse: "Amém!", e louvou o SE-
NHOR. E o povo cumpriu o que prometeu.

O exemplo de Neemias

14 Além disso, desde o vigésimo ano do rei Artaxer-
xes, quando fui nomeado governador deles na terra de
Judá, até o trigésimo segundo ano do seu reinado, du-
rante doze anos, nem eu nem meus irmãos comemos
a comida destinada ao governador. 15 Mas os governan-
tes anteriores, aqueles que me precederam, puseram
um peso sobre o povo e tomavam dele quatrocentos e
oitenta gramas[b] de prata, além de comida e vinho. Até

[a] 5:5 Hebraico: *carne*.
[b] 5:15 Hebraico: *40 siclos*. Um siclo equivalia a 12 gramas.

os seus auxiliares oprimiam o povo. Mas, por temer a Deus, não agi dessa maneira. 16Ao contrário, eu mesmo me dediquei ao trabalho neste muro. Todos os meus homens de confiança foram reunidos ali para o trabalho; e não compramos[a] nenhum pedaço de terra.

17Além do mais, cento e cinquenta homens, entre judeus do povo e seus oficiais, comiam à minha mesa, como também pessoas das nações vizinhas que vinham visitar-nos. 18Todos os dias eram preparados, à minha custa, um boi, seis das melhores ovelhas e aves, e a cada dez dias eu recebia uma grande remessa de vinhos de todo tipo. Apesar de tudo isso, jamais exigi a comida destinada ao governador, pois eram demasiadas as exigências que pesavam sobre o povo.

19Lembra-te de mim, ó meu Deus, levando em conta tudo o que fiz por este povo.

A tentativa de intimidação

6 Quando Sambalate, Tobias, Gesém, o árabe, e o restante de nossos inimigos souberam que eu havia reconstruído o muro e que não havia ficado nenhuma brecha, embora até então eu ainda não tivesse colocado as portas nos seus lugares, 2Sambalate e Gesém mandaram-me a seguinte mensagem: "Venha, vamos nos encontrar num dos povoados[b] da planície de Ono".

Eles, contudo, estavam tramando fazer-me mal; 3por isso enviei-lhes mensageiros com esta resposta: "Estou executando um grande projeto e não posso descer. Por que parar a obra para ir encontrar-me com vocês?" 4Eles me mandaram quatro vezes a mesma mensagem, e todas as vezes lhes dei a mesma resposta.

5Então, na quinta vez, Sambalate mandou-me um dos seus homens de confiança com a mesma mensagem; ele tinha na mão uma carta aberta 6em que estava escrito:

"Dizem entre as nações, e Gesém diz que é verdade, que você e os judeus estão tramando uma revolta e que, por isso, estão reconstruindo o muro. Além disso, conforme dizem, você está na iminência de se tornar o rei deles, 7e até nomeou profetas para fazerem em Jerusalém a seguinte proclamação a seu respeito: 'Há um rei em Judá!' Ora, essa informação será levada ao rei; por isso, vamos conversar".

8Eu lhe mandei esta resposta: Nada disso que você diz está acontecendo; é pura invenção sua.

9Estavam todos tentando intimidar-nos, pensando: "Eles serão enfraquecidos e não concluirão a obra".

Eu, porém, orei pedindo: Fortalece agora as minhas mãos!

10Um dia fui à casa de Semaías, filho de Delaías, neto de Meetabel, que estava trancado portas adentro. Ele disse: "Vamos encontrar-nos na casa de Deus, no templo, a portas fechadas, pois estão querendo matá-lo; eles virão esta noite".

11Todavia, eu lhe respondi: Acha que um homem como eu deveria fugir? Alguém como eu deveria entrar no templo para salvar a vida? Não, eu não irei! 12Percebi que Deus não o tinha enviado, e que ele tinha profetizado contra mim porque Tobias e Sambalate o tinham contratado. 13Ele tinha sido pago para me intimidar, a fim de que eu cometesse um pecado agindo daquela maneira, e então eles poderiam difamar-me e desacreditar-me.

14Lembra-te do que fizeram Tobias e Sambalate, meu Deus, lembra-te também da profetisa Noadia e do restante dos profetas que estão tentando me intimidar.

O término da reconstrução

15O muro ficou pronto no vigésimo quinto dia de elul[c], em cinquenta e dois dias. 16Quando todos os nossos inimigos souberam disso, todas as nações vizinhas ficaram atemorizadas e com o orgulho ferido, pois perceberam que essa obra havia sido executada com a ajuda de nosso Deus.

17E também, naqueles dias, os nobres de Judá estavam enviando muitas cartas a Tobias, que lhes enviava suas respostas. 18Porque muitos de Judá estavam comprometidos com ele por juramento, visto que era genro de Secanias, filho de Ara, e seu filho Joanã havia se casado com a filha de Mesulão, neto de Berequias. 19Até ousavam elogiá-lo na minha presença e iam contar-lhe o que eu dizia. E Tobias continuou a enviar-me cartas para me intimidar.

7 Depois que o muro foi reconstruído e que eu coloquei as portas no lugar, foram nomeados os porteiros, os cantores e os levitas. 2Para governar Jerusalém encarreguei o meu irmão Hanani e, com ele, Hananias[d], comandante da fortaleza, pois Hananias era íntegro e temia a Deus mais do que a maioria dos homens. 3Eu lhes disse: As portas de Jerusalém não deverão ser abertas enquanto o sol não estiver alto. E antes de deixarem o serviço, os porteiros deverão fechar e travar as portas. Também designei moradores de Jerusalém para sentinelas, alguns em postos no muro, outros em frente das suas casas.

A lista dos exilados que retornaram

4Ora, a cidade era grande e espaçosa, mas havia poucos moradores, e as casas ainda não tinham sido reconstruídas. 5Por isso o meu Deus pôs no meu coração reunir os nobres, os oficiais e todo o povo para registrá-los por famílias. Encontrei o registro genealógico dos que foram os primeiros a voltar. Assim estava registrado ali:

6"Estes são os homens da província que voltaram do exílio, os quais Nabucodonosor, rei da Babilônia, havia levado prisioneiros. Eles voltaram para Jerusalém e para Judá, cada um para a sua própria cidade, 7em companhia de Zorobabel, Jesua, Neemias, Azarias, Raamias, Naamani, Mardoqueu, Bilsã, Misperete, Bigvai, Neum e Baaná. E esta é a lista e o número dos que retornaram, pelos chefes de família e respectivas cidades:

8"os descendentes de Parós 2.172
9de Sefatias 372
10de Ara 652
11de Paate-Moabe,
por meio da linhagem
de Jesua e Joabe, 2.818
12de Elão 1.254
13de Zatu 845
14de Zacai 760
15de Binui 648

[a] 5:16 Conforme a maioria dos manuscritos do Texto Massorético. Alguns manuscritos do Texto Massorético, a Septuaginta, a Vulgata e a Versão Siríaca dizem *eu não comprei*.
[b] 6:2 Ou *em Quefirim*
[c] 6:15 Aproximadamente agosto/setembro.
[d] 7:2 Ou *Hanani, isto é, Hananias*.

[16]de Bebai 628
[17]de Azgade 2.322
[18]de Adonicão 667
[19]de Bigvai 2.067
[20]de Adim 655
[21]de Ater,
por meio de Ezequias, 98
[22]de Hasum 328
[23]de Besai 324
[24]de Harife 112
[25]de Gibeom 95

[26]"das cidades de Belém
e de Netofate 188
[27]de Anatote 128
[28]de Bete-Azmavete 42
[29]de Quiriate-Jearim[a],
Cefira e Beerote 743
[30]de Ramá e Geba 621
[31]de Micmás 122
[32]de Betel e Ai 123
[33]do outro Nebo 52
[34]do outro Elão 1.254
[35]de Harim 320
[36]de Jericó 345
[37]de Lode, Hadide
e Ono 721
[38]de Senaá 3.930.

[39]"Os sacerdotes:

"os descendentes de Jedaías,
por meio da família
de Jesua, 973
[40]de Imer 1.052
[41]de Pasur 1.247
[42]de Harim 1.017.

[43]"Os levitas:

"os descendentes de Jesua,
por meio de Cadmiel,
pela linhagem de Hodeva, 74.

[44]"Os cantores:

"os descendentes de Asafe 148.

[45]"Os porteiros do templo:
os descendentes de Salum,
Ater, Talmom, Acube,
Hatita e Sobai 138.

[46]"Os servidores do templo:

"os descendentes de Zia,
Hasufa, Tabaote,
[47]Queros, Sia, Padom,
[48]Lebana, Hagaba, Salmai,
[49]Hanã, Gidel, Gaar,
[50]Reaías, Rezim, Necoda,
[51]Gazão, Uzá, Paseia,
[52]Besai, Meunim, Nefusim,
[53]Baquebuque, Hacufa, Harur,
[54]Baslite, Meída, Harsa,
[55]Barcos, Sísera, Tamá,
[56]Nesias e Hatifa.

[57]"Os descendentes dos servos
de Salomão:

"os descendentes de Sotai,
Soferete, Perida,
[58]Jaala, Darcom, Gidel,
[59]Sefatias, Hatil,
Poquerete-Hazebaim e Amom.

[60]"Os servos do templo
e os descendentes dos servos
de Salomão 392.

[61]"Os que chegaram
das cidades de Tel-Melá,
Tel-Harsa, Querube, Adom
e Imer, mas não puderam
provar que suas famílias
eram descendentes de Israel:

[62]"os descendentes de Delaías,
Tobias e Necoda 642.

[63]"E dentre os sacerdotes:

"os descendentes de Habaías,
Hacoz e Barzilai, homem
que se casou com uma filha
de Barzilai, de Gileade,
e que era chamado
por aquele nome".

[64]Esses procuraram seus registros de família, mas
não conseguiram achá-los e, dessa forma, foram
considerados impuros para o sacerdócio. [65]Por isso
o governador determinou que eles não comessem
das ofertas santíssimas enquanto não houvesse
um sacerdote para consultar o Urim e o Tumim[b].

[66]O total de todos os registrados foi 42.360 homens,
[67]além dos seus 7.337 servos e servas; havia entre
eles 245 cantores e cantoras. [68]Possuíam 736 cava-
los, 245 mulas,[c] [69]435 camelos e 6.720 jumentos.
[70]Alguns dos chefes das famílias contribuíram pa-
ra o trabalho. O governador deu à tesouraria oito
quilos[d] de ouro, 50 bacias e 530 vestes para os sa-
cerdotes. [71]Alguns dos chefes das famílias deram
à tesouraria cento e sessenta quilos de ouro e mil
e trezentos e vinte quilos[e] de prata, para a rea-
lização do trabalho. [72]O total dado pelo restante
do povo foi de cento e sessenta quilos de ouro,
mil e duzentos quilos de prata e 67 vestes para
os sacerdotes.
[73]Os sacerdotes, os levitas, os porteiros, os canto-
res e os servidores do templo, e também alguns
do povo e os demais israelitas, estabeleceram-se
em suas próprias cidades.

A leitura pública da lei

8 Quando chegou o sétimo mês e os israelitas tinham
se instalado em suas cidades, todo o povo juntou-se
como se fosse um só homem na praça, em frente da por-
ta das Águas. Pediram ao escriba Esdras que trouxesse
o Livro da Lei de Moisés, que o SENHOR dera a Israel.

[a] 7:29 Veja Ed 2:25.

[b] 7:65 Objetos utilizados para se conhecer a vontade de Deus.
[c] 7:68 Conforme alguns manuscritos do Texto Massorético. A maioria dos manuscritos do Texto Massorético não traz este versículo. Veja Ed 2:66.
[d] 7:70 Hebraico: *1.000 dracmas*.
[e] 7:71 Hebraico: *2.200 minas*. Uma mina equivalia a 600 gramas.

2 Assim, no primeiro dia do sétimo mês, o sacerdote Esdras trouxe a Lei diante da assembleia, que era constituída de homens e mulheres e de todos os que podiam entender. 3 Ele a leu em alta voz desde o raiar da manhã até o meio-dia, de frente para a praça, em frente da porta das Águas, na presença dos homens, mulheres e de outros que podiam entender. E todo o povo ouvia com atenção a leitura do Livro da Lei.

4 O escriba Esdras estava numa plataforma elevada, de madeira, construída para a ocasião. Ao seu lado, à direita, estavam Matitias, Sema, Anaías, Urias, Hilquias e Maaseias; e à esquerda estavam Pedaías, Misael, Malquias, Hasum, Hasbadana, Zacarias e Mesulão.

5 Esdras abriu o Livro diante de todo o povo, e este podia vê-lo, pois ele estava num lugar mais alto. E, quando abriu o Livro, o povo todo se levantou. 6 Esdras louvou o SENHOR, o grande Deus, e todo o povo ergueu as mãos e respondeu: "Amém! Amém!" Então eles adoraram o SENHOR, prostrados com o rosto em terra.

7 Os levitas Jesua, Bani, Serebias, Jamim, Acube, Sabetai, Hodias, Maaseias, Quelita, Azarias, Jozabade, Hanã e Pelaías, instruíram o povo na Lei, e todos permaneciam ali. 8 Leram o Livro da Lei de Deus, interpretando-o e explicando-o, a fim de que o povo entendesse o que estava sendo lido.

9 Então Neemias, o governador, Esdras, o sacerdote e escriba, e os levitas que estavam instruindo o povo disseram a todos: "Este dia é consagrado ao SENHOR, o nosso Deus. Nada de tristeza e de choro!" Pois todo o povo estava chorando enquanto ouvia as palavras da Lei.

10 E Neemias acrescentou: "Podem sair, e comam e bebam do melhor que tiverem, e repartam com os que nada têm preparado. Este dia é consagrado ao nosso Senhor. Não se entristeçam, porque a alegria do SENHOR os fortalecerá".

11 Os levitas tranquilizaram todo o povo, dizendo: "Acalmem-se, porque este é um dia santo. Não fiquem tristes!"

12 Então todo o povo saiu para comer, beber, repartir com os que nada tinham preparado e para celebrar com grande alegria, pois agora compreendiam as palavras que lhes foram explicadas.

13 No segundo dia do mês, os chefes de todas as famílias, os sacerdotes e os levitas reuniram-se com o escriba Esdras para estudarem as palavras da Lei. 14 Descobriram na Lei que o SENHOR tinha ordenado, por meio de Moisés, que os israelitas deveriam morar em tendas durante a festa do sétimo mês. 15 Por isso anunciaram em todas as suas cidades e em Jerusalém: "Saiam às montanhas e tragam ramos de oliveiras cultivadas, de oliveiras silvestres, de murtas, de tamareiras e de árvores frondosas, para fazerem tendas, conforme está escrito[a]".

16 Então o povo saiu e trouxe os ramos, e eles mesmos construíram tendas nos seus terraços, nos seus pátios, nos pátios do templo de Deus e na praça junto à porta das Águas e na que fica junto à porta de Efraim. 17 Todos os que tinham voltado do exílio construíram tendas e moraram nelas. Desde os dias de Josué, filho de Num, até aquele dia, os israelitas não tinham celebrado a festa dessa maneira. E grande foi a alegria deles.

18 Dia após dia, desde o primeiro até o último dia da festa, Esdras leu o Livro da Lei de Deus. Eles celebraram a festa durante sete dias, e no oitavo dia, conforme o ritual, houve uma reunião solene.

A confissão do pecado

9 No vigésimo quarto dia do mês, os israelitas se reuniram, jejuaram, vestiram pano de saco e puseram terra sobre a cabeça. 2 Os que eram de ascendência israelita tinham se separado de todos os estrangeiros. Levantaram-se nos seus lugares, confessaram os seus pecados e a maldade dos seus antepassados. 3 Ficaram onde estavam e leram o Livro da Lei do SENHOR, do seu Deus, durante três horas, e passaram outras três horas confessando os seus pecados e adorando o SENHOR, o seu Deus. 4 Em pé, na plataforma, estavam os levitas Jesua, Bani, Cadmiel, Sebanias, Buni, Serebias, Bani e Quenani, que em alta voz clamavam ao SENHOR, o seu Deus. 5 E os levitas Jesua, Cadmiel, Bani, Hasabneias, Serebias, Hodias, Sebanias e Petaías conclamavam o povo, dizendo: "Levantem-se e louvem o SENHOR, o seu Deus, que vive para todo o sempre.

"Bendito seja o teu nome glorioso! A tua grandeza está acima de toda expressão de louvor. 6 Só tu és o SENHOR. Fizeste os céus, e os mais altos céus, e tudo o que neles há, a terra e tudo o que nela existe, os mares e tudo o que neles existe. Tu deste vida a todos os seres, e os exércitos dos céus te adoram.

7 "Tu és o SENHOR, o Deus que escolheu Abrão, trouxe-o de Ur dos caldeus e deu-lhe o nome de Abraão. 8 Viste que o coração dele era fiel, e fizeste com ele uma aliança, prometendo dar aos seus descendentes a terra dos cananeus, dos hititas, dos amorreus, dos ferezeus, dos jebuseus e dos girgaseus. E cumpriste a tua promessa porque tu és justo.

9 "Viste o sofrimento dos nossos antepassados no Egito, e ouviste o clamor deles no mar Vermelho. 10 Fizeste sinais e maravilhas contra o faraó e todos os seus oficiais e contra todo o povo da sua terra, pois sabias com quanta arrogância os egípcios os tratavam. Alcançaste renome, que permanece até hoje. 11 Dividiste o mar diante deles, para que o atravessassem a seco, mas lançaste os seus perseguidores nas profundezas, como uma pedra em águas agitadas. 12 Tu os conduziste de dia com uma nuvem e de noite com uma coluna de fogo, para iluminar o caminho que tinham que percorrer.

13 "Tu desceste ao monte Sinai; dos céus lhes falaste. Deste-lhes ordenanças justas, leis verdadeiras, decretos e mandamentos excelentes. 14 Fizeste que conhecessem o teu sábado santo e lhes deste ordens, decretos e leis por meio de Moisés, teu servo. 15 Na fome deste-lhes pão do céu, e na sede tiraste para eles água da rocha; mandaste-os entrar e tomar posse da terra que, sob juramento, tinhas prometido dar-lhes.

16 "Mas os nossos antepassados tornaram-se arrogantes e obstinados, e não obedeceram aos teus mandamentos. 17 Eles se recusaram a ouvir-te e esqueceram-se dos milagres que realizaste entre eles. Tornaram-se obstinados e, na sua rebeldia, escolheram um líder a fim de voltarem

[a] 8:15 Veja Lv 23:37-40.

à sua escravidão. Mas tu és um Deus perdoador,
um Deus bondoso e misericordioso, muito pa-
ciente e cheio de amor. Por isso não os abando-
naste, 18 mesmo quando fundiram para si um
ídolo na forma de bezerro e disseram: 'Este é
o seu deus, que os tirou do Egito', ou quando
proferiram blasfêmias terríveis.
19 "Foi por tua grande compaixão que não os
abandonaste no deserto. De dia a nuvem não
deixava de guiá-los em seu caminho, nem de
noite a coluna de fogo deixava de brilhar sobre
o caminho que deviam percorrer. 20 Deste o teu
bom Espírito para instruí-los. Não retiveste o
teu maná que os alimentava, e deste-lhes água
para matar a sede. 21 Durante quarenta anos tu
os sustentaste no deserto; nada lhes faltou, as
roupas deles não se gastaram nem os seus pés
ficaram inchados.
22 "Deste-lhes reinos e nações, cuja terra repar-
tiste entre eles. Eles conquistaram a terra de
Seom, rei de Hesbom, e a terra de Ogue, rei de
Basã. 23 Tornaste os seus filhos tão numerosos
como as estrelas do céu, e os trouxeste para en-
trar e possuir a terra que prometeste aos seus
antepassados. 24 Seus filhos entraram e toma-
ram posse da terra. Tu subjugaste diante deles
os cananeus, que viviam na terra, e os entre-
gaste nas suas mãos, com os seus reis e com
os povos daquela terra, para que os tratassem
como bem quisessem. 25 Conquistaram cidades
fortificadas e terra fértil; apossaram-se de casas
cheias de bens, poços já escavados, vinhas, oli-
vais e muitas árvores frutíferas. Comeram até
fartar-se e foram bem alimentados; eles des-
frutaram de tua grande bondade.
26 "Mas foram desobedientes e se rebelaram
contra ti; deram as costas para a tua Lei. Mata-
ram os teus profetas, que os tinham advertido
que se voltassem para ti; e te fizeram ofen-
sas detestáveis. 27 Por isso tu os entregaste nas
mãos de seus inimigos, que os oprimiram. Mas,
quando foram oprimidos, clamaram a ti. Dos
céus tu os ouviste, e na tua grande compaixão
deste-lhes libertadores, que os livraram das
mãos de seus inimigos.
28 "Mas, tão logo voltavam a ter paz, de novo
faziam o que tu reprovas. Então os abando-
navas às mãos de seus inimigos, para que do-
minassem sobre eles. E, quando novamente
clamavam a ti, dos céus tu os ouvias e na tua
compaixão os livravas vez após vez.
29 "Tu os advertiste que voltassem à tua Lei,
mas eles se tornaram arrogantes e desobede-
ceram aos teus mandamentos. Pecaram con-
tra as tuas ordenanças, pelas quais o homem
vive se lhes obedece. Com teimosia te deram
as costas, tornaram-se obstinados e recusa-
ram ouvir-te. 30 E durante muitos anos foste
paciente com eles. Por teu Espírito, por meio
dos profetas, os advertiste. Contudo, não te
deram atenção, de modo que os entregaste
nas mãos dos povos vizinhos. 31 Graças, porém,
à tua grande misericórdia, não os destruíste
nem os abandonaste, pois és Deus bondoso e
misericordioso.
32 "Agora, portanto, nosso Deus, ó Deus grande,
poderoso e temível, fiel à tua aliança e miseri-
cordioso, não fiques indiferente a toda a aflição
que veio sobre nós, sobre os nossos reis e sobre
os nossos líderes, sobre os nossos sacerdotes e
sobre os nossos profetas, sobre os nossos an-
tepassados e sobre todo o teu povo, desde os
dias dos reis da Assíria até hoje. 33 Em tudo o
que nos aconteceu foste justo; agiste com leal-
dade mesmo quando fomos infiéis. 34 Nossos
reis, nossos líderes, nossos sacerdotes e nos-
sos antepassados não seguiram a tua Lei; não
deram atenção aos teus mandamentos nem às
advertências que lhes fizeste. 35 Mesmo quan-
do estavam no reino deles, desfrutando da tua
grande bondade, na terra espaçosa e fértil que
lhes deste, eles não te serviram nem abando-
naram os seus maus caminhos.
36 "Vê, porém, que hoje somos escravos, escra-
vos na terra que deste aos nossos antepassa-
dos para que usufruíssem dos seus frutos e das
outras boas coisas que ela produz. 37 Por cau-
sa de nossos pecados, a sua grande produção
pertence aos reis que puseste sobre nós. Eles
dominam sobre nós e sobre os nossos reba-
nhos como bem lhes parece. É grande a nos-
sa angústia!

O acordo do povo

38 "Em vista disso tudo, estamos fazendo um acordo,
por escrito, e assinado por nossos líderes, nossos levitas
e nossos sacerdotes".

10 Esta é a relação dos que o assinaram:

Neemias, o governador,
filho de Hacalias,

e Zedequias,
2 Seraías, Azarias, Jeremias,
3 Pasur, Amarias, Malquias,
4 Hatus, Sebanias, Maluque,
5 Harim, Meremote, Obadias,
6 Daniel, Ginetom, Baruque,
7 Mesulão, Abias, Miamim,
8 Maazias, Bilgai e Semaías.
Esses eram os sacerdotes.

9 Dos levitas:

Jesua, filho de Azanias, Binui,
dos filhos de Henadade, Cadmiel
10 e seus colegas: Sebanias,
Hodias, Quelita, Pelaías, Hanã,
11 Mica, Reobe, Hasabias,
12 Zacur, Serebias, Sebanias,
13 Hodias, Bani e Beninu.

14 Dos líderes do povo:

Parós, Paate-Moabe, Elão, Zatu, Bani,
15 Buni, Azgade, Bebai,
16 Adonias, Bigvai, Adim,
17 Ater, Ezequias, Azur,
18 Hodias, Hasum, Besai,
19 Harife, Anatote, Nebai,

20Magpias, Mesulão, Hezir,
21Mesezabel, Zadoque, Jadua,
22Pelatias, Hanã, Anaías,
23Oseias, Hananias, Hassube,
24Haloês, Pílea, Sobeque,
25Reum, Hasabna, Maaseias,
26Aías, Hanã, Anã,
27Maluque, Harim e Baaná.

28“O restante do povo — sacerdotes, levitas, porteiros, cantores, servidores do templo e todos os que se separaram dos povos vizinhos por amor à Lei de Deus, com suas mulheres e com todos os seus filhos e filhas capazes de entender— 29agora se une a seus irmãos, os nobres, e se obrigam sob maldição e sob juramento a seguir a Lei de Deus dada por meio do servo de Deus, Moisés, e a obedecer fielmente a todos os mandamentos, ordenanças e decretos do SENHOR, o nosso Senhor.

30“Prometemos não dar nossas filhas em casamento aos povos vizinhos nem aceitar que as filhas deles se casem com os nossos filhos.

31“Quando os povos vizinhos trouxerem mercadorias ou cereal para venderem no sábado ou em dia de festa, não compraremos deles nesses dias. Cada sete anos abriremos mão de trabalhar a terra e cancelaremos todas as dívidas.

32“Assumimos a responsabilidade de, conforme o mandamento, dar anualmente quatro gramas[a] para o serviço do templo de nosso Deus: 33para os pães consagrados, para as ofertas regulares de cereal e para os holocaustos[b], para as ofertas dos sábados, das festas de lua nova e das festas fixas, para as ofertas sagradas, para as ofertas pelo pecado para fazer propiciação por Israel, e para as necessidades do templo de nosso Deus.

34“Também lançamos sortes entre as famílias dos sacerdotes, dos levitas e do povo, para escalar anualmente a família que deverá trazer lenha ao templo de nosso Deus, no tempo determinado, para queimar sobre o altar do SENHOR, o nosso Deus, conforme está escrito na Lei.

35“Também assumimos a responsabilidade de trazer anualmente ao templo do SENHOR os primeiros frutos de nossas colheitas e de toda árvore frutífera.

36“Conforme também está escrito na Lei, traremos o primeiro de nossos filhos e a primeira cria de nossos rebanhos, tanto de ovelhas como de bois, para o templo de nosso Deus, para os sacerdotes que ali estiverem ministrando.

37“Além do mais, traremos para os depósitos do templo de nosso Deus, para os sacerdotes, a nossa primeira massa de cereal moído, e as nossas primeiras ofertas de cereal, do fruto de todas as nossas árvores e de nosso vinho e azeite. E traremos o dízimo das nossas colheitas para os levitas, pois são eles que recolhem os dízimos em todas as cidades onde trabalhamos. 38Um sacerdote descendente de Arão acompanhará os levitas quando receberem os dízimos, e os levitas terão que trazer um décimo dos dízimos ao templo de nosso Deus, aos depósitos do templo. 39O povo de Israel, inclusive os levitas, deverão trazer ofertas de cereal, de vinho novo e de azeite aos depósitos onde se guardam os utensílios para o santuário. É onde os sacerdotes ministram e onde os porteiros e os cantores ficam.

“Não negligenciaremos o templo de nosso Deus.”

O repovoamento de Jerusalém

11 Os líderes do povo passaram a morar em Jerusalém, e o restante do povo fez um sorteio para que, de cada dez pessoas, uma viesse morar em Jerusalém, a santa cidade; as outras nove deveriam ficar em suas próprias cidades. 2O povo abençoou todos os homens que se apresentaram voluntariamente para morar em Jerusalém.

3Alguns israelitas, sacerdotes, levitas, servos do templo e descendentes dos servos de Salomão viviam nas cidades de Judá, cada um em sua propriedade. Estes são os líderes da província que passaram a morar em Jerusalém 4(além deles veio gente tanto de Judá quanto de Benjamim viver em Jerusalém):

Dentre os descendentes de Judá:

Ataías, filho de Uzias, neto de Zacarias, bisneto de Amarias; Amarias era filho de Sefatias e neto de Maalaleel, descendente de Perez. 5Maaseias, filho de Baruque, neto de Col-Hozé, bisneto de Hazaías; Hazaías era filho de Adaías, neto de Joiaribe e bisneto de Zacarias, descendente de Selá. 6Os descendentes de Perez que viviam em Jerusalém totalizavam 468 homens de destaque.

7Dentre os descendentes de Benjamim:

Salu, filho de Mesulão, neto de Joede, bisneto de Pedaías; Pedaías era filho de Colaías, neto de Maaseias, bisneto de Itiel, tetraneto de Jesaías; 8os seguidores de Salu, Gabai e Salai totalizavam 928 homens. 9Joel, filho de Zicri, era o oficial superior entre eles, e Judá, filho de Hassenua, era responsável pelo segundo distrito da cidade.

10Dentre os sacerdotes:

Jedaías, filho de Joiaribe; Jaquim; 11Seraías, filho de Hilquias, neto de Mesulão, bisneto de Zadoque — Zadoque era filho de Meraiote, neto de Aitube, supervisor da casa de Deus — 12e seus colegas, que faziam o trabalho do templo, totalizavam 822 homens. Adaías, filho de Jeroão, neto de Pelaías, bisneto de Anzi — Anzi era filho de Zacarias, neto de Pasur, bisneto de Malquias — 13e seus colegas, que eram chefes de famílias, totalizavam 242 homens. Amassai, filho de Azareel, neto de Azai, bisneto de Mesilemote, tetraneto de Imer, 14e os seus colegas, que eram homens de destaque, totalizavam 128. O oficial superior deles era Zabdiel, filho de Gedolim.

15Dentre os levitas:

Semaías, filho de Hassube, neto de Azricão, bisneto de Hasabias, tetraneto de Buni; 16Sabetai e Jozabade, dois dos líderes dos levitas, encarregados do trabalho externo do templo de Deus; 17Matanias, filho de Mica, neto de Zabdi, bisneto de Asafe, o dirigente que conduzia as ações de graças e as orações; Baquebuquias, o segundo entre os seus colegas e Abda, filho de Samua, neto de Galal, bisneto de Jedutum. 18Os levitas totalizavam 284 na cidade santa.

[a] 10:32 Hebraico: *1/3 de siclo*. Um siclo equivalia a 12 gramas, geralmente de prata.
[b] 10:33 Isto é, sacrifícios totalmente queimados.

19Os porteiros:

Acube, Talmom e os homens dos seus clãs, que guardavam as portas, eram 172.

20Os demais israelitas, incluindo os sacerdotes e os levitas, estavam em todas as cidades de Judá, cada um na propriedade de sua herança.
21Os que prestavam serviço no templo moravam na colina de Ofel, e Zia e Gispa estavam encarregados deles.
22O oficial superior dos levitas em Jerusalém era Uzi, filho de Bani, neto de Hasabias, bisneto de Matanias, tetraneto de Mica. Uzi era um dos descendentes de Asafe, que eram responsáveis pela música do templo de Deus.
23Eles estavam sujeitos às prescrições do rei, que regulamentavam suas atividades diárias.
24Petaías, filho de Mesezabel, descendente de Zerá, filho de Judá, representava o rei nas questões de ordem civil.
25Alguns do povo de Judá foram morar em Quiriate-
-Arba e seus povoados, em Dibom e seus povoados, em
Jecabzeel e seus povoados, 26em Jesua, em Moladá, em
Bete-Pelete, 27em Hazar-Sual, em Berseba e seus povoa-
dos, 28em Ziclague, em Meconá e seus povoados, 29em
En-Rimom, em Zorá, em Jarmute, 30em Zanoa, em Adu-
lão e seus povoados, em Laquis e seus arredores, e em
Azeca e seus povoados. Eles se estabeleceram desde Berseba até o vale de Hinom.
31Os descendentes dos benjamitas foram viver em
Geba, Micmás, Aia, Betel e seus povoados, 32em Anato-
te, Nobe e Ananias, 33Hazor, Ramá e Gitaim, 34 Hadide,
Zeboim e Nebalate, 35Lode e Ono, e no vale dos Artesãos.
36Alguns grupos dos levitas de Judá se estabeleceram em Benjamim.

A lista dos sacerdotes e dos levitas

12 Estes foram os sacerdotes e os levitas que voltaram com Zorobabel, filho de Sealtiel, e com Jesua:

Seraías, Jeremias, Esdras,
2Amarias, Maluque, Hatus,
3Secanias[a], Reum, Meremote[b],
4Ido, Ginetom[c], Abias,
5Miamim[d], Maadias, Bilga,
6Semaías, Joiaribe, Jedaías,
7Salu, Amoque, Hilquias e Jedaías.
Esses foram os chefes dos sacerdotes e seus colegas nos dias de Jesua.
8Os levitas foram Jesua,
Binui, Cadmiel,
Serebias, Judá,
e também Matanias, o qual,
com seus colegas,
estava encarregado
dos cânticos de ações de graças.
9Baquebuquias e Uni, seus colegas,
ficavam em frente deles
para responder-lhes.

10Jesua foi o pai de Joiaquim,
Joiaquim foi o pai de Eliasibe,
Eliasibe foi o pai de Joiada,
11Joiada foi o pai de Jônatas,
Jônatas foi o pai de Jadua.

12Nos dias de Joiaquim
estes foram os líderes
das famílias dos sacerdotes:
da família de Seraías, Meraías;
da família de Jeremias, Hananias;
13da família de Esdras, Mesulão;
da família de Amarias, Joanã;
14da família de Maluqui, Jônatas;
da família de Secanias, José;
15da família de Harim, Adna;
da família de Meremote, Helcai;
16da família de Ido, Zacarias;
da família de Ginetom, Mesulão;
17da família de Abias, Zicri;
da família de Miniamim
e de Maadias, Piltai;
18da família de Bilga, Samua;
da família de Semaías, Jônatas;
19da família de Joiaribe, Matenai;
da família de Jedaías, Uzi;
20da família de Salai, Calai;
da família de Amoque, Héber;
21da família de Hilquias, Hasabias;
da família de Jedaías, Natanael.

22Nos dias de Eliasibe, os chefes das famílias dos levi-
tas e dos sacerdotes, Joiada, Joanã e Jadua, foram regis-
trados durante o reinado de Dario, o persa. 23Os chefes
das famílias dos descendentes de Levi até a época de
Joanã, filho de Eliasibe, foram registrados no livro das
crônicas. 24Os líderes dos levitas foram Hasabias, Sere-
bias, Jesua, filho de Cadmiel, e seus colegas, que ficavam em frente deles quando entoavam louvores e ações de graças; um grupo respondia ao outro, conforme prescrito por Davi, homem de Deus.
25Matanias, Baquebuquias, Obadias, Mesulão, Tal-
mom e Acube eram porteiros; vigiavam os depósitos
localizados junto às portas. 26Eles serviram nos dias de
Joiaquim, filho de Jesua, neto de Jozadaque, e nos dias do governador Neemias e de Esdras, sacerdote e escriba.

A dedicação dos muros de Jerusalém

27Por ocasião da dedicação dos muros de Jerusalém,
os levitas foram procurados e trazidos de onde moravam para Jerusalém para celebrarem a dedicação alegremente, com cânticos e ações de graças, ao som de
címbalos, harpas e liras. 28Os cantores foram trazidos
dos arredores de Jerusalém, dos povoados dos netofa-
titas, 29de Bete-Gilgal, e das regiões de Geba e de Azma-
vete, pois esses cantores haviam construído povoados
para si ao redor de Jerusalém. 30Os sacerdotes e os le-
vitas se purificaram cerimonialmente, e depois purificaram também o povo, as portas e os muros.
31Ordenei aos líderes de Judá que subissem ao alto
do muro. Também designei dois grandes coros para da-
rem graças. Um deles avançou em cima do muro, para
a direita, até a porta do Esterco. 32Hosaías e metade dos
líderes de Judá os seguiram. 33Azarias, Esdras, Mesulão,
34Judá, Benjamim, Semaías, Jeremias, 35e alguns sacer-
dotes com trombetas, além de Zacarias, filho de Jônatas,
neto de Semaías, bisneto de Matanias, que era filho de
Micaías, neto de Zacur, bisneto de Asafe, 36e seus cole-
gas, Semaías, Azareel, Milalai, Gilalai, Maai, Natanael,

[a] 12:3 Muitos manuscritos dizem *Sebanias*; também no versículo 14.
[b] 12:3 Muitos manuscritos dizem *Meraiote*; também no versículo 15.
[c] 12:4 Muitos manuscritos dizem *Ginetoi*; também no versículo 16.
[d] 12:5 Variante de *Miniamim*; também no versículo 17.

Judá e Hanani, que tocavam os instrumentos musicais prescritos por Davi, homem de Deus. Esdras, o escriba, ia à frente deles. 37À porta da Fonte eles subiram diretamente os degraus da Cidade de Davi, na subida para o muro, e passaram sobre a casa de Davi até a porta das Águas, a leste.

38O segundo córo avançou no sentido oposto. Eu os acompanhei, quando iam sobre o muro, levando comigo a metade do povo; passamos pela torre dos Fornos até a porta Larga, 39sobre a porta de Efraim, a porta Jesana[a], a porta do Peixe, a torre de Hananeel e a torre dos Cem, indo até a porta das Ovelhas. Junto à porta da Guarda paramos.

40Os dois coros encarregados das ações de graças assumiram os seus lugares no templo de Deus, o que também fiz, acompanhado da metade dos oficiais 41e dos sacerdotes Eliaquim, Maaseias, Miniamim, Micaías, Elioenai, Zacarias e Hananias, com suas trombetas, 42além de Maaseias, Semaías, Eleazar, Uzi, Joanã, Malquias, Elão e Ézer. Os coros cantaram sob a direção de Jezraías. 43E naquele dia, contentes como estavam, ofereceram grandes sacrifícios, pois Deus os enchera de grande alegria. As mulheres e as crianças também se alegraram, e os sons da alegria de Jerusalém podiam ser ouvidos de longe.

44Naquela ocasião foram designados alguns encarregados dos depósitos onde se recebiam as contribuições gerais, os primeiros frutos e os dízimos. Das lavouras que havia em torno das cidades eles deveriam trazer para os depósitos as porções exigidas pela Lei para os sacerdotes e para os levitas. E, de fato, o povo de Judá estava satisfeito com os sacerdotes e os levitas que ministravam no templo. 45Eles celebravam o culto ao seu Deus e o ritual de purificação, dos quais também participavam os cantores e os porteiros, de acordo com as ordens de Davi e do seu filho Salomão. 46Pois muito tempo antes, nos dias de Davi e de Asafe, havia dirigentes dos cantores e pessoas que dirigiam os cânticos de louvor e de graças a Deus. 47Assim, nos dias de Zorobabel e de Neemias, todo o Israel contribuía com ofertas diárias para os cantores e para os porteiros. Também separavam a parte pertencente aos outros levitas, e os levitas separavam a porção dos descendentes de Arão.

As últimas reformas realizadas por Neemias

13 Naquele dia o Livro de Moisés foi lido em alta voz diante do povo, e nele achou-se escrito que nenhum amonita ou moabita jamais poderia ser admitido no povo de Deus, 2pois eles, em vez de darem água e comida aos israelitas, tinham contratado Balaão para invocar maldição sobre eles. O nosso Deus, porém, transformou a maldição em bênção. 3Quando o povo ouviu essa Lei, excluiu de Israel todos os que eram de ascendência estrangeira.

4Antes disso, o sacerdote Eliasibe tinha sido encarregado dos depósitos do templo de nosso Deus. Ele era parente próximo de Tobias 5e lhe havia cedido uma grande sala, anteriormente utilizada para guardar as ofertas de cereal, o incenso, os utensílios do templo, e também os dízimos do trigo, do vinho novo e do azeite prescritos para os levitas, para os cantores e para os porteiros, além das ofertas para os sacerdotes.

6Mas, enquanto tudo isso estava acontecendo, eu não estava em Jerusalém, pois no trigésimo segundo ano do reinado de Artaxerxes, rei da Babilônia, voltei ao rei. Algum tempo depois pedi sua permissão 7e voltei para Jerusalém. Aqui soube do mal que Eliasibe fizera ao ceder uma sala a Tobias nos pátios do templo de Deus. 8Fiquei muito aborrecido e joguei todos os móveis de Tobias fora da sala. 9Mandei purificar as salas e coloquei de volta nelas os utensílios do templo de Deus, com as ofertas de cereal e o incenso.

10Também fiquei sabendo que os levitas não tinham recebido a parte que lhes era devida e que todos os levitas e cantores responsáveis pelo culto haviam voltado para suas próprias terras. 11Por isso repreendi os oficiais e lhes perguntei: "Por que essa negligência com o templo de Deus?" Então convoquei os levitas e os cantores e os coloquei em seus postos.

12E todo o povo de Judá trouxe os dízimos do trigo, do vinho novo e do azeite aos depósitos. 13Coloquei o sacerdote Selemias, o escriba Zadoque e um levita chamado Pedaías como encarregados dos depósitos e fiz de Hanã, filho de Zacur, neto de Matanias, assistente deles, porque esses homens eram de confiança. Eles ficaram responsáveis pela distribuição de suprimentos aos seus colegas.

14Lembra-te de mim por isso, meu Deus, e não te esqueças do que fiz com tanta fidelidade pelo templo de meu Deus e pelo seu culto.

15Naqueles dias vi que em Judá alguns trabalhavam nos tanques de prensar uvas no sábado e ajuntavam trigo e o carregavam em jumentos, transportando-o com vinho, uvas, figos e todo tipo de carga. Tudo isso era trazido para Jerusalém em pleno sábado. Então os adverti que não vendessem alimento nesse dia. 16Havia alguns da cidade de Tiro que moravam em Jerusalém e que, no sábado, traziam e vendiam peixes e toda espécie de mercadoria em Jerusalém, para o povo de Judá. 17Diante disso, repreendi os nobres de Judá e lhes disse: Como é que vocês podem fazer tão grande mal, profanando o dia de sábado? 18Por acaso os seus antepassados não fizeram o mesmo, levando o nosso Deus a trazer toda essa desgraça sobre nós e sobre esta cidade? Pois agora, profanando o sábado, vocês provocam maior ira contra Israel!

19Quando as sombras da tarde cobriram as portas de Jerusalém na véspera do sábado, ordenei que estas fossem fechadas e só fossem abertas depois que o sábado tivesse terminado. Coloquei alguns de meus homens de confiança junto às portas, para que nenhum carregamento pudesse ser introduzido no dia de sábado. 20Uma ou duas vezes os comerciantes e vendedores de todo tipo de mercadoria passaram a noite do lado de fora de Jerusalém. 21Mas eu os adverti, dizendo: Por que vocês passam a noite junto ao muro? Se fizerem isso de novo, mandarei prendê-los. Depois disso não vieram mais no sábado. 22Então ordenei aos levitas que se purificassem e fossem vigiar as portas a fim de que o dia de sábado fosse respeitado como sagrado.

Lembra-te de mim também por isso, ó meu Deus, e tem misericórdia de mim conforme o teu grande amor.

23Além disso, naqueles dias vi alguns judeus que haviam se casado com mulheres de Asdode, de Amom e de Moabe. 24A metade dos seus filhos falavam a língua

[a] 12:39 Ou *porta Velha*

de Asdode ou a língua de um dos outros povos, e não
sabiam falar a língua de Judá. [25]Eu os repreendi e invo-
quei maldições sobre eles. Bati em alguns deles e arran-
quei os seus cabelos. Fiz com que jurassem em nome
de Deus e lhes disse: Não consintam mais em dar suas
filhas em casamento aos filhos deles, nem haja casa-
mento das filhas deles com seus filhos ou com vocês.
[26]Não foi por causa de casamentos como esses que Sa-
lomão, rei de Israel, pecou? Entre as muitas nações não
havia rei algum como ele. Ele era amado por seu Deus, e
Deus o fez rei sobre todo o Israel, mas até mesmo ele foi
induzido ao pecado por mulheres estrangeiras. [27]Como
podemos tolerar o que ouvimos? Como podem vocês
cometer essa terrível maldade e serem infiéis ao nosso
Deus, casando-se com mulheres estrangeiras?

[28]Um dos filhos de Joiada, filho do sumo sacerdote
Eliasibe, era genro de Sambalate, o horonita. Eu o ex-
pulsei para longe de mim.

[29]Não te esqueças deles, ó meu Deus, pois profana-
ram o ofício sacerdotal e a aliança do sacerdócio e dos
levitas.

[30]Dessa forma purifiquei os sacerdotes e os levitas
de tudo o que era estrangeiro, e lhes designei respon-
sabilidades, cada um em seu próprio cargo. [31]Também
estabeleci regras para as provisões de lenha, determi-
nando as datas certas para serem trazidas, e para os
primeiros frutos.

Em tua bondade, lembra-te de mim, ó meu Deus.

ESTER

A rainha Vasti afronta o rei

1 Foi no tempo de Xerxes[a], que reinou sobre cento e vinte e sete províncias, desde a Índia até a Etiópia[b]. 2 Naquela época o rei Xerxes reinava em seu trono na cidadela de Susã 3 e, no terceiro ano do seu reinado, deu um banquete a todos os seus nobres e oficiais. Estavam presentes os líderes militares da Pérsia e da Média, os príncipes e os nobres das províncias.

4 Durante cento e oitenta dias ele mostrou a enorme riqueza de seu reino e o esplendor e a glória de sua majestade. 5 Terminados esses dias, o rei deu um banquete no jardim interno do palácio, de sete dias para todo o povo que estava na cidadela de Susã, do mais rico ao mais pobre. 6 O jardim possuía forrações em branco e azul, presas com cordas de linho branco e tecido roxo, ligadas por anéis de prata a colunas de mármore. Tinha assentos de ouro e de prata num piso de mosaicos de pórfiro, mármore, madrepérola e outras pedras preciosas. 7 Pela generosidade do rei, o vinho real era servido em grande quantidade, em diferentes taças de ouro. 8 Por ordem real, cada convidado tinha permissão de beber o quanto desejasse, pois o rei tinha dado instruções a todos os mordomos do palácio que os servissem à vontade.

9 Enquanto isso, a rainha Vasti também oferecia um banquete às mulheres, no palácio do rei Xerxes.

10 No sétimo dia, quando o rei Xerxes já estava alegre por causa do vinho, ordenou aos sete oficiais que o serviam — Meumã, Bizta, Harbona, Bigtá, Abagta, Zetar e Carcas — 11 que trouxessem à sua presença a rainha Vasti, usando a coroa real. Ele queria mostrar aos seus súditos e aos nobres a beleza dela, pois era de fato muito bonita. 12 Quando, porém, os oficiais transmitiram a ordem do rei à rainha Vasti, esta se recusou a ir, e o rei ficou furioso e indignado.

13 Como era costume o rei consultar especialistas em questões de direito e justiça, ele mandou chamar os sábios que entendiam das leis 14 e que eram muito amigos do rei: Carsena, Setar, Adamata, Társis, Meres, Marsena e Memucã; eles eram os sete nobres da Pérsia e da Média que tinham acesso direto ao rei e eram os mais importantes do reino.

15 O rei lhes perguntou: "De acordo com a lei, o que se deve fazer à rainha Vasti? Ela não obedeceu à ordem do rei Xerxes transmitida pelos oficiais".

16 Então Memucã respondeu na presença do rei e dos nobres: "A rainha Vasti não ofendeu somente o rei, mas também todos os nobres e os povos de todas as províncias do rei Xerxes, 17 pois a conduta da rainha se tornará conhecida por todas as mulheres, e assim também elas desprezarão seus maridos e dirão: 'O rei Xerxes ordenou que a rainha Vasti fosse à sua presença, mas ela não foi'. 18 Hoje mesmo as mulheres persas e medas da nobreza que ficarem sabendo do comportamento da rainha agirão da mesma maneira com todos os nobres do rei. Isso provocará desrespeito e discórdia sem fim.

19 "Por isso, se for do agrado do rei, que ele emita um decreto real, e que seja incluído na lei irrevogável da Pérsia e da Média, determinando que Vasti nunca mais compareça na presença do rei Xerxes. Também dê o rei a sua posição de rainha a outra que seja melhor do que ela. 20 Assim, quando o decreto real for proclamado em todo o seu imenso domínio, todas as mulheres respeitarão seus maridos, do mais rico ao mais pobre".

21 O rei e seus nobres aceitaram de bom grado o conselho, de modo que o rei pôs em prática a proposta de Memucã. 22 Para isso, enviou cartas a todas as partes do reino, a cada província e a cada povo, em sua própria escrita e em sua própria língua, proclamando que todo homem deveria mandar em sua própria casa.

A coroação da rainha Ester

2 Algum tempo depois, quando cessou a indignação do rei Xerxes, ele se lembrou de Vasti, do que ela havia feito e do que ele tinha decretado contra ela. 2 Então os conselheiros do rei sugeriram que se procurassem belas virgens para o rei, 3 e que se nomeassem comissários em cada província do império para trazerem todas essas lindas moças ao harém da cidadela de Susã. Elas estariam sob os cuidados de Hegai, oficial responsável pelo harém, e deveriam receber tratamento de beleza. 4 A moça que mais agradasse o rei seria rainha em lugar de Vasti. Esse conselho agradou o rei, e ele o pôs em execução.

5 Nesse tempo vivia na cidadela de Susã um judeu chamado Mardoqueu, da tribo de Benjamim, filho de Jair, neto de Simei e bisneto de Quis. 6 Ele fora levado de Jerusalém para o exílio por Nabucodonosor, rei da Babilônia, entre os que foram levados prisioneiros com Joaquim[c], rei de Judá. 7 Mardoqueu tinha uma prima chamada Hadassa, que havia sido criada por ele, por não ter pai nem mãe. Essa moça, também conhecida como Ester, era atraente e muito bonita, e Mardoqueu a havia tomado como filha quando o pai e a mãe dela morreram.

8 Quando a ordem e o decreto do rei foram proclamados, muitas moças foram trazidas à cidadela de Susã e colocadas sob os cuidados de Hegai. Ester também foi trazida ao palácio do rei e confiada a Hegai, encarregado do harém. 9 A moça o agradou e ele a favoreceu. Ele logo lhe providenciou tratamento de beleza e comida especial. Designou-lhe sete moças escolhidas do palácio do rei e transferiu-a, junto com suas jovens, para o melhor lugar do harém.

10 Ester não tinha revelado a que povo pertencia nem a origem da sua família, pois Mardoqueu a havia proibido de fazê-lo. 11 Diariamente ele caminhava de um lado para outro perto do pátio do harém, para saber como Ester estava e o que lhe estava acontecendo.

12 Antes de qualquer daquelas moças apresentar-se ao rei Xerxes, devia completar doze meses de tratamento de beleza prescritos para as mulheres: seis meses com óleo de mirra e seis meses com perfumes e cosméticos. 13 Quando ia apresentar-se ao rei, a moça recebia tudo o que quisesse levar consigo do harém para o palácio

[a] 1:1 Hebraico: *Assuero*, variante do nome persa *Xerxes*.
[b] 1:1 Hebraico: *Cuxe*.
[c] 2:6 Hebraico: *Jeconias*, variante de *Joaquim*.

do rei. 14À tarde ela ia para lá e de manhã voltava para outra parte do harém, que ficava sob os cuidados de Saasgaz, oficial responsável pelas concubinas. Ela não voltava ao rei, a menos que dela ele se agradasse e a mandasse chamar pelo nome.

15Quando chegou a vez de Ester, filha de Abiail, tio de Mardoqueu, que a tinha adotado como filha, ela não pediu nada além daquilo que Hegai, oficial responsável pelo harém, sugeriu. Ester causava boa impressão a todos os que a viam. 16Ela foi levada ao rei Xerxes, à residência real, no décimo mês, o mês de tebete[a], no sétimo ano do seu reinado.

17O rei gostou mais de Ester do que de qualquer outra mulher; ela foi favorecida por ele e ganhou sua aprovação mais do que qualquer das outras virgens. Então ele lhe colocou uma coroa real e tornou-a rainha em lugar de Vasti. 18O rei deu um grande banquete, o banquete de Ester, para todos os seus nobres e oficiais. Proclamou feriado em todas as províncias e distribuiu presentes por sua generosidade real.

Mardoqueu descobre uma conspiração

19Quando as virgens foram reunidas pela segunda vez, Mardoqueu estava sentado junto à porta do palácio real. 20Ester havia mantido segredo sobre seu povo e sobre a origem de sua família, conforme a ordem de Mardoqueu, pois continuava a seguir as instruções dele, como fazia quando ainda estava sob sua tutela.

21Um dia, quando Mardoqueu estava sentado junto à porta do palácio real, Bigtã e Teres, dois dos oficiais do rei que guardavam a entrada, estavam indignados e conspiravam para assassinar o rei Xerxes. 22Mardoqueu, porém, descobriu o plano e o contou à rainha Ester, que, por sua vez, passou a informação ao rei, em nome de Mardoqueu. 23Depois de investigada a informação e descobrindo-se que era verdadeira, os dois oficiais foram enforcados[b]. Tudo isso foi escrito nos registros históricos, na presença do rei.

O plano de Hamã para exterminar os judeus

3 Depois desses acontecimentos, o rei Xerxes honrou Hamã, filho de Hamedata, descendente de Agague, promovendo-o e dando-lhe uma posição mais elevada do que a de todos os demais nobres. 2Todos os oficiais do palácio real curvavam-se e prostravam-se diante de Hamã, conforme as ordens do rei. Mardoqueu, porém, não se curvava nem se prostrava diante dele.

3Então os oficiais do palácio real perguntaram a Mardoqueu: "Por que você desobedece à ordem do rei?" 4Dia após dia eles lhe falavam, mas ele não lhes dava atenção e dizia que era judeu. Então contaram tudo a Hamã para ver se o comportamento de Mardoqueu seria tolerado.

5Quando Hamã viu que Mardoqueu não se curvava nem se prostrava, ficou muito irado. 6Contudo, sabendo quem era o povo de Mardoqueu, achou que não bastava matá-lo. Em vez disso, Hamã procurou uma forma de exterminar todos os judeus, o povo de Mardoqueu, em todo o império de Xerxes.

7No primeiro mês do décimo segundo ano do reinado do rei Xerxes, no mês de nisã[c], lançaram o pur, isto é, a sorte, na presença de Hamã a fim de escolher um dia e um mês para executar o plano. E foi sorteado o décimo segundo mês, o mês de adar[d].

8Então Hamã disse ao rei Xerxes: "Existe certo povo disperso e espalhado entre os povos de todas as províncias do teu império, cujos costumes são diferentes dos de todos os outros povos e que não obedecem às leis do rei; não convém ao rei tolerá-los. 9Se for do agrado do rei, que se decrete a destruição deles, e eu colocarei trezentas e cinquenta toneladas[e] de prata na tesouraria real à disposição para que se execute esse trabalho".

10Em vista disso, o rei tirou seu anel-selo do dedo, deu-o a Hamã, o inimigo dos judeus, filho de Hamedata, descendente de Agague, e lhe disse: 11"Fique com a prata e faça com o povo o que você achar melhor".

12Assim, no décimo terceiro dia do primeiro mês os secretários do rei foram convocados. Hamã ordenou que escrevessem cartas na língua e na escrita de cada povo aos sátrapas do rei, aos governadores das várias províncias e aos chefes de cada povo. Tudo foi escrito em nome do rei Xerxes e selado com o seu anel. 13As cartas foram enviadas por mensageiros a todas as províncias do império com a ordem de exterminar e aniquilar completamente todos os judeus, jovens e idosos, mulheres e crianças, num único dia, o décimo terceiro dia do décimo segundo mês, o mês de adar, e de saquear os seus bens. 14Uma cópia do decreto deveria ser publicada como lei em cada província e levada ao conhecimento do povo de cada nação, a fim de que estivessem prontos para aquele dia.

15Por ordem do rei, os mensageiros saíram às pressas, e o decreto foi publicado na cidadela de Susã. O rei e Hamã assentaram-se para beber, mas a cidade de Susã estava em confusão.

O pedido de Mardoqueu a Ester

4 Quando Mardoqueu soube de tudo o que tinha acontecido, rasgou as vestes, vestiu-se de pano de saco, cobriu-se de cinza, e saiu pela cidade, chorando amargamente em alta voz. 2Foi até a porta do palácio real, mas não entrou, porque ninguém vestido de pano de saco tinha permissão de entrar. 3Em cada província onde chegou o decreto com a ordem do rei, houve grande pranto entre os judeus, com jejum, choro e lamento. Muitos se deitavam em pano de saco e em cinza.

4Quando as criadas de Ester e os oficiais responsáveis pelo harém lhe contaram o que se passava com Mardoqueu, ela ficou muito aflita e mandou-lhe roupas para que as vestisse e tirasse o pano de saco; mas ele não quis aceitá-las. 5Então Ester convocou Hatá, um dos oficiais do rei, nomeado para ajudá-la, e deu-lhe ordens para descobrir o que estava perturbando Mardoqueu e por que ele estava agindo assim.

6Hatá foi falar com Mardoqueu na praça da cidade, em frente da porta do palácio real. 7Mardoqueu contou-lhe tudo o que lhe tinha acontecido e quanta prata Hamã tinha prometido depositar na tesouraria real para a destruição dos judeus. 8Deu-lhe também uma cópia do decreto que falava do extermínio e que tinha sido anunciado em Susã, para que ele o mostrasse a Ester e insistisse com ela para que fosse à presença do rei implorar misericórdia e interceder em favor do seu povo.

[a] 2:16 Aproximadamente dezembro/janeiro.
[b] 2:23 Ou *pendurados em postes*; ou ainda *empalados*
[c] 3:7 O mesmo que *abibe*; aproximadamente março/abril.
[d] 3:7 Aproximadamente fevereiro/março; também no versículo 13.
[e] 3:9 Hebraico: *10.000 talentos*. Um talento equivalia a 35 quilos.

9 Hatá retornou e relatou a Ester tudo o que Mardo-
queu lhe tinha dito. 10 Então ela o instruiu que dissesse
o seguinte a Mardoqueu: 11 "Todos os oficiais do rei e o
povo das províncias do império sabem que existe so-
mente uma lei para qualquer homem ou mulher que
se aproxime do rei no pátio interno sem por ele ser
chamado: será morto, a não ser que o rei estenda o ce-
tro de ouro para a pessoa e lhe poupe a vida. E eu não
sou chamada à presença do rei há mais de trinta dias".
12 Quando Mardoqueu recebeu a resposta de Ester,
13 mandou dizer-lhe: "Não pense que pelo fato de estar
no palácio do rei, você será a única entre os judeus que
escapará, 14 pois, se você ficar calada nesta hora, socor-
ro e livramento surgirão de outra parte para os judeus,
mas você e a família do seu pai morrerão. Quem sabe se
não foi para um momento como este que você chegou
à posição de rainha?"
15 Então Ester mandou esta resposta a Mardoqueu:
16 "Vá reunir todos os judeus que estão em Susã, e je-
juem em meu favor. Não comam nem bebam durante
três dias e três noites. Eu e minhas criadas jejuaremos
como vocês. Depois disso irei ao rei, ainda que seja con-
tra a lei. Se eu tiver que morrer, morrerei".
17 Mardoqueu retirou-se e cumpriu todas as instru-
ções de Ester.

O pedido de Ester ao rei

5 Três dias depois, Ester vestiu seus trajes de rainha e
colocou-se no pátio interno do palácio, em frente do
salão do rei. O rei estava no trono, de frente para a en-
trada. 2 Quando viu a rainha Ester ali no pátio, teve mi-
sericórdia dela e estendeu-lhe o cetro de ouro que tinha
na mão. Ester aproximou-se e tocou a ponta do cetro.
3 E o rei lhe perguntou: "Que há, rainha Ester? Qual
é o seu pedido? Mesmo que seja a metade do reino,
lhe será dado".
4 Respondeu Ester: "Se for do agrado do rei, venha
com Hamã a um banquete que lhe preparei".
5 Disse o rei: "Tragam Hamã imediatamente, para que
ele atenda ao pedido de Ester".
Então o rei e Hamã foram ao banquete que Ester ha-
via preparado. 6 Enquanto bebiam vinho, o rei tornou a
perguntar a Ester: "Qual é o seu pedido? Você será aten-
dida. Qual o seu desejo? Mesmo que seja a metade do
reino, lhe será concedido".
7 E Ester respondeu: "Este é o meu pedido e o meu
desejo: 8 Se o rei tem consideração por mim, e se lhe
agrada atender e conceder o meu pedido, que o rei e
Hamã venham amanhã ao banquete que lhes prepara-
rei. Então responderei à pergunta do rei".

A ira de Hamã contra Mardoqueu

9 Naquele dia Hamã saiu alegre e contente. Mas ficou
furioso quando viu que Mardoqueu, que estava junto
à porta do palácio real, não se levantou nem mostrou
respeito em sua presença. 10 Hamã, porém, controlou-
-se e foi para casa.
Reunindo seus amigos e Zeres, sua mulher, 11 Hamã
vangloriou-se de sua grande riqueza, de seus muitos fi-
lhos e de como o rei o havia honrado e promovido aci-
ma de todos os outros nobres e oficiais. 12 E acrescentou
Hamã: "Além disso, sou o único que a rainha Ester con-
vidou para acompanhar o rei ao banquete que ela lhe
ofereceu. Ela me convidou para comparecer amanhã,
com o rei. 13 Mas tudo isso não me dará satisfação, en-
quanto eu vir aquele judeu Mardoqueu sentado junto
à porta do palácio real".
14 Então Zeres, sua mulher, e todos os seus amigos
lhe sugeriram: "Mande fazer uma forca, de mais de
vinte metros[a] de altura, e logo pela manhã peça ao rei
que Mardoqueu seja enforcado nela. Assim você pode-
rá acompanhar o rei ao jantar e alegrar-se". A sugestão
agradou Hamã, e ele mandou fazer a forca.

Hamã é obrigado a honrar Mardoqueu

6 Naquela noite o rei não conseguiu dormir; por is-
so ordenou que trouxessem o livro das crônicas do
seu reinado, e que o lessem para ele. 2 E foi lido o regis-
tro de que Mardoqueu tinha denunciado Bigtã e Teres,
dois dos oficiais do rei que guardavam a entrada do
Palácio e que haviam conspirado para assassinar o rei
Xerxes.
3 "Que honra e reconhecimento Mardoqueu recebeu
por isso?", perguntou o rei.
Seus oficiais responderam: "Nada lhe foi feito".
4 O rei perguntou: "Quem está no pátio?" Ora, Hamã
havia acabado de entrar no pátio externo do palácio pa-
ra pedir ao rei o enforcamento de Mardoqueu na forca
que ele lhe havia preparado.
5 Os oficiais do rei responderam: "É Hamã que es-
tá no pátio".
"Façam-no entrar", ordenou o rei.
6 Entrando Hamã, o rei lhe perguntou: "O que se de-
ve fazer ao homem que o rei tem o prazer de honrar?"
E Hamã pensou consigo: "A quem o rei teria prazer
de honrar, senão a mim?" 7 Por isso respondeu ao rei:
"Ao homem que o rei tem prazer de honrar, 8 ordena
que tragam um manto do próprio rei e um cavalo que
o rei montou, e que ele leve o brasão[b] do rei na cabeça.
9 Em seguida, sejam o manto e o cavalo confiados a al-
guns dos príncipes mais nobres do rei, e ponham eles
o manto sobre o homem que o rei deseja honrar e o
conduzam sobre o cavalo pelas ruas da cidade, procla-
mando diante dele: 'Isto é o que se faz ao homem que
o rei tem o prazer de honrar!' "
10 O rei ordenou então a Hamã: "Vá depressa apanhar
o manto e o cavalo, e faça ao judeu Mardoqueu o que
você sugeriu. Ele está sentado junto à porta do palácio
real. Não omita nada do que você recomendou".
11 Então Hamã apanhou o cavalo, vestiu Mardoqueu
com o manto e o conduziu sobre o cavalo pelas ruas da
cidade, proclamando à frente dele: "Isto é o que se faz
ao homem que o rei tem o prazer de honrar!"
12 Depois disso, Mardoqueu voltou para a porta do
palácio real. Hamã, porém, correu para casa com o ros-
to coberto, muito aborrecido 13 e contou a Zeres, sua
mulher, e a todos os seus amigos tudo o que lhe ha-
via acontecido.
Tanto os seus conselheiros como Zeres, sua mulher,
lhe disseram: "Visto que Mardoqueu, diante de quem
começou a sua queda, é de origem judaica, você não
terá condições de enfrentá-lo. Sem dúvida, você ficará
arruinado!" 14 E, enquanto ainda conversavam, chega-
ram os oficiais do rei e, às pressas, levaram Hamã para
o banquete que Ester havia preparado.

[a] 5:14 Hebraico: *50 côvados*. O côvado era uma medida linear de cerca de 45 centímetros.

[b] 6:8 Ou *e que o homem traga a coroa*

O enforcamento de Hamã

7 O rei e Hamã foram ao banquete com a rainha Ester,
2 e, enquanto estavam bebendo vinho no segundo dia,
o rei perguntou de novo: "Rainha Ester, qual é o seu
pedido? Você será atendida. Qual o seu desejo? Mesmo
que seja a metade do reino, isso lhe será concedido".
3 Então a rainha Ester respondeu: "Se posso contar
com o favor do rei, e se isto lhe agrada, poupe a minha
vida e a vida do meu povo; este é o meu pedido e o meu
desejo. 4 Pois eu e meu povo fomos vendidos para des-
truição, morte e aniquilação. Se apenas tivéssemos sido
vendidos como escravos e escravas, eu teria ficado em
silêncio, porque nenhuma aflição como essa justifica-
ria perturbar o rei".[a]
5 O rei Xerxes perguntou à rainha Ester: "Quem se
atreveu a uma coisa dessas? Onde está ele?"
6 Respondeu Ester: "O adversário e inimigo é Hamã,
esse perverso".
Diante disso, Hamã ficou apavorado na presença do
rei e da rainha. 7 Furioso, o rei levantou-se, deixou o vi-
nho, saiu dali e foi para o jardim do palácio. E perceben-
do Hamã que o rei já tinha decidido condená-lo, ficou
ali para implorar por sua vida à rainha Ester.
8 E voltando o rei do jardim do palácio ao salão do
banquete, viu Hamã caído sobre o assento onde Ester
estava reclinada. E então exclamou: "Chegaria ele ao
cúmulo de violentar a rainha na minha presença e em
minha própria casa?"
Mal o rei terminou de dizer isso, alguns oficiais co-
briram o rosto de Hamã. 9 E um deles, chamado Har-
bona, que estava a serviço do rei, disse: "Há uma forca
de mais de vinte metros[b] de altura junto à casa de Ha-
mã, que ele fez para Mardoqueu, aquele que interce-
deu pela vida do rei".
Então o rei ordenou: "Enforquem-no nela!" 10 Assim
Hamã morreu na forca que tinha preparado para Mar-
doqueu; e a ira do rei se acalmou.

O decreto do rei em favor dos judeus

8 Naquele mesmo dia, o rei Xerxes deu à rainha Es-
ter todos os bens de Hamã, o inimigo dos judeus. E
Mardoqueu foi trazido à presença do rei, pois Ester lhe
dissera que ele era seu parente. 2 O rei tirou seu anel-
-selo, que havia tomado de Hamã, e o deu a Mardoqueu;
e Ester o nomeou administrador dos bens de Hamã.
3 Mas Ester tornou a implorar ao rei, chorando aos
seus pés, que revogasse o plano maligno de Hamã, o
agagita, contra os judeus. 4 Então o rei estendeu o cetro
de ouro para Ester, e ela se levantou diante dele e disse:
5 "Se for do agrado do rei, se posso contar com o seu
favor, e se ele considerar justo, que se escreva uma or-
dem revogando as cartas que Hamã, filho do agagita
Hamedata, escreveu para que os judeus fossem exter-
minados em todas as províncias do império. 6 Pois, co-
mo suportarei ver a desgraça que cairá sobre o meu
povo? Como suportarei a destruição da minha própria
família?"
7 O rei Xerxes respondeu à rainha Ester e ao judeu
Mardoqueu: "Mandei enforcar Hamã e dei os seus bens
a Ester porque ele atentou contra os judeus. 8 Escrevam
agora outro decreto em nome do rei, em favor dos ju-
deus, como melhor lhes parecer, e selem-no com o anel-
-selo do rei, pois nenhum documento escrito em nome
do rei e selado com o seu anel pode ser revogado".
9 Isso aconteceu no vigésimo terceiro dia do terceiro
mês, o mês de sivã[c]. Os secretários do rei foram imedia-
tamente convocados e escreveram todas as ordens de
Mardoqueu aos judeus, aos sátrapas, aos governadores
e aos nobres das cento e vinte e sete províncias que se
estendiam da Índia até a Etiópia[d]. Essas ordens foram
redigidas na língua e na escrita de cada província e de
cada povo, e também na língua e na escrita dos judeus.
10 Mardoqueu escreveu em nome do rei Xerxes, selou as
cartas com o anel-selo do rei, e as enviou por meio de
mensageiros montados em cavalos velozes, das estre-
barias do próprio rei.
11 O decreto do rei concedia aos judeus de cada ci-
dade o direito de se reunirem e de se protegerem, de
destruir, matar e aniquilar qualquer força armada de
qualquer povo ou província que os ameaçasse, a eles,
suas mulheres e seus filhos[e], e o direito de saquear os
bens dos seus inimigos. 12 O decreto entrou em vigor
nas províncias do rei Xerxes no décimo terceiro dia do
décimo segundo mês, o mês de adar[f]. 13 Uma cópia do
decreto foi publicada como lei em cada província e le-
vada ao conhecimento do povo de cada nação, a fim
de que naquele dia os judeus estivessem prontos para
vingar-se dos seus inimigos.
14 Os mensageiros, montando cavalos das estreba-
rias do rei, saíram a galope, por causa da ordem do rei.
O decreto também foi publicado na cidadela de Susã.
15 Mardoqueu saiu da presença do rei usando vestes
reais em azul e branco, uma grande coroa de ouro e
um manto púrpura de linho fino. E a cidadela de Susã
exultava de alegria. 16 Para os judeus foi uma ocasião de
felicidade, alegria, júbilo e honra. 17 Em cada província
e em cada cidade, onde quer que chegasse o decreto do
rei, havia alegria e júbilo entre os judeus, com banque-
tes e festas. Muitos que pertenciam a outros povos do
reino tornaram-se judeus, porque o temor dos judeus
tinha se apoderado deles.

A vitória dos judeus

9 No décimo terceiro dia do décimo segundo mês, o
mês de adar[g], entraria em vigor o decreto do rei.
Naquele dia os inimigos dos judeus esperavam vencê-
-los, mas aconteceu o contrário: os judeus dominaram
aqueles que os odiavam, 2 reunindo-se em suas cida-
des, em todas as províncias do rei Xerxes, para atacar
os que buscavam a sua destruição. Ninguém conseguia
resistir-lhes, porque todos os povos estavam com medo
deles. 3 E todos os nobres das províncias, os sátrapas, os
governadores e os administradores do rei apoiaram os
judeus, porque o medo que tinham de Mardoqueu ha-
via se apoderado deles. 4 Mardoqueu era influente no
palácio; sua fama espalhou-se pelas províncias, e ele se
tornava cada vez mais poderoso.
5 Os judeus feriram todos os seus inimigos à espada,
matando-os e destruindo-os, e fizeram o que quiseram

[a] 7:4 Ou *em silêncio, apesar de que o bem que oferece o nosso inimigo não se compara com a perda que o rei sofreria*".

[b] 7:9 Hebraico: *50 côvados*. O côvado era uma medida linear de cerca de 45 centímetros.

[c] 8:9 Aproximadamente maio/junho.

[d] 8:9 Hebraico: *Cuxe*.

[e] 8:11 Ou *inclusive mulheres e crianças*

[f] 8:12 Aproximadamente fevereiro/março.

[g] 9:1 Aproximadamente fevereiro/março; também nos versículos 15, 17, 19 e 21.

com eles. 6Na cidadela de Susã os judeus mataram e
destruíram quinhentos homens. 7Também mataram
Parsandata, Dalfom, Aspata, 8Porata, Adalia, Aridata,
9Farmasta, Arisai, Aridai e Vaisata, 10os dez filhos de Ha-
mã, filho de Hamedata, o inimigo dos judeus. Mas não
se apossaram dos seus bens.
11Naquele mesmo dia o total de mortos na cidadela
de Susã foi relatado ao rei, 12que disse à rainha Ester:
"Os judeus mataram e destruíram quinhentos homens
e os dez filhos de Hamã na cidadela de Susã. Que terão
feito nas outras províncias do império? Agora, diga qual
é o seu pedido, e você será atendida. Tem ainda algum
desejo? Este lhe será concedido".
13Respondeu Ester: "Se for do agrado do rei, que os
judeus de Susã tenham autorização para executar tam-
bém amanhã o decreto de hoje, para que os corpos dos
dez filhos de Hamã sejam pendurados na forca".
14Então o rei deu ordens para que assim fosse feito.
O decreto foi publicado em Susã, e os corpos dos dez
filhos de Hamã foram pendurados na forca. 15Os judeus
de Susã ajuntaram-se no décimo quarto dia do mês de
adar e mataram trezentos homens em Susã, mas não
se apossaram dos seus bens.
16Enquanto isso, o restante dos judeus que viviam
nas províncias do império, também se ajuntaram pa-
ra se protegerem e se livrarem dos seus inimigos. Eles
mataram setenta e cinco mil deles, mas não se apossa-
ram dos seus bens. 17Isso aconteceu no décimo terceiro
dia do mês de adar, e no décimo quarto dia descansa-
ram e fizeram dessa data um dia de festa e de alegria.

A comemoração do Purim

18Os judeus de Susã, porém, tinham se reunido no
décimo terceiro e no décimo quarto dias, e no décimo
quinto descansaram e dele fizeram um dia de festa e
de alegria.
19Por isso os judeus que vivem em vilas e povoados
comemoram o décimo quarto dia do mês de adar co-
mo um dia de festa e de alegria, um dia de troca de
presentes.
20Mardoqueu registrou esses acontecimentos e en-
viou cartas a todos os judeus de todas as províncias do
rei Xerxes, próximas e distantes, 21determinando que
anualmente se comemorassem o décimo quarto e o dé-
cimo quinto dias do mês de adar, 22pois nesses dias os
judeus livraram-se dos seus inimigos; nesse mês a sua
tristeza tornou-se em alegria, e o seu pranto, num dia
de festa. Escreveu-lhes dizendo que comemorassem
aquelas datas como dias de festa e de alegria, de troca
de presentes e de ofertas aos pobres.
23E assim os judeus adotaram como costume aquela
comemoração, conforme o que Mardoqueu lhes tinha
ordenado por escrito. 24Pois Hamã, filho do agagita Ha-
medata, inimigo de todos os judeus, tinha tramado con-
tra eles para destruí-los e tinha lançado o pur, isto é, a
sorte para a ruína e destruição deles. 25Mas quando isso
chegou ao conhecimento do rei[a], ele deu ordens escritas
para que o plano maligno de Hamã contra os judeus se
voltasse contra a sua própria cabeça, e para que ele e
seus filhos fossem enforcados. 26Por isso aqueles dias
foram chamados Purim, da palavra pur. Considerando
tudo o que estava escrito nessa carta, o que tinham vis-
to e o que tinha acontecido, 27os judeus decidiram esta-
belecer o costume de que eles e os seus descendentes
e todos os que se tornassem judeus não deixariam de
comemorar anualmente esses dois dias, na forma pres-
crita e na data certa. 28Esses dias seriam lembrados e co-
memorados em cada família de cada geração, em cada
província e em cada cidade, e jamais deveriam deixar
de ser comemorados pelos judeus. E os seus descenden-
tes jamais deveriam esquecer-se de tais dias.
29Então a rainha Ester, filha de Abiail, e o judeu Mar-
doqueu escreveram com toda a autoridade uma segun-
da carta para confirmar a primeira, acerca do Purim.
30Mardoqueu enviou cartas a todos os judeus das cento
e vinte e sete províncias do império de Xerxes, desejan-
do-lhes paz e segurança, 31e confirmando que os dias de
Purim deveriam ser comemorados nas datas determi-
nadas, conforme o judeu Mardoqueu e a rainha Ester
tinham decretado e estabelecido para si mesmos, para
todos os judeus e para os seus descendentes, e acrescen-
tou observações sobre tempos de jejum e de lamenta-
ção. 32O decreto de Ester confirmou as regras do Purim,
e isso foi escrito nos registros.

A grandeza de Mardoqueu

10 O rei Xerxes impôs tributos a todo o império, até
sobre as distantes regiões costeiras. 2Todos os seus
atos de força e de poder, e o relato completo da grande-
za de Mardoqueu, a quem o rei dera autoridade, estão
registrados no livro das crônicas dos reis da Média e da
Pérsia. 3O judeu Mardoqueu foi o segundo na hierarquia,
depois do rei Xerxes. Era homem importante entre os
judeus e foi muito amado por eles, pois trabalhou para
o bem do seu povo e promoveu o bem-estar de todos.

[a] 9:25 Ou *quando Ester foi à presença do rei*

JÓ

Introdução

1 Na terra de Uz vivia um homem chamado Jó. Era ho-
mem íntegro e justo; temia a Deus e evitava fazer o
mal. 2Tinha ele sete filhos e três filhas, 3e possuía sete
mil ovelhas, três mil camelos, quinhentas juntas de boi
e quinhentos jumentos, e tinha muita gente a seu ser-
viço. Era o homem mais rico do oriente.
4Seus filhos costumavam dar banquetes em casa,
um de cada vez, e convidavam suas três irmãs para
comerem e beberem com eles. 5Terminado um perío-
do de banquetes, Jó mandava chamá-los e fazia com
que se purificassem. De madrugada ele oferecia um
holocausto[a] em favor de cada um deles, pois pensava:
"Talvez os meus filhos tenham, lá no íntimo, pecado
e amaldiçoado a Deus". Essa era a prática constante
de Jó.

A primeira provação de Jó

6Certo dia os anjos[b] vieram apresentar-se ao SENHOR,
e Satanás[c] também veio com eles. 7O SENHOR disse a Sa-
tanás: "De onde você veio?"
Satanás respondeu ao SENHOR: "De perambular pela
terra e andar por ela".
8Disse então o SENHOR a Satanás: "Reparou em
meu servo Jó? Não há ninguém na terra como ele, ir-
repreensível, íntegro, homem que teme a Deus e evi-
ta o mal".
9"Será que Jó não tem razões para temer a Deus?",
respondeu Satanás. 10"Acaso não puseste uma cerca em
volta dele, da família dele e de tudo o que ele possui?
Tu mesmo tens abençoado tudo o que ele faz, de modo
que os seus rebanhos estão espalhados por toda a ter-
ra. 11Mas estende a tua mão e fere tudo o que ele tem, e
com certeza ele te amaldiçoará na tua face."
12O SENHOR disse a Satanás: "Pois bem, tudo o que
ele possui está nas suas mãos; apenas não toque nele".
Então Satanás saiu da presença do SENHOR.
13Certo dia, quando os filhos e as filhas de Jó estavam
num banquete, comendo e bebendo vinho na casa do
irmão mais velho, 14um mensageiro veio dizer a Jó: "Os
bois estavam arando e os jumentos estavam pastando
por perto, 15quando os sabeus os atacaram e os levaram
embora. Mataram à espada os empregados, e eu fui o
único que escapou para lhe contar!"
16Enquanto ele ainda estava falando, chegou outro
mensageiro e disse: "Fogo de Deus caiu do céu e quei-
mou totalmente as ovelhas e os empregados, e eu fui
o único que escapou para lhe contar!"
17Enquanto ele ainda estava falando, chegou outro
mensageiro e disse: "Vieram caldeus em três bandos,
atacaram os camelos e os levaram embora. Mataram à
espada os empregados, e eu fui o único que escapou
para lhe contar!"
18Enquanto ele ainda estava falando, chegou ainda
outro mensageiro e disse: "Seus filhos e suas filhas esta-
vam num banquete, comendo e bebendo vinho na casa
do irmão mais velho, 19quando, de repente, um vento
muito forte veio do deserto e atingiu os quatro cantos
da casa, que desabou. Eles morreram, e eu fui o único
que escapou para lhe contar!"
20Ao ouvir isso, Jó levantou-se, rasgou o manto e ra-
pou a cabeça. Então prostrou-se com o rosto em terra,
em adoração, 21e disse:

"Saí nu do ventre da minha mãe,
e nu partirei[d].
O SENHOR o deu, o SENHOR o levou;
louvado seja o nome do SENHOR".

22Em tudo isso Jó não pecou e não culpou a Deus
de coisa alguma.

A segunda provação de Jó

2 Num outro dia os anjos[e] vieram apresentar-se ao
SENHOR, e Satanás também veio com eles para apre-
sentar-se. 2O SENHOR perguntou a Satanás, "De onde
você veio?"
Satanás respondeu ao SENHOR: "De perambular pela
terra e andar por ela".
3Disse então o SENHOR a Satanás: "Reparou em meu
servo Jó? Não há ninguém na terra como ele, irrepreen-
sível, íntegro, homem que teme a Deus e evita o mal.
Ele se mantém íntegro, apesar de você me haver insti-
gado contra ele para arruiná-lo sem motivo".
4"Pele por pele!", respondeu Satanás. "Um homem
dará tudo o que tem por sua vida. 5Estende a tua mão
e fere a sua carne e os seus ossos, e com certeza ele te
amaldiçoará na tua face."
6O SENHOR disse a Satanás: "Pois bem, ele está nas
suas mãos; apenas poupe a vida dele".
7Saiu, pois, Satanás da presença do SENHOR e afligiu
Jó com feridas terríveis, da sola dos pés ao alto da ca-
beça. 8Então Jó apanhou um caco de louça e com ele se
raspava, sentado entre as cinzas.
9Então sua mulher lhe disse: "Você ainda mantém a
sua integridade? Amaldiçoe a Deus, e morra!"
10Ele respondeu: "Você fala como uma insensata.
Aceitaremos o bem dado por Deus, e não o mal?"
Em tudo isso Jó não pecou com seus lábios.

Os amigos de Jó

11Quando três amigos de Jó, Elifaz, de Temã, Bilda-
de, de Suá, e Zofar, de Naamate, souberam de todos os
males que o haviam atingido, saíram, cada um da sua
região. Combinaram encontrar-se para, juntos, irem
mostrar solidariedade a Jó e consolá-lo. 12Quando o vi-
ram a distância, mal puderam reconhecê-lo e começa-
ram a chorar em alta voz. Cada um deles rasgou seu
manto e colocou terra sobre a cabeça. 13Depois os três
se assentaram no chão com ele, durante sete dias e se-
te noites. Ninguém lhe disse uma palavra, pois viam
como era grande o seu sofrimento.

O discurso de Jó

3 Depois disso Jó abriu a boca e amaldiçoou o dia do
seu nascimento, 2dizendo:

[a] 1:5 Isto é, sacrifício totalmente queimado.
[b] 1:6 Hebraico: *os filhos de Deus.*
[c] 1:6 Satanás significa *acusador.*
[d] 1:21 Ou *nu voltarei para lá*
[e] 2:1 Hebraico: *os filhos de Deus.*

[3]"Pereça o dia do meu nascimento
e a noite em que se disse:
'Nasceu um menino!'
[4]Transforme-se aquele dia em trevas,
e Deus, lá do alto,
não se importe com ele;
não resplandeça a luz sobre ele.
[5]Chamem-no de volta as trevas
e a mais densa escuridão[a];
coloque-se uma nuvem sobre ele
e o negrume aterrorize a sua luz.
[6]Apoderem-se daquela noite
densas trevas!
Não seja ela incluída
entre os dias do ano,
nem faça parte de nenhum dos meses.
[7]Seja aquela noite estéril,
e nela não se ouçam brados de alegria.
[8]Amaldiçoem aquele dia
os que amaldiçoam os dias[b]
e são capazes de atiçar o Leviatã[c].
[9]Fiquem escuras
as suas estrelas matutinas,
espere ele em vão pela luz do sol
e não veja os primeiros raios
da alvorada,
[10]pois não fechou as portas
do ventre materno
para evitar
que eu contemplasse males.

[11]"Por que não morri ao nascer,
e não pereci quando saí do ventre?
[12]Por que houve joelhos
para me receberem
e seios para me amamentarem?
[13]Agora eu bem poderia
estar deitado em paz
e achar repouso
[14]junto aos reis e conselheiros da terra,
que construíram para si
lugares que agora jazem em ruínas,
[15]com governantes que possuíam ouro,
que enchiam suas casas de prata.
[16]Por que não me sepultaram
como criança abortada,
como um bebê
que nunca viu a luz do dia?
[17]Ali os ímpios já não se agitam,
e ali os cansados
permanecem em repouso;
[18]os prisioneiros também
desfrutam sossego,
já não ouvem mais os gritos
do feitor de escravos.
[19]Os simples e os poderosos ali estão,
e o escravo está livre do seu senhor.

[20]"Por que se dá luz aos infelizes,
e vida aos de alma amargurada,
[21]aos que anseiam pela morte
e esta não vem,
e a procuram mais
do que a um tesouro oculto,
[22]aos que se enchem de alegria
e exultam quando vão
para a sepultura?
[23]Por que se dá vida àquele
cujo caminho é oculto,
e a quem Deus fechou as saídas?
[24]Pois me vêm suspiros
em vez de comida;
meus gemidos
transbordam como água.
[25]O que eu temia veio sobre mim;
o que eu receava me aconteceu.
[26]Não tenho paz,
nem tranquilidade, nem descanso;
somente inquietação".

Elifaz

4 Então respondeu Elifaz, de Temã:

[2]"Se alguém se aventurar
a dizer-lhe uma palavra,
você ficará impaciente?
Mas quem pode refrear as palavras?
[3]Pense bem! Você ensinou a tantos;
fortaleceu mãos fracas.
[4]Suas palavras davam firmeza
aos que tropeçavam;
você fortaleceu joelhos vacilantes.
[5]Mas agora que se vê em dificuldade,
você desanima;
quando você é atingido,
fica prostrado.
[6]Sua vida piedosa
não lhe inspira confiança?
E o seu procedimento irrepreensível
não lhe dá esperança?

[7]"Reflita agora:
Qual foi o inocente
que chegou a perecer?
Onde os íntegros
sofreram destruição?
[8]Pelo que tenho observado,
quem cultiva o mal e semeia maldade,
isso também colherá.
[9]Pelo sopro de Deus são destruídos;
pelo vento de sua ira eles perecem.
[10]Os leões podem rugir e rosnar,
mas até os dentes dos leões fortes
se quebram.
[11]O leão morre por falta de presa,
e os filhotes da leoa se dispersam.

[12]"Disseram-me uma palavra
em segredo,
da qual os meus ouvidos
captaram um murmúrio.
[13]Em meio a sonhos perturbadores da noite,
quando cai sono profundo
sobre os homens,
[14]temor e tremor
se apoderaram de mim

[a] 3:5 Ou *e a sombra da morte*
[b] 3:8 Ou *o mar*
[c] 3:8 Ou *monstro marinho*

e fizeram estremecer
todos os meus ossos.
15 Um espírito[a] roçou o meu rosto,
e os pelos do meu corpo
se arrepiaram.
16 Ele parou,
mas não pude identificá-lo.
Um vulto se pôs
diante dos meus olhos,
e ouvi uma voz suave, que dizia:
17 'Poderá algum mortal
ser mais justo que Deus?
Poderá algum homem ser mais puro
que o seu Criador?
18 Se Deus não confia em seus servos,
se vê erro em seus anjos e os acusa,
19 quanto mais nos que moram
em casas de barro,
cujos alicerces estão no pó!
São mais facilmente esmagados
que uma traça!
20 Entre o alvorecer e o crepúsculo
são despedaçados;
perecem para sempre,
sem ao menos serem notados.
21 Não é certo que as cordas
de suas tendas
são arrancadas,
e eles morrem sem sabedoria?'[b]

5 "Clame, se quiser,
mas quem o ouvirá?
Para qual dos seres celestes[c]
você se voltará?
2 O ressentimento mata o insensato,
e a inveja destrói o tolo.
3 Eu mesmo já vi
um insensato lançar raízes,
mas de repente a sua casa
foi amaldiçoada.
4 Seus filhos longe estão
de desfrutar segurança,
maltratados nos tribunais,
não há quem os defenda.
5 Os famintos devoram a sua colheita,
tirando-a até do meio dos espinhos,
e os sedentos sugam a sua riqueza.
6 Pois o sofrimento não brota do pó,
e as dificuldades não nascem do chão.
7 No entanto, o homem nasce
para as dificuldades
tão certamente como as fagulhas
voam para cima.

8 "Mas, se fosse comigo,
eu apelaria para Deus;
apresentaria a ele a minha causa.
9 Ele realiza maravilhas insondáveis,
milagres que não se pode contar.
10 Derrama chuva sobre a terra,
e envia água sobre os campos.
11 Os humildes, ele os exalta,
e traz os que pranteiam
a um lugar de segurança.
12 Ele frustra os planos dos astutos,
para que fracassem as mãos deles.
13 Apanha os sábios na astúcia deles,
e as maquinações dos astutos
são malogradas por sua precipitação.
14 As trevas vêm sobre eles
em pleno dia;
ao meio-dia eles tateiam
como se fosse noite.
15 Ele salva o oprimido
da espada
que trazem na boca;
salva-o das garras dos poderosos.
16 Por isso os pobres têm esperança,
e a injustiça cala a própria boca.

17 "Como é feliz o homem
a quem Deus corrige;
portanto, não despreze
a disciplina do Todo-poderoso[d].
18 Pois ele fere,
mas trata do ferido;
ele machuca,
mas suas mãos também curam.
19 De seis desgraças ele o livrará;
em sete delas você nada sofrerá.
20 Na fome ele o livrará da morte,
e na guerra o livrará
do golpe da espada.
21 Você será protegido
do açoite da língua,
e não precisará ter medo
quando a destruição chegar.
22 Você rirá da destruição e da fome,
e não precisará temer as feras da terra.
23 Pois fará aliança
com as pedras do campo,
e os animais selvagens
estarão em paz com você.
24 Você saberá que a sua tenda
é segura;
contará os bens da sua morada
e de nada achará falta.
25 Você saberá que
os seus filhos serão muitos,
e que os seus descendentes
serão como a relva da terra.
26 Você irá para a sepultura
em pleno vigor,
como um feixe recolhido
no devido tempo.

27 "Verificamos isso e vimos
que é verdade.
Portanto, ouça e aplique isso
à sua vida".

Jó

6 Então Jó respondeu:
2 "Se tão somente pudessem
pesar a minha aflição

[a] 4:15 Ou *vento*
[b] 4:21 Alguns sugerem que o discurso de Elifaz termina no versículo 17.
[c] 5:1 Hebraico: *santos*.
[d] 5:17 Hebraico: *Shaddai*; também em todo o livro de Jó.

e pôr na balança a minha desgraça!
3Veriam que o seu peso é maior
que o da areia dos mares.
Por isso as minhas palavras
são tão impetuosas.
4As flechas do Todo-poderoso
estão cravadas em mim,
e o meu espírito suga delas o veneno;
os terrores de Deus
me assediam.
5Zurra o jumento selvagem,
se tiver capim?
Muge o boi, se tiver forragem?
6Come-se sem sal
uma comida insípida?
E a clara do ovo, tem algum sabor?
7Recuso-me a tocar nisso;
esse tipo de comida
causa-me repugnância.

8"Se tão somente fosse atendido
o meu pedido,
se Deus me concedesse o meu desejo,
9se Deus se dispusesse a esmagar-me,
a soltar a mão protetora
e eliminar-me!
10Pois eu ainda teria o consolo,
minha alegria
em meio à dor implacável,
de não ter negado
as palavras do Santo.

11"Que esperança posso ter,
se já não tenho forças?
Como posso ter paciência,
se não tenho futuro?
12Acaso tenho a força da pedra?
Acaso a minha carne é de bronze?
13Haverá poder que me ajude,
agora que os meus recursos se foram?

14"Um homem desesperado
deve receber
a compaixão de seus amigos,
muito embora ele tenha abandonado
o temor do Todo-poderoso.
15Mas os meus irmãos enganaram-me
como riachos temporários,
como os riachos que transbordam
16quando o degelo os torna turvos
e a neve que se derrete os faz encher,
17mas que param de fluir
no tempo da seca,
e no calor desaparecem
dos seus leitos.
18As caravanas se desviam
de suas rotas;
sobem para lugares desertos
e perecem.
19Procuram água
as caravanas de Temá,
olham esperançosos
os mercadores de Sabá.
20Ficam tristes,
porque estavam confiantes;
lá chegaram tão somente
para sofrer decepção.
21Pois agora vocês
de nada me valeram;
contemplam minha temível situação,
e se enchem de medo.
22Alguma vez lhes pedi
que me dessem alguma coisa?
Ou que da sua riqueza
pagassem resgate por mim?
23Ou que me livrassem
das mãos do inimigo?
Ou que me libertassem das garras
de quem me oprime?

24"Ensinem-me,
e eu me calarei;
mostrem-me onde errei.
25Como doem as palavras verdadeiras!
Mas o que provam
os argumentos de vocês?
26Vocês pretendem corrigir o que digo
e tratar como vento
as palavras de um homem
desesperado?
27Vocês seriam capazes
de pôr em sorteio o órfão
e de vender um amigo
por uma bagatela!

28"Mas agora,
tenham a bondade
de olhar para mim.
Será que eu mentiria
na frente de vocês?
29Reconsiderem a questão,
não sejam injustos;
tornem a analisá-la,
pois a minha integridade
está em jogo[a].
30Há alguma iniquidade em meus lábios?
Será que a minha boca
não consegue discernir a maldade?

7 "Não é pesado o labor
do homem na terra?
Seus dias não são
como os de um assalariado?
2Como o escravo que anseia
pelas sombras do entardecer,
ou como o assalariado
que espera ansioso pelo pagamento,
3assim me deram meses de ilusão,
e noites de desgraça
me foram destinadas.
4Quando me deito,
fico pensando:
Quanto vai demorar
para eu me levantar?
A noite se arrasta,
e eu fico me virando na cama
até o amanhecer.
5Meu corpo está coberto de vermes
e cascas de ferida,

[a] 6:29 Ou *minha retidão ainda está firme*

minha pele está rachada
e vertendo pus.

6"Meus dias correm mais depressa
que a lançadeira do tecelão,
e chegam ao fim
sem nenhuma esperança.
7Lembra-te, ó Deus,
de que a minha vida
não passa de um sopro;
meus olhos jamais
tornarão a ver a felicidade.
8Os que agora me veem,
nunca mais me verão;
puseste o teu olhar em mim,
e já não existo.
9Assim como a nuvem se esvai
e desaparece,
assim quem desce à sepultura[a]
não volta.
10Nunca mais voltará ao seu lar;
a sua habitação não mais o conhecerá.

11"Por isso não me calo;
na aflição do meu espírito
desabafarei,
na amargura da minha alma
farei as minhas queixas.
12Sou eu o mar,
ou o monstro das profundezas,
para que me ponhas sob guarda?
13Quando penso que
a minha cama me consolará
e que o meu leito
aliviará a minha queixa,
14mesmo aí me assustas com sonhos
e me aterrorizas com visões.
15É melhor ser estrangulado e morrer
do que sofrer assim[b];
16sinto desprezo pela minha vida!
Não vou viver para sempre;
deixa-me,
pois os meus dias não têm sentido.

17"Que é o homem,
para que lhe dês importância
e atenção,
18para que o examines a cada manhã
e o proves a cada instante?
19Nunca desviarás de mim o teu olhar?
Nunca me deixarás a sós,
nem por um instante?
20Se pequei, que mal te causei,
ó tu que vigias os homens?
Por que me tornaste teu alvo?
Acaso tornei-me um fardo para ti?[c]
21Por que não perdoas
as minhas ofensas
e não apagas os meus pecados?
Pois logo me deitarei no pó;
tu me procurarás,
mas eu já não existirei".

Bildade

8 Então Bildade, de Suá, respondeu:

2"Até quando você vai
falar desse modo?
Suas palavras
são um grande vendaval!
3Acaso Deus torce a justiça?
Será que o Todo-poderoso
torce o que é direito?
4Quando os seus filhos
pecaram contra ele,
ele os castigou
pelo mal que fizeram.
5Mas, se você procurar a Deus
e implorar junto ao Todo-poderoso,
6se você for íntegro e puro,
ele se levantará agora mesmo
em seu favor
e o restabelecerá no lugar
que por justiça cabe a você.
7O seu começo parecerá modesto,
mas o seu futuro será
de grande prosperidade.

8"Pergunte às gerações anteriores
e veja o que os seus pais aprenderam,
9pois nós nascemos ontem
e não sabemos nada.
Nossos dias na terra
não passam de uma sombra.
10Acaso eles não o instruirão,
não lhe falarão?
Não proferirão palavras vindas
do entendimento?
11Poderá o papiro crescer
senão no pântano?
Sem água cresce o junco?
12Mal cresce e,
antes de ser colhido, seca-se,
mais depressa que qualquer grama.
13Esse é o destino
de todo o que se esquece de Deus;
assim perece a esperança dos ímpios.
14Aquilo em que ele confia é frágil,
aquilo em que se apoia
é uma teia de aranha.
15Encosta-se em sua teia, mas ela cede;
agarra-se a ela, mas ela não aguenta.
16Ele é como uma planta
bem regada ao brilho do sol,
espalhando seus brotos pelo jardim;
17entrelaça as raízes
em torno de um monte de pedras
e procura um lugar entre as rochas.
18Mas, quando é arrancada
do seu lugar,
este a rejeita e diz: 'Nunca a vi'.
19Esse é o fim da sua vida,
e do solo brotam outras plantas.

20"Pois o certo é que
Deus não rejeita o íntegro,

[a] 7:9 Hebraico: *Sheol*. Essa palavra também pode ser traduzida por morte, pó ou profundezas.
[b] 7:15 Hebraico: *ter os meus ossos*.
[c] 7:20 Conforme alguns manuscritos do Texto Massorético, uma antiga tradição de escribas hebreus e a Septuaginta. A maioria dos manuscritos do Texto Massorético diz *para mim mesmo?*

e não fortalece as mãos
dos que fazem o mal.
21 Mas, quanto a você,
ele encherá de riso a sua boca
e de brados de alegria os seus lábios.
22 Seus inimigos
se vestirão de vergonha,
e as tendas dos ímpios
não mais existirão".

Jó

9 Então Jó respondeu:
2 "Bem sei que isso é verdade.
Mas como pode o mortal
ser justo diante de Deus?
3 Ainda que quisesse discutir com ele,
não conseguiria argumentar
nem uma vez em mil.
4 Sua sabedoria é profunda,
seu poder é imenso.
Quem tentou resistir-lhe e saiu ileso?
5 Ele transporta montanhas
sem que elas o saibam,
e em sua ira
as põe de cabeça para baixo.
6 Sacode a terra e a tira do lugar,
e faz suas colunas tremerem.
7 Fala com o sol, e ele não brilha;
ele veda e esconde a luz das estrelas.
8 Só ele estende os céus
e anda sobre as ondas do mar.
9 Ele é o Criador da Ursa e do Órion,
das Plêiades e das constelações do sul.
10 Realiza maravilhas
que não se pode perscrutar,
milagres incontáveis.
11 Quando passa por mim,
não posso vê-lo;
se passa junto de mim, não o percebo.
12 Se ele apanha algo,
quem pode pará-lo?
Quem pode dizer-lhe:
'O que fazes?'
13 Deus não refreia a sua ira;
até o séquito de Raabe[a] encolheu-se
diante dos seus pés.

14 "Como então poderei eu
discutir com ele?
Como achar palavras
para com ele argumentar?
15 Embora inocente,
eu seria incapaz de responder-lhe;
poderia apenas implorar
misericórdia ao meu Juiz.
16 Mesmo que eu o chamasse
e ele me respondesse,
não creio que me daria ouvidos.
17 Ele me esmagaria
com uma tempestade
e sem motivo multiplicaria
minhas feridas.
18 Não me permitiria
recuperar o fôlego,
mas me engolfaria em agruras.
19 Recorrer à força?
Ele é mais poderoso!
Ao tribunal?
Quem o[b] intimará?
20 Mesmo sendo eu inocente,
minha boca me condenaria;
se eu fosse íntegro,
ela me declararia culpado.

21 "Conquanto eu seja íntegro,
já não me importo comigo;
desprezo a minha própria vida.
22 É tudo a mesma coisa;
por isso digo:
Ele destrói tanto o íntegro
como o ímpio.
23 Quando um flagelo
causa morte repentina,
ele zomba do desespero dos inocentes.
24 Quando um país
cai nas mãos dos ímpios,
ele venda os olhos de seus juízes.
Se não é ele, quem é então?

25 "Meus dias correm
mais velozes que um atleta;
eles voam
sem um vislumbre de alegria.
26 Passam como barcos de papiro,
como águias que mergulham
sobre as presas.
27 Se eu disser:
Vou esquecer a minha queixa,
vou mudar o meu semblante e sorrir,
28 ainda assim me apavoro
com todos os meus sofrimentos,
pois sei que não me considerarás inocente.
29 Uma vez que já fui
considerado culpado,
por que deveria eu lutar em vão?
30 Mesmo que eu me lavasse
com sabão[c]
e limpasse as minhas mãos
com soda de lavadeira,
31 tu me atirarias num poço de lodo,
para que até as minhas roupas
me detestassem.

32 "Ele não é homem como eu,
para que eu lhe responda
e nos enfrentemos em juízo.
33 Se tão somente houvesse alguém
para servir de árbitro entre nós,
para impor as mãos sobre nós dois,
34 alguém que afastasse de mim
a vara de Deus,
para que o seu terror
não mais me assustasse!
35 Então eu falaria sem medo;
mas não é esse o caso.

[a] 9:13 Ou *até o mar*; ou ainda *até o séquito do Egito*
[b] 9:19 Conforme a Septuaginta. O Texto Massorético diz *me*.
[c] 9:30 Ou *neve*

10 "Minha vida só me dá desgosto;
por isso darei vazão à minha queixa
e de alma amargurada me expressarei.
2 Direi a Deus: Não me condenes;
revela-me que acusações
tens contra mim.
3 Tens prazer em oprimir-me,
em rejeitar a obra de tuas mãos,
enquanto sorris
para o plano dos ímpios?
4 Acaso tens olhos de carne?
Enxergas como os mortais?
5 Teus dias são como
os de qualquer mortal?
Os anos de tua vida
são como os do homem?
6 Pois investigas a minha iniquidade
e vasculhas o meu pecado,
7 embora saibas que não sou culpado
e que ninguém pode
livrar-me das tuas mãos.

8 "Foram as tuas mãos
que me formaram
e me fizeram.
Irás agora voltar-te e destruir-me?
9 Lembra-te de que me moldaste
como o barro;
e agora me farás voltar ao pó?
10 Acaso não me despejaste como leite
e não me coalhaste como queijo?
11 Não me vestiste de pele e carne
e não me juntaste
com ossos e tendões?
12 Deste-me vida e foste bondoso
para comigo,
e na tua providência
cuidaste do meu espírito.

13 "Mas algo escondeste
em teu coração,
e agora sei o que pensavas.
14 Se eu pecasse,
estarias me observando
e não deixarias sem punição
a minha ofensa.
15 Se eu fosse culpado, ai de mim!
Mesmo sendo inocente,
não posso erguer a cabeça,
pois estou dominado pela vergonha
e mergulhado na[a] minha aflição.
16 Se mantenho a cabeça erguida,
ficas à minha espreita como um leão,
e de novo manifestas contra mim
o teu poder tremendo.
17 Trazes novas testemunhas
contra mim
e contra mim aumentas a tua ira;
teus exércitos atacam-me
em batalhões sucessivos.

18 "Então, por que me fizeste
sair do ventre?
Eu preferia ter morrido
antes que alguém pudesse ver-me.
19 Se tão somente
eu jamais tivesse existido,
ou fosse levado direto do ventre
para a sepultura!
20 Já estariam no fim
os meus poucos dias?
Afasta-te de mim, para que eu tenha
um instante de alegria,
21 antes que eu vá para o lugar
do qual não há retorno,
para a terra de sombras
e densas trevas[b],
22 para a terra tenebrosa como a noite,
terra de trevas e de caos,
onde até mesmo a luz é escuridão".

Zofar

11 Então Zofar, de Naamate, respondeu:
2 "Ficarão sem resposta
todas essas palavras?
Irá confirmar-se
o que esse tagarela diz?
3 Sua conversa tola calará os homens?
Ninguém o repreenderá
por sua zombaria?
4 Você diz a Deus:
'A doutrina que eu aceito é perfeita,
e sou puro aos teus olhos'.
5 Ah, se Deus lhe falasse,
se abrisse os lábios contra você
6 e lhe revelasse
os segredos da sabedoria!
Pois a verdadeira sabedoria
é complexa.
Fique sabendo que Deus esqueceu
alguns dos seus pecados.

7 "Você consegue perscrutar
os mistérios de Deus?
Pode sondar os limites
do Todo-poderoso?
8 São mais altos que os céus!
O que você poderá fazer?
São mais profundos
que as profundezas[c]!
O que você poderá saber?
9 Seu comprimento
é maior que a terra
e a sua largura é maior que o mar.

10 "Se ele ordena uma prisão
e convoca o tribunal,
quem poderá opor-se?
11 Pois ele não identifica os enganadores
e não reconhece a iniquidade
logo que a vê?
12 Mas o tolo só será sábio
quando a cria do jumento selvagem
nascer homem[d].

[a] 10:15 Ou *e consciente da*

[b] 10:21 Ou *e trevas da morte*; também no versículo 22.

[c] 11:8 Hebraico: *Sheol*. Essa palavra também pode ser traduzida por sepultura, pó ou morte.

[d] 11:12 Ou *nascer domesticado*

13"Contudo, se você lhe consagrar
o coração
e estender as mãos para ele;
14se afastar das suas mãos o pecado
e não permitir que a maldade
habite em sua tenda,
15então você levantará o rosto
sem envergonhar-se;
será firme e destemido.
16Você esquecerá as suas desgraças,
lembrando-as apenas
como águas passadas.
17A vida será mais refulgente
que o meio-dia,
e as trevas serão
como a manhã em seu fulgor.
18Você estará confiante,
graças à esperança que haverá;
olhará ao redor,
e repousará em segurança.
19Você se deitará,
e ninguém lhe causará medo,
e muitos procurarão o seu favor.
20Mas os olhos dos ímpios fenecerão,
e em vão procurarão refúgio;
o suspiro da morte
será a esperança que terão".

Jó

12 Então Jó respondeu:

2"Sem dúvida vocês são o povo,
e a sabedoria morrerá com vocês!
3Mas eu tenho a mesma capacidade
de pensar que vocês têm;
não sou inferior a vocês.
Quem não sabe dessas coisas?

4"Tornei-me objeto de riso
para os meus amigos,
logo eu, que clamava a Deus
e ele me respondia,
eu, íntegro e irrepreensível,
um mero objeto de riso!
5Quem está bem despreza a desgraça,
o destino daqueles
cujos pés escorregam.
6As tendas dos saqueadores
não sofrem perturbação,
e aqueles que provocam a Deus
estão seguros,
aqueles que transportam o seu deus
em suas mãos.[a]

7"Pergunte, porém, aos animais,
e eles o ensinarão,
ou às aves do céu, e elas lhe contarão;
8fale com a terra, e ela o instruirá,
deixe que os peixes do mar
o informem.
9Quem de todos eles ignora
que a mão do SENHOR fez isso?
10Em sua mão
está a vida de cada criatura
e o fôlego de toda a humanidade.
11O ouvido não experimenta
as palavras
como a língua experimenta a comida?
12A sabedoria se acha entre os idosos?
A vida longa traz entendimento?

13"Deus é que tem sabedoria e poder;
a ele pertencem o conselho
e o entendimento.
14O que ele derruba
não se pode reconstruir;
quem ele aprisiona
ninguém pode libertar.
15Se ele retém as águas,
predomina a seca;
se as solta, devastam a terra.
16A ele pertencem a força
e a sabedoria;
tanto o enganado quanto o enganador
a ele pertencem.
17Ele despoja e demite os conselheiros,
e faz os juízes de tolos.
18Tira as algemas postas pelos reis,
e amarra uma faixa[b]
em torno da cintura deles.
19Despoja e demite os sacerdotes,
e arruína os homens de sólida posição.
20Cala os lábios
dos conselheiros de confiança,
e tira o discernimento dos anciãos.
21Derrama desprezo sobre os nobres,
e desarma os poderosos.
22Revela coisas profundas das trevas,
e traz à luz densas sombras.
23Dá grandeza às nações, e as destrói;
faz crescer as nações, e as dispersa.
24Priva da razão os líderes da terra,
e os envia a perambular
num deserto sem caminhos.
25Andam tateando nas trevas,
sem nenhuma luz;
ele os faz cambalear como bêbados.

13 "Meus olhos viram tudo isso,
meus ouvidos o ouviram
e entenderam.
2O que vocês sabem, eu também sei;
não sou inferior a vocês.
3Mas desejo falar ao Todo-poderoso
e defender a minha causa
diante de Deus.
4Vocês, porém, me difamam
com mentiras;
todos vocês são médicos
que de nada valem!
5Se tão somente ficassem calados,
mostrariam sabedoria.
6Escutem agora o meu argumento;
prestem atenção à réplica
de meus lábios.
7Vocês vão falar com maldade
em nome de Deus?

[a] 12:6 Ou *seguros naquilo que a mão de Deus lhes traz.*

[b] 12:18 Ou *algemas de reis e amarra um cinto*

Vão falar enganosamente a favor dele?
8Vão revelar parcialidade por ele?
Vão defender a causa a favor de Deus?
9Tudo iria bem se ele os examinasse?
Vocês conseguiriam enganá-lo
como podem enganar os homens?
10Com certeza ele os repreenderia
se, no íntimo, vocês fossem parciais.
11O esplendor dele
não os aterrorizaria?
O pavor dele não cairia sobre vocês?
12As máximas que vocês citam
são provérbios de cinza;
suas defesas não passam de barro.

13"Aquietem-se e deixem-me falar,
e aconteça comigo o que acontecer.
14Por que me ponho em perigo
e tomo a minha vida
em minhas mãos?
15Embora ele me mate,
ainda assim esperarei nele;
certo é que defenderei[a]
os meus caminhos diante dele.
16Aliás, será essa a minha libertação,
pois nenhum ímpio ousaria
apresentar-se a ele!
17Escutem atentamente
as minhas palavras;
que os seus ouvidos
acolham o que eu digo.
18Agora que preparei a minha defesa,
sei que serei justificado.
19Haverá quem me acuse?
Se houver, ficarei calado e morrerei.

20"Concede-me
só estas duas coisas, ó Deus,
e não me esconderei de ti:
21Afasta de mim a tua mão,
e não mais me assustes
com os teus terrores.
22Chama-me, e eu responderei,
ou deixa-me falar, e tu responderás.
23Quantos erros e pecados cometi?
Mostra-me a minha falta
e o meu pecado.
24Por que escondes o teu rosto
e me consideras teu inimigo?
25Atormentarás uma folha
levada pelo vento?
Perseguirás a palha?
26Pois fazes constar contra mim
coisas amargas
e me fazes herdar os pecados
da minha juventude.
27Acorrentas os meus pés
e vigias todos os meus caminhos,
pondo limites aos meus passos.

28"Assim o homem se consome
como coisa podre,
como a roupa que a traça vai roendo.

[a] 13:15 Ou *Certamente ele me matará; não tenho esperança; ainda assim defenderei*

14 "O homem nascido de mulher
vive pouco tempo
e passa por muitas dificuldades.
2Brota como a flor e murcha.
Vai-se como a sombra passageira;
não dura muito.
3Fixas o olhar num homem desses?
E o[b] trarás à tua presença
para julgamento?
4Quem pode extrair algo puro da impureza?
Ninguém!
5Os dias do homem
estão determinados;
tu decretaste o número de seus meses
e estabeleceste limites
que ele não pode ultrapassar.
6Por isso desvia dele o teu olhar,
e deixa-o,
até que ele cumpra o seu tempo
como o trabalhador contratado.

7"Para a árvore
pelo menos há esperança:
se é cortada, torna a brotar,
e os seus renovos vingam.
8Suas raízes poderão envelhecer
no solo
e seu tronco morrer no chão;
9ainda assim, com o cheiro de água
ela brotará
e dará ramos como se fosse
muda plantada.
10Mas o homem morre,
e morto permanece;
dá o último suspiro e deixa de existir.
11Assim como a água do mar evapora
e o leito do rio perde as águas e seca,
12assim o homem se deita
e não se levanta;
até quando os céus já não existirem,
os homens não acordarão
e não serão despertados do seu sono.

13"Se tão somente me escondesses
na sepultura[c]
e me ocultasses até passar a tua ira!
Se tão somente me impusesses
um prazo
e depois te lembrasses de mim!
14Quando um homem morre,
acaso tornará a viver?
Durante todos os dias
do meu árduo labor
esperarei pela minha dispensa[d].
15Chamarás, e eu te responderei;
terás anelo pela criatura
que as tuas mãos fizeram.
16Por certo contarás então
os meus passos,

[b] 14:3 Conforme a Septuaginta, a Vulgata e a Versão Siríaca. O Texto Massorético diz *me*.
[c] 14:13 Hebraico: *Sheol*. Essa palavra também pode ser traduzida por profundezas, pó ou morte.
[d] 14:14 Ou *libertação*

mas não tomarás conhecimento
do meu pecado.
17 Minhas faltas serão encerradas
num saco;
tu esconderás a minha iniquidade.

18 "Mas, assim como a montanha
sofre erosão e se desmorona,
e a rocha muda de lugar;
19 e assim como a água desgasta
as pedras
e as torrentes arrastam terra,
assim destróis a esperança do homem.
20 Tu o subjugas de uma vez por todas,
e ele se vai;
alteras a sua fisionomia,
e o mandas embora.
21 Se honram os seus filhos,
ele não fica sabendo;
se os humilham, ele não o vê.
22 Só sente a dor do seu próprio corpo;
só pranteia por si mesmo".

Elifaz

15 Então Elifaz, de Temã, respondeu:

2 "Responderia o sábio com ideias vãs,
ou encheria o estômago com o vento?
3 Argumentaria
com palavras inúteis,
com discursos sem valor?
4 Mas você sufoca a piedade
e diminui a devoção a Deus.
5 O seu pecado motiva a sua boca;
você adota a linguagem dos astutos.
6 É a sua própria boca que o condena,
e não a minha;
os seus próprios lábios
depõem contra você.

7 "Será que você foi o primeiro a nascer?
Acaso foi gerado antes das colinas?
8 Você costuma ouvir
o conselho secreto de Deus?
Só a você pertence a sabedoria?
9 O que você sabe,
que nós não sabemos?
Que compreensão tem você,
que nós não temos?
10 Temos do nosso lado
homens de cabelos brancos,
muito mais velhos
que o seu pai.
11 Não lhe bastam
as consolações divinas
e as nossas palavras amáveis?
12 Por que você se deixa levar
pelo coração,
e por que esse brilho nos seus olhos?
13 Pois contra Deus é que você
dirige a sua ira
e despeja da sua boca essas palavras!

14 "Como o homem pode ser puro?
Como pode ser justo
quem nasce de mulher?
15 Pois se nem nos seus santos
Deus confia,
e se nem os céus são puros
aos seus olhos,
16 quanto menos o homem,
que é impuro e corrupto,
e que bebe iniquidade como água.

17 "Escute-me, e eu lhe explicarei;
vou dizer-lhe o que vi,
18 o que os sábios declaram
sem esconder o que receberam
dos seus pais,
19 a quem foi dada a terra,
e a mais ninguém;
nenhum estrangeiro passou
entre eles:
20 O ímpio sofre tormentos
a vida toda,
como também o homem cruel,
nos poucos anos
que lhe são reservados.
21 Só ouve ruídos aterrorizantes;
quando se sente em paz,
ladrões o atacam.
22 Não tem esperança
de escapar das trevas;
sente-se destinado ao fio da espada.
23 Fica perambulando;
é comida para os abutres;[a]
sabe muito bem que logo
virão sobre ele as trevas.
24 A aflição e a angústia
o apavoram e o dominam
como um rei pronto para atacar,
25 porque agitou os punhos
contra Deus,
e desafiou o Todo-poderoso,
26 afrontando-o com arrogância,
com um escudo grosso e resistente.

27 "Apesar de ter o rosto
coberto de gordura
e a cintura estufada de carne,
28 habitará em cidades
prestes a arruinar-se,
em casas inabitáveis,
caindo aos pedaços.
29 Nunca mais será rico;
sua riqueza não durará,
e os seus bens
não se propagarão pela terra.
30 Não poderá escapar das trevas;
o fogo chamuscará os seus renovos,
e o sopro da boca de Deus
o arrebatará.
31 Que ele não se iluda em confiar
no que não tem valor,
pois nada receberá
como compensação.
32 Terá completa paga
antes do tempo,
e os seus ramos não florescerão.

[a] 15:23 Ou *Fica perambulando em busca de pão;*

33Será como a vinha despojada
de suas uvas verdes,
como a oliveira que perdeu
a sua floração,
34pois o companheirismo dos ímpios
nada lhe trará,
e o fogo devorará as tendas
dos que gostam de subornar.
35Eles concebem maldade
e dão à luz a iniquidade;
seu ventre gera engano".

Jó

16 Então Jó respondeu:

2"Já ouvi muitas palavras como essas.
Pobres consoladores são vocês todos!
3Esses discursos inúteis
nunca terminarão?
E você, o que o leva a continuar
discutindo?
4Bem que eu poderia falar
como vocês,
se estivessem em meu lugar;
eu poderia condená-los
com belos discursos,
e menear a cabeça contra vocês.
5Mas a minha boca
procuraria encorajá-los;
a consolação dos meus lábios
lhes daria alívio.

6"Contudo, se falo,
a minha dor não se alivia;
se me calo, ela não desaparece.
7Sem dúvida, ó Deus,
tu me esgotaste as forças;
deste fim a toda a minha família.
8Tu me deixaste deprimido,
o que é uma testemunha disso;
a minha magreza se levanta
e depõe contra mim.
9Deus, em sua ira, ataca-me
e faz-me em pedaços,
e range os dentes contra mim;
meus inimigos fitam-me
com olhar ferino.
10Os homens abrem sua boca
contra mim,
esmurram meu rosto com zombaria
e se unem contra mim.
11Deus fez-me cair
nas mãos dos ímpios
e atirou-me nas garras dos maus.
12Eu estava tranquilo,
mas ele me arrebentou;
agarrou-me pelo pescoço
e esmagou-me.
Fez de mim o seu alvo;
13seus flecheiros me cercam.
Ele traspassou sem dó os meus rins
e derramou na terra a minha bílis.
14Lança-se sobre mim uma e outra vez;
ataca-me como um guerreiro.

15"Costurei veste de lamento
sobre a minha pele
e enterrei a minha testa no pó.
16Meu rosto está rubro
de tanto eu chorar,
e sombras densas
circundam os meus olhos,
17apesar de não haver violência
em minhas mãos
e de ser pura a minha oração.

18"Ó terra, não cubra o meu sangue!
Não haja lugar de repouso
para o meu clamor!
19Saibam que agora mesmo
a minha testemunha está nos céus;
nas alturas está o meu advogado.
20O meu intercessor é meu amigo,[a]
quando diante de Deus
correm lágrimas dos meus olhos;
21ele defende a causa do homem
perante Deus,
como quem defende
a causa de um amigo.

22"Pois mais alguns anos apenas,
e farei a viagem sem retorno.

17 "Meu espírito está quebrantado,
os meus dias se encurtam,
a sepultura me espera.
2A verdade é que
zombadores me rodeiam,
e tenho que ficar olhando
a sua hostilidade.

3"Dá-me, ó Deus,
a garantia que exiges.
Quem, senão tu, me dará segurança?
4Fechaste as mentes deles
para o entendimento,
e com isso não os deixarás triunfar.
5Se alguém denunciar os seus amigos
por recompensa,
os olhos dos filhos dele fraquejarão,

6"mas de mim Deus fez
um provérbio para todos,
um homem em cujo rosto
os outros cospem.
7Meus olhos se turvaram de tristeza;
o meu corpo não passa
de uma sombra.
8Os íntegros ficam atônitos
em face disso,
e os inocentes se levantam
contra os ímpios.
9Mas os justos se manterão firmes
em seus caminhos,
e os homens de mãos puras se tornarão
cada vez mais fortes.

10"Venham, porém, vocês todos,
e façam nova tentativa!

[a] 16:20 Ou *Meus amigos zombam de mim,*

Não acharei nenhum sábio
entre vocês.
11 Foram-se os meus dias,
os meus planos fracassaram,
como também
os desejos do meu coração.
12 Andam querendo tornar a noite
em dia;
ante a aproximação das trevas dizem:
'Vem chegando a luz'.
13 Ora, se o único lar pelo qual espero
é a sepultura[a],
se estendo a minha cama nas trevas,
14 se digo à corrupção mortal:
Você é o meu pai,
e se aos vermes digo:
Vocês são minha mãe e minha irmã,
15 onde está então
minha esperança?
Quem poderá ver
alguma esperança para mim?
16 Descerá ela às portas do Sheol?
Desceremos juntos ao pó?"

Bildade

18 Então Bildade, de Suá, respondeu:
2 "Quando você vai parar de falar?
Proceda com sensatez,
e depois poderemos conversar.
3 Por que somos considerados
como animais,
e somos ignorantes aos seus olhos?
4 Ah, você, que se dilacera de ira!
Deve-se abandonar a terra
por sua causa?
Ou devem as rochas mudar de lugar?

5 "A lâmpada do ímpio se apaga,
e a chama do seu fogo se extingue.
6 Na sua tenda a luz se escurece;
a lâmpada de sua vida se apaga.
7 O vigor dos seus passos
se enfraquece,
e os seus próprios planos
o lançam por terra.
8 Por seus próprios pés
você se prende na rede,
e se perde na sua malha.
9 A armadilha o pega pelo calcanhar;
o laço o prende firme.
10 O nó corredio está escondido na terra
para pegá-lo,
há uma armadilha em seu caminho.
11 Terrores de todos os lados
o assustam
e o perseguem
em todos os seus passos.
12 A calamidade tem fome de alcançá-lo;
a desgraça está à espera
de sua queda
13 e consome partes da sua pele;
o primogênito da morte
devora os membros do seu corpo.
14 Ele é arrancado da segurança
de sua tenda,
e o levam à força ao rei dos terrores.
15 O fogo mora na tenda dele;[b]
espalham enxofre ardente
sobre a sua habitação.
16 Suas raízes secam-se embaixo,
e seus ramos murcham em cima.
17 Sua lembrança desaparece da terra,
e nome não tem, em parte alguma.
18 É lançado da luz para as trevas;
é banido do mundo.
19 Não tem filhos nem descendentes
entre o seu povo,
nem lhe restou sobrevivente algum
nos lugares onde antes vivia.
20 Os homens do ocidente assustam-se
com a sua ruína,
e os do oriente enchem-se de pavor.
21 É assim a habitação do perverso;
essa é a situação de quem
não conhece a Deus".

Jó

19 Então Jó respondeu:
2 "Até quando vocês continuarão
a atormentar-me,
e a esmagar-me com palavras?
3 Vocês já me repreenderam dez vezes;
não se envergonham de agredir-me!
4 Se é verdade que me desviei,
meu erro só interessa a mim.
5 Se de fato vocês se exaltam
acima de mim
e usam contra mim
a minha humilhação,
6 saibam que foi Deus
que me tratou mal
e me envolveu em sua rede.

7 "Se grito: É injustiça!
Não obtenho resposta;
clamo por socorro,
todavia não há justiça.
8 Ele bloqueou o meu caminho,
e não consigo passar;
cobriu de trevas as minhas veredas.
9 Despiu-me da minha honra
e tirou a coroa de minha cabeça.
10 Ele me arrasa por todos os lados
enquanto eu não me vou;
desarraiga a minha esperança
como se arranca uma planta.
11 Sua ira acendeu-se contra mim;
ele me vê como inimigo.
12 Suas tropas avançam poderosamente;
cercam-me e acampam
ao redor da minha tenda.

13 "Ele afastou de mim
os meus irmãos;

[a] 17:13 Hebraico: *Sheol*. Essa palavra também pode ser traduzida por profundezas, pó ou morte; também no versículo 16.

[b] 18:15 Ou *Nada do que ele possuía permanece*;

até os meus conhecidos
estão longe de mim.
[14]Os meus parentes me abandonaram
e os meus amigos
esqueceram-se de mim.
[15]Os meus hóspedes
e as minhas servas
consideram-me estrangeiro;
veem-me como um estranho.
[16]Chamo o meu servo,
mas ele não me responde,
ainda que eu lhe implore
pessoalmente.
[17]Minha mulher acha repugnante
o meu hálito;
meus próprios irmãos
têm nojo de mim.
[18]Até os meninos zombam de mim
e dão risada quando apareço.
[19]Todos os meus amigos chegados
me detestam;
aqueles a quem amo
voltaram-se contra mim.
[20]Não passo de pele e ossos;
escapei só com a pele
dos meus dentes[a].

[21]"Misericórdia, meus amigos!
Misericórdia!
Pois a mão de Deus me feriu.
[22]Por que vocês me perseguem
como Deus o faz?
Nunca irão saciar-se da minha carne?

[23]"Quem dera as minhas palavras
fossem registradas!
Quem dera fossem escritas num livro,
[24]fossem talhadas a ferro no chumbo[b],
ou gravadas para sempre na rocha!
[25]Eu sei que o meu Redentor vive,
e que no fim se levantará
sobre a terra[c].
[26]E depois que o meu corpo
estiver destruído[d] e sem[e] carne,
verei a Deus.
[27]Eu o verei
com os meus próprios olhos;
eu mesmo, e não outro!
Como anseia no meu peito o coração!

[28]"Se vocês disserem:
'Vejamos como vamos persegui-lo,
pois a raiz do problema está nele[f]',
[29]melhor será que temam a espada,
porquanto por meio dela
a ira lhes trará castigo,
e então vocês saberão
que há julgamento[g]".

[a] 19:20 Ou *apenas com minha gengiva*
[b] 19:24 Ou *talhadas com ferramenta de ferro e chumbo*
[c] 19:25 Ou *sobre o meu túmulo*
[d] 19:26 Ou *E, depois de eu despertar, embora este corpo tenha sido destruído*
[e] 19:26 Ou *fora da*
[f] 19:28 Conforme muitos manuscritos do Texto Massorético, a Septuaginta e a Vulgata. A maioria dos manuscritos do Texto Massorético diz *em mim*.
[g] 19:29 Ou *vocês poderão vir a conhecer o Todo-poderoso*

Zofar

20 Então Zofar, de Naamate, respondeu:
[2]"Agitam-se os meus pensamentos
e levam-me a responder
porque estou profundamente perturbado.
[3]Ouvi uma repreensão
que me desonra,
e o meu entendimento
faz-me contestar.

[4]"Certamente você sabe
que sempre foi assim,
desde a antiguidade;
desde que o homem[h] foi posto na terra,
[5]o riso dos maus é passageiro,
e a alegria dos ímpios
dura apenas um instante.
[6]Mesmo que o seu orgulho
chegue aos céus
e a sua cabeça toque as nuvens,
[7]ele perecerá para sempre,
como o seu próprio excremento;
os que o tinham visto perguntarão:
'Onde ele foi parar?'
[8]Ele voa e vai-se como um sonho,
para nunca mais ser encontrado,
banido como uma visão noturna.
[9]O olho que o viu não o verá mais,
nem o seu lugar o tornará a ver.
[10]Seus filhos terão que indenizar
os pobres;
ele próprio, com suas mãos,
terá que refazer sua riqueza.
[11]O vigor juvenil que enche
os seus ossos
jazerá com ele no pó.

[12]"Mesmo que o mal seja doce
em sua boca
e ele o esconda sob a língua,
[13]mesmo que o retenha na boca
para saboreá-lo,
[14]ainda assim a sua comida azedará
no estômago;
e será como veneno de cobra
em seu interior.
[15]Ele vomitará as riquezas
que engoliu;
Deus fará seu estômago lançá-las fora.
[16]Sugará veneno de cobra;
as presas de uma víbora o matarão.
[17]Não terá gosto na contemplação
dos regatos
e dos rios que vertem mel e nata.
[18]Terá que devolver
aquilo pelo que lutou,
sem aproveitá-lo,
e não desfrutará dos lucros
do seu comércio.
[19]Sim, pois ele tem oprimido os pobres
e os tem deixado desamparados;
apoderou-se de casas
que não construiu.

[h] 20:4 Ou *Adão*

20"Certo é que a sua cobiça
não lhe trará descanso,
e o seu tesouro não o salvará.
21Nada lhe restou para devorar;
sua prosperidade não durará muito.
22Em meio à sua fartura,
a aflição o dominará;
a força total da desgraça o atingirá.
23Quando ele estiver
de estômago cheio,
Deus dará vazão
às tremendas chamas de sua ira,
e sobre ele despejará o seu furor.
24Se escapar da arma de ferro,
o bronze da sua flecha o atravessará.
25Ele a arrancará das suas costas,
a ponta reluzente saindo do seu fígado.
Grande pavor virá sobre ele;
26densas trevas estarão à espera
dos seus tesouros.
Um fogo não assoprado o consumirá
e devorará o que sobrar em sua tenda.
27Os céus revelarão a sua culpa;
a terra se levantará contra ele.
28Uma inundação arrastará a sua casa,
águas avassaladoras[a],
no dia da ira de Deus.
29Esse é o destino que Deus dá aos ímpios,
é a herança designada por Deus
para eles".

Jó

21 Então Jó respondeu:
2"Escutem com atenção
as minhas palavras;
seja esse o consolo
que vocês haverão de dar-me.
3Suportem-me enquanto
eu estiver falando;
depois que eu falar
poderão zombar de mim.

4"Acaso é dos homens que me queixo?
Por que não deveria eu
estar impaciente?
5Olhem para mim, e ficarão atônitos;
tapem a boca com a mão.
6Quando penso nisso, fico aterrorizado;
todo o meu corpo se põe a tremer.
7Por que vivem os ímpios?
Por que chegam à velhice
e aumentam seu poder?
8Eles veem os seus filhos
estabelecidos ao seu redor,
e os seus descendentes
diante dos seus olhos.
9Seus lares estão seguros
e livres do medo;
a vara de Deus não os vem ferir.
10Seus touros nunca deixam
de procriar;
suas vacas dão crias e não abortam.
11Eles soltam os seus filhos
como um rebanho;
seus pequeninos põem-se a dançar.
12Cantam, acompanhando a música
do tamborim e da harpa;
alegram-se ao som da flauta.
13Os ímpios passam a vida na prosperidade
e descem à sepultura[b] em paz[c].
14Contudo, dizem eles a Deus:
'Deixa-nos! Não queremos conhecer
os teus caminhos.
15Quem é o Todo-poderoso,
para que o sirvamos?
Que vantagem temos em orar a Deus?'
16Mas não depende deles
a prosperidade que desfrutam;
por isso fico longe
do conselho dos ímpios.

17"Pois, quantas vezes
a lâmpada dos ímpios se apaga?
Quantas vezes a desgraça
cai sobre eles,
o destino que em sua ira Deus lhes dá?
18Quantas vezes o vento
os leva como palha,
e o furacão os arrebata como cisco?
19Dizem que Deus
reserva o castigo de um homem
para os seus filhos.
Que o próprio pai o receba,
para que aprenda a lição!
20Que os seus próprios olhos
vejam a sua ruína;
que ele mesmo beba da ira
do Todo-poderoso![d]
21Pois, que lhe importará a família
que deixará atrás de si
quando chegarem ao fim os meses
que lhe foram destinados?

22"Haverá alguém que o ensine
a conhecer a Deus,
uma vez que ele julga
até os de mais alta posição?
23Um homem morre em pleno vigor,
quando se sentia bem e seguro,
24tendo o corpo bem nutrido
e os ossos cheios de tutano.
25Já outro morre
tendo a alma amargurada,
sem nada ter desfrutado.
26Um e outro jazem no pó,
ambos cobertos de vermes.

27"Sei muito bem
o que vocês estão pensando,
as suas conspirações contra mim.
28'Onde está agora a casa
do grande homem?', vocês perguntam.

[a] 20:28 Ou *Os bens de sua casa serão levados, arrastados pelas águas,*

[b] 21:13 Hebraico: *Sheol.* Essa palavra também pode ser traduzida por profundezas, pó ou morte.

[c] 21:13 Ou *de repente*

[d] 21:17-20 Os versículos 17 e 18 podem ser lidos como exclamações e os 19 e 20 como afirmações.

'Onde a tenda dos ímpios?'
29Vocês nunca fizeram perguntas
aos que viajam?
Não deram atenção ao que eles contam?
30Pois eles dizem que o mau é poupado
da calamidade,
e que do dia da ira recebe livramento.
31Quem o acusa, lançando em rosto
a sua conduta?
Quem lhe retribui o mal que fez?
32Pois o levam para o túmulo,
e vigiam a sua sepultura.
33Para ele é macio o terreno do vale;
todos o seguem,
e uma multidão incontável o precede.[a]

34"Por isso, como podem vocês
consolar-me com esses absurdos?
O que sobra das suas respostas
é pura falsidade!"

Elifaz

22 Então, Elifaz, de Temã, respondeu:
2"Pode alguém ser útil a Deus?
Mesmo um sábio,
pode ser-lhe de algum proveito?
3Que prazer você daria
ao Todo-poderoso
se você fosse justo?
Que é que ele ganharia se os seus
caminhos fossem irrepreensíveis?

4"É por sua piedade
que ele o repreende
e lhe faz acusações?
5Não é grande a sua maldade?
Não são infindos os seus pecados?
6Sem motivo você exigia penhores
dos seus irmãos;
você despojava das roupas
os que quase nenhuma tinham.
7Você não deu água ao sedento
e reteve a comida do faminto,
8sendo você poderoso, dono de terras
e delas vivendo, e honrado
diante de todos.
9Você mandou embora de mãos vazias
as viúvas
e quebrou a força dos órfãos.
10Por isso está cercado de armadilhas
e o perigo repentino o apavora.
11Também por isso você se vê envolto
em escuridão que o cega,
e o cobrem as águas,
em tremenda inundação.

12"Não está Deus nas alturas dos céus?
E em que altura
estão as estrelas mais distantes!
13Contudo, você diz:
'O que sabe Deus?
Poderá julgar através
de tão grande escuridão?
14Nuvens espessas o cobrem,
e ele não pode ver-nos
quando percorre a abóbada dos céus'.
15Você vai continuar
no velho caminho
que os perversos palmilharam?
16Estes foram levados antes da hora;
seus alicerces foram arrastados
por uma enchente.
17Eles disseram a Deus: 'Deixa-nos!
O que o Todo-poderoso
poderá fazer conosco?'
18Contudo, foi ele que encheu
de bens as casas deles;
por isso fico longe
do conselho dos ímpios.

19"Os justos veem a ruína deles,
e se regozijam;
os inocentes zombam deles, dizendo:
20'Certo é que os nossos inimigos
foram destruídos,
e o fogo devorou a sua riqueza'.

21"Sujeite-se a Deus,
fique em paz com ele,
e a prosperidade virá a você.
22Aceite a instrução
que vem da sua boca
e ponha no coração
as suas palavras.
23Se você voltar
para o Todo-poderoso,
voltará ao seu lugar.
Se afastar da sua tenda a injustiça,
24lançar ao pó as suas pepitas,
o seu ouro puro de Ofir
às rochas dos vales,
25o Todo-poderoso será o seu ouro,
será para você prata seleta.
26É certo que você achará prazer
no Todo-poderoso
e erguerá o rosto para Deus.
27A ele orará, e ele o ouvirá,
e você cumprirá os seus votos.
28O que você decidir se fará,
e a luz brilhará em seus caminhos.
29Quando os homens
forem humilhados
e você disser: 'Levanta-os!',
ele salvará o abatido.
30Livrará até o que não é inocente,
que será liberto graças à pureza
que há em você, nas suas mãos".

Jó

23 Então Jó respondeu:
2"Até agora me queixo com amargura;
a mão dele[b] é pesada,
a despeito de meu gemido.
3Se tão somente eu soubesse
onde encontrá-lo e como ir à sua habitação!

[a] 21:33 Ou *assim como uma multidão incontável o precedeu.*

[b] 23:2 Conforme a Septuaginta e a Versão Siríaca. O Texto Massorético diz *a mão sobre mim.*

4Eu lhe apresentaria a minha causa
e encheria a minha boca
de argumentos.
5Estudaria o que ele me respondesse
e analisaria o que me dissesse.
6Será que ele se oporia a mim
com grande poder?
Não, ele não me faria acusações.
7O homem íntegro poderia
apresentar-lhe sua causa;
eu seria liberto para sempre
de quem me julga.

8"Mas, se vou para o oriente,
lá ele não está;
se vou para o ocidente,
não o encontro.
9Quando ele está em ação no norte,
não o enxergo;
quando vai para o sul,
nem sombra dele eu vejo!
10Mas ele conhece o caminho
por onde ando;
se me puser à prova,
aparecerei como o ouro.
11Meus pés seguiram de perto
as suas pegadas;
mantive-me no seu caminho
sem desviar-me.
12Não me afastei dos mandamentos
dos seus lábios;
dei mais valor às palavras de sua boca
do que ao meu pão de cada dia.

13"Mas ele é ele!
Quem poderá fazer-lhe oposição?
Ele faz o que quer.
14Executa o seu decreto contra mim,
e tem muitos outros planos semelhantes.
15Por isso fico apavorado diante dele;
pensar nisso me enche de medo.
16Deus fez desmaiar o meu coração;
o Todo-poderoso causou-me pavor.
17Contudo, não fui silenciado
pelas trevas,
pelas densas trevas
que cobrem o meu rosto.

24 "Por que o Todo-poderoso
não marca as datas de julgamento?
Por que aqueles que o conhecem
não chegam a vê-las?
2Há os que mudam
os marcos dos limites
e apascentam rebanhos
que eles roubaram.
3Levam o jumento
que pertence ao órfão
e tomam o boi da viúva como penhor.
4Forçam os necessitados
a sair do caminho
e os pobres da terra a esconder-se.
5Como jumentos selvagens no deserto,
os pobres vão em busca de comida;
da terra deserta a obtêm
para os seus filhos.
6Juntam forragem nos campos
e respigam nas vinhas dos ímpios.
7Pela falta de roupas,
passam a noite nus;
não têm com que cobrir-se no frio.
8Encharcados pelas chuvas
das montanhas,
abraçam-se às rochas
por falta de abrigo.
9A criança órfã é arrancada
do seio de sua mãe;
o recém-nascido do pobre é tomado
para pagar uma dívida.
10Por falta de roupas, andam nus;
carregam os feixes,
mas continuam famintos.
11Espremem azeitonas
dentro dos seus muros[a];
pisam uvas nos lagares,
mas assim mesmo sofrem sede.
12Sobem da cidade os gemidos
dos que estão para morrer,
e as almas dos feridos
clamam por socorro.
Mas Deus não vê mal nisso.

13"Há os que se revoltam
contra a luz,
não conhecem os caminhos dela
e não permanecem em suas veredas.
14De manhã o assassino se levanta
e mata os pobres e os necessitados;
de noite age como ladrão.
15Os olhos do adúltero
ficam à espera do crepúsculo;
'Nenhum olho me verá', pensa ele;
e mantém oculto o rosto.
16No escuro os homens invadem casas,
mas de dia se enclausuram;
não querem saber da luz.
17Para eles a manhã
é tremenda escuridão;[b]
eles são amigos
dos pavores das trevas.

18"São, porém, como espuma
sobre as águas;
sua parte da terra foi amaldiçoada,
e por isso ninguém vai às vinhas.
19Assim como o calor e a seca
depressa consomem a neve derretida,
assim a sepultura[c] consome
os que pecaram.
20Sua mãe os esquece,
os vermes se banqueteiam neles.
Ninguém se lembra dos maus;
quebram-se como árvores.
21Devoram a estéril e sem filhos
e não mostram bondade
para com a viúva.

[a] 24:11 Ou *entre as pedras de moinho*
[b] 24:17 Ou *A manhã deles é como a sombra da morte;*
[c] 24:19 Hebraico: *Sheol*. Essa palavra também pode ser traduzida por profundezas, pó ou morte.

[22]Mas Deus, por seu poder, os arranca;
embora firmemente estabelecidos,
a vida deles não tem segurança.
[23]Ele poderá deixá-los descansar,
sentindo-se seguros,
mas atento os vigia
nos caminhos que seguem.
[24]Por um breve instante são exaltados,
e depois se vão,
colhidos como todos os demais,
ceifados como espigas de cereal.

[25]"Se não é assim,
quem poderá provar que minto
e reduzir a nada as minhas palavras?"

Bildade

25 Então Bildade, de Suá, respondeu:

[2]"O domínio e o temor pertencem
a Deus;
ele impõe ordem nas alturas,
que a ele pertencem.
[3]Seria possível contar
os seus exércitos?
E a sua luz, sobre quem
não se levanta?
[4]Como pode então o homem
ser justo diante de Deus?
Como pode ser puro
quem nasce de mulher?
[5]Se nem a lua é brilhante
e nem as estrelas são puras
aos olhos dele,
[6]muito menos o será o homem,
que não passa de larva,
o filho do homem,
que não passa de verme!"

Jó

26 Então Jó respondeu:

[2]"Grande foi a ajuda que você deu
ao desvalido!
Que socorro você prestou
ao braço frágil!
[3]Belo conselho você ofereceu
a quem não é sábio,
e que grande sabedoria você revelou!
[4]Quem o ajudou a proferir
essas palavras,
e por meio de que espírito
você falou?

[5]"Os mortos estão em grande angústia
sob as águas, e com eles sofrem os que nelas
vivem.
[6]Nu está o Sheol[a] diante de Deus,
e nada encobre a Destruição[b].
[7]Ele estende os céus do norte
sobre o espaço vazio;
suspende a terra sobre o nada.
[8]Envolve as águas em suas nuvens,
e estas não se rompem
sob o peso delas.
[9]Ele cobre a face da lua cheia
estendendo sobre ela as suas nuvens.
[10]Traça o horizonte
sobre a superfície das águas
para servir de limite
entre a luz e as trevas.
[11]As colunas dos céus estremecem
e ficam perplexas
diante da sua repreensão.
[12]Com seu poder agitou
violentamente o mar;
com sua sabedoria
despedaçou o Monstro dos Mares[c].
[13]Com seu sopro
os céus ficaram límpidos;
sua mão feriu a serpente arisca.
[14]E isso tudo é apenas
a borda de suas obras!
Um suave sussurro
é o que ouvimos dele.
Mas quem poderá compreender
o trovão do seu poder?"

27 E Jó prosseguiu em seu discurso:

[2]"Pelo Deus vivo,
que me negou justiça,
pelo Todo-poderoso,
que deu amargura à minha alma,
[3]enquanto eu tiver vida em mim,
o sopro de Deus em minhas narinas,
[4]meus lábios não falarão maldade,
e minha língua não proferirá
nada que seja falso.
[5]Nunca darei razão a vocês!
Minha integridade não negarei jamais,
até a morte.
[6]Manterei minha retidão,
e nunca a deixarei;
enquanto eu viver,
a minha consciência
não me repreenderá.

[7]"Sejam os meus inimigos
como os ímpios,
e os meus adversários
como os injustos!
[8]Pois, qual é a esperança do ímpio,
quando é eliminado,
quando Deus lhe tira a vida?
[9]Ouvirá Deus o seu clamor
quando vier sobre ele a aflição?
[10]Terá ele prazer no Todo-poderoso?
Chamará a Deus a cada instante?

[11]"Eu os instruirei
sobre o poder de Deus;
não esconderei de vocês
os caminhos do Todo-poderoso.
[12]Pois a verdade é que todos vocês
já viram isso.
Então por que essa conversa
sem sentido?

[a] 26:6 Essa palavra pode ser traduzida por sepultura, profundezas, pó ou morte.
[b] 26:6 Hebraico: *Abadom*.
[c] 26:12 Hebraico: *Raabe*. Veja Sl 89:10 e Is 51:9.

13"Este é o destino
que Deus determinou para o ímpio,
a herança que o mau recebe
do Todo-poderoso:
14Por mais filhos que o ímpio tenha,
o destino deles é a espada;
sua prole jamais
terá comida suficiente.
15A epidemia sepultará aqueles
que lhe sobreviverem,
e as suas viúvas não chorarão por eles.
16Ainda que ele acumule
prata como pó
e amontoe roupas como barro,
17o que ele armazenar ficará para os justos,
e os inocentes dividirão sua prata.
18A casa que ele constrói
é como casulo de traça,
como cabana feita pela sentinela.
19Rico ele se deita, mas nunca mais o será!
Quando abre os olhos, tudo se foi.
20Pavores vêm sobre ele
como uma enchente;
de noite a tempestade o leva de roldão.
21O vento oriental o leva,
e ele desaparece;
arranca-o do seu lugar.
22Atira-se contra ele sem piedade,
enquanto ele foge às pressas
do seu poder.
23Bate palmas contra ele
e com assobios o expele do seu lugar.

28 "Existem minas de prata
e locais onde se refina ouro.
2O ferro é extraído da terra,
e do minério se funde o cobre.
3O homem dá fim à escuridão
e vasculha os recônditos mais remotos
em busca de minério,
nas mais escuras trevas.
4Longe das moradias
ele cava um poço,
em local esquecido
pelos pés dos homens;
longe de todos,
ele se pendura e balança.
5A terra, da qual vem o alimento,
é revolvida embaixo
como que pelo fogo;
6das suas rochas saem safiras,
e seu pó contém pepitas de ouro.
7Nenhuma ave de rapina conhece
aquele caminho oculto,
e os olhos de nenhum falcão o viram.
8Os animais altivos
não põem os pés nele,
e nenhum leão ronda por ali.
9As mãos dos homens
atacam a dura rocha
e transtornam as raízes das montanhas.
10Fazem túneis através da rocha,
e os seus olhos enxergam todos
os tesouros dali.
11Eles vasculham[a] as nascentes
dos rios
e trazem à luz coisas ocultas.

12"Onde, porém, se poderá
achar a sabedoria?
Onde habita o entendimento?
13O homem não percebe
o valor da sabedoria;
ela não se encontra
na terra dos viventes.
14O abismo diz: 'Em mim não está';
o mar diz: 'Não está comigo'.
15Não pode ser comprada,
mesmo com o ouro mais puro,
nem se pode pesar o seu preço
em prata.
16Não pode ser comprada
nem com o ouro puro de Ofir,
nem com o precioso ônix,
nem com safiras.
17O ouro e o cristal
não se comparam com ela,
e é impossível tê-la em troca
de joias de ouro.
18O coral e o jaspe
nem merecem menção;
o preço da sabedoria
ultrapassa o dos rubis.
19O topázio da Etiópia[b]
não se compara com ela;
não se compra a sabedoria
nem com ouro puro!

20"De onde vem, então, a sabedoria?
Onde habita o entendimento?
21Escondida está dos olhos
de toda criatura viva,
até das aves dos céus.
22A Destruição[c] e a Morte dizem:
'Aos nossos ouvidos só chegou
um leve rumor dela'.
23Deus conhece o caminho;
só ele sabe onde ela habita,
24pois ele enxerga os confins da terra
e vê tudo o que há debaixo dos céus.
25Quando ele determinou
a força do vento
e estabeleceu a medida exata
para as águas,
26quando fez um decreto para a chuva
e o caminho
para a tempestade trovejante,
27ele olhou para a sabedoria
e a avaliou;
confirmou-a e a pôs à prova.
28Disse então ao homem:
'No temor do Senhor
está a sabedoria,
e evitar o mal é ter entendimento' ".

[a] **28:11** Conforme a Septuaginta e a Vulgata. O Texto Massorético diz *Eles fecham*.
[b] **28:19** Hebraico: *Cuxe*.
[c] **28:22** Hebraico: *Abadom*.

29 Jó prosseguiu sua fala:
2"Como tenho saudade
dos meses que se passaram,
dos dias em que Deus
cuidava de mim,
3quando a sua lâmpada brilhava
sobre a minha cabeça
e por sua luz eu caminhava
em meio às trevas!
4Como tenho saudade
dos dias do meu vigor,
quando a amizade de Deus
abençoava a minha casa,
5quando o Todo-poderoso
ainda estava comigo
e meus filhos estavam ao meu redor,
6quando as minhas veredas se embebiam
em nata
e a rocha me despejava
torrentes de azeite.

7"Quando eu ia à porta da cidade
e tomava assento na praça pública;
8quando, ao me verem,
os jovens saíam do caminho,
e os idosos ficavam em pé;
9os líderes se abstinham de falar
e com a mão cobriam a boca.
10As vozes dos nobres silenciavam,
e suas línguas
colavam-se ao céu da boca.
11Todos os que me ouviam
falavam bem de mim,
e quem me via me elogiava,
12pois eu socorria o pobre
que clamava por ajuda,
e o órfão que não tinha
quem o ajudasse.
13O que estava à beira da morte me abençoava,
e eu fazia regozijar-se o coração
da viúva.
14A retidão era a minha roupa;
a justiça era o meu manto e
o meu turbante.
15Eu era os olhos do cego
e os pés do aleijado.
16Eu era o pai dos necessitados,
e me interessava
pela defesa de desconhecidos.
17Eu quebrava as presas dos ímpios
e dos seus dentes arrancava
as suas vítimas.

18"Eu pensava: Morrerei em casa,
e os meus dias serão numerosos
como os grãos de areia.
19Minhas raízes chegarão até as águas,
e o orvalho passará a noite
nos meus ramos.
20Minha glória se renovará em mim,
e novo será o meu arco
em minha mão.

21"Os homens me escutavam
em ansiosa expectativa,
aguardando em silêncio
o meu conselho.
22Depois que eu falava,
eles nada diziam;
minhas palavras caíam suavemente
em seus ouvidos.
23Esperavam por mim
como quem espera
por uma chuvarada,
e bebiam minhas palavras
como quem bebe a chuva
da primavera.
24Quando eu lhes sorria,
mal acreditavam;
a luz do meu rosto lhes era preciosa.
25Era eu que escolhia o caminho
para eles,
e me assentava como seu líder;
instalava-me como um rei
no meio das suas tropas;
eu era como um consolador
dos que choram.

30 "Mas agora eles zombam de mim,
homens mais jovens que eu,
homens cujos pais eu teria rejeitado,
não lhes permitindo sequer estar
com os cães de guarda do rebanho.
2De que me serviria
a força de suas mãos,
já que desapareceu o seu vigor?
3Desfigurados
de tanta necessidade e fome,
perambulavam pela[a] terra ressequida,
em sombrios e devastados desertos.
4Nos campos de mato rasteiro
colhiam ervas,
e a raiz da giesta era a sua comida[b].
5Da companhia dos amigos
foram expulsos aos gritos,
como se fossem ladrões.
6Foram forçados a morar
nos leitos secos dos rios,
entre as rochas e nos buracos da terra.
7Rugiam entre os arbustos
e se encolhiam sob a vegetação.
8Prole desprezível e sem nome,
foram expulsos da terra.

9"E agora os filhos deles
zombam de mim
com suas canções;
tornei-me um provérbio entre eles.
10Eles me detestam
e se mantêm a distância;
não hesitam em cuspir em meu rosto.
11Agora que Deus afrouxou
a corda do meu arco e me afligiu,
eles ficam sem freios
na minha presença.
12À direita os embrutecidos
me atacam;

[a] 30:3 Ou *roíam a*
[b] 30:4 Ou *o seu combustível*

preparam armadilhas
para os meus pés
e constroem rampas de cerco
contra mim.
13Destroem o meu caminho;
conseguem destruir-me
sem a ajuda de ninguém.
14Avançam como através
de uma grande brecha;
arrojam-se entre as ruínas.
15Pavores apoderam-se de mim;
a minha dignidade é levada
como pelo vento,
a minha segurança
se desfaz como nuvem.

16"E agora esvai-se a minha vida;
estou preso a dias de sofrimento.
17A noite penetra os meus ossos;
minhas dores me corroem sem cessar.
18Em seu grande poder,
Deus é como a minha roupa[a];
ele me envolve
como a gola da minha veste.
19Lança-me na lama,
e sou reduzido a pó e cinza.

20"Clamo a ti, ó Deus,
mas não me respondes;
fico em pé, mas apenas
olhas para mim.
21Contra mim te voltas com dureza
e me atacas com a força de tua mão.
22Tu me apanhas
e me levas contra o vento,
e me jogas de um lado a outro
na tempestade.
23Sei que me farás descer até a morte,
ao lugar destinado a todos os viventes.

24"A verdade é que ninguém dá a mão
ao homem arruinado,
quando este, em sua aflição,
grita por socorro.
25Não é certo que chorei por causa
dos que passavam dificuldade?
E que a minha alma se entristeceu
por causa dos pobres?
26Mesmo assim,
quando eu esperava o bem,
veio o mal;
quando eu procurava luz,
vieram trevas.
27Nunca para a agitação
dentro de mim;
dias de sofrimento me confrontam.
28Perambulo escurecido,
mas não pelo sol;
levanto-me na assembleia
e clamo por ajuda.
29Tornei-me irmão dos chacais,
companheiro das corujas.
30Minha pele escurece e cai;
meu corpo queima de febre.
31Minha harpa está afinada
para cantos fúnebres,
e minha flauta para o som de pranto.

31 "Fiz acordo com os meus olhos
de não olhar com cobiça
para as moças.
2Pois qual é a porção que o homem
recebe de Deus lá de cima?
Qual a sua herança do Todo-poderoso,
que habita nas alturas?
3Não é ruína para os ímpios,
desgraça para os que fazem o mal?
4Não vê ele os meus caminhos,
e não considera
cada um de meus passos?

5"Se me conduzi com falsidade,
ou se meus pés se apressaram
a enganar,
6— Deus me pese em balança justa,
e saberá que não tenho culpa —
7se meus passos
desviaram-se do caminho,
se o meu coração foi conduzido
por meus olhos,
ou se minhas mãos
foram contaminadas,
8que outros comam o que semeei,
e que as minhas plantações
sejam arrancadas pelas raízes.

9"Se o meu coração
foi seduzido por mulher,
ou se fiquei à espreita
junto à porta do meu próximo,
10que a minha esposa moa cereal
de outro homem,
e que outros durmam com ela.
11Pois fazê-lo seria vergonhoso,
crime merecedor de julgamento.
12Isso é um fogo que consome
até a Destruição[b];
teria extirpado a minha colheita.

13"Se neguei justiça
aos meus servos e servas,
quando reclamaram contra mim,
14que farei quando Deus
me confrontar?
Que responderei quando chamado
a prestar contas?
15Aquele que me fez no ventre materno
não os fez também?
Não foi ele que nos formou,
a mim e a eles,
no interior de nossas mães?

16"Se não atendi os desejos do pobre,
ou se fatiguei os olhos da viúva,
17se comi meu pão sozinho,
sem compartilhá-lo com o órfão,
18sendo que desde a minha juventude o criei
como se fosse seu pai,

[a] 30:18 A Septuaginta diz *Deus agarra minha roupa.*

[b] 31:12 Hebraico: *Abadom.*

e desde o nascimento guiei a viúva;
19se vi alguém morrendo
por falta de roupa,
ou um necessitado sem cobertor,
20e o seu coração não me abençoou
porque o aqueci com a lã
de minhas ovelhas,
21se levantei a mão contra o órfão,
ciente da minha influência no tribunal,
22que o meu braço descaia do ombro,
e se quebre nas juntas.
23Pois eu tinha medo
que Deus me destruísse,
e, temendo o seu esplendor,
não podia fazer tais coisas.

24"Se pus no ouro a minha confiança
e disse ao ouro puro:
Você é a minha garantia,
25se me regozijei
por ter grande riqueza,
pela fortuna que as minhas mãos
obtiveram,
26se contemplei o sol em seu fulgor
e a lua a mover-se esplêndida,
27e em segredo o meu coração
foi seduzido
e a minha mão lhes ofereceu
beijos de veneração,
28esses também seriam pecados
merecedores de condenação,
pois eu teria sido infiel a Deus,
que está nas alturas.

29"Se a desgraça do meu inimigo
me alegrou,
ou se os problemas que teve
me deram prazer;
30eu, que nunca deixei minha boca pecar,
lançando maldição sobre ele;
31se os que moram em minha casa
nunca tivessem dito:
'Quem não recebeu de Jó
um pedaço de carne?',
32sendo que nenhum estrangeiro
teve que passar a noite na rua,
pois a minha porta
sempre esteve aberta para o viajante;
33se escondi o meu pecado,
como outros fazem[a],
acobertando no coração
a minha culpa,
34com tanto medo da multidão
e do desprezo dos familiares
que me calei e não saí de casa...

35("Ah, se alguém me ouvisse!
Agora assino a minha defesa.
Que o Todo-poderoso me responda;
que o meu acusador
faça a denúncia por escrito.
36Eu bem que a levaria nos ombros
e a usaria como coroa.
37Eu lhe falaria
sobre todos os meus passos;
como um príncipe
eu me aproximaria dele.)

38"Se a minha terra se queixar de mim
e todos os seus sulcos chorarem,
39se consumi os seus produtos
sem nada pagar,
ou se causei desânimo
aos seus ocupantes,
40que me venham espinhos
em lugar de trigo
e ervas daninhas em lugar de cevada".

Aqui terminam as palavras de Jó.

Eliú

32 Então esses três homens pararam de responder
a Jó, pois este se julgava justo. 2Mas Eliú, filho de
Baraquel, de Buz, da família de Rão, indignou-se muito
contra Jó, porque este se justificava a si mesmo diante
de Deus. 3Também se indignou contra os três amigos,
pois não encontraram meios de refutar a Jó, e mesmo
assim o tinham condenado.[b] 4Eliú tinha ficado esperan-
do para falar a Jó porque eles eram mais velhos que ele.
5Mas, quando viu que os três não tinham mais nada a
dizer, indignou-se.
6Então Eliú, filho de Baraquel, de Buz, falou:

"Eu sou jovem, vocês têm idade.
Por isso tive receio
e não ousei dizer-lhes o que sei.
7Os que têm idade é que devem falar,
pensava eu,
os anos avançados é que devem
ensinar sabedoria.
8Mas é o espírito[c] dentro do homem
que lhe dá entendimento;
o sopro do Todo-poderoso.
9Não são só os mais velhos[d], os sábios,
não são só os de idade
que entendem o que é certo.

10"Por isso digo: Escutem-me;
também vou dizer o que sei.
11Enquanto vocês estavam falando,
esperei;
fiquei ouvindo os seus arrazoados;
enquanto vocês estavam
procurando palavras,
12dei-lhes total atenção.
Mas nenhum de vocês
demonstrou que Jó está errado.
Nenhum de vocês respondeu
aos seus argumentos.
13Não digam: 'Encontramos
a sabedoria;
que Deus o refute, não o homem'.
14Só que não foi contra mim
que Jó dirigiu as suas palavras,

[a] 31:33 Ou *como fez Adão*

[b] 32:3 Uma antiga tradução de escribas hebreus diz *Jó, e assim haviam condenado a Deus.*

[c] 32:8 Ou *Espírito*; também no versículo 18.

[d] 32:9 Ou *muitos*; ou ainda *grandes*

e não vou responder a ele
com os argumentos de vocês.

15"Vejam, eles estão consternados
e não têm mais o que dizer;
as palavras lhes fugiram.
16Devo aguardar,
agora que estão calados
e sem resposta?
17Também vou dar a minha opinião,
também vou dizer o que sei,
18pois não me faltam palavras,
e dentro de mim o espírito
me impulsiona.
19Por dentro estou
como vinho arrolhado,
como odres novos
prestes a romper.
20Tenho que falar; isso me aliviará.
Tenho que abrir os lábios e responder.
21Não serei parcial com ninguém,
e a ninguém bajularei,
22porque não sou bom em bajular;
se fosse, o meu Criador
em breve me levaria.

33 "Mas agora, Jó,
escute as minhas palavras;
preste atenção a tudo o que vou dizer.
2Estou prestes a abrir a boca;
minhas palavras
estão na ponta da língua.
3Minhas palavras procedem
de um coração íntegro;
meus lábios falam com sinceridade
o que eu sei.
4O Espírito de Deus me fez;
o sopro do Todo-poderoso me dá vida.
5Responda-me, então, se puder;
prepare-se para enfrentar-me.
6Sou igual a você diante de Deus;
eu também fui feito do barro.
7Por isso não lhe devo inspirar temor,
e a minha mão não há de ser pesada
sobre você.

8"Mas você disse ao meu alcance;
eu ouvi bem as palavras:
9'Estou limpo e sem pecado;
estou puro e sem culpa.
10Contudo, Deus procurou em mim
motivos para inimizade;
ele me considera seu inimigo.
11Ele acorrenta os meus pés;
vigia de perto
todos os meus caminhos'.

12"Mas eu lhe digo
que você não está certo,
porquanto Deus é maior
do que o homem.
13Por que você se queixa a ele
de que não responde
às palavras dos homens?[a]

14Pois a verdade é que Deus fala,
ora de um modo, ora de outro,
mesmo que o homem não o perceba.
15Em sonho ou em visão
durante a noite,
quando o sono profundo
cai sobre os homens
e eles dormem em suas camas,
16ele pode falar aos ouvidos deles
e aterrorizá-los com advertências,
17para prevenir o homem
das suas más ações
e livrá-lo do orgulho,
18para preservar da cova a sua alma,
e a sua vida da espada.[b]
19Ou o homem pode ser castigado
no leito de dor,
com os seus ossos
em constante agonia,
20sendo levado a achar a comida repulsiva
e a detestar na alma
sua refeição preferida.
21Já não se vê sua carne,
e seus ossos, que não se viam,
agora aparecem.
22Sua alma aproxima-se da cova,
e sua vida, dos mensageiros da morte.

23"Havendo, porém, um anjo
ao seu lado,
como mediador dentre mil,
que diga ao homem o que é certo
a seu respeito,
24para ser-lhe favorável e dizer:
'Poupa-o de descer à cova;
encontrei resgate para ele',
25então sua carne se renova
voltando a ser como de criança;
ele se rejuvenece.
26Ele ora a Deus e recebe o seu favor;
vê o rosto de Deus
e dá gritos de alegria,
e Deus lhe restitui a condição de justo.
27Depois ele vem aos homens e diz:
'Pequei e torci o que era certo,
mas ele não me deu o que eu merecia.
28Ele resgatou a minha alma,
impedindo-a de descer à cova,
e viverei para desfrutar a luz'.

29"Deus faz dessas coisas ao homem,
duas ou três vezes,
30para recuperar sua alma da cova,
a fim de que refulja sobre ele
a luz da vida.

31"Preste atenção, Jó, e escute-me;
fique em silêncio, e falarei.
32Se você tem algo para dizer,
responda-me;
fale logo, pois quero que você
seja absolvido.

[a] 33:13 Ou *por quaisquer de suas ações?*

[b] 33:18 Ou *e de atravessar o Rio.*

33 Se não tem nada para dizer, ouça-me,
fique em silêncio,
e eu lhe ensinarei
a sabedoria".

34 Eliú continuou:

2 "Ouçam as minhas palavras,
vocês que são sábios;
escutem-me,
vocês que têm conhecimento.
3 Pois o ouvido prova as palavras
como a língua prova o alimento.
4 Tratemos de discernir juntos
o que é certo
e de aprender o que é bom.

5 "Jó afirma: 'Sou inocente,
mas Deus me nega justiça.
6 Apesar de eu estar certo,
sou considerado mentiroso;
apesar de estar sem culpa,
sua flecha me causa ferida incurável'.
7 Que homem existe como Jó,
que bebe zombaria como água?
8 Ele é companheiro
dos que fazem o mal,
e anda com os ímpios.
9 Pois diz: 'Não dá lucro
agradar a Deus'.

10 "Por isso escutem-me,
vocês que têm conhecimento.
Longe de Deus esteja o fazer o mal,
e do Todo-poderoso
o praticar a iniquidade.
11 Ele retribui ao homem
conforme o que este fez,
e lhe dá o que a sua conduta merece.
12 Não se pode nem pensar
que Deus faça o mal,
que o Todo-poderoso
perverta a justiça.
13 Quem o nomeou
para governar a terra?
Quem o encarregou de cuidar
do mundo inteiro?
14 Se fosse intenção dele,
e de fato retirasse o seu espírito[a]
e o seu sopro,
15 a humanidade pereceria
toda de uma vez,
e o homem voltaria ao pó.

16 "Portanto, se você
tem entendimento,
ouça-me, escute o que lhe digo.
17 Acaso quem odeia a justiça
poderá governar?
Você ousará condenar
aquele que é justo e poderoso?
18 Não é ele que diz aos reis:
'Vocês nada valem',
e aos nobres: 'Vocês são ímpios'?
19 Não é verdade que ele não mostra
parcialidade a favor dos príncipes,
e não favorece o rico
em detrimento do pobre,
uma vez que todos
são obra de suas mãos?
20 Morrem num momento,
em plena noite;
cambaleiam e passam.
Os poderosos são retirados
sem a intervenção de mãos humanas.

21 "Pois Deus vê o caminho
dos homens;
ele enxerga cada um dos seus passos.
22 Não há sombra densa o bastante,
onde os que fazem o mal
possam esconder-se.
23 Deus não precisa de maior tempo
para examinar os homens
e levá-los à sua presença
para julgamento.
24 Sem depender de investigações,
ele destrói os poderosos
e coloca outros em seu lugar.
25 Visto que ele repara nos atos
que eles praticam,
derruba-os, e eles são esmagados.
26 Pela impiedade deles,
ele os castiga onde todos
podem vê-los.
27 Isso porque deixaram de segui-lo
e não deram atenção aos caminhos
por ele traçados.
28 Fizeram chegar a ele
o grito do pobre,
e ele ouviu o clamor do necessitado.
29 Mas, se ele permanecer calado,
quem poderá condená-lo?
Se esconder o rosto,
quem poderá vê-lo?
No entanto, ele domina igualmente
sobre homens e nações,
30 para evitar que o ímpio governe
e prepare armadilhas para o povo.

31 "Suponhamos que um homem
diga a Deus:
'Sou culpado,
mas não vou mais pecar.
32 Mostra-me o que não estou vendo;
se agi mal, não tornarei a fazê-lo'.
33 Quanto a você,
deveria Deus recompensá-lo
quando você nega a sua culpa?
É você que deve decidir, não eu;
conte-me, pois, o que você sabe.

34 "Os homens de bom senso,
os sábios que me ouvem,
me declaram:
35 'Jó não sabe o que diz;
não há discernimento em suas palavras'.
36 Ah, se Jó sofresse a mais dura prova,
por sua resposta de ímpio!

[a] 34:14 Ou *Espírito*

[37]Ao seu pecado ele acrescenta
a revolta;
com desprezo bate palmas entre nós
e multiplica suas palavras
contra Deus".

35 Eliú prosseguiu:
[2]"Você acha que isso é justo?
Pois você diz:
'Serei absolvido por Deus'.[a]
[3]Contudo, você lhe pergunta:
'Que vantagem tenho eu[b],
e o que ganho, se não pecar?'

[4]"Desejo responder-lhe,
a você e aos seus amigos
que estão com você.
[5]Olhe para os céus e veja;
mire as nuvens, tão elevadas.
[6]Se você pecar, em que isso o afetará?
Se os seus pecados forem muitos,
que é que isso lhe fará?
[7]Se você for justo, o que lhe dará?
Ou o que ele receberá de sua mão?
[8]A sua impiedade só afeta aos homens,
seus semelhantes,
e a sua justiça, aos filhos dos homens.

[9]"Os homens se lamentam
sob fardos de opressão;
imploram que os libertem
do braço dos poderosos.
[10]Mas não há quem pergunte:
'Onde está Deus, o meu Criador,
que de noite faz surgirem cânticos,
[11]que nos ensina mais
que aos animais da terra
e nos faz mais sábios
que as[c] aves dos céus?'
[12]Quando clamam, ele não responde,
por causa da arrogância dos ímpios.
[13]Aliás, Deus não escuta
a vã súplica que fazem;
o Todo-poderoso não lhes dá atenção.
[14]Pois muito menos escutará
quando você disser que não o vê,
que a sua causa está diante dele
e que você tem que esperar por ele.
[15]Mais que isso,
que a sua ira jamais castiga
e que ele não dá a mínima atenção
à iniquidade.[d]
[16]Assim é que Jó abre a sua boca
para dizer palavras vãs;
em sua ignorância
ele multiplica palavras".

36 Disse mais Eliú:
[2]"Peço-lhe que seja um pouco mais
paciente comigo,
e lhe mostrarei que se pode dizer
mais verdades em defesa de Deus.
[3]Vem de longe o meu conhecimento;
atribuirei justiça ao meu Criador.
[4]Não tenha dúvida,
as minhas palavras não são falsas;
quem está com você
é a perfeição no conhecimento.

[5]"Deus é poderoso,
mas não despreza os homens;
é poderoso e firme em seu propósito.
[6]Não poupa a vida dos ímpios,
mas garante os direitos dos aflitos.
[7]Não tira os seus olhos do justo;
ele o coloca nos tronos com os reis
e o exalta para sempre.
[8]Mas, se os homens
forem acorrentados,
presos firmemente
com as cordas da aflição,
[9]ele lhes dirá o que fizeram,
que pecaram com arrogância.
[10]Ele os fará ouvir a correção
e lhes ordenará que se arrependam
do mal que praticaram.
[11]Se lhe obedecerem e o servirem,
serão prósperos até o fim dos seus dias
e terão contentamento
nos anos que lhes restam.
[12]Mas, se não obedecerem,
perecerão à espada[e]
e morrerão na ignorância.

[13]"Os que têm coração ímpio
guardam ressentimento;
mesmo quando ele os agrilhoa
eles não clamam por socorro.
[14]Morrem em plena juventude
entre os prostitutos dos santuários.
[15]Mas aos que sofrem
ele os livra
em meio ao sofrimento;
em sua aflição ele lhes fala.

[16]"Ele o está atraindo
para longe das mandíbulas da aflição,
para um lugar amplo e livre,
para o conforto da mesa farta e seleta
que você terá.
[17]Mas agora, farto sobre você
é o julgamento que cabe aos ímpios;
o julgamento e a justiça o pegaram.
[18]Cuidado!
Que ninguém o seduza com riquezas;
não se deixe desviar por suborno,
por maior que este seja.
[19]Acaso a sua riqueza, ou mesmo
todos os seus grandes esforços,
dariam a você apoio
e alívio da aflição?
[20]Não anseie pela noite,
quando o povo é tirado dos seus lares.
[21]Cuidado! Não se volte
para a iniquidade,
que você parece preferir à aflição.

[a] 35:2 Ou *'Minha justiça é maior que a de Deus'.*
[b] 35:3 Ou *você tem*
[c] 35:11 Ou *ensina pelos animais da terra e nos faz sábios através das*
[d] 35:15 Conforme as versões de Símaco, Teodócio e a Vulgata.
[e] 36:12 Ou *atravessarão o Ri*

22"Deus é exaltado em seu poder.
Quem é mestre como ele?
23Quem lhe prescreveu
os seus caminhos,
ou lhe disse: 'Agiste mal'?
24Lembre-se de exaltar as suas obras,
às quais os homens dedicam
cânticos de louvor.
25Toda a humanidade as vê;
de lugares distantes
os homens as contemplam.
26Como Deus é grande!
Ultrapassa o nosso entendimento!
Não há como calcular
os anos da sua existência.

27"Ele atrai as gotas de água,
que se dissolvem
e descem como chuva
para os regatos[a];
28as nuvens as despejam em aguaceiros
sobre a humanidade.
29Quem pode entender
como ele estende as suas nuvens,
como ele troveja
desde o seu pavilhão?
30Observe como ele espalha
os seus relâmpagos ao redor,
iluminando até as profundezas do mar.
31É assim que ele governa[b] as nações
e lhes fornece grande fartura.
32Ele enche as mãos de relâmpagos
e lhes determina o alvo
que deverão atingir.
33Seu trovão anuncia a tempestade
que está a caminho;
até o gado a pressente.[c]

37 "Diante disso o meu coração
bate aceleradamente
e salta do seu lugar.
2Ouça! Escute o estrondo da sua voz,
o trovejar da sua boca.
3Ele solta os seus relâmpagos
por baixo de toda a extensão do céu
e os manda para os confins da terra.
4Depois vem o som
do seu grande estrondo:
ele troveja com sua majestosa voz.
Quando a sua voz ressoa,
nada o faz recuar.
5A voz de Deus troveja
maravilhosamente;
ele faz coisas grandiosas,
acima do nosso entendimento.
6Ele diz à neve: 'Caia sobre a terra',
e à chuva: 'Seja um forte aguaceiro'.
7Ele paralisa
o trabalho de cada homem,
a fim de que todos os que ele criou
conheçam a sua obra.[d]
8Os animais vão
para os seus esconderijos,
e ficam nas suas tocas.
9A tempestade sai da sua câmara,
e dos ventos vem o frio.
10O sopro de Deus produz gelo,
e as vastas águas se congelam.
11Também carrega de umidade
as nuvens,
e entre elas espalha
os seus relâmpagos.
12Ele as faz girar, circulando
sobre a superfície de toda a terra,
para fazerem tudo
o que ele lhes ordenar.
13Ele traz as nuvens,
ora para castigar os homens,
ora para regar a sua terra[e]
e lhes mostrar o seu amor.

14"Escute isto, Jó;
pare e reflita nas maravilhas de Deus.
15Acaso você sabe como Deus
comanda as nuvens
e faz brilhar os seus relâmpagos?
16Você sabe como ficam
suspensas as nuvens,
essas maravilhas daquele
que tem perfeito conhecimento?
17Você, que em sua roupa
desfalece de calor
quando a terra fica amortecida
sob o vento sul,
18pode ajudá-lo a estender os céus,
duros como espelho de bronze?

19"Diga-nos o que devemos
dizer a ele;
não podemos elaborar a nossa defesa
por causa das nossas trevas.
20Deve-se dizer-lhe
o que lhe quero falar?
Quem pediria para ser devorado?
21Ninguém pode olhar
para o fulgor do sol nos céus,
depois que o vento os clareia.
22Do norte vem luz dourada;
Deus vem em temível majestade.
23Fora de nosso alcance
está o Todo-poderoso,
exaltado em poder;
mas, em sua justiça e retidão,
não oprime ninguém.
24Por isso os homens o temem;
não dá ele atenção
a todos os sábios de coração?[f]"

O Senhor fala

38 Então o Senhor respondeu a Jó do meio da tempestade e disse:

2"Quem é esse que obscurece
o meu conselho
com palavras sem conhecimento?

[a] 36:27 Ou *destilam como chuva a partir da névoa*
[b] 36:31 Ou *nutre*
[c] 36:33 Ou *anuncia a sua vinda, a vinda do que é zeloso contra o mal.*
[d] 37:7 Ou *pelo seu poder ele enche de temor todos os homens.*
[e] 37:13 Ou *para favorecê-los*
[f] 37:24 Ou *pois ele não tem consideração por ninguém que se ache sábio.*

3Prepare-se como simples homem;
vou fazer-lhe perguntas,
e você me responderá.

4"Onde você estava quando lancei
os alicerces da terra?
Responda-me, se é que você sabe tanto.
5Quem marcou os limites
das suas dimensões?
Talvez você saiba!
E quem estendeu sobre ela
a linha de medir?
6E os seus fundamentos,
sobre o que foram postos?
E quem colocou sua pedra de esquina,
7enquanto as estrelas matutinas
juntas cantavam
e todos os anjos[a] se regozijavam?

8"Quem represou o mar
pondo-lhe portas,
quando ele irrompeu
do ventre materno,
9quando o vesti de nuvens
e em densas trevas o envolvi,
10quando fixei os seus limites
e lhe coloquei portas e barreiras,
11quando eu lhe disse:
Até aqui você pode vir,
além deste ponto não;
aqui faço parar suas ondas orgulhosas?

12"Você já deu ordens à manhã
ou mostrou à alvorada o seu lugar,
13para que ela apanhasse a terra
pelas pontas
e sacudisse dela os ímpios?
14A terra toma forma
como o barro sob o sinete;
e tudo nela se vê como uma veste.
15Aos ímpios é negada a sua luz,
e quebra-se o seu braço levantado.

16"Você já foi
até as nascentes do mar,
ou já passeou pelas obscuras profundezas
do abismo?
17As portas da morte
lhe foram mostradas?
Você viu as portas das densas trevas?[b]
18Você faz ideia de quão imensas
são as áreas da terra?
Fale-me, se é que você sabe.

19"Como se vai ao lugar
onde mora a luz?
E onde está a residência das trevas?
20Poderá você conduzi-las
ao lugar que lhes pertence?
Conhece o caminho
da habitação delas?
21Talvez você conheça,
pois você já tinha nascido!
Você já viveu tantos anos!

22"Acaso você entrou
nos reservatórios de neve,
já viu os depósitos de saraiva,
23que eu guardo para
os períodos de tribulação,
para os dias de guerra e de combate?
24Qual o caminho
por onde se repartem
os relâmpagos?
Onde é que os ventos orientais
são distribuídos sobre a terra?
25Quem é que abre um canal
para a chuva torrencial,
e um caminho
para a tempestade trovejante,
26para fazer chover na terra
em que não vive nenhum homem,
no deserto onde não há ninguém,
27para matar a sede do deserto árido
e nele fazer brotar vegetação?
28Acaso a chuva tem pai?
Quem é o pai das gotas de orvalho?
29De que ventre materno vem o gelo?
E quem dá à luz a geada
que cai dos céus,
30quando as águas se tornam
duras como pedra
e a superfície do abismo se congela?

31"Você pode amarrar
as lindas[c] Plêiades?
Pode afrouxar as cordas do Órion?
32Pode fazer surgir no tempo certo
as constelações[d]
ou fazer sair a Ursa[e]
com seus filhotes?
33Você conhece as leis dos céus?
Você pode determinar
o domínio de Deus[f] sobre a terra?

34"Você é capaz de levantar a voz
até as nuvens
e cobrir-se com uma inundação?
35É você que envia os relâmpagos,
e eles lhe dizem: 'Aqui estamos'?
36Quem foi que deu sabedoria
ao coração
e entendimento à mente?
37Quem é que tem sabedoria
para avaliar as nuvens?
Quem é capaz de despejar
os cântaros de água dos céus,
38quando o pó se endurece
e os torrões de terra
aderem uns aos outros?

39"É você que caça a presa para a leoa
e satisfaz a fome dos leões,
40quando se agacham em suas tocas
ou ficam à espreita no matagal?

[a] 38:7 Hebraico: *os filhos de Deus.*
[b] 38:17 Ou *da sombra da morte?*
[c] 38:31 Ou *as cintilantes*; ou ainda *as cadeias das*
[d] 38:32 Ou *a estrela da manhã*
[e] 38:32 Ou o *Leão*
[f] 38:33 Ou *deles*

41 Quem dá alimento aos corvos
quando os seus filhotes clamam a Deus
e vagueiam por falta de comida?

39 "Você sabe quando
as cabras monteses dão à luz?
Você está atento quando a corça
tem o seu filhote?
2 Acaso você conta os meses
até elas darem à luz?
Sabe em que época
elas têm as suas crias?
3 Elas se agacham,
dão à luz os seus filhotes,
e suas dores se vão.
4 Seus filhotes crescem nos campos
e ficam fortes;
partem, e não voltam mais.

5 "Quem pôs em liberdade
o jumento selvagem?
Quem soltou suas cordas?
6 Eu lhe dei o deserto como lar,
o leito seco de lagos salgados
como sua morada.
7 Ele se ri da agitação da cidade;
não ouve os gritos do tropeiro.
8 Vagueia pelas colinas
em busca de pasto
e vai em busca daquilo
que é verde.

9 "Será que o boi selvagem consentirá
em servir você?
E em passar a noite ao lado dos cochos
do seu curral?
10 Poderá você prendê-lo
com arreio na vala?
Irá atrás de você arando os vales?
11 Você vai confiar nele,
por causa da sua grande força?
Vai deixar a cargo dele
o trabalho pesado
que você tem que fazer?
12 Poderá você estar certo
de que ele recolherá o seu trigo
e o ajuntará na sua eira?

13 "A avestruz
bate as asas alegremente.
Que se dirá então das asas
e da plumagem da cegonha?
14 Ela abandona os ovos no chão
e deixa que a areia os aqueça,
15 esquecida de que um pé
poderá esmagá-los,
que algum animal selvagem
poderá pisoteá-los.
16 Ela trata mal os seus filhotes,
como se não fossem dela,
e não se importa se o seu trabalho
é inútil.
17 Isso porque Deus
não lhe deu sabedoria
nem parcela alguma de bom senso.
18 Contudo, quando estende as penas
para correr,
ela ri do cavalo
e daquele que o cavalga.

19 "É você que dá força ao cavalo
ou veste o seu pescoço
com sua crina tremulante?
20 Você o faz saltar como gafanhoto,
espalhando terror
com o seu orgulhoso resfolegar?
21 Ele escarva com fúria,
mostra com prazer a sua força,
e sai para enfrentar as armas.
22 Ele ri do medo e nada teme;
não recua diante da espada.
23 A aljava balança ao seu lado,
com a lança e o dardo flamejantes.
24 Num furor frenético
ele devora o chão;
não consegue esperar
pelo toque da trombeta.
25 Ao ouvi-lo, ele relincha:
'Eia!'
De longe sente cheiro de combate,
o brado de comando
e o grito de guerra.

26 "É graças à inteligência que você tem
que o falcão alça voo
e estende as asas rumo ao sul?
27 É por sua ordem,
que a águia se eleva
e no alto constrói o seu ninho?
28 Um penhasco é sua morada,
e ali passa a noite;
uma escarpa rochosa é a sua fortaleza.
29 De lá sai ela em busca de alimento;
de longe os seus olhos o veem.
30 Seus filhotes bebem sangue,
e, onde há mortos, ali ela está".

40 Disse ainda o SENHOR a Jó:
2 "Aquele que contende
com o Todo-poderoso
poderá repreendê-lo?
Que responda a Deus
aquele que o acusa!"

3 Então Jó respondeu ao SENHOR:

4 "Sou indigno;
como posso responder-te?
Ponho a mão sobre a minha boca.
5 Falei uma vez,
mas não tenho resposta;
sim, duas vezes,
mas não direi mais nada".

6 Depois, o SENHOR falou a Jó
do meio da tempestade:

7 "Prepare-se
como simples homem que é;
eu lhe farei perguntas,
e você me responderá.

8 "Você vai pôr em dúvida
a minha justiça?
Vai condenar-me para justificar-se?
9 Seu braço é como o de Deus,
e sua voz pode trovejar como a dele?
10 Adorne-se, então,
de esplendor e glória,
e vista-se de majestade e honra.
11 Derrame a fúria da sua ira,
olhe para todo orgulhoso
e lance-o por terra,
12 olhe para todo orgulhoso
e humilhe-o,
esmague os ímpios onde estiverem.
13 Enterre-os todos juntos no pó;
encubra os rostos deles no túmulo.
14 Então admitirei que a sua mão direita
pode salvá-lo.

15 "Veja o Beemote[a]
que criei quando criei você
e que come capim
como o boi.
16 Que força ele tem em seus lombos!
Que poder nos músculos
do seu ventre!
17 Sua cauda[b] balança como o cedro;
os nervos de suas coxas
são firmemente entrelaçados.
18 Seus ossos são canos de bronze,
seus membros são varas de ferro.
19 Ele ocupa o primeiro lugar
entre as obras de Deus.
No entanto, o seu Criador
pode chegar a ele com sua espada.
20 Os montes lhe oferecem
tudo o que produzem,
e todos os animais selvagens
brincam por perto.
21 Sob os lotos se deita,
oculto entre os juncos do brejo.
22 Os lotos o escondem à sua sombra;
os salgueiros junto ao regato o cercam.
23 Quando o rio se enfurece,
ele não se abala;
mesmo que o Jordão
encrespe as ondas
contra a sua boca,
ele se mantém calmo.
24 Poderá alguém capturá-lo
pelos olhos[c],
ou prendê-lo em armadilha
e enganchá-lo pelo nariz?

41 "Você consegue pescar com anzol
o Leviatã[d]
ou prender sua língua com uma corda?
2 Consegue fazer passar um cordão
pelo seu nariz
ou atravessar seu queixo
com um gancho?
3 Você imagina que ele vai
lhe implorar misericórdia
e falar-lhe palavras amáveis?
4 Acha que ele vai fazer
acordo com você,
para que o tenha como escravo
pelo resto da vida?
5 Acaso você consegue fazer dele
um bichinho de estimação,
como se fosse um passarinho,
ou pôr-lhe uma coleira
para dá-lo às suas filhas?
6 Poderão os negociantes vendê-lo?
Ou reparti-lo
entre os comerciantes?
7 Você consegue encher de arpões
o seu couro,
e de lanças de pesca a sua cabeça?
8 Se puser a mão nele,
a luta ficará em sua memória,
e nunca mais você tornará a fazê-lo.
9 Esperar vencê-lo é ilusão;
apenas vê-lo já é assustador.
10 Ninguém é suficientemente corajoso
para despertá-lo.
Quem então será capaz
de resistir a mim?
11 Quem primeiro me deu alguma coisa,
que eu lhe deva pagar?
Tudo o que há debaixo dos céus
me pertence.

12 "Não deixarei de falar
de seus membros,
de sua força e de seu porte gracioso.
13 Quem consegue arrancar
sua capa externa?
Quem se aproximaria dele
com uma rédea?
14 Quem ousa abrir as portas
de sua boca,
cercada com seus dentes temíveis?
15 Suas costas possuem[e]
fileiras de escudos
firmemente unidos;
16 cada um está tão junto do outro
que nem o ar passa entre eles;
17 estão tão interligados
que é impossível separá-los.
18 Seu forte sopro
atira lampejos de luz;
seus olhos são como
os raios da alvorada.
19 Tições saem da sua boca;
fagulhas de fogo estalam.
20 Das suas narinas sai fumaça
como de panela fervente
sobre fogueira de juncos.
21 Seu sopro acende o carvão,
e da sua boca saltam chamas.

[a] **40:15** Grande animal de identificação desconhecida. Tradicionalmente *hipopótamo*.
[b] **40:17** Ou *tronco*; ou ainda *tromba*
[c] **40:24** Ou capturá-lo por meio de um açude
[d] **41:1** Ou *monstro marinho*
[e] **41:15** Ou *Seu orgulho são suas costas*

[22]Tanta força reside em seu pescoço
que o terror vai adiante dele.
[23]As dobras da sua carne
são fortemente unidas;
são tão firmes que não se movem.
[24]Seu peito é duro como pedra,
rijo como a pedra inferior do moinho.
[25]Quando ele se ergue,
os poderosos se apavoram;
fogem com medo dos seus golpes.
[26]A espada que o atinge
nada lhe faz,
nem a lança nem a flecha
nem o dardo.
[27]Ferro ele trata como palha,
e bronze como madeira podre.
[28]As flechas não o afugentam,
as pedras das fundas
são como cisco para ele.
[29]O bastão lhe parece fiapo de palha;
o brandir da grande lança o faz rir.
[30]Seu ventre é como caco denteado,
e deixa rastro na lama
como o trilho de debulhar.
[31]Ele faz as profundezas se agitarem
como caldeirão fervente,
e revolve o mar
como pote de unguento.
[32]Deixa atrás de si
um rastro cintilante,
como se fossem
os cabelos brancos do abismo.
[33]Nada na terra se equipara a ele:
criatura destemida!
[34]Com desdém olha todos os altivos;
reina soberano
sobre todos os orgulhosos".

Jó 42
Então Jó respondeu ao SENHOR:
[2]"Sei que podes fazer todas as coisas;
nenhum dos teus planos
pode ser frustrado.
[3]Tu perguntaste: 'Quem é esse
que obscurece o meu conselho
sem conhecimento?'
Certo é que falei de coisas
que eu não entendia,
coisas tão maravilhosas
que eu não poderia saber.
[4]"Tu disseste:
'Agora escute, e eu falarei;
vou fazer-lhe perguntas,
e você me responderá'.
[5]Meus ouvidos já tinham
ouvido a teu respeito,
mas agora os meus olhos te viram.
[6]Por isso menosprezo a mim mesmo
e me arrependo no pó e na cinza".

Epílogo

[7]Depois que o SENHOR disse essas palavras a Jó, disse
também a Elifaz, de Temã: "Estou indignado com vo-
cê e com os seus dois amigos, pois vocês não falaram
o que é certo a meu respeito, como fez meu servo Jó.
[8]Vão agora até meu servo Jó, levem sete novilhos e se-
te carneiros, e com eles apresentem holocaustos[a] em
favor de vocês mesmos. Meu servo Jó orará por vocês;
eu aceitarei a oração dele e não lhes farei o que vocês
merecem pela loucura que cometeram. Vocês não fa-
laram o que é certo a meu respeito, como fez meu ser-
vo Jó". [9]Então Elifaz, de Temã, Bildade, de Suá, e Zofar,
de Naamate, fizeram o que o SENHOR lhes ordenara; e
o SENHOR aceitou a oração de Jó.

[10]Depois que Jó orou por seus amigos, o SENHOR o
tornou novamente próspero e lhe deu em dobro tudo
o que tinha antes. [11]Todos os seus irmãos e irmãs, e to-
dos os que o haviam conhecido anteriormente vieram
comer com ele em sua casa. Eles o consolaram e o con-
fortaram por todas as tribulações que o SENHOR tinha
trazido sobre ele, e cada um lhe deu uma peça de pra-
ta[b] e um anel de ouro.

[12]O SENHOR abençoou o final da vida de Jó mais do
que o início. Ele teve catorze mil ovelhas, seis mil ca-
melos, mil juntas de boi e mil jumentos. [13]Também te-
ve ainda sete filhos e três filhas. [14]À primeira filha deu
o nome de Jemima, à segunda o de Quézia e à tercei-
ra o de Quéren-Hapuque. [15]Em parte alguma daquela
terra havia mulheres tão bonitas como as filhas de Jó,
e seu pai lhes deu herança junto com os seus irmãos.

[16]Depois disso Jó viveu cento e quarenta anos; viu
seus filhos e os descendentes deles até a quarta geração.
[17]E então morreu, em idade muito avançada.

[a] 42:8 Isto é, sacrifícios totalmente queimados.
[b] 42:11 Hebraico: *1 quesita*. Uma quesita era uma unidade monetária de peso e valor desconhecidos.

SALMOS

PRIMEIRO LIVRO

Salmo 1

1Como é feliz aquele
que não segue o conselho dos ímpios,
não imita a conduta dos pecadores,
nem se assenta na roda dos zombadores!
2Ao contrário, sua satisfação
está na lei do SENHOR,
e nessa lei medita dia e noite.
3É como árvore plantada
à beira de águas correntes:
Dá fruto no tempo certo
e suas folhas não murcham.
Tudo o que ele faz prospera!

4Não é o caso dos ímpios!
São como palha que o vento leva.
5Por isso os ímpios
não resistirão no julgamento,
nem os pecadores na comunidade dos justos.

6Pois o SENHOR aprova o[a] caminho dos justos,
mas o caminho dos ímpios leva à destruição!

Salmo 2

1Por que se amotinam[b] as nações
e os povos tramam em vão?
2Os reis da terra tomam posição
e os governantes conspiram unidos
contra o SENHOR e contra o seu ungido,
e dizem:
3"Façamos em pedaços as suas correntes,
lancemos de nós as suas algemas!"

4Do seu trono nos céus
o Senhor põe-se a rir e caçoa deles.
5Em sua ira os repreende
e em seu furor os aterroriza, dizendo:
6"Eu mesmo estabeleci o meu rei
em Sião, no meu santo monte".

7Proclamarei o decreto do SENHOR:
Ele me disse: "Tu és meu filho;
eu hoje te gerei.
8Pede-me, e te darei as nações como herança
e os confins da terra como tua propriedade.
9Tu as quebrarás com vara de ferro[c]
e as despedaçarás como a um vaso de barro".
10Por isso, ó reis, sejam prudentes;
aceitem a advertência, autoridades da terra.
11Adorem o SENHOR com temor;
exultem com tremor.
12Beijem o filho,[d] para que ele não se ire
e vocês não sejam destruídos de repente,
pois num instante acende-se a sua ira.
Como são felizes todos os que nele se
refugiam!

[a] 1:6 Ou *cuida do*; ou ainda *conhece o*
[b] 2:1 A Septuaginta diz *se enfurecem*.
[c] 2:9 Ou *as governarás com cetro de ferro*
[d] 2:12 Os versículos 11 e 12 permitem traduções alternativas.

Salmo 3

Salmo de Davi, quando fugiu de seu filho Absalão.

1SENHOR, muitos são os meus adversários!
Muitos se rebelam contra mim!
2São muitos os que dizem a meu respeito:
"Deus nunca o salvará!"
Pausa[e]

3Mas tu, SENHOR,
és o escudo que me protege;
és a minha glória
e me fazes andar de cabeça erguida.
4Ao SENHOR clamo em alta voz,
e do seu santo monte ele me responde.
Pausa

5Eu me deito e durmo, e torno a acordar,
porque é o SENHOR que me sustém.
6Não me assustam os milhares que me cercam.

7Levanta-te, SENHOR!
Salva-me, Deus meu!
Quebra o queixo de todos os meus inimigos;
arrebenta os dentes dos ímpios.

8Do SENHOR vem o livramento.
A tua bênção está sobre o teu povo.
Pausa

Salmo 4

Para o mestre de música. Com instrumentos de cordas. Salmo davídico.

1Responde-me quando clamo,
ó Deus que me fazes justiça!
Dá-me alívio da minha angústia;
tem misericórdia de mim
e ouve a minha oração.

2Até quando vocês, ó poderosos[f],
ultrajarão a minha honra?[g]
Até quando estarão amando ilusões
e buscando mentiras[h]?
Pausa

3Saibam que o SENHOR escolheu o piedoso;
o SENHOR ouvirá quando eu o invocar.

4Quando vocês ficarem irados, não pequem;
ao deitar-se reflitam nisso,
e aquietem-se.
Pausa

5Ofereçam sacrifícios como Deus exige
e confiem no SENHOR.

6Muitos perguntam:
"Quem nos fará desfrutar o bem?"
Faze, ó SENHOR, resplandecer sobre nós
a luz do teu rosto![i]

[e] 3:2 Hebraico: *Selá*; também em todo o livro de Salmos.
[f] 4:2 Ou *mortais*
[g] 4:2 Ou *desonrarão aquele em quem me glorio?*
[h] 4:2 Ou *deuses falsos?*
[i] 4:6 Isto é, mostra-nos, SENHOR, a tua bondade!

7Encheste o meu coração de alegria,
alegria maior do que a daqueles
que têm fartura de trigo e de vinho.
8Em paz me deito e logo adormeço,
pois só tu, SENHOR,
me fazes viver em segurança.

Salmo 5

Para o mestre de música. Para flautas. Salmo davídico.

1Escuta, SENHOR, as minhas palavras,
considera o meu gemer.
2Atenta para o meu grito de socorro,
meu Rei e meu Deus,
pois é a ti que imploro.
3De manhã ouves, SENHOR, o meu clamor;
de manhã te apresento a minha oração[a]
e aguardo com esperança.

4Tu não és um Deus
que tenha prazer na injustiça;
contigo o mal não pode habitar.
5Os arrogantes não são aceitos
na tua presença;
odeias todos os que praticam o mal.
6Destróis os mentirosos;
os assassinos e os traiçoeiros
o SENHOR detesta.

7Eu, porém, pelo teu grande amor,
entrarei em tua casa;
com temor me inclinarei
para o teu santo templo.
8Conduze-me, SENHOR, na tua justiça,
por causa dos meus inimigos;
aplaina o teu caminho diante de mim.

9Nos lábios deles não há palavra confiável;
suas mentes só tramam destruição.
Suas gargantas são um túmulo aberto;
com suas línguas enganam sutilmente.
10Condena-os, ó Deus!
Caiam eles por suas próprias maquinações.
Expulsa-os por causa dos seus muitos crimes,
pois se rebelaram contra ti.

11Alegrem-se, porém,
todos os que se refugiam em ti;
cantem sempre de alegria!
Estende sobre eles a tua proteção.
Em ti exultem os que amam o teu nome.
12Pois tu, SENHOR, abençoas o justo;
o teu favor o protege como um escudo.

Salmo 6

Para o mestre de música. Com instrumentos de cordas. Em oitava. Salmo davídico.

1SENHOR, não me castigues na tua ira
nem me disciplines no teu furor.
2Misericórdia, SENHOR, pois vou desfalecendo!
Cura-me, SENHOR, pois os meus ossos tremem:
3todo o meu ser estremece.
Até quando, SENHOR, até quando?

4Volta-te, SENHOR, e livra-me;
salva-me por causa do teu amor leal.
5Quem morreu não se lembra de ti.
Entre os mortos[b], quem te louvará?
6Estou exausto de tanto gemer.
De tanto chorar inundo de noite
a minha cama;
de lágrimas encharco o meu leito.
7Os meus olhos se consomem de tristeza;
fraquejam por causa de todos
os meus adversários.

8Afastem-se de mim
todos vocês que praticam o mal,
porque o SENHOR ouviu o meu choro.
9O SENHOR ouviu a minha súplica;
o SENHOR aceitou a minha oração.
10Serão humilhados e aterrorizados
todos os meus inimigos;
frustrados, recuarão de repente.

Salmo 7

Confissão de Davi, que ele cantou ao SENHOR acerca de Cuxe, o benjamita.

1SENHOR, meu Deus, em ti me refugio;
salva-me e livra-me de todos
os que me perseguem,
2para que, como leões,
não me dilacerem nem me despedacem,
sem que ninguém me livre.

3SENHOR, meu Deus, se assim procedi,
se nas minhas mãos há injustiça,
4se fiz algum mal a um amigo
ou se poupei[c] sem motivo o meu adversário,
5persiga-me o meu inimigo até me alcançar,
no chão me pisoteie e aniquile a minha vida,
lançando a minha honra no pó.
Pausa

6Levanta-te, SENHOR, na tua ira;
ergue-te contra o furor dos meus adversários.
Desperta-te, meu Deus! Ordena a justiça!
7Reúnam-se os povos ao teu redor.
Das alturas reina sobre eles.
8O SENHOR é quem julga os povos.
Julga-me, SENHOR, conforme a minha justiça,
conforme a minha integridade.
9Deus justo,
que sondas as mentes e os corações,
dá fim à maldade dos ímpios
e ao justo dá segurança.

10O meu escudo está nas mãos de Deus,
que salva o reto de coração.
11Deus é um juiz justo,
um Deus que manifesta cada dia o seu furor.
12Se o homem não se arrepende,
Deus afia a sua espada,
arma o seu arco e o aponta,
13prepara as suas armas mortais
e faz de suas setas flechas flamejantes.

14Quem gera a maldade, concebe sofrimento
e dá à luz a desilusão.

[a] 5:3 Ou *o meu sacrifício*

[b] 6:5 Hebraico: *Sheol*. Essa palavra também pode ser traduzida por sepultura, profundezas, pó ou morte.

[c] 7:4 Ou *explorei*

[15]Quem cava um buraco e o aprofunda
cairá nessa armadilha que fez.
[16]Sua maldade se voltará contra ele;
sua violência cairá sobre a sua própria cabeça.

[17]Darei graças ao SENHOR por sua justiça;
ao nome do SENHOR Altíssimo
cantarei louvores.

Salmo 8

Para o mestre de música. De acordo com a melodia Os Lagares. *Salmo davídico.*

[1]SENHOR, Senhor nosso,
como é majestoso o teu nome em toda a terra!
Tu, cuja glória é cantada nos céus.[a]
[2]Dos lábios das crianças e dos recém-nascidos
firmaste o teu nome como fortaleza[b],
por causa dos teus adversários,
para silenciar o inimigo que busca vingança.

[3]Quando contemplo os teus céus,
obra dos teus dedos,
a lua e as estrelas que ali firmaste,
[4]pergunto: Que é o homem,
para que com ele te importes?
E o filho do homem,
para que com ele te preocupes?

[5]Tu o fizeste um pouco menor
do que os seres celestiais[c]
e o coroaste de glória e de honra.
[6]Tu o fizeste dominar
sobre as obras das tuas mãos;
sob os seus pés tudo puseste:
[7]todos os rebanhos e manadas,
e até os animais selvagens,
[8]as aves do céu, os peixes do mar
e tudo o que percorre as veredas dos mares.

[9]SENHOR, Senhor nosso,
como é majestoso o teu nome em toda a terra!

Salmo 9[d]

Para o mestre de música. De acordo com muth-laben[e]. *Salmo davídico.*

[1]SENHOR, quero dar-te graças de todo o coração
e falar de todas as tuas maravilhas.
[2]Em ti quero alegrar-me e exultar,
e cantar louvores ao teu nome, ó Altíssimo.

[3]Quando os meus inimigos
contigo se defrontam,
tropeçam e são destruídos.
[4]Pois defendeste o meu direito e a minha causa;
em teu trono te assentaste,
julgando com justiça.
[5]Repreendeste as nações e destruíste os ímpios;
para todo o sempre apagaste o nome deles.
[6]O inimigo foi totalmente arrasado,
para sempre;
desarraigaste as suas cidades;
já não há quem delas se lembre.

[7]O SENHOR reina para sempre;
estabeleceu o seu trono para julgar.
[8]Ele mesmo julga o mundo com justiça;
governa os povos com retidão.
[9]O SENHOR é refúgio para os oprimidos,
uma torre segura na hora da adversidade.
[10]Os que conhecem o teu nome confiam em ti,
pois tu, SENHOR, jamais abandonas
os que te buscam.

[11]Cantem louvores ao SENHOR,
que reina em Sião;
proclamem entre as nações os seus feitos.
[12]Aquele que pede contas do sangue derramado
não esquece;
ele não ignora o clamor dos oprimidos.

[13]Misericórdia, SENHOR!
Vê o sofrimento que me causam
os que me odeiam.
Salva-me das portas da morte,
[14]para que, junto às portas da cidade[f] de Sião,
eu cante louvores a ti
e ali exulte em tua salvação.
[15]Caíram as nações na cova que abriram;
os seus pés ficaram presos
no laço que esconderam.
[16]O SENHOR é conhecido
pela justiça que executa;
os ímpios caem em suas próprias armadilhas.
Interlúdio[g]. Pausa
[17]Voltem os ímpios ao pó[h],
todas as nações que se esquecem de Deus!
[18]Mas os pobres nunca serão esquecidos,
nem se frustrará a esperança dos necessitados.

[19]Levanta-te, SENHOR!
Não permitas que o mortal triunfe!
Julgadas sejam as nações na tua presença.
[20]Infunde-lhes terror, SENHOR;
saibam as nações
que não passam de seres humanos.
Pausa

Salmo 10

[1]SENHOR, por que estás tão longe?
Por que te escondes em tempos de angústia?

[2]Em sua arrogância o ímpio persegue o pobre,
que é apanhado em suas tramas.
[3]Ele se gaba de sua própria cobiça
e, em sua ganância,
amaldiçoa[i] e insulta o SENHOR.
[4]Em sua presunção o ímpio não o busca;
não há lugar para Deus
em nenhum dos seus planos.

[a] 8:1 Ou *Puseste a tua glória nos céus*; ou ainda *Eu te cultuarei acima dos céus.*
[b] 8:2 Ou *suscitaste louvor*
[c] 8:5 Ou *do que Deus*
[d] Os Salmos 9 e 10 talvez tenham sido originalmente um único poema, organizado em ordem alfabética, no hebraico. Na Septuaginta constituem um único salmo.
[e] Expressão de sentido desconhecido. Tradicionalmente: De acordo com a melodia *A Morte para o Filho*.
[f] 9:14 Hebraico: *filha*.
[g] 9:16 Hebraico: *Higaion*.
[h] 9:17 Hebraico: *Sheol*. Essa palavra também pode ser traduzida por sepultura, profundezas ou morte.
[i] 10:3 Hebraico: *abençoa*. Aqui empregado como eufemismo.

5Os seus caminhos prosperam sempre;
tão acima da sua compreensão estão as tuas leis
que ele faz pouco caso
de todos os seus adversários,
6pensando consigo mesmo: "Nada me abalará!
Desgraça alguma me atingirá,
nem a mim nem aos meus descendentes".
7Sua boca está cheia de maldições,
mentiras e ameaças;
violência e maldade estão em sua língua.
8Fica à espreita perto dos povoados;
em emboscadas mata os inocentes,
procurando às escondidas as suas vítimas.
9Fica à espreita como o leão escondido;
fica à espreita para apanhar o necessitado;
apanha o necessitado e o arrasta para a sua rede.
10Agachado, fica de tocaia;
as suas vítimas caem em seu poder.
11Pensa consigo mesmo: "Deus se esqueceu;
escondeu o rosto e nunca verá isto".

12Levanta-te, SENHOR!
Ergue a tua mão, ó Deus!
Não te esqueças dos necessitados.
13Por que o ímpio insulta a Deus,
dizendo no seu íntimo:
"De nada me pedirás contas!"?
14Mas tu enxergas o sofrimento e a dor;
observa-os para tomá-los em tuas mãos.
A vítima deles entrega-se a ti;
tu és o protetor do órfão.
15Quebra o braço do ímpio e do perverso,
pede contas de sua impiedade
até que dela nada mais se ache[a].

16O SENHOR é rei para todo o sempre;
da sua terra desapareceram os outros povos.
17Tu, SENHOR, ouves a súplica dos necessitados;
tu os reanimas e atendes ao seu clamor.
18Defendes o órfão e o oprimido,
a fim de que o homem, que é pó,
já não cause terror.

Salmo 11

Para o mestre de música. Davídico.

1No SENHOR me refugio.
Como então vocês podem dizer-me:
"Fuja como um pássaro para os montes"?
2Vejam! Os ímpios preparam os seus arcos;
colocam as flechas contra as cordas
para das sombras as atirarem
nos retos de coração.
3Quando os fundamentos
estão sendo destruídos,
que pode fazer o justo?

4O SENHOR está no seu santo templo;
o SENHOR tem o seu trono nos céus.
Seus olhos observam;
seus olhos examinam os filhos dos homens.
5O SENHOR prova o justo,
mas o ímpio e a quem[b] ama a injustiça,
a sua alma odeia.
6Sobre os ímpios ele fará chover
brasas ardentes e enxofre incandescente;
vento ressecante é o que terão.
7Pois o SENHOR é justo, e ama a justiça;
os retos verão a sua face.

Salmo 12

Para o mestre de música. Em oitava. Salmo davídico.

1Salva-nos, SENHOR!
Já não há quem seja fiel;
já não se confia em ninguém entre os homens.
2Cada um mente ao seu próximo;
seus lábios bajuladores falam
com segundas intenções.

3Que o SENHOR corte
todos os lábios bajuladores
e a língua arrogante
4dos que dizem:
"Venceremos graças à nossa língua;
somos donos dos nossos lábios![c]
Quem é senhor sobre nós?"

5"Por causa da opressão do necessitado
e do gemido do pobre, agora me levantarei",
diz o SENHOR.
"Eu lhes darei a segurança que tanto anseiam."[d]
6As palavras do SENHOR são puras,
são como prata purificada num forno,
sete vezes refinada.

7SENHOR, tu nos guardarás seguros,
e dessa gente nos protegerás para sempre.
8Os ímpios andam altivos por toda parte,
quando a corrupção é exaltada entre os
homens.

Salmo 13

Para o mestre de música. Salmo davídico.

1Até quando, SENHOR?
Para sempre te esquecerás de mim?
Até quando esconderás de mim o teu rosto?
2Até quando terei inquietações
e tristeza no coração dia após dia?
Até quando o meu inimigo triunfará sobre
mim?
3Olha para mim e responde, SENHOR, meu Deus.
Ilumina os meus olhos,
ou do contrário dormirei o sono da morte;
4os meus inimigos dirão: "Eu o venci",
e os meus adversários festejarão o meu
fracasso.
5Eu, porém, confio em teu amor;
o meu coração exulta em tua salvação.
6Quero cantar ao SENHOR
pelo bem que me tem feito.

Salmo 14

Para o mestre de música. Davídico.

1Diz o tolo em seu coração: "Deus não existe".
Corromperam-se e cometeram atos detestáveis;
não há ninguém que faça o bem.

[a] 10:15 Ou *do contrário, não será descoberta*
[b] 11:5 Ou *O Senhor examina o justo e o ímpio, mas a quem*; ou ainda *O Senhor, o Justo, examina o ímpio, mas a quem*
[c] 12:4 Ou *nossos lábios são lâminas cortantes!*
[d] 12:5 Ou *"Eu os protegerei dos que anseiam destruí-los."*

²O SENHOR olha dos céus
para os filhos dos homens,
para ver se há alguém que tenha entendimento,
alguém que busque a Deus.
³Todos se desviaram,
igualmente se corromperam;
não há ninguém que faça o bem,
não há nem um sequer.

⁴Será que nenhum dos malfeitores aprende?
Eles devoram o meu povo
como quem come pão,
e não clamam pelo SENHOR!
⁵Olhem! Estão tomados de pavor!
Pois Deus está presente no meio dos justos.
⁶Vocês, malfeitores,
frustram os planos dos pobres,
mas o refúgio deles é o SENHOR.

⁷Ah, se de Sião viesse a salvação para Israel!
Quando o SENHOR restaurar o seu[a] povo,
Jacó exultará! Israel se regozijará!

Salmo 15

Salmo davídico.

¹SENHOR, quem habitará no teu santuário?
Quem poderá morar no teu santo monte?

²Aquele que é íntegro em sua conduta
e pratica o que é justo,
que de coração fala a verdade
³e não usa a língua para difamar,
que nenhum mal faz ao seu semelhante
e não lança calúnia contra o seu próximo,
⁴que rejeita quem merece desprezo,
mas honra os que temem o SENHOR,
que mantém a sua palavra,
mesmo quando sai prejudicado,
⁵que não empresta o seu dinheiro visando a lucro
nem aceita suborno contra o inocente.

Quem assim procede
nunca será abalado!

Salmo 16

Poema epigráfico davídico.

¹Protege-me, ó Deus,
pois em ti me refugio.

²Ao SENHOR declaro: "Tu és o meu Senhor;
não tenho bem nenhum além de ti".
³Quanto aos fiéis que há na terra,
eles é que são os notáveis
em quem está todo o meu prazer.
⁴Grande será o sofrimento
dos que correm atrás de outros deuses.[b]
Não participarei dos seus sacrifícios de sangue,
e os meus lábios nem mencionarão
os seus nomes.

⁵SENHOR, tu és a minha porção e o meu cálice;
és tu que garantes o meu futuro.
⁶As divisas caíram para mim
em lugares agradáveis:
Tenho uma bela herança!

⁷Bendirei o SENHOR, que me aconselha;
na escura noite o meu coração me ensina!
⁸Sempre tenho o SENHOR diante de mim.
Com ele à minha direita, não serei abalado.
⁹Por isso o meu coração se alegra
e no íntimo exulto;
mesmo o meu corpo repousará tranquilo,
¹⁰porque tu não me abandonarás no sepulcro[c],
nem permitirás que o teu santo
sofra decomposição.
¹¹Tu me farás[d] conhecer a vereda da vida,
a alegria plena da tua presença,
eterno prazer à tua direita.

Salmo 17

Oração davídica.

¹Ouve, SENHOR, a minha justa queixa;
atenta para o meu clamor.
Dá ouvidos à minha oração,
que não vem de lábios falsos.
²Venha de ti a sentença em meu favor;
vejam os teus olhos onde está a justiça!

³Provas o meu coração e de noite me examinas,
tu me sondas, e nada encontras;
decidi que a minha boca não pecará
⁴como fazem os homens.
Pela palavra dos teus lábios
eu evitei os caminhos do violento.
⁵Meus passos seguem firmes nas tuas veredas;
os meus pés não escorregaram.

⁶Eu clamo a ti, ó Deus, pois tu me respondes;
inclina para mim os teus ouvidos
e ouve a minha oração.
⁷Mostra a maravilha do teu amor,
tu, que com a tua mão direita salvas
os que em ti buscam proteção
contra aqueles que os ameaçam.
⁸Protege-me como à menina dos teus olhos;
esconde-me à sombra das tuas asas,
⁹dos ímpios que me atacam com violência,
dos inimigos mortais que me cercam.

¹⁰Eles fecham o coração insensível,
e com a boca falam com arrogância.
¹¹Eles me seguem os passos, e já me cercam;
seus olhos estão atentos,
prontos para derrubar-me.
¹²São como um leão ávido pela presa,
como um leão forte agachado na emboscada.
¹³Levanta-te, SENHOR!
Confronta-os! Derruba-os!
Com a tua espada livra-me dos ímpios.
¹⁴Com a tua mão, SENHOR,
livra-me de homens assim,
de homens deste mundo,
cuja recompensa está nesta vida.

[a] 14:7 Ou *trouxer de volta os cativos do seu*
[b] 16:3-4 Ou *Quanto aos sacerdotes pagãos que estão na terra, e aos nobres em quem todos têm prazer, eu disse: Aumentarão suas tristezas, pois correm atrás de outros deuses.*
[c] 16:10 Hebraico: *Sheol.* Essa palavra também pode ser traduzida por profundezas, pó ou morte.
[d] 16:11 Ou *fizeste*

Enche-lhes o ventre de tudo
o que lhes reservaste;
sejam os seus filhos saciados,
e o que sobrar fique para os seus
pequeninos.[a]

15 Quanto a mim, feita a justiça, verei a tua face;
quando despertar, ficarei satisfeito
ao ver a tua semelhança.

Salmo 18

Para o mestre de música. De Davi, servo do SENHOR. Ele cantou as palavras deste cântico ao SENHOR quando este o livrou das mãos de todos os seus inimigos e das mãos de Saul. Ele disse:

1 Eu te amo, ó SENHOR, minha força.

2 O SENHOR é a minha rocha, a minha fortaleza
e o meu libertador;
o meu Deus é o meu rochedo,
em quem me refugio.
Ele é o meu escudo e o poder[b] que me salva,
a minha torre alta.
3 Clamo ao SENHOR, que é digno de louvor,
e estou salvo dos meus inimigos.
4 As cordas da morte me enredaram;
as torrentes da destruição me surpreenderam.
5 As cordas do Sheol[c] me envolveram;
os laços da morte me alcançaram.
6 Na minha aflição clamei ao SENHOR;
gritei por socorro ao meu Deus.
Do seu templo ele ouviu a minha voz;
meu grito chegou à sua presença,
aos seus ouvidos.

7 A terra tremeu e agitou-se,
e os fundamentos dos montes se abalaram;
estremeceram porque ele se irou.
8 Das suas narinas subiu fumaça;
da sua boca saíram brasas vivas
e fogo consumidor.
9 Ele abriu os céus e desceu;
nuvens escuras estavam sob os seus pés.
10 Montou um querubim e voou,
deslizando sobre as asas do vento.
11 Fez das trevas o seu esconderijo,
das escuras nuvens, cheias de água,
o abrigo que o envolvia.
12 Com o fulgor da sua presença
as nuvens se desfizeram em granizo e raios,
13 quando dos céus trovejou o SENHOR,
e ressoou a voz do Altíssimo.
14 Atirou suas flechas e dispersou meus inimigos,
com seus raios os derrotou.
15 O fundo do mar apareceu,
e os fundamentos da terra foram expostos
pela tua repreensão, ó SENHOR,
com o forte sopro das tuas narinas.

16 Das alturas estendeu a mão e me segurou;
tirou-me das águas profundas.
17 Livrou-me do meu inimigo poderoso,
dos meus adversários, fortes demais para mim.
18 Eles me atacaram no dia da minha desgraça,
mas o SENHOR foi o meu amparo.
19 Ele me deu total libertação;[d]
livrou-me porque me quer bem.

20 O SENHOR me tratou
conforme a minha justiça;
conforme a pureza das minhas mãos
recompensou-me.
21 Pois segui os caminhos do SENHOR;
não agi como ímpio,
afastando-me do meu Deus.
22 Todas as suas ordenanças estão diante de
mim;
não me desviei dos seus decretos.
23 Tenho sido irrepreensível para com ele
e guardei-me de praticar o mal.
24 O SENHOR me recompensou
conforme a minha justiça,
conforme a pureza das minhas mãos
diante dos seus olhos.

25 Ao fiel te revelas fiel,
ao irrepreensível te revelas irrepreensível,
26 ao puro te revelas puro,
mas com o perverso reages à altura.
27 Salvas os que são humildes,
mas humilhas os de olhos altivos.
28 Tu, SENHOR, manténs acesa a minha lâmpada;
o meu Deus transforma em luz as minhas
trevas.
29 Com o teu auxílio posso atacar uma tropa;
com o meu Deus posso transpor muralhas.

30 Este é o Deus cujo caminho é perfeito;
a palavra do SENHOR
é comprovadamente genuína.
Ele é um escudo para todos
os que nele se refugiam.
31 Pois quem é Deus além do SENHOR?
E quem é rocha senão o nosso Deus?
32 Ele é o Deus que me reveste de força
e torna perfeito o meu caminho.
33 Torna os meus pés ágeis como os da corça,
sustenta-me firme nas alturas.
34 Ele treina as minhas mãos para a batalha
e os meus braços
para vergar um arco de bronze.
35 Tu me dás o teu escudo de vitória;
tua mão direita me sustém;
desces ao meu encontro para exaltar-me.
36 Deixaste livre o meu caminho,
para que não se torçam os meus tornozelos.

37 Persegui os meus inimigos e os alcancei;
e não voltei enquanto não foram destruídos.
38 Massacrei-os, e não puderam levantar-se;
jazem debaixo dos meus pés.
39 Deste-me força para o combate;
subjugaste os que se rebelaram contra mim.
40 Puseste os meus inimigos em fuga
e exterminei os que me odiavam.

[a] 17:14 Ou *Tu sacias a fome daqueles a quem queres bem; os seus filhos têm fartura, e armazenam bens para os seus pequeninos.*

[b] 18:2 Hebraico: *chifre.*

[c] 18:5 Essa palavra pode ser traduzida por sepultura, profundezas, pó ou morte.

[d] 18:19 Hebraico: *Ele me levou para um local espaçoso.*

[41]Gritaram por socorro,
mas não houve quem os salvasse;
clamaram ao SENHOR, mas ele não respondeu.
[42]Eu os reduzi a pó, pó que o vento leva.
Pisei-os como à lama das ruas.

[43]Tu me livraste de um povo em revolta;
fizeste-me o cabeça de nações;
um povo que não conheci sujeita-se a mim.
[44]Assim que me ouvem, me obedecem;
são estrangeiros que se submetem a mim.
[45]Todos eles perderam a coragem;
tremendo, saem das suas fortalezas.

[46]O SENHOR vive! Bendita seja a minha Rocha!
Exaltado seja Deus, o meu Salvador!
[47]Este é o Deus que em meu favor
executa vingança,
que a mim sujeita nações.
[48]Tu me livraste dos meus inimigos;
sim, fizeste-me triunfar
sobre os meus agressores,
e de homens violentos me libertaste.
[49]Por isso eu te louvarei entre as nações,
ó SENHOR;
cantarei louvores ao teu nome.
[50]Ele dá grandes vitórias ao seu rei;
é bondoso com o seu ungido,
com Davi e os seus descendentes para sempre.

Salmo 19

Para o mestre de música. Salmo davídico.

[1]Os céus declaram a glória de Deus;
o firmamento proclama a obra das suas mãos.
[2]Um dia fala disso a outro dia;
uma noite o revela a outra noite.
[3]Sem discurso nem palavras,
não se ouve a sua voz.
[4]Mas a sua voz[a] ressoa por toda a terra,
e as suas palavras, até os confins do mundo.

Nos céus ele armou uma tenda para o sol,
[5]que é como um noivo que sai de seu aposento
e se lança em sua carreira
com a alegria de um herói.
[6]Sai de uma extremidade dos céus
e faz o seu trajeto até a outra;
nada escapa ao seu calor.

[7]A lei do SENHOR é perfeita, e revigora a alma.
Os testemunhos do SENHOR
são dignos de confiança,
e tornam sábios os inexperientes.
[8]Os preceitos do SENHOR são justos,
e dão alegria ao coração.
Os mandamentos do SENHOR são límpidos,
e trazem luz aos olhos.
[9]O temor do SENHOR é puro,
e dura para sempre.
As ordenanças do SENHOR são verdadeiras,
são todas elas justas.
[10]São mais desejáveis do que o ouro,
do que muito ouro puro;
são mais doces do que o mel,
do que as gotas do favo.
[11]Por elas o teu servo é advertido;
há grande recompensa em obedecer-lhes.

[12]Quem pode discernir os próprios erros?
Absolve-me dos que desconheço!
[13]Também guarda o teu servo
dos pecados intencionais;
que eles não me dominem!
Então serei íntegro,
inocente de grande transgressão.

[14]Que as palavras da minha boca
e a meditação do meu coração
sejam agradáveis a ti,
SENHOR, minha Rocha e meu Resgatador!

Salmo 20

Para o mestre de música. Salmo davídico.

[1]Que o SENHOR te responda
no tempo da angústia;
o nome do Deus de Jacó te proteja!
[2]Do santuário te envie auxílio
e de Sião te dê apoio.
[3]Lembre-se de todas as tuas ofertas
e aceite os teus holocaustos[b].

Pausa

[4]Conceda-te o desejo do teu coração
e leve a efeito todos os teus planos.
[5]Saudaremos a tua vitória com gritos de alegria
e ergueremos as nossas bandeiras
em nome do nosso Deus.
Que o SENHOR atenda todos os teus pedidos!

[6]Agora sei que o SENHOR
dará vitória ao seu ungido;
dos seus santos céus lhe responde
com o poder salvador da sua mão direita.
[7]Alguns confiam em carros e outros em
cavalos,
mas nós confiamos
no nome do SENHOR, o nosso Deus.
[8]Eles vacilam e caem,
mas nós nos erguemos e estamos firmes.

[9]SENHOR, concede vitória ao rei!
Responde-nos[c] quando clamamos!

Salmo 21

Para o mestre de música. Salmo davídico.

[1]O rei se alegra na tua força, ó SENHOR!
Como é grande a sua exultação
pelas vitórias que lhe dás!
[2]Tu lhe concedeste o desejo do seu coração
e não lhe rejeitaste o pedido
dos seus lábios.

Pausa

[3]Tu o recebeste dando-lhe ricas bênçãos,
e em sua cabeça
puseste uma coroa de ouro puro.
[4]Ele te pediu vida, e tu lhe deste!
Vida longa e duradoura.

[a] 19:4 Conforme a Septuaginta e a Versão Siríaca. O Texto Massorético diz *corda*.

[b] 20:3 Isto é, sacrifícios totalmente queimados.

[c] 20:9 Ou *Vitória! Ó Rei, responde-nos*

5Pelas vitórias que lhe deste,
grande é a sua glória;
de esplendor e majestade o cobriste.
6Fizeste dele uma grande bênção para sempre
e lhe deste a alegria da tua presença.
7O rei confia no Senhor:
por causa da fidelidade do Altíssimo
ele não será abalado.

8Tua mão alcançará todos os teus inimigos;
tua mão direita atingirá todos os que te odeiam.
9No dia em que te manifestares
farás deles uma fornalha ardente.
Na sua ira o Senhor os devorará,
um fogo os consumirá.
10Acabarás com a geração deles na terra,
com a sua descendência entre os homens.
11Embora tramem o mal contra ti
e façam planos perversos,
nada conseguirão;
12pois tu os porás em fuga
quando apontares para eles o teu arco.

13Sê exaltado, Senhor, na tua força!
Cantaremos e louvaremos o teu poder.

Salmo 22

Para o mestre de música. De acordo com a melodia A Corça da Manhã. *Salmo davídico.*

1Meu Deus! Meu Deus!
Por que me abandonaste?
Por que estás tão longe de salvar-me,
tão longe dos meus gritos de angústia?
2Meu Deus!
Eu clamo de dia, mas não respondes;
de noite, e não recebo alívio!
3Tu, porém, és o Santo,
és rei, és o louvor de Israel.
4Em ti os nossos antepassados
puseram a sua confiança;
confiaram, e os livraste.
5Clamaram a ti, e foram libertos;
em ti confiaram, e não se decepcionaram.

6Mas eu sou verme, e não homem,
motivo de zombaria
e objeto de desprezo do povo.
7Caçoam de mim todos os que me veem;
balançando a cabeça,
lançam insultos contra mim, dizendo:
8"Recorra ao Senhor!
Que o Senhor o liberte!
Que ele o livre, já que lhe quer bem!"

9Contudo, tu mesmo me tiraste do ventre;
deste-me segurança
junto ao seio de minha mãe.
10Desde que nasci fui entregue a ti;
desde o ventre materno és o meu Deus.

11Não fiques distante de mim,
pois a angústia está perto
e não há ninguém que me socorra.
12Muitos touros me cercam,
sim, rodeiam-me os poderosos de Basã.
13Como leão voraz rugindo,
escancaram a boca contra mim.
14Como água me derramei,
e todos os meus ossos estão desconjuntados.
Meu coração se tornou como cera;
derreteu-se no meu íntimo.
15Meu vigor secou-se como um caco de barro,
e a minha língua gruda no céu da boca;
deixaste-me no pó, à beira da morte.
16Cães me rodearam!
Um bando de homens maus me cercou!
Perfuraram minhas mãos e meus pés.
17Posso contar todos os meus ossos,
mas eles me encaram com desprezo.
18Dividiram as minhas roupas entre si,
e lançaram sortes pelas minhas vestes.

19Tu, porém, Senhor, não fiques distante!
Ó minha força, vem logo em meu socorro!
20Livra-me da espada,
livra a minha vida do ataque dos cães.
21Salva-me da boca dos leões,
e dos chifres dos bois selvagens.
E tu me respondeste.

22Proclamarei o teu nome a meus irmãos;
na assembleia te louvarei.
23Louvem-no, vocês que temem o Senhor!
Glorifiquem-no, todos vocês,
descendentes de Jacó!
Tremam diante dele, todos vocês,
descendentes de Israel!
24Pois não menosprezou
nem repudiou o sofrimento do aflito;
não escondeu dele o rosto,
mas ouviu o seu grito de socorro.

25De ti vem o tema do meu louvor
na grande assembleia;
na presença dos que te[a] temem
cumprirei os meus votos.
26Os pobres comerão até ficarem satisfeitos;
aqueles que buscam o Senhor o louvarão!
Que vocês tenham vida longa!
27Todos os confins da terra
se lembrarão e se voltarão para o Senhor,
e todas as famílias das nações
se prostrarão diante dele,
28pois do Senhor é o reino;
ele governa as nações.

29Todos os ricos da terra
se banquetearão e o adorarão;
haverão de ajoelhar-se diante dele
todos os que descem ao pó,
cuja vida se esvai.
30A posteridade o servirá;
gerações futuras ouvirão falar do Senhor,
31e a um povo que ainda não nasceu
proclamarão seus feitos de justiça,
pois ele agiu poderosamente.

Salmo 23

Salmo davídico.

1O Senhor é o meu pastor; de nada terei falta.
2Em verdes pastagens me faz repousar

[a] 22:25 Hebraico: *o*.

e me conduz a águas tranquilas;
[3]restaura-me o vigor.
Guia-me nas veredas da justiça
por amor do seu nome.

[4]Mesmo quando eu andar
por um vale de trevas e morte,
não temerei perigo algum, pois tu estás comigo;
a tua vara e o teu cajado me protegem.

[5]Preparas um banquete para mim
à vista dos meus inimigos.
Tu me honras,
ungindo a minha cabeça com óleo
e fazendo transbordar o meu cálice.
[6]Sei que a bondade e a fidelidade
me acompanharão todos os dias da minha vida,
e voltarei à[a] casa do SENHOR enquanto eu viver.

Salmo 24

Salmo davídico.

[1]Do SENHOR é a terra e tudo o que nela existe,
o mundo e os que nele vivem;
[2]pois foi ele quem fundou-a sobre os mares
e firmou-a sobre as águas.

[3]Quem poderá subir o monte do SENHOR?
Quem poderá entrar no seu Santo Lugar?
[4]Aquele que tem as mãos limpas
e o coração puro,
que não recorre aos ídolos
nem jura por deuses falsos[b].
[5]Ele receberá bênçãos do SENHOR,
e Deus, o seu Salvador lhe fará justiça.
[6]São assim aqueles que o buscam,
que buscam a tua face, ó Deus de Jacó[c].
Pausa

[7]Abram-se, ó portais;
abram-se,[d] ó portas antigas,
para que o Rei da glória entre.
[8]Quem é o Rei da glória?
O SENHOR forte e valente,
o SENHOR valente nas guerras.
[9]Abram-se, ó portais;
abram-se, ó portas antigas,
para que o Rei da glória entre.
[10]Quem é esse Rei da glória?
O SENHOR dos Exércitos;
ele é o Rei da glória!
Pausa

Salmo 25[e]

Davídico.

[1]A ti, SENHOR, elevo a minha alma.
[2]Em ti confio, ó meu Deus.
Não deixes que eu seja humilhado,
nem que os meus inimigos triunfem sobre
mim!

[a] 23:6 A Septuaginta e outras versões antigas dizem *habitarei na*.
[b] 24:4 Ou *não se volta para a mentira nem jura falsamente*
[c] 24:6 Conforme dois manuscritos do Texto Massorético, a Versão Siríaca e a Septuaginta. A maioria dos manuscritos do Texto Massorético diz *a tua face, Jacó*.
[d] 24:7 Hebraico: *Levantem a cabeça, ó portais; estejam erguidas*; também no versículo 9.
[e] O salmo 25 é um poema organizado em ordem alfabética, no hebraico.

[3]Nenhum dos que esperam em ti
ficará decepcionado;
decepcionados ficarão
aqueles que, sem motivo, agem
traiçoeiramente.

[4]Mostra-me, SENHOR, os teus caminhos,
ensina-me as tuas veredas;
[5]guia-me com a tua verdade e ensina-me,
pois tu és Deus, meu Salvador,
e a minha esperança está em ti o tempo todo.
[6]Lembra-te, SENHOR,
da tua compaixão e da tua misericórdia,
que tens mostrado desde a antiguidade.
[7]Não te lembres dos pecados e transgressões
da minha juventude;
conforme a tua misericórdia, lembra-te de mim,
pois tu, SENHOR, és bom.

[8]Bom e justo é o SENHOR;
por isso mostra o caminho aos pecadores.
[9]Conduz os humildes na justiça
e lhes ensina o seu caminho.
[10]Todos os caminhos do SENHOR
são amor e fidelidade
para com os que cumprem
os preceitos da sua aliança.
[11]Por amor do teu nome, SENHOR,
perdoa o meu pecado, que é tão grande!
[12]Quem é o homem que teme o SENHOR?
Ele o instruirá no caminho que deve seguir.
[13]Viverá em prosperidade,
e os seus descendentes herdarão a terra.
[14]O SENHOR confia os seus segredos
aos que o temem,
e os leva a conhecer a sua aliança.
[15]Os meus olhos estão sempre voltados
para o SENHOR,
pois só ele tira os meus pés da armadilha.

[16]Volta-te para mim e tem misericórdia de mim,
pois estou só e aflito.
[17]As angústias do meu coração se multiplicaram;
liberta-me da minha aflição.
[18]Olha para a minha tribulação
e o meu sofrimento,
e perdoa todos os meus pecados.
[19]Vê como aumentaram os meus inimigos
e com que fúria me odeiam!
[20]Guarda a minha vida e livra-me!
Não me deixes decepcionado,
pois eu me refugio em ti.
[21]Que a integridade e a retidão me protejam,
porque a minha esperança está em ti.

[22]Ó Deus, liberta Israel de todas as suas aflições!

Salmo 26

Davídico.

[1]Faze-me justiça, SENHOR,
pois tenho vivido com integridade.
Tenho confiado no SENHOR, sem vacilar.
[2]Sonda-me, SENHOR, e prova-me,
examina o meu coração e a minha mente;
[3]pois o teu amor está sempre diante de mim,

e continuamente sigo a tua verdade.
4Não me associo com homens falsos,
nem ando com hipócritas;
5detesto o ajuntamento dos malfeitores,
e não me assento com os ímpios.
6Lavo as mãos na inocência,
e do teu altar, SENHOR, me aproximo
7cantando hinos de gratidão
e falando de todas as tuas maravilhas.
8Eu amo, SENHOR, o lugar da tua habitação,
onde a tua glória habita.

9Não me dês o destino dos pecadores,
nem o fim dos assassinos;
10suas mãos executam planos perversos,
praticam suborno abertamente.

11Mas eu vivo com integridade;
livra-me e tem misericórdia de mim.
12Os meus pés estão firmes na retidão;
na grande assembleia bendirei o SENHOR.

Salmo 27

Davídico.

1O SENHOR é a minha luz e a minha salvação;
de quem terei temor?
O SENHOR é o meu forte refúgio;
de quem terei medo?
2Quando homens maus avançarem contra mim
para destruir-me[a],
eles, meus inimigos e meus adversários,
é que tropeçarão e cairão.
3Ainda que um exército se acampe contra mim,
meu coração não temerá;
ainda que se declare guerra contra mim,
mesmo assim estarei confiante.

4Uma coisa pedi ao SENHOR;
é o que procuro:
que eu possa viver na casa do SENHOR
todos os dias da minha vida,
para contemplar a bondade do SENHOR
e buscar sua orientação no seu templo.
5Pois no dia da adversidade
ele me guardará protegido em sua habitação;
no seu tabernáculo me esconderá
e me porá em segurança sobre um rochedo.
6Então triunfarei sobre os inimigos
que me cercam.
Em seu tabernáculo oferecerei sacrifícios
com aclamações;
cantarei e louvarei ao SENHOR.

7Ouve a minha voz quando clamo, ó SENHOR;
tem misericórdia de mim e responde-me.
8A teu respeito diz o meu coração:
Busque a minha face![b]
A tua face, SENHOR, buscarei.
9Não escondas de mim a tua face,
não rejeites com ira o teu servo;
tu tens sido o meu ajudador.
Não me desampares nem me abandones,
ó Deus, meu salvador!
10Ainda que me abandonem pai e mãe,
o SENHOR me acolherá.
11Ensina-me o teu caminho, SENHOR;
conduze-me por uma vereda segura
por causa dos meus inimigos.
12Não me entregues
ao capricho dos meus adversários,
pois testemunhas falsas se levantam contra mim,
respirando violência.

13Apesar disso, esta certeza eu tenho:
viverei até ver a bondade do SENHOR na terra.
14Espere no SENHOR.
Seja forte! Coragem!
Espere no SENHOR.

Salmo 28

Davídico.

1A ti eu clamo, SENHOR, minha Rocha;
não fiques indiferente para comigo.
Se permaneceres calado,
serei como os que descem à cova.
2Ouve as minhas súplicas
quando clamo a ti por socorro,
quando ergo as mãos
para o teu Lugar Santíssimo.

3Não me dês o castigo reservado para os ímpios
e para os malfeitores,
que falam como amigos com o próximo,
mas abrigam maldade no coração.
4Retribui-lhes conforme os seus atos,
conforme as suas más obras;
retribui-lhes o que as suas mãos têm feito
e dá-lhes o que merecem.
5Visto que não consideram os feitos do SENHOR,
nem as obras de suas mãos,
ele os arrasará e jamais os deixará reerguer-se.

6Bendito seja o SENHOR,
pois ouviu as minhas súplicas.
7O SENHOR é a minha força e o meu escudo;
nele o meu coração confia, e dele recebo
ajuda.
Meu coração exulta de alegria,
e com o meu cântico lhe darei graças.
8O SENHOR é a força do seu povo,
a fortaleza que salva o seu ungido.

9Salva o teu povo e abençoa a tua herança!
Cuida deles como o seu pastor
e conduze-os para sempre.

Salmo 29

Salmo davídico.

1Atribuam ao SENHOR, ó seres celestiais[c],
atribuam ao SENHOR glória e força.
2Atribuam ao SENHOR
a glória que o seu nome merece;
adorem o SENHOR
no esplendor do seu santuário[d].

3A voz do SENHOR ressoa sobre as águas;
o Deus da glória troveja,

[a] 27:2 Hebraico: *devorar a minha carne.*
[b] 27:8 Ou *A você, ó meu coração, ele diz: "Busque a minha face!"*
[c] 29:1 Ou *filhos de Deus*; ou ainda *poderosos*
[d] 29:2 Ou *da sua santidade*

o SENHOR troveja sobre as muitas águas.
4A voz do SENHOR é poderosa;
a voz do SENHOR é majestosa.
5A voz do SENHOR quebra os cedros;
o SENHOR despedaça os cedros do Líbano.
6Ele faz o Líbano saltar como bezerro,
o Siriom[a] como novilho selvagem.
7A voz do SENHOR corta os céus
com raios flamejantes.
8A voz do SENHOR faz tremer o deserto;
o SENHOR faz tremer o deserto de Cades.
9A voz do SENHOR retorce os carvalhos[b]
e despe as florestas.
E no seu templo todos clamam: "Glória!"

10O SENHOR assentou-se soberano
sobre o Dilúvio;
o SENHOR reina soberano para sempre.
11O SENHOR dá força ao seu povo;
o SENHOR dá a seu povo a bênção da paz.

Salmo 30

Salmo. Cântico para a dedicação do templo[c]. Davídico.

1Eu te exaltarei, SENHOR,
pois tu me reergueste
e não deixaste que os meus inimigos
se divertissem à minha custa.
2SENHOR meu Deus, a ti clamei por socorro,
e tu me curaste.
3SENHOR, tiraste-me da sepultura[d];
prestes a descer à cova, devolveste-me à vida.

4Cantem louvores ao SENHOR,
vocês, os seus fiéis;
louvem o seu santo nome.
5Pois a sua ira só dura um instante,
mas o seu favor dura a vida toda;
o choro pode persistir uma noite,
mas de manhã irrompe a alegria.

6Quando me senti seguro, disse:
Jamais serei abalado!
7SENHOR, com o teu favor,
deste-me firmeza e estabilidade;[e]
mas, quando escondeste a tua face,
fiquei aterrorizado.

8A ti, SENHOR, clamei,
ao Senhor pedi misericórdia:
9Se eu morrer[f], se eu descer à cova,
que vantagem haverá?
Acaso o pó te louvará?
Proclamará a tua fidelidade?
10Ouve, SENHOR, e tem misericórdia de mim;
SENHOR, sê tu o meu auxílio.

11Mudaste o meu pranto em dança,
a minha veste de lamento em veste de alegria,
12para que o meu coração
cante louvores a ti e não se cale.
SENHOR, meu Deus,
eu te darei graças para sempre.

Salmo 31

Para o mestre de música. Salmo davídico.

1Em ti, SENHOR, me refugio;
nunca permitas que eu seja humilhado;
livra-me pela tua justiça.
2Inclina os teus ouvidos para mim,
vem livrar-me depressa!
Sê minha rocha de refúgio,
uma fortaleza poderosa para me salvar.
3Sim, tu és a minha rocha e a minha fortaleza;
por amor do teu nome, conduze-me e guia-me.
4Tira-me da armadilha que me prepararam,
pois tu és o meu refúgio.
5Nas tuas mãos entrego o meu espírito;
resgata-me, SENHOR, Deus da verdade.

6Odeio aqueles que se apegam a ídolos inúteis;
eu, porém, confio no SENHOR.
7Exultarei com grande alegria por teu amor,
pois viste a minha aflição
e conheceste a angústia da minha alma.
8Não me entregaste
nas mãos dos meus inimigos;
deste-me segurança e liberdade.[g]

9Misericórdia, SENHOR! Estou em desespero!
A tristeza me consome
a vista, o vigor e o apetite[h].
10Minha vida é consumida pela angústia,
e os meus anos pelo gemido;
minha aflição[i] esgota as minhas forças,
e os meus ossos se enfraquecem.
11Por causa de todos os meus adversários,
sou motivo de ultraje para os meus vizinhos
e de medo para os meus amigos;
os que me veem na rua fogem de mim.
12Sou esquecido por eles
como se estivesse morto;
tornei-me como um pote quebrado.
13Ouço muitos cochicharem a meu respeito;
o pavor me domina,
pois conspiram contra mim,
tramando tirar-me a vida.
14Mas eu confio em ti, SENHOR,
e digo: Tu és o meu Deus.
15O meu futuro está nas tuas mãos;
livra-me dos meus inimigos
e daqueles que me perseguem.
16Faze o teu rosto resplandecer
sobre[j] o teu servo;
salva-me por teu amor leal.
17Não permitas que eu seja humilhado, SENHOR,
pois tenho clamado a ti;
mas que os ímpios sejam humilhados,
e calados fiquem no Sheol[k].
18Sejam emudecidos os seus lábios mentirosos,

[a] 29:6 Isto é, o monte Hermom.
[b] 29:9 Ou *faz a corça dar cria*
[c] Título: Ou *do palácio*. Hebraico: *casa*.
[d] 30:3 Hebraico: *Sheol*. Essa palavra também pode ser traduzida por profundezas, pó ou morte.
[e] 30:7 Hebraico: *firmaste a minha montanha*.
[f] 30:9 Hebraico: *No meu sangue*.
[g] 31:8 Hebraico: *puseste os meus pés num lugar espaçoso*.
[h] 31:9 Ou *os olhos, a garganta e o ventre*
[i] 31:10 Ou *culpa*
[j] 31:16 Isto é, mostra a tua bondade para com.
[k] 31:17 Essa palavra pode ser traduzida por sepultura, profundezas, pó ou morte.

pois com arrogância e desprezo
humilham os justos.

19Como é grande a tua bondade,
que reservaste para aqueles que te temem,
e que, à vista dos homens,
concedes àqueles que se refugiam em ti!
20No abrigo da tua presença os escondes
das intrigas dos homens;
na tua habitação os proteges
das línguas acusadoras.

21Bendito seja o SENHOR,
pois mostrou o seu maravilhoso amor
para comigo
quando eu estava numa cidade cercada.
22Alarmado, eu disse:
Fui excluído da tua presença!
Contudo, ouviste as minhas súplicas
quando clamei a ti por socorro.

23Amem o SENHOR, todos vocês, os seus
santos!
O SENHOR preserva os fiéis,
mas aos arrogantes dá o que merecem.
24Sejam fortes e corajosos,
todos vocês que esperam no SENHOR!

Salmo 32

Davídico. Poema.

1Como é feliz aquele
que tem suas transgressões perdoadas
e seus pecados apagados!
2Como é feliz aquele
a quem o SENHOR não atribui culpa
e em quem não há hipocrisia!

3Enquanto eu mantinha escondidos os meus
pecados,
o meu corpo definhava de tanto gemer.
4Pois dia e noite
a tua mão pesava sobre mim;
minhas forças foram-se esgotando
como em tempo de seca.
Pausa
5Então reconheci diante de ti o meu pecado
e não encobri as minhas culpas.
Eu disse: Confessarei as minhas transgressões
ao SENHOR,
e tu perdoaste a culpa do meu pecado.
Pausa

6Portanto, que todos os que são fiéis orem a ti
enquanto podes ser encontrado;
quando as muitas águas se levantarem,
elas não os atingirão.
7Tu és o meu abrigo;
tu me preservarás das angústias
e me cercarás de canções de livramento.
Pausa

8Eu o instruirei e o ensinarei
no caminho que você deve seguir;
eu o aconselharei e cuidarei de você.

9Não sejam como o cavalo ou o burro,
que não têm entendimento
mas precisam ser controlados
com freios e rédeas,
caso contrário não obedecem.
10Muitas são as dores dos ímpios,
mas a bondade do SENHOR
protege quem nele confia.
11Alegrem-se no SENHOR e exultem,
vocês que são justos!
Cantem de alegria,
todos vocês que são retos de coração!

Salmo 33

1Cantem de alegria ao SENHOR,
vocês que são justos;
aos que são retos fica bem louvá-lo.
2Louvem o SENHOR com harpa;
ofereçam-lhe música com lira de dez cordas.
3Cantem-lhe uma nova canção;
toquem com habilidade ao aclamá-lo.

4Pois a palavra do SENHOR é verdadeira;
ele é fiel em tudo o que faz.
5Ele ama a justiça e a retidão;
a terra está cheia da bondade do SENHOR.

6Mediante a palavra do SENHOR
foram feitos os céus,
e os corpos celestes, pelo sopro de sua boca.
7Ele ajunta as águas do mar num só lugar;
das profundezas faz reservatórios.
8Toda a terra tema o SENHOR;
tremam diante dele
todos os habitantes do mundo.
9Pois ele falou, e tudo se fez;
ele ordenou, e tudo surgiu.
10O SENHOR desfaz os planos das nações
e frustra os propósitos dos povos.
11Mas os planos do SENHOR
permanecem para sempre,
os propósitos do seu coração,
por todas as gerações.

12Como é feliz a nação
que tem o SENHOR como Deus,
o povo que ele escolheu para lhe pertencer!
13Dos céus olha o SENHOR
e vê toda a humanidade;
14do seu trono ele observa
todos os habitantes da terra;
15ele, que forma o coração de todos,
que conhece tudo o que fazem.
16Nenhum rei se salva
pelo tamanho do seu exército;
nenhum guerreiro escapa por sua grande força.
17O cavalo é vã esperança de vitória;
apesar da sua grande força, é incapaz de
salvar.
18Mas o SENHOR protege aqueles que o temem,
aqueles que firmam a esperança no seu amor,
19para livrá-los da morte e garantir-lhes vida,
mesmo em tempos de fome.

20Nossa esperança está no SENHOR;
ele é o nosso auxílio e a nossa proteção.
21Nele se alegra o nosso coração,
pois confiamos no seu santo nome.

22 Esteja sobre nós o teu amor, SENHOR,
como está em ti a nossa esperança.

Salmo 34[a]

De Davi, quando ele se fingiu de louco diante de Abimeleque, que o expulsou, e ele partiu.

1 Bendirei o SENHOR o tempo todo!
Os meus lábios sempre o louvarão.
2 Minha alma se gloriará no SENHOR;
ouçam os oprimidos e se alegrem.
3 Proclamem a grandeza do SENHOR comigo;
juntos exaltemos o seu nome.

4 Busquei o SENHOR, e ele me respondeu;
livrou-me de todos os meus temores.
5 Os que olham para ele
estão radiantes de alegria;
seus rostos jamais mostrarão decepção.
6 Este pobre homem clamou,
e o SENHOR o ouviu;
e o libertou de todas as suas tribulações.
7 O anjo do SENHOR é sentinela ao redor
daqueles que o temem,
e os livra.

8 Provem, e vejam como o SENHOR é bom.
Como é feliz o homem que nele se refugia!
9 Temam o SENHOR,
vocês que são os seus santos,
pois nada falta aos que o temem.
10 Os leões[b] podem passar necessidade e fome,
mas os que buscam o SENHOR de nada têm falta.

11 Venham, meus filhos, ouçam-me;
eu lhes ensinarei o temor do SENHOR.
12 Quem de vocês quer amar a vida
e deseja ver dias felizes?
13 Guarde a sua língua do mal
e os seus lábios da falsidade.
14 Afaste-se do mal e faça o bem;
busque a paz com perseverança.
15 Os olhos do SENHOR voltam-se para os justos
e os seus ouvidos
estão atentos ao seu grito de socorro;
16 o rosto do SENHOR
volta-se contra os que praticam o mal,
para apagar da terra a memória deles.

17 Os justos clamam, o SENHOR os ouve
e os livra de todas as suas tribulações.
18 O SENHOR está perto
dos que têm o coração quebrantado
e salva os de espírito abatido.

19 O justo passa por muitas adversidades,
mas o SENHOR o livra de todas;
20 protege todos os seus ossos;
nenhum deles será quebrado.

21 A desgraça matará os ímpios;[c]
os que odeiam o justo serão condenados.
22 O SENHOR redime a vida dos seus servos;
ninguém que nele se refugia será condenado.

[a] O Salmo 34 é um poema organizado em ordem alfabética, no hebraico.
[b] 34:10 A Septuaginta e a Versão Siríaca dizem *ricos*.
[c] 34:21 Ou *Os ímpios serão mortos nas suas próprias maldades;*

Salmo 35

Davídico.

1 Defende-me, SENHOR, dos que me acusam;
luta contra os que lutam comigo.
2 Toma os escudos, o grande e o pequeno;
levanta-te e vem socorrer-me.
3 Empunha a lança e o machado de guerra[d]
contra os meus perseguidores.
Dize à minha alma: "Eu sou a sua salvação".

4 Sejam humilhados e desprezados
os que procuram matar-me;
retrocedam envergonhados
aqueles que tramam a minha ruína.
5 Que eles sejam como a palha ao vento,
quando o anjo do SENHOR os expulsar;
6 seja a vereda deles sombria e escorregadia,
quando o anjo do SENHOR os perseguir.
7 Já que, sem motivo, prepararam contra
mim
uma armadilha oculta
e, sem motivo, abriram uma cova para mim,
8 que a ruína lhes sobrevenha de surpresa:
sejam presos pela armadilha que
prepararam,
caiam na cova que abriram,
para a sua própria ruína.
9 Então a minha alma exultará no SENHOR
e se regozijará na sua salvação.
10 Todo o meu ser exclamará:
Quem se compara a ti, SENHOR?
Tu livras os necessitados daqueles que são mais
poderosos do que eles,
livras os necessitados e os pobres
daqueles que os exploram.

11 Testemunhas maldosas enfrentam-me
e questionam-me sobre coisas de que nada sei.
12 Elas me retribuem o bem com o mal
e procuram tirar-me a vida[e].
13 Contudo, quando estavam doentes,
usei vestes de lamento,
humilhei-me com jejum
e recolhi-me em oração[f].
14 Saí vagueando e pranteando,
como por um amigo ou por um irmão.
Eu me prostrei enlutado,
como quem lamenta por sua mãe.
15 Mas, quando tropecei,
eles se reuniram alegres;
sem que eu o soubesse,
ajuntaram-se para me atacar.
Eles me agrediram sem cessar.
16 Como ímpios caçoando do meu refúgio,
rosnaram contra mim.
17 Senhor, até quando ficarás olhando?
Livra-me dos ataques deles,
livra a minha vida preciosa desses leões.
18 Eu te darei graças na grande assembleia;
no meio da grande multidão te louvarei.

[d] 35:3 Ou *e bloqueia o caminho*
[e] 35:12 Ou *e estou abandonado*
[f] 35:13 Ou *orei por eles sem cessar*; ou ainda *Ah! Se eu pudesse cancelar minhas orações*

19 Não deixes que os meus inimigos traiçoeiros
se divirtam à minha custa;
não permitas que aqueles
que sem razão me odeiam
troquem olhares de desprezo.
20 Não falam pacificamente,
mas planejam acusações falsas
contra os que vivem tranquilamente na terra.
21 Com a boca escancarada,
riem de mim e me acusam:
"Nós vimos! Sabemos de tudo!"

22 Tu viste isso, SENHOR! Não fiques calado.
Não te afastes de mim, Senhor,
23 Acorda! Desperta! Faze-me justiça!
Defende a minha causa, meu Deus e Senhor.
24 SENHOR, meu Deus, tu és justo;
faze-me justiça para que eles
não se alegrem à minha custa.
25 Não deixes que pensem:
"Ah! Era isso que queríamos!",
nem que digam: "Acabamos com ele!"

26 Sejam humilhados e frustrados
todos os que se divertem
à custa do meu sofrimento;
cubram-se de vergonha e desonra
todos os que se acham superiores a mim.
27 Cantem de alegria e regozijo
todos os que desejam ver provada
a minha inocência,
e sempre repitam:
"O SENHOR seja engrandecido!
Ele tem prazer no bem-estar do seu servo".
28 Minha língua proclamará a tua justiça
e o teu louvor o dia inteiro.

Salmo 36

Para o mestre de música. De Davi, servo do SENHOR.

1 Há no meu íntimo um oráculo
a respeito da maldade do ímpio:
Aos seus olhos é inútil temer a Deus.
2 Ele se acha tão importante,
que não percebe nem rejeita o seu pecado.
3 As palavras da sua boca
são maldosas e traiçoeiras;
abandonou o bom senso e não quer fazer o bem.
4 Até na sua cama planeja maldade;
nada há de bom no caminho a que se entregou,
e ele nunca rejeita o mal.

5 O teu amor, SENHOR, chega até os céus;
a tua fidelidade até as nuvens.
6 A tua justiça é firme como as altas montanhas;
as tuas decisões insondáveis como o grande
mar.
Tu, SENHOR, preservas
tanto os homens quanto os animais.
7 Como é precioso o teu amor, ó Deus!
Os homens encontram
refúgio à sombra das tuas asas.
8 Eles se banqueteiam na fartura da tua casa;
tu lhes dás de beber do teu rio de delícias.
9 Pois em ti está a fonte da vida;
graças à tua luz, vemos a luz.

10 Estende o teu amor aos que te conhecem,
a tua justiça aos que são retos de coração.
11 Não permitas que o arrogante me pisoteie,
nem que a mão do ímpio me faça recuar.
12 Lá estão os malfeitores caídos,
lançados ao chão, incapazes de levantar-se!

Salmo 37[a]

Davídico.

1 Não se aborreça por causa dos homens maus
e não tenha inveja dos perversos;
2 pois como o capim logo secarão,
como a relva verde logo murcharão.

3 Confie no SENHOR e faça o bem;
assim você habitará na terra
e desfrutará segurança.
4 Deleite-se no SENHOR,
e ele atenderá aos desejos do seu coração.

5 Entregue o seu caminho ao SENHOR;
confie nele, e ele agirá:
6 ele deixará claro como a alvorada
que você é justo,
e como o sol do meio-dia que você é inocente.

7 Descanse no SENHOR
e aguarde por ele com paciência;
não se aborreça com o sucesso dos outros,
nem com aqueles que maquinam o mal.

8 Evite a ira e rejeite a fúria;
não se irrite: isso só leva ao mal.
9 Pois os maus serão eliminados,
mas os que esperam no SENHOR
receberão a terra por herança.

10 Um pouco de tempo,
e os ímpios não mais existirão;
por mais que você os procure, não serão
encontrados.
11 Mas os humildes receberão a terra por
herança
e desfrutarão pleno bem-estar.

12 Os ímpios tramam contra os justos
e rosnam contra eles;
13 o Senhor, porém, ri dos ímpios,
pois sabe que o dia deles está chegando.

14 Os ímpios desembainham a espada
e preparam o arco
para abaterem o necessitado e o pobre,
para matarem os que andam na retidão.
15 Mas as suas espadas
irão atravessar-lhes o coração,
e os seus arcos serão quebrados.

16 Melhor é o pouco do justo
do que a riqueza de muitos ímpios;
17 pois o braço forte dos ímpios será quebrado,
mas o SENHOR sustém os justos.

18 O SENHOR cuida da vida dos íntegros,
e a herança deles permanecerá para
sempre.

[a] O Salmo 37 é um poema organizado em ordem alfabética, no hebraico.

19Em tempos de adversidade
não ficarão decepcionados;
em dias de fome desfrutarão fartura.

20Mas os ímpios perecerão;
os inimigos do SENHOR
murcharão como a beleza dos campos;
desvanecerão como fumaça.

21Os ímpios tomam emprestado e não devolvem,
mas os justos dão com generosidade;
22aqueles que o SENHOR abençoa
receberão a terra por herança,
mas os que ele amaldiçoa serão eliminados.

23O SENHOR firma os passos de um homem,
quando a conduta deste o agrada;
24ainda que tropece, não cairá,
pois o SENHOR o toma pela mão.

25Já fui jovem e agora sou velho,
mas nunca vi o justo desamparado,
nem seus filhos mendigando o pão.
26Ele é sempre generoso
e empresta com boa vontade;
seus filhos serão abençoados.

27Desvie-se do mal e faça o bem;
e você terá sempre onde morar.
28Pois o SENHOR ama quem pratica a justiça,
e não abandonará os seus fiéis.

Para sempre serão protegidos,
mas a descendência dos ímpios será eliminada;
29os justos herdarão a terra
e nela habitarão para sempre.

30A boca do justo profere sabedoria,
e a sua língua fala conforme a justiça.
31Ele traz no coração a lei do seu Deus;
nunca pisará em falso.

32O ímpio fica à espreita do justo,
querendo matá-lo;
33mas o SENHOR não o deixará cair
em suas mãos,
nem permitirá que o condenem quando
julgado.
34Espere no SENHOR
e siga a sua vontade.
Ele o exaltará, dando-lhe a terra por herança;
quando os ímpios forem eliminados,
você o verá.

35Vi um homem ímpio e cruel
florescendo como frondosa árvore nativa,
36mas logo desapareceu e não mais existia;
embora eu o procurasse,
não pôde ser encontrado.

37Considere o íntegro, observe o justo;
há futuro[a] para o homem de paz.
38Mas todos os rebeldes serão destruídos;
futuro para os ímpios nunca haverá.

39Do SENHOR vem a salvação dos justos;
ele é a sua fortaleza na hora da adversidade.
40O SENHOR os ajuda e os livra;
ele os livra dos ímpios e os salva,
porque nele se refugiam.

Salmo 38

Salmo davídico. Uma petição.

1SENHOR, não me repreendas no teu furor
nem me disciplines na tua ira.
2Pois as tuas flechas me atravessaram,
e a tua mão me atingiu.
3Por causa de tua ira,
todo o meu corpo está doente;
não há saúde nos meus ossos
por causa do meu pecado.
4As minhas culpas me afogam;
são como um fardo pesado e insuportável.

5Minhas feridas cheiram mal e supuram
por causa da minha insensatez.
6Estou encurvado e muitíssimo abatido;
o dia todo saio vagueando e pranteando.
7Estou ardendo em febre;
todo o meu corpo está doente.
8Sinto-me muito fraco e totalmente esmagado;
meu coração geme de angústia.

9Senhor, diante de ti
estão todos os meus anseios;
o meu suspiro não te é oculto.
10Meu coração palpita, as forças me faltam;
até a luz dos meus olhos se foi.
11Meus amigos e companheiros me evitam
por causa da doença que me aflige;
ficam longe de mim os meus vizinhos.
12Os que desejam matar-me
preparam armadilhas,
os que me querem prejudicar
anunciam a minha ruína;
passam o dia planejando traição.

13Como um surdo, não ouço,
como um mudo, não abro a boca.
14Fiz-me como quem não ouve,
e em cuja boca não há resposta.
15SENHOR, em ti espero;
tu me responderás, ó Senhor meu Deus!
16Pois eu disse: Não permitas
que eles se divirtam à minha custa,
nem triunfem sobre mim quando eu tropeçar.

17Estou a ponto de cair,
e a minha dor está sempre comigo.
18Confesso a minha culpa;
em angústia estou por causa do meu pecado.
19Meus inimigos, porém,
são muitos e poderosos;
é grande o número
dos que me odeiam sem motivo.
20Os que me retribuem o bem com o mal
caluniam-me porque é o bem que procuro.

21SENHOR, não me abandones!
Não fiques longe de mim, ó meu Deus!
22Apressa-te a ajudar-me,
Senhor, meu Salvador!

[a] 37:37 Ou *haverá posteridade*; também no versículo 38.

Salmo 39

Para o mestre de música. Ao estilo de Jedutum. Salmo davídico.

1Eu disse: Vigiarei a minha conduta
e não pecarei em palavras;
porei mordaça em minha boca
enquanto os ímpios
estiverem na minha presença.
2Enquanto me calei resignado,
e me contive inutilmente,
minha angústia aumentou.
3Meu coração ardia-me no peito
e, enquanto eu meditava, o fogo aumentava;
então comecei a dizer:
4Mostra-me, SENHOR, o fim da minha vida
e o número dos meus dias,
para que eu saiba quão frágil sou.
5Deste aos meus dias
o comprimento de um palmo;
a duração da minha vida é nada diante de ti.
De fato, o homem não passa de um sopro.
Pausa
6Sim, cada um vai e volta como a sombra.
Em vão se agita, amontoando riqueza
sem saber quem ficará com ela.

7Mas agora, Senhor, que hei de esperar?
Minha esperança está em ti.
8Livra-me de todas as minhas transgressões;
não faças de mim
um objeto de zombaria dos tolos.
9Estou calado! Não posso abrir a boca,
pois tu mesmo fizeste isso.
10Afasta de mim o teu açoite;
fui vencido pelo golpe da tua mão.
11Tu repreendes e disciplinas o homem
por causa do seu pecado;
como traça destróis o que ele mais valoriza;
de fato, o homem não passa de um sopro.
Pausa
12Ouve a minha oração, SENHOR;
escuta o meu grito de socorro;
não sejas indiferente ao meu lamento.
Pois sou para ti um estrangeiro,
como foram todos os meus antepassados.
13Desvia de mim os teus olhos,
para que eu volte a ter alegria,
antes que eu me vá e deixe de existir.

Salmo 40

Para o mestre de música. Davídico. Um salmo.

1Coloquei toda minha esperança no SENHOR;
ele se inclinou para mim
e ouviu o meu grito de socorro.
2Ele me tirou de um poço de destruição,
de um atoleiro de lama;
pôs os meus pés sobre uma rocha
e firmou-me num local seguro.
3Pôs um novo cântico na minha boca,
um hino de louvor ao nosso Deus.
Muitos verão isso e temerão,
e confiarão no SENHOR.

4Como é feliz o homem
que põe no SENHOR a sua confiança,
e não vai atrás dos orgulhosos[a],
dos que se afastam para seguir deuses
falsos[b]!
5SENHOR meu Deus!
Quantas maravilhas tens feito!
Não se pode relatar
os planos que preparaste para nós!
Eu queria proclamá-los e anunciá-los,
mas são por demais numerosos!

6Sacrifício e oferta não pediste,
mas abriste os meus ouvidos[c];
holocaustos[d] e ofertas pelo pecado
não exigiste.
7Então eu disse: Aqui estou!
No livro está escrito a meu respeito.
8Tenho grande alegria em fazer a tua vontade,
ó meu Deus;
a tua lei está no fundo do meu coração.

9Eu proclamo as novas de justiça
na grande assembleia;
como sabes, SENHOR, não fecho os meus lábios.
10Não oculto no coração a tua justiça;
falo da tua fidelidade e da tua salvação.
Não escondo da grande assembleia
a tua fidelidade e a tua verdade.

11Não me negues a tua misericórdia, SENHOR;
que o teu amor e a tua verdade
sempre me protejam.
12Pois incontáveis problemas me cercam,
as minhas culpas me alcançaram
e já não consigo ver.
Mais numerosos são
que os cabelos da minha cabeça,
e o meu coração perdeu o ânimo.

13Agrada-te, SENHOR, em libertar-me;
apressa-te, SENHOR, a ajudar-me.
14Sejam humilhados e frustrados
todos os que procuram tirar-me a vida;
retrocedam desprezados
os que desejam a minha ruína.
15Fiquem chocados com a sua própria desgraça
os que zombam de mim.
16Mas regozijem-se e alegrem-se em ti
todos os que te buscam;
digam sempre aqueles que amam a tua
salvação:
"Grande é o SENHOR!"

17Quanto a mim, sou pobre e necessitado,
mas o Senhor preocupa-se comigo.
Tu és o meu socorro e o meu libertador;
meu Deus, não te demores!

Salmo 41

Para o mestre de música. Salmo davídico.

1Como é feliz aquele
que se interessa pelo pobre!
O SENHOR o livra em tempos de adversidade.

[a] **40:4** Ou *idólatras*
[b] **40:4** Ou *para a falsidade*
[c] **40:6** Ou *furaste as minhas orelhas*. A Septuaginta diz *mas tens preparado um corpo para mim.*
[d] **40:6** Isto é, sacrifícios totalmente queimados.

[2]O SENHOR o protegerá e preservará a sua vida;
ele o fará feliz na terra
e não o entregará ao desejo dos seus inimigos.
[3]O SENHOR o susterá
em seu leito de enfermidade,
e da doença o restaurará.

[4]Eu disse: Misericórdia, SENHOR,
cura-me, pois pequei contra ti.
[5]Os meus inimigos
dizem maldosamente a meu respeito:
"Quando ele vai morrer?
Quando vai desaparecer o seu nome?"
[6]Sempre que alguém vem visitar-me,
fala com falsidade,
enche o coração de calúnias
e depois as espalha por onde vai.
[7]Todos os que me odeiam
juntam-se e cochicham contra mim,
imaginando que o pior me acontecerá:
[8]"Uma praga terrível o derrubou;
está de cama, e jamais se levantará".
[9]Até o meu melhor amigo,
em quem eu confiava
e que partilhava do meu pão,
voltou-se[a] contra mim.

[10]Mas, tu, SENHOR, tem misericórdia de mim;
levanta-me, para que eu lhes retribua.
[11]Sei que me queres bem,
pois o meu inimigo não triunfa sobre mim.
[12]Por causa da minha integridade me susténs
e me pões na tua presença para sempre.

[13]Louvado seja o SENHOR, o Deus de Israel,
de eternidade a eternidade!
Amém e amém!

SEGUNDO LIVRO

Salmo 42[b]

Para o mestre de música. Um poema dos coraítas.

[1]Como a corça anseia por águas correntes,
a minha alma anseia por ti, ó Deus.
[2]A minha alma tem sede de Deus, do Deus vivo.
Quando poderei entrar
para apresentar-me a Deus?
[3]Minhas lágrimas têm sido o meu alimento
de dia e de noite,
pois me perguntam o tempo todo:
"Onde está o seu Deus?"
[4]Quando me lembro destas coisas
choro angustiado.
Pois eu costumava ir com a multidão,
conduzindo a procissão à casa de Deus,
com cantos de alegria e de ação de graças
entre a multidão que festejava.

[5]Por que você está assim tão triste,
ó minha alma?
Por que está assim tão perturbada
dentro de mim?
Ponha a sua esperança em Deus!
Pois ainda o louvarei;
ele é o meu Salvador e [6]o meu Deus[c].
A minha alma está profundamente triste;
por isso de ti me lembro
desde a terra do Jordão,
das alturas do Hermom,
desde o monte Mizar.
[7]Abismo chama abismo
ao rugir das tuas cachoeiras;
todas as tuas ondas e vagalhões
se abateram sobre mim.

[8]Conceda-me o SENHOR o seu fiel amor de dia;
de noite esteja comigo a sua canção.
É a minha oração ao Deus que me dá vida.

[9]Direi a Deus, minha Rocha:
Por que te esqueceste de mim?
Por que devo sair vagueando e pranteando,
oprimido pelo inimigo?
[10]Até os meus ossos sofrem agonia mortal
quando os meus adversários zombam de mim,
perguntando-me o tempo todo:
"Onde está o seu Deus?"

[11]Por que você está assim tão triste,
ó minha alma?
Por que está assim tão perturbada
dentro de mim?
Ponha a sua esperança em Deus!
Pois ainda o louvarei;
ele é o meu Salvador e o meu Deus.

Salmo 43

[1]Faze-me justiça, ó Deus,
e defende a minha causa contra um povo
infiel;
livra-me dos homens traidores e perversos.
[2]Pois tu, ó Deus, és a minha fortaleza.
Por que me rejeitaste?
Por que devo sair vagueando e pranteando,
oprimido pelo inimigo?
[3]Envia a tua luz e a tua verdade;
elas me guiarão
e me levarão ao teu santo monte,
ao lugar onde habitas.
[4]Então irei ao altar de Deus,
a Deus, a fonte da minha plena alegria.
Com a harpa te louvarei,
ó Deus, meu Deus!

[5]Por que você está assim tão triste,
ó minha alma?
Por que está assim tão perturbada
dentro de mim?
Ponha a sua esperança em Deus!
Pois ainda o louvarei;
ele é o meu Salvador e o meu Deus.

Salmo 44

Para o mestre de música. Dos coraítas. Um poema.

[1]Com os nossos próprios ouvidos ouvimos,
ó Deus;

[a] 41:9 Hebraico: *levantou o calcanhar.*
[b] Os Salmos 42 e 43 constituem um único poema em muitos manuscritos do Texto Massorético.
[c] 42:5-6 Conforme alguns manuscritos do Texto Massorético, a Septuaginta e a Versão Siríaca. A maioria dos manuscritos do Texto Massorético diz *louvarei por teu auxílio salvador.* [6]*Ó meu Deus.*

os nossos antepassados nos contaram
os feitos que realizaste no tempo deles,
nos dias da antiguidade.
2Com a tua própria mão expulsaste as nações
para estabelecer os nossos antepassados;
arruinaste povos e fizeste prosperar
os nossos antepassados.
3Não foi pela espada que conquistaram a terra,
nem pela força do seu braço
que alcançaram a vitória;
foi pela tua mão direita, pelo teu braço,
e pela luz do teu rosto[a],
por causa do teu amor para com eles.

4És tu, meu Rei e meu Deus![b]
És tu que decretas vitórias para Jacó!
5Contigo pomos em fuga os nossos adversários;
pelo teu nome pisoteamos os que nos atacam.
6Não confio em meu arco,
minha espada não me concede a vitória;
7mas tu nos concedes a vitória
sobre os nossos adversários
e humilhas os que nos odeiam.
8Em Deus nos gloriamos o tempo todo,
e louvaremos o teu nome para sempre.
Pausa

9Mas agora nos rejeitaste e nos humilhaste;
já não sais com os nossos exércitos.
10Diante dos nossos adversários
fizeste-nos bater em retirada,
e os que nos odeiam nos saquearam.
11Tu nos entregaste
para sermos devorados como ovelhas
e nos dispersaste entre as nações.
12Vendeste o teu povo por uma ninharia,
nada lucrando com a sua venda.
13Tu nos fizeste
motivo de vergonha dos nossos vizinhos,
objeto de zombaria e menosprezo dos que nos
rodeiam.
14Fizeste de nós um provérbio entre as nações;
os povos meneiam a cabeça quando nos veem.
15Sofro humilhação o tempo todo,
e o meu rosto está coberto de vergonha
16por causa da zombaria
dos que me censuram e me provocam,
por causa do inimigo, que busca vingança.

17Tudo isso aconteceu conosco,
sem que nos tivéssemos esquecido de ti,
nem tivéssemos traído a tua aliança.
18Nossos corações não voltaram atrás,
nem os nossos pés se desviaram da tua vereda.
19Todavia, tu nos esmagaste e fizeste de nós
um covil de chacais,
e de densas trevas nos cobriste.

20Se tivéssemos esquecido
o nome do nosso Deus
e tivéssemos estendido as nossas mãos
a um deus estrangeiro,
21Deus não o teria descoberto?
Pois ele conhece os segredos do coração!
22Contudo, por amor de ti
enfrentamos a morte todos os dias;
somos considerados como ovelhas
destinadas ao matadouro.

23Desperta, Senhor! Por que dormes?
Levanta-te! Não nos rejeites para sempre.
24Por que escondes o teu rosto
e esqueces o nosso sofrimento
e a nossa aflição?

25Fomos humilhados até o pó;
nossos corpos se apegam ao chão.
26Levanta-te! Socorre-nos!
Resgata-nos por causa da tua fidelidade.

Salmo 45

Para o mestre de música. De acordo com a melodia Os Lírios. *Dos coraítas. Poema. Cântico de casamento.*

1Com o coração vibrando de boas palavras
recito os meus versos em honra ao rei;
seja a minha língua
como a pena de um hábil escritor.

2És dos homens o mais notável;
derramou-se graça em teus lábios,
visto que Deus te abençoou para sempre.
3Prende a espada à cintura, ó poderoso!
Cobre-te de esplendor e majestade.
4Na tua majestade cavalga vitoriosamente
pela verdade, pela misericórdia e pela justiça;
que a tua mão direita realize feitos gloriosos.
5Tuas flechas afiadas atingem
o coração dos inimigos do rei;
debaixo dos teus pés caem nações.
6O teu trono, ó Deus,
subsiste para todo o sempre;
cetro de justiça é o cetro do teu reino.
7Amas a justiça e odeias a iniquidade;
por isso Deus, o teu Deus,
escolheu-te dentre os teus companheiros
ungindo-te com óleo de alegria.
8Todas as tuas vestes exalam
aroma de mirra, aloés e cássia;
nos palácios adornados de marfim ressoam
os instrumentos de corda que te alegram.
9Filhas de reis
estão entre as mulheres da tua corte;
à tua direita está a noiva real
enfeitada de ouro puro de Ofir.

10Ouça, ó filha, considere
e incline os seus ouvidos:
Esqueça o seu povo e a casa paterna.
11O rei foi cativado pela sua beleza;
honre-o, pois ele é o seu senhor.
12A cidade[c] de Tiro trará[d] seus presentes;
seus moradores mais ricos buscarão o seu favor.

13Cheia de esplendor está a princesa
em seus aposentos,
com vestes enfeitadas de ouro.

[a] 44:3 Isto é, pela tua bondade.
[b] 44:4 Conforme a Septuaginta e a Versão Siríaca. O Texto Massorético diz *meu Rei, ó Deus!*
[c] 45:12 Hebraico: *filha*.
[d] 45:12 Ou *Um manto feito em Tiro está entre*

[14]Em roupas bordadas é conduzida ao rei,
acompanhada de um cortejo de virgens;
são levadas à tua presença.
[15]Com alegria e exultação
são conduzidas ao palácio do rei.

[16]Os teus filhos ocuparão o trono dos teus pais;
por toda a terra os farás príncipes.
[17]Perpetuarei a tua lembrança
por todas as gerações;
por isso as nações te louvarão
para todo o sempre.

Salmo 46

Para o mestre de música. Dos coraítas. Para vozes agudas. Um cântico.

[1]Deus é o nosso refúgio e a nossa fortaleza,
auxílio sempre presente na adversidade.
[2]Por isso não temeremos,
ainda que a terra trema
e os montes afundem no coração do mar,
[3]ainda que estrondem as suas águas turbulentas
e os montes sejam sacudidos
pela sua fúria.

Pausa

[4]Há um rio cujos canais alegram
a cidade de Deus,
o Santo Lugar onde habita o Altíssimo.
[5]Deus nela está! Não será abalada!
Deus vem em seu auxílio
desde o romper da manhã.
[6]Nações se agitam, reinos se abalam;
ele ergue a voz, e a terra se derrete.

[7]O SENHOR dos Exércitos está conosco;
o Deus de Jacó é a nossa torre segura.

Pausa

[8]Venham! Vejam as obras do SENHOR,
seus feitos estarrecedores na terra.
[9]Ele dá fim às guerras até os confins da terra;
quebra o arco e despedaça a lança;
destrói os escudos[a] com fogo.
[10]"Parem de lutar! Saibam que eu sou Deus!
Serei exaltado entre as nações,
serei exaltado na terra."

[11]O SENHOR dos Exércitos está conosco;
o Deus de Jacó é a nossa torre segura.

Pausa

Salmo 47

Para o mestre de música. Salmo dos coraítas.

[1]Batam palmas, vocês, todos os povos;
aclamem a Deus com cantos de alegria.
[2]Pois o SENHOR Altíssimo é temível,
é o grande Rei sobre toda a terra!
[3]Ele subjugou as nações ao nosso poder,
os povos colocou debaixo de nossos pés,
[4]e escolheu para nós a nossa herança,
o orgulho de Jacó, a quem amou.

Pausa

[5]Deus subiu em meio a gritos de alegria;
o SENHOR, em meio ao som de trombetas.

[a] 46:9 Ou *carros*

[6]Ofereçam música a Deus, cantem louvores!
Ofereçam música ao nosso Rei,
cantem louvores!
[7]Pois Deus é o rei de toda a terra;
cantem louvores com harmonia e arte.

[8]Deus reina sobre as nações;
Deus está assentado em seu santo trono.
[9]Os soberanos das nações se juntam
ao povo do Deus de Abraão,
pois os governantes[b] da terra pertencem a Deus;
ele é soberanamente exaltado.

Salmo 48

Um cântico. Salmo dos coraítas.

[1]Grande é o SENHOR,
e digno de todo louvor
na cidade do nosso Deus.
[2]Seu santo monte, belo e majestoso,
é a alegria de toda a terra.
Como as alturas do Zafom[c] é o monte Sião,
a cidade do grande Rei.
[3]Nas suas cidadelas
Deus se revela como sua proteção.

[4]Vejam! Os reis somaram forças,
e juntos avançaram contra ela.
[5]Quando a viram, ficaram atônitos,
fugiram aterrorizados.
[6]Ali mesmo o pavor os dominou;
contorceram-se como a mulher no parto.
[7]Foste como o vento oriental
quando destruiu os navios de Társis.

[8]Como já temos ouvido,
agora também temos visto
na cidade do SENHOR dos Exércitos,
na cidade de nosso Deus:
Deus a preserva firme para sempre.

Pausa

[9]No teu templo, ó Deus,
meditamos em teu amor leal.
[10]Como o teu nome, ó Deus,
o teu louvor alcança os confins da terra;
a tua mão direita está cheia de justiça.
[11]O monte Sião se alegra,
as cidades[d] de Judá exultam
por causa das tuas decisões justas.

[12]Percorram Sião, contornando-a,
contem as suas torres,
[13]observem bem as suas muralhas,
examinem as suas cidadelas,
para que vocês falem à próxima geração
[14]que este Deus é o nosso Deus
para todo o sempre;
ele será o nosso guia até o fim[e].

Salmo 49

Para o mestre de música. Salmo dos coraítas.

[1]Ouçam isto vocês, todos os povos;
escutem, todos os que vivem neste mundo,

[b] 47:9 Hebraico: *escudos*.
[c] 48:2 *Zafom* refere-se ou a um monte sagrado ou à direção norte.
[d] 48:11 Hebraico: *filhas*.
[e] 48:14 Ou *até à morte*

[2]gente do povo, homens importantes,
ricos e pobres igualmente:
[3]A minha boca falará com sabedoria;
a meditação do meu coração
trará entendimento.
[4]Inclinarei os meus ouvidos a um provérbio;
com a harpa exporei o meu enigma:

[5]Por que deverei temer,
quando vierem dias maus,
quando inimigos traiçoeiros me cercarem,
[6]aqueles que confiam em seus bens
e se gabam de suas muitas riquezas?
[7]Homem algum pode redimir seu irmão
ou pagar a Deus o preço de sua vida,
[8]pois o resgate de uma vida não tem preço.
Não há pagamento que o livre
[9]para que viva para sempre
e não sofra decomposição.
[10]Pois todos podem ver que os sábios morrem,
como perecem o tolo e o insensato
e para outros deixam os seus bens.
[11]Seus túmulos serão suas moradas
para sempre,[a]
suas habitações de geração em geração,
ainda que tenham[b] dado seus nomes a terras.

[12]O homem, mesmo que muito importante,
não vive para sempre[c];
é como os animais, que perecem.

[13]Este é o destino
dos que confiam em si mesmos,
e dos seus seguidores,
que aprovam o que eles dizem.
Pausa

[14]Como ovelhas,
estão destinados à sepultura[d],
e a morte lhes servirá de pastor.
Pela manhã os justos triunfarão sobre eles!
A aparência deles se desfará na sepultura,
longe das suas gloriosas mansões.
[15]Mas Deus redimirá a minha vida da
sepultura
e me levará para si.
Pausa

[16]Não se aborreça quando alguém se enriquece
e aumenta o luxo de sua casa;
[17]pois nada levará consigo quando morrer;
não descerá com ele o seu esplendor.
[18]Embora em vida ele se parabenize:
"Todos o elogiam, pois você está prosperando",
[19]ele se juntará aos seus antepassados,
que nunca mais verão a luz.

[20]O homem, mesmo que muito importante,
não tem entendimento;
é como os animais, que perecem.

[a] 49:11 Conforme a Septuaginta e a Versão Siríaca. O Texto Massorético diz *Em seus pensamentos suas casas serão perpétuas*.
[b] 49:11 Ou *pois eles têm*
[c] 49:12 Conforme o Texto Massorético. A Septuaginta e a Versão Siríaca dizem *não tem entendimento*. Veja o versículo 20.
[d] 49:14 Hebraico: *Sheol*. Essa palavra também pode ser traduzida por profundezas, pó ou morte; também no final deste versículo e no versículo 15.

Salmo 50

Salmo da família de Asafe.

[1]Fala o SENHOR, o Deus supremo;
convoca toda a terra, do nascente ao poente.
[2]Desde Sião, perfeita em beleza,
Deus resplandece.
[3]Nosso Deus vem!
Certamente não ficará calado!
À sua frente vai um fogo devorador,
e, ao seu redor, uma violenta tempestade.
[4]Ele convoca os altos céus e a terra,
para o julgamento do seu povo:
[5]"Ajuntem os que me são fiéis,
que, mediante sacrifício,
fizeram aliança comigo".
[6]E os céus proclamam a sua justiça,
pois o próprio Deus é o juiz.
Pausa

[7]"Ouça, meu povo, pois eu falarei;
vou testemunhar contra você, Israel,
eu, que sou Deus, o seu Deus.
[8]Não o acuso pelos seus sacrifícios,
nem pelos holocaustos[e],
que você sempre me oferece.
[9]Não tenho necessidade
de nenhum novilho dos seus estábulos,
nem dos bodes dos seus currais,
[10]pois todos os animais da floresta são meus,
como são as cabeças de gado
aos milhares nas colinas.
[11]Conheço todas as aves dos montes,
e cuido das criaturas do campo.
[12]Se eu tivesse fome, precisaria dizer a você?
Pois o mundo é meu, e tudo o que nele existe.
[13]Acaso como carne de touros
ou bebo sangue de bodes?
[14]Ofereça a Deus em sacrifício a sua gratidão,
cumpra os seus votos para com o Altíssimo,
[15]e clame a mim no dia da angústia;
eu o livrarei, e você me honrará."

[16]Mas ao ímpio Deus diz:

"Que direito você tem de recitar as minhas leis
ou de ficar repetindo a minha aliança?
[17]Pois você odeia a minha disciplina
e dá as costas às minhas palavras!
[18]Você vê um ladrão, e já se torna seu cúmplice,
e com adúlteros se mistura.
[19]Sua boca está cheia de maldade
e a sua língua formula a fraude.
[20]Deliberadamente você fala contra o seu
irmão
e calunia o filho de sua própria mãe.
[21]Ficaria eu calado
diante de tudo o que você tem feito?
Você pensa que eu sou como você?
Mas agora eu o acusarei diretamente,
sem omitir coisa alguma.

[22]"Considerem isto,
vocês que se esquecem de Deus;

[e] 50:8 Isto é, sacrifícios totalmente queimados; também em 51:16.

caso contrário os despedaçarei,
sem que ninguém os livre.
23 Quem me oferece sua gratidão
como sacrifício, honra-me,
e eu mostrarei a salvação de Deus
ao que anda nos meus caminhos".

Salmo 51

Para o mestre de música. Salmo de Davi. Escrito quando o profeta Natã veio falar com Davi, depois que este cometeu adultério com Bate-Seba.

1 Tem misericórdia de mim, ó Deus,
por teu amor;
por tua grande compaixão
apaga as minhas transgressões.
2 Lava-me de toda a minha culpa
e purifica-me do meu pecado.

3 Pois eu mesmo
reconheço as minhas transgressões,
e o meu pecado sempre me persegue.
4 Contra ti, só contra ti, pequei
e fiz o que tu reprovas,
de modo que justa é a tua sentença
e tens razão em condenar-me.
5 Sei que sou pecador desde que nasci,
sim, desde que me concebeu minha mãe.
6 Sei que desejas a verdade no íntimo;
e no coração me ensinas a sabedoria.

7 Purifica-me com hissopo, e ficarei puro;
lava-me, e mais branco do que a neve serei.
8 Faze-me ouvir de novo júbilo e alegria,
e os ossos que esmagaste exultarão.
9 Esconde o rosto dos meus pecados
e apaga todas as minhas iniquidades.

10 Cria em mim um coração puro, ó Deus,
e renova dentro de mim um espírito estável.
11 Não me expulses da tua presença,
nem tires de mim o teu Santo Espírito.
12 Devolve-me a alegria da tua salvação
e sustenta-me
com um espírito pronto a obedecer.
13 Então ensinarei os teus caminhos
aos transgressores,
para que os pecadores se voltem para ti.

14 Livra-me da culpa dos crimes de sangue,
ó Deus, Deus da minha salvação!
E a minha língua aclamará a tua justiça.
15 Ó Senhor, dá palavras aos meus lábios,
e a minha boca anunciará o teu louvor.
16 Não te deleitas em sacrifícios
nem te agradas em holocaustos,
senão eu os traria.
17 Os sacrifícios que agradam a Deus
são um espírito quebrantado;
um coração quebrantado e contrito,
ó Deus, não desprezarás.

18 Por tua boa vontade faze Sião prosperar;
ergue os muros de Jerusalém.
19 Então te agradarás dos sacrifícios sinceros,
das ofertas queimadas e dos holocaustos;
e novilhos serão oferecidos sobre o teu altar.

Salmo 52

Para o mestre de música. Poema de Davi, quando o edomita Doegue foi a Saul e lhe contou: "Davi foi à casa de Aimeleque".

1 Por que você se vangloria do mal
e de ultrajar a Deus continuamente?[a],
ó homem poderoso!
2 Sua língua trama destruição;
é como navalha afiada, cheia de engano.
3 Você prefere o mal ao bem,
a falsidade, em lugar da verdade.
Pausa

4 Você ama toda palavra maldosa,
ó língua mentirosa!
5 Saiba que Deus o arruinará para sempre:
ele o agarrará e o arrancará da sua tenda;
ele o desarraigará da terra dos vivos.
Pausa

6 Os justos verão isso e temerão;
rirão dele, dizendo:
7 "Veja só o homem
que rejeitou a Deus como refúgio;
confiou em sua grande riqueza
e buscou refúgio em sua maldade!"

8 Mas eu sou como uma oliveira
que floresce na casa de Deus;
confio no amor de Deus
para todo o sempre.
9 Para sempre te louvarei pelo que fizeste;
na presença dos teus fiéis
proclamarei o teu nome,
porque tu és bom.

Salmo 53

Para o mestre de música. De acordo com mahalath[b]. *Poema davídico.*

1 Diz o tolo em seu coração:
"Deus não existe!"
Corromperam-se
e cometeram injustiças detestáveis;
não há ninguém que faça o bem.

2 Deus olha lá dos céus
para os filhos dos homens,
para ver se há alguém
que tenha entendimento,
alguém que busque a Deus.
3 Todos se desviaram,
igualmente se corromperam;
não há ninguém que faça o bem,
não há nem um sequer.

4 Será que os malfeitores não aprendem?
Eles devoram o meu povo
como quem come pão,
e não clamam a Deus!
5 Olhem! Estão tomados de pavor,
quando não existe motivo algum para temer!
Pois foi Deus quem espalhou os ossos
dos que atacaram você;
você os humilhou porque Deus os rejeitou.

[a] 52:1 Ou *se a fidelidade de Deus dura para sempre?*
[b] Título: Possivelmente uma melodia solene.

6Ah, se de Sião viesse a salvação para Israel!
Quando Deus restaurar[a] o seu povo,
Jacó exultará! Israel se regozijará!

Salmo 54

Para o mestre de música. Com instrumentos de cordas. Poema de Davi, quando os zifeus foram a Saul e disseram: "Acaso Davi não está se escondendo entre nós?"

1Salva-me, ó Deus, pelo teu nome;
defende-me pelo teu poder.
2Ouve a minha oração, ó Deus;
escuta as minhas palavras.
3Estrangeiros[b] me atacam;
homens cruéis querem matar-me,
homens que não se importam com Deus.
Pausa

4Certamente Deus é o meu auxílio;
é o Senhor que me sustém.
5Recaia o mal sobre os meus inimigos!
Extermina-os por tua fidelidade!

6Eu te oferecerei um sacrifício voluntário;
louvarei o teu nome, ó SENHOR,
porque tu és bom.
7Pois ele me livrou de todas as minhas angústias,
e os meus olhos contemplaram
a derrota dos meus inimigos.

Salmo 55

Para o mestre de música. Com instrumentos de cordas. Poema davídico.

1Escuta a minha oração, ó Deus,
não ignores a minha súplica;
2ouve-me e responde-me!
Os meus pensamentos me perturbam,
e estou atordoado
3diante do barulho do inimigo,
diante da gritaria[c] dos ímpios;
pois eles aumentam o meu sofrimento
e, irados, mostram seu rancor.

4O meu coração está acelerado;
os pavores da morte me assaltam.
5Temor e tremor me dominam;
o medo tomou conta de mim.
6Então eu disse:
Quem dera eu tivesse asas como a
pomba; voaria até encontrar repouso!
7Sim, eu fugiria para bem longe,
e no deserto eu teria o meu abrigo.
Pausa

8Eu me apressaria em achar refúgio
longe do vendaval e da tempestade.

9Destrói os ímpios, Senhor,
confunde a língua deles,
pois vejo violência e brigas na cidade.
10Dia e noite eles rondam por seus muros;
nela permeiam o crime e a maldade.
11A destruição impera na cidade;
a opressão e a fraude jamais deixam suas ruas.

12Se um inimigo me insultasse,
eu poderia suportar;
se um adversário se levantasse contra mim,
eu poderia defender-me;
13mas logo você, meu colega,
meu companheiro, meu amigo chegado,
14você, com quem eu partilhava
agradável comunhão
enquanto íamos com a multidão festiva
para a casa de Deus!

15Que a morte
apanhe os meus inimigos de surpresa!
Desçam eles vivos para a sepultura[d],
pois entre eles o mal acha guarida.

16Eu, porém, clamo a Deus,
e o SENHOR me salvará.
17À tarde, pela manhã e ao meio-dia
choro angustiado,
e ele ouve a minha voz.
18Ele me guarda ileso na batalha,
sendo muitos os que estão contra mim.
19Deus, que reina desde a eternidade,
me ouvirá e os castigará.
Pausa

Pois jamais mudam sua conduta
e não têm temor de Deus.

20Aquele homem se voltou
contra os seus aliados,
violando o seu acordo.
21Macia como manteiga é a sua fala,
mas a guerra está no seu coração;
suas palavras são mais suaves que o óleo,
mas são afiadas como punhais.

22Entregue suas preocupações ao SENHOR,
e ele o susterá;
jamais permitirá que o justo venha a cair.

23Mas tu, ó Deus,
farás descer à cova da destruição
aqueles assassinos e traidores,
os quais não viverão a metade dos seus dias.
Quanto a mim, porém, confio em ti.

Salmo 56

Para o mestre de música. De acordo com a melodia Uma Pomba em Carvalhos Distantes. *Poema epigráfico davídico. Quando os filisteus prenderam Davi em Gate.*

1Tem misericórdia de mim, ó Deus,
pois os homens me pressionam;
o tempo todo me atacam e me oprimem.
2Os meus inimigos pressionam-me sem
parar;
muitos atacam-me arrogantemente.

3Mas eu, quando estiver com medo,
confiarei em ti.
4Em Deus, cuja palavra eu louvo,
em Deus eu confio, e não temerei.
Que poderá fazer-me o simples mortal?

[a] 53:6 Ou *trouxer de volta os cativos do seu*
[b] 54:3 Alguns manuscritos do Texto Massorético dizem *Arrogantes*.
[c] 55:3 Ou *opressão*
[d] 55:15 Hebraico: *Sheol*. Essa palavra também pode ser traduzida por profundezas, pó ou morte.

5 O tempo todo
eles distorcem as minhas palavras;
estão sempre tramando prejudicar-me.
6 Conspiram, ficam à espreita,
vigiam os meus passos,
na esperança de tirar-me a vida.
7 Deixarás escapar essa gente tão perversa?[a]
Na tua ira, ó Deus, derruba as nações.
8 Registra, tu mesmo, o meu lamento;
recolhe as minhas lágrimas em teu odre;
acaso não estão anotadas em teu livro?

9 Os meus inimigos retrocederão,
quando eu clamar por socorro.
Com isso saberei que Deus está a meu favor.
10 Confio em Deus, cuja palavra louvo,
no SENHOR, cuja palavra louvo,
11 em Deus eu confio, e não temerei.
Que poderá fazer-me o homem?

12 Cumprirei os votos que te fiz, ó Deus;
a ti apresentarei minhas ofertas de gratidão.
13 Pois me livraste da morte
e os meus pés de tropeçarem,
para que eu ande diante de Deus
na luz que ilumina os vivos.

Salmo 57

Para o mestre de música. De acordo com a melodia Não Destruas. *Poema epigráfico davídico. Quando Davi fugiu de Saul para a caverna.*

1 Misericórdia, ó Deus; misericórdia,
pois em ti a minha alma se refugia.
Eu me refugiarei à sombra das tuas asas,
até que passe o perigo.

2 Clamo ao Deus Altíssimo,
a Deus, que para comigo
cumpre o seu propósito.
3 Dos céus ele me envia a salvação,
põe em fuga
os que me perseguem de perto;
Pausa
Deus envia o seu amor e a sua fidelidade.

4 Estou em meio a leões,
ávidos para devorar;
seus dentes são lanças e flechas,
suas línguas são espadas afiadas.

5 Sê exaltado, ó Deus, acima dos céus!
Sobre toda a terra esteja a tua glória!

6 Preparam armadilhas para os meus pés;
fiquei muito abatido.
Abriram uma cova no meu caminho,
mas foram eles que nela caíram.
Pausa

7 Meu coração está firme, ó Deus,
meu coração está firme;
cantarei ao som de instrumentos!
8 Acorde, minha alma!
Acordem, harpa e lira!
Vou despertar a alvorada!

9 Eu te louvarei, ó Senhor, entre as nações;
cantarei teus louvores entre os povos.
10 Pois o teu amor é tão grande
que alcança os céus;
a tua fidelidade vai até as nuvens.

11 Sê exaltado, ó Deus, acima dos céus!
Sobre toda a terra esteja a tua glória!

Salmo 58

Para o mestre de música. De acordo com a melodia Não Destruas. *Davídico. Poema epigráfico.*

1 Será que vocês, poderosos[b],
falam de fato com justiça?
Será que vocês, homens, julgam retamente?
2 Não! No coração vocês tramam a injustiça,
e na terra as suas mãos espalham a violência.

3 Os ímpios erram o caminho desde o ventre;
desviam-se os mentirosos desde que nascem.
4 Seu veneno é como veneno de serpente;
tapam os ouvidos,
como a cobra que se faz de surda
5 para não ouvir a música dos encantadores,
que fazem encantamentos com tanta
habilidade.
6 Quebra os dentes deles, ó Deus;
arranca, SENHOR, as presas desses leões!
7 Desapareçam como a água que escorre!
Quando empunharem o arco,
caiam sem força as suas flechas![c]
8 Sejam como a lesma
que se derrete pelo caminho;
como feto abortado, não vejam eles o sol!

9 Os ímpios serão varridos
antes que as suas panelas
sintam o calor da lenha[d],
esteja ela verde ou seca.
10 Os justos se alegrarão quando forem
vingados,
quando banharem seus pés
no sangue dos ímpios.
11 Então os homens comentarão:
"De fato os justos
têm a sua recompensa;
com certeza há um Deus
que faz justiça na terra".

Salmo 59

Para o mestre de música. De acordo com a melodia Não Destruas. *Poema epigráfico davídico, quando Saul enviou homens para vigiarem a casa de Davi a fim de matá-lo.*

1 Livra-me dos meus inimigos, ó Deus;
põe-me fora do alcance dos meus agressores.
2 Livra-me dos que praticam o mal
e salva-me dos assassinos.

3 Vê como ficam à minha espreita!
Homens cruéis conspiram contra mim,
sem que eu tenha cometido
qualquer delito ou pecado, ó SENHOR.

[a] 56:7 Ou *Rejeita-os por causa de sua maldade;*

[b] 58:1 Ou *deuses*
[c] 58:7 Ou *murchem como a erva que é pisada!*
[d] 58:9 Hebraico: *dos espinhos.*

4Mesmo eu não tendo culpa de nada,
eles se preparam às pressas para atacar-me.
Levanta-te para ajudar-me;
olha para a situação em que me encontro!
5Ó SENHOR, Deus dos Exércitos,
ó Deus de Israel!
Desperta para castigar todas as nações;
não tenhas misericórdia
dos traidores perversos.
Pausa

6Eles voltam ao cair da tarde,
rosnando como cães
e rondando a cidade.
7Vê que ameaças saem de suas bocas;
seus lábios são como espadas,
e dizem: "Quem nos ouvirá?"
8Mas tu, SENHOR, vais rir deles;
caçoarás de todas aquelas nações.

9Ó tu, minha força, por ti vou aguardar;
tu, ó Deus, és o meu alto refúgio.
10O meu Deus fiel
virá ao meu encontro
e permitirá que eu triunfe
sobre os meus inimigos.
11Mas não os mates, ó Senhor, nosso escudo,
se não, o meu povo o esquecerá.
Em teu poder faze-os vaguearem,
e abate-os.
12Pelos pecados de suas bocas,
pelas palavras de seus lábios,
sejam apanhados em seu orgulho.
Pelas maldições e mentiras que pronunciam,
13consome-os em tua ira,
consome-os até que não mais existam.
Então se saberá até os confins da terra
que Deus governa Jacó.
Pausa

14Eles voltam ao cair da tarde,
rosnando como cães,
e rondando a cidade.
15À procura de comida perambulam
e, se não ficam satisfeitos, uivam.
16Mas eu cantarei louvores à tua força;
de manhã louvarei a tua fidelidade,
pois tu és o meu alto refúgio,
abrigo seguro nos tempos difíceis.

17Ó minha força, canto louvores a ti;
tu és, ó Deus, o meu alto refúgio,
o Deus que me ama.

Salmo 60

Para o mestre de música. De acordo com a melodia O Lírio da Aliança. *Didático. Poema epigráfico davídico. Quando Davi combateu Arã Naaraim*[a] *e Arã Zobá*[b], *e quando Joabe voltou e feriu doze mil edomitas no vale do Sal.*

1Tu nos rejeitaste e nos dispersaste, ó Deus;
tu derramaste a tua ira;
restaura-nos agora!
2Sacudiste a terra e abriste-lhe fendas;
repara suas brechas,
pois ameaça desmoronar-se.
3Fizeste passar o teu povo por tempos difíceis;
deste-nos um vinho estonteante.

4Mas aos que te temem deste um sinal
para que fugissem das flechas.
Pausa

5Salva-nos com a tua mão direita
e responde-nos,
para que sejam libertos aqueles a quem amas.
6Do seu santuário[c] Deus falou:
"No meu triunfo dividirei Siquém
e repartirei o vale de Sucote.
7Gileade é minha, Manassés também;
Efraim é o meu capacete,
Judá é o meu cetro.
8Moabe é a pia em que me lavo,
em Edom atiro a minha sandália;
sobre a Filístia dou meu brado de vitória!"

9Quem me levará à cidade fortificada?
Quem me guiará a Edom?
10Não foste tu, ó Deus, que nos rejeitaste
e deixaste de sair com os nossos exércitos?
11Dá-nos ajuda contra os adversários,
pois inútil é o socorro do homem.
12Com Deus conquistaremos a vitória,
e ele pisoteará os nossos adversários.

Salmo 61

Para o mestre de música. Com instrumentos de cordas. Davídico.

1Ouve o meu clamor, ó Deus;
atenta para a minha oração.

2Desde os confins da terra eu clamo a ti,
com o coração abatido;
põe-me a salvo na rocha mais alta do que eu.
3Pois tu tens sido o meu refúgio,
uma torre forte contra o inimigo.

4Para sempre anseio habitar na tua tenda
e refugiar-me no abrigo das tuas asas.
Pausa

5Pois ouviste os meus votos, ó Deus;
deste-me a herança que concedes
aos que temem o teu nome.

6Prolonga os dias do rei,
por muitas gerações os seus anos de vida.
7Para sempre esteja ele em seu trono,
diante de Deus;
envia o teu amor e a tua fidelidade
para protegê-lo.

8Então sempre cantarei louvores ao teu nome,
cumprindo os meus votos cada dia.

Salmo 62

Para o mestre de música. Ao estilo de Jedutum. Salmo davídico.

1A minha alma descansa somente em Deus;
dele vem a minha salvação.

[a] Título: Isto é, os arameus do nordeste da Mesopotâmia.
[b] Título: Isto é, os arameus da Síria central.
[c] 60:6 Ou *Na sua santidade*

2Somente ele é a rocha que me salva;
ele é a minha torre segura! Jamais serei abalado!

3Até quando todos vocês atacarão um homem
que está como um muro inclinado,
como uma cerca prestes a cair?
4Todo o propósito deles é derrubá-lo
de sua posição elevada;
eles se deliciam com mentiras.
Com a boca abençoam,
mas no íntimo amaldiçoam.
Pausa

5Descanse somente em Deus,
ó minha alma;
dele vem a minha esperança.
6Somente ele é a rocha que me salva;
ele é a minha torre alta! Não serei abalado!
7A minha salvação e a minha honra
de Deus dependem;
ele é a minha rocha firme, o meu refúgio.
8Confie nele em todos os momentos, ó povo;
derrame diante dele o coração,
pois ele é o nosso refúgio.
Pausa

9Os homens de origem humilde
não passam de um sopro,
os de origem importante
não passam de mentira;
pesados na balança,
juntos não chegam ao peso de um sopro.
10Não confiem na extorsão,
nem ponham a esperança em bens roubados;
se as suas riquezas aumentam,
não ponham nelas o coração.

11Uma vez Deus falou,
duas vezes eu ouvi,
que o poder pertence a Deus.
12Contigo também, Senhor, está a fidelidade.
É certo que retribuirás a cada um
conforme o seu procedimento.

Salmo 63

Salmo de Davi, quando ele estava no deserto de Judá.

1Ó Deus, tu és o meu Deus,
eu te busco intensamente;
a minha alma tem sede de ti!
Todo o meu ser anseia por ti,
numa terra seca, exausta e sem água.

2Quero contemplar-te no santuário
e avistar o teu poder e a tua glória.
3O teu amor é melhor do que a vida!
Por isso os meus lábios te exaltarão.
4Enquanto eu viver te bendirei,
e em teu nome levantarei as minhas mãos.
5A minha alma ficará satisfeita
como quando tem rico banquete;
com lábios jubilosos a minha boca te louvará.

6Quando me deito lembro-me de ti;
penso em ti durante as vigílias da noite.
7Porque és a minha ajuda,
canto de alegria à sombra das tuas asas.
8A minha alma apega-se a ti;
a tua mão direita me sustém.
9Aqueles, porém, que querem matar-me
serão destruídos;
descerão às profundezas da terra.
10Serão entregues à espada
e devorados por chacais.

11Mas o rei se alegrará em Deus;
todos os que juram pelo nome de Deus
o louvarão,
mas as bocas dos mentirosos serão tapadas.

Salmo 64

Para o mestre de música. Salmo davídico.

1Ouve-me, ó Deus, quando faço a minha queixa;
protege a minha vida do inimigo ameaçador.
2Defende-me da conspiração dos ímpios
e da ruidosa multidão de malfeitores.

3Eles afiam a língua como espada
e apontam, como flechas, palavras
envenenadas.
4De onde estão emboscados
atiram no homem íntegro;
atiram de surpresa, sem qualquer temor.

5Animam-se uns aos outros
com planos malignos,
combinam como ocultar as suas armadilhas,
e dizem: "Quem as[a] verá?"
6Tramam a injustiça e dizem:
"Fizemos[b] um plano perfeito!"
A mente e o coração de cada um deles
o encobrem![c]

7Mas Deus atirará neles suas flechas;
repentinamente serão atingidos.
8Pelas próprias palavras
farão cair uns aos outros;
menearão a cabeça e zombarão deles
todos os que os virem.

9Todos os homens temerão,
e proclamarão as obras de Deus,
refletindo no que ele fez.
10Alegrem-se os justos no SENHOR
e nele busquem refúgio;
congratulem-se todos os retos de coração!

Salmo 65

Para o mestre de música. Salmo davídico. Um cântico.

1O louvor te aguarda[d] em Sião, ó Deus;
os votos que te fizemos serão cumpridos.
2Ó tu que ouves a oração,
a ti virão todos os homens.
3Quando os nossos pecados pesavam sobre nós,
tu mesmo fizeste propiciação
por nossas transgressões.
4Como são felizes aqueles que escolhes
e trazes a ti, para viverem nos teus átrios!
Transbordamos de bênçãos da tua casa,
do teu santo templo!

[a] 64:5 Ou *nos*
[b] 64:6 Ou *Eles ocultam*
[c] 64:6 Ou *Ninguém nos descobrirá!*
[d] 65:1 Ou *O louvor é apropriado a ti*

5Tu nos respondes
com temíveis feitos de justiça,
ó Deus, nosso Salvador,
esperança de todos os confins da terra
e dos mais distantes mares.
6Tu que firmaste os montes pela tua força,
pelo teu grande poder.
7Tu que acalmas o bramido dos mares,
o bramido de suas ondas,
e o tumulto das nações.
8Tremem os habitantes das terras distantes
diante das tuas maravilhas;
do nascente ao poente
despertas canções de alegria.

9Cuidas da terra e a regas;
fartamente a enriqueces.
Os riachos de Deus transbordam
para que nunca falte o trigo,
pois assim ordenaste.[a]
10Encharcas os seus sulcos
e aplainas os seus torrões;
tu a amoleces com chuvas
e abençoas as suas colheitas.
11Coroas o ano com a tua bondade,
e por onde passas emana fartura;
12fartura vertem as pastagens do deserto,
e as colinas se vestem de alegria.
13Os campos se revestem de rebanhos
e os vales se cobrem de trigo;
eles exultam e cantam de alegria!

Salmo 66

Para o mestre de música. Um cântico. Um salmo.

1Aclamem a Deus, povos de toda terra!
2Cantem louvores ao seu glorioso nome;
louvem-no gloriosamente!
3Digam a Deus:
"Quão temíveis são os teus feitos!
Tão grande é o teu poder que os teus inimigos
rastejam diante de ti!
4Toda a terra te adora
e canta louvores a ti,
canta louvores ao teu nome".

Pausa

5Venham e vejam o que Deus tem feito;
como são impressionantes
as suas obras em favor dos homens!
6Ele transformou o mar em terra seca,
e o povo atravessou as águas[b] a pé;
e ali nos alegramos nele.[c]
7Ele governa para sempre com o seu poder,
seus olhos vigiam as nações;
que os rebeldes
não se levantem contra ele!

Pausa

8Bendigam o nosso Deus, ó povos,
façam ressoar o som do seu louvor;
9foi ele quem preservou a nossa vida
impedindo que os nossos pés escorregassem.
10Pois tu, ó Deus, nos submeteste à prova
e nos refinaste como a prata.
11Fizeste-nos cair numa armadilha
e sobre nossas costas puseste fardos.
12Deixaste que os inimigos cavalgassem
sobre a nossa cabeça;
passamos pelo fogo e pela água,
mas a um lugar de fartura[d] nos trouxeste.

13Para o teu templo virei com holocaustos[e]
e cumprirei os meus votos para contigo,
14votos que os meus lábios fizeram
e a minha boca falou
quando eu estava em dificuldade.
15Oferecerei a ti animais gordos em holocausto;
sacrificarei carneiros, cuja fumaça subirá a ti,
e também novilhos e cabritos.

Pausa

16Venham e ouçam,
todos vocês que temem a Deus;
vou contar-lhes o que ele fez por mim.
17A ele clamei com os lábios;
com a língua o exaltei.
18Se eu acalentasse o pecado no coração,
o Senhor não me ouviria;
19mas Deus me ouviu,
deu atenção à oração que lhe dirigi.
20Louvado seja Deus,
que não rejeitou a minha oração
nem afastou de mim o seu amor!

Salmo 67

Para o mestre de música. Com instrumentos de cordas. Um salmo. Um cântico.

1Que Deus tenha misericórdia de nós
e nos abençoe,
e faça resplandecer
o seu rosto sobre nós[f],

Pausa

2para que sejam conhecidos na terra
os teus caminhos,
a tua salvação entre todas as nações.

3Louvem-te os povos, ó Deus;
louvem-te todos os povos.
4Exultem e cantem de alegria as nações,
pois governas os povos com justiça
e guias as nações na terra.

Pausa

5Louvem-te os povos, ó Deus;
louvem-te todos os povos.

6Que a terra dê a sua colheita,
e Deus, o nosso Deus, nos abençoe!
7Que Deus nos abençoe,
e o temam todos os confins da terra.

Salmo 68

Para o mestre de música. Davídico. Um salmo. Um cântico.

1Que Deus se levante!
Sejam espalhados os seus inimigos,

[a] 65:9 Ou *pois é assim que preparas a terra.*
[b] 66:6 Ou *o rio*
[c] 66:6 Ou *venham, alegremo-nos nele.*
[d] 66:12 Algumas versões antigas dizem *de repouso.*
[e] 66:13 Isto é, sacrifícios totalmente queimados; também no versículo 15.
[f] 67:1 Isto é, mostre-nos a sua bondade.

fujam dele os seus adversários.
2Que tu os dissipes
assim como o vento leva a fumaça;
como a cera se derrete na presença do fogo,
assim pereçam os ímpios na presença de
Deus.
3Alegrem-se, porém, os justos!
Exultem diante de Deus!
Regozijem-se com grande alegria!

4Cantem a Deus, louvem o seu nome,
exaltem aquele que cavalga sobre as nuvens;[a]
seu nome é SENHOR!
Exultem diante dele!
5Pai para os órfãos e defensor das viúvas
é Deus em sua santa habitação.
6Deus dá um lar aos solitários,
liberta os presos para a prosperidade,
mas os rebeldes vivem em terra árida.

7Quando saíste à frente do teu povo, ó Deus,
quando marchaste pelo ermo,
Pausa
8a terra tremeu,
o céu derramou chuva
diante de Deus, o Deus do Sinai,
diante de Deus, o Deus de Israel.
9Deste chuvas generosas, ó Deus;
refrescaste a tua herança exausta.
10O teu povo nela se instalou,
e da tua bondade, ó Deus, supriste os pobres.

11O Senhor anunciou a palavra,
e muitos mensageiros a proclamavam:
12"Reis e exércitos fogem em debandada;
a dona-de-casa reparte os despojos.[b]
13Mesmo quando vocês dormem
entre as fogueiras do acampamento[c],
as asas da minha pomba
estão recobertas de prata,
as suas penas, de ouro reluzente".
14Quando o Todo-poderoso espalhou os reis,
foi como neve no monte Zalmom.

15Os montes de Basã são majestosos;
escarpados são os montes de Basã.
16Por que, ó montes escarpados,
estão com inveja do monte que Deus
escolheu para sua habitação,
onde o próprio SENHOR habitará para sempre?
17Os carros de Deus são incontáveis,
são milhares de milhares;
neles o Senhor veio do Sinai
para o seu Lugar Santo.
18Quando subiste em triunfo às alturas,
ó SENHOR Deus,
levaste cativos muitos prisioneiros;
recebeste homens como dádivas,
até mesmo rebeldes,
para estabeleceres morada.[d]

19Bendito seja o Senhor,
Deus, nosso Salvador,
que cada dia suporta as nossas cargas.
Pausa
20O nosso Deus é um Deus que salva;
ele é o Soberano, ele é o SENHOR
que nos livra da morte.

21Certamente Deus
esmagará a cabeça dos seus inimigos,
o crânio cabeludo
dos que persistem em seus pecados.
22"Eu os trarei de Basã", diz o Senhor,
"eu os trarei das profundezas do mar,
23para que você encharque os pés
no sangue dos inimigos,
sangue do qual a língua dos cães
terá a sua porção."

24Já se vê a tua marcha triunfal, ó Deus,
a marcha do meu Deus e Rei
adentrando o santuário.
25À frente estão os cantores, depois os
músicos;
com eles vão as jovens tocando tamborins.
26Bendigam a Deus na grande congregação!
Bendigam o SENHOR,
descendentes[e] de Israel!
27Ali está a pequena tribo de Benjamim,
a conduzi-los,
os príncipes de Judá
acompanhados de suas tropas,
e os príncipes de Zebulom e Naftali.

28A favor de vocês,
manifeste Deus o seu poder![f]
Mostra, ó Deus, o poder que já tens operado
para conosco.
29Por causa do teu templo em Jerusalém,
reis te trarão presentes.
30Repreende a fera entre os juncos,
a manada de touros
entre os bezerros das nações.
Humilhados, tragam barras de prata.
Espalha as nações que têm prazer na guerra.
31Ricos tecidos[g] venham do Egito;
a Etiópia corra para Deus de mãos cheias.

32Cantem a Deus, reinos da terra,
louvem o Senhor,
Pausa
33aquele que cavalga os céus, os antigos céus.
Escutem! Ele troveja com voz poderosa.
34Proclamem o poder de Deus!
Sua majestade está sobre Israel,
seu poder está nas altas nuvens.
35Tu és temível no teu santuário, ó Deus;
é o Deus de Israel
que dá poder e força ao seu povo.

Bendito seja Deus!

[a] 68:4 Ou *preparem o caminho para aquele que cavalga pelos desertos;*
[b] 68:12 Ou *as belas mulheres do palácio são repartidas como despojo.*
[c] 68:13 Ou *os alforjes*
[d] 68:18 Ou *dádivas dentre os homens, até dos que se rebelaram contra a tua habitação.*
[e] 68:26 Hebraico: *fonte.*
[f] 68:28 Conforme alguns manuscritos do Texto Massorético. Muitos manuscritos do Texto Massorético e algumas versões antigas dizem *Manifesta, ó Deus, o teu poder!*
[g] 68:31 Ou *embaixadores*

Salmo 69

Para o mestre de música. De acordo com a melodia Lírios. *Davídico.*

1Salva-me, ó Deus!,
pois as águas subiram até o meu pescoço.
2Nas profundezas lamacentas eu me afundo;
não tenho onde firmar os pés.
Entrei em águas profundas;
as correntezas me arrastam.
3Cansei-me de pedir socorro;
minha garganta se abrasa.
Meus olhos fraquejam
de tanto esperar pelo meu Deus.
4Os que sem razão me odeiam
são mais do que os fios de cabelo
da minha cabeça;
muitos são os que me prejudicam sem motivo,
muitos, os que procuram destruir-me.
Sou forçado a devolver o que não roubei.

5Tu bem sabes como fui insensato, ó Deus;
a minha culpa não te é encoberta.

6Não se decepcionem por minha causa
aqueles que esperam em ti,
ó Senhor, SENHOR dos Exércitos!
Não se frustrem por minha causa
os que te buscam, ó Deus de Israel!
7Pois por amor a ti suporto zombaria,
e a vergonha cobre-me o rosto.
8Sou um estrangeiro para os meus irmãos,
um estranho até para os filhos da minha mãe;
9pois o zelo pela tua casa me consome,
e os insultos daqueles que te insultam
caem sobre mim.
10Até quando choro e jejuo,
tenho que suportar zombaria;
11quando ponho vestes de lamento,
sou objeto de chacota.
12Os que se ajuntam na praça falam de mim,
e sou a canção dos bêbados.

13Mas eu, SENHOR, no tempo oportuno,
elevo a ti minha oração;
responde-me, por teu grande amor, ó Deus,
com a tua salvação infalível!
14Tira-me do atoleiro,
não me deixes afundar;
liberta-me dos que me odeiam
e das águas profundas.
15Não permitas que as correntezas me arrastem,
nem que as profundezas me engulam,
nem que a cova feche sobre mim a sua boca!
16Responde-me, SENHOR,
pela bondade do teu amor;
por tua grande misericórdia, volta-te para mim.
17Não escondas do teu servo a tua face;
responde-me depressa, pois estou em perigo.
18Aproxima-te e resgata-me;
livra-me por causa dos meus inimigos.
19Tu bem sabes como sofro zombaria,
humilhação e vergonha;
conheces todos os meus adversários.
20A zombaria partiu-me o coração;
estou em desespero!
Supliquei por socorro, nada recebi;
por consoladores, e a ninguém encontrei.
21Puseram fel na minha comida
e para matar-me a sede deram-me vinagre.

22Que a mesa deles se lhes transforme em laço;
torne-se retribuição e[a] armadilha.
23Escureçam-se os seus olhos
para que não consigam ver;
faze-lhes tremer o corpo sem parar.
24Despeja sobre eles a tua ira;
que o teu furor ardente os alcance.
25Fique deserto o lugar deles;
não haja ninguém que habite nas suas tendas.
26Pois perseguem aqueles que tu feres
e comentam a dor daqueles a quem castigas.
27Acrescenta-lhes pecado sobre pecado;
não os deixes alcançar a tua justiça.
28Sejam eles tirados do livro da vida
e não sejam incluídos no rol dos justos.

29Grande é a minha aflição e a minha dor!
Proteja-me, ó Deus, a tua salvação!

30Louvarei o nome de Deus com cânticos
e proclamarei sua grandeza
com ações de graças;
31isso agradará o SENHOR mais do que bois,
mais do que touros com seus chifres e cascos.
32Os necessitados o verão e se alegrarão;
a vocês que buscam a Deus,
vida ao seu coração!
33O SENHOR ouve o pobre
e não despreza o seu povo aprisionado.

34Louvem-no os céus e a terra,
os mares e tudo o que neles se move,
35pois Deus salvará Sião
e reconstruirá as cidades de Judá.
Então o povo ali viverá e tomará posse da
terra;
36a descendência dos seus servos a herdará,
e nela habitarão os que amam o seu nome.

Salmo 70

Para o mestre de música. Davídico. Uma petição.

1Livra-me, ó Deus!
Apressa-te, SENHOR, a ajudar-me!
2Sejam humilhados e frustrados
os que procuram tirar-me a vida;
retrocedam desprezados
os que desejam a minha ruína.
3Retrocedam em desgraça
os que zombam de mim.
4Mas regozijem-se e alegrem-se em ti
todos os que te buscam;
digam sempre os que amam a tua salvação:
"Como Deus é grande!"

5Quanto a mim, sou pobre e necessitado;
apressa-te, ó Deus.
Tu és o meu socorro e o meu libertador;
SENHOR, não te demores!

[a] **69:22** Ou *Que até as suas ofertas de comunhão se tornem em armadilha*; ou ainda *Que até os seus aliados se tornem uma armadilha*

Salmo 71

1Em ti, SENHOR, busquei refúgio;
nunca permitas que eu seja humilhado.
2Resgata-me e livra-me por tua justiça;
inclina o teu ouvido para mim e salva-me.
3Peço-te que sejas a minha rocha de refúgio,
para onde eu sempre possa ir;
dá ordem para que me libertem,
pois és a minha rocha
e a minha fortaleza.
4Livra-me, ó meu Deus, das mãos dos ímpios,
das garras dos perversos e cruéis.

5Pois tu és a minha esperança,
ó Soberano SENHOR,
em ti está a minha confiança desde a juventude.
6Desde o ventre materno dependo de ti;
tu me sustentaste[a]
desde as entranhas de minha mãe.
Eu sempre te louvarei!
7Tornei-me um exemplo para muitos,
porque tu és o meu refúgio seguro.
8Do teu louvor transborda a minha boca,
que o tempo todo proclama o teu esplendor.

9Não me rejeites na minha velhice;
não me abandones
quando se vão as minhas forças.
10Pois os meus inimigos me caluniam;
os que estão à espreita juntam-se e
planejam matar-me.
11"Deus o abandonou", dizem eles;
"persigam-no e prendam-no,
pois ninguém o livrará."
12Não fiques longe de mim, ó Deus;
ó meu Deus, apressa-te em ajudar-me.
13Pereçam humilhados os meus acusadores;
sejam cobertos de zombaria e vergonha
os que querem prejudicar-me.
14Mas eu sempre terei esperança
e te louvarei cada vez mais.
15A minha boca falará sem cessar da tua justiça
e dos teus incontáveis atos de salvação.
16Falarei dos teus feitos poderosos,
ó Soberano SENHOR;
proclamarei a tua justiça,
unicamente a tua justiça.
17Desde a minha juventude, ó Deus,
tens me ensinado,
e até hoje eu anuncio as tuas maravilhas.
18Agora que estou velho, de cabelos brancos,
não me abandones, ó Deus,
para que eu possa falar da tua força
aos nossos filhos,
e do teu poder às futuras gerações.

19Tua justiça chega até as alturas, ó Deus,
tu, que tens feito coisas grandiosas.
Quem se compara a ti, ó Deus?
20Tu, que me fizeste passar
muitas e duras tribulações,
restaurarás a minha vida,
e das profundezas da terra
de novo me farás subir.
21Tu me farás mais honrado
e mais uma vez me consolarás.

22E eu te louvarei com a lira
por tua fidelidade, ó meu Deus;
cantarei louvores a ti com a harpa,
ó Santo de Israel.
23Os meus lábios gritarão de alegria
quando eu cantar louvores a ti,
pois tu me redimiste.
24Também a minha língua sempre falará
dos teus atos de justiça,
pois os que queriam prejudicar-me
foram humilhados e ficaram frustrados.

[a] 71:6 Ou *separaste*

Salmo 72

De Salomão.

1Reveste da tua justiça o rei, ó Deus,
e o filho do rei, da tua retidão,
2para que ele julgue com retidão
e com justiça os teus que sofrem opressão.
3Que os montes tragam prosperidade ao povo,
e as colinas, o fruto da justiça.
4Defenda ele os oprimidos entre o povo
e liberte os filhos dos pobres;
esmague ele o opressor!

5Que ele perdure[b] como o sol
e como a lua, por todas as gerações.
6Seja ele como chuva
sobre uma lavoura ceifada,
como aguaceiros que regam a terra.
7Floresçam os justos nos dias do rei,
e haja grande prosperidade enquanto durar a
lua.

8Governe ele de mar a mar
e desde o rio Eufrates até os confins da terra[c].
9Inclinem-se diante dele as tribos do deserto[d],
e os seus inimigos lambam o pó.
10Que os reis de Társis e das regiões litorâneas
lhe tragam tributo;
os reis de Sabá e de Sebá
lhe ofereçam presentes.
11Inclinem-se diante dele todos os reis,
e sirvam-no todas as nações.

12Pois ele liberta os pobres que pedem
socorro,
os oprimidos que não têm quem os ajude.
13Ele se compadece dos fracos e dos pobres,
e os salva da morte.
14Ele os resgata da opressão e da violência,
pois aos seus olhos a vida[e] deles é preciosa.

15Tenha o rei vida longa!
Receba ele o ouro de Sabá.
Que se ore por ele continuamente,
e todo o dia se invoquem bênçãos sobre ele.
16Haja fartura de trigo por toda a terra,
ondulando no alto dos montes.

[b] 72:5 Conforme a Septuaginta. O Texto Massorético diz *Que tu sejas temido.*
[c] 72:8 Ou *do país*
[d] 72:9 Ou *criaturas do deserto;* ou ainda *adversários*
[e] 72:14 Hebraico: *sangue.*

Floresçam os seus frutos como os do Líbano
e cresçam as cidades como as plantas no campo.
17 Permaneça para sempre o seu nome
e dure a sua fama enquanto o sol brilhar.
Sejam abençoadas todas as nações
por meio dele,
e que elas o chamem bendito.
18 Bendito seja o SENHOR Deus,
o Deus de Israel,
o único que realiza feitos maravilhosos.
19 Bendito seja
o seu glorioso nome para sempre;
encha-se toda a terra da sua glória.
Amém e amém.

20 Encerram-se aqui as orações de Davi, filho de Jessé.

TERCEIRO LIVRO

Salmo 73

Salmo da família de Asafe.

1 Certamente Deus é bom para Israel,
para os puros de coração.

2 Quanto a mim, os meus pés quase tropeçaram;
por pouco não escorreguei.
3 Pois tive inveja dos arrogantes
quando vi a prosperidade desses ímpios.

4 Eles não passam por sofrimento[a]
e têm o corpo saudável e forte.
5 Estão livres dos fardos de todos;
não são atingidos por doenças
como os outros homens.
6 Por isso o orgulho lhes serve de colar,
e eles se vestem de violência.
7 Do seu íntimo[b] brota a maldade[c];
da sua mente transbordam maquinações.
8 Eles zombam e falam com más intenções;
em sua arrogância ameaçam com opressão.
9 Com a boca arrogam a si os céus,
e com a língua se apossam da terra.
10 Por isso o seu povo se volta para eles
e bebe suas palavras até saciar-se.
11 Eles dizem: "Como saberá Deus?
Terá conhecimento o Altíssimo?"

12 Assim são os ímpios;
sempre despreocupados,
aumentam suas riquezas.

13 Certamente foi-me inútil
manter puro o coração
e lavar as mãos na inocência,
14 pois o dia inteiro sou afligido,
e todas as manhãs sou castigado.
15 Se eu tivesse dito: Falarei como eles,
teria traído os teus filhos.
16 Quando tentei entender tudo isso,
achei muito difícil para mim,
17 até que entrei no santuário de Deus,
e então compreendi o destino dos ímpios.

18 Certamente os pões em terreno escorregadio
e os fazes cair na ruína.
19 Como são destruídos de repente,
completamente tomados de pavor!
20 São como um sonho
que se vai quando acordamos;
quando te levantares, Senhor,
tu os farás desaparecer.

21 Quando o meu coração estava amargurado
e no íntimo eu sentia inveja,
22 agi como insensato e ignorante;
minha atitude para contigo
era a de um animal irracional.

23 Contudo, sempre estou contigo;
tomas a minha mão direita e me susténs.
24 Tu me diriges com o teu conselho,
e depois me receberás com honras.
25 A quem tenho nos céus senão a ti?
E na terra, nada mais desejo
além de estar junto a ti.
26 O meu corpo e o meu coração
poderão fraquejar,
mas Deus é a força do meu coração
e a minha herança para sempre.

27 Os que te abandonam sem dúvida perecerão;
tu destróis todos os infiéis.
28 Mas, para mim, bom é estar perto de Deus;
fiz do Soberano SENHOR o meu refúgio;
proclamarei todos os teus feitos.

Salmo 74

Poema da família de Asafe.

1 Por que nos rejeitaste definitivamente, ó Deus?
Por que se acende a tua ira
contra as ovelhas da tua pastagem?
2 Lembra-te do povo que adquiriste
em tempos passados,
da tribo da tua herança, que resgataste,
do monte Sião, onde habitaste.
3 Volta os teus passos
para aquelas ruínas irreparáveis,
para toda a destruição
que o inimigo causou em teu santuário.

4 Teus adversários gritaram triunfantes
bem no local onde te encontravas conosco,
e hastearam suas bandeiras em sinal de vitória.
5 Pareciam homens armados com machados
invadindo um bosque cerrado.
6 Com seus machados e machadinhas
esmigalharam todos os revestimentos
de madeira esculpida.
7 Atearam fogo ao teu santuário;
profanaram o lugar da habitação do teu nome.
8 Disseram no coração:
"Vamos acabar com eles!"
Queimaram todos os santuários do país.
9 Já não vemos sinais milagrosos;
não há mais profetas,

[a] **73:4** Ou *sofrimento até morrer;* ou ainda *sofrimento; até morrer o corpo deles é*
[b] **73:7** Hebraico: *gordura.*
[c] **73:7** Conforme a Versão Siríaca. O Texto Massorético diz *Seus olhos saltam-lhes da gordura.*

e nenhum de nós sabe
até quando isso continuará.

10Até quando o adversário irá zombar, ó Deus?
Será que o inimigo blasfemará
o teu nome para sempre?
11Por que reténs a tua mão, a tua mão direita?
Não fiques de braços cruzados! Destrói-os!

12Mas tu, ó Deus,
és o meu rei desde a antiguidade;
trazes salvação sobre a terra.
13Tu dividiste o mar pelo teu poder;
quebraste as cabeças das serpentes das águas.
14Esmagaste as cabeças do Leviatã[a]
e o deste por comida às criaturas do deserto.
15Tu abriste fontes e regatos;
secaste rios perenes.
16O dia é teu, e tua também é a noite;
estabeleceste o sol e a lua.
17Determinaste todas as fronteiras da terra;
fizeste o verão e o inverno.

18Lembra-te de como o inimigo
tem zombado de ti, ó SENHOR,
como os insensatos têm blasfemado o teu
nome.
19Não entregues a vida da tua pomba
aos animais selvagens;
não te esqueças para sempre da vida
do teu povo indefeso.
20Dá atenção à tua aliança,
porque de antros de violência se enchem
os lugares sombrios do país.
21Não deixes que o oprimido
se retire humilhado!
Faze que o pobre e o necessitado
louvem o teu nome.

22Levanta-te, ó Deus, e defende a tua causa;
lembra-te de como os insensatos
zombam de ti sem cessar.
23Não ignores a gritaria dos teus adversários,
o crescente tumulto dos teus inimigos.

Salmo 75

Para o mestre de música. De acordo com a melodia Não Destruas. *Salmo da família de Asafe. Um cântico.*

1Damos-te graças, ó Deus,
damos-te graças, pois perto está o teu nome;
todos falam dos teus feitos maravilhosos.

2Tu dizes: "Eu determino o tempo
em que julgarei com justiça.
3Quando treme a terra
com todos os seus habitantes,
sou eu que mantenho firmes
as suas colunas.

Pausa

4"Aos arrogantes digo: Parem de vangloriar-se!
E aos ímpios: Não se rebelem![b]
5Não se rebelem contra os céus;
não falem com insolência".
6Não é do oriente nem do ocidente
nem do deserto que vem a exaltação.
7É Deus quem julga:
Humilha a um, a outro exalta.
8Na mão do SENHOR está um cálice
cheio de vinho espumante e misturado;
ele o derrama, e todos os ímpios da terra
o bebem até a última gota.
9Quanto a mim,
para sempre anunciarei essas coisas;
cantarei louvores ao Deus de Jacó.
10Destruirei o poder[c] de todos os ímpios,
mas o poder dos justos aumentará.

Salmo 76

Para o mestre de música. Com instrumentos de cordas. Salmo da família de Asafe. Um cântico.

1Em Judá Deus é conhecido;
o seu nome é grande em Israel.
2Sua tenda está em Salém;
o lugar da sua habitação está em Sião.
3Ali quebrou ele as flechas reluzentes,
os escudos e as espadas,
as armas de guerra.

Pausa

4Resplendes de luz!
És mais majestoso que os montes
cheios de despojos.
5Os homens valorosos jazem saqueados,
dormem o sono final;
nenhum dos guerreiros
foi capaz de erguer as mãos.
6Diante da tua repreensão, ó Deus de Jacó,
o cavalo e o carro estacaram.
7Somente tu és temível.
Quem poderá permanecer diante de ti
quando estiveres irado?
8Dos céus pronunciaste juízo,
e a terra tremeu e emudeceu,
9quando tu, ó Deus, te levantaste para julgar,
para salvar todos os oprimidos da terra.

Pausa

10Até a tua ira contra os homens
redundará em teu louvor,
e os sobreviventes da tua ira se refrearão.[d]

11Façam votos ao SENHOR, ao seu Deus,
e não deixem de cumpri-los;
que todas as nações vizinhas tragam presentes
a quem todos devem temer.
12Ele tira o ânimo dos governantes
e é temido pelos reis da terra.

Salmo 77

Para o mestre de música. Ao estilo de Jedutum. Salmo da família de Asafe.

1Clamo a Deus por socorro;
clamo a Deus que me escute.
2Quando estou angustiado, busco o Senhor;
de noite estendo as mãos sem cessar;
a minha alma está inconsolável!

[a] 74:14 Ou *monstro marinho*
[b] 75:4 Hebraico: *Não levantem o chifre*; também no versículo 5.
[c] 75:10 Hebraico: *chifre*. Duas vezes neste versículo.
[d] 76:10 Ou *Até a ira dos homens redundará em teu louvor, e com o restante da ira tu te armas.*

3 Lembro-me de ti, ó Deus, e suspiro;
começo a meditar,
e o meu espírito desfalece.
Pausa
4 Não me permites fechar os olhos;
tão inquieto estou que não consigo falar.
5 Fico a pensar nos dias que se foram,
nos anos há muito passados;
6 de noite recordo minhas canções.
O meu coração medita,
e o meu espírito pergunta:

7 Irá o Senhor rejeitar-nos para sempre?
Jamais tornará a mostrar-nos o seu favor?
8 Desapareceu para sempre o seu amor?
Acabou-se a sua promessa?
9 Esqueceu-se Deus de ser misericordioso?
Em sua ira refreou sua compaixão?
Pausa
10 Então pensei: A razão da minha dor
é que a mão direita do Altíssimo não age
mais.[a]

11 Recordarei os feitos do SENHOR;
recordarei os teus antigos milagres.
12 Meditarei em todas as tuas obras
e considerarei todos os teus feitos.

13 Teus caminhos, ó Deus, são santos.
Que deus é tão grande como o nosso Deus?
14 Tu és o Deus que realiza milagres;
mostras o teu poder entre os povos.
15 Com o teu braço forte resgataste o teu povo,
os descendentes de Jacó e de José.
Pausa

16 As águas te viram, ó Deus,
as águas te viram e se contorceram;
até os abismos estremeceram.
17 As nuvens despejaram chuvas,
ressoou nos céus o trovão;
as tuas flechas reluziam em todas as direções.
18 No redemoinho, estrondou o teu trovão,
os teus relâmpagos iluminaram o mundo;
a terra tremeu e sacudiu-se.
19 A tua vereda passou pelo mar,
o teu caminho pelas águas poderosas,
e ninguém viu as tuas pegadas.

20 Guiaste o teu povo como a um rebanho
pela mão de Moisés e de Arão.

Salmo 78

Poema da família de Asafe.

1 Povo meu, escute o meu ensino;
incline os ouvidos
para o que eu tenho a dizer.
2 Em parábolas abrirei a minha boca,
proferirei enigmas do passado;
3 o que ouvimos e aprendemos,
o que nossos pais nos contaram.
4 Não os esconderemos dos nossos filhos;
contaremos à próxima geração
os louváveis feitos do SENHOR,
o seu poder e as maravilhas que fez.
5 Ele decretou estatutos para Jacó,
e em Israel estabeleceu a lei,
e ordenou aos nossos antepassados
que a ensinassem aos seus filhos,
6 de modo que a geração seguinte a
conhecesse,
e também os filhos que ainda nasceriam,
e eles, por sua vez,
contassem aos seus próprios filhos.
7 Então eles porão a confiança em Deus;
não esquecerão os seus feitos
e obedecerão aos seus mandamentos.
8 Eles não serão como os seus antepassados,
obstinados e rebeldes,
povo de coração desleal para com Deus,
gente de espírito infiel.

9 Os homens de Efraim, flecheiros armados,
viraram as costas no dia da batalha;
10 não guardaram a aliança de Deus
e se recusaram a viver de acordo com a sua lei.
11 Esqueceram o que ele tinha feito,
as maravilhas que lhes havia mostrado.
12 Ele fez milagres diante dos seus antepassados,
na terra do Egito, na região de Zoã.
13 Dividiu o mar para que pudessem passar;
fez a água erguer-se como um muro.
14 Ele os guiou com a nuvem de dia
e com a luz do fogo de noite.
15 Fendeu as rochas no deserto
e deu-lhes tanta água
como a que flui das profundezas;
16 da pedra fez sair regatos
e fluir água como um rio.

17 Mas contra ele continuaram a pecar,
revoltando-se no deserto contra o Altíssimo.
18 Deliberadamente puseram Deus à prova,
exigindo o que desejavam comer.
19 Duvidaram de Deus, dizendo:
"Poderá Deus preparar uma mesa no deserto?
20 Sabemos que quando ele feriu a rocha
a água brotou e jorrou em torrentes.
Mas conseguirá também dar-nos de comer?
Poderá suprir de carne o seu povo?"
21 O SENHOR os ouviu e enfureceu-se;
com fogo atacou Jacó,
e sua ira levantou-se contra Israel,
22 pois eles não creram em Deus
nem confiaram no seu poder salvador.
23 Contudo, ele deu ordens às nuvens
e abriu as portas dos céus;
24 fez chover maná para que o povo comesse,
deu-lhe o pão[b] dos céus.
25 Os homens comeram o pão dos anjos;
enviou-lhes comida à vontade.
26 Enviou dos céus o vento oriental
e pelo seu poder fez avançar o vento sul.
27 Fez chover carne sobre eles como pó,
bandos de aves como a areia da praia.
28 Levou-as a cair dentro do acampamento,
ao redor das suas tendas.

[a] 77:10 Ou *Apelarei para o que há muito fez a mão direita do Altíssimo.*

[b] 78:24 Hebraico: *trigo.*

29 Comeram à vontade,
e assim ele satisfez o desejo deles.
30 Mas, antes de saciarem o apetite,
quando ainda tinham a comida na boca,
31 acendeu-se contra eles a ira de Deus;
e ele feriu de morte os mais fortes dentre eles,
matando os jovens de Israel.

32 A despeito disso tudo, continuaram pecando;
não creram nos seus prodígios.
33 Por isso ele encerrou
os dias deles como um sopro
e os anos deles em repentino pavor.
34 Sempre que Deus os castigava com a morte,
eles o buscavam;
com fervor se voltavam de novo para ele.
35 Lembravam-se de que Deus era a sua Rocha,
de que o Deus Altíssimo era o seu Redentor.
36 Com a boca o adulavam,
com a língua o enganavam;
37 o coração deles não era sincero;
não foram fiéis à sua aliança.
38 Contudo, ele foi misericordioso;
perdoou-lhes as maldades
e não os destruiu.
Vez após vez conteve a sua ira,
sem despertá-la totalmente.
39 Lembrou-se de que eram meros mortais,
brisa passageira que não retorna.
40 Quantas vezes mostraram-se rebeldes
contra ele no deserto
e o entristeceram na terra solitária!
41 Repetidas vezes puseram Deus à prova;
irritaram o Santo de Israel.
42 Não se lembravam da sua mão poderosa,
do dia em que os redimiu do opressor,
43 do dia em que mostrou
os seus prodígios no Egito,
as suas maravilhas na região de Zoã,
44 quando transformou os rios
e os riachos dos egípcios em sangue,
e eles não mais conseguiam beber das suas
águas,
45 e enviou enxames de moscas
que os devoraram,
e rãs que os devastaram;
46 quando entregou as suas plantações às
larvas,
a produção da terra aos gafanhotos,
47 e destruiu as suas vinhas com a saraiva
e as suas figueiras bravas, com a geada;
48 quando entregou o gado deles ao granizo,
os seus rebanhos aos raios;
49 quando os atingiu com a sua ira ardente,
com furor, indignação e hostilidade,
com muitos anjos destruidores.
50 Abriu caminho para a sua ira;
não os poupou da morte,
mas os entregou à peste.
51 Matou todos os primogênitos do Egito,
as primícias do vigor varonil
das tendas de Cam.
52 Mas tirou o seu povo como ovelhas
e o conduziu como a um rebanho pelo deserto.
53 Ele os guiou em segurança,
e não tiveram medo;
e os seus inimigos afundaram-se no mar.
54 Assim os trouxe à fronteira
da sua terra santa,
aos montes que a sua mão direita conquistou.
55 Expulsou nações que lá estavam,
distribuiu-lhes as terras por herança
e deu suas tendas às tribos de Israel
para que nelas habitassem.

56 Mas eles puseram Deus à prova
e foram rebeldes contra o Altíssimo;
não obedeceram aos seus testemunhos.
57 Foram desleais e infiéis,
como os seus antepassados,
confiáveis como um arco defeituoso.
58 Eles o irritaram com os altares idólatras;
com os seus ídolos lhe provocaram ciúmes.
59 Sabendo-o Deus, enfureceu-se
e rejeitou totalmente Israel;
60 abandonou o tabernáculo de Siló,
a tenda onde habitava entre os homens.
61 Entregou o símbolo do seu poder ao cativeiro,
e o seu esplendor, nas mãos do adversário.
62 Deixou que o seu povo fosse morto à espada,
pois enfureceu-se com a sua herança.
63 O fogo consumiu os seus jovens,
e as suas moças não tiveram
canções de núpcias;
64 os sacerdotes foram mortos à espada!
As viúvas já nem podiam chorar!

65 Então o Senhor despertou
como que de um sono,
como um guerreiro despertado do domínio do
vinho.
66 Fez retroceder a golpes os seus adversários
e os entregou a permanente humilhação.
67 Também rejeitou as tendas de José,
e não escolheu a tribo de Efraim;
68 ao contrário, escolheu a tribo de Judá
e o monte Sião, o qual amou.
69 Construiu o seu santuário como as alturas;
como a terra o firmou para sempre.
70 Escolheu o seu servo Davi
e o tirou do aprisco das ovelhas,
71 do pastoreio de ovelhas,
para ser o pastor de Jacó, seu povo,
de Israel, sua herança.
72 E de coração íntegro Davi os pastoreou;
com mãos experientes os conduziu.

Salmo 79

Salmo da família de Asafe.

1 Ó Deus, as nações invadiram a tua herança,
profanaram o teu santo templo,
reduziram Jerusalém a ruínas.
2 Deram os cadáveres dos teus servos
às aves do céu por alimento,
a carne dos teus fiéis, aos animais selvagens.
3 Derramaram o sangue deles como água
ao redor de Jerusalém,
e não há ninguém para sepultá-los.

4Somos objeto de zombaria
para os nossos vizinhos,
de riso e menosprezo
para os que vivem ao nosso redor.

5Até quando, Senhor?
Ficarás irado para sempre?
Arderá o teu ciúme como o fogo?
6Derrama a tua ira sobre as nações
que não te reconhecem,
sobre os reinos
que não invocam o teu nome,
7pois devoraram Jacó,
deixando em ruínas a sua terra.
8Não cobres de nós
as maldades dos nossos antepassados;
venha depressa ao nosso encontro
a tua misericórdia,
pois estamos totalmente desanimados!
9Ajuda-nos, ó Deus, nosso Salvador,
para a glória do teu nome;
livra-nos e perdoa os nossos pecados,
por amor do teu nome.
10Por que as nações haverão de dizer:
"Onde está o Deus deles?"
Diante dos nossos olhos, mostra às nações
a tua vingança pelo sangue dos teus servos.
11Cheguem à tua presença
os gemidos dos prisioneiros.
Pela força do teu braço
preserva os condenados à morte.

12Retribui sete vezes mais aos nossos vizinhos
as afrontas com que te insultaram,
Senhor!
13Então nós, o teu povo,
as ovelhas das tuas pastagens,
para sempre te louvaremos;
de geração em geração
cantaremos os teus louvores.

Salmo 80

Para o mestre de música. De acordo com a melodia Os Lírios da Aliança. *Salmo da família de Asafe.*

1Escuta-nos, Pastor de Israel,
tu, que conduzes José como um rebanho;
tu, que tens o teu trono sobre os querubins,
manifesta o teu esplendor
2diante de Efraim, Benjamim e Manassés.
Desperta o teu poder, e vem salvar-nos!

3Restaura-nos, ó Deus!
Faze resplandecer sobre nós o teu rosto,[a]
para que sejamos salvos.

4Ó Senhor, Deus dos Exércitos,
até quando arderá a tua ira
contra as orações do teu povo?
5Tu o alimentaste com pão de lágrimas
e o fizeste beber copos de lágrimas.
6Fizeste de nós um motivo de disputas
entre as nações vizinhas,
e os nossos inimigos caçoam de nós.

7Restaura-nos, ó Deus dos Exércitos;
faze resplandecer sobre nós o teu rosto,
para que sejamos salvos.

8Do Egito trouxeste uma videira;
expulsaste as nações e a plantaste.
9Limpaste o terreno,
ela lançou raízes e encheu a terra.
10Os montes foram cobertos pela sua sombra,
e os mais altos cedros, pelos seus ramos.
11Seus ramos se estenderam até o Mar[b],
e os seus brotos, até o Rio[c].

12Por que derrubaste as suas cercas,
permitindo que todos os que passam
apanhem as suas uvas?
13Javalis da floresta a devastam
e as criaturas do campo dela se alimentam.
14Volta-te para nós, ó Deus dos Exércitos!
Dos altos céus olha e vê!
Toma conta desta videira,
15da raiz que a tua mão direita plantou,
do filho[d] que para ti fizeste crescer!

16Tua videira foi derrubada;
como lixo foi consumida pelo fogo.
Pela tua repreensão perece o teu povo![e]
17Repouse a tua mão sobre aquele
que puseste à tua mão direita,
o filho do homem que para ti fizeste crescer.
18Então não nos desviaremos de ti;
vivifica-nos, e invocaremos o teu nome.
19Restaura-nos, ó Senhor, Deus dos Exércitos;
faze resplandecer sobre nós o teu rosto,
para que sejamos salvos.

Salmo 81

Para o mestre de música. De acordo com a melodia Os Lagares. *Da família de Asafe.*

1Cantem de alegria a Deus, nossa força;
aclamem o Deus de Jacó!
2Comecem o louvor, façam ressoar o tamborim,
toquem a lira e a harpa melodiosa.

3Toquem a trombeta na lua nova
e no dia de lua cheia, dia da nossa festa;
4porque este é um decreto para Israel,
uma ordenança do Deus de Jacó,
5que ele estabeleceu como estatuto para José,
quando atacou o Egito.
Ali ouvimos uma língua[f] que não conhecíamos.

6Ele diz: "Tirei o peso dos seus ombros;
suas mãos ficaram livres dos cestos de cargas.
7Na sua aflição vocês clamaram e eu os livrei,
do esconderijo dos trovões lhes respondi;
eu os pus à prova nas águas de Meribá[g].

Pausa

8"Ouça, meu povo, as minhas advertências;
se tão somente você me escutasse, ó Israel!

[a] 80:3 Isto é, mostra-nos a tua bondade; também nos versículos 7 e 19.

[b] 80:11 Isto é, o Mediterrâneo.

[c] 80:11 Isto é, o Eufrates.

[d] 80:15 Ou *ramo*

[e] 80:16 Ou *Pela tua repreensão faze perecer os que a derrubaram e a queimaram como lixo!*

[f] 81:5 Ou *voz*

[g] 81:7 *Meribá* significa *rebelião*.

9Não tenha deus estrangeiro no seu meio;
não se incline perante nenhum deus estranho.
10Eu sou o SENHOR, o seu Deus,
que o tirei da terra do Egito.
Abra a sua boca, e eu o alimentarei.

11"Mas o meu povo não quis ouvir-me;
Israel não quis obedecer-me.
12Por isso os entreguei
ao seu coração obstinado,
para seguirem os seus próprios planos.

13"Se o meu povo apenas me ouvisse,
se Israel seguisse os meus caminhos,
14com rapidez eu subjugaria os seus inimigos
e voltaria a minha mão
contra os seus adversários!
15Os que odeiam o SENHOR
se renderiam diante dele,
e receberiam um castigo perpétuo.
16Mas eu sustentaria Israel
com o melhor trigo,
e com o mel da rocha eu o satisfaria".

Salmo 82

Para o mestre de música. Salmo da família de Asafe.

1É Deus quem preside à assembleia divina;
no meio dos deuses, ele é o juiz.[a]

2"Até quando vocês vão absolver os culpados
e favorecer os ímpios?
Pausa

3"Garantam justiça para os fracos
e para os órfãos;
mantenham os direitos dos necessitados
e dos oprimidos.
4Livrem os fracos e os pobres;
libertem-nos das mãos dos ímpios.

5"Eles nada sabem, nada entendem.
Vagueiam pelas trevas;
todos os fundamentos da terra estão abalados.

6"Eu disse: Vocês são deuses,
todos vocês são filhos do Altíssimo.
7Mas vocês morrerão como simples homens;
cairão como qualquer outro governante."

8Levanta-te, ó Deus, julga a terra,
pois todas as nações te pertencem.

Salmo 83

Uma canção. Salmo da família de Asafe.

1Ó Deus, não te emudeças;
não fiques em silêncio nem te detenhas, ó Deus.
2Vê como se agitam os teus inimigos,
como os teus adversários
te desafiam de cabeça erguida.
3Com astúcia conspiram contra o teu povo;
tramam contra aqueles
que são o teu tesouro.
4Eles dizem: "Venham,
vamos destruí-los como nação,
para que o nome de Israel
não seja mais lembrado!"
5Com um só propósito tramam juntos;
é contra ti que fazem acordo
6as tendas de Edom e os ismaelitas,
Moabe e os hagarenos,
7Gebal[b], Amom e Amaleque,
a Filístia, com os habitantes de Tiro.
8Até a Assíria aliou-se a eles,
e trouxe força aos descendentes de Ló.
Pausa

9Trata-os como trataste Midiã,
como trataste Sísera e Jabim no rio Quisom,
10os quais morreram em En-Dor
e se tornaram esterco para a terra.
11Faze com os seus nobres o que fizeste
com Orebe e Zeebe,
e com todos os seus príncipes
o que fizeste com Zeba e Zalmuna,
12que disseram:
"Vamos apossar-nos das pastagens de
Deus".

13Faze-os como folhas secas
levadas no redemoinho, ó meu Deus,
como palha ao vento.
14Assim como o fogo consome a floresta
e as chamas incendeiam os montes,
15persegue-os com o teu vendaval
e aterroriza-os com a tua tempestade.
16Cobre-lhes de vergonha o rosto
até que busquem o teu nome, SENHOR.

17Sejam eles humilhados e aterrorizados
para sempre;
pereçam em completa desgraça.
18Saibam eles que tu, cujo nome é SENHOR,
somente tu, és o Altíssimo sobre toda a terra.

Salmo 84

Para o mestre de música. De acordo com a melodia Os Lagares. *Salmo dos coraítas.*

1Como é agradável o lugar da tua habitação,
SENHOR dos Exércitos!
2A minha alma anela, e até desfalece,
pelos átrios do SENHOR;
o meu coração e o meu corpo
cantam de alegria ao Deus vivo.

3Até o pardal achou um lar,
e a andorinha um ninho para si,
para abrigar os seus filhotes,
um lugar perto do teu altar,
ó SENHOR dos Exércitos, meu Rei e meu
Deus.
4Como são felizes
os que habitam em tua casa;
louvam-te sem cessar!
Pausa

5Como são felizes os que em ti
encontram sua força,
e os que são peregrinos de coração!
6Ao passarem pelo vale de Baca[c],
fazem dele um lugar de fontes;

[a] 82:1 Ou *É Deus quem preside na suprema assembleia; no meio dos poderosos, ele é o juiz*; ou ainda *no meio dos juízes, ele é o juiz.*

[b] 83:7 Isto é, Biblos.

[c] 84:6 Ou *de lágrimas*; ou ainda *seco*

as chuvas de outono
também o enchem de cisternas[a].
7Prosseguem o caminho de força em força,
até que cada um se apresente a Deus em Sião.

8Ouve a minha oração,
ó SENHOR Deus dos Exércitos;
escuta-me, ó Deus de Jacó.

Pausa

9Olha, ó Deus, que és nosso escudo[b];
trata com bondade o teu ungido.
10Melhor é um dia nos teus átrios
do que mil noutro lugar;
prefiro ficar à porta da casa do meu Deus
a habitar nas tendas dos ímpios.
11O SENHOR Deus é sol e escudo;
o SENHOR concede favor e honra;
não recusa nenhum bem
aos que vivem com integridade.

12Ó SENHOR dos Exércitos,
como é feliz aquele que em ti confia!

Salmo 85

Para o mestre de música. Salmo dos coraítas.

1Foste favorável à tua terra, ó SENHOR;
trouxeste restauração[c] a Jacó.
2Perdoaste a culpa do teu povo
e cobriste todos os seus pecados.

Pausa

3Retiraste todo o teu furor
e te afastaste da tua ira tremenda.

4Restaura-nos mais uma vez,
ó Deus, nosso Salvador,
e desfaze o teu furor para conosco.
5Ficarás indignado conosco para sempre?
Prolongarás a tua ira por todas as gerações?
6Acaso não nos renovarás a vida,
a fim de que o teu povo se alegre em ti?
7Mostra-nos o teu amor, ó SENHOR,
e concede-nos a tua salvação!

8Eu ouvirei o que Deus, o SENHOR, disse;
ele promete paz ao seu povo, aos seus fiéis!
Não voltem eles à insensatez!
9Perto está a salvação que ele trará
aos que o temem,
e a sua glória habitará em nossa terra.

10O amor e a fidelidade se encontrarão;
a justiça e a paz se beijarão.
11A fidelidade brotará da terra,
e a justiça descerá dos céus.
12O SENHOR nos trará bênçãos,
e a nossa terra dará a sua colheita.
13A justiça irá adiante dele
e preparará o caminho para os seus passos.

Salmo 86

Oração davídica.

1Inclina os teus ouvidos, ó SENHOR,
e responde-me,
pois sou pobre e necessitado.
2Guarda a minha vida, pois sou fiel a ti.
Tu és o meu Deus;
salva o teu servo que em ti confia!
3Misericórdia, Senhor,
pois clamo a ti sem cessar.
4Alegra o coração do teu servo,
pois a ti, Senhor, elevo a minha alma.
5Tu és bondoso e perdoador, Senhor,
rico em graça
para com todos os que te invocam.

6Escuta a minha oração, SENHOR;
atenta para a minha súplica!
7No dia da minha angústia clamarei a ti,
pois tu me responderás.

8Nenhum dos deuses é comparável a ti, Senhor,
nenhum deles pode fazer o que tu fazes.

9Todas as nações que tu formaste
virão e te adorarão, Senhor,
e glorificarão o teu nome.
10Pois tu és grande
e realizas feitos maravilhosos;
só tu és Deus!

11Ensina-me o teu caminho, SENHOR,
para que eu ande na tua verdade;
dá-me um coração inteiramente fiel,
para que eu tema o teu nome.
12De todo o meu coração te louvarei,
Senhor, meu Deus;
glorificarei o teu nome para sempre.
13Pois grande é o teu amor para comigo;
tu me livraste das profundezas do Sheol[d].

14Os arrogantes estão me atacando, ó Deus;
um bando de homens cruéis,
gente que não faz caso de ti
procura tirar-me a vida.
15Mas tu, Senhor,
és Deus compassivo e misericordioso,
muito paciente, rico em amor e em fidelidade.
16Volta-te para mim! Tem misericórdia de
mim!
Concede a tua força a teu servo
e salva o filho da tua serva[e].
17Dá-me um sinal da tua bondade,
para que os meus inimigos vejam
e sejam humilhados,
pois tu, SENHOR, me ajudaste e me consolaste.

Salmo 87

Dos coraítas. Um salmo. Um cântico.

1O SENHOR edificou sua cidade sobre o monte
santo;
2ele ama as portas de Sião
mais do que qualquer outro lugar[f] de Jacó.
3Coisas gloriosas são ditas de ti,
ó cidade de Deus!

Pausa

[a] **84:6** Ou *bênçãos*
[b] **84:9** Ou *soberano*
[c] **85:1** Ou *os cativos de volta*
[d] **86:13** Essa palavra pode ser traduzida por sepultura, profundezas, pó ou morte.
[e] **86:16** Ou *salva o teu filho fiel*
[f] **87:2** Ou *santuário*

4"Entre os que me reconhecem
incluirei Raabe[a] e Babilônia,
além da Filístia, de Tiro,
e também da Etiópia[b],
como se tivessem nascido em Sião[c]."

5De fato, acerca de Sião se dirá:
"Todos estes nasceram em Sião,
e o próprio Altíssimo a estabelecerá".
6O SENHOR escreverá no registro dos povos:
"Este nasceu ali".

Pausa

7Com danças e cânticos, dirão:
"Em Sião estão as nossas origens[d]!"

Salmo 88

Um cântico. Salmo dos coraítas. Para o mestre de música. Conforme mahalath leannoth[e]. *Poema do ezraíta Hemã.*

1Ó SENHOR, Deus que me salva,
a ti clamo dia e noite.
2Que a minha oração chegue diante de ti;
inclina os teus ouvidos ao meu clamor.
3Tenho sofrido tanto que a minha vida
está à beira da sepultura[f]!
4Sou contado entre os que descem à cova;
sou como um homem que já não tem forças.
5Fui colocado junto aos mortos,
sou como os cadáveres que jazem no túmulo,
dos quais já não te lembras,
pois foram tirados de tua mão.

6Puseste-me na cova mais profunda,
na escuridão das profundezas.
7Tua ira pesa sobre mim;
com todas as tuas ondas me afligiste.

Pausa

8Afastaste de mim os meus melhores amigos
e me tornaste repugnante para eles.
Estou como um preso que não pode fugir;
9minhas vistas já estão fracas de tristeza.

A ti, SENHOR, clamo cada dia;
a ti ergo as minhas mãos.
10Acaso mostras as tuas maravilhas aos
mortos?
Acaso os mortos se levantam
e te louvam?

Pausa

11Será que o teu amor é anunciado no túmulo,
e a tua fidelidade, no Abismo da Morte[g]?
12Acaso são conhecidas as tuas maravilhas
na região das trevas,
e os teus feitos de justiça,
na terra do esquecimento?

13Mas eu, SENHOR, a ti clamo por socorro;
já de manhã a minha oração
chega à tua presença.
14Por que, SENHOR, me rejeitas
e escondes de mim o teu rosto?

15Desde moço tenho sofrido
e ando perto da morte;
os teus terrores levaram-me ao desespero.
16Sobre mim se abateu a tua ira;
os pavores que me causas me destruíram.
17Cercam-me o dia todo como uma inundação;
envolvem-me por completo.
18Tiraste de mim os meus amigos
e os meus companheiros;
as trevas são a minha única companhia.

Salmo 89

Poema do ezraíta Etã.

1Cantarei para sempre o amor do SENHOR;
com minha boca anunciarei
a tua fidelidade por todas as gerações.
2Sei que firme está o teu amor para sempre,
e que firmaste nos céus a tua fidelidade.

3Tu disseste: "Fiz aliança com o meu escolhido,
jurei ao meu servo Davi:
4Estabelecerei a tua linhagem para sempre
e firmarei o teu trono
por todas as gerações".

Pausa

5Os céus louvam as tuas maravilhas, SENHOR,
e a tua fidelidade na assembleia dos santos.
6Pois, quem nos céus
poderá comparar-se ao SENHOR?
Quem dentre os seres celestiais[h]
assemelha-se ao SENHOR?
7Na assembleia dos santos Deus é temível,
mais do que todos os que o rodeiam.
8Ó SENHOR, Deus dos Exércitos,
quem é semelhante a ti?
És poderoso, SENHOR,
envolto em tua fidelidade.

9Tu dominas o revolto mar;
quando se agigantam as suas ondas,
tu as acalmas.
10Esmagaste e mataste o Monstro dos Mares[i];
com teu braço forte
dispersaste os teus inimigos.
11Os céus são teus, e tua também é a terra;
fundaste o mundo e tudo o que nele existe.
12Tu criaste o Norte e o Sul;
o Tabor e o Hermom
cantam de alegria pelo teu nome.
13O teu braço é poderoso;
a tua mão é forte, exaltada é tua mão direita.

14A retidão e a justiça são os alicerces
do teu trono;
o amor e a fidelidade vão à tua frente.
15Como é feliz o povo
que aprendeu a aclamar-te, SENHOR,
e que anda na luz da tua presença!
16Sem cessar exultam no teu nome,
e alegram-se na tua retidão,

[a] 87:4 Isto é, o Egito.
[b] 87:4 Hebraico: *Cuxe.*
[c] 87:4 Hebraico: *este nasceu ali.*
[d] 87:7 Ou *está a nossa fonte de felicidade*
[e] Título: Possivelmente a melodia *O Sofrimento do Aflito.*
[f] 88:3 Hebraico: *Sheol.* Essa palavra também pode ser traduzida por profundezas, pó ou morte.
[g] 88:11 Hebraico: *Abadom.*
[h] 89:6 Ou *deuses*; ou ainda *poderosos*
[i] 89:10 Hebraico: *Raabe.*

17pois tu és a nossa glória e a nossa força[a],
e pelo teu favor exaltas a nossa força[b].
18Sim, SENHOR, tu és o nosso escudo[c],
ó Santo de Israel, tu és o nosso rei.

19Numa visão falaste um dia,
e aos teus fiéis disseste:
"Cobri de forças um guerreiro,
exaltei um homem escolhido dentre o povo.
20Encontrei o meu servo Davi;
ungi-o com o meu óleo sagrado.
21A minha mão o susterá,
e o meu braço o fará forte.
22Nenhum inimigo o sujeitará a tributos;
nenhum injusto o oprimirá.
23Esmagarei diante dele os seus adversários
e destruirei os seus inimigos.
24A minha fidelidade e o meu amor
o acompanharão,
e pelo meu nome aumentará o seu poder.
25A sua mão dominará até o mar,
sua mão direita, até os rios.
26Ele me dirá: 'Tu és o meu Pai,
o meu Deus, a Rocha que me salva'.
27Também o nomearei meu primogênito,
o mais exaltado dos reis da terra.
28Manterei o meu amor por ele para sempre,
e a minha aliança com ele jamais se
quebrará.
29Firmarei a sua linhagem para sempre,
e o seu trono durará enquanto existirem
céus.

30"Se os seus filhos abandonarem a minha lei
e não seguirem as minhas ordenanças,
31se violarem os meus decretos
e deixarem de obedecer aos meus
mandamentos,
32com a vara castigarei o seu pecado,
e a sua iniquidade com açoites;
33mas não afastarei dele o meu amor;
jamais desistirei da minha fidelidade.
34Não violarei a minha aliança
nem modificarei as promessas dos meus
lábios.
35De uma vez para sempre jurei
pela minha santidade,
e não mentirei a Davi,
36que a sua linhagem permanecerá para
sempre,
e o seu trono durará como o sol;
37será estabelecido para sempre como a lua,
a fiel testemunha no céu".

Pausa

38Mas tu o rejeitaste, recusaste-o
e te enfureceste com o teu ungido.
39Revogaste a aliança com o teu servo
e desonraste a sua coroa, lançando-a ao chão.
40Derrubaste todos os seus muros
e reduziste a ruínas as suas fortalezas.
41Todos os que passam o saqueiam;
tornou-se objeto de zombaria
para os seus vizinhos.
42Tu exaltaste a mão direita dos seus
adversários
e encheste de alegria todos os seus inimigos.
43Tiraste o fio da sua espada
e não o apoiaste na batalha.
44Deste fim ao seu esplendor
e atiraste ao chão o seu trono.
45Encurtaste os dias da sua juventude;
com um manto de vergonha o cobriste.

Pausa

46Até quando, SENHOR?
Para sempre te esconderás?
Até quando a tua ira queimará como fogo?
47Lembra-te de como é passageira a minha
vida.
Terás criado em vão todos os homens?
48Que homem pode viver e não ver a morte,
ou livrar-se do poder da sepultura[d]?

Pausa

49Ó Senhor, onde está o teu antigo amor,
que com fidelidade juraste a Davi?
50Lembra-te, Senhor,
das afrontas que o teu servo tem[e] sofrido,
das zombarias que no íntimo
tenho que suportar de todos os povos,
51das zombarias dos teus inimigos, SENHOR,
com que afrontam a cada passo o teu ungido.

52Bendito seja o SENHOR para sempre!
Amém e amém.

QUARTO LIVRO

Salmo 90

Oração de Moisés, homem de Deus.

1Senhor, tu és o nosso refúgio, sempre,
de geração em geração.
2Antes de nascerem os montes
e de criares a terra e o mundo,
de eternidade a eternidade tu és Deus.

3Fazes os homens voltarem ao pó,
dizendo: "Retornem ao pó, seres humanos!"
4De fato, mil anos para ti
são como o dia de ontem que passou,
como as horas da noite.
5Como uma correnteza, tu arrastas os homens;
são breves como o sono;
são como a relva que brota ao amanhecer;
6germina e brota pela manhã,
mas, à tarde, murcha e seca.

7Somos consumidos pela tua ira
e aterrorizados pelo teu furor.
8Conheces as nossas iniquidades;
não escapam os nossos pecados secretos
à luz da tua presença.
9Todos os nossos dias passam
debaixo do teu furor;
vão-se como um murmúrio.

[a] 89:17 Hebraico: *a glória do seu poder.*
[b] 89:17 Hebraico: *chifre*; também no versículo 24.
[c] 89:18 Ou *soberano*
[d] 89:48 Hebraico: *Sheol.* Essa palavra também pode ser traduzida por profundezas, pó ou morte.
[e] 89:50 Ou *teus servos têm*

10Os anos de nossa vida chegam a setenta,
ou a oitenta para os que têm mais vigor;
entretanto, são anos difíceis
e cheios de sofrimento,
pois a vida passa depressa,
e nós voamos!

11Quem conhece o poder da tua ira?
Pois o teu furor é tão grande
como o temor que te é devido.
12Ensina-nos a contar os nossos dias
para que o nosso coração alcance sabedoria.

13Volta-te, SENHOR! Até quando será assim?
Tem compaixão dos teus servos!
14Satisfaze-nos pela manhã
com o teu amor leal,
e todos os nossos dias cantaremos felizes.
15Dá-nos alegria pelo tempo que nos afligiste,
pelos anos em que tanto sofremos.
16Sejam manifestos os teus feitos
aos teus servos,
e aos filhos deles o teu esplendor!

17Esteja sobre nós a bondade
do nosso Deus Soberano.
Consolida, para nós,
a obra de nossas mãos;
consolida a obra de nossas mãos!

Salmo 91

1Aquele que habita no abrigo do Altíssimo
e descansa à sombra do Todo-poderoso
2pode dizer ao[a] SENHOR:
"Tu és o meu refúgio e a minha fortaleza,
o meu Deus, em quem confio".

3Ele o livrará do laço do caçador
e do veneno mortal[b].
4Ele o cobrirá com as suas penas,
e sob as suas asas você encontrará refúgio;
a fidelidade dele será o seu escudo protetor.
5Você não temerá o pavor da noite,
nem a flecha que voa de dia,
6nem a peste que se move sorrateira
nas trevas,
nem a praga que devasta ao meio-dia.
7Mil poderão cair ao seu lado,
dez mil à sua direita,
mas nada o atingirá.
8Você simplesmente olhará,
e verá o castigo dos ímpios.

9Se você fizer do Altíssimo o seu abrigo,
do SENHOR o seu refúgio,
10nenhum mal o atingirá,
desgraça alguma chegará à sua tenda.
11Porque a seus anjos ele dará ordens
a seu respeito,
para que o protejam em todos
os seus caminhos;
12com as mãos eles o segurarão,
para que você não tropece em alguma pedra.
13Você pisará o leão e a cobra;
pisoteará o leão forte e a serpente.

14"Porque ele me ama, eu o resgatarei;
eu o protegerei, pois conhece o meu nome.
15Ele clamará a mim, e eu lhe darei resposta,
e na adversidade estarei com ele;
vou livrá-lo e cobri-lo de honra.
16Vida longa eu lhe darei,
e lhe mostrarei a minha salvação."

Salmo 92

Salmo. Um cântico. Para o dia de sábado.

1Como é bom render graças ao SENHOR
e cantar louvores ao teu nome, ó Altíssimo,
2anunciar de manhã o teu amor leal
e de noite a tua fidelidade,
3ao som da lira de dez cordas e da cítara,
e da melodia da harpa.

4Tu me alegras, SENHOR, com os teus feitos;
as obras das tuas mãos
levam-me a cantar de alegria.
5Como são grandes as tuas obras, SENHOR,
como são profundos os teus propósitos!
6O insensato não entende, o tolo não vê
7que, embora os ímpios brotem como a erva
e floresçam todos os malfeitores,
eles serão destruídos para sempre.
8Pois tu, SENHOR, és exaltado para sempre.

9Mas os teus inimigos, SENHOR,
os teus inimigos perecerão;
serão dispersos todos os malfeitores!
10Tu aumentaste a minha força[c]
como a do boi selvagem;
derramaste sobre mim óleo novo.[d]
11Os meus olhos contemplaram a derrota
dos meus inimigos;
os meus ouvidos escutaram a debandada
dos meus maldosos agressores.

12Os justos florescerão como a palmeira,
crescerão como o cedro do Líbano;
13plantados na casa do SENHOR,
florescerão nos átrios do nosso Deus.
14Mesmo na velhice darão fruto,
permanecerão viçosos e verdejantes,
15para proclamar que o SENHOR é justo.
Ele é a minha Rocha;
nele não há injustiça.

Salmo 93

1O SENHOR reina!
Vestiu-se de majestade;
de majestade vestiu-se o SENHOR
e armou-se de poder!
O mundo está firme e não se abalará.
2O teu trono está firme desde a antiguidade;
tu existes desde a eternidade.
3As águas se levantaram, SENHOR,
as águas levantaram a voz;
as águas levantaram seu bramido.
4Mais poderoso do que o estrondo
das águas impetuosas,

[a] 91:2 Conforme a Septuaginta. O Texto Massorético diz *Direi do*.
[b] 91:3 Ou *da praga mortal*; ou ainda *da ameaça de destruição*
[c] 92:10 Hebraico: *chifre*.
[d] 92:10 Ou *exaltaste a minha velhice com óleo novo*.

mais poderoso do que as ondas do mar
é o Senhor nas alturas.

5Os teus mandamentos
permanecem firmes e fiéis;
a santidade, Senhor,
é o ornamento perpétuo da tua casa.

Salmo 94

1Ó Senhor, Deus vingador;
Deus vingador! Intervém![a]
2Levanta-te, Juiz da terra;
retribui aos orgulhosos o que merecem.
3Até quando os ímpios, Senhor,
até quando os ímpios exultarão?

4Eles despejam palavras arrogantes;
todos esses malfeitores enchem-se de
vanglória.
5Massacram o teu povo, Senhor,
e oprimem a tua herança;
6matam as viúvas e os estrangeiros,
assassinam os órfãos,
7e ainda dizem: "O Senhor não nos vê;
o Deus de Jacó nada percebe".

8Insensatos, procurem entender!
E vocês, tolos, quando se tornarão sábios?
9Será que quem fez o ouvido não ouve?
Será que quem formou o olho não vê?
10Aquele que disciplina as nações
os deixará sem castigo?
Não tem sabedoria aquele
que dá ao homem o conhecimento?
11O Senhor conhece
os pensamentos do homem,
e sabe como são fúteis.

12Como é feliz o homem a quem disciplinas,
Senhor,
aquele a quem ensinas a tua lei;
13tranquilo, enfrentará os dias maus,
enquanto que, para os ímpios,
uma cova se abrirá.
14O Senhor não desamparará o seu povo;
jamais abandonará a sua herança.
15Voltará a haver justiça nos julgamentos,
e todos os retos de coração a seguirão.

16Quem se levantará a meu favor
contra os ímpios?
Quem ficará a meu lado contra os malfeitores?
17Não fosse a ajuda do Senhor,
eu já estaria habitando no silêncio.
18Quando eu disse:
Os meus pés escorregaram,
o teu amor leal, Senhor, me amparou!
19Quando a ansiedade
já me dominava no íntimo,
o teu consolo trouxe alívio à minha alma.
20Poderá um trono corrupto
estar em aliança contigo?,
um trono que faz injustiças em nome da lei?
21Eles planejam contra a vida dos justos
e condenam os inocentes à morte.
22Mas o Senhor é a minha torre segura;
o meu Deus é a rocha em que encontro refúgio.
23Deus fará cair sobre eles os seus crimes,
e os destruirá por causa dos seus pecados;
o Senhor, o nosso Deus, os destruirá!

Salmo 95

1Venham! Cantemos ao Senhor com alegria!
Aclamemos a Rocha da nossa salvação.
2Vamos à presença dele com ações de graças;
vamos aclamá-lo com cânticos de louvor.
3Pois o Senhor é o grande Deus,
o grande Rei acima de todos os deuses.
4Nas suas mãos estão as profundezas da terra,
os cumes dos montes lhe pertencem.
5Dele também é o mar, pois ele o fez;
as suas mãos formaram a terra seca.

6Venham! Adoremos prostrados
e ajoelhemos diante do Senhor,
o nosso Criador;
7pois ele é o nosso Deus,
e nós somos o povo do seu pastoreio,
o rebanho que ele conduz.

Hoje, se vocês ouvirem a sua voz,
8não endureçam o coração, como em Meribá[b],
como aquele dia em Massá[c], no deserto,
9onde os seus antepassados me tentaram,
pondo-me à prova,
apesar de terem visto o que eu fiz.
10Durante quarenta anos
fiquei irado contra aquela geração e disse:
Eles são um povo de coração ingrato;
não reconheceram os meus caminhos.
11Por isso jurei na minha ira:
Jamais entrarão no meu descanso.

Salmo 96

1Cantem ao Senhor um novo cântico;
cantem ao Senhor, todos os habitantes da terra!
2Cantem ao Senhor, bendigam o seu nome;
cada dia proclamem a sua salvação!
3Anunciem a sua glória entre as nações,
seus feitos maravilhosos entre todos os povos!

4Porque o Senhor é grande
e digno de todo louvor,
mais temível do que todos os deuses!
5Todos os deuses das nações
não passam de ídolos,
mas o Senhor fez os céus.
6Majestade e esplendor estão diante dele,
poder e dignidade, no seu santuário.

7Deem ao Senhor, ó famílias das nações,
deem ao Senhor glória e força.
8Deem ao Senhor
a glória devida ao seu nome,
e entrem nos seus átrios trazendo ofertas.
9Adorem o Senhor
no esplendor da sua santidade;
tremam diante dele todos os habitantes da
terra.

[a] 94:1 Hebraico: *Resplandece!*

[b] 95:8 *Meribá* significa *rebelião*.
[c] 95:8 *Massá* significa *provação*.

10 Digam entre as nações: "O SENHOR reina!"
Por isso firme está o mundo, e não se abalará,
e ele julgará os povos com justiça.
11 Regozijem-se os céus e exulte a terra!
Ressoe o mar e tudo o que nele existe!
12 Regozijem-se os campos
e tudo o que neles há!
Cantem de alegria todas as árvores da floresta,
13 cantem diante do SENHOR, porque ele vem,
vem julgar a terra;
julgará o mundo com justiça
e os povos, com a sua fidelidade!

Salmo 97

1 O SENHOR reina!
Exulte a terra
e alegrem-se as regiões costeiras distantes.

2 Nuvens escuras e espessas o cercam;
retidão e justiça são a base do seu trono.
3 Fogo vai adiante dele
e devora os adversários ao redor.
4 Seus relâmpagos iluminam o mundo;
a terra os vê e estremece.
5 Os montes se derretem como cera
diante do SENHOR,
diante do Soberano de toda a terra.
6 Os céus proclamam a sua justiça,
e todos os povos contemplam a sua glória.

7 Ficam decepcionados
todos os que adoram imagens
e se vangloriam de ídolos.
Prostram-se diante dele todos os deuses!

8 Sião ouve e se alegra,
e as cidades[a] de Judá exultam,
por causa das tuas sentenças, SENHOR.
9 Pois tu, SENHOR,
és o Altíssimo sobre toda a terra!
És exaltado muito acima de todos os deuses!

10 Odeiem o mal, vocês que amam o SENHOR,
pois ele protege a vida dos seus fiéis
e os livra das mãos dos ímpios.
11 A luz nasce[b] sobre o justo
e a alegria sobre os retos de coração.
12 Alegrem-se no SENHOR, justos,
e louvem o seu santo nome.

Salmo 98

Salmo.

1 Cantem ao SENHOR um novo cântico,
pois ele fez coisas maravilhosas;
a sua mão direita e o seu braço santo
lhe deram a vitória!
2 O SENHOR anunciou a sua vitória
e revelou a sua justiça às nações.
3 Ele se lembrou do seu amor leal
e da sua fidelidade para com a casa de
Israel;
todos os confins da terra viram
a vitória do nosso Deus.

4 Aclamem o SENHOR
todos os habitantes da terra!
Louvem-no com cânticos de alegria
e ao som de música!
5 Ofereçam música ao SENHOR com a harpa,
com a harpa e ao som de canções,
6 com cornetas e ao som da trombeta;
exultem diante do SENHOR, o Rei!

7 Ressoe o mar e tudo o que nele existe,
o mundo e os seus habitantes!
8 Batam palmas os rios,
e juntos cantem de alegria os montes;
9 cantem diante do SENHOR, porque ele vem,
vem julgar a terra;
julgará o mundo com justiça
e os povos, com retidão.

Salmo 99

1 O SENHOR reina! As nações tremem!
O seu trono está sobre os querubins!
Abala-se a terra!
2 Grande é o SENHOR em Sião;
ele é exaltado acima de todas as nações!
3 Seja louvado o teu grande e temível nome,
que é santo.
4 Rei poderoso, amigo da justiça![c]
Estabeleceste a equidade
e fizeste em Jacó o que é direito e justo.
5 Exaltem o SENHOR, o nosso Deus,
prostrem-se diante do estrado dos seus pés.
Ele é santo!

6 Moisés e Arão estavam
entre os seus sacerdotes,
Samuel, entre os que invocavam o seu nome;
eles clamavam pelo SENHOR,
e ele lhes respondia.
7 Falava-lhes da coluna de nuvem,
e eles obedeciam aos seus mandamentos
e aos decretos que ele lhes dava.

8 Tu lhes respondeste, SENHOR, nosso Deus;
para eles, tu eras um Deus perdoador,
embora os tenhas castigado
por suas rebeliões.
9 Exaltem o SENHOR, o nosso Deus;
prostrem-se, voltados para o seu santo monte,
porque o SENHOR, o nosso Deus, é santo.

Salmo 100

Salmo. Para ação de graças.

1 Aclamem o SENHOR
todos os habitantes da terra!
2 Prestem culto ao SENHOR com alegria;
entrem na sua presença
com cânticos alegres.
3 Reconheçam que o SENHOR é o nosso Deus.
Ele nos fez e somos dele[d]:
somos o seu povo,
e rebanho do seu pastoreio.

4 Entrem por suas portas com ações de graças,
e em seus átrios, com louvor;

[a] 97:8 Hebraico: *filhas*.
[b] 97:11 Conforme a Septuaginta e algumas versões antigas. O Texto Massorético diz *A luz é semeada*.
[c] 99:4 Ou *O rei é poderoso e ama a justiça*.
[d] 100:3 Ou *e não nós mesmos*

deem-lhe graças e bendigam o seu nome.
5Pois o SENHOR é bom
e o seu amor leal é eterno;
a sua fidelidade permanece
por todas as gerações.

Salmo 101

Salmo davídico.

1Cantarei a lealdade e a justiça.
A ti, SENHOR, cantarei louvores!
2Seguirei o caminho da integridade;
quando virás ao meu encontro?
Em minha casa viverei de coração íntegro.
3Repudiarei todo mal.

Odeio a conduta dos infiéis;
jamais me dominará!
4Longe estou dos perversos de coração;
não quero envolver-me com o mal.

5Farei calar ao que difama o próximo às ocultas.
Não vou tolerar o homem de olhos arrogantes
e de coração orgulhoso.

6Meus olhos aprovam os fiéis da terra,
e eles habitarão comigo.
Somente quem tem vida íntegra me servirá.

7Quem pratica a fraude
não habitará no meu santuário;
o mentiroso não permanecerá
na minha presença.
8Cada manhã fiz calar
todos os ímpios desta terra;
eliminei todos os malfeitores
da cidade do SENHOR.

Salmo 102

Oração de um aflito que, quase desfalecido, derrama o seu lamento diante do SENHOR.

1Ouve a minha oração, SENHOR!
Chegue a ti o meu grito de socorro!
2Não escondas de mim o teu rosto
quando estou atribulado.
Inclina para mim os teus ouvidos;
quando eu clamar, responde-me depressa!

3Esvaem-se os meus dias como fumaça;
meus ossos queimam como brasas vivas.
4Como a relva ressequida está o meu coração;
esqueço até de comer!
5De tanto gemer estou reduzido a pele e osso.
6Sou como a coruja do deserto[a],
como uma coruja entre as ruínas.
7Não consigo dormir;
pareço um pássaro solitário no telhado.
8Os meus inimigos zombam de mim
o tempo todo;
os que me insultam usam o meu nome
para lançar maldições.
9Cinzas são a minha comida,
e com lágrimas misturo o que bebo,
10por causa da tua indignação e da tua ira,
pois me rejeitaste e me expulsaste
para longe de ti.
11Meus dias são como sombras crescentes;
sou como a relva que vai murchando.

12Tu, porém, SENHOR,
no trono reinarás para sempre;
o teu nome será lembrado
de geração em geração.
13Tu te levantarás e terás misericórdia de Sião,
pois é hora de lhe mostrares compaixão;
o tempo certo é chegado.
14Pois as suas pedras são amadas
pelos teus servos,
as suas ruínas os enchem de compaixão.
15Então as nações temerão o nome do SENHOR,
e todos os reis da terra a sua glória.
16Porque o SENHOR reconstruirá Sião
e se manifestará na glória que ele tem.
17Responderá à oração dos desamparados;
as suas súplicas não desprezará.

18Escreva-se isto para as futuras gerações,
e um povo que ainda será criado
louvará o SENHOR, proclamando:
19"Do seu santuário nas alturas o SENHOR
olhou;
dos céus observou a terra,
20para ouvir os gemidos dos prisioneiros
e libertar os condenados à morte".
21Assim o nome do SENHOR
será anunciado em Sião
e o seu louvor, em Jerusalém,
22quando os povos e os reinos
se reunirem para adorar o SENHOR.

23No meio da minha vida
ele me abateu com sua força;
abreviou os meus dias.
24Então pedi:
Ó meu Deus, não me leves
no meio dos meus dias.
Os teus dias duram por todas as gerações!
25No princípio firmaste os fundamentos da
terra,
e os céus são obras das tuas mãos.
26Eles perecerão, mas tu permanecerás;
envelhecerão como vestimentas.
Como roupas tu os trocarás
e serão jogados fora.
27Mas tu permaneces o mesmo,
e os teus dias jamais terão fim.
28Os filhos dos teus servos
terão uma habitação;
os seus descendentes serão estabelecidos
na tua presença.

Salmo 103

Davídico.

1Bendiga o SENHOR a minha alma!
Bendiga o SENHOR todo o meu ser!
2Bendiga o SENHOR a minha alma!
Não esqueça nenhuma de suas bênçãos!
3É ele que perdoa todos os seus pecados
e cura todas as suas doenças,
4que resgata a sua vida da sepultura
e o coroa de bondade e compaixão,

[a] 102:6 Ou *pelicano*

[5]que enche de bens a sua existência,
de modo que a sua juventude
se renova como a águia.
[6]O SENHOR faz justiça
e defende a causa dos oprimidos.
[7]Ele manifestou os seus caminhos a Moisés,
os seus feitos aos israelitas.
[8]O SENHOR é compassivo e misericordioso,
mui paciente e cheio de amor.
[9]Não acusa sem cessar
nem fica ressentido para sempre;
[10]não nos trata conforme os nossos pecados
nem nos retribui conforme as nossas
iniquidades.
[11]Pois como os céus se elevam acima da terra,
assim é grande o seu amor
para com os que o temem;
[12]e como o Oriente está longe do Ocidente,
assim ele afasta para longe de nós
as nossas transgressões.
[13]Como um pai tem compaixão de seus filhos,
assim o SENHOR
tem compaixão dos que o temem;
[14]pois ele sabe do que somos formados;
lembra-se de que somos pó.
[15]A vida do homem é semelhante à relva;
ele floresce como a flor do campo,
[16]que se vai quando sopra o vento
e nem se sabe mais o lugar que ocupava.
[17]Mas o amor leal do SENHOR,
o seu amor eterno, está com os que o temem,
e a sua justiça com os filhos dos seus filhos,
[18]com os que guardam a sua aliança
e se lembram de obedecer aos seus preceitos.

[19]O SENHOR estabeleceu o seu trono nos céus,
e como rei domina sobre tudo o que existe.
[20]Bendigam o SENHOR,
vocês, seus anjos poderosos,
que obedecem à sua palavra.
[21]Bendigam o SENHOR todos os seus exércitos,
vocês, seus servos, que cumprem a sua
vontade.
[22]Bendigam o SENHOR todas as suas obras
em todos os lugares do seu domínio.

Bendiga o SENHOR a minha alma!

Salmo 104

[1]Bendiga o SENHOR a minha alma!

Ó SENHOR, meu Deus, tu és tão grandioso!
Estás vestido de majestade e esplendor!
[2]Envolto em luz como numa veste,
ele estende os céus como uma tenda,
[3]e põe sobre as águas dos céus
as vigas dos seus aposentos.
Faz das nuvens a sua carruagem
e cavalga nas asas do vento.
[4]Faz dos ventos seus mensageiros[a]
e dos clarões reluzentes seus servos.

[5]Firmaste a terra sobre os seus fundamentos
para que jamais se abale;
[6]com as torrentes do abismo a cobriste,
como se fossem uma veste;
as águas subiram acima dos montes.
[7]Diante das tuas ameaças as águas fugiram,
puseram-se em fuga ao som do teu trovão;
[8]subiram pelos montes
e escorreram pelos vales,
para os lugares que tu lhes designaste.
[9]Estabeleceste um limite
que não podem ultrapassar;
jamais tornarão a cobrir a terra.

[10]Fazes jorrar as nascentes nos vales
e correrem as águas entre os montes;
[11]delas bebem todos os animais selvagens,
e os jumentos selvagens saciam a sua sede.
[12]As aves do céu fazem ninho junto às águas
e entre os galhos põem-se a cantar.
[13]Dos teus aposentos celestes
regas os montes;
sacia-se a terra com o fruto das tuas obras!
[14]É o SENHOR que faz crescer o pasto para o gado,
e as plantas que o homem cultiva,
para da terra tirar o alimento:
[15]o vinho, que alegra o coração do homem;
o azeite, que lhe faz brilhar o rosto,
e o pão que sustenta o seu vigor.
[16]As árvores do SENHOR são bem regadas,
os cedros do Líbano que ele plantou;
[17]nelas os pássaros fazem ninho,
e nos pinheiros a cegonha tem o seu lar.
[18]Os montes elevados pertencem
aos bodes selvagens,
e os penhascos são um refúgio para os coelhos.

[19]Ele fez a lua para marcar estações;
o sol sabe quando deve se pôr.
[20]Trazes trevas, e cai a noite,
quando os animais da floresta vagueiam.
[21]Os leões rugem à procura da presa,
buscando de Deus o alimento,
[22]mas ao nascer do sol eles se vão
e voltam a deitar-se em suas tocas.
[23]Então o homem sai para o seu trabalho,
para o seu labor até o entardecer.

[24]Quantas são as tuas obras, SENHOR!
Fizeste todas elas com sabedoria!
A terra está cheia de seres que criaste.
[25]Eis o mar, imenso e vasto.
Nele vivem inúmeras criaturas,
seres vivos, pequenos e grandes.
[26]Nele passam os navios,
e também o Leviatã[b],
que formaste para com ele[c] brincar.

[27]Todos eles dirigem seu olhar a ti,
esperando que lhes dês o alimento no tempo
certo;
[28]tu lhes dás, e eles o recolhem,
abres a tua mão, e saciam-se de coisas boas.
[29]Quando escondes o rosto,
entram em pânico;

[a] 104:4 Ou *anjos*

[b] 104:26 Ou *monstro marinho*

[c] 104:26 Ou *para nele*

quando lhes retiras o fôlego,
morrem e voltam ao pó.
30 Quando sopras o teu fôlego,
eles são criados,
e renovas a face da terra.

31 Perdure para sempre a glória do Senhor!
Alegre-se o Senhor em seus feitos!
32 Ele olha para a terra, e ela treme,
toca os montes, e eles fumegam.

33 Cantarei ao Senhor toda a minha vida;
louvarei ao meu Deus enquanto eu viver.
34 Seja-lhe agradável a minha meditação,
pois no Senhor tenho alegria.
35 Sejam os pecadores eliminados da terra
e deixem de existir os ímpios.

Bendiga o Senhor a minha alma!

Aleluia![a]

Salmo 105

1 Deem graças ao Senhor,
proclamem o seu nome;
divulguem os seus feitos entre as nações.
2 Cantem para ele e louvem-no;
relatem todas as suas maravilhas.
3 Gloriem-se no seu santo nome;
alegre-se o coração dos
que buscam o Senhor.
4 Recorram ao Senhor e ao seu poder;
busquem sempre a sua presença.
5 Lembrem-se das maravilhas que ele fez,
dos seus prodígios
e das sentenças de juízo que pronunciou,
6 ó descendentes de Abraão, seu servo,
ó filhos de Jacó, seus escolhidos.

7 Ele é o Senhor, o nosso Deus;
seus decretos são para toda a terra.
8 Ele se lembra para sempre da sua aliança,
por mil gerações, da palavra que ordenou,
9 da aliança que fez com Abraão,
do juramento que fez a Isaque.
10 Ele o confirmou como decreto a Jacó,
a Israel como aliança eterna, quando disse:
11 "Darei a você a terra de Canaã,
a herança que lhe pertence".

12 Quando ainda eram poucos,
um punhado de peregrinos na terra,
13 e vagueavam de nação em nação,
de um reino a outro,
14 ele não permitiu que ninguém os oprimisse,
mas a favor deles repreendeu reis, dizendo:
15 "Não toquem nos meus ungidos;
não maltratem os meus profetas".

16 Ele mandou vir fome sobre a terra
e destruiu todo o seu sustento;
17 mas enviou um homem adiante deles,
José, que foi vendido como escravo.
18 Machucaram-lhe os pés com correntes
e com ferros prenderam-lhe o pescoço,
19 até cumprir-se a sua predição
e a palavra do Senhor confirmar o que
dissera.
20 O rei mandou soltá-lo,
o governante dos povos o libertou.
21 Ele o constituiu senhor de seu palácio
e administrador de todos os seus bens,
22 para instruir os seus oficiais como desejasse
e ensinar a sabedoria às autoridades do rei.

23 Então Israel foi para o Egito,
Jacó viveu como estrangeiro na terra de Cam.
24 Deus fez proliferar o seu povo,
tornou-o mais poderoso
do que os seus adversários,
25 e mudou o coração deles
para que odiassem o seu povo,
para que tramassem contra os seus servos.
26 Então enviou seu servo Moisés,
e Arão, a quem tinha escolhido,
27 por meio dos quais realizou
os seus sinais milagrosos
e as suas maravilhas na terra de Cam.
28 Ele enviou trevas, e houve trevas,
e eles não se rebelaram[b] contra as suas palavras.
29 Ele transformou as águas deles em sangue,
causando a morte dos seus peixes.
30 A terra deles ficou infestada de rãs,
até mesmo os aposentos reais.
31 Ele ordenou, e enxames de moscas e piolhos[c]
invadiram o território deles.
32 Deu-lhes granizo, em vez de chuva,
e raios flamejantes por toda a sua terra;
33 arrasou as suas videiras e figueiras
e destruiu as árvores do seu território.
34 Ordenou, e vieram enxames de gafanhotos,
gafanhotos inumeráveis,
35 e devoraram toda a vegetação daquela terra,
e consumiram tudo o que a lavoura produziu.
36 Depois matou todos os primogênitos
da terra deles,
todas as primícias da sua virilidade.

37 Ele tirou de lá Israel,
que saiu cheio de prata e ouro.
Não havia em suas tribos quem fraquejasse.
38 Os egípcios alegraram-se quando eles saíram,
pois estavam com verdadeiro pavor
dos israelitas.
39 Ele estendeu uma nuvem para lhes dar
sombra,
e fogo para iluminar a noite.
40 Pediram, e ele enviou codornizes,
e saciou-os com pão do céu.
41 Ele fendeu a rocha, e jorrou água,
que escorreu como um rio pelo deserto.
42 Pois ele se lembrou da santa promessa
que fizera ao seu servo Abraão.
43 Fez o seu povo sair cheio de júbilo,
e os seus escolhidos, com cânticos alegres.
44 Deu-lhes as terras das nações,
e eles tomaram posse
do fruto do trabalho de outros povos,

[a] 104:35 Ou *Louvem o Senhor*; também em todo o livro de Salmos.

[b] 105:28 A Septuaginta e a Versão Siríaca dizem *mas eles se rebelaram.*

[c] 105:31 Ou *mosquitos*

[45]para que obedecessem aos seus decretos
e guardassem as suas leis.

Aleluia!

Salmo 106

[1]Aleluia!

Deem graças ao SENHOR porque ele é bom;
o seu amor dura para sempre.
[2]Quem poderá descrever
os feitos poderosos do SENHOR,
ou declarar todo o louvor que lhe é devido?
[3]Como são felizes
os que perseveram na retidão,
que sempre praticam a justiça!
[4]Lembra-te de mim, SENHOR,
quando tratares com bondade o teu povo;
vem em meu auxílio quando o salvares,
[5]para que eu possa testemunhar[a]
o bem-estar dos teus escolhidos,
alegrar-me com a alegria do teu povo,
e louvar-te junto com a tua herança.

[6]Pecamos como os nossos antepassados;
fizemos o mal e fomos rebeldes.
[7]No Egito, os nossos antepassados
não deram atenção às tuas maravilhas;
não se lembraram das muitas manifestações
do teu amor leal
e rebelaram-se junto ao mar, o mar Vermelho.
[8]Contudo, ele os salvou por causa do seu
nome,
para manifestar o seu poder.
[9]Repreendeu o mar Vermelho, e este secou;
ele os conduziu pelas profundezas
como por um deserto.
[10]Salvou-os das mãos daqueles que os odiavam;
das mãos dos inimigos os resgatou.
[11]As águas cobriram os seus adversários;
nenhum deles sobreviveu.
[12]Então creram nas suas promessas
e a ele cantaram louvores.

[13]Mas logo se esqueceram do que ele tinha feito
e não esperaram para saber o seu plano.
[14]Dominados pela gula no deserto,
puseram Deus à prova nas regiões áridas.
[15]Deu-lhes o que pediram,
mas mandou sobre eles uma doença terrível.

[16]No acampamento
tiveram inveja de Moisés e de Arão,
daquele que fora consagrado ao SENHOR.
[17]A terra abriu-se, engoliu Datã
e sepultou o grupo de Abirão;
[18]fogo surgiu entre os seus seguidores;
as chamas consumiram os ímpios.

[19]Em Horebe fizeram um bezerro,
adoraram um ídolo de metal.
[20]Trocaram a Glória deles
pela imagem de um boi que come capim.
[21]Esqueceram-se de Deus, seu Salvador,
que fizera coisas grandiosas no Egito,
[22]maravilhas na terra de Cam
e feitos temíveis junto ao mar Vermelho.
[23]Por isso, ele ameaçou destruí-los;
mas Moisés, seu escolhido,
intercedeu[b] diante dele,
para evitar que a sua ira os destruísse.

[24]Também rejeitaram a terra desejável;
não creram na promessa dele.
[25]Queixaram-se em suas tendas
e não obedeceram ao SENHOR.
[26]Assim, de mão levantada,
ele jurou que os abateria no deserto
[27]e dispersaria os seus descendentes
entre as nações e os espalharia por outras
terras.

[28]Sujeitaram-se ao jugo de Baal-Peor
e comeram sacrifícios oferecidos
a ídolos mortos;
[29]provocaram a ira do SENHOR
com os seus atos,
e uma praga irrompeu no meio deles.
[30]Mas Fineias se interpôs para executar o juízo,
e a praga foi interrompida.
[31]Isso lhe foi creditado como um ato de justiça
que para sempre será lembrado,
por todas as gerações.

[32]Provocaram a ira de Deus
junto às águas de Meribá;
e, por causa deles, Moisés foi castigado;
[33]rebelaram-se contra o Espírito de Deus,
e Moisés[c] falou sem refletir.

[34]Eles não destruíram os povos,
como o SENHOR tinha ordenado,
[35]em vez disso, misturaram-se com as nações
e imitaram as suas práticas.
[36]Prestaram culto aos seus ídolos,
que se tornaram uma armadilha para eles.
[37]Sacrificaram seus filhos e suas filhas
aos demônios.
[38]Derramaram sangue inocente,
o sangue de seus filhos e filhas
sacrificados aos ídolos de Canaã;
e a terra foi profanada pelo sangue deles.
[39]Tornaram-se impuros pelos seus atos;
prostituíram-se por suas ações.

[40]Por isso acendeu-se a ira do SENHOR
contra o seu povo
e ele sentiu aversão por sua herança.
[41]Entregou-os nas mãos das nações,
e os seus adversários dominaram sobre eles.
[42]Os seus inimigos os oprimiram
e os subjugaram com o seu poder.
[43]Ele os libertou muitas vezes,
embora eles persistissem
em seus planos de rebelião
e afundassem em sua maldade.

[44]Mas Deus atentou para o sofrimento deles
quando ouviu o seu clamor.

[a] 106:5 Ou *desfrutar*

[b] 106:23 Hebraico: *colocou-se na brecha.*

[c] 106:33 Ou *tanto irritaram-lhe o espírito que Moisés*

45Lembrou-se da sua aliança com eles,
e arrependeu-se,
por causa do seu imenso amor leal.
46Fez com que os seus captores
tivessem misericórdia deles.

47Salva-nos, SENHOR, nosso Deus!
Ajunta-nos dentre as nações,
para que demos graças ao teu santo nome
e façamos do teu louvor a nossa glória.

48Bendito seja o SENHOR, o Deus de Israel,
por toda a eternidade.
Que todo o povo diga: "Amém!"

Aleluia!

QUINTO LIVRO

Salmo 107

1Deem graças ao SENHOR porque ele é bom;
o seu amor dura para sempre.
2Assim o digam os que o SENHOR resgatou,
os que livrou das mãos do adversário,
3e reuniu de outras terras,
do oriente e do ocidente, do norte e do sul[a].

4Perambularam pelo deserto e por terras áridas
sem encontrar cidade habitada.
5Estavam famintos e sedentos;
sua vida ia se esvaindo.
6Na sua aflição, clamaram ao SENHOR,
e ele os livrou da tribulação
em que se encontravam
7e os conduziu por caminho seguro
a uma cidade habitada.
8Que eles deem graças ao SENHOR
por seu amor leal e por suas maravilhas
em favor dos homens,
9porque ele sacia o sedento
e satisfaz plenamente o faminto.

10Assentaram-se nas trevas e na sombra mortal,
aflitos, acorrentados,
11pois se rebelaram contra as palavras de Deus
e desprezaram os desígnios do Altíssimo.
12Por isso ele os sujeitou a trabalhos pesados;
eles tropeçaram,
e não houve quem os ajudasse.
13Na sua aflição, clamaram ao SENHOR,
e ele os salvou da tribulação
em que se encontravam.
14Ele os tirou das trevas e da sombra mortal,
e quebrou as correntes que os prendiam.
15Que eles deem graças ao SENHOR,
por seu amor leal e por suas maravilhas
em favor dos homens,
16porque despedaçou as portas de bronze
e rompeu as trancas de ferro.

17Tornaram-se tolos por causa
dos seus caminhos rebeldes,
e sofreram por causa das suas maldades.
18Sentiram repugnância por toda comida
e chegaram perto das portas da morte.
19Na sua aflição, clamaram ao SENHOR,
e ele os salvou da tribulação
em que se encontravam.
20Ele enviou a sua palavra e os curou,
e os livrou da morte.
21Que eles deem graças ao SENHOR,
por seu amor leal e por suas maravilhas
em favor dos homens.
22Que eles ofereçam
sacrifícios de ação de graças
e anunciem as suas obras
com cânticos de alegria.

23Fizeram-se ao mar em navios,
para negócios na imensidão das águas,
24e viram as obras do SENHOR,
as suas maravilhas nas profundezas.
25Deus falou e provocou um vendaval
que levantava as ondas.
26Subiam aos céus e desciam aos abismos;
diante de tal perigo, perderam a coragem.
27Cambaleavam, tontos como bêbados,
e toda a sua habilidade foi inútil.
28Na sua aflição, clamaram ao SENHOR,
e ele os tirou da tribulação
em que se encontravam.
29Reduziu a tempestade a uma brisa
e serenou as ondas.
30As ondas sossegaram, eles se alegraram,
e Deus os guiou ao porto almejado.
31Que eles deem graças ao SENHOR
por seu amor leal e por suas maravilhas
em favor dos homens.
32Que o exaltem na assembleia do povo
e o louvem na reunião dos líderes.

33Ele transforma os rios em deserto
e as fontes em terra seca,
34faz da terra fértil um solo estéril,
por causa da maldade dos seus moradores.
35Transforma o deserto em açudes
e a terra ressecada, em fontes.
36Ali ele assenta os famintos,
para fundarem uma cidade habitável,
37semearem lavouras, plantarem vinhas
e colherem uma grande safra.
38Ele os abençoa, e eles se multiplicam;
e não deixa que os seus rebanhos diminuam.

39Quando, porém, reduzidos,
são humilhados com opressão,
desgraça e tristeza.
40Deus derrama desprezo sobre os nobres
e os faz vagar num deserto sem caminhos.
41Mas tira os pobres da miséria
e aumenta as suas famílias como rebanhos.
42Os justos veem tudo isso e se alegram,
mas todos os perversos se calam.

43Reflitam nisso os sábios
e considerem a bondade do SENHOR.

Salmo 108

Uma canção. Salmo davídico.

1Meu coração está firme, ó Deus!
Cantarei e louvarei, ó Glória minha!

[a] 107:3 Hebraico: *mar*.

[2]Acordem, harpa e lira!
Despertarei a alvorada.
[3]Eu te darei graças, ó SENHOR, entre os povos;
cantarei louvores entre as nações,
[4]porque o teu amor leal
se eleva muito acima dos céus;
a tua fidelidade alcança as nuvens!
[5]Sê exaltado, ó Deus, acima dos céus;
estenda-se a tua glória sobre toda a terra!

[6]Salva-nos com a tua mão direita
e responde-nos,
para que sejam libertos aqueles a quem amas.
[7]Do seu santuário[a] Deus falou:
"No meu triunfo dividirei Siquém
e repartirei o vale de Sucote.
[8]Gileade me pertence, e Manassés também;
Efraim é o meu capacete, Judá é o meu cetro.
[9]Moabe é a pia em que me lavo,
em Edom atiro a minha sandália,
sobre a Filístia dou meu brado de vitória!"

[10]Quem me levará à cidade fortificada?
Quem me guiará a Edom?
[11]Não foste tu, ó Deus, que nos rejeitaste
e deixaste de sair com os nossos exércitos?
[12]Dá-nos ajuda contra os adversários,
pois inútil é o socorro do homem.
[13]Com Deus conquistaremos a vitória,
e ele pisará os nossos adversários.

Salmo 109

Para o mestre de música. Salmo davídico.

[1]Ó Deus, a quem louvo, não fiques indiferente,
[2]pois homens ímpios e falsos
dizem calúnias contra mim,
e falam mentiras a meu respeito.
[3]Eles me cercaram com palavras
carregadas de ódio;
atacaram-me sem motivo.
[4]Em troca da minha amizade eles me acusam,
mas eu permaneço em oração.
[5]Retribuem-me o bem com o mal,
e a minha amizade com ódio.

[6]Designe-se[b] um ímpio[c] para ser seu oponente;
à sua direita esteja um acusador[d].
[7]Seja declarado culpado no julgamento,
e que até a sua oração seja considerada pecado.
[8]Seja a sua vida curta,
e outro ocupe o seu lugar.
[9]Fiquem órfãos os seus filhos
e a sua esposa, viúva.
[10]Vivam os seus filhos vagando como mendigos,
e saiam rebuscando o pão
longe de[e] suas casas em ruínas.
[11]Que um credor se aposse
de todos os seus bens,
e estranhos saqueiem o fruto do seu trabalho.
[12]Que ninguém o trate com bondade
nem tenha misericórdia dos seus filhos órfãos.
[13]Sejam exterminados os seus descendentes
e desapareçam os seus nomes
na geração seguinte.
[14]Que o SENHOR se lembre
da iniquidade dos seus antepassados,
e não se apague o pecado de sua mãe.
[15]Estejam os seus pecados sempre
perante o SENHOR,
e na terra ninguém jamais se lembre
da sua família.

[16]Pois ele jamais pensou em praticar
um ato de bondade,
mas perseguiu até a morte o pobre,
o necessitado e o de coração partido.
[17]Ele gostava de amaldiçoar:
venha sobre ele a maldição!
Não tinha prazer em abençoar:
afaste-se dele a bênção!
[18]Ele vestia a maldição como uma roupa:
entre ela em seu corpo como água
e em seus ossos como óleo.
[19]Envolva-o como um manto
e aperte-o sempre como um cinto.
[20]Assim retribua o SENHOR
aos meus acusadores,
aos que me caluniam.

[21]Mas tu, Soberano SENHOR,
intervém em meu favor, por causa do teu
nome.
Livra-me, pois é sublime o teu amor leal!
[22]Sou pobre e necessitado
e, no íntimo, o meu coração está abatido.
[23]Vou definhando como a sombra vespertina;
para longe sou lançado, como um gafanhoto.
[24]De tanto jejuar os meus joelhos fraquejam
e o meu corpo definha de magreza.
[25]Sou objeto de zombaria
para os meus acusadores;
logo que me veem, meneiam a cabeça.

[26]Socorro, SENHOR, meu Deus!
Salva-me pelo teu amor leal!
[27]Que eles reconheçam que foi a tua mão,
que foste tu, SENHOR, que o fizeste.
[28]Eles podem amaldiçoar,
tu, porém, me abençoas.
Quando atacarem, serão humilhados,
mas o teu servo se alegrará.
[29]Sejam os meus acusadores
vestidos de desonra;
que a vergonha os cubra como um manto.

[30]Em alta voz, darei muitas graças ao SENHOR;
no meio da assembleia eu o louvarei,
[31]pois ele se põe ao lado do pobre
para salvá-lo daqueles que o condenam.

Salmo 110

Salmo davídico.

[1]O SENHOR disse ao meu Senhor:
"Senta-te à minha direita
até que eu faça dos teus inimigos
um estrado para os teus pés".

[a] 108:7 Ou *Na sua santidade*
[b] 109:6 Ou *Eles dizem: "Designa*
[c] 109:6 Ou *o maligno*
[d] 109:6 Ou *Satanás*
[e] 109:10 A Septuaginta diz *e sejam expulsos de*.

2O SENHOR estenderá
o cetro de teu poder desde Sião,
e dominarás sobre os teus inimigos!
3Quando convocares as tuas tropas,
o teu povo se apresentará voluntariamente.[a]
Trajando vestes santas,[b]
desde o romper da alvorada
os teus jovens virão como o orvalho.[c]

4O SENHOR jurou e não se arrependerá:
"Tu és sacerdote para sempre,
segundo a ordem de Melquisedeque".

5O Senhor está à tua direita;
ele esmagará reis no dia da sua ira.
6Julgará as nações, amontoando os mortos
e esmagando governantes[d]
em toda a extensão da terra.
7No caminho beberá de um ribeiro,
e então erguerá a cabeça.

Salmo 111[e]

1Aleluia!

Darei graças ao SENHOR de todo o coração
na reunião da congregação dos justos.

2Grandes são as obras do SENHOR;
nelas meditam todos os que as apreciam.
3Os seus feitos manifestam
majestade e esplendor,
e a sua justiça dura para sempre.
4Ele fez proclamar as suas maravilhas;
o SENHOR é misericordioso e compassivo.
5Deu alimento aos que o temiam,
pois sempre se lembra de sua aliança.
6Mostrou ao seu povo os seus feitos poderosos,
dando-lhe as terras das nações.
7As obras das suas mãos são fiéis e justas;
todos os seus preceitos merecem confiança.
8Estão firmes para sempre,
estabelecidos com fidelidade e retidão.
9Ele trouxe redenção ao seu povo
e firmou a sua aliança para sempre.
Santo e temível é o seu nome!

10O temor do SENHOR
é o princípio da sabedoria;
todos os que cumprem os seus preceitos
revelam bom senso.

Ele será louvado para sempre!

Salmo 112[f]

1Aleluia!

Como é feliz o homem que teme o SENHOR
e tem grande prazer em seus mandamentos!
2Seus descendentes serão poderosos na terra,
serão uma geração abençoada,
de homens íntegros.

3Grande riqueza há em sua casa,
e a sua justiça dura para sempre.
4A luz raia nas trevas para o íntegro,
para quem é misericordioso[g],
compassivo e justo.

5Feliz é o homem
que empresta com generosidade
e que com honestidade conduz os seus negócios.
6O justo jamais será abalado;
para sempre se lembrarão dele.
7Não temerá más notícias;
seu coração está firme, confiante no SENHOR.
8O seu coração está seguro e nada temerá.
No final, verá a derrota dos seus adversários.
9Reparte generosamente com os pobres;
a sua justiça dura para sempre;
seu poder[h] será exaltado em honra.

10O ímpio o vê e fica irado,
range os dentes e definha.
O desejo dos ímpios se frustrará.

Salmo 113

1Aleluia!

Louvem, ó servos do SENHOR,
louvem o nome do SENHOR!
2Seja bendito o nome do SENHOR,
desde agora e para sempre!
3Do nascente ao poente,
seja louvado o nome do SENHOR!

4O SENHOR está exaltado
acima de todas as nações;
e acima dos céus está a sua glória.
5Quem é como o SENHOR, o nosso Deus,
que reina em seu trono nas alturas,
6mas se inclina para contemplar
o que acontece nos céus e na terra?

7Ele levanta do pó o necessitado
e ergue do lixo o pobre,
8para fazê-los sentar-se com príncipes,
com os príncipes do seu povo.
9Dá um lar à estéril,
e dela faz uma feliz mãe de filhos.

Aleluia!

Salmo 114

1Quando Israel saiu do Egito,
e a casa de Jacó saiu do meio
de um povo de língua estrangeira,
2Judá tornou-se o santuário de Deus,
Israel o seu domínio.

3O mar olhou e fugiu,
o Jordão retrocedeu;
4os montes saltaram como carneiros,
as colinas, como cordeiros.

5Por que fugir, ó mar?
E você, Jordão, por que retroceder?
6Por que vocês saltaram como carneiros,
ó montes?

[a] 110:3 A Septuaginta diz *contigo está o principado.*
[b] 110:3 Vários manuscritos do Texto Massorético e outras versões antigas dizem *Dos santos montes.*
[c] 110:3 A Septuaginta, a Versão Siríaca e vários manuscritos do Texto Massorético dizem *antes da aurora eu o gerei.*
[d] 110:6 Ou *cabeças*
[e] O salmo 111 é um poema organizado em ordem alfabética, no hebraico.
[f] O salmo 112 é um poema organizado em ordem alfabética, no hebraico.
[g] 112:4 Ou *pois o Senhor é misericordioso*
[h] 112:9 Hebraico: *chifre.*

E vocês, colinas, porque saltaram
como cordeiros?

7Estremeça na presença do Soberano, ó terra,
na presença do Deus de Jacó!
8Ele fez da rocha um açude,
do rochedo uma fonte.

Salmo 115

1Não a nós, SENHOR, nenhuma glória para nós,
mas sim ao teu nome,
por teu amor e por tua fidelidade!

2Por que perguntam as nações:
"Onde está o Deus deles?"
3O nosso Deus está nos céus,
e pode fazer tudo o que lhe agrada.
4Os ídolos deles, de prata e ouro,
são feitos por mãos humanas.
5Têm boca, mas não podem falar,
olhos, mas não podem ver;
6têm ouvidos, mas não podem ouvir,
nariz, mas não podem sentir cheiro;
7têm mãos, mas nada podem apalpar,
pés, mas não podem andar;
e não emitem som algum com a garganta.
8Tornem-se como eles aqueles que os fazem
e todos os que neles confiam.

9Confie no SENHOR, ó Israel!
Ele é o seu socorro e o seu escudo.
10Confiem no SENHOR, sacerdotes!
Ele é o seu socorro e o seu escudo.
11Vocês que temem o SENHOR,
confiem no SENHOR!
Ele é o seu socorro e o seu escudo.

12O SENHOR lembra-se de nós e nos abençoará;
abençoará os israelitas,
abençoará os sacerdotes,
13abençoará os que temem o SENHOR,
do menor ao maior.
14Que o SENHOR os multiplique,
vocês e os seus filhos.
15Sejam vocês abençoados pelo SENHOR,
que fez os céus e a terra.

16Os mais altos céus pertencem ao SENHOR,
mas a terra ele a confiou ao homem.
17Os mortos não louvam o SENHOR,
tampouco nenhum dos que descem ao silêncio.
18Mas nós bendiremos o SENHOR,
desde agora e para sempre!

Aleluia!

Salmo 116

1Eu amo o SENHOR, porque ele me ouviu
quando lhe fiz a minha súplica.
2Ele inclinou os seus ouvidos para mim;
eu o invocarei toda a minha vida.

3As cordas da morte me envolveram,
as angústias do Sheol[a] vieram sobre mim;
aflição e tristeza me dominaram.
4Então clamei pelo nome do SENHOR:
Livra-me, SENHOR!

5O SENHOR é misericordioso e justo;
o nosso Deus é compassivo.
6O SENHOR protege os simples;
quando eu já estava sem forças, ele me salvou.

7Retorne ao seu descanso, ó minha alma,
porque o SENHOR tem sido bom para você!

8Pois tu me livraste da morte,
e livraste os meus olhos das lágrimas
e os meus pés, de tropeçar,
9para que eu pudesse andar diante do SENHOR
na terra dos viventes.
10Eu cri, ainda que tenha dito:[b]
Estou muito aflito.
11Em pânico eu disse:
Ninguém merece confiança.

12Como posso retribuir ao SENHOR
toda a sua bondade para comigo?
13Erguerei o cálice da salvação
e invocarei o nome do SENHOR.
14Cumprirei para com o SENHOR
os meus votos,
na presença de todo o seu povo.

15O SENHOR vê com pesar
a morte de seus fiéis.[c]
16SENHOR, sou teu servo,
Sim, sou teu servo, filho da tua serva;
livraste-me das minhas correntes.

17Oferecerei a ti um sacrifício de gratidão
e invocarei o nome do SENHOR.
18Cumprirei para com o SENHOR
os meus votos,
na presença de todo o seu povo,
19nos pátios da casa do SENHOR,
no seu interior, ó Jerusalém!

Aleluia!

Salmo 117

1Louvem o SENHOR, todas as nações;
exaltem-no, todos os povos!
2Porque imenso é o seu amor leal por nós,
e a fidelidade do SENHOR dura para sempre.

Aleluia!

Salmo 118

1Deem graças ao SENHOR porque ele é bom;
o seu amor dura para sempre.

2Que Israel diga:
"O seu amor dura para sempre!"
3Os sacerdotes digam:
"O seu amor dura para sempre!"
4Os que temem o SENHOR digam:
"O seu amor dura para sempre!"

5Na minha angústia clamei ao SENHOR;
e o SENHOR me respondeu,
dando-me ampla liberdade[d].

[a] 116:3 Essa palavra pode ser traduzida por sepultura, profundezas, pó ou morte.

[b] 116:10 Ou *Eu cri, por isso falei:*

[c] 116:15 Ou *Para o Senhor é preciosa a morte dos seus fiéis.*

[d] 118:5 Hebraico: *pondo-me num lugar espaçoso.*

6O SENHOR está comigo, não temerei.
O que me podem fazer os homens?
7O SENHOR está comigo;
ele é o meu ajudador.
Verei a derrota dos meus inimigos.

8É melhor buscar refúgio no SENHOR
do que confiar nos homens.
9É melhor buscar refúgio no SENHOR
do que confiar em príncipes.

10Todas as nações me cercaram,
mas em nome do SENHOR eu as derrotei.
11Cercaram-me por todos os lados,
mas em nome do SENHOR eu as derrotei.
12Cercaram-me como um enxame de abelhas,
mas logo se extinguiram
como espinheiros em chamas.
Em nome do SENHOR eu as derrotei!

13Empurraram-me para forçar a minha queda,
mas o SENHOR me ajudou.
14O SENHOR é a minha força e o meu cântico;
ele é a minha salvação.

15Alegres brados de vitória
ressoam nas tendas dos justos:
"A mão direita do SENHOR age com poder!
16A mão direita do SENHOR é exaltada!
A mão direita do SENHOR age com
poder!"

17Não morrerei; mas vivo ficarei
para anunciar os feitos do SENHOR.
18O SENHOR me castigou com severidade,
mas não me entregou à morte.

19Abram as portas da justiça para mim,
pois quero entrar para dar graças ao SENHOR.
20Esta é a porta do SENHOR,
pela qual entram os justos.
21Dou-te graças, porque me respondeste
e foste a minha salvação.

22A pedra que os construtores rejeitaram
tornou-se a pedra angular.
23Isso vem do SENHOR,
e é algo maravilhoso para nós.
24Este é o dia em que o SENHOR agiu;
alegremo-nos e exultemos neste dia.

25Salva-nos, SENHOR! Nós imploramos.
Faze-nos prosperar, SENHOR! Nós suplicamos.
26Bendito é o que vem em nome do SENHOR.
Da casa do SENHOR nós os abençoamos.
27O SENHOR é Deus,
e ele fez resplandecer sobre nós a sua luz.[a]
Juntem-se ao cortejo festivo,
levando ramos até as pontas[b] do altar.

28Tu és o meu Deus; graças te darei!
Ó meu Deus, eu te exaltarei!

29Deem graças ao SENHOR, porque ele é bom;
o seu amor dura para sempre.

Salmo 119[c]

Álef

1Como são felizes os que andam
em caminhos irrepreensíveis,
que vivem conforme a lei do SENHOR!
2Como são felizes os que obedecem
aos seus estatutos
e de todo o coração o buscam!
3Não praticam o mal
e andam nos caminhos do SENHOR.
4Tu mesmo ordenaste os teus preceitos
para que sejam fielmente obedecidos.
5Quem dera fossem firmados os meus caminhos
na obediência aos teus decretos.
6Então não ficaria decepcionado
ao considerar todos os teus mandamentos.
7Eu te louvarei de coração sincero
quando aprender as tuas justas ordenanças.
8Obedecerei aos teus decretos;
nunca me abandones.

Bêt

9Como pode o jovem
manter pura a sua conduta?
Vivendo de acordo com a tua palavra.
10Eu te busco de todo o coração;
não permitas que eu me desvie
dos teus mandamentos.
11Guardei no coração a tua palavra
para não pecar contra ti.
12Bendito sejas, SENHOR!
Ensina-me os teus decretos.
13Com os lábios repito
todas as leis que promulgaste.
14Regozijo-me em seguir os teus testemunhos
como o que se regozija com grandes riquezas.
15Meditarei nos teus preceitos
e darei atenção às tuas veredas.
16Tenho prazer nos teus decretos;
não me esqueço da tua palavra.

Guímel

17Trata com bondade o teu servo
para que eu viva e obedeça à tua palavra.
18Abre os meus olhos
para que eu veja as maravilhas da tua lei.
19Sou peregrino na terra;
não escondas de mim os teus
mandamentos.
20A minha alma consome-se de perene desejo
das tuas ordenanças.
21Tu repreendes os arrogantes;
malditos os que se desviam
dos teus mandamentos!
22Tira de mim a afronta e o desprezo,
pois obedeço aos teus estatutos.
23Mesmo que os poderosos se reúnam
para conspirar contra mim,
ainda assim o teu servo meditará
nos teus decretos.
24Sim, os teus testemunhos são o meu prazer;
eles são os meus conselheiros.

[a] 118:27 Ou *mostrou sua bondade para conosco.*
[b] 118:27 Ou *Amarrem o sacrifício da festa com cordas e levem-no até as pontas*
[c] O salmo 119 é um poema organizado em ordem alfabética, no hebraico.

Dálet

[25]Agora estou prostrado no pó;
preserva a minha vida
conforme a tua promessa.
[26]A ti relatei os meus caminhos
e tu me respondeste;
ensina-me os teus decretos.
[27]Faze-me discernir o propósito
dos teus preceitos;
então meditarei nas tuas maravilhas.
[28]A minha alma se consome de tristeza;
fortalece-me conforme a tua promessa.
[29]Desvia-me dos caminhos enganosos;
por tua graça, ensina-me a tua lei.
[30]Escolhi o caminho da fidelidade;
decidi seguir as tuas ordenanças.
[31]Apego-me aos teus testemunhos,
ó SENHOR;
não permitas que eu fique decepcionado.
[32]Corro pelo caminho
que os teus mandamentos apontam,
pois me deste maior entendimento.

He

[33]Ensina-me, SENHOR,
o caminho dos teus decretos,
e a eles obedecerei até o fim.
[34]Dá-me entendimento,
para que eu guarde a tua lei
e a ela obedeça de todo o coração.
[35]Dirige-me pelo caminho
dos teus mandamentos,
pois nele encontro satisfação.
[36]Inclina o meu coração para os teus estatutos,
e não para a ganância.
[37]Desvia os meus olhos das coisas inúteis;
faze-me viver nos caminhos que traçaste.[a]
[38]Cumpre a tua promessa
para com o teu servo,
para que sejas temido.
[39]Livra-me da afronta que me apavora,
pois as tuas ordenanças são boas.
[40]Como anseio pelos teus preceitos!
Preserva a minha vida por tua justiça!

Vav

[41]Que o teu amor alcance-me, SENHOR,
e a tua salvação, segundo a tua promessa;
[42]então responderei aos que me afrontam,
pois confio na tua palavra.
[43]Jamais tires da minha boca
a palavra da verdade,
pois nas tuas ordenanças
coloquei a minha esperança.
[44]Obedecerei constantemente à tua lei,
para todo o sempre.
[45]Andarei em verdadeira liberdade,
pois tenho buscado os teus preceitos.
[46]Falarei dos teus testemunhos diante de reis,
sem ficar envergonhado.
[47]Tenho prazer nos teus mandamentos;
eu os amo.
[48]A ti[b] levanto minhas mãos
e medito nos teus decretos.

Zain

[49]Lembra-te da tua palavra ao teu servo,
pela qual me deste esperança.
[50]Este é o meu consolo no meu sofrimento:
A tua promessa dá-me vida.
[51]Os arrogantes zombam de mim
o tempo todo,
mas eu não me desvio da tua lei.
[52]Lembro-me, SENHOR,
das tuas ordenanças do passado
e nelas acho consolo.
[53]Fui tomado de ira tremenda
por causa dos ímpios
que rejeitaram a tua lei.
[54]Os teus decretos são o tema
da minha canção em minha peregrinação.
[55]De noite lembro-me do teu nome, SENHOR!
Vou obedecer à tua lei.
[56]Esta tem sido a minha prática:
Obedecer aos teus preceitos.

Hêt

[57]Tu és a minha herança, SENHOR;
prometi obedecer às tuas palavras.
[58]De todo o coração suplico a tua graça;
tem misericórdia de mim,
conforme a tua promessa.
[59]Refleti em meus caminhos
e voltei os meus passos
para os teus testemunhos.
[60]Eu me apressarei e não hesitarei
em obedecer aos teus mandamentos.
[61]Embora as cordas dos ímpios
queiram prender-me,
eu não me esqueço da tua lei.
[62]À meia-noite me levanto para dar-te
graças
pelas tuas justas ordenanças.
[63]Sou amigo de todos os que te temem
e obedecem aos teus preceitos.
[64]A terra está cheia do teu amor, SENHOR;
ensina-me os teus decretos.

Tét

[65]Trata com bondade o teu servo, SENHOR,
conforme a tua promessa.
[66]Ensina-me o bom senso e o conhecimento,
pois confio em teus mandamentos.
[67]Antes de ser castigado, eu andava desviado,
mas agora obedeço à tua palavra.
[68]Tu és bom, e o que fazes é bom;
ensina-me os teus decretos.
[69]Os arrogantes mancharam o meu nome
com mentiras,
mas eu obedeço aos teus preceitos
de todo o coração.
[70]O coração deles é insensível,
eu, porém, tenho prazer na tua lei.
[71]Foi bom para mim ter sido castigado,
para que aprendesse os teus decretos.

[a] 119:37 Dois manuscritos do Texto Massorético e os manuscritos do mar Morto dizem *preserva a minha vida pela tua palavra.*

[b] 119:48 Ou *Aos teus mandamentos*

72 Para mim vale mais a lei que decretaste
do que milhares de peças de prata e ouro.

Iode

73 As tuas mãos me fizeram e me formaram;
dá-me entendimento para aprender
os teus mandamentos.
74 Quando os que têm temor de ti me virem,
se alegrarão,
pois na tua palavra
coloquei a minha esperança.
75 Sei, SENHOR, que as tuas ordenanças
são justas,
e que por tua fidelidade me castigaste.
76 Seja o teu amor o meu consolo,
conforme a tua promessa ao teu servo.
77 Alcance-me a tua misericórdia
para que eu tenha vida,
porque a tua lei é o meu prazer.
78 Sejam humilhados os arrogantes,
pois prejudicaram-me sem motivo;
mas eu meditarei nos teus preceitos.
79 Venham apoiar-me aqueles que te temem,
aqueles que entendem os teus estatutos.
80 Seja o meu coração íntegro
para com os teus decretos,
para que eu não seja humilhado.

Caf

81 Estou quase desfalecido,
aguardando a tua salvação,
mas na tua palavra coloquei a minha esperança.
82 Os meus olhos fraquejam
de tanto esperar pela tua promessa,
e pergunto: Quando me consolarás?
83 Embora eu seja como uma vasilha inútil[a],
não me esqueço dos teus decretos.
84 Até quando o teu servo deverá esperar
para que castigues os meus perseguidores?
85 Cavaram uma armadilha contra mim
os arrogantes,
os que não seguem a tua lei.
86 Todos os teus mandamentos
merecem confiança;
ajuda-me, pois sou perseguido com mentiras.
87 Quase acabaram com a minha vida
na terra,
mas não abandonei os teus preceitos.
88 Preserva a minha vida pelo teu amor,
e obedecerei aos estatutos que decretaste.

Lâmed

89 A tua palavra, SENHOR,
para sempre está firmada nos céus.
90 A tua fidelidade é constante
por todas as gerações;
estabeleceste a terra, que firme subsiste.
91 Conforme as tuas ordens,
tudo permanece até hoje[b],
pois tudo está a teu serviço.
92 Se a tua lei não fosse o meu prazer,
o sofrimento já me teria destruído.
93 Jamais me esquecerei dos teus preceitos,
pois é por meio deles
que preservas a minha vida.
94 Salva-me, pois a ti pertenço
e busco os teus preceitos!
95 Os ímpios estão à espera para destruir-me,
mas eu considero os teus testemunhos.
96 Tenho constatado
que toda perfeição tem limite;
mas não há limite para o teu mandamento.

Mem

97 Como eu amo a tua lei!
Medito nela o dia inteiro.
98 Os teus mandamentos me tornam
mais sábio que os meus inimigos,
porquanto estão sempre comigo.
99 Tenho mais discernimento
que todos os meus mestres,
pois medito nos teus testemunhos.
100 Tenho mais entendimento que os anciãos,
pois obedeço aos teus preceitos.
101 Afasto os pés de todo caminho mau
para obedecer à tua palavra.
102 Não me afasto das tuas ordenanças,
pois tu mesmo me ensinas.
103 Como são doces para o meu paladar
as tuas palavras!
Mais que o mel para a minha boca!
104 Ganho entendimento
por meio dos teus preceitos;
por isso odeio todo caminho de falsidade.

Nun

105 A tua palavra é lâmpada
que ilumina os meus passos
e luz que clareia o meu caminho.
106 Prometi sob juramento e o cumprirei:
vou obedecer às tuas justas ordenanças.
107 Passei por muito sofrimento;
preserva, SENHOR, a minha vida,
conforme a tua promessa.
108 Aceita, SENHOR, a oferta de louvor
dos meus lábios,
e ensina-me as tuas ordenanças.
109 A minha vida está sempre em perigo[c],
mas não me esqueço da tua lei.
110 Os ímpios prepararam uma armadilha
contra mim,
mas não me desviei dos teus preceitos.
111 Os teus testemunhos
são a minha herança permanente;
são a alegria do meu coração.
112 Dispus o meu coração para cumprir
os teus decretos até o fim.

Sâmeq

113 Odeio os que são inconstantes,
mas amo a tua lei.
114 Tu és o meu abrigo e o meu escudo;
e na tua palavra coloquei minha esperança.
115 Afastem-se de mim os que praticam o mal!

[a] 119:83 Hebraico: *um odre na fumaça.*
[b] 119:91 Ou *as tuas leis permanecem até hoje*
[c] 119:109 Hebraico: *em minhas mãos.*

Quero obedecer
aos mandamentos do meu Deus!
116 Sustenta-me, segundo a tua promessa,
e eu viverei;
não permitas que se frustrem
as minhas esperanças.
117 Ampara-me, e estarei seguro;
sempre estarei atento aos teus decretos.
118 Tu rejeitas todos os que se desviam
dos teus decretos,
pois os seus planos enganosos são inúteis.
119 Tu destróis[a] como refugo
todos os ímpios da terra;
por isso amo os teus testemunhos.
120 O meu corpo estremece diante de ti;
as tuas ordenanças enchem-me de temor.

Áin

121 Tenho vivido com justiça e retidão;
não me abandones
nas mãos dos meus opressores.
122 Garante o bem-estar do teu servo;
não permitas que os arrogantes
me oprimam.
123 Os meus olhos fraquejam,
aguardando a tua salvação
e o cumprimento da tua justiça.
124 Trata o teu servo conforme o teu amor leal
e ensina-me os teus decretos.
125 Sou teu servo; dá-me discernimento
para compreender os teus testemunhos.
126 Já é tempo de agires, SENHOR,
pois a tua lei está sendo desrespeitada.
127 Eu amo os teus mandamentos
mais do que o ouro,
mais do que o ouro puro.
128 Por isso considero justos
os teus preceitos
e odeio todo caminho de falsidade.

Pê

129 Os teus testemunhos são maravilhosos;
por isso lhes obedeço.
130 A explicação das tuas palavras ilumina
e dá discernimento aos inexperientes.
131 Abro a boca e suspiro,
ansiando por teus mandamentos.
132 Volta-te para mim
e tem misericórdia de mim,
como sempre fazes aos que amam o teu nome.
133 Dirige os meus passos,
conforme a tua palavra;
não permitas que nenhum pecado me
domine.
134 Resgata-me da opressão dos homens,
para que eu obedeça aos teus preceitos.
135 Faze o teu rosto resplandecer
sobre[b] o teu servo,
e ensina-me os teus decretos.
136 Rios de lágrimas correm dos meus olhos,
porque a tua lei não é obedecida.

Tsade

137 Justo és, SENHOR,
e retas são as tuas ordenanças.
138 Ordenaste os teus testemunhos com justiça;
dignos são de inteira confiança!
139 O meu zelo me consome,
pois os meus adversários
se esquecem das tuas palavras.
140 A tua promessa[c]
foi plenamente comprovada,
e, por isso, o teu servo a ama.
141 Sou pequeno e desprezado,
mas não esqueço os teus preceitos.
142 A tua justiça é eterna,
e a tua lei é a verdade.
143 Tribulação e angústia me atingiram,
mas os teus mandamentos são o meu prazer.
144 Os teus testemunhos são
eternamente justos,
dá-me discernimento para que eu tenha vida.

Cof

145 Eu clamo de todo o coração;
responde-me, SENHOR,
e obedecerei aos teus testemunhos!
146 Clamo a ti; salva-me,
e obedecerei aos teus estatutos!
147 Antes do amanhecer me levanto
e suplico o teu socorro;
na tua palavra coloquei minha esperança.
148 Fico acordado nas vigílias da noite,
para meditar nas tuas promessas.
149 Ouve a minha voz pelo teu amor leal;
faze-me viver, SENHOR,
conforme as tuas ordenanças.
150 Os meus perseguidores
aproximam-se com más intenções;[d]
mas estão distantes da tua lei.
151 Tu, porém, SENHOR, estás perto
e todos os teus mandamentos são verdadeiros.
152 Há muito aprendi dos teus testemunhos
que tu os estabeleceste para sempre.

Rêsh

153 Olha para o meu sofrimento e livra-me,
pois não me esqueço da tua lei.
154 Defende a minha causa e resgata-me;
preserva a minha vida
conforme a tua promessa.
155 A salvação está longe dos ímpios,
pois eles não buscam os teus decretos.
156 Grande é a tua compaixão, SENHOR;
preserva a minha vida conforme as tuas leis.
157 Muitos são os meus adversários
e os meus perseguidores,
mas eu não me desvio dos teus estatutos.
158 Com grande desgosto vejo os infiéis,
que não obedecem à tua palavra.
159 Vê como amo os teus preceitos!
Dá-me vida, SENHOR, conforme o teu amor leal.

[a] **119:119** Alguns manuscritos do Texto Massorético, a Septuaginta e outras versões gregas dizem *consideras*.

[b] **119:135** Isto é, mostra a tua bondade para com.

[c] **119:140** Ou *palavra*

[d] **119:150** Conforme alguns manuscritos do Texto Massorético, a Septuaginta e algumas versões gregas. O Texto Massorético diz *Os que tramam o mal estão por perto*.

160A verdade é a essência da tua palavra,
e todas as tuas justas ordenanças são eternas.

Shin e Sin

161Os poderosos perseguem-me sem motivo,
mas é diante da tua palavra
que o meu coração treme.
162Eu me regozijo na tua promessa como alguém
que encontra grandes despojos.
163Odeio e detesto a falsidade,
mas amo a tua lei.
164Sete vezes por dia eu te louvo
por causa das tuas justas ordenanças.
165Os que amam a tua lei desfrutam paz,
e nada há que os faça tropeçar.
166Aguardo a tua salvação, SENHOR,
e pratico os teus mandamentos.
167Obedeço aos teus testemunhos;
amo-os infinitamente!
168Obedeço a todos os teus preceitos
e testemunhos,
pois conheces todos os meus caminhos.

Tau

169Chegue à tua presença o meu clamor,
SENHOR!
Dá-me entendimento conforme a tua palavra.
170Chegue a ti a minha súplica.
Livra-me, conforme a tua promessa.
171Meus lábios transbordarão de louvor,
pois me ensinas os teus decretos.
172A minha língua cantará a tua palavra,
pois todos os teus mandamentos são justos.
173Com tua mão vem ajudar-me,
pois escolhi os teus preceitos.
174Anseio pela tua salvação, SENHOR,
e a tua lei é o meu prazer.
175Permite-me viver para que eu te louve;
e que as tuas ordenanças me sustentem.
176Andei vagando como ovelha perdida;
vem em busca do teu servo,
pois não me esqueci
dos teus mandamentos.

Salmo 120

Cântico de Peregrinação[a].

1Eu clamo pelo SENHOR na minha angústia,
e ele me responde.
2SENHOR, livra-me dos lábios mentirosos
e da língua traiçoeira!

3O que ele lhe dará?
Como lhe retribuirá, ó língua enganadora?

4Ele a castigará
com flechas afiadas de guerreiro,
com brasas incandescentes de sândalo.

5Ai de mim, que vivo como estrangeiro
em Meseque,
que habito entre as tendas de Quedar!
6Tenho vivido tempo demais
entre os que odeiam a paz.
7Sou um homem de paz;
mas, ainda que eu fale de paz,
eles só falam de guerra.

Salmo 121

Cântico de Peregrinação.

1Levanto os meus olhos para os montes
e pergunto:
De onde me vem o socorro?
2O meu socorro vem do SENHOR,
que fez os céus e a terra.

3Ele não permitirá que você tropece;
o seu protetor se manterá alerta,
4sim, o protetor de Israel não dormirá;
ele está sempre alerta!

5O SENHOR é o seu protetor;
como sombra que o protege,
ele está à sua direita.
6De dia o sol não o ferirá,
nem a lua, de noite.

7O SENHOR o protegerá de todo o mal,
protegerá a sua vida.
8O SENHOR protegerá a sua saída
e a sua chegada,
desde agora e para sempre.

Salmo 122

Cântico de Peregrinação. Davídico.

1Alegrei-me com os que me disseram:
"Vamos à casa do SENHOR!"
2Nossos pés já se encontram
dentro de suas portas, ó Jerusalém!
3Jerusalém está construída
como cidade firmemente estabelecida.
4Para lá sobem as tribos do SENHOR,
para dar graças ao SENHOR,
conforme o mandamento dado a Israel.
5Lá estão os tribunais de justiça,
os tribunais da casa real de Davi.

6Orem pela paz de Jerusalém:
"Vivam em segurança aqueles que te amam!
7Haja paz dentro dos teus muros
e segurança nas tuas cidadelas!"
8Em favor de meus irmãos e amigos, direi:
Paz seja com você!
9Em favor da casa do SENHOR, nosso Deus,
buscarei o seu bem.

Salmo 123

Cântico de Peregrinação.

1A ti levanto os meus olhos,
a ti, que ocupas o teu trono nos céus.
2Assim como os olhos dos servos
estão atentos à mão de seu senhor,
e como os olhos das servas
estão atentos à mão de sua senhora,
também os nossos olhos
estão atentos ao SENHOR,
ao nosso Deus,
esperando que ele tenha misericórdia de nós.

3Misericórdia, SENHOR!
Tem misericórdia de nós!

[a] **Título:** Ou *dos Degraus*; também nos Salmos 121 a 134.

Já estamos cansados de tanto desprezo.
4Estamos cansados de tanta zombaria
dos orgulhosos
e do desprezo dos arrogantes.

Salmo 124

Cântico de Peregrinação. Davídico.

1Se o SENHOR não estivesse do nosso lado;
que Israel o repita:
2Se o SENHOR não estivesse do nosso lado
quando os inimigos nos atacaram,
3eles já nos teriam engolido vivos,
quando se enfureceram contra nós;
4as águas nos teriam arrastado
e as torrentes nos teriam afogado;
5sim, as águas violentas nos teriam afogado!

6Bendito seja o SENHOR,
que não nos entregou para sermos
dilacerados
pelos dentes deles.
7Como um pássaro escapamos
da armadilha do caçador;
a armadilha foi quebrada,
e nós escapamos.
8O nosso socorro está no nome do SENHOR,
que fez os céus e a terra.

Salmo 125

Cântico de Peregrinação.

1Os que confiam no SENHOR
são como o monte Sião,
que não se pode abalar,
mas permanece para sempre.
2Como os montes cercam Jerusalém,
assim o SENHOR protege o seu povo,
desde agora e para sempre.

3O cetro dos ímpios não prevalecerá
sobre a terra dada aos justos;
se assim fosse,
até os justos praticariam a injustiça.

4SENHOR, trata com bondade
os que fazem o bem,
os que têm coração íntegro.
5Mas aos que se desviam
por caminhos tortuosos,
o SENHOR infligirá o castigo dado aos
malfeitores.

Haja paz em Israel!

Salmo 126

Cântico de Peregrinação.

1Quando o SENHOR trouxe os cativos
de volta a Sião[a], foi como um sonho.
2Então a nossa boca encheu-se de riso,
e a nossa língua de cantos de alegria.
Até nas outras nações se dizia:
"O SENHOR fez coisas grandiosas
por este povo".
3Sim, coisas grandiosas fez o SENHOR por nós,
por isso estamos alegres.

4SENHOR, restaura-nos[b],
assim como enches
o leito dos ribeiros no deserto[c].
5Aqueles que semeiam com lágrimas,
com cantos de alegria colherão.
6Aquele que sai chorando
enquanto lança a semente,
voltará com cantos de alegria,
trazendo os seus feixes.

Salmo 127

Cântico de Peregrinação. De Salomão.

1Se não for o SENHOR o construtor da casa,
será inútil trabalhar na construção.
Se não é o SENHOR que vigia a cidade,
será inútil a sentinela montar guarda.
2Será inútil levantar cedo e dormir tarde,
trabalhando arduamente por alimento.
O SENHOR concede o sono
àqueles a quem ele ama.[d]
3Os filhos são herança do SENHOR,
uma recompensa que ele dá.
4Como flechas nas mãos do guerreiro
são os filhos nascidos na juventude.
5Como é feliz o homem
que tem a sua aljava cheia deles!
Não será humilhado quando enfrentar
seus inimigos no tribunal.

Salmo 128

Cântico de Peregrinação.

1Como é feliz quem teme o SENHOR,
quem anda em seus caminhos!

2Você comerá do fruto do seu trabalho,
e será feliz e próspero.
3Sua mulher será como videira frutífera
em sua casa;
seus filhos serão como brotos de oliveira
ao redor da sua mesa.
4Assim será abençoado
o homem que teme o SENHOR!

5Que o SENHOR o abençoe desde Sião,
para que você veja a prosperidade de Jerusalém
todos os dias da sua vida,
6e veja os filhos dos seus filhos.

Haja paz em Israel!

Salmo 129

Cântico de Peregrinação.

1Muitas vezes me oprimiram
desde a minha juventude;
que Israel o repita:
2Muitas vezes me oprimiram
desde a minha juventude,
mas jamais conseguiram vencer-me.
3Passaram o arado em minhas costas
e fizeram longos sulcos.
4O SENHOR é justo!
Ele libertou-me das algemas dos ímpios.

[a] 126:1 Ou *trouxe restauração a Sião*

[b] 126:4 Ou *traze nossos cativos de volta*

[c] 126:4 Ou *Neguebe*

[d] 127:2 Ou *concede sustento aos seus amados enquanto dormem*

5Retrocedam envergonhados
todos os que odeiam Sião.
6Sejam como o capim do terraço,
que seca antes de crescer,
7que não enche as mãos do ceifeiro
nem os braços daquele que faz os fardos.
8E que ninguém que passa diga:
"Seja sobre vocês a bênção do SENHOR;
nós os abençoamos em nome do SENHOR!"

Salmo 130

Cântico de Peregrinação.

1Das profundezas clamo a ti, SENHOR;
2ouve, Senhor, a minha voz!
Estejam atentos os teus ouvidos
às minhas súplicas!

3Se tu, Soberano SENHOR,
registrasses os pecados, quem escaparia?
4Mas contigo está o perdão
para que sejas temido.

5Espero no SENHOR com todo o meu ser,
e na sua palavra ponho a minha esperança.
6Espero pelo Senhor
mais do que as sentinelas pela manhã;
sim, mais do que as sentinelas
esperam pela manhã!

7Ponha a sua esperança no SENHOR, ó Israel,
pois no SENHOR há amor leal
e plena redenção.
8Ele próprio redimirá Israel
de todas as suas culpas.

Salmo 131

Cântico de Peregrinação. Davídico.

1SENHOR, o meu coração não é orgulhoso
e os meus olhos não são arrogantes.
Não me envolvo com coisas grandiosas
nem maravilhosas demais para mim.
2De fato, acalmei e tranquilizei a minha
alma.
Sou como uma criança
recém-amamentada[a] por sua mãe;
a minha alma é como essa criança.

3Ponha a sua esperança no SENHOR, ó Israel,
desde agora e para sempre!

Salmo 132

Cântico de Peregrinação.

1SENHOR, lembra-te de Davi
e das dificuldades que enfrentou.
2Ele jurou ao SENHOR
e fez um voto ao Poderoso de Jacó:
3"Não entrarei na minha tenda
e não me deitarei no meu leito;
4não permitirei
que os meus olhos peguem no sono
nem que as minhas pálpebras descansem,
5enquanto não encontrar
um lugar para o SENHOR,
uma habitação para o Poderoso de Jacó".

6Soubemos que a arca estava em Efrata[b],
mas nós a encontramos nos campos de Jaar[c]:
7"Vamos para a habitação do SENHOR!
Vamos adorá-lo diante do estrado de seus pés!
8Levanta-te, SENHOR,
e vem para o teu lugar de descanso,
tu e a arca onde está o teu poder.
9Vistam-se de retidão os teus sacerdotes;
cantem de alegria os teus fiéis".
10Por amor ao teu servo Davi,
não rejeites o teu ungido.

11O SENHOR fez um juramento a Davi,
um juramento firme que ele não revogará:
"Colocarei um dos seus descendentes
no seu trono.
12Se os seus filhos forem fiéis à minha aliança
e aos testemunhos que eu lhes ensino,
também os filhos deles
o sucederão no trono para sempre".

13O SENHOR escolheu Sião,
com o desejo de fazê-la sua habitação:
14"Este será o meu lugar de descanso
para sempre;
aqui firmarei o meu trono,
pois esse é o meu desejo.
15Abençoarei este lugar com fartura;
os seus pobres suprirei de pão.
16Vestirei de salvação os seus sacerdotes
e os seus fiéis a celebrarão com grande alegria.

17"Ali farei renascer o poder[d] de Davi
e farei brilhar a luz[e] do meu ungido.
18Vestirei de vergonha os seus inimigos,
mas nele brilhará a sua coroa".

Salmo 133

Cântico de Peregrinação. Davídico.

1Como é bom e agradável
quando os irmãos convivem em união!
2É como óleo precioso
derramado sobre a cabeça,
que desce pela barba, a barba de Arão,
até a gola das suas vestes.
3É como o orvalho do Hermom
quando desce sobre os montes de Sião.
Ali o SENHOR concede a bênção
da vida para sempre.

Salmo 134

Cântico de Peregrinação.

1Venham! Bendigam o SENHOR
todos vocês, servos do SENHOR,
vocês, que servem de noite
na casa do SENHOR.
2Levantem as mãos na direção do santuário
e bendigam o SENHOR!

3De Sião os abençoe o SENHOR,
que fez os céus e a terra!

[a] 131:2 Ou *desmamada*

[b] 132:6 Ou *a respeito da arca em Efrata*
[c] 132:6 Isto é, Quiriate-Jearim.
[d] 132:17 Hebraico: *chifre*.
[e] 132:17 Isto é, perpetuarei a dinastia.

Salmo 135

1Aleluia!

Louvem o nome do SENHOR;
louvem-no, servos do SENHOR,
2vocês, que servem na casa do SENHOR,
nos pátios da casa de nosso Deus.

3Louvem o SENHOR, pois o SENHOR é bom;
cantem louvores ao seu nome,
pois é nome amável.
4Porque o SENHOR escolheu a Jacó,
a Israel como seu tesouro pessoal.

5Na verdade, sei que o SENHOR é grande,
que o nosso Soberano é maior
do que todos os deuses.
6O SENHOR faz tudo o que lhe agrada,
nos céus e na terra,
nos mares e em todas as suas profundezas.
7Ele traz as nuvens desde os confins da terra;
envia os relâmpagos que acompanham a chuva
e faz que o vento saia dos seus depósitos.

8Foi ele que matou os primogênitos do Egito,
tanto dos homens como dos animais.
9Ele realizou em pleno Egito
sinais e maravilhas,
contra o faraó e todos os seus conselheiros.
10Foi ele que feriu muitas nações
e matou reis poderosos:
11Seom, rei dos amorreus,
Ogue, rei de Basã,
e todos os reinos de Canaã;
12e deu a terra deles como herança,
como herança a Israel, o seu povo.

13O teu nome, SENHOR,
permanece para sempre,
a tua fama, SENHOR, por todas as gerações!
14O SENHOR defenderá o seu povo
e terá compaixão dos seus servos.

15Os ídolos das nações
não passam de prata e ouro,
feitos por mãos humanas.
16Têm boca, mas não podem falar,
olhos, mas não podem ver;
17têm ouvidos, mas não podem escutar,
nem há respiração em sua boca.
18Tornem-se[a] como eles aqueles que os fazem
e todos os que neles confiam.

19Bendigam o SENHOR, ó israelitas!
Bendigam o SENHOR, ó sacerdotes!
20Bendigam o SENHOR, ó levitas!
Bendigam o SENHOR
os que temem o SENHOR!
21Bendito seja o SENHOR desde Sião,
aquele que habita em Jerusalém.

Aleluia!

Salmo 136

1Deem graças ao SENHOR, porque ele é bom.
O seu amor dura para sempre!
2Deem graças ao Deus dos deuses.
O seu amor dura para sempre!
3Deem graças ao Senhor dos senhores.
O seu amor dura para sempre!

4Ao único que faz grandes maravilhas,
O seu amor dura para sempre!
5Que com habilidade fez os céus,
O seu amor dura para sempre!
6Que estendeu a terra sobre as águas;
O seu amor dura para sempre!
7Àquele que fez os grandes luminares:
O seu amor dura para sempre!
8O sol para governar o dia,
O seu amor dura para sempre!
9A lua e as estrelas para governarem a noite.
O seu amor dura para sempre!

10Àquele que matou
os primogênitos do Egito
O seu amor dura para sempre!
11E tirou Israel do meio deles
O seu amor dura para sempre!
12Com mão poderosa e braço forte.
O seu amor dura para sempre!

13Àquele que dividiu o mar Vermelho
O seu amor dura para sempre!
14E fez Israel atravessá-lo,
O seu amor dura para sempre!
15Mas lançou o faraó e o seu exército
no mar Vermelho.
O seu amor dura para sempre!

16Àquele que conduziu seu povo pelo deserto,
O seu amor dura para sempre!
17Feriu grandes reis
O seu amor dura para sempre!
18E matou reis poderosos:
O seu amor dura para sempre!
19Seom, rei dos amorreus,
O seu amor dura para sempre!
20E Ogue, rei de Basã,
O seu amor dura para sempre!
21E deu a terra deles como herança,
O seu amor dura para sempre!
22Como herança ao seu servo Israel.
O seu amor dura para sempre!

23Àquele que se lembrou de nós
quando fomos humilhados
O seu amor dura para sempre!
24E nos livrou dos nossos adversários;
O seu amor dura para sempre!
25Àquele que dá alimento
a todos os seres vivos.
O seu amor dura para sempre!

26Deem graças ao Deus dos céus.
O seu amor dura para sempre!

Salmo 137

1Junto aos rios da Babilônia
nós nos sentamos e choramos
com saudade de Sião.
2Ali, nos salgueiros
penduramos as nossas harpas;

[a] 135:18 Ou *São*

3ali os nossos captores pediam-nos canções,
os nossos opressores exigiam
canções alegres, dizendo:
"Cantem para nós uma das canções de Sião!"

4Como poderíamos cantar
as canções do SENHOR
numa terra estrangeira?
5Que a minha mão direita definhe,
ó Jerusalém, se eu me esquecer de ti!
6Que a língua se me grude ao céu da boca,
se eu não me lembrar de ti,
e não considerar Jerusalém
a minha maior alegria!

7Lembra-te, SENHOR, dos edomitas
e do que fizeram
quando Jerusalém foi destruída,
pois gritavam: "Arrasem-na!
Arrasem-na até aos alicerces!"

8Ó cidade[a] de Babilônia,
destinada à destruição,
feliz aquele que lhe retribuir
o mal que você nos fez!
9Feliz aquele que pegar os seus filhos
e os despedaçar contra a rocha!

Salmo 138

Davídico.

1Eu te louvarei, SENHOR, de todo o coração;
diante dos deuses cantarei louvores a ti.
2Voltado para o teu santo templo
eu me prostrarei
e renderei graças ao teu nome,
por causa do teu amor e da tua fidelidade;
pois exaltaste acima de todas as coisas
o teu nome e a tua palavra.
3Quando clamei, tu me respondeste;
deste-me força e coragem.

4Todos os reis da terra te renderão graças,
SENHOR,
pois saberão das tuas promessas.
5Celebrarão os feitos do SENHOR,
pois grande é a glória do SENHOR!

6Embora esteja nas alturas,
o SENHOR olha para os humildes,
e de longe reconhece os arrogantes.
7Ainda que eu passe por angústias,
tu me preservas a vida
da ira dos meus inimigos;
estendes a tua mão direita e me livras.
8O SENHOR cumprirá o seu propósito
para comigo!
Teu amor, SENHOR, permanece para sempre;
não abandones as obras das tuas mãos!

Salmo 139

Para o mestre de música. Davídico. Um salmo.

1SENHOR, tu me sondas e me conheces.
2Sabes quando me sento e quando me
levanto;
de longe percebes os meus pensamentos.
3Sabes muito bem quando trabalho
e quando descanso;
todos os meus caminhos
são bem conhecidos por ti.
4Antes mesmo que a palavra
me chegue à língua,
tu já a conheces inteiramente, SENHOR.

5Tu me cercas, por trás e pela frente,
e pões a tua mão sobre mim.
6Tal conhecimento é maravilhoso demais
e está além do meu alcance;
é tão elevado que não o posso atingir.

7Para onde poderia eu escapar do teu Espírito?
Para onde poderia fugir da tua presença?
8Se eu subir aos céus, lá estás;
se eu fizer a minha cama na sepultura[b],
também lá estás.
9Se eu subir com as asas da alvorada
e morar na extremidade do mar,
10mesmo ali a tua mão direita me guiará
e me susterá.
11Mesmo que eu diga que as trevas
me encobrirão,
e que a luz se tornará noite ao meu redor,
12verei que nem as trevas são escuras para ti.
A noite brilhará como o dia,
pois para ti as trevas são luz.

13Tu criaste o íntimo do meu ser
e me teceste no ventre de minha mãe.
14Eu te louvo porque me fizeste
de modo especial e admirável[c].
Tuas obras são maravilhosas!
Digo isso com convicção.
15Meus ossos não estavam escondidos de ti
quando em secreto fui formado
e entretecido como nas profundezas da
terra.
16Os teus olhos viram o meu embrião;
todos os dias determinados para mim
foram escritos no teu livro
antes de qualquer deles existir.

17Como são preciosos para mim
os teus pensamentos, ó Deus!
Como é grande a soma deles!
18Se eu os contasse, seriam mais
do que os grãos de areia.
Se terminasse de contá-los[d],
eu ainda estaria contigo.
19Quem dera matasses os ímpios, ó Deus!
Afastem-se de mim os assassinos!
20Porque falam de ti com maldade;
em vão rebelam-se contra ti.
21Acaso não odeio os que te odeiam, SENHOR?
E não detesto os que se revoltam contra ti?
22Tenho por eles ódio implacável!
Considero-os inimigos meus!

[a] 137:8 Hebraico: *filha*.

[b] 139:8 Hebraico: *Sheol*. Essa palavra também pode ser traduzida por profundezas, pó ou morte.

[c] 139:14 A Septuaginta, a Versão Siríaca e os manuscritos do mar Morto dizem *porque tu és tremendo e maravilhoso*.

[d] 139:18 Ou *Quando acordasse*

[23]Sonda-me, ó Deus,
e conhece o meu coração;
prova-me, e conhece as minhas inquietações.
[24]Vê se em minha conduta algo te ofende,
e dirige-me pelo caminho eterno.

Salmo 140

Para o mestre de música. Salmo davídico.

[1]Livra-me, SENHOR, dos maus;
protege-me dos violentos,
[2]que no coração tramam planos perversos
e estão sempre provocando guerra.
[3]Afiam a língua como a da serpente;
veneno de víbora está em seus lábios.
Pausa

[4]Protege-me, SENHOR, das mãos dos ímpios;
protege-me dos violentos,
que pretendem fazer-me tropeçar.
[5]Homens arrogantes prepararam
armadilhas contra mim,
perversos estenderam as suas redes;
no meu caminho armaram ciladas contra mim.
Pausa

[6]Eu declaro ao SENHOR: Tu és o meu Deus.
Ouve, SENHOR, a minha súplica!
[7]Ó Soberano SENHOR, meu salvador poderoso,
tu me proteges a cabeça no dia da batalha;
[8]não atendas os desejos dos ímpios, SENHOR!
Não permitas que os planos deles
tenham sucesso,
para que não se orgulhem.
Pausa

[9]Recaia sobre a cabeça dos que me cercam
a maldade que os seus lábios proferiram.
[10]Caiam brasas sobre eles,
e sejam lançados ao fogo,
em covas das quais jamais possam sair.
[11]Que os difamadores
não se estabeleçam na terra,
e a desgraça persiga os violentos até a morte.

[12]Sei que o SENHOR defenderá
a causa do necessitado
e fará justiça aos pobres.
[13]Com certeza os justos darão graças
ao teu nome,
e os homens íntegros viverão na tua presença.

Salmo 141

Salmo davídico.

[1]Clamo a ti, SENHOR; vem depressa!
Escuta a minha voz quando clamo a ti.
[2]Seja a minha oração
como incenso diante de ti,
e o levantar das minhas mãos,
como a oferta da tarde.

[3]Coloca, SENHOR,
uma guarda à minha boca;
vigia a porta de meus lábios.
[4]Não permitas que o meu coração
se volte para o mal,
nem que eu me envolva em práticas perversas
com os malfeitores.
Que eu nunca participe dos seus banquetes!

[5]Fira-me o justo com amor leal
e me repreenda,
mas não perfume a minha cabeça
o óleo do ímpio,[a]
pois a minha oração
é contra as práticas dos malfeitores.
[6]Quando eles caírem nas mãos da Rocha,
o juiz deles,
ouvirão as minhas palavras com apreço.[b]
[7]Como a terra é arada e fendida,
assim foram espalhados os seus ossos
à entrada da sepultura[c].

[8]Mas os meus olhos estão fixos em ti,
ó Soberano SENHOR;
em ti me refugio;
não me entregues à morte.
[9]Guarda-me das armadilhas
que prepararam contra mim,
das ciladas dos que praticam o mal.
[10]Caiam os ímpios em sua própria rede,
enquanto eu escapo ileso.

Salmo 142

Poema de Davi, quando ele estava na caverna. Uma oração.

[1]Em alta voz clamo ao SENHOR;
elevo a minha voz ao SENHOR,
suplicando misericórdia.
[2]Derramo diante dele o meu lamento;
a ele apresento a minha angústia.

[3]Quando o meu espírito desanima,
és tu quem conhece o caminho
que devo seguir.
Na vereda por onde ando
esconderam uma armadilha contra mim.
[4]Olha para a minha direita e vê;
ninguém se preocupa comigo.
Não tenho abrigo seguro;
ninguém se importa com a minha vida.

[5]Clamo a ti, SENHOR, e digo:
Tu és o meu refúgio;
és tudo o que tenho na terra dos viventes.
[6]Dá atenção ao meu clamor,
pois estou muito abatido;
livra-me dos que me perseguem,
pois são mais fortes do que eu.
[7]Liberta-me da prisão,
e renderei graças ao teu nome.
Então os justos se reunirão à minha volta
por causa da tua bondade para comigo.

Salmo 143

Salmo davídico.

[1]Ouve, SENHOR, a minha oração,
dá ouvidos à minha súplica;

[a] 141:5 Ou *Fira-me o justo e me repreenda o piedoso; será como óleo fino que minha cabeça não recusará,*
[b] 141:6 Ou *Quando os seus governantes forem lançados dos penhascos, todos saberão que minhas palavras eram verdadeiras.*
[c] 141:7 Hebraico: *Sheol*. Essa palavra também pode ser traduzida por profundezas, pó ou morte.

responde-me
por tua fidelidade e por tua justiça.
2Mas não leves o teu servo a julgamento,
pois ninguém é justo diante de ti.

3O inimigo persegue-me
e esmaga-me ao chão;
ele me faz morar nas trevas,
como os que há muito morreram.
4O meu espírito desanima;
o meu coração está em pânico.
5Eu me recordo dos tempos antigos;
medito em todas as tuas obras
e considero o que as tuas mãos têm feito.
6Estendo as minhas mãos para ti;
como a terra árida, tenho sede de ti.
Pausa

7Apressa-te em responder-me, SENHOR!
O meu espírito se abate.
Não escondas de mim o teu rosto,
ou serei como os que descem à cova.
8Faze-me ouvir do teu amor leal pela manhã,
pois em ti confio.
Mostra-me o caminho que devo seguir,
pois a ti elevo a minha alma.
9Livra-me dos meus inimigos, SENHOR,
pois em ti eu me abrigo.
10Ensina-me a fazer a tua vontade,
pois tu és o meu Deus;
que o teu bondoso Espírito
me conduza por terreno plano.

11Preserva-me a vida, SENHOR,
por causa do teu nome;
por tua justiça, tira-me desta angústia.
12E no teu amor leal,
aniquila os meus inimigos;
destrói todos os meus adversários,
pois sou teu servo.

Salmo 144

Davídico.

1Bendito seja o SENHOR, a minha Rocha,
que treina as minhas mãos para a guerra
e os meus dedos para a batalha.
2Ele é o meu aliado fiel, a minha fortaleza,
a minha torre de proteção
e o meu libertador,
é o meu escudo, aquele em quem me refugio.
Ele subjuga a mim os povos[a].

3SENHOR, que é o homem
para que te importes com ele,
ou o filho do homem
para que por ele te interesses?
4O homem é como um sopro;
seus dias são como uma sombra passageira.

5Estende, SENHOR, os teus céus e desce;
toca os montes para que fumeguem.
6Envia relâmpagos e dispersa os inimigos;
atira as tuas flechas e faze-os debandar.
7Das alturas, estende a tua mão e liberta-me;
salva-me da imensidão das águas,
das mãos desses estrangeiros,
8que têm lábios mentirosos
e que, com a mão direita erguida,
juram falsamente.

9Cantarei uma nova canção a ti, ó Deus;
tocarei para ti a lira de dez cordas,
10para aquele que dá vitória aos reis,
que livra o seu servo Davi
da espada mortal.

11Dá-me libertação;
salva-me das mãos dos estrangeiros,
que têm lábios mentirosos
e que, com a mão direita erguida,
juram falsamente.

12Então, na juventude,
os nossos filhos serão como plantas viçosas,
e as nossas filhas, como colunas
esculpidas para ornar um palácio.
13Os nossos celeiros estarão cheios
das mais variadas provisões.
Os nossos rebanhos se multiplicarão
aos milhares,
às dezenas de milhares em nossos campos;
14o nosso gado dará suas crias;
não haverá praga alguma nem aborto.[b]
Não haverá gritos de aflição em nossas ruas.

15Como é feliz o povo assim abençoado!
Como é feliz o povo cujo Deus é o
SENHOR!

Salmo 145[c]

Um cântico de louvor. Davídico.

1Eu te exaltarei, meu Deus e meu rei;
bendirei o teu nome para todo o sempre!
2Todos os dias te bendirei
e louvarei o teu nome para todo o sempre!
3Grande é o SENHOR e digno de ser louvado;
sua grandeza não tem limites.

4Uma geração contará à outra
a grandiosidade dos teus feitos;
eles anunciarão os teus atos poderosos.
5Proclamarão o glorioso esplendor
da tua majestade,
e meditarei nas maravilhas que fazes.[d]
6Anunciarão o poder dos teus feitos temíveis,
e eu falarei das tuas grandes obras.
7Comemorarão a tua imensa bondade
e celebrarão a tua justiça.

8O SENHOR é misericordioso e compassivo,
paciente e transbordante de amor.
9O SENHOR é bom para todos;
a sua compaixão alcança
todas as suas criaturas.

[a] 144:2 Conforme muitos manuscritos do Texto Massorético, os manuscritos do mar Morto, a Versão Siríaca e algumas outras versões antigas. A maioria dos manuscritos do Texto Massorético diz *o meu povo*.

[b] 144:14 Ou *os nossos distritos não terão sobrecarga; não haverá invasão nem exílio*.

[c] O salmo 145 é um poema organizado em ordem alfabética, no hebraico.

[d] 145:5 Conforme os manuscritos do mar Morto e a Versão Siríaca. O Texto Massorético diz *Meditarei no glorioso esplendor da tua majestade e nas tuas obras maravilhosas*.

10Rendam-te graças todas as tuas criaturas,
SENHOR,
e os teus fiéis te bendigam.
11Eles anunciarão a glória do teu reino
e falarão do teu poder,
12para que todos saibam
dos teus feitos poderosos
e do glorioso esplendor do teu reino.
13O teu reino é reino eterno,
e o teu domínio permanece
de geração em geração.

O SENHOR é fiel em todas as suas promessas
e é bondoso em tudo o que faz.[a]
14O SENHOR ampara todos os que caem
e levanta todos os que estão prostrados.
15Os olhos de todos estão voltados para ti,
e tu lhes dás o alimento no devido tempo.
16Abres a tua mão e satisfazes os desejos
de todos os seres vivos.

17O SENHOR é justo
em todos os seus caminhos
e é bondoso em tudo o que faz.
18O SENHOR está perto
de todos os que o invocam,
de todos os que o invocam com sinceridade.
19Ele realiza os desejos daqueles que o
temem;
ouve-os gritar por socorro e os salva.
20O SENHOR cuida de todos os que o amam,
mas a todos os ímpios destruirá.

21Com meus lábios louvarei o SENHOR.
Que todo ser vivo bendiga o seu santo nome
para todo o sempre!

Salmo 146

1Aleluia!

Louve, ó minha alma, o SENHOR.
2Louvarei o SENHOR por toda a minha vida;
cantarei louvores ao meu Deus
enquanto eu viver.

3Não confiem em príncipes,
em meros mortais, incapazes de salvar.
4Quando o espírito deles se vai, eles voltam
ao pó;
naquele mesmo dia acabam-se os seus planos.

5Como é feliz aquele cujo auxílio
é o Deus de Jacó,
cuja esperança está no SENHOR, no seu Deus,
6que fez os céus e a terra,
o mar e tudo o que neles há,
e que mantém a sua fidelidade para sempre!
7Ele defende a causa dos oprimidos
e dá alimento aos famintos.
O SENHOR liberta os presos,
8o SENHOR dá vista aos cegos,
o SENHOR levanta os abatidos,
o SENHOR ama os justos.
9O SENHOR protege o estrangeiro
e sustém o órfão e a viúva,
mas frustra o propósito dos ímpios.

10O SENHOR reina para sempre!
O teu Deus, ó Sião,
reina de geração em geração.

Aleluia!

Salmo 147

1Aleluia!

Como é bom cantar louvores ao nosso Deus!
Como é agradável e próprio louvá-lo!

2O SENHOR edifica Jerusalém;
ele reúne os exilados de Israel.
3Só ele cura os de coração quebrantado
e cuida das suas feridas.

4Ele determina o número de estrelas
e chama cada uma pelo nome.
5Grande é o nosso Soberano
e tremendo é o seu poder;
é impossível medir o seu entendimento.
6O SENHOR sustém o oprimido,
mas lança por terra o ímpio.

7Cantem ao SENHOR com ações de graças;
ao som da harpa façam música
para o nosso Deus.
8Ele cobre o céu de nuvens,
concede chuvas à terra
e faz crescer a relva nas colinas.
9Ele dá alimento aos animais,
e aos filhotes dos corvos
quando gritam de fome.

10Não é a força do cavalo
que lhe dá satisfação,
nem é a agilidade do homem que lhe agrada;
11o SENHOR se agrada dos que o temem,
dos que colocam sua esperança no seu amor
leal.

12Exalte o SENHOR, ó Jerusalém!
Louve o seu Deus, ó Sião,
13pois ele reforçou as trancas de suas portas
e abençoou o seu povo, que lá habita.
14É ele que mantém as suas fronteiras
em segurança
e que a supre do melhor do trigo.
15Ele envia sua ordem à terra,
e sua palavra corre veloz.
16Faz cair a neve como lã,
e espalha a geada como cinza.
17Faz cair o gelo como se fosse pedra.
Quem pode suportar o seu frio?
18Ele envia a sua palavra, e o gelo derrete;
envia o seu sopro, e as águas tornam a correr.

19Ele revela a sua palavra a Jacó,
os seus decretos e ordenanças a Israel.
20Ele não fez isso a nenhuma outra nação;
todas as outras desconhecem
as suas ordenanças.

Aleluia!

[a] 145:13 Conforme um manuscrito do Texto Massorético, os manuscritos do mar Morto e a Versão Siríaca. A maioria dos manuscritos do Texto Massorético não traz as duas últimas linhas desse versículo.

Salmo 148

1 Aleluia!

Louvem o SENHOR desde os céus,
louvem-no nas alturas!
2 Louvem-no todos os seus anjos,
louvem-no todos os seus exércitos
celestiais.
3 Louvem-no sol e lua,
louvem-no todas as estrelas cintilantes.
4 Louvem-no os mais altos céus
e as águas acima do firmamento.
5 Louvem todos eles o nome do SENHOR,
pois ordenou, e eles foram criados.
6 Ele os estabeleceu em seus lugares
para todo o sempre;
deu-lhes um decreto que jamais mudará.

7 Louvem o SENHOR, vocês que estão na
terra,
serpentes marinhas e todas as profundezas,
8 relâmpagos e granizo, neve e neblina,
vendavais que cumprem o que ele
determina,
9 todas as montanhas e colinas,
árvores frutíferas e todos os cedros,
10 todos os animais selvagens
e os rebanhos domésticos,
todos os demais seres vivos e as aves,
11 reis da terra e todas as nações,
todos os governantes e juízes da terra,
12 moços e moças, velhos e crianças.

13 Louvem todos o nome do SENHOR,
pois somente o seu nome é exaltado;
a sua majestade está acima
da terra e dos céus.
14 Ele concedeu poder[a] ao seu povo,
e recebeu louvor de todos os seus fiéis,
dos israelitas, povo a quem ele tanto ama.
Aleluia!

[a] **148:14** Hebraico: *levantou um chifre.*

Salmo 149

1 Aleluia!

Cantem ao SENHOR uma nova canção,
louvem-no na assembleia dos fiéis.
2 Alegre-se Israel no seu Criador,
exulte o povo de Sião no seu Rei!
3 Louvem eles o seu nome com danças;
ofereçam-lhe música
com tamborim e harpa.
4 O SENHOR agrada-se do seu povo;
ele coroa de vitória os oprimidos.
5 Regozijem-se os seus fiéis nessa glória
e em seus leitos cantem alegremente!

6 Altos louvores estejam em seus lábios
e uma espada de dois gumes em suas mãos,
7 para imporem vingança às nações
e trazerem castigo aos povos,
8 para prenderem os seus reis com grilhões
e seus nobres com algemas de ferro,
9 para executarem a sentença escrita
contra eles.
Esta é a glória de todos os seus fiéis.

Aleluia!

Salmo 150

1 Aleluia!

Louvem a Deus no seu santuário,
louvem-no em seu magnífico firmamento.
2 Louvem-no pelos seus feitos poderosos,
louvem-no segundo a imensidão
de sua grandeza!
3 Louvem-no ao som de trombeta,
louvem-no com a lira e a harpa,
4 louvem-no com tamborins e danças,
louvem-no com instrumentos de cordas
e com flautas,
5 louvem-no com címbalos sonoros,
louvem-no com címbalos ressonantes.

6 Tudo o que tem vida louve o SENHOR!
Aleluia!

PROVÉRBIOS

Propósito

1 Estes são os provérbios de Salomão, filho de Davi, rei
de Israel.

2 Eles ajudarão a experimentar
a sabedoria e a disciplina;
a compreender as palavras
que dão entendimento;
3 a viver com disciplina e sensatez,
fazendo o que é justo, direito e correto;
4 ajudarão a dar prudência
aos inexperientes
e conhecimento e bom senso aos jovens.
5 Se o sábio lhes der ouvidos,
aumentará seu conhecimento,
e quem tem discernimento
obterá orientação
6 para compreender provérbios e parábolas,
ditados e enigmas dos sábios.

7 O temor do SENHOR
é o princípio[a] do conhecimento,
mas os insensatos desprezam
a sabedoria e a disciplina.

Advertências da sabedoria

8 Ouça, meu filho, a instrução de seu pai
e não despreze o ensino de sua mãe.
9 Eles serão um enfeite para a sua cabeça,
um adorno para o seu pescoço.

10 Meu filho, se os maus tentarem seduzi-lo,
não ceda!
11 Se disserem: "Venha conosco;
fiquemos de tocaia para matar alguém,
vamos divertir-nos armando emboscada
contra quem de nada suspeita!
12 Vamos engoli-los vivos,
como a sepultura[b] engole os mortos;
vamos destruí-los inteiros,
como são destruídos
os que descem à cova;
13 acharemos todo tipo de objetos valiosos
e encheremos as nossas casas
com o que roubarmos;
14 junte-se ao nosso bando;
dividiremos em partes iguais
tudo o que conseguirmos!"
15 Meu filho,
não vá pela vereda dessa gente!
Afaste os pés do caminho que eles seguem,
16 pois os pés deles correm para fazer o mal,
estão sempre prontos
para derramar sangue.
17 Assim como é inútil
estender a rede se as aves o observam,
18 também esses homens não percebem
que fazem tocaia contra a própria vida;
armam emboscadas contra eles mesmos!
19 Tal é o caminho de todos os gananciosos;
quem assim procede a si mesmo se destrói.

Convite à sabedoria

20 A sabedoria clama em alta voz nas ruas,
ergue a voz nas praças públicas;
21 nas esquinas das ruas barulhentas[c]
ela clama,
nas portas da cidade faz o seu discurso:

22 "Até quando vocês, inexperientes,
irão contentar-se
com a sua inexperiência?
Vocês, zombadores,
até quando terão prazer na zombaria?
E vocês, tolos,
até quando desprezarão o conhecimento?
23 Se acatarem a minha repreensão,
eu lhes darei um espírito de sabedoria
e lhes revelarei os meus pensamentos.
24 Vocês, porém, rejeitaram o meu convite;
ninguém se importou
quando estendi minha mão!
25 Visto que desprezaram totalmente
o meu conselho
e não quiseram aceitar a minha repreensão,
26 eu, de minha parte,
vou rir-me da sua desgraça;
zombarei quando o que temem
se abater sobre vocês,
27 quando aquilo que temem
abater-se sobre vocês
como uma tempestade,
quando a desgraça os atingir
como um vendaval,
quando a angústia e a dor os dominarem.

28 "Então vocês me chamarão,
mas não responderei;
procurarão por mim,
mas não me encontrarão.
29 Visto que desprezaram o conhecimento
e recusaram o temor do SENHOR,
30 não quiseram aceitar o meu conselho
e fizeram pouco caso da minha advertência,
31 comerão do fruto da sua conduta
e se fartarão de suas próprias maquinações.
32 Pois a inconstância dos inexperientes
os matará,
e a falsa segurança dos tolos os destruirá;
33 mas quem me ouvir viverá em segurança
e estará tranquilo, sem temer nenhum mal".

O valor da sabedoria

2 Meu filho, se você aceitar
as minhas palavras
e guardar no coração
os meus mandamentos;
2 se der ouvidos à sabedoria
e inclinar o coração para o discernimento;

[a] 1:7 Ou *a chave*; também em 9:10.
[b] 1:12 Hebraico: *Sheol*. Essa palavra também pode ser traduzida por profundezas, pó ou morte; também em 5:5; 7:27 e 9:18.
[c] 1:21 A Septuaginta diz *no alto dos muros*.

3se clamar por entendimento
e por discernimento gritar bem alto;
4se procurar a sabedoria
como se procura a prata
e buscá-la como quem busca
um tesouro escondido,
5então você entenderá
o que é temer o SENHOR
e achará o conhecimento de Deus.
6Pois o SENHOR é quem dá sabedoria;
de sua boca procedem
o conhecimento e o discernimento.
7Ele reserva a sensatez para o justo;
como um escudo
protege quem anda com integridade,
8pois guarda a vereda do justo
e protege o caminho de seus fiéis.

9Então você entenderá
o que é justo, direito e certo,
e aprenderá os caminhos do bem.
10Pois a sabedoria entrará em seu coração,
e o conhecimento
será agradável à sua alma.
11O bom senso o guardará,
e o discernimento o protegerá.

12A sabedoria o livrará
do caminho dos maus,
dos homens de palavras perversas,
13que abandonam as veredas retas
para andarem por caminhos de trevas,
14têm prazer em fazer o mal,
exultam com a maldade dos perversos,
15andam por veredas tortuosas
e no caminho se extraviam.

16Ela também o livrará da mulher imoral,
da pervertida[a] que seduz com suas palavras,
17que abandona aquele que
desde a juventude foi seu companheiro
e ignora a aliança que fez diante de Deus[b].
18A mulher imoral se dirige para a morte, que é
a sua casa,
e os seus caminhos levam às sombras[c].
19Os que a procuram jamais voltarão,
nem tornarão a encontrar
as veredas da vida.

20A sabedoria o fará andar nos caminhos
dos homens de bem
e a manter-se nas veredas dos justos.
21Pois os justos habitarão na terra,
e os íntegros nela permanecerão;
22mas os ímpios serão eliminados da terra,
e dela os infiéis serão arrancados.

Conselhos da sabedoria

3 Meu filho, não se esqueça da minha lei,
mas guarde no coração
os meus mandamentos,
2pois eles prolongarão a sua vida
por muitos anos
e lhe darão prosperidade e paz.

3Que o amor e a fidelidade
jamais o abandonem;
prenda-os ao redor do seu pescoço,
escreva-os na tábua do seu coração.
4Então você terá o favor
de Deus e dos homens,
e boa reputação.

5Confie no SENHOR de todo o seu coração
e não se apoie
em seu próprio entendimento;
6reconheça o SENHOR
em todos os seus caminhos,
e ele endireitará[d] as suas veredas.

7Não seja sábio aos seus próprios olhos;
tema o SENHOR e evite o mal.
8Isso lhe dará saúde ao corpo
e vigor aos ossos.

9Honre o SENHOR
com todos os seus recursos
e com os primeiros frutos
de todas as suas plantações;
10os seus celeiros
ficarão plenamente cheios,
e os seus barris transbordarão de vinho.

11Meu filho,
não despreze a disciplina do SENHOR
nem se magoe com a sua repreensão,
12pois o SENHOR disciplina a quem ama,
assim como o pai faz ao filho
de quem deseja o bem.

13Como é feliz o homem
que acha a sabedoria,
o homem que obtém entendimento,
14pois a sabedoria
é mais proveitosa do que a prata
e rende mais do que o ouro.
15É mais preciosa do que rubis;
nada do que você possa desejar
se compara a ela.
16Na mão direita,
a sabedoria lhe garante vida longa;
na mão esquerda, riquezas e honra.
17Os caminhos da sabedoria
são caminhos agradáveis,
e todas as suas veredas são paz.
18A sabedoria é árvore que dá vida
a quem a abraça;
quem a ela se apega será abençoado.

19Por sua sabedoria
o SENHOR lançou os alicerces da terra,
por seu entendimento
fixou no lugar os céus;
20por seu conhecimento
as fontes profundas se rompem,
e as nuvens gotejam o orvalho.

[a] 2:16 Hebraico: *estrangeira*.
[b] 2:17 Ou *aliança de seu Deus*
[c] 2:18 Hebraico: *refaim*. Isto é, os espíritos dos mortos.
[d] 3:6 Ou *orientará*

[21]Meu filho, guarde consigo
a sensatez e o equilíbrio,
nunca os perca de vista;
[22]trarão vida a você
e serão um enfeite para o seu pescoço.
[23]Então você seguirá o seu caminho
em segurança,
e não tropeçará;
[24]quando se deitar, não terá medo,
e o seu sono será tranquilo.
[25]Não terá medo da calamidade repentina
nem da ruína que atinge os ímpios[a],
[26]pois o SENHOR será a sua segurança
e o impedirá de cair em armadilha.

[27]Quanto lhe for possível,
não deixe de fazer o bem
a quem dele precisa.
[28]Não diga ao seu próximo:
"Volte amanhã, e eu lhe darei algo",
se pode ajudá-lo hoje.

[29]Não planeje o mal contra o seu próximo,
que confiantemente mora perto de você.
[30]Não acuse alguém sem motivo,
se ele não lhe fez nenhum mal.

[31]Não tenha inveja de quem é violento
nem adote nenhum dos seus procedimentos,
[32]pois o SENHOR detesta o perverso,
mas o justo é seu grande amigo.

[33]A maldição do SENHOR
está sobre a casa dos ímpios,
mas ele abençoa o lar dos justos.
[34]Ele zomba dos zombadores,
mas concede graça aos humildes.
[35]A honra é herança dos sábios,
mas o SENHOR expõe os tolos ao ridículo.

A sabedoria é suprema

4 Ouçam, meus filhos,
a instrução de um pai;
estejam atentos, e obterão discernimento.
[2]O ensino que lhes ofereço é bom;
por isso não abandonem
a minha instrução.
[3]Quando eu era menino,
ainda pequeno,
em companhia de meu pai,
um filho muito especial para minha mãe,
[4]ele me ensinava e me dizia:
"Apegue-se às minhas palavras
de todo o coração;
obedeça aos meus mandamentos,
e você terá vida.
[5]Procure obter sabedoria e entendimento;
não se esqueça das minhas palavras
nem delas se afaste.
[6]Não abandone a sabedoria,
e ela o protegerá;
ame-a, e ela cuidará de você.
[7]O conselho da sabedoria é:[b]
Procure obter sabedoria;
use tudo o que você possui
para adquirir entendimento.
[8]Dedique alta estima à sabedoria,
e ela o exaltará;
abrace-a, e ela o honrará.
[9]Ela porá um belo diadema
sobre a sua cabeça
e lhe dará de presente
uma coroa de esplendor".
[10]Ouça, meu filho, e aceite o que digo,
e você terá vida longa.
[11]Eu o conduzi pelo caminho da sabedoria
e o encaminhei por veredas retas.
[12]Assim, quando você por elas seguir,
não encontrará obstáculos;
quando correr, não tropeçará.
[13]Apegue-se à instrução, não a abandone;
guarde-a bem,
pois dela depende a sua vida.
[14]Não siga pela vereda dos ímpios
nem ande no caminho dos maus.
[15]Evite-o, não passe por ele;
afaste-se e não se detenha.
[16]Porque eles não conseguem dormir
enquanto não fazem o mal;
perdem o sono
se não causarem a ruína de alguém.
[17]Pois eles se alimentam de maldade,
e se embriagam de violência.

[18]A vereda do justo
é como a luz da alvorada,
que brilha cada vez mais
até a plena claridade do dia.
[19]Mas o caminho dos ímpios
é como densas trevas;
nem sequer sabem em que tropeçam.

[20]Meu filho, escute o que lhe digo;
preste atenção às minhas palavras.
[21]Nunca as perca de vista;
guarde-as no fundo do coração,
[22]pois são vida para quem as encontra
e saúde para todo o seu ser.
[23]Acima de tudo, guarde o seu coração[c],
pois dele depende toda a sua vida.
[24]Afaste da sua boca as palavras perversas;
fique longe dos seus lábios a maldade.
[25]Olhe sempre para a frente,
mantenha o olhar fixo
no que está adiante de você.
[26]Veja bem por onde anda,
e os seus passos serão seguros.
[27]Não se desvie nem para a direita
nem para a esquerda;
afaste os seus pés da maldade.

Advertência contra o adultério

5 Meu filho,
dê atenção à minha sabedoria,
incline os ouvidos
para perceber o meu discernimento.

[a] 3:25 Ou *provocada pelos ímpios*
[b] 4:7 Ou *A sabedoria é suprema;*
[c] 4:23 Ou *os seus pensamentos*

[2]Assim você manterá o bom senso,
e os seus lábios
guardarão o conhecimento.
[3]Pois os lábios da mulher imoral
destilam mel;
sua voz é mais suave que o azeite,
[4]mas no final é amarga como fel,
afiada como uma espada de dois gumes.
[5]Os seus pés descem para a morte;
os seus passos conduzem diretamente
para a sepultura.
[6]Ela nem percebe que anda
por caminhos tortuosos,
e não enxerga a vereda da vida.

[7]Agora, então, meu filho, ouça-me;
não se desvie das minhas palavras.
[8]Fique longe dessa mulher;
não se aproxime da porta de sua casa,
[9]para que você não entregue aos outros
o seu vigor
nem a sua vida a algum homem cruel,
[10]para que estranhos
não se fartem do seu trabalho
e outros não se enriqueçam
à custa do seu esforço.
[11]No final da vida você gemerá,
com sua carne
e seu corpo desgastados.
[12]Você dirá: "Como odiei a disciplina!
Como o meu coração
rejeitou a repreensão!
[13]Não ouvi os meus mestres
nem escutei os que me ensinavam.
[14]Cheguei à beira da ruína completa,
à vista de toda a comunidade".

[15]Beba das águas da sua cisterna,
das águas que brotam do seu próprio poço.
[16]Por que deixar que as suas fontes
transbordem pelas ruas,
e os seus ribeiros pelas praças?
[17]Que elas sejam exclusivamente suas,
nunca repartidas com estranhos.
[18]Seja bendita a sua fonte!
Alegre-se com a esposa da sua juventude.
[19]Gazela amorosa, corça graciosa;
que os seios de sua esposa
sempre o fartem de prazer,
e sempre o embriaguem os carinhos dela.
[20]Por que, meu filho, ser desencaminhado
pela mulher imoral?
Por que abraçar o seio de uma leviana[a]?

[21]O SENHOR vê os caminhos do homem
e examina todos os seus passos.
[22]As maldades do ímpio o prendem;
ele se torna prisioneiro
das cordas do seu pecado.
[23]Certamente morrerá
por falta de disciplina;
andará cambaleando
por causa da sua insensatez.

Advertências contra a insensatez

6 Meu filho, se você serviu de fiador
do seu próximo,
se, com um aperto de mãos,
empenhou-se por um estranho
[2]e caiu na armadilha
das palavras que você mesmo disse,
está prisioneiro do que falou.
[3]Então, meu filho,
uma vez que você caiu
nas mãos do seu próximo,
vá e humilhe-se;
insista, incomode o seu próximo!
[4]Não se entregue ao sono,
não procure descansar.
[5]Livre-se como a gazela se livra do caçador,
como a ave do laço que a pode prender.

[6]Observe a formiga, preguiçoso,
reflita nos caminhos dela e seja sábio!
[7]Ela não tem nem chefe,
nem supervisor, nem governante,
[8]e ainda assim armazena
as suas provisões no verão
e na época da colheita
ajunta o seu alimento.

[9]Até quando você vai ficar deitado,
preguiçoso?
Quando se levantará de seu sono?
[10]Tirando uma soneca,
cochilando um pouco,
cruzando um pouco os braços
para descansar,
[11]a sua pobreza o surpreenderá
como um assaltante,
e a sua necessidade lhe sobrevirá
como um homem armado.
[12]O perverso não tem caráter.
Anda de um lado para o outro
dizendo coisas maldosas;
[13]pisca o olho, arrasta os pés
e faz sinais com os dedos;
[14]tem no coração
o propósito de enganar;
planeja sempre o mal e semeia discórdia.
[15]Por isso a desgraça
se abaterá repentinamente sobre ele;
de um golpe será destruído,
irremediavelmente.

[16]Há seis coisas que o SENHOR odeia,
sete coisas que ele detesta:
[17]olhos altivos, língua mentirosa,
mãos que derramam sangue inocente,
[18]coração que traça planos perversos,
pés que se apressam para fazer o mal,
[19]a testemunha falsa que espalha mentiras
e aquele que provoca discórdia
entre irmãos.

Advertências contra o adultério

[20]Meu filho,
obedeça aos mandamentos de seu pai
e não abandone o ensino de sua mãe.

[a] 5:20 Ou *de uma mulher casada*

21 Amarre-os sempre junto ao coração;
ate-os ao redor do pescoço.
22 Quando você andar, eles o guiarão;
quando dormir,
o estarão protegendo;
quando acordar, falarão com você.
23 Pois o mandamento é lâmpada,
a instrução é luz,
e as advertências da disciplina
são o caminho que conduz à vida;
24 eles o protegerão da mulher imoral,
e dos falsos elogios da mulher leviana[a].
25 Não cobice em seu coração a sua beleza
nem se deixe seduzir por seus olhares,
26 pois o preço de uma prostituta
é um pedaço de pão,
mas a adúltera sai à caça
de vidas preciosas.
27 Pode alguém colocar fogo no peito
sem queimar a roupa?
28 Pode alguém andar sobre brasas
sem queimar os pés?
29 Assim acontece com quem se deita
com mulher alheia;
ninguém que a toque ficará sem castigo.

30 O ladrão não é desprezado
se, faminto, rouba para matar a fome.[b]
31 Contudo, se for pego,
deverá pagar sete vezes o que roubou,
embora isso lhe custe
tudo o que tem em casa.
32 Mas o homem que comete adultério
não tem juízo;
todo aquele que assim procede
a si mesmo se destrói.
33 Sofrerá ferimentos e vergonha,
e a sua humilhação jamais se apagará,
34 pois o ciúme desperta a fúria do marido,
que não terá misericórdia
quando se vingar.
35 Não aceitará nenhuma compensação;
os melhores presentes não o acalmarão.

Advertência contra a mulher adúltera

7 Meu filho, obedeça às minhas palavras
e no íntimo guarde os meus mandamentos.
2 Obedeça aos meus mandamentos,
e você terá vida;
guarde os meus ensinos
como a menina dos seus olhos.
3 Amarre-os aos dedos;
escreva-os na tábua do seu coração.
4 Diga à sabedoria: "Você é minha irmã",
e chame ao entendimento seu parente;
5 eles o manterão afastado
da mulher imoral,
da mulher leviana
com suas palavras sedutoras.

6 Da janela de minha casa
olhei através da grade
7 e vi entre os inexperientes,
no meio dos jovens,
um rapaz sem juízo.
8 Ele vinha pela rua,
próximo à esquina de certa mulher,
andando em direção à casa dela.
9 Era crepúsculo, o entardecer do dia,
chegavam as sombras da noite,
crescia a escuridão.

10 A mulher veio então ao seu encontro,
vestida como prostituta,
cheia de astúcia no coração.
11 (Ela é espalhafatosa e provocadora,
seus pés nunca param em casa;
12 uma hora na rua, outra nas praças,
em cada esquina fica à espreita.)
13 Ela agarrou o rapaz,
beijou-o e lhe disse descaradamente:

14 "Tenho em casa
a carne dos sacrifícios de comunhão[c],
que hoje fiz para cumprir os meus votos.
15 Por isso saí para encontrá-lo;
vim à sua procura e o encontrei!
16 Estendi sobre o meu leito
cobertas de linho fino do Egito.
17 Perfumei a minha cama
com mirra, aloés e canela.
18 Venha, vamos embriagar-nos
de carícias até o amanhecer;
gozemos as delícias do amor!
19 Pois o meu marido não está em casa;
partiu para uma longa viagem.
20 Levou uma bolsa cheia de prata
e não voltará antes da lua cheia".

21 Com a sedução das palavras o persuadiu,
e o atraiu com o dulçor dos lábios.
22 Imediatamente ele a seguiu
como o boi levado ao matadouro,
ou como o cervo que vai cair no laço[d]
23 até que uma flecha lhe atravesse o fígado,
ou como o pássaro que salta
para dentro do alçapão,
sem saber que isso lhe custará a vida.

24 Então, meu filho, ouça-me;
dê atenção às minhas palavras.
25 Não deixe que o seu coração
se volte para os caminhos dela,
nem se perca em tais veredas.
26 Muitas foram as suas vítimas;
os que matou são uma grande multidão.
27 A casa dela é um caminho que desce
para a sepultura,
para as moradas da morte.

O chamado da sabedoria

8 A sabedoria está clamando,
o discernimento ergue a sua voz;
2 nos lugares altos, junto ao caminho,
nos cruzamentos ela se coloca;

[a] 6:24 Ou *adúltera;* também em 7:5.
[b] 6:30 Ou *a fome?*
[c] 7:14 Ou *de paz*
[d] 7:22 Hebraico: *como o acorrentado que vai para o castigo de um tolo.*

3ao lado das portas,
à entrada da cidade,
portas adentro, ela clama em alta voz:
4"A vocês, homens, eu clamo;
a todos levanto a minha voz.
5Vocês, inexperientes,
adquiram a prudência;
e vocês, tolos, tenham bom senso.
6Ouçam, pois tenho coisas importantes
para dizer;
os meus lábios falarão do que é certo.
7Minha boca fala a verdade,
pois a maldade causa repulsa
aos meus lábios.
8Todas as minhas palavras são justas;
nenhuma delas é distorcida ou perversa.
9Para os que têm discernimento,
são todas claras,
e retas para os que têm conhecimento.
10Prefiram a minha instrução à prata,
e o conhecimento ao ouro puro,
11pois a sabedoria é mais preciosa
do que rubis;
nada do que vocês possam desejar
compara-se a ela.

12"Eu, a sabedoria,
moro com a prudência,
e tenho o conhecimento
que vem do bom senso.
13Temer o SENHOR é odiar o mal;
odeio o orgulho e a arrogância,
o mau comportamento
e o falar perverso.
14Meu é o conselho sensato;
a mim pertencem o entendimento e o poder.
15Por meu intermédio os reis governam,
e as autoridades exercem a justiça;
16também por meu intermédio
governam os nobres,
todos os juízes da terra.
17Amo os que me amam,
e quem me procura me encontra.
18Comigo estão riquezas e honra,
prosperidade e justiça duradouras.
19Meu fruto é melhor do que o ouro,
do que o ouro puro;
o que ofereço é superior à prata escolhida.
20Ando pelo caminho da retidão,
pelas veredas da justiça,
21concedendo riqueza aos que me amam
e enchendo os seus tesouros.

22"O SENHOR me criou[a]
como o princípio de seu caminho[b],
antes das suas obras mais antigas;
23fui formada desde a eternidade,
desde o princípio, antes de existir a terra.
24Nasci quando ainda não havia abismos,
quando não existiam fontes de águas;
25antes de serem estabelecidos os montes
e de existirem colinas eu nasci.
26Ele ainda não havia feito a terra,
nem os campos,
nem o pó com o qual formou o mundo.
27Quando ele estabeleceu os céus,
lá estava eu;
quando traçou o horizonte
sobre a superfície do abismo,
28quando colocou as nuvens em cima
e estabeleceu as fontes do abismo,
29quando determinou as fronteiras do mar
para que as águas
não violassem a sua ordem,
quando marcou os limites
dos alicerces da terra,
30eu estava ao seu lado,
e era o seu arquiteto;
dia a dia eu era o seu prazer
e me alegrava continuamente
com a sua presença.
31Eu me alegrava com o mundo
que ele criou,
e a humanidade me dava alegria.

32"Ouçam-me agora, meus filhos:
Como são felizes
os que guardam os meus caminhos!
33Ouçam a minha instrução,
e serão sábios.
Não a desprezem.
34Como é feliz o homem que me ouve,
vigiando diariamente à minha porta,
esperando junto às portas da minha casa.
35Pois todo aquele que me encontra,
encontra a vida
e recebe o favor do SENHOR.
36Mas aquele que de mim se afasta,
a si mesmo se agride;
todos os que me odeiam amam a morte".

Os convites da sabedoria e da insensatez

9 A sabedoria construiu sua casa;
ergueu suas sete colunas.
2Matou animais para a refeição,
preparou seu vinho e arrumou sua mesa.
3Enviou suas servas para fazerem convites
desde o ponto mais alto da cidade,
clamando:
4"Venham todos os inexperientes!"
Aos que não têm bom senso ela diz:
5"Venham comer a minha comida
e beber o vinho que preparei.
6Deixem a insensatez, e vocês terão vida;
andem pelo caminho do entendimento.

7"Quem corrige o zombador
traz sobre si o insulto;
quem repreende o ímpio
mancha o próprio nome.
8Não repreenda o zombador,
caso contrário ele o odiará;
repreenda o sábio, e ele o amará.
9Instrua o homem sábio,
e ele será ainda mais sábio;
ensine o homem justo,
e ele aumentará o seu saber.

[a] 8:22 Ou *me possuía*
[b] 8:22 Ou *domínio*

10"O temor do SENHOR
é o princípio[a] da sabedoria,
e o conhecimento do Santo
é entendimento.
11Pois por meu intermédio
os seus dias serão multiplicados,
e o tempo da sua vida se prolongará.
12Se você for sábio, o benefício será seu;
se for zombador, sofrerá as consequências".

13A insensatez é pura exibição,
sedução e ignorância.
14Sentada à porta de sua casa,
no ponto mais alto da cidade,
15clama aos que passam por ali
seguindo o seu caminho:
16"Venham todos os inexperientes!"
Aos que não têm bom senso ela diz:
17"A água roubada é doce,
e o pão que se come escondido
é saboroso!"
18Mas eles nem imaginam
que ali estão os espíritos dos mortos[b],
que os seus convidados
estão nas profundezas da sepultura.

Provérbios de Salomão

10 Provérbios de Salomão:
O filho sábio dá alegria ao pai;
o filho tolo dá tristeza à mãe.

2Os tesouros de origem desonesta
não servem para nada,
mas a retidão livra da morte.

3O SENHOR não deixa o justo passar fome,
mas frustra a ambição dos ímpios.

4As mãos preguiçosas
empobrecem o homem,
porém as mãos diligentes
lhe trazem riqueza.

5Aquele que faz a colheita no verão
é filho sensato,
mas aquele que dorme durante a ceifa
é filho que causa vergonha.

6As bênçãos coroam a cabeça dos justos,
mas a boca dos ímpios abriga a violência.

7A memória deixada pelos justos
será uma bênção,
mas o nome dos ímpios apodrecerá.

8Os sábios de coração
aceitam mandamentos,
mas a boca do insensato o leva à ruína.

9Quem anda com integridade
anda com segurança,
mas quem segue veredas tortuosas
será descoberto.

10Aquele que pisca maliciosamente
causa tristeza,
e a boca do insensato o leva à ruína.

11A boca do justo é fonte de vida,
mas a boca dos ímpios abriga a violência.

12O ódio provoca dissensão,
mas o amor cobre todos os pecados.

13A sabedoria está nos lábios
dos que têm discernimento,
mas a vara é para as costas
daquele que não tem juízo.

14Os sábios acumulam conhecimento,
mas a boca do insensato
é um convite à ruína.

15A riqueza dos ricos
é a sua cidade fortificada,
mas a pobreza é a ruína dos pobres.

16O salário do justo lhe traz vida,
mas a renda do ímpio lhe traz castigo.

17Quem acolhe a disciplina
mostra o caminho da vida,
mas quem ignora a repreensão
desencaminha outros.

18Quem esconde o ódio
tem lábios mentirosos,
e quem espalha calúnia é tolo.

19Quando são muitas as palavras,
o pecado está presente,
mas quem controla a língua é sensato.

20A língua dos justos é prata escolhida,
mas o coração dos ímpios
quase não tem valor.

21As palavras dos justos
dão sustento a muitos,
mas os insensatos morrem
por falta de juízo.

22A bênção do SENHOR traz riqueza,
e não inclui dor alguma.

23O tolo encontra prazer
na má conduta,
mas o homem cheio de entendimento
deleita-se na sabedoria.

24O que o ímpio teme lhe acontecerá;
o que os justos desejam
lhes será concedido.

25Passada a tempestade,
o ímpio já não existe,
mas o justo permanece firme para sempre.

26Como o vinagre para os dentes
e a fumaça para os olhos,
assim é o preguiçoso
para aqueles que o enviam.

27O temor do SENHOR prolonga a vida,
mas a vida do ímpio é abreviada.

28O que o justo almeja redunda em alegria,
mas as esperanças dos ímpios dão em nada.

[a] 9:10 Ou *a chave*
[b] 9:18 Ou *as sombras*

[29]O caminho do SENHOR
é o refúgio dos íntegros,
mas é a ruína dos que praticam o mal.

[30]Os justos jamais serão desarraigados,
mas os ímpios pouco duram na terra.

[31]A boca do justo produz sabedoria,
mas a língua perversa será extirpada.

[32]Os lábios do justo sabem o que é próprio,
mas a boca dos ímpios
só conhece a perversidade.

11 O SENHOR repudia balanças desonestas,
mas os pesos exatos lhe dão prazer.

[2]Quando vem o orgulho,
chega a desgraça,
mas a sabedoria está com os humildes.

[3]A integridade dos justos os guia,
mas a falsidade dos infiéis os destrói.

[4]De nada vale a riqueza no dia da ira
divina,
mas a retidão livra da morte.
[5]A retidão dos irrepreensíveis
lhes abre um caminho reto,
mas os ímpios são abatidos
por sua própria impiedade.

[6]A justiça dos justos os livra,
mas o desejo dos infiéis os aprisiona.

[7]Quando morre o ímpio,
sua esperança perece;
tudo o que ele esperava do seu poder
dá em nada.

[8]O justo é salvo das tribulações,
e estas são transferidas para o ímpio.

[9]Com a boca o ímpio
pretende destruir o próximo,
mas pelo seu conhecimento
o justo se livra.

[10]Quando os justos prosperam,
a cidade exulta;
quando os ímpios perecem,
há cantos de alegria.

[11]Pela bênção dos justos
a cidade é exaltada,
mas pela boca dos ímpios é destruída.

[12]O homem que não tem juízo
ridiculariza o seu próximo,
mas o que tem entendimento
refreia a língua.

[13]Quem muito fala trai a confidência,
mas quem merece confiança
guarda o segredo.

[14]Sem diretrizes a nação cai;
o que a salva é ter muitos conselheiros.

[15]Quem serve de fiador certamente
sofrerá,
mas quem se nega a fazê-lo está seguro.

[16]A mulher bondosa conquista o respeito,
mas os homens cruéis[a]
só conquistam riquezas.

[17]Quem faz o bem aos outros,
a si mesmo o faz;
o homem cruel causa o seu próprio mal.

[18]O ímpio recebe salários enganosos,
mas quem semeia a retidão
colhe segura recompensa.

[19]Quem permanece na justiça viverá,
mas quem sai em busca do mal
corre para a morte.

[20]O SENHOR detesta
os perversos de coração,
mas os de conduta irrepreensível
dão-lhe prazer.

[21]Esteja certo de que
os ímpios não ficarão sem castigo,
mas os justos serão poupados.

[22]Como anel de ouro em focinho de porco,
assim é a mulher bonita,
mas indiscreta.

[23]O desejo dos justos resulta em bem;
a esperança dos ímpios, em ira.

[24]Há quem dê generosamente,
e vê aumentar suas riquezas;
outros retêm o que deveriam dar,
e caem na pobreza.

[25]O generoso prosperará;
quem dá alívio aos outros,
alívio receberá.

[26]O povo amaldiçoa
aquele que esconde o trigo,
mas a bênção coroa
aquele que logo se dispõe a vendê-lo.

[27]Quem procura o bem será respeitado;
já o mal vai de encontro a quem o busca.

[28]Quem confia em suas riquezas
certamente cairá,
mas os justos florescerão
como a folhagem verdejante.

[29]Quem causa problemas à sua família
herdará somente vento;
o insensato será servo do sábio.

[30]O fruto da retidão é árvore de vida,
e aquele que conquista almas[b] é sábio.

[31]Se os justos recebem na terra
a punição que merecem,
quanto mais o ímpio e o pecador!

12 Todo o que ama a disciplina
ama o conhecimento,
mas aquele que odeia a repreensão é tolo.

[2]O homem bom
obtém o favor do SENHOR,

[a] 11:16 Ou *valentes*
[b] 11:30 Ou *pessoas*

mas o que planeja maldades
o SENHOR condena.

3Ninguém consegue se firmar
mediante a impiedade,
e não se pode desarraigar o justo.

4A mulher exemplar
é a coroa do seu marido,
mas a de comportamento vergonhoso
é como câncer em seus ossos.

5Os planos dos justos são retos,
mas o conselho dos ímpios é enganoso.

6As palavras dos ímpios
são emboscadas mortais,
mas quando os justos falam há livramento.

7Os ímpios são derrubados e desaparecem,
mas a casa dos justos permanece firme.

8O homem é louvado
segundo a sua sabedoria,
mas o que tem o coração perverso
é desprezado.

9Melhor é não ser ninguém
e, ainda assim, ter quem o sirva,
do que fingir ser alguém
e não ter comida.

10O justo cuida bem dos seus rebanhos,
mas até os atos mais bondosos dos ímpios
são cruéis.

11Quem trabalha a sua terra
terá fartura de alimento,
mas quem vai atrás de fantasias
não tem juízo.

12Os ímpios cobiçam
o despojo tomado pelos maus,
mas a raiz do justo floresce.

13O mau se enreda em seu falar pecaminoso,
mas o justo não cai nessas dificuldades.

14Do fruto de sua boca
o homem se beneficia,
e o trabalho de suas mãos
será recompensado.

15O caminho do insensato
parece-lhe justo,
mas o sábio ouve os conselhos.

16O insensato revela de imediato
o seu aborrecimento,
mas o homem prudente ignora o insulto.

17A testemunha fiel
dá testemunho honesto,
mas a testemunha falsa conta mentiras.

18Há palavras que ferem como espada,
mas a língua dos sábios traz a cura.

19Os lábios que dizem a verdade
permanecem para sempre,
mas a língua mentirosa
dura apenas um instante.

20O engano está no coração
dos que maquinam o mal,
mas a alegria está
entre os que promovem a paz.

21Nenhum mal atingirá o justo,
mas os ímpios
estão cobertos de problemas.

22O SENHOR odeia os lábios mentirosos,
mas se deleita com os que falam a verdade.

23O homem prudente
não alardeia o seu conhecimento,
mas o coração dos tolos
derrama insensatez.

24As mãos diligentes governarão,
mas os preguiçosos acabarão escravos.

25O coração ansioso deprime o homem,
mas uma palavra bondosa o anima.

26O homem honesto
é cauteloso em suas amizades[a],
mas o caminho dos ímpios
os leva a perder-se.

27O preguiçoso não aproveita a sua caça,
mas o diligente dá valor a seus bens.

28No caminho da justiça está a vida;
essa é a vereda que nos preserva da morte.

13 O filho sábio
acolhe a instrução do pai,
mas o zombador não ouve a repreensão.

2Do fruto de sua boca
o homem desfruta coisas boas,
mas o que os infiéis desejam é violência.

3Quem guarda a sua boca
guarda a sua vida,
mas quem fala demais acaba se arruinando.

4O preguiçoso deseja e nada consegue,
mas os desejos do diligente
são amplamente satisfeitos.

5Os justos odeiam o que é falso,
mas os ímpios
trazem vergonha e desgraça.

6A retidão protege o homem íntegro,
mas a impiedade derruba o pecador.

7Alguns fingem que são ricos e nada têm;
outros fingem que são pobres,
e têm grande riqueza.

8As riquezas de um homem
servem de resgate para a sua vida,
mas o pobre nunca recebe ameaças.

9A luz dos justos
resplandece esplendidamente,
mas a lâmpada dos ímpios apaga-se.

10O orgulho só gera discussões,
mas a sabedoria está
com os que tomam conselho.

[a] 12:26 Ou *é um guia para o seu próximo*

11O dinheiro ganho com desonestidade
diminuirá,
mas quem o ajunta aos poucos
terá cada vez mais.

12A esperança que se retarda
deixa o coração doente,
mas o anseio satisfeito é árvore de vida.

13Quem zomba da instrução pagará por ela,
mas aquele que respeita o mandamento
será recompensado.

14O ensino dos sábios é fonte de vida,
e afasta o homem
das armadilhas da morte.

15O bom entendimento conquista favor,
mas o caminho do infiel é áspero[a].

16Todo homem prudente
age com base no conhecimento,
mas o tolo expõe a sua insensatez.

17O mensageiro ímpio cai em dificuldade,
mas o enviado digno de confiança
traz a cura.

18Quem despreza a disciplina
cai na pobreza e na vergonha,
mas quem acolhe a repreensão
recebe tratamento honroso.

19O anseio satisfeito agrada a alma,
mas o tolo detesta afastar-se do mal.

20Aquele que anda com os sábios
será cada vez mais sábio,
mas o companheiro dos tolos
acabará mal.

21O infortúnio persegue o pecador,
mas a prosperidade
é a recompensa do justo.

22O homem bom deixa herança
para os filhos de seus filhos,
mas a riqueza do pecador
é armazenada para os justos.

23A lavoura do pobre
produz alimento com fartura,
mas por falta de justiça ele o perde.

24Quem se nega a castigar seu filho
não o ama;
quem o ama não hesita em discipliná-lo.

25O justo come até satisfazer o apetite,
mas os ímpios permanecem famintos.

14 A mulher sábia edifica a sua casa,
mas com as próprias mãos
a insensata derruba a sua.

2Quem anda direito teme o SENHOR,
mas quem segue caminhos enganosos
o despreza.

3A conversa do insensato
traz a vara para as suas costas,
mas os lábios dos sábios os protegem.

4Onde não há bois o celeiro fica vazio,
mas da força do boi vem a grande colheita.

5A testemunha sincera não engana,
mas a falsa transborda em mentiras.

6O zombador busca sabedoria
e nada encontra,
mas o conhecimento vem facilmente
ao que tem discernimento.

7Mantenha-se longe do tolo,
pois você não achará conhecimento
no que ele falar.

8A sabedoria do homem prudente
é discernir o seu caminho,
mas a insensatez dos tolos é enganosa.

9Os insensatos zombam
da ideia de reparar o pecado cometido,
mas a boa vontade está entre os justos.

10Cada coração conhece
a sua própria amargura,
e não há quem possa partilhar sua alegria.

11A casa dos ímpios será destruída,
mas a tenda dos justos florescerá.

12Há caminho que parece certo ao homem,
mas no final conduz à morte.

13Mesmo no riso o coração pode sofrer,
e a alegria pode terminar em tristeza.

14Os infiéis receberão a retribuição
de sua conduta,
mas o homem bom será recompensado.

15O inexperiente acredita
em qualquer coisa,
mas o homem prudente vê bem onde pisa.

16O sábio é cauteloso[b] e evita o mal,
mas o tolo é impetuoso e irresponsável.

17Quem é irritadiço faz tolices,
e o homem cheio de astúcias é odiado.

18Os inexperientes herdam a insensatez,
mas o conhecimento
é a coroa dos prudentes.

19Os maus se inclinarão
diante dos homens de bem,
e os ímpios, às portas da justiça.

20Os pobres são evitados
até por seus vizinhos,
mas os amigos dos ricos são muitos.

21Quem despreza o próximo
comete pecado,
mas como é feliz quem trata com bondade
os necessitados!

22Não é certo que se perdem
os que só pensam no mal?

[a] 13:15 Ou *não permanece*

[b] 14:16 Ou *teme o Senhor*

Mas os que planejam o bem
encontram[a] amor e fidelidade.

23 Todo trabalho árduo traz proveito,
mas o só falar leva à pobreza.

24 A riqueza dos sábios é a sua coroa,
mas a insensatez dos tolos
produz apenas insensatez.

25 A testemunha que fala a verdade
salva vidas,
mas a testemunha falsa é enganosa.

26 Aquele que teme o SENHOR
possui uma fortaleza segura,
refúgio para os seus filhos.

27 O temor do SENHOR é fonte de vida,
e afasta das armadilhas da morte.

28 Uma grande população é a glória do rei,
mas, sem súditos,
o príncipe está arruinado.

29 O homem paciente
dá prova de grande entendimento,
mas o precipitado revela insensatez.

30 O coração em paz dá vida ao corpo,
mas a inveja apodrece os ossos.

31 Oprimir o pobre
é ultrajar o seu Criador,
mas tratar com bondade o necessitado
é honrar a Deus.

32 Quando chega a calamidade,
os ímpios são derrubados;
os justos, porém,
até em face da morte
encontram refúgio.

33 A sabedoria repousa no coração
dos que têm discernimento,
e mesmo entre os tolos
ela se deixa conhecer[b].

34 A justiça engrandece a nação,
mas o pecado é uma vergonha
para qualquer povo.

35 O servo sábio agrada o rei,
mas o que procede vergonhosamente
incorre em sua ira.

15 A resposta calma desvia a fúria,
mas a palavra ríspida desperta a ira.

2 A língua dos sábios
torna atraente o conhecimento,
mas a boca dos tolos derrama insensatez.

3 Os olhos do SENHOR estão em toda parte,
observando atentamente os maus e os
bons.

4 O falar amável é árvore de vida,
mas o falar enganoso esmaga o espírito.

5 O insensato faz pouco caso
da disciplina de seu pai,
mas quem acolhe a repreensão
revela prudência.

6 A casa do justo contém grande tesouro,
mas os rendimentos dos ímpios
lhes trazem inquietação.

7 As palavras dos sábios
espalham conhecimento;
mas o coração dos tolos não é assim.

8 O SENHOR detesta o sacrifício dos ímpios,
mas a oração do justo o agrada.

9 O SENHOR detesta
o caminho dos ímpios,
mas ama quem busca a justiça.

10 Há uma severa lição
para quem abandona o seu caminho;
quem despreza a repreensão morrerá.

11 A Sepultura e a Destruição[c]
estão abertas diante do SENHOR;
quanto mais os corações dos homens!

12 O zombador não gosta de quem o corrige,
nem procura a ajuda do sábio.

13 A alegria do coração transparece no rosto,
mas o coração angustiado
oprime o espírito.

14 O coração que sabe discernir
busca o conhecimento,
mas a boca dos tolos
alimenta-se de insensatez.

15 Todos os dias do oprimido são infelizes,
mas o coração bem disposto
está sempre em festa.

16 É melhor ter pouco
com o temor do SENHOR
do que grande riqueza com inquietação.

17 É melhor ter verduras na refeição
onde há amor
do que um boi gordo
acompanhado de ódio.

18 O homem irritável provoca dissensão,
mas quem é paciente acalma a discussão.

19 O caminho do preguiçoso
é cheio de espinhos,
mas o caminho do justo
é uma estrada plana.

20 O filho sábio dá alegria a seu pai,
mas o tolo despreza a sua mãe.

21 A insensatez alegra
quem não tem bom senso,
mas o homem de entendimento
procede com retidão.

[a] 14:22 Ou *demonstram*
[b] 14:33 A Septuaginta e a Versão Siríaca dizem *mas no coração dos tolos ela não é conhecida.*
[c] 15:11 Hebraico: *Sheol* e *Abadom*. *Sheol* também pode ser traduzido por profundezas, pó ou morte; também no versículo 24.

[22]Os planos fracassam
por falta de conselho,
mas são bem-sucedidos
quando há muitos conselheiros.

[23]Dar resposta apropriada[a]
é motivo de alegria;
e como é bom
um conselho na hora certa!

[24]O caminho da vida conduz para cima
quem é sensato,
para que ele não desça à sepultura.

[25]O SENHOR derruba
a casa do orgulhoso,
mas mantém intactos
os limites da propriedade da viúva.

[26]O SENHOR detesta
os pensamentos dos maus,
mas se agrada de palavras ditas sem maldade.

[27]O avarento põe sua família em apuros,
mas quem repudia o suborno viverá.

[28]O justo pensa bem antes de responder,
mas a boca dos ímpios jorra o mal.

[29]O SENHOR está longe dos ímpios,
mas ouve a oração dos justos.

[30]Um olhar animador
dá alegria ao coração,
e as boas notícias revigoram os ossos.

[31]Quem ouve a repreensão construtiva
terá lugar permanente entre os sábios.

[32]Quem recusa a disciplina
faz pouco caso de si mesmo,
mas quem ouve a repreensão
obtém entendimento.

[33]O temor do SENHOR ensina a sabedoria,[b]
e a humildade antecede a honra.

16 Ao homem pertencem
os planos do coração,
mas do SENHOR vem a resposta da língua.

[2]Todos os caminhos do homem
lhe parecem puros,
mas o SENHOR avalia o espírito.

[3]Consagre ao SENHOR
tudo o que você faz,
e os seus planos serão bem-sucedidos.

[4]O SENHOR faz tudo com um propósito;
até os ímpios para o dia do castigo.

[5]O SENHOR detesta
os orgulhosos de coração.
Sem dúvida serão punidos.

[6]Com amor e fidelidade
se faz expiação pelo pecado;
com o temor do SENHOR
o homem evita o mal.

[7]Quando os caminhos de um homem
são agradáveis ao SENHOR,
ele faz que até os seus inimigos
vivam em paz com ele.

[8]É melhor ter pouco com retidão
do que muito com injustiça.

[9]Em seu coração
o homem planeja o seu caminho,
mas o SENHOR determina
os seus passos.

[10]Os lábios do rei
falam com grande autoridade;
sua boca não deve trair a justiça.

[11]Balanças e pesos honestos
vêm do SENHOR;
todos os pesos da bolsa são feitos por ele.

[12]Os reis detestam a prática da maldade,
porquanto o trono se firma pela justiça.

[13]O rei se agrada dos lábios honestos,
e dá valor ao homem que fala a verdade.

[14]A ira do rei é um mensageiro da morte,
mas o homem sábio a acalmará.

[15]Alegria no rosto do rei é sinal de vida;
seu favor é como
nuvem de chuva na primavera.

[16]É melhor obter sabedoria do que ouro!
É melhor obter entendimento do que
prata!

[17]A vereda do justo evita o mal;
quem guarda o seu caminho
preserva a sua vida.

[18]O orgulho vem antes da destruição;
o espírito altivo, antes da queda.

[19]Melhor é ter espírito humilde
entre os oprimidos
do que partilhar despojos
com os orgulhosos.

[20]Quem examina cada questão
com cuidado prospera,[c]
e feliz é aquele que confia no SENHOR.

[21]O sábio de coração
é considerado prudente;
quem fala com equilíbrio
promove a instrução[d].

[22]O entendimento é fonte de vida
para aqueles que o têm,
mas a insensatez traz castigo
aos insensatos.

[23]O coração do sábio ensina a sua boca,
e os seus lábios promovem a instrução.

[24]As palavras agradáveis
são como um favo de mel,

[a] 15:23 Ou *Expressar a própria opinião*
[b] 15:33 Ou *A sabedoria ensina o temor do Senhor,*
[c] 16:20 Ou *Quem acolhe a palavra prospera;* ou ainda *Quem considera atentamente o que fala prospera,*
[d] 16:21 Ou *consegue convencer*; também no versículo 23.

são doces para a alma
e trazem cura para os ossos.

25Há caminho que parece reto ao homem,
mas no final conduz à morte.

26O apetite do trabalhador
o obriga a trabalhar;
a sua fome o impulsiona.

27O homem sem caráter maquina o mal;
suas palavras são um fogo devorador.

28O homem perverso provoca dissensão,
e o que espalha boatos afasta bons amigos.

29O violento recruta o seu próximo
e o leva por um caminho ruim.

30Quem pisca os olhos planeja o mal;
quem franze os lábios já o vai praticar.

31O cabelo grisalho
é uma coroa de esplendor,
e se obtém mediante uma vida justa.

32Melhor é o homem paciente
do que o guerreiro,
mais vale controlar o seu espírito
do que conquistar uma cidade.

33A sorte é lançada no colo,
mas a decisão vem do SENHOR.

17 Melhor é um pedaço de pão seco
com paz e tranquilidade
do que uma casa onde há banquetes[a],
e muitas brigas.

2O servo sábio dominará sobre
o filho de conduta vergonhosa,
e participará da herança
como um dos irmãos.

3O crisol é para a prata
e o forno é para o ouro,
mas o SENHOR prova o coração.

4O ímpio dá atenção aos lábios maus;
o mentiroso dá ouvidos
à língua destruidora.

5Quem zomba dos pobres
mostra desprezo pelo Criador deles;
quem se alegra com a desgraça
não ficará sem castigo.

6Os filhos dos filhos
são uma coroa para os idosos,
e os pais são o orgulho dos seus filhos.

7Os lábios arrogantes[b]
não ficam bem ao insensato;
muito menos os lábios mentirosos
ao governante!

8O suborno é um recurso fascinante
para aquele que o oferece;
aonde quer que vá, ele tem sucesso.

9Aquele que cobre uma ofensa
promove amor,
mas quem a lança em rosto
separa bons amigos.

10A repreensão faz marca mais profunda
no homem de entendimento
do que cem açoites no tolo.

11O homem mau só pende para a rebeldia;
por isso um oficial impiedoso
será enviado contra ele.

12Melhor é encontrar uma ursa
da qual roubaram os filhotes
do que um tolo em sua insensatez.

13Quem retribui o bem com o mal,
jamais deixará de ter mal no seu lar.

14Começar uma discussão
é como abrir brecha num dique;
por isso resolva a questão
antes que surja a contenda.

15Absolver o ímpio e condenar o justo
são coisas que o SENHOR odeia.

16De que serve o dinheiro na mão do tolo,
já que ele não quer obter sabedoria?

17O amigo ama em todos os momentos;
é um irmão na adversidade.

18O homem sem juízo
com um aperto de mãos se compromete
e se torna fiador do seu próximo.

19Quem ama a discussão ama o pecado;
quem constrói portas altas[c]
está procurando a sua ruína.

20O homem de coração perverso
não prospera,
e o de língua enganosa cai na desgraça.

21O filho tolo só dá tristeza,
e nenhuma alegria tem o pai do insensato.

22O coração bem disposto
é remédio eficiente,
mas o espírito oprimido resseca os ossos.

23O ímpio aceita às escondidas o suborno
para desviar o curso da justiça.

24O homem de discernimento
mantém a sabedoria em vista,
mas os olhos do tolo vagueiam
até os confins da terra.

25O filho tolo é a tristeza do seu pai
e a amargura daquela que o deu à luz.

26Não é bom castigar o inocente,
nem açoitar quem merece ser honrado.

27Quem tem conhecimento
é comedido no falar,
e quem tem entendimento
é de espírito sereno.

[a] 17:1 Hebraico: *sacrifícios*.
[b] 17:7 Ou *eloquentes*
[c] 17:19 Ou *quem se orgulha*

28 Até o insensato passará por sábio,
se ficar quieto,
e, se contiver a língua,
parecerá que tem discernimento.

18 Quem se isola
busca interesses egoístas
e se rebela contra a sensatez.

2 O tolo não tem prazer no entendimento,
mas sim em expor os seus pensamentos.

3 Com a impiedade vem o desprezo,
e com a desonra vem a vergonha.

4 As palavras do homem
são águas profundas,
mas a fonte da sabedoria
é um ribeiro que transborda.

5 Não é bom favorecer os ímpios
para privar da justiça o justo.

6 As palavras do tolo provocam briga,
e a sua conversa atrai açoites.

7 A conversa do tolo é a sua desgraça,
e seus lábios são uma armadilha
para a sua alma.

8 As palavras do caluniador
são como petiscos deliciosos;
descem até o íntimo do homem.

9 Quem relaxa em seu trabalho
é irmão do que o destrói.

10 O nome do SENHOR é uma torre forte;
os justos correm para ela e estão seguros.

11 A riqueza dos ricos
é a sua cidade fortificada,
eles a imaginam como um muro
que é impossível escalar.

12 Antes da sua queda
o coração do homem se envaidece,
mas a humildade antecede a honra.

13 Quem responde antes de ouvir
comete insensatez e passa vergonha.

14 O espírito do homem
o sustenta na doença,
mas o espírito deprimido,
quem o levantará?

15 O coração do que tem discernimento
adquire conhecimento;
os ouvidos dos sábios
saem à sua procura.

16 O presente abre o caminho
para aquele que o entrega
e o conduz à presença dos grandes.

17 O primeiro a apresentar a sua causa
parece ter razão,
até que outro venha à frente e o questione.

18 Lançar sortes resolve contendas
e decide questões entre poderosos.

19 Um irmão ofendido é mais inacessível
do que uma cidade fortificada,
e as discussões são como
as portas trancadas de uma cidadela.

20 Do fruto da boca enche-se
o estômago do homem;
o produto dos lábios o satisfaz.

21 A língua tem poder sobre a vida
e sobre a morte;
os que gostam de usá-la
comerão do seu fruto.

22 Quem encontra uma esposa
encontra algo excelente;
recebeu uma bênção do SENHOR.

23 O pobre implora misericórdia,
mas o rico responde com aspereza.

24 Quem tem muitos amigos
pode chegar à ruína,
mas existe amigo
mais apegado que um irmão.

19 Melhor é o pobre
que vive com integridade
do que o tolo que fala perversamente.

2 Não é bom ter zelo sem conhecimento,
nem ser precipitado e perder o caminho.

3 É a insensatez do homem
que arruína a sua vida,
mas o seu coração se ira contra o SENHOR.

4 A riqueza traz muitos amigos,
mas até o amigo do pobre o abandona.

5 A testemunha falsa não ficará sem castigo,
e aquele que despeja mentiras
não sairá livre.

6 Muitos adulam o governante,
e todos são amigos de quem dá presentes.

7 O pobre é desprezado
por todos os seus parentes,
quanto mais por seus amigos!
Embora os procure,
para pedir-lhes ajuda,
não os encontra em lugar nenhum.

8 Quem obtém sabedoria
ama-se a si mesmo;
quem acalenta o entendimento prospera.

9 A testemunha falsa não ficará sem castigo,
e aquele que despeja mentiras perecerá.

10 Não fica bem o tolo viver no luxo;
quanto pior é o servo dominar príncipes!

11 A sabedoria do homem
lhe dá paciência;
sua glória é ignorar as ofensas.

12 A ira do rei é como o rugido do leão,
mas a sua bondade
é como o orvalho sobre a relva.

13O filho tolo é a ruína de seu pai,
e a esposa briguenta
é como uma goteira constante.

14Casas e riquezas herdam-se dos pais,
mas a esposa prudente vem do SENHOR.

15A preguiça leva ao sono profundo,
e o preguiçoso passa fome.

16Quem obedece aos mandamentos
preserva a sua vida,
mas quem despreza os seus caminhos
morrerá.

17Quem trata bem os pobres
empresta ao SENHOR,
e ele o recompensará.

18Discipline seu filho,
pois nisso há esperança;
não queira a morte dele.

19O homem de gênio difícil
precisa do castigo;
se você o poupar,
terá que poupá-lo de novo.
20Ouça conselhos e aceite instruções,
e acabará sendo sábio.

21Muitos são os planos
no coração do homem,
mas o que prevalece
é o propósito do SENHOR.

22O que se deseja ver num homem
é amor perene;[a]
melhor é ser pobre do que mentiroso.

23O temor do SENHOR conduz à vida:
quem o teme pode descansar em paz,
livre de problemas.

24O preguiçoso põe a mão no prato,
e não se dá ao trabalho
de levá-la à boca!

25Açoite o zombador,
e os inexperientes aprenderão a prudência;
repreenda o homem de discernimento,
e ele obterá conhecimento.

26O filho que rouba o pai e expulsa a mãe
é causador de vergonha e desonra.

27Se você parar de ouvir a instrução,
meu filho,
irá afastar-se das palavras
que dão conhecimento.

28A testemunha corrupta zomba da justiça,
e a boca dos ímpios
tem fome de iniquidade.

29Os castigos estão preparados
para os zombadores,
e os açoites para as costas dos tolos.

20 O vinho é zombador
e a bebida fermentada provoca brigas;
não é sábio deixar-se dominar por eles.

2O medo que o rei provoca
é como o do rugido de um leão;
quem o irrita põe em risco a própria vida.

3É uma honra dar fim a contendas,
mas todos os insensatos envolvem-se nelas.

4O preguiçoso não ara a terra
na estação própria[b];
mas na época da colheita procura,
e não acha nada.

5Os propósitos do coração do homem
são águas profundas,
mas quem tem discernimento
os traz à tona.

6Muitos se dizem amigos leais,
mas um homem fiel,
quem poderá achar?

7O homem justo leva uma vida íntegra;
como são felizes os seus filhos!

8Quando o rei se assenta no trono
para julgar,
com o olhar esmiúça todo o mal.

9Quem poderá dizer:
"Purifiquei o coração;
estou livre do meu pecado"?

10Pesos adulterados
e medidas falsificadas
são coisas que o SENHOR detesta.

11Até a criança mostra o que é
por suas ações;
o seu procedimento
revelará se ela é pura e justa.

12Os ouvidos que ouvem
e os olhos que veem
foram feitos pelo SENHOR.

13Não ame o sono,
senão você acabará ficando pobre;
fique desperto, e terá alimento de sobra.

14"Não vale isso! Não vale isso!",
diz o comprador,
mas, quando se vai,
gaba-se do bom negócio.

15Mesmo onde há ouro e rubis
em grande quantidade,
os lábios que transmitem conhecimento
são uma rara preciosidade.

16Tome-se a veste
de quem serve de fiador ao estranho;
sirva ela de penhor
de quem dá garantia a uma mulher leviana[c].

17Saborosa é a comida
que se obtém com mentiras,
mas depois dá areia na boca.

[a] 19:22 Ou *A ambição de um homem é sua vergonha;*

[b] 20:4 Hebraico: *por causa do frio.*

[c] 20:16 Ou *a um desconhecido*

[18]Os conselhos são importantes
para quem quiser fazer planos,
e quem sai à guerra
precisa de orientação.

[19]Quem vive contando casos
não guarda segredo;
por isso, evite quem fala demais.

[20]Se alguém amaldiçoar seu pai ou sua mãe,
a luz de sua vida se extinguirá
na mais profunda escuridão.

[21]A herança que se obtém
com ganância no princípio,[a]
no final não será abençoada.

[22]Não diga:
"Eu o farei pagar pelo mal que me fez!"
Espere pelo SENHOR,
e ele dará a vitória a você.

[23]O SENHOR detesta pesos adulterados,
e balanças falsificadas não o agradam.

[24]Os passos do homem
são dirigidos pelo SENHOR.
Como poderia alguém
discernir o seu próprio caminho?

[25]É uma armadilha consagrar algo
precipitadamente,
e só pensar nas consequências
depois que se fez o voto.

[26]O rei sábio abana os ímpios,
e passa sobre eles a roda de debulhar.

[27]O espírito do homem
é a lâmpada do SENHOR,
e vasculha cada parte do seu ser.

[28]A bondade e a fidelidade
preservam o rei;
por sua bondade
ele dá firmeza ao seu trono.

[29]A beleza dos jovens está na sua força;
a glória dos idosos,
nos seus cabelos brancos.

[30]Os golpes e os ferimentos
eliminam o mal;
os açoites limpam as profundezas do ser.

21 O coração do rei é como um rio
controlado pelo SENHOR;
ele o dirige para onde quer.

[2]Todos os caminhos do homem
lhe parecem justos,
mas o SENHOR pesa o coração.

[3]Fazer o que é justo e certo
é mais aceitável ao SENHOR
do que oferecer sacrifícios.

[4]A vida de pecado dos ímpios
se vê no olhar orgulhoso
e no coração arrogante.

[5]Os planos bem elaborados levam à fartura;
mas o apressado sempre acaba na miséria.

[6]A fortuna obtida com língua mentirosa
é ilusão fugidia e armadilha mortal.

[7]A violência dos ímpios os arrastará,
pois recusam-se a agir corretamente.

[8]O caminho do culpado é tortuoso,
mas a conduta do inocente é reta.

[9]Melhor é viver num canto sob o telhado
do que repartir a casa
com uma mulher briguenta.

[10]O desejo do perverso é fazer o mal;
ele não tem dó do próximo.

[11]Quando o zombador é castigado,
o inexperiente obtém sabedoria;
quando o sábio recebe instrução,
obtém conhecimento.

[12]O justo observa a casa dos ímpios
e os faz cair na desgraça.

[13]Quem fecha os ouvidos
ao clamor dos pobres
também clamará e não terá resposta.

[14]O presente que se faz em segredo
acalma a ira,
e o suborno oferecido às ocultas
apazigua a maior fúria.

[15]Quando se faz justiça,
o justo se alegra,
mas os malfeitores se apavoram.

[16]Quem se afasta
do caminho da sensatez
repousará na companhia dos mortos.

[17]Quem se entrega aos prazeres
passará necessidade;
quem se apega ao vinho e ao azeite
jamais será rico.

[18]O ímpio serve de resgate para o justo,
e o infiel, para o homem íntegro.

[19]Melhor é viver no deserto
do que com uma mulher briguenta
e amargurada[b].

[20]Na casa do sábio
há comida e azeite armazenados,
mas o tolo devora tudo o que pode.

[21]Quem segue a justiça e a lealdade
encontra vida, justiça e honra.

[22]O sábio conquista
a cidade dos valentes
e derruba a fortaleza
em que eles confiam.

[23]Quem é cuidadoso no que fala
evita muito sofrimento.

[a] 20:21 Ou *A herança que se obtém às pressas no início,*

[b] 21:19 Ou *do que ser importunado por uma mulher briguenta*

24O vaidoso e arrogante
chama-se zombador;
ele age com extremo orgulho.

25O preguiçoso morre de tanto desejar
e de nunca pôr as mãos no trabalho.

26O dia inteiro ele deseja mais e mais,
enquanto o justo reparte sem cessar.

27O sacrifício dos ímpios
já por si é detestável;
tanto mais quando oferecido
com más intenções.

28A testemunha falsa perecerá,
mas o testemunho
do homem bem informado
permanecerá.[a]

29O ímpio mostra no rosto
a sua arrogância,
mas o justo mantém em ordem
o seu caminho.

30Não há sabedoria alguma,
nem discernimento algum,
nem plano algum
que possa opor-se ao SENHOR.

31Prepara-se o cavalo para o dia da batalha,
mas o SENHOR é que dá a vitória.

22 A boa reputação vale mais
que grandes riquezas;
desfrutar de boa estima
vale mais que prata e ouro.

2O rico e o pobre têm isto em comum:
o SENHOR é o Criador de ambos.

3O prudente percebe o perigo
e busca refúgio;
o inexperiente segue adiante
e sofre as consequências.

4A recompensa da humildade
e do temor do SENHOR
são a riqueza, a honra e a vida.

5No caminho do perverso
há espinhos e armadilhas;
quem quer proteger a própria vida
mantém-se longe dele.

6Instrua a criança segundo os objetivos
que você tem para ela,
e mesmo com o passar dos anos[b]
não se desviará deles.

7O rico domina sobre o pobre;
quem toma emprestado
é escravo de quem empresta.

8Quem semeia a injustiça colhe a
maldade;
o castigo da sua arrogância será completo.

9Quem é generoso será abençoado,
pois reparte o seu pão com o pobre.

10Quando se manda embora o zombador,
a briga acaba;
cessam as contendas e os insultos.

11Quem ama a sinceridade de coração
e se expressa com elegância
será amigo do rei.

12Os olhos do SENHOR
protegem o conhecimento,
mas ele frustra as palavras dos infiéis.

13O preguiçoso diz:
"Há um leão lá fora!"
"Serei morto na rua!"

14A conversa da mulher imoral
é uma cova profunda;
nela cairá quem estiver
sob a ira do SENHOR.

15A insensatez está ligada
ao coração da criança,
mas a vara da disciplina
a livrará dela.

16Tanto quem oprime o pobre
para enriquecer-se
como quem faz cortesia ao rico,
com certeza passarão necessidade.[c]

Ditados dos sábios

17Preste atenção e ouça
os ditados dos sábios,
e aplique o coração ao meu ensino.
18Será uma satisfação guardá-los no íntimo
e tê-los todos na ponta da língua.
19Para que você confie no SENHOR,
a você hoje ensinarei.
20Já não lhe escrevi
conselhos e instruções[d],
21ensinando-lhe palavras
dignas de confiança,
para que você responda
com a verdade a quem o enviou?

22Não explore os pobres por serem pobres,
nem oprima os necessitados no tribunal,
23pois o SENHOR será o advogado deles,
e despojará da vida os que os despojarem.

24Não se associe
com quem vive de mau humor,
nem ande em companhia
de quem facilmente se ira;
25do contrário você acabará
imitando essa conduta
e cairá em armadilha mortal.

26Não seja como aqueles que,
com um aperto de mãos,
empenham-se com outros
e se tornam fiadores de dívidas;
27se você não tem como pagá-las,
por que correr o risco de perder
até a cama em que dorme?

[a] 21:28 Hebraico: *o homem que sabe ouvir falará para sempre.*
[b] 22:6 Ou *no caminho que deve seguir, e mesmo quando envelhecer*
[c] 22:16 Ou *Quem oprime o pobre faz com que ele ganhe mais; quem faz cortesia ao rico só promove a própria necessidade.*
[d] 22:20 Ou *escrevi trinta ditados*; ou ainda *escrevi ditados excelentes*

28 Não mude de lugar os antigos marcos
que limitam as propriedades
e que foram colocados
por seus antepassados.

29 Você já observou um homem
habilidoso em seu trabalho?
Será promovido ao serviço real;
não trabalhará para gente obscura.

23 Quando você se assentar
para uma refeição
com alguma autoridade,
observe com atenção
quem está diante de você,
2 e encoste a faca à sua própria garganta,
se estiver com grande apetite.
3 Não deseje as iguarias que lhe oferece,
pois podem ser enganosas.

4 Não esgote suas forças
tentando ficar rico;
tenha bom senso!
5 As riquezas desaparecem
assim que você as contempla;
elas criam asas
e voam como águias pelo céu.

6 Não aceite a refeição
de um hospedeiro invejoso[a],
nem deseje as iguarias que lhe oferece;
7 pois ele só pensa nos gastos.
Ele lhe diz: "Coma e beba!",
mas não fala com sinceridade.
8 Você vomitará o pouco que comeu,
e desperdiçará a sua cordialidade.

9 Não vale a pena conversar com o tolo,
pois ele despreza a sabedoria
do que você fala.

10 Não mude de lugar
os antigos marcos de propriedade,
nem invada as terras dos órfãos,
11 pois aquele que defende
os direitos[b] deles é forte.
Ele lutará contra você para defendê-los.

12 Dedique à disciplina o seu coração,
e os seus ouvidos
às palavras que dão conhecimento.

13 Não evite disciplinar a criança;
se você a castigar com a vara,
ela não morrerá.
14 Castigue-a, você mesmo, com a vara,
e assim a livrará da sepultura[c].

15 Meu filho, se o seu coração for sábio,
o meu coração se alegrará.
16 Sentirei grande alegria
quando os seus lábios falarem com retidão.

17 Não inveje os pecadores
em seu coração;
melhor será que tema sempre o SENHOR.
18 Se agir assim, certamente haverá
bom futuro para você,
e a sua esperança não falhará.

19 Ouça, meu filho, e seja sábio;
guie o seu coração pelo bom caminho.
20 Não ande com os que
se encharcam de vinho,
nem com os que
se empanturram de carne.
21 Pois os bêbados e os glutões
se empobrecerão,
e a sonolência os vestirá de trapos.

22 Ouça o seu pai, que o gerou;
não despreze sua mãe
quando ela envelhecer.
23 Compre a verdade e não abra mão dela,
nem tampouco da sabedoria, da disciplina
e do discernimento.
24 O pai do justo exultará de júbilo;
quem tem filho sábio nele se alegra.
25 Bom será que se alegrem
seu pai e sua mãe
e que exulte a mulher que o deu à luz!

26 Meu filho, dê-me o seu coração;
mantenha os seus olhos
em meus caminhos,
27 pois a prostituta é uma cova profunda,
e a mulher pervertida[d] é um poço estreito.
28 Como o assaltante, ela fica de tocaia,
e multiplica entre os homens os infiéis.

29 De quem são os ais?
De quem as tristezas?
E as brigas, de quem são?
E os ferimentos desnecessários?
De quem são os olhos vermelhos[e]?
30 Dos que se demoram bebendo vinho,
dos que andam à procura
de bebida misturada.
31 Não se deixe atrair pelo vinho
quando está vermelho,
quando cintila no copo
e escorre suavemente!
32 No fim, ele morde como serpente
e envenena como víbora.
33 Seus olhos verão coisas estranhas,
e sua mente imaginará coisas distorcidas.
34 Você será como quem
dorme no meio do mar,
como quem se deita
no alto das cordas do mastro.
35 E dirá: "Espancaram-me,
mas eu nada senti!
Bateram em mim, mas nem percebi!
Quando acordarei
para que possa beber mais uma vez?"

24 Não tenha inveja dos ímpios,
nem deseje a companhia deles;

[a] 23:6 Hebraico: *de olhos maus.*
[b] 23:11 Hebraico: *o resgatador.*
[c] 23:14 Hebraico: *Sheol.* Essa palavra também pode ser traduzida por profundezas, pó ou morte.
[d] 23:27 Ou *adúltera*
[e] 23:29 Ou *embaçados*

2pois destruição é o que
planejam no coração,
e só falam de violência.

3Com sabedoria se constrói a casa,
e com discernimento se consolida.
4Pelo conhecimento
os seus cômodos se enchem
do que é precioso e agradável.

5O homem sábio é poderoso,
e quem tem conhecimento
aumenta a sua força;
6quem sai à guerra precisa de orientação,
e com muitos conselheiros
se obtém a vitória.

7A sabedoria é elevada demais
para o insensato;
ele não sabe o que dizer
nas assembleias.

8Quem maquina o mal
será conhecido como criador de intrigas.
9A intriga do insensato é pecado,
e o zombador é detestado pelos homens.

10Se você vacila no dia da dificuldade,
como será limitada a sua força!

11Liberte os que estão sendo levados
para a morte;
socorra os que caminham
trêmulos para a matança!
12Mesmo que você diga:
"Não sabíamos o que estava acontecendo!"
Não o perceberia aquele que
pesa os corações?
Não o saberia aquele que
preserva a sua vida?
Não retribuirá ele a cada um
segundo o seu procedimento?

13Coma mel, meu filho. É bom.
O favo é doce ao paladar.
14Saiba que a sabedoria também será boa
para a sua alma;
se você a encontrar, certamente haverá
futuro para você,
e a sua esperança não vai decepcioná-lo.

15Não fique de tocaia, como faz o ímpio,
contra a casa do justo,
e não destrua o seu local de repouso,
16pois ainda que o justo caia sete vezes,
tornará a erguer-se,
mas os ímpios são arrastados
pela calamidade.

17Não se alegre quando
o seu inimigo cair,
nem exulte o seu coração
quando ele tropeçar,
18para que o SENHOR não veja isso,
e se desagrade,
e desvie dele a sua ira.

19Não se aborreça por causa dos maus,
nem tenha inveja dos ímpios,
20pois não há futuro para o mau,
e a lâmpada dos ímpios se apagará.

21Tema o SENHOR e o rei, meu filho,
e não se associe aos dissidentes,
22pois terão repentina destruição,
e quem pode imaginar a ruína
que o SENHOR e o rei podem causar?

Outros ditados de sabedoria

23Aqui vão outros ditados dos sábios:

Agir com parcialidade nos julgamentos
não é nada bom.
24Quem disser ao ímpio:
"Você é justo",
será amaldiçoado pelos povos
e sofrerá a indignação das nações.
25Mas os que condenam o culpado
terão vida agradável;
receberão grandes bênçãos.

26A resposta sincera
é como beijo[a] nos lábios.[b]

27Termine primeiro o seu trabalho
a céu aberto;
deixe pronta a sua lavoura.
Depois constitua família[c].

28Não testemunhe sem motivo
contra o seu próximo
nem use os seus lábios para enganá-lo.
29Não diga: "Farei com ele
o que fez comigo;
ele pagará pelo que fez".

30Passei pelo campo do preguiçoso,
pela vinha do homem sem juízo;
31havia espinheiros por toda parte,
o chão estava coberto de ervas daninhas
e o muro de pedra estava em ruínas.
32Observei aquilo, e fiquei pensando;
olhei, e aprendi esta lição:
33"Vou dormir um pouco", você diz.
"Vou cochilar um momento;
vou cruzar os braços e descansar mais um
pouco",
34mas a pobreza lhe sobrevirá
como um assaltante,
e a sua miséria
como um homem armado.

Outros provérbios de Salomão

25 Estes são outros provérbios de Salomão, compila-
dos pelos servos de Ezequias, rei de Judá:

2A glória de Deus é ocultar certas coisas;
tentar descobri-las é a glória dos reis.

3Assim como o céu é elevado
e a terra é profunda,
também o coração dos reis é insondável.

4Quando se retira a escória da prata,
nesta se tem material para o[d] ourives;

[a] 24:26 Ou *é prova de amizade*
[b] 24:26 Ou *Quem dá um veredicto correto sela os lábios.*
[c] 24:27 Hebraico: *construa sua casa.*
[d] 25:4 Ou *aí surge um vaso da parte do*

[5]quando os ímpios são retirados
da presença do rei,
a justiça firma o seu trono.

[6]Não se engrandeça na presença do rei,
e não reivindique lugar
entre os homens importantes;
[7]é melhor que o rei lhe diga:
"Suba para cá!",
do que ter que humilhá-lo
diante de uma autoridade.

O que você viu com os olhos
[8]não leve precipitadamente ao tribunal,
pois o que você fará,
se o seu próximo o desacreditar?

[9]Procure resolver sua causa diretamente
com o seu próximo,
e não revele o segredo de outra pessoa,
[10]caso contrário, quem o ouvir
poderá recriminá-lo,
e você jamais perderá sua má reputação.

[11]A palavra proferida no tempo certo
é como frutas de ouro
incrustadas numa escultura[a] de prata.
[12]Como brinco de ouro
e enfeite de ouro fino
é a repreensão dada com sabedoria
a quem se dispõe a ouvir.

[13]Como o frescor da neve
na época da colheita
é o mensageiro de confiança
para aqueles que o enviam;
ele revigora o ânimo de seus senhores.

[14]Como nuvens e ventos sem chuva
é aquele que se gaba de presentes
que não deu.

[15]Com muita paciência
pode-se convencer a autoridade,
e a língua branda quebra até ossos[b].
[16]Se você encontrar mel,
coma apenas o suficiente,
para que não fique enjoado e vomite.
[17]Não faça visitas frequentes
à casa do seu vizinho
para que ele não se canse de você
e passe a odiá-lo.

[18]Como um pedaço de pau,
uma espada ou uma flecha aguda
é o que dá falso testemunho
contra o seu próximo.

[19]Como dente estragado ou pé deslocado
é a confiança no[c] hipócrita
na hora da dificuldade.

[20]Como tirar a própria roupa
num dia de frio,
ou derramar vinagre numa ferida,
é cantar com o coração entristecido.

[21]Se o seu inimigo tiver fome,
dê-lhe de comer;
se tiver sede, dê-lhe de beber.
[22]Fazendo isso, você amontoará
brasas vivas sobre a cabeça dele,
e o SENHOR recompensará você.

[23]Como o vento norte traz chuva,
assim a língua fingida traz o olhar irado.

[24]Melhor é viver num canto sob o telhado
do que repartir a casa
com uma mulher briguenta.

[25]Como água fresca para a garganta sedenta
é a boa notícia que chega
de uma terra distante.

[26]Como fonte contaminada
ou nascente poluída,
assim é o justo que fraqueja
diante do ímpio.

[27]Comer mel demais não é bom,
nem é honroso buscar a própria honra.

[28]Como a cidade
com seus muros derrubados,
assim é quem não sabe dominar-se.

26 Como neve no verão
ou chuva na colheita,
assim a honra é imprópria para o tolo.

[2]Como o pardal que voa em fuga,
e a andorinha que esvoaça veloz,
assim a maldição sem motivo justo
não pega.

[3]O chicote é para o cavalo,
o freio, para o jumento,
e a vara, para as costas do tolo!

[4]Não responda ao insensato
com igual insensatez,
do contrário você se igualará a ele.

[5]Responda ao insensato
como a sua insensatez merece,
do contrário ele pensará
que é mesmo um sábio.

[6]Como cortar o próprio pé
ou beber veneno[d],
assim é enviar mensagem
pelas mãos do tolo.

[7]Como pendem inúteis as pernas do coxo,
assim é o provérbio na boca do tolo.

[8]Como amarrar uma pedra na atiradeira,
assim é prestar honra ao insensato.

[9]Como ramo de espinhos
nas mãos do bêbado,
assim é o provérbio na boca do insensato.

[a] 25:11 Ou *moldura*
[b] 25:15 Ou *vence a resistência*
[c] 25:19 Ou *do*
[d] 26:6 Hebraico: *violência*.

10 Como o arqueiro que atira ao acaso,
assim é quem contrata o tolo
ou o primeiro que passa.

11 Como o cão volta ao seu vômito,
assim o insensato repete a sua insensatez.

12 Você conhece alguém que se julga sábio?
Há mais esperança para o insensato
do que para ele.

13 O preguiçoso diz:
"Lá está um leão no caminho,
um leão feroz rugindo nas ruas!"

14 Como a porta gira em suas dobradiças,
assim o preguiçoso
se revira em sua cama.

15 O preguiçoso coloca a mão no prato,
mas acha difícil demais
levá-la de volta à boca.

16 O preguiçoso considera-se mais sábio
do que sete homens que respondem
com bom senso.

17 Como alguém que pega pelas orelhas
um cão qualquer,
assim é quem se mete em discussão alheia.

18 Como o louco que atira
brasas e flechas mortais,
19 assim é o homem
que engana o seu próximo
e diz: "Eu estava só brincando!"

20 Sem lenha a fogueira se apaga;
sem o caluniador morre a contenda.

21 O que o carvão é para as brasas
e a lenha para a fogueira,
o amigo de brigas
é para atiçar discórdias.

22 As palavras do caluniador
são como petiscos deliciosos;
descem saborosos até o íntimo.

23 Como uma camada de esmalte[a]
sobre um vaso de barro,
os lábios amistosos
podem ocultar um coração mau.

24 Quem odeia disfarça as suas intenções
com os lábios;
mas no coração abriga a falsidade.
25 Embora a sua conversa seja mansa,
não acredite nele,
pois o seu coração está cheio de maldade.
26 Ele pode fingir e esconder o seu ódio,
mas a sua maldade será exposta em público.

27 Quem faz uma cova, nela cairá;
se alguém rola uma pedra,
esta rolará de volta sobre ele.

28 A língua mentirosa
odeia aqueles a quem fere,
e a boca lisonjeira provoca a ruína.

27 Não se gabe do dia de amanhã,
pois você não sabe
o que este ou aquele dia poderá trazer.
2 Que outros façam elogios a você,
não a sua própria boca;
outras pessoas, não os seus próprios lábios.

3 A pedra é pesada e a areia é um fardo,
mas a irritação causada pelo insensato
é mais pesada do que as duas juntas.

4 O rancor é cruel e a fúria é destruidora,
mas quem consegue suportar a inveja?

5 Melhor é a repreensão feita abertamente
do que o amor oculto.

6 Quem fere por amor
mostra lealdade,
mas o inimigo multiplica beijos.

7 Quem está satisfeito despreza o mel,
mas para quem tem fome
até o amargo é doce.

8 Como a ave que vagueia
longe do ninho,
assim é o homem que vagueia longe do lar.

9 Perfume e incenso trazem
alegria ao coração;
do conselho sincero do homem
nasce uma bela amizade.

10 Não abandone o seu amigo
nem o amigo de seu pai;
quando for atingido pela adversidade
não vá para a casa de seu irmão;
melhor é o vizinho próximo
do que o irmão distante.

11 Seja sábio, meu filho,
e traga alegria ao meu coração;
poderei então responder
a quem me desprezar.

12 O prudente percebe o perigo
e busca refúgio;
o inexperiente segue adiante
e sofre as consequências.

13 Tome-se a veste
de quem serve de fiador ao estranho;
sirva ela de penhor
de quem dá garantia a uma mulher
leviana[b].

14 A bênção dada aos gritos cedo de manhã,
como maldição é recebida.
15 A esposa briguenta é como
o gotejar constante num dia chuvoso;
16 detê-la é como deter o vento,
como apanhar óleo com a mão.

17 Assim como o ferro afia o ferro,
o homem afia o seu companheiro.

18 Quem cuida de uma figueira
comerá de seu fruto,

[a] 26:23 Ou *de escória de prata*

[b] 27:13 Ou *a um desconhecido*

e quem trata bem o seu senhor
receberá tratamento de honra.

19 Assim como a água reflete o rosto,
o coração reflete quem somos nós.

20 O Sheol e a Destruição[a] são insaciáveis,
como insaciáveis são os olhos do homem.

21 O crisol é para a prata
e o forno é para o ouro,
mas o que prova o homem
são os elogios que recebe.

22 Ainda que você moa o insensato,
como trigo no pilão,
a insensatez não se afastará dele.

23 Esforce-se para saber bem
como suas ovelhas estão,
dê cuidadosa atenção aos seus rebanhos,
24 pois as riquezas não duram para sempre,
e nada garante que a coroa
passe de uma geração a outra.
25 Quando o feno for retirado,
surgirem novos brotos
e o capim das colinas for colhido,
26 os cordeiros lhe fornecerão roupa,
e os bodes lhe renderão o preço
de um campo.
27 Haverá fartura de leite de cabra
para alimentar você e sua família,
e para sustentar as suas servas.

28 O ímpio foge,
embora ninguém o persiga,
mas os justos são corajosos como o leão.

2 Os pecados de uma nação fazem mudar
sempre os seus governantes,
mas a ordem se mantém
com um líder sábio e sensato.

3 O pobre que se torna poderoso
e oprime os pobres
é como a tempestade súbita
que destrói toda a plantação.

4 Os que abandonam a lei
elogiam os ímpios,
mas os que obedecem à lei
lutam contra eles.

5 Os homens maus
não entendem a justiça,
mas os que buscam o SENHOR
a entendem plenamente.

6 Melhor é o pobre íntegro em sua conduta
do que o rico perverso em seus
caminhos.

7 Quem obedece à lei é filho sábio,
mas o companheiro dos glutões
envergonha o pai.

8 Quem aumenta sua riqueza
com juros exorbitantes
ajunta para algum outro,
que será bondoso com os pobres.

9 Se alguém se recusa a ouvir a lei,
até suas orações serão detestáveis.

10 Quem leva o homem direito
pelo mau caminho
cairá ele mesmo
na armadilha que preparou,
mas o que não se deixa corromper
terá boa recompensa.

11 O rico pode até se julgar sábio,
mas o pobre que tem discernimento
o conhece a fundo.

12 Quando os justos triunfam,
há prosperidade geral[b],
mas, quando os ímpios sobem ao poder,
os homens tratam de esconder-se.

13 Quem esconde os seus pecados
não prospera,
mas quem os confessa e os abandona
encontra misericórdia.

14 Como é feliz o homem constante
no temor do SENHOR!
Mas quem endurece o coração
cairá na desgraça.

15 Como um leão que ruge ou um urso feroz
é o ímpio que governa
um povo necessitado.

16 O governante sem discernimento
aumenta as opressões,
mas os que odeiam o ganho desonesto
prolongarão o seu governo.

17 O assassino atormentado pela culpa
será fugitivo até a morte;
que ninguém o proteja!

18 Quem procede com integridade
viverá seguro,
mas quem procede com perversidade
de repente cairá.

19 Quem lavra sua terra
terá comida com fartura,
mas quem persegue fantasias
se fartará de miséria.

20 O fiel será ricamente abençoado,
mas quem tenta enriquecer-se depressa
não ficará sem castigo.

21 Agir com parcialidade não é bom;
pois até por um pedaço de pão
o homem se dispõe a fazer o mal.

22 O invejoso é ávido por riquezas,
e não percebe que a pobreza o aguarda.

23 Quem repreende o próximo
obterá por fim mais favor
do que aquele que só sabe bajular.

[a] **27:20** Hebraico: *Sheol* e *Abadom*. *Sheol* pode ser traduzido por sepultura, profundezas, pó ou morte.

[b] **28:12** Ou *grande alegria*

24 Quem rouba seu pai ou sua mãe
e diz: "Não é errado",
é amigo de quem destrói.

25 O ganancioso provoca brigas,
mas quem confia no SENHOR prosperará.

26 Quem confia em si mesmo é insensato,
mas quem anda segundo a sabedoria
não corre perigo.

27 Quem dá aos pobres
não passará necessidade,
mas quem fecha os olhos para não vê-los
sofrerá muitas maldições.

28 Quando os ímpios sobem ao poder,
o povo se esconde;
mas, quando eles sucumbem,
os justos florescem.

29 Quem insiste no erro
depois de muita repreensão,
será destruído, sem aviso
e irremediavelmente.
2 Quando os justos florescem,
o povo se alegra;
quando os ímpios governam,
o povo geme.

3 O homem que ama a sabedoria
dá alegria a seu pai,
mas quem anda com prostitutas
dá fim à sua fortuna.

4 O rei que exerce a justiça
dá estabilidade ao país,
mas o que gosta de subornos
o leva à ruína.

5 Quem adula seu próximo
está armando uma rede para os pés dele.

6 O pecado do homem mau
o apanha na sua própria armadilha,[a]
mas o justo pode cantar e alegrar-se.

7 Os justos levam em conta
os direitos dos pobres,
mas os ímpios nem se importam com isso.

8 Os zombadores agitam a cidade,
mas os sábios a apaziguam.

9 Se o sábio for ao tribunal
contra o insensato,
não haverá paz,
pois o insensato se enfurecerá e
zombará.

10 Os violentos odeiam os honestos
e procuram matar o homem íntegro.

11 O tolo dá vazão à sua ira,
mas o sábio domina-se.

12 Para o governante
que dá ouvidos a mentiras,
todos os seus oficiais são ímpios.

13 O pobre e o opressor
têm algo em comum:
o SENHOR dá vista a ambos.

14 Se o rei julga os pobres com justiça,
seu trono estará sempre seguro.

15 A vara da correção dá sabedoria,
mas a criança entregue a si mesma
envergonha a sua mãe.

16 Quando os ímpios prosperam,
prospera o pecado,
mas os justos verão a queda deles.

17 Discipline seu filho, e este lhe dará paz;
trará grande prazer à sua alma.

18 Onde não há revelação divina,
o povo se desvia;
mas como é feliz quem obedece à lei!

19 Meras palavras não bastam
para corrigir o escravo;
mesmo que entenda, não reagirá bem.

20 Você já viu alguém
que se precipita no falar?
Há mais esperança para o insensato
do que para ele.

21 Se alguém mima seu escravo
desde jovem,
no fim terá tristezas.

22 O homem irado provoca brigas,
e o de gênio violento
comete muitos pecados.

23 O orgulho do homem o humilha,
mas o de espírito humilde obtém honra.

24 O cúmplice do ladrão odeia a si mesmo;
posto sob juramento,
não ousa testemunhar.

25 Quem teme o homem
cai em armadilhas,
mas quem confia no SENHOR está seguro.

26 Muitos desejam os favores[b]
do governante,
mas é do SENHOR que procede a justiça.

27 Os justos detestam os desonestos,
já os ímpios detestam os íntegros.

Ditados de Agur

30 Ditados de Agur, filho de Jaque; oráculo:[c]
Este homem declarou a Itiel;
a Itiel e a Ucal:[d]

2 "Sou o mais tolo dos homens;
não tenho o entendimento
de um ser humano.
3 Não aprendi sabedoria,
nem tenho conhecimento do Santo.

[a] 29:6 Ou *No pecado do homem mau há uma armadilha,*

[b] 29:26 Hebraico: *a face.*

[c] 30:1 Ou *Jaque de Massá:*

[d] 30:1 Ou *"Estou exausto, ó Deus; estou exausto, ó Deus, quase desfalecendo.*

4"Quem subiu aos céus e desceu?
Quem ajuntou nas mãos os ventos?
Quem embrulhou as águas em sua capa?
Quem fixou todos os limites da terra?
Qual é o seu nome,
e o nome do seu filho?
Conte-me, se você sabe!

5"Cada palavra de Deus
é comprovadamente pura;
ele é um escudo para quem
nele se refugia.
6Nada acrescente às palavras dele,
do contrário, ele o repreenderá
e mostrará que você é mentiroso.

7"Duas coisas peço que me dês
antes que eu morra:
8Mantém longe de mim
a falsidade e a mentira;
não me dês nem pobreza nem riqueza;
dá-me apenas o alimento necessário.
9Se não, tendo demais,
eu te negaria e te deixaria,
e diria: 'Quem é o SENHOR?'
Se eu ficasse pobre, poderia vir a roubar,
desonrando assim o nome do meu Deus.

10"Não fale mal do servo ao seu senhor;
do contrário, o servo o amaldiçoará,
e você levará a culpa.

11"Existem os que amaldiçoam seu pai
e não abençoam sua mãe;
12os que são puros aos seus próprios olhos
e que ainda não foram
purificados da sua impureza;
13os que têm olhos altivos
e olhar desdenhoso;
14pessoas cujos dentes são espadas
e cujas mandíbulas
estão armadas de facas
para devorarem os necessitados desta terra
e os pobres da humanidade.

15"Duas filhas tem a sanguessuga.
'Dê! Dê!', gritam elas.

"Há três coisas que nunca estão satisfeitas,
quatro que nunca dizem: 'É o bastante!':
16o Sheol[a], o ventre estéril,
a terra, cuja sede nunca se aplaca,
e o fogo, que nunca diz: 'É o bastante!'

17"Os olhos de quem zomba do pai,
e, zombando, nega obediência à mãe,
serão arrancados pelos corvos do vale,
e serão devorados
pelos filhotes do abutre.

18"Há três coisas
misteriosas demais para mim,
quatro que não consigo entender:
19o caminho do abutre no céu,
o caminho da serpente sobre a rocha,
o caminho do navio em alto-mar,
e o caminho do homem com uma moça.

20"Este é o caminho da adúltera:
ela come e limpa a boca, e diz:
'Não fiz nada de errado'.

21"Três coisas fazem tremer a terra,
e quatro ela não pode suportar:
22o escravo que se torna rei,
o insensato farto de comida,
23a mulher desprezada
que por fim se casa,
e a escrava que toma o lugar
de sua senhora.

24"Quatro seres da terra são pequenos,
e, no entanto, muito sábios:
25as formigas, criaturas de pouca força,
contudo, armazenam sua comida no verão;
26os coelhos, criaturas sem nenhum poder,
contudo, habitam nos penhascos;
27os gafanhotos, que não têm rei,
contudo, avançam juntos em fileiras;
28a lagartixa, que se pode
apanhar com as mãos,
contudo, encontra-se nos palácios dos reis.

29"Há três seres de andar elegante,
quatro que se movem com passo garboso:
30o leão, que é poderoso entre os animais
e não foge de ninguém;
31o galo de andar altivo; o bode;
e o rei à frente do seu exército.

32"Se você agiu como tolo
e exaltou-se a si mesmo,
ou se planejou o mal,
tape a boca com a mão!
33Pois assim como bater o leite
produz manteiga,
e assim como torcer o nariz
produz sangue,
também suscitar a raiva
produz contenda".

Ditados do rei Lemuel

31 Ditados do rei Lemuel; uma exortação que sua mãe lhe fez:[b]

2"Ó meu filho, filho do meu ventre,
filho de meus votos,[c]
3não gaste sua força com mulheres,
seu vigor com aquelas que destroem reis.

4"Não convém aos reis, ó Lemuel;
não convém aos reis beber vinho,
não convém aos governantes
desejar bebida fermentada,
5para não suceder que bebam
e se esqueçam do que a lei determina,
e deixem de fazer justiça aos oprimidos.
6Dê bebida fermentada aos
que estão prestes a morrer,
vinho aos que estão angustiados;

[a] 30:16 Essa palavra pode ser traduzida por sepultura, profundezas, pó ou morte.

[b] 31:1 Ou *Ditados de Lemuel, rei de Massá, os quais sua mãe lhe ensinou:*

[c] 31:2 Ou *resposta às minhas orações,*

7para que bebam e se esqueçam
da sua pobreza,
e não mais se lembrem
da sua infelicidade.

8"Erga a voz em favor
dos que não podem defender-se,
seja o defensor de todos os desamparados.
9Erga a voz e julgue com justiça;
defenda os direitos
dos pobres e dos necessitados".

Epílogo: A mulher exemplar

10[a]Uma esposa exemplar;
feliz quem a encontrar!
É muito mais valiosa que os rubis.
11Seu marido tem plena confiança nela
e nunca lhe falta coisa alguma.
12Ela só lhe faz o bem, e nunca o mal,
todos os dias da sua vida.
13Escolhe a lã e o linho
e com prazer trabalha com as mãos.
14Como os navios mercantes,
ela traz de longe as suas provisões.
15Antes de clarear o dia ela se levanta,
prepara comida para todos os de casa,
e dá tarefas às suas servas.
16Ela avalia um campo e o compra;
com o que ganha planta uma vinha.
17Entrega-se com vontade ao seu trabalho;
seus braços são fortes e vigorosos.
18Administra bem o seu comércio lucrativo,
e a sua lâmpada fica acesa durante a noite.
19Nas mãos segura o fuso
e com os dedos pega a roca.
20Acolhe os necessitados
e estende as mãos aos pobres.
21Não teme por seus familiares quando chega
a neve,
pois todos eles vestem agasalhos[b].
22Faz cobertas para a sua cama;
veste-se de linho fino e de púrpura.
23Seu marido é respeitado
na porta da cidade,
onde toma assento
entre as autoridades da sua terra.
24Ela faz vestes de linho e as vende,
e fornece cintos aos comerciantes.
25Reveste-se de força e dignidade;
sorri diante do futuro.
26Fala com sabedoria
e ensina com amor.
27Cuida dos negócios de sua casa
e não dá lugar à preguiça.
28Seus filhos se levantam e a elogiam;
seu marido também a elogia, dizendo:
29"Muitas mulheres são exemplares,
mas você a todas supera".
30A beleza é enganosa,
e a formosura é passageira;
mas a mulher que teme o SENHOR
será elogiada.
31Que ela receba a recompensa merecida,
e as suas obras sejam elogiadas
à porta da cidade.

[a] 31:10 Os versículos 10-31 são um poema organizado em ordem alfabética, no hebraico.

[b] 31:21 Ou *roupas vermelhas*

ECLESIASTES

Nada tem sentido

1 As palavras do mestre, filho de Davi, rei em Jerusalém:

2“Que grande inutilidade!”,
diz o mestre.
“Que grande inutilidade!
Nada faz sentido!”

3O que o homem ganha
com todo o seu trabalho
em que tanto se esforça debaixo do sol?
4Gerações vêm e gerações vão,
mas a terra permanece para sempre.
5O sol se levanta e o sol se põe,
e depressa volta
ao lugar de onde se levanta.
6O vento sopra para o sul
e vira para o norte;
dá voltas e voltas,
seguindo sempre o seu curso.
7Todos os rios vão para o mar,
contudo, o mar nunca se enche;
ainda que sempre corram para lá,
para lá voltam a correr.
8Todas as coisas trazem canseira.
O homem não é capaz de descrevê-las;
os olhos nunca se saciam de ver,
nem os ouvidos de ouvir.
9O que foi tornará a ser,
o que foi feito se fará novamente;
não há nada novo debaixo do sol.
10Haverá algo de que se possa dizer:
“Veja! Isto é novo!”?
Não! Já existiu há muito tempo,
bem antes da nossa época.
11Ninguém se lembra
dos que viveram na antiguidade,
e aqueles que ainda virão
tampouco serão lembrados
pelos que vierem depois deles.[a]

A sabedoria não tem sentido

12Eu, o mestre, fui rei de Israel em Jerusalém. 13De-
diquei-me a investigar e a usar a sabedoria para ex-
plorar tudo o que é feito debaixo do céu. Que fardo
pesado Deus pôs sobre os homens! 14Tenho visto tu-
do o que é feito debaixo do sol; tudo é inútil, é correr
atrás do vento!

15O que é torto não pode ser endireitado;
o que está faltando
não pode ser contado.

16Fiquei pensando: Eu me tornei famoso e ultrapas-
sei em sabedoria todos os que governaram Jerusalém
antes de mim; de fato adquiri muita sabedoria e co-
nhecimento.

17Por isso me esforcei para compreender a sabedoria,
bem como a loucura e a insensatez, mas aprendi que
isso também é correr atrás do vento.

18Pois quanto maior a sabedoria,
maior o sofrimento;
e quanto maior o conhecimento,
maior o desgosto.

Os prazeres não têm sentido

2 Eu disse a mim mesmo: Venha. Experimente a ale-
gria. Descubra as coisas boas da vida! Mas isso tam-
bém se revelou inútil. 2Concluí que o rir é loucura, e a
alegria de nada vale. 3Decidi entregar-me ao vinho e à
extravagância, mantendo, porém, a mente orientada pe-
la sabedoria. Eu queria saber o que vale a pena, debaixo
do céu, nos poucos dias da vida humana.

4Lancei-me a grandes projetos: construí casas e plan-
tei vinhas para mim. 5Fiz jardins e pomares e neles
plantei todo tipo de árvore frutífera. 6Construí também
reservatórios para irrigar os meus bosques verdejantes.
7Comprei escravos e escravas e tive escravos que nas-
ceram em minha casa. Além disso, tive também mais
bois e ovelhas do que todos os que viveram antes de
mim em Jerusalém. 8Ajuntei para mim prata e ouro,
tesouros de reis e de províncias. Servi-me de cantores
e cantoras, e também de um harém, as delícias dos ho-
mens. 9Tornei-me mais famoso e poderoso do que todos
os que viveram em Jerusalém antes de mim, conser-
vando comigo a minha sabedoria.

10Não me neguei nada
que os meus olhos desejaram;
não me recusei a dar prazer algum
ao meu coração.
Na verdade, eu me alegrei
em todo o meu trabalho;
essa foi a recompensa
de todo o meu esforço.
11Contudo, quando avaliei
tudo o que as minhas mãos
haviam feito
e o trabalho que eu tanto me esforçara
para realizar,
percebi que tudo foi inútil,
foi correr atrás do vento;
não há nenhum proveito
no que se faz debaixo do sol.

A sabedoria e a insensatez

12Então passei a refletir na sabedoria,
na loucura e na insensatez.
O que pode fazer o sucessor do rei,
a não ser repetir o que já foi feito?
13Percebi que a sabedoria
é melhor que a insensatez,
assim como a luz é melhor
do que as trevas.
14O homem sábio
tem olhos que enxergam[b],
mas o tolo anda nas trevas;
todavia, percebi
que ambos têm o mesmo destino.

[a] 1:11 Ou *Não há lembrança do que aconteceu, e mesmo o que ainda acontecerá não será lembrado pelos que vierem depois disso.*

[b] 2:14 Hebraico: *na cabeça.*

[15]Aí fiquei pensando:

O que acontece ao tolo
também me acontecerá.
Que proveito eu tive em ser sábio?
Então eu disse a mim mesmo:
Isso não faz o menor sentido!
[16]Nem o sábio, nem o tolo
serão lembrados para sempre;
nos dias futuros
ambos serão esquecidos.
Como pode o sábio morrer
como o tolo morre?

O trabalho árduo é inútil

[17]Por isso desprezei a vida, pois o trabalho que se faz
debaixo do sol pareceu-me muito pesado. Tudo era inú-
til, era correr atrás do vento. [18]Desprezei todas as coi-
sas pelas quais eu tanto me esforçara debaixo do sol,
pois terei que deixá-las para aquele que me suceder. [19]E
quem pode dizer se ele será sábio ou tolo? Todavia, terá
domínio sobre tudo o que realizei com o meu trabalho
e com a minha sabedoria debaixo do sol. Isso também
não faz sentido. [20]Cheguei ao ponto de me desesperar
por todo o trabalho no qual tanto me esforcei debaixo
do sol. [21]Pois um homem pode realizar o seu trabalho
com sabedoria, conhecimento e habilidade, mas terá
que deixar tudo o que possui como herança para al-
guém que não se esforçou por aquilo. Isso também é
um absurdo e uma grande injustiça. [22]Que proveito tem
um homem de todo o esforço e de toda a ansiedade com
que trabalha debaixo do sol? [23]Durante toda a sua vida,
seu trabalho é pura dor e tristeza; mesmo à noite a sua
mente não descansa. Isso também é absurdo.

[24]Para o homem não existe nada melhor do que co-
mer, beber e encontrar prazer em seu trabalho. E vi que
isso também vem da mão de Deus. [25]E quem aproveitou
melhor as comidas e os prazeres do que eu?[a] [26]Ao ho-
mem que o agrada, Deus dá sabedoria, conhecimento
e felicidade. Quanto ao pecador, Deus o encarrega de
ajuntar e armazenar riquezas para entregá-las a quem
o agrada. Isso também é inútil, é correr atrás do vento.

Há tempo para tudo

3 Para tudo há uma ocasião certa;
há um tempo certo para cada propósito
debaixo do céu:

[2]Tempo de nascer e tempo de morrer,
tempo de plantar
e tempo de arrancar o que se plantou,
[3]tempo de matar e tempo de curar,
tempo de derrubar e tempo de construir,
[4]tempo de chorar e tempo de rir,
tempo de prantear e tempo de dançar,
[5]tempo de espalhar pedras
e tempo de ajuntá-las,
tempo de abraçar e tempo de se conter,
[6]tempo de procurar e tempo de desistir,
tempo de guardar
e tempo de jogar fora,
[7]tempo de rasgar e tempo de costurar,
tempo de calar e tempo de falar,
[8]tempo de amar e tempo de odiar,
tempo de lutar e tempo de viver em paz.

[9]O que ganha o trabalhador com todo o seu esfor-
ço? [10]Tenho visto o fardo que Deus impôs aos homens.
[11]Ele fez tudo apropriado ao seu tempo. Também pôs no
coração do homem o anseio pela eternidade; mesmo
assim ele não consegue compreender inteiramente o
que Deus fez. [12]Descobri que não há nada melhor para
o homem do que ser feliz e praticar o bem enquanto vi-
ve. [13]Descobri também que poder comer, beber e ser re-
compensado pelo seu trabalho é um presente de Deus.
[14]Sei que tudo o que Deus faz permanecerá para sem-
pre; a isso nada se pode acrescentar, e disso nada se po-
de tirar. Deus assim faz para que os homens o temam.

[15]Aquilo que é, já foi,
e o que será, já foi anteriormente;
Deus investigará[b] o passado.

[16]Descobri também que debaixo do sol:

No lugar da justiça havia impiedade,
no lugar da retidão,
ainda mais impiedade.

[17]Fiquei pensando:

O justo e o ímpio,
Deus julgará ambos,
pois há um tempo para todo propósito,
um tempo para tudo o que acontece.

[18]Também pensei: Deus prova os homens para que
vejam que são como os animais. [19]O destino do homem
é o mesmo do animal; o mesmo destino os aguarda.
Assim como morre um, também morre o outro. Todos
têm o mesmo fôlego de vida[c]; o homem não tem van-
tagem alguma sobre o animal. Nada faz sentido! [20]To-
dos vão para o mesmo lugar; vieram todos do pó, e ao
pó todos retornarão. [21]Quem pode dizer se o fôlego do
homem sobe às alturas e se o fôlego do animal desce[d]
para a terra?

[22]Por isso concluí que não há nada melhor para o ho-
mem do que desfrutar do seu trabalho, porque esta é
a sua recompensa. Pois, quem poderá fazê-lo ver o que
acontecerá depois de morto?

As injustiças e os absurdos da vida

4 De novo olhei e vi toda a opressão que ocorre de-
baixo do sol:

Vi as lágrimas dos oprimidos,
mas não há quem os console;
o poder está do lado
dos seus opressores,
e não há quem os console.
[2]Por isso considerei os mortos
mais felizes do que os vivos,
pois estes ainda têm que viver!
[3]No entanto, melhor do que ambos
é aquele que ainda não nasceu,
que não viu o mal
que se faz debaixo do sol.

[a] 2:25 Várias versões antigas dizem *Pois sem ele, quem poderia comer ou encontrar satisfação?*

[b] 3:15 Ou *Deus chama de volta*

[c] 3:19 Ou *espírito*

[d] 3:21 Ou *Quem conhece o espírito do homem, que sobe, ou o espírito do animal, que desce*

4 Descobri que todo trabalho e toda realização surgem da competição que existe entre as pessoas. Mas isso também é absurdo, é correr atrás do vento.

5 O tolo cruza os braços
e destrói a própria vida.
6 Melhor é ter um punhado
com tranquilidade
do que dois punhados
à custa de muito esforço
e de correr atrás do vento.

7 Descobri ainda outra situação absurda debaixo do sol:

8 Havia um homem totalmente solitário;
não tinha filho nem irmão.
Trabalhava sem parar!
Contudo, os seus olhos
não se satisfaziam com a sua riqueza.
Ele sequer perguntava:
"Para quem estou trabalhando tanto,
e por que razão deixo de me divertir?"
Isso também é absurdo;
é um trabalho por demais ingrato!

9 É melhor ter companhia
do que estar sozinho,
porque maior é
a recompensa do trabalho
de duas pessoas.
10 Se um cair,
o amigo pode ajudá-lo a levantar-se.
Mas pobre do homem que cai
e não tem quem o ajude a levantar-se!
11 E se dois dormirem juntos,
vão manter-se aquecidos.
Como, porém,
manter-se aquecido sozinho?
12 Um homem sozinho pode ser vencido,
mas dois conseguem defender-se.
Um cordão de três dobras
não se rompe com facilidade.

A futilidade do poder

13 Melhor é um jovem pobre e sábio, do que um rei idoso e tolo, que já não aceita repreensão. 14 O jovem pode ter saído da prisão e chegado ao trono, ou pode ter nascido pobre no país daquele rei. 15 Percebi que, ainda assim, o povo que vivia debaixo do sol seguia o jovem, o sucessor do rei. 16 O número dos que aderiram a ele era incontável. A geração seguinte, porém, não ficou satisfeita com o sucessor. Isso também não faz sentido, é correr atrás do vento.

O temor devido a Deus

5 Quando você for ao santuário de Deus, seja reverente[a]. Quem se aproxima para ouvir é melhor do que os tolos que oferecem sacrifício sem saber que estão agindo mal.

2 Não seja precipitado de lábios,
nem apressado de coração
para fazer promessas diante de Deus.
Deus está nos céus,
e você está na terra,
por isso, fale pouco.
3 Das muitas ocupações brotam sonhos;
do muito falar nasce a prosa vã do tolo.

4 Quando você fizer um voto, cumpra-o sem demora, pois os tolos desagradam a Deus; cumpra o seu voto. 5 É melhor não fazer voto do que fazer e não cumprir. 6 Não permita que a sua boca o faça pecar. E não diga ao mensageiro de Deus[b]: "O meu voto foi um engano". Por que irritar a Deus com o que você diz e deixá-lo destruir o que você realizou? 7 Em meio a tantos sonhos absurdos e conversas inúteis, tenha temor de Deus.

As riquezas não dão sentido à vida

8 Se você vir o pobre oprimido numa província e vir que lhe são negados o direito e a justiça, não fique surpreso; pois todo oficial está subordinado a alguém que ocupa posição superior, e sobre os dois há outros em posição ainda mais alta. 9 Mesmo assim, é vantagem a nação ter um rei que a governe e que se interesse pela agricultura.[c]

10 Quem ama o dinheiro
jamais terá o suficiente;
quem ama as riquezas jamais ficará
satisfeito com os seus rendimentos.
Isso também não faz sentido.
11 Quando aumentam os bens,
também aumentam
os que os consomem.
E que benefício trazem os bens
a quem os possui,
senão dar um pouco de alegria
aos seus olhos?

12 O sono do trabalhador é ameno,
quer coma pouco quer coma muito,
mas a fartura de um homem rico
não lhe dá tranquilidade para dormir.

13 Há um mal terrível que vi debaixo do sol:

Riquezas acumuladas
para infelicidade do seu possuidor.
14 Se as riquezas dele se perdem
num mau negócio,
nada ficará para o filho
que lhe nascer.
15 O homem sai nu do ventre de sua mãe,
e como vem, assim vai.
De todo o trabalho em que se esforçou
nada levará consigo.

16 Há também outro mal terrível:

Como o homem vem, assim ele vai,
e o que obtém de todo o seu esforço
em busca do vento?
17 Passa[d] toda a sua vida nas trevas,
com grande frustração,
doença e amargura.

18 Assim, descobri que, para o homem, o melhor e o que mais vale a pena é comer, beber, e desfrutar o

[a] 5:1 Hebraico: *guarde o seu pé.*

[b] 5:6 Hebraico: *do templo.*

[c] 5:9 Ou *De toda forma, a terra terá vantagem se tiver um rei que zela pelos campos cultivados.*

[d] 5:17 Hebraico: *Come.*

resultado de todo o esforço que se faz debaixo do sol durante os poucos dias de vida que Deus lhe dá, pois essa é a sua recompensa. 19E quando Deus concede riquezas e bens a alguém e o capacita a desfrutá-los, a aceitar a sua sorte e a ser feliz em seu trabalho, isso é um presente de Deus. 20Raramente essa pessoa fica pensando na brevidade de sua vida, porque Deus o mantém ocupado com a alegria do coração.

6 Vi ainda outro mal debaixo do sol, que pesa bastante sobre a humanidade: 2Deus dá riquezas, bens e honra ao homem, de modo que não lhe falta nada que os seus olhos desejam; mas Deus não lhe permite desfrutar tais coisas, e outro as desfruta em seu lugar. Isso não faz sentido; é um mal terrível.

3Um homem pode ter cem filhos e viver muitos anos. No entanto, se não desfrutar as coisas boas da vida, digo que uma criança que nasce morta e nem ao menos recebe um enterro digno tem melhor sorte que ele. 4Ela nasce em vão e parte em trevas, e nas trevas o seu nome fica escondido. 5Embora jamais tenha visto o sol ou conhecido qualquer coisa, ela tem mais descanso do que tal homem. 6Pois, de que lhe valeria viver dois mil anos, sem desfrutar a sua prosperidade? Afinal, não vão todos para o mesmo lugar?

7Todo o esforço do homem
é feito para a sua boca;
contudo, o seu apetite jamais se satisfaz.
8Que vantagem tem o sábio
em relação ao tolo?
Que vantagem tem o pobre em saber
como se portar diante dos outros?
9Melhor é contentar-se
com o que os olhos veem
do que sonhar com o que se deseja.
Isso também não faz sentido;
é correr atrás do vento.

10Tudo o que existe já recebeu nome,
e já se sabe o que o homem é;
não se pode lutar
contra alguém mais forte.
11Quanto mais palavras,
mais tolices[a],
e sem nenhum proveito.

12Na verdade, quem sabe o que é bom para o homem, nos poucos dias de sua vida vazia, em que ele passa como uma sombra? Quem poderá contar-lhe o que acontecerá debaixo do sol depois que ele partir?

A sabedoria

7 O bom nome é melhor
do que um perfume finíssimo,
e o dia da morte é melhor
do que o dia do nascimento.
2É melhor ir a uma casa onde há luto
do que a uma casa em festa,
pois a morte é o destino de todos;
os vivos devem levar isso a sério!
3A tristeza é melhor do que o riso,
porque o rosto triste
melhora o coração.
4O coração do sábio
está na casa onde há luto,
mas o do tolo, na casa da alegria.
5É melhor ouvir
a repreensão de um sábio
do que a canção dos tolos.
6Tal como o estalo de espinhos
debaixo da panela,
assim é o riso dos tolos.
Isso também não faz sentido.

7A opressão transforma o sábio em tolo,
e o suborno corrompe o coração.

8O fim das coisas é melhor que
o seu início,
e o paciente é melhor que o orgulhoso.
9Não permita que a ira domine depressa
o seu espírito,
pois a ira se aloja no íntimo dos tolos.

10Não diga: "Por que os dias do passado
foram melhores que os de hoje?"
Pois não é sábio fazer esse tipo de pergunta.

11A sabedoria, como uma herança,
é coisa boa, e beneficia aqueles
que veem o sol.
12A sabedoria oferece proteção,
como o faz o dinheiro,
mas a vantagem do conhecimento é esta:
a sabedoria preserva a vida
de quem a possui.

13Considere o que Deus fez:

Quem pode endireitar
o que ele fez torto?
14Quando os dias forem bons,
aproveite-os bem;
mas, quando forem ruins, considere:
Deus fez tanto um quanto o outro,
para evitar que o homem descubra
alguma coisa sobre o seu futuro.

15Nesta vida sem sentido
eu já vi de tudo:

Um justo que morreu[b]
apesar da sua justiça,
e um ímpio que teve vida longa
apesar da sua impiedade.
16Não seja excessivamente justo
nem demasiadamente sábio;
por que destruir-se a si mesmo?
17Não seja demasiadamente ímpio
e não seja tolo;
por que morrer antes do tempo?
18É bom reter uma coisa
e não abrir mão da outra,
pois quem teme a Deus
evitará ambos os extremos[c].

19A sabedoria torna o sábio
mais poderoso
que uma cidade guardada
por dez valentes.

[a] 6:11 Ou *menos sentido*; ou ainda *mais frustração*

[b] 7:15 Ou *morreu jovem*; ou ainda *morreu por causa da*

[c] 7:18 Ou *seguirá ambas*

20 Todavia, não há um só justo na terra,
ninguém que pratique o bem e nunca peque.

21 Não dê atenção
a todas as palavras que o povo diz,
caso contrário, poderá ouvir
o seu próprio servo falando mal de você;
22 pois em seu coração você sabe
que muitas vezes você também
falou mal de outros.

23 Tudo isso eu examinei mediante a sabedoria e
disse:

Estou decidido a ser sábio;
mas isso estava fora do meu alcance.
24 A realidade está bem distante
e é muito profunda;
quem pode descobri-la?
25 Por isso dediquei-me a aprender,
a investigar, a buscar a sabedoria
e a razão de ser das coisas,
para compreender
a insensatez da impiedade
e a loucura da insensatez.
26 Descobri que
muito mais amarga que a morte
é a mulher que serve de laço,
cujo coração é uma armadilha
e cujas mãos são correntes.
O homem que agrada a Deus
escapará dela,
mas o pecador ela apanhará.

27 "Veja", diz o mestre, "foi isto que descobri:

Ao comparar uma coisa com outra
para descobrir a sua razão de ser,
28 sim, durante essa minha busca
que ainda não terminou[a],
entre mil homens
descobri apenas um que julgo digno,
mas entre as mulheres
não achei uma sequer.
29 Assim, cheguei a esta conclusão:
Deus fez os homens justos,
mas eles foram em busca
de muitas intrigas."

A obediência devida ao rei

8 Quem é como o sábio?
Quem sabe interpretar as coisas?
A sabedoria de um homem
alcança o favor do rei[b]
e muda o seu semblante carregado.

2 Este é o meu conselho: obedeça às ordens do rei
porque você fez um juramento diante de Deus. 3 Não
se apresse em deixar a presença do rei, nem se levan-
te em favor de uma causa errada, visto que o rei faz o
que bem entende. 4 Pois a palavra do rei é soberana, e
ninguém lhe pode perguntar: "O que estás fazendo?"

5 Quem obedece às suas ordens
não sofrerá mal algum,
pois o coração sábio saberá a hora
e a maneira certa de agir.
6 Porquanto há uma hora certa
e também uma maneira certa de agir
para cada situação.
O sofrimento de um homem, no entanto,
pesa muito sobre ele,
7 visto que ninguém conhece o futuro.
Quem lhe poderá dizer
o que vai acontecer?
8 Ninguém tem o poder
de dominar o próprio espírito[c];
tampouco tem poder
sobre o dia da sua morte
e de escapar dos efeitos da guerra[d];
nem mesmo a maldade
livra aqueles que a praticam.

9 Tudo isso vi quando me pus a refletir em tudo o que
se faz debaixo do sol. Há ocasiões em que um homem
domina sobre outros para a sua própria infelicidade[e].
10 Nessas ocasiões, vi ímpios serem sepultados e gente
indo e vindo do lugar onde eles foram enterrados. To-
davia, os que haviam praticado o bem foram esquecidos
na cidade.[f] Isso também não faz sentido.
11 Quando os crimes não são castigados logo, o cora-
ção do homem se enche de planos para fazer o mal. 12 O
ímpio pode cometer uma centena de crimes e apesar
disso, ter vida longa, mas sei muito bem que as coisas
serão melhores para os que temem a Deus, para os que
mostram respeito diante dele. 13 Para os ímpios, no en-
tanto, nada irá bem, porque não temem a Deus, e os
seus dias, como sombras, serão poucos.
14 Há mais uma coisa sem sentido na terra: justos
que recebem o que os ímpios merecem, e ímpios que
recebem o que os justos merecem. Isto também, penso
eu, não faz sentido. 15 Por isso recomendo que se des-
frute a vida, porque debaixo do sol não há nada me-
lhor para o homem do que comer, beber e alegrar-se.
Sejam esses os seus companheiros no seu duro tra-
balho durante todos os dias da vida que Deus lhe der
debaixo do sol!
16 Quando voltei a mente para conhecer a sabedo-
ria e observar as atividades do homem sobre a terra,
daquele cujos olhos não veem sono[g] nem de dia nem
de noite, 17 percebi tudo o que Deus tem feito. Nin-
guém é capaz de entender o que se faz debaixo do sol.
Por mais que se esforce para descobrir o sentido das
coisas, o homem não o encontrará. O sábio pode até
afirmar que entende, mas, na realidade, não o conse-
gue encontrar.

O destino de todos

9 Refleti nisso tudo e cheguei à conclusão de que os
justos e os sábios, e aquilo que eles fazem, estão nas
mãos de Deus. O que os espera, seja amor ou ódio, nin-
guém sabe. 2 Todos partilham um destino comum: o justo

[a] 7:28 Ou *há algo que ainda não encontrei*
[b] 8:1 Hebraico: *ilumina o seu rosto.*
[c] 8:8 Ou *o vento*
[d] 8:8 Ou *desse combate*
[e] 8:9 Ou *para a infelicidade deles*
[f] 8:10 Conforme alguns manuscritos do Texto Massorético e a Septuaginta. A maioria dos manuscritos do Texto Massorético diz *sepultados, aqueles que haviam frequentado o lugar santo e recebido elogios na cidade onde haviam feito o mal.*
[g] 8:16 Ou *daquele que não descansa*

e o ímpio, o bom e o mau[a], o puro e o impuro, o que oferece sacrifícios e o que não os oferece.

O que acontece com o homem bom,
acontece com o pecador;
o que acontece
com quem faz juramentos,
acontece com quem teme fazê-los.

³Este é o mal que há em tudo o que acontece de-
baixo do sol: o destino de todos é o mesmo. O coração
dos homens, além do mais, está cheio de maldade e de
loucura durante toda a vida; e por fim eles se juntarão
aos mortos. ⁴Quem está entre os vivos tem esperança;[b]
até um cachorro vivo é melhor do que um leão morto!

⁵Pois os vivos sabem que morrerão,
mas os mortos nada sabem;
para eles não haverá mais recompensa,
e já não se tem lembrança deles.
⁶Para eles o amor, o ódio e a inveja
há muito desapareceram;
nunca mais terão parte em nada
do que acontece debaixo do sol.

⁷Portanto, vá, coma com prazer a sua comida e beba
o seu vinho de coração alegre, pois Deus já se agradou
do que você faz. ⁸Esteja sempre vestido com roupas de
festa,[c] e unja sempre a sua cabeça com óleo. ⁹Desfrute
a vida com a mulher a quem você ama, todos os dias
desta vida sem sentido que Deus dá a você debaixo do
sol; todos os seus dias sem sentido! Pois essa é a sua re-
compensa na vida pelo seu árduo trabalho debaixo do
sol. ¹⁰O que as suas mãos tiverem que fazer, que o fa-
çam com toda a sua força, pois na sepultura[d], para on-
de você vai, não há atividade nem planejamento, não
há conhecimento nem sabedoria.

¹¹Percebi ainda outra coisa debaixo do sol:

Os velozes nem sempre vencem a corrida;
os fortes nem sempre triunfam na guerra;
os sábios nem sempre têm comida;
os prudentes nem sempre são ricos;
os instruídos nem sempre têm prestígio;
pois o tempo e o acaso afetam a todos.

¹²Além do mais,
ninguém sabe quando virá a sua hora:

Assim como os peixes são apanhados
numa rede fatal
e os pássaros são pegos
numa armadilha,
também os homens são enredados
pelos tempos de desgraça
que caem inesperadamente sobre eles.

O valor da sabedoria

¹³Também vi debaixo do sol este exemplo de sabe-
doria que muito me impressionou: ¹⁴Havia uma peque-
na cidade, de poucos habitantes. Um rei poderoso veio
contra ela, cercou-a com muitos dispositivos de guer-
ra. ¹⁵Ora, naquela cidade vivia um homem pobre mas
sábio, e com sua sabedoria ele salvou a cidade. No en-
tanto, ninguém se lembrou mais daquele pobre. ¹⁶Por
isso pensei: Embora a sabedoria seja melhor do que a
força, a sabedoria do pobre é desprezada, e logo suas
palavras são esquecidas.

¹⁷As palavras dos sábios
devem ser ouvidas com mais atenção
do que os gritos de quem
domina sobre tolos.
¹⁸A sabedoria é melhor
do que as armas de guerra,
mas um só pecador
destrói muita coisa boa.

10 Assim como a mosca morta
produz mau cheiro
e estraga o perfume,
também um pouco de insensatez
pesa mais que a sabedoria e a honra.
²O coração do sábio
se inclina para o bem,
mas o coração do tolo, para o mal[e].
³Mesmo quando anda pelo caminho,
o tolo age sem o mínimo bom senso
e mostra a todos
que não passa de tolo.
⁴Se a ira de uma autoridade
se levantar contra você,
não abandone o seu posto;
a tranquilidade evita grandes erros.

⁵Há outro mal que vi debaixo do sol,
um erro cometido pelos que governam:
⁶tolos são postos em cargos elevados,
enquanto ricos ocupam
cargos inferiores.
⁷Tenho visto servos andando a cavalo,
e príncipes andando a pé, como servos.

⁸Quem cava um poço cairá nele;
quem derruba um muro
será picado por uma cobra.
⁹Quem arranca pedras,
com elas se ferirá;
quem racha lenha se arrisca.

¹⁰Se o machado está cego
e sua lâmina não foi afiada,
é preciso golpear com mais força;
agir com sabedoria assegura o sucesso.

¹¹Se a cobra morder
antes de ser encantada,
para que servirá o encantador?

¹²As palavras do sábio
lhe trazem benefícios,
mas os lábios do insensato o destroem.
¹³No início as suas palavras
são mera tolice,
mas no final são loucura perversa.
¹⁴Embora o tolo fale sem parar,
ninguém sabe o que está para vir;

[a] 9:2 Conforme a Septuaginta, a Vulgata e a Versão Siríaca. O Texto Massorético não traz *o mau.*
[b] 9:4 Ou *O que se deve escolher então? Para todos os que vivem existe esperança;*
[c] 9:8 Hebraico: *de branco.*
[d] 9:10 Hebraico: *Sheol.* Essa palavra também pode ser traduzida por profundezas, pó ou morte.
[e] 10:2 Hebraico: *para a direita... para a esquerda.*

quem poderá dizer a outrem
o que lhe acontecerá depois?

15 O trabalho do tolo o deixa tão exausto
que ele nem consegue
achar o caminho de casa[a].

16 Pobre da terra cujo rei é jovem demais
e cujos líderes fazem banquetes
logo de manhã.
17 Feliz é a terra cujo rei
é de origem nobre,
e cujos líderes comem no devido tempo
para recuperar as forças,
e não para embriagar-se.

18 Por causa da preguiça,
o telhado se enverga;
por causa das mãos indolentes,
a casa tem goteiras.

19 O banquete é feito para divertir,
e o vinho torna a vida alegre,
mas isso tudo se paga com dinheiro.

20 Nem em pensamento insulte o rei!
Nem mesmo em seu quarto
amaldiçoe o rico!
Porque uma ave do céu
poderá levar as suas palavras,
e seres alados
poderão divulgar o que você disser.

Sábios conselhos

11 Atire o seu pão sobre as águas[b],
e depois de muitos dias
você tornará a encontrá-lo.
2 Reparta o que você tem com sete,
até mesmo com oito,
pois você não sabe que desgraça
poderá cair sobre a terra.

3 Quando as nuvens estão cheias de água,
derramam chuva sobre a terra.
Quer uma árvore caia para o sul
quer para o norte,
onde cair ficará.
4 Quem fica observando o vento não
plantará,
e quem fica olhando para as nuvens
não colherá.

5 Assim como você não conhece
o caminho do vento,
nem como o corpo é formado[c]
no ventre de uma mulher,
também não pode compreender
as obras de Deus,
o Criador de todas as coisas.

6 Plante de manhã a sua semente,
e mesmo ao entardecer
não deixe as suas mãos ficarem à toa,
pois você não sabe o que acontecerá,
se esta ou aquela produzirá,
ou se as duas serão igualmente boas.

Conselho para os jovens

7 A luz é agradável, é bom ver o sol.
8 Por mais que um homem viva,
deve desfrutar sua vida toda.
Lembre-se, porém, dos dias de trevas,
pois serão muitos.
Tudo o que está para vir não faz sentido.

9 Alegre-se, jovem, na sua mocidade!
Seja feliz o seu coração
nos dias da sua juventude!
Siga por onde seu coração mandar,
até onde a sua vista alcançar;
mas saiba que por todas essas coisas
Deus o trará a julgamento.
10 Afaste do coração a ansiedade
e acabe com o sofrimento do seu corpo,
pois a juventude e o vigor
são passageiros.

12 Lembre-se do seu Criador
nos dias da sua juventude,
antes que venham os dias difíceis
e se aproximem os anos
em que você dirá:
"Não tenho satisfação neles";
2 antes que se escureçam o sol e a luz,
a lua e as estrelas,
e as nuvens voltem depois da chuva;
3 quando os guardas da casa tremerem
e os homens fortes
caminharem encurvados;
quando pararem os moedores
por serem poucos,
e aqueles que olham pelas janelas
enxergarem embaçado;
4 quando as portas da rua forem fechadas
e diminuir o som da moagem;
quando o barulho das aves
o fizer despertar,
mas o som de todas as canções
lhe parecer fraco;
5 quando você tiver medo de altura,
e dos perigos das ruas;
quando florir a amendoeira,
o gafanhoto for um peso
e o desejo já não se despertar.
Então o homem se vai
para o seu lar eterno,
e os pranteadores já vagueiam pelas ruas.

6 Sim, lembre-se dele,
antes que se rompa o cordão de prata,
ou se quebre a taça de ouro;
antes que o cântaro se despedace
junto à fonte,
a roda se quebre junto ao poço,
7 o pó volte à terra, de onde veio,
e o espírito volte a Deus, que o deu.

8 "Tudo sem sentido! Sem sentido!",
diz o mestre.
"Nada faz sentido!
Nada faz sentido!"

[a] 10:15 Hebraico: *da cidade.*
[b] 11:1 Ou *Dê com generosidade o seu pão*
[c] 11:5 Ou *não sabe como a vida* (ou *o espírito*) *entra no corpo que está se formando*

Conclusão

[9]Além de ser sábio, o mestre também ensinou conhecimento ao povo. Ele escutou, examinou e colecionou muitos provérbios. [10]Procurou também encontrar as palavras certas, e o que ele escreveu era reto e verdadeiro.

[11]As palavras dos sábios são como aguilhões, a coleção dos seus ditos como pregos bem fixados, provenientes do único Pastor. [12]Cuidado, meu filho; nada acrescente a eles.

Não há limite para a produção de livros, e estudar demais deixa exausto o corpo.

[13]Agora que já se ouviu tudo,
aqui está a conclusão:
Tema a Deus
e obedeça aos seus mandamentos,
porque isso é o essencial para o homem[a].
[14]Pois Deus trará a julgamento
tudo o que foi feito,
inclusive tudo o que está escondido,
seja bom, seja mau.

[a] 12:13 Ou *o dever de todo homem*

CÂNTICO DOS CÂNTICOS

1 Cântico dos Cânticos de Salomão.

A amada[a]

2 Ah, se ele me beijasse,
se a sua boca me cobrisse de beijos...

Sim, as suas carícias são mais agradáveis
que o vinho.
3 A fragrância dos seus perfumes é suave;
o seu nome é como perfume derramado.
Não é à toa que as jovens o amam!
4 Leve-me com você! Vamos depressa!

Leve-me o rei para os seus aposentos!

Amigas (mulheres de Jerusalém)

Estamos alegres e felizes por sua causa;
celebraremos o seu amor
mais do que o vinho.

A amada

Com toda a razão você é amado!

5 Estou escura, mas sou bela,
ó mulheres de Jerusalém;
escura como as tendas de Quedar,
bela como as cortinas de Salomão.
6 Não fiquem me olhando assim
porque estou escura;
foi o sol que me queimou a pele.
Os filhos de minha mãe
zangaram-se comigo
e fizeram-me tomar conta das vinhas;
da minha própria vinha, porém,
não pude cuidar.

7 Conte-me, você, a quem amo,
onde faz pastar o seu rebanho
e onde faz as suas ovelhas
descansarem ao meio-dia?
Se eu não o souber,
serei como uma mulher coberta com véu
junto aos rebanhos dos seus amigos.

O amado

8 Se você, a mais linda das mulheres,
se você não o sabe,
siga a trilha das ovelhas
e faça as suas cabritas pastarem
junto às tendas dos pastores.
9 Comparo você, minha querida,
a uma égua das carruagens do faraó.
10 Como são belas as suas faces
entre os brincos,
e o seu pescoço com os colares de joias!

Amigas (mulheres de Jerusalém)

11 Faremos para você brincos de ouro
com incrustações de prata.

A amada

12 Enquanto o rei estava em seus aposentos,
o meu nardo espalhou sua fragrância.
13 O meu amado é para mim
como uma pequenina bolsa de mirra
que passa a noite entre os meus seios.
14 O meu amado é para mim
um ramalhete de flores de hena[b]
das vinhas de En-Gedi.

O amado

15 Como você é linda, minha querida!
Ah, como é linda!
Seus olhos são pombas.

A amada

16 Como você é belo, meu amado!
Ah, como é encantador!
Verdejante é o nosso leito.
17 De cedro são as vigas da nossa casa,
e de cipreste os caibros do nosso telhado.

A amada

2 Sou uma flor[c] de Sarom,
um lírio dos vales.

O amado

2 Como um lírio entre os espinhos
é a minha amada entre as jovens.

A amada

3 Como uma macieira entre
as árvores da floresta
é o meu amado entre os jovens.
Tenho prazer em sentar-me
à sua sombra;
o seu fruto é doce ao meu paladar.
4 Ele me levou ao salão de banquetes,
e o seu estandarte sobre mim é o amor.[d]
5 Por favor, sustentem-me com passas,
revigorem-me com maçãs[e],
pois estou doente de amor.
6 O seu braço esquerdo
esteja debaixo da minha cabeça,
e o seu braço direito me abrace.
7 Mulheres de Jerusalém, eu as faço jurar
pelas gazelas e pelas corças do campo:
não despertem nem provoquem o amor
enquanto ele não o quiser.

8 Escutem! É o meu amado!
Vejam! Aí vem ele,
saltando pelos montes,
pulando sobre as colinas.
9 O meu amado é como uma gazela,
como um cervo novo.
Vejam! Lá está ele atrás do nosso muro,
observando pelas janelas,
espiando pelas grades.
10 O meu amado falou e me disse:

[a] 1:2 Com base no gênero dos pronomes hebraicos empregados, indicam-se por meio dos títulos o *Amado* e *a Amada*, quando o interlocutor é o homem ou a mulher. As palavras dos outros interlocutores estão assinaladas com o título *Amigas*. Em alguns casos as divisões e seus títulos são discutíveis.

[b] 1:14 Isto é, planta aromática.

[c] 2:1 Tradicionalmente *rosa*. Talvez um narciso ou uma tulipa.

[d] 2:4 Ou *seus olhares para mim eram de amor.*

[e] 2:5 Ou *damascos*

O amado

Levante-se, minha querida,
minha bela, e venha comigo.
11Veja! O inverno passou;
acabaram-se as chuvas e já se foram.
12Aparecem flores na terra,
e chegou o tempo de cantar[a];
já se ouve em nossa terra
o arrulhar dos pombos.
13A figueira produz os primeiros frutos;
as vinhas florescem e espalham
sua fragrância.
Levante-se, venha, minha querida;
minha bela, venha comigo.
14Minha pomba que está
nas fendas da rocha,
nos esconderijos,
nas encostas dos montes,
mostre-me seu rosto,
deixe-me ouvir sua voz;
pois a sua voz é suave
e o seu rosto é lindo.

A amada

15Apanhem para nós as raposas,
as raposinhas que estragam as vinhas,
pois as nossas vinhas estão floridas.
16O meu amado é meu, e eu sou dele;
ele pastoreia entre os lírios.
17Volte, amado meu,
antes que rompa o dia
e fujam as sombras;
seja como a gazela
ou como o cervo novo
nas colinas escarpadas[b].

3 A noite toda procurei em meu leito
aquele a quem o meu coração ama,
mas não o encontrei.
2Vou levantar-me agora
e percorrer a cidade,
irei por suas ruas e praças;
buscarei aquele a quem
o meu coração ama.
Eu o procurei, mas não o encontrei.
3As sentinelas me encontraram
quando faziam as suas rondas na cidade.
"Vocês viram aquele a quem
o meu coração ama?", perguntei.
4Mal havia passado por elas,
quando encontrei aquele a quem
o meu coração ama.
Eu o segurei e não o deixei ir,
até que o trouxe
para a casa de minha mãe,
para o quarto daquela que me concebeu.
5Mulheres de Jerusalém, eu as faço jurar
pelas gazelas e pelas corças do campo:
Não despertem nem incomodem o amor
enquanto ele não o quiser.

Coro

6O que vem subindo do deserto,
como uma coluna de fumaça,
perfumado com mirra e incenso
com extrato de todas as especiarias
dos mercadores?
7Vejam! É a liteira de Salomão,
escoltada por sessenta guerreiros,
os mais nobres de Israel;
8todos eles trazem espada,
todos são experientes na guerra,
cada um com a sua espada,
preparado para enfrentar
os pavores da noite.
9O rei Salomão fez para si uma liteira;
ele a fez com madeira do Líbano.
10Suas traves ele fez de prata,
seu teto, de ouro.
Seu banco foi estofado em púrpura,
seu interior foi cuidadosamente preparado
pelas mulheres de Jerusalém.
11Mulheres de Sião, saiam!
Venham ver o rei Salomão!
Ele está usando a coroa,
a coroa que sua mãe lhe colocou
no dia do seu casamento,
no dia em que o seu coração se alegrou.

O amado

4 Como você é linda, minha querida!
Ah, como é linda!
Seus olhos, por trás do véu, são pombas.
Seu cabelo é como um rebanho de cabras
que vêm descendo do monte Gileade.
2Seus dentes são como um
rebanho de ovelhas recém-tosquiadas
que vão subindo do lavadouro.
Cada uma tem o seu par;
não há nenhuma sem crias.
3Seus lábios são como um fio vermelho;
sua boca é belíssima.
Suas faces, por trás do véu,
são como as metades de uma romã.
4Seu pescoço é como a torre de Davi,
construída como arsenal.
Nela estão pendurados mil escudos,
todos eles escudos de heroicos guerreiros.
5Seus dois seios são como filhotes de cervo,
como filhotes gêmeos de uma gazela
que repousam entre os lírios.
6Enquanto não raia o dia
e as sombras não fogem,
irei à montanha da mirra
e à colina do incenso.
7Você é toda linda, minha querida;
em você não há defeito algum.

8Venha do Líbano comigo, minha noiva,
venha do Líbano comigo.
Desça do alto do Amana,
do topo do Senir, do alto do Hermom,
das covas dos leões
e das tocas dos leopardos nas montanhas.
9Você fez disparar o meu coração,
minha irmã, minha noiva;
fez disparar o meu coração
com um simples olhar,
com uma simples joia dos seus colares.

[a] 2:12 Ou *de podar*
[b] 2:17 Ou *colinas de Beter*; ou ainda *montes da separação*

10Quão deliciosas são as suas carícias,
minha irmã, minha noiva!
Suas carícias são mais agradáveis
que o vinho,
e a fragrância do seu perfume
supera o de qualquer especiaria!
11Os seus lábios gotejam a doçura
dos favos de mel, minha noiva;
leite e mel estão debaixo da sua língua.
A fragrância das suas vestes
é como a fragrância do Líbano.
12Você é um jardim fechado,
minha irmã, minha noiva;
você é uma nascente fechada,
uma fonte selada.
13De você brota um pomar de romãs
com frutos seletos,
com flores de hena e nardo,
14nardo e açafrão, cálamo e canela,
com todas as madeiras aromáticas,
mirra e aloés e as mais finas especiarias.
15Você é[a] uma fonte de jardim,
um poço de águas vivas,
que descem do Líbano.

A amada

16Acorde, vento norte!
Venha, vento sul!
Soprem em meu jardim,
para que a sua fragrância
se espalhe ao seu redor.
Que o meu amado entre em seu jardim
e saboreie os seus deliciosos frutos.

O amado

5 Entrei em meu jardim,
minha irmã, minha noiva;
ajuntei a minha mirra com
as minhas especiarias.
Comi o meu favo e o meu mel;
bebi o meu vinho e o meu leite.

Poeta

Comam, amigos,
bebam quanto puderem, ó amados!

A amada

2Eu estava quase dormindo,
mas o meu coração estava acordado.
Escutem! O meu amado está batendo.

O amado

Abra-me a porta, minha irmã,
minha querida, minha pomba,
minha mulher ideal,
pois a minha cabeça
está encharcada de orvalho,
o meu cabelo, da umidade da noite.

A amada

3Já tirei a túnica;
terei que vestir-me de novo?
Já lavei os pés;
terei que sujá-los de novo?
4O meu amado pôs a mão
por uma abertura da tranca;
meu coração começou
a palpitar por causa dele.
5Levantei-me para abrir-lhe a porta;
minhas mãos destilavam mirra,
meus dedos vertiam mirra,
na maçaneta da tranca.
6Eu abri, mas o meu amado se fora;
o meu amado já havia partido.

Quase desmaiei de tristeza!
Procurei-o, mas não o encontrei.
Eu o chamei, mas ele não respondeu.
7As sentinelas me encontraram
enquanto faziam a ronda na cidade.
Bateram-me, feriram-me;
e tomaram o meu manto,
as sentinelas dos muros!
8Ó mulheres de Jerusalém,
eu as faço jurar:
se encontrarem o meu amado,
que dirão a ele?
Digam-lhe que estou doente de amor.

Amigas (as mulheres de Jerusalém)

9Que diferença há entre o seu amado
e outro qualquer,
ó você, das mulheres a mais linda?
Que diferença há entre o seu amado
e outro qualquer,
para você nos obrigar a tal promessa?

A amada

10O meu amado tem a pele bronzeada;
ele se destaca entre dez mil.
11Sua cabeça é como ouro, o ouro mais
puro;
seus cabelos ondulam ao vento
como ramos de palmeira;
são negros como o corvo.
12Seus olhos são como pombas
junto aos regatos de água,
lavados em leite,
incrustados como joias.
13Suas faces são como
um jardim de especiarias
que exalam perfume.
Seus lábios são como lírios
que destilam mirra.
14Seus braços são cilindros de ouro
com berilo neles engastado.
Seu tronco é como marfim polido
adornado de safiras.
15Suas pernas são colunas de mármore[b]
firmadas em bases de ouro puro.
Sua aparência é como o Líbano;
ele é elegante como os cedros.
16Sua boca é a própria doçura;
ele é mui desejável.
Esse é o meu amado,
esse é o meu querido,
ó mulheres de Jerusalém.

[a] 4:15 Ou *Eu sou* (falado pela *Amada*)

[b] 5:15 Ou *alabastro*

Amigas (mulheres de Jerusalém)

6 Para onde foi o seu amado,
ó mais linda das mulheres?
Diga-nos para onde foi o seu amado
e o procuraremos com você!

A amada

2 O meu amado desceu ao seu jardim,
aos canteiros de especiarias,
para descansar
e colher lírios.
3 Eu sou do meu amado,
e o meu amado é meu;
ele descansa entre os lírios.

O amado

4 Minha querida, você é linda como Tirza,
bela como Jerusalém,
admirável como um exército
e suas bandeiras.

5 Desvie de mim os seus olhos,
pois eles me perturbam.
Seu cabelo é como
um rebanho de cabras
que descem de Gileade.
6 Seus dentes são como
um rebanho de ovelhas
que sobem do lavadouro.
Cada uma tem o seu par,
não há nenhuma sem crias.
7 Suas faces, por trás do véu,
são como as metades de uma romã.
8 Pode haver sessenta rainhas,
e oitenta concubinas,
e um número sem fim de virgens,
9 mas ela é única, a minha pomba,
minha mulher ideal!
Ela é a filha favorita de sua mãe,
a predileta daquela que a deu à luz.
Quando outras jovens a veem,
dizem que ela é muito feliz;
as rainhas e as concubinas a elogiam.

Amigas (mulheres de Jerusalém)

10 Quem é essa que aparece
como o alvorecer,
bela como a lua, brilhante como o sol,
admirável como um exército
e suas bandeiras?

A amada

11 Desci ao bosque das nogueiras
para ver os renovos no vale,
para ver se as videiras tinham brotado
e se as romãs estavam em flor.
12 Antes que eu o percebesse,
você me colocou entre as carruagens,
com um príncipe ao meu lado.[a]

Amigas (mulheres de Jerusalém)

13 Volte, volte, Sulamita;
volte, volte, para que a contemplemos.

O amado

Por que vocês querem
contemplar a Sulamita,
como na dança de Maanaim[b]?

7 Como são lindos
os seus pés calçados com sandálias,
ó filha do príncipe!
As curvas das suas coxas são como joias,
obra das mãos de um artífice.
2 Seu umbigo é uma taça redonda
onde nunca falta o vinho
de boa mistura.
Sua cintura é um monte de trigo
cercado de lírios.
3 Seus seios são como
dois filhotes de corça,
gêmeos de uma gazela.
4 Seu pescoço é como
uma torre de marfim.
Seus olhos são como
os açudes de Hesbom,
junto à porta de Bate-Rabim.
Seu nariz é como a torre do Líbano
voltada para Damasco.
5 Sua cabeça eleva-se
como o monte Carmelo.
Seus cabelos soltos
têm reflexos de púrpura;
o rei caiu prisioneiro das suas ondas.
6 Como você é linda!
Como você me agrada!
Oh, o amor e suas delícias!
7 Seu porte é como o da palmeira,
e os seus seios como cachos de frutos.
8 Eu disse: Subirei a palmeira
e me apossarei dos seus frutos.
Sejam os seus seios
como os cachos da videira,
o aroma da sua respiração como maçãs[c],
9 e a sua boca como o melhor vinho...

A amada

... vinho que flui suavemente
para o meu amado,
escorrendo suavemente sobre os lábios
de quem já vai adormecendo.
10 Eu pertenço ao meu amado,
e ele me deseja.
11 Venha, meu amado,
vamos fugir para o campo,
passemos a noite nos povoados.
12 Vamos cedo para as vinhas
para ver se as videiras brotaram,
se as suas flores se abriram
e se as romãs estão em flor;
ali eu lhe darei o meu amor.
13 As mandrágoras[d] exalam o seu perfume,
e à nossa porta há todo tipo de frutos finos,
secos e frescos,
que reservei para você, meu amado.

[a] 6:12 Ou *Sem que eu percebesse, minha imaginação me colocou entre os carros do meu nobre povo.*

[b] 6:13 Ou *dos dois coros*; ou ainda *dos dois acampamentos*

[c] 7:8 Ou *damascos*

[d] 7:13 Isto é, plantas tidas por afrodisíacas e capazes de favorecer a fertilidade feminina.

8 Ah, quem dera você fosse meu irmão,
amamentado nos seios de minha mãe!
Então, se eu o encontrasse fora de casa,
eu o beijaria,
e ninguém me desprezaria.
2 Eu o conduziria
e o traria à casa de minha mãe,
e você me ensinaria.
Eu lhe daria vinho aromatizado
para beber,
o néctar das minhas romãs.
3 O seu braço esquerdo esteja debaixo
da minha cabeça
e o seu braço direito me abrace.
4 Mulheres de Jerusalém, eu as faço jurar:
Não despertem nem incomodem o amor
enquanto ele não o quiser.

Amigas (mulheres de Jerusalém)

5 Quem vem subindo do deserto,
apoiada em seu amado?

A amada

Debaixo da macieira eu o despertei;
ali esteve a sua mãe em trabalho de parto,
ali sofreu as dores aquela que o deu à luz.
6 Coloque-me como um selo sobre
o seu coração;
como um selo sobre o seu braço;
pois o amor é tão forte quanto a morte,
e o ciúme[a] é tão inflexível
quanto a sepultura[b].
Suas brasas são fogo ardente,
são labaredas do Senhor[c].
7 Nem muitas águas conseguem
apagar o amor;
os rios não conseguem levá-lo
na correnteza.
Se alguém oferecesse todas as riquezas
da sua casa para adquirir o amor,
seria totalmente desprezado.

[a] 8:6 Ou *paixão*
[b] 8:6 Hebraico: *Sheol*. Essa palavra também pode ser traduzida por profundezas, pó ou morte.
[c] 8:6 Ou *labaredas enormes*

Irmãos

8 Temos uma irmãzinha;
seus seios ainda não estão crescidos.
Que faremos com nossa irmã
no dia em que for pedida
em casamento?
9 Se ela for um muro,
construiremos sobre ela
uma torre de prata.
Se ela for uma porta,
nós a reforçaremos com tábuas de
cedro.

A amada

10 Eu sou um muro,
e meus seios são as suas torres.
Assim me tornei aos olhos dele
como alguém que inspira paz.
11 Salomão possuía uma vinha
em Baal-Hamom;
ele entregou a sua vinha a arrendatários.
Cada um devia trazer pelos
frutos da vinha
doze quilos[d] de prata.
12 Quanto à minha própria vinha,
essa está em meu poder;
os doze quilos de prata são para você,
ó Salomão,
e dois quilos e meio são para os
que tomaram conta dos seus frutos.

O amado

13 Você, que habita nos jardins,
os amigos desejam ouvi-la;
deixe-me ouvir a sua voz!

A amada

14 Venha depressa, meu amado,
e seja como uma gazela,
ou como um cervo novo
saltando sobre os montes
cobertos de especiarias.

[d] 8:11 Hebraico: *1.000 siclos*; também no versículo 12. Um siclo equivalia a 12 gramas.

ISAÍAS

1 Visão que Isaías, filho de Amoz, teve a respeito de Judá e Jerusalém durante os reinados de Uzias, Jotão, Acaz e Ezequias, reis de Judá.

Uma nação rebelde

2 Ouçam, ó céus! Escute, ó terra!
Pois o SENHOR falou:
"Criei filhos e os fiz crescer,
mas eles se revoltaram contra mim.
3 O boi reconhece o seu dono,
e o jumento conhece a manjedoura
do seu proprietário,
mas Israel nada sabe,
o meu povo nada compreende".

4 Ah, nação pecadora,
povo carregado de iniquidade!
Raça de malfeitores,
filhos dados à corrupção!
Abandonaram o SENHOR,
desprezaram o Santo de Israel
e o rejeitaram.

5 Por que haveriam de continuar a ser
castigados?
Por que insistem na revolta?
A cabeça toda está ferida,
todo o coração está sofrendo.
6 Da sola do pé ao alto da cabeça
não há nada são;
somente machucados,
vergões e ferimentos abertos,
que não foram limpos nem enfaixados
nem tratados com azeite.

7 A terra de vocês está devastada,
suas cidades foram destruídas a fogo;
os seus campos estão sendo tomados
por estrangeiros, diante de vocês,
e devastados como a ruína que eles
costumam causar.
8 Só restou a cidade[a] de Sião
como tenda numa vinha,
como abrigo numa plantação de melões,
como uma cidade sitiada.
9 Se o SENHOR dos Exércitos
não tivesse poupado alguns de nós,
já estaríamos como Sodoma
e semelhantes a Gomorra.

10 Governantes de Sodoma,
ouçam a palavra do SENHOR!
Vocês, povo de Gomorra,
escutem a instrução de nosso Deus!
11 "Para que me oferecem
tantos sacrifícios?",
pergunta o SENHOR.
"Para mim, chega de holocaustos[b] de carneiros
e da gordura de novilhos gordos.
Não tenho nenhum prazer
no sangue de novilhos, de cordeiros e de
bodes!
12 Quando vocês vêm à minha presença,
quem lhes pediu que pusessem os pés em
meus átrios?
13 Parem de trazer ofertas inúteis!
O incenso de vocês
é repugnante para mim.
Luas novas, sábados e reuniões!
Não consigo suportar suas assembleias
cheias de iniquidade.
14 Suas festas da lua nova
e suas festas fixas, eu as odeio.
Tornaram-se um fardo para mim;
não as suporto mais!
15 Quando vocês estenderem as mãos em oração,
esconderei de vocês os meus olhos;
mesmo que multipliquem
as suas orações,
não as escutarei!
As suas mãos estão cheias de sangue!
16 Lavem-se! Limpem-se!
Removam suas más obras
para longe da minha vista!
Parem de fazer o mal,
17 aprendam a fazer o bem!
Busquem a justiça,
acabem com a opressão.[c]
Lutem pelos direitos do órfão,
defendam a causa da viúva.

18 "Venham, vamos refletir juntos",
diz o SENHOR.
"Embora os seus pecados
sejam vermelhos como escarlate,
eles se tornarão brancos como a neve;
embora sejam rubros como púrpura,
como a lã se tornarão.
19 Se vocês estiverem dispostos a obedecer,
comerão os melhores frutos desta terra;
20 mas, se resistirem e se rebelarem,
serão devorados pela espada."
Pois o SENHOR é quem fala!

21 Vejam como a cidade fiel
se tornou prostituta!
Antes cheia de justiça
e habitada pela retidão,
agora está cheia de assassinos!
22 Sua prata tornou-se escória,
seu licor ficou aguado.
23 Seus líderes são rebeldes,
amigos de ladrões;
todos eles amam o suborno
e andam atrás de presentes.
Eles não defendem os direitos do órfão,
e não tomam conhecimento
da causa da viúva.

[a] 1:8 Hebraico: *filha*.
[b] 1:11 Isto é, sacrifícios totalmente queimados.
[c] 1:17 Ou *repreendam o opressor*.

24Por isso o Soberano,
o SENHOR dos Exércitos,
o Poderoso de Israel, anuncia:
"Ah! Derramarei minha ira
sobre os meus adversários
e me vingarei dos meus inimigos.
25Voltarei minha mão contra você;
tirarei toda a sua escória
e removerei todas as suas impurezas.
26Restaurarei os seus juízes como no
passado,
os seus conselheiros, como no princípio.
Depois disso você será chamada
cidade de retidão, cidade fiel".

27Sião será redimida com justiça,
com retidão os que se arrependerem.
28Mas os rebeldes e os pecadores
serão destruídos,
e os que abandonam o SENHOR
perecerão.

29"Vocês se envergonharão
dos carvalhos sagrados
que tanto apreciam;
ficarão decepcionados
com os jardins sagrados que escolheram.
30Vocês serão como um terebinto
cujas folhas estão caindo,
como um jardim sem água.
31O poderoso se tornará como estopa,
e sua obra como fagulha;
ambos serão queimados juntos
sem que ninguém apague o fogo".

A glória do monte do SENHOR

2 Foi isto que Isaías, filho de Amoz, viu a respeito de
Judá e de Jerusalém:

2Nos últimos dias
o monte do templo do SENHOR
será estabelecido
como o principal;
será elevado acima das colinas,
e todas as nações correrão para ele.

3Virão muitos povos e dirão:

"Venham, subamos ao monte do SENHOR,
ao templo do Deus de Jacó,
para que ele nos ensine os seus caminhos,
e assim andemos em suas veredas".
Pois a lei sairá de Sião,
de Jerusalém virá a palavra do SENHOR.
4Ele julgará entre as nações
e resolverá contendas de muitos povos.
Eles farão de
suas espadas arados,
e de suas lanças, foices.
Uma nação não mais pegará em armas
para atacar outra nação,
elas jamais tornarão a preparar-se
para a guerra.

5Venha, ó descendência de Jacó,
andemos na luz do SENHOR!

O dia do SENHOR

6Certamente abandonaste o teu povo,
os descendentes de Jacó,
porque eles se encheram
de superstições dos povos do leste,
praticam adivinhações como os filisteus
e fazem acordos com pagãos.
7Sua terra está cheia de prata e ouro;
seus tesouros são incontáveis.
Sua terra está cheia de cavalos;
seus carros não têm fim.
8Sua terra está cheia de ídolos.
Eles se inclinam diante da obra
das suas mãos,
diante do que os seus dedos fizeram.
9Por isso a humanidade será abatida
e o homem será humilhado;
não os perdoes[a]!
10Entre no meio das rochas,
esconda-se no pó,
por causa do terror que vem do SENHOR
e do esplendor da sua majestade!
11Os olhos do arrogante serão humilhados
e o orgulho dos homens será abatido;
somente o SENHOR será exaltado naquele dia.

12O SENHOR dos Exércitos
tem um dia reservado
para todos os orgulhosos e altivos,
para tudo o que é exaltado,
para que eles sejam humilhados;
13para todos os cedros do Líbano,
altos e altivos,
e todos os carvalhos de Basã;
14para todos os montes elevados
e todas as colinas altas;
15para toda torre imponente
e todo muro fortificado;
16para todo navio mercante[b]
e todo barco de luxo.
17A arrogância dos homens será abatida,
e o seu orgulho será humilhado.
Somente o SENHOR será exaltado
naquele dia,
18e os ídolos desaparecerão por completo.

19Os homens fugirão
para as cavernas das rochas
e para os buracos da terra,
por causa do terror
que vem do SENHOR
e do esplendor da sua majestade,
quando ele se levantar
para sacudir a terra.
20Naquele dia os homens atirarão
aos ratos e aos morcegos
os ídolos de prata
e os ídolos de ouro,
que fizeram para adorar.
21Fugirão para as cavernas das rochas
e para as brechas dos penhascos,

[a] 2:9 Ou *exaltes*
[b] 2:16 Ou *de Társis*

por causa do terror
que vem do SENHOR
e do esplendor da sua majestade,
quando ele se levantar
para sacudir a terra.

22 Parem de confiar no homem,
cuja vida não passa de um sopro
em suas narinas.
Que valor ele tem?

Julgamento de Judá e de Jerusalém

3 Vejam! O Soberano,
o SENHOR dos Exércitos,
logo irá retirar de Jerusalém e de Judá
todo o seu sustento,
tanto o suprimento de comida
como o suprimento de água,
2 e também o herói e o guerreiro,
o juiz e o profeta,
o adivinho e a autoridade,
3 o capitão e o nobre,
o conselheiro, o conhecedor de magia
e o perito em maldições.
4 Porei jovens no governo;
irresponsáveis dominarão.
5 O povo oprimirá a si mesmo:
homem contra homem,
cada um contra o seu próximo.
O jovem se levantará contra o idoso,
o desprezível contra o nobre.

6 Um homem agarrará seu irmão,
um da família de seu pai, e lhe dirá:
"Você pelo menos tem um manto;
seja o nosso governante;
assuma o poder
sobre este monte de ruínas!"
7 Mas naquele dia ele exclamará:
"Não tenho remédios,
não há comida nem roupa em minha
casa;
não me nomeiem governante do povo".

8 Jerusalém está em ruínas,
e o povo de Judá está caído;
suas palavras e suas ações
são contra o SENHOR,
desafiando a sua presença gloriosa.
9 O jeito como olham testifica contra eles;
eles mostram seu pecado como Sodoma,
sem nada esconder.
Ai deles! Pois trouxeram desgraça
sobre si mesmos.
10 Digam aos justos que tudo lhes irá bem,
pois comerão do fruto de suas ações.
11 Mas, ai dos ímpios!
Tudo lhes irá mal!
Terão a retribuição
pelo que fizeram as suas mãos.

12 Meu povo é oprimido por uma criança;
mulheres dominam sobre ele.
Meu povo, os seus guias o enganam
e o desviam do caminho.

13 O SENHOR toma o seu lugar no tribunal;
levanta-se para julgar os povos[a].
14 O SENHOR entra em juízo
contra as autoridades
e contra os líderes do seu povo.
"Vocês arruinaram a vinha,
e o que foi roubado dos necessitados
está nas suas casas.
15 Que pretendem vocês,
ao esmagarem o meu povo,
e ao moerem o rosto dos necessitados?"
Quem pergunta é o Senhor,
o SENHOR dos Exércitos.

16 O SENHOR diz:
"Por causa da arrogância
das mulheres de Sião,
que caminham de cabeça erguida,
flertando com os olhos,
desfilando com passos curtos,
com enfeites tinindo em seus calcanhares,
17 o SENHOR rapará a cabeça
das mulheres de Sião;
o SENHOR porá a descoberto
as suas vergonhas".

18 Naquele dia o Senhor arrancará os enfeites delas:
as pulseiras, as testeiras e os colares; 19 os pendentes, os
braceletes e os véus, 20 os enfeites de cabeça, as correnti-
nhas de tornozelo, os cintos, os talismãs e os amuletos;
21 os anéis e os enfeites para o nariz; 22 as roupas caras, as
capas, as mantilhas, e as bolsas; 23 os espelhos, as roupas
de linho, as tiaras e os xales.

24 Em vez de perfume haverá mau cheiro,
em vez de cintos, corda,
em vez de belos penteados, calvície,
em vez de roupas finas, vestes de lamento,
em vez de beleza, cicatrizes.
25 Seus homens cairão ao fio da espada;
seus guerreiros morrerão no combate.
26 As portas de Sião se lamentarão
e prantearão por causa disso;
e, sem nada,
a cidade se assentará no chão.

4 Naquele dia sete mulheres
agarrarão um homem e lhe dirão:
"Nós mesmas providenciaremos
nossa comida e nossas roupas;
apenas case-se conosco[b]
e livre-nos da vergonha
de sermos solteiras!"

O renovo do SENHOR

2 Naquele dia o Renovo do SENHOR será belo e glo-
rioso, e o fruto da terra será o orgulho e a glória dos so-
breviventes de Israel. 3 Os que forem deixados em Sião
e ficarem em Jerusalém serão chamados santos: todos
os inscritos para viverem em Jerusalém. 4 Quando o Se-
nhor tiver lavado a impureza das mulheres de Sião, e
tiver limpado por meio de um espírito de julgamen-
to e de um espírito[c] de fogo o sangue derramado em

[a] 3:13 A Septuaginta e a Versão Siríaca dizem *o seu povo*.
[b] 4:1 Hebraico: *queremos ser chamadas pelo seu nome*.
[c] 4:4 Ou *do Espírito de julgamento e do Espírito*

Jerusalém, [5]o Senhor criará sobre todo o monte Sião e
sobre aqueles que se reunirem ali uma nuvem de dia
e um clarão de fogo de noite. A glória tudo cobrirá [6]e
será um abrigo e sombra para o calor do dia, refúgio e
esconderijo contra a tempestade e a chuva.

A canção da vinha

5 Cantarei para o meu amigo
o seu cântico
a respeito de sua vinha:
Meu amigo tinha uma vinha
na encosta de uma fértil colina.
[2]Ele cavou a terra, tirou as pedras
e plantou as melhores videiras.
Construiu uma torre de sentinela
e também fez um tanque de prensar uvas.
Ele esperava que desse uvas boas,
mas só deu uvas azedas.

[3]"Agora, habitantes de Jerusalém
e homens de Judá,
julguem entre mim e a minha vinha.
[4]Que mais se poderia fazer por ela
que eu não tenha feito?
Então, por que só produziu uvas azedas,
quando eu esperava uvas boas?
[5]Pois eu lhes digo o que vou fazer
com a minha vinha:
Derrubarei a sua cerca
para que ela seja transformada em pasto;
derrubarei o seu muro
para que seja pisoteada.
[6]Farei dela um terreno baldio;
não será podada nem capinada;
espinheiros e ervas daninhas crescerão nela.
Também ordenarei às nuvens
que não derramem chuva sobre ela."

[7]Pois bem,
a vinha do Senhor dos Exércitos
é a nação de Israel,
e os homens de Judá
são a plantação que ele amava.
Ele esperava justiça,
mas houve derramamento de sangue;
esperava retidão,
mas ouviu gritos de aflição.

Ais e julgamentos

[8]Ai de vocês que adquirem casas e mais casas,
propriedades e mais propriedades,
até não haver mais lugar para ninguém
e vocês se tornarem
os senhores absolutos da terra!
[9]O Senhor dos Exércitos me disse:

"Sem dúvida muitas casas
ficarão abandonadas,
as casas belas e grandes
ficarão sem moradores.
[10]Uma vinha de dez alqueires[a]
só produzirá um pote[b] de vinho,
um barril[c] de semente
só dará uma arroba[d] de trigo".

[11]Ai dos que se levantam cedo
para embebedar-se,
e se esquentam com o vinho até a noite!
[12]Harpas, liras, tamborins, flautas e vinho
há em suas festas,
mas não se importam
com os atos do Senhor,
nem atentam para a obra
que as suas mãos realizam.
[13]Portanto, o meu povo vai para o exílio
por falta de conhecimento;
a elite morrerá de fome,
e as multidões, de sede.
[14]Por isso o Sheol[e] aumenta o seu apetite
e escancara a sua boca.
Para dentro dele descerão
o esplendor da cidade e a sua riqueza,
o seu barulho e os que se divertem.
[15]Por isso o homem será abatido,
a humanidade se curvará,
e os arrogantes terão que baixar os olhos.
[16]Mas o Senhor dos Exércitos
será exaltado em sua justiça;
o Deus santo se mostrará santo
em sua retidão.
[17]Então ovelhas pastarão ali
como em sua própria pastagem;
cordeiros[f] comerão nas ruínas dos ricos.

[18]Ai dos que se prendem à iniquidade
com cordas de engano,
e ao pecado com cordas de carroça,
[19]e dizem: "Que Deus apresse
a realização da sua obra
para que a vejamos;
que se cumpra
o plano do Santo de Israel,
para que o conheçamos".

[20]Ai dos que chamam ao mal bem
e ao bem, mal,
que fazem das trevas luz
e da luz, trevas,
do amargo, doce
e do doce, amargo!
[21]Ai dos que são sábios
aos seus próprios olhos
e inteligentes em sua própria opinião!

[22]Ai dos que são campeões
em beber vinho
e mestres em misturar bebidas,
[23]dos que por suborno
absolvem o culpado,
mas negam justiça ao inocente!

[a] 5:10 Isto é, a terra arada num dia por dez parelhas de boi.
[b] 5:10 Hebraico: *bato*. O bato era uma medida de capacidade. As estimativas variam entre 20 e 40 litros.
[c] 5:10 Hebraico: *hômer*. O hômer era uma medida de capacidade para secos. As estimativas variam entre 200 e 400 litros.
[d] 5:10 Hebraico: *efa*. O efa era uma medida de capacidade para secos. As estimativas variam entre 20 e 40 litros.
[e] 5:14 Essa palavra pode ser traduzida por sepultura, profundezas, pó ou morte.
[f] 5:17 Conforme a Septuaginta. O Texto Massorético diz *estrangeiros*.

24 Por isso, assim como a palha
é consumida pelo fogo
e o restolho é devorado pelas chamas,
assim também as suas raízes apodrecerão
e as suas flores, como pó,
serão levadas pelo vento;
pois rejeitaram
a lei do SENHOR dos Exércitos,
desprezaram a palavra do Santo de Israel.
25 Por tudo isso a ira do SENHOR
acendeu-se contra o seu povo,
e ele levantou sua mão para os ferir.
Os montes tremeram,
e os seus cadáveres
estão como lixo nas ruas.

Apesar disso tudo,
a ira dele não se desviou;
sua mão continua erguida.

26 Ele levanta uma bandeira
convocando uma nação distante,
e assobia para um povo
dos confins da terra.
Aí vêm eles rapidamente!
27 Nenhum dos seus soldados
se cansa nem tropeça,
nenhum deles cochila nem dorme,
nenhum afrouxa o cinto,
nenhum desamarra a correia das sandálias.
28 As flechas deles estão afiadas,
preparados estão todos
os seus arcos;
os cascos dos seus cavalos
são duros como pedra,
as rodas de seus carros
são como um furacão.
29 O rugido deles é como o do leão;
rugem como leões ferozes;
rosnam enquanto se apoderam da presa
e a arrastam,
sem que ninguém possa livrá-la.
30 Naquele dia rugirão sobre Judá
como o rugir do mar.
E, se alguém olhar para a terra de Israel,
verá trevas e aflição;
até a luz do dia
será obscurecida pelas nuvens.

O chamado de Isaías

6 No ano em que o rei Uzias morreu, eu vi o Senhor
assentado num trono alto e exaltado, e a aba de sua
veste enchia o templo. 2 Acima dele estavam serafins; ca-
da um deles tinha seis asas: com duas cobriam o rosto,
com duas cobriam os pés e com duas voavam. 3 E pro-
clamavam uns aos outros:

"Santo, santo, santo
é o SENHOR dos Exércitos,
a terra inteira está cheia da sua glória".

4 Ao som das suas vozes os batentes das portas tre-
meram, e o templo ficou cheio de fumaça.
5 Então gritei: Ai de mim! Estou perdido! Pois sou
um homem de lábios impuros e vivo no meio de um
povo de lábios impuros; os meus olhos viram o Rei, o
SENHOR dos Exércitos!
6 Logo um dos serafins voou até mim trazendo uma
brasa viva, que havia tirado do altar com uma tenaz.
7 Com ela tocou a minha boca e disse: "Veja, isto tocou
os seus lábios; por isso, a sua culpa será removida, e o
seu pecado será perdoado".
8 Então ouvi a voz do Senhor, conclamando: "Quem
enviarei? Quem irá por nós?"
E eu respondi: Eis-me aqui. Envia-me!
9 Ele disse: "Vá, e diga a este povo:

"Estejam sempre ouvindo,
mas nunca entendam;
estejam sempre vendo,
e jamais percebam.
10 Torne insensível o coração deste povo;
torne surdos os seus ouvidos
e feche os seus olhos.[a]
Que eles não vejam com os olhos,
não ouçam com os ouvidos,
e não entendam com o coração,
para que não se convertam
e sejam curados".

11 Então eu perguntei:
Até quando, Senhor?
E ele respondeu:

"Até que as cidades estejam em ruínas
e sem habitantes,
até que as casas fiquem abandonadas
e os campos estejam
totalmente devastados,
12 até que o SENHOR tenha enviado
todos para longe
e a terra esteja totalmente desolada.
13 E ainda que um décimo fique no país,
esses também serão destruídos.
Mas, assim como o terebinto e o carvalho
deixam o tronco quando são derrubados,
assim a santa semente será o seu tronco".

O sinal de Emanuel

7 Quando Acaz, filho de Jotão e neto de Uzias, era rei
de Judá, o rei Rezim, da Síria, e Peca, filho de Rema-
lias, rei de Israel, atacaram Jerusalém, mas não pude-
ram vencê-la.
2 Informaram ao rei: "A Síria montou acampamen-
to em[b] Efraim". Com isso o coração de Acaz e do seu
povo agitou-se, como as árvores da floresta agitam-se
com o vento.
3 Então o SENHOR disse a Isaías: "Saia, e leve seu fi-
lho Sear-Jasube[c]. Vá encontrar-se com Acaz no final do
aqueduto do açude Superior, na estrada que vai para
o campo do Lavandeiro. 4 Diga a ele: Tenha cuidado,
acalme-se e não tenha medo. Que o seu coração não
desanime por causa do furor destes restos de lenha fu-
megantes: Rezim, a Síria e o filho de Remalias.

[a] 6:9-10 A Septuaginta diz *Ainda que estejam sempre ouvindo, vocês nunca entenderão; ainda que estejam sempre vendo, vocês jamais perceberão.* 10 *O coração desse povo se tornou insensível; de má vontade ouviram com os seus ouvidos, e fecharam os seus olhos.*
[b] 7:2 Ou *A Síria fez um acordo com*
[c] 7:3 *Sear-Jasube* significa *um remanescente voltará.*

5"Porque a Síria, Efraim e o filho de Remalias têm
tramado a sua ruína, dizendo: 6'Vamos invadir o reino
de Judá; vamos rasgá-lo e dividi-lo entre nós, e fazer
o filho de Tabeel reinar sobre ele' ". 7Assim diz o Sobe-
rano, o SENHOR:

"Não será assim,
isso não acontecerá,
8pois a cabeça da Síria é Damasco,
e a cabeça de Damasco é Rezim.
Em sessenta e cinco anos
Efraim ficará muito arruinado
para ser um povo.
9A cabeça de Efraim é Samaria,
e a cabeça de Samaria
é o filho de Remalias.
Se vocês não ficarem firmes na fé,
com certeza não resistirão!"

10Disse ainda o SENHOR a Acaz: 11"Peça ao SENHOR, ao
seu Deus, um sinal milagroso, seja das maiores profun-
dezas, seja das alturas mais elevadas".
12Mas Acaz disse: "Não pedirei; não porei o SENHOR
à prova".
13Disse então Isaías: "Ouçam agora, descendentes de
Davi! Não basta abusarem da paciência dos homens?
Também vão abusar da paciência do meu Deus? 14Por
isso o Senhor mesmo lhes dará um sinal: a virgem fi-
cará grávida e dará à luz um filho, e o chamará[a] Ema-
nuel[b]. 15Ele comerá coalhada e mel até a idade em que
saiba rejeitar o erro e escolher o que é certo. 16Mas,
antes que o menino saiba rejeitar o erro e escolher o
que é certo, a terra dos dois reis que você teme ficará
deserta. 17O SENHOR trará o rei da Assíria sobre você
e sobre o seu povo e sobre a descendência de seu pai.
Serão dias como nunca houve, desde que Efraim se
separou de Judá".
18Naquele dia o SENHOR assobiará para chamar as
moscas dos distantes rios do Egito e as abelhas da As-
síria. 19Todas virão e pousarão nos vales íngremes e nas
fendas das rochas, em todos os espinheiros e em todas
as cisternas. 20Naquele dia o Senhor utilizará uma na-
valha alugada de além do Eufrates[c], o rei da Assíria,
para rapar a sua cabeça e os pelos de suas pernas e da
sua barba. 21Naquele dia o homem que tiver uma vaca e
duas cabras 22terá coalhada para comer, graças à fartura
de leite que elas darão. Todos os que ficarem na terra
comerão coalhada e mel. 23Naquele dia, todo lugar on-
de havia mil videiras no valor de doze quilos[d] de prata
será deixado para as roseiras bravas e para os espinhei-
ros. 24Os homens entrarão ali com arcos e flechas, pois
todo o país estará coberto de roseiras bravas e de espi-
nheiros. 25E às colinas antes lavradas com enxada você
não irá mais, porque terá medo das roseiras bravas e
dos espinheiros; nesses lugares os bois ficarão à solta
e as ovelhas correrão livremente.

Assíria, instrumento do Senhor

8 O SENHOR me disse: "Tome uma placa de bom
tamanho e nela escreva de forma legível:
Maher-Shalal-Hash-Baz[e]. 2E chame o sacerdote Urias,
e Zacarias, filho de Jeberequias, como testemunhas de
confiança".
3Então deitei-me com a profetisa[f], e ela engravidou
e deu à luz um filho. E o SENHOR me disse: "Dê-lhe o no-
me de Maher-Shalal-Hash-Baz. 4Pois antes que o menino
saiba dizer 'papai' ou 'mamãe', a riqueza de Damasco e
os bens de Samaria serão levados pelo rei da Assíria".
5O SENHOR tornou a falar-me:

6"Já que este povo rejeitou
as águas de Siloé, que fluem mansamente,
e alegrou-se com Rezim
e com o filho de Remalias,
7o Senhor está trazendo contra eles
as poderosas e devastadoras
águas do Eufrates[g],
o rei da Assíria com todo o seu poderio.
Elas transbordarão
em todos os seus canais,
encobrirão todas as suas margens
8e inundarão Judá,
cobrindo-o até o pescoço.
Seus braços abertos se espalharão
por toda a tua terra, ó Emanuel[h]!"

9Continuem a fazer o mal, ó nações,
e vocês serão destruídas!
Escutem, terras distantes:
Ainda que vocês se preparem
para o combate,
serão destruídas!
Sim, mesmo que se preparem
para o combate,
vocês serão destruídas!
10Mesmo que vocês criem estratégias,
elas serão frustradas;
mesmo que façam planos,
não terão sucesso,
pois Deus está conosco!

Temam a Deus

11O SENHOR falou comigo com veemência[i], advertin-
do-me a não seguir o caminho desse povo. Ele disse:

12"Não chamem conspiração
a tudo o que esse povo chama conspiração;[j]
não temam aquilo que eles temem,
nem se apavorem.
13O SENHOR dos Exércitos
é que vocês devem considerar santo,
a ele é que vocês devem temer,
dele é que vocês devem ter pavor.
14Para os dois reinos de Israel
ele será um santuário,
mas também uma pedra de tropeço,
uma rocha que faz cair.
E para os habitantes de Jerusalém
ele será uma armadilha e um laço.

[a] 7:14 Alguns manuscritos do mar Morto dizem *e ele o chamará*; outros dizem *e eles o chamarão*.
[b] 7:14 *Emanuel* significa *Deus conosco*.
[c] 7:20 Hebraico: *do Rio*.
[d] 7:23 Hebraico: *1.000 siclos*. Um siclo equivalia a 12 gramas.
[e] 8:1 *Maher-Shalal-Hash-Baz* significa *rapidamente até os despojos, agilmente até a pilhagem*; também no versículo 3.
[f] 8:3 Isto é: mulher do profeta
[g] 8:7 Hebraico: *do Rio*.
[h] 8:8 *Emanuel* significa *Deus conosco*.
[i] 8:11 Hebraico: *com forte mão*.
[j] 8:12 Ou "*Não peça um tratado todas as vezes que esse povo pedir um tratado;*

15 Muitos deles tropeçarão,
cairão e serão despedaçados,
presos no laço e capturados".

16 Guarde o mandamento com cuidado
e sele a lei entre os meus discípulos.
17 Esperarei pelo SENHOR,
que está escondendo o seu rosto
da descendência de Jacó.
Nele porei a minha esperança.

18 Aqui estou eu com os filhos que o SENHOR me deu.
Em Israel somos sinais e símbolos da parte do SENHOR
dos Exércitos, que habita no monte Sião.
19 Quando disserem a vocês: "Procurem um médium
ou alguém que consulte os espíritos e murmure en-
cantamentos, pois todos recorrem a seus deuses e aos
mortos em favor dos vivos", 20 respondam: "À lei e aos
mandamentos!" Se eles não falarem conforme esta pa-
lavra, vocês jamais verão a luz! 21 Aflitos e famintos va-
guearão pela terra; quando estiverem famintos, ficarão
irados e, olhando para cima, amaldiçoarão o seu rei e
o seu Deus. 22 Depois olharão para a terra e só verão
aflição, trevas e temível escuridão, e serão atirados em
densas trevas.

O nascimento do Príncipe da Paz

9 Contudo, não haverá mais escuridão para os que es-
tavam aflitos. No passado ele humilhou a terra de
Zebulom e de Naftali, mas no futuro honrará a Galileia
dos gentios, o caminho do mar, junto ao Jordão.

2 O povo que caminhava em trevas
viu uma grande luz;
sobre os que viviam na terra
da sombra da morte[a]
raiou uma luz.
3 Fizeste crescer a nação
e aumentaste a sua alegria;
eles se alegram diante de ti
como os que se regozijam na colheita,
como os que exultam
quando dividem os bens tomados na batalha.
4 Pois tu destruíste o jugo
que os oprimia,
a canga que estava sobre os seus ombros,
e a vara de castigo do seu opressor,
como no dia da derrota de Midiã.
5 Pois toda bota de guerreiro
usada em combate
e toda veste revolvida em sangue
serão queimadas,
como lenha no fogo.
6 Porque um menino nos nasceu,
um filho nos foi dado,
e o governo está sobre os seus ombros.
E ele será chamado
Maravilhoso Conselheiro[b], Deus Poderoso,
Pai Eterno, Príncipe da Paz.
7 Ele estenderá o seu domínio,
e haverá paz sem fim
sobre o trono de Davi
e sobre o seu reino,
estabelecido e mantido
com justiça e retidão,
desde agora e para sempre.
O zelo do SENHOR dos Exércitos fará isso.

A ira do SENHOR contra Israel

8 O Senhor enviou uma mensagem
contra Jacó,
e ela atingiu Israel.
9 Todo o povo ficará sabendo,
tanto Efraim como
os habitantes de Samaria,
que dizem com orgulho
e arrogância de coração:
10 "Os tijolos caíram,
mas nós reconstruiremos
com pedras lavradas;
as figueiras bravas foram derrubadas,
mas nós as substituiremos por cedros".
11 Mas o SENHOR fortaleceu
os adversários de Rezim para atacá-los
e incitou contra eles os seus inimigos.
12 Os arameus do leste
e os filisteus do oeste
devoraram Israel, escancarando a boca.

Apesar disso tudo,
a ira divina não se desviou;
sua mão continua erguida.

13 Mas o povo não voltou
para aquele que o feriu,
nem buscou o SENHOR dos Exércitos.
14 Por essa razão o SENHOR corta de Israel
tanto a cabeça como a cauda,
tanto a palma como o junco,
num único dia;
15 as autoridades e os homens de destaque
são a cabeça,
os profetas que ensinam mentiras
são a cauda.
16 Aqueles que guiam este povo
o desorientam,
e aqueles que são guiados
deixam-se induzir ao erro.
17 Por isso o Senhor não terá nos jovens
motivo de alegria,
nem terá piedade dos órfãos e das viúvas,
pois todos são hipócritas e perversos,
e todos falam loucuras.

Apesar disso tudo,
a ira dele não se desviou;
sua mão continua erguida.

18 Porque a impiedade queima como fogo;
consome roseiras bravas e espinheiros,
põe em chamas os matagais da floresta,
fazendo nuvens de fumaça.
19 Pela ira do SENHOR dos Exércitos
a terra será ressecada,
e o povo será como lenha no fogo;
ninguém poupará seu irmão.
20 À direita devorarão,
mas ainda estarão com fome;

[a] 9:2 Ou *terra das trevas*
[b] 9:6 Ou *chamado Maravilhoso, Conselheiro*

à esquerda comerão,
mas não ficarão satisfeitos.
Cada um comerá a carne
do seu próprio irmão[a].
21 Manassés contra Efraim,
Efraim contra Manassés,
e juntos eles se voltarão contra Judá.

Apesar disso tudo,
a ira divina não se desviou;
sua mão continua erguida.

10 Ai daqueles que fazem leis injustas,
que escrevem decretos opressores,
2 para privar os pobres dos seus direitos
e da justiça os oprimidos do meu povo,
fazendo das viúvas sua presa
e roubando dos órfãos!
3 Que farão vocês no dia do castigo,
quando a destruição
vier de um lugar distante?
Atrás de quem vocês correrão
em busca de ajuda?
Onde deixarão
todas as suas riquezas?
4 Nada poderão fazer,
a não ser encolher-se entre os prisioneiros
ou cair entre os mortos.

Apesar disso tudo,
a ira divina não se desviou;
sua mão continua erguida.

O juízo de Deus sobre a Assíria

5 "Ai dos assírios, a vara do meu furor,
em cujas mãos está o bastão da minha ira!
6 Eu os envio contra uma nação ímpia,
contra um povo que me enfurece,
para saqueá-lo e arrancar-lhe os bens,
e para pisoteá-lo como a lama das ruas.
7 Mas não é o que eles pretendem,
não é o que têm planejado;
antes, o seu propósito é destruir
e dar fim a muitas nações.
8 'Os nossos comandantes
não são todos reis?', eles perguntam.
9 Acaso não aconteceu a Calno
o mesmo que a Carquemis?
Hamate não é como Arpade
e Samaria como Damasco?
10 Assim como esses reinos idólatras
foram conquistados por minha mão,
reinos cujas imagens
eram mais numerosas
que as de Jerusalém e de Samaria,
11 eu tratarei Jerusalém e suas imagens
como tratei Samaria e seus ídolos."

12 Quando o Senhor terminar toda a sua obra contra
o monte Sião e contra Jerusalém, ele dirá: "Castigarei
o rei da Assíria pelo orgulho obstinado de seu coração
e pelo seu olhar arrogante. 13 Pois ele diz:

" 'Com a força da minha mão eu o fiz,
e com a minha sabedoria,
porque tenho entendimento.
Removi as fronteiras das nações,
saqueei os seus tesouros;
como um poderoso
subjuguei seus habitantes[b].
14 Como se estica o braço
para alcançar um ninho,
assim estiquei o braço
para apanhar a riqueza das nações;
como os que ajuntam ovos abandonados,
assim ajuntei toda a terra;
não houve ninguém que batesse as asas
ou que desse um pio' ".

15 Será que o machado se exalta
acima daquele que o maneja,
ou a serra se vangloria
contra aquele que a usa?
Seria como se uma vara manejasse
quem a ergue,
ou o bastão levantasse
quem não é madeira!
16 Por isso o Soberano,
o SENHOR dos Exércitos,
enviará uma enfermidade devastadora
sobre os seus fortes guerreiros;
no lugar da sua glória
se acenderá um fogo
como chama abrasadora.
17 A Luz de Israel se tornará um fogo;
o seu Santo, uma chama.
Num único dia ela queimará e consumirá
os seus espinheiros
e as suas roseiras bravas.
18 A glória das suas florestas
e dos seus campos férteis
se extinguirá totalmente,
como definha um enfermo.
19 E as árvores que sobrarem
nas suas florestas serão tão poucas
que até uma criança poderá contá-las.

O remanescente de Israel

20 Naquele dia o remanescente de Israel,
os sobreviventes da descendência de Jacó,
já não confiarão naquele que os feriu;
antes confiarão no SENHOR,
no Santo de Israel, com toda a fidelidade.
21 Um remanescente voltará[c],
sim, o remanescente de Jacó
voltará para o Deus Poderoso.
22 Embora o seu povo, ó Israel,
seja como a areia do mar,
apenas um remanescente voltará.
A destruição já foi decretada,
e virá transbordante de justiça.
23 O Soberano, o SENHOR dos Exércitos,
executará a destruição decretada
contra todo o país.

24 Por isso o Soberano,
o SENHOR dos Exércitos, diz:

[a] 9:20 Ou *braço*

[b] 10:13 Ou *poderosos*

[c] 10:21 Hebraico: *Sear-Jasube*; também no versículo 22.

"Povo meu que vive em Sião,
não tenha medo dos assírios,
quando eles o espancam com uma vara
e erguem contra você um bastão,
como fez o Egito.
25 Muito em breve o meu furor passará,
e a minha ira se voltará
para a destruição deles".

26 O SENHOR dos Exércitos
os flagelará com um chicote,
como fez quando feriu Midiã
na rocha de Orebe;
ele erguerá o seu cajado contra o mar,
como fez no Egito.
27 Naquele dia o fardo deles
será tirado dos seus ombros,
e o jugo deles do seu pescoço;
o jugo se quebrará
porque vocês estarão muito gordos![a]

28 Eles entram em Aiate;
passam por Migrom;
guardam suprimentos em Micmás.
29 Atravessam o vale e dizem:
"Passaremos a noite acampados em Geba".
Ramá treme; Gibeá de Saul foge.
30 Clamem, ó habitantes de Galim!
Escute, ó Laís! Pobre Anatote!
31 Madmena está em fuga;
o povo de Gebim esconde-se.
32 Hoje eles vão parar em Nobe;
sacudirão o punho para
o monte da cidade[b] de Sião,
para a colina de Jerusalém.

33 Vejam! O Soberano,
o SENHOR dos Exércitos,
cortará os galhos com grande força.
As árvores altivas serão derrubadas,
as altas serão lançadas por terra.
34 Com um machado ele ceifará a floresta;
o Líbano cairá diante do Poderoso.

O ramo de Jessé

11 Um ramo surgirá do tronco de Jessé,
e das suas raízes brotará um renovo.
2 O Espírito do SENHOR
repousará sobre ele,
o Espírito que dá sabedoria e entendimento,
o Espírito que traz conselho e poder,
o Espírito que dá conhecimento
e temor do SENHOR.
3 E ele se inspirará no temor do SENHOR.

Não julgará pela aparência,
nem decidirá com base no que ouviu;
4 mas com retidão julgará os necessitados,
com justiça tomará decisões
em favor dos pobres.
Com suas palavras,
como se fossem um cajado,
ferirá a terra;
com o sopro de sua boca
matará os ímpios.
5 A retidão será a faixa de seu peito,
e a fidelidade o seu cinturão.

6 O lobo viverá com o cordeiro,
o leopardo se deitará com o bode,
o bezerro, o leão e o novilho gordo
pastarão juntos;[c]
e uma criança os guiará.
7 A vaca se alimentará com o urso,
seus filhotes se deitarão juntos,
e o leão comerá palha como o boi.
8 A criancinha brincará
perto do esconderijo da cobra,
a criança colocará a mão
no ninho da víbora.
9 Ninguém fará nenhum mal,
nem destruirá coisa alguma
em todo o meu santo monte,
pois a terra se encherá
do conhecimento do SENHOR
como as águas cobrem o mar.

10 Naquele dia as nações buscarão a Raiz de Jessé, que
será como uma bandeira para os povos, e o seu lugar
de descanso será glorioso. 11 Naquele dia o Senhor es-
tenderá o braço pela segunda vez para reivindicar o
remanescente do seu povo que for deixado na Assíria,
no Egito, em Patros[d], na Etiópia[e], em Elão, em Sinear[f],
em Hamate e nas ilhas do mar.

12 Ele erguerá uma bandeira para as nações
a fim de reunir os exilados de Israel;
ajuntará o povo disperso de Judá
desde os quatro cantos da terra.
13 O ciúme de Efraim desaparecerá,
e a hostilidade de Judá será eliminada;
Efraim não terá ciúme de Judá,
nem Judá será hostil a Efraim.
14 Eles se infiltrarão pelas encostas
da Filístia, a oeste;
juntos saquearão o povo do leste.
Porão as mãos sobre Edom e Moabe,
e os amonitas lhes estarão sujeitos.
15 O SENHOR fará secar o golfo do mar do Egito;
com um forte vento varrerá com a mão o
Eufrates[g],
e o dividirá em sete riachos,
para que se possa atravessá-lo de sandálias.
16 Haverá uma estrada
para o remanescente do seu povo
que for deixado na Assíria,
como houve para Israel
quando saiu do Egito.

Ação de graças

12 Naquele dia você dirá:

"Eu te louvarei, SENHOR!
Pois estavas irado contra mim,

[a] 10:27 A Septuaginta diz *será quebrado dos seus ombros.*
[b] 10:32 Hebraico: *filha.*
[c] 11:6 A Septuaginta diz *o bezerro e o leão comerão juntos.*
[d] 11:11 Ou *alto Egito*
[e] 11:11 Hebraico: *Cuxe.*
[f] 11:11 Ou *Babilônia*
[g] 11:15 Hebraico: *o Rio.*

mas a tua ira desviou-se,
e tu me consolaste.
2 Deus é a minha salvação;
terei confiança e não temerei.
O SENHOR, sim, o SENHOR
é a minha força e o meu cântico;
ele é a minha salvação!"
3 Com alegria vocês tirarão água
das fontes da salvação.

4 Naquele dia vocês dirão:

"Louvem o SENHOR,
invoquem o seu nome;
anunciem entre as nações os seus feitos,
e façam-nas saber
que o seu nome é exaltado.
5 Cantem louvores ao SENHOR,
pois ele tem feito coisas gloriosas,
sejam elas conhecidas em todo o mundo.
6 Gritem bem alto e cantem de alegria,
habitantes de Sião,
pois grande é o Santo de Israel
no meio de vocês".

Profecia contra a Babilônia

13 Advertência contra a Babilônia, que Isaías, filho de Amoz, recebeu em visão:

2 Levantem uma bandeira no topo
de uma colina desnuda,
gritem a eles;
chamem-nos com um aceno,
para que entrem pelas portas dos nobres.
3 Eu mesmo ordenei aos meus santos;
para executarem a minha ira
já convoquei os meus guerreiros,
os que se regozijam
com o meu triunfo.

4 Escutem! Há um barulho nos montes
como o de uma grande multidão!
Escutem! É uma gritaria entre os reinos,
como nações formando
uma imensa multidão!
O SENHOR dos Exércitos está reunindo
um exército para a guerra.
5 Eles vêm de terras distantes,
lá dos confins dos céus;
o SENHOR e as armas da sua ira,
para destruírem todo o país.

6 Chorem, pois o dia do SENHOR está perto;
virá como destruição
da parte do Todo-poderoso.
7 Por isso, todas as mãos ficarão trêmulas,
o coração de todos os homens se derreterá.
8 Ficarão apavorados,
dores e aflições os dominarão;
eles se contorcerão como a mulher
em trabalho de parto.
Olharão chocados uns para os outros,
com os rostos em fogo.

9 Vejam! O dia do SENHOR está perto,
dia cruel, de ira e grande furor,
para devastar a terra
e destruir os seus pecadores.
10 As estrelas do céu
e as suas constelações
não mostrarão a sua luz.
O sol nascente escurecerá,
e a lua não fará brilhar a sua luz.
11 Castigarei o mundo
por causa da sua maldade,
os ímpios pela sua iniquidade.
Darei fim à arrogância dos altivos
e humilharei o orgulho dos cruéis.
12 Tornarei o homem mais escasso
do que o ouro puro,
mais raro do que o ouro de Ofir.
13 Por isso farei o céu tremer,
e a terra se moverá do seu lugar
diante da ira do SENHOR dos Exércitos,
no dia do furor da sua ira.

14 Como a gazela perseguida,
como a ovelha que ninguém recolhe,
cada um voltará para o seu povo,
cada um fugirá para a sua terra.
15 Todo o que for capturado
será traspassado;
todos os que forem apanhados
cairão à espada.
16 Seus bebês serão despedaçados
diante dos seus olhos;
suas casas serão saqueadas
e suas mulheres, violentadas.

17 Vejam! Eu despertarei
contra eles os medos,
que não se interessam pela prata
nem se deleitam com o ouro.
18 Seus arcos ferirão os jovens,
e eles não terão misericórdia dos bebês,
nem olharão com compaixão
para as crianças.
19 Babilônia, a joia dos reinos,
o esplendor do orgulho dos babilônios[a],
será destruída por Deus,
à semelhança de Sodoma e Gomorra.
20 Nunca mais será repovoada
nem habitada, de geração em geração;
o árabe não armará ali a sua tenda
e o pastor não fará descansar ali
o seu rebanho.
21 Mas as criaturas do deserto lá estarão,
e as suas casas se encherão de chacais;
nela habitarão corujas
e saltarão bodes selvagens.
22 As hienas uivarão em suas fortalezas,
e os chacais em seus luxuosos palácios.
O tempo dela está terminando,
e os seus dias não serão prolongados.

14 O SENHOR terá compaixão de Jacó;
tornará a escolher Israel
e os estabelecerá em sua própria terra.
Os estrangeiros se juntarão a eles
e farão parte da descendência de Jacó.

[a] 13:19 Ou *caldeus*

[2]Povos os apanharão e os levarão
ao seu próprio lugar.
E a descendência de Israel
possuirá os povos
como servos e servas
na terra do SENHOR.
Farão prisioneiros os seus captores
e dominarão sobre os seus opressores.

[3]No dia em que o SENHOR lhe der descanso do sofrimento, da perturbação e da cruel escravidão que sobre você foi imposta, [4]você zombará assim do rei da Babilônia:

Como chegou ao fim o opressor!
Sua arrogância[a] acabou-se!
[5]O SENHOR quebrou a vara dos ímpios,
o cetro dos governantes,
[6]que irados feriram os povos
com golpes incessantes,
e enfurecidos subjugaram as nações
com perseguição implacável.
[7]Toda a terra descansa tranquila,
todos irrompem em gritos de alegria.
[8]Até os pinheiros e os cedros do Líbano
alegram-se por sua causa e dizem:
"Agora que você foi derrubado,
nenhum lenhador vem derrubar-nos!"

[9]Nas profundezas
o Sheol[b] está todo agitado
para recebê-lo quando chegar.
Por sua causa ele desperta
os espíritos dos mortos,
todos os governantes da terra.
Ele os faz levantar-se dos seus tronos,
todos os reis dos povos.
[10]Todos responderão e lhe dirão:
"Você também perdeu as forças como nós,
e tornou-se como um de nós".
[11]Sua soberba foi lançada na sepultura,
junto com o som das suas liras;
sua cama é de larvas,
sua coberta, de vermes.

[12]Como você caiu dos céus,
ó estrela da manhã, filho da alvorada!
Como foi atirado à terra,
você, que derrubava as nações!
[13]Você, que dizia no seu coração:
"Subirei aos céus;
erguerei o meu trono
acima das estrelas de Deus;
eu me assentarei no monte da assembleia,
no ponto mais elevado do monte santo[c].
[14]Subirei mais alto
que as mais altas nuvens;
serei como o Altíssimo".
[15]Mas às profundezas do Sheol
você será levado,
irá ao fundo do abismo!

[16]Os que olham para você
admiram-se da sua situação,
e a seu respeito ponderam:
"É esse o homem que fazia tremer a
terra,
abalava os reinos,
[17]fez do mundo um deserto,
conquistou cidades
e não deixou que os seus prisioneiros
voltassem para casa?"

[18]Todos os reis das nações
jazem honrosamente,
cada um em seu próprio túmulo.
[19]Mas você é atirado fora do seu túmulo,
como um galho rejeitado;
como as roupas dos mortos
que foram feridos à espada;
como os que descem às pedras da cova;
como um cadáver pisoteado,
[20]você não se unirá a eles
num sepultamento,
pois destruiu a sua própria terra,
e matou o seu próprio povo.

Nunca se mencione
a descendência dos malfeitores!
[21]Preparem um local para matar
os filhos dele
por causa da iniquidade
dos seus antepassados;
para que eles não se levantem
para herdar a terra
e cobri-la de cidades.

[22]"Eu me levantarei contra eles",
diz o SENHOR dos Exércitos.
"Eliminarei da Babilônia o seu nome
e os seus sobreviventes,
sua prole e os seus descendentes",
diz o SENHOR.
[23]"Farei dela um lugar para corujas
e uma terra pantanosa;
vou varrê-la com a vassoura da destruição",
diz o SENHOR dos Exércitos.

Profecia contra a Assíria

[24]O SENHOR dos Exércitos jurou:

"Certamente, como planejei,
assim acontecerá,
e, como pensei, assim será.
[25]Esmagarei a Assíria na minha terra;
nos meus montes a pisotearei.
O seu jugo será tirado do meu povo,
e o seu fardo, dos ombros dele".

[26]Esse é o plano estabelecido
para toda a terra;
essa é a mão estendida
sobre todas as nações.
[27]Pois esse é o propósito
do SENHOR dos Exércitos;
quem pode impedi-lo?
Sua mão está estendida;
quem pode fazê-la recuar?

[a] 14:4 Conforme os manuscritos do mar Morto, a Septuaginta e a Versão Siríaca.
[b] 14:9 Essa palavra pode ser traduzida por sepultura, profundezas, pó ou morte; também no versículo 15
[c] 14:13 Ou *alto do norte*. Hebraico: *zafon*.

Profecia contra os filisteus

[28]Esta advertência veio no ano em que o rei Acaz morreu:

[29]Vocês, filisteus, todos vocês,
não se alegrem
porque a vara que os feria está quebrada!
Da raiz da cobra brotará uma víbora,
e o seu fruto será uma serpente veloz.
[30]O mais pobre dos pobres
achará pastagem,
e os necessitados descansarão
em segurança.
Mas eu matarei de fome
a raiz de vocês,
e ela matará os seus sobreviventes.

[31]Lamente, ó porta! Clame, ó cidade!
Derretam-se todos vocês, filisteus!
Do norte vem um exército,
e ninguém desertou de suas fileiras.
[32]Que resposta se dará
aos emissários daquela nação?
Esta: "O Senhor estabeleceu Sião,
e nela encontrarão refúgio
os aflitos do seu povo".

Profecia contra Moabe

15 Advertência contra Moabe:

Sim, na noite em que foi destruída,
Ar, em Moabe, ficou arruinada!
E na noite em que foi destruída,
Quir, em Moabe, ficou arruinada!
[2]Sobe-se ao templo em Dibom,
a seus altares idólatras, para chorar;
por causa de Nebo e de Medeba
Moabe pranteia.
Todas as cabeças estão rapadas
e toda barba foi cortada.
[3]Nas ruas andam vestidos
de roupas de lamento;
nos terraços e nas praças públicas
todos pranteiam e se prostram chorando.
[4]Hesbom e Eleale clamam;
até Jaaz as suas vozes são ouvidas.
Por isso os homens armados
de Moabe gritam,
e o coração deles treme.

[5]O meu coração clama
por causa de Moabe!
Os seus fugitivos vão até Zoar,
até Eglate-Selisia.
Sobem pelo caminho de Luíte,
caminhando e chorando.
Pela estrada de Horonaim
levantam clamor em face da destruição,
[6]porque as águas de Ninrim secaram-se,
a pastagem secou-se
e a vegetação morreu;
todo o verde desapareceu!
[7]Por isso, a riqueza que adquiriram
e armazenaram
eles levam para além
do riacho dos Salgueiros.
[8]Com efeito, seu clamor espalha-se
por todo o território de Moabe;
sua lamentação até Eglaim,
até Beer-Elim.
[9]Ainda que as águas de Dimom[a]
estejam cheias de sangue,
trarei mais mal sobre Dimom:
um leão sobre os fugitivos de Moabe
e sobre aqueles que permanecem na terra.

16 Enviem cordeiros como tributo
ao governante da terra,
desde Selá, atravessando o deserto,
até o monte Sião.
[2]Como aves perdidas,
lançadas fora do ninho,
assim são os habitantes de Moabe
nos lugares de passagem do Arnom.

[3]"Dá conselhos e propõe uma decisão.
Torna a tua sombra como a noite
em pleno meio-dia
e esconde os fugitivos;
não deixes ninguém saber
onde estão os refugiados.
[4]Que os fugitivos moabitas
habitem contigo;
sê para eles abrigo contra o destruidor."

O opressor há de ter fim,
a destruição se acabará
e o agressor desaparecerá da terra.
[5]Então, em amor será firmado um trono;
em fidelidade um homem
se assentará nele na tenda de Davi:
um Juiz que busca a justiça
e se apressa em defender o que é justo.

[6]Ouvimos acerca da soberba de Moabe:
da sua arrogância exagerada,
de todo o seu orgulho e do seu ódio;
mas tudo isso não vale nada.
[7]Por isso choram os moabitas,
todos choram por Moabe.
Cada um se lamenta e se entristece
pelos bolos de passas de Quir-Haresete.
[8]As lavouras de Hesbom estão murchas,
como também as videiras de Sibma.
Os governantes das nações
pisotearam as melhores videiras,
que antes chegavam até Jazar
e estendiam-se para o deserto.
Seus brotos espalhavam-se
e chegavam ao mar.
[9]Por isso eu choro, como Jazar chora,
por causa das videiras de Sibma.
Hesbom, Eleale, com minhas lágrimas
eu as encharco!
Pois não se ouvem mais os gritos de alegria
por seus frutos e por suas colheitas.
[10]Foram-se a alegria
e a exultação dos pomares;
ninguém canta nem grita nas vinhas;
ninguém pisa as uvas nos lagares,

[a] 15:9 Alguns manuscritos dizem *Díbom*.

pois fiz cessar os gritos de alegria.
[11]Por isso as minhas entranhas gemem
como harpa por Moabe;
o íntimo do meu ser
estremece por Quir-Heres.
[12]Quando Moabe se apresentar cansado
nos lugares altos,
e for ao seu santuário,
nada conseguirá.

[13]Essa palavra o SENHOR já havia falado acerca de
Moabe. [14]Mas agora o SENHOR diz: "Dentro de três anos,
e nem um dia mais,[a] o esplendor de Moabe e toda a sua
grande população serão desprezados, e os seus sobre-
viventes serão poucos e fracos".

Profecia contra Damasco

17 Advertência contra Damasco:

Damasco deixará de ser cidade;
e se tornará um monte de ruínas.
[2]Suas cidades serão abandonadas;
serão entregues aos rebanhos
que ali se deitarão,
e ninguém os espantará.
[3]Efraim deixará de ser uma fortaleza,
e Damasco uma realeza;
o remanescente de Arã será
como a glória dos israelitas,
anuncia o SENHOR dos Exércitos.

[4]Naquele dia a glória de Jacó se definhará,
e a gordura do seu corpo se consumirá.
[5]Será como quando
um ceifeiro junta o trigo
e colhe as espigas com o braço,
como quando se apanham
os feixes de trigo
no vale de Refaim.
[6]Contudo, restarão algumas espigas,
como, quando se sacode uma oliveira,
ficam duas ou três azeitonas
nos galhos mais altos
e umas quatro ou cinco
nos ramos mais produtivos,
anuncia o SENHOR, o Deus de Israel.

[7]Naquele dia os homens olharão
para aquele que os fez
e voltarão os olhos para o Santo de Israel.
[8]Não olharão para os altares,
obra de suas mãos,
e não darão a mínima atenção
aos postes sagrados
e aos altares de incenso
que os seus dedos fizeram.

[9]Naquele dia as suas cidades fortes, que tinham si-
do abandonadas por causa dos israelitas, serão como
lugares entregues aos bosques e ao mato. E tudo se-
rá desolação.

[10]Porque vocês se esqueceram de Deus,
do seu Salvador,
e não se lembraram da Rocha,
da fortaleza de vocês.
Por isso, embora vocês cultivem
as melhores plantas,
videiras importadas,
[11]e no dia em que as semearem
as façam crescer,
e de manhã florescer,
contudo, não haverá colheita
no dia da tristeza e do mal irremediável.

[12]Ah! O bramido das numerosas nações;
bramam como o mar!
Ah, o rugido dos povos;
rugem como águas impetuosas!
[13]Embora os povos rujam como
ondas encapeladas,
quando ele os repreender,
fugirão para longe,
carregados pelo vento
como palha nas colinas,
como galhos arrancados pela ventania.
[14]Ao cair da tarde, pavor repentino!
Antes do amanhecer, já se foram!
Esse é o destino dos que nos saqueiam,
essa é a parte que caberá aos que roubam.

Profecia contra a Etiópia

18 Ai da terra do zumbido de insetos[b]
ao longo dos rios da Etiópia[c],
[2]que manda emissários pelo mar
em barcos de papiro sobre as águas.

Vão, ágeis mensageiros,
a um povo alto e de pele macia,
a um povo temido
pelos que estão perto
e pelos que estão longe,
nação agressiva e de fala estranha,
cuja terra é dividida por rios.

[3]Todos vocês, habitantes do mundo,
vocês que vivem na terra,
quando a bandeira for erguida
sobre os montes, vocês a verão,
e, quando soar a trombeta,
vocês a ouvirão.
[4]Assim diz o SENHOR:
"Do lugar onde moro
ficarei olhando, quieto
como o ardor do sol reluzente,
como a nuvem de orvalho
no calor do tempo da colheita".
[5]Pois, antes da colheita,
quando a floração der lugar ao fruto
e as uvas amadurecerem,
ele cortará os brotos com a podadeira
e tirará os ramos longos.
[6]Serão todos entregues
aos abutres das montanhas
e aos animais selvagens;
as aves se alimentarão deles todo o verão,
e os animais selvagens, todo o inverno.

[a] 16:14 Hebraico: *como os anos de um contrato de trabalho.*

[b] 18:1 Ou *gafanhotos*

[c] 18:1 Hebraico: *de Cuxe.*

[7]Naquela ocasião dádivas serão trazidas
ao SENHOR dos Exércitos

da parte de um povo alto e de pele macia,
da parte de um povo temido
pelos que estão perto
e pelos que estão longe,
nação agressiva e de fala estranha,
cuja terra é dividida por rios.

As dádivas serão trazidas ao monte Sião, ao local do
nome do SENHOR dos Exércitos.

Profecia contra o Egito

19 Advertência contra o Egito:

Vejam! O SENHOR cavalga
numa nuvem veloz
que vai para o Egito.
Os ídolos do Egito tremem diante dele,
e os corações dos egípcios
se derretem no íntimo.

[2]"Incitarei egípcio contra egípcio;
cada um lutará contra seu irmão,
vizinho lutará contra vizinho,
cidade contra cidade,
reino contra reino.
[3]Os egípcios ficarão desanimados,
e farei que os seus planos
resultem em nada.
Depois eles consultarão os ídolos
e os necromantes,
os médiuns e os adivinhos,
[4]então eu entregarei os egípcios
nas mãos de um senhor cruel,
e um rei feroz dominará sobre eles",
anuncia o Soberano,
o SENHOR dos Exércitos.

[5]As águas do rio vão secar-se;
o leito do rio ficará completamente seco.
[6]Os canais terão mau cheiro;
os riachos do Egito
vão diminuir até secar-se;
os juncos e as canas murcharão.
[7]Haverá lugares secos ao longo do Nilo
e na própria foz do rio.
Tudo o que for semeado ao longo do Nilo
se ressecará,
será levado pelo vento
e desaparecerá.
[8]Os pescadores gemerão
e se lamentarão,
como também todos os que lançam
anzóis no Nilo;
os que lançam redes na água
desanimarão.
[9]Os que trabalham com linho
e os tecelões de algodão se desesperarão.
[10]Os nobres ficarão deprimidos,
e todos os assalariados ficarão abatidos.

[11]Os líderes de Zoã
não passam de insensatos;
os sábios conselheiros do faraó
dão conselhos tolos.
Como, então,
vocês podem dizer ao faraó:
"Sou sábio,
sou discípulo dos reis da antiguidade"?

[12]Onde estão agora os seus sábios?
Que lhe mostrem,
se é que eles têm conhecimento
do que o SENHOR dos Exércitos
tem planejado contra o Egito.
[13]Tornaram-se tolos os líderes de Zoã,
e os de Mênfis são enganados;
os chefes dos seus clãs
induziram o Egito ao erro.
[14]O SENHOR derramou dentro deles
um espírito que os deixou desorientados;
eles levam o Egito a cambalear
em tudo quanto faz,
como cambaleia o bêbado
em volta do seu vômito.
[15]Não há nada que o Egito possa fazer,
nada que a cabeça ou a cauda,
a palma ou o junco possam fazer.

[16]Naquele dia os egípcios serão como mulheres. Tre-
merão de medo diante do agitar da mão do SENHOR dos
Exércitos, que se levantará contra eles. [17]Judá trará pa-
vor aos egípcios; todo aquele que mencionar o nome de
Judá ficará apavorado, por causa do plano do SENHOR
dos Exércitos contra eles.
[18]Naquele dia cinco cidades do Egito falarão a língua
de Canaã e jurarão lealdade ao SENHOR dos Exércitos.
Uma delas será chamada Cidade do Sol[a].
[19]Naquele dia haverá um altar dedicado ao SENHOR
no centro do Egito, e em sua fronteira, um monumen-
to ao SENHOR. [20]Serão um sinal e um testemunho para
o SENHOR dos Exércitos na terra do Egito. Quando eles
clamarem ao SENHOR por causa dos seus opressores, ele
lhes enviará um salvador e defensor que os libertará.
[21]Assim o SENHOR se dará a conhecer aos egípcios, e na-
quele dia eles saberão quem é o SENHOR. A ele prestarão
culto com sacrifícios e ofertas de cereal; farão votos ao
SENHOR e os cumprirão. [22]O SENHOR ferirá os egípcios;
ele os ferirá e os curará. Eles se voltarão para o SENHOR,
e ele responderá às suas súplicas e os curará.
[23]Naquele dia haverá uma estrada do Egito para a As-
síria. Os assírios irão para o Egito, e os egípcios para a
Assíria, e os egípcios e os assírios cultuarão juntos. [24]Na-
quele dia Israel será um mediador entre o Egito e a As-
síria, uma bênção na terra. [25]O SENHOR dos Exércitos os
abençoará, dizendo: "Benditos sejam o Egito, meu povo,
a Assíria, obra de minhas mãos, e Israel, minha herança".

Profecia contra o Egito e a Etiópia

20 No ano em que o general enviado por Sargom, rei
da Assíria, atacou Asdode e a conquistou, [2]nes-
sa mesma ocasião o SENHOR falou por meio de Isaías,
filho de Amoz, e disse: "Tire o pano de saco do corpo e
as sandálias dos pés". Ele obedeceu, e passou a andar
nu e descalço.
[3]Disse então o SENHOR: "Assim como o meu servo
Isaías andou nu e descalço durante três anos, como

[a] 19:18 Isto é, Heliópolis. Conforme alguns manuscritos do Texto Massorético, os manuscritos do mar Morto e a Vulgata. Muitos manuscritos do Texto Massorético dizem *Cidade da Destruição*.

sinal e advertência contra o Egito e contra a Etiópia[a],
[4]assim também o rei da Assíria, para vergonha do Egi-
to, levará nus e descalços os prisioneiros egípcios e os
exilados etíopes, jovens e velhos, com as nádegas desco-
bertas. [5]Os que confiavam na Etiópia e se vangloriavam
no Egito terão medo e ficarão decepcionados. [6]Naquele
dia o povo que vive deste lado do mar dirá: 'Vejam o
que aconteceu com aqueles em quem confiávamos, a
quem recorremos para nos ajudar e nos livrar do rei da
Assíria! E agora? Como escaparemos?' "

Profecia contra a Babilônia

21 Advertência contra o deserto junto ao mar:

Como um vendaval
em redemoinhos
que varre todo o Neguebe,
um invasor vem do deserto,
de uma terra pavorosa.

[2]Eu tive uma visão terrível:

O traidor fora traído,
o saqueador, saqueado.
Elão, vá à luta!
Média, feche o cerco!
Porque ponho fim a todo gemido
que ela provocou.

[3]Diante disso fiquei tomado de angústia,
tive dores como as de uma mulher
em trabalho de parto;
estou tão transtornado
que não posso ouvir,
tão atônito que não posso ver.
[4]O meu coração se estremece,
o temor toma conta de mim;
o anoitecer que eu tanto aguardava
transformou-se em terror para mim.

[5]Eles põem as mesas, estendem a toalha,
comem, bebem!
Levantem-se, líderes,
preparem os escudos!

[6]Assim me diz o Senhor:

"Vá, coloque um vigia de prontidão
para que anuncie tudo
o que se aproximar.
[7]Quando ele vir carros
com parelhas de cavalos,
homens montados em jumentos
ou em camelos,
fique alerta, bem alerta".

[8]Então o vigia[b] gritou:

"Dia após dia, meu senhor,
eu fico na torre das sentinelas;
todas as noites permaneço em meu posto.
[9]Veja! Ali vem um homem num carro
com uma parelha de cavalos,
e ele diz:
'Caiu! A Babilônia caiu!
Todas as imagens dos seus deuses
estão despedaçadas no chão!' "

[10]Ah, meu povo malhado na eira!
Eu lhes conto o que ouvi
da parte do SENHOR dos Exércitos,
da parte do Deus de Israel.

Profecia contra Edom

[11]Advertência contra Dumá[c]:

Gente de Seir me pergunta:
"Guarda, quanto ainda falta
para acabar a noite?
Guarda, quanto falta
para acabar a noite?"
[12]O guarda responde:
"Logo chega o dia, mas a noite também vem.
Se vocês quiserem perguntar de novo,
voltem e perguntem".

Profecia contra a Arábia

[13]Advertência contra a Arábia:

Vocês, caravanas de dedanitas,
que acampam nos bosques da Arábia,
[14]tragam água para os sedentos;
vocês, que vivem em Temá,
tragam comida para os fugitivos.
[15]Eles fogem da espada,
da espada desembainhada,
do arco preparado
e da crueldade da batalha.

[16]Assim me diz o Senhor: "Dentro de um ano, e nem
um dia mais,[d] toda a pompa de Quedar chegará ao fim.
[17]Poucos serão os sobreviventes dos flecheiros, dos guer-
reiros de Quedar". O SENHOR, o Deus de Israel, falou.

Profecia contra Jerusalém

22 Advertência contra o vale da Visão:

O que está perturbando vocês agora,
o que os levou
a se refugiarem nos terraços,
[2]cidade cheia de agitação,
cidade de tumulto e alvoroço?
Na verdade, seus mortos
não foram mortos à espada,
nem morreram em combate.
[3]Todos os seus líderes fugiram juntos;
foram capturados sem resistência.
Todos vocês foram encontrados
e presos, embora tendo fugido
para bem longe.
[4]Por isso eu disse: Afastem-se de mim;
deixem-me chorar amargamente.
Não tentem consolar-me pela destruição
do meu povo.

[5]Pois o Soberano,
o SENHOR dos Exércitos,
enviou um dia de tumulto,
pisoteamento e pavor ao vale da Visão;
dia de derrubar muros
e de gritar por socorro pelos montes.

[a] 20:3 Hebraico: *Cuxe*; também no versículo 5.
[b] 21:8 Conforme os manuscritos do mar Morto e a Versão Siríaca. O Texto Massorético diz *um leão*.
[c] 21:11 *Dumá* significa *silêncio*, um trocadilho com a palavra *Edom*.
[d] 21:16 Hebraico: *como os anos de um contrato de trabalho*.

6Elão apanhou a aljava,
e avança com seus carros e cavalos;
Quir ostenta o escudo.
7Os vales mais férteis de Judá
ficaram cheios de carros,
e cavaleiros tomaram posição
junto às portas das cidades;
8Judá ficou sem defesas.

Naquele dia vocês olharam
para as armas do palácio da Floresta
9e viram que a Cidade de Davi
tinha muitas brechas em seus muros.
Vocês armazenaram água
no açude inferior,
10contaram as casas de Jerusalém
e derrubaram algumas
para fortalecer os muros.
11Vocês construíram um reservatório
entre os dois muros
para a água do açude velho,
mas não olharam para aquele
que fez estas coisas,
nem deram atenção àquele
que há muito as planejou.

12Naquele dia o Soberano,
o SENHOR dos Exércitos,
os chamou para que chorassem
e pranteassem,
arrancassem os seus cabelos
e usassem vestes de lamento.
13Mas, ao contrário,
houve júbilo e alegria,
abate de gado
e matança de ovelhas,
muita carne e muito vinho!
E vocês diziam: "Comamos e bebamos,
porque amanhã morreremos".

14O SENHOR dos Exércitos revelou-me isso: "Até o dia
de sua morte não haverá propiciação em favor desse pe-
cado", diz o Soberano, o SENHOR dos Exércitos.

Profecia contra Sebna

15Assim diz o Soberano, o SENHOR dos Exércitos:

"Vá dizer a esse Sebna, administrador do palácio:
16Que faz você aqui,
e quem lhe deu permissão
para abrir aqui um túmulo,
você que o está lavrando no alto do monte
e talhando na rocha o seu lugar de descanso?

17"Veja que o SENHOR vai agarrar você
e atirá-lo para bem longe,
ó homem poderoso!
18Ele o embrulhará como uma bola
e o atirará num vasto campo.
Lá você morrerá
e lá os seus poderosos carros se tornarão
a vergonha da casa do seu senhor!
19Eu o demitirei das suas funções,
e do seu cargo você será deposto.

20"Naquele dia convocarei o meu servo Eliaquim,
filho de Hilquias. 21Eu o vestirei com o manto que
pertencia a você, com o seu cinto o revestirei de força
e a ele entregarei a autoridade que você exercia. Ele será
um pai para os habitantes de Jerusalém e para os mo-
radores de Judá. 22Porei sobre os ombros dele a chave
do reino de Davi; o que ele abrir ninguém conseguirá
fechar, e o que ele fechar ninguém conseguirá abrir.
23Eu o fincarei como uma estaca em terreno firme; ele
será para o reino de seu pai um trono de glória[a]. 24To-
da a glória de sua família dependerá dele: sua prole e
seus descendentes — todos os seus utensílios menores,
das bacias aos jarros.

25"Naquele dia", anuncia o SENHOR dos Exércitos, "a
estaca fincada em terreno firme cederá; será arreben-
tada e desabará, e o peso sobre ela cairá". Pois o SE-
NHOR o declarou.

Profecia contra Tiro

23 Advertência contra Tiro:

Pranteiem, navios de Társis!
Pois Tiro foi destruída
e ficou sem nenhuma casa e sem porto.
De Chipre[b] lhe veio essa mensagem.

2Fiquem calados,
habitantes das regiões litorâneas,
e vocês, mercadores de Sidom,
enriquecidos pelos que atravessam o mar
3e as grandes águas.
O trigo de Sior
e a colheita do Nilo eram a sua renda,
e vocês se tornaram
o suprimento das nações.

4Envergonhe-se, Sidom,
pois o mar, a fortaleza do mar, falou:
"Não estive em trabalho de parto
nem dei à luz;
não criei filhos nem eduquei filhas".
5Quando a notícia chegar ao Egito,
ficarão angustiados
com as novidades de Tiro.

6Cruzem o mar para Társis;
pranteiem, vocês,
habitantes das regiões litorâneas.
7É esta a cidade jubilosa
que existe desde tempos muito antigos,
cujos pés a levaram a conquistar
terras distantes?
8Quem planejou isso contra Tiro,
contra aquela que dava coroas,
cujos comerciantes são príncipes,
cujos negociantes são famosos
em toda a terra?
9O SENHOR dos Exércitos o planejou
para abater todo orgulho e vaidade
e humilhar todos os que têm fama na terra.

10Cultive[c] a sua terra
como se cultivam as margens do Nilo,

[a] 22:23 Ou *assento de honra*
[b] 23:1 Hebraico: *Quitim*; também no versículo 12.
[c] 23:10 O Texto Massorético diz *Atravesse*.

ó povo[a] de Társis,
pois você não tem mais porto.
11O Senhor estendeu a mão sobre o mar
e fez tremer seus reinos.
Acerca da Fenícia[b] ordenou
que as suas fortalezas sejam destruídas,
12e disse: "Você não se alegrará mais,
ó cidade de Sidom, virgem derrotada!

"Levante-se, atravesse o mar até Chipre;
nem lá você terá descanso".
13Olhem para a terra dos babilônios[c];
esse é o povo que não existe mais!
Os assírios a deixaram
para as criaturas do deserto;
ergueram torres de vigia,
despojaram suas cidadelas
e fizeram dela uma ruína.

14Pranteiem, vocês,
navios de Társis;
destruída está a sua fortaleza!

15Naquele tempo Tiro será esquecida por setenta
anos, o tempo da vida de um rei. Mas no fim dos se-
tenta anos, acontecerá com Tiro o que diz a canção da
prostituta:

16"Pegue a harpa, vá pela cidade,
ó prostituta esquecida;
toque a harpa, cante muitas canções,
para se lembrarem de você".

17No fim dos setenta anos o Senhor se lembrará de
Tiro. Esta voltará ao seu ofício de prostituta e servirá a
todos os reinos que há na face da terra. 18Mas o seu lu-
cro e a sua renda serão separados para o Senhor; não
serão guardados nem depositados. Seus lucros irão para
os que vivem na presença do Senhor, para que tenham
bastante comida e roupas finas.

A devastação do Senhor na terra

24 Vejam! O Senhor vai arrasar a terra
e devastá-la;
arruinará sua superfície
e espalhará seus habitantes.
2Será o mesmo
para o sacerdote e o povo,
para o senhor e o servo,
para a senhora e a serva,
para o vendedor e o comprador,
para quem toma emprestado
e quem empresta,
para o devedor e o credor.
3A terra será completamente arrasada
e totalmente saqueada.
Quem falou esta palavra
foi o Senhor.

4A terra seca-se e murcha,
o mundo definha e murcha,
definham os nobres da terra.
5A terra está contaminada
pelos seus habitantes,
porque desobedeceram às leis,
violaram os decretos
e quebraram a aliança eterna.
6Por isso a maldição consome a terra,
e seu povo é culpado.
Por isso os habitantes da terra
são consumidos pelo fogo,
ao ponto de sobrarem pouquíssimos.
7O vinho novo vai-se,
e a videira murcha;
todos os que se divertiam gemem.
8O som festivo dos tamborins
foi silenciado,
o barulho dos que se alegram parou,
a harpa cheia de júbilo está muda.
9Já não bebem vinho entoando canções;
a bebida fermentada é amarga
para os que a bebem.
10A cidade vã está em ruínas;
a entrada de cada casa está fechada.
11Nas ruas clamam por vinho;
toda a alegria chegou ao fim,
toda celebração foi eliminada da terra.
12A cidade foi deixada em ruínas,
sua porta feita em pedaços.
13Assim será na terra, entre as nações,
como quando se usa a vara na oliveira
ou se buscam os restos das uvas
após a colheita.

14Erguem as vozes, cantam de alegria;
desde o ocidente aclamam
a majestade do Senhor.
15Deem glória, pois, ao Senhor no oriente,
e nas ilhas do mar exaltem
o nome do Senhor, o Deus de Israel.
16Desde os confins da terra
ouvimos cantar:
"Glória seja dada ao Justo!"

Mas eu disse: "Que desgraça!
Que desgraça!
Ai de mim! Os traidores traem!
Os traidores agem traiçoeiramente!"
17Pavor, cova e laço os aguardam,
ó habitantes da terra!
18Quem fugir ao grito de terror
cairá na cova;
quem sair da cova será pego no laço.

Abertas estão as comportas dos céus;
tremem os alicerces da terra.
19A terra foi despedaçada,
está destruída,
totalmente abalada!
20A terra cambaleia como um bêbado,
balança como uma cabana ao vento;
tão pesada sobre ela é a culpa
de sua rebelião
que ela cai para nunca mais se levantar!

21Naquele dia o Senhor castigará
os poderes em cima nos céus
e os reis embaixo na terra.

[a] 23:10 Hebraico: *filha*.
[b] 23:11 Hebraico: *de Canaã*.
[c] 23:13 Ou *caldeus*

[22]Eles serão arrebanhados
como prisioneiros numa masmorra,
trancados numa prisão
e castigados[a] depois de muitos dias.
[23]A lua ficará humilhada,
e o sol, envergonhado;
pois o SENHOR dos Exércitos reinará
no monte Sião e em Jerusalém,
glorioso na presença dos seus líderes!

Louvem o SENHOR

25 SENHOR, tu és o meu Deus;
eu te exaltarei e louvarei o teu nome,
pois com grande perfeição
tens feito maravilhas,
coisas há muito planejadas.
[2]Fizeste da cidade um monte de entulho,
da cidade fortificada uma ruína,
da cidadela dos estrangeiros
uma cidade inexistente,
que jamais será reconstruída.
[3]Por isso um povo forte te honrará;
a cidade das nações cruéis te temerá.
[4]Tens sido refúgio para os pobres,
refúgio para o necessitado em sua aflição,
abrigo contra a tempestade
e sombra contra o calor
quando o sopro dos cruéis
é como tempestade contra um muro
[5]e como o calor do deserto.
Tu silencias o bramido dos estrangeiros;
assim como diminui o calor
com a sombra de uma nuvem,
assim a canção dos temíveis é emudecida.

[6]Neste monte o SENHOR dos Exércitos
preparará um farto banquete
para todos os povos,
um banquete de vinho envelhecido,
com carnes suculentas
e o melhor vinho.
[7]Neste monte ele destruirá o véu
que envolve todos os povos,
a cortina que cobre todas as nações;
[8]destruirá a morte para sempre.
O Soberano, o SENHOR,
enxugará as lágrimas
de todo rosto
e retirará de toda a terra
a zombaria do seu povo.
Foi o SENHOR quem o disse!

[9]Naquele dia dirão:

"Este é o nosso Deus;
nós confiamos nele, e ele nos salvou.
Este é o SENHOR, nós confiamos nele;
exultemos e alegremo-nos,
pois ele nos salvou".

[10]Pois a mão do SENHOR repousará
sobre este monte;
mas Moabe será pisoteado
em seu próprio lugar,
como a palha é pisoteada na esterqueira.
[11]Ali Moabe estenderá as mãos,
como faz o nadador para nadar,
mas o SENHOR abaterá o seu orgulho,
apesar da habilidade das suas mãos.
[12]Abaterá as torres altas
dos seus altos muros
e os derrubará;
ele os lançará ao pó da terra.

Cântico de louvor

26 Naquele dia este cântico será entoado em Judá:

Temos uma cidade forte;
Deus estabelece a salvação
como muros e trincheiras.
[2]Abram as portas para que entre
a nação justa,
a nação que se mantém fiel.
[3]Tu, SENHOR, guardarás em perfeita paz
aquele cujo propósito está firme,
porque em ti confia.
[4]Confiem para sempre no SENHOR,
pois o SENHOR, somente o SENHOR,
é a Rocha eterna.
[5]Ele humilha os que habitam nas alturas,
rebaixa e arrasa a cidade altiva,
e a lança ao pó.
[6]Pés as pisoteiam,
os pés dos necessitados,
os passos dos pobres.

[7]A vereda do justo é plana;
tu, que és reto,
tornas suave o caminho do justo.
[8]Andando pelo caminho
das tuas ordenanças[b]
esperamos em ti, SENHOR.
O teu nome e a tua lembrança
são o desejo do nosso coração.
[9]A minha alma suspira por ti
durante a noite;
e logo cedo o meu espírito por ti anseia,
pois, quando se veem na terra
as tuas ordenanças,
os habitantes do mundo aprendem justiça.
[10]Ainda que se tenha compaixão do ímpio,
ele não aprenderá a justiça;
na terra da retidão ele age perversamente,
e não vê a majestade do SENHOR.
[11]Erguida está a tua mão, SENHOR,
mas eles não a veem!
Que vejam o teu zelo
para com o teu povo
e se envergonhem;
que o fogo reservado
para os teus adversários os consuma.

[12]SENHOR, tu estabeleces a paz para nós;
tudo o que alcançamos,
fizeste-o para nós.
[13]Ó SENHOR, ó nosso Deus,
outros senhores além de ti
nos têm dominado,

[a] **24:22** Ou *soltos*

[b] **26:8** Ou *dos teus juízos*

mas só ao teu nome honramos.
14 Agora eles estão mortos, não viverão;
são sombras, não ressuscitarão.
Tu os castigaste e os levaste à ruína;
apagaste por completo a lembrança deles!
15 Fizeste crescer a nação, SENHOR;
sim, fizeste crescer a nação.
De glória te revestiste;
alargaste todas as fronteiras
da nossa terra.

16 SENHOR, no meio da aflição
te buscaram;
quando os disciplinaste
sussurraram uma oração.
17 Como a mulher grávida
prestes a dar à luz
se contorce e grita de dor,
assim estamos nós na tua presença,
ó SENHOR.
18 Nós engravidamos
e nos contorcemos de dor,
mas demos à luz o vento.
Não trouxemos salvação à terra;
não demos à luz os habitantes do mundo.

19 Mas os teus mortos viverão;
seus corpos ressuscitarão.
Vocês, que voltaram ao pó,
acordem e cantem de alegria.
O teu orvalho é orvalho de luz;
a terra dará à luz os seus mortos.
20 Vá, meu povo, entre em seus quartos
e tranque as portas;
esconda-se por um momento,
até que tenha passado a ira dele.
21 Vejam! O SENHOR está saindo
da sua habitação
para castigar os moradores da terra
por suas iniquidades.
A terra mostrará o sangue
derramado sobre ela;
não mais encobrirá os seus mortos.

27 Naquele dia,
o SENHOR, com sua espada
severa, longa e forte,
castigará o Leviatã[a], serpente veloz,
o Leviatã, serpente tortuosa;
matará no mar a serpente aquática.

O livramento de Israel

2 Naquele dia se dirá:
"Cantem sobre a vinha frutífera!
3 Eu, o SENHOR, sou o seu vigia,
rego-a constantemente
e a protejo dia e noite
para impedir que lhe façam dano.
4 Não estou irado.
Se espinheiros e roseiras bravas
me enfrentarem,
eu marcharei contra eles
e os destruirei a fogo.
5 A menos que venham
buscar refúgio em mim;
que façam as pazes comigo.
Sim, que façam as pazes comigo".

6 Nos dias vindouros Jacó lançará raízes,
Israel terá botões e flores
e encherá o mundo de frutos.

7 Acaso o SENHOR o feriu
como àqueles que o feriram?
Acaso ele foi morto
como foram mortos os que o feriram?
8 Pelo desterro e pelo exílio o julga,
com seu sopro violento ele o expulsa,
como num dia de rajadas
do vento oriental.
9 Assim será perdoada a maldade de Jacó,
e será este o fruto da remoção do seu pecado:
quando ele fizer com que
as pedras do altar sejam esmigalhadas
e fiquem como pó de giz,
os postes sagrados
e os altares de incenso não permanecerão
em pé.
10 A cidade fortificada está abandonada,
desabitada e esquecida como o deserto;
ali os bezerros pastam e se deitam,
e desfolham os seus ramos.
11 Quando os seus ramos estão secos e se
quebram,
as mulheres fazem fogo com eles,
pois esse é um povo sem entendimento.
Por isso aquele que o fez
não tem compaixão dele,
aquele que o formou
não lhe mostra misericórdia.

12 Naquele dia o SENHOR debulhará as suas espigas
desde as margens do Eufrates[b] até o ribeiro do Egito,
e vocês, israelitas, serão ajuntados um a um. 13 E na-
quele dia soará uma grande trombeta. Os que esta-
vam perecendo na Assíria e os que estavam exilados
no Egito virão e adorarão o SENHOR no monte santo,
em Jerusalém.

Ai de Efraim!

28 Ai daquela coroa
situada nos altos de um vale fértil,
orgulho dos bêbados de Efraim!
Ai de sua magnífica beleza,
que agora é como uma flor murcha.
Ai dos que são dominados pelo vinho!
2 Vejam! O Senhor envia alguém
que é poderoso e forte.
Como chuva de granizo
e vento destruidor,
como violento aguaceiro
e tromba d'água inundante,
ele a lançará com força ao chão.
3 A coroa orgulhosa
dos bêbados de Efraim
será pisoteada.

[a] 27:1 Ou *monstro marinho*

[b] 27:12 Hebraico: *do Rio*.

4 Sua magnífica beleza,
localizada na cabeça de um vale fértil,
é agora uma flor que murcha.

Ela será como figo maduro
antes da colheita;
quem o vê, logo o apanha e o come.

5 Naquele dia o SENHOR dos Exércitos
será uma coroa gloriosa, um belo diadema
para o remanescente do seu povo.
6 Ele será um espírito de justiça
para aquele que se assenta para julgar,
e força para os que fazem recuar
o ataque na porta.

7 E estes também cambaleiam
pelo efeito do vinho,
e não param em pé
por causa da bebida fermentada.
Os sacerdotes e os profetas cambaleiam
por causa da bebida fermentada
e estão desorientados devido ao vinho;
eles não conseguem parar em pé
por causa da bebida fermentada,
confundem-se quando têm visões,
tropeçam quando devem dar um veredicto.
8 Todas as mesas estão cobertas de vômito
e não há um só lugar limpo.

9 "Quem é que está tentando ensinar?",
eles perguntam.
"A quem está explicando a sua mensagem?
A crianças desmamadas
e a bebês recém-tirados do seio materno?
10 Pois o que se diz é: 'Ordem sobre ordem,
ordem sobre ordem,
regra e mais regra;[a]
um pouco aqui, um pouco ali."

11 Pois bem, com lábios trôpegos
e língua estranha
Deus falará a este povo,
12 ao qual dissera:
"Este é o lugar de descanso.
Deixem descansar o exausto.
Este é o lugar de repouso!"
Mas eles não quiseram ouvir.
13 Por isso o SENHOR lhes dirá:
"Ordem sobre ordem,
ordem sobre ordem,
regra e mais regra,
regra e mais regra;
um pouco aqui, um pouco ali",
para que saiam, caiam de costas,
firam-se, fiquem presos no laço
e sejam capturados.

14 Portanto, ouçam a palavra do SENHOR,
zombadores,
vocês, que dominam este povo
em Jerusalém.

15 Vocês se vangloriam, dizendo:
"Fizemos um pacto com a morte,
com a sepultura[b] fizemos um acordo.
Quando vier a calamidade destruidora,
não nos atingirá,
pois da mentira fizemos o nosso refúgio
e na falsidade[c]
temos o nosso esconderijo".

16 Por isso diz o Soberano, o SENHOR:

"Eis que ponho em Sião uma pedra,
uma pedra já experimentada,
uma preciosa pedra angular
para alicerce seguro;
aquele que confia, jamais será abalado.
17 Farei do juízo a linha de medir
e da justiça o fio de prumo;
o granizo varrerá o seu falso refúgio,
e as águas inundarão o seu abrigo.
18 Seu pacto com a morte será anulado;
seu acordo com a sepultura
não subsistirá.
Quando vier a calamidade destruidora,
vocês serão arrastados por ela.
19 Todas as vezes que vier, os arrastará;
passará manhã após manhã,
de dia e de noite".

A compreensão desta mensagem
trará pavor total.
20 A cama é curta demais
para alguém deitar-se,
e o cobertor é estreito demais
para ele cobrir-se.
21 O SENHOR se levantará como fez
no monte Perazim,
mostrará sua ira
como no vale de Gibeom,
para realizar sua obra,
obra muito estranha,
e cumprir sua tarefa,
tarefa misteriosa.
22 Agora, parem com a zombaria,
senão as suas correntes
ficarão mais pesadas;
o Senhor, o SENHOR dos Exércitos,
falou-me da destruição decretada
contra o território inteiro.
23 Ouçam, escutem a minha voz;
prestem atenção, ouçam o que eu digo.
24 Quando o agricultor ara a terra
para o plantio, só faz isso o tempo todo?
Só fica abrindo sulcos
e gradeando o solo?
25 Depois de nivelado o solo,
ele não semeia o endro e não espalha
as sementes do cominho?
Não planta o trigo no lugar certo,
a cevada no terreno próprio
e o trigo duro nas bordas?

[a] **28:10** Hebraico: *sav lasav sav lasav / kav lakav kav lakav* (possivelmente sons sem sentido; talvez uma imitação zombadora das palavras do profeta); também no versículo 13.

[b] **28:15** Hebraico: *Sheol*. Essa palavra também pode ser traduzida por profundezas, pó ou morte; também no versículo 18.

[c] **28:15** Ou *e nos deuses falsos*

26O seu Deus o instrui
e lhe ensina o caminho.
27Não se debulha o endro com trilhadeira,
e sobre o cominho não se faz passar
roda de carro;
tira-se o endro com vara,
e o cominho com um pedaço de pau.
28É preciso moer o cereal para fazer pão;
por isso ninguém o fica
trilhando para sempre.
Fazem passar as rodas da trilhadeira
sobre o trigo,
mas os seus cavalos não o trituram.
29Isso tudo vem da parte
do SENHOR dos Exércitos,
maravilhoso em conselhos
e magnífico em sabedoria.

Ai da cidade de Davi!

29 Ai de Ariel! Ariel, a cidade onde
acampou Davi.
Acrescentem um ano a outro
e deixem seguir o seu ciclo de festas.
2Mas eu sitiarei Ariel,
que vai chorar e lamentar-se,
e para mim será como
uma fornalha de altar[a].
3Acamparei ao seu redor;
eu a cercarei de torres
e instalarei contra você
minhas obras de cerco.
4Lançada ao chão, de lá você falará;
do pó virão em murmúrio
as suas palavras.
Fantasmagórica, subirá sua voz da terra;
um sussurro vindo do pó será sua voz.

5Mas os seus muitos inimigos
se tornarão como o pó fino,
as hordas cruéis,
como palha levada pelo vento.
Repentinamente, num instante,
6o SENHOR dos Exércitos virá
com trovões e terremoto
e estrondoso ruído,
com tempestade e furacão
e chamas de um fogo devorador.
7Então as hordas de todas as nações
que lutam contra Ariel,
que investem contra ele e contra
a sua fortaleza e a sitiam,
serão como acontece num sonho,
numa visão noturna,
8como quando um homem faminto
sonha que está comendo,
mas acorda e sua fome continua;
como quando um homem sedento
sonha que está bebendo,
mas acorda enfraquecido,
sem ter saciado a sede.
Assim será com as hordas
de todas as nações
que lutam contra o monte Sião.

9Pasmem e fiquem atônitos!
Ceguem-se a si mesmos
e continuem cegos!
Estão bêbados, porém, não de vinho,
cambaleiam, mas não pela
bebida fermentada.
10O SENHOR trouxe sobre vocês
um sono profundo:
fechou os olhos de vocês, que são os profetas;
cobriu a cabeça de vocês, que são os videntes.

11Para vocês toda esta visão não passa de palavras se-
ladas num livro[b]. E se vocês derem o livro a alguém que
saiba ler e lhe disserem: "Leia, por favor", ele respon-
derá: "Não posso; está lacrado". 12Ou, se vocês derem o
livro a alguém que não saiba ler e lhe disserem: "Leia,
por favor", ele responderá: "Não sei ler".

13O Senhor diz:

"Esse povo se aproxima de mim
com a boca
e me honra com os lábios,
mas o seu coração está longe de mim.
A adoração que me prestam
é feita só de regras
ensinadas por homens.[c]
14Por isso uma vez mais
deixarei atônito esse povo
com maravilha e mais maravilha;
a sabedoria dos sábios perecerá,
a inteligência dos inteligentes
se desvanecerá".
15Ai daqueles que descem às profundezas
para esconder seus planos do SENHOR,
que agem nas trevas e pensam:
"Quem é que nos vê?
Quem ficará sabendo?"
16Vocês viram as coisas pelo avesso!
Como se fosse possível imaginar
que o oleiro é igual ao barro!
Acaso o objeto formado
pode dizer àquele que o formou:
"Ele não me fez"?
E o vaso poderá dizer do oleiro:
"Ele nada sabe"?

17Acaso o Líbano não será logo
transformado em campo fértil,
e não se pensará que o campo fértil
é uma floresta?
18Naquele dia os surdos ouvirão
as palavras do livro,
e, não mais em trevas e escuridão,
os olhos dos cegos tornarão a ver.
19Mais uma vez os humildes
se alegrarão no SENHOR,
e os necessitados exultarão
no Santo de Israel.
20Será o fim do cruel,
o zombador desaparecerá

[a] 29:2 A palavra que designa *fornalha de altar* assemelha-se à palavra *Ariel* no hebraico.

[b] 29:11 Hebraico: *rolo*; também nos versículos 12 e 18.

[c] 29:13 A Septuaginta diz *Em vão me adoram; seus ensinamentos não passam de regras ensinadas por homens.*

e todos os de olhos
inclinados para o mal
serão eliminados,
21 os quais com uma palavra
tornam réu o inocente,
no tribunal trapaceiam contra o defensor
e com testemunho falso impedem
que se faça justiça ao inocente.

22 Por isso o SENHOR, que redimiu Abraão, diz à descendência de Jacó:

"Jacó não será mais humilhado;
e o seu rosto não tornará a empalidecer.
23 Quando ele vir em seu meio
os seus filhos,
a obra de minhas mãos,
proclamará o meu santo nome;
reconhecerá a santidade
do Santo de Jacó,
24 e no temor do Deus de Israel
permanecerá.
Os desorientados de espírito
obterão entendimento;
e os queixosos vão aceitar instrução".

Ai da nação obstinada!

30 "Ai dos filhos obstinados",
declara o SENHOR,
"que executam planos que não são meus,
fazem acordo sem minha aprovação,
para ajuntar pecado sobre pecado,
2 que descem ao Egito sem consultar-me,
para buscar proteção no poder do faraó,
e refúgio na sombra do Egito.
3 Mas a proteção do faraó
lhes trará vergonha,
e a sombra do Egito
lhes causará humilhação.
4 Embora seus líderes tenham ido a Zoã
e seus enviados tenham chegado a Hanes,
5 todos se envergonharão
por causa de um povo que lhes é inútil,
que não traz ajuda nem vantagem,
mas apenas vergonha e zombaria."

6 Advertência contra os animais do Neguebe:

Atravessando uma terra hostil e severa,
de leões e leoas, de víboras
e serpentes velozes,
os enviados transportam suas riquezas
no lombo de jumentos,
seus tesouros, nas corcovas de camelos,
para aquela nação inútil,
7 o Egito, cujo socorro é totalmente inútil.
Por isso eu o chamo Monstro[a] inofensivo.

8 Agora vá, escreva isso
numa tábua para eles,
registre-o num livro,
para que nos dias vindouros
seja um testemunho eterno.
9 Esse povo é rebelde;
são filhos mentirosos,
filhos que não querem saber
da instrução do SENHOR.
10 Eles dizem aos videntes:
"Não tenham mais visões!"
e aos profetas:
"Não nos revelem o que é certo!
Falem-nos coisas agradáveis,
profetizem ilusões.
11 Deixem esse caminho,
abandonem essa vereda,
e parem de confrontar-nos
com o Santo de Israel!"

12 Por isso diz o Santo de Israel:

"Como vocês rejeitaram esta mensagem,
apelaram para a opressão
e confiaram nos perversos,
13 este pecado será para vocês
como um muro alto,
rachado e torto,
que de repente desaba, inesperadamente.
14 Ele o fará em pedaços
como um vaso de barro,
tão esmigalhado
que entre os seus pedaços
não se achará um caco
que sirva para pegar brasas de uma lareira
ou para tirar água da cisterna".

15 Diz o Soberano, o SENHOR, o Santo de Israel:

"No arrependimento e no descanso
está a salvação de vocês,
na quietude e na confiança
está o seu vigor,
mas vocês não quiseram.
16 Vocês disseram:
'Não, nós vamos fugir a cavalo'.
E fugirão!
Vocês disseram:
'Cavalgaremos cavalos velozes'.
Velozes serão os seus perseguidores!
17 Mil fugirão diante da ameaça de um;
diante da ameaça de cinco
todos vocês fugirão,
até que vocês sejam deixados
como um mastro no alto de um monte,
como uma bandeira numa colina".

18 Contudo, o SENHOR espera o momento
de ser bondoso com vocês;
ele ainda se levantará
para mostrar-lhes compaixão.
Pois o SENHOR é Deus de justiça.
Como são felizes todos
os que nele esperam!

19 Ó povo de Sião, que mora em Jerusalém, você não
vai chorar mais. Como ele será bondoso quando você
clamar por socorro! Assim que ele ouvir, lhe responde-
rá. 20 Embora o Senhor lhe dê o pão da adversidade e a
água da aflição, o seu mestre não se esconderá mais;
com seus próprios olhos você o verá. 21 Quer você se vol-
te para a direita quer para a esquerda, uma voz atrás de
você lhe dirá: "Este é o caminho; siga-o". 22 Então você

[a] 30:7 Hebraico: *Raabe*.

tratará como impuras as suas imagens revestidas de
prata e os seus ídolos recobertos de ouro; você os jo-
gará fora como um trapo imundo e lhes dirá: "Fora!"

23Ele também lhe mandará chuva para a semente
que você semear, e a terra dará alimento rico e farto.
Naquele dia o seu gado pastará em grandes prados. 24Os
bois e os jumentos que lavram o solo comerão forragem
e sal espalhados com forcado e pá. 25No dia do grande
massacre, quando caírem as torres, regatos de água flui-
rão sobre todo monte elevado e sobre toda colina alta-
neira. 26A luz da lua brilhará como o sol, e a luz do sol
será sete vezes mais brilhante, como a luz de sete dias
completos, quando o SENHOR cuidar das contusões do
seu povo e curar as feridas que lhe causou.

27Vejam! De longe vem
o Nome do SENHOR,
com sua ira em chamas,
e densas nuvens de fumaça;
seus lábios estão cheios de ira,
e sua língua é fogo consumidor.
28Seu sopro é como
uma torrente impetuosa
que sobe até o pescoço.
Ele faz sacudir as nações
na peneira da destruição;
ele coloca na boca dos povos
um freio que os desencaminha.
29E vocês cantarão
como em noite de festa sagrada;
seus corações se regozijarão
como quando se vai, ao som da flauta,
ao monte do SENHOR, à Rocha de Israel.
30O SENHOR fará que os homens
ouçam sua voz majestosa
e os levará a ver seu braço descendo
com ira impetuosa e fogo consumidor,
com aguaceiro, tempestades de raios
e saraiva.
31A voz do SENHOR despedaçará a Assíria;
com seu cetro a ferirá.
32Cada pancada que com a vara
o SENHOR desferir para a castigar
será dada ao som de tamborins e harpas,
enquanto a estiver combatendo
com os golpes do seu braço.
33Tofete está pronta já faz tempo;
foi preparada para o rei.
Sua fogueira é funda e larga,
com muita lenha e muito fogo;
o sopro do SENHOR,
como uma torrente de enxofre ardente,
a incendeia.

Ai dos que confiam no Egito!

31 Ai dos que descem ao Egito
em busca de ajuda,
que contam com cavalos.
Eles confiam na multidão dos seus carros
e na grande força dos seus cavaleiros,
mas não olham para o Santo de Israel,
nem buscam a ajuda
que vem do SENHOR!
2Contudo, ele é também sábio
e pode trazer a desgraça;
ele não volta atrás em suas palavras.
Ele se levantará contra
a casa dos perversos,
contra quem ajuda os maus.
3Mas os egípcios são homens, e não Deus;
seus cavalos são carne, e não espírito.
Quando o SENHOR estender a mão,
aquele que ajuda tropeçará,
aquele que é ajudado cairá;
ambos perecerão juntos.

4Assim me diz o SENHOR:

"Assim como quando o leão,
o leão grande, ruge ao lado da presa,
e contra ele se junta
um bando de pastores,
e ele não se intimida com os gritos deles
e não se perturba com o seu clamor,
assim o SENHOR dos Exércitos descerá
para combater nas alturas do monte Sião.
5Como as aves dão proteção aos filhotes
com suas asas,
o SENHOR dos Exércitos
protegerá Jerusalém;
ele a protegerá e a livrará;
ele a poupará[a] e a salvará".

6Voltem para aquele contra quem vocês se revolta-
ram tão tremendamente, ó israelitas! 7Pois naquele dia
cada um de vocês rejeitará os ídolos de prata e de ouro
que suas mãos pecaminosas fizeram.

8"A Assíria cairá por uma espada
que não é de homem;
uma espada, não de mortais, a devorará.
Todos fugirão da espada
e os seus jovens serão sujeitos
a trabalhos forçados.
9Sua fortaleza cairá por causa do pavor;
ao verem a bandeira da batalha,
seus líderes entrarão em pânico",
anuncia o SENHOR,
cujo fogo está em Sião,
cuja fornalha está em Jerusalém.

O reino de justiça

32 Vejam! Um rei reinará com retidão,
e príncipes governarão com justiça.
2Cada homem será como um esconderijo
contra o vento
e um abrigo contra a tempestade,
como correntes de água numa terra seca
e como a sombra de uma grande rocha
no deserto.

3Então os olhos dos que veem
não mais estarão fechados,
e os ouvidos dos que ouvem escutarão.
4A mente do precipitado saberá julgar,
e a língua gaguejante falará
com facilidade e clareza.
5O tolo já não será chamado nobre
e o homem sem caráter

[a] 31:5 Hebraico: *passará sobre ela*. Veja Êx 12:13.

não será tido em alta estima.
6 Pois o insensato fala com insensatez
e só pensa no mal:
ele pratica a maldade
e espalha mentiras sobre o Senhor; deixa o
faminto sem nada
e priva de água o sedento.
7 As artimanhas do homem sem caráter
são perversas;
ele inventa planos maldosos
para destruir com mentiras o pobre,
mesmo quando a súplica deste é justa.
8 Mas o homem nobre faz planos nobres,
e graças aos seus feitos nobres
permanece firme.

As mulheres de Jerusalém

9 Vocês, mulheres tão sossegadas,
levantem-se e escutem-me!
Vocês, filhas que se sentem seguras,
ouçam o que lhes vou dizer!
10 Daqui a pouco mais de um ano,
vocês, que se sentem seguras,
ficarão apavoradas;
a colheita de uvas falhará,
e a colheita de frutas não virá.
11 Tremam, vocês, mulheres tranquilas!
Estremeçam, vocês,
que se sentem seguras!
Arranquem suas vestes,
e vistam roupas de lamento.
12 Batam no peito e chorem
pelos campos agradáveis,
pelas videiras frutíferas
13 e pela terra do meu povo,
terra infestada de espinhos
e roseiras bravas;
sim, pranteiem por todas
as casas cheias de júbilo
e por esta cidade exultante.
14 A fortaleza será abandonada,
a cidade barulhenta ficará deserta,
a cidadela e a torre das sentinelas
se tornarão covis,
uma delícia para os jumentos,
uma pastagem para os rebanhos,
15 até que sobre nós o Espírito
seja derramado do alto,
e o deserto se transforme em campo fértil,
e o campo fértil pareça uma floresta.
16 A justiça habitará no deserto,
e a retidão viverá no campo fértil.
17 O fruto da justiça será paz;
o resultado da justiça será tranquilidade
e confiança para sempre.
18 O meu povo viverá em locais pacíficos,
em casas seguras,
em tranquilos lugares de descanso,
19 mesmo que a saraiva arrase a floresta
e a cidade seja nivelada ao pó.
20 Como vocês serão felizes,
semeando perto das águas,
e deixando soltos os bois e os jumentos!

Aflição e auxílio

33 Ai de você, destruidor,
que ainda não foi destruído!
Ai de você, traidor,
que não foi traído!
Quando você acabar de destruir,
será destruído;
quando acabar de trair, será traído.

2 Senhor, tem misericórdia de nós;
pois em ti esperamos!
Sê tu a nossa força cada manhã,
nossa salvação na hora do perigo.
3 Diante do trovão da tua voz,
os povos fogem;
quando te levantas,
dispersam-se as nações.
4 Como gafanhotos novos
os homens saquearão vocês,
ó nações;
tomarão posse do despojo
como gafanhotos em nuvem.

5 O Senhor é exaltado,
pois habita no alto;
ele encherá Sião de retidão e justiça.
6 Ele será o firme fundamento nos tempos
a que você pertence,
uma grande riqueza de salvação,
sabedoria e conhecimento;
o temor do Senhor
é a chave desse tesouro[a].

7 Vejam! Os seus heróis gritam nas ruas;
os embaixadores da paz
choram amargamente.
8 As estradas estão abandonadas,
ninguém viaja por elas.
Rompeu-se o acordo,
suas testemunhas[b] são desprezadas,
não se respeita ninguém.
9 A terra pranteia[c] e fraqueja,
o Líbano murcha, envergonhado;
Sarom é como a Arabá,
e Basã e o Carmelo perdem sua folhagem.

10 "Agora me levantarei", diz o Senhor.
"Agora eu me erguerei;
agora serei exaltado.
11 Vocês concebem palha,
e dão à luz restolho;
seu sopro é um fogo que o consome.
12 Os povos serão queimados
como se faz com a cal;
como espinheiros cortados,
serão postos no fogo.

13 "Vocês, que estão longe,
atentem para o que eu fiz!
Vocês, que estão perto,
reconheçam o meu poder!"

[a] 33:6 Ou *é um tesouro da parte dele*
[b] 33:8 Conforme os manuscritos do mar Morto. O Texto Massorético diz *as cidades*.
[c] 33:9 Ou *seca*

14Em Sião os pecadores
estão aterrorizados;
o tremor se apodera dos ímpios:
"Quem de nós pode conviver
com o fogo consumidor?
Quem de nós pode conviver
com a chama eterna?"
15Aquele que anda corretamente
e fala o que é reto,
que recusa o lucro injusto,
cuja mão não aceita suborno,
que tapa os ouvidos
para as tramas de assassinatos
e fecha os olhos
para não contemplar o mal,
16é esse o homem que habitará nas alturas;
seu refúgio
será a fortaleza das rochas;
terá suprimento de pão,
e água não lhe faltará.

17Seus olhos verão o rei em seu esplendor
e vislumbrarão o território
em toda a sua extensão.
18Em seus pensamentos
você lembrará terrores passados:
"Onde está o oficial maior?
Onde está o que recebia tributos?
Onde o encarregado das torres?"
19Você não tornará a ver
aquele povo arrogante,
aquele povo de fala obscura,
com sua língua estranha, incompreensível.

20Olhe para Sião,
a cidade das nossas festas;
seus olhos verão Jerusalém,
morada pacífica,
tenda que não será removida;
suas estacas jamais serão arrancadas,
nem se romperá nenhuma de suas cordas.
21Ali o SENHOR será o Poderoso para nós.
Será como uma região de rios e canais largos,
mas nenhum navio a remo os percorrerá,
e nenhuma nau poderosa velejará neles.
22Pois o SENHOR é o nosso juiz,
o SENHOR é o nosso legislador,
o SENHOR é o nosso rei;
é ele que nos vai salvar.
23Suas cordas se afrouxam:
o mastro não está firme,
as velas não estão estendidas.
Então será dividida
grande quantidade de despojos,
e até o aleijado levará sua presa.
24Nenhum morador de Sião dirá:
"Estou doente!"
E os pecados dos que ali habitam
serão perdoados.

Julgamento contra as nações

34 Aproximem-se, nações, e escutem;
prestem atenção, ó povos!
Que o ouçam a terra
e tudo o que nela há,
o mundo e tudo o que dele procede!
2O SENHOR está indignado
contra todas as nações;
sua ira está contra
todos os seus exércitos.
Ele os destruirá totalmente,
ele os entregará à matança.
3Seus mortos serão lançados fora
e os seus cadáveres exalarão mau cheiro;
os montes se encharcarão
do sangue deles.
4As estrelas dos céus
serão todas dissolvidas,
e os céus se enrolarão
como um pergaminho;
todo o exército celeste cairá
como folhas secas da videira e da
figueira.

5Quando minha espada
embriagar-se nos céus,
saibam que ela descerá
para julgar Edom,
povo que condenei à destruição.
6A espada do SENHOR está
banhada em sangue,
está coberta de gordura,
sangue de cordeiros e de bodes,
gordura dos rins de carneiros.
Pois o SENHOR exige sacrifício em Bozra
e grande matança em Edom.
7Com eles cairão os bois selvagens,
e os novilhos com os touros.
A terra deles ficará ensopada de sangue,
e o pó se encharcará de gordura.

8Pois o SENHOR terá seu dia de vingança,
um ano de retribuição,
para defender a causa de Sião.
9Os riachos de Edom
se transformarão em piche,
em enxofre, o seu pó;
sua terra se tornará betume ardente!
10Não se apagará de dia nem de noite;
sua fumaça subirá para sempre.
De geração em geração
ficará abandonada;
ninguém voltará a passar por ela.
11A coruja-do-deserto
e a coruja estridente a possuirão;
o corujão e o corvo
farão nela os seus ninhos.
Deus estenderá sobre Edom
o caos como linha de medir,
e a desolação como fio de prumo.
12Seus nobres nada terão ali
que possa chamar-se reino,
e todos os seus líderes desaparecerão.
13Espinhos tomarão de assalto
as suas cidadelas;
urtigas e sarças
cobrirão as suas fortalezas.
Será um antro de chacais
e moradia de corujas.

[14]Criaturas do deserto
se encontrarão com hienas,
e bodes selvagens balirão
uns para os outros;
ali também descansarão
as criaturas noturnas
e acharão para si locais de descanso.
[15]Nela a coruja fará ninho,
chocará seus ovos
e cuidará dos seus filhotes
à sombra de suas asas;
os falcões também se ajuntarão ali,
cada um com o seu par.

[16]Procurem no livro do SENHOR e leiam:

Nenhum desses animais estará faltando;
nenhum estará sem o seu par.
Pois foi a sua boca que deu a ordem,
e o seu Espírito os ajuntará.
[17]Ele designa as porções de cada um;
sua mão as distribui por medida.
Eles se apossarão delas para sempre,
e ali habitarão de geração em geração.

A alegria dos redimidos

35 O deserto e a terra ressequida
se regozijarão;
o ermo exultará e florescerá
como a tulipa;
[2]irromperá em flores,
mostrará grande regozijo
e cantará de alegria.
A glória do Líbano lhe será dada,
como também o resplendor do Carmelo
e de Sarom;
verão a glória do SENHOR,
o resplendor do nosso Deus.

[3]Fortaleçam as mãos cansadas,
firmem os joelhos vacilantes;
[4]digam aos desanimados de coração:
"Sejam fortes, não temam!
Seu Deus virá, virá com vingança;
com divina retribuição
virá para salvá-los".

[5]Então se abrirão os olhos dos cegos
e se destaparão os ouvidos dos surdos.
[6]Então os coxos saltarão como o cervo,
e a língua do mudo cantará de alegria.
Águas irromperão no ermo
e riachos no deserto.
[7]A areia abrasadora se tornará um lago;
a terra seca, fontes borbulhantes.
Nos antros onde outrora havia chacais,
crescerão a relva, o junco e o papiro.

[8]E ali haverá uma grande estrada,
um caminho que será chamado
Caminho de Santidade.
Os impuros não passarão por ele;
servirá apenas aos que são do Caminho;
os insensatos não o tomarão.[a]
[9]Ali não haverá leão algum,
e nenhum animal feroz passará por ele;
nenhum deles se verá por ali.
Só os redimidos andarão por ele,
[10]e os que o SENHOR resgatou voltarão.
Entrarão em Sião com cantos de alegria;
duradoura alegria coroará sua cabeça.
Júbilo e alegria se apoderarão deles,
e a tristeza e o suspiro fugirão.

A ameaça de Senaqueribe

36 No décimo quarto ano do reinado de Ezequias,
Senaqueribe, rei da Assíria, atacou todas as cida-
des fortificadas de Judá e se apossou delas. [2]Então, de
Laquis, o rei da Assíria enviou seu comandante com um
grande exército a Jerusalém, ao rei Ezequias. Quando
o comandante parou no aqueduto do açude superior,
na estrada que leva ao campo do Lavandeiro, [3]o admi-
nistrador do palácio, Eliaquim, filho de Hilquias, o se-
cretário Sebna e o arquivista real Joá, filho de Asafe,
foram ao encontro dele.
[4]E o comandante de campo falou: "Digam a Eze-
quias:

"Assim diz o grande rei, o rei da Assíria: 'Em
que você está baseando essa sua confiança?
[5]Você diz que tem estratégia e força militar;
mas não passam de palavras vãs. Em quem vo-
cê confia, para rebelar-se contra mim? [6]Pois ve-
ja! Agora você está confiando no Egito, aquela
cana esmagada, que fura a mão de quem ne-
la se apoia! Assim é o faraó, o rei do Egito, pa-
ra todos os que dele dependem. [7]E se você me
disser: "No SENHOR, o nosso Deus, confiamos";
não são dele os altos e os altares que Ezequias
removeu, dizendo a Judá e a Jerusalém: "Vocês
devem adorar aqui, diante deste altar"?'
[8]"Faça, agora, um acordo com o meu senhor,
o rei da Assíria: Eu lhe darei dois mil cavalos
— se você puder pôr cavaleiros neles! [9]Como
então você poderá repelir um só dos menores
oficiais do meu senhor, confiando que o Egito
lhe dará carros e cavaleiros? [10]Além disso, você
pensa que vim atacar e destruir esta nação sem
o SENHOR? O próprio SENHOR me mandou mar-
char contra esta nação e destruí-la".

[11]Então Eliaquim, Sebna e Joá disseram ao coman-
dante: "Por favor, fala com os teus servos em aramaico,
pois entendemos essa língua. Não fales em hebraico,
pois assim o povo que está sobre os muros entenderá".
[12]O comandante, porém, respondeu: "Pensam que o
meu senhor mandou-me dizer estas coisas só a vocês e
ao seu senhor, e não aos homens que estão sentados no
muro? Pois, como vocês, eles terão que comer as pró-
prias fezes e beber a própria urina!"
[13]E o comandante se pôs em pé e falou alto, em he-
braico: "Ouçam as palavras do grande rei, do rei da As-
síria! [14]Não deixem que Ezequias os engane. Ele não
poderá livrá-los! [15]Não deixem Ezequias convencê-los a
confiar no SENHOR, quando diz: 'Certamente o SENHOR
nos livrará; esta cidade não será entregue nas mãos
do rei da Assíria'.
[16]"Não deem atenção a Ezequias. Assim diz o rei da
Assíria: 'Venham fazer as pazes comigo. Então cada um
de vocês comerá de sua própria videira e de sua própria

[a] 35:8 Ou *os simples não se desviarão dele.*

figueira, e beberá água de sua própria cisterna, 17até que eu os leve a uma terra como a de vocês: terra de cereal e de vinho, terra de pão e de vinhas.

18" 'Não deixem que Ezequias os engane quando diz que o SENHOR os livrará. Alguma vez o deus de qualquer nação livrou sua terra das mãos do rei da Assíria? 19Onde estão os deuses de Hamate e de Arpade? Onde estão os deuses de Sefarvaim? Eles livraram Samaria das minhas mãos? 20Quem dentre todos os deuses dessas nações conseguiu livrar a sua terra? Como então o SENHOR poderá livrar Jerusalém das minhas mãos?' "

21Mas o povo ficou em silêncio e nada respondeu, porque o rei dera esta ordem: "Não lhe respondam".

22Então o administrador do palácio, Eliaquim, filho de Hilquias, o secretário Sebna e o arquivista Joá, filho de Asafe, com as vestes rasgadas, foram contar a Ezequias o que dissera o comandante.

Predito o livramento de Jerusalém

37 Quando o rei Ezequias soube disso, rasgou suas vestes, vestiu pano de saco e entrou no templo do SENHOR. 2Depois enviou o administrador do palácio, Eliaquim, o secretário Sebna e os chefes dos sacerdotes, todos vestidos de pano de saco, ao profeta Isaías, filho de Amoz, 3com esta mensagem: "Assim diz Ezequias: Hoje é dia de angústia, de repreensão e de vergonha, como quando uma criança está a ponto de nascer e não há forças para dá-la à luz. 4Talvez o SENHOR, o seu Deus, ouça as palavras do comandante de campo, a quem o seu senhor, o rei da Assíria, enviou para zombar do Deus vivo. E que o SENHOR, o seu Deus, o repreenda pelas palavras que ouviu. Portanto, ore pelo remanescente que ainda sobrevive".

5Quando os oficiais do rei Ezequias vieram a Isaías, 6este lhes respondeu: "Digam a seu senhor: Assim diz o SENHOR: 'Não tenha medo das palavras que você ouviu, das blasfêmias que os servos do rei da Assíria falaram contra mim. 7Porei nele um espírito para que, quando ouvir uma certa notícia, volte à sua própria terra, e ali farei com que seja morto à espada' ".

8Quando o comandante de campo soube que o rei da Assíria havia partido de Laquis, retirou-se e encontrou o rei lutando contra Libna.

9Ora, Senaqueribe foi informado de que Tiraca, o rei da Etiópia[a], saíra para lutar contra ele. Quando soube disso, enviou mensageiros a Ezequias com esta mensagem: 10"Digam a Ezequias, rei de Judá: Não deixe que o Deus no qual você confia o engane quando diz: 'Jerusalém não será entregue nas mãos do rei da Assíria'. 11Com certeza você ouviu o que os reis da Assíria têm feito a todas as nações, e como as destruíram por completo. E você acha que se livrará? 12Acaso os deuses das nações que foram destruídas pelos meus antepassados os livraram: os deuses de Gozã, de Harã, de Rezefe e dos descendentes de Éden, que estavam em Telassar? 13Onde estão o rei de Hamate, o rei de Arpade, o rei da cidade de Sefarvaim, de Hena e de Iva?"

A oração de Ezequias

14Ezequias recebeu a carta das mãos dos mensageiros e a leu. Então subiu ao templo do SENHOR, abriu-a diante do SENHOR 15e orou: 16"SENHOR dos Exércitos, Deus de Israel, cujo trono está entre os querubins, só tu és Deus sobre todos os reinos da terra. Tu fizeste os céus e a terra. 17Dá ouvidos, SENHOR, e ouve; abre os teus olhos, SENHOR, e vê; escuta todas as palavras que Senaqueribe enviou para insultar o Deus vivo.

18"É verdade, SENHOR, que os reis assírios fizeram de todas essas nações e de seus territórios um deserto. 19Atiraram os deuses delas no fogo e os destruíram, pois em vez de deuses, não passam de madeira e pedra, moldados por mãos humanas. 20Agora, SENHOR nosso Deus, salva-nos das mãos dele, para que todos os reinos da terra saibam que só tu, SENHOR, és Deus[b]".

A queda de Senaqueribe

21Então Isaías, filho de Amoz, enviou esta mensagem a Ezequias: "Assim diz o SENHOR, Deus de Israel: 'Ouvi a sua oração acerca de Senaqueribe, rei da Assíria. 22Esta é a palavra que o SENHOR falou contra ele:

" 'A Virgem Cidade[c] de Sião
despreza e zomba de você.
A cidade de Jerusalém meneia a cabeça
enquanto você foge.
23De quem você zombou
e contra quem blasfemou?
Contra quem você ergueu a voz
e contra quem levantou
seu olhar arrogante?
Contra o Santo de Israel!
24Sim, você insultou o Senhor
por meio dos seus mensageiros,
dizendo:
"Com carros sem conta
subi aos mais elevados
e inacessíveis cumes do Líbano.
Derrubei os seus cedros mais altos,
os seus melhores pinheiros.
Entrei em suas regiões mais remotas,
na melhor parte de suas florestas.
25Em terras estrangeiras[d]
cavei poços e bebi água.
Com as solas dos meus pés
sequei todos os riachos do Egito".

26" 'Você não soube que há muito
eu já o havia ordenado,
que desde os dias da antiguidade
eu o havia planejado?
Agora eu o executo,
e faço você transformar
cidades fortificadas
em montões de pedra.
27Os seus habitantes, já sem forças,
desanimam-se envergonhados.
São como pastagens,
como brotos tenros e verdes,
como capim no terraço,
queimado[e] antes de crescer.

[a] 37:9 Hebraico: *de Cuxe*.

[b] 37:20 Conforme os manuscritos do mar Morto. O Texto Massorético diz *és o* SENHOR. Veja 2Rs 19:19.

[c] 37:22 Hebraico: *Filha*.

[d] 37:25 Conforme os manuscritos do mar Morto. O Texto Massorético não traz *Em terras estrangeiras*. Veja 2Rs 19:24.

[e] 37:27 Conforme alguns manuscritos do Texto Massorético, os manuscritos do mar Morto e alguns manuscritos da Septuaginta. A maioria dos manuscritos do Texto Massorético diz *terraços e campos terraplanados em degraus*. Veja 2Rs 19:26.

[28]" 'Eu, porém, sei onde você está,
quando sai e quando retorna,
e quando você se enfurece contra mim.
[29]Sim, contra mim você se enfurece,
o seu atrevimento chegou
aos meus ouvidos;
por isso, porei o meu anzol em seu nariz
e o meu freio em sua boca,
e o farei voltar pelo caminho
por onde veio.

[30]" 'A você, Ezequias, darei este sinal:

" 'Neste ano vocês comerão
do que crescer por si,
e no próximo o que daquilo brotar.
Mas no terceiro ano semeiem e colham,
plantem vinhas e comam o seu fruto.
[31]Mais uma vez um remanescente
da tribo de Judá
lançará raízes na terra
e se encherão de frutos os seus ramos.
[32]De Jerusalém sairão sobreviventes,
e um remanescente do monte Sião.
O zelo do SENHOR dos Exércitos
realizará isso'.

[33]"Por isso, assim diz o SENHOR acerca do rei da As-
síria:

" 'Ele não entrará nesta cidade
e não atirará aqui uma flecha sequer.
Não virá diante dela com escudo
nem construirá rampas de cerco
contra ela.
[34]Pelo caminho por onde veio voltará;
não entrará nesta cidade',
declara o SENHOR.
[35]" 'Eu defenderei esta cidade e a salvarei,
por amor de mim
e por amor de Davi,
meu servo!' "

[36]Então o anjo do SENHOR saiu e matou cento e oiten-
ta e cinco mil homens no acampamento assírio. Quando
o povo se levantou na manhã seguinte, só havia cadáve-
res! [37]Assim, Senaqueribe, rei da Assíria, fugiu do acam-
pamento, voltou para Nínive e lá ficou.
[38]Certo dia, quando estava adorando no templo de
seu deus Nisroque, seus filhos Adrameleque e Sarezer
o feriram à espada, e fugiram para a terra de Ararate.
E seu filho Esar-Hadom foi o seu sucessor.

A doença de Ezequias

38 Naqueles dias Ezequias ficou doente, à beira da
morte. O profeta Isaías, filho de Amoz, foi visitá-lo
e lhe disse: "Assim diz o SENHOR: 'Ponha a casa em or-
dem, porque você vai morrer; você não se recuperará' ".
[2]Ezequias virou o rosto para a parede e orou ao SE-
NHOR: [3]"Lembra-te, SENHOR, de como tenho te servido
com fidelidade e com devoção sincera, e tenho feito
o que tu aprovas". E Ezequias chorou amargamente.
[4]Então a palavra do SENHOR veio a Isaías: [5]"Vá dizer
a Ezequias: Assim diz o SENHOR, o Deus de seu antepas-
sado Davi: Ouvi sua oração e vi suas lágrimas; acres-
centarei quinze anos à sua vida. [6]E eu livrarei você e
esta cidade das mãos do rei da Assíria. Eu defenderei
esta cidade.
[7]"Este é o sinal de que o SENHOR fará o que prome-
teu: [8]Farei a sombra do sol retroceder os dez degraus
que ela já cobriu na escadaria de Acaz". E a luz do sol
retrocedeu os dez degraus que tinha avançado.

[9]Depois de recuperar-se dessa doença, Ezequias, rei
de Judá, escreveu o seguinte:

[10]"Eu disse: No vigor da minha vida
tenho que passar pelas
portas da sepultura[a]
e ser roubado do restante
dos meus anos?
[11]Eu disse: Não tornarei a ver o SENHOR,
o SENHOR, na terra dos viventes;
não olharei mais para a humanidade,
nem estarei mais com
os que agora habitam neste mundo[b].
[12]A minha casa foi derrubada
e tirada de mim,
como se fosse uma tenda de pastor.
A minha vida foi enovelada,
como faz o tecelão,
e ele me cortou como um pedaço de tecido;
dia e noite foi acabando comigo.
[13]Esperei pacientemente até o alvorecer,
mas como um leão
ele quebrou todos os meus ossos;
dia e noite foi acabando comigo.
[14]Gritei como um andorinhão,
como um tordo;
gemi como uma pomba chorosa.
Olhando para os céus,
enfraqueceram-se os meus olhos.
Estou aflito, ó Senhor!
Vem em meu auxílio!

[15]"Mas, que posso dizer?
Ele falou comigo, e ele mesmo fez isso.
Andarei humildemente toda a minha vida,
por causa dessa aflição da minha alma.
[16]Senhor, por tais coisas
os homens vivem,
e por elas também vive o meu espírito.
Tu me restauraste a saúde
e deixaste-me viver.
[17]Foi para o meu benefício
que tanto sofri.
Em teu amor me guardaste
da cova da destruição;
lançaste para trás de ti
todos os meus pecados,
[18]pois a sepultura não pode louvar-te,
a morte não pode cantar o teu louvor.
Aqueles que descem à cova
não podem esperar pela tua fidelidade.
[19]Os vivos, somente os vivos, te louvam,
como hoje estou fazendo;

[a] 38:10 Hebraico: *Sheol*. Essa palavra pode ser traduzida por profundezas, pó ou morte; também no versículo 18.
[b] 38:11 Conforme alguns manuscritos do Texto Massorético. A maioria dos manuscritos do Texto Massorético diz *habitam no lugar onde tudo acaba*.

os pais contam a tua fidelidade
a seus filhos.

20"O Senhor me salvou.
Cantaremos com instrumentos de corda
todos os dias de nossa vida
no templo do Senhor".

21Isaías dissera: "Apliquem um emplastro de figos
no furúnculo, e ele se recuperará".
22Ezequias tinha perguntado: "Qual será o sinal de
que subirei ao templo do Senhor?"

Enviados da Babilônia

39 Naquela época, Merodaque-Baladã, filho de Ba-
ladã, rei da Babilônia, enviou a Ezequias cartas e
um presente, porque soubera de sua doença e de sua
recuperação. 2Ezequias recebeu com alegria os enviados
e mostrou-lhes o que havia em seus depósitos: a prata,
o ouro, as especiarias, o óleo fino, todo o seu arsenal e
tudo o que se encontrava em seus tesouros. Não houve
nada em seu palácio ou em todo o seu reino que Eze-
quias não lhes mostrasse.
3Então o profeta Isaías foi ao rei Ezequias e per-
guntou: "O que aqueles homens disseram, e de onde
vieram?"
"De uma terra distante", Ezequias respondeu. "Eles
vieram da Babilônia para visitar-me."
4O profeta perguntou: "O que eles viram em seu pa-
lácio?"
Ezequias respondeu: "Viram tudo o que há em meu
palácio. Não há nada em meus tesouros que não lhes
tenha mostrado".
5Então Isaías disse a Ezequias: "Ouça a palavra do
Senhor dos Exércitos: 6'Um dia, tudo o que há em seu
palácio, bem como tudo o que os seus antepassados
acumularam até hoje, será levado para a Babilônia.
Nada ficará', diz o Senhor. 7'E alguns de seus próprios
descendentes serão levados, e se tornarão eunucos no
palácio do rei da Babilônia' ".
8"É boa a palavra do Senhor que você falou", Eze-
quias respondeu. Pois pensou: "Haverá paz e seguran-
ça enquanto eu viver".

Consolo para o povo de Deus

40 Consolem, consolem o meu povo,[a]
diz o Deus de vocês.
2Encorajem a Jerusalém e anunciem
que ela já cumpriu o trabalho
que lhe foi imposto,
pagou por sua iniquidade,
e recebeu da mão do Senhor
em dobro por todos os seus pecados.

3Uma voz clama:
"No deserto preparem[b] o caminho
para o Senhor;
façam no deserto um caminho reto
para o nosso Deus.[c]
4Todos os vales serão levantados,
todos os montes e colinas
serão aplanados;
os terrenos acidentados
se tornarão planos;
as escarpas serão niveladas.
5A glória do Senhor será revelada,
e, juntos, todos a verão.
Pois é o Senhor quem fala".

6Uma voz ordena: "Clame".
E eu pergunto: O que clamarei?

"Que toda a humanidade é como a relva,
e toda a sua glória[d]
como as flores do campo.
7A relva murcha e cai a sua flor,
quando o vento do Senhor
sopra sobre elas;
o povo não passa de relva.
8A relva murcha, e as flores caem,
mas a palavra de nosso Deus
permanece para sempre".

9Você, que traz boas novas a Sião,
suba num alto monte.
Você, que traz boas novas a Jerusalém,[e]
erga a sua voz com fortes gritos,
erga-a, não tenha medo;
diga às cidades de Judá:
"Aqui está o seu Deus!"
10O Soberano, o Senhor, vem com poder!
Com seu braço forte ele governa.
A sua recompensa com ele está,
e seu galardão o acompanha.
11Como pastor ele cuida de seu rebanho,
com o braço ajunta os cordeiros
e os carrega no colo;
conduz com cuidado
as ovelhas que amamentam suas crias.

12Quem mediu as águas
na concha da mão,
ou com o palmo
definiu os limites dos céus?
Quem jamais calculou o peso da terra,
ou pesou os montes na balança
e as colinas nos seus pratos?
13Quem definiu limites
para o Espírito[f] do Senhor,
ou o instruiu como seu conselheiro?
14A quem o Senhor consultou
que pudesse esclarecê-lo,
e que lhe ensinasse a julgar com justiça?
Quem lhe ensinou o conhecimento
ou lhe apontou o caminho da sabedoria?

15Na verdade as nações
são como a gota que sobra do balde;
para ele são como o pó
que resta na balança;
para ele as ilhas não passam
de um grão de areia.
16Nem as florestas do Líbano
seriam suficientes
para o fogo do altar,

[a] 40:1 Ou *Ó meu povo, consolem, consolem Jerusalém,*
[b] 40:3 Ou *clama no deserto: "Preparem*
[c] 40:3 A Septuaginta diz *façam retas as veredas de nosso Deus.*
[d] 40:6 Ou *fidelidade*
[e] 40:9 Ou *Ó Sião, que traz boas novas, suba num alto monte. Ó Jerusalém, que traz boas novas,*
[f] 40:13 Ou *conheceu a mente do Espírito*

nem os animais de lá bastariam
para o holocausto[a].
17Diante dele todas as nações
são como nada;
para ele são sem valor e menos que nada.

18Com quem vocês compararão Deus?
Como poderão representá-lo?
19Com uma imagem que o artesão funde,
e que o ourives cobre de ouro
e para a qual modela correntes de prata?
20Ou com o ídolo do pobre,
que pode apenas escolher
um bom pedaço de madeira
e procurar um marceneiro
para fazer uma imagem que não caia?

21Será que vocês não sabem?
Nunca ouviram falar?
Não lhes contaram desde a antiguidade?
Vocês não compreenderam
como a terra foi fundada?
22Ele se assenta no seu trono,
acima da cúpula da terra,
cujos habitantes
são pequenos como gafanhotos.
Ele estende os céus como um forro,
e os arma como uma tenda
para neles habitar.
23Ele aniquila os príncipes
e reduz a nada os juízes deste mundo.
24Mal eles são plantados ou semeados,
mal lançam raízes na terra,
Deus sopra sobre eles, e eles murcham;
um redemoinho os leva como palha.

25"Com quem vocês vão me comparar?
Quem se assemelha a mim?",
pergunta o Santo.
26Ergam os olhos e olhem para as alturas.
Quem criou tudo isso?
Aquele que põe em marcha
cada estrela do seu exército celestial,
e a todas chama pelo nome.
Tão grande é o seu poder
e tão imensa a sua força,
que nenhuma delas deixa de comparecer!

27Por que você reclama, ó Jacó,
e por que se queixa, ó Israel:
"O SENHOR não se interessa
pela minha situação;
o meu Deus não considera
a minha causa"?
28Será que você não sabe?
Nunca ouviu falar?
O SENHOR é o Deus eterno,
o Criador de toda a terra.
Ele não se cansa nem fica exausto;
sua sabedoria é insondável.
29Ele fortalece o cansado
e dá grande vigor ao que está sem forças.
30Até os jovens se cansam
e ficam exaustos,
e os moços tropeçam e caem;
31mas aqueles que esperam no SENHOR
renovam as suas forças.
Voam alto como águias;
correm e não ficam exaustos,
andam e não se cansam.

O ajudador de Israel

41 "Calem-se diante de mim, ó ilhas!
Que as nações renovem as suas forças!
Que elas se apresentem para se defender;
vamos encontrar-nos
para decidir a questão.

2"Quem despertou o que vem do oriente,
e o chamou em retidão ao seu serviço,[b]
entregando-lhe nações
e subjugando reis diante dele?
Com a espada ele os reduz a pó,
com o arco os dispersa como palha.
3Ele os persegue e avança com segurança
por um caminho que seus pés
jamais percorreram.
4Quem fez tudo isso?
Quem chama as gerações à existência
desde o princípio?
Eu, o SENHOR,
que sou o primeiro,
e que sou eu mesmo
com os últimos."

5As ilhas viram isso e temem;
os confins da terra tremem.
Eles se aproximam e vêm à frente;
6cada um ajuda o outro e diz a seu irmão:
"Seja forte!"
7O artesão encoraja o ourives,
e aquele que alisa com o martelo
incentiva o que bate na bigorna.
Ele diz acerca da soldagem: "Está boa".
E fixa o ídolo com prego
para que não tombe.

8"Você, porém, ó Israel, meu servo,
Jacó, a quem escolhi,
vocês, descendentes de
Abraão, meu amigo,
9eu os tirei dos confins da terra,
de seus recantos mais distantes
eu os chamei.
Eu disse: Você é meu servo;
eu o escolhi e não o rejeitei.
10Por isso não tema, pois estou com você;
não tenha medo, pois sou o seu Deus.
Eu o fortalecerei e o ajudarei;
eu o segurarei
com a minha mão direita vitoriosa.

11"Todos os que o odeiam
certamente serão humilhados
e constrangidos;
aqueles que se opõem a você
serão como nada e perecerão.

[a] 40:16 Isto é, sacrifício totalmente queimado.

[b] 41:2 Ou *com quem a vitória se encontra a cada passo,*

12 Ainda que você procure os seus inimigos,
você não os encontrará.
Os que guerreiam contra você
serão reduzidos a nada.
13 Pois eu sou o SENHOR, o seu Deus,
que o segura pela mão direita
e lhe diz: Não tema; eu o ajudarei.
14 Não tenha medo, ó verme Jacó,
ó pequeno Israel,
pois eu mesmo o ajudarei",
declara o SENHOR,
seu Redentor, o Santo de Israel.
15 "Veja, eu o tornarei um debulhador
novo e cortante, com muitos dentes.
Você debulhará os montes e os esmagará,
e reduzirá as colinas a palha.
16 Você irá peneirá-los, o vento os levará,
e uma ventania os espalhará.
Mas você se regozijará no SENHOR
e no Santo de Israel se gloriará.

17 "O pobre e o necessitado buscam água,
e não a encontram!
Suas línguas estão ressequidas de sede.
Mas eu, o SENHOR, lhes responderei;
eu, o Deus de Israel, não os abandonarei.
18 Abrirei rios nas colinas estéreis,
e fontes nos vales.
Transformarei o deserto num lago,
e o chão ressequido em mananciais.
19 Porei no deserto o cedro,
a acácia, a murta e a oliveira.
Colocarei juntos no ermo
o cipreste, o abeto e o pinheiro,
20 para que o povo veja e saiba,
e todos vejam e saibam,
que a mão do SENHOR fez isso,
que o Santo de Israel o criou.

21 "Exponham a sua causa", diz o SENHOR.
"Apresentem as suas provas",
diz o rei de Jacó.
22 "Tragam os seus ídolos
para nos dizerem o que vai acontecer.
Que eles nos contem como eram
as coisas anteriores,
para que as consideremos
e saibamos o seu resultado final;
ou que nos declarem as coisas vindouras,
23 revelem-nos o futuro,
para que saibamos que eles são deuses.
Façam alguma coisa, boa ou má,
para que nos rendamos, cheios de temor.
24 Mas vejam só! Eles não são nada,
e as suas obras são totalmente nulas;
detestável é aquele que os escolhe!

25 "Despertei um homem,
e do norte ele vem;
desde o nascente
proclamará o meu nome.
Pisa em governantes como em argamassa,
como o oleiro amassa o barro.
26 Quem falou disso desde o princípio,
para que o soubéssemos,
ou antecipadamente,
para que pudéssemos dizer:
'Ele estava certo'?
Ninguém o revelou,
ninguém o fez ouvir,
ninguém ouviu palavra alguma
de vocês.
27 Desde o princípio eu disse a Sião:
Veja, estas coisas acontecendo!
A Jerusalém eu darei um mensageiro
de boas novas.
28 Olho, e não há ninguém entre eles,
nenhum conselheiro que dê resposta
quando pergunto.
29 Veja, são todos falsos!
Seus feitos são nulos;
suas imagens fundidas
não passam de um sopro e de uma nulidade!

O servo do SENHOR

42 "Eis o meu servo,
a quem sustento,
o meu escolhido, em quem tenho prazer.
Porei nele o meu Espírito,
e ele trará justiça às nações.
2 Não gritará nem clamará,
nem erguerá a voz nas ruas.
3 Não quebrará o caniço rachado,
e não apagará o pavio fumegante.
Com fidelidade fará justiça;
4 não mostrará fraqueza
nem se deixará ferir,
até que estabeleça a justiça na terra.
Em sua lei as ilhas porão sua esperança."

5 É o que diz Deus, o SENHOR,
aquele que criou o céu e o estendeu,
que espalhou a terra
e tudo o que dela procede,
que dá fôlego aos seus moradores
e vida aos que andam nela:
6 "Eu, o SENHOR, o chamei para justiça;
segurarei firme a sua mão.
Eu o guardarei e farei de você
um mediador para o povo
e uma luz para os gentios,
7 para abrir os olhos aos cegos,
para libertar da prisão os cativos
e para livrar do calabouço
os que habitam na escuridão.

8 "Eu sou o SENHOR; este é o meu nome!
Não darei a outro a minha glória
nem a imagens o meu louvor.
9 Vejam! As profecias antigas
aconteceram, e novas eu anuncio;
antes de surgirem, eu as declaro a vocês".

10 Cantem ao SENHOR um novo cântico,
seu louvor desde os confins da terra,
vocês, que navegam no mar,
e tudo o que nele existe,
vocês, ilhas, e todos os seus habitantes.
11 Que o deserto e as suas cidades
ergam a sua voz;

regozijem-se os povoados
habitados por Quedar.
Cante de alegria o povo de Selá,
gritem pelos altos dos montes.
12Deem glória ao SENHOR
e nas ilhas proclamem seu louvor.
13O SENHOR sairá
como homem poderoso,
como guerreiro despertará o seu zelo;
com forte brado e seu grito de guerra,
triunfará sobre os seus inimigos.

14"Fiquei muito tempo em silêncio,
e me contive, calado.
Mas agora, como mulher
em trabalho de parto,
eu grito, gemo e respiro ofegante.
15Arrasarei os montes e as colinas
e secarei toda sua vegetação;
tornarei rios em terra seca e secarei os açudes.
16Conduzirei os cegos por caminhos
que eles não conheceram,
por veredas desconhecidas eu os guiarei;
transformarei as trevas em luz
diante deles
e tornarei retos os lugares acidentados.
Essas são as coisas que farei;
não os abandonarei.
17Mas retrocederão em vergonha total
aqueles que confiam
em imagens esculpidas,
que dizem aos ídolos fundidos:
'Vocês são nossos deuses'.

A cegueira de Israel

18"Ouçam, surdos; olhem, cegos, e vejam!
19Quem é cego senão o meu servo,
e surdo senão o mensageiro que enviei?
Quem é cego como aquele
que é consagrado a mim,
cego como o servo do SENHOR?
20Você viu muitas coisas,
mas não deu nenhuma atenção;
seus ouvidos estão abertos,
mas você não ouve nada."
21Foi do agrado do SENHOR,
por amor de sua retidão,
tornar grande e gloriosa a sua lei.
22Mas este é um povo saqueado e roubado;
foi apanhado em cavernas
e escondido em prisões.
Tornou-se presa,
sem ninguém para resgatá-lo;
tornou-se despojo,
sem que ninguém o reclamasse, dizendo:
"Devolvam".

23Qual de vocês escutará isso
ou prestará muita atenção
no tempo vindouro?
24Quem entregou Jacó
para tornar-se despojo,
e Israel aos saqueadores?
Não foi o SENHOR,
contra quem temos pecado?
Pois eles não quiseram seguir
os seus caminhos;
não obedeceram à sua lei.
25De modo que ele lançou sobre eles
o seu furor,
a violência da guerra.
Ele os envolveu em chamas,
contudo nada aprenderam;
isso os consumiu,
e ainda assim, não o levaram a sério.

O único salvador de Israel

43 Mas agora assim diz o SENHOR,
aquele que o criou, ó Jacó,
aquele que o formou, ó Israel:
"Não tema, pois eu o resgatei;
eu o chamei pelo nome; você é meu.
2Quando você atravessar as águas,
eu estarei com você;
quando você atravessar os rios,
eles não o encobrirão.
Quando você andar através do fogo,
não se queimará;
as chamas não o deixarão em brasas.
3Pois eu sou o SENHOR, o seu Deus,
o Santo de Israel, o seu Salvador;
dou o Egito como resgate para livrá-lo,
a Etiópia[a] e Sebá em troca de você.
4Visto que você é precioso
e honrado à minha vista,
e porque eu o amo,
darei homens em seu lugar,
e nações em troca de sua vida.
5Não tenha medo,
pois eu estou com você,
do oriente trarei seus filhos
e do ocidente ajuntarei você.
6Direi ao norte: Entregue-os!
e ao sul: Não os retenha.
De longe tragam os meus filhos,
e dos confins da terra as minhas filhas;
7todo o que é chamado pelo meu nome,
a quem criei para a minha glória,
a quem formei e fiz".

8Traga o povo que tem olhos, mas é cego,
que tem ouvidos, mas é surdo.
9Todas as nações se reúnem,
e os povos se ajuntam.
Qual deles predisse isto
e anunciou as coisas passadas?
Que eles façam entrar suas testemunhas,
para provarem que estavam certos,
para que outros ouçam e digam:
"É verdade".
10"Vocês são minhas testemunhas",
declara o SENHOR,
"e meu servo, a quem escolhi,
para que vocês saibam e creiam em mim
e entendam que eu sou Deus[b].
Antes de mim nenhum deus se formou,
nem haverá algum depois de mim.

[a] 43:3 Hebraico: *Cuxe*.
[b] 43:10 Ou *ele*

11"Eu, eu mesmo, sou o SENHOR,
e além de mim não há salvador algum.
12Eu revelei, salvei e anunciei;
eu, e não um deus estrangeiro entre vocês.
Vocês são testemunhas de que eu sou Deus",
declara o SENHOR.
13"Desde os dias mais antigos eu o sou.
Não há quem possa
livrar alguém de minha mão.
Agindo eu, quem o pode desfazer?"

A misericórdia de Deus e a infidelidade de Israel

14Assim diz o SENHOR, o seu Redentor, o Santo de
Israel:

"Por amor de vocês mandarei
inimigos contra a Babilônia
e farei todos os babilônios[a]
descerem como fugitivos
nos navios de que se orgulhavam.
15Eu sou o SENHOR, o Santo de vocês,
o Criador de Israel e o seu Rei".

16Assim diz o SENHOR,
aquele que fez um caminho pelo mar,
uma vereda pelas águas violentas,
17que fez saírem juntos
os carros e os cavalos,
o exército e seus reforços,
e eles jazem ali, para nunca mais
se levantarem,
exterminados, apagados como um pavio.
18"Esqueçam o que se foi;
não vivam no passado.
19Vejam, estou fazendo uma coisa nova!
Ela já está surgindo! Vocês não a
reconhecem?
Até no deserto vou abrir um caminho
e riachos no ermo.
20Os animais do campo me honrarão,
os chacais e as corujas,
porque fornecerei água no deserto
e riachos no ermo,
para dar de beber a meu povo,
meu escolhido,
21ao povo que formei para mim mesmo
a fim de que proclamasse o meu louvor.

22"Contudo, você não me invocou, ó Jacó,
embora você tenha ficado exausto
por minha causa, ó Israel.
23Não foi para mim que você trouxe
ovelhas para holocaustos[b],
nem foi a mim que você honrou com seus
sacrifícios.
Não o sobrecarreguei
com ofertas de cereal,
nem o deixei exausto
com exigências de incenso.
24Você não me comprou
nenhuma cana aromática,
nem me saciou
com a gordura de seus sacrifícios.
Mas você me sobrecarregou
com seus pecados
e me deixou exausto com suas ofensas.

25"Sou eu, eu mesmo, aquele que apaga
suas transgressões, por amor de mim,
e que não se lembra mais
de seus pecados.
26Relembre o passado para mim;
vamos discutir a sua causa.
Apresente o argumento
para provar sua inocência.
27Seu primeiro pai pecou;
seus porta-vozes se rebelaram
contra mim.
28Por isso envergonharei
os líderes do templo,
e entregarei Jacó à destruição
e Israel à zombaria.

Israel, o escolhido do Senhor

44 "Mas escute agora, Jacó,
meu servo,
Israel, a quem escolhi.
2Assim diz o SENHOR,
aquele que o fez,
que o formou no ventre, e que o
ajudará:
Não tenha medo, ó Jacó, meu servo,
Jesurum, a quem escolhi.
3Pois derramarei água na terra sedenta,
e torrentes na terra seca;
derramarei meu Espírito sobre sua prole,
e minha bênção sobre seus descendentes.
4Eles brotarão como relva nova,
como salgueiros junto a regatos.
5Um dirá: 'Pertenço ao SENHOR';
outro chamará a si mesmo
pelo nome de Jacó;
ainda outro escreverá em sua mão:
'Do SENHOR',
e tomará para si o nome Israel.

A insensatez da idolatria

6"Assim diz o SENHOR,
o rei de Israel, o seu redentor,
o SENHOR dos Exércitos:
Eu sou o primeiro e eu sou o último;
além de mim não há Deus.
7Quem então é como eu?
Que ele o anuncie,
que ele declare e exponha diante de mim
o que aconteceu
desde que estabeleci meu antigo povo,
e o que ainda está para vir;
que todos eles predigam as coisas futuras
e o que irá acontecer.
8Não tremam, nem tenham medo.
Não anunciei isto e não o predisse
muito tempo atrás?
Vocês são minhas testemunhas.
Há outro Deus além de mim?
Não, não existe nenhuma outra Rocha;
não conheço nenhuma".

[a] **43:14** Ou *caldeus;* também em 47:1, 5; 48:14 e 20.
[b] **43:23** Isto é, sacrifícios totalmente queimados.

9Todos os que fazem imagens nada são,
e as coisas que estimam são sem valor.
As suas testemunhas nada veem
e nada sabem,
para que sejam envergonhados.
10Quem é que modela um deus
e funde uma imagem,
que de nada lhe serve?
11Todos os seus companheiros
serão envergonhados;
pois os artesãos não passam de homens.
Que todos eles se ajuntem
e declarem sua posição;
eles serão lançados ao pavor
e à vergonha.

12O ferreiro apanha uma ferramenta
e trabalha com ela nas brasas;
modela um ídolo com martelos,
forja-o com a força do braço.
Ele sente fome e perde a força;
passa sede e desfalece.
13O carpinteiro mede a madeira
com uma linha
e faz um esboço com um traçador;
ele o modela toscamente com formões
e o marca com compassos.
Ele o faz na forma de homem,
de um homem em toda a sua beleza,
para que habite num santuário.
14Ele derruba cedros,
talvez apanhe um cipreste,
ou ainda um carvalho.
Ele o deixou crescer entre
as árvores da floresta,
ou plantou um pinheiro,
e a chuva o fez crescer.
15É combustível usado para queimar;
um pouco disso ele apanha e se aquece,
acende um fogo e assa um pão.
Mas também modela um deus e o adora;
faz uma imagem e se curva diante dela.
16Metade da madeira
ele queima no fogo;
sobre ela ele prepara sua refeição,
assa a carne e come sua porção.
Ele também se aquece e diz:
"Ah! Estou aquecido;
estou vendo o fogo".
17Do restante ele faz um deus, seu ídolo;
inclina-se diante dele e o adora.
Ora a ele e diz: "Salva-me;
tu és o meu deus".
18Eles nada sabem, nada entendem;
seus olhos estão tapados,
não conseguem ver,
e suas mentes estão fechadas,
não conseguem entender.
19Ninguém para para pensar,
ninguém tem o conhecimento
ou o entendimento para dizer:
"Metade dela usei como combustível;
até mesmo assei pão sobre suas brasas,
assei carne e comi.
Faria eu algo repugnante
com o que sobrou?
Iria eu ajoelhar-me diante
de um pedaço de madeira?"
20Ele se alimenta de cinzas,
um coração iludido o desvia;
ele é incapaz de salvar a si mesmo
ou de dizer:
"Esta coisa na minha mão direita

não é uma mentira?" 21"Lembre-se disso, ó
Jacó,
pois você é meu servo, ó Israel.
Eu o fiz, você é meu servo;
ó Israel, eu não o esquecerei.
22Como se fossem uma nuvem,
varri para longe suas ofensas;
como se fossem a neblina da manhã,
os seus pecados.
Volte para mim, pois eu o resgatei."

23Cantem de alegria, ó céus,
pois o SENHOR fez isto;
gritem bem alto, ó profundezas da terra.
Irrompam em canção, vocês, montes,
vocês, florestas e todas as suas árvores,
pois o SENHOR resgatou Jacó;
ele mostra sua glória em Israel.

Jerusalém será habitada

24"Assim diz o SENHOR,
o seu redentor, que o formou no ventre:

"Eu sou o SENHOR, que fiz todas as coisas,
que sozinho estendi os céus,
que espalhei a terra por mim mesmo,

25"que atrapalha os sinais dos falsos profetas
e faz de tolos os adivinhadores,
que derruba o conhecimento dos sábios
e o transforma em loucura,
26que executa as palavras de seus servos
e cumpre as predições
de seus mensageiros,

"que diz acerca de Jerusalém:
Ela será habitada,
e das cidades de Judá:
Elas serão construídas,
e de suas ruínas: Eu as restaurarei,
27que diz às profundezas aquáticas:
Sequem-se, e eu secarei seus regatos,
28que diz acerca de Ciro:
Ele é meu pastor,
e realizará tudo o que me agrada;
ele dirá acerca de Jerusalém:
'Seja reconstruída',
e do templo: 'Sejam lançados os seus alicerces'.

45 "Assim diz o SENHOR ao seu ungido:
a Ciro, cuja mão direita
eu seguro com firmeza
para subjugar as nações diante dele
e arrancar a armadura de seus reis,
para abrir portas diante dele,
de modo que as portas
não estejam trancadas:

2Eu irei adiante de você e aplainarei montes;
derrubarei portas de bronze
e romperei trancas de ferro.
3Darei a você os tesouros das trevas,
riquezas armazenadas em locais secretos,
para que você saiba
que eu sou o SENHOR,
o Deus de Israel,
que o convoca pelo nome.
4Por amor de meu servo Jacó,
de meu escolhido Israel,
eu o convoco pelo nome
e lhe concedo um título de honra,
embora você não me reconheça.
5Eu sou o SENHOR,
e não há nenhum outro;
além de mim não há Deus.
Eu o fortalecerei, ainda que você
não tenha me admitido,
6de forma que do nascente ao poente
saibam todos que não há
ninguém além de mim.
Eu sou o SENHOR,
e não há nenhum outro.
7Eu formo a luz e crio as trevas,
promovo a paz e causo a desgraça;
eu, o SENHOR, faço todas essas coisas.

8"Vocês, céus elevados,
façam chover justiça;
derramem-na as nuvens.
Abra-se a terra, brote a salvação,
cresça a retidão com ela;
eu, o SENHOR, a criei.

9"Ai daquele que contende
com seu Criador,
daquele que não passa de um caco
entre os cacos no chão.
Acaso o barro pode dizer ao oleiro:
'O que você está fazendo?'
Será que a obra que você faz pode dizer:
'Você não tem mãos?'
10Ai daquele que diz a seu pai:
'O que você gerou?',
ou à sua mãe: 'O que você deu à luz?'

11"Assim diz o SENHOR, o Santo de Israel,
o seu Criador:
A respeito de coisas vindouras,
você me pergunta sobre meus filhos,
ou me dá ordens sobre o trabalho
de minhas mãos?
12Fui eu que fiz a terra
e nela criei a humanidade.
Minhas próprias mãos
estenderam os céus;
eu dispus o seu exército de estrelas.
13Eu levantarei esse homem em minha retidão:
farei direitos todos os seus caminhos.
Ele reconstruirá minha cidade
e libertará os exilados,
sem exigir pagamento
nem qualquer recompensa,
diz o SENHOR dos Exércitos.

14"Assim diz o SENHOR:

Os produtos do Egito
e as mercadorias da Etiópia[a],
e aqueles altos sabeus,
passarão para o seu lado
e lhe pertencerão, ó Jerusalém;
eles a seguirão,
acorrentados, passarão para o seu lado.
Eles se inclinarão diante de você
e lhe implorarão, dizendo:
'Certamente Deus está com você,
e não há outro;
não há nenhum outro Deus' ".

15Verdadeiramente tu és um Deus
que se esconde,
ó Deus e Salvador de Israel.
16Todos os que fazem ídolos
serão envergonhados e constrangidos;
juntos cairão em constrangimento.
17Mas Israel será salvo pelo SENHOR
com uma salvação eterna;
vocês jamais serão envergonhados
ou constrangidos, por toda a eternidade.

18Pois assim diz o SENHOR,
que criou os céus, ele é Deus;
que moldou a terra e a fez,
ele fundou-a;
não a criou para estar vazia,
mas a formou para ser habitada;
ele diz: "Eu sou o SENHOR,
e não há nenhum outro.
19Não falei secretamente,
de algum lugar numa terra de trevas;
eu não disse aos descendentes de Jacó:
Procurem-me à toa.
Eu, o SENHOR, falo a verdade;
eu anuncio o que é certo.

20"Ajuntem-se e venham; reúnam-se,
vocês, fugitivos das nações.
São ignorantes aqueles que levam
de um lado para outro
imagens de madeira,
que oram a deuses que não podem salvar.
21Declarem o que deve ser,
apresentem provas.
Que eles juntamente se aconselhem.
Quem há muito predisse isto,
quem o declarou
desde o passado distante?
Não fui eu, o SENHOR?
E não há outro Deus além de mim,
um Deus justo e salvador;
não há outro além de mim.

22"Voltem-se para mim e sejam salvos,
todos vocês, confins da terra;
pois eu sou Deus,
e não há nenhum outro.
23Por mim mesmo eu jurei,
a minha boca pronunciou

[a] 45:14 Hebraico: *de Cuxe.*

com toda a integridade
uma palavra que não será revogada:
Diante de mim todo joelho se dobrará;
junto a mim toda língua jurará.
24 Dirão a meu respeito:
'Somente no SENHOR
estão a justiça e a força' ".
Todos os que o odeiam
virão a ele e serão envergonhados.
25 Mas no SENHOR todos
os descendentes de Israel
serão considerados justos e exultarão.

Os deuses da Babilônia

46 Bel se inclina, Nebo se abaixa;
os seus ídolos são levados
por animais de carga[a].
As imagens que são levadas
por aí, são pesadas,
um fardo para os exaustos.
2 Juntos eles se abaixam e se inclinam;
incapazes de salvar o fardo,
eles mesmos vão para o cativeiro.

3 "Escute-me, ó casa de Jacó,
todos vocês que restam da nação de Israel,
vocês, a quem tenho sustentado
desde que foram concebidos,
e que tenho carregado
desde o seu nascimento.
4 Mesmo na sua velhice,
quando tiverem cabelos brancos,
sou eu aquele,
aquele que os susterá.
Eu os fiz e eu os levarei;
eu os sustentarei
e eu os salvarei.

5 "Com quem vocês vão comparar-me
ou a quem me considerarão igual?
A quem vocês me assemelharão
para que sejamos comparados?
6 Alguns derramam ouro de suas bolsas
e pesam prata na balança;
contratam um ourives
para transformar isso num deus,
inclinam-se e o adoram.
7 Erguem-no ao ombro e o carregam;
põem-no em pé em seu lugar, e ali ele fica.
Daquele local não consegue se mexer.
Embora alguém o invoque,
ele não responde;
é incapaz de salvá-lo de seus problemas.

8 "Lembrem-se disto, gravem-no na mente,
acolham no íntimo, ó rebeldes.
9 Lembrem-se das coisas passadas,
das coisas muito antigas!
Eu sou Deus, e não há nenhum outro;
eu sou Deus, e não há nenhum como eu.
10 Desde o início faço conhecido o fim,
desde tempos remotos,
o que ainda virá.
Digo: Meu propósito permanecerá em pé,
e farei tudo o que me agrada.
11 Do oriente convoco uma ave de rapina;
de uma terra bem distante,
um homem para cumprir
o meu propósito.
O que eu disse, isso eu farei acontecer;
o que planejei, isso farei.
12 Escutem-me,
vocês de coração obstinado,
vocês que estão longe da retidão.
13 Estou trazendo para perto
a minha retidão,
ela não está distante;
e a minha salvação não será adiada.
Concederei salvação a Sião,
meu esplendor a Israel.

A queda de Babilônia

47 "Desça, sente-se no pó,
Virgem Cidade[b] de Babilônia;
sente-se no chão sem um trono,
Filha dos babilônios.
Você não será mais chamada
mimosa e delicada.
2 Apanhe pedras de moinho e faça farinha;
retire o seu véu.
Levante a saia, desnude as suas pernas
e atravesse os riachos.
3 Sua nudez será exposta
e sua vergonha será revelada.
Eu me vingarei; não pouparei ninguém."
4 Nosso redentor,
o SENHOR dos Exércitos é o seu nome,
é o Santo de Israel.

5 "Sente-se em silêncio, entre nas trevas,
cidade dos babilônios;
você não será mais chamada
rainha dos reinos.
6 Fiquei irado contra o meu povo
e profanei minha herança;
eu os entreguei nas suas mãos,
e você não mostrou misericórdia
para com eles.
Mesmo sobre os idosos
você pôs um jugo muito pesado.
7 Você disse: 'Continuarei sempre sendo
a rainha eterna!'
Mas você não ponderou estas coisas,
nem refletiu no que poderia acontecer.

8 "Agora, então, escute,
criatura provocadora,
que age despreocupada
e preguiçosamente
em sua segurança, e diz a si mesma:
'Somente eu,
e mais ninguém.
Jamais ficarei viúva nem sofrerei
a perda de filhos'.
9 Estas duas coisas acontecerão a você
num mesmo instante, num único dia,

[a] 46:1 *Ou ídolos não passam de animais de carga e gado*

[b] 47:1 Hebraico: *Filha*; também no versículo 5.

perda de filhos e viuvez;
virão sobre você com todo o seu peso,
a despeito de suas muitas feitiçarias
e de todas as suas poderosas
palavras de encantamento.
10Você confiou em sua impiedade e disse:
'Ninguém me vê'.
Sua sabedoria e seu conhecimento a enganam
quando você diz a si mesma:
'Somente eu, e mais ninguém
além de mim'.
11A desgraça a alcançará
e você não saberá como esconjurá-la.
Cairá sobre você um mal
do qual você não poderá proteger-se
com um resgate;
uma catástrofe que você não pode prever
cairá repentinamente sobre você.

12"Continue, então, com suas
palavras mágicas de encantamento
e com suas muitas feitiçarias,
nas quais você tem se afadigado
desde a infância.
Talvez você consiga,
talvez provoque pavor.
13Todos os conselhos que você recebeu
só a deixaram extenuada!
Deixe seus astrólogos se apresentarem,
aqueles fitadores de estrelas
que fazem predições de mês a mês,
que eles a salvem daquilo
que está vindo sobre você;
14sem dúvida eles são como restolho;
o fogo os consumirá.
Eles não podem nem mesmo salvar-se
do poder das chamas.
Aqui não existem brasas
para aquecer ninguém;
não há fogueira para a gente sentar-se ao lado.
15Isso é tudo o que eles podem
fazer por você,
esses com quem você se afadigou
e com quem teve negócios escusos
desde a infância.
Cada um deles prossegue em seu erro;
não há ninguém que possa salvá-la.

Israel obstinado

48 "Escute isto, ó comunidade de Jacó, vocês que
são chamados
pelo nome de Israel
e vêm da linhagem de Judá,
vocês que fazem juramentos
pelo nome do SENHOR
e invocam o Deus de Israel,
mas não em verdade ou retidão;
2vocês que chamam a si mesmos
cidadãos da cidade santa
e dizem confiar no Deus de Israel;
o SENHOR dos Exércitos é o seu nome:
3Eu predisse há muito
as coisas passadas,
minha boca as anunciou,
e eu as fiz conhecidas;
então repentinamente agi,
e elas aconteceram.
4Pois eu sabia quão obstinado você era;
os tendões de seu pescoço eram ferro,
a sua testa era bronze.
5Por isso há muito lhe contei
essas coisas;
antes que acontecessem
eu as anunciei a você
para que você não pudesse dizer:
'Meus ídolos as fizeram;
minha imagem de madeira
e meu deus de metal as determinaram'.
6Você tem ouvido essas coisas;
olhe para todas elas.
Você não irá admiti-las?

"De agora em diante eu lhe contarei
coisas novas,
coisas ocultas, que você desconhece.
7Elas foram criadas agora,
e não há muito tempo;
você nunca as conheceu antes.
Por isso você não pode dizer:
'Sim, eu as conhecia'.
8Você não tinha conhecimento
nem entendimento;
desde a antiguidade o seu ouvido
tem se fechado.
Sei quão traiçoeiro você é;
desde o nascimento
você foi chamado rebelde.
9Por amor do meu próprio nome
eu adio a minha ira;
por amor de meu louvor
eu a contive,
para que você não fosse eliminado.
10Veja, eu refinei você,
embora não como prata;
eu o provei na fornalha da aflição.
11Por amor de mim mesmo,
por amor de mim mesmo, eu faço isso.
Como posso permitir que
eu mesmo seja difamado?
Não darei minha glória a nenhum outro.

A libertação de Israel

12"Escute-me, ó Jacó,
Israel,
a quem chamei:
Eu sou sempre o mesmo;
eu sou o primeiro
e eu sou o último.
13Minha própria mão
lançou os alicerces da terra,
e a minha mão direita estendeu os céus;
quando eu os convoco,
todos juntos se põem em pé.

14"Reúnam-se, todos vocês, e escutem:
Qual dos ídolos predisse essas coisas?
O amado do SENHOR
cumprirá seu propósito
contra a Babilônia;

seu braço será contra os babilônios.
[15]Eu, eu mesmo, falei;
sim, eu o chamei.
Eu o trarei, e ele será bem-sucedido
em sua missão.

[16]"Aproximem-se de mim e escutem isto:

"Desde o primeiro anúncio
não falei secretamente;
na hora em que acontecer, estarei ali."

E agora o Soberano, o SENHOR, me enviou,
com seu Espírito.

[17]Assim diz o SENHOR, o seu redentor,
o Santo de Israel:
"Eu sou o SENHOR, o seu Deus,
que lhe ensina o que é melhor para você,
que o dirige no caminho
em que você deve ir.
[18]Se tão somente você tivesse
prestado atenção às minhas ordens,
sua paz seria como um rio,
sua retidão, como as ondas do mar.
[19]Seus descendentes
seriam como a areia,
seus filhos, como seus inúmeros grãos;
o nome deles jamais seria eliminado
nem destruído de diante de mim".

[20]Deixem a Babilônia,
fujam do meio dos babilônios!
Anunciem isso com gritos de alegria
e proclamem-no.
Enviem-no aos confins da terra; digam:
O SENHOR resgatou seu servo Jacó.
[21]Não tiveram sede
quando ele os conduziu
através dos desertos;
ele fez água fluir da rocha para eles;
fendeu a rocha, e a água jorrou.

[22]"Não há paz alguma para os ímpios",
diz o SENHOR.

O servo do SENHOR

49 Escutem-me, vocês, ilhas;
ouçam, vocês, nações distantes:
Antes de eu nascer
o SENHOR me chamou;
desde o meu nascimento
ele fez menção de meu nome.
[2]Ele fez de minha boca
uma espada afiada,
na sombra de sua mão ele me escondeu;
ele me tornou uma flecha polida
e escondeu-me na sua aljava.
[3]Ele me disse: "Você é meu servo,
Israel, em quem mostrarei o meu esplendor".
[4]Mas eu disse: Tenho me afadigado
sem qualquer propósito;
tenho gastado minha força em vão
e para nada.
Contudo, o que me é devido
está na mão do SENHOR,
e a minha recompensa
está com o meu Deus.

[5]E agora o SENHOR diz,
aquele que me formou no ventre
para ser o seu servo,
para trazer de volta Jacó
e reunir Israel a ele mesmo,
pois sou honrado aos olhos do SENHOR,
e o meu Deus tem sido a minha força;
[6]ele diz: "Para você é coisa pequena demais
ser meu servo
para restaurar as tribos de Jacó
e trazer de volta aqueles de Israel
que eu guardei.
Também farei de você uma luz
para os gentios,
para que você leve a minha salvação
até os confins da terra".

[7]Assim diz o SENHOR, o Redentor,
o Santo de Israel,
àquele que foi desprezado
e detestado pela nação,
ao servo de governantes:
"Reis o verão e se levantarão,
líderes o verão e se encurvarão,
por causa do SENHOR, que é fiel,
o Santo de Israel, que o escolheu".

A restauração de Israel

[8]Assim diz o SENHOR:

"No tempo favorável
eu lhe responderei,
e no dia da salvação eu o ajudarei;
eu o guardarei e farei que você
seja uma aliança para o povo,
para restaurar a terra e distribuir
suas propriedades abandonadas,
[9]para dizer aos cativos: Saiam,
e àqueles que estão nas trevas: Apareçam!

"Eles se apascentarão junto aos caminhos
e acharão pastagem em toda colina estéril.
[10]Não terão fome nem sede;
o calor do deserto e o sol não os
atingirão.
Aquele que tem compaixão deles os guiará
e os conduzirá para as fontes de água.
[11]Transformarei todos os meus montes em
estradas,
e os meus caminhos serão erguidos.
[12]Veja, eles virão de bem longe;
alguns do norte, alguns do oeste,
alguns de Assuã[a]".

[13]Gritem de alegria, ó céus,
regozije-se, ó terra;
irrompam em canção, ó montes!
Pois o SENHOR consola o seu povo
e terá compaixão de seus afligidos.

[14]Sião, porém, disse:

[a] **49:12** Conforme os manuscritos do mar Morto. O Texto Massorético diz *Sinim*.

"O SENHOR me abandonou,
o Senhor me desamparou".

15"Haverá mãe que possa esquecer
seu bebê que ainda mama
e não ter compaixão do filho
que gerou?
Embora ela possa esquecê-lo,
eu não me esquecerei de você!
16Veja, eu gravei você
nas palmas das minhas mãos;
seus muros estão sempre diante de mim.
17Seus filhos apressam-se em voltar,
e aqueles que a despojaram
afastam-se de você.
18Erga os olhos e olhe ao redor;
todos os seus filhos se ajuntam
e vêm até você.
Juro pela minha vida
que você se vestirá deles todos como
ornamento;
você se vestirá deles como uma noiva",
declara o SENHOR.

19"Apesar de você ter sido arruinada
e abandonada
e apesar de sua terra ter sido arrasada,
agora você será pequena demais
para o seu povo,
e aqueles que a devoraram
estarão bem distantes.
20Os filhos nascidos durante seu luto
ainda dirão ao alcance dos seus ouvidos:
'Este lugar é pequeno demais para nós;
dê-nos mais espaço para nele vivermos'.
21Então você dirá em seu coração:
'Quem me gerou estes filhos?
Eu estava enlutada e estéril;
estava exilada e rejeitada.
Quem os criou?
Fui deixada totalmente só,
mas estes... de onde vieram?' "

22Assim diz o Soberano, o SENHOR:

"Veja, eu acenarei para os gentios,
erguerei minha bandeira para os povos;
eles trarão nos braços os seus filhos
e carregarão nos ombros as suas filhas.
23Reis serão os seus padrastos,
e suas rainhas serão
as suas amas de leite.
Eles se inclinarão diante de você,
com o rosto em terra;
lamberão o pó dos seus pés.
Então você saberá que eu sou o SENHOR;
aqueles que esperam em mim
não ficarão decepcionados".

24Será que se pode tirar
o despojo dos guerreiros,
ou será que os prisioneiros podem ser
resgatados
do poder dos violentos[a]?

[a] 49:24 Conforme os manuscritos do mar Morto, a Vulgata e a Versão Siríaca. O Texto Massorético diz *justos*.

25Assim, porém, diz o SENHOR:

26"Sim, prisioneiros serão tirados
de guerreiros,
e despojo será retomado dos violentos;
brigarei com os que brigam com você,
e seus filhos, eu os salvarei.
Farei seus opressores comerem
sua própria carne;
ficarão bêbados com seu próprio sangue,
como com vinho.
Então todo mundo saberá que eu,
o SENHOR, sou o seu Salvador,
seu Redentor, o Poderoso de Jacó".

O pecado de Israel e a obediência do servo

50 Assim diz o SENHOR:

"Onde está a certidão de divórcio de sua mãe
com a qual eu a mandei embora?
A qual de meus credores
eu vendi vocês?
Por causa de seus pecados
vocês foram vendidos;
por causa das transgressões de vocês
sua mãe foi mandada embora.
2Quando eu vim, por que
não encontrei ninguém?
Quando eu chamei,
por que ninguém respondeu?
Será que meu braço era curto demais
para resgatá-los?
Será que me falta a força para redimi-los?
Com uma simples repreensão
eu seco o mar,
transformo rios em deserto;
seus peixes apodrecem por falta de água
e morrem de sede.
3Visto de trevas os céus
e faço da veste de lamento a sua coberta".

4O Soberano, o SENHOR, deu-me
uma língua instruída,
para conhecer a palavra
que sustém o exausto.
Ele me acorda manhã após manhã,
desperta meu ouvido para escutar
como alguém que está sendo ensinado.
5O Soberano, o SENHOR,
abriu os meus ouvidos,
e eu não tenho sido rebelde;
eu não me afastei.
6Ofereci minhas costas
àqueles que me batiam,
meu rosto àqueles
que arrancavam minha barba;
não escondi a face da zombaria
e dos cuspes.
7Porque o SENHOR, o Soberano, me ajuda,
não serei constrangido.
Por isso eu me opus firme
como uma dura rocha,
e sei que não ficarei decepcionado.
8Aquele que defende o meu nome
está perto.

Quem poderá trazer acusações contra mim?
Encaremo-nos um ao outro!
Quem é meu acusador?
Que ele me enfrente!
9É o Soberano, o Senhor, que me ajuda.
Quem irá me condenar?
Todos eles se desgastam
como uma roupa;
as traças os consumirão.

10Quem entre vocês teme o Senhor
e obedece à palavra de seu servo?
Que aquele que anda no escuro,
que não tem luz alguma,
confie no nome do Senhor
e se apoie em seu Deus.
11Mas agora,
todos vocês
que acendem fogo
e fornecem a si mesmos tochas acesas,
vão, andem na luz de seus fogos
e das tochas que vocês acenderam.
Vejam o que receberão da minha mão:
vocês se deitarão atormentados.

A salvação eterna para Sião

51 "Escutem-me,
vocês que buscam a retidão
e procuram o Senhor:
Olhem para a rocha
da qual foram cortados
e para a pedreira
de onde foram cavados;
2olhem para Abraão, seu pai,
e para Sara, que lhes deu à luz.
Quando eu o chamei, ele era apenas um,
e eu o abençoei e o tornei muitos."
3Com certeza o Senhor consolará Sião
e olhará com compaixão
para todas as ruínas dela;
ele tornará seus desertos como o Éden,
seus ermos, como o jardim do Senhor.
Alegria e contentamento
serão achados nela,
ações de graças e som de canções.

4"Escute-me, povo meu;
ouça-me, nação minha:
A lei sairá de mim;
minha justiça se tornará uma luz para as
nações.
5Minha retidão logo virá,
minha salvação está a caminho,
e meu braço trará justiça às nações.
As ilhas esperarão em mim e aguardarão
esperançosamente pelo meu braço.
6Ergam os olhos para os céus,
olhem para baixo, para a terra;
os céus desaparecerão como fumaça,
a terra se gastará como uma roupa,
e seus habitantes morrerão como moscas.
Mas a minha salvação
durará para sempre,
a minha retidão jamais falhará.

7"Ouçam-me, vocês que sabem
o que é direito,
vocês, povo que tem a minha lei
no coração:
Não temam a censura de homens
nem fiquem aterrorizados
com seus insultos.
8Pois a traça os comerá
como a uma roupa;
o verme os devorará como à lã.
Mas a minha retidão durará para sempre,
a minha salvação de geração em
geração."

9Desperta! Desperta! Veste de força,
o teu braço, ó Senhor;
acorda, como em dias passados,
como em gerações de outrora.
Não foste tu que despedaçaste o Monstro dos
Mares[a],
que traspassaste aquela serpente aquática?
10Não foste tu que secaste o mar,
as águas do grande abismo,
que fizeste uma estrada
nas profundezas do mar
para que os redimidos
pudessem atravessar?
11Os resgatados do Senhor voltarão.
Entrarão em Sião com cântico;
alegria eterna coroará sua cabeça.
Júbilo e alegria se apossarão deles,
tristeza e suspiro deles fugirão.

12"Eu, eu mesmo,
sou quem a consola.
Quem é você para que tema
homens mortais,
os filhos de homens,
que não passam de relva,
13e para que esqueça o Senhor,
aquele que fez você,
que estendeu os céus
e lançou os alicerces da terra,
para que você viva diariamente,
constantemente apavorada
por causa da ira do opressor,
que está inclinado a destruir?
Pois onde está a ira do opressor?
14Os prisioneiros encolhidos
logo serão postos em liberdade;
não morrerão em sua masmorra,
nem terão falta de pão.
15Pois eu sou o Senhor, o seu Deus,
que agito o mar
para que suas ondas rujam;
Senhor dos Exércitos é o meu nome.
16Pus minhas palavras em sua boca
e o cobri com a sombra da minha mão,
eu, que pus os céus no lugar,
que lancei os alicerces da terra,
e que digo a Sião:
Você é o meu povo."

[a] 51:9 Hebraico: *Raabe*.

O cálice da ira do SENHOR

17 Desperte, desperte!
Levante-se, ó Jerusalém,
você que bebeu da mão do SENHOR
o cálice da ira dele,
você que engoliu,
até a última gota,
da taça que faz os homens cambalearem.
18 De todos os filhos que ela teve
não houve nenhum para guiá-la;
de todos os filhos que criou
não houve nenhum
para tomá-la pela mão.
19 Quem poderá consolá-la
dessas duas desgraças que a atingiram?
Ruína e destruição, fome e espada,
quem poderá[a] consolá-la?
20 Seus filhos desmaiaram;
eles jazem no início de cada rua,
como antílope pego numa rede.
Estão cheios da ira do SENHOR
e da repreensão do seu Deus.

21 Portanto, ouça isto, você, aflita,
embriagada, mas não com vinho.
22 Assim diz o seu Soberano, o SENHOR,
o seu Deus, que defende o seu povo:
"Veja que eu tirei da sua mão
o cálice que faz cambalear;
dele, do cálice da minha ira,
você nunca mais beberá.
23 Eu o porei nas mãos
dos seus atormentadores,
que lhe disseram: 'Caia prostrada
para que andemos sobre você'.
E você fez as suas costas como chão,
como uma rua para nela a gente
andar".

52 Desperte! Desperte, ó Sião!
Vista-se de força.
Vista suas roupas de esplendor,
ó Jerusalém, cidade santa.
Os incircuncisos e os impuros
não tornarão a entrar por suas portas.
2 Sacuda para longe a sua poeira;
levante-se, sente-se entronizada,
ó Jerusalém.
Livre-se das correntes em seu pescoço,
ó cativa cidade[b] de Sião.

3 Pois assim diz o SENHOR:

"Vocês foram vendidos por nada,
e sem dinheiro vocês serão resgatados".

4 Pois assim diz o Soberano, o SENHOR:

"No início o meu povo desceu
para morar no Egito;
ultimamente a Assíria o tem oprimido.

5 "E agora o que tenho aqui?",
pergunta o SENHOR.
"Pois o meu povo foi levado
por nada,
e aqueles que o dominam zombam[c]",
diz o SENHOR.

"E constantemente,
o dia inteiro,
meu nome é blasfemado.
6 Por isso o meu povo
conhecerá o meu nome;
naquele dia eles saberão
que sou eu que o previ.
Sim, sou eu".

7 Como são belos nos montes
os pés daqueles que anunciam
boas novas,
que proclamam a paz,
que trazem boas notícias,
que proclamam salvação,
que dizem a Sião:
"O seu Deus reina!"
8 Escutem!
Suas sentinelas erguem a voz; juntas gritam
de alegria.
Quando o SENHOR voltar a Sião,
elas o verão com os seus próprios olhos.
9 Juntas cantem de alegria,
vocês, ruínas de Jerusalém,
pois o SENHOR consolou o seu povo;
ele resgatou Jerusalém.
10 O SENHOR desnudará seu santo braço
à vista de todas as nações,
e todos os confins da terra verão
a salvação de nosso Deus.
11 Afastem-se, afastem-se, saiam daqui!
Não toquem em coisas impuras!
Saiam dela e sejam puros,
vocês, que transportam os utensílios do
SENHOR.
12 Mas vocês não partirão apressadamente,
nem sairão em fuga;
pois o SENHOR irá à frente de vocês;
o Deus de Israel será a sua retaguarda.

O sofrimento e a glória do servo do SENHOR

13 Vejam, o meu servo agirá
com sabedoria[d];
será engrandecido, elevado
e muitíssimo exaltado.
14 Assim como houve muitos
que ficaram pasmados diante dele[e];
sua aparência estava tão desfigurada,
que ele se tornou irreconhecível como homem;
não parecia um ser humano;
15 de igual modo ele aspergirá
muitas nações,[f]
e reis calarão a boca por causa dele.
Pois aquilo que não lhes foi dito verão,
e o que não ouviram compreenderão.

[a] 51:19 Conforme os manuscritos do mar Morto, a Septuaginta, a Vulgata e a Versão Siríaca. O Texto Massorético diz *como poderei*.
[b] 52:2 Hebraico: *filha*.
[c] 52:5 Conforme os manuscritos do mar Morto e a Vulgata. O Texto Massorético diz *uivam*.
[d] 52:13 Ou *servo prosperará*
[e] 52:14 Hebraico: *diante de você*.
[f] 52:15 A Septuaginta diz *muitas nações ficarão pasmadas diante dele*.

53 Quem creu em nossa mensagem?
E a quem foi revelado o braço do SENHOR?
2 Ele cresceu diante dele
como um broto tenro,
e como uma raiz saída de uma terra seca.
Ele não tinha qualquer beleza
ou majestade que nos atraísse,
nada havia em sua aparência
para que o desejássemos.
3 Foi desprezado e rejeitado pelos homens,
um homem de dores
e experimentado no sofrimento.
Como alguém de quem
os homens escondem o rosto,
foi desprezado,
e nós não o tínhamos em estima.

4 Certamente ele tomou sobre si
as nossas enfermidades
e sobre si levou as nossas doenças;
contudo nós o consideramos
castigado por Deus,
por Deus atingido e afligido.
5 Mas ele foi transpassado
por causa das nossas transgressões,
foi esmagado por causa
de nossas iniquidades;
o castigo que nos trouxe paz
estava sobre ele, e pelas suas feridas
fomos curados.
6 Todos nós, tal qual ovelhas,
nos desviamos,
cada um de nós se voltou
para o seu próprio caminho;
e o SENHOR fez cair sobre ele
a iniquidade de todos nós.
7 Ele foi oprimido e afligido;
e, contudo, não abriu a sua boca;
como um cordeiro
foi levado para o matadouro,
e como uma ovelha que diante de seus
tosquiadores fica calada,
ele não abriu a sua boca.
8 Com julgamento opressivo ele foi levado.
E quem pode falar dos seus descendentes?
Pois ele foi eliminado
da terra dos viventes;
por causa da transgressão
do meu povo ele foi golpeado.[a]
9 Foi-lhe dado um túmulo com os ímpios,
e com os ricos em sua morte,
embora não tivesse cometido
nenhuma violência
nem houvesse nenhuma mentira
em sua boca.

10 Contudo, foi da vontade do SENHOR
esmagá-lo e fazê-lo sofrer,
e, embora o SENHOR tenha feito[b] da vida dele
uma oferta pela culpa,
ele verá sua prole e prolongará seus dias,
e a vontade do SENHOR
prosperará em sua mão.
11 Depois do sofrimento de sua alma,
ele verá a luz[c] e ficará satisfeito;[d]
pelo seu conhecimento
meu servo justo
justificará a muitos,
e levará a iniquidade deles.
12 Por isso eu lhe darei uma porção
entre os grandes[e],
e ele dividirá os despojos com os fortes[f],
porquanto ele derramou sua vida
até a morte,
e foi contado entre os transgressores.
Pois ele levou o pecado de muitos,
e pelos transgressores intercedeu.

A futura glória de Sião

54 "Cante, ó estéril,
você que nunca teve um filho;
irrompa em canto, grite de alegria,
você que nunca esteve
em trabalho de parto;
porque mais são os filhos
da mulher abandonada
do que os daquela que tem marido",
diz o SENHOR.
2 "Alargue o lugar de sua tenda,
estenda bem as cortinas de sua tenda,
não o impeça;
estique suas cordas, firme suas estacas.
3 Pois você se estenderá para a direita
e para a esquerda;
seus descendentes desapossarão nações
e se instalarão
em suas cidades abandonadas.

4 "Não tenha medo;
você não sofrerá vergonha.
Não tema o constrangimento;
você não será humilhada.
Você esquecerá
a vergonha de sua juventude
e não se lembrará mais
da humilhação de sua viuvez.
5 Pois o seu Criador é o seu marido,
o SENHOR dos Exércitos é o seu nome,
o Santo de Israel é seu Redentor;
ele é chamado o Deus de toda a terra.
6 O SENHOR chamará você de volta
como se você fosse uma
mulher abandonada e aflita de espírito,
uma mulher que se casou nova
apenas para ser rejeitada", diz o seu Deus.
7 "Por um breve instante eu a abandonei,
mas com profunda compaixão
eu a trarei de volta.
8 Num impulso de indignação
escondi de você por um instante
o meu rosto,

[a] 53:8 Ou *Contudo, quem da sua geração considerou que ele foi eliminado da terra dos viventes por causa da transgressão do meu povo, para quem era devido o castigo?*
[b] 53:10 Hebraico: *embora você tenha feito.*
[c] 53:11 Conforme os manuscritos do mar Morto. O Texto Massorético não traz *a luz.*
[d] 53:11 Ou *Ele verá o resultado do sofrimento da sua alma e ficará satisfeito;*
[e] 53:12 Ou *entre muitos*
[f] 53:12 Ou *numerosos*

mas com bondade eterna
terei compaixão de você",
diz o SENHOR, o seu Redentor.

9"Para mim isso é como os dias de Noé,
quando jurei que as águas de Noé
nunca mais tornariam a cobrir a terra.
De modo que agora jurei
não ficar irado contra você,
nem tornar a repreendê-la.
10Embora os montes sejam sacudidos
e as colinas sejam removidas,
ainda assim a minha fidelidade
para com você não será abalada,
nem será removida
a minha aliança de paz",
diz o SENHOR,
que tem compaixão de você.

11"Ó cidade aflita,
açoitada por tempestades
e não consolada,
eu a edificarei com turquesas,
edificarei seus alicerces com safiras.
12Farei de rubis os seus escudos,
de carbúnculos as suas portas,
e de pedras preciosas
todos os seus muros.
13Todos os seus filhos
serão ensinados pelo SENHOR,
e grande será a paz de suas crianças.
14Em retidão você será estabelecida:
A tirania estará distante;
você não terá nada a temer.
O pavor estará removido para longe;
ele não se aproximará de você.
15Se alguém a atacar,
não será por obra minha;
todo aquele que a atacar
se renderá a você.

16"Veja, fui eu quem criou o ferreiro,
que sopra as brasas até darem chama
e forja uma arma
própria para o seu fim.
E fui eu quem criou o destruidor
para gerar o caos;
17nenhuma arma forjada contra você
prevalecerá,
e você refutará toda língua que a acusar.
Esta é a herança dos servos do SENHOR,
e esta é a defesa que faço do nome deles",
declara o SENHOR.

Convite aos sedentos

55 "Venham, todos vocês
que estão com sede,
venham às águas;
e vocês que não possuem
dinheiro algum,
venham, comprem e comam!
Venham, comprem vinho
e leite sem dinheiro e sem custo.
2Por que gastar dinheiro
naquilo que não é pão,
e o seu trabalho árduo
naquilo que não satisfaz?
Escutem, escutem-me,
e comam o que é bom,
e a alma de vocês se deliciará
com a mais fina refeição.
3Deem-me ouvidos e venham a mim;
ouçam-me, para que sua alma viva.
Farei uma aliança eterna com vocês,
minha fidelidade prometida a Davi.
4Vejam, eu o fiz
uma testemunha aos povos,
um líder e governante dos povos.
5Com certeza você convocará nações
que você não conhece,
e nações que não o conhecem
se apressarão até você,
por causa do SENHOR, o seu Deus,
o Santo de Israel,
pois ele lhe concedeu esplendor."

6Busquem o SENHOR
enquanto é possível achá-lo;
clamem por ele enquanto está perto.
7Que o ímpio abandone o seu caminho,
e o homem mau, os seus pensamentos.
Volte-se ele para o SENHOR,
que terá misericórdia dele;
volte-se para o nosso Deus,
pois ele dá de bom grado o seu perdão.

8"Pois os meus pensamentos
não são os pensamentos de vocês,
nem os seus caminhos
são os meus caminhos",
declara o SENHOR.
9"Assim como os céus são mais altos
do que a terra,
também os meus caminhos
são mais altos do que os seus caminhos,
e os meus pensamentos,
mais altos do que os seus pensamentos.
10Assim como a chuva e a neve
descem dos céus
e não voltam para eles sem regarem a terra
e fazerem-na brotar e florescer,
para ela produzir semente
para o semeador
e pão para o que come,
11assim também ocorre com a palavra
que sai da minha boca:
ela não voltará para mim vazia,
mas fará o que desejo
e atingirá o propósito para o qual a enviei.
12Vocês sairão em júbilo
e serão conduzidos em paz;
os montes e colinas irromperão
em canto diante de vocês,
e todas as árvores do campo
baterão palmas.
13No lugar do espinheiro
crescerá o pinheiro,
e em vez de roseiras bravas
crescerá a murta.

Isso resultará em renome para o SENHOR,
para sinal eterno,
que não será destruído."

Salvação para os gentios

56 Assim diz o SENHOR:
"Mantenham a justiça
e pratiquem o que é direito,
pois a minha salvação está perto,
e logo será revelada a minha retidão.
2 Feliz aquele que age assim,
o homem que nisso permanece firme,
observando o sábado
para não profaná-lo,
e vigiando sua mão
para não cometer nenhum mal".

3 Que nenhum estrangeiro
que se disponha a unir-se ao SENHOR
venha a dizer:
"É certo que o SENHOR
me excluirá do seu povo".
E que nenhum eunuco se queixe:
"Não passo de uma árvore seca".

4 Pois assim diz o SENHOR:

"Aos eunucos que guardarem
os meus sábados,
que escolherem o que me agrada
e se apegarem à minha aliança,
5 a eles darei, dentro de meu templo
e dos seus muros,
um memorial e um nome melhor
do que filhos e filhas,
um nome eterno, que não será eliminado.
6 E os estrangeiros que se unirem
ao SENHOR para servi-lo,
para amarem o nome do SENHOR
e prestar-lhe culto,
todos os que guardarem o sábado
deixando de profaná-lo,
e que se apegarem à minha aliança,
7 esses eu trarei ao meu santo monte
e lhes darei alegria em minha casa de oração.
Seus holocaustos[a] e demais sacrifícios
serão aceitos em meu altar;
pois a minha casa será chamada
casa de oração para todos os povos".
8 Palavra do Soberano, do SENHOR,
daquele que reúne os exilados de Israel:
"Reunirei ainda outros
àqueles que já foram reunidos".

A acusação de Deus contra os ímpios

9 Venham todos vocês,
animais do campo;
todos vocês, animais da floresta,
venham comer!
10 As sentinelas de Israel estão cegas
e não têm conhecimento;
todas elas são como cães mudos,
incapazes de latir.
Deitam-se e sonham;
só querem dormir.
11 São cães devoradores, insaciáveis.
São pastores sem entendimento;
todos seguem seu próprio caminho,
cada um procura vantagem própria.
12 "Venham", cada um grita,
"tragam-me vinho!
Bebamos nossa dose
de bebida fermentada,
que amanhã será como hoje,
e até muito melhor!"

57 O justo perece, e ninguém pondera
isso em seu coração;
homens piedosos são tirados,
e ninguém entende
que os justos são tirados
para serem poupados do mal.
2 Aqueles que andam retamente
entrarão na paz;
acharão descanso na morte.

3 "Mas vocês, aproximem-se,
vocês, filhos de adivinhas,
vocês, prole de adúlteros e de prostitutas!
4 De quem vocês estão zombando?
De quem fazem pouco caso?
E para quem mostram a língua?
Não são vocês uma ninhada de rebeldes,
uma prole de mentirosos?
5 Vocês ardem de desejo
entre os carvalhos
e debaixo de toda árvore frondosa;
vocês sacrificam seus filhos nos vales
e debaixo de penhascos salientes.
6 Os ídolos entre as pedras lisas
dos vales são a sua porção;
são a sua parte.
Isso mesmo! Para eles você derramou
ofertas de bebidas
e apresentou ofertas de cereal.
Poderei eu contentar-me com isso?
7 Você fez o leito numa colina
alta e soberba;
ali você subiu para oferecer sacrifícios.
8 Atrás de suas portas e dos seus batentes
você pôs os seus símbolos pagãos.
Ao me abandonar,
você descobriu seu leito,
subiu nele e o deixou escancarado;
fez acordo com aqueles
cujas camas você ama,
e dos quais contemplou a nudez.
9 Você foi até Moloque[b]
com azeite de oliva
e multiplicou os seus perfumes.
Você enviou seus embaixadores[c]
a lugares distantes;
você desceu ao fundo do poço[d]!

[a] 56:7 Isto é, sacrifícios totalmente queimados.

[b] 57:9 Ou *até o rei*

[c] 57:9 Ou *ídolos*

[d] 57:9 Hebraico: *Sheol*. Essa palavra também pode ser traduzida por sepultura, profundezas, pó ou morte.

10Você se cansou
com todos os seus caminhos,
mas não quis dizer: 'Não há esperança!'
Você recuperou as forças,
e por isso não esmoreceu.

11"De quem você teve tanto medo e tremor,
ao ponto de agir com falsidade para comigo,
não se lembrar de mim
e não ponderar isso em seu coração?
Não será por que há muito estou calado
que você não me teme?
12Sua retidão e sua justiça exporei,
e elas não a beneficiarão.
13Quando você clamar por ajuda,
que a sua coleção de ídolos a salve!
O vento levará todos eles,
um simples sopro os arrebatará.
Mas o homem que faz de mim o seu refúgio
receberá a terra por herança
e possuirá o meu santo monte."

Consolação para os contritos

14E se dirá:

"Aterrem, aterrem, preparem o caminho!
Tirem os obstáculos do caminho do meu povo".
15Pois assim diz o Alto e Sublime,
que vive para sempre,
e cujo nome é santo:
"Habito num lugar alto e santo,
mas habito também com o contrito
e humilde de espírito,
para dar novo ânimo
ao espírito do humilde
e novo alento ao coração do contrito.
16Não farei litígio para sempre,
nem permanecerei irado,
porque, senão, o espírito do homem
esmoreceria diante de mim,
bem como o sopro do homem que eu criei!
17Por causa da sua cobiça perversa
fiquei indignado e o feri;
fiquei irado e escondi o meu rosto.
Mas ele continuou extraviado,
seguindo os caminhos que escolheu.
18Eu vi os seus caminhos,
mas vou curá-lo;
eu o guiarei e tornarei a dar-lhe consolo,
19criando louvor nos lábios
dos pranteadores de Israel.
Paz, paz, aos de longe e aos de perto",
diz o SENHOR.
"Quanto a ele, eu o curarei".
20Mas os ímpios são como o mar agitado,
incapaz de sossegar
e cujas águas expelem lama e lodo.
21"Para os ímpios não há paz",
diz o meu Deus.

O verdadeiro jejum

58 "Grite alto, não se contenha!
Levante a voz como trombeta.
Anuncie ao meu povo a rebelião dele,
e à comunidade de Jacó, os seus pecados.
2Pois dia a dia me procuram;
parecem desejosos de conhecer
os meus caminhos,
como se fossem uma nação
que faz o que é direito
e que não abandonou
os mandamentos do seu Deus.
Pedem-me decisões justas
e parecem desejosos
de que Deus se aproxime deles.
3'Por que jejuamos', dizem,
'e não o viste?
Por que nos humilhamos,
e não reparaste?'
Contudo, no dia do seu jejum
vocês fazem o que é do agrado de vocês,
e exploram os seus empregados.
4Seu jejum termina em discussão e rixa,
e em brigas de socos brutais.
Vocês não podem jejuar como fazem hoje
e esperar que a sua voz seja ouvida no alto.
5Será esse o jejum que escolhi,
que apenas um dia o homem se humilhe,
incline a cabeça como o junco
e se deite sobre pano de saco e cinzas?
É isso que vocês chamam jejum,
um dia aceitável ao SENHOR?

6"O jejum que desejo não é este:
soltar as correntes da injustiça,
desatar as cordas do jugo,
pôr em liberdade os oprimidos
e romper todo jugo?
7Não é partilhar sua comida
com o faminto,
abrigar o pobre desamparado,
vestir o nu que você encontrou,
e não recusar ajuda ao próximo?
8Aí sim, a sua luz irromperá
como a alvorada,
e prontamente surgirá a sua cura;
a sua retidão irá adiante de você,
e a glória do SENHOR estará
na sua retaguarda.
9Aí sim, você clamará ao SENHOR,
e ele responderá;
você gritará por socorro, e ele dirá:
Aqui estou.

"Se você eliminar do seu meio
o jugo opressor,
o dedo acusador e a falsidade do falar;
10se com renúncia própria
você beneficiar os famintos
e satisfizer o anseio dos aflitos,
então a sua luz despontará nas trevas,
e a sua noite será como o meio-dia.
11O SENHOR o guiará constantemente;
satisfará os seus desejos
numa terra ressequida pelo sol
e fortalecerá os seus ossos.
Você será como um jardim bem regado,
como uma fonte cujas águas
nunca faltam.

12Seu povo reconstruirá as velhas ruínas
e restaurará os alicerces antigos;
você será chamado reparador de muros,
restaurador de ruas e moradias.

13"Se você vigiar seus pés
para não profanar o sábado
e para não fazer o que bem quiser
em meu santo dia;
se você chamar delícia o sábado
e honroso o santo dia do SENHOR,
e se honrá-lo, deixando de seguir
seu próprio caminho,
de fazer o que bem quiser
e de falar futilidades,
14então você terá no SENHOR
a sua alegria,
e eu farei com que você cavalgue
nos altos da terra
e se banqueteie com a herança
de Jacó, seu pai."
É o SENHOR quem fala.

Pecado, confissão e redenção

59 Vejam! O braço do SENHOR
não está tão encolhido que não possa
salvar,
e o seu ouvido tão surdo
que não possa ouvir.
2Mas as suas maldades separaram
vocês do seu Deus;
os seus pecados esconderam de vocês
o rosto dele,
e por isso ele não os ouvirá.
3Pois as suas mãos
estão manchadas de sangue,
e os seus dedos, de culpa.
Os seus lábios falam mentiras,
e a sua língua murmura palavras
ímpias.
4Ninguém pleiteia sua causa com justiça,
ninguém faz defesa com integridade.
Apoiam-se em argumentos vazios
e falam mentiras;
concebem maldade e geram iniquidade.
5Chocam ovos de cobra
e tecem teias de aranha.
Quem comer seus ovos morre,
e de um ovo esmagado sai uma víbora.
6Suas teias não servem de roupa;
eles não conseguem cobrir-se
com o que fazem.
Suas obras são más,
e atos de violência estão em suas mãos.
7Seus pés correm para o mal,
ágeis em derramar sangue inocente.
Seus pensamentos são maus;
ruína e destruição
marcam os seus caminhos.
8Não conhecem o caminho da paz;
não há justiça em suas veredas.
Eles as transformaram
em caminhos tortuosos;
quem andar por eles não conhecerá a paz.

9Por isso a justiça está longe de nós,
e a retidão não nos alcança.
Procuramos, mas tudo são trevas;
buscamos claridade,
mas andamos em sombras densas.
10Como o cego caminhamos
apalpando o muro,
tateamos como quem não tem olhos.
Ao meio-dia tropeçamos
como se fosse noite;
entre os fortes somos como os mortos.
11Todos nós urramos como ursos;
gememos como pombas.
Procuramos justiça, e nada!
Buscamos livramento, mas está longe!

12Sim, pois são muitas
as nossas transgressões diante de ti,
e os nossos pecados
testemunham contra nós.
As nossas transgressões
estão sempre conosco,
e reconhecemos as nossas iniquidades:
13rebelar-nos contra o SENHOR e traí-lo,
deixar de seguir o nosso Deus,
fomentar a opressão e a revolta,
proferir as mentiras que os nossos
corações conceberam.
14Assim a justiça retrocede,
e a retidão fica a distância,
pois a verdade caiu na praça
e a honestidade não consegue entrar.
15Não se acha a verdade em parte alguma,
e quem evita o mal
é vítima de saque.

Olhou o SENHOR e indignou-se
com a falta de justiça.
16Ele viu que não havia ninguém,
admirou-se porque ninguém intercedeu;
então o seu braço lhe trouxe livramento
e a sua justiça deu-lhe apoio.
17Usou a justiça como couraça,
pôs na cabeça o capacete da salvação;
vestiu-se de vingança
e envolveu-se no zelo como numa capa.
18Conforme o que fizeram
lhes retribuirá:
aos seus inimigos, ira;
aos seus adversários, o que merecem;
às ilhas, a devida retribuição.
19Desde o poente os homens temerão
o nome do SENHOR,
e desde o nascente, a sua glória.
Pois ele virá como uma inundação
impelida pelo sopro do SENHOR.

20"O Redentor virá a Sião,
aos que em Jacó
se arrependerem dos seus pecados",
declara o SENHOR.

21"Quanto a mim,
esta é a minha aliança com eles",
diz o SENHOR.

"O meu Espírito que está em você e as
minhas palavras que pus em sua boca não
se afastarão dela, nem da boca dos seus
filhos e dos descendentes deles, desde
agora e para sempre", diz o SENHOR.

A glória de Sião

60 "Levante-se, refulja!
Porque chegou a sua luz,
e a glória do SENHOR raia sobre você.
2 Olhe! A escuridão cobre a terra,
densas trevas envolvem os povos,
mas sobre você raia o SENHOR,
e sobre você se vê a sua glória.
3 As nações virão à sua luz
e os reis ao fulgor do seu alvorecer.

4 "Olhe ao redor, e veja:
todos se reúnem e vêm a você;
de longe vêm os seus filhos,
e as suas filhas vêm carregadas nos braços.
5 Então o verás e ficarás radiante;
o seu coração pulsará forte
e se encherá de alegria,
porque a riqueza dos mares
lhe será trazida,
e a você virão as riquezas das nações.
6 Manadas de camelos cobrirão a sua terra,
camelos novos de Midiã e de Efá.
Virão todos os de Sabá
carregando ouro e incenso
e proclamando o louvor do SENHOR.
7 Todos os rebanhos de Quedar
se reunirão junto de você,
e os carneiros de Nebaiote a servirão;
serão aceitos como ofertas em meu altar,
e adornarei o meu glorioso templo.

8 "Quem são estes que voam
como nuvens,
que voam como pombas
para os seus ninhos?
9 Pois as ilhas esperam em mim;
à frente vêm os navios de Társis[a],
trazendo de longe os seus filhos,
com prata e ouro,
em honra ao SENHOR, o seu Deus,
o Santo de Israel,
porque ele se revestiu de esplendor.

10 "Estrangeiros reconstruirão
os seus muros, e seus reis a servirão.
Com ira eu a feri, mas com amor
lhe mostrarei compaixão.
11 As suas portas permanecerão abertas;
jamais serão fechadas,
dia e noite,
para que lhe tragam
as riquezas das nações,
com seus reis e sua comitiva.
12 Pois a nação e o reino
que não a servirem perecerão;
serão totalmente exterminados.

13 "A glória do Líbano virá a você;
juntos virão o pinheiro, o abeto
e o cipreste,
para adornarem o lugar do meu santuário;
e eu glorificarei o local
em que pisam os meus pés.
14 Os filhos dos seus opressores virão
e se inclinarão diante de você;
todos os que a desprezam
se curvarão aos seus pés
e a chamarão Cidade do SENHOR,
Sião do Santo de Israel.

15 "Em vez de abandonada
e odiada,
sem que ninguém quisesse percorrê-la,
farei de você um orgulho,
uma alegria para todas as gerações.
16 Você beberá o leite das nações
e será amamentada por mulheres
nobres.
Então você saberá que eu, o SENHOR,
sou o seu Salvador,
o seu Redentor, o Poderoso de Jacó.
17 Em vez de bronze eu lhe trarei ouro,
e em vez de ferro, prata.
Em vez de madeira eu lhe trarei bronze,
e em vez de pedras, ferro.
Farei da paz o seu dominador,
da justiça, o seu governador.
18 Não se ouvirá mais falar
de violência em sua terra,
nem de ruína e destruição
dentro de suas fronteiras.
Os seus muros você chamará salvação,
e as suas portas, louvor.
19 O sol não será mais a sua luz de dia,
e você não terá mais o brilho do luar,
pois o SENHOR será a sua luz
para sempre;
o seu Deus será a sua glória.
20 O seu sol nunca se porá,
e a sua lua nunca desaparecerá,
porque o SENHOR será
a sua luz para sempre,
e os seus dias de tristeza terão fim.
21 Então todo o seu povo será justo,
e possuirá a terra para sempre.
Ele é o renovo que plantei,
obra das minhas mãos,
para manifestação da minha glória.
22 O mais pequenino se tornará mil,
o menor será uma nação poderosa.
Eu sou o SENHOR;
na hora certa farei que isso aconteça
depressa."

O ano da bondade do SENHOR

61 O Espírito do Soberano, o SENHOR,
está sobre mim,
porque o SENHOR ungiu-me
para levar boas notícias aos pobres.
Enviou-me para cuidar dos que estão
com o coração quebrantado,

[a] 60:9 Ou *navios mercantes*

anunciar liberdade aos cativos
e libertação das trevas aos prisioneiros[a],
2 para proclamar o ano da bondade do SENHOR
e o dia da vingança do nosso Deus;
para consolar todos os que andam tristes,
3 e dar a todos os que choram em Sião
uma bela coroa em vez de cinzas,
o óleo da alegria em vez de pranto,
e um manto de louvor
em vez de espírito deprimido.
Eles serão chamados
carvalhos de justiça,
plantio do SENHOR,
para manifestação da sua glória.

4 Eles reconstruirão as velhas ruínas
e restaurarão os antigos escombros;
renovarão as cidades arruinadas
que têm sido devastadas
de geração em geração.
5 Gente de fora vai pastorear
os rebanhos de vocês;
estrangeiros trabalharão
em seus campos e vinhas.
6 Mas vocês serão chamados
sacerdotes do SENHOR,
ministros do nosso Deus.
Vocês se alimentarão
das riquezas das nações,
e do que era o orgulho delas
vocês se orgulharão.
7 Em lugar da vergonha que sofreu,
o meu povo receberá porção dupla,
e ao invés da humilhação,
ele se regozijará em sua herança;
pois herdará porção dupla em sua terra,
e terá alegria eterna.

8 "Porque eu, o SENHOR, amo a justiça
e odeio o roubo e toda maldade.
Em minha fidelidade os recompensarei
e com eles farei aliança eterna.
9 Seus descendentes serão
conhecidos entre as nações,
e a sua prole entre os povos.
Todos os que os virem reconhecerão
que eles são um povo
abençoado pelo SENHOR."

10 É grande o meu prazer no SENHOR!
Regozija-se a minha alma em meu Deus!
Pois ele me vestiu
com as vestes da salvação
e sobre mim pôs o manto da justiça,
qual noivo que adorna a cabeça
como um sacerdote,
qual noiva que se enfeita com joias.
11 Porque, assim como a terra
faz brotar a planta
e o jardim faz germinar a semente,
assim o Soberano, o SENHOR,
fará nascer a justiça e o louvor
diante de todas as nações.

[a] 61:1 A Septuaginta diz *aos cegos*.

O novo nome de Sião

62 Por amor de Sião eu não sossegarei,
por amor de Jerusalém não descansarei
enquanto a sua justiça
não resplandecer como a alvorada,
e a sua salvação,
como as chamas de uma tocha.
2 As nações verão a sua justiça,
e todos os reis, a sua glória;
você será chamada por um novo nome
que a boca do SENHOR lhe dará.
3 Será uma esplêndida coroa
na mão do SENHOR,
um diadema real na mão do seu Deus.
4 Não mais a chamarão abandonada,
nem desamparada à sua terra.
Você, porém, será chamada Hefzibá[b],
e a sua terra, Beulá[c],
pois o SENHOR terá prazer em você,
e a sua terra estará casada.
5 Assim como um jovem se casa
com sua noiva,
os seus filhos se casarão[d] com você;
assim como o noivo se regozija
por sua noiva,
assim o seu Deus se regozija por você.

6 Coloquei sentinelas em seus muros,
ó Jerusalém;
jamais descansarão, dia e noite.
Vocês que clamam pelo SENHOR,
não se entreguem ao repouso,
7 e não lhe concedam descanso
até que ele estabeleça Jerusalém
e faça dela o louvor da terra.
8 O SENHOR jurou por sua mão direita
e por seu braço poderoso:
"Nunca mais darei o seu trigo
como alimento para os seus inimigos,
e nunca mais estrangeiros
beberão o vinho novo
pelo qual se afadigaram;
9 mas aqueles que colherem o trigo,
dele comerão
e louvarão o SENHOR,
e aqueles que juntarem as uvas
delas beberão
nos pátios do meu santuário".

10 Passem, passem pelas portas!
Preparem o caminho para o povo.
Construam, construam a estrada!
Removam as pedras.
Ergam uma bandeira para as nações.

11 O SENHOR proclamou
aos confins da terra:
"Digam à cidade[e] de Sião:
Veja! O seu Salvador vem!
Veja! Ele traz a sua recompensa
e o seu galardão o acompanha".

[b] 62:4 *Hefzibá* significa *o meu prazer está nela*.
[c] 62:4 *Beulá* significa *casada*.
[d] 62:5 Ou *assim aquele que a edificou se casará*
[e] 62:11 Hebraico: *filha*.

12Eles serão chamados povo santo,
redimidos do SENHOR;
e você será chamada procurada,
cidade não abandonada.

O dia da vingança e da redenção

63 Quem é aquele que vem de Edom,
que vem de Bozra, com as roupas
tingidas de vermelho?
Quem é aquele que,
num manto de esplendor,
avança a passos largos
na grandeza da sua força?

"Sou eu, que falo com retidão,
poderoso para salvar."

2Por que tuas roupas estão vermelhas,
como as de quem pisa uvas no lagar?

3"Sozinho pisei uvas no lagar;
das nações ninguém esteve comigo.
Eu as pisoteei na minha ira
e as pisei na minha indignação;
o sangue delas respingou
na minha roupa,
e eu manchei toda a minha veste.
4Pois o dia da vingança
estava no meu coração,
e chegou o ano da minha redenção.
5Olhei, e não havia ninguém
para ajudar-me,
mostrei assombro,
e não havia ninguém para apoiar-me.
Por isso o meu braço me ajudou,
e a minha ira deu-me apoio.
6Na minha ira pisoteei as nações;
na minha indignação eu as embebedei
e derramei na terra o sangue delas."

Oração e louvor

7Falarei da bondade do SENHOR,
dos seus gloriosos feitos,
por tudo o que o SENHOR fez por nós,
sim, de quanto bem ele fez
à nação de Israel,
conforme a sua compaixão
e a grandeza da sua bondade.
8"Sem dúvida eles são o meu povo",
disse ele;
"são filhos que não me vão trair";
e assim ele se tornou o Salvador deles.
9Em toda a aflição do seu povo
ele também se afligiu,
e o anjo da sua presença os salvou.
Em seu amor e em sua misericórdia
ele os resgatou;
foi ele que sempre os levantou
e os conduziu nos dias passados.
10Apesar disso, eles se revoltaram
e entristeceram o seu Espírito Santo.
Por isso ele se tornou inimigo deles
e lutou pessoalmente contra eles.

11Então o seu povo recordou[a] o passado,
o tempo de Moisés e a sua geração:
Onde está aquele que os fez
passar através do mar,
com o pastor do seu rebanho?
Onde está aquele que entre eles
pôs o seu Espírito Santo,
12que com o seu glorioso braço
esteve à mão direita de Moisés,
que dividiu as águas diante deles
para alcançar renome eterno,
13e os conduziu através das profundezas?
Como o cavalo em campo aberto,
eles não tropeçaram;
14como o gado que desce à planície,
foi-lhes dado descanso
pelo Espírito do SENHOR.
Foi assim que guiaste o teu povo
para fazer para ti um nome glorioso.
15Olha dos altos céus,
da tua habitação elevada, santa e gloriosa.
Onde estão o teu zelo e o teu poder?
Retiveste a tua bondade
e a tua compaixão;
elas já nos faltam!
16Entretanto, tu és o nosso Pai.
Abraão não nos conhece
e Israel nos ignora;
tu, SENHOR, és o nosso Pai,
e desde a antiguidade te chamas
nosso Redentor.
17SENHOR, por que nos fazes andar
longe dos teus caminhos
e endureces o nosso coração
para não termos temor de ti?
Volta, por amor dos teus servos,
por amor das tribos que são a tua herança!
18Por pouco tempo o teu povo possuiu
o teu santo lugar;
depois os nossos inimigos
pisotearam o teu santuário.
19Somos teus desde a antiguidade,
mas aqueles tu não governaste;
eles não foram chamados pelo teu nome.[b]

64 Ah, se rompesses os céus e descesses!
Os montes tremeriam diante de ti!
2Como quando o fogo acende
os gravetos e faz a água ferver,
desce, para que os teus inimigos
conheçam o teu nome
e as nações tremam diante de ti!
3Pois, quando fizeste coisas tremendas,
coisas que não esperávamos,
desceste,
e os montes tremeram diante de ti.
4Desde os tempos antigos ninguém ouviu,
nenhum ouvido percebeu,
e olho nenhum viu outro Deus, além de ti,
que trabalha para aqueles
que nele esperam.
5Vens ajudar aqueles
que praticam
a justiça com alegria,

[a] 63:11 Ou *Que ele, porém, recorde o*

[b] 63:19 Ou *Somos como aqueles que jamais governaste, como os que jamais foram chamados pelo teu nome.*

que se lembram de ti e dos teus caminhos.
Mas, prosseguindo nós em nossos pecados,
tu te iraste.
Como, então, seremos salvos?
6Somos como o impuro — todos nós!
Todos os nossos atos de justiça
são como trapo imundo.
Murchamos como folhas,
e como o vento as nossas iniquidades
nos levam para longe.
7Não há ninguém
que clame pelo teu nome,
que se anime a apegar-se a ti,
pois escondeste de nós o teu rosto
e nos deixaste perecer
por causa das nossas iniquidades.
8Contudo, SENHOR, tu és o nosso Pai.
Nós somos o barro; tu és o oleiro.
Todos nós somos obra das tuas mãos.
9Não te ires demais, ó SENHOR!
Não te lembres constantemente
das nossas maldades.
Olha para nós!
Somos o teu povo!
10As tuas cidades sagradas
transformaram-se em deserto.
Até Sião virou um deserto,
e Jerusalém, uma desolação!
11O nosso templo santo e glorioso,
onde os nossos antepassados
te louvavam,
foi destruído pelo fogo,
e tudo o que nos era precioso
está em ruínas.
12E depois disso tudo, SENHOR,
ainda irás te conter?
Ficarás calado
e nos castigarás
além da conta?

Julgamento e salvação

65 "Fiz-me acessível
aos que não perguntavam por mim;
fui achado pelos que não me procuravam.
A uma nação que não clamava
pelo meu nome
eu disse: Eis-me aqui, eis-me aqui.
2O tempo todo estendi as mãos
a um povo obstinado,
que anda por um caminho que não é bom,
seguindo as suas inclinações;
3esse povo que sem cessar me provoca
abertamente,
oferecendo sacrifícios em jardins
e queimando incenso em altares de tijolos;
4povo que vive nos túmulos
e à noite se oculta nas covas,
que come carne de porco,
e em suas panelas
tem sopa de carne impura;
5esse povo diz: 'Afasta-te!
Não te aproximes de mim,
pois eu sou santo!'
Essa gente é fumaça no meu nariz!
É fogo que queima o tempo todo!

6"Vejam, porém!
Escrito está diante de mim:
Não ficarei calado,
mas lhes darei plena
e total retribuição,
7tanto por seus pecados
como pelos pecados
dos seus antepassados", diz o SENHOR.
"Uma vez que eles queimaram incenso
nos montes
e me desafiaram nas colinas,
eu os farei pagar
pelos seus feitos anteriores."

8Assim diz o SENHOR:

"Quando ainda se acha suco
num cacho de uvas,
os homens dizem: 'Não o destruam,
pois ainda há algo bom';
assim farei em favor dos meus servos;
não os destruirei totalmente.
9Farei surgir descendentes de Jacó,
e de Judá quem receba por herança
as minhas montanhas.
Os meus escolhidos as herdarão,
e ali viverão os meus servos.
10Para o meu povo que me buscou,
Sarom será um pasto para os rebanhos,
e o vale de Acor, um lugar de descanso para o
gado.

11"Mas vocês, que abandonam o SENHOR
e esquecem o meu santo monte,
que põem a mesa para a deusa Sorte
e enchem taças de vinho para o deus Destino,
12eu os destinarei à espada,
e todos vocês se dobrarão para a degola.
Pois eu os chamei,
e vocês nem responderam;
falei, e não me deram ouvidos.
Vocês fizeram o mal diante de mim
e escolheram o que me desagrada".

13Portanto, assim diz o Soberano, o SENHOR:

"Os meus servos comerão,
e vocês passarão fome;
os meus servos beberão,
e vocês passarão sede;
os meus servos se regozijarão,
e vocês passarão vergonha;
14os meus servos cantarão
com alegria no coração,
e vocês se lamentarão
com angústia no coração
e uivarão pelo quebrantamento
de espírito.
15Vocês deixarão seu nome
como uma maldição
para os meus escolhidos;
o Soberano, o SENHOR, matará vocês,
mas aos seus servos dará outro nome.

16 Quem pedir bênção para si na terra,
que o faça pelo Deus da verdade;
quem fizer juramento na terra,
que o faça pelo Deus da verdade.
Porquanto as aflições passadas
serão esquecidas
e estarão ocultas aos meus olhos.

Novos céus e nova terra

17 "Pois vejam!
Criarei novos céus
e nova terra,
e as coisas passadas não serão lembradas.
Jamais virão à mente!
18 Alegrem-se, porém, e regozijem-se
para sempre no que vou criar,
porque vou criar Jerusalém para regozijo,
e seu povo para alegria.
19 Por Jerusalém me regozijarei
e em meu povo terei prazer;
nunca mais se ouvirão nela
voz de pranto e choro de tristeza.

20 "Nunca mais haverá nela
uma criança que viva poucos dias,
e um idoso que não complete
os seus anos de idade;
quem morrer aos cem anos
ainda será jovem,
e quem não chegar[a] aos cem será maldito.
21 Construirão casas e nelas habitarão;
plantarão vinhas e comerão do seu
fruto.
22 Já não construirão casas
para outros ocuparem,
nem plantarão para outros comerem.
Pois o meu povo terá vida longa
como as árvores;
os meus escolhidos esbanjarão
o fruto do seu trabalho.
23 Não labutarão inutilmente,
nem gerarão filhos para a infelicidade;
pois serão um povo abençoado
pelo SENHOR,
eles e os seus descendentes.
24 Antes de clamarem,
eu responderei;
ainda não estarão falando, e eu os ouvirei.
25 O lobo e o cordeiro comerão juntos,
e o leão comerá feno, como o boi,
mas o pó será a comida da serpente.
Ninguém fará nem mal nem destruição
em todo o meu santo monte",
diz o SENHOR.

Julgamento e esperança

66 Assim diz o SENHOR:
"O céu é o meu trono,
e a terra, o estrado dos meus pés.
Que espécie de casa vocês me edificarão?
É este o meu lugar de descanso?
2 Não foram as minhas mãos que fizeram
todas essas coisas,
e por isso vieram a existir?",
pergunta o SENHOR.

"A este eu estimo:
ao humilde e contrito de espírito,
que treme diante da minha palavra.
3 Mas aquele que sacrifica um boi
é como quem mata um homem;
aquele que sacrifica um cordeiro,
é como quem quebra
o pescoço de um cachorro;
aquele que faz oferta de cereal
é como quem apresenta sangue de
porco,
e aquele que queima incenso memorial,
é como quem adora um ídolo.
Eles escolheram os seus caminhos,
e suas almas têm prazer
em suas práticas detestáveis.
4 Por isso também escolherei
um duro tratamento para eles,
e trarei sobre eles o que eles temem.
Pois eu chamei, e ninguém respondeu;
falei, e ninguém deu ouvidos.
Fizeram o mal diante de mim
e escolheram o que me desagrada".

5 Ouçam a palavra do SENHOR,
vocês que tremem diante da sua palavra:
"Seus irmãos que os odeiam e os excluem
por causa do meu nome, disseram:
'Que o SENHOR seja glorioso,
para que vejamos a alegria de vocês!'
Mas eles é que passarão vergonha.
6 Ouçam o estrondo que vem da cidade,
o som que vem do templo!
É o SENHOR que está dando
a devida retribuição
aos seus inimigos.

7 "Antes de entrar em trabalho de parto,
ela dá à luz;
antes de lhe sobrevirem as dores,
ela ganha um menino.
8 Quem já ouviu uma coisa dessas?
Quem já viu tais coisas?
Pode uma nação nascer num só dia,
ou, pode-se dar à luz um povo
num instante?
Pois Sião ainda estava
em trabalho de parto,
e deu à luz seus filhos.
9 Acaso faço chegar a hora do parto
e não faço nascer?",
diz o SENHOR.
"Acaso fecho o ventre,
sendo que eu faço dar à luz?",
pergunta o seu Deus.
10 "Regozijem-se com Jerusalém
e alegrem-se por ela,
todos vocês que a amam;
regozijem-se muito com ela,
todos vocês que por ela pranteiam.
11 Pois vocês irão mamar e saciar-se
em seus seios reconfortantes,

[a] 65:20 Ou *o pecador que chegar*

e beberão à vontade
e se deleitarão em sua fartura."

12Pois assim diz o Senhor:

"Estenderei para ela a paz como um rio
e a riqueza das nações, como
uma corrente avassaladora;
vocês serão amamentados nos braços dela
e acalentados em seus joelhos.
13Assim como uma mãe consola seu filho,
também eu os consolarei;
em Jerusalém vocês serão consolados".

14Quando vocês virem isso,
o seu coração se regozijará,
e vocês florescerão como a relva;
a mão do Senhor
estará com os seus servos,
mas a sua ira será contra os seus adversários.
15Vejam! O Senhor vem num fogo,
e os seus carros são como um turbilhão!
Transformará em fúria a sua ira
e em labaredas de fogo, a sua repreensão.
16Pois com fogo e com a espada
o Senhor executará julgamento
sobre todos os homens,
e muitos serão os mortos pela mão do Senhor.

17"Os que se consagram para entrar nos jardins indo
atrás do sacerdote[a] que está no meio, comem[b] carne
de porco, ratos e outras coisas repugnantes, todos eles
perecerão", declara o Senhor.
18"E, por causa dos seus atos e das suas conspirações,
virei ajuntar todas as nações e línguas, e elas virão e ve-
rão a minha glória.
19"Estabelecerei um sinal entre elas, e enviarei al-
guns dos sobreviventes às nações: a Társis, aos líbios[c]
e aos lídios, famosos flecheiros, a Tubal, à Grécia, e às
ilhas distantes, que não ouviram falar de mim e não
viram a minha glória. Eles proclamarão a minha gló-
ria entre as nações. 20Também dentre todas as nações
trarão os irmãos de vocês ao meu santo monte, em Je-
rusalém, como oferta ao Senhor. Virão a cavalo, em
carros e carroças, e montados em mulas e camelos",
diz o Senhor.
"Farão como fazem os israelitas quando apresentam
as suas ofertas de cereal, trazendo-as em vasos cerimo-
nialmente puros; 21também escolherei alguns deles para
serem sacerdotes e levitas", diz o Senhor.
22"Assim como os novos céus e a nova terra que vou
criar serão duradouros diante de mim", declara o Se-
nhor, "assim serão duradouros os descendentes de vo-
cês e o seu nome. 23De uma lua nova a outra e de um
sábado a outro, toda a humanidade virá e se inclinará
diante de mim", diz o Senhor. 24"Sairão e verão os cadá-
veres dos que se rebelaram contra mim; o verme destes
não morrerá, e o seu fogo não se apagará, e causarão
repugnância a toda a humanidade."

[a] 66:17 Ou *da deusa*
[b] 66:17 Ou *jardins atrás de um de seus templos, e aqueles que comem*
[c] 66:19 Conforme alguns manuscritos da Septuaginta. O Texto Massorético diz *a Pul*.

JEREMIAS

1 As palavras de Jeremias, filho de Hilquias, um dos sacerdotes de Anatote, no território de Benjamim. 2A palavra do SENHOR veio a ele no décimo terceiro ano do reinado de Josias, filho de Amom, rei de Judá, 3e durante o reinado de Jeoaquim, filho de Josias, rei de Judá, até o quinto mês do décimo primeiro ano de Zedequias, filho de Josias, rei de Judá, quando os habitantes de Jerusalém foram levados para o exílio.

O chamado de Jeremias

4A palavra do SENHOR veio a mim, dizendo:

5"Antes de formá-lo no ventre
eu o escolhi[a];
antes de você nascer, eu o separei
e o designei profeta às nações".

6Mas eu disse: Ah, Soberano SENHOR! Eu não sei falar, pois ainda sou muito jovem.

7O SENHOR, porém, me disse: "Não diga que é muito jovem. A todos a quem eu o enviar, você irá e dirá tudo o que eu lhe ordenar. 8Não tenha medo deles, pois eu estou com você para protegê-lo", diz o SENHOR.

9O SENHOR estendeu a mão, tocou a minha boca e disse-me: "Agora ponho em sua boca as minhas palavras. 10Veja! Eu hoje dou a você autoridade sobre nações e reinos, para arrancar, despedaçar, arruinar e destruir; para edificar e plantar".

11E a palavra do SENHOR veio a mim: "O que você vê, Jeremias?" Vejo o ramo de uma amendoeira, respondi.

12O SENHOR me disse: "Você viu bem, pois estou vigiando[b] para que a minha palavra se cumpra".

13A palavra do SENHOR veio a mim pela segunda vez, dizendo: "O que você vê?"

E eu respondi: Vejo uma panela fervendo; ela está inclinada do norte para cá.

14O SENHOR me disse: "Do norte se derramará a desgraça sobre todos os habitantes desta terra. 15Estou convocando todos os povos dos reinos do norte", diz o SENHOR.

"Cada um virá e colocará o seu trono
diante das portas de Jerusalém,
virão contra todas as muralhas
que a cercam
e contra todas as cidades de Judá.
16Pronunciarei a minha sentença
contra o meu povo
por todas as suas maldades;
porque me abandonaram,
queimaram incenso a outros deuses,
e adoraram deuses
que as suas mãos fizeram.

17"E você, prepare-se! Vá dizer-lhes tudo o que eu ordenar. Não fique aterrorizado por causa deles, senão eu o aterrorizarei diante deles. 18E hoje eu faço de você uma cidade fortificada, uma coluna de ferro e um muro de bronze, contra toda a terra: contra os reis de Judá, seus oficiais, seus sacerdotes e o povo da terra. 19Eles lutarão contra você, mas não o vencerão, pois eu estou com você e o protegerei", diz o SENHOR.

A infidelidade de Israel

2 A palavra do SENHOR veio a mim: 2"Vá proclamar aos ouvidos de Jerusalém:

"Eu me lembro de sua fidelidade
quando você era jovem:
como noiva, você me amava
e me seguia pelo deserto,
por uma terra não semeada.
3Israel, meu povo, era santo para o SENHOR,
os primeiros frutos de sua colheita;
todos os que o devoravam
eram considerados culpados,
e a desgraça os alcançava",
declara o SENHOR.

4Ouça a palavra do SENHOR,
ó comunidade de Jacó,
todos os clãs da comunidade de Israel.

5Assim diz o SENHOR:

"Que falta os seus antepassados
encontraram em mim,
para que me deixassem
e se afastassem de mim?
Eles seguiram ídolos sem valor,
tornando-se eles próprios sem valor.
6Eles não perguntaram:
'Onde está o SENHOR,
que nos trouxe do Egito
e nos conduziu pelo deserto,
por uma terra árida e cheia de covas,
terra de seca e de trevas[c],
terra pela qual ninguém passa
e onde ninguém vive?'
7Eu trouxe vocês a uma terra fértil,
para que comessem
dos seus frutos
e dos seus bons produtos.
Entretanto, vocês contaminaram
a minha terra;
tornaram a minha herança repugnante.
8Os sacerdotes não perguntavam pelo
SENHOR;
os intérpretes da lei não me conheciam,
e os líderes do povo
se rebelaram contra mim.
Os profetas profetizavam
em nome de Baal,
seguindo deuses inúteis.

9"Por isso, eu ainda faço denúncias
contra vocês", diz o SENHOR,
"e farei denúncias
contra os seus descendentes.

[a] 1:5 Ou *conheci*
[b] 1:12 A palavra *vigiando* assemelha-se à palavra *amendoeira* no hebraico.
[c] 2:6 Ou *e da sombra da morte*

10Atravessem o mar
até o litoral de Chipre[a] e vejam;
mandem observadores a Quedar[b]
e reparem de perto;
e vejam se alguma vez
aconteceu algo assim:
11alguma nação já trocou
os seus deuses?
E eles nem sequer são deuses!
Mas o meu povo trocou a sua[c] Glória
por deuses inúteis.
12Espantem-se diante disso, ó céus!
Fiquem horrorizados e abismados",
diz o SENHOR.
13"O meu povo cometeu dois crimes:
eles me abandonaram,
a mim, a fonte de água viva;
e cavaram as suas próprias cisternas,
cisternas rachadas
que não retêm água.
14Acaso Israel, meu povo, é escravo,
escravo de nascimento?
Por que foi então que se tornou presa
15de leões que rugem e urram contra ele?
Arrasaram a sua terra,
queimaram as suas cidades
e as deixaram desabitadas.
16Até mesmo os homens
de Mênfis e de Tafnes
raparam[d] a sua cabeça.

17Não foi você mesmo o responsável
pelo que lhe aconteceu,
ao abandonar o SENHOR, o seu Deus?[e]
18Agora, por que você vai ao Egito
beber água do Nilo[f]?
E por que vai à Assíria
beber água do Eufrates?
19O seu crime a castigará
e a sua rebelião a repreenderá.
Compreenda e veja
como é mau e amargo
abandonar o SENHOR, o seu Deus,
e não ter temor de mim",
diz o Soberano,
o SENHOR dos Exércitos.

20"Há muito tempo
eu quebrei o seu jugo
e despedacei as correias que a prendiam.
Mas você disse: 'Eu não servirei!'
Ao contrário, em todo monte elevado
e debaixo de toda árvore verdejante,
você se deitava como uma prostituta.
21Eu a plantei como uma videira seleta,
de semente absolutamente pura.
Como, então, contra mim
você se tornou uma videira
degenerada e selvagem?
22Mesmo que você se lave com soda
e com muito sabão,
a mancha da sua iniquidade
permanecerá diante de mim",
diz o Soberano SENHOR.
23"Como você pode dizer
que não se contaminou
e que não correu atrás dos baalins?
Reveja o seu procedimento no vale
e considere o que você tem feito.
Você é como uma camela
jovem e arisca
que corre para todos os lados;
24como uma jumenta selvagem
habituada ao deserto,
farejando o vento em seu desejo.
Quem é capaz de controlá-la
quando está no cio?
Os machos que a procuram
não precisam se cansar,
porque logo encontrarão
a que está no mês do cio.
25Não deixe que os seus pés se esfolem
nem que a sua garganta fique seca.
Mas você disse: 'Não adianta!
Eu amo os deuses estrangeiros,
e continuarei a ir atrás deles'.

26"Assim como o ladrão
fica envergonhado
quando é apanhado em flagrante,
também a comunidade de Israel
ficará envergonhada:
seus reis e oficiais,
seus sacerdotes e profetas.
27Pois dizem à madeira:
'Você é meu pai'
e à pedra: 'Você me deu à luz'.
Voltaram para mim as costas
e não o rosto,
mas na hora da adversidade dizem:
'Vem salvar-nos!'
28E onde estão os deuses
que você fabricou para si?
Que eles venham,
se puderem salvá-la
na hora da adversidade!
Porque os seus deuses
são tão numerosos
como as suas cidades, ó Judá!

29"Por que vocês fazem
denúncias contra mim?
Todos vocês se rebelaram contra mim",
declara o SENHOR.
30"De nada adiantou castigar o seu povo,
eles não aceitaram a correção.
A sua espada tem destruído
os seus profetas
como um leão devorador.

31"Vocês, desta geração,
considerem a palavra do SENHOR:

[a] 2:10 Hebraico: *as ilhas de Quitim*.
[b] 2:10 Terra natal de tribos beduínas do deserto siro-árabe.
[c] 2:11 Uma antiga tradição de escribas hebreus diz *minha*.
[d] 2:16 Ou *racharam*
[e] 2:17 Conforme a Septuaginta. O Texto Massorético acrescenta *quando ele a conduziu pelo caminho?*
[f] 2:18 Hebraico: *Sior*, um braço do Nilo.

"Tenho sido um deserto para Israel?
Uma terra de grandes trevas?
Por que o meu povo diz:
'Nós assumimos o controle!
Não mais viremos a ti'?
32Será que uma jovem
se esquece das suas joias,
ou uma noiva, de seus enfeites nupciais?
Contudo, o meu povo
esqueceu-se de mim
por dias sem fim.
33Com quanta habilidade
você busca o amor!
Mesmo as mulheres da pior espécie
aprenderam com o seu procedimento.
34Nas suas roupas encontrou-se
o sangue de pobres inocentes,
que não foram flagrados
arrombando casas.
Contudo, apesar de tudo isso,
35você diz: 'Sou inocente;
ele não está irado comigo'.
Mas eu passarei sentença contra você
porque você disse que não pecou.
36Por que você não leva a sério
a sua mudança de rumo?
Você ficará decepcionada com o Egito,
como ficou com a Assíria.
37Você também deixará aquele lugar
com as mãos na cabeça,
pois o SENHOR rejeitou
aqueles em quem você confia;
você não receberá a ajuda deles.

3 "Se um homem se divorciar
de sua mulher,
e depois da separação
ela casar-se com outro homem,
poderá o primeiro marido
voltar para ela?
Não seria a terra
totalmente contaminada?
Mas você tem se prostituído
com muitos amantes
e, agora,
quer voltar para mim?",
pergunta o SENHOR.
2"Olhe para o campo e veja:
Há algum lugar
onde você não foi desonrada?
À beira do caminho você se assentou
à espera de amantes,
assentou-se como um nômade[a]
no deserto.
Você contaminou a terra
com sua prostituição e impiedade.
3Por isso as chuvas foram retidas,
e não veio chuva na primavera.
Mas você,
apresentando-se declaradamente
como prostituta,
recusa-se a corar de vergonha.
4Você não acabou de me chamar:
'Meu pai, amigo da minha juventude?
5Ficarás irado para sempre?
Teu ressentimento permanecerá
até o fim?'
É assim que você fala,
mas faz todo o mal que pode".

A infidelidade de Israel

6Durante o reinado do rei Josias, o SENHOR me dis-
se: "Você viu o que fez Israel, a infiel? Subiu todo mon-
te elevado e foi para debaixo de toda árvore verdejante
para prostituir-se. 7Depois de ter feito tudo isso, pensei
que ela voltaria para mim, mas não voltou. E a sua ir-
mã traidora, Judá, viu essas coisas. 8Viu[b] também que
dei à infiel Israel uma certidão de divórcio e a mandei
embora, por causa de todos os seus adultérios. Entre-
tanto, a sua irmã Judá, a traidora, também se pros-
tituiu, sem temor algum. 9E por ter feito pouco caso
da imoralidade, Judá contaminou a terra, cometendo
adultério com ídolos de pedra e madeira. 10Apesar de
tudo isso, sua irmã Judá, a traidora, não voltou pa-
ra mim de todo o coração, mas sim com fingimento",
declara o SENHOR.
11O SENHOR me disse: "Israel, a infiel, é melhor do
que Judá, a traidora. 12Vá e proclame esta mensagem
para os lados do norte:

"Volte, ó infiel Israel",
declara o SENHOR,
"Não mais franzirei a testa
cheio de ira contra você,
pois eu sou fiel", declara o SENHOR,
"Não ficarei irado para sempre.
13Mas reconheça o seu pecado:
você se rebelou contra
o SENHOR, o seu Deus,
e ofereceu os seus favores
a deuses estranhos,
debaixo de toda árvore verdejante,
e não me obedeceu",
declara o SENHOR.

14"Voltem, filhos rebeldes! Pois eu sou o Senhor[c] de
vocês", declara o SENHOR. "Tomarei vocês, um de ca-
da cidade e dois de cada clã, e os trarei de volta a Sião.
15Então eu lhes darei governantes conforme a minha
vontade, que os dirigirão com sabedoria e com enten-
dimento. 16Quando vocês aumentarem e se multiplica-
rem na sua terra naqueles dias", declara o SENHOR, "não
dirão mais: 'A arca da aliança do SENHOR'. Não pensarão
mais nisso nem se lembrarão dela; não sentirão sua fal-
ta nem se fará outra arca. 17Naquela época, chamarão
Jerusalém 'O Trono do SENHOR', e todas as nações se re-
unirão para honrar o nome do SENHOR em Jerusalém.
Não mais viverão segundo a obstinação de seus cora-
ções para fazer o mal. 18Naqueles dias a comunidade de
Judá caminhará com a comunidade de Israel, e juntas
voltarão do norte para a terra que dei como herança
aos seus antepassados.
19"Eu mesmo disse:

[a] 3:2 Ou *árabe*

[b] 3:8 Conforme um manuscrito do Texto Massorético, a Septuaginta e a Versão Siríaca. O Texto Massorético diz *Eu vi*.

[c] 3:14 Ou *marido*

Com que alegria eu a trataria
como se tratam filhos
e lhe daria uma terra aprazível,
a mais bela herança entre as nações!
Pensei que você me chamaria de 'Pai'
e que não deixaria de seguir-me.
20Mas, como a mulher
que trai o marido,
assim você tem sido infiel comigo,
ó comunidade de Israel",
declara o SENHOR.

21Ouve-se um choro no campo,
o pranto de súplica dos israelitas,
porque perverteram os seus caminhos
e esqueceram o SENHOR, o seu Deus.

22"Voltem, filhos rebeldes!
Eu os curarei da sua rebeldia".

"Sim!", o povo responde.
"Nós viremos a ti,
pois tu és o SENHOR, o nosso Deus.
23De fato, a agitação idólatra nas colinas
e o murmúrio nos montes é um engano.
No SENHOR, no nosso Deus,
está a salvação de Israel.
24Desde a nossa juventude,
Baal, o deus da vergonha,
tem consumido o fruto do trabalho
dos nossos antepassados:
as ovelhas, os bois,
os seus filhos e as suas filhas.
25Seja a vergonha a nossa cama
e a desonra, o nosso cobertor.
Pecamos contra o SENHOR,
o nosso Deus,
tanto nós como os nossos antepassados,
desde a nossa juventude
até o dia de hoje;
e não temos obedecido
ao SENHOR, ao nosso Deus."

4 "Se você voltar, ó Israel,
volte para mim", diz o SENHOR.
"Se você afastar
para longe de minha vista
os seus ídolos detestáveis,
e não se desviar,
2se você jurar pelo nome do SENHOR
com fidelidade, justiça e retidão,
então as nações serão
por ele abençoadas
e nele se gloriarão."

3Assim diz o SENHOR
ao povo de Judá e de Jerusalém:

"Lavrem seus campos não arados
e não semeiem entre espinhos.
4Purifiquem-se para o SENHOR,
sejam fiéis à aliança[a],
homens de Judá
e habitantes de Jerusalém!
Se não fizerem isso,
a minha ira se acenderá
e queimará como fogo,
por causa do mal que vocês fizeram;
queimará
e ninguém conseguirá apagá-la.

A invasão que vem do norte

5"Anunciem em Judá! Proclamem em
Jerusalém:
Toquem a trombeta por toda esta terra!
Gritem bem alto e digam: Reúnam-se!
Fujamos para as cidades fortificadas!
6Ergam o sinal indicando Sião.
Fujam sem demora em busca de abrigo!
Porque do norte eu estou
trazendo desgraça,
uma grande destruição".

7Um leão saiu da sua toca,
um destruidor de nações
se pôs a caminho.
Ele saiu de onde vive
para arrasar a sua terra.
Suas cidades ficarão em ruínas
e sem habitantes.
8Por isso, ponham vestes de lamento,
chorem e gritem,
pois o fogo da ira do SENHOR
não se desviou de nós.

9"Naquele dia", diz o SENHOR,
"o rei e os seus oficiais
perderão a coragem,
os sacerdotes ficarão horrorizados
e os profetas, perplexos."

10Então eu disse: Ah, Soberano SENHOR, como enga-
naste completamente este povo e a Jerusalém dizen-
do: "Vocês terão paz", quando a espada está em nossa
garganta.
11Naquela época será dito a este povo e a Jerusalém:
"Um vento escaldante, que vem das dunas do deserto,
sopra na direção da minha filha, do meu povo, mas não
para peneirar nem para limpar. 12É um vento forte de-
mais, que vem da minha parte[b]. Agora eu pronunciarei
as minhas sentenças contra eles".

13Vejam! Ele avança como as nuvens;
os seus carros de guerra
são como um furacão
e os seus cavalos são mais velozes
do que as águias.
Ai de nós! Estamos perdidos!
14Ó Jerusalém, lave o mal
do seu coração
para que você seja salva.
Até quando você vai acolher
projetos malignos no íntimo?
15Ouve-se uma voz proclamando
desde Dã,
desde os montes de Efraim
se anuncia calamidade.
16"Relatem isto a esta nação[c]

[a] 4:4 Hebraico: *circuncidem os seus corações.*

[b] 4:12 Ou *vem ao meu comando*

[c] 4:16 Ou *Tragam essas coisas à lembrança das nações;* ou ainda *Anunciem isso às nações*

e proclamem contra Jerusalém:
Um exército inimigo[a] está vindo
de uma terra distante,
dando seu grito de guerra
contra as cidades de Judá.
17 Eles a cercam como homens
que guardam um campo,
pois ela se rebelou contra mim",
declara o SENHOR.
18 "A sua própria conduta e as suas ações
trouxeram isso sobre você.
Como é amargo esse seu castigo!
Ele atinge até o seu coração!"

19 Ah, minha angústia, minha angústia!
Eu me contorço de dor.
Ó paredes do meu coração!
O meu coração dispara dentro de mim;
não posso ficar calado.
Ouvi o som da trombeta,
ouvi o grito de guerra.
20 Um desastre depois do outro;
toda a minha terra foi devastada.
Num instante as minhas tendas
foram destruídas,
e os meus abrigos, num momento.
21 Até quando verei o sinal levantado
e ouvirei o som da trombeta?

22 "O meu povo é tolo,
eles não me conhecem".
"São crianças insensatas
que nada compreendem.
São hábeis para praticar o mal,
mas não sabem fazer o bem."

23 Olhei para a terra,
e ela era sem forma[b] e vazia;
para os céus,
e a sua luz tinha desaparecido.
24 Olhei para os montes
e eles tremiam;
todas as colinas oscilavam.
25 Olhei, e não havia mais gente;
todas as aves do céu
tinham fugido em revoada.
26 Olhei, e a terra fértil era um deserto;
todas as suas cidades estavam em ruínas
por causa do SENHOR,
por causa do fogo da sua ira.

27 Assim diz o SENHOR:

"Toda esta terra ficará devastada,
embora eu não vá destruí-la completamente.
28 Por causa disso, a terra ficará de luto
e o céu, em cima, se escurecerá;
porque eu falei, e não me arrependi,
decidi, e não voltarei atrás".

29 Quando se ouvem os cavaleiros
e os flecheiros,
todos os habitantes da cidade fogem.
Alguns vão para o meio dos arbustos;
outros escalam as rochas.
Todas as cidades são abandonadas,
e ficam sem habitantes.

30 O que você está fazendo,
ó cidade devastada?
Por que se veste de vermelho
e se enfeita com joias de ouro?
Por que você pinta os olhos?
Você se embeleza em vão,
pois os seus amantes a desprezam
e querem tirar-lhe a vida.

31 Ouvi um grito, como de mulher
em trabalho de parto,
como a agonia de uma mulher
ao dar à luz o primeiro filho.
É o grito da cidade[c] de Sião,
que está ofegante
e estende as mãos, dizendo:
"Ai de mim! Estou desfalecendo.
Minha vida está nas mãos
de assassinos!"

Ninguém é justo

5 "Percorram as ruas de Jerusalém,
olhem e observem.
"Procurem em suas praças
para ver se podem encontrar
alguém que aja com honestidade
e que busque a verdade.
Então eu perdoarei a cidade.
2 Embora digam:
'Juro pelo nome do SENHOR',
ainda assim estão jurando falsamente."

3 SENHOR, não é fidelidade
que os teus olhos procuram?
Tu os feriste, mas eles nada sentiram;
tu os deixaste esgotados,
mas eles recusaram a correção.
Endureceram o rosto
mais que a rocha,
e recusaram arrepender-se.
4 Pensei: Eles são apenas
pobres e ignorantes,
não conhecem o caminho do SENHOR,
as exigências do seu Deus.
5 Irei aos nobres e falarei com eles,
pois, sem dúvida, eles conhecem
o caminho do SENHOR,
as exigências do seu Deus.
Mas todos eles também
quebraram o jugo
e romperam as amarras.
6 Por isso, um leão da floresta os atacará,
um lobo da estepe os arrasará,
um leopardo ficará à espreita,
nos arredores das suas cidades,
para despedaçar qualquer pessoa
que delas sair.
Porque a rebeldia deles é grande
e muitos são os seus desvios.

[a] 4:16 Ou *Um exército sitiador*
[b] 4:23 Ou *estava assolada*
[c] 4:31 Hebraico: *filha*.

7 "Por que deveria eu perdoar-lhe isso?"
"Seus filhos me abandonaram
e juraram por aqueles
que não são deuses.
Embora eu tenha suprido
as suas necessidades,
eles cometeram adultério
e frequentaram as casas de prostituição.
8 Eles são garanhões
bem-alimentados e excitados,
cada um relinchando
para a mulher do próximo.
9 Não devo eu castigá-los por isso?",
pergunta o SENHOR.
"Não devo eu vingar-me
de uma nação como esta?

10 "Vão por entre as suas vinhas
e destruam-nas,
mas não acabem totalmente com elas.
Cortem os seus ramos,
pois eles não pertencem ao SENHOR.
11 Porque a comunidade de Israel
e a comunidade de Judá têm me
traído",
declara o SENHOR.

12 Mentiram acerca do SENHOR,
dizendo: "Ele não vai fazer nada!
Nenhum mal nos acontecerá;
jamais veremos espada ou fome.
13 Os profetas não passam de vento,
e a palavra não está neles;
por isso aconteça com eles
o que dizem".

14 Portanto, assim diz
o SENHOR dos Exércitos:

"Porque falaram essas palavras,
farei com que as minhas palavras
em sua boca sejam fogo,
e este povo seja a lenha
que o fogo consome.
15 Ó comunidade de Israel",
declara o SENHOR,
"estou trazendo de longe uma nação
para atacá-la:
uma nação muito antiga e invencível,
uma nação cuja língua
você não conhece
e cuja fala você não entende.
16 Sua aljava é como um túmulo aberto;
toda ela é composta de guerreiros.
17 Devorarão as suas colheitas
e os seus alimentos;
devorarão os seus filhos e as suas filhas;
devorarão as suas ovelhas e os seus bois;
devorarão as suas videiras
e as suas figueiras.
Destruirão ao fio da espada
as cidades fortificadas
nas quais vocês confiam.

18 "Contudo, mesmo naqueles dias não os destrui-
rei completamente", declara o SENHOR. 19 "E, quando
perguntarem: 'Por que o SENHOR, o nosso Deus, fez isso
conosco?', você lhes dirá: Assim como vocês me abando-
naram e serviram deuses estrangeiros em sua própria
terra, também agora vocês servirão estrangeiros numa
terra que não é de vocês.

20 "Anunciem isto à comunidade de Jacó
e proclamem-no em Judá:
21 Ouçam isto, vocês,
povo tolo e insensato,
que têm olhos, mas não veem,
têm ouvidos, mas não ouvem:
22 Acaso vocês não me temem?",
pergunta o SENHOR.
"Não tremem diante da minha presença?
Porque fui eu que fiz da areia
um limite para o mar,
um decreto eterno que ele
não pode ultrapassar.
As ondas podem quebrar,
mas não podem prevalecer,
podem bramir,
mas não podem ultrapassá-lo.
23 Mas este povo tem coração
obstinado e rebelde;
eles se afastaram e foram embora.
24 Não dizem no seu íntimo:
'Temamos o SENHOR, o nosso Deus:
aquele que dá as chuvas do outono
e da primavera no tempo certo,
e nos assegura
as semanas certas da colheita'.
25 Porém os pecados de vocês
têm afastado essas coisas;
as faltas de vocês
os têm privado desses bens.

26 "Há ímpios no meio do meu povo:
homens que ficam à espreita
como num esconderijo
de caçadores de pássaros;
preparam armadilhas
para capturar gente.
27 Suas casas estão cheias de engano,
como gaiolas cheias de pássaros.
E assim eles se tornaram
poderosos e ricos,
28 estão gordos e bem-alimentados.
Não há limites para as suas obras más.
Não se empenham pela causa do órfão,
nem defendem os direitos do pobre.
29 Não devo eu castigá-los?",
pergunta o SENHOR.
"Não devo eu vingar-me
de uma nação como essa?

30 "Uma coisa espantosa e horrível
acontece nesta terra:
31 Os profetas profetizam mentiras,
os sacerdotes governam
por sua própria autoridade,
e o meu povo gosta dessas coisas.
Mas o que vocês farão
quando tudo isso chegar ao fim?

Jerusalém sitiada

6 "Fuja para um lugar seguro,
povo de Benjamim!
Fuja de Jerusalém!
Toquem a trombeta em Tecoa!
Ponham sinal em Bete-Haquerém!
Porque já se vê a desgraça
que vem do norte,
uma terrível destruição!
2 Destruirei a cidade[a] de Sião;
você é como uma bela pastagem,[b]
3 para onde os pastores vêm
com os seus rebanhos;
armam as suas tendas ao redor dela
e apascentam, cada um no seu lugar.

4 "Preparem-se para enfrentá-la
na batalha!
Vamos, ataquemos ao meio-dia!
Ai de nós! O dia declina
e as sombras da tarde já se estendem.
5 Vamos, ataquemos de noite!
Destruamos as suas fortalezas!"

6 Assim diz o SENHOR dos Exércitos:

"Derrubem as árvores
e construam rampas de cerco
contra Jerusalém.
Ó cidade da falsidade![c]
Ela está cheia de opressão.
7 Assim como um poço produz água,
também ela produz sua maldade.
Violência! Destruição!
É o que se ouve dentro dela;
doenças e feridas estão sempre
diante de mim.
8 Ouça a minha advertência, ó Jerusalém!
Do contrário eu me afastarei
inteiramente de você
e farei de você uma desolação,
uma terra desabitada".

9 Assim diz o SENHOR dos Exércitos:

"Rebusque-se o remanescente de Israel
tão completamente
como se faz com uma videira,
como faz quem colhe uvas:
e você, repasse os ramos cacho por cacho".

10 A quem posso eu falar ou advertir?
Quem me escutará?
Os ouvidos deles são obstinados[d],
e eles não podem ouvir.
A palavra do SENHOR é para eles desprezível,
não encontram nela motivo de prazer.
11 Mas a ira do SENHOR
dentro de mim transborda,
já não posso retê-la.

"Derrama-a sobre as crianças na rua
e sobre os jovens reunidos em grupos;
pois eles também serão pegos
com os maridos e as mulheres,
os velhos e os de idade bem avançada.
12 As casas deles
serão entregues a outros,
com os seus campos
e as suas mulheres,
quando eu estender a minha mão
contra os que vivem nesta terra",
declara o SENHOR.
13 "Desde o menor até o maior,
todos são gananciosos;
profetas e sacerdotes igualmente,
todos praticam o engano.
14 Eles tratam da ferida do meu povo
como se não fosse grave.
'Paz, paz', dizem,
quando não há paz alguma.
15 Ficarão eles envergonhados
da sua conduta detestável?
Não, eles não sentem vergonha alguma,
nem mesmo sabem corar.
Portanto, cairão entre os que caem;
serão humilhados
quando eu os castigar",
declara o SENHOR.

16 Assim diz o SENHOR:

"Ponham-se nas encruzilhadas e olhem;
perguntem pelos caminhos antigos,
perguntem pelo bom caminho.
Sigam-no e acharão descanso.
Mas vocês disseram:
'Não seguiremos!'
17 Coloquei sentinelas entre vocês e disse:
Prestem atenção ao som da
trombeta!
Mas vocês disseram:
'Não daremos atenção'.
18 Vejam, ó nações;
observe, ó assembleia,
o que acontecerá a eles.
19 Ouça, ó terra:
Trarei desgraça sobre este povo,
o fruto das suas maquinações,
porque não deram atenção
às minhas palavras
e rejeitaram a minha lei.
20 De que me serve o incenso
trazido de Sabá,
ou o cálamo aromático
de uma terra distante?
Os seus holocaustos[e] não são aceitáveis
nem me agradam as suas ofertas".

21 Assim diz o SENHOR:

"Estou colocando obstáculos
diante deste povo.
Pais e filhos tropeçarão neles;
vizinhos e amigos perecerão".

22 Assim diz o SENHOR:

[a] 6:2 Hebraico: *filha*; também no versículo 23.
[b] 6:2 Ou *Sião, tão bela e formosa*,
[c] 6:6 Tradicionalmente traduzida por *Esta é a cidade que deve ser castigada*.
[d] 6:10 Hebraico: *incircuncisos*.
[e] 6:20 Isto é, sacrifícios totalmente queimados; também em 7:21 e 22.

"Veja! Um exército vem do norte;
uma grande nação
está sendo mobilizada
desde os confins da terra.
23Eles empunham o arco e a lança;
são cruéis e não têm misericórdia,
e o barulho que fazem é como
o bramido do mar.
Vêm montando os seus cavalos
em formação de batalha,
para atacá-la, ó cidade de Sião".

24Ouvimos os relatos sobre eles,
e as nossas mãos amoleceram.
A angústia tomou conta de nós,
dores como as da mulher
que está dando à luz.
25Não saiam aos campos
nem andem pelas estradas,
pois o inimigo traz a espada,
e há terror por todos os lados.
26Ó minha filha, meu povo,
ponha vestes de lamento
e revolva-se em cinza.
Lamente-se com choro amargurado,
como quem chora por um filho único,
pois subitamente o destruidor
virá sobre nós.

27"Eu o designei para
examinador de metais,
provador do meu povo,
para que você examine
e ponha à prova a conduta deles.
28Todos eles são rebeldes obstinados
e propagadores de calúnias.
Estão endurecidos
como o bronze e o ferro.
Todos eles são corruptos.
29O fole sopra com força
para separar o chumbo com o fogo,
mas o refino prossegue em vão;
os ímpios não são expurgados.
30São chamados prata rejeitada,
porque o SENHOR os rejeitou."

A inutilidade da falsa religião

7 Esta é a palavra que veio a Jeremias da parte do SE-
NHOR: 2"Fique junto à porta do templo do SENHOR e
proclame esta mensagem:
"Ouçam a palavra do SENHOR, todos vocês de Judá
que atravessam estas portas para adorar o SENHOR. 3As-
sim diz o SENHOR dos Exércitos, o Deus de Israel: Cor-
rijam a sua conduta e as suas ações, eu os farei habitar
neste lugar. 4Não confiem nas palavras enganosas dos
que dizem: 'Este é o templo do SENHOR, o templo do SE-
NHOR, o templo do SENHOR!' 5Mas se vocês realmente
corrigirem a sua conduta e as suas ações, e se, de fato,
tratarem uns aos outros com justiça, 6se não oprimi-
rem o estrangeiro, o órfão e a viúva e não derramarem
sangue inocente neste lugar, e se vocês não seguirem
outros deuses para a sua própria ruína, 7então eu os
farei habitar neste lugar, na terra que dei aos seus an-
tepassados desde a antiguidade e para sempre. 8Mas
vejam! Vocês confiam em palavras enganosas e inúteis.
9"Vocês pensam que podem roubar e matar, cometer
adultério e jurar falsamente[a], queimar incenso a Baal e
seguir outros deuses que vocês não conheceram, 10e de-
pois vir e permanecer perante mim neste templo, que
leva o meu nome, e dizer: 'Estamos seguros!', seguros
para continuar com todas essas práticas repugnantes?
11Este templo, que leva o meu nome, tornou-se para
vocês um covil de ladrões? Cuidado! Eu mesmo estou
vendo isso", declara o SENHOR.
12"Portanto, vão agora a Siló, o meu lugar de adora-
ção, onde primeiro fiz uma habitação em honra ao meu
nome, e vejam o que eu lhe fiz por causa da impiedade
de Israel, o meu povo. 13Mas agora, visto que vocês fi-
zeram todas essas coisas", diz o SENHOR, "apesar de eu
lhes ter falado repetidas vezes, e vocês não me terem
dado atenção, e de eu tê-los chamado, e vocês não me
terem respondido, 14eu farei a este templo que leva o
meu nome, no qual vocês confiam, o lugar de adoração
que dei a vocês e aos seus antepassados, o mesmo que
fiz a Siló. 15Expulsarei vocês da minha presença, como
fiz com todos os seus compatriotas, o povo de Efraim.
16"E você, Jeremias, não ore por este povo nem fa-
ça súplicas ou pedidos em favor dele, nem interceda
por ele junto a mim, pois eu não o ouvirei. 17Não vê o
que estão fazendo nas cidades de Judá e nas ruas de
Jerusalém? 18Os filhos ajuntam a lenha, os pais acen-
dem o fogo, e as mulheres preparam a massa e fazem
bolos para a Rainha dos Céus. Além disso, derramam
ofertas a outros deuses para provocarem a minha ira.
19Mas será que é a mim que eles estão provocando?",
pergunta o SENHOR. "Não é a si mesmos, para a sua
própria vergonha?"
20Portanto, assim diz o Soberano, o SENHOR: "A mi-
nha ardente ira será derramada sobre este lugar, sobre
os homens, os animais, e as árvores do campo, como
também sobre o produto do solo; ela arderá como fogo,
e não poderá ser extinta".
21Assim diz o SENHOR dos Exércitos, o Deus de Israel:
"Juntem os seus holocaustos aos outros sacrifícios e
comam a carne vocês mesmos! 22Quando tirei do Egito
os seus antepassados, nada lhes falei nem lhes ordenei
quanto a holocaustos e sacrifícios. 23Dei-lhes, entretan-
to, esta ordem: Obedeçam-me, e eu serei o seu Deus e
vocês serão o meu povo. Vocês andarão em todo o ca-
minho que eu lhes ordenar, para que tudo lhes vá bem.
24Mas eles não me ouviram nem me deram atenção.
Antes, seguiram o raciocínio rebelde dos seus corações
maus. Andaram para trás e não para a frente. 25Desde a
época em que os seus antepassados saíram do Egito até
o dia de hoje, eu lhes enviei os meus servos, os profe-
tas, dia após dia. 26Mas eles não me ouviram nem me
deram atenção. Antes, tornaram-se obstinados e foram
piores do que os seus antepassados.
27"Quando você lhes disser tudo isso, eles não o es-
cutarão; quando você os chamar, não responderão.
28Portanto, diga a eles: Esta é uma nação que não obe-
deceu ao SENHOR, ao seu Deus, nem aceitou a correção.
A verdade foi destruída e desapareceu dos seus lábios.
29Cortem os seus cabelos consagrados e joguem-nos fo-
ra. Lamentem-se sobre os montes estéreis, pois o SE-
NHOR rejeitou e abandonou esta geração que provocou
a sua ira.

[a] 7:9 Ou *jurar por deuses falsos*

O vale da Matança

30"Os de Judá fizeram o que eu reprovo", declara o
SENHOR. "Profanaram o templo que leva o meu nome,
colocando nele as imagens dos seus ídolos. 31Construí-
ram o alto de Tofete no vale de Ben-Hinom, para quei-
marem em sacrifício os seus filhos e as suas filhas, coisa
que nunca ordenei e que jamais me veio à mente. 32Por
isso, certamente vêm os dias", declara o SENHOR, "em
que não mais chamarão este lugar Tofete ou vale de
Ben-Hinom, mas vale da Matança, pois ali enterrarão
cadáveres até que não haja mais lugar. 33Então os cadá-
veres deste povo servirão de comida para as aves e pa-
ra os animais, e não haverá quem os afugente. 34Darei
fim às vozes de júbilo e de alegria, às vozes do noivo e
da noiva nas cidades de Judá e nas ruas de Jerusalém,
pois esta terra se tornará um deserto.

8 "Naquele tempo", declara o SENHOR, "os ossos dos
reis e dos líderes de Judá, os ossos dos sacerdotes
e dos profetas e os ossos do povo de Jerusalém serão
retirados dos seus túmulos. 2Serão expostos ao sol e à
lua e a todos os astros do céu, que eles amaram, aos
quais prestaram culto e os quais seguiram, consulta-
ram e adoraram. Não serão ajuntados nem enterrados,
antes se tornarão esterco sobre o solo. 3Todos os sobre-
viventes dessa nação má preferirão a morte à vida, em
todos os lugares para onde eu os expulsar", diz o SE-
NHOR dos Exércitos.

O pecado do povo e o seu castigo

4"Diga a eles: Assim diz o SENHOR:

"Quando os homens caem,
não se levantam mais?
Quando alguém se desvia do caminho,
não retorna a ele?
5Por que será, então,
que este povo se desviou?
Por que Jerusalém persiste
em desviar-se?
Eles apegam-se ao engano
e recusam-se a voltar.
6Eu ouvi com atenção,
mas eles não dizem o que é certo.
Ninguém se arrepende de sua maldade
e diz: 'O que foi que eu fiz?'
Cada um se desvia
e segue seu próprio curso,
como um cavalo que se lança
com ímpeto na batalha.
7Até a cegonha no céu
conhece as estações
que lhe estão determinadas,
e a pomba, a andorinha e o tordo
observam a época de sua migração.
Mas o meu povo não conhece
as exigências do SENHOR.

8"Como vocês podem dizer:
'Somos sábios,
pois temos a lei do SENHOR',
quando na verdade
a pena mentirosa dos escribas
a transformou em mentira?
9Os sábios serão envergonhados;
ficarão amedrontados
e serão pegos na armadilha.
Visto que rejeitaram
a palavra do SENHOR,
que sabedoria é essa que eles têm?
10Por isso, entregarei as suas mulheres
a outros homens,
e darei os seus campos
a outros proprietários.
Desde o menor até o maior,
todos são gananciosos;
tanto os sacerdotes como os profetas,
todos praticam a falsidade.
11Eles tratam da ferida do meu povo
como se ela não fosse grave.
'Paz, paz', dizem,
quando não há paz alguma.
12Ficaram eles envergonhados
de sua conduta detestável?
Não, eles não sentem vergonha,
nem mesmo sabem corar.
Portanto, cairão entre os que caem;
serão humilhados quando eu os castigar",
declara o SENHOR.

13"Eu quis recolher a colheita deles",
declara o SENHOR.
"Mas não há uvas na videira
nem figos na figueira;
as folhas estão secas.
O que lhes dei será tomado deles."

14Por que estamos sentados aqui?
Reúnam-se!
Fujamos para as cidades fortificadas
e pereçamos ali!
Pois o SENHOR, o nosso Deus,
condenou-nos a perecer
e nos deu água envenenada para beber,
porque temos pecado contra ele.
15Esperávamos a paz,
mas não veio bem algum;
esperávamos um tempo de cura,
mas há somente terror.
16O resfolegar dos seus cavalos
pode-se ouvir desde Dã;
ao relinchar dos seus garanhões
a terra toda treme.
Vieram para devorar esta terra
e tudo o que nela existe,
a cidade e todos os que nela habitam.

17"Vejam, estou enviando contra vocês
serpentes venenosas,
que ninguém consegue encantar;
elas morderão vocês, e não haverá remédio",
diz o SENHOR.

18A tristeza tomou conta de mim;
o meu coração desfalece.
19Ouça o grito de socorro da minha filha,
do meu povo,
grito que se estende por toda esta terra:
"O SENHOR não está em Sião?
Não se acha mais ali o seu rei?"

"Por que eles me provocaram à ira
com os seus ídolos,
com os seus inúteis
deuses estrangeiros?"

20 Passou a época da colheita,
acabou o verão,
e não estamos salvos.

21 Estou arrasado com a devastação
sofrida pelo meu povo.
Choro muito,
e o pavor se apodera de mim.
22 Não há bálsamo em Gileade?
Não há médico?
Por que será, então,
que não há sinal de cura
para a ferida do meu povo?

9 Ah, se a minha cabeça
fosse uma fonte de água
e os meus olhos
um manancial de lágrimas!
Eu choraria noite e dia
pelos mortos do meu povo.
2 Ah, se houvesse um alojamento
para mim no deserto,
para que eu pudesse deixar o meu povo
e afastar-me dele.
São todos adúlteros,
um bando de traidores!

3 "A língua deles é como um arco
pronto para atirar.
É a falsidade, não a verdade,
que prevalece nesta terra.[a]
Eles vão de um crime a outro;
eles não me reconhecem",
declara o SENHOR.
4 "Cuidado com os seus amigos,
não confie em seus parentes.
Porque cada parente é um enganador[b],
e cada amigo um caluniador.
5 Amigo engana amigo,
ninguém fala a verdade.
Eles treinaram a língua
para mentir;
e, sendo perversos,
eles se cansam demais
para se converterem.[c]
6 De opressão em opressão,
de engano em engano,
eles se recusam a reconhecer-me",
declara o SENHOR.

7 Portanto, assim diz
o SENHOR dos Exércitos:

"Vejam, sou eu que vou refiná-los
e prová-los.
Que mais posso eu fazer
pelo meu povo?
8 A língua deles é uma flecha mortal;
eles falam traiçoeiramente.
Cada um mostra-se cordial
com o seu próximo,
mas no íntimo lhe prepara
uma armadilha.
9 Deixarei eu de castigá-los?",
pergunta o SENHOR.
"Não me vingarei
de uma nação como essa?"

10 Chorarei, prantearei
e me lamentarei pelos montes
por causa das pastagens da estepe;
pois estão abandonadas
e ninguém mais as percorre.
Não se ouve o mugir do gado;
tanto as aves como os animais fugiram.

11 "Farei de Jerusalém
um amontoado de ruínas,
uma habitação de chacais.
Devastarei as cidades de Judá
até não restar nenhum morador."

12 Quem é bastante sábio para compreender isso?
Quem foi instruído pelo SENHOR, que possa explicá-lo?
Por que a terra está arruinada e devastada como um de-
serto pelo qual ninguém passa?
13 O SENHOR disse: "Foi porque abandonaram a minha
lei, que estabeleci diante deles; não me obedeceram
nem seguiram a minha lei. 14 Em vez disso, seguiram a
dureza de seus próprios corações, indo atrás dos baa-
lins, como os seus antepassados lhes ensinaram". 15 Por
isso, assim diz o SENHOR dos Exércitos, o Deus de Israel:
"Vejam! Farei este povo comer comida amarga e beber
água envenenada. 16 Eu os espalharei entre nações que
nem eles nem os seus antepassados conheceram; e en-
viarei contra eles a espada até exterminá-los".
17 Assim diz o SENHOR dos Exércitos:

"Considerem:
Chamem as pranteadoras profissionais;
mandem chamar
as mais hábeis entre elas.
18 Venham elas depressa
e lamentem por nós,
até que os nossos olhos
transbordem de lágrimas
e águas corram de nossas pálpebras.
19 O som de lamento se ouve desde Sião:
'Como estamos arruinados!
Como é grande a nossa humilhação!
Deixamos a nossa terra
porque as nossas casas
estão em ruínas' ".

20 Ó mulheres, ouçam agora
a palavra do SENHOR;
abram os ouvidos às palavras
de sua boca.
Ensinem suas filhas a lamentar-se;
ensinem umas as outras a prantear.
21 A morte subiu e penetrou
pelas nossas janelas
e invadiu as nossas fortalezas,

[a] 9:3 Ou *um arco que atira a mentira; não é pela verdade que prevalecem na terra.*
[b] 9:4 Ou *um Jacó enganador*
[c] 9:5 Ou *eles se cansam de tanto pecar.*

eliminando das ruas as crianças
e das praças, os rapazes.

22"Diga: Assim declara o SENHOR:

"Cadáveres ficarão estirados
como esterco em campo aberto,
como o trigo deixado para trás
pelo ceifeiro,
sem que ninguém o ajunte."

23Assim diz o SENHOR:

"Não se glorie o sábio em sua sabedoria
nem o forte em sua força
nem o rico em sua riqueza,
24mas quem se gloriar, glorie-se nisto:
em compreender-me e conhecer-me,
pois eu sou o SENHOR
e ajo com lealdade,
com justiça e com retidão sobre a terra,
pois é dessas coisas que me agrado",
declara o SENHOR.

25"Vêm chegando os dias", declara o SENHOR, "em que
castigarei todos os que são circuncidados apenas no cor-
po, 26como também o Egito, Judá, Edom, Amom, Moa-
be e todos os que rapam a cabeça[a] e vivem no deserto;
porque todas essas nações são incircuncisas, e a comu-
nidade de Israel tem o coração obstinado[b]."

Deus e os ídolos

10 Ouçam o que o SENHOR diz a vocês, ó comunidade
de Israel! 2Assim diz o SENHOR:

"Não aprendam as práticas das nações
nem se assustem com os sinais no céu,
embora as nações se assustem com eles.
3Os costumes religiosos das nações são inúteis:
corta-se uma árvore da floresta,
um artesão a modela com seu formão;
4enfeitam-na com prata e ouro,
prendendo tudo com martelo e pregos
para que não balance.
5Como um espantalho
numa plantação de pepinos,
os ídolos são incapazes de falar,
e têm que ser transportados
porque não conseguem andar.
Não tenham medo deles,
pois não podem fazer
nem mal nem bem".

6Não há absolutamente ninguém
comparável a ti, ó SENHOR;
tu és grande,
e grande é o poder do teu nome.
7Quem não te temerá,
ó rei das nações?
Esse temor te é devido.
Entre todos os sábios das nações
e entre todos os seus reinos
não há absolutamente ninguém
comparável a ti.
8São todos insensatos e tolos;
querem ser ensinados por ídolos inúteis.
Os deuses deles não passam de madeira.
9Prata batida é trazida de Társis,
e ouro, de Ufaz.
A obra do artesão e do ourives
é vestida de azul e de púrpura;
tudo não passa de obra
de hábeis artesãos.
10Mas o SENHOR é o Deus verdadeiro;
ele é o Deus vivo; o rei eterno.
Quando ele se ira, a terra treme;
as nações não podem suportar o seu furor.

11"Digam-lhes isto: Estes deuses, que não fizeram
nem os céus nem a terra, desaparecerão da terra e de
debaixo dos céus".[c]

12Mas foi Deus quem fez a terra
com o seu poder,
firmou o mundo com a sua sabedoria
e estendeu os céus
com o seu entendimento.
13Ao som do seu trovão,
as águas no céu rugem,
e formam-se nuvens
desde os confins da terra.
Ele faz os relâmpagos para a chuva
e dos seus depósitos faz sair o vento.

14Esses homens todos
são estúpidos e ignorantes;
cada ourives é envergonhado
pela imagem que esculpiu.
Suas imagens esculpidas
são uma fraude,
elas não têm fôlego de vida.
15São inúteis,
são objetos de zombaria.
Quando vier o julgamento delas,
perecerão.
16Aquele que é a porção de Jacó
nem se compara a essas imagens,
pois ele é quem forma todas as coisas,
e Israel é a tribo de sua propriedade,
SENHOR dos Exércitos é o seu nome.

A destruição vindoura

17Ajunte os seus pertences
para deixar a terra,
você que vive sitiada.
18Porque assim diz o SENHOR:
"Desta vez lançarei fora
os que vivem nesta terra.
Trarei aflição sobre eles,
e serão capturados".

19Ai de mim! Estou ferido!
O meu ferimento é incurável!
Apesar disso eu dizia:
Esta é a minha enfermidade
e tenho que suportá-la.
20A minha tenda foi destruída;
todas as cordas da minha tenda
estão arrebentadas.

[a] 9:26 Ou *e todos os que prendem o cabelo junto à testa*
[b] 9:26 Hebraico: *é incircuncisa de coração.*
[c] 10:11 Este versículo está em aramaico no texto original.

Os meus filhos me deixaram
e já não existem;
não restou ninguém para
armar a minha tenda
e montar o meu abrigo.
21 Os líderes do povo são insensatos
e não consultam o SENHOR;
por isso não prosperam
e todo o seu rebanho está disperso.
22 Escutem! Estão chegando notícias:
uma grande agitação vem do norte!
As cidades de Judá serão arrasadas
e transformadas em morada de chacais.

A oração de Jeremias

23 Eu sei, SENHOR,
que não está nas mãos do homem
o seu futuro;
não compete ao homem
dirigir os seus passos.
24 Corrige-me, SENHOR,
mas somente com justiça,
não com ira,
para que não me reduzas a nada.
25 Derrama a tua ira sobre as nações
que não te conhecem,
sobre os povos que não invocam o teu nome;
pois eles devoraram Jacó,
devoraram-no completamente
e destruíram a sua terra.

A aliança é quebrada

11 Esta é a palavra que veio a Jeremias da parte do SENHOR: 2 "Ouça os termos desta aliança; e repita-os ao povo de Judá e aos habitantes de Jerusalém. 3 Diga-lhes que assim diz o SENHOR, o Deus de Israel: Maldito é aquele que não obedecer aos termos desta aliança, 4 os quais ordenei aos antepassados de vocês, quando eu os tirei do Egito, da fornalha de fundir ferro. Eu disse: Obedeçam-me e façam tudo o que lhes ordeno, e vocês serão o meu povo, e eu serei o seu Deus. 5 Então cumprirei a promessa que fiz sob juramento aos antepassados de vocês, de dar-lhes uma terra onde há leite e mel com fartura, a terra que vocês hoje possuem".

Então respondi: Amém, SENHOR.

6 O SENHOR me disse: "Proclame todas estas palavras nas cidades de Judá e nas ruas de Jerusalém: Ouçam os termos desta aliança e cumpram-nos. 7 Desde a época em que tirei os seus antepassados do Egito até hoje, repetidas vezes os adverti, dizendo: Obedeçam-me. 8 Mas eles não me ouviram nem me deram atenção; ao contrário, seguiram os seus corações duros e maus. Por isso eu trouxe sobre eles todas as maldições desta aliança, que eu tinha ordenado que cumprissem, mas que eles não cumpriram".

9 Então o SENHOR me disse: "Há uma conspiração entre o povo de Judá e os habitantes de Jerusalém. 10 Eles retornaram aos pecados de seus antepassados, que recusaram dar ouvidos às minhas palavras e seguiram outros deuses para prestar-lhes culto. Tanto a comunidade de Israel como a de Judá quebraram a aliança que eu fiz com os antepassados deles". 11 Por isso, assim diz o SENHOR: "Trarei sobre eles uma desgraça da qual não poderão escapar. Ainda que venham a clamar a mim, eu não os ouvirei. 12 Então as cidades de Judá e os habitantes de Jerusalém clamarão aos deuses aos quais queimam incenso, mas eles não poderão salvá-los quando a desgraça os atingir. 13 Você tem tantos deuses quantas são as suas cidades, ó Judá; e os altares que você construiu para queimar incenso àquela coisa vergonhosa chamada Baal são tantos quantas são as ruas de Jerusalém.

14 "E você, Jeremias, não ore em favor deste povo nem ofereça súplica ou petição alguma por eles, porque eu não ouvirei quando clamarem a mim na hora da desgraça.

15 "O que a minha amada faz
no meu templo
com intenção enganosa?
Será que os votos e a carne consagrada
evitarão o castigo?
Poderá você, então, exultar?"

16 O SENHOR a chamou
de oliveira verdejante,
ornada de belos e bons frutos.
Mas com o estrondo
de um grande tumulto,
ele a incendiará,
e os seus ramos serão quebrados.

17 O SENHOR dos Exércitos, que a plantou, anunciou-lhe desgraça, porque a comunidade de Israel e a comunidade de Judá fizeram o que é reprovável e provocaram a minha ira, queimando incenso a Baal.

A conspiração contra Jeremias

18 Fiquei sabendo porque o SENHOR me revelou; tu me mostraste o que eles estavam fazendo. 19 Eu era como um cordeiro manso levado ao matadouro; não tinha percebido que tramavam contra mim, dizendo:

"Destruamos a árvore e a sua seiva[a],
vamos cortá-lo da terra dos viventes
para que o seu nome
não seja mais lembrado".
20 Ó SENHOR dos Exércitos,
justo juiz que provas
o coração e a mente,
espero ver a tua vingança sobre eles,
pois a ti expus a minha causa.

21 Em vista disso, assim diz o SENHOR a respeito dos homens de Anatote que querem tirar a minha vida, e que dizem: "Não profetize em nome do SENHOR, senão nós o mataremos"; 22 assim diz o SENHOR dos Exércitos: "Eu os castigarei. Seus jovens morrerão à espada; seus filhos e suas filhas, de fome. 23 Nem mesmo um remanescente lhes restará, porque trarei a desgraça sobre os homens de Anatote no ano do seu castigo".

A queixa de Jeremias

12 Tu és justo, SENHOR,
quando apresento
uma causa diante de ti.
Contudo, eu gostaria de discutir contigo
sobre a tua justiça.

[a] 11:19 Hebraico: *com seu pão.*

Por que o caminho
dos ímpios prospera?
Por que todos os traidores
vivem sem problemas?
2Tu os plantaste, e eles criaram raízes;
crescem e dão fruto.
Tu estás sempre perto dos seus lábios,
mas longe dos seus corações.
3Tu, porém, me conheces, SENHOR;
tu me vês e provas a minha atitude
para contigo.
Arranca os ímpios como a ovelhas
destinadas ao matadouro!
Reserva-os para o dia da matança!
4Até quando a terra ficará de luto[a]
e a relva de todo o campo estará seca?
Perecem os animais e as aves
por causa da maldade
dos que habitam nesta terra,
pois eles disseram:
"Ele não verá o fim que nos espera".

A resposta de Deus

5"Se você correu com homens
e eles o cansaram,
como poderá competir com cavalos?
Se você tropeça[b] em terreno seguro,[c]
o que fará nos matagais
junto ao Jordão?[d]
6Até mesmo os seus irmãos
e a sua própria família traíram você
e o perseguem aos gritos.
Não confie neles,
mesmo quando lhe dizem coisas boas.

7"Abandonei a minha família,
deixei a minha propriedade
e entreguei aquela a quem amo
nas mãos dos seus inimigos.
8O povo de minha propriedade
tornou-se para mim
como um leão na floresta.
Ele ruge contra mim,
por isso eu o detesto.
9O povo de minha propriedade
tornou-se para mim
como uma toca de hiena,
sobre a qual pairam as aves de rapina.
Reúnam todos os animais selvagens;
tragam-nos para o banquete.
10A minha vinha foi destruída
por muitos pastores,
que pisotearam
a minha propriedade.
Eles tornaram a minha
preciosa propriedade
num deserto devastado.
11Fizeram dela uma terra devastada;
e devastada ela pranteia
diante de mim.
A terra toda foi devastada,
mas não há quem se importe
com isso.
12Destruidores vieram
sobre todas
as planícies do deserto,
pois a espada do SENHOR
devora esta terra
de uma extremidade à outra;
ninguém está seguro.
13Semearam trigo,
mas colheram espinhos;
cansaram-se de trabalhar
para nada produzir.
Estão desapontados com a colheita
por causa do fogo da ira
do SENHOR."

14Assim diz o SENHOR a respeito de todos os meus vi-
zinhos, as nações ímpias que se apoderam da herança
que dei a Israel, o meu povo: "Eu os arrancarei da sua
terra, e arrancarei Judá do meio deles. 15Mas, depois de
arrancá-los, terei compaixão de novo e os farei voltar,
cada um à sua propriedade e à sua terra. 16E se aprende-
rem a comportar-se como o meu povo, e jurarem pelo
nome do SENHOR, dizendo: 'Juro pelo nome do SENHOR'
— como antes ensinaram o meu povo a jurar por Baal
— então eles serão estabelecidos no meio do meu po-
vo. 17Mas se não me ouvirem, eu arrancarei completa-
mente aquela nação e a destruirei", declara o SENHOR.

O cinto de linho

13 Assim me disse o SENHOR: "Vá comprar um cinto
de linho e ponha-o em volta da cintura, mas não o
deixe encostar na água". 2Comprei um cinto e o pus em
volta da cintura, como o SENHOR me havia instruído.
3O SENHOR me dirigiu a palavra pela segunda vez, di-
zendo: 4"Pegue o cinto que você comprou e está usan-
do, vá agora a Perate[e] e esconda-o ali numa fenda da
rocha". 5Assim, fui e o escondi em Perate, conforme o
SENHOR me havia ordenado.
6Depois de muitos dias, o SENHOR me disse: "Vá ago-
ra a Perate e pegue o cinto que lhe ordenei que escon-
desse ali". 7Então fui a Perate, desenterrei o cinto e o
tirei do lugar em que o havia escondido. O cinto estava
podre e se tornara completamente inútil.
8E o SENHOR dirigiu-me a palavra, dizendo: 9"Assim
diz o SENHOR: Do mesmo modo também arruinarei o
orgulho de Judá e o orgulho desmedido de Jerusalém.
10Este povo ímpio, que se recusa a ouvir as minhas pa-
lavras, que age segundo a dureza de seus corações,
seguindo outros deuses para prestar-lhes culto e ado-
rá-los, que este povo seja como aquele cinto: completa-
mente inútil! 11Assim como um cinto se apega à cintura
de um homem, da mesma forma fiz com que toda a
comunidade de Israel e toda a comunidade de Judá
se apegasse a mim, para que fosse o meu povo para o
meu renome, louvor e honra. Mas eles não me ouvi-
ram", declara o SENHOR.

As vasilhas de couro

12"Diga-lhes também: Assim diz o SENHOR, o Deus de
Israel: Deve-se encher de vinho toda vasilha de couro.
E, se eles lhe disserem: 'Será que não sabemos que se

[a] 12:4 Ou *a terra pranteará*
[b] 12:5 Ou *você se sente seguro*
[c] 12:5 Ou *Se você põe a confiança numa terra segura,*
[d] 12:5 Ou *fará quando o Jordão inundar?*

[e] 13:4 Possivelmente *ao Eufrates*; também nos versículos 5-7.

deve encher de vinho toda vasilha de couro?' [13]Então você lhes dirá: Assim diz o SENHOR: Farei com que fiquem totalmente embriagados todos os habitantes desta terra, bem como os reis que se assentam no trono de Davi, os sacerdotes, os profetas e todos os habitantes de Jerusalém. [14]Eu os despedaçarei, colocando uns contra os outros, tanto os pais como os filhos", diz o SENHOR. "Nem a piedade nem a misericórdia nem a compaixão me impedirão de destruí-los."

Ameaça de cativeiro

[15]Escutem e deem atenção,
não sejam arrogantes,
pois o SENHOR falou.
[16]Deem glória ao SENHOR, ao seu Deus,
antes que ele traga trevas,
antes que os pés de vocês tropecem
nas colinas ao escurecer.
Vocês esperam a luz,
mas ele fará dela
uma escuridão profunda;
sim, ele a transformará
em densas trevas.
[17]Mas, se vocês não ouvirem,
eu chorarei em segredo
por causa do orgulho de vocês.
Chorarei amargamente,
e de lágrimas
os meus olhos transbordarão,
porque o rebanho do SENHOR
foi levado para o cativeiro.

[18]Diga-se ao rei e à rainha-mãe:
"Desçam do trono,
pois as suas coroas gloriosas
caíram de sua cabeça".
[19]As cidades do Neguebe
estão bloqueadas
e não há quem nelas consiga entrar.
Todo o Judá foi levado para o exílio,
todos foram exilados.

[20]Erga os olhos, Jerusalém,
e veja aqueles que vêm do norte.
Onde está o rebanho
que lhe foi confiado,
as ovelhas das quais você se orgulhava?
[21]O que você dirá
quando sobre você dominarem
aqueles que você
sempre teve como aliados?
Você não irá sentir dores
como as de uma mulher
em trabalho de parto?
[22]E se você se perguntar:
"Por que aconteceu isso comigo?",
saiba que foi por causa
dos seus muitos pecados
que as suas vestes foram levantadas
e você foi violentada[a].
[23]Será que o etíope[b] pode
mudar a sua pele?
Ou o leopardo as suas pintas?
Assim também vocês são incapazes
de fazer o bem,
vocês, que estão acostumados
a praticar o mal.

[24]"Espalharei vocês como a palha
levada pelo vento do deserto.
[25]Esta é a sua parte,
a porção que lhe determinei",
declara o SENHOR,
"porque você se esqueceu de mim
e confiou em deuses falsos.
[26]Eu mesmo levantarei as suas
vestes até o seu rosto para que
as suas vergonhas sejam expostas.
[27]Tenho visto os seus atos repugnantes,
os seus adultérios, os seus relinchos,
a sua prostituição desavergonhada
sobre as colinas e nos campos.
Ai de você, Jerusalém!
Até quando você continuará impura?"

Seca, fome, espada

14 Esta é a palavra que o SENHOR dirigiu a Jeremias
acerca da seca:

[2]"Judá pranteia,
as suas cidades estão definhando
e os seus habitantes se lamentam,
prostrados no chão!
O grito de Jerusalém sobe.
[3]Os nobres mandam os seus servos
à procura de água;
eles vão às cisternas
mas nada encontram.
Voltam com os potes vazios,
e, decepcionados e desesperados,
cobrem a cabeça.
[4]A terra nada produziu,
porque não houve chuva;
e os lavradores, decepcionados,
cobrem a cabeça.
[5]Até mesmo a corça no campo
abandona a cria recém-nascida,
porque não há capim.
[6]Os jumentos selvagens
permanecem nos altos,
farejando o vento como os chacais,
mas a sua visão falha,
por falta de pastagem".

[7]Embora os nossos pecados nos acusem,
age por amor do teu nome,
ó SENHOR!
Nossas infidelidades são muitas;
temos pecado contra ti.
[8]Ó Esperança de Israel,
tu que o salvas na hora da adversidade,
por que te comportas
como um estrangeiro na terra,
ou como um viajante
que fica somente uma noite?
[9]Por que ages como um homem
que foi pego de surpresa,
como um guerreiro que não pode salvar?

[a] 13:22 Hebraico: *os seus calcanhares sofreram violência.*
[b] 13:23 Hebraico: *cuxita.*

Tu estás em nosso meio, ó SENHOR,
e nós pertencemos a ti[a];
não nos abandones!

10Assim diz o SENHOR
acerca deste povo:

"Eles gostam muito de vaguear;
não controlam os pés.
Por isso o SENHOR não os aceita;
agora ele se lembrará
da iniquidade deles
e os castigará por causa
dos seus pecados".

11Então o SENHOR me disse: "Não ore pelo bem-estar
deste povo. 12Ainda que jejuem, não escutarei o clamor
deles; ainda que ofereçam holocaustos[b] e ofertas de ce-
real, não os aceitarei. Mas eu os destruirei pela guerra,
pela fome e pela peste".
13Mas eu disse: Ah, Soberano SENHOR, os profetas es-
tão dizendo a eles: "Vocês não verão a guerra nem a fo-
me; eu lhes darei prosperidade duradoura neste lugar".
14Então o SENHOR me disse: "É mentira o que os pro-
fetas estão profetizando em meu nome. Eu não os en-
viei nem lhes dei ordem nenhuma, nem falei com eles.
Eles estão profetizando para vocês falsas visões, adi-
vinhações inúteis e ilusões de suas próprias mentes".
15Por isso, assim diz o SENHOR: "Quanto aos profetas
que estão profetizando em meu nome, embora eu não
os tenha enviado, e que dizem: 'Nem guerra nem fome
alcançarão esta terra', aqueles mesmos profetas pere-
cerão pela guerra e pela fome! 16E aqueles a quem es-
tão profetizando serão jogados nas ruas de Jerusalém,
por causa da fome e da guerra. E não haverá ninguém
para sepultá-los, nem para sepultar as suas mulheres,
os seus filhos e as suas filhas. Despejarei sobre eles o
castigo que merecem.

17"Diga-lhes isto:

"Que os meus olhos derramem lágrimas,
noite e dia sem cessar;
pois a minha filha virgem, o meu povo,
sofreu um ferimento terrível,
um golpe fatal.
18Se vou para o campo,
vejo os que morreram à espada;
se entro na cidade,
vejo a devastação da fome.
Tanto o profeta como o sacerdote
percorrem a terra
sem nada compreender[c]".

19Rejeitaste Judá completamente?
Desprezaste Sião?
Por que nos feriste a ponto
de não podermos ser curados?
Esperávamos a paz,
mas não veio bem algum;
esperávamos um tempo de cura,
mas há somente terror.
20SENHOR, reconhecemos
a nossa impiedade
e a iniquidade dos nossos pais;
temos de fato pecado contra ti.
21Por amor do teu nome
não nos desprezes;
não desonres o teu trono glorioso.
Lembra-te da tua aliança conosco
e não a quebres.
22Entre os ídolos inúteis das nações,
existe algum que possa
trazer chuva?
Podem os céus, por si mesmos,
produzir chuvas copiosas?
Somente tu o podes, SENHOR,
nosso Deus!
Portanto, a nossa esperança está em ti,
pois tu fazes todas essas coisas.

15Então o SENHOR me disse: "Ainda que Moisés e Sa-
muel estivessem diante de mim, intercedendo por
este povo, eu não lhes mostraria favor. Expulse-os da mi-
nha presença! Que saiam! 2E, se lhe perguntarem: 'Para
onde iremos?', diga-lhes: Assim diz o SENHOR:

"Os destinados à morte, para a morte;
os destinados à espada, para a espada;
os destinados à fome, para a fome;
os destinados ao cativeiro,
para o cativeiro.

3"Enviarei quatro tipos de destruidores contra eles",
declara o SENHOR: "a espada para matar, os cães para
dilacerar, as aves do céu e os animais selvagens para
devorar e destruir. 4Eu farei deles uma causa de terror
para todas as nações da terra, por tudo o que Manas-
sés, filho de Ezequias, rei de Judá, fez em Jerusalém.

5"Quem terá compaixão de você,
ó Jerusalém?
Quem se lamentará por você?
Quem vai parar e perguntar
como você está?
6Você me rejeitou", diz o SENHOR.
"Você vive se desviando.
Por isso, porei as mãos em você
e a destruirei;
cansei-me de mostrar compaixão.
7Eu os espalhei ao vento como palha
nas cidades desta terra.
Deixei-os sem filhos;
destruí o meu povo,
pois não se converteram
de seus caminhos.
8Fiz com que as suas viúvas
se tornassem mais numerosas
do que a areia do mar.
Ao meio-dia, trouxe um destruidor
contra as mães
dos jovens guerreiros;
fiz cair sobre elas
repentina angústia e pavor.
9A mãe de sete filhos desmaiou
e está ofegante.
Para ela o sol se pôs
enquanto ainda era dia;
ela foi envergonhada e humilhada.

[a] 14:9 Hebraico: *e teu nome foi invocado sobre nós.*
[b] 14:12 Isto é, sacrifícios totalmente queimados; também em 17:26 e 19:5.
[c] 14:18 Ou *foram para uma terra que não conhecem*

Entregarei os sobreviventes à espada
diante dos seus inimigos",
declara o SENHOR

10 Ai de mim, minha mãe,
por me haver dado à luz!
Pois sou um homem em luta
e em contenda
com a terra toda!
Nunca emprestei
nem tomei emprestado,
e assim mesmo todos me amaldiçoam.

11 O SENHOR disse:

"Eu certamente o fortaleci para o bem
e intervim por você,
na época da desgraça e da adversidade,
por causa do inimigo.[a]

12 "Será alguém capaz de quebrar o ferro,
o ferro que vem do norte, ou o bronze?
13 Diga a esse povo:
Darei de graça a sua riqueza
e os seus tesouros como despojo,
por causa de todos os seus pecados
em toda a sua terra.
14 Eu os tornarei escravos
de seus inimigos,
numa terra[b] que vocês não conhecem,
pois a minha ira acenderá um fogo
que arderá contra vocês".

15 Tu me conheces, SENHOR;
lembra-te de mim, vem em meu auxílio
e vinga-me dos meus perseguidores.
Que, pela tua paciência para com eles,
eu não seja eliminado.
Sabes que sofro afronta por tua causa.
16 Quando as tuas palavras
foram encontradas, eu as comi;
elas são a minha alegria e o meu júbilo,
pois pertenço a ti[c],
SENHOR Deus dos Exércitos.
17 Jamais me sentei na companhia
dos que se divertem,
nunca festejei com eles.
Sentei-me sozinho,
porque a tua mão estava sobre mim
e me encheste de indignação.
18 Por que é permanente a minha dor,
e a minha ferida é grave e incurável?
Por que te tornaste para mim
como um riacho seco,
cujos mananciais falham?

19 Assim respondeu o SENHOR:

"Se você se arrepender, eu o restaurarei
para que possa me servir;
se você disser palavras de valor,
e não indignas,
será o meu porta-voz.
Deixe este povo voltar-se para você,
mas não se volte para eles.
20 Eu farei de você
uma muralha de bronze fortificada
diante deste povo;
lutarão contra você,
mas não o vencerão,
pois estou com você
para resgatá-lo e salvá-lo",
declara o SENHOR.
21 "Eu o livrarei das mãos dos ímpios
e o resgatarei das garras dos violentos".

A vida solitária de Jeremias

16 Então o SENHOR me dirigiu a palavra, dizendo:
2 "Não se case nem tenha filhos ou filhas neste lu-
gar"; 3 porque assim diz o SENHOR a respeito dos filhos
e filhas nascidos nesta terra, e a respeito das mulheres
que forem suas mães e dos homens que forem seus pais:
4 "Eles morrerão de doenças graves; ninguém pranteará
por eles; não serão sepultados, mas servirão de esterco
para o solo. Perecerão pela espada e pela fome, e os seus
cadáveres serão o alimento das aves e dos animais".
5 Porque assim diz o SENHOR: "Não entre numa casa
onde há luto; não vá prantear nem apresentar condo-
lências, porque retirei a minha paz, o meu amor leal
e a minha compaixão deste povo", declara o SENHOR.
6 "Tanto grandes como pequenos morrerão nesta terra;
não serão sepultados nem se pranteará por eles; não
se farão incisões nem se rapará a cabeça por causa de-
les. 7 Ninguém oferecerá comida para fortalecer os que
pranteiam pelos mortos; ninguém dará de beber do
cálice da consolação nem mesmo pelo pai ou pela mãe.
8 "Não entre numa casa em que há um banquete, pa-
ra se assentar com eles a fim de comer e beber". 9 Porque
assim diz o SENHOR dos Exércitos, o Deus de Israel: "Fa-
rei cessar neste lugar, diante dos olhos de vocês e du-
rante a vida de vocês, a voz de júbilo e a voz de alegria,
a voz do noivo e a voz da noiva.
10 "Quando você falar todas essas coisas a este povo
e eles lhe perguntarem: 'Por que o SENHOR determi-
nou uma desgraça tão terrível contra nós? Que delito
ou pecado cometemos contra o SENHOR, contra o nos-
so Deus?', 11 diga-lhes: Foi porque os seus antepassados
me abandonaram", diz o SENHOR, "e seguiram outros
deuses, aos quais prestaram culto e adoraram. Eles me
abandonaram e não obedeceram à minha lei. 12 Mas vo-
cês têm feito coisas piores do que os seus antepassados:
cada um segue a rebeldia do seu coração mau, em vez
de obedecer-me. 13 Por isso os lançarei fora desta terra,
para uma terra que vocês e os seus antepassados des-
conhecem; lá vocês servirão a outros deuses dia e noite,
pois não terei misericórdia de vocês.
14 "Contudo, vêm dias", declara o SENHOR, "quando
já não mais se dirá: 'Juro pelo nome do SENHOR, que
trouxe os israelitas do Egito'. 15 Antes dirão: 'Juro pelo
nome do SENHOR, que trouxe os israelitas do norte e de
todos os países para onde ele os havia expulsado'. Eu os
conduzirei de volta para a sua terra, terra que dei aos
seus antepassados.
16 "Mas agora mandarei chamar muitos pescadores",
declara o SENHOR, "e eles os pescarão. Depois disso man-
darei chamar muitos caçadores, e eles os caçarão em

[a] 15:11 A Septuaginta diz *Certamente, SENHOR, eu te servi fielmente e te busquei na época da desgraça e da adversidade, para o bem de meu inimigo.*
[b] 15:14 Conforme alguns manuscritos do Texto Massorético, a Septuaginta e a Versão Siríaca. A maioria dos manuscritos do Texto Massorético diz *Eu farei com que os seus inimigos o levem a uma terra.* Veja Jr 17:4.
[c] 15:16 Hebraico: *pois teu nome foi invocado sobre mim.*

cada monte e colina e nas fendas das rochas. 17Os meus
olhos veem todos os seus caminhos; eles não estão es-
condidos de mim, nem a sua iniquidade está oculta aos
meus olhos. 18Eu lhes retribuirei em dobro pela sua im-
piedade e pelo seu pecado, porque contaminaram a mi-
nha terra com as carcaças de seus ídolos detestáveis e
encheram a minha herança com as suas abominações".

19SENHOR, minha força
e minha fortaleza,
meu abrigo seguro
na hora da adversidade,
a ti virão as nações
desde os confins da terra e dirão:
"Nossos antepassados
possuíam deuses falsos,
ídolos inúteis,
que não lhes fizeram bem algum.
20Pode o homem mortal
fazer os seus próprios deuses?
Sim, mas estes não seriam deuses!"

21"Portanto eu lhes ensinarei;
desta vez eu lhes ensinarei
sobre o meu poder e sobre a minha força.
Então saberão
que o meu nome é SENHOR.

17 "O pecado de Judá está escrito
com estilete de ferro,
gravado com ponta de diamante
nas tábuas dos seus corações
e nas pontas dos seus altares.
2Os seus filhos se lembram
dos seus altares e dos postes sagrados,
ao lado das árvores verdejantes,
sobre os montes altos
3e sobre as montanhas do campo.
As riquezas de vocês
e todos os seus tesouros,
eu os darei como despojo,
como preço por todos
os seus pecados nos altares idólatras,
em toda a sua terra.
4Você mesmo perdeu a posse da herança
que eu lhe tinha dado.
Eu o farei escravo de seus inimigos
numa terra que você não conhece,
pois acendeu-se a minha ira,
que arderá para sempre."

5Assim diz o SENHOR:

"Maldito é o homem
que confia nos homens,
que faz da humanidade mortal
a sua força,
mas cujo coração se afasta do SENHOR.
6Ele será como um arbusto no deserto;
não verá quando vier algum bem.
Habitará nos lugares áridos do deserto,
numa terra salgada
onde não vive ninguém.

7"Mas bendito é o homem
cuja confiança está no SENHOR,
cuja confiança nele está.
8Ele será como uma árvore
plantada junto às águas
e que estende as suas raízes
para o ribeiro.
Ela não temerá quando chegar o calor,
porque as suas folhas
estão sempre verdes;
não ficará ansiosa no ano da seca
nem deixará de dar fruto".

9O coração é mais enganoso
que qualquer outra coisa
e sua doença é incurável.
Quem é capaz de compreendê-lo?

10"Eu sou o SENHOR
que sonda o coração
e examina a mente,
para recompensar a cada um
de acordo com a sua conduta,
de acordo com as suas obras."

11O homem que obtém riquezas
por meios injustos
é como a perdiz
que choca ovos que não pôs.
Quando a metade da sua vida
tiver passado,
elas o abandonarão,
e, no final, ele se revelará um tolo.

12Um trono glorioso,
exaltado desde o início,
é o lugar de nosso santuário.
13Ó SENHOR, Esperança de Israel,
todos os que te abandonarem
sofrerão vergonha;
aqueles que se desviarem de ti
terão os seus nomes escritos no pó,
pois abandonaram o SENHOR,
a fonte de água viva.

14Cura-me, SENHOR, e serei curado;
salva-me, e serei salvo,
pois tu és aquele a quem eu louvo.
15Há os que vivem me dizendo:
"Onde está a palavra do SENHOR?
Que ela se cumpra!"
16Mas não insisti eu contigo
para que afastasses a desgraça?
Tu sabes que não desejei
o dia do desespero.
Sabes o que saiu de meus lábios,
pois está diante de ti.
17Não sejas motivo de pavor para mim;
tu és o meu refúgio
no dia da desgraça.
18Que os meus perseguidores
sejam humilhados,
mas não eu;
que eles sejam aterrorizados,
mas não eu.
Traze sobre eles o dia da desgraça;
destrói-os com destruição dobrada.

A guarda do sábado

19Assim me disse o Senhor: "Vá colocar-se à porta
do Povo, por onde entram e saem os reis de Judá; faça
o mesmo junto a todas as portas de Jerusalém. 20Di-
ga-lhes: Ouçam a palavra do Senhor, reis de Judá, todo
o Judá e todos os habitantes de Jerusalém, vocês que
passam por estas portas". 21Assim diz o Senhor: "Por
amor à vida de vocês, tenham o cuidado de não levar
cargas nem de fazê-las passar pelas portas de Jerusalém
no dia de sábado. 22Não levem carga alguma para fora
de casa nem façam nenhum trabalho no sábado, mas
guardem o dia de sábado como dia consagrado, como
ordenei aos seus antepassados. 23Contudo, eles não me
ouviram nem me deram atenção; foram obstinados e
não quiseram ouvir nem aceitar a disciplina. 24Mas se
vocês tiverem o cuidado de obedecer-me", diz o Senhor,
"e não fizerem passar carga alguma pelas portas des-
ta cidade no sábado, mas guardarem o dia de sábado
como dia consagrado, deixando de realizar nele todo
e qualquer trabalho, 25então os reis que se assentarem
no trono de Davi entrarão pelas portas desta cidade em
companhia de seus conselheiros. Eles e os seus conse-
lheiros virão em carruagens e cavalos, acompanhados
dos homens de Judá e dos habitantes de Jerusalém; e
esta cidade será habitada para sempre. 26Virá gente das
cidades de Judá e dos povoados ao redor de Jerusalém,
do território de Benjamim e da Sefelá[a], das montanhas
e do Neguebe, trazendo holocaustos e sacrifícios, ofer-
tas de cereal, incenso e ofertas de ação de graças ao
templo do Senhor. 27Mas, se vocês não me obedecerem
e deixarem de guardar o sábado como dia consagrado,
fazendo passar cargas pelas portas de Jerusalém no dia
de sábado, porei fogo nas suas portas, que consumirá
os seus palácios".

Na casa do oleiro

18 Esta é a palavra que veio a Jeremias da parte do
Senhor: 2"Vá à casa do oleiro, e ali você ouvirá a
minha mensagem". 3Então fui à casa do oleiro, e o vi
trabalhando com a roda. 4Mas o vaso de barro que ele
estava formando estragou-se em suas mãos; e ele o re-
fez, moldando outro vaso de acordo com a sua vontade.
5Então o Senhor dirigiu-me a palavra: 6"Ó comuni-
dade de Israel, será que eu não posso agir com vocês
como fez o oleiro?", pergunta o Senhor. "Como barro
nas mãos do oleiro, assim são vocês nas minhas mãos,
ó comunidade de Israel. 7Se em algum momento eu
decretar que uma nação ou um reino seja arrancado,
despedaçado e arruinado, 8e se essa nação que eu ad-
verti converter-se da sua perversidade, então eu me
arrependerei e não trarei sobre ela a desgraça que eu
tinha planejado. 9E, se noutra ocasião eu decretar que
uma nação ou um reino seja edificado e plantado, 10e
se ele fizer o que eu reprovo e não me obedecer, en-
tão me arrependerei do bem que eu pretendia fazer
em favor dele.
11"Agora, portanto, diga ao povo de Judá e aos habi-
tantes de Jerusalém: Assim diz o Senhor: Estou prepa-
rando uma desgraça e fazendo um plano contra vocês.
Por isso, converta-se cada um de seu mau procedimen-
to e corrija a sua conduta e as suas ações. 12Mas eles
responderão: 'Não adianta. Continuaremos com os nos-
sos próprios planos; cada um de nós seguirá a rebeldia
do seu coração mau'. "

13Portanto, assim diz o Senhor:

"Perguntem entre as nações se alguém
já ouviu uma coisa dessas;
coisa tremendamente horrível fez a virgem,
Israel!
14Poderá desaparecer a neve do Líbano
de suas encostas rochosas?
Poderão parar de fluir suas águas frias,
vindas de lugares distantes?
15Contudo, o meu povo
esqueceu-se de mim;
queimam incenso a ídolos inúteis,
que os fazem tropeçar em seus caminhos
e nas antigas veredas,
para que andem em desvios,
em estradas não aterradas.
16A terra deles ficará deserta
e será tema de permanente zombaria.
Todos os que por ela passarem
ficarão chocados
e balançarão a cabeça.
17Como o vento leste,
eu os dispersarei diante dos inimigos;
eu lhes mostrarei as costas e não o rosto,
no dia da sua derrota".

18Então disseram: "Venham! Façamos planos contra
Jeremias, pois não cessará o ensino da lei pelo sacerdote
nem o conselho do sábio nem a mensagem do profeta.
Venham! Façamos acusações contra ele e não ouçamos
nada do que ele disser".

19Atende-me, ó Senhor;
ouve o que os meus acusadores
estão dizendo!
20Acaso se paga o bem com o mal?
Mas eles cavaram uma cova para mim.
Lembra-te de que eu compareci
diante de ti
para interceder em favor deles,
para que desviasses deles a tua ira.
21Por isso entrega os filhos deles à fome
e ao poder da espada.
Que as suas mulheres
fiquem viúvas e sem filhos;
que os seus homens sejam mortos,
e os seus rapazes sejam
mortos à espada na batalha.
22Seja ouvido o grito
que vem de suas casas,
quando repentinamente
trouxeres invasores contra eles;
pois cavaram uma cova
para me capturarem
e esconderam armadilhas
para os meus pés.
23Mas tu conheces, ó Senhor,
todas as suas conspirações
para me matarem.
Não perdoes os seus crimes

[a] 17:26 Pequena faixa de terra de relevo variável entre a planície costeira e as montanhas.

nem apagues de diante da tua vista
os seus pecados.
Sejam eles derrubados diante de ti;
age contra eles na hora da tua ira!

19 Assim diz o SENHOR: "Vá comprar um vaso de barro de um oleiro. Leve com você alguns líderes do povo e alguns sacerdotes 2 e vá em direção ao vale de Ben-Hinom, perto da entrada da porta dos Cacos. Proclame ali as palavras que eu lhe disser. 3 Diga: Ouçam a palavra do SENHOR, reis de Judá e habitantes de Jerusalém". Assim diz o SENHOR dos Exércitos, Deus de Israel: "Sobre este lugar trarei desgraça tal que fará retinir os ouvidos daqueles que ouvirem isso. 4 Porque eles me abandonaram e profanaram este lugar, oferecendo sacrifícios a deuses estranhos, que nem eles nem seus antepassados nem os reis de Judá conheceram; e encheram este lugar com o sangue de inocentes. 5 Construíram nos montes os altares dedicados a Baal, para queimarem os seus filhos como holocaustos oferecidos a Baal, coisa que não ordenei, da qual nunca falei nem jamais me veio à mente. 6 Por isso, certamente vêm os dias", declara o SENHOR, "em que não mais chamarão este lugar Tofete ou vale de Ben-Hinom, mas vale da Matança.

7 "Esvaziarei[a] neste lugar os planos de Judá e de Jerusalém: eu os farei morrer à espada perante os seus inimigos, pelas mãos daqueles que os perseguem; e darei os seus cadáveres como comida para as aves e os animais. 8 Farei com que esta cidade fique deserta e seja tema de zombaria. Todos os que por ela passarem ficarão chocados e zombarão de todos os seus ferimentos. 9 Eu farei com que comam a carne dos seus filhos e das suas filhas; e cada um comerá a carne do seu próximo, por causa do sofrimento que os inimigos que procuram tirar-lhes a vida lhes infligirão durante o cerco.

10 "Depois quebre o vaso de barro diante dos homens que o acompanharam, 11 e diga-lhes: Assim diz o SENHOR dos Exércitos: Assim como se quebra um vaso de oleiro, que não pode ser mais restaurado, quebrarei este povo e esta cidade, e os mortos em Tofete serão sepultados até que não haja mais lugar. 12 Assim farei a este lugar e aos seus habitantes", declara o SENHOR, "tornarei esta cidade como Tofete. 13 As casas de Jerusalém e os palácios reais de Judá serão profanados, como este lugar de Tofete: todas as casas em cujos terraços queimaram incenso a todos os corpos celestes, e derramaram ofertas de bebidas aos seus deuses estrangeiros".

14 Jeremias voltou então de Tofete para onde o SENHOR o mandara profetizar e, entrando no pátio do templo do SENHOR, disse a todo o povo: 15 "Assim diz o SENHOR dos Exércitos, o Deus de Israel: 'Ouçam! Trarei sobre esta cidade, e sobre todos os povoados ao redor, todas as desgraças contra eles anunciadas, porque se obstinaram e não quiseram obedecer às minhas palavras' ".

Jeremias e Pasur

20 Quando o sacerdote Pasur, filho de Imer, o mais alto oficial do templo do SENHOR, ouviu Jeremias profetizando essas coisas, 2 mandou espancar o profeta e prendê-lo no tronco que havia junto à porta Superior de Benjamim, no templo do SENHOR. 3 Na manhã seguinte, quando Pasur mandou soltá-lo do tronco, Jeremias lhe disse: "O SENHOR já não o chama Pasur, e sim Magor-Missabibe[b]. 4 Pois assim diz o SENHOR: 'Farei de você um terror para si mesmo e para todos os seus amigos: você verá com os próprios olhos quando eles forem mortos à espada dos seus inimigos. Entregarei todo o povo de Judá nas mãos do rei da Babilônia, que os levará para a Babilônia e os matará à espada. 5 Eu entregarei nas mãos dos seus inimigos toda a riqueza desta cidade: toda a sua produção, todos os seus bens de valor e todos os tesouros dos reis de Judá. Levarão tudo como despojo para a Babilônia. 6 E você, Pasur, e todos os que vivem em sua casa irão para o exílio, para a Babilônia. Lá vocês morrerão e serão sepultados, você e todos os seus amigos a quem você tem profetizado mentiras' ".

A queixa de Jeremias

7 SENHOR, tu me enganaste,
e eu fui enganado;[c]
foste mais forte
do que eu e prevaleceste.
Sou ridicularizado o dia inteiro;
todos zombam de mim.
8 Sempre que falo
é para gritar que há
violência e destruição.
Por isso a palavra do SENHOR
trouxe-me insulto e censura
o tempo todo.
9 Mas, se eu digo: "Não o mencionarei
nem mais falarei em seu nome",
é como se um fogo ardesse
em meu coração,
um fogo dentro de mim.
Estou exausto tentando contê-lo;
já não posso mais!
10 Ouço muitos comentando:
"Terror por todos os lados!
Denunciem-no! Vamos denunciá-lo!"
Todos os meus amigos estão esperando
que eu tropece, e dizem:
"Talvez ele se deixe enganar;
então nós o venceremos
e nos vingaremos dele".

11 Mas o SENHOR está comigo,
como um forte guerreiro!
Portanto, aqueles que me perseguem
tropeçarão e não prevalecerão.
O seu fracasso lhes trará
completa vergonha;
a sua desonra jamais será esquecida.
12 Ó SENHOR dos Exércitos,
tu que examinas o justo
e vês o coração e a mente,
deixa-me ver a tua vingança sobre eles,
pois a ti expus a minha causa.

13 Cantem ao SENHOR!
Louvem o SENHOR!
Porque ele salva o pobre
das mãos dos ímpios.
14 Maldito seja o dia em que eu nasci!

[a] 19:7 A palavra *esvaziarei* assemelha-se à palavra *vaso* no hebraico.

[b] 20:3 *Magor-Missabibe* significa *terror por todos os lados.*

[c] 20:7 Ou *persuadiste, e eu fui persuadido;*

Jamais seja abençoado o dia
em que minha mãe me deu à luz!
15Maldito seja o homem
que levou a notícia a meu pai,
e o deixou muito alegre, quando disse:
"Você é pai de um menino!"
16Seja aquele homem
como as cidades
que o SENHOR destruiu sem piedade.
Que ele ouça gritos de socorro
pela manhã,
e gritos de guerra ao meio-dia;
17mas Deus não me matou no ventre materno
nem fez da minha mãe o meu túmulo,
e tampouco a deixou
permanentemente grávida.
18Por que saí do ventre materno?
Só para ver dificuldades e tristezas,
e terminar os meus dias
na maior decepção?

Deus rejeita o pedido de Zedequias

21 Esta é a palavra que veio a Jeremias da parte do
SENHOR, quando o rei Zedequias enviou-lhe Pa-
sur, filho de Malquias, e o sacerdote Sofonias, filho de
Maaseias. Eles disseram: 2"Consulte agora o SENHOR por
nós porque Nabucodonosor, rei da Babilônia, está nos
atacando. Talvez o SENHOR faça por nós uma de suas
maravilhas e, assim, ele se retire de nós".
3Jeremias, porém, respondeu-lhes: "Digam a Zede-
quias: 4'Assim diz o SENHOR, o Deus de Israel: 'Estou a
ponto de voltar contra vocês as armas de guerra que
estão em suas mãos, as quais vocês estão usando pa-
ra combater o rei da Babilônia e os babilônios[a], que
cercam vocês do lado de fora do muro. E eu os reu-
nirei dentro desta cidade. 5Eu mesmo lutarei contra
vocês com mão poderosa e braço forte, com ira, furor
e grande indignação. 6Matarei os habitantes desta ci-
dade, tanto homens como animais; eles morrerão de
uma peste terrível. 7Depois disso', declara o SENHOR,
'entregarei Zedequias, rei de Judá, seus conselheiros
e o povo desta cidade que sobreviver à peste, à espa-
da e à fome, nas mãos de Nabucodonosor, rei da Ba-
bilônia, nas mãos dos inimigos deles e daqueles que
querem tirar-lhes a vida. Ele os matará à espada sem
piedade nem misericórdia; não terá deles nenhuma
compaixão'.
8"Digam a este povo: Assim diz o SENHOR: 'Ponho
diante de vocês o caminho da vida e o caminho da mor-
te. 9Todo aquele que ficar nesta cidade morrerá pela
espada, pela fome ou pela peste. Mas todo o que sair e
render-se aos babilônios, que cercam vocês, viverá; este
escapará com vida. 10Decidi fazer o mal e não o bem a
esta cidade', diz o SENHOR. 'Ela será entregue nas mãos
do rei da Babilônia, e ele a incendiará'.
11"Digam à casa real de Judá: Ouçam a palavra do SE-
NHOR. 12Ó dinastia de Davi, assim diz o SENHOR:

" 'Administrem justiça cada manhã:
livrem o explorado
das mãos do opressor;
senão a minha ira se acenderá e queimará
como fogo inextinguível,
por causa do mal que vocês têm feito.
13Eu estou contra você, Jerusalém!
Você que está entronizada
acima deste vale,
na rocha do planalto',
declara o SENHOR;
'vocês que dizem: "Quem nos atacará?
Quem poderá invadir nossas moradas?"
14Eu os castigarei
de acordo com as suas obras',
diz o SENHOR.
'Porei fogo em sua floresta,
que consumirá tudo ao redor' ".

Juízo sobre os reis maus

22 Assim diz o SENHOR: "Desça ao palácio do rei de
Judá e proclame ali esta mensagem: 2Ouve a pala-
vra do SENHOR, ó rei de Judá, tu que te assentas no tro-
no de Davi; tu, teus conselheiros, e teu povo, que passa
por estas portas". 3Assim diz o SENHOR: "Administrem
a justiça e o direito: livrem o explorado das mãos do
opressor. Não oprimam nem maltratem o estrangei-
ro, o órfão ou a viúva; nem derramem sangue inocen-
te neste lugar. 4Porque, se vocês tiverem o cuidado de
cumprir essas ordens, então os reis que se assentarem
no trono de Davi entrarão pelas portas deste palácio em
carruagens e cavalos, em companhia de seus conselhei-
ros e de seu povo. 5Mas se vocês desobedecerem a essas
ordens", declara o SENHOR, "juro por mim mesmo que
este palácio ficará deserto".
6Porque assim diz o SENHOR a respeito do palácio
real de Judá:

"Apesar de você ser para mim
como Gileade
e como o topo do Líbano,
certamente farei de você um deserto,
uma cidade desabitada.
7Prepararei destruidores contra você,
cada um com as suas armas;
eles cortarão o melhor dos seus cedros
e o lançarão ao fogo.

8"De numerosas nações muitos passarão por esta
cidade e perguntarão uns aos outros: 'Por que o SE-
NHOR fez uma coisa dessas a esta grande cidade?' 9E
lhes responderão: 'Foi porque abandonaram a aliança
do SENHOR, do seu Deus, e adoraram outros deuses e
prestaram-lhes culto' ".

10Não chorem pelo rei morto
nem lamentem sua perda.
Chorem amargamente, porém,
por aquele que está indo
para o exílio,
porque jamais voltará
nem verá sua terra natal.

11Porque assim diz o SENHOR acerca de Salum, rei de
Judá, sucessor de seu pai Josias, que partiu deste lu-
gar: "Ele jamais voltará. 12Morrerá no lugar para onde
o levaram prisioneiro; não verá novamente esta terra.

13"Ai daquele que constrói
o seu palácio por meios corruptos,
seus aposentos, pela injustiça,

[a] 21:4 Ou *caldeus*; também em todo o livro de Jeremias.

fazendo os seus compatriotas
trabalharem por nada,
sem pagar-lhes o devido salário.
14Ele diz: 'Construirei para mim
um grande palácio,
com aposentos espaçosos'.
Faz amplas janelas,
reveste o palácio de cedro
e pinta-o de vermelho.

15"Você acha que acumular cedro
faz de você um rei?
O seu pai não teve comida e bebida?
Ele fez o que era justo e certo,
e tudo ia bem com ele.
16Ele defendeu a causa
do pobre e do necessitado,
e, assim, tudo corria bem.
Não é isso que significa conhecer-me?",
declara o SENHOR.
17"Mas você não vê nem pensa
noutra coisa
além de lucro desonesto,
derramar sangue inocente,
opressão e extorsão".

18Portanto, assim diz o SENHOR a respeito de Jeoa-
quim, filho de Josias, rei de Judá:

"Não se lamentarão por ele, clamando:
'Ah, meu irmão!' ou
'Ah, minha irmã!'
Nem se lamentarão, clamando:
'Ah, meu senhor!' ou
'Ah, sua majestade!'
19Ele terá o enterro de um jumento:
arrastado e lançado
fora das portas de Jerusalém!

20"Jerusalém, suba ao Líbano e clame,
seja ouvida a sua voz em Basã,
clame desde Abarim,
pois todos os seus aliados
foram esmagados.
21Eu a adverti quando você
se sentia segura,
mas você não quis ouvir-me.
Esse foi sempre o seu procedimento,
pois desde a sua juventude
você não me obedece.
22O vento conduzirá para longe
todos os governantes
que conduzem você,
e os seus aliados irão para o exílio.
Então você será envergonhada
e humilhada
por causa de todas as suas maldades.
23Você, que está entronizada no Líbano[a],
que está aninhada em prédios de cedro,
como você gemerá quando
lhe vierem as dores de parto,
dores como as de uma mulher
que está para dar à luz!

[a] 22:23 Isto é, no palácio de Jerusalém (veja 1Rs 7:2).

24"Juro pelo meu nome", diz o SENHOR, "que ain-
da que você, Joaquim[b], filho de Jeoaquim, rei de Ju-
dá, fosse um anel de selar em minha mão direita, eu
o arrancaria. 25Eu o entregarei nas mãos daqueles que
querem tirar a sua vida; daqueles que você teme, nas
mãos de Nabucodonosor, rei da Babilônia, e dos babi-
lônios. 26Expulsarei você e sua mãe, a mulher que lhe
deu à luz, para um outro país, onde vocês não nasce-
ram, e no qual ambos morrerão. 27Jamais retornarão à
terra para a qual anseiam voltar".

28É Joaquim um vaso desprezível
e quebrado,
um utensílio que ninguém quer?
Por que ele e os seus descendentes
serão expulsos e lançados
num país que não conhecem?
29Ó terra, terra, terra,
ouça a palavra do SENHOR!
30Assim diz o SENHOR:
"Registrem esse homem
como homem sem filhos.
Ele não prosperará em toda a sua vida;
nenhum dos seus descendentes
prosperará
nem se assentará no trono de Davi
nem governará em Judá.

O renovo justo

23 "Ai dos pastores que destroem e dispersam as ove-
lhas do meu pasto!", diz o SENHOR. 2Portanto, assim
diz o SENHOR, Deus de Israel, aos pastores que tomam
conta do meu povo: "Foram vocês que dispersaram e
expulsaram o meu rebanho, e não cuidaram dele. Mas
eu vou castigar vocês pelos seus maus procedimentos",
declara o SENHOR. 3"Eu mesmo reunirei os remanescen-
tes do meu rebanho de todas as terras para onde os ex-
pulsei e os trarei de volta à sua pastagem, a fim de que
cresçam e se multipliquem. 4Estabelecerei sobre eles
pastores que cuidarão deles. E eles não mais terão me-
do ou pavor, e nenhum deles faltará", declara o SENHOR.

5"Dias virão", declara o SENHOR,
"em que levantarei para Davi[c]
um Renovo justo,
um rei que reinará com sabedoria
e fará o que é justo e certo na terra.
6Em seus dias Judá será salva,
Israel viverá em segurança,
e este é o nome pelo qual será chamado:
O SENHOR é a Nossa Justiça.

7"Portanto, vêm dias", diz o SENHOR, "em que não
mais se dirá: 'Juro pelo nome do SENHOR, que trouxe
os israelitas do Egito', 8mas se dirá: 'Juro pelo nome do
SENHOR, que trouxe os descendentes de Israel da terra
do norte e de todas as nações para onde os expulsou'.
E eles viverão na sua própria terra".

Profetas mentirosos

9Acerca dos profetas:

Meu coração está partido
dentro de mim;

[b] 22:24 Hebraico: *Conias*, variante de *Joaquim*; também no versículo 28.
[c] 23:5 Ou *levantarei da linhagem de Davi*

todos os meus ossos tremem.
Sou como um bêbado,
como um homem dominado pelo vinho,
por causa do SENHOR
e de suas santas palavras.
10A terra está cheia de adúlteros,
e por causa disso[a] a terra chora[b]
e as pastagens do deserto estão secas.
Seu modo de vida é perverso
e o seu poder é ilegítimo.

11"Tanto o profeta como o sacerdote
são profanos;
até no meu templo
encontro as suas iniquidades",
declara o SENHOR.
12"Por isso, o caminho deles
será como lugares escorregadios
nas trevas,
para as quais serão banidos,
e nelas cairão.
Trarei a desgraça sobre eles,
no ano do seu castigo",
declara o SENHOR.

13"Entre os profetas de Samaria
vi algo repugnante:
eles profetizaram por Baal
e desviaram Israel, o meu povo.
14E entre os profetas de Jerusalém
vi algo horrível:
eles cometem adultério e
vivem uma mentira.
Encorajam os que praticam o mal,
para que nenhum deles se converta
de sua impiedade.
Para mim são todos como Sodoma;
o povo de Jerusalém é como Gomorra."

15Por isso assim diz o SENHOR dos Exércitos acerca dos profetas:

"Eu os farei comer comida amarga
e beber água envenenada,
porque dos profetas de Jerusalém
a impiedade se espalhou
por toda esta terra".

16Assim diz o SENHOR dos Exércitos:

"Não ouçam o que os profetas
estão profetizando para vocês;
eles os enchem de falsas esperanças.
Falam de visões inventadas
por eles mesmos,
e que não vêm da boca do SENHOR.
17Vivem dizendo àqueles que desprezam
a palavra do SENHOR:
'Vocês terão paz'.
E a todos os que seguem a obstinação
dos seus corações dizem:
'Vocês não sofrerão desgraça alguma'.
18Mas qual deles esteve no
conselho do SENHOR
para ver ou ouvir a sua palavra?
Quem deu atenção
e obedeceu à minha palavra?
19Vejam, a tempestade do SENHOR!
A sua fúria está à solta!
Um vendaval vem sobre
a cabeça dos ímpios.
20A ira do SENHOR não se afastará
até que ele tenha completado
os seus propósitos.
Em dias vindouros vocês
o compreenderão claramente.
21Não enviei esses profetas,
mas eles foram correndo
levar sua mensagem;
não falei com eles,
mas eles profetizaram.
22Mas se eles tivessem comparecido
ao meu conselho,
anunciariam as minhas palavras
ao meu povo
e teriam feito com que se convertessem
do seu mau procedimento
e das suas obras más.

23"Sou eu apenas um Deus de perto",
pergunta o SENHOR,
"e não também um Deus de longe?
24Poderá alguém esconder-se
sem que eu o veja?",
pergunta o SENHOR.
"Não sou eu aquele que enche
os céus e a terra?",
pergunta o SENHOR.

25"Ouvi o que dizem os profetas, que profetizam
mentiras em meu nome, dizendo: 'Tive um sonho! Ti-
ve um sonho!' 26Até quando os profetas continuarão a
profetizar mentiras e as ilusões de suas próprias men-
tes? 27Eles imaginam que os sonhos que contam uns
aos outros farão o povo esquecer o meu nome, assim
como os seus antepassados esqueceram o meu nome
por causa de Baal. 28O profeta que tem um sonho, conte
o sonho, e o que tem a minha palavra, fale a minha pa-
lavra com fidelidade. Pois o que tem a palha a ver com
o trigo?", pergunta o SENHOR. 29"Não é a minha palavra
como o fogo", pergunta o SENHOR, "e como um martelo
que despedaça a rocha?

30"Portanto", declara o SENHOR, "estou contra os pro-
fetas que roubam uns dos outros as minhas palavras.
31Sim", declara o SENHOR, "estou contra os profetas que
com as suas próprias línguas declaram oráculos. 32Sim,
estou contra os que profetizam sonhos falsos", decla-
ra o SENHOR. "Eles os relatam e com as suas mentiras
irresponsáveis desviam o meu povo. Eu não os enviei
nem os autorizei; e eles não trazem benefício algum a
este povo", declara o SENHOR.

Os falsos profetas

33"Quando este povo ou um profeta ou um sacerdo-
te lhe perguntar: 'Qual é a mensagem pesada da qual
o SENHOR o encarregou?', diga-lhes: Vocês são o peso!
E eu os abandonarei", declara o SENHOR. 34"Se um pro-
feta ou um sacerdote ou alguém do povo afirmar: 'Es-
ta é a mensagem da qual o SENHOR me encarregou',

[a] 23:10 Ou *por causa da maldição*
[b] 23:10 Ou *a terra está ressequida*

eu castigarei esse homem e a sua família. [35]Assim dirá cada um de vocês ao seu amigo ou parente: 'O que o SENHOR respondeu? O que o SENHOR falou?' [36]Nunca mais mencionem a expressão 'Esta é a mensagem da qual o SENHOR me encarregou', senão essa palavra se tornará uma 'carga' para aquele que a proferir; porque vocês distorcem as palavras do Deus vivo, do SENHOR dos Exércitos, do nosso Deus. [37]É assim que vocês dirão ao profeta: 'Qual é a resposta do SENHOR para você?' ou 'O que o SENHOR falou?' [38]Mas se vocês disserem: 'Esta é a mensagem da qual o SENHOR me encarregou' ", assim diz o SENHOR: "Vocês dizem: 'Esta é a mensagem da qual o SENHOR me encarregou', quando eu lhes adverti que não dissessem isso. [39]Por isso me esquecerei de vocês e os lançarei fora da minha presença, juntamente com a cidade que dei a vocês e aos seus antepassados. [40]Trarei sobre vocês humilhação perpétua, vergonha permanente, que jamais será esquecida".

Dois cestos de figos

24 E o SENHOR mostrou-me dois cestos de figos postos diante do templo do SENHOR. Isso aconteceu depois que Nabucodonosor levou de Jerusalém, para o exílio na Babilônia, Joaquim[a], filho de Jeoaquim, rei de Judá, os líderes de Judá, e os artesãos e artífices. [2]Um cesto continha figos muito bons, como os que amadurecem no princípio da colheita; os figos do outro cesto eram ruins e intragáveis.

[3]Então o SENHOR me perguntou: "O que você vê, Jeremias?"

Eu respondi: Figos. Os bons são muito bons, mas os ruins são intragáveis.

[4]Então o SENHOR me dirigiu a palavra, dizendo: [5]"Assim diz o SENHOR, o Deus de Israel: Considero como esses figos bons os exilados de Judá, os quais expulsei deste lugar para a terra dos babilônios, a fim de fazer-lhes bem. [6]Olharei favoravelmente para eles, e os trarei de volta a esta terra. Eu os edificarei e não os derrubarei; eu os plantarei e não os arrancarei. [7]Eu lhes darei um coração capaz de conhecer-me e de saber que eu sou o SENHOR. Serão o meu povo, e eu serei o seu Deus, pois eles se voltarão para mim de todo o coração.

[8]"Mas como se faz com os figos ruins e intragáveis", diz o SENHOR, "assim lidarei com Zedequias, rei de Judá, com os seus líderes e com os sobreviventes de Jerusalém, tanto os que permanecem nesta terra como os que vivem no Egito. [9]Eu os tornarei objeto de terror e de desgraça para todos os reinos da terra. Para onde quer que eu os expulsar, serão uma afronta e servirão de exemplo, ridículo e maldição. [10]Enviarei contra eles a guerra, a fome e a peste até que sejam eliminados da terra que dei a eles e aos seus antepassados".

Setenta anos de cativeiro

25 A palavra veio a Jeremias a respeito de todo o povo de Judá no quarto ano de Jeoaquim, filho de Josias, rei de Judá, que foi o primeiro ano de Nabucodonosor, rei da Babilônia. [2]O que o profeta Jeremias anunciou a todo o povo de Judá e aos habitantes de Jerusalém foi isto: [3]"Durante vinte e três anos a palavra do SENHOR tem vindo a mim, desde o décimo terceiro ano de Josias, filho de Amom, rei de Judá, até o dia de hoje. E eu a tenho anunciado a vocês, dia após dia, mas vocês não me deram ouvidos.

[4]"Embora o SENHOR tenha enviado a vocês os seus servos, os profetas, dia após dia, vocês não os ouviram nem lhes deram atenção [5]quando disseram: 'Converta-se cada um do seu caminho mau e de suas más obras, e vocês permanecerão na terra que o SENHOR deu a vocês e aos seus antepassados para sempre. [6]Não sigam outros deuses para prestar-lhes culto e adorá-los; não provoquem a minha ira com ídolos feitos por vocês. E eu não trarei desgraça sobre vocês'.

[7]" 'Mas vocês não me deram ouvidos e me provocaram à ira com os ídolos que vocês fizeram, trazendo desgraça sobre si mesmos', declara o SENHOR.

[8]"Portanto, assim diz o SENHOR dos Exércitos: 'Visto que vocês não ouviram as minhas palavras, [9]convocarei todos os povos do norte e o meu servo Nabucodonosor, rei da Babilônia', declara o SENHOR, 'e os trarei para atacar esta terra, os seus habitantes e todas as nações ao redor. Eu os destruirei completamente e os farei um objeto de pavor e de zombaria, e uma ruína permanente. [10]Darei fim às vozes de júbilo e de alegria, às vozes do noivo e da noiva, ao som do moinho e à luz das candeias. [11]Toda esta terra se tornará uma ruína desolada, e essas nações estarão sujeitas ao rei da Babilônia durante setenta anos.

[12]" 'Quando se completarem os setenta anos, castigarei o rei da Babilônia e a sua nação, a terra dos babilônios, por causa de suas iniquidades', declara o SENHOR, 'e a deixarei arrasada para sempre. [13]Cumprirei naquela terra tudo o que falei contra ela, tudo o que está escrito neste livro e que Jeremias profetizou contra todas as nações. [14]Porque os próprios babilônios serão escravizados por muitas nações e grandes reis; eu lhes retribuirei conforme as suas ações e as suas obras' ".

O cálice da ira de Deus

[15]Assim me disse o SENHOR, o Deus de Israel: "Pegue de minha mão este cálice com o vinho da minha ira e faça com que bebam dele todas as nações a quem eu o envio. [16]Quando o beberem, ficarão cambaleando, enlouquecidas por causa da espada que enviarei contra elas".

[17]Então peguei o cálice da mão do SENHOR, e fiz com que dele bebessem todas as nações às quais o SENHOR me enviou: [18]Jerusalém e as cidades de Judá, seus reis e seus líderes, para fazer deles uma desolação e um objeto de pavor, zombaria e maldição, como hoje acontece; [19]o faraó, o rei do Egito, seus conselheiros e seus líderes, todo o seu povo, [20]e todos os estrangeiros que lá residem; todos os reis de Uz; todos os reis dos filisteus: de Ascalom, Gaza, Ecrom e o povo que restou em Asdode; [21]Edom, Moabe e os amonitas, [22]os reis de Tiro e de Sidom; os reis das ilhas e das terras de além-mar; [23]Dedã, Temá, Buz e todos os que rapam a cabeça; [24]e os reis da Arábia e todos os reis dos estrangeiros que vivem no deserto; [25]todos os reis de Zinri, de Elão e da Média; [26]e todos os reis do norte, próximos ou distantes, um após outro; e todos os reinos da face da terra. Depois de todos eles, o rei de Sesaque[b] também beberá do cálice.

[27]"A seguir diga-lhes: Assim diz o SENHOR dos Exércitos, o Deus de Israel: Bebam, embriaguem-se, vomitem,

[a] 24:1 Hebraico: *Jeconias*, variante de *Joaquim*.

[b] 25:26 *Sesaque* é um criptograma para *Babilônia*.

caiam e não mais se levantem, por causa da espada que
envio no meio de vocês. 28Mas se eles se recusarem a
beber, diga-lhes: Assim diz o SENHOR dos Exércitos: Vo-
cês vão bebê-lo! 29Começo a trazer desgraça sobre a ci-
dade que leva o meu nome; e vocês sairiam impunes?
De maneira alguma ficarão sem castigo! Estou trazendo
a espada contra todos os habitantes da terra", declara o
SENHOR dos Exércitos.
30"E você, profetize todas estas palavras contra eles,
dizendo:

"O SENHOR ruge do alto;
troveja de sua santa morada;
ruge poderosamente
contra a sua propriedade.
Ele grita como os que pisam as uvas;
grita contra todos
os habitantes da terra.
31Um tumulto ressoa até
os confins da terra,
pois o SENHOR faz
acusações contra as nações,
e julga toda a humanidade:
ele entregará os ímpios à espada",
declara o SENHOR.

32Assim diz o SENHOR:

"Vejam! A desgraça está se espalhando
de nação em nação;
uma terrível tempestade se levanta
desde os confins da terra".

33Naquele dia, os mortos pelo SENHOR estarão em to-
do lugar, de um lado ao outro da terra. Ninguém pran-
teará por eles, e não serão recolhidos e sepultados, mas
servirão de esterco sobre o solo.

34Lamentem-se e gritem, pastores!
Rolem no pó, chefes do rebanho!
Porque chegou para vocês
o dia da matança
e da sua dispersão;
vocês cairão e serão esmigalhados
como vasos finos.[a]
35Não haverá refúgio para os pastores
nem escapatória
para os chefes do rebanho.
36Ouvem-se os gritos dos pastores
e o lamento dos chefes do rebanho,
pois o SENHOR está destruindo
as pastagens deles.
37Os pastos tranquilos estão devastados
por causa do fogo da ira do SENHOR.
38Como um leão, ele saiu de sua toca;
a terra deles ficou devastada,
por causa da espada[b] do opressor
e do fogo de sua ira.

Jeremias é ameaçado de morte

26 No início do reinado de Jeoaquim, filho de Jo-
sias, rei de Judá, veio esta palavra da parte do
SENHOR: 2"Assim diz o SENHOR: Coloque-se no pátio do
templo do SENHOR e fale a todo o povo das cidades de
Judá que vem adorar no templo do SENHOR. Diga-lhes
tudo o que eu lhe ordenar; não omita uma só palavra.
3Talvez eles escutem e cada um se converta de sua má
conduta. Então eu me arrependerei e não trarei sobre
eles a desgraça que estou planejando por causa do mal
que eles têm praticado. 4Diga-lhes: Assim diz o SENHOR:
Se vocês não me escutarem nem seguirem a minha
lei, que dei a vocês, 5e se não ouvirem as palavras dos
meus servos, os profetas, os quais tenho enviado a vo-
cês vez após vez, embora vocês não os tenham ouvido,
6então farei deste templo o que fiz do santuário de Si-
ló, e desta cidade, um objeto de maldição entre todas
as nações da terra".
7Os sacerdotes, os profetas e todo o povo ouviram Je-
remias falar essas palavras no templo do SENHOR. 8E as-
sim que Jeremias acabou de dizer ao povo tudo o que o
SENHOR lhe tinha ordenado, os sacerdotes, os profetas e
todo o povo o prenderam e disseram: "Você certamente
morrerá! 9Por que você profetiza em nome do SENHOR
e afirma que este templo será como Siló e que esta ci-
dade ficará arrasada e abandonada?" E todo o povo se
ajuntou em volta de Jeremias no templo do SENHOR.
10Quando os líderes de Judá souberam disso, foram
do palácio real até o templo do SENHOR e se assentaram
para julgar, à entrada da porta Nova do templo do SE-
NHOR. 11E os sacerdotes e os profetas disseram aos líde-
res e a todo o povo: "Este homem deve ser condenado
à morte porque profetizou contra esta cidade. Vocês o
ouviram com os seus próprios ouvidos!"
12Disse então Jeremias a todos os líderes e a todo o
povo: "O SENHOR enviou-me para profetizar contra es-
te templo e contra esta cidade tudo o que vocês ouvi-
ram. 13Agora, corrijam a sua conduta e as suas ações e
obedeçam ao SENHOR, ao seu Deus. Então o SENHOR se
arrependerá da desgraça que pronunciou contra vocês.
14Quanto a mim, estou nas mãos de vocês; façam comi-
go o que acharem bom e certo. 15Entretanto, estejam
certos de que, se me matarem, vocês, esta cidade e os
seus habitantes serão responsáveis por derramar san-
gue inocente, pois, na verdade, o SENHOR enviou-me a
vocês para anunciar-lhes essas palavras".
16Então os líderes e todo o povo disseram aos sacer-
dotes e aos profetas: "Este homem não deve ser con-
denado à morte! Ele nos falou em nome do SENHOR,
do nosso Deus".
17Alguns dos líderes da terra se levantaram e disse-
ram a toda a assembleia do povo: 18"Miqueias de Mo-
resete profetizou nos dias de Ezequias, rei de Judá,
dizendo a todo o povo de Judá: 'Assim diz o SENHOR
dos Exércitos:

" 'Sião será arada como um campo.
Jerusalém se tornará
um monte de entulho,
a colina do templo,
um monte coberto de mato'[c].

19"Acaso Ezequias, rei de Judá, ou alguém do povo
de Judá o matou? Ezequias não temeu o SENHOR e não
buscou o seu favor? E o SENHOR não se arrependeu da
desgraça que pronunciara contra eles? Estamos a ponto
de trazer uma terrível desgraça sobre nós!"

[a] 25:34 A Septuaginta traz *cairão como carneiros selecionados*.
[b] 25:38 Conforme alguns manuscritos do Texto Massorético e a Septuaginta. A maioria dos manuscritos do Texto Massorético diz *ira*. Veja Jr 46:16 e 50:16.
[c] 26:18 Mq 3:12

20Outro homem que profetizou em nome do SENHOR
foi Urias, filho de Semaías, de Quiriate-Jearim. Ele pro-
fetizou contra esta cidade e contra esta terra as mesmas
coisas anunciadas por Jeremias. 21Quando o rei Jeoa-
quim, todos os seus homens de guerra e os seus oficiais
ouviram isso, o rei procurou matá-lo. Sabendo disso,
Urias teve medo e fugiu para o Egito. 22Mas o rei Jeoa-
quim mandou ao Egito Elnatã, filho de Acbor, e com ele
alguns homens, 23os quais trouxeram Urias do Egito e
o levaram ao rei Jeoaquim, que o mandou matar à es-
pada. Depois, jogaram o corpo dele numa vala comum.
24Mas Aicam, filho de Safã, protegeu Jeremias, im-
pedindo que ele fosse entregue ao povo para ser exe-
cutado.

A profecia favorável a Nabucodonosor

27 No início do reinado de Zedequias[a], filho de Josias,
rei de Judá, veio esta palavra a Jeremias da parte
do SENHOR: 2Assim me ordenou o SENHOR: "Faça para
você um jugo com cordas e madeira e ponha-o sobre
o pescoço. 3Depois mande uma mensagem aos reis de
Edom, de Moabe, de Amom, de Tiro e de Sidom, por meio
dos embaixadores que vieram a Jerusalém para ver Ze-
dequias, rei de Judá. 4Esta é a mensagem que deverão
transmitir aos seus senhores: Assim diz o SENHOR dos
Exércitos, o Deus de Israel: 5Eu fiz a terra, os seres hu-
manos e os animais que nela estão, com o meu grande
poder e com meu braço estendido, e eu a dou a quem eu
quiser. 6Agora, sou eu mesmo que entrego todas essas
nações nas mãos do meu servo Nabucodonosor, rei da
Babilônia; sujeitei a ele até mesmo os animais selva-
gens. 7Todas as nações estarão sujeitas a ele, a seu filho
e a seu neto; até que chegue a hora em que a terra dele
seja subjugada por muitas nações e por reis poderosos.
8"Se, porém, alguma nação ou reino não se sujeitar a
Nabucodonosor, rei da Babilônia, nem colocar o pescoço
sob o seu jugo, eu castigarei aquela nação com a guerra,
a fome e a peste", declara o SENHOR, "e por meio dele eu
a destruirei completamente. 9Não ouçam os seus pro-
fetas, os seus adivinhos, os seus intérpretes de sonhos,
os seus médiuns e os seus feiticeiros, os quais lhes di-
zem que não se sujeitem ao rei da Babilônia. 10Porque
suas profecias são mentiras e os levarão para longe de
sua terra. Eu banirei vocês, e vocês perecerão. 11Mas, se
alguma nação colocar o pescoço sob o jugo do rei da Ba-
bilônia e a ele se sujeitar, então deixarei aquela nação
permanecer na sua própria terra para cultivá-la e nela
viver", declara o SENHOR.
12Entreguei a mesma mensagem a Zedequias, rei de
Judá, dizendo-lhe: Coloquem o pescoço sob o jugo do
rei da Babilônia, sujeitem-se a ele e ao seu povo, e vo-
cês viverão. 13Por que razão você e o seu povo morre-
riam pela guerra, pela fome e pela peste, com as quais
o SENHOR ameaça a nação que não se sujeitar ao rei da
Babilônia? 14Não deem atenção às palavras dos profe-
tas que dizem que vocês não devem sujeitar-se ao rei
da Babilônia; estão profetizando mentiras. 15"Eu não
os enviei!", declara o SENHOR. "Eles profetizam menti-
ras em meu nome. Por isso, eu banirei vocês, e vocês
perecerão juntamente com os profetas que lhes estão
profetizando."
16Então eu disse aos sacerdotes e a todo este povo:
Assim diz o SENHOR: "Não ouçam os seus profetas que
dizem que em breve os utensílios do templo do SENHOR
serão trazidos de volta da Babilônia. Eles estão profeti-
zando mentiras". 17Não os ouçam. Sujeitem-se ao rei da
Babilônia, e vocês viverão. Por que deveria esta cidade
ficar em ruínas? 18Se eles são profetas e têm a palavra do
SENHOR, que implorem ao SENHOR dos Exércitos, pedin-
do que os utensílios que restam no templo do SENHOR,
no palácio do rei de Judá e em Jerusalém não sejam le-
vados para a Babilônia. 19Porque assim diz o SENHOR dos
Exércitos acerca das colunas, do tanque, dos suportes e
dos outros utensílios que foram deixados nesta cidade,
20os quais Nabucodonosor, rei da Babilônia, não levou
consigo de Jerusalém para a Babilônia, quando exilou
Joaquim[b], filho de Jeoaquim, rei de Judá, com os no-
bres de Judá e de Jerusalém. 21Sim, assim diz o SENHOR
dos Exércitos, Deus de Israel, acerca dos utensílios que
restaram no templo do SENHOR, no palácio do rei de
Judá e em Jerusalém: 22"Serão levados para a Babilô-
nia e ali ficarão até o dia em que eu os quiser buscar",
declara o SENHOR. "Então os trarei de volta e os resta-
belecerei neste lugar".

O falso profeta Hananias

28 No quinto mês daquele mesmo ano, o quarto
ano, no início do reinado de Zedequias, rei de
Judá, Hananias, filho de Azur, profeta natural de Gi-
beom, disse-me no templo do SENHOR, na presença dos
sacerdotes e de todo o povo: 2"Assim diz o SENHOR dos
Exércitos, Deus de Israel: 'Quebrarei o jugo do rei da Ba-
bilônia. 3Em dois anos trarei de volta a este lugar todos
os utensílios do templo do SENHOR que Nabucodono-
sor, rei da Babilônia, tirou daqui e levou para a Babilô-
nia. 4Também trarei de volta para este lugar Joaquim,
filho de Jeoaquim, rei de Judá, e todos os exilados de
Judá que foram para a Babilônia', diz o SENHOR, 'pois
quebrarei o jugo do rei da Babilônia' ".
5Mas o profeta Jeremias respondeu ao profeta Hana-
nias diante dos sacerdotes e de todo o povo que estava
no templo do SENHOR: 6"Amém! Que assim faça o SE-
NHOR! Que o SENHOR cumpra as palavras que você pro-
fetizou, trazendo os utensílios do templo do SENHOR e
todos os exilados da Babilônia para este lugar. 7Entre-
tanto, ouça o que tenho a dizer a você e a todo o povo:
8Os profetas que precederam a você e a mim, desde os
tempos antigos, profetizaram guerra, desgraça e peste
contra muitas nações e grandes reinos. 9Mas o profe-
ta que profetiza prosperidade será reconhecido como
verdadeiro enviado do SENHOR se aquilo que profeti-
zou se realizar".
10Então o profeta Hananias tirou o jugo do pescoço
de Jeremias e o quebrou, 11e disse diante de todo o po-
vo: "Assim diz o SENHOR: 'É deste modo que quebrarei
o jugo de Nabucodonosor, rei da Babilônia, e o tirarei
do pescoço de todas as nações no prazo de dois anos' ".
Diante disso, o profeta Jeremias retirou-se.
12Depois que o profeta Hananias quebrou o jugo do
pescoço do profeta Jeremias, o SENHOR dirigiu a pala-
vra a Jeremias: 13"Vá dizer a Hananias: Assim diz o SE-
NHOR: Você quebrou um jugo de madeira, mas em seu
lugar você fará um jugo de ferro[c]. 14Assim diz o SENHOR

[a] 27:1 Conforme alguns manuscritos do Texto Massorético e a Versão Siríaca. A maioria dos manuscritos do Texto Massorético diz *Jeoaquim*. Veja Jr 27:3-12 e 28:1.

[b] 27:20 Hebraico: *Jeconias*, variante de *Joaquim*; também em 28:4 e 29:2.

[c] 28:13 A Septuaginta diz *eu farei um jugo de ferro*.

dos Exércitos, o Deus de Israel: Porei um jugo sobre o pescoço de todas essas nações, para fazê-las sujeitas a Nabucodonosor, rei da Babilônia, e elas se sujeitarão a ele. Até mesmo os animais selvagens estarão sujeitos a ele".

15Disse, pois, o profeta Jeremias ao profeta Hananias: "Escute, Hananias! O SENHOR não o enviou, mas assim mesmo você persuadiu esta nação a confiar em mentiras. 16Por isso, assim diz o SENHOR: 'Vou tirá-lo da face da terra. Este ano você morrerá, porque pregou rebelião contra o SENHOR' ".

17E o profeta Hananias morreu no sétimo mês daquele mesmo ano.

A carta aos exilados

29 Este é o conteúdo da carta que o profeta Jeremias enviou de Jerusalém aos líderes, que ainda restavam entre os exilados, aos sacerdotes, aos profetas e a todo o povo que Nabucodonosor deportara de Jerusalém para a Babilônia. 2Isso aconteceu depois que o rei Joaquim e a rainha-mãe, os oficiais do palácio real, os líderes de Judá e Jerusalém, os artesãos e os artífices foram deportados de Jerusalém para a Babilônia. 3Ele enviou a carta por intermédio de Eleasa, filho de Safã, e Gemarias, filho de Hilquias, os quais Zedequias, rei de Judá, mandou a Nabucodonosor, rei da Babilônia. A carta dizia o seguinte:

> 4"Assim diz o SENHOR dos Exércitos, o Deus de Israel, a todos os exilados, que deportei de Jerusalém para a Babilônia: 5'Construam casas e habitem nelas; plantem jardins e comam de seus frutos. 6Casem-se e tenham filhos e filhas; escolham mulheres para casar-se com seus filhos e deem as suas filhas em casamento, para que também tenham filhos e filhas. Multipliquem-se e não diminuam. 7Busquem a prosperidade da cidade para a qual eu os deportei e orem ao SENHOR em favor dela, porque a prosperidade de vocês depende da prosperidade dela'. 8Porque assim diz o SENHOR dos Exércitos, o Deus de Israel: 'Não deixem que os profetas e adivinhos que há no meio de vocês os enganem. Não deem atenção aos sonhos que vocês os encorajam a terem. 9Eles estão profetizando mentiras em meu nome. Eu não os enviei', declara o SENHOR.
>
> 10"Assim diz o SENHOR: 'Quando se completarem os setenta anos da Babilônia, eu cumprirei a minha promessa em favor de vocês, de trazê-los de volta para este lugar. 11Porque sou eu que conheço os planos que tenho para vocês', diz o SENHOR, 'planos de fazê-los prosperar e não de lhes causar dano, planos de dar-lhes esperança e um futuro. 12Então vocês clamarão a mim, virão orar a mim, e eu os ouvirei. 13Vocês me procurarão e me acharão quando me procurarem de todo o coração. 14Eu me deixarei ser encontrado por vocês', declara o SENHOR, 'e os trarei de volta do cativeiro.[a] Eu os reunirei de todas as nações e de todos os lugares para onde eu os dispersei, e os trarei de volta para o lugar de onde os deportei', diz o SENHOR.
>
> 15"Vocês podem dizer: 'O SENHOR levantou profetas para nós na Babilônia', 16mas assim diz o SENHOR sobre o rei que se assenta no trono de Davi e sobre todo o povo que permanece nesta cidade, seus compatriotas que não foram com vocês para o exílio; 17assim diz o SENHOR dos Exércitos: 'Enviarei a guerra, a fome e a peste contra eles; lidarei com eles como se lida com figos ruins, que são intragáveis. 18Eu os perseguirei com a guerra, a fome e a peste; farei deles objeto de terror para todos os reinos da terra, maldição e exemplo, zombaria e afronta entre todas as nações para onde eu os dispersei. 19Porque eles não deram atenção às minhas palavras', declara o SENHOR, 'palavras que lhes enviei pelos meus servos, os profetas. E vocês também não deram atenção!', diz o SENHOR.
>
> 20"Ouçam, agora, a palavra do SENHOR, todos vocês exilados, que deportei de Jerusalém para a Babilônia! 21Assim diz o SENHOR dos Exércitos, o Deus de Israel, a respeito de Acabe, filho de Colaías, e a respeito de Zedequias, filho de Maaseias, que estão profetizando mentiras a vocês em meu nome: 'Eu os entregarei nas mãos de Nabucodonosor, rei da Babilônia, e ele os matará diante de vocês. 22Em razão disso, os exilados de Judá que estão na Babilônia usarão esta maldição: "Que o SENHOR o trate como tratou Zedequias e Acabe, os quais o rei da Babilônia queimou vivos". 23Porque cometeram loucura em Israel: adulteraram com as mulheres de seus amigos e em meu nome falaram mentiras, que eu não ordenei que falassem. Mas eu estou sabendo; sou testemunha disso', declara o SENHOR.

Mensagem a Semaías

24"Diga a Semaías, de Neelam: 25Diz o SENHOR dos Exércitos, o Deus de Israel, que você enviou cartas em seu próprio nome a todo o povo de Jerusalém, a Sofonias, filho do sacerdote Maaseias, e a todos os sacerdotes. Você disse a Sofonias: 26'O SENHOR o designou sacerdote em lugar de Joiada como encarregado do templo do SENHOR; você deveria prender no tronco, com correntes de ferro, qualquer doido que agisse como profeta. 27E por que você não repreendeu Jeremias de Anatote, que se apresenta como profeta entre vocês? 28Ele até mandou esta mensagem para nós que estamos na Babilônia, dizendo que o exílio será longo, que construam casas e habitem nelas, plantem jardins e comam de seus frutos' ".

29O sacerdote Sofonias leu a carta para o profeta Jeremias. 30Então o SENHOR dirigiu a palavra a Jeremias: 31"Envie esta mensagem a todos os exilados: Assim diz o SENHOR sobre Semaías, de Neelam: Embora eu não o tenha enviado, Semaías profetizou a vocês e fez com que vocês cressem numa mentira, 32por isso, assim diz o SENHOR: Castigarei Semaías, de Neelam, e os seus descendentes. Não lhe restará ninguém entre este povo, e ele não verá as coisas boas que farei em favor de meu povo", declara o SENHOR, "porque ele pregou rebelião contra o SENHOR".

[a] 29:14 Ou *e restaurarei a sorte de vocês.*

A restauração de Israel

30 Esta é a palavra que veio a Jeremias da parte do
SENHOR: 2"Assim diz o SENHOR, o Deus de Israel:
Escreva num livro todas as palavras que eu lhe falei.
3Certamente vêm os dias", diz o SENHOR, "em que mu-
darei a sorte do meu povo, Israel e Judá, e os farei re-
tornar à terra que dei aos seus antepassados, e eles a
possuirão", declara o SENHOR.
4Estas são as palavras que o SENHOR falou acerca de
Israel e de Judá: 5"Assim diz o SENHOR:

"Ouvem-se gritos de pânico,
de pavor e não de paz.
6Pergunte e veja:
Pode um homem dar à luz?
Por que vejo, então, todos os homens
com as mãos no estômago,
como uma mulher em trabalho de parto?
Por que estão pálidos todos os rostos?
7Como será terrível aquele dia!
Sem comparação!
Será tempo de angústia para Jacó;
mas ele será salvo.

8"Naquele dia",
declara o SENHOR dos Exércitos,
"quebrarei o jugo
que está sobre o pescoço deles
e arrebentarei as suas correntes;
não mais serão escravizados
pelos estrangeiros.
9Servirão ao SENHOR, ao seu Deus,
e a Davi, seu rei,
que darei a eles.

10"Por isso, não tema, Jacó, meu servo!
Não fique assustado, ó Israel!",
declara o SENHOR.
"Eu o salvarei de um lugar distante,
e os seus descendentes,
da terra do seu exílio.
Jacó voltará e ficará em paz
e em segurança;
ninguém o inquietará.
11Porque eu estou com você
e o salvarei", diz o SENHOR.
"Destruirei completamente
todas as nações
entre as quais eu o dispersei;
mas a você
não destruirei completamente.
Eu o disciplinarei, como você merece.
Não o deixarei impune".

12Assim diz o SENHOR:

"Seu ferimento é grave,
sua ferida, incurável.
13Não há quem defenda a sua causa;
não há remédio para a sua ferida,
que não cicatriza.
14Todos os seus amantes
esqueceram-se de você;
eles não se importam com você.
Eu a golpeei como faz um inimigo;
dei-lhe um castigo cruel,
porque é grande a sua iniquidade
e numerosos são os seus pecados.
15Por que você grita
por causa do seu ferimento,
por sua ferida incurável?
Fiz essas coisas a você
porque é grande a sua iniquidade
e numerosos são os seus pecados.

16"Mas todos os que a devoram
serão devorados;
todos os seus adversários
irão para o exílio.
Aqueles que a saqueiam
serão saqueados;
eu despojarei todos os que a despojam.
17Farei cicatrizar o seu ferimento
e curarei as suas feridas",
declara o SENHOR,
"porque a você, Sião,
chamam de rejeitada,
aquela por quem ninguém se importa".

18Assim diz o SENHOR:

"Mudarei a sorte das tendas de Jacó
e terei compaixão das suas moradas.
A cidade será reconstruída
sobre as suas ruínas
e o palácio no seu devido lugar.
19Deles virão ações de graça
e o som de regozijo.
Eu os farei aumentar
e eles não diminuirão;
eu os honrarei
e eles não serão desprezados.
20Seus filhos serão
como nos dias do passado,
e a sua comunidade
será firmada diante de mim;
castigarei todos aqueles
que os oprimem.
21Seu líder será um dentre eles;
seu governante virá do meio deles.
Eu o trarei para perto
e ele se aproximará de mim;
pois quem se arriscaria
a aproximar-se de mim?",
pergunta o SENHOR.
22"Por isso vocês serão o meu povo,
e eu serei o seu Deus".

23Vejam, a tempestade do SENHOR!
Sua fúria está à solta!
Um vendaval vem
sobre a cabeça dos ímpios.
24A ira do SENHOR não se afastará
até que ele tenha completado
os seus propósitos.
Em dias vindouros
vocês compreenderão isso.

31 "Naquele tempo", diz o SENHOR, "serei o Deus de to-
das as famílias de Israel, e eles serão o meu povo."
2Assim diz o SENHOR:

"O povo que escapou da morte
achou favor no deserto".

Quando Israel buscava descanso,
3o SENHOR lhe apareceu no passado,[a]
dizendo:

"Eu a amei com amor eterno;
com amor leal a atraí.
4Eu a edificarei mais uma vez,
ó virgem, Israel!
Você será reconstruída!
Mais uma vez você
se enfeitará com guizos
e sairá dançando com os que se alegram.
5De novo você plantará videiras
nas colinas de Samaria;
videiras antes profanadas pelos lavradores
que as tinham plantado.[b]
6Porque vai chegando o dia
em que os sentinelas gritarão
nas colinas de Efraim:
'Venham e subamos a Sião,
à presença do SENHOR,
do nosso Deus' ".

7Assim diz o SENHOR:

"Cantem de alegria por causa de Jacó;
gritem, exaltando a principal
das nações!
Proclamem e deem louvores, dizendo:
'O SENHOR salvou o seu povo,[c]
o remanescente de Israel'.
8Vejam, eu os trarei da terra do norte
e os reunirei dos confins da terra.
Entre eles estarão o cego e o aleijado,
mulheres grávidas
e em trabalho de parto;
uma grande multidão voltará.
9Voltarão com choro,[d]
mas eu os conduzirei
em meio a consolações.
Eu os conduzirei às correntes de água
por um caminho plano,
onde não tropeçarão,
porque sou pai para Israel
e Efraim é o meu filho mais velho.

10"Ouçam a palavra do SENHOR,
ó nações,
e proclamem nas ilhas distantes:
'Aquele que dispersou Israel o reunirá
e, como pastor, vigiará o seu rebanho'.
11O SENHOR resgatou Jacó
e o libertou das mãos
do que é mais forte do que ele.
12Eles virão e cantarão de alegria
nos altos de Sião;
ficarão radiantes de alegria
pelos muitos bens
dados pelo SENHOR:
o cereal, o vinho novo, o azeite puro,
as crias das ovelhas e das vacas.
Serão como um jardim bem regado,
e não mais se entristecerão.
13Então as moças dançarão de alegria,
como também os jovens
e os velhos.
Transformarei o lamento deles
em júbilo;
eu lhes darei consolo e alegria
em vez de tristeza.
14Satisfarei os sacerdotes com fartura;
e o meu povo será saciado
pela minha bondade",
declara o SENHOR.

15Assim diz o SENHOR:

"Ouve-se uma voz em Ramá,
lamentação e amargo choro;
é Raquel, que chora por seus filhos
e recusa ser consolada,
porque os seus filhos
já não existem".

16Assim diz o SENHOR:

"Contenha o seu choro
e as suas lágrimas,
pois o seu sofrimento
será recompensado",
declara o SENHOR.
"Eles voltarão da terra do inimigo.
17Por isso há esperança
para o seu futuro",
declara o SENHOR.
"Seus filhos voltarão
para a sua pátria.

18"Ouvi claramente Efraim
lamentando-se:
'Tu me disciplinaste
como a um bezerro indomado,
e fui disciplinado.
Traze-me de volta, e voltarei,
porque tu és o SENHOR, o meu Deus.
19De fato, depois de desviar-me,
eu me arrependi;
depois que entendi, bati no meu peito.
Estou envergonhado e humilhado
porque trago sobre mim
a desgraça da minha juventude'.
20Não é Efraim o meu filho querido?
O filho em quem tenho prazer?
Cada vez que eu falo sobre Efraim,
mais intensamente me lembro dele.
Por isso, com ansiedade
o tenho em meu coração;
tenho por ele grande compaixão",
declara o SENHOR.

21"Coloque marcos
e ponha sinais nas estradas,
preste atenção no caminho
que você trilhou.

[a] 31:3 Ou *o SENHOR apareceu a nós vindo de longe,*
[b] 31:5 Ou *videiras que os lavradores plantarão e cujo fruto colherão.*
[c] 31:7 Conforme a Septuaginta. O Texto Massorético diz *Ó SENHOR, salva o teu povo.*
[d] 31:9 Conforme a Septuaginta. O Texto Massorético diz *Suplicarão enquanto eu os conduzir.*

Volte, ó virgem, Israel!
Volte para as suas cidades.
22 Até quando você vagará,
ó filha rebelde?
O SENHOR criou algo novo
nesta terra:
uma mulher abraça[a] um guerreiro".

23 Assim diz o SENHOR dos Exércitos, o Deus de Israel:
"Quando eu os trouxer de volta do cativeiro[b], o povo
de Judá e de suas cidades dirá novamente: 'O SENHOR
a abençoe, ó morada justa, ó monte sagrado'. 24 O povo
viverá em Judá e em todas as suas cidades, tanto os la-
vradores como os que conduzem os rebanhos. 25 Restau-
rarei o exausto e saciarei o enfraquecido".
26 Então acordei e olhei em redor. Meu sono tinha
sido agradável.
27 "Virão dias", diz o SENHOR, "em que semearei na
comunidade de Israel e na comunidade de Judá ho-
mens e animais. 28 Assim como os vigiei para arrancar e
despedaçar, para derrubar, destruir e trazer a desgraça,
também os vigiarei para edificar e plantar", declara o
SENHOR. 29 "Naqueles dias não se dirá mais:

" 'Os pais comeram uvas verdes,
e os dentes dos filhos se embotaram'.

30 "Ao contrário, cada um morrerá
por causa do seu próprio pecado.
Os dentes de todo aquele
que comer uvas verdes
se embotarão.

31 "Estão chegando os dias", declara o SENHOR,
"quando farei uma nova aliança
com a comunidade de Israel
e com a comunidade de Judá.
32 Não será como a aliança
que fiz com os seus antepassados
quando os tomei pela mão
para tirá-los do Egito;
porque quebraram a minha aliança,
apesar de eu ser o Senhor[c] deles[d]",
diz o SENHOR.
33 "Esta é a aliança que farei
com a comunidade de Israel
depois daqueles dias",
declara o SENHOR:
"Porei a minha lei no íntimo deles
e a escreverei nos seus corações.
Serei o Deus deles,
e eles serão o meu povo.
34 Ninguém mais ensinará ao seu próximo
nem ao seu irmão, dizendo:
'Conheça ao SENHOR',
porque todos eles me conhecerão,
desde o menor até o maior",
diz o SENHOR.
"Porque eu lhes perdoarei a maldade
e não me lembrarei mais
dos seus pecados."

[a] 31:22 Ou *sairá em busca de*; ou ainda *protegerá*
[b] 31:23 Ou *eu restaurar a sorte deles*
[c] 31:32 Ou *marido*
[d] 31:32 A Septuaginta e a Versão Siríaca dizem *e eu me afastei deles*.

35 Assim diz o SENHOR,
aquele que designou o sol
para brilhar de dia,
que decretou que a lua
e as estrelas brilhem de noite,
que agita o mar
para que as suas ondas rujam;
o seu nome é o SENHOR dos Exércitos:
36 "Somente se esses decretos
desaparecerem de diante de mim",
declara o SENHOR,
"deixarão os descendentes de Israel
de ser uma nação diante de mim
para sempre".

37 Assim diz o SENHOR:

"Se os céus em cima
puderem ser medidos,
e os alicerces da terra embaixo
puderem ser sondados,
então eu rejeitarei
os descendentes de Israel,
por tudo o que eles têm feito",
diz o SENHOR.

38 "Estão chegando os dias", declara o SENHOR, "em
que esta cidade será reconstruída para o SENHOR, des-
de a torre de Hananeel até a porta da Esquina. 39 A cor-
da de medir será estendida diretamente até a colina
de Garebe, indo na direção de Goa. 40 Todo o vale, onde
cadáveres e cinzas são jogados, e todos os terraços que
dão para o vale do Cedrom a leste, até a esquina da por-
ta dos Cavalos, serão consagrados ao SENHOR. A cidade
nunca mais será arrasada ou destruída."

Jeremias compra um campo

32 Esta é a palavra que o SENHOR dirigiu a Jeremias
no décimo ano do reinado de Zedequias, rei de
Judá, que foi o décimo oitavo ano de Nabucodonosor.
2 Naquela época, o exército do rei da Babilônia sitiava
Jerusalém e o profeta Jeremias estava preso no pátio
da guarda, no palácio real de Judá.
3 Zedequias, rei de Judá, havia aprisionado Jeremias
acusando-o de fazer a seguinte profecia: O SENHOR en-
tregará a cidade nas mãos do rei da Babilônia, e este a
conquistará; 4 Zedequias, rei de Judá, não escapará das
mãos dos babilônios, mas certamente será entregue nas
mãos do rei da Babilônia, falará com ele face a face, e o
verá com os seus próprios olhos; 5 e ele levará Zedequias
para a Babilônia, onde este ficará até que o SENHOR cui-
de da situação dele; e, ainda, se eles lutarem contra os
babilônios, não serão bem-sucedidos.
6 E Jeremias disse: "O SENHOR dirigiu-me a palavra
nos seguintes termos: 7 'Hanameel, filho de seu tio Sa-
lum, virá ao seu encontro e dirá: "Compre a propriedade
que tenho em Anatote, porque, sendo o parente mais
próximo, você tem o direito e o dever de comprá-la" '.
8 "Conforme o SENHOR tinha dito, meu primo Hana-
meel veio ao meu encontro no pátio da guarda e disse:
'Compre a propriedade que tenho em Anatote, no ter-
ritório de Benjamim, porque é seu o direito de posse e
de resgate. Compre-a!'
"Então, compreendi que essa era a palavra do SE-
NHOR. 9 Assim, comprei do meu primo Hanameel a

propriedade que ele possuía em Anatote. Pesei a prata e lhe paguei dezessete peças de prata. 10Assinei e selei a escritura, e pesei a prata na balança, diante de testemunhas por mim chamadas. 11Peguei a escritura, a cópia selada com os termos e condições da compra, bem como a cópia não selada, 12e entreguei essa escritura de compra a Baruque, filho de Nerias, filho de Maaseias, na presença de meu primo Hanameel, das testemunhas que tinham assinado a escritura e de todos os judeus que estavam sentados no pátio da guarda.

13"Na presença deles dei as seguintes instruções a Baruque: 14'Assim diz o SENHOR dos Exércitos, Deus de Israel: 'Tome estes documentos, tanto a cópia selada como a não selada da escritura de compra, e coloque-os num jarro de barro para que se conservem por muitos anos'. 15Porque assim diz o SENHOR dos Exércitos, Deus de Israel: 'Casas, campos e vinhas tornarão a ser comprados nesta terra'.

16"Depois que entreguei a escritura de compra a Baruque, filho de Nerias, orei ao SENHOR:

17"Ah! Soberano SENHOR, tu fizeste os céus e a terra pelo teu grande poder e por teu braço estendido. Nada é difícil demais para ti. 18Mostras bondade até mil gerações, mas lanças os pecados dos pais sobre os seus filhos. Ó grande e poderoso Deus, cujo nome é o SENHOR dos Exércitos, 19grandes são os teus propósitos e poderosos os teus feitos. Os teus olhos estão atentos aos atos dos homens; tu retribuis a cada um de acordo com a sua conduta, de acordo com os efeitos das suas obras. 20Realizaste sinais e maravilhas no Egito e continuas a fazê-los até hoje, tanto em Israel como entre toda a humanidade, e alcançaste o renome que hoje tens. 21Tiraste o teu povo do Egito com sinais e maravilhas, com mão poderosa e braço estendido, causando grande pavor. 22Deste a eles esta terra, que sob juramento prometeste aos seus antepassados; uma terra onde há leite e mel com fartura. 23Eles vieram e tomaram posse dela, mas não te obedeceram nem seguiram a tua lei. Não fizeram nada daquilo que lhes ordenaste. Por isso trouxeste toda esta desgraça sobre eles.

24"As rampas de cerco são erguidas pelos inimigos para tomarem a cidade, e pela guerra, pela fome e pela peste, ela será entregue nas mãos dos babilônios que a atacam. Cumpriu-se aquilo que disseste, como vês. 25Ainda assim, ó Soberano SENHOR, tu me mandaste comprar a propriedade e convocar testemunhas do negócio, embora a cidade esteja entregue nas mãos dos babilônios!

26"A palavra do SENHOR veio a mim, dizendo: 27'Eu sou o SENHOR, o Deus de toda a humanidade. Há alguma coisa difícil demais para mim?' 28Portanto, assim diz o SENHOR: 'Estou entregando esta cidade nas mãos dos babilônios e de Nabucodonosor, rei da Babilônia, que a conquistará. 29Os babilônios, que estão atacando esta cidade, entrarão e a incendiarão. Eles a queimarão com as casas nas quais o povo provocou a minha ira queimando incenso a Baal nos seus terraços e derramando ofertas de bebida em honra a outros deuses.

30" 'Desde a sua juventude o povo de Israel e de Judá nada tem feito senão aquilo que eu considero mau; de fato, o povo de Israel nada tem feito além de provocar-me à ira', declara o SENHOR. 31'Desde o dia em que foi construída até hoje, esta cidade tem despertado o meu furor de tal forma que tenho que tirá-la da minha frente. 32O povo de Israel e de Judá tem provocado a minha ira por causa de todo o mal que tem feito, tanto o povo como os seus reis e os seus líderes, os seus sacerdotes e os seus profetas, os homens de Judá e os habitantes de Jerusalém. 33Voltaram as costas para mim e não o rosto; embora eu os tenha ensinado vez após vez, não quiseram ouvir-me nem aceitaram a correção. 34Profanaram o templo que leva o meu nome, colocando nele as imagens de seus ídolos. 35Construíram o alto para Baal no vale de Ben-Hinom, para sacrificarem a Moloque os seus filhos e as suas filhas,[a] coisa que nunca ordenei, prática repugnante que jamais imaginei; e, assim, levaram Judá a pecar'.

36"Portanto, assim diz o SENHOR a esta cidade, sobre a qual vocês estão dizendo que será entregue nas mãos do rei da Babilônia por meio da guerra, da fome e da peste: 37'Certamente eu os reunirei de todas as terras para onde os dispersei na minha ardente ira e no meu grande furor; eu os trarei de volta a este lugar e permitirei que vivam em segurança. 38Eles serão o meu povo, e eu serei o seu Deus. 39Darei a eles um só pensamento e uma só conduta, para que me temam durante toda a sua vida, para o seu próprio bem e o de seus filhos e descendentes. 40Farei com eles uma aliança permanente: Jamais deixarei de fazer o bem a eles, e farei com que me temam de coração, para que jamais se desviem de mim. 41Terei alegria em fazer-lhes o bem, e os plantarei firmemente nesta terra de todo o meu coração e de toda a minha alma. Sim, é o que farei'.

42"Assim diz o SENHOR: 'Assim como eu trouxe toda esta grande desgraça sobre este povo, também lhes darei a prosperidade que lhes prometo. 43De novo serão compradas propriedades nesta terra, da qual vocês dizem: "É uma terra arrasada, sem homens nem animais, pois foi entregue nas mãos dos babilônios". 44Propriedades serão compradas por prata e escrituras serão assinadas e seladas diante de testemunhas no território de Benjamim, nos povoados ao redor de Jerusalém, nas cidades de Judá, e nas cidades dos montes, da Sefelá[b] e do Neguebe, porque eu restaurarei a sorte deles', declara o SENHOR".

Promessa de restauração

33 Jeremias ainda estava preso no pátio da guarda quando o SENHOR lhe dirigiu a palavra pela segunda vez: 2"Assim diz o SENHOR que fez a terra, o SENHOR que a formou e a firmou; seu nome é SENHOR: 3'Clame a mim e eu responderei e lhe direi coisas grandiosas e insondáveis que você não conhece". 4Porque assim diz o SENHOR, o Deus de Israel, a respeito das casas desta cidade e dos palácios reais de Judá, que foram derrubados para servirem de defesa contra as rampas de cerco e a espada, 5na luta contra os babilônios: "Elas ficarão cheias de cadáveres dos homens que matarei no meu furor. Ocultarei desta cidade o meu rosto por causa de toda a sua maldade.

6"Todavia, trarei restauração e cura para ela; curarei o meu povo e lhe darei muita prosperidade e segurança. 7Mudarei a sorte de Judá e de Israel[c] e os reconstruirei

[a] 32:35 Ou *para fazerem seus filhos e suas filhas passarem pelo fogo.*
[b] 32:44 Pequena faixa de terra de relevo variável entre a planície costeira e as montanhas; também em 33:13.
[c] 33:7 Ou *Trarei Judá e Israel de volta do cativeiro*

como antigamente. 8Eu os purificarei de todo o pecado que cometeram contra mim e perdoarei todos os seus pecados de rebelião contra mim. 9Então Jerusalém será para mim uma fonte de alegria, de louvor e de glória, diante de todas as nações da terra que ouvirem acerca de todos os benefícios que faço por ela. Elas temerão e tremerão diante da paz e da prosperidade que eu lhe concedo".

10Assim diz o SENHOR: "Vocês dizem que este lugar está devastado, e ficará sem homens nem animais. Contudo, nas cidades de Judá e nas ruas de Jerusalém, que estão devastadas, desabitadas, sem homens nem animais, mais uma vez se ouvirão 11as vozes de júbilo e de alegria, do noivo e da noiva, e as vozes daqueles que trazem ofertas de ação de graças para o templo do SENHOR, dizendo:

'Deem graças ao SENHOR dos Exércitos,
 pois ele é bom;
o seu amor leal dura para sempre'.

"Porque eu mudarei a sorte desta terra como antigamente", declara o SENHOR.

12Assim diz o SENHOR dos Exércitos: "Neste lugar desolado, sem homens nem animais, haverá novamente pastagens onde os pastores farão descansar os seus rebanhos, em todas as suas cidades. 13Tanto nas cidades dos montes, da Sefelá, do Neguebe e do território de Benjamim, como nos povoados ao redor de Jerusalém e nas cidades de Judá, novamente passarão ovelhas sob as mãos daquele que as conta", diz o SENHOR.

14"Dias virão", declara o SENHOR, "em que cumprirei a promessa que fiz à comunidade de Israel e à comunidade de Judá.

15"Naqueles dias e naquela época
 farei brotar um Renovo justo
 da linhagem de Davi;
ele fará o que é justo e certo na terra.
16Naqueles dias Judá será salva
 e Jerusalém viverá em segurança,
e este é o nome pelo qual
 ela será chamada[a]:
O SENHOR é a Nossa Justiça".

17Porque assim diz o SENHOR: "Davi jamais deixará de ter um descendente que se assente no trono de Israel, 18nem os sacerdotes, que são levitas, deixarão de ter descendente que esteja diante de mim para oferecer, continuamente, holocaustos[b], queimar ofertas de cereal e apresentar sacrifícios".

19O SENHOR dirigiu a palavra a Jeremias: 20"Assim diz o SENHOR: Se vocês puderem romper a minha aliança com o dia e a minha aliança com a noite, de modo que nem o dia nem a noite aconteçam no tempo que lhes está determinado, 21então poderá ser quebrada a minha aliança com o meu servo Davi, e neste caso ele não mais terá um descendente que reine no seu trono; e também será quebrada a minha aliança com os levitas que são sacerdotes e que me servem. 22Farei os descendentes do meu servo Davi e os levitas, que me servem, tão numerosos como as estrelas do céu e incontáveis como a areia das praias do mar".

23O SENHOR dirigiu a palavra a Jeremias: 24"Você reparou que essas pessoas estão dizendo que o SENHOR rejeitou os dois reinos[c] que tinha escolhido? Por isso desprezam o meu povo e não mais o consideram como nação". 25Assim diz o SENHOR: "Se a minha aliança com o dia e com a noite não mais vigorasse, se eu não tivesse estabelecido as leis fixas do céu e da terra, 26então eu rejeitaria os descendentes de Jacó e do meu servo Davi, e não escolheria um dos seus descendentes para que governasse os descendentes de Abraão, de Isaque e de Jacó. Mas eu restaurarei a sorte deles[d] e lhes manifestarei a minha compaixão".

Advertência a Zedequias

34 Quando Nabucodonosor, rei da Babilônia, todo o seu exército e todos os reinos e povos do império que ele governava lutavam contra Jerusalém, e contra todas as cidades ao redor, o SENHOR dirigiu esta palavra a Jeremias: 2"Assim diz o SENHOR, o Deus de Israel: Vá ao rei Zedequias de Judá e lhe diga: Assim diz o SENHOR: Estou entregando esta cidade nas mãos do rei da Babilônia, e ele a incendiará. 3Você não escapará, mas será capturado e entregue nas mãos dele. Com os seus próprios olhos você verá o rei da Babilônia, e ele falará com você face a face. E você irá para a Babilônia.

4"Ouça, porém, a promessa do SENHOR, ó Zedequias, rei de Judá. Assim diz o SENHOR a seu respeito: Você não morrerá à espada, 5mas morrerá em paz. E assim como o povo queimou incenso em honra aos seus antepassados, os reis que o precederam, também queimarão incenso em sua honra, e se lamentarão, clamando: 'Ah, meu senhor!' Sim, eu mesmo faço essa promessa", declara o SENHOR.

6O profeta Jeremias disse todas essas palavras ao rei Zedequias de Judá, em Jerusalém, 7enquanto o exército do rei da Babilônia lutava contra Jerusalém e contra as outras cidades de Judá que ainda resistiam, Laquis e Azeca, pois só restaram essas cidades fortificadas em Judá.

Liberdade para os escravos

8O SENHOR dirigiu a palavra a Jeremias depois do acordo que o rei Zedequias fez com todo o povo de Jerusalém, proclamando a libertação dos escravos. 9Todos teriam que libertar seus escravos e escravas hebreus; ninguém poderia escravizar um compatriota judeu. 10Assim, todos os líderes e o povo que firmaram esse acordo de libertação dos escravos, concordaram em deixá-los livres e não mais escravizá-los; o povo obedeceu e libertou os escravos. 11Mas, depois disso, mudou de ideia e tomou de volta os homens e as mulheres que havia libertado e tornou a escravizá-los.

12Então o SENHOR dirigiu a palavra a Jeremias, dizendo: 13"Assim diz o SENHOR, o Deus de Israel: Fiz uma aliança com os seus antepassados quando os tirei do Egito, da terra da escravidão. Eu disse: 14Ao fim de sete anos, cada um de vocês libertará todo compatriota hebreu que se vendeu a vocês. Depois que ele o tiver servido por seis anos, você o libertará.[e] Mas os seus antepassados não me obedeceram nem me deram atenção. 15Recentemente vocês se arrependeram e fizeram

[a] 33:16 Ou *ele será chamado*
[b] 33:18 Isto é, sacrifícios totalmente queimados.
[c] 33:24 Ou *as duas famílias*
[d] 33:26 Ou *os trarei de volta do cativeiro*
[e] 34:14 Dt 15:12

o que eu aprovo: cada um de vocês proclamou liberdade para os seus compatriotas. Vocês até fizeram um acordo diante de mim no templo que leva o meu nome. 16Mas, agora, vocês voltaram atrás e profanaram o meu nome, pois cada um de vocês tomou de volta os homens e as mulheres que tinham libertado. Vocês voltaram a escravizá-los".

17Portanto, assim diz o Senhor: "Vocês não me obedeceram; não proclamaram libertação cada um para o seu compatriota e para o seu próximo. Por isso, eu agora proclamo libertação para vocês", diz o Senhor, "pela espada, pela peste e pela fome. Farei com que vocês sejam um objeto de terror para todos os reinos da terra. 18Entregarei os homens que violaram a minha aliança e não cumpriram os termos da aliança que fizeram na minha presença, quando cortaram o bezerro em dois e andaram entre as partes do animal; 19isto é, os líderes de Judá e de Jerusalém, os oficiais do palácio real, os sacerdotes e todo o povo da terra que andou entre as partes do bezerro, 20sim, eu os entregarei nas mãos dos inimigos que desejam tirar-lhes a vida. Seus cadáveres servirão de comida para as aves e para os animais.

21"Eu entregarei Zedequias, rei de Judá, e os seus líderes, nas mãos dos inimigos que desejam tirar-lhes a vida, e do exército do rei da Babilônia, que retirou o cerco de vocês. 22Darei a ordem", declara o Senhor, "e os trarei de volta a esta cidade. Eles lutarão contra ela, e vão conquistá-la e incendiá-la. Farei com que as cidades de Judá fiquem devastadas e desabitadas".

Os recabitas

35 Durante o reinado de Jeoaquim, filho de Josias, rei de Judá, o Senhor dirigiu esta palavra a Jeremias: 2"Vá à comunidade dos recabitas, convide-os a virem a uma das salas do templo do Senhor e ofereça-lhes vinho para beber".

3Então busquei Jazanias, filho de Jeremias, filho de Habazinias, seus irmãos e todos os seus filhos e toda a comunidade dos recabitas. 4Eu os levei ao templo do Senhor, à sala dos filhos de Hanã, filho de Jigdalias, homem de Deus. A sala ficava ao lado da sala dos líderes e debaixo da sala de Maaseias, filho de Salum, o porteiro. 5Então coloquei vasilhas cheias de vinho e alguns copos diante dos membros da comunidade dos recabitas e lhes pedi que bebessem.

6Eles, porém, disseram: "Não bebemos vinho porque o nosso antepassado Jonadabe, filho de Recabe, nos deu esta ordem: 'Nem vocês nem os seus descendentes beberão vinho. 7Vocês não construirão casas nem semearão; não plantarão vinhas nem as possuirão; mas vocês sempre habitarão em tendas. Assim vocês viverão por muito tempo na terra na qual são nômades'. 8Temos obedecido a tudo o que nos ordenou nosso antepassado Jonadabe, filho de Recabe. Nós, nossas mulheres, nossos filhos e nossas filhas jamais bebemos vinho em toda a nossa vida, 9não construímos casas para nossa moradia nem possuímos vinhas, campos ou plantações. 10Temos vivido em tendas e obedecido fielmente a tudo o que nosso antepassado Jonadabe nos ordenou. 11Mas, quando Nabucodonosor, rei da Babilônia, invadiu esta terra, dissemos: Venham, vamos para Jerusalém para escapar dos exércitos dos babilônios e dos sírios. Assim, permanecemos em Jerusalém".

12O Senhor dirigiu a palavra a Jeremias, dizendo: 13"Assim diz o Senhor dos Exércitos, Deus de Israel: Vá dizer aos homens de Judá e aos habitantes de Jerusalém: Será que vocês não vão aprender a lição e obedecer às minhas palavras?", pergunta o Senhor. 14"Jonadabe, filho de Recabe, ordenou a seus filhos que não bebessem vinho, e essa ordem tem sido obedecida até hoje. Eles não bebem vinho porque obedecem à ordem do seu antepassado. Mas eu tenho falado a vocês repetidas vezes, e, contudo, vocês não me obedecem. 15Enviei a vocês, repetidas vezes, todos os meus servos, os profetas. Eles lhes diziam que cada um de vocês deveria converter-se da sua má conduta, corrigir as suas ações e deixar de seguir outros deuses para prestar-lhes culto. Assim, vocês habitariam na terra que dei a vocês e a seus antepassados. Mas vocês não me deram atenção nem me obedeceram. 16Os descendentes de Jonadabe, filho de Recabe, cumprem a ordem que o seu antepassado lhes deu, mas este povo não me obedece".

17Portanto, assim diz o Senhor dos Exércitos, Deus de Israel: "Trarei sobre Judá e sobre todos os habitantes de Jerusalém toda a desgraça da qual os adverti; porque falei a eles, mas não me ouviram, chamei-os, mas não me responderam".

18Jeremias disse à comunidade dos recabitas: "Assim diz o Senhor dos Exércitos, Deus de Israel: 'Vocês têm obedecido àquilo que o seu antepassado Jonadabe ordenou; têm cumprido todas as suas instruções e têm feito tudo o que ele ordenou'. 19Por isso, assim diz o Senhor dos Exércitos, Deus de Israel: 'Jamais faltará a Jonadabe, filho de Recabe, um descendente que me sirva' ".

Jeoaquim queima o rolo de Jeremias

36 No quarto ano do reinado de Jeoaquim, filho de Josias, rei de Judá, o Senhor dirigiu esta palavra a Jeremias: 2"Pegue um rolo e escreva nele todas as palavras que lhe falei a respeito de Israel, de Judá e de todas as outras nações, desde que comecei a falar a você, durante o reinado de Josias, até hoje. 3Talvez, quando o povo de Judá souber de cada uma das desgraças que planejo trazer sobre eles, cada um se converta de sua má conduta e eu perdoe a iniquidade e o pecado deles".

4Então Jeremias chamou Baruque, filho de Nerias, para que escrevesse no rolo, conforme Jeremias ditava, todas as palavras que o Senhor lhe havia falado. 5Depois Jeremias disse a Baruque: "Estou preso; não posso ir ao templo do Senhor. 6Por isso, vá ao templo do Senhor no dia do jejum e leia ao povo as palavras do Senhor que eu ditei, as quais você escreveu. Você também as lerá a todo o povo de Judá que vem de suas cidades. 7Talvez a súplica deles chegue diante do Senhor, e cada um se converta de sua má conduta, pois é grande o furor anunciado pelo Senhor contra este povo".

8E Baruque, filho de Nerias, fez exatamente tudo aquilo que o profeta Jeremias lhe mandou fazer, e leu as palavras do Senhor. 9No nono mês do quinto ano do reinado de Jeoaquim, filho de Josias, rei de Judá, foi proclamado um jejum perante o Senhor para todo o povo de Jerusalém e para todo o povo que vinha das cidades de Judá para Jerusalém. 10Baruque leu a todo o povo as palavras de Jeremias escritas no rolo. Ele as leu no templo do Senhor, da sala de Gemarias, filho do secretário Safã. A sala ficava no pátio superior, na porta Nova do templo.

11Quando Micaías, filho de Gemarias, filho de Safã, ouviu todas as palavras do SENHOR, 12desceu à sala do secretário, no palácio real, onde todos os líderes estavam sentados: o secretário Elisama, Delaías, filho de Semaías, Elnatã, filho de Acbor, Gemarias, filho de Safã, Zedequias, filho de Hananias, e todos os outros líderes. 13Micaías relatou-lhes tudo o que tinha ouvido quando Baruque leu ao povo o que estava escrito. 14Então todos os líderes mandaram por intermédio de Jeudi, filho de Netanias, neto de Selemias, bisneto de Cuchi, a seguinte mensagem a Baruque: "Pegue o rolo que você leu ao povo e venha aqui". Baruque, filho de Nerias, pegou o rolo e foi até eles. 15Disseram-lhe: "Sente-se, e leia-o para nós".

Então Baruque o leu para eles. 16Quando ouviram todas aquelas palavras, entreolharam-se com medo e disseram a Baruque: "É absolutamente necessário que relatemos ao rei todas essas palavras". 17Perguntaram a Baruque: "Diga-nos, como você escreveu tudo isso? Foi Jeremias quem o ditou a você?"

18"Sim", Baruque respondeu, "ele ditou todas essas palavras, e eu as escrevi com tinta no rolo."

19Os líderes disseram a Baruque: "Vá esconder-se com Jeremias; e que ninguém saiba onde vocês estão".

20Então deixaram o rolo na sala de Elisama, o secretário, foram ao pátio do palácio real e relataram tudo ao rei. 21O rei mandou Jeudi pegar o rolo, e Jeudi o trouxe da sala de Elisama, o secretário, e o leu ao rei e a todos os líderes que estavam a seu serviço. 22Isso aconteceu no nono mês. O rei estava sentado em seus aposentos de inverno, perto de um braseiro aceso. 23Assim que Jeudi terminava de ler três ou quatro colunas, o rei as cortava com uma faca de escrivão e as atirava no braseiro, até que o rolo inteiro foi queimado no braseiro. 24O rei e todos os seus conselheiros que ouviram todas aquelas palavras não ficaram alarmados nem rasgaram as suas roupas, lamentando-se. 25Embora Elnatã, Delaías e Gemarias tivessem insistido com o rei que não queimasse o rolo, ele não quis ouvi-los. 26Em vez disso, o rei ordenou a Jerameel, filho do rei, Seraías, filho de Azriel, e Selemias, filho de Abdeel, que prendessem o escriba Baruque e o profeta Jeremias. Mas o SENHOR os tinha escondido.

27Depois que o rei queimou o rolo que continha as palavras ditadas por Jeremias e redigidas por Baruque, o SENHOR dirigiu esta palavra a Jeremias: 28"Pegue outro rolo e escreva nele todas as palavras que estavam no primeiro, que Jeoaquim, rei de Judá, queimou. 29Também diga a Jeoaquim, rei de Judá: Assim diz o SENHOR: Você queimou aquele rolo e perguntou: 'Por que você escreveu nele que o rei da Babilônia virá e destruirá esta terra e dela eliminará tanto homens como animais?' " 30Pois assim diz o SENHOR acerca de Jeoaquim, rei de Judá: "Ele não terá nenhum descendente para sentar-se no trono de Davi; seu corpo será lançado fora e exposto ao calor de dia e à geada de noite. 31Eu castigarei a ele, aos seus filhos e aos seus conselheiros por causa dos seus pecados. Trarei sobre eles, sobre os habitantes de Jerusalém e sobre os homens de Judá toda a desgraça que pronunciei contra eles, porquanto não me deram atenção".

32Então Jeremias pegou outro rolo e o deu ao escriba Baruque, filho de Nerias, para que escrevesse nele, conforme Jeremias ditava, todas as palavras do livro que Jeoaquim, rei de Judá, tinha queimado, além de muitas outras palavras semelhantes que foram acrescentadas.

Jeremias na prisão

37 Zedequias, filho de Josias, rei de Judá, foi designado rei por Nabucodonosor, rei da Babilônia. Ele reinou em lugar de Joaquim[a], filho de Jeoaquim. 2Nem ele, nem seus conselheiros, nem o povo da terra deram atenção às palavras que o SENHOR tinha falado por meio do profeta Jeremias.

3O rei Zedequias, porém, mandou Jucal, filho de Selemias, e o sacerdote Sofonias, filho de Maaseias, ao profeta Jeremias com esta mensagem: "Ore ao SENHOR, ao nosso Deus, em nosso favor".

4Naquela época Jeremias estava livre para circular entre o povo, pois ainda não tinha sido preso. 5Enquanto isso, o exército do faraó tinha saído do Egito. E quando os babilônios que cercavam Jerusalém ouviram isso, retiraram o cerco.

6O SENHOR dirigiu esta palavra ao profeta Jeremias: 7"Assim diz o SENHOR, o Deus de Israel: Digam ao rei de Judá, que os mandou para consultar-me: O exército do faraó, que saiu do Egito para vir ajudá-los, retornará à sua própria terra, ao Egito. 8Os babilônios voltarão e atacarão esta cidade; eles a conquistarão e a destruirão a fogo".

9Assim diz o SENHOR: "Não se enganem a si mesmos, dizendo: 'Os babilônios certamente vão embora'. Porque eles não vão. 10Ainda que vocês derrotassem todo o exército babilônio que está atacando vocês, e só lhe restassem homens feridos em suas tendas, eles se levantariam e incendiariam esta cidade".

11Depois que o exército babilônio se retirou de Jerusalém por causa do exército do faraó, 12Jeremias saiu da cidade para ir ao território de Benjamim a fim de tomar posse da propriedade que tinha entre o povo daquele lugar. 13Mas, quando chegou à porta de Benjamim, o capitão da guarda, cujo nome era Jerias, filho de Selemias, filho de Hananias, o prendeu e disse: "Você está desertando para o lado dos babilônios!"

14"Isso não é verdade!", disse Jeremias. "Não estou passando para o lado dos babilônios." Mas Jerias não quis ouvi-lo; e, prendendo Jeremias, o levou aos líderes. 15Eles ficaram furiosos com Jeremias, espancaram-no e o prenderam na casa do secretário Jônatas, que tinham transformado numa prisão.

16Jeremias foi posto numa cela subterrânea da prisão, onde ficou por muito tempo. 17Então o rei mandou buscá-lo, e Jeremias foi trazido ao palácio. E, secretamente, o rei lhe perguntou: "Há alguma palavra da parte do SENHOR?"

"Há", respondeu Jeremias, "você será entregue nas mãos do rei da Babilônia."

18Então Jeremias disse ao rei Zedequias: "Que crime cometi contra você ou contra os seus conselheiros ou contra este povo para que você me mandasse para a prisão? 19Onde estão os seus profetas que lhes profetizaram: 'O rei da Babilônia não atacará nem a vocês nem a esta terra'? 20Mas, agora, ó rei, meu senhor, escute-me, por favor. Permita-me apresentar-lhe a minha súplica:

[a] 37:1 Hebraico: *Conias*, variante de *Joaquim*.

Não me mande de volta à casa de Jônatas, o secretário,
para que eu não morra ali".
21 Então o rei Zedequias deu ordens para que Jere-
mias fosse colocado no pátio da guarda e que diaria-
mente recebesse pão da rua dos padeiros, enquanto
houvesse pão na cidade. Assim, Jeremias permaneceu
no pátio da guarda.

Jeremias confinado numa cisterna

38 E ocorreu que Sefatias, filho de Matã, Gedalias, fi-
lho de Pasur, Jucal, filho de Selemias, e Pasur, filho
de Malquias, ouviram o que Jeremias estava dizendo
a todo o povo: 2 "Assim diz o SENHOR: 'Aquele que per-
manecer nesta cidade morrerá pela espada, pela fome
e pela peste; mas aquele que se render aos babilônios
viverá. Escapará com vida e sobreviverá'. 3 E, assim diz o
SENHOR: 'Esta cidade certamente será entregue ao exér-
cito do rei da Babilônia, que a conquistará' ".
4 Então os líderes disseram ao rei: "Este homem deve
morrer. Ele está desencorajando os soldados que resta-
ram nesta cidade, bem como todo o povo, com as coi-
sas que ele está dizendo. Este homem não busca o bem
deste povo, mas a sua ruína".
5 O rei Zedequias respondeu: "Ele está em suas mãos;
o rei não pode opor-se a vocês".
6 Assim, pegaram Jeremias e o jogaram na cisterna
de Malquias, filho do rei, a qual ficava no pátio da guar-
da. Baixaram Jeremias por meio de cordas para dentro
da cisterna. Não havia água na cisterna, mas somente
lama; e Jeremias afundou na lama.
7 Mas Ebede-Meleque, o etíope, oficial[a] do palácio
real, ouviu que eles tinham jogado Jeremias na cister-
na. Ora, o rei estava sentado junto à porta de Benjamim,
8 e Ebede-Meleque saiu do palácio e foi dizer-lhe: 9 "Ó rei,
meu senhor, esses homens cometeram um mal em tu-
do o que fizeram ao profeta Jeremias. Eles o jogaram
numa cisterna para que morra de fome, pois já não há
mais pão na cidade".
10 Então o rei ordenou a Ebede-Meleque, o etíope:
"Leve com você três homens sob as suas ordens e reti-
re o profeta Jeremias da cisterna antes que ele morra".
11 Então Ebede-Meleque levou consigo os homens
que estavam sob as suas ordens e foi à sala que fica de-
baixo da tesouraria do palácio. Pegou alguns trapos e
roupas velhas e desceu cordas até Jeremias na cister-
na. 12 Ebede-Meleque, o etíope, disse a Jeremias: "Põe
esses trapos e roupas velhas debaixo dos braços para
servirem de almofada para as cordas". E Jeremias as-
sim fez. 13 Assim, com as cordas o puxaram para cima e
o tiraram da cisterna.
E Jeremias permaneceu no pátio da guarda.

Jeremias é interrogado novamente

14 Então o rei Zedequias mandou trazer o profeta Je-
remias e o encontrou na terceira entrada do templo do
SENHOR. "Quero pedir-te uma palavra", disse o rei. "Não
me escondas nada."
15 Jeremias disse a Zedequias: "Se eu lhe der uma res-
posta, você não me matará? Mesmo que eu o aconse-
lhasse, você não me escutaria".
16 O rei Zedequias, porém, fez este juramento secre-
to a Jeremias: "Juro pelo nome do SENHOR, de quem
recebemos a vida, que eu não te matarei nem te entre-
garei nas mãos daqueles que desejam tirar-te a vida".
17 Então Jeremias disse a Zedequias: "Assim diz o SE-
NHOR dos Exércitos, Deus de Israel: 'Se você se render
imediatamente aos oficiais do rei da Babilônia, sua vida
será poupada e esta cidade não será incendiada; você e
a sua família viverão. 18 Mas, se você não se render ime-
diatamente aos oficiais do rei da Babilônia, esta cidade
será entregue nas mãos dos babilônios, e eles a incen-
diarão; nem mesmo você escapará das mãos deles' ".
19 O rei Zedequias disse a Jeremias: "Tenho medo dos
judeus que estão apoiando os babilônios, pois os ba-
bilônios poderão entregar-me nas mãos deles, e eles
me maltratarão".
20 "Eles não o entregarão", Jeremias respondeu. "Obe-
deça ao SENHOR fazendo o que eu lhe digo, para que
tudo lhe corra bem e a sua vida seja poupada. 21 Mas se
você não quiser render-se, foi isto que o SENHOR me
revelou: 22 Todas as mulheres deixadas no palácio real
de Judá serão levadas aos oficiais do rei da Babilônia.
E elas lhe dirão:

'Aqueles teus amigos de confiança
te enganaram
e prevaleceram sobre ti.
Teus pés estão atolados na lama;
teus amigos te abandonaram'.

23 "Todas as suas mulheres e os seus filhos serão leva-
dos aos babilônios. Você mesmo não escapará das mãos
deles, mas será capturado pelo rei da Babilônia; e esta
cidade será[b] incendiada."
24 Então Zedequias disse a Jeremias: "Se alguém sou-
ber dessa conversa, tu morrerás. 25 Se os líderes ouvirem
que eu conversei contigo e vierem dizer-te: 'Conta-nos
o que disseste ao rei e o que o rei te disse; não escon-
das nada de nós, se não nós te mataremos', 26 dize: Fui
suplicar ao rei que não me mandasse de volta à casa de
Jônatas, para ali morrer".
27 Quando os líderes vieram interrogar Jeremias, ele
lhes disse tudo o que o rei tinha ordenado que dissesse.
E eles não lhe perguntaram mais nada, pois ninguém
tinha ouvido a conversa com o rei.
28 E Jeremias permaneceu no pátio da guarda até o
dia em que Jerusalém foi conquistada.

A queda de Jerusalém

39 Foi assim que Jerusalém foi tomada: no nono ano
do reinado de Zedequias, rei de Judá, no décimo
mês, Nabucodonosor, rei da Babilônia, marchou con-
tra Jerusalém com todo seu exército e a sitiou. 2 E no
nono dia do quarto mês do décimo primeiro ano do
reinado de Zedequias, o muro da cidade foi rompido.
3 Então todos os oficiais do rei da Babilônia vieram e se
assentaram junto à porta do Meio: Nergal-Sarezer de
Sangar, Nebo-Sarsequim, um dos chefes dos oficiais,
Nergal-Sarezer, um alto oficial, e todos os outros oficiais
do rei da Babilônia. 4 Quando Zedequias, rei de Judá, e
todos os soldados os viram, fugiram e saíram da cida-
de, à noite, na direção do jardim real, pela porta entre
os dois muros; e foram para a Arabá[c].
5 Mas o exército babilônio os perseguiu e alcançou
Zedequias na planície de Jericó. Eles o capturaram e

[a] 38:7 Ou *eunuco*

[b] 38:23 Ou *e fará esta cidade ser*

[c] 39:4 Ou *para o vale do Jordão*

o levaram a Nabucodonosor, rei da Babilônia, em Ribla, na terra de Hamate, que o sentenciou. 6Em Ribla, o rei da Babilônia mandou executar os filhos de Zedequias diante dos seus olhos, e também matou todos os nobres de Judá. 7Mandou furar os olhos de Zedequias e prendê-lo com correntes de bronze para levá-lo para a Babilônia.

8Os babilônios incendiaram o palácio real e as casas do povo, e derrubaram os muros de Jerusalém. 9Nebuzaradã, o comandante da guarda imperial, deportou para a Babilônia o povo que restou na cidade, junto com àqueles que tinham se rendido a ele, e o restante dos artesãos[a]. 10Somente alguns dos mais pobres do povo, que nada tinham, Nebuzaradã deixou para trás em Judá. E, naquela ocasião, ele lhes deu vinhas e campos.

11Mas Nabucodonosor, rei da Babilônia, deu ordens a respeito de Jeremias a Nebuzaradã: 12"Vá buscá-lo e cuide bem dele; não o maltrate, mas faça o que ele pedir". 13Então Nebuzaradã, o comandante da guarda imperial, Nebusazbã, um dos chefes dos oficiais, Nergal-Sarezer, um alto oficial, e todos os outros oficiais do rei da Babilônia 14mandaram tirar Jeremias do pátio da guarda e o entregaram a Gedalias, filho de Aicam, filho de Safã, para que o levasse à residência do governador. Assim, Jeremias permaneceu no meio do seu povo.

15Enquanto Jeremias esteve preso no pátio da guarda, o SENHOR lhe dirigiu a palavra: 16"Vá dizer a Ebede-Meleque, o etíope: Assim diz o SENHOR dos Exércitos, Deus de Israel: Estou prestes a cumprir as minhas advertências contra esta cidade, com desgraça e não com prosperidade. Naquele dia, elas se cumprirão diante dos seus olhos. 17Mas eu o resgatarei naquele dia", declara o SENHOR; "você não será entregue nas mãos daqueles a quem teme. 18Eu certamente o resgatarei; você não morrerá à espada, mas escapará com vida, porque você confia em mim", declara o SENHOR.

A libertação de Jeremias

40 O SENHOR dirigiu a palavra a Jeremias depois que o comandante da guarda imperial, Nebuzaradã, o libertou em Ramá. Ele tinha encontrado Jeremias acorrentado entre todos os cativos de Jerusalém e de Judá que estavam sendo levados para o exílio na Babilônia. 2Quando o comandante da guarda encontrou Jeremias, disse-lhe: "Foi o SENHOR, o seu Deus, que determinou esta desgraça para este lugar. 3Agora o SENHOR a cumpriu e fez o que tinha prometido. Tudo isso aconteceu porque vocês pecaram contra o SENHOR e não lhe obedeceram. 4Mas hoje eu o liberto das correntes que prendem as suas mãos. Se você quiser, venha comigo para a Babilônia e eu cuidarei de você; se, porém, não quiser, pode ficar. Veja! Toda esta terra está diante de você; vá para onde melhor lhe parecer". 5Contudo, antes de Jeremias se virar para partir[b], Nebuzaradã acrescentou: "Volte a Gedalias, filho de Aicam, neto de Safã, a quem o rei da Babilônia nomeou governador sobre as cidades de Judá, e viva com ele entre o povo, ou vá para qualquer outro lugar que desejar".

Então o comandante lhe deu provisões e um presente, e o deixou partir. 6Jeremias foi a Gedalias, filho de Aicam, em Mispá, e permaneceu com ele entre o povo que foi deixado na terra de Judá.

O assassinato de Gedalias

7Havia comandantes do exército que ainda estavam em campo aberto com os seus soldados. Eles ouviram que o rei da Babilônia tinha nomeado Gedalias, filho de Aicam, governador de Judá e o havia encarregado dos homens, das mulheres, das crianças e dos mais pobres da terra que não tinham sido deportados para a Babilônia. 8Então foram até Gedalias, em Mispá: Ismael, filho de Netanias, Joanã e Jônatas, filhos de Careá, Seraías, filho de Tanumete, os filhos de Efai, de Netofate, e Jazanias, filho do maacatita, juntamente com os seus soldados. 9Gedalias, filho de Aicam, neto de Safã, fez um juramento a eles e aos seus soldados: "Não temam sujeitar-se aos babilônios. Estabeleçam-se na terra, sujeitem-se ao rei da Babilônia, e tudo lhes irá bem. 10Eu mesmo permanecerei em Mispá para representá-los diante dos babilônios que vierem a nós. Mas, vocês, façam a colheita das uvas para o vinho, das frutas e das olivas para o azeite, ponham o produto em jarros, e vivam nas cidades que vocês ocuparam".

11Todos os judeus que estavam em Moabe, em Amom, em Edom e em todas as outras terras ouviram que o rei da Babilônia tinha deixado um remanescente em Judá, e que havia nomeado Gedalias, filho de Aicam, neto de Safã, governador sobre eles. 12Então voltaram de todos os lugares para onde tinham sido espalhados; vieram para a terra de Judá e foram até Gedalias em Mispá. E fizeram uma grande colheita de frutas de verão e de uvas para o vinho.

13Joanã, filho de Careá, e todos os comandantes do exército que ainda estavam em campo aberto, foram até Gedalias em Mispá 14e lhe disseram: "Você não sabe que Baalis, rei dos amonitas, enviou Ismael, filho de Netanias, para matá-lo?" Mas Gedalias, filho de Aicam, não acreditou neles.

15Então Joanã, filho de Careá, disse em particular a Gedalias, em Mispá: "Irei agora e matarei Ismael, filho de Netanias, e ninguém ficará sabendo disso. Por que deveria ele fazer que os judeus que se uniram a você sejam espalhados e o remanescente de Judá seja destruído?"

16Mas Gedalias, filho de Aicam, disse a Joanã, filho de Careá: "Não faça uma coisa dessas. O que você está dizendo sobre Ismael não é verdade".

41 No sétimo mês, Ismael, filho de Netanias, filho de Elisama, que era de sangue real e tinha sido um dos oficiais do rei, foi até Gedalias, filho de Aicam, em Mispá, levando consigo dez homens. Enquanto comiam juntos, 2Ismael e os dez homens que estavam com ele se levantaram e feriram à espada Gedalias, filho de Aicam, neto de Safã, matando aquele que o rei da Babilônia tinha nomeado governador de Judá. 3Ismael também matou todos os judeus que estavam com Gedalias em Mispá, bem como os soldados babilônios que ali estavam.

4No dia seguinte ao assassinato de Gedalias, antes que alguém o soubesse, 5oitenta homens que haviam rapado a barba, rasgado suas roupas e feito cortes no corpo, vieram de Siquém, de Siló e de Samaria, trazendo ofertas de cereal e incenso para oferecer no templo do SENHOR. 6Ismael, filho de Netanias, saiu de Mispá para encontrá-los, chorando enquanto caminhava. Quando os encontrou, disse: "Venham até onde se encontra Gedalias, filho de Aicam". 7Quando entraram na cidade,

[a] 39:9 Ou *restante do povo*
[b] 40:5 Ou *Jeremias responder*

Ismael, filho de Netanias, e os homens que estavam com ele os mataram e os atiraram numa cisterna. 8Mas dez deles disseram a Ismael: "Não nos mate! Temos trigo e cevada, azeite e mel, escondidos num campo". Então ele os deixou em paz e não os matou com os demais. 9A cisterna na qual ele jogou os corpos dos homens que havia matado, juntamente com o de Gedalias, tinha sido cavada pelo rei Asa para defender-se de Baasa, rei de Israel. Ismael, filho de Netanias, encheu-a com os mortos.

10Ismael tomou como prisioneiros todo o restante do povo que estava em Mispá, inclusive as filhas do rei, sobre os quais Nebuzaradã, o comandante da guarda imperial, havia nomeado Gedalias, filho de Aicam, governador. Ismael, filho de Netanias, levou-os como prisioneiros e partiu para o território de Amom.

11Quando Joanã, filho de Careá, e todos os comandantes do exército que com ele estavam souberam do crime que Ismael, filho de Netanias, tinha cometido, 12convocaram todos os seus soldados para lutar contra ele. Eles o alcançaram perto do grande açude de Gibeom. 13Quando todo o povo, que Ismael tinha levado como prisioneiro, viu Joanã, filho de Careá, e os comandantes do exército que estavam com ele, alegrou-se. 14Todo o povo que Ismael tinha levado como prisioneiro de Mispá se voltou e passou para o lado de Joanã, filho de Careá. 15Mas Ismael, filho de Netanias, e oito de seus homens escaparam de Joanã e fugiram para o território de Amom.

A fuga para o Egito

16Então, Joanã, filho de Careá, e todos os comandantes do exército que com ele estavam levaram todos os que tinham restado em Mispá, os quais ele tinha resgatado de Ismael, filho de Netanias, depois que este havia assassinado Gedalias, filho de Aicam: os soldados, as mulheres, as crianças e os oficiais do palácio real, que ele tinha trazido de Gibeom. 17E eles prosseguiram, parando em Gerute-Quimã, perto de Belém, a caminho do Egito. 18Queriam escapar dos babilônios. Estavam com medo porque Ismael, filho de Netanias, tinha matado Gedalias, filho de Aicam, a quem o rei da Babilônia nomeara governador de Judá.

42 Então todos os líderes do exército, inclusive Joanã, filho de Careá, e Jezanias[a], filho de Hosaías, e todo o povo, desde o menor até o maior, aproximaram-se 2do profeta Jeremias e lhe disseram: "Por favor, ouça a nossa petição e ore ao SENHOR, ao seu Deus, por nós e em favor de todo este remanescente; pois, como você vê, embora fôssemos muitos, agora só restam poucos de nós. 3Ore rogando ao SENHOR, ao seu Deus, que nos diga para onde devemos ir e o que devemos fazer".

4"Eu os atenderei", respondeu o profeta Jeremias. "Orarei ao SENHOR, ao seu Deus, conforme vocês pediram. E tudo o que o SENHOR responder eu lhes direi; nada esconderei de vocês."

5Então disseram a Jeremias: "Que o SENHOR seja uma testemunha verdadeira e fiel contra nós, caso não façamos tudo o que o SENHOR, o seu Deus, nos ordenar por você. 6Quer seja favorável ou não, obedeceremos ao SENHOR, o nosso Deus, a quem o enviamos, para que tudo vá bem conosco, pois obedeceremos ao SENHOR, o nosso Deus".

7Dez dias depois o SENHOR dirigiu a palavra a Jeremias, 8e ele convocou Joanã, filho de Careá, e todos os comandantes do exército que estavam com ele e todo o povo, desde o menor até o maior. 9Disse-lhes então: "Assim diz o SENHOR, o Deus de Israel, a quem vocês me enviaram para apresentar a petição de vocês: 10'Se vocês permanecerem nesta terra, eu os edificarei e não os destruirei; eu os plantarei e não os arrancarei, pois muito me pesa a desgraça que eu trouxe sobre vocês. 11Não tenham medo do rei da Babilônia, a quem vocês agora temem. Não tenham medo dele', declara o SENHOR, 'pois estou com vocês e os salvarei e os livrarei das mãos dele. 12Eu terei compaixão de vocês, e ele também, e lhes permitirá retornar à terra de vocês'.

13"Contudo, se vocês disserem 'Não permaneceremos nesta terra', e assim desobedecerem ao SENHOR, ao seu Deus, 14e se disserem: 'Não, nós iremos para o Egito, onde não veremos a guerra nem ouviremos o som da trombeta, nem passaremos fome', 15ouçam a palavra do SENHOR, ó remanescente de Judá. Assim diz o SENHOR dos Exércitos, Deus de Israel: 'Se vocês estão decididos a ir para o Egito e lá forem residir, 16a guerra que vocês temem os alcançará, a fome que receiam os seguirá até o Egito, e lá vocês morrerão. 17Todos os que estão decididos a partir e residir no Egito morrerão pela guerra, pela fome e pela peste; nem um só deles sobreviverá ou escapará da desgraça que trarei sobre eles'. 18Assim diz o SENHOR dos Exércitos, Deus de Israel: 'Como o meu furor foi derramado sobre os habitantes de Jerusalém, também a minha ira será derramada sobre vocês, quando forem para o Egito. Vocês serão objeto de maldição e de pavor, de desprezo e de afronta. Vocês jamais tornarão a ver este lugar'.

19"Ó remanescente de Judá, o SENHOR lhes disse: 'Não vão para o Egito'. Estejam certos disto: Eu hoje os advirto 20que vocês cometeram um erro fatal[b] quando me enviaram ao SENHOR, ao seu Deus, pedindo: 'Ore ao SENHOR, ao nosso Deus, em nosso favor. Diga-nos tudo o que ele lhe falar, e nós o faremos'. 21Eu lhes disse, hoje mesmo, o que o SENHOR, o seu Deus, me mandou dizer a vocês, mas vocês não lhe estão obedecendo. 22Agora, porém, estejam certos de que vocês morrerão pela guerra, pela fome e pela peste, no lugar em que vocês desejam residir".

43 Quando Jeremias acabou de dizer ao povo tudo o que o SENHOR, o seu Deus, lhe mandara dizer, 2Azarias, filho de Hosaías, e Joanã, filho de Careá, e todos os homens arrogantes disseram a Jeremias: "Você está mentindo! O SENHOR não lhe mandou dizer que não fôssemos residir no Egito. 3Mas é Baruque, filho de Nerias, que o está instigando contra nós para que sejamos entregues nas mãos dos babilônios, a fim de que nos matem ou nos levem para o exílio na Babilônia".

4Assim Joanã, filho de Careá, todos os comandantes do exército e todo o povo desobedeceram à ordem do SENHOR de que permanecessem na terra de Judá. 5E Joanã, filho de Careá, e todos os comandantes do exército levaram todo o remanescente de Judá que tinha voltado de todas as nações para onde haviam sido espalhados a fim de viver na terra de Judá: 6todos os homens, mulheres e crianças, as filhas do rei, todos os que Nebuzaradã, o comandante da guarda imperial, deixara

[a] 42:1 A Septuaginta diz *Azarias*. Veja 43:2.

[b] 42:20 Ou *no coração*

com Gedalias, filho de Aicam, neto de Safã; além do profeta Jeremias e de Baruque, filho de Nerias. 7Eles foram para o Egito, desobedecendo ao SENHOR, indo até Tafnes.

8Em Tafnes, o SENHOR dirigiu a palavra a Jeremias, dizendo: 9"Pegue algumas pedras grandes e, à vista dos homens de Judá, enterre-as no barro do pavimento à entrada do palácio do faraó, em Tafnes. 10Então diga-lhes: Assim diz o SENHOR dos Exércitos, Deus de Israel: Mandarei chamar meu servo Nabucodonosor, rei da Babilônia, e ele colocará o seu trono sobre essas pedras que enterrei, e estenderá a sua tenda[a] real sobre elas. 11Ele virá e atacará o Egito, trará a morte aos destinados à morte, o cativeiro aos destinados ao cativeiro, e a espada aos destinados a morrer à espada. 12Ele incendiará[b] os templos dos deuses do Egito; queimará seus templos e levará embora cativos os seus deuses. Como um pastor tira os piolhos do seu manto[c], assim ele tirará os piolhos do Egito, e sairá em paz. 13Ele despedaçará as colunas no templo do sol[d], no Egito, e incendiará os templos dos deuses do Egito".

A desgraça causada pela idolatria

44 Esta é a palavra do SENHOR, que foi dirigida a Jeremias, para todos os judeus que estavam no Egito e viviam em Migdol, Tafnes, Mênfis, e na região de Patros: 2"Assim diz o SENHOR dos Exércitos, Deus de Israel: Vocês viram toda a desgraça que eu trouxe sobre Jerusalém e sobre todas as cidades de Judá. Hoje elas estão em ruínas e desabitadas 3por causa do mal que fizeram. Seus moradores provocaram a minha ira queimando incenso e prestando culto a outros deuses, que nem eles nem vocês nem seus antepassados jamais conheceram. 4Dia após dia eu lhes enviei meus servos, os profetas, que disseram: 'Não façam essa abominação detestável!' 5Mas eles não me ouviram nem me deram atenção; não se converteram de sua impiedade nem cessaram de queimar incenso a outros deuses. 6Por isso, o meu furor foi derramado e queimou as cidades de Judá e as ruas de Jerusalém, tornando-as na ruína desolada que são hoje".

7Assim diz o SENHOR, o Deus dos Exércitos, o Deus de Israel: "Por que trazer uma desgraça tão grande sobre si mesmos, eliminando de Judá homens e mulheres, crianças e recém-nascidos, sem deixar remanescente algum? 8Por que vocês provocam a minha ira com o que fazem, queimando incenso a outros deuses no Egito, onde vocês vieram residir? Vocês se destruirão a si mesmos e se tornarão objeto de desprezo e afronta entre todas as nações da terra. 9Acaso vocês se esqueceram da impiedade cometida por seus antepassados, pelos reis de Judá e as mulheres deles, e da impiedade cometida por vocês e suas mulheres na terra de Judá e nas ruas de Jerusalém? 10Até hoje não se humilharam nem mostraram reverência, e não têm seguido a minha lei e os decretos que coloquei diante de vocês e dos seus antepassados".

11Portanto, assim diz o SENHOR dos Exércitos, Deus de Israel: "Estou decidido a trazer desgraça sobre vocês e a destruir todo o Judá. 12Tomarei o remanescente de Judá, que decidiu partir e residir no Egito, e todos morrerão no Egito. Cairão pela espada ou pela fome; desde o menor até o maior, morrerão pela espada ou pela fome. Eles se tornarão objeto de maldição e de pavor, de desprezo e de afronta. 13Castigarei aqueles que vivem no Egito com a guerra, a fome e a peste, como castiguei Jerusalém. 14Ninguém dentre o remanescente de Judá que foi morar no Egito escapará ou sobreviverá para voltar à terra de Judá, para a qual anseiam voltar e nela anseiam viver; nenhum voltará, exceto uns poucos fugitivos".

15Então, todos os homens que sabiam que as suas mulheres queimavam incenso a outros deuses, e todas as mulheres que estavam presentes, em grande número, e todo o povo que morava no Egito, e na região de Patros, disseram a Jeremias: 16"Nós não daremos atenção à mensagem que você nos apresenta em nome do SENHOR! 17É certo que faremos tudo o que dissemos que faríamos — queimaremos incenso à Rainha dos Céus e derramaremos ofertas de bebidas para ela, tal como fazíamos, nós e nossos antepassados, nossos reis e nossos líderes, nas cidades de Judá e nas ruas de Jerusalém. Naquela época tínhamos fartura de comida, éramos prósperos e nada sofríamos. 18Mas, desde que paramos de queimar incenso à Rainha dos Céus e de derramar ofertas de bebidas a ela, nada temos tido e temos perecido pela espada e pela fome".

19E as mulheres acrescentaram: "Quando queimávamos incenso à Rainha dos Céus e derramávamos ofertas de bebidas para ela, será que era sem o consentimento de nossos maridos que fazíamos bolos na forma da imagem dela e derramávamos as ofertas de bebidas?"

20Então Jeremias disse a todo o povo, tanto aos homens como às mulheres que estavam respondendo a ele: 21"E o SENHOR? Não se lembra ele do incenso queimado nas cidades de Judá e nas ruas de Jerusalém por vocês e por seus antepassados, seus reis e seus líderes e pelo povo da terra? Será que ele não pensa nisso? 22Quando o SENHOR não pôde mais suportar as impiedades e as práticas repugnantes de vocês, a terra de vocês ficou devastada e desolada, tornou-se objeto de maldição e ficou desabitada, como se vê no dia de hoje. 23Foi porque vocês queimaram incenso e pecaram contra o SENHOR, e não obedeceram à sua palavra nem seguiram a sua lei, os seus decretos e os seus testemunhos, que esta desgraça caiu sobre vocês, como se vê no dia de hoje".

24Disse então Jeremias a todo o povo, inclusive às mulheres: "Ouçam a palavra do SENHOR, todos vocês, judeus que estão no Egito. 25Assim diz o SENHOR dos Exércitos, Deus de Israel: 'Vocês e suas mulheres cumpriram o que prometeram quando disseram: "Certamente cumpriremos os votos que fizemos de queimar incenso e derramar ofertas de bebidas à Rainha dos Céus" '.

"Prossigam! Façam o que prometeram! Cumpram os seus votos! 26Mas ouçam a palavra do SENHOR, todos vocês, judeus que vivem no Egito: 'Eu juro pelo meu grande nome', diz o SENHOR, 'que em todo o Egito ninguém de Judá voltará a invocar o meu nome ou a jurar pela vida do Soberano, o SENHOR. 27Vigiarei sobre eles para trazer-lhes a desgraça e não o bem; os judeus do Egito perecerão pela espada e pela fome até que sejam todos destruídos. 28Serão poucos os que escaparão da espada

[a] 43:10 Ou *tapete*
[b] 43:12 Ou *Eu incendiarei*
[c] 43:12 Ou *enrola o seu manto*
[d] 43:13 Ou *em Heliópolis*

e voltarão do Egito para a terra de Judá. Então, todo o
remanescente de Judá que veio residir no Egito sabe-
rá qual é a palavra que se realiza, a minha ou a deles.
[29]" 'Este será o sinal para vocês de que os castigarei
neste lugar', declara o SENHOR, 'e então vocês ficarão
sabendo que as minhas ameaças de trazer-lhes des-
graça certamente se realizarão'. [30]Assim diz o SENHOR:
'Entregarei o faraó Hofra, rei do Egito, nas mãos dos
seus inimigos que desejam tirar-lhe a vida, assim co-
mo entreguei Zedequias, rei de Judá, nas mãos de Na-
bucodonosor, rei da Babilônia, o inimigo que desejava
tirar a vida dele' ".

Mensagem a Baruque

45 No quarto ano do reinado de Jeoaquim, filho de
Josias, rei de Judá, depois que Baruque, filho de
Nerias, escreveu num rolo as palavras ditadas por Je-
remias, este lhe disse: [2]"Assim diz o SENHOR, o Deus de
Israel, a você, Baruque: [3]'Você disse, "Ai de mim! O SE-
NHOR acrescentou tristeza ao meu sofrimento. Estou
exausto de tanto gemer, e não encontro descanso" '.
[4]"Mas o SENHOR manda-me dizer-lhe: 'Assim diz o
SENHOR: Destruirei o que edifiquei e arrancarei o que
plantei em toda esta terra. [5]E então? Você deveria bus-
car coisas especiais para você? Não as busque, pois trarei
desgraça sobre toda a humanidade', diz o SENHOR, 'mas
eu o deixarei escapar com vida onde quer que você vá' ".

Mensagem acerca do Egito

46 Esta é a mensagem do SENHOR que veio ao pro-
feta Jeremias acerca das nações:

[2]Acerca do Egito:

Esta é a mensagem contra o exército do rei do Egito,
o faraó Neco, que foi derrotado em Carquemis, junto
ao rio Eufrates, por Nabucodonosor, rei da Babilônia,
no quarto ano do reinado de Jeoaquim, filho de Josias,
rei de Judá:

[3]"Preparem seus escudos,
os grandes e os pequenos,
e marchem para a batalha!
[4]Selem os cavalos e montem!
Tomem posição e coloquem o capacete!
Passem óleo na ponta de suas lanças
e vistam a armadura!
[5]Mas o que vejo?
Eles estão apavorados,
estão se retirando,
seus guerreiros estão derrotados.
Fogem às pressas, sem olhar para trás;
há terror por todos os lados",
declara o SENHOR.
[6]"O ágil não consegue fugir,
nem o forte escapar.
No norte, junto ao rio Eufrates,
eles tropeçam e caem.

[7]"Quem é aquele que se levanta
como o Nilo,
como rios de águas agitadas?
[8]O Egito se levanta como o Nilo,
como rios de águas agitadas.
Ele diz: 'Eu me levantarei
e cobrirei a terra;
destruirei as cidades
e os seus habitantes'.
[9]Ao ataque, cavalos!
Avancem, carros de guerra!
Marchem em frente, guerreiros!
Homens da Etiópia e da Líbia[a],
que levam escudos;
homens da Lídia, que empunham o
arco!
[10]Mas aquele dia pertence ao Soberano,
ao SENHOR dos Exércitos.
Será um dia de vingança,
para vingar-se dos seus adversários.
A espada devorará até saciar-se,
até satisfazer sua sede de sangue.
Porque o Soberano,
o SENHOR dos Exércitos,
fará um banquete na terra do norte,
junto ao rio Eufrates.

[11]"Suba a Gileade em busca de bálsamo,
ó virgem, filha do Egito!
Você multiplica remédios em vão;
não há cura para você.
[12]As nações ouviram da sua humilhação;
os seus gritos encheram a terra,
quando um guerreiro
tropeçou noutro guerreiro
e ambos caíram".

[13]Esta é a mensagem que o SENHOR falou ao profe-
ta Jeremias acerca da vinda de Nabucodonosor, rei da
Babilônia, para atacar o Egito:

[14]"Anunciem isto no Egito
e proclamem-no em Migdol;
proclamem-no também em Mênfis
e em Tafnes:
Assumam posição! Preparem-se!
Porque a espada devora aqueles
que estão ao seu redor.
[15]Por que o deus Ápis fugiu?[b]
O seu touro não resistiu,
porque o SENHOR o derrubou.
[16]Tropeçam e caem,
caem uns sobre os outros.
Eles dizem: 'Levantem-se.
Vamos voltar para nosso próprio povo
e para nossa terra natal,
para longe da espada do opressor.
[17]O faraó, rei do Egito,
é barulho e nada mais!
Ele perdeu a sua oportunidade'.

[18]"Juro pela minha vida",
declara o Rei,
cujo nome é SENHOR dos Exércitos,
"ele virá como o Tabor entre os montes,
como o Carmelo junto ao mar.
[19]Arrumem a bagagem para o exílio,
vocês que vivem no Egito,
pois Mênfis será arrasada,
ficará desolada e desabitada.

[a] 46:9 Hebraico: *de Cuxe e de Fute.*
[b] 46:15 Ou *Por que os seus guerreiros estão estirados no chão?*

20"O Egito é uma linda novilha,
mas do norte a ataca
uma mutuca.
21Os mercenários em suas fileiras
são como bezerros gordos.
Eles também darão meia volta
e juntos fugirão;
não defenderão suas posições,
pois o dia da derrota deles
está chegando,
a hora de serem castigados.
22O Egito silvará
como uma serpente em fuga
à medida que o inimigo
avança com grande força.
Virão sobre ele com machados,
como os homens
que derrubam árvores.
23Eles derrubarão sua floresta",
declara o SENHOR,
"por mais densa que seja.
São mais que os gafanhotos;
são incontáveis!
24A cidade[a] do Egito será envergonhada,
será entregue nas mãos
do povo do norte".

25O SENHOR dos Exércitos, o Deus de Israel, diz: "Cas-
tigarei Amom, deus de Tebas[b], o faraó, o Egito, seus deu-
ses e seus reis, e também os que confiam no faraó. 26Eu
os entregarei nas mãos daqueles que desejam tirar-lhes
a vida; nas mãos de Nabucodonosor, rei da Babilônia, e
de seus oficiais. Mais tarde, porém, o Egito será habitado
como em épocas passadas", declara o SENHOR.

27"Quanto a você, não tema,
meu servo Jacó!
Não fique assustado, ó Israel!
Eu o salvarei de um lugar distante,
e os seus descendentes,
da terra do seu exílio.
Jacó voltará e ficará em paz
e em segurança;
ninguém o inquietará.
28Não tema, meu servo Jacó!
Eu estou com você",
declara o SENHOR.
"Destruirei completamente
todas as nações entre as quais
eu o dispersei;
mas a você
não destruirei completamente.
Eu o disciplinarei como você merece;
não serei severo demais".

Mensagem acerca dos filisteus

47 Esta é a palavra do SENHOR que veio ao profeta
Jeremias acerca dos filisteus, antes do ataque do
faraó a Gaza:

2Assim diz o SENHOR:

"Vejam como as águas estão
subindo do norte;
elas se tornam
uma torrente transbordante.
Inundarão esta terra
e tudo o que nela existe;
as cidades e os seus habitantes.
O povo clamará,
gritarão todos os habitantes desta terra,
3ao estrondo dos cascos
dos seus cavalos galopando,
ao barulho dos seus carros de guerra,
e ao estampido de suas rodas.
Os pais não se voltarão
para ajudar seus filhos,
porque suas mãos estarão fracas.
4Pois chegou o dia de destruir
todos os filisteus
e de eliminar todos os sobreviventes
que poderiam ajudar Tiro e Sidom.
O SENHOR destruirá os filisteus,
o remanescente da ilha de Caftor[c].
5Os habitantes de Gaza
raparam a cabeça;
Ascalom está calada.
Ó remanescente da planície,
até quando você fará incisões
no próprio corpo?

6" 'Ah, espada do SENHOR,
quando você descansará?
Volte à sua bainha,
acalme-se e repouse.'
7Mas como poderá ela descansar
quando o SENHOR lhe deu ordens,
quando determinou
que ataque Ascalom e o litoral?"

Mensagem acerca de Moabe

48 Acerca de Moabe:
Assim diz o SENHOR dos Exércitos, Deus de
Israel:

"Ai de Nebo, pois ficou em ruínas.
Quiriataim foi derrotada e capturada;
a fortaleza[d] foi derrotada e destroçada.
2Moabe não é mais louvada;
em Hesbom tramam a sua ruína:
'Venham! Vamos dar fim àquela nação'.
Você também ficará calada,
ó Madmém; a espada a perseguirá.
3Ouçam os gritos de Horonaim:
'Devastação! Grande destruição!
4Moabe está destruída!'
É o grito que se ouve até em Zoar[e].
5Eles sobem pelo caminho para Luíte,
chorando amargamente
enquanto seguem;
na estrada que desce a Horonaim
ouvem-se gritos angustiados
por causa da destruição.
6Fujam! Corram para salvar suas vidas;
tornem-se como um arbusto[f] no deserto.

[a] 46:24 Hebraico: *filha*.
[b] 46:25 Hebraico: *No*.
[c] 47:4 Isto é, Creta.
[d] 48:1 Ou *Misgabe*
[e] 48:4 Ou *Os seus pequenos clamam*
[f] 48:6 Ou *como Aroer*

[7]Uma vez que vocês confiam
em seus feitos e em suas riquezas,
vocês também serão capturados,
e Camos irá para o exílio,
junto com seus sacerdotes e líderes.
[8]O destruidor virá contra
todas as cidades,
e nenhuma escapará.
O vale se tornará ruínas,
e o planalto será destruído,
como o Senhor falou.
[9]Ponham sal sobre Moabe,
pois ela será deixada em ruínas;[a]
suas cidades ficarão devastadas,
sem nenhum habitante.

[10]"Maldito o que faz com negligência
o trabalho do Senhor!
Maldito aquele que impede a sua espada
de derramar sangue!

[11]"Moabe tem estado tranquila
desde a sua juventude,
como o vinho deixado
com os seus resíduos;
não foi mudada de vasilha em vasilha.
Nunca foi para o exílio;
por isso, o seu sabor
permanece o mesmo
e o seu cheiro não mudou.
[12]Portanto, certamente vêm os dias",
declara o Senhor,
"quando enviarei decantadores
que a decantarão;
esvaziarão as suas jarras
e as despedaçarão.
[13]Então Moabe se decepcionará
com Camos,
assim como Israel
se decepcionou com Betel,
em quem confiava.

[14]"Como vocês podem dizer:
'Somos guerreiros,
somos homens de guerra'?
[15]Moabe foi destruída
e suas cidades serão invadidas;
o melhor dos seus jovens
desceu para a matança",
declara o Rei, cujo nome é
Senhor dos Exércitos.
[16]"A derrota de Moabe está próxima;
a sua desgraça vem rapidamente.
[17]Lamentem por ela
todos os seus vizinhos,
todos os que conhecem a sua fama.
Digam: Como está quebrado
o cajado poderoso,
o cetro glorioso!

[18]"Desçam de sua glória
e sentem-se sobre o chão ressequido,
ó moradores da cidade[b] de Dibom,
pois o destruidor de Moabe
veio para atacá-los
e destruir as suas fortalezas.
[19]Fiquem junto à estrada e vigiem,
vocês que vivem em Aroer.
Perguntem ao homem que
foge e à mulher que escapa,
perguntem a eles: O que aconteceu?
[20]Moabe ficou envergonhada,
pois está destroçada.
Gritem e clamem!
Anunciem junto ao Arnom
que Moabe foi destruída.
[21]O julgamento chegou ao planalto:
a Holom, Jaza e Mefaate,
[22]a Dibom, Nebo e Bete-Diblataim,
[23]a Quiriataim, Bete-Gamul
e Bete-Meom,
[24]a Queriote e Bozra,
a todas as cidades de Moabe,
distantes e próximas.
[25]O poder[c] de Moabe foi eliminado;
seu braço está quebrado",
declara o Senhor.

[26]"Embriaguem-na,
pois ela desafiou o Senhor.
Moabe se revolverá no seu vômito
e será objeto de ridículo.
[27]Não foi Israel objeto de ridículo
para você?
Foi ele encontrado
em companhia de ladrões
para que você sacuda a cabeça
sempre que fala dele?
[28]Abandonem as cidades!
Habitem entre as rochas,
vocês que moram em Moabe!
Sejam como uma pomba
que faz o seu ninho
nas bordas de um precipício.

[29]"Temos ouvido
do orgulho de Moabe:
da sua extrema arrogância,
do seu orgulho e soberba,
e do seu espírito de superioridade.
[30]Conheço bem a sua arrogância",
declara o Senhor.
"A sua tagarelice sem fundamento
e as suas ações que nada alcançam.
[31]Por isso, me lamentarei por Moabe,
gritarei por causa
de toda a terra de Moabe,
prantearei pelos habitantes
de Quir-Heres.
[32]Chorarei por vocês
mais do que choro por Jazar,
ó videiras de Sibma.
Os seus ramos se estendiam até o mar,
e chegavam até Jazar.
O destruidor caiu sobre as suas frutas
e sobre as suas uvas.

[a] 48:9 Ou *Deem asas a Moabe, pois ela voará para longe;*
[b] 48:18 Hebraico: *filha.*
[c] 48:25 Hebraico: *chifre.*

33 A alegria e a satisfação se foram
das terras férteis de Moabe.
Interrompi a produção de vinho
nos lagares.
Ninguém mais pisa as uvas
com gritos de alegria;
embora haja gritos, não são de alegria.

34 "O grito de Hesbom
é ouvido em Eleale e Jaaz,
desde Zoar até Horonaim
e Eglate-Selisia,
pois até as águas do Ninrim secaram.
35 Em Moabe darei fim àqueles
que fazem ofertas
nos altares idólatras
e queimam incenso a seus deuses",
declara o SENHOR.
36 "Por isso o meu coração
lamenta-se por Moabe,
como uma flauta;
lamenta-se como uma flauta
pelos habitantes de Quir-Heres.
A riqueza que acumularam se foi.
37 Toda cabeça foi rapada
e toda barba foi cortada;
toda mão sofreu incisões
e toda cintura foi coberta
com veste de lamento.
38 Em todos os terraços de Moabe
e nas praças
não há nada senão pranto,
pois despedacei Moabe
como a um jarro
que ninguém deseja",
declara o SENHOR.
39 "Como ela foi destruída!
Como lamentam!
Como Moabe dá as costas,
envergonhada!
Moabe tornou-se objeto de ridículo
e de pavor para todos os seus
vizinhos".

40 Assim diz o SENHOR:

"Vejam! Uma águia planando
estende as asas sobre Moabe.
41 Queriote será capturada,[a]
e as fortalezas serão tomadas.
Naquele dia,
a coragem dos guerreiros de Moabe
será como a de uma mulher
em trabalho de parto.
42 Moabe será destruída como nação
pois ela desafiou o SENHOR.
43 Terror, cova e laço esperam por você,
ó povo de Moabe", declara o SENHOR.
44 "Quem fugir do terror
cairá numa cova,
e quem sair da cova
será apanhado num laço.
Trarei sobre Moabe
a hora do seu castigo",
declara o SENHOR.

45 "Na sombra de Hesbom
os fugitivos se encontram
desamparados,
pois um fogo saiu de Hesbom,
uma labareda, do meio de Seom;
e queima as testas
dos homens de Moabe
e os crânios dos homens turbulentos.
46 Ai de você, ó Moabe!
O povo de Camos está destruído;
seus filhos são levados para o exílio,
e suas filhas para o cativeiro.

47 "Contudo, restaurarei a sorte de Moabe
em dias vindouros", declara o SENHOR.

Aqui termina a sentença sobre Moabe.

Mensagem acerca de Amom

49 Acerca dos amonitas:

Assim diz o SENHOR:

"Por acaso Israel não tem filhos?
Será que não tem herdeiros?
Por que será então que Moloque[b]
se apossou de Gade?
Por que seu povo vive
nas cidades de Gade?
2 Portanto, certamente vêm os dias",
declara o SENHOR,
"em que farei soar o grito de guerra
contra Rabá dos amonitas;
ela virá a ser uma pilha de ruínas,
e os seus povoados ao redor
serão incendiados.
Então Israel expulsará
aqueles que o expulsaram",
diz o SENHOR.
3 "Lamente-se, ó Hesbom,
pois Ai está destruída!
Gritem, ó moradores de Rabá!
Ponham veste de lamento e chorem!
Corram para onde der,
pois Moloque irá para o exílio
com os seus sacerdotes
e os seus oficiais.
4 Por que você se orgulha de seus vales?
Por que se orgulha
de seus vales tão frutíferos?
Ó filha infiel!
Você confia em suas riquezas e diz:
'Quem me atacará?'
5 Farei com que você tenha pavor
de tudo o que está a sua volta",
diz o Senhor, o SENHOR dos Exércitos.
"Vocês serão dispersos,
cada um numa direção,
e ninguém conseguirá
reunir os fugitivos.

6 "Contudo, depois disso,

[a] 48:41 Ou *As cidades serão capturadas,*

[b] 49:1 Conforme a Septuaginta. O Texto Massorético diz *o rei deles*; também no versículo 3.

restaurarei a sorte dos amonitas",
declara o SENHOR.

Mensagem acerca de Edom

7Acerca de Edom:

Assim diz o SENHOR dos Exércitos:

"Será que já não há mais
sabedoria em Temã?
Será que o conselho
desapareceu dos prudentes?
A sabedoria deles deteriorou-se?
8Voltem-se e fujam,
escondam-se em cavernas profundas,
vocês que moram em Dedã,
pois trarei a ruína sobre Esaú
na hora em que eu o castigar.
9Se os que colhem uvas
viessem até você,
não deixariam eles
apenas umas poucas uvas?
Se os ladrões viessem durante a noite,
não roubariam
apenas o quanto desejassem?
10Mas eu despi Esaú
e descobri os seus esconderijos,
para que ele não mais se esconda.
Os seus filhos, parentes
e vizinhos foram destruídos.
Ninguém restou[a] para dizer:
11'Deixe os seus órfãos;
eu protegerei a vida deles.
As suas viúvas também
podem confiar em mim' ".

12Assim diz o SENHOR: "Se aqueles para quem o cáli-
ce não estava reservado tiveram que bebê-lo, por que
você deveria ficar impune? Você não ficará sem castigo,
mas irá bebê-lo. 13Eu juro por mim mesmo", declara o
SENHOR, "que Bozra ficará em ruínas e desolada; ela se
tornará objeto de afronta e de maldição, e todas as suas
cidades serão ruínas para sempre".

14Ouvi uma mensagem
da parte do SENHOR;
um mensageiro foi mandado
às nações para dizer:
"Reúnam-se para atacar Edom!
Preparem-se para a batalha!"

15"Agora eu faço de você
uma nação pequena
entre as demais,
desprezada pelos homens.
16O pavor que você inspira
e o orgulho de seu coração
o enganaram,
a você, que vive nas fendas das rochas,
que ocupa os altos das colinas.
Ainda que você, como a águia,
faça o seu ninho nas alturas,
de lá eu o derrubarei",
declara o SENHOR.
17"Edom se tornará objeto de terror;
todos os que por ali passarem
ficarão chocados e zombarão
por causa de todas as suas feridas.
18Como foi com a destruição
de Sodoma e Gomorra,
e das cidades vizinhas",
diz o SENHOR,
"ninguém mais habitará ali,
nenhum homem residirá nela.

19"Como um leão
que sobe da mata do Jordão
em direção aos pastos verdejantes,
subitamente eu caçarei Edom
pondo-o fora de sua terra.
Quem é o escolhido
que designarei para isso?
Quem é como eu
que possa me desafiar?
E que pastor pode me resistir[b]?"
20Por isso, ouçam o que
o SENHOR planejou contra Edom,
o que preparou contra
os habitantes de Temã:
Os menores do rebanho
serão arrastados,
e as pastagens ficarão devastadas
por causa deles.
21Ao som de sua queda a terra tremerá;
o grito deles ressoará
até o mar Vermelho.
22Vejam! Uma águia,
subindo e planando,
estende as asas sobre Bozra.
Naquele dia,
a coragem dos guerreiros de Edom
será como a de uma mulher que está dando
à luz.

Mensagem acerca de Damasco

23Acerca de Damasco:

"Hamate e Arpade estão atônitas,
pois ouviram más notícias.
Estão desencorajadas,
perturbadas como o mar agitado.
24Damasco tornou-se frágil,
ela se virou para fugir,
e o pânico tomou conta dela;
angústia e dor dela se apoderaram,
dor como a de uma mulher
em trabalho de parto.
25Como está abandonada
a cidade famosa,
a cidade da alegria!
26Por isso, os seus jovens
cairão nas ruas
e todos os seus guerreiros
se calarão naquele dia",
declara o SENHOR dos Exércitos.
27"Porei fogo nas muralhas de Damasco,
que consumirá as fortalezas
de Ben-Hadade".

[a] 49:10 Ou *E ele já não existe*

[b] 49:19 Ou *Escolherei os melhores carneiros*

Mensagem acerca de Quedar e de Hazor

28Acerca de Quedar e os reinos de Hazor, que Nabu-
codonosor, rei da Babilônia, derrotou:

Assim diz o SENHOR:

"Preparem-se, ataquem Quedar
e destruam o povo do oriente.
29Tomem suas tendas e seus rebanhos,
suas cortinas com todos
os seus utensílios e camelos.
Gritem contra eles:
'Há terror por todos os lados!'

30"Fujam rapidamente!
Escondam-se em cavernas profundas,
vocês habitantes de Hazor",
diz o SENHOR.
"Nabucodonosor, rei da Babilônia,
fez planos e projetos contra vocês.

31"Preparem-se e ataquem uma nação
que vive tranquila e confiante",
declara o SENHOR,
"uma nação que não tem portas
nem trancas,
e que vive sozinha.
32Seus camelos se tornarão despojo
e suas grandes manadas, espólio.
Espalharei ao vento
aqueles que rapam a cabeça[a],
e de todos os lados trarei a sua ruína",
declara o SENHOR.
33"Hazor se tornará
uma habitação de chacais,
uma ruína para sempre.
Ninguém mais habitará ali,
nenhum homem residirá nela."

Mensagem acerca de Elão

34Esta é a palavra do SENHOR que veio ao profeta
Jeremias acerca de Elão, no início do reinado de Zede-
quias, rei de Judá:

35Assim diz o SENHOR dos Exércitos:

"Vejam, quebrarei o arco de Elão,
a base de seu poder.
36Farei com que os quatro ventos,
que vêm dos quatro cantos do céu,
soprem contra Elão.
E eu os dispersarei aos quatro ventos,
e não haverá nenhuma nação
para onde não sejam levados
os exilados de Elão.
37Farei com que Elão trema
diante dos seus inimigos,
diante daqueles que desejam
tirar-lhe a vida.
Trarei a desgraça sobre eles,
a minha ira ardente",
declara o SENHOR.
"Farei com que a espada os persiga
até que eu os tenha eliminado.
38Porei meu trono em Elão
e destruirei seu rei e seus líderes",
declara o SENHOR.

39"Contudo, restaurarei a sorte de Elão
em dias vindouros",
declara o SENHOR.

Mensagem acerca da Babilônia

50 Esta é a palavra que o SENHOR falou pelo profeta
Jeremias acerca da Babilônia e da terra dos ba-
bilônios:

2"Anunciem e proclamem
entre as nações,
ergam um sinal e proclamem;
não escondam nada.
Digam: 'A Babilônia foi conquistada;
Bel foi humilhado,
Marduque está apavorado.
As imagens da Babilônia
estão humilhadas
e seus ídolos apavorados'.
3Uma nação vinda do norte a atacará,
arrasará a sua terra e não deixará nela
nenhum habitante;
tanto homens como animais fugirão.

4"Naqueles dias e naquela época",
declara o SENHOR,
"o povo de Israel
e o povo de Judá virão juntos,
chorando e buscando
o SENHOR, o seu Deus.
5Perguntarão pelo caminho para Sião
e voltarão o rosto na direção dela.
Virão e se apegarão ao SENHOR
numa aliança permanente
que não será esquecida.

6"Meu povo tem sido ovelhas perdidas;
seus pastores as desencaminharam
e as fizeram perambular pelos montes.
Elas vaguearam por montanhas e colinas
e se esqueceram de seu próprio curral.
7Todos que as encontram as devoram.
Os seus adversários disseram:
'Não somos culpados,
pois elas pecaram contra o SENHOR,
sua verdadeira pastagem,
o SENHOR, a esperança
de seus antepassados'.

8"Fujam da Babilônia;
saiam da terra dos babilônios
e sejam como os bodes
que lideram o rebanho.
9Vejam! Eu mobilizarei
e trarei contra a Babilônia uma coalizão
de grandes nações do norte.
Elas tomarão posição de combate
contra ela e a conquistarão.
Suas flechas serão
como guerreiros bem treinados,
que não voltam de mãos vazias.

[a] 49:32 Ou *que prendem o cabelo junto à testa*

10Assim a Babilônia[a] será saqueada;
todos os que a saquearem se fartarão",
declara o SENHOR.

11"Ainda que você
esteja alegre e exultante,
você que saqueia a minha herança;
ainda que você seja brincalhão
como uma novilha solta no pasto,
e relinche como os garanhões,
12sua mãe se envergonhará
profundamente;
aquela que lhe deu à luz
ficará constrangida.
Ela se tornará a menor das nações,
um deserto, uma terra seca e árida.
13Por causa da ira do SENHOR
ela não será habitada,
mas estará completamente desolada.
Todos os que passarem pela Babilônia
ficarão chocados e zombarão
por causa de todas as suas feridas.

14"Tomem posição de combate
em volta da Babilônia,
todos vocês que empunham o arco.
Atirem nela! Não poupem flechas,
pois ela pecou contra o SENHOR.
15Soem contra ela um grito de guerra
de todos os lados!
Ela se rende, suas torres caem
e suas muralhas são derrubadas.
Esta é a vingança do SENHOR;
vinguem-se dela!
Façam a ela o que ela fez aos outros!
16Eliminem da Babilônia o semeador
e o ceifeiro, com a sua foice na colheita.
Por causa da espada do opressor,
que cada um volte
para o seu próprio povo,
e cada um fuja para a sua própria terra.

17"Israel é um rebanho disperso,
afugentado por leões.
O primeiro a devorá-lo
foi o rei da Assíria;
e o último a esmagar os seus ossos
foi Nabucodonosor, rei da Babilônia".

18Portanto, assim diz
o SENHOR dos Exércitos,
o Deus de Israel:

"Castigarei o rei da Babilônia
e a sua terra assim como
castiguei o rei da Assíria.
19Mas trarei Israel de volta
a sua própria pastagem
e ele pastará no Carmelo e em Basã;
e saciará o seu apetite
nos montes de Efraim e em Gileade.
20Naqueles dias, naquela época",
declara o SENHOR,
"se procurará pela iniquidade de Israel,
mas nada será achado,
pelos pecados de Judá,
mas nenhum será encontrado,
pois perdoarei o remanescente
que eu poupar.

21"Ataquem a terra de Merataim
e aqueles que moram em Pecode.
Persigam-nos, matem-nos
e destruam-nos totalmente",
declara o SENHOR.
"Façam tudo o que lhes ordenei.
22Há ruído de batalha na terra;
grande destruição!
23Quão quebrado e destroçado
está o martelo de toda a terra!
Quão arrasada está a Babilônia
entre as nações!
24Preparei uma armadilha para você,
ó Babilônia,
e você foi apanhada antes de percebê-lo;
você foi achada e capturada
porque se opôs ao SENHOR.
25O SENHOR abriu o seu arsenal
e trouxe para fora as armas da sua ira,
pois o Soberano, o SENHOR dos Exércitos,
tem trabalho para fazer
na terra dos babilônios.
26Venham contra ela
dos confins da terra.
Arrombem os seus celeiros;
empilhem-na como feixes de cereal.
Destruam-na totalmente
e não lhe deixem nenhum remanescente.
27Matem todos os seus
jovens guerreiros!
Que eles desçam para o matadouro!
Ai deles! Pois chegou o seu dia,
a hora de serem castigados.
28Escutem os fugitivos
e refugiados vindos da Babilônia,
declarando em Sião como o SENHOR,
o nosso Deus, se vingou,
como se vingou de seu templo.

29"Convoquem flecheiros
contra a Babilônia,
todos aqueles que empunham o arco.
Acampem-se todos ao redor dela;
não deixem ninguém escapar.
Retribuam a ela conforme os seus feitos;
façam com ela tudo o que ela fez.
Porque ela desafiou o SENHOR,
o Santo de Israel.
30Por isso, os seus jovens cairão nas ruas
e todos os seus guerreiros
se calarão naquele dia",
declara o SENHOR.
31"Veja, estou contra você,
ó arrogante",
declara o Soberano,
o SENHOR dos Exércitos,
"pois chegou o seu dia,
a sua hora de ser castigada.

[a] 50:10 Ou *Caldeia*

32 A arrogância tropeçará e cairá,
e ninguém a ajudará a se levantar.
Incendiarei as suas cidades,
e o fogo consumirá tudo ao seu redor".

33 Assim diz o SENHOR dos Exércitos:

"O povo de Israel está sendo oprimido,
e também o povo de Judá.
Todos os seus captores
os prendem à força,
recusando deixá-los ir.
34 Contudo, o Redentor deles é forte;
SENHOR dos Exércitos é o seu nome.
Ele mesmo defenderá a causa deles,
e trará descanso à terra,
mas inquietação
aos que vivem na Babilônia.

35 "Uma espada contra os babilônios!",
declara o SENHOR;
"contra os que vivem na Babilônia
e contra seus líderes e seus sábios!
36 Uma espada contra
os seus falsos profetas!
Eles se tornarão tolos.
Uma espada contra os seus guerreiros!
Eles ficarão apavorados.
37 Uma espada contra os seus cavalos,
contra os seus carros de guerra
e contra todos os estrangeiros
em suas fileiras!
Eles serão como mulheres.
Uma espada contra os seus tesouros!
Eles serão saqueados.
38 Uma espada contra as suas águas!
Elas secarão.
Porque é uma terra
de imagens esculpidas,
e eles enlouquecem
por causa de seus ídolos horríveis.

39 "Por isso, criaturas do deserto e hienas
nela morarão,
e as corujas nela habitarão.
Ela jamais voltará a ser povoada
nem haverá quem nela viva no futuro.
40 Como Deus destruiu
Sodoma e Gomorra
e as cidades vizinhas",
diz o SENHOR,
"ninguém mais habitará ali,
nenhum homem residirá nela.

41 "Vejam! Vem vindo um povo do norte;
uma grande nação
e muitos reis se mobilizam
desde os confins da terra.
42 Eles empunham o arco e a lança;
são cruéis e não têm misericórdia,
e o seu barulho é como
o bramido do mar.
Vêm montados em seus cavalos,
em formação de batalha,
para atacá-la, ó cidade[a] de Babilônia.

[a] 50:42 Hebraico: *filha*.

43 Quando o rei da Babilônia
ouviu relatos sobre eles,
as suas mãos amoleceram.
A angústia tomou conta dele,
dores como as de uma mulher
que está dando à luz.
44 Como um leão
que sobe da mata do Jordão
em direção aos pastos verdejantes,
subitamente eu caçarei a Babilônia
pondo-a fora de sua terra.
Quem é o escolhido
que designarei para isso?
Quem é como eu que possa me desafiar?
E que pastor pode me resistir?"
45 Por isso ouçam o que
o SENHOR planejou contra a Babilônia,
o que ele preparou
contra a terra dos babilônios:
os menores do rebanho
serão arrastados,
e as pastagens ficarão devastadas
por causa deles.
46 Ao som da tomada da Babilônia
a terra tremerá;
o grito deles ressoará entre as nações.

51 Assim diz o SENHOR:

"Vejam! Levantarei um vento destruidor
contra a Babilônia,
contra o povo de Lebe-Camai[b].
2 Enviarei estrangeiros para a Babilônia
a fim de peneirá-la como trigo
e devastar a sua terra.
No dia de sua desgraça
virão contra ela de todos os lados.
3 Que o arqueiro não arme o seu arco
nem vista a sua armadura.
Não poupem os seus jovens guerreiros,
destruam completamente
o seu exército.
4 Eles cairão mortos na Babilônia[c],
mortalmente feridos em suas ruas.
5 Israel e Judá não foram abandonadas
como viúvas pelo seu Deus,
o SENHOR dos Exércitos,
embora a terra dos babilônios
esteja cheia de culpa
diante do Santo de Israel.

6 "Fujam da Babilônia!
Cada um por si!
Não sejam destruídos
por causa da iniquidade dela.
É hora da vingança do SENHOR;
ele lhe pagará o que ela merece.
7 A Babilônia era um cálice de ouro
nas mãos do SENHOR;
ela embriagou a terra toda.
As nações beberam o seu vinho;
por isso enlouqueceram.

[b] 51:1 *Lebe-Camai* é um criptograma para *Caldeia*, isto é, a Babilônia.
[c] 51:4 Ou *Caldeia*; também nos versículos 24 e 35.

8 A Babilônia caiu de repente
e ficou arruinada.
Lamentem-se por ela!
Consigam bálsamo para a sua ferida;
talvez ela possa ser curada.

9 " 'Gostaríamos de ter curado Babilônia,
mas ela não pode ser curada;
deixem-na
e vamos, cada um para a sua própria terra,
pois o julgamento dela chega ao céu,
eleva-se tão alto quanto as nuvens.

10 " 'O Senhor defendeu o nosso nome;
venham, contemos em Sião o que
o Senhor, o nosso Deus, tem feito'.

11 "Afiem as flechas,
peguem os escudos!
O Senhor incitou o espírito
dos reis dos medos,
porque seu propósito
é destruir a Babilônia.
O Senhor se vingará,
se vingará de seu templo.
12 Ergam o sinal para atacar
as muralhas da Babilônia!
Reforcem a guarda!
Posicionem as sentinelas!
Preparem uma emboscada!
O Senhor executará o seu plano,
o que ameaçou fazer
contra os habitantes da Babilônia.
13 Você que vive junto a muitas águas
e está rico de tesouros,
chegou o seu fim,
a hora de você ser eliminado.
14 O Senhor dos Exércitos
jurou por si mesmo:
Com certeza a encherei de homens,
como um enxame de gafanhotos,
e eles gritarão triunfantes sobre você.

15 "Mas foi Deus quem fez a terra
com o seu poder;
firmou o mundo com a sua sabedoria
e estendeu os céus
com o seu entendimento.
16 Ao som do seu trovão,
as águas no céu rugem;
ele faz com que as nuvens se levantem
desde os confins da terra.
Ele faz relâmpagos para a chuva
e faz sair o vento de seus depósitos.

17 "São todos eles estúpidos e ignorantes;
cada ourives é envergonhado
pela imagem que esculpiu.
Suas imagens esculpidas
são uma fraude,
elas não têm fôlego de vida.
18 Elas são inúteis,
são objeto de zombaria.
Quando vier o julgamento delas,
perecerão.

19 Aquele que é a Porção de Jacó
não é como esses,
pois ele é quem forma todas as coisas,
e Israel é a tribo de sua propriedade;
Senhor dos Exércitos
é o seu nome.

20 "Você é o meu martelo,
a minha arma de guerra.
Com você eu despedaço nações,
com você eu destruo reinos,
21 com você despedaço
cavalo e cavaleiro,
com você despedaço
carro de guerra e cocheiro,
22 com você despedaço homem e mulher,
com você despedaço velho e jovem,
com você despedaço rapaz e moça,
23 com você despedaço pastor e rebanho,
com você despedaço lavrador e bois,
com você despedaço
governadores e oficiais.

24 "Retribuirei à Babilônia e a todos os que vivem na
Babilônia toda a maldade que fizeram em Sião diante
dos olhos de vocês", declara o Senhor.

25 "Estou contra você,
ó montanha destruidora,
você que destrói a terra inteira",
declara o Senhor.
"Estenderei minha mão contra você,
eu a farei rolar dos penhascos,
e farei de você
uma montanha calcinada.
26 Nenhuma pedra sua será cortada
para servir de pedra angular,
nem para um alicerce,
pois você estará arruinada para sempre",
declara o Senhor.

27 "Ergam um estandarte na terra!
Toquem a trombeta entre as nações!
Preparem as nações
para o combate contra ela;
convoquem contra ela estes reinos:
Ararate, Mini e Asquenaz.
Nomeiem um comandante contra ela;
lancem os cavalos ao ataque
como um enxame de gafanhotos.
28 Preparem as nações
para o combate contra ela:
os reis dos medos, seus governadores
e todos os seus oficiais,
e todos os países que governam.
29 A terra treme e se contorce de dor,
pois permanecem em pé
os planos do Senhor
contra a Babilônia:
desolar a terra da Babilônia
para que fique desabitada.
30 Os guerreiros da Babilônia
pararam de lutar;
permanecem em suas fortalezas.
A força deles acabou;

tornaram-se como mulheres.
As habitações dela estão incendiadas;
as trancas de suas portas
estão quebradas.
31Um emissário vai após outro,
e um mensageiro sai
após outro mensageiro
para anunciar ao rei da Babilônia
que sua cidade inteira foi capturada,
32os vaus do rio foram tomados,
a vegetação dos pântanos foi incendiada,
e os soldados ficaram aterrorizados."

33Assim diz o SENHOR dos Exércitos,
Deus de Israel:

"A cidade[a] de Babilônia é como uma eira;
a época da colheita
logo chegará para ela".

34"Nabucodonosor, rei da Babilônia,
devorou-nos, lançou-nos em confusão,
fez de nós um jarro vazio.
Tal como uma serpente ele nos engoliu,
encheu seu estômago
com nossas finas comidas
e então nos vomitou.
35Que a violência
cometida contra nossa carne[b]
esteja sobre a Babilônia",
dizem os habitantes de Sião.
"Que o nosso sangue esteja sobre
aqueles que moram na Babilônia",
diz Jerusalém.

36Por isso, assim diz o SENHOR:

"Vejam, defenderei a causa de vocês
e os vingarei;
secarei o seu mar
e esgotarei as suas fontes.
37A Babilônia se tornará
um amontoado de ruínas,
uma habitação de chacais,
objeto de pavor e de zombaria,
um lugar onde ninguém vive.
38O seu povo todo
ruge como leõezinhos,
rosnam como filhotes de leão.
39Mas, enquanto estiverem excitados,
prepararei um banquete para eles
e os deixarei bêbados,
para que fiquem bem alegres
e, então, durmam e jamais acordem",
declara o SENHOR.
40"Eu os levarei como cordeiros
para o matadouro,
como carneiros e bodes.

41"Como Sesaque[c] será capturada!
Como o orgulho de toda a terra será tomado!
Que horror a Babilônia
será entre as nações!
42O mar se levantará sobre a Babilônia;
suas ondas agitadas a cobrirão.
43Suas cidades serão arrasadas,
uma terra seca e deserta,
uma terra onde ninguém mora,
pela qual nenhum homem passa.
44Castigarei Bel na Babilônia
e o farei vomitar o que engoliu.
As nações não mais acorrerão a ele.
E a muralha da Babilônia cairá.

45"Saia dela, meu povo!
Cada um salve a sua própria vida,
da ardente ira do SENHOR.
46Não desanimem
nem tenham medo
quando ouvirem rumores na terra;
um rumor chega este ano,
outro no próximo,
rumor de violência na terra
e de governante contra governante.
47Portanto, certamente vêm os dias
quando castigarei as imagens
esculpidas da Babilônia;
toda a sua terra será envergonhada,
e todos os seus mortos jazerão
caídos dentro dela.
48Então o céu e a terra
e tudo o que existe neles
gritarão de alegria
por causa da Babilônia,
pois do norte destruidores a atacarão",
declara o SENHOR.

49"A Babilônia cairá
por causa dos mortos de Israel,
assim como os mortos de toda a terra
caíram por causa da Babilônia.
50Vocês que escaparam da espada,
saiam! Não permaneçam!
Lembrem-se do SENHOR
numa terra distante,
e pensem em Jerusalém.

51"Vocês dirão: 'Estamos envergonhados
pois fomos insultados
e a vergonha cobre o nosso rosto,
porque estrangeiros penetraram
nos lugares santos
do templo do SENHOR'.

52"Portanto, certamente vêm os dias",
declara o SENHOR,
"quando castigarei
as suas imagens esculpidas,
e por toda a sua terra
os feridos gemerão.
53Mesmo que a Babilônia chegue ao céu
e fortifique no alto a sua fortaleza,
enviarei destruidores contra ela",
declara o SENHOR.

54"Vem da Babilônia o som de um grito;
o som de grande destruição
vem da terra dos babilônios.

[a] 51:33 Hebraico: *filha*.
[b] 51:35 Ou *feita a nós e a nossos filhos*
[c] 51:41 *Sesaque* é um criptograma para *Babilônia*.

55O SENHOR destruirá a Babilônia;
ele silenciará o seu grande ruído.
Ondas de inimigos avançarão
como grandes águas;
o rugir de suas vozes ressoará.
56Um destruidor virá contra a Babilônia;
seus guerreiros serão capturados,
e seus arcos serão quebrados.
Pois o SENHOR é um
Deus de retribuição;
ele retribuirá plenamente.
57Embebedarei os seus líderes
e os seus sábios;
os seus governadores,
os seus oficiais e os seus guerreiros.
Eles dormirão para sempre
e jamais acordarão",
declara o Rei,
cujo nome é SENHOR dos Exércitos.

58Assim diz o SENHOR dos Exércitos:

"A larga muralha da Babilônia
será desmantelada
e suas altas portas serão incendiadas.
Os povos se exaurem por nada,
o trabalho das nações não passa
de combustível para as chamas".

59Esta é a mensagem que Jeremias deu ao respon-
sável pelo acampamento, Seraías, filho de Nerias, filho
de Maaseias, quando ele foi à Babilônia com o rei Zede-
quias de Judá, no quarto ano do seu reinado. 60Jeremias
escreveu num rolo todas as desgraças que sobreviriam à
Babilônia, tudo que fora registrado acerca da Babilônia.
61Ele disse a Seraías: "Quando você chegar à Babilônia,
tenha o cuidado de ler todas estas palavras em alta voz.
62Então diga: Ó SENHOR, disseste que destruirás este lu-
gar, para que nem homem nem animal viva nele, pois
ficará em ruínas para sempre. 63Quando você terminar
de ler este rolo, amarre nele uma pedra e atire-o no Eu-
frates. 64Então diga: Assim Babilônia afundará para não
mais se erguer, por causa da desgraça que trarei sobre
ela. E seu povo cairá".

Aqui terminam as palavras de Jeremias.

A queda de Jerusalém

52 Zedequias tinha vinte e um anos quando se tor-
nou rei, e reinou onze anos em Jerusalém. O nome
de sua mãe era Hamutal, filha de Jeremias, de Libna.
2Ele fez o que o SENHOR reprova, assim como fez Jeoa-
quim. 3A ira do SENHOR havia sido provocada em Jeru-
salém e em Judá de tal forma que ele teve que tirá-los
da sua presença.

Zedequias se rebelou contra o rei da Babilônia.

4Então, no nono ano do reinado de Zedequias, no dé-
cimo mês, Nabucodonosor, rei da Babilônia, marchou
contra Jerusalém com todo o seu exército. Acamparam
fora da cidade e construíram torres de assalto ao redor
dela. 5A cidade ficou sob cerco até o décimo primeiro
ano do rei Zedequias.

6Ao chegar o nono dia do quarto mês a fome era
tão severa que não havia comida para o povo. 7Então
o muro da cidade foi rompido. O rei e todos os solda-
dos fugiram e saíram da cidade, à noite, na direção do
jardim real, pela porta entre os dois muros, embora os
babilônios estivessem cercando a cidade. Foram para
a Arabá[a], 8mas os babilônios perseguiram o rei Zede-
quias e o alcançaram na planície de Jericó. Todos os
seus soldados se separaram dele e se dispersaram, 9e
ele foi capturado.

Ele foi levado ao rei da Babilônia em Ribla, na terra
de Hamate, que o sentenciou. 10Em Ribla, o rei da Babi-
lônia mandou executar os filhos de Zedequias diante de
seus olhos, e também matou todos os nobres de Judá.
11Então mandou furar os olhos de Zedequias e prendê-lo
com correntes de bronze e o levou para a Babilônia, on-
de o manteve na prisão até o dia de sua morte.

12No décimo dia do quinto mês, no décimo nono ano
de Nabucodonosor, rei da Babilônia, Nebuzaradã, co-
mandante da guarda imperial, que servia o rei da Ba-
bilônia, veio a Jerusalém. 13Ele incendiou o templo do
SENHOR, o palácio real e todas as casas de Jerusalém.
Todos os edifícios importantes foram incendiados por
ele. 14O exército babilônio, sob o comandante da guarda
imperial, derrubou todos os muros em torno de Jerusa-
lém. 15Nebuzaradã deportou para a Babilônia alguns dos
mais pobres e o povo que restou na cidade, juntamente
com o restante dos artesãos[b] e aqueles que tinham se
rendido ao rei da Babilônia. 16Mas Nebuzaradã deixou
para trás o restante dos mais pobres da terra para tra-
balhar nas vinhas e campos.

17Os babilônios despedaçaram as colunas de bron-
ze, os estrados móveis e o mar de bronze que ficavam
no templo do SENHOR e levaram todo o bronze para a
Babilônia. 18Também levaram embora as panelas, pás,
tesouras de pavio, bacias de aspersão, tigelas e todos os
utensílios de bronze usados no serviço do templo. 19O
comandante da guarda imperial levou embora as pias,
os incensários, as bacias de aspersão, as panelas, os can-
deeiros, as tigelas e as bacias usadas para as ofertas der-
ramadas, tudo que era feito de ouro puro ou de prata.

20O bronze tirado das duas colunas, o mar e os do-
ze touros de bronze debaixo dele, e os estrados mó-
veis, que o rei Salomão fizera para o templo do SENHOR,
eram mais do que se podia pesar. 21Cada uma das co-
lunas tinha oito metros e dez centímetros de altura e
cinco metros e quarenta centímetros de circunferên-
cia[c]; cada uma tinha quatro dedos de espessura e era
oca. 22O capitel de bronze no alto de uma coluna tinha
dois metros e vinte e cinco centímetros de altura e era
ornamentado com uma peça entrelaçada e romãs de
bronze em volta, tudo de bronze. A outra coluna, com
suas romãs, era igual. 23Havia noventa e seis romãs nos
lados; o número total de romãs acima da peça entrela-
çada ao redor era de cem.

24O comandante da guarda tomou como prisioneiros
o sumo sacerdote Seraías, o sacerdote adjunto Sofonias
e os três guardas das portas. 25Dos que ainda estavam
na cidade, tomou o oficial encarregado dos homens de
combate e sete conselheiros reais. Também tomou o se-
cretário, que era o oficial maior encarregado do alista-
mento do povo da terra, e sessenta de seus homens que
foram encontrados na cidade. 26O comandante Nebu-
zaradã tomou todos eles e os levou ao rei da Babilônia

[a] 52:7 Ou *para o vale do Jordão*
[b] 52:15 Ou *restante das massas*
[c] 52:21 Hebraico: *18 côvados de altura e 12 côvados de circunferência*. O côva-
do era uma medida linear de cerca de 45 centímetros.

em Ribla. [27]Ali, em Ribla, na terra de Hamate, o rei fez com que fossem executados.

Assim Judá foi para o cativeiro, longe de sua terra. [28]Este é o número dos que Nebuzaradã levou para o exílio:

No sétimo ano, 3.023 judeus;
[29]no décimo oitavo ano de Nabucodonosor,
832 de Jerusalém;
[30]em seu vigésimo terceiro ano,
745 judeus levados ao exílio pelo comandante da guarda imperial, Nebuzaradã.
Foram ao todo 4.600 judeus.

Joaquim é libertado

[31]No trigésimo sétimo ano do exílio do rei Joaquim
de Judá, no ano em que Evil-Merodaque[a] tornou-se rei
de Babilônia, ele libertou Joaquim, rei de Judá, da prisão no vigésimo quinto dia do décimo segundo mês.
[32]Ele falou bondosamente com ele e deu-lhe um assento de honra mais elevado do que os dos outros reis que
estavam com ele na Babilônia. [33]Desse modo Joaquim
tirou as roupas da prisão e pelo resto da vida comeu à
mesa do rei. [34]O rei da Babilônia deu a Joaquim uma
pensão diária até o dia de sua morte.

[a] 52:31 Também chamado *Amel-Marduque*.

LAMENTAÇÕES

1 [a]Como está deserta a cidade,
antes tão cheia de gente!
Como se parece com uma viúva,
a que antes era grandiosa entre as nações!
A que era a princesa das províncias
agora tornou-se uma escrava.
2Chora amargamente à noite,
as lágrimas rolam por seu rosto.
De todos os seus amantes
nenhum a consola.
Todos os seus amigos a traíram;
tornaram-se seus inimigos.
3Em aflição e sob trabalhos forçados,
Judá foi levado ao exílio.
Vive entre as nações
sem encontrar repouso.
Todos os que a perseguiram a capturaram
em meio ao seu desespero.
4Os caminhos para Sião pranteiam,
porque ninguém comparece
às suas festas fixas.
Todas as suas portas estão desertas,
seus sacerdotes gemem,
suas moças se entristecem,
e ela se encontra em angústia profunda.
5Seus adversários são os seus chefes;
seus inimigos estão tranquilos.
O SENHOR lhe trouxe tristeza
por causa dos seus muitos pecados.
Seus filhos foram levados ao exílio,
prisioneiros dos adversários.
6Todo o esplendor fugiu da cidade[b] de Sião.
Seus líderes são como corças
que não encontram pastagem;
sem forças fugiram diante do perseguidor.
7Nos dias da sua aflição e do seu desnorteio
Jerusalém se lembra de todos os tesouros
que lhe pertenciam nos tempos passados.
Quando o seu povo caiu nas mãos do inimigo,
ninguém veio ajudá-la.
Seus inimigos olharam para ela
e zombaram da sua queda.
8Jerusalém cometeu graves pecados;
por isso tornou-se impura.
Todos os que a honravam agora a desprezam,
porque viram a sua nudez;
ela mesma geme e se desvia deles.
9Sua impureza prende-se às suas saias;
ela não esperava que chegaria o seu fim.
Sua queda foi surpreendente;
ninguém veio consolá-la.
"Olha, SENHOR, para a minha aflição,
pois o inimigo triunfou."
10O adversário saqueia todos os seus tesouros;
ela viu nações pagãs entrarem
em seu santuário,
sendo que tu as tinhas proibido
de participar das tuas assembleias.
11Todo o seu povo se lamenta
enquanto vai em busca de pão;
e, para sobreviverem,
trocam tesouros por comida.
"Olha, SENHOR, e considera,
pois tenho sido desprezada.
12Vocês não se comovem,
todos vocês que passam por aqui?
Olhem ao redor e vejam
se há sofrimento maior do que
o que me foi imposto,
e que o SENHOR trouxe sobre mim
no dia em que se acendeu a sua ira.
13Do alto ele fez cair fogo
sobre os meus ossos.
Armou uma rede para os meus pés
e me derrubou de costas.
Deixou-me desolada,
e desfalecida o dia todo.
14Os meus pecados foram
amarrados num jugo;
suas mãos os ataram todos juntos,
e os colocaram em meu pescoço;
o Senhor abateu a minha força.
Ele me entregou àqueles
que não consigo vencer.
15O Senhor dispersou todos os guerreiros
que me apoiavam;
convocou um exército contra mim
para destruir os meus jovens.
O Senhor pisou no seu lagar
a virgem, a cidade de Judá.
16É por isso que eu choro;
as lágrimas inundam os meus olhos.
Ninguém está por perto para consolar-me,
não há ninguém que restaure o meu espírito.
Meus filhos estão desamparados
porque o inimigo prevaleceu."
17Suplicante, Sião estende as mãos,
mas não há quem a console.
O SENHOR decretou que os vizinhos de Jacó
se tornem seus adversários;
Jerusalém tornou-se coisa imunda entre eles.
18"O SENHOR é justo,
mas eu me rebelei contra a sua ordem.
Ouçam, todos os povos;
olhem para o meu sofrimento.
Meus jovens e minhas moças
foram para o exílio.
19Chamei os meus aliados,
mas eles me traíram.
Meus sacerdotes e meus líderes
pereceram na cidade,
enquanto procuravam comida
para poderem sobreviver.
20Veja, SENHOR, como estou angustiada!
Estou atormentada no íntimo,

[a] 1:1 Cada capítulo de Lamentações é um poema organizado em ordem alfabética, no hebraico.
[b] 1:6 Hebraico: *filha*; também em todo o livro de Lamentações.

e no meu coração me perturbo
pois tenho sido muito rebelde.
Lá fora, a espada a todos consome;
dentro, impera a morte.
21Os meus lamentos têm sido ouvidos,
mas não há ninguém que me console.
Todos os meus inimigos
sabem da minha agonia;
eles se alegram com o que fizeste.
Quem dera trouxesses o dia que anunciaste
para que eles ficassem como eu!
22Que toda a maldade deles
seja conhecida diante de ti;
faze com eles o que fizeste comigo
por causa de todos os meus pecados.
Os meus gemidos são muitos
e o meu coração desfalece."

2 O Senhor cobriu a cidade de Sião
com a nuvem da sua ira!
Lançou por terra o esplendor de Israel,
que se elevava para os céus;
não se lembrou do estrado dos seus pés
no dia da sua ira.
2Sem piedade o Senhor devorou
todas as habitações de Jacó;
em sua ira destruiu as fortalezas
da filha de Judá.
Derrubou ao chão e desonrou
o seu reino e os seus líderes.
3Em sua flamejante ira,
cortou todo o poder[a] de Israel.
Retirou a sua mão direita
diante da aproximação do inimigo.
Queimou Jacó como um fogo ardente
que consome tudo ao redor.
4Como um inimigo, preparou o seu arco;
como um adversário,
a sua mão direita está pronta.
Ele massacrou tudo o que era
agradável contemplar;
derramou sua ira como fogo
sobre a tenda da cidade de Sião.
5O Senhor é como um inimigo;
ele tem devorado Israel.
Tem devorado todos os seus palácios
e destruído as suas fortalezas.
Tem feito multiplicar os prantos
e as lamentações da filha de Judá.
6Ele destroçou a sua morada
como se fosse um simples jardim;
destruiu o seu local de reuniões.
O SENHOR fez esquecidas em Sião
suas festas fixas e seus sábados;
em seu grande furor
rejeitou o rei e o sacerdote.
7O Senhor rejeitou o seu altar e
abandonou o seu santuário.
Entregou aos inimigos
os muros dos seus palácios,
e eles deram gritos na casa do SENHOR,
como faziamos nos dias de festa.
8O SENHOR está decidido
a derrubar os muros da cidade de Sião.
Esticou a trena e
não poupou a sua mão destruidora.
Fez com que os muros e as paredes
se lamentassem;
juntos eles desmoronaram.
9Suas portas caíram por terra;
suas trancas ele quebrou e destruiu.
O seu rei e os seus líderes
foram exilados para diferentes nações,
e a lei já não existe;
seus profetas já não recebem
visões do SENHOR.
10Os líderes da cidade de Sião
sentam-se no chão em silêncio;
despejam pó sobre a cabeça
e usam vestes de lamento.
As moças de Jerusalém
inclinam a cabeça até o chão.
11Meus olhos estão cansados de chorar,
minha alma está atormentada,
meu coração se derrama,
porque o meu povo está destruído,
porque crianças e bebês desmaiam
pelas ruas da cidade.
12Eles clamam às suas mães:
"Onde estão o pão e o vinho?"
Ao mesmo tempo em que desmaiam
pelas ruas da cidade, como os feridos,
e suas vidas se desvanecem
nos braços de suas mães.
13Que posso dizer a seu favor?
Com que posso compará-la,
ó cidade de Jerusalém?
Com que posso assemelhá-la,
a fim de trazer-lhe consolo,
ó virgem, ó cidade de Sião?
Sua ferida é tão profunda quanto o oceano;
quem pode curá-la?
14As visões dos seus profetas
eram falsas e inúteis;
eles não expuseram o seu pecado
para evitar o seu cativeiro.
As mensagens que eles lhe deram
eram falsas e enganosas.
15Todos os que cruzam o seu caminho
batem palmas;
eles zombam e meneiam a cabeça
diante da cidade de Jerusalém:
"É esta a cidade que era chamada
a perfeição da beleza,
a alegria de toda a terra?"
16Todos os seus inimigos
escancaram a boca contra você;
eles zombam, rangem os dentes
e dizem: "Nós a devoramos.
Este é o dia que esperávamos;
e eis que vivemos até vê-lo chegar!"
17O SENHOR fez o que planejou;
cumpriu a sua palavra,
que há muito havia decretado.
Derrubou tudo sem piedade,

[a] 2:3 Hebraico: *chifre*; também no versículo 17.

permitiu que o inimigo zombasse de você,
exaltou o poder dos seus adversários.
18 O coração do povo clama ao Senhor.
Ó muro da cidade de Sião,
corram como um rio
as suas lágrimas dia e noite;
não se permita nenhum descanso
nem dê repouso à menina dos seus olhos.
19 Levante-se, grite no meio da noite,
quando começam as vigílias noturnas;
derrame o seu coração como água
na presença do Senhor.
Levante para ele as mãos
em favor da vida de seus filhos,
que desmaiam de fome
nas esquinas de todas as ruas.
20 "Olha, SENHOR, e considera:
A quem trataste dessa maneira?
Deverão as mulheres comer seus próprios filhos,
que elas criaram com tanto amor?
Deverão os profetas e os sacerdotes
ser assassinados no santuário
do Senhor?
21 Jovens e velhos espalham-se
em meio ao pó das ruas;
meus jovens e minhas virgens
caíram mortos à espada.
Tu os sacrificaste no dia da tua ira;
tu os mataste sem piedade.
22 Como se faz convocação
para um dia de festa,
convocaste contra mim
terrores por todos os lados.
No dia da ira do SENHOR,
ninguém escapou nem sobreviveu;
aqueles dos quais eu cuidava
e que eu fiz crescer,
o meu inimigo destruiu."

3 Eu sou o homem que viu a aflição
trazida pela vara da sua ira.
2 Ele me impeliu e me fez andar na escuridão,
e não na luz;
3 sim, ele voltou sua mão contra mim
vez após vez, o tempo todo.
4 Fez que a minha pele e a minha carne
envelhecessem
e quebrou os meus ossos.
5 Ele me sitiou e me cercou
de amargura e de pesar.
6 Fez-me habitar na escuridão
como os que há muito morreram.
7 Cercou-me de muros,
e não posso escapar;
atou-me a pesadas correntes.
8 Mesmo quando chamo ou grito por socorro,
ele rejeita a minha oração.
9 Ele impediu o meu caminho
com blocos de pedra;
e fez tortuosas as minhas sendas.
10 Como um urso à espreita,
como um leão escondido,
11 arrancou-me do caminho e despedaçou-me,
deixando-me abandonado.
12 Preparou o seu arco
e me fez alvo de suas flechas.
13 Atingiu o meu coração
com flechas de sua aljava.
14 Tornei-me objeto de riso
de todo o meu povo;
nas suas canções
eles zombam de mim o tempo todo.
15 Fez-me comer ervas amargas
e fartou-me de fel.
16 Quebrou os meus dentes com pedras;
e pisoteou-me no pó.
17 Tirou-me a paz;
esqueci-me o que é prosperidade.
18 Por isso, digo: "Meu esplendor já se foi,
bem como tudo o que eu esperava do
SENHOR".
19 Lembro-me da minha aflição
e do meu delírio,
da minha amargura e do meu pesar.
20 Lembro-me bem disso tudo,
e a minha alma desfalece dentro de mim.
21 Todavia, lembro-me também
do que pode me dar esperança:
22 Graças ao grande amor do SENHOR
é que não somos consumidos,
pois as suas misericórdias são inesgotáveis.
23 Renovam-se cada manhã;
grande é a sua fidelidade!
24 Digo a mim mesmo:
A minha porção é o SENHOR;
portanto, nele porei a minha esperança.
25 O SENHOR é bom para com aqueles
cuja esperança está nele,
para com aqueles que o buscam;
26 é bom esperar tranquilo
pela salvação do SENHOR.
27 É bom que o homem suporte o jugo
enquanto é jovem.
28 Leve-o sozinho e em silêncio,
porque o SENHOR o pôs sobre ele.
29 Ponha o seu rosto no pó;
talvez ainda haja esperança.
30 Ofereça o rosto a quem o quer ferir,
e engula a desonra.
31 Porque o Senhor
não o desprezará para sempre.
32 Embora ele traga tristeza,
mostrará compaixão,
tão grande é o seu amor infalível.
33 Porque não é do seu agrado trazer aflição
e tristeza aos filhos dos homens,
34 esmagar com os pés
todos os prisioneiros da terra,
35 negar a alguém os seus direitos,
enfrentando o Altíssimo,
36 impedir a alguém o acesso à justiça;
não veria o Senhor tais coisas?
37 Quem poderá falar e fazer acontecer,
se o Senhor não o tiver decretado?
38 Não é da boca do Altíssimo que vêm
tanto as desgraças como as bênçãos?
39 Como pode um homem reclamar

quando é punido por seus pecados?
40 Examinemos e coloquemos à prova
os nossos caminhos,
e depois voltemos ao SENHOR.
41 Levantemos o coração e as mãos
para Deus, que está nos céus, e digamos:
42 "Pecamos e nos rebelamos,
e tu não nos perdoaste.
43 Tu te cobriste de ira e nos perseguiste,
massacraste-nos sem piedade.
44 Tu te escondeste atrás de uma nuvem
para que nenhuma oração chegasse a ti.
45 Tu nos tornaste escória
e refugo entre as nações.
46 Todos os nossos inimigos
escancaram a boca contra nós.
47 Sofremos terror e ciladas,
ruína e destruição".
48 Rios de lágrimas correm dos meus olhos
porque o meu povo foi destruído.
49 Meus olhos choram sem parar,
sem nenhum descanso,
50 até que o SENHOR contemple dos céus
e veja.
51 O que eu enxergo enche-me a alma
de tristeza,
de pena de todas as mulheres da minha
cidade.
52 Aqueles que, sem motivo,
eram meus inimigos
caçaram-me como a um passarinho.
53 Procuraram fazer minha vida
acabar na cova
e me jogaram pedras;
54 as águas me encobriram a cabeça,
e cheguei a pensar
que o fim de tudo tinha chegado.
55 Clamei pelo teu nome, SENHOR,
das profundezas da cova.
56 Tu ouviste o meu clamor:
"Não feches os teus ouvidos
aos meus gritos de socorro".
57 Tu te aproximaste quando a ti clamei,
e disseste: "Não tenha medo".
58 Senhor, tu assumiste a minha causa;
e redimiste a minha vida.
59 Tu tens visto, SENHOR,
o mal que me tem sido feito.
Toma a teu cargo a minha causa!
60 Tu viste como é terrível a vingança deles,
todas as suas ciladas contra mim.
61 SENHOR, tu ouviste os seus insultos,
todas as suas ciladas contra mim,
62 aquilo que os meus inimigos sussurram
e murmuram o tempo todo contra mim.
63 Olha para eles! Sentados ou em pé,
zombam de mim com as suas canções.
64 Dá-lhes o que merecem, SENHOR,
conforme o que as suas mãos têm feito.
65 Coloca um véu sobre os seus corações
e esteja a tua maldição sobre eles.
66 Persegue-os com fúria e elimina-os
de debaixo dos teus céus, ó SENHOR.

4 Como o ouro perdeu o brilho!
Como o ouro fino ficou embaçado!
As pedras sagradas estão espalhadas
pelas esquinas de todas as ruas.
2 Como os preciosos filhos de Sião,
que antes valiam seu peso em ouro,
hoje são considerados como vasos de barro,
obra das mãos de um oleiro!
3 Até os chacais oferecem o peito
para amamentar os seus filhotes,
mas o meu povo não tem mais coração;
é como as avestruzes do deserto.
4 De tanta sede, a língua dos bebês
gruda no céu da boca;
as crianças imploram pelo pão,
mas ninguém as atende.
5 Aqueles que costumavam comer comidas finas
passam necessidade nas ruas.
Aqueles que se adornavam de púrpura
hoje estão prostrados
sobre montes de cinza.
6 A punição do meu povo
é maior que a de Sodoma,
que foi destruída num instante
sem que ninguém a socorresse.
7 Seus príncipes eram mais brilhantes
que a neve,
mais brancos do que o leite;
e tinham a pele mais rosada que rubis;
e sua aparência lembrava safiras.
8 Mas agora estão mais negros do que o carvão;
não são reconhecidos nas ruas.
Sua pele enrugou-se sobre os seus ossos;
agora parecem madeira seca.
9 Os que foram mortos à espada
estão melhor do que os que morreram de
fome,
os quais, tendo sido torturados pela fome,
definham pela falta de produção
das lavouras.
10 Com as próprias mãos,
mulheres bondosas
cozinharam seus próprios filhos,
que se tornaram sua comida
quando o meu povo foi destruído.
11 O SENHOR deu vazão total à sua ira;
derramou a sua grande fúria.
Ele acendeu em Sião um fogo
que consumiu os seus alicerces.
12 Os reis da terra e os povos de todo o mundo
não acreditavam
que os inimigos
e os adversários pudessem entrar
pelas portas de Jerusalém.
13 Dentro da cidade foi derramado
o sangue dos justos,
por causa do pecado dos seus profetas
e das maldades dos seus sacerdotes.
14 Hoje eles tateiam pelas ruas como cegos,
e tão sujos de sangue estão,
que ninguém ousa tocar em suas vestes.
15 "Vocês estão imundos!",
o povo grita para eles.

"Afastem-se! Não nos toquem!"
Quando eles fogem e andam errantes,
os povos das outras nações dizem:
"Aqui eles não podem habitar".
16 O próprio Senhor os espalhou;
ele já não cuida deles.
Ninguém honra os sacerdotes
nem respeita os líderes.
17 Nossos olhos estão cansados
de buscar ajuda em vão;
de nossas torres ficávamos à espera
de uma nação que não podia salvar-nos.
18 Cada passo nosso era vigiado;
nem podíamos caminhar
por nossas ruas.
Nosso fim estava próximo,
nossos dias estavam contados;
o nosso fim já havia chegado.
19 Nossos perseguidores eram mais velozes
que as águias nos céus;
perseguiam-nos por sobre as montanhas,
ficavam de tocaia contra nós no deserto.
20 O ungido do Senhor,
o próprio fôlego da nossa vida,
foi capturado em suas armadilhas. E nós que
pensávamos que sob
a sua sombra viveríamos entre as nações!
21 Alegre-se e exulte, ó terra de Edom,
você que vive na terra de Uz.
Mas a você também será servido o cálice:
você será embriagada
e as suas roupas serão arrancadas.
22 Ó cidade de Sião, o seu castigo terminará;
o Senhor não prolongará o seu exílio.
Mas você, ó terra de Edom, ele punirá o seu
pecado
e porá à mostra a sua perversidade.

5 Lembra-te, Senhor,
do que tem acontecido conosco;
olha e vê a nossa desgraça.
2 Nossa herança foi entregue aos estranhos,
nossas casas, aos estrangeiros.
3 Somos órfãos de pai,
nossas mães são como viúvas.
4 Temos que comprar a água que bebemos;
nossa lenha, só conseguimos pagando.
5 Aqueles que nos perseguem
estão bem próximos;
estamos exaustos e não temos como descansar.
6 Submetemo-nos ao Egito e à Assíria
para conseguir pão.
7 Nossos pais pecaram e já não existem,
e nós recebemos o castigo
pelos seus pecados.
8 Escravos dominam sobre nós,
e não há quem possa livrar-nos
das suas mãos.
9 Conseguimos pão arriscando a vida,
enfrentando a espada do deserto.
10 Nossa pele está quente como um forno,
febril de tanta fome.
11 As mulheres têm sido violentadas em Sião,
e as virgens, nas cidades de Judá.
12 Os líderes foram pendurados por suas mãos;
aos idosos não se mostra
nenhum respeito.
13 Os jovens trabalham nos moinhos;
os meninos cambaleiam
sob o fardo de lenha.
14 Os líderes já não se reúnem
junto às portas da cidade;
os jovens cessaram a sua música.
15 Dos nossos corações fugiu a alegria;
nossas danças se transformaram
em lamentos.
16 A coroa caiu da nossa cabeça.
Ai de nós, porque temos pecado!
17 E por esse motivo o nosso coração desfalece,
e os nossos olhos perdem o brilho.
18 Tudo porque o monte Sião está deserto,
e os chacais perambulam por ele.
19 Tu, Senhor, reinas para sempre;
teu trono permanece
de geração em geração.
20 Por que motivo então te esquecerias de nós?
Por que haverias de desamparar-nos
por tanto tempo?
21 Restaura-nos para ti, Senhor,
para que voltemos;
renova os nossos dias como os de antigamente,
22 a não ser que já nos tenhas
rejeitado completamente
e a tua ira contra nós
não tenha limite!

EZEQUIEL

Os seres viventes e a glória do Senhor

1 Era o quinto dia do quarto mês do trigésimo ano[a], e eu estava entre os exilados, junto ao rio Quebar. Abriram-se os céus, e eu tive visões de Deus.

2Foi no quinto ano do exílio do rei Joaquim, no quinto dia do quarto mês. 3A palavra do SENHOR veio ao sacerdote Ezequiel, filho de Buzi,[b] junto ao rio Quebar, na terra dos caldeus. Ali a mão do SENHOR esteve sobre ele.

4Olhei e vi uma tempestade que vinha do norte: uma nuvem imensa, com relâmpagos e faíscas, e cercada por uma luz brilhante. O centro do fogo parecia metal reluzente, 5e no meio do fogo havia quatro vultos que pareciam seres viventes. Na aparência tinham forma de homem, 6mas cada um deles tinha quatro rostos e quatro asas. 7Suas pernas eram retas; seus pés eram como os de um bezerro e reluziam como bronze polido. 8Debaixo de suas asas, nos quatro lados, eles tinham mãos humanas. Os quatro tinham rostos e asas, 9e as suas asas encostavam umas nas outras. Quando se moviam andavam para a frente, e não se viravam.

10Quanto à aparência dos seus rostos, os quatro tinham rosto de homem, rosto de leão no lado direito, rosto de boi no lado esquerdo, e rosto de águia. 11Assim eram os seus rostos. Suas asas estavam estendidas para cima; cada um deles tinha duas asas que se encostavam na de outro ser vivente, de um lado e do outro, e duas asas que cobriam os seus corpos. 12Cada um deles ia sempre para a frente. Para onde quer que fosse o Espírito eles iam, e não se viravam quando se moviam. 13Os seres viventes pareciam carvão aceso; eram como tochas. O fogo ia de um lado a outro entre os seres viventes, e do fogo saíam relâmpagos e faíscas. 14Os seres viventes iam e vinham como relâmpagos.

15Enquanto eu olhava para eles, vi uma roda ao lado de cada um deles, diante dos seus quatro rostos. 16Esta era a aparência das rodas e a sua estrutura: reluziam como o berilo; as quatro tinham aparência semelhante. Cada roda parecia estar entrosada na outra. 17Quando se moviam, seguiam nas quatro direções dos quatro rostos, e não se viravam[c] enquanto iam. 18Seus aros eram altos e impressionantes e estavam cheios de olhos ao redor.

19Quando os seres viventes se moviam, as rodas ao seu lado se moviam; quando se elevavam do chão, as rodas também se elevavam. 20Para onde quer que o Espírito fosse, os seres viventes iam, e as rodas os seguiam, porque o mesmo Espírito estava nelas. 21Quando os seres viventes se moviam, elas também se moviam; quando eles ficavam imóveis, elas também ficavam; e quando os seres viventes se elevavam do chão, as rodas também se elevavam com eles, porque o mesmo Espírito deles estava nelas.

22Acima das cabeças dos seres viventes estava o que parecia uma abóbada, reluzente como gelo, e impressionante. 23Debaixo dela cada ser vivente estendia duas asas ao que lhe estava mais próximo, e com as outras duas asas cobria o corpo. 24Ouvi o ruído de suas asas quando voavam. Parecia o ruído de muitas águas, parecia a voz do Todo-poderoso. Era um ruído estrondoso, como o de um exército. Quando paravam, fechavam as asas.

25Então veio uma voz de cima da abóbada sobre as suas cabeças, enquanto eles ficavam de asas fechadas. 26Acima da abóbada sobre as suas cabeças havia o que parecia um trono de safira e, bem no alto, sobre o trono, havia uma figura que parecia um homem. 27Vi que a parte de cima do que parecia ser a cintura dele, parecia metal brilhante, como que cheia de fogo, e a parte de baixo parecia fogo; e uma luz brilhante o cercava. 28Tal como a aparência do arco-íris nas nuvens de um dia chuvoso, assim era o resplendor ao seu redor.

Essa era a aparência da figura da glória do SENHOR. Quando a vi, prostrei-me com o rosto em terra, e ouvi a voz de alguém falando.

O chamado de Ezequiel

2 Ele me disse: "Filho do homem, fique em pé, pois eu vou falar com você". 2Enquanto ele falava, o Espírito entrou em mim e me pôs em pé, e ouvi aquele que me falava.

3Ele disse: "Filho do homem, vou enviá-lo aos israelitas, nação rebelde que se revoltou contra mim; até hoje eles e os seus antepassados têm se revoltado contra mim. 4O povo a quem vou enviá-lo é obstinado e rebelde. Diga-lhe: Assim diz o Soberano, o SENHOR. 5E, quer aquela nação rebelde ouça, quer deixe de ouvir, saberá que um profeta esteve no meio dela. 6E você, filho do homem, não tenha medo dessa gente nem das suas palavras. Não tenha medo, ainda que o cerquem espinheiros e você viva entre escorpiões. Não tenha medo do que disserem, nem fique apavorado ao vê-los, embora sejam uma nação rebelde. 7Você lhes falará as minhas palavras, quer ouçam quer deixem de ouvir, pois são rebeldes. 8Mas você, filho do homem, ouça o que lhe digo. Não seja rebelde como aquela nação; abra a boca e coma o que vou lhe dar".

9Então olhei, e vi a mão de alguém estendida para mim. Nela estava o rolo de um livro, 10que ele desenrolou diante de mim. Em ambos os lados do rolo estavam escritas palavras de lamento, pranto e ais.

3 E ele me disse: "Filho do homem, coma este rolo; depois vá falar à nação de Israel". 2Eu abri a boca, e ele me deu o rolo para eu comer.

3E acrescentou: "Filho do homem, coma este rolo que estou lhe dando e encha o seu estômago com ele". Então eu o comi, e em minha boca era doce como mel.

4Depois ele me disse: "Filho do homem, vá agora à nação de Israel e diga-lhe as minhas palavras. 5Você não está sendo enviado a um povo de fala obscura e de língua difícil, mas à nação de Israel; 6não irá a muitos povos de fala obscura e de língua difícil, cujas palavras você não conseguiria entender. Certamente, se eu o enviasse, eles o ouviriam. 7Mas a nação de Israel não vai querer ouvi-lo porque não quer me ouvir, pois toda a nação de Israel está endurecida e obstinada. 8Porém eu tornarei você tão inflexível e endurecido

[a] 1:1 Ou *do meu trigésimo ano*
[b] 1:3 Ou *veio a Ezequiel, filho do sacerdote Buzi,*
[c] 1:17 Ou *não viravam para o lado*

quanto eles. 9Tornarei a sua testa como a mais dura das
pedras, mais dura que a pederneira. Não tenha medo
deles, nem fique apavorado ao vê-los, embora sejam
uma nação rebelde".
10E continuou: "Filho do homem, ouça atentamente
e guarde no coração todas as palavras que eu lhe disser.
11Vá agora aos seus compatriotas que estão no exílio e
fale com eles. Diga-lhes, quer ouçam quer deixem de
ouvir: Assim diz o Soberano, o SENHOR".
12Depois o Espírito elevou-me, e ouvi esta estron-
dosa aclamação: "Que a glória do SENHOR seja louvada
em sua habitação!" 13E ouvi o som das asas dos seres vi-
ventes roçando umas nas outras e, atrás deles, o som
das rodas — um forte estrondo! 14Então o Espírito ele-
vou-me e tirou-me de lá, com o meu espírito cheio de
amargura e de ira, e com a forte mão do SENHOR sobre
mim. 15Fui aos exilados que moravam em Tel-Abibe,
perto do rio Quebar. Sete dias fiquei lá entre eles —
atônito!

Advertência a Israel

16Ao fim dos sete dias a palavra do SENHOR veio a
mim: 17"Filho do homem", disse ele, "eu o fiz sentinela
para a nação de Israel; por isso ouça a palavra que digo
e leve a eles a minha advertência. 18Quando eu disser
a um ímpio que ele vai morrer, e você não o advertir
nem lhe falar para dissuadi-lo dos seus maus caminhos
para salvar a vida dele, aquele ímpio morrerá por[a] sua
iniquidade; mas para mim você será responsável pela
morte dele. 19Se, porém, você advertir o ímpio e ele não
se desviar de sua impiedade ou dos seus maus cami-
nhos, ele morrerá por sua iniquidade, mas você estará
livre dessa culpa.
20"Da mesma forma, quando um justo se desviar de
sua justiça e fizer o mal, e eu puser uma pedra de tro-
peço diante dele, ele morrerá. Uma vez que você não
o advertiu, ele morrerá pelo pecado que cometeu. As
práticas justas dele não serão lembradas; para mim,
porém, você será responsável pela morte dele. 21Se, po-
rém, você advertir o justo e ele não pecar, certamente
ele viverá porque aceitou a advertência, e você estará
livre dessa culpa".
22A mão do SENHOR esteve ali sobre mim, e ele me
disse: "Levante-se e vá para a planície, e lá falarei com
você". 23Então me levantei e fui para a planície. E lá es-
tava a glória do SENHOR, glória como a que eu tinha
visto junto ao rio Quebar. Prostrei-me com o rosto em
terra, 24mas o Espírito entrou em mim e me pôs em pé.
Ele me disse: "Vá para casa e tranque-se. 25Pois você, fi-
lho do homem, será amarrado com cordas; você ficará
preso, e não conseguirá sair para o meio do povo. 26Fa-
rei sua língua apegar-se ao céu da boca para que você
fique calado e não possa repreendê-los, embora sejam
uma nação rebelde. 27Mas, quando eu falar com você,
abrirei sua boca e você lhes dirá: Assim diz o Soberano,
o SENHOR. Quem quiser ouvir ouça, e quem não quiser
não ouça; pois são uma nação rebelde.

Cerco simbólico de Jerusalém

4 "Agora, filho do homem, apanhe um tijolo, coloque-o
à sua frente e nele desenhe a cidade de Jerusalém.
2Cerque-a então, e erga obras de cerco contra ela; cons-
trua uma rampa, monte acampamentos e ponha aríetes
ao redor dela. 3Depois apanhe uma panela de ferro, co-
loque-a como muro de ferro entre você e a cidade e
ponha-se de frente para ela. Ela estará cercada, e vo-
cê a sitiará. Isto será um sinal para a nação de Israel.
4"Deite-se então sobre o seu lado esquerdo e sobre
você[b] ponha a iniquidade da nação de Israel. Você te-
rá que carregar a iniquidade dela durante o número
de dias em que estiver deitado sobre o lado esquerdo.
5Determinei que o número de dias seja equivalente ao
número de anos da iniquidade dela, ou seja, durante
trezentos e noventa dias você carregará a iniquidade
da nação de Israel.
6"Terminado esse prazo, deite-se sobre o seu lado di-
reito, e carregue a iniquidade da nação de Judá, 7duran-
te quarenta dias, tempo que eu determinei para você,
um dia para cada ano. Olhe para o cerco de Jerusalém
e, com braço desnudo, profetize contra ela. 8Vou amar-
rá-lo com cordas para que você não possa virar-se en-
quanto não cumprir os dias da sua aflição.
9"Pegue trigo e cevada, feijão e lentilha, painço e
espelta[c]; ponha-os numa vasilha e com eles faça pão
para você. Você deverá comê-lo durante os trezentos e
noventa dias em que estiver deitado sobre o seu lado.
10Pese duzentos e quarenta gramas[d] do pão por dia e
coma-o em horas determinadas. 11Também meça meio
litro[e] de água e beba-a em horas determinadas. 12Coma
o pão como você comeria um bolo de cevada; asse-o à
vista do povo, usando fezes humanas como combus-
tível". 13O SENHOR disse: "Desse modo os israelitas co-
merão sua comida imunda entre as nações para onde
eu os expulsar".
14Então eu disse: Ah! Soberano SENHOR! Eu jamais
me contaminei. Desde a minha infância até agora, ja-
mais comi qualquer coisa achada morta ou que tivesse
sido despedaçada por animais selvagens. Jamais entrou
em minha boca qualquer carne impura.
15"Está bem", disse ele, "deixarei que você asse o seu
pão em cima de esterco de vaca, e não em cima de fe-
zes humanas."
16E acrescentou: "Filho do homem, cortarei o supri-
mento de comida em Jerusalém. O povo comerá com
ansiedade comida racionada e beberá com desespero
água racionada, 17pois haverá falta de comida e de água.
Ficarão chocados com a aparência uns aos outros, e de-
finharão por causa de[f] sua iniquidade.
5 "Agora, filho do homem, apanhe uma espada afiada e
use-a como navalha de barbeiro para rapar a cabeça e
a barba. Depois tome uma balança de pesos e reparta o
cabelo. 2Quando os dias do cerco da cidade chegarem ao
fim, queime no fogo um terço do cabelo dentro da cida-
de. Pegue um terço e corte-o com a espada ao redor de
toda a cidade. E espalhe um terço ao vento. Porque eu
os perseguirei com espada desembainhada. 3Mas apa-
nhe umas poucas mechas de cabelo e esconda-as nas
dobras de sua roupa. 4E destas ainda, pegue algumas e
atire-as ao fogo, para que se queimem. Dali um fogo se
espalhará por toda a nação de Israel.

[a] 3:18 Ou *morrerá em*; também nos versículos 19 e 20.

[b] 4:4 Ou *sobre o seu lado*

[c] 4:9 *Painço* é uma gramínea (capim) cujas espigas servem de alimento e *espelta*, uma espécie de trigo de qualidade inferior.

[d] 4:10 Hebraico: *20 siclos*. Um siclo equivalia a 12 gramas.

[e] 4:11 Hebraico: *1/6 de um him*. O him era uma medida de capacidade para líquidos. As estimativas variam entre 3 e 6 litros.

[f] 4:17 Ou *definharão em*

5“Assim diz o Soberano, o SENHOR: Esta é Jerusalém, que pus no meio dos povos, com nações ao seu redor. 6Contudo, em sua maldade, ela se revoltou contra as minhas leis e contra os meus decretos mais do que os povos e as nações ao seu redor. Ela rejeitou as minhas leis e não agiu segundo os meus decretos.

7“Portanto assim diz o Soberano, o SENHOR: Você tem sido mais rebelde do que as nações ao seu redor e não agiu segundo os meus decretos nem obedeceu às minhas leis. Você nem mesmo alcançou os padrões das nações ao seu redor.

8“Por isso diz o Soberano, o SENHOR: Eu estou contra você, Jerusalém, e lhe infligirei castigo à vista das nações. 9Por causa de todos os seus ídolos detestáveis, farei com você o que nunca fiz nem jamais voltarei a fazer. 10Por isso, entre vocês sucederá que os pais comerão os seus próprios filhos, e os filhos comerão os seus pais. Castigarei você e dispersarei aos ventos os seus sobreviventes. 11Por isso, juro pela minha vida, palavra do Soberano, o SENHOR, que por ter contaminado meu santuário com suas imagens detestáveis e com suas práticas repugnantes, eu retirarei a minha bênção. Não olharei com piedade para você e não a pouparei. 12Um terço de seu povo morrerá de peste ou perecerá de fome dentro de seus muros; um terço cairá à espada fora da cidade; e um terço dispersarei aos ventos e perseguirei com a espada em punho.

13“Então a minha ira cessará, diminuirá a minha indignação contra eles, e serei vingado. E, quando tiver esgotado a minha ira sobre eles, saberão que eu, o SENHOR, falei segundo o meu zelo.

14“Farei de você uma ruína e a tornarei desprezível entre as nações ao seu redor, à vista de todos quantos passarem por você. 15Você será objeto de desprezo e de escárnio, e servirá de advertência e de causa de pavor às nações ao redor, quando eu castigar você com ira, indignação e violência. Eu, o SENHOR, falei. 16Quando eu atirar em você minhas flechas mortais e destruidoras, minhas flechas de fome, atirarei para destruí-la. Aumentarei a sua fome e cortarei o seu sustento. 17Enviarei contra você a fome e animais selvagens, que acabarão com os seus filhos. A peste e o derramamento de sangue a alcançarão, e trarei a espada contra você. Eu, o SENHOR, falei”.

Profecia contra os montes de Israel

6 Esta palavra do SENHOR veio a mim: 2“Filho do homem, vire o rosto contra os montes de Israel; profetize contra eles 3e diga: Ó montes de Israel, ouçam a palavra do Soberano, o SENHOR. Assim diz o Soberano, o SENHOR, aos montes e às colinas, às ravinas e aos vales: Estou prestes a trazer a espada contra vocês; vou destruir os seus altares idólatras. 4Seus altares serão arrasados, seus altares de incenso[a] serão esmigalhados, e abaterei o seu povo na frente dos seus ídolos. 5Porei os cadáveres dos israelitas em frente dos seus ídolos, e espalharei os seus ossos ao redor dos seus altares. 6Onde quer que você viva, as cidades serão devastadas e os altares idólatras serão arrasados e devastados, seus ídolos serão esmigalhados e transformados em ruínas, seus altares de incenso serão derrubados e tudo o que vocês realizaram será apagado. 7Seu povo cairá morto no meio de vocês, e vocês saberão que eu sou o SENHOR.

8“Mas pouparei alguns; alguns de vocês escaparão da espada quando forem espalhados entre as terras e nações. 9Ali, nas nações para onde vocês tiverem sido levados cativos, aqueles que escaparem se lembrarão de mim; lembrarão como fui entristecido por seus corações adúlteros, que se desviaram de mim, e, por seus olhos, que cobiçaram os seus ídolos. Terão nojo de si mesmos por causa do mal que fizeram e por causa de todas as suas práticas repugnantes. 10E saberão que eu sou o SENHOR, que não ameacei em vão trazer esta desgraça sobre eles.

11“Assim diz o Soberano, o SENHOR: Esfregue as mãos, bata os pés e grite “Ai!”, por causa de todas as práticas ímpias e repugnantes da nação de Israel, pois eles morrerão pela espada, pela fome e pela peste. 12Quem está longe morrerá pela peste, quem está perto cairá pela espada, e quem sobreviver e for poupado morrerá de fome. Assim enviarei a minha ira sobre eles. 13E saberão que eu sou o SENHOR, quando o seu povo estiver estirado, morto entre os seus ídolos, ao redor dos seus altares, em todo monte alto e em todo topo de montanha, debaixo de toda árvore frondosa e de todo carvalho viçoso — em todos os lugares nos quais eles ofereciam incenso aromático a todos os seus ídolos. 14Estenderei o meu braço contra eles e tornarei a terra uma imensidão desolada, desde o deserto até Dibla[b] — onde quer que estiverem vivendo. Então saberão que eu sou o SENHOR”.

A chegada do fim

7 Veio a mim esta palavra do SENHOR: 2“Filho do homem, assim diz o Soberano, o SENHOR, à nação de Israel: Chegou o fim! O fim chegou aos quatro cantos da terra de Israel. 3O fim está agora sobre você, e sobre você eu vou desencadear a minha ira. Eu a julgarei de acordo com a sua conduta e lhe retribuirei todas as suas práticas repugnantes. 4Não olharei com piedade para você nem a pouparei; com certeza eu lhe retribuirei sua conduta e suas práticas em seu meio. Então você saberá que eu sou o SENHOR”.

5Assim diz o Soberano, o SENHOR: “Eis a desgraça! Uma desgraça jamais imaginada vem aí. 6Chegou o fim! Chegou o fim! Ele se insurgiu contra você. O fim chegou! 7A condenação chegou sobre você que habita no país. Chegou a hora, o dia está próximo; há pânico, e não alegria, sobre os montes. 8Estou prestes a derramar a minha ira sobre você e esgotar a minha indignação contra você; eu a julgarei de acordo com a sua conduta e lhe retribuirei todas as suas práticas repugnantes. 9Não olharei com piedade para você nem a pouparei; eu lhe retribuirei de acordo com todas as práticas repugnantes que há no seu meio. Então você saberá que é o SENHOR que desfere o golpe.

10“Eis o dia! Já chegou! A condenação irrompeu, a vara brotou, a arrogância floresceu! 11A violência tomou a forma de uma[c] vara para castigar a maldade; ninguém do povo será deixado, ninguém daquela multidão, como também nenhuma riqueza, nada que tenha algum valor. 12Chegou a hora, o dia chegou. Que o comprador não se regozije nem o vendedor se entristeça, pois a ira está sobre toda a multidão. 13Nenhum vendedor viverá o suficiente para recuperar a terra que vendeu, mesmo

[a] 6:4 Provavelmente colunas dedicadas ao deus sol.

[b] 6:14 Conforme a maioria dos manuscritos do Texto Massorético. Alguns manuscritos do Texto Massorético dizem *Ribla*.

[c] 7:11 Ou *O violento se tornou uma*

que viva muito tempo, pois a visão acerca de toda a multidão não voltará atrás. Por causa de sua iniquidade, nenhuma vida humana será preservada. 14 Embora toquem a trombeta e deixem tudo pronto, ninguém irá a combate, pois a minha ira está sobre toda a multidão".

15 "Fora está a espada, dentro estão a peste e a fome; quem estiver no campo morrerá pela espada, e quem estiver na cidade será devorado pela fome e pela peste. 16 Todos os que se livrarem e escaparem estarão nos montes, gemendo como pombas nos vales, cada um por causa de sua própria iniquidade. 17 Toda mão ficará pendendo, frouxa, e todo joelho ficará como água; de tão fraco. 18 Eles se cobrirão de vestes de luto e se vestirão de pavor. Terão o rosto coberto de vergonha, e sua cabeça será rapada. 19 Atirarão sua prata nas ruas, e seu ouro será tratado como coisa impura. Sua prata e seu ouro serão incapazes de livrá-los no dia da ira do SENHOR e não poderão saciar sua fome e encher os seus estômagos; servirão apenas para fazê-los tropeçar na iniquidade. 20 Eles tinham orgulho de suas lindas joias e as usavam para fazer os seus ídolos repugnantes e as suas imagens detestáveis. Por isso tornarei essas coisas em algo impuro para eles. 21 Entregarei tudo isso como despojo nas mãos de estrangeiros e como saque nas mãos dos ímpios da terra, e eles o contaminarão. 22 Desviarei deles o meu rosto, e eles profanarão o lugar que tanto amo; este será invadido por ladrões que o profanarão.

23 "Preparem correntes, porque a terra está cheia de sangue derramado e a cidade está cheia de violência. 24 Trarei os piores elementos das nações para se apossarem das casas deles; darei fim ao orgulho dos poderosos, e os santuários deles serão profanados. 25 Quando chegar o pavor, eles buscarão paz, mas não a encontrarão. 26 Virá uma desgraça após a outra, e um alarme após o outro. Tentarão conseguir uma visão da parte do profeta, e o ensino da Lei pelo sacerdote se perderá, como também o conselho das autoridades. 27 O rei pranteará, o príncipe se vestirá de desespero, e as mãos do povo da terra tremerão. Lidarei com eles de acordo com a sua conduta, e pelos seus próprios padrões eu os julgarei. Então saberão que eu sou o SENHOR".

Idolatria no templo

8 No quinto dia do sexto mês do sexto ano do exílio, eu e as autoridades de Judá estávamos sentados em minha casa quando a mão do Soberano, o SENHOR, veio sobre mim. 2 Olhei e vi uma figura como a de um homem. Do que parecia ser a sua cintura para baixo, ele era como fogo,[a] e dali para cima sua aparência era tão brilhante como metal reluzente. 3 Ele estendeu o que parecia um braço e pegou-me pelo cabelo. O Espírito levantou-me entre a terra e o céu e, em visões de Deus, ele me levou a Jerusalém, à entrada da porta norte do pátio interno, onde estava colocado o ídolo que provoca o ciúme de Deus. 4 E ali, diante de mim, estava a glória do Deus de Israel, como na visão que eu havia tido na planície.

5 Então ele me disse: "Filho do homem, olhe para o norte". Olhei para o lado norte, e vi, junto à porta do altar, o ídolo que provoca o ciúme de Deus.

6 E ele me disse: "Filho do homem, você vê o que estão fazendo? As práticas repugnantes da nação de Israel, coisas que me levarão para longe do meu santuário? Mas você verá práticas ainda piores que estas".

7 Em seguida me levou para a entrada do pátio. Olhei e vi um buraco no muro. 8 Ele me disse: "Filho do homem, agora escave o muro". Escavei o muro e vi ali a abertura de uma porta.

9 Ele me disse: "Entre e veja as coisas repugnantes e más que estão fazendo". 10 Eu entrei e olhei. Lá, desenhadas por todas as paredes, vi todo tipo de criaturas rastejantes e animais impuros e todos os ídolos da nação de Israel. 11 Na frente deles estavam setenta autoridades da nação de Israel, e Jazanias, filho de Safã, estava no meio deles. Do incensário que cada um tinha em suas mãos, elevava-se uma nuvem aromática.

12 Ele me disse: "Filho do homem, você viu o que as autoridades da nação de Israel estão fazendo nas trevas, cada uma no santuário de sua própria imagem esculpida? Elas dizem: 'O SENHOR não nos vê; o SENHOR abandonou o país' ". 13 E de novo disse: "Você os verá cometerem práticas ainda mais repugnantes".

14 Então ele me levou para a entrada da porta norte da casa do SENHOR. Lá eu vi mulheres sentadas, chorando por Tamuz[b]. 15 Ele me disse: "Você vê isso, filho do homem? Você verá práticas ainda mais repugnantes do que esta".

16 Ele então me levou para dentro do pátio interno da casa do SENHOR, e ali, à entrada do templo, entre o pórtico e o altar, havia uns vinte e cinco homens. Com as costas para o templo do SENHOR e os rostos voltados para o oriente, estavam se prostrando na direção do sol.

17 Ele me disse: "Você viu isso, filho do homem? Será que essas práticas repugnantes são corriqueiras para a nação de Judá? Deverão também encher a terra de violência e continuamente me provocar a ira? Veja! Eles estão pondo o ramo perto do nariz! 18 Por isso com ira eu os tratarei; não olharei com piedade para eles nem os pouparei. Mesmo que gritem aos meus ouvidos, não os ouvirei".

A morte dos idólatras

9 Então o ouvi clamar em alta voz: "Tragam aqui os guardas da cidade, cada um com uma arma na mão". 2 E vi seis homens que vinham da porta superior, que está voltada para o norte, cada um com uma arma mortal na mão. Com eles estava um homem vestido de linho que tinha um estojo de escrevente à cintura. Eles entraram e se puseram ao lado do altar de bronze.

3 E a glória do Deus de Israel levantou-se de cima do querubim, onde havia estado, e se moveu para a entrada do templo. E o SENHOR chamou o homem vestido de linho e que tinha o estojo de escrevente à cintura 4 e lhe disse: "Percorra a cidade de Jerusalém e ponha um sinal na testa daqueles que suspiram e gemem por causa de todas as práticas repugnantes que são feitas nela".

5 Enquanto eu escutava, ele disse aos outros: "Sigam-no por toda a cidade e matem, sem piedade ou compaixão, 6 velhos, rapazes e moças, mulheres e crianças. Mas não toquem em ninguém que tenha o sinal. Comecem pelo meu santuário". Então eles começaram com as autoridades que estavam na frente do templo.

[a] 8:2 Ou *vi um ser que parecia feito de fogo.*

[b] 8:14 Essa lamentação pelo deus Tamuz ocorreu no segundo dia do quarto mês, tamuz (aproximadamente junho/julho), que recebeu seu nome devido a esse acontecimento.

7E ele lhes disse: “Contaminem o templo e encham de mortos os pátios. Podem ir!” Eles saíram e começaram a matança na cidade toda. 8Enquanto isso eu fiquei sozinho. Então prostrei-me com o rosto em terra, clamando: “Ah! Soberano SENHOR! Vais destruir todo o remanescente de Israel, lançando a tua ira sobre Jerusalém?”

9Ele me respondeu: “A iniquidade da nação de Israel e de Judá é enorme; a terra está cheia de sangue derramado e a cidade está cheia de injustiça. Eles dizem: ‘O SENHOR abandonou o país; o SENHOR não nos vê’. 10Então eu, de minha parte, não olharei para eles com piedade nem os pouparei, mas farei cair sobre a sua cabeça o que eles têm feito”.

11Então o homem de linho com o estojo de escrevente à cintura voltou trazendo um relatório, e disse: “Fiz o que me ordenaste”.

A glória de Deus afasta-se do templo

10 Olhei e vi algo semelhante a um trono de safira sobre a abóbada que estava por cima das cabeças dos querubins. 2O SENHOR disse ao homem vestido de linho: “Vá entre as rodas, por baixo dos querubins. Encha as mãos com brasas ardentes apanhadas de entre os querubins e espalhe-as sobre a cidade”. E, enquanto eu observava, ele foi.

3Ora, os querubins estavam no lado sul do templo quando o homem entrou, e uma nuvem encheu o pátio interno. 4Então a glória do SENHOR levantou-se de cima dos querubins e moveu-se para a entrada do templo. A nuvem encheu o templo, e o pátio foi tomado pelo resplendor da glória do SENHOR. 5O som das asas dos querubins podia ser ouvido até no pátio externo, como a voz do Deus todo-poderoso, quando ele fala.

6Quando o SENHOR ordenou ao homem vestido de linho: “Apanhe fogo do meio das rodas, do meio dos querubins”, o homem foi e colocou-se ao lado de uma roda. 7No meio do fogo que estava entre os querubins um deles estendeu a mão, apanhou algumas brasas e as colocou nas mãos do homem vestido de linho, que as recebeu e saiu. 8(Debaixo das asas dos querubins podia-se ver o que se parecia com mãos humanas.)

9Olhei e vi ao lado dos querubins quatro rodas, uma ao lado de cada um dos querubins; as rodas reluziam como berilo. 10Quanto à sua aparência, eram iguais, e cada uma parecia estar entrosada na outra. 11Enquanto se moviam, elas iam em qualquer uma das quatro direções que tomavam os querubins; as rodas não se viravam[a] enquanto os querubins se moviam. Eles seguiam qualquer direção à sua frente, sem se virar. 12Seus corpos, inclusive as costas, as mãos e as asas, estavam completamente cheios de olhos, como as suas quatro rodas. 13Quanto às rodas, ouvi que as chamavam “giratórias”. 14Cada um dos querubins tinha quatro rostos: Um rosto era o de um querubim, o segundo, de um homem, o terceiro, de um leão, e o quarto, de uma águia.

15Então os querubins se elevaram. Eram os mesmos seres viventes que eu tinha visto junto ao rio Quebar. 16Quando os querubins se moviam, as rodas ao lado deles se moviam; quando os querubins estendiam as asas para erguer-se do chão, as rodas também iam com eles. 17Quando os querubins se mantinham imóveis, elas também ficavam; e quando os querubins se levantavam, elas se levantavam com eles, porque o espírito dos seres viventes estava nelas.

18E a glória do SENHOR afastou-se da entrada do templo e parou sobre os querubins. 19Enquanto eu observava, os querubins estenderam as asas e se ergueram do chão, e as rodas foram com eles. Eles pararam à entrada da porta oriental do templo do SENHOR, e a glória do Deus de Israel estava sobre eles.

20Esses seres viventes eram os mesmos que eu tinha visto debaixo do Deus de Israel, junto ao rio Quebar, e percebi que eles eram querubins. 21Cada um tinha quatro rostos e quatro asas, e debaixo de suas asas havia o que parecia mãos humanas. 22Seus rostos tinham a mesma aparência daqueles que eu tinha visto junto ao rio Quebar. Todos iam sempre para a frente.

O julgamento dos líderes de Israel

11 Então o Espírito me ergueu e me levou para a porta do templo do SENHOR que dá para o oriente. Ali, à entrada da porta, havia vinte e cinco homens, e vi entre eles Jazanias, filho de Azur, e Pelatias, filho de Benaia, líderes do povo. 2O SENHOR me disse: “Filho do homem, estes são os homens que estão tramando o mal e dando maus conselhos nesta cidade. 3Eles dizem: ‘Não está chegando o tempo de construir casas?[b] Esta cidade é uma panela, e nós somos a carne dentro dela’. 4Portanto, profetize contra eles; profetize, filho do homem”.

5Então o Espírito do SENHOR veio sobre mim e mandou-me dizer: “Assim diz o SENHOR: É isso que vocês estão dizendo, ó nação de Israel, mas eu sei em que vocês estão pensando. 6Vocês mataram muita gente nesta cidade e encheram as suas ruas de cadáveres.

7“Portanto, assim diz o Soberano, o SENHOR: Os corpos que vocês jogaram nas ruas são a carne, e esta cidade é a panela, mas eu os expulsarei dela. 8Vocês têm medo da espada, e a espada é o que trarei contra vocês. Palavra do Soberano, o SENHOR. 9Eu os expulsarei da cidade e os entregarei nas mãos de estrangeiros e os castigarei. 10Vocês cairão à espada, e eu os julgarei nas fronteiras de Israel. Então vocês saberão que eu sou o SENHOR. 11Esta cidade não será uma panela para vocês, nem vocês serão carne dentro dela; eu os julgarei nas fronteiras de Israel. 12E vocês saberão que eu sou o SENHOR, pois vocês não agiram segundo os meus decretos nem obedeceram às minhas leis, mas se conformaram aos padrões das nações ao seu redor”.

13Ora, enquanto eu estava profetizando, Pelatias, filho de Benaia, morreu. Então prostrei-me com o rosto em terra, e clamei em alta voz: “Ah! Soberano SENHOR! Destruirás totalmente o remanescente de Israel?”

14Esta palavra do SENHOR veio a mim: 15“Filho do homem, seus irmãos, sim, seus irmãos que são seus parentes consanguíneos[c] e toda a nação de Israel, são aqueles de quem o povo de Jerusalém tem dito: ‘Eles estão[d] longe do SENHOR. É a nós que esta terra foi dada, para ser nossa propriedade’.

A promessa da volta de Israel

16“Portanto diga: Assim diz o Soberano, o SENHOR: Embora eu os tenha mandado para terras muito

[a] 10:11 Ou *não viravam para o lado*

[b] 11:3 Ou *Esta não é a hora de construir casas?*

[c] 11:15 Ou *que estão no exílio junto com você*

[d] 11:15 Ou *aqueles a quem o povo de Jerusalém disse: 'Permaneçam*

distantes entre os povos e os tenha espalhado entre
as nações, por breve período tenho sido um santuário
para eles nas terras para onde foram.
17“Portanto, diga: Assim diz o Soberano, o Senhor:
Eu os ajuntarei dentre as nações e os trarei de volta das
terras para onde vocês foram espalhados, e lhes devol-
verei a terra de Israel.
18“Eles voltarão para ela e retirarão todas as suas
imagens repugnantes e os seus ídolos detestáveis. 19Da-
rei a eles um coração não dividido e porei um novo es-
pírito dentro deles; retirarei deles o coração de pedra e
lhes darei um coração de carne. 20Então agirão segun-
do os meus decretos e serão cuidadosos em obedecer
às minhas leis. Eles serão o meu povo, e eu serei o seu
Deus. 21Mas, quanto àqueles cujo coração está afeiçoado
às suas imagens repugnantes e aos seus ídolos detestá-
veis, farei cair sobre a sua cabeça aquilo que eles têm
feito. Palavra do Soberano, o Senhor”.
22Então os querubins, com as rodas ao lado, esten-
deram as asas, e a glória do Deus de Israel estava sobre
eles. 23A glória do Senhor se levantou da cidade e parou
sobre o monte que fica a leste dela. 24Então o Espírito
de Deus ergueu-me e em visão levou-me aos que esta-
vam exilados na Babilônia.
Findou-se então a visão que eu havia tido, 25e contei
aos exilados tudo o que o Senhor tinha me mostrado.

O exílio simbolizado

12 Veio a mim esta palavra do Senhor: 2“Filho do
homem, você vive no meio de uma nação rebelde.
Eles têm olhos para ver, mas não veem, e ouvidos pa-
ra ouvir, mas não ouvem, pois são uma nação rebelde.
3“Portanto, filho do homem, arrume sua bagagem
para o exílio e, durante o dia, à vista de todos, parta, e
vá para outro lugar. Talvez eles compreendam, embo-
ra sejam uma nação rebelde. 4Durante o dia, sem fugir
aos olhares do povo, leve para fora os seus pertences
arrumados para o exílio. À tarde, saia como aqueles que
vão para o exílio. E que os outros o vejam fazer isso.
5Enquanto eles o observam, faça um buraco no muro
e passe a sua bagagem através dele. 6Ponha-a nos om-
bros, enquanto o povo estiver observando, e carregue-a
ao entardecer. Cubra o rosto para que você não possa
ver nada do país, pois eu fiz de você um sinal para a
nação de Israel”.
7Então eu fiz o que me foi ordenado. Durante o dia
levei para fora as minhas coisas, arrumadas para o
exílio. Depois, à tarde, fiz com as mãos um buraco no
muro. Ao entardecer saí com a minha bagagem carre-
gando-a nos ombros à vista de todos.
8De manhã recebi esta palavra do Senhor: 9“Filho
do homem, acaso aquela nação rebelde de Israel não
lhe perguntou: ‘O que você está fazendo?’
10“Diga-lhes: Assim diz o Soberano, o Senhor: Esta
advertência diz respeito ao príncipe de Jerusalém e a
toda a nação de Israel que está ali. 11Diga-lhes: Eu sou
um sinal para vocês. Como eu fiz, assim lhes será feito.
Eles irão para o exílio como prisioneiros.
12“O príncipe deles porá a sua bagagem nos ombros
ao entardecer e sairá por um buraco que será escavado
no muro para ele passar. Ele cobrirá o rosto para que
não possa ver nada do país. 13Estenderei a minha rede
para ele, e ele será apanhado em meu laço; eu o trarei
para a Babilônia, terra dos caldeus, mas ele não a verá,
e ali morrerá. 14Espalharei aos ventos todos os que es-
tão ao seu redor, os seus oficiais e todas as suas tropas,
e os perseguirei com a espada em punho.
15“Eles saberão que eu sou o Senhor, quando eu os
dispersar entre as nações e os espalhar pelas terras.
16Mas pouparei uns poucos deles da espada, da fome
e da peste para que, nas nações aonde forem, contem
todas as suas práticas repugnantes. Então saberão que
eu sou o Senhor”.
17Esta palavra do Senhor veio a mim: 18“Filho do ho-
mem, trema enquanto come a sua comida, e fique ar-
repiado de medo enquanto bebe a sua água. 19Diga ao
povo do país: Assim diz o Senhor, o Soberano, acerca
daqueles que vivem em Jerusalém e em Israel: Eles co-
merão sua comida com ansiedade e beberão sua água
desesperados, pois tudo o que existe em sua terra dela
será arrancado por causa da violência de todos os que
ali vivem. 20As cidades habitadas serão arrasadas e a
terra ficará abandonada. Então vocês saberão que eu
sou o Senhor”.
21O Senhor me falou: 22“Filho do homem, que pro-
vérbio é este que vocês têm em Israel: ‘Os dias passam
e todas as visões dão em nada’? 23Diga-lhes, pois: Assim
diz o Soberano, o Senhor: Darei fim a esse provérbio,
e não será mais citado em Israel. Diga-lhes: Estão che-
gando os dias em que toda visão se cumprirá. 24Pois não
haverá mais visões falsas ou adivinhações bajuladoras
entre o povo de Israel. 25Mas eu, o Senhor, falarei o que
eu quiser, e isso se cumprirá sem demora. Pois em seus
dias, ó nação rebelde, cumprirei tudo o que eu disser.
Palavra do Soberano, o Senhor”.
26Veio a mim esta palavra do Senhor: 27“Filho do
homem, a nação de Israel está dizendo: ‘A visão que
ele vê é para daqui a muitos anos, e ele profetiza sobre
o futuro distante’.
28“Pois diga a eles: Assim diz o Soberano, o Senhor:
Nenhuma de minhas palavras sofrerá mais demora;
tudo o que eu disser se cumprirá. Palavra do Sobera-
no, o Senhor”.

A condenação dos falsos profetas

13 A palavra do Senhor veio a mim. Disse ele: 2“Filho
do homem, profetize contra os profetas de Israel
que estão profetizando agora. Diga àqueles que estão
profetizando pela sua própria imaginação: Ouçam a pa-
lavra do Senhor! 3Assim diz o Soberano, o Senhor: Ai
dos profetas tolos[a] que seguem o seu próprio espírito
e não viram nada! 4Seus profetas, ó Israel, são como
chacais no meio de ruínas. 5Vocês não foram consertar
as brechas do muro para a nação de Israel, para que ela
pudesse resistir firme no combate do dia do Senhor.
6Suas visões são falsas e suas adivinhações, mentira.
Dizem ‘Palavra do Senhor’, quando o Senhor não os
enviou; contudo, esperam que as suas palavras se cum-
pram. 7Acaso vocês não tiveram visões falsas e não pro-
nunciaram adivinhações mentirosas quando disseram
‘Palavra do Senhor’, sendo que eu não falei?
8“Portanto assim diz o Soberano, o Senhor: Por cau-
sa de suas palavras falsas e de suas visões mentirosas,
estou contra vocês. Palavra do Soberano, o Senhor.
9Minha mão será contra os profetas que têm visões
falsas e proferem adivinhações mentirosas. Eles não

[a] 13:3 Ou *ímpios*

pertencerão ao conselho do meu povo, não estarão ins-
critos nos registros da nação de Israel e não entrarão
na terra de Israel. Então vocês saberão que eu sou o
Soberano, o SENHOR.

10"Porque fazem o meu povo desviar-se dizendo-lhe
'Paz' quando não há paz e, quando constroem um muro
frágil, passam-lhe cal, 11diga àqueles que lhe passam cal:
Esse muro vai cair! Virá chuva torrencial, e derramarei
chuva de pedra, e rajarão ventos violentos. 12Quando
o muro desabar, o povo lhes perguntará: 'Onde está a
caiação que vocês fizeram?'

13"Por isso, assim diz o Soberano, o SENHOR: Na mi-
nha ira permitirei o estouro de um vento violento, e
na minha indignação chuva de pedra e um aguaceiro
torrencial cairão com ímpeto destruidor. 14Despedaça-
rei o muro que vocês caiaram e o arrasarei para que
se desnudem os seus alicerces. Quando ele[a] cair, vo-
cês serão destruídos com ele; e saberão que eu sou o
SENHOR. 15Assim esgotarei minha ira contra o muro e
contra aqueles que o caiaram. Direi a vocês: O muro se
foi, e também aqueles que o caiaram, 16os profetas de
Israel que profetizaram sobre Jerusalém e tiveram vi-
sões de paz para ela quando não havia paz. Palavra do
Soberano, o SENHOR.

17"Agora, filho do homem, vire o rosto contra as filhas
do seu povo que profetizam pela sua própria imagina-
ção. Profetize contra elas 18e diga: Assim diz o SENHOR,
o Soberano: Ai das mulheres que costuram berloques de
feitiço em seus pulsos e fazem véus de vários compri-
mentos para a cabeça a fim de enlaçarem o povo. Pen-
sam que vão enlaçar a vida do meu povo e preservar a
de vocês? 19Vocês me profanaram no meio de meu po-
vo em troca de uns punhados de cevada e de migalhas
de pão. Ao mentirem ao meu povo, que ouve mentiras,
vocês mataram aqueles que não deviam ter morrido e
pouparam aqueles que não deviam viver.

20"Por isso, assim diz o Soberano, o SENHOR: Estou
contra os seus berloques de feitiço com os quais vocês
prendem o povo como se fossem passarinhos, e os ar-
rancarei dos seus braços; porei em liberdade o povo que
vocês prendem como passarinhos. 21Rasgarei os seus
véus e libertarei o meu povo das mãos de vocês, e ele
não será mais presa do seu poder. Então vocês saberão
que eu sou o SENHOR. 22Vocês, mentindo, desencoraja-
ram o justo contra a minha vontade, e encorajaram os
ímpios a não se desviarem dos seus maus caminhos pa-
ra salvarem a sua vida. 23Por isso, vocês não terão mais
visões falsas e nunca mais vão praticar adivinhação.
Livrarei o meu povo das mãos de vocês. E então vocês
saberão que eu sou o SENHOR".

A condenação dos idólatras

14 Algumas das autoridades de Israel vieram e se
sentaram diante de mim. 2Então o SENHOR me fa-
lou: 3"Filho do homem, estes homens ergueram ídolos
em seus corações e puseram tropeços ímpios diante
de si. Devo deixar que me consultem? 4Ora, diga-lhes:
Assim diz o Soberano, o SENHOR: Quando qualquer is-
raelita erguer ídolos em seu coração e puser um tro-
peço ímpio diante do seu rosto e depois for consultar
um profeta, eu o SENHOR, eu mesmo, responderei a ele
conforme a sua idolatria. 5Isto farei para reconquistar
o coração da nação de Israel, que me abandonou em
troca de seus ídolos.

6"Por isso diga à nação de Israel: Assim diz o Sobera-
no, o SENHOR: Arrependa-se! Desvie-se dos seus ídolos
e renuncie a todas as práticas detestáveis!

7"Quando qualquer israelita ou qualquer estrangeiro
residente em Israel separar-se de mim, erguer ídolos
em seu coração e puser um tropeço ímpio diante de si
e depois for a um profeta para me consultar, eu, o SE-
NHOR, eu mesmo, responderei a ele. 8Voltarei o meu
rosto contra aquele homem e farei dele um exemplo
e um objeto de zombaria. Eu o eliminarei do meio do
meu povo. E vocês saberão que eu sou o SENHOR.

9"E, se o profeta for enganado e levado a proferir
uma profecia, eu, o SENHOR, terei enganado aquele pro-
feta, e estenderei o meu braço contra ele e o destruirei,
tirando-o do meio de Israel, o meu povo. 10O profeta se-
rá tão culpado quanto aquele que o consultar; ambos
serão castigados. 11Isso para que a nação de Israel não
se desvie mais de mim, nem mais se contamine com
todos os seus pecados. Serão o meu povo, e eu serei o
seu Deus. Palavra do Soberano, o SENHOR".

Julgamento inevitável

12Esta palavra do SENHOR veio a mim: 13"Filho do ho-
mem, se uma nação pecar contra mim por infidelida-
de, estenderei contra ela o meu braço para cortar o seu
sustento, enviar fome sobre ela e exterminar seus ho-
mens e seus animais. 14Mesmo que estes três homens
— Noé, Daniel[b] e Jó — estivessem nela, por sua reti-
dão eles só poderiam livrar a si mesmos. Palavra do
Soberano, o SENHOR.

15"Ou, se eu enviar animais selvagens para aquela
nação e eles a deixarem sem filhos e ela for abandona-
da de tal forma que ninguém passe por ela, com medo
dos animais, 16juro pela minha vida, palavra do Sobe-
rano, o SENHOR, mesmo que aqueles três homens esti-
vessem nela, eles não poderiam livrar os seus próprios
filhos ou filhas. Só a si mesmos livrariam, e a nação
seria arrasada.

17"Ou, se eu trouxer a espada contra aquela nação
e disser: Que a espada passe por toda esta terra, e eu
exterminar dela os homens e os animais, 18juro pela
minha vida, palavra do Soberano, o SENHOR, mesmo
que aqueles três homens estivessem nela, eles não po-
deriam livrar seus próprios filhos ou filhas. Somente
eles se livrariam.

19"Ou, se eu enviar uma peste contra aquela terra
e despejar sobre ela a minha ira derramando sangue,
exterminando seus homens e seus animais, 20juro pe-
la minha vida, palavra do Soberano, o SENHOR, mesmo
que Noé, Daniel e Jó estivessem nela, eles não poderiam
livrar seus filhos e suas filhas. Por sua justiça só pode-
riam livrar a si mesmos.

21"Pois assim diz o Soberano, o SENHOR: Quanto pior
será quando eu enviar contra Jerusalém os meus quatro
terríveis juízos: a espada, a fome, os animais selvagens
e a peste, para com eles exterminar os seus homens e os
seus animais! 22Contudo, haverá alguns sobreviventes;
filhos e filhas que serão retirados dela. Eles virão a vocês
e, quando vocês virem a conduta e as ações deles, vocês
se sentirão consolados com relação à desgraça que eu

[a] 13:14 Ou *Quando a cidade*

[b] 14:14 Ou *Danel*; também no versículo 20.

trouxe sobre Jerusalém. 23Vocês se sentirão consolados quando virem a conduta e as ações deles, pois saberão que não agi sem motivo em tudo quanto fiz ali. Palavra do Soberano, o SENHOR".

Jerusalém, a videira inútil

15 A palavra do SENHOR veio a mim. Disse ele: 2"Filho do homem, em que a madeira da videira é melhor do que o galho de qualquer árvore da floresta? 3Alguma vez a madeira dela é usada para fazer algo útil? Alguém faz suportes com ela para neles pendurar coisas? 4E depois de lançada no fogo como combustível e o fogo queimar as duas extremidades e carbonizar o meio, servirá para alguma coisa? 5Se não foi útil para coisa alguma enquanto estava inteira, muito menos o será quando o fogo a queimar e ela estiver carbonizada.

6"Por isso diz o Soberano, o SENHOR: Assim como destinei a madeira da videira dentre as árvores da floresta para servir de lenha para o fogo, também tratarei os habitantes de Jerusalém. 7Voltarei contra eles o meu rosto. Do fogo saíram, mas o fogo os consumirá. E quando eu voltar o meu rosto contra eles, vocês saberão que eu sou o SENHOR. 8Arrasarei a terra porque eles foram infiéis. Palavra do Soberano, o SENHOR".

A alegoria da Jerusalém infiel

16 Veio a mim esta palavra do SENHOR: 2"Filho do homem, confronte Jerusalém com suas práticas detestáveis 3e diga: Assim diz o Soberano, o SENHOR, a Jerusalém: Sua origem e seu nascimento foram na terra dos cananeus; seu pai era um amorreu e sua mãe uma hitita. 4Seu nascimento foi assim: no dia em que você nasceu, o seu cordão umbilical não foi cortado, você não foi lavada com água para que ficasse limpa, não foi esfregada com sal nem enrolada em panos. 5Ninguém olhou para você com piedade nem teve suficiente compaixão para fazer qualquer uma dessas coisas por você. Ao contrário, você foi jogada fora, em campo aberto, pois, no dia em que nasceu, foi desprezada.

6"Então, passando por perto, vi você se esperneando em seu sangue e, enquanto você jazia ali em seu sangue, eu lhe disse: Viva![a] 7E eu a fiz crescer como uma planta no campo. Você cresceu e se desenvolveu e se tornou a mais linda das joias[b]. Seus seios se formaram e seu cabelo cresceu, mas você ainda estava totalmente nua.

8"Mais tarde, quando passei de novo por perto, olhei para você e vi que já tinha idade suficiente para amar; então estendi a minha capa sobre você e cobri a sua nudez. Fiz um juramento e estabeleci uma aliança com você, palavra do Soberano, o SENHOR, e você se tornou minha.

9"Eu lhe dei[c] banho com água e, ao lavá-la, limpei o seu sangue e a perfumei. 10Pus-lhe um vestido bordado e sandálias de couro[d]. Eu a vesti de linho fino e a cobri com roupas caras. 11Adornei-a com joias; pus braceletes em seus braços e uma gargantilha em torno de seu pescoço; 12dei-lhe um pendente, pus brincos em suas orelhas e uma linda coroa em sua cabeça. 13Assim você foi adornada com ouro e prata; suas roupas eram de linho fino, tecido caro e pano bordado. Sua comida era a melhor farinha, mel e azeite de oliva. Você se tornou muito linda e uma rainha. 14Sua fama espalhou-se entre as nações por sua beleza, porque o esplendor que eu lhe dera tornou perfeita a sua formosura. Palavra do Soberano, o SENHOR.

15"Mas você confiou em sua beleza e usou sua fama para se tornar uma prostituta. Você concedeu os seus favores a todos os que passaram por perto, e a sua beleza se tornou deles.[e] 16Você usou algumas de suas roupas para adornar altares idólatras, onde levou adiante a sua prostituição. Coisas assim jamais deveriam acontecer! 17Você apanhou as joias finas que eu lhe tinha dado, joias feitas com meu ouro e minha prata, e fez para si mesma ídolos em forma de homem e se prostituiu com eles. 18Você também os vestiu com suas roupas bordadas, e lhes ofereceu o meu óleo e o meu incenso. 19E até a minha comida que lhe dei: a melhor farinha, o azeite de oliva e o mel; você lhes ofereceu tudo como incenso aromático. Foi isso que aconteceu, diz o Soberano, o SENHOR.

20"E você ainda pegou seus filhos e filhas, que havia gerado para mim, e os sacrificou como comida para os ídolos. A sua prostituição não foi suficiente? 21Você abateu os meus filhos e os sacrificou[f] para os ídolos! 22Em todas as suas práticas detestáveis, como em sua prostituição, você não se lembrou dos dias de sua infância, quando estava totalmente nua, esperneando em seu sangue.

23"Ai! Ai de você! Palavra do Soberano, o SENHOR. Somando-se a todas as suas outras maldades, 24em cada praça pública, você construiu para si mesma altares e santuários elevados. 25No começo de cada rua você construiu seus santuários elevados e deturpou sua beleza, oferecendo seu corpo com promiscuidade cada vez maior a qualquer um que passasse. 26Você se prostituiu com os egípcios, os seus vizinhos cobiçosos, e provocou a minha ira com sua promiscuidade cada vez maior. 27Por isso estendi o meu braço contra você e reduzi o seu território; eu a entreguei à vontade das suas inimigas, as filhas dos filisteus, que ficaram chocadas com a sua conduta lasciva. 28Você se prostituiu também com os assírios, porque era insaciável, e, mesmo depois disso, ainda não ficou satisfeita. 29Então você aumentou a sua promiscuidade também com a Babilônia, uma terra de comerciantes, mas nem com isso ficou satisfeita.

30"Como você tem pouca força de vontade, palavra do Soberano, o SENHOR, quando você faz todas essas coisas, agindo como uma prostituta descarada! 31Quando construía os seus altares idólatras em cada esquina e fazia seus santuários elevados em cada praça pública, você só não foi como prostituta porque desprezou o pagamento.

32"Você, mulher adúltera! Prefere estranhos ao seu próprio marido! 33Toda prostituta recebe pagamento, mas você dá presentes a todos os seus amantes, subornando-os para que venham de todos os lugares receber de você os seus favores ilícitos. 34Em sua prostituição dá-se o contrário do que acontece com outras mulheres;

[a] 16:6 Conforme alguns manuscritos do Texto Massorético, a Septuaginta e a Versão Siríaca. A maioria dos manuscritos do Texto Massorético diz *Viva! E, enquanto você jazia ali em seu sangue, eu lhe disse: Viva!*

[b] 16:7 Ou *se tornou amadurecida*

[c] 16:9 Ou *Eu tinha lhe dado*

[d] 16:10 Possivelmente peles de animais marinhos.

[e] 16:15 Conforme a maioria dos manuscritos do Texto Massorético. Um manuscrito do Texto Massorético diz *perto. Uma coisa dessas não devia acontecer.*

[f] 16:21 Ou *e os fez passar pelo fogo*

ninguém corre atrás de você em busca dos seus favores. Você é o oposto, pois você faz o pagamento e nada recebe.

35"Por isso, prostituta, ouça a palavra do SENHOR! 36Assim diz o Soberano, o SENHOR: Por você ter desperdiçado a sua riqueza[a] e ter exposto a sua nudez em promiscuidade com os seus amantes, por causa de todos os seus ídolos detestáveis, e do sangue dos seus filhos dado a eles, 37por esse motivo vou ajuntar todos os seus amantes, com quem você encontrou tanto prazer, tanto os que você amou como aqueles que você odiou. Eu os ajuntarei contra você de todos os lados e a deixarei nua na frente deles, e eles verão toda a sua nudez. 38Eu a condenarei ao castigo determinado para mulheres que cometem adultério e que derramam sangue; trarei sobre você a vingança de sangue da minha ira e da indignação que o meu ciúme provoca. 39Depois eu a entregarei nas mãos de seus amantes, e eles despedaçarão os seus outeiros e destruirão os seus santuários elevados. Eles arrancarão as suas roupas e apanharão as suas joias finas e a deixarão nua. 40Trarão uma multidão contra você, que a apedrejará e com suas espadas a despedaçará. 41Eles destruirão a fogo as suas casas e lhe infligirão castigo à vista de muitas mulheres. Porei fim à sua prostituição, e você não pagará mais nada aos seus amantes. 42Então a minha ira contra você diminuirá e a minha indignação cheia de ciúme se desviará de você; ficarei tranquilo e já não estarei irado.

43"Por você não se ter lembrado dos dias de sua infância, mas ter provocado a minha ira com todas essas coisas, certamente farei cair sobre a sua cabeça o que você fez. Palavra do Soberano, o SENHOR. Acaso você não acrescentou lascívia a todas as suas outras práticas repugnantes?

44"Todos os que gostam de citar provérbios citarão este provérbio sobre você: 'Tal mãe, tal filha'. 45Você é uma verdadeira filha de sua mãe, que detestou o seu marido e os seus filhos; e você é uma verdadeira irmã de suas irmãs, as quais detestaram os seus maridos e os seus filhos. A mãe de vocês era uma hitita e o pai de vocês, um amorreu. 46Sua irmã mais velha era Samaria, que vivia ao norte de você com suas filhas; e sua irmã mais nova, que vivia ao sul com suas filhas, era Sodoma. 47Você não apenas andou nos caminhos delas e imitou suas práticas repugnantes, mas também, em todos os seus caminhos, logo se tornou mais depravada do que elas. 48Juro pela minha vida, palavra do Soberano, o SENHOR, sua irmã Sodoma e as filhas dela jamais fizeram o que você e as suas filhas têm feito.

49"Ora, este foi o pecado de sua irmã Sodoma: ela e suas filhas eram arrogantes, tinham fartura de comida e viviam despreocupadas; não ajudavam os pobres e os necessitados. 50Eram altivas e cometeram práticas repugnantes diante de mim. Por isso eu me desfiz delas, conforme você viu. 51Samaria não cometeu metade dos pecados que você cometeu. Você tem cometido mais práticas repugnantes do que elas, e tem feito suas irmãs parecerem mais justas, dadas todas as suas práticas repugnantes. 52Aguente a sua vergonha, pois você proporcionou alguma justificativa às suas irmãs. Visto que os seus pecados são mais detestáveis que os delas, elas parecem mais justas que você. Envergonhe-se, pois, e suporte a sua humilhação, porquanto você fez as suas irmãs parecerem justas.

53"Contudo, eu restaurarei a sorte de Sodoma e das suas filhas, e de Samaria e das suas filhas, e a sua sorte junto com elas, 54para que você carregue a sua vergonha e seja humilhada por tudo o que você fez, o que serviu de consolo para elas. 55E suas irmãs, Sodoma com suas filhas e Samaria com suas filhas, voltarão para o que elas eram antes; e você e suas filhas voltarão ao que eram antes. 56Você nem mencionaria o nome de sua irmã Sodoma na época do orgulho que você sentia, 57antes da sua impiedade ser trazida a público. Mas agora você é alvo da zombaria das filhas de Edom[b] e de todos os vizinhos dela, e das filhas dos filisteus, de todos os que vivem ao seu redor e que a desprezam. 58Você sofrerá as consequências da sua lascívia e das suas práticas repugnantes. Palavra do SENHOR.

59"Assim diz o Soberano, o SENHOR: Eu a tratarei como merece, porque você desprezou o meu juramento ao romper a aliança. 60Contudo, eu me lembrarei da aliança que fiz com você nos dias da sua infância, e com você estabelecerei uma aliança eterna. 61Então você se lembrará dos seus caminhos e se envergonhará quando receber suas irmãs, a mais velha e a mais nova. Eu as darei a você como filhas, não porém com base em minha aliança com você. 62Por isso estabelecerei a minha aliança com você, e você saberá que eu sou o SENHOR. 63Então, quando eu fizer propiciação em seu favor por tudo o que você tem feito, você se lembrará e se envergonhará e jamais voltará a abrir a boca por causa da sua humilhação. Palavra do Soberano, o SENHOR".

Duas águias e uma videira

17 Veio a mim esta palavra do SENHOR: 2"Filho do homem, apresente uma alegoria e conte uma parábola à nação de Israel. 3Diga a eles: Assim diz o Soberano, o SENHOR: Uma grande águia, com asas poderosas, penas longas e basta plumagem de cores variadas veio ao Líbano. Apoderando-se do alto de um cedro, 4arrancou o seu broto mais alto e o levou para uma terra de comerciantes, onde o plantou numa cidade de mercadores.

5"Depois apanhou um pouco de sementes da sua terra e as pôs em solo fértil. Ela as plantou como um salgueiro junto a muita água, 6e elas brotaram e formaram uma videira baixa e copada. Seus ramos se voltaram para a águia, mas as suas raízes permaneceram debaixo da videira. A videira desenvolveu-se e cobriu-se de ramos, brotos e folhas.

7"Mas havia outra águia grande, com asas poderosas e rica plumagem. A videira lançou suas raízes na direção dessa águia, desde o lugar onde estava plantada e estendeu seus ramos para ela em busca de água. 8Ora, ela havia sido plantada em terreno bom, junto a muita água, onde produziria ramos, daria fruto e se tornaria uma videira viçosa.

9"Diga a eles: Assim diz o Soberano, o SENHOR: Ela vingará? Não será desarraigada e seus frutos não serão arrancados para que ela seque? Tudo o que brotar dela secará. Não serão necessários nem braços fortes nem muitas pessoas para arrancá-la pelas raízes. 10Ainda que seja transplantada, será que vingará? Não secará

[a] 16:36 Ou *cobiça*

[b] 16:57 Conforme muitos manuscritos do Texto Massorético e a Versão Siríaca. A maioria dos manuscritos do Texto Massorético, a Septuaginta e a Vulgata dizem *Arã*.

totalmente quando o vento oriental a atingir, murchando e desaparecendo do lugar onde crescia?"

11Veio depois a mim esta palavra do SENHOR: 12"Diga a essa nação rebelde: Você não sabe o que essas coisas significam? Diga a eles: O rei da Babilônia foi a Jerusalém, tirou de lá o seu rei e os seus nobres, e os levou consigo de volta à Babilônia. 13Depois fez um tratado com um membro da família real e o colocou sob juramento. Levou também os líderes da terra, 14para humilhar o reino e torná-lo incapaz de reerguer-se, garantindo apenas a sua sobrevivência pelo cumprimento do seu tratado. 15Mas o rei se revoltou contra ele e enviou mensagem ao Egito pedindo cavalos e um grande exército. Será que ele se sairá bem? Escapará aquele que age dessa maneira? Romperá ele o tratado e ainda assim escapará?

16"Juro pela minha vida, palavra do Soberano, o SENHOR, que ele morrerá na Babilônia, na terra do rei que o pôs no trono, cujo juramento ele desprezou e cujo tratado rompeu. 17O faraó, com seu poderoso exército e seus batalhões, não será de nenhuma ajuda para ele na guerra, quando rampas forem construídas e obras de cerco forem erguidas para destruir muitas vidas. 18Como ele desprezou o juramento quando rompeu o tratado feito com aperto de mão e fez todas essas coisas, de modo algum escapará.

19"Por isso assim diz o Soberano, o SENHOR: Juro pela minha vida que farei cair sobre a cabeça dele o meu juramento, que ele desprezou, e a minha aliança, que ele rompeu. 20Estenderei sobre ele a minha rede, e ele será pego em meu laço. Eu o levarei para a Babilônia e ali executarei juízo sobre ele porque me foi infiel. 21Todas as suas tropas em fuga cairão à espada, e os sobreviventes serão espalhados aos ventos. Então vocês saberão que eu, o SENHOR, falei.

22"Assim diz o Soberano, o SENHOR: Eu mesmo apanharei um broto bem do alto de um cedro e o plantarei; arrancarei um renovo tenro de seus ramos mais altos e o plantarei num monte alto e imponente. 23Nos montes altos de Israel eu o plantarei; ele produzirá galhos e dará fruto e se tornará um cedro viçoso. Pássaros de todo tipo se aninharão nele; encontrarão abrigo à sombra de seus galhos. 24Todas as árvores do campo saberão que eu, o SENHOR, faço cair a árvore alta e faço crescer bem alto a árvore baixa. Eu resseco a árvore verde e faço florescer a árvore seca.

"Eu, o SENHOR, falei, e o farei".

Aquele que pecar morrerá

18 Esta palavra do SENHOR veio a mim: 2"O que vocês querem dizer quando citam este provérbio sobre Israel:

" 'Os pais comem uvas verdes,
e os dentes dos filhos se embotam'?

3"Juro pela minha vida, palavra do Soberano, o SENHOR, que vocês não citarão mais esse provérbio em Israel. 4Pois todos me pertencem. Tanto o pai como o filho me pertencem. Aquele que pecar é que morrerá.

5"Suponhamos que haja um justo
que faz o que é certo e direito.
6Ele não come nos santuários
que há nos montes
e nem olha para os ídolos
da nação de Israel.
Ele não contamina a mulher
do próximo
nem se deita com uma mulher
durante os dias de sua menstruação.
7Ele não oprime a ninguém,
antes, devolve o que tomou como garantia
num empréstimo.
Não comete roubos,
antes dá a sua comida aos famintos
e fornece roupas para os despidos.
8Ele não empresta visando a lucro
nem cobra juros.
Ele retém a sua mão
para não cometer erro
e julga com justiça
entre dois homens.
9Ele age segundo os meus decretos
e obedece fielmente às minhas leis.
Esse homem é justo;
com certeza ele viverá.
Palavra do Soberano, o SENHOR.

10"Suponhamos que ele tenha um filho violento, que derrama sangue ou faz qualquer uma destas outras coisas[a], 11embora o pai não tenha feito nenhuma delas:

"Ele come nos santuários
que há nos montes.
Contamina a mulher do próximo.
12Oprime os pobres e os necessitados.
Comete roubos.
Não devolve o que tomou
como garantia.
Volta-se para os ídolos
e comete práticas detestáveis.
13Empresta visando a lucro
e cobra juros.

Deverá viver um homem desses? Não! Por todas essas práticas detestáveis, com certeza será morto, e ele será responsável por sua própria morte.

14"Mas suponhamos que esse filho tenha ele mesmo um filho que vê todos os pecados que seu pai comete e, embora os veja, não os comete.

15"Ele não come nos santuários
que há nos montes
e nem olha para os ídolos
da nação de Israel.
Não contamina a mulher do próximo.
16Não oprime a ninguém,
nem exige garantia para um empréstimo.
Não comete roubos,
mas dá a sua comida aos famintos
e fornece roupas aos despidos.
17Ele retém a mão para não pecar[b]
e não empresta visando a lucro
nem cobra juros.
Obedece às minhas leis
e age segundo os meus decretos.

[a] 18:10 *Ou coisas a um irmão*
[b] 18:17 Conforme a Septuaginta. O Texto Massorético diz *Ele mantém sua mão longe dos pobres*. Veja o versículo 8.

"Ele não morrerá por causa da iniquidade do seu
pai; certamente viverá. 18Mas seu pai morrerá por cau-
sa de sua própria iniquidade, pois praticou extorsão,
roubou seu compatriota e fez o que era errado no meio
de seu povo.
19"Contudo, vocês perguntam: 'Por que o filho não
partilha da culpa de seu pai?' Uma vez que o filho fez o
que é justo e direito e teve o cuidado de obedecer a to-
dos os meus decretos, com certeza ele viverá. 20Aque-
le que pecar é que morrerá. O filho não levará a culpa
do pai, nem o pai levará a culpa do filho. A justiça do
justo lhe será creditada, e a impiedade do ímpio lhe
será cobrada.
21"Mas, se um ímpio se desviar de todos os peca-
dos que cometeu e obedecer a todos os meus decre-
tos e fizer o que é justo e direito, com certeza viverá;
não morrerá. 22Não se terá lembrança de nenhuma
das ofensas que cometeu. Devido às coisas justas que
tiver feito, ele viverá. 23Teria eu algum prazer na mor-
te do ímpio? Palavra do Soberano, o SENHOR. Ao con-
trário, acaso não me agrada vê-lo desviar-se dos seus
caminhos e viver?
24"Se, porém, um justo se desviar de sua justiça, e
cometer pecado e as mesmas práticas detestáveis dos
ímpios, deverá ele viver? Nenhum de seus atos justos
será lembrado! Por causa da infidelidade de que é cul-
pado e por causa dos pecados que cometeu, ele morrerá.
25"Contudo, vocês dizem: 'O caminho do Senhor não
é justo'. Ouça, ó nação de Israel: O meu caminho é in-
justo? Não são os seus caminhos que são injustos? 26Se
um justo desviar-se de sua justiça e cometer pecado,
ele morrerá por causa disso; por causa do pecado que
cometeu morrerá. 27Mas, se um ímpio se desviar de sua
maldade e fizer o que é justo e direito, ele salvará sua
vida. 28Por considerar todas as ofensas que cometeu e
se desviar delas, ele com certeza viverá; não morrerá.
29Contudo, a nação de Israel diz: 'O caminho do Senhor
não é justo'. São injustos os meus caminhos, ó nação
de Israel? Não são os seus caminhos que são injustos?
30"Portanto, ó nação de Israel, eu os julgarei, a cada
um de acordo com os seus caminhos. Palavra do Sobe-
rano, o SENHOR. Arrependam-se! Desviem-se de todos
os seus males, para que o pecado não cause a queda de
vocês. 31Livrem-se de todos os males que vocês comete-
ram, e busquem um coração novo e um espírito novo.
Por que deveriam morrer, ó nação de Israel? 32Pois não
me agrada a morte de ninguém. Palavra do Soberano,
o SENHOR. Arrependam-se e vivam!

Lamento pelos príncipes de Israel

19 "Levante um lamento pelos príncipes de Israel
2e diga:

"Que leoa foi sua mãe entre os leões!
Ela se deitava entre os leõezinhos
e criava os seus filhotes.
3Um dos seus filhotes
tornou-se um leão forte.
Ele aprendeu a despedaçar a presa
e devorou homens.
4As nações ouviram a seu respeito,
e ele foi pego na cova delas.
Elas o levaram com ganchos
para o Egito.

5"Quando ela viu que a sua esperança
não se cumpria,
quando viu que se fora
a sua expectativa,
escolheu outro de seus filhotes
e fez dele um leão forte.
6Ele vagueou entre os leões,
pois agora era um leão forte.
Ele aprendeu a despedaçar a presa
e devorou homens.
7Arrebentou[a] suas fortalezas
e devastou suas cidades.
A terra e todos que nela estavam
ficaram aterrorizados
com o seu rugido.
8Então as nações vizinhas
o atacaram.
Estenderam sua rede para apanhá-lo,
e ele foi pego na armadilha que fizeram.
9Com ganchos elas o puxaram
para dentro de uma jaula
e o levaram ao rei da Babilônia.
Elas o colocaram na prisão,
de modo que não se ouviu mais
o seu rugido
nos montes de Israel.

10"Sua mãe era como uma vide
em sua vinha[b]
plantada junto à água;
era frutífera e cheia de ramos,
graças às muitas águas.
11Seus ramos eram fortes,
próprios para o cetro
de um governante.
Ela cresceu e subiu muito,
sobressaindo
à folhagem espessa;
chamava a atenção por sua altura
e por seus muitos ramos.
12Mas foi desarraigada com fúria
e atirada ao chão.
O vento oriental a fez murchar,
seus frutos foram arrancados,
seus fortes galhos secaram
e o fogo os consumiu.
13Agora está plantada no deserto,
numa terra seca e sedenta.
14O fogo espalhou-se de um
dos seus ramos principais
e consumiu toda a ramagem.
Nela não resta nenhum ramo forte
que seja próprio para o cetro
de um governante.

Esse é um lamento e como lamento deverá ser em-
pregado".

Israel rebelde

20 No décimo dia do quinto mês do sétimo ano do
exílio, alguns dos líderes de Israel vieram consul-
tar o SENHOR, e se sentaram diante de mim.

[a] 19:7 Conforme o Targum. O Texto Massorético diz *Conheceu*.
[b] 19:10 Conforme dois manuscritos do Texto Massorético. A maioria dos manuscritos do Texto Massorético diz *em seu sangue*.

[2]Então me veio esta palavra do SENHOR: [3]"Filho do homem, fale com os líderes de Israel e diga-lhes: Assim diz o Soberano, o SENHOR: Vocês vieram consultar-me? Juro pela minha vida que não deixarei que vocês me consultem. Palavra do Soberano, o SENHOR.

[4]"Você os julgará? Você os julgará, filho do homem? Então confronte-os com as práticas repugnantes dos seus antepassados [5]e diga-lhes: Assim diz o Soberano, o SENHOR: No dia em que escolhi Israel, jurei com mão erguida aos descendentes da família de Jacó e me revelei a eles no Egito. Com mão erguida eu lhes disse: Eu sou o SENHOR, o seu Deus. [6]Naquele dia jurei a eles que os tiraria do Egito e os levaria para uma terra que eu havia procurado para eles, terra onde há leite e mel com fartura, a mais linda de todas as terras. [7]E eu lhes disse: Desfaçam-se, todos vocês, das imagens repugnantes em que vocês puseram os seus olhos, e não se contaminem com os ídolos do Egito. Eu sou o SENHOR, o seu Deus.

[8]"Mas eles se rebelaram contra mim e não quiseram ouvir-me; não se desfizeram das imagens repugnantes em que haviam posto os seus olhos, nem abandonaram os ídolos do Egito. Por isso eu disse que derramaria a minha ira sobre eles e que lançaria a minha indignação contra eles no Egito. [9]Mas, por amor do meu nome, eu agi, evitando que o meu nome fosse profanado aos olhos das nações entre as quais eles estavam e à vista de quem eu tinha me revelado aos israelitas para tirá-los do Egito. [10]Por isso eu os tirei do Egito e os trouxe para o deserto. [11]Eu lhes dei os meus decretos e lhes tornei conhecidas as minhas leis, pois aquele que lhes obedecer por elas viverá. [12]Também lhes dei os meus sábados como um sinal entre nós, para que soubessem que eu, o SENHOR, fiz deles um povo santo.

[13]"Contudo, os israelitas se rebelaram contra mim no deserto. Não agiram segundo os meus decretos, mas profanaram os meus sábados e rejeitaram as minhas leis, sendo que aquele que lhes obedecer por elas viverá. Por isso eu disse que derramaria a minha ira sobre eles e os destruiria no deserto. [14]Mas, por amor do meu nome, eu agi, evitando que o meu nome fosse profanado aos olhos das nações à vista das quais eu os havia tirado do Egito. [15]Com mão erguida, também jurei a eles que não os levaria para a terra que eu lhes dei, terra onde há leite e mel com fartura, a mais linda de todas as terras, [16]porque eles rejeitaram as minhas leis, não agiram segundo os meus decretos e profanaram os meus sábados. Pois os seus corações estavam voltados para os seus ídolos. [17]Olhei, porém, para eles com piedade e não os destruí, não os exterminei no deserto. [18]Eu disse aos filhos deles no deserto: Não sigam as normas dos seus pais nem obedeçam às leis deles nem se contaminem com os seus ídolos. [19]Eu sou o SENHOR, o seu Deus; ajam conforme os meus decretos e tenham o cuidado de obedecer às minhas leis. [20]Santifiquem os meus sábados, para que eles sejam um sinal entre nós. Então vocês saberão que eu sou o SENHOR, o seu Deus.

[21]"Mas os filhos se rebelaram contra mim — não agiram de acordo com os meus decretos, não tiveram o cuidado de obedecer às minhas leis, sendo que aquele que lhes obedecer viverá por elas, e profanaram os meus sábados. Por isso eu disse que derramaria a minha ira sobre eles e lançaria o meu furor contra eles no deserto. [22]Mas contive o meu braço e, por amor do meu nome, agi, evitando que o meu nome fosse profanado aos olhos das nações à vista das quais eu os havia tirado do Egito. [23]Com mão erguida, também jurei a eles no deserto que os espalharia entre as nações e os dispersaria por outras terras, [24]porque não obedeceram às minhas leis, mas rejeitaram os meus decretos e profanaram os meus sábados, e os seus olhos cobiçaram os ídolos de seus pais. [25]Também os abandonei a decretos que não eram bons e a leis pelas quais não conseguiam viver; [26]deixei que se contaminassem por meio de suas ofertas, isto é, pelo sacrifício de cada filho mais velho, para que eu os enchesse de pavor e para que eles soubessem que eu sou o SENHOR.

[27]"Portanto, filho do homem, fale à nação de Israel e diga-lhes: Assim diz o Soberano, o SENHOR: Nisto os seus antepassados também blasfemaram contra mim ao me abandonarem: [28]quando eu os trouxe para a terra que havia jurado dar-lhes, bastava que vissem um monte alto ou uma árvore frondosa, ali ofereciam os seus sacrifícios, faziam ofertas que provocaram a minha ira, apresentavam seu incenso aromático e derramavam suas ofertas de bebidas. [29]Perguntei-lhes então: Que altar é este no monte para onde vocês vão?" Esse altar é chamado Bama[a] até o dia de hoje.

Julgamento e restauração

[30]"Portanto, diga à nação de Israel: Assim diz o Soberano, o SENHOR: Vocês não estão se contaminando como os seus antepassados se contaminaram? E não estão cobiçando as suas imagens repugnantes? [31]Quando vocês apresentam as suas ofertas, o sacrifício de seus filhos no fogo, continuam a contaminar-se com todos os seus ídolos até o dia de hoje. E eu deverei deixar que me consultem, ó nação de Israel? Juro pela minha vida, palavra do Soberano, o SENHOR, que não permitirei que vocês me consultem.

[32]"Vocês dizem: 'Queremos ser como as nações, como os povos do mundo, que servem à madeira e à pedra'. Mas o que vocês têm em mente jamais acontecerá. [33]Juro pela minha vida, palavra do Soberano, o SENHOR, que dominarei sobre vocês com mão poderosa e braço forte e com ira que já transbordou. [34]Trarei vocês dentre as nações e os ajuntarei dentre as terras para onde vocês foram espalhados, com mão poderosa e braço forte e com ira que já transbordou. [35]Trarei vocês para o deserto das nações e ali, face a face, os julgarei. [36]Assim como julguei os seus antepassados no deserto do Egito, também os julgarei. Palavra do Soberano, o SENHOR. [37]Contarei vocês enquanto estiverem passando debaixo da minha vara, e os trarei para o vínculo da aliança. [38]Eu os separarei daqueles que se revoltam e se rebelam contra mim. Embora eu os tire da terra onde habitam, eles não entrarão na terra de Israel. Então vocês saberão que eu sou o SENHOR.

[39]"Quanto a vocês, ó nação de Israel, assim diz o Soberano, o SENHOR: Vão prestar culto a seus ídolos, cada um de vocês! Mas depois disso certamente me ouvirão e não profanarão mais o meu santo nome com as suas ofertas e com os seus ídolos. [40]Pois no meu santo monte, no alto monte de Israel, palavra do Soberano, o SENHOR, na sua terra, toda a nação de Israel me prestará culto, e ali eu os aceitarei. Ali exigirei as suas ofertas e

[a] 20:29 *Bama* significa *altar no monte* ou *altar idólatra*.

as suas melhores dádivas[a], junto com todas as suas dá-
divas sagradas. 41Eu as aceitarei como incenso aromá-
tico, quando eu os tirar dentre as nações e os ajuntar
dentre as terras pelas quais vocês foram espalhados, e
me mostrarei santo no meio de vocês à vista das na-
ções. 42Vocês saberão que eu sou o SENHOR, quando eu
os trouxer para a terra de Israel, a terra que, de mão
erguida, jurei dar aos seus antepassados. 43Ali vocês se
lembrarão da conduta que tiveram e de todas as ações
pelas quais vocês se contaminaram, e terão nojo de si
mesmos por causa de todo mal que fizeram. 44E sabe-
rão que eu sou o SENHOR, quando eu tratar com vocês
por amor do meu nome e não de acordo com os seus
caminhos maus e suas práticas perversas, ó nação de
Israel. Palavra do Soberano, o SENHOR".

Profecia contra o sul

45Veio a mim esta palavra do SENHOR: 46"Filho do
homem, vire o rosto para o sul; pregue contra o sul e
profetize contra a floresta da terra do Neguebe. 47Diga à
floresta do Neguebe: Ouça a palavra do SENHOR. Assim
diz o Soberano, o SENHOR: Estou a ponto de incendiá-la,
consumindo assim todas as suas árvores, tanto as ver-
des quanto as secas. A chama abrasadora não será apa-
gada, e todos os rostos, do Neguebe até o norte, serão
ressecados por ela. 48Todos verão que eu, o SENHOR, a
acendi; não será apagada".

49Então eu disse: Ah, Soberano SENHOR! Estão dizen-
do a meu respeito: "Acaso ele não está apenas contan-
do parábolas?"

Babilônia, a espada do juízo divino

21 Esta palavra do SENHOR veio a mim: 2"Filho do ho-
mem, vire o rosto contra Jerusalém e pregue contra
o santuário. Profetize contra Israel, 3dizendo-lhe: Assim
diz o SENHOR: Estou contra você. Empunharei a minha
espada para eliminar tanto o justo quanto o ímpio. 4Uma
vez que eu vou eliminar o justo e o ímpio, estarei empu-
nhando a minha espada contra todos, desde o Neguebe
até o norte. 5Então todos saberão que eu, o SENHOR, tirei
a espada da bainha e não tornarei a guardá-la.

6"Portanto, comece a gemer, filho do homem! Come-
ce a gemer diante deles com o coração partido e com
amarga tristeza. 7E, quando lhe perguntarem: 'Por que
você está gemendo?', você dirá: Por causa das notícias
que estão vindo. Todo coração se derreterá, e toda mão
penderá frouxa; todo espírito desmaiará, e todo joelho
se tornará como água, de tão fraco. E vem chegando!
Sem nenhuma dúvida vai acontecer. Palavra do Sobe-
rano, o SENHOR".

8Esta palavra do SENHOR veio a mim: 9"Filho do ho-
mem, profetize e diga: Assim diz o Senhor:

"Uma espada,
 uma espada, afiada e polida;
10afiada para a mortandade,
 polida para luzir como relâmpago!

"Acaso vamos regozijar-nos com o cetro do meu fi-
lho Judá? A espada despreza toda e qualquer vareta co-
mo essa.

11"A espada foi destinada a ser polida,
 a ser pega com as mãos;
está afiada e polida,
 preparada para que a maneje
 a mão do matador.
12Clame e grite, filho do homem,
 pois ela está contra o meu povo;
está contra todos os príncipes de Israel.
Eles e o meu povo são atirados
 contra a espada.
Lamente-se, pois; bata no peito.

13"É certo que a prova virá. E que acontecerá, se o
cetro de Judá, que a espada despreza, não continuar a
existir? Palavra do Soberano, o SENHOR.

14"Por isso profetize, então,
 filho do homem,
e bata as mãos uma na outra.
Que a espada golpeie não duas,
 mas três vezes.
É uma espada para matança,
 para grande matança,
avançando sobre eles de todos os lados.
15Assim, para que os corações
 se derretam
 e muitos sejam os caídos,
coloquei a espada para a matança
 junto a todas as suas portas.
Ah! Ela foi feita para luzir
 como relâmpago;
é empunhada firmemente
 para a matança.
16Ó espada, golpeie para todos os lados,
 para onde quer que se vire a sua lâmina.
17Eu também baterei minhas mãos
 uma na outra,
e a minha ira diminuirá.
 Eu, o SENHOR, falei".

18A palavra do SENHOR veio a mim: 19"Filho do ho-
mem, trace as duas estradas que a espada do rei da Ba-
bilônia deve seguir, as duas partindo da mesma terra.
Em cada uma delas coloque um marco indicando o ru-
mo de uma cidade. 20Trace uma estrada que leve a es-
pada contra Rabá dos amonitas, e a outra contra Judá e
contra a Jerusalém fortificada. 21Pois o rei da Babilônia
parará no local de onde partem as duas estradas para
sortear a escolha. Ele lançará a sorte com flechas, con-
sultará os ídolos da família, examinará o fígado. 22Pela
sua mão direita será sorteada Jerusalém, onde deverá
preparar aríetes, dar ordens para a matança, soar o gri-
to de guerra, montar aríetes contra as portas, construir
uma rampa e levantar obras de cerco. 23Isso parecerá
um falso presságio aos judeus, que tinham feito uma
aliança com juramento, mas o rei invasor os fará recor-
dar sua culpa e os levará prisioneiros.

24"Portanto, assim diz o Soberano, o SENHOR: Visto
que vocês trouxeram à lembrança a sua iniquidade me-
diante rebelião ostensiva, revelando seus pecados em
tudo o que fazem; por isso vão ser levados prisioneiros.

25"Ó ímpio e profano príncipe de Israel, o seu dia
chegou, esta é a hora do seu castigo, 26e assim diz o So-
berano, o SENHOR: Tire o turbante e a coroa. Não será
como antes — os humildes serão exaltados, e os exal-
tados serão humilhados. 27Uma desgraça! Uma desgra-
ça! Eu farei dela uma desgraça! Não será restaurada,

[a] 20:40 Ou *e as dádivas dos primeiros frutos*

enquanto não vier aquele a quem ela pertence por direito; a ele eu a darei.

28“E você, filho do homem, profetize e diga: Assim diz o Soberano, o SENHOR, acerca dos amonitas e dos seus insultos:

“Uma espada,
uma espada, empunhada
para matança,
polida para consumir
e para luzir como relâmpago!
29A despeito das visões falsas
e das adivinhações mentirosas
sobre vocês,
ela será posta no pescoço
dos ímpios que devem
ser mortos
e cujo dia chegou,
cujo momento de castigo
é agora.
30Volte a espada à sua bainha.
No lugar onde vocês foram criados,
na terra dos seus antepassados,
eu os julgarei.
31Derramarei a minha ira sobre vocês,
soprarei a minha ira impetuosa
contra vocês;
eu os entregarei nas mãos
de homens brutais,
acostumados à destruição.
32Vocês serão combustível para o fogo,
seu sangue será derramado em sua terra
e vocês não serão mais lembrados;
porque eu, o SENHOR, falei”.

Os pecados de Jerusalém

22 Veio a mim esta palavra do SENHOR: 2“Filho do homem, você a julgará? Você julgará essa cidade sanguinária? Então confronte-a com todas as suas práticas repugnantes 3e diga: Assim diz o Soberano, o SENHOR: Ó cidade, que traz condenação sobre si mesma por derramar sangue em seu meio e por se contaminar fazendo ídolos! 4Você se tornou culpada por causa do sangue que derramou e por ter se contaminado com os ídolos que fez. Você apressou o seu dia; chegou o fim dos seus anos. Por isso farei de você objeto de zombaria para as nações e de escárnio em todas as terras. 5Tanto as nações vizinhas como as distantes zombarão de você, ó cidade infame e inquieta!

6“Veja como cada um dos príncipes de Israel que aí está usa o seu poder para derramar sangue. 7Em seu meio eles têm desprezado pai e mãe, oprimido o estrangeiro e maltratado o órfão e a viúva. 8Você desprezou as minhas dádivas sagradas e profanou os meus sábados. 9Em seu meio há caluniadores, prontos para derramar sangue; em seu meio há os que comem nos santuários dos montes e praticam atos lascivos; 10em seu meio há aqueles que desonram a cama dos seus pais, e aqueles que têm relações com as mulheres nos dias de sua menstruação. 11Um homem comete adultério com a mulher do seu próximo, outro contamina vergonhosamente a sua nora, e outro desonra a sua irmã, filha de seu próprio pai. 12Em seu meio há homens que aceitam suborno para derramar sangue; você empresta a juros, visando lucro, e obtém ganhos injustos, extorquindo o próximo. E você se esqueceu de mim. Palavra do Soberano, o SENHOR.

13“Mas você me verá bater as minhas mãos uma na outra contra os ganhos injustos que você obteve e contra o sangue que você derramou. 14Será que a sua coragem suportará ou as suas mãos serão fortes para o que eu vou fazer no dia em que eu lhe der o devido tratamento? Eu, o SENHOR, falei, e o farei. 15Dispersarei você entre as nações e a espalharei pelas terras; e darei fim à sua impureza. 16Quando você tiver sido desonrada[a] aos olhos das nações, você saberá que eu sou o SENHOR”.

17E depois veio a mim esta palavra do SENHOR: 18“Filho do homem, a nação de Israel tornou-se escória para mim; cobre, estanho, ferro e chumbo deixados na fornalha. Não passa de escória de prata. 19Por isso, assim diz o Soberano, o SENHOR: Visto que vocês todos se tornaram escória, eu os ajuntarei em Jerusalém. 20Assim como os homens ajuntam prata, cobre, ferro, chumbo e estanho numa fornalha a fim de fundi-los soprando fortemente o fogo, na minha ira e na minha indignação também ajuntarei vocês dentro da cidade e os fundirei. 21Eu os ajuntarei e soprarei sobre vocês o fogo da minha ira, e vocês se derreterão. 22Assim como a prata se derrete numa fornalha, também vocês se derreterão dentro dela, e saberão que eu, o SENHOR, derramei a minha ira sobre vocês”.

23De novo a palavra do SENHOR veio a mim. Disse ele: 24“Filho do homem, diga a esta terra: Você é uma terra que não tem tido chuva nem aguaceiros[b] no dia da ira. 25Há nela uma conspiração de seus príncipes[c] como um leão que ruge ao despedaçar sua presa; devoram pessoas, apanham tesouros e objetos preciosos e fazem muitas viúvas. 26Seus sacerdotes cometem violência contra a minha lei e profanam minhas ofertas sagradas; não fazem distinção entre o sagrado e o comum; ensinam que não existe nenhuma diferença entre o puro e o impuro; e fecham os olhos quanto à guarda dos meus sábados, de maneira que sou desonrado no meio deles. 27Seus oficiais são como lobos que despedaçam suas presas; derramam sangue e matam gente para obter ganhos injustos. 28Seus profetas disfarçam esses feitos enganando o povo com visões falsas e adivinhações mentirosas. Dizem: ‘Assim diz o Soberano, o SENHOR’, quando o SENHOR não falou. 29O povo da terra pratica extorsão e comete roubos; oprime os pobres e os necessitados e maltrata os estrangeiros, negando-lhes justiça.

30“Procurei entre eles um homem que erguesse o muro e se pusesse na brecha diante de mim e em favor desta terra, para que eu não a destruísse, mas não encontrei nenhum. 31Por isso derramarei a minha ira sobre eles e os consumirei com o meu grande furor; sofrerão as consequências de tudo o que fizeram. Palavra do Soberano, o SENHOR”.

As duas irmãs adúlteras

23 Esta palavra do SENHOR veio a mim: 2“Filho do homem, existiam duas mulheres, filhas da mesma mãe. 3Elas se tornaram prostitutas no Egito, envolvendo-se na prostituição desde a juventude. Naquela terra

[a] 22:16 Ou *Quando eu lhe tiver designado sua herança*
[b] 22:24 Conforme a Septuaginta. O Texto Massorético diz *não se purificou nem recebeu chuva*.
[c] 22:25 Conforme a Septuaginta. O Texto Massorético diz *profetas*.

os seus peitos foram acariciados e os seus seios virgens foram afagados. 4A mais velha chamava-se Oolá, e sua irmã, Oolibá. Elas eram minhas e deram à luz filhos e filhas. Oolá é Samaria, e Oolibá é Jerusalém.

5"Oolá envolveu-se em prostituição enquanto ainda era minha; ela se encheu de cobiça por seus amantes, os assírios, guerreiros 6vestidos de vermelho, governadores e comandantes, todos eles cavaleiros jovens e elegantes. 7Ela se entregou como prostituta a toda a elite dos assírios e se contaminou com todos os ídolos de cada homem por ela cobiçado. 8Ela não abandonou a prostituição iniciada no Egito, quando em sua juventude homens dormiram com ela, afagaram seus seios virgens e a envolveram em suas práticas dissolutas.

9"Por isso eu a entreguei nas mãos de seus amantes, os assírios, os quais ela desejou ardentemente. 10Eles lhe arrancaram as roupas, deixando-a nua, levaram embora seus filhos e suas filhas e a mataram à espada. Ela teve má fama entre as mulheres. E lhe foi dado castigo.

11"Sua irmã Oolibá viu isso. No entanto, em sua cobiça e prostituição, ela foi mais depravada que a irmã. 12Também desejou ardentemente os assírios, governadores e comandantes, guerreiros em uniforme completo, todos eles jovens e belos cavaleiros. 13Vi que ela também se contaminou; ambas seguiram o mesmo caminho.

14"Mas Oolibá levou sua prostituição ainda mais longe. Viu homens desenhados numa parede, figuras de caldeus em vermelho, 15usando cinturões e esvoaçantes turbantes na cabeça; todos se pareciam com os oficiais responsáveis pelos carros da Babilônia, nativos da Caldeia. 16Assim que ela os viu, desejou-os ardentemente e lhes mandou mensageiros até a Caldeia. 17Então os babilônios vieram procurá-la, até a cama do amor, e em sua cobiça a contaminaram. Depois de haver sido contaminada por eles, ela se afastou deles desgostosa. 18Então prosseguiu abertamente em sua prostituição e expôs a sua nudez, e eu me afastei dela desgostoso, assim como eu tinha me afastado de sua irmã. 19Contudo, ela ia se tornando cada vez mais promíscua à medida que se recordava dos dias de sua juventude, quando era prostituta no Egito. 20Desejou ardentemente os seus amantes, cujos membros eram como os de jumentos e cuja ejaculação era como a de cavalos. 21Assim, Oolibá ansiou pela lascívia de sua juventude, quando no Egito seus peitos eram afagados e seus seios virgens eram acariciados.[a]

22"Portanto, assim diz o Soberano, o SENHOR: Incitarei os seus amantes contra você, aqueles de quem você se afastou desgostosa, e os trarei para atacá-la de todos os lados: 23os babilônios e todos os caldeus, os homens de Pecode, de Soa e de Coa, e com eles todos os assírios, belos rapazes, todos eles governadores e comandantes, oficiais que chefiam os carros e homens de posto elevado, todos eles cavaleiros. 24Eles virão contra você com armas, carros e carroças e com uma multidão de povos; por todos os lados tomarão posição contra você com escudos grandes e pequenos e com capacetes. Eu a entregarei a eles para castigo, e eles a castigarão conforme o costume deles. 25Dirigirei contra você a ira do meu ciúme e, enfurecidos, eles saberão como tratá-la. Cortarão fora o seu nariz e as suas orelhas, e as pessoas que forem deixadas cairão à espada. Levarão embora seus filhos e suas filhas, e os que forem deixados serão consumidos pelo fogo. 26Também arrancarão as suas roupas e tomarão suas lindas joias. 27Assim darei um basta à lascívia e à prostituição que você começou no Egito. Você deixará de olhar com desejo para essas coisas e não se lembrará mais do Egito.

28"Pois assim diz o Soberano, o SENHOR: Estou a ponto de entregá-la nas mãos daqueles que você odeia, daqueles de quem você se afastou desgostosa. 29Eles a tratarão com ódio e levarão embora tudo aquilo pelo que você trabalhou. Eles a deixarão despida e nua, e a vergonha de sua prostituição será exposta. Isso lhe sobrevirá por sua lascívia e promiscuidade, 30porque você desejou ardentemente as nações e se contaminou com os ídolos delas. 31Você seguiu pelo caminho de sua irmã; por essa razão porei o copo dela nas suas mãos.

32"Assim diz o Soberano, o SENHOR:

"Você beberá do copo de sua irmã,
  copo grande e fundo;
ele causará riso e zombaria,
  de tão grande que é.
33Você será dominada pela embriaguez
  e pela tristeza,
com esse copo de desgraça
  e desolação,
o copo de sua irmã Samaria.
34Você o beberá,
  engolindo até a última gota;
depois o despedaçará
  e mutilará os próprios seios.

"Eu o disse. Palavra do Soberano, o SENHOR.

35"Agora, assim diz o Soberano, o SENHOR: Visto que você se esqueceu de mim e me deu as costas, você vai sofrer as consequências de sua lascívia e de sua prostituição".

36O SENHOR me disse: "Filho do homem, você julgará Oolá e Oolibá? Então confronte-as com suas práticas repugnantes, 37pois elas cometeram adultério e há sangue em suas mãos. Cometeram adultério com seus ídolos; até os seus filhos, que elas geraram para mim, sacrificaram aos ídolos. 38Também me fizeram isto: ao mesmo tempo contaminaram o meu santuário e profanaram os meus sábados. 39No mesmo dia em que sacrificavam seus filhos a seus ídolos, elas entravam em meu santuário e o profanavam. Foi o que fizeram em minha casa.

40"Elas até enviaram mensageiros atrás de homens, vindos de bem longe, e, quando eles chegaram, você se banhou para recebê-los, pintou os olhos e pôs suas joias. 41Você se sentou num belo sofá, tendo à frente uma mesa, na qual você havia colocado o incenso e o óleo que me pertenciam.

42"Em torno dela havia o ruído de uma multidão despreocupada; sabeus[b] foram trazidos do deserto junto com homens do povo, e eles puseram braceletes nos braços da mulher e da sua irmã e belíssimas coroas nas cabeças delas. 43Então eu disse a respeito daquela que fora destruída pelo adultério: Que agora a usem como prostituta, pois é o que ela é. 44E eles dormiram

[a] 23:21 Conforme a Versão Siríaca. O Texto Massorético diz *afagados por causa de seus seios jovens.*

[b] 23:42 Ou *bêbados*

com ela. Dormiram com aquelas mulheres lascivas,
Oolá e Oolibá, como quem dorme com uma prostitu-
ta. 45Mas homens justos as condenarão ao castigo que
merecem as mulheres que cometem adultério e der-
ramam sangue, porque são adúlteras e há sangue em
suas mãos.
46"Assim diz o Soberano, o SENHOR: Que uma multi-
dão as ataque e que elas sejam entregues ao pavor e ao
saque. 47A multidão as apedrejará e as retalhará à es-
pada; matarão seus filhos e suas filhas, destruirão suas
casas e as queimarão.
48"Dessa maneira darei fim à lascívia na terra, para
que todas as mulheres fiquem advertidas e não imitem
vocês. 49Vocês sofrerão o castigo de sua cobiça e as con-
sequências de seus pecados de idolatria. E vocês saberão
que eu sou o Soberano, o SENHOR".

A panela

24 No décimo dia do décimo mês do nono ano, a pa-
lavra do SENHOR veio a mim. Disse ele: 2"Filho do
homem, registre esta data, a data de hoje, porque o rei
da Babilônia sitiou Jerusalém exatamente neste dia.
3Conte a esta nação rebelde uma parábola e diga-lhes:
Assim diz o Soberano, o SENHOR:

"Ponha a panela para esquentar;
ponha-a para esquentar com água.
4Ponha dentro dela pedaços de carne,
os melhores pedaços
da coxa e da espádua.
Encha-a com o melhor desses ossos;
5apanhe o melhor do rebanho.
Empilhe lenha debaixo dela
para cozinhar os ossos;
faça-a ferver a água e cozinhe tudo
o que está na panela.

6"Porque assim diz o Soberano, o SENHOR:

"Ai da cidade sanguinária,
da panela que agora
tem uma crosta,
cujo resíduo não desaparecerá!
Esvazie-a, tirando pedaço por pedaço,
sem sorteá-los.

7"Pois o sangue que ela derramou
está no meio dela;
ela o derramou na rocha nua;
não o derramou no chão,
onde o pó o cobriria.
8Para atiçar a minha ira e me vingar,
pus o sangue dela sobre a rocha nua,
para que ele não fosse coberto.

9"Portanto, assim diz o Soberano, o SENHOR:

"Ai da cidade sanguinária!
Eu também farei uma pilha de lenha,
uma pilha bem alta.
10Por isso amontoem a lenha
e acendam o fogo.
Cozinhem bem a carne,
misturando os temperos;
e reduzam os ossos a cinzas.
11Ponham depois a panela vazia
sobre as brasas
para que esquente
até que o seu bronze
fique incandescente,
as suas impurezas se derretam
e o seu resíduo seja queimado
e desapareça.
12Mas ela frustrou todos os esforços;
nem o fogo pôde eliminar
seu resíduo espesso!

13"Ora, a sua impureza é a lascívia. Como eu desejei
purificá-la, mas você não quis ser purificada, você não
voltará a estar limpa, enquanto não se abrandar a mi-
nha ira contra você.

14"Eu, o SENHOR, falei. Chegou a hora de eu agir. Não
me conterei; não terei piedade, nem voltarei atrás. Vo-
cê será julgada de acordo com o seu comportamento
e com as suas ações. Palavra do Soberano, o SENHOR".

A morte da mulher de Ezequiel

15Veio a mim esta palavra do SENHOR: 16"Filho do ho-
mem, com um único golpe estou para tirar de você o
prazer dos seus olhos. Contudo, não lamente nem cho-
re nem derrame nenhuma lágrima. 17Não permita que
ninguém ouça o seu gemer; não pranteie pelos mortos.
Mantenha apertado o seu turbante e as sandálias nos
pés; não cubra o rosto nem coma a comida costumeira
dos pranteadores".
18Assim, falei de manhã ao povo, e à tarde minha
mulher morreu. No dia seguinte fiz o que me havia
sido ordenado.
19Então o povo me perguntou: "Você não vai nos di-
zer que relação essas coisas têm conosco?"
20E eu lhes respondi: Esta palavra do SENHOR veio a
mim: 21"Diga à nação de Israel: Assim diz o Soberano,
o SENHOR: Estou a ponto de profanar o meu santuá-
rio, a fortaleza de que vocês se orgulham, o prazer dos
seus olhos, o objeto da sua afeição. Os filhos e as filhas
que vocês deixaram lá cairão à espada. 22E vocês farão
o que eu fiz. Vocês não cobrirão o rosto nem comerão a
comida costumeira dos pranteadores. 23Vocês mante-
rão os turbantes na cabeça e as sandálias nos pés. Não
prantearão nem chorarão, mas irão consumir-se por
causa de suas iniquidades e gemerão uns pelos outros.
24Ezequiel lhes será um sinal; vocês farão o que ele fez.
Quando isso acontecer, vocês saberão que eu sou o So-
berano, o SENHOR.
25"E você, filho do homem, no dia em que eu tirar
deles a sua fortaleza, sua alegria e sua glória, o prazer
dos seus olhos, e também os seus filhos e as suas fi-
lhas, o maior desejo de suas vidas, 26naquele dia um
fugitivo virá dar-lhe a notícia. 27Naquela hora sua bo-
ca será aberta; você falará com ele e não ficará calado.
E assim você será um sinal para eles, e eles saberão que
eu sou o SENHOR".

Profecia contra Amom

25 Esta palavra do SENHOR veio a mim: 2"Filho do ho-
mem, vire o rosto contra os amonitas e profetize
contra eles. 3Diga-lhes: Ouçam a palavra do Soberano,
o SENHOR. Assim diz o Soberano, o SENHOR: Visto que
vocês exclamaram: 'Ah! Ah!' quando o meu santuário foi
profanado, quando a terra de Israel foi arrasada e quan-
do a nação de Judá foi para o exílio, 4vou entregá-los

como propriedade do povo do oriente. Eles instalarão seus acampamentos e armarão suas tendas no meio de vocês; comerão suas frutas e beberão seu leite. 5Farei de Rabá um cercado para camelos e de Amom um local de descanso para ovelhas. Então vocês saberão que eu sou o SENHOR. 6Porque assim diz o Soberano, o SENHOR: Visto que vocês bateram palmas e pularam de alegria com o coração cheio de maldade contra Israel, 7por essa razão estenderei o meu braço contra vocês e os darei às nações como despojo. Eliminarei vocês do meio das nações e os exterminarei do meio dos povos. Eu os destruirei, e vocês saberão que eu sou o SENHOR.

Profecia contra Moabe

8"Assim diz o Soberano, o SENHOR: Uma vez que Moabe e Seir disseram: 'Vejam, a nação de Judá tornou-se como todas as outras nações', 9por essa razão abrirei o flanco de Moabe, começando por suas cidades fronteiriças, Bete-Jesimote, Baal-Meom e Quiriataim, que são a glória dessa terra. 10Darei Moabe e os amonitas como propriedade ao povo do oriente. Os amonitas não serão lembrados entre as nações, 11e a Moabe trarei castigo. Então eles saberão que eu sou o SENHOR.

Profecia contra Edom

12"Assim diz o Soberano, o SENHOR: Visto que Edom vingou-se da nação de Judá e com isso trouxe grande culpa sobre si, 13assim diz o Soberano, o SENHOR: Estenderei o braço contra Edom e matarei os seus homens e os seus animais. Eu o arrasarei, e desde Temã até Dedã eles cairão à espada. 14Eu me vingarei de Edom pelas mãos de Israel, o meu povo, e este lidará com Edom de acordo com a minha ira e a minha indignação; Edom conhecerá a minha vingança. Palavra do Soberano, o SENHOR.

Profecia contra a Filístia

15"Assim diz o Soberano, o SENHOR: Uma vez que a Filístia agiu por vingança e com maldade no coração, e com antiga hostilidade buscou destruir Judá, 16assim diz o Soberano, o SENHOR: Estou a ponto de estender meu braço contra os filisteus. Eliminarei os queretitas e destruirei os que restarem no litoral. 17Executarei neles grande vingança e os castigarei na minha ira. Então, quando eu me vingar deles, saberão que eu sou o SENHOR".

Profecia contra Tiro

26 No décimo primeiro ano, no primeiro dia do mês, veio a mim esta palavra do SENHOR: 2"Filho do homem, visto que Tiro falou de Jerusalém: 'Ah! Ah! O portal das nações está quebrado, e as suas portas se me abriram; agora que ela jaz em ruínas, eu prosperarei', 3por essa razão assim diz o Soberano, o SENHOR: Estou contra você, ó Tiro, e trarei muitas nações contra você; virão como o mar quando eleva as suas ondas. 4Elas destruirão os muros de Tiro e derrubarão suas torres; eu espalharei o seu entulho e farei dela uma rocha nua. 5Fora, no mar, ela se tornará um local propício para estender redes de pesca, pois eu falei. Palavra do Soberano, o SENHOR. Ela se tornará despojo para as nações, 6e em seus territórios no continente será feita grande destruição pela espada. E saberão que eu sou o SENHOR.

7"Pois assim diz o Soberano, o SENHOR: Contra você, Tiro, vou trazer do norte o rei da Babilônia, Nabucodonosor, rei de reis, com cavalos e carros, com cavaleiros e um grande exército. 8Ele desfechará com a espada um violento ataque contra os seus territórios no continente. Construirá obras de cerco e uma rampa de acesso aos seus muros. E armará uma barreira de escudos contra você. 9Ele dirigirá as investidas dos seus aríetes contra os seus muros e com armas de ferro demolirá as suas torres. 10Seus cavalos serão tantos que cobrirão você de poeira. Seus muros tremerão com o barulho dos cavalos de guerra, das carroças e dos carros, quando ele entrar por suas portas com a facilidade com que se entra numa cidade cujos muros foram derrubados. 11Os cascos de seus cavalos pisarão todas as suas ruas; ele matará o seu povo à espada, e as suas resistentes colunas ruirão. 12Despojarão sua riqueza e saquearão seus suprimentos; derrubarão seus muros, demolirão suas lindas casas e lançarão ao mar as suas pedras, o seu madeiramento e todo o entulho. 13Porei fim a seus cânticos barulhentos, e não se ouvirá mais a música de suas harpas. 14Farei de você uma rocha nua, e você se tornará um local propício para estender redes de pesca. Você jamais será reconstruída, pois eu, o SENHOR, falei. Palavra do Soberano, o SENHOR.

15"Assim diz o Soberano, o SENHOR, a Tiro: Acaso as regiões litorâneas não tremerão ao som de sua queda, quando o ferido gemer e a matança acontecer em seu meio? 16Então todos os príncipes do litoral descerão do trono e porão de lado seus mantos e tirarão suas roupas bordadas. Vestidos de pavor, vão assentar-se no chão, tremendo sem parar, apavorados por sua causa. 17Depois entoarão um lamento acerca de você e lhe dirão:

" 'Como você está destruída,
ó cidade de renome,
povoada por homens do mar!
Você era um poder nos mares,
você e os seus cidadãos;
você impunha pavor
a todos os que ali vivem.
18Agora as regiões litorâneas tremem
no dia de sua queda;
as ilhas do mar estão apavoradas
diante de sua ruína'.

19"Assim diz o Soberano, o SENHOR: Quando eu fizer de você uma cidade abandonada, lembrando cidades inabitáveis, e quando eu a cobrir com as vastas águas do abismo, 20então farei você descer com os que descem à cova, para fazer companhia aos antigos. Eu a farei habitar embaixo da terra, como em ruínas antigas, com aqueles que descem à cova, e você não voltará e não retomará o seu lugar[a] na terra dos viventes. 21Levarei você a um fim terrível e você já não existirá. Será procurada, e jamais será achada. Palavra do Soberano, o SENHOR".

Um lamento por Tiro

27 Esta palavra do SENHOR veio a mim: 2"Filho do homem, faça um lamento a respeito de Tiro. 3Diga a Tiro, que está junto à entrada para o mar, e que negocia com povos de muitos litorais: Assim diz o Soberano, o SENHOR:

[a] 26:20 Conforme a Septuaginta. O Texto Massorético diz *voltará, e eu darei glória.*

"Você diz, ó Tiro:
'Minha beleza é perfeita'.
4 Seu domínio abrangia
o coração dos mares;
seus construtores levaram a sua beleza
à perfeição.
5 Eles fizeram todo o seu madeiramento
com pinheiros de Senir[a];
apanharam um cedro do Líbano
para fazer-lhe um mastro.
6 Dos carvalhos de Basã
fizeram os seus remos;
de cipreste procedente
das costas de Chipre
fizeram seu convés,
revestido de mármore.
7 Suas velas foram feitas
de belo linho bordado,
procedente do Egito,
servindo-lhe de bandeira;
seus toldos, em azul e púrpura,
provinham das costas de Elisá.
8 Habitantes de Sidom e Arvade
eram os seus remadores;
os seus homens hábeis, ó Tiro,
estavam a bordo como
marinheiros.
9 Artesãos experientes de Gebal[b]
estavam a bordo
como construtores de barcos
para calafetarem as suas juntas.
Todos os navios do mar
e seus marinheiros
vinham para negociar com você
as suas mercadorias.

10 "Os persas, os lídios
e os homens de Fute
serviam como soldados
em seu exército.
Eles penduravam os seus escudos
e capacetes nos seus muros,
trazendo-lhe esplendor.
11 Homens de Arvade e de Heleque
guarneciam os seus muros
em todos os lados;
homens de Gamade
estavam em suas torres.
Eles penduravam os escudos deles
em seus muros ao redor;
levaram a sua beleza à perfeição.

12 "Társis fez negócios com você, tendo em vista os
seus muitos bens; eles deram prata, ferro, estanho e
chumbo em troca de suas mercadorias.
13 "Javã, Tubal e Meseque negociaram com você; tro-
caram escravos e utensílios de bronze pelos seus bens.
14 "Homens de Bete-Togarma trocaram cavalos de car-
ga, cavalos de guerra e mulas pelas suas mercadorias.
15 "Os homens de Rodes[c] negociaram com você, e
muitas regiões costeiras se tornaram seus clientes;
pagaram-lhe suas compras com presas de marfim e
com ébano.
16 "Arã[d] negociou com você atraído por seus muitos
produtos; em troca de suas mercadorias deu-lhe tur-
quesa, tecido púrpura, trabalhos bordados, linho fino,
coral e rubis.
17 "Judá e Israel negociaram com você; pelos seus
bens trocaram trigo de Minite, confeitos, mel, azeite
e bálsamo.
18 "Em razão dos muitos produtos de que você dispõe e
da grande riqueza de seus bens, Damasco negociou com
você, pagando-lhe com vinho de Helbom e lã de Zaar.
19 "Também Dã e Javã, de Uzal, compraram suas mer-
cadorias, trocando-as por ferro, cássia e cálamo.
20 "Dedã negociou com você mantos de sela.
21 "A Arábia e todos os príncipes de Quedar eram seus
clientes; fizeram negócios com você, fornecendo-lhe
cordeiros, carneiros e bodes.
22 "Os mercadores de Sabá e de Raamá fizeram co-
mércio com você; pelas mercadorias que você vende
eles trocaram o que há de melhor em toda espécie de
especiarias, pedras preciosas e ouro.
23 "Harã, Cane e Éden e os mercadores de Sabá, Assur
e Quilmade fizeram comércio com você. 24 No seu mer-
cado eles negociaram com você lindas roupas, tecido
azul, trabalhos bordados e tapetes multicoloridos com
cordéis retorcidos e de nós firmes.

25 "Os navios de Társis
transportam os seus bens.
Quanta carga pesada você tem
no coração do mar.
26 Seus remadores a levam
para alto-mar.
Mas o vento oriental a despedaçará
no coração do mar.
27 Sua riqueza, suas mercadorias
e seus bens,
seus marujos, seus homens do mar
e seus construtores de barcos,
seus mercadores
e todos os seus soldados,
todos quantos estão a bordo
sucumbirão no coração do mar
no dia do seu naufrágio.
28 As praias tremerão
quando os seus marujos clamarem.
29 Todos os que manejam os remos
abandonarão os seus navios;
os marujos e todos os marinheiros
ficarão na praia.
30 Erguerão a voz
e gritarão com amargura por sua causa;
espalharão poeira sobre a cabeça
e rolarão na cinza.
31 Raparão a cabeça por sua causa
e porão vestes de lamento.
Chorarão por você com angústia na alma
e com pranto amargurado.
32 Quando estiverem gritando
e pranteando por você,
erguerão este lamento a seu respeito:

[a] 27:5 Isto é, do Hermom.
[b] 27:9 Isto é, Biblos.
[c] 27:15 Conforme a Septuaginta. O Texto Massorético diz *Dedã*.
[d] 27:16 Alguns manuscritos do Texto Massorético e a Versão Siríaca dizem *Edom*.

'Quem chegou a ser silenciada
como Tiro,
cercada pelo mar?'
33Quando as suas mercadorias
saíam para o mar,
você satisfazia muitas nações;
com sua grande riqueza e com seus bens
você enriqueceu os reis da terra.
34Agora, destruída pelo mar,
você jaz nas profundezas das águas;
seus bens e todos os que a acompanham
afundaram com você.
35Todos os que moram
nas regiões litorâneas
estão chocados com o que aconteceu
com você;
seus reis arrepiam-se horrorizados
e os seus rostos estão desfigurados
de medo.
36Os mercadores entre as nações
gritam de medo ao vê-la;
chegou o seu terrível fim,
e você não mais existirá".

Profecia contra o rei de Tiro

28 Veio a mim esta palavra do SENHOR: 2"Filho do
homem, diga ao governante de Tiro: Assim diz
o Soberano, o SENHOR:

"No orgulho do seu coração
você diz: 'Sou um deus;
sento-me no trono de um deus
no coração dos mares'.
Mas você é um homem, e não um deus,
embora se considere tão sábio
quanto Deus.
3Você é mais sábio que Daniel[a]?
Não haverá segredo que lhe seja oculto?
4Mediante a sua sabedoria
e o seu entendimento,
você granjeou riquezas
e acumulou ouro e prata
em seus tesouros.
5Por sua grande habilidade comercial
você aumentou
as suas riquezas
e, por causa das suas riquezas,
o seu coração ficou
cada vez mais orgulhoso.

6"Por isso, assim diz o Soberano, o SENHOR:

"Porque você pensa que é sábio,
tão sábio quanto Deus,
7trarei estrangeiros contra você,
das mais impiedosas nações;
eles empunharão suas espadas
contra a sua beleza
e a sua sabedoria
e traspassarão o seu esplendor
fulgurante.
8Eles o farão descer à cova,
e você terá morte violenta
no coração dos mares.

[a] 28:3 Ou *Danel*.

9Dirá você então:
'Eu sou um deus'
na presença daqueles que o matarem?
Você será tão somente um homem,
e não um deus,
nas mãos daqueles que o abaterem.
10Você terá a morte dos incircuncisos
nas mãos de estrangeiros.

Eu falei. Palavra do Soberano, o SENHOR".

11Esta palavra do SENHOR veio a mim: 12"Filho do ho-
mem, erga um lamento a respeito do rei de Tiro e di-
ga-lhe: Assim diz o Soberano, o SENHOR:

"Você era o modelo da perfeição,
cheio de sabedoria
e de perfeita beleza.
13Você estava no Éden,
no jardim de Deus;
todas as pedras preciosas o enfeitavam:
sárdio, topázio e diamante,
berilo, ônix e jaspe,
safira, carbúnculo e esmeralda.[b]
Seus engastes e guarnições
eram feitos de ouro;
tudo foi preparado no dia
em que você foi criado.
14Você foi ungido
como um querubim guardião,
pois para isso eu o designei.
Você estava no monte santo de Deus
e caminhava entre as pedras
fulgurantes.
15Você era inculpável em seus caminhos
desde o dia em que foi criado
até que se achou maldade em você.
16Por meio do seu amplo comércio,
você encheu-se de violência
e pecou.
Por isso eu o lancei, humilhado,
para longe do monte de Deus,
e o expulsei, ó querubim guardião,
do meio das pedras fulgurantes.
17Seu coração tornou-se orgulhoso
por causa da sua beleza,
e você corrompeu a sua sabedoria
por causa do seu esplendor.
Por isso eu o atirei à terra;
fiz de você um espetáculo
para os reis.
18Por meio dos seus muitos pecados
e do seu comércio desonesto
você profanou os seus santuários.
Por isso fiz sair de você um fogo,
que o consumiu,
e reduzi você a cinzas no chão,
à vista de todos
os que estavam observando.
19Todas as nações que o conheciam
espantaram-se ao vê-lo;
chegou o seu terrível fim,
você não mais existirá".

[b] 28:13 A identificação precisa de algumas dessas pedras preciosas não é conhecida.

Profecia contra Sidom

20Veio a mim esta palavra do SENHOR: 21"Filho do homem, vire o rosto contra Sidom; profetize contra ela 22e diga: Assim diz o Soberano, o SENHOR:

"Estou contra você, Sidom,
e manifestarei a minha glória
dentro de você.
Todos saberão que eu sou o SENHOR,
quando eu castigá-la
e mostrar-me santo em seu meio.
23Enviarei uma peste sobre você
e farei sangue correr em suas ruas.
Os mortos cairão, derrubados pela espada
que virá de todos os lados contra você.
E todos saberão que eu sou o SENHOR.

24"Israel não terá mais vizinhos maldosos agindo como roseiras bravas dolorosas e espinhos pontudos. Pois eles saberão que eu sou o Soberano, o SENHOR.

25"Assim diz o Soberano, o SENHOR: Quando eu reunir Israel dentre as nações nas quais foi espalhado, eu me mostrarei santo entre eles à vista das nações. Então eles viverão em sua própria terra, a qual dei ao meu servo Jacó. 26Eles viverão ali em segurança, construirão casas e plantarão vinhas; viverão em segurança quando eu castigar todos os seus vizinhos que lhes fizeram mal. Então eles saberão que eu sou o SENHOR, o seu Deus".

Profecia contra o Egito

29 No décimo segundo dia do décimo mês do décimo ano do exílio, esta palavra do SENHOR veio a mim: 2"Filho do homem, vire o rosto contra o faraó, rei do Egito, e profetize contra ele e contra todo o Egito. 3Diga-lhe: Assim diz o Soberano, o SENHOR:

"Estou contra você, faraó, rei do Egito,
contra você, grande monstro deitado
em meio a seus riachos.
Você diz: 'O Nilo é meu;
eu o fiz para mim mesmo'.
4Mas porei anzóis em seu queixo
e farei os peixes dos seus regatos
se apegarem
às suas escamas, ó Egito.
Puxarei você para fora dos seus riachos,
com todos os peixes grudados
em suas escamas.
5Deixarei você no deserto,
você e todos os peixes
dos seus regatos.
Você cairá em campo aberto
e não será recolhido
nem sepultado.
Darei você como comida
aos animais selvagens
e às aves do céu.

6"Então todos os que vivem no Egito saberão que eu sou o SENHOR.

"Você tem sido um bordão de junco para a nação de Israel. 7Quando eles o pegaram com as mãos, você rachou e rasgou os ombros deles; quando eles se apoiaram em você, você se quebrou, e as costas deles sofreram torção.[a]

8"Portanto, assim diz o Soberano, o SENHOR: Trarei uma espada contra você e matarei os seus homens e os seus animais. 9O Egito se tornará um deserto arrasado. Então eles saberão que eu sou o SENHOR.

"Visto que você disse: 'O Nilo é meu; eu o fiz', 10estou contra você e contra os seus regatos, e tornarei o Egito uma desgraça e um deserto arrasado desde Migdol até Sevene, chegando até a fronteira da Etiópia[b]. 11Nenhum pé de homem ou pata de animal o atravessará; ninguém morará ali por quarenta anos. 12Farei a terra do Egito arrasada em meio a terras devastadas, e suas cidades estarão arrasadas durante quarenta anos entre cidades em ruínas. Espalharei os egípcios entre as nações e os dispersarei entre os povos.

13"Contudo, assim diz o Soberano, o SENHOR: Ao fim dos quarenta anos ajuntarei os egípcios dentre as nações nas quais foram espalhados. 14Eu os trarei de volta do cativeiro e os farei voltar ao alto Egito[c], à terra dos seus antepassados. Ali serão um reino humilde. 15Será o mais humilde dos reinos, e nunca mais se exaltará sobre as outras nações. Eu o farei tão fraco que nunca mais dominará sobre as nações. 16O Egito não inspirará mais confiança a Israel, mas será uma lembrança de sua iniquidade por procurá-lo em busca de ajuda. Então eles saberão que eu sou o Soberano, o SENHOR".

17No primeiro dia do primeiro mês do vigésimo sétimo ano do exílio, esta palavra do SENHOR veio a mim: 18"Filho do homem, o rei Nabucodonosor, da Babilônia, conduziu o seu exército numa dura campanha contra Tiro; toda cabeça foi esfregada até não ficar cabelo algum e todo ombro ficou esfolado. Contudo, ele e o seu exército não obtiveram nenhuma recompensa com a campanha que ele conduziu contra Tiro. 19Por isso, assim diz o Soberano, o SENHOR: Vou dar o Egito ao rei Nabucodonosor, da Babilônia, e ele levará embora a riqueza dessa nação. Ele saqueará e despojará a terra como pagamento para o seu exército. 20Eu lhe dei o Egito como recompensa por seus esforços, por aquilo que ele e o seu exército fizeram para mim. Palavra do Soberano, o SENHOR.

21"Naquele dia farei crescer o poder[d] da nação de Israel, e abrirei a minha boca no meio deles. Então eles saberão que eu sou o SENHOR".

Um lamento pelo Egito

30 Esta palavra do SENHOR veio a mim: 2"Filho do homem, profetize e diga: Assim diz o Soberano, o SENHOR:

"Clamem e digam:
Ai! Aquele dia!
3Pois o dia está próximo,
o dia do SENHOR
está próximo;
será dia de nuvens,
uma época de condenação
para as nações.

[a] 29:7 Conforme a Versão Siríaca. O Texto Massorético diz *e fez que as costas deles paralisassem*.
[b] 29:10 Hebraico: *Cuxe*.
[c] 29:14 Hebraico: *a Patros*.
[d] 29:21 Hebraico: *chifre*.

4 A espada virá contra o Egito,
e angústia virá sobre a Etiópia[a].
Quando os mortos caírem no Egito,
sua riqueza lhe será tirada
e os seus alicerces serão despedaçados.

5 "A Etiópia e Fute, Lude e toda a Arábia, a Líbia[b] e o
povo da terra da aliança cairão à espada junto com
o Egito.
6 "Assim diz o SENHOR:

"Os aliados do Egito cairão,
e a sua orgulhosa força fracassará.
Desde Migdol até Sevene
eles cairão à espada.
Palavra do Soberano, o SENHOR.
7 Serão arrasados
no meio de terras devastadas,
e as suas cidades jazerão
no meio de cidades em ruínas.
8 E eles saberão que eu sou o SENHOR,
quando eu incendiar o Egito
e todos os que o apoiam
forem esmagados.

9 "Naquele dia enviarei mensageiros em navios pa-
ra assustar o povo da Etiópia, que se sente seguro. A
angústia se apoderará deles no dia da condenação do
Egito, pois é certo que isso acontecerá.

10 "Assim diz o Soberano, o SENHOR:

"Darei fim à população do Egito
pelas mãos do rei Nabucodonosor,
da Babilônia.
11 Ele e o seu exército,
a nação mais impiedosa,
serão levados para destruir a terra.
Eles empunharão a espada
contra o Egito
e a terra se encherá de mortos.
12 Eu secarei os regatos do Nilo
e venderei a terra
a homens maus;
pela mão de estrangeiros
deixarei arrasada a terra
e tudo o que nela há.

"Eu, o SENHOR, falei.

13 "Assim diz o Soberano, o SENHOR:

"Destruirei os ídolos
e darei fim às imagens
que há em Mênfis.
Não haverá mais príncipe no Egito,
e espalharei medo
por toda a terra.
14 Arrasarei o alto Egito[c],
incendiarei Zoã
e infligirei castigo a Tebas[d].
15 Derramarei a minha ira sobre Pelúsio[e],
a fortaleza do Egito,
e acabarei com a população de Tebas.
16 Incendiarei o Egito;
Pelúsio se contorcerá de agonia.
Tebas será levada pela tempestade;
Mênfis estará em constante aflição.
17 Os jovens de Heliópolis[f] e de Bubastis[g]
cairão à espada,
e a população das cidades
irá para o cativeiro.
18 As trevas imperarão em pleno dia
em Tafnes quando eu quebrar
o cetro do Egito;
ali sua força orgulhosa
chegará ao fim.
Ficará coberta de nuvens,
e os moradores dos seus povoados
irão para o cativeiro.
19 Assim eu darei castigo ao Egito,
e todos ali saberão
que eu sou o SENHOR".

20 No sétimo dia do primeiro mês do décimo primei-
ro ano, a palavra do SENHOR veio a mim: 21 "Filho do
homem, quebrei o braço do faraó, rei do Egito. Não foi
enfaixado para sarar, nem lhe foi posta uma tala para
fortalecê-lo o bastante para poder manejar a espada.
22 Portanto, assim diz o Soberano, o SENHOR: Estou con-
tra o faraó, rei do Egito. Quebrarei os seus dois braços,
o bom e o que já foi quebrado, e farei a espada cair da
sua mão. 23 Dispersarei os egípcios entre as nações e os
espalharei entre os povos. 24 Fortalecerei os braços do
rei da Babilônia e porei a minha espada nas mãos dele,
mas quebrarei os braços do faraó, e este gemerá diante
dele como um homem mortalmente ferido. 25 Fortalece-
rei os braços do rei da Babilônia, mas os braços do faraó
penderão sem firmeza. Quando eu puser minha espa-
da na mão do rei da Babilônia e ele a brandir contra o
Egito, eles saberão que eu sou o SENHOR. 26 Eu dispersa-
rei os egípcios no meio das nações e os espalharei en-
tre os povos. Então eles saberão que eu sou o SENHOR".

Um cedro no Líbano

31 No primeiro dia do terceiro mês do décimo primei-
ro ano, a palavra do SENHOR veio a mim: 2 "Filho
do homem, diga ao faraó, rei do Egito, e ao seu povo:

"Quem é comparável a você
em majestade?
3 Considere a Assíria,
outrora um cedro no Líbano,
com belos galhos que faziam
sombra à floresta;
era alto;
seu topo ficava acima
da espessa folhagem.
4 As águas o nutriam,
correntes profundas o faziam crescer
a grande altura;
seus riachos fluíam de onde ele estava
para todas as árvores do campo.
5 Erguia-se mais alto que
todas as árvores do campo;
brotaram muitos ramos

[a] 30:4 Hebraico: *Cuxe*; também nos versículos 5 e 9.
[b] 30:5 Hebraico: *Cube*.
[c] 30:14 Hebraico: *Arrasarei Patros*.
[d] 30:14 Hebraico: *No*; também nos versículos 15 e 16.
[e] 30:15 Hebraico: *Sim*; também no versículo 16.
[f] 30:17 Hebraico: *Áven*.
[g] 30:17 Hebraico: *Pi-Besete*.

e seus galhos cresceram,
espalhando-se, graças à fartura de água.
6 Todas as aves do céu
se aninhavam em seus ramos,
todos os animais do campo
davam à luz
debaixo dos seus galhos;
todas as grandes nações
viviam à sua sombra.
7 Era de uma beleza majestosa,
com seus ramos
que tanto se espalhavam,
pois as suas raízes desciam
até as muitas águas.
8 Os cedros do jardim de Deus
não eram rivais para ele,
nem os pinheiros conseguiam
igualar-se aos seus ramos,
nem os plátanos podiam
comparar-se com os seus galhos;
nenhuma árvore do jardim de Deus
podia equiparar-se à sua beleza.
9 Eu o fiz belo com rica ramagem,
a inveja de todas as árvores do Éden,
do jardim de Deus.

10 "Portanto, assim diz o Soberano, o SENHOR: Como
ele se ergueu e se tornou tão alto, alçando seu topo aci-
ma da folhagem espessa, e como ficou orgulhoso da sua
altura, 11 eu o entreguei ao governante das nações para
que este o tratasse de acordo com a sua maldade. Eu o
rejeitei, 12 e a mais impiedosa das nações estrangeiras o
derrubou e o deixou. Seus ramos caíram sobre os mon-
tes e em todos os vales; seus galhos jazeram quebrados
em todas as ravinas da terra. Todas as nações da terra
saíram de sua sombra e o abandonaram. 13 Todas as aves
do céu se instalaram na árvore caída, e todos os animais
do campo se abrigaram em seus galhos. 14 Por isso ne-
nhuma outra árvore junto às águas chegará a erguer-se
orgulhosamente tão alto, alçando o seu topo acima da
folhagem espessa. Nenhuma outra árvore igualmente
bem regada chegará a essa altura; estão todas destina-
das à morte, e irão para debaixo da terra, entre os ho-
mens mortais, com os que descem à cova.
15 "Assim diz o Soberano, o SENHOR: No dia em que ele
foi baixado à sepultura[a], fiz o abismo encher-se de pran-
to por ele; estanquei os seus riachos, e a sua fartura de
água foi retida. Por causa dele vesti o Líbano de trevas, e
todas as árvores do campo secaram-se completamente.
16 Fiz as nações tremerem ao som da sua queda, quan-
do o fiz descer à sepultura junto com os que descem
à cova. Então todas as árvores do Éden, as mais belas
e melhores do Líbano, todas as árvores bem regadas,
consolavam-se embaixo da terra. 17 Todos os que viviam
à sombra dele, seus aliados entre as nações, também
haviam descido com ele à sepultura, juntando-se aos
que foram mortos à espada.
18 "Qual das árvores do Éden pode comparar-se com
você em esplendor e majestade? No entanto, você tam-
bém será derrubado e irá para baixo da terra, junto com
as árvores do Éden; você jazerá entre os incircuncisos,
com os que foram mortos à espada.

"Eis aí o faraó e todo o seu grande povo. Palavra do
Soberano, o SENHOR".

Um lamento pelo faraó

32 No primeiro dia do décimo segundo mês do dé-
cimo segundo ano, esta palavra do SENHOR veio a
mim: 2 "Filho do homem, entoe um lamento a respeito
do faraó, rei do Egito, e diga-lhe:

"Você é como um leão entre as nações,
como um monstro nos mares,
contorcendo-se em seus riachos,
agitando e enlameando
as suas águas com os pés.

3 "Assim diz o Soberano, o SENHOR:

"Com uma imensa multidão de povos
lançarei sobre você
a minha rede,
e com ela eles o puxarão para cima.
4 Atirarei você na terra
e o lançarei no campo.
Deixarei que todas as aves do céu
se abriguem em você
e os animais de toda a terra
o devorarão até fartar-se.
5 Estenderei a sua carne sobre os montes
e encherei os vales com os seus restos.
6 Encharcarei a terra com o seu sangue
por todo o caminho, até os montes,
e os vales ficarão cheios
da sua carne.
7 Quando eu o extinguir,
cobrirei o céu e escurecerei
as suas estrelas;
cobrirei o sol com uma nuvem,
e a lua não dará a sua luz.
8 Todas as estrelas que brilham nos céus,
escurecerei sobre você,
e trarei escuridão sobre a sua terra.
Palavra do Soberano, o SENHOR.
9 Perturbarei os corações
de muitos povos
quando eu provocar a sua destruição
entre as nações,
em terras[b] que você não conheceu.
10 Farei que muitos povos
espantem-se ao vê-lo,
e que os seus reis fiquem arrepiados
de horror por sua causa,
quando eu brandir a minha espada
diante deles.
No dia da sua queda todos eles
tremerão de medo
sem parar, por suas vidas.

11 "Porque assim diz o Soberano, o SENHOR:

"A espada do rei da Babilônia
virá contra você.
12 Farei multidões do seu povo
caírem à espada de poderosos,
da mais impiedosa das nações.

[a] 31:15 Hebraico: *Sheol*. Essa palavra também pode ser traduzida por profundezas, pó ou morte; também nos versículos 16 e 17.

[b] 32:9 A Septuaginta diz *quando eu o levar ao cativeiro entre as nações, para a terra*.

Eles destruirão o orgulho do Egito,
e toda a sua população
será vencida.
13 Destruirei todo o seu rebanho,
junto às muitas águas,
as quais não serão mais agitadas
pelo pé do homem
nem serão enlameadas
pelos cascos do gado.
14 Então deixarei que as suas águas
se assentem
e farei os seus riachos
fluírem como azeite.
Palavra do Soberano, o SENHOR.
15 Quando eu arrasar o Egito
e arrancar da terra
tudo o que nela existe,
quando eu abater todos os que
ali habitam,
então eles saberão que eu sou
o SENHOR.

16 "Esse é o lamento que entoarão por causa dele. As
filhas das nações o entoarão; por causa do Egito e de to-
das as suas multidões de povo, elas o entoarão. Palavra
do Soberano, o SENHOR".

17 No décimo quinto dia do mês do décimo segundo
ano, esta palavra do SENHOR veio a mim: 18 "Filho do
homem, lamente-se pelas multidões do Egito e faça
descer para debaixo da terra tanto elas como as filhas
das nações poderosas, junto com aqueles que descem
à cova. 19 Diga ao povo: Acaso você merece mais favores
que as outras nações? Desça e deite-se com os incircun-
cisos. 20 Eles cairão entre os que foram mortos à espada.
A espada está preparada; sejam eles arrastados com to-
da a multidão do seu povo. 21 De dentro da sepultura[a]
os poderosos líderes dirão ao Egito e aos seus aliados:
'Eles desceram e jazem com os incircuncisos, com os
que foram mortos à espada'.

22 "A Assíria está ali com todo o seu exército; está cer-
cada pelos túmulos de todos os seus mortos, de todos
os que caíram à espada. 23 Seus túmulos estão nas pro-
fundezas, e o seu exército jaz ao redor de seu túmulo.
Todos os que haviam espalhado pavor na terra dos vi-
ventes estão mortos, caídos à espada.

24 "Elão está ali, com toda a sua população ao redor
de seu túmulo. Todos eles estão mortos, caídos à espa-
da. Todos os que haviam espalhado pavor na terra dos
viventes desceram incircuncisos para debaixo da ter-
ra. Carregam sua vergonha com os que descem à cova.
25 Uma cama está preparada para ele entre os mortos,
com todas as suas hordas em torno de seu túmulo. To-
dos estes incircuncisos foram mortos à espada. O seu
terror havia se espalhado na terra dos viventes e por is-
so eles carregam sua desonra com aqueles que descem
à cova; jazem entre os mortos.

26 "Meseque e Tubal estão ali, com toda a sua popu-
lação ao redor de seus túmulos. Todos eles são incir-
cuncisos e foram mortos à espada porque espalharam
o seu terror na terra dos viventes. 27 Acaso não jazem
com os outros guerreiros incircuncisos que caíram, que
desceram à sepultura com suas armas de guerra, cujas
espadas foram postas debaixo da cabeça deles? O casti-
go de suas iniquidades está sobre os seus ossos, embora
o pavor causado por esses guerreiros tenha percorrido
a terra dos viventes.

28 "Você também, ó faraó, será abatido e jazerá entre
os incircuncisos, com os que foram mortos à espada.

29 "Edom está ali, seus reis e todos os seus príncipes;
a despeito de seu poder, jazem com os que foram mor-
tos à espada. Jazem com os incircuncisos, com aqueles
que descem à cova.

30 "Todos os príncipes do norte e todos os sidônios
estão ali; eles desceram com os mortos, cobertos de
vergonha, apesar do pavor provocado pelo poder que
tinham. Eles jazem incircuncisos com os que foram
mortos à espada e carregam sua desonra com aqueles
que descem à cova.

31 "O faraó, ele e todo o seu exército, os verá e será
consolado da perda de todo o seu povo, que foi morto
à espada. Palavra do Soberano, o SENHOR. 32 Embora eu
o tenha feito espalhar pavor na terra dos viventes, o
faraó e todo o seu povo jazerão entre os incircuncisos,
com os que foram mortos à espada. Palavra do Sobe-
rano, o SENHOR".

Ezequiel, a sentinela

33 Esta palavra do SENHOR veio a mim: 2 "Filho do ho-
mem, fale com os seus compatriotas e diga-lhes:
Quando eu trouxer a espada contra uma terra e o povo
dessa terra escolher um homem para ser sentinela, 3 e
ele vir a espada vindo contra a terra e tocar a trombeta
para advertir o povo, 4 então, se alguém ouvir a trom-
beta mas não der atenção à advertência e a espada vier
e tirar a sua vida, este será responsável por sua própria
morte. 5 Uma vez que ele ouviu o som da trombeta mas
não deu atenção à advertência, será responsável por sua
morte. Se ele desse atenção à advertência, se livraria.
6 Mas, se a sentinela vir chegar a espada e não tocar a
trombeta para advertir o povo e a espada vier e tirar a
vida de um deles, aquele homem morrerá por causa de
sua iniquidade, mas considerarei a sentinela responsá-
vel pela morte daquele homem.

7 "Filho do homem, eu fiz de você uma sentinela pa-
ra a nação de Israel; por isso, ouça a minha palavra e
advirta-os em meu nome. 8 Quando eu disser ao ímpio
que é certo que ele morrerá, e você não falar para dis-
suadi-lo de seus caminhos, aquele ímpio morrerá por[b]
sua iniquidade, mas eu considerarei você responsável
pela morte dele. 9 Entretanto, se você de fato advertir o
ímpio para que se desvie dos seus caminhos e ele não
se desviar, ele morrerá por sua iniquidade, e você es-
tará livre da sua responsabilidade.

10 "Filho do homem, diga à nação de Israel: É isto que
vocês estão dizendo: 'Nossas ofensas e pecados são um
peso sobre nós, e estamos desfalecendo por causa de-
les[c]. Como então poderemos viver?' 11 Diga-lhes: Juro
pela minha vida, palavra do Soberano, o SENHOR, que
não tenho prazer na morte dos ímpios, antes tenho pra-
zer em que eles se desviem dos seus caminhos e vivam.
Voltem! Voltem-se dos seus maus caminhos! Por que o
seu povo haveria de morrer, ó nação de Israel?

[a] 32:21 Hebraico: *Sheol*. Essa palavra também pode ser traduzida por profun-
dezas, pó ou morte; também no versículo 27.

[b] 33:8 Ou *em*; também no versículo 9.
[c] 33:10 Ou *desfalecendo neles*

12“Por isso, filho do homem, diga aos seus compatriotas: A retidão do justo não o livrará se ele se voltar para a desobediência, e a maldade do ímpio não o fará cair se ele se desviar dela. E se o justo pecar, não viverá por causa de sua justiça. 13Se eu garantir ao justo que ele irá viver, mas ele, confiando em sua justiça, fizer o mal, de suas ações justas nada será lembrado; ele morrerá por causa do mal que fez. 14E, se você disser ao ímpio: Certamente você morrerá, mas ele se desviar do seu pecado e fizer o que é justo e certo; 15se ele devolver o que apanhou como penhor de um empréstimo, se devolver o que roubou, se agir segundo os decretos que dão vida e não fizer mal algum, é certo que viverá; não morrerá. 16Nenhum dos pecados que cometeu será lembrado contra ele. Ele fez o que é justo e certo; certamente viverá.

17“Contudo, os seus compatriotas dizem: ‘O caminho do Senhor não é justo’. Mas é o caminho deles que não é justo. 18Se um justo se afastar de sua justiça e fizer o mal, morrerá. 19E, se um ímpio se desviar de sua maldade e fizer o que é justo e certo, viverá por assim proceder. 20No entanto, ó nação de Israel, você diz: ‘O caminho do Senhor não é justo’. Mas eu julgarei cada um de acordo com os seus próprios caminhos”.

A razão da queda de Jerusalém

21No quinto dia do décimo mês do décimo segundo ano do nosso exílio, um homem que havia escapado de Jerusalém veio a mim e disse: “A cidade caiu!” 22Ora, na tarde do dia anterior, a mão do SENHOR estivera sobre mim, e ele abriu a minha boca antes de chegar aquele homem. Assim foi aberta a minha boca, e eu não me calei mais.

23Então me veio esta palavra do SENHOR: 24“Filho do homem, o povo que vive naquelas ruínas em Israel está dizendo: ‘Abraão era apenas um único homem e, contudo, possuiu a terra. Mas nós somos muitos; com certeza receberemos a terra como propriedade’. 25Então diga a eles: Assim diz o Soberano, o SENHOR: Uma vez que vocês comem carne com sangue, voltam-se para os seus ídolos e derramam sangue, como deveriam possuir a terra? 26Vocês confiam na espada, fazem coisas repugnantes, e cada um de vocês contamina a mulher do seu próximo. Deveriam possuir a terra?

27“Diga isto a eles: Assim diz o Soberano, o SENHOR: Juro pela minha vida: Os que restam nas ruínas cairão à espada, os que estão no campo entregarei aos animais selvagens para ser devorados, e os que se abrigam em fortalezas e em cavernas morrerão de peste. 28Tornarei a terra um deserto abandonado. Darei fim ao poder de que se orgulha, e tão arrasados estarão os montes de Israel que ninguém desejará passar por lá. 29Eles saberão que eu sou o SENHOR, quando eu tiver tornado a terra um deserto abandonado por causa de todas as práticas repugnantes que eles cometeram.

30“Quanto a você, filho do homem, seus compatriotas estão conversando sobre você junto aos muros e às portas das casas, dizendo uns aos outros: ‘Venham ouvir a mensagem que veio da parte do SENHOR’. 31O meu povo vem a você, como costuma fazer, e se assenta para ouvir as suas palavras, mas não as põe em prática. Com a boca eles expressam devoção, mas o coração deles está ávido de ganhos injustos. 32De fato, para eles você não é nada mais que um cantor que entoa cânticos de amor com uma bela voz e que sabe tocar um instrumento, pois eles ouvem as suas palavras, mas não as põem em prática.

33“Quando tudo isso acontecer — e certamente acontecerá — eles saberão que um profeta esteve no meio deles”.

Os pastores e as ovelhas

34 Veio a mim esta palavra do SENHOR: 2“Filho do homem, profetize contra os pastores de Israel; profetize e diga-lhes: Assim diz o Soberano, o SENHOR: Ai dos pastores de Israel que só cuidam de si mesmos! Acaso os pastores não deveriam cuidar do rebanho? 3Vocês comem a coalhada, vestem-se de lã e abatem os melhores animais, mas não tomam conta do rebanho. 4Vocês não fortaleceram a fraca nem curaram a doente nem enfaixaram a ferida. Vocês não trouxeram de volta as desviadas nem procuraram as perdidas. Vocês têm dominado sobre elas com dureza e brutalidade. 5Por isso elas estão dispersas, porque não há pastor algum e, quando foram dispersas, elas se tornaram comida de todos os animais selvagens. 6As minhas ovelhas vaguearam por todos os montes e por todas as altas colinas. Foram dispersas por toda a terra, e ninguém se preocupou com elas nem as procurou.

7“Por isso, pastores, ouçam a palavra do SENHOR: 8Juro pela minha vida, palavra do Soberano, o SENHOR: Visto que o meu rebanho ficou sem pastor, foi saqueado e se tornou comida de todos os animais selvagens, e uma vez que os meus pastores não se preocuparam com o meu rebanho, mas cuidaram de si mesmos em vez de cuidarem do rebanho, 9ouçam a palavra do SENHOR, ó pastores: 10Assim diz o Soberano, o SENHOR: Estou contra os pastores e os considerarei responsáveis pelo meu rebanho. Eu lhes tirarei a função de apascentá-lo para que os pastores não mais se alimentem a si mesmos. Livrarei o meu rebanho da boca deles, e as ovelhas não lhes servirão mais de comida.

11“Porque assim diz o Soberano, o SENHOR: Eu mesmo buscarei as minhas ovelhas e delas cuidarei. 12Assim como o pastor busca as ovelhas dispersas quando está cuidando do rebanho, também tomarei conta de minhas ovelhas. Eu as resgatarei de todos os lugares para onde foram dispersas num dia de nuvens e de trevas. 13Eu as farei sair das outras nações e as reunirei, trazendo-as dos outros povos para a sua própria terra. E as apascentarei nos montes de Israel, nos vales e em todos os povoados do país. 14Tomarei conta delas numa boa pastagem, e os altos dos montes de Israel serão a terra onde pastarão; ali se alimentarão, num rico pasto nos montes de Israel. 15Eu mesmo tomarei conta das minhas ovelhas e as farei deitar-se e repousar. Palavra do Soberano, o SENHOR. 16Procurarei as perdidas e trarei de volta as desviadas. Enfaixarei a que estiver ferida e fortalecerei a fraca, mas a rebelde e forte eu destruirei. Apascentarei o rebanho com justiça.

17“Quanto a você, meu rebanho, assim diz o Soberano, o SENHOR: Julgarei entre uma ovelha e outra, e entre carneiros e bodes. 18Não lhes basta comerem em boa pastagem? Deverão também pisotear o restante da pastagem? Não lhes basta beberem água límpida? Deverão também enlamear o restante com os pés? 19Deverá o meu rebanho alimentar-se daquilo que vocês pisotearam e beber daquilo que vocês enlamearam com os pés?

20"Por isso, assim diz o Soberano, o SENHOR, a eles:
Vejam, eu mesmo julgarei entre a ovelha gorda e a ma-
gra. 21Pois vocês forçaram passagem com o corpo e com
o ombro, empurrando todas as ovelhas fracas com os
chifres até expulsá-las; 22eu salvarei o meu rebanho,
e elas não mais serão saqueadas. Julgarei entre uma
ovelha e outra. 23Porei sobre elas um pastor, o meu ser-
vo Davi, e ele cuidará delas; cuidará delas e será o seu
pastor. 24Eu, o SENHOR, serei o seu Deus, e o meu ser-
vo Davi será o líder no meio delas. Eu, o SENHOR, falei.

25"Farei uma aliança de paz com elas e deixarei a ter-
ra livre de animais selvagens para que as minhas ove-
lhas possam viver com segurança no deserto e dormir
nas florestas. 26Eu as abençoarei e abençoarei os luga-
res em torno da minha colina.[a] Na estação própria farei
descer chuva; haverá chuvas de bênçãos. 27As árvores do
campo produzirão o seu fruto, a terra produzirá a sua
safra e as ovelhas estarão seguras na terra. Elas saberão
que eu sou o SENHOR, quando eu quebrar as cangas de
seu jugo e as livrar das mãos daqueles que as escraviza-
ram. 28Não serão mais saqueadas pelas nações, nem os
animais selvagens as devorarão. Viverão em segurança,
e ninguém lhes causará medo. 29Eu lhes darei uma terra
famosa por suas colheitas, e elas não serão mais vítimas
de fome na terra nem carregarão a zombaria das na-
ções. 30Então elas saberão que eu, o SENHOR, o seu Deus,
estou com elas, e que elas, a nação de Israel, são o meu
povo. Palavra do Soberano, o SENHOR. 31Vocês, minhas
ovelhas, ovelhas da minha pastagem, são o meu povo,
e eu sou o seu Deus. Palavra do Soberano, o SENHOR".

Profecia contra Edom

35 Esta palavra do SENHOR veio a mim: 2"Filho do ho-
mem, vire o rosto contra o monte Seir; profetize
contra ele 3e diga: Assim diz o Soberano, o SENHOR: Estou
contra você, monte Seir, e estenderei o meu braço con-
tra você e farei de você um deserto arrasado. 4Transfor-
marei as suas cidades em ruínas, e você ficará arrasado.
Então você saberá que eu sou o SENHOR.

5"Visto que você manteve uma velha hostilidade e
entregou os israelitas à espada na hora da desgraça, na
hora em que o castigo deles chegou, 6por isso, juro pela
minha vida, palavra do Soberano, o SENHOR, que entre-
garei você ao espírito sanguinário, e este o perseguirá.
Uma vez que você não detestou o espírito sanguinário,
este o perseguirá. 7Farei do monte Seir um deserto ar-
rasado e dele eliminarei todos os que por ali vêm e vão.
8Encherei seus montes de mortos; os mortos à espada
cairão em suas colinas, em seus vales e em todas as suas
ravinas. 9Arrasarei você para sempre; suas cidades fica-
rão inabitáveis. Então você saberá que eu sou o SENHOR.

10"Uma vez que você disse: 'Estas duas nações e po-
vos serão nossos e nos apossaremos deles', sendo que
eu, o SENHOR, estava ali, 11juro pela minha vida, pala-
vra do Soberano, o SENHOR, que tratarei você de acor-
do com a ira e o ciúme que você mostrou em seu ódio
para com eles, e me farei conhecido entre eles quando
eu julgar você. 12Então você saberá que eu, o SENHOR,
ouvi todas as coisas desprezíveis que você disse contra
os montes de Israel. Você disse: 'Eles foram arrasados
e nos foram entregues para que os devoremos'. 13Você
encheu-se de orgulho contra mim e falou contra mim
sem se conter, e eu o ouvi. 14Pois assim diz o Soberano,
o SENHOR: Enquanto a terra toda se regozija, eu o ar-
rasarei. 15Como você se regozijou quando a herança da
nação de Israel foi arrasada, é assim que eu o tratarei.
Você ficará arrasado, ó monte Seir, você e todo o Edom.
Então saberão que eu sou o SENHOR.

Profecia para os montes de Israel

36 "Filho do homem, profetize para os montes de Is-
rael e diga: Ó montes de Israel, ouçam a palavra
do SENHOR. 2Assim diz o Soberano, o SENHOR: O inimigo
disse a respeito de vocês: 'Ah! Ah! As antigas elevações
se tornaram nossas'. 3Por isso profetize e diga: Assim
diz o Soberano, o SENHOR: Eles devastaram e persegui-
ram vocês por todos os lados, de maneira que vocês se
tornaram propriedade das demais nações e objeto de
conversa maliciosa e de calúnia de todos. 4Por isso, ó
montes de Israel, ouçam a palavra do Soberano, o SE-
NHOR: Assim diz o Soberano, o SENHOR, aos montes, às
colinas, às ravinas, aos vales, às ruínas arrasadas e às
cidades abandonadas que foram saqueadas e ridicula-
rizadas pelas demais nações ao seu redor — 5assim diz
o Soberano, o SENHOR: Em meu zelo ardente falei con-
tra o restante das nações e contra todo o Edom, pois,
com prazer e com maldade no coração, eles fizeram de
minha terra sua propriedade, para saquear suas pasta-
gens. 6Por isso, profetize acerca da terra de Israel e diga
aos montes, às colinas, às ravinas e aos vales: Assim diz
o Soberano, o SENHOR: Falo com ciúme em minha ira
porque vocês sofreram a zombaria das nações. 7Por is-
so, assim diz o Soberano, o SENHOR: Juro de mão ergui-
da que as nações ao redor também sofrerão zombaria.

8"Mas vocês, ó montes de Israel, produzirão galhos
e frutos para Israel, o meu povo, pois ele virá logo para
casa. 9Estou preocupado com vocês e olharei para vo-
cês favoravelmente; vocês serão arados e semeados, 10e
os multiplicarei, sim, toda a nação de Israel. As cidades
serão habitadas e as ruínas reconstruídas. 11Multiplica-
rei os homens e os animais, e eles serão prolíferos e se
tornarão numerosos. Tornarei a povoá-los como no pas-
sado, e farei vocês prosperarem mais do que antes. En-
tão vocês saberão que eu sou o SENHOR. 12Farei Israel,
o meu povo, andar sobre vocês. Vocês lhe pertencerão,
serão a herança de Israel; vocês nunca mais os priva-
rão dos seus filhos.

13"Assim diz o Soberano, o SENHOR: Como de fato di-
zem a você: 'Você devora homens e priva a sua nação de
filhos', 14você não mais devorará nem tornará sua na-
ção sem filhos. Palavra do Soberano, o SENHOR. 15Eu não
permitirei mais que você ouça o sarcasmo das nações, e
você não sofrerá mais a zombaria dos povos, nem fará
mais a sua nação cair. Palavra do Soberano, o SENHOR".

16De novo a palavra do SENHOR veio a mim, dizendo:
17"Filho do homem, quando os israelitas moravam em
sua própria terra, eles a contaminaram com sua con-
duta e com suas ações. Sua conduta era à minha vista
como a impureza menstrual de uma mulher. 18Por es-
sa razão derramei sobre eles a minha ira, porque eles
derramaram sangue na terra e porque se contamina-
ram com seus ídolos. 19Eu os dispersei entre as nações,
e eles foram espalhados entre os povos; eu os julguei
de acordo com a conduta e as ações deles. 20E, por onde
andaram entre as nações, eles profanaram o meu santo
nome, pois se dizia a respeito deles: 'Esse é o povo do

[a] 34:26 Ou *Eu farei que elas e os lugares em torno da minha colina sejam uma bênção.*

SENHOR, mas assim mesmo teve que sair da terra que o SENHOR lhe deu'. 21Tive consideração pelo meu santo nome, o qual a nação de Israel profanou entre as nações para onde tinha ido.

22"Por isso, diga à nação de Israel: Assim diz o Soberano, o SENHOR: Não é por sua causa, ó nação de Israel, que farei essas coisas, mas por causa do meu santo nome, que vocês profanaram entre as nações para onde foram. 23Mostrarei a santidade do meu santo nome, que foi profanado entre as nações, o nome que vocês profanaram no meio delas. Então as nações saberão que eu sou o SENHOR, palavra do Soberano, o SENHOR, quando eu me mostrar santo por meio de vocês diante dos olhos delas.

24"Pois eu os tirarei dentre as nações, os ajuntarei do meio de todas as terras e os trarei de volta para a sua própria terra. 25Aspergirei água pura sobre vocês e ficarão puros; eu os purificarei de todas as suas impurezas e de todos os seus ídolos. 26Darei a vocês um coração novo e porei um espírito novo em vocês; tirarei de vocês o coração de pedra e lhes darei um coração de carne. 27Porei o meu Espírito em vocês e os levarei a agirem segundo os meus decretos e a obedecerem fielmente às minhas leis. 28Vocês habitarão na terra que dei aos seus antepassados; vocês serão o meu povo, e eu serei o seu Deus. 29Eu os livrarei de toda a sua impureza. Convocarei o cereal e o farei multiplicar-se, e não trarei fome sobre vocês. 30Aumentarei a produção das árvores e as safras dos campos, de modo que vocês não sofrerão mais vergonha entre as nações por causa da fome. 31Então vocês se lembrarão dos seus caminhos maus e das suas ações ímpias, e terão nojo de si mesmos por causa das suas iniquidades e das suas práticas repugnantes. 32Quero que saibam que não estou fazendo isso por causa de vocês. Palavra do Soberano, o SENHOR. Envergonhem-se e humilhem-se por causa de sua conduta, ó nação de Israel!

33"Assim diz o Soberano, o SENHOR: No dia em que eu os purificar de todos os seus pecados, restabelecerei as suas cidades e as ruínas serão reconstruídas. 34A terra arrasada será cultivada; não permanecerá arrasada à vista de todos que passarem por ela. 35Estes dirão: 'Esta terra que estava arrasada tornou-se como o jardim do Éden; as cidades que jaziam em ruínas, arrasadas e destruídas, agora estão fortificadas e habitadas'. 36Então as nações que estiverem ao redor de vocês e que subsistirem saberão que eu, o SENHOR, reconstruí o que estava destruído e replantei o que estava arrasado. Eu, o SENHOR, falei, e o farei.

37"Assim diz o Soberano, o SENHOR: Uma vez mais cederei à súplica da nação de Israel e farei isto por ela: tornarei o seu povo tão numeroso como as ovelhas, 38e como os grandes rebanhos destinados às ofertas das festas fixas de Jerusalém. Desse modo as cidades em ruínas ficarão cheias de rebanhos de gente. Então eles saberão que eu sou o SENHOR".

O vale dos ossos secos

37 A mão do SENHOR estava sobre mim, e por seu Espírito ele me levou a um vale cheio de ossos. 2Ele me levou de um lado para outro, e pude ver que era enorme o número de ossos no vale, e que os ossos estavam muito secos. 3Ele me perguntou: "Filho do homem, estes ossos poderão tornar a viver?" Eu respondi: "Ó Soberano SENHOR, só tu o sabes".

4Então ele me disse: "Profetize a estes ossos e diga-lhes: Ossos secos, ouçam a palavra do SENHOR! 5Assim diz o Soberano, o SENHOR, a estes ossos: Farei um espírito entrar em vocês, e vocês terão vida. 6Porei tendões em vocês e farei aparecer carne sobre vocês e os cobrirei com pele; porei um espírito em vocês, e vocês terão vida. Então vocês saberão que eu sou o SENHOR".

7E eu profetizei conforme a ordem recebida. Enquanto profetizava, houve um barulho, um som de chocalho, e os ossos se juntaram, osso com osso. 8Olhei, e os ossos foram cobertos de tendões e de carne, e depois de pele; mas não havia espírito neles.

9A seguir ele me disse: "Profetize ao espírito; profetize, filho do homem, e diga-lhe: Assim diz o Soberano, o SENHOR: Venha desde os quatro ventos, ó espírito, e sopre dentro desses mortos, para que vivam". 10Profetizei conforme a ordem recebida, e o espírito entrou neles; eles receberam vida e se puseram em pé. Era um exército enorme!

11Então ele me disse: "Filho do homem, estes ossos são toda a nação de Israel. Eles dizem: 'Nossos ossos se secaram e nossa esperança desvaneceu-se; fomos exterminados'. 12Por isso profetize e diga-lhes: Assim diz o Soberano, o SENHOR: Ó meu povo, vou abrir os seus túmulos e fazê-los sair; trarei vocês de volta à terra de Israel. 13E quando eu abrir os seus túmulos e os fizer sair, vocês, meu povo, saberão que eu sou o SENHOR. 14Porei o meu Espírito em vocês e vocês viverão, e eu os estabelecerei em sua própria terra. Então vocês saberão que eu, o SENHOR, falei, e fiz. Palavra do SENHOR".

Uma só nação e um só rei

15Esta palavra do SENHOR veio a mim: 16"Filho do homem, escreva num pedaço de madeira: Pertencente a Judá e aos israelitas, seus companheiros. Depois escreva noutro pedaço de madeira: Vara de Efraim, pertencente a José e a toda a nação de Israel, seus companheiros. 17Junte-os numa única vara para que se tornem uma só em sua mão.

18"Quando os seus compatriotas lhe perguntarem: 'Você não vai nos dizer o que significa isso?' 19Diga-lhes: Assim diz o Soberano, o SENHOR: Vou apanhar a vara que está na mão de Efraim, pertencente a José e às demais tribos israelitas, suas companheiras, e vou juntá-las à vara de Judá. Assim farei delas um único pedaço de madeira, e elas se tornarão uma só na minha mão. 20Segure diante dos olhos deles os pedaços de madeira em que você escreveu 21e diga-lhes: Assim diz o Soberano, o SENHOR: Tirarei os israelitas das nações para onde foram. Vou ajuntá-los de todos os lugares ao redor e trazê-los de volta à sua própria terra. 22Eu os farei uma única nação na terra, nos montes de Israel. Haverá um único rei sobre todos eles, e nunca mais serão duas nações, nem estarão divididos em dois reinos. 23Não se contaminarão mais com seus ídolos e imagens detestáveis, nem com nenhuma de suas transgressões, pois eu os salvarei de todas as suas apostasias pecaminosas[a] e os purificarei. Eles serão o meu povo, e eu serei o seu Deus.

24"O meu servo Davi será rei sobre eles, e todos eles terão um só pastor. Seguirão as minhas leis e terão o

[a] 37:23 Ou *de todas as moradias em que pecaram*

cuidado de obedecer aos meus decretos. 25 Viverão na terra que dei ao meu servo Jacó, a terra onde os seus antepassados viveram. Eles e os seus filhos e os filhos de seus filhos viverão ali para sempre, e o meu servo Davi será o seu líder para sempre. 26 Farei uma aliança de paz com eles; será uma aliança eterna. Eu os firmarei e os multiplicarei, e porei o meu santuário no meio deles para sempre. 27 Minha morada estará com eles; eu serei o seu Deus, e eles serão o meu povo. 28 Então, quando o meu santuário estiver entre eles para sempre, as nações saberão que eu, o SENHOR, santifico Israel".

Profecia contra Gogue

38 Veio a mim esta palavra do SENHOR: 2 "Filho do homem, vire o rosto contra Gogue, da terra de Magogue, o príncipe maior de[a] Meseque e de Tubal; profetize contra ele 3 e diga: Assim diz o Soberano, o SENHOR: Estou contra você, ó Gogue, príncipe maior de Meseque e de Tubal. 4 Farei você girar, porei anzóis em seu queixo e o farei sair com todo o seu exército: seus cavalos, seus cavaleiros totalmente armados e uma grande multidão com escudos grandes e pequenos, todos eles brandindo suas espadas. 5 A Pérsia, a Etiópia e a Líbia[b] estarão com eles, todos com escudos e capacetes; 6 Gômer com todas as suas tropas, e Bete-Togarma, do extremo norte, com todas as suas tropas; muitas nações com você.

7 "Apronte-se; esteja preparado, você e todas as multidões reunidas ao seu redor, e assuma o comando delas. 8 Depois de muitos dias você será chamado às armas. Daqui a alguns anos você invadirá uma terra que se recuperou da guerra, cujo povo foi reunido dentre muitas nações nos montes de Israel, os quais por muito tempo estiveram arrasados. Trazido das nações, agora vive em segurança. 9 Você, todas as suas tropas e as muitas nações subirão, avançando como uma tempestade; você será como uma nuvem cobrindo a terra.

10 "Assim diz o Soberano, o SENHOR: Naquele dia virão pensamentos à sua cabeça e você maquinará um plano maligno. 11 Você dirá: 'Invadirei uma terra de povoados; atacarei um povo pacífico e que de nada suspeita, onde todos moram em cidades sem muros, sem portas e sem trancas. 12 Despojarei, saquearei e voltarei a minha mão contra as ruínas reerguidas e contra o povo reunido dentre as nações, rico em gado e em bens, que vive na parte central do território[c]'. 13 Sabá e Dedã e os mercadores de Társis e todos os seus povoados[d] dirão a você: 'Você veio para tomar despojos? Você reuniu essa multidão para saquear, levar embora prata e ouro, tomar o gado e os bens e apoderar-se de muitos despojos?'

14 "Por isso, filho do homem, profetize e diga a Gogue: Assim diz o Soberano, o SENHOR: Naquele dia, quando Israel, o meu povo, estiver vivendo em segurança, será que você não vai reparar nisso? 15 Você virá do seu lugar, do extremo norte, você, acompanhado de muitas nações, todas elas montadas em cavalos, uma grande multidão, um exército numeroso. 16 Você avançará contra Israel, o meu povo, como uma nuvem que cobre a terra. Nos dias vindouros, ó Gogue, trarei você contra a minha terra, para que as nações me conheçam quando eu me mostrar santo por meio de você diante dos olhos delas.

17 "Assim diz o Soberano, o SENHOR: Acaso você não é aquele de quem falei em dias passados por meio dos meus servos, os profetas de Israel? Naquela época eles profetizaram durante anos que eu traria você contra Israel. 18 É isto que acontecerá naquele dia: Quando Gogue atacar Israel, será despertado o meu furor. Palavra do Soberano, o SENHOR. 19 Em meu zelo e em meu grande furor declaro que naquela época haverá um grande terremoto em Israel. 20 Os peixes do mar, as aves do céu, os animais do campo, toda criatura que rasteja pelo chão e todas as pessoas da face da terra tremerão diante da minha presença. Os montes serão postos abaixo, os penhascos se desmoronarão e todos os muros cairão. 21 Convocarei a espada contra Gogue em todos os meus montes. Palavra do Soberano, o SENHOR. A espada de cada um será contra o seu irmão. 22 Executarei juízo sobre ele com peste e derramamento de sangue; desabarei torrentes de chuva, saraiva e enxofre ardente sobre ele e sobre as suas tropas e sobre as muitas nações que estarão com ele. 23 E assim mostrarei a minha grandeza e a minha santidade, e me farei conhecido de muitas nações. Então eles saberão que eu sou o SENHOR.

39 "Filho do homem, profetize contra Gogue e diga: Assim diz o Soberano, o SENHOR: Eu estou contra você, ó Gogue, príncipe maior de Meseque e de Tubal. 2 Farei você girar e o arrastarei. Eu o trarei do extremo norte e o enviarei contra os montes de Israel. 3 Então derrubarei o arco da sua mão esquerda e farei suas flechas caírem da sua mão direita. 4 Nos montes de Israel você cairá, você e todas as suas tropas e as nações que estiverem com você. Eu darei você como comida a todo tipo de ave que come carniça e aos animais do campo. 5 Você cairá em campo aberto, pois eu falei. Palavra do Soberano, o SENHOR. 6 Mandarei fogo sobre Magogue e sobre aqueles que vivem em segurança nas regiões costeiras, e eles saberão que eu sou o SENHOR.

7 "Farei conhecido o meu santo nome no meio de Israel, o meu povo. Não mais deixarei que o meu nome seja profanado, e as nações saberão que eu, o SENHOR, sou o Santo de Israel. 8 E aí vem! É certo que acontecerá. Palavra do Soberano, o SENHOR. Este é o dia de que eu falei.

9 "Então aqueles que morarem nas cidades de Israel sairão e usarão armas como combustível e as queimarão: os escudos, pequenos e grandes, os arcos e flechas, os bastões de guerra e as lanças. Durante sete anos eles as utilizarão como combustível. 10 Não precisarão ajuntar lenha nos campos nem cortá-la nas florestas, porque eles usarão as armas como combustível. E eles despojarão aqueles que os despojaram e saquearão aqueles que os saquearam. Palavra do Soberano, o SENHOR.

11 "Naquele dia darei a Gogue um túmulo em Israel, no vale dos que viajam para o oriente na direção[e] do Mar[f]. Ele bloqueará o caminho dos viajantes porque Gogue e todos os seus batalhões serão sepultados ali. Por isso será chamado vale de Hamom-Gogue[g].

12 "Durante sete meses a nação de Israel os estará sepultando a fim de purificar a terra. 13 Todo o povo da terra os sepultará, e o dia em que eu for glorificado será para eles um dia memorável. Palavra do Soberano, o SENHOR.

[a] 38:2 Ou *príncipe de Rôs e de*; também no versículo 3 e em 39:1.
[b] 38:5 Hebraico: *Cuxe e Fute*.
[c] 38:12 Hebraico: *no umbigo da terra*.
[d] 38:13 Ou *seus leões fortes*

[e] 39:11 Ou *viajam a leste*
[f] 39:11 Isto é, o mar Morto.
[g] 39:11 *Hamom-Gogue* significa *hordas de Gogue*.

14"Depois dos sete meses serão contratados homens para percorrerem a terra e sepultarem os que ainda restarem. E assim a terra será purificada. 15Quando estiverem percorrendo a terra e um deles vir um osso humano, fincará um marco ao lado do osso até que os coveiros o sepultem no vale de Hamom-Gogue. 16(Também haverá ali uma cidade à qual se dará o nome de Hamoná[a].) E assim eles purificarão a terra.

17"Filho do homem, assim diz o Soberano, o SENHOR: Chame todo tipo de ave e todos os animais do campo: Venham de todos os lugares ao redor e reúnam-se para o sacrifício que estou preparando para vocês, o grande sacrifício nos montes de Israel. Ali vocês comerão carne e beberão sangue. 18Comerão a carne dos poderosos e beberão o sangue dos príncipes da terra como se eles fossem carneiros, cordeiros, bodes e novilhos, todos eles animais gordos de Basã. 19No sacrifício que lhes estou preparando vocês comerão gordura até empanturrar-se e beberão sangue até embriagar-se. 20À minha mesa vocês comerão sua porção de cavalos e cavaleiros, de homens poderosos e soldados de todo tipo. Palavra do Soberano, o SENHOR.

21"Exibirei a minha glória entre as nações, e todas as nações verão o castigo que eu trouxer e a mão que eu colocar sobre eles. 22Daquele dia em diante a nação de Israel saberá que eu sou o SENHOR, o seu Deus. 23E as nações saberão que os israelitas foram para o exílio por sua iniquidade, porque me foram infiéis. Por isso escondi deles o meu rosto e os entreguei nas mãos de seus inimigos, e eles caíram à espada. 24Tratei com eles de acordo com a sua impureza e com as suas transgressões, e escondi deles o meu rosto.

25"Por isso, assim diz o Soberano, o SENHOR: Agora trarei Jacó de volta do cativeiro[b] e terei compaixão de toda a nação de Israel, e serei zeloso pelo meu santo nome. 26Eles se esquecerão da vergonha por que passaram e de toda a infidelidade que mostraram para comigo enquanto viviam em segurança em sua terra, sem que ninguém lhes causasse medo. 27Quando eu os tiver trazido de volta das nações e os tiver ajuntado dentre as terras de seus inimigos, eu me revelarei santo por meio deles à vista de muitas nações. 28Então eles saberão que eu sou o SENHOR, o seu Deus, pois, embora os tenha enviado para o exílio entre as nações, eu os reunirei em sua própria terra, sem deixar um único deles para trás. 29Não mais esconderei deles o rosto, pois derramarei o meu Espírito sobre a nação de Israel. Palavra do Soberano, o SENHOR".

O novo templo

40 No início do vigésimo quinto ano do exílio, no início do ano, no décimo dia do mês, no décimo quarto ano depois da queda da cidade, naquele exato dia a mão do SENHOR esteve sobre mim e ele me levou para lá. 2Em visões de Deus ele me levou a Israel e me pôs num monte muito alto, sobre o qual, no lado sul, havia alguns prédios que tinham a aparência de uma cidade. 3Ele me levou para lá, e eu vi um homem que parecia de bronze; ele estava em pé junto à entrada, tendo em sua mão uma corda de linho e uma vara de medir. 4E ele me disse: "Filho do homem, fixe bem os olhos e procure ouvir bem, e preste atenção a tudo o que vou lhe mostrar, pois para isso você foi trazido aqui. Conte à nação de Israel tudo o que você vai ver".

A porta oriental

5Vi um muro que cercava completamente a área do templo. O comprimento da vara de medir na mão do homem era de seis medidas longas, cada uma com meio metro[c]. Ele mediu o muro, que tinha três metros[d] de espessura e três de altura.

6Depois ele foi até a porta que dá para o oriente. Subiu os seus degraus e mediu a soleira da porta, que tinha três metros de extensão[e]. 7As salas dos guardas tinham três metros de comprimento e três metros de largura, e as paredes entre elas tinham dois metros e meio de espessura. A soleira da porta junto ao pórtico, defronte do templo, tinha três metros de extensão. 8Depois ele mediu o pórtico, 9que tinha[f] quatro metros de extensão e seus batentes tinham um metro de espessura. O pórtico estava voltado para o templo.

10Da porta oriental para dentro havia três salas de cada lado; as três tinham as mesmas medidas, e as faces das paredes salientes de cada lado tinham as mesmas medidas. 11A seguir ele mediu a largura da porta, à entrada; era de cinco metros, e seu comprimento era de seis metros e meio. 12Defronte de cada sala havia um muro de meio metro de altura, e os nichos eram quadrados, com três metros em cada lado. 13Depois ele mediu a entrada a partir do alto da parede do fundo de uma sala até o alto da sala oposta; a distância era de doze metros e meio, da abertura de um parapeito até a abertura do parapeito oposto. 14E mediu ao longo das faces das paredes salientes por toda a parte interna da entrada; eram trinta metros. A medida era até o pórtico[g] que dá para o pátio. 15A distância desde a entrada da porta até a extremidade do seu pórtico era de vinte e cinco metros. 16As salas e as paredes salientes dentro da entrada eram guarnecidas de estreitas aberturas com parapeito ao redor, como o pórtico; as aberturas que os circundavam davam para a parte interna. As faces das paredes salientes eram decoradas com tamareiras.

O pátio externo

17Depois ele me levou ao pátio externo. Ali eu vi alguns quartos e um piso que havia sido construído ao redor de todo o pátio; nele havia trinta quartos ao longo de todo o piso. 18Este era adjacente às laterais das entradas e sua largura era igual ao comprimento; esse era o piso inferior. 19A seguir ele mediu a distância da parte interna da entrada inferior até a parte externa do pátio interno, o que deu cinquenta metros, tanto no lado leste como no lado norte.

A porta norte

20Mediu depois o comprimento e a largura da porta que dá para o norte, e para o pátio externo. 21Seus compartimentos, três de cada lado, suas paredes salientes e seu pórtico tinham as mesmas medidas dos

[a] 39:16 *Hamoná* significa *hordas*.
[b] 39:25 Ou *Agora restaurarei a sorte de Jacó*

[c] 40:5 Hebraico: *1 côvado longo*. O côvado longo era uma medida linear de cerca de meio metro.
[d] 40:5 Hebraico: *1 vara*.
[e] 40:6 Conforme a Septuaginta. O Texto Massorético diz *fundo, a primeira soleira, uma vara de fundo*.
[f] 40:8-9 Conforme muitos manuscritos do Texto Massorético, a Septuaginta, a Vulgata e a Versão Siríaca. A maioria dos manuscritos do Texto Massorético diz *a entrada defronte do templo; ela media uma vara de fundo*. 9*Então ele mediu o pórtico da entrada, que tinha*
[g] 40:14 Conforme a Septuaginta. O Texto Massorético diz *a parede saliente*.

compartimentos da primeira entrada. Tinham vinte e cinco metros de comprimento e doze metros e meio de largura. 22Suas aberturas, seu pórtico e sua decoração com tamareiras tinham as mesmas medidas dos da porta que dava para o oriente. Sete degraus subiam até ela, e o seu pórtico ficava no lado oposto a eles. 23Havia uma porta que abria o pátio interno e que dava para a porta norte, como também uma que dava para a porta leste. Ele mediu de uma porta à que lhe ficava oposta; eram cinquenta metros.

A porta sul

24Depois ele me levou para o lado sul, e eu vi uma porta que dava para o sul. Ele mediu seus batentes e seu pórtico, e eles tinham as mesmas medidas das outras portas. 25A entrada e o pórtico tinham aberturas estreitas ao seu redor, como as aberturas das outras. Tinham vinte e cinco metros de comprimento e doze metros e meio de largura. 26Sete degraus subiam até ela, e o seu pórtico ficava no lado oposto a eles; havia uma decoração de tamareiras nas faces das paredes salientes em cada lado. 27O pátio interno também tinha uma porta que dava para o sul, e ele mediu desde essa porta até a porta externa no lado sul; eram cinquenta metros.

Portas para o pátio interno

28A seguir ele me levou ao pátio interno pela porta sul e mediu a porta sul; suas medidas eram iguais às outras. 29Suas salas, suas paredes salientes e seu pórtico tinham as mesmas medidas dos outros. A entrada e seu pórtico tinham aberturas ao seu redor. Tinham vinte e cinco metros de comprimento e doze metros e meio de largura. 30(Os pórticos das entradas ao redor do pátio interno tinham doze metros e meio de largura e dois metros e meio de extensão.) 31Seu pórtico dava para o pátio externo; tamareiras decoravam seus batentes, e oito degraus subiam até a porta.

32Depois ele me levou ao pátio interno no lado leste, e mediu a entrada; suas medidas eram iguais às outras. 33Suas salas, suas paredes salientes e seu pórtico tinham as mesmas medidas dos outros. A entrada e seu pórtico tinham aberturas ao seu redor. Tinham vinte e cinco metros de comprimento e doze metros e meio de largura. 34Seu pórtico dava para o pátio externo; tamareiras decoravam os batentes em cada lado, e oito degraus subiam até ela.

35Depois ele me levou à porta norte e a mediu; suas medidas eram iguais às outras, 36como também as medidas de suas salas, suas paredes salientes e seu pórtico, e tinha aberturas ao seu redor. Tinha vinte e cinco metros de comprimento e doze metros e meio de largura. 37Seu pórtico dava[a] para o pátio externo; tamareiras decoravam os batentes em ambos os lados, e oito degraus subiam até ela.

Os quartos da preparação dos sacrifícios

38Um quarto com sua entrada ficava junto do pórtico de cada uma das entradas internas, onde os holocaustos[b] eram lavados. 39No pórtico da entrada havia duas mesas de cada lado, em que os holocaustos, as ofertas pelo pecado e as ofertas pela culpa eram abatidos. 40Junto à parede externa do pórtico da entrada, perto dos degraus da porta norte, ficavam duas mesas, e do outro lado dos degraus havia duas mesas. 41Havia, pois, quatro mesas num lado da entrada e quatro no outro, onde os sacrifícios eram abatidos. Eram oito mesas ao todo. 42Também havia quatro mesas de pedra lavrada para os holocaustos, cada uma com setenta e cinco centímetros de comprimento e de largura, e cinquenta centímetros de altura. Nelas colocavam-se os utensílios para o abate dos holocaustos e dos outros sacrifícios. 43E ganchos de duas pontas, cada um com quatro dedos de comprimento, estavam presos à parede, em toda a sua extensão. As mesas destinavam-se à carne das ofertas.

Quartos para os sacerdotes

44Dentro do pátio interno havia dois quartos antes da porta interna; um ficava ao lado[c] da porta norte que dava para o sul, e outro ao lado da porta sul[d] que dava para o norte. 45Ele me disse: "O quarto que dá para o sul é para os sacerdotes encarregados do templo, 46e o quarto que dá para o norte é para os sacerdotes encarregados do altar. São eles os filhos de Zadoque, os únicos levitas que podem aproximar-se do SENHOR para ministrarem diante dele".

47Depois ele mediu o pátio: era quadrado, medindo cinquenta metros de comprimento e cinquenta de largura. E o altar ficava em frente do templo.

O templo

48A seguir levou-me ao pórtico do templo e mediu os seus batentes; eles tinham dois metros e meio de largura em ambos os lados. A largura da entrada era de sete metros, e suas paredes salientes tinham[e] um metro e meio de largura em cada lado. 49O pórtico tinha dez metros de largura e seis metros da frente aos fundos. Havia um lance de escadas que dava acesso a ele[f], e três colunas em cada lado dos batentes.

41 Depois o homem me levou ao santuário externo e mediu os batentes; a largura dos batentes era de três metros[g] em cada lado.[h] 2A entrada tinha cinco metros de largura, e as paredes salientes em cada lado tinham dois metros e meio de largura. Ele mediu também o santuário externo; e ele tinha vinte metros de comprimento e dez de largura.

3Depois entrou no santuário interno e mediu os batentes da entrada; cada um tinha um metro de largura. A entrada tinha três metros de largura, e as paredes salientes em cada lado dela tinham três metros e meio de largura. 4E ele mediu o comprimento do santuário interno; tinha dez metros, e sua largura era de dez metros até o fim do santuário externo. Ele me disse: "Este é o Lugar Santíssimo".

5Depois mediu a parede do templo; tinha três metros de espessura, e cada quarto lateral em torno do templo tinha dois metros de largura. 6Os quartos laterais, sobrepostos uns aos outros, ficavam em três andares, havendo trinta em cada andar. Havia saliências em torno

[a] 40:37 Conforme a Septuaginta. O Texto Massorético diz *Seus batentes davam*. Veja os versículos 31 e 34.

[b] 40:38 Isto é, sacrifícios totalmente queimados; também nos versículos 39 e 42.

[c] 40:44 Conforme a Septuaginta. O Texto Massorético diz *havia quartos para cantores, os quais ficavam ao lado*.

[d] 40:44 Conforme a Septuaginta. O Texto Massorético diz *leste*.

[e] 40:48 Conforme a Septuaginta. O Texto Massorético diz *e sua entrada tinha*.

[f] 40:49 A Septuaginta diz *10 degraus que subiam até ele*.

[g] 41:1 Hebraico: *6 côvados*. O côvado longo era uma medida linear de cerca de meio metro.

[h] 41:1 Conforme um manuscrito do Texto Massorético e a Septuaginta. A maioria dos manuscritos do Texto Massorético diz *lado, a largura da tenda*.

de toda a parede do templo para servirem de pontos
de apoio para os quartos laterais, para que não fossem
incrustados na parede do templo. 7As paredes laterais
em torno de todo o templo eram mais largas em ca-
da andar superior. A estrutura em torno do templo foi
construída em plataformas ascendentes, de modo que
os quartos ficavam mais largos à medida que se subia.
Uma escada subia do andar inferior até o andar supe-
rior, servindo também o andar do meio.
8Vi que ao redor de todo o templo fora construída
uma base, formando o alicerce dos quartos laterais. Era
do comprimento da vara de medir, ou seja, três metros.
9A parede externa dos quartos laterais era de dois me-
tros e meio de espessura. A área aberta entre os quartos
laterais do templo 10e os quartos dos sacerdotes era de
dez metros de largura ao redor de todo o templo. 11Ha-
via entradas para os quartos laterais a partir da área
aberta, uma ao norte e outra ao sul; e a base vizinha
à área aberta era de dois metros e meio ao redor de
todo o templo.
12O prédio em frente do pátio do templo no lado oes-
te media trinta e cinco metros de largura. A parede do
prédio tinha dois metros e meio de espessura em to-
da a sua volta, e o seu comprimento era de quarenta
e cinco metros.
13Depois ele mediu o templo; tinha cinquenta me-
tros de comprimento, e o pátio do templo e o prédio
com suas paredes também tinham cinquenta metros
de comprimento. 14A largura do pátio do templo no la-
do oeste, inclusive a frente do templo, era de cinquen-
ta metros.
15A seguir ele mediu o comprimento do prédio que
ficava em frente do pátio, na parte de trás do templo,
inclusive suas galerias em cada lado; era de cinquen-
ta metros.
O santuário externo, o santuário interno e o pór-
tico que dava para o pátio, 16bem como as soleiras, as
janelas estreitas e as galerias em volta dos três, tudo o
que estava do lado de fora, inclusive a soleira, fora re-
vestido de madeira. Igualmente estavam revestidos o
piso, a parede até a altura das janelas, e as janelas. 17No
espaço acima do lado externo da entrada do santuário
interno e nas paredes, a intervalos regulares, em volta
de todo o santuário interno e externo, 18havia queru-
bins e tamareiras em relevo. As tamareiras alternavam
com os querubins. Cada querubim tinha dois rostos:
19o rosto de um homem virado para a tamareira de um
dos lados, e o rosto de um leão virado para a tamarei-
ra do outro lado. Estavam em relevo ao redor de todo
o templo. 20Desde o chão até a área acima da entrada
havia querubins e tamareiras em relevo na parede do
santuário externo.
21O santuário externo tinha batentes retangulares,
e o que ficava em frente do Santo dos Santos era seme-
lhante. 22Havia um altar de madeira com um metro e
meio de altura e um metro em cada lado; seus can-
tos, sua base[a] e seus lados eram de madeira. O homem
me disse: "Esta é a mesa que fica diante do SENHOR".
23Tanto o santuário externo quanto o Santo dos Santos
tinham portas duplas. 24Cada porta tinha duas folhas
articuladas. 25E nas portas do santuário externo havia
querubins e tamareiras esculpidos em relevo, como os
que havia nas paredes, e havia também uma saliência
de madeira na frente do pórtico. 26Nas paredes laterais
do pórtico havia janelas estreitas com tamareiras em
relevo em cada lado. Os quartos laterais do templo tam-
bém tinham saliências.

Os quartos dos sacerdotes

42 Depois disso o homem conduziu-me para o lado
norte, para o pátio externo, e levou-me aos quar-
tos opostos ao pátio do templo e ao muro externo do
lado norte. 2O prédio cuja porta dava para o norte tinha
cinquenta metros[b] de comprimento e vinte e cinco me-
tros de largura. 3Tanto na seção que ficava a dez metros
de distância do pátio interno quanto na seção oposta
ao piso do pátio externo, havia uma galeria frente à
outra nos três andares. 4Em frente dos quartos havia
uma passagem interna com cinco metros de largura e
cinquenta metros[c] de comprimento. Suas portas fica-
vam no lado norte. 5Ora, os quartos superiores eram
mais estreitos, pois as galerias tomavam mais espaço
deles do que dos quartos do andar inferior e médio. 6Os
quartos do terceiro andar não tinham colunas, ao passo
que os pátios tinham. Por isso a área deles era menor
do que a dos quartos do andar inferior e do meio. 7Ha-
via uma parede externa paralela aos quartos e ao pátio
externo; sua extensão era de vinte e cinco metros, em
frente dos quartos. 8A fileira de quartos junto ao pátio
interno tinha vinte e cinco metros de comprimento, e a
que ficava mais próxima do santuário tinha cinquenta
metros de comprimento. 9Os quartos de baixo tinham
entrada pelo lado leste, quando se vem do pátio externo.
10No lado sul, ao longo da parede do pátio externo,
adjacentes ao pátio do templo e no lado oposto do muro
externo, havia quartos 11com uma passagem em frente
deles. Eram como os quartos do lado norte; tinham o
mesmo comprimento e a mesma largura, com saídas e
dimensões semelhantes. As portas do lado norte 12eram
semelhantes às portas dos quartos do lado sul. Havia
uma entrada no início do corredor paralelo ao muro
correspondente que se estendia para leste; e havia uma
entrada para os quartos.
13Depois o homem me disse: "Os quartos do norte e
do sul que dão para o pátio do templo são os quartos em
que os sacerdotes que se aproximam do SENHOR come-
rão e guardarão as ofertas santíssimas, isto é, as ofertas
de cereal, as ofertas pelo pecado e as ofertas pela culpa,
pois o local é santo. 14Assim que os sacerdotes entrarem
nos recintos sagrados, só poderão ir para o pátio exter-
no após tirarem as vestes com as quais ministram, pois
elas são santas. Porão outras vestes antes de se aproxi-
marem dos lugares reservados para o povo".
15Quando ele acabou de medir o que havia dentro da
área do templo, levou-me para fora pela porta leste e
mediu a área em redor. 16Mediu o lado leste com a vara
de medir; tinha duzentos e cinquenta metros[d]. 17Mediu
o lado norte; tinha duzentos e cinquenta metros, segun-
do a vara de medir. 18Mediu o lado sul; tinha duzentos
e cinquenta metros, segundo a vara de medir. 19Depois

[a] 41:22 Conforme a Septuaginta. O Texto Massorético diz *cantos, seu comprimento*.

[b] 42:2 Hebraico: *100 côvados*. O côvado longo era uma medida linear de cerca de meio metro.

[c] 42:4 Conforme a Septuaginta e a Versão Siríaca. O Texto Massorético diz *1 côvado*.

[d] 42:16 Com base na Septuaginta. O Texto Massorético diz *500 varas* (1.500 metros); também nos versículos 17-20.

ele foi para o lado oeste e o mediu; tinha duzentos e cinquenta metros, segundo a vara de medir. [20]Assim ele mediu a área nos quatro lados. Em torno dela havia um muro de duzentos e cinquenta metros de comprimento e duzentos e cinquenta metros de largura, para separar o santo do comum.

A glória retorna ao templo

43 Então o homem levou-me até a porta que dava para o leste, [2]e vi a glória do Deus de Israel, que vinha do lado leste. Sua voz era como o rugido de águas avançando, e a terra refulgia com a sua glória. [3]A visão que tive era como a que eu tivera quando ele veio[a] destruir a cidade e como as que eu tivera junto ao rio Quebar; e me prostrei com o rosto em terra. [4]A glória do SENHOR entrou no templo pela porta que dava para o lado leste. [5]Então o Espírito pôs-me em pé e levou-me para dentro do pátio interno, e a glória do SENHOR encheu o templo.

[6]Enquanto o homem estava ao meu lado, ouvi alguém falando comigo de dentro do templo. [7]Ele disse: "Filho do homem, este é o lugar do meu trono e o lugar para a sola dos meus pés. Aqui viverei para sempre entre os israelitas. A nação de Israel jamais contaminará o meu santo nome, nem os israelitas, nem seus reis, mediante a sua prostituição e os ídolos sem vida[b] de seus reis, em seus santuários nos montes. [8]Quando eles puseram sua soleira perto de minha soleira e seus batentes junto de meus batentes, com apenas uma parede fazendo separação entre mim e eles, contaminaram o meu santo nome com suas práticas repugnantes. Por isso eu os destruí na minha ira. [9]Agora, que afastem de mim a sua prostituição e os ídolos sem vida de seus reis, e eu viverei entre eles para sempre.

[10]"Filho do homem, descreva o templo para a nação de Israel, para que se envergonhem dos seus pecados. Que eles analisem o modelo [11]e, se ficarem envergonhados por tudo o que fizeram, informe-os acerca da planta do templo — sua disposição, suas saídas e suas entradas — toda a sua planta e todas as suas estipulações[c] e leis. Ponha essas coisas por escrito diante deles para que sejam fiéis à planta e sigam as suas estipulações.

[12]"Esta é a lei do templo: toda a área ao redor, no topo do monte, será santíssima. Essa é a lei do templo.

O altar

[13]"Estas são as medidas do altar pela medida longa, isto é, a de meio metro[d]: sua calha tem meio metro de profundidade e meio metro de largura, com uma aba de um palmo em torno da beirada. E esta é a altura do altar: [14]desde a calha no chão até a saliência inferior, ele tem um metro de altura e um metro de largura, e desde a saliência menor até a saliência maior, tem dois metros de altura e meio metro de largura. [15]A fornalha do altar tem dois metros de altura, e quatro pontas se projetam dela para cima. [16]Ela é quadrada, com seis metros de comprimento e seis metros de largura. [17]A saliência superior também é quadrada, com sete metros de comprimento e sete metros de largura, com uma aba de vinte e cinco centímetros e uma calha de meio metro em toda a sua extensão ao redor. Os degraus do altar estão voltados para o oriente".

[18]Então ele me disse: "Filho do homem, assim diz o Soberano, o SENHOR: Estes serão os regulamentos que deverão ser seguidos no cerimonial do sacrifício dos holocaustos[e] e da aspersão do sangue no altar, quando ele for construído: [19]Você deverá dar um novilho como oferta aos sacerdotes levitas, da família de Zadoque, que se aproximam para ministrar diante de mim. Palavra do Soberano, o SENHOR. [20]Você colocará um pouco do sangue nas quatro pontas do altar, nos quatro cantos da saliência superior e ao redor de toda a aba, e assim purificará o altar e fará propiciação por ele. [21]Você queimará o novilho para a oferta pelo pecado no lugar determinado da área do templo, fora do santuário.

[22]"No segundo dia você oferecerá um bode sem defeito como oferta pelo pecado, e o altar será purificado como foi purificado com o novilho. [23]Quando terminar de purificá-lo, ofereça um novilho e um carneiro tirados do rebanho, ambos sem defeito. [24]Você os oferecerá perante o SENHOR, e os sacerdotes deverão pôr sal sobre eles e sacrificá-los como holocausto ao SENHOR.

[25]"Durante sete dias você fornecerá diariamente um bode como oferta pelo pecado; fornecerá também um novilho e um carneiro tirados do rebanho, ambos sem defeito. [26]Durante sete dias os sacerdotes farão propiciação pelo altar e o purificarão; assim eles o consagrarão. [27]No final desses dias, a partir do oitavo dia, os sacerdotes apresentarão os holocaustos e os sacrifícios de comunhão[f] de vocês sobre o altar. Então eu os aceitarei. Palavra do Soberano, o SENHOR".

O príncipe, os levitas, os sacerdotes

44 Depois o homem trouxe-me de volta para a porta externa do santuário, que dava para o lado leste, e ela estava trancada. [2]O SENHOR me disse: "Esta porta deve permanecer trancada. Não deverá ser aberta; ninguém poderá entrar por ela. Deve permanecer trancada porque o SENHOR, o Deus de Israel, entrou por ela. [3]O príncipe é o único que poderá entrar e sentar-se ali para comer na presença do SENHOR. Ele entrará pelo pórtico da entrada e sairá pelo mesmo caminho".

[4]Então o homem levou-me até a frente do templo, passando pela porta norte. Olhei e vi a glória do SENHOR enchendo o templo do SENHOR, e prostrei-me com o rosto em terra.

[5]O SENHOR me disse: "Filho do homem, preste atenção, olhe e ouça atentamente tudo o que eu lhe disser acerca de todos os regulamentos relacionados com o templo do SENHOR. Preste atenção à entrada do templo e a todas as saídas do santuário. [6]Diga à rebelde nação de Israel: Assim diz o Soberano, o SENHOR: Já bastam suas práticas repugnantes, ó nação de Israel! [7]Além de todas as suas outras práticas repugnantes, vocês trouxeram estrangeiros incircuncisos no coração e na carne para dentro do meu santuário, profanando o meu templo enquanto me ofereciam comida, gordura e sangue, e assim vocês romperam a minha aliança. [8]Ao invés de cumprirem seu dever quanto às minhas coisas sagradas, vocês encarregaram outros do meu santuário.

[a] **43:3** Conforme alguns manuscritos do Texto Massorético e a Vulgata. A maioria dos manuscritos do Texto Massorético diz *eu vim*.
[b] **43:7** Ou *mediante o seu adultério espiritual*; também no versículo 9.
[c] **43:11** Conforme alguns manuscritos do Texto Massorético e a Septuaginta. A maioria dos manuscritos do Texto Massorético diz *estipulações e toda a sua planta*.
[d] **43:13** Hebraico: *1 côvado e 1 punho*. Equivalente a um côvado longo, medida linear de cerca de meio metro.
[e] **43:18** Isto é, sacrifícios totalmente queimados; também nos versículos 24 e 27.
[f] **43:27** Ou *de paz*

9Assim diz o Soberano, o SENHOR: Nenhum estrangeiro incircunciso no coração e na carne entrará no meu santuário, nem tampouco os estrangeiros que vivem entre os israelitas.

10"Os levitas, que tanto se distanciaram de mim quando Israel se desviou e que vaguearam para longe de mim, indo atrás de seus ídolos, sofrerão as consequências de sua iniquidade. 11Poderão servir no meu santuário como encarregados das portas do templo e também farão o serviço nele; poderão matar os animais dos holocaustos[a] e outros sacrifícios em lugar do povo e colocar-se diante do povo e servi-lo. 12Mas, porque os serviram na presença de seus ídolos e fizeram a nação de Israel cair em pecado, jurei de mão erguida que eles sofrerão as consequências de sua iniquidade. Palavra do Soberano, o SENHOR. 13Não se aproximarão para me servir como sacerdotes, nem se aproximarão de nenhuma de minhas coisas sagradas e das minhas ofertas santíssimas; carregarão a vergonha de suas práticas repugnantes. 14Contudo, eu os encarregarei dos deveres do templo e de todo o trabalho que nele deve ser feito.

15"Mas, os sacerdotes levitas, descendentes de Zadoque, que fielmente executaram os deveres do meu santuário quando os israelitas se desviaram de mim, se aproximarão para ministrar diante de mim; eles estarão diante de mim para oferecer sacrifícios de gordura e de sangue. Palavra do Soberano, o SENHOR. 16Só eles entrarão em meu santuário e se aproximarão da minha mesa para ministrar diante de mim e realizar o meu serviço.

17"Quando entrarem pelas portas do pátio interno, estejam vestindo roupas de linho; não usem nenhuma veste de lã enquanto estiverem ministrando junto às portas do pátio interno ou dentro do templo. 18Usarão turbantes de linho na cabeça e calções de linho na cintura. Não vestirão nada que os faça transpirar. 19Quando saírem para o pátio externo onde fica o povo, tirarão as roupas com que estiveram ministrando e as deixarão nos quartos sagrados, e vestirão outras roupas, para que não consagrem o povo por meio de suas roupas sacerdotais.

20"Não raparão a cabeça nem deixarão o cabelo comprido, mas o manterão aparado. 21Nenhum sacerdote beberá vinho quando entrar no pátio interno. 22Eles não se casarão com viúva ou divorciada; só poderão casar-se com mulher virgem, de ascendência israelita, ou com viúva de sacerdote. 23Eles ensinarão ao meu povo a diferença entre o santo e o comum e lhe mostrarão como fazer distinção entre o puro e o impuro.

24"Em qualquer disputa, os sacerdotes servirão como juízes e a decisão será tomada de acordo com as minhas sentenças. Eles obedecerão às minhas leis e aos meus decretos com respeito a todas as minhas festas fixas, e manterão santos os meus sábados.

25"O sacerdote não se contaminará por aproximar-se do cadáver de alguém; no entanto, ele poderá contaminar-se se o morto for seu pai, sua mãe, seu filho, sua filha, seu irmão ou sua irmã, desde que esta não tenha marido. 26Depois de se purificar, esperará sete dias. 27No dia em que entrar no pátio interno do santuário para ministrar ali, o sacerdote oferecerá em favor de si mesmo uma oferta pelo pecado. Palavra do Soberano, o SENHOR.

[a] 44:11 Isto é, sacrifícios totalmente queimados.

28"Eu serei a única herança dada aos sacerdotes. Vocês não lhes darão propriedade alguma em Israel; eu serei a sua herança. 29Eles comerão as ofertas de cereal, as ofertas pelo pecado e as ofertas pela culpa; e tudo o que em Israel for consagrado ao SENHOR será deles. 30O melhor de todos os primeiros frutos e de todas as contribuições que vocês fizerem pertencerá aos sacerdotes. Vocês darão a eles a primeira porção de sua refeição de cereal moído, para que haja bênçãos sobre as suas casas. 31Os sacerdotes não comerão a carne de aves ou de animais encontrados mortos ou despedaçados por animais selvagens.

A divisão da terra

45 "Quando vocês distribuírem a terra como herança, apresentem ao SENHOR como distrito sagrado uma porção da terra, com doze quilômetros e meio[b] de comprimento e dez quilômetros[c] de largura; toda essa área será santa. 2Desse terreno, uma área quadrada de duzentos e cinquenta metros de lado servirá para o santuário, com vinte e cinco metros ao redor para terreno aberto. 3No distrito sagrado, separe um pedaço de doze quilômetros e meio de comprimento e cinco quilômetros de largura. Nele estará o santuário, o Lugar Santíssimo. 4Essa será a porção sagrada da terra para os sacerdotes, os quais ministrarão no santuário e se aproximarão para ministrar diante do SENHOR. Esse será um lugar para as suas casas, bem como um lugar santo para o santuário. 5Uma área de doze quilômetros e meio de comprimento e cinco quilômetros de largura pertencerá aos levitas, os quais servirão no templo; essa será a propriedade deles para ali viverem[d].

6"Como propriedade da cidade, vocês darão uma área de dois quilômetros e meio de largura e doze quilômetros e meio de comprimento, adjacente à porção sagrada; ela pertencerá a toda a nação de Israel.

7"O príncipe possuirá a terra que fica dos dois lados da área formada pelo distrito sagrado e pela propriedade da cidade. Ela se estenderá, no lado oeste, em direção a oeste e, no lado leste, em direção a leste, indo desde a fronteira ocidental até a fronteira oriental que é paralela a uma das porções tribais. 8Essa terra será sua propriedade em Israel. E os meus príncipes não oprimirão mais o meu povo, mas permitirão que a nação de Israel possua a terra de acordo com as suas tribos.

9"Assim diz o Soberano, o SENHOR: Vocês já foram longe demais, ó príncipes de Israel! Abandonem a violência e a opressão e façam o que é justo e direito. Parem de apossar-se do que é do meu povo. Palavra do Soberano, o SENHOR. 10Usem balanças honestas, arroba[e] honesta e pote[f] honesto. 11A arroba e o pote devem ser iguais, o pote terá um décimo de um barril[g]; o barril deve ser a medida padrão para os dois. 12O peso padrão[h] deve consistir de doze gramas. Vinte pesos, mais vinte

[b] 45:1 Hebraico: *25.000 côvados*. O côvado longo era uma medida linear de cerca de meio metro.

[c] 45:1 Conforme a Septuaginta. O Texto Massorético diz *10.000 côvados*.

[d] 45:5 Conforme a Septuaginta. O Texto Massorético diz *templo; eles terão como propriedade 20 quartos*.

[e] 45:10 Hebraico: *efa*. O efa era uma unidade de medida de capacidade para secos. As estimativas variam entre 20 e 40 litros.

[f] 45:10 Hebraico: *bato*. O bato era uma medida de capacidade. As estimativas variam entre 20 e 40 litros.

[g] 45:11 Hebraico: *hômer*. O hômer era uma medida de capacidade para secos. As estimativas variam entre 200 e 400 litros; também nos versículos 13 e 14.

[h] 45:12 Hebraico: *siclo*.

e cinco pesos, mais quinze pesos equivalem a setecentos e vinte gramas[a].

Ofertas e dias sagrados

13 "Esta é a oferta sagrada que vocês apresentarão: um sexto de uma arroba de cada barril de trigo e um sexto de uma arroba de cada barril de cevada. 14 A porção prescrita de azeite, medida pelo pote, é de um décimo de pote de cada tonel, que consiste de dez potes ou um barril, pois dez potes equivalem a um barril. 15 Também se deve tomar uma ovelha de cada rebanho de duzentas ovelhas das pastagens bem regadas de Israel. Tudo será usado para as ofertas de cereal, os holocaustos[b] e as ofertas de comunhão[c], para fazer propiciação pelo povo. Palavra do Soberano, o SENHOR. 16 Todo o povo da terra participará nessa oferta sagrada para o uso do príncipe de Israel. 17 Será dever do príncipe fornecer os holocaustos, as ofertas de cereal e as ofertas derramadas, nas festas, nas luas novas e nos sábados, em todas as festas fixas da nação de Israel. Ele fornecerá as ofertas pelo pecado, as ofertas de cereal, os holocaustos e as ofertas de comunhão para fazer propiciação em favor da nação de Israel.

18 "Assim diz o Soberano, o SENHOR: No primeiro dia do primeiro mês você apanhará um novilho sem defeito e purificará o santuário. 19 O sacerdote apanhará um pouco do sangue da oferta pelo pecado e o colocará nos batentes do templo, nos quatro cantos da saliência superior do altar e nos batentes do pátio interno. 20 Você fará o mesmo no sétimo dia do mês, em favor de qualquer pessoa que pecar sem intenção ou por ignorância; assim vocês deverão fazer propiciação em favor do templo.

21 "No décimo quarto dia do primeiro mês vocês observarão a Páscoa, festa de sete dias, na qual vocês comerão pão sem fermento. 22 Naquele dia o príncipe fornecerá um novilho em favor de si mesmo e de todo o povo da terra como oferta pelo pecado. 23 Diariamente, durante os sete dias da festa, ele fornecerá sete novilhos e sete carneiros sem defeito como holocaustos ao SENHOR, e um bode como oferta pelo pecado. 24 Ele fornecerá como oferta de cereal uma arroba para cada novilho e uma arroba para cada carneiro, junto com um galão[d] de azeite para cada arroba.

25 "Durante os sete dias da festa, que começa no décimo quinto dia do sétimo mês, ele trará as mesmas dádivas para as ofertas pelo pecado, os holocaustos, e as ofertas de cereal e azeite.

46 "Assim diz o Soberano, o SENHOR: A porta do pátio interno que dá para o leste ficará trancada nos seis dias úteis, mas no sábado e no dia da lua nova será aberta. 2 O príncipe, vindo do pátio externo, entrará pelo pórtico da entrada e ficará junto ao batente. Enquanto isso, os sacerdotes sacrificarão os holocaustos[e] e as ofertas de comunhão[f] dele. Ele adorará o SENHOR na soleira da entrada e depois sairá, mas a porta não será fechada até a tarde. 3 Nos sábados e nas luas novas o povo da terra adorará o SENHOR junto à entrada que leva à porta. 4 O holocausto que o príncipe trouxer ao SENHOR no dia de sábado deverá ser de seis cordeiros e um carneiro, todos sem defeito. 5 A oferta de cereal dada junto com o carneiro será de uma arroba[g], e a oferta de cereal com os cordeiros será de quanto ele quiser dar, mais um galão de azeite para cada arroba de cereal. 6 No dia da lua nova ele oferecerá um novilho, seis cordeiros e um carneiro, todos sem defeito. 7 Como oferta de cereal ele fornecerá uma arroba com o novilho, uma arroba com o carneiro, e com os cordeiros, quanto ele quiser dar, mais um galão de azeite para cada arroba de cereal. 8 Quando o príncipe entrar, ele o fará pelo pórtico da entrada, e sairá pelo mesmo caminho.

9 "Quando o povo da terra vier perante o SENHOR nas festas fixas, todo aquele que entrar pela porta norte para adorá-lo sairá pela porta sul, e todo aquele que entrar pela porta sul sairá pela porta norte. Ninguém voltará pela porta pela qual entrou, mas todos sairão pela porta oposta. 10 O príncipe deverá estar no meio deles, entrando quando eles entrarem e saindo quando eles saírem.

11 "Nas festas, inclusive as fixas, a oferta de cereal será de uma arroba com um novilho, uma arroba com um carneiro, e com os cordeiros, quanto ele quiser dar, mais um galão de azeite para cada arroba. 12 Quando o príncipe fornecer uma oferta voluntária ao SENHOR, seja holocausto seja oferta de comunhão, a porta que dá para o leste será aberta para ele. Ele oferecerá seu holocausto ou suas ofertas de comunhão como o faz no dia de sábado. Então ele sairá e, depois de ter saído, a porta será trancada.

13 "Diariamente vocês fornecerão um cordeiro de um ano sem defeito como holocausto ao SENHOR; manhã após manhã vocês o trarão. 14 Com ele vocês também trarão, manhã após manhã, uma oferta de cereal, de um sexto de arroba e um terço de galão de azeite para umedecer a farinha. A apresentação dessa oferta de cereal será feita em obediência a um decreto perpétuo. 15 Assim o cordeiro, a oferta de cereal e o azeite serão trazidos manhã após manhã para o holocausto que será apresentado regularmente.

16 "Assim diz o Soberano, o SENHOR: Se da sua herança o príncipe fizer um presente a um de seus filhos, este pertencerá também aos seus descendentes; será propriedade deles por herança. 17 Se, porém, da sua herança ele fizer um presente a um dos seus escravos, o escravo poderá mantê-lo consigo até o ano da liberdade; então o presente voltará para o príncipe. Sua herança pertence unicamente a seus filhos; deles será. 18 O príncipe não tomará coisa alguma da herança do povo, expulsando os herdeiros de sua propriedade. Dará a seus filhos a herança daquilo que é sua própria propriedade, para que ninguém do meu povo seja separado de sua propriedade".

19 Depois o homem me levou, pela entrada existente ao lado da porta, até os quartos sagrados que davam para o norte, os quais pertenciam aos sacerdotes, e mostrou-me um local no lado oeste. 20 Ele me disse: "Este é o lugar onde os sacerdotes cozinharão a oferta pela

[a] 45:12 Hebraico: *1 mina*. Isto é, 60 siclos. A mina comum pesava 50 siclos ou 600 gramas.
[b] 45:15 Isto é, sacrifícios totalmente queimados; também nos versículos 17, 23 e 25.
[c] 45:15 Ou *de paz*; também no versículo 17.
[d] 45:24 Hebraico: *1 him*. O him era uma medida de capacidade para líquidos. As estimativas variam entre 3 e 6 litros; também em 46:5.
[e] 46:2 Isto é, sacrifícios totalmente queimados; também nos versículos 4, 12, 13 e 15.
[f] 46:2 Ou *de paz*; também no versículo 12.
[g] 46:5 Hebraico: *1 efa*. O efa era uma medida de capacidade para secos. As estimativas variam entre 20 e 40 litros.

culpa e a oferta pelo pecado, e assarão a oferta de cereal, para levá-las ao pátio externo e consagrar o povo".

21Ele então me levou para o pátio externo e me fez passar por seus quatro cantos, e em cada canto vi um pátio. 22Eram pátios fechados, com vinte metros de comprimento e quinze metros de largura; os pátios dos quatro cantos tinham a mesma medida. 23Em volta de cada um dos quatro pátios, pelo lado de dentro, havia uma saliência de pedra, com lugares para fogo construídos em toda a sua volta debaixo da saliência. 24Ele me disse: "Estas são as cozinhas onde aqueles que ministram no templo cozinharão os sacrifícios do povo".

As águas que saíam do templo

47 O homem levou-me de volta à entrada do templo, e vi água saindo de debaixo da soleira do templo e indo para o leste, pois o templo estava voltado para o oriente. A água descia de debaixo do lado sul do templo, ao sul do altar. 2Ele então me levou para fora, pela porta norte, e conduziu-me pelo lado de fora até a porta externa que dá para o leste, e a água fluía do lado sul.

3O homem foi para o lado leste com uma linha de medir na mão e, enquanto ia, mediu quinhentos metros[a] e levou-me pela água, que batia no tornozelo. 4Ele mediu mais quinhentos metros e levou-me pela água, que chegava ao joelho. Mediu mais quinhentos e levou-me pela água, que batia na cintura. 5Mediu mais quinhentos, mas agora era um rio que eu não conseguia atravessar, porque a água havia aumentado e era tão profunda que só se podia atravessar a nado; era um rio que não se podia atravessar andando. 6Ele me perguntou: "Filho do homem, você vê isto?"

Levou-me então de volta à margem do rio. 7Quando ali cheguei, vi muitas árvores em cada lado do rio. 8Ele me disse: "Esta água flui na direção da região situada a leste e desce até a Arabá[b], onde entra no Mar[c]. Quando deságua no Mar, a água ali é saneada. 9Por onde passar o rio haverá todo tipo de animais e de peixes. Porque essa água flui para lá e saneia a água salgada; de modo que onde o rio fluir tudo viverá. 10Pescadores estarão ao longo do litoral; desde En-Gedi até En-Eglaim haverá locais próprios para estender as redes. Os peixes serão de muitos tipos, como os peixes do mar Grande[d]. 11Mas os charcos e os pântanos não ficarão saneados; serão deixados para o sal. 12Árvores frutíferas de toda espécie crescerão em ambas as margens do rio. Suas folhas não murcharão e os seus frutos não cairão. Todo mês produzirão, porque a água vinda do santuário chega a elas. Seus frutos servirão de comida, e suas folhas de remédio".

As fronteiras da terra

13Assim diz o Soberano, o Senhor: "Estas são as fronteiras pelas quais vocês devem dividir a terra como herança entre as doze tribos de Israel, com duas porções para José. 14Vocês a dividirão igualmente entre elas. Visto que eu jurei de mão erguida que a daria aos seus antepassados, esta terra se tornará herança de vocês.

15"Esta é a fronteira da terra:

"No lado norte ela irá desde o mar Grande, indo pela estrada de Hetlom, passando por Lebo-Hamate até Zedade, 16Berota[e] e Sibraim, que fica na fronteira entre Damasco e Hamate, e indo até Hazer-Haticom, que fica na extremidade de Haurã. 17A fronteira se estenderá desde o Mar até Hazar-Enã, ao longo da fronteira norte de Damasco, com a fronteira de Hamate ao norte. Essa será a fronteira norte.

18"No lado leste a fronteira irá entre Haurã e Damasco, ao longo do Jordão entre Gileade e a terra de Israel, até o mar oriental, prosseguindo até Tamar.[f] Essa será a fronteira leste.

19"No lado sul ela irá desde Tamar até as águas de Meribá-Cades, prosseguindo então ao longo do ribeiro do Egito até o mar Grande. Essa será a fronteira sul.

20"No lado oeste, o mar Grande será a fronteira até defronte de Lebo-Hamate. Essa será a fronteira oeste.

21"Distribuam essa terra entre vocês de acordo com as tribos de Israel. 22Vocês a distribuirão como herança para vocês mesmos e para os estrangeiros residentes no meio de vocês e que tenham filhos. Vocês os considerarão como israelitas de nascimento; junto com vocês, a eles deverá ser designada uma herança entre as tribos de Israel. 23Qualquer que seja a tribo na qual o estrangeiro se instale, ali vocês lhe darão a herança que lhe cabe". Palavra do Soberano, o Senhor.

A divisão da terra

48 "Estas são as tribos, relacionadas nominalmente: na fronteira norte, Dã terá uma porção; ela seguirá a estrada de Hetlom até Lebo-Hamate; Hazar-Enã e a fronteira norte, vizinha a Damasco, próxima de Hamate farão parte dos seus limites, desde o lado leste até o lado oeste.

2"Aser terá uma porção; esta margeará o território de Dã do leste ao oeste.

3"Naftali terá uma porção; esta margeará o território de Aser do leste ao oeste.

4"Manassés terá uma porção; esta margeará o território de Naftali do leste ao oeste.

5"Efraim terá uma porção; esta margeará o território de Manassés do leste ao oeste.

6"Rúben terá uma porção; esta margeará o território de Efraim do leste ao oeste.

7"Judá terá uma porção; esta margeará o território de Rúben do leste ao oeste.

8"Margeando o território de Judá do leste ao oeste, estará a porção que vocês apresentarão como dádiva sagrada. Terá doze quilômetros e meio[g] de largura, e o seu comprimento, do leste ao oeste, equivalerá a uma das porções tribais; o santuário estará no centro dela.

9"A porção sagrada que vocês devem oferecer ao Senhor terá doze quilômetros e meio de comprimento e cinco quilômetros de largura. 10Esta será a porção

[a] 47:3 Hebraico: *1.000 côvados*; também nos versículos 4 e 5.
[b] 47:8 Ou *até o vale do Jordão*
[c] 47:8 Isto é, o mar Morto; também no versículo 17.
[d] 47:10 Isto é, o mar Mediterrâneo; também nos versículos 15, 19, 20 e em 48:28.
[e] 47:15-16 Com base na Septuaginta e em Ezequiel 48:1. O Texto Massorético diz *estrada de Hetlom que entra em Zedade, 16Hamate, Berota.*
[f] 47:18 Conforme a Septuaginta e a Versão Siríaca. O Texto Massorético diz *Israel. Vocês medirão até o mar oriental.*
[g] 48:8 Hebraico: *25.000 côvados*. O côvado longo era uma medida linear de cerca de meio metro.

sagrada para os sacerdotes. Terá doze quilômetros e meio de comprimento no lado norte, cinco quilômetros de largura no lado ocidental, cinco quilômetros de largura no lado oriental e doze quilômetros e meio de comprimento no lado sul. No centro dela estará o santuário do SENHOR. 11Pertencerá aos sacerdotes consagrados, os zadoquitas, que foram fiéis em me servir e não se desviaram como fizeram os levitas quando os israelitas se desviaram. 12Será um presente especial para eles da porção sagrada da terra, uma porção santíssima, margeando o território dos levitas.

13"Ao longo do território dos sacerdotes, os levitas terão uma área de doze quilômetros e meio de comprimento e cinco quilômetros de largura. Seu comprimento total medirá doze quilômetros e meio, e sua largura cinco quilômetros. 14Eles não a venderão nem trocarão parte alguma dela. Essa área é a melhor de todo o território, e não poderá passar para outras mãos, porque é santa para o SENHOR.

15"A área restante, dois quilômetros e meio de largura e doze quilômetros e meio de comprimento, será para o uso comum da cidade, para casas e para pastagens. A cidade será o centro dela 16e terá estas medidas: o lado norte, dois mil e duzentos e cinquenta metros, o lado sul, dois mil e duzentos e cinquenta metros, o lado leste, dois mil e duzentos e cinquenta metros e o lado oeste, dois mil e duzentos e cinquenta metros. 17A cidade terá uma área livre de cento e vinte e cinco metros ao norte, cento e vinte e cinco metros ao sul, cento e vinte e cinco metros a leste e cento e vinte e cinco metros a oeste, que servirá para pasto. 18O restante da área, ao longo da porção sagrada, será de cinco quilômetros no lado leste e cinco quilômetros no lado oeste. Suas colheitas fornecerão comida para os trabalhadores da cidade. 19Estes poderão vir de todas as tribos de Israel. 20A porção toda, incluindo a cidade, será um quadrado, com doze quilômetros e meio de cada lado. É uma dádiva sagrada, que como tal vocês reservarão.

21"As terras que restarem em ambos os lados da área formada pela porção sagrada e pela cidade pertencerão ao príncipe. Elas se estenderão para o leste a partir dos doze quilômetros e meio da porção sagrada até a fronteira leste, e para o oeste a partir dos doze quilômetros e meio até a fronteira oeste. Essas duas áreas, paralelas ao comprimento das porções das tribos, pertencerão ao príncipe, e a porção sagrada, inclusive o santuário do templo, estará no centro delas. 22Assim a propriedade dos levitas e a propriedade da cidade estarão no centro da área que pertence ao príncipe. A área pertencente ao príncipe estará entre a fronteira de Judá e a fronteira de Benjamim.

23"Quanto ao restante das tribos: Benjamim terá uma porção; esta se estenderá do lado leste ao lado oeste.

24"Simeão terá uma porção; esta margeará o território de Benjamim do leste ao oeste.

25"Issacar terá uma porção; esta margeará o território de Simeão do leste ao oeste.

26"Zebulom terá uma porção; esta margeará o território de Issacar do leste ao oeste.

27"Gade terá uma porção; esta margeará o território de Zebulom do leste ao oeste.

28"A fronteira sul de Gade vai desde Tamar, no sul, até as águas de Meribá-Cades, e depois ao longo do ribeiro do Egito até o mar Grande.

29"Esta é a terra que vocês distribuirão às tribos de Israel como herança, e serão essas as suas porções. Palavra do Soberano, o SENHOR.

As portas da cidade

30"Estas serão as saídas da cidade: Começando pelo lado norte, que tem dois mil e duzentos e cinquenta metros de comprimento, 31as portas da cidade receberão os nomes das tribos de Israel. As três portas do lado norte serão a porta de Rúben, a porta de Judá e a porta de Levi.

32"No lado leste, que tem dois mil e duzentos e cinquenta metros de comprimento, haverá três portas: a de José, a de Benjamim e a de Dã.

33"No lado sul, que tem dois mil e duzentos e cinquenta metros de comprimento, haverá três portas: a de Simeão, a de Issacar e a de Zebulom.

34"No lado oeste, que tem dois mil e duzentos e cinquenta metros de comprimento, haverá três portas: a porta de Gade, a de Aser e a de Naftali.

35"A distância total ao redor será de nove quilômetros.

E daquele momento em diante, o nome da cidade será:

O SENHOR ESTÁ AQUI".

DANIEL

Daniel na Babilônia

1 No terceiro ano do reinado de Jeoaquim, rei de Judá, Nabucodonosor, rei da Babilônia, veio a Jerusalém e a sitiou. 2 E o Senhor entregou Jeoaquim, rei de Judá, nas suas mãos, e também alguns dos utensílios do templo de Deus. Ele levou os utensílios para o templo do seu deus na terra de Sinear[a] e os colocou na casa do tesouro do seu deus.

3 Depois o rei ordenou a Aspenaz, o chefe dos oficiais da sua corte, que trouxesse alguns dos israelitas da família real e da nobreza: 4 jovens sem defeito físico, de boa aparência, cultos, inteligentes, que dominassem os vários campos do conhecimento e fossem capacitados para servir no palácio do rei. Ele deveria ensinar-lhes a língua e a literatura dos babilônios[b]. 5 De sua própria mesa, o rei designou-lhes uma porção diária de comida e de vinho. Eles receberiam um treinamento durante três anos, e depois disso passariam a servir o rei.

6 Entre esses estavam alguns que vieram de Judá: Daniel, Hananias, Misael e Azarias. 7 O chefe dos oficiais deu-lhes novos nomes: a Daniel deu o nome de Beltessazar; a Hananias, Sadraque; a Misael, Mesaque; e a Azarias, Abede-Nego.

8 Daniel, contudo, decidiu não se tornar impuro com a comida e com o vinho do rei, e pediu ao chefe dos oficiais permissão para se abster deles. 9 E Deus fez com que o homem fosse bondoso para com Daniel e tivesse simpatia por ele. 10 Apesar disso, ele disse a Daniel: "Tenho medo do rei, o meu senhor, que determinou a comida e a bebida de vocês. E se ele os achar menos saudáveis que os outros jovens da mesma idade? O rei poderia pedir a minha cabeça por causa de vocês".

11 Daniel disse então ao homem que o chefe dos oficiais tinha encarregado de cuidar dele e de Hananias, Misael e Azarias: 12 "Peço-lhe que faça uma experiência com os seus servos durante dez dias: Não nos dê nada além de vegetais para comer e água para beber. 13 Depois compare a nossa aparência com a dos jovens que comem a comida do rei, e trate os seus servos de acordo com o que você concluir". 14 Ele concordou e fez a experiência com eles durante dez dias.

15 Passados os dez dias, eles pareciam mais saudáveis e mais fortes do que todos os jovens que comiam a comida da mesa do rei. 16 Assim o encarregado tirou a comida especial e o vinho que haviam sido designados e em lugar disso lhes dava vegetais.

17 A esses quatro jovens Deus deu sabedoria e inteligência para conhecerem todos os aspectos da cultura e da ciência. E Daniel, além disso, sabia interpretar todo tipo de visões e sonhos.

18 Ao final do tempo estabelecido pelo rei para que os jovens fossem trazidos à sua presença, o chefe dos oficiais os apresentou a Nabucodonosor. 19 O rei conversou com eles, e não encontrou ninguém comparável a Daniel, Hananias, Misael e Azarias; de modo que eles passaram a servir o rei. 20 O rei lhes fez perguntas sobre todos os assuntos que exigiam sabedoria e conhecimento, e descobriu que eram dez vezes mais sábios do que todos os magos e encantadores de todo o seu reino.

21 Daniel permaneceu ali até o primeiro ano do rei Ciro.

O sonho de Nabucodonosor

2 No segundo ano de seu reinado, Nabucodonosor teve sonhos; sua mente ficou tão perturbada que ele não conseguia dormir. 2 Por isso o rei convocou os magos, os encantadores, os feiticeiros e os astrólogos[c] para que lhe dissessem o que ele havia sonhado. Quando eles vieram e se apresentaram ao rei, 3 este lhes disse: "Tive um sonho que me perturba e quero saber o que significa[d]".

4 Então os astrólogos responderam em aramaico ao rei:[e] "Ó rei, vive para sempre! Conta o sonho aos teus servos, e nós o interpretaremos".

5 O rei respondeu aos astrólogos: "Esta é a minha decisão: se vocês não me disserem qual foi o meu sonho e não o interpretarem, farei que vocês sejam cortados em pedaços e que as suas casas se tornem montes de entulho. 6 Mas, se me revelarem o sonho e o interpretarem, eu lhes darei presentes, recompensas e grandes honrarias. Portanto, revelem-me o sonho e a sua interpretação".

7 Mas eles tornaram a dizer: "Conte o rei o sonho a seus servos, e nós o interpretaremos".

8 Então o rei respondeu: "Já descobri que vocês estão tentando ganhar tempo, pois sabem da minha decisão. 9 Se não me contarem o sonho, todos vocês receberão a mesma sentença; pois vocês combinaram enganar-me com mentiras, esperando que a situação mudasse. Contem-me o sonho, e saberei que vocês são capazes de interpretá-lo para mim".

10 Os astrólogos responderam ao rei: "Não há homem na terra que possa fazer o que o rei está pedindo! Nenhum rei, por maior e mais poderoso que tenha sido, chegou a pedir uma coisa dessas a nenhum mago, encantador ou astrólogo. 11 O que o rei está pedindo é difícil demais; ninguém pode revelar isso ao rei, senão os deuses, e eles não vivem entre os mortais[f]".

12 Isso deixou o rei tão irritado e furioso que ele ordenou a execução de todos os sábios da Babilônia. 13 E assim foi emitido o decreto para que fossem mortos os sábios; os encarregados saíram à procura de Daniel e dos seus amigos, para que também fossem mortos.

14 Arioque, o comandante da guarda do rei, já se preparava para matar os sábios da Babilônia, quando Daniel dirigiu-se a ele com sabedoria e bom senso. 15 Ele perguntou ao oficial do rei: "Por que o rei emitiu um decreto tão severo?" Arioque explicou o motivo a Daniel. 16 Diante disso, Daniel foi pedir ao rei que lhe desse um prazo, e ele daria a interpretação.

17 Daniel voltou para casa, contou o problema aos seus amigos Hananias, Misael e Azarias, 18 e lhes pediu que rogassem ao Deus dos céus que tivesse misericórdia

[a] 1:2 Isto é, na região da Babilônia.
[b] 1:4 Hebraico: *caldeus*.

[c] 2:2 Ou *caldeus*; também em todo o livro de Daniel.
[d] 2:3 Ou *o que sonhei*
[e] 2:4 Daqui até o final do capítulo 7 o texto original está em aramaico.
[f] 2:11 Aramaico: *com a carne*.

acerca desse mistério, para que ele e seus amigos não
fossem executados com os outros sábios da Babilônia.
19Então o mistério foi revelado a Daniel de noite, numa
visão. Daniel louvou o Deus dos céus 20e disse:

"Louvado seja o nome de Deus
para todo o sempre;
a sabedoria e o poder a ele pertencem.
21Ele muda as épocas e as estações;
destrona reis e os estabelece.
Dá sabedoria aos sábios
e conhecimento aos que
sabem discernir.
22Revela coisas profundas e ocultas;
conhece o que jaz nas trevas,
e a luz habita com ele.
23Eu te agradeço e te louvo,
ó Deus dos meus antepassados;
tu me deste sabedoria e poder,
e me revelaste o que te pedimos,
revelaste-nos o sonho do rei".

Daniel interpreta o sonho

24Então Daniel foi falar com Arioque, a quem o rei
tinha designado para executar os sábios da Babilônia,
e lhe disse: "Não execute os sábios. Leve-me ao rei, e eu
interpretarei para ele o sonho que teve".

25Imediatamente Arioque levou Daniel ao rei e disse:
"Encontrei um homem entre os exilados de Judá que
pode dizer ao rei o significado do sonho".

26O rei perguntou a Daniel, também chamado Bel-
tessazar: "Você é capaz de contar-me o que vi no meu
sonho e interpretá-lo?"

27Daniel respondeu: "Nenhum sábio, encantador,
mago ou adivinho é capaz de revelar ao rei o mistério
sobre o qual ele perguntou, 28mas existe um Deus nos
céus que revela os mistérios. Ele mostrou ao rei Nabu-
codonosor o que acontecerá nos últimos dias. O sonho
e as visões que passaram por tua mente quando estavas
deitado foram os seguintes:

29"Quando estavas deitado, ó rei, tua mente se voltou
para as coisas futuras, e aquele que revela os mistérios
te mostrou o que vai acontecer. 30Quanto a mim, esse
mistério não me foi revelado porque eu tenha mais
sabedoria do que os outros homens, mas para que tu,
ó rei, saibas a interpretação e entendas o que passou
pela tua mente.

31"Tu olhaste, ó rei, e diante de ti estava uma gran-
de estátua: uma estátua enorme, impressionante, e sua
aparência era terrível. 32A cabeça da estátua era feita de
ouro puro, o peito e o braço eram de prata, o ventre e
os quadris eram de bronze, 33as pernas eram de ferro,
e os pés eram em parte de ferro e em parte de barro.
34Enquanto estavas observando, uma pedra soltou-se,
sem auxílio de mãos, atingiu a estátua nos pés de ferro
e de barro e os esmigalhou. 35Então o ferro, o barro, o
bronze, a prata e o ouro foram despedaçados, viraram
pó, como o pó da debulha do trigo na eira durante o
verão. O vento os levou sem deixar vestígio. Mas a pe-
dra que atingiu a estátua tornou-se uma montanha e
encheu a terra toda.

36"Foi esse o sonho, e nós o interpretaremos para
o rei. 37Tu, ó rei, és rei de reis. O Deus dos céus conce-
deu-te domínio, poder, força e glória; 38nas tuas mãos
ele colocou a humanidade, os animais selvagens e as
aves do céu. Onde quer que vivam, ele fez de ti o gover-
nante deles todos. Tu és a cabeça de ouro.

39"Depois de ti surgirá um outro reino, inferior ao
teu. Em seguida surgirá um terceiro reino, reino de
bronze, que governará toda a terra. 40Finalmente, ha-
verá um quarto reino, forte como o ferro, pois o ferro
quebra e destrói tudo; e assim como o ferro despedaça
tudo, também ele destruirá e quebrará todos os outros.
41Como viste, os pés e os dedos eram em parte de barro
e em parte de ferro. Isso quer dizer que esse será um
reino dividido, mas ainda assim terá um pouco da for-
ça do ferro, embora tenhas visto ferro misturado com
barro. 42Assim como os dedos eram em parte de ferro
e em parte de barro, também esse reino será em parte
forte e em parte frágil. 43E, como viste, o ferro estava
misturado com o barro. Isso significa que se buscarão
fazer alianças políticas por meio de casamentos, mas a
união decorrente dessas alianças não se firmará, assim
como o ferro não se mistura com o barro.

44"Na época desses reis, o Deus dos céus estabelecerá
um reino que jamais será destruído e que nunca será
dominado por nenhum outro povo. Destruirá todos os
reinos daqueles reis e os exterminará, mas esse reino
durará para sempre. 45Esse é o significado da visão da
pedra que se soltou de uma montanha, sem auxílio de
mãos, pedra que esmigalhou o ferro, o bronze, o bar-
ro, a prata e o ouro.

"O Deus poderoso mostrou ao rei o que aconte-
rá no futuro. O sonho é verdadeiro, e a interpretação
é fiel".

46Então o rei Nabucodonosor caiu prostrado diante
de Daniel, prestou-lhe honra e ordenou que lhe fosse
apresentada uma oferta de cereal e incenso. 47O rei dis-
se a Daniel: "Não há dúvida de que o seu Deus é o Deus
dos deuses, o Senhor dos reis e aquele que revela os
mistérios, pois você conseguiu revelar esse mistério".

48Assim o rei colocou Daniel num alto cargo e o co-
briu de presentes. Ele o designou governante de toda
a província da Babilônia e o encarregou de todos os sá-
bios da província. 49Além disso, a pedido de Daniel, o
rei nomeou Sadraque, Mesaque e Abede-Nego adminis-
tradores da província da Babilônia, enquanto o próprio
Daniel permanecia na corte do rei.

A imagem de ouro de Nabucodonosor

3 O rei Nabucodonosor fez uma imagem de ouro de
vinte e sete metros de altura e dois metros e setenta
centímetros de largura[a], e a ergueu na planície de Dura,
na província da Babilônia. 2Depois convocou os sátrapas,
os prefeitos, os governadores, os conselheiros, os tesou-
reiros, os juízes, os magistrados e todas as autoridades
provinciais, para assistirem à dedicação da imagem que
mandara erguer. 3Assim todos eles, sátrapas, prefeitos,
governadores, conselheiros, tesoureiros, juízes, magis-
trados e todas as autoridades provinciais se reuniram
para a dedicação da imagem que o rei Nabucodonosor
mandara erguer, e ficaram em pé diante dela.

4Então o arauto proclamou em alta voz: "Esta é a
ordem que lhes é dada, ó homens de todas as nações,
povos e línguas: 5Quando ouvirem o som da trombeta,

[a] 3:1 Aramaico: *60 côvados de altura e 6 côvados de largura*. O côvado era uma medida linear de cerca de 45 centímetros.

do pífaro, da cítara, da harpa, do saltério, da flauta du-
pla[a] e de toda espécie de música, prostrem-se em terra e
adorem a imagem de ouro que o rei Nabucodonosor er-
gueu. [6]Quem não se prostrar em terra e não adorá-la se-
rá imediatamente atirado numa fornalha em chamas".
[7]Por isso, logo que ouviram o som da trombeta, do
pífaro, da cítara, da harpa, do saltério e de toda espécie
de música, os homens de todas as nações, povos e lín-
guas prostraram-se em terra e adoraram a imagem de
ouro que o rei Nabucodonosor mandara erguer.
[8]Nesse momento alguns astrólogos se aproximaram
e denunciaram os judeus, [9]dizendo ao rei Nabucodo-
nosor: "Ó rei, vive para sempre! [10]Tu emitiste um de-
creto, ó rei, ordenando que todo aquele que ouvisse
o som da trombeta, do pífaro, da cítara, da harpa, do
saltério, da flauta dupla e de toda espécie de música
se prostrasse em terra e adorasse a imagem de ouro,
[11]e que todo aquele que não se prostrasse em terra e
não a adorasse seria atirado numa fornalha em chamas.
[12]Mas há alguns judeus que nomeaste para administrar
a província da Babilônia, Sadraque, Mesaque e Abede-
-Nego, que não te dão ouvidos, ó rei. Não prestam cul-
to aos teus deuses nem adoram a imagem de ouro que
mandaste erguer".
[13]Furioso, Nabucodonosor mandou chamar Sadraque,
Mesaque e Abede-Nego. E assim que eles foram condu-
zidos à presença do rei, [14]Nabucodonosor lhes disse: "É
verdade, Sadraque, Mesaque e Abede-Nego, que vocês
não prestam culto aos meus deuses nem adoram a ima-
gem de ouro que mandei erguer? [15]Pois agora, quando
vocês ouvirem o som da trombeta, do pífaro, da cítara,
da harpa, do saltério, da flauta dupla e de toda espé-
cie de música, se vocês se dispuserem a prostrar-se em
terra e a adorar a imagem que eu fiz, será melhor para
vocês. Mas, se não a adorarem, serão imediatamente
atirados numa fornalha em chamas. E que deus pode-
rá livrá-los das minhas mãos?"
[16]Sadraque, Mesaque e Abede-Nego responderam ao
rei: "Ó Nabucodonosor, não precisamos defender-nos
diante de ti. [17]Se formos atirados na fornalha em cha-
mas, o Deus a quem prestamos culto pode livrar-nos,
e ele nos livrará das tuas mãos, ó rei. [18]Mas, se ele não
nos livrar, saiba, ó rei, que não prestaremos culto aos
teus deuses nem adoraremos a imagem de ouro que
mandaste erguer".
[19]Nabucodonosor ficou tão furioso com Sadraque,
Mesaque e Abede-Nego, que o seu semblante mudou.
Deu ordens para que a fornalha fosse aquecida sete ve-
zes mais que de costume [20]e ordenou que alguns dos
soldados mais fortes do seu exército amarrassem Sadra-
que, Mesaque e Abede-Nego e os atirassem na fornalha
em chamas. [21]E os três homens, vestidos com seus man-
tos, calções, turbantes e outras roupas, foram amarra-
dos e atirados na fornalha extraordinariamente quente.
[22]A ordem do rei era urgente e a fornalha estava tão
quente que as chamas mataram os soldados que leva-
ram Sadraque, Mesaque e Abede-Nego, [23]e estes caíram
amarrados dentro da fornalha em chamas.
[24]Mas logo depois o rei Nabucodonosor, alarmado,
levantou-se e perguntou aos seus conselheiros: "Não
foram três os homens amarrados que nós atiramos no
fogo?"
Eles responderam: "Sim, ó rei".
[25]E o rei exclamou: "Olhem! Estou vendo quatro ho-
mens, desamarrados e ilesos, andando pelo fogo, e o
quarto se parece com um filho dos deuses".
[26]Então Nabucodonosor aproximou-se da entrada
da fornalha em chamas e gritou: "Sadraque, Mesaque
e Abede-Nego, servos do Deus Altíssimo, saiam! Ve-
nham aqui!"
E Sadraque, Mesaque e Abede-Nego saíram do fogo.
[27]Os sátrapas, os prefeitos, os governadores e os con-
selheiros do rei se ajuntaram em torno deles e com-
provaram que o fogo não tinha ferido o corpo deles.
Nem um só fio de cabelo tinha sido chamuscado, os
seus mantos não estavam queimados, e não havia chei-
ro de fogo neles.
[28]Disse então Nabucodonosor: "Louvado seja o Deus
de Sadraque, Mesaque e Abede-Nego, que enviou o seu
anjo e livrou os seus servos! Eles confiaram nele, desa-
fiaram a ordem do rei, preferindo abrir mão de sua vida
a prestar culto e adorar a outro deus que não fosse o seu
próprio Deus. [29]Por isso eu decreto que todo homem de
qualquer povo, nação e língua que disser alguma coisa
contra[b] o Deus de Sadraque, Mesaque e Abede-Nego seja
despedaçado e sua casa seja transformada em montes
de entulho, pois nenhum outro deus é capaz de livrar
alguém dessa maneira".
[30]Então o rei promoveu Sadraque, Mesaque e Abede-
-Nego na província da Babilônia.

Outro sonho de Nabucodonosor

4 O rei Nabucodonosor,
aos homens de todas nações, povos e línguas, que
vivem no mundo inteiro:

> Paz e prosperidade!
>
> [2]Tenho a satisfação de falar-lhes a respeito dos
> sinais e das maravilhas que o Deus Altíssimo
> realizou em meu favor.
>
> [3]Como são grandes os seus sinais,
> como são poderosas as suas maravilhas!
> O seu reino é um reino eterno;
> o seu domínio dura
> de geração em geração.
>
> [4]Eu, Nabucodonosor, estava satisfeito e prós-
> pero em casa, no meu palácio. [5]Tive um sonho
> que me deixou alarmado. Estando eu deita-
> do em minha cama, os pensamentos e visões
> que passaram pela minha mente deixaram-me
> aterrorizado. [6]Por isso decretei que todos os sá-
> bios da Babilônia fossem trazidos à minha pre-
> sença para interpretarem o sonho para mim.
> [7]Quando os magos, os encantadores, os astrólo-
> gos e os adivinhos vieram, contei-lhes o sonho,
> mas eles não puderam interpretá-lo. [8]Por fim
> veio Daniel à minha presença e eu lhe contei
> o sonho. Ele é chamado Beltessazar, em home-
> nagem ao nome do meu deus; e o espírito dos
> santos deuses está nele.
> [9]Eu disse: Beltessazar, chefe dos magos, sei
> que o espírito dos santos deuses está em você,
> e que nenhum mistério é difícil demais para

[a] 3:5 Ou *todos os instrumentos tocando juntos*; também nos versículos 10 e 15.

[b] 3:29 Ou *blasfemar*

você. Vou contar-lhe o meu sonho; interprete-o
para mim. 10 Estas são as visões que tive quando
estava deitado em minha cama: olhei, e diante
de mim estava uma árvore muito alta no meio
da terra. 11 A árvore cresceu tanto que a sua co-
pa encostou no céu; era visível até os confins
da terra. 12 Tinha belas folhas, muitos frutos, e
nela havia alimento para todos. Debaixo dela
os animais do campo achavam abrigo, e as aves
do céu viviam em seus galhos; todas as criatu-
ras se alimentavam daquela árvore.
13 Nas visões que tive deitado em minha cama,
olhei e vi diante de mim uma sentinela, um an-
jo[a] que descia do céu; 14 ele gritou em alta voz:
"Derrubem a árvore e cortem os seus galhos;
arranquem as suas folhas e espalhem os seus
frutos. Fujam os animais de debaixo dela e as
aves dos seus galhos. 15 Mas deixem o toco e as
suas raízes, presos com ferro e bronze; fique ele
no chão, em meio à relva do campo.
"Ele será molhado com o orvalho do céu e com
os animais comerá a grama da terra. 16 A men-
te humana lhe será tirada, e ele será como um
animal, até que se passem sete tempos[b].
17 "A decisão é anunciada por sentinelas, os an-
jos declaram o veredicto, para que todos os que
vivem saibam que o Altíssimo domina sobre os
reinos dos homens e os dá a quem quer, e põe
no poder o mais simples dos homens".
18 Esse é o sonho que eu, o rei Nabucodono-
sor, tive. Agora, Beltessazar, diga-me o signi-
ficado do sonho, pois nenhum dos sábios do
meu reino consegue interpretá-lo para mim,
exceto você, pois o espírito dos santos deuses
está em você.

Daniel interpreta o sonho

19 Então Daniel, também chamado Beltessazar,
ficou estarrecido por algum tempo, e os seus
pensamentos o deixaram aterrorizado. Então
o rei disse: "Beltessazar, não deixe que o sonho
ou a sua interpretação o assuste".
Beltessazar respondeu: "Meu senhor, quem de-
ra o sonho só se aplicasse aos teus inimigos e o
seu significado somente aos teus adversários!
20 A árvore que viste, que cresceu e ficou enor-
me, cuja copa encostava no céu, visível em to-
da a terra, 21 com belas folhas e muitos frutos,
na qual havia alimento para todos, abrigo pa-
ra os animais do campo, e morada para as aves
do céu nos seus galhos — 22 essa árvore, ó rei,
és tu! Tu te tornaste grande e poderoso, pois
a tua grandeza cresceu até alcançar o céu, e o
teu domínio se estende até os confins da terra.
23 "E tu, ó rei, viste também uma sentinela, o
anjo que descia do céu e dizia: 'Derrubem a
árvore e destruam-na, mas deixem o toco e as
suas raízes, presos com ferro e bronze; fique
ele no chão, em meio à relva do campo. Ele
será molhado com o orvalho do céu e viverá
com os animais selvagens, até que se passem
sete tempos'.
24 "Esta é a interpretação, ó rei, e este é o decre-
to que o Altíssimo emitiu contra o rei, meu se-
nhor: 25 Tu serás expulso do meio dos homens
e viverás com os animais selvagens; comerás
capim como os bois e te molharás com o orva-
lho do céu. Passarão sete tempos até que ad-
mitas que o Altíssimo domina sobre os reinos
dos homens e os dá a quem quer. 26 A ordem
para deixar o toco da árvore com as raízes sig-
nifica que o teu reino te será devolvido quando
reconheceres que os Céus dominam. 27 Portan-
to, ó rei, aceita o meu conselho: Renuncia a
teus pecados e à tua maldade, pratica a justiça
e tem compaixão dos necessitados. Talvez, en-
tão, continues a viver em paz".

O cumprimento do sonho

28 Tudo isso aconteceu com o rei Nabucodono-
sor. 29 Doze meses depois, quando o rei estava
andando no terraço do palácio real da Babi-
lônia, 30 disse: "Acaso não é esta a grande Ba-
bilônia que eu construí como capital do meu
reino[c], com o meu enorme poder e para a gló-
ria da minha majestade?"
31 As palavras ainda estavam nos seus lábios
quando veio do céu uma voz que disse: "É isto
que está decretado quanto a você, rei Nabu-
codonosor: Sua autoridade real lhe foi tirada.
32 Você será expulso do meio dos homens, vive-
rá com os animais selvagens e comerá capim
como os bois. Passarão sete tempos até que ad-
mita que o Altíssimo domina sobre os reinos
dos homens e os dá a quem quer".
33 A sentença sobre Nabucodonosor cumpriu-se
imediatamente. Ele foi expulso do meio dos
homens e passou a comer capim como os bois.
Seu corpo molhou-se com o orvalho do céu,
até que os seus cabelos e pelos cresceram co-
mo as penas da águia, e as suas unhas como as
garras das aves.
34 Ao fim daquele período, eu, Nabucodonosor,
levantei os olhos ao céu, e percebi que o meu
entendimento tinha voltado. Então louvei o
Altíssimo; honrei e glorifiquei aquele que vi-
ve para sempre.

O seu domínio é um domínio eterno;
  o seu reino dura de geração em geração.
35 Todos os povos da terra
  são como nada diante dele.
Ele age como lhe agrada
  com os exércitos[d] dos céus
  e com os habitantes da terra.
Ninguém é capaz de resistir à sua mão
  ou dizer-lhe: "O que fizeste?"

36 Naquele momento voltou-me o entendi-
mento, e eu recuperei a honra, a majestade
e a glória do meu reino. Meus conselheiros e
os nobres me procuraram, meu trono me foi
restaurado, e minha grandeza veio a ser ainda
maior. 37 Agora eu, Nabucodonosor, louvo, exal-
to e glorifico o Rei dos céus, porque tudo o que

[a] 4:13 Aramaico: *santo*; também nos versículos 17 e 23.
[b] 4:16 Ou *anos*; também nos versículos 23, 25 e 32.
[c] 4:30 Ou *para ser minha residência real*
[d] 4:35 Ou *anjos*

ele faz é certo, e todos os seus caminhos são
justos. E ele tem poder para humilhar aqueles
que vivem com arrogância.

O banquete de Belsazar: a escrita na parede

5 Certa vez o rei Belsazar deu um grande banquete para
mil dos seus nobres, e com eles bebeu muito vinho.
2Enquanto Belsazar bebia vinho, deu ordens para traze-
rem as taças de ouro e de prata que o seu predecessor,
Nabucodonosor, tinha tomado do templo de Jerusalém,
para que o rei e os seus nobres, as suas mulheres e as
suas concubinas bebessem nessas taças. 3Então trouxe-
ram as taças de ouro que tinham sido tomadas do tem-
plo de Deus em Jerusalém, e o rei e os seus nobres, as
suas mulheres e as suas concubinas beberam nas taças.
4Enquanto bebiam o vinho, louvavam os deuses de ou-
ro, de prata, de bronze, de ferro, de madeira e de pedra.
5Mas, de repente apareceram dedos de mão huma-
na que começaram a escrever no reboco da parede, na
parte mais iluminada do palácio real. O rei observou a
mão enquanto ela escrevia. 6Seu rosto ficou pálido, e
ele ficou tão assustado que os seus joelhos batiam um
no outro e as suas pernas vacilaram.
7Aos gritos, o rei mandou chamar os encantadores,
os astrólogos e os adivinhos e disse a esses sábios da
Babilônia: "Aquele que ler essa inscrição e interpretá-la,
revelando-me o seu significado, vestirá um manto ver-
melho, terá uma corrente de ouro no pescoço, e será o
terceiro em importância no governo do reino".
8Todos os sábios do rei vieram, mas não consegui-
ram ler a inscrição nem dizer ao rei o seu significado.
9Diante disso o rei Belsazar ficou ainda mais aterrori-
zado e o seu rosto, mais pálido. Seus nobres estavam
alarmados.
10Tendo a rainha[a] ouvido os gritos do rei e dos seus
nobres, entrou na sala do banquete e disse: "Ó rei, vi-
ve para sempre! Não fiques assustado nem tão pálido!
11Existe um homem em teu reino que possui o espí-
rito dos santos deuses. Na época do teu predecessor
verificou-se que ele era um iluminado e tinha inte-
ligência e sabedoria como a dos deuses. O rei Nabu-
codonosor, teu predecessor — sim, o teu predecessor
— o nomeou chefe dos magos, dos encantadores, dos
astrólogos e dos adivinhos. 12Verificou-se que esse ho-
mem, Daniel, a quem o rei dera o nome de Beltessazar,
tinha inteligência extraordinária e também a capacida-
de de interpretar sonhos e resolver enigmas e misté-
rios. Manda chamar Daniel, e ele te dará o significado
da escrita".
13Assim Daniel foi levado à presença do rei, que lhe
disse: "Você é Daniel, um dos exilados que meu pai, o
rei, trouxe de Judá? 14Soube que o espírito dos deuses
está em você e que você é um iluminado e que tem inte-
ligência e uma sabedoria fora do comum. 15Trouxeram
os sábios e os encantadores à minha presença para le-
rem essa inscrição e me dizerem o seu significado, po-
rém eles não o conseguiram. 16Mas eu soube que você
é capaz de dar interpretações e de resolver mistérios.
Se você puder ler essa inscrição e dizer-me o que signi-
fica, você será vestido com um manto vermelho e terá
uma corrente de ouro no pescoço, e será o terceiro em
importância no governo do reino".
17Então Daniel respondeu ao rei: "Podes guardar os
teus presentes para ti mesmo e dar as tuas recompen-
sas a algum outro. No entanto, lerei a inscrição para o
rei e lhe direi o seu significado.
18"Ó rei, foi a Nabucodonosor, teu predecessor, que
o Deus Altíssimo deu soberania, grandeza, glória e ma-
jestade. 19Devido à alta posição que Deus lhe concedeu,
homens de todas as nações, povos e línguas tremiam
diante dele e o temiam. A quem o rei queria matar,
matava; a quem queria poupar, poupava; a quem que-
ria promover, promovia; e a quem queria humilhar,
humilhava. 20No entanto, quando o seu coração se tor-
nou arrogante e endurecido por causa do orgulho, ele
foi deposto de seu trono real e despojado da sua glória.
21Foi expulso do meio dos homens e sua mente ficou
como a de um animal; passou a viver com os jumentos
selvagens e a comer capim como os bois; e o seu corpo
se molhava com o orvalho do céu, até reconhecer que
o Deus Altíssimo domina sobre os reinos dos homens
e coloca no poder a quem ele quer.
22"Mas tu, Belsazar, seu sucessor, não te humilhas-
te, embora soubesses de tudo isso. 23Ao contrário, te
exaltaste acima do[b] Senhor dos céus. Mandaste trazer
as taças do templo do Senhor para que nelas bebessem
tu, os teus nobres, as tuas mulheres e as tuas concubi-
nas. Louvaste os deuses de prata, de ouro, de bronze,
de ferro, de madeira e de pedra, que não podem ver
nem ouvir nem entender. Mas não glorificaste o Deus
que sustenta em suas mãos a tua vida e todos os teus
caminhos. 24Por isso ele enviou a mão que escreveu as
palavras da inscrição.
25"Esta é a inscrição que foi feita:

MENE, MENE, TEQUEL, PARSIM[c].

26"E este é o significado dessas palavras:

Mene[d]: Deus contou os dias
do teu reinado
e determinou o seu fim.
27*Tequel*[e]: Foste pesado na balança
e achado em falta.
28*Peres*[f]: Teu reino foi dividido
e entregue aos medos e persas".

29Então, por ordem de Belsazar, vestiram Daniel com
um manto vermelho, puseram-lhe uma corrente de ou-
ro no pescoço, e o proclamaram o terceiro em impor-
tância no governo do reino.
30Naquela mesma noite Belsazar, rei dos babilônios[g],
foi morto, 31e Dario, o medo, apoderou-se do reino, com
a idade de sessenta e dois anos.

Daniel na cova dos leões

6 Dario achou por bem nomear cento e vinte sátrapas
para governarem todo o reino, 2e colocou três super-
visores sobre eles, um dos quais era Daniel. Os sátrapas
tinham que prestar contas a eles para que o rei não so-
fresse nenhuma perda. 3Ora, Daniel se destacou tanto
entre os supervisores e os sátrapas por suas grandes

[a] 5:10 Ou *rainha-mãe*

[b] 5:23 Ou *te levantaste contra o*

[c] 5:25 Aramaico: *UPARSIM*; isto é, *E PARSIM*.

[d] 5:26 *Mene* pode significar *contado* ou *mina* (uma unidade monetária).

[e] 5:27 *Tequel* pode significar *pesado* ou *siclo*.

[f] 5:28 *Peres* (o singular de *Parsim*) pode significar *dividido* ou *Pérsia* ou *meia mina* ou *meio siclo*.

[g] 5:30 Aramaico: *caldeus*.

qualidades, que o rei planejava colocá-lo à frente do governo de todo o império. 4Diante disso, os supervisores e os sátrapas procuraram motivos para acusar Daniel em sua administração governamental, mas nada conseguiram. Não puderam achar nele falta alguma, pois ele era fiel; não era desonesto nem negligente. 5Finalmente esses homens disseram: "Jamais encontraremos algum motivo para acusar esse Daniel, a menos que seja algo relacionado com a lei do Deus dele".

6E assim os supervisores e os sátrapas, de comum acordo, foram falar com o rei: "Ó rei Dario, vive para sempre! 7Todos os supervisores reais, os prefeitos, os sátrapas, os conselheiros e os governadores concordaram em que o rei deve emitir um decreto ordenando que todo aquele que orar a qualquer deus ou a qualquer homem nos próximos trinta dias, exceto a ti, ó rei, seja atirado na cova dos leões. 8Agora, ó rei, emite o decreto e assina-o para que não seja alterado, conforme a lei dos medos e dos persas, que não pode ser revogada". 9E o rei Dario assinou o decreto.

10Quando Daniel soube que o decreto tinha sido publicado, foi para casa, para o seu quarto, no andar de cima, onde as janelas davam para Jerusalém e ali fez o que costumava fazer: três vezes por dia ele se ajoelhava e orava, agradecendo ao seu Deus. 11Então aqueles homens foram investigar e encontraram Daniel orando, pedindo ajuda a Deus. 12E foram logo falar com o rei acerca do decreto real: "Tu não publicaste um decreto ordenando que nestes trinta dias todo aquele que fizer algum pedido a qualquer deus ou a qualquer homem, exceto a ti, ó rei, será lançado na cova dos leões?"

O rei respondeu: "O decreto está em vigor, conforme a lei dos medos e dos persas, que não pode ser revogada".

13Então disseram ao rei: "Daniel, um dos exilados de Judá, não te dá ouvidos, ó rei, nem ao decreto que assinaste. Ele continua orando três vezes por dia". 14Quando o rei ouviu isso, ficou muito contrariado e decidiu salvar Daniel. Até o pôr do sol, fez o possível para livrá-lo.

15Mas os homens lhe disseram: "Lembra-te, ó rei, de que, segundo a lei dos medos e dos persas, nenhum decreto ou edito do rei pode ser modificado".

16Então o rei deu ordens, e eles trouxeram Daniel e o jogaram na cova dos leões. O rei, porém, disse a Daniel: "Que o seu Deus, a quem você serve continuamente, o livre!"

17Taparam a cova com uma pedra, e o rei a selou com o seu anel-selo e com os anéis dos seus nobres, para que a decisão sobre Daniel não se modificasse. 18Tendo voltado ao palácio, o rei passou a noite sem comer e não aceitou nenhum divertimento em sua presença. Além disso, não conseguiu dormir.

19Logo ao alvorecer, o rei se levantou e correu para a cova dos leões. 20Quando ia se aproximando da cova, chamou Daniel com voz que revelava aflição: "Daniel, servo do Deus vivo, será que o seu Deus, a quem você serve continuamente, pôde livrá-lo dos leões?"

21Daniel respondeu: "Ó rei, vive para sempre! 22O meu Deus enviou o seu anjo, que fechou a boca dos leões. Eles não me fizeram mal algum, pois fui considerado inocente à vista de Deus. Também contra ti não cometi mal algum, ó rei".

23O rei muito se alegrou e ordenou que tirassem Daniel da cova. Quando o tiraram da cova, viram que não havia nele nenhum ferimento, pois ele tinha confiado no seu Deus.

24E, por ordem do rei, os homens que tinham acusado Daniel foram atirados na cova dos leões, junto com as suas mulheres e os seus filhos. E, antes de chegarem ao fundo, os leões os atacaram e despedaçaram todos os seus ossos.

25Então o rei Dario escreveu aos homens de todas as nações, povos e línguas de toda a terra:

"Paz e prosperidade!

26"Estou editando um decreto para que em todos os domínios do império os homens temam e reverenciem o Deus de Daniel.

"Pois ele é o Deus vivo
e permanece para sempre;
o seu reino não será destruído,
o seu domínio jamais acabará.
27Ele livra e salva;
faz sinais e maravilhas
nos céus e na terra.
Ele livrou Daniel
do poder dos leões".

28Assim Daniel prosperou durante os reinados de Dario e de Ciro[a], o Persa.

O sonho de Daniel: os quatro animais

7 No primeiro ano de Belsazar, rei da Babilônia, Daniel teve um sonho, e certas visões passaram por sua mente, estando ele deitado em sua cama. Ele escreveu o seguinte resumo do seu sonho.

2"Em minha visão à noite, eu vi os quatro ventos do céu agitando o grande mar. 3Quatro grandes animais, diferentes uns dos outros, subiram do mar.

4"O primeiro parecia um leão, e tinha asas de águia. Eu o observei e, em certo momento, as suas asas foram arrancadas, e ele foi erguido do chão, firmou-se sobre dois pés como um homem e recebeu coração de homem.

5"A seguir, vi um segundo animal, que tinha a aparência de um urso. Ele foi erguido por um dos seus lados, e na boca, entre os dentes, tinha três costelas. Foi-lhe dito: 'Levante-se e coma quanta carne puder!'

6"Depois disso, vi um outro animal, que se parecia com um leopardo. Nas costas tinha quatro asas, como as de uma ave. Esse animal tinha quatro cabeças, e recebeu autoridade para governar.

7"Em minha visão à noite, vi ainda um quarto animal, aterrorizante, assustador e muito poderoso. Tinha grandes dentes de ferro, com os quais despedaçava e devorava suas vítimas, e pisoteava tudo o que sobrava. Era diferente de todos os animais anteriores e tinha dez chifres.

8"Enquanto eu considerava os chifres, vi outro chifre, pequeno, que surgiu entre eles; e três dos primeiros chifres foram arrancados para dar lugar a ele. Esse chifre possuía olhos como os olhos de um homem e uma boca que falava com arrogância.

[a] 6:28 Ou *Dario, isto é, o reinado de Ciro,*

9“Enquanto eu olhava,

“tronos foram colocados,
e um ancião se assentou.
Sua veste era branca como a neve;
o cabelo era branco como a lã.
Seu trono era envolto em fogo,
e as rodas do trono
estavam em chamas.
10De diante dele,
saía um rio de fogo.
Milhares de milhares o serviam;
milhões e milhões estavam diante dele.
O tribunal iniciou o julgamento,
e os livros foram abertos.

11“Continuei a observar por causa das palavras ar-
rogantes que o chifre falava. Fiquei olhando até que o
animal foi morto, e o seu corpo foi destruído e atirado
no fogo. 12Dos outros animais foi retirada a autorida-
de, mas eles tiveram permissão para viver por um pe-
ríodo de tempo.

13“Em minha visão à noite, vi alguém semelhante a
um filho de homem, vindo com as nuvens dos céus. Ele
se aproximou do ancião e foi conduzido à sua presença.
14Ele recebeu autoridade, glória e o reino; todos os po-
vos, nações e homens de todas as línguas o adoraram.
Seu domínio é um domínio eterno que não acabará, e
seu reino jamais será destruído.

A interpretação do sonho

15“Eu, Daniel, fiquei agitado em meu espírito, e as
visões que passaram pela minha mente me aterroriza-
ram. 16Então me aproximei de um dos que ali estavam e
lhe perguntei o significado de tudo o que eu tinha visto.

“Ele me respondeu, dando-me esta interpretação:
17‘Os quatro grandes animais são quatro reinos que se
levantarão na terra. 18Mas os santos do Altíssimo re-
ceberão o reino e o possuirão para sempre; sim, para
todo o sempre’.

19“Então eu quis saber o significado do quarto ani-
mal, diferente de todos os outros e o mais aterrori-
zante, com seus dentes de ferro e garras de bronze,
o animal que despedaçava e devorava suas vítimas,
e pisoteava tudo o que sobrava. 20Também quis sa-
ber sobre os dez chifres da sua cabeça e sobre o outro
chifre que surgiu para ocupar o lugar dos três chifres
que caíram, o chifre que tinha olhos e uma boca que
falava com arrogância. 21Enquanto eu observava, esse
chifre guerreava contra os santos e os derrotava, 22até
que o ancião veio e pronunciou a sentença a favor dos
santos do Altíssimo; chegou a hora de eles tomarem
posse do reino.

23“Ele me deu a seguinte explicação: ‘O quarto ani-
mal é um quarto reino que aparecerá na terra. Será di-
ferente de todos os outros reinos e devorará a terra
inteira, despedaçando-a e pisoteando-a. 24Os dez chi-
fres são dez reis que sairão desse reino. Depois deles
um outro rei se levantará, e será diferente dos primei-
ros reis. 25Ele falará contra o Altíssimo, oprimirá os seus
santos e tentará mudar os tempos[a] e as leis. Os santos
serão entregues nas mãos dele por um tempo, tem-
pos[b] e meio tempo.

26“ ‘Mas o tribunal o julgará, e o seu poder lhe será ti-
rado e totalmente destruído, para sempre. 27Então a so-
berania, o poder e a grandeza dos reinos que há debaixo
de todo o céu serão entregues nas mãos dos santos,
o povo do Altíssimo. O reino dele será um reino eterno,
e todos os governantes o adorarão e lhe obedecerão’.

28“Esse é o fim da visão. Eu, Daniel, fiquei aterroriza-
do por causa dos meus pensamentos e meu rosto em-
palideceu, mas guardei essas coisas comigo”.

A visão de Daniel: o carneiro e o bode

8 No terceiro ano do reinado do rei Belsazar, eu, Daniel,
tive outra visão, a segunda. 2Na minha visão eu me
vi na cidadela de Susã, na província de Elão; na visão eu
estava junto do canal de Ulai. 3Olhei para cima e, diante
de mim, junto ao canal, estava um carneiro; seus dois
chifres eram compridos, um mais que o outro, mas o
mais comprido cresceu depois do outro. 4Observei o car-
neiro enquanto ele avançava para o oeste, para o norte
e para o sul. Nenhum animal conseguia resistir-lhe, e
ninguém podia livrar-se do seu poder. Ele fazia o que
bem desejava e foi ficando cada vez maior.

5Enquanto eu considerava isso, de repente um bode,
com um chifre enorme entre os olhos, veio do oeste,
percorrendo toda a extensão da terra sem encostar no
chão. 6Ele veio na direção do carneiro de dois chifres
que eu tinha visto ao lado do canal, e avançou contra
ele com grande fúria. 7Eu o vi atacar furiosamente o car-
neiro, atingi-lo e quebrar os seus dois chifres. O carneiro
não teve forças para resistir a ele; o bode o derrubou no
chão e o pisoteou, e ninguém foi capaz de livrar o car-
neiro do seu poder. 8O bode tornou-se muito grande,
mas no auge da sua força o seu grande chifre foi que-
brado, e em seu lugar cresceram quatro chifres enor-
mes, na direção dos quatro ventos da terra.

9De um deles saiu um pequeno chifre, que logo
cresceu em poder na direção do sul, do leste e da Terra
Magnífica. 10Cresceu até alcançar o exército dos céus, e
atirou na terra parte do exército das estrelas e as piso-
teou. 11Tanto cresceu que chegou a desafiar o príncipe
do exército; suprimiu o sacrifício diário oferecido ao
príncipe, e o local do santuário foi destruído. 12Por cau-
sa da rebelião, o exército dos santos e o sacrifício diário
foram dados ao chifre. Ele tinha êxito em tudo o que
fazia, e a verdade foi lançada por terra.

13Então ouvi dois anjos[c] conversando, e um deles
perguntou ao outro: “Quanto tempo durarão os acon-
tecimentos anunciados por esta visão? Até quando será
suprimido o sacrifício diário e a rebelião devastadora
prevalecerá? Até quando o santuário e o exército fica-
rão entregues ao poder do chifre e serão pisoteados?”

14Ele me disse: “Isso tudo levará duas mil e trezentas
tardes e manhãs; então o santuário será reconsagrado[d].

A interpretação da visão

15Enquanto eu, Daniel, observava a visão e tentava
entendê-la, diante de mim apareceu um ser que pare-
cia homem. 16E ouvi a voz de um homem que vinha do
Ulai: “Gabriel, dê a esse homem o significado da visão”.

17Quando ele se aproximou de mim, fiquei aterrori-
zado e caí prostrado. Ele me disse: “Filho do homem,
saiba que a visão refere-se aos tempos do fim”.

[a] **7:25** Ou *o calendário*; ou ainda *as festas religiosas*
[b] **7:25** Ou *dois tempos*

[c] **8:13** Hebraico: *santos*.
[d] **8:14** Ou *purificado*

18 Enquanto ele falava comigo, eu, com o rosto em terra, perdi os sentidos. Então ele tocou em mim e me pôs em pé.

19 E disse: "Vou contar-lhe o que acontecerá depois, no tempo da ira, pois a visão se refere ao tempo do fim. 20 O carneiro de dois chifres que você viu representa os reis da Média e da Pérsia. 21 O bode peludo é o rei da Grécia, e o grande chifre entre os seus olhos é o primeiro rei. 22 Os quatro chifres que tomaram o lugar do chifre que foi quebrado são quatro reis. Seus reinos surgirão da nação daquele rei, mas não terão o mesmo poder.

23 "No final do reinado deles, quando a rebelião dos ímpios tiver chegado ao máximo, surgirá um rei de duro semblante, mestre em astúcias. 24 Ele se tornará muito forte, mas não pelo seu próprio poder. Provocará devastações terríveis e será bem-sucedido em tudo o que fizer. Destruirá os homens poderosos e o povo santo. 25 Com o intuito de prosperar, ele enganará a muitos e se considerará superior aos outros. Destruirá muitos que nele confiam[a] e se insurgirá contra o Príncipe dos príncipes. Apesar disso, ele será destruído, mas não pelo poder dos homens.

26 "A visão das tardes e das manhãs que você recebeu é verdadeira; sele[b] porém a visão, pois refere-se ao futuro distante".

27 Eu, Daniel, fiquei exausto e doente por vários dias. Depois levantei-me e voltei a cuidar dos negócios do rei. Fiquei assustado com a visão; estava além da compreensão humana.

A oração de Daniel

9 Dario, filho de Xerxes[c], da linhagem dos medos, foi constituído governante do reino babilônio[d]. 2 No primeiro ano do seu reinado, eu, Daniel, compreendi pelas Escrituras, conforme a palavra do SENHOR dada ao profeta Jeremias, que a desolação de Jerusalém iria durar setenta anos. 3 Por isso me voltei para o Senhor Deus com orações e súplicas, em jejum, em pano de saco e coberto de cinza.

4 Orei ao SENHOR, o meu Deus, e confessei:

> Ó Senhor, Deus grande e temível, que manténs a tua aliança de amor com todos aqueles que te amam e obedecem aos teus mandamentos, 5 nós temos cometido pecado e somos culpados. Temos sido ímpios e rebeldes, e nos afastamos dos teus mandamentos e das tuas leis. 6 Não demos ouvido aos teus servos, os profetas, que falaram em teu nome aos nossos reis, aos nossos líderes e aos nossos antepassados, e a todo o teu povo.
>
> 7 Senhor, tu és justo, e hoje estamos envergonhados. Sim, nós, o povo de Judá, de Jerusalém e de todo o Israel, tanto os que estão perto como os que estão distantes, em todas as terras pelas quais nos espalhaste por causa de nossa infidelidade para contigo. 8 Ó SENHOR, nós e nossos reis, nossos líderes e nossos antepassados estamos envergonhados por termos pecado contra ti. 9 O Senhor nosso Deus é misericordioso e perdoador, apesar de termos sido rebeldes; 10 não te demos ouvidos, SENHOR nosso Deus, nem obedecemos às leis que nos deste por meio dos teus servos, os profetas. 11 Todo o Israel transgrediu a tua lei e se desviou, recusando-se a te ouvir.
>
> Por isso as maldições e as pragas escritas na Lei de Moisés, servo de Deus, têm sido derramadas sobre nós, porque pecamos contra ti. 12 Cumpriste a palavra proferida contra nós e contra os nossos governantes, trazendo-nos grande desgraça. Debaixo de todo o céu jamais se fez algo como o que foi feito a Jerusalém. 13 Conforme está escrito na Lei de Moisés, toda essa desgraça nos atingiu, e ainda assim não temos buscado o favor do SENHOR, o nosso Deus, afastando-nos de nossas maldades e obedecendo à tua verdade. 14 O SENHOR não hesitou em trazer desgraça sobre nós, pois o SENHOR, o nosso Deus, é justo em tudo o que faz; ainda assim nós não lhe temos dado atenção.
>
> 15 Ó Senhor nosso Deus, que tiraste o teu povo do Egito com mão poderosa e que fizeste para ti um nome que permanece até hoje, nós temos cometido pecado e somos culpados. 16 Agora Senhor, conforme todos os teus feitos justos, afasta de Jerusalém, da tua cidade, do teu santo monte, a tua ira e a tua indignação. Os nossos pecados e as iniquidades de nossos antepassados fizeram de Jerusalém e do teu povo objeto de zombaria para todos os que nos rodeiam.
>
> 17 Ouve, nosso Deus, as orações e as súplicas do teu servo. Por amor de ti, Senhor, olha com bondade para[e] o teu santuário abandonado. 18 Inclina os teus ouvidos, ó Deus, e ouve; abre os teus olhos e vê a desolação da cidade que leva o teu nome. Não te fazemos pedidos por sermos justos, mas por causa da tua grande misericórdia. 19 Senhor, ouve! Senhor, perdoa! Senhor, vê e age! Por amor de ti, meu Deus, não te demores, pois a tua cidade e o teu povo levam o teu nome.

As setenta semanas

20 Enquanto eu estava falando e orando, confessando o meu pecado e o pecado de Israel, meu povo, e trazendo o meu pedido ao SENHOR, o meu Deus, em favor do seu santo monte — 21 enquanto eu ainda estava em oração, Gabriel, o homem que eu tinha visto na visão anterior, veio voando rapidamente para onde eu estava, à hora do sacrifício da tarde. 22 Ele me instruiu e me disse: "Daniel, agora vim para dar-lhe percepção e entendimento. 23 Assim que você começou a orar, houve uma resposta, que eu lhe trouxe porque você é muito amado. Por isso, preste atenção à mensagem para entender a visão:

24 "Setenta semanas estão decretadas para o seu povo e sua santa cidade a fim de acabar com[f] a transgressão, dar fim ao pecado, expiar as culpas, trazer justiça eterna, cumprir a visão e a profecia, e ungir o santíssimo[g].

25 "Saiba e entenda que, a partir da promulgação do decreto que manda restaurar e reconstruir Jerusalém

[a] 8:25 Ou *que vivem em paz*
[b] 8:26 Ou *guarde em segredo*
[c] 9:1 Hebraico: *Assuero*, variante do nome persa *Xerxes*.
[d] 9:1 Hebraico: *caldeu*.
[e] 9:17 Hebraico: *faze resplandecer o teu rosto sobre*.
[f] 9:24 Ou *para restringir*
[g] 9:24 Ou *o Lugar Santíssimo*

até que o Ungido, o príncipe, venha, haverá sete semanas, e sessenta e duas semanas. Ela será reconstruída com ruas e muros[a], mas em tempos difíceis. 26Depois das sessenta e duas semanas, o Ungido será morto, e já não haverá lugar para ele. A cidade e o Lugar Santo serão destruídos pelo povo do governante que virá. O fim virá como uma inundação: guerras continuarão até o fim, e desolações foram decretadas. 27Com muitos ele fará uma aliança que durará uma semana. No meio da semana ele dará fim ao sacrifício e à oferta. E numa ala do templo será colocado o sacrilégio terrível, até que chegue sobre ele[b] o fim que lhe está decretado".

A visão do homem vestido de linho

10 No terceiro ano de Ciro, rei da Pérsia, Daniel, chamado Beltessazar, recebeu uma revelação. A mensagem era verdadeira e falava de uma grande guerra[c]. Na visão que teve, ele entendeu a mensagem.

2Naquela ocasião eu, Daniel, passei três semanas chorando. 3Não comi nada saboroso; carne e vinho nem provei; e não usei nenhuma essência aromática, até se passarem as três semanas.

4No vigésimo quarto dia do primeiro mês, estava eu em pé junto à margem de um grande rio, o Tigre. 5Olhei para cima, e diante de mim estava um homem vestido de linho, com um cinto de ouro puríssimo na cintura. 6Seu corpo era como berilo, o rosto como relâmpago, os olhos como tochas acesas, os braços e pernas como o reflexo do bronze polido, e a sua voz era como o som de uma multidão.

7Somente eu, Daniel, tive a visão; os que me acompanhavam nada viram, mas foram tomados de tanto pavor que fugiram e se esconderam. 8Assim fiquei sozinho, olhando para aquela grande visão; fiquei sem forças, muito pálido, e quase desfaleci. 9Então eu o ouvi falando e, ao ouvi-lo, caí prostrado com o rosto em terra, e perdi os sentidos.

10Em seguida, a mão de alguém tocou em mim e me pôs sobre as minhas mãos e os meus joelhos vacilantes. 11E ele disse: "Daniel, você é muito amado. Preste bem atenção ao que vou lhe falar; levante-se, pois eu fui enviado a você". Quando ele me disse isso, pus-me em pé, tremendo.

12E ele prosseguiu: "Não tenha medo, Daniel. Desde o primeiro dia em que você decidiu buscar entendimento e humilhar-se diante do seu Deus, suas palavras foram ouvidas, e eu vim em resposta a elas. 13Mas o príncipe do reino da Pérsia me resistiu durante vinte e um dias. Então Miguel, um dos príncipes supremos, veio em minha ajuda, pois eu fui impedido de continuar ali com os reis da Pérsia. 14Agora vim explicar-lhe o que acontecerá ao seu povo no futuro, pois a visão se refere a uma época futura".

15Quando ele me disse isso, prostrei-me com o rosto em terra, sem conseguir falar. 16Então um ser que parecia homem[d] tocou nos meus lábios, e eu abri a minha boca e comecei a falar. Eu disse àquele que estava em pé diante de mim: Estou angustiado por causa da visão, meu senhor, e quase desfaleço. 17Como posso eu, teu servo, conversar contigo, meu senhor? Minhas forças se foram, e mal posso respirar.

18O ser que parecia homem tocou em mim outra vez e me deu forças. 19Ele disse: "Não tenha medo, você, que é muito amado. Que a paz seja com você! Seja forte! Seja forte!"

Ditas essas palavras, senti-me fortalecido e disse: Fala, meu senhor, visto que me deste forças.

20Então ele me disse: "Você sabe por que vim? Tenho que voltar para lutar contra o príncipe da Pérsia e, logo que eu for, chegará o príncipe da Grécia; 21mas antes lhe revelarei o que está escrito no Livro da Verdade. E nessa luta ninguém me ajuda contra eles, senão Miguel, o príncipe de vocês,

11 sendo que, no primeiro ano de Dario, rei dos medos, ajudei-o e dei-lhe apoio.

Os reis do sul e os reis do norte

2"Agora, pois, vou dar-lhe a conhecer a verdade: Outros três reis aparecerão na Pérsia, e depois virá um quarto rei, que será bem mais rico do que os anteriores. Depois de conquistar o poder com sua riqueza, instigará todos contra o reino da Grécia. 3Então surgirá um rei guerreiro, que governará com grande poder e fará o que quiser. 4Logo depois de estabelecido[e], o seu império se desfará e será repartido para os quatro ventos do céu. Não passará para os seus descendentes, e o império não será poderoso como antes, pois será desarraigado e entregue a outros.

5"O rei do sul se tornará forte, mas um dos seus príncipes se tornará ainda mais forte que ele e governará o seu próprio reino com grande poder. 6Depois de alguns anos, eles se tornarão aliados. A filha do rei do sul fará um tratado com o rei do norte, mas ela não manterá o seu poder, nem ele conservará o dele[f]. Naqueles dias ela será entregue à morte, com sua escolta real e com seu pai[g] e com aquele que a apoiou.

7"Alguém da linhagem dela se levantará para tomar-lhe o lugar. Ele atacará as forças do rei do norte e invadirá a sua fortaleza; lutará contra elas e será vitorioso. 8Também tomará os deuses deles, as suas imagens de metal e os seus utensílios valiosos de prata e de ouro, e os levará para o Egito. Por alguns anos ele deixará o rei do norte em paz. 9Então o rei do norte invadirá as terras do rei do sul, mas terá que se retirar para a sua própria terra. 10Seus filhos se prepararão para a guerra e reunirão um grande exército, que avançará como uma inundação irresistível e levará os combates até a fortaleza do rei do sul.

11"Em face disso, o rei do sul marchará furioso para combater o rei do norte, que o enfrentará com um enorme exército, mas, apesar disso, será derrotado. 12Quando o exército for vencido, o rei do sul se encherá de orgulho e matará milhares, mas o seu triunfo será breve. 13Pois o rei do norte reunirá outro exército, maior que o primeiro; depois de alguns anos voltará a atacá-lo com um exército enorme e bem equipado.

14"Naquela época muitos se rebelarão contra o rei do sul. E os homens violentos do povo a que você pertence se revoltarão para cumprirem esta visão, mas não

[a] 9:25 Ou *trincheiras*
[b] 9:27 Ou *sobre isso*
[c] 10:1 Ou *falava de tempos difíceis*
[d] 10:16 Conforme a maioria dos manuscritos do Texto Massorético. Os manuscritos do mar Morto e a Septuaginta dizem *algo que se parecia com a mão de um homem*
[e] 11:4 Ou *No auge do seu poder,*
[f] 11:6 Ou *se casará com o rei do norte para garantir um tratado, mas ele não manterá o seu poder e sua descendência não subsistirá*
[g] 11:6 Ou *filho*; com base na Vulgata e na Versão Siríaca.

terão sucesso. 15 Então o rei do norte virá, construirá rampas de cerco e conquistará uma cidade fortificada. As forças do sul serão incapazes de resistir; mesmo as suas melhores tropas não terão forças para resistir. 16 O invasor fará o que bem entender; ninguém conseguirá detê-lo. Ele se instalará na Terra Magnífica e terá poder para destruí-la. 17 Virá com o poder de todo o seu reino e fará uma aliança com o rei do sul. Ele lhe dará uma filha em casamento a fim de derrubar o reino, mas o seu plano[a] não terá sucesso e em nada o ajudará. 18 Então ele voltará a atenção para as regiões costeiras e se apossará de muitas delas, mas um comandante reagirá com arrogância à arrogância dele e lhe dará fim. 19 Depois disso ele se dirigirá para as fortalezas de sua própria terra, mas tropeçará e cairá, para nunca mais aparecer.

20 "Seu sucessor enviará um cobrador de impostos para manter o esplendor real. Contudo, em poucos anos ele será destruído, sem necessidade de ira nem de combate.

21 "Ele será sucedido por um ser desprezível, a quem não tinha sido dada a honra da realeza. Este invadirá o reino quando o povo se sentir seguro, e se apoderará do reino por meio de intrigas. 22 Então um exército avassalador será arrasado diante dele; tanto o exército como um príncipe da aliança serão destruídos. 23 Depois de um acordo feito com ele, agirá traiçoeiramente, e com apenas um pequeno grupo chegará ao poder. 24 Quando as províncias mais ricas se sentirem seguras, ele as invadirá e realizará o que nem seus pais nem seus antepassados conseguiram: distribuirá despojos, saques e riquezas entre seus seguidores. Ele tramará a tomada de fortalezas, mas só por algum tempo.

25 "Com um grande exército juntará suas forças e sua coragem contra o rei do sul. O rei do sul guerreará mobilizando um exército grande e poderoso, mas não conseguirá resistir por causa dos golpes tramados contra ele. 26 Mesmo os que estiverem sendo alimentados pelo rei tentarão destruí-lo; seu exército será arrasado, e muitos cairão em combate. 27 Os dois reis, com seu coração inclinado para o mal, sentarão à mesma mesa e mentirão um para o outro, mas sem resultado, pois o fim só virá no tempo determinado. 28 O rei do norte voltará para a sua terra com grande riqueza, mas o seu coração estará voltado contra a santa aliança. Ele empreenderá ação contra ela e depois voltará para a sua terra.

29 "No tempo determinado ele invadirá de novo o sul, mas desta vez o resultado será diferente do anterior. 30 Navios das regiões da costa ocidental[b] se oporão a ele, e ele perderá o ânimo. Então despejará sua fúria contra a santa aliança e, voltando, tratará com bondade aqueles que abandonarem a santa aliança.

31 "Suas forças armadas se levantarão para profanar a fortaleza e o templo, acabarão com o sacrifício diário e colocarão no templo o sacrilégio terrível. 32 Com lisonjas corromperá aqueles que tiverem violado a aliança, mas o povo que conhece o seu Deus resistirá com firmeza.

33 "Aqueles que são sábios instruirão a muitos, mas por certo período cairão à espada e serão queimados, capturados e saqueados. 34 Quando caírem, receberão uma pequena ajuda, e muitos que não são sinceros se juntarão a eles. 35 Alguns dos sábios tropeçarão para que sejam refinados, purificados e alvejados até a época do fim, pois isso só acontecerá no tempo determinado.

O rei arrogante

36 "O rei fará o que bem entender. Ele se exaltará e se engrandecerá acima de todos os deuses e dirá coisas jamais ouvidas contra o Deus dos deuses. Ele terá sucesso até que o tempo da ira se complete, pois o que foi decidido irá acontecer. 37 Ele não terá consideração pelos deuses dos seus antepassados nem pelo deus preferido das mulheres, nem por deus algum, mas se exaltará acima deles todos. 38 Em seu lugar adorará um deus das fortalezas; um deus desconhecido de seus antepassados ele honrará com ouro e prata, com pedras preciosas e presentes caros. 39 Atacará as fortalezas mais poderosas com a ajuda de um deus estrangeiro e dará grande honra àqueles que o reconhecerem. Ele os fará governantes sobre muitos e distribuirá a terra, mas a um preço elevado[c].

40 "No tempo do fim o rei do sul se envolverá em combate, e o rei do norte o atacará com carros e cavaleiros e uma grande frota de navios. Ele invadirá muitos países e avançará por eles como uma inundação. 41 Também invadirá a Terra Magnífica. Muitos países cairão, mas Edom, Moabe e os líderes de Amom ficarão livres da sua mão. 42 Ele estenderá o seu poder sobre muitos países; o Egito não escapará, 43 pois esse rei terá o controle dos tesouros de ouro e de prata e de todas as riquezas do Egito; os líbios e os núbios a ele se submeterão. 44 Mas, informações provenientes do leste e do norte o deixarão alarmado, e irado partirá para destruir e aniquilar muito povo. 45 Armará suas tendas reais entre os mares, no[d] belo e santo monte. No entanto, ele chegará ao seu fim, e ninguém o socorrerá.

Os tempos do fim

12 "Naquela ocasião Miguel, o grande príncipe que protege o seu povo, se levantará. Haverá um tempo de angústia como nunca houve desde o início das nações até então. Mas naquela ocasião o seu povo, todo aquele cujo nome está escrito no livro, será liberto. 2 Multidões que dormem no pó da terra acordarão: uns para a vida eterna, outros para a vergonha, para o desprezo eterno. 3 Aqueles que são sábios[e] reluzirão como o fulgor do céu, e aqueles que conduzem muitos à justiça serão como as estrelas, para todo o sempre. 4 Mas você, Daniel, feche com um selo as palavras do livro até o tempo do fim. Muitos irão por todo lado em busca de maior conhecimento".

5 Então eu, Daniel, olhei, e diante de mim estavam dois outros anjos, um na margem de cá do rio e outro na margem de lá. 6 Um deles disse ao homem vestido de linho, que estava acima das águas do rio: "Quanto tempo decorrerá antes que se cumpram essas coisas extraordinárias?"

7 O homem vestido de linho, que estava acima das águas do rio, ergueu para o céu a mão direita e a mão esquerda, e eu o ouvi jurar por aquele que vive para

[a] 11:17 Ou *mas ela*
[b] 11:30 Hebraico: *navios de Quitim.*
[c] 11:39 Ou *terra como recompensa*
[d] 11:45 Ou *entre o mar e o*
[e] 12:3 Ou *que dão sabedoria*

sempre, dizendo: "Haverá um tempo, tempos[a] e meio
tempo. Quando o poder do povo santo for finalmente
quebrado, todas essas coisas se cumprirão".
8 Eu ouvi, mas não compreendi. Por isso perguntei:
"Meu senhor, qual será o resultado disso tudo?"
9 Ele respondeu: "Siga o seu caminho, Daniel, pois as
palavras estão seladas e lacradas até o tempo do fim.
10 Muitos serão purificados, alvejados e refinados, mas os
ímpios continuarão ímpios. Nenhum dos ímpios levará
isto em consideração, mas os sábios sim.
11 "Depois de abolido o sacrifício diário e colocado
o sacrilégio terrível, haverá mil e duzentos e noventa
dias. 12 Feliz aquele que esperar e alcançar o fim dos mil
trezentos e trinta e cinco dias.
13 "Quanto a você, siga o seu caminho até o fim. Você
descansará e, então, no final dos dias, você se levantará
para receber a herança que lhe cabe".

[a] 12:7 Ou *dois tempos*

OSEIAS

1 Palavra do SENHOR que veio a Oseias, filho de Beeri,
durante os reinados de Uzias, Jotão, Acaz e Ezequias,
reis de Judá, e de Jeroboão, filho de Jeoás, rei de Israel.

A mulher e os filhos de Oseias

2Quando o SENHOR começou a falar por meio de
Oseias, disse-lhe: "Vá, tome uma mulher adúltera e fi-
lhos da infidelidade, porque a nação é culpada do mais
vergonhoso adultério por afastar-se do SENHOR". 3Por
isso ele se casou com Gômer, filha de Diblaim; ela en-
gravidou e lhe deu um filho.

4Então o SENHOR disse a Oseias: "Dê-lhe o nome de
Jezreel, porque logo castigarei a dinastia de Jeú por
causa do massacre ocorrido em Jezreel, e darei fim ao
reino de Israel. 5Naquele dia quebrarei o arco de Israel
no vale de Jezreel".

6Gômer engravidou novamente e deu à luz uma fi-
lha. Então o SENHOR disse a Oseias: "Dê-lhe o nome de
Lo-Ruama[a], pois não mais mostrarei amor para com a
nação de Israel, não ao ponto de perdoá-la. 7Contudo,
tratarei com amor a nação de Judá; e eu lhe concederei
vitória, não pelo arco, pela espada ou por combate, nem
por cavalos e cavaleiros, mas pelo SENHOR, o seu Deus".

8Depois de desmamar Lo-Ruama, Gômer teve ou-
tro filho. 9Então o SENHOR disse: "Dê-lhe o nome de
Lo-Ami[b], pois vocês não são meu povo, e eu não sou
seu Deus.

10"Contudo os israelitas ainda serão como a areia da
praia, que não se pode medir nem contar. No lugar on-
de se dizia a eles: 'Vocês não são meu povo', eles serão
chamados 'filhos do Deus vivo'. 11O povo de Judá e o
povo de Israel serão reunidos, e eles designarão para
si um só líder, e se levantarão da terra, pois será gran-
de o dia de Jezreel.

2 "Chamem a seus irmãos 'meu povo', e a suas irmãs
'minhas amadas'.

Castigo e restauração de Israel

2"Repreendam sua mãe,
repreendam-na,
pois ela não é minha mulher,
e eu não sou seu marido.
Que ela retire do rosto o sinal de adúltera
e do meio dos seios a infidelidade.
3Do contrário, eu a deixarei nua
como no dia em que nasceu;
farei dela um deserto,
uma terra ressequida,
e a matarei de sede.
4Não tratarei com amor os seus filhos,
porque são filhos de adultério.
5A mãe deles foi infiel,
engravidou deles
e está coberta de vergonha.
Pois ela disse:
'Irei atrás dos meus amantes,
que me dão comida, água,
lã, linho, azeite e bebida'.
6Por isso bloquearei o seu caminho
com espinheiros;
eu a cercarei de tal modo
que ela não poderá encontrar
o seu caminho.
7Ela correrá atrás dos seus amantes,
mas não os alcançará;
procurará por eles,
mas não os encontrará.
Então ela dirá:
'Voltarei a estar com o meu marido
como no início,
pois eu estava bem melhor
do que agora'.
8Ela não reconheceu que fui eu
quem lhe deu o trigo,
o vinho e o azeite,
quem a cobriu de ouro e de prata,
que depois usaram para Baal.

9"Por isso levarei o meu trigo
quando ele amadurecer,
e o meu vinho quando ficar pronto.
Arrancarei dela minha lã e meu linho,
que serviam para cobrir a sua nudez.
10Pois agora vou expor a sua lascívia
diante dos olhos dos seus amantes;
ninguém a livrará das minhas mãos.
11Acabarei com a sua alegria:
suas festas anuais,
suas luas novas,
seus dias de sábado
e todas as suas festas fixas.
12Arruinarei suas videiras
e suas figueiras,
que, segundo ela, foi pagamento
recebido de seus amantes;
farei delas um matagal,
e os animais selvagens as devorarão.
13Eu a castigarei pelos dias
em que queimou incenso
aos baalins;
ela se enfeitou com anéis e joias,
e foi atrás dos seus amantes,
mas de mim, ela se esqueceu",
declara o SENHOR.

14"Portanto, agora vou atraí-la;
vou levá-la para o deserto
e falar-lhe com carinho.
15Ali devolverei a ela as suas vinhas,
e farei do vale de Acor[c]
uma porta de esperança.
Ali ela me responderá
como nos dias de sua infância,
como no dia em que saiu do Egito.

16"Naquele dia", declara o SENHOR,
"você me chamará 'meu marido';

[a] 1:6 *Lo-Ruama* significa *não amada*.
[b] 1:9 *Lo-Ami* significa *não meu povo*.
[c] 2:15 *Acor* significa *problemas*.

não me chamará mais 'meu senhor[a]'.
17Tirarei dos seus lábios
os nomes dos baalins;
seus nomes não serão mais invocados.
18Naquele dia, em favor deles farei
um acordo
com os animais do campo,
com as aves do céu
e com os animais
que rastejam pelo chão.
Arco, espada e guerra,
eu os abolirei da terra,
para que todos possam viver em paz.
19Eu me casarei com você para sempre;
eu me casarei com você
com justiça e retidão,
com amor e compaixão.
20Eu me casarei com você
com fidelidade,
e você reconhecerá o SENHOR.

21"Naquele dia eu responderei",
declara o SENHOR.
"Responderei aos céus,
e eles responderão à terra;
22e a terra responderá ao cereal,
ao vinho e ao azeite,
e eles responderão a Jezreel[b].
23Eu a plantarei para mim mesmo
na terra;
tratarei com amor
aquela que chamei Não-amada[c].
Direi àquele chamado
Não-meu-povo[d]: Você é meu povo;
e ele dirá: 'Tu és o meu Deus'. "

A reconciliação de Oseias com sua mulher

3 O SENHOR me disse: "Vá, trate novamente com amor
sua mulher, apesar de ela ser amada por outro e ser
adúltera. Ame-a como o SENHOR ama os israelitas, ape-
sar de eles se voltarem para outros deuses e de amarem
os bolos sagrados de uvas passas".

2Por isso eu a comprei por cento e oitenta gramas[e]
de prata e um barril e meio[f] de cevada. 3E eu lhe dis-
se: Você viverá comigo[g] por muitos dias; não será mais
prostituta nem pertencerá a nenhum outro homem, e
eu viverei com[h] você.

4Pois os israelitas viverão muitos dias sem rei e sem
líder, sem sacrifício e sem colunas sagradas, sem cole-
te sacerdotal e sem ídolos de família. 5Depois disso os
israelitas voltarão e buscarão o SENHOR, o seu Deus, e
Davi, seu rei. Virão tremendo atrás do SENHOR e das
suas bênçãos, nos últimos dias.

A acusação contra Israel

4 Israelitas, ouçam a palavra
do SENHOR,
porque o SENHOR tem uma acusação
contra vocês que vivem nesta terra:
"A fidelidade e o amor
desapareceram desta terra,
como também o conhecimento de Deus.
2Só se veem maldição, mentira
e assassinatos,
roubo e mais roubo,
adultério e mais adultério;
ultrapassam todos os limites!
E o derramamento de sangue
é constante.
3Por isso a terra pranteia[i],
e todos os seus habitantes desfalecem;
os animais do campo, as aves do céu
e os peixes do mar estão morrendo.

4"Mas, que ninguém discuta,
que ninguém faça acusação,
pois sou eu quem acusa os sacerdotes.
5Vocês tropeçam dia e noite,
e os profetas tropeçam com vocês.
Por isso destruirei sua mãe.
6Meu povo foi destruído
por falta de conhecimento.

"Uma vez que vocês rejeitaram
o conhecimento,
eu também os rejeito
como meus sacerdotes;
uma vez que vocês ignoraram
a lei do seu Deus,
eu também ignorarei seus filhos.
7Quanto mais aumentaram
os sacerdotes,
mais eles pecaram contra mim;
trocaram a Glória deles[j]
por algo vergonhoso.
8Eles se alimentam
dos pecados do meu povo
e têm prazer em sua iniquidade.
9Portanto, castigarei tanto o povo
quanto os sacerdotes
por causa dos seus caminhos,
e lhes retribuirei seus atos.

10"Eles comerão,
mas não terão o suficiente;
eles se prostituirão,
mas não aumentarão a prole,
porque abandonaram o SENHOR
para se entregarem
11à prostituição,
ao vinho velho e ao novo,
prejudicando o discernimento
do meu povo.
12Eles pedem conselhos
a um ídolo de madeira,
e de um pedaço de pau
recebem resposta.
Um espírito de prostituição
os leva a desviar-se;

[a] 2:16 Hebraico: *Baal*.
[b] 2:22 *Jezreel* significa *Deus planta*.
[c] 2:23 Hebraico: *Lo-Ruama*.
[d] 2:23 Hebraico: *Lo-Ami*.
[e] 3:2 Hebraico: *15 siclos*. Um siclo equivalia a 12 gramas.
[f] 3:2 Hebraico: *1 hômer e meio*. O hômer era uma medida de capacidade para secos. As estimativas variam entre 200 e 400 litros.
[g] 3:3 Ou *esperará por mim*
[h] 3:3 Ou *eu esperarei por*
[i] 4:3 Ou *está seca*
[j] 4:7 Conforme a Versão Siríaca e uma antiga tradição dos escribas hebreus. O Texto Massorético diz *trocarei a minha glória*.

eles são infiéis ao seu Deus.
13Sacrificam no alto dos montes
e queimam incenso nas colinas,
debaixo de um carvalho,
de um estoraque[a]
ou de um terebinto[b],
onde a sombra é agradável.
Por isso as suas filhas se prostituem
e as suas noras adulteram.

14"Não castigarei suas filhas
por se prostituírem,
nem suas noras
por adulterarem,
porque os próprios homens
se associam a meretrizes
e participam dos sacrifícios oferecidos
pelas prostitutas cultuais —
um povo sem entendimento
precipita-se à ruína!

15"Embora você adultere, ó Israel,
que Judá não se torne culpada!

"Deixem de ir a Gilgal;
não subam a Bete-Áven[c].
E não digam:
'Juro pelo nome do SENHOR!'
16Os israelitas são rebeldes
como bezerra indomável.
Como pode o SENHOR apascentá-los
como cordeiros na campina?
17Efraim aliou-se a ídolos;
deixem-no só!
18Mesmo quando acaba a bebida,
eles continuam em sua prostituição;
seus governantes amam profundamente
os caminhos vergonhosos.
19Um redemoinho os varrerá para longe,
e os seus altares lhes trarão vergonha.

Julgamento contra Israel

5 "Ouçam isto, sacerdotes!
Atenção, israelitas!
Escute, ó família real!
Esta sentença é contra vocês:
Vocês têm sido
uma armadilha em Mispá,
uma rede estendida
sobre o monte Tabor.
2Os rebeldes estão
envolvidos em matança.
Eu disciplinarei todos eles.
3Conheço Efraim;
Israel não pode se esconder de mim.
Efraim, agora você se lançou
à prostituição;
Israel se corrompeu.

4"Suas ações não lhes permitem
voltar para o seu Deus.
Um espírito de prostituição
está no coração deles;
não reconhecem o SENHOR.
5A arrogância de Israel
testifica contra eles;
Israel e Efraim tropeçam
em seu pecado;
Judá também tropeça com eles.
6Quando eles forem buscar o SENHOR
com todos os seus rebanhos
e com todo o seu gado,
não o encontrarão;
ele se afastou deles.
7Traíram o SENHOR;
geraram filhos ilegítimos.
Agora suas festas de lua nova
os devorarão, tanto a eles
como as suas plantações.

8"Toquem a trombeta em Gibeá,
e a corneta em Ramá.
Deem o grito de guerra em Bete-Áven;
esteja na vanguarda, ó Benjamim.
9Efraim será arrasado
no dia do castigo.
Entre as tribos de Israel
eu proclamo o que acontecerá.
10Os líderes de Judá são como os que
mudam os marcos dos limites.
Derramarei sobre eles a minha ira
como uma inundação.
11Efraim está oprimido,
esmagado pelo juízo,
porque decidiu ir atrás de ídolos.
12Sou como uma traça para Efraim,
como podridão para o povo de Judá.

13"Quando Efraim viu a sua enfermidade,
e Judá os seus tumores,
Efraim se voltou para a Assíria,
e mandou buscar a ajuda do grande rei.
Mas ele não tem condições
de curar vocês,
nem pode sarar os seus tumores.
14Pois serei como um leão para Efraim,
e como um leão grande para Judá.
Eu os despedaçarei e irei embora;
eu os levarei
sem que ninguém possa livrá-los.
15Então voltarei ao meu lugar
até que eles admitam sua culpa.
Eles buscarão a minha face;
em sua necessidade
eles me buscarão ansiosamente".

Israel obstinado

6 "Venham, voltemos para o SENHOR.
Ele nos despedaçou,
mas nos trará cura;
ele nos feriu,
mas sarará nossas feridas.
2Depois de dois dias
ele nos dará vida novamente;
ao terceiro dia nos restaurará,
para que vivamos em sua presença.

[a] 4:13 Ou *benjoim*, um arbusto ornamental, de origem asiática, da família das estiracáceas.
[b] 4:13 Árvore que, com incisão, produz goma aromática.
[c] 4:15 *Bete-Áven* significa *casa da impiedade* (um nome para *Betel*, que significa *casa de Deus*).

[3]Conheçamos o SENHOR;
esforcemo-nos por conhecê-lo.
Tão certo como nasce o sol,
ele aparecerá;
virá para nós como as chuvas de inverno,
como as chuvas de primavera
que regam a terra."

[4]"Que posso fazer com você, Efraim?
Que posso fazer com você, Judá?
Seu amor é como a neblina da manhã,
como o primeiro orvalho
que logo evapora.
[5]Por isso eu os despedacei
por meio dos meus profetas,
eu os matei com as palavras
da minha boca;
os meus juízos reluziram
como relâmpagos sobre vocês.
[6]Pois desejo misericórdia,
e não sacrifícios;
conhecimento de Deus
em vez de holocaustos[a].
[7]Na cidade de Adão[b],
eles quebraram a aliança,
e me foram infiéis.
[8]Gileade é uma cidade de ímpios,
maculada de sangue.
[9]Assim como os assaltantes
ficam de emboscada
à espera de um homem,
assim fazem também
os bandos de sacerdotes;
eles assassinam na estrada de Siquém
e cometem outros crimes vergonhosos.
[10]Vi uma coisa terrível na terra de Israel.
Ali Efraim se prostitui,
e Israel está contaminado.

[11]"Também para você, Judá,
foi determinada uma colheita
para quando eu trouxer de volta
o meu povo.

7 "Quando eu tento curar Israel,
o mal de Efraim fica exposto
e os crimes de Samaria são revelados.
Pois praticam o engano,
ladrões entram nas casas,
bandidos roubam nas ruas;
[2]mas eles não percebem que
eu me lembro de todas
as suas más obras.
Seus pecados os envolvem;
eu os vejo constantemente.

[3]"Eles alegram o rei
com as suas impiedades,
os líderes, com as suas mentiras.
[4]São todos adúlteros,
queimando como um forno
cujo fogo o padeiro não precisa atiçar,
desde quando sova a massa
até quando a faz crescer.
[5]No dia da festa de nosso rei
os líderes são inflamados
pelo vinho,
e o rei dá as mãos aos zombadores.
[6]Quando se aproximam
com suas intrigas,
seus corações ardem como um forno.
A fúria deles arde lentamente,
a noite toda;
pela manhã queima
como chama abrasadora.
[7]Todos eles se esquentam
como um forno,
e devoram os seus governantes.
Todos os seus reis caem,
e ninguém clama a mim.

[8]"Efraim mistura-se com as nações;
Efraim é um bolo que não foi virado.
[9]Estrangeiros sugam sua força,
mas ele não o percebe.
Seu cabelo vai ficando grisalho,[c]
mas ele nem repara nisso.
[10]A arrogância de Israel
testifica contra ele,
mas, apesar de tudo isso,
ele não se volta para o SENHOR,
para o seu Deus,
e não o busca.

[11]"Efraim é como uma pomba
facilmente enganada
e sem entendimento;
ora apela para o Egito,
ora volta-se para a Assíria.
[12]Quando se forem,
atirarei sobre eles a minha rede;
eu os farei descer como as aves dos céus.
Quando os ouvir em sua reunião,
eu os apanharei.
[13]Ai deles,
porque se afastaram de mim!
Destruição venha sobre eles,
porque se rebelaram contra mim!
Eu desejo redimi-los, mas eles
falam mentiras a meu respeito.
[14]Eles não clamam a mim
do fundo do coração
quando gemem orando em suas camas.
Ajuntam-se[d] por causa do trigo
e do vinho,
mas se afastam de mim.
[15]Eu os ensinei e os fortaleci,
mas eles tramam o mal contra mim.
[16]Eles não se voltam para o Altíssimo;
são como um arco defeituoso.
Seus líderes serão mortos à espada
por causa de suas palavras
insolentes.
E por isso serão ridicularizados
no Egito.

[a] 6:6 Isto é, sacrifícios totalmente queimados.
[b] 6:7 Ou *Como em Adão*; ou ainda *Como homens*
[c] 7:9 Hebraico: *A cinza espalha-se pelo seu cabelo.*
[d] 7:14 Conforme a maioria dos manuscritos do Texto Massorético. Alguns manuscritos do Texto Massorético e a Septuaginta dizem *Eles se cortam.*

O castigo de Israel

8 "Coloquem a trombeta
em seus lábios!
Ele vem ameaçador como uma águia
sobre o templo do SENHOR,
porquanto quebraram a minha aliança
e se rebelaram contra a minha Lei.
2 Israel clama a mim:
'Ó nosso Deus, nós te reconhecemos!'
3 Mas Israel rejeitou o que é bom;
um inimigo o perseguirá.
4 Eles instituíram reis
sem o meu consentimento;
escolheram líderes
sem a minha aprovação.
Com prata e ouro
fizeram ídolos para si,
para a sua própria destruição.
5 Lance fora o seu ídolo
em forma de bezerro, ó Samaria!
A minha ira se acende contra eles.
Até quando serão incapazes de pureza?
6 Este bezerro procede de Israel!
Um escultor o fez.
Ele não é Deus.
Será partido em pedaços
o bezerro de Samaria.

7 "Eles semeiam vento
e colhem tempestade.
Talo sem espiga;
que não produz farinha.
Ainda que produzisse trigo,
estrangeiros o devorariam.
8 Israel é devorado;
agora está entre as nações
como algo sem valor;
9 foi para a Assíria.
O jumento selvagem mantém-se livre,
mas Efraim vendeu-se
para os seus amantes.
10 Embora tenham se vendido às nações,
agora os ajuntarei,
e logo começarão a definhar
sob a opressão do poderoso rei.

11 "Embora Efraim tenha construído
muitos altares para ofertas pelo pecado,
eles se tornaram altares para o pecado.
12 Eu lhes escrevi
todos os ensinos da minha Lei,
mas eles os consideraram algo estranho.
13 Eles oferecem sacrifícios
e comem a carne,
mas o SENHOR não se agrada deles.
Doravante, ele se lembrará
da impiedade deles
e castigará os seus pecados:
eles voltarão para o Egito.
14 Israel esqueceu o seu Criador
e construiu palácios;
Judá fortificou muitas cidades.
Mas sobre as suas cidades
enviarei fogo
que consumirá suas fortalezas."

O castigo de Israel

9 Não se regozije, ó Israel;
não se alegre
como as outras nações.
Pois você se prostituiu,
abandonando o seu Deus;
você ama o salário da prostituição
em cada eira de trigo.
2 Os produtos da eira e do lagar
não alimentarão o povo;
o vinho novo lhes faltará.
3 Eles não permanecerão
na terra do SENHOR;
Efraim voltará para o Egito,
e na Assíria comerá comida impura.
4 Eles não derramarão ofertas de vinho
para o SENHOR,
nem os seus sacrifícios lhe agradarão.
Tais sacrifícios serão para eles
como o pão dos pranteadores,
que torna impuro quem o come.
Essa comida será para eles mesmos;
não entrará no templo do SENHOR.

5 O que farão vocês
no dia de suas festas fixas,
nos dias de festa do SENHOR?
6 Vejam! Fogem da destruição,
mas o Egito os ajuntará,
e Mênfis os sepultará.
Os seus tesouros de prata
as urtigas vão herdar;
os cardos cobrirão totalmente
as suas tendas.
7 Os dias de castigo vêm,
os dias de punição estão chegando.
Que Israel o saiba.
Por serem tantos os pecados,
e tão grande a hostilidade de vocês,
o profeta é considerado um tolo,
e o homem inspirado, um louco violento.
8 O profeta, junto ao meu Deus,
é a sentinela que vigia Efraim;[a]
contudo, laços o aguardam
em todas as suas veredas,
e a hostilidade, no templo do seu Deus.
9 Eles mergulharam na corrupção,
como nos dias de Gibeá.
Deus se lembrará de sua iniquidade
e os castigará por seus pecados.

10 "Quando encontrei Israel,
foi como encontrar uvas no deserto;
quando vi os antepassados de vocês,
foi como ver
os primeiros frutos de uma figueira.
Mas, quando eles vieram a Baal-Peor,
consagraram-se
àquele ídolo vergonhoso
e se tornaram tão repugnantes
quanto aquilo que amaram.
11 A glória de Efraim
lhe fugirá como pássaro:

[a] **9:8** Ou *O profeta é a sentinela que vigia Efraim, o povo do meu Deus;*

nenhum nascimento, nenhuma gravidez,
 nenhuma concepção.
12Mesmo que criem filhos,
 porei de luto cada um deles.
Ai deles quando eu me afastar!
13Vi Efraim,
 plantado num lugar agradável,
 como Tiro.
Mas Efraim entregará
 seus filhos ao matador."
14Ó Senhor, que darás a eles?
Dá-lhes ventres que abortem
 e seios ressecados.

15"Toda a sua impiedade
 começou em Gilgal;
de fato, ali os odiei.
Por causa dos seus pecados
 eu os expulsarei da minha terra.
Não os amarei mais;
 todos os seus líderes são rebeldes.
16Efraim está ferido,
 sua raiz está seca,
eles não produzem frutos.
Mesmo que criem filhos,
 eu matarei sua prole querida."

17Meu Deus os rejeitará
 porque não lhe deram ouvidos;
serão peregrinos entre as nações.

10 Israel era como videira viçosa;
 cobria-se de frutos.
Quanto mais produzia,
 mais altares construía;
Quanto mais sua terra prosperava,
 mais enfeitava
 suas colunas sagradas.
2O coração deles é enganoso,
 e agora devem carregar sua culpa.
O Senhor demolirá os seus altares
 e destruirá suas colunas sagradas.
3Então eles dirão:
 "Não temos nenhum rei porque
 não reverenciamos o Senhor.
Mas, mesmo que tivéssemos um rei,
 o que ele poderia fazer por nós?"
4Eles fazem muitas promessas,
 fazem juramentos e acordos falsos;
por isso brotam as demandas
 como ervas venenosas
 num campo arado.
5O povo que mora em Samaria
 teme pelo ídolo em forma de bezerro
 de Bete-Áven[a].
Seu povo pranteará por ele,
como também
 os seus sacerdotes idólatras,
que se regozijavam
 por seu esplendor;
porque foi tirado deles
 e levado para o exílio.
6Sim, até ele será levado para a Assíria
 como tributo para o grande rei.
Efraim sofrerá humilhação;
e Israel será envergonhado
 por causa do seu ídolo de madeira.
7Samaria e seu rei serão arrastados
 como um graveto nas águas.
8Os altares da impiedade[b],
 que foram os pecados de Israel,
 serão destruídos.
Espinhos e ervas daninhas crescerão
 e cobrirão os seus altares.
Então eles dirão aos montes:
 "Cubram-nos!",
e às colinas:
 "Caiam sobre nós!"

9"Desde os dias de Gibeá,
 você pecou, ó Israel,
e permaneceu assim.
Acaso a guerra não os alcançou
 em Gibeá por causa
 dos malfeitores?
10Quando eu quiser, os castigarei;
nações serão reunidas contra eles
 para prendê-los
por causa do seu duplo pecado.
11Efraim era bezerra treinada,
 gostava muito de trilhar;
por isso colocarei
 o jugo sobre o seu belo pescoço.
Conduzirei Efraim,
Judá terá que arar,
e Jacó fará sulcos no solo.
12Semeiem a retidão para si,
 colham o fruto da lealdade,
e façam sulcos no seu solo não arado;
pois é hora de buscar o Senhor,
 até que ele venha
e faça chover justiça sobre vocês.
13Mas vocês plantaram a impiedade,
 colheram o mal
 e comeram o fruto do engano.
Visto que vocês têm confiado
 na sua própria força
 e nos seus muitos guerreiros,
14o fragor da batalha se levantará
 contra vocês,
de maneira que todas as suas fortalezas
 serão devastadas,
como Salmã devastou Bete-Arbel
 no dia da batalha,
quando mães foram pisadas
 e estraçalhadas
junto com seus filhos.
15Assim acontecerá com você, ó Betel,
 porque a sua impiedade é grande.
Quando amanhecer aquele dia,
 o rei de Israel
 será completamente destruído.

[a] 10:5 *Bete-Áven* significa *casa da impiedade* (referência a *Betel*, que significa *casa de Deus*).

[b] 10:8 Hebraico: *Áven*, uma referência a *Bete-Áven* (referência depreciativa a *Betel*).

O amor de Deus por Israel

11 "Quando Israel era menino,
eu o amei,
e do Egito chamei o meu filho.
2 Mas, quanto mais eu o chamava[a],
mais eles se afastavam de mim[b].
Eles ofereceram sacrifícios aos baalins
e queimaram incenso
para os ídolos esculpidos.
3 Mas fui eu quem ensinou
Efraim a andar,
tomando-o nos braços;
mas eles não perceberam
que fui eu quem os curou.
4 Eu os conduzi
com laços de bondade humana
e de amor;
tirei do seu pescoço o jugo
e me inclinei para alimentá-los.

5 "Acaso não voltarão ao Egito
e a Assíria não os dominará
porque eles se recusam a arrepender-se?
6 A espada reluzirá em suas cidades,
destruirá as trancas de suas portas
e dará fim aos seus planos.
7 O meu povo está decidido
a desviar-se de mim.
Embora sejam conclamados
a servir ao Altíssimo,
de modo algum o exaltam.

8 "Como posso desistir de você, Efraim?
Como posso entregá-lo
nas mãos de outros, Israel?
Como posso tratá-lo como tratei Admá?
Como posso fazer com você
o que fiz com Zeboim?
O meu coração está enternecido,
despertou-se toda a minha compaixão.
9 Não executarei a minha ira impetuosa,
não tornarei a destruir Efraim.
Pois sou Deus, e não homem,
o Santo no meio de vocês.
Não virei com ira.
10 Eles seguirão o SENHOR;
ele rugirá como leão.
Quando ele rugir,
os seus filhos virão tremendo
desde o ocidente.
11 Virão voando do Egito como aves,
da Assíria como pombas.
Eu os estabelecerei em seus lares";
palavra do SENHOR.

O pecado de Israel

12 Efraim me cercou de mentiras,
a casa de Israel, de enganos,
e Judá é rebelde contra Deus,
a saber, contra o Santo fiel.

12 Efraim alimenta-se de vento;
corre atrás do vento oriental o dia inteiro
e multiplica mentiras e violência.
Faz tratados com a Assíria
e manda azeite para o Egito.
2 O SENHOR tem uma acusação
contra Judá,
e vai castigar Jacó[c]
de acordo com os seus caminhos;
de acordo com suas ações
lhe retribuirá.
3 No ventre da mãe segurou
o calcanhar de seu irmão;
como homem lutou com Deus.
4 Ele lutou com o anjo e saiu vencedor;
chorou e implorou o seu favor.
Em Betel encontrou a Deus,
que ali conversou com ele.
5 Sim, o próprio SENHOR,
o Deus dos Exércitos!
SENHOR é o nome
pelo qual ficou famoso.
6 Portanto, volte para o seu Deus,
e pratique a lealdade e a justiça;
confie sempre no seu Deus.

7 Como os descendentes de Canaã,
comerciantes que usam
balança desonesta
e gostam muito de extorquir,
8 Efraim orgulha-se e exclama:
"Como fiquei rico e abastado!
Em todos os trabalhos que realizei
não encontrarão em mim
nenhum crime ou pecado".

9 "Mas eu sou o SENHOR, o seu Deus,
desde a terra do Egito;
farei vocês voltarem a morar em tendas,
como no dia de suas festas fixas.
10 Eu mesmo falava aos profetas,
dava-lhes muitas visões,
e por meio deles falava em parábolas."

11 Como Gileade é ímpia!
Seu povo não vale nada!
Eles sacrificam bois em Gilgal,
mas os seus altares
são como montes de pedras
num campo arado.
12 Jacó fugiu para a terra de Arã;
Israel trabalhou para obter uma mulher;
por ela cuidou de ovelhas.
13 O SENHOR usou um profeta
para tirar Israel do Egito,
e por meio de um profeta cuidou dele.
14 Efraim amargamente
o provocou à ira;
seu Senhor fará cair sobre ele
a culpa do sangue que derramou
e lhe devolverá o seu desprezo.

A ira do SENHOR contra Israel

13 Quando Efraim falava
os homens tremiam;
ele era exaltado em Israel.

[a] 11:2 Conforme alguns manuscritos da Septuaginta. O Texto Massorético diz *eles chamavam*.
[b] 11:2 Conforme a Septuaginta. O Texto Massorético diz *afastavam deles*.
[c] 12:2 *Jacó* significa *ele segura o calcanhar* (figuradamente, ele engana).

Mas tornou-se culpado
da adoração a Baal
e começou a morrer.
2 Agora eles pecam cada vez mais;
com sua prata
fazem ídolos de metal para si,
imagens modeladas
com muita inteligência,
todas elas obras de artesãos.
Dizem desse povo:
"Eles oferecem sacrifício humano
e beijam[a] os ídolos
feitos em forma de bezerro".
3 Por isso serão como
a neblina da manhã,
como o orvalho que bem cedo evapora,
como palha que num redemoinho
vai-se de uma eira,
como a fumaça que sai pela chaminé.

4 "Mas eu sou o Senhor, o seu Deus,
desde a terra do Egito.
Vocês não reconhecerão
nenhum outro Deus além de mim,
nenhum outro Salvador.
5 Eu cuidei de vocês no deserto,
naquela terra de calor ardente.
6 Quando eu os alimentava,
ficavam satisfeitos;
quando ficavam satisfeitos,
se orgulhavam,
e então me esqueciam.
7 Por isso virei sobre eles como leão,
como leopardo, ficarei à espreita
junto ao caminho.
8 Como uma ursa
de quem roubaram os filhotes,
eu os atacarei e os rasgarei.
Como leão eu os devorarei;
um animal selvagem os despedaçará.

9 "Você foi destruído, ó Israel,
porque está contra mim,
contra o seu ajudador.
10 E agora? Onde está o seu rei
que havia de salvá-lo
em todas as suas cidades?
E os oficiais que você pediu, dizendo:
'Dá-me um rei e líderes'?
11 Dei-lhe um rei na minha ira,
e o tirei na minha indignação.
12 A culpa de Efraim foi anotada;
seus pecados são mantidos em registro.
13 Chegam-lhe dores como as da mulher
em trabalho de parto,
mas é uma criança insensata;
quando chega a hora,
não sai do ventre que a abrigou.

14 "Eu os redimirei
do poder da sepultura[b];
eu os resgatarei da morte.
Onde estão, ó morte, as suas pragas?
Onde está, ó sepultura,
a sua destruição?

"Não terei compaixão alguma,
15 embora Efraim floresça
entre os seus irmãos.
Um vento oriental virá
da parte do Senhor,
soprando desde o deserto;
sua fonte falhará,
e seu poço secará.
Todos os seus tesouros
serão saqueados dos seus depósitos.
16 O povo de Samaria
carregará sua culpa,
porque se rebelou
contra o seu Deus.
Eles serão mortos à espada;
seus pequeninos serão pisados
e despedaçados,
suas mulheres grávidas
terão rasgados os seus ventres."

As bênçãos do arrependimento

14 Volte, ó Israel,
para o Senhor, o seu Deus.
Seus pecados causaram sua queda!
2 Preparem o que vão dizer
e voltem para o Senhor.
Peçam-lhe:
"Perdoa todos os nossos pecados
e, por misericórdia, recebe-nos,
para que te ofereçamos
o fruto dos nossos lábios.[c]
3 A Assíria não nos pode salvar;
não montaremos cavalos de guerra.
Nunca mais diremos: Nossos deuses
àquilo que as nossas próprias mãos
fizeram,
porque tu amas o órfão".

4 "Eu curarei a infidelidade deles
e os amarei de todo o meu coração,
pois a minha ira desviou-se deles.
5 Serei como orvalho para Israel;
ele florescerá como o lírio.
Como o cedro do Líbano
aprofundará suas raízes;
6 seus brotos crescerão.
Seu esplendor será como o da oliveira,
sua fragrância
como a do cedro do Líbano.
7 Os que habitavam à sua sombra
voltarão.
Reviverão como o trigo.
Florescerão como a videira,
e a fama de Israel
será como a do vinho do Líbano.
8 O que Efraim ainda tem com ídolos?
Sou eu que lhe respondo
e dele cuidarei.

[a] 13:2 Ou *"Homens que sacrificam beijam*
[b] 13:14 Hebraico: *Sheol*. Essa palavra também pode ser traduzida por profundezas, pó ou morte.
[c] 14:2 Ou *ofereçamos nossos lábios como sacrifícios de novilhos*.

Sou como um pinheiro verde;
o fruto que você produz
de mim procede."

9Quem é sábio?
Aquele que considerar essas coisas.
Quem tem discernimento?
Aquele que as compreender.
Os caminhos do SENHOR são justos;
os justos andam neles,
mas os rebeldes neles tropeçam.

JOEL

1 A palavra do SENHOR que veio a Joel, filho de Petuel.

A praga dos gafanhotos

2 "Ouçam isto, anciãos[a];
escutem, todos os habitantes do país.
Já aconteceu algo assim nos seus dias?
Ou nos dias dos seus antepassados?
3 Contem aos seus filhos
o que aconteceu,
e eles aos seus netos,
e os seus netos, à geração seguinte.
4 O que o gafanhoto cortador deixou,
o gafanhoto peregrino comeu;
o que o gafanhoto peregrino deixou,
o gafanhoto devastador comeu;
o que o gafanhoto devastador deixou,
o gafanhoto devorador comeu.

5 "Acordem, bêbados, e chorem!
Lamentem-se todos vocês,
bebedores de vinho;
gritem por causa do vinho novo,
pois ele foi tirado dos seus lábios.
6 Uma nação, poderosa e inumerável,
invadiu a minha terra,
seus dentes são dentes de leão,
suas presas são de leoa.
7 Arrasou as minhas videiras
e arruinou as minhas figueiras.
Arrancou-lhes a casca e derrubou-as,
deixando brancos os seus galhos.

8 "Pranteiem como uma virgem
em vestes de luto
que se lamenta pelo noivo[b]
da sua mocidade.
9 As ofertas de cereal
e as ofertas derramadas
foram eliminadas
do templo do SENHOR.
Os sacerdotes,
que ministram diante do SENHOR,
estão de luto.
10 Os campos estão arruinados,
a terra está seca[c];
o trigo está destruído,
o vinho novo acabou,
o azeite está em falta.
11 Desesperem-se, agricultores,
chorem, produtores de vinho;
fiquem aflitos pelo trigo e pela cevada,
porque a colheita foi destruída.
12 A vinha está seca,
e a figueira murchou;
a romãzeira, a palmeira, a macieira
e todas as árvores do campo
secaram.
Secou-se, mais ainda,
a alegria dos homens".

Chamado ao arrependimento

13 Ponham vestes de luto, ó sacerdotes,
e pranteiem;
chorem alto,
vocês que ministram perante o altar.
Venham,
passem a noite vestidos de luto,
vocês que ministram
perante o meu Deus;
pois as ofertas de cereal
e as ofertas derramadas
foram suprimidas
do templo do seu Deus.
14 Decretem um jejum santo;
convoquem uma assembleia sagrada.
Reúnam as autoridades
e todos os habitantes do país
no templo do SENHOR, o seu Deus,
e clamem ao SENHOR.

15 Ah! Aquele dia!
Sim, o dia do SENHOR está próximo;
como destruição poderosa
da parte do Todo-poderoso,
ele virá.

16 Não é verdade que a comida
foi eliminada
diante dos nossos próprios olhos,
e que a alegria e a satisfação
foram suprimidas
do templo do nosso Deus?
17 As sementes estão murchas
debaixo dos torrões de terra.
Os celeiros estão em ruínas,
os depósitos de cereal foram derrubados,
pois a colheita se perdeu.
18 Como muge o gado!
As manadas andam agitadas
porque não têm pasto;
até os rebanhos de ovelhas
estão sendo castigados.

19 A ti, SENHOR, eu clamo,
pois o fogo devorou as pastagens
e as chamas consumiram
todas as árvores do campo.
20 Até os animais do campo clamam a ti,
pois os canais de água se secaram
e o fogo devorou as pastagens.

O dia do SENHOR se aproxima

2 Toquem a trombeta em Sião;
deem o alarme no meu santo monte.
Tremam todos os habitantes do país,
pois o dia do SENHOR está chegando.
Está próximo!
2 É dia de trevas e de escuridão,
dia de nuvens e negridão.

[a] 1:2 Ou *autoridades do povo*
[b] 1:8 Ou *uma jovem em vestes de luto que se lamenta pelo marido*
[c] 1:10 Ou *a terra chora*

Assim como a luz da aurora
se estende pelos montes,
um grande e poderoso exército
se aproxima,
como nunca antes se viu
nem jamais se verá nas gerações futuras.

[3]Diante deles o fogo devora,
atrás deles arde uma chama.
Diante deles a terra
é como o jardim do Éden,
atrás deles, um deserto arrasado;
nada lhes escapa.
[4]Eles têm a aparência de cavalos;
como cavalaria, atacam galopando.
[5]Com um barulho semelhante ao de carros
saltam sobre os cumes dos montes,
como um fogo crepitante
que consome o restolho,
como um exército poderoso
em posição de combate.

[6]Diante deles
povos se contorcem angustiados;
todos os rostos ficam pálidos de medo.
[7]Eles atacam como guerreiros;
escalam muralhas como soldados.
Todos marcham em linha,
sem desviar-se do curso.
[8]Não empurram uns aos outros;
cada um marcha sempre em frente.
Avançam por entre os dardos[a]
sem desfazer a formação.
[9]Lançam-se sobre a cidade;
correm ao longo da muralha.
Sobem nas casas;
como ladrões entram pelas janelas.

[10]Diante deles a terra treme,
os céus estremecem,
o sol e a lua escurecem
e as estrelas param de brilhar.
[11]O SENHOR levanta a sua voz
à frente do seu exército.
Como é grande o seu exército!
Como são poderosos
os que obedecem à sua ordem!
Como é grande o dia do SENHOR!
Como será terrível!
Quem poderá suportá-lo?

Chamado ao arrependimento

[12]"Agora, porém", declara o SENHOR,
"voltem-se para mim
de todo o coração,
com jejum, lamento e pranto."

[13]Rasguem o coração, e não as vestes.
Voltem-se para o SENHOR,
o seu Deus,
pois ele é misericordioso e compassivo,
muito paciente e cheio de amor;
arrepende-se, e não envia a desgraça.
[14]Talvez ele volte atrás, arrependa-se,
e ao passar deixe uma bênção.
Assim vocês poderão fazer
ofertas de cereal
e ofertas derramadas
para o SENHOR, o seu Deus.

[15]Toquem a trombeta em Sião,
decretem jejum santo,
convoquem uma assembleia sagrada.
[16]Reúnam o povo,
consagrem a assembleia;
ajuntem os anciãos,
reúnam as crianças,
mesmo as que mamam no peito.
Até os recém-casados
devem deixar os seus aposentos.
[17]Que os sacerdotes,
que ministram perante o SENHOR,
chorem entre o pórtico do templo
e o altar, orando:
"Poupa o teu povo, SENHOR.
Não faças da tua herança
objeto de zombaria
e de chacota entre as nações.
Por que se haveria de dizer
entre os povos:
'Onde está o Deus deles?' "

A resposta do SENHOR

[18]Então o SENHOR mostrou zelo
por sua terra
e teve piedade do seu povo.

[19]O SENHOR respondeu[b] ao seu povo:
"Estou lhes enviando trigo,
vinho novo e azeite,
o bastante
para satisfazê-los plenamente;
nunca mais farei de vocês
objeto de zombaria para as nações.

[20]"Levarei o invasor que vem do norte
para longe de vocês,
empurrando-o
para uma terra seca e estéril,
a vanguarda para o mar oriental[c]
e a retaguarda para o mar ocidental[d].
E a sua podridão subirá;
o seu mau cheiro se espalhará".

Ele tem feito coisas grandiosas!
[21]Não tenha medo, ó terra;
regozije-se e alegre-se.
O SENHOR tem feito coisas grandiosas!
[22]Não tenham medo, animais do campo,
pois as pastagens estão ficando verdes.
As árvores estão dando os seus frutos;
a figueira e a videira
estão carregadas.
[23]Ó povo de Sião, alegre-se
e regozije-se no SENHOR,
o seu Deus,

[a] **2:8** Ou *pela passagem de água*

[b] **2:18-19** Ou o SENHOR *mostrará zelo... e terá piedade...* [19] O SENHOR *responderá*

[c] **2:20** Isto é, o mar Morto.

[d] **2:20** Isto é, o Mediterrâneo.

pois ele lhe dá as chuvas de outono,
conforme a sua justiça[a].
Ele lhe envia muitas chuvas,
as de outono e as de primavera,
como antes fazia.
24 As eiras ficarão cheias de trigo;
os tonéis transbordarão
de vinho novo e de azeite.
25 "Vou compensá-los
pelos anos de colheitas
que os gafanhotos destruíram:
o gafanhoto peregrino,
o gafanhoto devastador,
o gafanhoto devorador
e o gafanhoto cortador,
o meu grande exército
que enviei contra vocês.
26 Vocês comerão até ficarem satisfeitos,
e louvarão o nome do SENHOR,
o seu Deus,
que fez maravilhas em favor de vocês;
nunca mais o meu povo será humilhado.
27 Então vocês saberão
que eu estou no meio de Israel.
Eu sou o SENHOR, o seu Deus,
e não há nenhum outro;
nunca mais o meu povo será humilhado.

O dia do SENHOR

28 "E, depois disso,
derramarei do meu Espírito
sobre todos os povos.
Os seus filhos e as suas filhas
profetizarão,
os velhos terão sonhos,
os jovens terão visões.
29 Até sobre os servos e as servas
derramarei do meu Espírito
naqueles dias.
30 Mostrarei maravilhas no céu e na terra:
sangue, fogo e nuvens de fumaça.
31 O sol se tornará em trevas,
e a lua em sangue,
antes que venha o grande e temível
dia do SENHOR.
32 E todo aquele que invocar
o nome do SENHOR será salvo,
pois, conforme prometeu o SENHOR,
no monte Sião e em Jerusalém
haverá livramento
para os sobreviventes,
para aqueles a quem o SENHOR chamar.

O julgamento das nações

3 "Sim, naqueles dias e naquele tempo,
quando eu restaurar a sorte
de Judá e de Jerusalém,
2 reunirei todos os povos
e os farei descer ao vale de Josafá[b].
Ali os julgarei
por causa da minha herança
— Israel, o meu povo —
pois o espalharam
entre as nações
e repartiram entre si a minha terra.
3 Lançaram sortes sobre o meu povo
e deram meninos
em troca de prostitutas;
venderam meninas por vinho,
para se embriagarem.

4 "O que vocês têm contra mim,
Tiro, Sidom,
e todas as regiões da Filístia?
Vocês estão me retribuindo
algo que eu lhes fiz?
Se estão querendo vingar-se de mim,
ágil e veloz
me vingarei do que vocês têm feito.
5 Pois roubaram a minha prata
e o meu ouro
e levaram para os seus templos
os meus tesouros mais valiosos.
6 Vocês venderam o povo de Judá
e o de Jerusalém aos gregos,
mandando-os para longe
da sua terra natal.

7 "Vou tirá-los dos lugares
para onde os venderam,
e sobre vocês farei recair o que fizeram:
8 venderei os filhos e as filhas de vocês
ao povo de Judá,
e eles os venderão
à distante nação dos sabeus".
Assim disse o SENHOR.

9 Proclamem isto entre as nações:
Preparem-se para a guerra!
Despertem os guerreiros!
Todos os homens de guerra
aproximem-se e ataquem.
10 Forjem os seus arados,
fazendo deles espadas;
e de suas foices façam lanças.
Diga o fraco: "Sou um guerreiro!"
11 Venham depressa,
vocês, nações vizinhas,
e reúnam-se ali.
Faze descer os teus guerreiros,
ó SENHOR!

12 "Despertem, nações;
avancem para o vale de Josafá,
pois ali me assentarei
para julgar todas as nações vizinhas.
13 Lancem a foice,
pois a colheita está madura.
Venham, pisem com força as uvas,
pois o lagar está cheio
e os tonéis transbordam,
tão grande é a maldade dessas nações!"

14 Multidões, multidões
no vale da Decisão!
Pois o dia do SENHOR está próximo,
no vale da Decisão.

[a] 2:23 Ou *no tempo certo*
[b] 3:2 *Josafá* significa *o SENHOR julga*; também no versículo 12.

15 O sol e a lua escurecerão,
e as estrelas já não brilharão.
16 O SENHOR rugirá de Sião,
e de Jerusalém levantará a sua voz;
a terra e o céu tremerão.
Mas o SENHOR será um refúgio
para o seu povo,
uma fortaleza para Israel.

Bênçãos para o povo de Deus

17 "Então vocês saberão
que eu sou o SENHOR, o seu Deus,
que habito em Sião, o meu santo monte.
Jerusalém será santa;
e estrangeiros jamais a conquistarão.

18 "Naquele dia os montes
gotejarão vinho novo;
das colinas manará leite;
todos os ribeiros de Judá
terão água corrente.
Uma fonte fluirá do templo do SENHOR
e regará o vale das Acácias.
19 Mas o Egito ficará desolado,
Edom será um deserto arrasado,
por causa da violência
feita ao povo de Judá,
em cuja terra derramaram
sangue inocente.
20 Judá será habitada para sempre
e Jerusalém por todas as gerações.
21 Sua culpa de sangue,
ainda não perdoada,
eu a perdoarei."

O SENHOR habita em Sião!

AMÓS

1 Palavras que Amós, criador de ovelhas em Tecoa, re-
cebeu em visões, a respeito de Israel, dois anos an-
tes do terremoto. Nesse tempo, Uzias era rei de Judá e
Jeroboão, filho de Jeoás, era rei de Israel.
2 Ele disse:

“O SENHOR ruge de Sião
e troveja de Jerusalém;
secam-se[a] as pastagens dos pastores,
e murcha o topo do Carmelo”.

Julgamento dos povos vizinhos de Israel

3 Assim diz o SENHOR:

“Por três transgressões de Damasco
e ainda mais por quatro,
não anularei o castigo.
Porque trilhou Gileade
com trilhos de ferro pontudos,
4 porei fogo na casa de Hazael,
e as chamas consumirão
as fortalezas de Ben-Hadade.
5 Derrubarei a porta de Damasco;
destruirei o rei que está
no vale[b] de Áven[c]
e aquele que segura o cetro
em Bete-Éden[d].
O povo da Síria
irá para o exílio em Quir”,
diz o SENHOR.

6 Assim diz o SENHOR:

“Por três transgressões de Gaza,
e ainda mais por quatro,
não anularei o castigo.
Porque levou cativas
comunidades inteiras
e as vendeu a Edom,
7 porei fogo nos muros de Gaza,
e as chamas consumirão
as suas fortalezas.
8 Destruirei o rei[e] de Asdode
e aquele que segura o cetro em Ascalom.
Erguerei a minha mão contra Ecrom,
até que morra o último dos filisteus”,
diz o SENHOR, o Soberano.

9 Assim diz o SENHOR:

“Por três transgressões de Tiro,
e ainda mais por quatro,
não anularei o castigo.
Porque vendeu comunidades inteiras
de cativos a Edom,
desprezando irmãos,
10 porei fogo nos muros de Tiro,
e as chamas consumirão
as suas fortalezas”.

11 Assim diz o SENHOR:

“Por três transgressões de Edom,
e ainda mais por quatro,
não anularei o castigo.
Porque com a espada
perseguiu seu irmão,
e reprimiu toda a compaixão,[f]
mutilando-o furiosamente
e perpetuando para sempre a sua ira,
12 porei fogo em Temã,
e as chamas consumirão
as fortalezas de Bozra”.

13 Assim diz o SENHOR:

“Por três transgressões de Amom,
e ainda mais por quatro,
não anularei o castigo.
Porque rasgou ao meio
as grávidas de Gileade
a fim de ampliar as suas fronteiras,
14 porei fogo nos muros de Rabá,
e as chamas consumirão
as suas fortalezas
em meio a gritos de guerra
no dia do combate,
em meio a ventos violentos
num dia de tempestade.
15 O seu rei irá para o exílio,
ele e toda a sua corte”,
diz o SENHOR.

2 Assim diz o SENHOR:

“Por três transgressões de Moabe,
e ainda mais por quatro,
não anularei o castigo.
Porque ele queimou até reduzir a cinzas[g]
os ossos do rei de Edom,
2 porei fogo em Moabe,
e as chamas consumirão
as fortalezas de Queriote[h].
Moabe perecerá em grande tumulto,
em meio a gritos de guerra
e ao toque da trombeta.
3 Destruirei o seu governante[i]
e com ele matarei todas as autoridades”,
diz o SENHOR.

4 Assim diz o SENHOR:

“Por três transgressões de Judá,
e ainda mais por quatro,
não anularei o castigo.
Porque rejeitou a lei do SENHOR
e não obedeceu aos seus decretos,
porque se deixou enganar

[a] 1:2 Ou *pranteiam*
[b] 1:5 Ou *os habitantes do vale*
[c] 1:5 *Áven* significa *iniquidade*.
[d] 1:5 *Bete-Éden* significa *casa do prazer*.
[e] 1:8 Ou *os habitantes*
[f] 1:11 Ou *e destruiu os seus aliados*,
[g] 2:1 Hebraico: *cal*.
[h] 2:2 Ou *de suas cidades*
[i] 2:3 Hebraico: *juiz*.

por deuses falsos,
deuses que[a] os seus
antepassados seguiram,
5porei fogo em Judá,
e as chamas consumirão
as fortalezas de Jerusalém".

O julgamento de Israel

6Assim diz o SENHOR:

"Por três transgressões de Israel,
e ainda mais por quatro,
não anularei o castigo.
Vendem por prata o justo,
e por um par de sandálias o pobre.
7Pisam a cabeça dos necessitados
como pisam o pó da terra,
e negam justiça ao oprimido.
Pai e filho possuem a mesma mulher
e assim profanam o meu santo nome.
8Inclinam-se diante de qualquer altar
com roupas tomadas como penhor.
No templo do seu deus
bebem vinho recebido como multa.

9"Fui eu que destruí os amorreus
diante deles,
embora fossem altos como o cedro
e fortes como o carvalho.
Eu destruí os seus frutos em cima
e as suas raízes embaixo.

10"Eu mesmo tirei vocês do Egito,
e os conduzi por quarenta anos
no deserto
para lhes dar a terra dos amorreus.
11Também escolhi alguns de seus filhos
para serem profetas
e alguns de seus jovens
para serem nazireus.
Não é verdade, povo de Israel?",
declara o SENHOR.
12"Mas vocês fizeram os nazireus
beber vinho
e ordenaram aos profetas
que não profetizassem.

13"Agora, então, eu os amassarei
como uma carroça amassa a terra
quando carregada de trigo.
14O ágil não escapará,
o forte não reunirá as suas forças,
e o guerreiro não salvará a sua vida.
15O arqueiro não manterá a sua posição,
o que corre não se livrará,
e o cavaleiro não salvará a própria vida.
16Até mesmo os guerreiros
mais corajosos
fugirão nus naquele dia",
declara o SENHOR.

Testemunhas convocadas para acusar Israel

3 Ouçam esta palavra que o SENHOR falou contra vocês,
ó israelitas; contra toda esta família que tirei do Egito:

2"Escolhi apenas vocês
de todas as famílias da terra;
por isso eu os castigarei
por todas as suas maldades".

3Duas pessoas andarão juntas
se não estiverem de acordo[b]?
4O leão ruge na floresta
se não apanhou presa alguma?
O leão novo ruge em sua toca
se nada caçou?
5Cai o pássaro numa armadilha
que não foi armada?
Será que a armadilha se desarma
se nada foi apanhado?
6Quando a trombeta toca na cidade,
o povo não treme?
Ocorre alguma desgraça na cidade
sem que o SENHOR a tenha mandado?

7Certamente o SENHOR, o Soberano,
não faz coisa alguma
sem revelar o seu plano
aos seus servos, os profetas.

8O leão rugiu,
quem não temerá?
O SENHOR, o Soberano, falou,
quem não profetizará?

9Proclamem nos palácios de Asdode[c]
e do Egito:
"Reúnam-se nos montes de Samaria
para verem o grande tumulto que há ali,
e a opressão no meio do seu povo".

10"Eles não sabem agir com retidão",
declara o SENHOR,
"eles, que acumulam em seus palácios
o que roubaram e saquearam".

11Portanto, assim diz o SENHOR,
o Soberano:

"Um inimigo cercará o país.
Ele derrubará as suas fortalezas
e saqueará os seus palácios".

12Assim diz o SENHOR:

"Assim como o pastor livra a ovelha,
arrancando da boca do leão
só dois ossos da perna
ou um pedaço da orelha,
assim serão arrancados
os israelitas de Samaria,
com a ponta de uma cama
e um pedaço de sofá[d].

13"Ouçam isto e testemunhem contra a descendência de Jacó", declara o SENHOR, o Soberano, o Deus dos Exércitos.

14"No dia em que eu castigar Israel
por causa dos seus pecados,
destruirei os altares de Betel;

[a] 2:4 Ou *por mentiras, mentiras que*

[b] 3:3 Ou *tiverem combinado*
[c] 3:9 A Septuaginta diz *da Assíria*.
[d] 3:12 Ou *uma capa de sofá;* ou ainda *uma almofada de Damasco*

as pontas do altar serão cortadas
e cairão no chão.
[15]Derrubarei a casa de inverno
junto com a casa de verão;
as casas enfeitadas de marfim
serão destruídas,
e as mansões desaparecerão",
declara o SENHOR.

Israel manteve-se rebelde

4 Ouçam esta palavra, vocês,
vacas de Basã que estão
no monte de Samaria,
vocês, que oprimem os pobres
e esmagam os necessitados
e dizem aos senhores deles:
"Tragam bebidas e vamos beber!"
[2]O SENHOR, o Soberano,
jurou pela sua santidade:
"Certamente chegará o tempo
em que vocês serão levados com ganchos,
e os últimos de vocês com anzóis.
[3]Cada um de vocês sairá
pelas brechas do muro,
e serão atirados
na direção do Harmom[a]",
declara o SENHOR.
[4]"Vão a Betel e ponham-se a pecar;
vão a Gilgal e pequem ainda mais.
Ofereçam os seus sacrifícios cada manhã,
os seus dízimos no terceiro dia[b].
[5]Queimem pão fermentado
como oferta de gratidão
e proclamem em toda parte
suas ofertas voluntárias;
anunciem-nas, israelitas,
pois é isso que vocês gostam de fazer",
declara o SENHOR, o Soberano.

[6]"Fui eu mesmo que dei a vocês
estômagos vazios[c] em cada cidade
e falta de alimentos em todo lugar,
e mesmo assim vocês
não se voltaram para mim",
declara o SENHOR.

[7]"Também fui eu que retive a chuva
quando ainda faltavam
três meses para a colheita.
Mandei chuva a uma cidade,
mas não a outra.
Uma plantação teve chuva;
outra não teve e secou.
[8]Gente de duas ou três cidades
ia cambaleando de uma cidade a outra
em busca de água, sem matar a sede,
e mesmo assim
vocês não se voltaram para mim",
declara o SENHOR.

[9]"Muitas vezes
castiguei os seus jardins e as suas vinhas,
castiguei-os com pragas e ferrugem.
Gafanhotos devoraram
as suas figueiras e as suas oliveiras,
e mesmo assim
vocês não se voltaram para mim",
declara o SENHOR.

[10]"Enviei pragas contra vocês
como fiz com o Egito.
Matei os seus jovens à espada,
deixei que capturassem os seus cavalos.
Enchi os seus narizes
com o mau cheiro dos mortos
em seus acampamentos,
e mesmo assim
vocês não se voltaram para mim",
declara o SENHOR.

[11]"Destruí algumas de suas cidades,
como destruí[d] Sodoma e Gomorra.
Ficaram como um tição tirado do fogo,
e mesmo assim
vocês não se voltaram para mim",
declara o SENHOR.

[12]"Por isso, ainda o castigarei, ó Israel,
e, porque eu farei isto com você,
prepare-se para encontrar-se
com o seu Deus, ó Israel."

[13]Aquele que forma os montes,
cria o vento
e revela os seus pensamentos ao homem,
aquele que transforma
a alvorada em trevas,
e pisa as montanhas da terra;
SENHOR, Deus dos Exércitos,
é o seu nome.

Lamento pelo castigo do povo

5 Ouça esta palavra, ó nação de Israel, este lamento
acerca de vocês:

[2]"Caída para nunca mais se levantar,
está a virgem Israel.
Abandonada em sua própria terra,
não há quem a levante".

[3]Assim diz o Soberano, o SENHOR:

"A cidade que mandar mil
para o exército ficará com cem;
e a que mandar cem ficará com dez".

[4]Assim diz o SENHOR à nação de Israel:

"Busquem-me e terão vida;
[5]não busquem Betel,
não vão a Gilgal,
não façam peregrinação a Berseba.
Pois Gilgal[e] certamente irá para o exílio,
e Betel[f] será reduzida a nada".
[6]Busquem o SENHOR e terão vida,
do contrário,

[a] 4:3 Ou *atirados, ó montanha de opressão*
[b] 4:4 Ou *a cada três anos*
[c] 4:6 Hebraico: *dentes limpos*.
[d] 4:11 Hebraico: *como Deus destruiu*.
[e] 5:5 *Gilgal* no hebraico assemelha-se à expressão aqui traduzida por *irá para o exílio*.
[f] 5:5 Hebraico: *Áven*; referência a *Bete-Áven* (casa da iniquidade), nome depreciativo de *Betel*, que significa *casa de Deus*.

ele irromperá como um fogo
entre os descendentes de José,
e devastará a cidade de Betel,
e não haverá ninguém ali
para apagá-lo.

7Vocês estão transformando
o direito em amargura
e atirando a justiça ao chão,
8(aquele que fez as Plêiades e o Órion,
que faz da escuridão, alvorada
e do dia, noite escura,
que chama as águas do mar
e as espalha sobre a face da terra;
SENHOR é o seu nome.
9Ele traz repentina destruição
sobre a fortaleza,
e a destruição vem
sobre a cidade fortificada),
10vocês odeiam aquele que defende
a justiça no tribunal[a]
e detestam aquele que fala a verdade.

11Vocês oprimem o pobre
e o forçam a dar-lhes o trigo.
Por isso, embora vocês
tenham construído
mansões de pedra,
nelas não morarão;
embora tenham plantado
vinhas verdejantes,
não beberão do seu vinho.
12Pois eu sei quantas são
as suas transgressões
e quão grandes são os seus pecados.

Vocês oprimem o justo,
recebem suborno
e impedem que se faça justiça ao pobre
nos tribunais.
13Por isso o prudente se cala
em tais situações,
pois é tempo de desgraças.

14Busquem o bem, não o mal,
para que tenham vida.
Então o SENHOR,
o Deus dos Exércitos,
estará com vocês,
conforme vocês afirmam.
15Odeiem o mal, amem o bem;
estabeleçam a justiça nos tribunais.
Talvez o SENHOR,
o Deus dos Exércitos,
tenha misericórdia
do remanescente de José.

16Portanto, assim diz o SENHOR, o Deus dos Exérci-
tos, o Soberano:

"Haverá lamentação em todas as praças
e gritos de angústia em todas as ruas.
Os lavradores serão convocados
para chorar

e os pranteadores para se lamentar.
17Haverá lamentos em todas as vinhas,
pois passarei no meio de vocês",
diz o SENHOR.

O dia do SENHOR

18Ai de vocês que anseiam
pelo dia do SENHOR!
O que pensam vocês
do dia do SENHOR?
Será dia de trevas, não de luz.
19Será como se um homem
fugisse de um leão
e encontrasse um urso;
como alguém que entrasse em sua casa
e, encostando a mão na parede,
fosse picado por uma serpente.
20O dia do SENHOR será de trevas
e não de luz.
Uma escuridão total,
sem um raio de claridade.

21"Eu odeio e desprezo
as suas festas religiosas;
não suporto as suas assembleias solenes.
22Mesmo que vocês
me tragam holocaustos[b]
e ofertas de cereal,
isso não me agradará.
Mesmo que me tragam
as melhores ofertas de comunhão[c],
não darei a menor atenção a elas.
23Afastem de mim
o som das suas canções
e a música das suas liras.
24Em vez disso, corra a retidão
como um rio,
a justiça como um ribeiro perene!"

25"Foi a mim que vocês trouxeram
sacrifícios e ofertas
durante os quarenta anos no deserto,
ó nação de Israel?
26Não! Vocês carregaram
o seu rei Sicute,
e Quium, imagens dos deuses astrais,
que vocês fizeram para si mesmos.[d]
27Por isso eu os mandarei para o exílio,
para além de Damasco",
diz o SENHOR;
Deus dos Exércitos é o seu nome.

A destruição de Israel

6 Ai de vocês
que vivem tranquilos em Sião,
e que se sentem seguros
no monte de Samaria;
vocês, homens notáveis
da primeira entre as nações,
aos quais o povo de Israel recorre!

[a] 5:10 Hebraico: *na porta.*

[b] 5:22 Isto é, sacrifícios totalmente queimados.
[c] 5:22 Ou *de paz*
[d] 5:26 Ou *ergueram seu rei Sicute e seus ídolos Quium, seus deuses astrais.* A Septuaginta diz *levantaram o santuário de Moloque e a estrela do seu deus Renfã, ídolos que fizeram para adorar!*

[2]Vão a Calné e olhem para ela;
depois prossigam até a grande Hamate
e em seguida desçam até Gate,
na Filístia.
São elas melhores
do que os seus dois reinos?
O território delas
é maior do que o de vocês?
[3]Vocês acham que estão afastando
o dia mau,
mas na verdade estão atraindo
o reinado do terror.
[4]Vocês se deitam em camas de marfim
e se espreguiçam em seus sofás.
Comem os melhores cordeiros
e os novilhos mais gordos.
[5]Dedilham suas liras como Davi
e improvisam em instrumentos musicais.
[6]Vocês bebem vinho em grandes taças
e se ungem com os mais finos óleos,
mas não se entristecem
com a ruína de José.
[7]Por isso vocês estarão
entre os primeiros a ir para o exílio;
cessarão os banquetes
dos que vivem no ócio.

Condenação do orgulho de Israel

[8]O SENHOR, o Soberano, jurou por si mesmo! Assim
declara o SENHOR, o Deus dos Exércitos:

"Eu detesto o orgulho de Jacó
e odeio os seus palácios;
entregarei a cidade
e tudo o que nela existe".

[9]Se dez homens forem deixados numa casa, também
eles morrerão. [10]E se um parente que tiver que queimar
os corpos vier para tirá-los da casa e perguntar a alguém
que ainda estiver escondido ali: "Há mais alguém com
você?", e a resposta for: "Não", ele dirá: "Calado! Não de-
vemos sequer mencionar o nome do SENHOR".

[11]Pois o SENHOR deu a ordem,
e ele despedaçará a casa grande
e fará em pedacinhos a casa pequena.

[12]Acaso correm os cavalos
sobre os rochedos?
Poderá alguém ará-los com bois?
Mas vocês transformaram
o direito em veneno,
e o fruto da justiça em amargura;
[13]vocês que se regozijam pela conquista
de Lo-Debar[a] e dizem:
"Acaso não conquistamos Carnaim[b]
com a nossa própria força?"

[14]Palavra do SENHOR,
o Deus dos Exércitos:
"Farei vir uma nação contra você,
ó nação de Israel,
e ela a oprimirá desde Lebo-Hamate
até o vale da Arabá".

[a] 6:13 *Lo-Debar* significa *nada*.
[b] 6:13 *Carnaim* significa *chifres*. Chifre simboliza força.

As três visões de Amós

7 Foi isto que o SENHOR, o Soberano, me mostrou: ele
estava preparando enxames de gafanhotos depois da
colheita do rei, justo quando brotava a segunda safra.
[2]Depois que eles devoraram todas as plantas dos cam-
pos, eu clamei: "SENHOR Soberano, perdoa! Como Jacó
poderá sobreviver? Ele é tão pequeno!"
[3]Então o SENHOR arrependeu-se e declarou: "Isso
não acontecerá".
[4]O Soberano, o SENHOR, mostrou-me também que,
para o julgamento, estava chamando o fogo, o qual se-
cou o grande abismo e devorou a terra. [5]Então eu cla-
mei: "Soberano SENHOR, eu te imploro que pares! Como
Jacó poderá sobreviver? Ele é tão pequeno!"
[6]Então o SENHOR arrependeu-se e declarou: "Isso
também não acontecerá".
[7]Ele me mostrou ainda isto: o Senhor, com um pru-
mo na mão, estava junto a um muro construído no ri-
gor do prumo. [8]E o SENHOR me perguntou: "O que você
está vendo, Amós?"
"Um prumo", respondi.
Então disse o Senhor: "Veja! Estou pondo um prumo
no meio de Israel, o meu povo; não vou poupá-lo mais.

[9]"Os altares idólatras de Isaque
serão destruídos,
e os santuários de Israel
ficarão em ruínas;
com a espada me levantarei
contra a dinastia de Jeroboão".

O confronto entre Amós e Amazias

[10]Então o sacerdote de Betel, Amazias, enviou esta
mensagem a Jeroboão, rei de Israel: "Amós está tra-
mando uma conspiração contra ti no centro de Israel.
A nação não suportará as suas palavras. [11]Amós está di-
zendo o seguinte:

'Jeroboão morrerá à espada,
e certamente Israel irá para o exílio,
para longe da sua terra natal' ".

[12]Depois Amazias disse a Amós: "Vá embora, viden-
te! Vá profetizar em Judá; vá ganhar lá o seu pão. [13]Não
profetize mais em Betel, porque este é o santuário do
rei e o templo do reino".
[14]Amós respondeu a Amazias: "Eu não sou profeta
nem pertenço a nenhum grupo de profetas[c], apenas
cuido do gado e faço colheita de figos silvestres. [15]Mas
o SENHOR me tirou do serviço junto ao rebanho e me
disse: 'Vá, profetize a Israel, o meu povo'. [16]Agora ouça,
então, a palavra do SENHOR. Você diz:

" 'Não profetize contra Israel,
e pare de pregar
contra a descendência de Isaque'.

[17]"Mas, o SENHOR lhe diz:

" 'Sua mulher se tornará
uma prostituta na cidade,
e os seus filhos e as suas filhas
morrerão à espada.
Suas terras serão loteadas,
e você mesmo morrerá numa terra pagã[d].

[c] 7:14 Hebraico: *nem filho de profeta*.
[d] 7:17 Hebraico: *impura*.

E Israel certamente irá para o exílio,
para longe da sua terra natal' ".

A visão de um cesto de frutas maduras

8 O SENHOR, o Soberano, me mostrou um cesto de
frutas maduras. 2"O que você está vendo, Amós?",
ele perguntou.

Um cesto de frutas maduras, respondi.

Então o SENHOR me disse: "Chegou o fim de Israel,
o meu povo; não mais o pouparei".

3"Naquele dia", declara o SENHOR, o Soberano, "as
canções no templo se tornarão lamentos.[a] Muitos,
muitos serão os corpos, atirados por todos os lados!
Silêncio!"

4Ouçam, vocês que pisam os pobres
e arruínam os necessitados da terra,
5dizendo:
"Quando acabará a lua nova
para que vendamos o cereal?
E quando terminará o sábado
para que comercializemos o trigo,
diminuindo a medida,
aumentando o preço[b],
enganando com balanças desonestas e
6comprando o pobre com prata
e o necessitado por um par de sandálias,
vendendo até palha com o trigo?"

7O SENHOR jurou contra o orgulho de Jacó: "Jamais
esquecerei coisa alguma do que eles fizeram.

8"Acaso não tremerá
a terra por causa disso,
e não chorarão
todos os que nela vivem?
Toda esta terra
se levantará como o Nilo;
será agitada e depois afundará
como o ribeiro do Egito.

9"Naquele dia", declara o SENHOR, o Soberano:

"Farei o sol se pôr ao meio-dia
e em plena luz do dia escurecerei a terra.
10Transformarei as suas festas em velório
e todos os seus cânticos em lamentação.
Farei que todos vocês
vistam roupas de luto
e rapem a cabeça.
Farei daquele dia
um dia de luto por um filho único,
e o fim dele, como um dia de amargura.

11"Estão chegando os dias",
declara o SENHOR, o Soberano,
"em que enviarei fome a toda esta terra;
não fome de comida nem sede de água,
mas fome e sede de ouvir
as palavras do SENHOR.
12Os homens vaguearão
de um mar a outro,
do Norte ao Oriente,
buscando a palavra do SENHOR,
mas não a encontrarão.

13"Naquele dia as jovens belas
e os rapazes fortes
desmaiarão de sede.
14Aqueles que juram
pela vergonha[c] de Samaria,
e os que dizem:
'Juro pelo nome do seu deus, ó Dã'
ou 'Juro pelo nome
do deus[d] de Berseba',
cairão, para nunca mais se levantar!"

Israel será destruído

9 Vi o Senhor junto ao altar, e ele disse:

"Bata no topo das colunas
para que tremam os umbrais.
Faça que elas caiam
sobre todos os presentes;
e os que sobrarem matarei à espada.
Ninguém fugirá, ninguém escapará.
2Ainda que escavem
até às profundezas[e],
dali a minha mão irá tirá-los.
Se subirem até os céus,
de lá os farei descer.
3Mesmo que se escondam
no topo do Carmelo,
lá os caçarei e os prenderei.
Ainda que se escondam de mim
no fundo do mar,
ali ordenarei à serpente que os morda.
4Mesmo que sejam levados ao exílio
por seus inimigos,
ali ordenarei que a espada os mate.
Vou vigiá-los para lhes fazer
o mal e não o bem".

5Quanto ao Senhor,
o SENHOR dos Exércitos,
ele toca na terra, e ela se derrete,
e todos os que nela vivem pranteiam;
ele ergue toda a terra como o Nilo,
e depois a afunda
como o ribeiro do Egito.
6Ele constrói suas câmaras altas[f],
e firma a abóbada sobre a terra;
ele reúne as águas do mar e as espalha
sobre a superfície da terra.
SENHOR é o seu nome.

7"Vocês, israelitas, não são para mim
melhores do que os etíopes[g]",
declara o SENHOR.
"Eu tirei Israel do Egito,
os filisteus de Caftor[h]
e os arameus de Quir.

8"Sem dúvida, os olhos
do SENHOR, o Soberano,
se voltam para este reino pecaminoso.

[a] 8:3 Ou "*os cantores do templo se lamentarão*.
[b] 8:5 Hebraico: *diminuindo o efa, aumentando o siclo*.
[c] 8:14 Ou *por Asima*; ou ainda *pelo ídolo*
[d] 8:14 Ou *poder*
[e] 9:2 Hebraico: *Sheol*. Essa palavra também pode ser traduzida por sepultura, pó ou morte.
[f] 9:6 Ou *a sua escadaria até os céus*
[g] 9:7 Hebraico: *cuxitas*.
[h] 9:7 Isto é, Creta.

Eu o varrerei da superfície da terra,
mas não destruirei totalmente
a descendência de Jacó",
declara o SENHOR.
9"Pois darei a ordem,
e sacudirei a nação de Israel
entre todas as nações,
tal como o trigo
é abanado numa peneira,
e nem um grão cai na terra.
10Todos os pecadores
que há no meio do meu povo
morrerão à espada,
todos os que dizem:
'A desgraça não nos atingirá
nem nos encontrará'.

A restauração de Israel

11"Naquele dia levantarei
a tenda caída de Davi.
Consertarei o que estiver quebrado,
e restaurarei as suas ruínas.
Eu a reerguerei,
para que seja como era no passado,
12para que o meu povo conquiste
o remanescente de Edom
e todas as nações que me pertencem",
declara o SENHOR,[a]
que realizará essas coisas.

13"Dias virão", declara o SENHOR,
"em que a ceifa continuará
até o tempo de arar,
e o pisar das uvas
até o tempo de semear.
Vinho novo gotejará dos montes
e fluirá de todas as colinas.
14Trarei de volta Israel,
o meu povo exilado,[b]
eles reconstruirão as cidades em ruínas
e nelas viverão.
Plantarão vinhas
e beberão do seu vinho;
cultivarão pomares
e comerão do seu fruto.
15Plantarei Israel em sua própria terra,
para nunca mais ser desarraigado
da terra que lhe dei",
diz o SENHOR, o seu Deus.

[a] 9:12 A Septuaginta diz *para que o remanescente e todas as nações que levam o meu nome busquem o* SENHOR.
[b] 9:14 Ou *Restaurarei a sorte de Israel, o meu povo,*

OBADIAS

O julgamento de Edom

1Visão de Obadias. Assim diz o Soberano,
o SENHOR, a respeito de Edom:

Nós ouvimos uma mensagem do SENHOR.
Um mensageiro foi enviado às nações para
dizer:
"Levantem-se! Vamos atacar Edom!"

2"Veja! Eu tornarei você pequeno entre as
nações.
Será completamente desprezado!
3A arrogância do seu coração o tem
enganado,
você que vive nas cavidades das rochas[a]
e constrói sua morada no alto dos montes;
você que diz a si mesmo: 'Quem pode me
derrubar?'
4Ainda que você suba tão alto como a águia
e faça o seu ninho entre as estrelas,
dali eu o derrubarei", declara o SENHOR.
5"Se ladrões o atacassem,
saqueadores no meio da noite
— como você está destruído! —
não roubariam apenas quanto achassem
suficiente?
Se os que colhem uvas chegassem a você,
não deixariam para trás pelo menos
alguns cachos?
6Entretanto, como Esaú foi saqueado!
Como foram pilhados
os seus tesouros ocultos!
7Empurram você para as fronteiras
todos os seus aliados;
enganam você e o sobrepujarão
os seus melhores amigos;
aqueles que comem com você
lhe armam ciladas".
E Esaú não percebe nada!

8"Naquele dia", declara o SENHOR,
"destruirei os sábios de Edom,
e os mestres dos montes de Esaú.
9Então os seus guerreiros, ó Temã,
ficarão apavorados,
e serão eliminados todos os homens
dos montes de Esaú.
10Por causa da violenta matança
que você fez contra o seu irmão
Jacó,
você será coberto de vergonha
e eliminado para sempre.
11No dia em que você ficou por perto,
quando estrangeiros roubaram
os bens dele,
e estranhos entraram por suas portas
e lançaram sortes sobre Jerusalém,
você fez exatamente como eles.
12Você não devia ter olhado
com satisfação
o dia da desgraça de seu irmão;
nem ter se alegrado
com a destruição do povo de
Judá;
não devia ter falado com arrogância
no dia da sua aflição.
13Não devia ter entrado pelas portas
do meu povo
no dia da sua calamidade;
nem devia ter ficado alegre
com o sofrimento dele
no dia da sua ruína;
nem ter roubado a riqueza dele
no dia da sua desgraça.
14Não devia ter esperado
nas encruzilhadas,
para matar os que conseguiram
escapar;
nem ter entregado os sobreviventes
no dia da sua aflição.

15"Pois o dia do SENHOR está próximo
para todas as nações.
Como você fez, assim lhe será feito.
A maldade que você praticou
recairá sobre você.
16Assim como vocês beberam
do meu castigo
no meu santo monte,
também todas as nações[b]
beberão sem parar.
Beberão até o fim,
e serão como se nunca tivessem
existido.
17Mas no monte Sião estarão os que
escaparam;
ele será santo
e a descendência de Jacó
possuirá a sua herança.
18A descendência de Jacó será um
fogo,
e a de José uma chama;
a descendência de Esaú será a palha.
Eles a incendiarão e a consumirão.
Não haverá sobreviventes
da descendência de Esaú",
declara o SENHOR.

19Os do Neguebe se apossarão
dos montes de Esaú,
e os da Sefelá[c] ocuparão
a terra dos filisteus.
Eles tomarão posse dos campos
de Efraim e de Samaria,
e Benjamim se apossará de Gileade.

[a] 3 Ou *de Selá*

[b] 16 Muitos manuscritos do Texto Massorético dizem *todas as nações ao redor*.
[c] 19 Pequena faixa de terra de relevo variável entre a planície costeira e as montanhas.

[20]Os israelitas exilados se apossarão
do território dos cananeus
até Sarepta;
os exilados de Jerusalém
que estão em Sefarade
ocuparão as cidades do Neguebe.
[21]Os vencedores subirão ao[a] monte Sião
para governar a montanha de Esaú.
E o reino será do SENHOR.

[a] 21 Ou *do*

JONAS

Chamado e fuga de Jonas

1 A palavra do SENHOR veio a Jonas, filho de Amitai, com esta ordem: 2"Vá depressa à grande cidade de Nínive e pregue contra ela, porque a sua maldade subiu até a minha presença".

3Mas Jonas fugiu da presença do SENHOR, dirigindo-se para Társis. Desceu à cidade de Jope, onde encontrou um navio que se destinava àquele porto. Depois de pagar a passagem, embarcou para Társis, para fugir do SENHOR.

4O SENHOR, porém, fez soprar um forte vento sobre o mar, e caiu uma tempestade tão violenta que o barco ameaçava arrebentar-se. 5Todos os marinheiros ficaram com medo e cada um clamava ao seu próprio deus. E atiraram as cargas ao mar para tornar o navio mais leve[a].

Enquanto isso, Jonas, que tinha descido ao porão e se deitara, dormia profundamente. 6O capitão dirigiu-se a ele e disse: "Como você pode ficar aí dormindo? Levante-se e clame ao seu deus! Talvez ele tenha piedade de nós e não morramos".

7Então os marinheiros combinaram entre si: "Vamos lançar sortes para descobrir quem é o responsável por esta desgraça que se abateu sobre nós". Lançaram sortes, e a sorte caiu sobre Jonas.

8Por isso lhe perguntaram: "Diga-nos, quem é o responsável por esta calamidade? Qual é a sua profissão? De onde você vem? Qual é a sua terra? A que povo você pertence?"

9Ele respondeu: "Eu sou hebreu, adorador do SENHOR, o Deus dos céus, que fez o mar e a terra".

10Então os homens ficaram apavorados e perguntaram: "O que foi que você fez?", pois sabiam que Jonas estava fugindo do SENHOR, porque ele já lhes tinha dito.

11Visto que o mar estava cada vez mais agitado, eles lhe perguntaram: "O que devemos fazer com você, para que o mar se acalme?"

12Respondeu ele: "Peguem-me e joguem-me ao mar, e ele se acalmará. Pois eu sei que é por minha causa que esta violenta tempestade caiu sobre vocês".

13Ao invés disso, os homens se esforçaram ao máximo para remar de volta à terra. Mas não conseguiram, porque o mar tinha ficado ainda mais violento. 14Eles clamaram ao SENHOR: "SENHOR, nós suplicamos, não nos deixes morrer por tirarmos a vida deste homem. Não caia sobre nós a culpa de matar um inocente, porque tu, ó SENHOR, fizeste o que desejavas". 15Em seguida pegaram Jonas e o lançaram ao mar enfurecido, e este se aquietou. 16Tomados de grande temor ao SENHOR, os homens lhe ofereceram um sacrifício e se comprometeram por meio de votos.

17O SENHOR fez com que um grande peixe engolisse Jonas, e ele ficou dentro do peixe três dias e três noites.

A oração de Jonas

2 Dentro do peixe, Jonas orou ao SENHOR, o seu Deus. 2E disse:

"Em meu desespero clamei ao SENHOR,
e ele me respondeu.
Do ventre da morte[b] gritei por socorro,
e ouviste o meu clamor.
3Jogaste-me nas profundezas,
no coração dos mares;
correntezas formavam um turbilhão
ao meu redor;
todas as tuas ondas e vagas
passaram sobre mim.
4Eu disse: Fui expulso da tua presença;
contudo, olharei de novo
para o teu santo templo.[c]
5As águas agitadas me envolveram,[d]
o abismo me cercou,
as algas marinhas
se enrolaram em minha cabeça.
6Afundei até chegar aos fundamentos
dos montes;
à terra embaixo, cujas trancas
me aprisionaram para sempre.
Mas tu trouxeste a minha vida
de volta da sepultura,
ó SENHOR meu Deus!

7"Quando a minha vida já se apagava,
eu me lembrei de ti, SENHOR,
e a minha oração subiu a ti,
ao teu santo templo.

8"Aqueles que acreditam
em ídolos inúteis
desprezam a misericórdia.
9Mas eu, com um cântico de gratidão,
oferecerei sacrifício a ti.
O que eu prometi
cumprirei totalmente.
A salvação vem do SENHOR".

10E o SENHOR deu ordens ao peixe, e ele vomitou Jonas em terra firme.

O arrependimento de Nínive

3 A palavra do SENHOR veio a Jonas pela segunda vez com esta ordem: 2"Vá à grande cidade de Nínive e pregue contra ela a mensagem que eu lhe darei".

3Jonas obedeceu à palavra do SENHOR e foi para Nínive. Era uma cidade muito grande[e], sendo necessários três dias para percorrê-la. 4Jonas entrou na cidade e a percorreu durante um dia, proclamando: "Daqui a quarenta dias Nínive será destruída". 5Os ninivitas creram em Deus. Proclamaram um jejum, e todos eles, do maior ao menor, vestiram-se de pano de saco.

6Quando as notícias chegaram ao rei de Nínive, ele se levantou do trono, tirou o manto real, vestiu-se de pano de saco e sentou-se sobre cinza. 7Então fez uma proclamação em Nínive:

"Por decreto do rei e de seus nobres:

[a] 1:5 Ou *para apaziguar o mar*

[b] 2:2 Hebraico: *Sheol*. Essa palavra também pode ser traduzida por sepultura, profundezas ou pó.

[c] 2:4 Ou *como poderei ver novamente o teu santo templo?*

[d] 2:5 Ou *As águas estavam em minha garganta,*

[e] 3:3 Ou *cidade importante para Deus*

Não é permitido a nenhum homem ou animal, bois
ou ovelhas, provar coisa alguma; não comam nem be-
bam! 8Cubram-se de pano de saco, homens e animais. E
todos clamem a Deus com todas as suas forças. Deixem
os maus caminhos e a violência. 9Talvez Deus se arre-
penda e abandone a sua ira, e não sejamos destruídos".
10Tendo em vista o que eles fizeram e como abando-
naram os seus maus caminhos, Deus se arrependeu e
não os destruiu como tinha ameaçado.

A ira de Jonas

4 Jonas, porém, ficou profundamente descontente com
isso e enfureceu-se. 2Ele orou ao SENHOR: "SENHOR,
não foi isso que eu disse quando ainda estava em ca-
sa? Foi por isso que me apressei em fugir para Társis.
Eu sabia que tu és Deus misericordioso e compassivo,
muito paciente, cheio de amor e que prometes casti-
gar mas depois te arrependes. 3Agora, SENHOR, tira a
minha vida, eu imploro, porque para mim é melhor
morrer do que viver".
4O SENHOR lhe respondeu: "Você tem alguma razão
para essa fúria?"
5Jonas saiu e sentou-se num lugar a leste da cidade.
Ali, construiu para si um abrigo, sentou-se à sua sombra
e esperou para ver o que aconteceria com a cidade. 6En-
tão o SENHOR Deus fez crescer uma planta sobre Jonas,
para dar sombra à sua cabeça e livrá-lo do calor, o que
deu grande alegria a Jonas. 7Mas na madrugada do dia
seguinte, Deus mandou uma lagarta atacar a planta e
ela secou-se. 8Ao nascer do sol, Deus trouxe um vento
oriental muito quente, e o sol bateu na cabeça de Jo-
nas, ao ponto de ele quase desmaiar. Com isso ele de-
sejou morrer, e disse: "Para mim seria melhor morrer
do que viver".
9Mas Deus disse a Jonas: "Você tem alguma razão
para estar tão furioso por causa da planta?"
Respondeu ele: "Sim, tenho! E estou furioso ao pon-
to de querer morrer".
10Mas o SENHOR lhe disse: "Você tem pena dessa
planta, embora não a tenha podado nem a tenha feito
crescer. Ela nasceu numa noite e numa noite morreu.
11Contudo, Nínive tem mais de cento e vinte mil pessoas
que não sabem nem distinguir a mão direita da esquer-
da[a], além de muitos rebanhos. Não deveria eu ter pena
dessa grande cidade?"

[a] 4:11 Ou *o certo do errado*

MIQUEIAS

1 A palavra do SENHOR que veio a Miqueias de Moresete durante os reinados de Jotão, Acaz e Ezequias, reis de Judá; visão que ele teve acerca de Samaria e de Jerusalém:

2 Ouçam, todos os povos;
prestem atenção, ó terra
e todos os que nela habitam;
que o SENHOR, o Soberano,
do seu santo templo
testemunhe contra vocês.

O julgamento de Samaria e de Jerusalém

3 Vejam! O SENHOR já está saindo
da sua habitação;
ele desce e pisa os lugares altos da terra.
4 Debaixo dele os montes se derretem
como cera diante do fogo,
e os vales racham ao meio,
como que rasgados pelas águas
que descem velozes encosta abaixo.
5 Tudo por causa
da transgressão de Jacó,
dos pecados da nação de Israel.
Qual é a transgressão de Jacó?
Acaso não é Samaria?
Qual é o altar idólatra de Judá?
Acaso não é Jerusalém?

6 "Por isso farei de Samaria
um monte de entulho
em campo aberto,
um lugar para plantação de vinhas;
atirarei as suas pedras no vale
e porei a descoberto os seus alicerces.
7 Todas as suas imagens esculpidas
serão despedaçadas
e todos os seus ganhos imorais
serão consumidos pelo fogo;
destruirei todas as suas imagens.
Visto que o que ela ajuntou
foi como ganho da prostituição,
como salário de prostituição
tornará a ser usado."

O lamento do profeta

8 Por causa disso chorarei e lamentarei;
andarei descalço e nu.
Uivarei como um chacal e gemerei
como um filhote de coruja.
9 Pois a ferida de Samaria é incurável
e chegou a Judá.
O flagelo alcançou até mesmo
a porta do meu povo,
até a própria Jerusalém!
10 Não contem isso em Gate,
e não chorem.
Habitantes de Bete-Ofra[a],
revolvam-se no pó.

[a] 1:10 *Bete-Ofra* significa *casa de poeira*.

11 Saiam nus e cobertos de vergonha,
vocês que moram em Safir[b].
Os habitantes de Zaanã[c]
não sairão de sua cidade.
Bete-Ezel está em prantos;
foi-lhe tirada a proteção.
12 Os que vivem em Marote[d]
se contorcem de dor
aguardando alívio,
porque a desgraça veio
da parte do SENHOR
até as portas de Jerusalém.
13 Habitantes de Laquis[e],
atrelem aos carros
as parelhas de cavalos.
Vocês foram o início do pecado
da cidade[f] de Sião,
pois as transgressões de Israel
foram aprendidas com vocês.
14 Por isso vocês darão presentes
de despedida a Moresete-Gate.
A cidade de Aczibe[g]
se revelará enganosa
aos reis de Israel.
15 Trarei um conquistador contra vocês que
vivem em Maressa[h].
A glória de Israel irá a Adulão.
16 Rapem a cabeça em pranto
por causa dos filhos
nos quais vocês tanto se alegram;
fiquem calvos como a águia,
pois eles serão tirados de vocês
e levados para o exílio.

O castigo dos opressores

2 Ai daqueles que planejam maldade,
dos que tramam o mal
em suas camas!
Quando alvorece, eles o executam,
porque isso eles podem fazer.
2 Cobiçam terrenos e se apoderam deles;
cobiçam casas e as tomam.
Fazem violência ao homem
e à sua família;
a ele e aos seus herdeiros.

3 Portanto, assim diz o SENHOR:

"Estou planejando contra essa gente
uma desgraça,
da qual vocês não poderão livrar-se.
Vocês não vão mais andar com arrogância,
pois será tempo de desgraça.

[b] 1:11 *Safir* significa *agradável*.
[c] 1:11 *Zaanã* assemelha-se à palavra que se traduz por *sairão*.
[d] 1:12 *Marote* assemelha-se à palavra *Mara*, que significa *amarga*.
[e] 1:13 *Laquis* assemelha-se à palavra *lareques*, que se traduz por *junta* ou *parelha*.
[f] 1:13 Hebraico: *filha*.
[g] 1:14 *Aczibe* significa *engano*.
[h] 1:15 *Maressa* assemelha-se à palavra que se traduz por *conquistador*.

[4]Naquele dia vocês serão ridicularizados;
zombarão de vocês
com esta triste canção:
'Estamos totalmente arruinados;
dividida foi a propriedade do meu povo.
Ele tirou-a de mim!
Entregou a invasores as nossas terras' ".

[5]Portanto, vocês não estarão
na assembleia do SENHOR
para a divisão da terra por sorteio.

Advertência contra os falsos profetas

[6]"Não preguem",
dizem os seus profetas.
"Não preguem acerca dessas coisas;
a desgraça não nos alcançará."
Ó descendência de Jacó,
[7]é isto que está sendo falado:
"O Espírito do SENHOR perdeu a paciência?
É assim que ele age?"

"As minhas palavras fazem bem
àquele cujos caminhos são retos.
[8]Mas, ultimamente, como inimigos
vocês atacam o meu povo.
Além da túnica, arrancam a capa
daqueles que passam confiantes,
como quem volta da guerra.
[9]Vocês tiram as mulheres do meu povo
de seus lares agradáveis.
De seus filhos vocês removem
a minha dignidade para sempre.
[10]Levantem-se, vão embora!
Pois este não é o lugar de descanso,
porque ele está contaminado,
e arruinado,
sem que haja remédio.
[11]Se um mentiroso e enganador
vier e disser:
'Eu pregarei para vocês fartura de vinho
e de bebida fermentada',
ele será o profeta deste povo!

Promessa de livramento

[12]"Vou de fato ajuntar todos vocês,
ó Jacó;
sim, vou reunir o remanescente de Israel.
Eu os ajuntarei
como ovelhas num aprisco,
como um rebanho numa pastagem;
haverá ruído de grande multidão.
[13]Aquele que abre o caminho
irá adiante deles;
passarão pela porta e sairão.
O rei deles, o SENHOR, os guiará."

Repreensão aos líderes e aos profetas

3 Então eu disse:

Ouçam, vocês que são chefes de Jacó,
governantes da nação de Israel.
Vocês deveriam conhecer a justiça!
[2]Mas odeiam o bem e amam o mal;
arrancam a pele do meu povo
e a carne dos seus ossos.
[3]Aqueles que comem a carne
do meu povo,
arrancam a sua pele,
despedaçam os seus ossos
e os cortam como se fossem
carne para a panela,
[4]um dia clamarão ao SENHOR,
mas ele não lhes responderá.
Naquele tempo
ele esconderá deles o rosto
por causa do mal que eles têm feito.

[5]Assim diz o SENHOR:

"Aos profetas
que fazem o meu povo desviar-se,
e que, quando lhes dão o que mastigar,
proclamam paz,
mas proclamam guerra santa
contra quem não lhes enche a boca:
[6]Por tudo isso a noite virá sobre vocês,
noite sem visões;
haverá trevas, sem adivinhações.
O sol se porá
e o dia se escurecerá
para os profetas.
[7]Os videntes envergonhados,
e os adivinhos constrangidos,
todos cobrirão o rosto
porque não haverá resposta
da parte de Deus".

[8]Mas, quanto a mim,
graças ao poder
do Espírito do SENHOR,
estou cheio de força e de justiça,
para declarar a Jacó a sua transgressão,
e a Israel o seu pecado.
[9]Ouçam isto,
vocês que são chefes
da descendência de Jacó,
governantes da nação de Israel,
que detestam a justiça
e pervertem tudo o que é justo;
[10]que constroem Sião
com derramamento de sangue,
e Jerusalém com impiedade.
[11]Seus líderes julgam sob suborno,
seus sacerdotes ensinam visando a lucro,
e seus profetas adivinham
em troca de prata.
E ainda se apoiam no SENHOR,
dizendo:
"O SENHOR está no meio de nós.
Nenhuma desgraça nos acontecerá".
[12]Por isso, por causa de vocês,
Sião será arada como um campo,
Jerusalém se tornará
um monte de entulho,
e a colina do templo, um matagal.

A montanha do SENHOR

4 Nos últimos dias acontecerá que
o monte do templo do SENHOR
será estabelecido

como o principal entre os montes,
e se elevará acima das colinas.
E os povos a ele acorrerão.

2Muitas nações virão, dizendo:

"Venham, subamos
ao monte do SENHOR,
ao templo do Deus de Jacó.
Ele nos ensinará os seus caminhos,
para que andemos nas suas veredas".
Pois a lei virá de Sião,
a palavra do SENHOR, de Jerusalém.
3Ele julgará entre muitos povos
e resolverá contendas
entre nações poderosas e distantes.
Das suas espadas farão arados,
e das suas lanças, foices.
Nenhuma nação erguerá
a espada contra outra,
e não aprenderão mais a guerra.
4Todo homem poderá sentar-se
debaixo da sua videira
e debaixo da sua figueira,
e ninguém o incomodará,
pois assim falou
o SENHOR dos Exércitos.
5Pois todas as nações andam,
cada uma em nome dos seus deuses,
mas nós andaremos
em nome do SENHOR, o nosso Deus,
para todo o sempre.

O plano do SENHOR

6"Naquele dia", declara o SENHOR,

"ajuntarei os que tropeçam
e reunirei os dispersos,
aqueles a quem afligi.
7Farei dos que tropeçam
um remanescente,
e dos dispersos, uma nação forte.
O SENHOR reinará sobre eles
no monte Sião,
daquele dia em diante e para sempre.
8Quanto a você, ó torre do rebanho,
ó fortaleza[a] da cidade[b] de Sião,
o antigo domínio lhe será restaurado;
a realeza voltará
para a cidade de Jerusalém."

9Agora, por que gritar tão alto?
Você não tem rei?
Seu conselheiro morreu,
para que a dor lhe seja tão forte
como a de uma mulher
em trabalho de parto?
10Contorça-se em agonia,
ó povo da cidade de Sião,
como a mulher em trabalho de parto,
porque agora terá que deixar
os seus muros
para habitar em campo aberto.
Você irá para a Babilônia,
e lá será libertada.
Lá o SENHOR a resgatará
da mão dos seus inimigos.
11Mas agora muitas nações
estão reunidas contra você.
Elas dizem: "Que Sião seja profanada,
e que isso aconteça
diante dos nossos olhos!"
12Mas elas não conhecem
os pensamentos do SENHOR;
não compreendem o plano
daquele que as ajunta
como feixes para a eira.

13"Levante-se e debulhe,
ó cidade de Sião,
pois eu darei a você chifres de ferro
e cascos de bronze
para despedaçar muitas nações."

Você consagrará ao SENHOR,
ao Soberano de toda a terra,
os ganhos ilícitos
e a riqueza delas.

5 Reúna suas tropas,
ó cidade das tropas,[c]
pois há um cerco contra nós.
O líder de Israel será ferido na face,
com uma vara.

O governante que virá de Belém

2"Mas tu, Belém-Efrata,
embora pequena
entre os clãs[d] de Judá,
de ti virá para mim
aquele que será
o governante sobre Israel.
Suas origens[e] estão no passado distante,
em tempos antigos.[f]"

3Por isso os israelitas serão abandonados
até que aquela
que está em trabalho de parto
dê à luz.
Então o restante dos irmãos
do governante
voltará para unir-se aos israelitas.

4Ele se estabelecerá e os pastoreará
na força do SENHOR,
na majestade do nome do SENHOR,
o seu Deus.
E eles viverão em segurança,
pois a grandeza dele
alcançará os confins da terra.
5Ele será a sua paz.

Livramento e destruição

Quando os assírios
invadirem a nossa terra
e marcharem sobre as nossas fortalezas,
levantaremos contra eles sete pastores,
até oito líderes escolhidos.

[a] 4:8 Ou *colina*
[b] 4:8 Hebraico: *filha*; também nos versículos 10 e 13.

[c] 5:1 Ou *Fortifique seus muros, ó cidade murada,*
[d] 5:2 Ou *governantes*
[e] 5:2 Hebraico: *saídas.*
[f] 5:2 Ou *desde os dias da eternidade.*

6 Eles pastorearão[a] a Assíria
com a espada,
e a terra de Ninrode
com a espada empunhada[b].
Eles nos livrarão quando os assírios
invadirem a nossa terra,
e entrarem por nossas fronteiras.

7 O remanescente de Jacó estará
no meio de muitos povos
como orvalho da parte do SENHOR,
como aguaceiro sobre a relva;
não porá sua esperança no homem
nem dependerá dos seres humanos.
8 O remanescente de Jacó
estará entre as nações,
no meio de muitos povos,
como um leão
entre os animais da floresta,
como um leão forte
entre rebanhos de ovelhas,
leão que, quando ataca,
destroça e mutila a presa,
sem que ninguém a possa livrar.
9 Sua mão se levantará
contra os seus adversários,
e todos os seus inimigos
serão destruídos.

10 "Naquele dia", declara o SENHOR,

"matarei os seus cavalos
e destruirei os seus carros de guerra.
11 Destruirei também
as cidades da sua terra
e arrasarei todas as suas fortalezas.
12 Acabarei com a sua feitiçaria,
e vocês não farão mais adivinhações.
13 Destruirei as suas imagens esculpidas
e as suas colunas sagradas;
vocês não se curvarão mais
diante da obra de suas mãos.
14 Desarraigarei do meio de vocês
os seus postes sagrados
e derrubarei os seus ídolos[c].
15 Com ira e indignação me vingarei
das nações que não me obedeceram."

A acusação do SENHOR contra Israel

6 Ouçam o que diz o SENHOR:

"Fique em pé,
defenda a sua causa;
que as colinas ouçam
o que você tem para dizer.
2 Ouçam, ó montes,
a acusação do SENHOR;
escutem, alicerces eternos da terra.
Pois o SENHOR tem uma acusação
contra o seu povo;
ele está entrando em juízo
contra Israel.

3 "Meu povo, o que fiz
contra você?
Fui muito exigente? Responda-me.
4 Eu o tirei do Egito,
e o redimi da terra da escravidão;
enviei Moisés, Arão e Miriã
para conduzi-lo.
5 Meu povo, lembre-se do que Balaque,
rei de Moabe, pediu
e do que Balaão,
filho de Beor, respondeu.
Recorde a viagem que você fez
desde Sitim até Gilgal,
e reconheça
que os atos do SENHOR são justos."

6 Com que eu poderia comparecer
diante do SENHOR
e curvar-me perante o Deus exaltado?
Deveria oferecer holocaustos[d]
de bezerros de um ano?
7 Ficaria o SENHOR satisfeito
com milhares de carneiros,
com dez mil ribeiros de azeite?
Devo oferecer o meu filho mais velho
por causa da minha transgressão,
o fruto do meu corpo
por causa do pecado que eu cometi?
8 Ele mostrou a você, ó homem,
o que é bom
e o que o SENHOR exige:
pratique a justiça, ame a fidelidade
e ande humildemente com o seu Deus.

A culpa e o castigo de Israel

9 A voz do SENHOR
está clamando à cidade;
é sensato temer o seu nome!
"Ouçam, tribo de Judá
e assembleia da cidade![e]
10 Não há,[f] na casa do ímpio,
o tesouro da impiedade
e a medida falsificada, que é maldita?
11 Poderia alguém ser puro
com balanças desonestas
e pesos falsos?
12 Os ricos que vivem entre vocês
são violentos;
o seu povo é mentiroso
e as suas línguas falam enganosamente.
13 Por isso, eu mesmo os farei sofrer,
e os arruinarei
por causa dos seus pecados.
14 Vocês comerão,
mas não ficarão satisfeitos;
continuarão de estômago vazio.
Vocês ajuntarão,
mas nada preservarão,
porquanto o que guardarem,
à espada entregarei.
15 Vocês plantarão, mas não colherão;

[a] 5:6 Ou *esmagarão*; ou ainda *governarão*
[b] 5:6 Ou *Ninrode em suas portas*
[c] 5:14 Ou *as suas cidades*

[d] 6:6 Isto é, sacrifícios totalmente queimados.
[e] 6:9 Ou *e suas assembleias!*
[f] 6:10 Ou *Não há, ainda,*

espremerão azeitonas,
mas não se ungirão com o azeite;
espremerão uvas,
mas não beberão o vinho.
16Vocês têm obedecido
aos decretos de Onri
e a todas as práticas da família de Acabe,
e têm seguido as tradições deles.
Por isso os entregarei à ruína,
e o seu povo ao desprezo;
vocês sofrerão a zombaria das nações[a]."

A desgraça de Israel

7Que desgraça a minha!
Sou como quem colhe frutos de verão
na respiga da vinha;
não há nenhum cacho de uvas
para provar,
nenhum figo novo que eu tanto desejo.
2Os piedosos desapareceram do país;
não há um justo sequer.
Todos estão à espreita
para derramar sangue;
cada um caça seu irmão com uma armadilha.
3Com as mãos prontas para fazer o mal
o governante exige presentes,
o juiz aceita suborno,
os poderosos impõem o que querem;
todos tramam em conjunto.
4O melhor deles é como espinheiro,
e o mais correto
é pior que uma cerca de espinhos.
Chegou o dia anunciado
pelas suas sentinelas,
o dia do castigo de Deus.
Agora reinará a confusão entre eles.
5Não confie nos vizinhos;
nem acredite nos amigos.
Até com aquela que o abraça
tenha cada um cuidado com o que diz.
6Pois o filho despreza o pai,
a filha se rebela contra a mãe,
a nora, contra a sogra;
os inimigos do homem
são os seus próprios familiares.

7Mas, quanto a mim,
ficarei atento ao SENHOR,
esperando em Deus, o meu Salvador,
pois o meu Deus me ouvirá.

Israel se levantará

8Não se alegre a minha inimiga
com a minha desgraça.
Embora eu tenha caído,
eu me levantarei.
Embora eu esteja morando nas trevas,
o SENHOR será a minha luz.
9Por eu ter pecado contra o SENHOR,
suportarei a sua ira
até que ele apresente a minha defesa
e estabeleça o meu direito.
Ele me fará sair para a luz;
contemplarei a sua justiça.
10Então a minha inimiga o verá
e ficará coberta de vergonha,
ela, que me disse:
"Onde está o SENHOR, o seu Deus?"
Meus olhos verão a sua queda;
ela será pisada como o barro das ruas.

11O dia da reconstrução dos seus muros
chegará,
o dia em que se ampliarão
as suas fronteiras virá.
12Naquele dia virá a você gente
desde a Assíria até o Egito,
e desde o Egito até o Eufrates,
de mar a mar
e de montanha a montanha.
13Mas a terra será desolada
por causa dos seus habitantes,
em consequência de suas ações.

Súplica por misericórdia

14Pastoreia o teu povo com o teu cajado,
o rebanho da tua herança
que vive à parte numa floresta,
em férteis pastagens[b].
Deixa-o pastar em Basã e em Gileade,
como antigamente.

15"Como nos dias
em que você saiu do Egito,
ali mostrarei as minhas maravilhas."

16As nações verão isso
e se envergonharão,
despojadas de todo o seu poder.
Porão a mão sobre a boca,
e taparão os ouvidos.
17Lamberão o pó como a serpente,
como animais
que se arrastam no chão.
Sairão tremendo das suas fortalezas;
com temor se voltarão
para o SENHOR, o nosso Deus,
e terão medo de ti.
18Quem é comparável a ti, ó Deus,
que perdoas o pecado
e esqueces a transgressão
do remanescente da sua herança?
Tu, que não permaneces irado
para sempre,
mas tens prazer em mostrar amor.
19De novo terás compaixão de nós;
pisarás as nossas maldades
e atirarás todos os nossos pecados
nas profundezas do mar.
20Mostrarás fidelidade a Jacó,
e bondade a Abraão,
conforme prometeste sob juramento
aos nossos antepassados,
na antiguidade.

[a] **6:16** Conforme a Septuaginta. O Texto Massorético diz *zombaria devida ao meu povo.*

[b] **7:14** Ou *no meio do Carmelo*

NAUM

1 Advertência contra Nínive. Livro da visão de Naum, de Elcós.

A ira do SENHOR contra Nínive

2 O SENHOR é Deus zeloso e vingador!
O SENHOR é vingador!
Seu furor é terrível!
O SENHOR executa vingança
contra os seus adversários,
e manifesta o seu furor
contra os seus inimigos.
3 O SENHOR é muito paciente,
mas o seu poder é imenso;
o SENHOR não deixará impune o culpado.
O seu caminho está no vendaval
e na tempestade,
e as nuvens são a poeira de seus pés.
4 Ele repreende o mar e o faz secar,
faz que todos os rios se sequem.
Basã e o Carmelo se desvanecem
e as flores do Líbano murcham.
5 Quando ele se aproxima
os montes tremem
e as colinas se derretem.
A terra se agita na sua presença,
o mundo e todos os que nele vivem.
6 Quem pode resistir à sua indignação?
Quem pode suportar
o despertar de sua ira?
O seu furor se derrama como fogo,
e as rochas se despedaçam diante dele.
7 O SENHOR é bom,
um refúgio em tempos de angústia.
Ele protege os que nele confiam,
8 mas com uma enchente devastadora
dará fim a Nínive;
expulsará os seus inimigos
para a escuridão.
9 O SENHOR acabará com tudo
o que vocês planejarem contra ele[a];
a tribulação não precisará vir
uma segunda vez.
10 Embora estejam entrelaçados
como espinhos
e encharcados de bebida como bêbados,
serão consumidos
como a palha mais seca.
11 Foi de você, ó Nínive,
que saiu aquele que trama perversidades,
que planeja o mal contra o SENHOR.
12 Assim diz o SENHOR:
"Apesar de serem fortes
e numerosos,
serão ceifados e destruídos;
mas, você, Judá,
embora eu a tenha afligido,
não a afligirei mais.
13 Agora vou quebrar o jugo
do seu pescoço
e arrancar as suas algemas".
14 O SENHOR decreta o seguinte
a seu respeito, ó rei de Nínive:
"Você não terá descendentes
que perpetuem o seu nome.
Destruirei as imagens esculpidas
e os ídolos de metal
do templo dos seus deuses.
Prepararei o seu túmulo,
porque você é desprezível".
15 Vejam sobre os montes
os pés do que anuncia boas notícias
e proclama a paz!
Celebre as suas festas, ó Judá,
e cumpra os seus votos.
Nunca mais o perverso a invadirá;
ele será completamente destruído.

A queda de Nínive

2 O destruidor avança contra você,
Nínive!
Guarde a fortaleza!
Vigie a estrada!
Prepare a resistência!
Reúna todas as suas forças!
2 O SENHOR restaurará
o esplendor de Jacó;
restaurará o esplendor de Israel,
embora os saqueadores
tenham devastado e destruído
as suas videiras.
3 Os escudos e os uniformes
dos soldados inimigos são vermelhos.
Os seus carros de guerra reluzem
quando se alinham para a batalha;
agitam-se as lanças de pinho.[b]
4 Os carros de guerra
percorrem loucamente as ruas
e se cruzam velozmente
pelos quarteirões.
Parecem tochas de fogo
e se arremessam como relâmpagos.
5 As suas tropas de elite são convocadas,
mas elas vêm tropeçando;
correm para a muralha da cidade
para formar a linha de proteção.
6 As comportas dos canais são abertas,
e o palácio desaba.
7 Está decretado:
A cidade irá para o exílio;
será deportada.
As jovens tomadas como escravas
batem no peito;
seu gemer é como o arrulhar das pombas.

[a] 1:9 Ou *O que vocês planejam contra o Senhor?*

[b] 2:3 A Septuaginta e a Versão Siríaca dizem *os cavaleiros correm de um lado para outro.*

8 Nínive é como um açude antigo
cujas águas estão vazando.
"Parem, parem", eles gritam,
mas ninguém sequer olha para trás.
9 Saqueiem a prata! Saqueiem o ouro!
Sua riqueza não tem fim;
está repleta de objetos de valor!
10 Ah! Devastação! Destruição!
Desolação!
Os corações se derretem,
os joelhos vacilam,
todos os corpos tremem
e o rosto de todos empalidece!
11 Onde está agora a toca dos leões?
O lugar em que alimentavam
seus filhotes,
para onde iam o leão, a leoa
e os leõezinhos, sem nada temer?
12 Onde está o leão que caçava
o bastante para os seus filhotes,
estrangulava animais
para as suas leoas
e enchia as suas covas de presas
e as suas tocas de vítimas?
13 "Estou contra você",
declara o SENHOR dos Exércitos;
"queimarei no fogo
os seus carros de guerra,
e a espada matará os seus leões.
Eliminarei da terra a sua caça,
e a voz dos seus mensageiros
jamais será ouvida."

Lamentação por Nínive

3 Ai da cidade sanguinária,
repleta de fraudes e cheia de roubos,
sempre fazendo as suas vítimas!
2 Ah, o estalo dos chicotes,
o barulho das rodas,
o galope dos cavalos
e o sacudir dos carros de guerra!
3 Cavaleiros atacando,
espadas reluzentes e lanças cintilantes!
Muitos mortos,
montanhas de cadáveres,
corpos sem conta,
gente tropeçando por cima deles!
4 Tudo por causa do desejo desenfreado
de uma prostituta sedutora,
mestra de feitiçarias,
que escravizou nações
com a sua prostituição
e povos, com a sua feitiçaria.
5 "Eu estou contra você",
declara o SENHOR dos Exércitos;
"vou levantar o seu vestido
até a altura do seu rosto.
Mostrarei às nações a sua nudez
e aos reinos, as suas vergonhas.
6 Eu jogarei imundície sobre você,
e a tratarei com desprezo;
farei de você um exemplo.
7 Todos os que a virem fugirão, dizendo:
'Nínive está arrasada!
Quem a lamentará?'
Onde encontrarei quem a console?"

8 Acaso você é melhor do que Tebas[a],
situada junto ao Nilo,
rodeada de águas?
O rio era a sua defesa;
as águas, o seu muro.
9 A Etiópia[b] e o Egito
eram a sua força ilimitada;
Fute e a Líbia
estavam entre os seus aliados.
10 Apesar disso, ela foi deportada,
levada para o exílio.
Em todas as esquinas
as suas crianças foram massacradas.
Lançaram sortes para decidir
o destino dos seus nobres;
todos os poderosos foram acorrentados.
11 Você também ficará embriagada;
irá esconder-se,
tentando proteger-se do inimigo.
12 Todas as suas fortalezas
são como figueiras
carregadas de figos maduros;
basta sacudi-las,
e os figos caem em bocas vorazes.
13 Olhe bem para as suas tropas:
não passam de mulheres!
As suas portas estão escancaradas
para os seus inimigos;
o fogo devorou as suas trancas.
14 Reserve água para o tempo do
cerco!
Reforce as suas fortalezas!
Entre no barro, pise a argamassa,
prepare a forma para os tijolos!
15 Mesmo assim o fogo consumirá
você;
a espada a eliminará,
e, como gafanhotos devastadores,
a devorará!
Multiplique-se como
gafanhotos devastadores,
multiplique-se como
gafanhotos peregrinos!
16 Você multiplicou os seus comerciantes,
tornando-os mais numerosos
que as estrelas do céu;
mas como gafanhotos devastadores,
eles devoram o país
e depois voam para longe.
17 Os seus guardas
são como gafanhotos peregrinos,
os seus oficiais,
como enxames de gafanhotos
que se ajuntam sobre os muros
em dias frios;
mas quando o sol aparece, eles voam,
ninguém sabe para onde.

[a] **3:8** Hebraico: *No Amon.*
[b] **3:9** Hebraico: *Cuxe.*

[18]Ó rei da Assíria,
os seus pastores[a] dormem;
os seus nobres adormecem.
O seu povo está espalhado pelos montes
e não há ninguém para reuni-lo.

[a] 3:18 Ou *governantes*

[19]Não há cura para a sua chaga;
a sua ferida é mortal.
Quem ouve notícias a seu respeito
bate palmas pela sua queda,
pois, quem não sofreu por
sua crueldade sem limites?

HABACUQUE

1 Advertência revelada ao profeta Habacuque.

A primeira queixa de Habacuque

2 Até quando, SENHOR,
clamarei por socorro,
sem que tu ouças?
Até quando gritarei a ti: "Violência!"
sem que tragas salvação?
3 Por que me fazes ver a injustiça,
e contemplar a maldade?
A destruição e a violência
estão diante de mim;
há luta e conflito por todo lado.
4 Por isso a lei se enfraquece
e a justiça nunca prevalece.
Os ímpios prejudicam os justos,
e assim a justiça é pervertida.

A resposta do SENHOR

5 "Olhem as nações e contemplem-nas,
fiquem atônitos e pasmem;
pois nos dias de vocês farei algo
em que não creriam
se lhes fosse contado.
6 Estou trazendo os babilônios[a],
nação cruel e impetuosa,
que marcha por toda a extensão da terra
para apoderar-se de moradias
que não lhe pertencem.
7 É uma nação apavorante e temível,
que cria a sua própria justiça
e promove a sua própria honra.
8 Seus cavalos são mais velozes
que os leopardos,
mais ferozes[b] que
os lobos no crepúsculo.
Sua cavalaria vem de longe.
Seus cavalos vêm a galope;
vêm voando como ave de rapina
que mergulha para devorar;
9 todos vêm prontos para a violência.
Suas hordas avançam
como o vento do deserto,
e fazendo tantos prisioneiros
como a areia da praia.
10 Menosprezam os reis
e zombam dos governantes.
Riem de todas as cidades fortificadas,
pois constroem rampas de terra
e por elas as conquistam.
11 Depois passam como o vento
e prosseguem;
homens carregados de culpa,
e que têm por deus a sua própria força."

A segunda queixa de Habacuque

12 SENHOR,
tu não és desde a eternidade?
Meu Deus, meu Santo,
tu não morrerás[c].
SENHOR, tu designaste essa nação
para executar juízo;
ó Rocha, determinaste que ela
aplicasse castigo.
13 Teus olhos são tão puros
que não suportam ver o mal;
não podes tolerar a maldade.
Então, por que toleras os perversos?
Por que ficas calado
enquanto os ímpios devoram
os que são mais justos que eles?
14 Tornaste os homens
como peixes do mar,
como animais[d],
que não são governados por ninguém.
15 O inimigo puxa todos
com anzóis,
apanha-os em sua rede
e nela os arrasta;
então alegra-se e exulta.
16 E por essa razão
ele oferece sacrifício à sua rede
e queima incenso em sua honra,
pois, graças à sua rede,
vive em grande conforto
e desfruta iguarias.
17 Mas, continuará ele
esvaziando a sua rede,
destruindo sem misericórdia as nações?

2 Ficarei no meu posto de sentinela
e tomarei posição sobre a muralha;
aguardarei para ver o que o SENHOR me dirá
e que resposta terei à minha queixa.

A resposta do SENHOR

2 Então o SENHOR me respondeu:

"Escreva claramente a visão
em tábuas,
para que se leia facilmente[e].
3 Pois a visão aguarda
um tempo designado;
ela fala do fim, e não falhará[f].
Ainda que demore, espere-a;
porque ela[g] certamente virá
e não se atrasará.

4 "Escreva: O ímpio está envaidecido;
seus desejos não são bons;
mas o justo viverá
pela sua fidelidade[h].

[a] 1:6 Hebraico: *caldeus*.
[b] 1:8 Ou *ligeiros*
[c] 1:12 O Texto Massorético diz *nós não morreremos*.
[d] 1:14 Ou *peixes, criaturas do mar*
[e] 2:2 Ou *para que todo que a ler, corra*
[f] 2:3 Ou *e se cumprirá*
[g] 2:3 Ou *Embora ele demore, espere por ele; porque ele*
[h] 2:4 Várias versões dizem *sua fé*, com possível base na Septuaginta.

5De fato, a riqueza é ilusória[a],
e o ímpio é arrogante e não descansa;
ele é voraz como a sepultura[b]
e como a morte.
Nunca se satisfaz;
apanha para si todas as nações
e ajunta para si todos os povos.

6"Todos estes povos um dia rirão dele
com canções de zombaria, e dirão:

" 'Ai daquele que amontoa bens roubados
e enriquece mediante extorsão!
Até quando isto continuará assim?'
7Não se levantarão
de repente os seus credores?
Não se despertarão os que o fazem tremer?
Agora você se tornará vítima deles.
8Porque você saqueou muitas nações,
todos os povos que restaram
o saquearão.
Pois você derramou muito sangue,
e cometeu violência contra terras,
cidades e seus habitantes.

9"Ai daquele que obtém lucros injustos
para a sua casa,
para pôr seu ninho no alto
e escapar das garras do mal!
10Você tramou a ruína de muitos povos,
envergonhando a sua própria casa
e pecando contra a sua própria vida.
11Pois as pedras clamarão da parede,
e as vigas responderão do madeiramento
contra você.

12"Ai daquele que edifica uma cidade
com sangue
e a estabelece com crime!
13Acaso não vem
do SENHOR dos Exércitos
que o trabalho dos povos
seja só para satisfazer o fogo,
e que as nações se afadiguem em vão?
14Mas a terra se encherá do conhecimento
da glória do SENHOR,
como as águas enchem o mar.

15"Ai daquele que dá bebida
ao seu próximo,
misturando-a com o seu furor[c],
até que ele fique bêbado,
para lhe contemplar a nudez.
16Beba bastante vergonha,
em vez de glória!
Sim! Beba você também e exponha-se[d]!
A taça da mão direita do SENHOR
é dada a você,
muita vergonha[e] cobrirá a sua glória.

17A violência que você cometeu
contra o Líbano o alcançará,
e você ficará apavorado
com a matança, que você fez,
de animais.
Pois você derramou muito sangue
e cometeu violência contra terras,
cidades e seus habitantes.

18"De que vale uma imagem feita
por um escultor?
Ou um ídolo de metal
que ensina mentiras?
Pois aquele que o faz
confia em sua própria criação,
fazendo ídolos incapazes de falar.
19Ai daquele que diz à madeira:
'Desperte!'
Ou à pedra sem vida: 'Acorde!'
Poderá o ídolo dar orientação?
Está coberto de ouro e prata,
mas não respira.
20O SENHOR, porém,
está em seu santo templo;
diante dele fique em silêncio
toda a terra".

A oração de Habacuque

3 Oração do profeta Habacuque.
Uma confissão.

2SENHOR, ouvi falar da tua fama;
tremo diante dos teus atos, SENHOR.
Realiza de novo, em nossa época,
as mesmas obras,
faze-as conhecidas em nosso tempo;
em tua ira, lembra-te da misericórdia.

3Deus veio de Temã,
o Santo veio do monte Parã.

Pausa[f]

Sua glória cobriu os céus
e seu louvor encheu a terra.
4Seu esplendor era como a luz do sol;
raios lampejavam de sua mão,
onde se escondia o seu poder.
5Pragas iam adiante dele;
doenças terríveis seguiam os seus passos.
6Ele parou, e a terra tremeu;
olhou, e fez estremecer as nações.
Montes antigos se desmancharam;
colinas antiquíssimas se desfizeram.
Os caminhos dele são eternos.
7Vi a aflição das tendas de Cuchã;
tremiam as cortinas das tendas de Midiã.

8Era com os rios que estavas irado,
SENHOR?
Era contra os riachos o teu furor?
Foi contra o mar
que a tua fúria transbordou
quando cavalgaste com os teus cavalos
e com os teus carros vitoriosos?

[a] 2:5 Conforme um dos manuscritos do mar Morto. O Texto Massorético diz *o vinho é traiçoeiro*.
[b] 2:5 Hebraico: *Sheol*. Essa palavra também pode ser traduzida por profundezas, pó ou morte.
[c] 2:15 Ou *veneno*
[d] 2:16 Os manuscritos do mar Morto, a Vulgata e a Versão Siríaca dizem *e cambaleie*.
[e] 2:16 Ou *muito vômito*
[f] 3:3 Hebraico: *Selá*; também nos versículos 9 e 13.

9Preparaste o teu arco;
pediste muitas flechas.
Pausa

Fendeste a terra com rios;
10os montes te viram e se contorceram.
Torrentes de água
desceram com violência;
o abismo estrondou,
erguendo as suas ondas.

11O sol e a lua pararam em suas moradas,
diante do reflexo
de tuas flechas voadoras,
diante do lampejo
de tua lança reluzente.
12Com ira andaste a passos largos
por toda a terra
e com indignação
pisoteaste as nações.
13Saíste para salvar o teu povo,
para libertar o teu ungido.
Esmagaste o líder da nação ímpia,
tu o desnudaste da cabeça aos pés.
Pausa

14Com as suas próprias flechas
lhe atravessaste a cabeça,
quando os seus guerreiros saíram
como um furacão para nos espalhar
com maldoso prazer,
como se estivessem prestes a devorar
o necessitado em seu esconderijo.
15Pisaste o mar com teus cavalos,
agitando as grandes águas.

16Ouvi isso, e o meu íntimo estremeceu,
meus lábios tremeram;
os meus ossos desfaleceram;
minhas pernas vacilavam.
Tranquilo esperarei o dia da desgraça,
que virá sobre o povo que nos ataca.
17Mesmo não florescendo a figueira,
e não havendo uvas nas videiras,
mesmo falhando a safra de azeitonas,
não havendo produção de alimento
nas lavouras,
nem ovelhas no curral
nem bois nos estábulos,
18ainda assim eu exultarei no SENHOR
e me alegrarei
no Deus da minha salvação.
19O SENHOR, o Soberano, é a minha
força;
ele faz os meus pés como os do cervo;
faz-me andar em lugares altos.

Para o mestre de música. Para os meus instrumentos de cordas.

SOFONIAS

1 Palavra do SENHOR que veio a Sofonias, filho de Cuchi,
neto de Gedalias, bisneto de Amarias e trineto de Eze-
quias, durante o reinado de Josias, filho de Amom, rei
de Judá:

A destruição vindoura

2"Destruirei[a] todas as coisas
na face da terra";
palavra do SENHOR.
3"Destruirei tanto os homens
quanto os animais;
destruirei as aves do céu
e os peixes do mar,
e os que causam tropeço
junto com os ímpios[b].
Farei isso quando eu ceifar o homem
da face da terra",
declara o SENHOR.

O castigo de Judá

4"Estenderei a mão contra Judá
e contra todos
os habitantes de Jerusalém.
Eliminarei deste lugar
o remanescente de Baal,
os nomes dos ministros idólatras
e dos sacerdotes,
5aqueles que no alto dos terraços
adoram o exército de estrelas,
e aqueles que se prostram jurando pelo SENHOR
e também por Moloque;
6aqueles que se desviam
e deixam de seguir o SENHOR,
não o buscam nem o consultam.
7Calem-se diante do Soberano, o SENHOR,
pois o dia do SENHOR está próximo.
O SENHOR preparou um sacrifício;
consagrou seus convidados.
8No dia do sacrifício do SENHOR
castigarei os líderes e os filhos do rei
e todos os que estão vestidos
com roupas estrangeiras.
9Naquele dia castigarei
todos os que evitam pisar
a soleira dos ídolos[c],
e que enchem o templo de seus deuses[d]
com violência e engano.

10"Naquele dia", declara o SENHOR,
"haverá gritos perto da porta dos Peixes,
lamentos no novo distrito,
e estrondos nas colinas.
11Lamentem-se, vocês que moram
na cidade baixa[e];
todos os seus comerciantes
serão completamente destruídos,
todos os que negociam com prata
serão arruinados.
12Nessa época vasculharei Jerusalém
com lamparinas
e castigarei os complacentes,
que são como vinho envelhecido,
deixado com os seus resíduos,
que pensam: 'O SENHOR nada fará,
nem bem nem mal'.
13A riqueza deles será saqueada,
suas casas serão demolidas.
Embora construam novas casas,
nelas não morarão;
plantarão vinhas,
mas o vinho não beberão.

O grande dia do SENHOR

14"O grande dia do SENHOR
está próximo;
está próximo e logo vem.
Ouçam! O dia do SENHOR será amargo;
até os guerreiros gritarão.
15Aquele dia será um dia de ira,
dia de aflição e angústia,
dia de sofrimento e ruína,
dia de trevas e escuridão,
dia de nuvens e negridão,
16dia de toques de trombeta
e gritos de guerra
contra as cidades fortificadas
e contra as torres elevadas.
17Trarei aflição aos homens;
andarão como se fossem cegos,
porque pecaram contra o SENHOR.
O sangue deles será derramado
como poeira,
e suas entranhas como lixo.
18Nem a sua prata nem o seu ouro
poderão livrá-los
no dia da ira do SENHOR.
No fogo do seu zelo
o mundo inteiro será consumido,
pois ele dará fim repentino
a todos os que vivem na terra."

2 Reúna-se e ajunte-se,
nação sem pudor,
2antes que chegue o tempo determinado
e aquele dia passe como a palha,
antes que venha sobre vocês
a ira impetuosa do SENHOR,
antes que o dia da ira do SENHOR
os alcance.
3Busquem o SENHOR,
todos vocês, os humildes da terra,
vocês que fazem o que ele ordena.
Busquem a justiça,
busquem a humildade;
talvez vocês tenham abrigo
no dia da ira do SENHOR.

[a] 1:2 Ou *Tornarei a destruir*
[b] 1:3 Ou *os ímpios terão apenas montões de destroços*
[c] 1:9 Ver 1Sm 5:5.
[d] 1:9 Ou *de seu senhor*
[e] 1:11 Ou *moram no lugar onde se faz argamassa*

O castigo da Filístia

[4]Gaza será abandonada,
e Ascalom ficará arruinada.
Ao meio-dia Asdode será banida,
e Ecrom será desarraigada.
[5]Ai de vocês que vivem junto ao mar,
nação dos queretitas;
a palavra do SENHOR está contra você,
ó Canaã, terra dos filisteus.

"Eu a destruirei,
e não sobrará ninguém."

[6]Essa terra junto ao mar,
onde habitam os queretitas,
será morada de pastores
e curral de ovelhas.
[7]Pertencerá ao remanescente
da tribo de Judá.
Ali encontrarão pastagem;
e, ao entardecer, eles se deitarão
nas casas de Ascalom.
O SENHOR, o seu Deus, cuidará deles,
e lhes restaurará a sorte[a].

O castigo de Moabe e de Amom

[8]"Ouvi os insultos de Moabe
e as zombarias dos amonitas,
que insultaram o meu povo
e fizeram ameaças
contra o seu território.
[9]Por isso, juro pela minha vida",
declara o SENHOR dos Exércitos,
o Deus de Israel,
"Moabe se tornará como Sodoma
e os amonitas como Gomorra:
um lugar tomado por ervas daninhas
e poços de sal,
uma desolação perpétua.
O remanescente do meu povo
os saqueará;
os sobreviventes da minha nação
herdarão a terra deles."

[10]É isso que eles receberão
como recompensa pelo seu orgulho,
por insultarem e ridicularizarem
o povo do SENHOR dos Exércitos.
[11]O SENHOR será terrível contra eles,
quando destruir todos os deuses da terra.
As nações de todo o mundo o adorarão,
cada uma em sua própria terra.

O castigo da Etiópia

[12]"Vocês também, ó etíopes,[b]
serão mortos pela minha espada."

O castigo da Assíria

[13]Ele estenderá a mão contra o norte
e destruirá a Assíria,
deixando Nínive totalmente em ruínas,
tão seca como o deserto.
[14]No meio dela se deitarão rebanhos
e todo tipo de animais selvagens.
Até a coruja do deserto e o mocho
se empoleirarão no topo
de suas colunas.
Seus gritos ecoarão pelas janelas.
Haverá entulho nas entradas,
e as vigas de cedro ficarão expostas.
[15]Essa é a cidade que exultava,
vivendo despreocupada,
e dizia para si mesma:
"Eu, e mais ninguém!"
Que ruínas sobraram!
Uma toca de animais selvagens!
Todos os que passam por ela zombam
e sacodem os punhos.

O futuro de Jerusalém

3 Ai da cidade rebelde,
impura e opressora!
[2]Não ouve a ninguém,
e não aceita correção.
Não confia no SENHOR,
não se aproxima do seu Deus.
[3]No meio dela os seus líderes
são leões que rugem.
Seus juízes são lobos vespertinos
que nada deixam
para a manhã seguinte.
[4]Seus profetas são irresponsáveis,
são homens traiçoeiros.
Seus sacerdotes profanam o santuário
e fazem violência à lei.
[5]No meio dela está o SENHOR,
que é justo e jamais comete injustiça.
A cada manhã ele ministra a sua justiça,
e a cada novo dia ele não falha,
mas o injusto não se envergonha
da sua injustiça.

[6]"Eliminei nações;
suas fortificações estão devastadas.
Deixei desertas as suas ruas.
Suas cidades estão destruídas;
ninguém foi deixado; ninguém!
[7]Eu disse à cidade:
Com certeza você me temerá
e aceitará correção!
Pois, então, a sua habitação
não seria eliminada,
nem cairiam sobre ela
todos os meus castigos.
Mas eles ainda estavam ávidos
por fazer todo tipo de maldade.
[8]Por isso, esperem por mim",
declara o SENHOR,
"no dia em que eu me levantar
para testemunhar.
Decidi ajuntar as nações,
reunir os reinos
e derramar a minha ira sobre eles,
toda a minha impetuosa indignação.
O mundo inteiro será consumido
pelo fogo da minha zelosa ira.

[9]"Então purificarei os lábios dos povos,
para que todos eles invoquem

[a] 2:7 Ou *trará de volta seus cativos*
[b] 2:12 Hebraico: *cuxitas*.

o nome do SENHOR
e o sirvam de comum acordo.
10 Desde além dos rios da Etiópia
os meus adoradores,
o meu povo disperso,
me trarão ofertas.
11 Naquele dia
vocês não serão envergonhados
pelos seus atos de rebelião,
porque retirarei desta cidade
os que se regozijam em seu orgulho.
Nunca mais vocês serão altivos
no meu santo monte.
12 Mas deixarei no meio da cidade
os mansos e humildes,
que se refugiarão no nome do SENHOR.
13 O remanescente de Israel
não cometerá injustiças;
eles não mentirão,
nem se achará engano
em suas bocas.
Eles se alimentarão e descansarão,
sem que ninguém os amedronte."

14 Cante, ó cidade[a] de Sião;
exulte, ó Israel!
Alegre-se, regozije-se de todo o coração,
ó cidade de Jerusalém!
15 O SENHOR anulou a sentença
contra você,
ele fez retroceder os seus inimigos.
O SENHOR, o Rei de Israel,
está em seu meio;
nunca mais você temerá perigo algum.
16 Naquele dia se dirá a Jerusalém:
"Não tema, ó Sião;
não deixe suas mãos enfraquecerem.
17 O SENHOR, o seu Deus,
está em seu meio,
poderoso para salvar.
Ele se regozijará em você;
com o seu amor a renovará[b],
ele se regozijará em você
com brados de alegria".

18 "Eu ajuntarei os que choram
pelas festas fixas,
os que se afastaram de vocês,
para que isso não mais
lhes pese como vergonha.
19 Nessa época agirei
contra todos os que oprimiram vocês;
salvarei os aleijados
e ajuntarei os dispersos.
Darei a eles louvor e honra
em todas as terras
onde foram envergonhados.
20 Naquele tempo eu ajuntarei vocês;
naquele tempo os trarei para casa.
Eu lhes darei honra e louvor
entre todos os povos da terra,
quando eu restaurar a sua sorte[c]
diante dos seus próprios olhos",
diz o SENHOR.

[a] 3:14 Hebraico: *filha.*

[b] 3:17 Ou *a tranquilizará*

[c] 3:20 Ou *eu os trouxer de volta*

AGEU

A ordem para a reconstrução do templo

1 No primeiro dia do sexto mês do segundo ano do reinado de Dario, a palavra do SENHOR veio por meio do profeta Ageu ao governador de Judá, Zorobabel, filho de Sealtiel, e ao sumo sacerdote Josué, filho de Jeozadaque, dizendo:

2 "Assim diz o SENHOR dos Exércitos: Este povo afirma: 'Ainda não chegou o tempo de reconstruir a casa do SENHOR' ".

3 Por isso, a palavra do SENHOR veio novamente por meio do profeta Ageu: 4 "Acaso é tempo de vocês morarem em casas de fino acabamento, enquanto a minha casa continua destruída?"

5 Agora, assim diz o SENHOR dos Exércitos: "Vejam aonde os seus caminhos os levaram. 6 Vocês têm plantado muito, e colhido pouco. Vocês comem, mas não se fartam. Bebem, mas não se satisfazem. Vestem-se, mas não se aquecem. Aquele que recebe salário, recebe-o para colocá-lo numa bolsa furada".

7 Assim diz o SENHOR dos Exércitos: "Vejam aonde os seus caminhos os levaram! 8 Subam o monte para trazer madeira. Construam o templo[a], para que eu me alegre e nele seja glorificado", diz o SENHOR. 9 "Vocês esperavam muito, mas, eis que veio pouco. E o que vocês trouxeram para casa eu dissipei com um sopro. E por que o fiz?", pergunta o SENHOR dos Exércitos. "Por causa do meu templo, que ainda está destruído, enquanto cada um de vocês se ocupa com a sua própria casa. 10 Por isso, por causa de vocês, o céu reteve o orvalho e a terra deixou de dar o seu fruto. 11 Nos campos e nos montes provoquei uma seca que atingiu o trigo, o vinho, o azeite e tudo mais que a terra produz, e também os homens e o gado. O trabalho das mãos de vocês foi prejudicado".

12 Zorobabel, filho de Sealtiel, o sumo sacerdote Josué, filho de Jeozadaque, e todo o restante do povo obedeceram à voz do SENHOR, o seu Deus, por causa das palavras do profeta Ageu, a quem o SENHOR, o seu Deus, enviara. E o povo temeu o SENHOR.

13 Então Ageu, o mensageiro do SENHOR, trouxe esta mensagem do SENHOR para o povo: "Eu estou com vocês", declara o SENHOR. 14 Assim o SENHOR encorajou o governador de Judá, Zorobabel, filho de Sealtiel, o sumo sacerdote Josué, filho de Jeozadaque, e todo o restante do povo, e eles começaram a trabalhar no templo do SENHOR dos Exércitos, o seu Deus, 15 no vigésimo quarto dia do sexto mês do segundo ano do reinado de Dario.

O esplendor do novo templo

2 No vigésimo primeiro dia do sétimo mês, veio a palavra do SENHOR por meio do profeta Ageu: 2 "Pergunte o seguinte ao governador de Judá, Zorobabel, filho de Sealtiel, ao sumo sacerdote Josué, filho de Jeozadaque, e ao restante do povo: 3 Quem de vocês viu este templo em seu primeiro esplendor? Comparado a ele, não é como nada o que vocês veem agora?

4 "Coragem, Zorobabel", declara o SENHOR. "Coragem, sumo sacerdote Josué, filho de Jeozadaque. Coragem! Ao trabalho, ó povo da terra!", declara o SENHOR. "Porque eu estou com vocês", declara o SENHOR dos Exércitos. 5 "Esta é a aliança que fiz com vocês quando vocês saíram do Egito: Meu espírito está entre vocês. Não tenham medo".

6 Assim diz o SENHOR dos Exércitos: "Dentro de pouco tempo farei tremer o céu, a terra, o mar e o continente. 7 Farei tremer todas as nações, as quais trarão para cá os seus tesouros,[b] e encherei este templo de glória", diz o SENHOR dos Exércitos. 8 "Tanto a prata quanto o ouro me pertencem", declara o SENHOR dos Exércitos. 9 "A glória deste novo templo será maior do que a do antigo", diz o SENHOR dos Exércitos. "E neste lugar estabelecerei a paz", declara o SENHOR dos Exércitos.

Promessa de bênçãos

10 No vigésimo quarto dia do nono mês, no segundo ano do reinado de Dario, a palavra do SENHOR veio ao profeta Ageu:

11 "Assim diz o SENHOR dos Exércitos: "Faça aos sacerdotes a seguinte pergunta sobre a Lei: 12 Se alguém levar carne consagrada na borda de suas vestes, e com elas tocar num pão, ou em algo cozido, ou em vinho, ou em azeite ou em qualquer comida, isso ficará consagrado?" Os sacerdotes responderam: "Não".

13 Em seguida perguntou Ageu: "Se alguém ficar impuro por tocar num cadáver e depois tocar em alguma dessas coisas, ela ficará impura?"

"Sim", responderam os sacerdotes, "ficará impura."

14 Ageu transmitiu esta resposta do SENHOR: "É o que acontece com este povo e com esta nação. Tudo o que fazem e tudo o que me oferecem é impuro.

15 "Agora prestem atenção; de hoje em diante[c] reconsiderem. Em que condições vocês viviam antes que se colocasse pedra sobre pedra no templo do SENHOR? 16 Quando alguém chegava a um monte de trigo procurando vinte medidas, havia apenas dez. Quando alguém ia ao depósito de vinho para tirar cinquenta medidas, só encontrava vinte. 17 Eu destruí todo o trabalho das mãos de vocês, com mofo, ferrugem e granizo, mas vocês não se voltaram para mim", declara o SENHOR. 18 "A partir de hoje, vigésimo quarto dia do nono mês, atentem para o dia em que os fundamentos do templo do SENHOR foram lançados. Reconsiderem: 19 ainda há alguma semente no celeiro? Até hoje a videira, a figueira, a romeira e a oliveira não têm dado fruto. Mas, de hoje em diante, abençoarei vocês."

As promessas para Zorobabel

20 A palavra do SENHOR veio a Ageu pela segunda vez, no vigésimo quarto dia do nono mês: 21 "Diga a Zorobabel, governador de Judá, que eu farei tremer o céu e a terra. 22 Derrubarei tronos e destruirei o poder dos reinos estrangeiros. Virarei os carros e os seus condutores; os cavalos e os seus cavaleiros cairão, cada um pela espada do seu companheiro.

23 "Naquele dia", declara o SENHOR dos Exércitos, "eu o tomarei, meu servo Zorobabel, filho de Sealtiel", declara o SENHOR, "e farei de você um anel de selar, porque o tenho escolhido", declara o SENHOR dos Exércitos.

[a] 1:8 Hebraico: *a casa*; também nos versículos 9 e 14, e em 2:3,7,9 e 15.

[b] 2:7 A Vulgata e algumas outras traduções dizem *e o desejado de todas as nações virá*.

[c] 2:15 Ou *desde os dias passados*

ZACARIAS

Chamado ao arrependimento

1 No oitavo mês do segundo ano do reinado de Dario, a palavra do SENHOR veio ao profeta Zacarias, filho de Berequias e neto de Ido:

2“O SENHOR muito se irou contra os seus antepassados. 3Por isso, diga ao povo: Assim diz o SENHOR dos Exércitos: Voltem para mim, e eu me voltarei para vocês”, diz o SENHOR dos Exércitos. 4“Não sejam como os seus antepassados aos quais os antigos profetas proclamaram: ‘Assim diz o SENHOR dos Exércitos: Deixem os seus caminhos e as suas más obras’. Mas eles não me ouviram nem me deram atenção”, declara o SENHOR. 5“Onde estão agora os seus antepassados? E os profetas, acaso vivem eles para sempre? 6Mas as minhas palavras e os meus decretos, que ordenei aos meus servos, os profetas, alcançaram os seus antepassados e os levaram a converter-se e a dizer: ‘O SENHOR dos Exércitos fez conosco o que os nossos caminhos e práticas mereciam, conforme prometeu’ ”.

A visão dos cavalos

7No vigésimo quarto dia do décimo primeiro mês, o mês de sebate[a], no segundo ano do reinado de Dario, a palavra do SENHOR veio ao profeta Zacarias, filho de Berequias e neto de Ido. 8Durante a noite tive uma visão; apareceu na minha frente um homem montado num cavalo vermelho. Ele estava parado entre as murtas num desfiladeiro. Atrás dele havia cavalos vermelhos, marrons e brancos.

9Então perguntei: Quem são estes, meu senhor? O anjo que estava falando comigo respondeu: “Eu lhe mostrarei quem são”.

10O homem que estava entre as murtas explicou: “São aqueles que o SENHOR enviou por toda a terra”.

11E eles relataram ao anjo do SENHOR que estava entre as murtas: “Percorremos toda a terra e a encontramos em paz e tranquila”.

12Então o anjo do SENHOR respondeu: “SENHOR dos Exércitos, até quando deixarás de ter misericórdia de Jerusalém e das cidades de Judá, com as quais estás indignado há setenta anos?”

13Então o SENHOR respondeu palavras boas e confortadoras ao anjo que falava comigo.

14E o anjo me disse: “Proclame: Assim diz o SENHOR dos Exércitos: ‘Eu tenho sido muito zeloso com Jerusalém e Sião, 15mas estou muito irado contra as nações que se sentem seguras. Porque eu estava apenas um pouco irado com meu povo, mas elas aumentaram a dor que ele sofria!’

16“Por isso, assim diz o SENHOR: ‘Estou me voltando para Jerusalém com misericórdia, e ali o meu templo será reconstruído. A corda de medir será esticada sobre Jerusalém’, declara o SENHOR dos Exércitos.

17“Diga mais: Assim diz o SENHOR dos Exércitos: ‘As minhas cidades transbordarão de prosperidade novamente, e o SENHOR tornará a consolar Sião e a escolher Jerusalém’ ”.

Quatro chifres e quatro artesãos

18Depois eu olhei para o alto e vi quatro chifres. 19Então perguntei ao anjo que falava comigo: O que é isso?

Ele me respondeu: “São os chifres que dispersaram Judá, Israel e Jerusalém”.

20Depois o SENHOR mostrou-me quatro artesãos. 21Eu perguntei: O que eles vêm fazer?

Ele respondeu: “Ali estão os chifres que dispersaram Judá ao ponto de ninguém conseguir sequer levantar a cabeça, mas os artesãos vieram aterrorizar e quebrar esses chifres das nações que se levantaram contra o povo de Judá para dispersá-lo”.

O homem com a corda de medir

2 Olhei em seguida e vi um homem segurando uma corda de medir. 2Eu lhe perguntei: Aonde você vai?

Ele me respondeu: “Vou medir Jerusalém para saber o seu comprimento e a sua largura”.

3Então o anjo que falava comigo retirou-se, e outro anjo foi ao seu encontro 4e lhe disse: “Corra e diga àquele jovem: Jerusalém será habitada como uma cidade sem muros por causa dos seus muitos habitantes e rebanhos. 5E eu mesmo serei para ela um muro de fogo ao seu redor, declara o SENHOR, e dentro dela serei a sua glória”.

6“Atenção! Atenção! Fujam da terra do norte”, declara o SENHOR, “porque eu os espalhei aos quatro ventos da terra”, diz o SENHOR.

7“Atenção, ó Sião! Escapem, vocês que vivem na cidade[b] da Babilônia! 8Porque assim diz o SENHOR dos Exércitos: ‘Ele me enviou para buscar a sua glória entre as nações que saquearam vocês, porque todo o que tocar em vocês, toca na menina dos olhos dele’. 9Certamente levantarei a minha mão contra as nações de forma que serão um espólio para os seus servos. Então vocês saberão que foi o SENHOR dos Exércitos que me enviou.

10“Cante e alegre-se, ó cidade de Sião! Porque venho fazer de você a minha habitação”, declara o SENHOR. 11“Muitas nações se unirão ao SENHOR naquele dia e se tornarão meu povo. Então você será a minha habitação e reconhecerá que o SENHOR dos Exércitos me enviou a você. 12O SENHOR herdará Judá como sua propriedade na terra santa e escolherá de novo Jerusalém. 13Aquietem-se todos perante o SENHOR, porque ele se levantou de sua santa habitação”.

Vestes limpas para o sumo sacerdote

3 Depois disso ele me mostrou o sumo sacerdote Josué diante do anjo do SENHOR, e Satanás, à sua direita, para acusá-lo. 2O anjo do SENHOR disse a Satanás: “O SENHOR o repreenda, Satanás! O SENHOR que escolheu Jerusalém o repreenda! Este homem não parece um tição tirado do fogo?”

3Ora, Josué, vestido de roupas impuras, estava em pé diante do anjo. 4O anjo disse aos que estavam diante dele: “Tirem as roupas impuras dele”.

Depois disse a Josué: “Veja, eu tirei de você o seu pecado, e coloquei vestes nobres sobre você”.

[a] 1:7 Aproximadamente janeiro/fevereiro.

[b] 2:7 Hebraico: *filha*; também no versículo 10.

5Disse também: "Coloquem um turbante limpo em sua cabeça". Colocaram o turbante nele e o vestiram, enquanto o anjo do SENHOR observava.

6O anjo do SENHOR exortou Josué, dizendo: 7"Assim diz o SENHOR dos Exércitos: 'Se você andar nos meus caminhos e obedecer aos meus preceitos, você governará a minha casa e também estará encarregado das minhas cortes, e eu lhe darei um lugar entre estes que estão aqui.

8" 'Ouçam bem, sumo sacerdote Josué e seus companheiros sentados diante de você, homens que simbolizam coisas que virão: Trarei o meu servo, o Renovo. 9Vejam a pedra que coloquei na frente de Josué! Ela tem sete pares de olhos[a], e eu gravarei nela uma inscrição', declara o SENHOR dos Exércitos, 'e removerei o pecado desta terra num único dia.

10" 'Naquele dia', declara o SENHOR dos Exércitos, 'cada um de vocês convidará seu próximo para assentar-se debaixo da sua videira e debaixo da sua figueira' ".

O candelabro de ouro e as duas oliveiras

4 Depois o anjo que falava comigo tornou a despertar-me, como se desperta alguém do sono, 2e me perguntou: "O que você está vendo?"

Respondi: Vejo um candelabro de ouro maciço, com um recipiente para azeite na parte superior e sete lâmpadas e sete canos para as lâmpadas. 3Há também duas oliveiras junto ao recipiente, uma à direita e outra à esquerda.

4Perguntei ao anjo que falava comigo: O que significa isso, meu senhor?

5Ele disse: "Você não sabe?"

Não, meu senhor, respondi.

Oráculo sobre Zorobabel e o templo

6"Esta é a palavra do SENHOR para Zorobabel: 'Não por força nem por violência, mas pelo meu Espírito', diz o SENHOR dos Exércitos.

7"Quem você pensa que é, ó montanha majestosa? Diante de Zorobabel você se tornará uma planície. Ele colocará a pedra principal aos gritos de 'Deus abençoe! Deus abençoe!' "

8Então o SENHOR me falou: 9"As mãos de Zorobabel colocaram os fundamentos deste templo; suas mãos também o terminarão. Assim saberão que o SENHOR dos Exércitos me enviou a vocês.

10"Pois aqueles que desprezaram o dia das pequenas coisas terão grande alegria ao verem a pedra principal nas mãos de Zorobabel".

Explicação da visão do candelabro

Então ele me disse: "Estas sete lâmpadas são os olhos do SENHOR, que sondam toda a terra".

11A seguir perguntei ao anjo: O que significam estas duas oliveiras à direita e à esquerda do candelabro?

12E perguntei também: O que significam estes dois ramos de oliveira ao lado dos dois tubos de ouro que derramam azeite dourado?

13Ele disse: "Você não sabe?"

Não, meu senhor, respondi.

14Então ele me disse: "São os dois homens que foram ungidos para servir[b] ao Soberano de toda a terra!"

[a] 3:9 Ou *7 faces*
[b] 4:14 Ou *os dois que trazem óleo e servem*

A visão do pergaminho que voava

5 Levantei novamente os olhos, e vi diante de mim um pergaminho que voava.

2O anjo me perguntou: "O que você está vendo?"

Respondi: Vejo um pergaminho voando, com nove metros de comprimento por quatro e meio de largura[c].

3Então ele me disse: "Nele está escrita a maldição que está sendo derramada sobre toda a terra, porque tanto o ladrão como o que jura falsamente serão expulsos, conforme essa maldição. 4Assim declara o SENHOR dos Exércitos: 'Eu lancei essa maldição para que ela entre na casa do ladrão e na casa do que jura falsamente pelo meu nome. Ela ficará em sua casa e destruirá tanto as vigas como os tijolos!' "

A mulher dentro de um cesto

5Em seguida o anjo que falava comigo se adiantou e me disse: "Olhe e veja o que vem surgindo".

6Perguntei o que era aquilo, e ele me respondeu: "É uma vasilha[d]". E disse mais: "Aí está o pecado[e] de todo o povo desta terra".

7Então a tampa de chumbo foi retirada, e dentro da vasilha estava sentada uma mulher! 8Ele disse: "Esta é a Perversidade", e a empurrou para dentro da vasilha e a fechou de novo com a tampa de chumbo.

9De novo ergui os olhos e vi chegarem à minha frente duas mulheres com asas como de cegonha; o vento impeliu suas asas, e elas ergueram a vasilha entre o céu e a terra.

10Perguntei ao anjo: Para onde estão levando a vasilha?

11Ele respondeu: "Para a Babilônia[f], onde vão construir um santuário para ela. Quando ficar pronto, a vasilha será colocada lá, em seu pedestal".

Quatro carruagens

6 Olhei novamente e vi diante de mim quatro carruagens que vinham saindo do meio de duas montanhas de bronze. 2À primeira estavam atrelados cavalos vermelhos, à segunda, cavalos pretos, 3à terceira, cavalos brancos, e à quarta, cavalos malhados. Todos eram vigorosos. 4Perguntei ao anjo que falava comigo: Que representam estes cavalos atrelados, meu senhor?

5O anjo me respondeu: "Estes são os quatro espíritos[g] dos céus, que acabam de sair da presença do Soberano de toda a terra. 6A carruagem puxada pelos cavalos pretos vai em direção à terra do norte, a que tem cavalos brancos vai em direção ao ocidente[h], e a que tem cavalos malhados vai para a terra do sul".

7Os vigorosos cavalos avançavam, impacientes por percorrer a terra. E o anjo lhes disse: "Percorram toda a terra!" E eles foram.

8Então ele me chamou e disse: "Veja, os que foram para a terra do norte deram repouso ao meu Espírito[i] naquela terra".

A coroa de Josué

9E o SENHOR me ordenou: 10"Tome prata e ouro

[c] 5:2 Hebraico: *20 côvados de comprimento e 10 côvados de largura.* O côvado era uma medida linear de cerca de 45 centímetros.
[d] 5:6 Hebraico: *1 efa.*
[e] 5:6 Ou *aparência*
[f] 5:11 Hebraico: *Sinear.*
[g] 6:5 Ou *ventos*
[h] 6:6 Hebraico: *vai atrás deles.*
[i] 6:8 Ou *espírito*

dos exilados Heldai, Tobias e Jedaías, que chegaram
da Babilônia. No mesmo dia vá à casa de Josias, filho
de Sofonias. 11Pegue a prata e o ouro, faça uma coroa,
e coloque-a na cabeça do sumo sacerdote Josué, filho
de Jeozadaque. 12Diga-lhe que assim diz o SENHOR dos
Exércitos: Aqui está o homem cujo nome é Renovo, e
ele sairá do seu lugar e construirá o templo do SENHOR.
13Ele construirá o templo do SENHOR, será revestido de
majestade e se assentará em seu trono para governar.
Ele será sacerdote no trono. E haverá harmonia entre
os dois. 14A coroa será para Heldai[a], Tobias, Jedaías e
Hem[b], filho de Sofonias, como um memorial no templo
do SENHOR. 15Gente de longe virá ajudar a construir o
templo do SENHOR. Então vocês saberão que o SENHOR
dos Exércitos me enviou a vocês. Isto só acontecerá se
obedecerem fielmente à voz do SENHOR, o seu Deus".

Justiça e misericórdia ao invés de jejuns

7 No quarto ano do reinado do rei Dario, a palavra do
SENHOR veio a Zacarias, no quarto dia do nono mês,
o mês de quisleu[c]. 2Foi quando o povo de Betel enviou
Sarezer e Regém-Meleque com seus homens, para su-
plicarem ao SENHOR, 3perguntando aos sacerdotes do
templo do SENHOR dos Exércitos e aos profetas: "Deve-
mos lamentar e jejuar no quinto mês, como já estamos
fazendo há tantos anos?"
4Então o SENHOR dos Exércitos me falou: 5"Pergunte
a todo o povo e aos sacerdotes: Quando vocês jejuaram
no quinto e no sétimo meses durante os últimos seten-
ta anos, foi de fato para mim que jejuaram? 6E quando
comiam e bebiam, não era para vocês mesmos que o
faziam? 7Não são essas as palavras do SENHOR procla-
madas pelos antigos profetas quando Jerusalém e as
cidades ao seu redor estavam em paz e prosperavam,
e o Neguebe e a Sefelá[d] eram habitados?"
8E a palavra do SENHOR veio novamente a Zacarias:
9"Assim diz o SENHOR dos Exércitos: Administrem a ver-
dadeira justiça, mostrem misericórdia e compaixão uns
para com os outros. 10Não oprimam a viúva e o órfão,
nem o estrangeiro e o necessitado. Nem tramem mal-
dades uns contra os outros".
11Mas eles se recusaram a dar atenção; teimosamen-
te viraram as costas e taparam os ouvidos. 12Endurece-
ram o coração e não ouviram a Lei e as palavras que o
SENHOR dos Exércitos tinha falado, pelo seu Espírito,
por meio dos antigos profetas. Por isso o SENHOR dos
Exércitos irou-se muito.
13"Quando eu os chamei, não me deram ouvidos; por
isso, quando eles me chamarem, também não os ouvi-
rei", diz o SENHOR dos Exércitos. 14"Eu os espalhei com
um vendaval entre nações que eles nem conhecem. A
terra que deixaram para trás ficou tão destruída que
ninguém podia atravessá-la. Foi assim que transforma-
ram a terra aprazível em ruínas."

A bênção do SENHOR para Jerusalém

8 Mais uma vez veio a mim a palavra do SENHOR dos
Exércitos. 2Assim diz o SENHOR dos Exércitos: "Te-
nho muito ciúme de Sião; estou me consumindo de
ciúmes por ela".
3Assim diz o SENHOR: "Estou voltando para Sião e ha-
bitarei em Jerusalém. Então Jerusalém será chamada
Cidade da Verdade, e o monte do SENHOR dos Exércitos
será chamado monte Sagrado".
4Assim diz o SENHOR dos Exércitos: "Homens e mu-
lheres de idade avançada voltarão a sentar-se nas pra-
ças de Jerusalém, cada um com sua bengala, por causa
da idade. 5As ruas da cidade ficarão cheias de meninos
e meninas brincando.
6"Mesmo que isso pareça impossível para o remanes-
cente deste povo naquela época, será impossível para
mim?", declara o SENHOR dos Exércitos.
7Assim diz o SENHOR dos Exércitos: "Salvarei meu
povo dos países do oriente e do ocidente. 8Eu os tra-
rei de volta para que habitem em Jerusalém; serão
meu povo e eu serei o Deus deles, com fidelidade e
justiça".
9Assim diz o SENHOR dos Exércitos: "Vocês que estão
ouvindo hoje estas palavras já proferidas pelos profe-
tas quando foram lançados os alicerces do templo do
SENHOR dos Exércitos, fortaleçam as mãos para que o
templo seja construído. 10Pois antes daquele tempo não
havia salários para os homens nem para os animais.
Ninguém podia tratar dos seus negócios com seguran-
ça por causa de seus adversários, porque eu tinha pos-
to cada um contra o seu próximo. 11Mas agora não mais
tratarei com o remanescente deste povo como fiz no
passado", declara o SENHOR dos Exércitos.
12"Haverá uma rica semeadura, a videira dará o seu
fruto, a terra produzirá suas colheitas e o céu derramará
o orvalho. E darei todas essas coisas como uma herança
ao remanescente deste povo. 13Assim como vocês foram
uma maldição para as nações, ó Judá e Israel, também
os salvarei e vocês serão uma bênção. Não tenham me-
do, antes, sejam fortes."
14Assim diz o SENHOR dos Exércitos: "Assim como eu
havia decidido castigar vocês sem compaixão quando
os seus antepassados me enfureceram", diz o SENHOR
dos Exércitos, 15"também agora decidi fazer de novo o
bem a Jerusalém e a Judá. Não tenham medo! 16Eis o
que devem fazer: Falem somente a verdade uns com os
outros, e julguem retamente em seus tribunais; 17não
planejem no íntimo o mal contra o seu próximo, e não
queiram jurar com falsidade. Porque eu odeio todas
essas coisas", declara o SENHOR.
18Mais uma vez veio a mim a palavra do SENHOR dos
Exércitos. 19Assim diz o SENHOR dos Exércitos:
"Os jejuns do quarto mês, bem como os do quinto,
do sétimo e do décimo mês serão ocasiões alegres e
cheias de júbilo, festas felizes para o povo de Judá. Por
isso amem a verdade e a paz".
20Assim diz o SENHOR dos Exércitos: "Povos e habi-
tantes de muitas cidades ainda virão, 21e os habitantes
de uma cidade irão a outra e dirão: 'Vamos logo suplicar
o favor do SENHOR e buscar o SENHOR dos Exércitos. Eu
mesmo já estou indo'. 22E muitos povos e nações pode-
rosas virão buscar o SENHOR dos Exércitos em Jerusa-
lém e suplicar o seu favor".
23Assim diz o SENHOR dos Exércitos: "Naqueles dias,
dez homens de todas as línguas e nações agarrarão fir-
memente a barra das vestes de um judeu e dirão: 'Nós
vamos com você porque ouvimos dizer que Deus está
com o seu povo".

[a] 6:14 Conforme a Versão Siríaca. O Texto Massorético diz *Helém*.
[b] 6:14 Ou *o bondoso*
[c] 7:1 Aproximadamente novembro/dezembro.
[d] 7:7 Pequena faixa de terra de relevo variável entre a planície costeira e as montanhas.

Julgamento dos inimigos de Israel

9 A advertência do SENHOR é contra a terra de Hadraque
e cairá sobre Damasco,
porque os olhos do SENHOR estão sobre toda a humanidade
e sobre todas as tribos de Israel,
2 e também sobre Hamate que faz fronteira com Damasco,
e sobre Tiro e Sidom, embora sejam muito sábias.
3 Tiro construiu para si uma fortaleza;
acumulou prata como pó,
e ouro como lama das ruas.
4 Mas o Senhor se apossará dela
e lançará no mar suas riquezas,
e ela será consumida pelo fogo.
5 Ao ver isso Ascalom ficará com medo;
Gaza também se contorcerá de agonia,
assim como Ecrom,
porque a sua esperança fracassou.
Gaza perderá o seu rei,
e Ascalom ficará deserta.
6 Um povo bastardo ocupará Asdode,
e assim eu acabarei
com o orgulho dos filisteus.
7 Tirarei o sangue de suas bocas,
e a comida proibida
dentre os seus dentes.
Aquele que restar pertencerá
ao nosso Deus
e se tornará chefe em Judá,
e Ecrom será como os jebuseus.
8 Defenderei a minha casa
contra os invasores.
Nunca mais um opressor
passará por cima do meu povo,
porque agora eu vejo isso
com os meus próprios olhos.

A vinda do rei de Sião

9 Alegre-se muito, cidade[a] de Sião!
Exulte, Jerusalém!
Eis que o seu rei[b] vem a você,
justo e vitorioso,
humilde e montado num jumento,
um jumentinho, cria de jumenta.
10 Ele destruirá
os carros de guerra de Efraim
e os cavalos de Jerusalém,
e os arcos de batalha serão quebrados.
Ele proclamará paz às nações
e dominará de um mar a outro,
e do Eufrates[c] até os confins da terra[d].
11 Quanto a você, por causa do sangue
da minha aliança com você,
libertarei os seus prisioneiros
de um poço sem água.
12 Voltem à sua fortaleza,
ó prisioneiros da esperança;
pois hoje mesmo anuncio que restaurarei
tudo em dobro para vocês.
13 Quando eu curvar Judá
como se curva um arco
e usar Efraim como flecha,
levantarei os filhos de Sião
contra os filhos da Grécia,
e farei Sião semelhante
à espada de um guerreiro.

O aparecimento do SENHOR

14 Então o SENHOR aparecerá sobre eles;
sua flecha brilhará como o relâmpago.
O Soberano, o SENHOR,
tocará a trombeta
e marchará em meio às
tempestades do sul;
15 o SENHOR dos Exércitos os protegerá.
Eles pisotearão e destruirão
as pedras das atiradeiras.
Eles beberão o sangue do inimigo
como se fosse vinho;
estarão cheios como a bacia
usada para aspergir[e] água
nos cantos do altar.
16 Naquele dia o SENHOR, o seu Deus,
os salvará como rebanho do seu povo,
e como joias de uma coroa
brilharão em sua terra.
17 Ah! Como serão belos!
Como serão formosos!
O trigo dará vigor aos rapazes,
e o vinho novo às moças.

O cuidado do SENHOR por Judá

10 Peça ao SENHOR
chuva de primavera,
pois é o SENHOR quem faz o trovão,
quem envia a chuva aos homens
e lhes dá as plantas do campo.
2 Porque os ídolos falam mentiras,
os adivinhadores têm falsas visões
e contam sonhos enganadores;
o consolo que trazem é vão.
Por isso o povo vagueia como ovelhas
aflitas pela falta de um pastor.
3 "Contra os pastores
acende-se a minha ira,
e contra os líderes eu agirei."
Porque o SENHOR dos Exércitos
cuidará de seu rebanho, o povo de Judá,
ele fará dele o seu vigoroso cavalo
de guerra.
4 Dele virão a pedra fundamental,
e a estaca da tenda,
o arco da batalha e os governantes.
5 Juntos serão[f] como guerreiros
que pisam a lama das ruas
na batalha.
Lutarão e derrubarão os cavaleiros
porque o SENHOR estará com eles.

6 "Assim, eu fortalecerei a tribo de Judá
e salvarei a casa de José.

[a] 9:9 Hebraico: *filha.*
[b] 9:9 Ou *Rei*
[c] 9:10 Hebraico: *do Rio.*
[d] 9:10 Ou *da nação*
[e] 9:15 Ou *aspergir, como*
[f] 10:4-5 Ou *governará, todos eles juntos.* [5]*Eles serão*

Eu os restaurarei
porque tenho compaixão deles.
Eles serão como se
eu nunca os tivesse rejeitado,
porque eu sou o SENHOR, o Deus deles,
e lhes responderei.
7 Efraim será como um homem poderoso;
seu coração se alegrará
como se fosse com vinho,
seus filhos o verão e se alegrarão;
seus corações exultarão no SENHOR.
8 Assobiarei para eles e os ajuntarei,
pois eu já os resgatei.
Serão numerosos como antes.
9 Embora eu os espalhe por entre
os povos de terras distantes,
eles se lembrarão de mim.
Criarão seus filhos e voltarão.
10 Eu os farei retornar do Egito
e os ajuntarei de volta da Assíria.
Eu os levarei para as terras de Gileade
e do Líbano,
e mesmo assim não haverá espaço
suficiente para eles.
11 Vencerei o mar da aflição,
ferirei o mar revoltoso,
e as profundezas do Nilo se secarão.
O orgulho da Assíria será abatido
e o poder do Egito será derrubado.
12 Eu os fortalecerei no SENHOR,
e em meu nome marcharão",
diz o SENHOR.

11 Abra as suas portas, ó Líbano,
para que o fogo devore os seus cedros.
2 Agonize, ó pinheiro,
porque o cedro caiu
e as majestosas árvores
foram devastadas.
Agonizem, carvalhos de Basã,
pois a floresta densa
está sendo derrubada.
3 Ouçam o gemido dos pastores;
os seus formosos pastos
foram devastados.
Ouçam o rugido dos leões;
pois a rica floresta do Jordão
foi destruída.

Dois pastores

4 Assim diz o SENHOR, o meu Deus: "Pastoreie o re-
banho destinado à matança, 5 porque os seus compra-
dores o matam e ninguém os castiga. Aqueles que o
vendem dizem: 'Bendito seja o SENHOR, estou rico!'
Nem os próprios pastores poupam o rebanho. 6 Por is-
so, não pouparei mais os habitantes desta terra", diz
o SENHOR. "Entregarei cada um ao seu próximo e ao
seu rei. Eles acabarão com a terra e eu não livrarei nin-
guém das suas mãos".

7 Eu me tornei pastor do rebanho destinado à matan-
ça, os oprimidos do rebanho. Então peguei duas varas e
chamei a uma Favor e a outra União, e com elas pastoreei
o rebanho. 8 Em um só mês eu me livrei dos três pasto-
res. Porque eu me cansei deles e o rebanho me detesta-
va. 9 Então eu disse: Não serei o pastor de vocês. Morram
as que estão morrendo, pereçam as que estão perecen-
do. E as que sobrarem comam a carne umas das outras.

10 Então peguei a vara chamada Favor e a quebrei,
cancelando a aliança que tinha feito com todas as na-
ções. 11 Foi cancelada naquele dia, e assim os aflitos do
rebanho que estavam me olhando entenderam que essa
palavra era do SENHOR.

12 Eu lhes disse: Se acharem melhor assim, pa-
guem-me; se não, não me paguem. Então eles me pa-
garam trinta moedas de prata.

13 E o SENHOR me disse: "Lance isto ao oleiro", o ótimo
preço pelo qual me avaliaram! Por isso tomei as trin-
ta moedas de prata e as atirei no templo do SENHOR,
para o oleiro.

14 Depois disso, quebrei minha segunda vara, cha-
mada União, rompendo a relação de irmãos entre Ju-
dá e Israel.

15 Então o SENHOR me disse: "Pegue novamente os
utensílios de um pastor insensato. 16 Porque levantarei
nesta terra um pastor que não se preocupará com as
ovelhas perdidas, nem procurará a que está solta, nem
curará as machucadas, nem alimentará as sadias, mas
comerá a carne das ovelhas mais gordas, arrancando
as suas patas.

17 "Ai do pastor imprestável,
que abandona o rebanho!
Que a espada fira o seu braço
e fure o seu olho direito!
Que o seu braço seque completamente,
e fique totalmente cego
o seu olho direito!"

A destruição dos inimigos de Jerusalém

12 Esta é a palavra do SENHOR para Israel; palavra do
SENHOR que estende o céu, assenta o alicerce da
terra e forma o espírito do homem dentro dele:
2 "Farei de Jerusalém uma taça que embriague todos
os povos ao seu redor, todos os que estarão no cerco
contra Judá e Jerusalém. 3 Naquele dia, quando todas
as nações da terra estiverem reunidas para atacá-la, fa-
rei de Jerusalém uma pedra pesada para todas as na-
ções. Todos os que tentarem levantá-la se machucarão
muito. 4 Naquele dia porei em pânico todos os cavalos e
deixarei loucos os seus cavaleiros", diz o SENHOR. "Pro-
tegerei o povo de Judá, mas cegarei todos os cavalos
das nações. 5 Então os líderes de Judá pensarão: 'Os ha-
bitantes de Jerusalém são fortes porque o SENHOR dos
Exércitos é o seu Deus!'

6 "Naquele dia farei que os líderes de Judá sejam se-
melhantes a um braseiro no meio de um monte de le-
nha, como uma tocha incandescente entre gravetos. Eles
consumirão à direita e à esquerda todos os povos ao re-
dor, mas Jerusalém permanecerá intacta em seu lugar.

7 "O SENHOR salvará primeiro as tendas de Judá, pa-
ra que a honra da família de Davi e dos habitantes de
Jerusalém não seja superior à de Judá. 8 Naquele dia o
SENHOR protegerá os que vivem em Jerusalém, e assim
o mais fraco dentre eles será como Davi, e a família de
Davi será como Deus, como o anjo do SENHOR que vai
adiante deles.

Arrependimento dos habitantes de Jerusalém

9 "Naquele dia procurarei destruir todas as nações
que atacarem Jerusalém. 10 E derramarei sobre a família

de Davi e sobre os habitantes de Jerusalém um espíri-
to[a] de ação de graças e de súplicas. Olharão para mim,
aquele a quem traspassaram, e chorarão por ele como
quem chora a perda de um filho único, e se lamentarão
amargamente por ele como quem lamenta a perda do
filho mais velho. 11 Naquele dia muitos chorarão em Je-
rusalém, como os que choraram em Hadade-Rimom no
vale de Megido. 12 Todo o país chorará, separadamente
cada família com suas mulheres chorará: a família de
Davi com suas mulheres, a família de Natã com suas
mulheres, 13 a família de Levi com suas mulheres, a fa-
mília de Simei com suas mulheres, 14 e todas as demais
famílias com suas mulheres.

A eliminação dos profetas

13 "Naquele dia uma fonte jorrará para os descenden-
tes de Davi e para os habitantes de Jerusalém, para
purificá-los do pecado e da impureza.
2 "Naquele dia eliminarei da terra de Israel os nomes
dos ídolos, e nunca mais serão lembrados", diz o SENHOR
dos Exércitos. "Removerei da terra tanto os profetas co-
mo o espírito imundo. 3 E se alguém ainda profetizar,
seu próprio pai e sua mãe lhe dirão: 'Você deve morrer
porque disse mentiras em nome do SENHOR'. Quando ele
profetizar, os seus próprios pais o esfaquearão.
4 "Naquele dia todo profeta se envergonhará de sua
visão profética. Não usará o manto de profeta, feito de
pele, para enganar. 5 Ele dirá: 'Eu não sou profeta. Sou
um homem do campo; a terra tem sido o meu sustento
desde a minha mocidade[b]'. 6 Se alguém lhe perguntar:
'Que feridas são estas no seu corpo?[c]', ele responderá:
'Fui ferido na casa de meus amigos'.

O pastor ferido e as ovelhas dispersas

7 "Levante-se, ó espada,
contra o meu pastor,
contra o meu companheiro!",
declara o SENHOR dos Exércitos.
"Fira o pastor,
e as ovelhas se dispersarão,
e voltarei minha mão
para os pequeninos.
8 Na terra toda, dois terços
serão ceifados e morrerão;
todavia a terça parte permanecerá",
diz o SENHOR.
9 "Colocarei essa terça parte no fogo,
e a refinarei como prata,
e a purificarei como ouro.
Ela invocará o meu nome,
e eu lhe responderei.
É o meu povo, direi;
e ela dirá: 'O SENHOR é o meu Deus'."

A vinda do reino do SENHOR

14 Vejam, o dia do SENHOR virá, quando no meio de
vocês os seus bens serão divididos.
2 Reunirei todos os povos para lutarem contra Jeru-
salém; a cidade será conquistada, as casas saqueadas
e as mulheres violentadas. Metade da população será
levada para o exílio, mas o restante do povo não será
tirado da cidade.
3 Depois o SENHOR sairá para a guerra contra aquelas
nações, como ele faz em dia de batalha. 4 Naquele dia
os seus pés estarão sobre o monte das Oliveiras, a les-
te de Jerusalém, e o monte se dividirá ao meio, de les-
te a oeste, por um grande vale; metade do monte será
removido para o norte, e a outra metade para o sul.
5 Vocês fugirão pelo meu vale entre os montes, pois ele
se estenderá até Azel. Fugirão como fugiram do terre-
moto[d] nos dias de Uzias, rei de Judá. Então o SENHOR,
o meu Deus, virá com todos os seus santos.
6 Naquele dia não haverá calor nem frio. 7 Será um
dia único, um dia que o SENHOR conhece, no qual não
haverá separação entre dia e noite, porque, mesmo de-
pois de anoitecer, haverá claridade.
8 Naquele dia águas correntes fluirão de Jerusalém,
metade delas para o mar do leste[e] e metade para o mar
do oeste[f]. Isso acontecerá tanto no verão como no in-
verno.
9 O SENHOR será rei de toda a terra. Naquele dia ha-
verá um só SENHOR e o seu nome será o único nome.
10 A terra toda, desde Geba até Rimom, ao sul de Je-
rusalém, será semelhante à Arabá. Mas Jerusalém se-
rá restabelecida e permanecerá em seu lugar, desde a
porta de Benjamim até o lugar da primeira porta, até
a porta da Esquina, e desde a torre de Hananeel até os
tanques de prensar uvas do rei. 11 Será habitada; nunca
mais será destruída. Jerusalém estará segura.
12 Esta é a praga com a qual o SENHOR castigará to-
das as nações que lutarem contra Jerusalém: sua car-
ne apodrecerá enquanto estiverem ainda em pé, seus
olhos apodrecerão em suas órbitas e sua língua apo-
drecerá em sua boca. 13 Naquele dia, grande confusão
causada pelo SENHOR dominará essas nações. Cada um
atacará o que estiver ao seu lado. 14 Também Judá lu-
tará em Jerusalém. A riqueza de todas as nações vi-
zinhas será recolhida, grandes quantidades de ouro,
prata e roupas. 15 A mesma praga cairá sobre cavalos e
mulas, camelos e burros, sobre todos os animais da-
quelas nações.
16 Então, os sobreviventes de todas as nações que ata-
caram Jerusalém subirão ano após ano para adorar o
rei, o SENHOR dos Exércitos, para celebrar a festa das ca-
banas[g]. 17 Se algum dentre os povos da terra não subir a
Jerusalém para adorar o Rei, o SENHOR dos Exércitos,
não virá para ele a chuva. 18 Se os egípcios não subirem
para participar, o SENHOR mandará sobre eles a praga
com a qual afligirá as nações que se recusarem a subir
para celebrar a festa das cabanas. 19 Sim, essa será a pu-
nição do Egito e de todas as nações que não subirem
para celebrar a festa das cabanas.
20 Naquele dia estará inscrito nas sinetas penduradas
nos cavalos: "Separado para o SENHOR". Os caldeirões do
templo do SENHOR serão tão sagrados quanto as bacias
diante do altar. 21 Cada panela de Jerusalém e de Judá se-
rá separada para o SENHOR dos Exércitos, e todos os que
vierem sacrificar pegarão panelas e cozinharão nelas. E,
a partir daquele dia, nunca mais haverá comerciantes[h]
no templo do SENHOR dos Exércitos.

[a] 12:10 Ou *o Espírito*
[b] 13:5 Ou *um homem vendeu-me em minha mocidade*
[c] 13:6 Ou *em suas mãos?*
[d] 14:5 Ou *Meu vale dos montes será fechado e se estenderá até Azel. Ele será fechado desse modo por causa do terremoto*
[e] 14:8 Isto é, o mar Morto.
[f] 14:8 Isto é, o Mediterrâneo.
[g] 14:16 Ou *dos tabernáculos*; hebraico: *sucote*; também nos versículos 18 e 19.
[h] 14:21 Hebraico: *cananeus*.

MALAQUIAS

1 Uma advertência: a palavra do SENHOR contra Israel, por meio de Malaquias[a].

O amor de Deus por Israel

2 "Eu sempre os amei", diz o SENHOR.

"Mas vocês perguntam: 'De que maneira nos amaste?'

"Não era Esaú irmão de Jacó?", declara o SENHOR. "Todavia eu amei Jacó, 3 mas rejeitei Esaú. Transformei suas montanhas em terra devastada e as terras de sua herança em morada de chacais do deserto."

4 Embora Edom afirme: "Fomos esmagados, mas reconstruiremos as ruínas", assim diz o SENHOR dos Exércitos:

"Podem construir, mas eu demolirei. Eles serão chamados Terra Perversa, povo contra quem o SENHOR está irado para sempre. 5 Vocês verão isso com os seus próprios olhos e exclamarão: 'Grande é o SENHOR, até mesmo além das fronteiras de Israel![b]'

A rejeição dos sacrifícios impuros

6 "O filho honra seu pai, e o servo, o seu senhor. Se eu sou pai, onde está a honra que me é devida? Se eu sou senhor, onde está o temor que me devem?", pergunta o SENHOR dos Exércitos a vocês, sacerdotes. "São vocês que desprezam o meu nome!

"Mas vocês perguntam: 'De que maneira temos desprezado o teu nome?'

7 "Trazendo comida impura ao meu altar!

"E mesmo assim ainda perguntam: 'De que maneira te desonramos?'

"Ao dizerem que a mesa do SENHOR é desprezível.

8 "Na hora de trazerem animais cegos para sacrificar, vocês não veem mal algum. Na hora de trazerem animais aleijados e doentes como oferta, também não veem mal algum. Tentem oferecê-los de presente ao governador! Será que ele se agradará de vocês? Será que os atenderá?", pergunta o SENHOR dos Exércitos.

9 "E agora, sacerdotes, tentem apaziguar Deus para que tenha compaixão de nós! Será que com esse tipo de oferta ele os atenderá?", pergunta o SENHOR dos Exércitos.

10 "Ah, se um de vocês fechasse as portas do templo! Assim ao menos não acenderiam o fogo do meu altar inutilmente. Não tenho prazer em vocês", diz o SENHOR dos Exércitos, "e não aceitarei as suas ofertas. 11 Pois do oriente ao ocidente, grande é o meu nome entre as nações. Em toda parte incenso é queimado e ofertas puras são trazidas ao meu nome, porque grande é o meu nome[c] entre as nações", diz o SENHOR dos Exércitos.

12 "Mas vocês o profanam ao dizerem que a mesa do Senhor é imunda e que a sua comida é desprezível. 13 E ainda dizem: 'Que canseira!' e riem dela com desprezo", diz o SENHOR dos Exércitos.

"Quando vocês trazem animais roubados, aleijados e doentes e os oferecem em sacrifício, deveria eu aceitá-los de suas mãos?", pergunta o SENHOR.

14 "Maldito seja o enganador que, tendo no rebanho um macho sem defeito, promete oferecê-lo e depois sacrifica para mim um animal defeituoso", diz o SENHOR dos Exércitos; "pois eu sou um grande rei, e o meu nome é[d] temido entre as nações."

A repreensão aos sacerdotes

2 "E agora esta advertência é para vocês, ó sacerdotes. 2 Se vocês não derem ouvidos e não se dispuserem a honrar o meu nome", diz o SENHOR dos Exércitos, "lançarei maldição sobre vocês, e até amaldiçoarei as suas bênçãos. Aliás, já as amaldiçoei, porque vocês não me honram de coração.

3 "Por causa de vocês eu destruirei[e] a sua descendência[f]; esfregarei na cara de vocês os excrementos dos animais oferecidos em sacrifício em suas festas e lançarei vocês fora, com os excrementos. 4 Então vocês saberão que fui eu que lhes fiz esta advertência para que a minha aliança com Levi fosse mantida", diz o SENHOR dos Exércitos.

5 "A minha aliança com ele foi uma aliança de vida e de paz, que na verdade lhe dei para que me temesse. Ele me temeu, e tremeu diante do meu nome. 6 A verdadeira lei estava em sua boca e nenhuma falsidade achou-se em seus lábios. Ele andou comigo em paz e retidão, e desviou muitos do pecado.

7 "Porque os lábios do sacerdote devem guardar o conhecimento, e da sua boca todos esperam a instrução na Lei, porque ele é o mensageiro do SENHOR dos Exércitos. 8 Mas vocês se desviaram do caminho e pelo seu ensino causaram a queda de muita gente; vocês quebraram a aliança de Levi", diz o SENHOR dos Exércitos.

9 "Por isso eu fiz que fossem desprezados e humilhados diante de todo o povo, porque vocês não seguem os meus caminhos, mas são parciais quando ensinam[g] a Lei."

A infidelidade de Judá

10 Não temos todos o mesmo Pai[h]? Não fomos todos criados pelo mesmo Deus? Por que será, então, que quebramos a aliança dos nossos antepassados sendo infiéis uns com os outros?

11 Judá tem sido infiel. Uma coisa repugnante foi cometida em Israel e em Jerusalém; Judá desonrou o santuário que o SENHOR ama; homens casaram-se com mulheres que adoram deuses estrangeiros.

12 Que o SENHOR lance fora das tendas de Jacó o homem que faz isso, seja ele quem for,[i] mesmo que esteja trazendo ofertas ao SENHOR dos Exércitos.

13 Há outra coisa que vocês fazem: Enchem de lágrimas o altar do SENHOR; choram e gemem porque ele já não dá atenção às suas ofertas nem as aceita com prazer. 14 E vocês ainda perguntam: "Por quê?" É porque o SENHOR é testemunha entre você e a mulher da

[a] 1:1 *Malaquias* significa *meu mensageiro.*

[b] 1:5 Ou *Grande é o* SENHOR *sobre o território de Israel!*

[c] 1:11 Ou *grande será… incenso será queimado e ofertas puras serão trazidas… meu nome será grande…*

[d] 1:14 Ou *deve ser*

[e] 2:3 Hebraico: *repreenderei.*

[f] 2:3 Ou *o seu trigo*

[g] 2:9 Ou *aplicam*

[h] 2:10 Ou *pai*

[i] 2:12 Ou *Que o* SENHOR *corte das tendas de Jacó qualquer pessoa que dê testemunho em favor do homem que faz isso,*

sua mocidade, pois você não cumpriu a sua promessa de fidelidade, embora ela fosse a sua companheira, a mulher do seu acordo matrimonial.

15 Não foi o SENHOR que os fez um só? Em corpo e em espírito eles lhe pertencem. E por que um só? Porque ele desejava uma descendência consagrada.[a] Portanto, tenham cuidado: Ninguém seja infiel à mulher da sua mocidade.

16 "Eu odeio o divórcio", diz o SENHOR, o Deus de Israel, "e também odeio homem que se cobre de violência[b] como se cobre de roupas", diz o SENHOR dos Exércitos.

Por isso, tenham bom senso; não sejam infiéis.

O dia do julgamento

17 Vocês têm cansado o SENHOR com as suas palavras.

"Como o temos cansado?", vocês ainda perguntam. Quando dizem: "Todos os que fazem o mal são bons aos olhos do SENHOR, e ele se agrada deles" e também quando perguntam: "Onde está o Deus da justiça?"

3 "Vejam, eu enviarei o meu mensageiro, que preparará o caminho diante de mim. E então, de repente, o Senhor que vocês buscam virá para o seu templo; o mensageiro da aliança, aquele que vocês desejam, virá", diz o SENHOR dos Exércitos.

2 Mas quem suportará o dia da sua vinda? Quem ficará em pé quando ele aparecer? Porque ele será como o fogo do ourives e como o sabão do lavandeiro. 3 Ele se assentará como um refinador e purificador de prata; purificará os levitas e os refinará como ouro e prata. Assim trarão ao SENHOR ofertas com justiça. 4 Então as ofertas de Judá e de Jerusalém serão agradáveis ao SENHOR, como nos dias passados, como nos tempos antigos.

5 "Eu virei a vocês trazendo juízo. Sem demora testemunharei contra os feiticeiros, contra os adúlteros, contra os que juram falsamente e contra aqueles que exploram os trabalhadores em seus salários, que oprimem os órfãos e as viúvas e privam os estrangeiros dos seus direitos, e não têm respeito por mim", diz o SENHOR dos Exércitos.

Roubando a Deus

6 "De fato, eu, o SENHOR, não mudo. Por isso vocês, descendentes de Jacó, não foram destruídos. 7 Desde o tempo dos seus antepassados vocês se desviaram dos meus decretos e não lhes obedeceram. Voltem para mim e eu voltarei para vocês", diz o SENHOR dos Exércitos.

"Mas vocês perguntam: 'Como voltaremos?'

8 "Pode um homem roubar de Deus? Contudo vocês estão me roubando. E ainda perguntam: 'Como é que te roubamos?' Nos dízimos e nas ofertas. 9 Vocês estão debaixo de grande maldição porque estão me roubando; a nação toda está me roubando. 10 Tragam o dízimo todo ao depósito do templo, para que haja alimento em minha casa. Ponham-me à prova", diz o SENHOR dos Exércitos, "e vejam se não vou abrir as comportas dos céus e derramar sobre vocês tantas bênçãos que nem terão onde guardá-las. 11 Impedirei que pragas devorem suas colheitas, e as videiras nos campos não perderão o seu fruto", diz o SENHOR dos Exércitos. 12 "Então todas as nações os chamarão felizes, porque a terra de vocês será maravilhosa", diz o SENHOR dos Exércitos.

13 "Vocês têm dito palavras duras contra mim", diz o SENHOR. "Ainda assim perguntam: 'O que temos falado contra ti?'

14 "Vocês dizem: 'É inútil servir a Deus. O que ganhamos quando obedecemos aos seus preceitos e ficamos nos lamentando diante do SENHOR dos Exércitos? 15 Por isso, agora consideramos felizes os arrogantes, pois tanto prosperam os que praticam o mal como escapam ilesos os que desafiam a Deus!' "

16 Depois, aqueles que temiam o SENHOR conversaram uns com os outros, e o SENHOR os ouviu com atenção. Foi escrito um livro como memorial na sua presença acerca dos que temiam o SENHOR e honravam o seu nome.

17 "No dia em que eu agir", diz o SENHOR dos Exércitos, "eles serão o meu tesouro pessoal[c]. Eu terei compaixão deles como um pai tem compaixão do filho que lhe obedece. 18 Então vocês verão novamente a diferença entre o justo e o ímpio, entre os que servem a Deus e os que não o servem.

O dia do SENHOR

4 "Pois certamente vem o dia, ardente como uma fornalha. Todos os arrogantes e todos os malfeitores serão como palha, e aquele dia, que está chegando, ateará fogo neles", diz o SENHOR dos Exércitos. "Não sobrará raiz ou galho algum. 2 Mas para vocês que reverenciam o meu nome, o sol da justiça se levantará trazendo cura em suas asas. E vocês sairão e saltarão como bezerros soltos do curral. 3 Depois esmagarão os ímpios, que serão como pó sob as solas dos seus pés, no dia em que eu agir", diz o SENHOR dos Exércitos.

4 "Lembrem-se da Lei do meu servo Moisés, dos decretos e das ordenanças que lhe dei em Horebe para todo o povo de Israel.

5 "Vejam, eu enviarei a vocês o profeta Elias antes do grande e temível dia do SENHOR. 6 Ele fará com que os corações dos pais se voltem para seus filhos, e os corações dos filhos para seus pais; do contrário, eu virei e castigarei a terra com maldição."

[a] 2:15 Ou *Mas aquele que é nosso pai não fez isso, não enquanto a vida esteve nele. E o que ele buscava? Uma descendência de Deus.*

[b] 2:16 Ou *cobre sua mulher de violência*

[c] 3:17 Ou *"No dia em que eu fizer deles o meu tesouro pessoal", diz o SENHOR dos Exércitos.*

NOVO TESTAMENTO

MATEUS

A genealogia de Jesus
(Lc 3.23-38)

1 Registro da genealogia de Jesus Cristo, filho de Davi,
filho de Abraão:

2Abraão gerou Isaque;
Isaque gerou Jacó;
Jacó gerou Judá e seus irmãos;
3Judá gerou Perez e Zerá,
cuja mãe foi Tamar;
Perez gerou Esrom;
Esrom gerou Arão;
4Arão gerou Aminadabe;
Aminadabe gerou Naassom;
Naassom gerou Salmom;
5Salmom gerou Boaz,
cuja mãe foi Raabe;
Boaz gerou Obede,
cuja mãe foi Rute;
Obede gerou Jessé;
6e Jessé gerou o rei Davi.

Davi gerou Salomão,
cuja mãe tinha sido
mulher de Urias;
7Salomão gerou Roboão;
Roboão gerou Abias;
Abias gerou Asa;
8Asa gerou Josafá;
Josafá gerou Jorão;
Jorão gerou Uzias;
9Uzias gerou Jotão;
Jotão gerou Acaz;
Acaz gerou Ezequias;
10Ezequias gerou Manassés;
Manassés gerou Amom;
Amom gerou Josias;
11e Josias gerou Jeconias[a]
e seus irmãos,
no tempo do exílio
na Babilônia.

12Depois do exílio na Babilônia:
Jeconias gerou Salatiel;
Salatiel gerou Zorobabel;
13Zorobabel gerou Abiúde;
Abiúde gerou Eliaquim;
Eliaquim gerou Azor;
14Azor gerou Sadoque;
Sadoque gerou Aquim;
Aquim gerou Eliúde;
15Eliúde gerou Eleazar;
Eleazar gerou Matã;
Matã gerou Jacó;
16e Jacó gerou José,
marido de Maria,
da qual nasceu Jesus,
que é chamado Cristo.

[a] 1:11 Isto é, Joaquim; também no versículo 12.

17Assim, ao todo houve catorze gerações de Abraão a
Davi, catorze de Davi até o exílio na Babilônia, e catorze
do exílio até o Cristo[b].

O nascimento de Jesus Cristo
(Lc 2.1-7)

18Foi assim o nascimento de Jesus Cristo: Maria, sua
mãe, estava prometida em casamento a José, mas, an-
tes que se unissem, achou-se grávida pelo Espírito San-
to. 19Por ser José, seu marido, um homem justo, e não
querendo expô-la à desonra pública, pretendia anular
o casamento secretamente. 20Mas, depois de ter pensa-
do nisso, apareceu-lhe um anjo do Senhor em sonho e
disse: "José, filho de Davi, não tema receber Maria co-
mo sua esposa, pois o que nela foi gerado procede do
Espírito Santo. 21Ela dará à luz um filho, e você deverá
dar-lhe o nome de Jesus[c], porque ele salvará o seu po-
vo dos seus pecados".
22Tudo isso aconteceu para que se cumprisse o que
o Senhor dissera pelo profeta: 23"A virgem ficará grávi-
da e dará à luz um filho, e o chamarão Emanuel"[d], que
significa "Deus conosco".
24Ao acordar, José fez o que o anjo do Senhor lhe ti-
nha ordenado e recebeu Maria como sua esposa. 25Mas
não teve relações com ela enquanto ela não deu à luz
um filho. E ele lhe pôs o nome de Jesus.

A visita dos magos

2 Depois que Jesus nasceu em Belém da Judeia, nos
dias do rei Herodes, magos vindos do oriente chega-
ram a Jerusalém 2e perguntaram: "Onde está o recém-
-nascido rei dos judeus? Vimos a sua estrela no oriente[e]
e viemos adorá-lo".
3Quando o rei Herodes ouviu isso, ficou perturba-
do, e com ele toda Jerusalém. 4Tendo reunido todos
os chefes dos sacerdotes do povo e os mestres da lei,
perguntou-lhes onde deveria nascer o Cristo. 5E eles
responderam: "Em Belém da Judeia; pois assim escre-
veu o profeta:

6" 'Mas tu, Belém,
da terra de Judá,
de forma alguma és a menor
entre as principais cidades
de Judá;
pois de ti virá o líder
que, como pastor, conduzirá
Israel, o meu povo'[f] ".

7Então Herodes chamou os magos secretamente e in-
formou-se com eles a respeito do tempo exato em que
a estrela tinha aparecido. 8Enviou-os a Belém e disse:
"Vão informar-se com exatidão sobre o menino. Logo
que o encontrarem, avisem-me, para que eu também
vá adorá-lo".

[b] 1:17 Ou *Messias*. Tanto *Cristo* (grego) como *Messias* (hebraico) significam *Ungido*; também em todo o livro de Mateus.
[c] 1:21 *Jesus* é a forma grega de *Josué*, que significa *o Senhor salva*.
[d] 1:23 Is 7:14
[e] 2:2 Ou *estrela quando se levantava*; também no versículo 9.
[f] 2:6 Mq 5:2

9 Depois de ouvirem o rei, eles seguiram o seu cami-
nho, e a estrela que tinham visto no oriente foi adian-
te deles, até que finalmente parou sobre o lugar onde
estava o menino. 10 Quando tornaram a ver a estrela,
encheram-se de júbilo. 11 Ao entrarem na casa, viram o
menino com Maria, sua mãe, e, prostrando-se, o adora-
ram. Então abriram os seus tesouros e lhe deram pre-
sentes: ouro, incenso e mirra. 12 E, tendo sido advertidos
em sonho para não voltarem a Herodes, retornaram a
sua terra por outro caminho.

A fuga para o Egito

13 Depois que partiram, um anjo do Senhor apareceu
a José em sonho e lhe disse: "Levante-se, tome o meni-
no e sua mãe, e fuja para o Egito. Fique lá até que eu lhe
diga, pois Herodes vai procurar o menino para matá-lo".
14 Então ele se levantou, tomou o menino e sua mãe
durante a noite, e partiu para o Egito, 15 onde ficou até a
morte de Herodes. E assim se cumpriu o que o Senhor
tinha dito pelo profeta: "Do Egito chamei o meu filho"[a].
16 Quando Herodes percebeu que havia sido engana-
do pelos magos, ficou furioso e ordenou que matassem
todos os meninos de dois anos para baixo, em Belém
e nas proximidades, de acordo com a informação que
havia obtido dos magos. 17 Então se cumpriu o que fora
dito pelo profeta Jeremias:

18 "Ouviu-se uma voz em Ramá,
choro e grande lamentação;
é Raquel que chora por seus filhos
e recusa ser consolada,
porque já não existem"[b].

A volta para Israel

19 Depois que Herodes morreu, um anjo do Senhor
apareceu em sonho a José, no Egito, 20 e disse: "Levan-
te-se, tome o menino e sua mãe, e vá para a terra de
Israel, pois estão mortos os que procuravam tirar a vi-
da do menino".
21 Ele se levantou, tomou o menino e sua mãe, e foi
para a terra de Israel. 22 Mas, ao ouvir que Arquelau es-
tava reinando na Judeia em lugar de seu pai Herodes,
teve medo de ir para lá. Tendo sido avisado em sonho,
retirou-se para a região da Galileia 23 e foi viver numa
cidade chamada Nazaré. Assim cumpriu-se o que fo-
ra dito pelos profetas: "Ele será chamado Nazareno"[c].

João Batista prepara o caminho

(Mc 1.2-8; Lc 3.1-18)

3 Naqueles dias surgiu João Batista, pregando no de-
serto da Judeia. 2 Ele dizia: "Arrependam-se, pois o
Reino dos céus está próximo". 3 Este é aquele que foi
anunciado pelo profeta Isaías:

"Voz do que clama no deserto:
'Preparem[d] o caminho
para o Senhor,
façam veredas retas
para ele' "[e].

4 As roupas de João eram feitas de pelos de camelo, e
ele usava um cinto de couro na cintura. O seu alimento

[a] 2:15 Os 11:1
[b] 2:18 Jr 31:15
[c] 2:23 Provável referência a textos como Is 11:1, no hebraico.
[d] 3:3 Ou *que clama: 'No deserto preparem*
[e] 3:3 Is 40:3

era gafanhotos e mel silvestre. 5 A ele vinha gente de Je-
rusalém, de toda a Judeia e de toda a região ao redor do
Jordão. 6 Confessando os seus pecados, eram batizados
por ele no rio Jordão.
7 Quando viu que muitos fariseus e saduceus vinham
para onde ele estava batizando, disse-lhes: "Raça de ví-
boras! Quem lhes deu a ideia de fugir da ira que se apro-
xima? 8 Deem fruto que mostre o arrependimento! 9 Não
pensem que vocês podem dizer a si mesmos: 'Abraão
é nosso pai'. Pois eu lhes digo que destas pedras Deus
pode fazer surgir filhos a Abraão. 10 O machado já está
posto à raiz das árvores, e toda árvore que não der bom
fruto será cortada e lançada ao fogo.
11 "Eu os batizo com[f] água para arrependimento. Mas
depois de mim vem alguém mais poderoso do que eu,
tanto que não sou digno nem de levar as suas sandálias.
Ele os batizará com o Espírito Santo e com fogo. 12 Ele
traz a pá em sua mão e limpará sua eira, juntando seu
trigo no celeiro, mas queimará a palha com fogo que
nunca se apaga".

O batismo de Jesus

(Mc 1.9-11; Lc 3.21-22)

13 Então Jesus veio da Galileia ao Jordão para ser
batizado por João. 14 João, porém, tentou impedi-lo,
dizendo: "Eu preciso ser batizado por ti, e tu vens a
mim?"
15 Respondeu Jesus: "Deixe assim por enquanto; con-
vém que assim façamos, para cumprir toda a justiça".
E João concordou.
16 Assim que Jesus foi batizado, saiu da água. Naque-
le momento o céu se abriu, e ele viu o Espírito de Deus
descendo como pomba e pousando sobre ele. 17 Então
uma voz dos céus disse: "Este é o meu Filho amado, de
quem me agrado".

A tentação de Jesus

(Mc 1.12-13; Lc 4.1-13)

4 Então Jesus foi levado pelo Espírito ao deserto, para
ser tentado pelo Diabo. 2 Depois de jejuar quarenta
dias e quarenta noites, teve fome. 3 O tentador aproxi-
mou-se dele e disse: "Se és o Filho de Deus, manda que
estas pedras se transformem em pães".
4 Jesus respondeu: "Está escrito: 'Nem só de pão vi-
verá o homem, mas de toda palavra que procede da
boca de Deus'[g]".
5 Então o Diabo o levou à cidade santa, colocou-o na
parte mais alta do templo e lhe disse: 6 "Se és o Filho de
Deus, joga-te daqui para baixo. Pois está escrito:

" 'Ele dará ordens a seus anjos a seu respeito,
e com as mãos eles o segurarão,
para que você não tropece
em alguma pedra'[h]".

7 Jesus lhe respondeu: "Também está escrito: 'Não
ponha à prova o Senhor, o seu Deus'[i]".
8 Depois, o Diabo o levou a um monte muito alto e
mostrou-lhe todos os reinos do mundo e o seu esplen-
dor. 9 E lhe disse: "Tudo isto te darei, se te prostrares e
me adorares".

[f] 3:11 Ou *em*
[g] 4:4 Dt 8:3
[h] 4:6 Sl 91:11-12
[i] 4:7 Dt 6:16

10Jesus lhe disse: "Retire-se, Satanás! Pois está escrito: 'Adore o Senhor, o seu Deus, e só a ele preste culto'[a]". 11Então o Diabo o deixou, e anjos vieram e o serviram.

Jesus começa a pregar

(Mc 1.14-15; Lc 4.14-15)

12Quando Jesus ouviu que João tinha sido preso, voltou para a Galileia. 13Saindo de Nazaré, foi viver em Cafarnaum, que ficava junto ao mar, na região de Zebulom e Naftali, 14para cumprir o que fora dito pelo profeta Isaías:

15"Terra de Zebulom
 e terra de Naftali,
caminho do mar,
 além do Jordão,
Galileia dos gentios[b];
16o povo que vivia nas trevas
 viu uma grande luz;
sobre os que viviam
 na terra da sombra da morte
raiou uma luz"[c].

17Daí em diante Jesus começou a pregar: "Arrependam-se, pois o Reino dos céus está próximo".

Jesus chama os primeiros discípulos

(Mc 1.16-20; Lc 5.1-11; Jo 1.35-42)

18Andando à beira do mar da Galileia, Jesus viu dois irmãos: Simão, chamado Pedro, e seu irmão André. Eles estavam lançando redes ao mar, pois eram pescadores. 19E disse Jesus: "Sigam-me, e eu os farei pescadores de homens". 20No mesmo instante eles deixaram as suas redes e o seguiram.

21Indo adiante, viu outros dois irmãos: Tiago, filho de Zebedeu, e João, seu irmão. Eles estavam num barco com seu pai, Zebedeu, preparando as suas redes. Jesus os chamou, 22e eles, deixando imediatamente seu pai e o barco, o seguiram.

Jesus ensina o povo e cura os doentes

23Jesus foi por toda a Galileia, ensinando nas sinagogas deles, pregando as boas novas do Reino e curando todas as enfermidades e doenças entre o povo. 24Notícias sobre ele se espalharam por toda a Síria, e o povo lhe trouxe todos os que sofriam de vários males e tormentos: endemoninhados, loucos[d] e paralíticos; e ele os curou. 25Grandes multidões o seguiam, vindas da Galileia, Decápolis, Jerusalém, Judeia e da região do outro lado do Jordão.

As bem-aventuranças

(Lc 6.20-23)

5 Vendo as multidões, Jesus subiu ao monte e se assentou. Seus discípulos aproximaram-se dele, 2e ele começou a ensiná-los, dizendo:

3"Bem-aventurados[e]
 os pobres em espírito,
pois deles é o Reino dos céus.
4Bem-aventurados
 os que choram,
pois serão consolados.
5Bem-aventurados os humildes,
 pois eles receberão a terra por herança.
6Bem-aventurados os que têm fome e sede de
 justiça,
 pois serão satisfeitos.
7Bem-aventurados
 os misericordiosos,
pois obterão misericórdia.
8Bem-aventurados
 os puros de coração,
pois verão a Deus.
9Bem-aventurados
 os pacificadores,
pois serão chamados
 filhos de Deus.
10Bem-aventurados
 os perseguidos
 por causa da justiça,
pois deles é o Reino dos céus.

11"Bem-aventurados serão vocês quando, por minha causa, os insultarem, os perseguirem e levantarem todo tipo de calúnia contra vocês. 12Alegrem-se e regozijem-se, porque grande é a sua recompensa nos céus, pois da mesma forma perseguiram os profetas que viveram antes de vocês.

O sal da terra e a luz do mundo

13"Vocês são o sal da terra. Mas se o sal perder o seu sabor, como restaurá-lo? Não servirá para nada, exceto para ser jogado fora e pisado pelos homens.

14"Vocês são a luz do mundo. Não se pode esconder uma cidade construída sobre um monte. 15E, também, ninguém acende uma candeia e a coloca debaixo de uma vasilha. Ao contrário, coloca-a no lugar apropriado, e assim ilumina a todos os que estão na casa. 16Assim brilhe a luz de vocês diante dos homens, para que vejam as suas boas obras e glorifiquem ao Pai de vocês, que está nos céus.

Jesus cumpre a lei

17"Não pensem que vim abolir a Lei ou os Profetas; não vim abolir, mas cumprir. 18Digo-lhes a verdade: Enquanto existirem céus e terra, de forma alguma desaparecerá da Lei a menor letra ou o menor traço, até que tudo se cumpra. 19Todo aquele que desobedecer a um desses mandamentos, ainda que dos menores, e ensinar os outros a fazerem o mesmo, será chamado menor no Reino dos céus; mas todo aquele que praticar e ensinar estes mandamentos será chamado grande no Reino dos céus. 20Pois eu lhes digo que se a justiça de vocês não for muito superior à dos fariseus e mestres da lei, de modo nenhum entrarão no Reino dos céus.

O homicídio

21"Vocês ouviram o que foi dito aos seus antepassados: 'Não matarás'[f], e 'quem matar estará sujeito a julgamento'. 22Mas eu lhes digo que qualquer que se irar contra seu irmão[g] estará sujeito a julgamento. Também, qualquer que disser a seu irmão: 'Racá[h]', será levado ao

[a] 4:10 Dt 6:13
[b] 4:15 Isto é, os que não são judeus.
[c] 4:15-16 Is 9:1-2
[d] 4:24 Grego: *lunáticos*.
[e] 5:3 Isto é, como são felizes; também nos versículos 4 a 11.
[f] 5:21 Êx 20:13; Dt 5:17
[g] 5:22 Alguns manuscritos acrescentam *sem motivo*.
[h] 5:22 Termo aramaico de desprezo, equivalente a *tolo*.

tribunal. E qualquer que disser: 'Louco!', corre o risco de ir para o fogo do inferno.

23 "Portanto, se você estiver apresentando sua oferta diante do altar e ali se lembrar de que seu irmão tem algo contra você, 24 deixe sua oferta ali, diante do altar, e vá primeiro reconciliar-se com seu irmão; depois volte e apresente sua oferta.

25 "Entre em acordo depressa com seu adversário que pretende levá-lo ao tribunal. Faça isso enquanto ainda estiver com ele a caminho, pois, caso contrário, ele poderá entregá-lo ao juiz, e o juiz ao guarda, e você poderá ser jogado na prisão. 26 Eu lhe garanto que você não sairá de lá enquanto não pagar o último centavo[a].

O adultério

27 "Vocês ouviram o que foi dito: 'Não adulterarás'[b]. 28 Mas eu lhes digo: Qualquer que olhar para uma mulher e desejá-la, já cometeu adultério com ela no seu coração. 29 Se o seu olho direito o fizer pecar, arranque-o e lance-o fora. É melhor perder uma parte do seu corpo do que ser todo ele lançado no inferno. 30 E se a sua mão direita o fizer pecar, corte-a e lance-a fora. É melhor perder uma parte do seu corpo do que ir todo ele para o inferno.

O divórcio

31 "Foi dito: 'Aquele que se divorciar de sua mulher deverá dar-lhe certidão de divórcio'[c]. 32 Mas eu lhes digo que todo aquele que se divorciar de sua mulher, exceto por imoralidade sexual[d], faz que ela se torne adúltera, e quem se casar com a mulher divorciada estará cometendo adultério.

Os juramentos

33 "Vocês também ouviram o que foi dito aos seus antepassados: 'Não jure falsamente[e], mas cumpra os juramentos que você fez diante do Senhor'. 34 Mas eu lhes digo: Não jurem de forma alguma: nem pelos céus, porque é o trono de Deus; 35 nem pela terra, porque é o estrado de seus pés; nem por Jerusalém, porque é a cidade do grande Rei. 36 E não jure pela sua cabeça, pois você não pode tornar branco ou preto nem um fio de cabelo. 37 Seja o seu 'sim', 'sim', e o seu 'não', 'não'; o que passar disso vem do Maligno.

A vingança

(Lc 6.29-30)

38 "Vocês ouviram o que foi dito: 'Olho por olho e dente por dente'[f]. 39 Mas eu lhes digo: Não resistam ao perverso. Se alguém o ferir na face direita, ofereça-lhe também a outra. 40 E se alguém quiser processá-lo e tirar-lhe a túnica, deixe que leve também a capa. 41 Se alguém o forçar a caminhar com ele uma milha[g], vá com ele duas. 42 Dê a quem lhe pede, e não volte as costas àquele que deseja pedir-lhe algo emprestado.

O amor aos inimigos

(Lc 6.27-28,32-36)

43 "Vocês ouviram o que foi dito: 'Ame o seu próximo[h] e odeie o seu inimigo'. 44 Mas eu lhes digo: Amem os seus inimigos[i] e orem por aqueles que os perseguem, 45 para que vocês venham a ser filhos de seu Pai que está nos céus. Porque ele faz raiar o seu sol sobre maus e bons e derrama chuva sobre justos e injustos. 46 Se vocês amarem aqueles que os amam, que recompensa vocês receberão? Até os publicanos[j] fazem isso! 47 E se saudarem apenas os seus irmãos, o que estarão fazendo de mais? Até os pagãos fazem isso! 48 Portanto, sejam perfeitos como perfeito é o Pai celestial de vocês.

A ajuda aos necessitados

6 "Tenham o cuidado de não praticar suas 'obras de justiça' diante dos outros para serem vistos por eles. Se fizerem isso, vocês não terão nenhuma recompensa do Pai celestial.

2 "Portanto, quando você der esmola, não anuncie isso com trombetas, como fazem os hipócritas nas sinagogas e nas ruas, a fim de serem honrados pelos outros. Eu lhes garanto que eles já receberam sua plena recompensa. 3 Mas quando você der esmola, que a sua mão esquerda não saiba o que está fazendo a direita, 4 de forma que você preste a sua ajuda em segredo. E seu Pai, que vê o que é feito em segredo, o recompensará.

A oração

(Lc 11.1-4)

5 "E quando vocês orarem, não sejam como os hipócritas. Eles gostam de ficar orando em pé nas sinagogas e nas esquinas, a fim de serem vistos pelos outros. Eu lhes asseguro que eles já receberam sua plena recompensa. 6 Mas quando você orar, vá para seu quarto, feche a porta e ore a seu Pai, que está em secreto. Então seu Pai, que vê em secreto, o recompensará. 7 E quando orarem, não fiquem sempre repetindo a mesma coisa, como fazem os pagãos. Eles pensam que por muito falarem serão ouvidos. 8 Não sejam iguais a eles, porque o seu Pai sabe do que vocês precisam, antes mesmo de o pedirem. 9 Vocês, orem assim:

"Pai nosso, que estás nos céus!
Santificado seja o teu nome.
10 Venha o teu Reino;
seja feita a tua vontade,
assim na terra como no céu.
11 Dá-nos hoje o nosso
pão de cada dia.
12 Perdoa as nossas dívidas,
assim como perdoamos
aos nossos devedores.
13 E não nos deixes cair
em[k] tentação,
mas livra-nos do mal[l],
porque teu é o Reino, o poder e a glória para
sempre. Amém[m].

14 Pois se perdoarem as ofensas uns dos outros, o Pai celestial também lhes perdoará. 15 Mas se não perdoarem uns aos outros, o Pai celestial não lhes perdoará as ofensas.

[a] 5:26 Grego: *quadrante*.
[b] 5:27 Êx 20:14; Dt 5:18
[c] 5:31 Dt 24:1
[d] 5:32 Grego: *porneia*; termo genérico que se refere a práticas sexuais ilícitas.
[e] 5:33 Lv 19:12; Nm 30:2
[f] 5:38 Êx 21:24; Lv 24:20; Dt 19:21
[g] 5:41 A milha romana tinha cerca de 1.500 metros.
[h] 5:43 Lv 19:18
[i] 5:44 Alguns manuscritos acrescentam *abençoem os que os amaldiçoam, façam o bem aos que os odeiam*
[j] 5:46 Os publicanos eram coletores de impostos, malvistos pelo povo; também em 9:10,11; 10:3; 11:19; 18:17; 21:31 e 32.
[k] 6:13 Grego: *E não nos induzas à*.
[l] 6:13 Ou *do Maligno*
[m] 6:13 Alguns manuscritos não trazem *porque teu é o Reino, o poder e a glória para sempre. Amém.*

O jejum

16“Quando jejuarem, não mostrem uma aparência triste como os hipócritas, pois eles mudam a aparência do rosto a fim de que os outros vejam que eles estão jejuando. Eu lhes digo verdadeiramente que eles já receberam sua plena recompensa. 17Ao jejuar, arrume o cabelo[a] e lave o rosto, 18para que não pareça aos outros que você está jejuando, mas apenas a seu Pai, que vê em secreto. E seu Pai, que vê em secreto, o recompensará.

Os tesouros no céu

19“Não acumulem para vocês tesouros na terra, onde a traça e a ferrugem destroem, e onde os ladrões arrombam e furtam. 20Mas acumulem para vocês tesouros nos céus, onde a traça e a ferrugem não destroem, e onde os ladrões não arrombam nem furtam. 21Pois onde estiver o seu tesouro, aí também estará o seu coração.

22“Os olhos são a candeia do corpo. Se os seus olhos forem bons, todo o seu corpo será cheio de luz. 23Mas se os seus olhos forem maus, todo o seu corpo será cheio de trevas. Portanto, se a luz que está dentro de você são trevas, que tremendas trevas são!

24“Ninguém pode servir a dois senhores; pois odiará um e amará o outro, ou se dedicará a um e desprezará o outro. Vocês não podem servir a Deus e ao Dinheiro[b].

As preocupações da vida

(Lc 12.22-31)

25“Portanto eu lhes digo: Não se preocupem com sua própria vida, quanto ao que comer ou beber; nem com seu próprio corpo, quanto ao que vestir. Não é a vida mais importante que a comida, e o corpo mais importante que a roupa? 26Observem as aves do céu: não semeiam nem colhem nem armazenam em celeiros; contudo, o Pai celestial as alimenta. Não têm vocês muito mais valor do que elas? 27Quem de vocês, por mais que se preocupe, pode acrescentar uma hora que seja à sua vida?[c]

28“Por que vocês se preocupam com roupas? Vejam como crescem os lírios do campo. Eles não trabalham nem tecem. 29Contudo, eu lhes digo que nem Salomão, em todo o seu esplendor, vestiu-se como um deles. 30Se Deus veste assim a erva do campo, que hoje existe e amanhã é lançada ao fogo, não vestirá muito mais a vocês, homens de pequena fé? 31Portanto, não se preocupem, dizendo: ‘Que vamos comer?’ ou ‘Que vamos beber?’ ou ‘Que vamos vestir?’ 32Pois os pagãos é que correm atrás dessas coisas; mas o Pai celestial sabe que vocês precisam delas. 33Busquem, pois, em primeiro lugar o Reino de Deus e a sua justiça, e todas essas coisas lhes serão acrescentadas. 34Portanto, não se preocupem com o amanhã, pois o amanhã trará as suas próprias preocupações. Basta a cada dia o seu próprio mal.

O julgamento ao próximo

(Lc 6.37-42)

7 “Não julguem, para que vocês não sejam julgados. 2Pois da mesma forma que julgarem, vocês serão julgados; e a medida que usarem, também será usada para medir vocês.

3“Por que você repara no cisco que está no olho do seu irmão, e não se dá conta da viga que está em seu próprio olho? 4Como você pode dizer ao seu irmão: ‘Deixe-me tirar o cisco do seu olho’, quando há uma viga no seu? 5Hipócrita, tire primeiro a viga do seu olho, e então você verá claramente para tirar o cisco do olho do seu irmão.

6“Não deem o que é sagrado aos cães, nem atirem suas pérolas aos porcos; caso contrário, estes as pisarão e, aqueles, voltando-se contra vocês, os despedaçarão.

A persistência na oração

(Lc 11.9-13)

7“Peçam, e lhes será dado; busquem, e encontrarão; batam, e a porta lhes será aberta. 8Pois todo o que pede, recebe; o que busca, encontra; e àquele que bate, a porta será aberta.

9“Qual de vocês, se seu filho pedir pão, lhe dará uma pedra? 10Ou se pedir peixe, lhe dará uma cobra? 11Se vocês, apesar de serem maus, sabem dar boas coisas aos seus filhos, quanto mais o Pai de vocês, que está nos céus, dará coisas boas aos que lhe pedirem! 12Assim, em tudo, façam aos outros o que vocês querem que eles lhes façam; pois esta é a Lei e os Profetas.

A porta estreita e a porta larga

13“Entrem pela porta estreita, pois larga é a porta e amplo o caminho que leva à perdição, e são muitos os que entram por ela. 14“Como é estreita a porta, e apertado o caminho que leva à vida! São poucos os que a encontram.

A árvore e seu fruto

(Lc 6.43-45)

15“Cuidado com os falsos profetas. Eles vêm a vocês vestidos de peles de ovelhas, mas por dentro são lobos devoradores. 16Vocês os reconhecerão por seus frutos. Pode alguém colher uvas de um espinheiro ou figos de ervas daninhas? 17Semelhantemente, toda árvore boa dá frutos bons, mas a árvore ruim dá frutos ruins. 18A árvore boa não pode dar frutos ruins, nem a árvore ruim pode dar frutos bons. 19Toda árvore que não produz bons frutos é cortada e lançada ao fogo. 20Assim, pelos seus frutos vocês os reconhecerão!

21“Nem todo aquele que me diz: ‘Senhor, Senhor’, entrará no Reino dos céus, mas apenas aquele que faz a vontade de meu Pai que está nos céus. 22Muitos me dirão naquele dia: ‘Senhor, Senhor, não profetizamos em teu nome? Em teu nome não expulsamos demônios e não realizamos muitos milagres?’ 23Então eu lhes direi claramente: Nunca os conheci. Afastem-se de mim vocês, que praticam o mal!

O prudente e o insensato

(Lc 6.46-49)

24“Portanto, quem ouve estas minhas palavras e as pratica é como um homem prudente que construiu a sua casa sobre a rocha. 25Caiu a chuva, transbordaram os rios, sopraram os ventos e deram contra aquela casa, e ela não caiu, porque tinha seus alicerces na rocha. 26Mas quem ouve estas minhas palavras e não as pratica é como um insensato que construiu a sua casa sobre a areia. 27Caiu a chuva, transbordaram os rios, sopraram os ventos e deram contra aquela casa, e ela caiu. E foi grande a sua queda”.

[a] 6:17 Grego: *unja a cabeça.*

[b] 6:24 Grego: *Mamom.*

[c] 6:27 Ou *um único côvado à sua altura?* O côvado era uma medida linear de cerca de 45 centímetros.

[28]Quando Jesus acabou de dizer essas coisas, as multidões estavam maravilhadas com o seu ensino, [29]porque ele as ensinava como quem tem autoridade, e não como os mestres da lei.

A cura de um leproso
(Mc 1.40-45; Lc 5.12-16)

8 Quando ele desceu do monte, grandes multidões o seguiram. [2]Um leproso[a], aproximando-se, adorou-o de joelhos e disse: "Senhor, se quiseres, podes purificar-me!"

[3]Jesus estendeu a mão, tocou nele e disse: "Quero. Seja purificado!" Imediatamente ele foi purificado da lepra. [4]Em seguida Jesus lhe disse: "Olhe, não conte isso a ninguém. Mas vá mostrar-se ao sacerdote e apresente a oferta que Moisés ordenou, para que sirva de testemunho".

Um centurião demonstra fé
(Lc 7.1-10)

[5]Entrando Jesus em Cafarnaum, dirigiu-se a ele um centurião, pedindo-lhe ajuda. [6]E disse: "Senhor, meu servo está em casa, paralítico, em terrível sofrimento".

[7]Jesus lhe disse: "Eu irei curá-lo".

[8]Respondeu o centurião: "Senhor, não mereço receber-te debaixo do meu teto. Mas dize apenas uma palavra, e o meu servo será curado. [9]Pois eu também sou homem sujeito à autoridade e com soldados sob o meu comando. Digo a um: Vá, e ele vai; e a outro: Venha, e ele vem. Digo a meu servo: Faça isto, e ele faz".

[10]Ao ouvir isso, Jesus admirou-se e disse aos que o seguiam: "Digo-lhes a verdade: Não encontrei em Israel ninguém com tamanha fé. [11]Eu lhes digo que muitos virão do oriente e do ocidente, e se sentarão à mesa com Abraão, Isaque e Jacó no Reino dos céus. [12]Mas os súditos do Reino serão lançados para fora, nas trevas, onde haverá choro e ranger de dentes".

[13]Então Jesus disse ao centurião: "Vá! Como você creu, assim lhe acontecerá!" Na mesma hora o seu servo foi curado.

O poder de Jesus sobre os demônios e as doenças
(Mc 1.29-34; Lc 4.38-41)

[14]Entrando Jesus na casa de Pedro, viu a sogra deste de cama, com febre. [15]Tomando-a pela mão, a febre a deixou, e ela se levantou e começou a servi-lo.

[16]Ao anoitecer foram trazidos a ele muitos endemoninhados, e ele expulsou os espíritos com uma palavra e curou todos os doentes. [17]E assim se cumpriu o que fora dito pelo profeta Isaías:

> "Ele tomou sobre si as nossas enfermidades
> e sobre si levou as nossas doenças"[b].

Quão difícil é seguir Jesus!
(Lc 9.57-62)

[18]Quando Jesus viu a multidão ao seu redor, deu ordens para que atravessassem para o outro lado do mar. [19]Então, um mestre da lei aproximou-se e disse: "Mestre, eu te seguirei por onde quer que fores".

[20]Jesus respondeu: "As raposas têm suas tocas e as aves do céu têm seus ninhos, mas o Filho do homem não tem onde repousar a cabeça".

[21]Outro discípulo lhe disse: "Senhor, deixa-me ir primeiro sepultar meu pai".

[22]Mas Jesus lhe disse: "Siga-me, e deixe que os mortos sepultem os seus próprios mortos".

Jesus acalma a tempestade
(Mc 4.35-41; Lc 8.22-25)

[23]Entrando ele no barco, seus discípulos o seguiram. [24]De repente, uma violenta tempestade abateu-se sobre o mar, de forma que as ondas inundavam o barco. Jesus, porém, dormia. [25]Os discípulos foram acordá-lo, clamando: "Senhor, salva-nos! Vamos morrer!"

[26]Ele perguntou: "Por que vocês estão com tanto medo, homens de pequena fé?" Então ele se levantou e repreendeu os ventos e o mar, e fez-se completa bonança. [27]Os homens ficaram perplexos e perguntaram: "Quem é este que até os ventos e o mar lhe obedecem?"

A cura de dois endemoninhados
(Mc 5.1-20; Lc 8.26-39)

[28]Quando ele chegou ao outro lado, à região dos gadarenos[c], foram ao seu encontro dois endemoninhados, que vinham dos sepulcros. Eles eram tão violentos que ninguém podia passar por aquele caminho. [29]Então eles gritaram: "Que queres conosco, Filho de Deus? Vieste aqui para nos atormentar antes do devido tempo?"

[30]A certa distância deles estava pastando uma grande manada de porcos. [31]Os demônios imploravam a Jesus: "Se nos expulsas, manda-nos entrar naquela manada de porcos".

[32]Ele lhes disse: "Vão!" Eles saíram e entraram nos porcos, e toda a manada atirou-se precipício abaixo, em direção ao mar, e morreu afogada. [33]Os que cuidavam dos porcos fugiram, foram à cidade e contaram tudo, inclusive o que acontecera aos endemoninhados. [34]Toda a cidade saiu ao encontro de Jesus, e, quando o viram, suplicaram-lhe que saísse do território deles.

Jesus cura um paralítico
(Mc 2.1-12; Lc 5.17-26)

9 Entrando Jesus num barco, atravessou o mar e foi para a sua cidade. [2]Alguns homens trouxeram-lhe um paralítico, deitado em sua maca. Vendo a fé que eles tinham, Jesus disse ao paralítico: "Tenha bom ânimo, filho; os seus pecados estão perdoados".

[3]Diante disso, alguns mestres da lei disseram a si mesmos: "Este homem está blasfemando!"

[4]Conhecendo Jesus seus pensamentos, disse-lhes: "Por que vocês pensam maldosamente em seu coração? [5]Que é mais fácil dizer: 'Os seus pecados estão perdoados', ou: 'Levante-se e ande'? [6]Mas, para que vocês saibam que o Filho do homem tem na terra autoridade para perdoar pecados" — disse ao paralítico: "Levante-se, pegue a sua maca e vá para casa". [7]Ele se levantou e foi. [8]Vendo isso, a multidão ficou cheia de temor e glorificou a Deus, que dera tal autoridade aos homens.

O chamado de Mateus
(Mc 2.13-17; Lc 5.27-32)

[9]Saindo, Jesus viu um homem chamado Mateus, sentado na coletoria, e disse-lhe: "Siga-me". Mateus levantou-se e o seguiu.

[a] **8:2** O termo grego não se refere somente à lepra, mas também a diversas doenças da pele.
[b] **8:17** Is 53:4
[c] **8:28** Alguns manuscritos trazem *gergesenos*; outros dizem *gerasenos*.

10Estando Jesus em casa[a], foram comer com ele e seus discípulos muitos publicanos e pecadores. 11Vendo isso, os fariseus perguntaram aos discípulos dele: "Por que o mestre de vocês come com publicanos e pecadores?"

12Ouvindo isso, Jesus disse: "Não são os que têm saúde que precisam de médico, mas sim os doentes. 13Vão aprender o que significa isto: 'Desejo misericórdia, não sacrifícios'[b]. Pois eu não vim chamar justos, mas pecadores".

Jesus é interrogado acerca do jejum

(Mc 2.18-22; Lc 5.33-39)

14Então os discípulos de João vieram perguntar-lhe: "Por que nós e os fariseus jejuamos, mas os teus discípulos não?"

15Jesus respondeu: "Como podem os convidados do noivo ficar de luto enquanto o noivo está com eles? Virão dias quando o noivo lhes será tirado; então jejuarão.

16"Ninguém põe remendo de pano novo em roupa velha, pois o remendo forçará a roupa, tornando pior o rasgo. 17Nem se põe vinho novo em vasilha de couro velha; se o fizer, a vasilha rebentará, o vinho se derramará e a vasilha se estragará. Ao contrário, põe-se vinho novo em vasilha de couro nova; e ambos se conservam".

O poder de Jesus sobre a doença e a morte

(Mc 5.21-43; Lc 8.40-56)

18Falava ele ainda quando um dos dirigentes da sinagoga chegou, ajoelhou-se diante dele e disse: "Minha filha acaba de morrer. Vem e impõe a tua mão sobre ela, e ela viverá". 19Jesus levantou-se e foi com ele, e também os seus discípulos.

20Nisso uma mulher que havia doze anos vinha sofrendo de hemorragia, chegou por trás dele e tocou na borda do seu manto, 21pois dizia a si mesma: "Se eu tão somente tocar em seu manto, ficarei curada".

22Voltando-se, Jesus a viu e disse: "Ânimo, filha, a sua fé a curou![c]" E desde aquele instante a mulher ficou curada.

23Quando ele chegou à casa do dirigente da sinagoga e viu os flautistas e a multidão agitada, 24disse: "Saiam! A menina não está morta, mas dorme". Todos começaram a rir dele. 25Depois que a multidão se afastou, ele entrou e tomou a menina pela mão, e ela se levantou. 26A notícia deste acontecimento espalhou-se por toda aquela região.

A cura de dois cegos e de um mudo

27Saindo Jesus dali, dois cegos o seguiram, clamando: "Filho de Davi, tem misericórdia de nós!"

28Entrando ele em casa, os cegos se aproximaram, e ele lhes perguntou: "Vocês creem que eu sou capaz de fazer isso?"

Eles responderam: "Sim, Senhor!"

29E ele, tocando nos olhos deles, disse: "Que lhes seja feito segundo a fé que vocês têm!" 30E a visão deles foi restaurada. Então Jesus os advertiu severamente: "Cuidem para que ninguém saiba disso". 31Eles, porém, saíram e espalharam a notícia por toda aquela região.

32Enquanto eles se retiravam, foi levado a Jesus um homem endemoninhado que não podia falar. 33Quando o demônio foi expulso, o mudo começou a falar. A multidão ficou admirada e disse: "Nunca se viu nada parecido em Israel!"

34Mas os fariseus diziam: "É pelo príncipe dos demônios que ele expulsa demônios".

Poucos são os trabalhadores

35Jesus ia passando por todas as cidades e povoados, ensinando nas sinagogas, pregando as boas novas do Reino e curando todas as enfermidades e doenças. 36Ao ver as multidões, teve compaixão delas, porque estavam aflitas e desamparadas, como ovelhas sem pastor. 37Então disse aos seus discípulos: "A colheita é grande, mas os trabalhadores são poucos. 38Peçam, pois, ao Senhor da colheita que envie trabalhadores para a sua colheita".

Jesus envia os Doze

(Mc 6.7-13; Lc 9.1-6)

10 Chamando seus doze discípulos, deu-lhes autoridade para expulsar espíritos imundos[d] e curar todas as doenças e enfermidades.

2Estes são os nomes dos doze apóstolos: primeiro, Simão, chamado Pedro, e André, seu irmão; Tiago, filho de Zebedeu, e João, seu irmão; 3Filipe e Bartolomeu; Tomé e Mateus, o publicano; Tiago, filho de Alfeu, e Tadeu; 4Simão, o zelote, e Judas Iscariotes, que o traiu.

5Jesus enviou os doze com as seguintes instruções: "Não se dirijam aos gentios[e], nem entrem em cidade alguma dos samaritanos. 6Antes, dirijam-se às ovelhas perdidas de Israel. 7Por onde forem, preguem esta mensagem: O Reino dos céus está próximo. 8Curem os enfermos, ressuscitem os mortos, purifiquem os leprosos[f], expulsem os demônios. Vocês receberam de graça; deem também de graça. 9Não levem nem ouro, nem prata, nem cobre em seus cintos; 10não levem nenhum saco de viagem, nem túnica extra, nem sandálias, nem bordão; pois o trabalhador é digno do seu sustento.

11"Na cidade ou povoado em que entrarem, procurem alguém digno de recebê-los, e fiquem em sua casa até partirem. 12Ao entrarem na casa, saúdem-na. 13Se a casa for digna, que a paz de vocês repouse sobre ela; se não for, que a paz retorne para vocês. 14Se alguém não os receber nem ouvir suas palavras, sacudam a poeira dos pés quando saírem daquela casa ou cidade. 15Eu lhes digo a verdade: No dia do juízo haverá menor rigor para Sodoma e Gomorra do que para aquela cidade. 16Eu os estou enviando como ovelhas entre lobos. Portanto, sejam astutos como as serpentes e sem malícia como as pombas.

17"Tenham cuidado, pois os homens os entregarão aos tribunais e os açoitarão nas sinagogas deles. 18Por minha causa vocês serão levados à presença de governadores e reis como testemunhas a eles e aos gentios. 19Mas quando os prenderem, não se preocupem quanto ao que dizer, ou como dizê-lo. Naquela hora lhes será dado o que dizer, 20pois não serão vocês que estarão falando, mas o Espírito do Pai de vocês falará por intermédio de vocês.

21"O irmão entregará à morte o seu irmão, e o pai, o seu filho; filhos se rebelarão contra seus pais e os matarão. 22Todos odiarão vocês por minha causa, mas aquele que perseverar até o fim será salvo. 23Quando forem

[a] 9:10 Ou *na casa de Mateus*; veja Lc 5:29.
[b] 9:13 Os 6:6
[c] 9:22 Ou *a salvou!*
[d] 10:1 Ou *malignos*
[e] 10:5 Isto é, os que não são judeus; também no versículo 18.
[f] 10:8 O termo grego não se refere somente à lepra, mas também a diversas doenças da pele.

perseguidos num lugar, fujam para outro. Eu lhes ga-
ranto que vocês não terão percorrido todas as cidades
de Israel antes que venha o Filho do homem.
24“O discípulo não está acima do seu mestre, nem
o servo acima do seu senhor. 25Basta ao discípulo ser
como o seu mestre, e ao servo, como o seu senhor. Se
o dono da casa foi chamado Belzebu, quanto mais os
membros da sua família!
26“Portanto, não tenham medo deles. Não há nada
escondido que não venha a ser revelado, nem oculto
que não venha a se tornar conhecido. 27O que eu lhes
digo na escuridão, falem à luz do dia; o que é sussur-
rado em seus ouvidos, proclamem dos telhados. 28Não
tenham medo dos que matam o corpo, mas não podem
matar a alma. Antes, tenham medo daquele que pode
destruir tanto a alma como o corpo no inferno. 29Não se
vendem dois pardais por uma moedinha[a]? Contudo, ne-
nhum deles cai no chão sem o consentimento do Pai de
vocês. 30Até os cabelos da cabeça de vocês estão todos
contados. 31Portanto, não tenham medo; vocês valem
mais do que muitos pardais!
32“Quem, pois, me confessar diante dos homens, eu
também o confessarei diante do meu Pai que está nos
céus. 33Mas aquele que me negar diante dos homens, eu
também o negarei diante do meu Pai que está nos céus.
34“Não pensem que vim trazer paz à terra; não vim
trazer paz, mas espada. 35Pois eu vim para fazer que

“ ‘o homem fique contra seu pai,
a filha contra sua mãe,
a nora contra sua sogra;
36os inimigos do homem serão os da sua própria
família’[b].

37“Quem ama seu pai ou sua mãe mais do que a mim
não é digno de mim; quem ama seu filho ou sua filha
mais do que a mim não é digno de mim; 38e quem não
toma a sua cruz e não me segue, não é digno de mim.
39Quem acha a sua vida a perderá, e quem perde a sua
vida por minha causa a encontrará.
40“Quem recebe vocês, recebe a mim; e quem me
recebe, recebe aquele que me enviou. 41Quem recebe
um profeta, porque ele é profeta, receberá a recom-
pensa de profeta, e quem recebe um justo, porque ele
é justo, receberá a recompensa de justo. 42E se alguém
der mesmo que seja apenas um copo de água fria a um
destes pequeninos, porque ele é meu discípulo, eu lhes
asseguro que não perderá a sua recompensa”.

Jesus e João Batista
(Lc 7.18-35)

11 Quando acabou de instruir seus doze discípulos,
Jesus saiu para ensinar e pregar nas cidades da
Galileia[c].
2João, ao ouvir na prisão o que Cristo estava fazen-
do, enviou seus discípulos para lhe perguntarem: 3“És
tu aquele que haveria de vir ou devemos esperar al-
gum outro?”
4Jesus respondeu: “Voltem e anunciem a João o que
vocês estão ouvindo e vendo: 5os cegos veem, os alei-
jados andam, os leprosos[d] são purificados, os surdos
ouvem, os mortos são ressuscitados, e as boas novas
são pregadas aos pobres; 6e feliz é aquele que não se
escandaliza por minha causa”.
7Enquanto saíam os discípulos de João, Jesus come-
çou a falar à multidão a respeito de João: “O que vocês
foram ver no deserto? Um caniço agitado pelo vento?
8Ou, o que foram ver? Um homem vestido de roupas fi-
nas? Ora, os que usam roupas finas estão nos palácios
reais. 9Afinal, o que foram ver? Um profeta? Sim, eu
lhes digo, e mais que profeta. 10Este é aquele a respeito
de quem está escrito:

“ ‘Enviarei o meu mensageiro
à tua frente;
ele preparará o teu caminho diante de ti’[e].

11Digo-lhes a verdade: Entre os nascidos de mulher
não surgiu ninguém maior do que João Batista; todavia,
o menor no Reino dos céus é maior do que ele. 12Desde
os dias de João Batista até agora, o Reino dos céus é to-
mado à força, e os que usam de força se apoderam dele.
13Pois todos os Profetas e a Lei profetizaram até João.
14E se vocês quiserem aceitar, este é o Elias que havia
de vir. 15Aquele que tem ouvidos, ouça!
16“A que posso comparar esta geração? São como
crianças que ficam sentadas nas praças e gritam umas
às outras:

17“ ‘Nós lhes tocamos flauta,
mas vocês não dançaram;
cantamos um lamento,
mas vocês não
se entristeceram’.

18Pois veio João, que jejua e não bebe vinho[f], e di-
zem: ‘Ele tem demônio’. 19Veio o Filho do homem co-
mendo e bebendo, e dizem: ‘Aí está um comilão e
beberrão, amigo de publicanos e pecadores’. Mas a sa-
bedoria é comprovada pelas obras que a acompanham”.

Ai das cidades que não se arrependem
(Lc 10.13-15)

20Então Jesus começou a denunciar as cidades em
que havia sido realizada a maioria dos seus milagres,
porque não se arrependeram. 21“Ai de você, Corazim!
Ai de você, Betsaida! Porque se os milagres que fo-
ram realizados entre vocês tivessem sido realizados
em Tiro e Sidom, há muito tempo elas se teriam ar-
rependido, vestindo roupas de saco e cobrindo-se de
cinzas. 22Mas eu lhes afirmo que no dia do juízo haverá
menor rigor para Tiro e Sidom do que para vocês. 23E
você, Cafarnaum, será elevada até ao céu? Não, você
descerá até o Hades[g]! Se os milagres que em você fo-
ram realizados tivessem sido realizados em Sodoma,
ela teria permanecido até hoje. 24Mas eu lhe afirmo
que no dia do juízo haverá menor rigor para Sodoma
do que para você”.

Repouso para os cansados
(Lc 10.21-22)

25Naquela ocasião Jesus disse: “Eu te louvo, Pai, Se-
nhor dos céus e da terra, porque escondeste estas coisas

[a] 10:29 Grego: *um asse*.
[b] 10:35-36 Mq 7:6
[c] 11:1 Grego: *cidades deles*.
[d] 11:5 O termo grego não se refere somente à lepra, mas também a diversas doenças da pele.
[e] 11:10 Ml 3:1
[f] 11:18 Grego: *não comendo, nem bebendo*.
[g] 11:23 Essa palavra pode ser traduzida por inferno, sepulcro, morte ou profundezas.

dos sábios e cultos, e as revelaste aos pequeninos. 26Sim,
Pai, pois assim foi do teu agrado.
27"Todas as coisas me foram entregues por meu Pai.
Ninguém conhece o Filho a não ser o Pai, e ninguém
conhece o Pai a não ser o Filho e aqueles a quem o Fi-
lho o quiser revelar.
28"Venham a mim, todos os que estão cansados e
sobrecarregados, e eu lhes darei descanso. 29Tomem
sobre vocês o meu jugo e aprendam de mim, pois sou
manso e humilde de coração, e vocês encontrarão des-
canso para as suas almas. 30Pois o meu jugo é suave e
o meu fardo é leve".

O Senhor do sábado

(Mc 2.23—3.6; Lc 6.1-11)

12 Naquela ocasião Jesus passou pelas lavouras de ce-
real no sábado. Seus discípulos estavam com fome
e começaram a colher espigas para comê-las. 2Os fari-
seus, vendo aquilo, lhe disseram: "Olha, os teus discí-
pulos estão fazendo o que não é permitido no sábado".
3Ele respondeu: "Vocês não leram o que fez Davi
quando ele e seus companheiros estavam com fome?
4Ele entrou na casa de Deus e, junto com os seus com-
panheiros, comeu os pães da Presença, o que não lhes
era permitido fazer, mas apenas aos sacerdotes. 5Ou vo-
cês não leram na Lei que, no sábado, os sacerdotes no
templo profanam esse dia e, contudo, ficam sem cul-
pa? 6Eu lhes digo que aqui está o que é maior do que
o templo. 7Se vocês soubessem o que significam estas
palavras: 'Desejo misericórdia, não sacrifícios'[a], não te-
riam condenado inocentes. 8Pois o Filho do homem é
Senhor do sábado".
9Saindo daquele lugar, dirigiu-se à sinagoga deles,
10e estava ali um homem com uma das mãos atrofiada.
Procurando um motivo para acusar Jesus, eles lhe per-
guntaram: "É permitido curar no sábado?"
11Ele lhes respondeu: "Qual de vocês, se tiver uma
ovelha e ela cair num buraco no sábado, não irá pe-
gá-la e tirá-la de lá? 12Quanto mais vale um homem do
que uma ovelha! Portanto, é permitido fazer o bem no
sábado".
13Então ele disse ao homem: "Estenda a mão". Ele a
estendeu, e ela foi restaurada, e ficou boa como a ou-
tra. 14Então os fariseus saíram e começaram a conspirar
sobre como poderiam matar Jesus.

O servo escolhido de Deus

15Sabendo disso, Jesus retirou-se daquele lugar. Mui-
tos o seguiram, e ele curou todos os doentes que havia
entre eles, 16advertindo-os que não dissessem quem ele
era. 17Isso aconteceu para se cumprir o que fora dito por
meio do profeta Isaías:

18"Eis o meu servo,
a quem escolhi,
o meu amado,
em quem tenho prazer.
Porei sobre ele o meu Espírito,
e ele anunciará justiça
às nações.
19Não discutirá nem gritará;
ninguém ouvirá sua voz
nas ruas.
20Não quebrará o caniço rachado,
não apagará o pavio fumegante,
até que leve à vitória a justiça.
21Em seu nome as nações
porão sua esperança"[b].

A acusação contra Jesus

(Mc 3.20-30; Lc 11.14-23)

22Depois disso, levaram-lhe um endemoninhado que
era cego e mudo, e Jesus o curou, de modo que ele pô-
de falar e ver. 23Todo o povo ficou atônito e disse: "Não
será este o Filho de Davi?"
24Mas quando os fariseus ouviram isso, disseram: "É
somente por Belzebu, o príncipe dos demônios, que ele
expulsa demônios".
25Jesus, conhecendo os seus pensamentos, dis-
se-lhes: "Todo reino dividido contra si mesmo será ar-
ruinado, e toda cidade ou casa dividida contra si mesma
não subsistirá. 26Se Satanás expulsa Satanás, está dividi-
do contra si mesmo. Como, então, subsistirá seu reino?
27E se eu expulso demônios por Belzebu, por quem os
expulsam os filhos[c] de vocês? Por isso, eles mesmos se-
rão juízes sobre vocês. 28Mas se é pelo Espírito de Deus
que eu expulso demônios, então chegou a vocês o Rei-
no de Deus.
29"Ou, como alguém pode entrar na casa do homem
forte e levar dali seus bens, sem antes amarrá-lo? Só en-
tão poderá roubar a casa dele.
30"Aquele que não está comigo, está contra mim; e
aquele que comigo não ajunta, espalha. 31Por esse mo-
tivo eu lhes digo: Todo pecado e blasfêmia serão per-
doados aos homens, mas a blasfêmia contra o Espírito
não será perdoada. 32Todo aquele que disser uma pala-
vra contra o Filho do homem será perdoado, mas quem
falar contra o Espírito Santo não será perdoado, nem
nesta era nem na que há de vir.
33"Considerem: Uma árvore boa dá fruto bom, e uma
árvore ruim dá fruto ruim, pois uma árvore é conhecida
por seu fruto. 34Raça de víboras, como podem vocês, que
são maus, dizer coisas boas? Pois a boca fala do que está
cheio o coração. 35O homem bom do seu bom tesouro
tira coisas boas, e o homem mau do seu mau tesouro
tira coisas más. 36Mas eu lhes digo que, no dia do juízo,
os homens haverão de dar conta de toda palavra inútil
que tiverem falado. 37Pois por suas palavras vocês se-
rão absolvidos, e por suas palavras serão condenados".

O sinal de Jonas

(Lc 11.29-32)

38Então alguns dos fariseus e mestres da lei lhe dis-
seram: "Mestre, queremos ver um sinal milagroso fei-
to por ti".
39Ele respondeu: "Uma geração perversa e adúltera
pede um sinal milagroso! Mas nenhum sinal lhe será
dado, exceto o sinal do profeta Jonas. 40Pois assim co-
mo Jonas esteve três dias e três noites no ventre de um
grande peixe, assim o Filho do homem ficará três dias e
três noites no coração da terra. 41Os homens de Nínive
se levantarão no juízo com esta geração e a condena-
rão; pois eles se arrependeram com a pregação de Jo-
nas, e agora está aqui o que é maior do que Jonas. 42A
rainha do Sul se levantará no juízo com esta geração

[a] 12:7 Os 6:6

[b] 12:18-21 Is 42:1-4

[c] 12:27 Ou *discípulos*

e a condenará, pois ela veio dos confins da terra para ouvir a sabedoria de Salomão, e agora está aqui o que é maior do que Salomão.

43“Quando um espírito imundo[a] sai de um homem, passa por lugares áridos procurando descanso. Como não o encontra, 44diz: ‘Voltarei para a casa de onde saí’. Chegando, encontra a casa desocupada, varrida e em ordem. 45Então vai e traz consigo outros sete espíritos piores do que ele, e, entrando, passam a viver ali. E o estado final daquele homem torna-se pior do que o primeiro. Assim acontecerá a esta geração perversa”.

A mãe e os irmãos de Jesus

(Mc 3.31-35; Lc 8.19-21)

46Falava ainda Jesus à multidão quando sua mãe e seus irmãos chegaram do lado de fora, querendo falar com ele. 47Alguém lhe disse: “Tua mãe e teus irmãos estão lá fora e querem falar contigo”[b].

48“Quem é minha mãe, e quem são meus irmãos?”, perguntou ele. 49E, estendendo a mão para os discípulos, disse: “Aqui estão minha mãe e meus irmãos! 50Pois quem faz a vontade de meu Pai que está nos céus, este é meu irmão, minha irmã e minha mãe”.

A parábola do semeador

(Mc 4.1-20; Lc 8.1-15)

13 Naquele mesmo dia Jesus saiu de casa e assentou-se à beira-mar. 2Reuniu-se ao seu redor uma multidão tão grande que, por isso, ele entrou num barco e assentou-se. Ao povo reunido na praia 3Jesus falou muitas coisas por parábolas, dizendo: “O semeador saiu a semear. 4Enquanto lançava a semente, parte dela caiu à beira do caminho, e as aves vieram e a comeram. 5Parte dela caiu em terreno pedregoso, onde não havia muita terra; e logo brotou, porque a terra não era profunda. 6Mas quando saiu o sol, as plantas se queimaram e secaram, porque não tinham raiz. 7Outra parte caiu entre espinhos, que cresceram e sufocaram as plantas. 8Outra ainda caiu em boa terra, deu boa colheita, a cem, sessenta e trinta por um. 9Aquele que tem ouvidos para ouvir, ouça!”

10Os discípulos aproximaram-se dele e perguntaram: “Por que falas ao povo por parábolas?”

11Ele respondeu: “A vocês foi dado o conhecimento dos mistérios do Reino dos céus, mas a eles não. 12A quem tem será dado, e este terá em grande quantidade. De quem não tem, até o que tem lhe será tirado. 13Por essa razão eu lhes falo por parábolas:

“ ‘Porque vendo, eles não veem
e, ouvindo, não ouvem
nem entendem’[c].

14Neles se cumpre a profecia de Isaías:

“ ‘Ainda que estejam sempre ouvindo,
vocês nunca entenderão;
ainda que estejam sempre vendo,
jamais perceberão.
15Pois o coração deste povo
se tornou insensível;
de má vontade
ouviram com os seus ouvidos,
e fecharam os seus olhos.
Se assim não fosse,
poderiam ver com os olhos,
ouvir com os ouvidos,
entender com o coração
e converter-se,
e eu os curaria’[d].

16Mas, felizes são os olhos de vocês, porque veem; e os ouvidos de vocês, porque ouvem. 17Pois eu lhes digo a verdade: Muitos profetas e justos desejaram ver o que vocês estão vendo, mas não viram, e ouvir o que vocês estão ouvindo, mas não ouviram.

18“Portanto, ouçam o que significa a parábola do semeador: 19Quando alguém ouve a mensagem do Reino e não a entende, o Maligno vem e arranca o que foi semeado em seu coração. Esse é o caso da semente que caiu à beira do caminho. 20Quanto à semente que caiu em terreno pedregoso, esse é o caso daquele que ouve a palavra e logo a recebe com alegria. 21Todavia, visto que não tem raiz em si mesmo, permanece pouco tempo. Quando surge alguma tribulação ou perseguição por causa da palavra, logo a abandona. 22Quanto à semente que caiu entre os espinhos, esse é o caso daquele que ouve a palavra, mas a preocupação desta vida e o engano das riquezas a sufocam, tornando-a infrutífera. 23E quanto à semente que caiu em boa terra, esse é o caso daquele que ouve a palavra e a entende, e dá uma colheita de cem, sessenta e trinta por um”.

A parábola do joio

24Jesus lhes contou outra parábola, dizendo: “O Reino dos céus é como um homem que semeou boa semente em seu campo. 25Mas enquanto todos dormiam, veio o seu inimigo e semeou o joio[e] no meio do trigo e se foi. 26Quando o trigo brotou e formou espigas, o joio também apareceu.

27“Os servos do dono do campo dirigiram-se a ele e disseram: ‘O senhor não semeou boa semente em seu campo? Então, de onde veio o joio?’

28“ ‘Um inimigo fez isso’, respondeu ele.

“Os servos lhe perguntaram: ‘O senhor quer que o tiremos?’

29“Ele respondeu: ‘Não, porque, ao tirar o joio, vocês poderiam arrancar com ele o trigo. 30Deixem que cresçam juntos até a colheita. Então direi aos encarregados da colheita: Juntem primeiro o joio e amarrem-no em feixes para ser queimado; depois juntem o trigo e guardem-no no meu celeiro’ ”.

As parábolas do grão de mostarda e do fermento

(Mc 4.30-34; Lc 13.18-21)

31E contou-lhes outra parábola: “O Reino dos céus é como um grão de mostarda que um homem plantou em seu campo. 32Embora seja a menor dentre todas as sementes, quando cresce torna-se uma das maiores plantas, e atinge a altura de uma árvore, de modo que as aves do céu vêm fazer os seus ninhos em seus ramos”.

33E contou-lhes ainda outra parábola: “O Reino dos céus é como o fermento que uma mulher tomou e

[a] 12:43 Ou *maligno*
[b] 12:47 Alguns manuscritos não trazem o versículo 47.
[c] 13:13 Alguns manuscritos trazem *Para que vendo, eles não vejam e, ouvindo, não ouçam nem entendam.*
[d] 13:14-15 Is 6:9-10
[e] 13:25 Grego: *cizânia*, erva daninha parecida com o trigo; também no restante do capítulo.

misturou com uma grande quantidade[a] de farinha, e toda a massa ficou fermentada".

34 Jesus falou todas estas coisas à multidão por parábolas. Nada lhes dizia sem usar alguma parábola, 35 cumprindo-se, assim, o que fora dito pelo profeta:

"Abrirei minha boca
em parábolas,
proclamarei coisas ocultas
desde a criação do mundo"[b].

A explicação da parábola do joio

36 Então ele deixou a multidão e foi para casa. Seus discípulos aproximaram-se dele e pediram: "Explica-nos a parábola do joio no campo".

37 Ele respondeu: "Aquele que semeou a boa semente é o Filho do homem. 38 O campo é o mundo, e a boa semente são os filhos do Reino. O joio são os filhos do Maligno, 39 e o inimigo que o semeia é o Diabo. A colheita é o fim desta era, e os encarregados da colheita são anjos.

40 "Assim como o joio é colhido e queimado no fogo, assim também acontecerá no fim desta era. 41 O Filho do homem enviará os seus anjos, e eles tirarão do seu Reino tudo o que faz cair no pecado e todos os que praticam o mal. 42 Eles os lançarão na fornalha ardente, onde haverá choro e ranger de dentes. 43 Então os justos brilharão como o sol no Reino de seu Pai. Aquele que tem ouvidos, ouça.

As parábolas do tesouro escondido e da pérola de grande valor

44 "O Reino dos céus é como um tesouro escondido num campo. Certo homem, tendo-o encontrado, escondeu-o de novo e, então, cheio de alegria, foi, vendeu tudo o que tinha e comprou aquele campo.

45 "O Reino dos céus também é como um negociante que procura pérolas preciosas. 46 Encontrando uma pérola de grande valor, foi, vendeu tudo o que tinha e a comprou.

A parábola da rede

47 "O Reino dos céus é ainda como uma rede que é lançada ao mar e apanha toda sorte de peixes. 48 Quando está cheia, os pescadores a puxam para a praia. Então se assentam e juntam os peixes bons em cestos, mas jogam fora os ruins. 49 Assim acontecerá no fim desta era. Os anjos virão, separarão os perversos dos justos 50 e lançarão aqueles na fornalha ardente, onde haverá choro e ranger de dentes".

51 Então perguntou Jesus: "Vocês entenderam todas essas coisas?"

"Sim", responderam eles.

52 Ele lhes disse: "Por isso, todo mestre da lei instruído quanto ao Reino dos céus é como o dono de uma casa que tira do seu tesouro coisas novas e coisas velhas".

Um profeta sem honra

(Mc 6.1-6)

53 Quando acabou de contar essas parábolas, Jesus saiu dali. 54 Chegando à sua cidade, começou a ensinar o povo na sinagoga. Todos ficaram admirados e perguntavam: "De onde lhe vêm esta sabedoria e estes poderes milagrosos? 55 Não é este o filho do carpinteiro? O nome de sua mãe não é Maria, e não são seus irmãos Tiago, José, Simão e Judas? 56 Não estão conosco todas as suas irmãs? De onde, pois, ele obteve todas essas coisas?" 57 E ficavam escandalizados por causa dele.

Mas Jesus lhes disse: "Só em sua própria terra e em sua própria casa é que um profeta não tem honra".

58 E não realizou muitos milagres ali, por causa da incredulidade deles.

João Batista é decapitado

(Mc 6.14-29)

14 Por aquele tempo Herodes, o tetrarca[c], ouviu os relatos a respeito de Jesus 2 e disse aos que o serviam: "Este é João Batista; ele ressuscitou dos mortos! Por isso estão operando nele poderes milagrosos".

3 Pois Herodes havia prendido e amarrado João, colocando-o na prisão por causa de Herodias, mulher de Filipe, seu irmão, 4 porquanto João lhe dizia: "Não te é permitido viver com ela". 5 Herodes queria matá-lo, mas tinha medo do povo, porque este o considerava profeta.

6 No aniversário de Herodes, a filha de Herodias dançou diante de todos, e agradou tanto a Herodes 7 que ele prometeu sob juramento dar-lhe o que ela pedisse. 8 Influenciada por sua mãe, ela disse: "Dá-me aqui, num prato, a cabeça de João Batista". 9 O rei ficou aflito, mas, por causa do juramento e dos convidados, ordenou que lhe fosse dado o que ela pedia 10 e mandou decapitar João na prisão. 11 Sua cabeça foi levada num prato e entregue à jovem, que a levou à sua mãe. 12 Os discípulos de João vieram, levaram o seu corpo e o sepultaram. Depois foram contar isso a Jesus.

A primeira multiplicação dos pães

(Mc 6.30-44; Lc 9.10-17; Jo 6.1-15)

13 Ouvindo o que havia ocorrido, Jesus retirou-se de barco, em particular, para um lugar deserto. As multidões, ao ouvirem falar disso, saíram das cidades e o seguiram a pé. 14 Quando Jesus saiu do barco e viu tão grande multidão, teve compaixão deles e curou os seus doentes.

15 Ao cair da tarde, os discípulos aproximaram-se dele e disseram: "Este é um lugar deserto, e já está ficando tarde. Manda embora a multidão para que possam ir aos povoados comprar comida".

16 Respondeu Jesus: "Eles não precisam ir. Deem-lhes vocês algo para comer".

17 Eles lhe disseram: "Tudo o que temos aqui são cinco pães e dois peixes".

18 "Tragam-nos aqui para mim", disse ele. 19 E ordenou que a multidão se assentasse na grama. Tomando os cinco pães e os dois peixes e, olhando para o céu, deu graças e partiu os pães. Em seguida, deu-os aos discípulos, e estes à multidão. 20 Todos comeram e ficaram satisfeitos, e os discípulos recolheram doze cestos cheios de pedaços que sobraram. 21 Os que comeram foram cerca de cinco mil homens, sem contar mulheres e crianças.

Jesus anda sobre as águas

(Mc 6.45-56; Jo 6.16-24)

22 Logo em seguida, Jesus insistiu com os discípulos para que entrassem no barco e fossem adiante dele para

[a] 13:33 Grego: *3 satos*. O sato era uma medida de capacidade para secos. As estimativas variam entre 7 e 13 litros.

[b] 13:35 Sl 78:2

[c] 14:1 Um tetrarca era o governador da quarta parte de uma região.

o outro lado, enquanto ele despedia a multidão. 23Ten-
do despedido a multidão, subiu sozinho a um monte
para orar. Ao anoitecer, ele estava ali sozinho, 24mas o
barco já estava a considerável distância[a] da terra, fus-
tigado pelas ondas, porque o vento soprava contra ele.
25Alta madrugada[b], Jesus dirigiu-se a eles, andando
sobre o mar. 26Quando o viram andando sobre o mar,
ficaram aterrorizados e disseram: "É um fantasma!" E
gritaram de medo.

27Mas Jesus imediatamente lhes disse: "Coragem!
Sou eu. Não tenham medo!"

28"Senhor", disse Pedro, "se és tu, manda-me ir ao
teu encontro por sobre as águas".

29"Venha", respondeu ele.

Então Pedro saiu do barco, andou sobre as águas e foi
na direção de Jesus. 30Mas, quando reparou no vento,
ficou com medo e, começando a afundar, gritou: "Se-
nhor, salva-me!"

31Imediatamente Jesus estendeu a mão e o segurou.
E disse: "Homem de pequena fé, por que você duvidou?"

32Quando entraram no barco, o vento cessou. 33Então
os que estavam no barco o adoraram, dizendo: "Verda-
deiramente tu és o Filho de Deus".

34Depois de atravessarem o mar, chegaram a Gene-
saré. 35Quando os homens daquele lugar reconheceram
Jesus, espalharam a notícia em toda aquela região e lhe
trouxeram os seus doentes. 36Suplicavam-lhe que ape-
nas pudessem tocar na borda do seu manto; e todos os
que nele tocaram foram curados.

Jesus e a tradição judaica

(Mc 7.1-23)

15 Então alguns fariseus e mestres da lei, vindos de
Jerusalém, foram a Jesus e perguntaram: 2"Por que
os seus discípulos transgridem a tradição dos líderes
religiosos? Pois não lavam as mãos antes de comer!"

3Respondeu Jesus: "E por que vocês transgridem o
mandamento de Deus por causa da tradição de vocês?
4Pois Deus disse: 'Honra teu pai e tua mãe'[c] e 'Quem
amaldiçoar seu pai ou sua mãe terá que ser executa-
do'[d]. 5Mas vocês afirmam que se alguém disser ao pai
ou à mãe: 'Qualquer ajuda que eu poderia lhe dar já
dediquei a Deus como oferta', 6não está mais obrigado
a sustentar[e] seu pai. Assim, por causa da sua tradição,
vocês anulam a palavra de Deus. 7Hipócritas! Bem pro-
fetizou Isaías acerca de vocês, dizendo:

8" 'Este povo me honra
com os lábios,
mas o seu coração está longe de mim.
9Em vão me adoram;
seus ensinamentos
não passam de regras
ensinadas por homens'[f]".

10Jesus chamou para junto de si a multidão e disse:
"Ouçam e entendam. 11O que entra pela boca não tor-
na o homem impuro; mas o que sai de sua boca, isto
o torna impuro".

12Então os discípulos se aproximaram dele e pergun-
taram: "Sabes que os fariseus ficaram ofendidos quan-
do ouviram isso?"

13Ele respondeu: "Toda planta que meu Pai celestial
não plantou será arrancada pelas raízes. 14Deixem-nos;
eles são guias cegos[g]. Se um cego conduzir outro cego,
ambos cairão num buraco".

15Então Pedro pediu-lhe: "Explica-nos a parábola".

16"Será que vocês ainda não conseguem entender?",
perguntou Jesus. 17"Não percebem que o que entra pela
boca vai para o estômago e mais tarde é expelido? 18Mas
as coisas que saem da boca vêm do coração, e são essas
que tornam o homem impuro. 19Pois do coração saem
os maus pensamentos, os homicídios, os adultérios, as
imoralidades sexuais, os roubos, os falsos testemunhos
e as calúnias. 20Essas coisas tornam o homem impuro;
mas o comer sem lavar as mãos não o torna impuro."

Uma mulher cananeia demonstra fé

(Mc 7.24-30)

21Saindo daquele lugar, Jesus retirou-se para a região
de Tiro e de Sidom. 22Uma mulher cananeia, natural da-
li, veio a ele, gritando: "Senhor, Filho de Davi, tem mi-
sericórdia de mim! Minha filha está endemoninhada e
está sofrendo muito".

23Mas Jesus não lhe respondeu palavra. Então seus
discípulos se aproximaram dele e pediram: "Manda-a
embora, pois vem gritando atrás de nós".

24Ele respondeu: "Eu fui enviado apenas às ovelhas
perdidas de Israel".

25A mulher veio, adorou-o de joelhos e disse: "Se-
nhor, ajuda-me!"

26Ele respondeu: "Não é certo tirar o pão dos filhos
e lançá-lo aos cachorrinhos".

27Disse ela, porém: "Sim, Senhor, mas até os cachor-
rinhos comem das migalhas que caem da mesa dos
seus donos".

28Jesus respondeu: "Mulher, grande é a sua fé! Se-
ja conforme você deseja". E naquele mesmo instante a
sua filha foi curada.

A segunda multiplicação dos pães

(Mc 8.1-10)

29Jesus saiu dali e foi para a beira do mar da Gali-
leia. Depois subiu a um monte e se assentou. 30Uma
grande multidão dirigiu-se a ele, levando-lhe os alei-
jados, os cegos, os mancos, os mudos e muitos outros,
e os colocaram aos seus pés; e ele os curou. 31O povo fi-
cou admirado quando viu os mudos falando, os man-
cos curados, os aleijados andando e os cegos vendo. E
louvaram o Deus de Israel.

32Jesus chamou os seus discípulos e disse: "Tenho
compaixão desta multidão; já faz três dias que eles es-
tão comigo e nada têm para comer. Não quero man-
dá-los embora com fome, porque podem desfalecer
no caminho".

33Os seus discípulos responderam: "Onde podería-
mos encontrar, neste lugar deserto, pão suficiente para
alimentar tanta gente?"

34"Quantos pães vocês têm?", perguntou Jesus.

"Sete", responderam eles, "e alguns peixinhos."

35Ele ordenou à multidão que se assentasse no chão.

[a] 14:24 Grego: *a muitos estádios.*
[b] 14:25 Grego: *quarta vigília da noite* (entre 3 e 6 horas da manhã).
[c] 15:4 Êx 20:12; Dt 5:16
[d] 15:4 Êx 21:17; Lv 20:9
[e] 15:6 Ou *a honrar*
[f] 15:8-9 Is 29:13
[g] 15:14 Alguns manuscritos dizem *são cegos, guias de cegos.*

36 Depois de tomar os sete pães e os peixes e dar graças, partiu-os e os entregou aos discípulos, e os discípulos à multidão. 37 Todos comeram até se fartar. E ajuntaram sete cestos cheios de pedaços que sobraram. 38 Os que comeram foram quatro mil homens, sem contar mulheres e crianças. 39 E, havendo despedido a multidão, Jesus entrou no barco e foi para a região de Magadã.

Os fariseus e os saduceus pedem um sinal
(Mc 8.11-13)

16 Os fariseus e os saduceus aproximaram-se de Jesus e o puseram à prova, pedindo-lhe que lhes mostrasse um sinal do céu.

2 Ele respondeu: "Quando a tarde vem, vocês dizem: 'Vai fazer bom tempo, porque o céu está vermelho', 3 e de manhã: 'Hoje haverá tempestade, porque o céu está vermelho e nublado'. Vocês sabem interpretar o aspecto do céu, mas não sabem interpretar os sinais dos tempos![a] 4 Uma geração perversa e adúltera pede um sinal milagroso, mas nenhum sinal lhe será dado, a não ser o sinal de Jonas". Então Jesus os deixou e retirou-se.

O fermento dos fariseus e dos saduceus
(Mc 8.14-21)

5 Indo os discípulos para o outro lado do mar, esqueceram-se de levar pão. 6 Disse-lhes Jesus: "Estejam atentos e tenham cuidado com o fermento dos fariseus e dos saduceus".

7 E eles discutiam entre si, dizendo: "É porque não trouxemos pão".

8 Percebendo a discussão, Jesus lhes perguntou: "Homens de pequena fé, por que vocês estão discutindo entre si sobre não terem pão? 9 Ainda não compreendem? Não se lembram dos cinco pães para os cinco mil e de quantos cestos vocês recolheram? 10 Nem dos sete pães para os quatro mil e de quantos cestos recolheram? 11 Como é que vocês não entendem que não era de pão que eu estava lhes falando? Tomem cuidado com o fermento dos fariseus e dos saduceus". 12 Então entenderam que não estava lhes dizendo que tomassem cuidado com o fermento de pão, mas com o ensino dos fariseus e dos saduceus.

A confissão de Pedro
(Mc 8.27-30; Lc 9.18-21)

13 Chegando Jesus à região de Cesareia de Filipe, perguntou aos seus discípulos: "Quem os outros dizem que o Filho do homem é?"

14 Eles responderam: "Alguns dizem que é João Batista; outros, Elias; e, ainda outros, Jeremias ou um dos profetas".

15 "E vocês?", perguntou ele. "Quem vocês dizem que eu sou?"

16 Simão Pedro respondeu: "Tu és o Cristo, o Filho do Deus vivo".

17 Respondeu Jesus: "Feliz é você, Simão, filho de Jonas! Porque isto não lhe foi revelado por carne ou sangue, mas por meu Pai que está nos céus. 18 E eu lhe digo que você é Pedro, e sobre esta pedra edificarei a minha igreja, e as portas do Hades[b] não poderão vencê-la[c]. 19 Eu lhe darei as chaves do Reino dos céus; o que você ligar na terra terá sido ligado nos céus, e o que você desligar na terra terá sido desligado[d] nos céus". 20 Então advertiu a seus discípulos que não contassem a ninguém que ele era o Cristo.

Jesus prediz sua morte e ressurreição
(Mc 8.31—9.1; Lc 9.22-27)

21 Desde aquele momento Jesus começou a explicar aos seus discípulos que era necessário que ele fosse para Jerusalém e sofresse muitas coisas nas mãos dos líderes religiosos, dos chefes dos sacerdotes e dos mestres da lei, e fosse morto e ressuscitasse no terceiro dia.

22 Então Pedro, chamando-o à parte, começou a repreendê-lo, dizendo: "Nunca, Senhor! Isso nunca te acontecerá!"

23 Jesus virou-se e disse a Pedro: "Para trás de mim, Satanás! Você é uma pedra de tropeço para mim, e não pensa nas coisas de Deus, mas nas dos homens".

24 Então Jesus disse aos seus discípulos: "Se alguém quiser acompanhar-me, negue-se a si mesmo, tome a sua cruz e siga-me. 25 Pois quem quiser salvar a sua vida[e], a perderá, mas quem perder a sua vida por minha causa, a encontrará. 26 Pois, que adiantará ao homem ganhar o mundo inteiro e perder a sua alma? Ou, o que o homem poderá dar em troca de sua alma? 27 Pois o Filho do homem virá na glória de seu Pai, com os seus anjos, e então recompensará a cada um de acordo com o que tenha feito. 28 Garanto-lhes que alguns dos que aqui se acham não experimentarão a morte antes de verem o Filho do homem vindo em seu Reino".

A transfiguração
(Mc 9.2-13; Lc 9.28-36)

17 Seis dias depois, Jesus tomou consigo Pedro, Tiago e João, irmão de Tiago, e os levou, em particular, a um alto monte. 2 Ali ele foi transfigurado diante deles. Sua face brilhou como o sol, e suas roupas se tornaram brancas como a luz. 3 Naquele mesmo momento apareceram diante deles Moisés e Elias, conversando com Jesus.

4 Então Pedro disse a Jesus: "Senhor, é bom estarmos aqui. Se quiseres, farei três tendas: uma para ti, uma para Moisés e outra para Elias".

5 Enquanto ele ainda estava falando, uma nuvem resplandecente os envolveu, e dela saiu uma voz, que dizia: "Este é o meu Filho amado de quem me agrado. Ouçam-no!"

6 Ouvindo isso, os discípulos prostraram-se com o rosto em terra e ficaram aterrorizados. 7 Mas Jesus se aproximou, tocou neles e disse: "Levantem-se! Não tenham medo!" 8 E erguendo eles os olhos, não viram mais ninguém a não ser Jesus.

9 Enquanto desciam do monte, Jesus lhes ordenou: "Não contem a ninguém o que vocês viram, até que o Filho do homem tenha sido ressuscitado dos mortos".

10 Os discípulos lhe perguntaram: "Então, por que os mestres da lei dizem que é necessário que Elias venha primeiro?"

11 Jesus respondeu: "De fato, Elias vem e restaurará todas as coisas. 12 Mas eu lhes digo: Elias já veio, e eles não o reconheceram, mas fizeram com ele tudo o que quiseram. Da mesma forma o Filho do homem

[a] 16:2-3 Alguns manuscritos antigos não trazem os versículos 2 e 3.

[b] 16:18 Essa palavra pode ser traduzida por inferno, sepulcro, morte ou profundezas.

[c] 16:18 Ou *não se mostrarão mais fortes do que ela*

[d] 16:19 Ou *será ligado... será desligado*

[e] 16:25 Ou *alma*

será maltratado por eles". 13Então os discípulos entenderam que era de João Batista que ele tinha falado.

A cura de um menino endemoninhado
(Mc 9.14-32; Lc 9.37-45)

14Quando chegaram onde estava a multidão, um homem aproximou-se de Jesus, ajoelhou-se diante dele e disse: 15"Senhor, tem misericórdia do meu filho. Ele tem ataques[a] e está sofrendo muito. Muitas vezes cai no fogo ou na água. 16Eu o trouxe aos teus discípulos, mas eles não puderam curá-lo".

17Respondeu Jesus: "Ó geração incrédula e perversa, até quando estarei com vocês? Até quando terei que suportá-los? Tragam-me o menino". 18Jesus repreendeu o demônio; este saiu do menino que, daquele momento em diante, ficou curado.

19Então os discípulos aproximaram-se de Jesus em particular e perguntaram: "Por que não conseguimos expulsá-lo?"

20Ele respondeu: "Porque a fé que vocês têm é pequena. Eu lhes asseguro que se vocês tiverem fé do tamanho de um grão de mostarda, poderão dizer a este monte: 'Vá daqui para lá', e ele irá. Nada lhes será impossível. 21Mas esta espécie só sai pela oração e pelo jejum".[b]

22Reunindo-se eles na Galileia, Jesus lhes disse: "O Filho do homem será entregue nas mãos dos homens. 23Eles o matarão, e no terceiro dia ele ressuscitará". E os discípulos ficaram cheios de tristeza.

O imposto do templo

24Quando Jesus e seus discípulos chegaram a Cafarnaum, os coletores do imposto de duas dracmas[c] vieram a Pedro e perguntaram: "O mestre de vocês não paga o imposto do templo[d]?"

25"Sim, paga", respondeu ele.

Quando Pedro entrou na casa, Jesus foi o primeiro a falar, perguntando-lhe: "O que você acha, Simão? De quem os reis da terra cobram tributos e impostos: de seus próprios filhos ou dos outros?"

26"Dos outros", respondeu Pedro.

Disse-lhe Jesus: "Então os filhos estão isentos. 27Mas, para não escandalizá-los, vá ao mar e jogue o anzol. Tire o primeiro peixe que você pegar, abra-lhe a boca, e você encontrará uma moeda de quatro dracmas[e]. Pegue-a e entregue-a a eles, para pagar o meu imposto e o seu".

O maior no Reino dos céus
(Mc 9.33-37,42-46; Lc 9.46-48)

18 Naquele momento os discípulos chegaram a Jesus e perguntaram: "Quem é o maior no Reino dos céus?"

2Chamando uma criança, colocou-a no meio deles, 3e disse: "Eu lhes asseguro que, a não ser que vocês se convertam e se tornem como crianças, jamais entrarão no Reino dos céus. 4Portanto, quem se faz humilde como esta criança, este é o maior no Reino dos céus.

5"Quem recebe uma destas crianças em meu nome, está me recebendo. 6Mas se alguém fizer cair no pecado um destes pequeninos que creem em mim, melhor lhe seria amarrar uma pedra de moinho no pescoço e se afogar nas profundezas do mar.

7"Ai do mundo, por causa das coisas que fazem cair no pecado! É inevitável que tais coisas aconteçam, mas ai daquele por meio de quem elas acontecem! 8Se a sua mão ou o seu pé o fizerem tropeçar, corte-os e jogue-os fora. É melhor entrar na vida mutilado ou aleijado do que, tendo as duas mãos ou os dois pés, ser lançado no fogo eterno. 9E se o seu olho o fizer tropeçar, arranque-o e jogue-o fora. É melhor entrar na vida com um só olho do que, tendo os dois olhos, ser lançado no fogo do inferno.

A parábola da ovelha perdida
(Lc 15.3-7)

10"Cuidado para não desprezarem um só destes pequeninos! Pois eu lhes digo que os anjos deles nos céus estão sempre vendo a face de meu Pai celeste. 11O Filho do homem veio para salvar o que se havia perdido.[f]

12"O que acham vocês? Se alguém possui cem ovelhas, e uma delas se perde, não deixará as noventa e nove nos montes, indo procurar a que se perdeu? 13E se conseguir encontrá-la, garanto-lhes que ele ficará mais contente com aquela ovelha do que com as noventa e nove que não se perderam. 14Da mesma forma, o Pai de vocês, que está nos céus, não quer que nenhum destes pequeninos se perca.

Como tratar a ofensa de um irmão

15"Se o seu irmão pecar contra você[g], vá e, a sós com ele, mostre-lhe o erro. Se ele o ouvir, você ganhou seu irmão. 16Mas se ele não o ouvir, leve consigo mais um ou dois outros, de modo que 'qualquer acusação seja confirmada pelo depoimento de duas ou três testemunhas'[h]. 17Se ele se recusar a ouvi-los, conte à igreja; e se ele se recusar a ouvir também a igreja, trate-o como pagão ou publicano.

18"Digo-lhes a verdade: Tudo o que vocês ligarem na terra terá sido ligado no céu, e tudo o que vocês desligarem na terra terá sido desligado[i] no céu.

19"Também lhes digo que se dois de vocês concordarem na terra em qualquer assunto sobre o qual pedirem, isso lhes será feito por meu Pai que está nos céus. 20Pois onde se reunirem dois ou três em meu nome, ali eu estou no meio deles".

A parábola do servo impiedoso

21Então Pedro aproximou-se de Jesus e perguntou: "Senhor, quantas vezes deverei perdoar a meu irmão quando ele pecar contra mim? Até sete vezes?"

22Jesus respondeu: "Eu lhe digo: Não até sete, mas até setenta vezes sete[j].

23"Por isso, o Reino dos céus é como um rei que desejava acertar contas com seus servos. 24Quando começou o acerto, foi trazido à sua presença um que lhe devia uma enorme quantidade de prata[k]. 25Como não tinha condições de pagar, o senhor ordenou que ele, sua mulher, seus filhos e tudo o que ele possuía fossem vendidos para pagar a dívida.

[a] 17:15 Grego: *Ele é lunático.*
[b] 17:21 Vários manuscritos não trazem o versículo 21.
[c] 17:24 A dracma era uma moeda de prata equivalente à diária de um trabalhador braçal; também no versículo 27.
[d] 17:24 Grego: *paga as duas dracmas.*
[e] 17:27 Grego: *1 estáter.*
[f] 18:11 Vários manuscritos não trazem o versículo 11.
[g] 18:15 Alguns manuscritos não trazem *contra você.*
[h] 18:16 Dt 19:15
[i] 18:18 Ou *será ligado... será desligado*
[j] 18:22 Ou 77
[k] 18:24 Grego: *10.000 talentos.* O talento equivalia a 35 quilos.

26“O servo prostrou-se diante dele e lhe implorou: ‘Tem paciência comigo, e eu te pagarei tudo’. 27O senhor daquele servo teve compaixão dele, cancelou a dívida e o deixou ir.

28“Mas quando aquele servo saiu, encontrou um de seus conservos, que lhe devia cem denários[a]. Agarrou-o e começou a sufocá-lo, dizendo: ‘Pague-me o que me deve!’

29“Então o seu conservo caiu de joelhos e implorou-lhe: ‘Tenha paciência comigo, e eu lhe pagarei’.

30“Mas ele não quis. Antes, saiu e mandou lançá-lo na prisão, até que pagasse a dívida. 31Quando os outros servos, companheiros dele, viram o que havia acontecido, ficaram muito tristes e foram contar ao seu senhor tudo o que havia acontecido.

32“Então o senhor chamou o servo e disse: ‘Servo mau, cancelei toda a sua dívida porque você me implorou. 33Você não devia ter tido misericórdia do seu conservo como eu tive de você?’ 34Irado, seu senhor entregou-o aos torturadores, até que pagasse tudo o que devia.

35“Assim também lhes fará meu Pai celestial, se cada um de vocês não perdoar de coração a seu irmão”.

A questão do divórcio

(Mc 10.1-12)

19 Quando acabou de dizer essas coisas, Jesus saiu da Galileia e foi para a região da Judeia, no outro lado do Jordão. 2Grandes multidões o seguiam, e ele as curou ali.

3Alguns fariseus aproximaram-se dele para pô-lo à prova. E perguntaram-lhe: “É permitido ao homem divorciar-se de sua mulher por qualquer motivo?”

4Ele respondeu: “Vocês não leram que, no princípio, o Criador ‘os fez homem e mulher’[b] 5e disse: ‘Por essa razão, o homem deixará pai e mãe e se unirá à sua mulher, e os dois se tornarão uma só carne’[c]? 6Assim, eles já não são dois, mas sim uma só carne. Portanto, o que Deus uniu, ninguém separe”.

7Perguntaram eles: “Então, por que Moisés mandou dar uma certidão de divórcio à mulher e mandá-la embora?”

8Jesus respondeu: “Moisés permitiu que vocês se divorciassem de suas mulheres por causa da dureza de coração de vocês. Mas não foi assim desde o princípio. 9Eu lhes digo que todo aquele que se divorciar de sua mulher, exceto por imoralidade sexual[d], e se casar com outra mulher, estará cometendo adultério”.

10Os discípulos lhe disseram: “Se esta é a situação entre o homem e sua mulher, é melhor não casar”.

11Jesus respondeu: “Nem todos têm condições de aceitar esta palavra; somente aqueles a quem isso é dado. 12Alguns são eunucos porque nasceram assim; outros foram feitos assim pelos homens; outros ainda se fizeram eunucos[e] por causa do Reino dos céus. Quem puder aceitar isso, aceite”.

Jesus e as crianças

(Mc 10.13-16; Lc 18.15-17)

13Depois trouxeram crianças a Jesus, para que lhes impusesse as mãos e orasse por elas. Mas os discípulos os repreendiam.

14Então disse Jesus: “Deixem vir a mim as crianças e não as impeçam; pois o Reino dos céus pertence aos que são semelhantes a elas”. 15Depois de lhes impor as mãos, partiu dali.

O jovem rico

(Mc 10.17-31; Lc 18.18-30)

16Eis que alguém se aproximou de Jesus e lhe perguntou: “Mestre, que farei de bom para ter a vida eterna?”

17Respondeu-lhe Jesus: “Por que você me pergunta sobre o que é bom? Há somente um que é bom. Se você quer entrar na vida, obedeça aos mandamentos”.

18“Quais?”, perguntou ele.

Jesus respondeu: “ ‘Não matarás, não adulterarás, não furtarás, não darás falso testemunho, 19honra teu pai e tua mãe’[f] e ‘Amarás o teu próximo como a ti mesmo’[g]”.

20Disse-lhe o jovem: “A tudo isso tenho obedecido. O que me falta ainda?”

21Jesus respondeu: “Se você quer ser perfeito, vá, venda os seus bens e dê o dinheiro aos pobres, e você terá um tesouro nos céus. Depois, venha e siga-me”.

22Ouvindo isso, o jovem afastou-se triste, porque tinha muitas riquezas.

23Então Jesus disse aos discípulos: “Digo-lhes a verdade: Dificilmente um rico entrará no Reino dos céus. 24E lhes digo ainda: É mais fácil passar um camelo pelo fundo de uma agulha do que um rico entrar no Reino de Deus”.

25Ao ouvirem isso, os discípulos ficaram perplexos e perguntaram: “Neste caso, quem pode ser salvo?”

26Jesus olhou para eles e respondeu: “Para o homem é impossível, mas para Deus todas as coisas são possíveis”.

27Então Pedro lhe respondeu: “Nós deixamos tudo para seguir-te! Que será de nós?”

28Jesus lhes disse: “Digo-lhes a verdade: Por ocasião da regeneração de todas as coisas, quando o Filho do homem se assentar em seu trono glorioso, vocês que me seguiram também se assentarão em doze tronos, para julgar as doze tribos de Israel. 29E todos os que tiverem deixado casas, irmãos, irmãs, pai, mãe[h], filhos ou campos, por minha causa, receberão cem vezes mais e herdarão a vida eterna. 30Contudo, muitos primeiros serão últimos, e muitos últimos serão primeiros.

A parábola dos trabalhadores na vinha

20 “Pois o Reino dos céus é como um proprietário que saiu de manhã cedo para contratar trabalhadores para a sua vinha. 2Ele combinou pagar-lhes um denário[i] pelo dia e mandou-os para a sua vinha.

3“Por volta das nove horas da manhã[j], ele saiu e viu outros que estavam desocupados na praça, 4e lhes disse: ‘Vão também trabalhar na vinha, e eu lhes pagarei o que for justo’. 5E eles foram.

“Saindo outra vez, por volta do meio-dia e das três horas da tarde[k], fez a mesma coisa. 6Saindo por volta

[a] 18:28 O denário era uma moeda de prata equivalente à diária de um trabalhador braçal.
[b] 19:4 Gn 1:27
[c] 19:5 Gn 2:24
[d] 19:9 Grego: *porneia*; termo genérico que se refere a práticas sexuais ilícitas.
[e] 19:12 Ou *renunciaram ao casamento*
[f] 19:19 Êx 20:12-16; Dt 5:16-20
[g] 19:19 Lv 19:18
[h] 19:29 Alguns manuscritos acrescentam *ou mulher*.
[i] 20:2 O denário era uma moeda de prata equivalente à diária de um trabalhador braçal; também nos versículos 9, 10 e 13.
[j] 20:3 Grego: *da hora terceira*.
[k] 20:5 Grego: *da hora sexta e da hora nona*.

das cinco horas da tarde[a], encontrou ainda outros que estavam desocupados e lhes perguntou: ‘Por que vocês estiveram aqui desocupados o dia todo?’ 7‘Porque ninguém nos contratou’, responderam eles.

“Ele lhes disse: ‘Vão vocês também trabalhar na vinha’.

8“Ao cair da tarde, o dono da vinha disse a seu administrador: ‘Chame os trabalhadores e pague-lhes o salário, começando com os últimos contratados e terminando nos primeiros’.

9“Vieram os trabalhadores contratados por volta das cinco horas da tarde, e cada um recebeu um denário. 10Quando vieram os que tinham sido contratados primeiro, esperavam receber mais. Mas cada um deles também recebeu um denário. 11Quando o receberam, começaram a se queixar do proprietário da vinha, 12dizendo-lhe: ‘Estes homens contratados por último trabalharam apenas uma hora, e o senhor os igualou a nós, que suportamos o peso do trabalho e o calor do dia’.

13“Mas ele respondeu a um deles: ‘Amigo, não estou sendo injusto com você. Você não concordou em trabalhar por um denário? 14Receba o que é seu e vá. Eu quero dar ao que foi contratado por último o mesmo que lhe dei. 15Não tenho o direito de fazer o que quero com o meu dinheiro? Ou você está com inveja porque sou generoso?’

16“Assim, os últimos serão primeiros, e os primeiros serão últimos”[b].

Jesus prediz novamente sua morte e ressurreição

(Mc 10.32-34; Lc 18.31-34)

17Enquanto estava subindo para Jerusalém, Jesus chamou em particular os doze discípulos e lhes disse: 18“Estamos subindo para Jerusalém, e o Filho do homem será entregue aos chefes dos sacerdotes e aos mestres da lei. Eles o condenarão à morte 19e o entregarão aos gentios[c] para que zombem dele, o açoitem e o crucifiquem. No terceiro dia ele ressuscitará!”

O pedido de uma mãe

(Mc 10.35-45)

20Então, aproximou-se de Jesus a mãe dos filhos de Zebedeu com seus filhos e, prostrando-se, fez-lhe um pedido.

21“O que você quer?”, perguntou ele.

Ela respondeu: “Declara que no teu Reino estes meus dois filhos se assentarão um à tua direita e o outro à tua esquerda”.

22Disse-lhes Jesus: “Vocês não sabem o que estão pedindo. Podem vocês beber o cálice que eu vou beber?”

“Podemos”, responderam eles.

23Jesus lhes disse: “Certamente vocês beberão do meu cálice; mas o assentar-se à minha direita ou à minha esquerda não cabe a mim conceder. Esses lugares pertencem àqueles para quem foram preparados por meu Pai”.

24Quando os outros dez ouviram isso, ficaram indignados com os dois irmãos. 25Jesus os chamou e disse: “Vocês sabem que os governantes das nações as dominam, e as pessoas importantes exercem poder sobre elas. 26Não será assim entre vocês. Ao contrário, quem quiser tornar-se importante entre vocês deverá ser servo, 27e quem quiser ser o primeiro deverá ser escravo; 28como o Filho do homem, que não veio para ser servido, mas para servir e dar a sua vida em resgate por muitos”.

Dois cegos recuperam a visão

(Mc 10.46-52; Lc 18.35-43)

29Ao saírem de Jericó, uma grande multidão seguiu Jesus. 30Dois cegos estavam sentados à beira do caminho e, quando ouviram falar que Jesus estava passando, puseram-se a gritar: “Senhor, Filho de Davi, tem misericórdia de nós!”

31A multidão os repreendeu para que ficassem quietos, mas eles gritavam ainda mais: “Senhor, Filho de Davi, tem misericórdia de nós!”

32Jesus, parando, chamou-os e perguntou-lhes: “O que vocês querem que eu lhes faça?”

33Responderam eles: “Senhor, queremos que se abram os nossos olhos”.

34Jesus teve compaixão deles e tocou nos olhos deles. Imediatamente eles recuperaram a visão e o seguiram.

A entrada triunfal

(Mc 11.1-11; Lc 19.28-40; Jo 12.12-19)

21 Quando se aproximaram de Jerusalém e chegaram a Betfagé, ao monte das Oliveiras, Jesus enviou dois discípulos, 2dizendo-lhes: “Vão ao povoado que está adiante de vocês; logo encontrarão uma jumenta amarrada, com um jumentinho ao lado. Desamarrem-nos e tragam-nos para mim. 3Se alguém lhes perguntar algo, digam-lhe que o Senhor precisa deles e logo os enviará de volta”.

4Isso aconteceu para que se cumprisse o que fora dito pelo profeta:

> 5“Digam à cidade[d] de Sião:
> ‘Eis que o seu rei vem a você,
> humilde e montado num jumento,
> num jumentinho,
> cria de jumenta’[e]”.

6Os discípulos foram e fizeram o que Jesus tinha ordenado. 7Trouxeram a jumenta e o jumentinho, colocaram sobre eles os seus mantos, e sobre estes Jesus montou. 8Uma grande multidão estendeu seus mantos pelo caminho, outros cortavam ramos de árvores e os espalhavam pelo caminho. 9A multidão que ia adiante dele e os que o seguiam gritavam:

> “Hosana[f] ao Filho de Davi!”
> “Bendito é o que vem
> em nome do Senhor!”[g]
> “Hosana nas alturas!”

10Quando Jesus entrou em Jerusalém, toda a cidade ficou agitada e perguntava: “Quem é este?”

11A multidão respondia: “Este é Jesus, o profeta de Nazaré da Galileia”.

[a] 20:6 Grego: *da décima primeira hora*; também no versículo 9.
[b] 20:16 Alguns manuscritos acrescentam *Porque muitos são chamados, mas poucos escolhidos*.
[c] 20:19 Isto é, os que não são judeus.
[d] 21:5 Grego: *filha*.
[e] 21:5 Zc 9:9
[f] 21:9 Expressão hebraica que significa *“Salve!”*, e que se tornou uma exclamação de louvor; também no versículo 15.
[g] 21:9 Sl 118:26

Jesus purifica o templo

(Mc 11.15-19; Lc 19.45-48)

[12]Jesus entrou no templo e expulsou todos os que ali estavam comprando e vendendo. Derrubou as mesas dos cambistas e as cadeiras dos que vendiam pombas, [13]e lhes disse: "Está escrito: 'A minha casa será chamada casa de oração'[a]; mas vocês estão fazendo dela um 'covil de ladrões'[b]".

[14]Os cegos e os mancos aproximaram-se dele no templo, e ele os curou. [15]Mas quando os chefes dos sacerdotes e os mestres da lei viram as coisas maravilhosas que Jesus fazia e as crianças gritando no templo: "Hosana ao Filho de Davi", ficaram indignados, [16]e lhe perguntaram: "Não estás ouvindo o que estas crianças estão dizendo?"

Respondeu Jesus: "Sim, vocês nunca leram:

> " 'Dos lábios das crianças e dos recém-nascidos
> suscitaste louvor'[c]"?

[17]E, deixando-os, saiu da cidade para Betânia, onde passou a noite.

A figueira seca

(Mc 11.20-25)

[18]De manhã cedo, quando voltava para a cidade, Jesus teve fome. [19]Vendo uma figueira à beira do caminho, aproximou-se dela, mas nada encontrou, a não ser folhas. Então lhe disse: "Nunca mais dê frutos!" Imediatamente a árvore secou.

[20]Ao verem isso, os discípulos ficaram espantados e perguntaram: "Como a figueira secou tão depressa?"

[21]Jesus respondeu: "Eu lhes asseguro que, se vocês tiverem fé e não duvidarem, poderão fazer não somente o que foi feito à figueira, mas também dizer a este monte: 'Levante-se e atire-se no mar', e assim será feito. [22]E tudo o que pedirem em oração, se crerem, vocês receberão".

A autoridade de Jesus é questionada

(Mc 11.27-33; Lc 20.1-8)

[23]Jesus entrou no templo e, enquanto ensinava, aproximaram-se dele os chefes dos sacerdotes e os líderes religiosos do povo e perguntaram: "Com que autoridade estás fazendo estas coisas? E quem te deu tal autoridade?"

[24]Respondeu Jesus: "Eu também lhes farei uma pergunta. Se vocês me responderem, eu lhes direi com que autoridade estou fazendo estas coisas. [25]De onde era o batismo de João? Do céu ou dos homens?"

Eles discutiam entre si, dizendo: "Se dissermos: Do céu, ele perguntará: 'Então por que vocês não creram nele?' [26]Mas se dissermos: Dos homens — temos medo do povo, pois todos consideram João um profeta".

[27]Eles responderam a Jesus: "Não sabemos".

E ele lhes disse: "Tampouco lhes direi com que autoridade estou fazendo estas coisas.

A parábola dos dois filhos

[28]"O que acham? Havia um homem que tinha dois filhos. Chegando ao primeiro, disse: 'Filho, vá trabalhar hoje na vinha'.

[29]"E este respondeu: 'Não quero!' Mas depois mudou de ideia e foi.

[30]"O pai chegou ao outro filho e disse a mesma coisa. Ele respondeu: 'Sim, senhor!' Mas não foi.

[31]"Qual dos dois fez a vontade do pai?"

"O primeiro", responderam eles.

Jesus lhes disse: "Digo-lhes a verdade: Os publicanos e as prostitutas estão entrando antes de vocês no Reino de Deus. [32]Porque João veio para lhes mostrar o caminho da justiça, e vocês não creram nele, mas os publicanos e as prostitutas creram. E, mesmo depois de verem isso, vocês não se arrependeram nem creram nele.

A parábola dos lavradores

(Mc 12.1-12; Lc 20.9-19)

[33]"Ouçam outra parábola: Havia um proprietário de terras que plantou uma vinha. Colocou uma cerca ao redor dela, cavou um tanque para prensar as uvas e construiu uma torre. Depois arrendou a vinha a alguns lavradores e foi fazer uma viagem. [34]Aproximando-se a época da colheita, enviou seus servos aos lavradores, para receber os frutos que lhe pertenciam.

[35]"Os lavradores agarraram seus servos; a um espancaram, a outro mataram e apedrejaram o terceiro. [36]Então enviou-lhes outros servos em maior número, e os lavradores os trataram da mesma forma. [37]Por último, enviou-lhes seu filho, dizendo: 'A meu filho respeitarão'.

[38]"Mas quando os lavradores viram o filho, disseram uns aos outros: 'Este é o herdeiro. Venham, vamos matá-lo e tomar a sua herança'. [39]Assim eles o agarraram, lançaram-no para fora da vinha e o mataram.

[40]"Portanto, quando vier o dono da vinha, o que fará àqueles lavradores?"

[41]Responderam eles: "Matará de modo horrível esses perversos e arrendará a vinha a outros lavradores, que lhe deem a sua parte no tempo da colheita".

[42]Jesus lhes disse: "Vocês nunca leram isto nas Escrituras?

> " 'A pedra que os construtores rejeitaram
> tornou-se a pedra angular;
> isso vem do Senhor,
> e é algo maravilhoso
> para nós'[d].

[43]"Portanto eu lhes digo que o Reino de Deus será tirado de vocês e será dado a um povo que dê os frutos do Reino. [44]Aquele que cair sobre esta pedra será despedaçado, e aquele sobre quem ela cair será reduzido a pó".[e]

[45]Quando os chefes dos sacerdotes e os fariseus ouviram as parábolas de Jesus, compreenderam que ele falava a respeito deles. [46]E procuravam um meio de prendê-lo; mas tinham medo das multidões, pois elas o consideravam profeta.

A parábola do banquete de casamento

(Lc 14.15-24)

22 Jesus lhes falou novamente por parábolas, dizendo: [2]"O Reino dos céus é como um rei que preparou um banquete de casamento para seu filho. [3]Enviou seus servos aos que tinham sido convidados para o banquete, dizendo-lhes que viessem; mas eles não quiseram vir.

[a] 21:13 Is 56:7
[b] 21:13 Jr 7:11
[c] 21:16 Sl 8:2
[d] 21:42 Sl 118:22-23.
[e] 21:44 Muitos manuscritos não trazem o versículo 44.

4"De novo enviou outros servos e disse: 'Digam aos que foram convidados que preparei meu banquete: meus bois e meus novilhos gordos foram abatidos, e tudo está preparado. Venham para o banquete de casamento!'

5"Mas eles não lhes deram atenção e saíram, um para o seu campo, outro para os seus negócios. 6Os restantes, agarrando os servos, maltrataram-nos e os mataram. 7O rei ficou irado e, enviando o seu exército, destruiu aqueles assassinos e queimou a cidade deles.

8"Então disse a seus servos: 'O banquete de casamento está pronto, mas os meus convidados não eram dignos. 9Vão às esquinas e convidem para o banquete todos os que vocês encontrarem'. 10Então os servos saíram para as ruas e reuniram todas as pessoas que puderam encontrar, gente boa e gente má, e a sala do banquete de casamento ficou cheia de convidados.

11"Mas quando o rei entrou para ver os convidados, notou ali um homem que não estava usando veste nupcial. 12E lhe perguntou: 'Amigo, como você entrou aqui sem veste nupcial?' O homem emudeceu.

13"Então o rei disse aos que serviam: 'Amarrem-lhe as mãos e os pés, e lancem-no para fora, nas trevas; ali haverá choro e ranger de dentes'.

14"Pois muitos são chamados, mas poucos são escolhidos".

O pagamento de imposto a César

(Mc 12.13-17; Lc 20.20-26)

15Então os fariseus saíram e começaram a planejar um meio de enredá-lo em suas próprias palavras. 16Enviaram-lhe seus discípulos junto com os herodianos, que lhe disseram: "Mestre, sabemos que és íntegro e que ensinas o caminho de Deus conforme a verdade. Tu não te deixas influenciar por ninguém, porque não te prendes à aparência dos homens. 17Dize-nos, pois: Qual é a tua opinião? É certo pagar imposto a César ou não?"

18Mas Jesus, percebendo a má intenção deles, perguntou: "Hipócritas! Por que vocês estão me pondo à prova? 19Mostrem-me a moeda usada para pagar o imposto". Eles lhe mostraram um denário[a], 20e ele lhes perguntou: "De quem é esta imagem e esta inscrição?"

21"De César", responderam eles.

E ele lhes disse: "Então, deem[b] a César o que é de César e a Deus o que é de Deus".

22Ao ouvirem isso, eles ficaram admirados; e, deixando-o, retiraram-se.

A realidade da ressurreição

(Mc 12.18-27; Lc 20.27-40)

23Naquele mesmo dia, os saduceus, que dizem que não há ressurreição, aproximaram-se dele com a seguinte questão: 24"Mestre, Moisés disse que se um homem morrer sem deixar filhos, seu irmão deverá casar-se com a viúva e dar-lhe descendência. 25Entre nós havia sete irmãos. O primeiro casou-se e morreu. Como não teve filhos, deixou a mulher para seu irmão. 26A mesma coisa aconteceu com o segundo, com o terceiro, até o sétimo. 27Finalmente, depois de todos, morreu a mulher. 28Pois bem, na ressurreição, de qual dos sete ela será esposa, visto que todos foram casados com ela?"

29Jesus respondeu: "Vocês estão enganados porque não conhecem as Escrituras nem o poder de Deus! 30Na ressurreição, as pessoas não se casam nem são dadas em casamento; mas são como os anjos no céu. 31E quanto à ressurreição dos mortos, vocês não leram o que Deus lhes disse: 32'Eu sou o Deus de Abraão, o Deus de Isaque e o Deus de Jacó'[c]? Ele não é Deus de mortos, mas de vivos!"

33Ouvindo isso, a multidão ficou admirada com o seu ensino.

O maior mandamento

(Mc 12.28-34)

34Ao ouvirem dizer que Jesus havia deixado os saduceus sem resposta, os fariseus se reuniram. 35Um deles, perito na lei, o pôs à prova com esta pergunta: 36"Mestre, qual é o maior mandamento da Lei?"

37Respondeu Jesus: " 'Ame o Senhor, o seu Deus, de todo o seu coração, de toda a sua alma e de todo o seu entendimento'[d]. 38Este é o primeiro e maior mandamento. 39E o segundo é semelhante a ele: 'Ame o seu próximo como a si mesmo'[e]. 40Destes dois mandamentos dependem toda a Lei e os Profetas".

O Cristo é Senhor de Davi

(Mc 12.35-37; Lc 20.41-44)

41Estando os fariseus reunidos, Jesus lhes perguntou: 42"O que vocês pensam a respeito do Cristo? De quem ele é filho?"

"É filho de Davi", responderam eles.

43Ele lhes disse: "Então, como é que Davi, falando pelo Espírito, o chama 'Senhor'? Pois ele afirma:

44" 'O Senhor disse
ao meu Senhor:
Senta-te à minha direita,
até que eu ponha
os teus inimigos
debaixo de teus pés '[f].

45Se, pois, Davi o chama 'Senhor', como pode ser ele seu filho?" 46Ninguém conseguia responder-lhe uma palavra; e daquele dia em diante, ninguém jamais se atreveu a lhe fazer perguntas.

Jesus condena a hipocrisia dos fariseus e dos mestres da lei

23 Então, Jesus disse à multidão e aos seus discípulos: 2"Os mestres da lei e os fariseus se assentam na cadeira de Moisés. 3Obedeçam-lhes e façam tudo o que eles lhes dizem. Mas não façam o que eles fazem, pois não praticam o que pregam. 4Eles atam fardos pesados e os colocam sobre os ombros dos homens, mas eles mesmos não estão dispostos a levantar um só dedo para movê-los.

5"Tudo o que fazem é para serem vistos pelos homens. Eles fazem seus filactérios[g] bem largos e as franjas de suas vestes bem longas; 6gostam do lugar

[a] 22:19 O denário era uma moeda de prata equivalente à diária de um trabalhador braçal.
[b] 22:21 Ou *devolvam*

[c] 22:32 Êx 3:6
[d] 22:37 Dt 6:5
[e] 22:39 Lv 19:18
[f] 22:44 Sl 110:1
[g] 23:5 Isto é, tefilins, pequenas caixas que continham textos bíblicos, presas na testa e nos braços.

de honra nos banquetes e dos assentos mais importantes nas sinagogas, 7de serem saudados nas praças e de serem chamados mestres[a].

8"Mas vocês não devem ser chamados mestres; um só é o Mestre de vocês, e todos vocês são irmãos. 9A ninguém na terra chamem 'pai', porque vocês só têm um Pai, aquele que está nos céus. 10Tampouco vocês devem ser chamados 'chefes', porquanto vocês têm um só Chefe, o Cristo. 11O maior entre vocês deverá ser servo. 12Pois todo aquele que a si mesmo se exaltar será humilhado, e todo aquele que a si mesmo se humilhar será exaltado.

13"Ai de vocês, mestres da lei e fariseus, hipócritas! Vocês fecham o Reino dos céus diante dos homens! Vocês mesmos não entram, nem deixam entrar aqueles que gostariam de fazê-lo.

14"Ai de vocês, mestres da lei e fariseus, hipócritas! Vocês devoram as casas das viúvas e, para disfarçar, fazem longas orações. Por isso serão castigados mais severamente.[b]

15"Ai de vocês, mestres da lei e fariseus, hipócritas, porque percorrem terra e mar para fazer um convertido e, quando conseguem, vocês o tornam duas vezes mais filho do inferno do que vocês.

16"Ai de vocês, guias cegos!, pois dizem: 'Se alguém jurar pelo santuário, isto nada significa; mas se alguém jurar pelo ouro do santuário, está obrigado por seu juramento'. 17Cegos insensatos! Que é mais importante: o ouro ou o santuário que santifica o ouro? 18Vocês também dizem: 'Se alguém jurar pelo altar, isto nada significa; mas se alguém jurar pela oferta que está sobre ele, está obrigado por seu juramento'. 19Cegos! Que é mais importante: a oferta, ou o altar que santifica a oferta? 20Portanto, aquele que jurar pelo altar, jura por ele e por tudo o que está sobre ele. 21E o que jurar pelo santuário, jura por ele e por aquele que nele habita. 22E aquele que jurar pelos céus, jura pelo trono de Deus e por aquele que nele se assenta.

23"Ai de vocês, mestres da lei e fariseus, hipócritas! Vocês dão o dízimo da hortelã, do endro e do cominho, mas têm negligenciado os preceitos mais importantes da lei: a justiça, a misericórdia e a fidelidade. Vocês devem praticar estas coisas, sem omitir aquelas. 24Guias cegos! Vocês coam um mosquito e engolem um camelo.

25"Ai de vocês, mestres da lei e fariseus, hipócritas! Vocês limpam o exterior do copo e do prato, mas por dentro eles estão cheios de ganância e cobiça. 26Fariseu cego! Limpe primeiro o interior do copo e do prato, para que o exterior também fique limpo.

27"Ai de vocês, mestres da lei e fariseus, hipócritas! Vocês são como sepulcros caiados: bonitos por fora, mas por dentro estão cheios de ossos e de todo tipo de imundície. 28Assim são vocês: por fora parecem justos ao povo, mas por dentro estão cheios de hipocrisia e maldade.

29"Ai de vocês, mestres da lei e fariseus, hipócritas! Vocês edificam os túmulos dos profetas e adornam os monumentos dos justos. 30E dizem: 'Se tivéssemos vivido no tempo dos nossos antepassados, não teríamos tomado parte com eles no derramamento do sangue dos profetas'. 31Assim, vocês testemunham contra si mesmos que são descendentes dos que assassinaram os profetas. 32Acabem, pois, de encher a medida do pecado dos seus antepassados!

33"Serpentes! Raça de víboras! Como vocês escaparão da condenação ao inferno? 34Por isso, eu lhes estou enviando profetas, sábios e mestres. A uns vocês matarão e crucificarão; a outros açoitarão nas sinagogas de vocês e perseguirão de cidade em cidade. 35E, assim, sobre vocês recairá todo o sangue justo derramado na terra, desde o sangue do justo Abel, até o sangue de Zacarias, filho de Baraquias, a quem vocês assassinaram entre o santuário e o altar. 36Eu lhes asseguro que tudo isso sobrevirá a esta geração.

37"Jerusalém, Jerusalém, você, que mata os profetas e apedreja os que lhe são enviados! Quantas vezes eu quis reunir os seus filhos, como a galinha reúne os seus pintinhos debaixo das suas asas, mas vocês não quiseram. 38Eis que a casa de vocês ficará deserta. 39Pois eu lhes digo que vocês não me verão mais, até que digam: 'Bendito é o que vem em nome do Senhor'[c]".

O sinal do fim dos tempos

(Mc 13.1-31; Lc 21.5-37)

24 Jesus saiu do templo e, enquanto caminhava, seus discípulos aproximaram-se dele para lhe mostrar as construções do templo. 2"Vocês estão vendo tudo isto?", perguntou ele. "Eu lhes garanto que não ficará aqui pedra sobre pedra; serão todas derrubadas".

3Tendo Jesus se assentado no monte das Oliveiras, os discípulos dirigiram-se a ele em particular e disseram: "Dize-nos, quando acontecerão essas coisas? E qual será o sinal da tua vinda e do fim dos tempos?"

4Jesus respondeu: "Cuidado, que ninguém os engane. 5Pois muitos virão em meu nome, dizendo: 'Eu sou o Cristo!' e enganarão a muitos. 6Vocês ouvirão falar de guerras e rumores de guerras, mas não tenham medo. É necessário que tais coisas aconteçam, mas ainda não é o fim. 7Nação se levantará contra nação, e reino contra reino. Haverá fomes e terremotos em vários lugares. 8Tudo isso será o início das dores.

9"Então eles os entregarão para serem perseguidos e condenados à morte, e vocês serão odiados por todas as nações por minha causa. 10Naquele tempo muitos ficarão escandalizados, trairão e odiarão uns aos outros, 11e numerosos falsos profetas surgirão e enganarão a muitos. 12Devido ao aumento da maldade, o amor de muitos esfriará, 13mas aquele que perseverar até o fim será salvo. 14E este evangelho do Reino será pregado em todo o mundo como testemunho a todas as nações, e então virá o fim.

15"Assim, quando vocês virem 'o sacrilégio terrível'[d], do qual falou o profeta Daniel, no Lugar Santo — quem lê, entenda — 16então, os que estiverem na Judeia fujam para os montes. 17Quem estiver no telhado de sua casa não desça para tirar dela coisa alguma. 18Quem estiver no campo não volte para pegar seu manto. 19Como serão terríveis aqueles dias para as grávidas e para as que estiverem amamentando! 20Orem para que a fuga de vocês não aconteça no inverno nem no sábado. 21Porque haverá então grande tribulação, como nunca houve desde o princípio do mundo até agora, nem jamais

[a] 23:7 Isto é, rabis.
[b] 23:14 Vários manuscritos não trazem o versículo 14.
[c] 23:39 Sl 118:26
[d] 24:15 Dn 9:27; 11:31; 12:11

haverá. 22 Se aqueles dias não fossem abreviados, ninguém sobreviveria[a]; mas, por causa dos eleitos, aqueles dias serão abreviados. 23 Se, então, alguém lhes disser: 'Vejam, aqui está o Cristo!' ou: 'Ali está ele!', não acreditem. 24 Pois aparecerão falsos cristos e falsos profetas que realizarão grandes sinais e maravilhas para, se possível, enganar até os eleitos. 25 Vejam que eu os avisei antecipadamente.

26 "Assim, se alguém lhes disser: 'Ele está lá, no deserto!', não saiam; ou: 'Ali está ele, dentro da casa!', não acreditem. 27 Porque assim como o relâmpago sai do Oriente e se mostra no Ocidente, assim será a vinda do Filho do homem. 28 Onde houver um cadáver, aí se ajuntarão os abutres.

29 "Imediatamente após a tribulação daqueles dias

" 'o sol escurecerá,
e a lua não dará a sua luz;
as estrelas cairão do céu,
e os poderes celestes
serão abalados'[b].

30 "Então aparecerá no céu o sinal do Filho do homem, e todas as nações da terra se lamentarão e verão o Filho do homem vindo nas nuvens do céu com poder e grande glória. 31 E ele enviará os seus anjos com grande som de trombeta, e estes reunirão os seus eleitos dos quatro ventos, de uma a outra extremidade dos céus.

32 "Aprendam a lição da figueira: quando seus ramos se renovam e suas folhas começam a brotar, vocês sabem que o verão está próximo. 33 Assim também, quando virem todas estas coisas, saibam que ele está próximo, às portas. 34 Eu lhes asseguro que não passará esta geração até que todas estas coisas aconteçam. 35 Os céus e a terra passarão, mas as minhas palavras jamais passarão.

O dia e a hora são desconhecidos

(Mc 13.32-37)

36 "Quanto ao dia e à hora ninguém sabe, nem os anjos dos céus, nem o Filho[c], senão somente o Pai. 37 Como foi nos dias de Noé, assim também será na vinda do Filho do homem. 38 Pois nos dias anteriores ao Dilúvio, o povo vivia comendo e bebendo, casando-se e dando-se em casamento, até o dia em que Noé entrou na arca; 39 e eles nada perceberam, até que veio o Dilúvio e os levou a todos. Assim acontecerá na vinda do Filho do homem. 40 Dois homens estarão no campo: um será levado e o outro deixado. 41 Duas mulheres estarão trabalhando num moinho: uma será levada e a outra deixada.

42 "Portanto, vigiem, porque vocês não sabem em que dia virá o seu Senhor. 43 Mas entendam isto: se o dono da casa soubesse a que hora da noite o ladrão viria, ele ficaria de guarda e não deixaria que a sua casa fosse arrombada. 44 Assim, vocês também precisam estar preparados, porque o Filho do homem virá numa hora em que vocês menos esperam.

45 "Quem é, pois, o servo fiel e sensato, a quem seu senhor encarrega dos de sua casa para lhes dar alimento no tempo devido? 46 Feliz o servo que seu senhor encontrar fazendo assim quando voltar. 47 Garanto-lhes que ele o encarregará de todos os seus bens. 48 Mas suponham que esse servo seja mau e diga a si mesmo: 'Meu senhor está demorando', 49 e então comece a bater em seus conservos e a comer e a beber com os beberrões. 50 O senhor daquele servo virá num dia em que ele não o espera e numa hora que não sabe. 51 Ele o punirá severamente[d] e lhe dará lugar com os hipócritas, onde haverá choro e ranger de dentes.

A parábola das dez virgens

25 "O Reino dos céus será, pois, semelhante a dez virgens que pegaram suas candeias e saíram para encontrar-se com o noivo. 2 Cinco delas eram insensatas, e cinco eram prudentes. 3 As insensatas pegaram suas candeias, mas não levaram óleo. 4 As prudentes, porém, levaram óleo em vasilhas, junto com suas candeias. 5 O noivo demorou a chegar, e todas ficaram com sono e adormeceram.

6 "À meia-noite, ouviu-se um grito: 'O noivo se aproxima! Saiam para encontrá-lo!'

7 "Então todas as virgens acordaram e prepararam suas candeias. 8 As insensatas disseram às prudentes: 'Deem-nos um pouco do seu óleo, pois as nossas candeias estão se apagando'.

9 "Elas responderam: 'Não, pois pode ser que não haja o suficiente para nós e para vocês. Vão comprar óleo para vocês'.

10 "E saindo elas para comprar o óleo, chegou o noivo. As virgens que estavam preparadas entraram com ele para o banquete nupcial. E a porta foi fechada.

11 "Mais tarde vieram também as outras e disseram: 'Senhor! Senhor! Abra a porta para nós!'

12 "Mas ele respondeu: 'A verdade é que não as conheço!'

13 "Portanto, vigiem, porque vocês não sabem o dia nem a hora!

A parábola dos talentos

14 "E também será como um homem que, ao sair de viagem, chamou seus servos e confiou-lhes os seus bens. 15 A um deu cinco talentos[e], a outro dois, e a outro um; a cada um de acordo com a sua capacidade. Em seguida partiu de viagem. 16 O que havia recebido cinco talentos saiu imediatamente, aplicou-os, e ganhou mais cinco. 17 Também o que tinha dois talentos ganhou mais dois. 18 Mas o que tinha recebido um talento saiu, cavou um buraco no chão e escondeu o dinheiro do seu senhor.

19 "Depois de muito tempo o senhor daqueles servos voltou e acertou contas com eles. 20 O que tinha recebido cinco talentos trouxe os outros cinco e disse: 'O senhor me confiou cinco talentos; veja, eu ganhei mais cinco'.

21 "O senhor respondeu: 'Muito bem, servo bom e fiel! Você foi fiel no pouco, eu o porei sobre o muito. Venha e participe da alegria do seu senhor!'

22 "Veio também o que tinha recebido dois talentos e disse: 'O senhor me confiou dois talentos; veja, eu ganhei mais dois'.

23 "O senhor respondeu: 'Muito bem, servo bom e fiel! Você foi fiel no pouco, eu o porei sobre o muito. Venha e participe da alegria do seu senhor!'

24 "Por fim veio o que tinha recebido um talento e disse: 'Eu sabia que o senhor é um homem severo, que

[a] 24:22 Ou *seria salvo*
[b] 24:29 Is 13:10; 34:4
[c] 24:36 Alguns manuscritos não trazem *nem o Filho*.
[d] 24:51 Grego: *cortará ao meio*.
[e] 25:15 Um talento equivalia a 35 quilos; também no restante do capítulo.

colhe onde não plantou e junta onde não semeou. [25]Por isso, tive medo, saí e escondi o seu talento no chão. Veja, aqui está o que lhe pertence'.

[26]"O senhor respondeu: 'Servo mau e negligente! Você sabia que eu colho onde não plantei e junto onde não semeei? [27]Então você devia ter confiado o meu dinheiro aos banqueiros, para que, quando eu voltasse, o recebesse de volta com juros.

[28]" 'Tirem o talento dele e entreguem-no ao que tem dez. [29]Pois a quem tem, mais será dado, e terá em grande quantidade. Mas a quem não tem, até o que tem lhe será tirado. [30]E lancem fora o servo inútil, nas trevas, onde haverá choro e ranger de dentes'.

O julgamento das nações

[31]"Quando o Filho do homem vier em sua glória, com todos os anjos, assentar-se-á em seu trono na glória celestial. [32]Todas as nações serão reunidas diante dele, e ele separará umas das outras como o pastor separa as ovelhas dos bodes. [33]E colocará as ovelhas à sua direita e os bodes à sua esquerda.

[34]"Então o Rei dirá aos que estiverem à sua direita: 'Venham, benditos de meu Pai! Recebam como herança o Reino que lhes foi preparado desde a criação do mundo. [35]Pois eu tive fome, e vocês me deram de comer; tive sede, e vocês me deram de beber; fui estrangeiro, e vocês me acolheram; [36]necessitei de roupas, e vocês me vestiram; estive enfermo, e vocês cuidaram de mim; estive preso, e vocês me visitaram'.

[37]"Então os justos lhe responderão: 'Senhor, quando te vimos com fome e te demos de comer, ou com sede e te demos de beber? [38]Quando te vimos como estrangeiro e te acolhemos, ou necessitado de roupas e te vestimos? [39]Quando te vimos enfermo ou preso e fomos te visitar?'

[40]"O Rei responderá: 'Digo-lhes a verdade: O que vocês fizeram a algum dos meus menores irmãos, a mim o fizeram'.

[41]"Então ele dirá aos que estiverem à sua esquerda: 'Malditos, apartem-se de mim para o fogo eterno, preparado para o Diabo e os seus anjos. [42]Pois eu tive fome, e vocês não me deram de comer; tive sede, e nada me deram para beber; [43]fui estrangeiro, e vocês não me acolheram; necessitei de roupas, e vocês não me vestiram; estive enfermo e preso, e vocês não me visitaram'.

[44]"Eles também responderão: 'Senhor, quando te vimos com fome ou com sede ou estrangeiro ou necessitado de roupas ou enfermo ou preso, e não te ajudamos?'

[45]"Ele responderá: 'Digo-lhes a verdade: O que vocês deixaram de fazer a alguns destes mais pequeninos, também a mim deixaram de fazê-lo'.

[46]"E estes irão para o castigo eterno, mas os justos para a vida eterna".

A conspiração contra Jesus

26 Quando acabou de dizer essas coisas, Jesus disse aos seus discípulos: [2]"Como vocês sabem, estamos a dois dias da Páscoa, e o Filho do homem será entregue para ser crucificado".

[3]Naquela ocasião os chefes dos sacerdotes e os líderes religiosos do povo se reuniram no palácio do sumo sacerdote, cujo nome era Caifás, [4]e juntos planejaram prender Jesus à traição e matá-lo. [5]Mas diziam: "Não durante a festa, para que não haja tumulto entre o povo".

Jesus é ungido em Betânia

(Mc 14.3-9; Jo 12.1-8)

[6]Estando Jesus em Betânia, na casa de Simão, o leproso, [7]aproximou-se dele uma mulher com um frasco de alabastro contendo um perfume muito caro. Ela o derramou sobre a cabeça de Jesus, quando ele se encontrava reclinado à mesa.

[8]Os discípulos, ao verem isso, ficaram indignados e perguntaram: "Por que este desperdício? [9]Este perfume poderia ser vendido por alto preço, e o dinheiro dado aos pobres".

[10]Percebendo isso, Jesus lhes disse: "Por que vocês estão perturbando essa mulher? Ela praticou uma boa ação para comigo. [11]Pois os pobres vocês sempre terão consigo, mas a mim vocês nem sempre terão. [12]Quando derramou este perfume sobre o meu corpo, ela o fez a fim de me preparar para o sepultamento. [13]Eu lhes asseguro que em qualquer lugar do mundo inteiro onde este evangelho for anunciado, também o que ela fez será contado, em sua memória".

A conspiração

[14]Então, um dos Doze, chamado Judas Iscariotes, dirigiu-se aos chefes dos sacerdotes [15]e lhes perguntou: "O que me darão se eu o entregar a vocês?" E lhe fixaram o preço: trinta moedas de prata. [16]Desse momento em diante Judas passou a procurar uma oportunidade para entregá-lo.

A ceia do Senhor

(Mc 14.12-26; Lc 22.7-23; Jo 13.18-30)

[17]No primeiro dia da Festa dos Pães sem Fermento, os discípulos dirigiram-se a Jesus e lhe perguntaram: "Onde queres que preparemos a refeição da Páscoa?"

[18]Ele respondeu dizendo que entrassem na cidade, procurassem um certo homem e lhe dissessem: "O Mestre diz: O meu tempo está próximo. Vou celebrar a Páscoa com meus discípulos em sua casa". [19]Os discípulos fizeram como Jesus os havia instruído e prepararam a Páscoa.

[20]Ao anoitecer, Jesus estava reclinado à mesa com os Doze. [21]E, enquanto estavam comendo, ele disse: "Digo-lhes que certamente um de vocês me trairá".

[22]Eles ficaram muito tristes e começaram a dizer-lhe, um após outro: "Com certeza não sou eu, Senhor!"

[23]Afirmou Jesus: "Aquele que comeu comigo do mesmo prato há de me trair. [24]O Filho do homem vai, como está escrito a seu respeito. Mas ai daquele que trai o Filho do homem! Melhor lhe seria não haver nascido".

[25]Então, Judas, que haveria de traí-lo, disse: "Com certeza não sou eu, Mestre[a]!"

Jesus afirmou: "Sim, é você"[b].

[26]Enquanto comiam, Jesus tomou o pão, deu graças, partiu-o, e o deu aos seus discípulos, dizendo: "Tomem e comam; isto é o meu corpo".

[27]Em seguida tomou o cálice, deu graças e o ofereceu aos discípulos, dizendo: "Bebam dele todos vocês. [28]Isto é o meu sangue da aliança[c], que é derramado em favor

[a] **26:25** Isto é, Rabi; também no versículo 49.
[b] **26:25** Ou *"Você mesmo o disse!"*
[c] **26:28** Outros manuscritos trazem *da nova aliança*.

de muitos, para perdão de pecados. 29 Eu lhes digo que,
de agora em diante, não beberei deste fruto da videira
até aquele dia em que beberei o vinho novo com vocês
no Reino de meu Pai".
30 Depois de terem cantado um hino, saíram para o
monte das Oliveiras.

Jesus prediz que Pedro o negará

(Mc 14.27-31; Lc 22.31-34; Jo 13.36-38)

31 Então Jesus lhes disse: "Ainda esta noite todos vo-
cês me abandonarão. Pois está escrito:

> " 'Ferirei o pastor,
> e as ovelhas do rebanho
> serão dispersas'[a].

32 Mas, depois de ressuscitar, irei adiante de vocês
para a Galileia".
33 Pedro respondeu: "Ainda que todos te abandonem,
eu nunca te abandonarei!"
34 Respondeu Jesus: "Asseguro-lhe que ainda esta
noite, antes que o galo cante, três vezes você me ne-
gará".
35 Mas Pedro declarou: "Mesmo que seja preciso que
eu morra contigo, nunca te negarei". E todos os outros
discípulos disseram o mesmo.

Jesus no Getsêmani

(Mc 14.32-42; Lc 22.39-46)

36 Então Jesus foi com seus discípulos para um lu-
gar chamado Getsêmani e lhes disse: "Sentem-se aqui
enquanto vou ali orar". 37 Levando consigo Pedro e os
dois filhos de Zebedeu, começou a entristecer-se e a
angustiar-se. 38 Disse-lhes então: "A minha alma está
profundamente triste, numa tristeza mortal. Fiquem
aqui e vigiem comigo".
39 Indo um pouco mais adiante, prostrou-se com o
rosto em terra e orou: "Meu Pai, se for possível, afasta
de mim este cálice; contudo, não seja como eu quero,
mas sim como tu queres".
40 Depois, voltou aos seus discípulos e os encontrou
dormindo. "Vocês não puderam vigiar comigo nem por
uma hora?", perguntou ele a Pedro. 41 "Vigiem e orem
para que não caiam em tentação. O espírito está pron-
to, mas a carne é fraca."
42 E retirou-se outra vez para orar: "Meu Pai, se não
for possível afastar de mim este cálice sem que eu o
beba, faça-se a tua vontade".
43 Quando voltou, de novo os encontrou dormindo,
porque seus olhos estavam pesados. 44 Então os deixou
novamente e orou pela terceira vez, dizendo as mes-
mas palavras.
45 Depois voltou aos discípulos e lhes disse: "Vocês ain-
da dormem e descansam? Chegou a hora! Eis que o Filho
do homem está sendo entregue nas mãos de pecado-
res. 46 Levantem-se e vamos! Aí vem aquele que me trai!"

Jesus é preso

(Mc 14.43-50; Lc 22.47-53; Jo 18.1-11)

47 Enquanto ele ainda falava, chegou Judas, um dos
Doze. Com ele estava uma grande multidão armada de
espadas e varas, enviada pelos chefes dos sacerdotes e
líderes religiosos do povo. 48 O traidor havia combinado
um sinal com eles, dizendo-lhes: "Aquele a quem eu
saudar com um beijo, é ele; prendam-no". 49 Dirigindo-se
imediatamente a Jesus, Judas disse: "Salve, Mestre!",
e o beijou.
50 Jesus perguntou: "Amigo, o que o traz?"[b]
Então os homens se aproximaram, agarraram Jesus
e o prenderam. 51 Um dos que estavam com Jesus, esten-
dendo a mão, puxou a espada e feriu o servo do sumo
sacerdote, decepando-lhe a orelha.
52 Disse-lhe Jesus: "Guarde a espada! Pois todos os
que empunham a espada, pela espada morrerão. 53 Vo-
cê acha que eu não posso pedir a meu Pai, e ele não
colocaria imediatamente à minha disposição mais de
doze legiões de anjos? 54 Como então se cumpririam as
Escrituras que dizem que as coisas deveriam aconte-
cer desta forma?"
55 Naquela hora Jesus disse à multidão: "Estou eu
chefiando alguma rebelião, para que vocês venham
prender-me com espadas e varas? Todos os dias eu es-
tive ensinando no templo, e vocês não me prenderam!
56 Mas tudo isso aconteceu para que se cumprissem as
Escrituras dos profetas". Então todos os discípulos o
abandonaram e fugiram.

Jesus diante do Sinédrio

57 Os que prenderam Jesus o levaram a Caifás, o sumo
sacerdote, em cuja casa se haviam reunido os mestres
da lei e os líderes religiosos. 58 E Pedro o seguiu de longe
até o pátio do sumo sacerdote, entrou e sentou-se com
os guardas, para ver o que aconteceria.
59 Os chefes dos sacerdotes e todo o Sinédrio[c] esta-
vam procurando um depoimento falso contra Jesus,
para que pudessem condená-lo à morte. 60 Mas nada
encontraram, embora se apresentassem muitas falsas
testemunhas.
Finalmente se apresentaram duas 61 que declararam:
"Este homem disse: 'Sou capaz de destruir o santuário
de Deus e reconstruí-lo em três dias' ".
62 Então o sumo sacerdote levantou-se e disse a Je-
sus: "Você não vai responder à acusação que estes lhe
fazem?" 63 Mas Jesus permaneceu em silêncio.
O sumo sacerdote lhe disse: "Exijo que você jure pelo
Deus vivo: se você é o Cristo, o Filho de Deus, diga-nos".
64 "Tu mesmo o disseste"[d], respondeu Jesus. "Mas eu
digo a todos vós: Chegará o dia em que vereis o Filho do
homem assentado à direita do Poderoso e vindo sobre
as nuvens do céu."
65 Foi quando o sumo sacerdote rasgou as próprias
vestes e disse: "Blasfemou! Por que precisamos de mais
testemunhas? Vocês acabaram de ouvir a blasfêmia. 66 O
que acham?"
"É réu de morte!", responderam eles.
67 Então alguns lhe cuspiram no rosto e lhe deram
murros. Outros lhe davam tapas 68 e diziam: "Profetize-
-nos, Cristo. Quem foi que lhe bateu?"

Pedro nega Jesus

(Mc 14.66-72; Lc 22.54-62; Jo 18.15-18,25-27)

69 Pedro estava sentado no pátio, e uma criada, apro-
ximando-se dele, disse: "Você também estava com Je-
sus, o galileu".

[a] 26:31 Zc 13:7

[b] 26:50 Ou *"Amigo, para que você veio?"*

[c] 26:59 Conselho dos principais líderes do povo judeu.

[d] 26:64 Ou *"É como disseste"*

70 Mas ele o negou diante de todos, dizendo: "Não sei do que você está falando".

71 Depois, saiu em direção à porta, onde outra criada o viu e disse aos que estavam ali: "Este homem estava com Jesus, o Nazareno".

72 E ele, jurando, o negou outra vez: "Não conheço esse homem!"

73 Pouco tempo depois, os que estavam por ali chegaram a Pedro e disseram: "Certamente você é um deles! O seu modo de falar o denuncia".

74 Aí ele começou a lançar maldições, e a jurar: "Não conheço esse homem!"

Imediatamente um galo cantou. 75 Então Pedro se lembrou da palavra que Jesus tinha dito: "Antes que o galo cante, você me negará três vezes". E, saindo dali, chorou amargamente.

O suicídio de Judas

27 De manhã cedo, todos os chefes dos sacerdotes e líderes religiosos do povo tomaram a decisão de condenar Jesus à morte. 2 E, amarrando-o, levaram-no e o entregaram a Pilatos, o governador.

3 Quando Judas, que o havia traído, viu que Jesus fora condenado, foi tomado de remorso e devolveu aos chefes dos sacerdotes e aos líderes religiosos as trinta moedas de prata. 4 E disse: "Pequei, pois traí sangue inocente". E eles retrucaram: "Que nos importa? A responsabilidade é sua".

5 Então Judas jogou o dinheiro dentro do templo e, saindo, foi e enforcou-se.

6 Os chefes dos sacerdotes ajuntaram as moedas e disseram: "É contra a lei colocar este dinheiro no tesouro, visto que é preço de sangue". 7 Então decidiram usar aquele dinheiro para comprar o campo do Oleiro, para cemitério de estrangeiros. 8 Por isso ele se chama campo de Sangue até o dia de hoje. 9 Então se cumpriu o que fora dito pelo profeta Jeremias: "Tomaram as trinta moedas de prata, preço em que foi avaliado pelo povo de Israel, 10 e as usaram para comprar o campo do Oleiro, como o Senhor me havia ordenado"[a].

Jesus diante de Pilatos

11 Jesus foi posto diante do governador, e este lhe perguntou: "Você é o rei dos judeus?"

Respondeu-lhe Jesus: "Tu o dizes"[b].

12 Acusado pelos chefes dos sacerdotes e pelos líderes religiosos, ele nada respondeu. 13 Então Pilatos lhe perguntou: "Você não ouve a acusação que eles estão fazendo contra você?" 14 Mas Jesus não lhe respondeu nenhuma palavra, de modo que o governador ficou muito impressionado.

15 Por ocasião da festa era costume do governador soltar um prisioneiro escolhido pela multidão. 16 Eles tinham, naquela ocasião, um prisioneiro muito conhecido, chamado Barrabás. 17 Pilatos perguntou à multidão que ali se havia reunido: "Qual destes vocês querem que lhes solte: Barrabás ou Jesus, chamado Cristo?" 18 Porque sabia que o haviam entregado por inveja.

19 Estando Pilatos sentado no tribunal, sua mulher lhe enviou esta mensagem: "Não se envolva com este inocente, porque hoje, em sonho, sofri muito por causa dele".

20 Mas os chefes dos sacerdotes e os líderes religiosos convenceram a multidão a que pedisse Barrabás e mandasse executar Jesus.

21 Então perguntou o governador: "Qual dos dois vocês querem que eu lhes solte?"

Responderam eles: "Barrabás!"

22 Perguntou Pilatos: "Que farei então com Jesus, chamado Cristo?"

Todos responderam: "Crucifica-o!"

23 "Por quê? Que crime ele cometeu?", perguntou Pilatos.

Mas eles gritavam ainda mais: "Crucifica-o!"

24 Quando Pilatos percebeu que não estava obtendo nenhum resultado, mas, ao contrário, estava se iniciando um tumulto, mandou trazer água, lavou as mãos diante da multidão e disse: "Estou inocente do sangue deste homem; a responsabilidade é de vocês".

25 Todo o povo respondeu: "Que o sangue dele caia sobre nós e sobre nossos filhos!"

26 Então Pilatos soltou-lhes Barrabás, mandou açoitar Jesus e o entregou para ser crucificado.

Os soldados zombam de Jesus

(Mc 15.16-20)

27 Então, os soldados do governador levaram Jesus ao Pretório[c] e reuniram toda a tropa ao seu redor. 28 Tiraram-lhe as vestes e puseram nele um manto vermelho; 29 fizeram uma coroa de espinhos e a colocaram em sua cabeça. Puseram uma vara em sua mão direita e, ajoelhando-se diante dele, zombavam: "Salve, rei dos judeus!" 30 Cuspiram nele e, tirando-lhe a vara, batiam-lhe com ela na cabeça. 31 Depois de terem zombado dele, tiraram-lhe o manto e vestiram-lhe suas próprias roupas. Então o levaram para crucificá-lo.

A crucificação

(Mc 15.21-32; Lc 23.26-43; Jo 19.16-27)

32 Ao saírem, encontraram um homem de Cirene, chamado Simão, e o forçaram a carregar a cruz. 33 Chegaram a um lugar chamado Gólgota, que quer dizer lugar da Caveira, 34 e lhe deram para beber vinho misturado com fel; mas ele, depois de prová-lo, recusou-se a beber. 35 Depois de o crucificarem, dividiram as roupas dele, tirando sortes[d]. 36 E, sentando-se, vigiavam-no ali. 37 Por cima de sua cabeça colocaram por escrito a acusação feita contra ele: ESTE É JESUS, O REI DOS JUDEUS. 38 Dois ladrões foram crucificados com ele, um à sua direita e outro à sua esquerda. 39 Os que passavam lançavam-lhe insultos, balançando a cabeça 40 e dizendo: "Você que destrói o templo e o reedifica em três dias, salve-se! Desça da cruz, se é Filho de Deus!"

41 Da mesma forma, os chefes dos sacerdotes, os mestres da lei e os líderes religiosos zombavam dele, 42 dizendo: "Salvou os outros, mas não é capaz de salvar a si mesmo! E é o rei de Israel! Desça agora da cruz, e creremos nele. 43 Ele confiou em Deus. Que Deus o salve agora, se dele tem compaixão, pois disse: 'Sou o Filho de Deus!' " 44 Igualmente o insultavam os ladrões que haviam sido crucificados com ele.

[a] 27:10 Veja Zc 11:12-13; Jr 19:1-13; 32:6-9.
[b] 27:11 Ou *"Sim, é como dizes"*
[c] 27:27 Residência oficial do governador romano.
[d] 27:35 Alguns manuscritos dizem *sortes, para que se cumprisse a palavra falada pelo profeta: "Dividiram as minhas roupas entre si, e tiraram sortes pelas minhas vestes"* (Sl 22:18).

A morte de Jesus

(Mc 15.33-41; Lc 23.44-49; Jo 19.28-30)

[45]E houve trevas sobre toda a terra, do meio-dia às três horas da tarde[a]. [46]Por volta das três horas da tarde, Jesus bradou em alta voz: "*Eloí, Eloí,*[b] *lamá sabactâni?*", que significa "Meu Deus! Meu Deus! Por que me abandonaste?"[c]

[47]Quando alguns dos que estavam ali ouviram isso, disseram: "Ele está chamando Elias".

[48]Imediatamente, um deles correu em busca de uma esponja, embebeu-a em vinagre, colocou-a na ponta de uma vara e deu-a a Jesus para beber. [49]Mas os outros disseram: "Deixem-no. Vejamos se Elias vem salvá-lo".

[50]Depois de ter bradado novamente em alta voz, Jesus entregou o espírito.

[51]Naquele momento, o véu do santuário rasgou-se em duas partes, de alto a baixo. A terra tremeu, e as rochas se partiram. [52]Os sepulcros se abriram, e os corpos de muitos santos que tinham morrido foram ressuscitados.

[53]E, saindo dos sepulcros, depois da ressurreição de Jesus, entraram na cidade santa e apareceram a muitos.

[54]Quando o centurião e os que com ele vigiavam Jesus viram o terremoto e tudo o que havia acontecido, ficaram aterrorizados e exclamaram: "Verdadeiramente este era o Filho[d] de Deus!"

[55]Muitas mulheres estavam ali, observando de longe. Elas haviam seguido Jesus desde a Galileia, para o servir. [56]Entre elas estavam Maria Madalena; Maria, mãe de Tiago e de José; e a mãe dos filhos de Zebedeu.

O sepultamento de Jesus

(Mc 15.42-47; Lc 23.50-56; Jo 19.38-42)

[57]Ao cair da tarde chegou um homem rico, de Arimateia, chamado José, que se tornara discípulo de Jesus. [58]Dirigindo-se a Pilatos, pediu o corpo de Jesus, e Pilatos ordenou que lhe fosse entregue. [59]José tomou o corpo, envolveu-o num lençol limpo de linho [60]e o colocou num sepulcro novo, que ele havia mandado cavar na rocha. E, fazendo rolar uma grande pedra sobre a entrada do sepulcro, retirou-se. [61]Maria Madalena e a outra Maria estavam assentadas ali, em frente do sepulcro.

A guarda do sepulcro

[62]No dia seguinte, isto é, no sábado,[e] os chefes dos sacerdotes e os fariseus dirigiram-se a Pilatos [63]e disseram: "Senhor, lembramos que, enquanto ainda estava vivo, aquele impostor disse: 'Depois de três dias ressuscitarei'. [64]Ordena, pois, que o sepulcro dele seja guardado até o terceiro dia, para que não venham seus discípulos e, roubando o corpo, digam ao povo que ele ressuscitou dentre os mortos. Este último engano será pior do que o primeiro".

[a] **27:45** Grego: *da hora sexta até a hora nona.*
[b] **27:46** Alguns manuscritos dizem *"Eli, Eli,*
[c] **27:46** Sl 22:1
[d] **27:54** Ou *era filho*
[e] **27:62** Ou *No dia seguinte ao da Preparação,*

[65]"Levem um destacamento"[f], respondeu Pilatos. "Podem ir, e mantenham o sepulcro em segurança como acharem melhor". [66]Eles foram e armaram um esquema de segurança no sepulcro; e além de deixarem um destacamento montando guarda, lacraram a pedra.

A ressurreição

(Mc 16.1-8; Lc 24.1-12; Jo 20.1-9)

28 Depois do sábado, tendo começado o primeiro dia da semana, Maria Madalena e a outra Maria foram ver o sepulcro.

[2]E eis que sobreveio um grande terremoto, pois um anjo do Senhor desceu dos céus e, chegando ao sepulcro, rolou a pedra da entrada e assentou-se sobre ela. [3]Sua aparência era como um relâmpago, e suas vestes eram brancas como a neve. [4]Os guardas tremeram de medo e ficaram como mortos.

[5]O anjo disse às mulheres: "Não tenham medo! Sei que vocês estão procurando Jesus, que foi crucificado. [6]Ele não está aqui; ressuscitou, como tinha dito. Venham ver o lugar onde ele jazia. [7]Vão depressa e digam aos discípulos dele: Ele ressuscitou dentre os mortos e está indo adiante de vocês para a Galileia. Lá vocês o verão. Notem que eu já os avisei".

[8]As mulheres saíram depressa do sepulcro, amedrontadas e cheias de alegria, e foram correndo anunciá-lo aos discípulos de Jesus. [9]De repente, Jesus as encontrou e disse: "Salve!" Elas se aproximaram dele, abraçaram-lhe os pés e o adoraram. [10]Então Jesus lhes disse: "Não tenham medo. Vão dizer a meus irmãos que se dirijam para a Galileia; lá eles me verão".

O relato dos guardas

[11]Enquanto as mulheres estavam a caminho, alguns dos guardas dirigiram-se à cidade e contaram aos chefes dos sacerdotes tudo o que havia acontecido. [12]Quando os chefes dos sacerdotes se reuniram com os líderes religiosos, elaboraram um plano. Deram aos soldados grande soma de dinheiro, [13]dizendo-lhes: "Vocês devem declarar o seguinte: Os discípulos dele vieram durante a noite e furtaram o corpo, enquanto estávamos dormindo. [14]Se isso chegar aos ouvidos do governador, nós lhe daremos explicações e livraremos vocês de qualquer problema". [15]Assim, os soldados receberam o dinheiro e fizeram como tinham sido instruídos. E esta versão se divulgou entre os judeus até o dia de hoje.

A grande comissão

[16]Os onze discípulos foram para a Galileia, para o monte que Jesus lhes indicara. [17]Quando o viram, o adoraram; mas alguns duvidaram. [18]Então, Jesus aproximou-se deles e disse: "Foi-me dada toda a autoridade nos céus e na terra. [19]Portanto, vão e façam discípulos de todas as nações, batizando-os em[g] nome do Pai e do Filho e do Espírito Santo, [20]ensinando-os a obedecer a tudo o que eu lhes ordenei. E eu estarei sempre com vocês, até o fim dos tempos".

[f] **27:65** Ou *"Vocês têm um destacamento!"*
[g] **28:19** Veja At 8:16; 19:5; Rm 6:3; 1Co 1:13; 10:2 e Gl 3:27.

MARCOS

João Batista prepara o caminho

(Mt 3.1-12; Lc 3.1-18)

1 Princípio do evangelho de Jesus Cristo, o Filho de Deus[a].

2 Conforme está escrito no profeta Isaías:

"Enviarei à tua frente
o meu mensageiro;
ele preparará
o teu caminho"[b]
3 "voz do que clama no deserto:
'Preparem[c] o caminho
para o Senhor,
façam veredas retas
para ele' "[d].

4 Assim surgiu João, batizando no deserto e pregando um batismo de arrependimento para o perdão dos pecados. 5 A ele vinha toda a região da Judeia e todo o povo de Jerusalém. Confessando os seus pecados, eram batizados por ele no rio Jordão. 6 João vestia roupas feitas de pelos de camelo, usava um cinto de couro e comia gafanhotos e mel silvestre. 7 E esta era a sua mensagem: "Depois de mim vem alguém mais poderoso do que eu, tanto que não sou digno nem de curvar-me e desamarrar as correias das suas sandálias. 8 Eu os batizo com[e] água, mas ele os batizará com o Espírito Santo".

O batismo e a tentação de Jesus

(Mt 3.13—4.11; Lc 3.21-22; 4.1-13)

9 Naquela ocasião Jesus veio de Nazaré da Galileia e foi batizado por João no Jordão. 10 Assim que saiu da água, Jesus viu o céu se abrindo, e o Espírito descendo como pomba sobre ele. 11 Então veio dos céus uma voz: "Tu és o meu Filho amado; de ti me agrado".

12 Logo após, o Espírito o impeliu para o deserto. 13 Ali esteve quarenta dias, sendo tentado por Satanás. Estava com os animais selvagens, e os anjos o serviam.

Jesus chama os primeiros discípulos

(Mt 4.12-22; Lc 4.14-15; 5.1-11; Jo 1.35-42)

14 Depois que João foi preso, Jesus foi para a Galileia, proclamando as boas novas de Deus. 15 "O tempo é chegado", dizia ele. "O Reino de Deus está próximo. Arrependam-se e creiam nas boas novas!"

16 Andando à beira do mar da Galileia, Jesus viu Simão e seu irmão André lançando redes ao mar, pois eram pescadores. 17 E disse Jesus: "Sigam-me, e eu os farei pescadores de homens". 18 No mesmo instante eles deixaram as suas redes e o seguiram.

19 Indo um pouco mais adiante, viu num barco Tiago, filho de Zebedeu, e João, seu irmão, preparando as suas redes. 20 Logo os chamou, e eles o seguiram, deixando seu pai, Zebedeu, com os empregados no barco.

[a] 1:1 Alguns manuscritos não trazem *o Filho de Deus*.
[b] 1:2 Ml 3:1
[c] 1:3 Ou *que clama: 'No deserto preparem*
[d] 1:2-3 Is 40:3
[e] 1:8 Ou *em*

Jesus expulsa um espírito imundo

(Lc 4.31-37)

21 Eles foram para Cafarnaum e, logo que chegou o sábado, Jesus entrou na sinagoga e começou a ensinar. 22 Todos ficavam maravilhados com o seu ensino, porque lhes ensinava como alguém que tem autoridade e não como os mestres da lei. 23 Justo naquele momento, na sinagoga, um homem possesso de um espírito imundo gritou: 24 "O que queres conosco, Jesus de Nazaré? Vieste para nos destruir? Sei quem tu és: o Santo de Deus!"

25 "Cale-se e saia dele!", repreendeu-o Jesus. 26 O espírito imundo sacudiu o homem violentamente e saiu dele gritando.

27 Todos ficaram tão admirados que perguntavam uns aos outros: "O que é isto? Um novo ensino — e com autoridade! Até aos espíritos imundos ele dá ordens, e eles lhe obedecem!" 28 As notícias a seu respeito se espalharam rapidamente por toda a região da Galileia.

O poder de Jesus sobre os demônios e as doenças

(Mt 8.14-17; Lc 4.38-41)

29 Logo que saíram da sinagoga, foram com Tiago e João à casa de Simão e André. 30 A sogra de Simão estava de cama, com febre, e falaram a respeito dela a Jesus. 31 Então ele se aproximou dela, tomou-a pela mão e ajudou-a a levantar-se. A febre a deixou, e ela começou a servi-los.

32 Ao anoitecer, depois do pôr do sol, o povo levou a Jesus todos os doentes e os endemoninhados. 33 Toda a cidade se reuniu à porta da casa, 34 e Jesus curou muitos que sofriam de várias doenças. Também expulsou muitos demônios; não permitia, porém, que estes falassem, porque sabiam quem ele era.

Jesus ora num lugar deserto

(Lc 4.42-44)

35 De madrugada, quando ainda estava escuro, Jesus levantou-se, saiu de casa e foi para um lugar deserto, onde ficou orando. 36 Simão e seus companheiros foram procurá-lo 37 e, ao encontrá-lo, disseram: "Todos estão te procurando!"

38 Jesus respondeu: "Vamos para outro lugar, para os povoados vizinhos, para que também lá eu pregue. Foi para isso que eu vim". 39 Então ele percorreu toda a Galileia, pregando nas sinagogas e expulsando os demônios.

A cura de um leproso

(Mt 8.1-4; Lc 5.12-16)

40 Um leproso[f] aproximou-se dele e suplicou-lhe de joelhos: "Se quiseres, podes purificar-me!"

41 Cheio de compaixão, Jesus estendeu a mão, tocou nele e disse: "Quero. Seja purificado!" 42 Imediatamente a lepra o deixou, e ele foi purificado.

43 Em seguida Jesus o despediu, com uma severa advertência: 44 "Olhe, não conte isso a ninguém. Mas

[f] 1:40 O termo grego não se refere somente à lepra, mas também a diversas doenças da pele.

vá mostrar-se ao sacerdote e ofereça pela sua purificação os sacrifícios que Moisés ordenou, para que sirva de testemunho". 45 Ele, porém, saiu e começou a tornar público o fato, espalhando a notícia. Por isso Jesus não podia mais entrar publicamente em nenhuma cidade, mas ficava fora, em lugares solitários. Todavia, assim mesmo vinha a ele gente de todas as partes.

Jesus cura um paralítico

(Mt 9.1-8; Lc 5.17-26)

2 Poucos dias depois, tendo Jesus entrado novamente em Cafarnaum, o povo ouviu falar que ele estava em casa. 2 Então muita gente se reuniu ali, de forma que não havia lugar nem junto à porta; e ele lhes pregava a palavra. 3 Vieram alguns homens, trazendo-lhe um paralítico, carregado por quatro deles. 4 Não podendo levá-lo até Jesus, por causa da multidão, removeram parte da cobertura do lugar onde Jesus estava e, pela abertura no teto, baixaram a maca em que estava deitado o paralítico. 5 Vendo a fé que eles tinham, Jesus disse ao paralítico: "Filho, os seus pecados estão perdoados".

6 Estavam sentados ali alguns mestres da lei, raciocinando em seu íntimo: 7 "Por que esse homem fala assim? Está blasfemando! Quem pode perdoar pecados, a não ser somente Deus?"

8 Jesus percebeu logo em seu espírito que era isso que eles estavam pensando e lhes disse: "Por que vocês estão remoendo essas coisas em seu coração? 9 Que é mais fácil dizer ao paralítico: Os seus pecados estão perdoados, ou: Levante-se, pegue a sua maca e ande? 10 Mas, para que vocês saibam que o Filho do homem tem na terra autoridade para perdoar pecados" — disse ao paralítico — 11 "eu lhe digo: Levante-se, pegue a sua maca e vá para casa". 12 Ele se levantou, pegou a maca e saiu à vista de todos, que, atônitos, glorificaram a Deus, dizendo: "Nunca vimos nada igual!"

O chamado de Levi

(Mt 9.9-13; Lc 5.27-32)

13 Jesus saiu outra vez para beira-mar. Uma grande multidão aproximou-se, e ele começou a ensiná-los. 14 Passando por ali, viu Levi, filho de Alfeu, sentado na coletoria, e disse-lhe: "Siga-me". Levi levantou-se e o seguiu.

15 Durante uma refeição na casa de Levi, muitos publicanos[a] e pecadores estavam comendo com Jesus e seus discípulos, pois havia muitos que o seguiam. 16 Quando os mestres da lei que eram fariseus o viram comendo com pecadores e publicanos, perguntaram aos discípulos de Jesus: "Por que ele come com publicanos e pecadores?"

17 Ouvindo isso, Jesus lhes disse: "Não são os que têm saúde que precisam de médico, mas sim os doentes. Eu não vim para chamar justos, mas pecadores".

Jesus é interrogado acerca do jejum

(Mt 9.14-17; Lc 5.33-39)

18 Os discípulos de João e os fariseus estavam jejuando. Algumas pessoas vieram a Jesus e lhe perguntaram: "Por que os discípulos de João e os dos fariseus jejuam, mas os teus não?"

19 Jesus respondeu: "Como podem os convidados do noivo jejuar enquanto este está com eles? Não podem, enquanto o têm consigo. 20 Mas virão dias quando o noivo lhes será tirado; e nesse tempo jejuarão.

21 "Ninguém põe remendo de pano novo em roupa velha, pois o remendo forçará a roupa, tornando pior o rasgo. 22 E ninguém põe vinho novo em vasilha de couro velha; se o fizer, o vinho rebentará a vasilha, e tanto o vinho quanto a vasilha se estragarão. Ao contrário, põe-se vinho novo em vasilha de couro nova".

O Senhor do sábado

(Mt 12.1-14; Lc 6.1-11)

23 Certo sábado Jesus estava passando pelas lavouras de cereal. Enquanto caminhavam, seus discípulos começaram a colher espigas. 24 Os fariseus lhe perguntaram: "Olha, por que eles estão fazendo o que não é permitido no sábado?"

25 Ele respondeu: "Vocês nunca leram o que fez Davi quando ele e seus companheiros estavam necessitados e com fome? 26 Nos dias do sumo sacerdote Abiatar, Davi entrou na casa de Deus e comeu os pães da Presença, que apenas aos sacerdotes era permitido comer, e os deu também aos seus companheiros".

27 E então lhes disse: "O sábado foi feito por causa do homem, e não o homem por causa do sábado. 28 Assim, pois, o Filho do homem é Senhor até mesmo do sábado".

3 Noutra ocasião ele entrou na sinagoga, e estava ali um homem com uma das mãos atrofiada. 2 Alguns deles estavam procurando um motivo para acusar Jesus; por isso o observavam atentamente, para ver se ele iria curá-lo no sábado. 3 Jesus disse ao homem da mão atrofiada: "Levante-se e venha para o meio".

4 Depois Jesus lhes perguntou: "O que é permitido fazer no sábado: o bem ou o mal, salvar a vida ou matar?" Mas eles permaneceram em silêncio.

5 Irado, olhou para os que estavam à sua volta e, profundamente entristecido por causa do coração endurecido deles, disse ao homem: "Estenda a mão". Ele a estendeu, e ela foi restaurada. 6 Então os fariseus saíram e começaram a conspirar com os herodianos contra Jesus, sobre como poderiam matá-lo.

Jesus é procurado por uma multidão

7 Jesus retirou-se com os seus discípulos para o mar, e uma grande multidão vinda da Galileia o seguia. 8 Quando ouviram a respeito de tudo o que ele estava fazendo, muitas pessoas procedentes da Judeia, de Jerusalém, da Idumeia, das regiões do outro lado do Jordão e dos arredores de Tiro e de Sidom foram atrás dele. 9 Por causa da multidão, ele disse aos discípulos que lhe preparassem um pequeno barco, para evitar que o comprimissem. 10 Pois ele havia curado a muitos, de modo que os que sofriam de doenças ficavam se empurrando para conseguir tocar nele. 11 Sempre que os espíritos imundos o viam, prostravam-se diante dele e gritavam: "Tu és o Filho de Deus". 12 Mas ele lhes dava ordens severas para que não dissessem quem ele era.

A escolha dos Doze apóstolos

(Lc 6.12-16)

13 Jesus subiu a um monte e chamou a si aqueles que ele quis, os quais vieram para junto dele. 14 Escolheu

[a] 2:15 Os publicanos eram coletores de impostos, malvistos pelo povo; também no versículo 16.

doze, designando-os apóstolos[a], para que estivessem
com ele, os enviasse a pregar 15e tivessem autoridade
para expulsar demônios. 16Estes são os doze que ele es-
colheu: Simão, a quem deu o nome de Pedro; 17Tiago,
filho de Zebedeu, e João, seu irmão, aos quais deu o
nome de Boanerges, que significa "filhos do trovão";
18André; Filipe; Bartolomeu; Mateus; Tomé; Tiago, fi-
lho de Alfeu; Tadeu; Simão, o zelote; 19e Judas Iscario-
tes, que o traiu.

A acusação contra Jesus

(Mt 12.22-32; Lc 11.14-23)

20Então Jesus entrou numa casa, e novamente re-
uniu-se ali uma multidão, de modo que ele e os seus
discípulos não conseguiam nem comer. 21Quando seus
familiares ouviram falar disso, saíram para trazê-lo à
força, pois diziam: "Ele está fora de si".
22E os mestres da lei que haviam descido de Jerusa-
lém diziam: "Ele está com Belzebu! Pelo príncipe dos
demônios é que ele expulsa demônios".
23Então Jesus os chamou e lhes falou por parábolas:
"Como pode Satanás expulsar Satanás? 24Se um reino
estiver dividido contra si mesmo, não poderá subsistir.
25Se uma casa estiver dividida contra si mesma, tam-
bém não poderá subsistir. 26E se Satanás se opuser a si
mesmo e estiver dividido, não poderá subsistir; che-
gou o seu fim. 27De fato, ninguém pode entrar na casa
do homem forte e levar dali os seus bens, sem que an-
tes o amarre. Só então poderá roubar a casa dele. 28Eu
lhes asseguro que todos os pecados e blasfêmias dos
homens lhes serão perdoados, 29mas quem blasfemar
contra o Espírito Santo nunca terá perdão: é culpado
de pecado eterno".
30Jesus falou isso porque eles estavam dizendo: "Ele
está com um espírito imundo".

A mãe e os irmãos de Jesus

(Mt 12.46-50; Lc 8.19-21)

31Então chegaram a mãe e os irmãos de Jesus. Fican-
do do lado de fora, mandaram alguém chamá-lo. 32Ha-
via muita gente assentada ao seu redor; e lhe disseram:
"Tua mãe e teus irmãos estão lá fora e te procuram".
33"Quem é minha mãe, e quem são meus irmãos?",
perguntou ele.
34Então olhou para os que estavam assentados ao seu
redor e disse: "Aqui estão minha mãe e meus irmãos!
35Quem faz a vontade de Deus, este é meu irmão, mi-
nha irmã e minha mãe".

A parábola do semeador

(Mt 13.1-23; Lc 8.1-15)

4 Novamente Jesus começou a ensinar à beira-mar.
Reuniu-se ao seu redor uma multidão tão grande
que ele teve que entrar num barco e assentar-se nele.
O barco estava no mar, enquanto todo o povo ficava na
beira da praia. 2Ele lhes ensinava muitas coisas por pa-
rábolas, dizendo em seu ensino: 3"Ouçam! O semeador
saiu a semear. 4Enquanto lançava a semente, parte dela
caiu à beira do caminho, e as aves vieram e a comeram.
5Parte dela caiu em terreno pedregoso, onde não havia
muita terra; e logo brotou, porque a terra não era pro-
funda. 6Mas quando saiu o sol, as plantas se queimaram
e secaram, porque não tinham raiz. 7Outra parte caiu
entre espinhos, que cresceram e sufocaram as plantas,
de forma que ela não deu fruto. 8Outra ainda caiu em
boa terra, germinou, cresceu e deu boa colheita, a trin-
ta, sessenta e até cem por um".
9E acrescentou: "Aquele que tem ouvidos para ou-
vir, ouça!"
10Quando ele ficou sozinho, os Doze e os outros que
estavam ao seu redor lhe fizeram perguntas acerca das
parábolas. 11Ele lhes disse: "A vocês foi dado o mistério
do Reino de Deus, mas aos que estão fora tudo é dito
por parábolas, 12a fim de que,

" 'ainda que vejam,
    não percebam;
ainda que ouçam,
    não entendam;
de outro modo,
    poderiam converter-se
e ser perdoados!'[b]"

13Então Jesus lhes perguntou: "Vocês não entendem
esta parábola? Como, então, compreenderão todas as
outras? 14O semeador semeia a palavra. 15Algumas pes-
soas são como a semente à beira do caminho, onde a
palavra é semeada. Logo que a ouvem, Satanás vem
e retira a palavra nelas semeada. 16Outras, como a se-
mente lançada em terreno pedregoso, ouvem a palavra
e logo a recebem com alegria. 17Todavia, visto que não
têm raiz em si mesmas, permanecem por pouco tem-
po. Quando surge alguma tribulação ou perseguição
por causa da palavra, logo a abandonam. 18Outras ain-
da, como a semente lançada entre espinhos, ouvem a
palavra; 19mas, quando chegam as preocupações desta
vida, o engano das riquezas e os anseios por outras coi-
sas sufocam a palavra, tornando-a infrutífera. 20Outras
pessoas são como a semente lançada em boa terra: ou-
vem a palavra, aceitam-na e dão uma colheita de trinta,
sessenta e até cem por um".

A candeia

(Lc 8.16-18)

21Ele lhes disse: "Quem traz uma candeia para ser co-
locada debaixo de uma vasilha ou de uma cama? Acaso
não a coloca num lugar apropriado? 22Porque não há
nada oculto, senão para ser revelado, e nada escondi-
do, senão para ser trazido à luz. 23Se alguém tem ouvi-
dos para ouvir, ouça!
24"Considerem atentamente o que vocês estão ouvin-
do", continuou ele. "Com a medida com que medirem,
vocês serão medidos; e ainda mais lhes acrescentarão.
25A quem tiver, mais lhe será dado; de quem não tiver,
até o que tem lhe será tirado".

A parábola da semente

26Ele prosseguiu dizendo: "O Reino de Deus é seme-
lhante a um homem que lança a semente sobre a terra.
27Noite e dia, estando ele dormindo ou acordado, a se-
mente germina e cresce, embora ele não saiba como.
28A terra por si própria produz o grão: primeiro o talo,
depois a espiga e, então, o grão cheio na espiga. 29Lo-
go que o grão fica maduro, o homem lhe passa a foice,
porque chegou a colheita".

[a] 3:14 Alguns manuscritos não trazem *designando-os apóstolos*.

[b] 4:12 Is 6:9-10

A parábola do grão de mostarda

(Mt 13.31-35; Lc 13.18-21)

30Novamente ele disse: "Com que compararemos o Reino de Deus? Que parábola usaremos para descrevê-lo? 31É como um grão de mostarda, que é a menor semente que se planta na terra. 32No entanto, uma vez plantado, cresce e se torna uma das maiores plantas, com ramos tão grandes que as aves do céu podem abrigar-se à sua sombra".

33Com muitas parábolas semelhantes Jesus lhes anunciava a palavra, tanto quanto podiam receber. 34Não lhes dizia nada sem usar alguma parábola. Quando, porém, estava a sós com os seus discípulos, explicava-lhes tudo.

Jesus acalma a tempestade

(Mt 8.23-27; Lc 8.22-25)

35Naquele dia, ao anoitecer, disse ele aos seus discípulos: "Vamos para o outro lado". 36Deixando a multidão, eles o levaram no barco, assim como estava. Outros barcos também o acompanhavam. 37Levantou-se um forte vendaval, e as ondas se lançavam sobre o barco, de forma que este ia se enchendo de água. 38Jesus estava na popa, dormindo com a cabeça sobre um travesseiro. Os discípulos o acordaram e clamaram: "Mestre, não te importas que morramos?"

39Ele se levantou, repreendeu o vento e disse ao mar: "Aquiete-se! Acalme-se!" O vento se aquietou, e fez-se completa bonança.

40Então perguntou aos seus discípulos: "Por que vocês estão com tanto medo? Ainda não têm fé?"

41Eles estavam apavorados e perguntavam uns aos outros: "Quem é este que até o vento e o mar lhe obedecem?"

A cura de um endemoninhado

(Mt 8.28-34; Lc 8.26-39)

5 Eles atravessaram o mar e foram para a região dos gerasenos[a]. 2Quando Jesus desembarcou, um homem com um espírito imundo veio dos sepulcros ao seu encontro. 3Esse homem vivia nos sepulcros, e ninguém conseguia prendê-lo, nem mesmo com correntes; 4pois muitas vezes lhe haviam sido acorrentados pés e mãos, mas ele arrebentara as correntes e quebrara os ferros de seus pés. Ninguém era suficientemente forte para dominá-lo. 5Noite e dia ele andava gritando e cortando-se com pedras entre os sepulcros e nas colinas.

6Quando ele viu Jesus de longe, correu e prostrou-se diante dele, 7e gritou em alta voz: "Que queres comigo, Jesus, Filho do Deus Altíssimo? Rogo-te por Deus que não me atormentes!" 8Pois Jesus lhe tinha dito: "Saia deste homem, espírito imundo!"

9Então Jesus lhe perguntou: "Qual é o seu nome?"

"Meu nome é Legião", respondeu ele, "porque somos muitos." 10E implorava a Jesus, com insistência, que não os mandasse sair daquela região.

11Uma grande manada de porcos estava pastando numa colina próxima. 12Os demônios imploraram a Jesus: "Manda-nos para os porcos, para que entremos neles". 13Ele lhes deu permissão, e os espíritos imundos saíram e entraram nos porcos. A manada de cerca de dois mil porcos atirou-se precipício abaixo, em direção ao mar, e nele se afogou.

14Os que cuidavam dos porcos fugiram e contaram esses fatos na cidade e nos campos, e o povo foi ver o que havia acontecido. 15Quando se aproximaram de Jesus, viram ali o homem que fora possesso da legião de demônios, assentado, vestido e em perfeito juízo; e ficaram com medo. 16Os que estavam presentes contaram ao povo o que acontecera ao endemoninhado, e falaram também sobre os porcos. 17Então o povo começou a suplicar a Jesus que saísse do território deles.

18Quando Jesus estava entrando no barco, o homem que estivera endemoninhado suplicava-lhe que o deixasse ir com ele. 19Jesus não o permitiu, mas disse: "Vá para casa, para a sua família e anuncie-lhes quanto o Senhor fez por você e como teve misericórdia de você". 20Então, aquele homem se foi e começou a anunciar em Decápolis o quanto Jesus tinha feito por ele. Todos ficavam admirados.

O poder de Jesus sobre a doença e a morte

(Mt 9.18-26; Lc 8.40-56)

21Tendo Jesus voltado de barco para a outra margem, uma grande multidão se reuniu ao seu redor, enquanto ele estava à beira do mar. 22Então chegou ali um dos dirigentes da sinagoga, chamado Jairo. Vendo Jesus, prostrou-se aos seus pés 23e lhe implorou insistentemente: "Minha filhinha está morrendo! Vem, por favor, e impõe as mãos sobre ela, para que seja curada e que viva". 24Jesus foi com ele.

Uma grande multidão o seguia e o comprimia. 25E estava ali certa mulher que havia doze anos vinha sofrendo de hemorragia. 26Ela padecera muito sob o cuidado de vários médicos e gastara tudo o que tinha, mas, em vez de melhorar, piorava. 27Quando ouviu falar de Jesus, chegou por trás dele, no meio da multidão, e tocou em seu manto, 28porque pensava: "Se eu tão somente tocar em seu manto, ficarei curada". 29Imediatamente cessou sua hemorragia e ela sentiu em seu corpo que estava livre do seu sofrimento.

30No mesmo instante, Jesus percebeu que dele havia saído poder, virou-se para a multidão e perguntou: "Quem tocou em meu manto?"

31Responderam os seus discípulos: "Vês a multidão aglomerada ao teu redor e ainda perguntas: 'Quem tocou em mim?' "

32Mas Jesus continuou olhando ao seu redor para ver quem tinha feito aquilo. 33Então a mulher, sabendo o que lhe tinha acontecido, aproximou-se, prostrou-se aos seus pés e, tremendo de medo, contou-lhe toda a verdade. 34Então ele lhe disse: "Filha, a sua fé a curou![b] Vá em paz e fique livre do seu sofrimento".

35Enquanto Jesus ainda estava falando, chegaram algumas pessoas da casa de Jairo, o dirigente da sinagoga. "Sua filha morreu", disseram eles. "Não precisa mais incomodar o mestre!"

36Não fazendo caso do que eles disseram, Jesus disse ao dirigente da sinagoga: "Não tenha medo; tão somente creia".

37E não deixou ninguém segui-lo, senão Pedro, Tiago e João, irmão de Tiago. 38Quando chegaram à casa do dirigente da sinagoga, Jesus viu um alvoroço, com

[a] 5:1 Alguns manuscritos trazem *gadarenos*; outros dizem *gergesenos*.

[b] 5:34 Ou *a salvou!*

gente chorando e se lamentando em alta voz. [39]Então entrou e lhes disse: "Por que todo este alvoroço e lamento? A criança não está morta, mas dorme". [40]Mas todos começaram a rir de Jesus. Ele, porém, ordenou que eles saíssem, tomou consigo o pai e a mãe da criança e os discípulos que estavam com ele, e entrou onde se encontrava a criança. [41]Tomou-a pela mão e lhe disse: "*Talita cumi!*", que significa "menina, eu lhe ordeno, levante-se!". [42]Imediatamente a menina, que tinha doze anos de idade, levantou-se e começou a andar. Isso os deixou atônitos. [43]Ele deu ordens expressas para que não dissessem nada a ninguém e mandou que dessem a ela alguma coisa para comer.

Um profeta sem honra

(Mt 13.53-58)

6 Jesus saiu dali e foi para a sua cidade, acompanhado dos seus discípulos. [2]Quando chegou o sábado, começou a ensinar na sinagoga, e muitos dos que o ouviam ficavam admirados.

"De onde lhe vêm estas coisas?", perguntavam eles. "Que sabedoria é esta que lhe foi dada? E estes milagres que ele faz? [3]Não é este o carpinteiro, filho de Maria e irmão de Tiago, José, Judas e Simão? Não estão aqui conosco as suas irmãs?" E ficavam escandalizados por causa dele.

[4]Jesus lhes disse: "Só em sua própria terra, entre seus parentes e em sua própria casa, é que um profeta não tem honra". [5]E não pôde fazer ali nenhum milagre, exceto impor as mãos sobre alguns doentes e curá-los. [6]E ficou admirado com a incredulidade deles.

Jesus envia os Doze

(Mt 10.1,5-14; Lc 9.1-6)

Então Jesus passou a percorrer os povoados, ensinando. [7]Chamando os Doze para junto de si, enviou-os de dois em dois e deu-lhes autoridade sobre os espíritos imundos.

[8]Estas foram as suas instruções: "Não levem nada pelo caminho, a não ser um bordão. Não levem pão, nem saco de viagem, nem dinheiro em seus cintos; [9]calcem sandálias, mas não levem túnica extra; [10]sempre que entrarem numa casa, fiquem ali até partirem; [11]e, se algum povoado não os receber nem os ouvir, sacudam a poeira dos seus pés quando saírem de lá, como testemunho contra eles".

[12]Eles saíram e pregaram ao povo que se arrependesse. [13]Expulsavam muitos demônios e ungiam muitos doentes com óleo, e os curavam.

João Batista é decapitado

(Mt 14.1-12)

[14]O rei Herodes ouviu falar dessas coisas, pois o nome de Jesus havia se tornado bem conhecido. Algumas pessoas estavam dizendo[a]: "João Batista ressuscitou dos mortos! Por isso estão operando nele poderes milagrosos".

[15]Outros diziam: "Ele é Elias".

E ainda outros afirmavam: "Ele é um profeta, como um dos antigos profetas".

[16]Mas quando Herodes ouviu essas coisas, disse: "João, o homem a quem decapitei, ressuscitou dos mortos!"

[17]Pois o próprio Herodes tinha dado ordens para que prendessem João, o amarrassem e o colocassem na prisão, por causa de Herodias, mulher de Filipe, seu irmão, com a qual se casara. [18]Porquanto João dizia a Herodes: "Não te é permitido viver com a mulher do teu irmão". [19]Assim, Herodias o odiava e queria matá-lo. Mas não podia fazê-lo, [20]porque Herodes temia João e o protegia, sabendo que ele era um homem justo e santo; e quando o ouvia, ficava perplexo[b]. Mesmo assim gostava de ouvi-lo.

[21]Finalmente Herodias teve uma ocasião oportuna. No seu aniversário, Herodes ofereceu um banquete aos seus líderes mais importantes, aos comandantes militares e às principais personalidades da Galileia. [22]Quando a filha de Herodias entrou e dançou, agradou a Herodes e aos convidados.

O rei disse à jovem: "Peça-me qualquer coisa que você quiser, e eu lhe darei". [23]E prometeu-lhe sob juramento: "Seja o que for que me pedir, eu lhe darei, até a metade do meu reino".

[24]Ela saiu e disse à sua mãe: "Que pedirei?"

"A cabeça de João Batista", respondeu ela.

[25]Imediatamente a jovem apressou-se em apresentar-se ao rei com o pedido: "Desejo que me dês agora mesmo a cabeça de João Batista num prato".

[26]O rei ficou aflito, mas, por causa do seu juramento e dos convidados, não quis negar o pedido à jovem. [27]Enviou, pois, imediatamente um carrasco com ordens para trazer a cabeça de João. O homem foi, decapitou João na prisão [28]e trouxe sua cabeça num prato. Ele a entregou à jovem, e esta a deu à sua mãe. [29]Tendo ouvido isso, os discípulos de João vieram, levaram o seu corpo e o colocaram num túmulo.

A primeira multiplicação dos pães

(Mt 14.13-21; Lc 9.10-17; Jo 6.1-15)

[30]Os apóstolos reuniram-se a Jesus e lhe relataram tudo o que tinham feito e ensinado. [31]Havia muita gente indo e vindo, ao ponto de eles não terem tempo para comer. Jesus lhes disse: "Venham comigo para um lugar deserto e descansem um pouco".

[32]Então eles se afastaram num barco para um lugar deserto. [33]Mas muitos dos que os viram retirar-se, tendo-os reconhecido, correram a pé de todas as cidades e chegaram lá antes deles. [34]Quando Jesus saiu do barco e viu uma grande multidão, teve compaixão deles, porque eram como ovelhas sem pastor. Então começou a ensinar-lhes muitas coisas.

[35]Já era tarde e, por isso, os seus discípulos aproximaram-se dele e disseram: "Este é um lugar deserto, e já é tarde. [36]Manda embora o povo para que possa ir aos campos e povoados vizinhos comprar algo para comer".

[37]Ele, porém, respondeu: "Deem-lhes vocês algo para comer".

Eles lhe disseram: "Isto exigiria duzentos denários[c]! Devemos gastar tanto dinheiro em pão e dar-lhes de comer?"

[38]Perguntou ele: "Quantos pães vocês têm? Verifiquem".

Quando ficaram sabendo, disseram: "Cinco pães e dois peixes".

[a] 6:14 Muitos manuscritos dizem *E ele dizia*.

[b] 6:20 Alguns manuscritos antigos dizem *fazia muitas coisas*.

[c] 6:37 O denário era uma moeda de prata equivalente à diária de um trabalhador braçal.

39Então Jesus ordenou que fizessem todo o povo as-
sentar-se em grupos na grama verde. 40Assim, eles se
assentaram em grupos de cem e de cinquenta. 41Toman-
do os cinco pães e os dois peixes e, olhando para o céu,
deu graças e partiu os pães. Em seguida, entregou-os
aos seus discípulos para que os servissem ao povo. E
também dividiu os dois peixes entre todos eles. 42Todos
comeram e ficaram satisfeitos, 43e os discípulos recolhe-
ram doze cestos cheios de pedaços de pão e de peixe.
44Os que comeram foram cinco mil homens.

Jesus anda sobre as águas
(Mt 14.22-36; Jo 6.16-24)

45Logo em seguida, Jesus insistiu com os discípulos
para que entrassem no barco e fossem adiante dele para
Betsaida, enquanto ele despedia a multidão. 46Tendo-a
despedido, subiu a um monte para orar.

47Ao anoitecer, o barco estava no meio do mar, e Je-
sus se achava sozinho em terra. 48Ele viu os discípu-
los remando com dificuldade, porque o vento soprava
contra eles. Alta madrugada[a], Jesus dirigiu-se a eles,
andando sobre o mar; e estava já a ponto de passar por
eles. 49Quando o viram andando sobre o mar, pensaram
que fosse um fantasma. Então gritaram, 50pois todos o
tinham visto e ficaram aterrorizados.

Mas Jesus imediatamente lhes disse: "Coragem! Sou
eu! Não tenham medo!" 51Então subiu no barco para
junto deles, e o vento se acalmou; e eles ficaram atôni-
tos, 52pois não tinham entendido o milagre dos pães.
O coração deles estava endurecido.

53Depois de atravessarem o mar, chegaram a Gene-
saré e ali amarraram o barco. 54Logo que desembarca-
ram, o povo reconheceu Jesus. 55Eles percorriam toda
aquela região e levavam os doentes em macas para on-
de ouviam que ele estava. 56E aonde quer que ele fosse,
povoados, cidades ou campos, levavam os doentes para
as praças. Suplicavam-lhe que pudessem pelo menos
tocar na borda do seu manto; e todos os que nele toca-
vam eram curados.

Jesus e a tradição judaica
(Mt 15.1-20)

7Os fariseus e alguns dos mestres da lei, vindos de
Jerusalém, reuniram-se a Jesus e 2viram alguns dos
seus discípulos comerem com as mãos impuras, isto é,
por lavar. 3(Os fariseus e todos os judeus não comem
sem lavar as mãos cerimonialmente, apegando-se, as-
sim, à tradição dos líderes religiosos. 4Quando chegam
da rua, não comem sem antes se lavarem. E observam
muitas outras tradições, tais como o lavar de copos, jar-
ros e vasilhas de metal[b].)

5Então os fariseus e os mestres da lei perguntaram a
Jesus: "Por que os seus discípulos não vivem de acordo
com a tradição dos líderes religiosos, em vez de come-
rem o alimento com as mãos impuras?"

6Ele respondeu: "Bem profetizou Isaías acerca de vo-
cês, hipócritas; como está escrito:

" 'Este povo me honra
com os lábios,
mas o seu coração está longe de mim.
7Em vão me adoram;
seus ensinamentos
não passam de regras
ensinadas por homens'[c].

8Vocês negligenciam os mandamentos de Deus e se
apegam às tradições dos homens".

9E disse-lhes: "Vocês estão sempre encontrando uma
boa maneira de pôr de lado os mandamentos de Deus,
a fim de obedecerem[d] às suas tradições! 10Pois Moisés
disse: 'Honra teu pai e tua mãe'[e] e 'Quem amaldiçoar
seu pai ou sua mãe terá que ser executado'[f]. 11Mas vocês
afirmam que se alguém disser a seu pai ou a sua mãe:
'Qualquer ajuda que vocês poderiam receber de mim
é Corbã', isto é, uma oferta dedicada a Deus, 12vocês o
desobrigam de qualquer dever para com seu pai ou sua
mãe. 13Assim vocês anulam a palavra de Deus, por meio
da tradição que vocês mesmos transmitiram. E fazem
muitas coisas como essa".

14Jesus chamou novamente a multidão para junto de
si e disse: "Ouçam-me todos e entendam isto: 15Não há
nada fora do homem que, nele entrando, possa torná-lo
impuro. Ao contrário, o que sai do homem é que o torna
impuro. 16Se alguém tem ouvidos para ouvir, ouça![g]"

17Depois de deixar a multidão e entrar em casa, os
discípulos lhe pediram explicação da parábola. 18"Se-
rá que vocês também não conseguem entender?", per-
guntou-lhes Jesus. "Não percebem que nada que entre
no homem pode torná-lo impuro? 19Porque não entra
em seu coração, mas em seu estômago, sendo depois
eliminado." Ao dizer isso, Jesus declarou puros todos
os alimentos.

20E continuou: "O que sai do homem é que o tor-
na impuro. 21Pois do interior do coração dos homens
vêm os maus pensamentos, as imoralidades sexuais,
os roubos, os homicídios, os adultérios, 22as cobiças, as
maldades, o engano, a devassidão, a inveja, a calúnia, a
arrogância e a insensatez. 23Todos esses males vêm de
dentro e tornam o homem impuro".

Uma mulher siro-fenícia demonstra fé
(Mt 15.21-28)

24Jesus saiu daquele lugar e foi para os arredores de
Tiro e de Sidom[h]. Entrou numa casa e não queria que
ninguém o soubesse; contudo, não conseguiu manter
em segredo a sua presença. 25De fato, logo que ouviu
falar dele, certa mulher, cuja filha estava com um espí-
rito imundo, veio e lançou-se aos seus pés. 26A mulher
era grega, siro-fenícia de origem, e rogava a Jesus que
expulsasse de sua filha o demônio.

27Ele lhe disse: "Deixe que primeiro os filhos comam
até se fartar; pois não é correto tirar o pão dos filhos e
lançá-lo aos cachorrinhos".

28Ela respondeu: "Sim, Senhor, mas até os cachor-
rinhos, debaixo da mesa, comem das migalhas das
crianças".

29Então ele lhe disse: "Por causa desta resposta, você
pode ir; o demônio já saiu da sua filha".

[a] 6:48 Grego: *Por volta da quarta vigília da noite* (entre 3 e 6 horas da manhã).
[b] 7:4 Alguns manuscritos antigos dizem *vasos, vasilhas de metal e almofadas da sala de jantar* (onde se reclinavam para comer).
[c] 7:6-7 Is 29:13
[d] 7:9 Alguns manuscritos trazem *estabelecerem*.
[e] 7:10 Êx 20:12; Dt 5:16
[f] 7:10 Êx 21:17; Lv 20:9
[g] 7:16 Alguns manuscritos não trazem o versículo 16.
[h] 7:24 Vários manuscritos não trazem *e de Sidom*.

[30]Ela foi para casa e encontrou sua filha deitada na
cama, e o demônio já a deixara.

A cura de um surdo e gago

[31]A seguir Jesus saiu dos arredores de Tiro e atraves-
sou Sidom, até o mar da Galileia e a região de Decápo-
lis. [32]Ali algumas pessoas lhe trouxeram um homem
que era surdo e mal podia falar, suplicando que lhe
impusesse as mãos.
[33]Depois de levá-lo à parte, longe da multidão, Jesus
colocou os dedos nos ouvidos dele. Em seguida, cuspiu
e tocou na língua do homem. [34]Então voltou os olhos
para o céu e, com um profundo suspiro, disse-lhe: "*Efa-
tá!*", que significa "abra-se!" [35]Com isso, os ouvidos do
homem se abriram, sua língua ficou livre e ele come-
çou a falar corretamente.
[36]Jesus ordenou-lhes que não o contassem a nin-
guém. Contudo, quanto mais ele os proibia, mais eles
falavam. [37]O povo ficava simplesmente maravilhado e
dizia: "Ele faz tudo muito bem. Faz até o surdo ouvir
e o mudo falar".

A segunda multiplicação dos pães

(Mt 15.29-39)

8 Naqueles dias, outra vez reuniu-se uma grande mul-
tidão. Visto que não tinham nada para comer, Jesus
chamou os seus discípulos e disse-lhes: [2]"Tenho com-
paixão desta multidão; já faz três dias que eles estão
comigo e nada têm para comer. [3]Se eu os mandar para
casa com fome, vão desfalecer no caminho, porque al-
guns deles vieram de longe".
[4]Os seus discípulos responderam: "Onde, neste lu-
gar deserto, poderia alguém conseguir pão suficiente
para alimentá-los?"
[5]"Quantos pães vocês têm?", perguntou Jesus.
"Sete", responderam eles.
[6]Ele ordenou à multidão que se assentasse no chão.
Depois de tomar os sete pães e dar graças, partiu-os e os
entregou aos seus discípulos, para que os servissem à
multidão; e eles o fizeram. [7]Tinham também alguns pei-
xes pequenos; ele deu graças igualmente por eles e disse
aos discípulos que os distribuíssem. [8]O povo comeu até
se fartar. E ajuntaram sete cestos cheios de pedaços que
sobraram. [9]Cerca de quatro mil homens estavam presen-
tes. E, tendo-os despedido, [10]entrou no barco com seus
discípulos e foi para a região de Dalmanuta.

Os fariseus pedem um sinal

(Mt 16.1-4)

[11]Os fariseus vieram e começaram a interrogar Jesus.
Para pô-lo à prova, pediram-lhe um sinal do céu. [12]Ele
suspirou profundamente e disse: "Por que esta geração
pede um sinal milagroso? Eu lhes afirmo que nenhum
sinal lhe será dado". [13]Então se afastou deles, voltou pa-
ra o barco e foi para o outro lado.

O fermento dos fariseus e de Herodes

(Mt 16.5-12)

[14]Os discípulos haviam se esquecido de levar pão, a
não ser um pão que tinham consigo no barco. [15]Adver-
tiu-os Jesus: "Estejam atentos e tenham cuidado com
o fermento dos fariseus e com o fermento de Herodes".
[16]E eles discutiam entre si, dizendo: "É porque não
temos pão".
[17]Percebendo a discussão, Jesus lhes perguntou: "Por
que vocês estão discutindo sobre não terem pão? Ainda
não compreendem nem percebem? O coração de vocês
está endurecido? [18]Vocês têm olhos, mas não veem? Têm
ouvidos, mas não ouvem? Não se lembram? [19]Quando
eu parti os cinco pães para os cinco mil, quantos cestos
cheios de pedaços vocês recolheram?"
"Doze", responderam eles.
[20]"E quando eu parti os sete pães para os quatro mil,
quantos cestos cheios de pedaços vocês recolheram?"
"Sete", responderam eles.
[21]Ele lhes disse: "Vocês ainda não entendem?"

A cura de um cego em Betsaida

[22]Eles foram para Betsaida, e algumas pessoas trou-
xeram um cego a Jesus, suplicando-lhe que tocasse
nele. [23]Ele tomou o cego pela mão e o levou para fora
do povoado. Depois de cuspir nos olhos do homem e
impor-lhe as mãos, Jesus perguntou: "Você está vendo
alguma coisa?"
[24]Ele levantou os olhos e disse: "Vejo pessoas; elas
parecem árvores andando".
[25]Mais uma vez, Jesus colocou as mãos sobre os olhos
do homem. Então seus olhos foram abertos, e sua vis-
ta lhe foi restaurada, e ele via tudo claramente. [26]Jesus
mandou-o para casa, dizendo: "Não entre no povoado[a]!"

A confissão de Pedro

(Mt 16.13-20; Lc 9.18-21)

[27]Jesus e os seus discípulos dirigiram-se para os po-
voados nas proximidades de Cesareia de Filipe. No ca-
minho, ele lhes perguntou: "Quem o povo diz que eu
sou?"
[28]Eles responderam: "Alguns dizem que és João Ba-
tista; outros, Elias; e, ainda outros, um dos profetas".
[29]"E vocês?", perguntou ele. "Quem vocês dizem que
eu sou?"
Pedro respondeu: "Tu és o Cristo[b]".
[30]Jesus os advertiu que não falassem a ninguém a
seu respeito.

Jesus prediz sua morte e ressurreição

(Mt 16.21-28; Lc 9.22-27)

[31]Então ele começou a ensinar-lhes que era neces-
sário que o Filho do homem sofresse muitas coisas e
fosse rejeitado pelos líderes religiosos, pelos chefes dos
sacerdotes e pelos mestres da lei, fosse morto e três
dias depois ressuscitasse. [32]Ele falou claramente a es-
se respeito. Então Pedro, chamando-o à parte, come-
çou a repreendê-lo.
[33]Jesus, porém, voltou-se, olhou para os seus discí-
pulos e repreendeu Pedro, dizendo: "Para trás de mim,
Satanás! Você não pensa nas coisas de Deus, mas nas
dos homens".
[34]Então ele chamou a multidão e os discípulos e dis-
se: "Se alguém quiser acompanhar-me, negue-se a si
mesmo, tome a sua cruz e siga-me. [35]Pois quem qui-
ser salvar a sua vida[c], a perderá; mas quem perder a
sua vida por minha causa e pelo evangelho, a salvará.
[36]Pois, que adianta ao homem ganhar o mundo inteiro e

[a] 8:26 Vários manuscritos acrescentam *nem conte nada a ninguém no povoado.*

[b] 8:29 Ou *Messias.* Tanto *Cristo* (grego) como *Messias* (hebraico) significam *Ungido*; também em todo o livro de Marcos.

[c] 8:35 Ou *alma*

perder a sua alma? 37Ou, o que o homem poderia dar em
troca de sua alma? 38Se alguém se envergonhar de mim
e das minhas palavras nesta geração adúltera e pecado-
ra, o Filho do homem se envergonhará dele quando vier
na glória de seu Pai com os santos anjos".
9 E lhes disse: "Garanto-lhes que alguns dos que aqui
estão de modo nenhum experimentarão a morte, an-
tes de verem o Reino de Deus vindo com poder".

A transfiguração

(Mt 17.1-13; Lc 9.28-36)

2Seis dias depois, Jesus tomou consigo Pedro, Tiago
e João e os levou a um alto monte, onde ficaram a sós.
Ali ele foi transfigurado diante deles. 3Suas roupas se
tornaram brancas, de um branco resplandecente, co-
mo nenhum lavandeiro no mundo seria capaz de bran-
queá-las. 4E apareceram diante deles Elias e Moisés, os
quais conversavam com Jesus.
5Então Pedro disse a Jesus: "Mestre[a], é bom estarmos
aqui. Façamos três tendas: uma para ti, uma para Moi-
sés e uma para Elias". 6Ele não sabia o que dizer, pois
estavam apavorados.
7A seguir apareceu uma nuvem e os envolveu, e de-
la saiu uma voz, que disse: "Este é o meu Filho ama-
do. Ouçam-no!"
8Repentinamente, quando olharam ao redor, não vi-
ram mais ninguém, a não ser Jesus.
9Enquanto desciam do monte, Jesus lhes ordenou
que não contassem a ninguém o que tinham visto, até
que o Filho do homem tivesse ressuscitado dos mortos.
10Eles guardaram o assunto apenas entre si, discutindo
o que significaria "ressuscitar dos mortos".
11E lhe perguntaram: "Por que os mestres da lei di-
zem que é necessário que Elias venha primeiro?"
12Jesus respondeu: "De fato, Elias vem primeiro e
restaura todas as coisas. Então, por que está escrito que
é necessário que o Filho do homem sofra muito e se-
ja rejeitado com desprezo? 13Mas eu lhes digo: Elias já
veio, e fizeram com ele tudo o que quiseram, como está
escrito a seu respeito".

A cura de um menino endemoninhado

(Mt 17.14-23; Lc 9.37-45)

14Quando chegaram onde estavam os outros discí-
pulos, viram uma grande multidão ao redor deles e
os mestres da lei discutindo com eles. 15Logo que to-
do o povo viu Jesus, ficou muito surpreso e correu pa-
ra saudá-lo.
16Perguntou Jesus: "O que vocês estão discutindo?"
17Um homem, no meio da multidão, respondeu:
"Mestre, eu te trouxe o meu filho, que está com um es-
pírito que o impede de falar. 18Onde quer que o apanhe,
joga-o no chão. Ele espuma pela boca, range os dentes
e fica rígido. Pedi aos teus discípulos que expulsassem
o espírito, mas eles não conseguiram".
19Respondeu Jesus: "Ó geração incrédula, até quando
estarei com vocês? Até quando terei que suportá-los?
Tragam-me o menino".
20Então, eles o trouxeram. Quando o espírito viu Je-
sus, imediatamente causou uma convulsão no meni-
no. Este caiu no chão e começou a rolar, espumando
pela boca.
21Jesus perguntou ao pai do menino: "Há quanto
tempo ele está assim?"
"Desde a infância", respondeu ele. 22"Muitas vezes
esse espírito o tem lançado no fogo e na água para ma-
tá-lo. Mas, se podes fazer alguma coisa, tem compaixão
de nós e ajuda-nos."
23"Se podes?", disse Jesus. "Tudo é possível àquele
que crê."
24Imediatamente o pai do menino exclamou: "Creio,
ajuda-me a vencer a minha incredulidade!"
25Quando Jesus viu que uma multidão estava se
ajuntando, repreendeu o espírito imundo, dizendo:
"Espírito mudo e surdo, eu ordeno que o deixe e nun-
ca mais entre nele".
26O espírito gritou, agitou-o violentamente e saiu.
O menino ficou como morto, ao ponto de muitos dize-
rem: "Ele morreu". 27Mas Jesus tomou-o pela mão e o
levantou, e ele ficou em pé.
28Depois de Jesus ter entrado em casa, seus discípu-
los lhe perguntaram em particular: "Por que não con-
seguimos expulsá-lo?"
29Ele respondeu: "Essa espécie só sai pela oração e
pelo jejum[b]".
30Eles saíram daquele lugar e atravessaram a Gali-
leia. Jesus não queria que ninguém soubesse onde eles
estavam, 31porque estava ensinando os seus discípulos.
E lhes dizia: "O Filho do homem está para ser entre-
gue nas mãos dos homens. Eles o matarão, e três dias
depois ele ressuscitará". 32Mas eles não entendiam o
que ele queria dizer e tinham receio de perguntar-lhe.

Quem é o maior?

(Mt 18.1-5; Lc 9.46-48)

33E chegaram a Cafarnaum. Quando ele estava em
casa, perguntou-lhes: "O que vocês estavam discutin-
do no caminho?" 34Mas eles guardaram silêncio, porque
no caminho haviam discutido sobre quem era o maior.
35Assentando-se, Jesus chamou os Doze e disse: "Se
alguém quiser ser o primeiro, será o último, e servo
de todos".
36E, tomando uma criança, colocou-a no meio deles.
Pegando-a nos braços, disse-lhes: 37"Quem recebe uma
destas crianças em meu nome, está me recebendo; e
quem me recebe, não está apenas me recebendo, mas
também àquele que me enviou".

Quem não é contra nós é por nós

(Lc 9.49-50)

38"Mestre", disse João, "vimos um homem expulsan-
do demônios em teu nome e procuramos impedi-lo,
porque ele não era um dos nossos."
39"Não o impeçam", disse Jesus. "Ninguém que fa-
ça um milagre em meu nome, pode falar mal de mim
logo em seguida, 40pois quem não é contra nós está a
nosso favor. 41Eu lhes digo a verdade: Quem lhes der um
copo de água em meu nome, por vocês pertencerem a
Cristo, de modo nenhum perderá a sua recompensa.

A indução ao pecado

(Mt 18.6-9)

42"Se alguém fizer tropeçar um destes pequeninos
que creem em mim, seria melhor que fosse lançado no

[a] 9:5 Isto é, Rabi; também em 10:51; 11:21 e 14:45.

[b] 9:29 Alguns manuscritos não trazem *e pelo jejum*.

mar com uma grande pedra amarrada no pescoço. 43Se a sua mão o fizer tropeçar, corte-a. É melhor entrar na vida mutilado do que, tendo as duas mãos, ir para o inferno, onde o fogo nunca se apaga, 44onde o seu verme não morre, e o fogo não se apaga.[a] 45E se o seu pé o fizer tropeçar, corte-o. É melhor entrar na vida aleijado do que, tendo os dois pés, ser lançado no inferno, 46onde o seu verme não morre, e o fogo não se apaga.[b] 47E se o seu olho o fizer tropeçar, arranque-o. É melhor entrar no Reino de Deus com um só olho do que, tendo os dois olhos, ser lançado no inferno, 48onde

" 'o seu verme não morre,
e o fogo não se apaga'[c].

49Cada um será salgado com fogo.

50"O sal é bom, mas se deixar de ser salgado, como restaurar o seu sabor? Tenham sal em vocês mesmos e vivam em paz uns com os outros."

A questão do divórcio

(Mt 19.1-12)

10 Então Jesus saiu dali e foi para a região da Judeia e para o outro lado do Jordão. Novamente uma multidão veio a ele e, segundo o seu costume, ele a ensinava.

2Alguns fariseus aproximaram-se dele para pô-lo à prova, perguntando: "É permitido ao homem divorciar-se de sua mulher?"

3"O que Moisés lhes ordenou?", perguntou ele.

4Eles disseram: "Moisés permitiu que o homem lhe desse uma certidão de divórcio e a mandasse embora"[d].

5Respondeu Jesus: "Moisés escreveu essa lei por causa da dureza de coração de vocês. 6Mas no princípio da criação Deus 'os fez homem e mulher'[e]. 7'Por esta razão, o homem deixará pai e mãe e se unirá à sua mulher[f], 8e os dois se tornarão uma só carne'.[g] Assim, eles já não são dois, mas sim uma só carne. 9Portanto, o que Deus uniu, ninguém o separe".

10Quando estava em casa novamente, os discípulos interrogaram Jesus sobre o mesmo assunto. 11Ele respondeu: "Todo aquele que se divorciar de sua mulher e se casar com outra mulher, estará cometendo adultério contra ela. 12E se ela se divorciar de seu marido e se casar com outro homem, estará cometendo adultério".

Jesus e as crianças

(Mt 19.13-15; Lc 18.15-17)

13Alguns traziam crianças a Jesus para que ele tocasse nelas, mas os discípulos os repreendiam. 14Quando Jesus viu isso, ficou indignado e lhes disse: "Deixem vir a mim as crianças, não as impeçam; pois o Reino de Deus pertence aos que são semelhantes a elas. 15Digo-lhes a verdade: Quem não receber o Reino de Deus como uma criança, nunca entrará nele". 16Em seguida, tomou as crianças nos braços, impôs-lhes as mãos e as abençoou.

O jovem rico

(Mt 19.16-30; Lc 18.18-30)

17Quando Jesus ia saindo, um homem correu em sua direção e se pôs de joelhos diante dele e lhe perguntou: "Bom mestre, que farei para herdar a vida eterna?"

18Respondeu-lhe Jesus: "Por que você me chama bom? Ninguém é bom, a não ser um, que é Deus. 19Você conhece os mandamentos: 'Não matarás, não adulterarás, não furtarás, não darás falso testemunho, não enganarás ninguém, honra teu pai e tua mãe'[h]".

20E ele declarou: "Mestre, a tudo isso tenho obedecido desde a minha adolescência".

21Jesus olhou para ele e o amou. "Falta-lhe uma coisa", disse ele. "Vá, venda tudo o que você possui e dê o dinheiro aos pobres, e você terá um tesouro no céu. Depois, venha e siga-me."

22Diante disso ele ficou abatido e afastou-se triste, porque tinha muitas riquezas.

23Jesus olhou ao redor e disse aos seus discípulos: "Como é difícil aos ricos entrar no Reino de Deus!"

24Os discípulos ficaram admirados com essas palavras. Mas Jesus repetiu: "Filhos, como é difícil[i] entrar no Reino de Deus! 25É mais fácil passar um camelo pelo fundo de uma agulha do que um rico entrar no Reino de Deus".

26Os discípulos ficaram perplexos, e perguntavam uns aos outros: "Neste caso, quem pode ser salvo?"

27Jesus olhou para eles e respondeu: "Para o homem é impossível, mas para Deus não; todas as coisas são possíveis para Deus".

28Então Pedro começou a dizer-lhe: "Nós deixamos tudo para seguir-te".

29Respondeu Jesus: "Digo-lhes a verdade: Ninguém que tenha deixado casa, irmãos, irmãs, mãe, pai, filhos, ou campos, por causa de mim e do evangelho, 30deixará de receber cem vezes mais, já no tempo presente, casas, irmãos, irmãs, mães, filhos e campos, e com eles perseguição; e, na era futura, a vida eterna. 31Contudo, muitos primeiros serão últimos, e os últimos serão primeiros".

Jesus prediz novamente sua morte e ressurreição

(Mt 20.17-19; Lc 18.31-34)

32Eles estavam subindo para Jerusalém, e Jesus ia à frente. Os discípulos estavam admirados, enquanto os que o seguiam estavam com medo. Novamente ele chamou à parte os Doze e lhes disse o que haveria de lhe acontecer: 33"Estamos subindo para Jerusalém e o Filho do homem será entregue aos chefes dos sacerdotes e aos mestres da lei. Eles o condenarão à morte e o entregarão aos gentios[j], 34que zombarão dele, cuspirão nele, o açoitarão e o matarão. Três dias depois ele ressuscitará".

O pedido de Tiago e João

(Mt 20.20-28)

35Nisso Tiago e João, filhos de Zebedeu, aproximaram-se dele e disseram: "Mestre, queremos que nos faças o que vamos te pedir".

36"O que vocês querem que eu lhes faça?", perguntou ele.

37Eles responderam: "Permite que, na tua glória, nos assentemos um à tua direita e o outro à tua esquerda".

[a] **9:44** Os manuscritos mais antigos não trazem o versículo 44.
[b] **9:46** Os manuscritos mais antigos não trazem o versículo 46.
[c] **9:48** Is 66:24
[d] **10:4** Dt 24:1-3
[e] **10:6** Gn 1:27
[f] **10:7** Alguns manuscritos antigos não trazem *e se unirá à sua mulher.*
[g] **10:8** Gn 2:24
[h] **10:19** Êx 20:12-16; Dt 5:16-20
[i] **10:24** Outros manuscritos dizem *é difícil para aqueles que confiam nas riquezas.*
[j] **10:33** Isto é, os que não são judeus.

38 Disse-lhes Jesus: "Vocês não sabem o que estão pedindo. Podem vocês beber o cálice que eu estou bebendo ou ser batizados com o batismo com que estou sendo batizado?"

39 "Podemos", responderam eles.

Jesus lhes disse: "Vocês beberão o cálice que estou bebendo e serão batizados com o batismo com que estou sendo batizado; 40 mas o assentar-se à minha direita ou à minha esquerda não cabe a mim conceder. Esses lugares pertencem àqueles para quem foram preparados".

41 Quando os outros dez ouviram essas coisas, ficaram indignados com Tiago e João. 42 Jesus os chamou e disse: "Vocês sabem que aqueles que são considerados governantes das nações as dominam, e as pessoas importantes exercem poder sobre elas. 43 Não será assim entre vocês. Ao contrário, quem quiser tornar-se importante entre vocês deverá ser servo; 44 e quem quiser ser o primeiro deverá ser escravo de todos. 45 Pois nem mesmo o Filho do homem veio para ser servido, mas para servir e dar a sua vida em resgate por muitos".

O cego Bartimeu recupera a visão

(Mt 20.29-34; Lc 18.35-43)

46 Então chegaram a Jericó. Quando Jesus e seus discípulos, juntamente com uma grande multidão, estavam saindo da cidade, o filho de Timeu, Bartimeu, que era cego, estava sentado à beira do caminho pedindo esmolas. 47 Quando ouviu que era Jesus de Nazaré, começou a gritar: "Jesus, Filho de Davi, tem misericórdia de mim!"

48 Muitos o repreendiam para que ficasse quieto, mas ele gritava ainda mais: "Filho de Davi, tem misericórdia de mim!"

49 Jesus parou e disse: "Chamem-no".

E chamaram o cego: "Ânimo! Levante-se! Ele o está chamando". 50 Lançando sua capa para o lado, de um salto pôs-se em pé e dirigiu-se a Jesus.

51 "O que você quer que eu lhe faça?", perguntou-lhe Jesus.

O cego respondeu: "Mestre, eu quero ver!"

52 "Vá", disse Jesus, "a sua fé o curou". Imediatamente ele recuperou a visão e seguiu Jesus pelo caminho.

A entrada triunfal

(Mt 21.1-11; Lc 19.28-40; Jo 12.12-19)

11 Quando se aproximaram de Jerusalém e chegaram a Betfagé e Betânia, perto do monte das Oliveiras, Jesus enviou dois de seus discípulos, 2 dizendo-lhes: "Vão ao povoado que está adiante de vocês; logo que entrarem, encontrarão um jumentinho amarrado, no qual ninguém jamais montou. Desamarrem-no e tragam-no aqui. 3 Se alguém lhes perguntar: 'Por que vocês estão fazendo isso?', digam-lhe: O Senhor precisa dele e logo o devolverá".

4 Eles foram e encontraram um jumentinho na rua, amarrado a um portão. Enquanto o desamarravam, 5 alguns dos que ali estavam lhes perguntaram: "O que vocês estão fazendo, desamarrando esse jumentinho?" 6 Os discípulos responderam como Jesus lhes tinha dito, e eles os deixaram ir. 7 Trouxeram o jumentinho a Jesus, puseram sobre ele os seus mantos; e Jesus montou. 8 Muitos estenderam seus mantos pelo caminho, outros espalharam ramos que haviam cortado nos campos. 9 Os que iam adiante dele e os que o seguiam gritavam:

"Hosana!"[a]
"Bendito é o que vem
em nome do Senhor!"[b]
10 "Bendito é o Reino vindouro de nosso pai
Davi!"
"Hosana nas alturas!"

11 Jesus entrou em Jerusalém e dirigiu-se ao templo. Observou tudo à sua volta e, como já era tarde, foi para Betânia com os Doze.

Jesus purifica o templo

(Mt 21.12-17; Lc 19.45-48)

12 No dia seguinte, quando estavam saindo de Betânia, Jesus teve fome. 13 Vendo a distância uma figueira com folhas, foi ver se encontraria nela algum fruto. Aproximando-se dela, nada encontrou, a não ser folhas, porque não era tempo de figos. 14 Então lhe disse: "Ninguém mais coma de seu fruto". E os seus discípulos ouviram-no dizer isso.

15 Chegando a Jerusalém, Jesus entrou no templo e ali começou a expulsar os que estavam comprando e vendendo. Derrubou as mesas dos cambistas e as cadeiras dos que vendiam pombas 16 e não permitia que ninguém carregasse mercadorias pelo templo. 17 E os ensinava, dizendo: "Não está escrito:

" 'A minha casa será chamada
casa de oração
para todos os povos'[c]?

Mas vocês fizeram dela um 'covil de ladrões'[d]".

18 Os chefes dos sacerdotes e os mestres da lei ouviram essas palavras e começaram a procurar uma forma de matá-lo, pois o temiam, visto que toda a multidão estava maravilhada com o seu ensino.

19 Ao cair da tarde, eles[e] saíram da cidade.

A figueira seca

(Mt 21.18-22)

20 De manhã, ao passarem, viram a figueira seca desde as raízes. 21 Pedro, lembrando-se, disse a Jesus: "Mestre! Vê! A figueira que amaldiçoaste secou!"

22 Respondeu Jesus: "Tenham fé[f] em Deus. 23 Eu lhes asseguro que se alguém disser a este monte: 'Levante-se e atire-se no mar', e não duvidar em seu coração, mas crer que acontecerá o que diz, assim lhe será feito. 24 Portanto, eu lhes digo: Tudo o que vocês pedirem em oração, creiam que já o receberam, e assim lhes sucederá. 25 E quando estiverem orando, se tiverem alguma coisa contra alguém, perdoem-no, para que também o Pai celestial lhes perdoe os seus pecados. 26 Mas se vocês não perdoarem, também o seu Pai que está nos céus não perdoará os seus pecados[g]".

A autoridade de Jesus é questionada

(Mt 21.23-27; Lc 20.1-8)

27 Chegaram novamente a Jerusalém e, quando Jesus estava passando pelo templo, aproximaram-se dele

[a] 11:9 Expressão hebraica que significa *"Salve!"*, e que se tornou uma exclamação de louvor; também no versículo 10.
[b] 11:9 Sl 118:25-26
[c] 11:17 Is 56:7
[d] 11:17 Jr 7:11
[e] 11:19 Vários manuscritos dizem *ele saiu*.
[f] 11:22 Vários manuscritos dizem *Se vocês tiverem fé*.
[g] 11:26 Muitos manuscritos antigos não trazem o versículo 26.

os chefes dos sacerdotes, os mestres da lei e os líderes religiosos e lhe perguntaram: 28“Com que autoridade estás fazendo estas coisas? Quem te deu autoridade para fazê-las?”

29Respondeu Jesus: “Eu lhes farei uma pergunta. Respondam-me, e eu lhes direi com que autoridade estou fazendo estas coisas. 30O batismo de João era do céu ou dos homens? Digam-me!”

31Eles discutiam entre si, dizendo: “Se dissermos: Dos céus, ele perguntará: ‘Então por que vocês não creram nele?’ 32Mas se dissermos: Dos homens...” Eles temiam o povo, pois todos realmente consideravam João um profeta.

33Eles responderam a Jesus: “Não sabemos”.

Disse então Jesus: “Tampouco lhes direi com que autoridade estou fazendo estas coisas”.

A parábola dos lavradores
(Mt 21.33-46; Lc 20.9-19)

12 Então Jesus começou a lhes falar por parábolas: “Certo homem plantou uma vinha, colocou uma cerca ao redor dela, cavou um tanque para prensar as uvas e construiu uma torre. Depois arrendou a vinha a alguns lavradores e foi fazer uma viagem. 2Na época da colheita, enviou um servo aos lavradores, para receber deles parte do fruto da vinha. 3Mas eles o agarraram, o espancaram e o mandaram embora de mãos vazias. 4Então enviou-lhes outro servo; e lhe bateram na cabeça e o humilharam. 5E enviou ainda outro, o qual mataram. Enviou muitos outros; em alguns bateram, a outros mataram.

6“Faltava-lhe ainda um para enviar: seu filho amado. Por fim o enviou, dizendo: ‘A meu filho respeitarão’.

7“Mas os lavradores disseram uns aos outros: ‘Este é o herdeiro. Venham, vamos matá-lo, e a herança será nossa’. 8Assim eles o agarraram, o mataram e o lançaram para fora da vinha.

9“O que fará então o dono da vinha? Virá e matará aqueles lavradores e dará a vinha a outros. 10Vocês nunca leram esta passagem das Escrituras?

“ ‘A pedra que os construtores
rejeitaram
tornou-se a pedra angular;
11isso vem do Senhor,
e é algo maravilhoso
para nós’[a]”.

12Então começaram a procurar um meio de prendê-lo, pois perceberam que era contra eles que ele havia contado aquela parábola. Mas tinham medo da multidão; por isso o deixaram e foram embora.

O pagamento de imposto a César
(Mt 22.15-22; Lc 20.20-26)

13Mais tarde enviaram a Jesus alguns dos fariseus e herodianos para o apanharem em alguma coisa que ele dissesse. 14Estes se aproximaram dele e disseram: “Mestre, sabemos que és íntegro e que não te deixas influenciar por ninguém, porque não te prendes à aparência dos homens, mas ensinas o caminho de Deus conforme a verdade. É certo pagar imposto a César ou não? 15Devemos pagar ou não?”

[a] 12:10-11 Sl 118:22-23

Mas Jesus, percebendo a hipocrisia deles, perguntou: “Por que vocês estão me pondo à prova? Tragam-me um denário[b] para que eu o veja”. 16Eles lhe trouxeram a moeda, e ele lhes perguntou: “De quem é esta imagem e esta inscrição?”

“De César”, responderam eles.

17Então Jesus lhes disse: “Deem[c] a César o que é de César e a Deus o que é de Deus”.

E ficaram admirados com ele.

A realidade da ressurreição
(Mt 22.23-33; Lc 20.27-40)

18Depois os saduceus, que dizem que não há ressurreição, aproximaram-se dele com a seguinte questão: 19“Mestre, Moisés nos deixou escrito que, se um homem morrer e deixar mulher sem filhos, seu irmão deverá casar-se com a viúva e ter filhos para seu irmão. 20Havia sete irmãos. O primeiro casou-se e morreu sem deixar filhos. 21O segundo casou-se com a viúva, mas também morreu sem deixar filhos. O mesmo aconteceu com o terceiro. 22Nenhum dos sete deixou filhos. Finalmente, morreu também a mulher. 23Na ressurreição,[d] de quem ela será esposa, visto que os sete foram casados com ela?”

24Jesus respondeu: “Vocês estão enganados!, pois não conhecem as Escrituras nem o poder de Deus! 25Quando os mortos ressuscitam, não se casam nem são dados em casamento, mas são como os anjos nos céus. 26Quanto à ressurreição dos mortos, vocês não leram no livro de Moisés, no relato da sarça, como Deus lhe disse: ‘Eu sou o Deus de Abraão, o Deus de Isaque e o Deus de Jacó’[e]? 27Ele não é Deus de mortos, mas de vivos. Vocês estão muito enganados!”

O maior mandamento
(Mt 22.34-40)

28Um dos mestres da lei aproximou-se e os ouviu discutindo. Notando que Jesus lhes dera uma boa resposta, perguntou-lhe: “De todos os mandamentos, qual é o mais importante?”

29Respondeu Jesus: “O mais importante é este: ‘Ouça, ó Israel, o Senhor, o nosso Deus, o Senhor é o único Senhor. 30Ame o Senhor, o seu Deus, de todo o seu coração, de toda a sua alma, de todo o seu entendimento e de todas as suas forças’[f]. 31O segundo é este: ‘Ame o seu próximo como a si mesmo’[g]. Não existe mandamento maior do que estes”.

32“Muito bem, mestre”, disse o homem. “Estás certo ao dizeres que Deus é único e que não existe outro além dele. 33Amá-lo de todo o coração, de todo o entendimento e de todas as forças, e amar ao próximo como a si mesmo é mais importante do que todos os sacrifícios e ofertas”.

34Vendo que ele tinha respondido sabiamente, Jesus lhe disse: “Você não está longe do Reino de Deus”. Daí por diante ninguém mais ousava lhe fazer perguntas.

[b] 12:15 O denário era uma moeda de prata equivalente à diária de um trabalhador braçal.
[c] 12:17 Ou *Devolvam*
[d] 12:23 Alguns manuscritos acrescentam *quando ressuscitarem.*
[e] 12:26 Êx 3:6
[f] 12:30 Dt 6:4-5
[g] 12:31 Lv 19:18

O Cristo é Senhor de Davi

(Mt 22.41-46; Lc 20.41-44)

35 Ensinando no templo, Jesus perguntou: "Como os mestres da lei dizem que o Cristo é filho de Davi? 36 O próprio Davi, falando pelo Espírito Santo, disse:

" 'O Senhor disse
ao meu Senhor:
Senta-te à minha direita
até que eu ponha
os teus inimigos
debaixo de teus pés'[a].

37 O próprio Davi o chama 'Senhor'. Como pode, então, ser ele seu filho?"

E a grande multidão o ouvia com prazer.

38 Ao ensinar, Jesus dizia: "Cuidado com os mestres da lei. Eles fazem questão de andar com roupas especiais, de receber saudações nas praças 39 e de ocupar os lugares mais importantes nas sinagogas e os lugares de honra nos banquetes. 40 Eles devoram as casas das viúvas, e, para disfarçar, fazem longas orações. Esses receberão condenação mais severa!"

A oferta da viúva

(Lc 21.1-4)

41 Jesus sentou-se em frente do lugar onde eram colocadas as contribuições, e observava a multidão colocando o dinheiro nas caixas de ofertas. Muitos ricos lançavam ali grandes quantias. 42 Então, uma viúva pobre chegou-se e colocou duas pequeninas moedas de cobre, de muito pouco valor[b].

43 Chamando a si os seus discípulos, Jesus declarou: "Afirmo-lhes que esta viúva pobre colocou na caixa de ofertas mais do que todos os outros. 44 Todos deram do que lhes sobrava; mas ela, da sua pobreza, deu tudo o que possuía para viver".

O sinal do fim dos tempos

(Mt 24.1-35; Lc 21.5-37)

13 Quando ele estava saindo do templo, um de seus discípulos lhe disse: "Olha, Mestre! Que pedras enormes! Que construções magníficas!"

2 "Você está vendo todas estas grandes construções?", perguntou Jesus. "Aqui não ficará pedra sobre pedra; serão todas derrubadas."

3 Tendo Jesus se assentado no monte das Oliveiras, de frente para o templo, Pedro, Tiago, João e André lhe perguntaram em particular: 4 "Dize-nos, quando acontecerão essas coisas? E qual será o sinal de que tudo isso está prestes a cumprir-se?"

5 Jesus lhes disse: "Cuidado, que ninguém os engane. 6 Muitos virão em meu nome, dizendo: 'Sou eu!' e enganarão a muitos. 7 Quando ouvirem falar de guerras e rumores de guerras, não tenham medo. É necessário que tais coisas aconteçam, mas ainda não é o fim. 8 Nação se levantará contra nação, e reino contra reino. Haverá terremotos em vários lugares e também fomes. Essas coisas são o início das dores.

9 "Fiquem atentos, pois vocês serão entregues aos tribunais e serão açoitados nas sinagogas. Por minha causa vocês serão levados à presença de governadores e reis, como testemunho a eles. 10 E é necessário que antes o evangelho seja pregado a todas as nações. 11 Sempre que forem presos e levados a julgamento, não fiquem preocupados com o que vão dizer. Digam tão somente o que lhes for dado naquela hora, pois não serão vocês que estarão falando, mas o Espírito Santo.

12 "O irmão trairá seu próprio irmão, entregando-o à morte, e o mesmo fará o pai a seu filho. Filhos se rebelarão contra seus pais e os matarão. 13 Todos odiarão vocês por minha causa; mas aquele que perseverar até o fim será salvo.

14 "Quando vocês virem 'o sacrilégio terrível'[c] no lugar onde não deve estar — quem lê, entenda — então, os que estiverem na Judeia fujam para os montes. 15 Quem estiver no telhado de sua casa não desça nem entre em casa para tirar dela coisa alguma. 16 Quem estiver no campo não volte para pegar seu manto. 17 Como serão terríveis aqueles dias para as grávidas e para as que estiverem amamentando! 18 Orem para que essas coisas não aconteçam no inverno. 19 Porque aqueles serão dias de tribulação como nunca houve desde que Deus criou o mundo até agora, nem jamais haverá. 20 Se o Senhor não tivesse abreviado tais dias, ninguém sobreviveria[d]. Mas, por causa dos eleitos por ele escolhidos, ele os abreviou. 21 Se, então, alguém lhes disser: 'Vejam, aqui está o Cristo!' ou: 'Vejam, ali está ele!', não acreditem. 22 Pois aparecerão falsos cristos e falsos profetas que realizarão sinais e maravilhas para, se possível, enganar os eleitos. 23 Por isso, fiquem atentos: avisei-os de tudo antecipadamente.

24 "Mas naqueles dias, após aquela tribulação,

" 'o sol escurecerá
e a lua não dará a sua luz;
25 as estrelas cairão do céu
e os poderes celestes
serão abalados'[e].

26 "Então se verá o Filho do homem vindo nas nuvens com grande poder e glória. 27 E ele enviará os seus anjos e reunirá os seus eleitos dos quatro ventos, dos confins da terra até os confins do céu.

28 "Aprendam a lição da figueira: Quando seus ramos se renovam e suas folhas começam a brotar, vocês sabem que o verão está próximo. 29 Assim também, quando virem estas coisas acontecendo, saibam que ele está próximo, às portas. 30 Eu lhes asseguro que não passará esta geração até que todas estas coisas aconteçam. 31 Os céus e a terra passarão, mas as minhas palavras jamais passarão.

O dia e a hora são desconhecidos

(Mt 24.36-51)

32 "Quanto ao dia e à hora ninguém sabe, nem os anjos no céu, nem o Filho, senão somente o Pai. 33 Fiquem atentos! Vigiem![f] Vocês não sabem quando virá esse tempo. 34 É como um homem que sai de viagem. Ele deixa sua casa, encarrega de tarefas cada um dos seus servos e ordena ao porteiro que vigie. 35 Portanto, vigiem, porque vocês não sabem quando o dono da casa voltará: se à tarde, à meia-noite, ao cantar do galo ou ao

[a] 12:36 Sl 110:1
[b] 12:42 Grego: *2 leptos*, que valiam 1 quadrante.
[c] 13:14 Dn 9:27; 11:31; 12:11
[d] 13:20 Ou *seria salvo*
[e] 13:24-25 Is 13:10; 34:4
[f] 13:33 Alguns manuscritos acrescentam *e orem!*

amanhecer. 36Se ele vier de repente, que não os encontre dormindo! 37O que lhes digo, digo a todos: Vigiem!"

Jesus é ungido em Betânia

(Mt 26.6-13; Jo 12.1-8)

14 Faltavam apenas dois dias para a Páscoa e para a festa dos pães sem fermento. Os chefes dos sacerdotes e os mestres da lei estavam procurando um meio de flagrar Jesus em algum erro[a] e matá-lo. 2Mas diziam: "Não durante a festa, para que não haja tumulto entre o povo".

3Estando Jesus em Betânia, reclinado à mesa na casa de um homem conhecido como Simão, o leproso, aproximou-se dele certa mulher com um frasco de alabastro contendo um perfume muito caro, feito de nardo puro. Ela quebrou o frasco e derramou o perfume sobre a cabeça de Jesus.

4Alguns dos presentes começaram a dizer uns aos outros, indignados: "Por que este desperdício de perfume? 5Ele poderia ser vendido por trezentos denários[b], e o dinheiro ser dado aos pobres". E a repreendiam severamente.

6"Deixem-na em paz", disse Jesus. "Por que a estão perturbando? Ela praticou uma boa ação para comigo. 7Pois os pobres vocês sempre terão com vocês, e poderão ajudá-los sempre que o desejarem. Mas a mim vocês nem sempre terão. 8Ela fez o que pôde. Derramou o perfume em meu corpo antecipadamente, preparando-o para o sepultamento. 9Eu lhes asseguro que onde quer que o evangelho for anunciado, em todo o mundo, também o que ela fez será contado em sua memória."

10Então Judas Iscariotes, um dos Doze, dirigiu-se aos chefes dos sacerdotes a fim de lhes entregar Jesus. 11A proposta muito os alegrou, e lhe prometeram dinheiro. Assim, ele procurava uma oportunidade para entregá-lo.

A ceia do Senhor

(Mt 26.17-30; Lc 22.7-23; Jo 13.18-30)

12No primeiro dia da festa dos pães sem fermento, quando se costumava sacrificar o cordeiro pascal, os discípulos de Jesus lhe perguntaram: "Aonde queres que vamos e te preparemos a refeição da Páscoa?"

13Então ele enviou dois de seus discípulos, dizendo-lhes: "Entrem na cidade, e um homem carregando um pote de água virá ao encontro de vocês. Sigam-no 14e digam ao dono da casa em que ele entrar: O Mestre pergunta: Onde é o meu salão de hóspedes, no qual poderei comer a Páscoa com meus discípulos? 15Ele lhes mostrará uma ampla sala no andar superior, mobiliada e pronta. Façam ali os preparativos para nós".

16Os discípulos se retiraram, entraram na cidade e encontraram tudo como Jesus lhes tinha dito. E prepararam a Páscoa.

17Ao anoitecer, Jesus chegou com os Doze. 18Quando estavam comendo, reclinados à mesa, Jesus disse: "Digo-lhes que certamente um de vocês me trairá, alguém que está comendo comigo".

19Eles ficaram tristes e, um por um, lhe disseram: "Com certeza não sou eu!"

20Afirmou Jesus: "É um dos Doze, alguém que come comigo do mesmo prato. 21O Filho do homem vai, como está escrito a seu respeito. Mas ai daquele que trai o Filho do homem! Melhor lhe seria não haver nascido".

22Enquanto comiam, Jesus tomou o pão, deu graças, partiu-o, e o deu aos discípulos, dizendo: "Tomem; isto é o meu corpo".

23Em seguida tomou o cálice, deu graças, ofereceu-o aos discípulos, e todos beberam.

24E lhes disse: "Isto é o meu sangue da aliança[c], que é derramado em favor de muitos. 25Eu lhes afirmo que não beberei outra vez do fruto da videira, até aquele dia em que beberei o vinho novo no Reino de Deus".

26Depois de terem cantado um hino, saíram para o monte das Oliveiras.

Jesus prediz que Pedro o negará

(Mt 26.31-35; Lc 22.31-34; Jo 13.36-38)

27Disse-lhes Jesus: "Vocês todos me abandonarão. Pois está escrito:

> " 'Ferirei o pastor,
> e as ovelhas serão dispersas'[d].

28Mas, depois de ressuscitar, irei adiante de vocês para a Galileia".

29Pedro declarou: "Ainda que todos te abandonem, eu não te abandonarei!"

30Respondeu Jesus: "Asseguro-lhe que ainda hoje, esta noite, antes que duas vezes[e] cante o galo, três vezes você me negará".

31Mas Pedro insistia ainda mais: "Mesmo que seja preciso que eu morra contigo, nunca te negarei". E todos os outros disseram o mesmo.

Jesus no Getsêmani

(Mt 26.36-46; Lc 22.39-46)

32Então foram para um lugar chamado Getsêmani, e Jesus disse aos seus discípulos: "Sentem-se aqui enquanto vou orar". 33Levou consigo Pedro, Tiago e João, e começou a ficar aflito e angustiado. 34E lhes disse: "A minha alma está profundamente triste, numa tristeza mortal. Fiquem aqui e vigiem".

35Indo um pouco mais adiante, prostrou-se e orava para que, se possível, fosse afastada dele aquela hora. 36E dizia: "*Aba*[f], Pai, tudo te é possível. Afasta de mim este cálice; contudo, não seja o que eu quero, mas sim o que tu queres".

37Então, voltou aos seus discípulos e os encontrou dormindo. "Simão", disse ele a Pedro, "você está dormindo? Não pôde vigiar nem por uma hora? 38Vigiem e orem para que não caiam em tentação. O espírito está pronto, mas a carne é fraca."

39Mais uma vez ele se afastou e orou, repetindo as mesmas palavras. 40Quando voltou, de novo os encontrou dormindo, porque seus olhos estavam pesados. Eles não sabiam o que lhe dizer.

41Voltando pela terceira vez, ele lhes disse: "Vocês ainda dormem e descansam? Basta! Chegou a hora! Eis que o Filho do homem está sendo entregue nas mãos dos pecadores. 42Levantem-se e vamos! Aí vem aquele que me trai!"

[a] 14:1 Ou *prender Jesus por meio de engano*

[b] 14:5 O denário era uma moeda de prata equivalente à diária de um trabalhador braçal.

[c] 14:24 Alguns manuscritos trazem *da nova aliança*.

[d] 14:27 Zc 13:7

[e] 14:30 Alguns manuscritos não trazem *duas vezes*.

[f] 14:36 Termo aramaico para *Pai*.

Jesus é preso

(Mt 26.47-56; Lc 22.47-53; Jo 18.1-11)

[43]Enquanto ele ainda falava, apareceu Judas, um dos Doze. Com ele estava uma multidão armada de espadas e varas, enviada pelos chefes dos sacerdotes, mestres da lei e líderes religiosos.

[44]O traidor havia combinado um sinal com eles: "Aquele a quem eu saudar com um beijo, é ele: prendam-no e levem-no em segurança". [45]Dirigindo-se imediatamente a Jesus, Judas disse: "Mestre!", e o beijou. [46]Os homens agarraram Jesus e o prenderam. [47]Então, um dos que estavam por perto puxou a espada e feriu o servo do sumo sacerdote, decepando-lhe a orelha.

[48]Disse Jesus: "Estou eu chefiando alguma rebelião, para que vocês venham me prender com espadas e varas? [49]Todos os dias eu estive com vocês, ensinando no templo, e vocês não me prenderam. Mas as Escrituras precisam ser cumpridas". [50]Então todos o abandonaram e fugiram.

[51]Um jovem, vestindo apenas um lençol de linho, estava seguindo Jesus. Quando tentaram prendê-lo, [52]ele fugiu nu, deixando o lençol para trás.

Jesus diante do Sinédrio

[53]Levaram Jesus ao sumo sacerdote; e então se reuniram todos os chefes dos sacerdotes, os líderes religiosos e os mestres da lei. [54]Pedro o seguiu de longe até o pátio do sumo sacerdote. Sentando-se ali com os guardas, esquentava-se junto ao fogo.

[55]Os chefes dos sacerdotes e todo o Sinédrio[a] estavam procurando depoimentos contra Jesus, para que pudessem condená-lo à morte, mas não encontravam nenhum. [56]Muitos testemunharam falsamente contra ele, mas as declarações deles não eram coerentes.

[57]Então se levantaram alguns e declararam falsamente contra ele: [58]"Nós o ouvimos dizer: 'Destruirei este templo feito por mãos humanas e em três dias construirei outro, não feito por mãos de homens' ". [59]Mas, nem mesmo assim, o depoimento deles era coerente.

[60]Depois o sumo sacerdote levantou-se diante deles e perguntou a Jesus: "Você não vai responder à acusação que estes lhe fazem?" [61]Mas Jesus permaneceu em silêncio e nada respondeu.

Outra vez o sumo sacerdote lhe perguntou: "Você é o Cristo, o Filho do Deus Bendito?"

[62]"Sou", disse Jesus. "E vereis o Filho do homem assentado à direita do Poderoso vindo com as nuvens do céu."

[63]O sumo sacerdote, rasgando as próprias vestes, perguntou: "Por que precisamos de mais testemunhas? [64]Vocês ouviram a blasfêmia. Que acham?"

Todos o julgaram digno de morte. [65]Então alguns começaram a cuspir nele; vendaram-lhe os olhos e, dando-lhe murros, diziam: "Profetize!" E os guardas o levaram, dando-lhe tapas.

Pedro nega Jesus

(Mt 26.69-75; Lc 22.54-62; Jo 18.15-18,25-27)

[66]Estando Pedro embaixo, no pátio, uma das criadas do sumo sacerdote passou por ali. [67]Vendo Pedro a aquecer-se, olhou bem para ele e disse: "Você também estava com Jesus, o Nazareno".

[68]Contudo ele o negou, dizendo: "Não o conheço, nem sei do que você está falando". E saiu para o alpendre[b].

[69]Quando a criada o viu lá, disse novamente aos que estavam por perto: "Esse aí é um deles". [70]De novo ele negou.

Pouco tempo depois, os que estavam sentados ali perto disseram a Pedro: "Certamente você é um deles. Você é galileu!"

[71]Ele começou a se amaldiçoar e a jurar: "Não conheço o homem de quem vocês estão falando!"

[72]E logo o galo cantou pela segunda vez[c]. Então Pedro se lembrou da palavra que Jesus lhe tinha dito: "Antes que duas vezes[d] cante o galo, você me negará três vezes". E se pôs a chorar.

Jesus diante de Pilatos

15 De manhã bem cedo, os chefes dos sacerdotes com os líderes religiosos, os mestres da lei e todo o Sinédrio[e] chegaram a uma decisão. Amarrando Jesus, levaram-no e o entregaram a Pilatos.

[2]"Você é o rei dos judeus?", perguntou Pilatos.

"Tu o dizes"[f], respondeu Jesus.

[3]Os chefes dos sacerdotes o acusavam de muitas coisas. [4]Então Pilatos lhe perguntou novamente: "Você não vai responder? Veja de quantas coisas o estão acusando".

[5]Mas Jesus não respondeu nada, e Pilatos ficou impressionado.

[6]Por ocasião da festa, era costume soltar um prisioneiro que o povo pedisse. [7]Um homem chamado Barrabás estava na prisão com os rebeldes que haviam cometido assassinato durante uma rebelião. [8]A multidão chegou e pediu a Pilatos que lhe fizesse o que costumava fazer.

[9]"Vocês querem que eu lhes solte o rei dos judeus?", perguntou Pilatos, [10]sabendo que fora por inveja que os chefes dos sacerdotes lhe haviam entregado Jesus. [11]Mas os chefes dos sacerdotes incitaram a multidão a pedir que Pilatos, ao contrário, soltasse Barrabás.

[12]"Então, que farei com aquele a quem vocês chamam rei dos judeus?", perguntou-lhes Pilatos.

[13]"Crucifica-o!", gritaram eles.

[14]"Por quê? Que crime ele cometeu?", perguntou Pilatos.

Mas eles gritavam ainda mais: "Crucifica-o!"

[15]Desejando agradar a multidão, Pilatos soltou-lhes Barrabás, mandou açoitar Jesus e o entregou para ser crucificado.

Os soldados zombam de Jesus

(Mt 27.27-31)

[16]Os soldados levaram Jesus para dentro do palácio, isto é, ao Pretório[g], e reuniram toda a tropa. [17]Vestiram-no com um manto de púrpura, depois fizeram uma coroa de espinhos e a colocaram nele. [18]E começaram a saudá-lo: "Salve, rei dos judeus!" [19]Batiam-lhe na cabeça com uma vara e cuspiam nele. Ajoelhavam-se e lhe prestavam adoração. [20]Depois de terem zombado

[a] 14:55 Conselho dos principais líderes do povo judeu.

[b] 14:68 Muitos manuscritos acrescentam *e o galo cantou.*

[c] 14:72 Alguns manuscritos não trazem *pela segunda vez.*

[d] 14:72 Alguns manuscritos não trazem *duas vezes.*

[e] 15:1 Conselho dos principais líderes do povo judeu; também no versículo 43.

[f] 15:2 Ou *"Sim, é como dizes"*

[g] 15:16 Residência oficial do governador romano.

dele, tiraram-lhe o manto de púrpura e vestiram-lhe suas próprias roupas. Então o levaram para fora, a fim de crucificá-lo.

A crucificação

(Mt 27.32-44; Lc 23.26-43; Jo 19.16-27)

21Certo homem de Cirene, chamado Simão, pai de Alexandre e de Rufo, passava por ali, chegando do campo. Eles o forçaram a carregar a cruz. 22Levaram Jesus ao lugar chamado Gólgota, que quer dizer lugar da Caveira. 23Então lhe deram vinho misturado com mirra, mas ele não o bebeu. 24E o crucificaram. Dividindo as roupas dele, tiraram sortes para saber com o que cada um iria ficar.

25Eram nove horas da manhã[a] quando o crucificaram. 26E assim estava escrito na acusação contra ele: O REI DOS JUDEUS. 27Com ele crucificaram dois ladrões, um à sua direita e outro à sua esquerda, 28e cumpriu-se a Escritura que diz: "Ele foi contado entre os transgressores"[b]. 29Os que passavam lançavam-lhe insultos, balançando a cabeça e dizendo: "Ora, você que destrói o templo e o reedifica em três dias, 30desça da cruz e salve-se a si mesmo!"

31Da mesma forma, os chefes dos sacerdotes e os mestres da lei zombavam dele entre si, dizendo: "Salvou os outros, mas não é capaz de salvar a si mesmo! 32O Cristo, o Rei de Israel... Desça da cruz, para que o vejamos e creiamos!" Os que foram crucificados com ele também o insultavam.

A morte de Jesus

(Mt 27.45-56; Lc 23.44-49; Jo 19.28-30)

33E houve trevas sobre toda a terra, do meio-dia às três horas da tarde[c]. 34Por volta das três horas da tarde, Jesus bradou em alta voz: *"Eloí, Eloí, lamá sabactâni?"*, que significa "Meu Deus! Meu Deus! Por que me abandonaste?"[d]

35Quando alguns dos que estavam presentes ouviram isso, disseram: "Ouçam! Ele está chamando Elias".

36Um deles correu, embebeu uma esponja em vinagre, colocou-a na ponta de uma vara e deu-a a Jesus para beber. E disse: "Deixem-no. Vejamos se Elias vem tirá-lo daí".

37Mas Jesus, com um alto brado, expirou.

38E o véu do santuário rasgou-se em duas partes, de alto a baixo. 39Quando o centurião que estava em frente de Jesus ouviu o seu brado e[e] viu como ele morreu, disse: "Realmente este homem era o Filho de Deus!"

40Algumas mulheres estavam observando de longe. Entre elas estavam Maria Madalena, Salomé e Maria, mãe de Tiago, o mais jovem, e de José. 41Na Galileia elas tinham seguido e servido a Jesus. Muitas outras mulheres que tinham subido com ele para Jerusalém também estavam ali.

O sepultamento de Jesus

(Mt 27.57-61; Lc 23.50-56; Jo 19.38-42)

42Era o Dia da Preparação, isto é, a véspera do sábado, 43José de Arimateia, membro de destaque do Sinédrio, que também esperava o Reino de Deus, dirigiu-se corajosamente a Pilatos e pediu o corpo de Jesus. 44Pilatos ficou surpreso ao ouvir que ele já tinha morrido. Chamando o centurião, perguntou-lhe se Jesus já tinha morrido. 45Sendo informado pelo centurião, entregou o corpo a José. 46Então José comprou um lençol de linho, baixou o corpo da cruz, envolveu-o no lençol e o colocou num sepulcro cavado na rocha. Depois, fez rolar uma pedra sobre a entrada do sepulcro. 47Maria Madalena e Maria, mãe de José, viram onde ele fora colocado.

A ressurreição

(Mt 28.1-10; Lc 24.1-12; Jo 20.1-9)

16 Quando terminou o sábado, Maria Madalena, Salomé e Maria, mãe de Tiago, compraram especiarias aromáticas para ungir o corpo de Jesus. 2No primeiro dia da semana, bem cedo, ao nascer do sol, elas se dirigiram ao sepulcro, 3perguntando umas às outras: "Quem removerá para nós a pedra da entrada do sepulcro?"

4Mas, quando foram verificar, viram que a pedra, que era muito grande, havia sido removida. 5Entrando no sepulcro, viram um jovem vestido de roupas brancas assentado à direita, e ficaram amedrontadas.

6"Não tenham medo", disse ele. "Vocês estão procurando Jesus, o Nazareno, que foi crucificado. Ele ressuscitou! Não está aqui. Vejam o lugar onde o haviam posto. 7Vão e digam aos discípulos dele e a Pedro: Ele está indo adiante de vocês para a Galileia. Lá vocês o verão, como ele lhes disse."

8Tremendo e assustadas, as mulheres saíram e fugiram do sepulcro. E não disseram nada a ninguém, porque estavam amedrontadas.

9[f]Quando Jesus ressuscitou, na madrugada do primeiro dia da semana, apareceu primeiramente a Maria Madalena, de quem havia expulsado sete demônios. 10Ela foi e contou aos que com ele tinham estado; eles estavam lamentando e chorando. 11Quando ouviram que Jesus estava vivo e fora visto por ela, não creram.

12Depois Jesus apareceu noutra forma a dois deles, estando eles a caminho do campo. 13Eles voltaram e relataram isso aos outros; mas também nestes eles não creram.

14Mais tarde Jesus apareceu aos Onze enquanto eles comiam; censurou-lhes a incredulidade e a dureza de coração, porque não acreditaram nos que o tinham visto depois de ressurreto.

15E disse-lhes: "Vão pelo mundo todo e preguem o evangelho a todas as pessoas. 16Quem crer e for batizado será salvo, mas quem não crer será condenado. 17Estes sinais acompanharão os que crerem: em meu nome expulsarão demônios; falarão novas línguas; 18pegarão em serpentes; e, se beberem algum veneno mortal, não lhes fará mal nenhum; imporão as mãos sobre os doentes, e estes ficarão curados".

19Depois de lhes ter falado, o Senhor Jesus foi elevado aos céus e assentou-se à direita de Deus. 20Então, os discípulos saíram e pregaram por toda parte; e o Senhor cooperava com eles, confirmando-lhes a palavra com os sinais que a acompanhavam.

[a] 15:25 Grego: *Era a hora terceira.*

[b] 15:28 Is 53:12

[c] 15:33 Grego: *da hora sexta até a hora nona.*

[d] 15:34 Sl 22:1

[e] 15:39 Alguns manuscritos não trazem *ouviu o seu brado e.*

[f] 16:9 Alguns manuscritos antigos não trazem os versículos 9-20; outros manuscritos do evangelho de Marcos apresentam finais diferentes.

LUCAS

Introdução

1 Muitos já se dedicaram a elaborar um relato dos fatos que se cumpriram[a] entre nós, 2conforme nos foram transmitidos por aqueles que desde o início foram testemunhas oculares e servos da palavra. 3Eu mesmo investiguei tudo cuidadosamente, desde o começo, e decidi escrever-te um relato ordenado, ó excelentíssimo Teófilo, 4para que tenhas a certeza das coisas que te foram ensinadas.

O nascimento de João Batista é predito

5No tempo de Herodes, rei da Judeia, havia um sacerdote chamado Zacarias, que pertencia ao grupo sacerdotal de Abias; Isabel, sua mulher, também era descendente de Arão. 6Ambos eram justos aos olhos de Deus, obedecendo de modo irrepreensível a todos os mandamentos e preceitos do Senhor. 7Mas eles não tinham filhos, porque Isabel era estéril; e ambos eram de idade avançada.

8Certa vez, estando de serviço o seu grupo, Zacarias estava servindo como sacerdote diante de Deus. 9Ele foi escolhido por sorteio, de acordo com o costume do sacerdócio, para entrar no santuário do Senhor e oferecer incenso. 10Chegando a hora de oferecer incenso, o povo todo estava orando do lado de fora.

11Então um anjo do Senhor apareceu a Zacarias, à direita do altar do incenso. 12Quando Zacarias o viu, perturbou-se e foi dominado pelo medo. 13Mas o anjo lhe disse: "Não tenha medo, Zacarias; sua oração foi ouvida. Isabel, sua mulher, lhe dará um filho, e você lhe dará o nome de João. 14Ele será motivo de prazer e de alegria para você, e muitos se alegrarão por causa do nascimento dele, 15pois será grande aos olhos do Senhor. Ele nunca tomará vinho nem bebida fermentada, e será cheio do Espírito Santo desde antes do seu nascimento[b]. 16Fará retornar muitos dentre o povo de Israel ao Senhor, o seu Deus. 17E irá adiante do Senhor, no espírito e no poder de Elias, para fazer voltar o coração dos pais a seus filhos e os desobedientes à sabedoria dos justos, para deixar um povo preparado para o Senhor".

18Zacarias perguntou ao anjo: "Como posso ter certeza disso? Sou velho, e minha mulher é de idade avançada".

19O anjo respondeu: "Sou Gabriel, o que está sempre na presença de Deus. Fui enviado para lhe transmitir estas boas novas. 20Agora você ficará mudo. Não poderá falar até o dia em que isso acontecer, porque não acreditou em minhas palavras, que se cumprirão no tempo oportuno".

21Enquanto isso, o povo esperava por Zacarias, estranhando sua demora no santuário. 22Quando saiu, não conseguia falar nada; o povo percebeu então que ele tivera uma visão no santuário. Zacarias fazia sinais para eles, mas permanecia mudo.

23Quando se completou seu período de serviço, ele voltou para casa. 24Depois disso, Isabel, sua mulher, engravidou e durante cinco meses não saiu de casa. 25E ela dizia: "Isto é obra do Senhor! Agora ele olhou para mim favoravelmente, para desfazer a minha humilhação perante o povo".

O nascimento de Jesus é predito

26No sexto mês Deus enviou o anjo Gabriel a Nazaré, cidade da Galileia, 27a uma virgem prometida em casamento a certo homem chamado José, descendente de Davi. O nome da virgem era Maria. 28O anjo, aproximando-se dela, disse: "Alegre-se, agraciada! O Senhor está com você!"

29Maria ficou perturbada com essas palavras, pensando no que poderia significar esta saudação. 30Mas o anjo lhe disse:

"Não tenha medo, Maria;
  você foi agraciada por Deus!
31Você ficará grávida
  e dará à luz um filho,
e lhe porá o nome de Jesus.
32Ele será grande
  e será chamado
  Filho do Altíssimo.
O Senhor Deus lhe dará
  o trono de seu pai Davi,
33e ele reinará para sempre sobre o povo de Jacó;
  seu Reino jamais terá fim".

34Perguntou Maria ao anjo: "Como acontecerá isso, se sou virgem?"

35O anjo respondeu: "O Espírito Santo virá sobre você, e o poder do Altíssimo a cobrirá com a sua sombra. Assim, aquele que há de nascer será chamado Santo, Filho de Deus.[c] 36Também Isabel, sua parenta, terá um filho na velhice; aquela que diziam ser estéril já está em seu sexto mês de gestação. 37Pois nada é impossível para Deus".

38Respondeu Maria: "Sou serva do Senhor; que aconteça comigo conforme a tua palavra". Então o anjo a deixou.

Maria visita Isabel

39Naqueles dias, Maria preparou-se e foi depressa para uma cidade da região montanhosa da Judeia, 40onde entrou na casa de Zacarias e saudou Isabel. 41Quando Isabel ouviu a saudação de Maria, o bebê agitou-se em seu ventre, e Isabel ficou cheia do Espírito Santo. 42Em alta voz exclamou:

"Bendita é você
  entre as mulheres,
e bendito é o filho
  que você dará à luz!

43Mas por que sou tão agraciada, ao ponto de me visitar a mãe do meu Senhor? 44Logo que a sua saudação chegou aos meus ouvidos, o bebê que está em meu ventre agitou-se de alegria. 45Feliz é aquela que creu que se cumprirá aquilo que o Senhor lhe disse!"

O cântico de Maria

46Então disse Maria:

[a] 1:1 Ou *que foram aceitos com convicção*
[b] 1:15 Ou *desde o ventre de sua mãe*
[c] 1:35 Ou *Assim, o santo que há de nascer será chamado Filho de Deus.*

"Minha alma engrandece
ao Senhor
[47]e o meu espírito se alegra
em Deus,
meu Salvador,
[48]pois atentou
para a humildade
da sua serva.
De agora em diante,
todas as gerações
me chamarão
bem-aventurada,
[49]pois o Poderoso fez
grandes coisas em meu favor;
santo é o seu nome.
[50]A sua misericórdia estende-se aos que o
temem,
de geração em geração.
[51]Ele realizou poderosos feitos com seu braço;
dispersou os que são soberbos
no mais íntimo do coração.
[52]Derrubou governantes
dos seus tronos,
mas exaltou os humildes.
[53]Encheu de coisas boas
os famintos,
mas despediu de mãos vazias os ricos.
[54]Ajudou a seu servo Israel,
lembrando-se
da sua misericórdia
[55]para com Abraão
e seus descendentes
para sempre,
como dissera
aos nossos antepassados".

[56]Maria ficou com Isabel cerca de três meses e de-
pois voltou para casa.

O nascimento de João Batista

[57]Ao se completar o tempo de Isabel dar à luz, ela te-
ve um filho. [58]Seus vizinhos e parentes ouviram falar da
grande misericórdia que o Senhor lhe havia demons-
trado e se alegraram com ela.

[59]No oitavo dia foram circuncidar o menino e que-
riam dar-lhe o nome do pai, Zacarias; [60]mas sua mãe
tomou a palavra e disse: "Não! Ele será chamado
João".

[61]Disseram-lhe: "Você não tem nenhum parente com
esse nome".

[62]Então fizeram sinais ao pai do menino, para sa-
ber como queria que a criança se chamasse. [63]Ele pediu
uma tabuinha e, para admiração de todos, escreveu: "O
nome dele é João". [64]Imediatamente sua boca se abriu,
sua língua se soltou e ele começou a falar, louvando a
Deus. [65]Todos os vizinhos ficaram cheios de temor, e
por toda a região montanhosa da Judeia se falava so-
bre essas coisas. [66]Todos os que ouviam falar disso se
perguntavam: "O que vai ser este menino?" Pois a mão
do Senhor estava com ele.

O cântico de Zacarias

[67]Seu pai, Zacarias, foi cheio do Espírito Santo e pro-
fetizou:

[68]"Louvado seja o Senhor,
o Deus de Israel,
porque visitou e redimiu
o seu povo.
[69]Ele promoveu
poderosa salvação[a] para nós,
na linhagem do seu servo Davi,
[70](como falara pelos seus santos profetas,
na antiguidade),
[71]salvando-nos
dos nossos inimigos
e da mão de todos
os que nos odeiam,
[72]para mostrar sua misericórdia aos nossos
antepassados
e lembrar sua santa aliança,
[73]o juramento que fez
ao nosso pai Abraão:
[74]resgatar-nos da mão
dos nossos inimigos
para o servirmos sem medo,
[75]em santidade e justiça,
diante dele
todos os nossos dias.
[76]E você, menino, será chamado profeta do
Altíssimo,
pois irá adiante do Senhor,
para lhe preparar o caminho,
[77]para dar ao seu povo
o conhecimento da salvação,
mediante o perdão
dos seus pecados,
[78]por causa
das ternas misericórdias
de nosso Deus,
pelas quais do alto
nos visitará
o sol nascente,
[79]para brilhar sobre aqueles
que estão vivendo nas trevas
e na sombra da morte,
e guiar nossos pés
no caminho da paz".

[80]E o menino crescia e se fortalecia em espírito; e
viveu no deserto, até aparecer publicamente a Israel.

O nascimento de Jesus
(Mt 1.18-25)

2 Naqueles dias César Augusto publicou um decreto or-
denando o recenseamento de todo o império roma-
no. [2]Este foi o primeiro recenseamento feito quando
Quirino era governador da Síria. [3]E todos iam para a
sua cidade natal, a fim de alistar-se.

[4]Assim, José também foi da cidade de Nazaré da Ga-
lileia para a Judeia, para Belém, cidade de Davi, porque
pertencia à casa e à linhagem de Davi. [5]Ele foi a fim de
alistar-se, com Maria, que lhe estava prometida em ca-
samento e esperava um filho.

[6]Enquanto estavam lá, chegou o tempo de nascer
o bebê, [7]e ela deu à luz o seu primogênito. Envolveu-o

[a] 1:69 Grego: *Ele erigiu um chifre de salvação.*

em panos e o colocou numa manjedoura, porque não havia lugar para eles na hospedaria.

Os pastores e os anjos

8 Havia pastores que estavam nos campos próximos e durante a noite tomavam conta dos seus rebanhos. 9 E aconteceu que um anjo do Senhor apareceu-lhes e a glória do Senhor resplandeceu ao redor deles; e ficaram aterrorizados. 10 Mas o anjo lhes disse: "Não tenham medo. Estou lhes trazendo boas novas de grande alegria, que são para todo o povo: 11 Hoje, na cidade de Davi, lhes nasceu o Salvador, que é Cristo[a], o Senhor. 12 Isto lhes servirá de sinal: encontrarão o bebê envolto em panos e deitado numa manjedoura".

13 De repente, uma grande multidão do exército celestial apareceu com o anjo, louvando a Deus e dizendo:

> 14 "Glória a Deus nas alturas,
> e paz na terra aos homens
> aos quais ele concede
> o seu favor".

15 Quando os anjos os deixaram e foram para os céus, os pastores disseram uns aos outros: "Vamos a Belém, e vejamos isso que aconteceu, e que o Senhor nos deu a conhecer".

16 Então correram para lá e encontraram Maria e José, e o bebê deitado na manjedoura. 17 Depois de o verem, contaram a todos o que lhes fora dito a respeito daquele menino, 18 e todos os que ouviram o que os pastores diziam ficaram admirados. 19 Maria, porém, guardava todas essas coisas e sobre elas refletia em seu coração. 20 Os pastores voltaram glorificando e louvando a Deus por tudo o que tinham visto e ouvido, como lhes fora dito.

Jesus é apresentado no templo

21 Completando-se os oito dias para a circuncisão do menino, foi-lhe posto o nome de Jesus, o qual lhe tinha sido dado pelo anjo antes de ele nascer.

22 Completando-se o tempo da purificação deles, de acordo com a Lei de Moisés, José e Maria o levaram a Jerusalém para apresentá-lo ao Senhor 23 (como está escrito na Lei do Senhor: "Todo primogênito do sexo masculino será consagrado ao Senhor")[b] 24 e para oferecer um sacrifício, de acordo com o que diz a Lei do Senhor: "duas rolinhas ou dois pombinhos"[c].

25 Havia em Jerusalém um homem chamado Simeão, que era justo e piedoso, e que esperava a consolação de Israel; e o Espírito Santo estava sobre ele. 26 Fora-lhe revelado pelo Espírito Santo que ele não morreria antes de ver o Cristo do Senhor. 27 Movido pelo Espírito, ele foi ao templo. Quando os pais trouxeram o menino Jesus para lhe fazerem o que requeria o costume da Lei, 28 Simeão o tomou nos braços e louvou a Deus, dizendo:

> 29 "Ó Soberano, como prometeste,
> agora podes despedir em paz
> o teu servo.
> 30 Pois os meus olhos já viram
> a tua salvação,
> 31 que preparaste
> à vista de todos os povos:
> 32 luz para revelação
> aos gentios[d]
> e para a glória de Israel, teu povo".

33 O pai e a mãe do menino estavam admirados com o que fora dito a respeito dele. 34 E Simeão os abençoou e disse a Maria, mãe de Jesus: "Este menino está destinado a causar a queda e o soerguimento de muitos em Israel, e a ser um sinal de contradição, 35 de modo que o pensamento de muitos corações será revelado. Quanto a você, uma espada atravessará a sua alma".

36 Estava ali a profetisa Ana, filha de Fanuel, da tribo de Aser. Era muito idosa; tinha vivido com seu marido sete anos depois de se casar 37 e então permanecera viúva até a idade de oitenta e quatro anos[e]. Nunca deixava o templo: adorava a Deus jejuando e orando dia e noite. 38 Tendo chegado ali naquele exato momento, deu graças a Deus e falava a respeito do menino a todos os que esperavam a redenção de Jerusalém.

39 Depois de terem feito tudo o que era exigido pela Lei do Senhor, voltaram para a sua própria cidade, Nazaré, na Galileia. 40 O menino crescia e se fortalecia, enchendo-se de sabedoria; e a graça de Deus estava sobre ele.

O menino Jesus no templo

41 Todos os anos seus pais iam a Jerusalém para a festa da Páscoa. 42 Quando ele completou doze anos de idade, eles subiram à festa, conforme o costume. 43 Terminada a festa, voltando seus pais para casa, o menino Jesus ficou em Jerusalém, sem que eles percebessem. 44 Pensando que ele estava entre os companheiros de viagem, caminharam o dia todo. Então começaram a procurá-lo entre os seus parentes e conhecidos. 45 Não o encontrando, voltaram a Jerusalém para procurá-lo. 46 Depois de três dias o encontraram no templo, sentado entre os mestres, ouvindo-os e fazendo-lhes perguntas. 47 Todos os que o ouviam ficavam maravilhados com o seu entendimento e com as suas respostas. 48 Quando seus pais o viram, ficaram perplexos. Sua mãe lhe disse: "Filho, por que você nos fez isto? Seu pai e eu estávamos aflitos, à sua procura".

49 Ele perguntou: "Por que vocês estavam me procurando? Não sabiam que eu devia estar na casa de meu Pai?" 50 Mas eles não compreenderam o que lhes dizia.

51 Então foi com eles para Nazaré, e era-lhes obediente. Sua mãe, porém, guardava todas essas coisas em seu coração. 52 Jesus ia crescendo em sabedoria, estatura e graça diante de Deus e dos homens.

João Batista prepara o caminho

(Mt 3.1-12; Mc 1.2-8)

3 No décimo quinto ano do reinado de Tibério César, quando Pôncio Pilatos era governador da Judeia; Herodes, tetrarca[f] da Galileia; seu irmão Filipe, tetrarca da Itureia e Traconites; e Lisânias, tetrarca de Abilene; 2 Anás e Caifás exerciam o sumo sacerdócio. Foi nesse ano que veio a palavra do Senhor a João, filho de Zacarias, no deserto. 3 Ele percorreu toda a região próxima

[a] 2:11 Ou *Messias.* Tanto *Cristo* (grego) como *Messias* (hebraico) significam *Ungido*; também em todo o livro de Lucas.
[b] 2:23 Êx 13:2,12
[c] 2:24 Lv 12:8
[d] 2:32 Isto é, os que não são judeus.
[e] 2:37 Ou *viúva por oitenta e quatro anos*
[f] 3:1 Um tetrarca era o governador da quarta parte de uma região; também no versículo 19.

ao Jordão, pregando um batismo de arrependimento
para o perdão dos pecados. 4Como está escrito no livro
das palavras de Isaías, o profeta:

"Voz do que clama no deserto:
'Preparem[a] o caminho
para o Senhor,
façam veredas retas
para ele.
5Todo vale será aterrado
e todas as montanhas
e colinas, niveladas.
As estradas tortuosas
serão endireitadas
e os caminhos acidentados, aplanados.
6E toda a humanidade[b]
verá a salvação de Deus' "[c].

7João dizia às multidões que saíam para serem ba-
tizadas por ele: "Raça de víboras! Quem lhes deu a
ideia de fugir da ira que se aproxima? 8Deem frutos
que mostrem o arrependimento. E não comecem a
dizer a si mesmos: 'Abraão é nosso pai'. Pois eu lhes
digo que destas pedras Deus pode fazer surgir filhos
a Abraão. 9O machado já está posto à raiz das árvores,
e toda árvore que não der bom fruto será cortada e
lançada ao fogo".

10"O que devemos fazer então?", perguntavam as
multidões.

11João respondia: "Quem tem duas túnicas dê uma
a quem não tem nenhuma; e quem tem comida faça
o mesmo".

12Alguns publicanos[d] também vieram para serem
batizados. Eles perguntaram: "Mestre, o que devemos
fazer?"

13Ele respondeu: "Não cobrem nada além do que lhes
foi estipulado".

14Então alguns soldados lhe perguntaram: "E nós, o
que devemos fazer?"

Ele respondeu: "Não pratiquem extorsão nem acu-
sem ninguém falsamente; contentem-se com o seu sa-
lário".

15O povo estava em grande expectativa, questio-
nando em seu coração se acaso João não seria o Cris-
to. 16João respondeu a todos: "Eu os batizo com[e] água.
Mas virá alguém mais poderoso do que eu, tanto que
não sou digno nem de desamarrar as correias das suas
sandálias. Ele os batizará com o Espírito Santo e com
fogo. 17Ele traz a pá em sua mão, a fim de limpar sua
eira e juntar o trigo em seu celeiro; mas queimará a
palha com fogo que nunca se apaga". 18E com muitas
outras palavras João exortava o povo e lhe pregava as
boas novas.

19Todavia, quando João repreendeu Herodes, o te-
trarca, por causa de Herodias, mulher do próprio ir-
mão de Herodes, e por todas as outras coisas más que
ele tinha feito, 20Herodes acrescentou a todas elas a de
colocar João na prisão.

O batismo e a genealogia de Jesus

(Mt 3.13-17; Mt 1.1-17; Mc 1.9-11)

21Quando todo o povo estava sendo batizado, tam-
bém Jesus o foi. E, enquanto ele estava orando, o céu
se abriu 22e o Espírito Santo desceu sobre ele em forma
corpórea, como pomba. Então veio do céu uma voz: "Tu
és o meu Filho amado; em ti me agrado".

23Jesus tinha cerca de trinta anos de idade quan-
do começou seu ministério. Ele era considerado filho
de José,

filho de Eli, 24filho de Matate,
filho de Levi, filho de Melqui,
filho de Janai, filho de José,
25filho de Matatias,
filho de Amós,
filho de Naum, filho de Esli,
filho de Nagai,
26filho de Máate,
filho de Matatias,
filho de Semei,
filho de Joseque, filho de Jodá,
27filho de Joanã, filho de Ressa,
filho de Zorobabel,
filho de Salatiel,
filho de Neri,
28filho de Melqui,
filho de Adi, filho de Cosã,
filho de Elmadã, filho de Er,
29filho de Josué, filho de Eliézer,
filho de Jorim, filho de Matate,
filho de Levi,
30filho de Simeão,
filho de Judá, filho de José,
filho de Jonã,
filho de Eliaquim,
31filho de Meleá, filho de Mená,
filho de Matatá, filho de Natã,
filho de Davi, 32filho de Jessé,
filho de Obede, filho de Boaz,
filho de Salmom[f],
filho de Naassom,
33filho de Aminadabe,
filho de Ram[g],
filho de Esrom, filho de Perez,
filho de Judá, 34filho de Jacó,
filho de Isaque,
filho de Abraão,
filho de Terá, filho de Naor,
35filho de Serugue,
filho de Ragaú,
filho de Faleque, filho de Éber,
filho de Salá, 36filho de Cainã,
filho de Arfaxade, filho de Sem,
filho de Noé, filho de Lameque,
37filho de Matusalém,
filho de Enoque,
filho de Jarede,
filho de Maalaleel,
filho de Cainã, 38filho de Enos,

[a] 3:4 Ou *daquele que clama: 'No deserto preparem*
[b] 3:6 Grego: *carne*.
[c] 3:6 Is 40:3-5
[d] 3:12 Os publicanos eram coletores de impostos, malvistos pelo povo; também em 5:27,29-30; 7:29,34; 15:1; 18:10-11,13 e 19:2.
[e] 3:16 Ou *em*
[f] 3:32 Alguns manuscritos dizem *Salá*.
[g] 3:33 Alguns manuscritos dizem *Aminadabe, filho de Admim, filho de Arni, filho de Esrom*. Outros manuscritos trazem variações maiores.

filho de Sete, filho de Adão,
filho de Deus.

A tentação de Jesus
(Mt 4.1-11; Mc 1.12-13)

4 Jesus, cheio do Espírito Santo, voltou do Jordão e
foi levado pelo Espírito ao deserto, 2onde, durante
quarenta dias, foi tentado pelo Diabo. Não comeu nada
durante esses dias e, ao fim deles, teve fome.
3O Diabo lhe disse: "Se és o Filho de Deus, manda
esta pedra transformar-se em pão".
4Jesus respondeu: "Está escrito: 'Nem só de pão vi-
verá o homem'[a]".
5O Diabo o levou a um lugar alto e mostrou-lhe num
relance todos os reinos do mundo. 6E lhe disse: "Eu te
darei toda a autoridade sobre eles e todo o seu esplen-
dor, porque me foram dados e posso dá-los a quem eu
quiser. 7Então, se me adorares, tudo será teu".
8Jesus respondeu: "Está escrito: 'Adore o Senhor, o
seu Deus, e só a ele preste culto'[b]".
9O Diabo o levou a Jerusalém, colocou-o na parte
mais alta do templo e lhe disse: "Se és o Filho de Deus,
joga-te daqui para baixo. 10Pois está escrito:

" 'Ele dará ordens a seus anjos a seu respeito,
para o guardarem;
11com as mãos eles o segurarão,
para que você não tropece
em alguma pedra'[c]".

12Jesus respondeu: "Dito está: 'Não ponha à prova o
Senhor, o seu Deus'[d]".
13Tendo terminado todas essas tentações, o Diabo o
deixou até ocasião oportuna.

Jesus é rejeitado em Nazaré

14Jesus voltou para a Galileia no poder do Espírito, e
por toda aquela região se espalhou a sua fama. 15Ensi-
nava nas sinagogas, e todos o elogiavam.
16Ele foi a Nazaré, onde havia sido criado, e no dia de
sábado entrou na sinagoga, como era seu costume. E
levantou-se para ler. 17Foi-lhe entregue o livro do profe-
ta Isaías. Abriu-o e encontrou o lugar onde está escrito:

18"O Espírito do Senhor
está sobre mim,
porque ele me ungiu
para pregar boas novas
aos pobres.
Ele me enviou
para proclamar liberdade
aos presos
e recuperação da vista
aos cegos,
para libertar os oprimidos
19e proclamar o ano da graça
do Senhor"[e].

20Então ele fechou o livro, devolveu-o ao assistente
e assentou-se. Na sinagoga todos tinham os olhos fitos
nele; 21e ele começou a dizer-lhes: "Hoje se cumpriu a
Escritura que vocês acabaram de ouvir".

22Todos falavam bem dele, e estavam admirados com
as palavras de graça que saíam de seus lábios. Mas per-
guntavam: "Não é este o filho de José?"
23Jesus lhes disse: "É claro que vocês me citarão este
provérbio: 'Médico, cura-te a ti mesmo! Faze aqui em
tua terra o que ouvimos que fizeste em Cafarnaum' ".
24Continuou ele: "Digo-lhes a verdade: Nenhum pro-
feta é aceito em sua terra. 25Asseguro-lhes que havia
muitas viúvas em Israel no tempo de Elias, quando o
céu foi fechado por três anos e meio, e houve uma gran-
de fome em toda a terra. 26Contudo, Elias não foi en-
viado a nenhuma delas, senão a uma viúva de Sarepta,
na região de Sidom. 27Também havia muitos leprosos[f]
em Israel no tempo de Eliseu, o profeta; todavia, ne-
nhum deles foi purificado — somente Naamã, o sírio".
28Todos os que estavam na sinagoga ficaram furiosos
quando ouviram isso. 29Levantaram-se, expulsaram-no
da cidade e o levaram até o topo da colina sobre a qual
fora construída a cidade, a fim de atirá-lo precipício
abaixo. 30Mas Jesus passou por entre eles e retirou-se.

Jesus expulsa um espírito imundo
(Mc 1.21-28)

31Então ele desceu a Cafarnaum, cidade da Galileia,
e, no sábado, começou a ensinar o povo. 32Todos fica-
vam maravilhados com o seu ensino, porque falava
com autoridade.
33Na sinagoga havia um homem possesso de um de-
mônio, de um espírito imundo[g]. Ele gritou com toda a
força: 34"Ah!, que queres conosco, Jesus de Nazaré? Vies-
te para nos destruir? Sei quem tu és: o Santo de Deus!"
35Jesus o repreendeu, e disse: "Cale-se e saia dele!"
Então o demônio jogou o homem no chão diante de
todos, e saiu dele sem o ferir.
36Todos ficaram admirados, e diziam uns aos outros:
"Que palavra é esta? Até aos espíritos imundos ele dá
ordens com autoridade e poder, e eles saem!" 37E a sua
fama se espalhava por toda a região circunvizinha.

O poder de Jesus sobre os demônios e as doenças
(Mt 8.14-17; Mc 1.29-34)

38Jesus saiu da sinagoga e foi à casa de Simão. A so-
gra de Simão estava com febre alta, e pediram a Jesus
que fizesse algo por ela. 39Estando ele em pé junto dela,
inclinou-se e repreendeu a febre, que a deixou. Ela se
levantou imediatamente e passou a servi-los.
40Ao pôr do sol, o povo trouxe a Jesus todos os que
tinham vários tipos de doenças; e ele os curou, impon-
do as mãos sobre cada um deles. 41Além disso, de mui-
tas pessoas saíam demônios gritando: "Tu és o Filho de
Deus!" Ele, porém, os repreendia e não permitia que fa-
lassem, porque sabiam que ele era o Cristo.
42Ao romper do dia, Jesus foi para um lugar solitário.
As multidões o procuravam, e, quando chegaram até
onde ele estava, insistiram que não as deixasse. 43Mas
ele disse: "É necessário que eu pregue as boas novas do
Reino de Deus noutras cidades também, porque para
isso fui enviado". 44E continuava pregando nas sina-
gogas da Judeia[h].

[a] 4:4 Dt 8:3
[b] 4:8 Dt 6:13
[c] 4:10-11 Sl 91:11-12
[d] 4:12 Dt 6:16
[e] 4:18-19 Is 58:6; 61:1-2

[f] 4:27 O termo grego não se refere somente à lepra, mas também a diversas doenças da pele.
[g] 4:33 Ou *maligno*; também em todo o livro de Lucas.
[h] 4:44 Alguns manuscritos dizem *Galileia*.

Jesus chama os primeiros discípulos
(Mt 4.18-22; Mc 1.16-20; Jo 1.35-42)

5 Certo dia Jesus estava perto do lago de Genesaré[a], e
uma multidão o comprimia de todos os lados para
ouvir a palavra de Deus. 2Viu à beira do lago dois barcos,
deixados ali pelos pescadores, que estavam lavando as
suas redes. 3Entrou num dos barcos, o que pertencia a
Simão, e pediu-lhe que o afastasse um pouco da praia.
Então sentou-se, e do barco ensinava o povo.
4Tendo acabado de falar, disse a Simão: "Vá para onde as águas são mais fundas", e a todos: "Lancem as redes para a pesca".
5Simão respondeu: "Mestre, esforçamo-nos a noite inteira e não pegamos nada. Mas, porque és tu quem está dizendo isto, vou lançar as redes".
6Quando o fizeram, pegaram tal quantidade de pei-
xes que as redes começaram a rasgar-se. 7Então fizeram
sinais a seus companheiros no outro barco, para que viessem ajudá-los; e eles vieram e encheram ambos os barcos, ao ponto de começarem a afundar.
8Quando Simão Pedro viu isso, prostrou-se aos pés
de Jesus e disse: "Afasta-te de mim, Senhor, porque sou
um homem pecador!" 9Pois ele e todos os seus compa-
nheiros estavam perplexos com a pesca que haviam
feito, 10como também Tiago e João, os filhos de Zebedeu, sócios de Simão.
Jesus disse a Simão: "Não tenha medo; de agora em
diante você será pescador de homens". 11Eles então arrastaram seus barcos para a praia, deixaram tudo e o seguiram.

A cura de um leproso
(Mt 8.1-4; Mc 1.40-45)

12Estando Jesus numa das cidades, passou um homem coberto de lepra[b]. Quando viu Jesus, prostrou-se com o rosto em terra, e rogou-lhe: "Se quiseres, podes purificar-me".
13Jesus estendeu a mão e tocou nele, dizendo: "Quero. Seja purificado!" E imediatamente a lepra o deixou.
14Então Jesus lhe ordenou: "Não conte isso a ninguém; mas vá mostrar-se ao sacerdote e ofereça pela sua purificação os sacrifícios que Moisés ordenou, para que sirva de testemunho".
15Todavia, as notícias a respeito dele se espalhavam
ainda mais, de forma que multidões vinham para ou-
vi-lo e para serem curadas de suas doenças. 16Mas Jesus
retirava-se para lugares solitários, e orava.

Jesus cura um paralítico
(Mt 9.1-8; Mc 2.1-12)

17Certo dia, quando ele ensinava, estavam sentados
ali fariseus e mestres da lei, procedentes de todos os povoados da Galileia, da Judeia e de Jerusalém. E o poder do Senhor estava com ele para curar os doentes.
18Vieram alguns homens trazendo um paralítico numa
maca e tentaram fazê-lo entrar na casa, para colocá-lo
diante de Jesus. 19Não conseguindo fazer isso, por causa
da multidão, subiram ao terraço e o baixaram em sua maca, através de uma abertura, até o meio da multidão, bem em frente de Jesus.
20Vendo a fé que eles tinham, Jesus disse: "Homem,
os seus pecados estão perdoados".
21Os fariseus e os mestres da lei começaram a pensar: "Quem é esse que blasfema? Quem pode perdoar pecados, a não ser somente Deus?"
22Jesus, sabendo o que eles estavam pensando, per-
guntou: "Por que vocês estão pensando assim? 23Que é
mais fácil dizer: 'Os seus pecados estão perdoados', ou:
'Levante-se e ande'? 24Mas, para que vocês saibam que o
Filho do homem tem na terra autoridade para perdoar pecados" — disse ao paralítico — "eu lhe digo: Levan-
te-se, pegue a sua maca e vá para casa". 25Imediatamen-
te ele se levantou na frente deles, pegou a maca em que
estivera deitado e foi para casa louvando a Deus. 26To-
dos ficaram atônitos e glorificavam a Deus, e, cheios de temor, diziam: "Hoje vimos coisas extraordinárias!"

O chamado de Levi
(Mt 9.9-13; Mc 2.13-17)

27Depois disso, Jesus saiu e viu um publicano chamado Levi, sentado na coletoria, e disse-lhe: "Siga-me".
28Levi levantou-se, deixou tudo e o seguiu.
29Então Levi ofereceu um grande banquete a Jesus
em sua casa. Havia muita gente comendo com eles: pu-
blicanos e outras pessoas. 30Mas os fariseus e aqueles
mestres da lei que eram da mesma facção queixaram-se aos discípulos de Jesus: "Por que vocês comem e bebem com publicanos e pecadores?"
31Jesus lhes respondeu: "Não são os que têm saúde
que precisam de médico, mas sim os doentes. 32Eu não
vim chamar justos, mas pecadores ao arrependimento".

Jesus é interrogado acerca do jejum
(Mt 9.14-17; Mc 2.18-22)

33E eles lhe disseram: "Os discípulos de João jejuam e oram frequentemente, bem como os discípulos dos fariseus; mas os teus vivem comendo e bebendo".
34Jesus respondeu: "Podem vocês fazer os convida-
dos do noivo jejuar enquanto o noivo está com eles?
35Mas virão dias quando o noivo lhes será tirado; na-
queles dias jejuarão".
36Então lhes contou esta parábola: "Ninguém tira um remendo de roupa nova e o costura em roupa ve-
lha; se o fizer, estragará a roupa nova, além do que o
remendo da nova não se ajustará à velha. 37E ninguém
põe vinho novo em vasilha de couro velha; se o fizer, o
vinho novo rebentará a vasilha, se derramará, e a va-
silha se estragará. 38Ao contrário, vinho novo deve ser
posto em vasilha de couro nova. 39E ninguém, depois
de beber o vinho velho, prefere o novo, pois diz: 'O vinho velho é melhor!' "

O Senhor do sábado
(Mt 12.1-14; Mc 2.23—3.6)

6 Certo sábado, enquanto Jesus passava pelas lavouras de cereal, seus discípulos começaram a colher e a debulhar espigas com as mãos, comendo os grãos.
2Alguns fariseus perguntaram: "Por que vocês estão fa-
zendo o que não é permitido no sábado?"
3Jesus lhes respondeu: "Vocês nunca leram o que fez Davi, quando ele e seus companheiros estavam
com fome? 4Ele entrou na casa de Deus e, tomando
os pães da Presença, comeu o que apenas aos sacerdotes era permitido comer, e os deu também aos seus

[a] 5:1 Isto é, o mar da Galileia.
[b] 5:12 O termo grego não se refere somente à lepra, mas também a diversas doenças da pele.

companheiros". 5E então lhes disse: "O Filho do homem
é Senhor do sábado".
6Noutro sábado, ele entrou na sinagoga e começou
a ensinar; estava ali um homem cuja mão direita era
atrofiada. 7Os fariseus e os mestres da lei estavam pro-
curando um motivo para acusar Jesus; por isso o ob-
servavam atentamente, para ver se ele iria curá-lo no
sábado. 8Mas Jesus sabia o que eles estavam pensando
e disse ao homem da mão atrofiada: "Levante-se e ve-
nha para o meio". Ele se levantou e foi.
9Jesus lhes disse: "Eu lhes pergunto: O que é per-
mitido fazer no sábado: o bem ou o mal, salvar a vida
ou destruí-la?"
10Então, olhou para todos os que estavam à sua vol-
ta e disse ao homem: "Estenda a mão". Ele a estendeu,
e ela foi restaurada. 11Mas eles ficaram furiosos e co-
meçaram a discutir entre si o que poderiam fazer con-
tra Jesus.

A escolha dos Doze apóstolos
(Mc 3.13-19)

12Num daqueles dias, Jesus saiu para o monte a fim
de orar, e passou a noite orando a Deus. 13Ao amanhecer,
chamou seus discípulos e escolheu doze deles, a quem
também designou apóstolos: 14Simão, a quem deu o
nome de Pedro; seu irmão André; Tiago; João; Filipe;
Bartolomeu; 15Mateus; Tomé; Tiago, filho de Alfeu; Si-
mão, chamado zelote; 16Judas, filho de Tiago; e Judas
Iscariotes, que veio a ser o traidor.

Bênçãos e ais

17Jesus desceu com eles e parou num lugar plano.
Estavam ali muitos dos seus discípulos e uma imen-
sa multidão procedente de toda a Judeia, de Jerusa-
lém e do litoral de Tiro e de Sidom, 18que vieram para
ouvi-lo e serem curados de suas doenças. Os que eram
perturbados por espíritos imundos ficaram curados, 19e
todos procuravam tocar nele, porque dele saía poder
que curava todos.
20Olhando para os seus discípulos, ele disse:

"Bem-aventurados vocês,
os pobres,
pois a vocês pertence
o Reino de Deus.
21Bem-aventurados vocês,
que agora têm fome,
pois serão satisfeitos.
Bem-aventurados vocês,
que agora choram,
pois haverão de rir.
22Bem-aventurados serão vocês,
quando os odiarem,
expulsarem e insultarem,
e eliminarem o nome de vocês, como sendo
mau,
por causa do Filho do homem.

23"Regozijem-se nesse dia e saltem de alegria, por-
que grande é a sua recompensa no céu. Pois assim os
antepassados deles trataram os profetas.

24"Mas ai de vocês, os ricos,
pois já receberam
sua consolação.
25Ai de vocês,
que agora têm fartura,
porque passarão fome.
Ai de vocês, que agora riem,
pois haverão de se lamentar
e chorar.
26Ai de vocês,
quando todos
falarem bem de vocês,
pois assim
os antepassados deles
trataram os falsos profetas.

O amor aos inimigos
(Mt 5.38-48)

27"Mas eu digo a vocês que estão me ouvindo: Amem
os seus inimigos, façam o bem aos que os odeiam,
28abençoem os que os amaldiçoam, orem por aqueles
que os maltratam. 29Se alguém lhe bater numa face,
ofereça-lhe também a outra. Se alguém lhe tirar a capa,
não o impeça de tirar-lhe a túnica. 30Dê a todo aquele
que lhe pedir, e se alguém tirar o que pertence a vo-
cê, não lhe exija que o devolva. 31Como vocês querem
que os outros lhes façam, façam também vocês a eles.
32"Que mérito vocês terão, se amarem aos que os
amam? Até os pecadores amam aos que os amam. 33E
que mérito terão, se fizerem o bem àqueles que são
bons para com vocês? Até os pecadores agem assim. 34E
que mérito terão, se emprestarem a pessoas de quem
esperam devolução? Até os pecadores emprestam a pe-
cadores, esperando receber devolução integral. 35Amem,
porém, os seus inimigos, façam-lhes o bem e empres-
tem a eles, sem esperar receber nada de volta. Então, a
recompensa que terão será grande e vocês serão filhos
do Altíssimo, porque ele é bondoso para com os ingra-
tos e maus. 36Sejam misericordiosos, assim como o Pai
de vocês é misericordioso.

O julgamento ao próximo
(Mt 7.1-6)

37"Não julguem, e vocês não serão julgados. Não
condenem, e não serão condenados. Perdoem, e serão
perdoados. 38Deem, e lhes será dado: uma boa medida,
calcada, sacudida e transbordante será dada a vocês.
Pois a medida que usarem também será usada para
medir vocês".
39Jesus fez também a seguinte comparação: "Pode
um cego guiar outro cego? Não cairão os dois no bura-
co? 40O discípulo não está acima do seu mestre, mas
todo aquele que for bem preparado será como o seu
mestre.
41"Por que você repara no cisco que está no olho do
seu irmão e não se dá conta da viga que está em seu
próprio olho? 42Como você pode dizer ao seu irmão: 'Ir-
mão, deixe-me tirar o cisco do seu olho', se você mesmo
não consegue ver a viga que está em seu próprio olho?
Hipócrita, tire primeiro a viga do seu olho, e então você
verá claramente para tirar o cisco do olho do seu irmão.

A árvore e seu fruto
(Mt 7.15-20)

43"Nenhuma árvore boa dá fruto ruim, nenhuma ár-
vore ruim dá fruto bom. 44Toda árvore é reconhecida
por seus frutos. Ninguém colhe figos de espinheiros,

nem uvas de ervas daninhas. 45 O homem bom tira coisas boas do bom tesouro que está em seu coração, e o homem mau tira coisas más do mal que está em seu coração, porque a sua boca fala do que está cheio o coração.

O prudente e o insensato
(Mt 7.24-29)

46 "Por que vocês me chamam 'Senhor, Senhor' e não fazem o que eu digo? 47 Eu lhes mostrarei com quem se compara aquele que vem a mim, ouve as minhas palavras e as pratica. 48 É como um homem que, ao construir uma casa, cavou fundo e colocou os alicerces na rocha. Quando veio a inundação, a torrente deu contra aquela casa, mas não a conseguiu abalar, porque estava bem construída. 49 Mas aquele que ouve as minhas palavras e não as pratica, é como um homem que construiu uma casa sobre o chão, sem alicerces. No momento em que a torrente deu contra aquela casa, ela caiu, e a sua destruição foi completa".

Um centurião demonstra fé
(Mt 8.5-13)

7 Tendo terminado de dizer tudo isso ao povo, Jesus entrou em Cafarnaum. 2 Ali estava o servo de um centurião, doente e quase à morte, a quem seu senhor estimava muito. 3 Ele ouviu falar de Jesus e enviou-lhe alguns líderes religiosos dos judeus, pedindo-lhe que fosse curar o seu servo. 4 Chegando-se a Jesus, suplicaram-lhe com insistência: "Este homem merece que lhe faças isso, 5 porque ama a nossa nação e construiu a nossa sinagoga". 6 Jesus foi com eles.

Já estava perto da casa quando o centurião mandou amigos dizerem a Jesus: "Senhor, não te incomodes, pois não mereço receber-te debaixo do meu teto. 7 Por isso, nem me considerei digno de ir ao teu encontro. Mas dize uma palavra, e o meu servo será curado. 8 Pois eu também sou homem sujeito a autoridade, e com soldados sob o meu comando. Digo a um: Vá, e ele vai; e a outro: Venha, e ele vem. Digo a meu servo: Faça isto, e ele faz".

9 Ao ouvir isso, Jesus admirou-se dele e, voltando-se para a multidão que o seguia, disse: "Eu lhes digo que nem em Israel encontrei tamanha fé". 10 Então os homens que haviam sido enviados voltaram para casa e encontraram o servo restabelecido.

Jesus ressuscita o filho de uma viúva

11 Logo depois, Jesus foi a uma cidade chamada Naim, e com ele iam os seus discípulos e uma grande multidão. 12 Ao se aproximar da porta da cidade, estava saindo o enterro do filho único de uma viúva; e uma grande multidão da cidade estava com ela. 13 Ao vê-la, o Senhor se compadeceu dela e disse: "Não chore".

14 Depois, aproximou-se e tocou no caixão, e os que o carregavam pararam. Jesus disse: "Jovem, eu lhe digo, levante-se!" 15 O jovem[a] sentou-se e começou a conversar, e Jesus o entregou à sua mãe.

16 Todos ficaram cheios de temor e louvavam a Deus. "Um grande profeta se levantou entre nós", diziam eles. "Deus interveio em favor do seu povo." 17 Essas notícias sobre Jesus espalharam-se por toda a Judeia e regiões circunvizinhas.

[a] 7:15 Grego: *O morto.*

Jesus e João Batista
(Mt 11.1-19)

18 Os discípulos de João contaram-lhe todas essas coisas. Chamando dois deles, 19 enviou-os ao Senhor para perguntarem: "És tu aquele que haveria de vir ou devemos esperar algum outro?"

20 Dirigindo-se a Jesus, aqueles homens disseram: "João Batista nos enviou para te perguntarmos: 'És tu aquele que haveria de vir ou devemos esperar algum outro?' " 21 Naquele momento Jesus curou muitos que tinham males, doenças graves e espíritos malignos, e concedeu visão a muitos que eram cegos. 22 Então ele respondeu aos mensageiros: "Voltem e anunciem a João o que vocês viram e ouviram: os cegos veem, os aleijados andam, os leprosos[b] são purificados, os surdos ouvem, os mortos são ressuscitados e as boas novas são pregadas aos pobres; 23 e feliz é aquele que não se escandaliza por minha causa".

24 Depois que os mensageiros de João foram embora, Jesus começou a falar à multidão a respeito de João: "O que vocês foram ver no deserto? Um caniço agitado pelo vento? 25 Ou, o que foram ver? Um homem vestido de roupas finas? Ora, os que vestem roupas esplêndidas e se entregam ao luxo estão nos palácios. 26 Afinal, o que foram ver? Um profeta? Sim, eu lhes digo, e mais que profeta. 27 Este é aquele a respeito de quem está escrito:

" 'Enviarei o meu mensageiro
  à tua frente;
ele preparará o teu caminho diante de ti'[c].

28 Eu lhes digo que entre os que nasceram de mulher não há ninguém maior do que João; todavia, o menor no Reino de Deus é maior do que ele".

29 Todo o povo, até os publicanos, ouvindo as palavras de Jesus, reconheceram que o caminho de Deus era justo, sendo batizados por João. 30 Mas os fariseus e os peritos na lei rejeitaram o propósito de Deus para eles, não sendo batizados por João.

31 "A que posso, pois, comparar os homens desta geração?", prosseguiu Jesus. "Com que se parecem? 32 São como crianças que ficam sentadas na praça e gritam umas às outras:

" 'Nós lhes tocamos flauta,
  mas vocês não dançaram;
cantamos um lamento,
  mas vocês não choraram'.

33 Pois veio João Batista, que jejua e não bebe[d] vinho, e vocês dizem: 'Ele tem demônio'. 34 Veio o Filho do homem, comendo e bebendo, e vocês dizem: 'Aí está um comilão e beberrão, amigo de publicanos e pecadores'. 35 Mas a sabedoria é comprovada por todos os seus discípulos[e]."

Jesus é ungido por uma pecadora

36 Convidado por um dos fariseus para jantar, Jesus foi à casa dele e reclinou-se à mesa. 37 Ao saber que Jesus estava comendo na casa do fariseu, certa mulher daquela cidade, uma pecadora, trouxe um frasco de alabastro

[b] 7:22 O termo grego não se refere somente à lepra, mas também a diversas doenças da pele.
[c] 7:27 Ml 3:1
[d] 7:33 Grego: *não comendo, nem bebendo.*
[e] 7:35 Grego: *filhos.*

com perfume, 38e se colocou atrás de Jesus, a seus pés.
Chorando, começou a molhar-lhe os pés com suas lá-
grimas. Depois os enxugou com seus cabelos, beijou-os
e os ungiu com o perfume.
39Ao ver isso, o fariseu que o havia convidado dis-
se a si mesmo: "Se este homem fosse profeta, saberia
quem nele está tocando e que tipo de mulher ela é:
uma pecadora".
40Então lhe disse Jesus: "Simão, tenho algo a lhe
dizer".
"Dize, Mestre", disse ele.
41"Dois homens deviam a certo credor. Um lhe devia
quinhentos denários[a] e o outro, cinquenta. 42Nenhum
dos dois tinha com que lhe pagar, por isso perdoou a
dívida a ambos. Qual deles o amará mais?"
43Simão respondeu: "Suponho que aquele a quem
foi perdoada a dívida maior".
"Você julgou bem", disse Jesus.
44Em seguida, virou-se para a mulher e disse a Si-
mão: "Vê esta mulher? Entrei em sua casa, mas você
não me deu água para lavar os pés; ela, porém, molhou
os meus pés com suas lágrimas e os enxugou com seus
cabelos. 45Você não me saudou com um beijo, mas esta
mulher, desde que entrei aqui, não parou de beijar os
meus pés. 46Você não ungiu a minha cabeça com óleo,
mas ela derramou perfume nos meus pés. 47Portanto,
eu lhe digo, os muitos pecados dela lhe foram perdoa-
dos; pois ela amou muito. Mas aquele a quem pouco foi
perdoado, pouco ama".
48Então Jesus disse a ela: "Seus pecados estão per-
doados".
49Os outros convidados começaram a perguntar:
"Quem é este que até perdoa pecados?"
50Jesus disse à mulher: "Sua fé a salvou; vá em paz".

A parábola do semeador

(Mt 13.1-23; Mc 4.1-20)

8 Depois disso Jesus ia passando pelas cidades e povoa-
dos proclamando as boas novas do Reino de Deus. Os
Doze estavam com ele, 2e também algumas mulheres
que haviam sido curadas de espíritos malignos e doen-
ças: Maria, chamada Madalena, de quem haviam saído
sete demônios; 3Joana, mulher de Cuza, administra-
dor da casa de Herodes; Susana e muitas outras. Essas
mulheres ajudavam a sustentá-los com os seus bens.
4Reunindo-se uma grande multidão e vindo a Je-
sus gente de várias cidades, ele contou esta parábola:
5"O semeador saiu a semear. Enquanto lançava a se-
mente, parte dela caiu à beira do caminho; foi pisada,
e as aves do céu a comeram. 6Parte dela caiu sobre pe-
dras e, quando germinou, as plantas secaram, porque
não havia umidade. 7Outra parte caiu entre espinhos,
que cresceram com ela e sufocaram as plantas. 8Outra
ainda caiu em boa terra. Cresceu e deu boa colheita, a
cem por um".
Tendo dito isso, exclamou: "Aquele que tem ouvidos
para ouvir, ouça!"
9Seus discípulos perguntaram-lhe o que significava
aquela parábola. 10Ele disse: "A vocês foi dado o conhe-
cimento dos mistérios do Reino de Deus, mas aos ou-
tros falo por parábolas, para que

" 'vendo, não vejam;
e ouvindo, não entendam'[b].

11"Este é o significado da parábola: A semente é a pa-
lavra de Deus. 12As que caíram à beira do caminho são
os que ouvem, e então vem o Diabo e tira a palavra do
seu coração, para que não creiam e não sejam salvos.
13As que caíram sobre as pedras são os que recebem
a palavra com alegria quando a ouvem, mas não têm
raiz. Creem durante algum tempo, mas desistem na ho-
ra da provação. 14As que caíram entre espinhos são os
que ouvem, mas, ao seguirem seu caminho, são sufoca-
dos pelas preocupações, pelas riquezas e pelos prazeres
desta vida, e não amadurecem. 15Mas as que caíram em
boa terra são os que, com coração bom e generoso, ou-
vem a palavra, a retêm e dão fruto, com perseverança.

A candeia

(Mc 4.21-25)

16"Ninguém acende uma candeia e a esconde num
jarro ou a coloca debaixo de uma cama. Ao contrário,
coloca-a num lugar apropriado, de modo que os que
entram possam ver a luz. 17Porque não há nada oculto
que não venha a ser revelado, e nada escondido que
não venha a ser conhecido e trazido à luz. 18Portanto,
considerem atentamente como vocês estão ouvindo. A
quem tiver, mais lhe será dado; de quem não tiver, até
o que pensa que tem lhe será tirado".

A mãe e os irmãos de Jesus

(Mt 12.46-50; Mc 3.31-35)

19A mãe e os irmãos de Jesus foram vê-lo, mas não
conseguiam aproximar-se dele, por causa da multidão.
20Alguém lhe disse: "Tua mãe e teus irmãos estão lá fo-
ra e querem ver-te".
21Ele lhe respondeu: "Minha mãe e meus irmãos são
aqueles que ouvem a palavra de Deus e a praticam".

Jesus acalma a tempestade

(Mt 8.23-27; Mc 4.35-41)

22Certo dia Jesus disse aos seus discípulos: "Vamos
para o outro lado do lago". Eles entraram num barco e
partiram. 23Enquanto navegavam, ele adormeceu. Aba-
teu-se sobre o lago um forte vendaval, de modo que o
barco estava sendo inundado, e eles corriam grande pe-
rigo. 24Os discípulos foram acordá-lo, clamando: "Mes-
tre, Mestre, vamos morrer!"
Ele se levantou e repreendeu o vento e a violência
das águas; tudo se acalmou e ficou tranquilo. 25"On-
de está a sua fé?", perguntou ele aos seus discípulos.
Amedrontados e admirados, eles perguntaram uns
aos outros: "Quem é este que até aos ventos e às águas
dá ordens, e eles lhe obedecem?"

A cura de um endemoninhado

(Mt 8.28-34; Mc 5.1-20)

26Navegaram para a região dos gerasenos[c], que fica
do outro lado do lago, frente à Galileia. 27Quando Jesus
pisou em terra, foi ao encontro dele um endemoninha-
do daquela cidade. Fazia muito tempo que aquele ho-
mem não usava roupas, nem vivia em casa alguma, mas
nos sepulcros. 28Quando viu Jesus, gritou, prostrou-se

[a] **7:41** O denário era uma moeda de prata equivalente à diária de um trabalhador braçal.

[b] **8:10** Is 6:9

[c] **8:26** Alguns manuscritos trazem *gadarenos*; outros manuscritos dizem *gergesenos*; também no versículo 37.

aos seus pés e disse em alta voz: "Que queres comigo, Jesus, Filho do Deus Altíssimo? Rogo-te que não me atormentes!" 29Pois Jesus havia ordenado que o espírito imundo saísse daquele homem. Muitas vezes ele tinha se apoderado dele. Mesmo com os pés e as mãos acorrentados e entregue aos cuidados de guardas, quebrava as correntes, e era levado pelo demônio a lugares solitários.

30Jesus lhe perguntou: "Qual é o seu nome?"

"Legião", respondeu ele; porque muitos demônios haviam entrado nele. 31E imploravam-lhe que não os mandasse para o Abismo.

32Uma grande manada de porcos estava pastando naquela colina. Os demônios imploraram a Jesus que lhes permitisse entrar neles, e Jesus lhes deu permissão. 33Saindo do homem, os demônios entraram nos porcos, e toda a manada atirou-se precipício abaixo em direção ao lago e se afogou.

34Vendo o que acontecera, os que cuidavam dos porcos fugiram e contaram esses fatos na cidade e nos campos, 35e o povo foi ver o que havia acontecido. Quando se aproximaram de Jesus, viram que o homem de quem haviam saído os demônios estava assentado aos pés de Jesus, vestido e em perfeito juízo, e ficaram com medo. 36Os que o tinham visto contaram ao povo como o endemoninhado fora curado. 37Então, todo o povo da região dos gerasenos suplicou a Jesus que se retirasse, porque estavam dominados pelo medo. Ele entrou no barco e regressou.

38O homem de quem haviam saído os demônios suplicava-lhe que o deixasse ir com ele; mas Jesus o mandou embora, dizendo: 39"Volte para casa e conte o quanto Deus lhe fez". Assim, o homem se foi e anunciou na cidade inteira o quanto Jesus tinha feito por ele.

O poder de Jesus sobre a doença e a morte

(Mt 9.18-26; Mc 5.21-43)

40Quando Jesus voltou, uma multidão o recebeu com alegria, pois todos o esperavam. 41Então um homem chamado Jairo, dirigente da sinagoga, veio e prostrou-se aos pés de Jesus, implorando-lhe que fosse à sua casa 42porque sua única filha, de cerca de doze anos, estava à morte.

Estando Jesus a caminho, a multidão o comprimia. 43E estava ali certa mulher que havia doze anos vinha sofrendo de hemorragia e gastara tudo o que tinha com os médicos[a]; mas ninguém pudera curá-la. 44Ela chegou por trás dele, tocou na borda de seu manto, e imediatamente cessou sua hemorragia.

45"Quem tocou em mim?", perguntou Jesus.

Como todos negassem, Pedro disse: "Mestre, a multidão se aglomera e te comprime".

46Mas Jesus disse: "Alguém tocou em mim; eu sei que de mim saiu poder".

47Então a mulher, vendo que não conseguiria passar despercebida, veio tremendo e prostrou-se aos seus pés. Na presença de todo o povo contou por que tinha tocado nele e como fora instantaneamente curada. 48Então ele lhe disse: "Filha, a sua fé a curou[b]! Vá em paz".

49Enquanto Jesus ainda estava falando, chegou alguém da casa de Jairo, o dirigente da sinagoga, e disse: "Sua filha morreu. Não incomode mais o Mestre".

50Ouvindo isso, Jesus disse a Jairo: "Não tenha medo; tão somente creia, e ela será curada".

51Quando chegou à casa de Jairo, não deixou ninguém entrar com ele, exceto Pedro, João, Tiago e o pai e a mãe da criança. 52Enquanto isso, todo o povo estava se lamentando e chorando por ela. "Não chorem", disse Jesus. "Ela não está morta, mas dorme."

53Todos começaram a rir dele, pois sabiam que ela estava morta. 54Mas ele a tomou pela mão e disse: "Menina, levante-se!" 55O espírito dela voltou, e ela se levantou imediatamente. Então Jesus lhes ordenou que lhe dessem de comer. 56Os pais dela ficaram maravilhados, mas ele lhes ordenou que não contassem a ninguém o que tinha acontecido.

Jesus envia os Doze

(Mt 10.5-14; Mc 5.7-13)

9 Reunindo os Doze, Jesus deu-lhes poder e autoridade para expulsar todos os demônios e curar doenças, 2e os enviou a pregar o Reino de Deus e a curar os enfermos. 3E disse-lhes: "Não levem nada pelo caminho: nem bordão, nem saco de viagem, nem pão, nem dinheiro, nem túnica extra. 4Na casa em que vocês entrarem, fiquem ali até partirem. 5Se não os receberem, sacudam a poeira dos seus pés quando saírem daquela cidade, como testemunho contra eles". 6Então, eles saíram e foram pelos povoados, pregando o evangelho e fazendo curas por toda parte.

7Herodes, o tetrarca[c], ouviu falar de tudo o que estava acontecendo e ficou perplexo, porque algumas pessoas estavam dizendo que João tinha ressuscitado dos mortos; 8outros, que Elias tinha aparecido; e ainda outros, que um dos profetas do passado tinha voltado à vida. 9Mas Herodes disse: "João, eu decapitei! Quem, pois, é este de quem ouço essas coisas?" E procurava vê-lo.

A primeira multiplicação dos pães

(Mt 14.13-21; Mc 6.30-44; Jo 6.1-15)

10Ao voltarem, os apóstolos relataram a Jesus o que tinham feito. Então ele os tomou consigo, e retiraram-se para uma cidade chamada Betsaida; 11mas as multidões ficaram sabendo, e o seguiram. Ele as acolheu, e falava-lhes acerca do Reino de Deus, e curava os que precisavam de cura.

12Ao fim da tarde os Doze aproximaram-se dele e disseram: "Manda embora a multidão para que eles possam ir aos campos vizinhos e aos povoados, e encontrem comida e pousada, porque aqui estamos em lugar deserto".

13Ele, porém, respondeu: "Deem-lhes vocês algo para comer".

Eles disseram: "Temos apenas cinco pães e dois peixes — a menos que compremos alimento para toda esta multidão". 14(E estavam ali cerca de cinco mil homens.)

Mas ele disse aos seus discípulos: "Façam-nos sentar-se em grupos de cinquenta". 15Os discípulos assim fizeram, e todos se assentaram. 16Tomando os cinco pães e os dois peixes, e olhando para o céu, deu graças e os partiu. Em seguida, entregou-os aos discípulos para que os servissem ao povo. 17Todos comeram

[a] 8:43 Alguns manuscritos não trazem *gastara tudo o que tinha com os médicos*.

[b] 8:48 Ou *a salvou*

[c] 9:7 Um tetrarca era o governador da quarta parte de uma região.

e ficaram satisfeitos, e os discípulos recolheram doze cestos cheios de pedaços que sobraram.

A confissão de Pedro

(Mt 16.13-20; Mc 8.27-30)

18Certa vez Jesus estava orando em particular, e com ele estavam os seus discípulos; então lhes perguntou: "Quem as multidões dizem que eu sou?"

19Eles responderam: "Alguns dizem que és João Batista; outros, Elias; e, ainda outros, que és um dos profetas do passado que ressuscitou".

20"E vocês, o que dizem?", perguntou. "Quem vocês dizem que eu sou?"

Pedro respondeu: "O Cristo de Deus".

21Jesus os advertiu severamente que não contassem isso a ninguém. 22E disse: "É necessário que o Filho do homem sofra muitas coisas e seja rejeitado pelos líderes religiosos, pelos chefes dos sacerdotes e pelos mestres da lei, seja morto e ressuscite no terceiro dia".

23Jesus dizia a todos: "Se alguém quiser acompanhar-me, negue-se a si mesmo, tome diariamente a sua cruz e siga-me. 24Pois quem quiser salvar a sua vida[a], a perderá; mas quem perder a sua vida por minha causa, este a salvará. 25Pois que adianta ao homem ganhar o mundo inteiro, e perder-se ou destruir a si mesmo? 26Se alguém se envergonhar de mim e das minhas palavras, o Filho do homem se envergonhará dele, quando vier em sua glória e na glória do Pai e dos santos anjos. 27Garanto-lhes que alguns que aqui se acham de modo nenhum experimentarão a morte antes de verem o Reino de Deus".

A transfiguração

(Mt 17.1-13; Mc 9.2-13)

28Aproximadamente oito dias depois de dizer essas coisas, Jesus tomou consigo a Pedro, João e Tiago e subiu a um monte para orar. 29Enquanto orava, a aparência de seu rosto se transformou, e suas roupas ficaram alvas e resplandecentes como o brilho de um relâmpago. 30Surgiram dois homens que começaram a conversar com Jesus. Eram Moisés e Elias. 31Apareceram em glorioso esplendor, e falavam sobre a partida de Jesus, que estava para se cumprir em Jerusalém.

32Pedro e os seus companheiros estavam dominados pelo sono; acordando subitamente, viram a glória de Jesus e os dois homens que estavam com ele. 33Quando estes iam se retirando, Pedro disse a Jesus: "Mestre, é bom estarmos aqui. Façamos três tendas: uma para ti, uma para Moisés e uma para Elias". (Ele não sabia o que estava dizendo.)

34Enquanto ele estava falando, uma nuvem apareceu e os envolveu, e eles ficaram com medo ao entrarem na nuvem. 35Dela saiu uma voz que dizia: "Este é o meu Filho, o Escolhido[b]; ouçam-no!" 36Tendo-se ouvido a voz, Jesus ficou só. Os discípulos guardaram isto somente para si; naqueles dias, não contaram a ninguém o que tinham visto.

A cura de um menino endemoninhado

(Mt 17.14-23; Mc 9.14-32)

37No dia seguinte, quando desceram do monte, uma grande multidão veio ao encontro dele. 38Um homem da multidão bradou: "Mestre, rogo-te que dês atenção ao meu filho, pois é o único que tenho. 39Um espírito o domina; de repente ele grita, lança-o em convulsões e o faz espumar; quase nunca o abandona, e o está destruindo. 40Roguei aos teus discípulos que o expulsassem, mas eles não conseguiram".

41Respondeu Jesus: "Ó geração incrédula e perversa, até quando estarei com vocês e terei que suportá-los? Traga-me aqui o seu filho".

42Quando o menino vinha vindo, o demônio o lançou por terra, em convulsão. Mas Jesus repreendeu o espírito imundo, curou o menino e o entregou de volta a seu pai. 43E todos ficaram atônitos ante a grandeza de Deus.

Estando todos maravilhados com tudo o que Jesus fazia, ele disse aos seus discípulos: 44"Ouçam atentamente o que vou lhes dizer: O Filho do homem será traído e entregue nas mãos dos homens". 45Mas eles não entendiam o que isso significava; era-lhes encoberto, para que não o entendessem. E tinham receio de perguntar-lhe a respeito dessa palavra.

Quem será o maior?

(Mt 18.1-5; Mc 9.33-41)

46Começou uma discussão entre os discípulos acerca de qual deles seria o maior. 47Jesus, conhecendo os seus pensamentos, tomou uma criança e a colocou em pé, a seu lado. 48Então lhes disse: "Quem recebe esta criança em meu nome, está me recebendo; e quem me recebe, está recebendo aquele que me enviou. Pois aquele que entre vocês for o menor, este será o maior".

49Disse João: "Mestre, vimos um homem expulsando demônios em teu nome e procuramos impedi-lo, porque ele não era um dos nossos".

50"Não o impeçam", disse Jesus, "pois quem não é contra vocês, é a favor de vocês."

A oposição samaritana

51Aproximando-se o tempo em que seria elevado aos céus, Jesus partiu resolutamente em direção a Jerusalém. 52E enviou mensageiros à sua frente. Indo estes, entraram num povoado samaritano para lhe fazer os preparativos; 53mas o povo dali não o recebeu porque se notava que ele se dirigia para Jerusalém. 54Ao verem isso, os discípulos Tiago e João perguntaram: "Senhor, queres que façamos cair fogo do céu para destruí-los?"[c] 55Mas Jesus, voltando-se, os repreendeu, dizendo: "Vocês não sabem de que espécie de espírito vocês são, pois o Filho do homem não veio para destruir a vida dos homens, mas para salvá-los"[d]; 56e foram para outro povoado.

Quão difícil é seguir Jesus!

(Mt 8.19-22)

57Quando andavam pelo caminho, um homem lhe disse: "Eu te seguirei por onde quer que fores".

58Jesus respondeu: "As raposas têm suas tocas e as aves do céu têm seus ninhos, mas o Filho do homem não tem onde repousar a cabeça".

59A outro disse: "Siga-me".

Mas o homem respondeu: "Senhor, deixa-me ir primeiro sepultar meu pai".

60Jesus lhe disse: "Deixe que os mortos sepultem

[a] 9:24 Ou *alma*

[b] 9:35 Vários manuscritos dizem *o Amado*.

[c] 9:54 Alguns manuscritos dizem *destruí-los, como fez Elias?*

[d] 9:55 Muitos manuscritos não trazem esta sentença.

os seus próprios mortos; você, porém, vá e proclame
o Reino de Deus".
61 Ainda outro disse: "Vou seguir-te, Senhor, mas dei-
xa-me primeiro voltar e despedir-me da minha família".
62 Jesus respondeu: "Ninguém que põe a mão no ara-
do e olha para trás é apto para o Reino de Deus".

Jesus envia setenta e dois discípulos

10 Depois disso o Senhor designou outros setenta e
dois[a] e os enviou dois a dois, adiante dele, a todas
as cidades e lugares para onde ele estava prestes a ir.
2 E lhes disse: "A colheita é grande, mas os trabalhado-
res são poucos. Portanto, peçam ao Senhor da colheita
que mande trabalhadores para a sua colheita. 3 Vão! Eu
os estou enviando como cordeiros entre lobos. 4 Não le-
vem bolsa, nem saco de viagem, nem sandálias; e não
saúdem ninguém pelo caminho.
5 "Quando entrarem numa casa, digam primeiro: Paz
a esta casa. 6 Se houver ali um homem de paz, a paz de
vocês repousará sobre ele; se não, ela voltará para vo-
cês. 7 Fiquem naquela casa, e comam e bebam o que lhes
derem, pois o trabalhador merece o seu salário. Não fi-
quem mudando de casa em casa.
8 "Quando entrarem numa cidade e forem bem rece-
bidos, comam o que for posto diante de vocês. 9 Curem
os doentes que ali houver e digam-lhes: O Reino de
Deus está próximo de vocês. 10 Mas quando entrarem
numa cidade e não forem bem recebidos, saiam por
suas ruas e digam: 11 'Até o pó da sua cidade, que se ape-
gou aos nossos pés, sacudimos contra vocês. Fiquem
certos disto: o Reino de Deus está próximo. 12 Eu lhes
digo: Naquele dia haverá mais tolerância para Sodoma
do que para aquela cidade.
13 "Ai de você, Corazim! Ai de você, Betsaida! Porque
se os milagres que foram realizados entre vocês o fos-
sem em Tiro e Sidom, há muito tempo elas teriam se
arrependido, vestindo roupas de saco e cobrindo-se de
cinzas. 14 Mas no juízo haverá menor rigor para Tiro e
Sidom do que para vocês. 15 E você, Cafarnaum: será ele-
vada até ao céu? Não; você descerá até o Hades[b]!
16 "Aquele que lhes dá ouvidos, está me dando ou-
vidos; aquele que os rejeita, está me rejeitando; mas
aquele que me rejeita, está rejeitando aquele que me
enviou".
17 Os setenta e dois voltaram alegres e disseram:
"Senhor, até os demônios se submetem a nós, em teu
nome".
18 Ele respondeu: "Eu vi Satanás caindo do céu como
relâmpago. 19 Eu lhes dei autoridade para pisarem sobre
cobras e escorpiões, e sobre todo o poder do inimigo;
nada lhes fará dano. 20 Contudo, alegrem-se, não por-
que os espíritos se submetem a vocês, mas porque seus
nomes estão escritos nos céus".
21 Naquela hora Jesus, exultando no Espírito Santo,
disse: "Eu te louvo, Pai, Senhor do céu e da terra, porque
escondeste estas coisas dos sábios e cultos e as revelaste
aos pequeninos. Sim, Pai, pois assim foi do teu agrado.
22 "Todas as coisas me foram entregues por meu Pai.
Ninguém sabe quem é o Filho, a não ser o Pai; e nin-
guém sabe quem é o Pai, a não ser o Filho e aqueles a
quem o Filho o quiser revelar".
23 Então ele se voltou para os seus discípulos e lhes
disse em particular: "Felizes são os olhos que veem o
que vocês veem. 24 Pois eu lhes digo que muitos profe-
tas e reis desejaram ver o que vocês estão vendo, mas
não viram; e ouvir o que vocês estão ouvindo, mas não
ouviram".

A parábola do bom samaritano

25 Certa ocasião, um perito na lei levantou-se para pôr
Jesus à prova e lhe perguntou: "Mestre, o que preciso
fazer para herdar a vida eterna?"
26 "O que está escrito na Lei?", respondeu Jesus. "Co-
mo você a lê?"
27 Ele respondeu: " 'Ame o Senhor, o seu Deus, de to-
do o seu coração, de toda a sua alma, de todas as suas
forças e de todo o seu entendimento'[c] e 'Ame o seu pró-
ximo como a si mesmo'[d]".
28 Disse Jesus: "Você respondeu corretamente. Faça
isso, e viverá".
29 Mas ele, querendo justificar-se, perguntou a Jesus:
"E quem é o meu próximo?"
30 Em resposta, disse Jesus: "Um homem descia de
Jerusalém para Jericó, quando caiu nas mãos de assal-
tantes. Estes lhe tiraram as roupas, espancaram-no e se
foram, deixando-o quase morto. 31 Aconteceu estar des-
cendo pela mesma estrada um sacerdote. Quando viu o
homem, passou pelo outro lado. 32 E assim também um
levita; quando chegou ao lugar e o viu, passou pelo ou-
tro lado. 33 Mas um samaritano, estando de viagem, che-
gou onde se encontrava o homem e, quando o viu, teve
piedade dele. 34 Aproximou-se, enfaixou-lhe as feridas,
derramando nelas vinho e óleo. Depois colocou-o sobre
o seu próprio animal, levou-o para uma hospedaria e
cuidou dele. 35 No dia seguinte, deu dois denários[e] ao
hospedeiro e lhe disse: 'Cuide dele. Quando eu voltar
lhe pagarei todas as despesas que você tiver'.
36 "Qual destes três você acha que foi o próximo do
homem que caiu nas mãos dos assaltantes?"
37 "Aquele que teve misericórdia dele", respondeu o
perito na lei.
Jesus lhe disse: "Vá e faça o mesmo".

Na casa de Marta e de Maria

38 Caminhando Jesus e os seus discípulos, chegaram
a um povoado, onde certa mulher chamada Marta o
recebeu em sua casa.
39 Maria, sua irmã, ficou sentada aos pés do Senhor,
ouvindo a sua palavra. 40 Marta, porém, estava ocupada
com muito serviço. E, aproximando-se dele, perguntou:
"Senhor, não te importas que minha irmã tenha me dei-
xado sozinha com o serviço? Dize-lhe que me ajude!"
41 Respondeu o Senhor: "Marta! Marta! Você está
preocupada e inquieta com muitas coisas; 42 todavia
apenas uma é necessária.[f] Maria escolheu a boa parte,
e esta não lhe será tirada".

O ensino de Jesus acerca da oração

(Mt 6.5-15; 7.7-12)

11 Certo dia Jesus estava orando em determinado lu-
gar. Tendo terminado, um dos seus discípulos lhe

[a] 10:1 Alguns manuscritos dizem *70*; também no versículo 17.
[b] 10:15 Essa palavra pode ser traduzida por inferno, sepulcro, morte ou profundezas.
[c] 10:27 Dt 6:5
[d] 10:27 Lv 19:18
[e] 10:35 O denário era uma moeda de prata equivalente à diária de um trabalhador braçal.
[f] 10:42 Alguns manuscritos dizem *todavia, poucas coisas são necessárias.*

disse: "Senhor, ensina-nos a orar, como João ensinou
aos discípulos dele".
2Ele lhes disse: "Quando vocês orarem, digam:

" Pai![a]
Santificado seja o teu nome.
Venha o teu Reino.[b]
3Dá-nos cada dia o nosso pão cotidiano.
4Perdoa-nos os nossos pecados,
pois também perdoamos
a todos os que nos devem.
E não nos deixes cair
em[c] tentação[d]".

5Então lhes disse: "Suponham que um de vocês te-
nha um amigo e que recorra a ele à meia-noite e di-
ga: 'Amigo, empreste-me três pães, 6porque um amigo
meu chegou de viagem, e não tenho nada para lhe
oferecer'.
7"E o que estiver dentro responda: 'Não me incomo-
de. A porta já está fechada, e eu e meus filhos já esta-
mos deitados. Não posso me levantar e lhe dar o que
me pede'. 8Eu lhes digo: Embora ele não se levante para
dar-lhe o pão por ser seu amigo, por causa da impor-
tunação se levantará e lhe dará tudo o que precisar.
9"Por isso lhes digo: Peçam, e lhes será dado; bus-
quem, e encontrarão; batam, e a porta lhes será aberta.
10Pois todo o que pede, recebe; o que busca, encontra; e
àquele que bate, a porta será aberta.
11"Qual pai, entre vocês, se o filho lhe pedir um[e] pei-
xe, em lugar disso lhe dará uma cobra? 12Ou se pedir um
ovo, lhe dará um escorpião? 13Se vocês, apesar de serem
maus, sabem dar boas coisas aos seus filhos, quanto
mais o Pai que está nos céus dará o Espírito Santo a
quem o pedir!"

A acusação contra Jesus

(Mt 12.22-32; Mc 3.20-30)

14Jesus estava expulsando um demônio que era mu-
do. Quando o demônio saiu, o mudo falou, e a multi-
dão ficou admirada. 15Mas alguns deles disseram: "É
por Belzebu, o príncipe dos demônios, que ele expulsa
demônios". 16Outros o punham à prova, pedindo-lhe
um sinal do céu.
17Jesus, conhecendo os seus pensamentos, disse-lhes:
"Todo reino dividido contra si mesmo será arruinado, e
uma casa dividida contra si mesma cairá. 18Se Satanás
está dividido contra si mesmo, como o seu reino pode
subsistir? Digo isso porque vocês estão dizendo que ex-
pulso demônios por Belzebu. 19Se eu expulso demônios
por Belzebu, por quem os expulsam os filhos[f] de vocês?
Por isso, eles mesmos estarão como juízes sobre vocês.
20Mas se é pelo dedo de Deus que eu expulso demônios,
então chegou a vocês o Reino de Deus.
21"Quando um homem forte, bem armado, guarda
sua casa, seus bens estão seguros. 22Mas quando alguém
mais forte o ataca e o vence, tira-lhe a armadura em que
confiava e divide os despojos.
23"Aquele que não está comigo é contra mim, e aque-
le que comigo não ajunta, espalha.
24"Quando um espírito imundo sai de um homem,
passa por lugares áridos procurando descanso, e, não
o encontrando, diz: 'Voltarei para a casa de onde saí'.
25Quando chega, encontra a casa varrida e em ordem.
26Então vai e traz outros sete espíritos piores do que ele,
e entrando passam a viver ali. E o estado final daquele
homem torna-se pior do que o primeiro".
27Enquanto Jesus dizia estas coisas, uma mulher da
multidão exclamou: "Feliz é a mulher que te deu à luz
e te amamentou".
28Ele respondeu: "Antes, felizes são aqueles que ou-
vem a palavra de Deus e lhe obedecem".

O sinal de Jonas

(Mt 12.38-42)

29Aumentando a multidão, Jesus começou a dizer:
"Esta é uma geração perversa. Ela pede um sinal mila-
groso, mas nenhum sinal lhe será dado, exceto o sinal
de Jonas. 30Pois assim como Jonas foi um sinal para os
ninivitas, o Filho do homem também o será para esta
geração. 31A rainha do Sul se levantará no juízo com os
homens desta geração e os condenará, pois ela veio dos
confins da terra para ouvir a sabedoria de Salomão, e
agora está aqui quem é maior do que Salomão. 32Os
homens de Nínive se levantarão no juízo com esta ge-
ração e a condenarão; pois eles se arrependeram com
a pregação de Jonas, e agora está aqui quem é maior
do que Jonas.

A candeia do corpo

33"Ninguém acende uma candeia e a coloca em lu-
gar onde fique escondida ou debaixo de uma vasilha.
Ao contrário, coloca-a no lugar apropriado, para que os
que entram possam ver a luz. 34Os olhos são a candeia
do corpo. Quando os seus olhos forem bons, igualmente
todo o seu corpo estará cheio de luz. Mas quando forem
maus, igualmente o seu corpo estará cheio de trevas.
35Portanto, cuidado para que a luz que está em seu inte-
rior não sejam trevas. 36Logo, se todo o seu corpo estiver
cheio de luz, e nenhuma parte dele estiver em trevas,
estará completamente iluminado, como quando a luz
de uma candeia brilha sobre você".

Jesus condena a hipocrisia dos fariseus e dos peritos na lei

37Tendo terminado de falar, um fariseu o convidou
para comer com ele. Então Jesus foi, e reclinou-se à
mesa; 38mas o fariseu, notando que Jesus não se lava-
ra cerimonialmente antes da refeição, ficou surpreso.
39Então o Senhor lhe disse: "Vocês, fariseus, limpam
o exterior do copo e do prato, mas interiormente estão
cheios de ganância e de maldade. 40Insensatos! Quem
fez o exterior não fez também o interior? 41Mas deem
o que está dentro do prato[g] como esmola, e verão que
tudo lhes ficará limpo.
42"Ai de vocês, fariseus, porque dão a Deus o dízimo
da hortelã, da arruda e de toda a sorte de hortaliças,
mas desprezam a justiça e o amor de Deus! Vocês de-
viam praticar estas coisas, sem deixar de fazer aquelas.
43"Ai de vocês, fariseus, porque amam os lugares de
honra nas sinagogas e as saudações em público!

[a] 11:2 Muitos manuscritos dizem *Pai nosso, que estás no céu.*
[b] 11:2 Muitos manuscritos dizem *Reino. Seja feita a tua vontade assim na terra como no céu.*
[c] 11:4 Grego: *E não nos induzas à.*
[d] 11:4 Muitos manuscritos dizem *tentação, mas livra-nos do Maligno.*
[e] 11:11 Muitos manuscritos acrescentam *pão, lhe dará uma pedra, ou se pedir um*
[f] 11:19 Ou *discípulos*
[g] 11:41 Ou *o que vocês têm*

44"Ai de vocês, porque são como túmulos que não são vistos, por sobre os quais os homens andam sem o saber!"

45Um dos peritos na lei lhe respondeu: "Mestre, quando dizes essas coisas, insultas também a nós".

46"Quanto a vocês, peritos na lei", disse Jesus, "ai de vocês também!, porque sobrecarregam os homens com fardos que dificilmente eles podem carregar, e vocês mesmos não levantam nem um dedo para ajudá-los.

47"Ai de vocês, porque edificam os túmulos dos profetas, sendo que foram os seus próprios antepassados que os mataram. 48Assim vocês dão testemunho de que aprovam o que os seus antepassados fizeram. Eles mataram os profetas, e vocês lhes edificam os túmulos. 49Por isso, Deus disse em sua sabedoria: 'Eu lhes mandarei profetas e apóstolos, dos quais eles matarão alguns, e a outros perseguirão'. 50Pelo que, esta geração será considerada responsável pelo sangue de todos os profetas, derramado desde o princípio do mundo: 51desde o sangue de Abel até o sangue de Zacarias, que foi morto entre o altar e o santuário. Sim, eu lhes digo, esta geração será considerada responsável por tudo isso.

52"Ai de vocês, peritos na lei, porque se apoderaram da chave do conhecimento. Vocês mesmos não entraram e impediram os que estavam prestes a entrar!"

53Quando Jesus saiu dali, os fariseus e os mestres da lei começaram a opor-se fortemente a ele e a interrogá-lo com muitas perguntas, 54esperando apanhá-lo em algo que dissesse.

Advertências e motivações

12 Nesse meio tempo, tendo-se juntado uma multidão de milhares de pessoas, ao ponto de se atropelarem umas às outras, Jesus começou a falar primeiramente aos seus discípulos, dizendo: "Tenham cuidado com o fermento dos fariseus, que é a hipocrisia. 2Não há nada escondido que não venha a ser descoberto, ou oculto que não venha a ser conhecido. 3O que vocês disseram nas trevas será ouvido à luz do dia, e o que vocês sussurraram aos ouvidos dentro de casa, será proclamado dos telhados.

4"Eu lhes digo, meus amigos: Não tenham medo dos que matam o corpo e depois nada mais podem fazer. 5Mas eu lhes mostrarei a quem vocês devem temer: temam aquele que, depois de matar o corpo, tem poder para lançar no inferno. Sim, eu lhes digo, esse vocês devem temer. 6Não se vendem cinco pardais por duas moedinhas[a]? Contudo, nenhum deles é esquecido por Deus. 7Até os cabelos da cabeça de vocês estão todos contados. Não tenham medo; vocês valem mais do que muitos pardais!

8"Eu lhes digo: Quem me confessar diante dos homens, também o Filho do homem o confessará diante dos anjos de Deus. 9Mas aquele que me negar diante dos homens será negado diante dos anjos de Deus. 10Todo aquele que disser uma palavra contra o Filho do homem será perdoado, mas quem blasfemar contra o Espírito Santo não será perdoado.

11"Quando vocês forem levados às sinagogas e diante dos governantes e das autoridades, não se preocupem com a forma pela qual se defenderão, ou com o que dirão, 12pois naquela hora o Espírito Santo lhes ensinará o que deverão dizer".

A parábola do rico insensato

13Alguém da multidão lhe disse: "Mestre, dize a meu irmão que divida a herança comigo".

14Respondeu Jesus: "Homem, quem me designou juiz ou árbitro entre vocês?" 15Então lhes disse: "Cuidado! Fiquem de sobreaviso contra todo tipo de ganância; a vida de um homem não consiste na quantidade dos seus bens".

16Então lhes contou esta parábola: "A terra de certo homem rico produziu muito. 17Ele pensou consigo mesmo: 'O que vou fazer? Não tenho onde armazenar minha colheita'.

18"Então disse: 'Já sei o que vou fazer. Vou derrubar os meus celeiros e construir outros maiores, e ali guardarei toda a minha safra e todos os meus bens. 19E direi a mim mesmo: Você tem grande quantidade de bens, armazenados para muitos anos. Descanse, coma, beba e alegre-se'.

20"Contudo, Deus lhe disse: 'Insensato! Esta mesma noite a sua vida lhe será exigida. Então, quem ficará com o que você preparou?'

21"Assim acontece com quem guarda para si riquezas, mas não é rico para com Deus".

As preocupações da vida

(Mt 6.25-34)

22Dirigindo-se aos seus discípulos, Jesus acrescentou: "Portanto eu lhes digo: Não se preocupem com sua própria vida, quanto ao que comer; nem com seu próprio corpo, quanto ao que vestir. 23A vida é mais importante do que a comida, e o corpo, mais do que as roupas. 24Observem os corvos: não semeiam nem colhem, não têm armazéns nem celeiros; contudo, Deus os alimenta. E vocês têm muito mais valor do que as aves! 25Quem de vocês, por mais que se preocupe, pode acrescentar uma hora que seja à sua vida?[b] 26Visto que vocês não podem sequer fazer uma coisa tão pequena, por que se preocupar com o restante?

27"Observem como crescem os lírios. Eles não trabalham nem tecem. Contudo, eu lhes digo que nem Salomão, em todo o seu esplendor, vestiu-se como um deles. 28Se Deus veste assim a erva do campo, que hoje existe e amanhã é lançada ao fogo, quanto mais vestirá vocês, homens de pequena fé! 29Não busquem ansiosamente o que comer ou beber; não se preocupem com isso. 30Pois o mundo pagão é que corre atrás dessas coisas; mas o Pai sabe que vocês precisam delas. 31Busquem, pois, o Reino de Deus, e essas coisas lhes serão acrescentadas.

32"Não tenham medo, pequeno rebanho, pois foi do agrado do Pai dar-lhes o Reino. 33Vendam o que têm e deem esmolas. Façam para vocês bolsas que não se gastem com o tempo, um tesouro nos céus que não se acabe, onde ladrão algum chega perto e nenhuma traça destrói. 34Pois onde estiver o seu tesouro, ali também estará o seu coração.

Prontidão para o serviço

35"Estejam prontos para servir, e conservem acesas as suas candeias, 36como aqueles que esperam seu senhor

[a] 12:6 Grego: *dois asses.*

[b] 12:25 Ou *um único côvado à sua altura?* O côvado era uma medida linear de cerca de 45 centímetros.

voltar de um banquete de casamento; para que, quando ele chegar e bater, possam abrir-lhe a porta imediatamente. 37 Felizes os servos cujo senhor os encontrar vigiando, quando voltar. Eu lhes afirmo que ele se vestirá para servir, fará que se reclinem à mesa, e virá servi-los. 38 Mesmo que ele chegue de noite ou de madrugada[a], felizes os servos que o senhor encontrar preparados. 39 Entendam, porém, isto: se o dono da casa soubesse a que hora viria o ladrão, não permitiria que a sua casa fosse arrombada. 40 Estejam também vocês preparados, porque o Filho do homem virá numa hora em que não o esperam".

41 Pedro perguntou: "Senhor, estás contando esta parábola para nós ou para todos?"

42 O Senhor respondeu: "Quem é, pois, o administrador fiel e sensato, a quem seu senhor encarrega dos seus servos, para lhes dar sua porção de alimento no tempo devido? 43 Feliz o servo a quem o seu senhor encontrar fazendo assim quando voltar. 44 Garanto-lhes que ele o encarregará de todos os seus bens. 45 Mas suponham que esse servo diga a si mesmo: 'Meu senhor se demora a voltar', e então comece a bater nos servos e nas servas, a comer, a beber e a embriagar-se. 46 O senhor daquele servo virá num dia em que ele não o espera e numa hora que não sabe, e o punirá severamente[b] e lhe dará um lugar com os infiéis.

47 "Aquele servo que conhece a vontade de seu senhor e não prepara o que ele deseja, nem o realiza, receberá muitos açoites. 48 Mas aquele que não a conhece e pratica coisas merecedoras de castigo, receberá poucos açoites. A quem muito foi dado, muito será exigido; e a quem muito foi confiado, muito mais será pedido.

Jesus não traz paz, mas divisão

49 "Vim trazer fogo à terra, e como gostaria que já estivesse aceso! 50 Mas tenho que passar por um batismo, e como estou angustiado até que ele se realize! 51 Vocês pensam que vim trazer paz à terra? Não, eu lhes digo. Ao contrário, vim trazer divisão! 52 De agora em diante haverá cinco numa família divididos uns contra os outros: três contra dois e dois contra três. 53 Estarão divididos pai contra filho e filho contra pai, mãe contra filha e filha contra mãe, sogra contra nora e nora contra sogra".

Os sinais dos tempos

54 Dizia ele à multidão: "Quando vocês veem uma nuvem se levantando no ocidente, logo dizem: 'Vai chover', e assim acontece. 55 E quando sopra o vento sul, vocês dizem: 'Vai fazer calor', e assim ocorre. 56 Hipócritas! Vocês sabem interpretar o aspecto da terra e do céu. Como não sabem interpretar o tempo presente?

57 "Por que vocês não julgam por si mesmos o que é justo? 58 Quando algum de vocês estiver indo com seu adversário para o magistrado, faça tudo para se reconciliar com ele no caminho; para que ele não o arraste ao juiz, o juiz o entregue ao oficial de justiça, e o oficial de justiça o jogue na prisão. 59 Eu lhe digo que você não sairá de lá enquanto não pagar o último centavo[c]".

Arrependimento ou morte

13 Naquela ocasião, alguns dos que estavam presentes contaram a Jesus que Pilatos misturara o sangue de alguns galileus com os sacrifícios deles. 2 Jesus respondeu: "Vocês pensam que esses galileus eram mais pecadores que todos os outros, por terem sofrido dessa maneira? 3 Eu lhes digo que não! Mas se não se arrependerem, todos vocês também perecerão. 4 Ou vocês pensam que aqueles dezoito que morreram, quando caiu sobre eles a torre de Siloé, eram mais culpados do que todos os outros habitantes de Jerusalém? 5 Eu lhes digo que não! Mas se não se arrependerem, todos vocês também perecerão".

6 Então contou esta parábola: "Um homem tinha uma figueira plantada em sua vinha. Foi procurar fruto nela, e não achou nenhum. 7 Por isso disse ao que cuidava da vinha: 'Já faz três anos que venho procurar fruto nesta figueira e não acho. Corte-a! Por que deixá-la inutilizar a terra?'

8 "Respondeu o homem: 'Senhor, deixe-a por mais um ano, e eu cavarei ao redor dela e a adubarei. 9 Se der fruto no ano que vem, muito bem! Se não, corte-a' ".

Uma mulher curada no sábado

10 Certo sábado Jesus estava ensinando numa das sinagogas, 11 e ali estava uma mulher que tinha um espírito que a mantinha doente havia dezoito anos. Ela andava encurvada e de forma alguma podia endireitar-se. 12 Ao vê-la, Jesus chamou-a à frente e lhe disse: "Mulher, você está livre da sua doença". 13 Então lhe impôs as mãos; e imediatamente ela se endireitou, e passou a louvar a Deus.

14 Indignado porque Jesus havia curado no sábado, o dirigente da sinagoga disse ao povo: "Há seis dias em que se deve trabalhar. Venham para ser curados nesses dias, e não no sábado".

15 O Senhor lhe respondeu: "Hipócritas! Cada um de vocês não desamarra no sábado o seu boi ou jumento do estábulo e o leva dali para dar-lhe água? 16 Então, esta mulher, uma filha de Abraão a quem Satanás mantinha presa por dezoito longos anos, não deveria no dia de sábado ser libertada daquilo que a prendia?"

17 Tendo dito isso, todos os seus oponentes ficaram envergonhados, mas o povo se alegrava com todas as maravilhas que ele estava fazendo.

As parábolas do grão de mostarda e do fermento

(Mt 13.31-35; Mc 4.30-34)

18 Então Jesus perguntou: "Com que se parece o Reino de Deus? Com que o compararei? 19 É como um grão de mostarda que um homem semeou em sua horta. Ele cresceu e se tornou uma árvore, e as aves do céu fizeram ninhos em seus ramos".

20 Mais uma vez ele perguntou: "Com que compararei o Reino de Deus? 21 É como o fermento que uma mulher misturou com uma grande quantidade[d] de farinha, e toda a massa ficou fermentada".

A porta estreita

22 Depois Jesus foi pelas cidades e povoados e ensinava, prosseguindo em direção a Jerusalém. 23 Alguém lhe perguntou: "Senhor, serão poucos os salvos?"

[a] 12:38 Grego: *na segunda ou na terceira vigília da noite*. Isto é, entre 9 horas da noite e 3 horas da manhã.
[b] 12:46 Grego: *cortará ao meio*.
[c] 12:59 Grego: *lepto*.

[d] 13:21 Grego: *3 satos*. O sato era uma medida de capacidade para secos. As estimativas variam entre 7 e 13 litros.

Ele lhes disse: 24"Esforcem-se para entrar pela porta estreita, porque eu lhes digo que muitos tentarão entrar e não conseguirão. 25Quando o dono da casa se levantar e fechar a porta, vocês ficarão do lado de fora, batendo e pedindo: 'Senhor, abre-nos a porta'.

"Ele, porém, responderá: 'Não os conheço, nem sei de onde são vocês'.

26"Então vocês dirão: 'Comemos e bebemos contigo, e ensinaste em nossas ruas'.

27"Mas ele responderá: 'Não os conheço, nem sei de onde são vocês. Afastem-se de mim, todos vocês, que praticam o mal!'

28"Ali haverá choro e ranger de dentes, quando vocês virem Abraão, Isaque e Jacó, e todos os profetas no Reino de Deus, mas vocês excluídos. 29Pessoas virão do oriente e do ocidente, do norte e do sul, e ocuparão os seus lugares à mesa no Reino de Deus. 30De fato, há últimos que serão primeiros, e primeiros que serão últimos".

O lamento profético sobre Jerusalém

(Mt 23.37-39)

31Naquela mesma hora alguns fariseus aproximaram-se de Jesus e lhe disseram: "Saia e vá embora daqui, pois Herodes quer matá-lo".

32Ele respondeu: "Vão dizer àquela raposa: Expulsarei demônios e curarei o povo hoje e amanhã, e no terceiro dia estarei pronto. 33Mas, preciso prosseguir hoje, amanhã e depois de amanhã, pois certamente nenhum profeta deve morrer fora de Jerusalém!

34"Jerusalém, Jerusalém, você, que mata os profetas e apedreja os que lhe são enviados! Quantas vezes eu quis reunir os seus filhos, como a galinha reúne os seus pintinhos debaixo das suas asas, mas vocês não quiseram! 35Eis que a casa de vocês ficará deserta. Eu lhes digo que vocês não me verão mais até que digam: 'Bendito o que vem em nome do Senhor'[a]".

Jesus na casa de um fariseu

14 Certo sábado, entrando Jesus para comer na casa de um fariseu importante, observavam-no atentamente. 2À frente dele estava um homem doente, com o corpo inchado[b]. 3Jesus perguntou aos fariseus e aos peritos na lei: "É permitido ou não curar no sábado?" 4Mas eles ficaram em silêncio. Assim, tomando o homem pela mão, Jesus o curou e o mandou embora.

5Então ele lhes perguntou: "Se um de vocês tiver um filho[c] ou um boi, e este cair num poço no dia de sábado, não irá tirá-lo imediatamente?" 6E eles nada puderam responder.

7Quando notou como os convidados escolhiam os lugares de honra à mesa, Jesus lhes contou esta parábola: 8"Quando alguém o convidar para um banquete de casamento, não ocupe o lugar de honra, pois pode ser que tenha sido convidado alguém de maior honra do que você. 9Se for assim, aquele que convidou os dois virá e lhe dirá: 'Dê o lugar a este'. Então, humilhado, você precisará ocupar o lugar menos importante. 10Mas quando você for convidado, ocupe o lugar menos importante, de forma que, quando vier aquele que o convidou, diga-lhe: 'Amigo, passe para um lugar mais importante'. Então você será honrado na presença de todos os convidados. 11Pois todo o que se exalta será humilhado, e o que se humilha será exaltado".

12Então Jesus disse ao que o tinha convidado: "Quando você der um banquete ou jantar, não convide seus amigos, irmãos ou parentes, nem seus vizinhos ricos; se o fizer, eles poderão também, por sua vez, convidá-lo, e assim você será recompensado. 13Mas, quando der um banquete, convide os pobres, os aleijados, os mancos, e os cegos. 14Feliz será você, porque estes não têm como retribuir. A sua recompensa virá na ressurreição dos justos".

A parábola do grande banquete

(Mt 22.1-14)

15Ao ouvir isso, um dos que estavam à mesa com Jesus, disse-lhe: "Feliz será aquele que comer no banquete do Reino de Deus".

16Jesus respondeu: "Certo homem estava preparando um grande banquete e convidou muitas pessoas. 17Na hora de começar, enviou seu servo para dizer aos que haviam sido convidados: 'Venham, pois tudo já está pronto'.

18"Mas eles começaram, um por um, a apresentar desculpas. O primeiro disse: 'Acabei de comprar uma propriedade, e preciso ir vê-la. Por favor, desculpe-me'.

19"Outro disse: 'Acabei de comprar cinco juntas de bois e estou indo experimentá-las. Por favor, desculpe-me'.

20"Ainda outro disse: 'Acabo de me casar, por isso não posso ir'.

21"O servo voltou e relatou isso ao seu senhor. Então o dono da casa irou-se e ordenou ao seu servo: 'Vá rapidamente para as ruas e becos da cidade e traga os pobres, os aleijados, os cegos e os mancos'.

22"Disse o servo: 'O que o senhor ordenou foi feito, e ainda há lugar'.

23"Então o senhor disse ao servo: 'Vá pelos caminhos e valados e obrigue-os a entrar, para que a minha casa fique cheia. 24Eu lhes digo: Nenhum daqueles que foram convidados provará do meu banquete' ".

O preço do discipulado

25Uma grande multidão ia acompanhando Jesus; este, voltando-se para ela, disse: 26"Se alguém vem a mim e ama o seu pai, sua mãe, sua mulher, seus filhos, seus irmãos e irmãs, e até sua própria vida mais do que a mim, não pode ser meu discípulo. 27E aquele que não carrega sua cruz e não me segue não pode ser meu discípulo.

28"Qual de vocês, se quiser construir uma torre, primeiro não se assenta e calcula o preço, para ver se tem dinheiro suficiente para completá-la? 29Pois, se lançar o alicerce e não for capaz de terminá-la, todos os que a virem rirão dele, 30dizendo: 'Este homem começou a construir e não foi capaz de terminar'.

31"Ou, qual é o rei que, pretendendo sair à guerra contra outro rei, primeiro não se assenta e pensa se com dez mil homens é capaz de enfrentar aquele que vem contra ele com vinte mil? 32Se não for capaz, enviará uma delegação, enquanto o outro ainda está longe, e pedirá um acordo de paz. 33Da mesma forma, qualquer de vocês que não renunciar a tudo o que possui não pode ser meu discípulo.

[a] 13:35 Sl 118:26
[b] 14:2 Grego: *que sofria de hidropisia.*
[c] 14:5 Alguns manuscritos dizem *um jumento.*

34 "O sal é bom, mas se ele perder o sabor, como restaurá-lo? 35 Não serve nem para o solo nem para adubo; é jogado fora.

"Aquele que tem ouvidos para ouvir, ouça".

A parábola da ovelha perdida
(Mt 18.12-14)

15 Todos os publicanos e pecadores estavam se reunindo para ouvi-lo. 2 Mas os fariseus e os mestres da lei o criticavam: "Este homem recebe pecadores e come com eles".

3 Então Jesus lhes contou esta parábola: 4 "Qual de vocês que, possuindo cem ovelhas, e perdendo uma, não deixa as noventa e nove no campo e vai atrás da ovelha perdida, até encontrá-la? 5 E quando a encontra, coloca-a alegremente nos ombros 6 e vai para casa. Ao chegar, reúne seus amigos e vizinhos e diz: 'Alegrem-se comigo, pois encontrei minha ovelha perdida'. 7 Eu lhes digo que, da mesma forma, haverá mais alegria no céu por um pecador que se arrepende do que por noventa e nove justos que não precisam arrepender-se.

A parábola da moeda perdida

8 "Ou, qual é a mulher que, possuindo dez dracmas[a] e, perdendo uma delas, não acende uma candeia, varre a casa e procura atentamente, até encontrá-la? 9 E quando a encontra, reúne suas amigas e vizinhas e diz: 'Alegrem-se comigo, pois encontrei minha moeda perdida'. 10 Eu lhes digo que, da mesma forma, há alegria na presença dos anjos de Deus por um pecador que se arrepende".

A parábola do filho perdido

11 Jesus continuou: "Um homem tinha dois filhos. 12 O mais novo disse ao seu pai: 'Pai, quero a minha parte da herança'. Assim, ele repartiu sua propriedade entre eles.

13 "Não muito tempo depois, o filho mais novo reuniu tudo o que tinha, e foi para uma região distante; e lá desperdiçou os seus bens vivendo irresponsavelmente. 14 Depois de ter gasto tudo, houve uma grande fome em toda aquela região, e ele começou a passar necessidade. 15 Por isso foi empregar-se com um dos cidadãos daquela região, que o mandou para o seu campo a fim de cuidar de porcos. 16 Ele desejava encher o estômago com as vagens de alfarrobeira que os porcos comiam, mas ninguém lhe dava nada.

17 "Caindo em si, ele disse: 'Quantos empregados de meu pai têm comida de sobra, e eu aqui, morrendo de fome! 18 Eu me porei a caminho e voltarei para meu pai, e lhe direi: Pai, pequei contra o céu e contra ti. 19 Não sou mais digno de ser chamado teu filho; trata-me como um dos teus empregados'. 20 A seguir, levantou-se e foi para seu pai.

"Estando ainda longe, seu pai o viu e, cheio de compaixão, correu para seu filho, e o abraçou e beijou.

21 "O filho lhe disse: 'Pai, pequei contra o céu e contra ti. Não sou mais digno de ser chamado teu filho[b]'.

22 "Mas o pai disse aos seus servos: 'Depressa! Tragam a melhor roupa e vistam nele. Coloquem um anel em seu dedo e calçados em seus pés. 23 Tragam o novilho gordo e matem-no. Vamos fazer uma festa e alegrar-nos. 24 Pois este meu filho estava morto e voltou à vida; estava perdido e foi achado'. E começaram a festejar o seu regresso.

25 "Enquanto isso, o filho mais velho estava no campo. Quando se aproximou da casa, ouviu a música e a dança. 26 Então chamou um dos servos e perguntou-lhe o que estava acontecendo. 27 Este lhe respondeu: 'Seu irmão voltou, e seu pai matou o novilho gordo, porque o recebeu de volta são e salvo'.

28 "O filho mais velho encheu-se de ira, e não quis entrar. Então seu pai saiu e insistiu com ele. 29 Mas ele respondeu ao seu pai: 'Olha! todos esses anos tenho trabalhado como um escravo ao teu serviço e nunca desobedeci às tuas ordens. Mas tu nunca me deste nem um cabrito para eu festejar com os meus amigos. 30 Mas quando volta para casa esse teu filho, que esbanjou os teus bens com as prostitutas, matas o novilho gordo para ele!'

31 "Disse o pai: 'Meu filho, você está sempre comigo, e tudo o que tenho é seu. 32 Mas nós tínhamos que celebrar a volta deste seu irmão e alegrar-nos, porque ele estava morto e voltou à vida, estava perdido e foi achado' ".

A parábola do administrador astuto

16 Jesus disse aos seus discípulos: "O administrador de um homem rico foi acusado de estar desperdiçando os seus bens. 2 Então ele o chamou e lhe perguntou: 'Que é isso que estou ouvindo a seu respeito? Preste contas da sua administração, porque você não pode continuar sendo o administrador'.

3 "O administrador disse a si mesmo: 'Meu senhor está me despedindo. Que farei? Para cavar não tenho força, e tenho vergonha de mendigar... 4 Já sei o que vou fazer para que, quando perder o meu emprego aqui, as pessoas me recebam em suas casas'.

5 "Então chamou cada um dos devedores do seu senhor. Perguntou ao primeiro: 'Quanto você deve ao meu senhor?' 6 'Cem potes[c] de azeite', respondeu ele.

"O administrador lhe disse: 'Tome a sua conta, sente-se depressa e escreva cinquenta'.

7 "A seguir ele perguntou ao segundo: 'E você, quanto deve?' 'Cem tonéis[d] de trigo', respondeu ele.

"Ele lhe disse: 'Tome a sua conta e escreva oitenta'.

8 "O senhor elogiou o administrador desonesto, porque agiu astutamente. Pois os filhos deste mundo são mais astutos no trato entre si do que os filhos da luz. 9 Por isso, eu lhes digo: Usem a riqueza deste mundo ímpio para ganhar amigos, de forma que, quando ela acabar, estes os recebam nas moradas eternas.

10 "Quem é fiel no pouco, também é fiel no muito, e quem é desonesto no pouco, também é desonesto no muito. 11 Assim, se vocês não forem dignos de confiança em lidar com as riquezas deste mundo ímpio, quem lhes confiará as verdadeiras riquezas? 12 E se vocês não forem dignos de confiança em relação ao que é dos outros, quem lhes dará o que é de vocês?

13 "Nenhum servo pode servir a dois senhores; pois odiará um e amará outro, ou se dedicará a um e

[a] **15:8** A dracma era uma moeda de prata equivalente à diária de um trabalhador braçal.

[b] **15:21** Alguns manuscritos acrescentam *Trata-me como um dos teus empregados.*

[c] **16:6** Grego: *100 batos*. O bato era uma medida de capacidade. As estimativas variam entre 20 e 40 litros.

[d] **16:7** Grego: *100 coros*. O coro era uma medida de capacidade. As estimativas variam entre 200 e 400 litros.

desprezará outro. Vocês não podem servir a Deus e ao
Dinheiro[a]".
14Os fariseus, que amavam o dinheiro, ouviam tu-
do isso e zombavam de Jesus. 15Ele lhes disse: "Vocês
são os que se justificam a si mesmos aos olhos dos ho-
mens, mas Deus conhece o coração de vocês. Aquilo
que tem muito valor entre os homens é detestável aos
olhos de Deus.

Outros ensinamentos

16"A Lei e os Profetas profetizaram até João. Desse
tempo em diante estão sendo pregadas as boas novas
do Reino de Deus, e todos tentam forçar sua entrada
nele. 17É mais fácil os céus e a terra desaparecerem do
que cair da Lei o menor traço.
18"Quem se divorciar de sua mulher e se casar com
outra mulher estará cometendo adultério, e o homem
que se casar com uma mulher divorciada estará come-
tendo adultério.

O rico e Lázaro

19"Havia um homem rico que se vestia de púrpura e
de linho fino e vivia no luxo todos os dias. 20Diante do
seu portão fora deixado um mendigo chamado Lázaro,
coberto de chagas; 21este ansiava comer o que caía da
mesa do rico. Até os cães vinham lamber suas feridas.
22"Chegou o dia em que o mendigo morreu, e os
anjos o levaram para junto de Abraão. O rico também
morreu e foi sepultado. 23No Hades[b], onde estava sen-
do atormentado, ele olhou para cima e viu Abraão de
longe, com Lázaro ao seu lado. 24Então, chamou-o: 'Pai
Abraão, tem misericórdia de mim e manda que Lázaro
molhe a ponta do dedo na água e refresque a minha lín-
gua, porque estou sofrendo muito neste fogo'.
25"Mas Abraão respondeu: 'Filho, lembre-se de que
durante a sua vida você recebeu coisas boas, enquanto
que Lázaro recebeu coisas más. Agora, porém, ele está
sendo consolado aqui e você está em sofrimento. 26E
além disso, entre vocês e nós há um grande abismo,
de forma que os que desejam passar do nosso lado pa-
ra o seu, ou do seu lado para o nosso, não conseguem'.
27"Ele respondeu: 'Então eu te suplico, pai: manda
Lázaro ir à casa de meu pai, 28pois tenho cinco irmãos.
Deixa que ele os avise, a fim de que eles não venham
também para este lugar de tormento'.
29"Abraão respondeu: 'Eles têm Moisés e os Profe-
tas; que os ouçam'.
30" 'Não, pai Abraão', disse ele, 'mas se alguém dentre
os mortos fosse até eles, eles se arrependeriam.'
31"Abraão respondeu: 'Se não ouvem a Moisés e aos
Profetas, tampouco se deixarão convencer, ainda que
ressuscite alguém dentre os mortos' ".

O pecado, a fé e o dever

17 Jesus disse aos seus discípulos: "É inevitável que
aconteçam coisas que levem o povo a tropeçar, mas
ai da pessoa por meio de quem elas acontecem. 2Seria
melhor que ela fosse lançada no mar com uma pedra de
moinho amarrada no pescoço, do que levar um desses
pequeninos a pecar. 3Tomem cuidado.
"Se o seu irmão pecar, repreenda-o e, se ele se ar-
repender, perdoe-lhe. 4Se pecar contra você sete vezes
no dia, e sete vezes voltar a você e disser: 'Estou arre-
pendido', perdoe-lhe".
5Os apóstolos disseram ao Senhor: "Aumenta a nos-
sa fé!"
6Ele respondeu: "Se vocês tiverem fé do tamanho de
uma semente de mostarda, poderão dizer a esta amo-
reira: 'Arranque-se e plante-se no mar', e ela lhes obe-
decerá.
7"Qual de vocês que, tendo um servo que esteja aran-
do ou cuidando das ovelhas, lhe dirá, quando ele che-
gar do campo: 'Venha agora e sente-se para comer'? 8Ao
contrário, não dirá: 'Prepare o meu jantar, apronte-se e
sirva-me enquanto como e bebo; depois disso você po-
de comer e beber'? 9Será que ele agradecerá ao servo
por ter feito o que lhe foi ordenado? 10Assim também
vocês, quando tiverem feito tudo o que lhes for orde-
nado, devem dizer: 'Somos servos inúteis; apenas cum-
primos o nosso dever' ".

Dez leprosos são curados

11A caminho de Jerusalém, Jesus passou pela divi-
sa entre Samaria e Galileia. 12Ao entrar num povoado,
dez leprosos[c] dirigiram-se a ele. Ficaram a certa dis-
tância 13e gritaram em alta voz: "Jesus, Mestre, tem pie-
dade de nós!"
14Ao vê-los, ele disse: "Vão mostrar-se aos sacerdo-
tes". Enquanto eles iam, foram purificados.
15Um deles, quando viu que estava curado, voltou,
louvando a Deus em alta voz. 16Prostrou-se aos pés de
Jesus e lhe agradeceu. Este era samaritano.
17Jesus perguntou: "Não foram purificados todos os
dez? Onde estão os outros nove? 18Não se achou ne-
nhum que voltasse e desse louvor a Deus, a não ser es-
te estrangeiro?" 19Então ele lhe disse: "Levante-se e vá;
a sua fé o salvou[d]".

A vinda do Reino de Deus

20Certa vez, tendo sido interrogado pelos fariseus
sobre quando viria o Reino de Deus, Jesus respondeu:
"O Reino de Deus não vem de modo visível, 21nem se
dirá: 'Aqui está ele', ou 'Lá está'; porque o Reino de Deus
está entre[e] vocês".
22Depois disse aos seus discípulos: "Chegará o tem-
po em que vocês desejarão ver um dos dias do Filho do
homem, mas não verão. 23Dirão a vocês: 'Lá está ele!' ou
'Aqui está!' Não se apressem em segui-los. 24Pois o Fi-
lho do homem no seu dia[f] será como o relâmpago cujo
brilho vai de uma extremidade à outra do céu. 25Mas
antes é necessário que ele sofra muito e seja rejeitado
por esta geração.
26"Assim como foi nos dias de Noé, também será nos
dias do Filho do homem. 27O povo vivia comendo, be-
bendo, casando-se e sendo dado em casamento, até o
dia em que Noé entrou na arca. Então veio o Dilúvio e
os destruiu a todos.
28"Aconteceu a mesma coisa nos dias de Ló. O po-
vo estava comendo e bebendo, comprando e venden-
do, plantando e construindo. 29Mas no dia em que Ló
saiu de Sodoma, choveu fogo e enxofre do céu e os des-
truiu a todos.

[a] 16:13 Grego: *Mamom*.
[b] 16:23 Essa palavra pode ser traduzida por inferno, sepulcro, morte ou profundezas.

[c] 17:12 O termo grego não se refere somente à lepra, mas também a diversas doenças da pele.
[d] 17:19 Ou *o curou*
[e] 17:21 Ou *dentro de*
[f] 17:24 Alguns manuscritos não trazem *no seu dia*.

30"Acontecerá exatamente assim no dia em que o Filho do homem for revelado. 31Naquele dia, quem estiver no telhado de sua casa, não deve descer para apanhar os seus bens dentro de casa. Semelhantemente, quem estiver no campo, não deve voltar atrás por coisa alguma. 32Lembrem-se da mulher de Ló! 33Quem tentar conservar a sua vida a perderá, e quem perder a sua vida a preservará. 34Eu lhes digo: Naquela noite duas pessoas estarão numa cama; uma será tirada e a outra deixada. 35Duas mulheres estarão moendo trigo juntas; uma será tirada e a outra deixada. 36Duas pessoas estarão no campo; uma será tirada e a outra deixada[a]".

37"Onde, Senhor?", perguntaram eles.

Ele respondeu: "Onde houver um cadáver, ali se ajuntarão os abutres".

A parábola da viúva persistente

18 Então Jesus contou aos seus discípulos uma parábola, para mostrar-lhes que eles deviam orar sempre e nunca desanimar. 2Ele disse: "Em certa cidade havia um juiz que não temia a Deus nem se importava com os homens. 3E havia naquela cidade uma viúva que se dirigia continuamente a ele, suplicando-lhe: 'Faze-me justiça contra o meu adversário'.

4"Por algum tempo ele se recusou. Mas finalmente disse a si mesmo: 'Embora eu não tema a Deus e nem me importe com os homens, 5esta viúva está me aborrecendo; vou fazer-lhe justiça para que ela não venha mais me importunar' ".

6E o Senhor continuou: "Ouçam o que diz o juiz injusto. 7Acaso Deus não fará justiça aos seus escolhidos, que clamam a ele dia e noite? Continuará fazendo-os esperar? 8Eu lhes digo: Ele lhes fará justiça, e depressa. Contudo, quando o Filho do homem vier, encontrará fé na terra?"

A parábola do fariseu e do publicano

9A alguns que confiavam em sua própria justiça e desprezavam os outros, Jesus contou esta parábola: 10"Dois homens subiram ao templo para orar; um era fariseu e o outro, publicano. 11O fariseu, em pé, orava no íntimo: 'Deus, eu te agradeço porque não sou como os outros homens: ladrões, corruptos, adúlteros; nem mesmo como este publicano. 12Jejuo duas vezes por semana e dou o dízimo de tudo quanto ganho'.

13"Mas o publicano ficou a distância. Ele nem ousava olhar para o céu, mas batendo no peito, dizia: 'Deus, tem misericórdia de mim, que sou pecador'.

14"Eu lhes digo que este homem, e não o outro, foi para casa justificado diante de Deus. Pois quem se exalta será humilhado, e quem se humilha será exaltado".

Jesus e as crianças

(Mt 19.13-15; Mc 10.13-16)

15O povo também estava trazendo criancinhas para que Jesus tocasse nelas. Ao verem isso, os discípulos repreendiam aqueles que as tinham trazido. 16Mas Jesus chamou a si as crianças e disse: "Deixem vir a mim as crianças e não as impeçam; pois o Reino de Deus pertence aos que são semelhantes a elas. 17Digo-lhes a verdade: Quem não receber o Reino de Deus como uma criança, nunca entrará nele".

[a] 17:36 Muitos manuscritos não trazem este versículo.

Jesus e o homem rico

(Mt 19.16-30; Mc 10.17-31)

18Certo homem importante lhe perguntou: "Bom Mestre, que farei para herdar a vida eterna?"

19"Por que você me chama bom?", respondeu Jesus. "Não há ninguém que seja bom, a não ser somente Deus. 20Você conhece os mandamentos: 'Não adulterarás, não matarás, não furtarás, não darás falso testemunho, honra teu pai e tua mãe'[b]."

21"A tudo isso tenho obedecido desde a adolescência", disse ele.

22Ao ouvir isso, disse-lhe Jesus: "Falta-lhe ainda uma coisa. Venda tudo o que você possui e dê o dinheiro aos pobres, e você terá um tesouro nos céus. Depois venha e siga-me".

23Ouvindo isso, ele ficou triste, porque era muito rico. 24Vendo-o entristecido, Jesus disse: "Como é difícil aos ricos entrar no Reino de Deus! 25De fato, é mais fácil passar um camelo pelo fundo de uma agulha do que um rico entrar no Reino de Deus".

26Os que ouviram isso perguntaram: "Então, quem pode ser salvo?"

27Jesus respondeu: "O que é impossível para os homens é possível para Deus".

28Pedro lhe disse: "Nós deixamos tudo o que tínhamos para seguir-te!"

29Respondeu Jesus: "Digo-lhes a verdade: Ninguém que tenha deixado casa, mulher, irmãos, pai ou filhos por causa do Reino de Deus 30deixará de receber, na presente era, muitas vezes mais, e, na era futura, a vida eterna".

Jesus prediz novamente sua morte e ressurreição

(Mt 20.17-19; Mc 10.32-34)

31Jesus chamou à parte os Doze e lhes disse: "Estamos subindo para Jerusalém, e tudo o que está escrito pelos profetas acerca do Filho do homem se cumprirá. 32Ele será entregue aos gentios[c] que zombarão dele, o insultarão, cuspirão nele, o açoitarão e o matarão. 33No terceiro dia ele ressuscitará".

34Os discípulos não entenderam nada dessas coisas. O significado dessas palavras lhes estava oculto, e eles não sabiam do que ele estava falando.

Um mendigo cego recupera a visão

(Mt 20.29-34; Mc 10.46-52)

35Ao aproximar-se Jesus de Jericó, um homem cego estava sentado à beira do caminho, pedindo esmola. 36Quando ouviu a multidão passando, ele perguntou o que estava acontecendo. 37Disseram-lhe: "Jesus de Nazaré está passando".

38Então ele se pôs a gritar: "Jesus, filho de Davi, tem misericórdia de mim!"

39Os que iam adiante o repreendiam para que ficasse quieto, mas ele gritava ainda mais: "Filho de Davi, tem misericórdia de mim!"

40Jesus parou e ordenou que o homem lhe fosse trazido. Quando ele chegou perto, Jesus perguntou-lhe: 41"O que você quer que eu lhe faça?"

"Senhor, eu quero ver", respondeu ele.

[b] 18:20 Êx 20:12-16; Dt 5:16-20

[c] 18:32 Isto é, os que não são judeus.

42 Jesus lhe disse: "Recupere a visão! A sua fé o
curou[a]". 43 Imediatamente ele recuperou a visão, e se-
guia Jesus glorificando a Deus. Quando todo o povo viu
isso, deu louvores a Deus.

Zaqueu, o publicano

19 Jesus entrou em Jericó, e atravessava a cidade. 2 Ha-
via ali um homem rico chamado Zaqueu, chefe dos
publicanos. 3 Ele queria ver quem era Jesus, mas, sen-
do de pequena estatura, não o conseguia, por causa da
multidão. 4 Assim, correu adiante e subiu numa figueira
brava para vê-lo, pois Jesus ia passar por ali.
5 Quando Jesus chegou àquele lugar, olhou para ci-
ma e lhe disse: "Zaqueu, desça depressa. Quero ficar
em sua casa hoje". 6 Então ele desceu rapidamente e o
recebeu com alegria.
7 Todo o povo viu isso e começou a se queixar: "Ele
se hospedou na casa de um pecador".
8 Mas Zaqueu levantou-se e disse ao Senhor: "Olha,
Senhor! Estou dando a metade dos meus bens aos po-
bres; e se de alguém extorqui alguma coisa, devolverei
quatro vezes mais".
9 Jesus lhe disse: "Hoje houve salvação nesta casa! Por-
que este homem também é filho de Abraão. 10 Pois o Filho
do homem veio buscar e salvar o que estava perdido".

A parábola das dez minas

11 Estando eles a ouvi-lo, Jesus passou a contar-lhes
uma parábola, porque estava perto de Jerusalém e o
povo pensava que o Reino de Deus ia se manifestar de
imediato. 12 Ele disse: "Um homem de nobre nascimento
foi para uma terra distante para ser coroado rei e de-
pois voltar. 13 Então, chamou dez dos seus servos e lhes
deu dez minas[b]. Disse ele: 'Façam esse dinheiro render
até a minha volta'.
14 "Mas os seus súditos o odiavam e por isso envia-
ram uma delegação para lhe dizer: 'Não queremos que
este homem seja nosso rei'.
15 "Contudo, ele foi feito rei e voltou. Então mandou
chamar os servos a quem dera o dinheiro, a fim de sa-
ber quanto tinham lucrado.
16 "O primeiro veio e disse: 'Senhor, a tua mina ren-
deu outras dez'.
17 " 'Muito bem, meu bom servo!', respondeu o seu
senhor. 'Por ter sido confiável no pouco, governe so-
bre dez cidades.'
18 "O segundo veio e disse: 'Senhor, a tua mina ren-
deu cinco vezes mais'.
19 "O seu senhor respondeu: 'Também você, encarre-
gue-se de cinco cidades'.
20 "Então veio outro servo e disse: 'Senhor, aqui es-
tá a tua mina; eu a conservei guardada num pedaço de
pano. 21 Tive medo, porque és um homem severo. Tiras
o que não puseste e colhes o que não semeaste'.
22 "O seu senhor respondeu: 'Eu o julgarei pelas suas
próprias palavras, servo mau! Você sabia que sou homem
severo, que tiro o que não pus e colho o que não semeei.
23 Então, por que não confiou o meu dinheiro ao ban-
co? Assim, quando eu voltasse o receberia com os juros'.
24 "E disse aos que estavam ali: 'Tomem dele a sua
mina e deem-na ao que tem dez'.
25 " 'Senhor', disseram, 'ele já tem dez!'
26 "Ele respondeu: 'Eu lhes digo que a quem tem,
mais será dado, mas a quem não tem, até o que tiver
lhe será tirado. 27 E aqueles inimigos meus, que não que-
riam que eu reinasse sobre eles, tragam-nos aqui e ma-
tem-nos na minha frente!' "

A entrada triunfal
(Mt 21.1-11; Mc 11.1-11; Jo 12.12-19)

28 Depois de dizer isso, Jesus foi adiante, subindo pa-
ra Jerusalém. 29 Ao aproximar-se de Betfagé e de Be-
tânia, no monte chamado das Oliveiras, enviou dois
dos seus discípulos, dizendo-lhes: 30 "Vão ao povoado
que está adiante e, ao entrarem, encontrarão um ju-
mentinho amarrado, no qual ninguém jamais montou.
Desamarrem-no e tragam-no aqui. 31 Se alguém lhes per-
guntar: 'Por que o estão desamarrando?' digam-lhe: O
Senhor precisa dele ".
32 Os que tinham sido enviados foram e encontraram
o animal exatamente como ele lhes tinha dito. 33 Quan-
do estavam desamarrando o jumentinho, os seus donos
lhes perguntaram: "Por que vocês estão desamarrando
o jumentinho?"
34 Eles responderam: "O Senhor precisa dele".
35 Levaram-no a Jesus, lançaram seus mantos sobre
o jumentinho e fizeram que Jesus montasse nele. 36 En-
quanto ele prosseguia, o povo estendia os seus mantos
pelo caminho. 37 Quando ele já estava perto da descida
do monte das Oliveiras, toda a multidão dos discípu-
los começou a louvar a Deus alegremente e em alta voz,
por todos os milagres que tinham visto. Exclamavam:

38 "Bendito é o rei que vem
em nome do Senhor!"[c]
"Paz no céu
e glória nas alturas!"

39 Alguns dos fariseus que estavam no meio da mul-
tidão disseram a Jesus: "Mestre, repreende os teus dis-
cípulos!"
40 "Eu lhes digo", respondeu ele; "se eles se calarem,
as pedras clamarão."

Lamento sobre Jerusalém

41 Quando se aproximou e viu a cidade, Jesus chorou
sobre ela 42 e disse: "Se você compreendesse neste dia,
sim, você também, o que traz a paz! Mas agora isso está
oculto aos seus olhos. 43 Virão dias em que os seus ini-
migos construirão trincheiras contra você, a rodearão e
a cercarão de todos os lados. 44 Também a lançarão por
terra, você e os seus filhos. Não deixarão pedra sobre
pedra, porque você não reconheceu a oportunidade que
Deus lhe concedeu".

Jesus purifica o templo
(Mt 21.12-17; Mc 11.15-19)

45 Então ele entrou no templo e começou a expulsar
os que estavam vendendo. 46 Disse-lhes: "Está escrito:
'A minha casa será casa de oração'[d]; mas vocês fizeram
dela 'um covil de ladrões'[e]".
47 Todos os dias ele ensinava no templo. Mas os chefes
dos sacerdotes, os mestres da lei e os líderes do povo

[a] 18:42 Ou *o salvou*
[b] 19:13 Isto é, cerca de 1/2 quilo de prata, ou seja, o salário de 3 meses de um trabalhador braçal.
[c] 19:38 Sl 118:26
[d] 19:46 Is 56:7
[e] 19:46 Jr 7:11

procuravam matá-lo. 48Todavia, não conseguiam encon-
trar uma forma de fazê-lo, porque todo o povo estava
fascinado pelas suas palavras.

A autoridade de Jesus é questionada

(Mt 21.23-27; Mc 11.27-33)

20Certo dia, quando Jesus estava ensinando o po-
vo no templo e pregando as boas novas, chega-
ram-se a ele os chefes dos sacerdotes, os mestres da lei
e os líderes religiosos, 2e lhe perguntaram: "Com que
autoridade estás fazendo estas coisas? Quem te deu es-
ta autoridade?"
3Ele respondeu: "Eu também lhes farei uma per-
gunta; digam-me: 4O batismo de João era do céu, ou
dos homens?"
5Eles discutiam entre si, dizendo: "Se dissermos: Do
céu, ele perguntará: 'Então por que vocês não creram
nele?' 6Mas se dissermos: Dos homens, todo o povo nos
apedrejará, porque convencidos estão de que João era
um profeta".
7Por isso responderam: "Não sabemos de onde era".
8Disse então Jesus: "Tampouco lhes direi com que
autoridade estou fazendo estas coisas".

A parábola dos lavradores

(Mt 21.33-46; Mc 12.1-12)

9Então Jesus passou a contar ao povo esta parábo-
la: "Certo homem plantou uma vinha, arrendou-a a al-
guns lavradores e ausentou-se por longo tempo. 10Na
época da colheita, ele enviou um servo aos lavradores,
para que lhe entregassem parte do fruto da vinha. Mas
os lavradores o espancaram e o mandaram embora de
mãos vazias. 11Ele mandou outro servo, mas a esse tam-
bém espancaram e o trataram de maneira humilhante,
mandando-o embora de mãos vazias. 12Enviou ainda
um terceiro, e eles o feriram e o expulsaram da vinha.
13"Então o proprietário da vinha disse: 'Que farei?
Mandarei meu filho amado; quem sabe o respeitarão'.
14"Mas quando os lavradores o viram, combinaram
entre si dizendo: 'Este é o herdeiro. Vamos matá-lo, e
a herança será nossa'. 15Assim, lançaram-no fora da vi-
nha e o mataram.
"O que lhes fará então o dono da vinha? 16Virá, mata-
rá aqueles lavradores e dará a vinha a outros".
Quando o povo ouviu isso, disse: "Que isso nunca
aconteça!"
17Jesus olhou fixamente para eles e perguntou: "En-
tão, qual é o significado do que está escrito?

'A pedra que os construtores rejeitaram
tornou-se a pedra angular.'[a]

18Todo o que cair sobre esta pedra será despedaça-
do, e aquele sobre quem ela cair será reduzido a pó".
19Os mestres da lei e os chefes dos sacerdotes pro-
curavam uma forma de prendê-lo imediatamente, pois
perceberam que era contra eles que ele havia contado
essa parábola. Todavia tinham medo do povo.

O pagamento de imposto a César

(Mt 22.15-22; Mc 12.13-17)

20Pondo-se a vigiá-lo, eles mandaram espiões que
se fingiam justos para apanhar Jesus em alguma coisa
que ele dissesse, de forma que o pudessem entregar ao
poder e à autoridade do governador.
21Assim, os espiões lhe perguntaram: "Mestre, sa-
bemos que falas e ensinas o que é correto, e que não
mostras parcialidade, mas ensinas o caminho de Deus
conforme a verdade. 22É certo pagar imposto a César
ou não?"
23Ele percebeu a astúcia deles e lhes disse: 24"Mos-
trem-me um denário[b]. De quem é a imagem e a inscri-
ção que há nele?"
25"De César", responderam eles.
Ele lhes disse: "Portanto, deem[c] a César o que é de
César, e a Deus o que é de Deus".
26E não conseguiram apanhá-lo em nenhuma pa-
lavra diante do povo. Admirados com a sua resposta,
ficaram em silêncio.

A realidade da ressurreição

(Mt 22.23-33; Mc 12.18-27)

27Alguns dos saduceus, que dizem que não há res-
surreição, aproximaram-se de Jesus com a seguinte
questão: 28"Mestre", disseram eles, "Moisés nos deixou
escrito que, se o irmão de um homem morrer e deixar
a mulher sem filhos, este deverá casar-se com a viúva
e ter filhos para seu irmão. 29Havia sete irmãos. O pri-
meiro casou-se e morreu sem deixar filhos. 30O segun-
do 31e o terceiro e depois também os outros casaram-se
com ela; e morreram os sete sucessivamente, sem dei-
xar filhos. 32Finalmente morreu também a mulher. 33Na
ressurreição, de quem ela será esposa, visto que os sete
foram casados com ela?"
34Jesus respondeu: "Os filhos desta era casam-se e
são dados em casamento, 35mas os que forem conside-
rados dignos de tomar parte na era que há de vir e na
ressurreição dos mortos não se casarão nem serão da-
dos em casamento, 36e não podem mais morrer, pois são
como os anjos. São filhos de Deus, visto que são filhos
da ressurreição. 37E que os mortos ressuscitam, já Moi-
sés mostrou, no relato da sarça, quando ao Senhor ele
chama 'Deus de Abraão, Deus de Isaque e Deus de Ja-
có'[d]. 38Ele não é Deus de mortos, mas de vivos, pois pa-
ra ele todos vivem".
39Alguns dos mestres da lei disseram: "Respondes-
te bem, Mestre!" 40E ninguém mais ousava fazer-lhe
perguntas.

O Cristo é Senhor de Davi

(Mt 22.41-46; Mc 12.35-37)

41Então Jesus lhes perguntou: "Como dizem que o
Cristo é Filho de Davi?
42"O próprio Davi afirma no Livro de Salmos:

" 'O Senhor disse
ao meu Senhor:
Senta-te à minha direita
43até que eu ponha
os teus inimigos
como estrado
para os teus pés'[e].

[a] 20:17 Sl 118:22

[b] 20:24 O denário era uma moeda de prata equivalente à diária de um trabalhador braçal.

[c] 20:25 Ou *devolvam*

[d] 20:37 Êx 3:6

[e] 20:42-43 Sl 110:1

44Portanto Davi o chama 'Senhor'. Então, como é que
ele pode ser seu filho?"
45Estando todo o povo a ouvi-lo, Jesus disse aos seus
discípulos: 46"Cuidado com os mestres da lei. Eles fazem
questão de andar com roupas especiais, e gostam muito
de receber saudações nas praças e de ocupar os lugares
mais importantes nas sinagogas e os lugares de hon-
ra nos banquetes. 47Eles devoram as casas das viúvas,
e, para disfarçar, fazem longas orações. Esses homens
serão punidos com maior rigor!"

A oferta da viúva

(Mc 12.41-44)

21Jesus olhou e viu os ricos colocando suas contri-
buições nas caixas de ofertas. 2Viu também uma
viúva pobre colocar duas pequeninas moedas de co-
bre[a]. 3E disse: "Afirmo-lhes que esta viúva pobre colo-
cou mais do que todos os outros. 4Todos esses deram
do que lhes sobrava; mas ela, da sua pobreza, deu tudo
o que possuía para viver".

O sinal do fim dos tempos

(Mt 24.1-35; Mc 13.1-31)

5Alguns dos seus discípulos estavam comentando
como o templo era adornado com lindas pedras e dá-
divas dedicadas a Deus. Mas Jesus disse: 6"Disso que
vocês estão vendo, dias virão em que não ficará pedra
sobre pedra; serão todas derrubadas".
7"Mestre", perguntaram eles, "quando acontecerão
essas coisas? E qual será o sinal de que elas estão pres-
tes a acontecer?"
8Ele respondeu: "Cuidado para não serem engana-
dos. Pois muitos virão em meu nome, dizendo: 'Sou
eu!' e 'O tempo está próximo'. Não os sigam. 9Quando
ouvirem falar de guerras e rebeliões, não tenham me-
do. É necessário que primeiro aconteçam essas coisas,
mas o fim não virá imediatamente".
10Então lhes disse: "Nação se levantará contra nação,
e reino contra reino. 11Haverá grandes terremotos, fo-
mes e pestes em vários lugares, e acontecimentos ter-
ríveis e grandes sinais provenientes do céu.
12"Mas antes de tudo isso, prenderão e perseguirão
vocês. Então os entregarão às sinagogas e prisões, e vo-
cês serão levados à presença de reis e governadores,
tudo por causa do meu nome. 13Será para vocês uma
oportunidade de dar testemunho. 14Mas convençam-se
de uma vez de que não devem preocupar-se com o que
dirão para se defender. 15Pois eu lhes darei palavras e
sabedoria a que nenhum dos seus adversários será ca-
paz de resistir ou contradizer. 16Vocês serão traídos até
por pais, irmãos, parentes e amigos, e eles entregarão
alguns de vocês à morte. 17Todos odiarão vocês por cau-
sa do meu nome. 18Contudo, nenhum fio de cabelo da
cabeça de vocês se perderá. 19É perseverando que vo-
cês obterão a vida.
20"Quando virem Jerusalém rodeada de exércitos,
vocês saberão que a sua devastação está próxima. 21En-
tão os que estiverem na Judeia fujam para os montes,
os que estiverem na cidade saiam, e os que estiverem
no campo não entrem na cidade. 22Pois esses são os dias
da vingança, em cumprimento de tudo o que foi escrito.
23Como serão terríveis aqueles dias para as grávidas e
para as que estiverem amamentando! Haverá grande
aflição na terra e ira contra este povo. 24Cairão pela es-
pada e serão levados como prisioneiros para todas as
nações. Jerusalém será pisada pelos gentios[b], até que
os tempos deles se cumpram.
25"Haverá sinais no sol, na lua e nas estrelas. Na ter-
ra, as nações estarão em angústia e perplexidade com o
bramido e a agitação do mar. 26Os homens desmaiarão
de terror, apreensivos com o que estará sobrevindo ao
mundo; e os poderes celestes serão abalados. 27Então
se verá o Filho do homem vindo numa nuvem com po-
der e grande glória. 28Quando começarem a acontecer
estas coisas, levantem-se e ergam a cabeça, porque es-
tará próxima a redenção de vocês".
29Ele lhes contou esta parábola: "Observem a figueira
e todas as árvores. 30Quando elas brotam, vocês mesmos
percebem e sabem que o verão está próximo. 31Assim
também, quando virem estas coisas acontecendo, sai-
bam que o Reino de Deus está próximo.
32"Eu lhes asseguro que não passará esta geração
até que todas essas coisas aconteçam. 33Os céus e a ter-
ra passarão, mas as minhas palavras jamais passarão.
34"Tenham cuidado, para não sobrecarregar o cora-
ção de vocês de libertinagem, bebedeira e ansiedades da
vida, e aquele dia venha sobre vocês inesperadamente.
35Porque ele virá sobre todos os que vivem na face de
toda a terra. 36Estejam sempre atentos e orem para que
vocês possam escapar de tudo o que está para acontecer,
e estar em pé diante do Filho do homem".
37Jesus passava o dia ensinando no templo; e, ao en-
tardecer, saía para passar a noite no monte chamado
das Oliveiras. 38Todo o povo ia de manhã cedo ouvi-lo
no templo.

A conspiração

22Estava se aproximando a festa dos pães sem fer-
mento, chamada Páscoa, 2e os chefes dos sacer-
dotes e os mestres da lei estavam procurando um meio
de matar Jesus, mas tinham medo do povo. 3Então Sa-
tanás entrou em Judas, chamado Iscariotes, um dos
Doze. 4Judas dirigiu-se aos chefes dos sacerdotes e aos
oficiais da guarda do templo e tratou com eles como
lhes poderia entregar Jesus. 5A proposta muito os ale-
grou, e lhe prometeram dinheiro. 6Ele consentiu e ficou
esperando uma oportunidade para lhes entregar Jesus
quando a multidão não estivesse presente.

A ceia do Senhor

(Mt 26.17-35; Mc 14.12-31; Jo 13.18-30,36-38)

7Finalmente, chegou o dia dos pães sem fermento,
no qual devia ser sacrificado o cordeiro pascal. 8Jesus
enviou Pedro e João, dizendo: "Vão preparar a refei-
ção da Páscoa".
9"Onde queres que a preparemos?", perguntaram
eles.
10Ele respondeu: "Ao entrarem na cidade, vocês en-
contrarão um homem carregando um pote de água. Si-
gam-no até a casa em que ele entrar 11e digam ao dono
da casa: O Mestre pergunta: Onde é o salão de hóspe-
des no qual poderei comer a Páscoa com os meus dis-
cípulos? 12Ele lhes mostrará uma ampla sala no andar
superior, toda mobiliada. Façam ali os preparativos".

[a] 21:2 Grego: *2 leptos*.

[b] 21:24 Isto é, os que não são judeus.

[13]Eles saíram e encontraram tudo como Jesus lhes tinha dito. Então, prepararam a Páscoa. [14]Quando chegou a hora, Jesus e os seus apóstolos reclinaram-se à mesa. [15]E lhes disse: "Desejei ansiosamente comer esta Páscoa com vocês antes de sofrer. [16]Pois eu lhes digo: Não comerei dela novamente até que se cumpra no Reino de Deus".

[17]Recebendo um cálice, ele deu graças e disse: "Tomem isto e partilhem uns com os outros. [18]Pois eu lhes digo que não beberei outra vez do fruto da videira até que venha o Reino de Deus".

[19]Tomando o pão, deu graças, partiu-o e o deu aos discípulos, dizendo: "Isto é o meu corpo dado em favor de vocês; façam isto em memória de mim".

[20]Da mesma forma, depois da ceia, tomou o cálice, dizendo: "Este cálice é a nova aliança no meu sangue, derramado em favor de vocês.

[21]"Mas eis que a mão daquele que vai me trair está com a minha sobre a mesa. [22]O Filho do homem vai, como foi determinado; mas ai daquele que o trair!" [23]Eles começaram a perguntar entre si qual deles iria fazer aquilo.

[24]Surgiu também uma discussão entre eles, acerca de qual deles era considerado o maior. [25]Jesus lhes disse: "Os reis das nações dominam sobre elas; e os que exercem autoridade sobre elas são chamados benfeitores. [26]Mas, vocês não serão assim. Ao contrário, o maior entre vocês deverá ser como o mais jovem, e aquele que governa, como o que serve. [27]Pois quem é maior: o que está à mesa, ou o que serve? Não é o que está à mesa? Mas eu estou entre vocês como quem serve. [28]Vocês são os que têm permanecido ao meu lado durante as minhas provações. [29]E eu lhes designo um Reino, assim como meu Pai o designou a mim, [30]para que vocês possam comer e beber à minha mesa no meu Reino e sentar-se em tronos, julgando as doze tribos de Israel.

[31]"Simão, Simão, Satanás pediu vocês para peneirá-los como trigo. [32]Mas eu orei por você, para que a sua fé não desfaleça. E quando você se converter, fortaleça os seus irmãos".

[33]Mas ele respondeu: "Estou pronto para ir contigo para a prisão e para a morte".

[34]Respondeu Jesus: "Eu lhe digo, Pedro, que antes que o galo cante hoje, três vezes você negará que me conhece".

[35]Então Jesus lhes perguntou: "Quando eu os enviei sem bolsa, saco de viagem ou sandálias, faltou-lhes alguma coisa?"

"Nada", responderam eles.

[36]Ele lhes disse: "Mas agora, se vocês têm bolsa, levem-na, e também o saco de viagem; e se não têm espada, vendam a sua capa e comprem uma. [37]Está escrito: 'E ele foi contado com os transgressores'[a]; e eu lhes digo que isso precisa cumprir-se em mim. Sim, o que está escrito a meu respeito está para se cumprir".

[38]Os discípulos disseram: "Vê, Senhor, aqui estão duas espadas". "É o suficiente!", respondeu ele.

Jesus ora no monte das Oliveiras

(Mt 26.36-46; Mc 14.32-42)

[39]Como de costume, Jesus foi para o monte das Oliveiras, e os seus discípulos o seguiram. [40]Chegando ao lugar, ele lhes disse: "Orem para que vocês não caiam em tentação". [41]Ele se afastou deles a uma pequena distância[b], ajoelhou-se e começou a orar: [42]"Pai, se queres, afasta de mim este cálice; contudo, não seja feita a minha vontade, mas a tua". [43]Apareceu-lhe então um anjo do céu que o fortalecia. [44]Estando angustiado, ele orou ainda mais intensamente; e o seu suor era como gotas de sangue que caíam no chão.[c]

[45]Quando se levantou da oração e voltou aos discípulos, encontrou-os dormindo, dominados pela tristeza. [46]"Por que estão dormindo?", perguntou-lhes. "Levantem-se e orem para que vocês não caiam em tentação!"

Jesus é preso

(Mt 26.47-56; Mc 14.43-50; Jo 18.1-11)

[47]Enquanto ele ainda falava, apareceu uma multidão conduzida por Judas, um dos Doze. Este se aproximou de Jesus para saudá-lo com um beijo. [48]Mas Jesus lhe perguntou: "Judas, com um beijo você está traindo o Filho do homem?"

[49]Ao verem o que ia acontecer, os que estavam com Jesus lhe disseram: "Senhor, atacaremos com espadas?" [50]E um deles feriu o servo do sumo sacerdote, decepando-lhe a orelha direita.

[51]Jesus, porém, respondeu: "Basta!" E tocando na orelha do homem, ele o curou.

[52]Então Jesus disse aos chefes dos sacerdotes, aos oficiais da guarda do templo e aos líderes religiosos que tinham vindo procurá-lo: "Estou eu chefiando alguma rebelião, para que vocês tenham vindo com espadas e varas? [53]Todos os dias eu estive com vocês no templo e vocês não levantaram a mão contra mim. Mas esta é a hora de vocês — quando as trevas reinam".

Pedro nega Jesus

(Mt 26.69-75; Mc 14.66-72; Jo 18.15-18,25-27)

[54]Então, prendendo-o, levaram-no para a casa do sumo sacerdote. Pedro os seguia a distância. [55]Mas, quando acenderam um fogo no meio do pátio e se sentaram ao redor dele, Pedro sentou-se com eles. [56]Uma criada o viu sentado ali à luz do fogo. Olhou fixamente para ele e disse: "Este homem estava com ele".

[57]Mas ele negou: "Mulher, não o conheço".

[58]Pouco depois, um homem o viu e disse: "Você também é um deles".

"Homem, não sou!", respondeu Pedro.

[59]Cerca de uma hora mais tarde, outro afirmou: "Certamente este homem estava com ele, pois é galileu".

[60]Pedro respondeu: "Homem, não sei do que você está falando!" Falava ele ainda, quando o galo cantou. [61]O Senhor voltou-se e olhou diretamente para Pedro. Então Pedro se lembrou da palavra que o Senhor lhe tinha dito: "Antes que o galo cante hoje, você me negará três vezes". [62]Saindo dali, chorou amargamente.

Os soldados zombam de Jesus

[63]Os homens que estavam detendo Jesus começaram a zombar dele e a bater nele. [64]Cobriam seus olhos e perguntavam: "Profetize! Quem foi que lhe bateu?" [65]E lhe dirigiam muitas outras palavras de insulto.

[a] 22:37 Is 53:12

[b] 22:41 Grego: *a um tiro de pedra.*

[c] 22:44 Alguns manuscritos não trazem os versículos 43 e 44.

Jesus perante Pilatos e Herodes

66 Ao amanhecer, reuniu-se o Sinédrio[a], tanto os che-
fes dos sacerdotes quanto os mestres da lei, e Jesus foi
levado perante eles. 67 “Se você é o Cristo, diga-nos”, dis-
seram eles.
Jesus respondeu: “Se eu vos disser, não crereis em
mim 68 e, se eu vos perguntar, não me respondereis.
69 Mas de agora em diante o Filho do homem estará as-
sentado à direita do Deus todo-poderoso”.
70 Perguntaram-lhe todos: “Então, você é o Filho de
Deus?”
“Vós estais dizendo que eu sou”, respondeu ele.
71 Eles disseram: “Por que precisamos de mais teste-
munhas? Acabamos de ouvir dos próprios lábios dele”.

23 Então toda a assembleia levantou-se e o levou a
Pilatos. 2 E começaram a acusá-lo, dizendo: “En-
contramos este homem subvertendo a nossa nação. Ele
proíbe o pagamento de imposto a César e se declara ele
próprio o Cristo, um rei”.
3 Pilatos perguntou a Jesus: “Você é o rei dos judeus?”
“Tu o dizes”[b], respondeu Jesus.
4 Então Pilatos disse aos chefes dos sacerdotes e à
multidão: “Não encontro motivo para acusar este ho-
mem”.
5 Mas eles insistiam: “Ele está subvertendo o povo em
toda a Judeia com os seus ensinamentos. Começou na
Galileia e chegou até aqui”.
6 Ouvindo isso, Pilatos perguntou se Jesus era gali-
leu. 7 Quando ficou sabendo que ele era da jurisdição de
Herodes, enviou-o a Herodes, que também estava em
Jerusalém naqueles dias.
8 Quando Herodes viu Jesus, ficou muito alegre, por-
que havia muito tempo queria vê-lo. Pelo que ouvira
falar dele, esperava vê-lo realizar algum milagre. 9 In-
terrogou-o com muitas perguntas, mas Jesus não lhe
deu resposta. 10 Os chefes dos sacerdotes e os mestres
da lei estavam ali, acusando-o com veemência. 11 Então
Herodes e os seus soldados ridicularizaram-no e zomba-
ram dele. Vestindo-o com um manto esplêndido, man-
daram-no de volta a Pilatos. 12 Herodes e Pilatos, que
até ali eram inimigos, naquele dia tornaram-se amigos.
13 Pilatos reuniu os chefes dos sacerdotes, as autori-
dades e o povo, 14 dizendo-lhes: “Vocês me trouxeram
este homem como alguém que estava incitando o povo
à rebelião. Eu o examinei na presença de vocês e não
achei nenhuma base para as acusações que fazem con-
tra ele. 15 Nem Herodes, pois ele o mandou de volta para
nós. Como podem ver, ele nada fez que mereça a mor-
te. 16 Portanto, eu o castigarei e depois o soltarei”. 17 Ele
era obrigado a soltar-lhes um preso durante a festa.[c]
18 A uma só voz eles gritaram: “Acaba com ele! Sol-
ta-nos Barrabás!” 19 (Barrabás havia sido lançado na
prisão por causa de uma insurreição na cidade e por
assassinato.)
20 Desejando soltar a Jesus, Pilatos dirigiu-se a eles
novamente. 21 Mas eles continuaram gritando: “Cruci-
fica-o! Crucifica-o!”
22 Pela terceira vez ele lhes falou: “Por quê? Que crime
este homem cometeu? Não encontrei nele nada digno
de morte. Vou mandar castigá-lo e depois o soltarei”.
23 Eles, porém, pediam insistentemente, com fortes
gritos, que ele fosse crucificado; e a gritaria prevaleceu.
24 Então Pilatos decidiu fazer a vontade deles. 25 Libertou
o homem que havia sido lançado na prisão por insur-
reição e assassinato, aquele que eles haviam pedido, e
entregou Jesus à vontade deles.

A crucificação

(Mt 27.32-44; Mc 15.21-32; Jo 19.16-27)

26 Enquanto o levavam, agarraram Simão de Cire-
ne, que estava chegando do campo, e lhe colocaram a
cruz às costas, fazendo-o carregá-la atrás de Jesus. 27 Um
grande número de pessoas o seguia, inclusive mulhe-
res que lamentavam e choravam por ele. 28 Jesus vol-
tou-se e disse-lhes: “Filhas de Jerusalém, não chorem
por mim; chorem por vocês mesmas e por seus filhos!
29 Pois chegará a hora em que vocês dirão: ‘Felizes as
estéreis, os ventres que nunca geraram e os seios que
nunca amamentaram!’
30 “ ‘Então

dirão às montanhas:
“Caiam sobre nós!”
e às colinas: “Cubram-nos!” ’[d]

31 Pois, se fazem isto com a árvore verde, o que acon-
tecerá quando ela estiver seca?”
32 Dois outros homens, ambos criminosos, também
foram levados com ele, para serem executados. 33 Quan-
do chegaram ao lugar chamado Caveira, ali o crucifi-
caram com os criminosos, um à sua direita e o outro à
sua esquerda. 34 Jesus disse: “Pai, perdoa-lhes, pois não
sabem o que estão fazendo”.[e] Então eles dividiram as
roupas dele, tirando sortes.
35 O povo ficou observando, e as autoridades o ridi-
cularizavam. “Salvou os outros”, diziam; “salve-se a si
mesmo, se é o Cristo de Deus, o Escolhido.”
36 Os soldados, aproximando-se, também zombavam
dele. Oferecendo-lhe vinagre, 37 diziam: “Se você é o rei
dos judeus, salve-se a si mesmo”.
38 Havia uma inscrição acima dele, que dizia: ESTE É
O REI DOS JUDEUS.
39 Um dos criminosos que ali estavam dependurados
lançava-lhe insultos: “Você não é o Cristo? Salve-se a si
mesmo e a nós!”
40 Mas o outro criminoso o repreendeu, dizendo: “Vo-
cê não teme a Deus, nem estando sob a mesma senten-
ça? 41 Nós estamos sendo punidos com justiça, porque
estamos recebendo o que os nossos atos merecem. Mas
este homem não cometeu nenhum mal”.
42 Então ele disse: “Jesus, lembra-te de mim quando
entrares no teu Reino[f]”.
43 Jesus lhe respondeu: “Eu lhe garanto: Hoje você
estará comigo no paraíso”.

A morte de Jesus

(Mt 27.45-56; Mc 15.33-41; Jo 19.28-30)

44 Já era quase meio-dia, e trevas cobriram toda a ter-
ra até as três horas da tarde[g]; 45 o sol deixara de brilhar.
E o véu do santuário rasgou-se ao meio. 46 Jesus bradou

[a] 22:66 Conselho dos principais líderes do povo judeu.
[b] 23:3 Ou *"Sim, é como dizes"*
[c] 23:17 Muitos manuscritos não trazem este versículo.
[d] 23:30 Os 10:8
[e] 23:34 Alguns manuscritos não trazem esta sentença.
[f] 23:42 Muitos manuscritos dizem *quando vieres no teu poder real.*
[g] 23:44 Grego: *quase a hora sexta,... até a hora nona.*

em alta voz: "Pai, nas tuas mãos entrego o meu espíri-
to". Tendo dito isso, expirou.
[47]O centurião, vendo o que havia acontecido, louvou
a Deus, dizendo: "Certamente este homem era justo".
[48]E todo o povo que se havia juntado para presenciar o
que estava acontecendo, ao ver isso, começou a bater
no peito e a afastar-se. [49]Mas todos os que o conheciam,
inclusive as mulheres que o haviam seguido desde a Ga-
lileia, ficaram de longe, observando essas coisas.

O sepultamento de Jesus
(Mt 27.57-61; Mc 15.42-47; Jo 19.38-42)

[50]Havia um homem chamado José, membro do Con-
selho, homem bom e justo, [51]que não tinha consentido
na decisão e no procedimento dos outros. Ele era da
cidade de Arimateia, na Judeia, e esperava o Reino de
Deus. [52]Dirigindo-se a Pilatos, pediu o corpo de Jesus.
[53]Então, desceu-o, envolveu-o num lençol de linho e o
colocou num sepulcro cavado na rocha, no qual nin-
guém ainda fora colocado. [54]Era o Dia da Preparação, e
estava para começar o sábado.
[55]As mulheres que haviam acompanhado Jesus des-
de a Galileia, seguiram José, e viram o sepulcro, e co-
mo o corpo de Jesus fora colocado nele. [56]Em seguida,
foram para casa e prepararam perfumes e especiarias
aromáticas. E descansaram no sábado, em obediência
ao mandamento.

A ressurreição
(Mt 28.1-10; Mc 16.1-8; Jo 20.1-9)

24 No primeiro dia da semana, de manhã bem cedo,
as mulheres levaram ao sepulcro as especiarias
aromáticas que haviam preparado. [2]Encontraram remo-
vida a pedra do sepulcro, [3]mas, quando entraram, não
encontraram o corpo do Senhor Jesus. [4]Ficaram perple-
xas, sem saber o que fazer. De repente, dois homens com
roupas que brilhavam como a luz do sol colocaram-se
ao lado delas. [5]Amedrontadas, as mulheres baixaram
o rosto para o chão, e os homens lhes disseram: "Por
que vocês estão procurando entre os mortos aquele que
vive? [6]Ele não está aqui! Ressuscitou! Lembrem-se do
que ele lhes disse, quando ainda estava com vocês na
Galileia: [7]'É necessário que o Filho do homem seja en-
tregue nas mãos de homens pecadores, seja crucifica-
do e ressuscite no terceiro dia' ". [8]Então se lembraram
das palavras de Jesus.
[9]Quando voltaram do sepulcro, elas contaram todas
estas coisas aos Onze e a todos os outros. [10]As que conta-
ram estas coisas aos apóstolos foram Maria Madalena,
Joana e Maria, mãe de Tiago, e as outras que estavam
com elas. [11]Mas eles não acreditaram nas mulheres; as
palavras delas lhes pareciam loucura. [12]Pedro, todavia,
levantou-se e correu ao sepulcro. Abaixando-se, viu as
faixas de linho e mais nada; afastou-se, e voltou admi-
rado com o que acontecera.

No caminho de Emaús

[13]Naquele mesmo dia, dois deles estavam indo para
um povoado chamado Emaús, a onze quilômetros[a] de
Jerusalém. [14]No caminho, conversavam a respeito de
tudo o que havia acontecido. [15]Enquanto conversavam
e discutiam, o próprio Jesus se aproximou e começou
a caminhar com eles; [16]mas os olhos deles foram impe-
didos de reconhecê-lo.
[17]Ele lhes perguntou: "Sobre o que vocês estão dis-
cutindo enquanto caminham?"
Eles pararam, com os rostos entristecidos. [18]Um de-
les, chamado Cleopas, perguntou-lhe: "Você é o único
visitante em Jerusalém que não sabe das coisas que ali
aconteceram nestes dias?"
[19]"Que coisas?", perguntou ele.
"O que aconteceu com Jesus de Nazaré", responde-
ram eles. "Ele era um profeta, poderoso em palavras e
em obras diante de Deus e de todo o povo. [20]Os chefes
dos sacerdotes e as nossas autoridades o entregaram
para ser condenado à morte, e o crucificaram; [21]e nós
esperávamos que era ele que ia trazer a redenção a Is-
rael. E hoje é o terceiro dia desde que tudo isso aconte-
ceu. [22]Algumas das mulheres entre nós nos deram um
susto hoje. Foram de manhã bem cedo ao sepulcro [23]e
não acharam o corpo dele. Voltaram e nos contaram ter
tido uma visão de anjos, que disseram que ele está vivo.
[24]Alguns dos nossos companheiros foram ao sepulcro
e encontraram tudo exatamente como as mulheres ti-
nham dito, mas não o viram."
[25]Ele lhes disse: "Como vocês custam a entender e co-
mo demoram a crer em tudo o que os profetas falaram!
[26]Não devia o Cristo sofrer estas coisas, para entrar na
sua glória?" [27]E começando por Moisés e todos os pro-
fetas, explicou-lhes o que constava a respeito dele em
todas as Escrituras.
[28]Ao se aproximarem do povoado para o qual esta-
vam indo, Jesus fez como quem ia mais adiante. [29]Mas
eles insistiram muito com ele: "Fique conosco, pois a
noite já vem; o dia já está quase findando". Então, ele
entrou para ficar com eles.
[30]Quando estava à mesa com eles, tomou o pão, deu
graças, partiu-o e o deu a eles. [31]Então os olhos deles
foram abertos e o reconheceram, e ele desapareceu da
vista deles. [32]Perguntaram-se um ao outro: "Não estava
queimando o nosso coração, enquanto ele nos falava no
caminho e nos expunha as Escrituras?"
[33]Levantaram-se e voltaram imediatamente para Je-
rusalém. Ali encontraram os Onze e os que estavam
com eles reunidos, [34]que diziam: "É verdade! O Senhor
ressuscitou e apareceu a Simão!" [35]Então os dois conta-
ram o que tinha acontecido no caminho, e como Jesus
fora reconhecido por eles quando partia o pão.

Jesus aparece aos discípulos
(Jo 20.19-23)

[36]Enquanto falavam sobre isso, o próprio Jesus apre-
sentou-se entre eles e lhes disse: "Paz seja com vocês!"
[37]Eles ficaram assustados e com medo, pensando que
estavam vendo um espírito. [38]Ele lhes disse: "Por que
vocês estão perturbados e por que se levantam dúvi-
das no coração de vocês? [39]Vejam as minhas mãos e
os meus pés. Sou eu mesmo! Toquem-me e vejam; um
espírito não tem carne nem ossos, como vocês estão
vendo que eu tenho".
[40]Tendo dito isso, mostrou-lhes as mãos e os pés. [41]E
por não crerem ainda, tão cheios estavam de alegria e
de espanto, ele lhes perguntou: "Vocês têm aqui algo
para comer?" [42]Deram-lhe um pedaço de peixe assado,
[43]e ele o comeu na presença deles.

[a] 24:13 Grego: 60 estádios. Um estádio equivalia a 185 metros.

[44]E disse-lhes: "Foi isso que eu lhes falei enquanto
ainda estava com vocês: Era necessário que se cum-
prisse tudo o que a meu respeito está escrito na Lei de
Moisés, nos Profetas e nos Salmos".
[45]Então lhes abriu o entendimento, para que pudes-
sem compreender as Escrituras. [46]E lhes disse: "Está
escrito que o Cristo haveria de sofrer e ressuscitar dos
mortos no terceiro dia, [47]e que em seu nome seria pre-
gado o arrependimento para perdão de pecados a to-
das as nações, começando por Jerusalém. [48]Vocês são
testemunhas destas coisas. [49]Eu lhes envio a promessa
de meu Pai; mas fiquem na cidade até serem revestidos
do poder do alto".

A ascensão

[50]Tendo-os levado até as proximidades de Betânia,
Jesus ergueu as mãos e os abençoou. [51]Estando ainda a
abençoá-los, ele os deixou e foi elevado ao céu. [52]Então
eles o adoraram e voltaram para Jerusalém com grande
alegria. [53]E permaneciam constantemente no templo,
louvando a Deus.

JOÃO

A Palavra tornou-se carne

1 No princípio era aquele que é a Palavra[a]. Ele estava com Deus, e era Deus. 2 Ele estava com Deus no princípio.

3 Todas as coisas foram feitas por intermédio dele; sem ele, nada do que existe teria sido feito. 4 Nele estava a vida, e esta era a luz dos homens. 5 A luz brilha nas trevas, e as trevas não a derrotaram.[b]

6 Surgiu um homem enviado por Deus, chamado João. 7 Ele veio como testemunha, para testificar acerca da luz, a fim de que por meio dele todos os homens cressem. 8 Ele próprio não era a luz, mas veio como testemunha da luz. 9 Estava chegando ao mundo a verdadeira luz, que ilumina todos os homens.[c]

10 Aquele que é a Palavra estava no mundo, e o mundo foi feito por intermédio dele, mas o mundo não o reconheceu. 11 Veio para o que era seu, mas os seus não o receberam. 12 Contudo, aos que o receberam, aos que creram em seu nome, deu-lhes o direito de se tornarem filhos de Deus, 13 os quais não nasceram por descendência natural[d], nem pela vontade da carne nem pela vontade de algum homem, mas nasceram de Deus.

14 Aquele que é a Palavra tornou-se carne e viveu entre nós. Vimos a sua glória, glória como do Unigênito[e] vindo do Pai, cheio de graça e de verdade.

15 João dá testemunho dele. Ele exclama: "Este é aquele de quem eu falei: aquele que vem depois de mim é superior a mim, porque já existia antes de mim". 16 Todos recebemos da sua plenitude, graça sobre[f] graça. 17 Pois a Lei foi dada por intermédio de Moisés; a graça e a verdade vieram por intermédio de Jesus Cristo. 18 Ninguém jamais viu a Deus, mas o Deus[g] Unigênito, que está junto do Pai, o tornou conhecido.

João Batista nega ser ele o Cristo

19 Este foi o testemunho de João, quando os judeus de Jerusalém enviaram sacerdotes e levitas para lhe perguntarem quem ele era. 20 Ele confessou e não negou; declarou abertamente: "Não sou o Cristo[h]".

21 Perguntaram-lhe: "E então, quem é você? É Elias?"

Ele disse: "Não sou".

"É o Profeta?"

Ele respondeu: "Não".

22 Finalmente perguntaram: "Quem é você? Dê-nos uma resposta, para que a levemos àqueles que nos enviaram. Que diz você acerca de si próprio?"

23 João respondeu com as palavras do profeta Isaías: "Eu sou a voz do que clama no deserto:[i] 'Façam um caminho reto para o Senhor' "[j].

24 Alguns fariseus que tinham sido enviados 25 interrogaram-no: "Então, por que você batiza, se não é o Cristo, nem Elias, nem o Profeta?"

26 Respondeu João: "Eu batizo com[k] água, mas entre vocês está alguém que vocês não conhecem. 27 Ele é aquele que vem depois de mim, e não sou digno de desamarrar as correias de suas sandálias".

28 Tudo isso aconteceu em Betânia, do outro lado do Jordão, onde João estava batizando.

Jesus, o cordeiro de Deus

29 No dia seguinte João viu Jesus aproximando-se e disse: "Vejam! É o Cordeiro de Deus, que tira o pecado do mundo! 30 Este é aquele a quem eu me referi, quando disse: Vem depois de mim um homem que é superior a mim, porque já existia antes de mim. 31 Eu mesmo não o conhecia, mas por isso é que vim batizando com água: para que ele viesse a ser revelado a Israel".

32 Então João deu o seguinte testemunho: "Eu vi o Espírito descer dos céus como pomba e permanecer sobre ele. 33 Eu não o teria reconhecido, se aquele que me enviou para batizar com água não me tivesse dito: 'Aquele sobre quem você vir o Espírito descer e permanecer, esse é o que batiza com o Espírito Santo'. 34 Eu vi e testifico que este é o Filho de Deus".

Os primeiros discípulos de Jesus

(Mt 4.18-22; Mc 1.16-20; Lc 5.1-11)

35 No dia seguinte João estava ali novamente com dois dos seus discípulos. 36 Quando viu Jesus passando, disse: "Vejam! É o Cordeiro de Deus!"

37 Ouvindo-o dizer isso, os dois discípulos seguiram Jesus. 38 Voltando-se e vendo Jesus que os dois o seguiam, perguntou-lhes: "O que vocês querem?"

Eles disseram: "Rabi" (que significa "Mestre"), "onde estás hospedado?"

39 Respondeu ele: "Venham e verão".

Então foram, por volta das quatro horas da tarde[l], viram onde ele estava hospedado e passaram com ele aquele dia.

40 André, irmão de Simão Pedro, era um dos dois que tinham ouvido o que João dissera e que haviam seguido Jesus. 41 O primeiro que ele encontrou foi Simão, seu irmão, e lhe disse: "Achamos o Messias" (isto é, o Cristo). 42 E o levou a Jesus.

Jesus olhou para ele e disse: "Você é Simão, filho de João. Será chamado Cefas" (que traduzido é "Pedro[m]").

Jesus chama Filipe e Natanael

43 No dia seguinte Jesus decidiu partir para a Galileia. Quando encontrou Filipe, disse-lhe: "Siga-me".

44 Filipe, como André e Pedro, era da cidade de Betsaida. 45 Filipe encontrou Natanael e lhe disse: "Achamos aquele sobre quem Moisés escreveu na Lei, e a respeito de quem os profetas também escreveram: Jesus de Nazaré, filho de José".

46 Perguntou Natanael: "Nazaré? Pode vir alguma coisa boa de lá?"

[a] 1:1 Ou *o Verbo*. Grego: *Logos*.
[b] 1:5 Ou *trevas, mas as trevas não a compreenderam.*
[c] 1:9 Ou *Esta era a luz verdadeira que ilumina todo homem que vem ao mundo.*
[d] 1:13 Grego: *de sangues.*
[e] 1:14 Ou *Único*; também no versículo 18.
[f] 1:16 Ou *em lugar de*
[g] 1:18 Vários manuscritos dizem *o Filho.*
[h] 1:20 Ou *Messias.* Tanto *Cristo* (grego) como *Messias* (hebraico) significam *Ungido*; também em todo o livro de João.
[i] 1:23 Ou *que clama: 'No deserto façam*
[j] 1:23 Is 40:3
[k] 1:26 Ou *em*; também nos versículos 31 e 33.
[l] 1:39 Grego: *hora décima.*
[m] 1:42 Tanto *Cefas* (aramaico) como *Pedro* (grego) significam *pedra.*

Disse Filipe: "Venha e veja".

47 Ao ver Natanael se aproximando, disse Jesus: "Aí está um verdadeiro israelita, em quem não há falsidade".

48 Perguntou Natanael: "De onde me conheces?"

Jesus respondeu: "Eu o vi quando você ainda estava debaixo da figueira, antes de Filipe o chamar".

49 Então Natanael declarou: "Mestre[a], tu és o Filho de Deus, tu és o Rei de Israel!"

50 Jesus disse: "Você crê porque eu disse que o vi debaixo da figueira.[b] Você verá coisas maiores do que essa!" 51 E então acrescentou: "Digo-lhes a verdade: Vocês verão o céu aberto e os anjos de Deus subindo e descendo sobre o Filho do homem".

Jesus transforma água em vinho

2 No terceiro dia houve um casamento em Caná da Galileia. A mãe de Jesus estava ali; 2 Jesus e seus discípulos também haviam sido convidados para o casamento. 3 Tendo acabado o vinho, a mãe de Jesus lhe disse: "Eles não têm mais vinho".

4 Respondeu Jesus: "Que temos nós em comum, mulher? A minha hora ainda não chegou".

5 Sua mãe disse aos serviçais: "Façam tudo o que ele lhes mandar".

6 Ali perto havia seis potes de pedra, do tipo usado pelos judeus para as purificações cerimoniais; em cada pote cabiam entre oitenta e cento e vinte litros[c].

7 Disse Jesus aos serviçais: "Encham os potes com água". E os encheram até a borda.

8 Então lhes disse: "Agora, levem um pouco ao encarregado da festa".

Eles assim fizeram, 9 e o encarregado da festa provou a água que fora transformada em vinho, sem saber de onde este viera, embora o soubessem os serviçais que haviam tirado a água. Então chamou o noivo 10 e disse: "Todos servem primeiro o melhor vinho e, depois que os convidados já beberam bastante, o vinho inferior é servido; mas você guardou o melhor até agora".

11 Este sinal milagroso, em Caná da Galileia, foi o primeiro que Jesus realizou. Revelou assim a sua glória, e os seus discípulos creram nele.

Jesus purifica o templo

12 Depois disso ele desceu a Cafarnaum com sua mãe, seus irmãos e seus discípulos. Ali ficaram durante alguns dias.

13 Quando já estava chegando a Páscoa judaica, Jesus subiu a Jerusalém. 14 No pátio do templo viu alguns vendendo bois, ovelhas e pombas, e outros assentados diante de mesas, trocando dinheiro. 15 Então ele fez um chicote de cordas e expulsou todos do templo, bem como as ovelhas e os bois; espalhou as moedas dos cambistas e virou as suas mesas. 16 Aos que vendiam pombas disse: "Tirem estas coisas daqui! Parem de fazer da casa de meu Pai um mercado!"

17 Seus discípulos lembraram-se que está escrito: "O zelo pela tua casa me consumirá"[d].

18 Então os judeus lhe perguntaram: "Que sinal milagroso o senhor pode mostrar-nos como prova da sua autoridade para fazer tudo isso?"

19 Jesus lhes respondeu: "Destruam este templo, e eu o levantarei em três dias".

20 Os judeus responderam: "Este templo levou quarenta e seis anos para ser edificado, e o senhor vai levantá-lo em três dias?" 21 Mas o templo do qual ele falava era o seu corpo. 22 Depois que ressuscitou dos mortos, os seus discípulos lembraram-se do que ele tinha dito. Então creram na Escritura e na palavra que Jesus dissera.

23 Enquanto estava em Jerusalém, na festa da Páscoa, muitos viram os sinais milagrosos que ele estava realizando e creram em seu nome[e]. 24 Mas Jesus não se confiava a eles, pois conhecia a todos. 25 Não precisava que ninguém lhe desse testemunho a respeito do homem, pois ele bem sabia o que havia no homem.

O encontro de Jesus com Nicodemos

3 Havia um fariseu chamado Nicodemos, uma autoridade entre os judeus. 2 Ele veio a Jesus, à noite, e disse: "Mestre, sabemos que ensinas da parte de Deus, pois ninguém pode realizar os sinais milagrosos que estás fazendo, se Deus não estiver com ele".

3 Em resposta, Jesus declarou: "Digo-lhe a verdade: Ninguém pode ver o Reino de Deus, se não nascer de novo[f]".

4 Perguntou Nicodemos: "Como alguém pode nascer, sendo velho? É claro que não pode entrar pela segunda vez no ventre de sua mãe e renascer!"

5 Respondeu Jesus: "Digo-lhe a verdade: Ninguém pode entrar no Reino de Deus, se não nascer da água e do Espírito. 6 O que nasce da carne é carne, mas o que nasce do Espírito é espírito. 7 Não se surpreenda pelo fato de eu ter dito: É necessário que vocês nasçam de novo. 8 O vento[g] sopra onde quer. Você o escuta, mas não pode dizer de onde vem nem para onde vai. Assim acontece com todos os nascidos do Espírito".

9 Perguntou Nicodemos: "Como pode ser isso?"

10 Disse Jesus: "Você é mestre em Israel e não entende essas coisas? 11 Asseguro-lhe que nós falamos do que conhecemos e testemunhamos do que vimos, mas mesmo assim vocês não aceitam o nosso testemunho. 12 Eu lhes falei de coisas terrenas e vocês não creram; como crerão se lhes falar de coisas celestiais? 13 Ninguém jamais subiu ao céu, a não ser aquele que veio do céu: o Filho do homem.[h] 14 Da mesma forma como Moisés levantou a serpente no deserto, assim também é necessário que o Filho do homem seja levantado, 15 para que todo o que nele crer tenha a vida eterna.

16 "Porque Deus tanto amou o mundo que deu o seu Filho Unigênito[i], para que todo o que nele crer não pereça, mas tenha a vida eterna. 17 Pois Deus enviou o seu Filho ao mundo, não para condenar o mundo, mas para que este fosse salvo por meio dele. 18 Quem nele crê não é condenado, mas quem não crê já está condenado, por não crer no nome do Filho Unigênito de Deus. 19 Este é o julgamento: a luz veio ao mundo, mas os homens amaram as trevas, e não a luz, porque as suas obras eram más. 20 Quem pratica o mal odeia a luz e não se aproxima da luz, temendo que as suas obras sejam manifestas. 21 Mas quem pratica a verdade vem para a luz, para

[a] 1:49 Isto é, Rabi; também em 3:2,26; 4:31; 6:25; 9:2 e 11:8.

[b] 1:50 Ou *Você crê... figueira?*

[c] 2:6 Grego: *2 ou 3 metretas*. A metreta era uma medida de capacidade de cerca de 40 litros.

[d] 2:17 Sl 69:9

[e] 2:23 Ou *creram nele*

[f] 3:3 Ou *nascer de cima*; também no versículo 7.

[g] 3:8 Traduz o mesmo termo grego para designar *espírito*.

[h] 3:13 Alguns manuscritos acrescentam *que está no céu*.

[i] 3:16 Ou *Único*; também no versículo 18.

que se veja claramente que as suas obras são realizadas
por intermédio de Deus".[a]

O testemunho de João Batista acerca de Jesus

22Depois disso Jesus foi com os seus discípulos para
a terra da Judeia, onde passou algum tempo com eles
e batizava. 23João também estava batizando em Enom,
perto de Salim, porque havia ali muitas águas, e o povo
vinha para ser batizado. 24(Isto se deu antes de João ser
preso.) 25Surgiu uma discussão entre alguns discípulos
de João e um certo judeu[b], a respeito da purificação
cerimonial. 26Eles se dirigiram a João e lhe disseram:
"Mestre, aquele homem que estava contigo no outro lado do Jordão, do qual testemunhaste, está batizando, e
todos estão se dirigindo a ele".

27A isso João respondeu: "Uma pessoa só pode receber o que lhe é dado dos céus. 28Vocês mesmos são testemunhas de que eu disse: Eu não sou o Cristo, mas sou
aquele que foi enviado adiante dele. 29A noiva pertence ao noivo. O amigo que presta serviço ao noivo e que
o atende e o ouve, enche-se de alegria quando ouve a
voz do noivo. Esta é a minha alegria, que agora se completa. 30É necessário que ele cresça e que eu diminua.

31"Aquele que vem do alto está acima de todos; aquele que é da terra pertence à terra e fala como quem é
da terra. Aquele que vem dos céus está acima de todos.
32Ele testifica o que tem visto e ouvido, mas ninguém
aceita o seu testemunho. 33Aquele que o aceita confirma que Deus é verdadeiro. 34Pois aquele que Deus enviou fala as palavras de Deus, porque ele dá o Espírito
sem limitações. 35O Pai ama o Filho e entregou tudo em
suas mãos. 36Quem crê no Filho tem a vida eterna; já
quem rejeita o Filho não verá a vida, mas a ira de Deus
permanece sobre ele".[c]

Jesus conversa com uma samaritana

4 Os fariseus ouviram falar que Jesus[d] estava fazendo
e batizando mais discípulos do que João, 2embora
não fosse Jesus quem batizasse, mas os seus discípulos.
3Quando o Senhor ficou sabendo disso, saiu da Judeia e
voltou uma vez mais à Galileia.

4Era-lhe necessário passar por Samaria. 5Assim, chegou a uma cidade de Samaria, chamada Sicar, perto das
terras que Jacó dera a seu filho José. 6Havia ali o poço
de Jacó. Jesus, cansado da viagem, sentou-se à beira do
poço. Isto se deu por volta do meio-dia[e].

7Nisso veio uma mulher samaritana tirar água. Disse-lhe Jesus: "Dê-me um pouco de água". 8(Os seus discípulos tinham ido à cidade comprar comida.)

9A mulher samaritana lhe perguntou: "Como o senhor, sendo judeu, pede a mim, uma samaritana, água
para beber?" (Pois os judeus não se dão bem com os
samaritanos.[f])

10Jesus lhe respondeu: "Se você conhecesse o dom
de Deus e quem lhe está pedindo água, você lhe teria
pedido e ele lhe teria dado água viva".

11Disse a mulher: "O senhor não tem com que tirar
água, e o poço é fundo. Onde pode conseguir essa água
viva? 12Acaso o senhor é maior do que o nosso pai Jacó,
que nos deu o poço, do qual ele mesmo bebeu, bem como seus filhos e seu gado?"

13Jesus respondeu: "Quem beber desta água terá sede outra vez, 14mas quem beber da água que eu lhe der
nunca mais terá sede. Ao contrário, a água que eu lhe
der se tornará nele uma fonte de água a jorrar para a
vida eterna".

15A mulher lhe disse: "Senhor, dê-me dessa água, para que eu não tenha mais sede, nem precise voltar aqui
para tirar água".

16Ele lhe disse: "Vá, chame o seu marido e volte".

17"Não tenho marido", respondeu ela.

Disse-lhe Jesus: "Você falou corretamente, dizendo
que não tem marido. 18O fato é que você já teve cinco;
e o homem com quem agora vive não é seu marido. O
que você acabou de dizer é verdade".

19Disse a mulher: "Senhor, vejo que é profeta. 20Nossos antepassados adoraram neste monte, mas vocês,
judeus, dizem que Jerusalém é o lugar onde se deve
adorar".

21Jesus declarou: "Creia em mim, mulher: está próxima a hora em que vocês não adorarão o Pai nem neste
monte, nem em Jerusalém. 22Vocês, samaritanos, adoram o que não conhecem; nós adoramos o que conhecemos, pois a salvação vem dos judeus. 23No entanto,
está chegando a hora, e de fato já chegou, em que os
verdadeiros adoradores adorarão o Pai em espírito e
em verdade. São estes os adoradores que o Pai procura.
24Deus é espírito, e é necessário que os seus adoradores
o adorem em espírito e em verdade".

25Disse a mulher: "Eu sei que o Messias (chamado
Cristo) está para vir. Quando ele vier, explicará tudo
para nós".

26Então Jesus declarou: "Eu sou o Messias! Eu, que
estou falando com você".

Os discípulos voltam da cidade

27Naquele momento os seus discípulos voltaram e ficaram surpresos ao encontrá-lo conversando com uma
mulher. Mas ninguém perguntou: "Que queres saber?"
ou: "Por que estás conversando com ela?"

28Então, deixando o seu cântaro, a mulher voltou
à cidade e disse ao povo: 29"Venham ver um homem
que me disse tudo o que tenho feito. Será que ele não
é o Cristo?" 30Então saíram da cidade e foram para onde ele estava.

31Enquanto isso, os discípulos insistiam com ele:
"Mestre, come alguma coisa".

32Mas ele lhes disse: "Tenho algo para comer que vocês não conhecem".

33Então os seus discípulos disseram uns aos outros:
"Será que alguém lhe trouxe comida?"

34Disse Jesus: "A minha comida é fazer a vontade
daquele que me enviou e concluir a sua obra. 35Vocês
não dizem: 'Daqui a quatro meses haverá a colheita'?
Eu lhes digo: Abram os olhos e vejam os campos! Eles
estão maduros para a colheita. 36Aquele que colhe já
recebe o seu salário e colhe fruto para a vida eterna,
de forma que se alegram juntos o que semeia e o que
colhe. 37Assim é verdadeiro o ditado: 'Um semeia, e outro colhe'. 38Eu os enviei para colherem o que vocês não
cultivaram. Outros realizaram o trabalho árduo, e vocês
vieram a usufruir do trabalho deles".

[a] 3:21 Alguns intérpretes encerram a citação no fim do versículo 15.
[b] 3:25 Alguns manuscritos dizem *e certos judeus.*
[c] 3:36 Alguns intérpretes encerram a citação no fim do versículo 30.
[d] 4:1 Muitos manuscritos dizem *o Senhor.*
[e] 4:6 Grego: *da hora sexta.*
[f] 4:9 Ou *não usam pratos que os samaritanos usaram.*

Muitos samaritanos creem

39 Muitos samaritanos daquela cidade creram nele por causa do seguinte testemunho dado pela mulher: "Ele me disse tudo o que tenho feito". 40 Assim, quando se aproximaram dele, os samaritanos insistiram em que ficasse com eles, e ele ficou dois dias. 41 E por causa da sua palavra, muitos outros creram.

42 E disseram à mulher: "Agora cremos não somente por causa do que você disse, pois nós mesmos o ouvimos e sabemos que este é realmente o Salvador do mundo".

Jesus cura o filho de um oficial

43 Depois daqueles dois dias, ele partiu para a Galileia. 44 (O próprio Jesus tinha afirmado que nenhum profeta tem honra em sua própria terra.) 45 Quando chegou à Galileia, os galileus deram-lhe boas-vindas. Eles tinham visto tudo o que ele fizera em Jerusalém, por ocasião da festa da Páscoa, pois também haviam estado lá.

46 Mais uma vez ele visitou Caná da Galileia, onde tinha transformado água em vinho. E havia ali um oficial do rei, cujo filho estava doente em Cafarnaum. 47 Quando ele ouviu falar que Jesus tinha chegado à Galileia, vindo da Judeia, procurou-o e suplicou-lhe que fosse curar seu filho, que estava à beira da morte.

48 Disse-lhe Jesus: "Se vocês não virem sinais e maravilhas, nunca crerão".

49 O oficial do rei disse: "Senhor, vem, antes que o meu filho morra!"

50 Jesus respondeu: "Pode ir. O seu filho continuará vivo". O homem confiou na palavra de Jesus e partiu. 51 Estando ele ainda a caminho, seus servos vieram ao seu encontro com notícias de que o menino estava vivo. 52 Quando perguntou a que horas o seu filho tinha melhorado, eles lhe disseram: "A febre o deixou ontem, à uma hora da tarde[a]".

53 Então o pai constatou que aquela fora exatamente a hora em que Jesus lhe dissera: "O seu filho continuará vivo". Assim, creram ele e todos os de sua casa.

54 Esse foi o segundo sinal milagroso que Jesus realizou, depois que veio da Judeia para a Galileia.

A cura junto ao tanque de Betesda

5 Algum tempo depois, Jesus subiu a Jerusalém para uma festa dos judeus. 2 Há em Jerusalém, perto da porta das Ovelhas, um tanque que, em aramaico[b], é chamado Betesda[c], tendo cinco entradas em volta. 3 Ali costumava ficar grande número de pessoas doentes e inválidas: cegos, mancos e paralíticos. Eles esperavam um movimento nas águas.[d] 4 De vez em quando descia um anjo do Senhor e agitava as águas. O primeiro que entrasse no tanque, depois de agitadas as águas, era curado de qualquer doença que tivesse. 5 Um dos que estavam ali era paralítico fazia trinta e oito anos. 6 Quando o viu deitado e soube que ele vivia naquele estado durante tanto tempo, Jesus lhe perguntou: "Você quer ser curado?"

7 Disse o paralítico: "Senhor, não tenho ninguém que me ajude a entrar no tanque quando a água é agitada. Enquanto estou tentando entrar, outro chega antes de mim".

8 Então Jesus lhe disse: "Levante-se! Pegue a sua maca e ande". 9 Imediatamente o homem ficou curado, pegou a maca e começou a andar.

Isso aconteceu num sábado, 10 e, por essa razão, os judeus disseram ao homem que havia sido curado: "Hoje é sábado, não lhe é permitido carregar a maca".

11 Mas ele respondeu: "O homem que me curou me disse: 'Pegue a sua maca e ande' ".

12 Então lhe perguntaram: "Quem é esse homem que lhe mandou pegar a maca e andar?"

13 O homem que fora curado não tinha ideia de quem era ele, pois Jesus havia desaparecido no meio da multidão.

14 Mais tarde Jesus o encontrou no templo e lhe disse: "Olhe, você está curado. Não volte a pecar, para que algo pior não lhe aconteça". 15 O homem foi contar aos judeus que fora Jesus quem o tinha curado.

Vida por meio do filho

16 Então os judeus passaram a perseguir Jesus, porque ele estava fazendo essas coisas no sábado. 17 Disse-lhes Jesus: "Meu Pai continua trabalhando até hoje, e eu também estou trabalhando". 18 Por essa razão, os judeus mais ainda queriam matá-lo, pois não somente estava violando o sábado, mas também estava dizendo que Deus era seu próprio Pai, igualando-se a Deus.

19 Jesus lhes deu esta resposta: "Eu lhes digo verdadeiramente que o Filho não pode fazer nada de si mesmo; só pode fazer o que vê o Pai fazer, porque o que o Pai faz o Filho também faz. 20 Pois o Pai ama ao Filho e lhe mostra tudo o que faz. Sim, para admiração de vocês, ele lhe mostrará obras ainda maiores do que estas. 21 Pois, da mesma forma que o Pai ressuscita os mortos e lhes dá vida, o Filho também dá vida a quem ele quer. 22 Além disso, o Pai a ninguém julga, mas confiou todo julgamento ao Filho, 23 para que todos honrem o Filho como honram o Pai. Aquele que não honra o Filho, também não honra o Pai que o enviou.

24 "Eu lhes asseguro: Quem ouve a minha palavra e crê naquele que me enviou, tem a vida eterna e não será condenado, mas já passou da morte para a vida. 25 Eu lhes afirmo que está chegando a hora, e já chegou, em que os mortos ouvirão a voz do Filho de Deus, e aqueles que a ouvirem, viverão. 26 Pois, da mesma forma como o Pai tem vida em si mesmo, ele concedeu ao Filho ter vida em si mesmo. 27 E deu-lhe autoridade para julgar, porque é o Filho do homem.

28 "Não fiquem admirados com isto, pois está chegando a hora em que todos os que estiverem nos túmulos ouvirão a sua voz 29 e sairão; os que fizeram o bem ressuscitarão para a vida, e os que fizeram o mal ressuscitarão para serem condenados. 30 Por mim mesmo, nada posso fazer; eu julgo apenas conforme ouço, e o meu julgamento é justo, pois não procuro agradar a mim mesmo, mas àquele que me enviou.

Testemunhos acerca de Jesus

31 "Se testifico acerca de mim mesmo, o meu testemunho não é válido.[e] 32 Há outro que testemunha em

[a] 4:52 Grego: *à hora sétima*.
[b] 5:2 Grego: *em hebraico*; também em 19:13,17,20 e 20:16.
[c] 5:2 Alguns manuscritos dizem *Betzata*; outros trazem *Betsaida*.
[d] 5:3 A maioria dos manuscritos mais antigos não trazem essa frase e todo o versículo 4.
[e] 5:31 Os judeus exigiam mais de um testemunho para condenar ou justificar uma declaração.

meu favor, e sei que o seu testemunho a meu respeito é válido.

33 "Vocês enviaram representantes a João, e ele testemunhou da verdade. 34 Não que eu busque testemunho humano, mas menciono isso para que vocês sejam salvos. 35 João era uma candeia que queimava e irradiava luz, e durante certo tempo vocês quiseram alegrar-se com a sua luz.

36 "Eu tenho um testemunho maior que o de João; a própria obra que o Pai me deu para concluir, e que estou realizando, testemunha que o Pai me enviou. 37 E o Pai que me enviou, ele mesmo testemunhou a meu respeito. Vocês nunca ouviram a sua voz, nem viram a sua forma, 38 nem a sua palavra habita em vocês, pois não creem naquele que ele enviou. 39 Vocês estudam cuidadosamente[a] as Escrituras, porque pensam que nelas vocês têm a vida eterna. E são as Escrituras que testemunham a meu respeito; 40 contudo, vocês não querem vir a mim para terem vida.

41 "Eu não aceito glória dos homens, 42 mas conheço vocês. Sei que vocês não têm o amor de Deus. 43 Eu vim em nome de meu Pai, e vocês não me aceitaram; mas, se outro vier em seu próprio nome, vocês o aceitarão. 44 Como vocês podem crer, se aceitam glória uns dos outros, mas não procuram a glória que vem do Deus[b] único?

45 "Contudo, não pensem que eu os acusarei perante o Pai. Quem os acusa é Moisés, em quem estão as suas esperanças. 46 Se vocês cressem em Moisés, creriam em mim, pois ele escreveu a meu respeito. 47 Visto, porém, que não creem no que ele escreveu, como crerão no que eu digo?"

A primeira multiplicação dos pães

(Mt 14.13-21; Mc 6.30-44; Lc 9.10-17)

6 Algum tempo depois, Jesus partiu para a outra margem do mar da Galileia (ou seja, do mar de Tiberíades), 2 e grande multidão continuava a segui-lo, porque vira os sinais milagrosos que ele tinha realizado nos doentes. 3 Então Jesus subiu ao monte e sentou-se com os seus discípulos. 4 Estava próxima a festa judaica da Páscoa.

5 Levantando os olhos e vendo uma grande multidão que se aproximava, Jesus disse a Filipe: "Onde compraremos pão para esse povo comer?" 6 Fez essa pergunta apenas para pô-lo à prova, pois já tinha em mente o que ia fazer.

7 Filipe lhe respondeu: "Duzentos denários[c] não comprariam pão suficiente para que cada um recebesse um pedaço!"

8 Outro discípulo, André, irmão de Simão Pedro, tomou a palavra: 9 "Aqui está um rapaz com cinco pães de cevada e dois peixinhos, mas o que é isto para tanta gente?"

10 Disse Jesus: "Mandem o povo assentar-se". Havia muita grama naquele lugar, e todos se assentaram. Eram cerca de cinco mil homens. 11 Então Jesus tomou os pães, deu graças e os repartiu entre os que estavam assentados, tanto quanto queriam; e fez o mesmo com os peixes.

12 Depois que todos receberam o suficiente para comer, disse aos seus discípulos: "Ajuntem os pedaços que sobraram. Que nada seja desperdiçado". 13 Então eles os ajuntaram e encheram doze cestos com os pedaços dos cinco pães de cevada deixados por aqueles que tinham comido.

14 Depois de ver o sinal milagroso que Jesus tinha realizado, o povo começou a dizer: "Sem dúvida este é o Profeta que devia vir ao mundo". 15 Sabendo Jesus que pretendiam proclamá-lo rei à força, retirou-se novamente sozinho para o monte.

Jesus anda sobre as águas

(Mt 14.22-36; Mc 6.45-56)

16 Ao anoitecer seus discípulos desceram para o mar, 17 entraram num barco e começaram a travessia para Cafarnaum. Já estava escuro, e Jesus ainda não tinha ido até onde eles estavam. 18 Soprava um vento forte, e as águas estavam agitadas. 19 Depois de terem remado cerca de cinco ou seis quilômetros[d], viram Jesus aproximando-se do barco, andando sobre o mar, e ficaram aterrorizados. 20 Mas ele lhes disse: "Sou eu! Não tenham medo!" 21 Então resolveram recebê-lo no barco, e logo chegaram à praia para a qual se dirigiam.

22 No dia seguinte, a multidão que tinha ficado no outro lado do mar percebeu que apenas um barco estivera ali, e que Jesus não havia entrado nele com os seus discípulos, mas que eles tinham partido sozinhos. 23 Então alguns barcos de Tiberíades aproximaram-se do lugar onde o povo tinha comido o pão após o Senhor ter dado graças. 24 Quando a multidão percebeu que nem Jesus nem os discípulos estavam ali, entrou nos barcos e foi para Cafarnaum em busca de Jesus.

Jesus, o pão da vida

25 Quando o encontraram do outro lado do mar, perguntaram-lhe: "Mestre, quando chegaste aqui?"

26 Jesus respondeu: "A verdade é que vocês estão me procurando, não porque viram os sinais milagrosos, mas porque comeram os pães e ficaram satisfeitos. 27 Não trabalhem pela comida que se estraga, mas pela comida que permanece para a vida eterna, a qual o Filho do homem lhes dará. Deus, o Pai, nele colocou o seu selo de aprovação".

28 Então lhe perguntaram: "O que precisamos fazer para realizar as obras que Deus requer?"

29 Jesus respondeu: "A obra de Deus é esta: crer naquele que ele enviou".

30 Então lhe perguntaram: "Que sinal milagroso mostrarás para que o vejamos e creiamos em ti? Que farás? 31 Os nossos antepassados comeram o maná no deserto; como está escrito: 'Ele lhes deu a comer pão dos céus'[e]".

32 Declarou-lhes Jesus: "Digo-lhes a verdade: Não foi Moisés quem lhes deu pão do céu, mas é meu Pai quem lhes dá o verdadeiro pão do céu. 33 Pois o pão de Deus é aquele que desceu do céu e dá vida ao mundo".

34 Disseram eles: "Senhor, dá-nos sempre desse pão!"

35 Então Jesus declarou: "Eu sou o pão da vida. Aquele que vem a mim nunca terá fome; aquele que crê em mim nunca terá sede. 36 Mas, como eu lhes disse, vocês me viram, mas ainda não creem. 37 Todo aquele que o Pai me der virá a mim, e quem vier a mim eu jamais

[a] 5:39 Ou *Estudem cuidadosamente*

[b] 5:44 Alguns manuscritos antigos não trazem *Deus*.

[c] 6:7 O denário era uma moeda de prata equivalente à diária de um trabalhador braçal.

[d] 6:19 Grego: *25 ou 30 estádios*. Um estádio equivalia a 185 metros.

[e] 6:31 Êx 16:4; Ne 9:15; Sl 78:24-25

rejeitarei. 38Pois desci dos céus, não para fazer a mi-
nha vontade, mas para fazer a vontade daquele que
me enviou. 39E esta é a vontade daquele que me en-
viou: que eu não perca nenhum dos que ele me deu,
mas os ressuscite no último dia. 40Porque a vontade
de meu Pai é que todo aquele que olhar para o Filho
e nele crer tenha a vida eterna, e eu o ressuscitarei no
último dia".
41Com isso os judeus começaram a criticar Jesus,
porque dissera: "Eu sou o pão que desceu do céu". 42E
diziam: "Este não é Jesus, o filho de José? Não conhe-
cemos seu pai e sua mãe? Como ele pode dizer: 'Des-
ci do céu'?"
43Respondeu Jesus: "Parem de me criticar. 44Nin-
guém pode vir a mim, se o Pai, que me enviou, não o
atrair; e eu o ressuscitarei no último dia. 45Está escri-
to nos Profetas: 'Todos serão ensinados por Deus'[a]. To-
dos os que ouvem o Pai e dele aprendem vêm a mim.
46Ninguém viu o Pai, a não ser aquele que vem de Deus;
somente ele viu o Pai. 47Asseguro-lhes que aquele que
crê tem a vida eterna. 48Eu sou o pão da vida. 49Os seus
antepassados comeram o maná no deserto, mas mor-
reram. 50Todavia, aqui está o pão que desce do céu, para
que não morra quem dele comer. 51Eu sou o pão vivo
que desceu do céu. Se alguém comer deste pão, viverá
para sempre. Este pão é a minha carne, que eu darei
pela vida do mundo".
52Então os judeus começaram a discutir exaltada-
mente entre si: "Como pode este homem nos oferecer
a sua carne para comermos?"
53Jesus lhes disse: "Eu lhes digo a verdade: Se vo-
cês não comerem a carne do Filho do homem e não
beberem o seu sangue, não terão vida em si mesmos.
54Todo aquele que come a minha carne e bebe o meu
sangue tem a vida eterna, e eu o ressuscitarei no último
dia. 55Pois a minha carne é verdadeira comida e o meu
sangue é verdadeira bebida. 56Todo aquele que come a
minha carne e bebe o meu sangue permanece em mim
e eu nele. 57Da mesma forma como o Pai que vive me
enviou e eu vivo por causa do Pai, assim aquele que se
alimenta de mim viverá por minha causa. 58Este é o pão
que desceu dos céus. Os antepassados de vocês come-
ram o maná e morreram, mas aquele que se alimenta
deste pão viverá para sempre". 59Ele disse isso quando
ensinava na sinagoga de Cafarnaum.

Muitos discípulos abandonam Jesus

60Ao ouvirem isso, muitos dos seus discípulos dis-
seram: "Dura é essa palavra. Quem pode suportá-la?"
61Sabendo em seu íntimo que os seus discípulos es-
tavam se queixando do que ouviram, Jesus lhes disse:
"Isso os escandaliza? 62Que acontecerá se vocês virem o
Filho do homem subir para onde estava antes? 63O Espí-
rito dá vida; a carne não produz nada que se aproveite.
As palavras que eu lhes disse são espírito e vida. 64Con-
tudo, há alguns de vocês que não creem". Pois Jesus
sabia desde o princípio quais deles não criam e quem
o iria trair. 65E prosseguiu: "É por isso que eu lhes dis-
se que ninguém pode vir a mim, a não ser que isto lhe
seja dado pelo Pai".
66Daquela hora em diante, muitos dos seus discípu-
los voltaram atrás e deixaram de segui-lo.
67Jesus perguntou aos Doze: "Vocês também não
querem ir?"
68Simão Pedro lhe respondeu: "Senhor, para quem
iremos? Tu tens as palavras de vida eterna. 69Nós cre-
mos e sabemos que és o Santo de Deus".
70Então Jesus respondeu: "Não fui eu que os esco-
lhi, os Doze? Todavia, um de vocês é um diabo!" 71(Ele
se referia a Judas, filho de Simão Iscariotes, que, em-
bora fosse um dos Doze, mais tarde haveria de traí-lo.)

Jesus vai à festa das cabanas

7 Depois disso Jesus percorreu a Galileia, mantendo-se
deliberadamente longe da Judeia, porque ali os ju-
deus procuravam tirar-lhe a vida. 2Mas, ao se aproxi-
mar a festa judaica das cabanas[b], 3os irmãos de Jesus
lhe disseram: "Você deve sair daqui e ir para a Judeia,
para que os seus discípulos possam ver as obras que
você faz. 4Ninguém que deseja ser reconhecido publi-
camente age em segredo. Visto que você está fazendo
estas coisas, mostre-se ao mundo". 5Pois nem os seus
irmãos criam nele.
6Então Jesus lhes disse: "Para mim ainda não che-
gou o tempo certo; para vocês qualquer tempo é certo.
7O mundo não pode odiá-los, mas a mim odeia porque
dou testemunho de que o que ele faz é mau. 8Vão vocês
à festa; eu ainda[c] não subirei a esta festa, porque para
mim ainda não chegou o tempo apropriado". 9Tendo
dito isso, permaneceu na Galileia.
10Contudo, depois que os seus irmãos subiram para
a festa, ele também subiu, não abertamente, mas em
segredo. 11Na festa os judeus o estavam esperando e
perguntavam: "Onde está aquele homem?"
12Entre a multidão havia muitos boatos a respeito
dele. Alguns diziam: "É um bom homem".
Outros respondiam: "Não, ele está enganando o po-
vo". 13Mas ninguém falava dele em público, por medo
dos judeus.

Jesus ensina na festa

14Quando a festa estava na metade, Jesus subiu ao
templo e começou a ensinar. 15Os judeus ficaram admi-
rados e perguntaram: "Como foi que este homem ad-
quiriu tanta instrução, sem ter estudado?"
16Jesus respondeu: "O meu ensino não é de mim
mesmo. Vem daquele que me enviou. 17Se alguém de-
cidir fazer a vontade de Deus, descobrirá se o meu en-
sino vem de Deus ou se falo por mim mesmo. 18Aquele
que fala por si mesmo busca a sua própria glória, mas
aquele que busca a glória de quem o enviou, este é ver-
dadeiro; não há nada de falso a seu respeito. 19Moisés
não lhes deu a Lei? No entanto, nenhum de vocês lhe
obedece. Por que vocês procuram matar-me?"
20"Você está endemoninhado", respondeu a multi-
dão. "Quem está procurando matá-lo?"
21Jesus lhes disse: "Fiz um milagre[d], e vocês todos es-
tão admirados. 22No entanto, porque Moisés lhes deu a
circuncisão (embora, na verdade, ela não tenha vindo
de Moisés, mas dos patriarcas), vocês circuncidam no
sábado. 23Ora, se um menino pode ser circuncidado no
sábado para que a Lei de Moisés não seja quebrada, por
que vocês ficam cheios de ira contra mim por ter curado

[a] 6:45 Is 54:13

[b] 7:2 Ou *dos tabernáculos*

[c] 7:8 Vários manuscritos não trazem *ainda*.

[d] 7:21 Grego: *uma obra*.

completamente um homem no sábado? 24 Não julguem apenas pela aparência, mas façam julgamentos justos".

É Jesus o Cristo?

25 Então alguns habitantes de Jerusalém começaram a perguntar: "Não é este o homem que estão procurando matar? 26 Aqui está ele, falando publicamente, e não lhe dizem uma palavra. Será que as autoridades chegaram à conclusão de que ele é realmente o Cristo? 27 Mas nós sabemos de onde é este homem; quando o Cristo vier, ninguém saberá de onde ele é".

28 Enquanto ensinava no pátio do templo, Jesus exclamou: "Sim, vocês me conhecem e sabem de onde sou. Eu não estou aqui por mim mesmo, mas aquele que me enviou é verdadeiro. Vocês não o conhecem, 29 mas eu o conheço porque venho da parte dele, e ele me enviou".

30 Então tentaram prendê-lo, mas ninguém lhe pôs as mãos, porque a sua hora ainda não havia chegado. 31 Assim mesmo, muitos dentre a multidão creram nele e diziam: "Quando o Cristo vier, fará mais sinais milagrosos do que este homem fez?"

32 Os fariseus ouviram a multidão falando essas coisas a respeito dele. Então os chefes dos sacerdotes e os fariseus enviaram guardas do templo para o prenderem.

33 Disse-lhes Jesus: "Estou com vocês apenas por pouco tempo e logo irei para aquele que me enviou. 34 Vocês procurarão por mim, mas não me encontrarão; vocês não podem ir ao lugar onde eu estarei".

35 Os judeus disseram uns aos outros: "Aonde pretende ir este homem, que não o possamos encontrar? Para onde vive o nosso povo, espalhado entre os gregos, a fim de ensiná-lo? 36 O que ele quis dizer quando falou: 'Vocês procurarão por mim, mas não me encontrarão' e 'vocês não podem ir ao lugar onde eu estarei'?"

37 No último e mais importante dia da festa, Jesus levantou-se e disse em alta voz: "Se alguém tem sede, venha a mim e beba. 38 Quem crer em mim, como diz a Escritura, do seu interior fluirão rios de água viva". 39 Ele estava se referindo ao Espírito, que mais tarde receberiam os que nele cressem. Até então o Espírito ainda não tinha sido dado, pois Jesus ainda não fora glorificado.

40 Ouvindo as suas palavras, alguns dentre o povo disseram: "Certamente este homem é o Profeta".

41 Outros disseram: "Ele é o Cristo".

Ainda outros perguntaram: "Como pode o Cristo vir da Galileia? 42 A Escritura não diz que o Cristo virá da descendência[a] de Davi, da cidade de Belém, onde viveu Davi?" 43 Assim o povo ficou dividido por causa de Jesus. 44 Alguns queriam prendê-lo, mas ninguém lhe pôs as mãos.

A incredulidade dos líderes judeus

45 Finalmente, os guardas do templo voltaram aos chefes dos sacerdotes e aos fariseus, os quais lhes perguntaram: "Por que vocês não o trouxeram?"

46 "Ninguém jamais falou da maneira como esse homem fala", declararam os guardas.

47 "Será que vocês também foram enganados?", perguntaram os fariseus. 48 "Por acaso alguém das autoridades ou dos fariseus creu nele? 49 Não! Mas essa ralé que nada entende da lei é maldita."

50 Nicodemos, um deles, que antes tinha procurado Jesus, perguntou-lhes: 51 "A nossa lei condena alguém, sem primeiro ouvi-lo para saber o que ele está fazendo?"

52 Eles responderam: "Você também é da Galileia? Verifique, e descobrirá que da Galileia não surge profeta[b]".

53[c] Então cada um foi para a sua casa.

8 Jesus, porém, foi para o monte das Oliveiras. 2 Ao amanhecer ele apareceu novamente no templo, onde todo o povo se reuniu ao seu redor, e ele se assentou para ensiná-lo. 3 Os mestres da lei e os fariseus trouxeram-lhe uma mulher surpreendida em adultério. Fizeram-na ficar em pé diante de todos 4 e disseram a Jesus: "Mestre, esta mulher foi surpreendida em ato de adultério. 5 Na Lei, Moisés nos ordena apedrejar tais mulheres. E o senhor, que diz?" 6 Eles estavam usando essa pergunta como armadilha, a fim de terem uma base para acusá-lo.

Mas Jesus inclinou-se e começou a escrever no chão com o dedo. 7 Visto que continuavam a interrogá-lo, ele se levantou e lhes disse: "Se algum de vocês estiver sem pecado, seja o primeiro a atirar pedra nela". 8 Inclinou-se novamente e continuou escrevendo no chão.

9 Os que o ouviram foram saindo, um de cada vez, começando pelos mais velhos. Jesus ficou só, com a mulher em pé diante dele. 10 Então Jesus pôs-se em pé e perguntou-lhe: "Mulher, onde estão eles? Ninguém a condenou?"

11 "Ninguém, Senhor", disse ela.

Declarou Jesus: "Eu também não a condeno. Agora vá e abandone sua vida de pecado".

A validade do testemunho de Jesus

12 Falando novamente ao povo, Jesus disse: "Eu sou a luz do mundo. Quem me segue, nunca andará em trevas, mas terá a luz da vida".

13 Os fariseus lhe disseram: "Você está testemunhando a respeito de si próprio. O seu testemunho não é válido!"

14 Respondeu Jesus: "Ainda que eu mesmo testemunhe em meu favor, o meu testemunho é válido, pois sei de onde vim e para onde vou. Mas vocês não sabem de onde vim nem para onde vou. 15 Vocês julgam por padrões humanos; eu não julgo ninguém. 16 Mesmo que eu julgue, as minhas decisões são verdadeiras, porque não estou sozinho. Eu estou com o Pai, que me enviou. 17 Na Lei de vocês está escrito que o testemunho de dois homens é válido.[d] 18 Eu testemunho acerca de mim mesmo; a minha outra testemunha é o Pai, que me enviou".

19 Então lhe perguntaram: "Onde está o seu pai?"

Respondeu Jesus: "Vocês não conhecem nem a mim nem a meu Pai. Se me conhecessem, também conheceriam a meu Pai". 20 Ele proferiu essas palavras enquanto ensinava no templo, perto do lugar onde se colocavam as ofertas[e]. No entanto, ninguém o prendeu, porque a sua hora ainda não havia chegado.

21 Mais uma vez, Jesus lhes disse: "Eu vou embora, e vocês procurarão por mim, e morrerão em seus pecados. Para onde vou, vocês não podem ir".

[a] 7:42 Grego: *semente*.

[b] 7:52 Dois manuscritos dizem *o Profeta*.

[c] 7:53 Muitos manuscritos não trazem João 7:53—8:11; outros manuscritos deslocam o texto.

[d] 8:17 Dt 17:6; 19:15

[e] 8:20 Grego: *gazofilácio*.

22Isso levou os judeus a perguntarem: "Será que ele
irá matar-se? Será por isso que ele diz: 'Para onde vou,
vocês não podem ir'?"
23Mas ele continuou: "Vocês são daqui de baixo; eu
sou lá de cima. Vocês são deste mundo; eu não sou des-
te mundo. 24Eu lhes disse que vocês morrerão em seus
pecados. Se vocês não crerem que Eu Sou[a], de fato mor-
rerão em seus pecados".
25"Quem é você?", perguntaram eles.
"Exatamente o que tenho dito o tempo todo", res-
pondeu Jesus. 26"Tenho muitas coisas para dizer e julgar
a respeito de vocês. Pois aquele que me enviou mere-
ce confiança, e digo ao mundo aquilo que dele ouvi."
27Eles não entenderam que lhes estava falando a res-
peito do Pai. 28Então Jesus disse: "Quando vocês levan-
tarem o Filho do homem, saberão que Eu Sou, e que
nada faço de mim mesmo, mas falo exatamente o que
o Pai me ensinou. 29Aquele que me enviou está comigo;
ele não me deixou sozinho, pois sempre faço o que lhe
agrada". 30Tendo dito essas coisas, muitos creram nele.

Os filhos de Abraão e os filhos do Diabo

31Disse Jesus aos judeus que haviam crido nele: "Se
vocês permanecerem firmes na minha palavra, verda-
deiramente serão meus discípulos. 32E conhecerão a ver-
dade, e a verdade os libertará".
33Eles lhe responderam: "Somos descendentes[b] de
Abraão e nunca fomos escravos de ninguém. Como vo-
cê pode dizer que seremos livres?"
34Jesus respondeu: "Digo-lhes a verdade: Todo aque-
le que vive pecando é escravo do pecado. 35O escravo
não tem lugar permanente na família, mas o filho per-
tence a ela para sempre. 36Portanto, se o Filho os liber-
tar, vocês de fato serão livres. 37Eu sei que vocês são
descendentes de Abraão. Contudo, estão procurando
matar-me, porque em vocês não há lugar para a minha
palavra. 38Eu lhes estou dizendo o que vi na presença
do Pai, e vocês fazem o que ouviram do pai de vocês[c]".
39"Abraão é o nosso pai", responderam eles.
Disse Jesus: "Se vocês fossem filhos de Abraão, fa-
riam[d] as obras que Abraão fez. 40Mas vocês estão pro-
curando matar-me, sendo que eu lhes falei a verdade
que ouvi de Deus; Abraão não agiu assim. 41Vocês estão
fazendo as obras do pai de vocês".
Protestaram eles: "Nós não somos filhos ilegítimos[e].
O único Pai que temos é Deus".
42Disse-lhes Jesus: "Se Deus fosse o Pai de vocês, vo-
cês me amariam, pois eu vim de Deus e agora estou
aqui. Eu não vim por mim mesmo, mas ele me enviou.
43Por que a minha linguagem não é clara para vocês?
Porque são incapazes de ouvir o que eu digo.
44"Vocês pertencem ao pai de vocês, o Diabo, e que-
rem realizar o desejo dele. Ele foi homicida desde o
princípio e não se apegou à verdade, pois não há ver-
dade nele. Quando mente, fala a sua própria língua,
pois é mentiroso e pai da mentira. 45No entanto, vo-
cês não creem em mim, porque lhes digo a verdade!
46Qual de vocês pode me acusar de algum pecado? Se
estou falando a verdade, porque vocês não creem em
mim? 47Aquele que pertence a Deus ouve o que Deus
diz. Vocês não o ouvem porque não pertencem a Deus".

As declarações de Jesus acerca de si mesmo

48Os judeus lhe responderam: "Não estamos certos
em dizer que você é samaritano e está endemoninha-
do?"
49Disse Jesus: "Não estou endemoninhado! Ao con-
trário, honro o meu Pai, e vocês me desonram. 50Não
estou buscando glória para mim mesmo; mas, há quem
a busque e julgue. 51Asseguro-lhes que, se alguém obe-
decer à minha palavra, jamais verá a morte".
52Diante disso, os judeus exclamaram: "Agora sabe-
mos que você está endemoninhado! Abraão morreu,
bem como os profetas, mas você diz que se alguém obe-
decer à sua palavra, nunca experimentará a morte. 53Vo-
cê é maior do que o nosso pai Abraão? Ele morreu, bem
como os profetas. Quem você pensa que é?"
54Respondeu Jesus: "Se glorifico a mim mesmo, a
minha glória nada significa. Meu Pai, que vocês dizem
ser o seu Deus, é quem me glorifica. 55Vocês não o co-
nhecem, mas eu o conheço. Se eu dissesse que não o
conheço, seria mentiroso como vocês, mas eu de fato
o conheço e obedeço à sua palavra. 56Abraão, pai de
vocês, regozijou-se porque veria o meu dia; ele o viu
e alegrou-se".
57Disseram-lhe os judeus: "Você ainda não tem cin-
quenta anos, e viu Abraão?"
58Respondeu Jesus: "Eu lhes afirmo que antes de
Abraão nascer, Eu Sou!" 59Então eles apanharam pe-
dras para apedrejá-lo, mas Jesus escondeu-se e saiu
do templo.

Jesus cura um cego de nascença

9 Ao passar, Jesus viu um cego de nascença. 2Seus dis-
cípulos lhe perguntaram: "Mestre, quem pecou: es-
te homem ou seus pais, para que ele nascesse cego?"
3Disse Jesus: "Nem ele nem seus pais pecaram, mas
isto aconteceu para que a obra de Deus se manifestas-
se na vida dele. 4Enquanto é dia, precisamos realizar
a obra daquele que me enviou. A noite se aproxima,
quando ninguém pode trabalhar. 5Enquanto estou no
mundo, sou a luz do mundo".
6Tendo dito isso, cuspiu no chão, misturou terra com
saliva e aplicou-a aos olhos do homem. 7Então lhe disse:
"Vá lavar-se no tanque de Siloé" (que significa "envia-
do"). O homem foi, lavou-se e voltou vendo.
8Seus vizinhos e os que anteriormente o tinham
visto mendigando perguntaram: "Não é este o mesmo
homem que costumava ficar sentado, mendigando?"
9Alguns afirmavam que era ele.
Outros diziam: "Não, apenas se parece com ele".
Mas ele próprio insistia: "Sou eu mesmo".
10"Então, como foram abertos os seus olhos?", inter-
rogaram-no eles.
11Ele respondeu: "O homem chamado Jesus misturou
terra com saliva, colocou-a nos meus olhos e me disse
que fosse lavar-me em Siloé. Fui, lavei-me, e agora vejo".
12Eles lhe perguntaram: "Onde está esse homem?"
"Não sei", disse ele.

Os fariseus investigam a cura

13Levaram aos fariseus o homem que fora cego. 14Era
sábado o dia em que Jesus havia misturado terra com
saliva e aberto os olhos daquele homem. 15Então os

[a] **8:24** Uma referência ao nome de Deus; também nos versículos 28 e 58.
[b] **8:33** Grego: *semente*; também no versículo 37.
[c] **8:38** Ou *Pai. Portanto, façam o que vocês ouviram do Pai*
[d] **8:39** Alguns manuscritos dizem Se vocês são filhos de Abraão, então façam.
[e] **8:41** Grego: *não nascemos de porneia*, termo genérico que se refere a práticas sexuais ilícitas.

fariseus também lhe perguntaram como ele recupe-
rara a vista. O homem respondeu: "Ele colocou uma
mistura de terra e saliva em meus olhos, eu me lavei
e agora vejo".
16 Alguns dos fariseus disseram: "Esse homem não é
de Deus, pois não guarda o sábado".
Mas outros perguntavam: "Como pode um pecador
fazer tais sinais milagrosos?" E houve divisão entre eles.
17 Tornaram, pois, a perguntar ao cego: "Que diz vo-
cê a respeito dele? Foram os seus olhos que ele abriu".
O homem respondeu: "Ele é um profeta".
18 Os judeus não acreditaram que ele fora cego e ha-
via sido curado enquanto não mandaram buscar os seus
pais. 19 Então perguntaram: "É este o seu filho, o qual vo-
cês dizem que nasceu cego? Como ele pode ver agora?"
20 Responderam os pais: "Sabemos que ele é nosso
filho e que nasceu cego. 21 Mas não sabemos como ele
pode ver agora ou quem lhe abriu os olhos. Pergun-
tem a ele. Idade ele tem; falará por si mesmo". 22 Seus
pais disseram isso porque tinham medo dos judeus,
pois estes já haviam decidido que, se alguém confes-
sasse que Jesus era o Cristo, seria expulso da sinagoga.
23 Foi por isso que seus pais disseram: "Idade ele tem;
perguntem a ele".
24 Pela segunda vez, chamaram o homem que fora
cego e lhe disseram: "Para a glória de Deus, diga a ver-
dade. Sabemos que esse homem é pecador".
25 Ele respondeu: "Não sei se ele é pecador ou não.
Uma coisa sei: eu era cego e agora vejo!"
26 Então lhe perguntaram: "O que lhe fez ele? Como
lhe abriu os olhos?"
27 Ele respondeu: "Eu já lhes disse, e vocês não me
deram ouvidos. Por que querem ouvir outra vez? Acaso
vocês também querem ser discípulos dele?"
28 Então o insultaram e disseram: "Discípulo dele é
você! Nós somos discípulos de Moisés! 29 Sabemos que
Deus falou a Moisés, mas, quanto a esse, nem sabemos
de onde ele vem".
30 O homem respondeu: "Ora, isso é extraordiná-
rio! Vocês não sabem de onde ele vem, contudo ele me
abriu os olhos. 31 Sabemos que Deus não ouve pecadores,
mas ouve o homem que o teme e pratica a sua vontade.
32 "Ninguém jamais ouviu que os olhos de um cego
de nascença tivessem sido abertos. 33 Se esse homem
não fosse de Deus, não poderia fazer coisa alguma".
34 Diante disso, eles responderam: "Você nasceu cheio
de pecado; como tem a ousadia de nos ensinar?" E o
expulsaram.

A cegueira espiritual

35 Jesus ouviu que o haviam expulsado, e, ao encon-
trá-lo, disse: "Você crê no Filho do homem?"
36 Perguntou o homem: "Quem é ele, Senhor, para
que eu nele creia?"
37 Disse Jesus: "Você já o tem visto. É aquele que está
falando com você".
38 Então o homem disse: "Senhor, eu creio". E o
adorou.
39 Disse Jesus: "Eu vim a este mundo para julgamen-
to, a fim de que os cegos vejam e os que veem se tor-
nem cegos".
40 Alguns fariseus que estavam com ele ouviram-
-no dizer isso e perguntaram: "Acaso nós também so-
mos cegos?"
41 Disse Jesus: "Se vocês fossem cegos, não seriam cul-
pados de pecado; mas agora que dizem que podem ver,
a culpa de vocês permanece.

O pastor e o seu rebanho

10 "Eu lhes asseguro que aquele que não entra no
aprisco das ovelhas pela porta, mas sobe por outro
lugar, é ladrão e assaltante. 2 Aquele que entra pela por-
ta é o pastor das ovelhas. 3 O porteiro abre-lhe a porta, e
as ovelhas ouvem a sua voz. Ele chama as suas ovelhas
pelo nome e as leva para fora. 4 Depois de conduzir pa-
ra fora todas as suas ovelhas, vai adiante delas, e estas
o seguem, porque conhecem a sua voz. 5 Mas nunca se-
guirão um estranho; na verdade, fugirão dele, porque
não reconhecem a voz de estranhos". 6 Jesus usou essa
comparação, mas eles não compreenderam o que lhes
estava falando.
7 Então Jesus afirmou de novo: "Digo-lhes a ver-
dade: Eu sou a porta das ovelhas. 8 Todos os que vie-
ram antes de mim eram ladrões e assaltantes, mas as
ovelhas não os ouviram. 9 Eu sou a porta; quem entra
por mim será salvo. Entrará e sairá, e encontrará pas-
tagem[a]. 10 O ladrão vem apenas para roubar, matar e
destruir; eu vim para que tenham vida, e a tenham
plenamente.
11 "Eu sou o bom pastor. O bom pastor dá a sua vida
pelas ovelhas. 12 O assalariado não é o pastor a quem as
ovelhas pertencem. Assim, quando vê que o lobo vem,
abandona as ovelhas e foge. Então o lobo ataca o reba-
nho e o dispersa. 13 Ele foge porque é assalariado e não
se importa com as ovelhas.
14 "Eu sou o bom pastor; conheço as minhas ovelhas,
e elas me conhecem, 15 assim como o Pai me conhece e
eu conheço o Pai; e dou a minha vida pelas ovelhas.
16 Tenho outras ovelhas que não são deste aprisco. É ne-
cessário que eu as conduza também. Elas ouvirão a mi-
nha voz, e haverá um só rebanho e um só pastor. 17 Por
isso é que meu Pai me ama, porque eu dou a minha
vida para retomá-la. 18 Ninguém a tira de mim, mas eu
a dou por minha espontânea vontade. Tenho autori-
dade para dá-la e para retomá-la. Esta ordem recebi
de meu Pai".
19 Diante dessas palavras, os judeus ficaram outra vez
divididos. 20 Muitos deles diziam: "Ele está endemoni-
nhado e enlouqueceu. Por que ouvi-lo?"
21 Mas outros diziam: "Essas palavras não são de um
endemoninhado. Pode um demônio abrir os olhos dos
cegos?"

A incredulidade dos judeus

22 Celebrava-se a festa da Dedicação, em Jerusalém.
Era inverno, 23 e Jesus estava no templo, caminhando
pelo Pórtico de Salomão. 24 Os judeus reuniram-se ao
redor dele e perguntaram: "Até quando nos deixará em
suspense? Se é você o Cristo, diga-nos abertamente".
25 Jesus respondeu: "Eu já lhes disse, mas vocês não
creem. As obras que eu realizo em nome de meu Pai fa-
lam por mim, 26 mas vocês não creem, porque não são
minhas ovelhas. 27 As minhas ovelhas ouvem a minha
voz; eu as conheço, e elas me seguem. 28 Eu lhes dou a
vida eterna, e elas jamais perecerão; ninguém as pode-
rá arrancar da minha mão. 29 Meu Pai, que as deu para

[a] 10:9 Ou *ficará em segurança*

mim, é maior do que todos;[a] ninguém as pode arrancar da mão de meu Pai. 30Eu e o Pai somos um".

31Novamente os judeus pegaram pedras para apedrejá-lo, 32mas Jesus lhes disse: "Eu lhes mostrei muitas boas obras da parte do Pai. Por qual delas vocês querem me apedrejar?"

33Responderam os judeus: "Não vamos apedrejá-lo por nenhuma boa obra, mas pela blasfêmia, porque você é um simples homem e se apresenta como Deus".

34Jesus lhes respondeu: "Não está escrito na Lei de vocês: 'Eu disse: Vocês são deuses'[b]? 35Se ele chamou 'deuses' àqueles a quem veio a palavra de Deus (e a Escritura não pode ser anulada), 36que dizer a respeito daquele a quem o Pai santificou e enviou ao mundo? Então, por que vocês me acusam de blasfêmia porque eu disse: Sou Filho de Deus? 37Se eu não realizo as obras do meu Pai, não creiam em mim. 38Mas se as realizo, mesmo que não creiam em mim, creiam nas obras, para que possam saber e entender que o Pai está em mim, e eu no Pai". 39Outra vez tentaram prendê-lo, mas ele se livrou das mãos deles.

40Então Jesus atravessou novamente o Jordão e foi para o lugar onde João batizava nos primeiros dias do seu ministério. Ali ficou, 41e muita gente foi até onde ele estava, dizendo: "Embora João nunca tenha realizado um sinal milagroso, tudo o que ele disse a respeito deste homem era verdade". 42E ali muitos creram em Jesus.

A morte de Lázaro

11 Havia um homem chamado Lázaro. Ele era de Betânia, do povoado de Maria e de sua irmã Marta. E aconteceu que Lázaro ficou doente. 2Maria, sua irmã, era a mesma que derramara perfume sobre o Senhor e lhe enxugara os pés com os cabelos. 3Então as irmãs de Lázaro mandaram dizer a Jesus: "Senhor, aquele a quem amas está doente".

4Ao ouvir isso, Jesus disse: "Essa doença não acabará em morte; é para a glória de Deus, para que o Filho de Deus seja glorificado por meio dela". 5Jesus amava Marta, a irmã dela e Lázaro. 6No entanto, quando ouviu falar que Lázaro estava doente, ficou mais dois dias onde estava.

7Depois disse aos seus discípulos: "Vamos voltar para a Judeia".

8Estes disseram: "Mestre, há pouco os judeus tentaram apedrejar-te, e assim mesmo vais voltar para lá?"

9Jesus respondeu: "O dia não tem doze horas? Quem anda de dia não tropeça, pois vê a luz deste mundo. 10Quando anda de noite, tropeça, pois nele não há luz".

11Depois de dizer isso, prosseguiu dizendo-lhes: "Nosso amigo Lázaro adormeceu, mas vou até lá para acordá-lo".

12Seus discípulos responderam: "Senhor, se ele dorme, vai melhorar". 13Jesus tinha falado de sua morte, mas os seus discípulos pensaram que ele estava falando simplesmente do sono.

14Então lhes disse claramente: "Lázaro morreu, 15e para o bem de vocês estou contente por não ter estado lá, para que vocês creiam. Mas, vamos até ele".

16Então Tomé, chamado Dídimo[c], disse aos outros discípulos: "Vamos também para morrermos com ele".

Jesus conforta as irmãs de Lázaro

17Ao chegar, Jesus verificou que Lázaro já estava no sepulcro havia quatro dias. 18Betânia distava cerca de três quilômetros[d] de Jerusalém, 19e muitos judeus tinham ido visitar Marta e Maria para confortá-las pela perda do irmão. 20Quando Marta ouviu que Jesus estava chegando, foi encontrá-lo, mas Maria ficou em casa.

21Disse Marta a Jesus: "Senhor, se estivesses aqui meu irmão não teria morrido. 22Mas sei que, mesmo agora, Deus te dará tudo o que pedires".

23Disse-lhe Jesus: "O seu irmão vai ressuscitar".

24Marta respondeu: "Eu sei que ele vai ressuscitar na ressurreição, no último dia".

25Disse-lhe Jesus: "Eu sou a ressurreição e a vida. Aquele que crê em mim, ainda que morra, viverá; 26e quem vive e crê em mim não morrerá eternamente. Você crê nisso?"

27Ela lhe respondeu: "Sim, Senhor, eu tenho crido que tu és o Cristo, o Filho de Deus que devia vir ao mundo".

28E depois de dizer isso, foi para casa e, chamando à parte Maria, disse-lhe: "O Mestre está aqui e está chamando você". 29Ao ouvir isso, Maria levantou-se depressa e foi ao encontro dele. 30Jesus ainda não tinha entrado no povoado, mas estava no lugar onde Marta o encontrara. 31Quando notaram que ela se levantou depressa e saiu, os judeus, que a estavam confortando em casa, seguiram-na, supondo que ela ia ao sepulcro, para ali chorar. 32Chegando ao lugar onde Jesus estava e vendo-o, Maria prostrou-se aos seus pés e disse: "Senhor, se estivesses aqui meu irmão não teria morrido".

33Ao ver chorando Maria e os judeus que a acompanhavam, Jesus agitou-se no espírito e perturbou-se.

34"Onde o colocaram?", perguntou ele.

"Vem e vê, Senhor", responderam eles.

35Jesus chorou.

36Então os judeus disseram: "Vejam como ele o amava!"

37Mas alguns deles disseram: "Ele, que abriu os olhos do cego, não poderia ter impedido que este homem morresse?"

Jesus ressuscita Lázaro

38Jesus, outra vez profundamente comovido, foi até o sepulcro. Era uma gruta com uma pedra colocada à entrada.

39"Tirem a pedra", disse ele.

Disse Marta, irmã do morto: "Senhor, ele já cheira mal, pois já faz quatro dias".

40Disse-lhe Jesus: "Não lhe falei que, se você cresse, veria a glória de Deus?"

41Então tiraram a pedra. Jesus olhou para cima e disse: "Pai, eu te agradeço porque me ouviste. 42Eu sei que sempre me ouves, mas disse isso por causa do povo que está aqui, para que creia que tu me enviaste".

43Depois de dizer isso, Jesus bradou em alta voz: "Lázaro, venha para fora!" 44O morto saiu, com as mãos e os pés envolvidos em faixas de linho e o rosto envolto num pano.

[a] 10:29 Muitos manuscritos antigos dizem O que meu Pai me deu é maior do que tudo.

[b] 10:34 Sl 82:6

[c] 11:16 Tanto *Tomé* (aramaico) como *Dídimo* (grego) significam *gêmeo*.

[d] 11:18 Grego: *15 estádios*. Um estádio equivalia a 185 metros.

Disse-lhes Jesus: "Tirem as faixas dele e deixem-
-no ir".

A conspiração para matar Jesus

45 Muitos dos judeus que tinham vindo visitar Ma-
ria, vendo o que Jesus fizera, creram nele. 46 Mas alguns
deles foram contar aos fariseus o que Jesus tinha feito.
47 Então os chefes dos sacerdotes e os fariseus convoca-
ram uma reunião do Sinédrio[a].

"O que estamos fazendo?", perguntaram eles. "Aí está
esse homem realizando muitos sinais milagrosos. 48 Se
o deixarmos, todos crerão nele, e então os romanos vi-
rão e tirarão tanto o nosso lugar[b] como a nossa nação."

49 Então um deles, chamado Caifás, que naquele ano
era o sumo sacerdote, tomou a palavra e disse: "Nada
sabeis! 50 Não percebeis que vos é melhor que morra
um homem pelo povo, e que não pereça toda a nação".

51 Ele não disse isso de si mesmo, mas, sendo o sumo
sacerdote naquele ano, profetizou que Jesus morreria
pela nação judaica, 52 e não somente por aquela nação,
mas também pelos filhos de Deus que estão espalhados,
para reuni-los num povo. 53 E daquele dia em diante, re-
solveram tirar-lhe a vida.

54 Por essa razão, Jesus não andava mais publicamen-
te entre os judeus. Ao invés disso, retirou-se para uma
região próxima do deserto, para um povoado chamado
Efraim, onde ficou com os seus discípulos.

55 Ao se aproximar a Páscoa judaica, muitos foram
daquela região para Jerusalém a fim de participarem
das purificações cerimoniais antes da Páscoa. 56 Conti-
nuavam procurando Jesus e, no templo, perguntavam
uns aos outros: "O que vocês acham? Será que ele virá
à festa?" 57 Mas os chefes dos sacerdotes e os fariseus
tinham ordenado que, se alguém soubesse onde Jesus
estava, o denunciasse, para que o pudessem prender.

Jesus é ungido em Betânia

(Mt 26.6-13; Mc 14.3-9)

12 Seis dias antes da Páscoa Jesus chegou a Betânia,
onde vivia Lázaro, a quem ressuscitara dos mor-
tos. 2 Ali prepararam um jantar para Jesus. Marta servia,
enquanto Lázaro estava à mesa com ele. 3 Então Maria
pegou um frasco[c] de nardo puro, que era um perfume
caro, derramou-o sobre os pés de Jesus e os enxugou
com os seus cabelos. E a casa encheu-se com a fragrân-
cia do perfume.

4 Mas um dos seus discípulos, Judas Iscariotes, que
mais tarde iria traí-lo, fez uma objeção: 5 "Por que este
perfume não foi vendido, e o dinheiro dado aos pobres?
Seriam trezentos denários[d]". 6 Ele não falou isso por se
interessar pelos pobres, mas porque era ladrão; sendo
responsável pela bolsa de dinheiro, costumava tirar o
que nela era colocado.

7 Respondeu Jesus: "Deixe-a em paz; que o guarde
para o dia do meu sepultamento. 8 Pois os pobres vo-
cês sempre terão consigo, mas a mim vocês nem sem-
pre terão".

9 Enquanto isso, uma grande multidão de judeus,
ao descobrir que Jesus estava ali, veio, não apenas por
causa de Jesus, mas também para ver Lázaro, a quem
ele ressuscitara dos mortos. 10 Assim, os chefes dos sa-
cerdotes fizeram planos para matar também Lázaro,
11 pois por causa dele muitos estavam se afastando dos
judeus e crendo em Jesus.

A entrada triunfal

(Mt 21.1-11; Mc 11.1-11; Lc 19.28-40)

12 No dia seguinte, a grande multidão que tinha vin-
do para a festa ouviu falar que Jesus estava chegando
a Jerusalém. 13 Pegaram ramos de palmeiras e saíram
ao seu encontro, gritando:

"Hosana![e]"
"Bendito é o que vem
em nome do Senhor!"[f]
"Bendito é o Rei de Israel!"

14 Jesus conseguiu um jumentinho e montou nele,
como está escrito:

15 "Não tenha medo,
ó cidade[g] de Sião;
eis que o seu rei vem,
montado num jumentinho"[h].

16 A princípio seus discípulos não entenderam isso.
Só depois que Jesus foi glorificado, eles se lembraram
de que essas coisas estavam escritas a respeito dele e
lhe foram feitas.

17 A multidão que estava com ele, quando manda-
ra Lázaro sair do sepulcro e o ressuscitara dos mortos,
continuou a espalhar o fato. 18 Muitas pessoas, por te-
rem ouvido falar que ele realizara tal sinal milagroso,
foram ao seu encontro. 19 E assim os fariseus disseram
uns aos outros: "Não conseguimos nada. Olhem como
o mundo todo vai atrás dele!"

Jesus prediz sua morte

20 Entre os que tinham ido adorar a Deus na festa da
Páscoa, estavam alguns gregos. 21 Eles se aproximaram
de Filipe, que era de Betsaida da Galileia, com um pe-
dido: "Senhor, queremos ver Jesus". 22 Filipe foi dizê-lo
a André, e os dois juntos o disseram a Jesus.

23 Jesus respondeu: "Chegou a hora de ser glorificado
o Filho do homem. 24 Digo-lhes verdadeiramente que,
se o grão de trigo não cair na terra e não morrer, conti-
nuará ele só. Mas se morrer, dará muito fruto. 25 Aquele
que ama a sua vida, a perderá; ao passo que aquele que
odeia a sua vida neste mundo, a conservará para a vida
eterna. 26 Quem me serve precisa seguir-me; e, onde es-
tou, o meu servo também estará. Aquele que me serve,
meu Pai o honrará.

27 "Agora meu coração está perturbado, e o que di-
rei? Pai, salva-me desta hora? Não; eu vim exatamente
para isto, para esta hora. 28 Pai, glorifica o teu nome!"

Então veio uma voz dos céus: "Eu já o glorifiquei e
o glorificarei novamente". 29 A multidão que ali estava
e a ouviu, disse que tinha trovejado; outros disseram
que um anjo lhe tinha falado.

30 Jesus disse: "Esta voz veio por causa de vocês, e não
por minha causa. 31 Chegou a hora de ser julgado este

[a] 11:47 Conselho dos principais líderes do povo judeu.
[b] 11:48 Ou *templo*
[c] 12:3 Grego: *1 litra*. A litra era uma medida de capacidade de cerca de um terço de litro.
[d] 12:5 O denário era uma moeda de prata equivalente à diária de um trabalhador braçal.
[e] 12:13 Expressão hebraica que significa *"Salve!"*, e que se tornou exclamação de louvor.
[f] 12:13 Sl 118:25-26
[g] 12:15 Grego: *filha*.
[h] 12:15 Zc 9:9

mundo; agora será expulso o príncipe deste mundo. 32Mas eu, quando for levantado da terra, atrairei todos a mim". 33Ele disse isso para indicar o tipo de morte que haveria de sofrer.

34A multidão falou: "A Lei nos ensina que o Cristo permanecerá para sempre; como podes dizer: 'O Filho do homem precisa ser levantado'? Quem é esse 'Filho do homem'?"

35Disse-lhes então Jesus: "Por mais um pouco de tempo a luz estará entre vocês. Andem enquanto vocês têm a luz, para que as trevas não os surpreendam, pois aquele que anda nas trevas não sabe para onde está indo. 36Creiam na luz enquanto vocês a têm, para que se tornem filhos da luz". Terminando de falar, Jesus saiu e ocultou-se deles.

A incredulidade dos judeus

37Mesmo depois que Jesus fez todos aqueles sinais milagrosos, não creram nele. 38Isso aconteceu para se cumprir a palavra do profeta Isaías, que disse:

"Senhor, quem creu
em nossa mensagem,
e a quem foi revelado
o braço do Senhor?"[a]

39Por esta razão eles não podiam crer, porque, como disse Isaías noutro lugar:

40"Cegou os seus olhos
e endureceu-lhes o coração,
para que não vejam
com os olhos
nem entendam com o coração,
nem se convertam,
e eu os cure"[b].

41Isaías disse isso porque viu a glória de Jesus e falou sobre ele.

42Ainda assim, muitos líderes dos judeus creram nele. Mas, por causa dos fariseus, não confessavam a sua fé, com medo de serem expulsos da sinagoga; 43pois preferiam a aprovação[c] dos homens do que a aprovação de Deus.

44Então Jesus disse em alta voz: "Quem crê em mim, não crê apenas em mim, mas naquele que me enviou. 45Quem me vê, vê aquele que me enviou. 46Eu vim ao mundo como luz, para que todo aquele que crê em mim não permaneça nas trevas.

47"Se alguém ouve as minhas palavras, e não lhes obedece, eu não o julgo. Pois não vim para julgar o mundo, mas para salvá-lo. 48Há um juiz para quem me rejeita e não aceita as minhas palavras; a própria palavra que proferi o condenará no último dia. 49Pois não falei por mim mesmo, mas o Pai que me enviou me ordenou o que dizer e o que falar. 50Sei que o seu mandamento é a vida eterna. Portanto, o que eu digo é exatamente o que o Pai me mandou dizer".

Jesus lava os pés dos discípulos

13 Um pouco antes da festa da Páscoa, sabendo Jesus que havia chegado o tempo em que deixaria este mundo e iria para o Pai, tendo amado os seus que estavam no mundo, amou-os até o fim.[d]

2Estava sendo servido o jantar, e o Diabo já havia induzido Judas Iscariotes, filho de Simão, a trair Jesus. 3Jesus sabia que o Pai havia colocado todas as coisas debaixo do seu poder, e que viera de Deus e estava voltando para Deus; 4assim, levantou-se da mesa, tirou sua capa e colocou uma toalha em volta da cintura. 5Depois disso, derramou água numa bacia e começou a lavar os pés dos seus discípulos, enxugando-os com a toalha que estava em sua cintura.

6Chegou-se a Simão Pedro, que lhe disse: "Senhor, vais lavar os meus pés?"

7Respondeu Jesus: "Você não compreende agora o que estou lhe fazendo; mais tarde, porém, entenderá".

8Disse Pedro: "Não; nunca lavarás os meus pés!".

Jesus respondeu: "Se eu não os lavar, você não terá parte comigo".

9Respondeu Simão Pedro: "Então, Senhor, não apenas os meus pés, mas também as minhas mãos e a minha cabeça!"

10Respondeu Jesus: "Quem já se banhou precisa apenas lavar os pés; todo o seu corpo está limpo. Vocês estão limpos, mas nem todos". 11Pois ele sabia quem iria traí-lo, e por isso disse que nem todos estavam limpos.

12Quando terminou de lavar-lhes os pés, Jesus tornou a vestir sua capa e voltou ao seu lugar. Então lhes perguntou: "Vocês entendem o que lhes fiz? 13Vocês me chamam 'Mestre' e 'Senhor', e com razão, pois eu o sou. 14Pois bem, se eu, sendo Senhor e Mestre de vocês, lavei-lhes os pés, vocês também devem lavar os pés uns dos outros. 15Eu lhes dei o exemplo, para que vocês façam como lhes fiz. 16Digo-lhes verdadeiramente que nenhum escravo é maior do que o seu senhor, como também nenhum mensageiro[e] é maior do que aquele que o enviou. 17Agora que vocês sabem estas coisas, felizes serão se as praticarem.

Jesus prediz que será traído

(Mt 26.17-30; Mc 14.12-26; Lc 22.7-23)

18"Não estou me referindo a todos vocês; conheço os que escolhi. Mas isto acontece para que se cumpra a Escritura: 'Aquele que partilhava do meu pão voltou-se contra mim'[f].

19"Estou lhes dizendo antes que aconteça, a fim de que, quando acontecer, vocês creiam que Eu Sou[g]. 20Eu lhes garanto: Quem receber aquele que eu enviar, estará me recebendo; e quem me recebe, recebe aquele que me enviou".

21Depois de dizer isso, Jesus perturbou-se em espírito e declarou: "Digo-lhes que certamente um de vocês me trairá".

22Seus discípulos olharam uns para os outros, sem saber a quem ele se referia. 23Um deles, o discípulo a quem Jesus amava, estava reclinado ao lado dele. 24Simão Pedro fez sinais para esse discípulo, como a dizer: "Pergunte-lhe a quem ele está se referindo".

25Inclinando-se esse discípulo para Jesus, perguntou-lhe: "Senhor, quem é?"

[a] 12:38 Is 53:1
[b] 12:40 Is 6:10
[c] 12:43 Grego: *glória*.
[d] 13:1 Ou *mostrou-lhes então que os amava perfeitamente*.
[e] 13:16 Grego: *apóstolo*.
[f] 13:18 Grego: *levantou o calcanhar contra mim*. Sl 41:9
[g] 13:19 Uma referência ao nome de Deus.

26Respondeu Jesus: "Aquele a quem eu der este pedaço de pão molhado no prato". Então, molhando o pedaço de pão, deu-o a Judas Iscariotes, filho de Simão. 27Tão logo Judas comeu o pão, Satanás entrou nele. "O que você está para fazer, faça depressa", disse-lhe Jesus. 28Mas ninguém à mesa entendeu por que Jesus lhe disse isso. 29Visto que Judas era o encarregado do dinheiro, alguns pensaram que Jesus estava lhe dizendo que comprasse o necessário para a festa, ou que desse algo aos pobres. 30Assim que comeu o pão, Judas saiu. E era noite.

Jesus prediz que Pedro o negará

(Mt 26.31-35; Mc 14.27-31; Lc 22.31-34)

31Depois que Judas saiu, Jesus disse: "Agora o Filho do homem é glorificado, e Deus é glorificado nele. 32Se Deus é glorificado nele,[a] Deus também glorificará o Filho nele mesmo, e o glorificará em breve.

33"Meus filhinhos, vou estar com vocês apenas mais um pouco. Vocês procurarão por mim e, como eu disse aos judeus, agora lhes digo: Para onde eu vou, vocês não podem ir.

34"Um novo mandamento lhes dou: Amem-se uns aos outros. Como eu os amei, vocês devem amar-se uns aos outros. 35Com isso todos saberão que vocês são meus discípulos, se vocês se amarem uns aos outros".

36Simão Pedro lhe perguntou: "Senhor, para onde vais?"

Jesus respondeu: "Para onde vou, vocês não podem seguir-me agora, mas me seguirão mais tarde".

37Pedro perguntou: "Senhor, por que não posso seguir-te agora? Darei a minha vida por ti!"

38Então Jesus respondeu: "Você dará a vida por mim? Asseguro-lhe que, antes que o galo cante, você me negará três vezes!

Jesus fortalece os seus discípulos

14 "Não se perturbe o coração de vocês. Creiam em Deus;[b] creiam também em mim. 2Na casa de meu Pai há muitos aposentos; se não fosse assim, eu lhes teria dito. Vou preparar-lhes lugar.[c] 3E se eu for e lhes preparar lugar, voltarei e os levarei para mim, para que vocês estejam onde eu estiver. 4Vocês conhecem o caminho para onde vou".

Jesus, o caminho para o Pai

5Disse-lhe Tomé: "Senhor, não sabemos para onde vais; como então podemos saber o caminho?"

6Respondeu Jesus: "Eu sou o caminho, a verdade e a vida. Ninguém vem ao Pai, a não ser por mim. 7Se vocês realmente me conhecessem, conheceriam[d] também o meu Pai. Já agora vocês o conhecem e o têm visto".

8Disse Filipe: "Senhor, mostra-nos o Pai, e isso nos basta".

9Jesus respondeu: "Você não me conhece, Filipe, mesmo depois de eu ter estado com vocês durante tanto tempo? Quem me vê, vê o Pai. Como você pode dizer: 'Mostra-nos o Pai'? 10Você não crê que eu estou no Pai e que o Pai está em mim? As palavras que eu lhes digo não são apenas minhas. Ao contrário, o Pai, que vive em mim, está realizando a sua obra. 11Creiam em mim quando digo que estou no Pai e que o Pai está em mim; ou pelo menos creiam por causa das mesmas obras. 12Digo-lhes a verdade: Aquele que crê em mim fará também as obras que tenho realizado. Fará coisas ainda maiores do que estas, porque eu estou indo para o Pai. 13E eu farei o que vocês pedirem em meu nome, para que o Pai seja glorificado no Filho. 14O que vocês pedirem em meu nome, eu farei.

Jesus promete o Espírito Santo

15"Se vocês me amam, obedecerão aos meus mandamentos. 16E eu pedirei ao Pai, e ele lhes dará outro Conselheiro para estar com vocês para sempre, 17o Espírito da verdade. O mundo não pode recebê-lo, porque não o vê nem o conhece. Mas vocês o conhecem, pois ele vive com vocês e estará[e] em vocês. 18Não os deixarei órfãos; voltarei para vocês. 19Dentro de pouco tempo o mundo não me verá mais; vocês, porém, me verão. Porque eu vivo, vocês também viverão. 20Naquele dia compreenderão que estou em meu Pai, vocês em mim, e eu em vocês. 21Quem tem os meus mandamentos e lhes obedece, esse é o que me ama. Aquele que me ama será amado por meu Pai, e eu também o amarei e me revelarei a ele".

22Disse então Judas (não o Iscariotes): "Senhor, mas por que te revelarás a nós e não ao mundo?"

23Respondeu Jesus: "Se alguém me ama, obedecerá à minha palavra. Meu Pai o amará, nós viremos a ele e faremos morada nele. 24Aquele que não me ama não obedece às minhas palavras. Estas palavras que vocês estão ouvindo não são minhas; são de meu Pai que me enviou.

25"Tudo isso lhes tenho dito enquanto ainda estou com vocês. 26Mas o Conselheiro, o Espírito Santo, que o Pai enviará em meu nome, lhes ensinará todas as coisas e lhes fará lembrar tudo o que eu lhes disse. 27Deixo-lhes a paz; a minha paz lhes dou. Não a dou como o mundo a dá. Não se perturbe o seu coração, nem tenham medo.

28"Vocês me ouviram dizer: Vou, mas volto para vocês. Se vocês me amassem, ficariam contentes porque vou para o Pai, pois o Pai é maior do que eu. 29Isso eu lhes digo agora, antes que aconteça, para que, quando acontecer, vocês creiam. 30Já não lhes falarei muito, pois o príncipe deste mundo está vindo. Ele não tem nenhum direito sobre mim. 31Todavia é preciso que o mundo saiba que eu amo o Pai e que faço o que meu Pai me ordenou. Levantem-se, vamo-nos daqui!

A videira e os ramos

15 "Eu sou a videira verdadeira, e meu Pai é o agricultor. 2Todo ramo que, estando em mim, não dá fruto, ele corta; e todo que dá fruto ele poda[f], para que dê mais fruto ainda. 3Vocês já estão limpos, pela palavra que lhes tenho falado. 4Permaneçam em mim, e eu permanecerei em vocês. Nenhum ramo pode dar fruto por si mesmo, se não permanecer na videira. Vocês também não podem dar fruto, se não permanecerem em mim.

5"Eu sou a videira; vocês são os ramos. Se alguém permanecer em mim e eu nele, esse dará muito fruto; pois sem mim vocês não podem fazer coisa alguma. 6Se alguém não permanecer em mim, será como o ramo

[a] 13:32 Vários manuscritos não trazem *Se Deus é glorificado nele.*

[b] 14:1 Ou *Vocês creem em Deus;*

[c] 14:2 Ou *não teria eu lhes dito que vou preparar-lhes lugar?*

[d] 14:7 Alguns manuscritos dizem *me têm conhecido, conhecerão*

[e] 14:17 Alguns manuscritos dizem *está.*

[f] 15:2 O termo grego traduzido como *poda* também significa *limpa.*

que é jogado fora e seca. Tais ramos são apanhados,
lançados ao fogo e queimados. 7 Se vocês permanece-
rem em mim, e as minhas palavras permanecerem em
vocês, pedirão o que quiserem, e lhes será concedido.
8 Meu Pai é glorificado pelo fato de vocês darem muito
fruto; e assim serão meus discípulos.

9 "Como o Pai me amou, assim eu os amei; perma-
neçam no meu amor. 10 Se vocês obedecerem aos meus
mandamentos, permanecerão no meu amor, assim co-
mo tenho obedecido aos mandamentos de meu Pai e
em seu amor permaneço. 11 Tenho lhes dito estas pala-
vras para que a minha alegria esteja em vocês e a ale-
gria de vocês seja completa. 12 O meu mandamento é
este: Amem-se uns aos outros como eu os amei. 13 Nin-
guém tem maior amor do que aquele que dá a sua vida
pelos seus amigos. 14 Vocês serão meus amigos, se fize-
rem o que eu lhes ordeno. 15 Já não os chamo servos,
porque o servo não sabe o que o seu senhor faz. Em
vez disso, eu os tenho chamado amigos, porque tudo o
que ouvi de meu Pai eu lhes tornei conhecido. 16 Vocês
não me escolheram, mas eu os escolhi para irem e da-
rem fruto, fruto que permaneça, a fim de que o Pai lhes
conceda o que pedirem em meu nome. 17 Este é o meu
mandamento: Amem-se uns aos outros.

O mundo odeia os discípulos

18 "Se o mundo os odeia, tenham em mente que an-
tes me odiou. 19 Se vocês pertencessem ao mundo, ele os
amaria como se fossem dele. Todavia, vocês não são do
mundo, mas eu os escolhi, tirando-os do mundo; por
isso o mundo os odeia. 20 Lembrem-se das palavras que
eu lhes disse: Nenhum escravo é maior do que o seu se-
nhor.[a] Se me perseguiram, também perseguirão vocês.
Se obedeceram à minha palavra, também obedecerão à
de vocês. 21 Tratarão assim vocês por causa do meu no-
me, pois não conhecem aquele que me enviou. 22 Se eu
não tivesse vindo e lhes falado, não seriam culpados de
pecado. Agora, contudo, eles não têm desculpa para o
seu pecado. 23 Aquele que me odeia, também odeia o
meu Pai. 24 Se eu não tivesse realizado no meio deles
obras que ninguém mais fez, eles não seriam culpados
de pecado. Mas agora eles as viram e odiaram a mim
e a meu Pai. 25 Mas isto aconteceu para se cumprir o
que está escrito na Lei deles: 'Odiaram-me sem razão'[b].

26 "Quando vier o Conselheiro, que eu enviarei a
vocês da parte do Pai, o Espírito da verdade que pro-
vém do Pai, ele testemunhará a meu respeito. 27 E vo-
cês também testemunharão, pois estão comigo desde
o princípio.

16 "Eu lhes tenho dito tudo isso para que vocês não
venham a tropeçar. 2 Vocês serão expulsos das si-
nagogas; de fato, virá o tempo quando quem os matar
pensará que está prestando culto a Deus. 3 Farão essas
coisas porque não conheceram nem o Pai, nem a mim.
4 Estou lhes dizendo isto para que, quando chegar a ho-
ra, lembrem-se de que eu os avisei. Não lhes disse isso
no princípio, porque eu estava com vocês.

A obra do Espírito Santo

5 "Agora que vou para aquele que me enviou, ne-
nhum de vocês me pergunta: 'Para onde vais?' 6 Por-
que falei estas coisas, o coração de vocês encheu-se de
tristeza. 7 Mas eu lhes afirmo que é para o bem de vocês
que eu vou. Se eu não for, o Conselheiro não virá para
vocês; mas se eu for, eu o enviarei. 8 Quando ele vier,
convencerá o mundo do pecado, da justiça e do juízo.
9 Do pecado, porque os homens não creem em mim;
10 da justiça, porque vou para o Pai, e vocês não me ve-
rão mais; 11 e do juízo, porque o príncipe deste mundo
já está condenado.

12 "Tenho ainda muito que lhes dizer, mas vocês não o
podem suportar agora. 13 Mas quando o Espírito da ver-
dade vier, ele os guiará a toda a verdade. Não falará de
si mesmo; falará apenas o que ouvir, e lhes anunciará o
que está por vir. 14 Ele me glorificará, porque receberá do
que é meu e o tornará conhecido a vocês. 15 Tudo o que
pertence ao Pai é meu. Por isso eu disse que o Espírito
receberá do que é meu e o tornará conhecido a vocês.

16 "Mais um pouco e já não me verão; um pouco mais,
e me verão de novo".

A tristeza dos discípulos será transformada em alegria

17 Alguns dos seus discípulos disseram uns aos ou-
tros: "O que ele quer dizer com isso: 'Mais um pouco
e não me verão'; e 'um pouco mais e me verão de no-
vo', e 'porque vou para o Pai'?" 18 E perguntavam: "Que
quer dizer 'um pouco mais'? Não entendemos o que
ele está dizendo".

19 Jesus percebeu que desejavam interrogá-lo a res-
peito disso, pelo que lhes disse: "Vocês estão pergun-
tando uns aos outros o que eu quis dizer quando falei:
Mais um pouco e não me verão; um pouco mais e me
verão de novo? 20 Digo-lhes que certamente vocês cho-
rarão e se lamentarão, mas o mundo se alegrará. Vocês
se entristecerão, mas a tristeza de vocês se transformará
em alegria. 21 A mulher que está dando à luz sente dores,
porque chegou a sua hora; mas, quando o bebê nasce,
ela esquece a angústia, por causa da alegria de ter vin-
do ao mundo um menino. 22 Assim acontece com vocês:
agora é hora de tristeza para vocês, mas eu os verei ou-
tra vez, e vocês se alegrarão, e ninguém lhes tirará essa
alegria. 23 Naquele dia vocês não me perguntarão mais
nada. Eu lhes asseguro que meu Pai lhes dará tudo o
que pedirem em meu nome. 24 Até agora vocês não pe-
diram nada em meu nome. Peçam e receberão, para
que a alegria de vocês seja completa.

25 "Embora eu tenha falado por meio de figuras,
vem a hora em que não usarei mais esse tipo de lin-
guagem, mas lhes falarei abertamente a respeito de
meu Pai. 26 Nesse dia, vocês pedirão em meu nome. Não
digo que pedirei ao Pai em favor de vocês, 27 pois o pró-
prio Pai os ama, porquanto vocês me amaram e creram
que eu vim de Deus. 28 Eu vim do Pai e entrei no mundo;
agora deixo o mundo e volto para o Pai".

29 Então os discípulos de Jesus disseram: "Agora estás
falando claramente, e não por figuras. 30 Agora podemos
perceber que sabes todas as coisas e nem precisas que te
façam perguntas. Por isso cremos que vieste de Deus".

31 Respondeu Jesus: "Agora vocês creem? 32 Aproxi-
ma-se a hora, e já chegou, quando vocês serão espalha-
dos cada um para a sua casa. Vocês me deixarão sozinho.
Mas eu não estou sozinho, pois meu Pai está comigo.

33 "Eu lhes disse essas coisas para que em mim vocês
tenham paz. Neste mundo vocês terão aflições; contu-
do, tenham ânimo! Eu venci o mundo".

[a] 15:20 Jo 13:16
[b] 15:25 Sl 35:19; 69:4

Jesus ora por si mesmo

17 Depois de dizer isso, Jesus olhou para o céu e orou:
"Pai, chegou a hora. Glorifica o teu Filho, para
que o teu Filho te glorifique. 2Pois lhe deste
autoridade sobre toda a humanidade[a], para
que conceda a vida eterna a todos os que lhe
deste. 3Esta é a vida eterna: que te conheçam,
o único Deus verdadeiro, e a Jesus Cristo, a
quem enviaste. 4Eu te glorifiquei na terra,
completando a obra que me deste para fazer.
5E agora, Pai, glorifica-me junto a ti, com a
glória que eu tinha contigo antes que o mun-
do existisse.

Jesus ora por seus discípulos

6"Eu revelei teu nome àqueles que do mundo
me deste. Eles eram teus; tu os deste a mim,
e eles têm obedecido à tua palavra. 7Agora
eles sabem que tudo o que me deste vem de
ti. 8Pois eu lhes transmiti as palavras que me
deste, e eles as aceitaram. Eles reconheceram
de fato que vim de ti e creram que me envias-
te. 9Eu rogo por eles. Não estou rogando pelo
mundo, mas por aqueles que me deste, pois
são teus. 10Tudo o que tenho é teu, e tudo o
que tens é meu. E eu tenho sido glorificado
por meio deles. 11Não ficarei mais no mundo,
mas eles ainda estão no mundo, e eu vou para
ti. Pai santo, protege-os em teu nome, o nome
que me deste, para que sejam um, assim co-
mo somos um. 12Enquanto estava com eles, eu
os protegi e os guardei no nome que me des-
te. Nenhum deles se perdeu, a não ser aquele
que estava destinado à perdição[b], para que se
cumprisse a Escritura.
13"Agora vou para ti, mas digo estas coisas
enquanto ainda estou no mundo, para que
eles tenham a plenitude da minha alegria.
14Dei-lhes a tua palavra, e o mundo os odiou,
pois eles não são do mundo, como eu também
não sou. 15Não rogo que os tires do mundo, mas
que os protejas do Maligno. 16Eles não são do
mundo, como eu também não sou. 17Santifi-
ca-os na verdade; a tua palavra é a verdade.
18Assim como me enviaste ao mundo, eu os en-
viei ao mundo. 19Em favor deles eu me santi-
fico, para que também eles sejam santificados
pela verdade.

Jesus ora por todos os crentes

20"Minha oração não é apenas por eles. Rogo
também por aqueles que crerão em mim, por
meio da mensagem deles, 21para que todos se-
jam um, Pai, como tu estás em mim e eu em
ti. Que eles também estejam em nós, para que
o mundo creia que tu me enviaste. 22Dei-lhes
a glória que me deste, para que eles sejam um,
assim como nós somos um: 23eu neles e tu em
mim. Que eles sejam levados à plena unidade,
para que o mundo saiba que tu me enviaste, e
os amaste como igualmente me amaste.
24"Pai, quero que os que me deste estejam co-
migo onde eu estou e vejam a minha glória, a
glória que me deste porque me amaste antes
da criação do mundo.
25"Pai justo, embora o mundo não te conheça,
eu te conheço, e estes sabem que me enviaste.
26Eu os fiz conhecer o teu nome, e continuarei a
fazê-lo, a fim de que o amor que tens por mim
esteja neles, e eu neles esteja".

Jesus é preso

(Mt 26.47-56; Mc 14.43-50; Lc 22.47-53)

18 Tendo terminado de orar, Jesus saiu com os seus
discípulos e atravessou o vale do Cedrom. Do outro
lado havia um olival, onde entrou com eles.
2Ora, Judas, o traidor, conhecia aquele lugar, porque
Jesus muitas vezes se reunira ali com os seus discípu-
los. 3Então Judas foi para o olival, levando consigo um
destacamento de soldados e alguns guardas enviados
pelos chefes dos sacerdotes e fariseus, levando tochas,
lanternas e armas.
4Jesus, sabendo tudo o que lhe ia acontecer, saiu
e lhes perguntou: "A quem vocês estão procurando?"
5"A Jesus de Nazaré", responderam eles.
"Sou eu", disse Jesus.
(E Judas, o traidor, estava com eles.) 6Quando Je-
sus disse: "Sou eu", eles recuaram e caíram por terra.
7Novamente lhes perguntou: "A quem procuram?"
E eles disseram: "A Jesus de Nazaré".
8Respondeu Jesus: "Já lhes disse que sou eu. Se vocês
estão me procurando, deixem ir embora estes homens".
9Isso aconteceu para que se cumprissem as palavras que
ele dissera: "Não perdi nenhum dos que me deste"[c].
10Simão Pedro, que trazia uma espada, tirou-a e fe-
riu o servo do sumo sacerdote, decepando-lhe a orelha
direita. (O nome daquele servo era Malco.)
11Jesus, porém, ordenou a Pedro: "Guarde a espada!
Acaso não haverei de beber o cálice que o Pai me deu?"

Jesus é levado a Anás

12Assim, o destacamento de soldados com o seu co-
mandante e os guardas dos judeus prenderam Jesus.
Amarraram-no 13e o levaram primeiramente a Anás,
que era sogro de Caifás, o sumo sacerdote naquele ano.
14Caifás era quem tinha dito aos judeus que seria bom
que um homem morresse pelo povo.

Pedro nega Jesus

(Mt 26.69-70; Mc 14.66-68; Lc 22.54-57)

15Simão Pedro e outro discípulo estavam seguindo
Jesus. Por ser conhecido do sumo sacerdote, este dis-
cípulo entrou com Jesus no pátio da casa do sumo sa-
cerdote, 16mas Pedro teve que ficar esperando do lado
de fora da porta. O outro discípulo, que era conhecido
do sumo sacerdote, voltou, falou com a moça encarre-
gada da porta e fez Pedro entrar.
17Ela então perguntou a Pedro: "Você não é um dos
discípulos desse homem?"
Ele respondeu: "Não sou".
18Fazia frio; os servos e os guardas estavam ao redor
de uma fogueira que haviam feito para se aquecerem.
Pedro também estava em pé com eles, aquecendo-se.

[a] 17:2 Grego: *carne*.
[b] 17:12 Grego: *a não ser o filho da perdição*.
[c] 18:9 Jo 6:39

O sumo sacerdote interroga Jesus

19Enquanto isso, o sumo sacerdote interrogou Jesus acerca dos seus discípulos e dos seus ensinamentos.

20Respondeu-lhe Jesus: "Eu falei abertamente ao mundo; sempre ensinei nas sinagogas e no templo, onde todos os judeus se reúnem. Nada disse em segredo. 21Por que me interrogas? Pergunta aos que me ouviram. Certamente eles sabem o que eu disse".

22Quando Jesus disse isso, um dos guardas que estava perto bateu-lhe no rosto. "Isso é jeito de responder ao sumo sacerdote?", perguntou ele.

23Respondeu Jesus: "Se eu disse algo de mal, denuncie o mal. Mas se falei a verdade, por que me bateu?" 24Então, Anás enviou[a] Jesus, de mãos amarradas, a Caifás, o sumo sacerdote.

Pedro nega Jesus mais duas vezes

(Mt 26.71-75; Mc 14.69-72; Lc 22.58-62)

25Enquanto Simão Pedro estava se aquecendo, perguntaram-lhe: "Você não é um dos discípulos dele?"

Ele negou, dizendo: "Não sou".

26Um dos servos do sumo sacerdote, parente do homem cuja orelha Pedro cortara, insistiu: "Eu não o vi com ele no olival?" 27Mais uma vez Pedro negou, e no mesmo instante um galo cantou.

Jesus diante de Pilatos

28Em seguida, os judeus levaram Jesus da casa de Caifás para o Pretório[b]. Já estava amanhecendo e, para evitar contaminação cerimonial, os judeus não entraram no Pretório; pois queriam participar da Páscoa. 29Então Pilatos saiu para falar com eles e perguntou: "Que acusação vocês têm contra este homem?"

30Responderam eles: "Se ele não fosse criminoso, não o teríamos entregado a ti".

31Pilatos disse: "Levem-no e julguem-no conforme a lei de vocês".

"Mas nós não temos o direito de executar ninguém", protestaram os judeus. 32Isso aconteceu para que se cumprissem as palavras que Jesus tinha dito, indicando a espécie de morte que ele estava para sofrer.

33Pilatos então voltou para o Pretório, chamou Jesus e lhe perguntou: "Você é o rei dos judeus?"

34Perguntou-lhe Jesus: "Essa pergunta é tua, ou outros te falaram a meu respeito?"

35Respondeu Pilatos: "Acaso sou judeu? Foram o seu povo e os chefes dos sacerdotes que o entregaram a mim. Que foi que você fez?"

36Disse Jesus: "O meu Reino não é deste mundo. Se fosse, os meus servos lutariam para impedir que os judeus me prendessem. Mas agora o meu Reino não é daqui".

37"Então, você é rei!", disse Pilatos.

Jesus respondeu: "Tu dizes que sou rei. De fato, por esta razão nasci e para isto vim ao mundo: para testemunhar da verdade. Todos os que são da verdade me ouvem".

38"Que é a verdade?", perguntou Pilatos. Ele disse isso e saiu novamente para onde estavam os judeus, e disse: "Não acho nele motivo algum de acusação. 39Contudo, segundo o costume de vocês, devo libertar um prisioneiro por ocasião da Páscoa. Querem que eu solte 'o rei dos judeus'?"

40Eles, em resposta, gritaram: "Não, ele não! Queremos Barrabás!" Ora, Barrabás era um bandido.

Jesus é condenado à crucificação

19 Então Pilatos mandou açoitar Jesus. 2Os soldados teceram uma coroa de espinhos e a puseram na cabeça dele. Vestiram-no com uma capa de púrpura, 3e, chegando-se a ele, diziam: "Salve, rei dos judeus!" E batiam-lhe no rosto.

4Mais uma vez, Pilatos saiu e disse aos judeus: "Vejam, eu o estou trazendo a vocês, para que saibam que não acho nele motivo algum de acusação". 5Quando Jesus veio para fora, usando a coroa de espinhos e a capa de púrpura, disse-lhes Pilatos: "Eis o homem!"

6Ao vê-lo, os chefes dos sacerdotes e os guardas gritaram: "Crucifica-o! Crucifica-o!"

Mas Pilatos respondeu: "Levem-no vocês e crucifiquem-no. Quanto a mim, não encontro base para acusá-lo".

7Os judeus insistiram: "Temos uma lei e, de acordo com essa lei, ele deve morrer, porque se declarou Filho de Deus".

8Ao ouvir isso, Pilatos ficou ainda mais amedrontado 9e voltou para dentro do palácio. Então perguntou a Jesus: "De onde você vem?", mas Jesus não lhe deu resposta. 10"Você se nega a falar comigo?", disse Pilatos. "Não sabe que eu tenho autoridade para libertá-lo e para crucificá-lo?"

11Jesus respondeu: "Não terias nenhuma autoridade sobre mim, se esta não te fosse dada de cima. Por isso, aquele que me entregou a ti é culpado de um pecado maior".

12Daí em diante Pilatos procurou libertar Jesus, mas os judeus gritavam: "Se deixares esse homem livre, não és amigo de César. Quem se diz rei opõe-se a César".

13Ao ouvir isso, Pilatos trouxe Jesus para fora e sentou-se na cadeira de juiz, num lugar conhecido como Pavimento de Pedra (que em aramaico é Gábata). 14Era o Dia da Preparação na semana da Páscoa, por volta das seis horas da manhã[c].

"Eis o rei de vocês", disse Pilatos aos judeus.

15Mas eles gritaram: "Mata! Mata! Crucifica-o!"

"Devo crucificar o rei de vocês?", perguntou Pilatos.

"Não temos rei, senão César", responderam os chefes dos sacerdotes.

16Finalmente Pilatos o entregou a eles para ser crucificado.

A crucificação

(Mt 27.32-44; Mc 15.21-32; Lc 23.26-43)

Então os soldados encarregaram-se de Jesus. 17Levando a sua própria cruz, ele saiu para o lugar chamado Caveira (que em aramaico é chamado Gólgota). 18Ali o crucificaram, e com ele dois outros, um de cada lado de Jesus.

19Pilatos mandou preparar uma placa e pregá-la na cruz, com a seguinte inscrição: JESUS NAZARENO, O REI DOS JUDEUS. 20Muitos dos judeus leram a placa, pois o lugar em que Jesus foi crucificado ficava próximo da cidade, e a placa estava escrita em aramaico, latim e

[a] **18:24** Ou *Ora, Anás havia enviado*

[b] **18:28** Residência oficial do governador romano; também no versículo 33.

[c] **19:14** Conforme o sistema oficial romano.

grego. [21]Os chefes dos sacerdotes dos judeus protestaram junto a Pilatos: “Não escrevas ‘O Rei dos Judeus’, mas sim que esse homem se dizia rei dos judeus”.

[22]Pilatos respondeu: “O que escrevi, escrevi”.

[23]Tendo crucificado Jesus, os soldados tomaram as roupas dele e as dividiram em quatro partes, uma para cada um deles, restando a túnica. Esta, porém, era sem costura, tecida numa única peça, de alto a baixo.

[24]“Não a rasguemos”, disseram uns aos outros. “Vamos decidir por sorteio quem ficará com ela.”

Isso aconteceu para que se cumprisse a Escritura que diz:

> “Dividiram as minhas roupas entre si,
> e tiraram sortes
> pelas minhas vestes”[a].

Foi o que os soldados fizeram.

[25]Perto da cruz de Jesus estavam sua mãe, a irmã dela, Maria, mulher de Clopas, e Maria Madalena. [26]Quando Jesus viu sua mãe ali, e, perto dela, o discípulo a quem ele amava, disse à sua mãe: “Aí está o seu filho”, [27]e ao discípulo: “Aí está a sua mãe”. Daquela hora em diante, o discípulo a recebeu em sua família.

A morte de Jesus

(Mt 27.45-56; Mc 15.33-41; Lc 23.44-49)

[28]Mais tarde, sabendo então que tudo estava concluído, para que a Escritura se cumprisse, Jesus disse: “Tenho sede”. [29]Estava ali uma vasilha cheia de vinagre. Então embeberam uma esponja nela, colocaram a esponja na ponta de um caniço de hissopo e a ergueram até os lábios de Jesus. [30]Tendo-o provado, Jesus disse: “Está consumado!” Com isso, curvou a cabeça e entregou o espírito.

[31]Era o Dia da Preparação e o dia seguinte seria um sábado especialmente sagrado. Como não queriam que os corpos permanecessem na cruz durante o sábado, os judeus pediram a Pilatos que mandasse quebrar as pernas dos crucificados e retirar os corpos. [32]Vieram, então, os soldados e quebraram as pernas do primeiro homem que fora crucificado com Jesus e em seguida as do outro. [33]Mas quando chegaram a Jesus, constatando que já estava morto, não lhe quebraram as pernas. [34]Em vez disso, um dos soldados perfurou o lado de Jesus com uma lança, e logo saiu sangue e água. [35]Aquele que o viu, disso deu testemunho, e o seu testemunho é verdadeiro. Ele sabe que está dizendo a verdade, e dela testemunha para que vocês também creiam. [36]Estas coisas aconteceram para que se cumprisse a Escritura: “Nenhum dos seus ossos será quebrado”[b], [37]e, como diz a Escritura noutro lugar: “Olharão para aquele que traspassaram”[c].

O sepultamento de Jesus

(Mt 27.57-61; Mc 15.42-47; Lc 23.50-56)

[38]Depois disso José de Arimateia pediu a Pilatos o corpo de Jesus. José era discípulo de Jesus, mas o era secretamente, porque tinha medo dos judeus. Com a permissão de Pilatos, veio e levou embora o corpo. [39]Ele estava acompanhado de Nicodemos, aquele que antes tinha visitado Jesus à noite. Nicodemos levou cerca de trinta e quatro quilos[d] de uma mistura de mirra e aloés. [40]Tomando o corpo de Jesus, os dois o envolveram em faixas de linho, com as especiarias, de acordo com os costumes judaicos de sepultamento. [41]No lugar onde Jesus foi crucificado havia um jardim; e no jardim, um sepulcro novo, onde ninguém jamais fora colocado. [42]Por ser o Dia da Preparação dos judeus, e visto que o sepulcro ficava perto, colocaram Jesus ali.

A ressurreição

(Mt 28.1-10; Mc 16.1-8; Lc 24.1-12)

20 No primeiro dia da semana, bem cedo, estando ainda escuro, Maria Madalena chegou ao sepulcro e viu que a pedra da entrada tinha sido removida. [2]Então correu ao encontro de Simão Pedro e do outro discípulo, aquele a quem Jesus amava, e disse: “Tiraram o Senhor do sepulcro, e não sabemos onde o colocaram!”

[3]Pedro e o outro discípulo saíram e foram para o sepulcro. [4]Os dois corriam, mas o outro discípulo foi mais rápido que Pedro e chegou primeiro ao sepulcro. [5]Ele se curvou e olhou para dentro, viu as faixas de linho ali, mas não entrou. [6]A seguir, Simão Pedro, que vinha atrás dele, chegou, entrou no sepulcro e viu as faixas de linho, [7]bem como o lenço que estivera sobre a cabeça de Jesus. Ele estava dobrado à parte, separado das faixas de linho. [8]Depois o outro discípulo, que chegara primeiro ao sepulcro, também entrou. Ele viu e creu. [9](Eles ainda não haviam compreendido que, conforme a Escritura, era necessário que Jesus ressuscitasse dos mortos.)

Jesus aparece a Maria Madalena

[10]Os discípulos voltaram para casa. [11]Maria, porém, ficou à entrada do sepulcro, chorando. Enquanto chorava, curvou-se para olhar dentro do sepulcro [12]e viu dois anjos vestidos de branco, sentados onde estivera o corpo de Jesus, um à cabeceira e o outro aos pés.

[13]Eles lhe perguntaram: “Mulher, por que você está chorando?”

“Levaram embora o meu Senhor”, respondeu ela, “e não sei onde o puseram”. [14]Nisso ela se voltou e viu Jesus ali, em pé, mas não o reconheceu.

[15]Disse ele: “Mulher, por que está chorando? Quem você está procurando?”

Pensando que fosse o jardineiro, ela disse: “Se o senhor o levou embora, diga-me onde o colocou, e eu o levarei”.

[16]Jesus lhe disse: “Maria!”

Então, voltando-se para ele, Maria exclamou em aramaico: “Rabôni!” (que significa “Mestre!”).

[17]Jesus disse: “Não me segure, pois ainda não voltei para o Pai. Vá, porém, a meus irmãos e diga-lhes: Estou voltando para meu Pai e Pai de vocês, para meu Deus e Deus de vocês”.

[18]Maria Madalena foi e anunciou aos discípulos: “Eu vi o Senhor!” E contou o que ele lhe dissera.

Jesus aparece aos discípulos

(Lc 24.36-49)

[19]Ao cair da tarde daquele primeiro dia da semana, estando os discípulos reunidos a portas trancadas, por

[a] 19:24 Sl 22:18
[b] 19:36 Êx 12:46; Nm 9:12; Sl 34:20
[c] 19:37 Zc 12:10

[d] 19:39 Grego: *100 litras*. A litra era uma medida de capacidade de cerca de um terço de litro.

medo dos judeus, Jesus entrou, pôs-se no meio deles e disse: “Paz seja com vocês!” 20Tendo dito isso, mostrou-lhes as mãos e o lado. Os discípulos alegraram-se quando viram o Senhor.

21Novamente Jesus disse: “Paz seja com vocês! Assim como o Pai me enviou, eu os envio”. 22E com isso, soprou sobre eles e disse: “Recebam o Espírito Santo. 23Se perdoarem os pecados de alguém, estarão perdoados; se não os perdoarem, não estarão perdoados”.

Jesus aparece a Tomé

24Tomé, chamado Dídimo, um dos Doze, não estava com os discípulos quando Jesus apareceu. 25Os outros discípulos lhe disseram: “Vimos o Senhor!” Mas ele lhes disse: “Se eu não vir as marcas dos pregos nas suas mãos, não colocar o meu dedo onde estavam os pregos e não puser a minha mão no seu lado, não crerei”.

26Uma semana mais tarde, os seus discípulos estavam outra vez ali, e Tomé com eles. Apesar de estarem trancadas as portas, Jesus entrou, pôs-se no meio deles e disse: “Paz seja com vocês!” 27E Jesus disse a Tomé: “Coloque o seu dedo aqui; veja as minhas mãos. Estenda a mão e coloque-a no meu lado. Pare de duvidar e creia”.

28Disse-lhe Tomé: “Senhor meu e Deus meu!”

29Então Jesus lhe disse: “Porque me viu, você creu? Felizes os que não viram e creram”.

30Jesus realizou na presença dos seus discípulos muitos outros sinais milagrosos, que não estão registrados neste livro. 31Mas estes foram escritos para que vocês creiam[a] que Jesus é o Cristo, o Filho de Deus e, crendo, tenham vida em seu nome.

Jesus e a pesca maravilhosa

21 Depois disso Jesus apareceu novamente aos seus discípulos, à margem do mar de Tiberíades[b]. Foi assim: 2Estavam juntos Simão Pedro; Tomé, chamado Dídimo; Natanael, de Caná da Galileia; os filhos de Zebedeu; e dois outros discípulos. 3“Vou pescar”, disse-lhes Simão Pedro. E eles disseram: “Nós vamos com você”. Eles foram e entraram no barco, mas naquela noite não pegaram nada.

4Ao amanhecer, Jesus estava na praia, mas os discípulos não o reconheceram.

5Ele lhes perguntou: “Filhos, vocês têm algo para comer?”

Eles responderam que não.

6Ele disse: “Lancem a rede do lado direito do barco e vocês encontrarão”. Eles a lançaram, e não conseguiam recolher a rede, tal era a quantidade de peixes.

7O discípulo a quem Jesus amava disse a Pedro: “É o Senhor!” Simão Pedro, ouvindo-o dizer isso, vestiu a capa, pois a havia tirado, e lançou-se ao mar. 8Os outros discípulos vieram no barco, arrastando a rede cheia de peixes, pois estavam apenas a cerca de noventa metros[c] da praia. 9Quando desembarcaram, viram ali uma fogueira, peixe sobre brasas, e um pouco de pão.

10Disse-lhes Jesus: “Tragam alguns dos peixes que acabaram de pescar”.

11Simão Pedro entrou no barco e arrastou a rede para a praia. Ela estava cheia: tinha cento e cinquenta e três grandes peixes. Embora houvesse tantos peixes, a rede não se rompeu. 12Jesus lhes disse: “Venham comer”.[d] Nenhum dos discípulos tinha coragem de lhe perguntar: “Quem és tu?” Sabiam que era o Senhor. 13Jesus aproximou-se, tomou o pão e o deu a eles, fazendo o mesmo com o peixe. 14Esta foi a terceira vez que Jesus apareceu aos seus discípulos, depois que ressuscitou dos mortos.

Jesus restaura Pedro

15Depois de comerem, Jesus perguntou a Simão Pedro: “Simão, filho de João, você me ama mais do que estes?”

Disse ele: “Sim, Senhor, tu sabes que te amo”.

Disse Jesus: “Cuide dos meus cordeiros”.

16Novamente Jesus disse: “Simão, filho de João, você me ama?”

Ele respondeu: “Sim, Senhor, tu sabes que te amo”.

Disse Jesus: “Pastoreie as minhas ovelhas”.

17Pela terceira vez, ele lhe disse: “Simão, filho de João, você me ama?”

Pedro ficou magoado por Jesus lhe ter perguntado pela terceira vez “Você me ama?” e lhe disse: “Senhor, tu sabes todas as coisas e sabes que te amo”.

Disse-lhe Jesus: “Cuide das minhas ovelhas. 18Digo-lhe a verdade: Quando você era mais jovem, vestia-se e ia para onde queria; mas quando for velho, estenderá as mãos e outra pessoa o vestirá e o levará para onde você não deseja ir”. 19Jesus disse isso para indicar o tipo de morte com a qual Pedro iria glorificar a Deus. E então lhe disse: “Siga-me!”

20Pedro voltou-se e viu que o discípulo a quem Jesus amava os seguia. (Este era o que estivera ao lado de Jesus durante a ceia e perguntara: “Senhor, quem te irá trair?”) 21Quando Pedro o viu, perguntou: “Senhor, e quanto a ele?”

22Respondeu Jesus: “Se eu quiser que ele permaneça vivo até que eu volte, o que lhe importa? Quanto a você, siga-me!”. 23Foi por isso que se espalhou entre os irmãos o rumor de que aquele discípulo não iria morrer. Mas Jesus não disse que ele não iria morrer; apenas disse: “Se eu quiser que ele permaneça vivo até que eu volte, o que lhe importa?”

24Este é o discípulo que dá testemunho dessas coisas e que as registrou. Sabemos que o seu testemunho é verdadeiro.

25Jesus fez também muitas outras coisas. Se cada uma delas fosse escrita, penso que nem mesmo no mundo inteiro haveria espaço suficiente para os livros que seriam escritos.

[a] 20:31 Alguns manuscritos dizem *continuem a crer*.
[b] 21:1 Isto é, o mar da Galileia.
[c] 21:8 Grego: *200 côvados*. O côvado era uma medida linear de cerca de 45 centímetros.
[d] 21:12 Grego: *“Tomem o desjejum”*.

ATOS DOS APÓSTOLOS

A ascensão de Jesus

1 Em meu livro anterior, Teófilo, escrevi a respeito de tudo o que Jesus começou a fazer e a ensinar, [2]até o dia em que foi elevado aos céus, depois de ter dado instruções por meio do Espírito Santo aos apóstolos que havia escolhido. [3]Depois do seu sofrimento, Jesus apresentou-se a eles e deu-lhes muitas provas indiscutíveis de que estava vivo. Apareceu-lhes por um período de quarenta dias falando-lhes acerca do Reino de Deus. [4]Certa ocasião, enquanto comia com eles, deu-lhes esta ordem: “Não saiam de Jerusalém, mas esperem pela promessa de meu Pai, da qual lhes falei. [5]Pois João batizou com[a] água, mas dentro de poucos dias vocês serão batizados com o Espírito Santo”.

[6]Então os que estavam reunidos lhe perguntaram: “Senhor, é neste tempo que vais restaurar o reino a Israel?”

[7]Ele lhes respondeu: “Não lhes compete saber os tempos ou as datas que o Pai estabeleceu pela sua própria autoridade. [8]Mas receberão poder quando o Espírito Santo descer sobre vocês, e serão minhas testemunhas em Jerusalém, em toda a Judeia e Samaria, e até os confins da terra”.

[9]Tendo dito isso, foi elevado às alturas enquanto eles olhavam, e uma nuvem o encobriu da vista deles. [10]E eles ficaram com os olhos fixos no céu enquanto ele subia. De repente surgiram diante deles dois homens vestidos de branco, [11]que lhes disseram: “Galileus, por que vocês estão olhando para o céu? Este mesmo Jesus, que dentre vocês foi elevado aos céus, voltará da mesma forma como o viram subir”.

A escolha de Matias

[12]Então eles voltaram para Jerusalém, vindo do monte chamado das Oliveiras, que fica perto da cidade, cerca de um quilômetro[b]. [13]Quando chegaram, subiram ao aposento onde estavam hospedados. Achavam-se presentes Pedro, João, Tiago e André; Filipe, Tomé, Bartolomeu e Mateus; Tiago, filho de Alfeu, Simão, o zelote, e Judas, filho de Tiago. [14]Todos eles se reuniam sempre em oração, com as mulheres, inclusive Maria, a mãe de Jesus, e com os irmãos dele.

[15]Naqueles dias Pedro levantou-se entre os irmãos, um grupo de cerca de cento e vinte pessoas, [16]e disse: “Irmãos, era necessário que se cumprisse a Escritura que o Espírito Santo predisse por boca de Davi, a respeito de Judas, que serviu de guia aos que prenderam Jesus. [17]Ele foi contado como um dos nossos e teve participação neste ministério”.

[18](Com a recompensa que recebeu pelo seu pecado, Judas comprou um campo. Ali caiu de cabeça, seu corpo partiu-se ao meio, e as suas vísceras se derramaram. [19]Todos em Jerusalém ficaram sabendo disso, de modo que, na língua deles, esse campo passou a chamar-se Aceldama, isto é, campo de Sangue.)

[20]“Porque”, prosseguiu Pedro, “está escrito no Livro de Salmos:

“ ‘Fique deserto o seu lugar,
e não haja ninguém
que nele habite’[c];

e ainda:

“ ‘Que outro ocupe o seu lugar[d]’[e].

[21]Portanto, é necessário que escolhamos um dos homens que estiveram conosco durante todo o tempo em que o Senhor Jesus viveu entre nós, [22]desde o batismo de João até o dia em que Jesus foi elevado dentre nós às alturas. É preciso que um deles seja conosco testemunha de sua ressurreição.”

[23]Então indicaram dois nomes: José, chamado Barsabás, também conhecido como Justo, e Matias. [24]Depois oraram: “Senhor, tu conheces o coração de todos. Mostra-nos qual destes dois tens escolhido [25]para assumir este ministério apostólico que Judas abandonou, indo para o lugar que lhe era devido”. [26]Então tiraram sortes, e a sorte caiu sobre Matias; assim, ele foi acrescentado aos onze apóstolos.

A vinda do Espírito Santo no dia de Pentecoste

2 Chegando o dia de Pentecoste, estavam todos reunidos num só lugar. [2]De repente veio do céu um som, como de um vento muito forte, e encheu toda a casa na qual estavam assentados. [3]E viram o que parecia línguas de fogo, que se separaram e pousaram sobre cada um deles. [4]Todos ficaram cheios do Espírito Santo e começaram a falar noutras línguas, conforme o Espírito os capacitava.

[5]Havia em Jerusalém judeus, devotos a Deus, vindos de todas as nações do mundo. [6]Ouvindo-se o som, ajuntou-se uma multidão que ficou perplexa, pois cada um os ouvia falar em sua própria língua. [7]Atônitos e maravilhados, eles perguntavam: “Acaso não são galileus todos estes homens que estão falando? [8]Então, como os ouvimos, cada um de nós, em nossa própria língua materna? [9]Partos, medos e elamitas; habitantes da Mesopotâmia, Judeia e Capadócia, do Ponto e da província da Ásia, [10]Frígia e Panfília, Egito e das partes da Líbia próximas a Cirene; visitantes vindos de Roma, [11]tanto judeus como convertidos ao judaísmo; cretenses e árabes. Nós os ouvimos declarar as maravilhas de Deus em nossa própria língua!” [12]Atônitos e perplexos, todos perguntavam uns aos outros: “Que significa isto?”

[13]Alguns, todavia, zombavam deles e diziam: “Eles beberam vinho demais”.

A pregação de Pedro

[14]Então Pedro levantou-se com os Onze e, em alta voz, dirigiu-se à multidão: “Homens da Judeia e todos os que vivem em Jerusalém, deixem-me explicar-lhes isto! Ouçam com atenção: [15]estes homens não estão bêbados, como vocês supõem. Ainda são nove horas da manhã![f] [16]Ao contrário, isto é o que foi predito pelo profeta Joel:

[a] 1:5 Ou *em*
[b] 1:12 Grego: *à distância da caminhada de um sábado.*
[c] 1:20 Sl 69:25
[d] 1:20 Grego: *episcopado.* Palavra que descreve a função pastoral.
[e] 1:20 Sl 109:8
[f] 2:15 Grego: *Esta é ainda a terceira hora do dia!*

17“ ‘Nos últimos dias, diz Deus,
derramarei do meu Espírito sobre todos os
povos.
Os seus filhos e as suas filhas profetizarão,
os jovens terão visões,
os velhos terão sonhos.
18Sobre os meus servos
e as minhas servas[a]
derramarei do meu Espírito naqueles dias,
e eles profetizarão.
19Mostrarei maravilhas
em cima, no céu,
e sinais em baixo, na terra:
sangue, fogo
e nuvens de fumaça.
20O sol se tornará em trevas
e a lua em sangue,
antes que venha o grande
e glorioso dia do Senhor.
21E todo aquele que invocar
o nome do Senhor
será salvo!’[b]

22“Israelitas, ouçam estas palavras: Jesus de Naza-
ré foi aprovado por Deus diante de vocês por meio de
milagres, maravilhas e sinais que Deus fez entre vocês
por intermédio dele, como vocês mesmos sabem. 23Este
homem lhes foi entregue por propósito determinado e
pré-conhecimento de Deus; e vocês, com a ajuda de ho-
mens perversos[c], o mataram, pregando-o na cruz. 24Mas
Deus o ressuscitou dos mortos, rompendo os laços da
morte, porque era impossível que a morte o retivesse.
25A respeito dele, disse Davi:

“ ‘Eu sempre via o Senhor diante de mim.
Porque ele está
à minha direita,
não serei abalado.
26Por isso o meu coração
está alegre
e a minha língua exulta;
o meu corpo também repousará
em esperança,
27porque tu não me abandonarás no sepulcro[d],
nem permitirás que
o teu Santo
sofra decomposição.
28Tu me fizeste conhecer
os caminhos da vida
e me encherás de alegria
na tua presença’[e].

29“Irmãos, posso dizer-lhes com franqueza que o pa-
triarca Davi morreu e foi sepultado, e o seu túmulo es-
tá entre nós até o dia de hoje. 30Mas ele era profeta e
sabia que Deus lhe prometera sob juramento que co-
locaria um dos seus descendentes em seu trono. 31Pre-
vendo isso, falou da ressurreição do Cristo[f], que não foi
abandonado no sepulcro e cujo corpo não sofreu de-
composição. 32Deus ressuscitou este Jesus, e todos nós
somos testemunhas desse fato. 33Exaltado à direita de
Deus, ele recebeu do Pai o Espírito Santo prometido e
derramou o que vocês agora veem e ouvem. 34Pois Davi
não subiu aos céus, mas ele mesmo declarou:

“ ‘O Senhor disse
ao meu Senhor:
Senta-te à minha direita
35até que eu ponha
os teus inimigos
como estrado
para os teus pés’[g].

36“Portanto, que todo o Israel fique certo disto: Es-
te Jesus, a quem vocês crucificaram, Deus o fez Senhor
e Cristo”.
37Quando ouviram isso, ficaram aflitos em seu co-
ração, e perguntaram a Pedro e aos outros apóstolos:
“Irmãos, que faremos?”
38Pedro respondeu: “Arrependam-se, e cada um de
vocês seja batizado em nome de Jesus Cristo para per-
dão dos seus pecados, e receberão o dom do Espírito
Santo. 39Pois a promessa é para vocês, para os seus filhos
e para todos os que estão longe, para todos quantos o
Senhor, o nosso Deus, chamar”.
40Com muitas outras palavras os advertia e insistia
com eles: “Salvem-se desta geração corrompida!” 41Os
que aceitaram a mensagem foram batizados, e naquele
dia houve um acréscimo de cerca de três mil pessoas.

A comunhão dos cristãos

42Eles se dedicavam ao ensino dos apóstolos e à co-
munhão, ao partir do pão e às orações. 43Todos esta-
vam cheios de temor, e muitas maravilhas e sinais eram
feitos pelos apóstolos. 44Os que criam mantinham-se
unidos e tinham tudo em comum. 45Vendendo suas
propriedades e bens, distribuíam a cada um confor-
me a sua necessidade. 46Todos os dias, continuavam a
reunir-se no pátio do templo. Partiam o pão em suas
casas, e juntos participavam das refeições, com alegria
e sinceridade de coração, 47louvando a Deus e tendo a
simpatia de todo o povo. E o Senhor lhes acrescentava
diariamente os que iam sendo salvos.

A cura de um mendigo aleijado

3 Certo dia Pedro e João estavam subindo ao templo
na hora da oração, às três horas da tarde[h]. 2Estava
sendo levado para a porta do templo chamada Formo-
sa um aleijado de nascença, que ali era colocado todos
os dias para pedir esmolas aos que entravam no tem-
plo. 3Vendo que Pedro e João iam entrar no pátio do
templo, pediu-lhes esmola. 4Pedro e João olharam bem
para ele e, então, Pedro disse: “Olhe para nós!” 5O ho-
mem olhou para eles com atenção, esperando receber
deles alguma coisa.
6Disse Pedro: “Não tenho prata nem ouro, mas o que
tenho, isto lhe dou. Em nome de Jesus Cristo, o Naza-
reno, ande”. 7Segurando-o pela mão direita, ajudou-o a
levantar-se, e imediatamente os pés e os tornozelos do
homem ficaram firmes. 8E de um salto pôs-se em pé e
começou a andar. Depois entrou com eles no pátio do

[a] **2:18** Ou *Até sobre os meus escravos e as minhas escravas*
[b] **2:17-21** Jl 2:28-32
[c] **2:23** Ou *daqueles que não possuem a lei*; (isto é, os gentios).
[d] **2:27** Grego: *Hades*; também no versículo 31. Esta palavra também pode ser traduzida por inferno, morte ou profundezas.
[e] **2:25-28** Sl 16:8-11
[f] **2:31** Ou *Messias*. Tanto *Cristo* (grego) como *Messias* (hebraico) significam *Ungido*; também em todo o livro de Atos.
[g] **2:34-35** Sl 110:1
[h] **3:1** Grego: *à hora nona*.

templo, andando, saltando e louvando a Deus. 9Quan-
do todo o povo o viu andando e louvando a Deus, 10re-
conheceu que era ele o mesmo homem que costumava
mendigar sentado à porta do templo chamada Formosa.
Todos ficaram perplexos e muito admirados com o que
lhe tinha acontecido.

A pregação de Pedro no templo

11Apegando-se o mendigo a Pedro e João, todo o po-
vo ficou maravilhado e correu até eles, ao lugar chama-
do Pórtico de Salomão. 12Vendo isso, Pedro lhes disse:
"Israelitas, por que isto os surpreende? Por que vocês
estão olhando para nós, como se tivéssemos feito este
homem andar por nosso próprio poder ou piedade? 13O
Deus de Abraão, de Isaque e de Jacó, o Deus dos nossos
antepassados, glorificou seu servo Jesus, a quem vocês
entregaram para ser morto e negaram perante Pilatos,
embora ele tivesse decidido soltá-lo. 14Vocês negaram
publicamente o Santo e Justo e pediram que lhes fos-
se libertado um assassino. 15Vocês mataram o autor da
vida, mas Deus o ressuscitou dos mortos. E nós somos
testemunhas disso. 16Pela fé no nome de Jesus, o No-
me curou este homem que vocês veem e conhecem. A
fé que vem por meio dele lhe deu esta saúde perfeita,
como todos podem ver.

17"Agora, irmãos, eu sei que vocês agiram por igno-
rância, bem como os seus líderes. 18Mas foi assim que
Deus cumpriu o que tinha predito por todos os profetas,
dizendo que o seu Cristo haveria de sofrer. 19Arrepen-
dam-se, pois, e voltem-se para Deus, para que os seus
pecados sejam cancelados, 20para que venham tempos
de descanso da parte do Senhor, e ele mande o Cristo,
o qual lhes foi designado, Jesus. 21É necessário que ele
permaneça no céu até que chegue o tempo em que Deus
restaurará todas as coisas, como falou há muito tempo,
por meio dos seus santos profetas. 22Pois disse Moisés:
'O Senhor Deus lhes levantará dentre seus irmãos um
profeta como eu; ouçam-no em tudo o que ele lhes dis-
ser. 23Quem não ouvir esse profeta, será eliminado do
meio do seu povo'[a].

24"De fato, todos os profetas, de Samuel em diante,
um por um, falaram e predisseram estes dias. 25E vo-
cês são herdeiros dos profetas e da aliança que Deus
fez com os seus antepassados. Ele disse a Abraão:
'Por meio da sua descendência todos os povos da ter-
ra serão abençoados'[b]. 26Tendo Deus ressuscitado o
seu Servo[c], enviou-o primeiramente a vocês, para
abençoá-los, convertendo cada um de vocês das suas
maldades".

Pedro e João perante o Sinédrio

4 Enquanto Pedro e João falavam ao povo, chegaram
os sacerdotes, o capitão da guarda do templo e os
saduceus. 2Eles estavam muito perturbados porque os
apóstolos estavam ensinando o povo e proclamando
em Jesus a ressurreição dos mortos. 3Agarraram Pedro
e João e, como já estava anoitecendo, os colocaram na
prisão até o dia seguinte. 4Mas muitos dos que tinham
ouvido a mensagem creram, chegando o número dos
homens que creram a perto de cinco mil.

5No dia seguinte, as autoridades, os líderes religio-
sos e os mestres da lei reuniram-se em Jerusalém. 6Es-
tavam ali Anás, o sumo sacerdote, bem como Caifás,
João, Alexandre e todos os que eram da família do su-
mo sacerdote. 7Mandaram trazer Pedro e João diante
deles e começaram a interrogá-los: "Com que poder ou
em nome de quem vocês fizeram isso?"

8Então Pedro, cheio do Espírito Santo, disse-lhes:
"Autoridades e líderes do povo! 9Visto que hoje somos
chamados para prestar contas de um ato de bondade
em favor de um aleijado, sendo interrogados acerca de
como ele foi curado, 10saibam os senhores e todo o povo
de Israel que por meio do nome de Jesus Cristo, o Na-
zareno, a quem os senhores crucificaram, mas a quem
Deus ressuscitou dos mortos, este homem está aí cura-
do diante dos senhores. 11Este Jesus é

" 'a pedra que vocês,
construtores,
rejeitaram,
e que se tornou
a pedra angular'[d].

12Não há salvação em nenhum outro, pois, debaixo
do céu não há nenhum outro nome dado aos homens
pelo qual devamos ser salvos".

13Vendo a coragem de Pedro e de João, e percebendo
que eram homens comuns e sem instrução, ficaram ad-
mirados e reconheceram que eles haviam estado com
Jesus. 14E como podiam ver ali com eles o homem que
fora curado, nada podiam dizer contra eles. 15Assim, or-
denaram que se retirassem do Sinédrio[e] e começaram
a discutir, 16perguntando: "Que faremos com esses ho-
mens? Todos os que moram em Jerusalém sabem que
eles realizaram um milagre notório que não podemos
negar. 17Todavia, para impedir que isso se espalhe ainda
mais entre o povo, precisamos adverti-los de que não
falem com mais ninguém sobre esse nome".

18Então, chamando-os novamente, ordenaram-lhes
que não falassem nem ensinassem em nome de Jesus.
19Mas Pedro e João responderam: "Julguem os senho-
res mesmos se é justo aos olhos de Deus obedecer aos
senhores e não a Deus. 20Pois não podemos deixar de
falar do que vimos e ouvimos".

21Depois de mais ameaças, eles os deixaram ir. Não
tinham como castigá-los, porque todo o povo estava
louvando a Deus pelo que acontecera, 22pois o homem
que fora curado milagrosamente tinha mais de qua-
renta anos de idade.

A oração dos primeiros cristãos

23Quando foram soltos, Pedro e João voltaram para
os seus companheiros e contaram tudo o que os che-
fes dos sacerdotes e os líderes religiosos lhes tinham
dito. 24Ouvindo isso, levantaram juntos a voz a Deus,
dizendo: "Ó Soberano, tu fizeste os céus, a terra, o mar
e tudo o que neles há! 25Tu falaste pelo Espírito Santo
por boca do teu servo, nosso pai Davi:

" 'Por que se enfurecem
as nações,
e os povos conspiram em vão?

[a] 3:23 Dt 18:15,18,19
[b] 3:25 Gn 12:3; 22:18; 26:4 e 28:14
[c] 3:26 Is 52:13
[d] 4:11 Sl 118:22
[e] 4:15 Conselho dos principais líderes do povo judeu; também em todo o livro de Atos.

26Os reis da terra se levantam,
e os governantes se reúnem
contra o Senhor
e contra o seu Ungido'[a].

27De fato, Herodes e Pôncio Pilatos reuniram-se com os gentios[b] e com o povo de Israel nesta cidade, para conspirar contra o teu santo servo Jesus, a quem ungiste. 28Fizeram o que o teu poder e a tua vontade haviam decidido de antemão que acontecesse. 29Agora, Senhor, considera as ameaças deles e capacita os teus servos para anunciarem a tua palavra corajosamente. 30Estende a tua mão para curar e realizar sinais e maravilhas por meio do nome do teu santo servo Jesus".

31Depois de orarem, tremeu o lugar em que estavam reunidos; todos ficaram cheios do Espírito Santo e anunciavam corajosamente a palavra de Deus.

Os discípulos repartem seus bens

32Da multidão dos que creram, uma era a mente e um o coração. Ninguém considerava unicamente sua coisa alguma que possuísse, mas compartilhavam tudo o que tinham. 33Com grande poder os apóstolos continuavam a testemunhar da ressurreição do Senhor Jesus, e grandiosa graça estava sobre todos eles. 34Não havia pessoas necessitadas entre eles, pois os que possuíam terras ou casas as vendiam, traziam o dinheiro da venda 35e o colocavam aos pés dos apóstolos, que o distribuíam segundo a necessidade de cada um.

36José, um levita de Chipre a quem os apóstolos deram o nome de Barnabé, que significa "encorajador[c]", 37vendeu um campo que possuía, trouxe o dinheiro e o colocou aos pés dos apóstolos.

Ananias e Safira

5 Um homem chamado Ananias, com Safira, sua mulher, também vendeu uma propriedade. 2Ele reteve parte do dinheiro para si, sabendo disso também sua mulher; e o restante levou e colocou aos pés dos apóstolos.

3Então perguntou Pedro: "Ananias, como você permitiu que Satanás enchesse o seu coração, ao ponto de você mentir ao Espírito Santo e guardar para si uma parte do dinheiro que recebeu pela propriedade? 4Ela não lhe pertencia? E, depois de vendida, o dinheiro não estava em seu poder? O que o levou a pensar em fazer tal coisa? Você não mentiu aos homens, mas sim a Deus".

5Ouvindo isso, Ananias caiu morto. Grande temor apoderou-se de todos os que ouviram o que tinha acontecido. 6Então os moços vieram, envolveram seu corpo, levaram-no para fora e o sepultaram.

7Cerca de três horas mais tarde, entrou sua mulher, sem saber o que havia acontecido. 8Pedro lhe perguntou: "Diga-me, foi esse o preço que vocês conseguiram pela propriedade?"

Respondeu ela: "Sim, foi esse mesmo".

9Pedro lhe disse: "Por que vocês entraram em acordo para tentar o Espírito do Senhor? Veja! Estão à porta os pés dos que sepultaram seu marido, e eles a levarão também".

10Naquele mesmo instante, ela caiu morta aos pés dele. Então os moços entraram e, encontrando-a morta, levaram-na e a sepultaram ao lado de seu marido. 11E grande temor apoderou-se de toda a igreja e de todos os que ouviram falar desses acontecimentos.

Os apóstolos curam muitos doentes

12Os apóstolos realizavam muitos sinais e maravilhas entre o povo. Todos os que creram costumavam reunir-se no Pórtico de Salomão. 13Dos demais, ninguém ousava juntar-se a eles, embora o povo os tivesse em alto conceito. 14Em número cada vez maior, homens e mulheres criam no Senhor e lhes eram acrescentados, 15de modo que o povo também levava os doentes às ruas e os colocava em camas e macas, para que pelo menos a sombra de Pedro se projetasse sobre alguns, enquanto ele passava. 16Afluíam também multidões das cidades próximas a Jerusalém, trazendo seus doentes e os que eram atormentados por espíritos imundos[d]; e todos eram curados.

Os apóstolos são perseguidos

17Então o sumo sacerdote e todos os seus companheiros, membros do partido dos saduceus, ficaram cheios de inveja. 18Por isso, mandaram prender os apóstolos, colocando-os numa prisão pública. 19Mas durante a noite um anjo do Senhor abriu as portas do cárcere, levou-os para fora e 20disse: "Dirijam-se ao templo e relatem ao povo toda a mensagem desta Vida".

21Ao amanhecer, eles entraram no pátio do templo, como haviam sido instruídos, e começaram a ensinar o povo.

Quando chegaram o sumo sacerdote e os seus companheiros, convocaram o Sinédrio — toda a assembleia dos líderes religiosos de Israel — e mandaram buscar os apóstolos na prisão. 22Todavia, ao chegarem à prisão, os guardas não os encontraram ali. Então, voltaram e relataram: 23"Encontramos a prisão trancada com toda a segurança, com os guardas diante das portas; mas, quando as abrimos não havia ninguém". 24Diante desse relato, o capitão da guarda do templo e os chefes dos sacerdotes ficaram perplexos, imaginando o que teria acontecido.

25Nesse momento chegou alguém e disse: "Os homens que os senhores puseram na prisão estão no pátio do templo, ensinando o povo". 26Então, indo para lá com os guardas, o capitão trouxe os apóstolos, mas sem o uso de força, pois temiam que o povo os apedrejasse.

27Tendo levado os apóstolos, apresentaram-nos ao Sinédrio para serem interrogados pelo sumo sacerdote, 28que lhes disse: "Demos ordens expressas a vocês para que não ensinassem neste nome. Todavia, vocês encheram Jerusalém com sua doutrina e nos querem tornar culpados do sangue desse homem".

29Pedro e os outros apóstolos responderam: "É preciso obedecer antes a Deus do que aos homens! 30O Deus dos nossos antepassados ressuscitou Jesus, a quem os senhores mataram, suspendendo-o num madeiro. 31Deus o exaltou, colocando-o à sua direita como Príncipe e Salvador, para dar a Israel arrependimento e perdão de pecados. 32Nós somos testemunhas destas coisas, bem como o Espírito Santo, que Deus concedeu aos que lhe obedecem".

33Ouvindo isso, eles ficaram furiosos e queriam matá-los. 34Mas um fariseu chamado Gamaliel, mestre da

[a] 4:25-26 Sl 2:1-2
[b] 4:27 Isto é, os que não são judeus; também em todo o livro de Atos.
[c] 4:36 Ou *consolador*. Grego: *filho da consolação*.
[d] 5:16 Ou *malignos*

lei, respeitado por todo o povo, levantou-se no Sinédrio e pediu que os homens fossem retirados por um momento. 35Então lhes disse: "Israelitas, considerem cuidadosamente o que pretendem fazer a esses homens. 36Há algum tempo, apareceu Teudas, reivindicando ser alguém, e cerca de quatrocentos homens se juntaram a ele. Ele foi morto, todos os seus seguidores se dispersaram e acabaram em nada. 37Depois dele, nos dias do recenseamento, apareceu Judas, o galileu, que liderou um grupo em rebelião. Ele também foi morto, e todos os seus seguidores foram dispersos. 38Portanto, neste caso eu os aconselho: deixem esses homens em paz e soltem-nos. Se o propósito ou atividade deles for de origem humana, fracassará; 39se proceder de Deus, vocês não serão capazes de impedi-los, pois se acharão lutando contra Deus".

40Eles foram convencidos pelo discurso de Gamaliel. Chamaram os apóstolos e mandaram açoitá-los. Depois, ordenaram-lhes que não falassem no nome de Jesus e os deixaram sair em liberdade.

41Os apóstolos saíram do Sinédrio, alegres por terem sido considerados dignos de serem humilhados por causa do Nome. 42Todos os dias, no templo e de casa em casa, não deixavam de ensinar e proclamar que Jesus é o Cristo.

A escolha dos sete

6 Naqueles dias, crescendo o número de discípulos, os judeus de fala grega entre eles queixaram-se dos judeus de fala hebraica[a], porque suas viúvas estavam sendo esquecidas na distribuição diária de alimento. 2Por isso os Doze reuniram todos os discípulos e disseram: "Não é certo negligenciarmos o ministério da palavra de Deus, a fim de servir às mesas. 3Irmãos, escolham entre vocês sete homens de bom testemunho, cheios do Espírito e de sabedoria. Passaremos a eles essa tarefa 4e nos dedicaremos à oração e ao ministério da palavra".

5Tal proposta agradou a todos. Então escolheram Estêvão, homem cheio de fé e do Espírito Santo, além de Filipe, Prócoro, Nicanor, Timom, Pármenas e Nicolau, um convertido ao judaísmo, proveniente de Antioquia. 6Apresentaram esses homens aos apóstolos, os quais oraram e lhes impuseram as mãos.

7Assim, a palavra de Deus se espalhava. Crescia rapidamente o número de discípulos em Jerusalém; também um grande número de sacerdotes obedecia à fé.

A prisão de Estêvão

8Estêvão, homem cheio da graça e do poder de Deus, realizava grandes maravilhas e sinais entre o povo. 9Contudo, levantou-se oposição dos membros da chamada sinagoga dos Libertos, dos judeus de Cirene e de Alexandria, bem como das províncias da Cilícia e da Ásia. Esses homens começaram a discutir com Estêvão, 10mas não podiam resistir à sabedoria e ao Espírito com que ele falava.

11Então subornaram alguns homens para dizerem: "Ouvimos Estêvão falar palavras blasfemas contra Moisés e contra Deus".

12Com isso agitaram o povo, os líderes religiosos e os mestres da lei. E, prendendo Estêvão, levaram-no ao Sinédrio. 13Ali apresentaram falsas testemunhas que diziam: "Este homem não para de falar contra este lugar santo e contra a Lei. 14Pois o ouvimos dizer que esse Jesus, o Nazareno, destruirá este lugar e mudará os costumes que Moisés nos deixou".

15Olhando para ele, todos os que estavam sentados no Sinédrio viram que o seu rosto parecia o rosto de um anjo.

O discurso de Estêvão no Sinédrio

7 Então o sumo sacerdote perguntou a Estêvão: "São verdadeiras estas acusações?"

2A isso ele respondeu: "Irmãos e pais, ouçam-me! O Deus glorioso apareceu a Abraão, nosso pai, estando ele ainda na Mesopotâmia, antes de morar em Harã, e lhe disse: 3'Saia da sua terra e do meio dos seus parentes e vá para a terra que eu lhe mostrarei'[b].

4"Então ele saiu da terra dos caldeus e se estabeleceu em Harã. Depois da morte de seu pai, Deus o trouxe a esta terra, onde vocês agora vivem. 5Deus não lhe deu nenhuma herança aqui, nem mesmo o espaço de um pé. Mas lhe prometeu que ele e, depois dele, seus descendentes, possuiriam a terra, embora, naquele tempo, Abraão não tivesse filhos. 6Deus lhe falou desta forma: 'Seus descendentes serão peregrinos numa terra estrangeira, e serão escravizados e maltratados por quatrocentos anos. 7Mas eu castigarei a nação a quem servirão como escravos, e depois sairão dali e me adorarão neste lugar'[c]. 8E deu a Abraão a aliança da circuncisão. Por isso, Abraão gerou Isaque e o circuncidou oito dias depois do seu nascimento. Mais tarde, Isaque gerou Jacó, e este os doze patriarcas.

9"Os patriarcas, tendo inveja de José, venderam-no como escravo para o Egito. Mas Deus estava com ele 10e o libertou de todas as suas tribulações, dando a José favor e sabedoria diante do faraó, rei do Egito; este o tornou governador do Egito e de todo o seu palácio.

11"Depois houve fome em todo o Egito e em Canaã, trazendo grande sofrimento, e os nossos antepassados não encontravam alimento. 12Ouvindo que havia trigo no Egito, Jacó enviou nossos antepassados em sua primeira viagem. 13Na segunda viagem deles, José fez-se reconhecer por seus irmãos, e o faraó pôde conhecer a família de José. 14Depois disso, José mandou buscar seu pai Jacó e toda a sua família, que eram setenta e cinco pessoas. 15Então Jacó desceu ao Egito, onde faleceram ele e os nossos antepassados. 16Seus corpos foram levados de volta a Siquém e colocados no túmulo que Abraão havia comprado ali dos filhos de Hamor, por certa quantia.

17"Ao se aproximar o tempo em que Deus cumpriria sua promessa a Abraão, aumentou muito o número do nosso povo no Egito. 18Então outro rei, que nada sabia a respeito de José, passou a governar o Egito. 19Ele agiu traiçoeiramente para com o nosso povo e oprimiu os nossos antepassados, obrigando-os a abandonar os seus recém-nascidos, para que não sobrevivessem.

20"Naquele tempo nasceu Moisés, que era um menino extraordinário[d]. Por três meses ele foi criado na casa de seu pai. 21Quando foi abandonado, a filha do faraó o tomou e o criou como seu próprio filho. 22Moisés foi educado em toda a sabedoria dos egípcios e veio a ser poderoso em palavras e obras.

[a] 6:1 Ou *aramaica*

[b] 7:3 Gn 12:1

[c] 7:6-7 Gn 15:13-14

[d] 7:20 Grego: *era bonito aos olhos de Deus.*

23"Ao completar quarenta anos, Moisés decidiu visitar seus irmãos israelitas. 24Ao ver um deles sendo maltratado por um egípcio, saiu em defesa do oprimido e o vingou, matando o egípcio. 25Ele pensava que seus irmãos compreenderiam que Deus o estava usando para salvá-los, mas eles não o compreenderam. 26No dia seguinte, Moisés dirigiu-se a dois israelitas que estavam brigando, e tentou reconciliá-los, dizendo: 'Homens, vocês são irmãos; por que ferem um ao outro?'

27"Mas o homem que maltratava o outro empurrou Moisés e disse: 'Quem o nomeou líder e juiz sobre nós? 28Quer matar-me como matou o egípcio ontem?'[a] 29Ouvindo isso, Moisés fugiu para Midiã, onde ficou morando como estrangeiro e teve dois filhos.

30"Passados quarenta anos, apareceu a Moisés um anjo nas labaredas de uma sarça em chamas no deserto, perto do monte Sinai. 31Vendo aquilo, ficou atônito. E, aproximando-se para observar, ouviu a voz do Senhor: 32'Eu sou o Deus dos seus antepassados, o Deus de Abraão, o Deus de Isaque e o Deus de Jacó'[b]. Moisés, tremendo de medo, não ousava olhar.

33"Então o Senhor lhe disse: 'Tire as sandálias dos pés, porque o lugar em que você está é terra santa. 34De fato tenho visto a opressão sobre o meu povo no Egito. Ouvi seus gemidos e desci para livrá-lo. Venha agora, e eu o enviarei de volta ao Egito'[c].

35"Este é o mesmo Moisés que tinham rejeitado com estas palavras: 'Quem o nomeou líder e juiz?' Ele foi enviado pelo próprio Deus para ser líder e libertador deles, por meio do anjo que lhe tinha aparecido na sarça. 36Ele os tirou de lá, fazendo maravilhas e sinais no Egito, no mar Vermelho e no deserto durante quarenta anos.

37"Este é aquele Moisés que disse aos israelitas: 'Deus lhes levantará dentre seus irmãos um profeta como eu'[d]. 38Ele estava na congregação, no deserto, com o anjo que lhe falava no monte Sinai e com os nossos antepassados, e recebeu palavras vivas, para transmiti-las a nós.

39"Mas nossos antepassados se recusaram a obedecer-lhe; ao contrário, rejeitaram-no, e em seu coração voltaram para o Egito. 40Disseram a Arão: 'Faça para nós deuses que nos conduzam, pois a esse Moisés que nos tirou do Egito, não sabemos o que lhe aconteceu!'[e] 41Naquela ocasião fizeram um ídolo em forma de bezerro. Trouxeram-lhe sacrifícios e fizeram uma celebração em honra ao que suas mãos tinham feito. 42Mas Deus afastou-se deles e os entregou à adoração dos astros, conforme o que foi escrito no livro dos profetas:

" 'Foi a mim
que vocês apresentaram
sacrifícios e ofertas
durante os quarenta anos no deserto,
ó nação de Israel?
43Ao invés disso, levantaram
o santuário de Moloque
e a estrela do seu deus Renfã,
ídolos que vocês fizeram
para adorar!
Portanto, eu os enviarei
para o exílio,
para além da Babilônia'[f].

44"No deserto os nossos antepassados tinham o tabernáculo da aliança, que fora feito segundo a ordem de Deus a Moisés, de acordo com o modelo que ele tinha visto. 45Tendo recebido o tabernáculo, nossos antepassados o levaram, sob a liderança de Josué, quando tomaram a terra das nações que Deus expulsou de diante deles. Esse tabernáculo permaneceu nesta terra até a época de Davi, 46que encontrou graça diante de Deus e pediu que ele lhe permitisse providenciar uma habitação para o Deus de Jacó[g]. 47Mas foi Salomão quem lhe construiu a casa.

48"Todavia, o Altíssimo não habita em casas feitas por homens. Como diz o profeta:

49" 'O céu é o meu trono,
e a terra,
o estrado dos meus pés.
Que espécie de casa
vocês me edificarão?
diz o Senhor,
ou, onde seria
meu lugar de descanso?
50Não foram as minhas mãos que fizeram todas
estas coisas?'[h]

51"Povo rebelde, obstinado[i] de coração e de ouvidos! Vocês são iguais aos seus antepassados: sempre resistem ao Espírito Santo! 52Qual dos profetas os seus antepassados não perseguiram? Eles mataram aqueles que prediziam a vinda do Justo, de quem agora vocês se tornaram traidores e assassinos — 53vocês, que receberam a Lei por intermédio de anjos, mas não lhe obedeceram".

O apedrejamento de Estêvão

54Ouvindo isso, ficaram furiosos e rangeram os dentes contra ele. 55Mas Estêvão, cheio do Espírito Santo, levantou os olhos para o céu e viu a glória de Deus, e Jesus em pé, à direita de Deus, 56e disse: "Vejo os céus abertos e o Filho do homem em pé, à direita de Deus".

57Mas eles taparam os ouvidos e, dando fortes gritos, lançaram-se todos juntos contra ele, 58arrastaram-no para fora da cidade e começaram a apedrejá-lo. As testemunhas deixaram seus mantos aos pés de um jovem chamado Saulo.

59Enquanto apedrejavam Estêvão, este orava: "Senhor Jesus, recebe o meu espírito". 60Então caiu de joelhos e bradou: "Senhor, não os consideres culpados deste pecado". E, tendo dito isso, adormeceu.

8 E Saulo estava ali, consentindo na morte de Estêvão.

A perseguição e a dispersão da igreja

Naquela ocasião desencadeou-se grande perseguição contra a igreja em Jerusalém. Todos, exceto os apóstolos, foram dispersos pelas regiões da Judeia e de Samaria. 2Alguns homens piedosos sepultaram Estêvão e fizeram por causa dele grande lamentação. 3Saulo, por

[a] 7:27-28 Êx 2:14
[b] 7:32 Êx 3:6
[c] 7:33-34 Êx 3:5,7-8,10
[d] 7:37 Dt 18:15
[e] 7:40 Êx 32:1
[f] 7:42-43 Am 5:25-27, segundo a antiga versão grega.
[g] 7:46 Alguns manuscritos dizem para a casa de Jacó.
[h] 7:49-50 Is 66:1-2
[i] 7:51 Grego: *incircunciso*.

sua vez, devastava a igreja. Indo de casa em casa, arrastava homens e mulheres e os lançava na prisão.

Filipe em Samaria

4Os que haviam sido dispersos pregavam a palavra por onde quer que fossem. 5Indo Filipe para uma cidade de Samaria, ali lhes anunciava o Cristo. 6Quando a multidão ouviu Filipe e viu os sinais milagrosos que ele realizava, deu unânime atenção ao que ele dizia. 7Os espíritos imundos[a] saíam de muitos, dando gritos, e muitos paralíticos e mancos foram curados. 8Assim, houve grande alegria naquela cidade.

Simão, o mago

9Um homem chamado Simão vinha praticando feitiçaria durante algum tempo naquela cidade, impressionando todo o povo de Samaria. Ele se dizia muito importante, 10e todo o povo, do mais simples ao mais rico, dava-lhe atenção e exclamava: "Este homem é o poder divino conhecido como Grande Poder". 11Eles o seguiam, pois ele os havia iludido com sua mágica durante muito tempo. 12No entanto, quando Filipe lhes pregou as boas novas do Reino de Deus e do nome de Jesus Cristo, creram nele, e foram batizados, tanto homens como mulheres. 13O próprio Simão também creu e foi batizado, e seguia Filipe por toda parte, observando maravilhado os grandes sinais e milagres que eram realizados.

14Os apóstolos em Jerusalém, ouvindo que Samaria havia aceitado a palavra de Deus, enviaram para lá Pedro e João. 15Estes, ao chegarem, oraram para que eles recebessem o Espírito Santo, 16pois o Espírito ainda não havia descido sobre nenhum deles; tinham apenas sido batizados em nome do Senhor Jesus. 17Então Pedro e João lhes impuseram as mãos, e eles receberam o Espírito Santo.

18Vendo Simão que o Espírito era dado com a imposição das mãos dos apóstolos, ofereceu-lhes dinheiro 19e disse: "Deem-me também este poder, para que a pessoa sobre quem eu puser as mãos receba o Espírito Santo".

20Pedro respondeu: "Pereça com você o seu dinheiro! Você pensa que pode comprar o dom de Deus com dinheiro? 21Você não tem parte nem direito algum neste ministério, porque o seu coração não é reto diante de Deus. 22Arrependa-se dessa maldade e ore ao Senhor. Talvez ele lhe perdoe tal pensamento do seu coração, 23pois vejo que você está cheio de amargura e preso pelo pecado".

24Simão, porém, respondeu: "Orem vocês ao Senhor por mim, para que não me aconteça nada do que vocês disseram".

25Tendo testemunhado e proclamado a palavra do Senhor, Pedro e João voltaram a Jerusalém, pregando o evangelho em muitos povoados samaritanos.

Filipe e o etíope

26Um anjo do Senhor disse a Filipe: "Vá para o sul, para a estrada deserta que desce de Jerusalém a Gaza". 27Ele se levantou e partiu. No caminho encontrou um eunuco etíope, um oficial importante, encarregado de todos os tesouros de Candace, rainha dos etíopes. Esse homem viera a Jerusalém para adorar a Deus e, 28de volta para casa, sentado em sua carruagem, lia o livro do profeta Isaías. 29E o Espírito disse a Filipe: "Aproxime-se dessa carruagem e acompanhe-a".

30Então Filipe correu para a carruagem, ouviu o homem lendo o profeta Isaías e lhe perguntou: "O senhor entende o que está lendo?"

31Ele respondeu: "Como posso entender se alguém não me explicar?" Assim, convidou Filipe para subir e sentar-se ao seu lado.

32O eunuco estava lendo esta passagem da Escritura:

"Ele foi levado como ovelha para o matadouro,
e como cordeiro mudo
diante do tosquiador,
ele não abriu a sua boca.
33Em sua humilhação
foi privado de justiça.
Quem pode falar
dos seus descendentes?
Pois a sua vida foi tirada
da terra"[b].

34O eunuco perguntou a Filipe: "Diga-me, por favor: de quem o profeta está falando? De si próprio ou de outro?" 35Então Filipe, começando com aquela passagem da Escritura, anunciou-lhe as boas novas de Jesus. 36Prosseguindo pela estrada, chegaram a um lugar onde havia água. O eunuco disse: "Olhe, aqui há água. Que me impede de ser batizado?" 37Disse Filipe: "Você pode, se crê de todo o coração". O eunuco respondeu: "Creio que Jesus Cristo é o Filho de Deus".[c] 38Assim, deu ordem para parar a carruagem. Então Filipe e o eunuco desceram à água, e Filipe o batizou. 39Quando saíram da água, o Espírito do Senhor arrebatou Filipe repentinamente. O eunuco não o viu mais e, cheio de alegria, seguiu o seu caminho. 40Filipe, porém, apareceu em Azoto e, indo para Cesareia, pregava o evangelho em todas as cidades pelas quais passava.

A conversão de Saulo

9 Enquanto isso, Saulo ainda respirava ameaças de morte contra os discípulos do Senhor. Dirigindo-se ao sumo sacerdote, 2pediu-lhe cartas para as sinagogas de Damasco, de maneira que, caso encontrasse ali homens ou mulheres que pertencessem ao Caminho, pudesse levá-los presos para Jerusalém. 3Em sua viagem, quando se aproximava de Damasco, de repente brilhou ao seu redor uma luz vinda do céu. 4Ele caiu por terra e ouviu uma voz que lhe dizia: "Saulo, Saulo, por que você me persegue?"

5Saulo perguntou: "Quem és tu, Senhor?"

Ele respondeu: "Eu sou Jesus, a quem você persegue. 6Levante-se, entre na cidade; alguém lhe dirá o que você deve fazer".

7Os homens que viajavam com Saulo pararam emudecidos; ouviam a voz mas não viam ninguém. 8Saulo levantou-se do chão e, abrindo os olhos, não conseguia ver nada. E os homens o levaram pela mão até Damasco. 9Por três dias ele esteve cego, não comeu nem bebeu.

10Em Damasco havia um discípulo chamado Ananias. O Senhor o chamou numa visão: "Ananias!"

"Eis-me aqui, Senhor", respondeu ele.

11O Senhor lhe disse: "Vá à casa de Judas, na rua chamada Direita, e pergunte por um homem de Tarso

[a] 8:7 Ou *malignos*

[b] 8:32-33 Is 53:7-8

[c] 8:37 Muitos manuscritos antigos não trazem o versículo 37.

chamado Saulo. Ele está orando; [12]numa visão viu um homem chamado Ananias chegar e impor-lhe as mãos para que voltasse a ver".

[13]Respondeu Ananias: "Senhor, tenho ouvido muita coisa a respeito desse homem e de todo o mal que ele tem feito aos teus santos em Jerusalém. [14]Ele chegou aqui com autorização dos chefes dos sacerdotes para prender todos os que invocam o teu nome".

[15]Mas o Senhor disse a Ananias: "Vá! Este homem é meu instrumento escolhido para levar o meu nome perante os gentios e seus reis, e perante o povo de Israel. [16]Mostrarei a ele o quanto deve sofrer pelo meu nome".

[17]Então Ananias foi, entrou na casa, pôs as mãos sobre Saulo e disse: "Irmão Saulo, o Senhor Jesus, que lhe apareceu no caminho por onde você vinha, enviou-me para que você volte a ver e seja cheio do Espírito Santo". [18]Imediatamente, algo como escamas caiu dos olhos de Saulo e ele passou a ver novamente. Levantando-se, foi batizado [19]e, depois de comer, recuperou as forças.

Saulo em Damasco e em Jerusalém

Saulo passou vários dias com os discípulos em Damasco. [20]Logo começou a pregar nas sinagogas que Jesus é o Filho de Deus. [21]Todos os que o ouviam ficavam perplexos e perguntavam: "Não é ele o homem que procurava destruir em Jerusalém aqueles que invocam este nome? E não veio para cá justamente para levá-los presos aos chefes dos sacerdotes?" [22]Todavia, Saulo se fortalecia cada vez mais e confundia os judeus que viviam em Damasco, demonstrando que Jesus é o Cristo.

[23]Decorridos muitos dias, os judeus decidiram de comum acordo matá-lo, [24]mas Saulo ficou sabendo do plano deles. Dia e noite eles vigiavam as portas da cidade a fim de matá-lo. [25]Mas os seus discípulos o levaram de noite e o fizeram descer num cesto, através de uma abertura na muralha.

[26]Quando chegou a Jerusalém, tentou reunir-se aos discípulos, mas todos estavam com medo dele, não acreditando que fosse realmente um discípulo. [27]Então Barnabé o levou aos apóstolos e lhes contou como, no caminho, Saulo vira o Senhor, que lhe falara, e como em Damasco ele havia pregado corajosamente em nome de Jesus. [28]Assim, Saulo ficou com eles, e andava com liberdade em Jerusalém, pregando corajosamente em nome do Senhor. [29]Falava e discutia com os judeus de fala grega, mas estes tentavam matá-lo. [30]Sabendo disso, os irmãos o levaram para Cesareia e o enviaram para Tarso.

[31]A igreja passava por um período de paz em toda a Judeia, Galileia e Samaria. Ela se edificava e, encorajada pelo Espírito Santo, crescia em número, vivendo no temor do Senhor.

Eneias e Dorcas

[32]Viajando por toda parte, Pedro foi visitar os santos que viviam em Lida. [33]Ali encontrou um paralítico chamado Eneias, que estava acamado fazia oito anos. [34]Disse-lhe Pedro: "Eneias, Jesus Cristo vai curá-lo! Levante-se e arrume a sua cama". Ele se levantou imediatamente. [35]Todos os que viviam em Lida e Sarona o viram e se converteram ao Senhor.

[36]Em Jope havia uma discípula chamada Tabita, que em grego é Dorcas[a], que se dedicava a praticar boas obras e dar esmolas. [37]Naqueles dias ela ficou doente e morreu, e seu corpo foi lavado e colocado num quarto do andar superior. [38]Lida ficava perto de Jope, e, quando os discípulos ouviram falar que Pedro estava em Lida, mandaram-lhe dois homens dizer-lhe: "Não se demore em vir até nós".

[39]Pedro foi com eles e, quando chegou, foi levado para o quarto do andar superior. Todas as viúvas o rodearam, chorando e mostrando-lhe os vestidos e outras roupas que Dorcas tinha feito quando ainda estava com elas.

[40]Pedro mandou que todos saíssem do quarto; depois, ajoelhou-se e orou. Voltando-se para a mulher morta, disse: "Tabita, levante-se". Ela abriu os olhos e, vendo Pedro, sentou-se. [41]Tomando-a pela mão, ajudou-a a pôr-se em pé. Então, chamando os santos e as viúvas, apresentou-a viva. [42]Este fato se tornou conhecido em toda a cidade de Jope, e muitos creram no Senhor. [43]Pedro ficou em Jope durante algum tempo, com um curtidor de couro chamado Simão.

O centurião Cornélio

10 Havia em Cesareia um homem chamado Cornélio, centurião do regimento conhecido como Italiano. [2]Ele e toda a sua família eram religiosos e tementes[b] a Deus; dava muitas esmolas ao povo e orava continuamente a Deus. [3]Certo dia, por volta das três horas da tarde[c], ele teve uma visão. Viu claramente um anjo de Deus que se aproximava dele e dizia: "Cornélio!"

[4]Atemorizado, Cornélio olhou para ele e perguntou: "Que é, Senhor?"

O anjo respondeu: "Suas orações e esmolas subiram como oferta memorial diante de Deus. [5]Agora, mande alguns homens a Jope para trazerem um certo Simão, também conhecido como Pedro, [6]que está hospedado na casa de Simão, o curtidor de couro, que fica perto do mar".

[7]Depois que o anjo que lhe falou se foi, Cornélio chamou dois dos seus servos e um soldado religioso dentre os seus auxiliares [8]e, contando-lhes tudo o que tinha acontecido, enviou-os a Jope.

A visão de Pedro

[9]No dia seguinte, por volta do meio-dia[d], enquanto eles viajavam e se aproximavam da cidade, Pedro subiu ao terraço para orar. [10]Tendo fome, queria comer; enquanto a refeição estava sendo preparada, caiu em êxtase. [11]Viu o céu aberto e algo semelhante a um grande lençol que descia à terra, preso pelas quatro pontas, [12]contendo toda espécie de quadrúpedes, bem como de répteis da terra e aves do céu. [13]Então uma voz lhe disse: "Levante-se, Pedro; mate e coma".

[14]Mas Pedro respondeu: "De modo nenhum, Senhor! Jamais comi algo impuro ou imundo!"

[15]A voz lhe falou segunda vez: "Não chame impuro ao que Deus purificou".

[16]Isso aconteceu três vezes, e em seguida o lençol foi recolhido ao céu.

[17]Enquanto Pedro estava refletindo no significado da visão, os homens enviados por Cornélio descobriram onde era a casa de Simão e chegaram à porta.

[a] 9:36 Tanto *Tabita* (aramaico) como *Dorcas* (grego) significam *gazela*.

[b] 10:2 Isto é, simpatizantes do judaísmo.

[c] 10:3 Grego: *da hora nona*; também no versículo 30.

[d] 10:9 Grego: *da hora sexta*.

18Chamando, perguntaram se ali estava hospedado Si-
mão, conhecido como Pedro.
19Enquanto Pedro ainda estava pensando na visão, o
Espírito lhe disse: "Simão, três homens estão procuran-
do por você. 20Portanto, levante-se e desça. Não hesite
em ir com eles, pois eu os enviei".
21Pedro desceu e disse aos homens: "Eu sou quem vo-
cês estão procurando. Por que motivo vieram?"
22Os homens responderam: "Viemos da parte do cen-
turião Cornélio. Ele é um homem justo e temente[a] a
Deus, respeitado por todo o povo judeu. Um santo anjo
lhe disse que o chamasse à sua casa, para que ele ouça
o que você tem para dizer". 23Pedro os convidou a en-
trar e os hospedou.

Pedro na casa de Cornélio

No dia seguinte Pedro partiu com eles, e alguns dos
irmãos de Jope o acompanharam. 24No outro dia chega-
ram a Cesareia. Cornélio os esperava com seus parentes
e amigos mais íntimos que tinha convidado. 25Quando
Pedro ia entrando na casa, Cornélio dirigiu-se a ele e
prostrou-se aos seus pés, adorando-o. 26Mas Pedro o
fez levantar-se, dizendo: "Levante-se, eu sou homem
como você".
27Conversando com ele, Pedro entrou e encontrou
ali reunidas muitas pessoas 28e lhes disse: "Vocês sa-
bem muito bem que é contra a nossa lei um judeu as-
sociar-se a um gentio ou mesmo visitá-lo. Mas Deus me
mostrou que eu não deveria chamar impuro ou imundo
a homem nenhum. 29Por isso, quando fui procurado,
vim sem qualquer objeção. Posso perguntar por que
vocês me mandaram buscar?"
30Cornélio respondeu: "Há quatro dias eu estava em
minha casa orando a esta hora, às três horas da tarde.
De repente, colocou-se diante de mim um homem com
roupas resplandecentes 31e disse: 'Cornélio, Deus ou-
viu sua oração e lembrou-se de suas esmolas. 32Man-
de buscar em Jope a Simão, chamado Pedro. Ele está
hospedado na casa de Simão, o curtidor de couro, que
mora perto do mar'. 33Assim, mandei buscar-te imedia-
tamente, e foi bom que tenhas vindo. Agora estamos
todos aqui na presença de Deus, para ouvir tudo que o
Senhor te mandou dizer-nos".
34Então Pedro começou a falar: "Agora percebo ver-
dadeiramente que Deus não trata as pessoas com par-
cialidade, 35mas de todas as nações aceita todo aquele
que o teme e faz o que é justo. 36Vocês conhecem a
mensagem enviada por Deus ao povo de Israel, que
fala das boas novas de paz por meio de Jesus Cristo,
Senhor de todos. 37Sabem o que aconteceu em toda a
Judeia, começando na Galileia, depois do batismo que
João pregou, 38como Deus ungiu a Jesus de Nazaré com
o Espírito Santo e poder, e como ele andou por toda par-
te fazendo o bem e curando todos os oprimidos pelo
Diabo, porque Deus estava com ele.
39"Nós somos testemunhas de tudo o que ele fez na
terra dos judeus e em Jerusalém, onde o mataram, sus-
pendendo-o num madeiro. 40Deus, porém, o ressuscitou
no terceiro dia e fez que ele fosse visto, 41não por todo
o povo, mas por testemunhas que designara de ante-
mão, por nós que comemos e bebemos com ele depois
que ressuscitou dos mortos. 42Ele nos mandou pregar
ao povo e testemunhar que foi a ele que Deus consti-
tuiu juiz de vivos e de mortos. 43Todos os profetas dão
testemunho dele, de que todo o que nele crê recebe o
perdão dos pecados mediante o seu nome".
44Enquanto Pedro ainda estava falando estas pala-
vras, o Espírito Santo desceu sobre todos os que ouviam
a mensagem. 45Os judeus convertidos que vieram com
Pedro ficaram admirados de que o dom do Espírito San-
to fosse derramado até sobre os gentios, 46pois os ou-
viam falando em línguas[b] e exaltando a Deus.
A seguir Pedro disse: 47"Pode alguém negar a água,
impedindo que estes sejam batizados? Eles receberam o
Espírito Santo como nós!" 48Então ordenou que fossem
batizados em nome de Jesus Cristo. Depois pediram a
Pedro que ficasse com eles alguns dias.

Pedro explica-se perante a igreja

11 Os apóstolos e os irmãos de toda a Judeia ouviram
falar que os gentios também haviam recebido a pa-
lavra de Deus. 2Assim, quando Pedro subiu a Jerusalém,
os que eram do partido dos circuncisos o criticavam, di-
zendo: 3"Você entrou na casa de homens incircuncisos
e comeu com eles".
4Pedro, então, começou a explicar-lhes exatamente
como tudo havia acontecido: 5"Eu estava na cidade de
Jope orando; caindo em êxtase, tive uma visão. Vi algo
parecido com um grande lençol sendo baixado do céu,
preso pelas quatro pontas, e que vinha até o lugar onde
eu estava. 6Olhei para dentro dele e notei que havia ali
quadrúpedes da terra, animais selvagens, répteis e aves
do céu. 7Então ouvi uma voz que me dizia: 'Levante-se,
Pedro; mate e coma'.
8"Eu respondi: De modo nenhum, Senhor! Nunca en-
trou em minha boca algo impuro ou imundo.
9"A voz falou do céu segunda vez: 'Não chame impu-
ro ao que Deus purificou'. 10Isso aconteceu três vezes, e
então tudo foi recolhido ao céu.
11"Na mesma hora chegaram à casa em que eu estava
hospedado três homens que me haviam sido enviados
de Cesareia. 12O Espírito me disse que não hesitasse em
ir com eles. Estes seis irmãos também foram comigo, e
entramos na casa de um certo homem. 13Ele nos contou
como um anjo lhe tinha aparecido em sua casa e disse-
ra: 'Mande buscar, em Jope, a Simão, chamado Pedro.
14Ele lhe trará uma mensagem por meio da qual serão
salvos você e todos os da sua casa'.
15"Quando comecei a falar, o Espírito Santo desceu
sobre eles como sobre nós no princípio. 16Então me lem-
brei do que o Senhor tinha dito: 'João batizou com[c]
água, mas vocês serão batizados com o Espírito Santo'.
17Se, pois, Deus lhes deu o mesmo dom que nos tinha
dado quando cremos no Senhor Jesus Cristo, quem era
eu para pensar em opor-me a Deus?"
18Ouvindo isso, não apresentaram mais objeções e
louvaram a Deus, dizendo: "Então, Deus concedeu ar-
rependimento para a vida até mesmo aos gentios!"

A igreja em Antioquia

19Os que tinham sido dispersos por causa da perse-
guição desencadeada com a morte de Estêvão chega-
ram até a Fenícia, Chipre e Antioquia, anunciando a
mensagem apenas aos judeus. 20Alguns deles, todavia,

[a] 10:22 Isto é, simpatizante do judaísmo.

[b] 10:46 Ou *em outros idiomas*

[c] 11:16 Ou *em*

cipriotas e cireneus, foram a Antioquia e começaram a falar também aos gregos, contando-lhes as boas novas a respeito do Senhor Jesus. 21 A mão do Senhor estava com eles, e muitos creram e se converteram ao Senhor.

22 Notícias desse fato chegaram aos ouvidos da igreja em Jerusalém, e eles enviaram Barnabé a Antioquia. 23 Este, ali chegando e vendo a graça de Deus, ficou alegre e os animou a permanecerem fiéis ao Senhor, de todo o coração. 24 Ele era um homem bom, cheio do Espírito Santo e de fé; e muitas pessoas foram acrescentadas ao Senhor.

25 Então Barnabé foi a Tarso procurar Saulo 26 e, quando o encontrou, levou-o para Antioquia. Assim, durante um ano inteiro Barnabé e Saulo se reuniram com a igreja e ensinaram a muitos. Em Antioquia, os discípulos foram pela primeira vez chamados cristãos.

27 Naqueles dias alguns profetas desceram de Jerusalém para Antioquia. 28 Um deles, Ágabo, levantou-se e pelo Espírito predisse que uma grande fome sobreviria a todo o mundo romano, o que aconteceu durante o reinado de Cláudio. 29 Os discípulos, cada um segundo as suas possibilidades, decidiram providenciar ajuda para os irmãos que viviam na Judeia. 30 E o fizeram, enviando suas ofertas aos presbíteros pelas mãos de Barnabé e Saulo.

Pedro é milagrosamente libertado da prisão

12 Nessa ocasião, o rei Herodes prendeu alguns que pertenciam à igreja, com a intenção de maltratá-los, 2 e mandou matar à espada Tiago, irmão de João. 3 Vendo que isso agradava aos judeus, prosseguiu, prendendo também Pedro durante a festa dos pães sem fermento. 4 Tendo-o prendido, lançou-o no cárcere, entregando-o para ser guardado por quatro escoltas de quatro soldados cada uma. Herodes pretendia submetê-lo a julgamento público depois da Páscoa.

5 Pedro, então, ficou detido na prisão, mas a igreja orava intensamente a Deus por ele.

6 Na noite anterior ao dia em que Herodes iria submetê-lo a julgamento, Pedro estava dormindo entre dois soldados, preso com duas algemas, e sentinelas montavam guarda à entrada do cárcere. 7 Repentinamente apareceu um anjo do Senhor, e uma luz brilhou na cela. Ele tocou no lado de Pedro e o acordou. "Depressa, levante-se!", disse ele. Então as algemas caíram dos punhos de Pedro.

8 O anjo lhe disse: "Vista-se e calce as sandálias". E Pedro assim fez. Disse-lhe ainda o anjo: "Ponha a capa e siga-me". 9 E, saindo, Pedro o seguiu, não sabendo que era real o que se fazia por meio do anjo; tudo lhe parecia uma visão. 10 Passaram a primeira e a segunda guarda, e chegaram ao portão de ferro que dava para a cidade. Este se abriu por si mesmo para eles, e passaram. Tendo saído, caminharam ao longo de uma rua e, de repente, o anjo o deixou.

11 Então Pedro caiu em si e disse: "Agora sei, sem nenhuma dúvida, que o Senhor enviou o seu anjo e me libertou das mãos de Herodes e de tudo o que o povo judeu esperava".

12 Percebendo isso, ele se dirigiu à casa de Maria, mãe de João, também chamado Marcos, onde muita gente se havia reunido e estava orando. 13 Pedro bateu à porta do alpendre, e uma serva chamada Rode veio atender. 14 Ao reconhecer a voz de Pedro, tomada de alegria, ela correu de volta, sem abrir a porta, e exclamou: "Pedro está à porta!"

15 Eles porém lhe disseram: "Você está fora de si!" Insistindo ela em afirmar que era Pedro, disseram-lhe: "Deve ser o anjo dele".

16 Mas Pedro continuou batendo e, quando abriram a porta e o viram, ficaram perplexos. 17 Mas ele, fazendo-lhes sinal para que se calassem, descreveu como o Senhor o havia tirado da prisão e disse: "Contem isso a Tiago e aos irmãos". Então saiu e foi para outro lugar.

18 De manhã, não foi pequeno o alvoroço entre os soldados quanto ao que tinha acontecido a Pedro. 19 Fazendo uma busca completa e não o encontrando, Herodes fez uma investigação entre os guardas e ordenou que fossem executados.

A morte de Herodes

Depois Herodes foi da Judeia para Cesareia e permaneceu ali durante algum tempo. 20 Ele estava cheio de ira contra o povo de Tiro e Sidom; contudo, eles haviam se reunido e procuravam ter uma audiência com ele. Tendo conseguido o apoio de Blasto, homem de confiança[a] do rei, pediram paz, porque dependiam das terras do rei para obter alimento.

21 No dia marcado, Herodes, vestindo seus trajes reais, sentou-se em seu trono e fez um discurso ao povo. 22 Eles começaram a gritar: "É voz de deus, e não de homem". 23 Visto que Herodes não glorificou a Deus, imediatamente um anjo do Senhor o feriu; e ele morreu comido por vermes.

24 Entretanto, a palavra de Deus continuava a crescer e a espalhar-se.

25 Tendo terminado sua missão, Barnabé e Saulo voltaram de Jerusalém, levando consigo João, também chamado Marcos.

A missão de Barnabé e Saulo

13 Na igreja de Antioquia havia profetas e mestres: Barnabé, Simeão, chamado Níger, Lúcio de Cirene, Manaém, que fora criado com Herodes, o tetrarca[b], e Saulo. 2 Enquanto adoravam o Senhor e jejuavam, disse o Espírito Santo: "Separem-me Barnabé e Saulo para a obra a que os tenho chamado". 3 Assim, depois de jejuar e orar, impuseram-lhes as mãos e os enviaram.

Em Chipre

4 Enviados pelo Espírito Santo, desceram a Selêucia e dali navegaram para Chipre. 5 Chegando em Salamina, proclamaram a palavra de Deus nas sinagogas judaicas. João estava com eles como auxiliar.

6 Viajaram por toda a ilha, até que chegaram a Pafos. Ali encontraram um judeu, chamado Barjesus, que praticava magia e era falso profeta. 7 Ele era assessor do procônsul Sérgio Paulo. O procônsul, sendo homem culto, mandou chamar Barnabé e Saulo, porque queria ouvir a palavra de Deus. 8 Mas Elimas, o mágico (esse é o significado do seu nome), opôs-se a eles e tentava desviar da fé o procônsul. 9 Então Saulo, também chamado Paulo, cheio do Espírito Santo, olhou firmemente para Elimas e disse: 10 "Filho do Diabo e inimigo de tudo o que é justo! Você está cheio de toda espécie de engano e maldade. Quando é que vai parar de perverter os retos caminhos do Senhor? 11 Saiba agora que a mão do

[a] 12:20 Grego: *camareiro*.

[b] 13:1 Um tetrarca era o governador da quarta parte de uma região.

Senhor está contra você, e você ficará cego e incapaz de ver a luz do sol durante algum tempo".

Imediatamente vieram sobre ele névoa e escuridão, e ele, tateando, procurava quem o guiasse pela mão. [12]O procônsul, vendo o que havia acontecido, creu, profundamente impressionado com o ensino do Senhor.

Em Antioquia da Pisídia

[13]De Pafos, Paulo e seus companheiros navegaram para Perge, na Panfília. João os deixou ali e voltou para Jerusalém. [14]De Perge prosseguiram até Antioquia da Pisídia. No sábado, entraram na sinagoga e se assentaram. [15]Depois da leitura da Lei e dos Profetas, os chefes da sinagoga lhes mandaram dizer: "Irmãos, se vocês têm uma mensagem de encorajamento para o povo, falem".

[16]Pondo-se em pé, Paulo fez sinal com a mão e disse: "Israelitas e gentios tementes[a] a Deus, ouçam-me! [17]O Deus do povo de Israel escolheu nossos antepassados e exaltou o povo durante a sua permanência no Egito; com grande poder os fez sair daquele país [18]e os aturou[b] no deserto durante cerca de quarenta anos. [19]Ele destruiu sete nações em Canaã e deu a terra delas como herança ao seu povo. [20]Tudo isso levou cerca de quatrocentos e cinquenta anos.

"Depois disso, ele lhes deu juízes até o tempo do profeta Samuel. [21]Então o povo pediu um rei, e Deus lhes deu Saul, filho de Quis, da tribo de Benjamim, que reinou quarenta anos. [22]Depois de rejeitar Saul, levantou-lhes Davi como rei, sobre quem testemunhou: 'Encontrei Davi, filho de Jessé, homem segundo o meu coração; ele fará tudo o que for da minha vontade'[c].

[23]"Da descendência desse homem Deus trouxe a Israel o Salvador Jesus, como prometera. [24]Antes da vinda de Jesus, João pregou um batismo de arrependimento para todo o povo de Israel. [25]Quando estava completando sua carreira, João disse: 'Quem vocês pensam que eu sou? Não sou quem vocês pensam. Mas eis que vem depois de mim aquele cujas sandálias não sou digno nem de desamarrar'.

[26]"Irmãos, filhos de Abraão, e gentios tementes a Deus, a nós foi enviada esta mensagem de salvação. [27]O povo de Jerusalém e seus governantes não reconheceram Jesus, mas, ao condená-lo, cumpriram as palavras dos profetas, que são lidas todos os sábados. [28]Mesmo não achando motivo legal para uma sentença de morte, pediram a Pilatos que o mandasse executar. [29]Tendo cumprido tudo o que estava escrito a respeito dele, tiraram-no do madeiro e o colocaram num sepulcro. [30]Mas Deus o ressuscitou dos mortos, [31]e, por muitos dias, foi visto por aqueles que tinham ido com ele da Galileia para Jerusalém. Eles agora são testemunhas dele para o povo.

[32]"Nós lhes anunciamos as boas novas: o que Deus prometeu a nossos antepassados [33]ele cumpriu para nós, seus filhos, ressuscitando Jesus, como está escrito no Salmo segundo:

" 'Tu és meu filho;
eu hoje te gerei'[d].

[34]O fato de que Deus o ressuscitou dos mortos, para que nunca entrasse em decomposição, é declarado nestas palavras:

" 'Eu lhes dou as santas
e fiéis bênçãos prometidas
a Davi'[e].

[35]Assim ele diz noutra passagem:

" 'Não permitirás
que o teu Santo
sofra decomposição'[f].

[36]"Tendo, pois, Davi servido ao propósito de Deus em sua geração, adormeceu, foi sepultado com os seus antepassados e seu corpo se decompôs. [37]Mas aquele a quem Deus ressuscitou não sofreu decomposição.

[38]"Portanto, meus irmãos, quero que saibam que mediante Jesus lhes é proclamado o perdão dos pecados. [39]Por meio dele, todo aquele que crê é justificado de todas as coisas das quais não podiam ser justificados pela Lei de Moisés. [40]Cuidem para que não lhes aconteça o que disseram os profetas:

[41]" 'Olhem, escarnecedores,
admirem-se e pereçam;
pois nos dias de vocês
farei algo que vocês jamais creriam
se alguém lhes contasse!'[g]"

[42]Quando Paulo e Barnabé estavam saindo da sinagoga, o povo os convidou a falar mais a respeito dessas coisas no sábado seguinte. [43]Despedida a congregação, muitos dos judeus e estrangeiros piedosos convertidos ao judaísmo seguiram Paulo e Barnabé. Estes conversavam com eles, recomendando-lhes que continuassem na graça de Deus.

[44]No sábado seguinte, quase toda a cidade se reuniu para ouvir a palavra do Senhor. [45]Quando os judeus viram a multidão, ficaram cheios de inveja e, blasfemando, contradiziam o que Paulo estava dizendo.

[46]Então Paulo e Barnabé lhes responderam corajosamente: "Era necessário anunciar primeiro a vocês a palavra de Deus; uma vez que a rejeitam e não se julgam dignos da vida eterna, agora nos voltamos para os gentios. [47]Pois assim o Senhor nos ordenou:

" 'Eu fiz de você luz para os gentios,
para que você leve a salvação
até aos confins da terra'[h]".

[48]Ouvindo isso, os gentios alegraram-se e bendisseram a palavra do Senhor; e creram todos os que haviam sido designados para a vida eterna.

[49]A palavra do Senhor se espalhava por toda a região. [50]Mas os judeus incitaram as mulheres religiosas de elevada posição e os principais da cidade. E, provocando perseguição contra Paulo e Barnabé, os expulsaram do seu território. [51]Estes sacudiram o pó dos seus pés em protesto contra eles e foram para Icônio. [52]Os discípulos continuavam cheios de alegria e do Espírito Santo.

[a] 13:16 Isto é, simpatizantes do judaísmo; também no versículo 26.
[b] 13:18 Alguns manuscritos dizem *e cuidou deles*.
[c] 13:22 1Sm 13:14
[d] 13:33 Sl 2:7
[e] 13:34 Is 55:3
[f] 13:35 Sl 16:10
[g] 13:41 Hc 1:5
[h] 13:47 Is 49:6

Em Icônio

14 Em Icônio, Paulo e Barnabé, como de costume, foram à sinagoga judaica. Ali falaram de tal modo que veio a crer grande multidão de judeus e gentios. 2Mas os judeus que se tinham recusado a crer incitaram os gentios e irritaram-lhes os ânimos contra os irmãos. 3Paulo e Barnabé passaram bastante tempo ali, falando corajosamente do Senhor, que confirmava a mensagem de sua graça realizando sinais e maravilhas pelas mãos deles. 4O povo da cidade ficou dividido: alguns estavam a favor dos judeus, outros a favor dos apóstolos. 5Formou-se uma conspiração de gentios e judeus, com os seus líderes, para maltratá-los e apedrejá-los. 6Quando eles souberam disso, fugiram para as cidades licaônicas de Listra e Derbe, e seus arredores, 7onde continuaram a pregar as boas novas.

Em Listra e em Derbe

8Em Listra havia um homem paralítico dos pés, aleijado desde o nascimento, que vivia ali sentado e nunca tinha andado. 9Ele ouvira Paulo falar. Quando Paulo olhou diretamente para ele e viu que o homem tinha fé para ser curado, 10disse em alta voz: "Levante-se! Fique em pé!" Com isso, o homem deu um salto e começou a andar.

11Ao ver o que Paulo fizera, a multidão começou a gritar em língua licaônica: "Os deuses desceram até nós em forma humana!" 12A Barnabé chamavam Zeus e a Paulo Hermes, porque era ele quem trazia a palavra. 13O sacerdote de Zeus, cujo templo ficava diante da cidade, trouxe bois e coroas de flores à porta da cidade, porque ele e a multidão queriam oferecer-lhes sacrifícios.

14Ouvindo isso, os apóstolos Barnabé e Paulo rasgaram as roupas e correram para o meio da multidão, gritando: 15"Homens, por que vocês estão fazendo isso? Nós também somos humanos como vocês. Estamos trazendo boas novas para vocês, dizendo-lhes que se afastem dessas coisas vãs e se voltem para o Deus vivo, que fez o céu, a terra, o mar e tudo o que neles há. 16No passado ele permitiu que todas as nações seguissem os seus próprios caminhos. 17Contudo, Deus não ficou sem testemunho: mostrou sua bondade, dando-lhes chuva do céu e colheitas no tempo certo, concedendo-lhes sustento com fartura e um coração cheio de alegria". 18Apesar dessas palavras, eles tiveram dificuldade para impedir que a multidão lhes oferecesse sacrifícios.

19Então alguns judeus chegaram de Antioquia e de Icônio e mudaram o ânimo das multidões. Apedrejaram Paulo e o arrastaram para fora da cidade, pensando que estivesse morto. 20Mas quando os discípulos se ajuntaram em volta de Paulo, ele se levantou e voltou à cidade. No dia seguinte, ele e Barnabé partiram para Derbe.

O retorno para Antioquia da Síria

21Eles pregaram as boas novas naquela cidade e fizeram muitos discípulos. Então voltaram para Listra, Icônio e Antioquia, 22fortalecendo os discípulos e encorajando-os a permanecer na fé, dizendo: "É necessário que passemos por muitas tribulações para entrarmos no Reino de Deus". 23Paulo e Barnabé designaram-lhes[a] presbíteros em cada igreja; tendo orado e jejuado, eles os encomendaram ao Senhor, em quem haviam confiado. 24Passando pela Pisídia, chegaram à Panfília 25e, tendo pregado a palavra em Perge, desceram para Atália.

26De Atália navegaram de volta a Antioquia, onde tinham sido recomendados à graça de Deus para a missão que agora haviam completado. 27Chegando ali, reuniram a igreja e relataram tudo o que Deus tinha feito por meio deles e como abrira a porta da fé aos gentios. 28E ficaram ali muito tempo com os discípulos.

O concílio de Jerusalém

15 Alguns homens desceram da Judeia para Antioquia e passaram a ensinar aos irmãos: "Se vocês não forem circuncidados conforme o costume ensinado por Moisés, não poderão ser salvos". 2Isso levou Paulo e Barnabé a uma grande contenda e discussão com eles. Assim, Paulo e Barnabé foram designados, junto com outros, para irem a Jerusalém tratar dessa questão com os apóstolos e com os presbíteros. 3A igreja os enviou e, ao passarem pela Fenícia e por Samaria, contaram como os gentios tinham se convertido; essas notícias alegravam muito a todos os irmãos. 4Chegando a Jerusalém, foram bem recebidos pela igreja, pelos apóstolos e pelos presbíteros, a quem relataram tudo o que Deus tinha feito por meio deles.

5Então se levantaram alguns do partido religioso dos fariseus que haviam crido e disseram: "É necessário circuncidá-los e exigir deles que obedeçam à Lei de Moisés".

6Os apóstolos e os presbíteros se reuniram para considerar essa questão. 7Depois de muita discussão, Pedro levantou-se e dirigiu-se a eles: "Irmãos, vocês sabem que há muito tempo Deus me escolheu dentre vocês para que os gentios ouvissem de meus lábios a mensagem do evangelho e cressem. 8Deus, que conhece os corações, demonstrou que os aceitou, dando-lhes o Espírito Santo, como antes nos tinha concedido. 9Ele não fez distinção alguma entre nós e eles, visto que purificou os seus corações pela fé. 10Então, por que agora vocês estão querendo tentar a Deus, pondo sobre os discípulos um jugo que nem nós nem nossos antepassados conseguimos suportar? 11De modo nenhum! Cremos que somos salvos pela graça de nosso Senhor Jesus, assim como eles também".

12Toda a assembleia ficou em silêncio, enquanto ouvia Barnabé e Paulo falando de todos os sinais e maravilhas que, por meio deles, Deus fizera entre os gentios. 13Quando terminaram de falar, Tiago tomou a palavra e disse: "Irmãos, ouçam-me. 14Simão nos expôs como Deus, no princípio, voltou-se para os gentios a fim de reunir dentre as nações um povo para o seu nome. 15Concordam com isso as palavras dos profetas, conforme está escrito:

16" 'Depois disso voltarei
e reconstruirei
a tenda caída de Davi.
Reedificarei as suas ruínas,
e a restaurarei,
17para que o restante
dos homens
busque o Senhor,
e todos os gentios
sobre os quais
tem sido invocado

[a] 14:23 Ou *ordenaram-lhes*; ou ainda *elegeram*

o meu nome,
diz o Senhor,
que faz estas coisas'[a]
18conhecidas desde os tempos antigos.[b]

19“Portanto, julgo que não devemos pôr dificulda-
des aos gentios que estão se convertendo a Deus. 20Ao
contrário, devemos escrever a eles, dizendo-lhes que
se abstenham de comida contaminada pelos ídolos, da
imoralidade sexual, da carne de animais estrangulados
e do sangue. 21Pois, desde os tempos antigos, Moisés é
pregado em todas as cidades, sendo lido nas sinagogas
todos os sábados”.

A carta do concílio aos cristãos gentios

22Então os apóstolos e os presbíteros, com toda a
igreja, decidiram escolher alguns dentre eles e enviá-los
a Antioquia com Paulo e Barnabé. Escolheram Judas,
chamado Barsabás, e Silas, dois líderes entre os irmãos.
23Com eles enviaram a seguinte carta:

“Os irmãos apóstolos e presbíteros,[c]

aos cristãos gentios que estão em Antioquia,
na Síria e na Cilícia:

Saudações.

24“Soubemos que alguns saíram de nosso
meio, sem nossa autorização, e os perturba-
ram, transtornando a mente de vocês com o
que disseram. 25Assim, concordamos todos
em escolher alguns homens e enviá-los a vo-
cês com nossos amados irmãos Paulo e Bar-
nabé, 26homens que têm arriscado a vida pelo
nome de nosso Senhor Jesus Cristo. 27Portanto,
estamos enviando Judas e Silas para confirma-
rem verbalmente o que estamos escrevendo.
28Pareceu bem ao Espírito Santo e a nós não
impor a vocês nada além das seguintes exigên-
cias necessárias: 29Que se abstenham de comi-
da sacrificada aos ídolos, do sangue, da carne
de animais estrangulados e da imoralidade se-
xual. Vocês farão bem em evitar essas coisas.

“Que tudo lhes vá bem”.

30Uma vez despedidos, os homens desceram para An-
tioquia, onde reuniram a igreja e entregaram a carta.
31Os irmãos a leram e se alegraram com a sua animado-
ra mensagem. 32Judas e Silas, que eram profetas, enco-
rajaram e fortaleceram os irmãos com muitas palavras.
33Tendo passado algum tempo ali, foram despedidos
pelos irmãos com a bênção da paz para voltarem aos
que os tinham enviado, 34mas Silas decidiu ficar ali.[d]
35Paulo e Barnabé permaneceram em Antioquia, on-
de, com muitos outros, ensinavam e pregavam a pa-
lavra do Senhor.

O desentendimento entre Paulo e Barnabé

36Algum tempo depois, Paulo disse a Barnabé: “Vol-
temos para visitar os irmãos em todas as cidades on-
de pregamos a palavra do Senhor, para ver como estão
indo”. 37Barnabé queria levar João, também chamado
Marcos. 38Mas Paulo não achava prudente levá-lo, pois
ele, abandonando-os na Panfília, não permanecera com
eles no trabalho. 39Tiveram um desentendimento tão
sério que se separaram. Barnabé, levando consigo Mar-
cos, navegou para Chipre, 40mas Paulo escolheu Silas
e partiu, encomendado pelos irmãos à graça do Se-
nhor. 41Passou, então, pela Síria e pela Cilícia, fortale-
cendo as igrejas.

Timóteo acompanha Paulo e Silas

16 Chegou a Derbe e depois a Listra, onde vivia um
discípulo chamado Timóteo. Sua mãe era uma ju-
dia convertida e seu pai era grego. 2Os irmãos de Listra e
Icônio davam bom testemunho dele. 3Paulo, querendo
levá-lo na viagem, circuncidou-o por causa dos judeus
que viviam naquela região, pois todos sabiam que seu
pai era grego. 4Nas cidades por onde passavam, trans-
mitiam as decisões tomadas pelos apóstolos e presbíte-
ros em Jerusalém, para que fossem obedecidas. 5Assim
as igrejas eram fortalecidas na fé e cresciam em nú-
mero cada dia.

A visão de Paulo em Trôade

6Paulo e seus companheiros viajaram pela região da
Frígia e da Galácia, tendo sido impedidos pelo Espírito
Santo de pregar a palavra na província da Ásia. 7Quan-
do chegaram à fronteira da Mísia, tentaram entrar na
Bitínia, mas o Espírito de Jesus os impediu. 8Então,
contornaram a Mísia e desceram a Trôade. 9Durante
a noite Paulo teve uma visão, na qual um homem da
Macedônia estava em pé e lhe suplicava: “Passe à Ma-
cedônia e ajude-nos”. 10Depois que Paulo teve essa vi-
são, preparamo-nos imediatamente para partir para a
Macedônia, concluindo que Deus nos tinha chamado
para lhes pregar o evangelho.

A conversão de Lídia em Filipos

11Partindo de Trôade, navegamos diretamente pa-
ra Samotrácia e, no dia seguinte, para Neápolis. 12Da-
li partimos para Filipos, na Macedônia, que é colônia
romana e a principal cidade daquele distrito. Ali fica-
mos vários dias.

13No sábado saímos da cidade e fomos para a beira do
rio, onde esperávamos encontrar um lugar de oração.
Sentamo-nos e começamos a conversar com as mulhe-
res que haviam se reunido ali. 14Uma das que ouviam
era uma mulher temente a Deus chamada Lídia, ven-
dedora de tecido de púrpura, da cidade de Tiatira. O
Senhor abriu seu coração para atender à mensagem de
Paulo. 15Tendo sido batizada, bem como os de sua casa,
ela nos convidou, dizendo: “Se os senhores me consi-
deram uma crente no Senhor, venham ficar em minha
casa”. E nos convenceu.

Paulo e Silas na prisão

16Certo dia, indo nós para o lugar de oração, encon-
tramos uma escrava que tinha um espírito pelo qual
predizia o futuro. Ela ganhava muito dinheiro para os
seus senhores com adivinhações. 17Essa moça seguia a
Paulo e a nós, gritando: “Estes homens são servos do
Deus Altíssimo e lhes anunciam o caminho da salvação”.
18Ela continuou fazendo isso por muitos dias. Finalmen-
te, Paulo ficou indignado, voltou-se e disse ao espírito:

[a] 15:16-17 Am 9:11-12
[b] 15:18 Alguns manuscritos dizem *Conhecida do Senhor desde os tempos antigos é a sua obra.*
[c] 15:23 Vários manuscritos dizem *Os apóstolos, os presbíteros e os irmãos.*
[d] 15:34 Muitos manuscritos antigos não trazem o versículo 34.

"Em nome de Jesus Cristo eu lhe ordeno que saia dela!" No mesmo instante o espírito a deixou.

19Percebendo que a sua esperança de lucro tinha se acabado, os donos da escrava agarraram Paulo e Silas e os arrastaram para a praça principal, diante das autoridades. 20E, levando-os aos magistrados, disseram: "Estes homens são judeus e estão perturbando a nossa cidade, 21propagando costumes que a nós, romanos, não é permitido aceitar nem praticar".

22A multidão ajuntou-se contra Paulo e Silas, e os magistrados ordenaram que se lhes tirassem as roupas e fossem açoitados. 23Depois de serem severamente açoitados, foram lançados na prisão. O carcereiro recebeu instrução para vigiá-los com cuidado. 24Tendo recebido tais ordens, ele os lançou no cárcere interior e lhes prendeu os pés no tronco.

25Por volta da meia-noite, Paulo e Silas estavam orando e cantando hinos a Deus; os outros presos os ouviam. 26De repente, houve um terremoto tão violento que os alicerces da prisão foram abalados. Imediatamente todas as portas se abriram, e as correntes de todos se soltaram. 27O carcereiro acordou e, vendo abertas as portas da prisão, desembainhou sua espada para se matar, porque pensava que os presos tivessem fugido. 28Mas Paulo gritou: "Não faça isso! Estamos todos aqui!"

29O carcereiro pediu luz, entrou correndo e, trêmulo, prostrou-se diante de Paulo e Silas. 30Então levou-os para fora e perguntou: "Senhores, que devo fazer para ser salvo?"

31Eles responderam: "Creia no Senhor Jesus, e serão salvos, você e os de sua casa". 32E pregaram a palavra de Deus, a ele e a todos os de sua casa. 33Naquela mesma hora da noite o carcereiro lavou as feridas deles; em seguida, ele e todos os seus foram batizados. 34Então os levou para a sua casa, serviu-lhes uma refeição e com todos os de sua casa alegrou-se muito por haver crido em Deus.

35Quando amanheceu, os magistrados mandaram os seus soldados ao carcereiro com esta ordem: "Solte estes homens". 36O carcereiro disse a Paulo: "Os magistrados deram ordens para que você e Silas sejam libertados. Agora podem sair. Vão em paz".

37Mas Paulo disse aos soldados: "Sendo nós cidadãos romanos, eles nos açoitaram publicamente sem processo formal e nos lançaram na prisão. E agora querem livrar-se de nós secretamente? Não! Venham eles mesmos e nos libertem".

38Os soldados relataram isso aos magistrados, os quais, ouvindo que Paulo e Silas eram romanos, ficaram atemorizados. 39Vieram para se desculpar diante deles e, conduzindo-os para fora da prisão, pediram-lhes que saíssem da cidade. 40Depois de saírem da prisão, Paulo e Silas foram à casa de Lídia, onde se encontraram com os irmãos e os encorajaram. E então partiram.

Em Tessalônica

17 Tendo passado por Anfípolis e Apolônia, chegaram a Tessalônica, onde havia uma sinagoga judaica. 2Segundo o seu costume, Paulo foi à sinagoga e por três sábados discutiu com eles com base nas Escrituras, 3explicando e provando que o Cristo deveria sofrer e ressuscitar dentre os mortos. E dizia: "Este Jesus que lhes proclamo é o Cristo". 4Alguns dos judeus foram persuadidos e se uniram a Paulo e Silas, bem como muitos gregos tementes[a] a Deus, e não poucas mulheres de alta posição.

5Mas os judeus ficaram com inveja. Reuniram alguns homens perversos dentre os desocupados e, com a multidão, iniciaram um tumulto na cidade. Invadiram a casa de Jasom, em busca de Paulo e Silas, a fim de trazê-los para o meio da multidão[b]. 6Contudo, não os achando, arrastaram Jasom e alguns outros irmãos para diante dos oficiais da cidade, gritando: "Esses homens, que têm causado alvoroço por todo o mundo, agora chegaram aqui, 7e Jasom os recebeu em sua casa. Todos eles estão agindo contra os decretos de César, dizendo que existe um outro rei, chamado Jesus". 8Ouvindo isso, a multidão e os oficiais da cidade ficaram agitados. 9Então receberam de Jasom e dos outros a fiança estipulada e os soltaram.

Em Bereia

10Logo que anoiteceu, os irmãos enviaram Paulo e Silas para Bereia. Chegando ali, eles foram à sinagoga judaica. 11Os bereanos eram mais nobres do que os tessalonicenses, pois receberam a mensagem com grande interesse, examinando todos os dias as Escrituras, para ver se tudo era assim mesmo. 12E creram muitos dentre os judeus, bem como dentre os gregos, um bom número de mulheres de elevada posição e não poucos homens.

13Quando os judeus de Tessalônica ficaram sabendo que Paulo estava pregando a palavra de Deus em Bereia, dirigiram-se também para lá, agitando e alvoroçando as multidões. 14Imediatamente os irmãos enviaram Paulo para o litoral, mas Silas e Timóteo permaneceram em Bereia. 15Os homens que foram com Paulo o levaram até Atenas, partindo depois com instruções para que Silas e Timóteo se juntassem a ele, tão logo fosse possível.

Em Atenas

16Enquanto esperava por eles em Atenas, Paulo ficou profundamente indignado ao ver que a cidade estava cheia de ídolos. 17Por isso, discutia na sinagoga com judeus e com gregos tementes a Deus, bem como na praça principal, todos os dias, com aqueles que por ali se encontravam. 18Alguns filósofos epicureus e estoicos começaram a discutir com ele. Alguns perguntavam: "O que está tentando dizer esse tagarela?" Outros diziam: "Parece que ele está anunciando deuses estrangeiros", pois Paulo estava pregando as boas novas a respeito de Jesus e da ressurreição. 19Então o levaram a uma reunião do Areópago, onde lhe perguntaram: "Podemos saber que novo ensino é esse que você está anunciando? 20Você está nos apresentando algumas ideias estranhas, e queremos saber o que elas significam". 21Todos os atenienses e estrangeiros que ali viviam não se preocupavam com outra coisa senão falar ou ouvir as últimas novidades.

22Então Paulo levantou-se na reunião do Areópago e disse: "Atenienses! Vejo que em todos os aspectos vocês são muito religiosos, 23pois, andando pela cidade, observei cuidadosamente seus objetos de culto e encontrei até um altar com esta inscrição: AO DEUS DESCONHECIDO. Ora, o que vocês adoram, apesar de não conhecerem, eu lhes anuncio.

[a] 17:4 Isto é, simpatizantes do judaísmo.
[b] 17:5 Ou *da assembleia do povo*

[24]"O Deus que fez o mundo e tudo o que nele há é o Senhor dos céus e da terra, e não habita em santuários feitos por mãos humanas. [25]Ele não é servido por mãos de homens, como se necessitasse de algo, porque ele mesmo dá a todos a vida, o fôlego e as demais coisas. [26]De um só fez ele todos os povos, para que povoassem toda a terra, tendo determinado os tempos anteriormente estabelecidos e os lugares exatos em que deveriam habitar. [27]Deus fez isso para que os homens o buscassem e talvez, tateando, pudessem encontrá-lo, embora não esteja longe de cada um de nós. [28]'Pois nele vivemos, nos movemos e existimos', como disseram alguns dos poetas de vocês: 'Também somos descendência dele'.

[29]"Assim, visto que somos descendência de Deus, não devemos pensar que a Divindade é semelhante a uma escultura de ouro, prata ou pedra, feita pela arte e imaginação do homem. [30]No passado Deus não levou em conta essa ignorância, mas agora ordena que todos, em todo lugar, se arrependam. [31]Pois estabeleceu um dia em que há de julgar o mundo com justiça, por meio do homem que designou. E deu provas disso a todos, ressuscitando-o dentre os mortos".

[32]Quando ouviram sobre a ressurreição dos mortos, alguns deles zombaram, e outros disseram: "A esse respeito nós o ouviremos outra vez". [33]Com isso, Paulo retirou-se do meio deles. [34]Alguns homens juntaram-se a ele e creram. Entre eles estava Dionísio, membro do Areópago, e também uma mulher chamada Dâmaris, e outros com eles.

Em Corinto

18 Depois disso Paulo saiu de Atenas e foi para Corinto. [2]Ali, encontrou um judeu chamado Áquila, natural do Ponto, que havia chegado recentemente da Itália com Priscila, sua mulher, pois Cláudio havia ordenado que todos os judeus saíssem de Roma. Paulo foi vê-los [3]e, uma vez que tinham a mesma profissão, ficou morando e trabalhando com eles, pois eram fabricantes de tendas. [4]Todos os sábados ele debatia na sinagoga, e convencia judeus e gregos.

[5]Depois que Silas e Timóteo chegaram da Macedônia, Paulo se dedicou exclusivamente à pregação, testemunhando aos judeus que Jesus era o Cristo. [6]Opondo-se eles e lançando maldições, Paulo sacudiu a roupa e lhes disse: "Caia sobre a cabeça de vocês o seu próprio sangue! Estou livre da minha responsabilidade. De agora em diante irei para os gentios".

[7]Então Paulo saiu da sinagoga e foi para a casa de Tício Justo, que era temente[a] a Deus e que morava ao lado da sinagoga. [8]Crispo, chefe da sinagoga, creu no Senhor, ele e toda a sua casa; e dos coríntios que o ouviam, muitos criam e eram batizados.

[9]Certa noite o Senhor falou a Paulo em visão: "Não tenha medo, continue falando e não fique calado, [10]pois estou com você, e ninguém vai lhe fazer mal ou feri-lo, porque tenho muita gente nesta cidade". [11]Assim, Paulo ficou ali durante um ano e meio, ensinando-lhes a palavra de Deus.

[12]Sendo Gálio procônsul da Acaia, os judeus fizeram em conjunto um levante contra Paulo e o levaram ao tribunal, fazendo a seguinte acusação: [13]"Este homem está persuadindo o povo a adorar a Deus de maneira contrária à lei".

[14]Quando Paulo ia começar a falar, Gálio disse aos judeus: "Se vocês, judeus, estivessem apresentando queixa de algum delito ou crime grave, seria razoável que eu os ouvisse. [15]Mas, visto que se trata de uma questão de palavras e nomes de sua própria lei, resolvam o problema vocês mesmos. Não serei juiz dessas coisas". [16]E mandou expulsá-los do tribunal. [17]Então todos se voltaram contra Sóstenes, o chefe da sinagoga, e o espancaram diante do tribunal. Mas Gálio não demonstrou nenhuma preocupação com isso.

Priscila, Áquila e Apolo

[18]Paulo permaneceu em Corinto por algum tempo. Depois despediu-se dos irmãos e navegou para a Síria, acompanhado de Priscila e Áquila. Antes de embarcar, rapou a cabeça em Cencreia, devido a um voto que havia feito. [19]Chegaram a Éfeso, onde Paulo deixou Priscila e Áquila. Ele, porém, entrando na sinagoga, começou a debater com os judeus. [20]Pedindo eles que ficasse mais tempo, não cedeu. [21]Mas, ao partir, prometeu: "Voltarei, se for da vontade de Deus". Então, embarcando, partiu de Éfeso. [22]Ao chegar a Cesareia, subiu até a igreja para saudá-la, e depois desceu para Antioquia.

[23]Depois de passar algum tempo em Antioquia, Paulo partiu dali e viajou por toda a região da Galácia e da Frígia, fortalecendo todos os discípulos.

[24]Enquanto isso, um judeu chamado Apolo, natural de Alexandria, chegou a Éfeso. Ele era homem culto[b] e tinha grande conhecimento das Escrituras. [25]Fora instruído no caminho do Senhor e com grande fervor[c] falava e ensinava com exatidão acerca de Jesus, embora conhecesse apenas o batismo de João. [26]Logo começou a falar corajosamente na sinagoga. Quando Priscila e Áquila o ouviram, convidaram-no para ir à sua casa e lhe explicaram com mais exatidão o caminho de Deus.

[27]Querendo ele ir para a Acaia, os irmãos o encorajaram e escreveram aos discípulos que o recebessem. Ao chegar, ele auxiliou muito os que pela graça haviam crido, [28]pois refutava vigorosamente os judeus em debate público, provando pelas Escrituras que Jesus é o Cristo.

Paulo em Éfeso

19 Enquanto Apolo estava em Corinto, Paulo, atravessando as regiões altas, chegou a Éfeso. Ali encontrou alguns discípulos [2]e lhes perguntou: "Vocês receberam o Espírito Santo quando[d] creram?"

Eles responderam: "Não, nem sequer ouvimos que existe o Espírito Santo".

[3]"Então, que batismo vocês receberam?", perguntou Paulo.

"O batismo de João", responderam eles.

[4]Disse Paulo: "O batismo de João foi um batismo de arrependimento. Ele dizia ao povo que cresse naquele que viria depois dele, isto é, em Jesus". [5]Ouvindo isso, eles foram batizados no nome do Senhor Jesus. [6]Quando Paulo lhes impôs as mãos, veio sobre eles o Espírito Santo, e começaram a falar em línguas[e] e a profetizar. [7]Eram ao todo uns doze homens.

[a] 18:7 Isto é, simpatizante do judaísmo.

[b] 18:24 Ou *eloquente*

[c] 18:25 Ou *com fervor no Espírito*

[d] 19:2 Ou *depois que*

[e] 19:6 Ou *em outros idiomas*

8Paulo entrou na sinagoga e ali falou com liberdade durante três meses, argumentando convincentemente acerca do Reino de Deus. 9Mas alguns deles se endureceram e se recusaram a crer, e começaram a falar mal do Caminho diante da multidão. Paulo, então, afastou-se deles. Tomando consigo os discípulos, passou a ensinar diariamente na escola de Tirano. 10Isso continuou por dois anos, de forma que todos os judeus e os gregos que viviam na província da Ásia ouviram a palavra do Senhor.

11Deus fazia milagres extraordinários por meio de Paulo, 12de modo que até lenços e aventais que Paulo usava eram levados e colocados sobre os enfermos. Estes eram curados de suas doenças, e os espíritos malignos saíam deles.

13Alguns judeus que andavam expulsando espíritos malignos tentaram invocar o nome do Senhor Jesus sobre os endemoninhados, dizendo: "Em nome de Jesus, a quem Paulo prega, eu lhes ordeno que saiam!" 14Os que estavam fazendo isso eram os sete filhos de Ceva, um dos chefes dos sacerdotes dos judeus. 15Um dia, o espírito maligno lhes respondeu: "Jesus, eu conheço, Paulo, eu sei quem é; mas vocês, quem são?" 16Então o endemoninhado saltou sobre eles e os dominou, espancando-os com tamanha violência que eles fugiram da casa nus e feridos.

17Quando isso se tornou conhecido de todos os judeus e gregos que viviam em Éfeso, todos eles foram tomados de temor; e o nome do Senhor Jesus era engrandecido. 18Muitos dos que creram vinham, e confessavam e declaravam abertamente suas más obras. 19Grande número dos que tinham praticado ocultismo reuniram seus livros e os queimaram publicamente. Calculado o valor total, este chegou a cinquenta mil dracmas[a]. 20Dessa maneira a palavra do Senhor muito se difundia e se fortalecia.

21Depois dessas coisas, Paulo decidiu no espírito ir a Jerusalém, passando pela Macedônia e pela Acaia. Ele dizia: "Depois de haver estado ali, é necessário também que eu vá visitar Roma". 22Então enviou à Macedônia dois dos seus auxiliares, Timóteo e Erasto, e permaneceu mais um pouco na província da Ásia.

O tumulto em Éfeso

23Naquele tempo houve um grande tumulto por causa do Caminho. 24Um ourives chamado Demétrio, que fazia miniaturas de prata do templo de Ártemis e que dava muito lucro aos artífices, 25reuniu-os com os trabalhadores dessa profissão e disse: "Senhores, vocês sabem que temos uma boa fonte de lucro nesta atividade 26e estão vendo e ouvindo como este indivíduo, Paulo, está convencendo e desviando grande número de pessoas aqui em Éfeso e em quase toda a província da Ásia. Diz ele que deuses feitos por mãos humanas não são deuses. 27Não somente há o perigo de nossa profissão perder sua reputação, mas também de o templo da grande deusa Ártemis cair em descrédito e de a própria deusa, adorada em toda a província da Ásia e em todo o mundo, ser destituída de sua majestade divina".

28Ao ouvirem isso, eles ficaram furiosos e começaram a gritar: "Grande é a Ártemis dos efésios!" 29Em pouco tempo a cidade toda estava em tumulto. O povo foi às pressas para o teatro, arrastando os companheiros de viagem de Paulo, os macedônios Gaio e Aristarco. 30Paulo queria apresentar-se à multidão, mas os discípulos não o permitiram. 31Alguns amigos de Paulo dentre as autoridades da província chegaram a mandar-lhe um recado, pedindo-lhe que não se arriscasse a ir ao teatro.

32A assembleia estava em confusão: uns gritavam uma coisa, outros gritavam outra. A maior parte do povo nem sabia por que estava ali. 33Alguns da multidão julgaram que Alexandre era a causa do tumulto, quando os judeus o empurraram para a frente. Ele fez sinal pedindo silêncio, com a intenção de fazer sua defesa diante do povo. 34Mas quando ficaram sabendo que ele era judeu, todos gritaram a uma só voz durante cerca de duas horas: "Grande é a Ártemis dos efésios!"

35O escrivão da cidade acalmou a multidão e disse: "Efésios, quem não sabe que a cidade de Éfeso é a guardiã do templo da grande Ártemis e da sua imagem que caiu do céu? 36Portanto, visto que estes fatos são inegáveis, acalmem-se e não façam nada precipitadamente. 37Vocês trouxeram estes homens aqui, embora eles não tenham roubado templos nem blasfemado contra a nossa deusa. 38Se Demétrio e seus companheiros de profissão têm alguma queixa contra alguém, os tribunais estão abertos, e há procônsules. Eles que apresentem suas queixas ali. 39Se há mais alguma coisa que vocês desejam apresentar, isso será decidido em assembleia, conforme a lei. 40Da maneira como está, corremos o perigo de sermos acusados de perturbar a ordem pública por causa dos acontecimentos de hoje. Nesse caso, não seríamos capazes de justificar este tumulto, visto que não há razão para tal". 41E, tendo dito isso, encerrou a assembleia.

Paulo viaja pela Macedônia e pela Grécia

20 Cessado o tumulto, Paulo mandou chamar os discípulos e, depois de encorajá-los, despediu-se e partiu para a Macedônia. 2Viajou por aquela região, encorajando os irmãos com muitas palavras e, por fim, chegou à Grécia, 3onde ficou três meses. Quando estava a ponto de embarcar para a Síria, os judeus fizeram uma conspiração contra ele; por isso decidiu voltar pela Macedônia, 4sendo acompanhado por Sópatro, filho de Pirro, de Bereia; Aristarco e Secundo, de Tessalônica; Gaio, de Derbe; e Timóteo, além de Tíquico e Trófimo, da província da Ásia. 5Esses homens foram adiante e nos esperaram em Trôade. 6Navegamos de Filipos, após a festa dos pães sem fermento, e cinco dias depois nos reunimos com os outros em Trôade, onde ficamos sete dias.

A ressurreição de Êutico em Trôade

7No primeiro dia da semana reunimo-nos para partir o pão, e Paulo falou ao povo. Pretendendo partir no dia seguinte, continuou falando até a meia-noite. 8Havia muitas candeias no piso superior onde estávamos reunidos. 9Um jovem chamado Êutico, que estava sentado numa janela, adormeceu profundamente durante o longo discurso de Paulo. Vencido pelo sono, caiu do terceiro andar. Quando o levantaram, estava morto. 10Paulo desceu, inclinou-se sobre o rapaz e o abraçou, dizendo: "Não fiquem alarmados! Ele está vivo!" 11Então subiu novamente, partiu o pão e comeu. Depois, continuou

[a] 19:19 A dracma era uma moeda de prata equivalente à diária de um trabalhador braçal.

a falar até o amanhecer e foi embora. 12Levaram vivo o jovem, o que muito os consolou.

Paulo despede-se dos presbíteros de Éfeso

13Quanto a nós, fomos até o navio e embarcamos para Assôs, onde iríamos receber Paulo a bordo. Assim ele tinha determinado, tendo preferido ir a pé. 14Quando nos encontrou em Assôs, nós o recebemos a bordo e prosseguimos até Mitilene. 15No dia seguinte navegamos dali e chegamos defronte de Quio; no outro dia atravessamos para Samos e, um dia depois, chegamos a Mileto. 16Paulo tinha decidido não aportar em Éfeso, para não se demorar na província da Ásia, pois estava com pressa de chegar a Jerusalém, se possível antes do dia de Pentecoste.

17De Mileto, Paulo mandou chamar os presbíteros da igreja de Éfeso. 18Quando chegaram, ele lhes disse: "Vocês sabem como vivi todo o tempo em que estive com vocês, desde o primeiro dia em que cheguei à província da Ásia. 19Servi ao Senhor com toda a humildade e com lágrimas, sendo severamente provado pelas conspirações dos judeus. 20Vocês sabem que não deixei de pregar-lhes nada que fosse proveitoso, mas ensinei-lhes tudo publicamente e de casa em casa. 21Testifiquei, tanto a judeus como a gregos, que eles precisam converter-se a Deus com arrependimento e fé em nosso Senhor Jesus.

22"Agora, compelido pelo Espírito, estou indo para Jerusalém, sem saber o que me acontecerá ali. 23Só sei que, em todas as cidades, o Espírito Santo me avisa que prisões e sofrimentos me esperam. 24Todavia, não me importo, nem considero a minha vida de valor algum para mim mesmo, se tão somente puder terminar a corrida e completar o ministério que o Senhor Jesus me confiou, de testemunhar do evangelho da graça de Deus.

25"Agora sei que nenhum de vocês, entre os quais passei pregando o Reino, verá novamente a minha face. 26Portanto, eu lhes declaro hoje que estou inocente do sangue de todos. 27Pois não deixei de proclamar-lhes toda a vontade de Deus. 28Cuidem de vocês mesmos e de todo o rebanho sobre o qual o Espírito Santo os colocou como bispos[a], para pastorearem a igreja de Deus[b], que ele comprou com o seu próprio sangue. 29Sei que, depois da minha partida, lobos ferozes penetrarão no meio de vocês e não pouparão o rebanho. 30E dentre vocês mesmos se levantarão homens que torcerão a verdade, a fim de atrair os discípulos. 31Por isso, vigiem! Lembrem-se de que durante três anos jamais cessei de advertir cada um de vocês disso, noite e dia, com lágrimas.

32"Agora, eu os entrego a Deus e à palavra da sua graça, que pode edificá-los e dar-lhes herança entre todos os que são santificados. 33Não cobicei a prata nem o ouro nem as roupas de ninguém. 34Vocês mesmos sabem que estas minhas mãos supriram minhas necessidades e as de meus companheiros. 35Em tudo o que fiz, mostrei-lhes que mediante trabalho árduo devemos ajudar os fracos, lembrando as palavras do próprio Senhor Jesus, que disse: 'Há maior felicidade em dar do que em receber' ".

36Tendo dito isso, ajoelhou-se com todos eles e orou. 37Todos choraram muito e, abraçando-o, o beijavam. 38O que mais os entristeceu foi a declaração de que nunca mais veriam a sua face. Então o acompanharam até o navio.

A caminho de Jerusalém

21 Depois de nos separarmos deles, embarcamos e navegamos diretamente para Cós. No dia seguinte fomos para Rodes, e dali até Pátara. 2Encontrando um navio que ia fazer a travessia para a Fenícia, embarcamos nele e partimos. 3Depois de avistarmos Chipre e seguirmos rumo sul, navegamos para a Síria. Desembarcamos em Tiro, onde o nosso navio deveria deixar sua carga. 4Encontrando os discípulos dali, ficamos com eles sete dias. Eles, pelo Espírito, recomendavam a Paulo que não fosse a Jerusalém. 5Mas quando terminou o nosso tempo ali, partimos e continuamos nossa viagem. Todos os discípulos, com suas mulheres e filhos, nos acompanharam até fora da cidade, e ali na praia nos ajoelhamos e oramos. 6Depois de nos despedirmos, embarcamos, e eles voltaram para casa.

7Demos prosseguimento à nossa viagem partindo de Tiro, e aportamos em Ptolemaida, onde saudamos os irmãos e passamos um dia com eles. 8Partindo no dia seguinte, chegamos a Cesareia e ficamos na casa de Filipe, o evangelista, um dos sete. 9Ele tinha quatro filhas virgens, que profetizavam.

10Depois de passarmos ali vários dias, desceu da Judeia um profeta chamado Ágabo. 11Vindo ao nosso encontro, tomou o cinto de Paulo e, amarrando as suas próprias mãos e pés, disse: "Assim diz o Espírito Santo: 'Desta maneira os judeus amarrarão o dono deste cinto em Jerusalém e o entregarão aos gentios' ".

12Quando ouvimos isso, nós e o povo dali rogamos a Paulo que não subisse para Jerusalém. 13Então Paulo respondeu: "Por que vocês estão chorando e partindo o meu coração? Estou pronto não apenas para ser amarrado, mas também para morrer em Jerusalém pelo nome do Senhor Jesus". 14Como não pudemos dissuadi-lo, desistimos e dissemos: "Seja feita a vontade do Senhor".

15Depois disso, preparamo-nos e subimos para Jerusalém. 16Alguns dos discípulos de Cesareia nos acompanharam e nos levaram à casa de Mnasom, onde devíamos ficar. Ele era natural de Chipre e um dos primeiros discípulos.

A chegada de Paulo a Jerusalém

17Quando chegamos a Jerusalém, os irmãos nos receberam com alegria. 18No dia seguinte Paulo foi conosco encontrar-se com Tiago, e todos os presbíteros estavam presentes. 19Paulo os saudou e relatou minuciosamente o que Deus havia feito entre os gentios por meio do seu ministério.

20Ouvindo isso, eles louvaram a Deus e disseram a Paulo: "Veja, irmão, quantos milhares de judeus creram, e todos eles são zelosos da lei. 21Eles foram informados de que você ensina todos os judeus que vivem entre os gentios a se afastarem de Moisés, dizendo-lhes que não circuncidem seus filhos nem vivam de acordo com os nossos costumes. 22Que faremos? Certamente eles saberão que você chegou; 23portanto, faça o que lhe dizemos. Estão conosco quatro homens que fizeram um voto. 24Participe com esses homens dos rituais de purificação

[a] 20:28 Grego: *epíscopos*. Designa a pessoa que exerce função pastoral.
[b] 20:28 Muitos manuscritos trazem *igreja do Senhor*.

e pague as despesas deles, para que rapem a cabeça. Assim, todos saberão que não é verdade o que falam de você, mas que você continua vivendo em obediência à lei. 25 Quanto aos gentios convertidos, já lhes escrevemos a nossa decisão de que eles devem abster-se de comida sacrificada aos ídolos, do sangue, da carne de animais estrangulados e da imoralidade sexual".

26 No dia seguinte Paulo tomou aqueles homens e purificou-se com eles. Depois foi ao templo para declarar o prazo do cumprimento dos dias da purificação e da oferta que seria feita individualmente em favor deles.

A prisão de Paulo

27 Quando já estavam para terminar os sete dias, alguns judeus da província da Ásia, vendo Paulo no templo, agitaram toda a multidão e o agarraram, 28 gritando: "Israelitas, ajudem-nos! Este é o homem que ensina a todos em toda parte contra o nosso povo, contra a nossa lei e contra este lugar. Além disso, ele fez entrar gregos no templo e profanou este santo lugar". 29 Anteriormente eles haviam visto o efésio Trófimo na cidade com Paulo e julgaram que Paulo o tinha introduzido no templo.

30 Toda a cidade ficou alvoroçada, e juntou-se uma multidão. Agarrando Paulo, arrastaram-no para fora do templo, e imediatamente as portas foram fechadas. 31 Tentando eles matá-lo, chegaram notícias ao comandante das tropas romanas de que toda a cidade de Jerusalém estava em tumulto. 32 Ele reuniu imediatamente alguns oficiais e soldados, e com eles correu para o meio da multidão. Quando viram o comandante e os seus soldados, pararam de espancar Paulo.

33 O comandante chegou, prendeu-o e ordenou que ele fosse amarrado com duas correntes. Então perguntou quem era ele e o que tinha feito. 34 Alguns da multidão gritavam uma coisa, outros gritavam outra; não conseguindo saber ao certo o que havia acontecido, por causa do tumulto, o comandante ordenou que Paulo fosse levado para a fortaleza. 35 Quando chegou às escadas, a violência do povo era tão grande que ele precisou ser carregado pelos soldados. 36 A multidão que o seguia continuava gritando: "Acaba com ele!"

O discurso de Paulo

37 Quando os soldados estavam para introduzir Paulo na fortaleza, ele perguntou ao comandante: "Posso dizer-te algo?"

"Você fala grego?", perguntou ele. 38 "Não é você o egípcio que iniciou uma revolta e há algum tempo levou quatro mil assassinos para o deserto?"

39 Paulo respondeu: "Sou judeu, cidadão de Tarso, cidade importante da Cilícia. Permite-me falar ao povo".

40 Tendo recebido permissão do comandante, Paulo levantou-se na escadaria e fez sinal à multidão. Quando todos fizeram silêncio, dirigiu-se a eles em aramaico[a]:

22 "Irmãos e pais, ouçam agora a minha defesa".

2 Quando ouviram que lhes falava em aramaico, ficaram em absoluto silêncio.

Então Paulo disse: 3 "Sou judeu, nascido em Tarso da Cilícia, mas criado nesta cidade. Fui instruído rigorosamente por Gamaliel na lei de nossos antepassados, sendo tão zeloso por Deus quanto qualquer de vocês hoje. 4 Persegui os seguidores deste Caminho até a morte, prendendo tanto homens como mulheres e lançando-os na prisão, 5 como o podem testemunhar o sumo sacerdote e todo o Sinédrio; deles cheguei a obter cartas para seus irmãos em Damasco e fui até lá, a fim de trazer essas pessoas a Jerusalém como prisioneiras, para serem punidas.

6 "Por volta do meio-dia, eu me aproximava de Damasco, quando de repente uma forte luz vinda do céu brilhou ao meu redor. 7 Caí por terra e ouvi uma voz que me dizia: 'Saulo, Saulo, por que você está me perseguindo?' 8 Então perguntei: Quem és tu, Senhor? E ele respondeu: 'Eu sou Jesus, o Nazareno, a quem você persegue'. 9 Os que me acompanhavam viram a luz, mas não entenderam a voz daquele que falava comigo.

10 "Assim perguntei: Que devo fazer, Senhor? Disse o Senhor: 'Levante-se, entre em Damasco, onde lhe será dito o que você deve fazer'. 11 Os que estavam comigo me levaram pela mão até Damasco, porque o resplendor da luz me deixara cego.

12 "Um homem chamado Ananias, fiel seguidor da lei e muito respeitado por todos os judeus que ali viviam, 13 veio ver-me e, pondo-se junto a mim, disse: 'Irmão Saulo, recupere a visão'. Naquele mesmo instante pude vê-lo.

14 "Então ele disse: 'O Deus dos nossos antepassados o escolheu para conhecer a sua vontade, ver o Justo e ouvir as palavras de sua boca. 15 Você será testemunha dele a todos os homens, daquilo que viu e ouviu. 16 E agora, que está esperando? Levante-se, seja batizado e lave os seus pecados, invocando o nome dele'.

17 "Quando voltei a Jerusalém, estando eu a orar no templo, caí em êxtase e 18 vi o Senhor que me dizia: 'Depressa! Saia de Jerusalém imediatamente, pois não aceitarão seu testemunho a meu respeito'.

19 "Eu respondi: Senhor, estes homens sabem que eu ia de uma sinagoga a outra, a fim de prender e açoitar os que creem em ti. 20 E quando foi derramado o sangue de tua testemunha[b] Estêvão, eu estava lá, dando minha aprovação e cuidando das roupas dos que o matavam.

21 "Então o Senhor me disse: 'Vá, eu o enviarei para longe, aos gentios' ".

Paulo, cidadão romano

22 A multidão ouvia Paulo até que ele disse isso. Então todos levantaram a voz e gritaram: "Tira esse homem da face da terra! Ele não merece viver!"

23 Estando eles gritando, tirando suas capas e lançando poeira para o ar, 24 o comandante ordenou que Paulo fosse levado à fortaleza e fosse açoitado e interrogado, para saber por que o povo gritava daquela forma contra ele. 25 Enquanto o amarravam a fim de açoitá-lo, Paulo disse ao centurião que ali estava: "Vocês têm o direito de açoitar um cidadão romano sem que ele tenha sido condenado?"

26 Ao ouvir isso, o centurião foi prevenir o comandante: "Que vais fazer? Este homem é cidadão romano".

27 O comandante dirigiu-se a Paulo e perguntou: "Diga-me, você é cidadão romano?"

Ele respondeu: "Sim, sou".

28 Então o comandante disse: "Eu precisei pagar um elevado preço por minha cidadania". Respondeu Paulo: "Eu a tenho por direito de nascimento".

[a] 21:40 Ou *hebraico*; também em 22:2 e 26:14.

[b] 22:20 Ou *teu mártir*

29Os que iam interrogá-lo retiraram-se imediata-
mente. O próprio comandante ficou alarmado, ao sa-
ber que havia prendido um cidadão romano.

Paulo diante do Sinédrio

30No dia seguinte, visto que o comandante que-
ria descobrir exatamente por que Paulo estava sendo
acusado pelos judeus, libertou-o e ordenou que se reu-
nissem os chefes dos sacerdotes e todo o Sinédrio. En-
tão, trazendo Paulo, apresentou-o a eles.

23 Paulo, fixando os olhos no Sinédrio, disse: "Meus
irmãos, tenho cumprido meu dever para com Deus
com toda a boa consciência, até o dia de hoje". 2Dian-
te disso o sumo sacerdote Ananias deu ordens aos que
estavam perto de Paulo para que lhe batessem na bo-
ca. 3Então Paulo lhe disse: "Deus te ferirá, parede bran-
queada! Estás aí sentado para me julgar conforme a lei,
mas contra a lei me mandas ferir?"

4Os que estavam perto de Paulo disseram: "Você ou-
sa insultar o sumo sacerdote de Deus?"

5Paulo respondeu: "Irmãos, eu não sabia que ele era
o sumo sacerdote, pois está escrito: 'Não fale mal de
uma autoridade do seu povo'[a]".

6Então Paulo, sabendo que alguns deles eram sadu-
ceus e os outros fariseus, bradou no Sinédrio: "Irmãos,
sou fariseu, filho de fariseu. Estou sendo julgado por
causa da minha esperança na ressurreição dos mortos!"
7Dizendo isso, surgiu uma violenta discussão entre os fa-
riseus e os saduceus, e a assembleia ficou dividida. 8(Os
saduceus dizem que não há ressurreição nem anjos nem
espíritos, mas os fariseus admitem todas essas coisas.)

9Houve um grande alvoroço, e alguns dos mestres
da lei que eram fariseus se levantaram e começaram
a discutir intensamente, dizendo: "Não encontramos
nada de errado neste homem. Quem sabe se algum es-
pírito ou anjo falou com ele?" 10A discussão tornou-se
tão violenta que o comandante teve medo que Paulo
fosse despedaçado por eles. Então ordenou que as tro-
pas descessem e o retirassem à força do meio deles,
levando-o para a fortaleza.

11Na noite seguinte o Senhor, pondo-se ao lado de-
le, disse: "Coragem! Assim como você testemunhou a
meu respeito em Jerusalém, deverá testemunhar tam-
bém em Roma".

A conspiração para matar Paulo

12Na manhã seguinte os judeus tramaram uma cons-
piração e juraram solenemente que não comeriam nem
beberiam enquanto não matassem Paulo. 13Mais de qua-
renta homens estavam envolvidos nessa conspiração.
14E, dirigindo-se aos chefes dos sacerdotes e aos líderes
dos judeus, disseram: "Juramos solenemente, sob mal-
dição, que não comeremos nada enquanto não matar-
mos Paulo. 15Agora, portanto, vocês e o Sinédrio peçam
ao comandante que o faça comparecer diante de vocês
com o pretexto de obter informações mais exatas so-
bre o seu caso. Estaremos prontos para matá-lo antes
que ele chegue aqui".

16Entretanto, o sobrinho de Paulo, filho de sua irmã,
teve conhecimento dessa conspiração, foi à fortaleza e
contou tudo a Paulo, 17que, chamando um dos centu-
riões, disse: "Leve este rapaz ao comandante; ele tem
algo para lhe dizer". 18Assim ele o levou ao comandante.
Então disse o centurião: "Paulo, o prisioneiro, cha-
mou-me, pediu-me que te trouxesse este rapaz, pois ele
tem algo para te falar".

19O comandante tomou o rapaz pela mão, levou-o
à parte e perguntou: "O que você tem para me dizer?"

20Ele respondeu: "Os judeus planejaram pedir-te que
apresentes Paulo ao Sinédrio amanhã, sob pretexto de
buscar informações mais exatas a respeito dele. 21Não
te deixes convencer, pois mais de quarenta deles estão
preparando uma emboscada contra Paulo. Eles juraram
solenemente não comer nem beber enquanto não o
matarem. Estão preparados agora, esperando que pro-
metas atender-lhes o pedido".

22O comandante despediu o rapaz e recomendou-lhe:
"Não diga a ninguém que você me contou isso".

Paulo é transferido para Cesareia

23Então ele chamou dois de seus centuriões e orde-
nou-lhes: "Preparem um destacamento de duzentos sol-
dados, setenta cavaleiros e duzentos lanceiros a fim de
irem para Cesareia esta noite, às nove horas[b]. 24Provi-
denciem montarias para Paulo, e levem-no em segu-
rança ao governador Félix".

25O comandante escreveu uma carta nestes termos:

26"Cláudio Lísias,

ao Excelentíssimo Governador Félix,

Saudações.

27"Este homem foi preso pelos judeus, que es-
tavam prestes a matá-lo quando eu, chegando
com minhas tropas, o resgatei, pois soube que
ele é cidadão romano. 28Querendo saber por
que o estavam acusando, levei-o ao Sinédrio
deles. 29Descobri que ele estava sendo acusado
em questões acerca da lei deles, mas não havia
contra ele nenhuma acusação que merecesse
morte ou prisão. 30Quando fui informado de
que estava sendo preparada uma cilada contra
ele, enviei-o imediatamente a Vossa Excelên-
cia. Também ordenei que os seus acusadores
apresentassem a Vossa Excelência aquilo que
têm contra ele".

31Os soldados, cumprindo o seu dever, levaram Paulo
durante a noite, e chegaram a Antipátride. 32No dia se-
guinte deixaram a cavalaria prosseguir com ele, e vol-
taram para a fortaleza. 33Quando a cavalaria chegou a
Cesareia, deu a carta ao governador e lhe entregou Pau-
lo. 34O governador leu a carta e perguntou de que pro-
víncia era ele. Informado de que era da Cilícia, 35disse:
"Ouvirei seu caso quando os seus acusadores chegarem
aqui". Então ordenou que Paulo fosse mantido sob cus-
tódia no palácio[c] de Herodes.

O julgamento de Paulo perante Félix

24 Cinco dias depois, o sumo sacerdote Ananias des-
ceu a Cesareia com alguns dos líderes dos judeus e
um advogado chamado Tértulo, os quais apresentaram
ao governador suas acusações contra Paulo. 2Quando
Paulo foi chamado, Tértulo apresentou sua causa a Félix:
"Temos desfrutado de um longo período de paz durante
o teu governo, e o teu providente cuidado resultou em

[a] 23:5 Êx 22:28

[b] 23:23 Grego: *à hora terceira*.

[c] 23:35 Isto é, o Pretório, residência oficial do governador romano.

reformas nesta nação. 3Em tudo e em toda parte, exce-
lentíssimo Félix, reconhecemos estes benefícios com
profunda gratidão. 4Todavia, a fim de não tomar-te mais
tempo, peço-te o favor de ouvir-nos apenas por um pou-
co. 5Verificamos que este homem é um perturbador, que
promove tumultos entre os judeus pelo mundo todo.
Ele é o principal cabeça da seita dos nazarenos 6e ten-
tou até mesmo profanar o templo; então o prendemos
e quisemos julgá-lo segundo a nossa lei. 7Mas o coman-
dante Lísias interveio, e com muita força o arrebatou
de nossas mãos e ordenou que os seus acusadores se
apresentassem.[a] 8Se tu mesmo o interrogares, poderás
verificar a verdade a respeito de todas estas acusações
que estamos fazendo contra ele".

9Os judeus confirmaram a acusação, garantindo que
as afirmações eram verdadeiras.

10Quando o governador lhe deu sinal para que falas-
se, Paulo declarou: "Sei que há muitos anos tens sido
juiz nesta nação; por isso, de bom grado faço minha
defesa. 11Facilmente poderás verificar que há menos de
doze dias subi a Jerusalém para adorar a Deus. 12Meus
acusadores não me encontraram discutindo com nin-
guém no templo, nem incitando uma multidão nas si-
nagogas ou em qualquer outro lugar da cidade. 13Nem
tampouco podem provar-te as acusações que agora es-
tão levantando contra mim. 14Confesso-te, porém, que
adoro o Deus dos nossos antepassados como seguidor
do Caminho, a que chamam seita. Creio em tudo o que
concorda com a Lei e no que está escrito nos Profetas,
15e tenho em Deus a mesma esperança desses homens:
de que haverá ressurreição tanto de justos como de in-
justos. 16Por isso procuro sempre conservar minha cons-
ciência limpa diante de Deus e dos homens.

17"Depois de estar ausente por vários anos, vim a Je-
rusalém para trazer esmolas ao meu povo e apresentar
ofertas. 18Enquanto fazia isso, já cerimonialmente puro,
encontraram-me no templo, sem envolver-me em ne-
nhum ajuntamento ou tumulto. 19Mas há alguns judeus
da província da Ásia que deveriam estar aqui diante
de ti e apresentar acusações, se é que têm algo contra
mim. 20Ou os que aqui se acham deveriam declarar que
crime encontraram em mim quando fui levado peran-
te o Sinédrio, 21a não ser que tenha sido este: quando
me apresentei a eles, bradei: Por causa da ressurreição
dos mortos estou sendo julgado hoje diante de vocês".

22Então Félix, que tinha bom conhecimento do Ca-
minho, adiou a causa e disse: "Quando chegar o coman-
dante Lísias, decidirei o caso de vocês". 23E ordenou ao
centurião que mantivesse Paulo sob custódia, mas que
lhe desse certa liberdade e permitisse que os seus ami-
gos o servissem.

24Vários dias depois, Félix veio com Drusila, sua mu-
lher, que era judia, mandou chamar Paulo e o ouviu
falar sobre a fé em Cristo Jesus. 25Quando Paulo se
pôs a discorrer acerca da justiça, do domínio próprio
e do juízo vindouro, Félix teve medo e disse: "Basta,
por enquanto! Pode sair. Quando achar conveniente,
mandarei chamá-lo de novo". 26Ao mesmo tempo es-
perava que Paulo lhe oferecesse algum dinheiro, pelo
que mandava buscá-lo frequentemente e conversa-
va com ele.

[a] 24:7 Muitos manuscritos antigos não trazem *e quisemos julgá-lo segundo a nossa lei* e todo o versículo 7.

27Passados dois anos, Félix foi sucedido por Pórcio
Festo; todavia, porque desejava manter a simpatia dos
judeus, Félix deixou Paulo na prisão.

O julgamento perante Festo

25Três dias depois de chegar à província, Festo su-
biu de Cesareia para Jerusalém, 2onde os chefes
dos sacerdotes e os judeus mais importantes compa-
receram diante dele, apresentando as acusações con-
tra Paulo. 3Pediram a Festo o favor de transferir Paulo
para Jerusalém, contra os interesses do próprio Paulo,
pois estavam preparando uma emboscada para ma-
tá-lo no caminho. 4Festo respondeu: "Paulo está preso
em Cesareia, e eu mesmo vou para lá em breve. 5Des-
çam comigo alguns dos seus líderes e apresentem ali
as acusações que têm contra esse homem, se realmente
ele fez algo de errado".

6Tendo passado com eles oito a dez dias, desceu pa-
ra Cesareia e, no dia seguinte, convocou o tribunal e
ordenou que Paulo fosse trazido perante ele. 7Quando
Paulo apareceu, os judeus que tinham chegado de Je-
rusalém se aglomeraram ao seu redor, fazendo contra
ele muitas e graves acusações que não podiam provar.

8Então Paulo fez sua defesa: "Nada fiz de errado con-
tra a lei dos judeus, contra o templo ou contra César".

9Festo, querendo prestar um favor aos judeus, per-
guntou a Paulo: "Você está disposto a ir a Jerusalém
e ali ser julgado diante de mim, acerca destas acu-
sações?"

10Paulo respondeu: "Estou agora diante do tribunal
de César, onde devo ser julgado. Não fiz nenhum mal
aos judeus, como bem sabes. 11Se, de fato, sou culpado
de ter feito algo que mereça pena de morte, não me re-
cuso a morrer. Mas se as acusações feitas contra mim
por estes judeus não são verdadeiras, ninguém tem o
direito de me entregar a eles. Apelo para César!"

12Depois de ter consultado seus conselheiros, Fes-
to declarou: "Você apelou para César, para César irá!"

Festo consulta o rei Agripa

13Alguns dias depois, o rei Agripa e Berenice chega-
ram a Cesareia para saudar Festo. 14Visto que estavam
passando muitos dias ali, Festo explicou o caso de Pau-
lo ao rei: "Há aqui um homem que Félix deixou preso.
15Quando fui a Jerusalém, os chefes dos sacerdotes e os
líderes dos judeus fizeram acusações contra ele, pedin-
do que fosse condenado.

16"Eu lhes disse que não é costume romano condenar
ninguém antes que ele se defronte pessoalmente com
seus acusadores e tenha a oportunidade de se defen-
der das acusações que lhe fazem. 17Vindo eles comigo
para cá, não retardei o caso; convoquei o tribunal no
dia seguinte e ordenei que o homem fosse apresen-
tado. 18Quando os seus acusadores se levantaram para
falar, não o acusaram de nenhum dos crimes que eu
esperava. 19Ao contrário, tinham alguns pontos de di-
vergência com ele acerca de sua própria religião e de
um certo Jesus, já morto, o qual Paulo insiste que está
vivo. 20Fiquei sem saber como investigar tais assuntos;
por isso perguntei-lhe se ele estaria disposto a ir a Jeru-
salém e ser julgado ali acerca destas acusações. 21Ape-
lando Paulo para que fosse guardado até a decisão do
Imperador, ordenei que ficasse sob custódia até que eu
pudesse enviá-lo a César".

[22]Então Agripa disse a Festo: "Eu também gostaria de ouvir esse homem".

Ele respondeu: "Amanhã o ouvirás".

Paulo perante Agripa

[23]No dia seguinte, Agripa e Berenice vieram com grande pompa e entraram na sala de audiências com os altos oficiais e os homens importantes da cidade. Por ordem de Festo, Paulo foi trazido. [24]Então Festo disse: "Ó rei Agripa e todos os senhores aqui presentes conosco, vejam este homem! Toda a comunidade judaica me fez petições a respeito dele em Jerusalém e aqui em Cesareia, gritando que ele não deveria mais viver. [25]Mas verifiquei que ele nada fez que mereça pena de morte; todavia, porque apelou para o Imperador, decidi enviá-lo a Roma. [26]No entanto, não tenho nada definido a respeito dele para escrever a Sua Majestade. Por isso, eu o trouxe diante dos senhores, e especialmente diante de ti, rei Agripa, de forma que, feita esta investigação, eu tenha algo para escrever. [27]Pois não me parece razoável enviar um preso sem especificar as acusações contra ele".

26 Então Agripa disse a Paulo: "Você tem permissão para falar em sua defesa".

A seguir, Paulo fez sinal com a mão e começou a sua defesa: [2]"Rei Agripa, considero-me feliz por poder estar hoje em tua presença, para fazer a minha defesa contra todas as acusações dos judeus, [3]e especialmente porque estás bem familiarizado com todos os costumes e controvérsias deles. Portanto, peço que me ouças pacientemente.

[4]"Todos os judeus sabem como tenho vivido desde pequeno, tanto em minha terra natal como em Jerusalém. [5]Eles me conhecem há muito tempo e podem testemunhar, se quiserem, que, como fariseu, vivi de acordo com a seita mais severa da nossa religião. [6]Agora, estou sendo julgado por causa da minha esperança no que Deus prometeu aos nossos antepassados. [7]Esta é a promessa que as nossas doze tribos esperam que se cumpra, cultuando a Deus com fervor, dia e noite. É por causa desta esperança, ó rei, que estou sendo acusado pelos judeus. [8]Por que os senhores acham impossível que Deus ressuscite os mortos?

[9]"Eu também estava convencido de que deveria fazer todo o possível para me opor ao nome de Jesus, o Nazareno. [10]E foi exatamente isso que fiz em Jerusalém. Com autorização dos chefes dos sacerdotes lancei muitos santos na prisão, e quando eles eram condenados à morte eu dava o meu voto contra eles. [11]Muitas vezes ia de uma sinagoga para outra a fim de castigá-los, e tentava forçá-los a blasfemar. Em minha fúria contra eles, cheguei a ir a cidades estrangeiras para persegui-los.

[12]"Numa dessas viagens eu estava indo para Damasco, com autorização e permissão dos chefes dos sacerdotes. [13]Por volta do meio-dia, ó rei, estando eu a caminho, vi uma luz do céu, mais resplandecente que o sol, brilhando ao meu redor e ao redor dos que iam comigo. [14]Todos caímos por terra. Então ouvi uma voz que me dizia em aramaico: 'Saulo, Saulo, por que você está me perseguindo? Resistir ao aguilhão só lhe trará dor!'

[15]"Então perguntei: Quem és tu, Senhor?

"Respondeu o Senhor: 'Sou Jesus, a quem você está perseguindo. [16]Agora, levante-se, fique em pé. Eu lhe apareci para constituí-lo servo e testemunha do que você viu a meu respeito e do que lhe mostrarei. [17]Eu o livrarei do seu próprio povo e dos gentios, aos quais eu o envio [18]para abrir-lhes os olhos e convertê-los das trevas para a luz, e do poder de Satanás para Deus, a fim de que recebam o perdão dos pecados e herança entre os que são santificados pela fé em mim'.

[19]"Assim, rei Agripa, não fui desobediente à visão celestial. [20]Preguei em primeiro lugar aos que estavam em Damasco, depois aos que estavam em Jerusalém e em toda a Judeia, e também aos gentios, dizendo que se arrependessem e se voltassem para Deus, praticando obras que mostrassem o seu arrependimento. [21]Por isso os judeus me prenderam no pátio do templo e tentaram matar-me. [22]Mas tenho contado com a ajuda de Deus até o dia de hoje, e, por este motivo, estou aqui e dou testemunho tanto a gente simples como a gente importante. Não estou dizendo nada além do que os profetas e Moisés disseram que haveria de acontecer: [23]que o Cristo haveria de sofrer e, sendo o primeiro a ressuscitar dentre os mortos, proclamaria luz para o seu próprio povo e para os gentios".

[24]A esta altura Festo interrompeu a defesa de Paulo e disse em alta voz: "Você está louco, Paulo! As muitas letras o estão levando à loucura!"

[25]Respondeu Paulo: "Não estou louco, excelentíssimo Festo. O que estou dizendo é verdadeiro e de bom senso. [26]O rei está familiarizado com essas coisas, e lhe posso falar abertamente. Estou certo de que nada disso escapou do seu conhecimento, pois nada se passou num lugar qualquer. [27]Rei Agripa, crês nos profetas? Eu sei que sim".

[28]Então Agripa disse a Paulo: "Você acha que em tão pouco tempo pode convencer-me a tornar-me cristão?"[a]

[29]Paulo respondeu: "Em pouco ou em muito tempo, peço a Deus que não apenas tu, mas todos os que hoje me ouvem se tornem como eu, porém sem estas algemas".

[30]O rei se levantou, e com ele o governador e Berenice, como também os que estavam assentados com eles. [31]Saindo do salão, comentavam entre si: "Este homem não fez nada que mereça morte ou prisão".

[32]Agripa disse a Festo: "Ele poderia ser posto em liberdade, se não tivesse apelado para César".

A viagem de Paulo para Roma

27 Quando ficou decidido que navegaríamos para a Itália, Paulo e alguns outros presos foram entregues a um centurião chamado Júlio, que pertencia ao Regimento Imperial. [2]Embarcamos num navio de Adramítio, que estava de partida para alguns lugares da província da Ásia, e saímos ao mar, estando conosco Aristarco, um macedônio de Tessalônica.

[3]No dia seguinte, ancoramos em Sidom; e Júlio, num gesto de bondade para com Paulo, permitiu-lhe que fosse ao encontro dos seus amigos, para que estes suprissem as suas necessidades. [4]Quando partimos de lá, passamos ao norte de Chipre, porque os ventos nos eram contrários. [5]Tendo atravessado o mar aberto ao longo da Cilícia e da Panfília, ancoramos em Mirra, na Lícia. [6]Ali, o centurião encontrou um navio alexandrino que estava de partida para a Itália e nele nos fez embarcar. [7]Navegamos vagarosamente por muitos

[a] 26:28 Ou *Por pouco você me convence a tornar-me cristão*.

dias e tivemos dificuldade para chegar a Cnido. Não sendo possível prosseguir em nossa rota, devido aos ventos contrários, navegamos ao sul de Creta, defronte de Salmona. 8 Costeamos a ilha com dificuldade e chegamos a um lugar chamado Bons Portos, perto da cidade de Laseia.

9 Tínhamos perdido muito tempo, e agora a navegação se tornara perigosa, pois já havia passado o Jejum[a]. Por isso Paulo os advertiu: 10 "Senhores, vejo que a nossa viagem será desastrosa e acarretará grande prejuízo para o navio, para a carga e também para a nossa vida". 11 Mas o centurião, em vez de ouvir o que Paulo falava, seguiu o conselho do piloto e do dono do navio. 12 Visto que o porto não era próprio para passar o inverno, a maioria decidiu que deveríamos continuar navegando, com a esperança de alcançar Fenice e ali passar o inverno. Este era um porto de Creta, que dava para sudoeste e noroeste.

A tempestade

13 Começando a soprar suavemente o vento sul, eles pensaram que haviam obtido o que desejavam; por isso levantaram âncoras e foram navegando ao longo da costa de Creta. 14 Pouco tempo depois, desencadeou-se da ilha um vento muito forte, chamado Nordeste. 15 O navio foi arrastado pela tempestade, sem poder resistir ao vento; assim, cessamos as manobras e ficamos à deriva. 16 Passando ao sul de uma pequena ilha chamada Clauda, foi com dificuldade que conseguimos recolher o barco salva-vidas. 17 Levantando-o, lançaram mão de todos os meios para reforçar o navio com cordas; e temendo que ele encalhasse nos bancos de areia de Sirte, baixaram as velas e deixaram o navio à deriva. 18 No dia seguinte, sendo violentamente castigados pela tempestade, começaram a lançar fora a carga. 19 No terceiro dia, lançaram fora, com as próprias mãos, a armação do navio. 20 Não aparecendo nem sol nem estrelas por muitos dias, e continuando a abater-se sobre nós grande tempestade, finalmente perdemos toda a esperança de salvamento.

21 Visto que os homens tinham passado muito tempo sem comer, Paulo levantou-se diante deles e disse: "Os senhores deviam ter aceitado o meu conselho de não partir de Creta, pois assim teriam evitado este dano e prejuízo. 22 Mas agora recomendo-lhes que tenham coragem, pois nenhum de vocês perderá a vida; apenas o navio será destruído. 23 Pois ontem à noite apareceu-me um anjo do Deus a quem pertenço e a quem adoro, dizendo-me: 24 'Paulo, não tenha medo. É preciso que você compareça perante César; Deus, por sua graça, deu-lhe a vida de todos os que estão navegando com você'. 25 Assim, tenham ânimo, senhores! Creio em Deus que acontecerá do modo como me foi dito. 26 Devemos ser arrastados para alguma ilha".

O naufrágio

27 Na décima quarta noite, ainda estávamos sendo levados de um lado para outro no mar Adriático[b], quando, por volta da meia-noite, os marinheiros imaginaram que estávamos próximos da terra. 28 Lançando a sonda, verificaram que a profundidade era de trinta e sete metros[c]; pouco tempo depois, lançaram novamente a sonda e encontraram vinte e sete metros[d]. 29 Temendo que fôssemos jogados contra as pedras, lançaram quatro âncoras da popa e faziam preces para que amanhecesse o dia. 30 Tentando escapar do navio, os marinheiros baixaram o barco salva-vidas ao mar, a pretexto de lançar âncoras da proa. 31 Então Paulo disse ao centurião e aos soldados: "Se estes homens não ficarem no navio, vocês não poderão salvar-se". 32 Com isso os soldados cortaram as cordas que prendiam o barco salva-vidas e o deixaram cair.

33 Pouco antes do amanhecer, Paulo insistia que todos se alimentassem, dizendo: "Hoje faz catorze dias que vocês têm estado em vigília constante, sem nada comer. 34 Agora eu os aconselho a comerem algo, pois só assim poderão sobreviver. Nenhum de vocês perderá um fio de cabelo sequer". 35 Tendo dito isso, tomou pão e deu graças a Deus diante de todos. Então o partiu e começou a comer. 36 Todos se reanimaram e também comeram algo. 37 Estavam a bordo duzentas e setenta e seis pessoas. 38 Depois de terem comido até ficarem satisfeitos, aliviaram o peso do navio, atirando todo o trigo ao mar.

39 Quando amanheceu não reconheceram a terra, mas viram uma enseada com uma praia, para onde decidiram conduzir o navio, se fosse possível. 40 Cortando as âncoras, deixaram-nas no mar, desatando ao mesmo tempo as cordas que prendiam os lemes. Então, alçando a vela da proa ao vento, dirigiram-se para a praia. 41 Mas o navio encalhou num banco de areia, onde tocou o fundo. A proa encravou-se e ficou imóvel, e a popa foi quebrada pela violência das ondas.

42 Os soldados resolveram matar os presos para impedir que algum deles fugisse, jogando-se ao mar. 43 Mas o centurião queria poupar a vida de Paulo e os impediu de executar o plano. Então ordenou aos que sabiam nadar que se lançassem primeiro ao mar em direção à terra. 44 Os outros teriam que salvar-se em tábuas ou em pedaços do navio. Dessa forma, todos chegaram a salvo em terra.

Paulo na ilha de Malta

28 Uma vez em terra, descobrimos que a ilha se chamava Malta. 2 Os habitantes da ilha mostraram extraordinária bondade para conosco. Fizeram uma fogueira e receberam bem a todos nós, pois estava chovendo e fazia frio. 3 Paulo ajuntou um monte de gravetos; quando os colocava no fogo, uma víbora, fugindo do calor, prendeu-se à sua mão. 4 Quando os habitantes da ilha viram a cobra agarrada na mão de Paulo, disseram uns aos outros: "Certamente este homem é assassino, pois, tendo escapado do mar, a Justiça não lhe permite viver". 5 Mas Paulo, sacudindo a cobra no fogo, não sofreu mal nenhum. 6 Eles, porém, esperavam que ele começasse a inchar ou que caísse morto de repente, mas, tendo esperado muito tempo e vendo que nada de estranho lhe sucedia, mudaram de ideia e passaram a dizer que ele era um deus.

7 Próximo dali havia uma propriedade pertencente a Públio, o homem principal da ilha. Ele nos convidou a ficar em sua casa e, por três dias, bondosamente nos recebeu e nos hospedou. 8 Seu pai estava doente, acamado, sofrendo de febre e disenteria. Paulo entrou para vê-lo

[a] 27:9 Isto é, o Dia da Expiação (*Yom Kippur*).
[b] 27:27 O nome *Adriático* referia-se a uma área que se estendia até o extremo sul da Itália.
[c] 27:28 Grego: *20 braças*.
[d] 27:28 Grego: *15 braças*.

e, depois de orar, impôs-lhe as mãos e o curou. 9Ten-
do acontecido isso, os outros doentes da ilha vieram e
foram curados. 10Eles nos prestaram muitas honras e,
quando estávamos para embarcar, forneceram-nos os
suprimentos de que necessitávamos.

A chegada a Roma

11Passados três meses, embarcamos num navio que
tinha passado o inverno na ilha; era um navio alexan-
drino, que tinha por emblema os deuses gêmeos Cástor
e Pólux. 12Aportando em Siracusa, ficamos ali três dias.
13Dali partimos e chegamos a Régio. No dia seguinte, so-
prando o vento sul, prosseguimos, chegando a Potéoli
no segundo dia. 14Ali encontramos alguns irmãos que
nos convidaram a passar uma semana com eles. E de-
pois fomos para Roma. 15Os irmãos dali tinham ouvi-
do falar que estávamos chegando e vieram até a praça
de Ápio e às Três Vendas para nos encontrar. Vendo-os,
Paulo deu graças a Deus e sentiu-se encorajado. 16Quan-
do chegamos a Roma, Paulo recebeu permissão para
morar por conta própria, sob a custódia de um soldado.

A pregação de Paulo em Roma

17Três dias depois, ele convocou os líderes dos judeus.
Quando estes se reuniram, Paulo lhes disse: "Meus ir-
mãos, embora eu não tenha feito nada contra o nosso
povo nem contra os costumes dos nossos antepassa-
dos, fui preso em Jerusalém e entregue aos romanos.
18Eles me interrogaram e queriam me soltar, porque eu
não era culpado de crime algum que merecesse pena
de morte. 19Todavia, tendo os judeus feito objeção, fui
obrigado a apelar para César, não porém, por ter alguma
acusação contra o meu próprio povo. 20Por essa razão
pedi para vê-los e conversar com vocês. Por causa da es-
perança de Israel é que estou preso com estas algemas".
21Eles responderam: "Não recebemos nenhuma carta
da Judeia a seu respeito, e nenhum dos irmãos que vie-
ram de lá relatou ou disse qualquer coisa de mal con-
tra você. 22Todavia, queremos ouvir de sua parte o que
você pensa, pois sabemos que por todo lugar há gente
falando contra esta seita".
23Assim combinaram encontrar-se com Paulo em dia
determinado, indo em grupo ainda mais numeroso ao
lugar onde ele estava. Desde a manhã até a tarde ele
lhes deu explicações e lhes testemunhou do Reino de
Deus, procurando convencê-los a respeito de Jesus, com
base na Lei de Moisés e nos Profetas. 24Alguns foram
convencidos pelo que ele dizia, mas outros não creram.
25Discordaram entre si mesmos e começaram a ir embo-
ra, depois de Paulo ter feito esta declaração final: "Bem
que o Espírito Santo falou aos seus antepassados, por
meio do profeta Isaías:

26" 'Vá a este povo e diga:
Ainda que estejam sempre ouvindo,
vocês nunca entenderão;
ainda que estejam sempre vendo,
jamais perceberão.
27Pois o coração deste povo
se tornou insensível;
de má vontade
ouviram com os seus ouvidos,
e fecharam os seus olhos.
Se assim não fosse,
poderiam ver com os olhos,
ouvir com os ouvidos,
entender com o coração
e converter-se,
e eu os curaria'[a].

28"Portanto, quero que saibam que esta salvação de
Deus é enviada aos gentios; eles a ouvirão!" 29Depois
que ele disse isto, os judeus se retiraram, discutindo
intensamente entre si.[b]
30Por dois anos inteiros Paulo permaneceu na casa
que havia alugado, e recebia a todos os que iam vê-lo.
31Pregava o Reino de Deus e ensinava a respeito do Se-
nhor Jesus Cristo, abertamente e sem impedimento
algum.

[a] 28:26-27 Is 6:9-10
[b] 28:29 Muitos manuscritos antigos não trazem o versículo 29.

ROMANOS

1 Paulo, servo[a] de Cristo Jesus, chamado para ser após-
tolo, separado para o evangelho de Deus, 2o qual foi
prometido por ele de antemão por meio dos seus pro-
fetas nas Escrituras Sagradas, 3acerca de seu Filho, que,
como homem, era descendente de Davi, 4e que median-
te o Espírito[b] de santidade foi declarado Filho de Deus
com poder, pela sua ressurreição dentre os mortos: Je-
sus Cristo, nosso Senhor. 5Por meio dele e por causa do
seu nome, recebemos graça e apostolado para chamar
dentre todas as nações um povo para a obediência que
vem pela fé. 6E vocês também estão entre os chamados
para pertencerem a Jesus Cristo.

7A todos os que em Roma são amados de Deus e cha-
mados para serem santos:

A vocês, graça e paz da parte de Deus nosso Pai e do
Senhor Jesus Cristo.

Paulo anseia visitar a igreja em Roma

8Antes de tudo, sou grato a meu Deus, mediante Je-
sus Cristo, por todos vocês, porque em todo o mundo
está sendo anunciada a fé que vocês têm. 9Deus, a quem
sirvo de todo o coração pregando o evangelho de seu
Filho, é minha testemunha de como sempre me lembro
de vocês 10em minhas orações; e peço que agora, final-
mente, pela vontade de Deus, seja-me aberto o caminho
para que eu possa visitá-los.

11Anseio vê-los, a fim de compartilhar com vocês al-
gum dom espiritual, para fortalecê-los, 12isto é, para
que eu e vocês sejamos mutuamente encorajados pela
fé. 13Quero que vocês saibam, irmãos, que muitas ve-
zes planejei visitá-los, mas fui impedido até agora. Meu
propósito é colher algum fruto entre vocês, assim como
tenho colhido entre os demais gentios[c].

14Sou devedor tanto a gregos como a bárbaros[d], tan-
to a sábios como a ignorantes. 15Por isso estou dispos-
to a pregar o evangelho também a vocês que estão em
Roma.

16Não me envergonho do evangelho, porque é o po-
der de Deus para a salvação de todo aquele que crê:
primeiro do judeu, depois do grego. 17Porque no evan-
gelho é revelada a justiça de Deus, uma justiça que do
princípio ao fim é pela fé[e], como está escrito: "O justo
viverá pela fé"[f].

A ira de Deus contra a humanidade

18Portanto, a ira de Deus é revelada dos céus contra
toda impiedade e injustiça dos homens que suprimem
a verdade pela injustiça, 19pois o que de Deus se pode
conhecer é manifesto entre eles, porque Deus lhes ma-
nifestou. 20Pois desde a criação do mundo os atributos
invisíveis de Deus, seu eterno poder e sua natureza di-
vina, têm sido vistos claramente, sendo compreendidos
por meio das coisas criadas, de forma que tais homens
são indesculpáveis; 21porque, tendo conhecido a Deus,
não o glorificaram como Deus, nem lhe renderam gra-
ças, mas os seus pensamentos tornaram-se fúteis e o
coração insensato deles obscureceu-se. 22Dizendo-se sá-
bios, tornaram-se loucos 23e trocaram a glória do Deus
imortal por imagens feitas segundo a semelhança do
homem mortal, bem como de pássaros, quadrúpedes
e répteis.

24Por isso Deus os entregou à impureza sexual, se-
gundo os desejos pecaminosos do seu coração, para a
degradação do seu corpo entre si. 25Trocaram a verda-
de de Deus pela mentira, e adoraram e serviram a coi-
sas e seres criados, em lugar do Criador, que é bendito
para sempre. Amém.

26Por causa disso Deus os entregou a paixões vergo-
nhosas. Até suas mulheres trocaram suas relações se-
xuais naturais por outras, contrárias à natureza. 27Da
mesma forma, os homens também abandonaram as
relações naturais com as mulheres e se inflamaram de
paixão uns pelos outros. Começaram a cometer atos
indecentes, homens com homens, e receberam em si
mesmos o castigo merecido pela sua perversão.

28Além do mais, visto que desprezaram o conhe-
cimento de Deus, ele os entregou a uma disposição
mental reprovável, para praticarem o que não deviam.
29Tornaram-se cheios de toda sorte de injustiça, mal-
dade, ganância e depravação. Estão cheios de inveja,
homicídio, rivalidades, engano e malícia. São bisbilho-
teiros, 30caluniadores, inimigos de Deus, insolentes, ar-
rogantes e presunçosos; inventam maneiras de praticar
o mal; desobedecem a seus pais; 31são insensatos, des-
leais, sem amor pela família, implacáveis. 32Embora co-
nheçam o justo decreto de Deus, de que as pessoas que
praticam tais coisas merecem a morte, não somente
continuam a praticá-las, mas também aprovam aque-
les que as praticam.

O justo juízo de Deus

2 Portanto, você, que julga os outros, é indesculpável;
pois está condenando a si mesmo naquilo em que
julga, visto que você, que julga, pratica as mesmas coi-
sas. 2Sabemos que o juízo de Deus contra os que prati-
cam tais coisas é conforme a verdade. 3Assim, quando
você, um simples homem, os julga, mas pratica as mes-
mas coisas, pensa que escapará do juízo de Deus? 4Ou
será que você despreza as riquezas da sua bondade, to-
lerância e paciência, não reconhecendo que a bondade
de Deus o leva ao arrependimento?

5Contudo, por causa da sua teimosia e do seu coração
obstinado, você está acumulando ira contra si mesmo,
para o dia da ira de Deus, quando se revelará o seu jus-
to julgamento. 6Deus "retribuirá a cada um conforme o
seu procedimento"[g]. 7Ele dará vida eterna aos que, per-
sistindo em fazer o bem, buscam glória, honra e imor-
talidade. 8Mas haverá ira e indignação para os que são
egoístas, que rejeitam a verdade e seguem a injustiça.
9Haverá tribulação e angústia para todo ser humano
que pratica o mal: primeiro para o judeu, depois para
o grego; 10mas glória, honra e paz para todo o que pra-

[a] 1:1 Isto é, escravo.
[b] 1:4 Ou *que quanto a seu espírito*
[c] 1:13 Isto é, os que não são judeus; também em todo o livro de Romanos.
[d] 1:14 Isto é, aqueles que não possuíam cultura grega.
[e] 1:17 Ou *é de fé em fé*; ou ainda *de fé para fé*
[f] 1:17 Hc 2:4

[g] 2:6 Sl 62:12; Pv 24:12

tica o bem: primeiro para o judeu, depois para o grego. 11Pois em Deus não há parcialidade.

12Todo aquele que pecar sem a Lei, sem a Lei também perecerá, e todo aquele que pecar sob a Lei, pela Lei será julgado. 13Porque não são os que ouvem a Lei que são justos aos olhos de Deus; mas os que obedecem à Lei, estes serão declarados justos. 14(De fato, quando os gentios, que não têm a Lei, praticam naturalmente o que ela ordena, tornam-se lei para si mesmos, embora não possuam a Lei; 15pois mostram que as exigências da Lei estão gravadas em seu coração. Disso dão testemunho também a sua consciência e os pensamentos deles, ora acusando-os, ora defendendo-os.) 16Isso tudo se verá no dia em que Deus julgar os segredos dos homens, mediante Jesus Cristo, conforme o declara o meu evangelho.

Os judeus e a Lei

17Ora, você leva o nome de judeu, apoia-se na Lei e orgulha-se de Deus. 18Você conhece a vontade de Deus e aprova o que é superior, porque é instruído pela Lei. 19Você está convencido de que é guia de cegos, luz para os que estão em trevas, 20instrutor de insensatos, mestre de crianças, porque tem na Lei a expressão do conhecimento e da verdade. 21E então? Você, que ensina os outros, não ensina a si mesmo? Você, que prega contra o furto, furta? 22Você, que diz que não se deve adulterar, adultera? Você, que detesta ídolos, rouba-lhes os templos? 23Você, que se orgulha da Lei, desonra a Deus, desobedecendo à Lei? 24Pois, como está escrito: "O nome de Deus é blasfemado entre os gentios por causa de vocês"[a].

25A circuncisão tem valor se você obedece à Lei; mas, se você desobedece à Lei, a sua circuncisão já se tornou incircuncisão. 26Se aqueles que não são circuncidados obedecem aos preceitos da Lei, não serão eles considerados circuncidados? 27Aquele que não é circuncidado fisicamente, mas obedece à Lei, condenará você que, tendo a Lei escrita e a circuncisão, é transgressor da Lei.

28Não é judeu quem o é apenas exteriormente, nem é circuncisão a que é meramente exterior e física. 29Não! Judeu é quem o é interiormente, e circuncisão é a operada no coração, pelo Espírito, e não pela Lei escrita. Para estes o louvor não provém dos homens, mas de Deus.

3 Que vantagem há então em ser judeu, ou que utilidade há na circuncisão? 2Muita, em todos os sentidos! Principalmente porque aos judeus foram confiadas as palavras de Deus.

3Que importa se alguns deles foram infiéis? A sua infidelidade anulará a fidelidade de Deus? 4De maneira nenhuma! Seja Deus verdadeiro, e todo homem mentiroso. Como está escrito:

"Para que
  sejas justificado
nas tuas palavras
  e prevaleças quando fores julgado"[b].

5Mas, se a nossa injustiça ressalta de maneira ainda mais clara a justiça de Deus, que diremos? Que Deus é injusto por aplicar a sua ira? (Estou usando um argumento humano.) 6Claro que não! Se fosse assim, como Deus iria julgar o mundo? 7Alguém pode alegar ainda: "Se a minha mentira ressalta a veracidade de Deus, aumentando assim a sua glória, por que sou condenado como pecador?" 8Por que não dizer como alguns caluniosamente afirmam que dizemos: "Façamos o mal, para que nos venha o bem"? A condenação dos tais é merecida.

Ninguém é justo

9Que concluiremos então? Estamos em posição de vantagem[c]? Não! Já demonstramos que tanto judeus quanto gentios estão debaixo do pecado. 10Como está escrito:

"Não há nenhum justo,
  nem um sequer;
11não há ninguém que entenda,
  ninguém que busque a Deus.
12Todos se desviaram,
  tornaram-se juntamente inúteis;
não há ninguém
  que faça o bem,
não há nem um sequer"[d].
13"Suas gargantas
  são um túmulo aberto;
com suas línguas enganam"[e].
"Veneno de serpentes
  está em seus lábios"[f].
14"Suas bocas estão cheias
  de maldição e amargura"[g].
15"Seus pés são ágeis
  para derramar sangue;
16ruína e desgraça marcam
  os seus caminhos,
17e não conhecem
  o caminho da paz"[h].
18"Aos seus olhos é inútil
  temer a Deus"[i].

19Sabemos que tudo o que a Lei diz, o diz àqueles que estão debaixo dela, para que toda boca se cale e todo o mundo esteja sob o juízo de Deus. 20Portanto, ninguém será declarado justo diante dele baseando-se na obediência à Lei, pois é mediante a Lei que nos tornamos plenamente conscientes do pecado.

A justiça por meio da fé

21Mas agora se manifestou uma justiça que provém de Deus, independente da Lei, da qual testemunham a Lei e os Profetas, 22justiça de Deus mediante a fé em Jesus Cristo para todos os que creem. Não há distinção, 23pois todos pecaram e estão destituídos da glória de Deus, 24sendo justificados gratuitamente por sua graça, por meio da redenção que há em Cristo Jesus. 25Deus o ofereceu como sacrifício para propiciação[j] mediante a fé, pelo seu sangue, demonstrando a sua justiça. Em sua tolerância, havia deixado impunes os pecados anteriormente cometidos; 26mas, no presente, demonstrou a sua justiça, a fim de ser justo e justificador daquele que tem fé em Jesus.

[a] 2:24 Is 52:5; Ez 36:22
[b] 3:4 Sl 51:4

[c] 3:9 Ou *desvantagem*
[d] 3:10-12 Sl 14:1-3; Sl 53:1-3; Ec 7:20
[e] 3:13 Sl 5:9
[f] 3:13 Sl 140:3
[g] 3:14 Sl 10:7
[h] 3:15-17 Is 59:7-8
[i] 3:18 Sl 36:1
[j] 3:25 Ou *como sacrifício que desviava a sua ira, removendo o pecado*

27Onde está, então, o motivo de vanglória? É excluído.
Baseado em que princípio? No da obediência à Lei? Não,
mas no princípio da fé. 28Pois sustentamos que o homem
é justificado pela fé, independente da obediência à Lei.
29Deus é Deus apenas dos judeus? Ele não é também o
Deus dos gentios? Sim, dos gentios também, 30visto que
existe um só Deus, que pela fé justificará os circunci-
sos e os incircuncisos. 31Anulamos então a Lei pela fé?
De maneira nenhuma! Ao contrário, confirmamos a Lei.

Abraão foi justificado pela fé

4 Portanto, que diremos do nosso antepassado Abraão?
2Se de fato Abraão foi justificado pelas obras, ele tem
do que se gloriar, mas não diante de Deus. 3Que diz a
Escritura? "Abraão creu em Deus, e isso lhe foi credita-
do como justiça."[a]

4Ora, o salário do homem que trabalha não é consi-
derado como favor, mas como dívida. 5Todavia, àque-
le que não trabalha, mas confia em Deus, que justifica
o ímpio, sua fé lhe é creditada como justiça. 6Davi diz
a mesma coisa, quando fala da felicidade do homem
a quem Deus credita justiça independente de obras:

7"Como são felizes aqueles
que têm suas transgressões
perdoadas,
cujos pecados são apagados!
8Como é feliz aquele
a quem o Senhor não atribui culpa!"[b]

9Destina-se esta felicidade apenas aos circuncisos ou
também aos incircuncisos? Já dissemos que, no caso de
Abraão, a fé lhe foi creditada como justiça. 10Sob quais
circunstâncias? Antes ou depois de ter sido circuncida-
do? Não foi depois, mas antes! 11Assim ele recebeu a cir-
cuncisão como sinal, como selo da justiça que ele tinha
pela fé, quando ainda não fora circuncidado. Portanto,
ele é o pai de todos os que creem, sem terem sido cir-
cuncidados, a fim de que a justiça fosse creditada tam-
bém a eles; 12e é igualmente o pai dos circuncisos que
não somente são circuncisos, mas também andam nos
passos da fé que teve nosso pai Abraão antes de passar
pela circuncisão.

13Não foi mediante a Lei que Abraão e a sua descen-
dência receberam a promessa de que ele seria herdeiro
do mundo, mas mediante a justiça que vem da fé. 14Pois
se os que vivem pela Lei são herdeiros, a fé não tem va-
lor, e a promessa é inútil; 15porque a Lei produz a ira. E
onde não há Lei, não há transgressão.

16Portanto, a promessa vem pela fé, para que seja de
acordo com a graça e seja assim garantida a toda a des-
cendência de Abraão; não apenas aos que estão sob o re-
gime da Lei, mas também aos que têm a fé que Abraão
teve. Ele é o pai de todos nós. 17Como está escrito: "Eu
o constituí pai de muitas nações"[c]. Ele é nosso pai aos
olhos de Deus, em quem creu, o Deus que dá vida aos
mortos e chama à existência coisas que não existem,
como se existissem.

18Abraão, contra toda esperança, em esperança creu,
tornando-se assim pai de muitas nações, como foi dito
a seu respeito: "Assim será a sua descendência"[d]. 19Sem
se enfraquecer na fé, reconheceu que o seu corpo já es-
tava sem vitalidade, pois já contava cerca de cem anos
de idade, e que também o ventre de Sara já estava sem
vigor. 20Mesmo assim não duvidou nem foi incrédulo
em relação à promessa de Deus, mas foi fortalecido em
sua fé e deu glória a Deus, 21estando plenamente con-
vencido de que ele era poderoso para cumprir o que
havia prometido. 22Em consequência, "isso lhe foi cre-
ditado como justiça"[e]. 23As palavras "lhe foi creditado"
não foram escritas apenas para ele, 24mas também para
nós, a quem Deus creditará justiça, a nós, que cremos
naquele que ressuscitou dos mortos a Jesus, nosso Se-
nhor. 25Ele foi entregue à morte por nossos pecados e
ressuscitado para nossa justificação.

Paz e alegria

5 Tendo sido, pois, justificados pela fé, temos[f] paz com
Deus, por nosso Senhor Jesus Cristo, 2por meio de
quem obtivemos acesso pela fé a esta graça na qual
agora estamos firmes; e nos gloriamos[g] na esperança
da glória de Deus. 3Não só isso, mas também nos glo-
riamos nas tribulações, porque sabemos que a tribula-
ção produz perseverança; 4a perseverança, um caráter
aprovado; e o caráter aprovado, esperança. 5E a espe-
rança não nos decepciona, porque Deus derramou seu
amor em nossos corações, por meio do Espírito Santo
que ele nos concedeu.

6De fato, no devido tempo, quando ainda éramos fra-
cos, Cristo morreu pelos ímpios. 7Dificilmente haverá
alguém que morra por um justo, embora pelo homem
bom talvez alguém tenha coragem de morrer. 8Mas
Deus demonstra seu amor por nós: Cristo morreu em
nosso favor quando ainda éramos pecadores.

9Como agora fomos justificados por seu sangue,
muito mais ainda, por meio dele, seremos salvos da
ira de Deus! 10Se quando éramos inimigos de Deus fo-
mos reconciliados com ele mediante a morte de seu
Filho, quanto mais agora, tendo sido reconciliados,
seremos salvos por sua vida! 11Não apenas isso, mas
também nos gloriamos em Deus, por meio de nosso
Senhor Jesus Cristo, mediante quem recebemos ago-
ra a reconciliação.

Morte em Adão, vida em Cristo

12Portanto, da mesma forma como o pecado entrou
no mundo por um homem, e pelo pecado a morte, as-
sim também a morte veio a todos os homens, porque
todos pecaram; 13pois antes de ser dada a Lei, o peca-
do já estava no mundo. Mas o pecado não é levado em
conta quando não existe lei. 14Todavia, a morte reinou
desde o tempo de Adão até o de Moisés, mesmo so-
bre aqueles que não cometeram pecado semelhante à
transgressão de Adão, o qual era um tipo daquele que
haveria de vir.

15Entretanto, não há comparação entre a dádiva e a
transgressão. De fato, muitos morreram por causa da
transgressão de um só homem, mas a graça de Deus,
isto é, a dádiva pela graça de um só, Jesus Cristo, trans-
bordou ainda mais para muitos. 16Não se pode compa-
rar a dádiva de Deus com a consequência do pecado
de um só homem: por um pecado veio o julgamento

[a] 4:3 Gn 15:6
[b] 4:7,8 Sl 32:1-2
[c] 4:17 Gn 17:5
[d] 4:18 Gn 15:5
[e] 4:22 Gn 15:6
[f] 5:1 Ou *tenhamos*
[g] 5:2 Ou *gloriemo-nos*; também no versículo 3.

que trouxe condenação, mas a dádiva decorreu de muitas transgressões e trouxe justificação. 17 Se pela transgressão de um só a morte reinou por meio dele, muito mais aqueles que recebem de Deus a imensa provisão da graça e a dádiva da justiça reinarão em vida por meio de um único homem, Jesus Cristo.

18 Consequentemente, assim como uma só transgressão resultou na condenação de todos os homens, assim também um só ato de justiça resultou na justificação que traz vida a todos os homens. 19 Logo, assim como por meio da desobediência de um só homem muitos foram feitos pecadores, assim também, por meio da obediência de um único homem muitos serão feitos justos.

20 A Lei foi introduzida para que a transgressão fosse ressaltada. Mas onde aumentou o pecado, transbordou a graça, 21 a fim de que, assim como o pecado reinou na morte, também a graça reine pela justiça para conceder vida eterna, mediante Jesus Cristo, nosso Senhor.

Mortos para o pecado, vivos em Cristo

6 Que diremos então? Continuaremos pecando para que a graça aumente? 2 De maneira nenhuma! Nós, os que morremos para o pecado, como podemos continuar vivendo nele? 3 Ou vocês não sabem que todos nós, que fomos batizados em Cristo Jesus, fomos batizados em sua morte? 4 Portanto, fomos sepultados com ele na morte por meio do batismo, a fim de que, assim como Cristo foi ressuscitado dos mortos mediante a glória do Pai, também nós vivamos uma vida nova.

5 Se dessa forma fomos unidos a ele na semelhança da sua morte, certamente o seremos também na semelhança da sua ressurreição. 6 Pois sabemos que o nosso velho homem[a] foi crucificado com ele, para que o corpo do pecado seja destruído[b], e não mais sejamos escravos do pecado; 7 pois quem morreu, foi justificado do pecado.

8 Ora, se morremos com Cristo, cremos que também com ele viveremos. 9 Pois sabemos que, tendo sido ressuscitado dos mortos, Cristo não pode morrer outra vez: a morte não tem mais domínio sobre ele. 10 Porque morrendo, ele morreu para o pecado uma vez por todas; mas vivendo, vive para Deus.

11 Da mesma forma, considerem-se mortos para o pecado, mas vivos para Deus em Cristo Jesus. 12 Portanto, não permitam que o pecado continue dominando os seus corpos mortais, fazendo que vocês obedeçam aos seus desejos. 13 Não ofereçam os membros do corpo de vocês ao pecado, como instrumentos de injustiça; antes ofereçam-se a Deus como quem voltou da morte para a vida; e ofereçam os membros do corpo de vocês a ele, como instrumentos de justiça. 14 Pois o pecado não os dominará, porque vocês não estão debaixo da Lei, mas debaixo da graça.

Escravos da justiça

15 E então? Vamos pecar porque não estamos debaixo da Lei, mas debaixo da graça? De maneira nenhuma! 16 Não sabem que, quando vocês se oferecem a alguém para lhe obedecer como escravos, tornam-se escravos daquele a quem obedecem: escravos do pecado que leva à morte, ou da obediência que leva à justiça? 17 Mas, graças a Deus, porque, embora vocês tenham sido escravos do pecado, passaram a obedecer de coração à forma de ensino que lhes foi transmitida. 18 Vocês foram libertados do pecado e tornaram-se escravos da justiça.

19 Falo isso em termos humanos, por causa das suas limitações humanas[c]. Assim como vocês ofereceram os membros do seu corpo em escravidão à impureza e à maldade que leva à maldade, ofereçam-nos agora em escravidão à justiça que leva à santidade. 20 Quando vocês eram escravos do pecado, estavam livres da justiça. 21 Que fruto colheram então das coisas das quais agora vocês se envergonham? O fim delas é a morte! 22 Mas agora que vocês foram libertados do pecado e se tornaram escravos de Deus, o fruto que colhem leva à santidade, e o seu fim é a vida eterna. 23 Pois o salário do pecado é a morte, mas o dom gratuito de Deus é a vida eterna em[d] Cristo Jesus, nosso Senhor.

A ilustração do casamento

7 Meus irmãos, falo a vocês como a pessoas que conhecem a lei. Acaso vocês não sabem que a lei tem autoridade sobre alguém apenas enquanto ele vive? 2 Por exemplo, pela lei a mulher casada está ligada a seu marido enquanto ele estiver vivo; mas, se o marido morrer, ela estará livre da lei do casamento. 3 Por isso, se ela se casar com outro homem enquanto seu marido ainda estiver vivo, será considerada adúltera. Mas se o marido morrer, ela estará livre daquela lei, e mesmo que venha a se casar com outro homem, não será adúltera.

4 Assim, meus irmãos, vocês também morreram para a Lei, por meio do corpo de Cristo, para pertencerem a outro, àquele que ressuscitou dos mortos, a fim de que venhamos a dar fruto para Deus. 5 Pois quando éramos controlados pela carne[e], as paixões pecaminosas despertadas pela Lei atuavam em nosso corpo, de forma que dávamos fruto para a morte. 6 Mas agora, morrendo para aquilo que antes nos prendia, fomos libertados da Lei, para que sirvamos conforme o novo modo do Espírito, e não segundo a velha forma da Lei escrita.

A luta contra o pecado

7 Que diremos então? A Lei é pecado? De maneira nenhuma! De fato, eu não saberia o que é pecado, a não ser por meio da Lei. Pois, na realidade, eu não saberia o que é cobiça, se a Lei não dissesse: "Não cobiçarás"[f]. 8 Mas o pecado, aproveitando a oportunidade dada pelo mandamento, produziu em mim todo tipo de desejo cobiçoso. Pois, sem a Lei, o pecado está morto. 9 Antes eu vivia sem a Lei, mas quando o mandamento veio, o pecado reviveu, e eu morri. 10 Descobri que o próprio mandamento, destinado a produzir vida, na verdade produziu morte. 11 Pois o pecado, aproveitando a oportunidade dada pelo mandamento, enganou-me e por meio do mandamento me matou.

12 De fato a Lei é santa, e o mandamento é santo, justo e bom. 13 E então, o que é bom se tornou em morte para mim? De maneira nenhuma! Mas, para que o pecado se mostrasse como pecado, ele produziu morte em mim por meio do que era bom, de modo que por meio do mandamento ele se mostrasse extremamente pecaminoso.

[a] 6:6 Isto é, a nossa velha vida em Adão.
[b] 6:6 Ou *seja deixado sem poder*
[c] 6:19 Grego: *por causa da fraqueza da sua carne.*
[d] 6:23 Ou *por meio de*
[e] 7:5 Ou *pela natureza pecaminosa*; também nos versículos 18 e 25.
[f] 7:7 Êx 20:17; Dt 5:21

14 Sabemos que a Lei é espiritual; eu, contudo, não o sou, pois fui vendido como escravo ao pecado. 15 Não entendo o que faço. Pois não faço o que desejo, mas o que odeio. 16 E, se faço o que não desejo, admito que a Lei é boa. 17 Neste caso, não sou mais eu quem o faz, mas o pecado que habita em mim. 18 Sei que nada de bom habita em mim, isto é, em minha carne. Porque tenho o desejo de fazer o que é bom, mas não consigo realizá-lo. 19 Pois o que faço não é o bem que desejo, mas o mal que não quero fazer, esse eu continuo fazendo. 20 Ora, se faço o que não quero, já não sou eu quem o faz, mas o pecado que habita em mim.

21 Assim, encontro esta lei que atua em mim: Quando quero fazer o bem, o mal está junto a mim. 22 No íntimo do meu ser tenho prazer na Lei de Deus; 23 mas vejo outra lei atuando nos membros do meu corpo, guerreando contra a lei da minha mente, tornando-me prisioneiro da lei do pecado que atua em meus membros. 24 Miserável homem que eu sou! Quem me libertará do corpo sujeito a esta morte? 25 Graças a Deus por Jesus Cristo, nosso Senhor! De modo que, com a mente, eu próprio sou escravo da Lei de Deus; mas, com a carne, da lei do pecado.

A vida pelo Espírito

8 Portanto, agora já não há condenação para os que estão em Cristo Jesus[a], 2 porque por meio de Cristo Jesus a lei do Espírito de vida me libertou da lei do pecado e da morte. 3 Porque, aquilo que a Lei fora incapaz de fazer por estar enfraquecida pela carne[b], Deus o fez, enviando seu próprio Filho, à semelhança do homem pecador, como oferta pelo pecado[c]. E assim condenou o pecado na carne, 4 a fim de que as justas exigências da Lei fossem plenamente satisfeitas em nós, que não vivemos segundo a carne, mas segundo o Espírito.

5 Quem vive segundo a carne tem a mente voltada para o que a carne deseja; mas quem vive de acordo com o Espírito, tem a mente voltada para o que o Espírito deseja. 6 A mentalidade da carne é morte, mas a mentalidade do Espírito é vida e paz; 7 a mentalidade da carne é inimiga de Deus porque não se submete à Lei de Deus, nem pode fazê-lo. 8 Quem é dominado pela carne não pode agradar a Deus.

9 Entretanto, vocês não estão sob o domínio da carne, mas do Espírito, se de fato o Espírito de Deus habita em vocês. E, se alguém não tem o Espírito de Cristo, não pertence a Cristo. 10 Mas se Cristo está em vocês, o corpo está morto por causa do pecado, mas o espírito está vivo[d] por causa da justiça. 11 E, se o Espírito daquele que ressuscitou Jesus dentre os mortos habita em vocês, aquele que ressuscitou a Cristo dentre os mortos também dará vida a seus corpos mortais, por meio do seu Espírito, que habita em vocês.

12 Portanto, irmãos, estamos em dívida, não para com a carne, para vivermos sujeitos a ela. 13 Pois se vocês viverem de acordo com a carne, morrerão; mas, se pelo Espírito fizerem morrer os atos do corpo, viverão, 14 porque todos os que são guiados pelo Espírito de Deus são filhos de Deus. 15 Pois vocês não receberam um espírito que os escravize para novamente temerem, mas receberam o Espírito que os torna filhos por adoção, por meio do qual clamamos: "*Aba*[e], Pai". 16 O próprio Espírito testemunha ao nosso espírito que somos filhos de Deus. 17 Se somos filhos, então somos herdeiros; herdeiros de Deus e co-herdeiros com Cristo, se de fato participamos dos seus sofrimentos, para que também participemos da sua glória.

A glória futura

18 Considero que os nossos sofrimentos atuais não podem ser comparados com a glória que em nós será revelada. 19 A natureza criada aguarda, com grande expectativa, que os filhos de Deus sejam revelados. 20 Pois ela foi submetida à inutilidade, não pela sua própria escolha, mas por causa da vontade daquele que a sujeitou, na esperança 21 de que[f] a própria natureza criada será libertada da escravidão da decadência em que se encontra, recebendo a gloriosa liberdade dos filhos de Deus.

22 Sabemos que toda a natureza criada geme até agora, como em dores de parto. 23 E não só isso, mas nós mesmos, que temos os primeiros frutos do Espírito, gememos interiormente, esperando ansiosamente nossa adoção como filhos, a redenção do nosso corpo. 24 Pois nessa esperança fomos salvos. Mas, esperança que se vê não é esperança. Quem espera por aquilo que está vendo? 25 Mas se esperamos o que ainda não vemos, aguardamo-lo pacientemente.

26 Da mesma forma o Espírito nos ajuda em nossa fraqueza, pois não sabemos como orar, mas o próprio Espírito intercede por nós com gemidos inexprimíveis. 27 E aquele que sonda os corações conhece a intenção do Espírito, porque o Espírito intercede pelos santos de acordo com a vontade de Deus.

Mais que vencedores

28 Sabemos que Deus age em todas as coisas para o bem daqueles que o amam,[g] dos que foram chamados de acordo com o seu propósito. 29 Pois aqueles que de antemão conheceu, também os predestinou para serem conformes à imagem de seu Filho, a fim de que ele seja o primogênito entre muitos irmãos. 30 E aos que predestinou, também chamou; aos que chamou, também justificou; aos que justificou, também glorificou.

31 Que diremos, pois, diante dessas coisas? Se Deus é por nós, quem será contra nós? 32 Aquele que não poupou seu próprio Filho, mas o entregou por todos nós, como não nos dará juntamente com ele, e de graça, todas as coisas? 33 Quem fará alguma acusação contra os escolhidos de Deus? É Deus quem os justifica. 34 Quem os condenará? Foi Cristo Jesus que morreu; e mais, que ressuscitou e está à direita de Deus, e também intercede por nós. 35 Quem nos separará do amor de Cristo? Será tribulação, ou angústia, ou perseguição, ou fome, ou nudez, ou perigo, ou espada? 36 Como está escrito:

"Por amor de ti enfrentamos
a morte todos os dias;
somos considerados
como ovelhas
destinadas ao matadouro"[h].

[a] 8:1 Alguns manuscritos dizem Jesus, que não vivem segundo a carne, mas segundo o Espírito.
[b] 8:3 Ou *pela natureza pecaminosa*; também nos versículos 4, 5, 8, 9, 12 e 13.
[c] 8:3 Ou *homem pecador, pelo pecado*
[d] 8:10 Ou *o Espírito é vida*

[e] 8:15 Termo aramaico para *Pai*.
[f] 8:20-21 Ou *a sujeitou em esperança.* 21 *Pois*
[g] 8:28 Alguns manuscritos dizem *Sabemos que todas as coisas contribuem juntamente para o bem dos que amam a Deus;* outros trazem *Sabemos que em todas as coisas Deus coopera juntamente com aqueles que o amam, para trazer à existência o que é bom, com os que foram.*
[h] 8:36 Sl 44:22

37Mas, em todas estas coisas somos mais que ven-
cedores, por meio daquele que nos amou. 38Pois estou
convencido de que nem morte nem vida, nem anjos
nem demônios[a], nem o presente nem o futuro, nem
quaisquer poderes, 39nem altura nem profundidade,
nem qualquer outra coisa na criação será capaz de nos
separar do amor de Deus que está em Cristo Jesus, nos-
so Senhor.

A soberania de Deus

9 Digo a verdade em Cristo, não minto; minha cons-
ciência o confirma no Espírito Santo: 2tenho grande
tristeza e constante angústia em meu coração. 3Pois eu
até desejaria ser amaldiçoado e separado de Cristo por
amor de meus irmãos, os de minha raça, 4o povo de Is-
rael. Deles é a adoção de filhos; deles é a glória divina,
as alianças, a concessão da Lei, a adoração no templo e
as promessas. 5Deles são os patriarcas, e a partir deles
se traça a linhagem humana de Cristo, que é Deus aci-
ma de todos, bendito para sempre![b] Amém.

6Não pensemos que a palavra de Deus falhou. Pois
nem todos os descendentes de Israel são Israel. 7Nem
por serem descendentes de Abraão passaram todos a
ser filhos de Abraão. Ao contrário: "Por meio de Isa-
que a sua descendência será considerada"[c]. 8Noutras
palavras, não são os filhos naturais[d] que são filhos de
Deus, mas os filhos da promessa é que são considera-
dos descendência de Abraão. 9Pois foi assim que a pro-
messa foi feita: "No tempo devido virei novamente, e
Sara terá um filho"[e].

10E esse não foi o único caso; também os filhos de
Rebeca tiveram um mesmo pai, nosso pai Isaque. 11To-
davia, antes que os gêmeos nascessem ou fizessem
qualquer coisa boa ou má — a fim de que o propósito
de Deus conforme a eleição permanecesse, 12não por
obras, mas por aquele que chama — foi dito a ela: "O
mais velho servirá ao mais novo"[f]. 13Como está escrito:
"Amei Jacó, mas rejeitei Esaú"[g].

14E então, que diremos? Acaso Deus é injusto? De ma-
neira nenhuma! 15Pois ele diz a Moisés:

"Terei misericórdia de quem
eu quiser ter misericórdia
e terei compaixão de quem
eu quiser ter compaixão"[h].

16Portanto, isso não depende do desejo ou do esforço
humano, mas da misericórdia de Deus. 17Pois a Escri-
tura diz ao faraó: "Eu o levantei exatamente com este
propósito: mostrar em você o meu poder, e para que o
meu nome seja proclamado em toda a terra"[i]. 18Por-
tanto, Deus tem misericórdia de quem ele quer, e en-
durece a quem ele quer.

19Mas algum de vocês me dirá: "Então, por que
Deus ainda nos culpa? Pois, quem resiste à sua vonta-
de?" 20Mas quem é você, ó homem, para questionar a
Deus? "Acaso aquilo que é formado pode dizer ao que
o formou: 'Por que me fizeste assim?'"[j] 21O oleiro não
tem direito de fazer do mesmo barro um vaso para fins
nobres e outro para uso desonroso?

22E se Deus, querendo mostrar a sua ira e tornar co-
nhecido o seu poder, suportou com grande paciência os
vasos de sua ira, preparados[k] para a destruição? 23Que
dizer, se ele fez isto para tornar conhecidas as riquezas
de sua glória aos vasos de sua misericórdia, que pre-
parou de antemão para glória, 24ou seja, a nós, a quem
também chamou, não apenas dentre os judeus, mas
também dentre os gentios? 25Como ele diz em Oseias:

"Chamarei 'meu povo'
a quem não é meu povo;
e chamarei 'minha amada'
a quem não é minha amada"[l],

26e:

"Acontecerá que, no mesmo
lugar em que se lhes declarou:
'Vocês não são meu povo',
eles serão chamados
'filhos do Deus vivo' "[m].

27Isaías exclama com relação a Israel:

"Embora o número
dos israelitas
seja como a areia do mar,
apenas o remanescente
será salvo.
28Pois o Senhor executará
na terra a sua sentença,
rápida e definitivamente"[n].

29Como anteriormente disse Isaías:

"Se o Senhor dos Exércitos
não nos tivesse deixado descendentes,
já estaríamos como Sodoma,
e semelhantes a Gomorra"[o].

A incredulidade de Israel

30Que diremos, então? Os gentios, que não buscavam
justiça, a obtiveram, uma justiça que vem da fé; 31mas
Israel, que buscava uma lei que trouxesse justiça, não
a alcançou. 32Por que não? Porque não a buscava pela
fé, mas como se fosse por obras. Eles tropeçaram na
"pedra de tropeço". 33Como está escrito:

"Eis que ponho em Sião
uma pedra de tropeço
e uma rocha que faz cair;
e aquele que nela confia
jamais será envergonhado"[p].

10 Irmãos, o desejo do meu coração e a minha ora-
ção a Deus pelos israelitas é que eles sejam salvos.
2Posso testemunhar que eles têm zelo por Deus, mas
o seu zelo não se baseia no conhecimento. 3Porquan-
to, ignorando a justiça que vem de Deus e procurando

[a] **8:38** Ou *autoridades celestiais*
[b] **9:5** Ou *Cristo, que é sobre tudo. Seja Deus louvado para sempre!*
[c] **9:7** Gn 21:12
[d] **9:8** Grego: *da carne.*
[e] **9:9** Gn 18:10,14
[f] **9:12** Gn 25:23
[g] **9:13** Ml 1:2-3
[h] **9:15** Êx 33:19
[i] **9:17** Êx 9:16
[j] **9:20** Is 29:16; 45:9
[k] **9:22** Ou *prontos*
[l] **9:25** Os 2:23
[m] **9:26** Os 1:10
[n] **9:27-28** Is 10:22-23
[o] **9:29** Is 1:9
[p] **9:33** Is 8:14; 28:16

estabelecer a sua própria, não se submeteram à justiça de Deus. 4 Porque o fim da Lei é Cristo, para a justificação[a] de todo o que crê.

5 Moisés descreve desta forma a justiça que vem da Lei: "O homem que fizer estas coisas viverá por meio delas"[b]. 6 Mas a justiça que vem da fé diz: "Não diga em seu coração: 'Quem subirá aos céus?'[c] (isto é, para fazer Cristo descer) 7 ou 'Quem descerá ao abismo?'[d]" (isto é, para fazer Cristo subir dentre os mortos). 8 Mas o que ela diz? "A palavra está perto de você; está em sua boca e em seu coração"[e], isto é, a palavra da fé que estamos proclamando: 9 Se você confessar com a sua boca que Jesus é Senhor e crer em seu coração que Deus o ressuscitou dentre os mortos, será salvo. 10 Pois com o coração se crê para justiça, e com a boca se confessa para salvação. 11 Como diz a Escritura: "Todo o que nele confia jamais será envergonhado"[f]. 12 Não há diferença entre judeus e gentios, pois o mesmo Senhor é Senhor de todos e abençoa ricamente todos os que o invocam, 13 porque "todo aquele que invocar o nome do Senhor será salvo"[g].

14 Como, pois, invocarão aquele em quem não creram? E como crerão naquele de quem não ouviram falar? E como ouvirão, se não houver quem pregue? 15 E como pregarão, se não forem enviados? Como está escrito: "Como são belos os pés dos que anunciam boas-novas!"[h]

16 No entanto, nem todos os israelitas aceitaram as boas-novas. Pois Isaías diz: "Senhor, quem creu em nossa mensagem?"[i] 17 Consequentemente, a fé vem por se ouvir a mensagem, e a mensagem é ouvida mediante a palavra de Cristo. 18 Mas eu pergunto: Eles não a ouviram? Claro que sim:

"A sua voz ressoou
por toda a terra,
e as suas palavras,
até os confins do mundo"[j].

19 Novamente pergunto: Será que Israel não entendeu? Em primeiro lugar, Moisés disse:

"Farei que tenham ciúmes
de quem não é meu povo;
eu os provocarei à ira
por meio de um povo
sem entendimento"[k].

20 E Isaías diz ousadamente:

"Fui achado por aqueles que não me
procuravam;
revelei-me àqueles que não perguntavam
por mim"[l].

21 Mas a respeito de Israel, ele diz:

"O tempo todo
estendi as mãos a um povo
desobediente e rebelde"[m].

O remanescente de Israel

11 Pergunto, pois: Acaso Deus rejeitou o seu povo? De maneira nenhuma! Eu mesmo sou israelita, descendente de Abraão, da tribo de Benjamim. 2 Deus não rejeitou o seu povo, o qual de antemão conheceu. Ou vocês não sabem como Elias clamou a Deus contra Israel, conforme diz a Escritura? 3 "Senhor, mataram os teus profetas e derrubaram os teus altares; sou o único que sobrou, e agora estão procurando matar-me."[n] 4 E qual foi a resposta divina? "Reservei para mim sete mil homens que não dobraram os joelhos diante de Baal."[o] 5 Assim, hoje também há um remanescente escolhido pela graça. 6 E, se é pela graça, já não é mais pelas obras; se fosse, a graça já não seria graça.[p]

7 Que dizer então? Israel não conseguiu aquilo que tanto buscava, mas os eleitos o obtiveram. Os demais foram endurecidos, 8 como está escrito:

"Deus lhes deu um espírito
de atordoamento,
olhos para não ver
e ouvidos para não ouvir,
até o dia de hoje"[q].

9 E Davi diz:

"Que a mesa deles
se transforme
em laço e armadilha,
pedra de tropeço e retribuição para eles.
10 Escureçam-se os seus olhos,
para que não consigam ver,
e suas costas fiquem encurvadas
para sempre"[r].

Os ramos enxertados

11 Novamente pergunto: Acaso tropeçaram para que ficassem caídos? De maneira nenhuma! Ao contrário, por causa da transgressão deles, veio salvação para os gentios, para provocar ciúme em Israel. 12 Mas se a transgressão deles significa riqueza para o mundo, e o seu fracasso, riqueza para os gentios, quanto mais significará a sua plenitude!

13 Estou falando a vocês, gentios. Visto que sou apóstolo para os gentios, exalto o meu ministério, 14 na esperança de que de alguma forma possa provocar ciúme em meu próprio povo e salvar alguns deles. 15 Pois se a rejeição deles é a reconciliação do mundo, o que será a sua aceitação, senão vida dentre os mortos? 16 Se é santa a parte da massa que é oferecida como primeiros frutos, toda a massa também o é; se a raiz é santa, os ramos também o serão.

17 Se alguns ramos foram cortados, e você, sendo oliveira brava, foi enxertado entre os outros e agora participa da seiva que vem da raiz da oliveira cultivada, 18 não se glorie contra esses ramos. Se o fizer, saiba que não

[a] 10:4 Grego: *justiça*.
[b] 10:5 Lv 18:5
[c] 10:6 Dt 30:12
[d] 10:7 Dt 30:13
[e] 10:8 Dt 30:14
[f] 10:11 Is 28:16
[g] 10:13 Jl 2:32
[h] 10:15 Is 52:7
[i] 10:16 Is 53:1
[j] 10:18 Sl 19:4
[k] 10:19 Dt 32:21
[l] 10:20 Is 65:1
[m] 10:21 Is 65:2
[n] 11:3 1Rs 19:10,14
[o] 11:4 1Rs 19:18
[p] 11:6 Alguns manuscritos dizem *Mas se é por obras, já não é mais a graça; se assim fosse, as obras já não seriam obras.*
[q] 11:8 Dt 29:4; Is 29:10
[r] 11:9-10 Sl 69:22-23

é você quem sustenta a raiz, mas a raiz a você. 19Então você dirá: "Os ramos foram cortados, para que eu fosse enxertado". 20Está certo. Eles, porém, foram cortados devido à incredulidade, e você permanece pela fé. Não se orgulhe, mas tema. 21Pois, se Deus não poupou os ramos naturais, também não poupará você.

22Portanto, considere a bondade e a severidade de Deus: severidade para com aqueles que caíram, mas bondade para com você, desde que permaneça na bondade dele. De outra forma, você também será cortado. 23E quanto a eles, se não continuarem na incredulidade, serão enxertados, pois Deus é capaz de enxertá-los outra vez. 24Afinal de contas, se você foi cortado de uma oliveira brava por natureza e, de maneira antinatural, foi enxertado numa oliveira cultivada, quanto mais serão enxertados os ramos naturais em sua própria oliveira?

Todo o Israel será salvo

25Irmãos, não quero que ignorem este mistério, para que não se tornem presunçosos: Israel experimentou um endurecimento em parte, até que chegue a plenitude dos gentios. 26E assim todo o Israel será salvo, como está escrito:

"Virá de Sião o redentor
que desviará de Jacó
a impiedade.
27E esta é[a] a minha aliança
com eles
quando eu remover
os seus pecados"[b].

28Quanto ao evangelho, eles são inimigos por causa de vocês; mas quanto à eleição, são amados por causa dos patriarcas, 29pois os dons e o chamado de Deus são irrevogáveis. 30Assim como vocês, que antes eram desobedientes a Deus mas agora receberam misericórdia, graças à desobediência deles, 31assim também agora eles se tornaram desobedientes, a fim de que também recebam agora[c] misericórdia, graças à misericórdia de Deus para com vocês. 32Pois Deus colocou todos sob a desobediência, para exercer misericórdia para com todos.

Hino de louvor a Deus

33Ó profundidade da riqueza
da sabedoria
e do conhecimento[d] de Deus!
Quão insondáveis são
os seus juízos
e inescrutáveis
os seus caminhos!
34"Quem conheceu a mente
do Senhor?
Ou quem foi seu conselheiro?"[e]
35"Quem primeiro lhe deu,
para que ele o recompense?"[f]
36Pois dele, por ele e para ele são todas as coisas.
A ele seja a glória
para sempre! Amém.

Sacrifícios vivos

12 Portanto, irmãos, rogo-lhes pelas misericórdias de Deus que se ofereçam em sacrifício vivo, santo e agradável a Deus; este é o culto racional[g] de vocês. 2Não se amoldem ao padrão deste mundo, mas transformem-se pela renovação da sua mente, para que sejam capazes de experimentar e comprovar a boa, agradável e perfeita vontade de Deus.

3Por isso, pela graça que me foi dada digo a todos vocês: Ninguém tenha de si mesmo um conceito mais elevado do que deve ter; mas, ao contrário, tenha um conceito equilibrado, de acordo com a medida da fé que Deus lhe concedeu. 4Assim como cada um de nós tem um corpo com muitos membros e esses membros não exercem todos a mesma função, 5assim também em Cristo nós, que somos muitos, formamos um corpo, e cada membro está ligado a todos os outros. 6Temos diferentes dons, de acordo com a graça que nos foi dada. Se alguém tem o dom de profetizar[h], use-o na proporção da[i] sua fé. 7Se o seu dom é servir, sirva; se é ensinar, ensine; 8se é dar ânimo, que assim faça; se é contribuir, que contribua generosamente; se é exercer liderança, que a exerça com zelo; se é mostrar misericórdia, que o faça com alegria.

O amor

9O amor deve ser sincero. Odeiem o que é mau; apeguem-se ao que é bom. 10Dediquem-se uns aos outros com amor fraternal. Prefiram dar honra aos outros mais do que a si próprios. 11Nunca lhes falte o zelo, sejam fervorosos no espírito, sirvam ao Senhor. 12Alegrem-se na esperança, sejam pacientes na tribulação, perseverem na oração. 13Compartilhem o que vocês têm com os santos em suas necessidades. Pratiquem a hospitalidade.

14Abençoem aqueles que os perseguem; abençoem, e não os amaldiçoem. 15Alegrem-se com os que se alegram; chorem com os que choram. 16Tenham uma mesma atitude uns para com os outros. Não sejam orgulhosos, mas estejam dispostos a associar-se a pessoas de posição inferior[j]. Não sejam sábios aos seus próprios olhos.

17Não retribuam a ninguém mal por mal. Procurem fazer o que é correto aos olhos de todos. 18Façam todo o possível para viver em paz com todos. 19Amados, nunca procurem vingar-se, mas deixem com Deus a ira, pois está escrito: "Minha é a vingança; eu retribuirei"[k], diz o Senhor. 20Ao contrário:

"Se o seu inimigo tiver fome, dê-lhe de comer;
se tiver sede, dê-lhe de beber.
Fazendo isso, você amontoará brasas vivas
sobre a cabeça dele"[l].

21Não se deixem vencer pelo mal, mas vençam o mal com o bem.

Submissão às autoridades

13 Todos devem sujeitar-se às autoridades governamentais, pois não há autoridade que não venha de

[a] 11:27 Ou *será*
[b] 11:26-27 Is 59:20-21; 27:9; Jr 31:33-34
[c] 11:31 Alguns manuscritos não trazem *agora*.
[d] 11:33 Ou *da riqueza, da sabedoria e do conhecimento*
[e] 11:34 Is 40:13
[f] 11:35 Jó 41:11

[g] 12:1 Ou *espiritual*
[h] 12:6 Isto é, falar por inspiração de Deus.
[i] 12:6 Ou *de acordo com a*
[j] 12:16 Ou *mas adotem um comportamento humilde*
[k] 12:19 Dt 32:35
[l] 12:20 Pv 25:21-22

Deus; as autoridades que existem foram por ele estabelecidas. 2Portanto, aquele que se rebela contra a autoridade está se colocando contra o que Deus instituiu, e aqueles que assim procedem trazem condenação sobre si mesmos. 3Pois os governantes não devem ser temidos, a não ser pelos que praticam o mal. Você quer viver livre do medo da autoridade? Pratique o bem, e ela o enaltecerá. 4Pois é serva de Deus para o seu bem. Mas se você praticar o mal, tenha medo, pois ela não porta a espada sem motivo. É serva de Deus, agente da justiça para punir quem pratica o mal. 5Portanto, é necessário que sejamos submissos às autoridades, não apenas por causa da possibilidade de uma punição, mas também por questão de consciência.

6É por isso também que vocês pagam imposto, pois as autoridades estão a serviço de Deus, sempre dedicadas a esse trabalho. 7Deem a cada um o que lhe é devido: se imposto, imposto; se tributo, tributo; se temor, temor; se honra, honra.

O amor ao próximo e o fim dos tempos

8Não devam nada a ninguém, a não ser o amor de uns pelos outros, pois aquele que ama seu próximo tem cumprido a Lei. 9Pois estes mandamentos: "Não adulterarás", "Não matarás", "Não furtarás", "Não cobiçarás"[a], e qualquer outro mandamento, todos se resumem neste preceito: "Ame o seu próximo como a si mesmo"[b]. 10O amor não pratica o mal contra o próximo. Portanto, o amor é o cumprimento da Lei.

11Façam isso, compreendendo o tempo em que vivemos. Chegou a hora de vocês despertarem do sono, porque agora a nossa salvação está mais próxima do que quando cremos. 12A noite está quase acabando; o dia logo vem. Portanto, deixemos de lado as obras das trevas e revistamo-nos da armadura da luz. 13Comportemo-nos com decência, como quem age à luz do dia, não em orgias e bebedeiras, não em imoralidade sexual e depravação, não em desavença e inveja. 14Ao contrário, revistam-se do Senhor Jesus Cristo, e não fiquem premeditando como satisfazer os desejos da carne[c].

Os fracos e os fortes

14 Aceitem o que é fraco na fé, sem discutir assuntos controvertidos. 2Um crê que pode comer de tudo; já outro, cuja fé é fraca, come apenas alimentos vegetais. 3Aquele que come de tudo não deve desprezar o que não come, e aquele que não come de tudo não deve condenar aquele que come, pois Deus o aceitou. 4Quem é você para julgar o servo alheio? É para o seu senhor que ele está em pé ou cai. E ficará em pé, pois o Senhor é capaz de o sustentar.

5Há quem considere um dia mais sagrado que outro[d]; há quem considere iguais todos os dias. Cada um deve estar plenamente convicto em sua própria mente. 6Aquele que considera um dia como especial, para o Senhor assim o faz. Aquele que come carne, come para o Senhor, pois dá graças a Deus; e aquele que se abstém, para o Senhor se abstém, e dá graças a Deus. 7Pois nenhum de nós vive apenas para si, e nenhum de nós morre apenas para si. 8Se vivemos, vivemos para o Senhor; e, se morremos, morremos para o Senhor. Assim, quer vivamos, quer morramos, pertencemos ao Senhor.

9Por esta razão Cristo morreu e voltou a viver, para ser Senhor de vivos e de mortos. 10Portanto, você, por que julga seu irmão? E por que despreza seu irmão? Pois todos compareceremos diante do tribunal de Deus. 11Porque está escrito:

" 'Por mim mesmo jurei',
  diz o Senhor,
'diante de mim
  todo joelho se dobrará
e toda língua confessará
  que sou Deus' "[e].

12Assim, cada um de nós prestará contas de si mesmo a Deus.

13Portanto, deixemos de julgar uns aos outros. Em vez disso, façamos o propósito de não colocar pedra de tropeço ou obstáculo no caminho do irmão. 14Como alguém que está no Senhor Jesus, tenho plena convicção de que nenhum alimento[f] é por si mesmo impuro, a não ser para quem assim o considere; para ele é impuro. 15Se o seu irmão se entristece devido ao que você come, você já não está agindo por amor. Por causa da sua comida, não destrua seu irmão, por quem Cristo morreu. 16Aquilo que é bom para vocês não se torne objeto de maledicência. 17Pois o Reino de Deus não é comida nem bebida, mas justiça, paz e alegria no Espírito Santo; 18aquele que assim serve a Cristo é agradável a Deus e aprovado pelos homens.

19Por isso, esforcemo-nos em promover tudo quanto conduz à paz e à edificação mútua. 20Não destrua a obra de Deus por causa da comida. Todo alimento é puro, mas é errado comer qualquer coisa que faça os outros tropeçarem. 21É melhor não comer carne nem beber vinho, nem fazer qualquer outra coisa que leve seu irmão a cair[g].

22Assim, seja qual for o seu modo de crer a respeito destas coisas, que isso permaneça entre você e Deus. Feliz é o homem que não se condena naquilo que aprova. 23Mas aquele que tem dúvida é condenado se comer, porque não come com fé; e tudo o que não provém da fé é pecado.

15 Nós, que somos fortes, devemos suportar as fraquezas dos fracos, e não agradar a nós mesmos. 2Cada um de nós deve agradar ao seu próximo para o bem dele, a fim de edificá-lo. 3Pois também Cristo não agradou a si próprio, mas, como está escrito: "Os insultos daqueles que te insultam caíram sobre mim"[h]. 4Pois tudo o que foi escrito no passado, foi escrito para nos ensinar, de forma que, por meio da perseverança e do bom ânimo procedentes das Escrituras, mantenhamos a nossa esperança.

5O Deus que concede perseverança e ânimo dê-lhes um espírito de unidade, segundo Cristo Jesus, 6para que com um só coração e uma só voz vocês glorifiquem ao Deus e Pai de nosso Senhor Jesus Cristo.

[a] 13:9 Êx 20:13-15,17; Dt 5:17-19,21
[b] 13:9 Lv 19:18
[c] 13:14 Ou *da natureza pecaminosa*
[d] 14:5 Grego: *Há quem faça distinção entre um dia e outro.*
[e] 14:11 Is 45:23
[f] 14:14 Ou *de que nada*
[g] 14:21 Vários manuscritos acrescentam *ou a escandalizar-se, ou a enfraquecer-se.*
[h] 15:3 Sl 69:9

7Portanto, aceitem-se uns aos outros, da mesma for-
ma que Cristo os aceitou, a fim de que vocês glorifi-
quem a Deus. 8Pois eu lhes digo que Cristo se tornou
servo dos que são da circuncisão, por amor à verdade
de Deus, para confirmar as promessas feitas aos patriar-
cas, 9a fim de que os gentios glorifiquem a Deus por sua
misericórdia, como está escrito:

"Por isso, eu te louvarei
entre os gentios;
Cantarei louvores ao teu nome"[a].

10E também diz:

"Cantem de alegria, ó gentios,
com o povo dele"[b].

11E mais:

"Louvem o Senhor,
todos vocês, gentios;
cantem louvores a ele
todos os povos"[c].

12E Isaías também diz:

"Brotará a raiz de Jessé,
aquele que se levantará
para reinar sobre os gentios;
estes colocarão nele
a sua esperança"[d].

13Que o Deus da esperança os encha de toda alegria e
paz, por sua confiança nele, para que vocês transbordem
de esperança, pelo poder do Espírito Santo.

Paulo, ministro dos gentios

14Meus irmãos, eu mesmo estou convencido de que
vocês estão cheios de bondade e plenamente instruí-
dos, sendo capazes de aconselhar-se uns aos outros. 15A
respeito de alguns assuntos, eu lhes escrevi com toda
a franqueza, principalmente para fazê-los lembrar-se
novamente deles, por causa da graça que Deus me deu,
16de ser um ministro de Cristo Jesus para os gentios,
com o dever sacerdotal de proclamar o evangelho de
Deus, para que os gentios se tornem uma oferta acei-
tável a Deus, santificados pelo Espírito Santo.

17Portanto, eu me glorio em Cristo Jesus, em meu
serviço a Deus. 18Não me atrevo a falar de nada, exce-
to daquilo que Cristo realizou por meu intermédio em
palavra e em ação, a fim de levar os gentios a obedece-
rem a Deus, 19pelo poder de sinais e maravilhas e por
meio do poder do Espírito de Deus. Assim, desde Jeru-
salém e arredores, até o Ilírico[e], proclamei plenamente
o evangelho de Cristo. 20Sempre fiz questão de pregar
o evangelho onde Cristo ainda não era conhecido, de
forma que não estivesse edificando sobre alicerce de
outro. 21Mas antes, como está escrito:

"Hão de vê-lo aqueles que
não tinham ouvido falar dele,
e o entenderão aqueles
que não o haviam escutado"[f].

22É por isso que muitas vezes fui impedido de che-
gar até vocês.

Paulo planeja visitar a igreja em Roma

23Mas agora, não havendo nestas regiões nenhum
lugar em que precise trabalhar, e visto que há muitos
anos anseio vê-los, 24planejo fazê-lo quando for à Espa-
nha. Espero visitá-los de passagem e dar-lhes a opor-
tunidade de me ajudarem em minha viagem para lá,
depois de ter desfrutado um pouco da companhia de
vocês. 25Agora, porém, estou de partida para Jerusa-
lém, a serviço dos santos. 26Pois a Macedônia e a Acaia
tiveram a alegria de contribuir para os pobres dentre
os santos de Jerusalém. 27Tiveram prazer nisso, e de
fato são devedores aos santos de Jerusalém. Pois, se os
gentios participaram das bênçãos espirituais dos ju-
deus, devem também servir aos judeus com seus bens
materiais. 28Assim, depois de completar essa tarefa e
de ter a certeza de que eles receberam esse fruto, irei à
Espanha e visitarei vocês de passagem. 29Sei que, quan-
do for visitá-los, irei na plenitude da bênção de Cristo.

30Recomendo-lhes, irmãos, por nosso Senhor Jesus
Cristo e pelo amor do Espírito, que se unam a mim em
minha luta, orando a Deus em meu favor. 31Orem pa-
ra que eu esteja livre dos descrentes da Judeia e que o
meu serviço em Jerusalém seja aceitável aos santos,
32de forma que, pela vontade de Deus, eu os visite com
alegria e juntamente com vocês desfrute de um perío-
do de refrigério. 33O Deus da paz seja com todos vo-
cês. Amém.

Saudações pessoais

16 Recomendo-lhes nossa irmã Febe, serva[g] da igre-
ja em Cencreia. 2Peço que a recebam no Senhor,
de maneira digna dos santos, e lhe prestem a ajuda de
que venha a necessitar; pois tem sido de grande auxí-
lio para muita gente, inclusive para mim.

3Saúdem Priscila[h] e Áquila, meus colaboradores
em Cristo Jesus. 4Arriscaram a vida por mim. Sou
grato a eles; não apenas eu, mas todas as igrejas
dos gentios.
5Saúdem também a igreja que se reúne na casa
deles.
Saúdem meu amado irmão Epêneto, que foi o pri-
meiro convertido a Cristo na província da Ásia.
6Saúdem Maria, que trabalhou arduamente por
vocês.
7Saúdem Andrônico e Júnias, meus parentes que
estiveram na prisão comigo. São notáveis entre
os apóstolos, e estavam em Cristo antes de mim.
8Saúdem Amplíato, meu amado irmão no Senhor.
9Saúdem Urbano, nosso cooperador em Cristo, e
meu amado irmão Estáquis.
10Saúdem Apeles, aprovado em Cristo.
Saúdem os que pertencem à casa de Aristóbulo.
11Saúdem Herodião, meu parente. Saúdem os da
casa de Narciso, que estão no Senhor.
12Saúdem Trifena e Trifosa, mulheres que traba-
lham arduamente no Senhor.
Saúdem a amada Pérside, outra que trabalhou ar-
duamente no Senhor.

[a] 15:9 2Sm 22:50; Sl 18:49
[b] 15:10 Dt 32:43
[c] 15:11 Sl 117:1
[d] 15:12 Is 11:10
[e] 15:19 Região da costa leste do mar Adriático.
[f] 15:21 Is 52:15
[g] 16:1 Ou *diaconisa*
[h] 16:3 Grego: *Prisca*, variante de *Priscila*.

13 Saúdem Rufo, eleito no Senhor, e sua mãe, que
tem sido mãe também para mim.
14 Saúdem Asíncrito, Flegonte, Hermes, Pátrobas,
Hermas e os irmãos que estão com eles.
15 Saúdem Filólogo, Júlia, Nereu e sua irmã, e tam-
bém Olimpas e todos os santos que estão com eles.
16 Saúdem uns aos outros com beijo santo.
Todas as igrejas de Cristo enviam-lhes saudações.

17 Recomendo-lhes, irmãos, que tomem cuidado com
aqueles que causam divisões e colocam obstáculos ao
ensino que vocês têm recebido. Afastem-se deles. 18 Pois
essas pessoas não estão servindo a Cristo, nosso Senhor,
mas a seus próprios apetites. Mediante palavras suaves
e bajulação, enganam o coração dos ingênuos. 19 Todos
têm ouvido falar da obediência de vocês, por isso estou
muito alegre; mas quero que sejam sábios em relação
ao que é bom, e sem malícia em relação ao que é mau.
20 Em breve o Deus da paz esmagará Satanás debai-
xo dos pés de vocês.
A graça de nosso Senhor Jesus seja com vocês.
21 Timóteo, meu cooperador, envia-lhes saudações,
bem como Lúcio, Jasom e Sosípatro, meus parentes.
22 Eu, Tércio, que redigi esta carta, saúdo vocês no
Senhor.
23 Gaio, cuja hospitalidade eu e toda a igreja desfru-
tamos, envia-lhes saudações. Erasto, administrador da
cidade, e nosso irmão Quarto enviam-lhes saudações.
24 Que a graça de nosso Senhor Jesus Cristo seja com
vocês todos. Amém.[a]
25 Ora, àquele que tem poder para confirmá-los pelo
meu evangelho e pela proclamação de Jesus Cristo, de
acordo com a revelação do mistério oculto nos tem-
pos passados, 26 mas agora revelado e dado a conhecer
pelas Escrituras proféticas por ordem do Deus eterno,
para que todas as nações venham a crer nele e a obe-
decer-lhe; 27 sim, ao único Deus sábio seja dada glória
para todo o sempre, por meio de Jesus Cristo. Amém.

[a] 16:24 Muitos manuscritos não trazem o versículo 24.

1CORÍNTIOS

1 Paulo, chamado para ser apóstolo de Cristo Jesus pela
vontade de Deus, e o irmão Sóstenes,

2 à igreja de Deus que está em Corinto, aos santifi-
cados em Cristo Jesus e chamados para serem santos,
juntamente com todos os que, em toda parte, invocam
o nome de nosso Senhor Jesus Cristo, Senhor deles e
nosso:

3 A vocês, graça e paz da parte de Deus nosso Pai e do
Senhor Jesus Cristo.

A gratidão de Paulo

4 Sempre dou graças a meu Deus por vocês, por cau-
sa da graça que lhes foi dada por ele em Cristo Jesus.
5 Pois nele vocês foram enriquecidos em tudo, isto é, em
toda palavra e em todo conhecimento, 6 porque o teste-
munho de Cristo foi confirmado entre vocês, 7 de modo
que não lhes falta nenhum dom espiritual, enquanto
vocês esperam que o nosso Senhor Jesus Cristo seja re-
velado. 8 Ele os manterá firmes até o fim, de modo que
vocês serão irrepreensíveis no dia de nosso Senhor Je-
sus Cristo. 9 Fiel é Deus, o qual os chamou à comunhão
com seu Filho Jesus Cristo, nosso Senhor.

As divisões na igreja

10 Irmãos, em nome de nosso Senhor Jesus Cristo su-
plico a todos vocês que concordem uns com os outros
no que falam, para que não haja divisões entre vocês;
antes, que todos estejam unidos num só pensamento
e num só parecer. 11 Meus irmãos, fui informado por al-
guns da casa de Cloe de que há divisões entre vocês.
12 Com isso quero dizer que algum de vocês afirma: "Eu
sou de Paulo"; ou "Eu sou de Apolo"; ou "Eu sou de Pe-
dro[a]"; ou ainda "Eu sou de Cristo".

13 Acaso Cristo está dividido? Foi Paulo crucificado
em favor de vocês? Foram vocês batizados em nome
de Paulo? 14 Dou graças a Deus por não ter batizado ne-
nhum de vocês, exceto Crispo e Gaio; 15 de modo que
ninguém pode dizer que foi batizado em meu nome.
16 (Batizei também os da casa de Estéfanas; além destes,
não me lembro se batizei alguém mais.) 17 Pois Cristo
não me enviou para batizar, mas para pregar o evan-
gelho, não porém com palavras de sabedoria humana,
para que a cruz de Cristo não seja esvaziada.

Cristo, sabedoria e poder de Deus

18 Pois a mensagem da cruz é loucura para os que es-
tão perecendo, mas para nós, que estamos sendo salvos,
é o poder de Deus. 19 Pois está escrito:

"Destruirei a sabedoria
dos sábios
e rejeitarei a inteligência
dos inteligentes"[b].

20 Onde está o sábio? Onde está o erudito? Onde está
o questionador desta era? Acaso não tornou Deus louca
a sabedoria deste mundo? 21 Visto que, na sabedoria de
Deus, o mundo não o conheceu por meio da sabedoria
humana, agradou a Deus salvar aqueles que creem por
meio da loucura da pregação. 22 Os judeus pedem sinais
milagrosos, e os gregos procuram sabedoria; 23 nós, po-
rém, pregamos a Cristo crucificado, o qual, de fato, é
escândalo para os judeus e loucura para os gentios[c],
24 mas para os que foram chamados, tanto judeus co-
mo gregos, Cristo é o poder de Deus e a sabedoria de
Deus. 25 Porque a loucura de Deus é mais sábia que a
sabedoria humana, e a fraqueza de Deus é mais forte
que a força do homem.

26 Irmãos, pensem no que vocês eram quando foram
chamados. Poucos eram sábios segundo os padrões hu-
manos[d]; poucos eram poderosos; poucos eram de nobre
nascimento. 27 Mas Deus escolheu o que para o mun-
do é loucura para envergonhar os sábios, e escolheu o
que para o mundo é fraqueza para envergonhar o que
é forte. 28 Ele escolheu o que para o mundo é insignifi-
cante, desprezado e o que nada é, para reduzir a nada o
que é, 29 a fim de que ninguém se vanglorie diante dele.
30 É, porém, por iniciativa dele que vocês estão em Cris-
to Jesus, o qual se tornou sabedoria de Deus para nós,
isto é, justiça, santidade e redenção, 31 para que, como
está escrito: "Quem se gloriar, glorie-se no Senhor"[e].

2 Eu mesmo, irmãos, quando estive entre vocês, não
fui com discurso eloquente, nem com muita sabe-
doria para lhes proclamar o mistério de Deus[f]. 2 Pois
decidi nada saber entre vocês, a não ser Jesus Cristo, e
este, crucificado. 3 E foi com fraqueza, temor e com mui-
to tremor que estive entre vocês. 4 Minha mensagem e
minha pregação não consistiram em palavras persuasi-
vas de sabedoria, mas consistiram em demonstração do
poder do Espírito, 5 para que a fé que vocês têm não se
baseasse na sabedoria humana, mas no poder de Deus.

A sabedoria procedente do Espírito

6 Entretanto, falamos de sabedoria entre os que já
têm maturidade, mas não da sabedoria desta era ou
dos poderosos desta era, que estão sendo reduzidos a
nada. 7 Ao contrário, falamos da sabedoria de Deus, do
mistério que estava oculto, o qual Deus preordenou, an-
tes do princípio das eras, para a nossa glória. 8 Nenhum
dos poderosos desta era o entendeu, pois, se o tivessem
entendido, não teriam crucificado o Senhor da glória.
9 Todavia, como está escrito:

"Olho nenhum viu,
ouvido nenhum ouviu,
mente nenhuma imaginou
o que Deus preparou
para aqueles que o amam"[g];

10 mas Deus o revelou a nós por meio do Espírito.
O Espírito sonda todas as coisas, até mesmo as coisas
mais profundas de Deus. 11 Pois, quem conhece os pen-
samentos do homem, a não ser o espírito do homem
que nele está? Da mesma forma, ninguém conhece os

[a] 1:12 Grego: *Cefas*; também em 3:22, 9:5 e 15:5.
[b] 1:19 Is 29:14
[c] 1:23 Isto é, os que não são judeus.
[d] 1:26 Grego: *a carne*.
[e] 1:31 Jr 9:24
[f] 2:1 Vários manuscritos dizem *o testemunho de Deus*.
[g] 2:9 Is 64:4

pensamentos de Deus, a não ser o Espírito de Deus. 12Nós, porém, não recebemos o espírito do mundo, mas o Espírito procedente de Deus, para que entendamos as coisas que Deus nos tem dado gratuitamente. 13Delas também falamos, não com palavras ensinadas pela sabedoria humana, mas com palavras ensinadas pelo Espírito, interpretando verdades espirituais para os que são espirituais[a]. 14Quem não tem o Espírito não aceita as coisas que vêm do Espírito de Deus, pois lhe são loucura; e não é capaz de entendê-las, porque elas são discernidas espiritualmente. 15Mas quem é espiritual discerne todas as coisas, e ele mesmo por ninguém é discernido; pois

> 16"quem conheceu a mente
> do Senhor
> para que possa instruí-lo?"[b]

Nós, porém, temos a mente de Cristo.

As divisões na igreja

3 Irmãos, não lhes pude falar como a espirituais, mas como a carnais, como a crianças em Cristo. 2Dei-lhes leite, e não alimento sólido, pois vocês não estavam em condições de recebê-lo. De fato, vocês ainda não estão em condições, 3porque ainda são carnais. Porque, visto que há inveja e divisão entre vocês, não estão sendo carnais e agindo como mundanos? 4Pois quando alguém diz: "Eu sou de Paulo", e outro: "Eu sou de Apolo", não estão sendo mundanos?

5Afinal de contas, quem é Apolo? Quem é Paulo? Apenas servos por meio dos quais vocês vieram a crer, conforme o ministério que o Senhor atribuiu a cada um. 6Eu plantei, Apolo regou, mas Deus é quem fez crescer; 7de modo que nem o que planta nem o que rega são alguma coisa, mas unicamente Deus, que efetua o crescimento. 8O que planta e o que rega têm um só propósito, e cada um será recompensado de acordo com o seu próprio trabalho. 9Pois nós somos cooperadores de Deus; vocês são lavoura de Deus e edifício de Deus.

10Conforme a graça de Deus que me foi concedida, eu, como sábio construtor, lancei o alicerce, e outro está construindo sobre ele. Contudo, veja cada um como constrói. 11Porque ninguém pode colocar outro alicerce além do que já está posto, que é Jesus Cristo. 12Se alguém constrói sobre esse alicerce usando ouro, prata, pedras preciosas, madeira, feno ou palha, 13sua obra será mostrada, porque o Dia a trará à luz; pois será revelada pelo fogo, que provará a qualidade da obra de cada um. 14Se o que alguém construiu permanecer, esse receberá recompensa. 15Se o que alguém construiu se queimar, esse sofrerá prejuízo; contudo, será salvo como alguém que escapa através do fogo.

16Vocês não sabem que são santuário de Deus e que o Espírito de Deus habita em vocês? 17Se alguém destruir o santuário de Deus, Deus o destruirá; pois o santuário de Deus, que são vocês, é sagrado.

18Não se enganem. Se algum de vocês pensa que é sábio segundo os padrões desta era, deve tornar-se "louco" para que se torne sábio. 19Porque a sabedoria deste mundo é loucura aos olhos de Deus. Pois está escrito: "Ele apanha os sábios na astúcia deles"[c]; 20e também: "O Senhor conhece os pensamentos dos sábios e sabe como são fúteis"[d]. 21Portanto, ninguém se glorie em homens; porque todas as coisas são de vocês, 22seja Paulo, seja Apolo, seja Pedro, seja o mundo, a vida, a morte, o presente ou o futuro; tudo é de vocês, 23e vocês são de Cristo, e Cristo, de Deus.

Apóstolos de Cristo

4 Portanto, que todos nos considerem como servos de Cristo e encarregados dos mistérios de Deus. 2O que se requer destes encarregados é que sejam fiéis. 3Pouco me importa ser julgado por vocês ou por qualquer tribunal humano; de fato, nem eu julgo a mim mesmo. 4Embora em nada minha consciência me acuse, nem por isso justifico a mim mesmo; o Senhor é quem me julga. 5Portanto, não julguem nada antes da hora devida; esperem até que o Senhor venha. Ele trará à luz o que está oculto nas trevas e manifestará as intenções dos corações. Nessa ocasião, cada um receberá de Deus a sua aprovação.

6Irmãos, apliquei essas coisas a mim e a Apolo por amor a vocês, para que aprendam de nós o que significa: "Não ultrapassem o que está escrito". Assim, ninguém se orgulhe a favor de um homem em detrimento de outro. 7Pois, quem torna você diferente de qualquer outra pessoa? O que você tem que não tenha recebido? E se o recebeu, por que se orgulha, como se assim não fosse?

8Vocês já têm tudo o que querem! Já se tornaram ricos! Chegaram a ser reis — e sem nós! Como eu gostaria que vocês realmente fossem reis, para que nós também reinássemos com vocês! 9Porque me parece que Deus nos colocou a nós, os apóstolos, em último lugar, como condenados à morte. Viemos a ser um espetáculo para o mundo, tanto diante de anjos como de homens. 10Nós somos loucos por causa de Cristo, mas vocês são sensatos em Cristo! Nós somos fracos, mas vocês são fortes! Vocês são respeitados, mas nós somos desprezados! 11Até agora estamos passando fome, sede e necessidade de roupas, estamos sendo tratados brutalmente, não temos residência certa e 12trabalhamos arduamente com nossas próprias mãos. Quando somos amaldiçoados, abençoamos; quando perseguidos, suportamos; 13quando caluniados, respondemos amavelmente. Até agora nos tornamos a escória da terra, o lixo do mundo.

14Não estou tentando envergonhá-los ao escrever estas coisas, mas procuro adverti-los, como a meus filhos amados. 15Embora possam ter dez mil tutores em Cristo, vocês não têm muitos pais, pois em Cristo Jesus eu mesmo os gerei por meio do evangelho. 16Portanto, suplico-lhes que sejam meus imitadores. 17Por essa razão estou lhes enviando Timóteo, meu filho amado e fiel no Senhor, o qual lhes trará à lembrança a minha maneira de viver em Cristo Jesus, de acordo com o que eu ensino por toda parte, em todas as igrejas.

18Alguns de vocês se tornaram arrogantes, como se eu não fosse mais visitá-los. 19Mas irei muito em breve, se o Senhor permitir; então saberei não apenas o que estão falando esses arrogantes, mas que poder eles têm. 20Pois o Reino de Deus não consiste em palavras, mas em poder. 21Que é que vocês querem? Devo ir a vocês com vara, ou com amor e espírito de mansidão?

[a] 2:13 Ou *comparando realidades espirituais com realidades espirituais*
[b] 2:16 Is 40:13
[c] 3:19 Jó 5:13
[d] 3:20 Sl 94:11

Imoralidade na igreja!

5 Por toda parte se ouve que há imoralidade entre vocês, imoralidade que não ocorre nem entre os pagãos, ao ponto de um de vocês possuir a mulher de seu pai. 2E vocês estão orgulhosos! Não deviam, porém, estar cheios de tristeza e expulsar da comunhão aquele que fez isso? 3Apesar de eu não estar presente fisicamente, estou com vocês em espírito. E já condenei aquele que fez isso, como se estivesse presente. 4Quando vocês estiverem reunidos em nome de nosso Senhor Jesus, estando eu com vocês em espírito, estando presente também o poder de nosso Senhor Jesus Cristo, 5entreguem esse homem a Satanás, para que o corpo[a] seja destruído, e seu espírito seja salvo no dia do Senhor.

6O orgulho de vocês não é bom. Vocês não sabem que um pouco de fermento faz toda a massa ficar fermentada? 7Livrem-se do fermento velho, para que sejam massa nova e sem fermento, como realmente são. Pois Cristo, nosso Cordeiro pascal, foi sacrificado. 8Por isso, celebremos a festa, não com o fermento velho, nem com o fermento da maldade e da perversidade, mas com os pães sem fermento, os pães da sinceridade e da verdade.

9Já lhes disse por carta que vocês não devem associar-se com pessoas imorais. 10Com isso não me refiro aos imorais deste mundo, nem aos avarentos, aos ladrões ou aos idólatras. Se assim fosse, vocês precisariam sair deste mundo. 11Mas agora estou lhes escrevendo que não devem associar-se com qualquer que, dizendo-se irmão, seja imoral, avarento, idólatra, caluniador, alcoólatra ou ladrão. Com tais pessoas vocês nem devem comer.

12Pois, como haveria eu de julgar os de fora da igreja? Não devem vocês julgar os que estão dentro? 13Deus julgará os de fora. "Expulsem esse perverso do meio de vocês."[b]

6 Se algum de vocês tem queixa contra outro irmão, como ousa apresentar a causa para ser julgada pelos ímpios, em vez de levá-la aos santos? 2Vocês não sabem que os santos hão de julgar o mundo? Se vocês hão de julgar o mundo, acaso não são capazes de julgar as causas de menor importância? 3Vocês não sabem que haveremos de julgar os anjos? Quanto mais as coisas desta vida! 4Portanto, se vocês têm questões relativas às coisas desta vida, designem para juízes os que são da igreja, mesmo que sejam os menos importantes.[c] 5Digo isso para envergonhá-los. Acaso não há entre vocês alguém suficientemente sábio para julgar uma causa entre irmãos? 6Mas, ao invés disso, um irmão vai ao tribunal contra outro irmão, e isso diante de descrentes!

7O fato de haver litígios entre vocês já significa uma completa derrota. Por que não preferem sofrer a injustiça? Por que não preferem sofrer o prejuízo? 8Em vez disso vocês mesmos causam injustiças e prejuízos, e isso contra irmãos!

9Vocês não sabem que os perversos não herdarão o Reino de Deus? Não se deixem enganar: nem imorais, nem idólatras, nem adúlteros, nem homossexuais passivos ou ativos[d], 10nem ladrões, nem avarentos, nem alcoólatras, nem caluniadores, nem trapaceiros herdarão o Reino de Deus. 11Assim foram alguns de vocês. Mas vocês foram lavados, foram santificados, foram justificados no nome do Senhor Jesus Cristo e no Espírito de nosso Deus.

O perigo da imoralidade

12"Tudo me é permitido", mas nem tudo convém. "Tudo me é permitido", mas eu não deixarei que nada me domine. 13"Os alimentos foram feitos para o estômago e o estômago para os alimentos", mas Deus destruirá ambos. O corpo, porém, não é para a imoralidade, mas para o Senhor, e o Senhor para o corpo. 14Por seu poder, Deus ressuscitou o Senhor e também nos ressuscitará. 15Vocês não sabem que os seus corpos são membros de Cristo? Tomarei eu os membros de Cristo e os unirei a uma prostituta? De maneira nenhuma! 16Vocês não sabem que aquele que se une a uma prostituta é um corpo com ela? Pois, como está escrito: "Os dois serão uma só carne"[e]. 17Mas aquele que se une ao Senhor é um espírito com ele.

18Fujam da imoralidade sexual. Todos os outros pecados que alguém comete, fora do corpo os comete; mas quem peca sexualmente, peca contra o seu próprio corpo. 19Acaso não sabem que o corpo de vocês é santuário do Espírito Santo que habita em vocês, que lhes foi dado por Deus, e que vocês não são de si mesmos? 20Vocês foram comprados por alto preço. Portanto, glorifiquem a Deus com o seu próprio corpo.

Acerca do casamento

7 Quanto aos assuntos sobre os quais vocês escreveram, é bom que o homem não toque em mulher,[f] 2mas, por causa da imoralidade, cada um deve ter sua esposa, e cada mulher o seu próprio marido. 3O marido deve cumprir os seus deveres conjugais para com a sua mulher, e da mesma forma a mulher para com o seu marido. 4A mulher não tem autoridade sobre o seu próprio corpo, mas sim o marido. Da mesma forma, o marido não tem autoridade sobre o seu próprio corpo, mas sim a mulher. 5Não se recusem um ao outro, exceto por mútuo consentimento e durante certo tempo, para se dedicarem à oração. Depois, unam-se de novo, para que Satanás não os tente por não terem domínio próprio. 6Digo isso como concessão, e não como mandamento. 7Gostaria que todos os homens fossem como eu; mas cada um tem o seu próprio dom da parte de Deus; um de um modo, outro de outro.

8Digo, porém, aos solteiros e às viúvas: É bom que permaneçam como eu. 9Mas, se não conseguem controlar-se, devem casar-se, pois é melhor casar-se do que ficar ardendo de desejo.

10Aos casados dou este mandamento, não eu, mas o Senhor: Que a esposa não se separe do seu marido. 11Mas, se o fizer, que permaneça sem se casar ou, então, reconcilie-se com o seu marido. E o marido não se divorcie da sua mulher.

12Aos outros, eu mesmo digo isto, não o Senhor: Se um irmão tem mulher descrente, e ela se dispõe a viver com ele, não se divorcie dela. 13E, se uma mulher tem marido descrente, e ele se dispõe a viver com ela, não

[a] 5:5 Grego: *a carne*.
[b] 5:13 Dt 17:7; 19:19; 21:21; 22:21,24; 24:7
[c] 6:4 Ou *designam para juízes os que são menos importantes na igreja?*
[d] 6:9 Ou *nem efeminados*. O termo grego refere-se a homens que se submetem a todo tipo de depravação sexual com outros homens.
[e] 6:16 Gn 2:24
[f] 7:1 Ou *é bom que o homem se abstenha de ter relações sexuais com qualquer mulher*,

se divorcie dele. [14]Pois o marido descrente é santificado por meio da mulher, e a mulher descrente é santificada por meio do marido. Se assim não fosse, seus filhos seriam impuros, mas agora são santos.

[15]Todavia, se o descrente separar-se, que se separe. Em tais casos, o irmão ou a irmã não fica debaixo de servidão; Deus nos chamou para vivermos em paz. [16]Você, mulher, como sabe se salvará seu marido? Ou você, marido, como sabe se salvará sua mulher?

[17]Entretanto, cada um continue vivendo na condição que o Senhor lhe designou e de acordo com o chamado de Deus. Esta é a minha ordem para todas as igrejas. [18]Foi alguém chamado sendo já circunciso? Não desfaça a sua circuncisão. Foi alguém chamado sendo incircunciso? Não se circuncide. [19]A circuncisão não significa nada, e a incircuncisão também nada é; o que importa é obedecer aos mandamentos de Deus. [20]Cada um deve permanecer na condição em que foi chamado por Deus. [21]Foi você chamado sendo escravo? Não se incomode com isso. Mas, se você puder conseguir a liberdade, consiga-a. [22]Pois aquele que, sendo escravo, foi chamado pelo Senhor, é liberto e pertence ao Senhor; semelhantemente, aquele que era livre quando foi chamado, é escravo de Cristo. [23]Vocês foram comprados por alto preço; não se tornem escravos de homens. [24]Irmãos, cada um deve permanecer diante de Deus na condição em que foi chamado.

[25]Quanto às pessoas virgens, não tenho mandamento do Senhor, mas dou meu parecer como alguém que, pela misericórdia de Deus, é digno de confiança. [26]Por causa dos problemas atuais, penso que é melhor o homem permanecer como está. [27]Você está casado? Não procure separar-se. Está solteiro? Não procure esposa. [28]Mas, se vier a casar-se, não comete pecado; e, se uma virgem se casar, também não comete pecado. Mas aqueles que se casarem enfrentarão muitas dificuldades na vida[a], e eu gostaria de poupá-los disso.

[29]O que quero dizer é que o tempo é curto. De agora em diante, aqueles que têm esposa, vivam como se não tivessem; [30]aqueles que choram, como se não chorassem; os que estão felizes, como se não estivessem; os que compram algo, como se nada possuíssem; [31]os que usam as coisas do mundo, como se não as usassem; porque a forma presente deste mundo está passando.

[32]Gostaria de vê-los livres de preocupações. O homem que não é casado preocupa-se com as coisas do Senhor, em como agradar ao Senhor. [33]Mas o homem casado preocupa-se com as coisas deste mundo, em como agradar sua mulher, [34]e está dividido. Tanto a mulher não casada como a virgem preocupam-se com as coisas do Senhor, para serem santas no corpo e no espírito. Mas a casada preocupa-se com as coisas deste mundo, em como agradar seu marido. [35]Estou dizendo isso para o próprio bem de vocês; não para lhes impor restrições, mas para que vocês possam viver de maneira correta, em plena consagração ao Senhor.

[36]Se alguém acha que está agindo de forma indevida diante da virgem de quem está noivo, que ela está passando da idade, achando que deve se casar, faça como achar melhor. Com isso não peca. Casem-se. [37]Contudo, o homem que decidiu firmemente em seu coração que não se sente obrigado, mas tem controle sobre sua própria vontade e decidiu não se casar com a virgem — este também faz bem. [38]Assim, aquele que se casa com a virgem faz bem, mas aquele que não se casa faz melhor.[b]

[39]A mulher está ligada a seu marido enquanto ele viver. Mas, se o seu marido morrer, ela estará livre para se casar com quem quiser, contanto que ele pertença ao Senhor. [40]Em meu parecer, ela será mais feliz se permanecer como está; e penso que também tenho o Espírito de Deus.

A comida sacrificada aos ídolos

8 Com respeito aos alimentos sacrificados aos ídolos, sabemos que todos temos conhecimento.[c] O conhecimento traz orgulho, mas o amor edifica. [2]Quem pensa conhecer alguma coisa, ainda não conhece como deveria. [3]Mas quem ama a Deus, este é conhecido por Deus.

[4]Portanto, em relação ao alimento sacrificado aos ídolos, sabemos que o ídolo não significa nada no mundo e que só existe um Deus. [5]Pois, mesmo que haja os chamados deuses, quer no céu, quer na terra (como de fato há muitos "deuses" e muitos "senhores"), [6]para nós, porém, há um único Deus, o Pai, de quem vêm todas as coisas e para quem vivemos; e um só Senhor, Jesus Cristo, por meio de quem vieram todas as coisas e por meio de quem vivemos.

[7]Contudo, nem todos têm esse conhecimento. Alguns, ainda habituados com os ídolos, comem esse alimento como se fosse um sacrifício idólatra; e como a consciência deles é fraca, fica contaminada. [8]A comida, porém, não nos torna aceitáveis diante de Deus; não seremos piores se não comermos, nem melhores se comermos.

[9]Contudo, tenham cuidado para que o exercício da liberdade de vocês não se torne uma pedra de tropeço para os fracos. [10]Pois, se alguém que tem a consciência fraca vir você que tem este conhecimento comer num templo de ídolos, não será induzido a comer do que foi sacrificado a ídolos? [11]Assim, esse irmão fraco, por quem Cristo morreu, é destruído por causa do conhecimento que você tem. [12]Quando você peca contra seus irmãos dessa maneira, ferindo a consciência fraca deles, peca contra Cristo. [13]Portanto, se aquilo que eu como leva o meu irmão a pecar, nunca mais comerei carne, para não fazer meu irmão tropeçar.

Os direitos de um apóstolo

9 Não sou livre? Não sou apóstolo? Não vi Jesus, nosso Senhor? Não são vocês resultado do meu trabalho no Senhor? [2]Ainda que eu não seja apóstolo para outros, certamente o sou para vocês! Pois vocês são o selo do meu apostolado no Senhor.

[3]Esta é minha defesa diante daqueles que me julgam. [4]Não temos nós o direito de comer e beber? [5]Não temos nós o direito de levar conosco uma esposa crente como fazem os outros apóstolos, os irmãos do Senhor e Pedro? [6]Ou será que só eu e Barnabé não temos direito de receber sustento sem trabalhar?

[a] **7:28** Grego: *carne*.

[b] **7:36-38** Ou [36]*Se alguém acha que não está tratando sua filha como é devido e que ela está numa idade madura, pelo que ele se sente obrigado a casá-la, faça como achar melhor. Com isso não peca. Deve permitir que se case.* [37]*Contudo, o que se mantém firme no seu propósito e não é dominado por seus impulsos, mas domina sua própria vontade, e resolveu manter solteira sua filha, este também faz bem.* [38]*De modo que aquele que dá sua filha em casamento faz bem, mas o que não a dá em casamento faz melhor.*

[c] **8:1** Ou *ídolos, "todos temos conhecimento", conforme vocês dizem.*

7Quem serve como soldado à própria custa? Quem planta uma vinha e não come do seu fruto? Quem apascenta um rebanho e não bebe do seu leite? 8Não digo isso do ponto de vista meramente humano; a Lei não diz a mesma coisa? 9Pois está escrito na Lei de Moisés: "Não amordace o boi enquanto ele estiver debulhando o cereal"[a]. Por acaso é com bois que Deus está preocupado? 10Não é certamente por nossa causa que ele o diz? Sim, isso foi escrito em nosso favor. Porque "o lavrador quando ara e o debulhador quando debulha, devem fazê-lo na esperança de participar da colheita". 11Se entre vocês semeamos coisas espirituais, seria demais colhermos de vocês coisas materiais? 12Se outros têm direito de ser sustentados por vocês, não o temos nós ainda mais?

Mas nós nunca usamos desse direito. Ao contrário, suportamos tudo para não colocar obstáculo algum ao evangelho de Cristo. 13Vocês não sabem que aqueles que trabalham no templo alimentam-se das coisas do templo, e que os que servem diante do altar participam do que é oferecido no altar? 14Da mesma forma, o Senhor ordenou àqueles que pregam o evangelho, que vivam do evangelho.

15Mas eu não tenho usado de nenhum desses direitos. Não estou escrevendo na esperança de que vocês façam isso por mim. Prefiro morrer a permitir que alguém me prive deste meu orgulho. 16Contudo, quando prego o evangelho, não posso me orgulhar, pois me é imposta a necessidade de pregar. Ai de mim se não pregar o evangelho! 17Porque, se prego de livre vontade, tenho recompensa; contudo, como prego por obrigação, estou simplesmente cumprindo uma incumbência a mim confiada. 18Qual é, pois, a minha recompensa? Apenas esta: que, pregando o evangelho, eu o apresente gratuitamente, não usando, assim, dos meus direitos ao pregá-lo.

19Porque, embora seja livre de todos, fiz-me escravo de todos, para ganhar o maior número possível de pessoas. 20Tornei-me judeu para os judeus, a fim de ganhar os judeus. Para os que estão debaixo da Lei, tornei-me como se estivesse sujeito à Lei (embora eu mesmo não esteja debaixo da Lei), a fim de ganhar os que estão debaixo da Lei. 21Para os que estão sem lei, tornei-me como sem lei (embora não esteja livre da lei de Deus, e sim sob a lei de Cristo), a fim de ganhar os que não têm a Lei. 22Para com os fracos tornei-me fraco, para ganhar os fracos. Tornei-me tudo para com todos, para de alguma forma salvar alguns. 23Faço tudo isso por causa do evangelho, para ser co-participante dele.

24Vocês não sabem que de todos os que correm no estádio, apenas um ganha o prêmio? Corram de tal modo que alcancem o prêmio. 25Todos os que competem nos jogos se submetem a um treinamento rigoroso, para obter uma coroa que logo perece; mas nós o fazemos para ganhar uma coroa que dura para sempre. 26Sendo assim, não corro como quem corre sem alvo, e não luto como quem esmurra o ar. 27Mas esmurro o meu corpo e faço dele meu escravo, para que, depois de ter pregado aos outros, eu mesmo não venha a ser reprovado.

Exemplos da história de Israel

10 Porque não quero, irmãos, que vocês ignorem o fato de que todos os nossos antepassados estiveram sob a nuvem e todos passaram pelo mar. 2Em Moisés, todos eles foram batizados na nuvem e no mar. 3Todos comeram do mesmo alimento espiritual 4e beberam da mesma bebida espiritual; pois bebiam da rocha espiritual que os acompanhava, e essa rocha era Cristo. 5Contudo, Deus não se agradou da maioria deles; por isso os seus corpos ficaram espalhados no deserto.

6Essas coisas ocorreram como exemplos[b] para nós, para que não cobicemos coisas más, como eles fizeram. 7Não sejam idólatras, como alguns deles foram, conforme está escrito: "O povo se assentou para comer e beber, e levantou-se para se entregar à farra"[c]. 8Não pratiquemos imoralidade, como alguns deles fizeram — e num só dia morreram vinte e três mil. 9Não devemos pôr o Senhor à prova, como alguns deles fizeram — e foram mortos por serpentes. 10E não se queixem, como alguns deles se queixaram — e foram mortos pelo anjo destruidor.

11Essas coisas aconteceram a eles como exemplos e foram escritas como advertência para nós, sobre quem tem chegado o fim dos tempos. 12Assim, aquele que julga estar firme, cuide-se para que não caia! 13Não sobreveio a vocês tentação que não fosse comum aos homens. E Deus é fiel; ele não permitirá que vocês sejam tentados além do que podem suportar. Mas, quando forem tentados, ele mesmo lhes providenciará um escape, para que o possam suportar.

As festas idólatras e a ceia do Senhor

14Por isso, meus amados irmãos, fujam da idolatria. 15Estou falando a pessoas sensatas; julguem vocês mesmos o que estou dizendo. 16Não é verdade que o cálice da bênção que abençoamos é uma participação no sangue de Cristo, e que o pão que partimos é uma participação no corpo de Cristo? 17Como há somente um pão, nós, que somos muitos, somos um só corpo, pois todos participamos de um único pão.

18Considerem o povo de Israel: os que comem dos sacrifícios não participam do altar? 19Portanto, que estou querendo dizer? Será que o sacrifício oferecido a um ídolo é alguma coisa? Ou o ídolo é alguma coisa? 20Não! Quero dizer que o que os pagãos sacrificam é oferecido aos demônios e não a Deus, e não quero que vocês tenham comunhão com os demônios. 21Vocês não podem beber do cálice do Senhor e do cálice dos demônios; não podem participar da mesa do Senhor e da mesa dos demônios. 22Porventura provocaremos o ciúme do Senhor? Somos mais fortes do que ele?

A liberdade do cristão

23"Tudo é permitido", mas nem tudo convém. "Tudo é permitido", mas nem tudo edifica. 24Ninguém deve buscar o seu próprio bem, mas sim o dos outros.

25Comam de tudo o que se vende no mercado, sem fazer perguntas por causa da consciência, 26pois "do Senhor é a terra e tudo o que nela existe"[d].

27Se algum descrente o convidar para uma refeição e você quiser ir, coma de tudo o que lhe for apresentado, sem nada perguntar por causa da consciência. 28Mas se alguém lhe disser: "Isto foi oferecido em sacrifício", não coma, tanto por causa da pessoa que o comentou, como

[a] 9:9 Dt 25:4

[b] 10:6 Ou *como tipos*; também no versículo 11.

[c] 10:7 Êx 32:6

[d] 10:26 Sl 24:1

da consciência[a], 29isto é, da consciência do outro e não da sua própria. Pois, por que minha liberdade deve ser julgada pela consciência dos outros? 30Se participo da refeição com ação de graças, por que sou condenado por algo pelo qual dou graças a Deus?

31Assim, quer vocês comam, bebam ou façam qualquer outra coisa, façam tudo para a glória de Deus. 32Não se tornem motivo de tropeço, nem para judeus, nem para gregos, nem para a igreja de Deus. 33Também eu procuro agradar a todos, de todas as formas. Porque não estou procurando o meu próprio bem, mas o bem de muitos, para que sejam salvos.

11 Tornem-se meus imitadores, como eu o sou de Cristo.

Instruções sobre a adoração

2Eu os elogio por se lembrarem de mim em tudo e por se apegarem às tradições exatamente como eu as transmiti a vocês.

3Quero, porém, que entendam que o cabeça de todo homem é Cristo, e o cabeça da mulher é o homem, e o cabeça de Cristo é Deus. 4Todo homem que ora ou profetiza com a cabeça coberta desonra a sua cabeça; 5e toda mulher que ora ou profetiza com a cabeça descoberta desonra a sua cabeça; pois é como se a tivesse rapada. 6Se a mulher não cobre a cabeça, deve também cortar o cabelo; se, porém, é vergonhoso para a mulher ter o cabelo cortado ou rapado, ela deve cobrir a cabeça. 7O homem não deve cobrir a cabeça, visto que ele é imagem e glória de Deus; mas a mulher é glória do homem. 8Pois o homem não se originou da mulher, mas a mulher do homem; 9além disso, o homem não foi criado por causa da mulher, mas a mulher por causa do homem. 10Por essa razão e por causa dos anjos, a mulher deve ter sobre a cabeça um sinal de autoridade.

11No Senhor, todavia, a mulher não é independente do homem, nem o homem independente da mulher. 12Pois, assim como a mulher proveio do homem, também o homem nasce da mulher. Mas tudo provém de Deus. 13Julguem entre vocês mesmos: é apropriado a uma mulher orar a Deus com a cabeça descoberta? 14A própria natureza das coisas não lhes ensina que é uma desonra para o homem ter cabelo comprido, 15e que o cabelo comprido é uma glória para a mulher? Pois o cabelo comprido foi lhe dado como manto. 16Mas se alguém quiser fazer polêmica a esse respeito, nós não temos esse costume, nem as igrejas de Deus.

A ceia do Senhor

17Entretanto, nisto que lhes vou dizer não os elogio, pois as reuniões de vocês mais fazem mal do que bem. 18Em primeiro lugar, ouço que, quando vocês se reúnem como igreja, há divisões entre vocês, e até certo ponto eu o creio. 19Pois é necessário que haja divergências entre vocês, para que sejam conhecidos quais dentre vocês são aprovados. 20Quando vocês se reúnem, não é para comer a ceia do Senhor, 21porque cada um come sua própria ceia sem esperar pelos outros. Assim, enquanto um fica com fome, outro se embriaga. 22Será que vocês não têm casa onde comer e beber? Ou desprezam a igreja de Deus e humilham os que nada têm? Que lhes direi? Eu os elogiarei por isso? Certamente que não!

23Pois recebi do Senhor o que também lhes entreguei: Que o Senhor Jesus, na noite em que foi traído, tomou o pão 24e, tendo dado graças, partiu-o e disse: "Isto é o meu corpo, que é dado em favor de vocês; façam isto em memória de mim". 25Da mesma forma, depois da ceia ele tomou o cálice e disse: "Este cálice é a nova aliança no meu sangue; façam isso sempre que o beberem em memória de mim". 26Porque, sempre que comerem deste pão e beberem deste cálice, vocês anunciam a morte do Senhor até que ele venha.

27Portanto, todo aquele que comer o pão ou beber o cálice do Senhor indignamente será culpado de pecar contra o corpo e o sangue do Senhor. 28Examine-se cada um a si mesmo, e então coma do pão e beba do cálice. 29Pois quem come e bebe sem discernir o corpo do Senhor, come e bebe para sua própria condenação. 30Por isso há entre vocês muitos fracos e doentes, e vários já dormiram. 31Mas, se nós tivéssemos o cuidado de examinar a nós mesmos, não receberíamos juízo. 32Quando, porém, somos julgados pelo Senhor, estamos sendo disciplinados para que não sejamos condenados com o mundo.

33Portanto, meus irmãos, quando vocês se reunirem para comer, esperem uns pelos outros. 34Se alguém estiver com fome, coma em casa, para que, quando vocês se reunirem, isso não resulte em condenação.

Quanto ao mais, quando eu for lhes darei instruções.

Os dons espirituais

12 Irmãos, quanto aos dons espirituais[b], não quero que vocês sejam ignorantes. 2Vocês sabem que, quando eram pagãos, de uma forma ou de outra eram fortemente atraídos e levados para os ídolos mudos. 3Por isso, eu lhes afirmo que ninguém que fala pelo Espírito de Deus diz: "Jesus seja amaldiçoado"; e ninguém pode dizer: "Jesus é Senhor", a não ser pelo Espírito Santo.

4Há diferentes tipos de dons, mas o Espírito é o mesmo. 5Há diferentes tipos de ministérios, mas o Senhor é o mesmo. 6Há diferentes formas de atuação, mas é o mesmo Deus quem efetua tudo em todos.

7A cada um, porém, é dada a manifestação do Espírito, visando ao bem comum. 8Pelo Espírito, a um é dada a palavra de sabedoria; a outro, pelo mesmo Espírito, a palavra de conhecimento; 9a outro, fé, pelo mesmo Espírito; a outro, dons de curar, pelo único Espírito; 10a outro, poder para operar milagres; a outro, profecia; a outro, discernimento de espíritos; a outro, variedade de línguas; e ainda a outro, interpretação de línguas. 11Todas essas coisas, porém, são realizadas pelo mesmo e único Espírito, e ele as distribui individualmente, a cada um, como quer.

Diversidade na unidade

12Ora, assim como o corpo é uma unidade, embora tenha muitos membros, e todos os membros, mesmo sendo muitos, formam um só corpo, assim também com respeito a Cristo. 13Pois em um só corpo todos nós fomos batizados em[c] um único Espírito: quer judeus, quer gregos, quer escravos, quer livres. E a todos nós foi dado beber de um único Espírito.

14O corpo não é feito de um só membro, mas de muitos. 15Se o pé disser: "Porque não sou mão, não pertenço

[a] 10:28 Alguns manuscritos dizem *por motivos de consciência, porque "do Senhor é a terra e tudo o que nela existe"*.

[b] 12:1 Ou *às pessoas espirituais*

[c] 12:13 Ou *com*; ou ainda *por*

ao corpo", nem por isso deixa de fazer parte do corpo. 16E se o ouvido disser: "Porque não sou olho, não pertenço ao corpo", nem por isso deixa de fazer parte do corpo. 17Se todo o corpo fosse olho, onde estaria a audição? Se todo o corpo fosse ouvido, onde estaria o olfato? 18De fato, Deus dispôs cada um dos membros no corpo, segundo a sua vontade. 19Se todos fossem um só membro, onde estaria o corpo? 20Assim, há muitos membros, mas um só corpo.

21O olho não pode dizer à mão: "Não preciso de você!" Nem a cabeça pode dizer aos pés: "Não preciso de vocês!" 22Ao contrário, os membros do corpo que parecem mais fracos são indispensáveis, 23e os membros que pensamos serem menos honrosos, tratamos com especial honra. E os membros que em nós são indecorosos são tratados com decoro especial, 24enquanto os que em nós são decorosos não precisam ser tratados de maneira especial. Mas Deus estruturou o corpo dando maior honra aos membros que dela tinham falta, 25a fim de que não haja divisão no corpo, mas, sim, que todos os membros tenham igual cuidado uns pelos outros. 26Quando um membro sofre, todos os outros sofrem com ele; quando um membro é honrado, todos os outros se alegram com ele.

27Ora, vocês são o corpo de Cristo, e cada um de vocês, individualmente, é membro desse corpo. 28Assim, na igreja, Deus estabeleceu primeiramente apóstolos; em segundo lugar, profetas; em terceiro lugar, mestres; depois os que realizam milagres, os que têm dons de curar, os que têm dom de prestar ajuda, os que têm dons de administração e os que falam diversas línguas. 29São todos apóstolos? São todos profetas? São todos mestres? Têm todos o dom de realizar milagres? 30Têm todos dons de curar? Falam todos em línguas? Todos interpretam? 31Entretanto, busquem[a] com dedicação os melhores dons.

O amor

Passo agora a mostrar-lhes um caminho ainda mais excelente.

13 Ainda que eu fale as línguas dos homens e dos anjos, se não tiver amor, serei como o sino que ressoa ou como o prato que retine. 2Ainda que eu tenha o dom de profecia e saiba todos os mistérios e todo o conhecimento, e tenha uma fé capaz de mover montanhas, se não tiver amor, nada serei. 3Ainda que eu dê aos pobres tudo o que possuo e entregue o meu corpo para ser queimado[b], se não tiver amor, nada disso me valerá.

4O amor é paciente, o amor é bondoso. Não inveja, não se vangloria, não se orgulha. 5Não maltrata, não procura seus interesses, não se ira facilmente, não guarda rancor. 6O amor não se alegra com a injustiça, mas se alegra com a verdade. 7Tudo sofre, tudo crê, tudo espera, tudo suporta.

8O amor nunca perece; mas as profecias desaparecerão, as línguas cessarão, o conhecimento passará. 9Pois em parte conhecemos e em parte profetizamos; 10quando, porém, vier o que é perfeito, o que é imperfeito desaparecerá. 11Quando eu era menino, falava como menino, pensava como menino e raciocinava como menino. Quando me tornei homem, deixei para trás as coisas de menino. 12Agora, pois, vemos apenas um reflexo obscuro, como em espelho; mas, então, veremos face a face. Agora conheço em parte; então, conhecerei plenamente, da mesma forma como sou plenamente conhecido.

13Assim, permanecem agora estes três: a fé, a esperança e o amor. O maior deles, porém, é o amor.

Os dons de profecia e de línguas

14 Sigam o caminho do amor e busquem com dedicação os dons espirituais, principalmente o dom de profecia. 2Pois quem fala em uma língua[c] não fala aos homens, mas a Deus. De fato, ninguém o entende; em espírito fala mistérios. 3Mas quem profetiza o faz para edificação, encorajamento e consolação dos homens. 4Quem fala em língua a si mesmo se edifica, mas quem profetiza edifica a igreja. 5Gostaria que todos vocês falassem em línguas, mas prefiro que profetizem. Quem profetiza é maior do que aquele que fala em línguas, a não ser que as interprete, para que a igreja seja edificada.

6Agora, irmãos, se eu for visitá-los e falar em línguas, em que lhes serei útil, a não ser que lhes leve alguma revelação, ou conhecimento, ou profecia, ou doutrina? 7Até no caso de coisas inanimadas que produzem sons, tais como a flauta ou a cítara, como alguém reconhecerá o que está sendo tocado, se os sons não forem distintos? 8Além disso, se a trombeta não emitir um som claro, quem se preparará para a batalha? 9Assim acontece com vocês. Se não proferirem palavras compreensíveis com a língua, como alguém saberá o que está sendo dito? Vocês estarão simplesmente falando ao ar. 10Sem dúvida, há diversos idiomas no mundo; todavia, nenhum deles é sem sentido. 11Portanto, se eu não entender o significado do que alguém está falando, serei estrangeiro para quem fala, e ele, estrangeiro para mim. 12Assim acontece com vocês. Visto que estão ansiosos por terem dons espirituais[d], procurem crescer naqueles que trazem a edificação para a igreja.

13Por isso, quem fala em uma língua, ore para que a possa interpretar. 14Pois, se oro em uma língua, meu espírito ora, mas a minha mente fica infrutífera. 15Então, que farei? Orarei com o espírito, mas também orarei com o entendimento; cantarei com o espírito, mas também cantarei com o entendimento. 16Se você estiver louvando a Deus em espírito, como poderá aquele que está entre os não instruídos dizer o "Amém" à sua ação de graças, visto que não sabe o que você está dizendo? 17Pode ser que você esteja dando graças muito bem, mas o outro não é edificado.

18Dou graças a Deus por falar em línguas mais do que todos vocês. 19Todavia, na igreja prefiro falar cinco palavras compreensíveis para instruir os outros a falar dez mil palavras em uma língua.

20Irmãos, deixem de pensar como crianças. Com respeito ao mal, sejam crianças; mas, quanto ao modo de pensar, sejam adultos. 21Pois está escrito na Lei:

"Por meio de homens
de outras línguas
e por meio de lábios
de estrangeiros

[a] 12:31 Ou *Entretanto, vocês estão buscando*
[b] 13:3 Alguns manuscritos dizem *corpo para que eu tenha de que me gloriar*.
[c] 14:2 Ou *outro idioma*; também em todo o capítulo 14.
[d] 14:12 Grego: *serem zelosos dos espíritos*.

falarei a este povo,
mas, mesmo assim,
eles não me ouvirão"[a],
diz o Senhor.

22 Portanto, as línguas são um sinal para os descrentes, e não para os que creem; a profecia, porém, é para os que creem, não para os descrentes. 23 Assim, se toda a igreja se reunir e todos falarem em línguas, e entrarem alguns não instruídos ou descrentes, não dirão que vocês estão loucos? 24 Mas se entrar algum descrente ou não instruído quando todos estiverem profetizando, ele por todos será convencido de que é pecador e por todos será julgado, 25 e os segredos do seu coração serão expostos. Assim, ele se prostrará, rosto em terra, e adorará a Deus, exclamando: "Deus realmente está entre vocês!"

Ordem no culto

26 Portanto, que diremos, irmãos? Quando vocês se reúnem, cada um de vocês tem um salmo, ou uma palavra de instrução, uma revelação, uma palavra em uma língua ou uma interpretação. Tudo seja feito para a edificação da igreja. 27 Se, porém, alguém falar em língua, devem falar dois, no máximo três, e alguém deve interpretar. 28 Se não houver intérprete, fique calado na igreja, falando consigo mesmo e com Deus.

29 Tratando-se de profetas, falem dois ou três, e os outros julguem cuidadosamente o que foi dito. 30 Se vier uma revelação a alguém que está sentado, cale-se o primeiro. 31 Pois vocês todos podem profetizar, cada um por sua vez, de forma que todos sejam instruídos e encorajados. 32 O espírito dos profetas está sujeito aos profetas. 33 Pois Deus não é Deus de desordem, mas de paz.

Como em todas as congregações dos santos, 34 permaneçam as mulheres em silêncio nas igrejas, pois não lhes é permitido falar; antes permaneçam em submissão, como diz a Lei. 35 Se quiserem aprender alguma coisa, que perguntem a seus maridos em casa; pois é vergonhoso uma mulher falar na igreja.

36 Acaso a palavra de Deus originou-se entre vocês? São vocês o único povo que ela alcançou? 37 Se alguém pensa que é profeta ou espiritual, reconheça que o que lhes estou escrevendo é mandamento do Senhor. 38 Se ignorar isso, ele mesmo será ignorado.[b]

39 Portanto, meus irmãos, busquem com dedicação o profetizar e não proíbam o falar em línguas. 40 Mas tudo deve ser feito com decência e ordem.

A ressurreição de Cristo

15 Irmãos, quero lembrar-lhes o evangelho que lhes preguei, o qual vocês receberam e no qual estão firmes. 2 Por meio deste evangelho vocês são salvos, desde que se apeguem firmemente à palavra que lhes preguei; caso contrário, vocês têm crido em vão.

3 Pois o que primeiramente[c] lhes transmiti foi o que recebi: que Cristo morreu pelos nossos pecados, segundo as Escrituras, 4 foi sepultado e ressuscitou no terceiro dia, segundo as Escrituras, 5 e apareceu a Pedro e depois aos Doze. 6 Depois disso apareceu a mais de quinhentos irmãos de uma só vez, a maioria dos quais ainda vive, embora alguns já tenham adormecido. 7 Depois apareceu a Tiago e, então, a todos os apóstolos; 8 depois destes apareceu também a mim, como a um que nasceu fora de tempo.

9 Pois sou o menor dos apóstolos e nem sequer mereço ser chamado apóstolo, porque persegui a igreja de Deus. 10 Mas, pela graça de Deus, sou o que sou, e sua graça para comigo não foi inútil; antes, trabalhei mais do que todos eles; contudo, não eu, mas a graça de Deus comigo. 11 Portanto, quer tenha sido eu, quer tenham sido eles, é isto que pregamos, e é isto que vocês creram.

A ressurreição dentre os mortos

12 Ora, se está sendo pregado que Cristo ressuscitou dentre os mortos, como alguns de vocês estão dizendo que não existe ressurreição dos mortos? 13 Se não há ressurreição dos mortos, nem Cristo ressuscitou; 14 e, se Cristo não ressuscitou, é inútil a nossa pregação, como também é inútil a fé que vocês têm. 15 Mais que isso, seremos considerados falsas testemunhas de Deus, pois contra ele testemunhamos que ressuscitou a Cristo dentre os mortos. Mas se de fato os mortos não ressuscitam, ele também não ressuscitou a Cristo. 16 Pois, se os mortos não ressuscitam, nem mesmo Cristo ressuscitou. 17 E, se Cristo não ressuscitou, inútil é a fé que vocês têm, e ainda estão em seus pecados. 18 Neste caso, também os que dormiram em Cristo estão perdidos. 19 Se é somente para esta vida que temos esperança em Cristo, somos, de todos os homens, os mais dignos de compaixão.

20 Mas de fato Cristo ressuscitou dentre os mortos, sendo ele as primícias[d] dentre aqueles que dormiram. 21 Visto que a morte veio por meio de um só homem, também a ressurreição dos mortos veio por meio de um só homem. 22 Pois da mesma forma como em Adão todos morrem, em Cristo todos serão vivificados. 23 Mas cada um por sua vez: Cristo, o primeiro; depois, quando ele vier, os que lhe pertencem. 24 Então virá o fim, quando ele entregar o Reino a Deus, o Pai, depois de ter destruído todo domínio, autoridade e poder. 25 Pois é necessário que ele reine até que todos os seus inimigos sejam postos debaixo de seus pés. 26 O último inimigo a ser destruído é a morte. 27 Porque ele "tudo sujeitou debaixo de seus pés"[e]. Ora, quando se diz que "tudo" lhe foi sujeito, fica claro que isso não inclui o próprio Deus, que tudo submeteu a Cristo. 28 Quando, porém, tudo lhe estiver sujeito, então o próprio Filho se sujeitará àquele que todas as coisas lhe sujeitou, a fim de que Deus seja tudo em todos.

29 Se não há ressurreição, que farão aqueles que se batizam pelos mortos? Se absolutamente os mortos não ressuscitam, por que se batizam por eles? 30 Também nós, por que estamos nos expondo a perigos o tempo todo? 31 Todos os dias enfrento a morte, irmãos; isso digo pelo orgulho que tenho de vocês em Cristo Jesus, nosso Senhor. 32 Se foi por meras razões humanas que lutei com feras em Éfeso, que ganhei com isso? Se os mortos não ressuscitam,

"comamos e bebamos,
porque amanhã morreremos"[f].

33 Não se deixem enganar: "As más companhias corrompem os bons costumes". 34 Como justos, recuperem o bom senso e parem de pecar; pois alguns há que não

[a] 14:21 Is 28:11-12
[b] 14:38 Alguns manuscritos dizem *Se ele ignora isso, deixe-o ignorar.*
[c] 15:3 Ou *em primeira mão*
[d] 15:20 Isto é, os primeiros frutos.
[e] 15:27 Sl 8:6
[f] 15:32 Is 22:13

têm conhecimento de Deus; digo isso para vergonha
de vocês.

O corpo da ressurreição

35 Mas alguém pode perguntar: "Como ressuscitam
os mortos? Com que espécie de corpo virão?" 36 Insen-
sato! O que você semeia não nasce a não ser que morra.
37 Quando você semeia, não semeia o corpo que virá a
ser, mas apenas uma simples semente, como de trigo
ou de alguma outra coisa. 38 Mas Deus lhe dá um cor-
po, como determinou, e a cada espécie de semente dá
seu corpo apropriado. 39 Nem toda carne é a mesma:
os homens têm uma espécie de carne, os animais têm
outra, as aves outra, e os peixes outra. 40 Há corpos ce-
lestes e há também corpos terrestres; mas o esplendor
dos corpos celestes é um, e o dos corpos terrestres é
outro. 41 Um é o esplendor do sol, outro o da lua, e ou-
tro o das estrelas; e as estrelas diferem em esplendor
umas das outras.

42 Assim será com a ressurreição dos mortos. O cor-
po que é semeado é perecível e ressuscita imperecível;
43 é semeado em desonra e ressuscita em glória; é se-
meado em fraqueza e ressuscita em poder; 44 é semea-
do um corpo natural e ressuscita um corpo espiritual.

Se há corpo natural, há também corpo espiritual.
45 Assim está escrito: "O primeiro homem, Adão, tor-
nou-se um ser vivente"[a]; o último Adão, espírito vi-
vificante. 46 Não foi o espiritual que veio antes, mas o
natural; depois dele, o espiritual. 47 O primeiro homem
era do pó da terra; o segundo homem, dos céus. 48 Os
que são da terra são semelhantes ao homem terreno;
os que são dos céus, ao homem celestial. 49 Assim como
tivemos a imagem do homem terreno, teremos[b] tam-
bém a imagem do homem celestial.

50 Irmãos, eu lhes declaro que carne e sangue não
podem herdar o Reino de Deus, nem o que é perecível
pode herdar o imperecível. 51 Eis que eu lhes digo um
mistério: Nem todos dormiremos, mas todos seremos
transformados, 52 num momento, num abrir e fechar
de olhos, ao som da última trombeta. Pois a trombe-
ta soará, os mortos ressuscitarão incorruptíveis e nós
seremos transformados. 53 Pois é necessário que aqui-
lo que é corruptível se revista de incorruptibilidade, e
aquilo que é mortal se revista de imortalidade. 54 Quan-
do, porém, o que é corruptível se revestir de incorrup-
tibilidade, e o que é mortal, de imortalidade, então se
cumprirá a palavra que está escrita: "A morte foi des-
truída pela vitória"[c].

55 "Onde está, ó morte,
a sua vitória?
Onde está, ó morte,
o seu aguilhão?"[d]

56 O aguilhão da morte é o pecado, e a força do peca-
do é a Lei. 57 Mas graças a Deus, que nos dá a vitória por
meio de nosso Senhor Jesus Cristo.

58 Portanto, meus amados irmãos, mantenham-se
firmes, e que nada os abale. Sejam sempre dedicados
à obra do Senhor, pois vocês sabem que, no Senhor, o
trabalho de vocês não será inútil.

A coleta para o povo de Deus

16 Quanto à coleta para o povo de Deus, façam co-
mo ordenei às igrejas da Galácia. 2 No primeiro dia
da semana, cada um de vocês separe uma quantia, de
acordo com a sua renda, reservando-a para que não seja
preciso fazer coletas quando eu chegar. 3 Então, quando
eu chegar, entregarei cartas de recomendação aos ho-
mens que vocês aprovarem e os mandarei para Jerusa-
lém com a oferta de vocês. 4 Se me parecer conveniente
ir também, eles me acompanharão.

Pedidos pessoais

5 Depois de passar pela Macedônia irei visitá-los, já
que passarei por lá. 6 Talvez eu permaneça com vocês
durante algum tempo, ou até mesmo passe o inver-
no com vocês, para que me ajudem na viagem, aon-
de quer que eu vá. 7 Desta vez não quero apenas vê-los
e fazer uma visita de passagem; espero ficar algum
tempo com vocês, se o Senhor permitir. 8 Mas perma-
necerei em Éfeso até o Pentecoste, 9 porque se abriu
para mim uma porta ampla e promissora; e há mui-
tos adversários.

10 Se Timóteo for, tomem providências para que ele
não tenha nada que temer enquanto estiver com vocês,
pois ele trabalha na obra do Senhor, assim como eu.
11 Portanto, ninguém o despreze. Ajudem-no a prosse-
guir viagem em paz, para que ele possa voltar a mim.
Eu o estou esperando com os irmãos.

12 Quanto ao irmão Apolo, insisti que fosse com os
irmãos visitar vocês. Ele não quis de modo nenhum ir
agora, mas irá quando tiver boa oportunidade.

13 Estejam vigilantes, mantenham-se firmes na fé,
sejam homens de coragem, sejam fortes. 14 Façam tu-
do com amor.

15 Vocês sabem que os da casa de Estéfanas foram
o primeiro fruto da Acaia e que eles têm se dedicado
ao serviço dos santos. Recomendo-lhes, irmãos, 16 que se
submetam a pessoas como eles e a todos os que coope-
ram e trabalham conosco. 17 Alegrei-me com a vinda de
Estéfanas, Fortunato e Acaico, porque eles supriram o
que estava faltando da parte de vocês. 18 Eles trouxeram
alívio ao meu espírito, e ao de vocês também. Valorizem
homens como estes.

Saudações finais

19 As igrejas da província da Ásia enviam-lhes sauda-
ções. Áquila e Priscila[e] os saúdam afetuosamente no
Senhor, e também a igreja que se reúne na casa deles.
20 Todos os irmãos daqui lhes enviam saudações. Saú-
dem uns aos outros com beijo santo.

21 Eu, Paulo, escrevi esta saudação de próprio punho.

22 Se alguém não ama o Senhor, seja amaldiçoado.
Vem, Senhor[f]!

23 A graça do Senhor Jesus seja com vocês.

24 Recebam o amor que tenho por todos vocês em
Cristo Jesus. Amém.[g]

[a] 15:45 Gn 2:7
[b] 15:49 Alguns manuscritos dizem *tenhamos*.
[c] 15:54 Is 25:8
[d] 15:55 Os 13:14

[e] 16:19 Grego: *Prisca*, variante de *Priscila*.
[f] 16:22 Em aramaico a expressão *Vem, Senhor* é *Maranatha*.
[g] 16:24 Alguns manuscritos não trazem *Amém*.

2CORÍNTIOS

1 Paulo, apóstolo de Cristo Jesus pela vontade de Deus, e o irmão Timóteo,

à igreja de Deus que está em Corinto, com todos os santos de toda a Acaia:

[2]A vocês, graça e paz da parte de Deus nosso Pai e do Senhor Jesus Cristo.

Deus é o nosso consolador

[3]Bendito seja o Deus e Pai de nosso Senhor Jesus Cristo, Pai das misericórdias e Deus de toda consolação, [4]que nos consola em todas as nossas tribulações, para que, com a consolação que recebemos de Deus[a], possamos consolar os que estão passando por tribulações. [5]Pois assim como os sofrimentos de Cristo transbordam sobre nós, também por meio de Cristo transborda a nossa consolação. [6]Se somos atribulados, é para consolação e salvação de vocês; se somos consolados, é para consolação de vocês, a qual lhes dá paciência para suportarem os mesmos sofrimentos que nós estamos padecendo. [7]E a nossa esperança em relação a vocês está firme, porque sabemos que, da mesma forma como vocês participam dos nossos sofrimentos, participam também da nossa consolação.

[8]Irmãos, não queremos que vocês desconheçam as tribulações que sofremos na província da Ásia, as quais foram muito além da nossa capacidade de suportar, ao ponto de perdermos a esperança da própria vida. [9]De fato, já tínhamos sobre nós a sentença de morte, para que não confiássemos em nós mesmos, mas em Deus, que ressuscita os mortos. [10]Ele nos livrou e continuará nos livrando de tal perigo de morte. Nele temos colocado a nossa esperança de que continuará a livrar-nos, [11]enquanto vocês nos ajudam com as suas orações. Assim muitos darão graças por nossa causa[b], pelo favor a nós concedido em resposta às orações de muitos.

Paulo muda seus planos

[12]Este é o nosso orgulho: A nossa consciência dá testemunho de que nos temos conduzido no mundo, especialmente em nosso relacionamento com vocês, com santidade e sinceridade provenientes de Deus, não de acordo com a sabedoria do mundo, mas de acordo com a graça de Deus. [13]Pois nada lhes escrevemos que vocês não sejam capazes de ler ou entender. E espero que, [14]assim como vocês nos entenderam em parte, venham a entender plenamente que podem orgulhar-se de nós, assim como nos orgulharemos de vocês no dia do Senhor Jesus.

[15]Confiando nisso, e para que vocês fossem duplamente beneficiados, planejava primeiro visitá-los [16]em minha ida à Macedônia e voltar a vocês vindo de lá, para que me ajudassem em minha viagem para a Judeia. [17]Quando planejei isso, será que o fiz levianamente? Ou será que faço meus planos de modo mundano[c], dizendo ao mesmo tempo "sim" e "não"?

[18]Todavia, como Deus é fiel, nossa mensagem a vocês não é "sim" e "não", [19]pois o Filho de Deus, Jesus Cristo, pregado entre vocês por mim e também por Silvano[d] e Timóteo, não foi "sim" e "não", mas nele sempre houve "sim"; [20]pois quantas forem as promessas feitas por Deus, tantas têm em Cristo o "sim". Por isso, por meio dele, o "Amém" é pronunciado por nós para a glória de Deus. [21]Ora, é Deus que faz que nós e vocês permaneçamos firmes em Cristo. Ele nos ungiu, [22]nos selou como sua propriedade e pôs o seu Espírito em nossos corações como garantia do que está por vir.

[23]Invoco a Deus como testemunha de que foi a fim de poupá-los que não voltei a Corinto. [24]Não que tenhamos domínio sobre a sua fé, mas cooperamos com vocês para que tenham alegria, pois é pela fé que vocês permanecem firmes.

2 Por isso resolvi não lhes fazer outra visita que causasse tristeza. [2]Pois, se os entristeço, quem me alegrará senão vocês, a quem tenho entristecido? [3]Escrevi como escrevi para que, quando eu for, não seja entristecido por aqueles que deveriam alegrar-me. Estava confiante em que todos vocês compartilhariam da minha alegria. [4]Pois eu lhes escrevi com grande aflição e angústia de coração, e com muitas lágrimas, não para entristecê-los, mas para que soubessem como é profundo o meu amor por vocês.

Perdão para o pecador

[5]Se um de vocês tem causado tristeza, não a tem causado apenas a mim, mas também, em parte, para eu não ser demasiadamente severo, a todos vocês. [6]A punição que lhe foi imposta pela maioria é suficiente. [7]Agora, ao contrário, vocês devem perdoar-lhe e consolá-lo, para que ele não seja dominado por excessiva tristeza. [8]Portanto, eu lhes recomendo que reafirmem o amor que têm por ele. [9]Eu lhes escrevi com o propósito de saber se vocês seriam aprovados, isto é, se seriam obedientes em tudo. [10]Se vocês perdoam a alguém, eu também perdoo; e aquilo que perdoei, se é que havia alguma coisa para perdoar, perdoei na presença de Cristo, por amor a vocês, [11]a fim de que Satanás não tivesse vantagem sobre nós; pois não ignoramos as suas intenções.

Ministros da nova aliança

[12]Quando cheguei a Trôade para pregar o evangelho de Cristo e vi que o Senhor me havia aberto uma porta, [13]ainda assim, não tive sossego em meu espírito, porque não encontrei ali meu irmão Tito. Por isso, despedi-me deles e fui para a Macedônia.

[14]Mas graças a Deus, que sempre nos conduz vitoriosamente em Cristo e por nosso intermédio exala em todo lugar a fragrância do seu conhecimento; [15]porque para Deus somos o aroma de Cristo entre os que estão sendo salvos e os que estão perecendo. [16]Para estes somos cheiro de morte; para aqueles, fragrância de vida. Mas quem está capacitado para tanto? [17]Ao contrário de muitos, não negociamos a palavra de Deus visando lucro; antes, em Cristo falamos diante de Deus com sinceridade, como homens enviados por Deus.

3 Será que com isso estamos começando a nos recomendar a nós mesmos novamente? Será que precisamos,

[a] 1:4 Grego: *com a consolação com que fomos consolados.*
[b] 1:11 Muitos manuscritos dizem *por causa de vocês.*
[c] 1:17 Grego: *segundo a carne.*

[d] 1:19 Ou *Silas*, variante de *Silvano.*

como alguns, de cartas de recomendação para vocês
ou da parte de vocês? 2Vocês mesmos são a nossa carta,
escrita em nosso coração, conhecida e lida por todos.
3Vocês demonstram que são uma carta de Cristo, resul-
tado do nosso ministério, escrita não com tinta, mas
com o Espírito do Deus vivo, não em tábuas de pedra,
mas em tábuas de corações humanos.
4Tal é a confiança que temos diante de Deus, por
meio de Cristo. 5Não que possamos reivindicar qualquer
coisa com base em nossos próprios méritos, mas a nossa
capacidade vem de Deus. 6Ele nos capacitou para ser-
mos ministros de uma nova aliança, não da letra, mas
do Espírito; pois a letra mata, mas o Espírito vivifica.

A glória da nova aliança

7O ministério que trouxe a morte foi gravado com
letras em pedras; mas esse ministério veio com tal gló-
ria que os israelitas não podiam fixar os olhos na face
de Moisés, por causa do resplendor do seu rosto, ainda
que desvanecente. 8Não será o ministério do Espírito
ainda muito mais glorioso? 9Se era glorioso o ministé-
rio que trouxe condenação, quanto mais glorioso será o
ministério que produz justificação! 10Pois o que outrora
foi glorioso, agora não tem glória, em comparação com
a glória insuperável. 11E se o que estava se desvanecendo
se manifestou com glória, quanto maior será a glória
do que permanece!
12Portanto, visto que temos tal esperança, mostra-
mos muita confiança. 13Não somos como Moisés, que
colocava um véu sobre a face para que os israelitas não
contemplassem o resplendor que se desvanecia. 14Na
verdade a mente deles se fechou, pois até hoje o mes-
mo véu permanece quando é lida a antiga aliança. Não
foi retirado, porque é somente em Cristo que ele é re-
movido. 15De fato, até o dia de hoje, quando Moisés é
lido, um véu cobre os seus corações. 16Mas quando al-
guém se converte ao Senhor, o véu é retirado. 17Ora, o
Senhor é o Espírito e, onde está o Espírito do Senhor,
ali há liberdade. 18E todos nós, que com a face desco-
berta contemplamos[a] a glória do Senhor, segundo a
sua imagem estamos sendo transformados com glória
cada vez maior, a qual vem do Senhor, que é o Espírito.

Tesouros em vasos de barro

4 Portanto, visto que temos este ministério pela mise-
ricórdia que nos foi dada, não desanimamos. 2Antes,
renunciamos aos procedimentos secretos e vergonho-
sos; não usamos de engano, nem torcemos a palavra de
Deus. Ao contrário, mediante a clara exposição da ver-
dade, recomendamo-nos à consciência de todos, diante
de Deus. 3Mas se o nosso evangelho está encoberto, para
os que estão perecendo é que está encoberto. 4O deus
desta era cegou o entendimento dos descrentes, para
que não vejam a luz do evangelho da glória de Cristo,
que é a imagem de Deus. 5Mas não pregamos a nós mes-
mos, mas a Jesus Cristo, o Senhor, e a nós como escra-
vos de vocês, por causa de Jesus. 6Pois Deus, que disse:
"Das trevas resplandeça a luz"[b], ele mesmo brilhou em
nossos corações, para iluminação do conhecimento da
glória de Deus na face de Cristo.
7Mas temos esse tesouro em vasos de barro, para
mostrar que este poder que a tudo excede provém de
Deus, e não de nós. 8De todos os lados somos pressiona-
dos, mas não desanimados; ficamos perplexos, mas não
desesperados; 9somos perseguidos, mas não abandona-
dos; abatidos, mas não destruídos. 10Trazemos sempre
em nosso corpo o morrer de Jesus, para que a vida de
Jesus também seja revelada em nosso corpo. 11Pois nós,
que estamos vivos, somos sempre entregues à morte
por amor a Jesus, para que a sua vida também se ma-
nifeste em nosso corpo mortal. 12De modo que em nós
atua a morte; mas em vocês, a vida.
13Está escrito: "Cri, por isso falei"[c]. Com esse mesmo
espírito de fé nós também cremos e, por isso, falamos,
14porque sabemos que aquele que ressuscitou o Senhor
Jesus dentre os mortos, também nos ressuscitará com
Jesus e nos apresentará com vocês. 15Tudo isso é para o
bem de vocês, para que a graça, que está alcançando um
número cada vez maior de pessoas, faça que transbor-
dem as ações de graças para a glória de Deus.
16Por isso não desanimamos. Embora exteriormen-
te estejamos a desgastar-nos, interiormente estamos
sendo renovados dia após dia, 17pois os nossos sofri-
mentos leves e momentâneos estão produzindo para
nós uma glória eterna que pesa mais do que todos eles.
18Assim, fixamos os olhos, não naquilo que se vê, mas
no que não se vê, pois o que se vê é transitório, mas o
que não se vê é eterno.

Nossa habitação celestial

5 Sabemos que, se for destruída a temporária habi-
tação terrena em que vivemos, temos da parte de
Deus um edifício, uma casa eterna nos céus, não cons-
truída por mãos humanas. 2Enquanto isso, gememos,
desejando ser revestidos da nossa habitação celestial,
3porque, estando vestidos, não seremos encontrados
nus. 4Pois, enquanto estamos nesta casa, gememos e
nos angustiamos, porque não queremos ser despidos,
mas revestidos da nossa habitação celestial, para que
aquilo que é mortal seja absorvido pela vida. 5Foi Deus
que nos preparou para esse propósito, dando-nos o Es-
pírito como garantia do que está por vir.
6Portanto, temos sempre confiança e sabemos que,
enquanto estamos no corpo, estamos longe do Senhor.
7Porque vivemos por fé, e não pelo que vemos. 8Temos,
pois, confiança e preferimos estar ausentes do corpo e
habitar com o Senhor. 9Por isso, temos o propósito de
lhe agradar, quer estejamos no corpo, quer o deixemos.
10Pois todos nós devemos comparecer perante o tribu-
nal de Cristo, para que cada um receba de acordo com
as obras praticadas por meio do corpo, quer sejam boas
quer sejam más.

O ministério da reconciliação

11Uma vez que conhecemos o temor ao Senhor, pro-
curamos persuadir os homens. O que somos está mani-
festo diante de Deus, e esperamos que esteja manifesto
também diante da consciência de vocês. 12Não estamos
tentando novamente recomendar-nos a vocês, porém
lhes estamos dando a oportunidade de exultarem em
nós, para que tenham o que responder aos que se van-
gloriam das aparências e não do que está no coração.
13Se enlouquecemos, é por amor a Deus; se conserva-
mos o juízo, é por amor a vocês. 14Pois o amor de Cristo
nos constrange, porque estamos convencidos de que

[a] 3:18 Ou *refletimos*
[b] 4:6 Gn 1:3
[c] 4:13 Sl 116:10

um morreu por todos; logo, todos morreram. 15E ele morreu por todos para que aqueles que vivem já não vivam mais para si mesmos, mas para aquele que por eles morreu e ressuscitou.

16De modo que, de agora em diante, a ninguém mais consideramos do ponto de vista humano[a]. Ainda que antes tenhamos considerado Cristo dessa forma, agora já não o consideramos assim. 17Portanto, se alguém está em Cristo, é nova criação. As coisas antigas já passaram; eis que surgiram coisas novas![b] 18Tudo isso provém de Deus, que nos reconciliou consigo mesmo por meio de Cristo e nos deu o ministério da reconciliação, 19ou seja, que Deus em Cristo estava reconciliando consigo o mundo, não levando em conta os pecados dos homens, e nos confiou a mensagem da reconciliação. 20Portanto, somos embaixadores de Cristo, como se Deus estivesse fazendo o seu apelo por nosso intermédio. Por amor a Cristo lhes suplicamos: Reconciliem-se com Deus. 21Deus tornou pecado[c] por nós aquele que não tinha pecado, para que nele nos tornássemos justiça de Deus.

6 Como cooperadores de Deus, insistimos com vocês para não receberem em vão a graça de Deus. 2Pois ele diz:

> "Eu o ouvi no tempo favorável
> e o socorri no dia da salvação"[d].

Digo-lhes que agora é o tempo favorável, agora é o dia da salvação!

Os sofrimentos de Paulo

3Não damos motivo de escândalo a ninguém, em circunstância alguma, para que o nosso ministério não caia em descrédito. 4Ao contrário, como servos de Deus, recomendamo-nos de todas as formas: em muita perseverança; em sofrimentos, privações e tristezas; 5em açoites, prisões e tumultos; em trabalhos árduos, noites sem dormir e jejuns; 6em pureza, conhecimento, paciência e bondade; no Espírito Santo e no amor sincero; 7na palavra da verdade e no poder de Deus; com as armas da justiça, quer de ataque, quer de defesa[e]; 8por honra e por desonra; por difamação e por boa fama; tidos por enganadores, sendo verdadeiros; 9como desconhecidos, apesar de bem conhecidos; como morrendo, mas eis que vivemos; espancados, mas não mortos; 10entristecidos, mas sempre alegres; pobres, mas enriquecendo muitos outros; nada tendo, mas possuindo tudo.

11Falamos abertamente a vocês, coríntios, e lhes abrimos todo o nosso coração! 12Não lhes estamos limitando nosso afeto, mas vocês estão limitando o afeto que têm por nós. 13Numa justa compensação, falo como a meus filhos, abram também o coração para nós!

O problema da associação com os descrentes

14Não se ponham em jugo desigual com descrentes. Pois o que têm em comum a justiça e a maldade? Ou que comunhão pode ter a luz com as trevas? 15Que harmonia entre Cristo e Belial? Que há de comum entre o crente e o descrente? 16Que acordo há entre o templo de Deus e os ídolos? Pois somos santuário do Deus vivo. Como disse Deus:

> "Habitarei com eles
> e entre eles andarei;
> serei o seu Deus,
> e eles serão o meu povo"[f].
> 17Portanto,
> "saiam do meio deles
> e separem-se",
> diz o Senhor.
> "Não toquem
> em coisas impuras,
> e eu os receberei"[g]
> 18"e lhes serei Pai,
> e vocês serão meus filhos
> e minhas filhas",
> diz o Senhor todo-poderoso[h].

7 Amados, visto que temos essas promessas, purifiquemo-nos de tudo o que contamina o corpo[i] e o espírito, aperfeiçoando a santidade no temor de Deus.

A alegria de Paulo

2Concedam-nos lugar no coração de vocês. A ninguém prejudicamos, a ninguém causamos dano, a ninguém exploramos. 3Não digo isso para condená-los; já lhes disse que vocês estão em nosso coração para juntos morrermos ou vivermos. 4Tenho grande confiança em vocês, e de vocês tenho muito orgulho. Sinto-me bastante encorajado; minha alegria transborda em todas as tribulações.

5Pois, quando chegamos à Macedônia, não tivemos nenhum descanso, mas fomos atribulados de toda forma: conflitos externos, temores internos. 6Deus, porém, que consola os abatidos, consolou-nos com a chegada de Tito, 7e não apenas com a vinda dele, mas também com a consolação que vocês lhe deram. Ele nos falou da saudade, da tristeza e da preocupação de vocês por mim, de modo que a minha alegria se tornou ainda maior.

8Mesmo que a minha carta lhes tenha causado tristeza, não me arrependo. É verdade que a princípio me arrependi, pois percebi que a minha carta os entristeceu, ainda que por pouco tempo.9Agora, porém, me alegro, não porque vocês foram entristecidos, mas porque a tristeza os levou ao arrependimento. Pois vocês se entristeceram como Deus desejava, e de forma alguma foram prejudicados por nossa causa. 10A tristeza segundo Deus não produz remorso, mas sim um arrependimento que leva à salvação, e a tristeza segundo o mundo produz morte. 11Vejam o que esta tristeza segundo Deus produziu em vocês: que dedicação, que desculpas, que indignação, que temor, que saudade, que preocupação, que desejo de ver a justiça feita! Em tudo vocês se mostraram inocentes a esse respeito. 12Assim, se lhes escrevi, não foi por causa daquele que cometeu o erro nem daquele que foi prejudicado, mas para que diante de Deus vocês pudessem ver por si próprios como são dedicados a nós. 13Por isso tudo fomos revigorados.

Além de encorajados, ficamos mais contentes ainda ao ver como Tito estava alegre, porque seu espírito recebeu refrigério de todos vocês. 14Eu lhe tinha dito que

[a] 5:16 Grego: *segundo a carne.*
[b] 5:17 Vários manuscritos dizem *eis que tudo se fez novo!*
[c] 5:21 Ou *uma oferta pelo pecado*
[d] 6:2 Is 49:8
[e] 6:7 Grego: *à direita e à esquerda.*
[f] 6:16 Lv 26:12; Jr 32:38; Ez 37:27
[g] 6:17 Is 52:11; Ez 20:34,41
[h] 6:18 2Sm 7:8,14
[i] 7:1 Grego: *a carne.*

estava orgulhoso de vocês, e vocês não me decepciona-
ram. Da mesma forma como era verdade tudo o que lhes
dissemos, o orgulho que temos de vocês diante de Tito
também mostrou-se verdadeiro. 15E a afeição dele por
vocês fica maior ainda, quando lembra que todos vocês
foram obedientes, recebendo-o com temor e tremor.
16Alegro-me por poder ter plena confiança em vocês.

Incentivo à contribuição

8 Agora, irmãos, queremos que vocês tomem conhe-
cimento da graça que Deus concedeu às igrejas da
Macedônia. 2No meio da mais severa tribulação, a gran-
de alegria e a extrema pobreza deles transbordaram em
rica generosidade. 3Pois dou testemunho de que eles de-
ram tudo quanto podiam, e até além do que podiam. Por
iniciativa própria 4eles nos suplicaram insistentemente
o privilégio de participar da assistência aos santos. 5E
não somente fizeram o que esperávamos, mas entrega-
ram-se primeiramente a si mesmos ao Senhor e, depois,
a nós, pela vontade de Deus. 6Assim, recomendamos a
Tito que, assim como ele já havia começado, também
completasse esse ato de graça da parte de vocês. 7To-
davia, assim como vocês se destacam em tudo: na fé,
na palavra, no conhecimento, na dedicação completa
e no amor que vocês têm por nós[a], destaquem-se tam-
bém neste privilégio de contribuir.

8Não lhes estou dando uma ordem, mas quero ve-
rificar a sinceridade do amor de vocês, comparando-o
com a dedicação dos outros. 9Pois vocês conhecem a
graça de nosso Senhor Jesus Cristo que, sendo rico, se
fez pobre por amor de vocês, para que por meio de sua
pobreza vocês se tornassem ricos.

10Este é meu conselho: convém que vocês con-
tribuam, já que desde o ano passado vocês foram os
primeiros, não somente a contribuir, mas também a
propor esse plano. 11Agora, completem a obra, para que
a forte disposição de realizá-la seja igualada pelo zelo
em concluí-la, de acordo com os bens que vocês pos-
suem. 12Porque, se há prontidão, a contribuição é acei-
tável de acordo com aquilo que alguém tem, e não de
acordo com o que não tem.

13Nosso desejo não é que outros sejam aliviados
enquanto vocês são sobrecarregados, mas que haja
igualdade. 14No presente momento, a fartura de vocês
suprirá a necessidade deles, para que, por sua vez, a far-
tura deles supra a necessidade de vocês. Então haverá
igualdade, 15como está escrito: "Quem tinha recolhido
muito não teve demais, e não faltou a quem tinha re-
colhido pouco"[b].

A coleta para os crentes da Judeia

16Agradeço a Deus ter ele posto no coração de Ti-
to o mesmo cuidado que tenho por vocês, 17pois Tito
não apenas aceitou o nosso pedido, mas está indo até
vocês, com muito entusiasmo e por iniciativa própria.
18Com ele estamos enviando o irmão que é recomen-
dado por todas as igrejas por seu serviço no evangelho.
19Não só por isso, mas ele também foi escolhido pelas
igrejas para nos acompanhar quando formos minis-
trar esta doação, o que fazemos para honrar o próprio
Senhor e mostrar a nossa disposição. 20Queremos evi-
tar que alguém nos critique quanto ao nosso modo de
administrar essa generosa oferta, 21pois estamos ten-
do o cuidado de fazer o que é correto, não apenas aos
olhos do Senhor, mas também aos olhos dos homens.

22Além disso, estamos enviando com eles o nosso
irmão que muitas vezes e de muitas maneiras já nos
provou que é muito dedicado, e agora ainda mais,
por causa da grande confiança que ele tem em vocês.
23Quanto a Tito, ele é meu companheiro e cooperador
entre vocês; quanto a nossos irmãos, eles são represen-
tantes das igrejas e uma honra para Cristo. 24Portanto,
diante das demais igrejas, demonstrem a esses irmãos
a prova do amor que vocês têm e a razão do orgulho
que temos de vocês.

9 Não tenho necessidade de escrever-lhes a respeito
dessa assistência aos santos. 2Reconheço a sua dis-
posição em ajudar e já mostrei aos macedônios o orgu-
lho que tenho de vocês, dizendo-lhes que, desde o ano
passado, vocês da Acaia estavam prontos a contribuir;
e a dedicação de vocês motivou a muitos. 3Contudo, es-
tou enviando os irmãos para que o orgulho que temos
de vocês a esse respeito não seja em vão, mas que vo-
cês estejam preparados, como eu disse que estariam, 4a
fim de que, se alguns macedônios forem comigo e os
encontrarem despreparados, nós, para não mencionar
vocês, não fiquemos envergonhados por tanta confiança
que tivemos. 5Assim, achei necessário recomendar que
os irmãos os visitem antes e concluam os preparativos
para a contribuição que vocês prometeram. Então ela
estará pronta como oferta generosa, e não como algo
dado com avareza.

Semeando com generosidade

6Lembrem-se: aquele que semeia pouco, também co-
lherá pouco, e aquele que semeia com fartura, também
colherá fartamente. 7Cada um dê[c] conforme determi-
nou em seu coração, não com pesar ou por obrigação,
pois Deus ama quem dá com alegria. 8E Deus é poderoso
para fazer que lhes seja acrescentada toda a graça, para
que em todas as coisas, em todo o tempo, tendo tudo o
que é necessário, vocês transbordem em toda boa obra.
9Como está escrito:

> "Distribuiu, deu os seus bens aos necessitados;
> a sua justiça dura para sempre"[d].

10Aquele que supre a semente ao que semeia e o
pão ao que come, também lhes suprirá e multiplicará
a semente e fará crescer os frutos da sua justiça. 11Vo-
cês serão enriquecidos de todas as formas, para que
possam ser generosos em qualquer ocasião e, por nos-
so intermédio, a sua generosidade resulte em ação de
graças a Deus.

12O serviço ministerial que vocês estão realizando não
está apenas suprindo as necessidades do povo de Deus,
mas também transbordando em muitas expressões de
gratidão a Deus. 13Por meio dessa prova de serviço mi-
nisterial, outros louvarão a Deus pela obediência que
acompanha a confissão que vocês fazem do evangelho
de Cristo e pela generosidade de vocês em compartilhar
seus bens com eles e com todos os outros. 14E nas ora-
ções que fazem por vocês, eles estarão cheios de amor
por vocês, por causa da insuperável graça que Deus tem
dado a vocês. 15Graças a Deus por seu dom indescritível!

[a] 8:7 Alguns manuscritos dizem *e em nosso amor por vocês.*
[b] 8:15 Êx 16:18
[c] 9:7 Grego: *semeie.*
[d] 9:9 Sl 112:9

Paulo defende o seu ministério

10 Eu, Paulo, pela mansidão e pela bondade de Cristo, apelo para vocês; eu, que sou "humilde" quando estou face a face com vocês, mas "audaz" quando ausente! 2 Rogo-lhes que, quando estiver presente, não me obriguem a agir com audácia, tal como penso que ousarei fazer, para com alguns que acham que procedemos segundo os padrões humanos[a]. 3 Pois, embora vivamos como homens[b], não lutamos segundo os padrões humanos. 4 As armas com as quais lutamos não são humanas[c]; ao contrário, são poderosas em Deus para destruir fortalezas. 5 Destruímos argumentos e toda pretensão que se levanta contra o conhecimento de Deus, e levamos cativo todo pensamento, para torná-lo obediente a Cristo. 6 E estaremos prontos para punir todo ato de desobediência, uma vez estando completa a obediência de vocês.

7 Vocês observam apenas a aparência das coisas.[d] Se alguém está convencido de que pertence a Cristo, deveria considerar novamente consigo mesmo que, assim como ele, nós também pertencemos a Cristo. 8 Pois mesmo que eu tenha me orgulhado um pouco mais da autoridade que o Senhor nos deu, não me envergonho disso, pois essa autoridade é para edificá-los, e não para destruí-los. 9 Não quero que pareça que estou tentando amedrontá-los com as minhas cartas. 10 Pois alguns dizem: "As cartas dele são duras e fortes, mas ele pessoalmente não impressiona, e a sua palavra é desprezível". 11 Saibam tais pessoas que aquilo que somos em cartas, quando estamos ausentes, seremos em atos, quando estivermos presentes.

12 Não temos a pretensão de nos igualar ou de nos comparar com alguns que se recomendam a si mesmos. Quando eles se medem e se comparam consigo mesmos, agem sem entendimento. 13 Nós, porém, não nos gloriaremos além do limite adequado, mas limitaremos nosso orgulho à esfera de ação que Deus nos confiou, a qual alcança vocês inclusive. 14 Não estamos indo longe demais em nosso orgulho, como seria se não tivéssemos chegado até vocês, pois chegamos a vocês com o evangelho de Cristo. 15 Da mesma forma, não vamos além de nossos limites, gloriando-nos de trabalhos que outros fizeram.[e] Nossa esperança é que, à medida que for crescendo a fé que vocês têm, nossa atuação entre vocês aumente ainda mais, 16 para que possamos pregar o evangelho nas regiões que estão além de vocês, sem nos vangloriarmos de trabalho já realizado em território de outro. 17 Contudo, "quem se gloriar, glorie-se no Senhor",[f] 18 pois não é aprovado quem a si mesmo se recomenda, mas aquele a quem o Senhor recomenda.

A preocupação de Paulo com a fidelidade dos coríntios

11 Espero que vocês suportem um pouco da minha insensatez. Sim, por favor, sejam pacientes comigo.[g] 2 O zelo que tenho por vocês é um zelo que vem de Deus. Eu os prometi a um único marido, Cristo, querendo apresentá-los a ele como uma virgem pura. 3 O que receio, e quero evitar, é que assim como a serpente enganou Eva com astúcia, a mente de vocês seja corrompida e se desvie da sua sincera e pura devoção a Cristo. 4 Pois, se alguém lhes vem pregando um Jesus que não é aquele que pregamos, ou se vocês acolhem um espírito diferente do que acolheram ou um evangelho diferente do que aceitaram, vocês o toleram com facilidade. 5 Todavia, não me julgo nem um pouco inferior a esses "superapóstolos". 6 Eu posso não ser um orador eloquente; contudo tenho conhecimento. De fato, já manifestamos isso a vocês em todo tipo de situação.

7 Será que cometi algum pecado ao humilhar-me a fim de elevá-los, pregando-lhes gratuitamente o evangelho de Deus? 8 Despojei outras igrejas, recebendo delas sustento, a fim de servi-los. 9 Quando estive entre vocês e passei por alguma necessidade, não fui um peso para ninguém; pois os irmãos, quando vieram da Macedônia, supriram aquilo de que eu necessitava. Fiz tudo para não ser pesado a vocês, e continuarei a agir assim. 10 Tão certo como a verdade de Cristo está em mim, ninguém na região da Acaia poderá privar-me deste orgulho. 11 Por quê? Por que não amo vocês? Deus sabe que os amo! 12 E continuarei fazendo o que faço, a fim de não dar oportunidade àqueles que desejam encontrar ocasião de serem considerados iguais a nós nas coisas de que se orgulham.

13 Pois tais homens são falsos apóstolos, obreiros enganosos, fingindo-se apóstolos de Cristo. 14 Isto não é de admirar, pois o próprio Satanás se disfarça de anjo de luz. 15 Portanto, não é surpresa que os seus servos finjam que são servos da justiça. O fim deles será o que as suas ações merecem.

Paulo orgulha-se dos seus sofrimentos

16 Faço questão de repetir: Ninguém me considere insensato. Mas se vocês assim me consideram, recebam-me como receberiam um insensato, a fim de que eu me orgulhe um pouco. 17 Ao ostentar este orgulho, não estou falando segundo o Senhor, mas como insensato. 18 Visto que muitos estão se vangloriando de modo bem humano[h], eu também me orgulharei. 19 Vocês, por serem tão sábios, suportam de boa vontade os insensatos! 20 De fato, vocês suportam até quem os escraviza ou os explora, ou quem se exalta ou lhes fere a face. 21 Para minha vergonha, admito que fomos fracos demais para isso!

Naquilo em que todos os outros se atrevem a gloriar-se — falo como insensato — eu também me atrevo. 22 São eles hebreus? Eu também. São israelitas? Eu também. São descendentes de Abraão? Eu também. 23 São eles servos de Cristo? — estou fora de mim para falar desta forma — eu ainda mais: trabalhei muito mais, fui encarcerado mais vezes, fui açoitado mais severamente e exposto à morte repetidas vezes. 24 Cinco vezes recebi dos judeus trinta e nove açoites. 25 Três vezes fui golpeado com varas, uma vez apedrejado, três vezes sofri naufrágio, passei uma noite e um dia exposto à fúria do mar. 26 Estive continuamente viajando de uma parte a outra, enfrentei perigos nos rios, perigos de assaltantes, perigos dos meus compatriotas, perigos

[a] 10:2 Grego: *segundo a carne*; também no versículo 3.
[b] 10:3 Grego: *na carne*.
[c] 10:4 Grego: *carnais*.
[d] 10:7 Ou *Observem os acontecimentos evidentes*.
[e] 10:13-15 Ou *Nós, porém, não nos gloriaremos a respeito das coisas que não podem ser medidas, mas sim segundo o padrão de medida que o Deus de medida atribuiu a nós, a qual também se refere a vocês.* 14...15 *Tampouco nos gloriamos no que não se pode medir quanto ao trabalho feito por outros.*
[f] 10:17 Jr 9:24
[g] 11:1 Ou *De fato, já estão suportando*.
[h] 11:18 Grego: *segundo a carne*.

dos gentios[a]; perigos na cidade, perigos no deserto, perigos no mar, e perigos dos falsos irmãos. 27Trabalhei arduamente; muitas vezes fiquei sem dormir, passei fome e sede, e muitas vezes fiquei em jejum; suportei frio e nudez. 28Além disso, enfrento diariamente uma pressão interior, a saber, a minha preocupação com todas as igrejas. 29Quem está fraco, que eu não me sinta fraco? Quem não se escandaliza, que eu não me queime por dentro?

30Se devo orgulhar-me, que seja nas coisas que mostram a minha fraqueza. 31O Deus e Pai do Senhor Jesus, que é bendito para sempre, sabe que não estou mentindo. 32Em Damasco, o governador nomeado pelo rei Aretas mandou que se vigiasse a cidade para me prender. 33Mas de uma janela na muralha fui baixado numa cesta e escapei das mãos dele.

A visão de Paulo

12 É necessário que eu continue a gloriar-me com isso. Ainda que eu não ganhe nada com isso[b], passarei às visões e revelações do Senhor. 2Conheço um homem em Cristo que há catorze anos foi arrebatado ao terceiro céu. Se foi no corpo ou fora do corpo, não sei; Deus o sabe. 3E sei que esse homem — se no corpo ou fora do corpo, não sei, mas Deus o sabe — 4foi arrebatado ao paraíso e ouviu coisas indizíveis, coisas que ao homem não é permitido falar. 5Nesse homem me gloriarei, mas não em mim mesmo, a não ser em minhas fraquezas. 6Mesmo que eu preferisse gloriar-me não seria insensato, porque estaria falando a verdade. Evito fazer isso para que ninguém pense a meu respeito mais do que em mim vê ou de mim ouve.

7Para impedir que eu me exaltasse por causa da grandeza dessas revelações, foi-me dado um espinho na carne, um mensageiro de Satanás, para me atormentar. 8Três vezes roguei ao Senhor que o tirasse de mim. 9Mas ele me disse: "Minha graça é suficiente para você, pois o meu poder se aperfeiçoa na fraqueza". Portanto, eu me gloriarei ainda mais alegremente em minhas fraquezas, para que o poder de Cristo repouse em mim. 10Por isso, por amor de Cristo, regozijo-me nas fraquezas, nos insultos, nas necessidades, nas perseguições, nas angústias. Pois, quando sou fraco é que sou forte.

A preocupação de Paulo com os coríntios

11Fui insensato, mas vocês me obrigaram a isso. Eu devia ser recomendado por vocês, pois em nada sou inferior aos "superapóstolos", embora eu nada seja. 12As marcas de um apóstolo — sinais, maravilhas e milagres — foram demonstradas entre vocês, com grande perseverança. 13Em que vocês foram inferiores às outras igrejas, exceto no fato de eu nunca ter sido um peso para vocês? Perdoem-me esta ofensa!

14Agora, estou pronto para visitá-los pela terceira vez e não lhes serei um peso, porque o que desejo não são os seus bens, mas vocês mesmos. Além disso, os filhos não devem ajuntar riquezas para os pais, mas os pais para os filhos. 15Assim, de boa vontade, por amor de vocês, gastarei tudo o que tenho e também me desgastarei pessoalmente. Visto que os amo tanto, devo ser menos amado? 16Seja como for, não lhes tenho sido um peso. No entanto, como sou astuto, eu os prendi com astúcia. 17Porventura eu os explorei por meio de alguém que lhes enviei? 18Recomendei a Tito que os visitasse, acompanhado de outro irmão. Por acaso Tito os explorou? Não agimos nós no mesmo espírito e não seguimos os mesmos passos?

19Vocês pensam que durante todo este tempo estamos nos defendendo perante vocês? Falamos diante de Deus como alguém que está em Cristo, e tudo o que fazemos, amados irmãos, é para fortalecê-los. 20Pois temo que, ao visitá-los, não os encontre como eu esperava, e que vocês não me encontrem como esperavam. Temo que haja entre vocês brigas, invejas, manifestações de ira, divisões, calúnias, intrigas, arrogância e desordem. 21Receio que, ao visitá-los outra vez, o meu Deus me humilhe diante de vocês e eu lamente por causa de muitos que pecaram anteriormente e não se arrependeram da impureza, da imoralidade sexual e da libertinagem que praticaram.

Advertências finais

13 Esta será minha terceira visita a vocês. "Toda questão precisa ser confirmada pelo depoimento de duas ou três testemunhas"[c]. 2Já os adverti quando estive com vocês pela segunda vez. Agora, estando ausente, escrevo aos que antes pecaram e aos demais: quando voltar, não os pouparei, 3visto que vocês estão exigindo uma prova de que Cristo fala por meu intermédio. Ele não é fraco ao tratar com vocês, mas poderoso entre vocês. 4Pois, na verdade, foi crucificado em fraqueza, mas vive pelo poder de Deus. Da mesma forma, somos fracos nele, mas, pelo poder de Deus, viveremos com ele para servir vocês.

5Examinem-se para ver se vocês estão na fé; provem-se a si mesmos. Não percebem que Cristo Jesus está em vocês? A não ser que tenham sido[d] reprovados! 6E espero que saibam que nós não fomos reprovados. 7Agora, oramos a Deus para que vocês não pratiquem mal algum. Não para que os outros vejam que temos sido aprovados, mas para que vocês façam o que é certo, embora pareça que tenhamos falhado. 8Pois nada podemos contra a verdade, mas somente em favor da verdade. 9Ficamos alegres sempre que estamos fracos e vocês estão fortes; nossa oração é que vocês sejam aperfeiçoados. 10Por isso escrevo estas coisas estando ausente, para que, quando eu for, não precise ser rigoroso no uso da autoridade que o Senhor me deu para edificá-los, e não para destruí-los.

Saudações finais

11Sem mais, irmãos, despeço-me de vocês! Procurem aperfeiçoar-se, exortem-se mutuamente[e], tenham um só pensamento, vivam em paz. E o Deus de amor e paz estará com vocês.

12Saúdem uns aos outros com beijo santo. 13Todos os santos lhes enviam saudações.

14A graça do Senhor Jesus Cristo, o amor de Deus e a comunhão do Espírito Santo sejam com todos vocês.

[a] 11:26 Isto é, os que não são judeus.
[b] 12:1 Vários manuscritos dizem *Embora não me seja vantajoso gloriar-me.*
[c] 13:1 Dt 19:15
[d] 13:5 Ou *que se considerem*
[e] 13:11 Ou *aceitem minha exortação*

GÁLATAS

1 Paulo, apóstolo enviado, não da parte de homens nem
por meio de pessoa alguma, mas por Jesus Cristo e
por Deus Pai, que o ressuscitou dos mortos, 2e todos os
irmãos que estão comigo,

às igrejas da Galácia:

3A vocês, graça e paz da parte de Deus nosso Pai e
do Senhor Jesus Cristo, 4que se entregou a si mesmo
por nossos pecados a fim de nos resgatar desta pre-
sente era perversa, segundo a vontade de nosso Deus
e Pai, 5a quem seja a glória para todo o sempre. Amém.

Não há outro evangelho

6Admiro-me de que vocês estejam abandonando
tão rapidamente aquele que os chamou pela graça de
Cristo, para seguirem outro evangelho 7que, na reali-
dade, não é o evangelho. O que ocorre é que algumas
pessoas os estão perturbando, querendo perverter o
evangelho de Cristo. 8Mas ainda que nós ou um an-
jo dos céus pregue um evangelho diferente daquele
que lhes pregamos, que seja amaldiçoado! 9Como já
dissemos, agora repito: Se alguém lhes anuncia um
evangelho diferente daquele que já receberam, que
seja amaldiçoado!

10Acaso busco eu agora a aprovação dos homens ou
a de Deus? Ou estou tentando agradar a homens? Se
eu ainda estivesse procurando agradar a homens, não
seria servo de Cristo.

Paulo, chamado por Deus

11Irmãos, quero que saibam que o evangelho por
mim anunciado não é de origem humana. 12Não o re-
cebi de pessoa alguma nem me foi ele ensinado; ao con-
trário, eu o recebi de Jesus Cristo por revelação.

13Vocês ouviram qual foi o meu procedimento no
judaísmo, como perseguia com violência a igreja de
Deus, procurando destruí-la. 14No judaísmo, eu supe-
rava a maioria dos judeus da minha idade, e era extre-
mamente zeloso das tradições dos meus antepassados.
15Mas Deus me separou desde o ventre materno e me
chamou por sua graça. Quando lhe agradou 16revelar o
seu Filho em mim para que eu o anunciasse entre os
gentios[a], não consultei pessoa alguma[b]. 17Tampouco su-
bi a Jerusalém para ver os que já eram apóstolos antes
de mim, mas de imediato parti para a Arábia, e voltei
outra vez a Damasco.

18Depois de três anos, subi a Jerusalém para co-
nhecer Pedro[c] pessoalmente, e estive com ele quinze
dias. 19Não vi nenhum dos outros apóstolos, a não ser
Tiago, irmão do Senhor. 20Quanto ao que lhes escre-
vo, afirmo diante de Deus que não minto. 21A seguir,
fui para as regiões da Síria e da Cilícia. 22Eu não era
pessoalmente conhecido pelas igrejas da Judeia que
estão em Cristo. 23Apenas ouviam dizer: "Aquele que
antes nos perseguia, agora está anunciando a fé que
outrora procurava destruir". 24E glorificavam a Deus por
minha causa.

Paulo é aceito pelos apóstolos

2 Catorze anos depois, subi novamente a Jerusalém,
dessa vez com Barnabé, levando também Tito co-
migo. 2Fui para lá por causa de uma revelação e expus
diante deles o evangelho que prego entre os gentios,
fazendo-o, porém, em particular aos que pareciam mais
influentes, para não correr ou ter corrido inutilmente.
3Mas nem mesmo Tito, que estava comigo, foi obrigado
a circuncidar-se, apesar de ser grego. 4Essa questão foi
levantada porque alguns falsos irmãos infiltraram-se
em nosso meio para espionar a liberdade que temos em
Cristo Jesus e nos reduzir à escravidão. 5Não nos subme-
temos a eles nem por um instante, para que a verdade
do evangelho permanecesse com vocês.

6Quanto aos que pareciam influentes — o que eram
então não faz diferença para mim; Deus não julga pela
aparência — tais homens influentes não me acrescen-
taram nada. 7Ao contrário, reconheceram que a mim
havia sido confiada a pregação do evangelho aos incir-
cuncisos[d], assim como a Pedro, aos circuncisos[e]. 8Pois
Deus, que operou por meio de Pedro como apóstolo aos
circuncisos, também operou por meu intermédio pa-
ra com os gentios. 9Reconhecendo a graça que me fo-
ra concedida, Tiago, Pedro[f] e João, tidos como colunas,
estenderam a mão direita a mim e a Barnabé em sinal
de comunhão. Eles concordaram em que devíamos nos
dirigir aos gentios, e eles, aos circuncisos. 10Somente
pediram que nos lembrássemos dos pobres, o que me
esforcei por fazer.

Paulo repreende a Pedro

11Quando, porém, Pedro veio a Antioquia, enfrentei-o
face a face, por sua atitude condenável. 12Pois, antes de
chegarem alguns da parte de Tiago, ele comia com os
gentios. Quando, porém, eles chegaram, afastou-se e
separou-se dos gentios, temendo os que eram da circun-
cisão. 13Os demais judeus também se uniram a ele nessa
hipocrisia, de modo que até Barnabé se deixou levar.

14Quando vi que não estavam andando de acordo
com a verdade do evangelho, declarei a Pedro, diante
de todos: "Você é judeu, mas vive como gentio e não
como judeu. Portanto, como pode obrigar gentios a vi-
verem como judeus?

15"Nós, judeus de nascimento e não gentios pecado-
res, 16sabemos que ninguém é justificado pela prática
da Lei, mas mediante a fé em Jesus Cristo. Assim, nós
também cremos em Cristo Jesus para sermos justifica-
dos pela fé em Cristo, e não pela prática da Lei, porque
pela prática da Lei ninguém será justificado.

17"Se, porém, procurando ser justificados em Cristo
descobrimos que nós mesmos somos pecadores, será
Cristo então ministro do pecado? De modo algum! 18Se
reconstruo o que destruí, provo que sou transgressor.
19Pois, por meio da Lei eu morri para a Lei, a fim de
viver para Deus. 20Fui crucificado com Cristo. Assim,
já não sou eu quem vive, mas Cristo vive em mim. A

[a] 1:16 Isto é, os que não são judeus; também em todo o livro de Gálatas.
[b] 1:16 Grego: *carne e sangue*.
[c] 1:18 Grego: *Cefas*.
[d] 2:7 Ou *aos gentios*
[e] 2:7 Ou *aos judeus*; também nos versículos 8 e 9.
[f] 2:9 Grego: *Cefas*; também nos versículos 11 e 14.

vida que agora vivo no corpo[a], vivo-a pela fé no Filho
de Deus, que me amou e se entregou por mim. 21Não
anulo a graça de Deus; pois, se a justiça vem pela Lei,
Cristo morreu inutilmente!"

Fé ou obediência à Lei?

3 Ó gálatas insensatos! Quem os enfeitiçou? Não foi
diante dos seus olhos que Jesus Cristo foi exposto
como crucificado? 2Gostaria de saber apenas uma coisa:
foi pela prática da Lei que vocês receberam o Espírito,
ou pela fé naquilo que ouviram? 3Será que vocês são tão
insensatos que, tendo começado pelo Espírito, querem
agora se aperfeiçoar pelo esforço próprio[b]? 4Será que foi
inútil sofrerem tantas coisas? Se é que foi inútil! 5Aquele
que lhes dá o seu Espírito e opera milagres entre vocês
realiza essas coisas pela prática da Lei ou pela fé com a
qual receberam a palavra?

6Considerem o exemplo de Abraão: "Ele creu em
Deus, e isso lhe foi creditado como justiça"[c]. 7Estejam
certos, portanto, de que os que são da fé, estes é que são
filhos de Abraão. 8Prevendo a Escritura que Deus jus-
tificaria os gentios pela fé, anunciou primeiro as boas
novas a Abraão: "Por meio de você todas as nações serão
abençoadas"[d]. 9Assim, os que são da fé são abençoados
junto com Abraão, homem de fé.

10Já os que se apoiam na prática da Lei estão debai-
xo de maldição, pois está escrito: "Maldito todo aque-
le que não persiste em praticar todas as coisas escritas
no livro da Lei"[e]. 11É evidente que diante de Deus nin-
guém é justificado pela Lei, pois "o justo viverá pela
fé"[f]. 12A Lei não é baseada na fé; ao contrário, "quem
praticar estas coisas, por elas viverá"[g]. 13Cristo nos re-
dimiu da maldição da Lei quando se tornou maldição
em nosso lugar, pois está escrito: "Maldito todo aque-
le que for pendurado num madeiro"[h]. 14Isso para que
em Cristo Jesus a bênção de Abraão chegasse também
aos gentios, para que recebêssemos a promessa do Es-
pírito mediante a fé.

A Lei e a promessa

15Irmãos, humanamente falando, ninguém po-
de anular um testamento[i] depois de ratificado, nem
acrescentar-lhe algo. 16Assim também as promessas fo-
ram feitas a Abraão e ao seu descendente. A Escritura
não diz: "E aos seus descendentes", como se falando de
muitos, mas: "Ao seu descendente[j]", dando a entender
que se trata de um só, isto é, Cristo. 17Quero dizer isto:
A Lei, que veio quatrocentos e trinta anos depois, não
anula a aliança previamente estabelecida por Deus, de
modo que venha a invalidar a promessa. 18Pois, se a
herança depende da Lei, já não depende de promessa.
Deus, porém, concedeu-a gratuitamente a Abraão me-
diante promessa.

19Qual era então o propósito da Lei? Foi acrescentada
por causa das transgressões, até que viesse o Descen-
dente a quem se referia a promessa, e foi promulgada
por meio de anjos, pela mão de um mediador. 20Con-
tudo, o mediador representa mais de um; Deus, po-
rém, é um.

21Então, a Lei opõe-se às promessas de Deus? De ma-
neira nenhuma! Pois, se tivesse sido dada uma lei que
pudesse conceder vida, certamente a justiça viria da lei.
22Mas a Escritura encerrou tudo debaixo do pecado, a
fim de que a promessa, que é pela fé em Jesus Cristo,
fosse dada aos que creem.

23Antes que viesse essa fé, estávamos sob a custó-
dia da Lei, nela encerrados, até que a fé que haveria de
vir fosse revelada. 24Assim, a Lei foi o nosso tutor até
Cristo, para que fôssemos justificados pela fé. 25Agora,
porém, tendo chegado a fé, já não estamos mais sob o
controle do tutor.

Os filhos de Deus

26Todos vocês são filhos de Deus mediante a fé em
Cristo Jesus, 27pois os que em Cristo foram batizados,
de Cristo se revestiram. 28Não há judeu nem grego, es-
cravo nem livre, homem nem mulher; pois todos são
um em Cristo Jesus. 29E, se vocês são de Cristo, são des-
cendência de Abraão e herdeiros segundo a promessa.

4 Digo porém que, enquanto o herdeiro é menor de
idade, em nada difere de um escravo, embora seja
dono de tudo. 2No entanto, ele está sujeito a guardiães
e administradores até o tempo determinado por seu
pai. 3Assim também nós, quando éramos menores, es-
távamos escravizados aos princípios elementares do
mundo. 4Mas, quando chegou a plenitude do tempo,
Deus enviou seu Filho, nascido de mulher, nascido de-
baixo da Lei, 5a fim de redimir os que estavam sob a Lei,
para que recebêssemos a adoção de filhos. 6E, porque
vocês são filhos, Deus enviou o Espírito de seu Filho ao
coração de vocês, e ele clama: "*Aba*[k], Pai". 7Assim, você
já não é mais escravo, mas filho; e, por ser filho, Deus
também o tornou herdeiro.

A preocupação de Paulo com os gálatas

8Antes, quando vocês não conheciam a Deus, eram
escravos daqueles que, por natureza, não são deuses.
9Mas agora, conhecendo a Deus, ou melhor, sendo por
ele conhecidos, como é que estão voltando àqueles mes-
mos princípios elementares, fracos e sem poder? Que-
rem ser escravizados por eles outra vez? 10Vocês estão
observando dias especiais, meses, ocasiões específicas
e anos! 11Temo que os meus esforços por vocês tenham
sido inúteis.

12Eu lhes suplico, irmãos, que se tornem como eu,
pois eu me tornei como vocês. Em nada vocês me ofen-
deram; 13como sabem, foi por causa de uma doença que
lhes preguei o evangelho pela primeira vez. 14Embora a
minha doença lhes tenha sido uma provação, vocês não
me trataram com desprezo ou desdém; ao contrário, re-
ceberam-me como se eu fosse um anjo de Deus, como
o próprio Cristo Jesus. 15Que aconteceu com a alegria
de vocês? Tenho certeza que, se fosse possível, vocês
teriam arrancado os próprios olhos para dá-los a mim.
16Tornei-me inimigo de vocês por lhes dizer a verdade?

17Os que fazem tanto esforço para agradá-los não
agem bem, mas querem isolá-los a fim de que vocês
também mostrem zelo por eles. 18É bom sempre ser
zeloso pelo bem, e não apenas quando estou presente.

[a] 2:20 Grego: *na carne.*
[b] 3:3 Grego: *pela carne.*
[c] 3:6 Gn 15:6
[d] 3:8 Gn 12:3; 18:18; 22:18
[e] 3:10 Dt 27:26
[f] 3:11 Hc 2:4
[g] 3:12 Lv 18:5
[h] 3:13 Dt 21:23
[i] 3:15 Ou *uma aliança.* Veja o versículo 17.
[j] 3:16 Grego: *semente;* também nos versículos 19 e 29. Gn 12:7; 13:15; 24:7
[k] 4:6 Termo aramaico para *Pai.*

[19]Meus filhos, novamente estou sofrendo dores de par-
to por sua causa, até que Cristo seja formado em vocês.
[20]Eu gostaria de estar com vocês agora e mudar o meu
tom de voz, pois estou perplexo quanto a vocês.

Sara e Hagar

[21]Digam-me vocês, os que querem estar debaixo da
Lei: Acaso vocês não ouvem a Lei? [22]Pois está escrito
que Abraão teve dois filhos, um da escrava e outro da
livre. [23]O filho da escrava nasceu de modo natural, mas
o filho da livre nasceu mediante promessa.
[24]Isto é usado aqui como uma ilustração[a]; estas mu-
lheres representam duas alianças. Uma aliança procede
do monte Sinai e gera filhos para a escravidão: esta é
Hagar. [25]Hagar representa o monte Sinai, na Arábia, e
corresponde à atual cidade de Jerusalém, que está es-
cravizada com os seus filhos. [26]Mas a Jerusalém do alto
é livre, e é a nossa mãe. [27]Pois está escrito:

"Regozije-se, ó estéril,
você que nunca teve um filho;
grite de alegria,
você que nunca esteve
em trabalho de parto;
porque mais são os filhos
da mulher abandonada
do que os daquela
que tem marido"[b].

[28]Vocês, irmãos, são filhos da promessa, como Isa-
que. [29]Naquele tempo, o filho nascido de modo natural
perseguiu o filho nascido segundo o Espírito. O mesmo
acontece agora. [30]Mas o que diz a Escritura? "Mande em-
bora a escrava e o seu filho, porque o filho da escrava
jamais será herdeiro com o filho da livre"[c]. [31]Portan-
to, irmãos, não somos filhos da escrava, mas da livre.

A liberdade em Cristo

5 Foi para a liberdade que Cristo nos libertou. Portan-
to, permaneçam firmes e não se deixem submeter
novamente a um jugo de escravidão.
[2]Ouçam bem o que eu, Paulo, lhes digo: Caso se dei-
xem circuncidar, Cristo de nada lhes servirá. [3]De novo
declaro a todo homem que se deixa circuncidar, que es-
tá obrigado a cumprir toda a Lei. [4]Vocês, que procuram
ser justificados pela Lei, separaram-se de Cristo; caíram
da graça. [5]Pois é mediante o Espírito que nós aguarda-
mos pela fé a justiça, que é a nossa esperança. [6]Porque
em Cristo Jesus nem circuncisão nem incircuncisão têm
efeito algum, mas sim a fé que atua pelo amor.
[7]Vocês corriam bem. Quem os impediu de continuar
obedecendo à verdade? [8]Tal persuasão não provém da-
quele que os chama. [9]"Um pouco de fermento leveda
toda a massa." [10]Estou convencido no Senhor de que
vocês não pensarão de nenhum outro modo. Aquele
que os perturba, seja quem for, sofrerá a condenação.
[11]Irmãos, se ainda estou pregando a circuncisão, por que
continuo sendo perseguido? Nesse caso, o escândalo da
cruz foi removido. [12]Quanto a esses que os perturbam,
quem dera que se castrassem!
[13]Irmãos, vocês foram chamados para a liberdade.
Mas não usem a liberdade para dar ocasião à vontade
da carne[d]; ao contrário, sirvam uns aos outros mediante
o amor. [14]Toda a Lei se resume num só mandamento:
"Ame o seu próximo como a si mesmo"[e]. [15]Mas se vocês
se mordem e se devoram uns aos outros, cuidado para
não se destruírem mutuamente.

Vida pelo Espírito

[16]Por isso digo: Vivam pelo Espírito, e de modo ne-
nhum satisfarão os desejos da carne. [17]Pois a carne de-
seja o que é contrário ao Espírito; e o Espírito, o que
é contrário à carne. Eles estão em conflito um com o
outro, de modo que vocês não fazem o que desejam[f].
[18]Mas, se vocês são guiados pelo Espírito, não estão de-
baixo da Lei.
[19]Ora, as obras da carne são manifestas: imoralidade
sexual, impureza e libertinagem; [20]idolatria e feitiçaria;
ódio, discórdia, ciúmes, ira, egoísmo, dissensões, fac-
ções [21]e inveja; embriaguez, orgias e coisas semelhan-
tes. Eu os advirto, como antes já os adverti: Aqueles que
praticam essas coisas não herdarão o Reino de Deus.
[22]Mas o fruto do Espírito é amor, alegria, paz, pa-
ciência, amabilidade, bondade, fidelidade, [23]mansidão
e domínio próprio. Contra essas coisas não há lei. [24]Os
que pertencem a Cristo Jesus crucificaram a carne, com
as suas paixões e os seus desejos. [25]Se vivemos pelo Es-
pírito, andemos também pelo Espírito. [26]Não sejamos
presunçosos, provocando uns aos outros e tendo inve-
ja uns dos outros.

Façamos o bem a todos

6 Irmãos, se alguém for surpreendido em algum pe-
cado, vocês, que são espirituais, deverão restaurá-lo
com mansidão. Cuide-se, porém, cada um para que tam-
bém não seja tentado. [2]Levem os fardos pesados uns dos
outros e, assim, cumpram[g] a lei de Cristo. [3]Se alguém se
considera alguma coisa, não sendo nada, engana-se a
si mesmo. [4]Cada um examine os próprios atos, e então
poderá orgulhar-se de si mesmo, sem se comparar com
ninguém, [5]pois cada um deverá levar a própria carga.
[6]O que está sendo instruído na palavra partilhe todas
as coisas boas com aquele que o instrui.
[7]Não se deixem enganar: de Deus não se zomba. Pois
o que o homem semear, isso também colherá. [8]Quem
semeia para a sua carne, da carne colherá destruição;
mas quem semeia para o Espírito, do Espírito colherá a
vida eterna. [9]E não nos cansemos de fazer o bem, pois
no tempo próprio colheremos, se não desanimarmos.
[10]Portanto, enquanto temos oportunidade, façamos o
bem a todos, especialmente aos da família da fé.

A nova criação substitui a circuncisão

[11]Vejam com que letras grandes estou lhes escreven-
do de próprio punho!
[12]Os que desejam causar boa impressão exteriormen-
te[h], tentando obrigá-los a se circuncidarem, agem desse
modo apenas para não serem perseguidos por causa da
cruz de Cristo. [13]Nem mesmo os que são circuncidados
cumprem a Lei; querem, no entanto, que vocês sejam
circuncidados a fim de se gloriarem no corpo[i] de vocês.
[14]Quanto a mim, que eu jamais me glorie, a não ser na

[a] 4:24 Grego: *alegoria*.
[b] 4:27 Is 54:1
[c] 4:30 Gn 21:10

[d] 5:13 Ou *da natureza pecaminosa*; também 5:16-17,19,24 e 6:8.
[e] 5:14 Lv 19:18
[f] 5:17 Ou *o bem que desejam*; ou ainda *não podem fazer o que desejam*
[g] 6:2 Vários manuscritos dizem *cumprirão*.
[h] 6:12 Grego: *na carne*.
[i] 6:13 Grego: *na carne*.

cruz de nosso Senhor Jesus Cristo, por meio da qual[a]
o mundo foi crucificado para mim, e eu para o mundo.
15De nada vale ser circuncidado ou não. O que importa é ser uma nova criação. 16Paz e misericórdia estejam sobre todos os que andam conforme essa regra, e também sobre o Israel de Deus.
17Sem mais, que ninguém me perturbe, pois trago em meu corpo as marcas de Jesus.
18Irmãos, que a graça de nosso Senhor Jesus Cristo seja com o espírito de vocês. Amém.

[a] 6:14 Ou *de quem*

EFÉSIOS

1 Paulo, apóstolo de Cristo Jesus pela vontade de Deus,
aos santos e fiéis[a] em Cristo Jesus que estão em
Éfeso[b]:
2 A vocês, graça e paz da parte de Deus nosso Pai e do
Senhor Jesus Cristo.

As bênçãos espirituais em Cristo

3 Bendito seja o Deus e Pai de nosso Senhor Jesus
Cristo, que nos abençoou com todas as bênçãos espiri-
tuais nas regiões celestiais em Cristo. 4 Porque Deus nos
escolheu nele antes da criação do mundo, para sermos
santos e irrepreensíveis em sua presença. 5 Em amor
nos predestinou[c] para sermos adotados como filhos,
por meio de Jesus Cristo, conforme o bom propósito
da sua vontade, 6 para o louvor da sua gloriosa graça, a
qual nos deu gratuitamente no Amado.
7 Nele temos a redenção por meio de seu sangue, o
perdão dos pecados, de acordo com as riquezas da gra-
ça de Deus, 8 a qual ele derramou sobre nós com toda a
sabedoria e entendimento. 9 E nos[d] revelou o mistério
da sua vontade, de acordo com o seu bom propósito que
ele estabeleceu em Cristo, 10 isto é, de fazer convergir em
Cristo todas as coisas, celestiais ou terrenas, na dispen-
sação da plenitude dos tempos. 11 Nele fomos também
escolhidos[e], tendo sido predestinados conforme o plano
daquele que faz todas as coisas segundo o propósito da
sua vontade, 12 a fim de que nós, os que primeiro espe-
ramos em Cristo, sejamos para o louvor da sua glória.
13 Quando vocês ouviram e creram na palavra da ver-
dade, o evangelho que os salvou, vocês foram selados
em Cristo com o Espírito Santo da promessa, 14 que é a
garantia da nossa herança até a redenção daqueles que
pertencem a Deus, para o louvor da sua glória.

Ação de graças e oração

15 Por essa razão, desde que ouvi falar da fé que vocês
têm no Senhor Jesus e do amor que demonstram para
com todos os santos, 16 não deixo de dar graças por vo-
cês, mencionando-os em minhas orações. 17 Peço que o
Deus de nosso Senhor Jesus Cristo, o glorioso Pai, lhes
dê espírito[f] de sabedoria e de revelação, no pleno co-
nhecimento dele. 18 Oro também para que os olhos do
coração de vocês sejam iluminados, a fim de que vo-
cês conheçam a esperança para a qual ele os chamou,
as riquezas da gloriosa herança dele nos santos 19 e a
incomparável grandeza do seu poder para conosco, os
que cremos, conforme a atuação da sua poderosa força.
20 Esse poder ele exerceu em Cristo, ressuscitando-o dos
mortos e fazendo-o assentar-se à sua direita, nas regiões
celestiais, 21 muito acima de todo governo e autoridade,
poder e domínio, e de todo nome que se possa mencio-
nar, não apenas nesta era, mas também na que há de
vir. 22 Deus colocou todas as coisas debaixo de seus pés e
o designou cabeça de todas as coisas para a igreja, 23 que
é o seu corpo, a plenitude daquele que enche todas as
coisas, em toda e qualquer circunstância.

A nova vida em Cristo

2 Vocês estavam mortos em suas transgressões e peca-
dos, 2 nos quais costumavam viver, quando seguiam
a presente ordem[g] deste mundo e o príncipe do poder
do ar, o espírito que agora está atuando nos que vivem
na desobediência. 3 Anteriormente, todos nós também
vivíamos entre eles, satisfazendo as vontades da nossa
carne[h], seguindo os seus desejos e pensamentos. Co-
mo os outros, éramos por natureza merecedores da
ira. 4 Todavia, Deus, que é rico em misericórdia, pelo
grande amor com que nos amou, 5 deu-nos vida com
Cristo, quando ainda estávamos mortos em transgres-
sões — pela graça vocês são salvos. 6 Deus nos ressusci-
tou com Cristo e com ele nos fez assentar nas regiões
celestiais em Cristo Jesus, 7 para mostrar, nas eras que
hão de vir, a incomparável riqueza de sua graça, de-
monstrada em sua bondade para conosco em Cristo
Jesus. 8 Pois vocês são salvos pela graça, por meio da
fé, e isto não vem de vocês, é dom de Deus; 9 não por
obras, para que ninguém se glorie. 10 Porque somos
criação de Deus realizada em Cristo Jesus para fazer-
mos boas obras, as quais Deus preparou antes para
nós as praticarmos.

A nova humanidade em Cristo

11 Portanto, lembrem-se de que anteriormente vocês
eram gentios[i] por nascimento[j] e chamados incircunci-
são pelos que se chamam circuncisão, feita no corpo[k]
por mãos humanas, e que 12 naquela época vocês esta-
vam sem Cristo, separados da comunidade de Israel,
sendo estrangeiros quanto às alianças da promessa, sem
esperança e sem Deus no mundo. 13 Mas agora, em Cristo
Jesus, vocês, que antes estavam longe, foram aproxi-
mados mediante o sangue de Cristo.
14 Pois ele é a nossa paz, o qual de ambos fez um e
destruiu a barreira, o muro de inimizade, 15 anulando
em seu corpo a Lei dos mandamentos expressa em or-
denanças. O objetivo dele era criar em si mesmo, dos
dois, um novo homem, fazendo a paz, 16 e reconciliar
com Deus os dois em um corpo, por meio da cruz, pe-
la qual ele destruiu a inimizade. 17 Ele veio e anunciou
paz a vocês que estavam longe e paz aos que estavam
perto, 18 pois por meio dele tanto nós como vocês temos
acesso ao Pai, por um só Espírito.
19 Portanto, vocês já não são estrangeiros nem fo-
rasteiros, mas concidadãos dos santos e membros da
família de Deus, 20 edificados sobre o fundamento dos
apóstolos e dos profetas, tendo Jesus Cristo como pe-
dra angular, 21 no qual todo o edifício é ajustado e cres-
ce para tornar-se um santuário santo no Senhor. 22 Nele
vocês também estão sendo edificados juntos, para se
tornarem morada de Deus por seu Espírito.

O apóstolo dos gentios

3 Por essa razão oro, eu, Paulo, prisioneiro de Cristo
Jesus, em favor de vocês, gentios.

[a] 1:1 Ou *crentes*
[b] 1:1 Alguns manuscritos mais antigos não trazem *que estão em Éfeso.*
[c] 1:4-5 Ou *presença no amor. 5Ele nos predestinou*
[d] 1:8-9 Ou *nós. Com toda a sabedoria e entendimento 9nos*
[e] 1:11 Alguns manuscritos dizem *feitos herdeiros.*
[f] 1:17 Ou *o Espírito*

[g] 2:2 Grego: *era.*
[h] 2:3 Ou *natureza pecaminosa*
[i] 2:11 Isto é, os que não são judeus; também em 3:1,6,8 e 4:17.
[j] 2:11 Grego: *gentios na carne.*
[k] 2:11 Grego: *carne*; também no versículo 15.

2Certamente vocês ouviram falar da responsabilidade imposta a mim em favor de vocês pela graça de Deus, 3isto é, o mistério que me foi dado a conhecer por revelação, como já lhes escrevi em poucas palavras. 4Ao lerem isso vocês poderão entender a minha compreensão do mistério de Cristo. 5Esse mistério não foi dado a conhecer aos homens doutras gerações, mas agora foi revelado pelo Espírito aos santos apóstolos e profetas de Deus, 6significando que, mediante o evangelho, os gentios são co-herdeiros com Israel, membros do mesmo corpo, e co-participantes da promessa em Cristo Jesus. 7Deste evangelho me tornei ministro pelo dom da graça de Deus, a mim concedida pela operação de seu poder.

8Embora eu seja o menor dos menores de todos os santos, foi-me concedida esta graça de anunciar aos gentios as insondáveis riquezas de Cristo 9e esclarecer a todos a administração deste mistério que, durante as épocas passadas, foi mantido oculto em Deus, que criou todas as coisas. 10A intenção dessa graça era que agora, mediante a igreja, a multiforme sabedoria de Deus se tornasse conhecida dos poderes e autoridades nas regiões celestiais[a], 11de acordo com o seu eterno plano que ele realizou em Cristo Jesus, nosso Senhor, 12por intermédio de quem temos livre acesso a Deus em confiança, pela fé nele. 13Portanto, peço-lhes que não desanimem por causa das minhas tribulações em seu favor, pois elas são uma glória para vocês.

A oração de Paulo pelos santos 14Por essa razão, ajoelho-me diante do Pai, 15do qual recebe o nome toda a família[b] nos céus e na terra. 16Oro para que, com as suas gloriosas riquezas, ele os fortaleça no íntimo do seu ser com poder, por meio do seu Espírito, 17para que Cristo habite no coração de vocês mediante a fé; e oro para que, estando arraigados e alicerçados em amor, 18vocês possam, juntamente com todos os santos, compreender a largura, o comprimento, a altura e a profundidade, 19e conhecer o amor de Cristo que excede todo conhecimento, para que vocês sejam cheios de toda a plenitude de Deus.

20Àquele que é capaz de fazer infinitamente mais do que tudo o que pedimos ou pensamos, de acordo com o seu poder que atua em nós, 21a ele seja a glória na igreja e em Cristo Jesus, por todas as gerações, para todo o sempre! Amém!

A unidade do corpo de Cristo

4 Como prisioneiro no Senhor, rogo-lhes que vivam de maneira digna da vocação que receberam. 2Sejam completamente humildes e dóceis, e sejam pacientes, suportando uns aos outros com amor. 3Façam todo o esforço para conservar a unidade do Espírito pelo vínculo da paz. 4Há um só corpo e um só Espírito, assim como a esperança para a qual vocês foram chamados é uma só; 5há um só Senhor, uma só fé, um só batismo, 6um só Deus e Pai de todos, que é sobre todos, por meio de todos e em todos.

7E a cada um de nós foi concedida a graça, conforme a medida repartida por Cristo. 8Por isso é que foi dito:

> "Quando ele subiu em triunfo às alturas,
> levou cativos muitos prisioneiros,
> e deu dons aos homens"[c].

9(Que significa "ele subiu", senão que também havia descido às profundezas da terra[d]? 10Aquele que desceu é o mesmo que subiu acima de todos os céus, a fim de encher todas as coisas.) 11E ele designou alguns para apóstolos, outros para profetas, outros para evangelistas, e outros para pastores e mestres, 12com o fim de preparar os santos para a obra do ministério, para que o corpo de Cristo seja edificado, 13até que todos alcancemos a unidade da fé e do conhecimento do Filho de Deus, e cheguemos à maturidade, atingindo a medida da plenitude de Cristo. 14O propósito é que não sejamos mais como crianças, levados de um lado para outro pelas ondas, nem jogados para cá e para lá por todo vento de doutrina e pela astúcia e esperteza de homens que induzem ao erro. 15Antes, seguindo a verdade em amor, cresçamos em tudo naquele que é a cabeça, Cristo. 16Dele todo o corpo, ajustado e unido pelo auxílio de todas as juntas, cresce e edifica-se a si mesmo em amor, na medida em que cada parte realiza a sua função.

O procedimento dos filhos da luz

17Assim, eu lhes digo, e no Senhor insisto, que não vivam mais como os gentios, que vivem na inutilidade dos seus pensamentos. 18Eles estão obscurecidos no entendimento e separados da vida de Deus por causa da ignorância em que estão, devido ao endurecimento do seu coração. 19Tendo perdido toda a sensibilidade, eles se entregaram à depravação, cometendo com avidez toda espécie de impureza.

20Todavia, não foi isso que vocês aprenderam de Cristo. 21De fato, vocês ouviram falar dele, e nele foram ensinados de acordo com a verdade que está em Jesus. 22Quanto à antiga maneira de viver, vocês foram ensinados a despir-se do velho homem[e], que se corrompe por desejos enganosos, 23a serem renovados no modo de pensar e 24a revestir-se do novo homem, criado para ser semelhante a Deus em justiça e em santidade provenientes da verdade.

25Portanto, cada um de vocês deve abandonar a mentira e falar a verdade ao seu próximo, pois todos somos membros de um mesmo corpo. 26"Quando vocês ficarem irados, não pequem"[f]. Apaziguem a sua ira antes que o sol se ponha, 27e não deem lugar ao Diabo. 28O que furtava não furte mais; antes trabalhe, fazendo algo de útil com as mãos, para que tenha o que repartir com quem estiver em necessidade.

29Nenhuma palavra torpe saia da boca de vocês, mas apenas a que for útil para edificar os outros, conforme a necessidade, para que conceda graça aos que a ouvem. 30Não entristeçam o Espírito Santo de Deus, com o qual vocês foram selados para o dia da redenção. 31Livrem-se de toda amargura, indignação e ira, gritaria e calúnia, bem como de toda maldade. 32Sejam bondosos e compassivos uns para com os outros, perdoando-se mutuamente, assim como Deus os perdoou em Cristo.

5 Portanto, sejam imitadores de Deus, como filhos amados, 2e vivam em amor, como também Cristo nos amou e se entregou por nós como oferta e sacrifício de aroma agradável a Deus.

3Entre vocês não deve haver nem sequer menção de imoralidade sexual como também de nenhuma espécie

[a] 3:10 Ou *no mundo espiritual*
[b] 3:15 Ou *do qual se deriva toda a paternidade*
[c] 4:8 Sl 68:18
[d] 4:9 Ou *regiões mais baixas, à terra*
[e] 4:22 Isto é, da velha vida dos não regenerados.
[f] 4:26 Sl 4:4

de impureza e de cobiça; pois essas coisas não são próprias para os santos. 4Não haja obscenidade, nem conversas tolas, nem gracejos imorais, que são inconvenientes, mas, ao invés disso, ações de graças. 5Porque vocês podem estar certos disto: nenhum imoral, ou impuro, ou ganancioso, que é idólatra, tem herança no Reino de Cristo e de Deus[a]. 6Ninguém os engane com palavras tolas, pois é por causa dessas coisas que a ira de Deus vem sobre os que vivem na desobediência. 7Portanto, não participem com eles dessas coisas.

8Porque outrora vocês eram trevas, mas agora são luz no Senhor. Vivam como filhos da luz, 9pois o fruto da luz[b] consiste em toda bondade, justiça e verdade; 10e aprendam a discernir o que é agradável ao Senhor. 11Não participem das obras infrutíferas das trevas; antes, exponham-nas à luz. 12Porque aquilo que eles fazem em oculto, até mencionar é vergonhoso. 13Mas, tudo o que é exposto pela luz torna-se visível, pois a luz torna visíveis todas as coisas. 14Por isso é que foi dito:

"Desperta, ó tu que dormes,
levanta-te dentre os mortos
e Cristo resplandecerá
sobre ti".

Vida em comunidade

15Tenham cuidado com a maneira como vocês vivem; que não seja como insensatos, mas como sábios, 16aproveitando ao máximo cada oportunidade, porque os dias são maus. 17Portanto, não sejam insensatos, mas procurem compreender qual é a vontade do Senhor. 18Não se embriaguem com vinho, que leva à libertinagem, mas deixem-se encher pelo Espírito, 19falando entre si com salmos, hinos e cânticos espirituais, cantando e louvando de coração ao Senhor, 20dando graças constantemente a Deus Pai por todas as coisas, em nome de nosso Senhor Jesus Cristo.

21Sujeitem-se uns aos outros, por temor a Cristo.

Deveres conjugais

22Mulheres, sujeite-se cada uma a seu marido, como ao Senhor, 23pois o marido é o cabeça da mulher, como também Cristo é o cabeça da igreja, que é o seu corpo, do qual ele é o Salvador. 24Assim como a igreja está sujeita a Cristo, também as mulheres estejam em tudo sujeitas a seus maridos.

25Maridos, ame cada um a sua mulher, assim como Cristo amou a igreja e entregou-se por ela 26para santificá-la, tendo-a purificado pelo lavar da água mediante a palavra, 27e para apresentá-la a si mesmo como igreja gloriosa, sem mancha nem ruga ou coisa semelhante, mas santa e inculpável. 28Da mesma forma, os maridos devem amar cada um a sua mulher como a seu próprio corpo. Quem ama sua mulher, ama a si mesmo. 29Além do mais, ninguém jamais odiou o seu próprio corpo[c], antes o alimenta e dele cuida, como também Cristo faz com a igreja, 30pois somos membros do seu corpo. 31"Por essa razão, o homem deixará pai e mãe e se unirá à sua mulher, e os dois se tornarão uma só carne."[d] 32Este é um mistério profundo; refiro-me, porém, a Cristo e à igreja. 33Portanto, cada um de vocês também ame a sua mulher como a si mesmo, e a mulher trate o marido com todo o respeito.

Deveres de pais e filhos

6 Filhos, obedeçam a seus pais no Senhor, pois isso é justo. 2"Honra teu pai e tua mãe" — este é o primeiro mandamento com promessa — 3"para que tudo te corra bem e tenhas longa vida sobre a terra"[e].

4Pais, não irritem seus filhos; antes criem-nos segundo a instrução e o conselho do Senhor.

Deveres de escravos e Senhores

5Escravos, obedeçam a seus senhores terrenos com respeito e temor, com sinceridade de coração, como a Cristo. 6Obedeçam-lhes, não apenas para agradá-los quando eles os observam, mas como escravos de Cristo, fazendo de coração a vontade de Deus. 7Sirvam aos seus senhores de boa vontade, como servindo ao Senhor, e não aos homens, 8porque vocês sabem que o Senhor recompensará cada um pelo bem que praticar, seja escravo, seja livre.

9Vocês, senhores, tratem seus escravos da mesma forma. Não os ameacem, uma vez que vocês sabem que o Senhor deles e de vocês está nos céus, e ele não faz diferença entre as pessoas.

A armadura de Deus

10Finalmente, fortaleçam-se no Senhor e no seu forte poder. 11Vistam toda a armadura de Deus, para poderem ficar firmes contra as ciladas do Diabo, 12pois a nossa luta não é contra seres humanos[f], mas contra os poderes e autoridades, contra os dominadores deste mundo de trevas, contra as forças espirituais do mal nas regiões celestiais[g]. 13Por isso, vistam toda a armadura de Deus, para que possam resistir no dia mau e permanecer inabaláveis, depois de terem feito tudo. 14Assim, mantenham-se firmes, cingindo-se com o cinto da verdade, vestindo a couraça da justiça 15e tendo os pés calçados com a prontidão do evangelho da paz. 16Além disso, usem o escudo da fé, com o qual vocês poderão apagar todas as setas inflamadas do Maligno. 17Usem o capacete da salvação e a espada do Espírito, que é a palavra de Deus. 18Orem no Espírito em todas as ocasiões, com toda oração e súplica; tendo isso em mente, estejam atentos e perseverem na oração por todos os santos.

19Orem também por mim, para que, quando eu falar, seja-me dada a mensagem a fim de que, destemidamente, torne conhecido o mistério do evangelho, 20pelo qual sou embaixador preso em correntes. Orem para que, permanecendo nele, eu fale com coragem, como me cumpre fazer.

Saudações finais

21Tíquico, o irmão amado e fiel servo do Senhor, lhes informará tudo, para que vocês também saibam qual é a minha situação e o que estou fazendo. 22Enviei-o a vocês por essa mesma razão, para que saibam como estamos e para que ele os encoraje.

23Paz seja com os irmãos, e amor com fé da parte de Deus Pai e do Senhor Jesus Cristo. 24A graça seja com todos os que amam a nosso Senhor Jesus Cristo com amor incorruptível.

[a] 5:5 Ou *Cristo e Deus*
[b] 5:9 Alguns manuscritos dizem *o fruto do Espírito.*
[c] 5:29 Grego: *carne.*
[d] 5:31 Gn 2:24
[e] 6:3 Dt 5:16
[f] 6:12 Grego: *contra carne e sangue.*
[g] 6:12 Ou *no mundo espiritual*

FILIPENSES

1 Paulo e Timóteo, servos[a] de Cristo Jesus, a todos os santos em Cristo Jesus que estão em Filipos, com os bispos[b] e diáconos:

2 A vocês, graça e paz da parte de Deus nosso Pai e do Senhor Jesus Cristo.

Ação de graças e oração

3 Agradeço a meu Deus toda vez que me lembro de vocês. 4 Em todas as minhas orações em favor de vocês, sempre oro com alegria 5 por causa da cooperação que vocês têm dado ao evangelho, desde o primeiro dia até agora. 6 Estou convencido de que aquele que começou boa obra em vocês, vai completá-la até o dia de Cristo Jesus.

7 É justo que eu assim me sinta a respeito de todos vocês, uma vez que os tenho em meu coração, pois, quer nas correntes que me prendem, quer defendendo e confirmando o evangelho, todos vocês participam comigo da graça de Deus. 8 Deus é minha testemunha de como tenho saudade de todos vocês, com a profunda afeição de Cristo Jesus.

9 Esta é a minha oração: Que o amor de vocês aumente cada vez mais em conhecimento e em toda a percepção, 10 para discernirem o que é melhor, a fim de serem puros e irrepreensíveis até o dia de Cristo, 11 cheios do fruto da justiça, fruto que vem por meio de Jesus Cristo, para glória e louvor de Deus.

Os sofrimentos de Paulo contribuem para a expansão do evangelho

12 Quero que saibam, irmãos, que aquilo que me aconteceu tem, ao contrário, servido para o progresso do evangelho. 13 Como resultado, tornou-se evidente a toda a guarda do palácio[c] e a todos os demais que estou na prisão por causa de Cristo. 14 E os irmãos, em sua maioria, motivados no Senhor pela minha prisão, estão anunciando a palavra[d] com maior determinação e destemor.

15 É verdade que alguns pregam Cristo por inveja e rivalidade, mas outros o fazem de boa vontade. 16 Estes o fazem por amor, sabendo que aqui me encontro para a defesa do evangelho. 17 Aqueles pregam Cristo por ambição egoísta, sem sinceridade, pensando que me podem causar sofrimento enquanto estou preso.[e] 18 Mas, que importa? O importante é que de qualquer forma, seja por motivos falsos ou verdadeiros, Cristo está sendo pregado, e por isso me alegro.

De fato, continuarei a alegrar-me, 19 pois sei que o que me aconteceu resultará em minha libertação[f], graças às orações de vocês e ao auxílio do Espírito de Jesus Cristo. 20 Aguardo ansiosamente e espero que em nada serei envergonhado. Ao contrário, com toda a determinação de sempre, também agora Cristo será engrandecido em meu corpo, quer pela vida, quer pela morte; 21 porque para mim o viver é Cristo e o morrer é lucro. 22 Caso continue vivendo no corpo[g], terei fruto do meu trabalho. E já não sei o que escolher! 23 Estou pressionado dos dois lados: desejo partir e estar com Cristo, o que é muito melhor; 24 contudo, é mais necessário, por causa de vocês, que eu permaneça no corpo. 25 Convencido disso, sei que vou permanecer e continuar com todos vocês, para o seu progresso e alegria na fé, 26 a fim de que, pela minha presença, outra vez a exultação de vocês em Cristo Jesus transborde por minha causa.

27 Não importa o que aconteça, exerçam a sua cidadania de maneira digna do evangelho de Cristo, para que assim, quer eu vá e os veja, quer apenas ouça a seu respeito em minha ausência, fique eu sabendo que vocês permanecem firmes num só espírito, lutando unânimes pela fé evangélica, 28 sem de forma alguma deixar-se intimidar por aqueles que se opõem a vocês. Para eles isso é sinal de destruição, mas para vocês, de salvação, e isso da parte de Deus; 29 pois a vocês foi dado o privilégio de não apenas crer em Cristo, mas também de sofrer por ele, 30 já que estão passando pelo mesmo combate que me viram enfrentar e agora ouvem que ainda enfrento.

A humildade cristã

2 Se por estarmos em Cristo nós temos alguma motivação, alguma exortação de amor, alguma comunhão no Espírito, alguma profunda afeição e compaixão, 2 completem a minha alegria, tendo o mesmo modo de pensar, o mesmo amor, um só espírito e uma só atitude. 3 Nada façam por ambição egoísta ou por vaidade, mas humildemente considerem os outros superiores a si mesmos. 4 Cada um cuide, não somente dos seus interesses, mas também dos interesses dos outros.

5 Seja a atitude de vocês a mesma de Cristo Jesus,

6 que, embora sendo Deus[h],
    não considerou
que o ser igual a Deus
    era algo a que devia apegar-se;
7 mas esvaziou-se a si mesmo,
    vindo a ser servo[i],
tornando-se semelhante
    aos homens.
8 E, sendo encontrado
    em forma[j] humana,
humilhou-se a si mesmo
    e foi obediente até a morte,
    e morte de cruz!
9 Por isso Deus o exaltou
    à mais alta posição
e lhe deu o nome que está acima de todo nome,
10 para que ao nome de Jesus
    se dobre todo joelho,
nos céus, na terra
    e debaixo da terra,

[a] 1:1 Isto é, escravos.
[b] 1:1 Grego: *epíscopos*. Palavra que descreve a pessoa que exerce função pastoral.
[c] 1:13 Ou *a todo o palácio*. Isto é, o Pretório, residência oficial do governador romano.
[d] 1:14 Alguns manuscritos dizem *a palavra de Deus*.
[e] 1:16-17 Alguns manuscritos apresentam os versículos 16 e 17 em ordem inversa.
[f] 1:19 Ou *salvação*
[g] 1:22 Grego: *na carne*; também no versículo 24.
[h] 2:6 Ou *existindo na forma de Deus*
[i] 2:7 Ou *assumindo a forma de escravo*
[j] 2:8 Ou *figura*

11e toda língua confesse que Jesus Cristo é o
Senhor,
para a glória de Deus Pai.

Brilhando como estrelas

12Assim, meus amados, como sempre vocês obedece-
ram, não apenas na minha presença, porém muito mais
agora na minha ausência, ponham em ação a salvação
de vocês com temor e tremor, 13pois é Deus quem efe-
tua em vocês tanto o querer quanto o realizar, de acor-
do com a boa vontade dele.
14Façam tudo sem queixas nem discussões, 15para
que venham a tornar-se puros e irrepreensíveis, filhos
de Deus inculpáveis no meio de uma geração corrom-
pida e depravada, na qual vocês brilham como estrelas
no universo, 16retendo firmemente a palavra[a] da vida.
Assim, no dia de Cristo eu me orgulharei de não ter cor-
rido nem me esforçado inutilmente. 17Contudo, mesmo
que eu esteja sendo derramado como oferta de bebida[b]
sobre o serviço que provém da fé que vocês têm, o sa-
crifício que oferecem a Deus, estou alegre e me regozi-
jo com todos vocês. 18Estejam vocês também alegres, e
regozijem-se comigo.

Timóteo e Epafrodito

19Espero no Senhor Jesus enviar-lhes Timóteo breve-
mente, para que eu também me sinta animado quando
receber notícias de vocês. 20Não tenho ninguém que,
como ele, tenha interesse sincero pelo bem-estar de
vocês, 21pois todos buscam os seus próprios interesses
e não os de Jesus Cristo. 22Mas vocês sabem que Timó-
teo foi aprovado porque serviu comigo no trabalho do
evangelho como um filho ao lado de seu pai. 23Portan-
to, é ele quem espero enviar, tão logo me certifique da
minha situação, 24confiando no Senhor que em breve
também poderei ir.
25Contudo, penso que será necessário enviar-lhes de
volta Epafrodito, meu irmão, cooperador e companhei-
ro de lutas, mensageiro que vocês enviaram para aten-
der às minhas necessidades. 26Pois ele tem saudade de
todos vocês e está angustiado porque ficaram sabendo
que ele esteve doente. 27De fato, ficou doente e quase
morreu. Mas Deus teve misericórdia dele, e não somen-
te dele, mas também de mim, para que eu não tivesse
tristeza sobre tristeza. 28Por isso, logo o enviarei, para
que, quando o virem novamente, fiquem alegres e eu
tenha menos tristeza. 29E peço que vocês o recebam no
Senhor com grande alegria e honrem homens como
este, 30porque ele quase morreu por amor à causa de
Cristo, arriscando a vida para suprir a ajuda que vocês
não me podiam dar.

Plena confiança em Cristo

3 Finalmente, meus irmãos, alegrem-se no Senhor! Es-
crever-lhes de novo as mesmas coisas não é cansativo
para mim e é uma segurança para vocês.
2Cuidado com os "cães", cuidado com esses que pra-
ticam o mal, cuidado com a falsa circuncisão[c]! 3Pois nós
é que somos a circuncisão, nós que adoramos pelo Espí-
rito de Deus, que nos gloriamos em Cristo Jesus e não
temos confiança alguma na carne, 4embora eu mesmo
tivesse razões para ter tal confiança.
Se alguém pensa que tem razões para confiar na car-
ne, eu ainda mais: 5circuncidado no oitavo dia de vida,
pertencente ao povo de Israel, à tribo de Benjamim,
verdadeiro hebreu; quanto à Lei, fariseu; 6quanto ao
zelo, perseguidor da igreja; quanto à justiça que há na
Lei, irrepreensível.
7Mas o que para mim era lucro, passei a considerar
como perda, por causa de Cristo. 8Mais do que isso, con-
sidero tudo como perda, comparado com a suprema
grandeza do conhecimento de Cristo Jesus, meu Senhor,
por quem perdi todas as coisas. Eu as considero como
esterco para poder ganhar Cristo 9e ser encontrado ne-
le, não tendo a minha própria justiça que procede da
Lei, mas a que vem mediante a fé em Cristo, a justiça
que procede de Deus e se baseia na fé. 10Quero conhe-
cer Cristo, o poder da sua ressurreição e a participação
em seus sofrimentos, tornando-me como ele em sua
morte 11para, de alguma forma, alcançar a ressurreição
dentre os mortos.

Prosseguindo para o alvo

12Não que eu já tenha obtido tudo isso ou tenha sido
aperfeiçoado, mas prossigo para alcançá-lo, pois para
isso também fui alcançado por Cristo Jesus. 13Irmãos,
não penso que eu mesmo já o tenha alcançado, mas
uma coisa faço: esquecendo-me das coisas que ficaram
para trás e avançando para as que estão adiante, 14pros-
sigo para o alvo, a fim de ganhar o prêmio do chamado
celestial de Deus em Cristo Jesus.
15Todos nós que alcançamos a maturidade devemos
ver as coisas dessa forma, e, se em algum aspecto vo-
cês pensam de modo diferente, isso também Deus lhes
esclarecerá. 16Tão somente vivamos de acordo com o
que já alcançamos.
17Irmãos, sigam unidos o meu exemplo e observem
os que vivem de acordo com o padrão que lhes apre-
sentamos. 18Pois, como já lhes disse repetidas vezes, e
agora repito com lágrimas, há muitos que vivem como
inimigos da cruz de Cristo. 19O destino deles é a perdi-
ção, o seu deus é o estômago e eles têm orgulho do que
é vergonhoso; só pensam nas coisas terrenas. 20A nossa
cidadania, porém, está nos céus, de onde esperamos an-
siosamente o Salvador, o Senhor Jesus Cristo. 21Pelo po-
der que o capacita a colocar todas as coisas debaixo do
seu domínio, ele transformará os nossos corpos humi-
lhados, tornando-os semelhantes ao seu corpo glorioso.
4 Portanto, meus irmãos, a quem amo e de quem tenho
saudade, vocês que são a minha alegria e a minha
coroa, permaneçam assim firmes no Senhor, ó amados!

Exortações

2O que eu rogo a Evódia e também a Síntique é que
vivam em harmonia no Senhor. 3Sim, e peço a você,
leal companheiro de jugo[d], que as ajude; pois lutaram
ao meu lado na causa do evangelho, com Clemente e
meus demais cooperadores. Os seus nomes estão no
livro da vida.
4Alegrem-se sempre no Senhor. Novamente direi:
Alegrem-se! 5Seja a amabilidade de vocês conhecida por
todos. Perto está o Senhor. 6Não andem ansiosos por
coisa alguma, mas em tudo, pela oração e súplicas, e
com ação de graças, apresentem seus pedidos a Deus. 7E

[a] 2:16 Ou *firmando-se na palavra*
[b] 2:17 Veja Nm 28:7.
[c] 3:2 Grego: *mutilação*.
[d] 4:3 Ou *leal Sízigo*

a paz de Deus, que excede todo o entendimento, guar-
dará o coração e a mente de vocês em Cristo Jesus.
8Finalmente, irmãos, tudo o que for verdadeiro, tu-
do o que for nobre, tudo o que for correto, tudo o que
for puro, tudo o que for amável, tudo o que for de boa
fama, se houver algo de excelente ou digno de louvor,
pensem nessas coisas. 9Ponham em prática tudo o que
vocês aprenderam, receberam, ouviram e viram em
mim. E o Deus da paz estará com vocês.

Agradecimentos pelas ofertas

10Alegro-me grandemente no Senhor, porque final-
mente vocês renovaram o seu interesse por mim. De
fato, vocês já se interessavam, mas não tinham opor-
tunidade para demonstrá-lo. 11Não estou dizendo isso
porque esteja necessitado, pois aprendi a adaptar-me
a toda e qualquer circunstância. 12Sei o que é passar ne-
cessidade e sei o que é ter fartura. Aprendi o segredo de
viver contente em toda e qualquer situação, seja bem
alimentado, seja com fome, tendo muito, ou passando
necessidade. 13Tudo posso naquele que me fortalece.
14Apesar disso, vocês fizeram bem em participar de
minhas tribulações. 15Como vocês sabem, filipenses,
nos seus primeiros dias no evangelho, quando parti
da Macedônia, nenhuma igreja partilhou comigo no
que se refere a dar e receber, exceto vocês; 16pois, es-
tando eu em Tessalônica, vocês me mandaram ajuda,
não apenas uma vez, mas duas, quando tive necessida-
de. 17Não que eu esteja procurando ofertas, mas o que
pode ser creditado na conta de vocês. 18Recebi tudo, e
o que tenho é mais que suficiente. Estou amplamente
suprido, agora que recebi de Epafrodito os donativos
que vocês enviaram. São uma oferta de aroma suave,
um sacrifício aceitável e agradável a Deus. 19O meu Deus
suprirá todas as necessidades de vocês, de acordo com
as suas gloriosas riquezas em Cristo Jesus.
20A nosso Deus e Pai seja a glória para todo o sem-
pre. Amém.

Saudações finais

21Saúdem a todos os santos em Cristo Jesus. Os ir-
mãos que estão comigo enviam saudações. 22Todos os
santos lhes enviam saudações, especialmente os que
estão no palácio de César.
23A graça do Senhor Jesus Cristo seja com o espírito
de vocês. Amém.[a]

[a] 4:23 Alguns manuscritos não trazem *Amém*.

COLOSSENSES

1 Paulo, apóstolo de Cristo Jesus pela vontade de Deus,
e o irmão Timóteo,
2 aos santos e fiéis[a] irmãos em Cristo que estão em
Colossos:
A vocês, graça e paz da parte de Deus nosso Pai e do
Senhor Jesus Cristo[b].

Ação de graças

3 Sempre agradecemos a Deus, o Pai de nosso Se-
nhor Jesus Cristo, quando oramos por vocês, 4 pois te-
mos ouvido falar da fé que vocês têm em Cristo Jesus
e do amor que têm por todos os santos, 5 por causa da
esperança que lhes está reservada nos céus, a respeito
da qual vocês ouviram por meio da palavra da verdade,
o evangelho 6 que chegou até vocês. Por todo o mundo
este evangelho vai frutificando e crescendo, como tam-
bém ocorre entre vocês, desde o dia em que o ouviram
e entenderam a graça de Deus em toda a sua verdade.
7 Vocês o aprenderam de Epafras, nosso amado coopera-
dor, fiel ministro de Cristo para conosco[c], 8 que também
nos falou do amor que vocês têm no Espírito.

9 Por essa razão, desde o dia em que o ouvimos,
não deixamos de orar por vocês e de pedir que sejam
cheios do pleno conhecimento da vontade de Deus,
com toda a sabedoria e entendimento espiritual. 10 E
isso para que vocês vivam de maneira digna do Senhor
e em tudo possam agradá-lo, frutificando em toda boa
obra, crescendo no conhecimento de Deus e 11 sendo
fortalecidos com todo o poder, de acordo com a força
da sua glória, para que tenham toda a perseverança
e paciência com alegria, 12 dando graças ao Pai, que
nos[d] tornou dignos de participar da herança dos san-
tos no reino da luz. 13 Pois ele nos resgatou do domí-
nio das trevas e nos transportou para o Reino do seu
Filho amado, 14 em quem temos a redenção[e], a saber,
o perdão dos pecados.

A supremacia de Cristo

15 Ele é a imagem
do Deus invisível,
o primogênito
sobre toda a criação,
16 pois nele foram criadas
todas as coisas
nos céus e na terra,
as visíveis e as invisíveis,
sejam tronos ou soberanias,
poderes ou autoridades;
todas as coisas foram criadas por ele e para ele.
17 Ele é antes de todas as coisas,
e nele tudo subsiste.
18 Ele é a cabeça do corpo,
que é a igreja;
é o princípio e o primogênito
dentre os mortos,
para que em tudo tenha a supremacia.
19 Pois foi do agrado de Deus
que nele habitasse toda a plenitude,[f]
20 e por meio dele reconciliasse consigo
todas as coisas,
tanto as que estão na terra
quanto as que estão nos céus,
estabelecendo a paz
pelo seu sangue derramado na cruz.

21 Antes vocês estavam separados de Deus e, na men-
te de vocês, eram inimigos por causa do mau[g] proce-
dimento de vocês. 22 Mas agora ele os reconciliou pelo
corpo físico de Cristo[h], mediante a morte, para apresen-
tá-los diante dele santos, inculpáveis e livres de qual-
quer acusação, 23 desde que continuem alicerçados e
firmes na fé, sem se afastarem da esperança do evan-
gelho, que vocês ouviram e que tem sido proclamado a
todos os que estão debaixo do céu. Esse é o evangelho
do qual eu, Paulo, me tornei ministro.

O trabalho de Paulo pela igreja

24 Agora me alegro em meus sofrimentos por vocês,
e completo no meu corpo[i] o que resta das aflições de
Cristo, em favor do seu corpo, que é a igreja. 25 Dela me
tornei ministro de acordo com a responsabilidade, por
Deus a mim atribuída, de apresentar-lhes plenamente
a palavra de Deus, 26 o mistério que esteve oculto du-
rante épocas e gerações, mas que agora foi manifestado
a seus santos. 27 A ele quis Deus dar a conhecer entre os
gentios[j] a gloriosa riqueza deste mistério, que é Cristo
em vocês, a esperança da glória.

28 Nós o proclamamos, advertindo e ensinando a ca-
da um com toda a sabedoria, para que apresentemos
todo homem perfeito em Cristo. 29 Para isso eu me es-
forço, lutando conforme a sua força, que atua podero-
samente em mim.

2 Quero que vocês saibam quanto estou lutando por
vocês, pelos que estão em Laodiceia e por todos os
que ainda não me conhecem pessoalmente. 2 Esfor-
ço-me para que eles sejam fortalecidos em seu coração,
estejam unidos em amor e alcancem toda a riqueza
do pleno entendimento, a fim de conhecerem plena-
mente o mistério de Deus, a saber, Cristo. 3 Nele es-
tão escondidos todos os tesouros da sabedoria e do
conhecimento. 4 Eu lhes digo isso para que ninguém
os engane com argumentos que só parecem convin-
centes. 5 Porque, embora esteja fisicamente longe de
vocês, em espírito estou presente, e me alegro em ver
como estão vivendo em ordem e como está firme a fé
que vocês têm em Cristo.

Livres do legalismo por meio de Cristo

6 Portanto, assim como vocês receberam Cristo Jesus,
o Senhor, continuem a viver nele, 7 enraizados e edifica-
dos nele, firmados na fé, como foram ensinados, trans-
bordando de gratidão.

[a] 1:2 Ou *crentes*
[b] 1:2 Vários manuscritos não trazem *e do Senhor Jesus Cristo.*
[c] 1:7 Vários manuscritos dizem *para com vocês.*
[d] 1:12 Alguns manuscritos dizem *os.*
[e] 1:14 Alguns manuscritos dizem *redenção por meio do seu sangue.*
[f] 1:19 Ou *Pois toda a plenitude agradou-se em habitar nele,*
[g] 1:21 Ou *conforme demonstrado pelo mau*
[h] 1:22 Grego: *corpo da sua carne.*
[i] 1:24 Grego: *na minha carne.*
[j] 1:27 Isto é, os que não são judeus.

8 Tenham cuidado para que ninguém os escravize a filosofias vãs e enganosas, que se fundamentam nas tradições humanas e nos princípios elementares deste mundo, e não em Cristo.

9 Pois em Cristo habita corporalmente toda a plenitude da divindade, 10 e, por estarem nele, que é o Cabeça de todo poder e autoridade, vocês receberam a plenitude. 11 Nele também vocês foram circuncidados, não com uma circuncisão feita por mãos humanas, mas com a circuncisão feita por Cristo, que é o despojar do corpo da carne[a]. 12 Isso aconteceu quando vocês foram sepultados com ele no batismo, e com ele foram ressuscitados mediante a fé no poder de Deus que o ressuscitou dentre os mortos.

13 Quando vocês estavam mortos em pecados e na incircuncisão da sua carne[b], Deus os[c] vivificou com Cristo. Ele nos perdoou todas as transgressões, 14 e cancelou a escrita de dívida, que consistia em ordenanças, e que nos era contrária. Ele a removeu, pregando-a na cruz, 15 e, tendo despojado os poderes e as autoridades, fez deles um espetáculo público, triunfando sobre eles na cruz.

16 Portanto, não permitam que ninguém os julgue pelo que vocês comem ou bebem, ou com relação a alguma festividade religiosa ou à celebração das luas novas ou dos dias de sábado. 17 Estas coisas são sombras do que haveria de vir; a realidade, porém, encontra-se em Cristo[d]. 18 Não permitam que ninguém que tenha prazer numa falsa humildade e na adoração de anjos os impeça de alcançar o prêmio. Tal pessoa conta detalhadamente suas visões, e sua mente carnal a torna orgulhosa. 19 Trata-se de alguém que não está unido à Cabeça, a partir da qual todo o corpo, sustentado e unido por seus ligamentos e juntas, efetua o crescimento dado por Deus.

20 Já que vocês morreram com Cristo para os princípios elementares deste mundo, por que, como se ainda pertencessem a ele, vocês se submetem a regras: 21 "Não manuseie!", "Não prove!", "Não toque!"? 22 Todas essas coisas estão destinadas a perecer pelo uso, pois se baseiam em mandamentos e ensinos humanos. 23 Essas regras têm, de fato, aparência de sabedoria, com sua pretensa religiosidade, falsa humildade e severidade com o corpo, mas não têm valor algum para refrear os impulsos da carne.

Instruções para um viver santo

3 Portanto, já que vocês ressuscitaram com Cristo, procurem as coisas que são do alto, onde Cristo está assentado à direita de Deus. 2 Mantenham o pensamento nas coisas do alto, e não nas coisas terrenas. 3 Pois vocês morreram, e agora a sua vida está escondida com Cristo em Deus. 4 Quando Cristo, que é a sua[e] vida, for manifestado, então vocês também serão manifestados com ele em glória.

5 Assim, façam morrer tudo o que pertence à natureza terrena de vocês: imoralidade sexual, impureza, paixão, desejos maus e a ganância, que é idolatria. 6 É por causa dessas coisas que vem a ira de Deus sobre os que vivem na desobediência[f], 7 as quais vocês praticaram no passado, quando costumavam viver nelas. 8 Mas agora, abandonem todas estas coisas: ira, indignação, maldade, maledicência e linguagem indecente no falar. 9 Não mintam uns aos outros, visto que vocês já se despiram do velho homem[g] com suas práticas 10 e se revestiram do novo, o qual está sendo renovado em conhecimento, à imagem do seu Criador. 11 Nessa nova vida já não há diferença entre grego e judeu, circunciso e incircunciso, bárbaro[h] e cita[i], escravo e livre, mas Cristo é tudo e está em todos.

12 Portanto, como povo escolhido de Deus, santo e amado, revistam-se de profunda compaixão, bondade, humildade, mansidão e paciência. 13 Suportem-se uns aos outros e perdoem as queixas que tiverem uns contra os outros. Perdoem como o Senhor lhes perdoou. 14 Acima de tudo, porém, revistam-se do amor, que é o elo perfeito.

15 Que a paz de Cristo seja o juiz em seu coração, visto que vocês foram chamados para viver em paz, como membros de um só corpo. E sejam agradecidos. 16 Habite ricamente em vocês a palavra de Cristo; ensinem e aconselhem-se uns aos outros com toda a sabedoria, e cantem salmos, hinos e cânticos espirituais com gratidão a Deus em seu coração. 17 Tudo o que fizerem, seja em palavra ou em ação, façam-no em nome do Senhor Jesus, dando por meio dele graças a Deus Pai.

Responsabilidade social

18 Mulheres, sujeite-se cada uma a seu marido, como convém a quem está no Senhor.

19 Maridos, ame cada um a sua mulher e não a tratem com amargura.

20 Filhos, obedeçam a seus pais em tudo, pois isso agrada ao Senhor.

21 Pais, não irritem seus filhos, para que eles não desanimem.

22 Escravos, obedeçam em tudo a seus senhores terrenos, não somente para agradá-los quando eles estão observando, mas com sinceridade de coração, pelo fato de vocês temerem o Senhor. 23 Tudo o que fizerem, façam de todo o coração, como para o Senhor, e não para os homens, 24 sabendo que receberão do Senhor a recompensa da herança. É a Cristo, o Senhor, que vocês estão servindo. 25 Quem cometer injustiça receberá de volta injustiça, e não haverá exceção para ninguém.

4 Senhores, deem aos seus escravos o que é justo e direito, sabendo que vocês também têm um Senhor nos céus.

Outras instruções

2 Dediquem-se à oração, estejam alerta e sejam agradecidos. 3 Ao mesmo tempo, orem também por nós, para que Deus abra uma porta para a nossa mensagem, a fim de que possamos proclamar o mistério de Cristo, pelo qual estou preso. 4 Orem para que eu possa manifestá-lo abertamente, como me cumpre fazê-lo. 5 Sejam sábios no procedimento para com os de fora; aproveitem ao máximo todas as oportunidades. 6 O seu falar

[a] 2:11 Isto é, da velha vida dos não regenerados.
[b] 2:13 Ou *da sua natureza pecaminosa*; também no versículo 23.
[c] 2:13 Alguns manuscritos dizem *nos*.
[d] 2:17 Grego: *o corpo, porém, é de Cristo*.
[e] 3:4 Alguns manuscritos dizem *nossa*.
[f] 3:6 Alguns manuscritos antigos não trazem *sobre os que vivem na desobediência*.
[g] 3:9 Isto é, da velha vida dos não regenerados.
[h] 3:11 Isto é, aquele que não possuía cultura grega.
[i] 3:11 Isto é, habitante da região ao norte do mar Negro, que não fazia parte do Império Romano.

seja sempre agradável e temperado com sal, para que
saibam como responder a cada um.

Saudações finais

7Tíquico lhes informará todas as coisas a meu respei-
to. Ele é um irmão amado, ministro fiel e cooperador
no serviço do Senhor. 8Eu o envio a vocês precisamente
com o propósito de que saibam de tudo o que se passa
conosco[a], e para que ele lhes fortaleça o coração. 9Ele irá
com Onésimo, fiel e amado irmão, que é um de vocês.
Eles irão contar-lhes tudo o que está acontecendo aqui.

10Aristarco, meu companheiro de prisão, envia-lhes
saudações, bem como Marcos, primo de Barnabé. Vocês
receberam instruções a respeito de Marcos, e se ele for
visitá-los, recebam-no. 11Jesus, chamado Justo, também
envia saudações. Esses são os únicos da circuncisão que
são meus cooperadores em favor do Reino de Deus. Eles
têm sido uma fonte de ânimo para mim. 12Epafras, que
é um de vocês e servo[b] de Cristo Jesus, envia saudações.
Ele está sempre batalhando por vocês em oração, para
que, como pessoas maduras e plenamente convictas,
continuem firmes em toda a vontade de Deus. 13Dele
dou testemunho de que se esforça muito por vocês e
pelos que estão em Laodiceia e em Hierápolis. 14Lucas,
o médico amado, e Demas enviam saudações. 15Saúdem
os irmãos de Laodiceia, bem como Ninfa e a igreja que
se reúne em sua casa.

16Depois que esta carta for lida entre vocês, façam
que também seja lida na igreja dos laodicenses, e que
vocês igualmente leiam a carta de Laodiceia.

17Digam a Arquipo: "Cuide em cumprir o ministério
que você recebeu no Senhor".

18Eu, Paulo, escrevo esta saudação de próprio pu-
nho. Lembrem-se das minhas algemas. A graça seja
com vocês.

[a] 4:8 Alguns manuscritos dizem *de que ele saiba de tudo o que se passa com vocês.*

[b] 4:12 Isto é, escravo.

1TESSALONICENSES

1 Paulo, Silvano[a] e Timóteo,

à igreja dos tessalonicenses, em Deus Pai e no Senhor Jesus Cristo:

A vocês, graça e paz da parte de Deus e de nosso Senhor Jesus Cristo[b].

Ação de graças pela fé e pelo exemplo dos tessalonicenses

2 Sempre damos graças a Deus por todos vocês, mencionando-os em nossas orações. 3 Lembramos continuamente, diante de nosso Deus e Pai, o que vocês têm demonstrado: o trabalho que resulta da fé, o esforço motivado pelo amor e a perseverança proveniente da esperança em nosso Senhor Jesus Cristo. 4 Sabemos, irmãos, amados de Deus, que ele os escolheu 5 porque o nosso evangelho não chegou a vocês somente em palavra, mas também em poder, no Espírito Santo e em plena convicção. Vocês sabem como procedemos entre vocês, em seu favor. 6 De fato, vocês se tornaram nossos imitadores e do Senhor, pois, apesar de muito sofrimento, receberam a palavra com alegria que vem do Espírito Santo. 7 Assim, tornaram-se modelo para todos os crentes que estão na Macedônia e na Acaia. 8 Porque, partindo de vocês, propagou-se a mensagem do Senhor na Macedônia e na Acaia. Não somente isso, mas também por toda parte tornou-se conhecida a fé que vocês têm em Deus. O resultado é que não temos necessidade de dizer mais nada sobre isso, 9 pois eles mesmos relatam de que maneira vocês nos receberam, e como se voltaram para Deus, deixando os ídolos a fim de servir ao Deus vivo e verdadeiro, 10 e esperar dos céus seu Filho, a quem ressuscitou dos mortos: Jesus, que nos livra da ira que há de vir.

O ministério de Paulo em Tessalônica

2 Irmãos, vocês mesmos sabem que a visita que lhes fizemos não foi inútil. 2 Apesar de termos sido maltratados e insultados em Filipos, como vocês sabem, com a ajuda de nosso Deus tivemos coragem de anunciar-lhes o evangelho de Deus, em meio a muita luta. 3 Pois nossa exortação não tem origem no erro nem em motivos impuros, nem temos intenção de enganá-los; 4 ao contrário, como homens aprovados por Deus para nos confiar o evangelho, não falamos para agradar pessoas, mas a Deus, que prova o nosso coração. 5 Vocês bem sabem que a nossa palavra nunca foi de bajulação nem de pretexto para ganância; Deus é testemunha. 6 Nem buscamos reconhecimento humano, quer de vocês quer de outros.

7 Embora, como apóstolos de Cristo, pudéssemos ter sido um peso, fomos bondosos quando estávamos entre vocês, como uma mãe[c] que cuida dos próprios filhos. 8 Sentindo, assim, tanta afeição por vocês, decidimos dar-lhes não somente o evangelho de Deus, mas também a nossa própria vida, porque vocês se tornaram muito amados por nós. 9 Irmãos, certamente vocês se lembram do nosso trabalho esgotante e da nossa fadiga; trabalhamos noite e dia para não sermos pesados a ninguém, enquanto lhes pregávamos o evangelho de Deus.

10 Tanto vocês como Deus são testemunhas de como nos portamos de maneira santa, justa e irrepreensível entre vocês, os que creem. 11 Pois vocês sabem que tratamos cada um como um pai trata seus filhos, 12 exortando, consolando e dando testemunho, para que vocês vivam de maneira digna de Deus, que os chamou para o seu Reino e glória.

13 Também agradecemos a Deus sem cessar o fato de que, ao receberem de nossa parte a palavra de Deus, vocês a aceitaram, não como palavra de homens, mas conforme ela verdadeiramente é, como palavra de Deus, que atua com eficácia em vocês, os que creem. 14 Porque vocês, irmãos, tornaram-se imitadores das igrejas de Deus em Cristo Jesus que estão na Judeia. Vocês sofreram da parte dos seus próprios conterrâneos as mesmas coisas que aquelas igrejas sofreram da parte dos judeus, 15 que mataram o Senhor Jesus e os profetas, e também nos perseguiram. Eles desagradam a Deus e são hostis a todos, 16 esforçando-se para nos impedir que falemos aos gentios[d], e estes sejam salvos. Dessa forma, continuam acumulando seus pecados. Sobre eles, finalmente[e], veio a ira[f].

Paulo deseja rever os tessalonicenses

17 Nós, porém, irmãos, privados da companhia de vocês por breve tempo, em pessoa, mas não no coração, esforçamo-nos ainda mais para vê-los pessoalmente, pela saudade que temos de vocês. 18 Quisemos visitá-los. Eu mesmo, Paulo, o quis, e não apenas uma vez, mas duas; Satanás, porém, nos impediu. 19 Pois quem é a nossa esperança, alegria ou coroa em que nos gloriamos perante o Senhor Jesus na sua vinda? Não são vocês? 20 De fato, vocês são a nossa glória e a nossa alegria.

3 Por isso, quando não pudemos mais suportar, achamos por bem permanecer sozinhos em Atenas 2 e, assim, enviamos Timóteo, nosso irmão e cooperador de Deus[g] no evangelho de Cristo, para fortalecê-los e dar-lhes ânimo na fé, 3 para que ninguém seja abalado por essas tribulações. Vocês sabem muito bem que fomos designados para isso. 4 Quando estávamos com vocês, já lhes dizíamos que seríamos perseguidos, o que realmente aconteceu, como vocês sabem. 5 Por essa razão, não suportando mais, enviei Timóteo para saber a respeito da fé que vocês têm, a fim de que o tentador não os seduzisse, tornando inútil o nosso esforço.

As boas notícias trazidas por Timóteo

6 Agora, porém, Timóteo acaba de chegar da parte de vocês, dando-nos boas notícias a respeito da fé e do amor que vocês têm. Ele nos falou que vocês sempre guardam boas recordações de nós, desejando ver-nos, assim como nós queremos vê-los. 7 Por isso, irmãos, em toda a nossa necessidade e tribulação ficamos animados quando soubemos da sua fé; 8 pois agora vivemos, visto

[a] 1:1 Ou *Silas*, variante de *Silvano*.
[b] 1:1 Vários manuscritos não trazem *da parte de Deus e de nosso Senhor Jesus Cristo*.
[c] 2:7 Grego: *ama*.
[d] 2:16 Isto é, os que não são judeus.
[e] 2:16 Ou *plenamente*
[f] 2:16 Alguns manuscritos acrescentam *de Deus*.
[g] 3:2 Alguns manuscritos não trazem *de Deus*; outros manuscritos dizem *ministro de Deus*.

que vocês estão firmes no Senhor. 9Como podemos ser suficientemente gratos a Deus por vocês, por toda a alegria que temos diante dele por causa de vocês? 10Noite e dia insistimos em orar para que possamos vê-los pessoalmente e suprir o que falta à sua fé.

11Que o próprio Deus, nosso Pai, e nosso Senhor Jesus preparem o nosso caminho até vocês. 12Que o Senhor faça crescer e transbordar o amor que vocês têm uns para com os outros e para com todos, a exemplo do nosso amor por vocês. 13Que ele fortaleça o coração de vocês para serem irrepreensíveis em santidade diante de nosso Deus e Pai, na vinda de nosso Senhor Jesus com todos os seus santos.

Vivendo para agradar a Deus

4 Quanto ao mais, irmãos, já os instruímos acerca de como viver a fim de agradar a Deus e, de fato, assim vocês estão procedendo. Agora lhes pedimos e exortamos no Senhor Jesus que cresçam nisso cada vez mais. 2Pois vocês conhecem os mandamentos que lhes demos pela autoridade do Senhor Jesus.

3A vontade de Deus é que vocês sejam santificados: abstenham-se da imoralidade sexual. 4Cada um saiba controlar o seu próprio corpo[a] de maneira santa e honrosa, 5não dominado pela paixão de desejos desenfreados, como os pagãos que desconhecem a Deus. 6Neste assunto, ninguém prejudique seu irmão nem dele se aproveite. O Senhor castigará todas essas práticas, como já lhes dissemos e asseguramos. 7Porque Deus não nos chamou para a impureza, mas para a santidade. 8Portanto, aquele que rejeita estas coisas não está rejeitando o homem, mas a Deus, que lhes dá o seu Espírito Santo.

9Quanto ao amor fraternal, não precisamos escrever-lhes, pois vocês mesmos já foram ensinados por Deus a se amarem uns aos outros. 10E, de fato, vocês amam todos os irmãos em toda a Macedônia. Contudo, irmãos, insistimos com vocês que cada vez mais assim procedam.

11Esforcem-se para ter uma vida tranquila, cuidar dos seus próprios negócios e trabalhar com as próprias mãos, como nós os instruímos; 12a fim de que andem decentemente aos olhos dos que são de fora e não dependam de ninguém.

A vinda do Senhor

13Irmãos, não queremos que vocês sejam ignorantes quanto aos que dormem, para que não se entristeçam como os outros que não têm esperança. 14Se cremos que Jesus morreu e ressurgiu, cremos também que Deus trará, mediante Jesus e com ele, aqueles que nele dormiram. 15Dizemos a vocês, pela palavra do Senhor, que nós, os que estivermos vivos, os que ficarmos até a vinda do Senhor, certamente não precederemos os que dormem. 16Pois, dada a ordem, com a voz do arcanjo e o ressoar da trombeta de Deus, o próprio Senhor descerá dos céus, e os mortos em Cristo ressuscitarão primeiro. 17Depois nós, os que estivermos vivos, seremos arrebatados com eles nas nuvens, para o encontro com o Senhor nos ares. E assim estaremos com o Senhor para sempre. 18Consolem-se uns aos outros com essas palavras.

5 Irmãos, quanto aos tempos e épocas, não precisamos escrever-lhes, 2pois vocês mesmos sabem perfeitamente que o dia do Senhor virá como ladrão à noite. 3Quando disserem: "Paz e segurança", a destruição virá sobre eles de repente, como as dores de parto à mulher grávida; e de modo nenhum escaparão.

4Mas vocês, irmãos, não estão nas trevas, para que esse dia os surpreenda como ladrão. 5Vocês todos são filhos da luz, filhos do dia. Não somos da noite nem das trevas. 6Portanto, não durmamos como os demais, mas estejamos atentos e sejamos sóbrios; 7pois os que dormem, dormem de noite, e os que se embriagam, embriagam-se de noite. 8Nós, porém, que somos do dia, sejamos sóbrios, vestindo a couraça da fé e do amor e o capacete da esperança da salvação. 9Porque Deus não nos destinou para a ira, mas para recebermos a salvação por meio de nosso Senhor Jesus Cristo. 10Ele morreu por nós para que, quer estejamos acordados quer dormindo, vivamos unidos a ele. 11Por isso, exortem-se e edifiquem-se uns aos outros, como de fato vocês estão fazendo.

Instruções finais

12Agora lhes pedimos, irmãos, que tenham consideração para com os que se esforçam no trabalho entre vocês, que os lideram no Senhor e os aconselham. 13Tenham-nos na mais alta estima, com amor, por causa do trabalho deles. Vivam em paz uns com os outros. 14Exortamos vocês, irmãos, a que advirtam os ociosos[b], confortem os desanimados, auxiliem os fracos, sejam pacientes para com todos. 15Tenham cuidado para que ninguém retribua o mal com o mal, mas sejam sempre bondosos uns para com os outros e para com todos.

16Alegrem-se sempre. 17Orem continuamente. 18Deem graças em todas as circunstâncias, pois esta é a vontade de Deus para vocês em Cristo Jesus.

19Não apaguem o Espírito. 20Não tratem com desprezo as profecias, 21mas ponham à prova todas as coisas e fiquem com o que é bom. 22Afastem-se de toda forma de mal.

23Que o próprio Deus da paz os santifique inteiramente. Que todo o espírito, a alma e o corpo de vocês sejam preservados irrepreensíveis na vinda de nosso Senhor Jesus Cristo. 24Aquele que os chama é fiel, e fará isso.

25Irmãos, orem por nós. 26Saúdem todos os irmãos com beijo santo. 27Diante do Senhor, encarrego vocês de lerem esta carta a todos os irmãos.

28A graça de nosso Senhor Jesus Cristo seja com vocês.

[a] 4:4 Grego: *vaso*. Ou *aprenda como conseguir esposa*; ou ainda *aprenda a viver com sua própria mulher*

[b] 5:14 Ou *insubordinados*

2TESSALONICENSES

1 Paulo, Silvano[a] e Timóteo,

à igreja dos tessalonicenses, em Deus nosso Pai e no Senhor Jesus Cristo:

2 A vocês, graça e paz da parte de Deus Pai e do Senhor Jesus Cristo.

Ação de graças e oração

3 Irmãos, devemos sempre dar graças a Deus por vocês; e isso é justo, porque a fé que vocês têm cresce cada vez mais, e muito aumenta o amor de todos vocês uns pelos outros. 4 Por esta causa nos gloriamos em vocês entre as igrejas de Deus pela perseverança e fé demonstrada por vocês em todas as perseguições e tribulações que estão suportando. 5 Elas dão prova do justo juízo de Deus e mostram o seu desejo de que vocês sejam considerados dignos do seu Reino, pelo qual vocês também estão sofrendo.

6 É justo da parte de Deus retribuir com tribulação aos que lhes causam tribulação, 7 e dar alívio a vocês, que estão sendo atribulados, e a nós também. Isso acontecerá quando o Senhor Jesus for revelado lá dos céus, com os seus anjos poderosos, em meio a chamas flamejantes. 8 Ele punirá os que não conhecem a Deus e os que não obedecem ao evangelho de nosso Senhor Jesus. 9 Eles sofrerão a pena de destruição eterna, a separação da presença do Senhor e da majestade do seu poder. 10 Isso acontecerá no dia em que ele vier para ser glorificado em seus santos e admirado em todos os que creram, inclusive vocês que creram em nosso testemunho.

11 Conscientes disso, oramos constantemente por vocês, para que o nosso Deus os faça dignos da vocação e, com poder, cumpra todo bom propósito e toda obra que procede da fé. 12 Assim o nome de nosso Senhor Jesus será glorificado em vocês, e vocês nele, segundo a graça de nosso Deus e do Senhor Jesus[b] Cristo.

O homem do pecado

2 Irmãos, quanto à vinda de nosso Senhor Jesus Cristo e à nossa reunião com ele, rogamos a vocês 2 que não se deixem abalar nem alarmar tão facilmente, quer por profecia[c], quer por palavra, quer por carta supostamente vinda de nós, como se o dia do Senhor já tivesse chegado. 3 Não deixem que ninguém os engane de modo algum. Antes daquele dia virá a apostasia e, então, será revelado o homem do pecado[d], o filho da perdição. 4 Este se opõe e se exalta acima de tudo o que se chama Deus ou é objeto de adoração, chegando até a assentar-se no santuário de Deus, proclamando que ele mesmo é Deus.

5 Não se lembram de que quando eu ainda estava com vocês costumava lhes falar essas coisas? 6 E agora vocês sabem o que o está detendo, para que ele seja revelado no seu devido tempo. 7 A verdade é que o mistério da iniquidade já está em ação, restando apenas que seja afastado aquele que agora o detém. 8 Então será revelado o perverso, a quem o Senhor Jesus matará com o sopro de sua boca e destruirá pela manifestação de sua vinda. 9 A vinda desse perverso é segundo a ação de Satanás, com todo o poder, com sinais e com maravilhas enganadoras. 10 Ele fará uso de todas as formas de engano da injustiça para os que estão perecendo, porquanto rejeitaram o amor à verdade que os poderia salvar. 11 Por essa razão Deus lhes envia um poder sedutor, a fim de que creiam na mentira, 12 e sejam condenados todos os que não creram na verdade, mas tiveram prazer na injustiça.

Exortação à perseverança

13 Mas nós devemos sempre dar graças a Deus por vocês, irmãos amados pelo Senhor, porque desde o princípio Deus os escolheu[e] para serem salvos mediante a obra santificadora do Espírito e a fé na verdade. 14 Ele os chamou para isso por meio de nosso evangelho, a fim de tomarem posse da glória de nosso Senhor Jesus Cristo. 15 Portanto, irmãos, permaneçam firmes e apeguem-se às tradições que lhes foram ensinadas, quer de viva voz, quer por carta nossa.

16 Que o próprio Senhor Jesus Cristo e Deus nosso Pai, que nos amou e nos deu eterna consolação e boa esperança pela graça, 17 deem ânimo ao coração de vocês e os fortaleçam para fazerem sempre o bem, tanto em atos como em palavras.

Um pedido de oração

3 Finalmente, irmãos, orem por nós, para que a palavra do Senhor se propague rapidamente e receba a honra merecida, como aconteceu entre vocês. 2 Orem também para que sejamos libertos dos homens perversos e maus, pois a fé não é de todos. 3 Mas o Senhor é fiel; ele os fortalecerá e os guardará do Maligno. 4 Confiamos no Senhor que vocês estão fazendo e continuarão a fazer as coisas que lhes ordenamos. 5 O Senhor conduza o coração de vocês ao amor de Deus e à perseverança de Cristo.

Uma advertência contra a ociosidade

6 Irmãos, em nome do nosso Senhor Jesus Cristo nós lhes ordenamos que se afastem de todo irmão que vive ociosamente[f] e não conforme a tradição que vocês receberam de nós. 7 Pois vocês mesmos sabem como devem seguir o nosso exemplo, porque não vivemos ociosamente quando estivemos entre vocês, 8 nem comemos coisa alguma à custa de ninguém. Ao contrário, trabalhamos arduamente e com fadiga, dia e noite, para não sermos pesados a nenhum de vocês, 9 não porque não tivéssemos tal direito, mas para que nos tornássemos um modelo para ser imitado por vocês. 10 Quando ainda estávamos com vocês, nós lhes ordenamos isto: Se alguém não quiser trabalhar, também não coma.

11 Pois ouvimos que alguns de vocês estão ociosos; não trabalham, mas andam se intrometendo na vida

[a] 1:1 Ou *Silas*, variante de *Silvano*.
[b] 1:12 Ou *Deus e Senhor, Jesus*
[c] 2:2 Grego: *espírito*.
[d] 2:3 Vários manuscritos dizem *da iniquidade*.
[e] 2:13 Vários manuscritos dizem *porque Deus os escolheu como seus primeiros frutos*.
[f] 3:6 Ou *desregradamente*; também nos versículos 7 e 11.

alheia. 12A tais pessoas ordenamos e exortamos no Senhor Jesus Cristo que trabalhem tranquilamente e comam o seu próprio pão. 13Quanto a vocês, irmãos, nunca se cansem de fazer o bem.

14Se alguém desobedecer ao que dizemos nesta carta, marquem-no e não se associem com ele, para que se sinta envergonhado; 15contudo, não o considerem como inimigo, mas chamem a atenção dele como irmão.

Saudações finais

16O próprio Senhor da paz lhes dê a paz em todo o tempo e de todas as formas. O Senhor seja com todos vocês.

17Eu, Paulo, escrevo esta saudação de próprio punho, a qual é um sinal em todas as minhas cartas. É dessa forma que escrevo.

18A graça de nosso Senhor Jesus Cristo seja com todos vocês.

1TIMÓTEO

1 Paulo, apóstolo de Cristo Jesus, por ordem de Deus,
nosso Salvador, e de Cristo Jesus, a nossa esperança,

2a Timóteo, meu verdadeiro filho na fé:

Graça, misericórdia e paz da parte de Deus Pai e de Cristo Jesus, o nosso Senhor.

Advertências contra falsos mestres da Lei

3Partindo eu para a Macedônia, roguei-lhe que per-
manecesse em Éfeso para ordenar a certas pessoas que
não mais ensinem doutrinas falsas, 4e que deixem de
dar atenção a mitos e genealogias intermináveis, que
causam controvérsias em vez de promoverem a obra de
Deus, que é pela fé. 5O objetivo desta instrução é o amor
que procede de um coração puro, de uma boa consciên-
cia e de uma fé sincera. 6Alguns se desviaram dessas
coisas, voltando-se para discussões inúteis, 7querendo
ser mestres da lei, quando não compreendem nem o
que dizem nem as coisas acerca das quais fazem afir-
mações tão categóricas.
8Sabemos que a Lei é boa, se alguém a usa de ma-
neira adequada. 9Também sabemos que ela não é feita
para os justos, mas para os transgressores e insubordi-
nados, para os ímpios e pecadores, para os profanos e
irreverentes, para os que matam pai e mãe, para os ho-
micidas, 10para os que praticam imoralidade sexual e
os homossexuais, para os sequestradores, para os men-
tirosos e os que juram falsamente; e para todo aquele
que se opõe à sã doutrina. 11Esta sã doutrina se vê no
glorioso evangelho que me foi confiado, o evangelho
do Deus bendito.

A graça de Deus concedida a Paulo

12Dou graças a Cristo Jesus, nosso Senhor, que me
deu forças e me considerou fiel, designando-me para
o ministério, 13a mim que anteriormente fui blasfemo,
perseguidor e insolente; mas alcancei misericórdia,
porque o fiz por ignorância e na minha incredulida-
de; 14contudo, a graça de nosso Senhor transbordou so-
bre mim, com a fé e o amor que estão em Cristo Jesus.
15Esta afirmação é fiel e digna de toda aceitação: Cris-
to Jesus veio ao mundo para salvar os pecadores, dos
quais eu sou o pior. 16Mas por isso mesmo alcancei mise-
ricórdia, para que em mim, o pior dos pecadores, Cristo
Jesus demonstrasse toda a grandeza da sua paciência,
usando-me como um exemplo para aqueles que nele
haveriam de crer para a vida eterna. 17Ao Rei eterno, o
Deus único, imortal e invisível, sejam honra e glória
para todo o sempre. Amém.
18Timóteo, meu filho, dou-lhe esta instrução, segun-
do as profecias já proferidas a seu respeito, para que, se-
guindo-as, você combata o bom combate, 19mantendo a
fé e a boa consciência que alguns rejeitaram e, por isso,
naufragaram na fé. 20Entre eles estão Himeneu e Ale-
xandre, os quais entreguei a Satanás, para que apren-
dam a não blasfemar.

Instruções acerca da adoração

2 Antes de tudo, recomendo que se façam súplicas, ora-
ções, intercessões e ações de graças por todos os ho-
mens; 2pelos reis e por todos os que exercem autoridade,
para que tenhamos uma vida tranquila e pacífica, com
toda a piedade e dignidade. 3Isso é bom e agradável
perante Deus, nosso Salvador, 4que deseja que todos
os homens sejam salvos e cheguem ao conhecimen-
to da verdade.

5Pois há um só Deus
e um só mediador
entre Deus e os homens:
o homem Cristo Jesus,
6o qual se entregou a si mesmo
como resgate por todos.
Esse foi o testemunho dado
em seu próprio tempo.

7Para isso fui designado pregador e apóstolo (Di-
go-lhes a verdade, não minto.), mestre da verdadeira
fé aos gentios[a].
8Quero, pois, que os homens orem em todo lugar, le-
vantando mãos santas, sem ira e sem discussões.
9Da mesma forma, quero que as mulheres se vistam
modestamente, com decência e discrição, não se ador-
nando com tranças e com ouro, nem com pérolas ou
com roupas caras, 10mas com boas obras, como convém
a mulheres que declaram adorar a Deus.
11A mulher deve aprender em silêncio, com toda a
sujeição. 12Não permito que a mulher ensine, nem que
tenha autoridade sobre o homem. Esteja, porém, em
silêncio. 13Porque primeiro foi formado Adão, e depois
Eva. 14E Adão não foi enganado, mas sim a mulher que,
tendo sido enganada, tornou-se transgressora. 15Entre-
tanto, a mulher[b] será salva[c] dando à luz filhos — se
elas permanecerem na fé, no amor e na santidade, com
bom senso.

Bispos e diáconos

3 Esta afirmação é digna de confiança: Se alguém deseja
ser bispo[d], deseja uma nobre função. 2É necessário,
pois, que o bispo seja irrepreensível, marido de uma
só mulher, moderado, sensato, respeitável, hospitalei-
ro e apto para ensinar; 3não deve ser apegado ao vinho,
nem violento, mas sim amável, pacífico e não apegado
ao dinheiro. 4Ele deve governar bem sua própria famí-
lia, tendo os filhos sujeitos a ele, com toda a dignidade.
5Pois, se alguém não sabe governar sua própria família,
como poderá cuidar da igreja de Deus? 6Não pode ser
recém convertido, para que não se ensoberbeça e caia
na mesma condenação em que caiu o Diabo. 7Também
deve ter boa reputação perante os de fora, para que não
caia em descrédito nem na cilada do Diabo.
8Os diáconos igualmente devem ser dignos, homens
de palavra, não amigos de muito vinho nem de lucros
desonestos. 9Devem apegar-se ao mistério da fé com a
consciência limpa. 10Devem ser primeiramente experi-
mentados; depois, se não houver nada contra eles, que
atuem como diáconos.

[a] 2:7 Isto é, os que não são judeus.
[b] 2:15 Grego: *ela*.
[c] 2:15 Ou *restaurada*
[d] 3:1 Grego: *epíscopo*. Palavra que descreve a pessoa que exerce função pastoral; também no versículo 2.

11As mulheres[a] igualmente sejam dignas, não caluniadoras, mas sóbrias e confiáveis em tudo.

12O diácono deve ser marido de uma só mulher e governar bem seus filhos e sua própria casa. 13Os que servirem bem alcançarão uma excelente posição e grande determinação na fé em Cristo Jesus.

14Escrevo-lhe estas coisas, embora espere ir vê-lo em breve; 15mas, se eu demorar, saiba como as pessoas devem comportar-se na casa de Deus, que é a igreja do Deus vivo, coluna e fundamento da verdade. 16Não há dúvida de que é grande o mistério da piedade:

Deus[b] foi manifestado
  em corpo[c],
justificado no Espírito,
visto pelos anjos,
pregado entre as nações,
crido no mundo,
recebido na glória.

Instruções a Timóteo

4 O Espírito diz claramente que nos últimos tempos alguns abandonarão a fé e seguirão espíritos enganadores e doutrinas de demônios. 2Tais ensinamentos vêm de homens hipócritas e mentirosos, que têm a consciência cauterizada 3e proíbem o casamento e o consumo de alimentos que Deus criou para serem recebidos com ação de graças pelos que creem e conhecem a verdade. 4Pois tudo o que Deus criou é bom, e nada deve ser rejeitado, se for recebido com ação de graças, 5pois é santificado pela palavra de Deus e pela oração.

6Se você transmitir essas instruções aos irmãos, será um bom ministro de Cristo Jesus, nutrido com as verdades da fé e da boa doutrina que tem seguido. 7Rejeite, porém, as fábulas profanas e tolas[d], e exercite-se na piedade. 8O exercício físico é de pouco proveito; a piedade, porém, para tudo é proveitosa, porque tem promessa da vida presente e da futura.

9Esta é uma afirmação fiel e digna de plena aceitação. 10Se trabalhamos e lutamos é porque temos colocado a nossa esperança no Deus vivo, o Salvador de todos os homens, especialmente dos que creem.

11Ordene e ensine estas coisas. 12Ninguém o despreze pelo fato de você ser jovem, mas seja um exemplo para os fiéis na palavra, no procedimento, no amor, na fé e na pureza. 13Até a minha chegada, dedique-se à leitura pública da Escritura, à exortação e ao ensino. 14Não negligencie o dom que lhe foi dado por mensagem profética com imposição de mãos dos presbíteros.

15Seja diligente nessas coisas; dedique-se inteiramente a elas, para que todos vejam o seu progresso. 16Atente bem para a sua própria vida e para a doutrina, perseverando nesses deveres, pois, agindo assim, você salvará tanto a si mesmo quanto aos que o ouvem.

Conselhos acerca de viúvas, líderes e escravos

5 Não repreenda asperamente o homem idoso, mas exorte-o como se ele fosse seu pai; trate os jovens como a irmãos; 2as mulheres idosas, como a mães; e as moças, como a irmãs, com toda a pureza.

3Trate adequadamente as viúvas que são realmente necessitadas. 4Mas se uma viúva tem filhos ou netos, que estes aprendam primeiramente a colocar a sua religião em prática, cuidando de sua própria família e retribuindo o bem recebido de seus pais e avós, pois isso agrada a Deus. 5A viúva realmente necessitada e desamparada põe sua esperança em Deus e persiste dia e noite em oração e em súplica. 6Mas a que vive para os prazeres, ainda que esteja viva, está morta. 7Dê-lhes estas ordens, para que sejam irrepreensíveis. 8Se alguém não cuida de seus parentes, e especialmente dos de sua própria família, negou a fé e é pior que um descrente.

9Nenhuma mulher deve ser inscrita na lista de viúvas, a não ser que tenha mais de sessenta anos de idade, tenha sido fiel a seu marido[e] 10e seja bem conhecida por suas boas obras, tais como criar filhos, ser hospitaleira, lavar os pés dos santos, socorrer os atribulados e dedicar-se a todo tipo de boa obra.

11Não inclua nessa lista as viúvas mais jovens, pois, quando os seus desejos sensuais superam a sua dedicação a Cristo, querem se casar. 12Assim elas trazem condenação sobre si, por haverem rompido seu primeiro compromisso. 13Além disso, aprendem a ficar ociosas, andando de casa em casa; e não se tornam apenas ociosas, mas também fofoqueiras e indiscretas, falando coisas que não devem. 14Portanto, aconselho que as viúvas mais jovens se casem, tenham filhos, administrem suas casas e não deem ao inimigo nenhum motivo para maledicência. 15Algumas, na verdade, já se desviaram, para seguir a Satanás.

16Se alguma mulher crente tem viúvas em sua família, deve ajudá-las. Não seja a igreja sobrecarregada com elas, a fim de que as viúvas realmente necessitadas sejam auxiliadas.

17Os presbíteros que lideram bem a igreja são dignos de dupla honra[f], especialmente aqueles cujo trabalho é a pregação e o ensino, 18pois a Escritura diz: "Não amordace o boi enquanto está debulhando o cereal"[g], e "o trabalhador merece o seu salário"[h]. 19Não aceite acusação contra um presbítero, se não for apoiada por duas ou três testemunhas. 20Os que pecarem deverão ser repreendidos em público, para que os demais também temam.

21Eu o exorto solenemente, diante de Deus, de Cristo Jesus e dos anjos eleitos, a que procure observar essas instruções sem parcialidade; e não faça nada por favoritismo.

22Não se precipite em impor as mãos sobre ninguém e não participe dos pecados dos outros. Conserve-se puro.

23Não continue a beber somente água; tome também um pouco de vinho, por causa do seu estômago e das suas frequentes enfermidades.

24Os pecados de alguns são evidentes, mesmo antes de serem submetidos a julgamento, ao passo que os pecados de outros se manifestam posteriormente. 25Da mesma forma, as boas obras são evidentes, e as que não o são não podem permanecer ocultas.

6 Todos os que estão sob o jugo da escravidão devem considerar seus senhores como dignos de todo o

[a] 3:11 Ou *As esposas dos diáconos*; ou ainda *As diaconisas*
[b] 3:16 Muitos manuscritos dizem *Aquele que*.
[c] 3:16 Grego: *na carne*.
[d] 4:7 Grego: *fábulas profanas e de velhas*.
[e] 5:9 Ou *tenha tido apenas um marido*
[f] 5:17 Ou *duplos honorários*
[g] 5:18 Dt 25:4
[h] 5:18 Lc 10:7

respeito, para que o nome de Deus e o nosso ensino
não sejam blasfemados. [2]Os que têm senhores crentes
não devem ter por eles menos respeito, pelo fato de se-
rem irmãos; ao contrário, devem servi-los ainda melhor,
porque os que se beneficiam do seu serviço são fiéis e
amados. Ensine e recomende essas coisas.

O amor ao dinheiro

[3]Se alguém ensina falsas doutrinas e não concorda
com a sã doutrina de nosso Senhor Jesus Cristo e com
o ensino que é segundo a piedade, [4]é orgulhoso e nada
entende. Esse tal mostra um interesse doentio por con-
trovérsias e contendas acerca de palavras, que resultam
em inveja, brigas, difamações, suspeitas malignas [5]e
atritos constantes entre aqueles que têm a mente cor-
rompida e que são privados da verdade, os quais pen-
sam que a piedade é fonte de lucro.

[6]De fato, a piedade com contentamento é grande
fonte de lucro, [7]pois nada trouxemos para este mun-
do e dele nada podemos levar; [8]por isso, tendo o que
comer e com que vestir-nos, estejamos com isso satis-
feitos. [9]Os que querem ficar ricos caem em tentação,
em armadilhas e em muitos desejos descontrolados e
nocivos, que levam os homens a mergulharem na ruí-
na e na destruição, [10]pois o amor ao dinheiro é a raiz
de todos os males. Algumas pessoas, por cobiçarem o
dinheiro, desviaram-se da fé e se atormentaram com
muitos sofrimentos.

Recomendação de Paulo a Timóteo

[11]Você, porém, homem de Deus, fuja de tudo isso e
busque a justiça, a piedade, a fé, o amor, a perseveran-
ça e a mansidão. [12]Combata o bom combate da fé. To-
me posse da vida eterna, para a qual você foi chamado
e fez a boa confissão na presença de muitas testemu-
nhas. [13]Diante de Deus, que a tudo dá vida, e de Cristo
Jesus, que diante de Pôncio Pilatos fez a boa confissão,
eu lhe recomendo: [14]Guarde este mandamento imacu-
lado e irrepreensível, até a manifestação de nosso Se-
nhor Jesus Cristo, [15]a qual Deus fará se cumprir no seu
devido tempo.

Ele é o bendito e único Soberano,
o Rei dos reis
  e Senhor dos senhores,
[16]o único que é imortal
  e habita em luz inacessível,
a quem ninguém viu
  nem pode ver.
A ele sejam honra e poder para sempre. Amém.

[17]Ordene aos que são ricos no presente mundo que
não sejam arrogantes, nem ponham sua esperança na
incerteza da riqueza, mas em Deus, que de tudo nos
provê ricamente, para a nossa satisfação. [18]Ordene-lhes
que pratiquem o bem, sejam ricos em boas obras, gene-
rosos e prontos a repartir. [19]Dessa forma, eles acumula-
rão um tesouro para si mesmos, um firme fundamento
para a era que há de vir, e assim alcançarão a verda-
deira vida.

[20]Timóteo, guarde o que lhe foi confiado. Evite as
conversas inúteis e profanas e as ideias contraditórias
do que é falsamente chamado conhecimento; [21]profes-
sando-o, alguns desviaram-se da fé.

A graça seja com vocês.[a]

[a] 6:21 Vários manuscritos dizem *você*. Vários manuscritos acrescentam *Amém*.

2TIMÓTEO

1 Paulo, apóstolo de Cristo Jesus pela vontade de Deus, segundo a promessa da vida que está em Cristo Jesus,

2 a Timóteo, meu amado filho:

Graça, misericórdia e paz da parte de Deus Pai e de Cristo Jesus, nosso Senhor.

Um incentivo à fidelidade

3 Dou graças a Deus, a quem sirvo com a consciência limpa, como o serviram os meus antepassados, ao lembrar-me constantemente de você, noite e dia, em minhas orações. 4 Lembro-me das suas lágrimas e desejo muito vê-lo, para que a minha alegria seja completa. 5 Recordo-me da sua fé não fingida, que primeiro habitou em sua avó Loide e em sua mãe, Eunice, e estou convencido de que também habita em você. 6 Por essa razão, torno a lembrar-lhe que mantenha viva a chama do dom de Deus que está em você mediante a imposição das minhas mãos. 7 Pois Deus não nos deu espírito[a] de covardia, mas de poder, de amor e de equilíbrio.

8 Portanto, não se envergonhe de testemunhar do Senhor, nem de mim, que sou prisioneiro dele, mas suporte comigo os meus sofrimentos pelo evangelho, segundo o poder de Deus, 9 que nos salvou e nos chamou com uma santa vocação, não em virtude das nossas obras, mas por causa da sua própria determinação e graça. Esta graça nos foi dada em Cristo Jesus desde os tempos eternos, 10 sendo agora revelada pela manifestação de nosso Salvador, Cristo Jesus. Ele tornou inoperante a morte e trouxe à luz a vida e a imortalidade por meio do evangelho. 11 Deste evangelho fui constituído pregador, apóstolo e mestre. 12 Por essa causa também sofro, mas não me envergonho, porque sei em quem tenho crido e estou bem certo de que ele é poderoso para guardar o que lhe confiei até aquele dia.

13 Retenha, com fé e amor em Cristo Jesus, o modelo da sã doutrina que você ouviu de mim. 14 Quanto ao que lhe foi confiado, guarde-o por meio do Espírito Santo que habita em nós.

15 Você sabe que todos os da província da Ásia me abandonaram, inclusive Fígelo e Hermógenes.

16 O Senhor conceda misericórdia à casa de Onesíforo, porque muitas vezes ele me reanimou e não se envergonhou por eu estar preso; 17 ao contrário, quando chegou a Roma, procurou-me diligentemente até me encontrar. 18 Conceda-lhe o Senhor que, naquele dia, encontre misericórdia da parte do Senhor! Você sabe muito bem quantos serviços ele me prestou em Éfeso.

2 Portanto, você, meu filho, fortifique-se na graça que há em Cristo Jesus. 2 E as palavras que me ouviu dizer na presença de muitas testemunhas, confie-as a homens fiéis que sejam também capazes de ensinar outros. 3 Suporte comigo os meus sofrimentos, como bom soldado de Cristo Jesus. 4 Nenhum soldado se deixa envolver pelos negócios da vida civil, já que deseja agradar aquele que o alistou. 5 Semelhantemente, nenhum atleta é coroado como vencedor, se não competir de acordo com as regras. 6 O lavrador que trabalha arduamente deve ser o primeiro a participar dos frutos da colheita. 7 Reflita no que estou dizendo, pois o Senhor lhe dará entendimento em tudo.

8 Lembre-se de Jesus Cristo, ressuscitado dos mortos, descendente de Davi, conforme o meu evangelho, 9 pelo qual sofro e até estou preso como criminoso; contudo a palavra de Deus não está presa. 10 Por isso, tudo suporto por causa dos eleitos, para que também eles alcancem a salvação que está em Cristo Jesus, com glória eterna. 11 Esta palavra é digna de confiança:

Se morremos com ele,
    com ele também viveremos;
12 se perseveramos,
    com ele também reinaremos.
Se o negamos,
    ele também nos negará;
13 se somos infiéis,
    ele permanece fiel,
pois não pode negar-se
    a si mesmo.

O obreiro aprovado por Deus

14 Continue a lembrar essas coisas a todos, advertindo-os solenemente diante de Deus, para que não se envolvam em discussões acerca de palavras; isso não traz proveito, e serve apenas para perverter os ouvintes. 15 Procure apresentar-se a Deus aprovado, como obreiro que não tem do que se envergonhar e que maneja corretamente a palavra da verdade. 16 Evite as conversas inúteis e profanas, pois os que se dão a isso prosseguem cada vez mais para a impiedade. 17 O ensino deles alastra-se como câncer[b]; entre eles estão Himeneu e Fileto. 18 Estes se desviaram da verdade, dizendo que a ressurreição já aconteceu, e assim a alguns pervertem a fé. 19 Entretanto, o firme fundamento de Deus permanece inabalável e selado com esta inscrição: "O Senhor conhece quem lhe pertence"[c] e "afaste-se da iniquidade todo aquele que confessa o nome do Senhor".

20 Numa grande casa há vasos não apenas de ouro e prata, mas também de madeira e barro; alguns para fins honrosos, outros para fins desonrosos. 21 Se alguém se purificar dessas coisas, será vaso para honra, santificado, útil para o Senhor e preparado para toda boa obra.

22 Fuja dos desejos malignos da juventude e siga a justiça, a fé, o amor e a paz, com aqueles que, de coração puro, invocam o Senhor. 23 Evite as controvérsias tolas e inúteis, pois você sabe que acabam em brigas. 24 Ao servo do Senhor não convém brigar mas, sim, ser amável para com todos, apto para ensinar, paciente. 25 Deve corrigir com mansidão os que se lhe opõem, na esperança de que Deus lhes conceda o arrependimento, levando-os ao conhecimento da verdade, 26 para que assim voltem à sobriedade e escapem da armadilha do Diabo, que os aprisionou para fazerem a sua vontade.

[a] 1:7 Ou *o Espírito que Deus nos deu não é*

[b] 2:17 Grego: *gangrena*.

[c] 2:19 Nm 16:5

A impiedade dos últimos dias

3 Saiba disto: nos últimos dias sobrevirão tempos ter-
ríveis. 2Os homens serão egoístas, avarentos, presun-
çosos, arrogantes, blasfemos, desobedientes aos pais,
ingratos, ímpios, 3sem amor pela família, irreconciliá-
veis, caluniadores, sem domínio próprio, cruéis, ini-
migos do bem, 4traidores, precipitados, soberbos, mais
amantes dos prazeres do que amigos de Deus, 5tendo
aparência de piedade, mas negando o seu poder. Afas-
te-se desses também.
6São esses os que se introduzem pelas casas e con-
quistam mulheres instáveis[a] sobrecarregadas de pe-
cados, as quais se deixam levar por toda espécie de
desejos. 7Elas estão sempre aprendendo, e jamais con-
seguem chegar ao conhecimento da verdade. 8Como
Janes e Jambres se opuseram a Moisés, esses também
resistem à verdade. A mente deles é depravada; são re-
provados na fé. 9Não irão longe, porém; como no caso
daqueles, a sua insensatez se tornará evidente a todos.

A recomendação de Paulo a Timóteo

10Mas você tem seguido de perto o meu ensino, a
minha conduta, o meu propósito, a minha fé, a minha
paciência, o meu amor, a minha perseverança, 11as per-
seguições e os sofrimentos que enfrentei, coisas que me
aconteceram em Antioquia, Icônio e Listra. Quanta per-
seguição suportei! Mas, de todas essas coisas o Senhor
me livrou! 12De fato, todos os que desejam viver piedo-
samente em Cristo Jesus serão perseguidos. 13Contudo,
os perversos e impostores irão de mal a pior, enganan-
do e sendo enganados.
14Quanto a você, porém, permaneça nas coisas que
aprendeu e das quais tem convicção, pois você sabe de
quem o aprendeu. 15Porque desde criança você conhe-
ce as Sagradas Letras, que são capazes de torná-lo sábio
para a salvação mediante a fé em Cristo Jesus. 16Toda a
Escritura é inspirada por Deus e útil para o ensino, pa-
ra a repreensão, para a correção e para a instrução na
justiça, 17para que o homem de Deus seja apto e plena-
mente preparado para toda boa obra.
4 Na presença de Deus e de Cristo Jesus, que há de jul-
gar os vivos e os mortos por sua manifestação e por
seu Reino, eu o exorto solenemente: 2Pregue a palavra,
esteja preparado a tempo e fora de tempo, repreenda,
corrija, exorte com toda a paciência e doutrina. 3Pois
virá o tempo em que não suportarão a sã doutrina; ao
contrário, sentindo coceira nos ouvidos, juntarão mes-
tres para si mesmos, segundo os seus próprios desejos.
4Eles se recusarão a dar ouvidos à verdade, voltando-se
para os mitos. 5Você, porém, seja moderado em tudo,
suporte os sofrimentos, faça a obra de um evangelista,
cumpra plenamente o seu ministério.
6Eu já estou sendo derramado como uma oferta de
bebida[b]. Está próximo o tempo da minha partida. 7Com-
bati o bom combate, terminei a corrida, guardei a fé.
8Agora me está reservada a coroa da justiça, que o Se-
nhor, justo Juiz, me dará naquele dia; e não somente a
mim, mas também a todos os que amam a sua vinda.

Recomendações finais

9Procure vir logo ao meu encontro, 10pois Demas,
amando este mundo, abandonou-me e foi para Tessa-
lônica. Crescente foi para a Galácia, e Tito, para a Dal-
mácia. 11Só Lucas está comigo. Traga Marcos com você,
porque ele me é útil para o ministério. 12Enviei Tíquico
a Éfeso. 13Quando você vier, traga a capa que deixei na
casa de Carpo, em Trôade, e os meus livros, especial-
mente os pergaminhos.
14Alexandre, o ferreiro[c], causou-me muitos males.
O Senhor lhe dará a retribuição pelo que fez. 15Previ-
na-se contra ele, porque se opôs fortemente às nossas
palavras.
16Na minha primeira defesa, ninguém apareceu para
me apoiar; todos me abandonaram. Que isso não lhes
seja cobrado. 17Mas o Senhor permaneceu ao meu lado
e me deu forças, para que por mim a mensagem fosse
plenamente proclamada e todos os gentios[d] a ouvis-
sem. E eu fui libertado da boca do leão. 18O Senhor me
livrará de toda obra maligna e me levará a salvo pa-
ra o seu Reino celestial. A ele seja a glória para todo o
sempre. Amém.

Saudações finais

19Saudações a Priscila[e] e Áquila, e à casa de Onesífo-
ro. 20Erasto permaneceu em Corinto, mas deixei Trófi-
mo doente em Mileto. 21Procure vir antes do inverno.
Êubulo, Prudente, Lino, Cláudia e todos os irmãos en-
viam-lhe saudações.
22O Senhor seja com o seu espírito. A graça seja com
vocês.

[a] 3:6 Grego: *mulherezinhas*.

[b] 4:6 Veja Nm 28:7.

[c] 4:14 Grego: *latoeiro*. Isto é, um artífice em bronze.

[d] 4:17 Isto é, os que não são judeus.

[e] 4:19 Grego: *Prisca*, variante de *Priscila*.

TITO

1 Paulo, servo[a] de Deus e apóstolo de Jesus Cristo pa-
ra levar os eleitos de Deus à fé e ao conhecimento da
verdade que conduz à piedade; 2fé e conhecimento que
se fundamentam na esperança da vida eterna, a qual o
Deus que não mente prometeu antes dos tempos eter-
nos. 3No devido tempo, ele trouxe à luz a sua palavra,
por meio da pregação a mim confiada por ordem de
Deus, nosso Salvador,

4a Tito, meu verdadeiro filho em nossa fé comum:

Graça e paz[b] da parte de Deus Pai e de Cristo Jesus,
nosso Salvador.

A tarefa de Tito em Creta

5A razão de tê-lo deixado em Creta foi para que vo-
cê pusesse em ordem o que ainda faltava e constituís-
se[c] presbíteros em cada cidade, como eu o instruí. 6É
preciso que o presbítero seja irrepreensível, marido de
uma só mulher e tenha filhos crentes que não sejam
acusados de libertinagem ou de insubmissão. 7Por ser
encarregado da obra de Deus, é necessário que o bispo[d]
seja irrepreensível: não orgulhoso, não briguento, não
apegado ao vinho, não violento, nem ávido por lucro
desonesto. 8Ao contrário, é preciso que ele seja hospita-
leiro, amigo do bem, sensato, justo, consagrado, tenha
domínio próprio 9e apegue-se firmemente à mensa-
gem fiel, da maneira como foi ensinada, para que seja
capaz de encorajar outros pela sã doutrina e de refutar
os que se opõem a ela.

10Pois há muitos insubordinados, que não passam de
faladores e enganadores, especialmente os do grupo da
circuncisão. 11É necessário que eles sejam silenciados,
pois estão arruinando famílias inteiras, ensinando coi-
sas que não devem, e tudo por ganância. 12Um dos seus
próprios profetas chegou a dizer: "Cretenses, sempre
mentirosos, feras malignas, glutões preguiçosos". 13Tal
testemunho é verdadeiro. Portanto, repreenda-os se-
veramente, para que sejam sadios na fé 14e não deem
atenção a lendas judaicas nem a mandamentos de ho-
mens que rejeitam a verdade. 15Para os puros, todas as
coisas são puras; mas para os impuros e descrentes, na-
da é puro. De fato, tanto a mente como a consciência
deles estão corrompidas. 16Eles afirmam que conhecem
a Deus, mas por seus atos o negam; são detestá-
veis, desobedientes e desqualificados para qualquer
boa obra.

Instruções para vários grupos

2 Você, porém, fale o que está de acordo com a sã dou-
trina. 2Ensine os homens mais velhos a serem mo-
derados, dignos de respeito, sensatos e sadios na fé, no
amor e na perseverança.

3Semelhantemente, ensine as mulheres mais ve-
lhas a serem reverentes na sua maneira de viver, a não
serem caluniadoras nem escravizadas a muito vinho,
mas a serem capazes de ensinar o que é bom. 4Assim,
poderão orientar as mulheres mais jovens a amarem
seus maridos e seus filhos, 5a serem prudentes e puras,
a estarem ocupadas em casa, e a serem bondosas e su-
jeitas a seus maridos, a fim de que a palavra de Deus
não seja difamada.

6Da mesma maneira, encoraje os jovens a serem pru-
dentes. 7Em tudo seja você mesmo um exemplo para
eles, fazendo boas obras. Em seu ensino, mostre integri-
dade e seriedade; 8use linguagem sadia, contra a qual
nada se possa dizer, para que aqueles que se opõem
a você fiquem envergonhados por não poderem falar
mal de nós.

9Ensine os escravos a se submeterem em tudo a seus
senhores, a procurarem agradá-los, a não serem respon-
dões e 10a não roubá-los, mas a mostrarem que são in-
teiramente dignos de confiança, para que assim tornem
atraente, em tudo, o ensino de Deus, nosso Salvador.

11Porque a graça de Deus se manifestou salvadora
a todos os homens. 12Ela nos ensina a renunciar à im-
piedade e às paixões mundanas e a viver de maneira
sensata, justa e piedosa nesta era presente, 13enquanto
aguardamos a bendita esperança: a gloriosa manifesta-
ção de nosso grande Deus e Salvador, Jesus Cristo. 14Ele
se entregou por nós a fim de nos remir de toda a malda-
de e purificar para si mesmo um povo particularmente
seu, dedicado à prática de boas obras.

15É isso que você deve ensinar, exortando-os e re-
preendendo-os com toda a autoridade. Ninguém o
despreze.

A conduta cristã

3 Lembre a todos que se sujeitem aos governantes e às
autoridades, sejam obedientes, estejam sempre pron-
tos a fazer tudo o que é bom, 2não caluniem ninguém,
sejam pacíficos, amáveis e mostrem sempre verdadeira
mansidão para com todos os homens.

3Houve tempo em que nós também éramos insen-
satos e desobedientes, vivíamos enganados e escravi-
zados por toda espécie de paixões e prazeres. Vivíamos
na maldade e na inveja, sendo detestáveis e odiando
uns aos outros. 4Mas quando, da parte de Deus, nosso
Salvador, se manifestaram a bondade e o amor pelos
homens, 5não por causa de atos de justiça por nós pra-
ticados, mas devido à sua misericórdia, ele nos salvou
pelo lavar regenerador e renovador do Espírito Santo,
6que ele derramou sobre nós generosamente, por meio
de Jesus Cristo, nosso Salvador. 7Ele o fez a fim de que,
justificados por sua graça, nos tornemos seus herdei-
ros, tendo a esperança da vida eterna. 8Fiel é esta pa-
lavra, e quero que você afirme categoricamente essas
coisas, para que os que creem em Deus se empenhem
na prática de boas obras. Tais coisas são excelentes e
úteis aos homens.

9Evite, porém, controvérsias tolas, genealogias, dis-
cussões e contendas a respeito da Lei, porque essas coi-
sas são inúteis e sem valor. 10Quanto àquele que provoca
divisões, advirta-o uma primeira e uma segunda vez.
Depois disso, rejeite-o. 11Você sabe que tal pessoa se per-
verteu e está em pecado; por si mesma está condenada.

[a] 1.1 Isto é, escravo.
[b] 1.4 Muitos manuscritos dizem *Graça, misericórdia e paz.*
[c] 1.5 Ou *ordenasse*
[d] 1.7 Grego: *epíscopo.* Palavra que descreve a pessoa que exerce função pastoral.

Observações finais

[12]Quando eu lhe enviar Ártemas ou Tíquico, faça o
possível para vir ao meu encontro em Nicópolis, pois
decidi passar o inverno ali. [13]Providencie tudo o que for
necessário para a viagem de Zenas, o jurista, e de Apo-
lo, de modo que nada lhes falte. [14]Quanto aos nossos,
que aprendam a dedicar-se à prática de boas obras, a
fim de que supram as necessidades diárias e não se-
jam improdutivos.

[15]Todos os que estão comigo enviam-lhe saudações.
Saudações àqueles que nos amam na fé.

A graça seja com todos vocês.

FILEMOM

1Paulo, prisioneiro de Cristo Jesus, e o irmão Timóteo,

a você, Filemom, nosso amado cooperador, 2à irmã
Áfia, a Arquipo, nosso companheiro de lutas, e à igreja
que se reúne com você em sua casa:

3A vocês, graça e paz da parte de Deus nosso Pai e do
Senhor Jesus Cristo.

Ação de graças e intercessão

4Sempre dou graças a meu Deus, lembrando-me de
você nas minhas orações, 5porque ouço falar da sua fé
no Senhor Jesus e do seu amor por todos os santos.
6Oro para que a comunhão que procede da sua fé seja
eficaz no pleno conhecimento de todo o bem que te-
mos em Cristo. 7Seu amor me tem dado grande alegria
e consolação, porque você, irmão, tem reanimado o co-
ração dos santos.

A intercessão de Paulo em favor de Onésimo

8Por isso, mesmo tendo em Cristo plena liberdade
para mandar que você cumpra o seu dever, 9prefiro fa-
zer um apelo com base no amor. Eu, Paulo, já velho, e
agora também prisioneiro de Cristo Jesus, 10apelo em
favor de meu filho Onésimo[a], que gerei enquanto es-
tava preso. 11Ele antes lhe era inútil, mas agora é útil,
tanto para você quanto para mim.

12Mando-o de volta a você, como se fosse o meu pró-
prio coração. 13Gostaria de mantê-lo comigo para que
me ajudasse em seu lugar enquanto estou preso por
causa do evangelho. 14Mas não quis fazer nada sem
a sua permissão, para que qualquer favor que você fi-
zer seja espontâneo, e não forçado. 15Talvez ele tenha
sido separado de você por algum tempo, para que você
o tivesse de volta para sempre, 16não mais como escravo,
mas, acima de escravo, como irmão amado. Para mim
ele é um irmão muito amado, e ainda mais para você,
tanto como pessoa quanto como cristão[b].

17Assim, se você me considera companheiro na fé,
receba-o como se estivesse recebendo a mim. 18Se ele
o prejudicou em algo ou lhe deve alguma coisa, ponha
na minha conta. 19Eu, Paulo, escrevo de próprio punho:
Eu pagarei — para não dizer que você me deve a pró-
pria vida. 20Sim, irmão, eu gostaria de receber de você
algum benefício por estarmos no Senhor. Reanime o
meu coração em Cristo! 21Escrevo-lhe certo de que você
me obedecerá, sabendo que fará mais do que lhe peço.

22Além disso, prepare-me um aposento, porque, gra-
ças às suas orações, espero poder ser restituído a vocês.

23Epafras, meu companheiro de prisão por causa de
Cristo Jesus, envia-lhe saudações, 24assim como tam-
bém Marcos, Aristarco, Demas e Lucas, meus coope-
radores.

25A graça do Senhor Jesus Cristo seja com o espíri-
to de todos vocês.

[a] 10 *Onésimo* significa *útil*.

[b] 16 Grego: *tanto na carne quanto no Senhor*.

HEBREUS

O Filho é superior aos anjos

1 Há muito tempo Deus falou muitas vezes e de várias
maneiras aos nossos antepassados por meio dos pro-
fetas, 2mas nestes últimos dias falou-nos por meio do
Filho, a quem constituiu herdeiro de todas as coisas e
por meio de quem fez o universo. 3O Filho é o resplen-
dor da glória de Deus e a expressão exata do seu ser,
sustentando todas as coisas por sua palavra poderosa.
Depois de ter realizado a purificação dos pecados, ele
se assentou à direita da Majestade nas alturas, 4tornan-
do-se tão superior aos anjos quanto o nome que herdou
é superior ao deles.

5Pois a qual dos anjos Deus alguma vez disse:

> "Tu és meu Filho;
> eu hoje te gerei"[a]?

E outra vez:

> "Eu serei seu Pai,
> e ele será meu Filho"[b]?

6E ainda, quando Deus introduz o Primogênito no mun-
do, diz:

> "Todos os anjos de Deus
> o adorem"[c].

7Quanto aos anjos, ele diz:

> "Ele faz dos seus anjos ventos,
> e dos seus servos,
> clarões reluzentes"[d].

8Mas a respeito do Filho, diz:

> "O teu trono, ó Deus,
> subsiste para todo o sempre;
> cetro de equidade
> é o cetro do teu Reino.
> 9Amas a justiça
> e odeias a iniquidade;
> por isso Deus, o teu Deus,
> escolheu-te dentre
> os teus companheiros,
> ungindo-te com óleo de alegria"[e].

10E também diz:

> "No princípio, Senhor,
> firmaste os fundamentos
> da terra,
> e os céus são obras
> das tuas mãos.
> 11Eles perecerão,
> mas tu permanecerás;
> envelhecerão como vestimentas.
> 12Tu os enrolarás como um manto,
> como roupas
> eles serão trocados.
> Mas tu permaneces o mesmo,
> e os teus dias jamais terão fim"[f].

13A qual dos anjos Deus alguma vez disse:

> "Senta-te à minha direita,
> até que eu faça
> dos teus inimigos
> um estrado para os teus pés"[g]?

14Os anjos não são, todos eles, espíritos ministradores
enviados para servir aqueles que hão de herdar a sal-
vação?

O perigo da negligência

2 Por isso é preciso que prestemos maior atenção ao
que temos ouvido, para que jamais nos desviemos.
2Porque, se a mensagem transmitida por anjos provou a
sua firmeza, e toda transgressão e desobediência recebeu
a devida punição, 3como escaparemos, se negligenciar-
mos tão grande salvação? Esta salvação, primeiramente
anunciada pelo Senhor, foi-nos confirmada pelos que a
ouviram. 4Deus também deu testemunho dela por meio
de sinais, maravilhas, diversos milagres e dons do Es-
pírito Santo distribuídos de acordo com a sua vontade.

Jesus é feito semelhante a seus irmãos

5Não foi a anjos que ele sujeitou o mundo que há de
vir, a respeito do qual estamos falando, 6mas alguém
em certo lugar testemunhou, dizendo:

> "Que é o homem, para que
> com ele te importes?
> E o filho do homem,
> para que com ele te preocupes?
> 7Tu o fizeste um[h] pouco menor
> do que os anjos
> e o coroaste de glória e de honra;
> 8tudo sujeitaste debaixo
> dos seus pés"[i].

Ao lhe sujeitar todas as coisas, nada deixou que não lhe
estivesse sujeito. Agora, porém, ainda não vemos que
todas as coisas lhe estejam sujeitas. 9Vemos, todavia,
aquele que por um pouco foi feito menor do que os
anjos, Jesus, coroado de honra e de glória por ter sofri-
do a morte, para que, pela graça de Deus, em favor de
todos, experimentasse a morte.

10Ao levar muitos filhos à glória, convinha que Deus,
por causa de quem e por meio de quem tudo existe, tor-
nasse perfeito, mediante o sofrimento, o autor da sal-
vação deles. 11Ora, tanto o que santifica quanto os que
são santificados provêm de um só. Por isso Jesus não se
envergonha de chamá-los irmãos. 12Ele diz:

> "Proclamarei o teu nome
> a meus irmãos;
> na assembleia te louvarei"[j].

[a] 1:5 Sl 2:7
[b] 1:5 2Sm 7:14; 1Cr 17:13
[c] 1:6 Dt 32:43 (segundo a Septuaginta e os manuscritos do mar Morto).
[d] 1:7 Sl 104:4
[e] 1:8-9 Sl 45:6-7
[f] 1:10-12 Sl 102:25-27
[g] 1:13 Sl 110:1
[h] 2:7 Ou *por um*
[i] 2:6-8 Sl 8:4-6
[j] 2:12 Sl 22:22

13E também:

"Nele porei
a minha confiança"[a].

Novamente ele diz:

"Aqui estou eu com os filhos
que Deus me deu"[b].

14Portanto, visto que os filhos são pessoas de carne e
sangue, ele também participou dessa condição humana,
para que, por sua morte, derrotasse aquele que tem o
poder da morte, isto é, o Diabo, 15e libertasse aqueles que
durante toda a vida estiveram escravizados pelo medo
da morte. 16Pois é claro que não é a anjos que ele ajuda,
mas aos descendentes de Abraão. 17Por essa razão era ne-
cessário que ele se tornasse semelhante a seus irmãos
em todos os aspectos, para se tornar sumo sacerdote
misericordioso e fiel com relação a Deus, e fazer propi-
ciação[c] pelos pecados do povo. 18Porque, tendo em vis-
ta o que ele mesmo sofreu quando tentado, ele é capaz
de socorrer aqueles que também estão sendo tentados.

Jesus é superior a Moisés

3 Portanto, santos irmãos, participantes do chamado
celestial, fixem os seus pensamentos em Jesus, após-
tolo e sumo sacerdote que confessamos. 2Ele foi fiel
àquele que o havia constituído, assim como Moisés foi
fiel em toda a casa de Deus. 3Jesus foi considerado digno
de maior glória do que Moisés, da mesma forma que o
construtor de uma casa tem mais honra do que a pró-
pria casa. 4Pois toda casa é construída por alguém, mas
Deus é o edificador de tudo. 5Moisés foi fiel como ser-
vo em toda a casa de Deus, dando testemunho do que
haveria de ser dito no futuro, 6mas Cristo é fiel como
Filho sobre a casa de Deus; e esta casa somos nós, se é
que nos apegamos firmemente[d] à confiança e à espe-
rança da qual nos gloriamos.

Advertência contra a incredulidade

7Assim, como diz o Espírito Santo:

"Hoje, se vocês ouvirem
a sua voz,
8não endureçam o coração,
como na rebelião,
durante o tempo da provação no deserto,
9onde os seus antepassados
me tentaram,
pondo-me à prova,
apesar de, durante quarenta anos,
terem visto o que eu fiz.
10Por isso fiquei irado
contra aquela geração
e disse: O seu coração
está sempre se desviando,
e eles não reconheceram
os meus caminhos.
11Assim jurei na minha ira:
Jamais entrarão
no meu descanso"[e].

12Cuidado, irmãos, para que nenhum de vocês tenha
coração perverso e incrédulo, que se afaste do Deus vi-
vo. 13Ao contrário, encorajem-se uns aos outros todos
os dias, durante o tempo que se chama "hoje", de mo-
do que nenhum de vocês seja endurecido pelo engano
do pecado, 14pois passamos a ser participantes de Cris-
to, desde que, de fato, nos apeguemos até o fim à con-
fiança que tivemos no princípio. 15Por isso é que se diz:

"Se hoje vocês ouvirem
a sua voz,
não endureçam o coração,
como na rebelião"[f].

16Quem foram os que ouviram e se rebelaram? Não
foram todos os que Moisés tirou do Egito? 17Contra
quem Deus esteve irado durante quarenta anos? Não
foi contra aqueles que pecaram, cujos corpos caíram
no deserto? 18E a quem jurou que nunca haveriam de
entrar no seu descanso? Não foi àqueles que foram
desobedientes?[g] 19Vemos, assim, que por causa da in-
credulidade não puderam entrar.

Um descanso sabático para o povo de Deus

4 Visto que nos foi deixada a promessa de entrarmos
no descanso de Deus, que nenhum de vocês pense
que falhou[h]. 2Pois as boas novas foram pregadas tam-
bém a nós, tanto quanto a eles; mas a mensagem que
eles ouviram de nada lhes valeu, pois não foi acompa-
nhada de fé por aqueles que a ouviram[i]. 3Pois nós, os
que cremos, é que entramos naquele descanso, con-
forme Deus disse:

"Assim jurei na minha ira:
Jamais entrarão
no meu descanso"[j];

embora as suas obras estivessem concluídas desde a
criação do mundo. 4Pois em certo lugar ele falou so-
bre o sétimo dia, nestas palavras: "No sétimo dia Deus
descansou de toda obra que realizara"[k]. 5E de novo, na
passagem citada há pouco, diz: "Jamais entrarão no
meu descanso".

6Portanto, resta entrarem alguns naquele descanso,
e aqueles a quem anteriormente as boas novas foram
pregadas não entraram, por causa da desobediência.
7Por isso Deus estabelece outra vez um determinado
dia, chamando-o "hoje", ao declarar muito tempo de-
pois, por meio de Davi, de acordo com o que fora di-
to antes:

"Se hoje vocês ouvirem
a sua voz,
não endureçam o coração".

8Porque, se Josué lhes tivesse dado descanso, Deus não
teria falado posteriormente a respeito de outro dia.
9Assim, ainda resta um descanso sabático para o povo
de Deus; 10pois todo aquele que entra no descanso de
Deus, também descansa das suas obras, como Deus des-
cansou das suas. 11Portanto, esforcemo-nos por entrar

[a] 2:13 Is 8:17
[b] 2:13 Is 8:18
[c] 2:17 Ou *desviar a ira de Deus dos pecados e removê-los*
[d] 3:6 Muitos manuscritos trazem *firmemente até o fim.*
[e] 3:7-11 Sl 95:7-11

[f] 3:15 Sl 95:7-8; também em 4:7.
[g] 3:18 Ou *que não creram?*
[h] 4:1 Ou *que a promessa falhou*
[i] 4:2 Muitos manuscritos dizem *pois não compartilharam a fé daqueles que obedeceram.*
[j] 4:3 Sl 95:11; também no versículo 5.
[k] 4:4 Gn 2:2

nesse descanso, para que ninguém venha a cair, seguindo aquele exemplo de desobediência.

12Pois a palavra de Deus é viva e eficaz, e mais afiada que qualquer espada de dois gumes; ela penetra até o ponto de dividir alma e espírito, juntas e medulas, e julga os pensamentos e intenções do coração. 13Nada, em toda a criação, está oculto aos olhos de Deus. Tudo está descoberto e exposto diante dos olhos daquele a quem havemos de prestar contas.

Jesus, o grande sumo sacerdote

14Portanto, visto que temos um grande sumo sacerdote que adentrou os céus, Jesus, o Filho de Deus, apeguemo-nos com toda a firmeza à fé que professamos, 15pois não temos um sumo sacerdote que não possa compadecer-se das nossas fraquezas, mas sim alguém que, como nós, passou por todo tipo de tentação, porém, sem pecado. 16Assim, aproximemo-nos do trono da graça com toda a confiança, a fim de recebermos misericórdia e encontrarmos graça que nos ajude no momento da necessidade.

5 Todo sumo sacerdote é escolhido dentre os homens e designado para representá-los em questões relacionadas com Deus e apresentar ofertas e sacrifícios pelos pecados. 2Ele é capaz de se compadecer dos que não têm conhecimento e se desviam, visto que ele próprio está sujeito à fraqueza. 3Por isso ele precisa oferecer sacrifícios por seus próprios pecados, bem como pelos pecados do povo.

4Ninguém toma esta honra para si mesmo, mas deve ser chamado por Deus, como de fato o foi Arão. 5Da mesma forma, Cristo não tomou para si a glória de se tornar sumo sacerdote, mas Deus lhe disse:

> "Tu és meu Filho;
> eu hoje te gerei"[a].

6E diz noutro lugar:

> "Tu és sacerdote para sempre,
> segundo a ordem
> de Melquisedeque"[b].

7Durante os seus dias de vida na terra, Jesus ofereceu orações e súplicas, em alta voz e com lágrimas, àquele que o podia salvar da morte, sendo ouvido por causa da sua reverente submissão. 8Embora sendo Filho, ele aprendeu a obedecer por meio daquilo que sofreu; 9e, uma vez aperfeiçoado, tornou-se a fonte da salvação eterna para todos os que lhe obedecem, 10sendo designado por Deus sumo sacerdote, segundo a ordem de Melquisedeque.

Advertência contra a apostasia

11Quanto a isso, temos muito que dizer, coisas difíceis de explicar, porque vocês se tornaram lentos para aprender. 12Embora a esta altura já devessem ser mestres, vocês precisam de alguém que lhes ensine novamente os princípios elementares da palavra de Deus. Estão precisando de leite, e não de alimento sólido! 13Quem se alimenta de leite ainda é criança, e não tem experiência no ensino da justiça. 14Mas o alimento sólido é para os adultos, os quais, pelo exercício constante, tornaram-se aptos para discernir tanto o bem quanto o mal.

6 Portanto, deixemos os ensinos elementares a respeito de Cristo e avancemos para a maturidade, sem lançar novamente o fundamento do arrependimento de atos que conduzem à morte[c], da fé em Deus, 2da instrução a respeito de batismos, da imposição de mãos, da ressurreição dos mortos e do juízo eterno. 3Assim faremos, se Deus o permitir.

4Ora, para aqueles que uma vez foram iluminados, provaram o dom celestial, tornaram-se participantes do Espírito Santo, 5experimentaram a bondade da palavra de Deus e os poderes da era que há de vir, 6e caíram, é impossível que sejam reconduzidos ao arrependimento;[d] pois para si mesmos[e] estão crucificando de novo o Filho de Deus, sujeitando-o à desonra pública.

7Pois a terra, que absorve a chuva que cai frequentemente, e dá colheita proveitosa àqueles que a cultivam, recebe a bênção de Deus. 8Mas a terra que produz espinhos e ervas daninhas, é inútil e logo será amaldiçoada. Seu fim é ser queimada.

9Amados, mesmo falando dessa forma, estamos convictos de coisas melhores em relação a vocês, coisas próprias da salvação. 10Deus não é injusto; ele não se esquecerá do trabalho de vocês e do amor que demonstraram por ele, pois ajudaram os santos e continuam a ajudá-los. 11Queremos que cada um de vocês mostre essa mesma prontidão até o fim, para que tenham a plena certeza da esperança, 12de modo que vocês não se tornem negligentes, mas imitem aqueles que, por meio da fé e da paciência, recebem a herança prometida.

A certeza da promessa de Deus

13Quando Deus fez a sua promessa a Abraão, por não haver ninguém superior por quem jurar, jurou por si mesmo, 14dizendo: "Esteja certo de que o abençoarei e farei numerosos os seus descendentes"[f]. 15E foi assim que, depois de esperar pacientemente, Abraão alcançou a promessa.

16Os homens juram por alguém superior a si mesmos, e o juramento confirma o que foi dito, pondo fim a toda discussão. 17Querendo mostrar de forma bem clara a natureza imutável do seu propósito para com os herdeiros da promessa, Deus o confirmou com juramento, 18para que, por meio de duas coisas imutáveis nas quais é impossível que Deus minta, sejamos firmemente encorajados, nós, que nos refugiamos nele para tomar posse da esperança a nós proposta. 19Temos esta esperança como âncora da alma, firme e segura, a qual adentra o santuário interior, por trás do véu, 20onde Jesus, que nos precedeu, entrou em nosso lugar, tornando-se sumo sacerdote para sempre, segundo a ordem de Melquisedeque.

O sacerdote Melquisedeque

7 Esse Melquisedeque, rei de Salém e sacerdote do Deus Altíssimo, encontrou-se com Abraão quando este voltava, depois de derrotar os reis, e o abençoou; 2e Abraão lhe deu o dízimo de tudo.[g] Em primeiro lugar, seu nome significa "rei de justiça"; depois, "rei de Salém" quer dizer "rei de paz". 3Sem pai, sem mãe, sem genealogia, sem

[a] 5:5 Sl 2:7
[b] 5:6 Sl 110:4

[c] 6:1 Ou *de ritos inúteis*
[d] 6:6 Ou *ao arrependimento enquanto estão crucificando de novo;*
[e] 6:6 Ou *para o seu próprio mal*
[f] 6:14 Gn 22:17
[g] 7:2 Gn 14:17-20

princípio de dias nem fim de vida, feito semelhante ao
Filho de Deus, ele permanece sacerdote para sempre.
4Considerem a grandeza desse homem: até mesmo
o patriarca Abraão lhe deu o dízimo dos despojos! 5A
Lei requer dos sacerdotes dentre os descendentes de
Levi que recebam o dízimo do povo, isto é, dos seus
irmãos, embora estes sejam descendentes de Abraão.
6Este homem, porém, que não pertencia à linhagem de
Levi, recebeu os dízimos de Abraão e abençoou aquele
que tinha as promessas. 7Sem dúvida alguma, o inferior
é abençoado pelo superior. 8No primeiro caso, quem
recebe o dízimo são homens mortais; no outro caso é
aquele de quem se declara que vive. 9Pode-se até dizer
que Levi, que recebe os dízimos, entregou-os por meio
de Abraão, 10pois, quando Melquisedeque se encontrou
com Abraão, Levi ainda não havia sido gerado[a].

Jesus é semelhante a Melquisedeque

11Se fosse possível alcançar a perfeição por meio do
sacerdócio levítico (visto que em sua vigência o povo
recebeu a Lei), por que haveria ainda necessidade de
se levantar outro sacerdote, segundo a ordem de Mel-
quisedeque e não de Arão? 12Certo é que, quando há
mudança de sacerdócio, é necessário que haja mudan-
ça de lei. 13Ora, aquele de quem se dizem estas coisas
pertencia a outra tribo, da qual ninguém jamais havia
servido diante do altar, 14pois é bem conhecido que o
nosso Senhor descende de Judá, tribo da qual Moisés
nada fala quanto a sacerdócio. 15O que acabamos de di-
zer fica ainda mais claro quando aparece outro sacerdo-
te semelhante a Melquisedeque, 16alguém que se tornou
sacerdote, não por regras relativas à linhagem, mas se-
gundo o poder de uma vida indestrutível. 17Porquanto
sobre ele é afirmado:

> "Tu és sacerdote para sempre,
> segundo a ordem
> de Melquisedeque"[b].

18A ordenança anterior é revogada, porque era fraca
e inútil 19(pois a Lei não havia aperfeiçoado coisa algu-
ma), sendo introduzida uma esperança superior, pela
qual nos aproximamos de Deus.
20E isso não aconteceu sem juramento! Outros se
tornaram sacerdotes sem qualquer juramento, 21mas
ele se tornou sacerdote com juramento, quando Deus
lhe disse:

> "O Senhor jurou
> e não se arrependerá:
> 'Tu és sacerdote
> para sempre' ".

22Jesus tornou-se, por isso mesmo, a garantia de uma
aliança superior.
23Ora, daqueles sacerdotes tem havido muitos, porque
a morte os impede de continuar em seu ofício; 24mas,
visto que vive para sempre, Jesus tem um sacerdócio
permanente. 25Portanto, ele é capaz de salvar definiti-
vamente[c] aqueles que, por meio dele, aproximam-se de
Deus, pois vive sempre para interceder por eles.
26É de um sumo sacerdote como este que precisáva-
mos: santo, inculpável, puro, separado dos pecadores,
exaltado acima dos céus. 27Ao contrário dos outros su-
mos sacerdotes, ele não tem necessidade de oferecer
sacrifícios dia após dia, primeiro por seus próprios pe-
cados e, depois, pelos pecados do povo. E ele o fez uma
vez por todas quando a si mesmo se ofereceu. 28Pois a
Lei constitui sumos sacerdotes a homens que têm fra-
quezas; mas o juramento, que veio depois da Lei, cons-
titui o Filho perfeito para sempre.[d]

O sumo sacerdote de uma nova aliança

8 O mais importante do que estamos tratando é que
temos um sumo sacerdote como esse, o qual se as-
sentou à direita do trono da Majestade nos céus 2e serve
no santuário, no verdadeiro tabernáculo que o Senhor
erigiu, e não o homem.
3Todo sumo sacerdote é constituído para apresen-
tar ofertas e sacrifícios, e por isso era necessário que
também este tivesse algo a oferecer. 4Se ele estivesse
na terra, nem seria sumo sacerdote, visto que já exis-
tem aqueles que apresentam as ofertas prescritas pela
Lei. 5Eles servem num santuário que é cópia e sombra
daquele que está nos céus, já que Moisés foi avisado
quando estava para construir o tabernáculo: "Tenha o
cuidado de fazer tudo segundo o modelo que lhe foi
mostrado no monte"[e]. 6Agora, porém, o ministério que
Jesus recebeu é superior ao deles, assim como também
a aliança da qual ele é mediador é superior à antiga,
sendo baseada em promessas superiores.
7Pois, se aquela primeira aliança fosse perfeita, não
seria necessário procurar lugar para outra. 8Deus, po-
rém, achou o povo em falta e disse:

> "Estão chegando os dias, declara o Senhor,
> quando farei uma nova aliança
> com a comunidade de Israel
> e com a comunidade de Judá.
> 9Não será como a aliança
> que fiz com os seus antepassados,
> quando os tomei pela mão
> para tirá-los do Egito;
> visto que eles
> não permaneceram fiéis
> à minha aliança,
> eu me afastei deles",
> diz o Senhor.
> 10"Esta é a aliança que farei
> com a comunidade de Israel
> depois daqueles dias",
> declara o Senhor.
> "Porei minhas leis
> em sua mente
> e as escreverei
> em seu coração.
> Serei o seu Deus,
> e eles serão o meu povo.
> 11Ninguém mais ensinará
> o seu próximo,
> nem o seu irmão, dizendo:
> 'Conheça o Senhor',
> porque todos eles
> me conhecerão,
> desde o menor até o maior.

[a] 7:10 Ou *estava no corpo do seu antepassado*
[b] 7:17 Sl 110:4; também no versículo 21.
[c] 7:25 Ou *eternamente*
[d] 7:28 Ou *constitui para sempre o Filho, que foi aperfeiçoado.*
[e] 8:5 Êx 25:40

[12]Porque eu lhes perdoarei
a maldade
e não me lembrarei mais
dos seus pecados"[a].

[13]Chamando "nova" esta aliança, ele tornou antiqua-
da a primeira; e o que se torna antiquado e envelhecido
está a ponto de desaparecer.

A adoração no tabernáculo terreno

9 Ora, a primeira aliança tinha regras para a adoração
e também um santuário terreno. [2]Foi levantado um
tabernáculo; na parte da frente, chamada Lugar Santo,
estavam o candelabro, a mesa e os pães da Presença.
[3]Por trás do segundo véu havia a parte chamada Lugar
Santíssimo[b], [4]onde se encontravam o altar de ouro pa-
ra o incenso e a arca da aliança, totalmente revestida
de ouro. Nessa arca estavam o vaso de ouro contendo o
maná, a vara de Arão que floresceu e as tábuas da alian-
ça. [5]Acima da arca estavam os querubins da Glória, que
com sua sombra cobriam a tampa da arca[c]. A respei-
to dessas coisas não cabe agora falar detalhadamente.
[6]Estando tudo assim preparado, os sacerdotes en-
travam regularmente no Lugar Santo do tabernáculo,
para exercer o seu ministério. [7]No entanto, somente o
sumo sacerdote entrava no Lugar Santíssimo, apenas
uma vez por ano, e nunca sem apresentar o sangue do
sacrifício, que ele oferecia por si mesmo e pelos peca-
dos que o povo havia cometido por ignorância. [8]Dessa
forma, o Espírito Santo estava mostrando que ainda não
havia sido manifestado o caminho para o Lugar San-
tíssimo enquanto permanecia o primeiro tabernáculo.
[9]Isso é uma ilustração para os nossos dias, indicando
que as ofertas e os sacrifícios oferecidos não podiam
dar ao adorador uma consciência perfeitamente lim-
pa. [10]Eram apenas prescrições que tratavam de comi-
da e bebida e de várias cerimônias de purificação com
água; essas ordenanças exteriores foram impostas até
o tempo da nova ordem.

O sangue de Cristo

[11]Quando Cristo veio como sumo sacerdote dos be-
nefícios agora presentes[d], ele adentrou o maior e mais
perfeito tabernáculo, não feito pelo homem, isto é, não
pertencente a esta criação. [12]Não por meio de sangue
de bodes e novilhos, mas pelo seu próprio sangue, ele
entrou no Lugar Santíssimo[e], de uma vez por todas, e
obteve eterna redenção. [13]Ora, se o sangue de bodes e
touros e as cinzas de uma novilha espalhadas sobre os
que estão cerimonialmente impuros os santificam, de
forma que se tornam exteriormente puros, [14]quanto
mais o sangue de Cristo, que pelo Espírito eterno se
ofereceu de forma imaculada a Deus, purificará a nos-
sa consciência de atos que levam à morte[f], para que
sirvamos ao Deus vivo!
[15]Por essa razão, Cristo é o mediador de uma nova
aliança para que os que são chamados recebam a pro-
messa da herança eterna, visto que ele morreu como
resgate pelas transgressões cometidas sob a primeira
aliança.
[16]No caso de um testamento[g], é necessário que se
comprove a morte daquele que o fez; [17]pois um testa-
mento só é validado no caso de morte, uma vez que
nunca vigora enquanto está vivo quem o fez. [18]Por is-
so, nem a primeira aliança foi sancionada sem sangue.
[19]Quando Moisés terminou de proclamar todos os man-
damentos da Lei a todo o povo, levou sangue de novi-
lhos e de bodes, e também água, lã vermelha e ramos
de hissopo, e aspergiu o próprio livro e todo o povo,
dizendo: [20]"Este é o sangue da aliança que Deus orde-
nou que vocês obedeçam"[h]. [21]Da mesma forma, aspergiu
com o sangue o tabernáculo e todos os utensílios das
suas cerimônias. [22]De fato, segundo a Lei, quase todas
as coisas são purificadas com sangue, e sem derrama-
mento de sangue não há perdão.
[23]Portanto, era necessário que as cópias das coisas
que estão nos céus fossem purificadas com esses sacri-
fícios, mas as próprias coisas celestiais com sacrifícios
superiores. [24]Pois Cristo não entrou em santuário feito
por homens, uma simples representação do verdadei-
ro; ele entrou nos céus, para agora se apresentar diante
de Deus em nosso favor; [25]não, porém, para se oferecer
repetidas vezes, à semelhança do sumo sacerdote que
entra no Lugar Santíssimo[i] todos os anos, com sangue
alheio. [26]Se assim fosse, Cristo precisaria sofrer mui-
tas vezes, desde o começo do mundo. Mas agora ele
apareceu uma vez por todas no fim dos tempos, pa-
ra aniquilar o pecado mediante o sacrifício de si mes-
mo. [27]Da mesma forma, como o homem está destinado
a morrer uma só vez e depois disso enfrentar o juízo,
[28]assim também Cristo foi oferecido em sacrifício uma
única vez, para tirar os pecados de muitos; e aparecerá
segunda vez, não para tirar o pecado, mas para trazer
salvação aos que o aguardam.

O sacrifício de Cristo é definitivo

10 A Lei traz apenas uma sombra dos benefícios que
hão de vir, e não a sua realidade. Por isso ela nun-
ca consegue, mediante os mesmos sacrifícios repetidos
ano após ano, aperfeiçoar os que se aproximam para
adorar. [2]Se pudesse fazê-lo, não deixariam de ser ofe-
recidos? Pois os adoradores, tendo sido purificados uma
vez por todas, não mais se sentiriam culpados de seus
pecados. [3]Contudo, esses sacrifícios são uma recordação
anual dos pecados, [4]pois é impossível que o sangue de
touros e bodes tire pecados.
[5]Por isso, quando Cristo veio ao mundo, disse:

"Sacrifício e oferta
não quiseste,
mas um corpo me preparaste;
[6]de holocaustos e ofertas
pelo pecado
não te agradaste.
[7]Então eu disse:
Aqui estou,
no livro está escrito
a meu respeito;
vim para fazer a tua vontade, ó Deus"[j].

[a] 8:8-12 Jr 31:31-34
[b] 9:3 Grego: *Santo dos Santos.*
[c] 9:5 Isto é, o propiciatório.
[d] 9:11 Muitos manuscritos dizem *que estavam por vir.*
[e] 9:12 Várias traduções dizem *Santuário.*
[f] 9:14 Ou *de ritos inúteis*
[g] 9:16-17 O termo grego traduzido por *testamento* é traduzido por *aliança* nos outros versículos do capítulo.
[h] 9:20 Êx 24:8
[i] 9:25 Várias traduções dizem *Santuário.*
[j] 10:5-7 Sl 40:6-8 (segundo a Septuaginta).

8Primeiro ele disse: "Sacrifícios, ofertas, holocaustos e ofertas pelo pecado não quiseste, nem deles te agradaste" (os quais eram feitos conforme a Lei). 9Então acrescentou: "Aqui estou; vim para fazer a tua vontade". Ele cancela o primeiro para estabelecer o segundo. 10Pelo cumprimento dessa vontade fomos santificados, por meio do sacrifício do corpo de Jesus Cristo, oferecido uma vez por todas.

11Dia após dia, todo sacerdote apresenta-se e exerce os seus deveres religiosos; repetidamente oferece os mesmos sacrifícios, que nunca podem remover os pecados. 12Mas quando este sacerdote acabou de oferecer, para sempre, um único sacrifício pelos pecados, assentou-se à direita de Deus. 13Daí em diante, ele está esperando até que os seus inimigos sejam colocados como estrado dos seus pés; 14porque, por meio de um único sacrifício, ele aperfeiçoou para sempre os que estão sendo santificados.

15O Espírito Santo também nos testifica a este respeito. Primeiro ele diz:

> 16"Esta é a aliança que farei com eles,
> depois daqueles dias,
> diz o Senhor.
> Porei as minhas leis
> em seu coração
> e as escreverei
> em sua mente"[a];

17e acrescenta:

> "Dos seus pecados
> e iniquidades
> não me lembrarei mais"[b].

18Onde esses pecados foram perdoados, não há mais necessidade de sacrifício por eles.

Um apelo à perseverança

19Portanto, irmãos, temos plena confiança para entrar no Lugar Santíssimo[c] pelo sangue de Jesus, 20por um novo e vivo caminho que ele nos abriu por meio do véu, isto é, do seu corpo. 21Temos, pois, um grande sacerdote sobre a casa de Deus. 22Sendo assim, aproximemo-nos de Deus com um coração sincero e com plena convicção de fé, tendo os corações aspergidos para nos purificar de uma consciência culpada, e tendo os nossos corpos lavados com água pura. 23Apeguemo-nos com firmeza à esperança que professamos, pois aquele que prometeu é fiel. 24E consideremos uns aos outros para nos incentivarmos ao amor e às boas obras. 25Não deixemos de reunir-nos como igreja, segundo o costume de alguns, mas procuremos encorajar-nos uns aos outros, ainda mais quando vocês veem que se aproxima o Dia.

26Se continuarmos a pecar deliberadamente depois que recebemos o conhecimento da verdade, já não resta sacrifício pelos pecados, 27mas tão somente uma terrível expectativa de juízo e de fogo intenso que consumirá os inimigos de Deus. 28Quem rejeitava a Lei de Moisés morria sem misericórdia pelo depoimento de duas ou três testemunhas. 29Quão mais severo castigo, julgam vocês, merece aquele que pisou aos pés o Filho de Deus, profanou o sangue da aliança pelo qual ele foi santificado, e insultou o Espírito da graça? 30Pois conhecemos aquele que disse: "A mim pertence a vingança; eu retribuirei"[d]; e outra vez: "O Senhor julgará o seu povo"[e]. 31Terrível coisa é cair nas mãos do Deus vivo!

32Lembrem-se dos primeiros dias, depois que vocês foram iluminados, quando suportaram muita luta e muito sofrimento. 33Algumas vezes vocês foram expostos a insultos e tribulações; em outras ocasiões fizeram-se solidários com os que assim foram tratados. 34Vocês se compadeceram dos que estavam na prisão e aceitaram alegremente o confisco dos seus próprios bens, pois sabiam que possuíam bens superiores e permanentes.

35Por isso, não abram mão da confiança que vocês têm; ela será ricamente recompensada. 36Vocês precisam perseverar, de modo que, quando tiverem feito a vontade de Deus, recebam o que ele prometeu; 37pois em breve, muito em breve

> "Aquele que vem virá,
> e não demorará.
> 38Mas o meu justo[f]
> viverá pela fé.
> E, se retroceder,
> não me agradarei dele"[g].

39Nós, porém, não somos dos que retrocedem e são destruídos, mas dos que creem e são salvos.[h]

Exemplos de fé

11 Ora, a fé é a certeza daquilo que esperamos e a prova das coisas que não vemos. 2Pois foi por meio dela que os antigos receberam bom testemunho.

3Pela fé entendemos que o universo foi formado pela palavra de Deus, de modo que aquilo que se vê não foi feito do que é visível.

4Pela fé Abel ofereceu a Deus um sacrifício superior ao de Caim. Pela fé ele foi reconhecido como justo, quando Deus aprovou as suas ofertas. Embora esteja morto, por meio da fé ainda fala.

5Pela fé Enoque foi arrebatado, de modo que não experimentou a morte; "e já não foi encontrado, porque Deus o havia arrebatado"[i], pois antes de ser arrebatado recebeu testemunho de que tinha agradado a Deus. 6Sem fé é impossível agradar a Deus, pois quem dele se aproxima precisa crer que ele existe e que recompensa aqueles que o buscam.

7Pela fé Noé, quando avisado a respeito de coisas que ainda não se viam, movido por santo temor, construiu uma arca para salvar sua família. Por meio da fé ele condenou o mundo e tornou-se herdeiro da justiça que é segundo a fé.

8Pela fé Abraão, quando chamado, obedeceu e dirigiu-se a um lugar que mais tarde receberia como herança, embora não soubesse para onde estava indo. 9Pela fé peregrinou na terra prometida como se estivesse em terra estranha; viveu em tendas, bem como Isaque e Jacó, co-herdeiros da mesma promessa. 10Pois

[a] 10:16 Jr 31:33
[b] 10:17 Jr 31:34
[c] 10:19 Várias traduções dizem *Santuário*.
[d] 10:30 Dt 32:35
[e] 10:30 Dt 32:36; Sl 135:14
[f] 10:38 Vários manuscritos não trazem *meu*.
[g] 10:37-38 Hc 2:3-4 (segundo a Septuaginta).
[h] 10:39 Grego: *retrocedem para a perdição, mas dos que creem para a preservação da vida.*
[i] 11:5 Gn 5:24

ele esperava a cidade que tem alicerces, cujo arquiteto
e edificador é Deus.
11 Pela fé Abraão — e também a própria Sara, apesar
de estéril e avançada em idade — recebeu poder para
gerar um filho,[a] porque considerou fiel aquele que lhe
havia feito a promessa. 12 Assim, daquele homem já sem
vitalidade originaram-se descendentes tão numerosos
como as estrelas do céu e tão incontáveis como a areia
da praia do mar.
13 Todos estes viveram pela fé, e morreram sem rece-
ber o que tinha sido prometido; viram-no de longe e de
longe o saudaram, reconhecendo que eram estrangeiros
e peregrinos na terra. 14 Os que assim falam mostram
que estão buscando uma pátria. 15 Se estivessem pen-
sando naquela de onde saíram, teriam oportunidade
de voltar. 16 Em vez disso, esperavam eles uma pátria
melhor, isto é, a pátria celestial. Por essa razão Deus
não se envergonha de ser chamado o Deus deles, e lhes
preparou uma cidade.
17 Pela fé Abraão, quando Deus o pôs à prova, ofere-
ceu Isaque como sacrifício. Aquele que havia recebido
as promessas estava a ponto de sacrificar o seu único fi-
lho, 18 embora Deus lhe tivesse dito: "Por meio de Isaque
a sua descendência[b] será considerada"[c]. 19 Abraão levou
em conta que Deus pode ressuscitar os mortos e, figu-
radamente, recebeu Isaque de volta dentre os mortos.
20 Pela fé Isaque abençoou Jacó e Esaú com respei-
to ao futuro deles.
21 Pela fé Jacó, à beira da morte, abençoou cada um
dos filhos de José e adorou a Deus, apoiado na extre-
midade do seu bordão.
22 Pela fé José, no fim da vida, fez menção do êxo-
do dos israelitas do Egito e deu instruções acerca dos
seus próprios ossos.
23 Pela fé Moisés, recém-nascido, foi escondido du-
rante três meses por seus pais, pois estes viram que
ele não era uma criança comum, e não temeram o de-
creto do rei.
24 Pela fé Moisés, já adulto, recusou ser chamado fi-
lho da filha do faraó, 25 preferindo ser maltratado com
o povo de Deus a desfrutar os prazeres do pecado du-
rante algum tempo. 26 Por amor de Cristo, considerou
sua desonra uma riqueza maior do que os tesouros do
Egito, porque contemplava a sua recompensa. 27 Pela fé
saiu do Egito, não temendo a ira do rei, e perseverou,
porque via aquele que é invisível. 28 Pela fé celebrou a
Páscoa e fez a aspersão do sangue, para que o destrui-
dor não tocasse nos filhos mais velhos dos israelitas.
29 Pela fé o povo atravessou o mar Vermelho como em
terra seca; mas, quando os egípcios tentaram fazê-lo,
morreram afogados.
30 Pela fé caíram os muros de Jericó, depois de serem
rodeados durante sete dias.
31 Pela fé a prostituta Raabe, por ter acolhido os es-
piões, não foi morta com os que haviam sido desobe-
dientes[d].
32 Que mais direi? Não tenho tempo para falar de Gi-
deão, Baraque, Sansão, Jefté, Davi, Samuel e os profe-
tas, 33 os quais pela fé conquistaram reinos, praticaram
a justiça, alcançaram o cumprimento de promessas,
fecharam a boca de leões, 34 apagaram o poder do fogo
e escaparam do fio da espada; da fraqueza tiraram força,
tornaram-se poderosos na batalha e puseram em fuga
exércitos estrangeiros. 35 Houve mulheres que, pela res-
surreição, tiveram de volta os seus mortos. Uns foram
torturados e recusaram ser libertados, para poderem
alcançar uma ressurreição superior; 36 outros enfren-
taram zombaria e açoites; outros ainda foram acorren-
tados e colocados na prisão, 37 apedrejados, serrados ao
meio, postos à prova[e], mortos ao fio da espada. Anda-
ram errantes, vestidos de pele de ovelhas e de cabras,
necessitados, afligidos e maltratados. 38 O mundo não
era digno deles. Vagaram pelos desertos e montes, pe-
las cavernas e grutas.
39 Todos estes receberam bom testemunho por meio
da fé; no entanto, nenhum deles recebeu o que havia
sido prometido. 40 Deus havia planejado algo melhor
para nós, para que conosco fossem eles aperfeiçoados.

Deus disciplina os seus filhos

12 Portanto, também nós, uma vez que estamos ro-
deados por tão grande nuvem de testemunhas,
livremo-nos de tudo o que nos atrapalha e do pecado
que nos envolve, e corramos com perseverança a cor-
rida que nos é proposta, 2 tendo os olhos fitos em Je-
sus, autor e consumador da nossa fé. Ele, pela alegria
que lhe fora proposta, suportou a cruz, desprezando
a vergonha, e assentou-se à direita do trono de Deus.
3 Pensem bem naquele que suportou tal oposição dos
pecadores contra si mesmo, para que vocês não se can-
sem nem desanimem.
4 Na luta contra o pecado, vocês ainda não resisti-
ram até o ponto de derramar o próprio sangue. 5 Vocês
se esqueceram da palavra de ânimo que ele lhes diri-
ge como a filhos:

"Meu filho, não despreze
a disciplina do Senhor,
nem se magoe
com a sua repreensão,
6 pois o Senhor disciplina
a quem ama,
e castiga todo aquele
a quem aceita como filho"[f].

7 Suportem as dificuldades, recebendo-as como dis-
ciplina; Deus os trata como filhos. Ora, qual o filho que
não é disciplinado por seu pai? 8 Se vocês não são disci-
plinados, e a disciplina é para todos os filhos, então vo-
cês não são filhos legítimos, mas sim ilegítimos. 9 Além
disso, tínhamos pais humanos que nos disciplinavam, e
nós os respeitávamos. Quanto mais devemos submeter-
-nos ao Pai dos espíritos, para assim vivermos! 10 Nos-
sos pais nos disciplinavam por curto período, segundo
lhes parecia melhor; mas Deus nos disciplina para o
nosso bem, para que participemos da sua santidade.
11 Nenhuma disciplina parece ser motivo de alegria no
momento, mas sim de tristeza. Mais tarde, porém, pro-
duz fruto de justiça e paz para aqueles que por ela fo-
ram exercitados.
12 Portanto, fortaleçam as mãos enfraquecidas e os
joelhos vacilantes. 13 "Façam caminhos retos para os

[a] 11:11 Ou *Pela fé, Sara também, que era de idade avançada, pôde ter filhos,*
[b] 11:18 Grego: *semente.*
[c] 11:18 Gn 21:12
[d] 11:31 Ou *incrédulos*
[e] 11:37 Alguns manuscritos não trazem *postos à prova.*
[f] 12:5-6 Pv 3:11-12

seus pés"[a], para que o manco não se desvie, antes, se-
ja curado.

Advertência contra a rejeição de Deus

14 Esforcem-se para viver em paz com todos e para
serem santos; sem santidade ninguém verá o Senhor.
15 Cuidem que ninguém se exclua da graça de Deus;
que nenhuma raiz de amargura[b] brote e cause per-
turbação, contaminando muitos; 16 que não haja ne-
nhum imoral ou profano, como Esaú, que por uma
única refeição vendeu os seus direitos de herança co-
mo filho mais velho. 17 Como vocês sabem, posterior-
mente, quando quis herdar a bênção, foi rejeitado; e
não teve como alterar a sua decisão, embora buscasse
a bênção com lágrimas.

18 Vocês não chegaram ao monte que se podia to-
car, e que estava em chamas, nem às trevas, à escu-
ridão, nem à tempestade, 19 ao soar da trombeta e ao
som de palavras tais, que os ouvintes rogaram que na-
da mais lhes fosse dito; 20 pois não podiam suportar o
que lhes estava sendo ordenado: "Até um animal, se
tocar no monte, deve ser apedrejado".[c] 21 O espetáculo
era tão terrível que até Moisés disse: "Estou apavora-
do e trêmulo!"[d]

22 Mas vocês chegaram ao monte Sião, à Jerusalém
celestial, à cidade do Deus vivo. Chegaram aos milha-
res de milhares de anjos em alegre reunião, 23 à igreja
dos primogênitos, cujos nomes estão escritos nos céus.
Vocês chegaram a Deus, juiz de todos os homens, aos
espíritos dos justos aperfeiçoados, 24 a Jesus, mediador
de uma nova aliança, e ao sangue aspergido, que fala
melhor do que o sangue de Abel.

25 Cuidado! Não rejeitem aquele que fala. Se os que
se recusaram a ouvir aquele que os advertia na terra
não escaparam, quanto mais nós, se nos desviarmos
daquele que nos adverte dos céus? 26 Aquele cuja voz
outrora abalou a terra, agora promete: "Ainda uma vez
abalarei não apenas a terra, mas também o céu"[e]. 27 As
palavras "ainda uma vez" indicam a remoção do que
pode ser abalado, isto é, coisas criadas, de forma que
permaneça o que não pode ser abalado.

28 Portanto, já que estamos recebendo um Reino ina-
balável, sejamos agradecidos e, assim, adoremos a Deus
de modo aceitável, com reverência e temor, 29 pois o
nosso "Deus é fogo consumidor!"[f]

Exortações finais

13 Seja constante o amor fraternal. 2 Não se esqueçam
da hospitalidade; foi praticando-a que, sem o saber,
alguns acolheram anjos. 3 Lembrem-se dos que estão na
prisão, como se aprisionados com eles; dos que estão
sendo maltratados, como se vocês mesmos estivessem
sendo maltratados.

4 O casamento deve ser honrado por todos; o leito
conjugal, conservado puro; pois Deus julgará os imo-
rais e os adúlteros. 5 Conservem-se livres do amor ao

[a] 12:13 Pv 4:26
[b] 12:15 Isto é, raiz venenosa.
[c] 12:18-20 Êx 19:12-13
[d] 12:21 Dt 9:19
[e] 12:26 Ag 2:6
[f] 12:29 Dt 4:24

dinheiro e contentem-se com o que vocês têm, porque
Deus mesmo disse:

"Nunca o deixarei,
nunca o abandonarei"[g].

6 Podemos, pois, dizer com confiança:

"O Senhor é o meu ajudador,
não temerei.
O que me podem fazer
os homens?"[h]

7 Lembrem-se dos seus líderes, que lhes falaram a
palavra de Deus. Observem bem o resultado da vida
que tiveram e imitem a sua fé. 8 Jesus Cristo é o mes-
mo, ontem, hoje e para sempre.
9 Não se deixem levar pelos diversos ensinos estra-
nhos. É bom que o nosso coração seja fortalecido pela
graça, e não por alimentos cerimoniais, os quais não
têm valor para aqueles que os comem. 10 Nós temos um
altar do qual não têm direito de comer os que minis-
tram no tabernáculo.

11 O sumo sacerdote leva sangue de animais até o Lu-
gar Santíssimo, como oferta pelo pecado, mas os cor-
pos dos animais são queimados fora do acampamento.
12 Assim, Jesus também sofreu fora das portas da cidade,
para santificar o povo por meio do seu próprio sangue.
13 Portanto, saiamos até ele, fora do acampamento, su-
portando a desonra que ele suportou. 14 Pois não temos
aqui nenhuma cidade permanente, mas buscamos a
que há de vir.

15 Por meio de Jesus, portanto, ofereçamos continua-
mente a Deus um sacrifício de louvor, que é fruto de
lábios que confessam o seu nome. 16 Não se esqueçam
de fazer o bem e de repartir com os outros o que vocês
têm, pois de tais sacrifícios Deus se agrada.

17 Obedeçam aos seus líderes e submetam-se à auto-
ridade deles. Eles cuidam de vocês como quem deve
prestar contas. Obedeçam-lhes, para que o trabalho de-
les seja uma alegria e não um peso, pois isso não seria
proveitoso para vocês.

18 Orem por nós. Estamos certos de que temos cons-
ciência limpa, e desejamos viver de maneira honrosa
em tudo. 19 Particularmente, recomendo-lhes que orem
para que eu lhes seja restituído em breve.

20 O Deus da paz, que pelo sangue da aliança eterna
trouxe de volta dentre os mortos o nosso Senhor Jesus,
o grande Pastor das ovelhas, 21 os aperfeiçoe em todo o
bem para fazerem a vontade dele, e opere em nós o que
lhe é agradável, mediante Jesus Cristo, a quem seja a
glória para todo o sempre. Amém.

22 Irmãos, peço-lhes que suportem a minha palavra
de exortação; na verdade o que eu lhes escrevi é pouco.
23 Quero que saibam que o nosso irmão Timóteo
foi posto em liberdade. Se ele chegar logo, irei vê-los
com ele.
24 Saúdem a todos os seus líderes e a todos os santos.
Os da Itália lhes enviam saudações.
25 A graça seja com todos vocês.

[g] 13:5 Dt 31:6
[h] 13:6 Sl 118:6

TIAGO

1 Tiago, servo[a] de Deus e do Senhor Jesus Cristo,

às doze tribos dispersas entre as nações:

Saudações.

Provas e tentações

2Meus irmãos, considerem motivo de grande alegria o fato de passarem por diversas provações, 3pois vocês sabem que a prova da sua fé produz perseverança. 4E a perseverança deve ter ação completa, a fim de que vocês sejam maduros e íntegros, sem lhes faltar coisa alguma. 5Se algum de vocês tem falta de sabedoria, peça-a a Deus, que a todos dá livremente, de boa vontade; e lhe será concedida. 6Peça-a, porém, com fé, sem duvidar, pois aquele que duvida é semelhante à onda do mar, levada e agitada pelo vento. 7Não pense tal pessoa que receberá coisa alguma do Senhor, 8pois tem mente dividida e é instável em tudo o que faz.

9O irmão de condição humilde deve orgulhar-se quando estiver em elevada posição. 10E o rico deve orgulhar-se caso passe a viver em condição humilde, porque o rico passará como a flor do campo. 11Pois o sol se levanta, traz o calor e seca a planta; cai então a sua flor, e a sua beleza é destruída. Da mesma forma o rico murchará em meio aos seus afazeres.

12Feliz é o homem que persevera na provação, porque depois de aprovado receberá a coroa da vida, que Deus prometeu aos que o amam.

13Quando alguém for tentado, jamais deverá dizer: "Estou sendo tentado por Deus". Pois Deus não pode ser tentado pelo mal, e a ninguém tenta. 14Cada um, porém, é tentado pelo próprio mau desejo, sendo por este arrastado e seduzido. 15Então esse desejo, tendo concebido, dá à luz o pecado, e o pecado, após ter se consumado, gera a morte.

16Meus amados irmãos, não se deixem enganar. 17Toda boa dádiva e todo dom perfeito vêm do alto, descendo do Pai das luzes, que não muda como sombras inconstantes. 18Por sua decisão ele nos gerou pela palavra da verdade, a fim de sermos como que os primeiros frutos de tudo o que ele criou.

Praticando a palavra

19Meus amados irmãos, tenham isto em mente: Sejam todos prontos para ouvir, tardios para falar e tardios para irar-se, 20pois a ira do homem não produz a justiça de Deus. 21Portanto, livrem-se de toda impureza moral e da maldade que prevalece, e aceitem humildemente a palavra implantada em vocês, a qual é poderosa para salvá-los.

22Sejam praticantes da palavra, e não apenas ouvintes, enganando-se a si mesmos. 23Aquele que ouve a palavra, mas não a põe em prática, é semelhante a um homem que olha a sua face num espelho 24e, depois de olhar para si mesmo, sai e logo esquece a sua aparência. 25Mas o homem que observa atentamente a lei perfeita, que traz a liberdade, e persevera na prática dessa lei, não esquecendo o que ouviu mas praticando-o, será feliz naquilo que fizer.

26Se alguém se considera religioso, mas não refreia a sua língua, engana-se a si mesmo. Sua religião não tem valor algum! 27A religião que Deus, o nosso Pai, aceita como pura e imaculada é esta: cuidar dos órfãos e das viúvas em suas dificuldades e não se deixar corromper pelo mundo.

Proibida a acepção de pessoas

2 Meus irmãos, como crentes em nosso glorioso Senhor Jesus Cristo, não façam diferença entre as pessoas, tratando-as com parcialidade. 2Suponham que na reunião de vocês entre um homem com anel de ouro e roupas finas, e também entre um pobre com roupas velhas e sujas. 3Se vocês derem atenção especial ao homem que está vestido com roupas finas e disserem: "Aqui está um lugar apropriado para o senhor", mas disserem ao pobre: "Você, fique em pé ali", ou: "Sente-se no chão, junto ao estrado onde ponho os meus pés", 4não estarão fazendo discriminação, fazendo julgamentos com critérios errados?

5Ouçam, meus amados irmãos: Não escolheu Deus os que são pobres aos olhos do mundo para serem ricos em fé e herdarem o Reino que ele prometeu aos que o amam? 6Mas vocês têm desprezado o pobre. Não são os ricos que oprimem vocês? Não são eles os que os arrastam para os tribunais? 7Não são eles que difamam o bom nome que sobre vocês foi invocado?

8Se vocês de fato obedecerem à lei do Reino encontrada na Escritura que diz: "Ame o seu próximo como a si mesmo"[b], estarão agindo corretamente. 9Mas se tratarem os outros com parcialidade, estarão cometendo pecado e serão condenados pela Lei como transgressores. 10Pois quem obedece a toda a Lei, mas tropeça em apenas um ponto, torna-se culpado de quebrá-la inteiramente. 11Pois aquele que disse: "Não adulterarás"[c], também disse: "Não matarás"[d]. Se você não comete adultério, mas comete assassinato, torna-se transgressor da Lei.

12Falem e ajam como quem vai ser julgado pela lei da liberdade; 13porque será exercido juízo sem misericórdia sobre quem não foi misericordioso. A misericórdia triunfa sobre o juízo!

Fé e obras

14De que adianta, meus irmãos, alguém dizer que tem fé, se não tem obras? Acaso a fé pode salvá-lo? 15Se um irmão ou irmã estiver necessitando de roupas e do alimento de cada dia 16e um de vocês lhe disser: "Vá em paz, aqueça-se e alimente-se até satisfazer-se", sem porém lhe dar nada, de que adianta isso? 17Assim também a fé, por si só, se não for acompanhada de obras, está morta.

18Mas alguém dirá: "Você tem fé; eu tenho obras".

Mostre-me a sua fé sem obras, e eu lhe mostrarei a minha fé pelas obras. 19Você crê que existe um só Deus? Muito bem! Até mesmo os demônios creem — e tremem!

[a] 1:1 Isto é, escravo.

[b] 2:8 Lv 19:18
[c] 2:11 Êx 20:14; Dt 5:18
[d] 2:11 Êx 20:13; Dt 5:17

20 Insensato! Quer certificar-se de que a fé sem obras
é inútil[a]? 21 Não foi Abraão, nosso antepassado, justifi-
cado por obras, quando ofereceu seu filho Isaque so-
bre o altar? 22 Você pode ver que tanto a fé como as
obras estavam atuando juntas, e a fé foi aperfeiçoa-
da pelas obras. 23 Cumpriu-se assim a Escritura que diz:
"Abraão creu em Deus, e isso lhe foi creditado como
justiça"[b], e ele foi chamado amigo de Deus. 24 Vejam
que uma pessoa é justificada por obras, e não apenas
pela fé.

25 Caso semelhante é o de Raabe, a prostituta: não
foi ela justificada pelas obras, quando acolheu os es-
pias e os fez sair por outro caminho? 26 Assim como o
corpo sem espírito está morto, também a fé sem obras
está morta.

O domínio sobre a língua

3 Meus irmãos, não sejam muitos de vocês mestres,
pois vocês sabem que nós, os que ensinamos, sere-
mos julgados com maior rigor. 2 Todos tropeçamos de
muitas maneiras. Se alguém não tropeça no falar, tal
homem é perfeito, sendo também capaz de dominar
todo o seu corpo.

3 Quando colocamos freios na boca dos cavalos para
que eles nos obedeçam, podemos controlar o animal
todo. 4 Tomem também como exemplo os navios; em-
bora sejam tão grandes e impelidos por fortes ventos,
são dirigidos por um leme muito pequeno, conforme
a vontade do piloto. 5 Semelhantemente, a língua é um
pequeno órgão do corpo, mas se vangloria de grandes
coisas. Vejam como um grande bosque é incendiado
por uma simples fagulha. 6 Assim também, a língua é
um fogo; é um mundo de iniquidade. Colocada entre
os membros do nosso corpo, contamina a pessoa por
inteiro, incendeia todo o curso de sua vida, sendo ela
mesma incendiada pelo inferno.

7 Toda espécie de animais, aves, répteis e criaturas do
mar doma-se e tem sido domada pela espécie humana;
8 a língua, porém, ninguém consegue domar. É um mal
incontrolável, cheio de veneno mortífero.

9 Com a língua bendizemos o Senhor e Pai, e com ela
amaldiçoamos os homens, feitos à semelhança de Deus.
10 Da mesma boca procedem bênção e maldição. Meus
irmãos, não pode ser assim! 11 Acaso podem sair água
doce e água amarga da mesma fonte? 12 Meus irmãos,
pode uma figueira produzir azeitonas ou uma videira,
figos? Da mesma forma, uma fonte de água salgada não
pode produzir água doce.

Os dois tipos de sabedoria

13 Quem é sábio e tem entendimento entre vocês?
Que o demonstre por seu bom procedimento, mediante
obras praticadas com a humildade que provém da sa-
bedoria. 14 Contudo, se vocês abrigam no coração inveja
amarga e ambição egoísta, não se gloriem disso, nem
neguem a verdade. 15 Esse tipo de "sabedoria" não vem
dos céus, mas é terrena; não é espiritual, mas é demo-
níaca. 16 Pois onde há inveja e ambição egoísta, aí há
confusão e toda espécie de males.

17 Mas a sabedoria que vem do alto é antes de tudo
pura; depois, pacífica, amável, compreensiva, cheia
de misericórdia e de bons frutos, imparcial e sincera.

18 O fruto da justiça semeia-se em paz para[c] os paci-
ficadores.

A submissão a Deus

4 De onde vêm as guerras e contendas que há entre
vocês? Não vêm das paixões que guerreiam dentro
de vocês[d]? 2 Vocês cobiçam coisas, e não as têm; matam e
invejam, mas não conseguem obter o que desejam. Vo-
cês vivem a lutar e a fazer guerras. Não têm, porque não
pedem. 3 Quando pedem, não recebem, pois pedem por
motivos errados, para gastar em seus prazeres.

4 Adúlteros, vocês não sabem que a amizade com o
mundo é inimizade com Deus? Quem quer ser amigo do
mundo faz-se inimigo de Deus. 5 Ou vocês acham que é
sem razão que a Escritura diz que o Espírito que ele fez
habitar em nós tem fortes ciúmes?[e] 6 Mas ele nos con-
cede graça maior. Por isso diz a Escritura:

"Deus se opõe aos orgulhosos,
mas concede graça
aos humildes"[f].

7 Portanto, submetam-se a Deus. Resistam ao Diabo,
e ele fugirá de vocês. 8 Aproximem-se de Deus, e ele se
aproximará de vocês! Pecadores, limpem as mãos, e vo-
cês, que têm a mente dividida, purifiquem o coração.
9 Entristeçam-se, lamentem-se e chorem. Troquem o ri-
so por lamento e a alegria por tristeza. 10 Humilhem-se
diante do Senhor, e ele os exaltará.

11 Irmãos, não falem mal uns dos outros. Quem fala
contra o seu irmão ou julga o seu irmão, fala contra a
Lei e a julga. Quando você julga a Lei, não a está cum-
prindo, mas está se colocando como juiz. 12 Há apenas
um Legislador e Juiz, aquele que pode salvar e destruir.
Mas quem é você para julgar o seu próximo?

A incerteza dos planos humanos

13 Ouçam agora, vocês que dizem: "Hoje ou amanhã
iremos para esta ou aquela cidade, passaremos um ano
ali, faremos negócios e ganharemos dinheiro". 14 Vocês
nem sabem o que lhes acontecerá amanhã! Que é a sua
vida? Vocês são como a neblina que aparece por um
pouco de tempo e depois se dissipa. 15 Ao invés disso, de-
veriam dizer: "Se o Senhor quiser, viveremos e faremos
isto ou aquilo". 16 Agora, porém, vocês se vangloriam das
suas pretensões. Toda vanglória como essa é maligna.
17 Pensem nisto, pois: Quem sabe que deve fazer o bem
e não o faz, comete pecado.

Advertência aos ricos opressores

5 Ouçam agora vocês, ricos! Chorem e lamentem-se,
tendo em vista a desgraça que lhes sobrevirá. 2 A ri-
queza de vocês apodreceu, e as traças corroeram as suas
roupas. 3 O ouro e a prata de vocês enferrujaram, e a fer-
rugem deles testemunhará contra vocês e como fogo
lhes devorará a carne. Vocês acumularam bens nestes
últimos dias. 4 Vejam, o salário dos trabalhadores que cei-
faram os seus campos, e que vocês retiveram com frau-
de, está clamando contra vocês. O lamento dos ceifeiros
chegou aos ouvidos do Senhor dos Exércitos. 5 Vocês vi-
veram luxuosamente na terra, desfrutando prazeres, e

[a] 2:20 Vários manuscritos antigos dizem *morta*.
[b] 2:23 Gn 15:6

[c] 3:18 Ou *pelos pacificadores*
[d] 4:1 Grego: *nos seus membros*.
[e] 4:5 Ou *que Deus tem fortes ciúmes pelo espírito que ele fez habitar em nós?*; ou ainda *que o Espírito que ele fez habitar em nós nos ama zelosamente?*
[f] 4:6 Pv 3:34 (segundo a Septuaginta).

fartaram-se de comida em dia de abate[a]. 6Vocês têm con-
denado e matado o justo, sem que ele ofereça resistência.

Paciência nos sofrimentos

7Portanto, irmãos, sejam pacientes até a vinda do Se-
nhor. Vejam como o agricultor aguarda que a terra pro-
duza a preciosa colheita e como espera com paciência
até virem as chuvas do outono e da primavera. 8Sejam
também pacientes e fortaleçam o seu coração, pois a
vinda do Senhor está próxima. 9Irmãos, não se quei-
xem uns dos outros, para que não sejam julgados. O
Juiz já está às portas!

10Irmãos, tenham os profetas que falaram em nome
do Senhor como exemplo de paciência diante do sofri-
mento. 11Como vocês sabem, nós consideramos felizes
aqueles que mostraram perseverança. Vocês ouviram
falar sobre a perseverança de Jó e viram o fim que o
Senhor lhe proporcionou. O Senhor é cheio de com-
paixão e misericórdia.

12Sobretudo, meus irmãos, não jurem, nem pelo céu,
nem pela terra, nem por qualquer outra coisa. Seja o
sim de vocês, sim, e o não, não, para que não caiam
em condenação.

A oração da fé

13Entre vocês há alguém que está sofrendo? Que ele
ore. Há alguém que se sente feliz? Que ele cante louvo-
res. 14Entre vocês há alguém que está doente? Que ele
mande chamar os presbíteros da igreja, para que estes
orem sobre ele e o unjam com óleo, em nome do Se-
nhor. 15A oração feita com fé curará o doente; o Senhor
o levantará. E se houver cometido pecados, ele será per-
doado. 16Portanto, confessem os seus pecados uns aos
outros e orem uns pelos outros para serem curados. A
oração de um justo é poderosa e eficaz.

17Elias era humano como nós. Ele orou fervorosa-
mente para que não chovesse, e não choveu sobre a
terra durante três anos e meio. 18Orou outra vez, e os
céus enviaram chuva, e a terra produziu os seus frutos.

19Meus irmãos, se algum de vocês se desviar da ver-
dade e alguém o trouxer de volta, 20lembrem-se disso:
Quem converte um pecador do erro do seu caminho
salvará a vida dessa pessoa e fará que muitíssimos pe-
cados sejam perdoados[b].

[a] 5:5 Ou *como em dia de festa*

[b] 5:20 Grego: *cobrirá muitíssimos pecados.*

1PEDRO

1 Pedro, apóstolo de Jesus Cristo,

aos eleitos de Deus, peregrinos dispersos no Ponto, na Galácia, na Capadócia, na província da Ásia e na Bitínia, 2escolhidos de acordo com o pré-conhecimento de Deus Pai, pela obra santificadora do Espírito, para a obediência a Jesus Cristo e a aspersão do seu sangue:

Graça e paz lhes sejam multiplicadas.

Louvor a Deus por uma esperança viva

3Bendito seja o Deus e Pai de nosso Senhor Jesus Cristo! Conforme a sua grande misericórdia, ele nos regenerou para uma esperança viva, por meio da ressurreição de Jesus Cristo dentre os mortos, 4para uma herança que jamais poderá perecer, macular-se ou perder o seu valor. Herança guardada nos céus para vocês 5que, mediante a fé, são protegidos pelo poder de Deus até chegar a salvação prestes a ser revelada no último tempo. 6Nisso vocês exultam, ainda que agora, por um pouco de tempo, devam ser entristecidos por todo tipo de provação. 7Assim acontece para que fique comprovado que a fé que vocês têm, muito mais valiosa do que o ouro que perece, mesmo que refinado pelo fogo, é genuína e resultará em louvor, glória e honra, quando Jesus Cristo for revelado. 8Mesmo não o tendo visto, vocês o amam; e apesar de não o verem agora, creem nele e exultam com alegria indizível e gloriosa, 9pois vocês estão alcançando o alvo da sua fé, a salvação das suas almas.

10Foi a respeito dessa salvação que os profetas que falaram da graça destinada a vocês investigaram e examinaram, 11procurando saber o tempo e as circunstâncias para os quais apontava o Espírito de Cristo que neles estava, quando lhes predisse os sofrimentos de Cristo e as glórias que se seguiriam àqueles sofrimentos. 12A eles foi revelado que estavam ministrando, não para si próprios, mas para vocês, quando falaram das coisas que agora lhes foram anunciadas por meio daqueles que lhes pregaram o evangelho pelo Espírito Santo enviado dos céus; coisas que até os anjos anseiam observar.

Exortação à santidade

13Portanto, estejam com a mente preparada, prontos para agir; estejam alertas e coloquem toda a esperança na graça que lhes será dada quando Jesus Cristo for revelado. 14Como filhos obedientes, não se deixem amoldar pelos maus desejos de outrora, quando viviam na ignorância. 15Mas, assim como é santo aquele que os chamou, sejam santos vocês também em tudo o que fizerem, 16pois está escrito: "Sejam santos, porque eu sou santo"[a].

17Uma vez que vocês chamam Pai aquele que julga imparcialmente as obras de cada um, portem-se com temor durante a jornada terrena de vocês. 18Pois vocês sabem que não foi por meio de coisas perecíveis como prata ou ouro que vocês foram redimidos da sua maneira vazia de viver, transmitida por seus antepassados, 19mas pelo precioso sangue de Cristo, como de um cordeiro sem mancha e sem defeito, 20conhecido[b] antes da criação do mundo, revelado nestes últimos tempos em favor de vocês. 21Por meio dele vocês creem em Deus, que o ressuscitou dentre os mortos e o glorificou, de modo que a fé e a esperança de vocês estão em Deus.

22Agora que vocês purificaram a sua vida pela obediência à verdade, visando ao amor fraternal e sincero, amem sinceramente uns aos outros e de todo o coração. 23Vocês foram regenerados, não de uma semente perecível, mas imperecível, por meio da palavra de Deus, viva e permanente. 24Pois

"toda a humanidade[c]
é como a relva,
e toda a sua glória,
como a flor da relva;
a relva murcha e cai a sua flor,
25mas a palavra do Senhor
permanece para sempre"[d].

Essa é a palavra que lhes foi anunciada.

2 Portanto, livrem-se de toda maldade e de todo engano, hipocrisia, inveja e toda espécie de maledicência. 2Como crianças recém-nascidas, desejem de coração o leite espiritual puro, para que por meio dele cresçam para a salvação, 3agora que provaram que o Senhor é bom.

A pedra viva e o povo escolhido

4À medida que se aproximam dele, a pedra viva — rejeitada pelos homens, mas escolhida por Deus e preciosa para ele — 5vocês também estão sendo utilizados como pedras vivas na edificação de uma casa espiritual para serem sacerdócio santo, oferecendo sacrifícios espirituais aceitáveis a Deus, por meio de Jesus Cristo. 6Pois assim é dito na Escritura:

"Eis que ponho em Sião
uma pedra angular,
escolhida e preciosa,
e aquele que nela confia
jamais será envergonhado"[e].

7Portanto, para vocês, os que creem, esta pedra é preciosa; mas para os que não creem,

"a pedra que os construtores rejeitaram
tornou-se a pedra angular"[f],

8e,

"pedra de tropeço
e rocha que faz cair"[g].

Os que não creem tropeçam, porque desobedecem à mensagem; para o que também foram destinados.

9Vocês, porém, são geração eleita, sacerdócio real, nação santa, povo exclusivo de Deus, para anunciar as grandezas daquele que os chamou das trevas para a sua maravilhosa luz. 10Antes vocês nem sequer eram povo,

[a] 1:16 Lv 11:44-45; 19:2; 20:7

[b] 1:20 Ou *escolhido*
[c] 1:24 Grego: *carne.*
[d] 1:24-25 Is 40:6-8
[e] 2:6 Is 28:16
[f] 2:7 Sl 118:22
[g] 2:8 Is 8:14

mas agora são povo de Deus; não haviam recebido mi-
sericórdia, mas agora a receberam.

Deveres sociais dos cristãos

11Amados, insisto em que, como estrangeiros e pe-
regrinos no mundo, vocês se abstenham dos desejos
carnais que guerreiam contra a alma. 12Vivam entre
os pagãos de maneira exemplar para que, mesmo que
eles os acusem de praticarem o mal, observem as boas
obras que vocês praticam e glorifiquem a Deus no dia
da sua intervenção[a].
13Por causa do Senhor, sujeitem-se a toda autorida-
de constituída entre os homens; seja ao rei, como au-
toridade suprema, 14seja aos governantes, como por ele
enviados para punir os que praticam o mal e honrar os
que praticam o bem. 15Pois é da vontade de Deus que,
praticando o bem, vocês silenciem a ignorância dos in-
sensatos. 16Vivam como pessoas livres, mas não usem
a liberdade como desculpa para fazer o mal; vivam co-
mo servos[b] de Deus. 17Tratem a todos com o devido res-
peito: amem os irmãos, temam a Deus e honrem o rei.
18Escravos, sujeitem-se a seus senhores com todo o
respeito, não apenas aos bons e amáveis, mas também
aos maus. 19Porque é louvável que, por motivo de sua
consciência para com Deus, alguém suporte aflições so-
frendo injustamente. 20Pois, que vantagem há em su-
portar açoites recebidos por terem cometido o mal? Mas
se vocês suportam o sofrimento por terem feito o bem,
isso é louvável diante de Deus. 21Para isso vocês foram
chamados, pois também Cristo sofreu no lugar de vocês,
deixando-lhes exemplo, para que sigam os seus passos.

22"Ele não cometeu
pecado algum,
e nenhum engano
foi encontrado em sua boca."[c]

23Quando insultado, não revidava; quando sofria, não
fazia ameaças, mas entregava-se àquele que julga com
justiça. 24Ele mesmo levou em seu corpo os nossos pe-
cados sobre o madeiro, a fim de que morrêssemos para
os pecados e vivêssemos para a justiça; por suas feri-
das vocês foram curados. 25Pois vocês eram como ove-
lhas desgarradas, mas agora se converteram ao Pastor
e Bispo de suas almas.

Deveres conjugais

3 Do mesmo modo, mulheres, sujeite-se cada uma a
seu marido, a fim de que, se ele não obedece à pa-
lavra, seja ganho sem palavras, pelo procedimento de
sua mulher, 2observando a conduta honesta e respeitosa
de vocês. 3A beleza de vocês não deve estar nos enfeites
exteriores, como cabelos trançados e joias de ouro ou
roupas finas. 4Ao contrário, esteja no ser interior[d], que
não perece, beleza demonstrada num espírito dócil e
tranquilo, o que é de grande valor para Deus. 5Pois era
assim que também costumavam adornar-se as santas
mulheres do passado, que colocavam sua esperança em
Deus. Elas se sujeitavam cada uma a seu marido, 6co-
mo Sara, que obedecia a Abraão e o chamava senhor.
Dela vocês serão filhas, se praticarem o bem e não de-
rem lugar ao medo.

7Do mesmo modo vocês, maridos, sejam sábios no
convívio com suas mulheres e tratem-nas com honra,
como parte mais frágil e co-herdeiras do dom da gra-
ça da vida, de forma que não sejam interrompidas as
suas orações.

Sofrendo por fazer o bem

8Quanto ao mais, tenham todos o mesmo modo de
pensar, sejam compassivos, amem-se fraternalmente,
sejam misericordiosos e humildes. 9Não retribuam mal
com mal, nem insulto com insulto; ao contrário, ben-
digam; pois para isso vocês foram chamados, para re-
ceberem bênção por herança. 10Pois,

"quem quiser amar a vida
e ver dias felizes,
guarde a sua língua do mal
e os seus lábios da falsidade.
11Afaste-se do mal e faça o bem;
busque a paz com perseverança.
12Porque os olhos do Senhor
estão sobre os justos
e os seus ouvidos
estão atentos à sua oração,
mas o rosto do Senhor
volta-se contra
os que praticam o mal"[e].

13Quem há de maltratá-los, se vocês forem zelosos
na prática do bem? 14Todavia, mesmo que venham a
sofrer porque praticam a justiça, vocês serão felizes.
"Não temam aquilo que eles temem[f], não fiquem
amedrontados."[g] 15Antes, santifiquem Cristo como Se-
nhor em seu coração. Estejam sempre preparados para
responder a qualquer pessoa que lhes pedir a razão da
esperança que há em vocês. 16Contudo, façam isso com
mansidão e respeito, conservando boa consciência, de
forma que os que falam maldosamente contra o bom
procedimento de vocês, porque estão em Cristo, fiquem
envergonhados de suas calúnias. 17É melhor sofrer por
fazer o bem, se for da vontade de Deus, do que por fa-
zer o mal. 18Pois também Cristo sofreu pelos pecados
uma vez por todas, o justo pelos injustos, para condu-
zir-nos a Deus. Ele foi morto no corpo[h], mas vivificado
pelo Espírito[i], 19no qual também foi e pregou aos espí-
ritos em prisão 20que há muito tempo desobedeceram,
quando Deus esperava pacientemente nos dias de Noé,
enquanto a arca era construída. Nela apenas algumas
pessoas, a saber, oito, foram salvas por meio da água,
21e isso é representado pelo batismo que agora também
salva vocês — não a remoção da sujeira do corpo, mas o
compromisso de[j] uma boa consciência diante de Deus
— por meio da ressurreição de Jesus Cristo, 22que su-
biu aos céus e está à direita de Deus; a ele estão sujeitos
anjos, autoridades e poderes.

Vivendo para Deus

4 Portanto, uma vez que Cristo sofreu corporalmen-
te[k], armem-se também do mesmo pensamento, pois

[a] 2:12 Grego: *visitação*.
[b] 2:16 Isto é, escravos.
[c] 2:22 Is 53:9
[d] 3:4 Grego: *no homem oculto do coração*.
[e] 3:10-12 Sl 34:12-16
[f] 3:14 Ou *"Não temam as ameaças deles*
[g] 3:14 Is 8:12
[h] 3:18 Grego: *carne*; também no versículo 21.
[i] 3:18 Ou *no espírito*; também em 4:6.
[j] 3:21 Ou *a indagação de*; ou ainda *a súplica por*; ou ainda o *resultado de*
[k] 4:1 Grego: *na carne*; também em 4:6.

aquele que sofreu em seu corpo[a] rompeu com o pecado, 2para que, no tempo que lhe resta, não viva mais para satisfazer os maus desejos humanos, mas sim para fazer a vontade de Deus. 3No passado vocês já gastaram tempo suficiente fazendo o que agrada aos pagãos. Naquele tempo vocês viviam em libertinagem, na sensualidade, nas bebedeiras, orgias e farras, e na idolatria repugnante. 4Eles acham estranho que vocês não se lancem com eles na mesma torrente de imoralidade, e por isso os insultam. 5Contudo, eles terão que prestar contas àquele que está pronto para julgar os vivos e os mortos. 6Por isso mesmo o evangelho foi pregado também a mortos, para que eles, mesmo julgados no corpo segundo os homens, vivam pelo Espírito segundo Deus.

7O fim de todas as coisas está próximo. Portanto, sejam criteriosos e estejam alertas; dediquem-se à oração. 8Sobretudo, amem-se sinceramente uns aos outros, porque o amor perdoa muitíssimos pecados. 9Sejam mutuamente hospitaleiros, sem reclamação. 10Cada um exerça o dom que recebeu para servir os outros, administrando fielmente a graça de Deus em suas múltiplas formas. 11Se alguém fala, faça-o como quem transmite a palavra de Deus. Se alguém serve, faça-o com a força que Deus provê, de forma que em todas as coisas Deus seja glorificado mediante Jesus Cristo, a quem sejam a glória e o poder para todo o sempre. Amém.

Sofrendo por ser cristão

12Amados, não se surpreendam com o fogo que surge entre vocês para os provar, como se algo estranho lhes estivesse acontecendo. 13Mas alegrem-se à medida que participam dos sofrimentos de Cristo, para que também, quando a sua glória for revelada, vocês exultem com grande alegria. 14Se vocês são insultados por causa do nome de Cristo, felizes são vocês, pois o Espírito da glória, o Espírito de Deus, repousa sobre vocês. 15Se algum de vocês sofre, que não seja como assassino, ladrão, criminoso, ou como quem se intromete em negócios alheios. 16Contudo, se sofre como cristão, não se envergonhe, mas glorifique a Deus por meio desse nome. 17Pois chegou a hora de começar o julgamento pela casa de Deus; e, se começa primeiro conosco, qual será o fim daqueles que não obedecem ao evangelho de Deus? 18E,

> "se ao justo é difícil ser salvo,
> que será do ímpio e pecador?"[b]

19Por isso mesmo, aqueles que sofrem de acordo com a vontade de Deus devem confiar sua vida ao seu fiel Criador e praticar o bem.

Aos presbíteros e aos jovens

5 Portanto, apelo para os presbíteros que há entre vocês, e o faço na qualidade de presbítero como eles e testemunha dos sofrimentos de Cristo, como alguém que participará da glória a ser revelada: 2pastoreiem o rebanho de Deus que está aos seus cuidados. Olhem por ele, não por obrigação, mas de livre vontade, como Deus quer. Não façam isso por ganância, mas com o desejo de servir. 3Não ajam como dominadores dos que lhes foram confiados, mas como exemplos para o rebanho. 4Quando se manifestar o Supremo Pastor, vocês receberão a imperecível coroa da glória.

5Da mesma forma, jovens, sujeitem-se aos mais velhos[c]. Sejam todos humildes[d] uns para com os outros, porque

> "Deus se opõe aos orgulhosos,
> mas concede graça
> aos humildes"[e].

6Portanto, humilhem-se debaixo da poderosa mão de Deus, para que ele os exalte no tempo devido. 7Lancem sobre ele toda a sua ansiedade, porque ele tem cuidado de vocês.

8Estejam alertas e vigiem. O Diabo, o inimigo de vocês, anda ao redor como leão, rugindo e procurando a quem possa devorar. 9Resistam-lhe, permanecendo firmes na fé, sabendo que os irmãos que vocês têm em todo o mundo estão passando pelos mesmos sofrimentos. 10O Deus de toda a graça, que os chamou para a sua glória eterna em Cristo Jesus, depois de terem sofrido durante um pouco de tempo, os restaurará, os confirmará, lhes dará forças e os porá sobre firmes alicerces. 11A ele seja o poder para todo o sempre. Amém.

Saudações finais

12Com a ajuda de Silvano[f], a quem considero irmão fiel, eu lhes escrevi resumidamente, encorajando-os e testemunhando que esta é a verdadeira graça de Deus. Mantenham-se firmes na graça de Deus.

13Aquela que está em Babilônia[g], também eleita, envia-lhes saudações, e também Marcos, meu filho. 14Saúdem uns aos outros com beijo de santo amor.

Paz a todos vocês que estão em Cristo.

[a] 4:1 Grego: *em sua carne.*
[b] 4:18 Pv 11:31
[c] 5:5 Ou *aos presbíteros*
[d] 5:5 Grego: *Vistam todos o avental da humildade.*
[e] 5:5 Pv 3:34
[f] 5:12 Ou *Silas*, variante de *Silvano.*
[g] 5:13 Muito provavelmente Roma.

2PEDRO

1 Simão Pedro, servo[a] e apóstolo de Jesus Cristo,

àqueles que, mediante a justiça de nosso Deus e Salvador Jesus Cristo, receberam conosco uma fé igualmente valiosa:

2Graça e paz lhes sejam multiplicadas, pelo pleno conhecimento de Deus e de Jesus, o nosso Senhor.

A certeza de nossa vocação e eleição

3Seu divino poder nos deu tudo de que necessitamos para a vida e para a piedade, por meio do pleno conhecimento daquele que nos chamou para a sua própria glória e virtude. 4Dessa maneira, ele nos deu as suas grandiosas e preciosas promessas, para que por elas vocês se tornassem participantes da natureza divina e fugissem da corrupção que há no mundo, causada pela cobiça.

5Por isso mesmo, empenhem-se para acrescentar à sua fé a virtude; à virtude o conhecimento; 6ao conhecimento o domínio próprio; ao domínio próprio a perseverança; à perseverança a piedade; 7à piedade a fraternidade; e à fraternidade o amor. 8Porque, se essas qualidades existirem e estiverem crescendo em sua vida, elas impedirão que vocês, no pleno conhecimento de nosso Senhor Jesus Cristo, sejam inoperantes e improdutivos. 9Todavia, se alguém não as tem, está cego, só vê o que está perto, esquecendo-se da purificação dos seus antigos pecados.

10Portanto, irmãos, empenhem-se ainda mais para consolidar o chamado e a eleição de vocês, pois se agirem dessa forma, jamais tropeçarão, 11e assim vocês estarão ricamente providos quando entrarem no Reino eterno de nosso Senhor e Salvador Jesus Cristo.

A glória de Cristo e a firmeza das Escrituras

12Por isso, sempre terei o cuidado de lembrar-lhes estas coisas, se bem que vocês já as sabem e estão solidamente firmados na verdade que receberam. 13Considero importante, enquanto estiver no tabernáculo deste corpo, despertar a memória de vocês, 14porque sei que em breve deixarei este tabernáculo, como o nosso Senhor Jesus Cristo já me revelou. 15Eu me empenharei para que, também depois da minha partida, vocês sejam sempre capazes de lembrar-se destas coisas.

16De fato, não seguimos fábulas engenhosamente inventadas, quando lhes falamos a respeito do poder e da vinda de nosso Senhor Jesus Cristo; ao contrário, nós fomos testemunhas oculares da sua majestade. 17Ele recebeu honra e glória da parte de Deus Pai, quando da suprema glória lhe foi dirigida a voz que disse: "Este é o meu filho amado, de quem me agrado"[b]. 18Nós mesmos ouvimos essa voz vinda dos céus, quando estávamos com ele no monte santo.

19Assim, temos ainda mais firme a palavra dos profetas, e vocês farão bem se a ela prestarem atenção, como a uma candeia que brilha em lugar escuro, até que o dia clareie e a estrela da alva nasça no coração de vocês. 20Antes de mais nada, saibam que nenhuma profecia da Escritura provém de interpretação pessoal, 21pois jamais a profecia teve origem na vontade humana, mas homens[c] falaram da parte de Deus, impelidos pelo Espírito Santo.

Os falsos mestres e a sua destruição

2 No passado surgiram falsos profetas no meio do povo, como também surgirão entre vocês falsos mestres. Estes introduzirão secretamente heresias destruidoras, chegando a negar o Soberano que os resgatou, trazendo sobre si mesmos repentina destruição. 2Muitos seguirão os caminhos vergonhosos desses homens e, por causa deles, será difamado o caminho da verdade. 3Em sua cobiça, tais mestres os explorarão com histórias que inventaram. Há muito tempo a sua condenação paira sobre eles, e a sua destruição não tarda.

4Pois Deus não poupou os anjos que pecaram, mas os lançou no inferno[d], prendendo-os em abismos tenebrosos[e] a fim de serem reservados para o juízo. 5Ele não poupou o mundo antigo quando trouxe o Dilúvio sobre aquele povo ímpio, mas preservou Noé, pregador da justiça, e mais sete pessoas. 6Também condenou as cidades de Sodoma e Gomorra, reduzindo-as a cinzas, tornando-as exemplo do que acontecerá aos ímpios; 7mas livrou Ló, homem justo, que se afligia com o procedimento libertino dos que não tinham princípios morais 8(pois, vivendo entre eles, todos os dias aquele justo se atormentava em sua alma justa por causa das maldades que via e ouvia). 9Vemos, portanto, que o Senhor sabe livrar os piedosos da provação e manter em castigo os ímpios para o dia do juízo[f], 10especialmente os que seguem os desejos impuros da carne[g] e desprezam a autoridade.

Insolentes e arrogantes, tais homens não têm medo de difamar os seres celestiais; 11contudo, nem os anjos, embora sendo maiores em força e poder, fazem acusações injuriosas contra aqueles seres na presença do Senhor. 12Mas eles difamam o que desconhecem e são como criaturas irracionais, guiadas pelo instinto, nascidas para serem capturadas e destruídas; serão corrompidos pela sua própria corrupção! 13Eles receberão retribuição pela injustiça que causaram. Consideram prazer entregar-se à devassidão em plena luz do dia. São nódoas e manchas, regalando-se em seus prazeres[h], quando participam das festas de vocês. 14Tendo os olhos cheios de adultério, nunca param de pecar, iludem os instáveis e têm o coração exercitado na ganância. Malditos! 15Eles abandonaram o caminho reto e se desviaram, seguindo o caminho de Balaão, filho de Beor[i], que amou o salário da injustiça, 16mas em sua transgressão foi repreendido por uma jumenta, um animal mudo, que falou com voz humana e refreou a insensatez do profeta.

17Esses homens são fontes sem água e névoas impelidas pela tempestade. A escuridão das trevas lhes

[a] 1:1 Isto é, escravo.
[b] 1:17 Mt 17:5; Mc 9:7; Lc 9:35

[c] 1:21 Muitos manuscritos dizem *homens santos.*
[d] 2:4 Grego: *tártaro.*
[e] 2:4 Alguns manuscritos dizem *em cadeias de escuridão.*
[f] 2:9 Ou *ímpios para punição até o dia do juízo*
[g] 2:10 Ou *da natureza pecaminosa*; também no versículo 18.
[h] 2:13 Alguns manuscritos dizem *nas suas festas de fraternidade.*
[i] 2:15 Vários manuscritos dizem *Bosor.*

está reservada, [18]pois eles, com palavras de vaidosa ar-
rogância e provocando os desejos libertinos da carne,
seduzem os que estão quase conseguindo fugir daque-
les que vivem no erro. [19]Prometendo-lhes liberdade,
eles mesmos são escravos da corrupção, pois o homem é
escravo daquilo que o domina. [20]Se, tendo escapado das
contaminações do mundo por meio do conhecimento
de nosso Senhor e Salvador Jesus Cristo, encontram-se
novamente nelas enredados e por elas dominados, es-
tão em pior estado do que no princípio. [21]Teria sido me-
lhor que não tivessem conhecido o caminho da justiça,
do que, depois de o terem conhecido, voltarem as cos-
tas para o santo mandamento que lhes foi transmiti-
do. [22]Confirma-se neles que é verdadeiro o provérbio:
"O cão volta ao seu vômito"[a] e ainda: "A porca lavada
volta a revolver-se na lama".

O dia do Senhor

3 Amados, esta é agora a segunda carta que lhes escre-
vo. Em ambas quero despertar com estas lembranças
a sua mente sincera para que vocês se recordem [2]das
palavras proferidas no passado pelos santos profetas,
e do mandamento de nosso Senhor e Salvador que os
apóstolos de vocês lhes ensinaram.
[3]Antes de tudo saibam que, nos últimos dias, surgi-
rão escarnecedores zombando e seguindo suas próprias
paixões. [4]Eles dirão: "O que houve com a promessa da
sua vinda? Desde que os antepassados morreram, tudo
continua como desde o princípio da criação". [5]Mas eles
deliberadamente se esquecem de que há muito tempo,
pela palavra de Deus, existem céus e terra, esta forma-
da da água e pela água. [6]E pela água o mundo daquele
tempo foi submerso e destruído. [7]Pela mesma palavra
os céus e a terra que agora existem estão reservados
para o fogo, guardados para o dia do juízo e para a des-
truição dos ímpios.

[a] 2:22 Pv 26:11

[8]Não se esqueçam disto, amados: para o Senhor um
dia é como mil anos, e mil anos como um dia. [9]O Se-
nhor não demora em cumprir a sua promessa, como
julgam alguns. Ao contrário, ele é paciente com vocês[b],
não querendo que ninguém pereça, mas que todos che-
guem ao arrependimento.
[10]O dia do Senhor, porém, virá como ladrão. Os céus
desaparecerão com um grande estrondo, os elementos
serão desfeitos pelo calor, e a terra, e tudo o que nela
há, será desnudada[c].
[11]Visto que tudo será assim desfeito, que tipo de pes-
soas é necessário que vocês sejam? Vivam de maneira
santa e piedosa, [12]esperando o dia de Deus e apressando
a sua vinda[d]. Naquele dia os céus serão desfeitos pelo
fogo, e os elementos se derreterão pelo calor. [13]Todavia,
de acordo com a sua promessa, esperamos novos céus
e nova terra, onde habita a justiça.
[14]Portanto, amados, enquanto esperam estas coisas,
empenhem-se para serem encontrados por ele em paz,
imaculados e inculpáveis. [15]Tenham em mente que a pa-
ciência de nosso Senhor significa salvação, como tam-
bém o nosso amado irmão Paulo lhes escreveu, com a
sabedoria que Deus lhe deu. [16]Ele escreve da mesma
forma em todas as suas cartas, falando nelas destes as-
suntos. Suas cartas contêm algumas coisas difíceis de
entender, as quais os ignorantes e instáveis torcem, co-
mo também o fazem com as demais Escrituras, para a
própria destruição deles.
[17]Portanto, amados, sabendo disso, guardem-se pa-
ra que não sejam levados pelo erro dos que não têm
princípios morais, nem percam a sua firmeza e caiam.
[18]Cresçam, porém, na graça e no conhecimento de nosso
Senhor e Salvador Jesus Cristo. A ele seja a glória, agora
e para sempre! Amém.

[b] 3:9 Alguns manuscritos dizem *por causa de vocês*.
[c] 3:10 Alguns manuscritos antigos dizem *será queimada*.
[d] 3:12 Ou *aguardando com ansiedade a vinda do dia de Deus*

1JOÃO

A Palavra da vida

1 O que era desde o princípio, o que ouvimos, o que vimos com os nossos olhos, o que contemplamos e as nossas mãos apalparam — isto proclamamos a respeito da Palavra da vida. 2A vida se manifestou; nós a vimos e dela testemunhamos, e proclamamos a vocês a vida eterna, que estava com o Pai e nos foi manifestada. 3Nós lhes proclamamos o que vimos e ouvimos para que vocês também tenham comunhão conosco. Nossa comunhão é com o Pai e com seu Filho Jesus Cristo. 4Escrevemos estas coisas para que a nossa alegria[a] seja completa.

Andar na luz

5Esta é a mensagem que dele ouvimos e transmitimos a vocês: Deus é luz; nele não há treva alguma. 6Se afirmarmos que temos comunhão com ele, mas andamos nas trevas, mentimos e não praticamos a verdade. 7Se, porém, andarmos na luz, como ele está na luz, temos comunhão uns com os outros, e o sangue de Jesus, seu Filho, nos purifica de todo[b] pecado.

8Se afirmarmos que estamos sem pecado, enganamos a nós mesmos, e a verdade não está em nós. 9Se confessarmos os nossos pecados, ele é fiel e justo para perdoar os nossos pecados e nos purificar de toda injustiça. 10Se afirmarmos que não temos cometido pecado, fazemos de Deus um mentiroso, e a sua palavra não está em nós.

2 Meus filhinhos, escrevo-lhes estas coisas para que vocês não pequem. Se, porém, alguém pecar, temos um intercessor junto ao Pai, Jesus Cristo, o Justo. 2Ele é a propiciação pelos nossos pecados, e não somente pelos nossos, mas também pelos[c] pecados de todo o mundo.

3Sabemos que o conhecemos, se obedecemos aos seus mandamentos. 4Aquele que diz: "Eu o conheço", mas não obedece aos seus mandamentos, é mentiroso, e a verdade não está nele. 5Mas, se alguém obedece à sua palavra, nele verdadeiramente o amor de Deus[d] está aperfeiçoado. Desta forma sabemos que estamos nele: 6aquele que afirma que permanece nele, deve andar como ele andou.

7Amados, não lhes escrevo um mandamento novo, mas um mandamento antigo, que vocês têm desde o princípio: a mensagem que ouviram. 8No entanto, o que lhes escrevo é um mandamento novo, o qual é verdadeiro nele e em vocês, pois as trevas estão se dissipando e já brilha a verdadeira luz.

9Quem afirma estar na luz mas odeia seu irmão, continua nas trevas. 10Quem ama seu irmão permanece na luz, e nele[e] não há causa de tropeço. 11Mas quem odeia seu irmão está nas trevas e anda nas trevas; não sabe para onde vai, porque as trevas o cegaram.

12Filhinhos, eu lhes escrevo
porque os seus pecados
foram perdoados,
graças ao nome de Jesus.

13Pais, eu lhes escrevo
porque vocês conhecem
aquele que é desde o princípio.
Jovens, eu lhes escrevo
porque venceram o Maligno.
14Filhinhos[f], eu lhes escrevi
porque vocês conhecem o Pai.
Pais, eu lhes escrevi
porque vocês conhecem
aquele que é desde o princípio.
Jovens, eu lhes escrevi,
porque vocês são fortes,
e em vocês a Palavra de Deus permanece
e vocês venceram o Maligno.

Não se deve amar o mundo

15Não amem o mundo nem o que nele há. Se alguém ama o mundo, o amor do Pai[g] não está nele. 16Pois tudo o que há no mundo — a cobiça da carne[h], a cobiça dos olhos e a ostentação dos bens — não provém do Pai, mas do mundo. 17O mundo e a sua cobiça passam, mas aquele que faz a vontade de Deus permanece para sempre.

Advertência contra os anticristos

18Filhinhos, esta é a última hora e, assim como vocês ouviram que o anticristo está vindo, já agora muitos anticristos têm surgido. Por isso sabemos que esta é a última hora. 19Eles saíram do nosso meio, mas na realidade não eram dos nossos, pois, se fossem dos nossos, teriam permanecido conosco; o fato de terem saído mostra que nenhum deles era dos nossos.

20Mas vocês têm uma unção que procede do Santo, e todos vocês têm conhecimento[i]. 21Não lhes escrevo porque não conhecem a verdade, mas porque vocês a conhecem e porque nenhuma mentira procede da verdade. 22Quem é o mentiroso, senão aquele que nega que Jesus é o Cristo? Este é o anticristo: aquele que nega o Pai e o Filho. 23Todo o que nega o Filho também não tem o Pai; quem confessa publicamente o Filho tem também o Pai.

24Quanto a vocês, cuidem para que aquilo que ouviram desde o princípio permaneça em vocês. Se o que ouviram desde o princípio permanecer em vocês, vocês também permanecerão no Filho e no Pai. 25E esta é a promessa que ele nos fez: a vida eterna.

26Escrevo-lhes estas coisas a respeito daqueles que os querem enganar. 27Quanto a vocês, a unção que receberam dele permanece em vocês, e não precisam que alguém os ensine; mas, como a unção dele recebida, que é verdadeira e não falsa, os ensina acerca de todas as coisas, permaneçam nele como ele os ensinou.

Os filhos de Deus

28Filhinhos, agora permaneçam nele para que, quando ele se manifestar, tenhamos confiança e não sejamos envergonhados diante dele na sua vinda.

[a] 1:4 Vários manuscritos dizem *a alegria de vocês*.
[b] 1:7 Ou *de cada*
[c] 2:2 Ou *Ele é o sacrifício que desvia a ira de Deus, tirando os nossos pecados, e não somente os nossos mas também os*
[d] 2:5 Ou *o amor a Deus*
[e] 2:10 Ou *nela*
[f] 2:14 Grego: *Crianças*; também no versículo 18.
[g] 2:15 Ou *amor ao Pai*
[h] 2:16 Ou *da natureza pecaminosa*
[i] 2:20 Muitos manuscritos dizem *e vocês conhecem todas as coisas*.

29Se vocês sabem que ele é justo, saibam também
que todo aquele que pratica a justiça é nascido dele.
3 Vejam como é grande o amor que o Pai nos conce-
deu: sermos chamados filhos de Deus, o que de fa-
to somos! Por isso o mundo não nos conhece, porque
não o conheceu. 2Amados, agora somos filhos de Deus,
e ainda não se manifestou o que havemos de ser, mas
sabemos que, quando ele se manifestar[a], seremos se-
melhantes a ele, pois o veremos como ele é. 3Todo aque-
le que nele tem esta esperança purifica-se a si mesmo,
assim como ele é puro.
4Todo aquele que pratica o pecado transgride a Lei;
de fato, o pecado é a transgressão da Lei. 5Vocês sabem
que ele se manifestou para tirar os nossos pecados, e
nele não há pecado. 6Todo aquele que nele permanece
não está no pecado[b]. Todo aquele que está no pecado
não o viu nem o conheceu.
7Filhinhos, não deixem que ninguém os engane.
Aquele que pratica a justiça é justo, assim como ele é
justo. 8Aquele que pratica o pecado é do Diabo, porque o
Diabo vem pecando desde o princípio. Para isso o Filho
de Deus se manifestou: para destruir as obras do Diabo.
9Todo aquele que é nascido de Deus não pratica o peca-
do, porque a semente de Deus permanece nele; ele não
pode estar no pecado[c], porque é nascido de Deus. 10Des-
ta forma sabemos quem são os filhos de Deus e quem
são os filhos do Diabo: quem não pratica a justiça não
procede de Deus, tampouco quem não ama seu irmão.

O amor fraternal

11Esta é a mensagem que vocês ouviram desde o prin-
cípio: que nos amemos uns aos outros. 12Não sejamos
como Caim, que pertencia ao Maligno e matou seu ir-
mão. E por que o matou? Porque suas obras eram más
e as de seu irmão eram justas. 13Meus irmãos, não se ad-
mirem se o mundo os odeia. 14Sabemos que já passamos
da morte para a vida porque amamos nossos irmãos.
Quem não ama permanece na morte. 15Quem odeia seu
irmão é assassino, e vocês sabem que nenhum assassi-
no tem a vida eterna em si mesmo.
16Nisto conhecemos o que é o amor: Jesus Cristo
deu a sua vida por nós, e devemos dar a nossa vida
por nossos irmãos. 17Se alguém tiver recursos mate-
riais e, vendo seu irmão em necessidade, não se com-
padecer dele, como pode permanecer nele o amor de
Deus? 18Filhinhos, não amemos de palavra nem de bo-
ca, mas em ação e em verdade. 19Assim saberemos que
somos da verdade; e tranquilizaremos o nosso coração
diante dele 20quando o nosso coração nos condenar.
Porque Deus é[d] maior do que o nosso coração e sabe
todas as coisas.
21Amados, se o nosso coração não nos condenar, te-
mos confiança diante de Deus 22e recebemos dele tudo o
que pedimos, porque obedecemos aos seus mandamen-
tos e fazemos o que lhe agrada. 23E este é o seu manda-
mento: Que creiamos no nome de seu Filho Jesus Cristo
e que nos amemos uns aos outros, como ele nos orde-
nou. 24Os que obedecem aos seus mandamentos nele
permanecem, e ele neles. Do seguinte modo sabemos
que ele permanece em nós: pelo Espírito que nos deu.

Como discernir os espíritos

4 Amados, não creiam em qualquer espírito, mas exa-
minem os espíritos para ver se eles procedem de
Deus, porque muitos falsos profetas têm saído pelo mun-
do. 2Vocês podem reconhecer o Espírito de Deus[e] deste
modo: todo espírito que confessa que Jesus Cristo veio
em carne procede de Deus; 3mas todo espírito que não
confessa Jesus não procede de Deus. Esse é o espírito
do anticristo[f], acerca do qual vocês ouviram que está
vindo, e agora já está no mundo.
4Filhinhos, vocês são de Deus e os venceram, porque
aquele que está em vocês é maior do que aquele que es-
tá no mundo. 5Eles vêm do mundo. Por isso, o que falam
procede do mundo, e o mundo os ouve. 6Nós viemos de
Deus, e todo aquele que conhece a Deus nos ouve; mas
quem não vem de Deus não nos ouve. Dessa forma re-
conhecemos o Espírito[g] da verdade e o espírito do erro.

O amor de Deus

7Amados, amemos uns aos outros, pois o amor pro-
cede de Deus. Aquele que ama é nascido de Deus e co-
nhece a Deus. 8Quem não ama não conhece a Deus,
porque Deus é amor. 9Foi assim que Deus manifestou
o seu amor entre nós: enviou o seu Filho Unigênito[h]
ao mundo, para que pudéssemos viver por meio dele.
10Nisto consiste o amor: não em que nós tenhamos ama-
do a Deus, mas em que ele nos amou e enviou seu Fi-
lho como propiciação pelos nossos pecados.[i] 11Amados,
visto que Deus assim nos amou, nós também devemos
amar uns aos outros. 12Ninguém jamais viu a Deus; se
amarmos uns aos outros, Deus permanece em nós, e o
seu amor está aperfeiçoado em nós.
13Sabemos que permanecemos nele, e ele em nós,
porque ele nos deu do seu Espírito. 14E vimos e teste-
munhamos que o Pai enviou seu Filho para ser o Sal-
vador do mundo. 15Se alguém confessa publicamente
que Jesus é o Filho de Deus, Deus permanece nele, e ele
em Deus. 16Assim conhecemos o amor que Deus tem por
nós e confiamos nesse amor.
Deus é amor. Todo aquele que permanece no amor
permanece em Deus, e Deus nele. 17Dessa forma o amor
está aperfeiçoado entre nós, para que no dia do juízo
tenhamos confiança, porque neste mundo somos co-
mo ele. 18No amor não há medo; ao contrário o perfeito
amor expulsa o medo, porque o medo supõe castigo.
Aquele que tem medo não está aperfeiçoado no amor.
19Nós amamos porque ele nos amou primeiro. 20Se
alguém afirmar: "Eu amo a Deus", mas odiar seu irmão,
é mentiroso, pois quem não ama seu irmão, a quem
vê, não pode amar a Deus, a quem não vê.[j] 21Ele nos
deu este mandamento: Quem ama a Deus, ame tam-
bém seu irmão.

A fé no filho de Deus

5 Todo aquele que crê que Jesus é o Cristo é nascido
de Deus, e todo aquele que ama o Pai ama também
o que dele foi gerado. 2Assim sabemos que amamos os
filhos de Deus: amando a Deus e obedecendo aos seus
mandamentos. 3Porque nisto consiste o amor a Deus:

[a] 3:2 Ou *quando isto for revelado*
[b] 3:6 Grego: *não peca*; também no final do mesmo versículo.
[c] 3:9 Grego: *não pode pecar*.
[d] 3:19-20 Ou *dele*, [20] *pois se o nosso coração nos condenar, Deus é*

[e] 4:2 Ou *espírito que vem de Deus*
[f] 4:3 Ou *espírito que vem do anticristo*
[g] 4:6 Ou *espírito*
[h] 4:9 Ou *Único*
[i] 4:10 Ou *sacrifício que desvia a ira de Deus, tirando os nossos pecados*.
[j] 4:20 Vários manuscritos dizem *como pode amar a Deus, a quem não vê?*

em obedecer aos seus mandamentos. E os seus mandamentos não são pesados. [4]O que é nascido de Deus vence o mundo; e esta é a vitória que vence o mundo: a nossa fé. [5]Quem é que vence o mundo? Somente aquele que crê que Jesus é o Filho de Deus.

[6]Este é aquele que veio por meio de água e sangue, Jesus Cristo: não somente por água, mas por água e sangue. E o Espírito é quem dá testemunho, porque o Espírito é a verdade. [7]Há três que dão testemunho: [8]o Espírito,[a] a água e o sangue; e os três são unânimes. [9]Nós aceitamos o testemunho dos homens, mas o testemunho de Deus tem maior valor, pois é o testemunho de Deus, que ele dá acerca de seu Filho. [10]Quem crê no Filho de Deus tem em si mesmo esse testemunho. Quem não crê em Deus o faz mentiroso, porque não crê no testemunho que Deus dá acerca de seu Filho. [11]E este é o testemunho: Deus nos deu a vida eterna, e essa vida está em seu Filho. [12]Quem tem o Filho, tem a vida; quem não tem o Filho de Deus, não tem a vida.

Observações finais

[13]Escrevi-lhes estas coisas, a vocês que creem no nome do Filho de Deus, para que vocês saibam que têm a vida eterna. [14]Esta é a confiança que temos ao nos aproximarmos de Deus: se pedirmos alguma coisa de acordo com a vontade de Deus, ele nos ouvirá. [15]E se sabemos que ele nos ouve em tudo o que pedimos, sabemos que temos o que dele pedimos.

[16]Se alguém vir seu irmão cometer pecado que não leva à morte, ore, e Deus dará vida ao que pecou. Refiro-me àqueles cujo pecado não leva à morte. Há pecado que leva à morte; não estou dizendo que se deva orar por este. [17]Toda injustiça é pecado, mas há pecado que não leva à morte.

[18]Sabemos que todo aquele que é nascido de Deus não está no pecado[b]; aquele que nasceu de Deus o protege[c], e o Maligno não o atinge. [19]Sabemos que somos de Deus e que o mundo todo está sob o poder do Maligno. [20]Sabemos também que o Filho de Deus veio e nos deu entendimento, para que conheçamos aquele que é o Verdadeiro. E nós estamos naquele que é o Verdadeiro, em seu Filho Jesus Cristo. Este é o verdadeiro Deus e a vida eterna.

[21]Filhinhos, guardem-se dos ídolos.

[a] 5:7-8 Alguns manuscritos da Vulgata dizem *testemunho no céu: o Pai, a Palavra e o Espírito Santo, e estes três são um.* [8]*E há três que testificam na terra: o Espírito,* (isto não consta em nenhum manuscrito grego anterior ao século doze).

[b] 5:18 Grego: *não peca.*

[c] 5:18 Ou *a si mesmo se protege*

2JOÃO

1 O presbítero

à senhora eleita e aos seus filhos, a quem amo na
verdade, — e não apenas eu os amo, mas também todos
os que conhecem a verdade — 2 por causa da verdade
que permanece em nós e estará conosco para sempre.

3 A graça, a misericórdia e a paz da parte de Deus Pai
e de Jesus Cristo, seu Filho, estarão conosco em verda-
de e em amor.

4 Ao encontrar alguns dos seus filhos, muito me ale-
grei, pois eles estão andando na verdade, conforme o
mandamento que recebemos do Pai. 5 E agora eu lhe
peço, senhora — não como se estivesse escrevendo
um mandamento novo, mas o que já tínhamos des-
de o princípio — que amemos uns aos outros. 6 E este
é o amor: que andemos em obediência aos seus man-
damentos. Como vocês já têm ouvido desde o princí-
pio, o mandamento é este: Que vocês andem em amor.

7 De fato, muitos enganadores têm saído pelo mundo,
os quais não confessam que Jesus Cristo veio em corpo[a].
Tal é o enganador e o anticristo. 8 Tenham cuidado, pa-
ra que vocês não destruam o fruto do nosso trabalho,
antes sejam recompensados plenamente. 9 Todo aquele
que não permanece no ensino de Cristo, mas vai além
dele, não tem Deus; quem permanece no ensino tem
o Pai e também o Filho. 10 Se alguém chegar a vocês e
não trouxer esse ensino, não o recebam em casa[b] nem
o saúdem. 11 Pois quem o saúda torna-se participante
das suas obras malignas.

12 Tenho muito que lhes escrever, mas não é meu pro-
pósito fazê-lo com papel e tinta. Em vez disso, espero
visitá-los e falar com vocês face a face, para que a nossa
alegria seja completa.

13 Os filhos da sua irmã eleita lhe enviam saudações.

[a] 7 Grego: *carne*.
[b] 10 Isto é, nas reuniões da igreja realizadas em casa.

3JOÃO

1 O presbítero

ao amado Gaio, a quem amo na verdade.

2 Amado, oro para que você tenha boa saúde e tudo
lhe corra bem, assim como vai bem a sua alma. 3 Muito
me alegrei ao receber a visita de alguns irmãos que fa-
laram a respeito da sua fidelidade, de como você conti-
nua andando na verdade. 4 Não tenho alegria maior do
que ouvir que meus filhos estão andando na verdade.

5 Amado, você é fiel no que está fazendo pelos ir-
mãos, apesar de lhe serem desconhecidos. 6 Eles fala-
ram à igreja a respeito deste seu amor. Você fará bem
se os encaminhar em sua viagem de modo agradável a
Deus, 7 pois foi por causa do Nome que eles saíram, sem
receber ajuda alguma dos gentios[a]. 8 É, pois, nosso de-
ver receber com hospitalidade irmãos como esses, para
que nos tornemos cooperadores em favor da verdade.

9 Escrevi à igreja, mas Diótrefes, que gosta muito
de ser o mais importante entre eles, não nos recebe.
10 Portanto, se eu for, chamarei a atenção dele para o
que está fazendo com suas palavras maldosas contra
nós. Não satisfeito com isso, ele se recusa a receber
os irmãos, impede os que desejam recebê-los e os ex-
pulsa da igreja.

11 Amado, não imite o que é mau, mas sim o que é
bom. Aquele que faz o bem é de Deus; aquele que faz o
mal não viu a Deus. 12 Quanto a Demétrio, todos falam
bem dele, e a própria verdade testemunha a seu favor.
Nós também testemunhamos, e você sabe que o nosso
testemunho é verdadeiro.

13 Tenho muito que lhe escrever, mas não desejo fa-
zê-lo com pena e tinta. 14 Espero vê-lo em breve, e então
conversaremos face a face.

15 A paz seja com você. Os amigos daqui lhe enviam
saudações. Saúde os amigos daí, um por um.

[a] 7 Isto é, dos que não são judeus.

JUDAS

1Judas, servo[a] de Jesus Cristo e irmão de Tiago,

aos que foram chamados, amados por Deus Pai e guardados por[b] Jesus Cristo:

2Misericórdia, paz e amor lhes sejam multiplicados.

O pecado e o destino dos ímpios

3Amados, embora estivesse muito ansioso por lhes escrever acerca da salvação que compartilhamos, senti que era necessário escrever-lhes insistindo que batalhassem pela fé de uma vez por todas confiada aos santos. 4Pois certos homens, cuja condenação já estava sentenciada[c] há muito tempo, infiltraram-se dissimuladamente no meio de vocês. Estes são ímpios, e transformam a graça de nosso Deus em libertinagem e negam Jesus Cristo, nosso único Soberano e Senhor.

5Embora vocês já tenham conhecimento de tudo isso, quero lembrar-lhes que o Senhor[d] libertou um povo do Egito mas, posteriormente, destruiu os que não creram. 6E, quanto aos anjos que não conservaram suas posições de autoridade mas abandonaram sua própria morada, ele os tem guardado em trevas, presos com correntes eternas para o juízo do grande Dia. 7De modo semelhante a estes, Sodoma e Gomorra e as cidades em redor se entregaram à imoralidade e a relações sexuais antinaturais[e]. Estando sob o castigo do fogo eterno, elas servem de exemplo.

8Da mesma forma, estes sonhadores contaminam o próprio corpo[f], rejeitam as autoridades e difamam os seres celestiais. 9Contudo, nem mesmo o arcanjo Miguel, quando estava disputando com o Diabo acerca do corpo de Moisés, ousou fazer acusação injuriosa contra ele, mas disse: "O Senhor o repreenda!" 10Todavia, esses tais difamam tudo o que não entendem; e as coisas que entendem por instinto, como animais irracionais, nessas mesmas coisas se corrompem.

11Ai deles! Pois seguiram o caminho de Caim, buscando o lucro caíram no erro de Balaão, e foram destruídos na rebelião de Corá.

12Esses homens são rochas submersas[g] nas festas de fraternidade que vocês fazem, comendo com vocês de maneira desonrosa. São pastores que só cuidam de si mesmos. São nuvens sem água, impelidas pelo vento; árvores de outono, sem frutos, duas vezes mortas, arrancadas pela raiz. 13São ondas bravias do mar, espumando seus próprios atos vergonhosos; estrelas errantes, para as quais estão reservadas para sempre as mais densas trevas.

14Enoque, o sétimo a partir de Adão, profetizou acerca deles: "Vejam, o Senhor vem com milhares de milhares de seus santos, 15para julgar a todos e convencer todos os ímpios a respeito de todos os atos de impiedade que eles cometeram impiamente e acerca de todas as palavras insolentes que os pecadores ímpios falaram contra ele". 16Essas pessoas vivem se queixando, descontentes com a sua sorte, e seguem os seus próprios desejos impuros; são cheias de si e adulam os outros por interesse.

Um chamado à perseverança

17Todavia, amados, lembrem-se do que foi predito pelos apóstolos de nosso Senhor Jesus Cristo. 18Eles diziam a vocês: "Nos últimos tempos haverá zombadores que seguirão os seus próprios desejos ímpios". 19Estes são os que causam divisões entre vocês, os quais seguem a tendência da sua própria alma e não têm o Espírito.

20Edifiquem-se, porém, amados, na santíssima fé que vocês têm, orando no Espírito Santo. 21Mantenham-se no amor de Deus, enquanto esperam que a misericórdia de nosso Senhor Jesus Cristo os leve para a vida eterna.

22Tenham compaixão daqueles que duvidam; 23a outros, salvem, arrebatando-os do fogo; a outros ainda, mostrem misericórdia com temor, odiando até a roupa contaminada pela carne.

Doxologia

24Àquele que é poderoso para impedi-los de cair e para apresentá-los diante da sua glória sem mácula e com grande alegria, 25ao único Deus, nosso Salvador, sejam glória, majestade, poder e autoridade, mediante Jesus Cristo, nosso Senhor, antes de todos os tempos, agora e para todo o sempre! Amém.

[a] 1 Isto é, escravo.
[b] 1 Ou *para*; ou ainda *em*
[c] 4 Ou *homens que estavam marcados para esta condenação*
[d] 5 Alguns manuscritos dizem *Jesus*.
[e] 7 Grego: *foram após outra carne*.
[f] 8 Grego: *sua própria carne*.
[g] 12 Ou *são manchas*

APOCALIPSE

Introdução

1 Revelação de Jesus Cristo, que Deus lhe deu para mostrar aos seus servos[a] o que em breve há de acontecer. Ele enviou o seu anjo para torná-la conhecida ao seu servo João, 2que dá testemunho de tudo o que viu, isto é, a palavra de Deus e o testemunho de Jesus Cristo. 3Feliz aquele que lê as palavras desta profecia e felizes aqueles que ouvem e guardam o que nela está escrito, porque o tempo está próximo.

Saudação e doxologia

4João

às sete igrejas da província da Ásia:

A vocês, graça e paz da parte daquele que é, que era e que há de vir, dos sete espíritos[b] que estão diante do seu trono, 5e de Jesus Cristo, que é a testemunha fiel, o primogênito dentre os mortos e o soberano dos reis da terra[c].

Ele nos ama e nos libertou dos nossos pecados por meio do seu sangue, 6e nos constituiu reino e sacerdotes para servir a seu Deus e Pai. A ele sejam glória e poder para todo o sempre! Amém.

7Eis que ele vem
com as nuvens,
e todo olho o verá,
até mesmo aqueles
que o traspassaram;
e todos os povos da terra
se lamentarão por causa dele.
Assim será! Amém.

8"Eu sou o Alfa e o Ômega", diz o Senhor Deus, "o que é, o que era e o que há de vir, o Todo-poderoso."

Alguém semelhante a um filho de homem

9Eu, João, irmão e companheiro de vocês no sofrimento, no Reino e na perseverança em Jesus, estava na ilha de Patmos por causa da palavra de Deus e do testemunho de Jesus. 10No dia do Senhor achei-me no Espírito e ouvi por trás de mim uma voz forte, como de trombeta, 11que dizia: "Escreva num livro[d] o que você vê e envie a estas sete igrejas: Éfeso, Esmirna, Pérgamo, Tiatira, Sardes, Filadélfia e Laodiceia".

12Voltei-me para ver quem falava comigo. Voltando-me, vi sete candelabros de ouro 13e entre os candelabros alguém "semelhante a um filho de homem"[e], com uma veste que chegava aos seus pés e um cinturão de ouro ao redor do peito. 14Sua cabeça e seus cabelos eram brancos como a lã, tão brancos quanto a neve, e seus olhos eram como chama de fogo. 15Seus pés eram como o bronze numa fornalha ardente e sua voz como o som de muitas águas. 16Tinha em sua mão direita sete estrelas, e da sua boca saía uma espada afiada de dois gumes. Sua face era como o sol quando brilha em todo o seu fulgor.

17Quando o vi, caí aos seus pés como morto. Então ele colocou sua mão direita sobre mim e disse: "Não tenha medo. Eu sou o Primeiro e o Último. 18Sou Aquele que Vive. Estive morto mas agora estou vivo para todo o sempre! E tenho as chaves da morte e do Hades[f].

19"Escreva, pois, as coisas que você viu, tanto as presentes como as que acontecerão.[g] 20Este é o mistério das sete estrelas que você viu em minha mão direita e dos sete candelabros: as sete estrelas são os anjos das sete igrejas, e os sete candelabros são as sete igrejas.

Carta à igreja de Éfeso

2 "Ao anjo da igreja em Éfeso escreva:

"Estas são as palavras daquele que tem as sete estrelas em sua mão direita e anda entre os sete candelabros de ouro. 2Conheço as suas obras, o seu trabalho árduo e a sua perseverança. Sei que você não pode tolerar homens maus, que pôs à prova os que dizem ser apóstolos mas não são, e descobriu que eles eram impostores. 3Você tem perseverado e suportado sofrimentos por causa do meu nome, e não tem desfalecido. 4"Contra você, porém, tenho isto: você abandonou o seu primeiro amor. 5Lembre-se de onde caiu! Arrependa-se e pratique as obras que praticava no princípio. Se não se arrepender, virei a você e tirarei o seu candelabro do lugar dele. 6Mas há uma coisa a seu favor: você odeia as práticas dos nicolaítas' como eu também as odeio.

7"Aquele que tem ouvidos ouça o que o Espírito diz às igrejas. Ao vencedor darei o direito de comer da árvore da vida, que está no paraíso de Deus.

Carta à igreja de Esmirna

8"Ao anjo da igreja em Esmirna escreva:

"Estas são as palavras daquele que é o Primeiro e o Último, que morreu e tornou a viver. 9Conheço as suas aflições e a sua pobreza; mas você é rico! Conheço a blasfêmia dos que se dizem judeus mas não são, sendo antes sinagoga de Satanás. 10Não tenha medo do que você está prestes a sofrer. O Diabo lançará alguns de vocês na prisão para prová-los, e vocês sofrerão perseguição durante dez dias. Seja fiel até a morte, e eu lhe darei a coroa da vida.

11"Aquele que tem ouvidos ouça o que o Espírito diz às igrejas. O vencedor de modo algum sofrerá a segunda morte.

Carta à igreja de Pérgamo

12"Ao anjo da igreja em Pérgamo escreva:

"Estas são as palavras daquele que tem a espada afiada de dois gumes. 13Sei onde você vive

[a] 1:1 Isto é, escravos; também em todo o livro de Apocalipse.
[b] 1:4 Ou *séptuplo Espírito*; também em 3:1; 4:5 e 5:6.
[c] 1:5 Veja Sl 89:27.
[d] 1:11 Grego: *rolo*.
[e] 1:13 Dn 7:13

[f] 1:18 Essa palavra pode ser traduzida por inferno, sepulcro, morte ou profundezas.
[g] 1:19 Ou *você viu, as coisas presentes e as que acontecerão depois destas.*

— onde está o trono de Satanás. Contudo, você
permanece fiel ao meu nome e não renunciou
à sua fé em mim, nem mesmo quando Antipas,
minha fiel testemunha, foi morto nessa cidade,
onde Satanás habita.
14“No entanto, tenho contra você algumas coi-
sas: você tem aí pessoas que se apegam aos en-
sinos de Balaão, que ensinou Balaque a armar
ciladas contra os israelitas, induzindo-os a co-
mer alimentos sacrificados a ídolos e a praticar
imoralidade sexual. 15De igual modo você tem
também os que se apegam aos ensinos dos ni-
colaítas. 16Portanto, arrependa-se! Se não, virei
em breve até você e lutarei contra eles com a
espada da minha boca.
17“Aquele que tem ouvidos ouça o que o Espí-
rito diz às igrejas. Ao vencedor darei do maná
escondido. Também lhe darei uma pedra bran-
ca com um novo nome nela inscrito, conhecido
apenas por aquele que o recebe.

Carta à igreja de Tiatira

18“Ao anjo da igreja em Tiatira escreva:

“Estas são as palavras do Filho de Deus, cujos
olhos são como chama de fogo e os pés como
bronze reluzente. 19Conheço as suas obras, o
seu amor, a sua fé, o seu serviço e a sua perse-
verança, e sei que você está fazendo mais agora
do que no princípio.
20“No entanto, contra você tenho isto: você to-
lera Jezabel, aquela mulher que se diz profe-
tisa. Com os seus ensinos, ela induz os meus
servos à imoralidade sexual e a comerem ali-
mentos sacrificados aos ídolos. 21Dei-lhe tempo
para que se arrependesse da sua imoralidade
sexual, mas ela não quer se arrepender. 22Por
isso, vou fazê-la adoecer e trarei grande sofri-
mento aos que cometem adultério com ela, a
não ser que se arrependam das obras que ela
pratica. 23Matarei os filhos[a] dessa mulher. En-
tão, todas as igrejas saberão que eu sou aque-
le que sonda mentes e corações, e retribuirei a
cada um de vocês de acordo com as suas obras.
24Aos demais que estão em Tiatira, a vocês que
não seguem a doutrina dela e não aprenderam,
como eles dizem, os profundos segredos de Sa-
tanás, digo: Não porei outra carga sobre vocês;
25tão somente apeguem-se com firmeza ao que
vocês têm, até que eu venha.
26“Àquele que vencer e fizer a minha vonta-
de até o fim darei autoridade sobre as nações.

27“ ‘Ele as governará
com cetro de ferro
e as despedaçará
como a um vaso de barro.’[b]

28“Eu lhe darei a mesma autoridade que rece-
bi de meu Pai. Também lhe darei a estrela da
manhã. 29Aquele que tem ouvidos ouça o que
o Espírito diz às igrejas.

[a] 2:23 Ou *discípulos*
[b] 2:27 Sl 2:9

Carta à igreja de Sardes

3 “Ao anjo da igreja em Sardes escreva:

“Estas são as palavras daquele que tem os sete
espíritos de Deus e as sete estrelas. Conheço as
suas obras; você tem fama de estar vivo, mas
está morto. 2Esteja atento! Fortaleça o que resta
e que estava para morrer, pois não achei suas
obras perfeitas aos olhos do meu Deus. 3Lem-
bre-se, portanto, do que você recebeu e ouviu;
obedeça e arrependa-se. Mas se você não esti-
ver atento, virei como um ladrão e você não
saberá a que hora virei contra você.
4“No entanto, você tem aí em Sardes uns pou-
cos que não contaminaram as suas vestes. Eles
andarão comigo, vestidos de branco, pois são
dignos. 5O vencedor será igualmente vestido de
branco. Jamais apagarei o seu nome do livro da
vida, mas o reconhecerei diante do meu Pai e
dos seus anjos. 6Aquele que tem ouvidos ouça
o que o Espírito diz às igrejas.

Carta à igreja de Filadélfia

7“Ao anjo da igreja em Filadélfia escreva:

“Estas são as palavras daquele que é santo e
verdadeiro, que tem a chave de Davi. O que ele
abre ninguém pode fechar, e o que ele fecha
ninguém pode abrir. 8Conheço as suas obras.
Eis que coloquei diante de você uma porta
aberta que ninguém pode fechar. Sei que você
tem pouca força, mas guardou a minha palavra
e não negou o meu nome. 9Veja o que farei com
aqueles que são sinagoga de Satanás e que se
dizem judeus e não são, mas são mentirosos.
Farei que se prostrem aos seus pés e reconhe-
çam que eu o amei. 10Visto que você guardou a
minha palavra de exortação à perseverança, eu
também o guardarei da hora da provação que
está para vir sobre todo o mundo, para pôr à
prova os que habitam na terra.
11“Venho em breve! Retenha o que você tem,
para que ninguém tome a sua coroa. 12Farei
do vencedor uma coluna no santuário do meu
Deus, e dali ele jamais sairá. Escreverei nele o
nome do meu Deus e o nome da cidade do meu
Deus, a nova Jerusalém, que desce dos céus da
parte de Deus; e também escreverei nele o meu
novo nome. 13Aquele que tem ouvidos ouça o
que o Espírito diz às igrejas.

Carta à igreja de Laodiceia

14“Ao anjo da igreja em Laodiceia escreva:

“Estas são as palavras do Amém, a testemu-
nha fiel e verdadeira, o soberano da criação
de Deus. 15Conheço as suas obras, sei que você
não é frio nem quente. Melhor seria que você
fosse frio ou quente! 16Assim, porque você é
morno, não é frio nem quente, estou a ponto
de vomitá-lo da minha boca. 17Você diz: ‘Estou
rico, adquiri riquezas e não preciso de nada’.
Não reconhece, porém, que é miserável, dig-
no de compaixão, pobre, cego, e que está nu.
18Dou-lhe este conselho: Compre de mim ouro
refinado no fogo, e você se tornará rico; compre

roupas brancas e vista-se para cobrir a sua ver-
gonhosa nudez; e compre colírio para ungir os
seus olhos e poder enxergar.
19“Repreendo e disciplino aqueles que eu amo.
Por isso, seja diligente e arrependa-se. 20Eis que
estou à porta e bato. Se alguém ouvir a minha
voz e abrir a porta, entrarei e cearei com ele,
e ele comigo.
21“Ao vencedor darei o direito de sentar-se co-
migo em meu trono, assim como eu também
venci e sentei-me com meu Pai em seu trono.
22Aquele que tem ouvidos ouça o que o Espíri-
to diz às igrejas”.

O trono no céu

4 Depois dessas coisas olhei, e diante de mim esta-
va uma porta aberta no céu. A voz que eu tinha
ouvido no princípio, falando comigo como trombeta,
disse: “Suba para cá, e lhe mostrarei o que deve acon-
tecer depois dessas coisas”. 2Imediatamente me vi to-
mado pelo Espírito, e diante de mim estava um trono
no céu e nele estava assentado alguém. 3Aquele que
estava assentado era de aspecto semelhante a jaspe
e sardônio. Um arco-íris, parecendo uma esmeralda,
circundava o trono, 4ao redor do qual estavam outros
vinte e quatro tronos, e assentados neles havia vinte
e quatro anciãos. Eles estavam vestidos de branco e na
cabeça tinham coroas de ouro. 5Do trono saíam relâm-
pagos, vozes e trovões. Diante dele estavam acesas sete
lâmpadas de fogo, que são os sete espíritos de Deus.
6E diante do trono havia algo parecido com um mar
de vidro, claro como cristal.
No centro, ao redor do trono, havia quatro seres vi-
ventes cobertos de olhos, tanto na frente como atrás.
7O primeiro ser parecia um leão, o segundo parecia um
boi, o terceiro tinha rosto como de homem, o quarto
parecia uma águia em voo. 8Cada um deles tinha seis
asas e era cheio de olhos, tanto ao redor como por baixo
das asas. Dia e noite repetem sem cessar:

“Santo, santo, santo
é o Senhor, o Deus todo-poderoso,
que era, que é e que há de vir”.

9Toda vez que os seres viventes dão glória, honra e gra-
ças àquele que está assentado no trono e que vive para
todo o sempre, 10os vinte e quatro anciãos se prostram
diante daquele que está assentado no trono e adoram
aquele que vive para todo o sempre. Eles lançam as suas
coroas diante do trono, e dizem:

11“Tu, Senhor e Deus nosso,
és digno de receber
a glória, a honra e o poder,
porque criaste todas as coisas,
e por tua vontade elas existem
e foram criadas”.

O livro e o Cordeiro

5 Então vi na mão direita daquele que está assentado
no trono um livro em forma de rolo, escrito de ambos
os lados e selado com sete selos. 2Vi um anjo poderoso,
proclamando em alta voz: “Quem é digno de romper os
selos e de abrir o livro?” 3Mas não havia ninguém, nem
no céu nem na terra nem debaixo da terra, que pudes-
se abrir o livro, ou sequer olhar para ele. 4Eu chorava
muito, porque não se encontrou ninguém que fosse
digno de abrir o livro e de olhar para ele. 5Então um
dos anciãos me disse: “Não chore! Eis que o Leão da
tribo de Judá, a Raiz de Davi, venceu para abrir o livro
e os seus sete selos”.
6Depois vi um Cordeiro, que parecia ter estado mor-
to, em pé, no centro do trono, cercado pelos quatro se-
res viventes e pelos anciãos. Ele tinha sete chifres e sete
olhos, que são os sete espíritos de Deus enviados a to-
da a terra. 7Ele se aproximou e recebeu o livro da mão
direita daquele que estava assentado no trono. 8Ao re-
cebê-lo, os quatro seres viventes e os vinte e quatro
anciãos prostraram-se diante do Cordeiro. Cada um
deles tinha uma harpa e taças de ouro cheias de in-
censo, que são as orações dos santos; 9e eles cantavam
um cântico novo:

“Tu és digno de receber o livro
e de abrir os seus selos,
pois foste morto,
e com teu sangue compraste para Deus
gente de toda tribo, língua, povo e nação.
10Tu os constituíste reino
e sacerdotes
para o nosso Deus,
e eles reinarão sobre a terra”.

11Então olhei e ouvi a voz de muitos anjos, milha-
res de milhares e milhões de milhões. Eles rodeavam
o trono, bem como os seres viventes e os anciãos, 12e
cantavam em alta voz:

“Digno é o Cordeiro
que foi morto
de receber poder, riqueza, sabedoria, força,
honra, glória e louvor!”

13Depois ouvi todas as criaturas existentes no céu,
na terra, debaixo da terra e no mar, e tudo o que neles
há, que diziam:

“Àquele que está assentado
no trono
e ao Cordeiro
sejam o louvor, a honra,
a glória e o poder,
para todo o sempre!”

14Os quatro seres viventes disseram: “Amém”, e os an-
ciãos prostraram-se e o adoraram.

Os selos

6 Observei quando o Cordeiro abriu o primeiro dos se-
te selos. Então ouvi um dos seres viventes dizer com
voz de trovão: “Venha!” 2Olhei, e diante de mim estava
um cavalo branco. Seu cavaleiro empunhava um arco,
e foi-lhe dada uma coroa; ele cavalgava como vencedor
determinado a vencer.
3Quando o Cordeiro abriu o segundo selo, ouvi o
segundo ser vivente dizer: “Venha!” 4Então saiu ou-
tro cavalo; e este era vermelho. Seu cavaleiro recebeu
poder para tirar a paz da terra e fazer que os homens
se matassem uns aos outros. E lhe foi dada uma gran-
de espada.
5Quando o Cordeiro abriu o terceiro selo, ouvi o ter-
ceiro ser vivente dizer: “Venha!” Olhei, e diante de mim
estava um cavalo preto. Seu cavaleiro tinha na mão uma

balança. 6Então ouvi o que parecia uma voz entre os
quatro seres viventes, dizendo: "Um quilo[a] de trigo por
um denário[b], e três quilos de cevada por um denário, e
não danifique o azeite e o vinho!"
7Quando o Cordeiro abriu o quarto selo, ouvi a voz
do quarto ser vivente dizer: "Venha!" 8Olhei, e diante
de mim estava um cavalo amarelo. Seu cavaleiro cha-
mava-se Morte, e o Hades[c] o seguia de perto. Foi-lhes
dado poder sobre um quarto da terra para matar pela
espada, pela fome, por pragas e por meio dos animais
selvagens da terra.
9Quando ele abriu o quinto selo, vi debaixo do altar
as almas daqueles que haviam sido mortos por causa
da palavra de Deus e do testemunho que deram. 10Eles
clamavam em alta voz: "Até quando, ó Soberano, san-
to e verdadeiro, esperarás para julgar os habitantes da
terra e vingar o nosso sangue?" 11Então cada um deles
recebeu uma veste branca, e foi-lhes dito que esperas-
sem um pouco mais, até que se completasse o número
dos seus conservos e irmãos, que deveriam ser mor-
tos como eles.
12Observei quando ele abriu o sexto selo. Houve um
grande terremoto. O sol ficou escuro como tecido de
crina negra, toda a lua tornou-se vermelha como san-
gue, 13e as estrelas do céu caíram sobre a terra como fi-
gos verdes caem da figueira quando sacudidos por um
vento forte. 14O céu se recolheu como se enrola um per-
gaminho, e todas as montanhas e ilhas foram removi-
das de seus lugares.
15Então os reis da terra, os príncipes, os generais, os
ricos, os poderosos — todos, escravos e livres, esconde-
ram-se em cavernas e entre as rochas das montanhas.
16Eles gritavam às montanhas e às rochas: "Caiam sobre
nós e escondam-nos da face daquele que está assentado
no trono e da ira do Cordeiro! 17Pois chegou o grande
dia da ira deles; e quem poderá suportar?"

Cento e quarenta e quatro mil selados

7 Depois disso vi quatro anjos em pé nos quatro cantos
da terra, retendo os quatro ventos, para impedir que
qualquer vento soprasse na terra, no mar ou em qual-
quer árvore. 2Então vi outro anjo subindo do Oriente,
tendo o selo do Deus vivo. Ele bradou em alta voz aos
quatro anjos a quem havia sido dado poder para dani-
ficar a terra e o mar: 3"Não danifiquem, nem a terra,
nem o mar, nem as árvores, até que selemos as testas
dos servos do nosso Deus". 4Então ouvi o número dos
que foram selados: cento e quarenta e quatro mil, de
todas as tribos de Israel.

5Da tribo de Judá
foram selados doze mil,
da tribo de Rúben, doze mil,
da tribo de Gade, doze mil,
6da tribo de Aser, doze mil,
da tribo de Naftali, doze mil,
da tribo de Manassés, doze mil,
7da tribo de Simeão, doze mil,
da tribo de Levi, doze mil,
da tribo de Issacar, doze mil,
8da tribo de Zebulom, doze mil,
da tribo de José, doze mil,
da tribo de Benjamim, doze mil.

A grande multidão com vestes brancas

9Depois disso olhei, e diante de mim estava uma
grande multidão que ninguém podia contar, de todas
as nações, tribos, povos e línguas, em pé, diante do tro-
no e do Cordeiro, com vestes brancas e segurando pal-
mas. 10E clamavam em alta voz:

"A salvação pertence
ao nosso Deus,
que se assenta no trono,
e ao Cordeiro".

11Todos os anjos estavam em pé ao redor do trono, dos
anciãos e dos quatro seres viventes. Eles se prostra-
ram com o rosto em terra diante do trono e adoraram
a Deus, 12dizendo:

"Amém!
Louvor e glória,
sabedoria, ação de graças,
honra, poder e força
sejam ao nosso Deus
para todo o sempre.
Amém!"

13Então um dos anciãos me perguntou: "Quem são
estes que estão vestidos de branco, e de onde vieram?"
14Respondi: Senhor, tu o sabes.
E ele disse: "Estes são os que vieram da grande tribu-
lação e lavaram as suas vestes e as alvejaram no sangue
do Cordeiro. 15Por isso,

eles estão diante do trono
de Deus
e o servem dia e noite
em seu santuário;
e aquele que está assentado no trono
estenderá sobre eles
o seu tabernáculo.
16Nunca mais terão fome,
nunca mais terão sede.
Não os afligirá o sol,
nem qualquer calor abrasador,
17pois o Cordeiro que está
no centro do trono
será o seu Pastor;
ele os guiará às fontes
de água viva.
E Deus enxugará dos seus olhos toda lágrima".

O sétimo selo e o incensário de ouro

8 Quando ele abriu o sétimo selo, houve silêncio nos
céus cerca de meia hora.
2Vi os sete anjos que se acham em pé diante de Deus;
a eles foram dadas sete trombetas.
3Outro anjo, que trazia um incensário de ouro, apro-
ximou-se e se colocou em pé junto ao altar. A ele foi da-
do muito incenso para oferecer com as orações de todos
os santos sobre o altar de ouro diante do trono. 4E da
mão do anjo subiu diante de Deus a fumaça do incenso
com as orações dos santos. 5Então o anjo pegou o incen-
sário, encheu-o com fogo do altar e lançou-o sobre a ter-
ra; e houve trovões, vozes, relâmpagos e um terremoto.

[a] 6:6 Grego: *choinix*.
[b] 6:6 O denário era uma moeda de prata equivalente à diária de um trabalhador braçal.
[c] 6:8 Essa palavra pode ser traduzida por inferno, sepulcro, morte ou profundezas.

As trombetas

6Então os sete anjos, que tinham as sete trombetas, prepararam-se para tocá-las.

7O primeiro anjo tocou a sua trombeta, e granizo e fogo misturado com sangue foram lançados sobre a terra. Foi queimado um terço da terra, um terço das árvores e toda a relva verde.

8O segundo anjo tocou a sua trombeta, e algo como um grande monte em chamas foi lançado ao mar. Um terço do mar transformou-se em sangue, 9morreu um terço das criaturas do mar e foi destruído um terço das embarcações.

10O terceiro anjo tocou a sua trombeta, e caiu do céu uma grande estrela, queimando como tocha, sobre um terço dos rios e das fontes de águas; 11o nome da estrela é Absinto[a]. Tornou-se amargo um terço das águas, e muitos morreram pela ação das águas que se tornaram amargas[b].

12O quarto anjo tocou a sua trombeta, e foi ferido um terço do sol, um terço da lua e um terço das estrelas, de forma que um terço deles escureceu. Um terço do dia ficou sem luz, e também um terço da noite.

13Enquanto eu olhava, ouvi uma águia que voava pelo meio do céu e dizia em alta voz: "Ai, ai, ai dos que habitam na terra, por causa do toque das trombetas que está prestes a ser dado pelos três outros anjos!"

9 O quinto anjo tocou a sua trombeta, e vi uma estrela que havia caído do céu sobre a terra. À estrela foi dada a chave do poço do Abismo. 2Quando ela abriu o Abismo, subiu dele fumaça como a de uma gigantesca fornalha. O sol e o céu escureceram com a fumaça que saía do Abismo. 3Da fumaça saíram gafanhotos que vieram sobre a terra, e lhes foi dado poder como o dos escorpiões da terra. 4Eles receberam ordens para não causar dano nem à relva da terra, nem a qualquer planta ou árvore, mas apenas àqueles que não tinham o selo de Deus na testa. 5Não lhes foi dado poder para matá-los, mas sim para causar-lhes tormento durante cinco meses. A agonia que eles sofreram era como a da picada do escorpião. 6Naqueles dias os homens procurarão a morte, mas não a encontrarão; desejarão morrer, mas a morte fugirá deles.

7Os gafanhotos pareciam cavalos preparados para a batalha. Tinham sobre a cabeça algo como coroas de ouro, e o rosto deles parecia rosto humano. 8Os cabelos deles eram como os de mulher e os dentes como os de leão. 9Tinham couraças como couraças de ferro, e o som das suas asas era como o barulho de muitos cavalos e carruagens correndo para a batalha. 10Tinham caudas e ferrões como de escorpiões, e na cauda tinham poder para causar tormento aos homens durante cinco meses. 11Tinham um rei sobre eles, o anjo do Abismo, cujo nome, em hebraico, é Abadom e, em grego, Apoliom[c].

12O primeiro ai passou; dois outros ais ainda virão.

13O sexto anjo tocou a sua trombeta, e ouvi uma voz que vinha das pontas[d] do altar de ouro que está diante de Deus. 14Ela disse ao sexto anjo que tinha a trombeta: "Solte os quatro anjos que estão amarrados junto ao grande rio Eufrates". 15Os quatro anjos, que estavam preparados para aquela hora, dia, mês e ano, foram soltos para matar um terço da humanidade. 16O número dos cavaleiros que compunham os exércitos era de duzentos milhões; eu ouvi o seu número.

17Os cavalos e os cavaleiros que vi em minha visão tinham este aspecto: as suas couraças eram vermelhas como o fogo, azuis como o jacinto, e amarelas como o enxofre. A cabeça dos cavalos parecia a cabeça de um leão, e da boca lançavam fogo, fumaça e enxofre. 18Um terço da humanidade foi morto pelas três pragas: de fogo, fumaça e enxofre, que saíam das suas bocas. 19O poder dos cavalos estava na boca e na cauda; pois as suas caudas eram como cobras; tinham cabeças com as quais feriam as pessoas.

20O restante da humanidade que não morreu por essas pragas, nem assim se arrependeu das obras das suas mãos; eles não pararam de adorar os demônios e os ídolos de ouro, prata, bronze, pedra e madeira, ídolos que não podem ver, nem ouvir, nem andar. 21Também não se arrependeram dos seus assassinatos, das suas feitiçarias, da sua imoralidade sexual e dos seus roubos.

O anjo e o livro

10 Então vi outro anjo poderoso, que descia dos céus. Ele estava envolto numa nuvem, e havia um arco-íris acima de sua cabeça. Sua face era como o sol, e suas pernas eram como colunas de fogo. 2Ele segurava um livrinho, que estava aberto em sua mão. Colocou o pé direito sobre o mar e o pé esquerdo sobre a terra, 3e deu um alto brado, como o rugido de um leão. Quando ele bradou, os sete trovões falaram. 4Logo que os sete trovões falaram, eu estava prestes a escrever, mas ouvi uma voz dos céus, que disse: "Sele o que disseram os sete trovões, e não o escreva".

5Então o anjo que eu tinha visto em pé sobre o mar e sobre a terra levantou a mão direita para o céu 6e jurou por aquele que vive para todo o sempre, que criou os céus e tudo o que neles há, a terra e tudo o que nela há, e o mar e tudo o que nele há, dizendo: "Não haverá mais demora! 7Mas, nos dias em que o sétimo anjo estiver para tocar sua trombeta, vai cumprir-se o mistério de Deus, da forma como ele o anunciou aos seus servos, os profetas".

8Depois falou comigo mais uma vez a voz que eu tinha ouvido falar dos céus: "Vá, pegue o livro[e] aberto que está na mão do anjo que se encontra em pé sobre o mar e sobre a terra".

9Assim me aproximei do anjo e lhe pedi que me desse o livrinho. Ele me disse: "Pegue-o e coma-o! Ele será amargo em seu estômago, mas em sua boca será doce como mel". 10Peguei o livrinho da mão do anjo e o comi. Ele me pareceu doce como mel em minha boca; mas, ao comê-lo, senti que o meu estômago ficou amargo. 11Então me foi dito: "É preciso que você profetize de novo acerca de muitos povos, nações, línguas e reis".

As duas testemunhas

11 Deram-me um caniço semelhante a uma vara de medir, e me disseram: "Vá e meça o templo de Deus e o altar, e conte os adoradores que lá estiverem. 2Exclua, porém, o pátio exterior; não o meça, pois ele foi

[a] 8:11 Isto é, Amargor.
[b] 8:11 Ou *envenenadas*
[c] 9:11 *Abadom* e *Apoliom* significam *destruidor*.
[d] 9:13 Grego: *chifres*.
[e] 10:8 Grego: *rolo*.

dado aos gentios[a]. Eles pisarão a cidade santa durante quarenta e dois meses. [3]Darei poder às minhas duas testemunhas, e elas profetizarão durante mil duzentos e sessenta dias, vestidas de pano de saco". [4]Estas são as duas oliveiras e os dois candelabros que permanecem diante do Senhor da terra. [5]Se alguém quiser causar-lhes dano, da boca deles sairá fogo que devorará os seus inimigos. É assim que deve morrer qualquer pessoa que quiser causar-lhes dano. [6]Estes homens têm poder para fechar o céu, de modo que não chova durante o tempo em que estiverem profetizando, e têm poder para transformar a água em sangue e ferir a terra com toda sorte de pragas, quantas vezes desejarem.

[7]Quando eles tiverem terminado o seu testemunho, a besta que vem do Abismo os atacará. E irá vencê-los e matá-los. [8]Os seus cadáveres ficarão expostos na rua principal da grande cidade, que figuradamente é chamada Sodoma e Egito, onde também foi crucificado o seu Senhor. [9]Durante três dias e meio, gente de todos os povos, tribos, línguas e nações contemplarão os seus cadáveres e não permitirão que sejam sepultados. [10]Os habitantes da terra se alegrarão por causa deles e festejarão, enviando presentes uns aos outros, pois esses dois profetas haviam atormentado os que habitam na terra.

[11]Mas, depois dos três dias e meio, entrou neles um sopro de vida da parte de Deus, e eles ficaram em pé, e um grande terror tomou conta daqueles que os viram. [12]Então eles ouviram uma forte voz dos céus que lhes disse: "Subam para cá". E eles subiram para os céus numa nuvem, enquanto os seus inimigos olhavam.

[13]Naquela mesma hora houve um forte terremoto, e um décimo da cidade ruiu. Sete mil pessoas foram mortas no terremoto; os sobreviventes ficaram aterrorizados e deram glória ao Deus dos céus.

[14]O segundo ai passou; o terceiro ai virá em breve.

A sétima trombeta

[15]O sétimo anjo tocou a sua trombeta, e houve fortes vozes nos céus que diziam:

"O reino do mundo
se tornou de nosso Senhor
e do seu Cristo,
e ele reinará
para todo o sempre".

[16]Os vinte e quatro anciãos que estavam assentados em seus tronos diante de Deus prostraram-se sobre seus rostos e adoraram a Deus, [17]dizendo:

"Graças te damos,
Senhor Deus todo-poderoso,
que és e que eras,
porque assumiste
o teu grande poder
e começaste a reinar.
[18]As nações se iraram;
e chegou a tua ira.
Chegou o tempo de julgares
os mortos
e de recompensares
os teus servos, os profetas,
os teus santos
e os que temem o teu nome,
tanto pequenos
como grandes,
e de destruir
os que destroem a terra".

[19]Então foi aberto o santuário de Deus nos céus, e ali foi vista a arca da sua aliança. Houve relâmpagos, vozes, trovões, um terremoto e um grande temporal de granizo.

A mulher e o dragão

12 Apareceu no céu um sinal extraordinário: uma mulher vestida do sol, com a lua debaixo dos seus pés e uma coroa de doze estrelas sobre a cabeça. [2]Ela estava grávida e gritava de dor, pois estava para dar à luz. [3]Então apareceu no céu outro sinal: um enorme dragão vermelho com sete cabeças e dez chifres, tendo sobre as cabeças sete coroas[b]. [4]Sua cauda arrastou consigo um terço das estrelas do céu, lançando-as na terra. O dragão colocou-se diante da mulher que estava para dar à luz, para devorar o seu filho no momento em que nascesse. [5]Ela deu à luz um filho, um homem, que governará todas as nações com cetro de ferro. Seu filho foi arrebatado para junto de Deus e de seu trono. [6]A mulher fugiu para o deserto, para um lugar que lhe havia sido preparado por Deus, para que ali a sustentassem durante mil duzentos e sessenta dias.

[7]Houve então uma guerra nos céus. Miguel e seus anjos lutaram contra o dragão, e o dragão e os seus anjos revidaram. [8]Mas estes não foram suficientemente fortes, e assim perderam o seu lugar nos céus. [9]O grande dragão foi lançado fora. Ele é a antiga serpente chamada Diabo ou Satanás, que engana o mundo todo. Ele e os seus anjos foram lançados à terra.

[10]Então ouvi uma forte voz dos céus que dizia:

"Agora veio a salvação,
o poder e o Reino
do nosso Deus,
e a autoridade do seu Cristo,
pois foi lançado fora
o acusador
dos nossos irmãos,
que os acusa diante
do nosso Deus, dia e noite.
[11]Eles o venceram
pelo sangue do Cordeiro
e pela palavra do testemunho
que deram;
diante da morte,
não amaram a própria vida.
[12]Portanto, celebrem-no, ó céus,
e os que neles habitam!
Mas, ai da terra e do mar,
pois o Diabo desceu até vocês!
Ele está cheio de fúria,
pois sabe que lhe resta
pouco tempo".

[13]Quando o dragão foi lançado à terra, começou a perseguir a mulher que dera à luz o menino. [14]Foram dadas à mulher as duas asas da grande águia, para que ela pudesse voar para o lugar que lhe havia sido

[a] 11:2 Isto é, os que não são judeus.

[b] 12:3 Grego: *diademas*.

preparado no deserto, onde seria sustentada durante
um tempo, tempos e meio tempo, fora do alcance da
serpente. 15Então a serpente fez jorrar da sua boca água
como um rio, para alcançar a mulher e arrastá-la com
a correnteza. 16A terra, porém, ajudou a mulher, abrin-
do a boca e engolindo o rio que o dragão fizera jorrar
da sua boca. 17O dragão irou-se contra a mulher e saiu
para guerrear contra o restante da sua descendência, os
que obedecem aos mandamentos de Deus e se mantêm
fiéis ao testemunho de Jesus.
18Então o dragão se pôs em pé[a] na areia do mar.

A besta que saiu do mar

13 Vi uma besta que saía do mar. Tinha dez chifres e se-
te cabeças, com dez coroas[b], uma sobre cada chifre,
e em cada cabeça um nome de blasfêmia. 2A besta que
vi era semelhante a um leopardo, mas tinha pés como
os de urso e boca como a de leão. O dragão deu à besta
o seu poder, o seu trono e grande autoridade. 3Uma das
cabeças da besta parecia ter sofrido um ferimento mor-
tal, mas o ferimento mortal foi curado. Todo o mundo
ficou maravilhado e seguiu a besta. 4Adoraram o dra-
gão, que tinha dado autoridade à besta, e também ado-
raram a besta, dizendo: "Quem é como a besta? Quem
pode guerrear contra ela?"
5À besta foi dada uma boca para falar palavras ar-
rogantes e blasfemas, e lhe foi dada autoridade para
agir durante quarenta e dois meses. 6Ela abriu a boca
para blasfemar contra Deus e amaldiçoar o seu nome
e o seu tabernáculo, os[c] que habitam nos céus. 7Foi-lhe
dado poder para guerrear contra os santos e vencê-los.
Foi-lhe dada autoridade sobre toda tribo, povo, língua
e nação. 8Todos os habitantes da terra adorarão a besta,
a saber, todos aqueles que não tiveram seus nomes es-
critos no livro da vida do Cordeiro que foi morto desde
a criação do mundo[d].
9Aquele que tem ouvidos ouça:

10Se alguém há de ir
para o cativeiro,
para o cativeiro irá.
Se alguém há de ser morto[e]
à espada,
morto à espada haverá de ser.

Aqui estão a perseverança e a fidelidade dos santos.

A besta que saiu da terra

11Então vi outra besta que saía da terra, com dois chi-
fres como cordeiro, mas que falava como dragão. 12Exer-
cia toda a autoridade da primeira besta, em nome[f] dela,
e fazia a terra e seus habitantes adorarem a primeira
besta, cujo ferimento mortal havia sido curado. 13E reali-
zava grandes sinais, chegando a fazer descer fogo do céu
à terra, à vista dos homens. 14Por causa dos sinais que
lhe foi permitido realizar em nome da primeira besta,
ela enganou os habitantes da terra. Ordenou-lhes que
fizessem uma imagem em honra à besta que fora feri-
da pela espada e contudo revivera. 15Foi-lhe dado poder
para dar fôlego à imagem da primeira besta, de modo
que ela podia falar e fazer que fossem mortos todos os
que se recusassem a adorar a imagem. 16Também obri-
gou todos, pequenos e grandes, ricos e pobres, livres e
escravos, a receberem certa marca na mão direita ou na
testa, 17para que ninguém pudesse comprar nem ven-
der, a não ser quem tivesse a marca, que é o nome da
besta ou o número do seu nome.
18Aqui há sabedoria. Aquele que tem entendimento
calcule o número da besta, pois é número de homem.
Seu número é seiscentos e sessenta e seis.

O Cordeiro e os cento e quarenta e quatro mil selados

14 Então olhei, e diante de mim estava o Cordeiro,
em pé sobre o monte Sião, e com ele cento e qua-
renta e quatro mil que traziam escritos na testa o no-
me dele e o nome de seu Pai. 2Ouvi um som dos céus
como o de muitas águas e de um forte trovão. Era como
o de harpistas tocando seus instrumentos. 3Eles canta-
vam um cântico novo diante do trono, dos quatro se-
res viventes e dos anciãos. Ninguém podia aprender o
cântico, a não ser os cento e quarenta e quatro mil que
haviam sido comprados da terra. 4Estes são os que não
se contaminaram com mulheres, pois se conservaram
castos[g] e seguem o Cordeiro por onde quer que ele vá.
Foram comprados dentre os homens e ofertados como
primícias a Deus e ao Cordeiro. 5Mentira nenhuma foi
encontrada em suas bocas; são imaculados.

Os três anjos

6Então vi outro anjo, que voava pelo céu e tinha na
mão o evangelho eterno para proclamar aos que habi-
tam na terra, a toda nação, tribo, língua e povo. 7Ele dis-
se em alta voz: "Temam a Deus e glorifiquem-no, pois
chegou a hora do seu juízo. Adorem aquele que fez os
céus, a terra, o mar e as fontes das águas".
8Um segundo anjo o seguiu, dizendo: "Caiu! Caiu a
grande Babilônia que fez todas as nações beberem do
vinho da fúria da sua prostituição!"
9Um terceiro anjo os seguiu, dizendo em alta voz: "Se
alguém adorar a besta e a sua imagem e receber a sua
marca na testa ou na mão, 10também beberá do vinho
do furor de Deus que foi derramado sem mistura no
cálice da sua ira. Será ainda atormentado com enxofre
ardente na presença dos santos anjos e do Cordeiro, 11e
a fumaça do tormento de tais pessoas sobe para todo o
sempre. Para todos os que adoram a besta e a sua ima-
gem, e para quem recebe a marca do seu nome, não há
descanso, dia e noite". 12Aqui está a perseverança dos
santos que obedecem aos mandamentos de Deus e per-
manecem fiéis a Jesus.
13Então ouvi uma voz dos céus dizendo: "Escreva:
Felizes os mortos que morrem no Senhor de agora em
diante".
Diz o Espírito: "Sim, eles descansarão das suas fadi-
gas, pois as suas obras os seguirão".

A colheita da terra

14Olhei, e diante de mim estava uma nuvem branca
e, assentado sobre a nuvem, alguém "semelhante a um
filho de homem"[h]. Ele estava com uma coroa de ouro
na cabeça e uma foice afiada na mão. 15Então saiu do

[a] 12:18 Alguns manuscritos dizem *E eu estava em pé.*
[b] 13:1 Grego: *diademas.*
[c] 13:6 Alguns manuscritos dizem *e os.*
[d] 13:8 Ou *escritos, desde a criação do mundo, no livro da vida do Cordeiro que foi morto*
[e] 13:10 Alguns manuscritos dizem *Todo aquele que mata.*
[f] 13:12 Ou *na presença*; também no versículo 14.

[g] 14:4 Grego: *virgens.*
[h] 14:14 Dn 7:13

santuário um outro anjo, que bradou em alta voz àquele que estava assentado sobre a nuvem: "Tome a sua foice e faça a colheita, pois a safra da terra está madura; chegou a hora de colhê-la". 16 Assim, aquele que estava assentado sobre a nuvem passou sua foice pela terra, e a terra foi ceifada.

17 Outro anjo saiu do santuário dos céus, trazendo também uma foice afiada. 18 E ainda outro anjo, que tem autoridade sobre o fogo, saiu do altar e bradou em alta voz àquele que tinha a foice afiada: "Tome sua foice afiada e ajunte os cachos de uva da videira da terra, porque as suas uvas estão maduras!" 19 O anjo passou a foice pela terra, ajuntou as uvas e as lançou no grande lagar da ira de Deus. 20 Elas foram pisadas no lagar, fora da cidade, e correu sangue do lagar, chegando ao nível dos freios dos cavalos, numa distância de cerca de trezentos quilômetros[a].

Os sete anjos e as sete pragas

15 Vi no céu outro sinal, grande e maravilhoso: sete anjos com as sete últimas pragas, pois com elas se completa a ira de Deus. 2 Vi algo semelhante a um mar de vidro misturado com fogo, e, em pé, junto ao mar, os que tinham vencido a besta, a sua imagem e o número do seu nome. Eles seguravam harpas que lhes haviam sido dadas por Deus, 3 e cantavam o cântico de Moisés, servo de Deus, e o cântico do Cordeiro:

"Grandes e maravilhosas
   são as tuas obras,
Senhor Deus todo-poderoso.
Justos e verdadeiros
   são os teus caminhos,
ó Rei das nações.
4 Quem não te temerá, ó Senhor?
Quem não glorificará o teu nome?
Pois tu somente és santo.
Todas as nações virão à tua presença
   e te adorarão,
pois os teus atos de justiça
   se tornaram manifestos".

5 Depois disso olhei e vi que se abriu nos céus o santuário, o tabernáculo da aliança. 6 Saíram do santuário os sete anjos com as sete pragas. Eles estavam vestidos de linho puro e resplandecente, e tinham cinturões de ouro ao redor do peito. 7 E um dos quatro seres viventes deu aos sete anjos sete taças de ouro cheias da ira de Deus, que vive para todo o sempre. 8 O santuário ficou cheio da fumaça da glória de Deus e do seu poder, e ninguém podia entrar no santuário enquanto não se completassem as sete pragas dos sete anjos.

As sete taças da ira de Deus

16 Então ouvi uma forte voz que vinha do santuário e dizia aos sete anjos: "Vão derramar sobre a terra as sete taças da ira de Deus".

2 O primeiro anjo foi e derramou a sua taça pela terra, e abriram-se feridas malignas e dolorosas naqueles que tinham a marca da besta e adoravam a sua imagem.

3 O segundo anjo derramou a sua taça no mar, e este se transformou em sangue como de um morto, e morreu toda criatura que vivia no mar.

4 O terceiro anjo derramou a sua taça nos rios e nas fontes, e eles se transformaram em sangue. 5 Então ouvi o anjo que tem autoridade sobre as águas dizer:

"Tu és justo,
   tu, o Santo, que és e que eras,
porque julgaste estas coisas;
6 pois eles derramaram
   o sangue dos teus santos
   e dos teus profetas,
e tu lhes deste sangue
   para beber,
como eles merecem".

7 E ouvi o altar responder:

"Sim, Senhor Deus todo-poderoso,
verdadeiros e justos
   são os teus juízos".

8 O quarto anjo derramou a sua taça no sol, e foi dado poder ao sol para queimar os homens com fogo. 9 Estes foram queimados pelo forte calor e amaldiçoaram o nome de Deus, que tem domínio sobre estas pragas; contudo, recusaram arrepender-se e glorificá-lo.

10 O quinto anjo derramou a sua taça sobre o trono da besta, cujo reino ficou em trevas. De tanta agonia, os homens mordiam a própria língua, 11 e blasfemavam contra o Deus dos céus, por causa das suas dores e das suas feridas; contudo, recusaram arrepender-se das obras que haviam praticado.

12 O sexto anjo derramou a sua taça sobre o grande rio Eufrates, e secaram-se as suas águas para que fosse preparado o caminho para os reis que vêm do Oriente. 13 Então vi saírem da boca do dragão, da boca da besta e da boca do falso profeta três espíritos imundos[b] semelhantes a rãs. 14 São espíritos de demônios que realizam sinais milagrosos; eles vão aos reis de todo o mundo, a fim de reuni-los para a batalha do grande dia do Deus todo-poderoso.

15 "Eis que venho como ladrão! Feliz aquele que permanece vigilante e conserva consigo as suas vestes, para que não ande nu e não seja vista a sua vergonha."

16 Então os três espíritos os reuniram no lugar que, em hebraico, é chamado Armagedom.

17 O sétimo anjo derramou a sua taça no ar, e do santuário saiu uma forte voz que vinha do trono, dizendo: "Está feito!" 18 Houve, então, relâmpagos, vozes, trovões e um forte terremoto. Nunca havia ocorrido um terremoto tão forte como esse desde que o homem existe sobre a terra. 19 A grande cidade foi dividida em três partes, e as cidades das nações se desmoronaram. Deus lembrou-se da grande Babilônia e lhe deu o cálice do vinho do furor da sua ira. 20 Todas as ilhas fugiram, e as montanhas desapareceram. 21 Caíram sobre os homens, vindas do céu, enormes pedras de granizo, de cerca de trinta e cinco quilos[c] cada; eles blasfemaram contra Deus por causa do granizo, pois a praga fora terrível.

A mulher montada na besta

17 Um dos sete anjos que tinham as sete taças aproximou-se e me disse: "Venha, eu lhe mostrarei o julgamento da grande prostituta que está sentada sobre muitas águas, 2 com quem os reis da terra se

[a] 14:20 Grego: *1.600 estádios*. Um estádio equivalia a 185 metros.

[b] 16:13 Ou *malignos*

[c] 16:21 Grego: *1 talento*.

prostituíram; os habitantes da terra se embriagaram
com o vinho da sua prostituição".
3 Então o anjo me levou no Espírito para um deser-
to. Ali vi uma mulher montada numa besta vermelha,
que estava coberta de nomes blasfemos e que tinha
sete cabeças e dez chifres. 4 A mulher estava vestida de
púrpura e vermelho, e adornada de ouro, pedras pre-
ciosas e pérolas. Segurava um cálice de ouro, cheio de
coisas repugnantes e da impureza da sua prostituição.
5 Em sua testa havia esta inscrição:

MISTÉRIO:
BABILÔNIA, A GRANDE;
A MÃE DAS PROSTITUTAS
E DAS PRÁTICAS REPUGNANTES DA TERRA.

6 Vi que a mulher estava embriagada com o sangue
dos santos, o sangue das testemunhas[a] de Jesus.
Quando a vi, fiquei muito admirado. 7 Então o anjo
me disse: "Por que você está admirado? Eu lhe expli-
carei o mistério dessa mulher e da besta sobre a qual
ela está montada, que tem sete cabeças e dez chifres.
8 A besta que você viu, era e já não é. Ela está para su-
bir do Abismo e caminha para a perdição. Os habitan-
tes da terra, cujos nomes não foram escritos no livro
da vida desde a criação do mundo, ficarão admirados
quando virem a besta, porque ela era, agora não é, e
entretanto virá.
9 "Aqui se requer mente sábia. As sete cabeças são se-
te colinas sobre as quais está sentada a mulher. 10 São
também sete reis. Cinco já caíram, um ainda existe, e
o outro ainda não surgiu; mas, quando surgir, deverá
permanecer durante pouco tempo. 11 A besta que era, e
agora não é, é o oitavo rei. É um dos sete, e caminha
para a perdição.
12 "Os dez chifres que você viu são dez reis que ainda
não receberam reino, mas que por uma hora receberão
autoridade como reis, junto com a besta. 13 Eles têm um
único propósito, e darão seu poder e sua autoridade à
besta. 14 Guerrearão contra o Cordeiro, mas o Cordeiro os
vencerá, pois é o Senhor dos senhores e o Rei dos reis; e
vencerão com ele os seus chamados, escolhidos e fiéis".
15 Então o anjo me disse: "As águas que você viu, on-
de está sentada a prostituta, são povos, multidões, na-
ções e línguas. 16 A besta e os dez chifres que você viu
odiarão a prostituta. Eles a levarão à ruína e a deixa-
rão nua, comerão a sua carne e a destruirão com fogo,
17 pois Deus colocou no coração deles o desejo de reali-
zar o propósito que ele tem, levando-os a concordarem
em dar à besta o poder que eles têm para reinar até que
se cumpram as palavras de Deus. 18 A mulher que você
viu é a grande cidade que reina sobre os reis da terra".

A queda da Babilônia

18 Depois disso vi outro anjo que descia dos céus.
Tinha grande autoridade, e a terra foi ilumina-
da por seu esplendor. 2 E ele bradou com voz poderosa:

"Caiu! Caiu a grande Babilônia!
Ela se tornou habitação
de demônios
e antro de todo espírito imundo[b],
antro de toda ave impura
e detestável,
3 pois todas as nações beberam
do vinho da fúria
da sua prostituição.
Os reis da terra
se prostituíram com ela;
à custa do seu luxo excessivo
os negociantes da terra
se enriqueceram".

4 Então ouvi outra voz dos céus que dizia:

"Saiam dela, vocês, povo meu,
para que vocês não participem dos seus pecados,
para que as pragas
que vão cair sobre ela
não os atinjam!
5 Pois os pecados da Babilônia
acumularam-se até o céu,
e Deus se lembrou
dos seus crimes.
6 Retribuam-lhe
na mesma moeda;
paguem-lhe em dobro
pelo que fez;
misturem para ela uma porção dupla
no seu próprio cálice.
7 Façam-lhe sofrer tanto tormento
e tanta aflição
como a glória e o luxo a que ela se entregou.
Em seu coração
ela se vangloriava:
'Estou sentada como rainha;
não sou viúva
e jamais terei tristeza'.
8 Por isso num só dia
as suas pragas a alcançarão:
morte, tristeza e fome;
e o fogo a consumirá,
pois poderoso é o Senhor Deus que a julga.

9 "Quando os reis da terra, que se prostituíram com
ela e participaram do seu luxo, virem a fumaça do seu
incêndio, chorarão e se lamentarão por ela. 10 Amedron-
tados por causa do tormento dela, ficarão de longe e
gritarão:

" 'Ai! A grande cidade!
Babilônia, cidade poderosa!
Em apenas uma hora
chegou a sua condenação!'

11 "Os negociantes da terra chorarão e se lamenta-
rão por causa dela, porque ninguém mais compra a
sua mercadoria: 12 artigos como ouro, prata, pedras
preciosas e pérolas; linho fino, púrpura, seda e tecido
vermelho; todo tipo de madeira de cedro e peças de
marfim, madeira preciosa, bronze, ferro e mármore;
13 canela e outras especiarias, incenso, mirra e perfu-
mes; vinho e azeite de oliva, farinha fina e trigo; bois
e ovelhas, cavalos e carruagens, e corpos e almas de
seres humanos[c].
14 "Eles dirão: 'Foram-se as frutas que tanto lhe ape-
teciam! Todas as suas riquezas e todo o seu esplendor

[a] 17:6 Ou *dos mártires*
[b] 18:2 Ou *maligno*
[c] 18:13 Ou *corpos, e até almas humanas*

se desvaneceram; nunca mais serão recuperados'. [15]Os negociantes dessas coisas, que enriqueceram à custa dela, ficarão de longe, amedrontados com o tormento dela, e chorarão e se lamentarão, [16]gritando:

" 'Ai! A grande cidade,
vestida de linho fino,
de roupas de púrpura
e vestes vermelhas,
adornada de ouro,
pedras preciosas e pérolas!
[17]Em apenas uma hora,
tamanha riqueza
foi arruinada!'

"Todos os pilotos, todos os passageiros e marinheiros dos navios e todos os que ganham a vida no mar ficarão de longe. [18]Ao verem a fumaça do incêndio dela, exclamarão: 'Que outra cidade jamais se igualou a esta grande cidade?' [19]Lançarão pó sobre a cabeça e, lamentando-se e chorando, gritarão:

" 'Ai! A grande cidade!
Graças à sua riqueza,
nela prosperaram
todos os que tinham
navios no mar!
Em apenas uma hora
ela ficou em ruínas!
[20]Celebrem o que se deu com ela, ó céus!
Celebrem, ó santos, apóstolos
e profetas!
Deus a julgou, retribuindo-lhe
o que ela fez a vocês' ".

[21]Então um anjo poderoso levantou uma pedra do tamanho de uma grande pedra de moinho, lançou-a ao mar e disse:

"Com igual violência
será lançada por terra
a grande cidade
de Babilônia,
para nunca mais
ser encontrada.
[22]Nunca mais se ouvirá em seu meio
o som dos harpistas, dos músicos,
dos flautistas e dos tocadores
de trombeta.
Nunca mais se achará dentro de seus muros
artífice algum, de qualquer profissão.
Nunca mais se ouvirá em seu meio
o ruído das pedras de moinho.
[23]Nunca mais brilhará dentro de seus muros
a luz da candeia.
Nunca mais se ouvirá ali
a voz do noivo e da noiva.
Seus mercadores eram
os grandes do mundo.
Todas as nações
foram seduzidas
por suas feitiçarias.
[24]Nela foi encontrado sangue
de profetas e de santos,
e de todos os que foram assassinados
na terra".

Aleluia!

19 Depois disso ouvi nos céus algo semelhante à voz de uma grande multidão, que exclamava:

"Aleluia!
A salvação, a glória e o poder
pertencem ao nosso Deus,
[2]pois verdadeiros e justos
são os seus juízos.
Ele condenou
a grande prostituta
que corrompia a terra
com a sua prostituição.
Ele cobrou dela o sangue
dos seus servos".

[3]E mais uma vez a multidão exclamou:

"Aleluia!
A fumaça que dela vem,
sobe para todo o sempre".

[4]Os vinte e quatro anciãos e os quatro seres viventes prostraram-se e adoraram a Deus, que estava assentado no trono, e exclamaram:

"Amém, Aleluia!"

[5]Então veio do trono uma voz, conclamando:

"Louvem o nosso Deus,
todos vocês, seus servos,
vocês que o temem,
tanto pequenos como grandes!"

[6]Então ouvi algo semelhante ao som de uma grande multidão, como o estrondo de muitas águas e fortes trovões, que bradava:

"Aleluia!,
pois reina
o Senhor, o nosso Deus,
o Todo-poderoso.
[7]Regozijemo-nos! Vamos alegrar-nos
e dar-lhe glória!
Pois chegou a hora
do casamento do Cordeiro,
e a sua noiva já se aprontou.
[8]Para vestir-se, foi-lhe dado
linho fino, brilhante e puro".

O linho fino são os atos justos dos santos.

[9]E o anjo me disse: "Escreva: Felizes os convidados para o banquete do casamento do Cordeiro!" E acrescentou: "Estas são as palavras verdadeiras de Deus".

[10]Então caí aos seus pés para adorá-lo, mas ele me disse: "Não faça isso! Sou servo como você e como os seus irmãos que se mantêm fiéis ao testemunho[a] de Jesus. Adore a Deus! O testemunho de Jesus é o espírito de profecia".

O Cavaleiro no cavalo branco

[11]Vi os céus abertos e diante de mim um cavalo branco, cujo cavaleiro se chama Fiel e Verdadeiro. Ele julga e guerreia com justiça. [12]Seus olhos são como chamas de fogo, e em sua cabeça há muitas coroas[b] e um nome

[a] 19:10 Ou *que mantêm o testemunho*
[b] 19:12 Grego: *diademas.*

que só ele conhece, e ninguém mais. 13Está vestido com um manto tingido de sangue, e o seu nome é Palavra de Deus. 14Os exércitos dos céus o seguiam, vestidos de linho fino, branco e puro, e montados em cavalos brancos. 15De sua boca sai uma espada afiada, com a qual ferirá as nações. "Ele as governará com cetro de ferro."[a] Ele pisa o lagar do vinho do furor da ira do Deus todo-poderoso. 16Em seu manto e em sua coxa está escrito este nome:

REI DOS REIS
E SENHOR DOS SENHORES.

17Vi um anjo que estava em pé no sol e que clamava em alta voz a todas as aves que voavam pelo meio do céu: "Venham, reúnam-se para o grande banquete de Deus, 18para comerem carne de reis, generais e poderosos, carne de cavalos e seus cavaleiros, carne de todos — livres e escravos, pequenos e grandes".

19Então vi a besta, os reis da terra e os seus exércitos reunidos para guerrearem contra aquele que está montado no cavalo e contra o seu exército. 20Mas a besta foi presa, e com ela o falso profeta que havia realizado os sinais milagrosos em nome dela, com os quais ele havia enganado os que receberam a marca da besta e adoraram a imagem dela. Os dois foram lançados vivos no lago de fogo que arde com enxofre. 21Os demais foram mortos com a espada que saía da boca daquele que está montado no cavalo. E todas as aves se fartaram com a carne deles.

Os mil anos

20 Vi descer dos céus um anjo que trazia na mão a chave do Abismo e uma grande corrente. 2Ele prendeu o dragão, a antiga serpente, que é o Diabo, Satanás, e o acorrentou por mil anos; 3lançou-o no Abismo, fechou-o e pôs um selo sobre ele, para assim impedi-lo de enganar as nações, até que terminassem os mil anos. Depois disso, é necessário que ele seja solto por um pouco de tempo.

4Vi tronos em que se assentaram aqueles a quem havia sido dada autoridade para julgar. Vi as almas dos que foram decapitados por causa do testemunho de Jesus e da palavra de Deus. Eles não tinham adorado a besta nem a sua imagem, e não tinham recebido a sua marca na testa nem nas mãos. Eles ressuscitaram e reinaram com Cristo durante mil anos. 5(O restante dos mortos não voltou a viver até se completarem os mil anos.) Esta é a primeira ressurreição. 6Felizes e santos os que participam da primeira ressurreição! A segunda morte não tem poder sobre eles; serão sacerdotes de Deus e de Cristo, e reinarão com ele durante mil anos.

A destruição de Satanás

7Quando terminarem os mil anos, Satanás será solto da sua prisão 8e sairá para enganar as nações que estão nos quatro cantos da terra, Gogue e Magogue, a fim de reuni-las para a batalha. Seu número é como a areia do mar. 9As nações marcharam por toda a superfície da terra e cercaram o acampamento dos santos, a cidade amada; mas um fogo desceu do céu e as devorou. 10O Diabo, que as enganava, foi lançado no lago de fogo que arde com enxofre, onde já haviam sido lançados a besta e o falso profeta. Eles serão atormentados dia e noite, para todo o sempre.

Os mortos são julgados

11Depois vi um grande trono branco e aquele que nele estava assentado. A terra e o céu fugiram da sua presença, e não se encontrou lugar para eles. 12Vi também os mortos, grandes e pequenos, em pé diante do trono, e livros foram abertos. Outro livro foi aberto, o livro da vida. Os mortos foram julgados de acordo com o que tinham feito, segundo o que estava registrado nos livros. 13O mar entregou os mortos que nele havia, e a morte e o Hades[b] entregaram os mortos que neles havia; e cada um foi julgado de acordo com o que tinha feito. 14Então a morte e o Hades foram lançados no lago de fogo. O lago de fogo é a segunda morte. 15Aqueles cujos nomes não foram encontrados no livro da vida foram lançados no lago de fogo.

A nova Jerusalém

21 Então vi novos céus e nova terra, pois o primeiro céu e a primeira terra tinham passado; e o mar já não existia. 2Vi a Cidade Santa, a nova Jerusalém, que descia dos céus, da parte de Deus, preparada como uma noiva adornada para o seu marido. 3Ouvi uma forte voz que vinha do trono e dizia: "Agora o tabernáculo de Deus está com os homens, com os quais ele viverá. Eles serão os seus povos[c]; o próprio Deus estará com eles e será o seu Deus. 4Ele enxugará dos seus olhos toda lágrima. Não haverá mais morte, nem tristeza, nem choro, nem dor, pois a antiga ordem já passou".

5Aquele que estava assentado no trono disse: "Estou fazendo novas todas as coisas!" E acrescentou: "Escreva isto, pois estas palavras são verdadeiras e dignas de confiança".

6Disse-me ainda: "Está feito. Eu sou o Alfa e o Ômega, o Princípio e o Fim. A quem tiver sede, darei de beber gratuitamente da fonte da água da vida. 7O vencedor herdará tudo isto, e eu serei seu Deus e ele será meu filho. 8Mas os covardes, os incrédulos, os depravados, os assassinos, os que cometem imoralidade sexual, os que praticam feitiçaria, os idólatras e todos os mentirosos — o lugar deles será no lago de fogo que arde com enxofre. Esta é a segunda morte".

9Um dos sete anjos que tinham as sete taças cheias das últimas sete pragas aproximou-se e me disse: "Venha, eu lhe mostrarei a noiva, a esposa do Cordeiro". 10Ele me levou no Espírito a um grande e alto monte e mostrou-me a Cidade Santa, Jerusalém, que descia dos céus, da parte de Deus. 11Ela resplandecia com a glória de Deus, e o seu brilho era como o de uma joia muito preciosa, como jaspe, clara como cristal. 12Tinha um grande e alto muro com doze portas e doze anjos junto às portas. Nas portas estavam escritos os nomes das doze tribos de Israel. 13Havia três portas ao oriente, três ao norte, três ao sul e três ao ocidente. 14O muro da cidade tinha doze fundamentos, e neles estavam os nomes dos doze apóstolos do Cordeiro.

15O anjo que falava comigo tinha como medida uma vara feita de ouro, para medir a cidade, suas portas e

[a] 19:15 Sl 2:9

[b] 20:13 Essa palavra pode ser traduzida por *inferno*, *sepulcro*, *morte* ou *profundezas*; também no versículo 14.

[c] 21:3 Alguns manuscritos dizem *o seu povo*.

seus muros. 16A cidade era quadrangular, de compri-
mento e largura iguais. Ele mediu a cidade com a vara;
tinha dois mil e duzentos quilômetros[a] de comprimen-
to; a largura e a altura eram iguais ao comprimento.
17Ele mediu o muro, e deu sessenta e cinco metros de
espessura[b], segundo a medida humana que o anjo es-
tava usando. 18O muro era feito de jaspe e a cidade era
de ouro puro, semelhante ao vidro puro. 19Os funda-
mentos dos muros da cidade eram ornamentados com
toda sorte de pedras preciosas. O primeiro fundamento
era ornamentado com jaspe; o segundo com safira; o
terceiro com calcedônia; o quarto com esmeralda; 20o
quinto com sardônio; o sexto com sárdio; o sétimo com
crisólito; o oitavo com berilo; o nono com topázio; o dé-
cimo com crisópraso; o décimo primeiro com jacinto;
e o décimo segundo com ametista.[c] 21As doze portas
eram doze pérolas, cada porta feita de uma única pé-
rola. A rua principal da cidade era de ouro puro, como
vidro transparente.

22Não vi templo algum na cidade, pois o Senhor
Deus todo-poderoso e o Cordeiro são o seu templo.
23A cidade não precisa de sol nem de lua para brilha-
rem sobre ela, pois a glória de Deus a ilumina, e o Cor-
deiro é a sua candeia. 24As nações andarão em sua luz,
e os reis da terra lhe trarão a sua glória. 25Suas por-
tas jamais se fecharão de dia, pois ali não haverá noi-
te. 26A glória e a honra das nações lhe serão trazidas.
27Nela jamais entrará algo impuro, nem ninguém que
pratique o que é vergonhoso ou enganoso, mas uni-
camente aqueles cujos nomes estão escritos no livro
da vida do Cordeiro.

O rio da vida

22 Então o anjo me mostrou o rio da água da vida
que, claro como cristal, fluía do trono de Deus e
do Cordeiro, 2no meio da rua principal da cidade. De
cada lado do rio estava a árvore da vida, que frutifica
doze vezes por ano, uma por mês. As folhas da árvore
servem para a cura das nações. 3Já não haverá maldi-
ção nenhuma. O trono de Deus e do Cordeiro estará na
cidade, e os seus servos o servirão. 4Eles verão a sua
face, e o seu nome estará em suas testas. 5Não haverá
mais noite. Eles não precisarão de luz de candeia, nem
da luz do sol, pois o Senhor Deus os iluminará; e eles
reinarão para todo o sempre.

[a] 21:16 Grego: *12.000 estádios.* Um estádio equivalia a 185 metros.
[b] 21:17 Ou *metros de altura.* Grego: *144 côvados.* O côvado era uma medida linear de cerca de 45 centímetros.
[c] 21:20 A identificação precisa de algumas destas pedras não é conhecida.

6O anjo me disse: "Estas palavras são dignas de con-
fiança e verdadeiras. O Senhor, o Deus dos espíritos dos
profetas, enviou o seu anjo para mostrar aos seus servos
as coisas que em breve hão de acontecer[d].

Jesus vem em breve

7"Eis que venho em breve! Feliz é aquele que guarda
as palavras da profecia deste livro".

8Eu, João, sou aquele que ouviu e viu estas coisas.
Tendo-as ouvido e visto, caí aos pés do anjo que me
mostrou tudo aquilo, para adorá-lo. 9Mas ele me disse:
"Não faça isso! Sou servo como você e seus irmãos, os
profetas, e como os que guardam as palavras deste li-
vro. Adore a Deus!"

10Então me disse: "Não sele as palavras da profecia
deste livro, pois o tempo está próximo. 11Continue o in-
justo a praticar injustiça; continue o imundo na imun-
dícia; continue o justo a praticar justiça; e continue o
santo a santificar-se".

12"Eis que venho em breve! A minha recompensa es-
tá comigo, e eu retribuirei a cada um de acordo com o
que fez. 13Eu sou o Alfa e o Ômega, o Primeiro e o Últi-
mo, o Princípio e o Fim.

14"Felizes os que lavam as suas vestes, e assim têm
direito à árvore da vida e podem entrar na cidade pelas
portas. 15Fora ficam os cães, os que praticam feitiçaria,
os que cometem imoralidades sexuais, os assassinos,
os idólatras e todos os que amam e praticam a mentira.

16"Eu, Jesus, enviei o meu anjo para dar a vocês es-
te testemunho concernente às igrejas. Eu sou a Raiz
e o Descendente de Davi, e a resplandecente Estrela
da Manhã."

17O Espírito e a noiva dizem: "Vem!" E todo aquele
que ouvir diga: "Vem!" Quem tiver sede, venha; e quem
quiser, beba de graça da água da vida.

18Declaro a todos os que ouvem as palavras da profe-
cia deste livro: Se alguém lhe acrescentar algo, Deus lhe
acrescentará as pragas descritas neste livro. 19Se alguém
tirar alguma palavra deste livro de profecia, Deus tira-
rá dele a sua parte na árvore da vida e na cidade santa,
que são descritas neste livro.

20Aquele que dá testemunho destas coisas diz: "Sim,
venho em breve!"

Amém. Vem, Senhor Jesus!

21A graça do Senhor Jesus seja com todos. Amém.

[d] 22:6 Ou *que acontecerão rapidamente*